VADE MECUM

Prática Previdenciária

VADE MECUM
Prática Previdenciária

ORGANIZAÇÃO **Frederico Amado**

TOMO 2

6ª edição

revista, atualizada e ampliada

2025

EDITORA *Jus*PODIVM

www.editorajuspodivm.com.br

EDITORA *Jus*PODIVM
www.editorajuspodivm.com.br

Rua Canuto Saraiva, 131 – Mooca – CEP: 03113-010 – São Paulo – São Paulo
Tel: (11) 3582.5757
• Contato: https://www.editorajuspodivm.com.br/central-de-relacionamento

Diagramação: Equipe *Jus*PODIVM

Capa: Ana Caquetti

Atualizado até 20.01.2025

V481v Amado, Frederico
Vade Mecum - Prática Previdenciária / Frederico Amado – 6. ed., rev., atual. e ampl. - São Paulo: Editora JusPodivm, 2025.
Tomo 2
1.104 p.

ISBN: 978-85-442-5682-4

1. Direito Previdenciário. I. Amado, Frederico. II. Título.

CDD 341.6

BIBLIOTECÁRIA RESPONSÁVEL

Ana Carolina Ribeiro Mois – CRB7 – RJ 007348/0

SOBRE O ORGANIZADOR

FREDERICO AMADO

› Procurador Federal/Procuradoria-Geral do INSS em Brasília-DF com atuação perante o STF, o STJ e a TNU. Professor de Direito Previdenciário e Ambiental do Especcial Jus (www.especcialjus.com.br). Autor Exclusivo de Direito Previdenciário e Ambiental da Editora Juspodivm. Coordenador da pós-graduação EAD em Prática Previdenciária da Faculdade Verbo em parceria com o Especcial Jus. Coordenador da pós-graduação AO VIVO pelo MEET em Prática Previdenciária da FBB em parceria com o Especcial Jus. Instrutor da Escola da AGU. Mestre em Planejamento Ambiental pela UCSAL. Especialista em Direito do Estado pela Unyahna. Palestrante. Página de contato: www.especcialjus.com.br E-mail: professorfredericoamado@gmail.com Twitter (X): @FredericoAmado Facebook: Frederico Amado.

APRESENTAÇÃO

A publicação de um *Vade Mecum – Prática Previdenciária* é um projeto gestado há muitos anos, sempre alvo de cobrança dos leitores da Editora Juspodivm e alunos do Especcial Jus.

A prática previdenciária, ou mesmo os concursos públicos mais exigentes no Direito Previdenciário, exigem que o profissional/candidato tenha em mãos uma seleção organizada de normas do Direito e Processo Previdenciário, que envolva não apenas a parte constitucional e legal em sentido estrito.

Isso porque é necessário conhecer as normas regulamentadoras, especialmente do Poder Executivo, tais como Instruções Normativas, Resoluções e Portarias.

E fizemos essa complexa organização nesta obra, com atos do INSS, CRPS, RFB, Ministério da Economia, Ministério da Cidadania, normas técnicas do tempo especial e atos da FUNPRESP, dentre outros.

Dividimos a organização do Vade Mecum por áreas temáticas: normas constitucionais, RGPS (temas gerais), normas técnicas do tempo especial, segurado especial do RGPS, coronavírus: normas previdenciárias e assistenciais, processo administrativo previdenciário no RGPS, revisão de "pente fino", empréstimo consignado no benefício previdenciário, prova de vida, portaria do INSS para cumprimento de ações coletivas nacionais, contribuições previdenciárias, automação (robô) do INSS, CNIS, RPPS, previdência complementar no serviço público, previdência complementar privada, crimes contra a previdência, assistência social, saúde, seguro-desemprego, acordos internacionais previdenciários, legislação processual judicial, normas revogadas da previdência social com grande ultratividade, previdência militar, legislação de temas complementares, questões de ordem e enunciados previdenciários.

Bom estudo!

FREDERICO AMADO

PARTE 7 – REVISÃO DE "PENTE FINO"

PORTARIA INSS Nº 997, DE 28 DE MARÇO DE 2022

DOU 29/3/2022

Aprova as Normas Procedimentais em Matéria de Benefícios.

O DIRETOR DE BENEFÍCIOS DO INSTITUTO NACIONAL DO SEGURO SOCIAL - INSS, no uso das atribuições que lhe confere o Decreto nº 9.746, de 8 de abril de 2019, bem como, o que consta no processo administrativo SEI nº 35014.341866/2020-55, resolve:

Art. 1º Fica aprovado o Livro VIII das Normas Procedimentais em Matéria de Benefícios, disciplinando os procedimentos e rotinas de revisão no âmbito da área de benefício do INSS, complementares à Instrução Normativa PRES/INSS nº 128, de 28 de março de 2022.

Art. 2º Esta Portaria entra em vigor na data de sua publicação, devendo ser aplicada a todos os processos pendentes de análise e decisão.

SEBASTIÃO FAUSTINO DE PAULA

ANEXO

LIVRO VIII
REVISÃO

TÍTULO I
DA FASE REVISIONAL

CAPÍTULO I
CONCEITO

Art. 1º Revisão é o procedimento administrativo utilizado para reavaliação dos atos praticados pelo INSS, observadas as disposições relativas à prescrição e à decadência.

Art. 2º A revisão pode ser processada para benefícios já concedidos ou para benefícios indeferidos, com ou sem apresentação de novos elementos.

CAPÍTULO II
LEGITIMIDADE PARA SOLICITAR REVISÃO

Art. 3º Podem solicitar revisão:

I - o titular do benefício;

II - o representante legal;

III - o procurador;

IV - os dependentes, observado o disposto no § 2º;

V - o INSS;

VI - a Subsecretaria da Perícia Médica Federal, nos casos dos benefícios em que a atuação da Perícia Médica Federal é indispensável no processo de reconhecimento do direito; e

VII - os órgãos de controle interno ou externo; e *(Redação determinada pela Portaria INSS/DIRBEN 1.082/2022)*

VIII - os sucessores/herdeiros, observado o disposto no § 3º; *(Acrescido pela Portaria INSS/DIRBEN 1.082/2022)*

§ 1º A revisão também será processada em decorrência das decisões recursais e judiciais.

§ 2º No caso de requerimento de dependentes beneficiários da Pensão por Morte, o pedido de revisão deve ser estendido ao benefício originário de titularidade do instituidor, respeitado o prazo decadencial deste.

§ 3º A falta de dependentes legais habilitados à pensão por morte, os sucessores (herdeiros) do segurado instituidor são partes legítimas para pleitear a revisão do benefício original, e, por conseguinte, eventuais diferenças pecuniárias não prescritas, observado prazo decadencial e o art. 19. *(Acrescido pela Portaria INSS/DIRBEN 1.082/2022)*

CAPÍTULO III
DATA DO PEDIDO DA REVISÃO - DPR

Art. 4º A data de pedido de revisão - DPR, será fixada:

I - na data do requerimento, em se tratando de revisões a pedido do interessado;

II - na data do pedido de instauração do processo administrativo, em se tratando de revisões de ofício decorrentes de apuração de irregularidades;

III - na data do parecer técnico que determinou a revisão, em se tratando de revisões de ofício decorrentes de procedimentos internos, tais como auditagem de pagamento ou compensação previdenciária;

IV - na data informada na lei, em se tratando de revisões legais, ou, não havendo data expressa, na data em que passa a vigorar;

V - na data informada em juízo, em se tratando de revisões judiciais.

§ 1º Na hipótese do inciso V, não sendo informado em juízo a data do pedido de revisão, a mesma deverá ser fixada na data da sentença.

§ 2º Em se tratando de revisões judiciais objeto de Ação Civil Pública - ACP, deverão ser observadas as orientações constantes na ACP, expressas em ato normativo próprio.

CAPÍTULO IV
PROCEDIMENTOS

SEÇÃO I
DA REVISÃO A PEDIDO

Art. 5º Quando do processamento da revisão, deverá ser analisado o objeto do pedido, bem como realizada a conferência geral dos demais critérios que embasaram a decisão.

§ 1º Independentemente do solicitante da revisão, a conferência geral dos critérios que embasaram a decisão deverá ser realizada no primeiro requerimento de revisão, sendo que nas solicitações subsequentes a análise ficará restrita ao objeto do pedido.

§ 2º Fica dispensada a conferência dos critérios que embasaram a concessão quando se tratar exclusivamente de revisão de reajustamento.

Art. 6º Para todas as espécies de benefícios deverá ser observado o reconhecimento do direito em conformidade com a legislação pertinente à época do fato gerador.

Parágrafo único. Em se tratando de pensão por morte ou auxílio-reclusão, deverá ser observada a legislação vigente à época do fato gerador, no que concerne aos percentuais de cálculo e cotas.

Art. 7º No processamento da revisão do benefício, sendo observado que este é precedido de outro(s), deverá ser realizada a revisão em todos os benefícios a partir do benefício de origem, ressalvada as hipóteses de decadência.

§ 1º Para fins de verificação da decadência, deverá ser observada a DPR da revisão.

§ 2º Os efeitos financeiros e a prescrição dos valores resultantes de revisão realizada em benefício precedente deverão observar a DPR da revisão, salvo nos casos de redução de renda, quando serão contados a partir da data da comunicação desta redução ao segurado.

SEÇÃO II
DOS BENEFÍCIOS INDEFERIDOS

Art. 8º Os benefícios indeferidos poderão ser revisados, devendo ser observado o seguinte:

I - se não houver apresentação de novos elementos, o INSS efetuará análise do ato do indeferimento; ou

II - se houver apresentação de novos elementos, o pedido será analisado como novo requerimento, ressalvado o disposto no § 1º.

§ 1º No procedimento de revisão de benefício indeferido deverá ser verificada a possibilidade de reforma do ato com os elementos originários do processo, situação em que será mantida a DER inicial e desconsiderados os novos elementos apresentados, uma vez que os efeitos financeiros serão desde a DER.

§ 2º Para fins de atendimento ao inciso II, em sendo verificada a possibilidade de deferimento, deverá ser solicitada anuência do requerente quanto a reafirmação da DER para a Data do Pedido da Revisão - DPR.

Art. 9º O pedido de revisão de decisão indeferitória confirmada pela última instância do Conselho de Recursos da Previdência Social não será apreciado, exceto se apresentados novos elementos, devendo ser observado o inciso II do art. 8º.

SEÇÃO III
DOS NOVOS ELEMENTOS

Art. 10. O pedido de revisão poderá ser instruído com apresentação de novos elementos, assim entendidos:

I - fato do qual o INSS não tinha ciência ou declarado inexistente pelo segurado até a decisão que motivou o pedido de revisão;

II - fato não comprovado, após oportunizado prazo para tal, mediante carta de exigência, sem o cumprimento pelo requerente até a decisão do INSS;

III - as marcas de pendência em vínculos e remunerações inexistentes na análise inicial da concessão do benefício;

IV - outros elementos não presentes na análise inicial que possam interferir no reconhecimento do direito ou de suas características.

Art. 11. Não se consideram novos elementos:

I - os documentos apresentados para provar fato do qual o INSS já tinha ciência, inclusive através do CNIS, e não oportunizou, por meio de carta de exigência, ao segurado o prazo para a comprovação no ato da concessão, tais como:

a) dados extemporâneos ou vínculos sem data de rescisão;

b) vínculos sem salários de contribuição;

c) período de atividade rural pendente de comprovação no CNIS; e

d) período de atividade especial informados pela empresa através de GFIP.

II - a decisão judicial de matéria previdenciária, na qual o INSS é parte, quando baseada em documentação apresentada no processo administrativo.

§ 1º Caso fique constatado que a decisão judicial se baseou em documentação não presente no processo administrativo, fica caracterizada a apresentação de novos elementos.

§ 2º Nos casos de benefícios elegíveis para a concessão automática que venham a ser concedidos automaticamente, pelo sistema, ou posteriormente, pelo servidor, sem solicitação de exigências ao segurado, os documentos apresentados, em eventual pedido de revisão, não serão considerados novos elementos, observado o disposto no inciso I do art. 10.

SEÇÃO IV
DA DER

Art. 12. Não cabe reafirmação da DER nos pedidos de revisão, considerando tratar-se de procedimento exclusivo da concessão, ressalvados os §§ 1º e 5º.

§ 1º Durante a análise, identificado erro administrativo no reconhecimento inicial do direito, poderá ser alterada da DER na forma dos § 2º e 3º.

§ 2º Caberá retificação da DER em procedimento de revisão para data do agendamento do benefício ou data do requerimento protocolado no GET, quando forem divergentes da data de habilitação do benefício no sistema e não tendo sido manifestada a concordância expressa do segurado em relação a reafirmação da DER no reconhecimento inicial do direito.

§ 3º Em sendo verificado que não foi oportunizada a reafirmação da DER no reconhecimento inicial do direito, caberá a alteração da DER em procedimento de revisão para o momento em que foram implementados os requisitos para obtenção do benefício, desde que esta seja anterior a data do despacho de conclusão da concessão do benefício - DDB.

§ 4º O contido no § 1º somente se aplica aos casos em que não for observada fraude ou má-fé por parte do segurado, visto que nessas hipóteses devem ser adotados os procedimentos previstos no Monitoramento Operacional de Benefícios.

§ 5º Não concordando com a concessão na DER original, e desejando a reafirmação para data futura, limitada à DDB, esta somente será possível se não houver o recebimento dos créditos referentes ao benefício e nem o saque de PIS/FGTS, nos mesmos termos do pedido de desistência do benefício.

SEÇÃO V
DA REVISÃO DE OFÍCIO

Art. 13. Considera-se revisão de ofício as solicitações de revisão requisitadas pelo INSS, pelos órgãos de controle externo e interno ou pelo Poder Judiciário.

Parágrafo único. O direito da Previdência Social de anular os atos administrativos de que decorram efeitos favoráveis para os seus beneficiários decai em dez anos, contados da data em que foram praticados, salvo comprovada má-fé.

Art. 14. A revisão que resultar na cessação do benefício somente será processada após os procedimentos descritos no art. 179 do RPS.

§ 1º Durante a análise da revisão, quando for identificado erro administrativo no reconhecimento inicial do direito que resulte na perda do benefício, este deverá ser cessado na Data do Início do Benefício - DIB, após facultado o contraditório e a ampla defesa ao segurado.

§ 2º Na hipótese do § 1º, em sendo verificado que o segurado implementou todas as condições para obtenção do benefício até a data do despacho conclusivo da revisão, deverá ser concedido novo benefício na data do implemento das condições, devendo ser realizado o encontro de contas entre os benefícios, mediante concordância expressa do segurado.

§ 3º O disposto no § 2º somente se aplica aos casos em que não for observada fraude ou má-fé por parte do segurado, visto que nessas hipóteses devem ser adotados os procedimentos previstos no Monitoramento Operacional de Benefícios.

Art. 15. A revisão que resultar em redução de renda somente produzirá efeitos após a conclusão dos procedimentos que garantam o contraditório e a ampla defesa.

§ 1º Antes da confirmação da revisão, deverá ser emitida comunicação ao segurado informando o valor da nova Renda Mensal Inicial - RMI, oportunizando a sua defesa.

§ 2º Caso a defesa do beneficiário seja acolhida, mantém-se o ato originário de concessão, sem alteração do valor do benefício.

§ 3º Expirado o prazo ou sendo a defesa considerada insuficiente, deverá ser confirmada a revisão e concluído o processo.

Art. 16. O INSS deverá rever os benefícios em manutenção para cuja aquisição do direito tenha sido considerado o período de exercício de mandato eletivo no período de 1º de fevereiro de 1998 a 18 de setembro de 2004, bem como as CTC emitidas com a inclusão do referido período, quando não verificada a opção pela manutenção da qualidade de Facultativo, e excluir os referidos períodos.

Art. 17. Nos procedimentos relacionados à revisão de ofício, não caberá alteração da DER, ressalvado os casos expressos nesta Portaria.

SEÇÃO VI
DA REVISÃO DE REAJUSTAMENTO

Art. 18. Quando solicitada revisão de reajustamento, o servidor deverá observar:

I - constatada inconsistência na aplicação dos índices de reajustamento, será feita a correção, com o pagamento dos valores atrasados, observada a prescrição quinquenal;

II - não havendo inconsistência no reajustamento, desde que este seja o único pedido do interessado e não tenham sido apresentados outros documentos com o requerimento de revisão, o pedido deve ser indeferido;

§ 1º Não se aplicam às revisões de reajustamento os prazos de decadência de que tratam os arts. 103 e 103-A da Lei nº 8.213, de 24 de julho de 1991.

§ 2º Para fins de aplicação da prescrição, deverá ser observada a DPR.

SEÇÃO VII
DOS EFEITOS FINANCEIROS

Art. 19. Os efeitos financeiros, a decadência e a prescrição deverão ser analisados com base na DPR.

§ 1º Nas revisões em que não seja identificado novo elemento, os efeitos financeiros serão fixados na Data do Início do Pagamento - DIP, observada a prescrição, que é contada a partir da DPR.

§ 2º Nas revisões processadas com novos elementos, os efeitos financeiros serão fixados na DPR.

§ 3º Em relação a prescrição, deverá ser observado o disposto no art. 129 do Livro IV - Processo Administrativo Previdenciário, aprovado pela Portaria DIRBEN/INSS nº 993 de 28 de março de 2022.

SEÇÃO VIII
DA CONCLUSÃO DA REVISÃO

Art. 20. Concluído o processamento da revisão do benefício ou da certidão de tempo de contribuição, deverá ser elaborado despacho circunstanciado, detalhando os elementos relevantes identificados, bem como os dados efetivamente revistos.

Parágrafo único. O despacho deverá conter todas as alterações produzidas e que levaram às modificações no benefício, tais como alteração de dependentes, tempo de contribuição, salários de contribuição, valor de renda mensal inicial e mensalidade reajustada, diferenças a serem pagas ou devolvidas, entre outras.

TÍTULO II
DAS REVISÕES TEMÁTICAS

Art. 21. As revisões temáticas caracterizam-se por procedimentos específicos realizados por determinação legal ou judicial, que podem ter seu processamento efetuado de forma automática.

Art. 22. São consideradas como revisões temáticas principais:

I - ORTN / OTN / BTN;

II - Artigo 58 (ADCT);

III - Artigo 201 (Constituição Federal);

IV - "Buraco Negro" (Artigo 144 da Lei nº 8.213, de 1991);

V - Artigo 145 (Lei nº 8.213, de 1991);

VI - Índice Teto (Artigo 26 da Lei nº 8.870, de 1994 e Artigo 21 da Lei nº 8.880, de 1994), incluindo o "Buraco Verde";

VII - IRSM (Índice de Reajuste do Salário Mínimo);

VIII - Revisão do Teto; e

IX - Artigo 29 (Lei nº 8.213, de 1991).

Parágrafo único. As revisões indicadas no caput estão sujeitas à decadência, ressalvadas as previstas nos incisos VI e VIII.

CAPÍTULO I
ORTN/OTN/BTN

Art. 23. Esta revisão consiste na correção dos 24 (vinte e quatro) primeiros salários de contribuição, constantes no Período Básico de Cálculo - PBC, com base na variação dos índices da ORTN/OTN/BTN, de acordo com a Lei nº 6.423, de 17 de junho de 1977.

Parágrafo único. São passíveis da revisão disposta no caput os benefícios com DIB no período de 19 de junho de 1977 a 05 de outubro de 1988, cuja RMI foi apurada com base em PBC composto pela média dos 36 (trinta e seis) últimos salários de contribuição.

CAPÍTULO II
ARTIGO 58

Art. 24. A revisão prevista no art. 58 do Ato das Disposições Constitucionais Transitórias - ADCT tem por objetivo a apuração da quantidade de salários mínimos correspondente à RMI na data da sua concessão, para fins de aplicação desta equivalência no processamento da revisão, de forma a garantir sua recuperação.

§ 1º Esta revisão se aplica aos benefícios com DIB até 05 de outubro de 1988.

§ 2º Nos casos de benefício precedido, a equivalência deverá ser calculada na DIB do primeiro benefício.

§ 3º A revisão disposta no caput foi processada administrativamente, produzindo efeitos financeiros no período de abril de 1989 até dezembro de 1991, na vigência do Decreto nº 357, publicado em 09 de dezembro de 1991, que dispõe sobre o Plano de Custeio e Benefícios da Previdência Social.

CAPÍTULO III
ARTIGO 201

Art. 25. A revisão constante no art. 201 da Constituição Federal consiste na equiparação da Renda Mensal Atualizada - RMA ao salário mínimo vigente, quando o benefício for inferior ao referido valor, bem como ao pagamento das diferenças das rendas.

§ 1º Esta revisão se aplica aos benefícios com DIB anterior a 05 de abril de 1991.

§ 2º A revisão disposta no caput foi processada administrativamente, produzindo efeitos financeiros no período de 05 de outubro de 1988 a 04 de abril de 1991.

CAPÍTULO IV
"BURACO NEGRO"

Art. 26. A revisão denominada "Buraco Negro", prevista no art. 144 da Lei nº 8.213, de 1991, objetiva o recálculo e o reajuste da renda mensal inicial dos benefícios concedidos no período de 5 de outubro de 1988 a 04 de abril de 1991, ante a ausência de legislação regulamentando a forma de cálculo no referido período.

§ 1º O salário de benefício será calculado com base na média dos 36 (trinta e seis) últimos salários de contribuição, apurados em período não superior a 48 (quarenta e oito) meses.

§ 2º A RMI recalculada deve ser reajustada pelos índices de reajustamento definidos pela Ordem de Serviço/INSS/DISES nº 121 de 15 de junho de 1992.

CAPÍTULO V
ARTIGO 145

Art. 27. O art. 145 da Lei nº 8.213, de 1991, conhecido como "Buraco Verde", prevê a necessidade de recalcular a RMI de todos os benefícios concedidos a partir de 05 de abril de 1991, em conformidade com o disposto no art. 29 da referida lei, bem como reajustar a renda de acordo com as regras estabelecidas na mesma.

CAPÍTULO VI
ÍNDICE TETO (ARTIGO 26 E 21) E "BURACO VERDE" (ART. 26)

Art. 28. As revisões previstas no art. 26 da Lei nº 8.870, de 15 de abril de 1994, bem como no § 3º do artigo 21 da Lei nº 8.880, de 27 de maio de 1994, consistem na aplicação do "Índice Teto" no primeiro reajustamento.

§ 1º Considera-se "Índice Teto" a diferença percentual entre a média dos salários de contribuição na DIB e o teto previdenciário vigente na DIB.

§ 2º A revisão prevista no art. 26 da Lei nº 8.870, de 1994, se aplica aos benefícios com DIB entre 05 de abril de 1991 e 31 de dezembro de 1993, sendo esta a revisão conhecida como "Buraco Verde".

§ 3º A revisão prevista no § 3º do artigo 21 da Lei nº 8.880, de 1994, se aplica aos benefícios com DIB a partir de 1º de março de 1994.

§ 4º Deve ser observado que, com a aplicação do "Índice Teto", o valor do benefício reajustado não pode superar o valor do teto do salário de contribuição vigente do mês da correção.

CAPÍTULO VII
IRSM

Art. 29. A revisão prevista no § 1º do art. 21 da Lei nº 8.880, de 1994, consiste na atualização dos salários de contribuição do PBC até fevereiro de 1994, com a aplicação do percentual de 39,67 % (trinta e nove inteiros e sessenta e sete centésimos por cento) no fator de correção dos salários de contribuição anteriores a março de 1994, referente ao índice de reajuste do salário mínimo de fevereiro de 1994.

Parágrafo único. A revisão prevista no caput abrange os benefícios com DIB a partir de 01 de março de 1994, que tenham em seu PBC a competência fevereiro de 1994.

CAPÍTULO VIII
REVISÃO DO TETO

Art. 30. A revisão do "Teto" consiste na recomposição da renda mensal dos benefícios com DIB entre 05 de abril de 1991 a 31 de dezembro de 2003, cujo Salário de Benefício - SB foi limitado ao teto previdenciário, considerando o incremento do valor teto trazido pelas Emendas Constitucionais nº 20 de 15 de dezembro de 1998 e nº 41, de 19 de dezembro de 2003.

§ 1º O valor teto da Emenda Constitucional nº 20, de 1998, corresponde a R$ 1.200,00 (um mil e duzentos reais) e o da Emenda Constitucional nº 41, de 2003, a R$ 2.400,00 (dois mil e quatrocentos reais).

§ 2º A revisão prevista no caput decorre dos autos da Ação Civil Pública Nº 0004911-28.2011.4.03/TRF 3ª Região.

CAPÍTULO IX
ARTIGO 29

Art. 31. A revisão do inciso II do art. 29 da Lei nº 8.213, de 1991, consiste em novo cálculo da RMI considerando os 80% (oitenta por cento) dos maiores salários de contribuição integrantes do PBC.

§ 1º A revisão disposta no caput refere-se aos benefícios por incapacidade concedidos entre 29 de novembro de 1999 e 29 de outubro de 2009, cujo cálculo tenha utilizado 100% (cem por cento) dos salários de contribuição no PBC, em adequação a previsão da Lei nº 9.876, de 26 de novembro de 1999, que incluiu a redação do art. 29, inciso II, da Lei nº 8.213, de 1991, e ainda nos termos do Decreto nº 6.939, de 18 de agosto de 2009, que alterou o RPS.

§ 2º Serão objetos de revisão os benefícios derivados daqueles elencados no § 1º, observada a decadência e prescrição.

§ 3º O prazo de decadência de dez anos se aplica a contar da data da citação do INSS na Ação Civil Pública Nº 0002320-59.2012.4.03.6183/SP, ocorrida em 17 de abril 2012, para todos os casos em que não houver requerimento administrativo específico anterior a essa data.

§ 4º O prazo prescricional das parcelas vencidas inicia-se em 17 de abril de 2012, data da citação do INSS na Ação Civil Pública citada no § 3º.

§ 5º Não serão objeto da revisão os benefícios enquadrados em um dos seguintes critérios:

I - já revistos pelo mesmo objeto, ou seja, administrativa e judicialmente;

II - concedidos no período de vigência da Medida Provisória nº 242, entre 28 de março de 2005 e 3 de julho de 2005;

III - concedidos até o dia 17 de abril de 2002, quando foi operada a decadência;

IV - concedidos dentro do período de seleção, porém precedidos de benefícios alcançados pela decadência; e

V - embora concedidos no período definido no Acordo Judicial firmado no âmbito da Ação Civil Pública citada no § 3º, sejam precedidos de benefícios com DIB anterior a 29 de novembro de 1999.

TÍTULO III
DA REVISÃO DE ACUMULAÇÃO DE BENEFÍCIO DE AUXÍLIO-ACIDENTE COM APOSENTADORIA

(Acrescido pela Portaria INSS/DIRBEN 1.082/2022)

Art. 32. Nos procedimentos relativos à revisão de benefícios de auxílio-acidente e aposentadoria com indicativo de acumulação indevida, não haverá a incidência do prazo decadencial do art. 103 da Lei 8.213 de 1991. (Redação dada pela Portaria Dirben/INSS 1.149/2023)

§ 1º Os benefícios de auxílio-acidente com DIB anterior ou igual a 10 de novembro de 1997, acumulados com aposentadorias com DER e DDB entre 14 de setembro de 2009 até 06 de dezembro de 2012, deverão ser mantidos; (Redação dada pela Portaria Dirben/INSS 1.149/2023)

§ 2º A constatação de que o benefício de aposentadoria vem sendo mantido e pago acumuladamente com o benefício de auxílio-acidente, enseja a cessação do auxílio-acidente, observandose o disposto no §1º; (Redação dada pela Portaria Dirben/INSS 1.149/2023)

§ 3º Nos casos de acumulação indevida dos benefícios de aposentadoria e auxílio-acidente deverá ser processada a revisão de ofício da aposentadoria para inclusão da renda do auxílio-acidente no período básico de cálculo da aposentadoria e realizado o encontro de contas entre os benefícios, observada a prescrição quinquenal tanto no pagamento quanto na cobrança dos valores; (Redação dada pela Portaria Dirben/INSS 1.149/2023)

§ 4º Nos processos judiciais, onde o auxílio-acidente possui DIB posterior à DIB da aposentadoria, o processo deverá ser encaminhado à Procuradoria Federal para pronunciamento acerca da aplicabilidade dos entendimentos firmados na NOTA nº 77/2013/DIVCONS/CGMBEN/PFE-INSS/PGF/AGU, bem como os termos que se dará o encontro de contas.

§ 5º O prazo decadencial para o INSS revisar o benefício de aposentadoria, nos casos do §3º, inicia-se da data da notificação do segurado a respeito da cessação do auxílio-acidente e sua inclusão do valor mensal como salário-de-contribuição no período básico de cálculo; (Acrescido pela Portaria Dirben/INSS 1.149/2023)

PORTARIA MTP Nº 2.965, DE 21 DE SETEMBRO DE 2022

Disciplina o Programa de Revisão de Benefícios por Incapacidade (Programa de Revisão) de que trata a Lei n.º 13.846, de 18 de junho de 2019, no âmbito da Subsecretaria da Perícia Médica Federal da Secretaria de Previdência, e estabelece diretrizes e procedimentos a serem observados para a sua execução. (Processo nº 10128.109829/2022-16).

O MINISTRO DE ESTADO DO TRABALHO E PREVIDÊNCIA, no uso das atribuições que lhe conferem o inciso II, do parágrafo único, do art. 87, da Constituição, o Decreto nº 11.068, de 10 de maio de 2022, e os arts. 10 e 15 da Lei nº 13.846, de 18 de junho de 2019, resolve:

Art. 1º Fica disciplinado o Programa de Revisão de Benefícios por Incapacidade (Programa de Revisão), nos termos dos arts. 10 e 15 da Lei nº 13.846, de 18 de junho de 2019, no âmbito da Subsecretaria da Perícia Médica Federal da Secretaria de Previdência, e estabelecidas as diretrizes e os procedimentos para a sua execução.

Art. 2º Na forma das alíneas "a" e "b" do inciso II do art. 1º, dos incisos I e II do § 4º do art. 1º e dos incisos I, II e III do § 1º do art. 10 todos da Lei nº 13.846, de 2019, encontram-se no escopo do Programa de Revisão de Benefícios por Incapacidade (Programa de Revisão) os serviços médico-periciais extraordinários relativos:

I - à revisão dos seguintes benefícios:

a) benefícios por incapacidade mantidos sem perícia pelo Instituto Nacional do Seguro Social por período superior a 6 (seis) meses e que não possuam data de cessação estipulada ou indicação de reabilitação profissional;

b) benefícios de natureza previdenciária, assistencial, trabalhista ou tributária; e

c) benefícios de prestação continuada sem revisão por período superior a 2 (dois) anos;

II - ao acompanhamento por médico perito de processos judiciais de benefícios por incapacidade;

III - ao exame médico pericial presencial realizado nas unidades de atendimento da Previdência Social quando o prazo máximo de agendamento de perícia médica for superior a 45 (quarenta e cinco) dias; e

IV - a outros benefícios de natureza previdenciária, assistencial, trabalhista ou tributária, desde que autorizado em ato complementar do Secretário de Previdência.

Art. 3º O Instituto Nacional do Seguro Social deverá selecionar os benefícios a serem revisados na forma das alíneas "a" e "c" do inciso I do art. 2º, e disponibilizar à Subsecretaria da Perícia Médica Federal da Secretaria de Previdência, mensalmente, as informações.

§ 1º Para viabilizar a notificação do segurado pelo Instituto Nacional do Seguro Social, a Subsecretaria da Perícia Médica Federal da Secretaria de Previdência deverá aplicar a priorização dos selecionados conforme os seguintes critérios:

I - capacidade operacional de atendimento de perícia médica extraordinária para o período de 180 (cento e oitenta) dias, conforme adesão dos peritos médicos ao Programa de Revisão de Benefícios por Incapacidade (Programa de Revisão);

II - idade do beneficiário, na ordem da menor para a maior; e

III - tempo de manutenção do benefício, do maior para o menor.

§ 2º Caberá ao Instituto Nacional do Seguro Social prover o suporte técnico e administrativo para convocação dos segurados, bem a estrutura de atendimento adequado para realização das perícias médicas extraordinárias em dias úteis e não úteis, quando solicitadas pela Subsecretaria da Perícia Médica Federal da Secretaria de Previdência.

§ 3º O Instituto Nacional do Seguro Social deverá realizar, em conjunto com a Empresa de Tecnologia e Informações da Previdência (Dataprev), o processamento dos laudos médico-periciais.

Art. 4º A Subsecretaria da Perícia Médica Federal da Secretaria de Previdência deverá selecionar os benefícios a serem revisados na forma da alínea "b" do inciso I do art. 2º, quando da autorização por ato complementar do Secretário de Previdência.

Art. 5º Somente poderão participar do Programa de Revisão de Benefícios por Incapacidade (Programa de Revisão) os servidores das carreiras de Perito Médico Federal, de Supervisor Médico-Pericial e de Peritos Médicos da Previdência Social de que tratam, respectivamente, as Leis nº 11.907, de 02 de fevereiro 2009, nº 9.620, de 2 de abril de 1998 e nº 10.876, de 02 de junho de 2004, com adesão ativa ao Programa de Gestão e Desempenho da Perícia Médica Federal (PGDPMF).

§ 1º A participação de que se refere o caput será facultativa e será estendida, inclusive, aos ocupantes de cargo em comissão ou de função de confiança.

§ 2º Os servidores participantes do Programa de Revisão de Benefícios por Incapacidade (Programa de Revisão) não se submeterão a quantitativo mínimo de perícias médicas de atendimento presencial (agendamentos) extraordinárias por dia.

§ 3º O quantitativo diário máximo será de 15 (quinze) serviços médico-pericias extraordinários em dias úteis por perito médico.

§ 4º O quantitativo diário máximo, em regime de mutirão (dias não úteis), será de 30 (trinta) perícias médicas extraordinárias por perito médico.

Art. 6º Serão considerados como serviços médico-periciais extraordinários aqueles que excederem à capacidade operacional regular de realização de perícias médicas, equivalente à meta diária exigida no âmbito do Programa de Gestão e Desempenho da Perícia Médica Federal (PGDPMF), nos termos do art. 17 da Portaria SPREV/MTP nº 2937, de 19 de setembro de 2022.

Art. 7º A parcela relativa à "Perícia Extraordinária de Redução de Fila e Combate à Fraude (PERF)" será devida ao participante do Programa de Revisão de Benefícios por Incapacidade (Programa de Revisão) por cada serviço médico-pericial extraordinário efetivamente executado, após verificado o cumprimento da meta mensal exigida pelo Programa de Gestão e Desempenho da Perícia Médica Federal (PGDPMF) e os demais requisitos de pagamento.

§ 1º A aferição, o monitoramento e o controle da realização dos serviços médico-periciais extraordinários de que trata o Programa de Revisão de Benefícios por Incapacidade (Programa de Revisão), para fins de concessão da parcela relativa à "Perícia Extraordinária de Redução de Fila e Combate à Fraude (PERF)", serão realizados pela Subsecretaria da Perícia Médica Federal da Secretaria de Previdência por meio de sistema corporativo.

§ 2º A Subsecretaria da Perícia Médica Federal da Secretaria de Previdência disponibilizará à Diretoria de Gestão de Pessoas do Ministério do Trabalho e Previdência relação contendo as informações necessárias para pagamento da parcela relativa à "Perícia Extraordinária de Redução de Fila e Combate à Fraude (PERF)".

§ 3º A parcela a que se refere o caput será apurada para fins de pagamento na competência subsequente a de execução, salvo eventuais intercorrências sistêmicas ou operacionais, ocasião em que poderá ser paga na competência imediatamente posterior à solução.

§ 4º A soma dos valores pagos com a parcela relativa à "Perícia Extraordinária de Redução de Fila e Combate à Fraude (PERF)" e a remuneração total do servidor não poderá ultrapassar o limite máximo mensal de remuneração do servidor no Poder Executivo Federal.

§ 5º Eventual reabertura de competência já encerrada no âmbito do Programa de Gestão e Desempenho da Perícia Médica Federal (PGDPMF) não poderá ocasionar alteração quanto aos pontos já destinados para pagamento da parcela relativa à "Perícia Extraordinária de Redução de Fila e Combate à Fraude (PERF)", sob pena de eventual desconto em folha de valores já recebidos.

§ 6º Os servidores que participaram de mutirões para execução do serviço a que se refere o inciso III do art. 2º, a partir da competência julho de 2022, preenchidos os requisitos e as condições para pagamento até então vigentes, farão jus à parcela relativa à "Perícia Extraordinária de Redução de Fila e Combate à Fraude (PERF)".

Art. 8º Ato complementar da Subsecretaria da Perícia Médica Federal da Secretaria de Previdência estabelecerá a operacionalização da abertura de agendas médico-periciais extraordinárias de que trata o inciso I do art. 2º e a operacionalização dos serviços médico-periciais extraordinários de que trata o inciso II do art. 2º, observados os limites máximos estabelecidos nesta Portaria.

§ 1º As Coordenações-Gerais Regionais da Perícia Médica Federal da Subsecretaria da Perícia Médica Federal da Secretaria de Previdência deverão configurar, no sistema PMF-Gestão, as agendas extraordinárias para o exame médico pericial presencial extraordinário de que trata o inciso III do art. 2º, para os peritos médicos participantes do Programa de Revisão de Benefícios por Incapacidade (Programa de Revisão) sob sua abrangência, mediante manifestação do interessado, observados os limites máximos estabelecidos nesta Portaria.

§ 2º A Coordenação-Geral Regional da Perícia Médica Federal da Subsecretaria da Perícia Médica Federal da Secretaria de Previdência, em conjunto com a Divisão Regional de abrangência, deverá adotar as medidas cabíveis junto à Gerência Executiva e à Superintendência Regional do Instituto Nacional do Seguro Social para viabilizar a execução de eventuais mutirões (dias não úteis), inclusive as relativas à vigilância e à sanitização dos consultórios e das unidades de atendimentos.

Art. 9º Os demais atos necessários para execução das perícias médicas de que trata esta portaria serão definidos por ato do Secretário de Previdência.

Art. 10. Fica revogada a Portaria SEPRT nº 617, de 24 de junho de 2019.

Art. 11. Esta Portaria entra em vigor na data de sua publicação.

JOSÉ CARLOS OLIVEIRA

PORTARIA INSS/DIRBEN Nº 1.056, DE 20 DE SETEMBRO DE 2022

DOU 22/9/2022, rep. DOU 26/9/2022

Estabelece diretrizes e procedimentos para os processos de Supervisão Técnica em Benefícios e Revisões Administrativas e de Ofício no âmbito da Diretoria de Benefícios e Relacionamento com o cidadão - Dirben.

O DIRETOR DE BENEFÍCIOS E RELACIONAMENTO COM O CIDADÃO DO INSTITUTO NACIONAL DO SEGURO SOCIAL - INSS, no uso da competência que lhe confere o Decreto nº 10.995, de 14 de março de 2022, e tendo em vista o que consta no Processo Administrativo nº 35014.314853/2022-75, resolve:

Art. 1º Definir o processo de Supervisão Técnica em Benefício como atividade de controle permanente da qualidade dos atos praticados no âmbito do Reconhecimento do Direito dos benefícios administrados pelo Instituto Nacional do Seguro Social e os fluxos operacionais para correção de erros formais nas tarefas concluídas pelos Serviços de Centralização da Análise de Reconhecimento de Direitos, Manutenção de Benefícios e de Atendimento de Demandas Judiciais de Benefícios - Ceabs.

Art. 2º Compõe o programa de Supervisão Técnica em Benefícios, os procedimentos de:

I - supervisões técnicas em benefícios;

II - revisões administrativas deferidas com identificação de inconsistências do processo de análise de benefícios, relativas a aspectos procedimentais ou de direito; e

III - revisões de ofício decorrentes de inconsistências procedimentais ou de direito identificadas por meio do exercício do princípio da autotutela administrativa.

CAPÍTULO I
SUPERVISÃO TÉCNICA EM BENEFÍCIOS

SEÇÃO I
DOS PROCEDIMENTOS DE SUPERVISÃO TÉCNICA DE BENEFÍCIOS

Art. 3º As supervisões técnicas de Benefícios têm como objetivo monitorar a qualidade dos processos administrativos de Reconhecimento de Direitos no âmbito da Diretoria de Benefícios e Relacionamento com o Cidadão por meio de seleção baseada em critérios estatísticos predefinidos.

§ 1º Poderão ser objeto da supervisão técnica indicações de erros administrativo encaminhadas aos Serviços de Gerenciamento de Benefícios - SGBEN das Gerências Executivas.

§ 2º As Superintendências Regionais poderão realizar supervisões técnicas conforme suas demandas regionais, desde que não comprometa a execução das supervisões técnicas de que tratam o caput deste artigo.

Art. 4º Poderão ser objeto da supervisão técnica do reconhecimento de direitos os requerimentos de benefícios das espécies de:

I - aposentadorias;

II - pensões por morte;

III - auxílio-reclusão;

IV - salário maternidade;

V - benefícios assistenciais;

VI - certidão de tempo de contribuição; e

VII - seguro desemprego do pescador artesanal - SDPA.

VIII - benefício por incapacidade. (Acrescido pela Portaria INSS/DIRBEN 1.231/2024)

§ 1º Até que seja normatizado pela Dirben, não deverão ser direcionados para supervisão técnica as tarefas que não fazem parte do escopo da Supervisão Técnica em Benefícios. (Parágrafo único transformado em § 1º e com redação dada pela Portaria INSS/DIRBEN 1.231/2024).

§ 2º Em caso de erro administrativo de serviços que não compõem o escopo da Supervisão Técnica, deverá ser direcionado para correção via serviço de "Revisão de Ofício" - REVOFICIO (código 5172). (Acrescido pela Portaria INSS/DIRBEN 1.231/2024)

§ 3º O início da supervisão técnica em benefícios por incapacidade está condicionado à expansão nacional dos fluxos do Novo Benefício por Incapacidade, nos termos da Portaria Conjunta Dirben/DTI nº 103, de 18 de setembro de 2024, ou ato posterior que venha substituí-la. (Acrescido pela Portaria INSS/DIRBEN 1.231/2024)

§ 4º Os requerimentos de benefício por incapacidade, previsto no inciso VIII, somente serão objeto da supervisão técnica em benefícios quando o requerimento de benefício por incapacidade gerar subtarefas dos serviços: (Acrescido pela Portaria INSS/DIRBEN 1.231/2024)

I - "Acertos para Análise - BI Urbano" (código 17436);

II - "Acertos para Análise - BI Rural" (código 17456);

III - "Acertos para pós-perícia SIBE - Urbano" (código 17775); ou

IV - "Acertos para pós-perícia SIBE - Rural" (código 17776).

§ 5º Os critérios de supervisão e forma de seleção amostral dos requerimentos de Benefício por Incapacidade serão definidos em ato específico. (Acrescido pela Portaria INSS/DIRBEN 1.231/2024)

§ 6º Não deverão ser direcionados para o programa de supervisão técnica requerimentos de benefícios por incapacidade realizados no Sistema de Atendimento de Benefício por Incapacidade - SABI, devendo nestes casos ser direcionado para correção via serviço Revisão de Ofício - Benefício por Incapacidade, REVOFIBI (código 17475). (Acrescido pela Portaria INSS/DIRBEN 1.231/2024)

Art. 5º A Supervisão Técnica do Reconhecimento do Direito será realizada considerando os aspectos materiais e formais do processo.

§ 1º As questões a serem observadas na atividade de Supervisão Técnica serão definidas conforme a especificidade de cada espécie e requerimento de benefício e serviço.

§ 2º Os parâmetros a serem observados pelo Supervisor Técnico em cada critério avaliativo estão especificados no Anexo II - Manual da Supervisão Técnica, desta Portaria.

Art. 6º A atividade de supervisão técnica será realizada pelas Superintendências Regionais, por equipe técnica específica definida em Portaria Regional, e gerenciada pela Coordenação de Gestão de Benefícios - Coben em cogestão com os Serviços de Gerenciamento de Benefícios - SGBEN. (Redação dada pela Portaria INSS/DIRBEN 1.231/2024)

SEÇÃO II
DA COMPOSIÇÃO DA AMOSTRA ESTATÍSTICA DA SUPERVISÃO TÉCNICA

Art. 7º A amostra da Supervisão Técnica será composta pelos requerimentos concluídos por Superintendência Regional - SR, selecionados de forma aleatória simples pela Dirben. (Redação dada pela Portaria INSS/DIRBEN 1.231/2024)

§ 1º A Dirben poderá compor a amostra utilizando de critérios baseados em desvios de padrões de comportamentos para verificação de distorções nas análises dos requerimentos.

§ 2º A amostra aleatória será gerada periodicamente pela Dirben e distribuída às Superintendências Regionais para análise, de forma que seja realizado supervisão técnica correspondente a todos os meses do ano. (Redação dada pela Portaria INSS/DIRBEN 1.231/2024)

§ 3º As Superintendências Regionais, por meio da Equipe de Supervisores definida, deverão analisar as supervisões técnicas sob sua responsabilidade, conforme diretrizes definidas pela Dirben.

§ 4º A responsabilidade de acompanhamento e monitoramento das análises e resultados das supervisões técnicas no âmbito da Superintendência Regional e Gerências Executivas é, respectivamente, da Coben e dos SGBEN. (Redação dada pela Portaria INSS/DIRBEN 1.231/2024)

§ 5º As Gerências Executivas, por meio do SGBEN, deverão garantir a formação e manutenção de equipe mínima de supervisores, conforme a demanda ordinária e extraordinária de supervisão e critérios definidos pela Coben.

Art. 8º A critério da Dirben, poderão compor a amostra os requerimentos analisados automaticamente ou sem que tenha havido a análise manual do requerimento.

SEÇÃO III
DOS INDICADORES DE DESEMPENHO DA QUALIDADE

Art. 9º Ficam definidos como indicadores de desempenho da qualidade:

I - índice de conformidade - ICON; (Redação dada pela Portaria INSS/DIRBEN 1.231/2024)

II - índice de decisões ratificadas - IDR;

III - índice de processos a serem reanalisados - IPR; e

IV - índice de decisões não ratificadas - IDNR. (Redação dada pela Portaria INSS/DIRBEN 1.231/2024)

§ 1º Comporão a base de cálculo dos indicadores somente as supervisões técnicas cuja origem tenha sido a seleção de amostra aleatória, conforme artigo 7º.

§ 2º Compõe o Índice de Conformidade o total de processos que tiveram ratificação plena na análise da supervisão e sem nenhum indicativo de revisão procedimental ou de mérito.

§ 3º Compõe o Índice de Decisões Ratificadas o total de processos cuja decisão de deferimento ou indeferimento tenha sido mantida, mesmo que tenha havido necessidade de realização de algum tipo de revisão no processo.

§ 4º Compõe o Índice de Processos a serem Reanalisados o total de processos supervisionados cuja conclusão da supervisão tiveram indicativo de revisão.

§ 5º Compõe o índice de decisões não ratificadas o total de processos supervisionados cuja supervisão indicou a não ratificação da decisão de deferimento ou indeferimento. (Redação dada pela Portaria INSS/DIRBEN 1.231/2024)

§ 6º A fórmula de cálculo de cada um dos indicadores e métricas de desempenho estão definidas no Anexo III - Indicadores de Desempenho da Qualidade.

CAPÍTULO II
REVISÃO ADMINISTRATIVA E REVISÃO DE OFÍCIO

Art. 10. A revisão é o procedimento administrativo utilizado para reavaliação dos atos praticados pelo INSS, podendo ser iniciada de ofício, a pedido do titular ou seu representante, por determinação judicial ou recursal, ou por determinação de órgãos de controle externo.

Parágrafo único. Os procedimentos quanto ao processamento da revisão administrativa, inclusive quando de ofício, deverão seguir o disposto na Portaria Dirben/INSS nº 997, de 28 de março de 2022 e na Portaria Dirben/INSS nº 993, de 28 de março de 2022, que rege o processo administrativo, obedecendo sobretudo as regras de prescrição e decadência e a comunicação dos atos, e será processada através dos requerimentos dos seguintes serviços: (Redação dada pela Portaria INSS/DIRBEN 1.231/2024)

I - Revisão - Código 2071, para as solicitações de interessados, procuradores ou representantes legais para que haja reconsideração da decisão administrativa.

II - Revisão Administrativa de Benefício por Incapacidade - Código 6268, para as solicitações de interessados, procuradores ou representantes legais para que haja reconsideração da decisão administrativa de Benefícios por Incapacidade.

III - Revisão de Certidão de Tempo de Contribuição - Código 8934, para as solicitações de interessados, procuradores ou representantes legais para que haja reconsideração da decisão administrativa da emissão de Certidão por Tempo de Contribuição.

IV - Revisão Legado - Código 3912, serviço de uso interno, para as solicitações de Revisão realizadas anteriores à publicação do Memorando-Circular Conjunto nº 3/Dirat/Dirben/INSS, de 3 de maio de 2018, e cadastradas conforme Ofício-Circular Conjunto nº 14/Dirben/Dirat/INSS de 20 de março de 2019 e Ofício-Circular nº 17/Dirben/INSS de 5 de abril de 2019. (Redação dada pela Portaria INSS/DIRBEN 1.231/2024)

V - Revisão Extraordinária - Código 9154, serviço de uso interno, para as revisões a serem realizadas por ordem judicial.

VI - Revisão Administrativa em Fase Recursal - Código 4073, serviço de uso interno, para realização do procedimento da revisão da decisão administrativa no momento da análise inicial do requerimento de recurso, quando verificado necessidade de reversão da decisão inicial objeto do recurso administrativo, conforme procedimentos definidos na Portaria Dirben/INSS Nº 996, DE 28 DE MARÇO DE 2022. (Redação dada pela Portaria INSS/DIRBEN 1.231/2024)

VII - Revisão para COMPREV - Código 6012, serviço de uso interno, para realização do procedimento da revisão da decisão administrativa quando identificado erro na análise inicial do Benefício ou da emissão da Certidão por Tempo de Contribuição durante os procedimentos da Compensação Previdenciária.

VIII - Revisão de Ofício - Código 5172, serviço de uso interno, para realização do procedimento de revisão da decisão administrativa quando identificado erro na análise inicial dos requerimentos de benefícios ou de emissão de Certidão de Tempo de Contribuição.

IX - Revisão de Ofício Identificada (ROI) - Código 16395, serviço de uso interno e exclusivo do programa de Supervisão Técnica, ou, excepcionalmente, no fluxo de Validação de Pagamento do reconhecimento de direitos, conforme previsto na Portaria Dirben/INSS nº 1.123, de 24 de março de 2023, para realização do procedimento de revisão da decisão administrativa quando identificado erro na análise inicial dos requerimentos de benefícios ou na emissão de Certidão de Tempo de Contribuição, devendo a correção ser realizada pelo servidor responsável pela análise inicial. (Redação dada pela Portaria INSS/DIRBEN 1.231/2024)

X - Revisão de Ofício - Benefício por Incapacidade (REVOFIBI) - Código 17475, serviço de uso interno, para realização do procedimento de revisão da decisão administrativa quando identificado erro na análise inicial dos requerimentos de benefícios por incapacidade, inclusive quando originada de uma revisão médica. (Acrescido pela Portaria INSS/DIRBEN 1.231/2024)

CAPÍTULO III
REVISÃO DE OFÍCIO

SEÇÃO I
DAS REVISÕES DE OFÍCIO

Art. 11. Considera-se revisão de ofício as revisões administrativas cuja identificação do erro administrativo tenha se originado do princípio da autotutela administrativa.

Parágrafo único. A autotutela administrativa do Processo Administrativo Previdenciário - PAP consiste no exercício do controle da legalidade dos atos processuais praticados, podendo ocorrer na esfera procedimental ou do mérito.

Art. 12. As revisões de ofício terão como origem: (Redação dada pela Portaria DIRBEN/INSS 1.231/2024)

I - supervisões técnicas; (Redação dada pela Portaria DIRBEN/INSS 1.231/2024)

II - determinação judicial; (Redação dada pela Portaria DIRBEN/INSS 1.231/2024)

III - identificação de erros sistêmicos; (Redação dada pela Portaria DIRBEN/INSS 1.231/2024)

IV - órgãos de controle interno e externo; ou (Redação dada pela Portaria DIRBEN/INSS 1.231/2024)

V - correção de falha operacional não vinculada à análise de mérito por iniciativa do: (Acrescido pela Portaria DIRBEN/INSS 1.231/2024)

a) próprio servidor que concluiu a tarefa;
b) Servidores elencados no artigo 13, § 1º ; ou
c) pelo supervisor técnico.

VI - a situação prevista no artigo 14, § 5º. (Acrescido pela Portaria DIRBEN/INSS 1.231/2024)

§ 1º A revisão de ofício por determinação judicial deverá ser feita por meio da tarefa "Revisão Extraordinária" (código 9154), independentemente se a solicitação do juízo determina reanálise ou revisão do ato. (Redação dada pela Portaria DIRBEN/INSS 1.231/2024)

§ 2º Caso a revisão seja originada de demanda judicial e se trate de erro formal não vinculado ao mérito previsto no art. 17, deverá ser aberta a tarefa de "Solicitação de Correção de Erro Formal em Tarefa" (código 9428), da mesma forma que ocorre nas demandas administrativas. (Redação dada pela Portaria DIRBEN/INSS 1.231/2024)

§ 3º Nas situações descritas nos parágrafos anteriores 1º e 2º deste artigo, o responsável pela criação da tarefa deverá: (Redação dada pela Portaria DIRBEN/INSS 1.231/2024)

I - anexar a demanda judicial que deu origem ao ato no momento da criação da tarefa; (Acrescido pela Portaria DIRBEN/INSS 1.231/2024)

II - encaminhar a tarefa à Seção de Análise de Reconhecimento de Direitos (SARD); (Acrescido pela Portaria DIRBEN/INSS 1.231/2024)

III - fazer constar em despacho o motivo da demanda e o ato a ser realizado a fim de instruir o servidor que vai realizar a análise da tarefa; e (Acrescido pela Portaria DIRBEN/INSS 1.231/2024)

IV - responder ao juízo demandante após a conclusão da tarefa correspondente. (Acrescido pela Portaria DIRBEN/INSS 1.231/2024)

§ 4º Poderão ser objeto de revisão de ofício demandas específicas identificadas pela Dirben ou pela Coben. (Acrescido pela Portaria DIRBEN/INSS 1.231/2024)

SEÇÃO II
DA INDICAÇÃO DE ERROS ADMINISTRATIVOS

Art. 13. As indicações de erro administrativo serão encaminhadas ao SGBEN da Gerência Executiva de vinculação do servidor responsável pela análise, por meio do serviço "Indicação de Erro Administrativo" (código 13975), conforme o Anexo I - Fluxo e Procedimentos do Programa de Supervisão Técnica, desta Portaria. (Redação dada pela Portaria DIRBEN/INSS 1.231/2024)

§ 1º Somente poderão realizar a "Indicação de Erro Administrativo" (Código 13975): (Redação dada pela Portaria DIRBEN/INSS 1.231/2024)

I - gerentes de Agência da Previdência Social - APS; (Acrescido pela Portaria DIRBEN/INSS 1.231/2024)

II - chefias das SARD; (Acrescido pela Portaria DIRBEN/INSS 1.231/2024)

III - chefias das Seções de Análise de Manutenção de Benefícios - SAMB; (Acrescido pela Portaria DIRBEN/INSS 1.231/2024)

IV - chefias das Seções de Análise de Monitoramento e Cobrança Administrativa de Benefícios - SAMC; (Acrescido pela Portaria DIRBEN/INSS 1.231/2024)

V - chefias das Seções de Análise e Demandas Judiciais - SADJ; (Acrescido pela Portaria DIRBEN/INSS 1.231/2024)

VI - chefias dos Serviços de Gerenciamento e Relacionamento com o Cidadão - SGREC e das Seções de Apoio ao Relacionamento com Cidadão - SAREC; (Acrescido pela Portaria DIRBEN/INSS 1.231/2024)

VII - chefias dos SGBEN e de suas seções vinculadas e; (Acrescido pela Portaria DIRBEN/INSS 1.231/2024)

VIII - chefias das Coordenações, Divisões e Serviços das Superintendências Regionais das Coben e Coordenações de Relacionamento com o Cidadão - COREC. (Acrescido pela Portaria DIRBEN/INSS 1.231/2024)

§ 2º A "Indicação de Erro Administrativo" (código 13975) deverá ser utilizada somente nos casos específicos, devidamente justificados e motivados, em que o gestor identifique necessidade de realização de supervisão técnica em decorrência de erros de mérito na análise. (Redação dada pela Portaria DIRBEN/INSS 1.231/2024)

§ 3º É vedada a utilização da "Indicação de Erro Administrativo" (Código 13975) para os requerimentos não pertencentes à área de reconhecimento de direitos. (Redação dada pela Portaria DIRBEN/INSS 1.231/2024)

§ 4º O solicitante da "Indicação de Erro Administrativo" (Código 13975) deverá informar por meio dos campos adicionais obrigatórios da tarefa: (Redação dada pela Portaria DIRBEN/INSS 1.231/2024)

I - protocolo da tarefa com indicação de erro; (Acrescido pela Portaria DIRBEN/INSS 1.231/2024)

II - número do benefício - NB, certidão de tempo de contribuição - CTC ou número do requerimento SDPA; (Acrescido pela Portaria DIRBEN/INSS 1.231/2024)

III - modalidade de análise: se a análise ocorreu no âmbito da Central de Análise de Benefícios - CEAB ou por meio da análise das Tarefas do Programa Especial; (Acrescido pela Portaria DIRBEN/INSS 1.231/2024)

IV - origem da solicitação: informação do âmbito de origem do solicitante, respeitando as limitações dispostas no §

1º; (Acrescido pela Portaria DIRBEN/INSS 1.231/2024)

V - justificativa para solicitação indicando o erro de mérito e o embasamento legal. (Acrescido pela Portaria DIRBEN/INSS 1.231/2024)

§ 5º No cadastramento da indicação do erro administrativo a que se refere o caput:

I- informar como interessado o OL da unidade que está abrindo a tarefa; e (Acrescido pela Portaria DIRBEN/INSS 1.231/2024)

II- o número do Cadastro de Pessoa Física - CPF do requerente ou do seu representante legal não deverá ser informado. (Acrescido pela Portaria DIRBEN/INSS 1.231/2024)

§ 6º Nos casos de análises de servidores lotados na Superintendência Regional, a indicação deverá ser encaminhada à Coben de lotação do servidor responsável pela conclusão da tarefa supervisionada. (Redação dada pela Portaria DIRBEN/INSS 1.231/2024)

§ 7º Nos casos de análises de servidores lotados na Administração Central, a indicação deverá ser encaminhada à Coordenação de Gestão de Benefícios da Superintendência Regional Norte/Centro-Oeste.

§ 8º Nos casos de "Indicação de Erro Administrativo" (Código 13975) de requerimentos processados automaticamente, a tarefa deverá ser encaminhada para o SGBEN da Gerência Executiva de manutenção do benefício. (Redação dada pela Portaria DIRBEN/INSS 1.231/2024)

§ 9º A indicação de erro administrativo é um ato interno e em hipótese nenhuma poderá ser objeto de requerimento externo. (Acrescido pela Portaria DIRBEN/INSS 1.231/2024)

Art. 14. O SGBEN, ou quem por ele indicado, deverá analisar a "Indicação de Erro Administrativo" (Código 13975) e, caso atenda aos requisitos citados no § 4º do art. 13, cadastrar, conforme o caso, a tarefa de: (Redação dada pela Portaria DIRBEN/INSS 1.231/2024)

I - "Supervisão Técnica em Benefícios" (código 16335); (Redação dada pela Portaria DIRBEN/INSS 1.231/2024)

II - "Supervisão Técnica em Benefícios BPC" (código 16355): (Redação dada pela Portaria DIRBEN/INSS 1.231/2024)

III - "Supervisão Técnica em Benefícios CTC" (código 16375); ou (Acrescido pela Portaria DIRBEN/INSS 1.231/2024)

IV - "Supervisão Técnica em Benefícios SDPA" (código 12921). (Acrescido pela Portaria DIRBEN/INSS 1.231/2024)

§ 1º O SGBEN deverá seguir os fluxos e procedimentos elencados no Anexo I desta Portaria relativos às tarefas de "Indicação de Erro Administrativo" (Código 13975) e Supervisão Técnica em Benefícios. (Redação dada pela Portaria DIRBEN/INSS 1.231/2024)

§ 2º Nos casos de indicação que decorrerem de processamento automático, após verificar a inconsistência o SGBEN deverá: (Redação dada pela Portaria DIRBEN/INSS 1.231/2024)

I - criar a tarefa de "Revisão de Ofício" (código 5172) preenchendo os campos adicionais obrigatórios, incluindo os dados do interessado, representante legal bem como os dados de contato informando o protocolo inicial a ser revisado e encaminhá-la de ofício à SARD da sua Gerência Executiva; (Redação dada pela Portaria DIRBEN/INSS 1.231/2024)

II - concluir a tarefa de indicação informando o encaminhamento dado em campo adicional e o protocolo da tarefa de revisão de ofício. (Redação dada pela Portaria DIRBEN/INSS 1.231/2024)

§ 3º Nas hipóteses do parágrafo anterior, a chefia da SARD deverá realizar a distribuição da "Revisão de Ofício" (código 5172) a servidor vinculado a sua seção para que inicie a correção do erro administrativo no prazo de 5 (cinco) dias úteis. (Redação dada pela Portaria DIRBEN/INSS 1.231/2024)

§ 4º Se a "Indicação de Erro Administrativo" (Código 13975) não apresentar elementos mínimos, o SGBEN poderá concluir a tarefa informando a impossibilidade de encaminhamento ou, quando for o caso, alterar a tarefa para "Solicitação de Correção de Erro Formal em Tarefa" (Código 9428), conforme artigo 17. (Redação dada pela Portaria DIRBEN/INSS 1.231/2024)

§ 5º Excepcionalmente, em caso de identificação de erro administrativo oriundo de requerimento da área de reconhecimento de direitos não previsto no caput do artigo 4º, deverá ser criada a tarefa de "Revisão de Ofício" (Código 5172) quando o SGBEN, ou quem por ele indicado, concluir pela ocorrência do erro vinculado ao mérito, ou "Solicitação de Correção de Erro Formal em Tarefa" (Código 9428) quando ocorrer apenas erro formal. A tarefa criada deverá ser encaminhada à SARD na forma do § 3º deste artigo ou do § 3º do artigo 18, a depender do tipo da tarefa criada. (Acrescido pela Portaria DIRBEN/INSS 1.231/2024)

SEÇÃO III
DOS FLUXOS E PROCEDIMENTOS DA REVISÃO DE OFÍCIO DE ORIGEM DA SUPERVISÃO TÉCNICA

Art. 15. A Supervisão Técnica utilizará para avaliação os critérios e diretrizes dispostos no Anexo II - Manual da Supervisão Técnica, desta Portaria.

§ 1º A Supervisão Técnica, quando identificar erros procedimentais ou de mérito, deverá concluir a atividade de supervisão indicando a necessidade de revisão do ato, observado o seguinte: (Redação dada pela Portaria INSS/DIRBEN 1.231/2024)

I - em caso de identificação de erros procedimentais que não afetem o mérito, listados no artigo 18, deverá criar a tarefa de "Solicitação de Correção de Erro Formal em Tarefa" (código 9428), com encaminhamento à SARD do servidor responsável pela análise; (Acrescido pela Portaria INSS/DIRBEN 1.231/2024)

II - em caso de identificação de erro que afete ou possa afetar o mérito, deverá criar a tarefa de "Revisão de Ofício Identificada" (código 16395), conforme definido no Anexo I - Fluxos e Procedimentos do Programa de Supervisão Técnica; (Acrescido pela Portaria INSS/DIRBEN 1.231/2024)

III - para situações de conclusão do requerimento decorrente de processamento automático indevido, independentemente da existência de servidor cadastrado como responsável na tarefa, deverá criar a tarefa de "Revisão de Ofício" (código 5172), ou "Revisão de Ofício - Benefício por Incapacidade" (código 17475), conforme o caso, com encaminhamento à SARD de manutenção do benefício. (Acrescido pela Portaria INSS/DIRBEN 1.231/2024)

§ 2º Ao identificar a necessidade de revisão do ato, o supervisor deverá criar a subtarefa de "Acompanhamento da Revisão de Ofício" (código 13976) associada à tarefa de "Revisão de Ofício Identificada" (código 16395) e direcioná-la ao SGBEN da gerência executiva de vinculação do servidor responsável pela análise do requerimento supervisionado. (Redação dada pela Portaria INSS/DIRBEN 1.231/2024)

§ 3º O Supervisor Técnico, antes da conclusão da tarefa, deverá incluir como interessado o servidor responsável pela tarefa supervisionada, informando o seu respectivo e-mail funcional nos dados de contato retirado diretamente no site ou o que vier a substituí-lo. (Redação dada pela Portaria INSS/DIRBEN 1.231/2024)

§ 4º A tarefa de Supervisão Técnica deverá ser concluída com as informações dos critérios que deverão ser revistos de forma objetiva e clara. (Redação dada pela Portaria DIRBEN/INSS 1.253/2025).

§ 5º Caso o suporte técnico da GEX discorde da conclusão da supervisão técnica, caberá a criação da tarefa de Parecer de área técnica a ser encaminhada para a área correspondente da Coben, a qual realizará a análise da divergência apontada na forma prevista no § 5º do artigo 16. (Acrescido pela Portaria INSS/DIRBEN 1.231/2024)

Art. 16. O Setor de Suporte Técnico ao Reconhecimento de Direitos (SEST-RD), ou outro servidor indicado pelo SGBEN, deverá acompanhar as revisões de ofício dos servidores vinculados à sua Gerência Executiva (GEX), por meio do serviço "Acompanhamento da Revisão de Ofício" (código 13976), de forma a garantir a realização dos procedimentos de revisão indicados. (Redação dada pela Portaria INSS/DIRBEN 1.231/2024)

§ 1º Caso a tarefa ainda não tenha sido atribuído pelo supervisor ao servidor responsável pela análise da tarefa, o SEST-RD atribuirá a tarefa de "Revisão de Ofício Identificada" (código 16395) e notificará o servidor, por meio do e-mail institucional, com cópia para a chefia imediata do servidor, informando a necessidade da análise prioritária da ROI sob sua responsabilidade. (Redação dada pela Portaria INSS/DIRBEN 1.231/2024)

§ 2º O servidor responsável pela revisão terá: (Redação dada pela Portaria INSS/DIRBEN 1.231/2024)

I- o prazo de 5 (cinco) dias úteis para iniciar os procedimentos de revisão indicados e realizar diligências administrativas, se necessário; e (Acrescido pela Portaria INSS/DIRBEN 1.231/2024)

II- o prazo de 5 (cinco) dias úteis para concluir os elementos revisionais, após finalizados os prazos legais ou retornados os procedimentos encaminhados, conforme previsto no Anexo IV - Definição e Procedimentos no caso de Recusa Injustificada desta Portaria. (Acrescido pela Portaria INSS/DIRBEN 1.231/2024)

§ 3º O servidor supervisionado, ao proceder com a revisão, deverá verificar se consta o requerente e/ou representante legal cadastrado na tarefa e, caso não esteja, deverá inserir o CPF bem como dados de contato para notificações do ato revisional. (Redação dada pela Portaria INSS/DIRBEN 1.231/2024)

§ 4º Caso o servidor supervisionado tenha entendimento diverso da supervisão técnica, este deverá cadastrar dúvida técnica de acordo com fluxo definido na Portaria Dirben/INSS nº 1.123, de 24/03/2023, ou outra que venha a substituir conforme a área de atuação do tema a ser dirimido (Administração de Informações do Segurado - AIS, Reconhecimento de Direitos - RD ou Manutenção de Benefícios - MAN) e encaminhar para manifestação do setor de suporte correspondente na GEX: (Redação dada pela Portaria INSS/DIRBEN 1.231/2024)

I - caso o suporte técnico da GEX conclua pela ratificação da supervisão técnica, o servidor supervisionado deverá prosseguir com os atos de revisão indicados; (Acrescido pela Portaria INSS/DIRBEN 1.231/2024)

II - caso o suporte técnico da GEX apresente divergência de entendimento, ainda que parcial, quanto às orientações da Supervisão Técnica, este deverá proceder com o encaminhamento da divergência suscitada à área técnica da respectiva Superintendência Regional, de acordo com fluxo definido na Portaria Dirben/INSS nº 1.123, de 24/03/2023. (Acrescido pela Portaria INSS/DIRBEN 1.231/2024)

§ 5º O Parecer de área Técnica, criado de acordo com o parágrafo anterior, será analisado pela área técnica correspondente da Coben, a qual poderá concluir: (Redação dada pela Portaria INSS/DIRBEN 1.231/2024)

I - pela ratificação do entendimento da supervisão técnica, implicando ao servidor supervisionado o prosseguimento com os atos de revisão indicados; (Acrescido pela Portaria INSS/DIRBEN 1.231/2024)

II - pela concordância com o entendimento exposto pelo Suporte Técnico da GEX, o que acarretará a reabertura da tarefa de supervisão técnica para adequação pelo supervisor e: (Acrescido pela Portaria INSS/DIRBEN 1.231/2024)

a) o cancelamento da ROI, caso haja alteração total da conclusão da supervisão; ou

b) a manutenção da ROI, caso haja alteração parcial da conclusão da supervisão.

§ 6º Após finalizar todos os procedimentos, com emissão de despacho conclusivo, devidamente motivado e fundamentado, indicando as correções realizadas, o servidor responsável deverá notificar o SEST-RD informando a revisão realizada. (Redação dada pela Portaria INSS/DIRBEN 1.231/2024)

§ 7º Após a notificação do servidor responsável de que trata o parágrafo anterior, o SEST-RD deverá verificar se todos os procedimentos indicados pela Supervisão Técnica foram realizados, e concluir a subtarefa de "Acompanhamento da Revisão de Ofício" (código 13976), conforme o caso. (Redação dada pela Portaria INSS/DIRBEN 1.231/2024)

§ 8º O servidor responsável pela tarefa revista e validada pelo SEST-RD, na forma do parágrafo anterior, deverá proceder com a conclusão da "Revisão de Ofício Identificada" (código 16395). (Redação dada pela Portaria INSS/DIRBEN 1.231/2024)

§ 9º Findados os prazos do § 2º: (Redação dada pela Portaria INSS/DIRBEN 1.231/2024)

I - e identificada a impossibilidade do servidor responsável de realizar as ações de correção necessárias, em razão de afastamentos legais, realocação administrativa, aposentadoria, entre outros que não se enquadrem como recusa injustificada; o SEST-RD comunicará à chefia da SARD para que seja criada uma subtarefa de "Revisão de Ofício" (código 5172), com atribuição de novo servidor responsável, para processamento da revisão no prazo do § 2º. (Acrescido pela Portaria INSS/DIRBEN 1.231/2024)

II - em não se tratando da hipótese apontada no inciso I, e diante de uma situação de "recusa injustificada", conforme definição prevista no Anexo IV - Definição e Procedimentos no caso de Recusa Injustificada desta Portaria, o SEST-RD deverá proceder de acordo com o fluxo constante no anexo citado. (Acrescido pela Portaria INSS/DIRBEN 1.231/2024)

§ 10. Após recebimento do processo SEI, as unidades competentes, nos termos do parágrafo anterior, deverão se manifestar, por meio de despacho específico, no prazo de até 5 dias úteis, consignando as ações realizadas, conforme a seguir: (Redação dada pela Portaria INSS/DIRBEN 1.231/2024)

a) a chefia imediata deverá consignar em despacho as ações realizadas junto ao servidor analisador; (Acrescido pela Portaria INSS/DIRBEN 1.231/2024)

b) o SGREC consignará o bloqueio efetuado das caixas Ordinária e Extraordinária do servidor responsável, observadas as orientações da Coordenação de Administração de Resultados - CADR, pelo prazo de 05 (cinco) dias úteis, para priorizar a conclusão da ROI e comunicará o servidor. (Acrescido pela Portaria INSS/DIRBEN 1.231/2024)

c) no caso do tratamento da tarefa no prazo previsto, o SGREC efetuará o desbloqueio das filas ordinária e extraordinária de análise a qual o servidor esteja vinculado; (Acrescido pela Portaria INSS/DIRBEN 1.231/2024)

d) a SARD deverá designar novo servidor, nos termos do inciso I do § 9º, consignando as ações realizadas, após 5 (cinco) dias úteis contados do bloqueio das caixas do servidor responsável, sem que este tenha atuado. (Acrescido pela Portaria INSS/DIRBEN 1.231/2024)

§ 11. As SRs poderão definir ações complementares desde que cumpridos os requisitos mínimos dispostos nas alíneas do § 10. (Redação dada pela Portaria INSS/DIRBEN 1.231/2024)

§ 12. Esgotados os prazos do parágrafo precedente, tendo ocorrido ou não a reanálise pelo servidor responsável pela ROI, o SEST-RD deverá encaminhar os autos para o Serviço de Reconhecimento de Direitos - SRD da Coben, no prazo máximo de até 05 (cinco) dias úteis, a contar do fim do prazo do parágrafo antecedente. (Redação dada pela Portaria INSS/DIRBEN 1.231/2024)

§ 13. Ao SRD da SR compete verificar a adequação da instrução do processo SEI elaborado em conformidade com as disposições desta portaria para adoção das providências necessárias, com o devido encaminhamento às áreas pertinentes. (Acrescido pela Portaria INSS/DIRBEN 1.231/2024)

§ 14. Finalizados os procedimentos de revisão de ofício, o SEST-RD deverá verificar se todos os procedimentos revisionais indicados pela Supervisão Técnica foram realizados, e concluir a subtarefa de "Acompanhamento da Revisão de Ofício" (código 13976) e a tarefa de "Revisão de Ofício Identificada" (código 16395), nas situações do previstas no § 10, alínea "c". (Acrescido pela Portaria INSS/DIRBEN 1.231/2024)

§ 15. Os procedimentos das tarefas e subtarefas de "Revisão de Ofício Identificada" (código 16395), "Revisão de Ofício" (código 5172) e "Acompanhamento da Revisão de Ofício" (código 13976) deverão seguir os procedimentos definidos no Anexo I - Fluxos e Procedimentos do Programa de Supervisão Técnica. (Acrescido pela Portaria INSS/DIRBEN 1.231/2024)

§ 16. O Gestor imediato deverá acompanhar a qualidade dos processos das análises realizadas pelos servidores da sua abrangência, seguindo as diretrizes propostas no art. 311, § 2º, IV da Portaria PRES/INSS nº 1.678, de 29 de abril de 2024. (Acrescido pela Portaria INSS/DIRBEN 1.231/2024)

§ 17. Os prazos, definições e fluxos previstos neste artigo, referentes ao procedimento a ser seguido em caso de recusa injustificada, estão disciplinados no Anexo IV - Definição e Procedimentos no caso de

Recusa Injustificada desta Portaria. (Acrescido pela Portaria INSS/DIRBEN 1.231/2024)

SEÇÃO IV
DOS PROCEDIMENTOS PARA CORREÇÃO DE FALHA OPERACIONAL NÃO VINCULADA À ANÁLISE DE MÉRITO

Art. 17. A revisão de ofício em decorrência de "Solicitação de Correção de Erro Formal em Tarefa" (código 9428) deverá ser utilizada nas situações em que o objeto da solicitação esteja relacionado a falha operacional não vinculada à análise de mérito e poderá ser solicitada pelos servidores citados no artigo 12, inciso V. (Redação dada pela Portaria INSS/DIRBEN 1.231/2024)

Art. 18. A revisão de ofício, mencionada no artigo anterior, deverá ser realizada somente nas hipóteses a seguir: (Redação dada pela Portaria INSS/DIRBEN 1.231/2024)

I - exclusão de documentos ou relatórios alheios à análise; (Redação dada pela Portaria INSS/DIRBEN 1.231/2024)

II - despacho conclusivo ausente ou divergente da formatação no sistema de benefício; (Redação dada pela Portaria INSS/DIRBEN 1.231/2024)

III - inserção de despacho ou documentos, quando não anexado inicialmente; (Acrescido pela Portaria INSS/DIRBEN 1.231/2024)

IV - encerramento da tarefa por erro de sistema; (Acrescido pela Portaria INSS/DIRBEN 1.231/2024)

V - conclusão da tarefa com benefício não formatado (Crítica 02); e (Acrescido pela Portaria INSS/DIRBEN 1.231/2024)

VI - utilização de Número de Inscrição do Trabalhador - NIT de terceiro na conclusão da tarefa ou equívoco na atribuição do NIT do titular, dependente, instituidor ou representante legal. (Acrescido pela Portaria INSS/DIRBEN 1.231/2024)

§ 1º Ao criar a tarefa de "Solicitação de Correção de Erro Formal" (Código - 9428) o servidor deverá marcar em campo adicional o motivo que se enquadra o erro formal a ser corrigido conforme incisos I a VI do caput. (Redação dada pela Portaria INSS/DIRBEN 1.231/2024)

§ 2º Nos casos de falha operacional identificada pela Supervisão Técnica em Benefícios ou pelo SGBEN, em que também forem constatadas desconformidades na análise do reconhecimento do direito, mesmo que essas desconformidades não impactem diretamente em mudança da decisão administrativa, o processo supervisionado deverá ser encaminhado para "Revisão de Ofício Identificada" (Código 16395) observando o fluxo da Supervisão Técnica em Benefícios e da Revisão de Ofício. (Redação dada pela Portaria INSS/DIRBEN 1.231/2024)

§ 3º A tarefa de "Solicitação de Correção de Erro Formal em Tarefa" (código 9428) deverá ser encaminhada à SARD da GEX de lotação do servidor responsável pela análise. (Acrescido pela Portaria INSS/DIRBEN 1.231/2024)

§ 4º Nos casos de formatação de requerimento no Sistema de Benefícios devido ao processamento automático sem que haja a conclusão da tarefa no Sistema de Atendimento, em decorrência de falha de comunicação, a tarefa de "Solicitação de Correção de Erro Formal em Tarefa" (código 9428) deverá ser encaminhada para à SARD da GEX de manutenção do benefício. (Acrescido pela Portaria INSS/DIRBEN 1.231/2024)

§ 5º Nos casos de análises de servidores lotados na Superintendência Regional, a tarefa de "Solicitação de Correção de Erro Formal em Tarefa" (código 9428) deverá ser encaminhada à Central de Análise de Benefícios - CEAB. (Acrescido pela Portaria INSS/DIRBEN 1.231/2024)

§ 6º Nos casos de análises de servidores lotados na Administração Central, a tarefa de "Solicitação de Correção de Erro Formal em Tarefa" (código 9428) deverá ser encaminhada à CEAB da Superintendência Regional Norte/Centro-Oeste. (Acrescido pela Portaria INSS/DIRBEN 1.231/2024)

Art. 19. É vedada a reabertura de tarefas nas Ceabs para as situações não enquadradas nas hipóteses estabelecidas pelo art. 18.

Art. 20. O servidor responsável pela análise poderá solicitar a correção de erro em tarefa por ele analisada diretamente à SARD, SAMB e SADJ tanto para correção de erros formais citados no artigo 18, quanto para correção de erro de mérito. (Redação dada pela Portaria INSS/DIRBEN 1.231/2024)

§ 1º Na hipótese do caput, a solicitação poderá ocorrer pelo meio mais ágil disponível, conforme disponibilizado por cada Seção de Análise. (Acrescido pela Portaria INSS/DIRBEN 1.231/2024)

§ 2º Após a reabertura, o servidor deverá proceder a revisão e concluir a tarefa no mesmo dia, desde que a conclusão não necessite de procedimentos adicionais como diligências, exigências, entre outros. (Acrescido pela Portaria INSS/DIRBEN 1.231/2024)

Art. 21. Na hipótese do art. 18, a tarefa de "Solicitação de Correção de Erro Formal em Tarefa" (código 9428), deve ser transferida, mencionando as razões do pedido de forma clara e inequívoca, à respectiva SARD, SAMB e SADJ da Gerência Executiva de vinculação do servidor responsável pela análise da tarefa objeto da solicitação de correção de erro formal. (Redação dada pela Portaria INSS/DIRBEN 1.231/2024)

Parágrafo único. No cadastramento da "Solicitação de Correção de Erro Formal em Tarefa" (código 9428), a que se refere o caput, não deverá ser informado o número do Cadastro de Pessoa Física - CPF do requerente nem do seu representante legal. Nessa situação, deverá cadastrar como interessado o OL da unidade que está abrindo a tarefa. (Acrescido pela Portaria INSS/DIRBEN 1.231/2024)

Art. 22. Compete às Sard, Samb e SADJ: (Artigo com redação dada pela Portaria INSS/DIRBEN 1.231/2024)

I - reabrir as tarefas objeto das solicitações mencionadas nos artigos 17 e 20;

II - notificar o servidor responsável pela tarefa a ser revista e garantir a sua conclusão no mesmo dia da reabertura;

III - atribuir-se como responsável na tarefa de "Solicitação de Correção de Erro Formal em Tarefa" (código 9428), e acompanhar a conclusão da tarefa reaberta; e

IV - concluir a tarefa mencionada no inciso III informando os procedimentos realizados.

§ 1º Na impossibilidade de reanálise pelo mesmo servidor que concluiu a tarefa objeto de reabertura, a SARD, SAMB ou SADJ deverá criar a subtarefa de "Revisão de Ofício" (código 5172) e distribuir para outro servidor para reanálise, procedendo à devida notificação deste conforme inciso II do caput, nessa situação, e concluir a tarefa principal reaberta.

§ 2º Caso a correção não seja feita até o final do expediente, a tarefa deverá ser concluída novamente com despacho informando que não houve alteração após a reabertura, ressalvado o disposto no § 2º do art. 20.

CAPÍTULO IV
DISPOSIÇÕES FINAIS

Art. 23. O SGREC e a COREC deverão realizar as configurações necessárias nos sistemas SAG Gestão e Portal do Atendimento - PAT para cumprimento dos dispositivos desta Portaria e seus anexos. (Redação dada pela Portaria INSS/DIRBEN 1.231/2024)

Art. 24. A "Indicação de Erro Administrativo" - código 13975, "Supervisão Técnica em Benefícios" - código 16335, "Supervisão Técnica em Benefícios BPC" - código 16355, "Supervisão Técnica em Benefícios CTC" - código 16375, "Supervisão Técnica em Benefícios SDPA" - código 12921, "Revisão de Ofício" - código 5172, "Revisão de Ofício Identificada" - código 16395, "Acompanhamento da Revisão de Ofício" - código 13976, "Solicitação de correção de erro Formal de tarefa" - código 9428 e "Revisão de Ofício - Benefício por Incapacidade" - código 17475 são serviços internos e para exercício do poder-dever da autotutela administrativa do INSS, portanto, não são serviços disponibilizados para requerimento do cidadão. (Redação dada pela Portaria INSS/DIRBEN 1.231/2024)

Parágrafo único. Quando o segurado não concordar com os parâmetros e méritos que ensejaram o deferimento ou indeferimento do seu requerimento, deve-se seguir as regras e procedimentos definidos nos artigos 578 a 590 da Instrução Normativa PRES/INSS nº 128, de 28 de março de 2022 , e Portarias Dirben/INSS nº 996 (Livro VII) e 997 (Livro VIII), de 28 de março de 2022.

(Redação dada pela Portaria INSS/DIRBEN 1.231/2024)

Art. 25. Caso haja pedido de cópia de processo, o servidor deverá disponibilizar, além da tarefa principal que fora supervisionada, todas as tarefas a ela vinculadas, inclusive "Revisão de Ofício" (código 5172), "Revisão de Ofício Identificada" (código 16395) e "Revisão de Ofício - Benefício por Incapacidade" (código 17475). (Redação dada pela Portaria INSS/DIRBEN 1.231/2024)

Art. 26. Ficam revogados os seguintes dispositivos:

I - inciso IV, do artigo 7º e Seção I, do Anexo II, da Portaria nº 411 Dirben/INSS, de 22 de maio de 2020; e

II - seção VIII, da Portaria Dirben/INSS nº 952, de 01 de dezembro de 2021.

Art. 27. Os anexos desta portaria estão disponíveis no Portal do INSS na intraprev.

- Art. 2º, Portaria INSS/DIRBEN 1.231/2024 (Estabelece que os anexos da Portaria 1.056/2022 passam a vigorar na forma dos Anexos I, II, III, IV e V desta Portaria, disponibilizados no Portal do INSS na Intraprev).

Art. 28. Esta Portaria entra em vigor na data de sua publicação.

EDSON AKIO YAMADA

PORTARIA CONJUNTA MTP e INSS Nº 28, DE 27 DE SETEMBRO DE 2022

DOU 4/10/2022

Disciplina os procedimentos, os requisitos e a forma de encaminhamento das apurações de irregularidade ou fraude e de efetivação do bloqueio de que trata o Art. 179-E do Regulamento da Previdência Social - RPS, aprovado pelo Decreto nº 3.048, de 6 de maio de 1999, e dá outras providências.

(Processo nº 10135.102017/2021-61).

O MINISTRO DE ESTADO DO TRABALHO E PREVIDÊNCIA e o PRESIDENTE DO INSTITUTO NACIONAL DO SEGURO SOCIAL, no uso das atribuições que lhes conferem, respectivamente, o inciso II, do parágrafo único do art. 87 da Constituição, e o art. 17 do Anexo I do Decreto nº 10.995, de 14 de março de 2022, e tendo em vista o disposto no § 6º do Art. 179-E do Regulamento da Previdência Social - RPS, aprovado pelo Decreto nº 3.048, de 6 de maio de 1999, resolvem:

Art. 1º Disciplinar os procedimentos, os requisitos, o fluxo de trabalho e a forma de encaminhamento das apurações de irregularidade ou fraude e da efetivação do bloqueio cautelar dos benefícios administrados pelo INSS, que tenham sido objeto de apuração pela Coordenação-Geral de Inteligência Previdenciária e Trabalhista - CGINT do Ministério do Trabalho e Previdência.

Art. 2º Enquadram-se nas hipóteses de aplicação da previsão do art. 179-E do RPS as apurações realizadas pela CGINT, dedicadas à detecção e investigação de fraudes estruturadas em benefícios administrados pelo INSS, conforme previsto nas competências deste Ministério.

Art. 3º Cabe à CGINT encaminhar ao Presidente do INSS a relação de benefícios que tenham sido objeto de apuração de irregularidade ou fraude em decorrência das ações sob sua competência, cientificando o Secretário Executivo do MTP previamente, sem prejuízo do envio tempestivo das informações.

§ 1º Nas apurações realizadas pela CGINT, assim que reunidas as informações necessárias, deve ser especificada, no encaminhamento mencionado no caput, a relação de benefícios com indícios de irregularidade ou de fraude, acompanhada dos respectivos relatórios descritivos e demais dados pertinentes ao caso.

§ 2º Quando detectados casos de fraude estruturada em benefícios administrados pelo INSS, as informações de que trata o parágrafo anterior podem ser encaminhadas imediatamente, ainda que produzidas em sede de apuração preliminar, desde que não haja risco de comprometimento a procedimentos investigatórios em andamento.

Art. 4º O Presidente do INSS, ao receber as relações de benefícios que tenham sido objeto de apuração de irregularidades ou fraude de que tratam o art. 3º, pode promover, considerando a capacidade operacional, a aplicação da medida cautelar prevista no art. 179-E do RPS.

§ 1º A medida cautelar prevista no artigo 179-E do RPS também pode ser adotada para benefícios que não estejam indicados nas relações de que trata o art. 3º desta Portaria, desde que devidamente identificada, pela CGINT, a associação a fraudes ou irregularidades anteriormente investigadas.

§ 2º A medida cautelar a que se refere o caput e o § 1º se dará por meio do bloqueio do benefício, devendo ser precedida de decisão fundamentada que contenha expressamente a narrativa comunicada, as circunstâncias de fato e de direito que a fundamentam, os elementos probatórios que indiquem a existência de irregularidade ou fraude na concessão ou manutenção dos benefícios envolvidos, o risco iminente de prejuízo ao erário e a relação dos respectivos benefícios, de seus titulares e de eventuais responsáveis ou procuradores cadastrados.

Art. 5º Os processos administrativos de apuração de irregularidades alcançados pelo bloqueio de que trata este ato devem ter distribuição e análise prioritária frente aos demais processos de apuração de irregularidades.

§ 1º O beneficiário deve ser notificado imediatamente após a adoção da medida de bloqueio cautelar prevista no art. 179-E do RPS para apresentação de defesa nos prazos previstos no § 1º do art. 69 da Lei nº 8.212, de 1991.

§ 2º Na hipótese do caput, o prazo para conclusão do procedimento será de trinta dias, contado da data de apresentação de defesa.

§ 3º Esgotado o prazo de que trata o § 2º, ainda que não concluída a análise processual pelo INSS, o benefício deve ser desbloqueado automaticamente, ressalvada a hipótese prevista no § 4º.

§ 4º Na hipótese de o titular do benefício não apresentar defesa, o bloqueio a que se refere o caput deve ser convertido automaticamente em suspensão do benefício pela irregularidade.

Art. 6º Da decisão fundamentada que implique o bloqueio cautelar de benefício nos termos do art. 179-E, não cabe recurso ao Conselho de Recursos da Previdência Social.

Parágrafo único. Concluída a análise do mérito do processo, pode o interessado interpor recurso fundamentado ao Conselho de Recursos da Previdência Social.

Art. 7º O INSS deverá encaminhar ao MTP relatório contendo as medidas adotadas e os resultados alcançados no tratamento dos benefícios passíveis de bloqueio cautelar nos termos desta portaria.

Art. 8º Esta Portaria entre em vigor no primeiro dia útil do mês subsequente à data de sua publicação.

JOSÉ CARLOS OLIVEIRA
Ministro de Estado do Trabalho e Previdência

GUILHERME GASTALDELLO PINHEIRO SERRANO
Presidente do Instituto Nacional do Seguro Social

PARTE 8 – EMPRÉSTIMO CONSIGNADO NO BENEFÍCIO PREVIDENCIÁRIO

INSTRUÇÃO NORMATIVA INSS Nº 138, DE 10 DE NOVEMBRO DE 2022

DOU 11/11/2022, rep. DOU 13/12/2022

Estabelece critérios e procedimentos operacionais relativos à consignação de descontos para pagamento de crédito consignado contraído nos benefícios pagos pelo INSS.

O PRESIDENTE DO INSTITUTO NACIONAL DO SEGURO SOCIAL - INSS, no uso da competência que lhe confere o Decreto nº 10.995, de 14 de março de 2022, assim como o § 1º do art. 6º da Lei nº 10.820, de 17 de dezembro de 2003, e

Considerando o que consta do Processo Administrativo nº 35014.065975/2022-22, resolve:

Art. 1º Esta Instrução Normativa, dispõe sobre o desconto do valor das parcelas referentes ao pagamento de empréstimo pessoal consignado, cartão de crédito consignado, cartão consignado de benefício e amortização de antecipação salarial sem cobrança de juros, concedido por instituições consignatárias acordantes em benefícios elegíveis pagos pelo INSS, exceto as espécies não permitidas relacionadas no Anexo II. (Redação dada pela Instrução Normativa PRES/INSS 175/2024)

§ 1º Para operacionalizar o crédito consignado, as instituições deverão celebrar Acordo de Cooperação Técnica - ACT com o INSS e contrato com a Empresa de Tecnologia e Informações da Previdência - Dataprev S.A.

§ 2º O ACT e o contrato, tratados no § 1º, são independentes, cabendo obrigações específicas a cada participante.

§ 3º As condições de habilitação e credenciamento das instituições estão descritas na Portaria nº 76/DIRBEN/INSS, de 3 de fevereiro de 2020.

§ 4º (Revogado pela IN PRES/INSS 143/2023)

§ 5º Aplica-se o previsto no caput ao benefício da Renda Mensal Vitalícia (RMV), prevista na Lei nº 6.179, de 11 de dezembro de 1974. (Redação dada pela IN PRES/INSS 154/2023)

§ 6º Eventuais dúvidas sobre a operacionalização da contratação do crédito consignado deverão ser dirimidas com a instituição consignatária acordante.

§ 7º A antecipação salarial: (Acrescido pela Instrução Normativa PRES/INSS 175/2024)

I - solicitada por meio do cartão físico do segurado, com chip e inserção de senha pessoal de confirmação da transação, não dependerá de desbloqueio prévio do benefício, sendo facultada a sua solicitação por outros meios disponíveis, desde que contratada mediante biometria. (Redação dada pela Instrução Normativa PRES/INSS 179/2025)

II - não implica corresponsabilidade do INSS por dívidas ou compromissos de natureza pecuniária assumidos pelo beneficiário junto às instituições financeiras consignatárias. (Acrescido pela Instrução Normativa PRES/INSS 175/2024)

Art. 2º Em qualquer circunstância, a responsabilidade do INSS em relação ao crédito consignado restringe-se à retenção dos valores autorizados pelo beneficiário e repasse à instituição consignatária acordante, não cabendo à Autarquia responsabilidade solidária pelos débitos contratados pelo titular do benefício, conforme o § 2º do art. 6º da Lei nº 10.820, de 2003.

§ 1º O INSS não possui ingerência sobre eventuais contratações não amparadas por esta Instrução Normativa.

§ 2º A contratação de crédito consignado constitui uma operação entre o beneficiário e a instituição consignatária acordante, cabendo unicamente às partes zelar pelo seu cumprimento.

§ 3º Eventuais necessidades de acertos de valores sobre consignações pagas ou contratadas deverão ser objeto de ajuste ou acordo entre o beneficiário e a instituição consignatária acordante.

CAPÍTULO I
DAS DISPOSIÇÕES GERAIS

SEÇÃO I
DAS DEFINIÇÕES BÁSICAS

Art. 3º O crédito consignado, cujas parcelas contratadas são deduzidas diretamente do pagamento mensal do benefício, compreende as seguintes modalidades:

I - empréstimo pessoal consignado;

II - cartão de crédito consignado; e

III - cartão consignado de benefício.

Art. 3º-B Os titulares de benefícios elegíveis pagos pelo INSS, poderão antecipar valores do pagamento do seu benefício referente à competência imediatamente posterior, à título de antecipação salarial, concedidos por instituições financeiras, desde que: (Acrescido pela Instrução Normativa PRES/INSS 175/2024)

› Consta conforme publicação oficial.

I - a antecipação salarial seja realizada com instituição financeira com no mínimo 12 (doze) meses de experiência com o serviço de antecipação salarial e que tenha celebrado Convênio e/ou Acordo com o INSS/Dataprev, para esse fim; e (Acrescido pela Instrução Normativa PRES/INSS 175/2024)

II - mediante utilização de cartão físico do segurado, com chip e senha pessoal de confirmação da operação, contratado junto à instituição financeira devidamente credenciada, sendo facultada a sua solicitação por outros meios disponíveis, desde que contratada mediante biometria. (Redação dada pela Instrução Normativa PRES/INSS 179/2025)

§ 1º Os descontos referentes ao pagamento da antecipação salarial não poderão ultrapassar o limite de R$ 150,00 (cento e cinquenta reais) e serão lançados na folha imediatamente seguinte à da competência de utilização dos valores antecipados. (Acrescido pela Instrução Normativa PRES/INSS 175/2024)

§ 2º A implementação das alterações, por parte das instituições consignatárias acordantes, mencionadas no art. 1º e nos incisos I e II do caput ocorrerá em prazo a ser estabelecido em ato próprio, pela Diretoria de Benefícios e Relacionamento com o Cidadão, considerando a disponibilização, por parte do INSS, dos manuais e descritores dos serviços, a serem elaborados pela Dataprev. (Acrescido pela Instrução Normativa PRES/INSS 175/2024)

§ 3º O limite de descontos estabelecido no § 1º poderá ser reajustado ou revisto decorridos 3 (três) meses da publicação desta Instrução Normativa. (Acrescido pela Instrução Normativa PRES/INSS 175/2024)

§ 4º Após o prazo estipulado no § 3º, poderá, a qualquer tempo, quando identificada necessidade e desde que devidamente motivada, ser alterada a forma de cálculo e estipulado novo limite para descontos referentes ao pagamento da antecipação salarial. (Acrescido pela Instrução Normativa PRES/INSS 175/2024)

§ 5º Fica vedada a utilização da antecipação salarial para pagamento de apostas físicas ou eletrônicas. (Acrescido pela Instrução Normativa PRES/INSS 175/2024)

Art. 4º Para os fins desta Instrução Normativa, considera-se:

I - empréstimo pessoal consignado: a modalidade de crédito concedida exclusivamente por instituição financeira para empréstimo de dinheiro, cujo pagamento é realizado por desconto de parcelas mensais fixas no benefício do contratante;

II - Reserva de Margem Consignável - RMC: limite reservado na renda mensal do benefício para uso exclusivo do cartão de crédito, indicando a contratação de um cartão de crédito consignado;

III - Reserva de Cartão Consignado - RCC: limite reservado na renda mensal do benefício para uso exclusivo do cartão de benefícios, indicando a contratação de cartão consignado de benefício;

IV - cartão de crédito consignado: a modalidade de crédito concedida por instituição consignatária acordante ao titular do benefício, para ser movimentado até o limite previamente estabelecido, por meio do respectivo cartão;

V - cartão consignado de benefício: a forma de operação concedida por instituição consignatária acordante para contratação e financiamento de bens, de despesas decorrentes de serviços e saques, e concessão de outros benefícios vinculados ao respectivo cartão;

VI - Empresa de Tecnologia e Informações da Previdência - Dataprev S.A: empresa que presta serviços de tecnologia da informação previstos no ACT firmado entre a instituição consignatária acordante e o INSS, necessários para operacionalização do crédito consignado;

VII - Termo de Autorização para Acesso a Dados: o formulário padrão, com leiaute pré-aprovado pelo INSS, que deve ser preenchido pela instituição consignatária acordante e assinado pelo beneficiário ou seu representante legal, para autorizar a consulta aos dados de elegibilidade e margem consignável de seu benefício, conforme o Anexo III, observados os limites legais estabelecidos pela Lei nº 13.709, de 14 de agosto de 2018 (Lei Geral de Proteção de Dados Pessoais - LGPD);

VIII - reconhecimento biométrico: rotina que permite confirmar a operação realizada pelo beneficiário junto às instituições consignatárias acordantes, garantindo a integridade e não repúdio das informações, a autenticidade, e a titularidade a partir de ferramentas tecnológicas de captura biométrica, cujos requisitos técnicos serão definidos pela Dataprev;

IX - margem consignável: percentual da renda do benefício, apurada após a dedução das consignações obrigatórias, que pode ser comprometida com descontos de crédito consignado;

X - averbação de contrato: comunicação através de interface de programação - API, definida por padronização em documentação técnica, enviada pela instituição consignatária acordante à Dataprev, para inclusão automática da contratação do crédito consignado no Sistema Corporativo do INSS, quando atendidos os requisitos da legislação vigente e existir margem consignável;

XI - repasse: transferência financeira do INSS para a instituição consignatária acordante em razão das consignações processadas, mensalmente, nos benefícios;

XII - glosa: desconto de parcelas no repasse futuro à instituição consignatária acordante;

XIII - suspensão de contrato: interrupção temporária dos descontos no benefício e do respectivo repasse, sem liberação da margem consignável;

XIV - exclusão de contrato: interrupção definitiva dos descontos no benefício e do respectivo repasse, com liberação da margem consignável;

XV - portabilidade: transferência de operação de crédito de instituição credora original para instituição proponente, por solicitação do beneficiário;

XVI - troca de titularidade: migração da carteira (ou parte dela) de operações de crédito de instituição credora original para instituição proponente.

XVII - repactuação/refinanciamento: renegociação pelo beneficiário do empréstimo pessoal em novos prazos, taxas e/ou novos valores;

XVIII - instituição consignatária acordante: instituição financeira e entidades fechadas de previdência complementar que tenham celebrado ACT com o INSS e formalizado contrato com a Dataprev para os fins previstos nesta Instrução Normativa, cuja relação total será divulgada mensalmente no Portal INSS (Intraprev), com a informação de que estão ou não operando averbações de empréstimo, nos benefícios pagos pelo INSS; (Redação dada pela IN PRES/INSS 146/2023)

XIX - instituição financeira: aquela que assim se enquadrar na forma do art. 17 da Lei nº 4.595, de 31 de dezembro de 1964, e que esteja devidamente autorizada a funcionar como tal pelo Banco Central do Brasil - BCB;

XX - entidades fechadas de previdência complementar: aquelas que cumpram o objeto principal de administração de planos de benefícios de natureza previdenciária de que trata a Lei Complementar nº 109, de 29 de maio de 2001, e atuem acessoriamente com operações de empréstimo consignado, na forma verificada pela Superintendência Nacional de Previdência Complementar - PREVIC;

XXI - correspondente bancário: é a pessoa natural ou jurídica contratada por uma instituição financeira para atuar em seu nome, e sob suas diretrizes, na oferta de serviços bancários, remunerada por meio de comissões, observadas as normas fixadas na Resolução nº 4.935 de 29 de julho de 2021, do BCB;

XXII - beneficiário: o titular de benefícios elegíveis ao consignado, pagos pelo INSS, exceto as espécies não permitidas relacionadas no Anexo II; (Redação dada pela IN PRES/INSS 154/2023)

XXIII - representante legal: representante do titular do benefício, civilmente incapaz, na qualidade de curador, guardião ou tutor (nato ou judicial);

XXIV - procurador: representante do titular do benefício, civilmente capaz, outorgado mediante instrumento de procuração particular ou público;

XXV - consignação: desconto efetuado nos benefícios tratados no art. 1º, em razão de contratação de crédito consignado pelo beneficiário;

XXVI - consignações obrigatórias: descontos legais que independem de autorização do beneficiário;

XXVII - consignações eletivas: descontos que dependem de expressa vontade do titular do benefício;

XXVIII - CNARB: Comitê Nacional de Avaliação do Atendimento na Rede Bancária, instituído pela Portaria PRES/INSS nº 1.505, de 30 de setembro de 2022, órgão colegiado permanente, vinculado diretamente à Diretoria de Benefícios e Relacionamento com o Cidadão - DIRBEN, com participação das entidades representativas das instituições consignatárias acordantes; e

XXIX - crédito rotativo: crédito oferecido ao beneficiário quando não liquidado integralmente, no vencimento, o saldo devedor da fatura do cartão, sendo obrigatória a amortização mensal constante e de mesmo valor, na ausência de novas compras ou saques.

XXX - acesso autenticado para autorização por meio eletrônico: rotina que permite autorização por meio eletrônico, confirmação da identidade do cliente e contratação da operação diretamente junto às instituições financeiras, por meio de acesso autenticado, em seus canais físicos ou eletrônicos, a partir da utilização de ferramentas tecnológicas, inclusive biometria, já utilizadas por essas instituições.(Acrescido pela IN PRES/INSS 143/2023)

SEÇÃO II
DOS CRITÉRIOS OPERACIONAIS PARA AVERBAÇÃO, DA APURAÇÃO DA MARGEM CONSIGNÁVEL E DO BLOQUEIO E DESBLOQUEIO

Art. 5º A averbação da contratação de crédito consignado pelo titular do benefício ocorrerá desde que:

I - a operação seja realizada com a própria instituição consignatária acordante ou por meio do correspondente bancário a ela vinculado, na forma da Resolução nº 4.935, de 29 de julho de 2021, do Conselho Monetário Nacional - CMN, sendo, a primeira, responsável pelos atos praticados em seu nome;

II - o desconto seja formalizado por meio de contrato firmado e assinado, com uso de reconhecimento biométrico, apresentação do documento de identificação oficial, válido e com foto, e Cadastro de Pessoa Física - CPF, junto com a autorização da consignação tratada no inciso III;

III - a autorização da consignação seja dada de forma expressa, assinada com uso de reconhecimento biométrico, não sendo aceita autorização dada por ligação telefônica e nem a gravação de voz reconhecida como meio de prova da ocorrência;

IV - o benefício não esteja bloqueado para empréstimos, observado o disposto no art. 8º;

V - no momento da averbação, o somatório dos descontos de crédito consignado nos benefícios elegíveis, mencionados no caput do art. 1º, não exceda o limite de 45% (quarenta e cinco por cento) do valor da margem consignável do benefício, conforme previsto no § 5º do art. 6º da Lei nº 10.820, de 2003, sendo de até: (Redação dada pela IN PRES/INSS 154/2023)

a) 35% (trinta e cinco por cento) para as operações exclusivamente de empréstimo pessoal consignado;

b) 5% (cinco por cento) para as operações exclusivamente de cartão de crédito consignado; e

c) 5% (cinco por cento) para as operações exclusivamente de cartão consignado de benefício;

VI - não exceda 84 (oitenta e quatro) parcelas mensais e sucessivas;

VII - o valor do empréstimo pessoal contratado seja depositado:

a) na conta bancária que corresponda àquela na qual o benefício é pago; ou

b) em conta corrente ou poupança, designada expressamente pelo contratante, da qual ele seja o titular, ou, ainda, por meio de ordem de pagamento, preferencialmente na agência/banco onde é pago mensalmente o benefício, para os beneficiários que recebem na modalidade de cartão magnético;

VIII - (Revogado pela IN PRES/INSS 148/2023)

EMPRÉSTIMO CONSIGNADO

§ 1º A autorização de que trata o inciso III valerá enquanto subscrita pelo titular do benefício, não persistindo, por sucessão, em relação aos respectivos pensionistas e dependentes do beneficiário.

§ 2º O representante legal poderá autorizar o desconto no respectivo benefício elegível do seu representado, na forma dos incisos II e III.

§ 3º A revogação ou a destituição dos poderes do representante legal não provocará a exclusão do crédito consignado no benefício de seu representado, salvo decisão judicial em contrário.

§ 4º O procurador não poderá autorizar os descontos de crédito consignado.

§ 5º A autorização para acesso a dados de que trata o inciso VII do art. 4º é pré-requisito para acesso às informações do beneficiário, cujo instrumento deverá ser disponibilizado por meio físico ou eletrônico, acompanhados do documento de identificação oficial, válido e com foto, do beneficiário. Será dispensada a apresentação do instrumento quando produzido de forma eletrônica, caso em que deverá ser enviado arquivo contendo os requisitos de segurança que garantem sua integridade e não repúdio.

§ 6º A quantidade de parcelas do contrato firmado com a instituição consignatária acordante não poderá ser superior à Data de Cessação do Benefício - DCB, determinada para benefícios por prazo estipulado, e nem superior à Data de Extinção de Cota do dependente titular, para os benefícios de pensão por morte por prazo estipulado, em conformidade com a alínea "c" do inciso V do § 2º do art. 77 da Lei nº 8.213, de 24 de julho de 1991.

§ 7º Fica a critério da instituição consignatária acordante a contratação de crédito consignado em benefícios pagos por meio de representante legal (tutor nato, tutor judicial, curador ou guardião).

§ 8º Os percentuais máximos previstos no inciso V não poderão, em hipótese alguma, sofrer limitação de uso por número de contratos, ressalvada a capacidade técnica desta implementação nos sistemas de pagamento de benefícios.

§ 9º Antes de firmar contrato de operação de crédito consignado, a instituição consignatária acordante deverá entregar ao solicitante o demonstrativo que especifique o valor remanescente dos seus rendimentos líquidos mensais, após a dedução da prestação mensal, o custo efetivo total do empréstimo e o prazo para sua quitação integral.

§ 10. Nas situações previstas no incisos II e III do caput, serão admitidas que a contratação e a autorização das consignações realizadas com cliente analfabeto se deem por meio físico até implementação de sistema alternativo que atenda ao cliente.

§ 11. Nas hipóteses previstas nos incisos II e III do caput, também será admitido o acesso autenticado, alternativamente ao reconhecimento biométrico, desde que as contratações sejam formalizadas por beneficiários diretamente na instituição financeira ou por meio dos canais eletrônicos da instituição financeira. (Acrescido pela IN PRES/INSS 143/2023)

§ 12. No momento da averbação, o somatório dos descontos de crédito consignado do Benefício de Prestação Continuada - BPC, de que trata o art. 20 da Lei nº 8.742, de 7 de dezembro de 1993, não pode exceder o limite de 35% (trinta e cinco por cento) do valor da margem consignável do benefício, conforme previsto no § 5º-A do art. 6º da Lei nº 10.820, de 2003, sendo de até: (Acrescido pela IN PRES/INSS 154/2023)

a) 30% (trinta por cento) para as operações exclusivamente de empréstimo pessoal consignado; e

b) 5% (cinco por cento) destinado exclusivamente à:

1. amortização de despesas contraídas por meio de cartão de crédito consignado ou cartão consignado de benefício; ou

2. utilização com a finalidade de saque por meio de cartão de crédito consignado ou cartão consignado de benefício.

§ 13. O previsto no § 12 aplica-se também aos benefícios que tenham como requisito para sua concessão a preexistência do BPC. (Acrescido pela IN PRES/INSS 154/2023)

§ 14. A instituição financeira que proceder à retenção de valor superior ao limite estabelecido no inciso V do caput e no § 12 perderá todas as garantias que lhe são conferidas pela Lei nº 10.820, de 2003, o que poderá ensejar a rescisão unilateral do ACT celebrado com o INSS. (Acrescido pela IN PRES/INSS 154/2023)

§ 15. As operações de contratação de empréstimos consignados de que trata o § 12 deverão ser realizadas em 2 (dois) momentos, separados entre si pelo intervalo mínimo de 5 (cinco) dias úteis entre a proposta da instituição financeira e a celebração do contrato. (Acrescido pela IN PRES/INSS 154/2023)

Art. 6º A averbação da contratação do crédito consignado não será permitida nos benefícios tratados no art. 1º, quando:

I - pagos:

a) em países com os quais o Brasil mantém Acordo Internacional de Previdência Social para beneficiários residentes no exterior;

b) por intermédio de empresa acordante, nos termos do art. 117-A da Lei nº 8.213, de 1991; e

c) a título de pensão alimentícia;

II - estiver bloqueado para empréstimos, observado o disposto no art. 8º; e

III - tenha sido atingida a margem consignável tratada no inciso V do art. 5º.

Art. 7º A identificação do limite de 45% (quarenta e cinco por cento) dar-seá no momento da averbação, após a dedução das seguintes consignações, observada a última competência paga, excluída a que contenha o 13º (décimo terceiro) salário:

I - pagamento de benefícios além do devido;

II - imposto de renda retido na fonte;

III - pensão alimentícia; e

IV - contribuições devidas pelo segurado à previdência social.

§ 1º Na hipótese de coexistência dos descontos previstos nos incisos I a IV do caput com as consignações de crédito consignado, prevalecerão os descontos previstos nos incisos I a IV do caput.

§ 2º No caso de redução da renda do titular do benefício durante a vigência do contrato de crédito consignado, o INSS manterá o desconto das parcelas originalmente pactuadas.

§ 3º Na hipótese do § 2º, caso o desconto relativo ao crédito consignado supere o percentual previsto no caput, o beneficiário deverá procurar a instituição consignatária acordante para repactuação do contrato, sem acréscimo de custos operacionais, considerando a nova margem consignável.

Art. 8º O bloqueio dos benefícios elegíveis para averbação do crédito consignado é realizado:

I - automaticamente, quando da concessão do benefício;

II - pela alteração do local de pagamento que implique Transferência do Benefício em Manutenção - TBM para outra Agência da Previdência Social - APS, por comando do INSS ou da rede bancária, com possibilidade de desbloqueio após 60 (sessenta) dias;

III - por solicitação do titular, representante legal ou procurador, observado o disposto nos §§ 5º e 8º;

IV - quando alterado dados sensíveis via meu INSS como: meio de pagamento, dados bancários e exclusão de representante legal; e

V - quando comandada reativação do benefício.

§ 1º Os benefícios referidos no art. 1º, concedidos a partir de 1º de abril de 2019, permanecerão bloqueados para a realização de crédito consignado por 90 (noventa) dias, contados da Data de Despacho do Benefício - DDB, ou seja, da data de concessão do benefício, exceto quando a contratação do empréstimo pessoal consignado for realizada diretamente com a primeira instituição financeira pagadora do benefício. (Redação dada pela Instrução Normativa PRES/INSS 172/2024)

§ 2º O disposto no inciso II do caput não se aplica às Transferências de Benefício em Bloco - TBB ou TBM realizadas pela área de atendimento de Demandas Judiciais.

§ 3º O requerimento de bloqueio não será aceito enquanto não for concluído o processamento da operação de refinanciamento ou portabilidade, realizado conforme as regras do BCB.

§ 4º As solicitações de bloqueio ou desbloqueio do benefício para crédito consignado não serão processadas durante o período de processamento mensal da folha de pagamento dos benefícios administrados pelo INSS (maciça).

§ 5º É vedado ao procurador, cadastrado para fins de recebimento do benefício, autorizar o desbloqueio deste para operações de crédito consignado, salvo autorização expressa em instrumento de mandato público para este fim. (Redação dada pela Instrução Normativa PRES/INSS 172/2024)

§ 6º Observado o disposto nos §§ 1º e 3º a 5º, o beneficiário poderá autorizar o desbloqueio do benefício, na forma do § 7º:

I - a partir da DDB, para os benefícios concedidos a partir de 1º de janeiro de 2025, em operações de crédito consignado com a primeira instituição financeira pagadora do benefício; (Redação dada pela Instrução Normativa PRES/INSS 172/2024)

II - a partir do 91º (nonagésimo primeiro) dia contado da DDB, na hipótese do inciso I do caput; e (Redação dada pela Instrução Normativa PRES/INSS 172/2024)

III - a qualquer tempo, nas hipóteses dos incisos II, III e IV do caput. (Redação dada pela Instrução Normativa PRES/INSS 172/2024)

§ 7º Conforme o nível de acesso à conta "gov.br", o titular do benefício poderá autorizar o bloqueio ou o desbloqueio do benefício:

I - por meio de serviço eletrônico com acesso autenticado, conforme canais remotos disponibilizados pelo INSS, se detentor do nível prata ou ouro, de acordo com o estabelecido na Portaria DIRBEN/INSS nº 929, de 24 de setembro de 2021; ou

II - por intermédio de atendimento presencial na Agência da Previdência Social, mediante apresentação do documento de identificação e CPF, previamente agendado pela Central 135 ou APS.

§ 8º Na impossibilidade de comparecimento do titular, na hipótese do inciso II do § 7º, o atendimento poderá ser feito ao:

I - representante legal, definido no inciso XXIII do art. 4º, desde que cadastrado no benefício; ou (Redação dada pela IN PRES/INSS 143/2023)

II - procurador, de que trata o inciso XXIV do art. 4º, o qual deverá apresentar instrumento de mandato público, com autorização expressa para estes fins, conforme o § 5º. (Redação dada pela IN PRES/INSS 143/2023)

§ 9º Uma vez desbloqueado, o benefício poderá ser novamente bloqueado, a qualquer momento, na forma do § 7º, por tempo indeterminado, observados os §§ 3º e 4º.

§ 10. O bloqueio do benefício para novas operações de crédito consignado não prejudicará, a qualquer título, as consignações ativas já existentes, nem aquelas cujo processamento ocorra no mesmo dia.

SEÇÃO III
DA DESISTÊNCIA, DA QUITAÇÃO ANTECIPADA E DA CESSÃO DE CRÉDITOS

Art. 9º O beneficiário poderá desistir das operações de crédito consignado que tiver contratado fora do estabelecimento comercial no prazo de até 7 (sete) dias a contar do recebimento do crédito, devendo restituir o valor total recebido, monetariamente atualizado, conforme previsto no parágrafo único do art. 49 da Lei nº 8.078, de 11 de setembro de 1990.

§ 1º Os contratos de crédito consignado deverão conter cláusula expressa do direito de desistência previsto no caput e no inciso II do art. 34, sob pena de nulidade e sem prejuízo da respectiva penalidade prevista no inciso I do art. 36.

§ 2º A desistência ensejará o cancelamento do contrato de crédito consignado e sua respectiva exclusão pela instituição consignatária acordante.

Art. 10. A instituição consignatária acordante deverá disponibilizar ao beneficiário que solicitar a quitação antecipada do seu contrato a planilha demonstrativa do cálculo do saldo devedor, discriminando o valor total antecipado, o valor do desconto e o valor líquido a pagar, bem como o boleto para pagamento, ou dados para débito em conta ou transferência bancária, em até 5 (cinco) dias úteis, independente da modalidade de crédito consignado pactuada.

§ 1º Quando não houver saldo devedor, a instituição consignatária acordante deverá enviar o comando de exclusão da RMC e/ou RCC à Dataprev, via comando de interface de programação - API, no prazo máximo de 5 (cinco) dias úteis, contados da data da solicitação de cancelamento do cartão de crédito consignado ou cartão consignado de benefício.

§ 2º A instituição consignatária acordante:

I - após confirmação da liquidação, terá o prazo de até 5 (cinco) dias úteis para envio à Dataprev da informação de exclusão da operação do crédito consignado liquidado antecipadamente; e

II - é integralmente responsável pela devolução ao beneficiário de eventual valor descontado no benefício após a liquidação antecipada do contrato de crédito consignado, utilizando-se dos dados bancários e meios de contato fornecidos pelo interessado.

Art. 11. A cessão de créditos entre instituições financeiras poderá ser realizada, desde que atenda às normas editadas pelo BCB e pelo CMN.

Parágrafo único. Na hipótese de ocorrência da cessão de crédito de que trata o caput, o INSS fará o repasse dos valores consignados mediante crédito na conta de reservas bancárias, indicada pela instituição financeira acordante.

CAPÍTULO II
DAS ESPECIFICIDADES DO CRÉDITO CONSIGNADO

SEÇÃO I
DO EMPRÉSTIMO PESSOAL CONSIGNADO, DA PORTABILIDADE E DA REPACTUAÇÃO/ REFINANCIAMENTO

Art. 12. Nas operações de empréstimo pessoal consignado ficam estabelecidos os seguintes critérios:

I - a quantidade de parcelas não poderá exceder o limite disposto no inciso VI do art. 5º;

II - a taxa de juros mensal deve obedecer ao limite máximo de juros recomendado pelo Conselho Nacional de Previdência Social - CNPS, conforme estabelecido em Resolução vigente;(Redação dada pela IN PRES/INSS 152/2023)

III - é vedada a cobrança da Taxa de Abertura de Crédito - TAC e quaisquer outras taxas administrativas;

IV - é vedado o estabelecimento de prazo de carência para o início do pagamento das parcelas; e

V - é vedada a inclusão de prêmio de seguros destinados à proteção da operação de empréstimo pessoal consignado nos descontos relativos a empréstimos consignados (seguro prestamista); e

VI - o Custo Efetivo Total - CET da operação, deverá ser informado no ato da contratação, conforme normas emanadas pelo Banco Central do Brasil.

Art. 13. A portabilidade entre instituições financeiras poderá ser realizada, desde que atenda às normas editadas pelo BCB e CMN.

§ 1º Os titulares das operações de empréstimo pessoal consignado poderão requerer a portabilidade do crédito, a qualquer tempo, exceto quanto a contratação realizada nos termos do § 1º do art. 8º, observadas as disposições legais e regulamentares vigentes. (Acrescido pela Instrução Normativa PRES/INSS 172/2024)

§ 2º Os empréstimos pessoais consignados contratados junto à primeira instituição financeira pagadora, somente poderão ser portados após o prazo de 90 (noventa) dias, contados da DDB. (Acrescido pela Instrução Normativa PRES/INSS 172/2024)

Art. 14. O refinanciamento entre o beneficiário e a instituição financeira contratada poderá ser realizado, desde que atenda às normas editadas pelo BCB e pelo CMN, bem como às normas editadas pelo INSS.

Parágrafo único. A repactuação do empréstimo é de livre negociação entre as partes para novos prazos, taxas ou valores, observados os limites contidos nesta Instrução Normativa e no Código de Defesa do Consumidor, especialmente quanto à manutenção do mínimo existencial, evitando-se o superendividamento.

SEÇÃO II
DA RESERVA DE MARGEM CONSIGNÁVEL (RMC), DO CARTÃO DE CRÉDITO CONSIGNADO, DA RESERVA DE CARTÃO CONSIGNADO (RCC) E DO CARTÃO CONSIGNADO DE BENEFÍCIO

Art. 15. Os beneficiários, sem limite de idade, poderão constituir RMC para utilização de cartão de crédito consignado e RCC para utilização do cartão consignado de benefício, estabelecidos os seguintes critérios pela instituição consignatária acordante:

I - a constituição de RMC/RCC está condicionada à solicitação formal firmada pelo titular do benefício, por reconhecimento biométrico;

II - em todos os casos deverá ser utilizado o Termo de Consentimento Esclarecido - TCE, nos termos da decisão homologatória de acordo firmado na Ação Civil Pública nº 0106890-28.2015.4.01.3700, que constará de página única reservada exclusivamente para este fim, constituindo-se instrumento apartado para formalização desta contratação, o qual deverá conter as informações descritas no Anexo I;

III - deverá ser feito o envio, no ato da contratação, do material informativo para melhor compreensão do produto;

IV - o limite máximo concedido no cartão de crédito consignado ou no cartão consignado de benefício para o pagamento de despesas contraídas com a finalidade de compras e saques é de 1,60 (um inteiro e sessenta centésimos) vez o valor da renda mensal do benefício;

V - o valor disponível para saque é de até 70% (setenta por cento) do limite do cartão;

VI - a taxa de juros mensal deve obedecer ao limite máximo de juros recomendado pelo Conselho Nacional de Previdência Social - CNPS, conforme estabelecido em Resolução vigente; (Redação dada pela IN PRES/INSS 152/2023)

VII - a entrega do cartão de crédito consignado ou do cartão consignado de benefício, em meio físico, deverá ser feita ao titular do benefício;

VIII - enviar, mensalmente, fatura em meio físico ou eletrônico, respeitada a opção do beneficiário, com informações essenciais mínimas em destaque, descrição detalhada das operações realizadas, na qual conste o valor de cada operação e, sendo o caso, a quantidade de parcelas, o local onde foram efetivadas, bem como o número de telefone e o endereço para a solução de dúvidas;

IX - é vedado à instituição consignatária acordante:

a) emitir cartão de crédito consignado ou cartão consignado de benefício adicional ou derivado;

b) cobrar taxa de abertura de crédito, manutenção ou anuidade;

c) formalizar o contrato por telefone; e

d) aplicar juros sobre o valor das compras pagas com cartão de crédito consignado ou cartão consignado de benefício, quando o beneficiário consignar a liquidação do valor total da fatura em uma única parcela na data de vencimento;

X - a instituição consignatária acordante poderá cobrar até R$ 15,00 (quinze reais) de taxa pela emissão do cartão de crédito consignado ou cartão consignado de benefício que, a critério do beneficiário, poderá ser parcelada em até 3 (três) vezes; e

XI - o Custo Efetivo Total - CET da operação deverá ser informado no ato da contratação, conforme normas emanadas pelo Banco Central do Brasil.

XII - o valor do saldo remanescente da dívida, quando a modalidade for de desconto em cartão de crédito consignado ou cartão consignado de benefício. (Acrescido pela IN PRES/INSS 148/2023)

§ 1º O valor previsto no inciso X do caput poderá ser atualizado anualmente, de acordo com a variação do Índice de Preços ao Consumidor Amplo - IPCA do ano anterior.

§ 2º O titular do cartão de crédito consignado ou cartão consignado de benefício poderá contratar seguro contra roubo, perda ou extravio, cujo prêmio anual não poderá exceder R$ 3,90 (três reais e noventa centavos), valor que poderá ser atualizado anualmente, nos termos do § 1º, observado que referido pagamento não poderá ser realizado por meio de desconto de consignação em benefício. (Redação dada pela IN PRES/INSS 143/2023)

§ 3º No cartão de crédito consignado ou cartão consignado de benefício, é obrigatória a amortização mensal constante e de mesmo valor, na ausência de novas compras ou saques.

§ 4º No cartão consignado de benefício e cartão de crédito consignado, a liquidação do saldo da fatura: (Redação dada pela IN PRES/INSS 158/2023)

‣ Art. 2º, IN PRES/INSS 158/2023.

I - dos saques, será em parcelas mensais de mesmo valor, limitado ao número de prestações, conforme previsto no inciso VI do art. 5º, e no momento da contratação, obrigatoriamente, seja dada plena ciência dos prazos, taxas de juros e valores, sendo vedado o crédito rotativo; e

II - das compras, quando não realizada integralmente no vencimento da fatura, somente pode ser objeto de crédito rotativo até o vencimento da fatura subsequente, após será em parcelas mensais de mesmo valor, limitado ao número de prestações, conforme previsto no inciso VI do art. 5º.

§ 5º Nos casos do uso de saque no cartão de crédito consignado ou cartão consignado de benefício, o valor deverá ser obrigatoriamente depositado integralmente, sem descontos, salvo nos casos de refinanciamento e repactuação do próprio cartão de crédito consignado ou cartão consignado de benefício, ou compensação de outras dívidas com a própria instituição consignatária emissora do referido cartão de crédito consignado ou cartão consignado de benefício.

§ 6º A compensação de outras dívidas de que trata o § 5º não poderá ter taxa superior ao da dívida já firmada, sendo vedada tal compensação com dívida oriunda de cartão de crédito consignado ou cartão consignado de benefício.

Art. 16. Nas contratações de cartão consignado de benefício e de cartão de crédito consignado, além do disposto no art. 15, é obrigatória: (Redação dada pela IN PRES/INSS 158/2023)

‣ Art. 2º, IN PRES/INSS 158/2023.

I - a oferta mínima de: auxílio funeral e seguro de vida, sem limite de idade, no valor de, no mínimo, R$ 2.000,00 (dois mil reais) cada, atualizado anualmente pelo Índice Nacional de Preços ao Consumidor - INPC, independente da causa mortis, bem como descontos em redes de farmácias conveniadas;

II - a entrega do (s) cartão (ões) para o beneficiário, exclusivamente em meio físico; e (Redação dada pela IN PRES/INSS 158/2023)

‣ Art. 2º, IN PRES/INSS 158/2023.

III - a entrega das apólices, em meio físico ou eletrônico, de seguro de vida e do auxílio-funeral.

§ 1º As apólices do seguro de vida e do auxílio funeral terão validade por 2 (dois) anos contados:

I - da contratação do cartão consignado de benefício;

II - da utilização do cartão consignado de benefício para compras ou saques; ou

III - do último desconto em folha.

§ 2º Na apólice do seguro de vida deverão constar os beneficiários indicados pelo titular do cartão consignado de benefício e, na falta desses, o benefício será pago aos herdeiros na forma do Código Civil.

§ 3º O seguro de vida será pago no prazo estabelecido pela regulamentação específica da Superintendência de Seguros Privados - SUSEP.

§ 4º O auxílio funeral será pago preferencialmente em pecúnia, em até 5 (cinco) dias úteis a contar do pedido, ou na forma de serviço, que será discriminado previamente pela instituição financeira perante o INSS e devidamente informado ao beneficiário.

§ 5º O seguro de vida e o auxílio funeral, previstos no inciso I do caput, são bônus do cartão consignado de benefício e não incidirão em custos para os beneficiários do INSS.

CAPÍTULO III
DA OPERACIONALIZAÇÃO DO CRÉDITO CONSIGNADO

SEÇÃO I
DA AVERBAÇÃO

Art. 17. Atendidos os requisitos da legislação vigente e havendo margem consignável disponível no benefício, a averbação do desconto relativo ao crédito consignado é efetivada por comunicação através de interface de programação - API, encaminhada diretamente pela instituição consignatária acordante à Dataprev.

Parágrafo único. O desconto na renda do benefício ocorrerá no 1º (primeiro) mês subsequente ao do envio da informação de averbação pela instituição consignatária acordante, desde que encaminhada até o 2º (segundo) dia útil de cada mês, conforme procedimento previsto no protocolo de integração definido entre as partes, para processamento no referido mês.

Art. 18. A Dataprev, ao receber as informações para averbação do crédito consignado, considerará como campos obrigatórios de informação, além dos fixados no protocolo de integração, os seguintes:

I - valor:

a) do contrato: corresponde ao valor principal contratado e recebido pelo beneficiário; e

b) das parcelas: corresponde ao valor uniforme consignado mensalmente pela instituição financeira;

II - número:

a) de parcelas do contrato: corresponde à quantidade de prestações contratadas; e

b) do contrato: deve ser único e específico para cada contratação, refinanciamento ou portabilidade;

III - número do CNPJ da agência bancária que realizou a contratação quando realizado na própria rede, ou, o CNPJ do correspondente bancário e o número do CPF do agente subcontratado pelo mencionado correspondente bancário; e

IV - taxas de juros mensal e anual; (Redação dada pela IN PRES/INSS 148/2023)

V - a data do primeiro desconto; (Acrescido pela IN PRES/INSS 148/2023)

VI - o CET mensal e anual; (Acrescido pela IN PRES/INSS 148/2023)

VII - valor pago a título de dívida do cliente (saldo devedor original) quando a operação for de portabilidade ou refinanciamento; (Acrescido pela IN PRES/INSS 148/2023)

VIII - o valor do imposto sobre operações financeiras (IOF), incidente sobre cada operação; e (Acrescido pela IN PRES/INSS 148/2023)

IX - outras informações definidas em ato complementar pelo INSS e previstas no Termo de Autorização para Acesso a Dados. (Acrescido pela IN PRES/INSS 148/2023)

§ 1º Para contrato de cartão de crédito consignado ou cartão consignado de benefício, o valor constante no campo "valor do contrato", no qual deverá constar o limite de crédito disponibilizado ao beneficiário, não pode ser superior ao disposto no inciso IV do art. 15.

§ 2º Na averbação, ficam estabelecidas no sistema as datas de início de contrato, primeira competência de desconto e data de encerramento do contrato, considerando o quantitativo de parcelas pactuadas.

§ 3º Havendo a cessação do benefício para concessão de outro de espécie inacumulável, seja por decisão judicial ou recursal, os contratos de crédito consignado não serão transferidos automaticamente para o novo benefício.

§ 4º Na hipótese do § 3º, considerando o disposto nos §§ 2º e 3º do art. 2º, o beneficiário deverá procurar a respectiva instituição consignatária acordante para informar o ocorrido e solicitar a averbação das parcelas pendentes no novo benefício.

§ 5º O INSS validará, por meio da Dataprev e de acordo com requisitos estabelecidos em ato específico, as informações que serão fornecidas pelas instituições financeiras, quando da averbação, refinanciamento e portabilidade de contratos. (Acrescido pela IN PRES/INSS 148/2023)

Art. 19. As operações de crédito consignado, processadas mensalmente pela Dataprev, serão identificadas no extrato de pagamento do benefício por meio das seguintes rubricas:

I - 216: consignação - empréstimo bancário (código 98: empréstimo pessoal consignado);

II - 217: consignação sobre a RMC (código 77: cartão de crédito consignado);

III - 322: Reserva de Margem Consignável (RMC), trata-se de informação da margem reservada para uso do cartão de crédito consignado (código 76: RMC);

IV - 268: consignação sobre a RCC (código 99: cartão consignado de benefício); e

V - 383: Reserva Cartão Consignado (RCC), trata-se de informação de margem reservada para cartão consignado de benefício (código 44: RCC).

SEÇÃO II
DO REPASSE E GLOSAS

Art. 20. A Dataprev, mensalmente, encaminhará às instituições consignatárias acordantes, por arquivo, as parcelas consignadas, não consignadas, glosadas e estornadas, na competência, devidamente identificadas, respeitando os requisitos técnicos definidos em contrato com a empresa.

Art. 21. Com base nos valores apurados no arquivo magnético de que trata o art. 20, o INSS efetuará o repasse financeiro às respectivas instituições consignatárias acordantes, até o 5º (quinto) dia útil do mês seguinte ao de processamento do desconto, à conta reserva ou corrente indicada pela acordante.

Parágrafo único. Se houver rejeição de valores por motivo de alteração de dados cadastrais ou bancários da instituição credora, não informados ao INSS até o dia 20 (vinte) do mês que anteceder o repasse, este somente será efetuado na competência seguinte à da regularização do cadastro.

Art. 22. Serão deduzidas do próximo repasse de valores às instituições consignatárias acordantes, credoras das parcelas, as consignações referentes:

I - à parcela consignada no período do benefício cessado com data retroativa;

II - aos créditos com retorno de "não pago";

III - às eventuais importâncias repassadas indevidamente; e

IV - aos valores relativos a multas, danos morais ou outros encargos estabelecidos quando o INSS for condenado em sentença judicial transitada em julgado por ação ou omissão da instituição financeira acordante.

§ 1º As parcelas de que trata o caput serão corrigidas com base na variação da taxa referencial do Sistema Especial de Liquidação e Custódia - Selic, desde a data em que ocorreu o crédito indevido até o 2º (segundo) dia útil anterior à data do repasse.

§ 2º Constatada glosa indevida, sua regularização dar-se-á no repasse seguinte à sua revogação, efetivada no sistema do INSS.

§ 3º Caso o valor das glosas ultrapasse aquele a ser repassado à instituição consignatária acordante na forma do art. 21, a diferença apurada deverá ser ressarcida ao INSS até o 5º (quinto) dia útil do mês seguinte ao processamento, corrigida com base na variação da Selic, desde a data da apuração da diferença até o 2º (segundo) dia útil anterior à data do repasse, por nova glosa ou recolhimento na forma indicada pelo INSS.

SEÇÃO III
DOS MOTIVOS DE INTERRUPÇÃO DOS DESCONTOS/REPASSES E DA REATIVAÇÃO DE CONTRATOS/ DESCONTOS

Art. 23. Os descontos, e respectivos repasses, são interrompidos por ocorrências relacionadas às alterações:

I - no benefício:

a) pela suspensão ou cessação;

b) quando emitido pagamento por meio alternativo - PAB;

c) pela troca de titularidade entre os dependentes de pensão por morte;

d) quando o somatório dos descontos superarem a renda mensal do benefício; e

e) por processamento de revisão, que altere a data de início do benefício - DIB para data posterior ao início do respectivo contrato;

II - da situação do contrato de crédito consignado, em razão de:

a) suspensão por determinação judicial ou do Ministério Público, comandada pelo INSS ou pela instituição consignatária acordante; e

b) exclusão, por comando da instituição consignatária acordante.

§ 1º Nas hipóteses do inciso I, alíneas "c", "e", e inciso II, alínea "b", não caberá reativação do desconto, mas somente nova averbação, observado o disposto no art. 5º, uma vez que o contrato passa a ter a situação "excluído", culminando a liberação da respectiva margem.

§ 2º Nas hipóteses do inciso I, alíneas "a", "b" e "d", e inciso II, alínea "a", se a vigência do contrato não estiver expirada, os descontos/repasses poderão ser reativados, observado o disposto no art. 24.

§ 3º O INSS não poderá efetuar alterações das informações originalmente contratadas e averbadas na forma do art. 18, cabendo somente a exclusão do contrato de crédito consignado e averbação de um novo contrato com as alterações pretendidas, por comando exclusivo da instituição consignatária acordante.

Art. 24. O contrato de crédito consignado suspenso, cuja vigência não tenha expirado, poderá ser reativado, observado que:

I - o INSS efetuará o referido comando quando o contrato de crédito consignado tiver sido suspenso apenas pela APS ou, concomitantemente, pela APS e pela instituição consignatária acordante, observado o disposto no § 1º; e

II - a instituição consignatária acordante comandará a reativação do contrato de crédito consignado, cuja suspensão foi efetivada por ela.

§ 1º Estando o contrato de crédito consignado suspenso pela APS e pela instituição consignatária acordante, será necessário o comando de reativação por parte de ambos, mas primeiramente pela instituição consignatária acordante, para que a retomada dos descontos seja efetivada.

§ 2º Os descontos/repasses serão retomados a partir da parcela que corresponde ao mês em que o contrato de crédito consignado foi reativado, conforme o § 2º do art. 18.

§ 3º Os períodos em que não ocorreram descontos de parcelas devem ser objeto de acerto entre o beneficiário e a instituição consignatária acordante, visto que após a reativação não haverá repasse dos valores acumulados não consignados.

SEÇÃO IV
DAS RECLAMAÇÕES

Art. 25. O beneficiário que, a qualquer momento, sentir-se prejudicado por operação ou contrato de crédito consignado considerados irregular ou inexistente, ou que identificar descumprimento de normas estabelecidas nesta Instrução Normativa e/ou do contrato por parte da instituição consignatária acordante, poderá registrar sua reclamação no sítio consumidor.gov.br, com observância às condições indicadas na plataforma.

§ 1º O consumidor.gov.br é a plataforma oficial da administração pública federal direta, autárquica e fundacional para a autocomposição nas controvérsias em relações de consumo conforme disposto no Decreto nº 10.197, de 2 de janeiro de 2020.

§ 2º O consumidor.gov.br não substitui o Serviço de Atendimento ao Consumidor - SAC ou Ouvidorias das instituições financeiras acordantes, na forma indicada na alínea "c" do inciso III do art. 34.

Art. 26. As reclamações não abrangidas pelo disposto no art. 25 deverão ser registradas na Plataforma Integrada de Ouvidoria e Acesso à informação - Fala.BR (https://falabr.cgu.gov.br/).

CAPÍTULO IV
DAS RESPONSABILIDADES

SEÇÃO I
DO INSS E DA DATAPREV

Art. 27. Cabe ao INSS:

I - credenciar as instituições financeiras, por intermédio da celebração de ACT, desde que atendidos os requisitos legais e técnicos exigidos, nos termos da Portaria nº 76/DIRBEN/INSS, de 2020;

II - disponibilizar informações sobre empréstimos consignados no endereço eletrônico www.gov.br/inss/;

III - repassar os valores descontados na forma do art. 21, observado o disposto no seu parágrafo único;

IV - orientar os beneficiários do INSS a buscar atendimento junto aos Programas de Proteção e Defesa do Consumidor - Procon, quando não obtiverem êxito na resolução da reclamação efetuada na plataforma consumidor.gov.br; e

V - acompanhar periodicamente:

a) a manutenção das condições de habilitação e qualificação das instituições financeiras acordantes, por consulta à situação de regularidade no Siafi/Sicaf, bem como se estão adimplentes no Cadin;

b) o cumprimento das normas e ACTs relativos à operação do crédito consignado disciplinado nesta Instrução Normativa; e

c) a qualidade dos serviços prestados pelas instituições consignatárias acordantes por meio:

1. dos indicadores que informam o índice de solução das demandas, o índice de reclamações respondidas e o prazo médio de resposta, relativos às reclamações cadastradas pelos beneficiários do INSS na plataforma consumidor.gov.br;
2. dos relatórios relativos às operações de crédito consignado em benefícios com registro nos órgãos de proteção e defesa do consumidor, encaminhados pela Secretaria Nacional do Consumidor - Senacon;
3. da conclusão do relatório de avaliação por auditoria externa encaminhada ao INSS pelas instituições financeiras, conforme previsto no inciso XIII do art. 34; e
4. das reclamações recebidas de órgãos públicos, denunciando possíveis irregularidades por descumprimento desta Instrução Normativa.

Art. 28. A Dataprev está autorizada pelo INSS a processar as operações do crédito consignado, abrangidas pela Lei nº 10.820, de 2003, com redação dada pela Lei nº 14.431, de 2022, sendo responsável tanto pelos procedimentos operacionais quanto pela segurança da rotina de envio das informações de créditos, em favor das instituições consignatárias acordantes, observados os limites legais estabelecidos pela LGPD.

Art. 29. A Dataprev efetuará cobrança direta da instituição consignatária acordante relativa aos custos de operacionalização do crédito consignado, conforme contrato entre as partes.

Art. 30. Os custos operacionais diretos e indiretos acarretados ao INSS pelas operações de crédito consignado e relacionados à gestão dos benefícios elegíveis e demais serviços correlatos serão ressarcidos pelas instituições consignatárias acordantes, cujos valores serão definidos anualmente, em ato próprio do INSS, com fundamento no inciso V do § 1º do art. 6º da Lei nº 10.820, de 2003. (Redação dada pela IN PRES/INSS 143/2023)

Parágrafo único. O não ressarcimento dos valores referidos no caput, nos prazos definidos pelo INSS, ensejará a adoção de medidas de cobrança, nos termos e na forma da legislação aplicável, em especial considerando o que dispõe a Lei nº 10.522, de 19 de julho de 2002, no que couber.

Art. 31. Cabe à Dataprev:

I - efetivar as operações tratadas nas Seções I, II e III do Capítulo III;

II - disponibilizar ao INSS, em sistema de informações próprio, os dados das operações de crédito consignado em nível gerencial e operacional, para a rotina de acompanhamento do atendimento das instituições financeiras e cumprimento desta Instrução Normativa; e

III - disponibilizar na Central de Serviços Meu INSS os contratos de operações de crédito consignado, ativos ou suspensos, iniciados a partir de 1º de outubro de 2021, encaminhados na forma da alínea "b" do inciso VI do art. 34.

Parágrafo único. A pedido do INSS, a Dataprev deverá disponibilizar relatório contendo as informações relativas ao quantitativo das exclusões efetuadas pelas instituições consignatárias acordantes, na forma do item 1 da alínea "a" do inciso VI do art. 34.

SEÇÃO II
DAS INSTITUIÇÕES CONSIGNATÁRIAS ACORDANTES, DAS OBRIGAÇÕES, DAS PROIBIÇÕES, DAS PENALIDADES, E DA APURAÇÃO DE INFRAÇÕES

Art. 32. Para a formalização do ACT com o INSS, a instituição consignatária deverá seguir o disciplinado na Portaria nº 76/DIRBEN/INSS, de 2020.

§ 1º Após a publicação do ACT com o INSS, a instituição consignatária acordante deverá:

I - formalizar contrato com a Dataprev;

II - providenciar toda a infraestrutura e logística necessárias para atender a troca de arquivos via interface de programação - API, conforme padrão definido pela Dataprev; e

III - integrar seus canais de atendimento à plataforma disponibilizada pela empresa de tecnologia, de modo que as interações e tratamento de manifestações do beneficiário sejam realizadas de forma eletrônica.

§ 2º O ACT será rescindido caso as operações de crédito consignado não sejam iniciadas em até 120 (cento e vinte) dias, contados da publicação do ACT, quando não houver apresentação de justificativa para dilação deste prazo.

Art. 33. As instituições consignatárias acordantes deverão cumprir as cláusulas do ACT celebrado com o INSS.

Art. 34. Caberá às instituições consignatárias acordantes ou seus correspondentes bancários:

I - divulgar as regras do ACT aos titulares de benefícios que formalizarem operação de crédito consignado, obedecendo, nos materiais publicitários que veicular, as normas constantes da Lei nº 8.078, de 1990;

II - incluir, no contrato de crédito consignado, cláusula expressa do direito de desistência, previsto no art. 49 da Lei nº 8.078, de 1990;

III - manter:

a) à disposição dos beneficiários serviço centralizado de bloqueio de chamadas e mensagens de oferta de operações de crédito consignado, denominado "Não me Perturbe";

b) em sítio da internet, a lista consolidada de seus correspondentes bancários, definidos nos termos do inciso XX do art. 4º, contratados para ofertar operações de crédito consignado;

c) SAC ou Ouvidoria, de forma gratuita, à disposição dos beneficiários do INSS que contratem operação de crédito consignado, como preferenciais para solução dos conflitos de consumo; e

d) durante a execução do ACT, todas as condições de habilitação e qualificação exigidas para sua celebração;

IV - conservar os documentos que comprovem a operação do crédito consignado pelo prazo de 5 (cinco) anos, contados da data do término do contrato de empréstimo consignado, ou da validade do cartão de crédito consignado ou cartão consignado de benefício;

V - atender às solicitações encaminhadas pelo INSS e pelo CNARB, no prazo de 10 (dez) dias úteis, quanto à apresentação de contratos de crédito consignado ou de qualquer outro documento utilizado para averbação da operação de crédito consignado, ou ainda, prestar esclarecimentos para avaliar a regularidade da operação;

VI - encaminhar:

a) o comando via interface de programação - API de exclusão do contrato nos seguintes prazos:

1. imediatamente, na data de constatação de irregularidade na contratação, observado o disposto no § 5º; ou

2. até 5 (cinco) dias úteis, nas hipóteses descritas nos arts. 9º e 10;

b) a documentação contratual nato digital ou digitalizada à Dataprev, via interface de programação - API, em até 7 (sete) dias úteis da contratação do crédito consignado, para as operações de averbação, de refinanciamento e de portabilidade, observado o disposto no art. 38; e

c) o comando de averbação, via interface de programação - API, para averbação da operação de crédito consignado, somente após o atendimento aos incisos II e III do art. 5º;

d) o número de SAC ou Central de Atendimento (CAC) a ser disponibilizado ao beneficiário, por meio do Extrato de Empréstimos, no aplicativo Meu INSS; e (Acrescida pela IN PRES/INSS 148/2023)

e) a informação diária das taxas de juros ofertadas para as novas operações de empréstimo pessoal consignado, cartão de crédito consignado e cartão consignado de benefício, a serem disponibilizadas ao beneficiário no aplicativo Meu INSS. (Acrescida pela IN PRES/INSS 148/2023)

VII - devolver os valores descontados indevidamente do beneficiário em até 2 (dois) dias úteis, na hipótese da alínea "a" do inciso VII do caput, corrigindo-os com base na variação da Selic, desde a data do vencimento da parcela referente ao desconto indevido até o dia útil anterior ao da efetiva devolução, observada a forma disposta no inciso VII do art. 5º; (Redação dada pela IN PRES/INSS 143/2023)

VIII - efetuar seu cadastramento na plataforma consumidor.gov.br na condição de fornecedor (empresa previamente cadastrada para receber, responder e resolver reclamações de consumidores no sistema);

IX - submeter-se às recomendações do CNARB;

X - utilizar o TCE em todas as contratações de cartão de crédito consignado ou cartão consignado de benefício;

XI - cumprir, no prazo de 10 (dez) dias úteis, observado o disposto nos §§ 2º e 3º, as decisões judiciais e do Ministério Público que envolvam a:

a) suspensão, exclusão (liberação de margem), reativação ou alteração dos descontos da operação de crédito consignado (adequação de margem, valor e/ou número de parcelas), observado o disposto no inciso I do art. 24; e

b) apresentação de cópia de contrato de crédito consignado ou esclarecimentos sobre a regularidade da contratação;

XII - ressarcir os custos operacionais diretos e indiretos acarretados ao INSS para operacionalização do crédito consignado;

XIII - apresentar, anualmente, serviços de auditoria externa para avaliação da qualidade dos serviços prestados pelos correspondentes bancários, inclusive por meio de entidades representativas de instituições financeiras em nível nacional, devendo, ao final de cada exercício, enviar ao INSS e ao CNARB o relatório detalhado do resultado da avaliação da auditoria externa realizada no período, sob pena de sujeitar-se à respectiva penalidade de que trata a alínea "b" do inciso II do art. 36; e

XIV - declarar, expressamente, que cumpre a todas as exigências necessárias à contratação do cartão consignado de benefício previsto no art. 16.

§ 1º O cadastro tratado no inciso VIII deverá ser mantido inclusive após o término da vigência do ACT, enquanto existirem contratos de crédito consignado ativos, sob pena de:

I - suspensão dos repasses dos valores consignados, até a efetiva regularização; e

II - inelegibilidade para novo ACT.

§ 2º Aplica-se o disposto no inciso XI às determinações judiciais direcionadas ao INSS em que a instituição consignatária acordante, responsável pela operação de crédito consignado em questão, não seja ré, no prazo de 10 (dez) dias úteis contados da data de encaminhamento da decisão judicial pelo INSS, por ofício, em meio eletrônico.

§ 3º O descumprimento de determinações judiciais subsidiará a instauração de processo de apuração de irregularidade, para fins de aplicação de penalidade, e será considerado na análise para a renovação dos ACTs vigentes.

§ 4º As instituições financeiras autorizadas a operar o crédito consignado respondem solidariamente pelos atos praticados pelos correspondentes bancários que contratarem, sem prejuízo da responsabilidade criminal e administrativa.

§ 5º O refinanciamento de um instrumento contratual falsificado contamina o contrato de crédito consignado novo.

Art. 35. É vedado às instituições consignatárias acordantes ou seus correspondentes bancários:

I - realizar qualquer oferta de operação de crédito consignado a partir de 30 (trinta) dias a contar do cadastramento do telefone fixo ou móvel na plataforma "Não me Perturbe", por tempo indeterminado, excetuando as situações previstas na referida plataforma;

II - a realização direta, ou por meio de interposta pessoa, de atividade de marketing ativo, oferta comercial, proposta, publicidade direcionada ou qualquer outra atividade, por qualquer meio, inclusive eletrônico (SMS, ligação, aplicativos de troca de mensagem eletrônica) com intuito de convencer o beneficiário a celebrar contrato de crédito consignado, antes do decurso de 180 (cento e oitenta) dias contados a partir da respectiva DDB;

III - deixar de ofertar os meios disponíveis para quitação antecipada do contrato de crédito consignado na forma e no prazo indicados no art. 10;

IV - realizar cobrança direta do beneficiário, sem que tenha dirimido eventual dúvida sobre a motivação da glosa ou não repasse de valores, primeiramente, junto à Dataprev e, persistindo a dúvida, junto ao INSS;

V - realizar operações de crédito consignado por correspondente bancário não listado na relação tratada na alínea "b" do inciso III do art. 34;

VI - utilizar os símbolos de identificação do INSS para qualquer finalidade e valer-se do ACT para se apresentar como servidor, funcionário, prestador de serviços, procurador, correspondente, intermediário ou preposto do INSS para ofertar seus produtos ou serviços;

VII - coletar, distribuir, disponibilizar, ceder, e comercializar informações dos beneficiários do INSS; e

VIII - enviar o comando de averbação, via interface de programação - API, para efetuar descontos no benefício previdenciário e/ou efetuar depósito na conta bancária do beneficiário decorrentes de contratação irregular de crédito consignado, não autorizada na forma prevista nos incisos II e III do art. 5º.

§ 1º As atividades referidas no inciso II, se realizadas no prazo de vedação de que trata o inciso I, serão consideradas assédio comercial e serão punidas, nos termos do art. 36, sem prejuízo de serem também qualificadas como outras práticas abusivas pelos órgãos de defesa do consumidor. (Acrescido pela Instrução Normativa PRES/INSS 172/2024)

§ 2º A vedação do inciso II não abrange a primeira instituição financeira pagadora do benefício, que poderá ofertar diretamente e celebrar contrato de consignado com o beneficiário, a partir do primeiro pagamento. (Acrescido pela Instrução Normativa PRES/INSS 172/2024)

Art. 36. Constatadas irregularidades nas operações de crédito consignado ou descumprimento das obrigações, pelas instituições consignatárias acordantes ou por correspondentes bancários a seu serviço, aplicar-se-ão as seguintes penalidades:

I - advertência, por inobservância aos:

a) incisos I, II e alíneas "a" e "b" do inciso III do art. 34; e

b) incisos I a IV do art. 35;

II - suspensão de novas averbações para consignações de empréstimo e/ou RMC/RCC, pelos seguintes prazos:

a) 5 (cinco) dias, por inobservância:

1. à alínea "c" do inciso III, aos incisos IV e V, às alíneas "a" e "b" do inciso VI, e ao inciso VII, todos do art. 34;
2. ao inciso V do art. 35; e
3. reincidência das infrações punidas com a penalidade prevista no inciso I;

b) 10 (dez) dias, por inobservância:

1. ao art. 33; e
2. à alínea "d" do inciso III e incisos VIII a XIII, todos do art. 34;

c) 15 (quinze) dias, por inobservância:

1. à alínea "c" do inciso VI do art. 34;
2. aos incisos VI a VIII do art. 35; e
3. reincidência das infrações punidas com as penalidades tratadas nas alíneas "a" e "b";

d) 30 (trinta) dias, em caso de reincidência das infrações punidas com a penalidade prevista na alínea "c"; e

III - rescisão do ACT:

a) havendo reincidência das infrações punidas com a penalidade prevista na alínea "d" do inciso II;

b) caso a pendência ensejadora da penalidade prevista na alínea "b" do inciso II não seja regularizada no prazo de 30 (trinta) dias úteis;

c) em caso de desativação definitiva da instituição financeira da plataforma consumidor.gov.br;

d) na hipótese do § 2º do art. 32; e

e) constatada como falsa a declaração exigida no inciso XIV do art. 34.

§ 1º Se o ato infracional que deu causa à penalidade de suspensão não for regularizado no prazo estabelecido, o recebimento de novas averbações de crédito consignado ficará suspenso até que seja sanada a infração ou até conclusão da análise pelo INSS, referente a impugnação apresentada pela instituição consignatária acordante.

§ 2º Considera-se reincidência a repetição de ato infracional do mesmo tipo, no período de 12 (doze) meses, a contar da data da publicação da penalidade aplicada, bem como, a incorrência em 3 (três) tipos de condutas infracionais distintas, no mesmo período.

§ 3º Na hipótese de reincidência de que trata o § 2º, obrigatoriamente, aplicar-se-á a penalidade mais severa, observada a gradação estabelecida nos incisos do caput.

§ 4º Considera-se prática lesiva ao beneficiário, para os fins previstos nesta Instrução Normativa, a conduta da instituição consignatária acordante que, violando preceito normativo, cause dano de qualquer espécie, material ou moral ao beneficiário.

§ 5º O INSS poderá, quando cientificado de prática de atos lesivos ao beneficiário ou à imagem da Autarquia, suspender o recebimento de novas averbações de crédito consignado, cautelarmente, até que a instituição consignatária acordante apresente elementos conclusivos que justifiquem ou descaracterizem tais atos.

§ 6º No caso de publicidade enganosa ou abusiva comprovada, a instituição financeira deverá se retratar ou corrigir a informação divulgada no mesmo veículo de comunicação então utilizado e, no mínimo, com igual espaço e destaque.

§ 7º Será proibida a celebração de novo ACT pelo prazo de até 2 (dois) anos, a contar da data da publicação da penalidade máxima referente à rescisão do ACT.

§ 8º As penalidades previstas neste artigo serão aplicadas no âmbito do INSS, independentemente das que possam ser adotadas, pelo mesmo fato, nos procedimentos instaurados nos órgãos e entidades de proteção e defesa do consumidor.

Art. 37. As penalidades previstas no art. 36 serão aplicadas mediante observância ao devido processo legal, respeitados o contraditório e a ampla defesa, na forma e prazos definidos em ato próprio do INSS, exceto, se este receber a indicação de punição a ser aplicada por:

I - determinação judicial transitada em julgado;

II - relatório da apuração realizada pela Senacon; ou

III - relatório de avaliação do Comitê Nacional de Avaliação do Atendimento na Rede Bancária - CNARB.

CAPÍTULO V
DAS DISPOSIÇÕES FINAIS E TRANSITÓRIAS

Art. 38. As instituições que possuem ACT com o INSS e contrato com a Dataprev vigentes deverão adaptar-se a todos os seus termos, inclusive quanto às normas regulamentares editadas pelo BCB, devendo formalizar o ajuste do acordo, bem como realizar as adequações necessárias nos sistemas, no prazo de 90 (noventa) dias, a contar da data da vigência desta Instrução Normativa, sob pena de rescisão.

‣ Art.2º, IN PRES/INSS 143/2023.

§ 1º A implementação das alterações nos contratos das operações de crédito consignado, no que se refere à contratação com uso do reconhecimento biométrico, conforme previsto no inciso VIII do art. 4º, nos incisos II e III do art. 5º e no inciso I do art. 15, ocorrerá em 60 (sessenta) dias, a partir da data de vigência desta Instrução Normativa.

‣ Art.2º, IN PRES/INSS 143/2023.

§ 2º O teto das taxas de juros, de que tratam o inciso II do art. 12 e o inciso VI do art. 15, será atualizado por recomendação do Conselho Nacional de Previdência Social, por intermédio de resolução.

§ 3º Qualquer penalidade oriunda do não atendimento aos §§ 4º, 5º e 6º do art. 15, somente será aplicada após 90 (noventa) dias da data de vigência desta Instrução Normativa.

§ 4º Nos ACTs já firmados com os termos exigidos no inciso XIV do art. 34, a penalidade estabelecida na alínea "e" do inciso III do art. 36, terá aplicação na data de vigência desta Instrução Normativa.

§ 5º A implementação das alterações nos contratos das operações de crédito consignado, no que se refere ao envio da documentação contratual prevista no inciso II do art. 5º e na alínea "b", inciso VI, do art. 34, ocorrerá em 60 (sessenta) dias, a partir da data de vigência desta Instrução Normativa.

‣ Art.2º, IN PRES/INSS 143/2023.

§ 6º Em caso de descumprimento do envio da documentação contratual, conforme previsto no inciso II do art. 5º e na alínea "b" do inciso VI do caput do art. 34, por parte das instituições financeiras, nos prazos estabelecidos nesta Instrução Normativa e requisitos definidos pelo INSS, por meio da Dataprev, poderão ser aplicadas as penalidades previstas no inciso II do art. 36, podendo culminar em rescisão do ACT, nas hipóteses das alíneas "a" e "b" do inciso III do art. 36. (Acrescido pela IN PRES/INSS 148/2023)

§ 7º A implementação das obrigações, por parte das instituições consignatárias acordantes, mencionadas no inciso XII do caput do art. 15, nos incisos IV a VIII e §

5º do art. 18, e nas alíneas "d" e "e" do inciso VI do art. 34, ocorrerá em prazo a ser estabelecido em ato próprio, pela DIRBEN, considerando a disponibilização, por parte do INSS, dos manuais e descritores dos serviços, a serem elaborados pela Dataprev. (Acrescido pela IN PRES/INSS 148/2023)

Art. 38-A. Para reajuste do teto das operações de empréstimo consignado em benefício previdenciário, serão usados como referência os juros reais anualizados, em relação ao Índice Nacional de Preços ao Consumidor (INPC), de 16,10% (dezesseis inteiros e dez décimos por cento). (Acrescido dada pela IN PRES/INSS 144/2023)

Art. 39. Fica revogada a Instrução Normativa INSS/PRES nº 28, de 2008.

Art. 40. Esta Instrução Normativa entra em vigor no ato da publicação.

GUILHERME GASTALDELLO PINHEIRO SERRANO

(*) Republicada por ter saído no DOU nº 214, de 11/11/2022, Seção 1, páginas 98 a 102, com incorreção no original.

ANEXO I

INSTRUÇÃO NORMATIVA PRES/INSS Nº 138, DE 9 DE NOVEMBRO DE 2022

TERMO DE CONSENTIMENTO ESCLARECIDO

Trata-se de instrumento apartado de outros que formalizem a contratação do Cartão de Crédito ou Cartão Consignado de Benefício, e conterá, necessariamente:

I - expressão "TERMO DE CONSENTIMENTO ESCLARECIDO DO CARTÃO DE CRÉDITO CONSIGNADO OU CARTÃO CONSIGNADO DE BENEFÍCIO", inserida na parte superior do documento e com fonte "arial" ou "times new roman", em tamanho 14 (quatorze);

II - abaixo da expressão referida no inciso I, em fonte com tamanho 11 (onze), o texto: "Em cumprimento à sentença judicial proferida nos autos da Ação Civil Pública nº 106890-28.2015.4.01.3700, 3ª Vara Federal da Seção Judiciária de São Luís/MA, proposta pela Defensoria Pública da União";

III - nome completo, números de CPF e benefício do cliente;

IV - logomarca da instituição consignatária acordante;

V - imagem em tamanho real do cartão contratado, ainda que com gravura meramente ilustrativa;

VI - como última informação do documento, espaço para preenchimento de local, data e assinatura do cliente;

VII - as seguintes inscrições, todas registradas em fonte com tamanho 12 (doze) e na seguinte ordem:

a) "Contratei um Cartão de Crédito Consignado ou Cartão Consignado de Benefício";

b) "Fui informado que a realização de saque mediante a utilização do meu limite do Cartão ensejará a incidência de encargos e que o valor do saque, acrescido destes encargos, constará na minha próxima fatura do cartão";

c) "A diferença entre o valor pago mediante consignação (desconto realizado diretamente na remuneração/benefício) e o total da fatura poderá ser paga por meio da minha fatura mensal, o que é recomendado pelo (nome da instituição financeira), já que, caso a fatura não seja integralmente paga até a data de vencimento, incidirão encargos sobre o valor devido, conforme previsto na fatura";

d) "Declaro ainda saber que existem outras modalidades de crédito, a exemplo do empréstimo consignado, que possuem juros mensais em percentuais menores";

e) "Estou ciente de que a taxa de juros do cartão de crédito consignado ou cartão consignado de benefício é inferior à taxa de juros do cartão de crédito convencional";

f) "Sendo utilizado o limite parcial ou total de meu cartão, para saques ou compras, em uma única transação, o saldo devedor do cartão será liquidado ao final de até o número de meses que não exceda o disposto no inciso VI do art. 5º da Instrução Normativa PRES/INSS nº de de setembro de 2022, contados a partir da data do primeiro desconto em folha, desde que:

1. eu não realize outras transações de qualquer natureza, durante todo o período de amortização projetado a partir da última utilização;
2. não ocorra a redução/perda da minha margem consignável de cartão;
3. os descontos através da consignação ocorram mensalmente, sem interrupção até o total da dívida;
4. eu não realize qualquer pagamento espontâneo via fatura; e
5. não haja alteração da taxa dos juros remuneratórios";

g) "Para tirar dúvidas acerca do contrato ora firmado, inclusive sobre informações presentes neste Termo de Consentimento, o cliente poderá entrar em contato gratuitamente com o (nome da instituição financeira) por intermédio do Serviço de Atendimento ao Consumidor - SAC (identificar número telefônico) e de sua Ouvidoria (identificar número telefônico)".

Quando da omissão de qualquer uma das informações disciplinadas nos incisos de I a VII deste termo, a operação será considerada irregular e não autorizada, sendo motivo de exclusão da consignação, cabendo exclusivamente à entidade consignatária ressarcir ao beneficiário.

ANEXO II

INSTRUÇÃO NORMATIVA PRES/INSS Nº 138, DE 9 DE NOVEMBRO DE 2022

ESPÉCIES NÃO PERMITIDAS

(Redação dada pela IN PRES/INSS 154/2023)

Espécie	Descrição da Espécie
009	COMPL. ACIDENTE TRABALHO P/ TRAB. (RURAL)
010	AUXÍLIO-DOENÇA ACIDENTÁRIO - TRAB. RURAL
013	AUXÍLIO-DOENÇA - TRABALHADOR RURAL
015	AUXÍLIO-RECLUSÃO - TRABALHADOR RURAL
025	AUXÍLIO-RECLUSÃO
031	AUXÍLIO POR INCAPACIDADE TEMPORÁRIA
035	AUXÍLIO-DOENÇA DO EX-COMBATENTE
036	AUXÍLIO-ACIDENTE PREVIDENCIÁRIO
039	AUXÍLIO INVALIDEZ ESTUDANTE
047	ABONO PERMANÊNCIA EM SERVICO - 35 ANOS
048	ABONO PERMANÊNCIA EM SERVICO - 30 ANOS
050	AUXÍLIO-DOENÇA EXTINTO PLANO BÁSICO
053	AUXÍLIO-RECLUSÃO EXTINTO PLANO BÁSICO
061	AUXÍLIO-NATALIDADE
062	AUXÍLIO-FUNERAL
063	AUXÍLIO-FUNERAL TRABALHADOR RURAL
064	AUXÍLIO-FUNERAL EMPREGADOR RURAL
065	PECÚLIO ESPECIAL SERVIDOR AUTARQUICO
066	PEC. ESP. SERVIDOR AUTARQUICO
067	PECÚLIO OBRIGATÓRIO EX-IPASE
068	PECÚLIO ESPECIAL DE APOSENTADOS
069	PECÚLIO DE ESTUDANTE
070	RESTITUIÇÃO CONTRIB. P/SEG. S/CARÊNCIA
071	SALÁRIO-FAMÍLIA PREVIDENCIÁRIO
073	SALÁRIO-FAMÍLIA ESTATUTÁRIO
074	COMPLEMENTO DE PENSÃO À CONTA DA UNIÃO
075	COMPLEMENTO DE APOSENT. Á CONTA DA UNIÃO
076	SALÁRIO FAMÍLIA ESTATUTÁRIO
077	SALÁRIO FAM. ESTATUTÁRIO SERVIDOR SINPAS
079	VANTAGENS DE SERVIDOR APOSENTADO

Espécie	Descrição da Espécie
080	SALÁRIO MATERNIDADE
085	PENSÃO VITALÍCIA SERINGUEIROS
086	PENSÃO VITALÍCIA DEPENDENTES SERINGUEIRO
090	SIMPLES ASSIST. MÉDICA P/ ACIDENTE TRAB.
091	AUXÍLIO-DOENÇA POR ACIDENTE DO TRABALHO
094	AUXÍLIO-ACIDENTE
095	AUXÍLIO SUPLEMENTAR ACIDENTE TRABALHO
097	PECÚLIO POR MORTE ACIDENTE DO TRABALHO
098	ABONO ANUAL DE ACIDENTE DE TRABALHO
099	AFASTAMENTO ATÉ 15 DIAS ACIDENTE TRAB.

ANEXO III

INSTRUÇÃO NORMATIVA PRES/INSS Nº 138, DE 9 DE NOVEMBRO DE 2022

TERMO DE AUTORIZAÇÃO PARA ACESSO A DADOS

Eu, (NOME COMPLETO), CPF nº XXX.XXX.XXX-XX, para apoiar a contratação/simulação do empréstimo consignado, cartão de crédito e cartão consignado de benefícios do INSS a fim de subsidiar a proposta do Banco Credor/Instituição Consignatária Acordante, autorizo o INSS/Dataprev a disponibilizar as seguintes informações:

I - do beneficiário:

a) nº CPF;

b) data de nascimento; e

c) nome;

II - do representante legal do beneficiário:

a) nº CPF;

b) nome; e

c) data fim;

III - do benefício:

a) número;

b) situação;

c) espécie;

d) benefício concedido por Liminar;

e) Data de Cessação do Benefício - DCB;

f) UF de pagamento;

g) tipo de crédito (Cartão Magnético ou Conta-Corrente);

h) CBC da IF Pagadora;

i) agência pagadora;

j) conta corrente onde o benefício é pago;

k) classificador da pensão alimentícia;

l) possui:

1. representante legal;

2. procurador; ou

3. entidade de representação (não permite averbação);

m) benefício bloqueado para empréstimo;

n) data da última Perícia Médica;

o) data do Despacho do Benefício - DDB;

p) valor:

1. da margem disponível;

2. da margem disponível cartão;

3. do limite de cartão;

q) quantidade de contratos que ativos ou suspensos ou reservados;

r) data da consulta; e

s) elegível pra empréstimo.

Este termo autoriza esta instituição acordante a consultar as informações acima descritas pelo período de 30 (trinta) dias, e qualquer utilização deste, para outros fins, incorrerá nas sanções previstas na Lei nº 13.709, de 14 de agosto de 2018 (Lei Geral de Proteção de Dados Pessoais - LGPD).

Este pedido será efetuado pela instituição consignatária acordante em até 45 (quarenta e cinco) dias, após a assinatura deste instrumento.

Local: ____________/___, Data: ___/___/___

____

Assinatura do titular/representante legal

PARTE 9 – PROVA DE VIDA

PORTARIA INSS Nº 1.408, DE 2 DE FEVEREIRO DE 2022

Disciplina os procedimentos referentes à comprovação de vida anual dos beneficiários do INSS.

O PRESIDENTE DO INSTITUTO NACIONAL DO SEGURO SOCIAL - INSS, no uso da competência que lhe confere o Decreto nº 9.746, de 8 de abril de 2019, e tendo em vista o que consta na Portaria MTP nº 220, de 2 de fevereiro de 2022, bem como no Processo Administrativo nº 35014.066900/2020-05, resolve:

Art. 1º A comprovação de vida de que trata o inciso I do § 8º do art. 69 da Lei nº 8.212, de 24 de julho de 1991 , será realizada, de forma alternativa, quando não for possível o INSS confirmar que o titular do benefício realizou algum ato registrado em bases de dados dos órgãos, entidades ou instituições, mantidos ou administrados pelos órgãos públicos federais, estaduais, municipais e privadas, na forma prevista nos Acordos de Cooperação, quando for o caso, ou quando as informações obtidas não se mostrarem suficientes para a comprovação de vida, conforme critérios a serem estabelecidos. (Redação dada pela Portaria INSS 1552/2023)

Art. 2º Poderão ser considerados válidos como prova de vida realizada, dentre outros, os seguintes atos, meios, informações ou base de dados: (Redação dada pela Portaria INSS 1552/2023)

I - acesso ao aplicativo Meu INSS com o selo ouro ou outros aplicativos e sistemas dos órgãos e entidades públicas que possuam certificação e controle de acesso, no Brasil ou no exterior;

II - realização de empréstimo consignado, efetuado por reconhecimento biométrico;

III - atendimento:

a) presencial nas Agências do INSS ou por reconhecimento biométrico nas entidades ou instituições parceiras;

b) de perícia médica, por telemedicina ou presencial; e

c) no sistema público de saúde ou na rede conveniada;

IV - vacinação;

V - cadastro ou recadastramento nos órgãos de trânsito ou segurança pública;

VI - atualizações no CADÚNICO, somente quando for efetuada pelo responsável pelo Grupo;

VII - votação nas eleições;

VIII - emissão/renovação de:

a) Passaporte;

b) Carteira de Motorista;

c) Carteira de Trabalho;

d) Alistamento Militar;

e) Carteira de Identidade; ou

f) outros documentos oficiais que necessitem da presença física do usuário ou reconhecimento biométrico;

IX - recebimento do pagamento de benefício com reconhecimento biométrico; e

X - declaração de Imposto de Renda, como titular ou dependente.

Art. 3º Quando não for possível a comprovação de vida pelos meios citados no art. 2º, o INSS notificará o beneficiário, comunicando que deverá realizá-la peferencialmente por atendimento eletrônico com uso de biometria ou outro meio dentre os citados nos incisos do art. 2º. (Redação dada pela Portaria INSS 1552/2023)

Art. 4º Nas situações em que o beneficiário não for identificado em nenhuma das bases elencadas acima, ou após notificação citada no art. 3º, o INSS disciplinará meios para realização da prova de vida sem obrigatoriedade de deslocamentos dos beneficiários de suas residências. (Redação dada pela Portaria INSS 1552/2023)

Art. 5º Ficam suspensos, durante o ano de 2022, o bloqueio ou suspensão de pagamento por falta da comprovação de vida.

Art. 6º Compete à Diretoria de Benefícios a emissão de atos complementares para operacionalização deste Ato e da Portaria MTP nº 220, de 2 de fevereiro de 2022.

Art. 7º Fica revogada Portaria PRES/INSS nº 1.366, de 14 de outubro de 2021, publicada no Diário Oficial da União nº 195, de 15 de outubro de 2021, Seção 1, pág. 135.

Art. 8º Esta Portaria entra em vigor na data de sua publicação.

JOSÉ CARLOS OLIVEIRA

PORTARIA DIRBEN/INSS Nº 1.103, DE 25 DE JANEIRO DE 2023

Disciplina os atos complementares para operacionalização das rotinas para comprovação de vida dos beneficiários do INSS, conforme Portaria PRES/INSS nº 1.408, de 2 de fevereiro de 2022.

O DIRETOR DE BENEFÍCIOS E RELACIONAMENTO COM O CIDADÃO SUBSTITUTO DO INSTITUTO NACIONAL DO SEGURO SOCIAL - INSS, no uso da competência que lhe confere o Decreto nº 10.995, de 14 de março de 2022, e tendo em vista o que consta no Processo Administrativo nº 35014.000334/2023-11, resolve:

Art. 1º Disciplinar os atos complementares para operacionalização das rotinas para comprovação de vida dos beneficiários do INSS, conforme Portaria PRES/INSS nº 1.408, de 2 de fevereiro de 2022.

Art. 2º Podem ser considerados válidos como comprovação de vida realizada os atos, meios, informações ou base de dados elencados no artigo 2º da Portaria PR ES/INSS nº 1.408, de 2 de fevereiro de 2022, desde que realizados ou atualizados no prazo de até 10 (dez) meses posteriores ao último aniversário do beneficiário.

Art. 3º Serão migradas dos bancos de dados integrados à base do INSS as seguintes informações para efeito de comprovação de vida:

I - base de dados originária;

II - data e hora da ocorrência;

III - CPF;

IV - nome completo; e

V - UF (Unidade da Federação) da ocorrência.

Parágrafo único. É obrigatória a informação do selo de confiabilidade de acesso do beneficiário para os dados migrados das bases do sítio gov.br.

Art. 4º Os dados migrados das bases governamentais serão reunidos e mantidos em ambiente específico de armazenamento por prazo indeterminado.

Parágrafo único. Quando houver nova atualização de mesma origem e mesmo processo de identificação, os dados serão substituídos pela informação mais recente.

Art. 5º Os dados das interações sociais coletadas formarão um banco de pontuação, de acordo com definição de integridade do dado obtido, a ser definido pelo Instituto.

§ 1º O banco de pontuação se dará para eventos posteriores à data de aniversário do beneficiário, até que ocorra algum evento comprobatório ou até o fim do prazo de 10 (dez) meses.

§ 2º Após o atingimento da pontuação mínima necessária para atualização do benefício, o mesmo será processado automaticamente pelo SIBE-PU ou por ferramenta que o substitua.

§ 3º Uma vez identificado que o beneficiário realizou alguma das ações elencadas no artigo 2º da Portaria PRES/INSS nº 1.408, de 2022, o benefício receberá a informação da prova de vida realizada e a data do processamento, na competência em que ocorreu a atualização.

Art. 6º Para fins de avaliação e monitoramento, as informações migradas dos bancos de dados integradas com o sistema do INSS serão classificadas conforme seu nível de integridade (alto, médio e baixo).

§ 1º Os benefícios cuja classificação do nível de integridade for definida como baixo, poderão ser encaminhados para análise administrativa conforme as regras estabelecidas nesta Portaria.

§ 2º A classificação dos níveis de integridade será definida em ato próprio quando da consolidação das bases integradas.

Art. 7º Quando não for possível confirmar a realização da prova de vida por um dos atos elencados no artigo 2º da Portaria PRES/INSS nº 1.408, de 2022, por meio das bases de dados já integradas com os sistemas do INSS ou quando as informações obtidas não se mostrarem suficientes, o beneficiário será automaticamente notificado, via canais remotos (Meu INSS e Central 135) e/ou notificação bancária, a realizar algum ato de forma que seja identificado em alguma base de dados constantes na Portaria acima citada.

Art. 8º Após a notificação, o segurado terá o prazo de 60 (sessenta) dias para realizar uma das ações elencadas no artigo 2º da Portaria PRES/INSS nº 1.408, de 2022.

Art. 9º Transcorrido o prazo estabelecido no artigo 8º, será criada automaticamente a tarefa "Comprovação de Vida" no sistema de Portal de Atendimento - PAT ou sistema que o substitua nos seguintes casos:

I - quando não identificada ação ou atualização nas bases de dados integradas com os sistemas do INSS; ou

II - quando não atingida a pontuação mínima para comprovação de vida.

§ 1º Para os casos previstos nos incisos I e II do *caput*, poderá ser emitida Pesquisa Externa - PE para localização do beneficiário, a ser realizada por servidor do INSS ou parceiro constituído.

§ 2º A realização de PE deverá seguir as diretrizes e procedimentos definidos em ato próprio.

§ 3º O disposto no § 1º não impede que o INSS utilize dados de identificação do beneficiário obtidos por meio de identificação presencial no INSS ou por outros parceiros devidamente autorizados.

Art. 10. O pagamento do benefício será bloqueado e o beneficiário novamente notificado, pelas mesmas vias previstas no art. 7º desta Portaria, para realizar, no prazo de 30 (trinta) dias, uma das ações elencadas no artigo 2º da Portaria PRES/INSS nº 1.408, de 2022, quando:

I - realizada PE e esta não for considerada efetiva para a comprovação de vida;

II - o endereço cadastrado nas bases de dados do INSS for insuficiente para realizar a localização do beneficiário.

§ 1º Caso o beneficiário não realize os procedimentos previstos no *caput*, o benefício será suspenso.

§ 2º Ocorrendo a situação prevista no § 1º, o benefício somente poderá ser reativado após realizada a comprovação de vida por atendimento presencial na rede bancária ou por meio de reconhecimento biométrico.

§ 3º O beneficiário poderá entrar em contato com o canal 135 para buscar informações para comprovação da prova de vida.

§ 4º Transcorrido o período de 6 (seis) meses de suspensão, o benefício será cessado.

Art. 11. Quando a comprovação de vida for realizada por intermédio de procurador constituído, deverá ser observado os procedimentos previstos no *caput* do artigo 539 da Instrução Normativa PRES/INSS nº 128, de 28 de março de 2022, e nos artigos 24 e 26 da Portaria nº 992 DIRBEN/INSS de 28 de março de 2022.

Parágrafo único. O prazo da procuração para fins de comprovação de vida é de até 12 (doze) meses, conforme definido no artigo 535 da Instrução Normativa PRES/INSS nº 128, de 2022.

Art. 12. Quando a comprovação de vida for realizada por intermédio de Representante Legal, deverá ser observado os procedimentos previstos no § 14 do artigo 527 da Instrução Normativa PRES/INSS nº 128, de 2022.

Parágrafo único. O prazo do termo de responsabilidade da Representação Legal, para fins de comprovação de vida, será de 12 (doze) meses, podendo ser renovado sempre que for necessário para esse fim.

Art. 13. Nos casos em que o beneficiário residir no exterior e não for identificado no processamento automático de que trata esta Portaria, a comprovação de vida poderá ser realizada:

I - nas representações consulares ou diplomáticas brasileiras no exterior; ou

II - por meio do Formulário Específico de "Atestado de Vida para comprovação perante o INSS", constante no sítio www.gov.br/inss/pt-br, assinado na presença de um notário público local e devidamente apostilado pelos órgãos designados em cada país, para os residentes em países signatários da Convenção sobre a Eliminação da Exigência de Legalização de Documentos Públicos Estrangeiros.

Parágrafo único. A documentação de comprovação de vida prevista nos incisos I e II do *caput* deverá ser encaminhada ao INSS diretamente pelo beneficiário, por meio do MEU INSS ou por correio.

Art. 14. Esta Portaria entra em vigor na data de sua publicação.

AILTON NUNES DE MATOS JUNIOR

PARTE 10 – PORTARIA DO INSS PARA CUMPRIMENTO DE AÇÕES COLETIVAS NACIONAIS

PORTARIA CONJUNTA DIRBEN/PFE/INSS Nº 94, DE 3 DE JUNHO DE 2024

Aprova Normas Procedimentais em Matéria de Benefícios.

O DIRETOR DE BENEFÍCIOS E RELACIONAMENTO COM O CIDADÃO do INSTITUTO NACIONAL DO SEGURO SOCIAL-INSS e o PROCURADOR-GERAL DA PROCURADORIA FEDERAL ESPECIALIZADA JUNTO AO INSTITUTO NACIONAL DO SEGURO SOCIAL, no uso das atribuições que lhes confere o Decreto nº 10.995, de 14 de março de 2022, e o que consta no processo SEI nº 35014.450695/2023-05, resolvem:

Art. 1º Fica aprovado o Livro XII das Normas Procedimentais em Matéria de Benefícios, que disciplina sobre o cumprimento de decisões de Ações Civis Públicas-ACPs no âmbito do INSS, complementares à Instrução Normativa PRES/INSS nº 128, de 28 de março de 2022.

Art. 2º Ficam revogados os seguintes normativos:

I - Memorando-Circular Conjunto Nº 34/DIRBEN/DIRAT/PFE/INSS, de 24 de julho de 2012;

II - Memorando-Circular Conjunto Nº 45 DIRBEN/PFE/INSS, de 17 de novembro de 2014;

III - Memorando-Circular Conjunto Nº 12/DIRBEN/DIRAT/PFE/INSS, de 29 de março de 2018;

IV - Portaria Conjunta Nº 12/DIRBEN/PFE/INSS, de 19 de maio de 2020;

V - Ofício-Circular Interinstitucional Nº 3/SPMF-ME/DIRBEN/DIRAT/PFE/INSS, de 24 de julho de 2019;

VI - Portaria Conjunta Nº 7/DIRBEN/PFE/INSS, de 9 de abril de 2020;

VII - Portaria Conjunta Nº 4/DIRBEN/PFE/INSS, de 5 de março de 2020;

VIII - Portaria Conjunta DIRBEN/PFE/ INSS Nº 72, de 16 de dezembro de 2022;

IX - Portaria DIRBEN/PFE/INSS Nº 78, de 11 de abril de 2023;

X - Portaria DIRBEN/INSS Nº 1.167, de 28 de setembro de 2023;

XI - Portaria Conjunta DIRBEN/PFE-INSS/INSS Nº 61, de 25 de Abril de 2022;

XII - Memorando-Circular Nº 23 DIRBEN/CGRDPB, de 25 de maio de 2010;

XIII - Memorando-Circular Conjunto Nº 21 DIRBEN/PFE/INSS, de 5 de novembro de 2008;

XIV - Instrução Normativa Nº 9, de 8 de agosto de 2006;

XV - Instrução Normativa Nº 106 INSS/DC, de 14 de abril de 2004;

XVI - Memorando-Circular Conjunto Nº 47 /DIRBEN/PFE/INSS, de 31 de agosto de 2016;

XVII - Memorando-Circular Conjunto Nº 37 /DIRBEN/PFE/INSS, de 8 de agosto de 2018;

XVIII - Memorando-Circular Conjunto Nº 34 /DIRBEN/PFE/INSS, de 19 de julho de 2018;

XIX - Memorando-Circular Conjunto Nº 55 /DIRBEN/DIRAT/PFE/INSS, de 26 de novembro de 2018;

XX - Memorando-Circular Conjunto Nº 22 /DIRBEN/DIRSAT/PFE/INSS, de 24 de julho de 2013;

XXI - Memorando-Circular Conjunto Nº 55 /DIRBEN/DIRSAT/DIRAT/PFE/INSS, de 27 de outubro de 2016;

XXII - Memorando-Circular Conjunto Nº 49 /DIRBEN/DIRSAT/PFE/INSS, de 30 de novembro de 2012;

XXIII - Memorando-Circular Conjunto Nº 15 /DIRBEN/PFE/INSS, de 24 de fevereiro de 2016;

XXIV - Memorando-Circular Nº 31 /DIRBEN/INSS, de 6 de julho de 2016;

XXV - Memorando-Circular Conjunto Nº 11 /DIRBEN/DIRSAT/PFE/INSS, de 28 de abril de 2017;

XXVI - Memorando-Circular Conjunto Nº 48 /DIRBEN/DIRSAT/PFE/INSS, de 13 de dezembro de 2017;

XXVII - Memorando-Circular Conjunto Nº 40 /DIRBEN/DIRSAT/PFE/INSS, de 9 de novembro de 2017;

XXVIII - Memorando-Circular Conjunto Nº 39 /DIRBEN/DIRSAT/PFE/INSS, de, 14 de agosto de 2018;

XXIX - Memorando-Circular Conjunto Nº 36 /DIRBEN/DIRSAT/PFE/INSS, de 17 de julho de 2015;

XXX - Memorando-Circular Conjunto Nº 33 /DIRBEN/DIRSAT/PFE/INSS, de 29 de junho de 2016;

XXXI - Memorando-Circular Conjunto Nº 54 /DIRBEN/DIRAT/DIRSAT/PFE/INSS, de 29 de setembro de 2016;

XXXII - Memorando-Circular Conjunto Nº 32 DIRBEN/DIRSAT/PFE/INSS de 1º de novembro de 2011;

XXXIII - Memorando-Circular Conjunto Nº 3 DIRSAT/DIRBEN/PFE/INSS, de 27 de fevereiro de 2014;

XXXIV - Memorando-Circular Conjunto Nº 40 /DIRBEN/PFE/DIRSAT/INSS, de 29 de outubro de 2014;

XXXV - Memorando-Circular Conjunto Nº 61 /DIRBEN/PFE/DIRAT/DIRSAT/INSS, de 4 de dezembro de 2015;

XXXVI - Memorando-Conjunto Nº 2 /DIRBEN/DIRSAT/PFE/INSS, de 7 de agosto de 2014;

XXXVII - Memorando-Circular Conjunto Nº 58 /DIRBEN/DIRAT/DIRSAT/PFE/INSS, de 16 de novembro de 2016;

XXXVIII - Memorando-Circular Conjunto Nº 15 /DIRBEN/DIRAT/DIRSAT/PFE/INSS, de 13 de abril de 2018;

XXXIX - Memorando-Circular Conjunto Nº 62 DIRBEN/DIRAT/DIRSAT/INSS, de 30 de novembro de 2016;

XL - Portaria Conjunta Nº 2/DIRBEN/DIRAT/INSS, de 07 de fevereiro de 2020;

XLI - Memorando-Circular Conjunto Nº 4 DIRBEN/DIRAT/DIRSAT/PFE/INSS, de 16 de janeiro de 2017;

XLII - Memorando-Circular Conjunto Nº 43 DIRBEN/DIRAT/DIRSAT/PFE/INSS, de 19 de agosto de 2015;

XLIII - Memorando-Circular Conjunto Nº 18 DIRBEN/DIRSAT/PFE/INSS, de 10 de junho de 2011;

XLIV - Memorando-Circular Conjunto Nº 5 DIRBEN/DIRSAT/PFE/INSS, de 20 de fevereiro de 2013;

XLV - Memorando-Circular Conjunto Nº 9 /DIRBEN/ PFE/INSS, de 27 de janeiro de 2016;

XLVI - Memorando-Circular Conjunto Nº 13 DIRBEN/PFE/INSS, de 9 de maio de 2017;

XLVII - Memorando-Circular Conjunto Nº 14 DIRBEN/PFE/INSS, de 29 de abril de 2013;

XLVIII - Memorando-Circular Conjunto Nº 17 DIRBEN/PFEINSS, de 28 de março de 2012;

XLIX - Memorando-Circular Conjunto Nº 24 DIRBEN/PFE/INSS, de 4 de agosto de 2011;

L - Memorando-Circular Conjunto Nº 14 /DIRBEN/PFE/INSS, de 30 de março de 2015;

LI - Memorando-Circular Conjunto Nº 27 DIRBEN/PFE/INSS, de 2 de setembro de 2014;

LII - Memorando-Circular Conjunto Nº 51 DIRBEN/PFE/INSS, de 28 de dezembro de 2012;

LIII - Memorando-Circular Conjunto Nº 11 DIRBEN/PFE/INSS, de 19 de março de 2015;

LIV - Portaria Conjunta Nº 22/DIRBEN/PFE/INSS, de 15 de dezembro de 2020;

LV - Portaria Conjunta DIRBEN/PFE/INSS Nº 35, de 17 de maio de 2021;

LVI - Memorando-Circular Conjunto Nº 18 /DIRBEN/PFE/INSS, de 13 de maio de 2015;

LVII - Memorando-Circular Conjunto Nº 44 /DIRBEN/PFE/INSS, de 31 de agosto de 2015;

LVIII- Memorando-Circular Conjunto Nº 53 /DIRBEN/PFE/INSS, de 26 de outubro de 2015;

LIX - Memorando-Circular Conjunto Nº 59 /DIRBEN/PFE/INSS, de 27 de novembro de 2015;

LX - Memorando-Circular Conjunto Nº 62 /DIRBEN/PFE/INSS, de 4 de dezembro de 2015;

LXI - Memorando-Circular Conjunto Nº 48 /DIRBEN/PFE/INSS, de 31 de agosto de 2016;

LXII - Memorando-Circular Conjunto Nº 42/DIRBEN/PFE/INSS, de 17 de novembro de 2017;

LXIII - Ofício-Circular Conjunto Nº 26 / DIRBEN/PFE/INSS, de 23 de maio de 2019;

LXIV - Portaria Conjunta Nº 15/DIRBEN/PFE/INSS, de 13 de julho de 2020;

LXV - Ofício-Circular Conjunto Nº 16 / DIRBEN/DIRAT/PFE/INSS, de 22 de março de 2019;

LXVI - Memorando-Circular Conjunto Nº 48 DIRBEN/PFE/INSS, de 27 de novembro de 2012;

LXVII - Memorando-Circular Conjunto Nº 33 /DIRBEN/DIRAT/PFE/INSS, de 26 de setembro de 2017;

LXVIII - Memorando-Circular Conjunto Nº 7 /DIRBEN/DIRAT/PFE/INSS, de 22 de março de 2018;

LXIX - Memorando-Circular Conjunto Nº 22 /DIRBEN/PFE/INSS, de 30 de julho de 2014;

LXX - Memorando-Circular Conjunto Nº 3 /DIRBEN/DIRAT/PFE/INSS, de 30 de janeiro de 2019;

LXXI - Ofício-Circular Conjunto Nº 23 / DIRBEN/DIRAT/PFE/INSS, de 30 de abril de 2019;

LXXII - Portaria Conjunta DIRBEN/PFE/ INSS Nº 86, de 4 de agosto de 2023;

LXXIII - Portaria PRES/INSS Nº 1.341, de 20 de agosto de 2021;

LXXIV - Portaria PRES/INSS Nº 1.392, de 10 de dezembro de 2021;

LXXV - Portaria PRES/INSS Nº 1.495, de 9 de setembro de 2022;

LXXVI - Memorando-Circular Conjunto Nº 41 /DIRBEN/PFE/INSS, de 3 de novembro de 2014;

LXXVII - Memorando-Circular Conjunto Nº 29 /DIRBEN/PFE/INSS, de 17 de junho de 2016;

LXXVIII - Memorando-Circular Conjunto Nº 45 DIRBEN/PFE/INSS, de 30 de novembro de 2017;

LXXIX - Ofício-Circular Conjunto Nº 11 / DIRBEN/PFE/DIRAT/INSS, de 27 de fevereiro de 2019;

LXXX - Memorando-Circular Conjunto Nº 64 / DIRBEN/DGP/PFE/INSS, de 13 de dezembro de 2016;

LXXXI - Memorando-Circular Conjunto Nº 20 /DIRBEN/DIRSAT/DIRAT/PFE/INSS, de 10 de maio de 2018;

LXXXII - Memorando-Circular Conjunto Nº 36 /DIRBEN/DIRSAT/DIRAT/PFE/INSS, de 27 de julho de 2018;

LXXXIII - Memorando-Circular Conjunto Nº 41 /DIRBEN/DIRAT/PFE/DIRSAT/INSS, de 13 de novembro de 2017;

LXXXIV - Ofício-Circular Interinstitucional Conjunto Nº 1 /DIRBEN/DIRAT/PFE/ INSS/SPMF-ME, de 30 de maio de 2019;

LXXXV - Resolução Nº 302 /PRES/INSS, de 21 de maio de 2013;

LXXXVI - Resolução Nº 523/PRES/INSS, de 12 de fevereiro de 2016;

LXXXVII - Memorando-Circular Conjunto Nº 17 DIRBEN/DIRAT/DIRSAT/PFE/INSS, de 12 de junho de 2013;

LXXXVIII - Memorando-Circular Conjunto Nº 29 /DIRBEN/PFE/DIRAT/DIRSAT/INSS, de 18 de maio de 2012;

LXXXIX - Memorando-Circular Conjunto Nº 30 /DIRBEN/DIRAT/DIRSAT/PFE/INSS, de 10 de setembro de 2014;

XC - Memorando-Circular Nº 13 /PRES/ INSS, de 26 de abril de 2016;

XCI - Resolução Nº 202 /PRES/INSS, de 17 de maio de 2012;

XCII - Resolução Nº 278 /PRES/INSS, de 21 de março de 2013;

XCIII - Resolução Nº 325 PRES/INSS, de 1º de agosto de 2013;

XCIV - Resolução PRES/INSS Nº 380, 22 de janeiro de 2014;

XCV - Memorando-Circular Conjunto Nº 16 /DIRBEN/DIRSAT/DIRAT/PFE/INSS, de 22 de abril de 2014;

XCVI - Memorando-Circular Conjunto Nº 33 /DIRBEN/DIRAT/DIRSAT/PFE/INSS, de 10 de setembro de 2014;

XCVII - Memorando-Circular Conjunto Nº 32 /DIRBEN/DIRAT/DIRSAT/PFE/INSS, de 1º de julho de 2015;

XCVIII - Memorando-Circular Conjunto Nº 25 /DIRBEN/DIRAT/DIRSAT/PFE/INSS, de 3 de setembro de 2013;

XCIX - Memorando-Circular Conjunto Nº 32 /DIRBEN/DIRAT/DIRSAT/PFE/INSS, de 10 de setembro de 2014;

C - Resolução Nº 280 /PRES/INSS, de 1º de abril de 2013;

CI - Resolução Nº 387 /PRES/INSS, de 13 de fevereiro de 2014;

CII - Resolução Nº 430 /PRES/INSS, de 21 de julho de 2014;

CIII - Memorando-Circular Conjunto Nº 4 /DIRBEN/DIRAT/DIRSAT/PFE/INSS, de 22 de janeiro de 2015;

CIV - Memorando-Circular Conjunto Nº 67 /DIRBEN/DIRAT/DIRSAT/PFE/INSS, de 30 de dezembro de 2015;

CV - Memorando-Circular Conjunto Nº 11 /DIRSAT/DIRBEN/DIRAT/PFE/INSS, de 8 de dezembro de 2015;

CVI - Memorando-Circular Conjunto Nº 22 /DIRBEN/DIRSAT/DIRAT/PFE/INSS, de 25 de maio de 2018;

CVII - Memorando-Circular Conjunto Nº 11 /DIRBEN/DIRSAT/DIRAT/PFE/INSS, de 28 de março de 2018;

CVIII - Portaria DIRBEN/INSS Nº 928, de 24 de setembro de 2021;

CIX - Portaria DIRBEN/INSS Nº 927, de 24 de setembro de 2021;

CX - Portaria DIRBEN/INSS Nº 964, de 28 de dezembro de 2021;

CXI - Memorando-Circular Conjunto Nº 42 /DIRBEN/PFE/INSS, de 24 de setembro de 2018;

CXII - Resolução Nº 268 PRES/INSS, de 24 de janeiro de 2013;

CXIII - Portaria DIRBEN/INSS Nº 905, de 6 de julho de 2021;

CXIV - Memorando-Circular Conjunto Nº 3 /DIRBEN/PFE/INSS, de 12 de janeiro de 2016;

CXV - Memorando-Circular Conjunto Nº 37 /DIRBEN/PFE/INSS, de 13 de julho de 2016;

CXVI - Memorando-Circular Conjunto Nº 17 /DIRBEN/PFE/INSS, de 21 de junho de 2017;

CXVII - Memorando-Circular Conjunto Nº 16 DIRBEN/PFE/INSS, de 7 de dezembro de 2007;

CXVIII - Ofício-Circular Interinstitucional Conjunto Nº 2 /DIRBEN/PFE/INSS/SPMF-ME, de 28 de junho de 2019;

CXIX - Memorando-Circular Nº 18 /DIRBEN/INSS, de 26 de abril de 2016;

CXX - Memorando-Circular Conjunto Nº 9 /DIRBEN/DIRAT/PFE/INSS, de 18 de fevereiro de 2019;

CXXI - Memorando-Circular Conjunto Nº 46 DIRBEN/PFE/INSS, de 8 de setembro de 2015;

CXXII - Portaria Conjunta DIRBEN/PFE/ INSS Nº 45, de 27 de julho de 2021;

CXXIII - Memorando-Circular Conjunto Nº 14 /DIRBEN/PFE/INSS, de 17 de fevereiro de 2016;

CXXIV - Resolução Nº 135/INSS/PRES, de 28 de dezembro de 2010;

CXXV - Memorando-Circular Nº 59 DIRBEN/INSS, de 26 de dezembro de 2016;

CXXVI - Memorando-Circular Conjunto Nº 31 /DIRBEN/DIRAT/DIRSAT/PFE/INSS, de 10 de setembro de 2014;

CXXVII - Memorando-Circular Conjunto Nº 11 /DIRBEN/DIRAT/DIRSAT/PFE/INSS, de 21 de março de 2013;

CXXVIII - Resolução Nº 326/INSS/PRES, de 6 de agosto de 2013;

CXXIX - Memorando-Circular Nº 34 /DIRBEN/DIRAT/DIRSAT/PFE/INSS, de 10 de setembro de 2014;

CXXX - Memorando-Circular Conjunto Nº 5 /DIRBEN/DIRAT/DIRSAT/PFE/INSS, de 14 de fevereiro de 2014;

CXXXI - Memorando-Circular Conjunto Nº 32 /DIRBEN/DIRSAT/DIRAT/PFE/INSS, de 17 de julho de 2018;

CXXXII - Portaria Conjunta DIRBEN/PFE/ INSS Nº 87, de 2 de outubro de 2023;

CXXXIII - Memorando-Circular Nº 46 DIRBEN/CGBENEF, de 12 de novembro de 2008;

CXXXIV - Portaria Conjunta DIRBEN/DIRAT/PFE/INSS Nº 28, de 19 de março de 2021;

CXXXV - Portaria Conjunta Nº 44 DIRBEN/ DIRAT/PFE/INSS, de 26 de julho de 2021;

CXXXVI - Memorando-Circular Nº 35 DIRBEN/INSS, de 23 de outubro de 2014;

CXXXVII - Ofício-Circular DIRBEN/INSS Nº 4, de 30 de janeiro de 2024;

CXXXVIII - Memorando-Circular Conjunto Nº 25/ DIRBEN/DIRAT/PFE/INSS, de 3 de junho de 2016;

CXXXIX - Memorando-Circular Conjunto Nº 39/ DIRBEN/DIRAT/PFE/INSS, de 20 de julho de 2016;

CXL - Memorando-Circular Conjunto Nº 21/ DIRBEN/PFEINSS, de 15 de abril de 2010;

CXLI - Memorando-Circular Conjunto Nº 10/ CGRD/DIRBEN/INSS, de 17 de setembro de 2010;

CXLII - Memorando-Circular Nº 39/ DIRBEN/INSS, de 23 de novembro de 2012;

CXLIII - Memorando-Circular Conjunto Nº 1/DIRBEN/DIRAT/DIRSAT/PFE/INSS, de 25 de janeiro de 2013;

CXLIV - Memorando-Circular Nº 38 DIRBEN/INSS Em, 4 de novembro de 2013;

CXLV - Memorando-Circular Nº 41 /DIRBEN/INSS, de 6 de setembro de 2016;

CXLVI - Memorando-Circular Nº 61 /DIRBEN/INSS, de 29 de dezembro de 2016;

CXLVII - Memorando-Circular Nº 60 /DIRBEN/INSS, de 29 de dezembro de 2016;

CXLVIII - Memorando-Circular Nº 9 /DIRBEN/INSS, de 05 de março de 2018;

CXLIX - Memorando-Circular Nº 10 /DIRBEN/INSS, de 16 de março de 2018;

CL - Memorando-Circular Nº 18/ CGRDPB/ DIRBEN/INSS, de 22 de agosto de 2011;

CLI - Memorando-Circular Nº 08/CGRD/ DIRBEN/INSS, de 23 de novembro de 2011;

CLII - Resolução Nº 151/PRES/INSS, de 30 agosto de 2011;

CLIII - Memorando-Circular Conjunto Nº 25 /DIRBEN/PFE/INSS, de 31 de agosto de 2011; e

CLIV - Memorando-Circular Nº 29/DIRBEN/INSS, de 18 de outubro de 2012.

Art. 3º Esta Portaria entra em vigor na data de sua publicação e deverá ser aplicada a todos os processos pendentes de análise e decisão.

ANDRE PAULO FELIX FIDELIS
Diretor de Benefícios e Relacionamento com o Cidadão

VIRGILIO ANTÔNIO RIBEIRO DE OLIVEIRA FILHO
Procurador-Geral da PFE/INSS

LIVRO XII
DO CUMPRIMENTO DAS AÇÕES CIVIS PÚBLICAS

Art. 1º Para o cumprimento de decisões judiciais proferidas em Ações Civis Públicas - ACPs deverão ser observados os procedimentos listados nos Anexos desta Portaria.

Art. 2º Para fins desta Portaria, considera-se:

I - Ação Civil Pública: é um instrumento processual, que tem por objetivo proteger os interesses coletivos, difusos e individuais homogêneos, ou seja, bens e direitos cuja titularidade recai sobre toda a sociedade (ou parte dela).

II - partes do processo: são todos aqueles que figuram na relação processual, como autor(es) e réu(s);

III - efeitos da decisão: é a repercussão do que foi determinado pelo juízo, como será produzida a conclusão do seu pronunciamento, ou a certificação do direito a uma prestação, ou o reconhecimento de um direito, ou ainda a declaração de algo;

IV - abrangência da decisão: a extensão que os efeitos da decisão alcançam, podendo ser nacional, regional, local, por estado, por município, por cidade;

V - ACP vigente: todas que estejam em vigor, que necessitam ser observadas no reconhecimento do direito;

VI - ACP transitada em julgado: ACP que não cabe mais recurso pelas partes envolvidas no processo;

VII - ACP revogada: que tiveram decisão judicial favorável ao INSS, cujos efeitos podem ter validade ou não no período de vigência; e

VIII - ACP suspensa: que tiveram decisão judicial temporariamente favorável ao INSS, aguardando uma decisão judicial definitiva, transitada em julgado.

Art. 3º As Ações Civis Públicas de que tratam o art. 1º estão organizadas nas seguintes temáticas:

I - Ações Civis Públicas sobre Acumulação de Benefícios (Anexo I);

II - Ações Civis Públicas sobre Representação por Advogados (Anexo II);

III - Ações Civis Públicas sobre Aposentadoria por Idade Híbrida (Anexo III);

IV - Ações Civis Públicas sobre Atividade Especial (Anexo IV);

V - Ações Civis Públicas sobre Auxílio-Reclusão (Anexo V);

VI - Ações Civis Públicas sobre Benefícios de Prestação Continuada (Anexo VI);

VII - Ações Civis Públicas sobre Carência e Qualidade de Segurado (Anexo VII);

VIII - Ações Civis Públicas sobre Certidão de Tempo de Contribuição (Anexo VIII);

IX - Ações Civis Públicas sobre Concessão de Benefícios por Incapacidade (Anexo IX);

X - Ações Civis Públicas sobre Dependentes (Anexo X);

XI - Ações Civis Públicas sobre a Atividade de Tratorista e Administrador de Fazenda ou Capataz (Anexo XI);

XII - Ações Civis Públicas sobre Salário-maternidade (Anexo XII);

XIII - Ações Civis Públicas sobre Processo Administrativo (Anexo XIII); e

XIV - Ações Civis Públicas sobre Revisão de Benefícios (Anexo XIV).

ANEXO I
AÇÕES CIVIS PÚBLICAS SOBRE ACUMULAÇÃO DE BENEFÍCIOS
SEÇÃO I - AÇÃO CIVIL PÚBLICA Nº 0004485-40.2016.4.01.3000 AC - SUSPENSA

Assunto: Pensão mensal vitalícia de seringueiro ou de dependente (benefício do "soldado da borracha"). Determinação judicial para afastar a incidência do contido no § 2º, art. 3º da Portaria MPAS nº 4.630/90 e inciso IV, art. 528, da Instrução Normativa nº 77/INSS/PRES, de 21 de janeiro de 2015.

Decisão Judicial	Afastar a incidência do contido no § 2º, art. 3º, da Portaria MPAS nº 4.630, de 13 de março de 1990, e inciso IV do art. 528, da Instrução Normativa nº 77/INSS/PRES, de 2015, reproduzido no inciso XII do art. 639, da Instrução Normativa PRES/INSS nº 128, de 28 de março de 2022, para o fim de possibilitar a acumulação da pensão mensal vitalícia de seringueiro ou de dependente de seringueiro com benefício previdenciário, desde que comprovados todos os requisitos para a concessão do benefício.
Abrangência	Nacional
Período de vigência	A decisão produziu efeitos em benefícios com data de entrada de requerimento - DER a partir de 09 de agosto de 2017 até 28 de agosto de 2023, data anterior à publicação da Portaria Conjunta DIRBEN/PFE/INSS nº 86, de 04 de agosto de 2023, que suspendeu os efeitos da ACP.
Comprovação de Endereço	Dispensada a apresentação
Aplicabilidade	a) A decisão incide nos requerimentos de pensão mensal vitalícia do seringueiro (espécie 85) ou de seus dependentes (espécie 86), denominado "soldado da borracha"; b) Para o direito ao benefício, o requerente pode acumular o benefício de pensão mensal vitalícia do seringueiro ou de seus dependentes (espécie 85 ou espécie 86) com benefício previdenciário, porém deve comprovar que não aufere renda, igual ou superior a 2 (dois) salários-mínimos; c) na apuração da renda devem ser considerados os valores provenientes de qualquer benefício previdenciário, à exceção do benefício de prestação continuada (BPC), por expressa vedação legal. d) Os benefícios indeferidos unicamente com base na vedação constante nos citados § 2º, art. 3º, da Portaria MPAS nº 4.630, de 13 de março de 1990, e no inciso IV, art. 528, da Instrução Normativa nº 77/INSS/PRES, de 21 de janeiro de 2015, reproduzido no inciso XII do art. 639, da Instrução Normativa PRES/INSS nº 128, de 28 de março de 2022, que tenham DER a partir de 09 de agosto de 2017, serão revistos de ofício. e) Fica resguardada a DER do benefício indeferido para todos os fins, inclusive para fins de verificação de valores devidos. f) O cumprimento desta decisão foi suspenso pela Portaria Conjunta DIRBEN/PFE/INSS nº 86, de 4 de agosto de 2023, a contar de 29 de agosto de 2023
Fundamentação Complementar	Art. 487 a 492 da Instrução Normativa nº 128/INSS/PRES, de 2022, ressalvado o disposto no inciso XII, do art. 639 desta Instrução.

ANEXO II
AÇÕES CIVIS PÚBLICAS SOBRE REPRESENTAÇÃO POR ADVOGADOS

SEÇÃO I - AÇÃO CIVIL PÚBLICA N° 1015539-17.2021.4.01.4000/PI - VIGENTE

Assunto: Dispõe sobre o acordo judicial firmado entre o INSS e a Ordem dos Advogados do Brasil- Seção Piauí ao qual determinou que se afaste a exigência de procuração por instrumento público conferida a advogados, em regular situação perante a Ordem dos Advogados do Brasil - OAB, por requerentes analfabetos ou pessoas com deficiência visual ou física, que as impeça de assinar

Decisão Judicial	Afastar a exigência de procuração por instrumento público conferida a advogados, em regular situação perante a Ordem dos Advogados do Brasil - OAB, por requerentes analfabetos ou pessoas com deficiência visual ou física, que as impeça de assinar nos casos de requerimento de benefícios e serviços
Abrangência	nacional
Período de vigência	A decisão produz efeitos a partir de 25 de agosto de 2021 (data da publicação da PORTARIA PRES/INSS N° 1.341/2021)
Comprovação de Endereço	dispensada a apresentação
Aplicabilidade	a) se aplica a requerimentos de benefícios e serviços, não cabendo sua utilização em instrumentos de representação com o fim de recebimento de valores; b) os mandatos poderão ser formalizados por meio de instrumento particular ou outro documento, firmado por terceiro em nome da pessoa interessada, a rogo, na presença de duas testemunhas que assinarão conjuntamente; c) a dispensa também se aplica nos casos de representações decorrentes de Acordos de Cooperação Técnica mantidos pela OAB com o INSS quando estas se fizerem representar por meio de Termo de Representação e Autorização de Acesso a Informações Previdenciárias ou procuração particular.
Fundamentação Complementar	Arts. 541 a 543 da Instrução Normativa PRES/INSS n° 128, de 28 de março de 2022

ANEXO III
AÇÕES CIVIS PÚBLICAS SOBRE APOSENTADORIA POR IDADE HÍBRIDA

SEÇÃO I - ACP N° 5038261-15.2015.4.04.7100 RS - VIGENTE E TRANSITADA EM JULGADO

Assunto: Decisão proferida na Ação Civil Pública - ACP n° 5038261-15.2015.4.04.7100/RS assegura o direito à aposentadoria por idade na modalidade híbrida, independentemente de qual tenha sido a última atividade profissional desenvolvida - rural ou urbana - ao tempo do requerimento administrativo ou do implemento dos requisitos, e independente de contribuições relativas ao tempo de atividade comprovada como trabalhador rural.

Decisão Judicial	Assegurar o direito à aposentadoria por idade na modalidade híbrida, independentemente de qual tenha sido a última atividade profissional desenvolvida - rural ou urbana - ao tempo do requerimento administrativo ou do implemento dos requisitos, e independente de contribuições relativas ao tempo de atividade comprovada como trabalhador rural.
Abrangência	nacional
Período de vigência	A decisão produz efeitos em benefícios de aposentadoria por idade com Data de Entrada do Requerimento-DER a partir de 5 de janeiro de 2018
Comprovação de Endereço	Dispensada a apresentação
Aplicabilidade	a) Aplicam-se as regras de transição trazidas pela Emenda Constitucional n° 103, de 2019, bem como o disposto no §1°, do art. 317 da Instrução Normativa PRES/INSS n° 128, de 28 de março de 2022, para benefícios após 13 de novembro de 2019. b) Para o direito ao benefício até 13 de novembro de 2019 será exigido o cumprimento de 180 meses de carência e quinze anos de tempo de contribuição, além da idade mínima de 60 (sessenta) anos, se mulher, e 65 (sessenta e cinco) anos de idade, se homem. c) O requerente deverá comprovar sua condição de segurado do RGPS na Data de Entrada do Requerimento-DER ou na data da implementação dos requisitos. d) É assegurado o direito, independentemente de qual tenha sido a última atividade profissional desenvolvida, rural ou urbana, ao tempo do requerimento administrativo ou do implemento dos requisitos. e) A comprovação da qualidade de segurado poderá se dar, inclusive, em razão de percepção de benefício de natureza urbana. f) Não será exigida a indenização ou recolhimento de contribuições relativas ao tempo de atividade comprovada como segurado especial, nem mesmo a partir da competência novembro de 1991. g) os períodos de atividade rural anteriores a 1° de novembro de 1991 são computados como carência, não se aplicando as previsões dos incisos II e V do art. 194 da Instrução Normativa PRES/INSS n° 128, de 28 de março de 2022.
Fundamentação Complementar	Art. 257 e 257-A da IN 128/2022; §§2° e 3° do Art. 317 da IN 128/2022.

ANEXO IV
AÇÕES CIVIS PÚBLICAS SOBRE ATIVIDADE ESPECIAL

SEÇÃO I - ARGUIÇÃO DE INCONSTITUCIONALIDADE N° 5001401-77.2012.4.04.0000 RS (N° DE ORIGEM 2009.71.00.002468-1 OU 0002468-13.2009.4.04.7100 RS) - VIGENTE

Assunto: Efeitos da Arguição de Inconstitucionalidade n° 5001401-77.2012.404.0000. Declaração de inconstitucionalidade do § 8° do art. 57 da Lei n° 8.213/91 nos casos de aposentadoria especial, cuja exigência é de afastamento da atividade especial quando da aposentação.

Decisão Judicial	A decisão proferida pela Corte Especial do Tribunal Regional Federal da 4ª Região na Arguição de Inconstitucionalidade n° 5001401-77.2012.404.0000, onde, por maioria, o Tribunal decidiu pela inconstitucionalidade do § 8° do art. 57 da Lei n° 8.213/91, em que o titular de aposentadoria especial deve se afastar da atividade sujeita a condições especiais, sob pena de ter a sua aposentadoria cessada.
Abrangência	Residentes nos Estados do Rio Grande do Sul, Santa Catarina e Paraná
Período de vigência	A partir de 30 de julho de 2014, conforme data da publicação do Memorando-Circular Conjunto n° 22 /DIRBEN/PFE/INSS, de 30 de julho de 2014, ou conforme data inicial definida na decisão judicial favorável ao segurado afastando a aplicação do § 8° do art. 57 da Lei n° 8.213/91, devido a sua inconstitucionalidade.
Comprovação de Endereço	Para a comprovação do domicílio, o requerente deverá apresentar comprovante de endereço no qual conste uma das cidades dos Estados do Rio Grande do Sul, Santa Catarina e Paraná. Ou ainda, como depende de decisão judicial, a comprovação do endereço pode vir especificada na ação judicial.
Aplicabilidade	Por meio do Parecer n° 1/2014/DIVCONT/CGMBEN/PFE-INSS/PGF/AGU a Procuradoria Federal Especializada junto ao INSS orientou sobre os efeitos da decisão proferida pelo TRF da 4ª Região, ao qual deverão ser observadas as orientações a seguir: a) os requerimentos administrativos de Aposentadoria Especial devem continuar a ser processados com a observância do disposto no § 8° do art. 57 da Lei n° 8.213, de 1991. Portanto, administrativamente, a decisão não será aplicada. b) somente nos casos em que houver decisão judicial específica para o segurado que requerer o benefício de Aposentadoria Especial afastando a aplicação do § 8° do art. 57 da Lei n° 8.213/91, será possível ao interessado a permanência na atividade sujeita a condições especiais após a concessão da aposentadoria
Fundamentação Comple-mentar	Art. 314 a 317 do Livro II, de Normas Procedimentais em Matéria de Benefícios que disciplina procedimentos e rotinas de reconhecimento de benefícios do Regime Geral de Previdência Social - RGPS, aprovado pela Portaria DIRBEN/INSS n° 991, de 28 de março de 2022

SEÇÃO II - AÇÃO CIVIL PÚBLICA N° 0802331-13.2016.4.05.8300/PE - REVOGADA

Assunto: Análise de Laudo Técnico de Condições Ambientais do Trabalho-LTCAT ou documento substitutivo extemporâneo para comprovação de atividade com exposição a agentes nocivos prejudiciais à saúde e à integridade física em benefícios requeridos no RGPS. Revisão das decisões anteriormente proferidas, de modo a cumprir o presente comando judicial.

Decisão Judicial	A decisão determina ao INSS que efetue a análise, no prazo de trinta dias, da atividade com exposição a agentes nocivos prejudiciais à saúde e à integridade física, baseada no Laudo Técnico de Condições Ambientais do Trabalho--LTCAT, ainda que extemporâneo. Caso o documento seja extemporâneo, não obstante registre a alteração no ambiente de trabalho ou na organização da empresa ao longo do tempo, fundamente objetivamente a exposição do segurado a agentes agressivos no período pretérito, o aceite em igualdade de condições com os demais documentos contemporâneos e com os documentos enquadrados no art. 261, §§ 3° e 4° da Instrução Normativa INSS/PRES n° 77, de 2015 e, a requerimento dos interessados, revise as decisões anteriormente proferidas, de modo a cumprir o presente comando judicial
Abrangência	nacional
Período de vigência	Aplica-se para análises técnicas efetuadas pelo perito médico a partir de 16 de julho de 2016, trinta dias após a data da intimação da decisão. Os efeitos desta ação civil pública foram revogados em 28 de junho de 2019 pelo Ofício-Circular Interinstitucional Conjunto n° 2/DIRBEN/PFE/INSS/SPMF-ME, de 28 de junho de 2019.
Comprovação de Endereço	Dispensada a apresentação
Aplicabilidade	1. Na análise do LTCAT ou documento substitutivo, deverão ser observados os seguintes procedimentos: a) a partir de 16 de julho de 2016 deve ser aceito, em igualdade de condições com o LTCAT contemporâneo ou os documentos substitutivos constantes dos incisos I a IV, §§ 3° e 4°, art. 261 da IN n° 77/INSS/PRES, de 2015, o documento extemporâneo que conste a alteração no ambiente de trabalho ou na organização da empresa ao longo do tempo e ateste de forma fundamentada a exposição do segurado a agentes nocivos prejudiciais à saúde ou à integridade física no período pretérito; b) o fato de o laudo ser extemporâneo e de haver mudança de layout, de substituição de máquinas e equipamentos e de alteração no ambiente de trabalho ou em sua organização ao longo do tempo, não poderá levar à desconsideração do laudo, quando esta documentação contiver informações de forma fundamentada que, mesmo com tais alterações, havia a presença do agente nocivo; c) dessa forma, no LTCAT extemporâneo deve constar obrigatoriamente sobre a manutenção, ou não, do ambiente de trabalho e de sua organização, bem como demonstre a efetiva exposição do trabalhador aos agentes nocivos; d) o documento extemporâneo que contiver essas características não poderá ser desconsiderado unicamente pelo fato de ser "extemporâneo"; e) se houver outros elementos contrários à comprovação da exposição, seja na documentação trazida pelo próprio segurado ou em dados obtidos por este Instituto por meio de diligências/pesquisas, o período poderá não ser enquadrado como especial, desde que o perito médico fundamente tal decisão. O Anexo LII-Análise e Decisão Técnica da Atividade Especial, da IN n° 77/INSS/PRES, de 2015, (formulário que esteve vigente à época) deve ser preenchido de forma detalhada.

Aplicabilidade	2. Quanto à revisão contida na decisão, havendo requerimento do interessado ou seu representante legal, o perito médico deve reavaliar o período de trabalho em que a conclusão pelo não enquadramento tenha sido exclusivamente a extemporaneidade do LTCAT, observadas as orientações do item 1. 2.1 Aplica-se o disposto no item 2 para requerimento de revisão solicitada a partir de 16 de julho de 2016, sendo que, para fins de fixação da data do início do pagamento da revisão - DIP, observar: a) para benefícios concedidos com data do início do benefício (DIB) anterior a 16 de julho de 2016 a Data de Início do Pagamento da revisão será 16 de julho de 2016; b) para benefícios indeferidos, deverá ser ofertada a opção ao segurado, para a alteração da data de entrada do requerimento-DER para a data da vigência da Ação Civil Pública e assim, a Data de Início de Pagamento do benefício será fixada nesta mesma data.
Fundamentação Complementar	Art. 276 a 280 da IN 128/2022

ANEXO V
AÇÕES CIVIS PÚBLICAS SOBRE AUXÍLIO-RECLUSÃO

SEÇÃO I - AÇÃO CIVIL PÚBLICA N° 5023503-36.2012.4.04.7100/RS - VIGENTE

Assunto: Disciplinar o cumprimento da decisão judicial, no qual determinou ao INSS afastar do mundo jurídico as regras do inciso II do § 2° e o § 3° do artigo 334 da Instrução Normativa - IN PRES/INSS n° 45, de 2010, reproduzidas no inciso II do § 2° e § 3° do artigo 385 da Instrução Normativa - IN PRES/INSS n° 77, de 2015, de forma a permitir-se que admita a percepção do benefício de auxílio-reclusão a quem não possuir salário de contribuição no momento da prisão, desde que cumpridos os demais requisitos legais, além de revisar os requerimentos destes benefícios que foram indeferidos no mesmo período e com fundamento nos citados normativos.

Decisão Judicial	Determina que se admita a percepção do benefício de auxílio-reclusão a quem não possuir salário de contribuição no momento da prisão, desde que cumpridos os demais requisitos legais, além de revisar os requerimentos destes benefícios que foram indeferidos no mesmo período e com fundamento nos citados normativos.
Abrangência	nacional
Período de vigência	A decisão produz efeitos em benefício de auxílio- reclusão com Data de Entrada de Requerimento-DER a partir de 11 de agosto de 2010, data de entrada em vigor da Instrução Normativa n° 45, de 2010, até a data de 17 de janeiro de 2019, data anterior à vigência da Medida Provisória MP n° 871, de 2019.
Comprovação de Endereço	dispensada
Aplicabilidade	a) O auxílio-reclusão será devido aos dependentes do segurado de baixa renda que esteja recluso em regime fechado ou semiaberto, sem exigência de carência. Para fins de comprovação do efetivo recolhimento à prisão, deverá ser apresentada certidão judicial ou atestado/declaração do estabelecimento prisional que ratifique o regime de reclusão e o período em que permaneceu na condição de presidiário. b) Para análise do reconhecimento do direito, o instituidor do auxílio-reclusão não pode receber remuneração da empresa e nem acumular os seguintes benefícios: I - auxílio por incapacidade temporária; II - salário-maternidade; III - aposentadoria; ou IV - abono de permanência. c) O instituidor em período de graça será considerado segurado de baixa renda por não possuir renda decorrente de exercício de atividade remunerada com vinculação ao Regime Geral de Previdência Social - RGPS. d) Os benefícios de auxílio-reclusão indeferidos e com fato gerador entre 11 de agosto de 2010 e 17 de janeiro de 2019 serão revisados de ofício e) A partir de 18 de janeiro de 2019, vigência da MP n° 871, de 2019, houve alteração da regra de cálculo da renda do segurado para fins de aferição do direito ao benefício de auxílio-reclusão, prejudicando a aplicação dos requisitos desta ACP
Fundamentação Complementar	Art. 521 a 533 do Livro II, de Normas Procedimentais em Matéria de Benefícios que disciplina procedimentos e rotinas de reconhecimento de benefícios do Regime Geral de Previdência Social - RGPS, aprovado pela Portaria DIRBEN/INSS n° 991, de 28 de março de 2022, ressalvadas as observações acima.

SEÇÃO II - AÇÃO CIVIL PÚBLICA N° 2006.72.15.004625-7 OU 2006.04.00.039701-7 SC - REVOGADA

Assunto: Requerimentos de auxílio-reclusão no Estado de Santa Catarina. Não deverá ser considerado, na análise do direito ao benefício, o último salário de contribuição do segurado recluso, mas a renda bruta mensal dos dependentes do segurado à época da prisão.

Decisão Judicial	Em cumprimento à determinação judicial constante dos autos da Ação Civil Pública n° 2006.72.15.004625-7, que deferiu parcialmente a medida liminar postulada pelo Ministério Público Federal da Procuradoria da República em Brusque/SC, devem ser observados os procedimentos a seguir definidos: para os requerimentos de auxílio-reclusão protocolizados a partir de 19/7/2006 e os pendentes de análise nesta data, não deverá ser considerado, na análise do direito ao benefício, o último salário-de-contribuição do segurado recluso, mas a renda bruta mensal dos dependentes do segurado à época da prisão.
Abrangência	Estado de Santa Catarina
Período de vigência	A decisão produz efeitos em benefício de auxílio- reclusão com Data de Entrada de Requerimento-DER a partir de 19 de julho de 2006. Em 15 de janeiro de 2007, os efeitos foram revogados pelo Memorando-Circular n° 3 INSS/DIRBEN, de 15 de janeiro de 2007.

Comprovação de Endereço	Será exigida a apresentação de documento de comprovação de endereço
Aplicabilidade	I - Para os requerimentos de auxílio-reclusão protocolizados a partir de 19/7/2006 e os pendentes de análise nesta data, não deverá ser considerado, na análise do direito ao benefício, o último salário-de-contribuição do segurado recluso, mas a renda bruta mensal dos dependentes do segurado à época da prisão, cujo limite, a partir da publicação da Portaria MPS nº 119, de 18.04.2006, era de R$ 654,61 (seiscentos e cinquenta e quatro reais e sessenta e um centavos). II - Os benefícios indeferidos no período compreendido entre 19/7/2006 e 10/11/2006, data da publicação do Memorando-Circular nº 70 DIRBEN/INSS, de 10 de novembro de 2006, devido ao fato de o último salário-de--contribuição do segurado recolhido à prisão superar o valor previsto no art. 116 do Regulamento da Previdência Social ("O auxílio-reclusão será devido, nas mesmas condições da pensão por morte, aos dependentes do segurado recolhido à prisão que não receber remuneração da empresa nem estiver em gozo de auxílio-doença, aposentadoria ou abono de permanência em serviço, desde que o seu último salário-de-contribuição seja inferior ou igual a R$ 360,00 (trezentos e sessenta reais)"), deverão ser revistos. III - A renda bruta mensal dos dependentes deverá ser apurada por meio de pesquisa no Cadastro Nacional de Informações SociaisCNIS. Não constando dados financeiros no Sistema, deverá ser solicitada a apresentação da Carteira de Trabalho e Previdência Social-CTPS ou comprovantes de salários/rendimentos ou, na falta destes, deverá ser colhido termo assinado. IV - Os benefícios concedidos de acordo com as definições da sentença judicial acima referida, quando houver habilitação posterior de outro dependente, deverão ser revistos para o recálculo da renda bruta mensal. Em vindo superar o limite, o benefício deverá ser cessado.
Fundamentação Complementar	Art. 521 a 533 do Livro II, de Normas Procedimentais em Matéria de Benefícios que disciplina procedimentos e rotinas de reconhecimento de benefícios do Regime Geral de Previdência Social - RGPS, aprovado pela Portaria DIRBEN/INSS nº 991, de 28 de março de 2022, ressalvadas as observações acima.

ANEXO VI
AÇÕES CIVIS PÚBLICAS SOBRE BENEFÍCIOS DE PRESTAÇÃO CONTINUADA

SEÇÃO I - AÇÃO CIVIL PÚBLICA Nº 0001038-69.2007.4.03.6115/SP - VIGENTE

Assunto: Benefício de Prestação Continuada - BPC. Cálculo da Renda per capita familiar. Desconsiderar qualquer benefício de valor mínimo, de natureza assistencial ou previdenciária, pago a integrante do grupo familiar que seja idoso ou pessoa com deficiência, independentemente de renúncia de benefícios, em âmbito territorial da Subseção Judiciária de São Carlos/SP.

Decisão Judicial	Para fins de concessão do benefício de prestação continuada a idoso ou pessoa com deficiência, determina-se a este Instituto que se abstenha de incluir no cálculo da renda per capita familiar qualquer benefício de valor mínimo (um salário-mínimo), de natureza assistencial ou previdenciária, pago a integrante do grupo familiar que seja idoso ou pessoa com deficiência, independentemente de renúncia de benefícios.
Abrangência	Alcança os residentes nos municípios de Brotas, Descalvado, Dourado, Ibaté, Pirassununga, Porto Ferreira, Ribeirão Bonito, Santa Cruz da Conceição, Santa Cruz das Palmeiras, Santa Rita do Passa Quatro, São Carlos e Tambaú, todos do Estado de São Paulo e no âmbito da Subseção Judiciária de São Carlos/SP
Período de vigência	A decisão produz efeitos em benefício de prestação continuada (BPC/LOAS) com Data de Entrada de Requerimento--DER a partir de 07 de julho de 2018
Comprovação de Endereço	Será exigida a apresentação de documento de comprovação de endereço
Aplicabilidade	1. Considera-se para fins de atendimento a esta ACP: a) idoso o membro do grupo familiar com idade igual ou superior a 65 (sessenta e cinco) anos, titular de qualquer benefício de prestação continuada (assistencial) ou previdenciário, e b) pessoa com deficiência o membro do grupo que seja titular de benefício de prestação continuada ao portador de deficiência (B87), bem como de benefício previdenciário de aposentadoria por tempo de contribuição à pessoa portadora de deficiência, de aposentadoria por idade da pessoa com deficiência e da renda mensal vitalícia por invalidez, todos ativos, não sendo necessária a realização de avaliação médico-pericial para a comprovação da condição de pessoa com deficiência, cabendo a exclusão do cálculo da renda per capita o valor recebido destes benefícios, de valor mínimo. 2. O benefício de valor mínimo pago por Regime Próprio de Previdência Social-RPPS a membro do grupo familiar idoso também deverá ser excluído do cálculo da renda per capita familiar. 3. O benefício de prestação continuada ou o benefício previdenciário no valor de até 1 (um) salário-mínimo concedido a idoso acima de 65 (sessenta e cinco) anos de idade ou pessoa com deficiência não será computado, para fins de concessão do benefício de prestação continuada a outro idoso ou pessoa com deficiência da mesma família, no cálculo da renda e já são excluídos automaticamente do cálculo, desde 02 de abril de 2020 conforme alteração na Lei Orgânica da Assistência Social promovida pela Lei nº 13.982, de 2020.

SEÇÃO II - AÇÃO CIVIL PÚBLICA Nº 5002350-92.2013.4.04.7202 SC - VIGENTE E TRANSITADA EM JULGADO

Assunto: Benefício de Prestação Continuada - BPC. Cálculo da Renda per capita familiar. Desconsiderar na análise dos requerimentos de benefício de prestação continuada devido à pessoa com deficiência e ao idoso, os valores percebidos por outro membro da família, idoso (maior de 65 anos) ou pessoa com deficiência, decorrentes de qualquer benefício de prestação continuada ou previdenciário de até um salário-mínimo, no âmbito territorial da Subseção Judiciária de Chapecó/SC.

Decisão Judicial	Desconsiderar na análise dos requerimentos de Benefício de Prestação Continuada devido à pessoa com deficiência e ao idoso, os valores percebidos por outro membro da família, idoso (maior de 65 anos) ou pessoa com deficiência, decorrentes de benefício de prestação continuada ou previdenciário de renda mínima.
Abrangência	Alcança os residentes nos municípios de Abelardo Luz, Águas de Chapecó, Águas Frias, Arvoredo, Bom Jesus, Caxambu do Sul, Chapecó, Cordilheira Alta, Coronel Freitas, Coronel Martins, Entre Rios, Formosa do Sul, Galvão, Guatambu, Ipuaçu, Irati, Jardinópolis, Jupiá, Lajeado Grande, Marema, Modelo, Nova Erechim, Nova Itaberaba, Novo Horizonte, Ouro Verde, Paial, Palmitos, Pinhalzinho, Planalto Alegre, Quilombo, Santiago do Sul, São Carlos, São Domingos, São Lourenço do Oeste, Saudades, Serra Alta, Sul Brasil, União do Oeste, Xanxerê e Xaxim todos do Estado de Santa Catarina e vinculados à Gerência-Executiva Chapecó.

Período de vigência	A decisão produz efeitos em benefícios de prestação continuada - BPC/LOAS com Data de Entrada de Requerimento-DER a partir de 1º de junho de 2013
Comprovação de Endereço	será exigida a apresentação de documento de comprovação de endereço
Aplicabilidade	1. Para atendimento aos critérios previstos nesta Ação Civil Pública, considera-se: a) idoso o membro do grupo familiar com idade igual ou superior a 65 (sessenta e cinco) anos, titular de qualquer benefício de prestação continuada (assistencial) ou previdenciário de valor mínimo e, b) pessoa com deficiência o membro do grupo, assim declarado, após avaliação médico-pericial confirmando tal condição, recebedor de benefício de valor mínimo. 2. Para os integrantes do grupo familiar considerados com deficiência para fins desta ACP, que já são titulares dos benefícios abaixo relacionados, desde que estejam ativos e de valor mínimo, não será necessária a realização de avaliação médico-pericial: a) benefício de prestação continuada à pessoa com deficiência, espécie 87; b) benefício de aposentadoria por incapacidade permanente, acidentário ou não, espécies 32, 92; c) benefício de renda mensal vitalícia por incapacidade, espécie 40; d) benefício de amparo previdenciário por invalidez, espécie 11. e) benefício de aposentadoria por tempo de contribuição à pessoa com deficiência f) benefício de aposentadoria por idade da pessoa com deficiência 3. Nos casos não enquadrados no item 2, informado o grupo familiar pelo requerente do BPC e declarada a existência de integrante pessoa com deficiência que possua benefício previdenciário de valor mínimo, deverá ser agendada a avaliação médico-pericial. 3.1. Os membros do grupo familiar titulares de benefício por incapacidade temporária (espécies 31 e 91) e declarados como pessoas com deficiência, deverão ser submetidos a avaliação médico-pericial, dada a natureza temporária do benefício, não sendo necessária a realização de avaliação social. 3.1. A comprovação da deficiência dos integrantes do grupo familiar com vistas a atender o disposto na decisão judicial, por não se tratar de qualificação do grau de impedimento de longo prazo, visando tão somente apurar a existência da deficiência ou não do membro do grupo, dar-se-á por meio do formulário contido no Anexo I, da Portaria Conjunta nº 2 MDS/INSS, de 30/03/2015, de acordo com os conceitos definidos no Decreto nº 3.289/1999, e alterações posteriores. 4. O benefício de prestação continuada ou o benefício previdenciário no valor de até 1 (um) salário-mínimo concedido a idoso acima de 65 (sessenta e cinco) anos de idade ou pessoa com deficiência não será computado, para fins de concessão do benefício de prestação continuada a outro idoso ou pessoa com deficiência da mesma família, no cálculo da renda e já são excluídos automaticamente do cálculo, desde 02 de abril de 2020 conforme alteração na Lei Orgânica da Assistência Social promovida pela Lei nº 13.982, de 2020. 5. Revisão de todos os benefícios assistenciais, espécies 87 e 88, indeferidos nos cinco anos anteriores ao ajuizamento desta Ação - 01/04/2013 - desconsiderando, na análise dos requerimentos de benefício assistencial devido à pessoa com deficiência e ao idoso, os valores percebidos por outro membro da família, idoso (maior de 65 anos) ou pessoa com deficiência, decorrentes de qualquer benefício assistencial ou previdenciário de renda mínima

SEÇÃO III - AÇÃO CIVIL PÚBLICA Nº 2009.38.00.005945-2/MG - VIGENTE

Assunto: Benefício de Prestação Continuada - BPC. Cálculo da Renda per capita familiar. Desconsiderar na análise dos requerimentos de benefício de prestação continuada devido à pessoa com deficiência e ao idoso, os valores percebidos por outro membro da família, idoso (maior de 65 anos) ou pessoa com deficiência, decorrentes de qualquer benefício de prestação continuada ou previdenciário de até um salário-mínimo.

Decisão Judicial	A decisão judicial determina, no âmbito do território da Seção Judiciária de Minas Gerais, que na análise dos requerimentos de benefício de prestação continuada não compute, no cálculo da renda familiar per capita, o benefício previdenciário ou assistencial no valor de um salário-mínimo recebido por pessoa idosa ou pessoa com deficiência, integrante do grupo familiar.
Abrangência	Alcança os residentes no Estado de Minas Gerais
Período de vigência	A decisão produz efeitos em benefícios de prestação continuada com Data de Entrada de Requerimento-DER a partir de 09 de março de 2009
Comprovação de Endereço	será exigida a apresentação de documento de comprovação de endereço
Aplicabilidade	1. Para atendimento aos critérios previstos nesta Ação Civil Pública, considera-se: a) idoso o membro do grupo familiar com idade igual ou superior a 65 (sessenta e cinco) anos, titular de qualquer benefício de prestação continuada (assistencial) ou previdenciário de valor mínimo e, b) pessoa com deficiência o membro do grupo, assim declarado, após avaliação médico-pericial confirmando tal condição, recebedor de benefício de valor mínimo. 2. Para o integrante do grupo familiar que seja titular dos benefícios abaixo relacionados, desde que estejam ativos, não será necessária a realização de nova avaliação médico-pericial para a comprovação da condição de pessoa com deficiência. a) benefício de prestação continuada à pessoa com deficiência; b) benefício previdenciário de aposentadoria por tempo de contribuição à pessoa com deficiência; c) Benefício de aposentadoria por idade da pessoa com deficiência; ou d) Benefício de aposentadoria por incapacidade permanente. 2.1. Nos casos não enquadrados no item 2, informado o grupo familiar pelo requerente do BPC e declarada a existência de integrante com deficiência que possua benefício previdenciário de valor mínimo, deverá ser agendada a avaliação médico-pericial. 3. Os membros do grupo familiar titulares de benefício por incapacidade temporária (espécies 31 e 91) e indicados na forma descrita no item 2.1 deverão ser submetidos a avaliação médico-pericial, dada a natureza temporária do benefício. Após avaliação pericial não será necessária a realização de avaliação social.

Aplicabilidade	4. A comprovação da deficiência dos integrantes do grupo familiar com vistas a atender o disposto na decisão judicial, visto não se tratar de qualificação do grau de impedimento de longo prazo, visando tão somente apurar a existência da deficiência ou não do membro do grupo, dar-se-á por meio do formulário contido no Anexo I, da Portaria Conjunta nº 2 MDS/INSS, de 30/03/2015, de acordo com os conceitos definidos no Decreto nº 3.289/1999, e alterações posteriores. 5. O benefício de prestação continuada ou o benefício previdenciário no valor de até 1 (um) salário-mínimo concedido a idoso acima de 65 (sessenta e cinco) anos de idade ou pessoa com deficiência não será computado, para fins de concessão do benefício de prestação continuada a outro idoso ou pessoa com deficiência da mesma família, no cálculo da renda e já são excluídos automaticamente do cálculo, desde 02 de abril de 2020 conforme alteração na Lei Orgânica da Assistência Social promovida pela Lei nº 13.982, de 2020.

SEÇÃO IV - AÇÃO CIVIL PÚBLICA N° 2007.71.20.000785-2/RS OU 000078546.2007.4.04.7120 - SANTIAGO/RS - VIGENTE

Assunto: Benefício de Prestação Continuada - BPC. Cálculo da Renda per capita familiar. Desconsiderar na análise dos requerimentos de benefício de prestação continuada devido à pessoa com deficiência e ao idoso, os valores percebidos por outro membro da família, idoso (maior de 65 anos) ou pessoa com deficiência, decorrentes de qualquer benefício de prestação continuada ou previdenciário de até um salário-mínimo.

Decisão Judicial	Seja excluído do cálculo da renda per capita o benefício de prestação continuada (B-87 ou 88) ou benefício previdenciário no valor de um salário-mínimo, percebido por integrante do grupo familiar idoso ou com deficiência, em âmbito territorial da Subseção Judiciária de Santiago/RS.
Abrangência	Alcança os residentes nos municípios Bossoroca, Capão do Cipó, Itacurubi, Jaguari, Manoel Viana, Nova Esperança do Sul, Santiago, São Francisco de Assis, São Vicente do Sul e Unistalda, todos do Estado do Rio Grande do Sul.
Período de vigência	A decisão produz efeitos em benefícios de prestação continuada com Data de Entrada de Requerimento-DER a partir de 28 de março de 2007.
Comprovação de Endereço	Será exigida a apresentação de documento de comprovação de endereço
Aplicabilidade	1. Para atendimento aos critérios previstos nesta Ação Civil Pública, deverão ser observados os seguintes critérios: a) efetuar a exclusão, no cálculo da renda per capita familiar, da renda proveniente de benefício assistencial recebido por pessoa idosa, com mais de 65 anos, (B88) ou por pessoa com deficiência (B87) integrante do grupo familiar; b) efetuar a exclusão, no cálculo da renda per capita familiar, da renda proveniente de benefício previdenciário recebido por membro do grupo familiar com idade igual ou superior a 65 (sessenta e cinco) anos, titular de qualquer benefício previdenciário de renda mínima. c) efetuar a exclusão, no cálculo da renda per capita familiar, da renda proveniente de benefício previdenciário recebido por membro do grupo familiar com deficiência, titular de qualquer benefício previdenciário, de valor de renda mínima 2. O benefício de prestação continuada ou o benefício previdenciário no valor de até 1 (um) salário-mínimo concedido a idoso acima de 65 (sessenta e cinco) anos de idade ou pessoa com deficiência não será computado, para fins de concessão do benefício de prestação continuada a outro idoso ou pessoa com deficiência da mesma família, no cálculo da renda e já são excluídos automaticamente do cálculo, desde 02 de abril de 2020 conforme alteração na Lei Orgânica da Assistência Social promovida pela Lei nº 13.982, de 2020.

SEÇÃO V - ACP N° 2005.72.09.001364-9 JARAGUÁ DO SUL/SC - VIGENTE

Assunto: Benefício de Prestação Continuada - BPC. Cálculo da Renda per capita familiar. Desconsiderar na análise dos requerimentos de benefícios assistenciais a renda de benefício de prestação continuada de deficiente ou idoso, e a renda de benefício previdenciário de até 1 salário-mínimo de integrante do grupo familiar com mais de 60 anos de idade, em âmbito territorial da Subseção Judiciária de Jaraguá do Sul/SC.

Decisão Judicial	Determinar que seja excluído do cálculo da renda per capita familiar o benefício de prestação continuada pago à pessoa com deficiência ou idoso (B-87 ou 88) ou benefício previdenciário no valor de um salário-mínimo, percebido por integrante do grupo familiar com mais de 60 anos, no âmbito territorial da Subseção Judiciária de Jaraguá do Sul.
Abrangência	Alcança os residentes nos municípios de Jaraguá do Sul, Guaramirim, Schroeder, Corupá e Massaranduba todos do Estado de Santa Catarina
Período de vigência	A decisão produz efeitos em Benefícios de Prestação Continuada com Data de Entrada de Requerimento-DER a partir de 04 de maio de 2011
Comprovação de Endereço	Será exigida a apresentação de documento de comprovação de endereço
Aplicabilidade	1. Nos requerimentos de Benefício de Prestação Continuada - BPC à pessoa idosa ou à pessoa com deficiência, não deve ser considerado para fins de cálculo da renda per capita familiar: - o valor de benefício de prestação continuada pago a integrante do grupo familiar com deficiência ou idoso; - o valor de benefício previdenciário pago a integrante do grupo familiar com mais de 60 anos. 2. Para os integrantes do grupo familiar que já são titulares de benefício de prestação continuada à pessoa com deficiência, desde que esteja ativo, não será necessária a realização de nova avaliação médico-pericial para a comprovação da condição de pessoa com deficiência. 3. O benefício de prestação continuada ou o benefício previdenciário no valor de até 1 (um) salário-mínimo concedido a idoso acima de 65 (sessenta e cinco) anos de idade ou pessoa com deficiência não será computado, para fins de concessão do benefício de prestação continuada a outro idoso ou pessoa com deficiência da mesma família, no cálculo da renda e já são excluídos automaticamente do cálculo, desde 02 de abril de 2020 conforme alteração na Lei Orgânica da Assistência Social promovida pela Lei nº 13.982, de 2020.

SEÇÃO VI - AÇÃO CIVIL PÚBLICA Nº 0000083-10.2007.4.05.8305/PE - VIGENTE

Assunto: Benefício de Prestação Continuada - BPC. Cálculo da Renda per capita familiar. Nos requerimentos de Benefício de Prestação Continuada seja considerado 1/2 salário-mínimo como critério objetivo de apuração de miserabilidade e, seja efetuada a exclusão no cálculo da renda per capita familiar o valor de benefício previdenciário de até um salário-mínimo recebido por integrante do grupo familiar idoso

Decisão Judicial	Nos requerimentos de Benefício de Prestação Continuada-BPC seja considerado 1/2 salário-mínimo como critério objetivo de apuração de miserabilidade e, seja efetuada a exclusão no cálculo da renda per capita familiar o valor de benefício previdenciário de até um salário-mínimo recebido por integrante do grupo familiar idoso.
Abrangência	Alcança os residentes nos municípios de Angelim, Águas Belas, Brejão, Bom Conselho, Caetés, Capoeiras, Canhotinho, Correntes, Calçado, Garanhuns, Iati, Ibirajuba, Jucati, Jupi, Lajedo, Lagoa do Ouro, Palmeirina, Paranatama, Quipapá, São João, São Bento do Una, Saloá e Terezinha, todos abrangidos pela 23ª Vara Federal da Seção Judiciária de Pernambuco
Período de vigência	A decisão produz efeitos em benefícios de prestação continuada com Data de Entrada de Requerimento-DER a partir de 25 de junho de 2014
Comprovação de Endereço	Será exigida a apresentação de documento de comprovação de endereço
Aplicabilidade	1. No cumprimento da decisão deverá ser observado que: a) a renda per capita familiar a ser considerada para fins de concessão dos benefícios assistenciais (Benefício de Prestação Continuada à pessoa com deficiência ou do idoso) será de até ½ (meio) salário-mínimo; b) Na decisão judicial somente será excluído do cálculo da renda per capita o benefício previdenciário de salário--mínimo recebido por outro membro idoso, assim considerado o membro com idade igual ou superior a 65 (sessenta e cinco) anos. b.1) Será efetuada a exclusão da renda de benefícios assistenciais do cálculo da renda per capita familiar conforme esclarecido a seguir: a) na análise dos requerimentos de benefício de prestação continuada do idoso (espécie 88) não será considerada a renda proveniente de outro benefício assistencial (B88) recebido por membro idoso do grupo familiar; b) na análise dos requerimentos de benefício de prestação continuada do idoso será considerada a renda proveniente de outro Benefício assistencial - BPC recebido por membro do grupo familiar com deficiência (espécie 87). Esta situação perdurou até a alteração legislativa, com a inclusão do §14 do Art. 20, da Lei nº 8.742, de 7 de dezembro de 1993, pela Lei 13.982, de 02 de abril de 2020; c) na análise dos requerimentos de benefício de prestação continuada efetuados por pessoa com deficiência (espécie 87) será considerada a renda proveniente de outro Benefício assistencial recebido por membro idoso ou de pessoa com deficiência (espécies 88 ou 87), situação que perdurou até a alteração legislativa com a inclusão do §14, do Art. 20, da Lei nº 8.742, de 7 de dezembro de 1993, cujo parágrafo foi incluído pela Lei nº 13.982, de 2020.

SEÇÃO VII - AÇÃO CIVIL PÚBLICA Nº 526-61.2017.4.01.3603/MT - SUSPENSA

Assunto: Benefício de Prestação Continuada - BPC. Cálculo da Renda per capita familiar. Nos requerimentos de Benefício de Prestação Continuada-BPC seja considerado 1/2 salário-mínimo como critério objetivo de apuração de miserabilidade e, seja efetuada a exclusão no cálculo da renda per capita familiar o valor de benefício previdenciário de até um salário-mínimo recebido por integrante do grupo familiar idoso, bem como excluir do referido cálculo da renda per capita o benefício assistencial recebido por outro membro da família idoso ou pessoa com deficiência. Revisão dos benefícios de prestação continuada indeferidos por renda per capita familiar.

Decisão Judicial	Para fins de concessão de Benefício de Prestação Continuada-BPC seja considerada a renda per capita familiar de 1/2 salário-mínimo e se abstenha de incluir no cálculo da renda per capita familiar qualquer benefício de natureza previdenciária, no valor de até um salário-mínimo, pago a integrante do grupo familiar idoso, bem como excluir do referido cálculo da renda per capita o benefício assistencial recebido por outro membro da família idoso ou pessoa com deficiência.
Abrangência	Alcança os residentes nos municípios de Sinop, Alta Floresta, Apiacás, Carlinda, Cláudia, Colíder, Feliz Natal, Guarantã do Norte, Ipiranga do Norte, Itaúba, Lucas do Rio Verde, Marcelândia, Matupá, Nova Bandeirantes, Nova Canaã do Norte, Nova Guarita, Nova Monte Verde, Nova Santa Helena, Novo Mundo, Paranaíta, Peixoto de Azevedo, Santa Carmem, Sorriso, Terra Nova do Norte, União do Sul, Vera, Juara, Juína, Colniza, Nova Mutum, Novo Horizonte do Norte, Porto dos Gaúchos, Tabaporã, Brasnorte, Castanheira, Juruena, Itanhangá, Nova Ubiratã, Santa Rita do Trivelato, Tapurah, Aripuana e Cotriguaçu, todos do Estado de Mato Grosso.
Período de vigência	A decisão produz efeitos em benefício de prestação continuada com Data de Entrada de Requerimento-DER a partir de 20 de março de 2017 até a suspensão, ocorrida em 14 de agosto de 2018. Os efeitos desta ACP foram suspensos a contar de 14 de agosto de 2018, quando houve a extinção do processo sem resolução do mérito, na forma descrita no Memorando Circular Conjunto nº 39, de 14/08/2018.
Comprovação de Endereço	Será exigida a apresentação de documento de comprovação de endereço
Aplicabilidade	1. Para fins de concessão de Benefício de Prestação Continuada-BPC seja utilizado como critério objetivo de presunção de miserabilidade a renda per capita familiar de ½ salário-mínimo, no cálculo da renda per capita familiar, não seja considerada a renda de benefício de natureza previdenciária, no valor de até um salário-mínimo, pago a integrante do grupo familiar idoso, bem como a renda de benefício de prestação continuada pago a idoso ou pessoa com deficiência, cabendo observar: a) Considerar-se-á idoso o membro do grupo familiar com idade igual ou superior a 65 (sessenta e cinco) anos, titular de qualquer benefício de prestação continuada (B88) ou previdenciário. b) Considerar-se-á pessoa com deficiência, o membro do grupo familiar que seja titular de benefício de prestação continuada ao portador de deficiência (B87), c) O benefício de valor mínimo pago por Regime Próprio de Previdência Social-RPPS a membro do grupo familiar idoso também deverá ser excluído do cálculo da renda per capita familiar. 2. Os benefícios das espécies 87 e 88, com DER a partir de 20 de março de 2017, indeferidos por renda per capita familiar até a data anterior à publicação do Memorando-Circular Conjunto nº 11 /DIRBEN/DIRSAT/PFE/INSS, de 28 de abril de 2017, ou seja, até 2 de maio de 2017, sem a observância da determinação judicial contida nesta ACP deverão ser revistos.

SEÇÃO VIII - AÇÃO CIVIL PÚBLICA Nº 2003.72.00.001108-0 OU 0001108-44.2003.4.04.7200/SC - SUSPENSA

Assunto: Benefício de Prestação Continuada - BPC. Cálculo da Renda per capita familiar. Alteração na forma objetiva de cálculo da renda per capita do grupo familiar para acesso ao Benefício de Prestação Continuada da Assistência Social - BPC.

Decisão Judicial	1. A decisão judicial determina ao INSS que: a) na análise dos requerimentos de BPC protocolados por pessoas com deficiência (B87) e idosos (B88), se exclua do cálculo da renda per capita familiar as despesas do requerente relacionadas diretamente com a deficiência, incapacidade ou idade avançada, em especial, despesas com medicamentos, alimentação especial, fraldas descartáveis, tratamento médico, psicológico e fisioterápico; b) se exclua do cômputo da renda per capita familiar o valor do benefício de prestação continuada concedido à pessoa idosa (B/88), membro do grupo familiar; c) fundamente os indeferimentos administrativos de benefícios assistenciais; d) revise: d.1) os requerimentos administrativos de B/87 denegados a pessoas com deficiência com o motivo "incapacidade para a vida independente e para o trabalho, no período de 31/01/1998 a 01/06/2009, nos casos em que a decisão administrativa houver se baseado na ausência da incapacidade para a vida e para o trabalho, na forma exigida na redação original do § 2° do art. 20 da Lei n° 8.742, para a caracterização da deficiência; d.2) todos os requerimentos de BPC indeferidos a partir de 31/01/1998 por renda per capita, onde tenha sido apurada renda familiar igual ou superior a 1/4 do salário mínimo, a fim de que sejam descontadas da renda familiar as despesas relacionadas diretamente com a deficiência do requerente, bem como os valores relativos ao B/88 percebido por outro membro do grupo familiar; e) publique o extrato da decisão definitiva em jornal de circulação na região atendida pela Subseção Judiciária de Florianópolis.
Abrangência	Alcança os residentes nos municípios de Águas Mornas, Alfredo Wagner, Angelina, Anitápolis, Antônio Carlos, Biguaçu, Canelinha, Florianópolis, Governador Celso Ramos, Palhoça, Paulo Lopes, Rancho Queimado, Santo Amaro do Imperatriz, São Bonifácio, São João Batista, São José, São Pedro de Alcântara, Tijucas, todos do Estado de Santa Catarina e vinculados à Gerência-Executiva Florianópolis.
Período de vigência	A determinação judicial produziu efeitos em requerimentos de benefício de prestação continuada com Data de Entrada de Requerimento (DER) a partir de 07 de novembro de 2014 até 08 de outubro de 2021. Os efeitos desta ação civil pública foram suspensos, retroativamente, a 08 de outubro de 2021 pela Portaria PRES/INSS n° 1.409, de 3 de fevereiro de 2022.
Comprovação de Endereço	Será exigida a apresentação de documento de comprovação de endereço
Aplicabilidade	1. Na análise dos requerimentos de Benefícios de Prestação Continuada protocolados por pessoas com deficiência e por idosos sejam observados os seguintes procedimentos: a) se exclua do cálculo da renda per capita familiar o valor do benefício de prestação continuada concedido à pessoa idosa (B/88), membro do grupo familiar; Considerar-se-á idoso o membro do grupo com idade igual ou superior a 67 (sessenta e sete) anos de idade no período de 01/01/1998 a 31/12/2003 e 65 (sessenta e cinco) anos de idade a partir de 01/01/2004. b) após a exclusão de que trata a alínea "a", e em se tratando de resultado de renda igual ou superior a ¼ do salário-mínimo, o interessado será intimado a comprovar as despesas com a deficiência, incapacidade ou idade avançada, em especial, despesas com medicamentos, alimentação especial, fraldas descartáveis, tratamento médico, psicológico e fisioterápico; c) revise os requerimentos administrativos de B/87 denegados a pessoas com deficiência com o motivo "incapacidade para a vida independente e para o trabalho, no período de 31/01/1998 a 01/06/2009, nos casos em que a decisão administrativa houver se baseado na ausência da incapacidade para a vida e para o trabalho, na forma exigida na redação original do § 2° do art. 20 da Lei n° 8.742, para a caracterização da deficiência; d) revise todos os requerimentos de BPC indeferidos a partir de 31/01/1998 por renda per capita, onde tenha sido apurada renda familiar igual ou superior a 1/4 do salário-mínimo, a fim de que sejam descontadas da renda familiar as despesas relacionadas diretamente com a deficiência do requerente, bem como os valores relativos ao B/88 percebido por outro membro do grupo familiar. 2. A partir de 08 de outubro de 2021 deverão ser aplicadas as regras de aferição de comprometimento de renda definidas na Portaria Conjunta n° 3, de 21 de setembro de 2018, alterada pela Portaria Conjunta MC/MTP/INSS n° 14, de 07 de outubro de 2021. 3. Em atendimento ao disposto no §14 do Art. 20, da Lei n° 8.742, de 7 de dezembro de 1993, incluído pela Lei n° 13.982, de 02 de abril de 2020, para fins de concessão do benefício de prestação continuada a outro idoso ou pessoa com deficiência da mesma família, no cálculo da renda, não será computado o benefício de prestação continuada ou o benefício previdenciário no valor de até 1 (um) salário-mínimo concedido a idoso acima de 65 (sessenta e cinco) anos de idade ou à pessoa com deficiência.

SEÇÃO IX - AÇÃO CIVIL PÚBLICA Nº 2001.72.05.007738-6/SC - SUSPENSA

Assunto: Benefício de Prestação Continuada - BPC. Cálculo da Renda per capita familiar. Dispõe sobre o cumprimento da decisão proferida nos autos da Ação Civil Pública n° 2001.72.05.007738-6/SC a qual determinou que se modifique a forma objetiva de cálculo da renda per capita do grupo familiar para acesso ao Benefício de Prestação Continuada da Assistência Social - BPC, requerido por pessoa com deficiência.

Decisão Judicial	Para a concessão de Benefício de Prestação Continuada-BPC que o INSS deixe de aplicar o critério objetivo de avaliação da renda per capita do grupo familiar para a concessão dos Benefícios de Prestação Continuada da Assistência Social-BPC à pessoa com deficiência, conforme dispõe o § 3° do art. 20 da Lei n° 8.742, de 7 de dezembro de 1993. Os requerimentos do BPC à pessoa com deficiência não deverão ser indeferidos em razão de renda mensal per capita igual ou superior a ¼ do salário-mínimo (critério objetivo), sem antes proceder, em cada caso, à realização de Parecer Social, por Assistente Social do quadro do INSS.
Abrangência	Alcança os residentes nos municípios de Agrolândia, Agronômica, Apiúna, Ascurra, Atalanta, Aurora, Benedito Novo, Blumenau, Botuverá, Braço do Trombudo, Brusque, Chapadão do Lageado, Dona Emma, Doutor Pedrinho, Gaspar, Guabiruba, Ibirama, Ilhota, Imbuia, Indaial, Ituporanga, José Boiteux, Laurentino, Lontras, Luiz Alves, Mirim Doce, Petrolândia, Pomerode, Pouso Redondo, Presidente Getúlio, Presidente Nereu, Rio do Campo, Rio do Oeste, Rio do Sul, Rio dos Cedros, Rodeio, Salete, Santa Terezinha, Taió, Timbó, Trombudo Central, Vidal Ramos, Vitor Meireles e Witmarsum

Período de vigência	A determinação judicial produz efeitos para benefícios assistenciais decididos a partir de 13 de agosto de 2010. E todos os requerimentos de pessoas com deficiências, residentes e domiciliados nos municípios acima relacionados, indeferidos a partir de 13.8.2010, deverão ser revistos Os efeitos desta ação civil pública foram suspensos, retroativamente, a 08 de outubro de 2021 pela Portaria PRES/INSS nº 1.409, de 3 de fevereiro de 2022.
Comprovação de Endereço	Será exigida a apresentação de documento de comprovação de endereço
Aplicabilidade	1. Em observância à determinação judicial, os requerimentos do BPC à pessoa com deficiência não deverão ser indeferidos em razão de renda mensal per capita igual ou superior a ¼ do salário-mínimo (critério objetivo), sem antes proceder, em cada caso, à realização de Parecer Social, por Assistente Social do quadro do INSS. 2. Inicialmente deverá verificar se o requerente é residente nos municípios de incidência da ACP nº 2005.72.05.001947-1/SC. Em caso positivo cabe observar o cumprimento das decisões de ambas as ações civis públicas nas análises de benefícios de prestação continuada, sendo preliminarmente adotados os procedimentos daquela ACP. 3. o requerimento não deve ser concluído em razão da renda, sem antes proceder, em cada caso, à realização de Parecer Social, por Assistente Social do quadro do INSS. 4. A partir de 08 de outubro de 2021 deverão ser aplicadas as regras de aferição de comprometimento de renda definidas na Portaria Conjunta nº 3, de 21 de setembro de 2018, alterada pela Portaria Conjunta MC/MTP/INSS nº 14, de 07 de outubro de 2021. 5. Em atendimento ao disposto no §14 do Art. 20, da Lei nº 8.742, de 7 de dezembro de 1993, incluído pela Lei nº 13.982, de 02 de abril de 2020, para fins de concessão do benefício de prestação continuada a outro idoso ou pessoa com deficiência da mesma família, no cálculo da renda, não será computado o benefício de prestação continuada ou o benefício previdenciário no valor de até 1 (um) salário-mínimo concedido a idoso acima de 65 (sessenta e cinco) anos de idade ou à pessoa com deficiência.

SEÇÃO X - AÇÃO CIVIL PÚBLICA Nº 2005.72.05.001947-1/SC - REVOGADA

Assunto: Benefício de Prestação Continuada - BPC. Cálculo da Renda per capita familiar. Desconsideração de benefício de prestação continuada percebido por familiar idoso ou deficiente e benefício previdenciário de valor mínimo percebido por familiar idoso, na análise da renda per capita familiar a que se refere o art. 20 da Lei nº 8.742/93.

Decisão Judicial	A Decisão determina que na análise dos requerimentos de benefício de prestação continuada devido à pessoa com deficiência e ao idoso, não compute no cálculo da renda familiar per capita os valores percebidos por outro membro da família oriundo de benefício de prestação continuada (espécies 87 e 88), bem como de qualquer benefício previdenciário de valor mínimo recebido por familiar idoso.
Abrangência	Se restringe aos residentes em Apiúna, Ascurra, Benedito Novo, Blumenau, Botuverá, Brusque, Doutor Pedrinho, Gaspar, Guabiruba, Ilhota, Indaial, Luiz Alves, Pomerode, Rio dos Cedros, Rodeio e Timbó, municípios que integram a Subseção Judiciária de Blumenau/SC, todos do Estado de Santa Catarina.
Período de vigência	A decisão produz efeitos em benefícios assistenciais decididos a partir de 14 de março de 2014, data da intimação do INSS. Em 24 de março de 2021, os efeitos foram revogados por meio da Portaria PRES/INSS nº 1.282, de 22 de março de 2021.
Comprovação de Endereço	Será exigida a apresentação de documento de comprovação de endereço.
Aplicabilidade	1. Desconsiderar na análise da renda per capita familiar dos requerimentos de benefício de prestação continuada devido à pessoa com deficiência e ao idoso, os valores percebidos por outro membro da família a título de benefício de prestação continuada (espécies 87 e 88), bem como qualquer benefício previdenciário de valor mínimo recebido por familiar idoso. 2. Os residentes nestes municípios também são alcançados pela decisão na ACP nº 2001.72.05.007738-6 a qual contempla, além de outros, todos os municípios que foram alcançados pela ACP nº 2005.72.05.001947-1, portanto cabe observar o cumprimento das decisões de ambas as ações civis públicas nas análises de benefícios de prestação continuada. 3. Nos requerimentos de benefício de prestação continuada por pessoa com deficiência, preliminarmente caberá analisar os critérios de renda per capita do grupo familiar, excluindo do cálculo os valores percebidos por outro membro da família a título de benefício de prestação continuada (espécies 87 e 88), bem como, qualquer benefício previdenciário de valor mínimo recebido por familiar idoso, conforme determinado na decisão final da ACP nº 2005.72.05.001947-1. 4. Caso, nos requerimentos de benefício de prestação continuada por pessoa com deficiência, após a aplicação do critério definido no item 3, a renda per capita familiar resultar em valor superior a ¼ do salário-mínimo, deverão ser adotados os procedimentos relativos à verificação do direito de acordo com a determinação proferida na ACP 2001.72.05.007738-6/SC. 5. Fica resguardado o direito à revisão, a pedido dos interessados, dos benefícios indeferidos a partir de 1º.1.2004, em desconformidade com a decisão final da ACP 2005.72.05.001947-1. Na hipótese de a revisão resultar em deferimento do pedido com fundamento na decisão final da ACP 2005.72.05.001947-1, os efeitos financeiros serão fixados na Data do Pedido de Revisão - DPR, não podendo ser anterior a 14.3.2014. 6. A partir de 08 de outubro de 2021 deverão ser aplicadas as regras de aferição de comprometimento de renda definidas na Portaria Conjunta nº 3, de 21 de setembro de 2018, alterada pela Portaria Conjunta MC/MTP/INSS nº 14, de 07 de outubro de 2021. 7. Em atendimento ao disposto no §14 do Art. 20, da Lei nº 8.742, de 7 de dezembro de 1993, incluído pela Lei nº 13.982, de 02 de abril de 2020, para fins de concessão do benefício de prestação continuada a outro idoso ou pessoa com deficiência da mesma família, no cálculo da renda, não será computado o benefício de prestação continuada ou o benefício previdenciário no valor de até 1 (um) salário-mínimo concedido a idoso acima de 65 (sessenta e cinco) anos de idade ou à pessoa com deficiência.

SEÇÃO XI - AÇÃO CIVIL PÚBLICA N° 2007.72.15.000170-9 SC - SUSPENSA

Assunto: Benefício de Prestação Continuada - BPC. Cálculo da Renda per capita familiar. Dispõe sobre o cumprimento da decisão a qual determinou que se modifique a forma objetiva de cálculo da renda per capita do grupo familiar para acesso ao Benefício de Prestação Continuada da Assistência Social - BPC, requerido por pessoa com deficiência e pessoa idosa.

Decisão Judicial	1. Não se aplique o critério objetivo de avaliação da renda per capita do grupo familiar para a concessão dos Benefícios de Prestação Continuada da Assistência Social-BPC à pessoa com deficiência à pessoa idosa, conforme dispõe o § 3° do art. 20 da Lei n° 8.742, de 7 de dezembro de 1993. 2. Os requerimentos do BPC à pessoa com deficiência e à pessoa idosa não deverão ser indeferidos em razão de renda mensal per capita igual ou superior a ¼ do salário-mínimo (critério objetivo), sem antes proceder, em cada caso, a realização de Parecer Social, por Assistente Social do quadro deste Instituto.
Abrangência	Se restringe aos residentes no Município de Nova Trento/SC
Período de vigência	A decisão produz efeitos em benefícios assistenciais protocolados a partir de 1° de janeiro de 2007. Deverão ser revistos, no prazo de 120 (cento e vinte dias), todos os requerimentos de BPC protocolados a partir de 1° de janeiro de 2007, com o endereço no Município de Nova Trento/SC Os efeitos desta ação civil pública foram suspensos, retroativamente, a 08 de outubro de 2021 pela Portaria PRES/INSS n° 1.409, de 3 de fevereiro de 2022.
Comprovação de Endereço	Será exigida a apresentação de documento de comprovação de endereço
Aplicabilidade	1. Deixar de aplicar o critério objetivo de avaliação da renda per capita do grupo familiar para a concessão dos Benefícios de Prestação Continuada da Assistência Social-BPC à pessoa com deficiência à pessoa idosa, conforme dispõe o § 3° do art. 20 da Lei n° 8.742, de 7 de dezembro de 1993. 2. Os requerimentos do BPC à pessoa com deficiência e à pessoa idosa não deverão ser indeferidos em razão de renda mensal per capita igual ou superior a ¼ do salário-mínimo (critério objetivo), sem antes proceder, em cada caso, a realização de Parecer Social, por Assistente Social do quadro deste Instituto. 3. A partir de 08 de outubro de 2021 deverão ser aplicadas as regras de aferição de comprometimento de renda definidas na Portaria Conjunta n° 3, de 21 de setembro de 2018, alterada pela Portaria Conjunta MC/MTP/INSS n° 14, de 07 de outubro de 2021. 4. Em atendimento ao disposto no §14 do Art. 20, da Lei n° 8.742, de 7 de dezembro de 1993, incluído pela Lei n° 13.982, de 02 de abril de 2020, para fins de concessão do benefício de prestação continuada a outro idoso ou pessoa com deficiência da mesma família, no cálculo da renda, não será computado o benefício de prestação continuada ou o benefício previdenciário no valor de até 1 (um) salário-mínimo concedido a idoso acima de 65 (sessenta e cinco) anos de idade ou à pessoa com deficiência.

SEÇÃO XII - AÇÃO CIVIL PÚBLICA N° 2001.72.03.001315-9/SC - SUSPENSA

Assunto: Benefício de Prestação Continuada - BPC. Cálculo da Renda per capita familiar. Dispõe sobre o cumprimento da decisão proferida nos autos da Ação Civil Pública n° 2001.72.03.001315-9/SC da Seção Judiciária de Joaçaba/SC a qual determinou que na análise de requerimentos de benefício de prestação continuada protocolados por pessoa com deficiência seja excluída da renda per capita familiar as despesas relacionadas diretamente à doença do requerente.

Decisão Judicial	Determina ao INSS que, ao apreciar pedidos de concessão do benefício de prestação continuada, exclua da renda familiar as despesas relacionadas diretamente com a doença do próprio requerente (assim entendidas remédios de uso contínuo e tratamento fisioterápico habitual, não prestado, em tempo hábil necessário, pelo Sistema Único de Saúde), nos requerimentos de benefício de prestação continuada protocolados por pessoa com deficiência
Abrangência	Alcança os residentes nos municípios de Água doce, Alto Bela Vista, Arabutã, Arroio Trinta, Brunópolis, Caçador, Calmon, Campos Novos, Capinzal, Catanduvas, Concórdia, Erval Velho, Fraiburgo, Herval D'Oeste, Ibiam, Ibicaré, Iomerê, Ipira, Ipumirim, Irani, Irineópolis, Jaborá, Joaçaba, Lacerdópolis, Lindóia do Sul, Luzerna, Macieira, Matos Costa, Monte Carlo, Ouro, Passos Maia, Peritiba, Pinheiro Preto, Piratuba, Ponte Serrada, Porto União, Presidente Castelo Branco, Rio das Antas, Salto Veloso, Tangará, Treze Tílias, Vargeão, Vargem, Vargem Bonita, Videira e Zortéa, todos da Seção Judiciária de Joaçaba/SC
Período de vigência	A decisão produz efeitos em requerimentos de benefícios assistenciais à pessoa com deficiência (Espécie 87) decididos - DDB a partir de 24 de março de 2014. Os benefícios assistenciais (B/87) indeferidos por renda per capita superior a ¼ do salário-mínimo a partir de 24 de março de 2014 poderão ser revistos a pedido dos interessados, sendo que, na hipótese de concessão do benefício após o enquadramento nos termos desta ACP, os efeitos financeiros deverão ser fixados na DER. Os efeitos desta ação civil pública foram suspensos, retroativamente, a 08 de outubro de 2021 pela Portaria PRES/INSS n° 1.409, de 3 de fevereiro de 2022.
Comprovação de Endereço	Será exigida a apresentação de documento de comprovação de endereço
Aplicabilidade	1. Em observância à determinação judicial, os requerimentos do BPC à pessoa com deficiência não deverão ser indeferidos em razão de renda mensal per capita igual ou superior a ¼ do salário-mínimo (critério objetivo), sem antes proceder, em cada caso, à realização de Parecer Social, por Assistente Social do quadro deste Instituto. 2. Em se tratando de resultado de renda igual ou superior a ¼ do salário-mínimo, o interessado será intimado a comprovar as despesas com a deficiência, incapacidade ou idade avançada, em especial, despesas com medicamentos, alimentação especial, fraldas descartáveis, tratamento médico, psicológico e fisioterápico. 3. Além da comprovação das despesas o requerente deverá demonstrar, documentalmente, que requereu e teve a prestação negada por órgão da rede pública de saúde de seu domicílio. 4. A partir de 08 de outubro de 2021 deverão ser aplicadas as regras de aferição de comprometimento de renda definidas na Portaria Conjunta n° 3, de 21 de setembro de 2018, alterada pela Portaria Conjunta MC/MTP/INSS n° 14, de 07 de outubro de 2021. 5. Em atendimento ao disposto no §14 do Art. 20, da Lei n° 8.742, de 7 de dezembro de 1993, incluído pela Lei n° 13.982, de 02 de abril de 2020, para fins de concessão do benefício de prestação continuada a outro idoso ou pessoa com deficiência da mesma família, no cálculo da renda, não será computado o benefício de prestação continuada ou o benefício previdenciário no valor de até 1 (um) salário-mínimo concedido a idoso acima de 65 (sessenta e cinco) anos de idade ou à pessoa com deficiência.

SEÇÃO XIII - AÇÃO CIVIL PÚBLICA N° 2002.71.04.000395-5 RS - SUSPENSA

Assunto: Benefício de Prestação Continuada - BPC. Cálculo da Renda per capita familiar. Modificar o critério objetivo de cálculo da renda per capita do grupo familiar para acesso ao Benefícios de Prestação Continuada.

Decisão Judicial	A decisão exarada na Ação Civil Pública n° 2002.71.04.000395-5 determina que deixe de aplicar o critério objetivo de avaliação da renda per capita do grupo familiar para acesso ao Benefício de Prestação Continuada da Assistência Social - BPC requeridos por pessoa com deficiência e pessoa idosa.
Abrangência	Alcança os residentes nos municípios de Água Santa, Almirante Tamandaré do Sul, Alpestre, Alto Alegre, Ametista do Sul, Aratiba, Áurea, Barão do Cotegipe, Barra do Rio Azul, Barracão, Barra Funda, Benjamin Constant do Sul, Boa Vista das Missões, Cacique Doble, Caiçara, Camargo, Campinas do Sul, Campos Borges, Capão Bonito do Sul, Carazinho, Carlos Gomes, Casca, Caseiros, Centenário, Cerro Grande, Chapada, Charrua, Ciríaco, Colorado, Constantina, Coqueiros do Sul, Coxilha, Cristal do Sul, Cruzaltense, David Canabarro, Dois Irmãos das Missões, Engenho Velho, Entre Rios do Sul, Erebango, Erechim, Ernestina, Erval Grande, Erval Seco, Espumoso, Estação, Faxinalzinho, Floriano Peixoto, Fortaleza dos Valos, Frederico Westphalen, Gaurama, Gentil, Getúlio Vargas, Gramado dos Loureiros, Guaporé, Ibiaçá, Ibiraiaras, Ibirapuitã, Ibirubá, Ipiranga do Sul, Iraí, Itatiba do Sul, Jaboticaba, Jacuizinho, Jacutinga, Lajeado do Bugre, Lagoa dos Três Cantos, Lagoa Vermelha, Lagoão, Liberato Salzano, Machadinho, Marau, Marcelino Ramos, Mariano Moro, Mato Castelhano, Maximiliano de Almeida, Montauri, Mormaço, Muliterno, Não-Me-Toque, Nicolau Vergueiro, Nonoai, Nova Alvorada, Nova Boa Vista, Novo Barreiro, Novo Tiradentes, Novo Xingu, Paim Filho, Palmeira das Missões, Passo Fundo, Paulo Bento, Pinhal, Planalto, Pontão, Ponte Preta, Quatro Irmãos, Quinze de Novembro, Rio dos Indios, Rodeio Bonito, Ronda Alta, Rondinha, Sagrada Família, Saldanha Marinho, Salto do Jacuí, Sananduva, Santa Bárbara do Sul, Santa Cecília do Sul, Santo Antônio do Palma, Santo Antônio do Planalto, Santo Expedito do Sul, São Domingos do Sul, São João da Urtiga, São José das Missões, São José do Ouro, São Pedro das Missões, São Valentim, Sarandi, Seberi, Selbach, Sertão, Severiano de Almeida, Soledade, Tapejara, Tapera, Taquaruçú do Sul, Tio Hugo, Três Arroios, Três Palmeiras, Trindade do Sul, Tunas, Tupanci do Sul, União da Serra, Vanini, Viadutos, Vicente Dutra, Victor Graeff, Vila Lângaro, Vila Maria e Vista Alegre, todos do Rio Grande do Sul.
Período de vigência	Se aplica aos requerimentos indeferidos a partir de 25 de setembro de 2006.
Comprovação de Endereço	Será exigida a apresentação de documento de comprovação de endereço
Aplicabilidade	1. Os requerimentos do BPC à pessoa com deficiência e à pessoa idosa não deverão ser indeferidos em razão de renda mensal per capita igual ou superior a ¼ do salário-mínimo (critério objetivo), sem antes proceder, em cada caso, a realização de Parecer Social, por Assistente Social do quadro deste Instituto. 2. Inicialmente caberá observar o comprovante de endereço do requerente e se este foi abrangido pelas duas ações civis públicas, quais sejam, n° 2002.71.04.000395-5 e n° 2006.71.17.001095-3. 3. Para os residentes nos municípios abrangidos pelas duas ACPs, se mediante a exclusão de benefícios assistenciais e previdenciários de valor mínimo, conforme Seção XIV, deste anexo, restar preenchido o requisito objetivo relacionado à renda per capita, o benefício deverá ser submetido a avaliação social e médico-pericial, e se for o caso, concedido o benefício com fundamento na ACP 2006.71.17.001095-3, sem necessidade de encaminhamento para Parecer Social. 4. Caso, nos requerimentos de benefício de prestação continuada por pessoa com deficiência, após a exclusão de benefícios assistenciais e previdenciários de valor mínimo, a renda per capita familiar resultar em valor superior a ¼ do salário-mínimo, deverão ser adotados os procedimentos relativos à verificação do direito de acordo com a determinação proferida na ACP n° 2002.71.04.000395-5. 5. A partir de 08 de outubro de 2021 deverão ser aplicadas as regras de aferição de comprometimento de renda definidas na Portaria Conjunta n° 3, de 21 de setembro de 2018, alterada pela Portaria Conjunta MC/MTP/INSS n° 14, de 07 de outubro de 2021. 6. Em atendimento ao disposto no §14 do Art. 20, da Lei n° 8.742, de 7 de dezembro de 1993, incluído pela Lei n° 13.982, de 02 de abril de 2020, para fins de concessão do benefício de prestação continuada a outro idoso ou pessoa com deficiência da mesma família, no cálculo da renda, não será computado o benefício de prestação continuada ou o benefício previdenciário no valor de até 1 (um) salário-mínimo concedido a idoso acima de 65 (sessenta e cinco) anos de idade ou à pessoa com deficiência.

SEÇÃO XIV - AÇÃO CIVIL PÚBLICA N° 2006.71.17.001095-3 RS - REVOGADA

Assunto: Benefício de Prestação Continuada - BPC. Cálculo da Renda per capita familiar. Desconsiderar, no cálculo da renda per capita do grupo familiar, o valor recebido por membro do grupo familiar oriundo de benefício de prestação continuada ou previdenciário de pessoa com deficiência ou idoso de até 1 salário-mínimo.

Decisão Judicial	Na análise de benefícios assistenciais, desconsiderar, para fins de cálculo da renda per capita do grupo familiar benefícios assistenciais e previdenciários de valor mínimo, recebido por outro membro do grupo familiar idoso ou com deficiência.
Abrangência	Alcança os residentes nos municípios de Aratiba, Áurea, Barão do Cotegipe, Barra do Rio Azul, Barracão, Benjamin Constant do Sul, Cacique Doble, Campinas do Sul, Carlos Gomes, Centenário, Charrua, Cruzaltense, Entre Rios do Sul, Erebango, Erechim, Erval Grande, Estação, Faxinalzinho, Floriano Peixoto, Gaurama, Getúlio Vargas, Ipiranga do Sul, Itatiba do Sul, Jacutinga, Machadinho, Marcelino Ramos, Mariano Moro, Maximiliano de Almeida, Paim Filho, Paulo Bento, Ponte Preta, Quatro Irmãos, Sananduva, Santo Expedito do Sul, São João da Urtiga, São José do Ouro, São Valentim, Severiano de Almeida, Três Arroios, Viadutos, todos do Rio Grande do Sul.
Período de vigência	A decisão produz efeitos em requerimentos com Data de Entrada do Requerimento - DER a partir de 25 de setembro de 2006. Esta ação civil pública foi revogada a partir de 24 de março de 2021 pela Portaria PRES/INSS n° 1.282, de 22 de março de 2021.
Comprovação de Endereço	Será exigida a apresentação de documento de comprovação de endereço

Aplicabilidade	1. Observar o comprovante de endereço do requerente e se este foi abrangido pelas duas ações civis públicas, quais sejam, nº 2002.71.04.000395-5 e nº 2006.71.17.001095-3. 2. Nos requerimentos de benefício de prestação continuada por pessoa com deficiência, preliminarmente analisar os critérios de renda per capita do grupo familiar, excluindo do cálculo os valores percebidos por outro membro da família a título de benefício de prestação continuada (espécies 87 e 88), bem como, qualquer benefício previdenciário de valor mínimo recebido por familiar idoso, conforme determinado na decisão da ACP nº 2006.71.17.001095-3. 2.1. Considera-se idoso o membro do grupo familiar com idade igual ou superior a 65 (sessenta e cinco) anos, titular de qualquer benefício de prestação continuada (assistencial) ou previdenciário, e pessoa com deficiência, o membro do grupo assim declarado após avaliação médico-pericial, não sendo necessária a realização de avaliação social. 2.2. Para o integrante do grupo familiar que seja titular de benefício de prestação continuada à pessoa com deficiência (B87), ou titular de Aposentadoria por invalidez de espécie 32 ou 92, desde que esteja ativo, não será necessária a realização de nova avaliação médico-pericial para a comprovação da condição de pessoa com deficiência. 2.3. Nos casos não enquadrados no item 2.2, informado o grupo familiar pelo requerente do BPC e declarada a existência de integrante pessoa com deficiência que possua benefício previdenciário de valor mínimo, deverá ser agendada a avaliação médico-pericial 2.4. O membro do grupo familiar titular de benefício por incapacidade temporária (espécies 31 e 91), deverá ser submetido a avaliação médico-pericial, dada a natureza temporária do benefício. Após a avaliação pericial não será necessária a realização de avaliação social visto não se tratar de qualificação do grau de impedimento de longo prazo. 2.5. A comprovação da deficiência dar-se-á por meio do formulário contido no Anexo I, da Portaria Conjunta nº 2 MDS/INSS, de 30/03/2015, de acordo com os conceitos definidos no Decreto nº 3.289/1999, e alterações posteriores. 3. Para os requerimentos, ainda que abrangidos pelas duas ACPs, se mediante a exclusão de benefícios assistenciais e previdenciários de valor mínimo, restar preenchido o critério objetivo relacionado à renda per capita familiar, o benefício deverá ser submetido a avaliação social e médico-pericial, e terá seguimento na forma usual, com fundamento na ACP 2006.71.17.001095-3, sem necessidade de encaminhamento para Parecer Social. 4. Para os requerimentos de residentes abrangidos pelas duas Ações Civis Públicas nas situações em que após a exclusão de benefícios assistenciais e previdenciários de valor mínimo, não restar preenchido o critério objetivo relacionado à renda per capita familiar, será necessário o encaminhamento para a realização de Parecer Social, na forma prevista na ACP nº 2002.71.04.000395-5 5. A partir de 08 de outubro de 2021 deverão ser aplicadas as regras de aferição de comprometimento de renda definidas na Portaria Conjunta nº 3, de 21 de setembro de 2018, alterada pela Portaria Conjunta MC/MTP/INSS nº 14, de 07 de outubro de 2021. 6. Em atendimento ao disposto no §14 do Art. 20, da Lei nº 8.742, de 7 de dezembro de 1993, incluído pela Lei nº 13.982, de 02 de abril de 2020, para fins de concessão do benefício de prestação continuada a outro idoso ou pessoa com deficiência da mesma família, no cálculo da renda, não será computado o benefício de prestação continuada ou o benefício previdenciário no valor de até 1 (um) salário-mínimo concedido a idoso acima de 65 (sessenta e cinco) anos de idade ou à pessoa com deficiência.

SEÇÃO XV - AÇÃO CIVIL PÚBLICA Nº 5044874-22.2013.4.04.7100/RS - SUSPENSA

Assunto: Benefício de Prestação Continuada - BPC. Cálculo da Renda per capita familiar. Exclusão do cálculo da renda per capita familiar das despesas do requerente de benefício de prestação continuada que decorram diretamente da deficiência, incapacidade ou idade avançada, com medicamentos, alimentação especial, fraldas descartáveis e consultas na área de saúde, requeridas e negados pelo Estado.

Decisão Judicial	Nos requerimentos de Benefício de Prestação Continuada, o INSS deverá deduzir do cálculo da renda per capita familiar, para fins de verificação do preenchimento do critério objetivo do §3º, do art. 20, da Lei nº 8.742, de 1993, as despesas que decorram diretamente da deficiência, incapacidade ou idade avançada, com medicamentos, alimentação especial, fraldas descartáveis e consultas na área de saúde, requeridos e negados pelo Estado
Abrangência	A decisão judicial tem abrangência nacional
Período de vigência	A decisão produz efeitos em requerimentos com Data de Entrada de Requerimento a partir de 04 de maio de 2016, data da intimação do INSS para o cumprimento do acórdão. Os efeitos desta ação civil pública foram suspensos, retroativamente, a 08 de outubro de 2021 pela Portaria PRES/INSS nº 1.409, de 3 de fevereiro de 2022.
Comprovação de Endereço	Dispensada a apresentação
Aplicabilidade	1. Nos requerimentos de Benefício de Prestação Continuada-BPC protocolados por idosos (B88) e deficientes (B87), cuja renda per capita familiar resulte em valor igual ou superior a 1/4 do salário-mínimo, o requerimento não será indeferido. 1.1. A reanálise do cálculo da renda per capita dependerá da apresentação de documentos que comprovem as despesas feitas em razão de sua deficiência, incapacidade ou idade avançada, com: a) medicamentos: comprovação de prescrição médica e comprovação do valor mensal gasto; b) alimentação especial: comprovação de prescrição médica e comprovação de valor mensal gasto; c) fraldas descartáveis: comprovação do valor mensal gasto; d) consultas na área de saúde (com profissionais de toda área de saúde): comprovação do valor mensal gasto. 1.1.1. Além da comprovação das despesas o requerente deverá demonstrar, documentalmente, que requereu e teve a prestação negada por órgão da rede pública de saúde de seu domicílio. 2. A partir de 08 de outubro de 2021 deverão ser aplicadas as regras de aferição de comprometimento de renda definidas na Portaria Conjunta nº 3, de 21 de setembro de 2018, alterada pela Portaria Conjunta MC/MTP/INSS nº 14, de 07 de outubro de 2021. 3. Em atendimento ao disposto no §14 do Art. 20, da Lei nº 8.742, de 7 de dezembro de 1993, incluído pela Lei nº 13.982, de 02 de abril de 2020, para fins de concessão do benefício de prestação continuada a outro idoso ou pessoa com deficiência da mesma família, no cálculo da renda, não será computado o benefício de prestação continuada ou o benefício previdenciário no valor de até 1 (um) salário-mínimo concedido a idoso acima de 65 (sessenta e cinco) anos de idade ou à pessoa com deficiência.

SEÇÃO XVI - AÇÃO CIVIL PÚBLICA N° 0002356-52.2002.4.04.7209/SC - SUSPENSA

Assunto: Benefício de Prestação Continuada - BPC- Idoso. Cálculo da Renda per capita familiar. Deduzir os gastos comprovados e relacionados diretamente ao próprio idoso, representados por medicamentos, alimentação especial, fraldas descartáveis, plano de saúde, tratamento médico, psicológico e fisioterápico e transporte especial do cálculo da renda per capita familiar.

Decisão Judicial	Nos requerimentos de benefícios assistenciais formulados por idosos, o INSS deve deduzir os gastos comprovados e relacionados diretamente ao próprio idoso, representados por medicamentos, alimentação especial, fraldas descartáveis, plano de saúde, tratamento médico, psicológico e fisioterápico e transporte especial
Abrangência	Alcança os residentes nos municípios de Corupá, Guaramirim, Jaraguá do Sul, Massaranduba e Schroeder pertencentes à Subseção Judiciária de Jaraguá do Sul/SC no momento da propositura da ação judicial.
Período de vigência	1. A decisão judicial possui vigência a partir de 11 de outubro de 2016, data da intimação da Procuradoria Seccional Federal em Joinville. 2. A Portaria PRES/INSS nº 1.409, de 3 de fevereiro de 2022, suspendeu os efeitos desta ação civil pública, retroativamente, a 08 de outubro de 2021. 3. Os benefícios assistenciais ao idoso indeferidos no período 11 de setembro de 1997 a 11 de outubro de 2016, por renda per capita igual ou superior a 1/4 do salário-mínimo, poderão ser revistos a pedido do interessado, sendo que os valores pretéritos ao requerimento de revisão somente serão pagos em execução judicial específica.
Comprovação de Endereço	O requerente de benefício de prestação continuada na condição de idoso deverá comprovar residência em um dos municípios abrangidos pela decisão.
Aplicabilidade	1. Para fins de reconhecimento da aplicabilidade da Ação Civil Pública nº 0002356-52.2002.404.7209/SC deverão ser observados os seguintes critérios: a) A decisão se aplica somente aos requerimentos de benefício de prestação continuada formulados por idosos; b) O INSS deverá deduzir da renda familiar, os gastos comprovados e relacionados diretamente ao próprio idoso, representados por medicamentos, alimentação especial, fraldas descartáveis, plano de saúde, tratamento médico, psicológico e fisioterápico e transporte especial. c) não se exige a apresentação de qualquer documento relacionado à denegatória da prestação por órgão da rede pública de saúde com atribuição para fornecimento de medicamentos, alimentação especial, fraldas descartáveis, plano de saúde, tratamento médico, psicológico e fisioterápico e transporte especial. 2. Os residentes nos municípios de Corupá, Guaramirim, Jaraguá do Sul, Massaranduba e Schroeder também estão abrangidos pela decisão proferida na Ação Civil Pública nº 2005.72.09.001364-9/SC, na qual foi determinado ao INSS que desconsidere, na análise dos requerimentos de benefício de prestação continuada protocolados por idosos e deficientes, para efeito de cálculo da renda familiar, qualquer benefício de valor igual ao salário-mínimo concedido a membro do grupo familiar. 3. A partir de 08 de outubro de 2021 deverão ser aplicadas as regras de aferição de comprometimento de renda definidas na Portaria Conjunta nº 3, de 21 de setembro de 2018, alterada pela Portaria Conjunta MC/MTP/INSS nº 14, de 07 de outubro de 2021. 4. Em atendimento ao disposto no §14 do Art. 20, da Lei nº 8.742, de 7 de dezembro de 1993, incluído pela Lei nº 13.982, de 02 de abril de 2020, para fins de concessão do benefício de prestação continuada a outro idoso ou pessoa com deficiência da mesma família, no cálculo da renda, não será computado o benefício de prestação continuada ou o benefício previdenciário no valor de até 1 (um) salário-mínimo concedido a idoso acima de 65 (sessenta e cinco) anos de idade ou à pessoa com deficiência.

SEÇÃO XVII - AÇÃO CIVIL PÚBLICA N° 2002.61.00.024335-6/SP - SUSPENSA

Assunto: Tratamento dos Benefícios de Prestação Continuada da Assistência Social - BPC concedidos por força da tutela antecipada concedida na ACP nº 2002.61.00.024335- 6/SP, cuja eficácia foi suspensa por decisão proferida em 15/09/04 pelo Tribunal Regional Federal nos autos do Agravo de Instrumento nº 2004.03.050644-0.

Decisão Judicial	Dispor sobre o cumprimento da decisão proferida nos autos da Ação Civil Pública nº 2002.61.00.024335-6/SP a qual determina ao INSS afastar a exigência da incapacidade do beneficiário para a vida independente e para o trabalho, bem como a pagar o valor de um salário mínimo, a título de benefício previsto no art. 203, V, da Constituição Federal, a todas as pessoas portadoras de deficiências e idosos, em todo o território nacional, que requeiram e demonstrem não dispor de meios de ter suprido, por si ou por seus familiares, o valor mensal de um salário mínimo, observando os critérios de verificação de ausência de meios de subsistência e de cálculo da renda per capita;
Abrangência	Teve eficácia nacional
Período de vigência	A decisão judicial que concedeu a tutela antecipada nos autos da ACP 2002.61.00.024335-6/SP teve a sua eficácia suspensa por decisão proferida em 15/09/2004 pelo Tribunal Regional Federal, tendo a Orientação Interna Conjunta nº 95 DIRBEN/PFE, de 28 de setembro de 2004, revogado os efeitos da Orientação Interna Conjunta N° 092 DIRBEN/PFE, de 9 de setembro de 2004 (publicada em 10/09/2004), consequentemente, teve como período de vigência de 10/09/2004 a 15/09/2004.
Comprovação de Endereço	Dispensada a apresentação
Aplicabilidade	1. A Perícia Médica avaliará se o requerente do Benefício de Prestação Continuada é pessoa com deficiência nos termos do Decreto nº 3.298/99 e se possui incapacidade para a vida independente e para o trabalho, sendo devida a concessão mesmo que constatado ser apenas portador de deficiência física, não constituindo motivo de indeferimento a inexistência de incapacidade para a vida independente e para o trabalho. 2. Para fins de apuração da "renda total" da família da pessoa portadora de deficiência ou idosa que requeira o benefício de prestação continuada, o INSS deverá somar as rendas brutas de todos os integrantes da família, deduzindo tantos salários-mínimos quantos forem os idosos com idade igual ou superior a 65 (sessenta e cinco) anos ou portadores de deficiência da família. 3. Aos requerentes idosos ou portadores de deficiência, afastar a exigência da incapacidade do beneficiário para a vida independente e para o trabalho. 4. A partir de 08 de outubro de 2021 deverão ser aplicadas as regras de aferição de comprometimento de renda definidas na Portaria Conjunta nº 3, de 21 de setembro de 2018, alterada pela Portaria Conjunta MC/MTP/INSS nº 14, de 07 de outubro de 2021.

Aplicabilidade	5. Em atendimento ao disposto no §14 do Art. 20, da Lei nº 8.742, de 7 de dezembro de 1993, incluído pela Lei nº 13.982, de 02 de abril de 2020, para fins de concessão do benefício de prestação continuada a outro idoso ou pessoa com deficiência da mesma família, no cálculo da renda, não será computado o benefício de prestação continuada ou o benefício previdenciário no valor de até 1 (um) salário-mínimo concedido a idoso acima de 65 (sessenta e cinco) anos de idade ou à pessoa com deficiência.

SEÇÃO XVIII - AÇÃO CIVIL PÚBLICA Nº 2008.71.00.019104-0/RS - VIGENTE

Assunto: Benefício de Prestação Continuada - BPC. Concessão de BPC aos requerentes internos no Instituto Psiquiátrico Forense Dr. Maurício Cardoso e no Hospital Psiquiátrico São Pedro, em Porto Alegre/RS.

Decisão Judicial	Determinar ao INSS que deixe de considerar a condição de interno no Instituto Psiquiátrico Forense Dr. Maurício Cardoso, localizado à Av. Bento Gonçalves, 2850, Porto Alegre e no Hospital Psiquiátrico São Pedro, situado à Av. Bento Gonçalves, 2460, Porto Alegre, como óbice à concessão do Benefício de prestação continuada previsto no art. 20 da Lei nº 8.742, de 7 de dezembro de 1993.
Abrangência	Requerentes internados no Instituto Psiquiátrico Forense Dr. Maurício Cardoso, localizado à Av. Bento Gonçalves, 2850, Porto Alegre - RS e no Hospital Psiquiátrico São Pedro, situado à Av. Bento Gonçalves, 2460, Porto Alegre - RS
Período de vigência	A determinação judicial produz efeitos para requerimentos protocolados (Data de Entrada do Requerimento-DER) a partir de 05 de agosto de 2008 e gera efeitos financeiros a contar de 03 de julho de 2009, data da decisão que antecipou os efeitos da tutela na ACP nº 2008.71.00.019104-0;
Comprovação de Endereço	O representante legal do requerente deverá apresentar documento emitido pela autoridade responsável pela instituição de internação que comprove a condição de interno;
Aplicabilidade	1. Tratando-se de requerimento de Benefício de Prestação Continuada da Assistência Social para o Idoso (espécie 88) a decisão de deferimento ou indeferimento levará em consideração a renda per capita familiar a partir das informações prestadas pelo representante legal (procurador/curador) do requerente e dos registros constantes do CNIS e do Sistema de Benefícios - SIBE-PU; 2. Tratando-se de requerimento de Benefício de Prestação Continuada da Assistência Social para a Pessoa com Deficiência (espécie 87), deverá ser, igualmente, feita a avaliação da renda per capita familiar, bem como, realizadas avaliação social e médico-pericial de acordo com as orientações definidas na Portaria Conjunta MDS/INSS nº 02, de 30 de março de 2015, publicada no DOU de 09 de abril de 2015, que trata dos instrumentos para avaliação da deficiência e do grau de incapacidade conforme estabelecido pelo art. 16, § 3º, do Decreto nº 6.214, de 26 de setembro de 2007. 3. Os benefícios assistenciais com data de entrada do requerimento-DER a partir de 05 de agosto de 2008 que foram indeferidos ou cancelados pelo fato de se tratar de requerente ou beneficiário interno do Instituto Psiquiátrico Forense Dr. Maurício Cardoso e Hospital Psiquiátrico São Pedro poderão ser revistos administrativamente.

SEÇÃO XIX - AÇÃO CIVIL PÚBLICA Nº 0006972-83.2012.4.01.3400/DF - VIGENTE E TRANSITADA EM JULGADO

Assunto: Benefício de Prestação Continuada - BPC. Concessão do Benefício de Prestação Continuada, previsto no inciso V do art. 203 da Constituição Federal, a estrangeiros residentes no Brasil, em situação regular no país.

Decisão Judicial	Determinar ao INSS que se abstenha de indeferir pedidos de benefícios de prestação continuada - BPC, exclusivamente em razão da nacionalidade dos requerentes, a fim de garantir, em todo território nacional, aos estrangeiros residentes no País em situação regular, idosos ou com deficiência, o direito ao benefício de prestação continuada previsto no inciso V do art. 203 da Constituição Federal.
Abrangência	A determinação judicial possui abrangência nacional
Período de vigência	A decisão produz efeitos em requerimentos no período de 27 de outubro de 2015 até 06 de março de 2016 e o retorno a partir de 30 de março de 2017
Comprovação de Endereço	Dispensada a apresentação
Aplicabilidade	1. No período da vigência da decisão judicial os Benefícios de Prestação Continuada - BPC não poderão mais ser indeferidos pelo motivo 84 (nacionalidade estrangeira). 2. Os demais requisitos legais para reconhecimento do direito ao benefício de prestação continuada previstos no art. 20 da Lei nº 8.742, de 7 de dezembro de 1993, e regulados no Decreto nº 6.214, de 26 de setembro de 2007, além da Portaria Conjunta nº 3 MDS/INSS, de 21 de setembro de 2018 e do Memorando-Circular Conjunto nº 51 DIRBEN/DIRAT/DIRSAT/INSS, de 26 de outubro de 2018, devem continuar a ser observados. 3. Para a identificação do estrangeiro deverá ser apresentada: a) Carteira de Identidade de Estrangeiro ou; b) Carteira de Trabalho e Previdência Social-CTPS. 4. Conforme orientado pelo Memorando-Circular nº 13 DIRBEN/INSS, de 17 de maio de 2013, com a publicação do Decreto nº 7.999, em 8 de maio de 2013, que promulgou o Acordo Adicional, alterando o Acordo de Seguridade Social ou Segurança Social entre a República Federativa do Brasil e a República Portuguesa, a partir de 1º de maio de 2013 passou a ser devida a concessão de benefícios assistenciais a beneficiários de nacionalidade portuguesa que residam legalmente em território brasileiro. Portanto, a concessão para eles é administrativa, independe de determinação judicial. 4.1. Os pedidos formulados por estrangeiros de nacionalidade portuguesa não foram alcançados pela decisão judicial proferida na ACP 000697283.2012.4.01.3400, não estando, por consequência, atingidos pela suspensão de seus efeitos, ocorrida no período de 07 de março de 2016 a 29 de março de 2017. 5. Os requerimentos de benefícios de prestação continuada protocolados por pessoa com deficiência (espécie 87) e por idoso (espécie 88), cuja nacionalidade não seja brasileira ou portuguesa, requeridos e despachados no período de 07 de março de 2016 a 29 de março de 2017, por estrangeiros residentes no País em situação regular, idosos ou com deficiência, devem ser cessados e os valores pagos devem ser objeto de cobrança administrativa, respeitando os procedimentos previstos no art. 588 da Instrução Normativa PRES/INSS nº 128, de 28 de março de 2022.

SEÇÃO XX - AÇÃO CIVIL PÚBLICA Nº 5000339-37.2011.4.04.7210 SÃO MIGUEL DO OESTE/SC - REVOGADA

Assunto: Benefício de Prestação Continuada - BPC. Cálculo da Renda per capita familiar. Desconsiderar na análise dos requerimentos de benefício de prestação continuada devido à pessoa com deficiência e ao idoso, os valores percebidos por outro membro da família, idoso (maior de 65 anos) ou pessoa com deficiência, decorrentes de qualquer benefício de prestação continuada ou previdenciário de até um salário-mínimo.

Decisão Judicial	A decisão judicial determina que, nos requerimentos de benefício assistencial, desconsidere, para efeitos do cálculo da renda per capita familiar, os benefícios de prestação continuada e os benefícios de caráter previdenciário, desde que de valor mínimo, percebidos por outro membro da família, idoso (maior de 65 anos) ou pessoa com deficiência, bem como, proceda a revisão de todos os benefícios assistenciais indeferidos nos cinco anos anteriores ao ajuizamento da ação, no prazo de 180 dias, na Subseção Judiciária de São Miguel do Oeste/SC.
Abrangência	É restrita aos segurados residentes nos municípios a seguir relacionados, prevalecendo o CEP de residência do requerente do benefício assistencial para aplicação do critério definido na determinação judicial: Anchieta, Bandeirante, Barra Bonita, Belmonte, Bom Jesus do Oeste, Caibi, Campo Erê, Cunha Porã, Cunhataí, Descanso, Dionísio Cerqueira, Flor do Sertão, Guaraciaba, Guarujá do Sul, Iporã do Oeste, Iraceminha, Itapiranga, Maravilha, Mondaí, Palma Sola, Paraíso, Princesa, Riqueza, Romelândia, Saltinho, Santa Helena, Santa Terezinha do Progresso, São Bernardino, São João do Oeste, São José do Cedro, São Miguel da Boa Vista, Tigrinhos, Tunápolis e São Miguel do Oeste, todos do Estado de Santa Catarina.
Período de vigência	A decisão produz efeitos em benefícios de prestação continuada com Data de Entrada de Requerimento-DER a partir de 4 de novembro de 2011 até 24 de março de 2021, em que foram revogados os efeitos por meio da Portaria PRES/INSS nº 1.282, de 22 de março de 2021.
Comprovação de Endereço	Será exigida a apresentação de documento de comprovação de endereço
Aplicabilidade	1. Para atendimento aos critérios previstos nesta Ação Civil Pública, considera-se: a) idoso o membro do grupo familiar com idade igual ou superior a 65 (sessenta e cinco) anos, titular de qualquer benefício de prestação continuada (assistencial) ou previdenciário de valor mínimo e, b) pessoa com deficiência o membro do grupo, assim declarado, após avaliação médico-pericial, recebedor de benefício de valor mínimo. 2. Para o integrante do grupo familiar que seja titular dos benefícios abaixo relacionados, desde que estejam ativos, não será necessária a realização de nova avaliação médico-pericial para a comprovação da condição de pessoa com deficiência. a) benefício de prestação continuada à pessoa com deficiência; b) benefício previdenciário de aposentadoria por tempo de contribuição à pessoa com deficiência; c) Benefício de aposentadoria por idade da pessoa com deficiência; ou d) Benefício de aposentadoria por incapacidade permanente. 2.1. Nos casos não enquadrados no item 2, informado o grupo familiar pelo requerente do BPC e declarada a existência de integrante com deficiência que possua benefício previdenciário de valor mínimo, deverá ser agendada a avaliação médico-pericial. 3. Os membros do grupo familiar titulares de benefício por incapacidade temporária (espécies 31 e 91) e indicados na forma descrita no item 2.1 deverão ser submetidos a avaliação médico-pericial, dada a natureza temporária do benefício. Após avaliação pericial não será necessária a realização de avaliação social. 4. A comprovação da deficiência dos integrantes do grupo familiar com vistas a atender o disposto na decisão judicial, visto não se tratar de qualificação do grau de impedimento de longo prazo, visando tão somente apurar a existência da deficiência ou não do membro do grupo, dar-se-á por meio do formulário contido no Anexo I, da Portaria Conjunta nº 2 MDS/INSS, de 30/03/2015, de acordo com os conceitos definidos no Decreto nº 3.289/1999, e alterações posteriores. 5. Devem ser revistos os benefícios indeferidos a partir 28/03/2006 (cinco anos antes do ajuizamento da ação), onde o motivo de indeferimento tenha sido a renda familiar superior a ¼ do salário-mínimo, quando tenha sido computada a renda de até um salário-mínimo percebida por outro membro do grupo familiar idoso ou deficiente a título de benefício assistencial ou previdenciário. 6. O benefício de prestação continuada ou o benefício previdenciário no valor de até 1 (um) salário-mínimo concedido a idoso acima de 65 (sessenta e cinco) anos de idade ou pessoa com deficiência não será computado, para fins de concessão do benefício de prestação continuada a outro idoso ou pessoa com deficiência da mesma família, no cálculo da renda e já são excluídos automaticamente do cálculo, desde 02 de abril de 2020, conforme alteração na Lei Orgânica da Assistência Social promovida pela Lei nº 13.982, de 2020.

SEÇÃO XXI - AÇÃO CIVIL PÚBLICA Nº 2005.71.00045257-0 OU 0045257-66.2005.4.04.7100 PORTO ALEGRE/RS - REVOGADA

Assunto: Benefício de Prestação Continuada - BPC. Cálculo da Renda per capita familiar. Desconsiderar na análise dos requerimentos de benefício de prestação continuada devido à pessoa com deficiência e ao idoso, os valores percebidos por outro membro da família, idoso (maior de 60 anos) ou pessoa com deficiência, decorrentes de qualquer benefício de prestação continuada ou previdenciário de até um salário-mínimo.

Decisão Judicial	A decisão judicial determina ao INSS que não considere, na apreciação de requerimentos de benefícios assistenciais formulados por idosos ou por pessoa com deficiência, para aferição da renda per capita a que se refere o art. 20 da Lei 8.742/93, qualquer benefício assistencial percebido por familiar idoso ou pessoa com deficiência, ou ainda qualquer benefício previdenciário de valor mínimo recebido por familiar idoso ou pessoa com deficiência, na Subseção Judiciária de Porto Alegre/RS. Em relação à pessoa idosa, esta decisão acima vigorou até 1º.6.2011, sendo que a partir de 2.6.2011, em razão do Recurso Especial nº 1.182.279-RS, na avaliação da renda per capita familiar nos requerimentos de benefício assistencial da assistência social à pessoa idosa (espécie 88) deverá ser excluído apenas o(s) benefício(s) da espécie 88 concedido(s) a outro(s) idoso(s) do mesmo grupo familiar. Os demais benefícios assistenciais e previdenciários concedidos a outros membros do grupo familiar voltam a entrar no cálculo da renda per capita familiar, conforme procedimento já adotado na análise dos requerimentos de BPC.

Abrangência	É restrita aos segurados residentes nos municípios relacionados a seguir, prevalecendo o CEP de residência do requerente do benefício assistencial para aplicação do critério definido na determinação judicial: Alvorada, Arambaré, Arroio do Sal, Arroio dos Ratos, Balneário Pinhal, Barão do Triunfo, Barra do Ribeiro, Brochier do Marata, Butiá Cachoeirinha, Capão da Canoa, Capela de Santana, Capivari do Sul, Caraá, Cerro Grande do Sul, Charqueadas, Cidreira, Dom Pedro de Alcântara, Eldorado do Sul, Fazenda Vilanova, General Câmara, Glorinha, Gravataí, Guaíba, Imbé, Itati, Mampituba, Maquine, Marata, Mariana Pimentel, Minas do Leão, Montenegro, Morrinhos do Sul, Mostardas, Osório, Palmares do Sul, Pareci Novo, Paverama, Porto Alegre, Santo Antônio da Patrulha, São Jerônimo, Sentinela do Sul, Sertão Santana, Tabaí, Tapes, Taquari, Tavares, Terra de Areia, Torres, Tramandaí, Três Cachoeiras, Três Forquilhas, Triunfo, Viamão e Xangri-lá, todos do Estado do Rio Grande do Sul
Período de vigência	A decisão produz efeitos em benefícios de prestação continuada com Data de Entrada de Requerimento-DER a partir de 16 de dezembro de 2010. Em relação à pessoa idosa, a partir de 2.6.2011, em razão do Recurso Especial nº 1.182.279-RS, na avaliação da renda per capita familiar nos requerimentos de benefício assistencial da assistência social à pessoa idosa (espécie 88) deverá ser excluído apenas o(s) benefício(s) da espécie 88 concedido(s) a outro(s) idoso(s) do mesmo grupo familiar. Em 24 de março de 2021, os efeitos foram revogados por meio da Portaria PRES/INSS nº 1.282, de 22 de março de 2021.
Comprovação de Endereço	Será exigida a apresentação de documento de comprovação de endereço
Aplicabilidade	1. Para atendimento aos critérios previstos nesta Ação Civil Pública, considera-se: c) idoso o membro do grupo familiar com idade igual ou superior a 60 (sessenta) anos, titular de qualquer benefício de prestação continuada (assistencial) ou previdenciário de valor mínimo e, d) pessoa com deficiência o membro do grupo, assim declarado, após avaliação médico-pericial, recebedor de benefício de valor mínimo. 2. Para o integrante do grupo familiar que seja titular dos benefícios abaixo relacionados, desde que estejam ativos, não será necessária a realização de nova avaliação médico-pericial para a comprovação da condição de pessoa com deficiência. e) benefício de prestação continuada à pessoa com deficiência; f) benefício previdenciário de aposentadoria por tempo de contribuição à pessoa com deficiência; g) Benefício de aposentadoria por idade da pessoa com deficiência; ou h) Benefício de aposentadoria por incapacidade permanente. 2.1. Nos casos não enquadrados no item 2, informado o grupo familiar pelo requerente do BPC e declarada a existência de integrante com deficiência que possua benefício previdenciário de valor mínimo, deverá ser agendada a avaliação médico-pericial. 3. Os membros do grupo familiar titulares de benefício por incapacidade temporária (espécies 31 e 91) e indicados na forma descrita no item 2.1 deverão ser submetidos a avaliação médico-pericial, dada a natureza temporária do benefício. Após avaliação pericial não será necessária a realização de avaliação social. 4. A comprovação da deficiência dos integrantes do grupo familiar com vistas a atender o disposto na decisão judicial, visto não se tratar de qualificação do grau de impedimento de longo prazo, visando tão somente apurar a existência da deficiência ou não do membro do grupo, dar-se-á por meio do formulário contido no Anexo I, da Portaria Conjunta nº 2 MDS/INSS, de 30/03/2015, de acordo com os conceitos definidos no Decreto nº 3.289/1999, e alterações posteriores. 5. Face decisão proferida em razão do Recurso Especial 1.182.279/RS, que analisou a tutela antecipada proferida nos autos da Ação Civil Pública nº 2005.71.00045257-0/RS, dando provimento parcial ao recurso para "excluir do cômputo da renda mensal per capita familiar apenas o benefício assistencial de que trata o art. 34 da Lei nº 10.741/2003, mantendo, no mais, o acórdão recorrido", com relação às orientações emitidas no Memorando-Circular Conjunto nº 11 DIRBEN/DIRSAT/INSS, de 4 de abril de 2011, deverão ser observados os procedimentos definidos a seguir: a) na avaliação da renda per capita familiar nos requerimentos de benefício assistencial da assistência social à pessoa idosa (espécie 88) deverá ser excluído apenas o(s) benefício(s) da espécie 88 concedido(s) a outro(s) idoso(s) do mesmo grupo familiar. Os demais benefícios assistenciais e previdenciários concedidos a outros membros do grupo familiar voltam a entrar no cálculo da renda per capita familiar, conforme procedimento já adotado na análise dos requerimentos de BPC; b) a determinação judicial proferida no Recurso Especial produz efeitos a partir 2.6.2011, data da intimação da Previdência Social. A decisão do Tribunal de origem, reformada pelo Recurso, vigorou no período de 16.12.2010 até 1º.6.2011, sendo que os requerimentos efetuados neste período deverão observar as orientações constantes no Memorando-Circular nº 11 DIRBEN/DIRSAT/INSS, de 2011, cuja vigência passa a se restringir ao período referido. 6. Devem ser revistos os benefícios indeferidos a partir 16.12.2010, onde o motivo de indeferimento tenha sido a renda familiar superior a ¼ do salário-mínimo, quando tenha sido computada a renda de até um salário-mínimo percebida por outro membro do grupo familiar idoso ou deficiente a título de benefício assistencial ou previdenciário. 7. O benefício de prestação continuada ou o benefício previdenciário no valor de até 1 (um) salário-mínimo concedido a idoso acima de 65 (sessenta e cinco) anos de idade ou pessoa com deficiência não será computado, para fins de concessão do benefício de prestação continuada a outro idoso ou pessoa com deficiência da mesma família, no cálculo da renda e já são excluídos automaticamente do cálculo, desde 02 de abril de 2020 conforme alteração na Lei Orgânica da Assistência Social promovida pela Lei nº 13.982, de 2020.

SEÇÃO XXII - AÇÃO CIVIL PÚBLICA Nº 0000003-61.2010.4.04.7111 OU 5001411-31.2012.4.04.7111 SANTA CRUZ DO SUL/RS - REVOGADA

Assunto: Benefício de Prestação Continuada - BPC. Cálculo da Renda per capita familiar. Desconsiderar na análise dos requerimentos de benefício de prestação continuada devido à pessoa com deficiência e ao idoso, os valores percebidos por outro membro da família, idoso (maior de 65 anos) ou pessoa com deficiência, decorrentes de qualquer benefício de prestação continuada ou previdenciário de até um salário-mínimo.

Decisão Judicial	A decisão judicial determina ao INSS que desconsidere na apreciação de requerimentos de Benefícios de Prestação Continuada da Assistência Social-BPC formulados por pessoa idosa ou pessoa com deficiência, para fins de aferição da renda per capita a que se refere o art. 20 da Lei 8.742/93, qualquer benefício assistencial percebido por familiar idoso ou pessoa com deficiência, ou ainda qualquer benefício previdenciário de valor mínimo recebido por familiar idoso ou pessoa com deficiência, na Subseção Judiciária de Santa Cruz do Sul/RS
Abrangência	É restrita aos segurados residentes nos municípios relacionados a seguir, prevalecendo o CEP de residência do requerente do benefício assistencial para aplicação do critério definido na determinação judicial: Candelária, Gramado Xavier, Herveira, Mato Leitão, Pantano Grande, Passo do Sobrado, Rio Pardo, Santa Cruz do Sul, Sinimbu, Vale do Sol, Vale Verde, Venâncio Aires e Vera Cruz, todos do Estado do Rio Grande do Sul

Período de vigência	A decisão produz efeitos em benefícios de prestação continuada com Data de Entrada de Requerimento-DER a partir de 1º de julho de 2010. Em 24 de março de 2021, os efeitos foram revogados por meio da Portaria PRES/INSS nº 1.282, de 22 de março de 2021
Comprovação de Endereço	Será exigida a apresentação de documento de comprovação de endereço
Aplicabilidade	1. Para atendimento aos critérios previstos nesta Ação Civil Pública, considera-se: a) idoso o membro do grupo familiar com idade igual ou superior a 65 (sessenta e cinco) anos, titular de qualquer benefício de prestação continuada (assistencial) ou previdenciário de valor mínimo e, b) pessoa com deficiência o membro do grupo, assim declarado, após avaliação médico-pericial, recebedor de benefício de valor mínimo. 2. Para o integrante do grupo familiar que seja titular dos benefícios abaixo relacionados, desde que estejam ativos, não será necessária a realização de nova avaliação médico-pericial para a comprovação da condição de pessoa com deficiência. a) benefício de prestação continuada à pessoa com deficiência; b) benefício previdenciário de aposentadoria por tempo de contribuição à pessoa com deficiência; c) Benefício de aposentadoria por idade da pessoa com deficiência; ou d) Benefício de aposentadoria por incapacidade permanente. 2.1. Nos casos não enquadrados no item 2, informado o grupo familiar pelo requerente do BPC e declarada a existência de integrante com deficiência que possua benefício previdenciário de valor mínimo, deverá ser agendada a avaliação médico-pericial. 3. Os membros do grupo familiar titulares de benefício por incapacidade temporária (espécies 31 e 91) e indicados na forma descrita no item 2.1 deverão ser submetidos a avaliação médico-pericial, dada a natureza temporária do benefício. Após avaliação pericial não será necessária a realização de avaliação social. 4. A comprovação da deficiência dos integrantes do grupo familiar com vistas a atender o disposto na decisão judicial, visto não se tratar de qualificação do grau de impedimento de longo prazo, visando tão somente apurar a existência da deficiência ou não do membro do grupo, dar-se-á por meio do formulário contido no Anexo I, da Portaria Conjunta nº 2 MDS/INSS, de 30/03/2015, de acordo com os conceitos definidos no Decreto nº 3.289/1999, e alterações posteriores. 5. Devem ser revistos os benefícios indeferidos a partir 1º.7.2010, onde o motivo de indeferimento tenha sido a renda familiar superior a ¼ do salário-mínimo, quando tenha sido computada a renda de até um salário-mínimo percebida por outro membro do grupo familiar idoso ou pessoa com deficiência a título de benefício assistencial ou previdenciário. 6. O benefício de prestação continuada ou o benefício previdenciário no valor de até 1 (um) salário-mínimo concedido a idoso acima de 65 (sessenta e cinco) anos de idade ou pessoa com deficiência não será computado, para fins de concessão do benefício de prestação continuada a outro idoso ou pessoa com deficiência da mesma família, no cálculo da renda e já são excluídos automaticamente do cálculo, desde 02 de abril de 2020 conforme alteração na Lei Orgânica da Assistência Social promovida pela Lei nº 13.982, de 2020.

SEÇÃO XXIII - AÇÃO CIVIL PÚBLICA Nº 2007.71.02.000569-5 OU 0000569-42.2007.4.04.7102 SANTA MARIA/RS - REVOGADA

Assunto: Benefício de Prestação Continuada - BPC. Cálculo da Renda per capita familiar. Desconsiderar na análise dos requerimentos de benefício de prestação continuada os valores recebidos a título de benefício assistencial recebido pelo membro do grupo familiar pessoa com deficiência e os valores recebidos a título de benefício previdenciário de valor de até 1 (um) salário-mínimo recebidos por membro do grupo familiar com idade igual ou superior a 65 anos.

Decisão Judicial	A decisão judicial determina ao INSS que desconsidere na apreciação de requerimentos de Benefícios de Prestação Continuada da Assistência Social-BPC os valores recebidos a título de benefício assistencial recebido pelo membro do grupo familiar pessoa com deficiência e os valores recebidos a título de benefício previdenciário de valor de até 1 (um) salário-mínimo recebidos por membro do grupo familiar com idade igual ou superior a 65 anos, na Subseção Judiciária de Santa Maria/RS.
Abrangência	É restrita aos municípios de residência: Agudo, Dilermando de Aguiar, Dona Francisca, Faxinal do soturno, Formigueiro, Itaara, Ivorá, Jari, Julio de Castilhos, Mata, Nova Palma, Pinhal Grande, Quevedos, Restinga Seca, Santa Margarida do Sul, Santa Maria, São João do Polesini, São Martinho da Serra, São Pedro do Sul, São Sepé, Silveira martins, Toropi, Vila Nova do Sul, todos do Estado do Rio Grande do Sul
Período de vigência	A decisão produz efeitos em benefícios de prestação continuada com Data de Início de Benefício - DIB a partir de 20 de agosto de 2007. Em 24 de março de 2021, os efeitos foram revogados por meio da Portaria PRES/INSS nº 1.282, de 22 de março de 2021.
Comprovação de Endereço	Será exigida a apresentação de documento de comprovação de endereço
Aplicabilidade	1. Para atendimento aos critérios previstos nesta Ação Civil Pública, deverão ser observados os seguintes critérios: a) Serão desprezados, no cálculo da renda per capita, os valores recebidos a título de benefício assistencial recebido pelo membro do grupo familiar pessoa com deficiência; e b) Serão também desprezados os valores recebidos a título de benefício previdenciário de valor de até 1 (um) salário--mínimo recebidos por membro do grupo familiar com idade igual ou superior a 65 anos. 2. O benefício de prestação continuada ou o benefício previdenciário no valor de até 1 (um) salário-mínimo concedido a idoso acima de 65 (sessenta e cinco) anos de idade ou pessoa com deficiência não será computado, para fins de concessão do benefício de prestação continuada a outro idoso ou pessoa com deficiência da mesma família, no cálculo da renda e já são excluídos automaticamente do cálculo, desde 02 de abril de 2020 conforme alteração na Lei Orgânica da Assistência Social promovida pela Lei nº 13.982, de 2020.

SEÇÃO XXIV - AÇÃO CIVIL PÚBLICA N° 2007.71.19.000090-8 OU 0000090-95.2007.4.04.7119 CACHOEIRA DO SUL/RS - REVOGADA

Assunto: Benefício de Prestação Continuada - BPC. Cálculo da Renda per capita familiar. Desconsiderar na análise dos requerimentos de benefício de prestação continuada devido à pessoa com deficiência e ao idoso, os valores percebidos por outro membro da família, idoso (maior de 65 anos) ou pessoa com deficiência, decorrentes de qualquer benefício de prestação continuada ou previdenciário de até um salário-mínimo.

Decisão Judicial	Seja excluído do cálculo da renda per capita o benefício de prestação continuada (B-87 ou 88) ou benefício previdenciário no valor de um salário-mínimo, percebido por integrante do grupo familiar idoso (maior de 65 anos) ou pessoa com deficiência, em âmbito territorial da Subseção Judiciária de Cachoeira do Sul/RS.
Abrangência	É restrita aos municípios de residência: Arroio do Tigre, Cachoeira do Sul, Caçapava do Sul, Cerro Branco, Encruzilhada do Sul, Ibarama, Lagoa Bonita do Sul, Novo Cabrais, Paraíso do Sul, Passa Sete, Segredo e Sobradinho, todos do Estado do Rio Grande do Sul
Período de vigência	A decisão produz efeitos em benefícios de prestação continuada com Data de Início de Benefício - DIB a partir de 28 de março de 2007. Em 24 de março de 2021, os efeitos foram revogados por meio da Portaria PRES/INSS nº 1.282, de 22 de março de 2021.
Comprovação de Endereço	Será exigida a apresentação de documento de comprovação de endereço
Aplicabilidade	1. Para atendimento aos critérios previstos nesta Ação Civil Pública, deverão ser observados os seguintes critérios: a) efetuar a exclusão, no cálculo da renda per capita familiar, da renda proveniente de benefício assistencial recebido por pessoa idosa, com mais de 65 anos, (B88) ou por pessoa com deficiência (B87) integrante do grupo familiar; b) efetuar a exclusão, no cálculo da renda per capita familiar, da renda proveniente de benefício previdenciário recebido por membro do grupo familiar com idade igual ou superior a 65 (sessenta e cinco) anos, titular de qualquer benefício previdenciário de renda mínima; c) efetuar a exclusão, no cálculo da renda per capita familiar, da renda proveniente de benefício previdenciário recebido por membro do grupo familiar com deficiência, titular de qualquer benefício previdenciário, de valor de renda mínima. 2. O benefício de prestação continuada ou o benefício previdenciário no valor de até 1 (um) salário-mínimo concedido a idoso acima de 65 (sessenta e cinco) anos de idade ou pessoa com deficiência não será computado, para fins de concessão do benefício de prestação continuada a outro idoso ou pessoa com deficiência da mesma família, no cálculo da renda e já são excluídos automaticamente do cálculo, desde 02 de abril de 2020 conforme alteração na Lei Orgânica da Assistência Social promovida pela Lei nº 13.982, de 2020.

SEÇÃO XXV - AÇÃO CIVIL PÚBLICA N° 2007.72.01.004778-6 OU 0004778-48.2007.4.04.7201 JOINVILLE/SC - REVOGADA

Assunto: Benefício de Prestação Continuada - BPC. Cálculo da Renda per capita familiar. Desconsiderar na análise dos requerimentos de benefício de prestação continuada devido à pessoa com deficiência e ao idoso, os valores percebidos por outro membro da família, idoso (maior de 65 anos) ou pessoa com deficiência, decorrentes de qualquer benefício de prestação continuada ou previdenciário de até um salário-mínimo.

Decisão Judicial	Seja excluído do cálculo da renda per capita o benefício de prestação continuada (B-87 ou 88) ou benefício previdenciário no valor de um salário-mínimo, percebido por integrante do grupo familiar idoso (maior de 65 anos) ou pessoa com deficiência, em âmbito territorial da Subseção Judiciária de Joinville/SC.
Abrangência	É restrita aos municípios de residência: Araquari, Balneário Barra do Sul, Barra Velha, Campo Alegre, Garuva, Itapoá, Joinville, São Francisco do Sul e São João do Itaperiú, todos do Estado de Santa Catarina.
Período de vigência	A decisão produz efeitos em benefícios de prestação continuada com Data de Entrada de Requerimento-DER a partir de 14 de novembro de 2008. Em 24 de março de 2021, os efeitos foram revogados por meio da Portaria PRES/INSS nº 1.282, de 22 de março de 2021.
Comprovação de Endereço	Será exigida a apresentação de documento de comprovação de endereço
Aplicabilidade	1. Para atendimento aos critérios previstos nesta Ação Civil Pública, deverão ser observados os seguintes critérios: a) efetuar a exclusão, no cálculo da renda per capita familiar, da renda proveniente de benefício assistencial recebido por pessoa idosa, com mais de 65 anos, (B88) ou por pessoa com deficiência (B87) integrante do grupo familiar; b) efetuar a exclusão, no cálculo da renda per capita familiar, da renda proveniente de benefício previdenciário recebido por membro do grupo familiar com idade igual ou superior a 65 (sessenta e cinco) anos, titular de qualquer benefício previdenciário de renda mínima; c) efetuar a exclusão, no cálculo da renda per capita familiar, da renda proveniente de benefício previdenciário recebido por membro do grupo familiar com deficiência, titular de qualquer benefício previdenciário, de valor de renda mínima. 2. O benefício de prestação continuada ou o benefício previdenciário no valor de até 1 (um) salário-mínimo concedido a idoso acima de 65 (sessenta e cinco) anos de idade ou pessoa com deficiência não será computada, para fins de concessão do benefício de prestação continuada a outro idoso ou pessoa com deficiência da mesma família, no cálculo da renda e já são excluídos automaticamente do cálculo, desde 02 de abril de 2020 conforme alteração na Lei Orgânica da Assistência Social promovida pela Lei nº 13.982, de 2020.

SEÇÃO XXVI - AÇÃO CIVIL PÚBLICA N° 2007.71.14.000380-0 OU 0000380-28.2007.4.04.7114 LAJEADO/RS - REVOGADA

Assunto: Benefício de Prestação Continuada - BPC. Cálculo da Renda per capita familiar. Desconsiderar na análise dos requerimentos de benefício de prestação continuada devido à pessoa com deficiência e ao idoso, os valores percebidos por outro membro da família, idoso (maior de 65 anos) ou pessoa com deficiência, decorrentes de qualquer benefício de prestação continuada ou previdenciário de até um salário-mínimo.

Decisão Judicial	Desconsiderar renda proveniente de benefícios previdenciários ou assistenciais de valor igual ou inferior ao salário--mínimo recebidos por idoso ou pessoa com deficiência na apuração da renda familiar do requerente de BPC/LOAS, em âmbito territorial da Subseção Judiciária de Lajeado/RS.

Abrangência	É restrita aos residentes nos municípios abrangidos pelas APS listadas da Subseção Judiciária de Lajeado-RS e requeridos nas seguintes Agências da Previdência Social: APS LAJEADO (código 19.024.050), APS ESTRELA (código 19.024.040), APS de ENCANTADO (código 19.024.030), todos do Estado do Rio Grande do Sul.
Período de vigência	A decisão produz efeitos em benefícios de prestação continuada com Data de Entrada de Requerimento-DER a partir de 13 de abril de 2007. Em 24 de março de 2021, os efeitos foram revogados por meio da Portaria PRES/INSS nº 1.282, de 22 de março de 2021.
Comprovação de Endereço	Será exigida a apresentação de documento de comprovação de endereço
Aplicabilidade	1. Para atendimento aos critérios previstos nesta Ação Civil Pública, deverão ser observados os seguintes critérios: a) efetuar a exclusão, no cálculo da renda per capita familiar, da renda proveniente de benefício assistencial recebido por pessoa idosa, com mais de 65 anos, (B88) ou por pessoa com deficiência (B87) integrante do grupo familiar; b) efetuar a exclusão, no cálculo da renda per capita familiar, da renda proveniente de benefício previdenciário recebido por membro do grupo familiar com idade igual ou superior a 65 (sessenta e cinco) anos, titular de qualquer benefício previdenciário de renda mínima; c) efetuar a exclusão, no cálculo da renda per capita familiar, da renda proveniente de benefício previdenciário recebido por membro do grupo familiar com deficiência, titular de qualquer benefício previdenciário, de valor de renda mínima. 2. O benefício de prestação continuada ou o benefício previdenciário no valor de até 1 (um) salário-mínimo concedido a idoso acima de 65 (sessenta e cinco) anos de idade ou pessoa com deficiência não será computado, para fins de concessão do benefício de prestação continuada a outro idoso ou pessoa com deficiência da mesma família, no cálculo da renda e já são excluídos automaticamente do cálculo, desde 02 de abril de 2020 conforme alteração na Lei Orgânica da Assistência Social promovida pela Lei nº 13.982, de 2020.

SEÇÃO XXVII - AÇÃO CIVIL PÚBLICA Nº 5000852-57.2015.4.04.7212 CONCÓRDIA/SC - REVOGADA

Assunto: Benefício de Prestação Continuada - BPC. Cálculo da Renda per capita familiar. Desconsiderar na análise dos requerimentos de benefício de prestação continuada devido à pessoa com deficiência e ao idoso, os valores percebidos por outro membro da família, idoso (maior de 65 anos) ou pessoa com deficiência, decorrentes de qualquer benefício de prestação continuada ou previdenciário de até um salário-mínimo.

Decisão Judicial	Desconsiderar do valor decorrente de qualquer benefício assistencial ou previdenciário de renda mínima percebido por idoso ou por pessoa com deficiência membro do grupo familiar do requerente de BPC, em âmbito territorial da Subseção Judiciária de Concórdia/SC.
Abrangência	A determinação alcança os residentes nos municípios de Alto Bela Vista, Arabutã, Corcórdia, Faxinal do Guedes, Ipira, Ipumirim, Irani, Itá, Jaborá, Lindóia do Sul, Passos Maia, Peritiba, Piratuba, Ponte Serrada, Presidente Castelo Branco, Seara, Vargeão e Xavantina, todos do Estado de Santa Catarina.
Período de vigência	A decisão produz efeitos em benefícios de prestação continuada com Data de Entrada de Requerimento-DER a partir de 1º de junho de 2015. Em 24 de março de 2021, os efeitos foram revogados por meio da Portaria PRES/INSS nº 1.282, de 22 de março de 2021.
Comprovação de Endereço	Será exigida a apresentação de documento de comprovação de endereço
Aplicabilidade	1. Para atendimento aos critérios previstos nesta Ação Civil Pública, considera-se: a) idoso o membro do grupo familiar com idade igual ou superior a 65 (sessenta e cinco) anos, titular de qualquer benefício de prestação continuada (assistencial) ou previdenciário de valor mínimo e, b) pessoa com deficiência o membro do grupo, assim declarado, após avaliação médico-pericial, recebedor de benefício de valor mínimo. 2. Para o integrante do grupo familiar que seja titular dos benefícios abaixo relacionados, desde que estejam ativos, não será necessária a realização de nova avaliação médico-pericial para a comprovação da condição de pessoa com deficiência. a) benefício de prestação continuada à pessoa com deficiência; b) benefício previdenciário de aposentadoria por tempo de contribuição à pessoa com deficiência; c) Benefício de aposentadoria por idade da pessoa com deficiência; ou d) Benefício de aposentadoria por incapacidade permanente. 2.1. Nos casos não enquadrados no item 2, informado o grupo familiar pelo requerente do BPC e declarada a existência de integrante com deficiência que possua benefício previdenciário de valor mínimo, deverá ser agendada a avaliação médico-pericial. 3. Os membros do grupo familiar titulares de benefício por incapacidade temporária (espécies 31 e 91) e indicados na forma descrita no item 2.1 deverão ser submetidos a avaliação médico-pericial, dada a natureza temporária do benefício. Após avaliação pericial não será necessária a realização de avaliação social. 4. Também o benefício de valor mínimo pago por Regime Próprio de Previdência Social-RPPS a outro membro do grupo familiar deverá ser excluído do cálculo da renda per capita familiar. 5. A comprovação da deficiência dos integrantes do grupo familiar com vistas a atender o disposto na decisão judicial, visto não se tratar de qualificação do grau de impedimento de longo prazo, visando tão somente apurar a existência da deficiência ou não do membro do grupo, dar-se-á por meio do formulário contido no Anexo I, da Portaria Conjunta nº 2 MDS/INSS, de 30/03/2015, de acordo com os conceitos definidos no Decreto nº 3.289/1999, e alterações posteriores. 6. Para as pessoas com deficiência residentes nos municípios de Alto Bela Vista, Arabutã, Corcórdia, Ipira, Ipumirim, Irani, Jaborá, Lindóia do Sul, Passos Maia, Peritiba, Piratuba, Ponte Serrada, Presidente Castelo Branco e Vargeão, se após a exclusão dos valores na forma orientada acima a renda familiar per capita ainda superar ¼ (um quarto) do salário mínimo, deverão ser aplicados os procedimentos definidos na Seção XII, tendo em vista que os residentes nestas localidades também estão alcançados pela decisão judicial proferida na Ação Civil Pública nº 2001.72.03.001315-9 Joaçaba/SC. 7. O benefício de prestação continuada ou o benefício previdenciário no valor de até 1 (um) salário-mínimo concedido a idoso acima de 65 (sessenta e cinco) anos de idade ou pessoa com deficiência não será computado, para fins de concessão do benefício de prestação continuada a outro idoso ou pessoa com deficiência da mesma família, no cálculo da renda e já são excluídos automaticamente do cálculo, desde 02 de abril de 2020 conforme alteração na Lei Orgânica da Assistência Social promovida pela Lei nº 13.982, de 2020.

SEÇÃO XXVIII - AÇÃO CIVIL PÚBLICA Nº 0004265-82.2016.4.03.6105 OU 5006707-62.2018.4.03.6105 CAMPINAS/SP - REVOGADA

Assunto: Benefício de Prestação Continuada - BPC. Cálculo da Renda per capita familiar. Desconsiderar na análise dos requerimentos de benefício de prestação continuada devido à pessoa com deficiência e ao idoso, os valores percebidos por outro membro da família, idoso (maior de 65 anos) ou pessoa com deficiência, decorrentes de qualquer benefício de prestação continuada ou previdenciário de até um salário-mínimo.

Decisão Judicial	Determinar ao INSS que, na análise de pedidos de benefício assistencial (B87 e B88), exclua do cálculo da renda familiar o benefício previdenciário e assistencial no valor de salário mínimo, recebido por outro membro do grupo familiar, idoso ou deficiente., em âmbito territorial da Subseção Judiciária de Campinas/SP.
Abrangência	A determinação alcança os residentes nos municípios de Amparo, Campinas, Capivari, Elias Fausto, Holambra, Hortolândia, Indaiatuba, Itatiba, Jaguariúna, Jarinu, Mombuca, Monte Mor, Morungaba, Paulínia, Pedreira, Rafard, Santo Antônio de Posse, Sumaré, Valinhos e Vinhedo, todos do Estado de São Paulo, todos do Estado de São Paulo.
Período de vigência	A decisão produz efeitos em benefícios de prestação continuada com Data de Entrada de Requerimento-DER a partir de 8 de abril de 2016. Em 24 de março de 2021, os efeitos foram revogados por meio da Portaria PRES/INSS nº 1.282, de 22 de março de 2021.
Comprovação de Endereço	Será exigida a apresentação de documento de comprovação de endereço
Aplicabilidade	1. Para atendimento aos critérios previstos nesta Ação Civil Pública, considera-se: a) idoso o membro do grupo familiar com idade igual ou superior a 65 (sessenta e cinco) anos, titular de qualquer benefício de prestação continuada (assistencial) ou previdenciário de valor mínimo e, b) pessoa com deficiência o membro do grupo familiar que comprovar a sua deficiência com impedimento de longo prazo, recebedor de benefício de valor mínimo. 2. Para o integrante do grupo familiar que seja titular dos benefícios abaixo relacionados, desde que estejam ativos, não será necessária a realização de nova avaliação médico-pericial para a comprovação da condição de pessoa com deficiência. a) benefício de prestação continuada à pessoa com deficiência; b) benefício previdenciário de aposentadoria por tempo de contribuição à pessoa com deficiência; c) Benefício de aposentadoria por idade da pessoa com deficiência; ou d) Benefício de aposentadoria por incapacidade permanente. 2.1. Nos casos não enquadrados no item 2, informado o grupo familiar pelo requerente do BPC e declarada a existência de integrante com deficiência que possua benefício previdenciário de valor mínimo, deverá ser agendada a avaliação médico-pericial. 3. Os membros do grupo familiar titulares de benefício por incapacidade temporária (espécies 31 e 91) e indicados na forma descrita no item 2.1 deverão ser submetidos a avaliação médico-pericial, dada a natureza temporária do benefício. 4. A comprovação da deficiência será na forma do Instrumento de Funcionalidade Brasileiro para Avaliação da Aposentadoria à Pessoa com Deficiência (IFBR-A), por meio do formulário anexo à Portaria Interministerial nº 01, de 27 de janeiro de 2014. 5. O benefício de prestação continuada ou o benefício previdenciário no valor de até 1 (um) salário-mínimo concedido a idoso acima de 65 (sessenta e cinco) anos de idade ou pessoa com deficiência não será computado, para fins de concessão do benefício de prestação continuada a outro idoso ou pessoa com deficiência da mesma família, no cálculo da renda e já são excluídos automaticamente do cálculo, desde 02 de abril de 2020 conforme alteração na Lei Orgânica da Assistência Social promovida pela Lei nº 13.982, de 2020.

SEÇÃO XXIX - AÇÃO CIVIL PÚBLICA Nº 0011259-41.2007.4.03.6106 OU 2007.61.06.011259-8 SÃO JOSÉ DO RIO PRETO/SP - REVOGADA

Assunto: Benefício de Prestação Continuada - BPC. Cálculo da Renda per capita familiar. Desconsiderar do valor decorrente de qualquer benefício assistencial ou previdenciário de renda mínima percebido por idoso com mais de 65 anos membro do grupo familiar do requerente de BPC.

Decisão Judicial	Determinar que o INSS passe a excluir da renda familiar per capita o benefício previdenciário ou assistencial recebido por outro membro do grupo com mais de 65 anos. Dessa forma, o membro do grupo familiar com deficiência que perceba benefício de valor igual ao salário mínimo, somente poderá ser excluído se possuir mais de 65 anos, em âmbito territorial da Subseção Judiciária de São José do Rio Preto/SP.
Abrangência	A determinação alcança os residentes nos municípios de Adolfo, Altair, Álvares Florence, Américo de Campos, Bady Bassit, Bálsamo, Cardoso, Cedral, Cosmorama, Floreal, Guapiaçu, Guaraci, Icém, Ipiguá, Irapuã, Jaci, José Bonifácio, Macaubal, Magda, Mendonça, Mirassol, Mirassolândia, Monte Aprazível, Neves Paulista, Nhandeara, Nipoã, Nova Aliança, Nova Granada, Novo Horizonte, Olímpia, Onda Verde, Orindiúva, Palestina, Parisi, Paulo de Faria, Planalto, Poloni, Pontes Gestal, Potirendaba, Riolândia, Sales, São José do Rio Preto, Sebastianópolis do Sul, Severínia, Tanabi, Ubarana, Uchoa, União Paulista, Urupês, Valentim Gentil e Votuporanga, todos do Estado de São Paulo.
Período de vigência	A decisão produz efeitos em benefícios de prestação continuada com Data de Entrada de Requerimento-DER a partir de 8 de outubro de 2012. Em 24 de março de 2021, os efeitos foram revogados por meio da Portaria PRES/INSS nº 1.282, de 22 de março de 2021.
Comprovação de Endereço	Será exigida a apresentação de documento de comprovação de endereço
Aplicabilidade	1. Para atendimento aos critérios previstos nesta Ação Civil Pública, considera-se: a) idoso o membro do grupo familiar com mais de 65 (sessenta e cinco) anos, titular de qualquer benefício de prestação continuada (assistencial) ou previdenciário de valor mínimo e, b) pessoa com deficiência o membro do grupo, recebedor de benefício de valor mínimo, também com mais de 65 (sessenta e cinco) anos. 2. Também o benefício no valor de até um salário-mínimo pago por Regime Próprio de Previdência Social-RPPS a outro membro do grupo familiar maior de sessenta e cinco anos de idade, deverá ser excluído do cálculo da renda per capita familiar.

Aplicabilidade	3. O benefício de prestação continuada ou o benefício previdenciário no valor de até 1 (um) salário-mínimo concedido a idoso acima de 65 (sessenta e cinco) anos de idade ou pessoa com deficiência não será computado, para fins de concessão do benefício de prestação continuada a outro idoso ou pessoa com deficiência da mesma família, no cálculo da renda e já são excluídos automaticamente do cálculo, desde 02 de abril de 2020 conforme alteração na Lei Orgânica da Assistência Social promovida pela Lei nº 13.982, de 2020.

SEÇÃO XXX - AÇÃO CIVIL PÚBLICA Nº 1010142-54.2019.4.01.3900 PA - REVOGADA

Assunto: Desconsiderar na análise dos requerimentos de benefício de prestação continuada devido à pessoa com deficiência e ao idoso, os valores percebidos por outro membro da família, idoso (maior de 65 anos) ou pessoa com deficiência, decorrentes de qualquer benefício de prestação continuada ou previdenciário de até um salário-mínimo.

Decisão Judicial	Desconsiderar no cálculo da renda a que se refere o § 3º do art. 20 da Lei 8.742/1993 o benefício de prestação continuada ou benefício previdenciário no valor de até 1 (um) salário-mínimo concedido a idoso acima de 65 (sessenta e cinco) anos de idade ou pessoa com deficiência, em âmbito territorial da Subseção Judiciária do Estado do Pará.
Abrangência	A determinação alcança os residentes nos municípios do Estado do Pará.
Período de vigência	A decisão produz efeitos em benefícios de prestação continuada com Data de Entrada de Requerimento-DER a partir de 1º de outubro de 2003. Em 24 de março de 2021, os efeitos foram revogados por meio da Portaria PRES/INSS nº 1.282, de 22 de março de 2021.
Comprovação de Endereço	Será exigida a apresentação de documento de comprovação de endereço
Aplicabilidade	1. Para atendimento aos critérios previstos nesta Ação Civil Pública, deverão ser observados os seguintes critérios: a) efetuar a exclusão, no cálculo da renda per capita familiar, da renda proveniente de benefício assistencial recebido por pessoa idosa, com mais de 65 anos, (B88) ou por pessoa com deficiência (B87) integrante do grupo familiar; b) efetuar a exclusão, no cálculo da renda per capita familiar, da renda proveniente de benefício previdenciário recebido por membro do grupo familiar com idade igual ou superior a 65 (sessenta e cinco) anos, titular de qualquer benefício previdenciário de renda mínima; c) efetuar a exclusão, no cálculo da renda per capita familiar, da renda proveniente de benefício previdenciário recebido por membro do grupo familiar com deficiência, titular de qualquer benefício previdenciário, de valor de renda mínima. 2. O benefício de prestação continuada ou o benefício previdenciário no valor de até 1 (um) salário-mínimo concedido a idoso acima de 65 (sessenta e cinco) anos de idade ou pessoa com deficiência não será computado, para fins de concessão do benefício de prestação continuada a outro idoso ou pessoa com deficiência da mesma família, no cálculo da renda e já são excluídos automaticamente do cálculo, desde 02 de abril de 2020 conforme alteração na Lei Orgânica da Assistência Social promovida pela Lei nº 13.982, de 2020.

SEÇÃO XXXI - AÇÃO CIVIL PÚBLICA Nº 1006547-02.2018.4.01.3700 MA - REVOGADA

Assunto: Abster de incluir os valores percebidos a título de Benefício Assistencial de Prestação Continuada (BPC/LOAS) no cômputo da renda per capita familiar para fins de concessão de outros benefícios previdenciários e assistenciais.

Decisão Judicial	Não houve decisão a cumprir. Pedido de se abster de incluir os valores percebidos a título de Benefício Assistencial de Prestação Continuada (BPC/LOAS) no cômputo da renda per capita familiar para fins de concessão de outros benefícios previdenciários e assistenciais, em âmbito territorial do Estado do Maranhão.
Abrangência	Estado do Maranhão.
Período de vigência	Não houve decisão a cumprir. Em 24 de março de 2021, os efeitos foram revogados por meio da Portaria PRES/INSS nº 1.282, de 22 de março de 2021.
Aplicabilidade	1. Abster de incluir os valores percebidos a título de Benefício Assistencial de Prestação Continuada (BPC/LOAS) no cômputo da renda per capita familiar para fins de concessão de outros benefícios previdenciários e assistenciais., 2. O benefício de prestação continuada ou o benefício previdenciário no valor de até 1 (um) salário-mínimo concedido a idoso acima de 65 (sessenta e cinco) anos de idade ou pessoa com deficiência não será computado, para fins de concessão do benefício de prestação continuada a outro idoso ou pessoa com deficiência da mesma família, no cálculo da renda e já são excluídos automaticamente do cálculo, desde 02 de abril de 2020, conforme alteração na Lei Orgânica da Assistência Social promovida pela Lei nº 13.982, de 2020.

SEÇÃO XXXII - AÇÃO CIVIL PÚBLICA Nº 2007.30.00.000204-0 AC - REVOGADA

Assunto: Na análise dos requerimentos de benefício de prestação continuada considere, para fins de comprovação da deficiência e como definição da incapacidade para a vida independente, a incapacidade econômica do postulante de prover a própria manutenção por outros meios que não o trabalho, de modo que a capacidade do postulante para praticar os atos da vida cotidiana (banhar-se, comer, vestir-se, caminhar), por si só, não seja determinante para o indeferimento do pedido.

Decisão Judicial	Determina que o INSS, ao apreciar pedidos de concessão de benefício assistencial previsto no art. 20 da LOAS, considere, para fins de comprovação da deficiência e como definição da incapacidade para a vida independente, a incapacidade econômica do postulante de prover a própria manutenção por outros meios que não o trabalho, de modo que a capacidade do postulante para praticar os atos da vida cotidiana (banhar-se, comer, vestir-se, caminhar), por si só, não seja determinante para o indeferimento do pedido.
Abrangência	Nacional
Período de vigência	A decisão produz efeitos a partir de 28 de junho de 2007. Em 28 de fevereiro de 2019, os efeitos foram revogados por meio do Ofício-Circular Conjunto nº 12 DIRBEN/DIRSAT/DIRAT/PFE/INSS, de 28 de fevereiro de 2019.
Comprovação de Endereço	Dispensada

Aplicabilidade	1. Na análise dos requerimentos de benefício de prestação continuada considere, para fins de comprovação da deficiência e como definição da incapacidade para a vida independente, a incapacidade econômica do postulante de prover a própria manutenção por outros meios que não o trabalho, de modo que a capacidade do postulante para praticar os atos da vida cotidiana (banhar-se, comer, vestir-se, caminhar), por si só, não seja determinante para o indeferimento do pedido. a) o conceito de "incapacidade para a vida independente" não está restrito à condição da pessoa com deficiência em conseguir realizar atos da vida cotidiana, tais como: alimentar, higienizar, vestir, locomover, comunicar, etc. A análise deve ser efetuada considerando a estrutura ou função do corpo e o impacto de fatores ambientais ou sociais no entorno em que vive a pessoa, na limitação de atividades e restrição da participação social do requerente; b) a avaliação médica deverá estar fundamentada, primeiro, na caracterização da deficiência, conforme Decreto n° 3.298/99 e suas alterações e, em seguida, na incapacidade do requerente para a vida independente e para o trabalho, na forma da alínea "a", conforme previsto no caput ("O benefício de prestação continuada é a garantia de 1 (um) salário mínimo mensal à pessoa portadora de deficiência e ao idoso com 70 (setenta) anos ou mais e que comprovem não possuir meios de prover a própria manutenção e nem de tê-la provida por sua família") e § 2° ("Para efeito de concessão deste benefício, a pessoa portadora de deficiência é aquela incapacitada para a vida independente e para o trabalho") do art. 20 da Lei n° 8.742/93. 2. No julgamento do recurso de apelação pelo Tribunal Regional Federal da 1ª Região, foi extinta, sem resolução do mérito, a decisão proferida na Ação Civil Pública - ACP n° 2007.30.00.000204-0/AC, ocasionando a perda de seu objeto, sob o fundamento de que a Lei n° 13.146/15 deu nova redação ao § 2° ("Para efeito de concessão do benefício de prestação continuada, considera-se pessoa com deficiência aquela que tem impedimento de longo prazo de natureza física, mental, intelectual ou sensorial, o qual, em interação com uma ou mais barreiras, pode obstruir sua participação plena e efetiva na sociedade em igualdade de condições com as demais pessoas") do art. 20 ("O benefício de prestação continuada é a garantia de um salário-mínimo mensal à pessoa com deficiência e ao idoso com 65 (sessenta e cinco) anos ou mais que comprovem não possuir meios de prover a própria manutenção nem de tê-la provida por sua família") da Lei n° 8.742/93.

SEÇÃO XXXIII - AÇÃO CIVIL PÚBLICA N° 0012938-20.1997.4.04.7005 CASCAVEL/PR - REVOGADA

Assunto: Excluir no cálculo da renda familiar de benefícios previdenciários e assistenciais de renda mínima recebidos por idoso com 65 (sessenta e cinco) anos ou mais, ou em razão de deficiência, independentemente de idade, em âmbito territorial da Circunscrição Judiciária de Cascavel/PR.

Decisão Judicial	Determinar ao Instituto que, para fins de concessão do benefício assistencial (BPC/LOAS), no cálculo da renda familiar per capita, seja excluído o valor auferido por idoso com 65 (sessenta e cinco) anos ou mais a título de benefício assistencial ou previdenciário de renda mínima, bem como o valor auferido a título de benefício previdenciário por incapacidade ou assistencial em razão da deficiência, independentemente da idade, em âmbito territorial da Subseção Judiciária de Cascavel/PR.
Abrangência	A determinação alcança os residentes nos municípios de Ampére, Anahy, Barracão, Boa Esperança do Iguaçu, Boa Vista da Aparecida, Braganey, Cafelândia, Campina da Lagoa, Campo Bonito, Capanema, Capitão Leônidas Marques, Cascavel, Catanduvas, Corbélia, Cruzeiro do Sul, Dois Vizinhos, Enéas Marques, Flor da Serra do Sul, Francisco Beltrão, Guaraniaçu, Ibema, Iguatu, Lindoeste, Maripá, Marmeleiro, Nova Esperança do Sudoeste, Nova Prata do Iguaçu, Ouro Verde do Oeste, Pérola D´Oeste, Pinhal do São Bento, Planalto, Pranchita, Quedas do Iguaçu, Realeza, Renascença, Salgado Filho, Salto do Lontra, Santa Izabel do Oeste, Santa Lúcia, Santa Tereza do Oeste, Santo Antônio do Sudoeste, São João, São Jorge D´Oeste, São Pedro do Iguaçu, Toledo, Três Barras do Paraná, Tupãssi, Ubiratã, Verê e Vitorino, todos do Estado do Paraná.
Período de vigência	A decisão produz efeitos em benefícios de prestação continuada com Data de Entrada de Requerimento-DER a partir de 16 de novembro de 2018. Em 24 de março de 2021, os efeitos foram revogados por meio da Portaria PRES/INSS n° 1.282, de 22 de março de 2021.
Comprovação de Endereço	Será exigida a apresentação de documento de comprovação de endereço
Aplicabilidade	1. Para atendimento aos critérios previstos nesta Ação Civil Pública, considera-se: a) idoso o membro do grupo familiar com idade igual ou superior a 65 (sessenta e cinco) anos, titular de qualquer benefício de prestação continuada (assistencial) ou previdenciário de valor mínimo e, b) pessoa com deficiência o membro do grupo familiar que seja titular de benefício assistencial ao portador de deficiência, bem como de benefício previdenciário de aposentadoria por invalidez, aposentadoria por tempo de contribuição à pessoa portadora de deficiência, de aposentadoria por idade da pessoa com deficiência e da renda mensal vitalícia por invalidez, todos ativos, não sendo necessária a realização de avaliação médico-pericial para a comprovação da condição de pessoa com deficiência. 2. Nos casos não enquadrados no item acima, informado o grupo familiar pelo requerente do BPC e declarada a existência de integrante com deficiência que possua benefício previdenciário de valor mínimo, deverá ser agendada a avaliação médico-pericial. 3. O benefício de valor mínimo pago por Regime Próprio de Previdência Social-RPPS a outro membro do grupo familiar idoso também deverá ser excluído do cálculo da renda per capita familiar. 4. O benefício de prestação continuada ou o benefício previdenciário no valor de até 1 (um) salário-mínimo concedido a idoso acima de 65 (sessenta e cinco) anos de idade ou pessoa com deficiência não será computado, para fins de concessão do benefício de prestação continuada a outro idoso ou pessoa com deficiência da mesma família, no cálculo da renda e já são excluídos automaticamente do cálculo, desde 02 de abril de 2020 conforme alteração na Lei Orgânica da Assistência Social promovida pela Lei n° 13.982, de 2020.

ANEXO VII
AÇÕES CIVIS PÚBLICAS SOBRE CARÊNCIA E QUALIDADE DE SEGURADO

SEÇÃO I - AÇÃO CIVIL PÚBLICA N° 2009.71.00.004103-4/RS - VIGENTE

Assunto: Benefícios previdenciários. Cômputo, para fins de carência, do período em gozo de benefício por incapacidade, inclusive o decorrente de acidente do trabalho, desde que intercalado com períodos de contribuição ou atividade.

Decisão Judicial	Na análise de benefícios previdenciários é devido o cômputo, para fins de carência, do período em gozo de benefício por incapacidade, inclusive o decorrente de acidente do trabalho, desde que intercalado com períodos de contribuição ou atividade
Abrangência e Período de vigência	a) local: requerimentos a partir de 29 de janeiro de 2009 para os residentes nos Estados do Rio Grande do Sul, Santa Catarina e Paraná. A determinação permanece vigente observada a decisão proferida pelo Superior Tribunal de Justiça (STJ) no Recurso Especial (REsp) n° 1.414.439-RS podendo ser aplicada mesmo após a data de 20 de dezembro de 2019 (ACP n° 0216249-77.2017.4.02.5101/RJ - nacional). Revisão dos benefícios indeferidos por falta de período de carência de 29/01/2009 a 21/11/2012. b) nacional: no período compreendido entre 19 de setembro de 2011 a 3 de novembro de 2014, por força da decisão judicial na ACP n° 2009.71.00.004103-4/RS (novo n° 0004103-29.2009.4.04.7100). A decisão abrange também pedidos de revisão de benefícios indeferidos com DER entre 19/9/2011 e 13/5/2012.
Comprovação de Endereço	Será necessária a comprovação de endereço para os residentes nos Estados do Rio Grande do Sul, Santa Catarina e Paraná no período de 29 de janeiro de 2009 a 19 dezembro de 2019 (data anterior à DER dos benefícios abrangidos pela ACP n° 0216249-77.2017.4.02.5101/RJ - nacional), com exceção ao período de abrangência nacional;
Aplicabilidade	a) os períodos de gozo de benefício por incapacidade inclusive os decorrentes de acidente do trabalho, intercalado, concedidos com base em contribuições, na forma do art. 24 da Lei n° 8.213, de 1991, poderão ser computados como carência em benefício que exija carência em contribuições; b) os períodos de benefício por incapacidade, inclusive os decorrentes de acidente do trabalho, intercalado, concedidos com base em exercício de atividade rural, na forma do art. 39, I, da Lei n° 8.213, de 1991, poderão ser computados como carência em benefício que exija carência em meses de atividade rural; e c) os períodos de benefício por incapacidade, inclusive os decorrentes de acidente do trabalho, intercalado, concedidos para o empregado doméstico sem contribuições, com base no art. 36 da Lei n° 8.213, de 1991, poderão ser computados como carência em benefício a ser concedido também com base no referido artigo. d) Necessária a revisão, independentemente de pedido do interessado, dos benefícios indeferidos por falta de período de carência desde o ajuizamento da Ação, 29/01/2009 até 21/11/2012. e) Para as revisões em que o resultado for a concessão dos benefícios, a Data de Início do Pagamento - DIP deverá ser fixada em 17/03/2016. f) Eventuais valores pretéritos, entre a Data de Início do Benefício - DIB e a DIP, deverão ser objeto de execuções judiciais individuais, se for o caso.
Fundamentação complementar a observar	§1° do art. 193, da Instrução Normativa PRES/INSS n° 128, de 28 de março de 2022 e § 1° do art. 89 da Portaria DIRBEN/INSS n° 991, de 28 de março de 2022.

SEÇÃO II - AÇÃO CIVIL PÚBLICA N° 0216249-77.2017.4.02.5101/RJ - VIGENTE E TRANSITADA EM JULGADO

Assunto: Benefícios previdenciários. Cômputo, para fins de carência, do período em gozo de benefício por incapacidade previdenciário intercalado e o período em gozo de benefício por incapacidade acidentário, intercalado ou não.

Decisão Judicial	Na análise de benefícios previdenciários é devido o cômputo, para fins de carência, do período em gozo de benefício por incapacidade previdenciário intercalado e o período em gozo de benefício por incapacidade acidentário, intercalado ou não.
Abrangência e Período de vigência	Nacional: para requerimentos com Data de Entrada do Requerimento-DER a partir de 20 dezembro de 2019
Comprovação de Endereço	A comprovação de endereço fica dispensada
Aplicabilidade	A partir de 25 de maio de 2020, conforme Portaria Conjunta n° 12 DIRBEN/PFE/INSS, de 19 de maio de 2020, até que fosse julgado o recurso interposto pelo INSS e expedido um parecer de força executória definitivo, devia ser cumprida a decisão judicial desta ACP nos moldes da ACP de n° 2009.71.00.004103-4/RS, ou seja, para benefícios requeridos a partir de 20 de dezembro de 2019, computar, para fins de carência, o período em gozo de benefício por incapacidade, inclusive os decorrentes de acidente do trabalho, desde que intercalado com períodos de contribuição ou atividade, seguindo a Seção I deste Anexo, no que coubesse. No entanto, a partir de 26 de junho de 2023, foi emitido novo parecer de força executória, em caráter definitivo, informando sobre o trânsito em julgado da decisão proferida na ACP n° 0216249-77.2017.4.02.5101/RJ, não cabendo mais recurso desta decisão, sendo devido, para os benefícios requeridos a partir de 20 de dezembro de 2019, o cômputo, para fins de carência: a) do período em gozo de benefício por incapacidade previdenciário, desde que seja intercalado com períodos de contribuição ou atividade; e b) dos períodos em gozo de benefício por incapacidade acidentário intercalados ou não intercalados com períodos de contribuição ou atividade.
Fundamentação complementar a observar	§§ 1° e 3°, do art. 193, da Instrução Normativa PRES/INSS n° 128, de 28 de março de 2022 e §§ 1° e 3° do art. 89 da Portaria DIRBEN/INSS n° 991, de 28 de março de 2022.

SEÇÃO III - AÇÃO CIVIL PÚBLICA Nº 0015858-50.2009.4.04.7100/RS - VIGENTE

Assunto: Carência. Empregado Doméstico. Considerar todos os períodos de empregado para fins de carência, independente da comprovação de recolhimento de contribuição e verificação de pagamento em dia.

Decisão Judicial	A decisão proferida determina que o INSS deixe de exigir dos empregados domésticos a comprovação do recolhimento de quaisquer contribuições, para fins de cálculo e concessão de benefícios previdenciários, inclusive para carência, independente de verificação de pagamento em dia.
Abrangência	Restrita aos residentes nos municípios de Alvorada, Arambaré, Arroio dos Ratos, Barão do Triunfo, Barra do Ribeiro, Brochier, Butiá, Camaquã, Capela de Santana, Capivari do Sul, Cerro Grande do Sul, Charqueadas, Chuvisca, Cristal, Dom Feliciano, Eldorado do Sul, Fazenda Vilanova, General Câmara, Guaíba, Harmonia, Marata, Mariana Pimentel, Minas do Leão, Montenegro, Mostardas, Palmares do Sul, Pareci Novo, Paverama, Porto Alegre, Salvador do Sul, São Jeronimo, São Jose do Sul, São Pedro da Serra, Sentinela do Sul, Sertão Santana, Tabaí, Tapes, Taquari, Tavares, Triunfo, Tupandi e Viamão, que compõem a Subseção Judiciária de Porto Alegre.
Período de vigência	A determinação judicial produz efeitos para benefícios com Data de Entrada de Requerimento-DER a partir de 17 de dezembro de 2018.
Comprovação de Endereço	O requerente deverá apresentar comprovante de endereço de uma das cidades abrangidas pela decisão
Aplicabilidade	a) A comprovação do exercício de atividade como empregado doméstico será por meio de documento, observado o disposto no art. 43, do Livro I, de Normas Procedimentais em Matéria de Benefícios que disciplina os procedimentos e rotinas que versam sobre cadastro, administração e retificação de Informações dos Segurados e Beneficiários no âmbito do INSS, aprovado pela Portaria DIRBEN/INSS nº 990, de 28 de março de 2022 e deve ser incluído no Cadastro Nacional de Informações de Segurado CNIS; b) O disposto na decisão judicial deverá ser aplicado a todas as espécies de benefícios nos períodos devidamente comprovados como empregado doméstico até 1º de junho de 2015. c) Os períodos a partir de 2 de junho de 2015 já são considerados para fins de carência sem a necessidade de comprovação dos recolhimentos, face edição da Lei Complementar nº 150, de 1º de junho de 2015. E o Decreto nº 10.410/2020, que alterou o Regulamento da Previdência, aprovado pelo Decreto nº 3.048/1999, já estabelece, de forma administrativa, que para fins de carência, no caso de segurado empregado doméstico, considera-se presumido o recolhimento das contribuições dele descontadas pelo empregador doméstico, a partir da competência junho de 2015.

SEÇÃO IV - AÇÃO CIVIL PÚBLICA Nº 5017267-34.2013.4.04.7100/RS (CUMPRIMENTO PROVISÓRIO Nº 5031617-51.2018.4.04.7100/RS) - VIGENTE E TRANSITADA EM JULGADO

Assunto: Reconhecimento de direitos de benefícios e serviços previdenciários. Trabalho comprovadamente exercido na categoria de segurado obrigatório de qualquer idade, exceto o segurado facultativo. Aceitação dos mesmos meios de prova exigidos para o trabalho exercido com idade permitida.

Decisão Judicial	Determina ao INSS que passe a aceitar, para todos os fins de reconhecimento de direitos de benefícios e serviços previdenciários, de acordo com cada categoria de segurado obrigatório, o trabalho comprovadamente exercido na categoria de segurado obrigatório de qualquer idade, exceto o segurado facultativo, bem como devem ser aceitos os mesmos meios de prova exigidos para o trabalho exercido com idade permitida
Abrangência	Nacional
Período de vigência	Se aplica aos benefícios com Data de Entrada de Requerimento-DER a partir de 19 de outubro de 2018
Comprovação de Endereço	Dispensada a apresentação
Aplicabilidade	a) Para a comprovação do trabalho, devem ser aceitos os mesmos meios de prova e os mesmos requisitos exigidos para o trabalho exercido com a idade legalmente permitida, vigentes. b) O período exercido como segurado obrigatório realizado em idade inferior à mínima permitida deverá ser aceito para todos os fins de reconhecimento de direitos de benefícios e serviços previdenciários, conforme vigência de idade mínima descrita abaixo: - até a data de 14 de março de 1967, aos menores de quatorze anos de idade; - de 15 de março de 1967 a 4 de outubro de 1988, aos menores de doze anos; - a partir de 5 de outubro de 1988 a 15 de dezembro de 1998, aos menores de quatorze anos, exceto para o menor aprendiz, que será permitido ao menor de doze anos; e - a partir de 16 de dezembro de 1998, aos menores de dezesseis anos, salvo para o menor aprendiz, que será admitido ao menor de quatorze anos. c) Para os requerimentos indeferidos, que se enquadrem nos termos desta ACP e que tenham DER a partir de 19 de outubro de 2018, caberá reanálise mediante requerimento de revisão dos interessados.

SEÇÃO V - AÇÃO CIVIL PÚBLICA Nº 5051528-83.2017.4.04.7100 RS - VIGENTE

Assunto: Gestação de alto risco. Benefício por incapacidade temporária às seguradas gestantes. Isenção de carência.

Decisão Judicial	Decisão proferida na Ação Civil Pública nº 505152883.2017.4.04.7100, a qual determina a concessão do benefício por incapacidade temporária às seguradas gestantes que tenham recomendação médica para afastamento do trabalho por mais de 15 (quinze) dias consecutivos em decorrência de gestação de alto risco, ainda que não possua a carência prevista no inciso III, do art. 29 do Regulamento da Previdência Social - RPS, aprovado pelo Decreto nº 3048, de 06 de maio de 1999.
Abrangência	Nacional
Período de vigência	Aplicada a partir 03 de abril de 2019

Comprovação de Endereço	Dispensada
Aplicabilidade	a) Quando da realização da perícia médica, se no laudo médico pericial houver a indicação de gestação de alto risco, de doença pertencente ao Grupo "O" da CID 10, e o tempo de incapacidade seja superior a 15 dias, a necessidade de cumprimento do critério de carência será afastada, nos termos da ACP n° 5051528- 83.2017.4.04.7100. b) Caso algum dos requisitos previstos na decisão judicial não seja atendido, a saber, o tempo de incapacidade não seja superior a 15 dias ou não se tratar de gestação de alto risco, o benefício será processado da forma usual, não considerando os termos da ACP. c) À exceção do critério de carência, as demais regras de reconhecimento do direito estarão mantidas, inclusive as relacionadas à qualidade de segurada na data do início da incapacidade (DII), validação e cálculo do benefício.

SEÇÃO VI - AÇÃO CIVIL PÚBLICA N° 5012756-22.2015.4.04.7100 RS - REVOGADA

Assunto: Análise da incapacidade do instituidor sem qualidade de segurado no fato gerador da pensão por morte.

Decisão Judicial	Determinou ao INSS que deixe de reconhecer a perda da qualidade de segurado, quando devidamente comprovada a incapacidade do segurado na data do óbito ou no período de graça e desde que presentes os demais requisitos legais, para a concessão do benefício de pensão por morte.
Abrangência	Nacional
Período de vigência	Produz efeitos para benefícios de pensão por morte com Data de Entrada de Requerimento-DER a partir de 5 de março de 2015 e abrange os requerimentos de pensão por morte que estejam aguardando a análise, inclusive os pedidos de revisão e de recurso, a partir desta DER. Em 7 de junho de 2023, os efeitos foram revogados pela Portaria Conjunta DIRBEN/PFE/INSS n° 79, de 31 de maio de 2023.
Comprovação de Endereço	Dispensa
Aplicabilidade	1. Para o cumprimento da decisão judicial, quando for verificada a perda da qualidade de segurado do instituidor, na data do óbito, será oportunizado ao requerente, por meio de emissão de exigência, a apresentação de documentos que comprovem uma possível incapacidade que daria direito a um auxílio por incapacidade temporária. 1.1 Caso o requerente, ou seu representante legal, não apresente a documentação acima ou declare não possuir tal documentação, o requerimento de pensão por morte deverá ser analisado nos moldes da legislação vigente. 2. Os dependentes continuam tendo direito à pensão por morte quando: I - o segurado falecido, mesmo tendo perdido a qualidade de segurado, já possuía direito à aposentadoria antes do falecimento; ou II - ficar reconhecido o direito à aposentadoria por incapacidade permanente dentro do período de graça usufruído pelo segurado falecido, conforme o artigo 180 do Regulamento da Previdência Social - RPS, aprovado pelo Decreto n° 3.048, de 6 de maio de 1999. 3. Os demais requisitos para direito ao benefício por incapacidade deverão ser observados, seja de: I - exigência por mais de 15 (quinze) dias consecutivos de incapacidade; II - qualidade de segurado; e III - carência ou isenção de carência, exceto o disposto nos incisos II e III do art. 72 do RPS. 4. Em 7 de junho de 2023, foi revogada a Portaria Conjunta DIRBEN/PFE/INSS n° 60, de 7 de março de 2022, que trata do cumprimento da decisão judicial proferida nesta ACP n° 5012756- 22.2015.4.04.7100/RS pela Portaria Conjunta DIRBEN/PFE/INSS n° 79, de 31 de maio de 2023, e assim, aos novos requerimentos de pensão por morte e aos pendentes de conclusão na data da publicação desta Portaria, deverão ser aplicadas as regras que tratam da perda da qualidade de segurado na data do fato gerador previstas na Lei n° 8.213, de 24 de julho de 1991 e demais normas vigentes. 4.1 Entende-se por requerimento pendente de conclusão aquele que não teve sua decisão de deferimento/indeferimento proferida, independentemente da fase em que se encontra a análise do pedido e ainda que já realizada a avaliação a cargo da Perícia Médica Federal.

ANEXO VIII

AÇÕES CIVIS PÚBLICAS SOBRE CERTIDÃO DE TEMPO DE CONTRIBUIÇÃO

SEÇÃO I - AÇÃO CIVIL PÚBLICA N° 5043552-05.2015.4.04.7000/PR - VIGENTE E TRANSITADA EM JULGADO

Assunto: Emissão de Certidão de Tempo de Contribuição-CTC com tempo especial aos professores da Universidade Federal do Paraná-UFPR, para períodos anteriores a 12 de dezembro de 1990.

Decisão Judicial	Determina ao INSS a emissão de Certidão de Tempo de Contribuição- CTC com conversão de tempo especial, relativa ao período em que os servidores exerceram atividade considerada, por regulamento, como insalubre, perigosa ou penosa, anterior a 12 de dezembro de 1990 e tenha sido desempenhada em órgãos públicos federais vinculados ao Regime Geral de Previdência Social-RGPS. Aplica-se a referida conversão de tempo especial aos professores da UFPR em atividade no dia 28 de julho de 2004, representados pela Associação dos Professores da Universidade Federal do Paraná - APUFPR - Seção Sindical ANDES, substituídos na ação judicial pelo Sindicato Nacional dos Docentes das Instituições de Ensino Superior - ANDES - Sindicato Nacional, que possuam períodos laborados em qualquer órgão público federal, seja como professor ou outro emprego ou cargo público federal, anterior a 12 de dezembro de 1990.
Abrangência	Restrita aos professores da Universidade Federal do Paraná-UFPR residentes em julho/2004 nos municípios de Curitiba, Doutor Ulysses, Adrianópolis, Cerro Azul, Tunas do Paraná, Itaperuçu, Rio Branco do Sul, Bocaiuva do Sul, Campo Magro, Colombo, Campina Grande do Sul, Almirante Tamandaré, Campo Largo, Pinhais, Quatro Barras, Piraquara, Porto Amazonas, Balsa Nova, Araucária, São José dos Pinhais, Fazenda Rio Grande, Contenda, Mandirituba, Lapa, Quitandinha, Campo do Tenente, Tijucas do Sul, Agudos do Sul, Piên e Rio Negro, todos abrangidos pela Vara Federal da Seção Judiciária de Curitiba, do Estado do Paraná.
Período de vigência	A decisão possui vigência para pedidos de Certidão com Data de Entrada do Requerimento-DER a partir de 28 de julho de 2004, desde que estes requerimentos estejam pendentes de apreciação, ou seja, estejam em fase inicial de análise, em revisão ou aguardam decisão recursal;

Comprovação de Endereço	Será exigida a comprovação de endereço em um dos municípios abrangidos pela decisão e ter como data de referência JULHO/2004, data da propositura da ACP
Aplicabilidade	Para fins de aplicação da referida Ação Civil Pública é necessário o atendimento aos critérios a seguir: a) aplica-se a conversão aos períodos laborados em qualquer órgão público federal, seja como professor ou outro emprego ou cargo público federal, anterior a 12 de dezembro de 1990, data da publicação da Lei nº 8.112, de 1990, em que a vinculação ocorreu ao Regime Geral de Previdência Social-RGPS; b) não se considera para fins de conversão, os períodos trabalhados na iniciativa privada; c) para fins de enquadramento da atividade especial (penosa, perigosa ou insalubre) deve se observar os requisitos contidos nos anexos aos Decretos nº 53.831, de 1964 e 83.080, de 1979, sendo que a partir da Emenda Constitucional nº 18, de 30 de junho de 1981, não é permitida a conversão do tempo de exercício de magistério para qualquer espécie de benefício ou em Certidão de Tempo de Contribuição; d) ao requerente, não será exigida a apresentação de laudo técnico, exceto no caso do agente nocivo ruído. Também não será necessária a apresentação de Perfil Profissiográfico Previdenciário - PPP ou qualquer outro formulário previsto no art. 272, da Instrução Normativa PRES/INSS nº 128, de 28 de março de 2022 e) ainda que o período anterior a 12 de dezembro de 1990 tenha sido averbado automaticamente pela UFPR, caberá emissão da Certidão de Tempo de Contribuição pelo INSS, com a respectiva conversão do período, quando for o caso; f) a emissão da Certidão de Tempo de Contribuição com conversão de tempo especial, na forma desta Ação Civil Pública, se estende também aos professores que se desligaram da UFPR após 28 de julho de 2004, sendo permitida a averbação em outro órgão federativo.

SEÇÃO II - AÇÃO ORDINÁRIA Nº 5003417-87.2011.4.04.7000/PR - VIGENTE E TRANSITADA EM JULGADO

Assunto: Decisão proferida na Ação Ordinária nº 5003417-87.2011.404.7000. Emissão de Certidão de Tempo de Contribuição-CTC com tempo exercido em condições especiais, para servidores públicos federais das carreiras da Saúde, Trabalho e Previdência no Estado do Paraná.

Decisão Judicial	Determina a emissão de Certidão de Tempo de Contribuição-CTC, com conversão de tempo exercido em condições especiais, para os servidores que exerceram função pública anterior a 12 de dezembro de 1990 de vinculação ao Regime Geral de Previdência Social RGPS e receberam "adicional de insalubridade". Será admitida a inclusão da conversão de tempo exercido em condições especiais, também, a períodos trabalhados na iniciativa privada anteriormente à admissão no Serviço Público.
Abrangência	Alcança todos os servidores públicos do Ministério da Saúde, Ministério do Trabalho e Ministério da Previdência Social e os servidores do Instituto Nacional do Seguro Social (INSS), da Agência de Vigilância Sanitária (Anvisa) e da Fundação Nacional de Saúde (Funasa), que sejam lotados no Estado do Paraná/PR.
Período de vigência	A decisão possui vigência para requerimentos de Certidão de Tempo de Contribuição-CTC a partir de 05 de setembro de 2013
Comprovação de Endereço	O servidor deverá comprovar o domicílio no âmbito territorial do Estado no Paraná em 22 de novembro de 2014, data do ajuizamento da Ação, bem como na data do requerimento da Certidão, não sendo necessário comprovar filiação ao respectivo sindicato. A comprovação do domicílio se dará com base em documento que ateste o exercício da função no Estado do Paraná, em um dos órgãos governamentais citados na abrangência e nas datas respectivas, considerando o disposto no art. 76 do Código Civil Brasileiro.
Aplicabilidade	1. Aplica-se o disposto na mencionada Ação Ordinária ao servidor abrangido nesta decisão que: a) em 22 de novembro de 2014 era pertencente a um dos órgãos citados na abrangência, ainda que tenha sido cedido a outro ente público federal, estadual, municipal ou distrital, desde que atualmente ainda esteja vinculado àqueles órgãos. b) a emissão da CTC está restrita aos servidores que continuam vinculados aos órgãos de abrangência, para averbação do período nestes, não sendo permitida a emissão da CTC com conversão para averbação em outro ente federativo ou no Regime Geral de Previdência Social-RGPS 2. Para fins de aplicação da decisão, quando tratar-se de período trabalhado: I- No Serviço Público: a) o recebimento de adicional de insalubridade é bastante e suficiente para comprovar o exercício da atividade especial na esfera pública, exercido sob a égide celetista; b) a comprovação do recebimento do adicional de insalubridade pode ser feita por contracheques, fichas financeiras ou declaração emitida pelo órgão público; c) não será exigida a apresentação de laudo técnico, exceto no caso do agente nocivo ruído. Não há necessidade de apresentação do Perfil Profissiográfico Previdenciário - PPP ou qualquer outro formulário previsto no art. 272, da Instrução Normativa PRES/INSS nº 128, de 28 de março de 2022; d) ainda que o período anterior a 12 de dezembro de 1990 tenha sido averbado automaticamente pelo órgão público, caberá a emissão da Certidão de Tempo de Contribuição, pelo INSS, com a respectiva conversão. II - Na iniciativa privada: a) para fins do enquadramento da atividade como especial, na forma do §5º do art. 57 da Lei nº 8.213/91, observar o disposto nos artigos 276 a 302 da Instrução Normativa PRES/INSS nº 128, de 28 de março de 2022. b) a comprovação da atividade especial exercida, será nos moldes dos artigos 268 a 285, da Instrução Normativa PRES/INSS nº 128, de 28 de março de 2022. 3. As Certidões emitidas após 5 de setembro de 2013, sem a conversão prevista nesta decisão ou indeferidas, podem ser revistas a pedido do interessado, observada a prescrição quinquenal a contar dessa data.

SEÇÃO III - AÇÃO DIRETA DE INCONSTITUCIONALIDADE N° 0007362-85.2011.8.04.0000 AM - VIGENTE

Assunto: Ação Direta de Inconstitucionalidade n° 0007362-85.2011.8.04.0000 AM. Servidor contratado para cargo temporário pelo Município de Manaus. Lei Municipal n° 1.197/2007.

Decisão Judicial	O servidor contratado até 31/12/2007 pelo Município de Manaus para função temporária e que foi efetivado por força do contido nos mencionados § 4° do art. 6° da Lei Municipal n° 870/2005, incluído pela Lei Municipal n° 1197/2007 e do art. 9° da Lei Municipal n° 1425/2010, será considerado filiado ao Regime Próprio de Previdência Social-RPPS do Município de Manaus até a competência 07/2015, exceto para os períodos incluídos em parcelamento junto à Secretaria da Receita Federal do Brasil. A partir da competência 08/2015, estes servidores serão filiados ao Regime Geral de Previdência Social-RGPS, com a consequente emissão de Guia de Recolhimento do Fundo de Garantia e Informações à Previdência Social-GFIP pelo Município.
Abrangência	Servidores contratados pelo Município de Manaus para função temporária e que foi efetivado por força do contido nos mencionados § 4° do art. 6° da Lei Municipal n° 870/2005, incluído pela Lei Municipal n° 1.197/2007 e do art. 9° da Lei Municipal n° 1425/2010.
Período de vigência	A partir da competência 08/2015, estes servidores serão filiados ao Regime Geral de Previdência Social-RGPS.
Comprovação de Endereço	O servidor deverá comprovar o domicílio no âmbito territorial do Município de Manaus.
Aplicabilidade	Aplica-se o disposto na mencionada Ação Direta de Inconstitucionalidade ao servidor abrangido nesta decisão que preencherem os requisitos ao benefício a partir de 01/08/2015, devendo apresentar os seguintes documentos: a) contrato de trabalho firmado junto ao ente; e b) Certidão de Tempo de Contribuição-CTC emitida pelo ente, quando for o caso, relativo ao período até 07/2015

SEÇÃO IV - AÇÃO CIVIL PÚBLICA N° 0013483-94.2008.4.03.6112 SP - VIGENTE

Assunto: Ação Civil Pública n° 0013483-94.2008.4.03.6112 SP. Não exigir previamente indenização para o cômputo de tempo de serviço rural anterior à competência novembro de 1991 na emissão de Certidão de Tempo de Contribuição - CTC.

Decisão Judicial	Determina ao INSS a obrigação de não fazer, consistente em não exigir previamente o recolhimento das contribuições previdenciárias e acessórios (indenizações) relativas a períodos anteriores à competência novembro de 1991, para fins de expedição de certidão de tempo de serviço de trabalhador rural.
Abrangência	A abrangência desta ACP é restrita aos segurados que comprovarem que tenham domicílio nos municípios abrangidos pela Subseção Judiciária da Justiça Federal em Presidente Prudente/SP no momento da propositura da ACP, em 23/09/2008, quais sejam: Alfredo Marcondes, Álvares Machado, Anhumas, Caiabu, Caiuá, Emilianópolis, Estrela do Norte, Euclides da Cunha Paulista, Flora Rica, Iepê, Indiana, Irapuru, João Ramalho, Marabá Paulista, Martinópolis, Mirante do Paranapanema, Nantes, Narandiba, Piquerobi, Pirapozinho, Presidente Bernardes, Presidente Epitácio, Presidente Prudente, Presidente Venceslau, Rancharia, Regente Feijó, Ribeirão dos Índios, Rosana, Sandovalina, Santo Anastácio, Santo Expedito, Taciba, Tarabai e Teodoro Sampaio, todos do Estado de São Paulo
Período de vigência	A decisão produz efeitos para emissões de Certidão de Tempo de Contribuição - CTC com Data de Entrada de Requerimento-DER a partir de 23 de setembro de 2008.
Comprovação de Endereço	O requerente deverá apresentar comprovante de endereço de uma das cidades abrangidas pela decisão.
Aplicabilidade	Para cumprimento desta ACP, o tempo de serviço prestado pelo trabalhador rural anteriormente à competência novembro de 1991, para fins de contagem recíproca, poderá ser reconhecido, atendendo os requisitos, sem a obrigação prévia da indenização, quando da emissão de CTC. Para fins de contagem recíproca, não poderá haver o cômputo do tempo de serviço rural anterior a 11/1991 em outro regime sem que haja indenização, podendo se provar a indenização posteriormente à expedição da CTC. Ao INSS é possível atestar a ausência de indenização na emissão da CTC e pode-se negar eventual compensação previdenciária entre os regimes em razão da inexistência da indenização. Aplica-se também esta ACP aos pedidos de revisão de CTC com DER a partir de 23 de setembro de 2008. Será oportunizado ao segurado a possibilidade de indenização prévia para o cômputo do período prestado como trabalhador rural anteriormente à competência novembro de 1991, conforme artigo 96, inciso IV, da Lei n° 8.213/1991, bem como artigo 123 do Decreto n° 3.048/1999; caso não seja efetuada esta indenização, atendendo os requisitos, será emitida a CTC com base na decisão desta ACP. O período prestado como trabalhador rural posteriormente à competência novembro de 1991 seguirá os procedimentos administrativos normais, ou seja, somente com a devida indenização de tempo não contribuído é que terá direito à certificação. O cumprimento desta ACP alcança os processos judiciais ajuizados individualmente em que haja reconhecimento judicial de exercício de atividade como rurícola em período anterior à competência 11/1991, com determinação de expedição de CTC para fins de contagem recíproca de tempo de serviço, e cuja decisão judicial seja omissa em relação à indenização, ou ao momento de sua prova.

SEÇÃO V - AÇÃO CIVIL ORIGINÁRIA N° 1.059 SP OU NÚMERO ÚNICO 0005229-62.2007.0.01.0000 SP - VIGENTE

Assunto: Ação Civil Originária n° 1.059 SP. Regime previdenciário e forma de filiação do professor eventual e dos servidores temporários, admitidos pelo Estado de São Paulo e seus Municípios.

Decisão Judicial	Acordo firmado entre o Estado de São Paulo, a União e o INSS na Ação Civil Originária n° 1.059, homologado por sentença pelo Supremo Tribunal Federal, relativo ao Regime Previdenciário dos servidores admitidos em caráter temporário, com fundamento nos incisos I e II do art. 1° da Lei n° 500, de 1974.
Abrangência	Servidores temporários, admitidos pelo Estado de São Paulo e seus Municípios
Período de vigência	Aplica-se para processos despachados a partir de 18 de fevereiro de 2016, data da publicação do Memorando-Circular Conjunto n° 14 /DIRBEN/PFE/INSS, de 17 de fevereiro de 2016.
Comprovação de Endereço	O servidor deverá comprovar o domicílio no âmbito territorial do Estado de São Paulo.

Aplicabilidade	Em razão do Acordo, conclui-se que: I - os servidores do Estado de São Paulo, ocupantes exclusivamente de cargos em comissão declarados em lei de livre nomeação e exoneração, regidos pela Lei Estadual nº 500, de 1974, são vinculados ao Regime Geral de Previdência Social-RGPS, obrigatoriamente, a partir de 16/12/1998, data da publicação da Emenda Constitucional nº 20/1998, nos termos do § 13, art. 40, da Constituição Federal, fazendo jus a todos os benefícios e serviços, inerentes a esse Regime, previstos na legislação previdenciária. Assim: a) a comprovação da filiação desses servidores obedecerá ao disposto na Portaria Ministerial MPS nº 154, de 15 de maio de 2008, art. 21, sendo certo que eventual inadimplemento do Estado de São Paulo no tocante ao pagamento das contribuições previdenciárias não lhes prejudicará no direito aos benefícios e serviços previstos no RGPS, nos termos do § 5º, art. 33, da Lei nº 8.212/1991; b) os procedimentos de cobrança e fiscalização das contribuições previdenciárias devidas pelo Estado de São Paulo à União, bem como das informações prestadas em Guia de Recolhimento do Fundo de Garantia por Tempo de Serviço e Informações à Previdência Social-GFIP, relativas aos servidores ocupantes, exclusivamente, de cargos em comissão, ficam sob a responsabilidade da Secretaria da Receita Federal do Brasil-RFB, nos termos da Lei nº 11.457/2007; II - os servidores do Estado de São Paulo admitidos em caráter temporário, sejam eles eventuais ou não, para o exercício de funções de natureza permanente, inclusive aqueles contratados para o exercício de magistério, com fundamento nos incisos I e II do art. 1º da Lei nº 500, de 1974, vinculam-se da seguinte forma: a) aqueles que foram contratados até 02 de junho de 2007, data da publicação da Lei Complementar Estadual nº 1.010, de 01 de junho de 2007, foram considerados titulares de cargo efetivo, sendo integrados ao Regime Próprio de Previdência Social - RPPS, de modo que o Estado é responsável por todas as obrigações e direitos inerentes a esses servidores, ainda que decorrentes de ações judiciais passadas, presentes e futuras, sem quaisquer ônus para a União e o INSS; b) àqueles contratados a partir de 03 de junho de 2007, dia imediatamente posterior à entrada em vigor da Lei Complementar Estadual nº 1.010, de 01 de junho de 2007, aplica-se a regra geral, ou seja, tais servidores, sejam eles eventuais ou não, são submetidos ao RGPS; c) relativamente aos servidores contratados na forma da alínea "b", para o exercício do magistério na condição de professores eventuais, quanto à filiação no RGPS, se empregados ou contribuintes individuais, deve ser observada a existência, ou não, de relação de emprego, tomando-se como premissa que o serviço prestado com característica de eventualidade configura a vinculação ao RGPS como contribuinte individual; c.1) entende-se como eventuais os trabalhadores pertencentes ao gênero temporários, ou seja, que exercem atividade por período de curta duração e que não apresentam vinculação permanente com o Estado, sendo a contratação mais precária que a dos temporários propriamente ditos; c.2) para verificar a ocorrência, ou não, da eventualidade, deverão ser observadas as informações constantes na Certidão ou outro documento fornecido pelo Estado ou Município, uma vez que não cabe a este Instituto fiscalizar como se dão as relações de trabalho na prática; c.3) deve-se atentar que a Certidão ou outro documento citado no subitem anterior possui presunção de legitimidade, por ser o órgão dotado de fé pública, podendo essa legitimidade ser investigada somente se for verificada alguma inconsistência que justifique uma confirmação das informações sobre a relação de trabalho; III - os servidores do Estado de São Paulo, ocupantes de cargo efetivo de natureza permanente, não são filiados ao RGPS, não fazendo jus a qualquer benefício e/ou serviço decorrentes desse Regime, previstos na legislação previdenciária. Os servidores temporários dos municípios do Estado de São Paulo, eventuais ou não, por não estarem cobertos pelo Acordo citado, são considerados vinculados ao RGPS, em qualquer período. No entanto, caso se verifique que foi firmado algum acordo entre este Instituto e o Município em questão, dispondo em sentido contrário, deverá ser considerado o que estiver previsto nesse acordo. Com relação à filiação dos servidores municipais ao RGPS, para o exercício do magistério na condição de professores eventuais, se empregados ou contribuintes individuais, aplicam-se os mesmos procedimentos constantes na letra "c", do item II.

SEÇÃO VI - RECURSO ESPECIAL Nº 1.135.162/MG - VIGENTE

Assunto: Recurso Especial nº 1.135.162/MG. Dispõe sobre os critérios para enquadramento no Regime Geral de Previdência Social - RGPS dos servidores do Estado de Minas Gerais em razão de Acordo Judicial.

Decisão Judicial	Dispor sobre os critérios para enquadramento no Regime Geral de Previdência Social - RGPS dos servidores do Estado de Minas Gerais em razão de Acordo Judicial - Recurso Especial nº 1.135.162/MG firmado entre o Estado de Minas Gerais, União e o INSS, publicado no Diário Oficial da União em 20 de agosto de 2010. E a necessidade de atualização automática dos dados cadastrais, vínculos e remunerações no Cadastro Nacional de Informações Sociais - CNIS, para os servidores contemplados pelo Acordo Judicial.
Abrangência	Servidores do Estado de Minas Gerais
Período de vigência	Aplica-se os efeitos desta decisão a partir de 29 de dezembro de 2010, ou seja, na data da publicação da Resolução nº 135/INSS/PRES, de 28 de dezembro de 2010.
Comprovação de Endereço	O servidor deverá comprovar o domicílio no âmbito territorial do Estado de Minas Gerais
Aplicabilidade	Os servidores a seguir listados são contribuintes do Regime Geral de Previdência Social - RGPS, a partir de 16 de dezembro de 1998, data da publicação da Emenda Constitucional nº 20, de 15 de dezembro 1998, responsabilizando-se o INSS por todos os benefícios previdenciários decorrentes da inclusão destes servidores no RGPS: I - o detentor exclusivamente de cargo de provimento em comissão declarado em lei de livre nomeação e exoneração; II - o agente político, ressalvado o exercente de mandato eletivo vinculado ao respectivo regime próprio de previdência social - RPPS; III - os servidores a que se refere a alínea "a" do § 1º do art. 10 da Lei nº 10.254, de 20 de julho de 1990, exceto aqueles admitidos até 31 de dezembro de 2006 e em exercício em 6 de novembro de 2007, ainda que estes mantenham o exercício da atividade, relativa ao mesmo vínculo posteriormente a esta data; IV - os servidores a que se refere a alínea "b" do §1º do art. 10 da Lei nº 10.254, de 1990; e V - o contratado nos termos do art. 11 da Lei nº 10.254, de 1990 e da Lei nº 18.185, de 4 de junho de 2009. Os servidores do Estado de Minas Gerais - incluindo suas Autarquias, Fundações, Ministério Público, Tribunal de Contas do Estado e todos os órgãos dos Poderes Executivo, Legislativo e Judiciário - efetivados nos termos da legislação mineira, especialmente aqueles enquadrados nas situações a seguir citadas, integram o Regime Próprio de Previdência dos Servidores do Estado de Minas Gerais: I - servidores a que se referem os arts. 105 e 106 do Ato das Disposições Transitórias da Constituição do Estado de Minas Gerais; II - servidores a que se referem os arts. 7º e 9º da Lei Complementar Mineira nº 100, de 5 de novembro de 2007, inclusive aqueles que já tenham preenchido todos os requisitos necessários à concessão do benefício até a data da sua publicação, bem como os benefícios dele decorrentes. A comprovação do vínculo e das remunerações dos servidores listados acima será feita mediante apresentação dos formulários, emitidos pela Secretaria de Estado de Planejamento e Gestão - SEPLAG, do Estado de Minas Gerais

SEÇÃO VII - AÇÃO DIRETA DE INCONSTITUCIONALIDADE Nº 4.641/2011 SC - VIGENTE E TRANSITADA EM JULGADO

Assunto: Ação Direta de Inconstitucionalidade nº 4.641/2011 SC. Declaração parcial de inconstitucionalidade da Lei Complementar Estadual nº 412/2008 do Estado de Santa Catarina, que trata dos cartorários extrajudiciais (notários, registradores, oficiais e escreventes juramentados) não remunerados pelos "cofres públicos".

Decisão Judicial	Na Ação Direta de Inconstitucionalidade - ADI 4.621/SC foi reconhecida parcialmente a inconstitucionalidade do artigo 95 da Lei Complementar Estadual - LCE 412/2008 do Estado de Santa Catarina - SC, que trata dos cartorários extrajudiciais (notários, registradores, oficiais e escreventes juramentados) não remunerados pelos "cofres públicos". Em suma, o dispositivo questionado assegurava a estes agentes, investidos no cargo até 20/11/1994 (véspera da vigência da Lei 8.935), acesso aos benefícios previdenciários do Regime Próprio de Previdência Social - RPPS do estado de SC.
Abrangência	Trabalhadores enquadrados como notários, registradores, oficiais ou escreventes juramentados exclusivamente do Estado de Santa Catarina
Período de vigência	Aplica-se os efeitos desta decisão a partir de 10 de setembro de 2015, data da publicação do julgamento final - Embargos de Declaração para esclarecimentos e correção de erro material
Comprovação de Endereço	O trabalhador deverá comprovar o domicílio no âmbito territorial do Estado de Santa Catarina.
Aplicabilidade	Os efeitos da decisão foram modulados a partir de 10/09/2015 (ex nunc), preservando o direito adquirido dos segurados e dependentes que, até essa data, já recebiam benefícios ou já cumpriram os requisitos para a sua obtenção no Regime Próprio de Previdência Estadual. Quando houver requerimentos de trabalhadores enquadrados como notários, registradores, oficiais ou escreventes juramentados exclusivamente do Estado de Santa Catarina, observar-se-á a data de investidura no cargo (ocupação) em questão. a) Caso a data seja a partir de 21/11/1994 (data de vigência da Lei 8.935), o trabalhador está enquadrado no Regime Geral de Previdência Social - RGPS, na categoria de Contribuinte Individual - CI, conforme previsto no inciso IX do artigo 90 da Instrução Normativa nº 128 PRES/INSS, de 28 de março de 2022. b) Caso a data seja até 20/11/1994 (véspera da vigência da Lei 8.935), o trabalhador em questão estará filiado: b.1) ao RGPS, da data da investidura até 24/07/1991 (véspera da Lei 8.213) na condição de empregador e de 25/07/1991 até 25/06/2008 (véspera da publicação da LCE/SC 412) como CI, observado o inciso IX do artigo 211 da Instrução Normativa nº 128 PRES/INSS, de 28/03/2022 e ressalvado comprovação de filiação do interessado em regime próprio anterior por eventual investidura estatutária ou regime especial vigente à época; b.2) ao RPPS/SC, no período de 26/06/2008 (data de publicação da LCE/SC 412) até 10/09/2015 (data da publicação do julgamento final da ADI 4.641/SC); e b.3) ao RGPS, a partir de 11/09/2015, na categoria de CI. No período em que houve filiação do interessado no RPPS/SC, a questionada LCE/SC 412/2008 previu a contribuição àquele regime próprio do Estado de Santa Catarina. Desta forma, caso o trabalhador queira utilizar o respectivo período para contagem no RGPS, deverá comprovar a atividade mediante apresentação de Certidão de Tempo de Contribuição - CTC nos moldes da Portaria MTP nº 1.467, de 02/06/2022. A decisão modulada retrata a possibilidade de concessão e manutenção de benefícios no RPPS/SC, para os casos em que já havia o direito adquirido até 10/09/2015 (data da publicação do julgamento final da ADI 4.641/SC). Tendo o segurado interesse em usufruir do direito ao benefício no RPPS/SC, se necessário, poderá ser emitida a CTC de período(s) de contribuição ao RGPS, observados os termos dos artigos 511 a 516 da Instrução Normativa nº 128 PRES/INSS, de 28/03/2022. Quem contemplou ou contemplar requisitos a partir de 11/09/2015, deve se sujeitar às regras do RGPS. Quanto aos trabalhadores (escreventes e auxiliares) contratados pelos titulares de serviços notariais e de registros do Estado de SC até 20/11/1994 (véspera da vigência da Lei 8.395), a LCE/SC 412/2008 fez prevalecer o enquadramento destes trabalhadores no RPPS/SC porém, após a decisão da ADI, voltou a prevalecer o que consta na Lei 8.395/1994. Em suma, tais trabalhadores poderão pertencer tanto ao RPPS quanto ao RGPS, o que dependerá da ocorrência ou não da opção prevista no artigo 48 da referida Lei 8.395/1994, abaixo transcrito: "Art. 48. Os notários e os oficiais de registro poderão contratar, segundo a legislação trabalhista, seus atuais escreventes e auxiliares de investidura estatutária ou em regime especial desde que estes aceitem a transformação de seu regime jurídico, em opção expressa, no prazo improrrogável de trinta dias, contados da publicação desta lei. **§ 1º** Ocorrendo opção, o tempo de serviço prestado será integralmente considerado, para todos os efeitos de direito. **§ 2º** Não ocorrendo opção, os escreventes e auxiliares de investidura estatutária ou em regime especial continuarão regidos pelas normas aplicáveis aos funcionários públicos ou pelas editadas pelo Tribunal de Justiça respectivo, vedadas novas admissões por qualquer desses regimes, a partir da publicação desta lei." Outros notários, serventuários, servidores e trabalhadores cobertos pela Lei 8.935/1994, admitidos a partir de 21/11/1994, não estão abrangidos pela ADI em epígrafe e não há qualquer mudança em sua cobertura pelo RGPS. A ADI em referência não engloba os Juízes de Paz do estado de Santa Catarina, que são regidos pelo RPPS daquele estado, conforme legislação vigente. Considerando o princípio do "tempus regis actum" na legislação previdenciária, que estabelece a regência da lei vigente na época da concessão ou do cumprimento de todos os requisitos para acesso ao benefício, os segurados albergados pela LCE/SC 412/2008 até 10/09/2015 estavam cobertos pelo RPPS/SC, sendo que quaisquer direitos alcançados no período desta cobertura devem ser buscados junto ao respectivo gestor, ou seja, o Estado de Santa Catarina. Somente a partir de 11/09/2015 que os segurados novamente passaram a compor o RGPS, tendo acesso aos benefícios por fatos geradores a partir de então e mediante o cumprimento dos respectivos requisitos.

ANEXO IX

AÇÕES CIVIS PÚBLICAS SOBRE CONCESSÃO DE BENEFÍCIOS POR INCAPACIDADE

SEÇÃO I - AÇÃO CIVIL PÚBLICA N° 0038335-58.2016.4.01.3300/BA - VIGENTE

Assunto: Requerimentos de auxílio por incapacidade temporária no âmbito das Agências da Previdência Social - APS, subordinadas às Gerências Executivas de Salvador e Santo Antônio de Jesus, no Estado da Bahia. Procedimentos para permitir novos requerimentos de benefícios por incapacidade temporária antes de decorridos 30 (trinta) dias da Data da Realização do Exame-DRE, ou da Data da Cessação do Benefício-DCB, ou da Data da Cessação Administrativa-DCA.

Decisão Judicial	Determinou que se permita o protocolo de novos requerimentos de auxílio por incapacidade temporária antes de decorridos 30 dias: a) da Data da Realização do Exame-DRE, ou b) da Data da Cessação do Benefício-DCB, ou c) Data da Cessação Administrativa-DCA, Aos requerentes abrangidos pela ACP, declara-se nulo o art. 311 da Instrução Normativa nº 77 PRES/INSS, de 21 de janeiro de 2015, reproduzido no art. 346 da Instrução Normativa PRES/INSS nº 128, de 28 de março de 2022, exclusivamente no âmbito das Agências da Previdência Social-APS Salvador-Bonfim, Salvador-Brotas, Salvador-Comércio, Salvador-Centro Histórico, Salvador-Itapuã, Salvador-Mercês, Salvador-Periperi, Salvador-Odilon Dórea, Simões Filho, Nazaré, São Félix, Camaçari, Candeias, Cruz das Almas, Dias D'Ávila, Santo Antônio de Jesus, Vera Cruz, Lauro de Freitas, São Sebastião do Passé, Mata de São João, Muritiba, Santo Amaro, São Felipe e Valença.
Abrangência	A decisão destina-se a todos os residentes nos municípios de Salvador, Aratuípe, Cachoeira, Camaçari, Candeias, Cruz das Almas, Dias d'Ávila, Dom Macedo Costa, Itaparica, Jaguaripe, Lauro de Freitas, Madre de Deus, Mata de São João, Muniz Ferreira, Muritiba, Nazaré, Salinas da Margarida, Santo Amaro, Santo Antônio de Jesus, São Felipe, São Francisco do Conde, Saubara, Simões Filho, Valença e Vera Cruz, todos do Estado da Bahia.
Período de vigência	Aplica-se em novos requerimentos efetivados a partir de 11 de junho de 2018
Comprovação de Endereço	Será exigida a apresentação de documento de comprovação de endereço
Aplicabilidade	Determinou que se permita o protocolo de novos requerimentos de auxílio por incapacidade temporária antes de decorridos 30 dias: a) da Data da Realização do Exame-DRE, ou b) da Data da Cessação do Benefício-DCB, ou c) Data da Cessação Administrativa-DCA

SEÇÃO II - MANDADO DE SEGURANÇA COLETIVO N° 1010661-45.2017.4.01.3400/DF - VIGENTE

Assunto: Implantação do benefício de Auxílio-doença (benefício por incapacidade temporária) à Empregada Aeronauta Gestante, baseado em documento médico.

Decisão Judicial	Trata-se de decisão liminar proferida no Mandado de Segurança Coletivo n° 1010661-45.2017.4.01.3400/DF a qual determinou ao INSS a concessão do benefício de Auxílio-doença à Segurada Empregada Aeronauta Gestante com base em documento médico, sem necessidade de perícia.
Abrangência	Nacional
Período de vigência	Requerimentos realizados a partir do dia 29 de agosto de 2017
Comprovação de Endereço	Dispensada
Aplicabilidade	I. A aeronauta gestante deverá ser intimada a apresentar os seguintes documentos, observado o disposto no art. 566, da Instrução Normativa PRES/INSS n° 128, de 28 de março de 2022: a) documento oficial com foto, que permita seu reconhecimento; b) atestado médico ou outro documento médico contendo o nome completo da gestante; a atividade como aeronauta; a gestação em curso com data do início e data provável do parto; o nome do médico emitente, CRM, assinatura e data da emissão do documento médico; c) deverá ser juntada declaração assinada pela interessada, com a ciência de que deverá comunicar o INSS todo e qualquer evento que interrompa ou antecipe a data de previsão do parto. d) apresentar ainda, declaração emitida pela empresa, comprovando atividade exercida como aeronauta e data do último dia de trabalho; II. A implantação do benefício será realizada administrativamente no sistema de benefício com a informação da Classificação Internacional de Doenças - CID Z32.1 (gravidez confirmada), sem necessidade de perícia médica. III. o reconhecimento do direito ao benefício de Auxílio-doença Segurada Empregada Aeronauta Gestante, além das condições previstas acima, dependerá da comprovação da qualidade de segurado, carência e afastamento do trabalho exigida aos benefícios por incapacidade. IV. deverão ser aceitos os documentos médicos com a informação da gravidez, independente de constar CID no mesmo. V. A Data do Início do Benefício-DIB será fixada na forma do art. 72 do Regulamento da Previdência Social: a) a contar do 16° (décimo sexto) dia do afastamento da atividade; b) a contar da Data de Entrada do Requerimento-DER, quando requerido após o 30° (trigésimo) dia do afastamento da atividade. VI. A Data do Início do Pagamento-DIP não poderá ser fixada em data anterior à a 29/08/2017, vigência dos efeitos da liminar, independente da DIB ser fixada em data também anterior. VII. A Data da Cessação do Benefício-DCB, será considerada como 1 (um) dia antes da data provável do parto informada no documento médico apresentado. VIII. Quando a data do requerimento for anterior a 29/08/2017, e o processo estiver pendente de conclusão, deverá ser oportunizada a reafirmação da DER para a data de início de aplicação do Mandado de Segurança Coletivo e serem realizados os procedimentos descritos acima. a) Para o requerimento indeferido até 28/08/2017 (Data de Despacho do Benefício - DDB), com motivo de exame médico contrário à incapacidade, caberá à interessada requerer novo benefício. b) Para o requerimento indeferido com DER e DDB a partir de 29/08/2017, com motivo de exame médico contrário à incapacidade, a interessada, ou seu representante legal, poderá requerer revisão administrativa ou recurso contra a decisão, mediante apresentação da documentação devida, elencada no item I.

SEÇÃO III - AÇÃO CIVIL PÚBLICA N° 5000012-61.2019.4.03.6007 MS - SUSPENSA

Assunto: Requerimentos de auxílio por incapacidade temporária e benefício de prestação continuada à pessoa com deficiência - BPC/LOAS, no âmbito das Agências da Previdência Social - APS Coxim, Costa Rica, São Gabriel do Oeste e Rio Verde do Oeste, no Estado de Mato Grosso do Sul. Prazo esgotado para realização de perícia médica. Análise efetuada por documento médico, independentemente de realização de perícia médica. Prazo de 45 (quarenta e cinco) dias para realizar perícia em requerimento de auxílio por incapacidade temporária e benefício de prestação continuada à pessoa com deficiência - BPC/LOAS

Decisão Judicial	Foi determinada a regularização da realização de perícias médicas nas Agências da Previdência Social - APS Coxim, Costa Rica, São Gabriel do Oeste e Rio Verde do Oeste, no Mato Grosso do Sul, de modo que sejam realizadas em até 45 (quarenta e cinco) dias, a contar da data do requerimento administrativo, para a concessão de auxílio por incapacidade temporária e benefício de prestação continuada à pessoa com deficiência - BPC/LOAS. Caso não observado este prazo, sejam os benefícios concedidos provisoriamente, com base em Atestado Médico emanado de órgãos ou entidades públicas ou integrantes do Sistema Único de Saúde - SUS
Abrangência	Restrita aos residentes nos municípios de Alcinópolis, Costa Rica, Coxim, Pedro Gomes, Rio Negro, Rio Verde de Mato Grosso, São Gabriel do Oeste e Sonora, todos do Estado de Mato Grosso do Sul, que requeiram benefício de auxílio por incapacidade temporária ou BPC/LOAS.
Período de vigência	Aplica-se em requerimento com DER a partir de 30 de abril de 2019. Cumprimento suspenso em razão do Acordo Homologado em Plenário do Supremo Tribunal Federal no Recurso Extraordinário n° 1.171.152/SC.
Comprovação de Endereço	Deverá apresentar comprovante de endereço nos municípios citados acima
Aplicabilidade	1. O processamento dos benefícios de que trata a ACP se dará da seguinte forma: a) no caso de requerimentos de auxílio por incapacidade temporária, quando a agenda, para fins de perícia médica, ultrapassar o limite de 45 (quarenta e cinco) dias, os benefícios serão concedidos sem exame médico-pericial, com base em documento médico, de forma provisória, devendo ser mantido durante o período de repouso constante no laudo médico, até no máximo sessenta dias, ou até a realização da perícia médica; b) o requerente deverá apresentar documento médico emitido por profissional de órgão ou entidade pública ou que integre o Sistema Único de Saúde-SUS, não sendo aceitos documentos emitidos por médicos particulares; c) no caso do Benefício de Prestação Continuada à Pessoa Deficiente (BPC/LOAS), o processamento do benefício será realizado normalmente, observando a necessidade de que a espera para a realização da avaliação social/perícia médica não ultrapasse o prazo máximo previsto na ACP, de 45 (quarenta e cinco) dias, contados a partir do requerimento. 2. O segurado deverá apresentar, obrigatoriamente, documento médico emitido por órgãos ou entidades públicas ou integrantes do SUS, no qual constem as seguintes informações: I) nome do interessado; II) relativas ao afastamento do interessado: data de início de repouso; período de repouso; Classificação Internacional de Doenças - CID-10; considerações que julgar pertinentes e data de emissão do documento médico; III) do médico: nome e número do CRM. 2.1. Não será aceito, para fins da ACP, Atestado Médico com rasuras ou emendas. 3. No caso de auxílio por incapacidade temporária de segurado empregado, exceto o doméstico, além dos documentos previstos acima, deverá apresentar a declaração da empresa atestando o último dia de trabalho, devidamente assinada pela mesma. 4. O reconhecimento do direito ao auxílio por incapacidade temporária, além das condições previstas nos itens acima, dependerá da comprovação da qualidade de segurado e carência, observando que: a) caso o segurado não possua a qualidade de segurado e/ou carência, não se aplica o disposto na ACP, cabendo, nesse caso, seguir a rotina normal, com realização de perícia médica, resguardada a DER; b) verificada a qualidade de segurado e/ou carência: b.1) será considerada como data de início do período de repouso a indicada no documento médico. Caso não haja a indicação, a data da expedição do documento; b.2) será considerado como data fim do período de repouso o período indicado no documento médico, observado o limite máximo de sessenta dias; b.3) caso o segurado não se considere capaz para retorno à atividade após o período de benefício, ou se o período de repouso indicado no documento médico for superior a sessenta dias, poderá ser requerido novo benefício diretamente nos canais de atendimento, não cabendo Pedido de Prorrogação (PP).
Informações complementares	A contar da data de publicação da PORTARIA CONJUNTA MPS/INSS N° 38, DE 20 DE JULHO DE 2023, ocorrida em 21/07/2023 houve a dispensa da emissão de parecer conclusivo da Perícia Médica Federal quanto à incapacidade laboral, sendo possível a concessão do benefício por incapacidade temporária, administrativamente, por meio de análise documental pelo Instituto Nacional do Seguro Social, como disciplina o § 14 do art. 60 da Lei n° 8.213, de 24 de julho de 1991. PORTARIA PRES/INSS N° 1.338, DE 23 DE AGOSTO DE 2021 - Dispõe sobre a suspensão de atos normativos publicados em cumprimento às Ações Civis Públicas envolvendo prazo para atendimento em face do Acordo Homologado em Plenário do Supremo Tribunal Federal no Recurso Extraordinário n° 1.171.152/SC.

SEÇÃO IV - AÇÃO CIVIL PÚBLICA N° 5000042-75.2011.4.04.7001/PR - SUSPENSA

Assunto: Requerimentos de auxílio por incapacidade temporária no âmbito da Gerência- Executiva Londrina, no Estado do Paraná. Prazo esgotado para realização de perícia médica. Análise efetuada por documento médico, independentemente de realização de perícia médica Prazo de 45 (quarenta e cinco) dias para realizar perícia em requerimento de auxílio por incapacidade temporária.

Decisão Judicial	Dispõe sobre o cumprimento da decisão proferida nos autos da Ação Civil Pública n° 5000042-75.2011.404.7001 a qual determinou a implantação administrativa de auxílio por incapacidade temporária com base em documento médico no âmbito da Gerência Executiva Londrina, Estado do Paraná. Não se aplica aos benefícios decorrentes de acidente do trabalho.
Abrangência	Restrita aos segurados residentes nos municípios de Arapongas, Sabáudia, Abatiá, Congonhinhas, Cornélio Procópio, Leópolis, Nova América da Colina, Nova Fátima, Rancho Alegre, Ribeirão do Pinhal, Santa Amélia, Santa Mariana, Santo Antônio do Paraíso, Sertaneja, Uraí, Alvorada do Sul, Assaí, Bela Vista do Paraíso, Cambé, Ibiporã, Jataizinho, Londrina, Nova Santa Bárbara, Primeiro de Maio, Santa Cecília do Pavão, São Jerônimo da Serra, São Sebastião da Amoreira, Sertanópolis, Tamarana, Cafeara, Centenário do Sul, Florestópolis, Guaraci, Jaguapitã, Lupionópolis, Miraselva, Pitangueiras, Porecatu, Prado Ferreira, Rolândia, e Bela Vista do Paraíso, que tenham optado em realizar a perícia médica nas Agências da Previdência Social - APS de Arapongas, Cornélio Procópio, LondrinaCentro, Londrina-Shangrilá, Rolândia e Cambé, pertencentes à Subseção Judiciária de Londrina, Estado do Paraná

Período de vigência	Requerimentos efetivados a partir de 14 de fevereiro de 2013. Cumprimento suspenso a partir de 10 de junho de 2021 pela Portaria PRES/INSS nº 1.338, de 23 de agosto de 2021.
Comprovação de Endereço	Será exigida a apresentação de documento de comprovação de endereço
Aplicabilidade	1. O segurado deverá requerer o benefício pelos canais de atendimento, já estando em posse do documento ou atestado médico. 1.1. Informada pelo segurado a existência de atestado médico e ultrapassado o limite de 45 (quarenta e cinco) dias para agendamento da perícia médica, será oportunizado ao interessado, o requerimento de benefício por incapacidade por documento médico, onde será agendado atendimento administrativo visando a implantação do benefício. 2. O segurado deverá apresentar, obrigatoriamente, documento médico, no qual constem as seguintes informações de forma legível: I - informações do paciente: a) nome completo; e II - informações relativas ao afastamento do paciente: a) data de início e período de repouso; b) Classificação Internacional de Doenças (CID-10); e c) considerações que julgar pertinentes; III - informações do médico: a) nome completo; b) número do Conselho Regional de Medicina (CRM); e c) data de emissão do documento médico. 2.1 Na falta de explícita data de início do repouso, será considerada como tal a data da emissão do atestado médico. 3. O segurado deverá apresentar, ainda, documento de identificação 4. Caso não sejam atendidas as condições previstas acima ou quando o documento médico não contiver as informações necessárias, o reconhecimento do direito dependerá de realização de perícia médica, a ser agendada, resguardada a Data de Entrada do Requerimento - DER. 5. O reconhecimento do direito ao auxílio por incapacidade temporária, além das condições previstas acima, dependerá da comprovação da qualidade de segurado e carência. 6. Caso o requerente não possua a qualidade de segurado e/ou carência, será agendada perícia médica quando do atendimento administrativo, não se aplicando o disposto na ACP citada. 7. Será considerada como data fim do período de repouso (Data de Cessação de Benefício) o período indicado no documento médico, observado o limite máximo de sessenta dias. Nos casos em que o período de repouso indicado no documento médico seja maior que sessenta dias, ou, caso o segurado não se considere capaz para retornar à atividade após período de benefício, poderá ser requerido pelo segurado: I - Pedido de Prorrogação (PP) nos quinze dias que antecedem a DCB; II - Pedido de Reconsideração (PR) até trinta dias contados do dia seguinte à DCB; ou III - Recurso à Junta de Recursos do Conselho de Recursos da Previdência Social - JR/CRPS, no prazo de trinta dias contados da comunicação da conclusão contrária. 8. A fixação da Data do Início do Benefício - DIB, será na forma do art. 72 do Regulamento da Previdência Social, aprovado pelo Decreto nº 3.048, de 1999. 9. No caso de segurado empregado, exceto o doméstico, além dos documentos previstos acima, deverá ser apresentada declaração da empresa, devidamente assinada, atestando o último dia de trabalho.
Informações complementares	PORTARIA PRES/INSS Nº 1.338, DE 23 DE AGOSTO DE 2021 que suspendeu o cumprimento das orientações acima em face do Acordo Homologado em Plenário do Supremo Tribunal Federal no Recurso Extraordinário nº 1.171.152/SC.

SEÇÃO V - AÇÃO CIVIL PÚBLICA Nº 5025299-96.2011.4.04.7100/RS - SUSPENSA

Assunto: Requerimentos de auxílio por incapacidade temporária no Estado do Rio Grande do Sul. Dispensa de perícia médica. Implantação administrativa, quando a agenda para fins de perícia médica ultrapassar o limite de 45 (quarenta e cinco) dias ou por meio de atestado médico eletrônico.

Decisão Judicial	restou determinada a implantação de auxílio por incapacidade temporária (espécie 31, sem isenção de carência), com base em documento médico, sem realização de perícia médica. I - Por meio de atestado médico eletrônico na forma descrita abaixo II - quando a agenda para fins de perícia médica ultrapassar o limite de 45 (quarenta e cinco) dias ou quando baseados em Atestado Médico Eletrônico
Abrangência e período de vigência	I - Para requerimentos efetivados a partir de 18 de maio de 2012 nas Agências da Previdência Social jurisdicionadas às Gerências-Executivas de Porto Alegre, Canoas e Novo Hamburgo, no Estado do Rio Grande do Sul, desde que possua o Atestado Médico Eletrônico, observando a aplicabilidade. II - Para requerimentos efetivados a partir de 8 de janeiro de 2013 quando a agenda para fins de perícia médica ultrapassar o limite de 45 (quarenta e cinco) dias destina-se a todos os residentes no Estado do Rio Grande do Sul, que requeiram benefício de auxílio por incapacidade temporária em qualquer Agência da Previdência Social deste Estado Cumprimento suspenso a partir de 10 de junho de 2021 pela Portaria PRES/INSS nº 1.338, de 23 de agosto de 2021.
Comprovação de Endereço	Será exigida a apresentação de documento de comprovação de endereço
Aplicabilidade	I - Desde 18 de maio de 2012 poderá ser utilizado como meio alternativo aos procedimentos regulares para requerimento inicial de auxílio por incapacidade temporária, sem a realização de perícia médica, o Atestado Médico Eletrônico. Para que o documento médico seja aceito no INSS, deverão ser observados os seguintes critérios: a) o Atestado Médico Eletrônico será registrado pelo médico assistente, em que seja possível consultar a validade do certificado digital e a veracidade do médico prescritor. b) o tempo de afastamento do segurado (nominado "duração do repouso" no Atestado Eletrônico) não poderá ser superior a sessenta dias; c) caso já tenha sido concedido benefício mediante Atestado Médico Eletrônico, novo requerimento somente poderá ser admitido após o transcurso do prazo de 180 (cento e oitenta) dias, contados da data de cessação do benefício anterior;

Aplicabilidade	d) por meio dos dados cadastrais do paciente, informados no Atestado Médico Eletrônico, deverá ser possível a identificação do requerente do benefício. A "Data do Início do Repouso" será considerada como Data de Início da Incapacidade-DII e Data de Início da Doença-DID; A Data de Cessação do Benefício-DCB corresponderá à Data do Início do Repouso acrescida da Quantidade de Dias do Repouso, subtraída de um dia; A espécie do benefício será 31 (Auxílio por incapacidade temporária); O benefício será considerado como não isento de carência. Não é possível a concessão de benefício acidentário nesta modalidade de requerimento. À exceção da dispensa de realização de exame médico-pericial na análise de benefício mediante Atestado Médico Eletrônico, serão observadas todas as exigências procedimentais e legais, inclusive no tocante à carência e qualidade de segurado. II - A partir de 08 de janeiro de 2013, nos requerimentos de benefício por incapacidade temporária, quando a agenda para fins de perícia médica ultrapassar o limite de 45 (quarenta e cinco) dias, em qualquer agência da previdência social, será protocolado ao segurado o atendimento administrativo. No atendimento administrativo, o segurado deverá apresentar, obrigatoriamente, documento médico que conste as seguintes informações: I - informações do paciente: a) nome; b) Número de Identificação do Trabalhador (NIT) ou Número de Cadastro de Pessoa Física (CPF); II - informações relativas ao afastamento do paciente: a) data de início e período de repouso; b) Classificação Internacional de Doenças - CID-10; e c) considerações que julgar pertinentes; III - informações do médico: a) nome; b) número do CRM; e c) data de emissão do documento médico. Quando o documento médico não contiver as informações necessárias, o reconhecimento do direito dependerá de realização de perícia médica, a ser agendada quando do atendimento administrativo, resguardada a Data da Entrada do Requerimento (DER). No caso de segurado empregado, exceto o doméstico, além dos documentos acima, deverá apresentar a declaração da empresa atestando o último dia de trabalho, devidamente assinada pela mesma, caso a informação não tenha sido enviada eletronicamente. Não será aceito para fins da ACP, atestado médico com rasuras ou emendas. O reconhecimento do direito ao auxílio por incapacidade temporária, além das condições acima dependerá da comprovação da qualidade de segurado e carência, observando que: a) caso o segurado não possua a qualidade de segurado e/ou carência, não se aplica o disposto na ACP, cabendo nesse caso, seguir a rotina normal, com realização de perícia médica, resguardada a DER; b) será considerada como data fim do período de repouso, o período indicado no documento médico, observado o limite máximo de sessenta dias; c) nos casos em que o período de repouso indicado no documento médico seja maior que 60 (sessenta) dias, ou caso o segurado não se considere capaz para retorno à atividade após o período de benefício, poderá ser requerido Pedido de Prorrogação (PP), nos quinze dias que antecedem a Data de Cessação do Benefício (DCB), Pedido de Reconsideração (PR) ou de Recurso, até trinta dias contados do dia seguinte à DCB; d) caso tenham sido ultrapassados todos os prazos previstos na alínea anterior e caso o segurado não se considere capaz para retorno à atividade após o período de benefício, poderá ser requerido novo benefício; e) havendo apresentação de mais de um atestado médico e, se constatado que em todos trata-se do mesmo CID, poderão ser somados os períodos de repouso, observado o limite máximo de sessenta dias; em caso de CID diferente, considerar apenas o de maior tempo de repouso.
Informação complementar	PORTARIA PRES/INSS Nº 1.338, DE 23 DE AGOSTO DE 2021 que suspendeu o cumprimento das orientações acima em face do Acordo Homologado em Plenário do Supremo Tribunal Federal no Recurso Extraordinário nº 1.171.152/SC.

SEÇÃO VI - AÇÃO CIVIL PÚBLICA Nº 819-67.2013.4.01.3701 MA - SUSPENSA

Assunto: Requerimentos de auxílio por incapacidade temporária e amparo social à pessoa com deficiência - BPC/LOAS no âmbito do Estado do Maranhão. Prazo esgotado para realização de perícia médica. Implantação administrativa com base em documento médico, quando a agenda para fins de perícia médica ultrapassar o limite de 45 (quarenta e cinco) dias.

Decisão Judicial	Implantação de benefícios por incapacidade e de benefício de prestação continuada para deficientes-BPC, com base em documento médico, independentemente da realização de perícia médica
Abrangência e Período de vigência	a) requerimentos a partir de 03 de fevereiro de 2014 para os segurados residentes em municípios de abrangência das Agências da Previdência Social da Gerência-Executiva em Imperatriz - MA, b) a partir de 06 de maio de 2015 a decisão se estendeu a todo o estado do Maranhão Cumprimento suspenso a partir de 10 de junho de 2021 pela Portaria PRES/INSS nº 1.338, de 23 de agosto de 2021.
Comprovação de Endereço	Será exigida a apresentação de documento de comprovação de endereço
Aplicabilidade	1. No caso de benefício por incapacidade temporária, quando a agenda para fins de perícia médica ultrapassar o limite de 45 (quarenta e cinco) dias, será agendado ao segurado o atendimento administrativo. 2. No atendimento administrativo o segurado deverá apresentar, obrigatoriamente, documento médico (atestado médico) emitido por médico que esteja a serviço do Sistema Único de Saúde - SUS, no qual constem as seguintes informações: I - nome completo do paciente; II - informações relativas ao afastamento do paciente: a) data de início e período de repouso; b) Classificação Internacional de Doenças - CID-10; e c) considerações que julgar pertinentes;

AÇÕES COLETIVAS

Aplicabilidade	III - informações do médico: a) nome; b) número do CRM; e c) data de emissão do documento médico; IV- identificação do segurado 3. Caso não sejam atendidas as condições previstas nos itens acima ou quando o atestado médico não contiver as informações necessárias, e não tiver sido emitido por médico que esteja a serviço do Sistema Único de Saúde - SUS, o reconhecimento do direito dependerá de realização de perícia médica, a ser agendada quando do atendimento administrativo, resguardada a DER. 4. No caso de segurado empregado, exceto o doméstico, além dos documentos citados, deverá apresentar a declaração da empresa, atestando o último dia de trabalho, devidamente assinada pela mesma. 5. Não será aceito, para fins da ACP, atestado médico com rasuras ou emendas. O reconhecimento do direito ao auxílio por incapacidade temporária, além das condições previstas acima, dependerá da comprovação da qualidade de segurado e carência, observando que: a) caso o segurado não possua a qualidade de segurado e/ou carência, não se aplica o disposto na ACP, cabendo, neste caso, seguir a rotina normal, com realização de perícia médica, resguardada a DER; b) será considerada como data de início do período de repouso a indicada no documento médico ou, caso não haja a indicação, a data da expedição do documento; c) será considerado, para aferição da data fim do período de repouso, o período indicado no documento médico, observado o limite máximo de sessenta dias; d) nos casos em que o período de repouso indicado no documento médico for superior a sessenta dias, ou caso o segurado não se considere capaz para retorno à atividade após o período de benefício, poderá ser requerido Pedido de Prorrogação (PP), nos quinze dias que antecedem à Data de Cessação do Benefício (DCB); Pedido de Reconsideração (PR) ou de Recurso, até trinta dias contados do dia seguinte à DCB; e) caso tenham sido ultrapassados todos os prazos previstos na alínea anterior e caso o segurado não se considere capaz para retorno à atividade após o período de benefício, poderá ser requerido novo benefício; f) se houver apresentação de mais de um atestado médico e, se constatado que em todos se trata do mesmo CID, poderão ser somados os períodos de repouso, observado o limite máximo de sessenta dias; em caso de CID diferente, será considerado apenas o de maior tempo de repouso; f.1) no caso de mesmo CID, considera-se que o benefício é devido de forma ininterrupta, por isso a soma dos períodos de repouso; f.2) no caso de CID diferente, o segurado continua a ter direito ao benefício para cada uma das doenças, porém um benefício para cada período de repouso; g) caso seja apresentado um atestado médico e uma Comunicação de Acidente de Trabalho-CAT ou laudo de médico assistente indicando expressamente "doença ocupacional", será concedido auxílio por incapacidade temporária, espécie 31; O processamento do Benefício de Prestação Continuada será realizado normalmente, observando-se a necessidade de que a espera para realização da avaliação social/perícia médica não ultrapasse o prazo máximo previsto na ACP, de 45(quarenta e cinco) dias, contados a partir do requerimento.
Informação complementar	PORTARIA PRES/INSS N° 1.338, DE 23 DE AGOSTO DE 2021 que suspendeu o cumprimento das orientações acima em face do Acordo Homologado em Plenário do Supremo Tribunal Federal no Recurso Extraordinário n° 1.171.152/SC.

SEÇÃO VII - AÇÃO CIVIL PÚBLICA N° 9715-03.2012.4.01.4100/RO - SUSPENSA

Assunto: Requerimentos de auxílio por incapacidade temporária e amparo social à pessoa com deficiência - BPC/LOAS no âmbito da Gerência-Executiva de Porto Velho-RO. Prazo esgotado para realização de perícia médica. Implantação administrativa com base em documento médico, quando a agenda para fins de perícia médica ultrapassar o limite de 30 (trinta) dias.

Decisão Judicial	Determina os procedimentos para implantação do auxílio por incapacidade temporária e de benefício de prestação continuada da pessoa com deficiência - BPC com base em documento médico (Atestado Médico) quando ultrapassados 30 dias de tempo de espera para a realização de perícia médica. Nestes casos a implantação independe da realização de perícia médica, no âmbito do Estado de Rondônia
Abrangência	Alcança os requerimentos de benefícios de prestação continuada e benefícios por incapacidade temporária residentes nos municípios do Estado de Rondônia
Período de vigência	benefícios pendentes de análise médica a mais de trinta dias a partir da DER 11 de junho de 2013. Cumprimento suspenso a partir de 10 de junho de 2021 pela Portaria PRES/INSS n° 1.338, de 23 de agosto de 2021
Comprovação de Endereço	Será exigida a apresentação de documento de comprovação de endereço
Aplicabilidade	1. No caso de benefício de auxílio por incapacidade temporária, quando a agenda para fins de perícia médica ultrapassar o limite de 30 (trinta) dias, será agendado ao segurado o atendimento administrativo. 2. No atendimento administrativo, o segurado deverá apresentar, obrigatoriamente, documento médico (atestado médico), no qual constem as seguintes informações: I - nome completo do paciente; II - informações relativas ao afastamento do paciente: a) data de início e período de repouso; b) Classificação Internacional de Doenças - CID-10; e c) considerações que julgar pertinentes; III - informações do médico: a) nome; b) número do CRM; e c) data de emissão do documento médico. IV - identificação do segurado 3. Caso não sejam atendidas as condições previstas nos itens acima ou quando o atestado médico não contiver as informações necessárias, o reconhecimento do direito dependerá de realização de perícia médica, a ser agendada quando do atendimento administrativo, resguardada a DER. 4. No caso de segurado empregado, exceto o doméstico, além dos documentos citados, deverá apresentar a declaração da empresa, atestando o último dia de trabalho, devidamente assinada pela mesma.

Aplicabilidade	5. Não será aceito, para fins da ACP, atestado médico com rasuras ou emendas. 6. O reconhecimento do direito ao auxílio por incapacidade temporária, além das condições previstas acima, dependerá da comprovação da qualidade de segurado e carência, observando que: a) caso o segurado não possua a qualidade de segurado e/ou carência, não se aplica o disposto na ACP, cabendo, neste caso, seguir a rotina normal, com realização de perícia médica, resguardada a DER; b) será considerada como data de início do período de repouso a indicada no documento médico ou, caso não haja a indicação, a data da expedição do documento; c) será considerado, para aferição da data fim do período de repouso, o período indicado no documento médico, observado o limite máximo de sessenta dias; d) nos casos em que o período de repouso indicado no documento médico for superior a sessenta dias, ou caso o segurado não se considere capaz para retorno à atividade após o período de benefício, poderá ser requerido Pedido de Prorrogação (PP), nos quinze dias que antecedem à Data de Cessação do Benefício (DCB); Pedido de Reconsideração (PR) ou de Recurso, até trinta dias contados do dia seguinte à DCB; e) caso tenham sido ultrapassados todos os prazos previstos na alínea anterior e caso o segurado não se considere capaz para retorno à atividade após o período de benefício, poderá ser requerido novo benefício; f) se houver apresentação de mais de um atestado médico e, se constatado que em todos se trata do mesmo CID, poderão ser somados os períodos de repouso, observado o limite máximo de sessenta dias; em caso de CID diferente, será considerado apenas o de maior tempo de repouso; 7. O processamento do Benefício de Prestação Continuada será realizado normalmente, observando-se a necessidade de que a espera para realização da avaliação social/perícia médica não ultrapasse o prazo máximo previsto na ACP, de 30(trinta) dias, contados a partir do requerimento.
Informação complementar	PORTARIA PRES/INSS N° 1.338, DE 23 DE AGOSTO DE 2021 que suspendeu o cumprimento das orientações acima em face do Acordo Homologado em Plenário do Supremo Tribunal Federal no Recurso Extraordinário n° 1.171.152/SC

SEÇÃO VIII - AÇÃO CIVIL PÚBLICA N° 5004227-10.2012.4.04.7200/SC - SUSPENSA

Assunto: Requerimentos de auxílio por incapacidade temporária no âmbito do Estado de Santa Catarina. Prazo de 45 (quarenta e cinco) dias para realizar perícia em requerimento de auxílio por incapacidade temporária. Análise efetuada por documento médico, independentemente de realização de perícia médica.

Decisão Judicial	Determina a implantação do auxílio por incapacidade com base em documento médico (Atestado Médico) quando ultrapassados 45 dias de tempo de espera para a realização de perícia médica. Não se aplica aos benefícios por acidente do trabalho e benefícios com isenção de carência.
Abrangência	Residentes no Estado de Santa Catarina, que requeiram benefício por incapacidade em uma das Agências da Previdência Social (APS) deste Estado
Período de vigência	Requerimentos efetivados a partir de 13 de dezembro de 2013, quando a agenda do INSS, para a realização de perícia médica, ultrapassar o limite de 45 (quarenta e cinco) dias. Cumprimento suspenso a partir de 8 de janeiro de 2021 pela Portaria Conjunta DIRBEN/DIRAT/PFE/INSS-SPMF/ME n° 24, de 07 de janeiro de 2021
Comprovação de Endereço	Será exigida a apresentação de documento de comprovação de endereço
Aplicabilidade	1. No caso de requerimento de auxílio por incapacidade temporária, quando a agenda para fins de perícia médica ultrapassar o limite de 45 (quarenta e cinco) dias, será agendado ao segurado o atendimento administrativo. 2. No atendimento administrativo, o segurado deverá apresentar, obrigatoriamente, documento médico (atestado médico), no qual constem as seguintes informações: I) - nome completo do paciente; II) - informações relativas ao afastamento do paciente: a) data de início e período de repouso; b) Classificação Internacional de Doenças - CID-10; e c) considerações que julgar pertinentes; III) - informações do médico: a) nome; b) número do CRM; e c) data de emissão do documento médico. IV - identificação do segurado. 3. Na falta de explícita data de início do repouso, conforme previsto na alínea a do inciso II, será considerada como tal a data de emissão do documento médico. 4. Caso não sejam atendidas as condições previstas acima ou quando o documento médico não contiver as informações necessárias, o reconhecimento do direito dependerá de realização de perícia médica, a ser agendada quando do atendimento administrativo, resguardada a Data de Entrada do Requerimento - DER. 5. O reconhecimento do direito ao auxílio por incapacidade temporária, além das condições previstas acima, dependerá da comprovação da qualidade de segurado e carência. 6. Caso o requerente não possua a qualidade de segurado e/ou carência, será agendada perícia médica quando do atendimento administrativo, não se aplicando o disposto na ACP. 7. Será considerada como data fim do período de repouso (Data de Cessação do Benefício - DCB) o período indicado no documento médico, observado o limite máximo de sessenta dias. 7.1. Nos casos em que o período de repouso indicado no documento médico seja maior que sessenta dias ou caso o segurado não se considere capaz para retorno à atividade após período de benefício, poderá ser requerido: I - Pedido de Prorrogação - PP, nos quinze dias que antecedem a DCB; II - Pedido de Reconsideração - PR, até trinta dias contados do dia seguinte à DCB; ou III - Recurso à Junta de Recursos do Conselho de Recursos da Previdência Social - JR/CRPS, no prazo de trinta dias contados da comunicação da conclusão contrária. 8. A fixação da Data do Início do Benefício - DIB, será na forma do art. 72 do Regulamento da Previdência Social, aprovado pelo Decreto n° 3.048, de 1999. 9. No caso de segurado empregado, exceto o doméstico, deverá ser apresentada declaração da empresa, devidamente assinada, atestando o último dia de trabalho.

Fundamentação Complementar	Portaria Conjunta DIRBEN/DIRAT/PFE/INSS-SPMF/ME nº 24, de 07 de janeiro de 2021, que suspendeu os efeitos desta ACP a partir de 8 de janeiro de 2021. E posteriormente a PORTARIA PRES/INSS Nº 1.338, DE 23 DE AGOSTO DE 2021 que suspendeu o cumprimento das orientações acima em face do Acordo Homologado em Plenário do Supremo Tribunal Federal no Recurso Extraordinário nº 1.171.152/SC.

SEÇÃO IX - AÇÃO CIVIL PÚBLICA Nº 5000702-09.2010.4.04.7000/PR - SUSPENSA

Assunto: Requerimentos de auxílio por incapacidade temporária e benefícios assistenciais no âmbito do Estado do Paraná. Prazo de 45 (quarenta e cinco) dias para realizar perícia em requerimento administrativo. Análise efetuada por documento médico, independentemente de realização de perícia médica

Decisão Judicial	Determina a implantação do auxílio por incapacidade e benefícios assistenciais com base em documento médico (Atestado Médico) quando ultrapassados 45 dias de tempo de espera para a realização de perícia médica.
Abrangência	I - Residentes no Estado do Paraná, com exceção aos segurados vinculados a uma das Agências da Previdência Social abaixo, para os quais há outros prazos estabelecidos em outras ações civis públicas: a) APS Campo Mourão (só no município de Campo Mourão) e b) todas as APS situadas nos municípios compreendidos na jurisdição da Subseção Judiciária Federal de Londrina, ou seja: Londrina, Alvorada do Sul, Arapongas, Assaí, Bela Vista do Paraíso, Cambé, Centenário do Sul, Congonhinhas, Cornélio Procópio, Figueira, Florestópolis, Guaraci, Ibiporã, Jaguapitã, Jataizinho, Leópolis, Miraselva, Nova América da Colina, Nova Fátima, Nova Santa Bárbara, Pitangueiras, Porecatu, Prado Ferreira, Primeiro de Maio, Rancho Alegre, Rolândia, Santa Cecília do Pavão, Santa Mariana, Santo Antônio do Paraíso, São Jerônimo da Serra, São Sebastião da Amoreira, Sapopema, Sertaneja, Sertanópolis, Tamarana e Uraí. II - Os Municípios que fazem parte da Subseção Judiciária de Curitiba/PR, cuja incidência ocorre a partir de 17 de março de 2014, são: Adrianópolis, Agudos do Sul, Almirante Tamandaré, Araucária, Balsa Nova, Bocaiúva do Sul, Campina Grande do Sul, Campo do Tenente, Campo Largo, Campo Magro, Cerro Azul, Colombo, Contenda, Curitiba, Doutor Ulysses, Fazenda Rio Grande, Itaperuçu, Lapa, Mandirituba, Piên, Pinhais, Piraquara, Porto Amazonas, Quatro Barras, Quitandinha, Rio Branco do Sul, Rio Negro, São José dos Pinhais, Tijucas do Sul, Tunas do Paraná.
Período de vigência	a) aos requerimentos efetivados a partir de 17 de março de 2014, no caso do auxílio por incapacidade temporária, nas APS da Seção Judiciária de Curitiba; e b) a partir de 04 de abril de 2013, nas demais APS do Estado do Paraná, quando a agenda para fins de perícia médica ultrapassar o limite de 45 (quarenta e cinco) dias de espera. Cumprimento suspenso a partir de 14 de abril de 2020 pela Portaria Conjunta nº 6/DIRBEN/DIRAT/PFE/INSS, de 9 de abril de 2020.
Comprovação de Endereço	Será exigida a apresentação de documento de comprovação de endereço.
Aplicabilidade	I - No caso de benefício por incapacidade temporária, quando a agenda para fins de perícia médica ultrapassar o limite de 45 (quarenta e cinco) dias, será agendado ao segurado o atendimento administrativo. 2. No atendimento administrativo, o segurado deverá apresentar, obrigatoriamente, documento médico (atestado médico), no qual constem as seguintes informações: I - nome completo do paciente; II - informações relativas ao afastamento do paciente: a) data de início e período de repouso; b) Classificação Internacional de Doenças - CID-10; e c) considerações que julgar pertinentes; III - informações do médico: a) nome; b) número do CRM; e c) data de emissão do documento médico. IV - identificação do segurado. 3. Na falta de explícita data de início do repouso, conforme previsto na alínea a do inciso II, será considerada como tal a data de emissão do documento médico. 4. Caso não sejam atendidas as condições previstas acima ou quando o documento médico não contiver as informações necessárias, o reconhecimento do direito dependerá de realização de perícia médica, a ser agendada quando do atendimento administrativo, resguardada a Data de Entrada do Requerimento - DER. 5. O reconhecimento do direito ao auxílio por incapacidade temporária, além das condições previstas acima, dependerá da comprovação da qualidade de segurado e carência. 6. Caso o requerente não possua a qualidade de segurado e/ou carência, será agendada perícia médica quando do atendimento administrativo, não se aplicando o disposto na ACP. 7. Será considerada como data fim do período de repouso (Data de Cessação do Benefício - DCB) o período indicado no documento médico, observado o limite máximo de sessenta dias. 7.1. Nos casos em que o período de repouso indicado no documento médico seja maior que sessenta dias ou caso o segurado não se considere capaz para retorno à atividade após período de benefício, poderá ser requerido: I - Pedido de Prorrogação - PP, nos quinze dias que antecedem a DCB; II - Pedido de Reconsideração - PR, até trinta dias contados do dia seguinte à DCB; ou III - Recurso à Junta de Recursos do Conselho de Recursos da Previdência Social - JR/CRPS, no prazo de trinta dias contados da comunicação da conclusão contrária. 8. A fixação da Data do Início do Benefício - DIB, será na forma do art. 72 do Regulamento da Previdência Social, aprovado pelo Decreto nº 3.048, de 1999. 9. No caso de segurado empregado, exceto o doméstico, deverá ser apresentada declaração da empresa, devidamente assinada, atestando o último dia de trabalho. II. O processamento do Benefício de Prestação Continuada da pessoa com deficiência será realizado normalmente, observando-se a necessidade de que a espera para realização da avaliação social/perícia médica não ultrapasse o prazo máximo previsto na ACP, de 45(quarenta e cinco) dias, contados a partir do requerimento.

Informações complementares	Portaria Conjunta nº 6/DIRBEN/DIRAT/PFE/INSS, de 9 de abril de 2020, suspendeu os efeitos desta ACP a partir de 14 de abril de 2020. PORTARIA PRES/INSS Nº 1.338, DE 23 DE AGOSTO DE 2021 que suspendeu o cumprimento das orientações acima em face do Acordo Homologado em Plenário do Supremo Tribunal Federal no Recurso Extraordinário nº 1.171.152/SC.

SEÇÃO X - AÇÃO CIVIL PÚBLICA Nº 0000003-83.2015.4.05.8105/CE - SUSPENSA

Assunto: Requerimentos de auxílio por incapacidade temporária e benefícios assistenciais no âmbito das APS Quixadá, Boa Viagem e Quixeromim/CE. Prazo de 45 (quarenta e cinco) dias para realizar perícia em requerimento administrativo. Análise efetuada por documento médico, independentemente de realização de perícia médica.

Decisão Judicial	Determina a implantação do auxílio por incapacidade e benefícios assistenciais com base em documento médico (Atestado Médico) quando ultrapassados 45 dias de tempo de espera para a realização de perícia médica.
Abrangência	Segurados que requeiram benefício previdenciário e assistencial nas Agências da Previdência Social (APS) em Quixadá/CE, Boa Viagem e Quixeramobim e desde que residentes nos municípios de Quixeramobim, Banabuiú, Choró, Ibaretama, Ibicuitinga, Boa Viagem e Quixadá.
Período de vigência	Se aplica em requerimentos efetivados a partir de 19 de outubro de 2015, quando a agenda para fins de perícia médica nestas APS ultrapassar o limite de 45 (quarenta e cinco) dias de espera e seu cumprimento foi suspenso a partir de 4 de fevereiro de 2016, pelo Memorando-Circular Conjunto nº 13 /DIRBEN/DIRAT/DIRSAT/PFE/INSS, de 4 de fevereiro de 2016.
Comprovação de Endereço	Deverá ser apresentado o comprovante de endereço
Aplicabilidade	I - O processamento do Benefícios de Prestação Continuada da Assistência Social-BPC será realizado normalmente, observando-se a necessidade de que a espera para realização da avaliação social/perícia médica não ultrapasse o prazo máximo previsto na ACP, de 45(quarenta e cinco) dias, contados a partir do requerimento. II - No caso de benefício por incapacidade temporária, quando a agenda para fins de perícia médica ultrapassar o limite de 45 (quarenta e cinco) dias, será agendado ao segurado o atendimento administrativo. 2. No atendimento administrativo, o segurado deverá apresentar, obrigatoriamente, documento médico (atestado médico), no qual constem as seguintes informações: I) - nome completo do paciente; II) - informações relativas ao afastamento do paciente: a) data de início e período de repouso; b) Classificação Internacional de Doenças - CID-10; e c) considerações que julgar pertinentes; III) - informações do médico: a) nome; b) número do CRM; e c) data de emissão do documento médico. IV- identificação do segurado. 3. Na falta de explícita data de início do repouso, conforme previsto na alínea a do inciso II, será considerada como tal a data de emissão do documento médico. 4. Caso não sejam atendidas as condições previstas acima ou quando o documento médico não contiver as informações necessárias, o reconhecimento do direito dependerá de realização de perícia médica, a ser agendada quando do atendimento administrativo, resguardada a Data de Entrada do Requerimento - DER. 5. O reconhecimento do direito ao auxílio por incapacidade temporária, além das condições previstas no caput, dependerá da comprovação da qualidade de segurado e carência. 6. Caso o requerente não possua a qualidade de segurado e/ou carência, será agendada perícia médica quando do atendimento administrativo, não se aplicando o disposto na ACP. 7. Será considerada como data fim do período de repouso (Data de Cessação do Benefício - DCB) o período indicado no documento médico, observado o limite máximo de sessenta dias. 7.1. Nos casos em que o período de repouso indicado no documento médico seja maior que sessenta dias ou caso o segurado não se considere capaz para retorno à atividade após período de benefício, poderá ser requerido: I - Pedido de Prorrogação - PP, nos quinze dias que antecedem a DCB; II - Pedido de Reconsideração - PR, até trinta dias contados do dia seguinte à DCB; ou III - Recurso à Junta de Recursos do Conselho de Recursos da Previdência Social - JR/CRPS, no prazo de trinta dias contados da comunicação da conclusão contrária. 8. A fixação da Data do Início do Benefício - DIB, será na forma do art. 72 do Regulamento da Previdência Social, aprovado pelo Decreto nº 3.048, de 1999. 9. No caso de segurado empregado, exceto o doméstico, deverá ser apresentada declaração da empresa, devidamente assinada, atestando o último dia de trabalho.
Fundamentação Complementar	Memorando-Circular Conjunto nº 13 /DIRBEN/DIRAT/DIRSAT/PFE/INSS, de 4 de fevereiro de 2016 suspendeu o cumprimento a partir de 4 de fevereiro de 2016. PORTARIA PRES/INSS Nº 1.338, DE 23 DE AGOSTO DE 2021 que suspendeu o cumprimento das orientações acima em face do Acordo Homologado em Plenário do Supremo Tribunal Federal no Recurso Extraordinário nº 1.171.152/SC

SEÇÃO XI - AÇÃO CIVIL PÚBLICA Nº 819-67.2013.4.01.3701/SE - SUSPENSA

Assunto: Requerimentos para a prorrogação e implantação de benefícios por incapacidade temporária no âmbito do Estado de Sergipe. Prazo de 45 (quarenta e cinco) dias para realizar perícia em requerimento administrativo. Análise efetuada por documento médico, independentemente de realização de perícia médica.

Decisão Judicial	Implantar rotina para efetuar a prorrogação dos benefícios por incapacidade baseada na apresentação de documento médico pelos segurados residentes no Estado de Sergipe, sem a necessidade de perícia médica, para que o tempo médio de espera para atendimento da perícia médica não seja superior a 45 dias.
Abrangência	Segurados residentes no Estado de Sergipe que estejam em benefício de auxílio por incapacidade temporária.

Período de vigência	A partir de 15 de julho de 2015, data da sentença proferida nesta ACP. E a rotina deve ser adotada para que, até 31 de dezembro de 2015, o Tempo Médio de Espera para Atendimento da Perícia Médica - TMEA-PM não seja superior a 45 (quarenta e cinco) dias em qualquer unidade de atendimento do referido Estado. Cumprimento suspenso a partir de 10 de junho de 2021 pela Portaria PRES/INSS nº 1.338, de 23 de agosto de 2021.
Comprovação de Endereço	Deverá ser apresentado o comprovante de endereço
Aplicabilidade	Para cumprimento da decisão, o Pedido de Prorrogação - PP deverá ser necessariamente realizado por meio dos canais de atendimento ou diretamente na APS da GEX Aracaju mantenedora do benefício de auxílio por incapacidade temporária. Quando do atendimento administrativo, o segurado deverá apresentar, obrigatoriamente, documento médico (atestado médico), no qual constem as seguintes informações: I - nome completo do paciente; II - informações relativas ao afastamento do paciente: a) período de repouso; b) Classificação Internacional de Doenças - CID-10; e c) considerações que julgar pertinentes; III - informações do médico: a) nome; b) número do CRM; e c) data de emissão do documento médico. Caso não sejam atendidas as condições previstas nos itens acima ou quando o atestado médico não contiver as informações necessárias, o reconhecimento do direito dependerá de realização de perícia médica, a ser agendada quando do atendimento administrativo, resguardada a DER. Não será aceito, para fins de atendimento à decisão em questão, atestado médico com rasuras ou emendas. O benefício será prorrogado de forma automática por até 180 dias, após processamento no sistema de benefício.
Fundamentação Complementar a observar	PORTARIA PRES/INSS Nº 1.338, DE 23 DE AGOSTO DE 2021 que suspendeu o cumprimento das orientações acima em face do Acordo Homologado em Plenário do Supremo Tribunal Federal no Recurso Extraordinário nº 1.171.152/SC.

SEÇÃO XII - AÇÃO CIVIL PÚBLICA Nº 0011640-79.2016.8.21.0001/RS - SUSPENSA

Assunto: Requerimentos de auxílio por incapacidade temporária decorrente de acidente do trabalho, no âmbito do município de Porto Alegre. Implantação com base na Comunicação de Acidente do Trabalho - CAT e em documento médico, sem realização de perícia médica, quando a agenda para fins de perícia médica ultrapassar o limite de 45 (quarenta e cinco) dias.

Decisão Judicial	Que se efetue a conclusão de auxílio por incapacidade temporária decorrente de acidente do trabalho, no prazo máximo de 45 (quarenta e cinco) dias a contar do requerimento administrativo, e no caso de não ser observado este prazo, conceder o benefício de forma provisória, com base em documento médico (Laudo/Atestado Médico) e Comunicação de Acidente do Trabalho-CAT, sem realização de perícia médica.
Abrangência	Residentes no município de Porto Alegre que requeiram auxílio por incapacidade temporária decorrente de acidente do trabalho, em qualquer Agência da Previdência Social-APS no município de Porto Alegre
Período de vigência	Aplica-se em requerimentos pendentes de análise a partir de 25 de maio de 2018, data de expedição do Memorando-Circular Conjunto nº 22 /DIRBEN/DIRSAT/DIRAT/PFE/INSS, de 25 de maio de 2018. Cumprimento suspenso a partir de 10 de junho de 2021 pela Portaria PRES/INSS nº 1.338, de 23 agosto de 2021
Comprovação de Endereço	Deverá ser apresentado o comprovante de endereço
Aplicabilidade	1. Quando efetuado o requerimento do benefício de auxílio por incapacidade temporária decorrente de acidente do trabalho e a agenda para fins de perícia médica ultrapassar o limite de 45 (quarenta e cinco) dias, será agendado ao segurado o atendimento administrativo. 2. No atendimento administrativo, o segurado deverá apresentar, obrigatoriamente: a) documento de identificação; b) documento médico (Atestado/laudo); e c) Comunicação de Acidente do Trabalho-CAT, devidamente preenchida e assinada pelo responsável pelas informações CAT. 3. No documento médico devem constar as seguintes informações: a) nome completo do paciente; b) informações relativas ao afastamento do paciente, quais sejam, data de início e período de repouso; código da Classificação Internacional de Doenças - CID-10; considerações que julgar pertinentes; e data de emissão do documento médico. c) informações do médico contendo o nome e número do CRM. 4. Na falta de explícita data de início do repouso, conforme previsto na alínea b, do item 3, será considerada como tal a data de emissão do documento médico. 5. Caso não sejam atendidas as condições previstas acima ou quando o documento médico não contiver as informações necessárias, o reconhecimento do direito dependerá de realização de perícia médica, a ser agendada quando do atendimento administrativo, resguardada a Data de Entrada do Requerimento - DER. 6. Se a CAT não estiver corretamente preenchida, deverá dar entrada no requerimento aplicando a ACP nº 5025299-96.2011.4.04.7100/RS que trata de auxílio por incapacidade temporária previdenciário com base em documento médico, no âmbito do Estado do Rio Grande do Sul. 8. O reconhecimento do direito ao auxílio por incapacidade temporária decorrente de acidente do trabalho, além das condições previstas acima, dependerá da comprovação da qualidade de segurado. 9. Caso o requerente não possua a qualidade de segurado na data do início do repouso indicada no documento médico, será agendada perícia médica quando do atendimento administrativo, não se aplicando o disposto na ACP.

Aplicabilidade	10. Será considerada como data fim do período de repouso (Data de Cessação do Benefício - DCB) o período indicado no documento médico, observado o limite máximo de sessenta dias. 10.1. caso o segurado não se considere capaz para retorno à atividade após o período de benefício, ou se o período de repouso indicado no documento médico for superior a sessenta dias, poderá ser requerido novo benefício nos canais de atendimento, não cabendo solicitação de prorrogação, 11. A fixação da Data do Início do Benefício - DIB, será na forma do art. 72 do Regulamento da Previdência Social, aprovado pelo Decreto nº 3.048, de 1999. 12. No caso de segurado empregado, exceto o doméstico, deverá ser apresentada declaração da empresa, devidamente assinada, atestando o último dia de trabalho.
Fundamentação Complementar a observar	PORTARIA PRES/INSS Nº 1.338, DE 23 DE AGOSTO DE 2021 que suspendeu o cumprimento das orientações acima em face do Acordo Homologado em Plenário do Supremo Tribunal Federal no Recurso Extraordinário nº 1.171.152/SC.

SEÇÃO XIII - AÇÃO CIVIL PÚBLICA Nº 4559-68.2015.4.01.3602 MT - SUSPENSA

Assunto: Requerimentos de auxílio por incapacidade temporária e benefícios assistenciais no âmbito das APS Rondonópolis, Alto Araguaia, Jaciara e Poxoréu, no Estado do Mato Grosso, MT e Santa Rita do Araguaia, no Estado de Goiás. Prazo de 60 (sessenta) dias para realizar perícia em requerimento administrativo. Análise efetuada por documento médico, independentemente de realização de perícia médica.

Decisão Judicial	Determina a implantação de auxílio por incapacidade temporária, e benefício de prestação continuada, no prazo máximo de 60 (sessenta) dias a contar do requerimento administrativo, e, no caso de não ser observado este prazo, conceder o benefício de forma provisória, com base em documento médico (Laudo/Atestado Médico), sem realização de perícia médica.
Abrangência	A decisão é restrita aos residentes nos municípios de Alto Araguaia, Alto Garças, Alto Taquari, Araguainha, Dom Aquino, Guiratinga, Itiquira, Jaciara, Juscimeira, Pedra Preta, Ponte Branca, Poxoréo, Rondonópolis, São José do Povo, São Pedro da Cipa, Tesouro, no Estado do Mato Grosso, e Santa Rita do Araguaia, no Estado de Goiás, que requeiram benefício de auxílio-doença e amparo social à pessoa portadora de deficiência - BPC/LOAS
Período de vigência	Requerimentos efetivados a partir de 29 de março de 2018 da publicação do Memorando-Circular Conjunto nº 11 / DIRBEN/DIRSAT/DIRAT/PFE/INSS, de 28 de março de 2018. Cumprimento suspenso a partir de 10 de junho de 2021 pela Portaria PRES/INSS nº 1.338, de 23 de agosto de 2021
Comprovação de Endereço	Obrigatória a apresentação de comprovante de endereço
Aplicabilidade	1.No caso de requerimento de auxílio por incapacidade temporária, quando a agenda, para fins de perícia médica, ultrapassar o limite de sessenta dias, serão concedidos os benefícios sem exame médico-pericial, com base em documento médico, de forma provisória, devendo ser mantido até sessenta dias, ou até a data da realização da perícia médica; 2. O requerente deverá apresentar dois documentos médicos (Laudo/Atestado Médico) emitidos por médicos particulares diferentes, ou um documento médico, quando emitido por médico de órgão ou entidade pública que integre o Sistema Único de Saúde - SUS. Em qualquer dos casos, a documentação médica deverá ter sido emitida no período de noventa dias anteriores ao pedido do benefício. 3. No caso de serem apresentados dois Atestados Médicos (emitidos por médicos particulares), os parâmetros a serem considerados serão aqueles que coincidirem quanto à incapacidade (CID) e, início e fim do afastamento. Desta forma, será considerado, para fins de análise do requerimento, somente o período coincidente nos dois Atestados, na hipótese de possuírem início ou fim diferentes. Ainda, quanto à incapacidade, será considerado somente se constar CID da mesma categoria em ambos os documentos médicos. 4. O documento médico (Atestado Médico) deve conter as seguintes informações: I - informações do interessado: nome; II - informações relativas ao afastamento do interessado: a) data de início de repouso; b) período de repouso; c) Classificação Internacional de Doenças - CID-10; d) considerações que julgar pertinentes; e e) data de emissão do documento médico; III - informações do médico: a) nome; e b) número do CRM. 5. O reconhecimento do direito ao auxílio por incapacidade temporária, além das condições previstas nos itens acima, dependerá da comprovação da qualidade de segurado e carência, observando que: a) se o segurado não possuir a qualidade de segurado e/ou carência, não se aplica o disposto na ACP, cabendo, neste caso, seguir a rotina normal, com realização de perícia médica, resguardada a DER; b) verificada a qualidade de segurado e/ou carência: b.1) será considerada como data de início do período de repouso a indicada no documento médico ou, caso não haja a indicação, a data da expedição do documento; b.2) será considerada, para aferição da data fim do período de repouso, o período indicado no documento médico, observado o limite máximo de sessenta dias; b.3) caso o segurado considere que o prazo concedido não foi suficiente para o retorno à atividade após o período de benefício, ou o período de repouso indicado no documento médico for superior a sessenta dias, poderá ser requerido novo benefício pelos canais de atendimento, não cabendo pedido de Prorrogação (PP).
Fundamentação a observar	PORTARIA PRES/INSS Nº 1.338, DE 23 DE AGOSTO DE 2021 que suspendeu o cumprimento das orientações acima em face do Acordo Homologado em Plenário do Supremo Tribunal Federal no Recurso Extraordinário nº 1.171.152/SC.

SEÇÃO XIV - AÇÃO CIVIL PÚBLICA N° 1000742-48.2017.4.01.4300 TO - SUSPENSA

Assunto: Assunto: Requerimentos de auxílio por incapacidade temporária, auxílio-acidente, aposentadoria por incapacidade permanente e benefícios assistenciais no âmbito das APS do Estado do Tocantins, exceto APS Gurupi. Prazo de 45 (quarenta e cinco) dias para realizar perícia em requerimento administrativo. Análise efetuada por documento médico, independentemente de realização de perícia médica.

Decisão Judicial	Determina a implantação de auxílio por incapacidade temporária, auxílio-acidente, aposentadoria por incapacidade permanente, Amparo Social à Pessoa Portadora de Deficiência - BPC/LOAS em todas as Agências da Previdência Social no Estado do Tocantins, com a ressalva da APS Gurupi, em, no máximo, 45 (quarenta e cinco) dias e, no caso de não ser observado este prazo, conceder o benefício de forma provisória, com base em documento médico (Laudo/ Atestado Médico), sem realização de perícia médica, devendo ser mantida a concessão do benefício até sua conclusão definitiva, salvo comprovada má-fé, assegurados, neste caso, a ampla defesa e o contraditório
Abrangência	Residentes no Estado de Tocantins, exceto no Município de Gurupi, que requeiram benefício de auxílio por incapacidade temporária, auxílio-acidente, aposentadoria por incapacidade permanente e Amparo Social à Pessoa Portadora de Deficiência - BPC/LOAS
Período de vigência	Requerimentos efetivados a partir de 14 de fevereiro de 2018 (Data de Entrada do Requerimento - DER). Cumprimento suspenso a partir de 10 de junho de 2021 pela Portaria PRES/INSS n° 1.338, de 23 de agosto de 2021.
Comprovação de Endereço	Obrigatória a apresentação de comprovante de endereço
Aplicabilidade	1. No caso de requerimentos de auxílio por incapacidade temporária, quando a agenda, para fins de perícia médica, ultrapassar o limite de 45 (quarenta e cinco) dias, os benefícios serão concedidos sem exame médico-pericial, com base em documento médico, de forma provisória, devendo ser mantido durante o período de repouso constante no laudo médico, até no máximo 60 (sessenta) dias. No atendimento administrativo de auxílio-doença, o segurado deverá apresentar, obrigatoriamente, documento médico (Atestado Médico), no qual constem as seguintes informações: I) nome do interessado; II) informações relativas ao afastamento do interessado: a) data de início de repouso; b) período de repouso; c) Classificação Internacional de Doenças - CID-10; d) considerações que julgar pertinentes; e e) data de emissão do documento médico; III) informações do médico: a) nome; e b) número do CRM. Caso não sejam atendidas as condições previstas acima, inclusive quando o Atestado Médico não contiver as informações necessárias, de forma a impossibilitar o reconhecimento do direito ao benefício mediante os dados informados, será oportunizado prazo de cumprimento de exigência para o segurado. No caso dos benefícios por incapacidade temporária e permanente de segurado empregado, exceto o doméstico, além dos documentos previstos acima, deverá apresentar a declaração da empresa atestando o último dia de trabalho, devidamente assinada pela mesma. Não será aceito, para fins da ACP, Atestado Médico com rasuras ou emendas. Caso a exigência não seja atendida, o requerimento deverá ser cancelado, cabendo a habilitação de novo requerimento por meio da rotina normal com realização de exame médico-pericial, resguardada a DER. Observado o prazo decadencial previsto em lei, serão admitidos pedidos de revisão em relação aos dados referidos acima. O reconhecimento do direito ao auxílio por incapacidade temporária, além das condições previstas acima, dependerá da comprovação da qualidade de segurado e carência, observando que: a) caso o segurado não possua a qualidade de segurado e/ou carência, não se aplica o disposto na ACP, cabendo, nesse caso, seguir a rotina normal, com realização de perícia médica, resguardada a DER; b) verificada a qualidade de segurado e/ou carência: b.1) será considerada como data de início do período de repouso a indicada no documento médico. Caso não haja a indicação, a data da expedição do documento; b.2) será considerado como data fim do período de repouso o período indicado no documento médico, observado o limite máximo de sessenta dias; b.3) caso o segurado não se considere capaz para retorno à atividade após o período de benefício, ou se o período de repouso indicado no documento médico for superior a sessenta dias, poderá ser requerido novo benefício diretamente na APS, sem agendamento, observado o disposto no Memorando-Circular Conjunto n° 31/DIRBEN/DIRSAT/ DIRAT/INSS, de 23 de junho de 2016. 2. No caso dos benefícios de auxílio-acidente, aposentadoria por incapacidade permanente e do Benefício de Prestação Continuada à Pessoa Deficiente (BPC/LOAS), o processamento do benefício será realizado normalmente, observando a necessidade de que a espera para a realização da avaliação social/perícia médica não ultrapasse o prazo máximo previsto na ACP, de 45 (quarenta e cinco) dias, contados a partir do requerimento.
Fundamentação a observar	PORTARIA PRES/INSS N° 1.338, DE 23 DE AGOSTO DE 2021 que suspendeu o cumprimento das orientações acima em face do Acordo Homologado em Plenário do Supremo Tribunal Federal no Recurso Extraordinário n° 1.171.152/SC.

SEÇÃO XV - AÇÃO CIVIL PÚBLICA N° 0803518-83.2016.4.05.8000 AL - REVOGADA

Assunto: Requerimentos de auxílio por incapacidade temporária e benefícios assistenciais no âmbito do Estado de Alagoas. Prazo de 45 (quarenta e cinco) dias para realizar perícia em requerimento administrativo. Análise efetuada por documento médico, independentemente de realização de perícia médica.

Decisão Judicial	Determina a implantação do auxílio por incapacidade e benefícios assistenciais com base em documento médico (Atestado Médico) quando ultrapassados 45 dias de tempo de espera para a realização de perícia médica.
Abrangência	Segurados que requeiram benefício previdenciário e assistencial nas Agências da Previdência Social (APS) no Estado de Alagoas

Período de vigência	Se aplica em requerimentos efetivados a partir de 18 de agosto de 2016, quando a agenda para fins de perícia médica nestas APS ultrapassar o limite de 45 (quarenta e cinco) dias de espera e seu cumprimento foi suspenso a partir de 2 de janeiro de 2017, pelo Memorando-Circular Conjunto nº 1 DIRBEN/DIRAT/DIRSAT/PFE/INSS, de 2 de janeiro de 2017. Posteriormente, em 26 de maio de 2022, os efeitos foram revogados pela Portaria PRES/INSS nº 1.432, de 28 de março de 2022.
Comprovação de Endereço	Deverá ser apresentado o comprovante de endereço
Aplicabilidade	I - O processamento do Benefícios de Prestação Continuada da Assistência Social-BPC será realizado normalmente, observando-se a necessidade de que a espera para realização da avaliação social/perícia médica não ultrapasse o prazo máximo previsto na ACP, de 45 (quarenta e cinco) dias, contados a partir do requerimento. II - No caso de benefício por incapacidade temporária, quando a agenda para fins de perícia médica ultrapassar o limite de 45 (quarenta e cinco) dias, será agendado ao segurado o atendimento administrativo. 1. No atendimento administrativo, o segurado deverá apresentar, obrigatoriamente, documento médico (atestado médico), no qual constem as seguintes informações: I) - nome completo do paciente; II) - informações relativas ao afastamento do paciente: a) data de início e período de repouso; b) Classificação Internacional de Doenças - CID-10; e c) considerações que julgar pertinentes; III) - informações do médico: a) nome; b) número do CRM; e c) data de emissão do documento médico. IV- identificação do segurado. 2. Na falta de explícita data de início do repouso, conforme previsto na alínea a do inciso II, será considerada como tal a data de emissão do documento médico. 3. Caso não sejam atendidas as condições previstas acima ou quando o documento médico não contiver as informações necessárias, o reconhecimento do direito dependerá de realização de perícia médica, a ser agendada quando do atendimento administrativo, resguardada a Data de Entrada do Requerimento - DER. 4. O reconhecimento do direito ao auxílio por incapacidade temporária, além das condições previstas no caput, dependerá da comprovação da qualidade de segurado e carência. 5. Caso o requerente não possua a qualidade de segurado e/ou carência, será agendada perícia médica quando do atendimento administrativo, não se aplicando o disposto na ACP. 6. Será considerada como data fim do período de repouso (Data de Cessação do Benefício - DCB) o período indicado no documento médico, observado o limite máximo de sessenta dias. 6.1. Nos casos em que o período de repouso indicado no documento médico seja maior que sessenta dias ou caso o segurado não se considere capaz para retorno à atividade após período de benefício, poderá ser requerido novo benefício diretamente na APS, sem agendamento pela Central 135, não cabendo Pedido de Prorrogação (PP). 7. Se houver apresentação de mais de um Atestado Médico e, se constatado que em todos se trata do mesmo CID, poderão ser somados os períodos de repouso, observado o limite máximo de sessenta dias; em caso de CID diferente, será considerado apenas o de maior tempo de repouso. 7.1 No caso de mesmo CID, considera-se que o benefício é devido de forma ininterrupta, por isso a soma dos períodos de repouso; e 7.2 No caso de CID diferente, o segurado continua a ter direito ao benefício para cada uma das doenças, porém um benefício para cada período de repouso. 8. No caso de segurado empregado, exceto o doméstico, deverá ser apresentada declaração da empresa, devidamente assinada, atestando o último dia de trabalho

SEÇÃO XVI - AÇÃO CIVIL PÚBLICA Nº 1000049-58.2017.4.01.4302 GURUPI/TO - REVOGADA

Assunto: Requerimentos de auxílio por incapacidade temporária, auxílio-acidente, aposentadoria por incapacidade permanente e benefícios assistenciais no âmbito de Gurupi, no Estado de Tocantins. Prazo de 45 (quarenta e cinco) dias para realizar perícia em requerimento administrativo. Análise efetuada por documento médico, independentemente de realização de perícia médica.

Decisão Judicial	Determina a implantação do auxílio por incapacidade temporária, auxílio-acidente, aposentadoria por incapacidade permanente, e benefícios assistenciais com base em documento médico (Atestado Médico) quando ultrapassados 45 dias de tempo de espera para a realização de perícia médica.
Abrangência	Residentes na cidade de Gurupi, no Estado de Tocantins, que requeiram benefício de auxílio por incapacidade temporária, auxílio-acidente, aposentadoria por incapacidade permanente, e benefícios assistenciais.
Período de vigência	Se aplica em requerimentos efetivados a partir de 28 de agosto de 2017, quando a agenda para fins de perícia médica nesta APS ultrapassar o limite de 45 (quarenta e cinco) dias de espera, e seu cumprimento foi suspenso a partir de 26 de setembro de 2018, pelo Memorando-Circular Conjunto nº 43 DIRBEN/DIRSAT/DIRAT/PFE/INSS, de 26 de setembro de 2018. Posteriormente, em 26 de maio de 2022, os efeitos foram revogados pela Portaria PRES/INSS nº 1.432, de 28 de março de 2022.
Comprovação de Endereço	Deverá ser apresentado o comprovante de endereço
Aplicabilidade	I- Nos requerimentos de auxílio-acidente, aposentadoria por incapacidade permanente e Benefício de Prestação Continuada - BPC/LOAS, a concessão deverá ocorrer nos moldes da legislação atual, com a realização do exame médico-pericial, respeitando-se o prazo de 45 (quarenta e cinco) dias estabelecido na ACP. II- No caso de benefício por incapacidade temporária, quando a agenda para fins de perícia médica ultrapassar o limite de 45 (quarenta e cinco) dias, será agendado ao segurado o atendimento administrativo. 1. No atendimento administrativo, o segurado deverá apresentar, obrigatoriamente, documento médico (atestado médico), no qual constem as seguintes informações: I) - nome completo do interessado;

AÇÕES COLETIVAS

Aplicabilidade	II) - informações relativas ao afastamento do interessado: a) data de início e período de repouso; b) Classificação Internacional de Doenças - CID-10; c) considerações que julgar pertinentes; e d) data de emissão do documento médico. III) - informações do médico: a) nome; b) número do CRM; e 2. Na falta de explícita data de início do repouso, conforme previsto na alínea a do inciso II, será considerada como tal a data de emissão do documento médico. 3. Caso não constem no Atestado Médico as informações previstas acima, deverá ser oportunizado prazo de exigência para o segurado. 4. O reconhecimento do direito ao auxílio por incapacidade temporária, além das condições previstas acima, dependerá da comprovação da qualidade de segurado e carência. 5. Caso o requerente não possua a qualidade de segurado e/ou carência, será agendada perícia médica, resguardada a DER, não se aplicando o disposto na ACP. 6. Será considerada como data fim do período de repouso (Data de Cessação do Benefício - DCB) o período indicado no documento médico, observado o limite máximo de sessenta dias. 6.1. Nos casos em que o período de repouso indicado no documento médico seja maior que sessenta dias ou caso o segurado não se considere capaz para retorno à atividade após período de benefício, poderá ser requerido novo benefício diretamente na APS, sem agendamento pela Central 135, não cabendo Pedido de Prorrogação (PP). 7. No caso de auxílio por incapacidade temporária, auxílio-acidente e aposentadoria por incapacidade permanente de segurado empregado, exceto o doméstico, deverá ser apresentada declaração da empresa, devidamente assinada, atestando o último dia de trabalho

SEÇÃO XVII - AÇÃO CIVIL PÚBLICA N° 0801346-89.2017.4.05.8500 E 0801806-81.2014.4.05.8500 SE - REVOGADA

Assunto: Requerimentos de auxílio por incapacidade temporária e aposentadoria por incapacidade permanente no âmbito do Estado de Sergipe. Prazo de 45 (quarenta e cinco) dias para realizar perícia em requerimento administrativo. Análise efetuada por documento médico, independentemente de realização de perícia médica.

Decisão Judicial	Determina a implantação do auxílio por incapacidade temporária e aposentadoria por incapacidade permanente com base em documento médico (Atestado Médico) quando ultrapassados 45 dias de tempo de espera para a realização de perícia médica.
Abrangência	A decisão destina-se a todos os residentes no Estado de Sergipe, que requeiram benefício de auxílio por incapacidade temporária e aposentadoria por incapacidade permanente.
Período de vigência	Se aplica em requerimentos efetivados a partir de 25 de maio de 2018, quando a agenda para fins de perícia médica nestas APS ultrapassar o limite de 45 (quarenta e cinco) dias de espera, sendo que seu cumprimento foi suspenso a partir de 26 de outubro de 2018, pelo Memorando-Circular Conjunto n° 52 DIRBEN/DIRSAT/DIRAT/PFE/INSS, de 26 de outubro de 2018. Posteriormente, em 16 de agosto de 2019, os efeitos foram revogados pelo Ofício-Circular Interinstitucional Conjunto n° 4 DIRBEN/DIRAT/PFE/INSS/SPMF-ME, de 16 de agosto de 2019.
Comprovação de Endereço	Deverá ser apresentado o comprovante de endereço
Aplicabilidade	- Nos requerimentos de aposentadoria por incapacidade permanente, a concessão deverá ocorrer nos moldes da legislação atual, com a realização do exame médico-pericial, respeitando-se o prazo de 45 (quarenta e cinco) dias estabelecido na ACP. II- No caso de benefício por incapacidade temporária, quando a agenda para fins de perícia médica ultrapassar o limite de 45 (quarenta e cinco) dias, será agendado ao segurado o atendimento administrativo. 1. No atendimento administrativo, o segurado deverá apresentar, obrigatoriamente, documento médico (atestado médico), no qual constem as seguintes informações: I) - nome do interessado; II) - informações relativas ao afastamento do interessado: a) data de início e período de repouso; b) Classificação Internacional de Doenças - CID-10; c) considerações que julgar pertinentes; e d) data de emissão do documento médico. III) - informações do médico: a) nome; b) número do CRM; e 2. Na falta de explícita data de início do repouso, conforme previsto na alínea a do inciso II, será considerada como tal a data de emissão do documento médico. 3. Caso não constem no Atestado Médico as informações previstas acima, deverá ser oportunizado prazo de exigência para o segurado. 4. O reconhecimento do direito ao auxílio por incapacidade temporária, além das condições previstas acima, dependerá da comprovação da qualidade de segurado e carência. 5. Caso o requerente não possua a qualidade de segurado e/ou carência, será agendada perícia médica, resguardada a DER, não se aplicando o disposto na ACP. 6. Será considerada como data fim do período de repouso (Data de Cessação do Benefício - DCB) o período indicado no documento médico, observado o limite máximo de sessenta dias. 7. Nos casos em que o período de repouso indicado no documento médico seja maior que sessenta dias ou caso o segurado não se considere capaz para retorno à atividade após período de benefício, poderá ser requerido novo benefício diretamente na APS, sem agendamento pela Central 135, não cabendo Pedido de Prorrogação (PP). 8. No caso de auxílio por incapacidade temporária e aposentadoria por incapacidade permanente de segurado empregado, exceto o doméstico, deverá ser apresentada declaração da empresa, devidamente assinada, atestando o último dia de trabalho.

SEÇÃO XVIII - AÇÃO CIVIL PÚBLICA N° 0002285-21.2017.4.01.4004 PI - REVOGADA

Assunto: Requerimentos de benefícios previdenciários e assistenciais que necessitam de realização de exame médico-pericial no âmbito do Município de São Raimundo Nonato, no Estado do Piauí. Prazo de 45 (quarenta e cinco) dias para realizar perícia em requerimento administrativo. Análise efetuada por documento médico, independentemente de realização de perícia médica.

Decisão Judicial	Determina a implantação dos benefícios previdenciários e assistenciais que necessitam de realização de exame médico-pericial com base em documento médico (Atestado Médico) quando ultrapassados 45 dias de tempo de espera para a realização de perícia médica.
Abrangência	A decisão destina-se, exclusivamente, aos segurados que requeiram benefício previdenciário e assistencial na APS São Raimundo Nonato/PI e desde que residente no Município de São Raimundo Nonato/PI.
Período de vigência	Se aplica em requerimentos efetivados a partir de 16 de julho de 2018, data da publicação do Memorando-Circular Conjunto n° 30 DIRBEN/DIRSAT/DIRAT/PFE/INSS, de 16 de julho de 2018, quando a agenda para fins de perícia médica nestas APS ultrapassar o limite de 45 (quarenta e cinco) dias de espera. Em 16 de agosto de 2019, os efeitos foram revogados pelo Ofício-Circular Interinstitucional Conjunto n° 3 DIRBEN/DIRAT/PFE/INSS/SPMF-ME, de 15 de agosto de 2019.
Comprovação de Endereço	Deverá ser apresentado o comprovante de endereço
Aplicabilidade	I - O processamento dos benefícios de aposentadoria por incapacidade permanente, auxílio-acidente, dos demais que necessitem da comprovação da condição de dependente filho ou irmão maior de 21 (vinte e um) anos inválido ou deficiente (pensão por morte e auxílio-reclusão) e dos Benefícios de Prestação Continuada à Pessoa com Deficiente (BPC/LOAS) será realizado normalmente, observando-se a necessidade de que a espera para a realização da avaliação social/perícia médica não ultrapasse o prazo máximo previsto na ACP, de 45 (quarenta e cinco) dias, contados a partir do requerimento. II - No caso de benefício por incapacidade temporária, quando a agenda para fins de perícia médica ultrapassar o limite de 45 (quarenta e cinco) dias, será agendado ao segurado o atendimento administrativo. 1. No atendimento administrativo, o segurado deverá apresentar, obrigatoriamente, documento médico (atestado médico), no qual constem as seguintes informações: I - nome do interessado; II - informações relativas ao afastamento do interessado: a) data de início e período de repouso; b) Classificação Internacional de Doenças - CID-10; c) considerações que julgar pertinentes; e d) data de emissão do documento médico. III - informações do médico: a) nome; b) número do CRM; e 2. Na falta de explícita data de início do repouso, conforme previsto na alínea a do inciso II, será considerada como tal a data de emissão do documento médico. 3. Caso não constem no Atestado Médico as informações previstas acima, deverá ser oportunizado prazo de exigência para o segurado. 4. O reconhecimento do direito ao auxílio por incapacidade temporária, além das condições previstas acima, dependerá da comprovação da qualidade de segurado e carência. 5. Caso o requerente não possua a qualidade de segurado e/ou carência, será agendada perícia médica, resguardada a DER, não se aplicando o disposto na ACP. 6. Será considerada como data fim do período de repouso (Data de Cessação do Benefício - DCB) o período indicado no documento médico, observado o limite máximo de sessenta dias. 7. Nos casos em que o período de repouso indicado no documento médico seja maior que sessenta dias ou caso o segurado não se considere capaz para retorno à atividade após período de benefício, poderá ser requerido novo benefício diretamente na APS, sem agendamento pela Central 135, não cabendo Pedido de Prorrogação (PP). 8. No caso de segurado empregado, exceto o doméstico, deverá ser apresentada declaração da empresa, devidamente assinada, atestando o último dia de trabalho.

SEÇÃO XIX - AÇÃO CIVIL PÚBLICA N° 5020446-70.2023.4.02.5001 ES - VIGENTE

Assunto: Dispõe sobre o cumprimento a decisão judicial proferida na Ação Civil Pública n° 5020466-70.2023.4.02.5001 ES, referente à suspensão da cobrança fundada na conversão do auxílio por incapacidade temporária para a aposentadoria por incapacidade permanente que tem por base o cálculo previsto na Emenda Constitucional n° 103/2019.

Decisão Judicial	Determina ao INSS não realizar qualquer tipo de cobrança em razão da transformação do benefício de auxílio por incapacidade temporária em aposentadoria por incapacidade permanente. E a revisar a Renda Mensal Inicial - RMI das aposentadorias por incapacidade permanente que tenham sido reduzidas após sua conversão com base na regra de cálculo prevista na Emenda Constitucional n° 103/2019 - Efeitos suspensos por decisão judicial.
Abrangência	Nacional
Período de vigência	Produz efeitos para aposentadoria por incapacidade permanente com Data do Início de Benefício - DIB a partir de 14/11/2019, precedido de auxílio por incapacidade temporária com Data do Início da Incapacidade - DII fixada até 13/11/2019, em razão da modificação no método de cálculo previsto na Emenda Constitucional n° 103/2019.
Comprovação de Endereço	Dispensada a apresentação

Aplicabilidade	Abrange os benefícios por incapacidade que estejam ativos, cessados ou suspensos, bem como os novos que sejam concedidos a partir de 4 de outubro de 2023, data da publicação da Portaria Conjunta DIRBEN/PFE/INSS nº 87, de 2 de outubro de 2023. Quando o valor do cálculo da aposentadoria por incapacidade permanente for inferior ao anteriormente recebido no auxílio por incapacidade temporária, a diferença de valor gerado entre o início da aposentadoria e sua concessão em que o titular permaneceu recebendo o auxílio, não será objeto de cobrança, de forma consignada ou não, a título de recomposição ao erário e/ou outro similar. A diferença acima não será consignada nas rendas futuras do beneficiário. Estão suspensas as consignações já existentes que foram efetuadas em razão da transformação dos benefícios de auxílio por incapacidade temporária em aposentadoria por incapacidade permanente que tem por base o cálculo previsto na Emenda Constitucional nº 103/2019. A parte da decisão judicial, que trata da revisão da RMI das aposentadorias por incapacidade permanente que tenham sido reduzidas após sua conversão com base na regra de cálculo prevista na Emenda Constitucional nº 103/2019, está suspensa.

ANEXO X
AÇÕES CIVIS PÚBLICAS SOBRE DEPENDENTES

SEÇÃO I - AÇÃO CIVIL PÚBLICA Nº 0059826-86.2010.4.01.3800/MG - VIGENTE

Assunto: Pensão por morte requerido por dependente filho ou irmão inválido. Reconhecer a dependência do filho inválido ou do irmão inválido, quando a invalidez tenha se manifestado após a maioridade ou emancipação, mas até a data do óbito do segurado, desde que atendidos os demais requisitos da lei.

Decisão Judicial	Reconhecer, para fins de concessão de pensão por morte, a dependência do filho inválido ou do irmão inválido, quando a invalidez tenha se manifestado após a maioridade ou eventual causa de emancipação, mas até a data do óbito do segurado, quando deverão ser observados os seguintes requisitos: a) a decisão se aplica aos requerimentos de pensão por morte efetuados por filho ou irmão inválido para fins de caracterização como dependente do segurado falecido; b) a invalidez deve ter ocorrido até a data do óbito do segurado, ainda que tenha se manifestado após os 21 anos de idade ou após a ocorrência de uma das hipóteses de emancipação; c) a dependência econômica é relativa para o filho e para o irmão deve ser comprovada.
Abrangência	nacional
Período de vigência	Se aplica aos novos requerimentos e os pendentes de conclusão, desde que a Data de Entrada do Requerimento seja a partir de 19 de agosto de 2009.
Comprovação de Endereço	Dispensada a apresentação
Aplicabilidade	1. Para fins de concessão de pensão por morte previdenciária (espécie 21) requerida por filho ou irmão inválido, deve ser observado que: a) a invalidez do filho ou irmão seja anterior ao óbito do instituidor; b) a invalidez do filho ou irmão pode ter ocorrido após os 21 (vinte e um) anos de idade ou após eventual causa de emancipação prevista no inciso III, do Art. 17 do Regulamento da Previdência Social - RPS, aprovado pelo Decreto nº 3048, de 06 de maio de 1999; c) considera-se relativa a presunção de dependência econômica do filho maior inválido, descaracterizando a condição de dependente nas situações em que este perceba benefício previdenciário, assistencial ou outra fonte de renda comprovada; d) a existência de filho inválido exclui o direito à pensão por morte de dependente irmão inválido, conforme o disposto no art. 16, § 1º e §4º, da Lei nº 8.213, de 24 de julho de 1991. e) o irmão maior inválido, para fazer jus à pensão por morte, deverá comprovar sua dependência econômica em relação ao segurado instituidor na data do óbito na forma estabelecida no § 3º do art. 22 do Regulamento da Previdência Social. f) Ao irmão inválido também se aplica a descaracterização da condição de dependente nas situações em que este perceba benefício previdenciário, assistencial ou outra fonte de renda comprovada. 1. A decisão se aplica apenas aos requerimentos de pensão por morte, não se estendendo aos pedidos de auxílio--reclusão ou salário-família. 2. Os demais requisitos para direito ao benefício de pensão por morte deverão ser observados, inclusive os referentes aos do segurado instituidor, na data do óbito.

SEÇÃO II - AÇÃO CIVIL PÚBLICA Nº 5029829-46.2011.4.04.7100/RS - VIGENTE

Assunto: Auxílio reclusão requerido por dependente filho ou irmão inválido. Reconhecer a dependência do filho inválido ou do irmão inválido quando a invalidez for caracterizada antes do recolhimento prisional do segurado, independentemente de ela ter ocorrido antes ou após a maioridade ou emancipação, e desde que atendidos os demais requisitos da lei.

Decisão Judicial	Reconhecer a dependência do filho inválido ou do irmão inválido, quando a invalidez for caracterizada antes do recolhimento prisional do segurado, independentemente de ela ter ocorrido antes ou após a maioridade ou emancipação, e desde que atendidos os demais requisitos da lei.
Abrangência	Nacional
Período de vigência	Aplica-se para os benefícios de auxílio-reclusão com Data de Entrada de Requerimento - DER a partir de 18 de agosto de 2009;
Comprovação de Endereço	Dispensada a apresentação

Aplicabilidade	1. Para fins de concessão de auxílio reclusão (espécie 25) requerida por filho ou irmão inválido, deixa de ser aplicado o disposto no § 1º, do art. 17 do Regulamento da Previdência Social e deve ser observado que: a) a invalidez do filho ou irmão deve ser anterior ao recolhimento prisional do segurado; b) a invalidez do filho ou irmão pode ter ocorrido após os 21 (vinte e um) anos de idade ou após eventual causa de emancipação prevista no inciso III, do Art. 17 do Regulamento da Previdência Social - RPS, aprovado pelo Decreto nº 3048, de 06 de maio de 1999; c) considera-se relativa a presunção de dependência econômica do filho maior inválido, descaracterizando a condição de dependente nas situações em que este perceba benefício previdenciário, assistencial ou outra fonte de renda comprovada; d) a existência de filho inválido exclui o direito ao auxílio-reclusão requerido por irmão inválido, conforme o disposto no art. 16, § 1º e §4º, da Lei nº 8.213, de 24 de julho de 1991. e) o irmão maior inválido, para fazer jus ao auxílio-reclusão, deverá comprovar sua dependência econômica em relação ao instituidor, na forma estabelecida no § 3º do art. 22 do Regulamento da Previdência Social. f) Ao irmão inválido também se aplica a descaracterização da condição de dependente nas situações em que este perceba benefício previdenciário, assistencial ou outra fonte de renda comprovada. g) A decisão judicial é restrita aos requerimentos de auxílio-reclusão (espécie 25) e não se aplica aos requerimentos de pensão por morte ou salário-família. h) Os demais requisitos para direito ao benefício de auxílio-reclusão deverão ser observados, inclusive os referentes ao segurado instituidor na data da reclusão. i) Para os requerimentos indeferidos com DER a partir de 18 de agosto de 2009 será realizada revisão administrativa. I - O INSS fará o levantamento dos benefícios que foram indeferidos com fundamento na maioridade civil ou emancipação do dependente inválido. II - O INSS encaminhará comunicação ao interessado para que apresente a documentação de comprovação da permanência em cárcere, bem como, realizará o agendamento da perícia médica para avaliação da invalidez e a data de seu início. III - Nos requerimentos em que já houver a avaliação pericial, o agendamento não será necessário e a análise da revisão administrativa prosseguirá utilizando o resultado da perícia médica já realizada. IV - Não sendo apresentados documentos para comprovação do período de manutenção em cárcere, ou, quando nos casos indicados, o segurado não realizar o agendamento da perícia médica, o INSS analisará o requerimento com as informações que constam no processo administrativo e bancos de dados oficiais. j) As revisões que resultarem na concessão do auxílio-reclusão terão Data de Início do Benefício - DIB e Data de Início do Pagamento - DIP na forma da lei. I - O período de manutenção observará o período informado pelo interessado pela declaração de permanência no cárcere, observando-se que se não houver informação, a concessão se dará pelo prazo de 03 (três) meses. II - Para os benefícios ativos, os efeitos financeiros para início do pagamento serão fixados a partir do dia primeiro do mês subsequente a Data de Despacho do Benefício - DDB. III - Os valores em atraso, diante do que dispõe o art. 100 da Constituição Federal, serão executados pelo beneficiário por meio de execução individual.
Fundamentação complementar a observar	Art. 21 e 521 a 533, todos do Livro II, de Normas Procedimentais em Matéria de Benefícios que disciplina procedimentos e rotinas de reconhecimento de benefícios do Regime Geral de Previdência Social - RGPS, aprovado pela Portaria DIRBEN/INSS nº 991, de 28 de março de 2022

SEÇÃO III - AÇÃO CIVIL PÚBLICA Nº 5093240-58.2014.4.04.7100 RS - VIGENTE

Assunto: Dependentes de pensão por morte ou auxílio reclusão com deficiência intelectual ou mental que os tornem absoluta ou relativamente incapaz, assim declarados judicialmente que tiveram os benefícios extintos, indeferidos ou em cobrança administrativa sob fundamento único do exercício de atividade remunerada anterior à vigência da Lei nº 12.470, de 31 de agosto de 2011.

Decisão Judicial	a) Determina a impossibilidade de indeferimento de benefícios requeridos por dependentes com deficiência intelectual ou mental que os tornem absoluta ou relativamente incapaz, assim declarados judicialmente, sob fundamento único do exercício de atividade remunerada anterior à vigência da Lei nº 12.470, de 31 de agosto de 2011. b) Veda a extinção e a cobrança de benefícios cessados sob fundamento único do exercício de atividade remunerada anterior à vigência da Lei nº 12.470, de 31 de agosto de 2011 pagos aos dependentes com deficiência intelectual ou mental que os tornem absoluta ou relativamente incapaz, assim declarados judicialmente.
Abrangência	Nacional
Período de vigência	Se aplica aos requerimentos indeferidos e aos benefícios cessados e em cobrança, após 1º de setembro de 2011, data da publicação da Lei nº 12.470, de 31 de agosto de 2011.
Comprovação de Endereço	Não se aplica
Aplicabilidade	a) Em cumprimento à decisão judicial, deverão ser atendidos os requerimentos de reativação de benefícios de pensão por morte e auxílio reclusão cessados, efetuados por dependentes previdenciários com deficiência intelectual ou mental que os tornem absoluta ou relativamente incapaz, assim declarados judicialmente. b) Não cabe indeferir os requerimentos de pensão ou reclusão efetuados por dependentes com deficiência intelectual ou mental que os tornem absoluta ou relativamente incapaz, sob fundamento único do exercício de atividade remunerada exercida até 1º de setembro de 2011 ou após esta data. c) Requerimentos de revisão de benefícios indeferidos, sob fundamento único do exercício de atividade remunerada até 1º de setembro de 2011 devem ser processados conforme a decisão judicial.
Fundamentação Complementar a observar	Art. 24 do Livro II, de Normas Procedimentais em Matéria de Benefícios que disciplina procedimentos e rotinas de reconhecimento de benefícios do Regime Geral de Previdência Social - RGPS, aprovado pela Portaria DIRBEN/INSS nº 991, de 28 de março de 2022

SEÇÃO IV - AÇÃO CIVIL PÚBLICA N° 97.0057902-6/SP - VIGENTE

Assunto: Inscrição de "menor sob guarda" como dependente por determinação da ACP n° 97.0057902-6/SP com efeitos limitados ao Estado de São Paulo desde 1°/10/2008. Reativação dos benefícios suspensos especificados no Memorando-Circular n° 46 DIRBEN/CGBENEF, de 12/11/2008, cujo OL concessor seja de abrangência do Estado de São Paulo.

Decisão Judicial	Dispõe sobre o cumprimento da decisão proferida nos autos da Ação Civil Pública n° 97.0057902-6/SP a qual determinou que o INSS se abstenha de indeferir os pedidos de inscrição, na condição de menor sob guarda como dependente, na abrangência de São Paulo.
Período de vigência e abrangência	a) no período de 1° de fevereiro de 2002, data da publicação da IN 64 de 31/01/2001, a 07 de junho de 2006 a abrangência ficou restrita ao Estado de São Paulo. b) no período de 8 de junho de 2006 a 30 de setembro de 2008 a abrangência foi nacional. c) a partir de 1° de outubro de 2008 ante a suspensão dos efeitos da tutela a abrangência fica restrita aos residentes no Estado de São Paulo.
Comprovação de Endereço	Será exigida a apresentação de documento de comprovação de endereço nos períodos em que a abrangência foi local
Aplicabilidade	1. Para fins de reconhecimento da aplicabilidade da Ação Civil Pública n° 97.0057902-6/SP deverão ser observados os seguintes critérios: a) A inscrição na condição de dependente, não afasta os demais requisitos previstos no §3°, do artigo 16 do Regulamento da Previdência Social - RPS, aprovado pelo Decreto n° 3048, de 6 de maio de 1999; b) Equiparam-se a filho, na condição de dependente, exclusivamente o enteado e o menor tutelado, desde que comprovada a dependência econômica; c) Para a comprovação da dependência econômica do menor sob guarda, além da certidão judicial de guarda do menor deverá ser observado do disposto nos §§3°, 13 e 14 do art. 22 do Regulamento da Previdência Social. d) Para óbitos ocorridos entre 14 de outubro de 1996 e 13 de novembro de 2019, equipara-se a filho o menor sob guarda que comprove a dependência econômica, conforme determinado pelo STF no julgamento vinculante das Ações Diretas de Inconstitucionalidade n° 4.878 e 5.083 e incluído no §1° do Art. 26, do Livro II das Normas Procedimentais em Matéria de Benefícios, Portaria DIRBEN/INSS n° 991, de 28 de março de 2022. 2. Para fins de concessão do benefício devem ser observados os demais requisitos de reconhecimento de direitos vinculadas à espécie requerida.
Fundamentação Complementar	§1° do Art. 26, do Livro II das Normas Procedimentais em Matéria de Benefícios, Portaria DIRBEN/INSS n° 991, de 28 de março de 2022.

SEÇÃO V - AÇÃO CIVIL PÚBLICA N° 1999.38.00.004900-0 OU 0004889-15.1999.4.01.3800 MG - VIGENTE

Assunto: Inscrição de menor sob guarda como dependente, no âmbito do Estado de Minas Gerais, desde que atendidos os requisitos presentes no §3° do Art. 16 do Regulamento da Previdência Social - RPS.

Decisão Judicial	Dispõe sobre o cumprimento da decisão proferida nos autos da Ação Civil Pública n° 1999.38.00.004900-0 a qual determina que o INSS se abstenha de indeferir os pedidos de inscrição, na condição de dependente, de crianças e adolescentes que, por determinação judicial, estejam sob a guarda de segurado do Regime Geral de Previdência Social, para os fins previstos na Lei n° 8.213/91 e no Regulamento da Previdência Social, aprovado pelo Decreto n° 3.048/99.
Abrangência e Período de vigência	a) no período de 1° de fevereiro de 2002, data da publicação da IN 64 de 31/01/2002, a 07 de junho de 2006 a abrangência ficou restrita ao Estado de Minas Gerais. b) no período de 8 de junho de 2006 a 30 de setembro de 2008 a abrangência foi nacional c) a partir de 1° de outubro de 2008 ante a suspensão dos efeitos da tutela a abrangência fica restrita aos residentes no Estado de Minas Gerais
Comprovação de Endereço	Será exigida a apresentação de documento de comprovação de endereço nos períodos em que a abrangência foi local.
Aplicabilidade	1. Para fins de reconhecimento da aplicabilidade da Ação Civil Pública n° 1999.38.00.004900-0 deverão ser observados os seguintes critérios: a) A inscrição na condição de dependente, não afasta os demais requisitos previstos no §3°, do artigo 16 do Regulamento da Previdência Social - RPS, aprovado pelo Decreto n° 3048, de 6 de maio de 1999; b) Equiparam-se a filho, na condição de dependente, exclusivamente o enteado e o menor tutelado, desde que comprovada a dependência econômica; c) Para a comprovação da dependência econômica do menor sob guarda, além da certidão judicial de guarda do menor, deverá ser observado do disposto nos §§3°, 13 e 14 do art. 22 do Regulamento da Previdência Social. e) Para óbitos ocorridos entre 14 de outubro de 1996 e 13 de novembro de 2019, equipara-se a filho o menor sob guarda que comprove a dependência econômica, conforme determinado pelo STF no julgamento vinculante das Ações Diretas de Inconstitucionalidade n° 4.878 e 5.083 e incluído no §1° do Art. 26, do Livro II das Normas Procedimentais em Matéria de Benefícios, Portaria DIRBEN/INSS n° 991, de 28 de março de 2022. 2. Para fins de concessão do benefício devem ser observados os demais requisitos de reconhecimento de direitos vinculadas à espécie requerida.
Fundamentação a observar	a) §1° do Art. 26, do Livro II das Normas Procedimentais em Matéria de Benefícios, Portaria DIRBEN/INSS n° 991, de 28 de março de 2022.

SEÇÃO VI - AÇÃO CIVIL PÚBLICA N° 1999.43.00.000326-2 TO - VIGENTE

Assunto: Inscrição de menor sob guarda como dependente, no âmbito do Estado de Tocantins, desde que atendidos os requisitos presentes no §3° do Art. 16 do Regulamento da Previdência Social - RPS.

Decisão Judicial	Dispõe sobre o cumprimento da decisão proferida nos autos da Ação Civil Pública n° 1999.43.00.000326-2 da 1ª Vara Federal da Seção Judiciária de Tocantins a qual determina que o INSS se abstenha de indeferir os pedidos de inscrição, na condição de dependente, de crianças e adolescentes que, por determinação judicial, estejam sob a guarda de segurado do Regime Geral de Previdência Social, para os fins previstos na Lei n° 8.213/91 e no Regulamento da Previdência Social, aprovado pelo Decreto n° 3.048/99.

Abrangência e período de vigência	a) no período de 1° de fevereiro de 2002, data da publicação da IN 64 de 31/01/2002, a 07 de junho de 2006 a abrangência ficou restrita ao Estado de Tocantins. b) no período de 8 de junho de 2006 a 30 de setembro de 2008 a abrangência foi nacional. c) a partir de 1° de outubro de 2008 ante a suspensão dos efeitos da tutela a abrangência fica restrita aos residentes no Estado de Tocantins.
Comprovação de Endereço	Será exigida a apresentação de documento de comprovação de endereço nos períodos em que a abrangência foi local
Aplicabilidade	1. Para fins de reconhecimento da aplicabilidade da Ação Civil Pública deverão ser observados os seguintes critérios: a) A inscrição na condição de dependente, não afasta os demais requisitos previstos no §3°, do artigo 16 do Regulamento da Previdência Social - RPS, aprovado pelo Decreto n° 3048, de 6 de maio de 1999; b) Equiparam-se a filho, na condição de dependente, exclusivamente o enteado e o menor tutelado, desde que comprovada a dependência econômica; c) Para a comprovação da dependência econômica do menor sob guarda, além da certidão judicial de guarda do menor, deverá ser observado do disposto nos §§3°, 13 e 14 do art. 22 do Regulamento da Previdência Social. f) Para óbitos ocorridos entre 14 de outubro de 1996 e 13 de novembro de 2019, equipara-se a filho o menor sob guarda que comprove a dependência econômica, conforme determinado pelo STF no julgamento vinculante das Ações Diretas de Inconstitucionalidade n° 4.878 e 5.083 e incluído no §1° do Art. 26, do Livro II das Normas Procedimentais em Matéria de Benefícios, Portaria DIRBEN/INSS n° 991, de 28 de março de 2022. 2. Para fins de concessão do benefício devem ser observados os demais requisitos de reconhecimento de direitos vinculadas à espécie requerida.
Fundamentação a observar	§1° do Art. 26, do Livro II das Normas Procedimentais em Matéria de Benefícios, Portaria DIRBEN/INSS n° 991, de 28 de março de 2022.

SEÇÃO VII - AÇÃO CIVIL PÚBLICA N° 98.0000595-1 SE - SUSPENSA

Assunto: Inscrição de menor sob guarda como dependente, no âmbito do Estado de Sergipe, desde que atendidos os requisitos presentes no §3° do Art. 16 do Regulamento da Previdência Social - RPS.

Decisão Judicial	Dispõe sobre o cumprimento da decisão, no âmbito do estado de Sergipe, a qual determina que o INSS se abstenha de indeferir os pedidos de inscrição, na condição de dependente, de crianças e adolescentes que, por determinação judicial, estejam sob a guarda de segurado do Regime Geral de Previdência Social, para os fins previstos na Lei n° 8.213/91 e no Regulamento da Previdência Social, aprovado pelo Decreto n° 3.048/99.
Abrangência e Período de vigência	a) no período de 15 de abril de 2004, data da publicação da IN 106 de 14/04/2004, a 07 de junho de 2006 a abrangência ficou restrita ao Estado de Sergipe. b) no período de 8 de junho de 2006 a 30 de setembro de 2008 a abrangência foi nacional c) cumprimento suspenso a partir de 1° de outubro de 2008, no âmbito do Estado de Sergipe, pelo Memorando-Circular Conjunto DIRBEN/PFEINSS n° 21 de, 5 de novembro de 2008.
Comprovação de Endereço	Será exigida a apresentação de documento de comprovação de endereço nos períodos em que a abrangência foi local
Aplicabilidade	1. Para fins de reconhecimento da aplicabilidade da Ação Civil Pública deverão ser observados os seguintes critérios: a) A inscrição na condição de dependente, não afasta os demais requisitos previstos no §3°, do artigo 16 do Regulamento da Previdência Social - RPS, aprovado pelo Decreto n° 3048, de 6 de maio de 1999; b) Equiparam-se a filho, na condição de dependente, exclusivamente o enteado e o menor tutelado, desde que comprovada a dependência econômica; c) Para a comprovação da dependência econômica do menor sob guarda, além da certidão judicial de guarda do menor, deverá ser observado do disposto nos §§3°, 13 e 14 do art. 22 do Regulamento da Previdência Social. 2. Para óbitos ocorridos entre 14 de outubro de 1996 e 13 de novembro de 2019, equipara-se a filho o menor sob guarda que comprove a dependência econômica, conforme determinado pelo STF no julgamento vinculante das Ações Diretas de Inconstitucionalidade n° 4.878 e 5.083 e incluído no §1° do Art. 26, do Livro II das Normas Procedimentais em Matéria de Benefícios, da Portaria DIRBEN/INSS n° 991, de 28 de março de 2022. 3. Para fins de concessão do benefício devem ser observados os demais requisitos de reconhecimento de direitos vinculadas à espécie requerida.
Fundamentação a observar	§1° do Art. 26, do Livro II das Normas Procedimentais em Matéria de Benefícios, da Portaria DIRBEN/INSS n° 991, de 28 de março de 2022.

SEÇÃO VIII - AÇÃO CIVIL PÚBLICA N° 0002703-28.1998.4.01.3000 OU 1998.30.00.002701-4 AC - VIGENTE

Assunto: Dispõe sobre o cumprimento da decisão proferida na Ação Civil Pública n° 00027-03-28.1998.4.01.3000 (número antigo 1998.30.00.2701-4) a qual determinou ao INSS que se considere o menor sob guarda judicial como dependente para a obtenção dos benefícios do Regime Geral de Previdência Social-RGPS, no Estado do Acre, desde que presentes os demais requisitos previstos na legislação pertinente.

Decisão Judicial	Dispõe sobre o cumprimento da decisão, no âmbito do estado do Acre, a qual determina que o INSS se abstenha de indeferir os pedidos de inscrição, na condição de dependente, de crianças e adolescentes que, por determinação judicial, estejam sob a guarda de segurado do Regime Geral de Previdência Social, para os fins previstos na Lei n° 8.213/91 e no Regulamento da Previdência Social, aprovado pelo Decreto n° 3.048/99.
Abrangência	Todas as APS do Estado do Acre
Período de vigência	Para fato gerador ocorrido a partir de 16 de dezembro de 1998, data da citação da medida liminar inicialmente concedida.
Comprovação de Endereço	Será exigida a apresentação de documento de comprovação de endereço

Aplicabilidade	1. Para fins de reconhecimento da aplicabilidade da Ação Civil Pública deverão ser observados os seguintes critérios: a) A decisão se aplica aos benefícios de pensão por morte, auxílio reclusão e pagamento de salário família; b) A inscrição na condição de dependente, não afasta os demais requisitos previstos no §3°, do artigo 16 do Regulamento da Previdência Social - RPS, aprovado pelo Decreto nº 3048, de 6 de maio de 1999; c) Equiparam-se a filho, na condição de dependente, exclusivamente o enteado e o menor tutelado, desde que comprovada a dependência econômica; d) Para a comprovação da dependência econômica do menor sob guarda, além da certidão judicial de guarda do menor, deverá ser observado do disposto nos §§3°, 13 e 14 do art. 22 do Regulamento da Previdência Social. 2. Para óbitos ocorridos entre 14 de outubro de 1996 e 13 de novembro de 2019, equipara-se a filho o menor sob guarda que comprove a dependência econômica, conforme determinado pelo STF no julgamento vinculante das Ações Diretas de Inconstitucionalidade nº 4.878 e 5.083 e incluído no §1º do Art. 26, do Livro II das Normas Procedimentais em Matéria de Benefícios, da Portaria DIRBEN/INSS nº 991, de 28 de março de 2022. 3. Para fins de concessão do benefício devem ser observados os demais requisitos de reconhecimento de direitos vinculadas à espécie requerida. 4. Seus procedimentos devem ser aplicados em todos os processos de benefícios pendentes de decisão final, quer em primeira instância administrativa, quer em instância recursal, bem como para os pedidos de revisão de benefícios.
Fundamentação a observar	§1º do Art. 26, do Livro II das Normas Procedimentais em Matéria de Benefícios, da Portaria DIRBEN/INSS nº 991, de 28 de março de 2022.

SEÇÃO IX - AÇÃO CIVIL PÚBLICA N° 0011005-19.1998.4.01.3300/BA - VIGENTE

Assunto: Inscrição de menor sob guarda como dependente, no âmbito do Estado da Bahia, desde que atendidos os requisitos presentes no §3° do Art. 16 do Regulamento da Previdência Social - RPS.

Decisão Judicial	Dispõe sobre o cumprimento da decisão proferida na Ação Civil Pública - ACP nº 001100519.1998.4.01.3300/BA a qual determinou ao INSS que se considere o menor sob guarda judicial como dependente para a obtenção dos benefícios do Regime Geral de Previdência Social-RGPS, recebendo e processando os pedidos apresentados e os deferindo, desde que presentes os demais requisitos previstos na legislação pertinente.
Abrangência	Destina-se a todos os residentes do Estado da Bahia, que requeiram benefício de pensão por morte, auxílio-reclusão e pagamento de salário-família.
Período de vigência	Se aplica à requerimentos com Data de Entrada do Requerimento - DER efetivados a partir de 26 de junho de 2018. Abrange os fatos geradores ocorridos a partir de 14/10/1996, data da publicação da Medida Provisória nº 1.523, de 1996, reeditada e convertida na Lei nº 9.528, de 1997, em que o menor sob guarda deixa de integrar a relação de dependentes para os fins previstos no RGPS.
Comprovação de Endereço	Será exigida a apresentação de documento de comprovação de endereço.
Aplicabilidade	1. Para a comprovação da dependência econômica do menor sob guarda, deverá ser apresentada a certidão judicial de guarda judicial definitiva do menor. 2. Para óbitos ocorridos entre 14 de outubro de 1996 e 13 de novembro de 2019, equipara-se a filho o menor sob guarda que comprove a dependência econômica, conforme determinado pelo STF no julgamento vinculante das Ações Diretas de Inconstitucionalidade nº 4.878 e 5.083 e incluído no §1º do Art. 26, do Livro II das Normas Procedimentais em Matéria de Benefícios, da Portaria DIRBEN/INSS nº 991, de 28 de março de 2022. 3. Para fins de concessão do benefício devem ser observados os demais requisitos de reconhecimento de direitos vinculadas à espécie requerida. 4. Para os requerimentos indeferidos por falta de qualidade de dependente no período de 14/10/1996 a 25/06/2018, caberá reanálise mediante requerimento de revisão dos interessados.
Fundamentação a observar	§1º do Art. 26, do Livro II das Normas Procedimentais em Matéria de Benefícios, da Portaria DIRBEN/INSS nº 991, de 28 de março de 2022.

SEÇÃO X - AÇÕES DIRETAS DE INCONSTITUCIONALIDADE - ADI´S N° 5.083 E 4.878 DF - VIGENTE E TRANSITADA EM JULGADO

Assunto: ADI´s nº 5.083 e 4.878. Inscrição de menor sob guarda como dependente, desde que atendidos os requisitos presentes no §3° do Art. 16 do Regulamento da Previdência Social - RPS.

Decisão Judicial	Para óbitos ocorridos entre 14 de outubro de 1996 e 13 de novembro de 2019, equipara-se a filho o menor sob guarda que comprove a dependência econômica, conforme determinado pelo Supremo Tribunal Federal no julgamento vinculante das Ações Diretas de Inconstitucionalidade - ADI's 4878 e 5083.
Abrangência	Nacional
Período de vigência	Aplica-se a todos os benefícios pendentes de análise e decisão, inclusive em fase recursal, a partir de 7 de dezembro de 2022, data da publicação da Portaria DIRBEN/INSS nº 1.080, de 6 de dezembro de 2022, que alterou o Livro II das Normas Procedimentais em Matéria de Benefícios, que disciplina os procedimentos e rotinas de benefícios do RGPS no âmbito do INSS, aprovado pela Portaria DIRBEN/INSS nº 991, de 28 de março de 2022.
Comprovação de Endereço	Dispensada
Aplicabilidade	1. Para óbitos ocorridos entre 14 de outubro de 1996 e 13 de novembro de 2019, equipara-se a filho o menor sob guarda que comprove a dependência econômica na forma estabelecida no § 3º do art. 22 do Regulamento da Previdência Social - RPS. 2. A guarda consiste no direito definido em juízo de terceiro ficar com a responsabilidade de ter o menor em sua companhia. 3. O menor sob guarda perde a qualidade de dependente ao completar 18 (dezoito) anos de idade, aplicando-se todas as demais causas de perda da qualidade de dependente. 4. Para fins de concessão do benefício devem ser observados os demais requisitos de reconhecimento de direitos ao benefício requerido.
Fundamentação a observar	Artigos 25 e 26 do Livro II das Normas Procedimentais em Matéria de Benefícios, da Portaria DIRBEN/INSS nº 991, de 28 de março de 2022.

SEÇÃO XI - AÇÃO CIVIL PÚBLICA N° 1001534-67.2019.4.01.3900/PA - VIGENTE

Assunto: Aceitar a declaração de união estável entre os indígenas, fornecida pela Fundação Nacional do Índio - Funai, para fins de concessão de pensão por morte decorrente do óbito de indígena aldeado(a) fora dos centros urbanos.

Decisão Judicial	Estabelece que para fins de concessão de pensão por morte decorrente do óbito de indígena aldeado(a) fora dos centros urbanos, deverá ser aceita como prova de união estável, a declaração de união estável entre os indígenas, devidamente preenchida pela Funai a qualquer tempo, em cumprimento da decisão judicial proferida na Ação Civil Pública n° 1001534-67.2019.4.01.3900/PA.
Abrangência	Nacional
Período de vigência	Aplica-se em requerimentos de pensão por morte com Data de Entrada de Requerimento - DER a partir de 2 de março de 2023.
Comprovação de Endereço	Dispensada
Aplicabilidade	1. É restrita aos requerimentos de pensão por morte (B21) formalizados em virtude de óbito de indígena aldeado(a) fora dos centros urbanos, não se estendendo aos requerimentos de auxílio-reclusão (B25). 2. Os demais requisitos para o reconhecimento do direito ao benefício de pensão por morte deverão ser atendidos. 3. A declaração da Funai deverá ser aceita como prova de união estável independentemente da data de seu preenchimento, ainda que posterior ao óbito do instituidor, e da apresentação de outras provas materiais. a) Se da declaração da Funai constar a data de início da união estável, esta será considerada para fins de apuração do período de convivência em união estável e para a fixação da duração da cota do benefício do(a) companheiro(a) de que trata o artigo 375 da Instrução Normativa PRES/INSS n° 128, de 2022. b) Nos casos em que a declaração contenha informação de que a união estável teve início antes de 24 (vinte e quatro) meses do fato gerador e perdurou até esta data, não será necessário outro documento que ratifique esta informação, devendo ser aplicada a cota de duração do benefício de acordo com a idade do(a) companheiro(a), conforme previsto no §8° do artigo 375 da Instrução Normativa PRES/INSS n° 128, de 2022. c) Quando não houver indicação da data de início da união estável no documento expedido pela Funai e não houver outros documentos contemporâneos que possam definir a data de início da união estável, deverá ser considerada a data em que esse foi emitido. d) Nos termos previstos no artigo 77, § 2°, V, "b", da Lei n° 8.213, de 24 de julho de 1991, a pensão por morte será concedida por apenas 4 (quatro) meses quando: I - for verificada na declaração a informação de que a união estável teve início em menos de 2 (dois) anos antes do óbito do instituidor; ou II - a declaração de união estável não indicar a data de início e o período de duração da união, nem mesmo se possa aferir por outros documentos apresentados no requerimento; ou III - não restarem comprovados, na forma do § 5°, do artigo 116 da Instrução Normativa PRES/INSS n° 128, de 28 de março de 2022, no mínimo, 18 (dezoito) meses de exercício de atividade rural indígena. e) Quando, para fins de comprovação de união estável, forem apresentados outros documentos e estes tiverem a data de emissão superior a 2 (dois) anos anteriores ao óbito do instituidor, a apresentação de declaração fornecida pela Funai, indicando que a união estável perdurou nos 24 (vinte e quatro) meses anteriores ao óbito, permitirá a concessão da pensão por morte por período superior a 4 (quatro) meses. f) Na hipótese acima, a declaração da Funai será considerada como início de prova material. g) Nas situações em que forem consideradas insuficientes as informações apresentadas na declaração, poderá ser oportunizado o processamento de Justificação Administrativa - JA. h) O procedimento de JA não constitui elemento de comprovação apto para fixação da data de início da união estável, quando esta não for informada pela Funai ou não possa ser aferida por outros documentos contemporâneos apresentados no ato do requerimento. i) A Certidão de Exercício de Atividade Rural - Indígena, emitida pela Funai, contendo informação sobre a existência de união estável entre o(a) instituidor(a) e o(a) requerente deve ser considerada para os devidos fins acima, observado o disposto no § 5°, do artigo 116 da Instrução Normativa PRES/INSS n° 128, de 2022. 4. É desnecessária a apresentação da declaração da Funai nos requerimentos de pensão por morte se existirem outros documentos que sejam contemporâneos e suficientes para comprovar o início e a manutenção da união estável com o(a) instituidor(a), nos termos do art. 180 da Instrução Normativa PRES/INSS n° 128, de 2022.
Fundamentação Complementar	Artigo 77, § 2°, V, da Lei n° 8.213/1991. Art. 114, V, do Decreto n° 3.048/1999. Artigos 116, § 5°, 180 e 375 da Instrução Normativa PRES/INSS n° 128, de 2022.

ANEXO XI

AÇÕES CIVIS PÚBLICAS SOBRE ATIVIDADE DE TRATORISTA E ADMINISTRADOR DE FAZENDA

SEÇÃO I - AÇÃO CIVIL PÚBLICA N° 2005.71.00.044110-9/RS - VIGENTE

Assunto: Dispõe sobre o cumprimento da decisão proferida nos autos da Ação Civil Pública n° 2005.71.00.044110-9/RS a qual determinou ao INSS que considere como trabalhadores rurais os empregados cujas ocupações sejam de administrador de fazenda (capataz) e tratorista no âmbito do Rio Grande do Sul.

Decisão Judicial	Considerar como trabalhadores rurais os empregados cujas ocupações sejam de administrador de fazenda (capataz) e tratorista no âmbito do Rio Grande do Sul. Seja afastada a orientação contida nos incisos II e VIII do art. 6°, da Instrução Normativa PRES/INSS n° 128, de 28 de março de 2022, para estas categorias de trabalhadores.
Abrangência	Restrita aos segurados empregados, no Estado do Rio Grande do Sul.
Período de vigência	Produz efeitos para requerimentos com Data de Entrada de Requerimento-DER a partir de 22 de maio de 2013 ou pendentes de decisão nesta data.
Comprovação de Endereço	O segurado deverá apresentar comprovante do endereço do local de trabalho, acompanhado de declaração do empregador.

Aplicabilidade	1. Deverá ser afastada a orientação contida nos incisos II e VIII do art. 6°, da Instrução Normativa PRES/INSS n° 128, de 28 de março de 2022, para estas categorias de trabalhadores. 2. No que se refere a atividade de tratorista, a decisão proferida alcança unicamente os empregados tratoristas agrícolas, assim entendidos aqueles que lidam diretamente com a lavoura/atividades tipicamente rurais, e não os tratoristas urbanos, ou seja, a decisão não atinge os motoristas de trator que não laborem com a lavoura, atividades tipicamente rurais. 3. A caracterização do trabalho como urbano ou rural dependerá da natureza das atividades efetivamente exercidas pelos segurados e não da natureza da atividade do seu empregador. 4. A referida decisão alcança todos os trabalhadores rurais (administrador de fazenda, capataz e tratorista), cujo local de trabalho seja no Estado do Rio Grande do Sul, mesmo que não filiados à Federação dos Trabalhadores na Agricultura daquele Estado. 5. Para os casos em que o segurado faça a opção pela não aplicação da ACP, não poderá efetuar nova alteração, ou seja, retornar ao estado anterior, caso o benefício já tenha sido concedido com o primeiro pagamento já recebido ou no caso de CTC, se já utilizada para obtenção de aposentadoria ou vantagem no Regime Próprio de Previdência Social-RPPS. 6. Em se tratando de vínculo empregatício no período anterior a 25/07/1991, enquadrado na condição de trabalhador rural, em razão desta decisão, incidirá o disposto no § 2°, art. 55 da Lei n° 8.213/91, não podendo ser considerado para fins de carência em benefício urbano, facultada a opção expressa pelo segurado pela não aplicação do disposto nesta ACP. 7. Em se tratando de requerimento indeferido entre 22/05/2013 e 3/11/2014, data da publicação do Memorando--Circular Conjunto n° 41 DIRBEN/PFE/INSS, de 3 de novembro de 2014, se houver solicitação do interessado, caberá revisão do ato indeferitório. 8. Observado o prazo decadencial previsto no art. 103 da Lei n° 8.213/91, os efeitos da ACP também se aplicam para pedidos de revisão e recurso protocolados antes de 22/05/2013, desde que pendentes de decisão naquela data. 9. Observada a prescrição, os efeitos financeiros da revisão serão fixados: a) para requerimentos pendentes de análise em 22/05/2013 a Data do Início do Pagamento-DIP da revisão será em 22/05/2013; b) para pedidos de revisão protocolados a partir de 22/05/2013 a DIP será fixada na data do pedido de revisão. 10. No caso de recurso pendente de decisão, cujo indeferimento deu-se em razão do não reconhecimento de período como tratorista ou administrador de fazenda, na condição de trabalhador rural, e o requerente preencha todos os requisitos para a concessão do benefício, deverá ser reformada a decisão.

ANEXO XII
AÇÕES CIVIS PÚBLICAS SOBRE SALÁRIO-MATERNIDADE

SEÇÃO I - AÇÃO CIVIL PÚBLICA N° 0005421-76.2005.4.01.3800 MG - VIGENTE

Assunto: Concessão de Salário-maternidade afastando o limite mínimo de idade de filiação no RGPS, constante no Regulamento da Previdência Social - RPS, aprovado pelo Decreto n° 3048, de 06 de maio de 1999, para as indígenas da tribo Maxakali

Decisão Judicial	Dispõe sobre o cumprimento da decisão proferida nos autos da Ação Civil Pública n° 0005421-76.2005.4.01.3800 a qual determinou que se admita a filiação, como segurada especial, as indígenas da tribo Maxakali a partir da idade de 14 anos completos, na análise e concessão de benefícios de salário-maternidade
Abrangência	Seguradas indígenas da etnia Maxakali
Período de vigência	A determinação judicial produz efeitos a partir de 17 de junho de 2005, data da primeira intimação da decisão.
Comprovação de Endereço	Para a comprovação da residência deverá ser observado o endereço informado na certidão emitida pela FUNAI.
Aplicabilidade	a) Nos requerimentos de salário-maternidade efetuados pelas indígenas da etnia Maxakali, se afaste o limite mínimo de idade para fins de filiação no RGPS previsto no art. 5° da Instrução Normativa PRES/INSS n° 128, de 28 de março de 2022, e passe a considerar a idade mínima limite de 14 (quatorze) anos completos. b) Será admitida a concessão do salário-maternidade para indígenas da etnia Maxakali a partir de 14 anos e 10 meses de idade, observada a carência mínima. c) À interessada deverá ser atribuído Número de Inscrição do Trabalhador - NIT, de não filiado no Portal CNIS, caso esta não o possua, respeitados os procedimentos previstos nos §§4° e 5° do Art. 8°, da Instrução Normativa PRES/INSS n° 128, de 28 de março de 2022; d) A condição de segurada especial será comprovada por certificação eletrônica ou pela Certidão de Exercício de Atividade Rural - Indígena, emitidas pela Fundação Nacional do Índio - FUNAI observado o contido nos §§ 5° a 10, do Art. 116 e Anexo XXV, ambos da Instrução Normativa PRES/INSS n° 128, de 2022. e) À segurada especial indígena aplicam-se as mesmas regras de reconhecimento do direito ou hipóteses de descaracterização consideradas aos demais segurados especiais, observada a forma de comprovação da atividade citada na alínea d. f) Para fins de direito, deverá ser cumprido o período de carência de dez (10) meses de atividade anteriores ao nascimento, parto ou adoção exigido, na forma do inc. I, do Art. 197, da Instrução Normativa PRES/INSS n° 128, de 28 de março de 2022. g) Os pedidos de salário-maternidade com Data de Entrada de Requerimento-DER no período compreendido entre 17.06.2005 e 29.04.2013, data da publicação do Memorando-Circular Conjunto n° 14 DIRBEN/PFE/INSS, de 29 de abril de 2013, protocolados por indígenas da etnia Maxakali, indeferidos em razão da idade, poderão ser revistos a pedido das requerentes e concedidos com fundamento na mencionada ACP (0005421-76.2005.4.01.3800), observadas as orientações acima e afastada a prescrição prevista na Lei n° 8.213/91, art. 103, parágrafo único.

SEÇÃO II - AÇÃO CIVIL PÚBLICA N° 5001707-71.2012.4.04.7202 SC - VIGENTE

Assunto: Concessão de Salário-maternidade afastando o limite mínimo de idade de filiação no RGPS, constante no Regulamento da Previdência Social - RPS, aprovado pelo Decreto n° 3048, de 06 de maio de 1999, para as indígenas no âmbito da Subseção Judiciária de Chapecó/SC.

Decisão Judicial	Dispõe sobre o cumprimento da decisão proferida nos autos da Ação Civil Pública n° 5001707-71.2012.4.04.7202 a qual determinou ao INSS que se abstenha de indeferir os requerimentos de benefício de salário-maternidade pleiteados pelas seguradas indígenas com fundamento exclusivamente no critério etário, no âmbito da Subseção Judiciária de Chapecó/SC. Se afaste o limite mínimo de idade previsto no art. 5° da Instrução Normativa PRES/INSS n° 128, de 28 de março de 2022, e passe a considerar a idade mínima limite de 14 (quatorze) anos completos.
Abrangência	A abrangência da ACP é restrita às seguradas residentes nos municípios a seguir relacionados: Abelardo Luz, Águas de Chapecó, Águas Frias, Arvoredo, Bom Jesus, Caxambu do Sul, Chapecó, Cordilheira Alta, Coronel Freitas, Coronel Martins, Entre Rios, Formosa do Sul, Galvão, Guatambú, Ipuaçu, Irati, Jardinópolis, Jupiá, Lajeado Grande, Marema, Modelo, Nova Erechim, Nova Itaberaba, Novo Horizonte, Ouro Verde, Paial, Palmitos, Pinhalzinho, Planalto Alegre, Quilombo, Santiago do Sul, São Carlos, São Domingos, São Lourenço do Oeste, Saudades, Serra Alta, Sul Brasil, União do Oeste, Xanxerê, Xaxim, todos do Estado de Santa Catarina/SC.
Período de vigência	A determinação judicial produz efeitos a partir de 15 de março de 2012, data da intimação da decisão, após provimento parcial de embargos declaratórios.
Comprovação de Endereço	Para a comprovação da residência deverá ser observado o endereço informado na certidão emitida pela FUNAI.
Aplicabilidade	a) Nos requerimentos de salário-maternidade efetuados pelas indígenas da abrangência da Subseção Judiciária de Chapecó/SC, se afaste o limite mínimo de idade para fins de filiação no RGPS previsto no art. 5° da Instrução Normativa PRES/INSS n° 128, de 28 de março de 2022, e passe a considerar a idade mínima limite de 14 (quatorze) anos completos. b) Será admitida a concessão do salário-maternidade para indígenas a partir de 14 anos e 10 meses de idade, observada a carência mínima. c) À interessada deverá ser atribuído Número de Inscrição do Trabalhador - NIT, de não filiado no Portal CNIS, caso esta não o possua, respeitados os procedimentos previstos nos §§4° e 5° do Art. 8°, da Instrução Normativa PRES/INSS n° 128, de 28 de março de 2022; d) A condição de segurada especial será comprovada por certificação eletrônica ou pela Certidão de Exercício de Atividade Rural - Indígena, emitidas pela Fundação Nacional do Índio - FUNAI observado o contido nos §§5° a 10, do Art. 116 e Anexo XXV, ambos da Instrução Normativa PRES/INSS n° 128, de 2022. e) À segurada especial indígena aplicam-se as mesmas regras de reconhecimento do direito ou hipóteses de descaracterização consideradas aos demais segurados especiais, observada a forma de comprovação da atividade citada na alínea d. f) Para fins de direito, deverá ser cumprido o período de carência de dez (10) meses de atividade anteriores ao nascimento, parto ou adoção exigido, na forma do inc. I, do Art. 197, da Instrução Normativa PRES/INSS n° 128, de 28 de março de 2022. g) Os requerimentos indeferidos após 15.3.2012, em razão da idade das requerentes, deverão ser revistos e concedidos com fundamento na mencionada ACP (5001707-71.2012.404.7202/SC).

SEÇÃO III - AÇÃO CIVIL PÚBLICA N° 5000323-44-2010.4.04.7105 RS - VIGENTE

Assunto: Concessão de Salário-maternidade afastando o limite mínimo de idade de filiação no RGPS, constante no Regulamento da Previdência Social - RPS, aprovado pelo Decreto n° 3048, de 06 de maio de 1999, para as indígenas da aldeia Kaingang da Terra Indígena Inhacorá em São Valério do Sul/RS.

Decisão Judicial	Nos requerimentos de salário-maternidade efetuados pelas indígenas da aldeia Kaingang da Terra Indígena Inhacorá em São Valério do Sul/RS, se afaste o limite mínimo de idade para fins de filiação no RGPS previsto no art. 5° da Instrução Normativa PRES/INSS n° 128, de 28 de março de 2022 e se admita a idade entre 14 (quatorze) e 16 (dezesseis) anos
Abrangência	Restrita às seguradas residentes na aldeia Kaingang da Terra Indígena Inhacorá de São Valério do Sul/RS. A decisão contida nesta ACP não se aplica a indígenas de mesma etnia provenientes de outras aldeias.
Período de vigência	A determinação judicial produz efeitos para requerimentos com Data de Entrada de Requerimento-DER a partir de 14 de julho de 2011.
Comprovação de Endereço	Para a comprovação da residência deverá ser observado o endereço informado na certidão emitida pela FUNAI.
Aplicabilidade	a) Nos requerimentos de salário-maternidade efetuados pelas indígenas da aldeia Kaingang da Terra Indígena Inhacorá de São Valério do Sul/RS, se afaste o limite mínimo de idade para fins de filiação no RGPS previsto no art. 5° da Instrução Normativa PRES/INSS n° 128, de 28 de março de 2022, e admita a idade entre 14(quatorze) anos e 16 (dezesseis) anos. b) Será admitida a concessão do salário-maternidade para indígenas a partir de 14 anos e 10 meses de idade, observada a carência mínima. c) À interessada deverá ser atribuído Número de Inscrição do Trabalhador - NIT, de não filiado no Portal CNIS, caso esta não o possua, respeitados os procedimentos previstos nos §§4° e 5° do Art. 8°, da Instrução Normativa PRES/INSS n° 128, de 28 de março de 2022; d) A condição de segurada especial será comprovada por certificação eletrônica ou pela Certidão de Exercício de Atividade Rural - Indígena, emitidas pela Fundação Nacional do Índio - FUNAI observado o contido nos §§5° a 10, do Art. 116 e Anexo XXV, ambos da Instrução Normativa PRES/INSS n° 128, de 2022. e) À segurada especial indígena aplicam-se as mesmas regras de reconhecimento do direito ou hipóteses de descaracterização consideradas aos demais segurados especiais, observada a forma de comprovação da atividade citada na alínea d. f) Para fins de direito, deverá ser cumprido o período de carência de dez (10) meses de atividade anteriores ao nascimento, parto ou adoção exigido, na forma do inc. I, do Art. 197, da Instrução Normativa PRES/INSS n° 128, de 28 de março de 2022. g) Os requerimentos indeferidos após 14/7/2011, em razão da idade das requerentes, poderão ser revistos, a pedido das interessadas, e concedidos com fundamento na mencionada ACP 500323-44.2010.4.04.7105/RS.

SEÇÃO IV - AÇÃO CIVIL PÚBLICA Nº 5005515-77.2014.4.04.7117 RS - VIGENTE

Assunto: Concessão de Salário-maternidade afastando o limite mínimo de idade de filiação no RGPS, constante no Regulamento da Previdência Social - RPS, aprovado pelo Decreto nº 3048, de 06 de maio de 1999, para as indígenas no âmbito da Subseção Judiciária de Erechim/RS

Decisão Judicial	Nos requerimentos de salário-maternidade efetuados por seguradas indígenas, de idade entre 14 e 16 anos, provenientes de cidades que compõem a Subseção Judiciária de Erechim/RS, que o Instituto se abstenha de indeferir os pedidos em razão do critério etário.
Abrangência	Restrita às seguradas residentes nos municípios de: Aratiba, Áurea, Barão de Cotegipe, Barra do Rio Azul, Barracão, Benjamin Constant do Sul, Cacique Doble, Campinas do Sul, Carlos Gomes, Centenário, Charrua, Cruzaltense, Entre Rios do Sul, Erebango, Erechim, Erval Grande, Estação, Faxinalzinho, Floriano Peixoto, Gaurama, Getúlio Vargas, Ipiranga do Sul, Itatiba do Sul, Jacutinga, Machadinho, Marcelino Ramos, Mariano Moro, Maximiliano de Almeida, Paim Filho, Paulo Bento, Ponte Preta, Quatro Irmãos, Sananduva, Santo Expedito do Sul, São João da Urtiga, São José do Ouro, São Valentim, Severiano de Almeida, Três Arroios e Viadutos.
Período de vigência	A determinação judicial produz efeitos para benefícios com Data de Entrada de Requerimento - DER a partir de 10 de fevereiro de 2015.
Comprovação de Endereço	Para a comprovação da residência deverá ser observado o endereço informado na certidão emitida pela FUNAI.
Aplicabilidade	a) Nos requerimentos de salário-maternidade efetuados pelas indígenas no âmbito da Subseção Judiciária de Erechim/RS, se afaste o limite mínimo de idade para fins de filiação no RGPS previsto no art. 5º da Instrução Normativa PRES/INSS nº 128, de 28 de março de 2022, e admita a idade entre 14 (quatorze) anos e 16 (dezesseis) anos. b) para fins do cômputo do período de carência, na forma do inc. III do art. 25 da Lei nº 8.213/91, deve-se ter como marco inicial a data em que a indígena completou 14 anos de idade, sendo vedada, portanto, a retroação dos meses de carência para período anterior ao 14º aniversário da postulante. c) À interessada deverá ser atribuído Número de Inscrição do Trabalhador - NIT, de não filiado no Portal CNIS, caso esta não o possua, respeitados os procedimentos previstos nos §§4º e 5º do Art. 8º, da Instrução Normativa PRES/INSS nº 128, de 28 de março de 2022; d) A condição de segurada especial será comprovada por certificação eletrônica ou pela Certidão de Exercício de Atividade Rural - Indígena, emitidas pela Fundação Nacional do Índio - FUNAI observado o contido nos §§5º a 10, do Art. 116 e Anexo XXV, ambos da Instrução Normativa PRES/INSS nº 128, de 2022. e) À segurada especial indígena aplicam-se as mesmas regras de reconhecimento do direito ou hipóteses de descaracterização consideradas aos demais segurados especiais, observada a forma de comprovação da atividade citada na alínea d. f) Para fins de direito, deverá ser cumprido o período de carência de dez (10) meses de atividade anteriores ao nascimento, parto ou adoção exigido, na forma do inc. I, do Art. 197, da Instrução Normativa PRES/INSS nº 128, de 28 de março de 2022.

SEÇÃO V - AÇÃO CIVIL PÚBLICA Nº 0003582-62.2014.4.01.4200/RR - VIGENTE E TRANSITADA EM JULGADO

Assunto: Concessão de Salário-maternidade afastando o limite mínimo de idade de filiação no RGPS, constante no Regulamento da Previdência Social - RPS, aprovado pelo Decreto nº 3048, de 06 de maio de 1999, para as indígenas da etnia Macuxi.

Decisão Judicial	Que o Instituto se abstenha de indeferir os requerimentos de benefício de salário-maternidade pleiteados pelas seguradas indígenas da etnia Macuxi, com fundamento exclusivamente no critério etário.
Abrangência	Indígenas provenientes da etnia Macuxi
Período de vigência	Requerimentos com Data de Entrada de Requerimento-DER a partir de 16 de julho de 2009, por força de decisão judicial transitada em julgado, conforme Portaria DIRBEN/INSS nº 1.132, de 15/05/23.
Comprovação de Endereço	Para a comprovação da residência deverá ser observado o endereço informado na certidão emitida pela FUNAI.
Aplicabilidade	a) Nos requerimentos de salário-maternidade efetuados pelas indígenas da etnia Macuxi, se afaste o limite mínimo de idade para fins de filiação no RGPS previsto no art. 5º da Instrução Normativa PRES/INSS nº 128, de 28 de março de 2022. b) Será admitida a concessão do benefício, ainda que requeridos por seguradas com idade inferior a 14 anos, observada a carência mínima. c) À interessada deverá ser atribuído Número de Inscrição do Trabalhador - NIT, de não filiado no Portal CNIS, caso esta não o possua, respeitados os procedimentos previstos nos §§4º e 5º do Art. 8º, da Instrução Normativa PRES/INSS nº 128, de 28 de março de 2022; d) A condição de segurada especial será comprovada por certificação eletrônica ou pela Certidão de Exercício de Atividade Rural - Indígena, emitidas pela Fundação Nacional do Índio - FUNAI observado o contido nos §§5º a 10, do Art. 116 e Anexo XXV, ambos da Instrução Normativa PRES/INSS nº 128, de 2022. e) À segurada especial indígena aplicam-se as mesmas regras de reconhecimento do direito ou hipóteses de descaracterização consideradas aos demais segurados especiais, observada a forma de comprovação da atividade citada na alínea d. f) Para fins de direito, deverá ser cumprido o período de carência de dez (10) meses de atividade anteriores ao nascimento, parto ou adoção exigido, na forma do inc. I, do Art. 197, da Instrução Normativa PRES/INSS nº 128, de 28 de março de 2022.

SEÇÃO VI - AÇÃO CIVIL PÚBLICA N° 0018137-48.2012.4.01.3200 AM - VIGENTE

Assunto: Concessão de Salário-maternidade afastando o limite mínimo de idade de filiação no RGPS, constante no Regulamento da Previdência Social - RPS, aprovado pelo Decreto n° 3048, de 06 de maio de 1999. Requerimentos efetuados pelas seguradas indígenas da etnia Kanamari.

Decisão Judicial	Determinou ao INSS que se abstenha de indeferir os requerimentos de benefício de salário-maternidade pleiteados pelas seguradas indígenas da etnia Kanamari, com fundamento exclusivamente no critério etário, bem como, proceda à revisão dos requerimentos administrativos indeferidos nos últimos cinco anos para requerentes desta etnia, em razão da idade
Abrangência	Indígenas da etnia Kanamari
Período de vigência	Requerimentos de salário-maternidade com Data de Entrada de Requerimento-DER partir de 11 de dezembro de 2012, data da intimação da decisão.
Comprovação de Endereço	Para a comprovação da residência deverá ser observado o endereço informado na certidão emitida pela FUNAI.
Aplicabilidade	a) Nos requerimentos de salário-maternidade efetuados pelas indígenas da etnia Kanamari, se afaste o limite mínimo de idade para fins de filiação no RGPS previsto no art. 5° da Instrução Normativa PRES/INSS n° 128, de 28 de março de 2022. b) Será admitida a concessão do benefício, ainda que requeridos por seguradas com idade inferior a 12 anos, observada a carência mínima. c) À interessada deverá ser atribuído Número de Inscrição do Trabalhador - NIT, de não filiado no Portal CNIS, caso esta não o possua, respeitados os procedimentos previstos nos §§4° e 5° do Art. 8°, da Instrução Normativa PRES/INSS n° 128, de 28 de março de 2022; d) A condição de segurada especial será comprovada por certificação eletrônica ou pela Certidão de Exercício de Atividade Rural - Indígena, emitidas pela Fundação Nacional do Índio - FUNAI observado o contido nos §§5° a 10, do Art. 116 e Anexo XXV, ambos da Instrução Normativa PRES/INSS n° 128, de 2022. e) À segurada especial indígena aplicam-se as mesmas regras de reconhecimento do direito ou hipóteses de descaracterização consideradas aos demais segurados especiais, observada a forma de comprovação da atividade citada na alínea d. f) Para fins de direito, deverá ser cumprido o período de carência de dez (10) meses de atividade anteriores ao nascimento, parto ou adoção exigido, na forma do inc. I, do Art. 197, da Instrução Normativa PRES/INSS n° 128, de 28 de março de 2022. g) Os pedidos de salário-maternidade com Data de Entrada de Requerimento-DER no período compreendido entre 11.12.2007 a 11.12.2012 protocolados por indígenas da etnia kanamari, indeferidos em razão da idade, deverão ser revistos e concedidos com fundamento na mencionada ACP (18137-48.2012.4.01.3200), observadas as orientações acima.

SEÇÃO VII - AÇÃO CIVIL PÚBLICA N° 0004327-35.2014.4.01.3200 AM - VIGENTE

Assunto: Concessão de Salário-maternidade afastando o limite mínimo de idade de filiação no RGPS, constante no Regulamento da Previdência Social - RPS, aprovado pelo Decreto n° 3048, de 06 de maio de 1999. Requerimentos efetuados pelas seguradas indígenas da etnia Waimiri-Atroari do Estado do Amazonas.

Decisão Judicial	Determinou ao INSS que se abstenha de indeferir os requerimentos de benefício de salário-maternidade pleiteados pelas seguradas indígenas da etnia Waimiri-Atroari do Estado do Amazonas, com fundamento exclusivamente no critério etário
Abrangência	Indígenas provenientes da etnia Waimiri-Atroari do Estado do Amazonas
Período de vigência	A determinação judicial produz efeitos para benefícios de salário-maternidade com Data de Entrada de Requerimento--DER a partir de 12 de dezembro de 2014.
Comprovação de Endereço	Para a comprovação da residência deverá ser observado o endereço informado na certidão emitida pela FUNAI.
Aplicabilidade	a) Nos requerimentos de salário-maternidade efetuados pelas indígenas da etnia Waimiri-Atroari, do Estado do Amazonas, se afaste Determinou ao INSS que se abstenha de indeferir os requerimentos de benefício de salário--maternidade pleiteados pelas seguradas indígenas da etnia Kaingang abrangidas pela Subseção Judiciária de Passo Fundo/RS, com fundamento exclusivamente no critério etário. o limite mínimo de idade para fins de filiação no RGPS previsto no art. 5° da Instrução Normativa PRES/INSS n° 128, de 28 de março de 2022. b) Será admitida a concessão do benefício, ainda que requeridos por seguradas com idade inferior a 14 anos, na data do fato gerador, observada a carência mínima. c) À interessada deverá ser atribuído Número de Inscrição do Trabalhador - NIT, de não filiado no Portal CNIS, caso esta não o possua, respeitados os procedimentos previstos nos §§4° e 5° do Art. 8°, da Instrução Normativa PRES/INSS n° 128, de 28 de março de 2022; d) A condição de segurada especial será comprovada por certificação eletrônica ou pela Certidão de Exercício de Atividade Rural - Indígena, emitidas pela Fundação Nacional do Índio - FUNAI observado o contido nos §§5° a 10, do Art. 116 e Anexo XXV, ambos da Instrução Normativa PRES/INSS n° 128, de 2022. e) À segurada especial indígena aplicam-se as mesmas regras de reconhecimento do direito ou hipóteses de descaracterização consideradas aos demais segurados especiais, observada a forma de comprovação da atividade citada na alínea d. f) Para fins de direito, deverá ser cumprido o período de carência de dez (10) meses de atividade anteriores ao nascimento, parto ou adoção exigido, na forma do inc. I, do Art. 197, da Instrução Normativa PRES/INSS n° 128, de 28 de março de 2022. g) Mediante pedido devem ser revistos os requerimentos de salário-maternidade indeferidos em razão da idade a partir de 12.12.2014, protocolados por indígenas da etnia Waimiri-Atroari.

AÇÕES COLETIVAS

SEÇÃO VIII - AÇÃO CIVIL PÚBLICA N° 5004029-67.2012.4.04.7104 RS - VIGENTE

Assunto: Concessão de Salário-maternidade afastando o limite mínimo de idade de filiação no RGPS, constante no Regulamento da Previdência Social - RPS, aprovado pelo Decreto n° 3048, de 06 de maio de 1999. Requerimentos efetuados pelas seguradas indígenas da etnia Kaingang abrangidas pela Subseção Judiciária de Passo Fundo/RS.

Decisão Judicial	Determinou ao INSS que se abstenha de indeferir os requerimentos de benefício de salário-maternidade pleiteados pelas seguradas indígenas da etnia Kaingang abrangidas pela Subseção Judiciária de Passo Fundo/RS, com fundamento exclusivamente no critério etário.
Abrangência	Restrita às seguradas indígenas da etnia Kaingang residentes nas terras indígenas dos seguintes municípios abrangidos pela Subseção Judiciária de Passo Fundo: Água Santa, Alto Alegre, Camargo, Campos Borges, Capão Bonito do Sul, Casca, Caseiros, Ciríaco, Constantina, Coxilha, David Canabarro, Engenho Velho, Ernestina, Espumoso, Gentil, Ibiaçá, Ibiraiaras, Ibirapuitã, Lagoa dos Três Cantos, Lagoão, Lagoa Vermelha, Marau, Mato Castelhano, Montauri, Mormaço, Muliterno, Nicolau Vergueiro, Nova Alvorada, Passo Fundo, Pontão, Ronda Alta, Santa Cecília do Sul, Santo Antônio do Palma, São Domingos do Sul, Sertão, Soledade, Tapejara, Tapera, Tio Hugo, Três Palmeiras, Tunas, Tupanci do Sul, União da Serra, Vanini, Vila Lângaro e Vila Maria, todos do Rio Grande do Sul/RS.
Período de vigência	A determinação judicial produz efeitos para benefícios de salário-maternidade com Data de Entrada de Requerimento--DER a partir de 18 de março de 2013.
Comprovação de Endereço	Para a comprovação da residência deverá ser observado o endereço informado na certidão emitida pela FUNAI.
Aplicabilidade	a) Nos requerimentos de salário-maternidade efetuados pelas indígenas da etnia Kaingang, residentes nos locais de abrangência, se afaste o limite mínimo de idade para fins de filiação no RGPS previsto no art. 5° da Instrução Normativa PRES/INSS n° 128, de 28 de março de 2022. b) Será admitida a concessão do benefício independentemente da idade, na data do fato gerador, observada a carência mínima e os demais requisitos do benefício. c) À interessada deverá ser atribuído Número de Inscrição do Trabalhador - NIT, de não filiado no Portal CNIS, caso esta não o possua, respeitados os procedimentos previstos nos §§4° e 5° do Art. 8°, da Instrução Normativa PRES/INSS n° 128, de 28 de março de 2022; d) A condição de segurada especial será comprovada por certificação eletrônica ou pela Certidão de Exercício de Atividade Rural - Indígena, emitidas pela Fundação Nacional do Índio - FUNAI observado o contido nos §§5° a 10, do Art. 116 e Anexo XXV, ambos da Instrução Normativa PRES/INSS n° 128, de 2022. e) À segurada especial indígena aplicam-se as mesmas regras de reconhecimento do direito ou hipóteses de descaracterização consideradas aos demais segurados especiais, observada a forma de comprovação da atividade citada na alínea d. f) Para fins de direito, deverá ser cumprido o período de carência de dez (10) meses de atividade anteriores ao nascimento, parto ou adoção exigido, na forma do inc. I, do Art. 197, da Instrução Normativa PRES/INSS n° 128, de 28 de março de 2022.

SEÇÃO IX - AÇÃO CIVIL PÚBLICA N° 0001709-90.2015.4.01.4200/RR - VIGENTE

Assunto: Concessão de Salário-maternidade afastando o limite mínimo de idade de filiação no RGPS, constante no Regulamento da Previdência Social - RPS, aprovado pelo Decreto n° 3048, de 06 de maio de 1999. Requerimentos efetuados pelas seguradas indígenas da etnia Yanomami, no âmbito do Estado de Roraima.

Decisão Judicial	Determinou ao INSS que se abstenha de indeferir os requerimentos de benefício de salário-maternidade pleiteados pelas seguradas indígenas da etnia Yanomami, no âmbito do Estado de Roraima, com fundamento exclusivamente no critério etário.
Abrangência	Restrita às seguradas indígenas da etnia Yanomami, no âmbito do Estado de Roraima/RR.
Período de vigência	A determinação judicial produz efeitos para benefícios com Data de Entrada de Requerimento - DER a partir de 29 de abril de 2015.
Comprovação de Endereço	Para a comprovação da residência deverá ser observado o endereço informado na certidão emitida pela FUNAI.
Aplicabilidade	a) Nos requerimentos de salário-maternidade efetuados pelas indígenas da etnia Yanomami, residentes no Estado de Roraima, se afaste o limite mínimo de idade para fins de filiação no RGPS previsto no art. 5° da Instrução Normativa PRES/INSS n° 128, de 28 de março de 2022. b) Será admitida a concessão do benefício independentemente da idade, ainda que inferior a 14 anos, na data do fato gerador, observada a carência mínima e os demais requisitos do benefício. c) À interessada deverá ser atribuído Número de Inscrição do Trabalhador - NIT, de não filiado no Portal CNIS, caso esta não o possua, respeitados os procedimentos previstos nos §§4° e 5° do Art. 8°, da Instrução Normativa PRES/INSS n° 128, de 28 de março de 2022; d) A condição de segurada especial será comprovada por certificação eletrônica ou pela Certidão de Exercício de Atividade Rural - Indígena, emitidas pela Fundação Nacional do Índio - FUNAI observado o contido nos §§5° a 10, do Art. 116 e Anexo XXV, ambos da Instrução Normativa PRES/INSS n° 128, de 2022. e) À segurada especial indígena aplicam-se as mesmas regras de reconhecimento do direito ou hipóteses de descaracterização consideradas aos demais segurados especiais, observada a forma de comprovação da atividade citada na alínea d. f) Para fins de direito, deverá ser cumprido o período de carência de dez (10) meses de atividade anteriores ao nascimento, parto ou adoção exigido, na forma do inc. I, do Art. 197, da Instrução Normativa PRES/INSS n° 128, de 28 de março de 2022.
Revisão	Revise, no prazo de noventa dias os pedidos de salário-maternidade destas requerentes indeferidos em razão da idade. Revisão de requerimentos de salário-maternidade indeferidos nos últimos 5 anos.

SEÇÃO X - AÇÃO CIVIL PÚBLICA N° 5010723-55.2012.4.04.7200 SC - VIGENTE.

Assunto: Concessão de Salário-maternidade afastando o limite mínimo de idade de filiação no RGPS, constante no Regulamento da Previdência Social - RPS, aprovado pelo Decreto n° 3048, de 06 de maio de 1999. Requerimentos efetuados pelas seguradas indígenas residentes no Estado de Santa Catarina/SC.

Decisão Judicial	Determinou ao INSS que se abstenha de indeferir os requerimentos de benefício de salário-maternidade pleiteados pelas seguradas indígenas com idade inferior a dezesseis anos, residentes no Estado de Santa Catarina.
Abrangência	Restrita às seguradas indígenas residentes no Estado de Santa Catarina/SC.
Período de vigência	A determinação judicial produz efeitos para benefícios com Data de Entrada de Requerimento-DER a partir de 25 de maio de 2014.
Comprovação de Endereço	Para a comprovação da residência deverá ser observado o endereço informado na certidão emitida pela FUNAI.
Aplicabilidade	a) Nos requerimentos de salário-maternidade efetuados pelas indígenas residentes no Estado de Santa Catarina/SC, se afaste o limite mínimo de idade para fins de filiação no RGPS previsto no art. 5° da Instrução Normativa PRES/INSS n° 128, de 28 de março de 2022. b) Nos casos de indígenas abrangidas por outras Ações Civis Públicas, como é o caso de indígenas residentes no município de Chapecó/SC e indicadas na ACP 5001707-71.2012.4.04.7202, caberá a aplicação da ACP mais vantajosa, desde que cumpridos todos os requisitos. c) Será admitida a concessão do benefício independentemente da idade, ainda que inferior a 14 anos, na data do fato gerador, observada a carência mínima e os demais requisitos do benefício. d) À interessada deverá ser atribuído Número de Inscrição do Trabalhador - NIT, de não filiado no Portal CNIS, caso esta não o possua, respeitados os procedimentos previstos nos §§4° e 5° do Art. 8°, da Instrução Normativa PRES/INSS n° 128, de 28 de março de 2022; e) A condição de segurada especial será comprovada por certificação eletrônica ou pela Certidão de Exercício de Atividade Rural - Indígena, emitidas pela Fundação Nacional do Índio - FUNAI observado o contido nos §§5° a 10, do Art. 116 e Anexo XXV, ambos da Instrução Normativa PRES/INSS n° 128, de 2022. f) À segurada especial indígena aplicam-se as mesmas regras de reconhecimento do direito ou hipóteses de descaracterização consideradas aos demais segurados especiais, observada a forma de comprovação da atividade citada na alínea e. g) Para fins de direito, deverá ser cumprido o período de carência de dez (10) meses de atividade anteriores ao nascimento, parto ou adoção exigido, na forma do inc. I, do Art. 197, da Instrução Normativa PRES/INSS n° 128, de 28 de março de 2022.

SEÇÃO XI - AÇÃO CIVIL PÚBLICA N° 5006268-70.2014.4.04.7105/RS - VIGENTE

Assunto: Concessão de Salário-maternidade afastando o limite mínimo de idade de filiação no RGPS, constante no Regulamento da Previdência Social - RPS, aprovado pelo Decreto n° 3048, de 06 de maio de 1999. Requerimentos efetuados pelas seguradas indígenas da etnia Mbyá-Guarani residentes nos municípios abrangidos pela Subseção Judiciária de Santo Ângelo/RS

Decisão Judicial	Determinou ao INSS que se abstenha de indeferir os requerimentos de benefício de salário-maternidade pleiteados pelas seguradas indígenas etnia Mbyá-Guarani e residentes nos municípios abrangidos pela Subseção Judiciária de Santo Ângelo/RS com mais de 14 (quatorze) anos de idade.
Abrangência	Restrita às seguradas indígenas da etnia Mbyá-Guarani residentes nos municípios de Ajuricaba, Augusto Pestana, Bozano, Caibaté, Catuípe, Cerro Largo, Chiapetta, Coronel Barros, Dezesseis de Novembro, Entre Ijuís, Eugênio de Castro, Giruá, Guarani das Missões, Ijuí, Inhacorá, Jóia, Mato Queimado, Nova Ramada, Pirapó, Porto Xavier, Rolador, Roque Gonzales, Salvador das Missões, Santo Ângelo, Santo Antônio das Missões, Santo Augusto, São Luiz Gonzaga, São Miguel da Missões, São Nicolau, São Pedro do Butiá, São Valério do Sul, Senador Salgado Filho, Sete de Setembro, Ubiretama e Vitória das Missões, todos do Rio Grande do Sul/RS.
Período de vigência	A determinação judicial produz efeitos para benefícios com Data de Entrada de Requerimento-DER a partir de 24 de setembro de 2015.
Comprovação de Endereço	Para a comprovação da residência deverá ser observado o endereço informado na certidão emitida pela FUNAI.
Aplicabilidade	a) Nos requerimentos de salário-maternidade efetuados pelas indígenas da etnia Mbyá-Guarani e residentes nos municípios abrangidos pela Subseção Judiciária de Santo Ângelo/RS, se afaste o limite mínimo de idade para fins de filiação no RGPS previsto no art. 5° da Instrução Normativa PRES/INSS n° 128, de 28 de março de 2022. b) Será admitida a concessão do benefício se na data do requerimento, a segurada possuir a idade mínima de 14 anos, observada a carência mínima e demais requisitos do benefício. c) À interessada deverá ser atribuído Número de Inscrição do Trabalhador - NIT, de não filiado no Portal CNIS, caso esta não o possua, respeitados os procedimentos previstos nos §§4° e 5° do Art. 8°, da Instrução Normativa PRES/INSS n° 128, de 28 de março de 2022; d) A condição de segurada especial será comprovada por certificação eletrônica ou pela Certidão de Exercício de Atividade Rural - Indígena, emitidas pela Fundação Nacional do Índio - FUNAI observado o contido nos §§5° a 10, do Art. 116 e Anexo XXV, ambos da Instrução Normativa PRES/INSS n° 128, de 2022. e) À segurada especial indígena aplicam-se as mesmas regras de reconhecimento do direito ou hipóteses de descaracterização consideradas aos demais segurados especiais, observada a forma de comprovação da atividade citada na alínea d. f) Para fins de direito, deverá ser cumprido o período de carência de dez (10) meses de atividade anteriores ao nascimento, parto ou adoção exigido, na forma do inc. I, do Art. 197, da Instrução Normativa PRES/INSS n° 128, de 28 de março de 2022.

SEÇÃO XII - AÇÃO CIVIL PÚBLICA Nº 5004048-26.2015.4.04.7118/RS - VIGENTE

Assunto: Concessão de Salário-maternidade afastando o limite mínimo de idade de filiação no RGPS, constante no Regulamento da Previdência Social - RPS, aprovado pelo Decreto nº 3048, de 06 de maio de 1999. Requerimentos efetuados pelas seguradas indígenas residentes nos municípios abrangidos pela Subseção Judiciária de Carazinho/RS.

Decisão Judicial	Determinou ao INSS que se abstenha de indeferir os requerimentos de benefício de salário-maternidade pleiteados pelas indígenas com idade inferior a 16 (dezesseis) anos, residentes nos municípios que compõem a Subseção Judiciária de Carazinho/RS, exclusivamente em razão da idade.
Abrangência	Restrita às indígenas residentes nos municípios de Almirante Tamandaré do Sul, Alpestre, Alto Alegre, Barra Funda, Barros Cassal, Campos Borges, Carazinho, Chapada, Colorado, Constantina, Coqueiros do Sul, Engenho Velho, Espumoso, Fontoura Xavier, Gramado dos Loureiros, Ibirapuitã, Lagoa dos Três Cantos, Lagoão, Liberato Salzano, Mormaço, Não Me Toque, Nonoai, Nova Boa Vista, Novo Xingu, Planalto, Rio dos Índios, Ronda Alta, Rondinha, Saldanha Marinho, Santa Bárbara do Sul, Santo Antônio do Planalto, São José do Herval, Sarandi, Selbach, Soledade, Tapera, Tio Hugo, Três Palmeiras, Trindade do Sul, Tunas e Victor Graef, todos do Rio Grande do Sul/RS.
Período de vigência	A determinação judicial produz efeitos para benefícios com Data de Entrada de Requerimento-DER a partir de 09 de novembro de 2015.
Comprovação de Endereço	Deverá ser observado o endereço informado na certidão emitida pela FUNAI.
Aplicabilidade	a) Nos requerimentos de salário-maternidade efetuados pelas indígenas residentes nos municípios abrangidos na decisão, se afaste o limite mínimo de idade para fins de filiação no RGPS previsto no art. 5º da Instrução Normativa PRES/INSS nº 128, de 28 de março de 2022. b) Será admitida a concessão do benefício independentemente da idade, ainda que inferior a 14 anos, na data do fato gerador, observada a carência mínima e os demais requisitos do benefício. c) Nos casos de indígenas abrangidas por outras Ações Civis Públicas, como é o caso das indígenas da etnia Yanomami residentes nos municípios de Alto Alegre, Campos Borges, Constantina, Engenho Velho, Espumoso, Ibirapuitã, Lagoa dos Três Cantos, Lagoão, Mormaço, Ronda Alta, Soledade, Tapera, Tio Hugo, Três Palmeiras e Tunas também alcançadas pela determinação proferida na ACP 5004029-67.2012.4.04.7104, caberá a aplicação da ACP mais vantajosa, desde que cumpridos todos os requisitos. d) À interessada deverá ser atribuído Número de Inscrição do Trabalhador - NIT, de não filiado no Portal CNIS, caso esta não o possua, respeitados os procedimentos previstos nos §§4º e 5º do Art. 8º, da Instrução Normativa PRES/INSS nº 128, de 28 de março de 2022; e) A condição de segurada especial será comprovada por certificação eletrônica ou pela Certidão de Exercício de Atividade Rural - Indígena, emitidas pela Fundação Nacional do Índio - FUNAI observado o contido nos §§5º a 10, do Art. 116 e Anexo XXV, ambos da Instrução Normativa PRES/INSS nº 128, de 2022. f) À segurada especial indígena aplicam-se as mesmas regras de reconhecimento do direito ou hipóteses de descaracterização consideradas aos demais segurados especiais, observada a forma de comprovação da atividade citada na alínea e. g) Para fins de direito, deverá ser cumprido o período de carência de dez (10) meses de atividade anteriores ao nascimento, parto ou adoção exigido, na forma do inc. I, do Art. 197, da Instrução Normativa PRES/INSS nº 128, de 28 de março de 2022.

SEÇÃO XIII - AÇÃO CIVIL PÚBLICA Nº 5001796-23.2015.4.04.7127/RS - VIGENTE

Assunto: Concessão de Salário-maternidade afastando o limite mínimo de idade de filiação no RGPS, constante no Regulamento da Previdência Social - RPS, aprovado pelo Decreto nº 3048, de 06 de maio de 1999. Requerimentos efetuados pelas seguradas indígenas residentes nos municípios abrangidos pela Subseção Judiciária de Palmeira das Missões/RS.

Decisão Judicial	Determinou ao INSS que se abstenha de indeferir os requerimentos de benefício de salário-maternidade pleiteados por indígenas com idade inferior a 16 (dezesseis) anos, residentes nos municípios que compõem a Subseção Judiciária de Palmeira das Missões/RS, exclusivamente em razão da idade.
Abrangência	Restrita às indígenas residentes nos municípios de Ametista do Sul, Barra do Guarita, Boa Vista das Missões, Bom Progresso, Braga, Caiçara, Campo Novo, Cerro Grande, Coronel Bicaco, Cristal do Sul, Derrubadas, Dois Irmãos das Missões, Erval Seco, Esperança do Sul, Frederico Westphalen, Iraí, Jaboticaba, Lajeado do Bugre, Miraguaí, Novo Barreiro, Novo Tiradentes, Palmeira das Missões, Palmitinho, Pinhal, Pinheirinho do Vale, Redentora, Rodeio Bonito, Sagrada Família, São José das Missões, São Pedro das Missões, Seberi, Taquaruçu do Sul, Tenente Portela, Três Passos, Vicente Dutra, Vista Alegre e Vista Gaúcha, todos do Rio Grande do Sul/RS
Comprovação de Endereço	Deverá ser observado o endereço informado na certidão emitida pela FUNAI.
Período de vigência	A determinação judicial produz efeitos para benefícios com Data de Entrada de Requerimento-DER a partir de 01 de dezembro de 2015.
Aplicabilidade	a) Nos requerimentos de salário-maternidade efetuados pelas indígenas residentes nos municípios abrangidos na decisão, se afaste o limite mínimo de idade para fins de filiação no RGPS previsto no art. 5º da Instrução Normativa PRES/INSS nº 128, de 28 de março de 2022. b) Será admitida a concessão do benefício independentemente da idade, ainda que inferior a 16 anos, na data do fato gerador, observada a carência mínima e os demais requisitos do benefício. c) À interessada deverá ser atribuído Número de Inscrição do Trabalhador - NIT, de não filiado no Portal CNIS, caso esta não o possua, respeitados os procedimentos previstos nos §§4º e 5º do Art. 8º, da Instrução Normativa PRES/INSS nº 128, de 28 de março de 2022; d) A condição de segurada especial será comprovada por certificação eletrônica ou pela Certidão de Exercício de Atividade Rural - Indígena, emitidas pela Fundação Nacional do Índio - FUNAI observado o contido nos §§5º a 10, do Art. 116 e Anexo XXV, ambos da Instrução Normativa PRES/INSS nº 128, de 2022. e) À segurada especial indígena aplicam-se as mesmas regras de reconhecimento do direito ou hipóteses de descaracterização consideradas aos demais segurados especiais, observada a forma de comprovação da atividade citada na alínea d. f) Para fins de direito, deverá ser cumprido o período de carência de dez (10) meses de atividade anteriores ao nascimento, parto ou adoção exigido, na forma do inc. I, do Art. 197, da Instrução Normativa PRES/INSS nº 128, de 28 de março de 2022.

SEÇÃO XIV - AÇÃO CIVIL PÚBLICA N° 0004597-32.2015.4.01.4200/RR - VIGENTE

Assunto: Concessão de Salário-maternidade afastando o limite mínimo de idade de filiação no RGPS, constante no Regulamento da Previdência Social - RPS, aprovado pelo Decreto nº 3048, de 06 de maio de 1999. Requerimentos efetuados pelas seguradas indígenas da etnia Wapixana

Decisão Judicial	Determinou ao INSS que se abstenha de indeferir os requerimentos de benefício de salário-maternidade pleiteados pelas seguradas indígenas com idade inferior a 16 (dezesseis) anos, da etnia Wapixana, exclusivamente em razão da idade, desde que atendidos os demais requisitos.
Abrangência	Indígenas da etnia Wapixana residentes nos municípios do Estado de Roraima
Período de vigência	A determinação judicial produz efeitos para benefícios com Data de Entrada de Requerimento-DER a partir de 15 de julho de 2016.
Comprovação de Endereço	Deverá ser observado o endereço informado na certidão emitida pela FUNAI.
Aplicabilidade	a) Nos requerimentos de salário-maternidade efetuados pelas indígenas residentes nos municípios abrangidos na decisão e da etnia Wapixana, se afaste o limite mínimo de idade para fins de filiação no RGPS previsto no art. 5° da Instrução Normativa PRES/INSS nº 128, de 28 de março de 2022. b) Será admitida a concessão do benefício independentemente da idade, ainda que inferior a 16 anos, na data do fato gerador, observada a carência mínima e os demais requisitos do benefício. c) À interessada deverá ser atribuído Número de Inscrição do Trabalhador - NIT, de não filiado no Portal CNIS, caso esta não o possua, respeitados os procedimentos previstos nos §§4° e 5° do Art. 8°, da Instrução Normativa PRES/INSS nº 128, de 28 de março de 2022; d) A condição de segurada especial será comprovada por certificação eletrônica ou pela Certidão de Exercício de Atividade Rural - Indígena, emitidas pela Fundação Nacional do Índio - FUNAI observado o contido nos §§5° a 10, do Art. 116 e Anexo XXV, ambos da Instrução Normativa PRES/INSS nº 128, de 2022. e) À segurada especial indígena aplicam-se as mesmas regras de reconhecimento do direito ou hipóteses de descaracterização consideradas aos demais segurados especiais, observada a forma de comprovação da atividade citada na alínea d. f) Para fins de direito, deverá ser cumprido o período de carência de dez (10) meses de atividade anteriores ao nascimento, parto ou adoção exigido, na forma do inc. I, do Art. 197, da Instrução Normativa PRES/INSS nº 128, de 28 de março de 2022.

SEÇÃO XV - AÇÃO CIVIL PÚBLICA N° 5002452-76.2016.4.04.7116/RS - VIGENTE

Assunto: Concessão de Salário-maternidade afastando o limite mínimo de idade de filiação no RGPS, constante no Regulamento da Previdência Social - RPS, aprovado pelo Decreto n° 3048, de 06 de maio de 1999 e passe a adotar a idade de quatorze anos. Requerimentos efetuados pelas seguradas indígenas residentes em acampamentos e comunidades indígenas abrangidos pela Subseção Judiciária de Cruz Alta/RS.

Decisão Judicial	Que o Instituto se abstenha de indeferir, exclusivamente pelo critério etário, os requerimentos de salário-maternidade efetuados por seguradas indígenas de idade entre 14 e 16 anos provenientes de acampamentos e comunidades indígenas que são abrangidas pela Subseção Judiciária de Cruz Alta/RS.
Abrangência	Restrita às seguradas indígenas provenientes de acampamentos e comunidades indígenas dos municípios que compõem a Subseção Judiciária de Cruz Alta/RS, quais sejam: Boa Vista do Cadeado, Boa Vista do Incra, Condor, Cruz Alta, Estrela Velha, Fortaleza dos Valos, Ibirubá, Jacuizinho, Panambi, Pejuçara, Quinze de Novembro, Salto do Jacuí e Tupanciretã, todos do estado do Rio Grande do Sul.
Período de vigência	A determinação judicial produz efeitos para benefícios com Data de Entrada de Requerimento-DER a partir de 03 de novembro de 2017.
Comprovação de Endereço	Deverá ser observado o endereço informado na certidão emitida pela FUNAI.
Aplicabilidade	a) Nos requerimentos de salário-maternidade efetuados pelas indígenas abrangidas pelos acampamentos e comunidades indígenas dos municípios citados na decisão, se afaste o limite mínimo de idade para fins de filiação no RGPS previsto no art. 5° da Instrução Normativa PRES/INSS n° 128, de 28 de março de 2022, e passe a considerar a idade mínima limite de 14 (quatorze) anos. b) Será admitida a concessão do salário-maternidade para indígenas abrangidas por esta decisão a partir de 14 anos de idade, observada a carência mínima. O período de carência de dez (10) meses de atividade anteriores ao nascimento, parto ou adoção será exigido, na forma do inc. I, do Art. 197, da Instrução Normativa PRES/INSS n° 128, de 28 de março de 2022. c) À interessada deverá ser atribuído Número de Inscrição do Trabalhador - NIT, de não filiado no Portal CNIS, caso esta não o possua, respeitados os procedimentos previstos nos §§4° e 5° do Art. 8°, da Instrução Normativa PRES/INSS n° 128, de 28 de março de 2022; d) A condição de segurada especial será comprovada por certificação eletrônica ou pela Certidão de Exercício de Atividade Rural - Indígena, emitidas pela Fundação Nacional do Índio - FUNAI observado o contido nos §§5° a 10, do Art. 116 e Anexo XXV, ambos da Instrução Normativa PRES/INSS n° 128, de 2022. e) À segurada especial indígena aplicam-se as mesmas regras de reconhecimento do direito ou hipóteses de descaracterização consideradas aos demais segurados especiais, observada a forma de comprovação da atividade citada na alínea d.

SEÇÃO XVI - AÇÃO CIVIL PÚBLICA N° 0001301-67.2017.4.01.3606/MT -VIGENTE

Assunto: Concessão de Salário-maternidade afastando o limite mínimo de idade de filiação no RGPS, constante no Regulamento da Previdência Social - RPS, aprovado pelo Decreto n° 3048, de 06 de maio de 1999 e passe a adotar a idade de quatorze anos. Requerimentos efetuados pelas seguradas indígenas residentes nos municípios de Juína, Juara e Colniza, todos do Estado de Mato Grosso.

Decisão Judicial	Que o Instituto se abstenha de indeferir, exclusivamente pelo critério etário, os requerimentos de salário-maternidade efetuados por seguradas indígenas, de idade entre 14 e 16 anos, residentes nos municípios de abrangência.
Abrangência	Restrita às seguradas indígenas residentes nos municípios de Juína, Juara e Colniza, todos do Estado de Mato Grosso/MT.
Período de vigência	A determinação judicial produz efeitos para benefícios com Data de Entrada de Requerimento-DER a partir de 09 de novembro de 2018.
Comprovação de Endereço	Deverá ser observado o endereço informado na certidão emitida pela FUNAI.

Aplicabilidade	a) Nos requerimentos de salário-maternidade efetuados pelas indígenas abrangidas pelos municípios citados na decisão, se afaste o limite mínimo de idade para fins de filiação no RGPS previsto no art. 5° da Instrução Normativa PRES/INSS n° 128, de 28 de março de 2022, e passe a considerar a idade mínima limite de 14 (quatorze) anos. b) Será admitida a concessão do salário-maternidade para indígenas abrangidas por esta decisão a partir de 14 anos de idade, observada a carência mínima. O período de carência de dez (10) meses de atividade anteriores ao nascimento, parto ou adoção será exigido, na forma do inc. I, do Art. 197, da Instrução Normativa PRES/INSS n° 128, de 28 de março de 2022. c) À interessada deverá ser atribuído Número de Inscrição do Trabalhador - NIT, de não filiado no Portal CNIS, caso esta não o possua, respeitados os procedimentos previstos nos §§4° e 5° do Art. 8°, da Instrução Normativa PRES/INSS n° 128, de 28 de março de 2022; d) A condição de segurada especial será comprovada por certificação eletrônica ou pela Certidão de Exercício de Atividade Rural - Indígena, emitidas pela Fundação Nacional do Índio - FUNAI observado o contido nos §§5° a 10, do Art. 116 e Anexo XXV, ambos da Instrução Normativa PRES/INSS n° 128, de 2022. e) À segurada especial indígena aplicam-se as mesmas regras de reconhecimento do direito ou hipóteses de descaracterização consideradas aos demais segurados especiais, observada a forma de comprovação da atividade citada na alínea d.

SEÇÃO XVII - AÇÃO CIVIL PÚBLICA N° 0149104-71.2017.4.02.5111/RJ - VIGENTE

Assunto: Concessão de Salário-maternidade afastando o limite mínimo de idade de filiação no RGPS, constante no Regulamento da Previdência Social - RPS, aprovado pelo Decreto n° 3048, de 06 de maio de 1999. Requerimentos efetuados pelas seguradas indígenas da etnia Guarani que vivem nas terras indígenas situadas no território dos municípios de Angra dos Reis e Paraty/RJ.

Decisão Judicial	Determinou ao INSS que se abstenha de indeferir os requerimentos de benefício de salário-maternidade pleiteados pelas seguradas indígenas, com idade inferior a dezesseis anos, da etnia Guarani, que vivem nas terras indígenas situadas no território dos municípios de Angra dos Reis e Paraty, com fundamento exclusivamente no critério etário, desde que atendidos os demais requisitos legais, e a revisar os requerimentos anteriormente formulados em caso de indeferimento por motivo de idade.
Abrangência	Indígenas da etnia Guarani que vivem nas terras indígenas situadas no território dos municípios de Angra dos Reis e Paraty, ambos do Estado do Rio de Janeiro/RJ
Período de vigência	A determinação judicial produz efeitos para benefícios de salário-maternidade com Data de Entrada de Requerimento--DER a partir de 3 de outubro de 2017.
Comprovação de Endereço	Deverá ser observado o endereço informado na certidão emitida pela FUNAI.
Aplicabilidade	a) Nos requerimentos de salário-maternidade efetuados pelas indígenas da etnia Guarani, residentes nos municípios abrangidos na decisão, se afaste o limite mínimo de idade para fins de filiação no RGPS previsto no art. 5° da Instrução Normativa PRES/INSS n° 128, de 28 de março de 2022. b) Será admitida a concessão do benefício independentemente da idade, ainda que inferior a 16 anos, na data do fato gerador, observada a carência mínima e os demais requisitos do benefício. c) À interessada deverá ser atribuído Número de Inscrição do Trabalhador - NIT, de não filiado no Portal CNIS, caso esta não o possua, respeitados os procedimentos previstos nos §§4° e 5° do Art. 8°, da Instrução Normativa PRES/INSS n° 128, de 28 de março de 2022; d) A condição de segurada especial será comprovada por certificação eletrônica ou pela Certidão de Exercício de Atividade Rural - Indígena, emitidas pela Fundação Nacional do Índio - FUNAI observado o contido nos §§5° a 10, do Art. 116 e Anexo XXV, ambos da Instrução Normativa PRES/INSS n° 128, de 2022. e) À segurada especial indígena aplicam-se as mesmas regras de reconhecimento do direito ou hipóteses de descaracterização consideradas aos demais segurados especiais, observada a forma de comprovação da atividade citada na alínea d. f) Para fins de direito, deverá ser cumprido o período de carência de dez (10) meses de atividade anteriores ao nascimento, parto ou adoção exigido, na forma do inc. I, do Art. 197, da Instrução Normativa PRES/INSS n° 128, de 28 de março de 2022.
Revisão	Para os requerimentos indeferidos com base nesta ACP e que tenham DER a partir de 03/10/2017, caberá reanálise, mediante requerimento de revisão a pedido das interessadas.

SEÇÃO XVIII - AÇÃO CIVIL PÚBLICA N° 0004043-92.2017.4.01.3306 BA - VIGENTE

Assunto: Concessão de Salário-maternidade afastando o limite mínimo de idade de filiação no RGPS, constante no Regulamento da Previdência Social - RPS, aprovado pelo Decreto n° 3048, de 06 de maio de 1999 e passe a adotar a idade mínima de quatorze anos. Requerimentos efetuados pelas seguradas especiais residentes nos municípios abrangidos pela Seção Judiciária de Paulo Afonso/BA

Decisão Judicial	Que o Instituto se abstenha de indeferir, exclusivamente pelo critério etário, os requerimentos de salário-maternidade efetuados por seguradas especiais de idade entre 14 e 16 anos residentes nos municípios abrangidos pela Seção Judiciária de Paulo Afonso/BA.
Abrangência	Restrita às seguradas especiais residentes nas cidades que compõem a Subseção Judiciária de Paulo Afonso/BA, quais sejam: Paulo Afonso, Abaré, Adustina, Antas, Banzaê, Canudos, Chorrochó, Cícero Dantas, Coronel João Sá, Euclides da Cunha, Fátima, Glória, Heliópolis, Jeremoabo, Macururé, Novo Triunfo, Paripiranga, Pedro Alexandre, Quijingue, Rodelas, Santa Brígida, Sítio do Quinto e Tucano, todas do Estado da Bahia.
Período de vigência	A determinação judicial produz efeitos para benefícios com Data de Entrada de Requerimento-DER a partir de 03 de dezembro de 2018
Comprovação de Endereço	Será exigida a apresentação de documento de comprovação de endereço

Aplicabilidade	a) À interessada deverá ser atribuído Número de Inscrição do Trabalhador - NIT, de "não filiado" no Portal CNIS, caso esta já não o possua. b) A condição de segurada especial será comprovada na forma descrita nos arts. 115 a 117 da Instrução Normativa PRES/INSS nº 128, de 28 de março de 2022. c) Para enquadramento da condição de segurada especial deverão ser observadas as regras de caracterização e descaracterização previstas nos art. 112 a 114 da Instrução Normativa PRES/INSS nº 128, de 2022. d) Para fins de direito, deverá ser cumprido o período de carência de dez (10) meses de atividade rural anteriores ao nascimento, parto ou adoção exigido na forma do inc. I, do Art. 197, da Instrução Normativa PRES/INSS nº 128, de 28 de março de 2022.

SEÇÃO XIX - AÇÃO CIVIL PÚBLICA Nº 2004.51.02.001662-4 OU 0001662-85.2004.4.02.5102/RJ - VIGENTE

Assunto: Concessão de Salário-maternidade em período de graça. Afastar prova da relação de emprego como pré-requisito para o pagamento do benefício pelo INSS, ainda que demitidas sem justa causa durante o período de gestação, às requerentes residentes no Estado do Rio de Janeiro. Abster-se de efetuar descontos a título de contribuição previdenciária para o Regime Geral de Previdência Social-RGPS, no benefício de salário maternidade à segurada desempregada.

Decisão Judicial	Determina ao INSS que conceda o benefício de salário-maternidade sem exigir das seguradas desempregadas, no período de graça, prova da relação de emprego como pré-requisito, bem como, não desconte qualquer valor a título de contribuição previdenciária do benefício para o Regime Geral de Previdência Social - RGPS.
Abrangência	Restringe-se às seguradas domiciliadas no Estado do Rio de Janeiro.
Período de vigência	A determinação judicial produz efeitos para requerimentos protocolados a partir de 4 de julho de 2012.
Comprovação de Endereço	Será exigida a apresentação de comprovante de endereço em município do Estado do Rio de Janeiro
Aplicabilidade	a) Afastar prova da relação de emprego como pré-requisito para a concessão do benefício de salário maternidade, não mais restringindo aos casos de demissão antes da gravidez ou durante a gestação nas hipóteses de dispensa por justa causa ou a pedido. Assim, fica afastada a aplicação do inciso III, do Art. 461, do Livro II de Normas Procedimentais em Matéria de Benefícios que disciplina procedimentos e rotinas de reconhecimento de benefícios do Regime Geral de Previdência Social, aprovado pela Portaria DIRBEN/INSS nº 991, de 28 de março de 2022. b) O pagamento do benefício de salário-maternidade será efetuado pela previdência social, independentemente do motivo da demissão e de preenchimento de declaração específica com a finalidade de identificar a causa da extinção do vínculo, sendo devido, ainda que as seguradas tenham sido demitidas sem justa causa durante o período de gestação; c) O INSS deve abster-se de efetuar desconto de valores a título de contribuição previdenciária, durante a percepção de benefício de salário-maternidade, para as seguradas em período de graça cuja última vinculação com o RGPS tenha sido na condição de empregada ou empregada doméstica. d) Os benefícios concedidos, em cumprimento a esta decisão e em especial, ao item c, não serão considerados para fins de carência e tempo de contribuição em requerimentos de outros benefícios previdenciários. e) Na análise administrativa dos requerimentos de salário-maternidade efetuados a partir de 1º de julho de 2020, data da publicação do Decreto nº 10.410, de 2020, já é permitida a concessão pelo INSS para todas as seguradas desempregadas, durante o período de graça, desde que preenchidos os demais requisitos legais, conforme Portaria Conjunta nº 50 DIRBEN/PFE/INSS, de 9 de setembro de 2021.

SEÇÃO XX - AÇÃO CIVIL PÚBLICA Nº 5019632-23.2011.4.04.7200/SC- VIGENTE

Assunto: concessão de salário-maternidade de 120 (cento e vinte) dias às seguradas que adotarem ou que obtiverem a guarda judicial para fins de adoção de criança/adolescente, independentemente da idade do adotado, bem como, a prorrogação do benefício até que atinja o período de 120 (cento e vinte) dias, das seguradas que se encontram em gozo de benefício com prazo inferior, em razão da idade do adotado.

Decisão Judicial	Determinou ao INSS a concessão de salário-maternidade de 120 (cento e vinte) dias às seguradas que adotarem ou que obtiverem a guarda judicial para fins de adoção de criança/adolescente, independentemente da idade do adotado, bem como, a prorrogação do benefício até que atinja o período de 120 (cento e vinte) dias, das seguradas que se encontram em gozo de benefício com prazo inferior, em razão da idade do adotado
Abrangência e Período de vigência	A determinação judicial possui abrangência nacional e produz efeitos a partir de 08/05/2012, data da intimação da decisão, aplicando-se a todos os benefícios de salário-maternidade requeridos a partir desta data, bem como aos benefícios já concedidos e cujo pagamento parcial (30 ou 60 dias) se encontre em curso.
Comprovação de Endereço	Dispensada.
Aplicabilidade	a) O benefício de salário-maternidade será devido pelo prazo de 120 (cento e vinte dias) dias a todas as seguradas que adotarem ou obtiverem a guarda judicial para fins de adoção, afastando-se as regras de proporcionalidade contidas no art. 71-A da Lei nº 8.213, de 1991 ("À segurada da Previdência Social que adotar ou obtiver guarda judicial para fins de adoção de criança é devido salário-maternidade pelo período de 120 (cento e vinte) dias, se a criança tiver até 1(um) ano de idade, de 60 (sessenta) dias, se a criança tiver entre 1 (um) e 4 (quatro) anos de idade, e de 30 (trinta) dias, se a criança tiver de 4 (quatro) a 8 (oito) anos de idade"). b) Devem ser revistos os requerimentos com Data de Entrada Requerimento (DER) e Data de Despacho do Benefício (DDB) no período compreendido entre 08/05/2012, data da intimação da decisão, até 1º/06/2012, data da publicação do Memorando-Circular Conjunto nº 30 DIRBEN/PFE/INSS, de 1º de junho de 2012, permitindo a concessão de benefícios de salário-maternidade a todas as adotantes pelo prazo de 120 dias, independentemente da idade do adotado; e também devem ser revistos os benefícios com DER anterior à data da intimação da decisão judicial, despachados (DDB) antes de 1º/06/2012, com duração de 30 e 60 dias, cuja DCB tenha sido igual ou posterior a 08/05/2012. c) Ocorre que, a partir de 07/06/2013, data da publicação da Medida Provisória nº 619, o benefício de salário--maternidade passou a ser devido administrativamente a todas as adotantes de criança com idade inferior 12 (doze) anos, pelo período de 120 (cento e vinte) dias.

Aplicabilidade	d) A partir de 25/10/2013, data da publicação da Lei nº 12.873/13, com a redação definida para o art. 71-A, o benefício de salário-maternidade devido a adotantes pelo prazo de 120 dias, passou a ser devido, também, para adotantes do sexo masculino, de forma que os benefícios dessa natureza não devem mais ser indeferidos administrativamente. Assim, os requerimentos de B/80 protocolados por requerentes do sexo masculino a partir vigência da referida Lei devem ser recepcionados e reservados para decisão, permitindo a sua concessão. e) Também a partir de 25/10/2013, em razão da redação prevista no caput do art. 71-A, quando um dos cônjuges/companheiras(os) adotantes não for segurada(o) do Regime Geral de Previdência Social, poderá o outro cônjuge/companheira(o) adotante, se segurada(o), requerer o benefício de salário-maternidade, observada a carência e a obrigatoriedade de afastamento do trabalho/atividade desempenhada.

SEÇÃO XXI - AÇÃO DIRETA DE INCONSTITUCIONALIDADE - ADI Nº 6.327/DF - VIGENTE

Assunto: Prorrogação do benefício de Salário-Maternidade quando, em decorrência de complicações médicas relacionadas ao parto, houver necessidade de internação hospitalar da segurada e/ou do recém-nascido.

Decisão Judicial	Determina ao INSS a prorrogação do benefício de Salário-Maternidade quando, em decorrência de complicações médicas relacionadas ao parto, houver necessidade de internação hospitalar da segurada e/ou do recém-nascido.
Abrangência e Período de vigência	A decisão cautelar prolatada na ADI nº 6.327 tem força executória, eficácia contra todos e efeito vinculante (nacional), devendo ser aplicada aos requerimentos de salário-maternidade com fato gerador a partir de 13/03/2020, ainda que o requerimento de prorrogação seja feito após a alta da internação.
Comprovação de Endereço	Dispensada.
Aplicabilidade	a) A decisão do Supremo Tribunal Federal - STF na ADI nº 6.327 recai sobre os requerimentos de Salário-Maternidade que têm o parto como fato gerador, objetivando resguardar a convivência entre mãe e filho para preservar seu contato no ambiente residencial, de forma a impedir que o tempo de licença seja reduzido nas hipóteses de partos com complicações médicas. b) A data de início do benefício e data de início do pagamento continuam sendo fixadas na data do parto ou até 28 dias antes do parto, mas, nos casos em que mãe (segurada) e/ou filho necessitarem de períodos maiores de recuperação, o Salário-Maternidade será pago durante todo o período de internação e por mais 120 dias, contados a partir da data da alta da internação do recém-nascido e/ou de sua mãe, o que acontecer por último, desde que presente o nexo entre a internação e o parto. c) Nos casos em que a Data de início do benefício - DIB e a Data de início do pagamento - DIP do benefício forem fixadas em até 28 dias antes do parto, o período em benefício anterior ao parto deverá ser descontado dos 120 dias a serem devidos a partir da alta hospitalar. d) O período de internação passou a ser considerado um acréscimo no número de dias em que o benefício será pago, ou seja, não será limitado aos 120 dias. e) Nas situações em que o período de repouso anterior ou posterior ao parto for aumentado em duas semanas, não cabe adoção dos procedimentos acima, uma vez que o pagamento desse período já é previsto no §3° do artigo 93 do Decreto nº 3.048/99. f) O desconto previsto na alínea c não se aplica aos casos em que o benefício é aumentado por mais duas semanas, em virtude de repouso anterior ao parto, previsto no §3° do art. 93 do Decreto nº 3.048/99. g) Consideram-se complicações médicas relacionadas ao parto, para fins do disposto acima, problemas de saúde da mãe e/ou da criança decorrentes de parto prematuro ou complicações do parto, desde que haja o nexo causal com o fato gerador. h) A segurada deverá requerer a prorrogação do benefício de salário-maternidade pela Central 135, por meio do protocolo do serviço de "Solicitar prorrogação de Salário-Maternidade", a partir do processamento da concessão do benefício. i) Em caso de internação superior a 30 dias, deverá solicitar sua prorrogação a cada período de 30 dias, observado que o novo pedido de prorrogação poderá ser feito após a conclusão da análise do pedido anterior. j) Os valores referentes aos pedidos de prorrogação do salário-maternidade estão sujeitos à prescrição, na forma do parágrafo único do art. 103 da Lei 8.213/91. k) Se depois da alta houver novas internações em virtude de complicações decorrentes do parto, caberá à segurada solicitar novas prorrogações até a integralização do período de convivência de 120 dias. l) Cada novo requerimento de prorrogação deve ser instruído com novo atestado médico ou relatório de internação atualizado para análise da Perícia Médica Federal. m) O benefício continuará sendo pago durante as novas internações, mas o prazo de 120 dias será suspenso e recomeçará a correr após as novas altas, quantas vezes forem necessárias novas internações relacionadas ao parto. n) Nos casos de altas e internações sucessivas, intercaladas com não internação da mãe ou filho, cada período de convivência deve ser computado para fins de contagem dos 120 dias. o) No caso de falecimento da segurada que fizer jus ao recebimento do salário-maternidade, o benefício será pago, por todo o período ou pelo tempo restante a que teria direito, ao cônjuge ou companheiro ou companheira sobrevivente que tenha a qualidade de segurado, exceto no caso do falecimento do filho ou de seu abandono, observadas as normas aplicáveis ao salário-maternidade. p) Caso a mãe ou a criança permaneça internada, em todas as situações, o pagamento do benefício está condicionado ao afastamento da segurada do trabalho ou da atividade desempenhada, conforme previsto no art. 71-C da Lei nº 8.213/91. q) A segurada empregada fará o requerimento de prorrogação do Salário-Maternidade diretamente ao empregador, a quem compete o pagamento do benefício durante todo o período, incluindo a internação e o prazo do salário--maternidade legalmente previsto após a alta efetuando a compensação desses valores na forma da Lei. r) O disposto acima não se aplica à empregada do microempreendedor individual e à empregada com contrato de trabalho intermitente, sendo o pagamento do benefício efetuado diretamente pelo INSS durante todo o período.

SEÇÃO XXII - AÇÃO CIVIL PÚBLICA N° 2017.50.01.012097-6 OU 0012097-76.2017.4.02.5001/ES - REVOGADA

Assunto: Concessão de Salário-maternidade às seguradas em período de graça, demitidas sem justa causa durante o período de gestação, em âmbito territorial do Estado do Espírito Santo.

Decisão Judicial	Determinou ao INSS que pague o salário-maternidade às seguradas que atenderem às exigências legais e fizerem tal pedido pela via administrativa, afastando-se o entendimento de que tal benefício não seria devido às grávidas demitidas "sem justa causa", conforme interpretação deduzida do art. 97 do Decreto n° 3.048/99, que dispõe sobre o Regulamento da Previdência Social-RPS, limitando a abrangência territorial dessa determinação ao Estado do Espírito Santo.
Abrangência	Restringe-se às seguradas domiciliadas no Estado do Espírito Santo.
Período de vigência	A determinação judicial produz efeitos para requerimentos protocolados a partir de 5 de junho de 2017. Em 13 de setembro de 2021, os efeitos foram revogados pela Portaria Conjunta n° 50 DIRBEN/PFE/INSS, de 9 de setembro de 2021.
Comprovação de Endereço	Será exigida a apresentação de comprovante de endereço em município do Estado do Espírito Santo.
Aplicabilidade	a) Concessão de salário-maternidade às seguradas em período de graça, demitidas sem justa causa durante o período de gestação, restando afastada a aplicação da orientação contida no inciso III, do Art. 461, do Livro II de Normas Procedimentais em Matéria de Benefícios que disciplina procedimentos e rotinas de reconhecimento de benefícios do Regime Geral de Previdência Social, aprovado pela Portaria DIRBEN/INSS n° 991, de 28 de março de 2022. b) O pagamento do benefício de salário-maternidade será efetuado pela previdência social, independentemente do motivo da demissão e de preenchimento de declaração específica com a finalidade de identificar a causa da extinção do vínculo, sendo devido, ainda que as seguradas tenham sido demitidas sem justa causa durante o período de gestação; c) Na análise administrativa dos requerimentos de salário-maternidade efetuados a partir de 1° de julho de 2020, data da publicação do Decreto n° 10.410, de 2020, já é permitida a concessão pelo INSS para todas as seguradas desempregadas, durante o período de graça, desde que preenchidos os demais requisitos legais, conforme Portaria Conjunta n° 50 DIRBEN/PFE/INSS, de 9 de setembro de 2021.

SEÇÃO XXIII - AÇÃO CIVIL PÚBLICA N° 5041315-27.2017.4.04.7000/PR - REVOGADA

Assunto: Concessão de Salário-maternidade às seguradas em período de graça nos casos de demissão antes da gravidez ou durante a gestação, preenchidos os demais requisitos ao benefício, pagando-os diretamente.

Decisão Judicial	Determinou ao INSS "conceder o benefício de salário-maternidade às gestantes desempregadas no curso da gravidez, preenchidos os demais requisitos ao benefício, pagando-os diretamente", afastando-se o entendimento de que o pagamento do benefício seria de responsabilidade da empresa nos casos de gestantes demitidas "sem justa causa" ou em razão do encerramento da vigência de contrato por tempo determinado, de que trata o art. 97 do Regulamento da Previdência Social-RPS, aprovado pelo Decreto n° 3.048/99, deve abranger todo território nacional, alcançando todas as Agências da Previdência Social - APS."
Abrangência	Nacional
Período de vigência	A determinação judicial produz efeitos para requerimentos protocolados a partir de 27 de setembro de 2017. Em 13 de setembro de 2021, os efeitos foram revogados pela Portaria Conjunta n° 50 DIRBEN/PFE/INSS, de 9 de setembro de 2021.
Comprovação de Endereço	Dispensada.
Aplicabilidade	a) Concessão de salário-maternidade às seguradas em manutenção da qualidade de segurado demitidas sem justa causa ou em razão do encerramento da vigência de contrato por tempo determinado, durante o período de gestação, restando afastada a aplicação da orientação contida no inciso III, do Art. 461, do Livro II de Normas Procedimentais em Matéria de Benefícios que disciplina procedimentos e rotinas de reconhecimento de benefícios do Regime Geral de Previdência Social, aprovado pela Portaria DIRBEN/INSS n° 991, de 28 de março de 2022. b) O pagamento do benefício de salário-maternidade será efetuado pela previdência social, independentemente do motivo da demissão e de preenchimento de declaração específica com a finalidade de identificar a causa da extinção do vínculo, sendo devido, ainda que as seguradas tenham sido demitidas sem justa causa durante o período de gestação; c) Na análise administrativa dos requerimentos de salário-maternidade efetuados a partir de 1° de julho de 2020, data da publicação do Decreto n° 10.410, de 2020, já é permitida a concessão pelo INSS para todas as seguradas desempregadas, durante o período de graça, desde que preenchidos os demais requisitos legais, conforme Portaria Conjunta n° 50 DIRBEN/PFE/INSS, de 9 de setembro de 2021.

SEÇÃO XXIV - AÇÃO CIVIL PÚBLICA N° 5009160-45.2018.4.03.6100/SP - REVOGADA

Assunto: Concessão de Salário-maternidade afastando o limite mínimo de idade de filiação no RGPS, constante no Regulamento da Previdência Social - RPS, aprovado pelo Decreto n° 3048, de 06 de maio de 1999. Requerimentos efetuados pelas mulheres indígenas do povo Guarani cadastradas pela FUNAI como exercentes de atividade rural e residentes nos municípios abrangidos pela Seção Judiciária do Estado de São Paulo.

Decisão Judicial	Determinou ao INSS que admita a inscrição de mulheres indígenas do povo Guarani (a partir de quatorze anos), residentes nos municípios abrangidos pela Seção Judiciária de São Paulo e cadastradas pela FUNAI como exercentes de atividade rural, junto ao Regime Geral da Previdência Social-RGPS, abstendo-se de indeferir o benefício de salário--maternidade exclusivamente em função do requisito etário, respeitadas as demais exigências legais.
Abrangência	É restrita às seguradas indígenas da etnia Guarani, residentes nos municípios do Estado de São Paulo.
Período de vigência	A determinação judicial produz efeitos para benefícios de salário-maternidade com Data de Entrada de Requerimento--DER a partir de 22 de março de 2019.

Comprovação de Endereço	Deverá ser observado o endereço informado na certidão emitida pela FUNAI.
Aplicabilidade	a) Nos requerimentos de salário-maternidade efetuados pelas indígenas da etnia Guarani, residentes nos municípios abrangidos na decisão, se afaste o limite mínimo de idade para fins de filiação no RGPS previsto no art. 5º da Instrução Normativa PRES/INSS nº 128, de 28 de março de 2022. b) Será admitida a concessão do benefício a partir de 14 anos, na data do fato gerador, observada a carência mínima e os demais requisitos do benefício. c) À interessada deverá ser atribuído Número de Inscrição do Trabalhador - NIT, de não filiado no Portal CNIS, caso esta não o possua, respeitados os procedimentos previstos nos §§4º e 5º do Art. 8º, da Instrução Normativa PRES/INSS nº 128, de 28 de março de 2022; d) A condição de segurada especial será comprovada por certificação eletrônica ou pela Certidão de Exercício de Atividade Rural - Indígena, emitidas pela Fundação Nacional do Índio - FUNAI observado o contido nos §§5º a 10, do Art. 116 e Anexo XXV, ambos da Instrução Normativa PRES/INSS nº 128, de 2022. e) À segurada especial indígena aplicam-se as mesmas regras de reconhecimento do direito ou hipóteses de descaracterização consideradas aos demais segurados especiais, observada a forma de comprovação da atividade citada na alínea d. f) Para fins de direito, deverá ser cumprido o período de carência de dez (10) meses de atividade anteriores ao nascimento, parto ou adoção exigido, na forma do inc. I, do Art. 197, da Instrução Normativa PRES/INSS nº 128, de 28 de março de 2022.

ANEXO XIII
AÇÕES CIVIS PÚBLICAS SOBRE PROCESSO ADMINISTRATIVO

SEÇÃO I - AÇÃO CIVIL PÚBLICA Nº 2000.71.00.010059-0 RS. CARTA DE SENTENÇA Nº 2001.71.00.018888-5 OU 0018888-74.2001.4.04.7100 RS - REVOGADA

Assunto: Processo Administrativo. A apresentação de documentação incompleta não constitui motivo para recusa de requerimento de benefício, sendo obrigatória a protocolização de todos os pedidos administrativos, cabendo se for o caso, a emissão de carta de exigência ao requerente para que a cumpra dentro do prazo de, no mínimo, 30 (trinta) dias.

Decisão Judicial	Determinar que a apresentação de documentação incompleta não constitui motivo para recusa de requerimento de benefício, sendo obrigatória a protocolização de todos os pedidos administrativos, cabendo se for o caso, a emissão de carta de exigência ao requerente para que a cumpra dentro do prazo de, no mínimo, 30 (trinta) dias.
Abrangência	Nacional
Período de vigência	A partir de 4 de julho de 2000, data da publicação da Instrução Normativa INSS/DC nº 30, de 4 de julho de 2000. Os atos normativos referentes a esta ACP se encontram revogados, tendo em vista que esta ACP já está em cumprimento administrativamente e o seu assunto vem sendo reproduzido desde a Instrução Normativa PRES/INSS nº 11, de 20 de setembro de 2006, até a Instrução Normativa PRES/INSS nº 128, de 28 de março de 2022.
Comprovação de Endereço	Dispensada a apresentação
Aplicabilidade	I. a apresentação de documentação incompleta não constitui motivo para recusa do requerimento de benefício, sendo obrigatória a protocolização de todos os pedidos administrativos, cabendo se for o caso, a emissão de carta de exigência ao requerente. II. o prazo concedido para que o segurado cumpra exigências de complementação de documentos apresentados para requerimento de benefício, deverá ser sempre de no mínimo trinta dias. III. após superada a fase de instrução do processo administrativo e regularização da documentação, o mesmo deverá ser analisado e decidido fundamentadamente dentro do prazo legal.
Fundamentação Complementar a observar	Arts. 176 a 181-E do Decreto nº 3.048/1999, que aprova o Regulamento da Previdência Social. Arts. 523 a 577 da Instrução Normativa PRES/INSS nº 128, de 28 de março de 2022, que disciplina as regras, procedimentos e rotinas necessárias à efetiva aplicação das normas de direito previdenciário.

ANEXO XIV
AÇÕES CIVIS PÚBLICAS SOBRE REVISÃO DE BENEFÍCIOS

SEÇÃO I - AÇÃO CIVIL PÚBLICA Nº 5007220-11.2012.4.04.7205 BLUMENAU/SC - VIGENTE

Assunto: Revisão em Benefícios de aposentadoria por idade, indeferidos por falta de qualidade de segurado ou carência no ano do requerimento.

Decisão Judicial	Disciplinar, no âmbito da Subseção Judiciária de Blumenau, a revisão fundamentada no art. 3º, §1º da Lei nº 10.666/2003, em cumprimento à Ação Civil Pública nº 5007220-11.2012.4.04.7205 em Benefícios de aposentadoria por idade, indeferidos por falta de qualidade de segurado ou carência no ano do requerimento, ou a concomitância dos requisitos.
Abrangência	Residentes nos municípios de Apiúna, Ascurra, Benedito Novo, Blumenau, Doutor Pedrinho, Gaspar, Ilhota, Indaial, Luiz Alves, Pomerode, Rio dos Cedros, Rodeio e Timbó, todos no âmbito da Subseção Judiciária de Blumenau, do Estado de Santa Catarina/SC.
Período de vigência	Benefícios de Aposentadoria por Idade indeferidos entre 20 de junho de 2002, dez anos anteriores à ação, e 06 de agosto de 2010, data da publicação da Instrução Normativa nº 45, de 2010, em conformidade com a Lei 10.666/2003.
Comprovação de Endereço	Será exigida a apresentação de documento de comprovação de endereço.

Aplicabilidade	I. para a revisão de que trata esta Ação Civil Pública devem ser observados os seguintes requisitos nos requerimentos de Aposentadoria por Idade indeferidos por falta de qualidade ou carência no ano do requerimento: a) deve ser constatada a filiação ao Regime Geral de Previdência Social anterior a julho de 1991; b) verificar a carência segundo o ano da implementação da idade, nos moldes da tabela progressiva, constante no art. 142 da Lei 8.213/91; c) dispensar a qualidade de segurado ao tempo da idade ou do requerimento; II. A revisão contempla: a) os requerimentos formulados por interessados já falecidos, que não se tornaram titulares de benefício previdenciário posterior; e b) os requerimentos de aposentadoria por idade indeferidos a titulares de benefício assistencial, devendo o segurado optar pelo benefício mais vantajoso. III. Não tem direito a revisão os benefícios que tiveram o indeferimento administrativo confirmado em ação judicial individual julgada improcedente e transitada em julgado, por força da coisa julgada. IV. O pagamento deverá ser feito levando-se em consideração as parcelas vencidas após 20 de julho de 2007, tendo em vista o prazo prescricional. V. Para os casos previstos na alínea a) do inciso II o valor dos atrasados deverá ser pago diretamente aos herdeiros. VI. Para os casos previstos na alínea b) do inciso II, caso o segurado opte pelo benefício de aposentadoria por idade, deverá ser feito o encontro de contas entre os valores pagos a título de benefício assistencial e os devidos pelo benefício de aposentadoria por idade.

SEÇÃO II - AÇÃO CIVIL PÚBLICA N° 2007.72.01.004778-6 OU 5011173-29.2011.4.04.7201 JOINVILLE/SC - VIGENTE

Assunto: Revisão em requerimentos de benefícios assistenciais indeferidos por renda, abrangidos pela Subseção Judiciária de Joinville/SC.

Decisão Judicial	A revisão tem por objetivo desconsiderar, no cálculo da renda familiar de benefício assistencial, os benefícios previdenciários ou assistenciais com valores de até um salário mínimo, percebidos por outro membro da família, idoso (maior de 65 anos) ou com deficiência.
Abrangência	Requerimentos efetuados por pessoas residentes nos municípios da Subseção Judiciária de Joinville, sendo estes: Araquari; Balneário Barra do Sul; Barra Velha; Campo Alegre; Garuva; Itapoá; Joinville; São Francisco do Sul e São João do Itaperiú, todos do Estado de Santa Catarina.
Período de vigência	A revisão contempla os benefícios que possuem Data de Entrada do Requerimento - DER entre 03 de janeiro de 2004, data de início da vigência da Lei n° 10.741/2003, e 13 de novembro de 2018, data em que foram implementadas as alterações pelo INSS com base na nova regra.
Comprovação de Endereço	Será exigida a apresentação de documento de comprovação de endereço.
Aplicabilidade	a) desconsiderar, no cálculo da renda familiar de benefício assistencial, os benefícios previdenciários ou assistenciais com valores de até um salário mínimo, percebidos por outro membro da família, idoso (maior de 65 anos) ou deficiente b) As revisões serão processadas nos benefícios que possuem Data de Entrada do Requerimento - DER entre 03 de janeiro de 2004 e 13 de novembro de 2018.

SEÇÃO III - AÇÃO CIVIL PÚBLICA N° 5000852-57.2015.4.04.7212 CONCÓRDIA/SC - VIGENTE

Assunto: Revisão em requerimentos de benefícios assistenciais indeferidos por renda, no âmbito da Subseção Judiciária de Concórdia/SC

Decisão Judicial	A revisão tem por objetivo desconsiderar, no cálculo da renda familiar de benefício assistencial, os benefícios previdenciários ou assistenciais com valores de até um salário mínimo, percebidos por outro membro da família, idoso (maior de 65 anos) ou com deficiência.
Abrangência	Requerimentos efetuados por pessoas residentes nos municípios da Subseção Judiciária de Concórdia/SC quais sejam: Alto Bela Vista; Arabutã; Concórdia, Faxinal dos Guedes; Ipira; Ipumirim; Irani; Itá; Jaborá; Lindóia do Sul; Passos Maia; Peritiba; Piratuba; Ponte Serrada; Presidente Castelo Branco; Seara; Vargeão; e Xavantina, todos do Estado de Santa Catarina.
Período de vigência	A revisão contempla os benefícios indeferidos entre 04 de maio de 2010, cinco anos anteriores ao ajuizamento da ação, e 01 de junho de 2015, data em que o INSS passou a cumprir a decisão judicial, conforme Memorando-Circular Conjunto n° 38 DIRBEN/DIRSAT/PFE/INSS, de 24 de julho de 2015.
Comprovação de Endereço	Será exigida a apresentação de documento de comprovação de endereço.
Aplicabilidade	a) desconsiderar, no cálculo da renda familiar de benefício assistencial, os benefícios previdenciários ou assistenciais com valores de até um salário mínimo, percebidos por outro membro da família, idoso (maior de 65 anos) ou deficiente. b) as revisões serão processadas os benefícios indeferidos entre 04 de maio de 2010 e 01 de junho de 2015.

SEÇÃO IV - AÇÃO CIVIL PÚBLICA N° 0011005-19.1998.4.01.3300/BA - VIGENTE

Assunto: Revisão dos benefícios de pensão por morte, auxílio-reclusão e pagamento de salário-família, indeferidos ao menor sob guarda judicial, não permitindo o seu reconhecimento como dependente para obtenção dos benefícios do Regime Geral de Previdência Social-RGPS, no âmbito do Estado da Bahia.

Decisão Judicial	Revisão dos benefícios indeferidos para que considere o menor sob guarda judicial como dependente para obtenção dos benefícios do Regime Geral de Previdência Social-RGPS
Abrangência	A decisão destina-se a todos os residentes do Estado da Bahia, que requeiram benefício de pensão por morte, auxílio-reclusão e pagamento de salário-família.

Período de vigência	Requerimentos efetivados e indeferidos no período de 14 de outubro de 1996 (Data de Entrada do Requerimento - DER) a 25 de junho de 2018, com fatos geradores ocorridos a partir de 14 de outubro de 1996, data da publicação da Medida Provisória nº 1.523, reeditada e convertida na Lei nº 9.528, de 1997, em que o menor sob guarda deixa de integrar a relação de dependentes para os fins previstos no Regime Geral de Previdência-Social RGPS.
Comprovação de Endereço	A comprovação de residência no Estado da Bahia resta superada pela existência do requerimento protocolado e indeferido neste Estado.
Aplicabilidade	a) A inscrição dos dependentes determinada por decisão judicial, não afasta os demais requisitos previstos para a concessão de benefícios, inclusive a comprovação da dependência econômica, previsto no §3º do art. 16 do Decreto nº 3.048/99. b) Para a comprovação da dependência econômica do menor sob guarda deverá ser apresentada a certidão judicial de guarda judicial definitiva do menor. c) Os prazos prescricionais devem ser observados, se for o caso, levando-se em consideração a Data da Entrada do Requerimento original em relação à data do óbito, conforme as normas vigentes à época. d) Para os benefícios de pensão por morte e auxílio-reclusão deverá ser solicitada, para fins de comprovação da qualidade de dependente, Certidão de Nascimento atualizada, tendo em vista a possibilidade de cessação da cota por casamento. e) Nos casos de auxílio-reclusão deverá ser solicitada declaração de permanência carcerária que ateste todos os períodos de reclusão, progressão de regime, concessão de livramento condicional e períodos de fuga, para verificação de direito à manutenção do benefício. f) Para os requerimentos de salário-família, além da comprovação do indeferimento do requerimento, deverá haver comprovação de que as obrigações relativas à vacinação e frequência escolar foram cumpridas à época. Para fins de pagamento das cotas devidas deverão ser observados os valores históricos dos parâmetros da análise do direito e dos valores das cotas a serem pagas, conforme portarias anuais publicadas para este fim. g) O requerente deverá firmar declaração sobre a existência de ação judicial de mesmo objeto da Ação Civil Pública em comento. Em caso de existência de ação judicial sobre o mesmo tema deve ser formulada consulta à Procuradoria local para pronunciamento quanto à repercussão desta ação judicial em relação à Ação Civil Pública.

SEÇÃO V - ACP Nº 5023503-36.2012.4.04.7100/RS - VIGENTE

Assunto: Revisão de benefícios em requerimentos de auxílio-reclusão a quem não possuir salário de contribuição no momento da prisão.

Decisão Judicial	Rever os requerimentos indeferidos e reconhecer o direito à concessão do benefício de auxílio-reclusão aos dependentes de segurado recluso que não possuir, na data do recolhimento à prisão, salário de contribuição, para fins de comprovação de sua condição de "baixa renda", desde que preenchidos os demais requisitos.
Abrangência	Nacional
Período de vigência	Produz efeitos para requerimentos com Data de Entrada de Requerimento a partir de 11 de agosto de 2010, data de entrada em vigor da IN nº 45/2010, até 17 de janeiro de 2019, data anterior à vigência da Medida Provisória - MP nº 871, de 2019. Aplicam-se, também, aos requerimentos realizados a partir de 18 de janeiro de 2019, com fato gerador ocorrido entre 11 de agosto de 2010 até 17 de janeiro de 2019, inclusive: a) para os novos requerimentos, desde que tenha sido solicitada a revisão a pedido do interessado; ou b) para requerimentos realizados a partir de 02 de maio de 2022, independente de pedido de revisão.
Comprovação de Endereço	Dispensada a apresentação
Aplicabilidade	I. Admitir a percepção do benefício de auxílio-reclusão aos dependentes de segurado instituidor vinculado ao RGPS, que não possuir salário de contribuição no momento da prisão, inclusive em período de graça, desde que cumpridos os demais requisitos legais observando o que segue: a) O auxílio-reclusão será devido aos dependentes do segurado de baixa renda que esteja recluso em regime fechado ou semiaberto, sem exigência de carência; b) O instituidor do auxílio-reclusão não pode receber remuneração da empresa e nem acumular os seguintes benefícios: auxílio por incapacidade temporária; salário-maternidade; aposentadoria; ou abono de permanência. c) Deverá ser apresentada certidão judicial ou atestado/declaração do estabelecimento prisional que ratifique o regime de reclusão e o período em que permaneceu na condição de presidiário. II. Serão revisados de ofício os benefícios de auxílio-reclusão com Data de Entrada de Requerimento-DER a partir de 11/08/2010. Será possível a revisão a pedido do interessado, sendo aplicadas as mesmas regras definidas para a revisão de ofício realizada pelo INSS. III. Quando da concessão do benefício, o pagamento de valores atrasados, tendo em vista o artigo 100 da Constituição Federal, será feito por meio de requisição judicial de pagamento (precatório ou Requisição de Pequeno Valor - RPV, conforme o caso), em ações individuais a serem propostas pelos interessados, não cabendo emissão de crédito de atrasados de forma administrativa.

SEÇÃO VI - AÇÃO CIVIL PÚBLICA Nº 2009.71.00.004103-4/RS - VIGENTE

Assunto: Revisão dos benefícios indeferidos por falta de período de carência em que tenha havido gozo de benefício por incapacidade intercalado com períodos de atividade laboral ou de efetiva contribuição, no âmbito dos Estados do Rio Grande do Sul, Santa Catarina e Paraná.

Decisão Judicial	Determina a revisão dos benefícios indeferidos por falta de período de carência, em que tenha havido gozo de benefício por incapacidade intercalado com períodos de atividade laboral ou de efetiva contribuição.
Abrangência	Benefícios requeridos por residentes nos Estados do Rio Grande do Sul, Santa Catarina e Paraná
Período de vigência	Independentemente de pedido do interessado, serão revistos os benefícios indeferidos e requeridos no período de 29 de janeiro de 2009 até 21 de novembro de 2012.

Comprovação de Endereço	Será exigida a apresentação de documento de comprovação de endereço.
Aplicabilidade	a) A revisão se aplica aos benefícios que foram indeferidos por falta de período de carência e tenha havido gozo de benefício por incapacidade intercalado com períodos de atividade laboral ou de efetiva contribuição. b) Para os benefícios requeridos até 18 de setembro de 2011, somente contarão para carência os períodos de auxílio por incapacidade temporária ou aposentadoria por incapacidade permanente recebidos no período de 1° de junho de 1973 a 30 de junho de 1975. c) Para as revisões em que o resultado for a concessão do benefício, a Data do Início do Pagamento - DIP deverá ser fixada em 17 de março de 2016, data da intimação do INSS para cumprimento da decisão da referida ACP. d) Os eventuais valores pretéritos, entre a Data de Início do Benefício - DIB e a DIP, fixada na forma do item anterior, deverão ser objeto de execuções judiciais individuais, se for o caso.

SEÇÃO VII - AÇÃO CIVIL PÚBLICA N° 5029829-46.2011.4.04.7100/RS - VIGENTE

Assunto: Revisão em benefícios de auxílio reclusão requeridos por filho inválido ou irmão inválido e indeferidos. Para o reconhecimento como dependente, a invalidez deve ter sido caracterizada antes do recolhimento prisional do segurado, independentemente de ela ter ocorrido antes ou após a maioridade ou emancipação, e desde que atendidos os demais requisitos da lei.

Decisão Judicial	Revisão em benefícios de auxílio reclusão indeferidos ao filho inválido ou do irmão inválido, quando a invalidez for caracterizada antes do recolhimento prisional do segurado, independentemente de ela ter ocorrido antes ou após a maioridade ou emancipação, e desde que atendidos os demais requisitos da lei.
Abrangência	Nacional
Período de vigência	Aplica-se para os benefícios indeferidos de auxílio-reclusão com Data de Entrada de Requerimento a partir de 18 de agosto de 2009
Comprovação de Endereço	Dispensada a apresentação
Aplicabilidade	a) A revisão se aplica aos requerimentos de auxílio-reclusão que foram indeferidos ao filho inválido ou ao irmão inválido, quando a invalidez seja caracterizada antes do recolhimento prisional do segurado, independentemente de ela ter ocorrido antes ou após a maioridade ou emancipação, e desde que atendidos os demais requisitos da lei. b) A invalidez será reconhecida por meio de perícia médica a cargo da PMF - Perícia Médica Federal. Para tanto, o INSS encaminhará comunicação ao interessado para que apresente a documentação de comprovação da permanência em cárcere do instituidor, bem como agendará perícia médica para avaliação da invalidez e a data de seu início. c) Não sendo apresentados documentos para comprovação do período de manutenção em cárcere, ou, quando nos casos indicados, o segurado não comparecer ao agendamento da perícia médica, o INSS analisará o requerimento com as informações que constam no processo administrativo e bancos de dados oficiais. d) Nos requerimentos em que já houver a avaliação pericial, a análise da revisão administrativa prosseguirá utilizando o resultado da perícia médica já realizada. A invalidez deve ter sido caracterizada em data anterior à prisão do segurado, ainda que tenha se manifestado após os 21 anos de idade ou após a ocorrência de uma das hipóteses de emancipação. e) Para fins de cumprimento da decisão judicial considera-se relativa a presunção de dependência econômica do filho cuja invalidez ocorreu após os 21 (vinte e um) anos de idade ou após a sua emancipação; f) A existência de filho inválido exclui o direito ao auxílio-reclusão de dependente irmão inválido, conforme o disposto no art. 16, § 1° e §4°, da Lei n° 8.213, de 24 de julho de 1991. g) O irmão maior inválido, cuja invalidez se deu após os 21 (vinte e um) anos de idade ou após a sua emancipação, deverá comprovar sua dependência econômica em relação ao instituidor na data da reclusão na forma no § 3° do artigo 22 do RPS. h) Admite-se a prova da desconstituição da dependência econômica quando identificada a percepção de benefício previdenciário, assistencial ou outra fonte de renda, descaracterizando a condição de dependente, tanto para filho inválido quanto para o irmão inválido. i) Os demais requisitos para direito ao benefício de auxílio-reclusão deverão ser observados, inclusive os referentes ao segurado na data da reclusão e ao regime prisional. j) O período de manutenção observará o período informado pelo interessado pela declaração de permanência no cárcere, observando-se que se não houver informação, a concessão se dará pelo prazo de 03 (três) meses. k) As revisões que resultarem na concessão do auxílio-reclusão terão Data de Início do Benefício - DIB e Data de Início do Pagamento - DIP na forma da lei. l) Para os benefícios ativos, os efeitos financeiros para início do pagamento serão fixados a partir do dia primeiro do mês subsequente a Data de Despacho do Benefício - DDB. m) Os valores em atraso, diante do que dispõe o art. 100 da Constituição Federal, serão executados pelo beneficiário por meio de execução individual judicial.

SEÇÃO VIII - AÇÃO CIVIL PÚBLICA N° 0002320-59.2012.4.03.6183/SP - VIGENTE

Assunto: Revisão fundamentada no art. 29, inciso II da Lei n° 8.213, de 1991, aplicada aos benefícios por incapacidade e seus derivados, em cumprimento ao Acordo homologado no âmbito da Ação Civil Pública n° 0002320-59.2012.4.03.6183/SP, pelo Juiz Federal da 6ª Vara Previdenciária da 1ª Subseção Judiciária de São Paulo/SP

Decisão Judicial	Efetuar a revisão fundamentada no art. 29, inciso II da Lei n° 8.213, de 1991, aplicada aos benefícios por incapacidade e seus derivados.
Abrangência	Nacional
Período de vigência	Benefícios que possuem Data do Despacho - DDB, entre 17 de abril de 2002, quando foi operada a decadência para o processamento das revisões, e 29 de outubro de 2009, data em que foram implementadas as alterações sistêmicas com as novas regras.
Comprovação de Endereço	Dispensada a apresentação

Aplicabilidade	Se aplica em requerimentos de benefícios por incapacidade e seus derivados calculados sob a fundamentação constante no Decreto nº 3.265/99, especificamente no que regulamenta o art. 29, inciso II da Lei nº 8.213, de 1991 até a publicação do Decreto nº 6.939, de 2009. A revisão tem por objetivo aplicar o percentual inicialmente fixado pela Lei nº 9.876, de 1999, isto é, de 80% (oitenta por cento) dos maiores salários-de-contribuição integrantes do Período Básico de Cálculo - PBC, nos benefícios calculados com base em 100% (cem por cento) dos salários-de-contribuição. Não serão objeto da revisão os benefícios enquadrados em um dos seguintes critérios: I - já revistos pelo mesmo objeto, ou seja, administrativa e judicialmente; II - concedidos no período de vigência da Medida Provisória nº 242, entre 28 de março de 2005 e 3 de julho de 2005; III - concedidos até o dia 17 de abril de 2002, quando foi operada a decadência, conforme art. 4º desta Resolução; IV - concedidos dentro do período de seleção descrito no caput, porém precedidos de benefícios alcançados pela decadência; e V - embora concedidos no período definido no Acordo Judicial firmado no âmbito da Ação Civil Pública nº 0002320-59.2012.4.03.6183/SP, sejam precedidos de benefícios com Data de Início de Benefício - DIB, anterior a 29 de novembro de 1999. A revisão foi processada de forma automática pela DATAPREV. Não foram passíveis de revisão automática os benefícios que não apresentaram os dados básicos para o cálculo (contribuição registrada no PBC, coeficiente de cálculo, tempo de contribuição e Renda Mensal Inicial - RMI) ou quando estes apresentaram inconsistências sistêmicas. Será aplicada a decadência de dez anos a contar da data da citação do INSS na ACP, ocorrida em 17 de abril 2012, para todos os casos em que não houver requerimento administrativo específico anterior a essa data. Todos os requerimentos administrativos específicos, anteriores a 17 de abril de 2012 que não tenham sido revistos, terão resguardados os direitos contados da data do protocolo. Observada a prescrição quinquenal, os pagamentos das diferenças serão efetivados em parcela única. As diferenças são devidas a contar de cinco anos anteriores à data da citação do INSS na Ação Civil Pública, até 31 de dezembro de 2012, para os benefícios ativos ou até a data de cessação do benefício. Os benefícios revistos de forma automática tiveram o pagamento efetuado de acordo com calendário de pagamentos, encerrado em 05/2022, no qual tiveram prioridade, nessa ordem, os benefícios ativos e os beneficiários mais idosos, identificados na data da citação e os benefícios com menores valores de diferenças. Em caso de óbito do titular do benefício antes da efetivação do pagamento das diferenças, o montante será pago aos dependentes habilitados à pensão ou, na ausência destes, aos herdeiros/sucessores mediante alvará judicial. O INSS iniciou o pagamento automático aos beneficiários com diferenças devidas em valor igual ou inferior a R$ 67,00 (sessenta e sete reais), a partir de 1º de novembro de 2013, como segue: I - por ocasião da concessão de qualquer benefício ao mesmo beneficiário que tenha adquirido o direito ao recebimento de tais diferenças; II - sob a forma de resíduo aos dependentes do segurado que contava com direito ao recebimento das diferenças no caso de concessão de Pensão por Morte; e III - aos benefícios derivados de benefícios revistos pelo processamento automático e concedidos até 31 de outubro de 2013, data anterior à implantação da rotina de pagamento estabelecida no caput deste artigo. As diferenças serão pagas atualizadas monetariamente pelos mesmos índices aplicados aos benefícios do Regime Geral de Previdência Social.

SEÇÃO IX - AÇÃO CIVIL PÚBLICA Nº 500117-33.2010.4.04.7201 JOINVILLE/SC - VIGENTE

Assunto: Revisão fundamentada no art. 29, inciso II da Lei nº 8.213, de 1991, aplicada aos benefícios por incapacidade e seus derivados no âmbito da Subseção Joinville/SC

Decisão Judicial	Determina ao INSS que processe a revisão do artigo 29 para os benefícios ainda pendentes de revisão com base na ACP 000232059.2012.4.03.6183/SP - ACP Nacional
Abrangência	Araquari, Balneário Barra do Sul, Barra Velha, Campo Alegre, Garuva, Itapoá, Joinville, São Francisco do Sul e São João do Itaperiú, todos do Estado de Santa Catarina.
Período de vigência	Benefícios que possuem Data do Despacho do Benefício - DDB, entre 17 de abril de 2002, quando foi operada a decadência para o processamento das revisões, e 29 de outubro de 2009, data em que foram implementadas as alterações sistêmicas com as novas regras.
Comprovação de Endereço	Será exigida a apresentação de documento de comprovação de endereço.
Aplicabilidade	A aplicabilidade será efetuada na forma da Seção VIII.

SEÇÃO X - AÇÃO CIVIL PÚBLICA Nº 5001136-07.2017.4.03.6183 SP E MS - VIGENTE

Assunto: Revisão Artigo 29. Suspenção de quaisquer descontos realizados em benefícios previdenciários, em reparação ao cumprimento indevido de obrigações estabelecidas no âmbito da Ação Civil Pública n. 0002320-59.2012.4.03.6183 SP.

Decisão Judicial	Revisão Artigo 29. Determinar ao INSS que suspenda quaisquer descontos realizados em benefícios previdenciários, em reparação ao cumprimento indevido de obrigações estabelecidas no âmbito da Ação Civil Pública n. 0002320-59.2012.4.03.6183
Abrangência	Seções Judiciárias de São Paulo e Mato Grosso do Sul.
Período de vigência	A partir de 9 de julho de 2021, data da publicação da Portaria DIRBEN/INSS nº 905, de 6 de julho de 2021.
Comprovação de Endereço	Será exigida a apresentação de documento de comprovação de endereço.
Aplicabilidade	Tratam-se dos benefícios revistos indevidamente pelo artigo 29, sem observância do prazo de decadência, que tiveram a revisão estornada conforme orientações do Memorando-Circular nº 41 DIRBEN/INSS de 06 de setembro de 2016, retornando a renda do benefício para o valor anterior ao processamento da revisão, ficando suspenso apenas o processo de cobrança administrativa. Para os benefícios que já tiveram o estorno confirmado no sistema, será inativado automaticamente a cobrança dos benefícios abrangidos pela decisão judicial.

SEÇÃO XI - AÇÃO CIVIL PÚBLICA N° 2006.71.00.039256-5/RS - VIGENTE

Assunto: Revisão de benefícios concedidos sob a égide da Medida Provisória n° 242/2005 - ACP: 2006.71.00.039256-5/RS.

Decisão Judicial	Reprocessamento da renda mensal inicial - RMI dos benefícios por incapacidade, na forma do inciso II do artigo 29 da Lei n° 8.213/91, isto é, com base nos 80% maiores salários-de-contribuição integrantes do Período Básico de Cálculo - PBC, e para os benefícios precedidos, o reprocessamento da nova renda mensal resulta da evolução da RMI revista do benefício anterior, devidamente reajustada.
Abrangência	Restrita aos beneficiários do Estado do Rio Grande do Sul
Período de vigência	A revisão se aplica aos benefícios por incapacidade e seus derivados com data de início de benefício - DIB, a partir de 28 de março de 2005 e com data do despacho do benefício - DDB, até 1° de julho de 2005
Comprovação de Endereço	Será exigida a apresentação de documento de comprovação de endereço.
Aplicabilidade	I. Foi efetuado o reprocessamento da Renda Mensal Inicial - RMI, na forma do inciso II do artigo 29 da Lei n° 8.213/91 II. O efeito financeiro da revisão, no que se refere aos valores atrasados pagos administrativamente, teve início em 13 de março de 2014, data da intimação do INSS. a) Os pagamentos gerados foram disponibilizados na competência outubro/2014. b) o pagamento de qualquer valor de diferenças relativas a período anterior à Data de Início do Pagamento-DIP administrativa - 13 de março de 2014 -, se dará exclusivamente na via judicial, mediante processo de execução individual. c) Não foram contemplados neste processamento: - os benefícios que já tenham sido revisados por decisão judicial de cunho individual; - os benefícios por incapacidade decorrentes de acidente de trabalho; - os benefícios em que a revisão implicaria em redução da renda mensal atualmente percebida.

SEÇÃO XII - AÇÃO CIVIL PÚBLICA N° 0065522-60.2003.4.04.7100/RS - VIGENTE

Assunto: Revisão dos benefícios pelos Índices de Reajuste do Salário-Mínimo-IRSM - Rio Grande do Sul.

Decisão Judicial	Revisão dos benefícios pelos Índices de Reajuste do Salário-Mínimo-IRSM concedidos e/ou mantidos no Estado do Rio Grande do Sul, excetuados os benefícios concedidos ou em manutenção nos municípios abrangidos pela Subseção de Rio Grande.
Abrangência e período de vigência	Atinge os benefícios concedidos e/ou mantidos nas Agências da Previdência Social - APS do Estado do Rio Grande do Sul, contemplados nos seguintes: a) Sem adesão ao Termo de Acordo previsto na Lei 10.999 de 15 de dezembro de 2004; b) Ativos em 15/07/2015 e os cessados com derivados ativos em 15/07/2015; c) Com Período Básico de Cálculo; Não foram contemplados os benefícios concedidos ou em manutenção nos municípios abrangidos pela Subseção de Rio Grande (municípios de Chuí, Rio Grande, Santa Vitória do Palmar e São José do Norte);
Comprovação de Endereço	Será exigida a apresentação de documento de comprovação de endereço.
Aplicabilidade	I. A revisão dos benefícios previdenciários referente ao Índice de Reajuste do Salário-Mínimo - IRSM do mês de fevereiro de 1994 deverão ser efetuadas aos benefícios concedidos ou mantidos nas APS do Estado do RS: a) sem adesão ao Termo de Acordo previsto na Lei 10.999 de 15 de dezembro de 2004; b) ativos em 15/07/2015; c) cessados com derivados ativos em 15/07/2015; d) com PBC. II. Não foram contemplados nesta decisão, os benefícios: a) de espécie acidentária; b) com tratamento de segurado especial; c) que, por qualquer razão, já tenham sofrido a revisão pelo mesmo objeto. Os efeitos financeiros na esfera administrativa foram definidos com a Data de Início de Pagamento-DIP em 15/7/2015, prazo determinado para cumprimento da sentença, ou seja, sessenta dias da data da ciência do trânsito em julgado, em 15/5/2015. a) o pagamento dos atrasados anteriores à DIP será objeto de execução judicial individual. b) os créditos foram gerados já autorizados, com exceção dos benefícios complementados pela União. c) para os benefícios com complementação da União, a análise de pagamento deverá ser procedida da seguinte forma: I. para o período da revisão, deverá ser comparado, mês a mês, o valor da nova renda mensal previdenciária resultante com os créditos gerados aos beneficiários; II. se o crédito gerado ao beneficiário à época do pagamento possui a rubrica 102 (que indica o pagamento de complementação da renda mensal), a comparação da nova renda mensal previdenciária deverá ser realizada com o resultado da soma da rubrica 101 (equivalente à renda mensal previdenciária) com o valor da rubrica 102. Será devido, o valor positivo da diferença entre a nova renda mensal e a soma das rubricas originais 101 e 102. Em caso de valor negativo, não há valores a pagar, visto que o valor devido da revisão já fora pago, à época, a título de complementação (equivalência à renda do beneficiário, como se na ativa estivesse); III. se o crédito gerado ao beneficiário à época do pagamento não possui a rubrica 102 (que indica que a renda previdenciária é maior que o valor da renda do mesmo como se na ativa estivesse), o valor de revisão devido é o resultado da subtração do valor pago na rubrica 101 da nova renda mensal apurada; IV. nas competências onde houve pagamento de 13° salário, o cálculo da diferença deverá ser efetuado separadamente para a renda mensal e para o 13° salário, salientando que, quando da existência da rubrica 102, o valor desta equivale ao valor da complementação sobre a renda e o 13° agregados; V. a emissão do complemento positivo, quando necessária, deverá observar o procedimento constante do item 8.3 do Anexo I da Resolução n° 199/PRES/INSS, de 16 de maio de 2012 (Manual de Atualização de Benefícios).

SEÇÃO XIII - AÇÃO CIVIL PÚBLICA N° 2003.51.01.533987-6 RJ - VIGENTE

Assunto: Revisão dos benefícios pelos Índices de Reajuste do Salário-Mínimo-IRSM - Rio de Janeiro.

Decisão Judicial	Determinou a revisão nos benefícios concedidos no Estado do Rio de Janeiro pelos Índices de Reajuste do Salário--Mínimo-IRSM somente na majoração da Mensalidade Reajustada-MR.
Abrangência	Benefícios concedidos nas Agências da Previdência Social do Estado do Rio de Janeiro
Período de vigência	A partir de 13 de julho de 2016, data da publicação do Memorando-Circular Conjunto n° 37 /DIRBEN/PFE/INSS, de 13 de julho de 2016
Comprovação de Endereço	Será exigida a apresentação de documento de comprovação de endereço.
Aplicabilidade	a) A revisão consiste na majoração da Renda Mensal (MR), com aplicação dos Índices de Reajuste do Salário Mínimo--IRSM, nos Salários de Contribuição anteriores a 03/1994 e com aplicação dos novos índices teto, quando gerados, inclusive os índices residuais nas Emendas 20/1998 e 41/2003. b) Foram abrangidos os benefícios concedidos, enquadrados nos parâmetros da Lei 10.999/2004, com Período Básico de Cálculo - PBC, não revistos e que não tiveram adesão ao Termo de Acordo; assim como seus derivados igualmente não revistos. c) Não foram contemplados os benefícios de espécie acidentária e os benefícios com tratamento de segurado especial. d) Não haverá a apuração de valores atrasados.

SEÇÃO XIV - AÇÃO CIVIL PÚBLICA N° 0070714-80.2003.4.04.7000/PR - VIGENTE

Assunto: Revisão dos benefícios pelos Índices de Reajuste do Salário-Mínimo-IRSM da subseção judiciária de Curitiba/PR

Decisão Judicial	Determinou a revisão nos benefícios abrangidos por esta Ação Civil Pública, pelos Índices de Reajuste do Salário--Mínimo-IRSM para a majoração da Mensalidade Reajustada-MR.
Abrangência	Restrita aos benefícios mantidos nas Agências da Previdência Social vinculadas à Gerência Executiva Curitiba, além dos benefícios mantidos nas APS São Bento do Sul/SC e Rio Negro/PR, ambas da Gerência Executiva Joinville, e APS Palmeira/PR, da Gerência Executiva Ponta Grossa, todos incluídos na jurisdição da subseção judiciária de Curitiba.
Período de vigência	A partir de 21 de junho de 2017, data da publicação do Memorando-Circular Conjunto n° 17 DIRBEN/PFE/INSS, de 21 de junho de 2017
Comprovação de Endereço	Será exigida a apresentação de documento de comprovação de endereço.
Aplicabilidade	A revisão foi processada nos benefícios previdenciários mantidos na subseção judiciária de Curitiba e se deu conforme os parâmetros da Lei 10.999/2004: a) A revisão consiste na majoração da Renda Mensal (MR), com aplicação dos Índices de Reajuste do Salário-Mínimo--IRSM, nos Salários de Contribuição anteriores a 03/1994 e com aplicação dos novos índices teto, quando gerados, inclusive os índices residuais nas Emendas 20/1998 e 41/2003. b) Foram abrangidos os benefícios concedidos, enquadrados nos parâmetros da Lei n° 10.999/2004, com Período Básico de Cálculo - PBC, não revistos e que não tiveram adesão ao Termo de Acordo; assim como seus derivados igualmente não revistos. c) Não foram contemplados os benefícios de espécie acidentária e os benefícios de segurado d) O pagamento das diferenças da revisão teve a DIP fixada em 1° de abril de 2017, sendo que para períodos anteriores a esta data caberá execução judicial de forma individualizada. e) Os benefícios, que recebem complementação da União, não tiveram cálculo de diferenças

SEÇÃO XV - AÇÃO CIVIL PÚBLICA N° 2003.32.00.007658-8/AM - VIGENTE

Assunto: Revisão dos benefícios pelos Índices de Reajuste do Salário-Mínimo-IRSM - Manaus/AM

Decisão Judicial	Determinou a revisão nos benefícios abrangidos por esta Ação Civil Pública, pelos Índices de Reajuste do Salário--Mínimo-IRSM para a majoração da Mensalidade Reajustada-MR.
Abrangência	APS Itacoatiara, Manaus Porto, Manaus Centro, Manaus Cidade Nova, Manaus Codajás, Manaus Compensa, Aleixo, Manaus São José, Parintins, Tefé M, Benjamin Constant M, Coari, Eirunepé M, Manacapuru, Maués, Móvel Flutuante Manaus I, Móvel Flutuante III, Labrea, Autazes, Presidente Figueiredo, Boca do Acre, São Gabriel da Cachoeira, Iranduba, todos do Estado do Amazonas.
Período de vigência	Benefícios com cálculo de PBC, na situação não revistos, concedidos no período de março de 1994 a fevereiro de 1997
Comprovação de Endereço	Será exigida a apresentação de documento de comprovação de endereço.
Aplicabilidade	A revisão deve ser processada nos benefícios previdenciários mantidos na subseção judiciária de Manaus e se deu conforme os parâmetros da Lei n° 10.999/2004: a) A revisão consiste no recálculo da Renda Mensal Inicial (RMI) e Mensalidade Reajustada-MR dos benefícios, com aplicação do IRSM nos salários de contribuição anteriores a 03/1994 e, consequentemente com recálculo dos novos índices teto apurando inclusive, os índices residuais nas Emendas 20/1998 e 41/2003, conforme o caso. b) Foram abrangidos os benefícios concedidos, enquadrados nos parâmetros da Lei n° 10.999/2004, com Período Básico de Cálculo - PBC, não revistos e que não tiveram adesão ao Termo de Acordo; assim como seus derivados igualmente não revistos. c) Não foram contemplados os benefícios de espécie acidentária, os benefícios de segurado especial e os benefícios que recebem complementação da União.

SEÇÃO XVI - AÇÃO CIVIL PÚBLICA N° 2003.61.83.011237-8 SP - VIGENTE

Assunto: Revisão dos benefícios pelos Índices de Reajuste do Salário-Mínimo-IRSM - São Paulo

Decisão Judicial	Revisão do Índice de Reajuste do Salário-Mínimo-IRSM nos benefícios previdenciários com Data do Início do Benefício--DIB a partir de março/1994, ainda não revistos no Estado de São Paulo.
Abrangência	Benefícios mantidos no Estado de São Paulo
Período de vigência	Benefícios com Data de Início do Benefício - DIB a partir de março/1994
Comprovação de Endereço	Será exigida a apresentação de documento de comprovação de endereço
Aplicabilidade	Em atendimento aos termos da decisão proferida em sede de antecipação de tutela nos autos da Ação Civil Pública acima, foram revistos todos os benefícios previdenciários abrangidos pela decisão, mediante a utilização do índice de 39,67%, referente ao Índice de Reajustamento do Salário-Mínimo-IRSM de fevereiro/94, na correção dos salários--de-contribuição das competências anteriores. A revisão foi processada sem alteração do valor da Renda Mensal Inicial-RMI e sem pagamento de atrasados, em decorrência do efeito suspensivo proferido nos autos de apelação. Parte dos benefícios foi revista na competência novembro de 2007, paga em dezembro de 2007 e o restante na competência dezembro de 2007 pago em janeiro de 2008. Os efeitos financeiros se deram a partir de 1° de novembro de 2007, ou seja, a alteração do valor do benefício ocorre a partir da Mensalidade Reajustada-MR de novembro de 2007.

SEÇÃO XVII - AÇÃO CIVIL PÚBLICA N° 5000338-52.2011.4.04.7210 SC - VIGENTE E TRANSITADA EM JULGADO

Assunto: benefícios de prestação continuada indeferidos por incapacidade não reversível, no âmbito da Subseção Judiciária de São Miguel do Oeste/SC

Decisão Judicial	Revisar os benefícios de prestação continuada indeferidos pelo motivo de incapacidade não reversível
Abrangência	Requerimentos de residentes nos municípios de Anchieta, Bandeirante, Barra Bonita, Belmonte, Bom Jesus do Oeste, Caibi, Campo Erê, Cunha Porã, Cunhataí, Descanso, Dionísio Cerqueira, Flor do Sertão, Guaraciaba, Guarujá do Sul, Iporã do Oeste, Iraceminha, Itapiranga, Maravilha, Mondaí, Palma Sola, Paraíso, Princesa, Riqueza, Romelândia, Saltinho, Santa Helena, Santa Terezinha do Progresso, São Bernardino, São João do Oeste, São José do Cedro, São Miguel da Boa Vista, São Miguel do Oeste, Tigrinhos e Tunápolis, todos da Subseção Judiciária de São Miguel do Oeste/SC .
Período de vigência	Benefícios indeferidos a partir de 10 de outubro de 2010, data de início da Instrução Normativa PRES/INSS n° 20/2007, à 24 de maio de 2011.
Comprovação de Endereço	Será exigida a apresentação de documento de comprovação de endereço.
Aplicabilidade	Benefícios assistenciais indeferidos em virtude da aplicação do inciso II do artigo 624 da Instrução Normativa n° 20 PRES/INSS, de 10 de outubro de 2007, como transcrito: "Art. 624. Para efeito da análise do direito ao benefício, serão consideradas como: II - pessoa portadora de deficiência: aquela incapacitada para a vida independente e para o trabalho, em razão de anomalias ou lesões irreversíveis de natureza hereditária, congênita ou adquirida; O critério de definição da incapacidade deverá ser analisado de acordo com o comando judicial, transitado em julgado, qual seja: " o impedimento de prazo mínimo de dois anos de natureza física, intelectual ou sensorial, os quais, em interação com diversas barreiras, podem obstruir sua participação plena e efetiva na sociedade com as demais pessoas. ". Havendo benefício posterior compatível com o pedido anterior, a questão se resolverá em atrasados da DER até início do recebimento, sem prejuízo de verificação de questões que afastem o benefício (trabalho ou modificação da renda); Havendo óbito do requerente, a questão se resolverá em atrasados da DER até o óbito, sem prejuízo de verificação de questões que afastem o benefício (trabalho ou modificação da renda). Não havendo nenhum recebimento de benefício posterior por motivo compatível, os requerentes serão chamados ao INSS para verificação da duração da incapacidade, bem como da condição social. Realizada a análise dos requerimentos, na forma acima descrita, deverá o INSS apresentar ao Juízo os cálculos dos valores devidos, não havendo para pagamento na via administrativa.

SEÇÃO XVIII - AÇÃO CIVIL PÚBLICA N° 5012756-22.2015.4.04.7100/RS - REVOGADA

Assunto: Revisão de ofício. Análise da incapacidade do instituidor sem qualidade de segurado no fato gerador da pensão por morte

Decisão Judicial	Determinou ao INSS que deixe de reconhecer a perda da qualidade de segurado, quando devidamente comprovada a incapacidade do segurado na data do óbito ou no período de graça e desde que presentes os demais requisitos legais, para a concessão do benefício de pensão por morte.
Abrangência	Nacional
Período de vigência	Produz efeitos para benefícios de pensão por morte com Data de Entrada de Requerimento-DER a partir de 5 de março de 2015. Em 7 de junho de 2023, os efeitos foram revogados pela Portaria Conjunta DIRBEN/PFE/INSS n° 79, de 31 de maio de 2023.
Comprovação de Endereço	Dispensada
Aplicabilidade	A decisão proferida na Ação Civil Pública, inicialmente, teve seu cumprimento orientado pela Portaria Conjunta DIRBEN/PFE/INSS n° 60, de 7 de março de 2022. Contudo, referido normativo, responsável por estabelecer os procedimentos de cumprimento da decisão, inclusive quanto aos casos de revisão e recurso, foi revogado pela Portaria Conjunta DIRBEN/PFE/INSS n° 79, de 31 de maio de 2023, após decisão do STF, no Recurso Extraordinário - RE 1.404.402, provido pelo INSS para "julgar improcedentes os pedidos iniciais", com trânsito em julgado em 09.05.2023. Desse modo, foram criadas tarefas de Revisão de Ofício para todos os benefícios de pensão por morte com DER a partir de 05/03/2015, que foram concedidos com fundamento na ACP n° 5012756-22.2015.4.04.7100/RS. Na revisão dos benefícios deverão ser aplicadas as regras que tratam da perda da qualidade de segurado na data do fato gerador (óbito) previstas na Lei n° 8.213, de 24 de julho de 1991 e demais normas vigentes, observados os procedimentos de contraditório e ampla defesa, conforme art. 179 do RPS.

SEÇÃO XIX - AÇÃO CIVIL PÚBLICA N° 1999.71.00.017799-4/RS - VIGENTE

Assunto: Revisão das aposentadorias em razão do indeferimento pelo não reconhecimento do tempo de serviço rurícola, para utilização em benefício urbano exercido em regime de economia familiar

Decisão Judicial	Determinou ao INSS que proceda à revisão manual de todas as aposentadorias em que houve indeferimento motivado pelo não reconhecimento do tempo de serviço rurícola, para utilização em benefício urbano exercido em regime de economia familiar, cujos documentos para comprovação dos mesmos estavam em nome de membro do grupo familiar
Abrangência	Estado do Rio Grande do Sul
Período de vigência	Benefícios com data de despacho de indeferimento (DDB) no período de 15/12/1997 a 06/08/1999
Comprovação de Endereço	Será exigida a apresentação de documento de comprovação de endereço
Aplicabilidade	A decisão declarou a nulidade do § 6° do Art. 62 do Decreto n° 3.048/1999; do parágrafo único do art. 24 da Portaria MPAS n° 4.273/1997; do item 8.2 da Ordem de Serviço DSS n° 590/1997, bem como, da orientação contida no Ofício n° 009/GAB/SPS, de 13/02/1999. Os benefícios que tiverem sua decisão denegatória alterada pela revisão terão a data de início do pagamento - DIP da revisão fixada da seguinte forma: a) para as revisões concluídas antes de 24/08/2016 - a DIP deve ser o dia primeiro do mês da sua realização; b) para as revisões posteriores a 24/08/2016 - a DIP deve ser fixada em 24/08/2016, data correspondente a 120 (cento e vinte) dias após a intimação da decisão de 11/04/2016, intimação em 26/04/2016; c) os valores pretéritos, entre a Data de Início de Benefício - DIB e a DIP, deverão ser objeto de execuções judiciais, se for o caso.

SEÇÃO XX - AÇÃO CIVIL PÚBLICA N° 0004911-28.2011.4.03.6183 SP - VIGENTE

Assunto: Recomposição do valor dos benefícios limitados ao teto previdenciário

Decisão Judicial	A revisão tem por objetivo a recomposição, nas datas das Emendas Constitucionais n° 20, de 15 de dezembro de 1998, e n° 41, de 19 de dezembro de 2003, do valor dos benefícios limitados ao teto previdenciário na sua data de início.
Abrangência	Nacional
Período de vigência	Benefícios com data inicial no período de 5 de abril de 1991 a 31 de dezembro de 2003, que tiveram o salário de benefício limitado ao teto previdenciário na data da concessão, bem como os benefícios deles decorrentes.
Comprovação de Endereço	Dispensada a apresentação
Aplicabilidade	A revisão consiste na recomposição da Mensalidade Reajustada (MR), sem alterar os dados da concessão, não se aplicando o prazo decadencial de dez anos. As diferenças são devidas nos últimos cinco anos que antecedem ao ajuizamento da ACP n° 0004911-28.2011.4.03.6183, fato ocorrido em 5 de maio de 2011, ou a contar da data de eventual pedido administrativo de revisão ou, ainda, do ajuizamento de ação revisional individual, o que ocorrer primeiro. A revisão foi processada de forma automática pela DATAPREV

PARTE 11 – CONTRIBUIÇÕES PREVIDENCIÁRIAS

INSTRUÇÃO NORMATIVA RFB Nº 2.110, DE 17 DE OUTUBRO DE 2022

Dispõe sobre normas gerais de tributação previdenciária e de arrecadação das contribuições sociais destinadas à Previdência Social e das contribuições devidas a terceiros, administradas pela Secretaria Especial da Receita Federal do Brasil (RFB).

O SECRETÁRIO ESPECIAL DA RECEITA FEDERAL DO BRASIL, no uso da atribuição que lhe confere o inciso III do art. 350 do Regimento Interno da Secretaria Especial da Receita Federal do Brasil, aprovado pela Portaria ME nº 284, de 27 de julho de 2020, e tendo em vista o disposto na Lei nº 8.212, de 24 de julho de 1991, na Lei nº 8.213, de 24 de julho de 1991, na Lei nº 8.870, de 15 de abril de 1994, na Lei nº 10.666, de 8 de maio de 2003, na Lei nº 11.457, de 16 de março de 2007, e no Regulamento da Previdência Social, aprovado pelo Decreto nº 3.048, de 6 de maio de 1999, resolve:

Art. 1º Esta Instrução Normativa dispõe sobre normas gerais de tributação das contribuições sociais destinadas ao Regime Geral de Previdência Social (RGPS) e das contribuições devidas a terceiros, assim entendidas outras entidades e fundos, e estabelece os procedimentos aplicáveis à arrecadação dessas contribuições pela Secretaria Especial da Receita Federal do Brasil (RFB).

TÍTULO I
DAS OBRIGAÇÕES PREVIDENCIÁRIAS

CAPÍTULO I
DOS CONTRIBUINTES DA PREVIDÊNCIA SOCIAL

SEÇÃO I
DOS CONCEITOS

Art. 2º Para os fins desta Instrução Normativa considera-se:

I - empresa, o empresário ou a sociedade que assume o risco de atividade econômica urbana ou rural, com fins lucrativos ou não, bem como os órgãos e as entidades da administração pública direta e indireta; (Lei nº 8.212, de 24 de julho de 1991, art. 15, caput, inciso I; e Regulamento da Previdência Social, de 1999, art. 12, caput, inciso I)

II - empregador doméstico, a pessoa, a família ou a entidade familiar que admite empregado doméstico a seu serviço, mediante remuneração e sem finalidade lucrativa; (Lei nº 8.212, de 1991, art. 15, caput, inciso II; e Regulamento da Previdência Social, de 1999, art. 12, caput, inciso II)

III - empresa de trabalho temporário, a pessoa jurídica urbana cuja atividade consiste em colocar à disposição de outras empresas, por prazo não superior a 180 (cento e oitenta) dias, consecutivos ou não, prorrogável por até 90 (noventa) dias, trabalhadores qualificados, por ela remunerados e assistidos, ficando obrigada a registrar a condição de temporalidade na Carteira de Trabalho e Previdência Social (CTPS) do trabalhador; (Lei nº 6.019, de 3 de janeiro de 1974, art. 10, §§ 1º e 2º)

IV - administração pública, a administração direta ou indireta da União, dos estados, do Distrito Federal ou dos municípios, abrangendo, inclusive, as entidades com personalidade jurídica de direito privado sob o controle do poder público e as fundações por ele mantidas;

V - instituição financeira, a pessoa jurídica, pública ou privada, que tem como atividade principal ou acessória a intermediação ou a aplicação de recursos financeiros próprios ou de terceiros, em moeda nacional ou estrangeira, autorizada pelo Banco Central do Brasil, ou por decreto do Poder Executivo, a funcionar no território nacional; e

VI - agroindústria, o produtor rural pessoa jurídica cuja atividade econômica seja a industrialização de produção própria ou de produção própria e adquirida de terceiros. (Lei nº 8.212, de 1991, art. 22-A, caput; e Regulamento da Previdência Social, de 1999, art. 201-A, caput)

Parágrafo único. Equiparam-se a empresa para fins de cumprimento de obrigações previdenciárias: (Lei nº 8.212, de 1991, art. 15, parágrafo único; e Regulamento da Previdência Social, art. 12, parágrafo único)

I - o contribuinte individual, em relação ao segurado que lhe presta serviços;

II - a cooperativa, conforme definida no art. 181 desta Instrução Normativa e nos arts. 1.093 a 1096 da Lei nº 10.406, de 10 de janeiro de 2002 - Código Civil;

III - a associação ou a entidade de qualquer natureza ou finalidade, inclusive o condomínio;

IV - a missão diplomática e a repartição consular de carreiras estrangeiras;

V - o operador portuário e o Órgão Gestor de Mão de Obra (Ogmo); e

VI - o proprietário do imóvel, o incorporador ou o dono de obra de construção civil, quando pessoa física, em relação a segurado que lhe presta serviços.

Art. 3º São segurados obrigatórios da Previdência Social as pessoas físicas que exercem atividade remunerada abrangida pelo RGPS na qualidade de:

I - empregado; (Lei nº 8.212, de 1991, art. 12, caput, inciso I; e Regulamento da Previdência Social, de 1999, art. 9º, caput, inciso I)

II - trabalhador avulso; (Lei nº 8.212, de 1991, art. 12, caput, inciso VI; e Regulamento da Previdência Social, de 1999, art. 9º, caput, inciso VI)

III - empregado doméstico; (Lei nº 8.212, de 1991, art. 12, caput, inciso II; e Regulamento da Previdência Social, de 1999, art. 9º, caput, inciso II)

IV - contribuinte individual; e (Lei nº 8.212, de 1991, art. 12, caput, inciso V; e Regulamento da Previdência Social, de 1999, art. 9º, caput, inciso V)

V - segurado especial. (Lei nº 8.212, de 1991, art. 12, caput, inciso VII; e Regulamento da Previdência Social, de 1999, art. 9º, caput, inciso VII)

Art. 4º Considera-se segurado facultativo a pessoa física maior de 16 (dezesseis) anos que, por ato volitivo, se inscreve como contribuinte da Previdência Social, desde que não exerça atividade remunerada que implique filiação obrigatória a qualquer regime de Previdência Social no País. (Constituição Federal, art. 7º, inciso XXXIII; Lei nº 8.212, de 1991, art. 14; e Regulamento da Previdência Social, de 1999, art. 11)

§ 1º É vedada a participação no RGPS, na qualidade de segurado facultativo, de pessoa vinculada a Regime Próprio de Previdência Social (RPPS). (Constituição Federal, art. 201, § 5º; e Regulamento da Previdência Social, de 1999, art. 11, § 2º)

§ 2º Poderá contribuir como segurado facultativo:

I - o trabalhador afastado temporariamente de suas atividades, desde que não receba remuneração no período de afastamento e não exerça outra atividade que o vincule ao RGPS ou ao RPPS;

II - o estagiário que cumpre os requisitos previstos na Lei nº 11.788, de 25 de setembro de 2008; (Lei nº 11.788, de 2008, art. 12, § 2º)

III - o apenado recolhido à prisão sob regime fechado ou semiaberto que, nessa condição, presta serviços remunerados, dentro ou fora da unidade penal, a uma ou mais empresas, com ou sem intermediação da organização carcerária ou entidade afim, ou que exerce atividade artesanal por conta própria; (Regulamento da Previdência Social, de 1999, art. 11, § 1º, inciso XI)

IV - o presidiário que não exerce atividade remunerada nem esteja vinculado a qualquer regime de Previdência Social; (Regulamento da Previdência Social, de 1999, art. 11, § 1º, inciso IX)

V - a pessoa que se dedica, exclusivamente, ao trabalho doméstico no âmbito de sua residência; (Regulamento da Previdência Social, de 1999, art. 11, § 1º, inciso I)

VI - o síndico de condomínio que não recebe remuneração; (Regulamento da Previdência Social, de 1999, art. 11, § 1º, inciso II)

VII - o estudante; (Regulamento da Previdência Social, de 1999, art. 11, § 1º, inciso III)

VIII - o brasileiro que acompanha cônjuge que presta serviço no exterior; (Regulamento da Previdência Social, de 1999, art. 11, § 1º, inciso IV)

IX - o bolsista que se dedica em tempo integral a pesquisa, curso de especialização, pós-graduação, mestrado ou doutorado, no Brasil ou no exterior; (Regulamento da Previdência Social, de 1999, art. 11, § 1º, inciso VIII)

X - o brasileiro residente ou domiciliado no exterior; e (Regulamento da Previdência Social, de 1999, art. 11, § 1º, inciso X)

XI - o atleta beneficiário do Bolsa-Atleta de que trata a Lei nº 10.891 de 9 de julho de 2004, que não seja filiado a RPPS e não esteja enquadrado em nenhuma das hipóteses previstas no art. 3º desta Instrução Normativa. (Lei nº 10.891, de 2004, art. 1º, § 6º; e Regulamento da Previdência Social, de 1999, art. 11, § 1º, inciso XII)

SEÇÃO II
DOS SEGURADOS CONTRIBUINTES OBRIGATÓRIOS

Art. 5º Deve contribuir obrigatoriamente na qualidade de segurado empregado:

I - aquele que presta serviços de natureza urbana ou rural a empresa, em caráter não eventual, com subordinação e mediante remuneração; (Lei nº 8.212, de 1991, art. 12, caput, inciso I, alínea "a"; e Regulamento da Previdência Social, de 1999, art. 9º, caput, inciso I, alínea "a")

II - o aprendiz, maior de 14 (quatorze) e menor de 24 (vinte e quatro) anos, ressalvada a pessoa com deficiência, à qual não se aplica o limite máximo de idade; (Decreto-Lei nº 5.452, de 1º de maio de 1943 - Consolidação das Leis do Trabalho (CLT), art. 428; e Lei nº 8.069, de 13 de julho de 1990, art. 65)

III - o empregado de conselho, de ordem ou de autarquia de fiscalização do exercício de atividade profissional;

IV - o trabalhador temporário contratado por empresa de trabalho temporário na forma da Lei nº 6.019, de 1974, por prazo não superior a 180 (cento e oitenta) dias, consecutivos ou não, prorrogável por até 90 (noventa) dias, que presta serviço para atender a necessidade transitória de substituição de pessoal regular e permanente ou a acréscimo extraordinário de serviço de outras empresas; (Lei nº 8.212, de 1991, art. 12, caput, inciso I, alínea "b"; e Regulamento da Previdência Social, de 1999, art. 9º, caput, inciso I, alínea "b")

V - o trabalhador contratado no exterior para trabalhar no Brasil em empresa constituída e funcionando em território nacional segundo as leis brasileiras, ainda que com salário estipulado em moeda estrangeira, salvo se amparado pela previdência social de seu país de origem, observado o disposto nos acordos internacionais porventura existentes;

VI - o brasileiro ou o estrangeiro domiciliado e contratado no Brasil para trabalhar como empregado no exterior, em sucursal ou em agência de empresa constituída sob as leis brasileiras e que tenha sede e administração no País; (Lei nº 8.212, de 1991, art. 12, caput, inciso I, alínea "c"; e Regulamento da Previdência Social, de 1999, art. 9º, caput, inciso I, alínea "c")

VII - o brasileiro ou o estrangeiro domiciliado e contratado no Brasil para trabalhar como empregado em empresa domiciliada no exterior, com maioria de capital votante pertencente à empresa constituída sob as leis brasileiras, que tenha sede e administração no País e cujo controle efetivo esteja em caráter permanente sob a titularidade direta ou indireta de pessoas físicas domiciliadas e residentes no Brasil ou de entidade de direito público interno; (Lei nº 8.212, de 1991, art. 12, caput, inciso I, alínea "f"; e Regulamento da Previdência Social, de 1999, art. 9º, caput, inciso I, alínea "d")

VIII - aquele que presta serviços no Brasil a missão diplomática ou a repartição consular de carreiras estrangeiras ou a órgãos a elas subordinados ou a membros dessa missão ou repartição, excluído o não brasileiro sem residência permanente no Brasil e o brasileiro amparado pela legislação previdenciária do país da respectiva missão diplomática ou da repartição consular; (Lei nº 8.212, de 1991, art. 12, caput, inciso I, alínea "d"; e Regulamento da Previdência Social, de 1999, art. 9º, caput, inciso I, alínea "e")

IX - o empregado de organismo oficial internacional ou estrangeiro em funcionamento no Brasil, salvo quando coberto por RPPS; (Lei nº 8.212, de 1991, art. 12, caput, inciso I, alínea "i"; e Regulamento da Previdência Social, de 1999, art. 9º, caput, inciso I, alínea "q")

X - o brasileiro civil que trabalha para a União no exterior, em organismo oficial internacional do qual o Brasil seja membro efetivo, ainda que lá domiciliado e contratado, salvo se segurado na forma da legislação vigente do país do domicílio ou se amparado por RPPS; (Lei nº 8.212, de 1991, art. 12, caput, inciso I, alínea "e"; e Regulamento da Previdência Social, de 1999, art. 9º, caput, inciso I, alínea "f")

XI - o brasileiro civil que presta serviços à União no exterior, em repartições governamentais, missões diplomáticas, repartições consulares, dentre outros organismos oficiais brasileiros, lá domiciliado e contratado; (Lei nº 8.212, de 1991, caput, art. 12, inciso I, alínea "e"; e Regulamento da Previdência Social, de 1999, art. 9º, caput, inciso I, alínea "g")

XII - o auxiliar local de nacionalidade brasileira de que tratam os arts. 56 e 57 da Lei nº 11.440, de 29 de dezembro de 2006, que presta serviços nos organismos oficiais brasileiros a que se refere o inciso XI, desde que, em razão de proibição legal, não se possa filiar ao sistema previdenciário local; (Lei nº 8.212, de 1991, caput, art. 12, inciso I, alínea "e"; e Regulamento da Previdência Social, de 1999, art. 9º, caput, inciso I, alínea "g")

XIII - o servidor titular de cargo efetivo, dos estados, do Distrito Federal, ou dos municípios, incluídas suas autarquias e fundações de direito público, desde que, nessa qualidade, não esteja amparado por RPPS; (Lei nº 8.212, de 1991, art. 13; e Regulamento da Previdência Social, de 1999, art. 9º, caput, inciso I, alínea "j")

XIV - o servidor da União, dos estados, do Distrito Federal ou dos municípios, incluídas suas autarquias e fundações de direito público, ocupante, exclusivamente, de cargo em comissão declarado em lei de livre nomeação e exoneração; (Constituição Federal, art. 40, § 13; Lei nº 8.212, de 1991, art. 12, caput, inciso I, alínea "g"; e Regulamento da Previdência Social, de 1999, art. 9º, caput, inciso I, alínea "i")

XV - o servidor da União, dos estados, do Distrito Federal ou dos municípios, incluídas suas autarquias e fundações de direito público, ocupante de emprego público; (Constituição Federal, art. 40, § 13; e Regulamento da Previdência Social, de 1999, art. 9º, caput, inciso I, alínea "m")

XVI - o servidor contratado pela União, pelos estados, pelo Distrito Federal ou pelos municípios, inclusive por suas autarquias e fundações de direito público, por tempo determinado, para atender a necessidade temporária de excepcional interesse público, nos termos do inciso IX do caput do art. 37 da Constituição Federal; (Lei nº 8.745, de 9 de dezembro de 1993, art. 8º; e Regulamento da Previdência Social, de 1999, art. 9º, caput, inciso I, alínea "l")

XVII - o servidor considerado estável por força do art. 19 do Ato das Disposições Constitucionais Transitórias, mesmo quando submetido a regime estatutário, desde que não amparado por RPPS;

XVIII - o servidor admitido até 5 de outubro de 1988, que não tenha cumprido, nessa data, o tempo previsto para aquisição da estabilidade no serviço público:

a) mesmo que a natureza das atribuições dos cargos ou das funções ocupados seja permanente e esteja submetido a regime estatutário, desde que não amparado por RPPS; ou

b) quando a natureza das atribuições dos cargos ou das funções ocupados seja temporária ou precária;

XIX - o exercente de mandato eletivo federal, estadual, distrital ou municipal, salvo o titular de cargo efetivo da União, dos estados, do Distrito Federal ou dos municípios, incluídas suas autarquias e fundações de direito público, afastado para o exercício do mandato eletivo e filiado a RPPS no cargo de origem, observada a legislação de regência e os respectivos períodos de vigência; (Lei nº 8.212, de 1991, art. 12, caput, inciso I, alínea "j"; e Regulamento da Previdência Social, de 1999, art. 9º, caput, inciso I, alínea "p")

XX - o ocupante de cargo de Ministro de Estado, de Secretário Estadual, Distrital ou Municipal, desde que não amparado por RPPS pelo exercício de cargo efetivo do qual se tenha afastado para assumir essa função; (Lei nº 8.212, de 1991, art. 12, § 6º; e Regulamento da Previdência Social, de 1999, art. 9º, § 16)

XXI - o escrevente e o auxiliar contratados por titular de serviços notariais e de registro, bem como aquele de investidura estatutária ou de regime especial que optou pelo regime da legislação trabalhista, em conformidade com a Lei nº 8.935, de 18 de novembro de 1994, observado o disposto no § 11; (Lei nº 8.935, de 1994, arts. 40 e 48; e Regulamento da Previdência

Social, de 1999, art. 9º, caput, inciso I, alínea "o")

XXII - o contratado por titular de serventia da Justiça, sob o regime da legislação trabalhista;

XXIII - o estagiário que presta serviços em desacordo com a Lei nº 11.788, de 2008, observado o disposto no § 7º; (Lei nº 11.788, de 2008, art. 3º, § 2º; e Regulamento da Previdência Social, de 1999, art. 9º, caput, inciso I, alínea "h")

XXIV - o atleta não profissional em formação contratado em desacordo com o § 4º do art. 29 da Lei nº 9.615, de 24 de março de 1998, observado o disposto no § 8º deste artigo;

XXV - o médico-residente ou o residente em área profissional da saúde que presta serviços em desacordo com a Lei nº 6.932, de 7 de julho de 1981, e a Lei nº 11.129, de 30 de junho de 2005, respectivamente;

XXVI - o médico ou o profissional da saúde, plantonista, independentemente da área de atuação, do local de permanência ou da forma de remuneração;

XXVII - o diretor empregado de empresa urbana ou rural que, participando ou não do risco econômico do empreendimento, seja contratado ou promovido para cargo de direção de sociedade anônima, mantendo as características inerentes à relação de emprego; (Lei nº 8.212, de 1991, art. 12, caput, inciso I, alínea "a"; e Regulamento da Previdência Social, de 1999, art. 9º, caput, inciso I, alínea "a", e § 2º)

XXVIII - o treinador profissional de futebol, independentemente de acordos firmados; (Lei nº 8.650, de 20 de abril de 1993, art. 2º)

XXIX - o trabalhador rural por pequeno prazo, contratado por produtor rural pessoa física, proprietário ou não, que explore diretamente atividade agroeconômica, para o exercício de atividades de natureza temporária por prazo não superior a 2 (dois) meses dentro do período de 1 (um) ano; (Lei nº 5.889, de 8 de junho de 1973, art.14-A; e Regulamento da Previdência Social, de 1999, art. 9º, caput, inciso I, alínea "r")

XXX - os Agentes Comunitários de Saúde e os Agentes de Combate às Endemias admitidos pelos gestores locais do Sistema Único de Saúde (SUS) e pela Fundação Nacional de Saúde (Funasa), com fundamento na Lei nº 11.350, de 5 de outubro de 2006, desde que não sejam ocupantes de cargo efetivo amparado por RPPS; e

XXXI - o trabalhador contratado mediante contrato de trabalho intermitente para a prestação de serviços, com subordinação, de forma não contínua, com alternância de períodos de prestação de serviços e de inatividade, em conformidade com o disposto no § 3º do art. 443 da CLT, durante o período de atividade, observado o disposto no § 12. (CLT, art. 452-A; e Regulamento da Previdência Social, de 1999, art. 9º, caput, inciso I, alínea "s")

§ 1º Para os efeitos dos incisos IX e X do caput deste artigo e do inciso IX do caput do art. 8º, entende-se por RPPS aquele garantido pelo organismo oficial internacional ou estrangeiro, independentemente de quais sejam os benefícios assegurados pelo organismo.

§ 2º Na hipótese do inciso XIX do caput, o servidor público vinculado a RPPS que exercer, concomitantemente, mandato eletivo no cargo de vereador será obrigatoriamente filiado ao RGPS em razão do cargo eletivo, devendo contribuir para o RGPS sobre a remuneração recebida pelo exercício do mandato eletivo e para o RPPS sobre a remuneração recebida pelo exercício do cargo efetivo. (Constituição Federal, art. 38, caput, inciso III)

§ 3º O servidor civil ou militar cedido ou requisitado para outro órgão ou entidade da administração pública, observado o disposto no § 15 do art. 27, permanece vinculado ao regime de origem. (Lei nº 8.212, de 1991, art. 13, § 2º; e Lei nº 9.717, de 27 de novembro de 1998, art. 1º-A)

§ 4º O servidor público da União, dos estados, do Distrito Federal ou dos municípios, inclusive de suas autarquias e fundações de direito público, quando requisitado pela Justiça Eleitoral, permanecerá vinculado ao regime de origem, para o qual serão devidas suas contribuições sociais previdenciárias, observado o disposto no § 15 do art. 27. (Lei nº 6.999, de 7 de junho de 1982, art. 9º)

§ 5º O auxiliar local a que se refere o inciso XII do caput é o brasileiro admitido para prestar serviços ou desempenhar atividades de apoio que exijam familiaridade com as condições de vida, os usos e os costumes do país onde esteja sediado o organismo oficial brasileiro. (Lei nº 11.440, de 2006, art. 56)

§ 6º Os auxiliares locais a que se refere o inciso XII do caput terão sua situação previdenciária, relativa aos fatos geradores ocorridos até 31 de dezembro de 1993, regularizada no RGPS, mediante indenização das contribuições patronais e dos segurados, na forma prevista no art. 9º da Lei nº 9.528, de 10 de dezembro de 1997, e nas portarias interministeriais que o regulamentam.

§ 7º O estagiário, assim caracterizado o estudante que desenvolve ato educativo escolar supervisionado no ambiente de trabalho, com vista a sua preparação para o trabalho produtivo, será segurado obrigatório do RGPS na forma do inciso XXIII do caput, quando não observado qualquer um dos seguintes requisitos: (Lei nº 11.788, de 2008, art. 1º, e art. 3º, § 2º)

I - matrícula e frequência regular do educando, atestadas pela instituição de ensino, em curso de educação superior, de educação profissional, de ensino médio, da educação especial e nos anos finais do ensino fundamental, na modalidade profissional da educação de jovens e adultos; (Lei nº 11.788, de 2008, art. 3º, caput, inciso I)

II - celebração de termo de compromisso entre o educando, a parte concedente do estágio e a instituição de ensino e cumprimento de todas as obrigações nele contidas; (Lei nº 11.788, de 2008, art. 3º, caput, inciso II)

III - compatibilidade entre as atividades desenvolvidas no estágio e aquelas previstas no termo de compromisso; (Lei nº 11.788, de 2008, art. 3º, caput, inciso III)

IV - acompanhamento efetivo pelo professor orientador da instituição de ensino e por supervisor da parte concedente, comprovado por vistos nos relatórios das atividades exigidos do educando e por menção de aprovação final; e (Lei nº 11.788, de 2008, art. 3º, § 1º)

V - outros previstos na Lei nº 11.788, de 2008.

§ 8º O atleta não profissional em formação não será considerado contribuinte obrigatório do RGPS quando forem atendidas cumulativamente as seguintes condições previstas na Lei nº 9.615, de 1998: (Lei nº 9.615, de 1998, art. 29, § 4º)

I - ter mais de 14 (quatorze) e menos de 20 (vinte) anos de idade;

II - ser contratado por entidade de prática desportiva formadora; e

III - receber auxílio financeiro, se for o caso, somente sob a forma de bolsa de aprendizagem.

§ 9º O Agente Comunitário de Saúde e o Agente de Combate às Endemias a que se refere o inciso XXX do caput são as pessoas recrutadas pelo gestor local do SUS ou pela Funasa, por intermédio de processo seletivo, para atuar, respectivamente, mediante remuneração, em programas de prevenção e promoção de saúde ou em atividades de vigilância, prevenção e controle de doenças e promoção da saúde, desenvolvidas em conformidade com as diretrizes do SUS, sob supervisão do órgão gestor deste. (Lei nº 11.350, de 2006, arts. 3º, 4º e 9º)

§ 10. O vínculo previdenciário do Agente Comunitário de Saúde contratado por intermédio de entidades civis de interesse público dar-se-á com essas entidades, na condição de segurado empregado do RGPS.

§ 11. A partir de 16 de dezembro de 1998, o escrevente e o auxiliar a que se refere o inciso XXI do caput, qualquer que seja a data de sua contratação, passa a ser segurado obrigatório do RGPS na qualidade de empregado. (Constituição Federal, art. 40, § 13; e Solução de Consulta Cosit nº 9, de 8 de março de 2018)

§ 12. O trabalhador intermitente que pretenda contar o período de inatividade como tempo de contribuição deverá contribuir durante esse período como segurado facultativo nos termos do § 5º do art. 42.

Art. 6º Deve contribuir obrigatoriamente na qualidade de segurado trabalhador avulso, aquele que, sindicalizado ou não, contratado mediante intermediação obrigatória do sindicato da categoria ou, quando se tratar de atividade portuária, do Ogmo, presta serviços de natureza urbana ou rural, sem vínculo empregatício, a diversas empresas, nas atividades definidas nos incisos I, II e III do caput do art. 207. (Lei nº 8.212, de 1991, art. 12, caput, inciso VI; e Regulamento da Previdência Social, de 1999, art. 9º, caput, inciso VI)

Art. 7º Deve contribuir obrigatoriamente na qualidade de segurado empregado doméstico, aquele que presta serviços de natureza contínua, subordinada, onerosa e pessoal e de finalidade não lucrativa à pessoa ou à família, no âmbito residencial destas, por mais de 2 (dois) dias por semana. (Lei Complementar nº 150, de 1º de junho de 2015, art. 1º; Lei nº 8.212, de 1991, art. 12, caput, inciso II; e Regulamento da Previdência Social, de 1999, art. 9º, caput, inciso II)

Art. 8º Deve contribuir obrigatoriamente na qualidade de contribuinte individual:

I - aquele que presta serviços de natureza urbana ou rural, em caráter eventual, a uma ou mais empresas, sem relação de emprego; (Lei nº 8.212, de 1991, art. 12, caput, inciso V, alínea "g"; e Regulamento da Previdência Social, de 1999, art. 9º, caput, inciso V, alínea "j")

II - aquele que exerce, por conta própria, atividade econômica de natureza urbana, com fins lucrativos ou não; (Lei nº 8.212, de 1991, art. 12, caput, inciso V, alínea "h"; e Regulamento da Previdência Social, de 1999, art. 9º, caput, inciso V, alínea "l")

III - a pessoa física, proprietária ou não, que explora atividade agropecuária, a qualquer título, em caráter permanente ou temporário, em área contínua ou descontínua superior a 4 (quatro) módulos fiscais ou, quando em área igual ou inferior a 4 (quatro) módulos fiscais ou atividade pesqueira ou extrativista, com auxílio de empregado ou por intermédio de preposto, ou ainda, nas hipóteses previstas nos §§ 6º e 7º do art. 9º, se for o caso; (Lei nº 8.212, de 1991, art. 12, caput, inciso V, alínea "a"; e Regulamento da Previdência Social, de 1999, art. 9º, caput, inciso V, alínea "a")

IV - a pessoa física, proprietária ou não, que, na condição de outorgante, explora atividade agropecuária ou pesqueira, por intermédio de preposto, com ou sem o auxílio de empregado, observado o disposto no inciso I do § 5º do art. 9º;

V - a pessoa física, proprietária ou não, que explora atividade de extração mineral (garimpo), em caráter permanente ou temporário, diretamente ou por intermédio de preposto, com ou sem o auxílio de empregado, utilizado a qualquer título, ainda que de forma não contínua; (Lei nº 8.212, de 1991, art. 12, caput, inciso V, alínea "b"; e Regulamento da Previdência Social, de 1999, art. 9º, caput, inciso V, alínea "b")

VI - o pescador que trabalha em regime de parceria, de meação ou de arrendamento, em embarcação de médio ou grande porte, nos termos da Lei nº 11.959, de 29 de junho de 2009; (Regulamento da Previdência Social, de 1999, art. 9º, § 15, inciso XI)

VII - o marisqueiro que, sem utilizar embarcação pesqueira, exerce atividade de captura dos elementos animais ou vegetais, com o auxílio de empregado;

VIII - o ministro de confissão religiosa ou o membro de vida consagrada, de congregação ou de ordem religiosa; (Lei nº 8.212, de 1991, art. 12, caput, inciso V, alínea "c"; e Regulamento da Previdência Social, de 1999, art. 9º, caput, inciso V, alínea "c")

IX - o brasileiro civil que trabalha no exterior para organismo oficial internacional do qual o Brasil é membro efetivo, ainda que lá domiciliado e contratado, salvo quando coberto por RPPS; (Lei nº 8.212, de 1991, art. 12, caput, inciso V, alínea "e"; e Regulamento da Previdência Social, de 1999, art. 9º, caput, inciso V, alínea "d")

X - o brasileiro civil que trabalha em organismo oficial internacional ou estrangeiro em funcionamento no Brasil, desde que não existentes os pressupostos que o caracterizem como segurado empregado e que não seja amparado por RPPS;

XI - o brasileiro civil que trabalha para órgão ou entidade da administração pública sob intermediação de organismo oficial internacional ou estrangeiro em funcionamento no Brasil, desde que não existentes os pressupostos que o caracterizem como segurado empregado;

XII - desde que receba remuneração decorrente de trabalho na empresa:

a) o empresário individual e o titular de empresa individual de responsabilidade limitada, urbana ou rural; (Lei nº 8.212, de 1991, art. 12, caput, inciso V, alínea "f"; e Regulamento da Previdência Social, de 1999, art. 9º, caput, inciso V, alínea "e", item 1)

b) o sócio de sociedade em nome coletivo; (Lei nº 8.212, de 1991, art. 12, caput, inciso V, alínea "f"; e Regulamento da Previdência Social, de 1999, art. 9º, caput, inciso V, alínea "e", item 3)

c) o sócio solidário, o sócio gerente, o sócio de serviço, o sócio cotista e o administrador não empregado na sociedade limitada, urbana ou rural; (Lei nº 8.212, de 1991, art. 12, caput, inciso V, alínea "f"; e Regulamento da Previdência Social, de 1999, art. 9º, caput, inciso V, alínea "e", item 4)

d) o membro de conselho de administração na sociedade anônima ou o diretor não empregado que, participando ou não do risco econômico do empreendimento, seja eleito por assembleia geral dos acionistas para cargo de direção de sociedade anônima, desde que não existentes as características inerentes à relação de emprego; e (Lei nº 8.212, de 1991, art. 12, caput, inciso V, alínea "f"; e Regulamento da Previdência Social, de 1999, art. 9º, caput, inciso V, alínea "e", item 2, e § 3º)

e) o membro de conselho fiscal de sociedade ou entidade de qualquer natureza; (Lei nº 8.212, de 1991, art. 12, caput, inciso V, alínea "h"; e Regulamento da Previdência Social, de 1999, art. 9º, § 15, inciso V)

XIII - o associado eleito para cargo de direção em cooperativa, em associação ou em entidade de qualquer natureza ou finalidade, desde que receba remuneração; (Lei nº 8.212, de 1991, art. 12, caput, inciso V, alínea "f"; e Regulamento da Previdência Social, de 1999, art. 9º, caput, inciso V, alínea "i")

XIV - o síndico ou o administrador eleito para exercer atividade de administração condominial, desde que recebam remuneração pelo exercício do cargo, ainda que de forma indireta; (Lei nº 8.212, de 1991, art. 12, caput, inciso V, alínea "f"; e Regulamento da Previdência Social, de 1999, art. 9º, caput, inciso V, alínea "i")

XV - o administrador, exceto o servidor público vinculado a RPPS, nomeado pelo poder público para o exercício do cargo de administração em fundação pública de direito privado;

XVI - o síndico da massa falida, o administrador judicial definido pela Lei nº 11.101, de 9 de fevereiro de 2005, e o comissário de concordata, quando remunerados;

XVII - o trabalhador associado à cooperativa de trabalho que, nessa condição, presta serviços a empresas ou a pessoas físicas, mediante remuneração ajustada ao trabalho executado; (Lei nº 8.212, de 1991, art. 12, caput, inciso V, alínea "h"; e Regulamento da Previdência Social, de 1999, art. 9º, caput, inciso V, alínea "l")

XVIII - o trabalhador associado à cooperativa de produção que, nessa condição, presta serviços à cooperativa, mediante remuneração ajustada ao trabalho executado; (Lei nº 8.212, de 1991, art. 12, caput, inciso V, alínea "g"; e Regulamento da Previdência Social, de 1999, art. 9º, caput, inciso V, alínea "j")

XIX - o médico-residente ou o residente em área profissional da saúde contratados, respectivamente, na forma da Lei nº 6.932, de 1981, e da Lei nº 11.129, de 2005; (Lei nº 8.212, de 1991, art. 12, caput, inciso V, alínea "h"; e Regulamento da Previdência Social, de 1999, art. 9º, § 15, inciso X)

XX - o árbitro de jogos desportivos e seus auxiliares, desde que atuem em conformidade com a Lei nº 9.615, de 1998; (Lei nº 8.212, de 1991, art. 12, caput, inciso V, alínea "h"; e Regulamento da Previdência Social, de 1999, art. 9º, § 15, inciso XIV)

XXI - o aposentado de qualquer regime previdenciário nomeado magistrado da Justiça Eleitoral na forma do inciso II do art. 119 ou do inciso III do § 1º do art. 120 da Constituição Federal; (Lei nº 9.528, de 1997, art. 5º, § 1º; e Regulamento da Previdência Social, de 1999, art. 9º, caput, inciso V, alínea "m")

XXII - a pessoa física contratada por partido político ou por candidato a cargo eletivo para, mediante remuneração, prestar serviços em campanhas eleitorais; (Lei nº 9.504, de 30 de setembro de 1997, art. 100)

XXIII - o notário, o tabelião, o oficial de registro ou o registrador, nomeados a

CONTRIBUIÇÕES PREVIDENCIÁRIAS

partir de 21 de novembro de 1994, em decorrência da Lei nº 8.935, de 1994; (Lei nº 8.212, de 1991, art. 12, caput, inciso V, alínea "h"; Lei nº 8.935, de 1994, art. 40; e Regulamento da Previdência Social, de 1999, art. 9º, § 15, inciso VII)

XXIV - o condutor autônomo de veículo rodoviário, inclusive como taxista ou motorista de transporte remunerado privado individual de passageiros, assim considerado o que exerce atividade profissional sem vínculo empregatício e o transportador autônomo de cargas; (Lei nº 8.212, de 1991, art. 12, caput, inciso V, alínea "h", e art. 28, § 11; Lei nº 12.587, de 3 de janeiro de 2012, art. 4º, inciso X; e Regulamento da Previdência Social, de 1999, art. 9º, § 15, incisos I e XVII)

XXV - os auxiliares de condutor autônomo de veículo rodoviário, no máximo de 2 (dois), que exercem atividade profissional em veículo cedido em regime de colaboração, e o transportador autônomo de cargas auxiliar; (Lei nº 6.094, de 30 de agosto de 1974, art. 1º; Lei nº 8.212, de 1991, art. 22, § 15, e art. 28, § 11; e Regulamento da Previdência Social, de 1999, art. 9º, § 15, inciso II)

XXVI - o diarista, assim entendido a pessoa física que, por conta própria, presta serviços de natureza não contínua a pessoa, a família ou a entidade familiar, no âmbito residencial dessas, em atividade sem fins lucrativos, por até 2 (dois) dias por semana; (Lei nº 8.212, de 1991, art. 12, caput, inciso V, alínea "h"; e Regulamento da Previdência Social, de 1999, art. 9º, § 15, inciso VI)

XXVII - o pequeno feirante que compra para revenda produtos hortifrutigranjeiros ou assemelhados; (Lei nº 8.212, de 1991, art. 12, caput, inciso V, alínea "h"; e Regulamento da Previdência Social, de 1999, art. 9º, § 15, inciso VIII)

XXVIII - a pessoa física que habitualmente edifica obra de construção civil com fins lucrativos; (Lei nº 8.212, de 1991, art. 12, caput, inciso V, alínea "h"; e Regulamento da Previdência Social, de 1999, art. 9º, § 15, inciso IX)

XXIX - o incorporador de que trata o art. 29 da Lei nº 4.591, de 16 de dezembro de 1964; (Lei nº 8.212, de 1991, art. 12, caput, inciso V, alínea "h"; e Regulamento da Previdência Social, de 1999, art. 9º, § 15, inciso XII)

XXX - o bolsista da Fundação Habitacional do Exército contratado em conformidade com a Lei nº 6.855, de 18 de novembro de 1980; (Lei nº 8.212, de 1991, art. 12, caput, inciso V, alínea "h"; e Regulamento da Previdência Social, de 1999, art. 9º, § 15, inciso XIII)

XXXI - o membro do conselho tutelar de que trata o art. 132 da Lei nº 8.069, de 1990, quando remunerado; (Lei nº 8.212, de 1991, art. 12, caput, inciso V, alínea "h"; e Regulamento da Previdência Social, de 1999, art. 9º, § 15, inciso XV)

XXXII - o interventor, o liquidante, o administrador especial, o administrador judicial e o diretor fiscal da instituição financeira conceituada no inciso V do caput do art. 2º; (Lei nº 8.212, de 1991, art. 12, caput, inciso V, alínea "h"; e Regulamento da Previdência Social, de 1999, art. 9º, § 15, inciso XVI)

XXXIII - o Microempreendedor Individual (MEI) de que tratam os arts. 18-A e 18-C da Lei Complementar nº 123, de 14 de dezembro de 2006; (Lei Complementar nº 123, de 2006, art. 18-B; e Regulamento da Previdência Social, de 1999, art. 9º, caput, inciso V, alínea "p")

XXXIV - o médico:

a) participante do Programa Mais Médicos, exceto o médico intercambista selecionado por meio de instrumentos de cooperação com organismos internacionais que prevejam cobertura securitária específica ou filiado a regime de seguridade social de país que mantenha acordo internacional de seguridade social com o Brasil; e (Lei nº 12.871, de 22 de outubro de 2013, art. 20; e Regulamento da Previdência Social, de 1999, art. 9º, caput, inciso V, alínea "q")

b) em curso de formação no âmbito do Programa Médicos pelo Brasil instituído pela Lei nº 13.958, de 18 de dezembro de 2019; (Lei nº 13.958, de 2019, art. 27, § 6º; e Regulamento da Previdência Social, de 1999, art. 9º, caput, inciso V, alínea "r")

XXXV - o operador de trator, máquina de terraplenagem, colheitadeira e assemelhados, sem vínculo empregatício; (Lei nº 8.212, de 1991, art. 12, caput, inciso V, alínea "h", e art. 28, § 11; e Regulamento da Previdência Social, de 1999, art. 9º, § 15, inciso I)

XXXVI - o repentista de que trata a Lei nº 12.198, de 14 de janeiro de 2010, desde que não se enquadre na condição de empregado prevista no art. 5º desta Instrução Normativa, em relação à referida atividade; (Regulamento da Previdência Social, de 1999, art. 9º, § 15, inciso XVIII)

XXXVII - o artesão de que trata a Lei nº 13.180, de 22 de outubro de 2015, desde que não se enquadre em outras categorias de segurado obrigatório do RGPS, em relação à referida atividade; (Regulamento da Previdência Social, de 1999, art. 9º, § 15, inciso XIX)

XXXVIII - o integrante remunerado de conselho ou órgão de deliberação, ainda que aposentado perante o RGPS ou RPPS, observado o disposto no § 5º e no caput do art. 11; (Lei nº 8.212, de 1991, art. 12, caput, inciso V, alínea "g"; e Regulamento da Previdência Social, de 1999, art. 9º, caput, inciso V, alínea "j") (Redação dada pela Instrução Normativa RFB 2.185/2024)

XXXIX - aquele que, pessoalmente, por conta própria e a seu risco, exerce pequena atividade comercial em via pública ou de porta em porta, como comerciante ambulante, nos termos da Lei nº 6.586, de 6 de novembro de 1978; (Regulamento da Previdência Social, de 1999, art. 9º, § 15, inciso III) (Redação dada pela Instrução Normativa RFB 2.185/2024)

XL - o notário, o tabelião, o oficial de registro ou registrador, nomeados até 20 de novembro de 1994, que detêm a delegação para o exercício da atividade notarial e de registro não remunerada pelos cofres públicos; e (Acrescido pela Instrução Normativa RFB 2.185/2024)

XLI - o notário, o tabelião, o oficial de registro ou registrador, nomeados até 20 de novembro de 1994, que detêm a delegação para o exercício da atividade notarial e de registro, mesmo que amparados por RPPS, conforme o disposto no art. 51 da Lei nº 8.935, de 1994, a partir de 16 de dezembro de 1998, por força da Emenda Constitucional nº 20, de 15 de dezembro de 1998. (Lei nº 8.212, de 1991, art. 12, caput, inciso V, alínea "h"; Lei nº 8.935, de 1994, art. 51) (Acrescido pela Instrução Normativa RFB 2.185/2024)

§ 1º Para os fins previstos nos incisos III a V do caput, entende-se que a pessoa física, proprietária ou não, explora atividade por meio de prepostos quando, na condição de parceiro outorgante, desenvolve atividade agropecuária, pesqueira ou de extração de minerais por intermédio de parceiros ou meeiros. (Regulamento da Previdência Social, de 1999, art. 9º, § 9º)

§ 2º No mês em que não for paga nem creditada remuneração, ou não houver retribuição financeira pela prestação de serviço, os segurados contribuintes individuais poderão, por ato volitivo, contribuir facultativamente para a Previdência Social.

§ 3º Aplica-se o disposto no inciso III do caput ao cônjuge ou companheiro do produtor que participa da atividade rural por este explorada. (Lei nº 8.212, de 1991, art. 12, § 12; e Regulamento da Previdência Social, de 1999, art. 9º, § 24)

§ 4º Para fins do disposto no inciso XIX do caput, caracterizam-se como residência médica e residência em área profissional da saúde as modalidades de ensino definidas nos incisos III e IV do caput do art. 176.

§ 5º O disposto no inciso XXXVIII do caput não se aplica a servidor público ativo vinculado a RPPS indicado para integrar conselho ou órgão deliberativo, desde que atue na condição de representante do governo, órgão ou entidade da administração pública do qual é servidor. (Lei nº 10.887, de 18 de junho de 2004, art. 4º, § 1º, inciso XV)

§ 6º O segurado eleito para cargo de direção de conselho, de ordem ou de autarquia de fiscalização do exercício de atividade profissional, mesmo que pertencente à categoria de segurado empregado, durante o período de seu mandato, no tocante à remuneração recebida em razão do cargo, será considerado contribuinte individual, incidindo as contribuições de que trata esta Instrução Normativa sobre a remuneração a ele paga ou creditada pelo órgão representativo de classe.

Art. 9º Deve contribuir obrigatoriamente na qualidade de segurado especial a pessoa física residente em imóvel rural ou em aglomerado urbano ou rural próximo a ele que, individualmente ou em regime de economia familiar, ainda que com o auxílio eventual de terceiros, na condição de: (Lei nº 8.212, de 1991, art. 12, caput, inciso VII; e Regulamento da Previdência Social, de 1999, art. 9º, caput, inciso VII)

I - produtor, seja proprietário, usufrutuário, possuidor, assentado, parceiro ou meeiro outorgados, comodatário ou arrendatário rurais, explore atividade:

a) agropecuária em área contínua ou não de até 4 (quatro) módulos fiscais; ou

b) de seringueiro ou extrativista vegetal na coleta e extração, de modo sustentável, de recursos naturais renováveis e faça dessas atividades o principal meio de vida;

II - pescador artesanal ou a este assemelhado, que faça da pesca profissão habitual ou principal meio de vida; e

III - cônjuge ou companheiro, bem como filho maior de 16 (dezesseis) anos de idade ou a este equiparado, dos segurados a que se referem os incisos I e II, que, comprovadamente, tenha participação ativa nas atividades rurais ou pesqueiras artesanais, respectivamente, do grupo familiar.

§ 1º Considera-se:

I - regime de economia familiar, a atividade em que o trabalho dos membros da família é indispensável à própria subsistência e ao desenvolvimento socioeconômico do núcleo familiar e é exercido em condições de mútua dependência e colaboração, sem a utilização de empregado permanente; (Lei nº 8.212, de 1991, art. 12, § 1º; e Regulamento da Previdência Social, de 1999, art. 9º, § 5º)

II - auxílio eventual de terceiros, aquele exercido ocasionalmente, em condições de mútua colaboração, não existindo remuneração nem subordinação entre as partes; (Regulamento da Previdência Social, de 1999, art. 9º, § 6º)

III - pescador artesanal, aquele que, individualmente ou em regime de economia familiar, faz da pesca sua profissão habitual ou seu meio principal de vida, com meios de produção próprios ou mediante contrato de parceria e desde que: (Lei nº 11.959, de 2009, art. 8º, inciso I, alínea "a", e art. 10, § 1º, inciso I; e Regulamento da Previdência Social, de 1999, art. 9º, § 14)

a) não utilize embarcação; ou

b) utilize embarcação de pequeno porte, nos termos da Lei nº 11.959, de 2009; e

IV - assemelhado ao pescador artesanal, aquele que realiza atividade de apoio à pesca artesanal, exercendo trabalhos de confecção e de reparos de artes e petrechos de pesca e de reparos em embarcações de pequeno porte ou atuando no processamento do produto da pesca artesanal. (Lei nº 11.959, de 2009, art. 4º, parágrafo único; e Regulamento da Previdência Social, de 1999, art. 9º, § 14-A)

§ 2º Para fins de definição do porte da embarcação nos termos da Lei nº 11.959, de 2009, considera-se tonelagem de arqueação bruta a expressão da capacidade total da embarcação constante da respectiva certificação fornecida por órgão competente. (Convenção Internacional de Arqueação de Embarcações, de 23 de junho de 1969, artigo 2º, parágrafo 4)

§ 3º Na impossibilidade de obtenção da informação sobre a capacidade total da embarcação a que se refere o § 2º da Capitania dos Portos, de delegacia ou de agência fluvial ou marítima, deve ser solicitada ao pescador artesanal a apresentação da documentação fornecida pelo estaleiro naval ou pelo construtor da respectiva embarcação.

§ 4º Incluem-se na condição de assemelhado a pescador artesanal a que se refere o inciso IV do § 1º, dentre outros, o mariscador, o caranguejeiro, o eviscerador (limpador de pescado), o observador de cardumes, o pescador de tartarugas e o catador de algas.

§ 5º Não descaracteriza a condição de segurado especial:

I - a outorga, por meio de contrato escrito de parceria, meação ou comodato, de até 50% (cinquenta por cento) de imóvel rural cuja área total, contínua ou descontínua, não seja superior a 4 (quatro) módulos fiscais, desde que outorgante e outorgado continuem a exercer a respectiva atividade, individualmente ou em regime de economia familiar; (Lei nº 8.212, de 1991, art. 12, § 9º, inciso I; e Regulamento da Previdência Social, de 1999, art. 9º, § 18, inciso I)

II - a exploração da atividade turística da propriedade rural, inclusive com hospedagem, por não mais de 120 (cento e vinte) dias ao ano; (Lei nº 8.212, de 1991, art. 12, § 9º, inciso II; e Regulamento da Previdência Social, de 1999, art. 9º, § 18, inciso II)

III - a participação em plano de previdência complementar instituído por entidade classista a que seja associado, em razão da condição de trabalhador rural ou de produtor rural em regime de economia familiar; (Lei nº 8.212, de 1991, art. 12, § 9º, inciso III; e Regulamento da Previdência Social, de 1999, art. 9º, § 18, inciso III)

IV - ser beneficiário ou fazer parte de grupo familiar que tem algum componente que seja beneficiário de programa assistencial oficial de governo; (Lei nº 8.212, de 1991, art. 12, § 9º, inciso IV; e Regulamento da Previdência Social, de 1999, art. 9º, § 18, inciso IV)

V - a utilização pelo próprio grupo familiar, na exploração da atividade, de processo de beneficiamento ou industrialização artesanal, na forma prevista no inciso III do caput do art. 146; (Lei nº 8.212, de 1991, art. 12, § 9º, inciso V; e Regulamento da Previdência Social, de 1999, art. 9º, § 18, inciso V)

VI - a associação do segurado especial a cooperativa agropecuária ou de crédito rural; (Lei nº 8.212, de 1991, art. 12, § 9º, inciso VI; e Regulamento da Previdência Social, de 1999, art. 9º, § 18, inciso VI)

VII - a incidência do Imposto Sobre Produtos Industrializados (IPI) sobre o produto das atividades desenvolvidas nos termos do disposto no inciso VIII; (Lei nº 8.212, de 1991, art. 12, § 9º, inciso VII; e Regulamento da Previdência Social, de 1999, art. 9º, § 18, inciso VII)

VIII - a participação do segurado especial em sociedade empresária ou em sociedade simples como empresário individual ou como titular de empresa individual de responsabilidade limitada que tenha por objeto a exploração de atividade agrícola, agroindustrial ou agroturística, considerada microempresa nos termos da Lei Complementar nº 123, de 2006, desde que, mantido o exercício da sua atividade rural na forma prevista no caput e no inciso I do § 1º, a pessoa jurídica componha-se apenas de segurados especiais e tenha sede no mesmo município ou em município limítrofe àquele em que ao menos um deles desenvolva suas atividades, observado o disposto no § 12; e (Lei nº 8.212, de 1991, art. 12, § 14; e Regulamento da Previdência Social, de 1999, art. 9º, § 18, inciso VIII)

IX - a participação em programas e ações de pagamento por serviços ambientais. (Lei nº 8.212, de 1991, art. 12, § 9º, inciso VIII)

§ 6º Não é segurado especial o membro de grupo familiar que possui outra fonte de rendimento, exceto se decorrente de: (Lei nº 8.212, de 1991, art. 12, § 10; e Regulamento da Previdência Social, de 1999, art. 9º, § 8º)

I - benefício de pensão por morte, auxílio-acidente ou auxílio-reclusão, cujo valor não supere o do menor benefício da Previdência Social; (Lei nº 8.212, de 1991, art. 12, § 10, inciso I; e Regulamento da Previdência Social, de 1999, art. 9º, § 8º, inciso I)

II - benefício previdenciário pela participação em plano de previdência complementar instituído nos termos do inciso III do § 5º; (Lei nº 8.212, de 1991, art. 12, § 10, inciso II; e Regulamento da Previdência Social, de 1999, art. 9º, § 8º, inciso II)

III - exercício de atividade remunerada em período não superior a 120 (cento e vinte) dias, corridos ou intercalados, no ano civil, observado o disposto no § 12; (Lei nº 8.212, de 1991, art. 12, § 10, inciso III; e Regulamento da Previdência Social, de 1999, art. 9º, § 8º, inciso III)

IV - exercício de mandato eletivo de dirigente sindical de organização da categoria de trabalhadores rurais; (Lei nº 8.212, de 1991, art. 12, § 10, inciso IV; e Regulamento da Previdência Social, de 1999, art. 9º, § 8º, inciso IV)

V - exercício de mandato de vereador do município onde desenvolve a atividade rural, ou de dirigente de cooperativa rural constituída exclusivamente por segurados especiais, observado o disposto no § 12; (Lei nº 8.212, de 1991, art. 12, § 10, inciso V; e Regulamento da Previdência Social, de 1999, art. 9º, § 8º, inciso V)

VI - parceria ou meação outorgada na forma e nas condições estabelecidas no inciso I do § 5º; (Lei nº 8.212, de 1991, art. 12, § 10, inciso VI; e Regulamento da Previdência Social, de 1999, art. 9º, § 8º, inciso VI)

VII - atividade artesanal desenvolvida com matéria-prima produzida pelo respectivo grupo familiar, podendo ser utilizada matéria-prima de outra origem, desde que, nesse caso, a renda mensal obtida na atividade não exceda o menor benefício de prestação continuada da Previdência Social; (Lei nº 8.212, de 1991, art. 12, § 10, inciso VII; e Regulamento da Previdência Social, de 1999, art. 9º, § 8º, inciso VII)

VIII - atividade artística, desde que em valor mensal inferior ao menor benefício de prestação continuada da Previdência Social; e (Lei nº 8.212, de 1991, art. 12, § 10, inciso VIII; e Regulamento da Previdência Social, de 1999, art. 9º, § 8º, inciso VIII)

IX - benefício concedido ao segurado especial, independentemente do valor. (Regulamento da Previdência Social, de 1999, art. 9º, § 8º, inciso I-A)

§ 7º O segurado especial fica excluído dessa categoria: (Lei nº 8.212, de 1991, art. 12, § 11; e Regulamento da Previdência Social, de 1999, art. 9º, § 23)

I - a contar do 1º (primeiro) dia do mês em que: (Lei nº 8.212, de 1991, art. 12, § 11, inciso I; e Regulamento da Previdência Social, de 1999, art. 9º, § 23, inciso I)

a) deixar de satisfazer as condições estabelecidas no caput, sem prejuízo do disposto no art. 15 da Lei nº 8.213, de 24 de julho de 1991, ou exceder qualquer dos limites estabelecidos no inciso I do § 5º deste artigo; (Lei nº 8.212, de 1991, art. 12, § 11, inciso I, alínea "a"; e Regulamento da Previdência Social, de 1999, art. 9º, § 23, inciso I, alínea "a")

b) enquadrar-se em qualquer outra categoria de segurado obrigatório do RGPS, ressalvado o disposto no inciso VIII do § 5º e nos incisos III, V, VII e VIII do § 6º deste artigo, sem prejuízo do disposto no art. 15 da Lei nº 8.213, de 1991; (Lei nº 8.212, de 1991, art. 12, § 11, inciso I, alínea "b"; e Regulamento da Previdência Social, de 1999, art. 9º, § 23, inciso I, alínea "b")

c) tornar-se segurado obrigatório de outro regime previdenciário; ou (Lei nº 8.212, de 1991, art. 12, § 11, inciso I, alínea "c"; e Regulamento da Previdência Social, de 1999, art. 9º, § 23, inciso I, alínea "c")

d) participar de sociedade empresária ou de sociedade simples ou atuar como empresário individual ou como titular de empresa individual de responsabilidade limitada, em desacordo com as limitações impostas pelo inciso VIII do § 5º; (Lei nº 8.212, de 1991, art. 12, § 11, inciso I, alínea "d"; e Regulamento da Previdência Social, de 1999, art. 9º, § 23, inciso I, alínea "d")

II - a contar do 1º (primeiro) dia do mês subsequente ao da ocorrência, quando o grupo familiar a que pertence exceder o limite de: (Lei nº 8.212, de 1991, art. 12, § 11, inciso II; e Regulamento da Previdência Social, de 1999, art. 9º, § 23, inciso II)

a) utilização de trabalhador nos termos do § 11; (Lei nº 8.212, de 1991, art. 12, § 11, inciso II, alínea "a"; e Regulamento da Previdência Social, de 1999, art. 9º, § 23, inciso II, alínea "a")

b) dias em atividade remunerada estabelecidos no inciso III do § 6º; (Lei nº 8.212, de 1991, art. 12, § 11, inciso II, alínea "b"; e Regulamento da Previdência Social, de 1999, art. 9º, § 23, inciso II, alínea "b")

c) dias de hospedagem a que se refere o inciso II do § 5º; ou (Lei nº 8.212, de 1991, art. 12, § 11, inciso II, alínea "c"; e Regulamento da Previdência Social, de 1999, art. 9º, § 23, inciso II, alínea "c")

d) duração do contrato a que se refere o inciso XXIX do caput do art. 5º. (Lei nº 5.889, de 1973, art. 14-A, § 1º)

§ 8º O parceiro ou meeiro outorgado mantém a qualidade de segurado especial quando o parceiro ou meeiro outorgante for excluído dessa categoria, desde que continue a exercer a respectiva atividade, individualmente ou em regime de economia familiar.

§ 9º O segurado especial, além da contribuição obrigatória de que trata o art. 147, poderá usar da faculdade de contribuir na forma do caput do art. 42, mantendo a qualidade de segurado especial no RGPS, devendo, para tanto, cadastrar-se na qualidade de segurado especial, observado o disposto no § 10 deste artigo. (Lei nº 8.212, de 1991, art. 25, § 1º; e Regulamento da Previdência Social, de 1999, art. 200, § 2º)

§ 10. O recolhimento da contribuição facultativa prevista no § 9º deve ser identificado mediante código de receita específico.

§ 11. O grupo familiar poderá contratar empregado, inclusive o trabalhador rural por pequeno prazo a que se refere o inciso XXIX do caput do art. 5º, ou trabalhador que presta serviços em caráter eventual a que se refere o inciso I do caput do art. 8º, à razão de, no máximo, 120 (cento e vinte) pessoas por dia no ano civil, em períodos corridos ou intercalados ou, ainda, por tempo equivalente em horas de trabalho, à razão de 8 (oito) horas por dia e 44 (quarenta e quatro) horas por semana, vedado o cômputo nesse prazo do período de afastamento em que o trabalhador tenha recebido auxílio por incapacidade temporária. (Lei nº 8.212, de 1991, art. 12, § 8º; e Regulamento da Previdência Social, de 1999, art. 9º, § 21)

§ 12. O disposto no inciso VIII do § 5º e nos incisos III e V do § 6º não dispensa o recolhimento da contribuição devida em relação ao exercício das atividades de que tratam os referidos incisos. (Lei nº 8.212, de 1991, art. 12, § 13; e Regulamento da Previdência Social, de 1999, art. 9º, § 22)

§ 13. O segurado especial responsável pelo grupo familiar que contratar na forma prevista no § 11 deverá recolher a contribuição dos trabalhadores a seu serviço até o dia 7 do mês seguinte ao da ocorrência do fato gerador, juntamente com os valores referentes ao Fundo de Garantia do Tempo de Serviço (FGTS) e aos encargos trabalhistas sob sua responsabilidade, além da contribuição incidente sobre a comercialização de sua produção, quando for o caso, por meio de documento único de arrecadação, antecipando-se o vencimento para o dia útil imediatamente anterior se não houver expediente bancário na referida data. (Lei nº 8.212, de 1991, art. 32-C)

§ 14. A empresa ou cooperativa adquirente, consumidora ou consignatária da produção fica obrigada a fornecer ao segurado especial cópia do documento fiscal de entrada da mercadoria, para fins de comprovação da operação e da respectiva contribuição previdenciária. (Lei nº 8.212, de 1991, art. 30, § 7º; e Regulamento da Previdência Social, de 1999, art. 225, § 24)

§ 15. Quando o grupo familiar a que o segurado especial estiver vinculado não tiver obtido, no ano, por qualquer motivo, receita proveniente de comercialização de produção, deverá comunicar a ocorrência à Previdência Social. (Lei nº 8.212, de 1991, art. 30, § 8º)

§ 16. Quando o segurado especial tiver comercializado sua produção do ano anterior exclusivamente com empresa adquirente, consignatária ou cooperativa, tal fato deverá ser comunicado à Previdência Social pelo respectivo grupo familiar. (Lei nº 8.212, de 1991, art. 30, § 9º)

SEÇÃO III
DISPOSIÇÕES ESPECIAIS

Art. 10. O aposentado por qualquer regime de Previdência Social que exerça atividade remunerada abrangida pelo RGPS é segurado obrigatório em relação a essa atividade, ficando sujeito às contribuições de que trata esta Instrução Normativa. (Lei nº 8.212, de 1991, art. 12, § 4º; e Regulamento da Previdência Social, de 1999, art. 9º, § 1º)

Art. 11. No caso do exercício concomitante de mais de uma atividade remunerada sujeita ao RGPS, a contribuição do segurado será obrigatória em relação a cada uma dessas atividades, observados os limites mínimo e máximo do salário de contribuição previstos no art. 30 e o disposto nos arts. 36 e 39. (Lei nº 8.212, de 1991, art. 12, § 2º; e Regulamento da Previdência Social, de 1999, art. 9º, § 13)

Parágrafo único. O segurado filiado a RPPS que venha a exercer, concomitantemente, uma ou mais atividades abrangidas pelo RGPS tornar-se-á contribuinte obrigatório em relação a essas atividades. (Lei nº 8.212, de 1991, art. 13, § 1º; e Regulamento da Previdência Social, de 1999, art. 10, § 2º)

Art. 12. O estrangeiro não domiciliado no Brasil e contratado para prestar serviços eventuais, mediante remuneração, não é considerado contribuinte obrigatório do RGPS, salvo se existir acordo internacional com o seu país de origem.

Art. 13. O segurado, inclusive o segurado especial, eleito para cargo de dirigente sindical ou nomeado magistrado da Justiça

Eleitoral na forma do inciso II do art. 119 ou do inciso III do § 1º do art. 120 da Constituição Federal, mantém durante o exercício do mandato ou da magistratura o mesmo enquadramento no RGPS de antes da investidura no cargo. (Lei nº 8.212, de 1991, art. 12, § 5º; e Lei nº 9.528, de 1997, art. 5º, caput; e Regulamento da Previdência Social, de 1999, art. 9º, §§ 10 e 11)

Art. 14. O presidiário em regime aberto será enquadrado na categoria de segurado que corresponda à forma de prestação do serviço que exerça.

CAPÍTULO II
DO CADASTRO DOS SUJEITOS PASSIVOS

SEÇÃO I
DOS CADASTROS GERAIS

Art. 15. Considera-se:

I - cadastro, o banco de dados contendo as informações de identificação dos sujeitos passivos na Previdência Social;

II - matrícula, a identificação dos sujeitos passivos perante a Previdência Social, que pode ser o número de inscrição no:

a) Cadastro Nacional da Pessoa Jurídica (CNPJ), para empresas ou entidades equiparadas, desde que obrigadas à inscrição;

b) Cadastro Específico do INSS (CEI) para equiparados a empresa desobrigados da inscrição no CNPJ, produtor rural contribuinte individual, segurado especial, titular de cartório, adquirente de produção rural e empregador doméstico, nos termos do art. 18;

c) Cadastro de Atividade Econômica da Pessoa Física (CAEPF), para pessoas físicas que exercem atividade econômica e são obrigadas à inscrição, nos termos do art. 4º da Instrução Normativa RFB nº 1.828, de 10 de setembro de 2018, e são dispensadas de inscrição no CNPJ; ou

d) Cadastro Nacional de Obras (CNO), para obras de construção civil, nos termos da Instrução Normativa RFB nº 2.061, de 20 de dezembro de 2021;

III - inscrição de segurado, o Número de Identificação do Trabalhador (NIT) perante a Previdência Social; e

IV - estabelecimento da empresa, a dependência, matriz ou filial, que tenha número de CNPJ próprio e a obra de construção civil executada sob sua responsabilidade. (Regulamento da Previdência Social, de 1999, art. 202, § 3º-A)

§ 1º O sujeito passivo poderá eleger qualquer de seus estabelecimentos como estabelecimento matriz e poderá alterá-lo por meio de requerimento.

§ 2º Para efeito do disposto no § 1º, a RFB recusará o estabelecimento eleito como matriz quando constatar a impossibilidade ou a dificuldade de realizar o procedimento fiscal nesse estabelecimento.

Art. 16. Os cadastros da Previdência Social são constituídos dos dados das empresas, dos equiparados a empresas, das pessoas físicas seguradas e das obras de construção civil.

Art. 17. A inscrição e a matrícula serão efetuadas, conforme o caso: (Lei nº 8.212, de 1991, art. 49; e Regulamento da Previdência Social, de 1999, arts. 256 e 256-A)

I - simultaneamente à inscrição no CNPJ, para as pessoas jurídicas ou os equiparados;

II - no CAEPF, conforme Instrução Normativa RFB nº 1.828, de 2018;

III - no CNO, conforme Instrução Normativa RFB nº 2.061, de 2021;

IV - no CEI, conforme Seção III deste Capítulo; e

V - no NIT, conforme ato do Instituto Nacional do Seguro Social (INSS).

SEÇÃO II
DO NÚMERO DE IDENTIFICAÇÃO DO TRABALHADOR (NIT)

Art. 18. A inscrição dos segurados contribuinte individual, empregado doméstico, segurado especial e facultativo no NIT será feita uma única vez e deverá ser utilizada para o recolhimento de suas contribuições.

§ 1º Após a cessação das atividades, os segurados contribuinte individual, empregado doméstico ou segurado especial deverão solicitar a suspensão de suas inscrições no NIT.

§ 2º Os procedimentos de inscrição e suspensão mencionados no caput e no § 1º serão realizados perante o INSS, observadas as normas estabelecidas por esse órgão.

Art. 19. As empresas, os equiparados e as cooperativas de trabalho e de produção são obrigados a efetuar a inscrição no NIT dos contribuintes individuais contratados ou de seus cooperados, respectivamente, caso eles não comprovem sua inscrição na data da contratação pela empresa ou da admissão na cooperativa.

Art. 20. Os órgãos da administração pública direta e indireta, bem como as demais entidades integrantes do Sistema Integrado de Administração Financeira do Governo Federal (Siafi), que contratarem pessoa física para prestação de serviços eventuais, sem vínculo empregatício, inclusive como integrante de grupo-tarefa, deverão obter dela a respectiva inscrição no NIT ou, caso o trabalhador não esteja inscrito, providenciar a sua inscrição como contribuinte individual.

Art. 21. O segurado especial responsável pelo recolhimento da contribuição incidente sobre a comercialização de sua produção deverá providenciar a sua inscrição no NIT, observado o disposto no art. 18, e a inscrição da matrícula CEI ou CAEPF da propriedade rural, conforme o caso.

SEÇÃO III
DO CADASTRO ESPECÍFICO DO INSS (CEI)

Art. 22. A inscrição no CEI e suas alterações serão efetuadas, conforme o caso:

I - no portal do Centro Virtual de Atendimento (e-CAC);

II - no eSocial (Sistema de Escrituração Fiscal digital das Obrigações Fiscais Previdenciárias e Trabalhistas);

III - pelo sujeito passivo, nas unidades de atendimento da RFB; ou

IV - de ofício, por servidor da RFB.

§ 1º A inscrição efetuada na forma dos incisos I e II do caput será obrigatoriamente precedida da inscrição no CAEPF.

§ 2º Os dados identificadores de corresponsáveis deverão ser informados no ato da inscrição.

§ 3º Ao profissional liberal responsável por mais de um estabelecimento será atribuída uma matrícula CEI para cada estabelecimento em que tenha segurados empregados a seu serviço.

§ 4º A matrícula CEI inscrita de ofício poderá ser emitida nos casos em que seja constatada a não existência de matrícula de estabelecimento, sem prejuízo da autuação cabível.

§ 5º Para fins de constituição do crédito tributário ou de parcelamento de débito, inclusive o decorrente de reclamatória trabalhista, de responsabilidade de empregador doméstico, ser-lhe-á atribuída, de ofício, uma matrícula CEI vinculada ao NIT já existente do empregado doméstico ou ao NIT a ele atribuído de ofício pelo INSS.

§ 6º Será emitida uma matrícula CEI para cada propriedade rural de um mesmo produtor rural, ainda que localizadas no mesmo município.

§ 7º O escritório administrativo de empregador rural pessoa física, que presta serviços somente à propriedade rural do empregador, deverá utilizar a mesma matrícula da propriedade rural para registrar os empregados administrativos, não se atribuindo ao escritório nova matrícula.

§ 8º Será atribuída uma matrícula para cada contrato com produtor rural, parceiro, meeiro, arrendatário ou comodatário, independente da matrícula do proprietário.

§ 9º Na venda da propriedade rural, deverá ser emitida uma matrícula para o seu adquirente.

§ 10. O produtor rural que vender a propriedade rural deverá providenciar o encerramento da matrícula sob sua responsabilidade relativa à propriedade vendida, na forma disposta no art. 23.

Art. 23. O encerramento de atividade e o respectivo encerramento da matrícula CEI dos sujeitos passivos obrigados a sua inscrição poderão ser requeridos no site da RFB na Internet ou em uma unidade de atendimento da RFB e serão efetivados após os procedimentos relativos à confirmação da regularidade de sua situação.

CAPÍTULO III
DAS OBRIGAÇÕES ACESSÓRIAS

Art. 24. Constitui fato gerador da obrigação acessória qualquer situação que, na forma da legislação aplicável, impõe a prática ou a abstenção de ato que não constitua a obrigação principal. (Lei nº

5.172, de 25 de outubro de 1966 - Código Tributário Nacional (CTN), art. 115)

Art. 25. As informações relativas a dados cadastrais e a fatos geradores de contribuições sociais previdenciárias, além de outras informações de interesse da RFB, serão fornecidas pelos sujeitos passivos por meio de:

I - GFIP referente a período anterior à obrigatoriedade de entrega da DCTFWeb prevista em ato específico;

II - eSocial; e

III - Escrituração Fiscal Digital de Retenções e Outras Informações Fiscais (EFDReinf).

§ 1º Deverão preencher a GFIP de acordo com as instruções estabelecidas no Manual da GFIP os sujeitos passivos que ainda estiverem obrigados à sua entrega e os que precisarem declarar ou retificar as informações do caput referentes a período anterior ao da obrigatoriedade da DCTFWeb.

§ 2º O eSocial é o instrumento de unificação da prestação das informações referentes à escrituração das obrigações fiscais, previdenciárias e trabalhistas e tem por finalidade padronizar sua transmissão, validação, armazenamento e distribuição e, juntamente com a EFD-Reinf e a DCTFWeb, substituirá a obrigação de entrega dessas informações em GFIP, conforme cronograma fixado por ato normativo específico.

§ 3º A EFD-Reinf, disciplinada pela Instrução Normativa RFB nº 2.043, de 12 de agosto de 2021, é um dos módulos do Sistema Público de Escrituração Digital (Sped) a ser utilizado pelos sujeitos passivos em complemento às informações prestadas pelo eSocial, necessárias para a apuração de todas as contribuições sociais previdenciárias e as devidas a terceiros.

§ 4º O responsável por prestar as informações deve manter à disposição da RFB, pelo prazo decadencial previsto na legislação tributária, toda a documentação que ampare as informações enviadas nos termos do caput.

§ 5º As informações prestadas no eSocial, de interesse da RFB, e na EFD-Reinf deverão ser enviadas conforme as instruções constantes nos respectivos leiautes e Manuais de Orientação.

Art. 26. O crédito tributário relativo às contribuições sociais previdenciárias administradas pela RFB e às devidas a terceiros será objeto de confissão de dívida pelos sujeitos passivos que utilizam o eSocial e a EFD-Reinf, por meio da DCTFWeb, para cada grupo de obrigados, a partir da competência em que a entrega da DCTFWeb se tornar obrigatória nos termos do disposto na Instrução Normativa RFB nº 2.005, de 29 de janeiro de 2021.

§ 1º Os sujeitos passivos de que trata este artigo ficam dispensados das seguintes obrigações acessórias, quando exigidas por esta Instrução Normativa:

I - a empresa contratada, de encaminhar GFIP à empresa contratante; e

II - à empresa contratante, de exigir e de manter em arquivo GFIP da contratada.

§ 2º A DCTFWeb substitui a GFIP como instrumento de confissão de dívida e de constituição do crédito tributário e, nos termos da Instrução Normativa RFB nº 2.005, de 2021, conterá informações relativas às contribuições sociais:

I - previstas nas alíneas "a" e "c" do parágrafo único do art. 11 da Lei nº 8.212, de 1991;

II - instituídas a título de substituição às incidentes sobre a folha de pagamento, inclusive as referentes à Contribuição Previdenciária sobre a Receita Bruta (CPRB) de que trata os arts. 7º e 8º da Lei nº 12.546, de 14 de dezembro de 2011; e

III - devidas, por lei, a terceiros.

Art. 27. A empresa e o equiparado, sem prejuízo do cumprimento de outras obrigações acessórias previstas na legislação previdenciária, são obrigados a:

I - inscrever no RGPS os segurados empregados e os trabalhadores avulsos a seu serviço, observado o disposto no § 1º; (Lei nº 8.213, de 1991, art. 17; e Regulamento da Previdência Social, de 1999, art. 18, caput, incisos I e II)

II - inscrever, quando pessoa jurídica, como contribuintes individuais no RGPS, as pessoas físicas contratadas sem vínculo empregatício e os sócios cooperados, no caso de cooperativas de trabalho e de produção, se ainda não inscritos; (Lei nº 8.213, de 1991, art. 17; e Regulamento da Previdência Social, de 1999, art. 18, caput, inciso IV, alínea "b")

III - elaborar folha de pagamento mensal da remuneração paga, devida ou creditada a todos os segurados a seu serviço, de forma coletiva por estabelecimento, por obra de construção civil e por tomador de serviços, com a correspondente totalização e resumo geral, nela constando: (Lei nº 8.212, de 1991, art. 32, caput, inciso I; e Regulamento da Previdência Social, de 1999, art. 225, caput, inciso I, e § 9º)

a) discriminados, o nome de cada segurado e respectivo cargo, função ou serviço prestado;

b) agrupados, por categoria, os segurados empregado, trabalhador avulso e contribuinte individual;

c) identificados, os nomes das seguradas em gozo de salário-maternidade;

d) destacadas, as parcelas integrantes e as não integrantes da remuneração e os descontos legais; e

e) indicado, o número de cotas de salário-família atribuídas a cada segurado empregado ou trabalhador avulso;

IV - lançar mensalmente em títulos próprios de sua contabilidade, de forma discriminada, os fatos geradores de todas as contribuições sociais a cargo da empresa, as contribuições sociais previdenciárias descontadas dos segurados, as decorrentes de subrogação, as retenções e os totais recolhidos, observado o disposto nos §§ 8º e 9º e ressalvado o disposto no § 10; (Lei nº 8.212, de 1991, art. 32, caput, inciso II; e Regulamento da Previdência Social, de 1999, art. 225, caput, inciso II)

V - fornecer, ao contribuinte individual que lhes presta serviços, comprovante do pagamento de remuneração, consignando a identificação completa da empresa, inclusive com o seu número de inscrição no CNPJ ou CAEPF, o número de inscrição do segurado no RGPS, o valor da remuneração paga, o desconto da contribuição efetuado e o compromisso de que a remuneração paga será informada segundo o disposto no art. 25 e a contribuição correspondente será recolhida; (Regulamento da Previdência Social, de 1999, art. 216, caput, inciso XII)

VI - prestar à RFB todas as informações cadastrais, financeiras e contábeis de interesse desta, na forma por esta estabelecida, bem como os esclarecimentos necessários à fiscalização; (Lei nº 8.212, de 1991, art. 32, caput, inciso III; e Regulamento da Previdência Social, de 1999, art. 225, caput, inciso III)

VII - exibir à fiscalização da RFB, quando intimados, todos os documentos e livros relacionados às contribuições sociais previdenciárias, com observância das formalidades legais intrínsecas e extrínsecas;

VIII - informar mensalmente à RFB, pelos meios dispostos no art. 25, por estabelecimento da empresa, com informações distintas por tomador de serviço e por obra de construção civil, os dados cadastrais, os fatos geradores, a base de cálculo e os valores devidos das contribuições sociais previdenciárias e outras informações de interesse da RFB, do INSS ou do Conselho Curador do FGTS; (Lei nº 8.212, de 1991, art. 32, caput, inciso IV; e Regulamento da Previdência Social, de 1999, art. 225, caput, inciso IV)

IX - inscrever-se no CAEPF no prazo de 30 (trinta) dias contado da data do início de suas atividades, quando não sujeitos à inscrição no CNPJ; (Lei nº 8.212, de 1991, art. 49, caput; e Regulamento da Previdência Social, de 1999, art. 256, caput, inciso II)

X - inscrever no CNO a obra de construção civil executada sob sua responsabilidade, no prazo de 30 (trinta) dias contado do início da execução; (Lei nº 8.212, de 1991, art. 49, § 1º; e Regulamento da Previdência Social, de 1999, art. 256, § 1º, inciso II)

XI - comunicar ao INSS acidente de trabalho ocorrido com segurado empregado e trabalhador avulso, até o 1º (primeiro) dia útil seguinte ao da ocorrência e, em caso de morte, de imediato; (Regulamento da Previdência Social, de 1999, art. 336, caput)

XII - elaborar e manter atualizado Laudo Técnico de Condições Ambientais do Trabalho com referência aos agentes nocivos existentes no ambiente de trabalho de seus trabalhadores, conforme disposto no inciso V do caput do art. 230; (Lei nº 8.213, de 1991, art. 58, § 1º;

e Regulamento da Previdência Social, de 1999, art. 68, § 3º)

XIII - elaborar e manter atualizado Perfil Profissiográfico Previdenciário abrangendo as atividades desenvolvidas por trabalhador exposto a agente nocivo existente no ambiente de trabalho e fornecer ao trabalhador, no momento da rescisão do contrato de trabalho, cópia autêntica desse documento, conforme disposto no inciso VI do caput do art. 230 e no art. 234; e (Lei nº 8.213, de 1991, art. 58, § 4º; e Regulamento da Previdência Social, de 1999, art. 68, § 8º)

XIV - elaborar e manter atualizadas as demonstrações ambientais a que se referem os incisos I a IV do caput do art. 230, quando exigíveis em razão da atividade da empresa. (Lei nº 8.213, de 1991, art. 58, § 2º; e Regulamento da Previdência Social, de 1999, art. 68, § 5º)

§ 1º A inscrição do segurado empregado é efetuada diretamente na empresa, mediante preenchimento dos documentos que o habilitem ao exercício da atividade, formalizado pelo contrato de trabalho, e a inscrição dos trabalhadores avulsos é efetuada diretamente no Ogmo, no caso dos portuários, ou no sindicato de classe, nos demais casos, mediante cadastramento e registro do trabalhador. (Lei nº 8.213, de 1991, art. 17; e Regulamento da Previdência Social, de 1999, art. 18, caput, incisos I e II)

§ 2º A partir da obrigatoriedade do envio dos eventos do eSocial e da EFDReinf, conforme cronograma fixado por ato normativo específico:

I - a inscrição dos segurados a que se referem os incisos I e II do caput no RGPS passará a ser feita pelo envio, com sucesso, dos eventos S-2200 e S-2300 ao eSocial, conforme o caso;

II - a obrigação acessória prevista no inciso III do caput passará a ser cumprida pelo envio, com sucesso, dos eventos S-1200, S-2299 e S-2399 ao eSocial, conforme o caso; e

III - a obrigação acessória prevista no inciso VIII do caput passará a ser cumprida pela entrega, com sucesso, da DCTFWeb; e

IV - as obrigações acessórias previstas nos incisos XI e XIII do caput passarão a ser cumpridas pelo envio ao eSocial, com sucesso, dos eventos S-2210 e S-2240, respectivamente relativos à Saúde e Segurança do Trabalhador (SST). (Redação dada pela Instrução Normativa RFB 2.185/2024)

§ 3º É facultado à empresa e ao equiparado incluir na escrituração da folha de pagamento do mês corrente parcelas complementares relativas a meses anteriores, entendidas como aquelas somente passíveis de apuração ou conhecidas após o encerramento da folha de pagamento do mês em que a parcela é devida, hipótese em que:

I - se obriga a:

a) discriminar os valores devidos ao trabalhador em cada competência; e

b) recolher, juntamente com as contribuições apuradas no mês da escrituração, as contribuições incidentes sobre as parcelas relativas a meses anteriores informadas no mês da escrituração;

II - fica dispensada a obrigação de retificar as declarações correspondentes aos meses em que as parcelas são devidas.

§ 4º A empresa deve manter, em cada estabelecimento e obra de construção civil executada sob sua responsabilidade, uma cópia da respectiva folha de pagamento. (Regulamento da Previdência Social, de 1999, art. 225, caput, inciso I)

§ 5º A filiação e a inscrição do trabalhador rural por pequeno prazo a que se refere o inciso XXIX do caput do art. 5º na Previdência Social decorre, automaticamente, da sua inclusão, pelo empregador, no instrumento declaratório aplicável a que se refere o art. 25. (Lei nº 8.213, de 1991, art. 17; e Regulamento da Previdência Social, de 1999, art. 18)

§ 6º A responsabilidade pela preparação das folhas de pagamento dos trabalhadores avulsos portuários e não portuários é do Ogmo ou do sindicato de trabalhadores avulsos, respectivamente, conforme estabelecido nos arts. 211 e 222. (Lei nº 9.719, de 27 de novembro de 1998, art. 2º, caput, inciso II; Lei nº 12.023, de 27 de agosto de 2009, art. 4º; e Lei nº 12.815, de 5 de junho de 2013, art. 32)

§ 7º A empresa tomadora ou requisitante dos serviços de trabalhador avulso, cuja contratação de pessoal não seja abrangida pela Lei nº 9.719, de 1998, e Lei nº 12.815, de 2013, é responsável pelo cumprimento de todas as obrigações previstas neste artigo. (Regulamento da Previdência Social, de 1999, art. 218)

§ 8º Os lançamentos a que se refere o inciso IV do caput, escriturados nos Livros Diário e Razão, são exigíveis pela fiscalização depois de 90 (noventa) dias contados da ocorrência dos fatos geradores das contribuições sociais previdenciárias, devendo: (Regulamento da Previdência Social, de 1999, art. 225, § 13)

I - atender ao princípio contábil do regime de competência;

II - registrar, em contas individualizadas, todos os fatos geradores de contribuições sociais, de forma a identificar, clara e precisamente, as rubricas integrantes e as não integrantes do salário de contribuição, bem como as contribuições sociais previdenciárias descontadas dos segurados, as contribuições sociais a cargo da empresa, os valores retidos de empresas prestadoras de serviços e os valores pagos a cooperativas de trabalho.

§ 9º As exigências previstas no inciso IV do caput e no § 8º não desobrigam a empresa do cumprimento das demais normas legais e regulamentares referentes à escrituração contábil. (Regulamento da Previdência Social, de 1999, art. 225, § 15)

§ 10. Estão desobrigados da apresentação de escrituração contábil, inclusive quanto à obrigatoriedade de o incorporador manter escrituração contábil segregada para cada incorporação submetida ao regime especial tributário do patrimônio de afetação, de acordo com o art. 7º da Lei nº 10.931, de 2 de agosto de 2004: (Regulamento da Previdência Social, de 1999, art. 225, § 16)

I - as pessoas físicas equiparadas a empresa previstas nos incisos I e VI do parágrafo único do art. 2º, inscritas no CAEPF ou no CNO;

II - o pequeno comerciante, nas condições estabelecidas pelo Decreto-Lei nº 486, de 3 de março de 1969, e Decreto nº 64.567, de 22 de maio de 1969; e

III - a pessoa jurídica tributada com base no lucro presumido, de acordo com a legislação tributária federal, e a pessoa jurídica optante pelo Regime Especial Unificado de Arrecadação de Tributos e Contribuições devidos pelas Microempresas e Empresas de Pequeno Porte (Simples Nacional), desde que escriturem Livro Caixa e Livro de Registro de Inventário.

§ 11. Para fins do disposto no inciso IV do caput, a empresa prestadora de serviços está obrigada a destacar nas notas fiscais, nas faturas ou nos recibos de prestação de serviços emitidos, o valor da retenção para a Previdência Social, na forma estabelecida nos arts. 121 e 122. (Lei nº 8.212, de 1991, art. 31, § 1º; e Regulamento da Previdência Social, de 1999, art. 219, § 4º)

§ 12. Estão também obrigados ao cumprimento da obrigação prevista no inciso VII do caput, o segurado do RGPS, o serventuário da Justiça, o titular de serventia extrajudicial, o síndico de massa falida ou seu representante, o administrador judicial definido pela Lei nº 11.101, de 2005, o comissário e o liquidante de empresa em liquidação judicial ou extrajudicial, relativamente aos documentos e livros sob sua guarda ou de sua responsabilidade. (Lei nº 8.212, de 1991, art. 33, § 2º; e Regulamento da Previdência Social, de 1999, art. 232)

§ 13. O sujeito passivo que deixar de enviar as informações de interesse da RFB pelos meios a que se refere o art. 25 no prazo fixado ou que as enviar com incorreções ou omissões será intimado a enviá-las ou a prestar esclarecimentos e sujeitar-se-á às multas por descumprimento da obrigação acessória, aplicadas na forma dos arts. 264 ou 265, conforme o caso. (Lei nº 8.212, de 1991, art. 32-A)

§ 14. O sujeito passivo deve manter à disposição da RFB, pelo prazo decadencial previsto na legislação tributária, os documentos comprobatórios do cumprimento das obrigações acessórias referidas neste artigo, observadas as normas estabelecidas pelos órgãos competentes. (Lei nº 8.212, de 1991, art. 32, § 11; e Regulamento da Previdência Social, de 1999, art. 225, § 5º)

§ 15. Nas situações previstas nos §§ 3º e 4º do art. 5º, se o servidor civil for filiado ao RGPS no órgão ou na entidade de sua origem, as obrigações previstas neste artigo, especialmente quanto à elaboração da folha de pagamento, do desconto e recolhimento da contribuição do segurado e da contribuição patronal devida, bem como da prestação de informações nos termos do art. 25, são de responsabilidade:

I - do órgão ou da entidade cedente ou requisitado, em relação à remuneração por ele paga, inclusive na hipótese de reembolso pelo órgão ou pela entidade cessionária ou requisitante; e

II - do órgão ou da entidade cessionário ou requisitante em relação à parcela de remuneração por ele paga, exceto aquela que caracterize o reembolso referido no inciso I.

§ 16. Na hipótese do § 15, cada fonte pagadora efetuará o recolhimento e prestará as informações nos termos do art. 25, em relação ao respectivo CNPJ, respeitado o limite máximo do salário de contribuição.

§ 17. A empresa ou equiparado é obrigada a informar anualmente à RFB, na forma por ela estabelecida, o nome, o número de inscrição na Previdência Social e o endereço completo dos segurados a que se refere o inciso XXXIX do art. 8º, utilizados no período, a qualquer título, para distribuição ou comercialização de seus produtos, sejam eles de fabricação própria ou de terceiros, sempre que se tratar de empresa que realize vendas diretas.

§ 18. A falta de envio das informações de interesse da RFB pelos meios a que se refere o art. 25, na forma, no prazo e nas condições estabelecidos pela RFB, impede a expedição da certidão de prova de regularidade fiscal perante a Fazenda Nacional. (Lei nº 8.212, de 1991, art. 32, § 10)

TÍTULO II
DAS CONTRIBUIÇÕES PREVIDENCIÁRIAS

CAPÍTULO I
DO FATO GERADOR DAS CONTRIBUIÇÕES

Art. 28. Constitui fato gerador da obrigação previdenciária principal: (CTN, art. 114)

I - em relação ao segurado empregado, empregado doméstico, trabalhador avulso e contribuinte individual, o exercício de atividade remunerada; (Regulamento da Previdência Social, de 1999, art. 9º, § 12)

II - em relação ao empregador doméstico, a prestação de serviços pelo segurado empregado doméstico, a título oneroso;

III - em relação à empresa ou ao equiparado à empresa:

a) a prestação de serviços remunerados realizados por segurado empregado, trabalhador avulso e contribuinte individual; (Lei nº 8.212, de 1991, art. 22, caput, incisos I e III; e Regulamento da Previdência Social, de 1999, art. 201, caput, incisos I e II)

b) a comercialização da produção rural própria, se produtor rural pessoa jurídica, ou a comercialização da produção própria ou da produção própria e da adquirida de terceiros, se agroindústria, observado o disposto nos incisos II e III do caput do art. 147; (Lei nº 8.212, de 1991, art. 22-A; Lei nº 8.870, de 15 de abril de 1994, art. 25; e Regulamento da Previdência Social, de 1999, art. 201, caput, inciso IV, e art. 201-A)

c) a realização de espetáculo desportivo gerador de receita, no território nacional, se associação desportiva que mantém equipe de futebol profissional; e (Lei nº 8.212, de 1991, art. 22, §§ 6º e 7º; e Regulamento da Previdência Social, de 1999, art. 205, caput e § 1º)

d) o licenciamento de uso de marcas e símbolos, patrocínio, publicidade, propaganda e transmissão de espetáculos desportivos, a título oneroso, se associação desportiva que mantém equipe de futebol profissional, inclusive a cessão de direitos de uso de denominações, marcas, emblemas, hinos ou símbolos para divulgação e execução de concurso de prognóstico citados na Lei nº 11.345, de 14 de setembro de 2006; (Lei nº 8.212, de 1991, art. 22, § 6º e 9º; e Regulamento da Previdência Social, de 1999, art. 205, caput e § 3º)

IV - em relação ao segurado especial e ao produtor rural pessoa física, a comercialização da sua produção rural, na forma do art. 147; e (Lei nº 8.212, de 1991, art. 25, caput, incisos I e II; e Regulamento da Previdência Social, de 1999, art. 200, caput, incisos I e II)

V - em relação à obra de construção civil de responsabilidade de pessoa física, a prestação de serviços remunerados por segurados que edificam a obra. (Lei nº 8.212, de 1991, art. 15, parágrafo único, e art. 22, caput, incisos I e III; e Regulamento da Previdência Social, de 1999, art. 12, parágrafo único, inciso IV, e art. 201, caput, incisos I e II)

Art. 29. Salvo disposição de lei em contrário, considera-se ocorrido o fato gerador da obrigação previdenciária principal e existentes seus efeitos:

I - em relação ao segurado: (Lei nº 8.212, de 1991, art. 20; e Regulamento da Previdência Social, de 1999, art. 198)

a) empregado, exceto o contratado para trabalho intermitente, e trabalhador avulso:

1. quando for paga, devida ou creditada a remuneração, o que ocorrer primeiro;
2. no momento do pagamento ou crédito da última parcela do décimo terceiro salário, observado o disposto nos arts. 68 e 69; e
3. no mês a que se referirem as férias, mesmo quando recebidas antecipadamente na forma prevista na legislação trabalhista;

b) contribuinte individual, no mês em que lhe for paga ou creditada remuneração; (Lei nº 8.212, de 1991, art. 21; e Regulamento da Previdência Social, de 1999, art. 199)

c) empregado doméstico: (Lei nº 8.212, de 1991, art. 20; e Regulamento da Previdência Social, de 1999, art. 198)

1. quando for paga ou devida a remuneração, o que ocorrer primeiro;
2. no momento do pagamento da última parcela do décimo terceiro salário, observado o disposto nos arts. 68 e 69; e
3. no mês a que se referirem as férias, mesmo quando recebidas antecipadamente na forma da legislação trabalhista;

d) empregado contratado para trabalho intermitente, quando for paga, devida ou creditada, o que ocorrer primeiro, a remuneração acrescida das parcelas a que se referem os incisos II a V do § 6º do art. 452-A da CLT; (CLT, art. 452-A, §§ 6º e 8º; Lei nº 8.212, de 1991, art. 20; e Regulamento da Previdência Social, de 1999, art. 198, e art. 201, § 23)

II - em relação ao empregador doméstico: (Lei nº 8.212, de 1991, art. 24; e Regulamento da Previdência Social, de 1999, art. 211)

a) quando for paga ou devida a remuneração ao segurado empregado doméstico, o que ocorrer primeiro;

b) no momento do pagamento da última parcela do décimo terceiro salário, observado o disposto nos arts. 68 e 69; e

c) no mês a que se referirem as férias, mesmo quando recebidas antecipadamente na forma da legislação trabalhista;

III - em relação à empresa ou ao equiparado:

a) no mês em que for paga, devida ou creditada a remuneração, o que ocorrer primeiro, a segurado empregado ou a trabalhador avulso em decorrência da prestação de serviço; (Lei nº 8.212, de 1991, art. 22, caput, inciso I, e art. 30, inciso I, alínea "b"; e Regulamento da Previdência Social, de 1999, art. 201, caput, inciso I, e art. 216, caput, inciso I, alínea "b")

b) no mês em que for paga ou creditada a remuneração, o que ocorrer primeiro, ao segurado contribuinte individual que lhe presta serviços; (Lei nº 8.212, de 1991, art. 22, caput, inciso III, e art. 30, inciso I, alínea "b"; e Regulamento da Previdência Social, de 1999, art. 201, caput, inciso II, e art. 216, caput, inciso I, alínea "b")

c) no mês em que ocorrer a comercialização da produção rural, nos termos do Capítulo I do Título III; (Lei nº 8.212, de 1991, arts. 22-A e 25; Lei nº 8.870, de 1994, art. 25; e Regulamento da Previdência Social, de 1999, art. 200, art. 201, caput, inciso IV, e art. 201-A)

d) no dia da realização de espetáculo desportivo gerador de receita, quando se tratar de associação desportiva que mantenha equipe de futebol profissional; (Lei nº 8.212, de 1991, art. 22, §§ 6º e 7º; e Regulamento da Previdência Social, de 1999, art. 205, caput e § 1º)

e) no mês em que auferir receita a título de patrocínio, de licenciamento de uso de marcas e símbolos, de publicidade, de propaganda e de transmissão de espetáculos desportivos, quando se tratar de associação desportiva que mantenha equipe de futebol profissional; (Lei nº 8.212, de 1991, art. 22, §§ 6º e 9º; e Regulamento da Previdência Social, de 1999, art. 205, caput e § 3º)

f) no mês do pagamento ou crédito da última parcela do décimo terceiro salário, observado o disposto nos arts. 68 e 69; e (Regulamento da Previdência Social, de 1999, art. 216, § 1º)

g) no mês a que se referirem as férias, exceto as do empregado contratado para trabalho intermitente, mesmo quando pagas antecipadamente na forma prevista na legislação trabalhista; (Regulamento da Previdência Social, de 1999, art. 214, § 14)

IV - em relação ao segurado especial e ao produtor rural pessoa física, no mês em que ocorrer a comercialização da sua produção rural, nos termos do art. 147; e (Lei nº 8.212, de 1991, art. 30, caput, inciso III; e Regulamento da Previdência Social, de 1999, art. 216, caput, inciso III)

V - em relação à obra de construção civil de responsabilidade de pessoa física, no mês em que ocorrer a prestação de serviços remunerados pelos segurados que edificam a obra. (Lei nº 8.212, de 1991, art. 15, parágrafo único, art. 22, caput, incisos I e II; e Regulamento da Previdência Social, de 1999, art. 12, parágrafo único, inciso IV, e art. 201, caput, incisos I e II)

§ 1º Considera-se creditada a remuneração na competência em que a empresa contratante for obrigada a reconhecer contabilmente a despesa ou o dispêndio ou, no caso de equiparado ou empresa legalmente dispensada da escrituração contábil regular, na data da emissão do documento comprobatório da prestação de serviços.

§ 2º Para os órgãos do poder público considera-se creditada a remuneração na competência da liquidação do empenho, entendendo-se como tal, o momento do reconhecimento da despesa.

§ 3º Nos casos em que se tratar de empregado contratado para prestação de trabalho intermitente na forma prevista no art. 452-A da CLT, o fato gerador da contribuição previdenciária incidente sobre a parcela relativa ao décimo terceiro proporcional e às férias proporcionais ocorrerá mensalmente quando essas parcelas forem pagas, devidas ou creditadas. (CLT, art. 452-A, §§ 6º e 8º; e Regulamento da Previdência Social, de 1999, art. 201, § 23)

CAPÍTULO II
DA BASE DE CÁLCULO DA CONTRIBUIÇÃO SOCIAL PREVIDENCIÁRIA

SEÇÃO I
DA BASE DE CÁLCULO DA CONTRIBUIÇÃO DOS SEGURADOS

Art. 30. A base de cálculo da contribuição social previdenciária dos segurados do RGPS é o salário de contribuição, observados os limites mínimo e máximo. (Lei nº 8.212, de 1991, art. 28; e Regulamento da Previdência Social, de 1999, art. 214)

§ 1º O limite mínimo do salário de contribuição corresponde:

I - para os segurados empregado e trabalhador avulso, ao piso salarial legal ou normativo da categoria ou ao piso estadual conforme definido na Lei Complementar nº 103, de 14 de julho de 2000, ou, inexistindo estes, ao salário-mínimo, tomado no seu valor mensal, diário ou horário, conforme o ajustado e o tempo de trabalho efetivo durante o mês; (Lei nº 8.212, de 1991, art. 28, § 3º; e Regulamento da Previdência Social, de 1999, art. 214, § 3º, inciso II)

II - para o empregado doméstico, ao piso estadual conforme definido na Lei Complementar nº 103, de 2000, ou, inexistindo este, ao salário-mínimo, tomado no seu valor mensal, diário ou horário, conforme o ajustado e o tempo de trabalho efetivo durante o mês; e (Lei nº 8.212, de 1991, art. 28, § 3º; e Regulamento da Previdência Social, de 1999, art. 214, § 3º, inciso II)

III - para os segurados contribuinte individual e facultativo, ao salário-mínimo, tomado no seu valor mensal. (Lei nº 8.212, de 1991, art. 28, § 3º; e Regulamento da Previdência Social, de 1999, art. 214, § 3º, inciso I)

§ 2º O limite máximo do salário de contribuição é o valor definido periodicamente em ato conjunto do Ministério da Economia e Ministério do Trabalho e Previdência e reajustado na mesma data e com os mesmos índices usados para o reajustamento dos benefícios de prestação continuada da Previdência Social. (Lei nº 8.212, de 1991, art. 28, § 5º; e Regulamento da Previdência Social, de 1999, art. 214, § 5º)

§ 3º Quando a remuneração dos segurados empregado, empregado doméstico e trabalhador avulso for proporcional ao número de dias trabalhados durante o mês ou das horas trabalhadas durante o dia, o salário de contribuição será a remuneração efetivamente paga, devida ou a eles creditada, observados os valores mínimos mensal, diário ou horário, previstos nos incisos I e II do § 1º. (Lei nº 8.212, de 1991, art. 28, § 1º; e Regulamento da Previdência Social, de 1999, art. 214, § 1º)

Art. 31. Considera-se salário de contribuição:

I - para os segurados empregado e trabalhador avulso, a remuneração auferida em uma ou mais empresas, assim entendida a totalidade dos rendimentos que lhes são pagos, devidos ou creditados a qualquer título, durante o mês, destinados a retribuir o trabalho, qualquer que seja a sua forma, inclusive as gorjetas, os ganhos habituais sob a forma de utilidades e os adiantamentos decorrentes de reajuste salarial, quer pelos serviços efetivamente prestados, quer pelo tempo à disposição do empregador ou tomador de serviços, nos termos da lei ou do contrato ou, ainda, de convenção, de acordo coletivo de trabalho ou de sentença normativa, observado o disposto no inciso I do § 1º e nos §§ 2º e 3º do art. 30; (Lei nº 8.212, de 1991, art. 28, caput, inciso I; e Regulamento da Previdência Social, de 1999, art. 214, caput, inciso I)

II - para o segurado empregado doméstico, a remuneração registrada em sua CTPS ou comprovada mediante recibos de pagamento, observado o disposto no inciso II do § 1º e nos §§ 2º e 3º do art. 30; (Lei nº 8.212, de 1991, art. 28, caput, inciso II; e Regulamento da Previdência Social, de 1999, art. 214, caput, inciso II)

III - para o segurado contribuinte individual, a remuneração auferida em uma ou mais empresas ou pelo exercício de atividade por conta própria, durante o mês, observados os limites mínimo e máximo do salário de contribuição; e (Lei nº 8.212, de 1991, art. 28, caput, inciso III; e Regulamento da Previdência Social, de 1999, art. 214, caput, inciso III)

IV - para o segurado facultativo, o valor por ele declarado, observado os limites mínimo e máximo do salário de contribuição. (Lei nº 8.212, de 1991, art. 28, caput, inciso IV; e Regulamento da Previdência Social, de 1999, art. 214, caput, inciso VI)

V - para o segurado especial que optar por contribuir na forma do § 9º do art. 9º, o valor por ele declarado, observado o disposto no § 10 do art. 9º.

§ 1º O salário de contribuição do condutor autônomo de veículo rodoviário, inclusive o taxista e o motorista de transporte remunerado privado individual de passageiros, do auxiliar de condutor autônomo, do transportador autônomo de cargas, do transportador autônomo de cargas auxiliar, do operador de trator, máquina de terraplenagem, colheitadeira e assemelhados, sem vínculo empregatício, e do cooperado filiado a cooperativa de transportadores autônomos corresponde a 20% (vinte por cento) do valor bruto auferido pelo frete, carreto ou transporte, observado o limite máximo a que se refere o § 2º do art. 30, vedada a dedução de valores gastos com combustível ou manutenção do veículo, ainda que discriminados no documento correspondente. (Lei nº 8.212, de 1991, art. 28, § 11; e Regulamento da Previdência Social, de 1999, art. 201, § 4º)

§ 2º Para fins do disposto no § 1º, não integra o valor do frete a parcela correspondente ao vale-pedágio, desde que seu valor seja destacado em campo específico no documento comprobatório do transporte. (Lei nº 10.209, de 23 de março de 2001, art. 2º)

§ 3º O salário de contribuição para o segurado cooperado filiado a cooperativa de trabalho é o valor recebido ou a ele creditado resultante da prestação de serviços a terceiros, pessoas físicas ou jurídicas, por intermédio da cooperativa, observado o disposto no § 1º, e o valor decorrente da prestação de serviços à própria cooperativa. (Lei nº 8.212, de 1991, art. 28, caput, inciso III; e Regulamento da Previdência Social, de 1999, art. 214, caput, inciso III)

§ 4º No caso de o síndico ou o administrador eleito para exercer atividade de administração condominial estar isento de pagamento da taxa de condomínio, o valor da referida taxa integra a sua remuneração para os efeitos do disposto no inciso III do caput.

§ 5º O salário de contribuição do produtor rural pessoa física, enquadrado como contribuinte individual, é o valor por ele declarado em razão do exercício da atividade rural por conta própria, observados os limites mínimo e máximo do salário de contribuição. (Lei nº 8.212, de 1991, art. 25, § 2º, e art. 28, caput, inciso III; e Regulamento da Previdência Social, de 1999, art. 200, § 3º, e art. 214, caput, inciso III)

§ 6º O salário de contribuição do contribuinte individual que exerce atividade remunerada por conta própria será o valor auferido no exercício da atividade, observados os limites mínimo e máximo, ainda que para recolhimento de contribuições em atraso. (Lei nº 8.212, de 1991, art. 28, caput, inciso III; e Regulamento da Previdência Social, de 1999, art. 214, caput, inciso III)

§ 7º O salário de contribuição do ministro de confissão religiosa ou membro de instituto de vida consagrada, de congregação ou de ordem religiosa, desde que o valor despendido pela entidade religiosa ou pela instituição de ensino vocacional, em face do seu mister religioso ou para a sua subsistência, independa da natureza e da quantidade do trabalho executado, é o valor por ele declarado, observados os limites mínimo e máximo do salário de contribuição. (Lei nº 8.212, de 1991, art. 22, §§ 13 e 14, e art. 28, caput, inciso III; e Regulamento da Previdência Social, de 1999, art. 214, caput, inciso III, e §§ 16 e 17; Solução de Consulta Cosit nº 130, de 14 de setembro de 2021)

SEÇÃO II
DA BASE DE CÁLCULO DA CONTRIBUIÇÃO DO EMPREGADOR DOMÉSTICO

Art. 32. A base de cálculo da contribuição social previdenciária do empregador doméstico é o salário de contribuição do empregado doméstico a seu serviço, conforme disposto no inciso II do caput do art. 31, observados os limites mínimo e máximo do salário de contribuição previstos nos §§ 1º e 2º do art. 30. (Lei nº 8.212, de 1991, art. 24, caput; e Regulamento da Previdência Social, de 1999, art. 211, caput)

SEÇÃO III
DAS BASES DE CÁLCULO DAS CONTRIBUIÇÕES DAS EMPRESAS EM GERAL

Art. 33. As bases de cálculo das contribuições sociais previdenciárias da empresa e do equiparado são as seguintes:

I - o total das remunerações pagas, devidas ou creditadas, a qualquer título, durante o mês, aos segurados empregados e trabalhadores avulsos que lhes prestam serviços, destinadas a retribuir o trabalho, qualquer que seja a sua forma, inclusive as gorjetas, os ganhos habituais sob a forma de utilidades e os adiantamentos decorrentes de reajuste salarial, quer pelos serviços efetivamente prestados, quer pelo tempo à disposição do empregador, nos termos da lei ou do contrato ou, ainda, de convenção, de acordo coletivo de trabalho ou de sentença normativa; (Lei nº 8.212, de 1991, art. 22, caput, inciso I, e § 2º; e Regulamento da Previdência Social, de 1999, art. 201, caput, inciso I, e § 6º)

II - o total das remunerações pagas ou creditadas, a qualquer título, no decorrer do mês, aos segurados contribuintes individuais que lhes prestam serviços; (Lei nº 8.212, de 1991, art. 22, caput, inciso III; e Regulamento da Previdência Social, de 1999, art. 201, caput, inciso II)

III - o valor bruto da receita da comercialização da produção rural própria, se produtor rural pessoa jurídica, ou da comercialização da produção própria ou da produção própria e da adquirida de terceiros, se agroindústria; (Lei nº 8.212, de 1991, art. 22-A, caput; Lei nº 8.870, de 1994, art. 25, caput, incisos I e II; e Regulamento da Previdência Social, de 1999, art. 201, caput, inciso IV, art. 201-A, caput, e art. 202, § 8º)

IV - a receita obtida com a realização de espetáculo desportivo, no território nacional, se associação desportiva que mantém equipe de futebol profissional; e (Lei nº 8.212, de 1991, art. 22, §§ 6º e 7º; e Regulamento da Previdência Social, de 1999, art. 205, caput, e § 1º)

V - a receita obtida com o licenciamento de uso de marcas e símbolos, patrocínio, publicidade, propaganda e transmissão de espetáculos desportivos, se associação desportiva que mantém equipe de futebol profissional, inclusive aquelas relativas à cessão de direitos de uso de denominações, marcas, emblemas, hinos ou símbolos para divulgação e execução de concurso de prognóstico citadas na Lei nº 11.345, de 2006. (Lei nº 8.212, de 1991, art. 22, §§ 6º e 9º; e Regulamento da Previdência Social, de 1999, art. 205, caput, e § 3º) § 1º Integram a remuneração citada no inciso II do caput:

I - a bolsa de estudos paga ou creditada ao médico-residente ou ao residente em área profissional da saúde, participantes dos programas de que tratam o art. 4º da Lei nº 6.932, de 1981, o art. 13 da Lei nº 11.129, de 2005, e os arts. 19 e 20 da Lei nº 12.871, de 2013; e (Regulamento da Previdência Social, de 1999, art. 201, § 2º; Solução de Consulta Cosit nº 217, de 18 de agosto de 2015)

II - o valor da taxa de condomínio da qual é isento de pagamento o síndico ou o administrador eleito para exercer atividade de administração condominial.

§ 2º Caracterizam o pagamento de remuneração ou retribuição a moradia, a alimentação, o vestuário e outras prestações in natura fornecidas ao segurado empregado ou ao contribuinte individual, observado o disposto no art. 34. (CLT, art. 458)

§ 3º No caso de sociedade simples de prestação de serviços relativos ao exercício de profissões legalmente regulamentadas, a contribuição da empresa em relação aos sócios contribuintes individuais terá como base de cálculo: (Regulamento da Previdência Social, de 1999, art. 201, § 5º)

I - a remuneração paga ou creditada aos sócios em decorrência de seu trabalho, de acordo com a escrituração contábil da empresa, formalizada conforme disposto no inciso IV do caput e no § 8º do art. 27; ou (Regulamento da Previdência Social, de 1999, art. 201, § 5º, inciso I)

II - os valores totais pagos ou creditados aos sócios, ainda que a título de antecipação de lucro da pessoa jurídica, quando não houver discriminação entre a remuneração decorrente do trabalho e a proveniente do capital social, ou se tratar de adiantamento de resultado ainda não apurado por meio de demonstração de resultado do exercício ou quando a contabilidade for apresentada de forma deficiente. (Regulamento da Previdência Social, de 1999, art. 201, § 5º, inciso II)

§ 4º Para fins do disposto no inciso II do § 3º, o valor a ser distribuído a título de antecipação de lucro poderá ser previamente apurado mediante a elaboração de balancetes contábeis mensais, devendo, nessa hipótese, ser observado que, se a demonstração de resultado final do exercício evidenciar uma apuração de lucro inferior ao montante distribuído, a diferença será considerada remuneração aos sócios.

§ 5º Para a identificação dos ganhos habituais recebidos sob a forma de utilidades a que se refere o inciso I do caput, deverão ser observados: (Regulamento da Previdência Social, de 1999, art. 214, § 11)

I - os valores reais das utilidades recebidas; ou (Regulamento da Previdência Social, de 1999, art. 214, § 11, inciso I)

II - os valores resultantes da aplicação dos percentuais estabelecidos em lei em função do salário-mínimo, aplicados sobre a remuneração paga caso não haja determinação dos valores a que se refere o inciso I. (Regulamento da Previdência Social, de 1999, art. 214, § 11, inciso II)

§ 6º A remuneração adicional de férias de que trata o inciso XVII do art. 7º da Constituição Federal integra a base de cálculo, no mês a que ela se referir, mesmo quando paga antecipadamente na forma da legislação trabalhista. (Regulamento da Previdência Social, de 1999, art. 214, §§ 4º e 14)

§ 7º Até 10 de novembro de 2017, o valor das diárias para viagens que exceder o limite de 50% (cinquenta por cento) da remuneração mensal do empregado integra a base de cálculo pelo seu valor total, ressalvado o disposto no inciso XXVIII do caput do art. 34. (Lei nº 8.212, de 1991, art. 28, § 8º, alínea "a", até alteração da CLT, art. 457, § 2º, pela Lei nº 13.467, de 13 de julho de 2017, art. 1º)

§ 8º Para efeito de verificação do limite a que se refere o § 7º, não será computado, no cálculo da remuneração, o valor das diárias. (Regulamento da Previdência Social, de 1999, art. 214, § 13)

§ 9º O valor pago à segurada empregada gestante, conforme disposto na alínea "b" do inciso II do art. 10 do Ato das Disposições Constitucionais Transitórias, integra a remuneração no mês da rescisão do contrato de trabalho, excluídos os casos de conversão em indenização previstos nos arts. 496 e 497 da CLT. (Regulamento da Previdência Social, de 1999, art. 214, § 12)

§ 10. Quando a admissão, a dispensa, o afastamento ou a falta do empregado, inclusive o doméstico, ocorrer no curso do mês, a base de cálculo será proporcional ao número de dias efetivamente trabalhados. (Lei nº 8.212, de 1991, art. 28, § 1º; e Regulamento da Previdência Social, de 1999, art. 214, § 1º)

§ 11. Integram a base de cálculo da contribuição social previdenciária do segurado contribuinte individual e da empresa, os honorários contratuais:

I - pagos a assistentes técnicos e peritos, nomeados pela Justiça ou não, decorrentes de sua atuação em ações judiciais; e

II - pagos a advogados, nomeados pela Justiça ou não, decorrentes de sua atuação em ações judiciais.

§ 12. Na hipótese de nomeação de advogados e peritos para atuação judicial sob o amparo da assistência judiciária, é responsável pelo recolhimento da contribuição patronal o órgão ao qual incumbe o pagamento da remuneração.

§ 13. Não integram a base de cálculo da contribuição social previdenciária da empresa os honorários de sucumbência pagos em razão de condenação judicial, integrando, contudo, a base de cálculo da contribuição do advogado segurado contribuinte individual.

§ 14. Integra a base de cálculo da contribuição social previdenciária do segurado contribuinte individual e da empresa a parcela paga ao integrante de órgão ou conselho de deliberação colegiada a título de retribuição pelo seu trabalho, seja pela participação em reuniões deliberativas ou pela execução de tarefas inerentes à atividade do colegiado, tais como análise de processos, ações na comunidade, fiscalizações em atividades subordinadas ao órgão ou ao conselho, dentre outras, observado o disposto no inciso XXXVIII do caput e no § 5º do art. 8º.

§ 15. Não integram a base de cálculo da contribuição social previdenciária da empresa os valores pagos aos serviços notariais e de registro (cartórios), judiciais e extrajudiciais, pelos atos por estes realizados, contudo, tais valores integram a base de cálculo da contribuição do respectivo titular enquadrado no RGPS como contribuinte individual. (Lei nº 8.212, de 1991, art. 28, inciso III; e STF, ADI nº 3.694-AP, de 2006)

SEÇÃO IV
DAS PARCELAS NÃO INTEGRANTES DA BASE DE CÁLCULO

Art. 34. Não integram a base de cálculo para fins de incidência das contribuições sociais previdenciárias: (Lei nº 8.212, de 1991, art. 28, § 9º; e Regulamento da Previdência Social, de 1999, art. 214, § 9º)

I - os benefícios da Previdência Social, nos termos e limites legais, salvo o salário-maternidade no caso da contribuição a cargo das seguradas; (Lei nº 8.212, de 1991, art. 28, § 9º, alínea "a"; Regulamento da Previdência Social, de 1999, art. 214, § 2º, e § 9º, inciso I; e Parecer SEI nº 18.361/2020/ME; Solução de Consulta Cosit nº 127, de 14 de setembro de 2021)

II - a ajuda de custo e o adicional mensal percebidos pelo aeronauta, nos termos da Lei nº 5.929, de 30 de outubro de 1973; (Lei nº 8.212, de 1991, art. 28, § 9º, alínea "b"; e Regulamento da Previdência Social, de 1999, art. 214, § 9º, inciso II)

III - o auxílio-alimentação, inclusive na forma de tíquetes ou congêneres, mesmo antes do advento do § 2º do art. 457 da CLT, vedado seu pagamento em dinheiro; (CLT, art. 457, § 2º; Lei nº 8.212, de 1991, art. 28, § 9º, alínea "c"; e Regulamento da Previdência Social, de 1999, art. 214, § 9º, inciso III, e inciso V, alínea "m"; Parecer nº 1/2022/CONSUNIAO/CGU/AGU aprovado, em 23 de fevereiro de 2022, pelo Presidente da República, para os fins do disposto no art. 40, § 1º, da Lei Complementar nº 73, de 10 de fevereiro de 1993)

IV - as importâncias recebidas a título de férias indenizadas e respectivo adicional constitucional, inclusive o valor correspondente à dobra da remuneração de férias de que trata o art. 137 da CLT; (Lei nº 8.212, de 1991, art. 28, § 9º, alínea "d"; e Regulamento da Previdência Social, de 1999, art. 214, § 9º, inciso IV)

V - as importâncias recebidas a título de:

a) indenização compensatória de 40% (quarenta por cento) do montante depositado no FGTS, como proteção à relação de emprego contra despedida arbitrária ou sem justa causa, conforme disposto no inciso I do art. 10 do Ato das Disposições Constitucionais Transitórias; (Lei nº 8.212, de 1991, art. 28, § 9º, alínea "e", item 1; e Regulamento da Previdência Social, de 1999, art. 214, § 9º, inciso V, alínea "a")

b) indenização por tempo de serviço, anterior a 5 de outubro de 1988, do empregado não optante pelo FGTS; (Lei nº 8.212, de 1991, art. 28, § 9º, alínea "e", item 2; e Regulamento da Previdência Social, de 1999, art. 214, § 9º, inciso V, alínea "b")

c) indenização por dispensa sem justa causa de empregado nos contratos por prazo determinado, conforme estabelecido no art. 479 da CLT; (Lei nº 8.212, de 1991, art. 28, § 9º, alínea "e", item 3; e Regulamento da Previdência Social, de 1999, art. 214, § 9º, inciso V, alínea "c")

d) indenização do tempo de serviço do safrista, quando da expiração normal do contrato, conforme disposto no art. 14 da Lei nº 5.889, de 1973; (Lei nº 8.212, de 1991, art. 28, § 9º, alínea "e", item 4; e Regulamento da Previdência Social, de 1999, art. 214, § 9º, inciso V, alínea "d")

e) incentivo à demissão; (Lei nº 8.212, de 1991, art. 28, § 9º, alínea "e", item 5; e Regulamento da Previdência Social, de 1999, art. 214, § 9º, inciso V, alínea "e")

f) indenização por dispensa sem justa causa, no período de 30 (trinta) dias que antecede a correção salarial, a que se refere o art. 9º da Lei nº 7.238, de 29 de outubro de 1984; (Lei nº 8.212, de 1991, art. 28, § 9º, alínea "e", item 9; e Regulamento da Previdência Social, de 1999, art. 214, § 9º, inciso V, alínea "g")

g) indenizações previstas nos arts. 496 e 497 da CLT; (Regulamento da Previdência Social, de 1999, art. 214, § 9º, inciso V, alínea "h")

h) abono de férias na forma dos arts. 143 e 144 da CLT; (Lei nº 8.212, de 1991, art. 28, § 9º, alínea "e", item 6; e Regulamento da Previdência Social, de 1999, art. 214, § 9º, inciso V, alínea "i")

i) ganhos eventuais expressamente desvinculados do salário por força de lei; (Lei nº 8.212, de 1991, art. 28, § 9º, alínea "e", item 7; e Regulamento da Previdência Social, de 1999, art. 214, § 9º, inciso V, alínea "j")

j) licença-prêmio indenizada; (Lei nº 8.212, de 1991, art. 28, § 9º, alínea "e", item 8; e Regulamento da Previdência Social, de 1999, art. 214, § 9º, inciso V, alínea "k")

k) outras indenizações, desde que expressamente previstas em lei; e (Regulamento da Previdência Social, de 1999, art. 214, § 9º, inciso V, alínea "l")

l) prêmios, assim consideradas as liberalidades concedidas pelo empregador em forma de bens, serviços ou valor em dinheiro a empregado ou a grupo de empregados, em razão de desempenho superior ao ordinariamente esperado no exercício de suas atividades; (CLT, art. 457, § 4º; Lei nº 8.212, de 1991, art. 28, § 9º, alínea "z"; e Regulamento da Previdência Social, de 1999, art. 214, § 9º, inciso V, alínea "n")

VI - a parcela recebida a título de vale-transporte, ainda que paga em dinheiro, limitada ao valor equivalente ao necessário para o custeio do deslocamento em transporte coletivo de passageiros; (Lei nº 7.418, de 16 de dezembro de 1985, art. 1º, e art. 2º, alínea "b"; Lei nº 8.212, de 1991, art. 28, § 9º, alínea "f"; Regulamento da Previdência Social, de 1999, art. 214, § 9º, inciso VI; e Solução de Consulta Cosit nº 58, de 23 de junho de 2020)

VII - a ajuda de custo, ainda que habitual, observado o disposto no § 2º; (CLT, art. 457, § 2º; e Regulamento da Previdência Social, de 1999, art. 214, § 9º, inciso III, e inciso V, alínea "m")

VIII - as diárias para viagens, observado o disposto no § 2º; (CLT, art. 457, § 2º; Lei nº 8.212, de 1991, art. 28, § 9º, alínea "h"; e Regulamento da Previdência Social, de 1999, art. 214, § 9º, inciso V, alínea "m")

IX - a importância recebida pelo estagiário a título de bolsa ou outra forma de contraprestação, quando paga nos termos da Lei nº 11.788, de 2008; (Lei nº 8.212, de 1991, art. 28, § 9º, alínea "i"; e Regulamento da Previdência Social, de 1999, art. 214, § 9º, inciso IX)

X - a bolsa de aprendizagem paga ao atleta não profissional em formação, nos termos da Lei nº 9.615, de 1998;

XI - a participação do empregado nos lucros ou resultados da empresa, quando paga ou creditada de acordo com lei específica; (Lei nº 8.212, de 1991, art. 28, § 9º, alínea "j"; Lei nº 10.101, de 19 de dezembro de 2000; e Regulamento da

Previdência Social, de 1999, art. 214, § 9º, inciso X)

XII - o abono do Programa de Integração Social (PIS) ou do Programa de Assistência ao Servidor Público (Pasep); (Lei nº 8.212, de 1991, art. 28, § 9º, alínea "l"; e Regulamento da Previdência Social, de 1999, art. 214, § 9º, inciso XI)

XIII - os valores correspondentes ao transporte, à alimentação e à habitação fornecidos pela empresa ao empregado contratado para trabalhar em localidade distante de sua residência, em canteiro de obras ou em local que, por força da atividade, exija deslocamento e estada, observadas as normas de proteção ao trabalhador; (Lei nº 8.212, de 1991, art. 28, § 9º, alínea "m"; e Regulamento da Previdência Social, de 1999, art. 214, § 9º, inciso XII)

XIV - a importância paga ao segurado empregado, inclusive quando em gozo de licença remunerada, a título de complementação ao valor do auxílio por incapacidade temporária, desde que esse direito seja extensivo à totalidade dos empregados da empresa; (Lei nº 8.212, de 1991, art. 28, § 9º, alínea "n"; e Regulamento da Previdência Social, de 1999, art. 214, § 9º, inciso XIII)

XV - observado, no que couber, o disposto nos arts. 9º e 468 da CLT e na Lei Complementar nº 109 de 29 de maio de 2001, o valor das contribuições efetivamente pago pela pessoa jurídica, relativo ao programa de previdência complementar privada:

a) aberta, ainda que não disponibilizado a todos os empregados e dirigentes, desde que não caracterizem medida de incentivo ao trabalho ou gratificação; ou

b) fechada, desde que disponível à totalidade de seus empregados e dirigentes; (Lei nº 8.212, de 1991, art. 28, § 9º, alínea "p"; e Regulamento da Previdência Social, de 1999, art. 214, § 9º, inciso XV)

XVI - o valor relativo à assistência prestada por serviço médico ou odontológico, próprio ou não, inclusive o reembolso de despesas com medicamentos, óculos, aparelhos ortopédicos, próteses, órteses, despesas médico-hospitalares e outras similares, mesmo quando concedido em diferentes modalidades de planos e coberturas, observado o disposto no § 2º; (CLT, art. 458, § 5º; Lei nº 8.212, de 1991, art. 28, § 9º, alínea "q"; e Regulamento da Previdência Social, de 1999, art. 214, § 9º, inciso XVI)

XVII - o valor correspondente a vestuário, a equipamentos e a outros acessórios fornecidos ao empregado e utilizados no local de trabalho para a prestação dos respectivos serviços; (Lei nº 8.212, de 1991, art. 28, § 9º, alínea "r"; e Regulamento da Previdência Social, de 1999, art. 214, § 9º, inciso XVII)

XVIII - o ressarcimento de despesas pelo uso de veículo do empregado, quando comprovadas; (Lei nº 8.212, de 1991, art. 28, § 9º, alínea "s"; e Regulamento da Previdência Social, de 1999, art. 214, § 9º, inciso XVIII)

XIX - o valor relativo a plano educacional ou bolsa de estudo, que vise à educação básica de empregados e seus dependentes e, desde que vinculada às atividades desenvolvidas pela empresa, à educação profissional e tecnológica de empregados, nos termos da Lei nº 9.394, de 20 de dezembro de 1996, observados os seguintes requisitos: (Lei nº 8.212, de 1991, art. 28, § 9º, alínea "t"; e Regulamento da Previdência Social, de 1999, art. 214, § 9º, inciso XIX)

a) o valor não ser utilizado em substituição de parcela salarial; e

b) o valor mensal do plano educacional ou da bolsa de estudo, considerado individualmente, não ultrapassar 5% (cinco por cento) da remuneração do segurado a que se destina ou o valor correspondente a 150% (cento e cinquenta por cento) do valor do limite mínimo mensal do salário de contribuição, o que for maior;

XX - os valores recebidos em decorrência da cessão de direitos autorais; (Lei nº 8.212, de 1991, art. 28, § 9º, alínea "v"; e Regulamento da Previdência Social, de 1999, art. 214, § 9º, inciso XXI)

XXI - o valor da multa paga ao empregado em decorrência da mora no pagamento das parcelas constantes do instrumento de rescisão do contrato de trabalho, conforme disposto no § 8º do art. 477 da CLT; (Lei nº 8.212, de 1991, art. 28, § 9º, alínea "x"; e Regulamento da Previdência Social, de 1999, art. 214, § 9º, inciso XXII)

XXII - o reembolso creche pago em conformidade com a legislação trabalhista, observado o limite máximo de 5 (cinco) anos e 11 (onze) meses de idade da criança, quando devidamente comprovadas as despesas; (Constituição Federal, art. 7º, inciso XXV; Lei nº 8.212, de 1991, art. 28, § 9º, alínea "s"; Lei nº 14.457, de 21 de setembro de 2022; Regulamento da Previdência Social, de 1999, art. 214, § 9º, inciso XXIII; Ato Declaratório PGFN nº 13, de 20 de dezembro de 2011; Parecer PGFN/CRJ nº 2.118/2011; e Parecer SEI nº 2.181/2019/ME)

XXIII - o reembolso babá, limitado ao menor salário de contribuição mensal conforme tabela publicada periodicamente e condicionado à comprovação do registro na CTPS da empregada, do pagamento da remuneração em conformidade com a legislação trabalhista e do recolhimento da contribuição social previdenciária, observado o limite máximo de 5 (cinco) anos e 11 (onze) meses de idade da criança; (Constituição Federal, art. 7º, inciso XXV; Lei nº 8.212, de 1991, art. 28, § 9º, alínea "s"; Lei nº 14.457, de 21 de setembro de 2022; Regulamento da Previdência Social, de 1991, art. 214, § 9º, inciso XXIV; Parecer PGFN/CRJ nº 2.271, de 2013; Ato Declaratório PGFN nº 13, de 20 de dezembro de 2011; Parecer PGFN/CRJ nº 2.118/2011; e Parecer SEI nº 2.181/2019/ME)

XXIV - o valor das contribuições efetivamente pago pela pessoa jurídica relativo ao prêmio de seguro de vida em grupo, desde que previsto em acordo ou convenção coletiva de trabalho e disponível à totalidade de seus empregados e dirigentes, observados, no que couber, o disposto nos arts. 9º e 468 da CLT; (Lei nº 8.212, de 1991, art. 28, § 9º, alínea "p"; e Regulamento da Previdência Social, de 1999, art. 214, § 9º, inciso XXV)

XXV - o valor despendido por entidade religiosa ou instituição de ensino vocacional com ministro de confissão religiosa, membro de instituto de vida consagrada, de congregação ou de ordem religiosa em face do seu mister religioso ou para sua subsistência, desde que fornecido em condições que independam da natureza e da quantidade do trabalho executado, observado o disposto no § 3º; (Lei nº 8.212, de 1991, art. 22, § 13; e Regulamento da Previdência Social, de 1999, art. 214, § 16; Solução de Consulta Cosit nº 130, de 14 de setembro de 2021)

XXVI - as importâncias referentes a bolsa de ensino, pesquisa, extensão e de incentivo à inovação pagas pelas instituições federais de ensino superior, de pesquisa científica e tecnológica e pelas fundações de apoio, concedidas nos termos: (Lei nº 10.973, de 2004, art. 9º, § 4º; Solução de Consulta Cosit nº 523, de 2017)

a) da Lei nº 8.958, de 20 de dezembro de 1994, desde que constituam doação civil, cujos resultados dos projetos não revertam economicamente em benefício do doador e não importem contraprestação de serviços; ou

b) do art. 9º da Lei nº 10.973, de 2 de dezembro de 2004;

XXVII - a importância paga pela empresa a título de auxílio-funeral ou assistência à família em razão do óbito do segurado;

XXVIII - as diárias para viagens, independentemente do valor, pagas aos servidores públicos federais ocupantes exclusivamente de cargo em comissão; (Lei nº 8.112, de 1990, art. 51, inciso II; Lei nº 8.212, de 1991, art. 28, § 9º, alínea "h"; e Regulamento da Previdência Social, de 1999, art. 214, § 9º, inciso V, alínea "m")

XXIX - o ressarcimento de valores pagos a título de auxílio-moradia aos servidores públicos federais ocupantes exclusivamente de cargo em comissão; (Lei nº 8.112, de 1990, art. 51, inciso IV)

XXX - os abonos, ainda que pagos com habitualidade; (CLT, art. 457, § 2º; Lei nº 8.212, de 1991, art. 28, § 9º, alínea "z"; e Regulamento da Previdência Social, de 1999, art. 214, § 9º, inciso V, alínea "n")

XXXI - o valor correspondente ao vale-cultura; (Lei nº 8.212, de 1991, art. 28, § 9º, alínea "y"; e Regulamento da Previdência Social, de 1999, art. 214, § 9º, inciso XXVI)

XXXII - o aviso prévio indenizado, inclusive para fins da contribuição para o financiamento de aposentadoria especial e benefícios concedidos em razão do grau de incidência de incapacidade laborativa decorrente dos riscos ambientais do trabalho, de seu adicional e das devidas a terceiros, exceto seu reflexo na gratificação natalina; (Nota PGFN/CRJ nº 485/2016, Parecer SEI nº 15.147/2020/ME; e Despacho nº 42/2021/PGFNME)

XXXIII - a remuneração paga pelo empregador ao empregado nos 15 (quinze) primeiros dias que antecedem o auxílio por incapacidade temporária; e (Nota PGFN/CRJ nº 115/2017; Parecer SEI nº 16.120/2020/ME e Parecer SEI nº 1.446/2021/ME)

XXXIV - o auxílio-inclusão de que trata o art. 94 da Lei nº 13.146, de 6 de julho de 2015. (Lei nº 8.742, de 7 de dezembro de 1993, art. 26-E)

§ 1º As parcelas referidas neste artigo, quando pagas ou creditadas em desacordo com a legislação pertinente, integram a base de cálculo da contribuição previdenciária para todos os fins e efeitos, sem prejuízo da aplicação das cominações legais cabíveis. (Regulamento da Previdência Social, de 1999, art. 214, § 10)

§ 2º Até 10 de novembro de 2017, deverá ser observado, em relação às parcelas a que se referem os incisos VII, VIII, XVI e XXX do caput, que a não incidência aplica-se apenas:

I - à ajuda de custo paga ao empregado em parcela única, em decorrência de mudança de local de trabalho por força do disposto no art. 470 da CLT; (Lei nº 8.212, de 1991, art. 28, § 9º, alínea "g", até alteração da CLT, art. 457, § 2º, pela Lei nº 13.467, de 2017, art. 1º)

II - às diárias para viagens que não excederem a 50% (cinquenta por cento) da remuneração mensal do empregado, ressalvado o disposto no inciso XXVIII do caput; (Lei nº 8.212, de 1991, art. 28, § 9º, alínea "h", até alteração da CLT, art. 457, § 2º, pela Lei nº 13.467, de 2017, art. 1º)

III - ao valor relativo à assistência prestada por serviço médico ou odontológico da empresa ou por prestador conveniado, inclusive ao valor do reembolso de despesas médico-hospitalares ou de despesas com medicamentos, óculos, aparelhos ortopédicos e outras similares, desde que a cobertura abranja a totalidade dos empregados e dirigentes da empresa; e (Lei nº 8.212, de 1991, art. 28, § 9º, alínea "q", até alteração da CLT, art. 458, § 5º, pela Lei nº 13.467, de 2017, art. 1º)

IV - ao abono-assiduidade pago em pecúnia; e (Parecer 8.449/2021/ME, aprovado pelo Procurador-Geral da Fazenda Nacional; Despacho nº 78/2022/PGFN-ME)

V - outros abonos desde que expressamente desvinculados do salário por força de lei.

§ 3º Para efeito de interpretação do inciso XXV do caput:

I - os critérios informadores dos valores despendidos pelas entidades religiosas e instituições de ensino vocacional aos ministros de confissão religiosa, membros de vida consagrada, de congregação ou de ordem religiosa não são taxativos e sim exemplificativos; e (Lei nº 8.212, de 1991, art. 22, § 14, inciso I; e Regulamento da Previdência Social, de 1999, art. 214, § 17, inciso I)

II - os valores despendidos, ainda que pagos de forma e em montante diferenciados, em pecúnia ou a título de ajuda de custo de moradia, transporte, formação educacional, vinculados exclusivamente à atividade religiosa, não configuram remuneração direta ou indireta. (Lei nº 8.212, de 1991, art. 22, § 14, inciso II; e Regulamento da Previdência Social, de 1999, art. 214, § 17, inciso II)

§ 4º Não integram o salário de contribuição as bolsas de estudos de graduação ou de pós-graduação concedidas aos empregados, em período anterior à vigência da Lei nº 12.513, de 26 de outubro de 2011, nos casos em que o fato de essas bolsas referirem-se a educação de ensino superior for o único motivo para a exigência das contribuições sociais previdenciárias. (Portaria ME nº 410, de 16 de dezembro de 2020, art. 1º; e Súmula Carf nº 149)

§ 5º Para os fins do disposto nos incisos XXII e XXIII do caput, os valores do reembolso creche e do reembolso babá não integram a base de cálculo das contribuições sociais previdenciárias, ainda que pagos a título de antecipação pela empresa, desde que a despesa realizada seja devidamente comprovada.

CAPÍTULO III
DAS CONTRIBUIÇÕES SOCIAIS PREVIDENCIÁRIAS DOS SEGURADOS, DO EMPREGADOR DOMÉSTICO E DAS EMPRESAS

SEÇÃO I
DA CONTRIBUIÇÃO DOS SEGURADOS EMPREGADO, EMPREGADO DOMÉSTICO E TRABALHADOR AVULSO

Art. 35. A contribuição dos segurados empregado, empregado contratado para trabalho intermitente, empregado doméstico e trabalhador avulso é calculada, observado o disposto no § 2º do art. 49:

I - até 29 de fevereiro de 2020, mediante aplicação, de forma não cumulativa, das alíquotas de 8% (oito por cento), 9% (nove por cento) ou 11% (onze por cento) sobre o salário de contribuição correspondente, de acordo com as faixas salariais constantes da tabela publicada periodicamente por meio de portaria ministerial ou interministerial; e (Lei nº 8.212, de 1991, art. 20)

II - a partir de 1º de março de 2020, mediante aplicação, de forma progressiva, das alíquotas de 7,5% (sete inteiros e cinco décimos por cento), 9% (nove por cento), 12% (doze por cento) e 14% (quatorze por cento) sobre o salário de contribuição correspondente, de acordo com as faixas salariais constantes da tabela a que se refere o inciso I. (Emenda Constitucional nº 103, de 12 de novembro de 2019, art. 28; e Regulamento da Previdência Social, de 1999, art. 198)

§ 1º A contribuição do trabalhador rural por pequeno prazo a que se refere o inciso XXIX do caput do art. 5º é de 8% (oito por cento) sobre o respectivo salário de contribuição. (Lei nº 5.889, de 1973, art. 14-A, § 5º; e Regulamento da Previdência Social, de 1999, art. 198, parágrafo único)

§ 2º Na hipótese a que se refere o § 10 do art. 33, a alíquota de contribuição do segurado será definida pelo valor recebido pelos dias efetivamente trabalhados. (Lei nº 8.212, de 1991, art. 28, § 1º; e Regulamento da Previdência Social, de 1999, art. 214, § 1º)

Art. 36. O segurado empregado, inclusive o doméstico, que possuir mais de um vínculo, deverá comunicar a todos os seus empregadores, mensalmente, a remuneração recebida até o limite máximo do salário de contribuição, envolvendo todos os vínculos, a fim de que o empregador possa apurar corretamente o salário de contribuição sobre o qual deverá incidir a contribuição social previdenciária do segurado, bem como a alíquota a ser aplicada.

§ 1º Para o cumprimento do disposto neste artigo, o segurado deverá apresentar declaração, conforme modelo constante do Anexo VIII, na qual deverão ser informados:

I - os empregadores, discriminados na ordem em que efetuaram ou efetuarão o desconto de sua contribuição;

II - o valor sobre o qual é descontada a contribuição ou a declaração de que a remuneração recebida atingiu o limite máximo do salário de contribuição; e

III - o nome empresarial da empresa ou empresas, com o número da inscrição no CNPJ, ou o nome do empregador doméstico, com seu número de inscrição no Cadastro de Pessoas Físicas (CPF), que efetuou ou efetuará o desconto sobre o valor declarado.

§ 2º Quando o segurado receber mensalmente remuneração igual ou superior ao limite máximo do salário de contribuição, a declaração prevista no § 1º poderá abranger várias competências do exercício, devendo ser renovada, após o período indicado na referida declaração ou ao término do exercício em curso, ou ser cancelada, caso haja rescisão do contrato de trabalho, o que ocorrer primeiro.

§ 3º O segurado deverá manter sob sua guarda cópia da declaração referida no § 1º, juntamente com os comprovantes de pagamento, para fins de apresentação ao INSS ou à RFB, quando solicitado.

§ 4º Aplicam-se, no que couber, as disposições deste artigo ao trabalhador avulso que, concomitantemente, exerce atividade de segurado empregado ou empregado doméstico.

SEÇÃO II
DA CONTRIBUIÇÃO DO SEGURADO CONTRIBUINTE INDIVIDUAL

Art. 37. A alíquota da contribuição social previdenciária do segurado contribuinte individual, observado o limite máximo do salário de contribuição e o disposto no art. 38, é de:

I - 20% (vinte por cento), incidente sobre:

a) a remuneração auferida em decorrência do exercício de atividade por conta própria ou da prestação de serviço por conta própria a pessoa física; (Lei nº 8.212, de 1991, art. 21, caput, e art. 28, caput, inciso III; e Regulamento da Previdência Social, de 1999, art. 199, art. 214, caput, inciso III, e art. 216, § 33)

b) a remuneração que lhe for paga ou creditada, no decorrer do mês, pelos serviços prestados a entidade beneficente de assistência social isenta das contribuições sociais; e (Regulamento da Previdência Social, de 1999, art. 216, § 26)

c) o valor recebido pelo cooperado, pela prestação de serviços por intermédio de cooperativa de trabalho; (Regulamento da Previdência Social, de 1999, art. 216, § 31)

II - 11% (onze por cento), em face da dedução de 45% (quarenta e cinco por cento) da contribuição patronal recolhida ou declarada pelo contratante, incidente sobre a remuneração que este lhe tenha pago ou creditado no respectivo mês, limitada a dedução a 9% (nove por cento) do respectivo salário de contribuição incidente sobre:

a) a remuneração que lhe for paga ou creditada, no decorrer do mês, pelos serviços prestados a empresa, ou prestados a pessoas físicas por intermédio de empresa que os contrata; (Lei nº 8.212, de 1991, art. 30, § 4º; e Regulamento da Previdência Social, de 1999, art. 216, § 26)

b) a retribuição do cooperado quando prestar serviços a cooperativa de produção; e (Lei nº 8.212, de 1991, art. 30, § 4º; e Regulamento da Previdência Social, de 1999, art. 216, § 26)

c) a remuneração que lhe for paga ou creditada, no decorrer do mês, pelos serviços prestados a outro contribuinte individual, a produtor rural pessoa física, a missão diplomática ou repartição consular de carreiras estrangeiras, observado o disposto nos §§ 1º e 2º. (Regulamento da Previdência Social, de 1999, art. 216, § 20)

§ 1º O segurado contribuinte individual na situação prevista na alínea "c" do inciso II do caput deste artigo recolhe sua contribuição por conta própria e só faz jus à dedução que reduz a alíquota para 11% (onze por cento) se a contribuição a cargo do contratante tiver sido efetivamente recolhida ou declarada à RFB nos termos do art. 25 ou no comprovante previsto no inciso V do caput do art. 27. (Regulamento da Previdência Social, de 1999, art. 216, § 21)

§ 2º O segurado contribuinte individual que não comprovar a regularidade da dedução na forma estabelecida no inciso II do caput sujeitar-se-á à glosa do valor indevidamente deduzido, devendo complementar as contribuições com os devidos acréscimos legais. (Regulamento da Previdência Social, de 1999, art. 216, § 23)

§ 3º A dedução de que trata o inciso II do caput, que não tenha sido efetuada em época própria, poderá ser feita por ocasião do recolhimento em atraso, incidindo acréscimos legais sobre o saldo a recolher após a dedução.

§ 4º A contribuição do ministro de confissão religiosa ou membro de instituto de vida consagrada, de congregação ou de ordem religiosa, na situação prevista no § 7º do art. 31, corresponde a 20% (vinte por cento) do valor por ele declarado, observados os limites mínimo e máximo do salário de contribuição. (Lei nº 8.212, de 1991, art. 21, caput; e Regulamento da Previdência Social, de 1999, art. 199; Solução de Consulta Cosit nº 130, de 14 de setembro de 2021)

§ 5º O condutor autônomo de veículo rodoviário, inclusive o taxista e o motorista de transporte remunerado privado individual de passageiros, o auxiliar de condutor autônomo, o transportador autônomo de cargas, o transportador autônomo de cargas auxiliar e o cooperado filiado à cooperativa de transportadores autônomos estão sujeitos ao pagamento da contribuição para o Serviço Social do Transporte (Sest) e para o Serviço Nacional de Aprendizagem do Transporte (Senat), conforme disposto no art. 103.

§ 6º O segurado contribuinte individual, ressalvado o disposto no § 11, que trabalha por conta própria, sem relação de trabalho com empresa ou equiparado, a partir da competência em que fizer opção pela exclusão do direito ao benefício de aposentadoria por tempo de contribuição, contribuirá à alíquota de 11% (onze por cento) sobre o valor correspondente ao limite mínimo mensal do salário de contribuição a que se refere o inciso III do § 1º do art. 30. (Lei nº 8.212, de 1991, art. 21, § 2º, inciso I; e Regulamento da Previdência Social, de 1999, art. 199-A, caput, inciso I)

§ 7º O segurado que tenha contribuído na forma do § 6º e que pretenda contar o tempo correspondente para fins de obtenção da aposentadoria por tempo de contribuição ou da contagem recíproca do tempo de contribuição a que se refere o art. 94 da Lei nº 8.213, de 1991, deverá complementar a contribuição mensal mediante o recolhimento da diferença entre o percentual pago e o de 20% (vinte por cento) incidente sobre o valor correspondente ao limite mínimo mensal do salário de contribuição em vigor na competência a ser complementada, acrescido dos juros moratórios previstos no art. 240. (Lei nº 8.212, de 1991, art. 21, § 3º; e Regulamento da Previdência Social, de 1999, art. 199-A, §§ 2º e 3º)

§ 8º A contribuição complementar a que se refere o § 7º será exigida a qualquer tempo, sob pena do indeferimento do benefício ou do cancelamento da certidão emitida para fins de contagem recíproca ou da aposentadoria por tempo de contribuição, observado o disposto no art. 347-A do Regulamento da Previdência Social, de 1999. (Lei nº 8.212, de 1991, art. 21, § 5º; e Regulamento da Previdência Social, de 1999, art. 199-A, § 4º)

§ 9º Considera-se formalizada a opção a que se refere o § 6º pela utilização, no ato do primeiro recolhimento, feito em dia, do código de receita específico para a opção "aposentadoria apenas por idade".

§ 10. O recolhimento complementar a que se refere o § 7º deverá ser feito nos códigos de receita usuais do contribuinte individual.

§ 11. O MEI a que se refere o inciso XXXIII do caput do art. 8º contribuirá à Previdência Social, na forma regulamentada pelo Comitê Gestor do Simples Nacional (CGSN), à alíquota de 5% (cinco por cento). (Lei nº 8.212, de 1991, art. 21, § 2º, inciso II, alínea "a"; e Regulamento da Previdência Social, de 1999, art. 199-A, § 1º, inciso I)

§ 12. Aplicam-se as regras dispostas nos §§ 7º e 8º ao MEI que tenha contribuído na forma do § 11.

Art. 38. Nos casos em que o total da remuneração mensal recebida pelo contribuinte individual por serviços prestados a uma ou mais empresas for inferior ao limite mínimo do salário de contribuição, o segurado deverá recolher diretamente a complementação da contribuição incidente sobre a diferença entre o limite mínimo do salário de contribuição e a remuneração total por ele recebida ou a ele creditada, aplicando sobre a parcela complementar a alíquota de 20% (vinte por cento), observado o disposto no art. 51. (Emenda Constitucional nº 103, de 2019, art. 29, inciso I; Lei nº 10.666, de 2003, art. 5º; e Regulamento da Previdência Social, de 1999, art. 216, § 27)

Art. 39. O contribuinte individual que prestar serviços a mais de uma empresa ou, concomitantemente, exercer atividade como segurado empregado, empregado doméstico ou trabalhador avulso, quando o total das remunerações recebidas no mês for superior ao limite máximo do salário de contribuição, deverá, para efeito de controle do limite, informar o fato à empresa em que isso ocorrer, mediante a apresentação do comprovante de pagamento, da declaração prevista no § 1º do art. 36 ou do comprovante previsto no inciso V do caput do art. 27, conforme o caso.

§ 1º O contribuinte individual que teve contribuição descontada no mês sobre o limite máximo do salário de contribuição, em uma ou mais empresas, deverá comprovar o fato às demais para as quais prestar serviços, mediante apresentação de um dos documentos previstos no caput.

§ 2º Quando a prestação de serviços ocorrer de forma regular a pelo menos uma empresa, da qual o segurado como contribuinte individual, empregado ou trabalhador avulso receba, mês a mês, remuneração igual ou superior ao limite máximo do salário de contribuição, a declaração prevista no § 1º do art. 36 poderá abranger várias competências do exercício, desde que identificadas todas as competências a que se referir, e, quando for o caso, aquela ou aquelas empresas que efetuarão o desconto até o limite máximo do salário de contribuição, devendo a referida declaração ser renovada ao término do período nela indicado ou ao término do exercício em curso, o que ocorrer primeiro.

§ 3º O segurado contribuinte individual é responsável pela apresentação da declaração prestada na forma do § 1º do art. 36 e, na hipótese de, por qualquer razão, deixar de receber a remuneração declarada ou receber remuneração inferior à informada na declaração, deverá recolher a contribuição incidente sobre a soma das remunerações recebidas das empresas sobre as quais não houve o desconto em face da declaração por ele prestada, observados os limites mínimo e máximo do salário de contribuição e o disposto no § 4º.

§ 4º A contribuição complementar prevista no § 3º deste artigo, observadas as disposições do art. 37, será de:

I - 11% (onze por cento) sobre a diferença entre a soma do salário de contribuição efetivamente declarado à RFB nos termos do art. 25 por todas as fontes pagadoras no mês, e o salário de contribuição sobre o qual o segurado sofreu desconto; ou

II - 20% (vinte por cento) nos casos em que a diferença de remuneração provém de serviços prestados a outras fontes pagadoras que não contribuem com a cota patronal, por dispensa legal ou por isenção.

§ 5º O contribuinte individual deverá manter sob sua guarda cópia das declarações que emitir na forma prevista neste artigo juntamente com os comprovantes de pagamento, para fins de apresentação ao INSS ou à RFB, quando solicitado.

§ 6º A empresa deverá manter arquivadas, pelo prazo decadencial previsto na legislação tributária, cópias dos comprovantes de pagamento ou a declaração apresentada pelo contribuinte individual, para fins de apresentação ao INSS ou à RFB, quando solicitado.

Art. 40. O contribuinte individual que, no mesmo mês, prestar serviços a empresa ou a equiparado e, concomitantemente, exercer atividade por conta própria, deverá recolher a contribuição social previdenciária incidente sobre a remuneração auferida pelo exercício de atividade por conta própria, respeitado o limite máximo do salário de contribuição.

Art. 41. As disposições contidas nesta Seção aplicam-se inclusive:

I - ao contribuinte individual que presta serviços a empresa optante pelo Simples Nacional; e

II - no que couber, ao aposentado por qualquer regime previdenciário que retorna à atividade como segurado contribuinte individual, ao síndico de condomínio isento do pagamento da taxa condominial e ao ministro de confissão religiosa ou membro de instituto de vida consagrada, de congregação ou de ordem religiosa, desde que a remuneração paga ou creditada pela entidade religiosa ou pela instituição de ensino vocacional dependa da natureza e da quantidade do trabalho executado, observado o disposto no inciso III do caput do art. 31.

SEÇÃO III
DA CONTRIBUIÇÃO DO SEGURADO FACULTATIVO

Art. 42. A contribuição social previdenciária do segurado facultativo corresponde a 20% (vinte por cento) do salário de contribuição por ele declarado, observados os limites mínimo e máximo do salário de contribuição previstos nos §§ 1º e 2º do art. 30. (Lei nº 8.212, de 1991, art. 21, caput, e art. 28, caput, inciso IV; e Regulamento da Previdência Social, de 1999, art. 199, e art. 214, caput, inciso VI)

§ 1º Em caso de opção pela exclusão do direito ao benefício de aposentadoria por tempo de contribuição, observado o disposto no § 9º do art. 37, a alíquota da contribuição incidente sobre o valor correspondente ao limite mínimo mensal do salário de contribuição a que se refere o inciso III do § 1º do art. 30 será de:

I - 5% (cinco por cento) para o segurado facultativo sem renda própria que se dedique exclusivamente ao trabalho doméstico no âmbito de sua residência, desde que pertencente a família de baixa renda; e (Lei nº 8.212, de 1991, art. 21, § 2º, inciso II, alínea "b"; e Regulamento da Previdência Social, de 1999, art. 199-A, § 1º, inciso II)

II - 11% (onze por cento) para os demais segurados facultativos. (Lei nº 8.212, de 1991, art. 21, § 2º, inciso I; e Regulamento da Previdência Social, de 1999, art. 199-A, caput, inciso II)

§ 2º O segurado que tenha contribuído na forma do § 1º e pretenda contar o tempo de contribuição correspondente para fins de obtenção da aposentadoria por tempo de contribuição ou da contagem recíproca do tempo de contribuição a que se refere o art. 94 da Lei nº 8.213, de 1991, deverá complementar a contribuição mensal mediante recolhimento, sobre o valor correspondente ao limite mínimo mensal do salário de contribuição em vigor na competência a ser complementada, da diferença entre o percentual pago e o de 20% (vinte por cento), acrescido dos juros moratórios previstos no art. 240, observado o disposto no § 8º do art. 37. (Lei nº 8.212, de 1991, art. 21, § 3º; e Regulamento da Previdência Social, de 1999, art. 199-A, §§ 2º e 3º)

§ 3º Considera-se de baixa renda, para os fins do disposto no inciso I do § 1º, a família inscrita no Cadastro Único para Programas Sociais do Governo Federal (CadÚnico) cuja renda mensal seja de até 2 (dois) salários mínimos. (Lei nº 8.212, de 1991, art. 21, § 4º; e Regulamento da Previdência Social, de 1999, art. 199-A, § 5º)

§ 4º O segurado facultativo que auferir renda própria não poderá recolher contribuição na forma prevista no inciso I do § 1º, exceto se a renda for proveniente, exclusivamente, de auxílios assistenciais de natureza eventual e temporária e de valores oriundos de programas sociais de transferência de renda, observado o disposto no § 3º. (Regulamento da Previdência Social, de 1999, art. 199-A, § 6º)

§ 5º O segurado poderá contribuir facultativamente durante os períodos de afastamento ou de inatividade, desde que não receba remuneração nesses períodos e não exerça outra atividade que o vincule ao RGPS ou a RPPS. (Regulamento da Previdência Social, de 1999, art. 11, § 5º)

SEÇÃO IV
DAS CONTRIBUIÇÕES DA EMPRESA

Art. 43. As contribuições sociais previdenciárias a cargo da empresa ou do equiparado, observadas as disposições específicas desta Instrução Normativa, são:

I - de 20% (vinte por cento) sobre o total das remunerações pagas, devidas ou creditadas, a qualquer título, durante o mês, aos segurados empregados e trabalhadores avulsos que lhes prestam serviços, observado o disposto no inciso I do caput do art. 33; (Lei nº 8.212, de 1991, art. 22, caput, inciso I; e Regulamento da Previdência Social, de 1999, art. 201, caput, inciso I)

II - para o financiamento da aposentadoria especial e dos benefícios concedidos em razão do grau de incidência de incapacidade laborativa decorrente dos riscos ambientais do trabalho, incidentes sobre o total das remunerações pagas, devidas ou creditadas, a qualquer título, durante o mês, aos segurados empregados e trabalhadores avulsos que lhes prestam serviços, observado o disposto no inciso I do caput do art. 33, correspondente à aplicação dos seguintes percentuais: (Lei nº 8.212, de 1991, art. 22, caput, inciso II; e Regulamento da Previdência Social, de 1999, art. 202)

a) 1% (um por cento), para as empresas em cuja atividade preponderante o risco de acidentes do trabalho seja considerado leve;

b) 2% (dois por cento), para as empresas em cuja atividade preponderante o risco de acidentes do trabalho seja considerado médio; e

c) 3% (três por cento), para as empresas em cuja atividade preponderante o risco de acidentes do trabalho seja considerado grave; e

III - de 20% (vinte por cento) sobre o total das remunerações pagas ou creditadas, a qualquer título, no decorrer do mês, aos segurados contribuintes individuais que lhes prestam serviços, para fatos geradores ocorridos a partir de 1º de março de 2000. (Lei nº 8.212, de 1991, art. 22, caput, inciso III; e Regulamento da Previdência Social, de 1999, art. 201, caput, inciso II)

§ 1º A contribuição prevista no inciso II do caput será calculada com base no grau de risco da atividade, observadas as seguintes regras:

I - o enquadramento da atividade nos correspondentes graus de risco é de responsabilidade da empresa, e deve ser feito mensalmente, com base em sua atividade econômica preponderante, observados o código da Classificação Nacional de Atividades Econômicas (CNAE) da atividade e a alíquota correspondente ao grau de risco, constantes do Anexo I, de acordo com as seguintes regras: (Regulamento da Previdência Social, de 1999, art. 202, § 4º)

a) a empresa com um estabelecimento e uma única atividade econômica enquadrar-se-á na respectiva atividade;

b) a empresa com estabelecimento único e mais de uma atividade econômica simulará o enquadramento em cada atividade e prevalecerá, como preponderante, aquela com o maior número de segurados empregados e trabalhadores avulsos;

c) a empresa com mais de um estabelecimento e com mais de uma atividade econômica deverá apurar a atividade preponderante em cada estabelecimento, na forma da alínea "b", exceto com relação às obras de construção civil, para as quais será observado o disposto no inciso III; (Ato Declaratório PGFN nº 11, de 20 de dezembro de 2011)

d) os órgãos da administração pública direta, tais como prefeituras, câmaras, assembleias legislativas, secretarias e tribunais, identificados com inscrição no CNPJ, enquadrar-se-ão na respectiva atividade, observado o disposto no § 11; e

e) a empresa de trabalho temporário enquadrar-se-á na atividade com a descrição "7820-5/00 Locação de mão de obra temporária" constante do Anexo I;

II - considera-se preponderante a atividade econômica que ocupa, em cada estabelecimento da empresa, o maior número de segurados empregados e trabalhadores avulsos, observado que, na ocorrência de mesmo número de segurados empregados e trabalhadores avulsos em atividades econômicas distintas, será considerada como preponderante aquela que corresponder ao maior grau de risco; (Regulamento da Previdência Social, de 1999, art. 202, § 3º)

III - a obra de construção civil edificada por empresa cujo objeto social não seja construção ou prestação de serviços na área de construção civil será enquadrada no código CNAE e grau de risco próprios da construção civil, e não da atividade econômica desenvolvida pela empresa, e os trabalhadores alocados na obra não serão considerados para os fins do inciso I; e

IV - verificado erro no autoenquadramento, a RFB adotará as medidas necessárias a sua correção e, se for o caso, constituirá o crédito tributário decorrente. (Regulamento da Previdência Social, de 1999, art. 202, § 6º)

§ 2º Caso o segurado exerça atividade em condições especiais que possam ensejar aposentadoria especial após 15 (quinze), 20 (vinte) ou 25 (vinte e cinco) anos de trabalho sob exposição a agentes nocivos prejudiciais a sua saúde e integridade física, é devida pela empresa ou equiparado a contribuição adicional destinada ao financiamento das aposentadorias especiais, observado o disposto no § 2º do art. 232, sendo os percentuais aplicados sobre a remuneração paga, devida ou creditada ao segurado empregado e trabalhador avulso, ou paga ou creditada ao cooperado de cooperativa de produção, de 12% (doze por cento), 9% (nove por cento) e 6% (seis por cento), respectivamente. (Lei nº 8.213, de 1991, art. 57, § 6º; Lei nº 10.666, de 2003, art. 1º, § 2º; e Regulamento da Previdência Social, de 1999, art. 202, §§ 1º e 10)

§ 3º A empresa contratante de serviços mediante cessão de mão de obra, inclusive em regime de trabalho temporário, quando submeter os trabalhadores cedidos a condições especiais de trabalho, conforme disposto no art. 231, deverá efetuar a retenção prevista no art. 110, acrescida, quando for o caso, dos percentuais previstos no art. 131, relativamente ao valor dos serviços prestados pelos segurados empregados cuja atividade permita a concessão de aposentadoria especial após 15 (quinze), 20 (vinte) ou 25 (vinte e cinco) anos de contribuição, respectivamente. (Lei nº 8.212, de 1991, art. 31; e Lei nº 10.666, de 2003, art. 6º; e Regulamento da Previdência Social, de 1999, art. 219, § 12)

§ 4º A contribuição adicional de que trata o § 2º também é devida em relação ao trabalhador aposentado de qualquer regime que retornar à atividade abrangida pelo RGPS e que enseje a aposentadoria especial. (Lei nº 8.212, de 1991, art. 12, § 4º; e Regulamento da Previdência Social, de 1999, art. 9º, § 1º)

§ 5º Para fins de aplicação das alíquotas adicionais previstas no § 2º, serão considerados apenas os fatores de riscos ambientais referidos na Norma Regulamentadora nº 9 (NR-9) do Ministério do Trabalho e Previdência.

§ 6º Tratando-se de bancos comerciais, bancos de investimentos, bancos de desenvolvimento, caixas econômicas, sociedades de crédito, de financiamento ou de investimento, sociedades de crédito imobiliário, sociedades corretoras, distribuidoras de títulos ou de valores mobiliários, empresas de arrendamento mercantil, empresas de seguros privados ou de capitalização, agentes autônomos de seguros privados ou de crédito e entidades de previdência privada abertas ou fechadas, além das contribuições previstas nos incisos I a III do caput deste artigo, é devida a contribuição adicional de 2,5% (dois inteiros e cinco décimos por cento) incidente sobre as bases de cálculo definidas nos incisos I e II do caput do art. 33. (Lei nº 8.212, de 1991, art. 22, § 1º; e Regulamento da Previdência Social, de 1999, art. 201, § 6º)

§ 7º O disposto no § 6º não se aplica às sociedades corretoras de seguros. (Nota PGFN/CRJ nº 73/2016; e Nota PGFN/CRJ nº 134/2016)

§ 8º As contribuições sociais previdenciárias da pessoa jurídica que tem como fim a atividade de produção rural:

I - em substituição à contribuição prevista no inciso I do caput, é de: (Lei nº 8.870, de 1994, art. 25, caput, inciso I; e Regulamento da Previdência Social, de 1999, art. 201, caput, inciso IV)

a) 2,5% (dois inteiros e cinco décimos por cento) da receita bruta proveniente da comercialização da sua produção, até 17 de abril de 2018; e

b) 1,7% (um inteiro e sete décimos por cento) da receita bruta proveniente da comercialização da sua produção, a partir de 18 de abril de 2018; e

II - em substituição à contribuição prevista no inciso II do caput, é de 0,1% (um décimo por cento) da receita bruta proveniente da comercialização de sua produção, para o financiamento da aposentadoria especial e dos benefícios concedidos em razão do grau de incidência de incapacidade para o trabalho decorrente dos riscos ambientais da atividade. (Lei nº 8.870, de 1994, art. 25, caput, inciso II; e Regulamento da Previdência Social, de 1999, art. 202, § 8º)

§ 9º As contribuições sociais previdenciárias da agroindústria, definida, para os efeitos desta Instrução Normativa, como sendo o produtor rural pessoa jurídica cuja atividade econômica seja a industrialização de produção própria ou de produção própria e adquirida de terceiros, incidentes sobre a receita bruta proveniente da comercialização da produção, em substituição às previstas nos incisos I e II do caput, são de: (Lei nº 8.212, de 1991, art. 22-A; e Regulamento da Previdência Social, de 1999, art. 201-A)

I - 2,5% (dois inteiros e cinco décimos por cento) destinados à Seguridade Social; e

II - 0,1% (um décimo por cento) para o financiamento da aposentadoria especial e dos benefícios concedidos em razão do grau de incidência de incapacidade para o trabalho decorrente dos riscos ambientais da atividade.

§ 10. A associação desportiva que mantém equipe de futebol profissional tem as contribuições previstas nos incisos I e II do caput substituídas pelas contribuições incidentes sobre a receita, conforme disposto no art. 196. (Lei nº 8.212, de 1991, art. 22, § 6º; e Regulamento da Previdência Social, de 1999, art. 205)

§ 11. Na hipótese de um órgão da administração pública direta com inscrição própria no CNPJ ter a ele vinculados órgãos sem inscrição no CNPJ, aplicar-se-á o disposto na alínea "c" do inciso I do § 1º.

§ 12. As alíquotas das contribuições sociais referidas no inciso II do caput serão reduzidas em até 50% (cinquenta por cento) ou aumentadas em até 100% (cem por cento), em razão do desempenho da empresa, individualizada pelo seu CNPJ em relação a sua respectiva atividade econômica, aferido pelo Fator Acidentário de Prevenção (FAP). (Lei nº 10.666, de 2003, art. 10; e Regulamento da Previdência Social, de 1999, art. 202-A)

§ 13. O FAP atribuído às empresas poderá ser contestado perante o Conselho de Recursos da Previdência Social (CRPS) na forma disciplinada por esse órgão colegiado. (Regulamento da Previdência Social, de 1999, art. 303, § 1º, inciso I, alínea "d")

§ 14. No caso de decisão definitiva contrária ao sujeito passivo decorrente da contestação a que se refere o § 13, eventuais diferenças referentes ao FAP deverão ser recolhidas no prazo de 30 (trinta) dias contados da data da ciência da decisão, sendo-lhes aplicados os acréscimos legais previstos nos arts. 240 e 241.

SEÇÃO V
DA CONTRIBUIÇÃO DO EMPREGADOR DOMÉSTICO

Art. 44. A contribuição social previdenciária devida pelo empregador doméstico será calculada mediante aplicação das seguintes alíquotas sobre o salário de contribuição do empregado doméstico a seu serviço:

I - até a competência de setembro de 2015, 12% (doze por cento); e (Lei nº 8.212, de 1991, art. 24, redação original; e Regulamento da Previdência Social, de 1999, art. 211, redação original)

II - a partir da competência de outubro de 2015: (Lei Complementar nº 150, de 2015, art. 34, caput, incisos II e III; Lei nº 8.212, de 1991, art. 24, caput; e Regulamento da Previdência Social, de 1999, art. 211)

a) 8% (oito por cento); e

b) 0,8% (oito décimos por cento) para financiamento do seguro contra acidentes do trabalho.

Parágrafo único. Presentes os elementos da relação de emprego doméstico, o empregador doméstico não poderá contratar o MEI a que se refere o inciso XXXIII do caput do art. 8º, sob pena de ficar sujeito a todas as obrigações dela decorrentes, inclusive trabalhistas, tributárias e previdenciárias. (Lei nº 8.212, de 1991, art. 24, parágrafo único; e Regulamento da Previdência Social, de 1999, art. 211-A)

SEÇÃO VI
DA CONTRIBUIÇÃO DO PRODUTOR RURAL

Art. 45. As contribuições devidas pelos produtores rurais, pessoa física e pessoa jurídica, à Previdência Social e as contribuições devidas a terceiros encontram-se disciplinadas no Capítulo I do Título III.

SEÇÃO VII
DA RESPONSABILIDADE PELO RECOLHIMENTO DAS CONTRIBUIÇÕES SOCIAIS PREVIDENCIÁRIAS

Art. 46. O segurado facultativo é responsável pelo recolhimento de sua contribuição. (Lei nº 8.212, de 1991, art. 30, caput, inciso II; e Regulamento da Previdência Social, de 1999, art. 216, caput, inciso II)

Art. 47. O segurado contribuinte individual é responsável pelo recolhimento da contribuição social previdenciária incidente sobre a remuneração auferida pelo exercício de atividade por conta própria, por serviços prestados por conta própria a pessoas físicas, por serviço prestado a outro contribuinte individual equiparado a empresa, a produtor rural pessoa física, a missão diplomática ou a repartição consular de carreiras estrangeiras. (Lei nº 8.212, de 1991, art. 30, caput, inciso II; Lei nº 10.666, de 2003, art. 4º, § 3º; e Regulamento da Previdência Social, de 1999, art. 216, caput, inciso II)

Parágrafo único. O disposto no caput se aplica ao brasileiro civil que trabalha no exterior para organismo oficial internacional do qual o Brasil é membro efetivo, bem como ao consultor técnico contratado por organismo internacional para atuar em acordo de cooperação internacional com a administração pública federal, ambos enquadrados na categoria de contribuinte individual. (Parecer AGU/MS nº 8, de 2005)

Art. 48. O empregador doméstico é responsável pela arrecadação, mediante desconto no pagamento da remuneração, da contribuição social previdenciária do segurado empregado doméstico a seu serviço, e pelo recolhimento da contribuição descontada juntamente com a contribuição a seu cargo. (Lei Complementar nº 150, de 2015, art. 34, § 2º, e art. 35; Lei nº 8.212, de 1991, art. 30, caput, inciso V; e Regulamento da Previdência Social, de 1999, art. 216, caput, inciso VIII)

Parágrafo único. Quando o empregado doméstico exercer, concomitantemente, mais de uma atividade abrangida pelo RGPS, aplicar-se-ão as disposições previstas nos arts. 36 e 39 e no § 2º do art. 49, no que couber.

Art. 49. A empresa e o equiparado são responsáveis:

I - pelo recolhimento das contribuições previstas no art. 43; (Lei nº 8.212, de 1991, art. 30, caput, inciso I, alínea "b"; e Regulamento da Previdência Social, de 1999, art. 216, caput, inciso I, alínea "b")

II - pela arrecadação, mediante desconto na remuneração paga, devida ou creditada, e pelo recolhimento da contribuição dos segurados empregado e trabalhador avulso a seu serviço; (Lei nº 8.212, de 1991, art. 30, caput, inciso I, alíneas "a" e "b"; e Regulamento da Previdência Social, de 1999, art. 216, caput, inciso I, alíneas "a" e "b")

III - pela arrecadação, mediante desconto no respectivo salário de contribuição, e pelo recolhimento da contribuição do segurado contribuinte individual que lhes presta serviços, prevista nas alíneas "b" e "c" do inciso I e nas alíneas "a" e "b" do inciso II do caput do art. 37; (Lei nº 8.212, de 1991, art. 30, caput, inciso I, alínea "b"; Lei nº 10.666, de 2003, art. 4º, caput; e Regulamento da Previdência Social, de 1999, art. 216, caput, inciso I, alínea "b")

IV - pela arrecadação, mediante desconto no respectivo salário de contribuição e pelo recolhimento das contribuições ao Sest e ao Senat, devidas pelos segurados contribuinte individual condutor autônomo de veículo rodoviário, inclusive o taxista e o motorista de transporte remunerado privado individual de passageiros, auxiliar de condutor autônomo, transportador autônomo de cargas e transportador autônomo de cargas auxiliar que lhes presta serviços, previstas no § 5º do art. 37; (Lei nº 8.706, de 14 de setembro de 1993, art. 7º, § 2º)

V - pela arrecadação, mediante desconto, e pelo recolhimento da contribuição do produtor rural pessoa física e do segurado especial incidente sobre a comercialização da produção, quando adquirir ou comercializar o produto rural recebido em consignação, independentemente de essas operações terem sido realizadas diretamente com o produtor ou com o intermediário pessoa física, observado o disposto no art. 159; (Lei nº 8.212, de 1991, art. 30, caput, incisos III e IV; e Regulamento da Previdência Social, de 1999, art. 216, caput, inciso III)

VI - pela retenção de 11% (onze por cento) sobre o valor bruto da nota fiscal, da fatura ou do recibo de prestação de serviços executados mediante cessão de mão de obra ou empreitada, inclusive em regime de trabalho temporário, e pelo recolhimento do valor retido em nome da empresa contratada, conforme disposto no Capítulo VIII deste Título; (Lei nº 8.212, de 1991, art. 31; e Regulamento da Previdência Social, de 1999, art. 219)

VII - pela arrecadação, mediante desconto, e pelo recolhimento da contribuição incidente sobre a receita bruta decorrente de qualquer forma de patrocínio, de licenciamento de uso de marcas e símbolos, de publicidade, de propaganda e transmissão de espetáculos desportivos, devida pela associação desportiva que mantém equipe de futebol profissional, conforme disposto no inciso III do caput do art. 198, observado, quando for o caso, o disposto no § 2º do mesmo artigo; e (Lei nº 8.212, de 1991, art. 22, §§ 6º e 9º; e Regulamento da Previdência Social, de 1999, art. 205, caput e § 3º)

VIII - pela arrecadação, mediante desconto, e pelo recolhimento da contribuição incidente sobre a receita bruta da realização de evento desportivo, devida pela associação desportiva que mantém equipe de futebol profissional, quando se tratar de entidade promotora de espetáculo desportivo, conforme disposto no inciso I do caput do art. 198, observado, quando for o caso, o disposto no § 2º do mesmo artigo. (Lei nº 8.212, de 1991, art. 22, §§ 6º e 7º; e Regulamento da Previdência Social, de 1999, art. 205, caput e § 1º)

§ 1º O disposto no inciso III do caput não se aplica:

I - quando houver contratação de contribuinte individual por outro contribuinte individual equiparado a empresa, ou por produtor rural pessoa física ou por missão diplomática e repartição consular de carreira estrangeira, bem como quando houver contratação de brasileiro civil que trabalha para a União no exterior, em organismo oficial internacional do qual o Brasil seja membro efetivo; e (Lei nº 10.666, de 2003, art. 4º, § 3º; e Regulamento da Previdência Social, de 1999, art. 216, caput, inciso II)

II - quando houver contratação de serviços executados por MEI. (Lei Complementar nº 123, de 2006, art. 18-A, § 3º, inciso V)

§ 2º A apuração da contribuição descontada do segurado empregado, trabalhador avulso ou contribuinte individual que presta serviços remunerados a mais de uma empresa ou concomitantemente a empregador doméstico, no caso de segurado empregado doméstico será efetuada da seguinte forma:

I - até a competência de fevereiro de 2020:

a) tratando-se de serviços prestados apenas por segurados empregado, empregado doméstico ou trabalhador avulso:

1. quando a remuneração global for igual ou inferior ao limite máximo do salário de contribuição, a contribuição incidirá sobre o total da remuneração recebida em cada fonte pagadora, sendo a alíquota determinada de acordo com a faixa salarial correspondente ao somatório de todas as remunerações recebidas no mês; e

2. quando a remuneração global for superior ao limite máximo do salário de contribuição, o segurado poderá eleger qual a fonte pagadora que primeiro efetuará o desconto, cabendo às que se sucederem efetuar o desconto sobre a parcela do salário de contribuição complementar até o limite máximo do salário de contribuição, observada a alíquota determinada de acordo com a faixa salarial correspondente à soma de todas as remunerações recebidas no mês;

b) tratando-se de serviços concomitantes prestados por segurados na condição de contribuinte individual e nas condições de empregado, empregado doméstico ou trabalhador avulso:

1. à soma das remunerações como segurado empregado, empregado doméstico e trabalhador avulso, aplica-se o disposto na alínea "a"; e

2. às demais remunerações decorrentes da atividade de contribuinte individual, aplicam-se os procedimentos definidos no inciso III, até o valor correspondente à diferença entre o limite máximo do salário de contribuição e o valor obtido no item 1 desta alínea, observado o disposto no § 5º;

II - a partir da competência de março de 2020:

a) tratando-se de serviços prestados apenas por segurados empregado, empregado doméstico ou trabalhador avulso, cada empregador informado na declaração de que trata o § 1º do art. 36 aplicará as alíquotas sobre a remuneração devida ao segurado, observadas as faixas já tributadas nas empresas anteriores, até o limite máximo do salário de contribuição, respeitado o disposto no inciso II do caput do art. 35; e

b) tratando-se de serviços concomitantes prestados por segurados na condição de contribuinte individual e nas condições de empregado, empregado doméstico ou trabalhador avulso:

1. à soma das remunerações como segurado empregado, empregado doméstico e trabalhador avulso, aplica-se o disposto na alínea "a"; e

2. às demais remunerações decorrentes da atividade de contribuinte individual, aplicam-se os procedimentos definidos no inciso III até o valor correspondente à diferença entre o limite máximo do salário de contribuição e o somatório das remunerações recebidas na condição de empregado, empregado doméstico ou trabalhador avulso; e

III - tratando-se de serviços prestados por segurado exclusivamente na condição de contribuinte individual:

a) caso a soma das remunerações recebidas não ultrapasse o limite máximo do salário de contribuição, cada empresa aplicará, isoladamente, a alíquota de contribuição definida nos incisos I ou II do caput do art. 37, conforme o caso; e

b) se ultrapassado o limite máximo do salário de contribuição, a empresa onde esse fato ocorrer efetuará o desconto da contribuição prevista nos incisos I ou II do caput do art. 37, conforme o caso, sobre o valor correspondente à diferença entre o limite e o total das remunerações sobre as quais já foram efetuados os descontos.

§ 3º A empresa deverá manter arquivadas, pelo prazo decadencial previsto na legislação tributária, cópias dos comprovantes de pagamento ou a declaração apresentada pelos segurados, para fins de apresentação ao INSS ou à RFB, quando solicitado.

§ 4º Para fins do disposto no § 2º, cada fonte pagadora de segurado empregado, trabalhador avulso, contribuinte individual e empregado doméstico, quando for o caso, deverá informar à RFB, nos termos do art. 25, a existência de múltiplos vínculos ou múltiplas fontes pagadoras, adotados os procedimentos relativos à obrigação acessória aplicável.

§ 5º Na hipótese da alínea "b" do inciso I e alínea "b" do inciso II do § 2º, se o primeiro desconto da contribuição do segurado ocorrer na condição de contribuinte individual, para fins de observância do limite máximo do salário de contribuição, o fato deverá ser comunicado à empresa em que o segurado estiver prestando serviços como empregado ou trabalhador avulso, ou ao empregador doméstico, no caso de segurado empregado doméstico, mediante a apresentação de um dos documentos referidos no caput do art. 39.

§ 6º Nas hipóteses previstas na alínea "b" do inciso I e na alínea "b" do inciso II do § 2º, a remuneração recebida pelo segurado na condição de contribuinte individual será somada à remuneração recebida na condição de segurado empregado, empregado doméstico ou trabalhador avulso, para fins de observância do limite máximo do salário de contribuição, mas não para fins de enquadramento na tabela de faixas salariais a que se refere o art. 35.

§ 7º Cabe ao conselho ou órgão de deliberação da administração federal, estadual, distrital ou municipal arrecadar a contribuição do conselheiro vinculado ao RGPS a que se refere o inciso XXXVIII do caput do art. 8º, descontando-a da respectiva remuneração, e recolhê-la juntamente com a contribuição a seu cargo, bem como fornecer ao conselheiro que lhe presta serviço o comprovante a que se refere o inciso V do caput do art. 27.

Art. 50. O desconto da contribuição social previdenciária e a retenção prevista no Capítulo VIII deste Título, por parte do responsável pelo recolhimento, sempre se presumirão feitos, oportuna e regularmente, não lhe sendo lícito alegar qualquer omissão para se eximir da obrigação, permanecendo responsável pelo recolhimento das importâncias que deixar de descontar ou de reter. (Lei nº 8.212, de 1991, art. 33, § 5º; e Regulamento da Previdência Social, de 1999, art. 216, § 5º)

Parágrafo único. Aplica-se o disposto no caput às contribuições devidas a terceiros, quando o empregador ou o tomador de serviços for o responsável pela retenção e o recolhimento dessas contribuições. (Lei nº 11.457, de 16 de março de 2007, art. 3º, § 3º)

Art. 51. O segurado que, no somatório de remunerações auferidas no período de um mês, receber remuneração inferior ao limite mínimo mensal do salário de contribuição poderá solicitar o ajuste das competências pertencentes ao mesmo ano civil, na forma por ele indicada, ou autorizar que os ajustes sejam feitos automaticamente, de modo que o limite mínimo mensal do salário de contribuição seja alcançado, mediante a adoção de uma das seguintes opções: (Regulamento da Previdência Social, de 1999, art. 216, § 27-A)

I - complementação da contribuição, cujo recolhimento deverá ser efetuado pelo próprio segurado até o dia 15 (quinze) do mês seguinte ao da competência de referência e, após essa data, com incidência de acréscimos legais, observado que: (Regulamento da Previdência Social, de 1999, art. 216, § 27-A, inciso I, alínea "a")

a) no caso de segurado empregado, empregado doméstico e trabalhador avulso, a complementação será efetuada mediante aplicação da alíquota de 7,5% (sete inteiros e cinco décimos por cento), inclusive para o mês em que exista contribuição concomitante na condição de contribuinte individual; (Regulamento da Previdência Social, de 1999, art. 216, § 27-A, inciso I, alínea "b")

b) no caso de contribuinte individual que presta serviço a empresa e contribui exclusivamente nessa condição, a complementação será efetuada mediante aplicação da alíquota de 20% (vinte por cento); (Regulamento da Previdência Social, de 1999, art. 216, § 27.-A, inciso I, alínea "c")

c) no caso dos contribuintes individuais a que se referem os §§ 6º e 11 do art. 37, não se aplica a complementação a que se refere este inciso;

II - utilização do valor da contribuição que exceder o limite mínimo de uma competência em outra, observado que: (Regulamento da Previdência Social, de 1999, art. 216, § 27-A, inciso II)

a) para efeito de utilização da contribuição, serão considerados os salários de contribuição apurados por categoria, consolidados na competência de origem; (Regulamento da Previdência Social, de 1999, art. 216, § 27-A, inciso II, alínea "a")

b) o valor excedente poderá ser utilizado para complementar o salário de contribuição de uma ou mais competências nas quais o limite mínimo não tenha sido atingido, mesmo que em categoria distinta; (Regulamento da Previdência Social, de 1999, art. 216, § 27-A, inciso II, alínea "b")

c) poderão ser utilizados valores excedentes ao limite mínimo do salário de contribuição de mais de uma competência para compor o salário de contribuição de uma única competência; e (Regulamento da Previdência Social, de 1999, art. 216, § 27-A, inciso I, alínea "c")

d) na hipótese de o salário de contribuição da competência favorecida não atingir o limite mínimo mesmo após a utilização do valor excedente, o segurado poderá complementá-lo nos termos do disposto no inciso I; ou (Regulamento da Previdência Social, de 1999, art. 216, § 27-A, inciso I, alínea "d")

III - agrupamento das contribuições inferiores ao limite mínimo de diferentes competências para aproveitamento em contribuições mínimas mensais, observado que: (Regulamento da Previdência Social, de 1999, art. 216, § 27-A, inciso III)

a) as competências que não atingirem o valor mínimo do salário de contribuição poderão ser agrupadas desde que o resultado do agrupamento não ultrapasse o valor mínimo do salário de contribuição; (Regulamento da Previdência Social, de 1999, art. 216, § 27-A, inciso III, alínea "a")

b) caso o resultado do agrupamento seja inferior ao limite mínimo do salário de contribuição, o segurado poderá complementá-lo nos termos do disposto no inciso I ou utilizar os valores excedentes na forma prevista no inciso II; e (Regulamento da Previdência Social, de 1999, art. 216, § 27-A, inciso III, alínea "b")

c) as contribuições relativas a competências em que houve exercício de atividade e que foram zeradas em decorrência do agrupamento poderão ser objeto de recolhimento pelo segurado, respeitado o limite mínimo. (Regulamento da Previdência Social, de 1999, art. 216, § 27-A, inciso III, alínea "c")

§ 1º Para fins do disposto neste artigo, o valor da contribuição referente ao décimo terceiro salário não poderá ser utilizado. (Regulamento da Previdência Social, de 1999, art. 216, § 27-B)

§ 2º É vedada a reversão da utilização e do agrupamento de que tratam os incisos II e III do caput. (Regulamento da Previdência Social, de 1999, art. 216, § 27-C)

§ 3º Caso ocorram eventos posteriores que gerem inconsistências no cálculo da contribuição relativa à competência em que forem adotadas as medidas de que trata este artigo, essa competência ficará pendente de regularização. (Regulamento da Previdência Social, de 1999, art. 216, § 27-D)

SEÇÃO VIII
DOS PRAZOS DE VENCIMENTO

Art. 52. As contribuições a que se referem os incisos I a VII do caput do art. 49 deverão ser recolhidas pela empresa ou pelo equiparado até o dia 20 do mês subsequente ao da competência. (Lei nº 8.212, de 1991, art. 30, caput, inciso I, alínea "b"; Lei nº 10.666, de 2003, art. 4º, caput; e Regulamento da Previdência Social, de 1999, art. 216, caput, inciso I, alínea "b")

Parágrafo único. Quando não houver expediente bancário na data definida para o pagamento, o prazo será antecipado para o dia útil imediatamente anterior. (Lei nº 8.212, de 1991, art. 30, § 2º, inciso II; e Regulamento da Previdência Social, de 1999, art. 216, caput, inciso I, alínea "b")

Art. 53. A contribuição a que se refere o inciso VIII do caput do art. 49 deverá ser recolhida pela empresa ou pelo equiparado até o 2º (segundo) dia útil ao da realização do evento. (Lei nº 8.212, de 1991, art. 22, § 7º; e Regulamento da Previdência Social, de 1999, art. 205, § 1º)

Art. 54. O empregador doméstico fica obrigado a recolher a contribuição por ele devida, prevista no art. 44, e a contribuição devida pelo segurado empregado doméstico a seu serviço, prevista no art. 35:

I - referentes às competências até maio de 2015, até o dia 15 do mês seguinte ao da ocorrência do seu fato gerador, prorrogando-se o vencimento para o dia útil subsequente quando não houver expediente bancário na referida data; e (Lei nº 8.212, de 1991, art. 30, caput, inciso V, na redação da Lei nº 8.444, de 20 de julho de 1992; e Regulamento da Previdência Social, de 1999, art. 216, caput, inciso VIII, redação original)

II - referentes às competências a partir de junho de 2015, até o dia 7 do mês seguinte ao da ocorrência do seu fato gerador, antecipando-se o vencimento para o dia útil imediatamente anterior quando não houver expediente bancário na referida data. (Lei Complementar nº 150, de 2015, art. 35; Lei nº 8.212, de 1991, art. 30, caput, inciso V, e § 2º, inciso II; e Regulamento da Previdência Social, de 1999, art. 216, caput, inciso VIII)

Art. 55. O vencimento do prazo para pagamento das contribuições previstas na alínea "a" do inciso I e na alínea "c" do inciso II do caput e no § 4º, todos do art. 37, no art. 38 e no art. 103, recolhidas pelo próprio contribuinte individual, dar-se-á no dia 15 do mês subsequente ao da ocorrência do seu fato gerador, prorrogando-se o vencimento para o dia útil subsequente quando não houver expediente bancário na referida data. (Lei nº 8.212, de 1991, art. 30, caput, inciso II, e § 2º, inciso I; e Regulamento da Previdência Social, de 1999, art. 216, caput, inciso II)

Parágrafo único. À cooperativa de trabalho e de produção, relativamente ao cooperado a ela filiado, aplica-se o prazo previsto no art. 52. (Lei nº 10.666, de 2003, art. 4º, § 1º; e Regulamento da Previdência Social, de 1999, art. 216, § 31)

Art. 56. O segurado especial responsável pelo grupo familiar que contratar empregado ou contribuinte individual na forma prevista no § 11 do art. 9º fica obrigado a recolher as contribuições a que se referem o inciso I do caput do art. 153 e os incisos I e II do caput do art. 155 até o dia 7 do mês seguinte ao da ocorrência do fato gerador, juntamente com os valores referentes ao FGTS e aos encargos trabalhistas sob sua responsabilidade, por meio de documento único de arrecadação. (Lei nº 8.212, de 1991, art. 32-C, caput e §§ 3º e 4º)

Parágrafo único. Se não houver expediente bancário na data do vencimento, o recolhimento deverá ser antecipado para o dia imediatamente anterior. (Lei nº 8.212, de 1991, art. 32-C, § 5º)

CAPÍTULO IV
DO SALÁRIO-FAMÍLIA E DO SALÁRIO-MATERNIDADE

SEÇÃO I
DO SALÁRIO-FAMÍLIA

Art. 57. As cotas do salário-família de que tratam os arts. 65 e 66 da Lei nº 8.213, de 1991, serão pagas ao segurado junto com o salário mensal ou com o último pagamento relativo ao mês, quando o salário não for mensal: (Lei nº 8.213, de 1991, art. 68, caput, e § 2º; e Regulamento da Previdência Social, de 1999, art. 82, caput, inciso I, e § 1º)

I - pela empresa, ao segurado empregado em atividade, juntamente com sua remuneração, inclusive as correspondentes aos meses da licença-maternidade e a parcela correspondente aos primeiros 15 (quinze) dias do afastamento do trabalho por motivo de incapacidade temporária; (Lei nº 8.213, de 1991, art. 68, caput; e Regulamento da Previdência Social, de 1999, art. 82, caput, inciso I)

II - pelo sindicato, mediante convênio, ao trabalhador avulso não portuário; (Lei nº 8.213, de 1991, art. 69; e Regulamento da Previdência Social, de 1999, art. 82, caput, inciso I, e art. 218, § 1º)

III - pelo Ogmo, mediante convênio, ao trabalhador avulso portuário; (Regulamento da Previdência Social, de 1999, art. 82, caput, inciso I, e art. 217, § 6º)

IV - pelo INSS, aos segurados empregado, empregado doméstico e trabalhador avulso aposentados por incapacidade permanente ou em gozo de auxílio por incapacidade temporária, inclusive no mês da cessação do benefício; ou (Lei nº 8.213, de 1991, art. 65, parágrafo único; e Regulamento da Previdência Social, de 1999, art. 82, caput, inciso II)

V - pelo empregador doméstico, ao segurado empregado doméstico, juntamente com a sua remuneração. (Lei nº 8.213, de 1991, art. 68; e Regulamento da Previdência Social, de 1999, art. 82, caput, inciso I)

§ 1º O ressarcimento do valor pago a título de salário-família se dará por meio de reembolso. (Regulamento da Previdência Social, de 1999, art. 255)

§ 2º A empresa, o sindicato, o Ogmo e o empregador doméstico deverão conservar em seu poder, à disposição da RFB, pelo prazo decadencial previsto no art. 348 do Regulamento da Previdência Social, de 1999, toda a documentação relativa ao pagamento do salário-família. (Lei nº 8.213, de 1991, art. 68, § 1º; e Regulamento da Previdência Social, de 1999, art. 84, § 1º)

§ 3º Não integram a remuneração, para fins de percepção de salário-família:

I - o décimo terceiro salário; e

II - o adicional de 1/3 (um terço) de férias previsto no inciso XVII do art. 7º da Constituição Federal.

§ 4º A cota de salário-família é devida proporcionalmente aos dias trabalhados nos meses da admissão e da demissão do segurado empregado e empregado doméstico.

§ 5º A cota de salário-família será paga integralmente:

I - no mês do nascimento, da adoção ou da designação de tutela, se apresentada a documentação necessária para o seu recebimento no decurso do mês;

II - no mês em que o segurado apresentar a documentação necessária, quando extemporânea;

III - no mês em que o filho ou o equiparado completar 14 (quatorze) anos;

IV - no mês em que ocorrer o óbito do filho ou do equiparado;

V - no mês em que ocorrer a cessação da invalidez do filho ou do equiparado;

VI - no mês de afastamento do segurado, para fins de gozo do benefício por incapacidade;

VII - no mês de cessação do benefício por incapacidade, caso em que a cota de salário-família será paga pelo INSS; e

VIII - ao trabalhador avulso, independentemente do número de dias trabalhados no mês. (Regulamento da Previdência Social, de 1999, art. 82, § 2º)

SEÇÃO II
DO SALÁRIO-MATERNIDADE

Art. 58. Sobre o salário-maternidade de que tratam os arts. 71 a 73 da Lei nº 8.213, de 1991, incidem as contribuições sociais previdenciárias de que tratam os arts. 35, 37 e 42. (Lei nº 8.212, de 1991, art. 28, § 2º; Regulamento da Previdência Social, de 1999, art. 214, § 2º; Parecer SEI nº 18.361/2020/ME)

Parágrafo único. As contribuições devidas pela empresa, previstas nos §§ 2º e 6º e incisos I e II do caput do art. 43, e as contribuições destinadas a terceiros incidentes exclusivamente sobre a folha de salários não incidem sobre: (Acrescido pela Instrução Normativa RFB 2.185/2024)

I - o salário-maternidade; e

II - a verba paga durante a prorrogação da licença maternidade prevista no inciso I do caput do art. 1º da Lei nº 11.770, de 9 de setembro de 2008, ainda que compartilhada com o pai. (Tema nº 72 de repercussão geral; Parecer SEI nº 468/2023/MF; Parecer Conjunto SEI nº 27/2023/MF, aprovado por despacho do Procurador-Geral da Fazenda Nacional, de 29/09/2023)

Art. 59. O salário-maternidade pago à segurada empregada pela empresa ou pelo equiparado, inclusive a parcela do décimo terceiro salário correspondente ao período da licença-maternidade, poderá ser deduzido do pagamento das contribuições sociais previdenciárias devidas, exceto das contribuições devidas a terceiros. (Lei nº 8.213, de 1991, art. 72, § 1º; e Regulamento da Previdência Social, de 1999, art. 94)

§ 1º A dedução da parcela de décimo terceiro salário a que se refere o caput será efetuada da seguinte forma:

I - a remuneração correspondente ao décimo terceiro salário deverá ser dividida por 30 (trinta);

II - o resultado da operação descrita no inciso I deverá ser dividido pelo número de meses considerados no cálculo da remuneração do décimo terceiro salário;

III - a parcela referente ao décimo terceiro salário proporcional ao período de licença-maternidade corresponde ao produto da multiplicação do resultado da operação descrita no inciso II pelo número de dias de gozo de licença-maternidade no ano.

§ 2º Para efeito de dedução, o valor pago a título de salário-maternidade não poderá ser superior ao subsídio mensal, em espécie, dos Ministros do Supremo Tribunal Federal, conforme dispõe o art. 248 da Constituição Federal.

§ 3º A empresa, quando responsável pelo pagamento do salário-maternidade, fica obrigada pela arrecadação e pelo recolhimento da contribuição da segurada empregada incidente sobre o valor do benefício.

Art. 60. A contribuição social previdenciária da segurada empregada relativa ao salário-maternidade será arrecadada pelo INSS mediante desconto no pagamento do benefício, observado o limite máximo do salário de contribuição, nos casos de salário maternidade pago pelo INSS: (Regulamento da Previdência Social, de 1999, art. 93-A, § 6º; art. 100-A; art. 100-B e art. 100-C)

I - em razão de adoção ou guarda judicial para fins de adoção; Regulamento da Previdência Social;

II - à empregada do MEI;

III - à empregada intermitente;

IV - à empregada com jornada parcial cujo salário de contribuição seja inferior ao seu limite mínimo mensal.

§ 1º A empresa é responsável pela arrecadação e pelo recolhimento da contribuição da segurada empregada, relativamente aos dias trabalhados no início e no término da licença-maternidade, mediante a aplicação da alíquota correspondente à remuneração mensal integral da segurada, respeitado o limite máximo do salário-de-contribuição nos termos do § 2º.

§ 2º Apenas a empresa deve descontar a contribuição da segurada empregada caso a remuneração relativa aos dias trabalhados no mês de início da licença corresponda ao limite máximo do salário-de-contribuição e apenas o INSS deve descontar a contribuição da segurada empregada caso o salário-de-benefício proporcional aos dias de licença-maternidade no mês do fim da licença corresponda ao limite máximo do salário-de-contribuição.

Art. 61. A contribuição social previdenciária da segurada contribuinte individual relativa aos meses de início e término da licença-maternidade deverá ser por ela recolhida, observado que:

I - a contribuição será calculada sobre o seu salário de contribuição integral, não sendo descontada qualquer parcela a esse título pelo INSS;

II - o salário de contribuição integral corresponde à soma da remuneração auferida pela segurada no exercício de atividade por conta própria ou pelos serviços prestados a empresas, correspondente aos dias trabalhados, com a parcela recebida a título de salário-maternidade, correspondente aos dias de licença-maternidade, observados os limites mínimo e máximo do salário de contribuição e as alíquotas previstas no art. 37; e

III - deverá ser descontada a contribuição retida referente à remuneração por serviços prestados a empresas contratantes dos serviços.

Art. 62. A contribuição social previdenciária da segurada facultativa relativa aos meses de início e término da licença-maternidade deverá ser por ela recolhida, calculada sobre o seu salário de contribuição integral, correspondente ao último salário de contribuição sobre o qual foi recolhida contribuição à Previdência Social, não sendo descontada qualquer parcela a esse título pelo INSS.

Art. 63. A contribuição social previdenciária da trabalhadora avulsa relativa ao salário maternidade pago pelo INSS será arrecadada pelo INSS mediante desconto no pagamento do benefício, observado o limite máximo do salário de contribuição e o disposto nos §§ 1º e 2º do art. 60.

Art. 64. A contribuição social previdenciária da segurada empregada doméstica relativa aos meses de início e término da licença-maternidade, observado o limite máximo do salário de contribuição nos termos do § 2º do art. 60, deverá ser:

I - descontada e arrecadada pelo empregador doméstico, no valor proporcional aos dias efetivamente trabalhados mediante a aplicação da alíquota correspondente à remuneração mensal integral da segurada; e

II - arrecadada pelo INSS mediante desconto no pagamento do benefício, no valor proporcional aos dias de licença-maternidade.

Art. 65. A empresa deverá conservar em seu poder, pelo prazo decadencial previsto no art. 348 do Regulamento da Previdência Social, de 1999, os comprovantes de pagamento do salário-maternidade, com a respectiva quitação dada pela segurada à empresa, e os correspondentes atestados médicos ou certidões de nascimento, para exame pela fiscalização da RFB. (Lei nº 8.213, de 1991, art. 72, § 2º; e Regulamento da Previdência Social, de 1999, art. 94, § 4º)

CAPÍTULO V
DO DÉCIMO TERCEIRO SALÁRIO

SEÇÃO I
DAS CONTRIBUIÇÕES INCIDENTES SOBRE O DÉCIMO TERCEIRO SALÁRIO

Art. 66. O décimo terceiro salário integra a base de cálculo das contribuições sociais previdenciárias, devidas no pagamento ou crédito da última parcela do décimo terceiro ou na rescisão de contrato de trabalho. (Lei nº 8.212, de 1991, art. 28, § 7º; e Regulamento da Previdência Social, de 1999, art. 214, § 6º)

§ 1º Sobre o valor total do décimo terceiro salário pago, devido ou creditado ao segurado empregado, inclusive o doméstico, e ao trabalhador avulso, incidem as contribuições de que tratam o art. 35, os incisos I e II do caput do art. 43 e o art. 44, observado o disposto na alínea "a" do inciso I e na alínea "a" do inciso II do § 2º e no § 4º, todos do art. 49.

§ 2º As contribuições sociais previdenciárias incidem sobre o valor bruto da gratificação, sem a compensação dos adiantamentos pagos. (Regulamento da Previdência Social, de 1999, art. 214, § 7º)

§ 3º Para o empregado contratado para trabalho intermitente na forma prevista no art. 452-A da CLT, as contribuições sociais incidirão mensalmente sobre a parcela do décimo terceiro salário proporcional. (CLT, art. 452-A, § 6º, inciso III, e § 8º)

Art. 67. A contribuição social previdenciária devida pelos segurados empregado, empregado contratado para trabalho intermitente, empregado doméstico e trabalhador avulso, incidente sobre o décimo terceiro salário, é calculada em separado da remuneração do mês, mediante aplicação das alíquotas previstas nos incisos I e II do caput do art. 35. (Lei nº 8.620, de 5 de janeiro de 1993, art. 7º, § 2º; e Regulamento da Previdência Social, de 1999, art. 214, § 7º)

Parágrafo único. A contribuição a que se refere o caput, incidente sobre a parcela do décimo terceiro salário proporcional aos meses em que houve pagamento de salário-maternidade, ainda que efetuado pelo INSS, deve ser descontada pela empresa ou pelo empregador doméstico no pagamento da última parcela do décimo terceiro salário, exceto nos seguintes casos:

I - de empregada contratada para trabalho intermitente, à qual será aplicada a regra estabelecida no § 3º do art. 66; ou

II - na rescisão de contrato de trabalho, hipótese em que a contribuição incide sobre o valor total do décimo terceiro salário recebido.

SEÇÃO II
DOS PRAZOS DE VENCIMENTO

Art. 68. O vencimento do pagamento das contribuições sociais previdenciárias incidentes sobre o décimo terceiro salário, exceto no caso de rescisão, dar-se-á no dia 20 de dezembro, e, no caso de segurado empregado doméstico, até o dia 7 de janeiro do ano seguinte, antecipando-se o prazo para o dia útil imediatamente anterior se não houver expediente bancário nas referidas datas. (Lei Complementar nº 150, de 2015, art. 34, § 1º, e art. 35; Lei nº 8.620, de 1993, art. 7º; e Regulamento da Previdência Social, de 1999, art. 211-C, caput, e art. 216, § 1º)

Parágrafo único. Caso haja pagamento de remuneração variável em dezembro, o pagamento das contribuições referentes ao ajuste do valor do décimo terceiro salário deve ocorrer no documento de arrecadação da competência de dezembro, considerando-se, para apuração da alíquota da contribuição do segurado, o valor total do décimo terceiro salário. (Lei nº 4.090, de 13 de julho de 1962, art. 1º, § 1º; e Decreto nº 10.854, de 10 de novembro de 2021, art. 77) (Redação dada pela Instrução Normativa RFB 2.185/2024)

Art. 69. Em caso de rescisão de contrato de trabalho, inclusive de rescisão formalizada no mês de dezembro, em que haja pagamento de parcela de décimo terceiro salário, o recolhimento das contribuições sociais previdenciárias devidas deve ser efetuado:

I - até o dia 20 do mês seguinte ao da rescisão, no caso de empresas e equiparados; e (Lei nº 8.212, de 1991, art. 30, caput, inciso I, alínea "b"; Lei nº 8.620, de 1993, art. 7º, § 1º; e Regulamento da Previdência Social, de 1999, art. 216, § 3º)

II - até o dia 7 do mês seguinte ao da rescisão, no caso do segurado especial responsável pelo grupo familiar que contratar na forma prevista no § 11 do art. 9º, e do empregador doméstico. (Lei Complementar nº 150, de 2015, art. 34, § 1º, e art. 35; e Lei nº 8.212, de 1991, art. 32-C, § 3º; e Regulamento da Previdência Social, de 1999, art. 211-C, caput)

Parágrafo único. O recolhimento a que se refere o caput deve ser efetuado no dia útil imediatamente anterior se não houver expediente bancário nas datas a que se referem os incisos I e II. (Lei nº 8.212, de 1991, art. 32-C, § 5º; e Regulamento da Previdência Social, de 1999, art. 216, § 1º)

Art. 70. As contribuições sociais previdenciárias incidentes sobre a parcela do décimo terceiro salário, proporcional aos meses de salário-maternidade, inclusive nos casos em que o benefício seja pago diretamente pelo INSS à segurada, devem ser recolhidas pela empresa ou pelo empregador doméstico, juntamente com as contribuições relativas ao décimo terceiro salário do ano em que o benefício foi pago, observados os prazos de vencimento dispostos nos arts. 68 e 69, conforme o caso.

Art. 71. Para o recolhimento das contribuições sociais previdenciárias incidentes sobre o décimo terceiro salário, deverão ser informados, no documento de arrecadação, a competência 13 (treze) e o ano a que se referir, exceto no caso de décimo terceiro salário pago em rescisão de contrato de trabalho, cuja competência será a do mês da rescisão.

CAPÍTULO VI
DA RECLAMATÓRIA E DO DISSÍDIO TRABALHISTA

Art. 72. Decorrem créditos previdenciários das decisões proferidas pelos Juízes e Tribunais do Trabalho que: (Constituição Federal, art. 114, inciso VIII; CLT, art. 832; Lei nº 8.212, de 1991, art. 43; e Regulamento da Previdência Social, de 1999, art. 276)

I - condenem o empregador ou tomador de serviços ao pagamento de remunerações devidas ao trabalhador, por direito decorrente dos serviços prestados ou de disposição especial de lei;

II - reconheçam a existência de vínculo empregatício entre as partes, declarando a prestação de serviços de natureza não eventual, pelo empregado ao empregador, sob a dependência deste e mediante remuneração devida, ainda que já paga à época, no todo ou em parte, e determinando o respectivo registro em CTPS;

III - homologuem acordo celebrado entre as partes antes do julgamento da reclamatória trabalhista, pelo qual fique convencionado o pagamento de parcelas com incidência de contribuições sociais para quitação dos pedidos que a originaram, ou o reconhecimento de vínculo empregatício em período determinado, com sua anotação em CTPS; e

IV - reconheçam a existência de remunerações pagas no curso da relação de trabalho, ainda que não determinem o registro em CTPS ou o lançamento em folha de pagamento.

Art. 73. Compete à Justiça do Trabalho promover de ofício a execução dos créditos das contribuições sociais previdenciárias devidas em decorrência de decisões condenatórias ou homologatórias por ela proferidas, devendo a fiscalização apurar e lançar o débito verificado em ação fiscal, relativo às: (Constituição Federal, art. 114, inciso VIII; CTN, art. 832; e Lei nº 8.212, de 1991, art. 43)

I - contribuições devidas a terceiros, exceto aquelas executadas pelo Juiz do Trabalho; (Lei nº 11.457, de 2007, art. 3º)

II - contribuições incidentes sobre remunerações pagas durante o período trabalhado, com ou sem vínculo empregatício, quando, por qualquer motivo, não houver sido executada a cobrança pela Justiça do Trabalho.

Parágrafo único. O disposto no caput não implica dispensa do cumprimento, pelo sujeito passivo, das obrigações acessórias previstas na legislação previdenciária.

Art. 74. Serão adotadas como bases de cálculo das contribuições sociais previdenciárias: (Lei nº 8.212, de 1991, art. 43, § 1º; e Regulamento da Previdência Social, de 1999, art. 276, § 2º)

I - quanto às remunerações objeto de sentença condenatória:

a) os valores das parcelas remuneratórias consignados nos cálculos homologados de liquidação de sentença; e

b) o valor total fixado na sentença, quando as parcelas legais de incidência não estiverem discriminadas; (Lei nº 8.212, de 1991, art. 43, § 1º; Súmula Carf nº 62)

II - quanto às remunerações objeto de acordo:

a) os valores das parcelas discriminadas como remuneratórias em acordo homologado; ou

b) o valor total consignado nos cálculos ou estabelecido no acordo, quando as parcelas legais de incidência não estiverem discriminadas; e (Lei nº 8.212, de 1991, art. 43, § 1º; Súmula Carf nº 62)

III - quanto ao vínculo empregatício reconhecido, obedecida a seguinte ordem:

a) os valores mensais de remuneração do segurado empregado, quando conhecidos;

b) os valores mensais de remuneração pagos contemporaneamente a outro empregado de categoria ou função equivalente ou semelhante;

c) o valor do piso salarial, legal ou normativo da respectiva categoria profissional, vigente à época; ou

d) o valor do salário-mínimo vigente à época, quando inexistente qualquer outro critério.

§ 1º Serão somados, para fins de composição da base de cálculo, os valores indicados nos incisos I e III ou II e III do caput, quando referentes às mesmas competências.

§ 2º A base de cálculo das contribuições sociais previdenciárias a cargo do reclamado não está sujeita a qualquer limitação, e para a sua apuração deverão ser excluídas apenas as parcelas que não integram a remuneração.

§ 3º As contribuições sociais previdenciárias a cargo do segurado empregado serão apuradas da seguinte forma: (Lei nº 8.212, de 1991, art. 43, § 3º; e Regulamento da Previdência Social, de 1999, art. 276, § 4º)

I - as remunerações objeto da reclamatória trabalhista serão somadas ao salário de contribuição recebido à época, em cada competência;

II - com base no total obtido, fixar-se-á a alíquota e calcular-se-á a contribuição incidente, respeitado o limite máximo do salário de contribuição vigente em cada competência abrangida; e

III - a contribuição a cargo do segurado já retida anteriormente será deduzida do valor apurado na forma do inciso II, observado o disposto no § 5º.

§ 4º Na competência em que ficar comprovado o desconto da contribuição a cargo do segurado empregado sobre o limite máximo do salário de contribuição, não será descontada qualquer contribuição adicional incidente sobre a parcela mensal da sentença ou acordo.

§ 5º Cabe ao reclamado comprovar o recolhimento da contribuição anteriormente descontada do segurado reclamante, sob pena de comunicação à unidade da RFB jurisdicionante para apuração e constituição do crédito tributário e formalização de Representação Fiscal para Fins Penais.

§ 6º Quando a reclamatória trabalhista findar em acordo conciliatório ou em sentença, pelo qual não se reconheça qualquer vínculo empregatício entre as partes, o seu valor será considerado base de cálculo para a incidência das contribuições:

I - devidas pela empresa ou pelo equiparado sobre as remunerações pagas ou creditadas a contribuinte individual que lhe prestou serviços; ou

II - devidas pelo contribuinte individual prestador de serviços, quando o reclamado se tratar de pessoa física não equiparado à empresa.

§ 7º Na hipótese de não reconhecimento de vínculo, a empresa ou o equiparado, exceto os referidos no § 1º do art. 49, deverá, no pagamento das verbas definidas em acordo ou em sentença, reter a contribuição devida pelo segurado contribuinte individual prestador do serviço e recolhê-la juntamente com a contribuição a seu cargo. (Lei nº 10.666, de 2003, art. 4º)

§ 8º Na inocorrência da retenção da contribuição na forma do § 7º, o reclamado contratante de serviços é responsável pelo pagamento da referida contribuição, conforme disposto no art. 50.

Art. 75. Serão adotadas as competências dos meses em que foram prestados os serviços pelos quais a remuneração é devida, ou dos abrangidos pelo reconhecimento do vínculo empregatício, quando consignados nos cálculos de liquidação ou nos termos do acordo. (Lei nº 8.212, de 1991, art. 43, § 2º)

§ 1º Nos cálculos de liquidação de sentença ou nos termos do acordo, se a base de cálculo das contribuições sociais previdenciárias não estiver relacionada, mês a mês, ao período específico da prestação de serviços geradora daquela remuneração, as parcelas remuneratórias serão rateadas, dividindo-se seu valor pelo número de meses do período indicado na sentença ou no acordo, ou, na falta desta indicação, do período indicado pelo reclamante na inicial, respeitados os termos inicial e final do vínculo empregatício anotado em CTPS ou judicialmente reconhecido na reclamatória trabalhista.

§ 2º Se o rateio mencionado no § 1º envolver competências anteriores a janeiro de 1995, para a obtenção do valor originário relativo a cada competência, o valor da fração obtida com o rateio deve ser dividido por 0,9108 (nove mil cento e oito décimos de milésimos), valor da Unidade Fiscal de Referência (Ufir) vigente em 1º de janeiro de 1997, a ser utilizado nos termos do art. 29 da Lei nº 10.522, de 19 de julho de 2002, dividindo-se em seguida o resultado dessa operação pelo coeficiente em Ufir para a referida competência, expresso na Tabela Prática aplicada nas contribuições previdenciárias em atraso elaborada pela RFB.

§ 3º Na hipótese de não reconhecimento de vínculo e de inexistência, na sentença condenatória ou no acordo homologado, de indicação do período em que foram prestados os serviços aos quais se refere o valor pactuado, será adotada a competência referente, respectivamente, à data da sentença ou da homologação do acordo, ou à data do pagamento, se esta anteceder aquelas.

Art. 76. Serão adotadas as alíquotas, os limites máximos de salário de contribuição, os critérios de atualização monetária, as taxas de juros de mora e os valores de multas vigentes à época das competências apuradas na forma do art. 75. (Lei nº 8.212, de 1991, art. 43, § 3º)

Art. 77. Os fatos geradores de contribuições sociais decorrentes de reclamatória trabalhista deverão ser informados à RFB nos termos do art. 25 e as correspondentes contribuições sociais previdenciárias deverão ser recolhidas em documento de arrecadação pertinente.

§ 1º O recolhimento das contribuições sociais previdenciárias devidas deve ser efetuado no mesmo prazo em que devem ser pagos os créditos encontrados em liquidação de sentença ou em acordo homologado, sendo que nesse último caso o recolhimento será feito em tantas parcelas quantas as previstas no acordo, nas mesmas datas em que sejam exigíveis e proporcionalmente a cada uma delas. (Lei nº 8.212, de 1991, art. 43, § 3º; e Regulamento da Previdência Social, de 1999, art. 276, § 1º)

§ 2º Caso a sentença condenatória ou o acordo homologado seja silente quanto ao prazo em que devam ser pagos os créditos neles previstos, o recolhimento das contribuições sociais previdenciárias devidas deverá ser efetuado até o dia 20 do mês seguinte ao da liquidação da sentença ou da homologação do acordo ou de cada parcela prevista no acordo, ou no dia útil imediatamente anterior, caso não haja expediente bancário na referida data.

§ 3º Se o valor total das contribuições apuradas em reclamatória trabalhista for inferior ao mínimo estabelecido pela RFB para recolhimento em documento de arrecadação, ele deverá ser recolhido juntamente com as demais contribuições devidas pelo sujeito passivo na mesma competência, ou no mês em que o valor mínimo para recolhimento for alcançado, caso não tenha outros fatos geradores na mesma competência, sem prejuízo da conclusão do processo. (Regulamento da Previdência Social, de 1999, art. 276, § 5º)

§ 4º No caso de reconhecimento judicial da prestação de serviços em condições que permitam a aposentadoria especial após 15 (quinze), 20 (vinte) ou 25 (vinte e cinco) anos de contribuição, será devida a contribuição adicional de que trata o § 2º do art. 43. (Lei nº 8.212, de 1991, art. 43, § 4º)

§ 5º Na hipótese de o acordo ter sido celebrado após proferida a decisão de mérito, a contribuição será calculada com base no valor do acordo.

Art. 78. As contribuições sociais previdenciárias incidentes sobre os honorários contratuais previstos no § 11 do art. 33 devem ser diretamente recolhidas pelo sujeito passivo, uma vez que não integram a cobrança de ofício realizada pela Justiça do Trabalho.

Art. 79. Caso haja conciliação resultante da mediação pela Comissão de Conciliação Prévia, deverão ser recolhidas as contribuições sociais previdenciárias incidentes sobre as remunerações cujo pagamento seja estipulado e sobre os períodos de prestação de serviços em relação aos quais se reconheça o vínculo empregatício, observado que as contribuições serão apuradas pelos mesmos critérios previstos para os acordos celebrados entre as partes em reclamatórias trabalhistas, e os fatos geradores que lhes deram causa deverão ser declarados nos termos do art. 25, conforme as orientações deste Capítulo. (Lei nº 8.212, de 1991, art. 43, § 6º)

§ 1º Comissão de Conciliação Prévia é aquela instituída na forma da Lei nº 9.958, de 12 de janeiro de 2000, no âmbito da empresa ou do sindicato representativo da categoria, podendo ser constituída por grupos de empresas ou ter caráter intersindical, com o objetivo de promover a conciliação preventiva do ajuizamento de demandas de natureza trabalhista.

§ 2º Não recolhidas espontaneamente as contribuições de que trata o caput, a RFB apurará e constituirá o crédito.

Art. 80. Sobre os valores pagos em razão de acordos, convenções e dissídios coletivos de trabalho de que tratam os arts. 611 e 616 da CLT, quando implicarem reajuste salarial, incidem a contribuição social previdenciária e as contribuições devidas a terceiros.

§ 1º Estabelecido o pagamento de parcelas retroativas ao mês da data-base da respectiva categoria profissional, os fatos geradores das contribuições deverão:

I - ser informados à RFB, nos termos do art. 25, na competência da celebração da convenção, do acordo ou do trânsito em julgado da sentença que decidir o dissídio; e

II - constar em folha de pagamento distinta, elaborada nos termos do inciso III do caput do art. 27, na qual fique identificado o valor da diferença de remuneração de cada mês.

§ 2º As contribuições decorrentes dos fatos geradores referidos no § 1º deverão ser recolhidas até o dia 20 do mês seguinte ao da competência da celebração da convenção, do acordo ou do trânsito em julgado da sentença que decidir o dissídio, ou no dia útil imediatamente anterior, caso não haja expediente bancário na referida data. (Lei nº 8.212, de 1991, art. 30, caput, inciso I, alínea "b"; e Regulamento da Previdência Social, de 1999, art. 216, caput, inciso I, alínea "b")

§ 3º Observado o prazo a que se refere o § 2º, não incidirão juros ou multas moratórias sobre os valores das contribuições calculadas na forma deste artigo.

§ 4º A contribuição do segurado será calculada mês a mês, considerando-se os valores originalmente pagos em cada competência, observada a alíquota e o limite máximo do salário de contribuição.

§ 5º Não recolhidas espontaneamente as contribuições devidas na forma deste artigo, a RFB apurará e constituirá o crédito.

CAPÍTULO VII DA CONTRIBUIÇÃO DEVIDA A TERCEIROS

SEÇÃO I DOS TERCEIROS (ENTIDADES E FUNDOS)

Art. 81. Compete à RFB as atividades relativas à tributação, fiscalização, arrecadação e cobrança da contribuição devida, por lei, a terceiros, ressalvado o disposto no § 5º. (Lei nº 11.457, de 2007, art. 3º) § 1º Consideram-se terceiros, para os fins desta Instrução Normativa:

I - as entidades privadas de serviço social e de formação profissional a que se refere o art. 240 da Constituição Federal, criadas por lei federal e vinculadas ao sistema sindical;

II - o Fundo Aeroviário, instituído pelo Decreto-Lei nº 270, de 28 de fevereiro de 1967;

III - o Fundo de Desenvolvimento do Ensino Profissional Marítimo, instituído pelo Decreto-Lei nº 828, de 5 de setembro de 1969;

IV - o Instituto Nacional de Colonização e Reforma Agrária (Incra), criado pelo Decreto-Lei nº 1.110, de 9 de julho de 1970; e

V - o Fundo Nacional de Desenvolvimento da Educação (FNDE), gestor da contribuição social do salário-educação, instituída pela Lei nº 9.424, de 24 de dezembro de 1996.

§ 2º A contribuição de que trata este artigo sujeita-se aos mesmos prazos, condições, sanções e privilégios das contribuições sociais previdenciárias, inclusive no que diz respeito à cobrança judicial. (Lei nº 11.457, de 2007, art. 3º, § 3º)

§ 3º O disposto no caput aplica-se, exclusivamente, à contribuição cuja base de cálculo seja a mesma das que incidem sobre a remuneração paga, devida ou creditada a segurados do RGPS ou instituídas sobre outras bases a título de substituição. (Lei nº 11.457, de 2007, art. 3º, § 2º)

§ 4º A retribuição pelos serviços referidos no caput será de 3,5% (três inteiros e cinco décimos por cento) do montante arrecadado, salvo percentual diverso estabelecido em lei específica, e será creditada ao Fundo Especial de Desenvolvimento e Aperfeiçoamento das Atividades de Fiscalização (Fundaf), instituído pelo Decreto-Lei nº 1.437, de 17 de dezembro de 1975. (Lei nº 11.457, de 2007, art. 3º, §§ 1º e 4º)

§ 5º O recolhimento da contribuição de que trata este artigo pode ser feito, se houver previsão legal, diretamente ao terceiro mediante convênio celebrado entre a entidade ou o fundo e a empresa contribuinte, hipótese em que não se aplica o disposto no § 4º.

§ 6º A contribuição de que trata este artigo é devida:

I - pela empresa ou pelo equiparado, de acordo com o código Fundo de Previdência e Assistência Social (FPAS) da atividade, atribuído na forma da Seção III deste Capítulo, calculada sobre o total da remuneração paga, devida ou creditada a segurados empregados e trabalhadores avulsos;

II - pelo condutor autônomo de veículo rodoviário, inclusive o taxista e o motorista de transporte remunerado privado individual de passageiros, pelo auxiliar de condutor autônomo, pelo transportador autônomo de cargas e pelo transportador autônomo de cargas auxiliar, na forma do art. 103;

III - pelo segurado especial e pelo produtor rural pessoa física e pessoa jurídica, calculada sobre o valor da comercialização de sua produção de acordo com as alíquotas constantes do Anexo V; e

IV - pela agroindústria, calculada sobre o valor da comercialização de sua produção de acordo com as alíquotas constantes do Anexo V.

SEÇÃO II DA NÃO INCIDÊNCIA DA CONTRIBUIÇÃO

Art. 82. Não estão sujeitos à contribuição devida, por lei, a terceiros de que trata o art. 81:

I - os órgãos e as entidades do poder público, inclusive as agências reguladoras de atividade econômica;

II - os organismos internacionais, as missões diplomáticas, as repartições consulares e as entidades congêneres;

III - o Conselho Federal da Ordem dos Advogados do Brasil e as seccionais da Ordem dos Advogados do Brasil (OAB);

IV - os conselhos de profissões regulamentadas;

V - as instituições públicas de ensino de qualquer grau;

VI - as serventias notariais e de registro, exceto quanto à contribuição social do salário-educação;

VII - as entidades a que se refere o inciso I do § 1º do art. 81, constituídas sob a forma de serviço social autônomo, exceto quanto à contribuição social do salárioeducação e à contribuição devida ao Incra; e

VIII - as entidades beneficentes de assistência social certificadas na forma da lei específica e que cumpram os requisitos legais.

§ 1º Sobre a remuneração paga por empresa brasileira de navegação a tripulantes de embarcação inscrita no Registro Especial Brasileiro (REB), não incide a contribuição destinada ao Fundo de Desenvolvimento do Ensino Profissional Marítimo. (Lei nº 9.432, de 8 de janeiro de 1997, art. 11, § 8º)

§ 2º Na hipótese do § 1º a empresa de navegação apresentará as informações a que se refere o art. 25 de forma específica em relação aos tripulantes da embarcação inscrita no REB, caso em que informará o código FPAS 523 e o código de terceiros 0003 e, para as demais embarcações, informará o código FPAS 540 e o código de terceiros 0131.

§ 3º A contribuição de que trata o art. 81 não incide sobre a remuneração paga, devida ou creditada ao brasileiro contratado no Brasil para prestar serviços no exterior, ou para lá transferido. (Lei nº 7.064, de 6 de dezembro de 1982, art. 11)

§ 4º A não incidência de que trata o § 3º terá vigência apenas no período em que o trabalhador permanecer no exterior a serviço da empresa que o contratou no Brasil, durante o qual a empresa contratante apresentará as informações a que se refere o art. 25 de forma específica em relação ao trabalhador e informará o código FPAS 590 e o código de terceiros 0000.

SEÇÃO III
DA CLASSIFICAÇÃO DA ATIVIDADE PARA FINS DE ATRIBUIÇÃO DO CÓDIGO FPAS

Art. 83. Cabe à empresa ou ao equiparado, para fins de recolhimento da contribuição devida a terceiros, classificar a atividade por ela desenvolvida e atribuir-lhe o código FPAS correspondente, sem prejuízo da atuação, de ofício, da autoridade administrativa.

§ 1º Na hipótese de reclassificação de ofício, a autoridade administrativa constituirá o crédito tributário, se existente a respectiva obrigação, e comunicará ao sujeito passivo e às entidades ou aos fundos interessados as alterações realizadas.

§ 2º Em caso de discordância, o sujeito passivo poderá, em 30 (trinta) dias, impugnar o ato de reclassificação da atividade ou o lançamento dele decorrente, observado, quanto a este, o rito estabelecido no Decreto nº 70.235, de 6 de março de 1972.

Art. 84. A classificação de que trata o art. 83 terá por base a principal atividade desenvolvida pela empresa, assim considerada a que constitui seu objeto social, conforme declarado nos atos constitutivos e nos dados cadastrais do CNPJ, observadas as regras abaixo, na ordem apresentada:

I - a classificação será feita de acordo com o Quadro de Atividades e Profissões a que se refere o art. 577 da CLT, ressalvados os casos dispostos nos arts. 86 e 87 desta Instrução Normativa e as atividades em relação às quais a lei estabeleça forma diversa de contribuição;

II - a atividade declarada como principal no CNPJ deverá corresponder à classificação feita na forma do inciso I, prevalecendo esta em caso de divergência;

III - na hipótese de a empresa desenvolver mais de uma atividade, prevalecerá, para fins de classificação, a atividade preponderante, assim considerada a que representa o objeto social da empresa, ou a unidade de produto, para a qual convergem as demais em regime de conexão funcional; (CLT, art. 581, § 2º)

IV - se nenhuma das atividades desenvolvidas pela empresa se caracterizar como preponderante, aplica-se a cada atividade o respectivo código FPAS na forma do inciso I. (CLT, art. 581, § 1º)

Parágrafo único. Considera-se regime de conexão funcional, para fins de definição da atividade preponderante, a finalidade comum em função da qual 2 (duas) ou mais atividades se interagem, sem descaracterizar sua natureza individual, a fim de realizar o objeto social da empresa.

Art. 85. Com a classificação das atividades na forma disposta no art. 84, ser-lhe-ão atribuídos:

I - o código FPAS, de acordo com os quadros do Anexo II, considerado o grupo econômico como indicativo das diversas atividades em que se decompõem, observado o disposto nos arts. 86 e 87; e

II - as alíquotas das contribuições devidas a terceiros previstas de acordo com o Anexo III, considerado o código FPAS mencionado no inciso I.

Art. 86. Para fins de incidência da contribuição devida a terceiros, classificamse como industriais, não exclusivamente, as atividades a seguir enumeradas, desenvolvidas em conjunto ou isoladamente, sobre as quais aplicam-se as alíquotas previstas no Anexo III, de acordo com o código FPAS 507:

I - fabricação, manutenção e reparação de veículos automotores e embarcações de qualquer espécie, inclusive de peças e componentes necessários ao seu funcionamento;

II - fabricação, instalação, manutenção e reparação de máquinas e equipamentos industriais de grande porte;

III - fabricação de equipamento bélico pesado, armas e munições;

IV - fabricação de elevadores, escadas e esteiras rolantes;

V - fabricação de bicicletas e outros veículos não motorizados, eletrodomésticos, acessórios e equipamentos;

VI - instalação, manutenção, assistência técnica e reparação de máquinas e equipamentos de qualquer porte, bicicletas e eletrodomésticos, quando prestados pelo próprio fabricante, em dependência deste ou em estabelecimento da mesma pessoa jurídica;

VII - construção, ampliação e manutenção de vias públicas;

VIII - construção, ampliação e manutenção de estações e redes de distribuição de energia elétrica e telecomunicações;

IX - construção, ampliação e manutenção de estações e redes de abastecimento de água, coleta de esgoto, transportes por dutos e construções correlatas;

X - construção, ampliação e manutenção de rodovias e ferrovias;

XI - reciclagem de resíduos, inclusive de obras de construção civil;

XII - geração, transmissão, transformação e distribuição de energia elétrica, independentemente da forma de organização societária, inclusive holding mista, em que há participação desta na exploração conjunta da atividade econômica;

XIII - lojas de fábrica, assim consideradas as atividades de comercialização de produtos oriundos da unidade de fabricação, realizadas por estabelecimentos ou dependências desta, vinculados à mesma empresa, independentemente de sua localização;

XIV - cozinha industrial, assim considerada a atividade que consiste na fabricação e acondicionamento de alimentos congelados, fornecimento de pratos prontos ou preparação, em qualquer local, de refeições para empresas ou instituições de internação ou atendimento coletivo;

XV - extração de minério de ferro, refino de petróleo e fabricação de produtos e subprodutos, inclusive as atividades de apoio e as relacionadas a pesquisas e testes experimentais;

XVI - engenharia consultiva, assim considerada a atividade destinada a viabilizar a realização de obras de construção civil, de construção de usinas e de implantação e instalação de linhas de transmissão e plataformas de qualquer espécie;

XVII - fabricação, instalação, manutenção e locação de containers, betoneiras, andaimes, cavaletes e outros equipamentos para obras de construção civil;

XVIII - instalação e manutenção industrial de elevadores, ar-condicionado, redes hidráulica, elétrica e de telecomunicação e de outros equipamentos integrantes de obra de construção civil;

XIX - centros de distribuição, depósitos e escritórios administrativos de empresa industrial, independentemente do local onde estiverem instalados;

XX - obras de construção civil e de restauração de prédios e monumentos;

XXI - Correios, inclusive agências franqueadas ou permissionárias;

XXII - telecomunicações, incluídas telefonia fixa, móvel e por satélite;

XXIII - provedores de acesso às redes de comunicação e de voz sobre protocolo internet (VoIP);

XXIV - desenvolvimento e licenciamento, em série ou larga escala, de programas de computador;

XXV - panificação, quando constituir atividade econômica autônoma, assim considerada a que não constitui parte de atividade econômica mais abrangente, ainda que sejam comercializados outros produtos no mesmo estabelecimento;

XXVI - administração, conservação e manutenção de rodovias, pontes e túneis sob regime de concessão ou parceria com o poder público, inclusive serviços relacionados;

XXVII - tinturarias, quando constituir atividade acessória de atividade industrial ou fase de industrialização do produto; e

XXVIII - reciclagem, tratamento ou industrialização de resíduos, com ou sem coleta.

Parágrafo único. Aplica-se às atividades mencionadas no caput o disposto nos incisos III e IV do caput do art. 84.

Art. 87. Para fins de incidência da contribuição devida a terceiros, classificamse como comerciais ou de serviços, não exclusivamente, as atividades a seguir enumeradas, desenvolvidas em conjunto ou individualmente, sobre as quais aplicam-se as alíquotas previstas no Anexo III:

I - de acordo com o código FPAS 515:

a) empresas de call center;

b) panificação, quando realizada em hipermercado, supermercado, minimercado, mercearia ou armazém, com a finalidade de ampliar a oferta de produtos;

c) limpeza e conservação de prédios;

d) comércio (revendedor) de programas de computador;

e) serviços de tecnologia da informação, inclusive desenvolvimento de programas de computador sob encomenda, ou customizáveis, e seu licenciamento, instalação, manutenção e atualização, a distância ou nas dependências do cliente;

f) serviços de instalação, manutenção, assistência técnica e reparação de máquinas e equipamentos, inclusive de informática, móveis, eletrodomésticos e bicicletas, exceto se prestados pelo próprio fabricante;

g) serviços de restaurante e bufê, inclusive os prestados a instituições hospitalares e de atendimento coletivo;

h) tinturarias, quando constituírem atividade acessória de serviços pessoais ou fase de atividade comercial;

i) serviços de engenharia consultiva não enquadrados no inciso XVI do caput do art. 86, prestados por pessoa jurídica;

j) coleta de resíduos, sem atividade de tratamento, reciclagem ou industrialização; e

k) sociedades corretoras de seguro;

II - de acordo com o código FPAS 566:

a) televisão aberta e por assinatura; e

b) serviços de engenharia consultiva não enquadrados no inciso XVI do caput do art. 86, prestados por pessoa física;

III - de acordo com o código FPAS 574, instituições de ensino, exceto as de direito público; e

IV - de acordo com o código FPAS 647, associações desportivas que mantêm equipes de futebol profissional.

SEÇÃO IV
DA APLICAÇÃO DO CÓDIGO FPAS - REGRAS ESPECIAIS

Art. 88. As empresas, inclusive as constituídas na forma de cooperativa, que desenvolvem as atividades referidas no § 6º do art. 43 enquadram-se no código FPAS 736 e contribuirão com as alíquotas previstas para esse código no Anexo III, observado, quanto às cooperativas de crédito, o disposto no inciso II do caput do art. 99. (Lei nº 8.212, de 1991, art. 22, § 1º; e Regulamento da Previdência Social, de 1999, art. 201, § 6º)

Art. 89. As entidades beneficentes de assistência social certificadas e em gozo de imunidade de contribuições sociais enquadram-se no código FPAS 639 e são isentas de contribuições a terceiros. (Lei nº 11.457, de 2007, art. 3º, § 5º)

Art. 90. Os organismos internacionais com acordo recíproco de isenção enquadram-se no código FPAS 876 e contribuirão com as alíquotas previstas para esse código no Anexo III.

Art. 91. O código FPAS e as alíquotas correspondentes, atribuídos à atividade na forma dos arts. 83 a 90, serão aplicados a todos os estabelecimentos da mesma pessoa jurídica, assim considerados os cadastrados sob a mesma raiz de CNPJ, independentemente de sua localização, ressalvadas as hipóteses previstas nos incisos I e IV do caput do art. 84.

Art. 92. Cabe à empresa prestadora de serviços mediante cessão de mão de obra calcular e recolher a contribuição devida a terceiros de acordo com o código FPAS correspondente à atividade, mediante aplicação das alíquotas previstas no Anexo III.

Art. 93. O cálculo e o recolhimento da contribuição devida a terceiros decorrente da contratação de trabalhador avulso não portuário será feito mediante aplicação das alíquotas previstas no Anexo III, de acordo com o código FPAS da empresa contratante. (Regulamento da Previdência Social, de 1999, art. 218, § 2º)

Parágrafo único. Cabe ao tomador de serviços ou ao sindicato que intermediar a contratação a que se refere o caput elaborar folha de pagamento por contratante, e ao tomador de serviços prestar as informações a que se refere o art. 25 relativas ao contrato. (Regulamento da Previdência Social, de 1999, art. 218, caput)

SEÇÃO V
DA CONTRIBUIÇÃO DEVIDA AO INCRA

Art. 94. A contribuição de 2,5% (dois inteiros e cinco décimos por cento) devida ao Incra, identificada pelo código FPAS 531 e código de terceiros 0003, incide sobre a folha de salários das empresas que atuam nas seguintes atividades: (Decreto-Lei nº 1.146, de 31 de dezembro de 1970, art. 2º)

I - indústria de cana-de-açúcar;

II - indústria de laticínios;

III - indústria de beneficiamento de cereais, café, chá e mate;

IV - indústria da uva;

V - indústria de extração e beneficiamento de fibras vegetais e de descaroçamento de algodão;

VI - indústria de extração de madeira para serraria, de resina, lenha e carvão vegetal; e

VII - matadouros ou abatedouros de animais de quaisquer espécies, inclusive atividades de preparo de charques.

Parágrafo único. No caso de agroindústria, deverá ser observado o disposto na alínea "d" do inciso II do caput do art. 100 para a apuração da contribuição devida ao Incra.

SEÇÃO VI
DA CONTRIBUIÇÃO ADICIONAL DEVIDA AO INCRA E DA CONTRIBUIÇÃO SOCIAL DO SALÁRIO-EDUCAÇÃO

Art. 95. A contribuição adicional devida ao Incra, prevista no art. 3º do Decreto-Lei nº 1.146, de 1970, é calculada mediante aplicação da alíquota de 0,2% (dois décimos por cento) sobre a folha de salários das empresas em geral e equiparados, vinculados ao RGPS, assim considerados o empresário individual, a sociedade empresária, a sociedade de economia mista e a empresa pública, inclusive das empresas a que se refere o art. 94, ressalvado o disposto no art. 82. (Decreto-Lei nº 1.146, de 1970, art. 1º, inciso I, item 2, e art. 3º)

Art. 96. A contribuição social do salário--educação é devida pelas empresas em geral e equiparados, vinculados ao RGPS, assim considerados o empresário individual, a sociedade empresária, a sociedade de economia mista e a empresa pública, ressalvado o disposto no art. 82. (Constituição Federal, art. 212, § 5º; Lei nº 9.424, de 1996, art. 15; e Decreto nº 6.003, de 28 de dezembro de 2006, art. 2º)

§ 1º A contribuição de que trata o caput é calculada com base na alíquota de 2,5% (dois inteiros e cinco décimos por cento), incidente sobre o total da remuneração paga ou creditada, a qualquer título, ressalvadas as exceções legais, aos segurados empregados. (Lei nº 9.424, de 1996, art. 15; e Decreto nº 6.003, de 2006, art. 1º, § 1º)

§ 2º Não incide a contribuição social do salário-educação sobre a remuneração paga aos trabalhadores avulsos. (Ato Declaratório do PGFN nº 10, de 25 de junho de 2018; e Parecer PGFN/CRJ nº 162/2017)

§ 3º O produtor rural pessoa física sem inscrição no CNPJ não é sujeito passivo da contribuição para o salário-educação. (Parecer SEI nº 5899/2022/ME, aprovado por despacho do Procurador-Geral da Fazenda Nacional, de 16/10/2023; Parecer SEI nº 4090/2023/MF) (Acrescido pela Instrução Normativa RFB 2.185/2024)

SEÇÃO VII
DAS DEMAIS CONTRIBUIÇÕES DEVIDAS A TERCEIROS

Art. 97. Observada a utilização do código FPAS e a aplicação das alíquotas devidas conforme disposto no art. 85, as empresas:

I - cujas atividades sejam vinculadas à Confederação Nacional dos Transportes Marítimos, Fluviais e Aéreos:

a) relativamente às atividades compreendidas no 1º (primeiro), 3º (terceiro), 4º (quarto), 5º (quinto) ou 6º (sexto) grupo (empresas de navegação marítima e fluvial, empresários e administradores de portos, empresas prestadoras de serviços portuários, empresas de pesca e empresas de dragagem) do quadro 3 do Anexo II, contribuirão para o Fundo de Desenvolvimento do Ensino Profissional Marítimo; e (Lei nº 5.461, de 25 de junho de 1968, art. 1º; e Decreto-Lei nº 828, de 1969, art. 1º)

b) relativamente à atividade compreendida no 2º (segundo) grupo (empresas aeroviárias) do quadro 3 do Anexo II, contribuirão para o Fundo Aeroviário; (Decreto-Lei nº 270, de 1967, art. 1º; e Decreto-Lei nº 1.305, de 8 de janeiro de 1974, art. 1º)

II - cujas atividades sejam vinculadas à Confederação Nacional dos Transportes Terrestres:

a) relativamente às atividades compreendidas no 1º (primeiro) grupo (empresas ferroviárias) do quadro 4 do Anexo II, contribuirão para o Serviço Social da Indústria (Sesi) e para o Serviço Nacional de Aprendizagem Industrial (Senai); e (DecretoLei nº 4.936, de 7 de novembro de 1942, art. 3º; Decreto-Lei nº 6.246, de 5 de fevereiro de 1944, art. 1º, e art. 2º, alínea "a"; e Decreto-Lei nº 9.403, de 25 de junho de 1946, art. 3º)

b) relativamente às atividades compreendidas no 2º (segundo) grupo (empresas de transporte rodoviário de cargas ou passageiros) do quadro 4 do Anexo II, contribuirão para o Sest e para o Senat; e (Lei nº 8.706, de 1993, art. 7º)

III - cujas atividades sejam vinculadas à Confederação Nacional de Comunicações e Publicidades:

a) relativamente às atividades compreendidas no 1º (primeiro) grupo (empresas de comunicações - telegráficas, empresa de correios, inclusive franqueadas e telefônicas) do quadro 5 do Anexo II, contribuirão para o Sesi e para o Senai; e (DecretoLei nº 4.936, de 1942, art. 3º; Decreto-Lei nº 6.246, de 1944, art. 2º, alínea "a"; e Decreto-Lei nº 9.403, de 1946, art. 3º)

b) relativamente às atividades compreendidas no 2º (segundo) ou 3º (terceiro) grupo (empresas de publicidade - agências de propaganda - e empresas jornalísticas - agências de radiodifusão, televisão aberta e por assinatura, agências noticiosas, jornais e revistas) do quadro 5 do Anexo II, contribuirão para o Serviço Social do Comércio (Sesc). (Decreto-Lei nº 9.853, de 13 de setembro de 1946, art. 3º)

Parágrafo único. Para fins de aplicação da contribuição ao Fundo Aeroviário a que se refere a alínea "b" do inciso I do caput, estão compreendidas no grupo das empresas aeroviárias do quadro 3 do Anexo II as empresas privadas, públicas, de economia mista e autárquicas, quer federais, estaduais ou municipais: (Decreto-Lei nº 1.305, de 8 de janeiro de 1974, art. 1º)

I - de transporte aéreo regular, não regular, de táxi aéreo e de serviços aéreos especializados;

II - de telecomunicações aeronáuticas;

III - de implantação, administração, operação e exploração da infraestrutura aeroportuária, e de serviços auxiliares; e

IV - de fabricação, reparos e manutenção, ou de representação, de aeronaves, suas peças e acessórios, e de equipamentos aeronáuticos.

Art. 98. As contribuições devidas ao Sest e ao Senat por empresas de distribuição de petróleo serão calculadas sobre o montante da remuneração paga ou creditada aos empregados diretamente envolvidos com o transporte. (Decreto nº 1.007, de 13 de dezembro de 1993, art. 2º, § 2º)

Art. 99. A contribuição devida ao Serviço Nacional de Aprendizagem do Cooperativismo (Sescoop) será calculada mediante aplicação da alíquota de 2,5% (dois inteiros e cinco décimos por cento) incidente sobre o montante da remuneração paga, devida ou creditada a seus empregados: (Medida Provisória nº 2.168-40, de 24 de agosto de 2001, art. 10, caput, inciso I)

I - para as empresas constituídas sob a forma de cooperativa, que se dedicam às atividades a que se referem os arts. 86 e 87 e as constantes dos quadros do Anexo II, de acordo com o código FPAS da respectiva atividade e o código de terceiros 4163; e

II - para as cooperativas de crédito, de acordo com o código FPAS 787 e o código de terceiros 4099. (Lei nº 11.524, de 24 de setembro de 2007, art. 10)

Parágrafo único. A contribuição devida ao Sescoop não se acumula com as devidas ao Sesi, ao Senai, ao Sesc ou ao Senac, conforme a atividade. (Medida Provisória nº 2.168-40, de 2001, art. 10, § 2º)

SEÇÃO VIII
DA CONTRIBUIÇÃO DEVIDA PELA AGROINDÚSTRIA E PELO PRODUTOR RURAL PESSOA JURÍDICA

Art. 100. Para fins de recolhimento das contribuições devidas a terceiros, a pessoa jurídica que exerce a atividade agroindustrial observará as seguintes regras:

I - as contribuições devidas pela agroindústria incidentes sobre a receita bruta da comercialização da produção não substituem as devidas a terceiros incidentes sobre a folha de salários, salvo a destinada ao Serviço Nacional de Aprendizagem Rural (Senar); e (Lei nº 8.212, de 1991, art. 22-A, § 5º)

II - as contribuições devidas a terceiros serão calculadas com a utilização dos códigos FPAS e de terceiros e das alíquotas previstos no Anexo V, de acordo com as correspondentes pessoas jurídicas e bases de cálculo, observado que:

a) a agroindústria de piscicultura, carcinicultura, suinocultura ou avicultura prestará as informações a que se refere o art. 25 de forma individualizada quanto ao setor de criação, ao setor de abate e ao setor de industrialização e deverá informar o valor total da remuneração paga, devida ou creditada a empregados e trabalhadores avulsos do setor; (Lei nº 8.212, de 1991, art. 22-A, § 4º; e Regulamento da Previdência Social, de 1999, art. 201-A, § 4º, inciso I)

b) a agroindústria de florestamento e reflorestamento não sujeita à contribuição substitutiva nos termos do inciso II do § 6º do art. 153 prestará as informações a que se refere o art. 25 de forma individualizada quanto ao setor rural e ao setor industrial e deverá informar o valor total da remuneração paga, devida ou creditada a empregados e trabalhadores avulsos do setor; (Lei nº 8.212, de 1991, art. 22-A, § 6º; e Regulamento da Previdência Social, de 1999, art. 201-A, § 4º, inciso II)

c) a agroindústria sujeita à contribuição substitutiva estabelecida pelo art. 22-A da Lei nº 8.212, de 1991, ressalvada a hipótese da alínea "d", prestará as informações a que se refere o art. 25 em relação à receita bruta da comercialização da produção e às folhas de salários dos setores rural e industrial, separadamente; e

d) a agroindústria sujeita à contribuição substitutiva estabelecida pelo art. 22-A da Lei nº 8.212, de 1991, que desenvolve atividade relacionada no art. 94, prestará as informações a que se refere o art. 25 em relação à receita bruta da comercialização da produção e às folhas de salários dos setores rural e industrial.

§ 1º Aplica-se a contribuição substitutiva a que se refere a alínea "c" do inciso II do caput ainda que a agroindústria explore, também, outra atividade econômica autônoma, no mesmo ou em estabelecimento distinto, hipótese em que a contribuição incidirá sobre o valor da receita bruta decorrente da comercialização em todas as atividades, ressalvado o disposto no inciso I do § 1º do art. 156 e observado o disposto nos arts. 150 e 151. (Regulamento da Previdência Social, de 1999, art. 201-B)

§ 2º No caso de recolhimento mediante convênio nos termos do disposto no § 5º do art. 81, aplica-se o código de terceiros compatível com o convênio celebrado.

Art. 101. As contribuições devidas a terceiros pela pessoa jurídica que exerce apenas a atividade de produção rural incidem sobre a receita bruta da comercialização da produção rural, em substituição às contribuições incidentes sobre a folha de salários, e serão calculadas com a utilização dos códigos FPAS e de terceiros e das alíquotas previstos no Anexo V.

§ 1º Não se aplica a substituição prevista no caput se a pessoa jurídica, exceto a agroindústria, explorar, além da atividade de produção rural, outra atividade econômica autônoma comercial, industrial ou de serviços, no mesmo ou em estabelecimento distinto, independentemente de qual seja a atividade preponderante, ou se fizer a opção a que se refere o inciso V do § 2º do art. 153, hipótese em que fica obrigada às contribuições incidentes sobre a folha de salários, em relação a todas as atividades. (Regulamento da Previdência Social, de 1999, art. 201, § 22)

§ 2º A substituição prevista no caput não se aplica, também, às operações relativas à prestação de serviços a terceiros, sobre as quais incidem as contribuições previstas no § 1º. (Lei nº 8.870, de 1994, art. 25, § 5º; e Regulamento da Previdência Social, de 1999, art. 201, § 21)

SEÇÃO IX
DA ARRECADAÇÃO DAS CONTRIBUIÇÕES DEVIDAS A TERCEIROS - REGRAS ESPECIAIS

Art. 102. Para recolhimento das contribuições devidas à Previdência Socialea terceiros, a cooperativa de produção que atua nas atividades a que se referem as alíneas "a" e "b" do inciso II do caput do art. 100 e o art. 101 informará o código de terceiros 4099 e a que atua nas demais atividades informará o código de terceiros 4163.

Parágrafo único. Sobre a remuneração de trabalhadores contratados exclusivamente para a colheita da produção dos cooperados, a cooperativa fica obrigada ao pagamento da contribuição devida ao FNDE e ao Incra, calculada mediante aplicação das alíquotas previstas no Anexo III, de acordo com o código FPAS 604 e o código terceiros 0003, e à retenção e ao recolhimento das contribuições devidas pelo segurado.

Art. 103. A empresa tomadora de serviços de condutor autônomo de veículo rodoviário, inclusive o taxista e o motorista de transporte remunerado privado individual de passageiros, auxiliar de condutor autônomo, transportador autônomo de cargas e transportador autônomo de cargas auxiliar deverá reter e recolher a contribuição devida ao Sest e ao Senat, instituída pela Lei nº 8.706, de 1993, observadas as seguintes regras:

I - a base de cálculo da contribuição corresponde a 20% (vinte por cento) do valor bruto do frete, carreto ou transporte, vedada qualquer dedução, ainda que figure discriminadamente na nota fiscal, na fatura ou no recibo; (Lei nº 8.212, de 1991, art. 22, § 15; e Regulamento da Previdência Social, de 1999, art. 201, § 4º)

II - o cálculo da contribuição é feito mediante aplicação das alíquotas previstas no Anexo III, de acordo com o código FPAS 620 e o código de terceiros 3072;

III - não se aplica à base de cálculo o limite máximo do salário de contribuição a que se refere o § 2º do art. 30; e

IV - na hipótese de serviço prestado por cooperado filiado a cooperativa de transportadores autônomos, a contribuição do contribuinte individual será descontada e recolhida pela cooperativa.

§ 1º Na hipótese de serviço prestado a pessoa física, ainda que equiparada a empresa, a contribuição será recolhida pelos contribuintes individuais mencionados no caput, diretamente ao Sest e ao Senat, observado o disposto no inciso II do caput. (Decreto nº 1.007, de 1993, art. 2º, § 3º, alínea "b")

§ 2º Sobre o total da remuneração paga, devida ou creditada a segurados empregados e trabalhadores avulsos, a cooperativa de transportadores autônomos contribui para a Previdência Social e a terceiros, mediante aplicação das alíquotas previstas no Anexo III, de acordo com o código FPAS 612 e o código de terceiros 4163.

Art. 104. Para recolhimento da contribuição devida a terceiros, a associação desportiva e a sociedade empresária que mantêm equipe de futebol profissional, observarão as seguintes regras:

I - a contribuição incide sobre o total da remuneração paga, devida ou creditada a empregados, atletas e não atletas, e trabalhadores avulsos;

II - o cálculo da contribuição é feito mediante aplicação das alíquotas previstas no Anexo III, de acordo com o código FPAS 620 e o código de terceiros 3072;

III - a sociedade empresária prestará as informações a que se refere o art. 25 de forma individualizada quanto à atividade esportiva, devendo informar o código FPAS 647 e o código de terceiros 0099, e para as demais atividades observarão o disposto nos arts. 83 a 87.

Art. 105. Para recolhimento das contribuições devidas à Previdência Socialea terceiros, a empresa de trabalho temporário, assim definida no inciso III do caput do art. 2º, observará as seguintes regras: (Lei nº 6.019, de 1974, art. 3º)

I - sobre a remuneração dos trabalhadores temporários, contribuirá mediante aplicação das alíquotas previstas no Anexo III, de acordo com o código FPAS 655 e o código de terceiros 0001; e

II - sobre a remuneração dos trabalhadores permanentes, contribuirá mediante aplicação das alíquotas previstas no Anexo III, de acordo com o código FPAS 515 e o código de terceiros 0115.

Art. 106. Para recolhimento das contribuições devidas à Previdência Socialea terceiros, o Ogmo e o operador portuário observarão as seguintes regras:

I - o Ogmo desenvolve atividade de organização associativa profissional, com classificação no código CNAE 9412-0/99 da CNAE - Subclasses 2.3, e equipara-se a empresa; (Lei nº 8.212, de 1991, art. 15, parágrafo único; e Regulamento da Previdência Social, de 1999, art. 12, parágrafo único, inciso III)

II - o Ogmo contribuirá sobre a remuneração de seus empregados permanentes e dos contribuintes individuais a seu serviço, mediante aplicação das alíquotas previstas no Anexo III, de acordo com o código FPAS 523 e o código de terceiros 0003; (Lei nº 8.212, de 1991, art. 22; e Regulamento da Previdência Social, de 1999, arts. 201 e 202)

III - o operador portuário repassará ao Ogmo o valor da remuneração dos trabalhadores avulsos portuários a seu serviço e das contribuições sociais incidentes sobre a folha de pagamento correspondentes, devidas à Previdência Social e a terceiros; (Decreto nº 3.048, de 1999, art. 217, § 1º)

IV - o Ogmo recolherá as contribuições destinadas à Previdência Social e a terceiros, incidentes sobre a remuneração, inclusive férias e décimo terceiro salário, do trabalhador avulso portuário, devidas pelo trabalhador e pelo operador portuário; (Regulamento da Previdência Social, de 1999, art. 217, § 2º, inciso IV)

V - o Ogmo prestará as informações a que se refere o art. 25 de forma individualizada por operador portuário, com as informações relativas aos trabalhadores avulsos portuários contratados por este; (Regulamento da Previdência Social, de 1999, art. 217, § 2º, inciso III)

VI - as contribuições devidas pelo operador portuário, inclusive as destinadas a terceiros, incidentes sobre a remuneração dos trabalhadores avulsos portuários, serão calculadas mediante aplicação das alíquotas previstas no Anexo III, de acordo com o código FPAS 680 e o código de terceiros 0131; (Lei nº 8.212, de 1991, art. 22; e Regulamento da Previdência Social, de 1999, arts. 201 e 202)

VII - a contribuição do trabalhador avulso portuário será descontada de sua remuneração, pelo Ogmo, observados os limites mínimo e máximo do salário de contribuição previstos no art. 30; (Lei nº 8.212, de 1991, art. 30, caput, inciso I, alínea "a"; e Regulamento da Previdência Social, de 1999, art. 216, caput, inciso I, alínea "a")

VIII - a alíquota da contribuição destinada ao financiamento da aposentadoria especial e dos benefícios concedidos em razão do grau de incidência de incapacidade laborativa decorrente dos riscos ambientais do trabalho a ser aplicada é a do operador portuário ou do titular de instalação de uso privativo;

IX - o operador portuário sujeito à CPRB de que trata os arts. 7º e 8º da Lei nº 12.546, de 2011, deverá efetuar o recolhimento em nome próprio e não repassará ao Ogmo a contribuição a cargo da empresa prevista no inciso I do caput do art. 43.

Parágrafo único. Aplica-se à empresa tomadora de serviços de trabalhador avulso portuário e ao Ogmo que o contratar diretamente, o disposto nos incisos III a IX do caput, exceto quanto ao código FPAS, que para o Ogmo corresponde ao código FPAS 540.

SEÇÃO X
DA REPRESENTAÇÃO

Art. 107. A entidade ou o fundo destinatário da contribuição poderá representar à RFB contra ato praticado pelo sujeito passivo em desacordo com o disposto neste Capítulo.

§ 1º A representação deverá conter a identificação da entidade ou do fundo, a descrição minuciosa do fato e o dispositivo violado.

§ 2º A representação será dirigida à unidade da RFB do domicílio fiscal da empresa contra a qual é apresentada.

§ 3º Se procedente a representação, a autoridade administrativa notificará o sujeito passivo, a fim de que este providencie a regularização necessária no prazo de 30 (trinta) dias.

§ 4º A autoridade administrativa comunicará à entidade ou ao fundo, em até 60 (sessenta) dias do recebimento da representação, a providência por ela adotada, inclusive no caso de arquivamento por improcedência.

CAPÍTULO VIII
DA CESSÃO DE MÃO DE OBRA E DA EMPREITADA

SEÇÃO I
DOS CONCEITOS

Art. 108. Cessão de mão de obra é a colocação à disposição da empresa contratante, em suas dependências ou nas de terceiros, de trabalhadores que realizem serviços contínuos, relacionados ou não com sua atividade fim, quaisquer que sejam a natureza e a forma de contratação, inclusive por meio de trabalho temporário na forma da Lei nº 6.019, de 1974. (Lei nº 8.212, de 1991, art. 31, § 3º; e Regulamento da Previdência Social, de 1999, art. 219, § 1º)

§ 1º Entende-se por:

I - dependências de terceiros, aquelas indicadas pela empresa contratante, que não sejam as suas próprias e que não pertençam à empresa prestadora dos serviços;

II - serviços contínuos, aqueles que constituem necessidade permanente da contratante, que se repetem periódica ou sistematicamente, ligados ou não a sua atividade fim, ainda que sua execução seja realizada de forma intermitente ou por diferentes trabalhadores; e

III - colocação à disposição da empresa contratante, a cessão do trabalhador, em caráter não eventual, respeitados os limites do contrato.

§ 2º A caracterização da cessão de mão de obra independe da existência de poder de gerência ou direção do tomador do serviço sobre os trabalhadores colocados à sua disposição. (Solução de Consulta Interna Cosit nº 4, de 28 de maio de 2021)

Art. 109. Empreitada é a execução, contratualmente estabelecida, de tarefa, de obra ou de serviço, por preço ajustado, com ou sem fornecimento de material ou uso de equipamentos, que podem ou não ser utilizados, realizada nas dependências da empresa contratante, nas de terceiros ou nas da empresa contratada, tendo como objeto um resultado pretendido, observado o disposto no inciso VI do caput do art. 114 quanto à empreitada realizada nas dependências da contratada.

SEÇÃO II
DA RETENÇÃO

Art. 110. A empresa contratante de serviços prestados mediante cessão de mão de obra ou empreitada, inclusive em regime de trabalho temporário, deverá reter 11% (onze por cento) do valor bruto da nota fiscal ou fatura e recolher à Previdência Social a importância retida, em documento de arrecadação identificado com a denominação social e o CNPJ da empresa contratada, observado o disposto no art. 50 e no art. 131. (Lei nº 8.212, de 1991, art. 31, caput; e Regulamento da Previdência Social, de 1999, art. 219, caput)

§ 1º Para fins do disposto no caput, a empresa contratada deverá emitir nota fiscal ou fatura específica para os serviços prestados em condições especiais pelos segurados ou discriminar o valor desses serviços na nota fiscal ou fatura.

§ 2º Aplica-se o disposto neste artigo ao serviço ou à obra de construção civil executado por empresas em consórcio constituído na forma dos arts. 278 e 279 da Lei nº 6.404, de 15 de dezembro de 1976, observados os seguintes procedimentos: (Lei nº 8.212, de 1991, art. 31, § 6º)

I - o contratante do serviço ou da obra deve fazer a retenção e recolher o respectivo valor em nome e no CNPJ do emitente da nota fiscal ou fatura, ressalvado o disposto nos incisos II e III; (Lei nº 8.212, de 1991, art. 31, caput; e Regulamento da Previdência Social, de 1999, art. 219, caput)

II - se a nota fiscal ou fatura for emitida pelo consórcio, ele poderá informar a participação individualizada de cada consorciada que atuou na obra ou no serviço e o valor da respectiva retenção proporcionalmente a sua participação;

III - na hipótese do inciso II, o contratante poderá recolher os valores retidos no CNPJ de cada consorciada, de acordo com as informações prestadas pelo consórcio;

IV - o valor recolhido na forma do inciso III poderá ser compensado pela empresa consorciada com os valores das contribuições devidas à Previdência Social, vedada a compensação com as contribuições devidas a terceiros, e o saldo remanescente, se houver, poderá ser compensado nas competências subsequentes ou ser objeto de pedido de restituição; (Lei nº 8.212, de 1991, art. 31, § 1º; e Regulamento da Previdência Social, de 1999, art. 219, §§ 4º e 11)

V - as informações sobre a mão de obra empregada no serviço ou na obra de construção civil executados em consórcio serão prestadas pelo contratante dos trabalhadores, de forma individualizada por tomador, com o CNPJ identificador do tomador do serviço ou a matrícula da obra, conforme o caso, de acordo com o art. 25; e

VI - se a retenção e o recolhimento forem feitos no CNPJ do consórcio, somente ele poderá realizar a compensação ou apresentar pedido de restituição.

§ 3º Aplica-se ao valor da taxa de administração cobrada pelo consórcio o disposto no § 1º do art. 120.

§ 4º O valor retido na forma deste artigo poderá ser objeto de dedução, restituição ou compensação, na forma estabelecida na Instrução Normativa RFB nº 2.055, de 6 de dezembro de 2021. (Lei nº 8.212, de 1991, art. 31, §§ 1º e 2º; e Regulamento da Previdência Social, de 1999, art. 219, §§ 4º e 9º)

SEÇÃO III
DOS SERVIÇOS SUJEITOS À RETENÇÃO

Art. 111. Estão sujeitos à retenção de que trata o art. 110, se contratados mediante cessão de mão de obra ou empreitada, observado o disposto no art. 114, os serviços de: (Lei nº 8.212, de 1991, art. 31, § 4º; e Regulamento da Previdência Social, de 1999, art. 219, §§ 2º e 3º)

I - limpeza, conservação ou zeladoria, que se constituam em varrição, lavagem, enceramento ou em outros serviços destinados a manter a higiene, o asseio ou a conservação de praias, jardins, rodovias, monumentos, edificações, instalações, dependências, logradouros, vias públicas, pátios ou de áreas de uso comum;

II - vigilância ou segurança, que tenham por finalidade a garantia da integridade física de pessoas ou a preservação de bens patrimoniais;

III - construção civil, que envolvam a construção, a demolição, a reforma ou o acréscimo de edificações ou de qualquer benfeitoria agregada ao solo ou ao subsolo ou obras complementares que se integrem a esse conjunto, tais como a reparação de jardins ou de passeios, a colocação de grades ou de instrumentos de recreação, de urbanização ou de sinalização de rodovias ou de vias públicas;

IV - natureza rural, que se constituam em desmatamento, lenhamento, aração ou gradeamento, capina, colocação ou reparação de cercas, irrigação, adubação, controle de pragas ou de ervas daninhas, plantio, colheita, lavagem, limpeza, manejo de animais, tosquia, inseminação, castração, marcação, ordenhamento e embalagem ou extração de produtos de origem animal ou vegetal;

V - digitação, que compreendam a inserção de dados em meio informatizado por operação de teclados ou de similares; e

VI - preparação de dados para processamento, executados com vistas a viabilizar ou a facilitar o processamento de informações, tais como o escaneamento manual ou a leitura ótica.

Parágrafo único. Os serviços de vigilância ou segurança prestados por meio de monitoramento eletrônico não estão sujeitos à retenção.

Art. 112. Estão sujeitos à retenção de que trata o art. 110, se contratados mediante cessão de mão de obra, observado o disposto no art. 114, os serviços de: (Lei nº 8.212, de 1991, art. 31, § 4º; e Regulamento da Previdência Social, de 1999, art. 219, § 2º)

I - acabamento, que envolvam a conclusão, o preparo final ou a incorporação das últimas partes ou dos componentes de produtos, para o fim de colocá-los em condição de uso;

II - embalagem, relacionados com o preparo de produtos ou de mercadorias, com vistas à preservação ou à conservação de suas características para transporte ou guarda;

III - acondicionamento, que compreendam os serviços envolvidos no processo de colocação ordenada dos produtos para seu armazenamento ou transporte, a exemplo de sua colocação em paletes, empilhamento, amarração, dentre outros;

IV - cobrança, que objetivem o recebimento de quaisquer valores devidos à empresa contratante, ainda que executados periodicamente;

V - coleta ou reciclagem de lixo ou de resíduos, que envolvam a busca, o transporte, a separação, o tratamento ou a transformação de materiais inservíveis ou resultantes de processos produtivos, exceto quando realizados com a utilização de equipamentos tipo contêineres ou caçambas estacionárias;

VI - copa, que envolvam a preparação, o manuseio e a distribuição de todo ou de qualquer produto alimentício;

VII - hotelaria, que concorram para o atendimento ao hóspede em hotel, pousada, paciente em hospital, clínica ou em outros estabelecimentos do gênero;

VIII - corte ou ligação de serviços públicos, que tenham como objetivo a interrupção ou a conexão do fornecimento de água, de esgoto, de energia elétrica, de gás ou de telecomunicações;

IX - distribuição, que se constituam em entrega, em locais predeterminados, ainda que em via pública, de bebidas, de alimentos, de discos, de panfletos, de periódicos, de jornais, de revistas ou de amostras, dentre outros produtos, mesmo que distribuídos no mesmo período a vários contratantes;

X - treinamento e ensino, assim considerados como o conjunto de serviços envolvidos na transmissão de conhecimentos para a instrução ou para a capacitação de pessoas;

XI - entrega de contas e de documentos, que tenham como finalidade fazer chegar ao destinatário documentos diversos tais como, conta de água, conta de energia elétrica, conta de telefone, boleto de cobrança, cartão de crédito, mala direta ou similares;

XII - ligação de medidores, que tenham por objeto a instalação de equipamentos destinados a aferir o consumo ou a utilização de determinado produto ou serviço;

XIII - leitura de medidores, aqueles executados, periodicamente, para a coleta das informações aferidas por esses equipamentos, tais como a velocidade (radar), o consumo de água, de gás ou de energia elétrica;

XIV - manutenção de instalações, de máquinas ou de equipamentos, quando indispensáveis ao seu funcionamento regular e permanente e desde que mantida equipe à disposição da contratante;

XV - montagem, que envolvam a reunião sistemática, conforme disposição predeterminada em processo industrial ou artesanal, das peças de um dispositivo, de um mecanismo ou de qualquer objeto, de modo que possa funcionar ou atingir o fim a que se destina;

XVI - operação de máquinas, de equipamentos e de veículos relacionados com a sua movimentação ou funcionamento, que envolvam serviços do tipo manobra de veículo, operação de guindaste, painel eletroeletrônico, trator, colheitadeira, moenda, empilhadeira ou caminhão fora de estrada;

XVII - operação de pedágio ou de terminal de transporte, que envolvam a manutenção, a conservação, a limpeza ou o aparelhamento de terminal de passageiros terrestre, aéreo ou aquático, de rodovia, de via pública, e que envolvam serviços prestados diretamente aos usuários;

XVIII - operação de transporte de passageiros, inclusive nos casos de concessão ou de subconcessão, que envolvam o deslocamento de pessoas por meio terrestre, aquático ou aéreo;

XIX - portaria, recepção ou ascensorista, realizados com vistas ao ordenamento ou ao controle do trânsito de pessoas em locais de acesso público ou à distribuição de encomendas ou de documentos;

XX - recepção, triagem ou movimentação, relacionados ao recebimento, à contagem, à conferência, à seleção ou ao remanejamento de materiais;

XXI - promoção de vendas ou de eventos, que tenham por finalidade colocar em evidência as qualidades de produtos ou a realização de shows, de feiras, de convenções, de rodeios, de festas ou de jogos;

XXII - secretaria e expediente, quando relacionados com o desempenho de rotinas administrativas;

XXIII - saúde, quando prestados por empresas da área da saúde e direcionados ao atendimento de pacientes, com o objetivo de avaliar, recuperar, manter ou melhorar o estado físico, mental ou emocional desses pacientes; e

XXIV - telefonia ou de telemarketing, que envolvam a operação de centrais ou de aparelhos telefônicos ou de teleatendimento.

Art. 113. São exaustivas as relações dos serviços sujeitos à retenção constantes dos arts. 111 e 112.

Parágrafo único. A pormenorização das tarefas compreendidas em cada um dos serviços constantes dos incisos do caput dos arts. 111 e 112 é exemplificativa.

SEÇÃO IV
DO CASOS NÃO SUJEITOS À RETENÇÃO

Art. 114. Não se aplica a retenção de que trata o art. 110 à contratação de serviços:

I - prestados por trabalhadores avulsos por intermédio de sindicato da categoria ou de Ogmo;

II - mediante contrato de empreitada total, conforme definição estabelecida no inciso III do caput e no § 1º do art. 7º da Instrução Normativa RFB nº 2.021, de 16 de abril de 2021;

III - de entidade beneficente de assistência social isenta de contribuições sociais;

IV - prestados por contribuinte individual, ainda que equiparado a empresa;

V - de transporte de cargas;

VI - por meio de empreitada realizada nas dependências da contratada;

VII - por órgãos públicos da administração direta, autarquias e fundações de direito público, quando contratantes de obra de construção civil, reforma ou acréscimo, por meio de empreitada total, observado o disposto no inciso II do § 2º do art. 135.

§ 1º Na hipótese de contratação mediante empreitada total prevista no inciso II do caput, será aplicada a solidariedade, conforme disposições previstas na Seção III do Capítulo IX deste Título, observado o disposto no inciso II do § 2º do art. 135 e no art. 145.

§ 2º Não se aplica o disposto no inciso VII do caput aos serviços de construção civil contratados mediante cessão de mão de obra ou empreitada parcial por órgãos públicos da administração direta, autarquias e fundações de direito público, hipótese em que se obrigam a efetuar a retenção prevista no art. 110. (Regulamento da Previdência Social, de 1999, art. 221-A, parágrafo único)

SEÇÃO V
DA DISPENSA DA RETENÇÃO

Art. 115. A contratante fica dispensada de efetuar a retenção na forma do art. 110, e a contratada, de registrar o destaque da retenção na nota fiscal ou fatura, quando:

I - o valor correspondente a 11% (onze por cento) dos serviços contidos em cada nota fiscal ou fatura de prestação de serviços for inferior ao limite mínimo estabelecido pela RFB para recolhimento em documento de arrecadação;

II - a contratada não possuir empregados, o serviço for prestado pessoalmente pelo titular ou sócio e o seu faturamento do mês anterior for igual ou inferior a 2 (duas) vezes o limite máximo do salário de contribuição, cumulativamente; ou

III - a contratação envolver somente serviços profissionais relativos ao exercício de profissão regulamentada por legislação federal, ou serviços de treinamento e ensino definidos no inciso X do caput do art. 112, desde que prestados pessoalmente pelos sócios, sem o concurso de empregados ou de outros contribuintes individuais.

§ 1º Para comprovação dos requisitos previstos no inciso II do caput, a contratada apresentará à tomadora declaração assinada por seu representante legal, sob as penas da lei, de que não possui empregados e o seu faturamento no mês anterior foi igual ou inferior a 2 (duas) vezes o limite máximo do salário de contribuição.

§ 2º Para comprovação dos requisitos previstos no inciso III do caput, a contratada apresentará à tomadora declaração assinada por seu representante legal, sob as penas da lei, de que o serviço foi prestado por sócio da empresa, no exercício de profissão regulamentada, ou, se for o caso, por profissional da área de treinamento e ensino, e sem o concurso de empregados ou contribuintes individuais, ou consignará o fato na nota fiscal ou fatura.

§ 3º Para fins do disposto no inciso III do caput, são serviços profissionais regulamentados pela legislação federal, dentre outros, os prestados por administradores, advogados, aeronautas, aeroviários, agenciadores de propaganda, agrônomos, arquitetos, arquivistas, assistentes sociais, atuários, auxiliares de laboratório, bibliotecários, biólogos, biomédicos, cirurgiões dentistas, contabilistas, economistas domésticos, economistas, enfermeiros, engenheiros, estatísticos, farmacêuticos, fisioterapeutas, terapeutas ocupacionais, fonoaudiólogos, geógrafos, geólogos, guias de turismo, jornalistas profissionais, leiloeiros rurais, leiloeiros, massagistas, médicos, meteorologistas, nutricionistas, psicólogos, publicitários, químicos, radialistas, secretárias, taquígrafos, técnicos de arquivos, técnicos em biblioteconomia, técnicos em radiologia e tecnólogos.

SEÇÃO VI
DA APURAÇÃO DA BASE DE CÁLCULO
DA RETENÇÃO

Art. 116. Os valores de materiais ou de equipamentos, próprios ou de terceiros, exceto os equipamentos manuais, fornecidos pela contratada, discriminados no contrato e na nota fiscal ou fatura, não integram a base de cálculo da retenção de que trata o art. 110, desde que comprovados. (Regulamento da Previdência Social, de 1999, art. 219, § 7º)

§ 1º O valor do material fornecido ao contratante ou o de locação de equipamento de terceiros, utilizado na execução do serviço, não poderá ser superior ao valor de aquisição ou de locação para fins de apuração da base de cálculo da retenção.

§ 2º Para fins do disposto no § 1º, a contratada manterá em seu poder, para apresentar à fiscalização da RFB, os documentos fiscais de aquisição do material ou o contrato de locação de equipamentos, conforme o caso, relativos a material ou equipamentos cujos valores foram discriminados na nota fiscal ou fatura.

§ 3º Considera-se discriminação no contrato os valores nele consignados, relativos a material ou equipamentos, ou os previstos em planilha à parte, desde que esta seja parte integrante do contrato mediante cláusula nele expressa.

Art. 117. Os valores de materiais ou de equipamentos, próprios ou de terceiros, exceto os equipamentos manuais, cujo fornecimento esteja previsto em contrato, sem a respectiva discriminação de valores, contanto que estejam discriminados na nota fiscal ou fatura, não integram a base de cálculo da retenção de que trata o art. 110, que deve corresponder no mínimo aos seguintes percentuais do valor bruto da nota fiscal ou fatura: (Regulamento da Previdência Social, de 1999, art. 219, § 8º)

I - 30% (trinta por cento), para os serviços de transporte de passageiros, cujas despesas de combustível e de manutenção dos veículos corram por conta da contratada;

II - 65% (sessenta e cinco por cento), quando se referir a limpeza hospitalar;

III - 80% (oitenta por cento), quando se referir a serviço de limpeza não mencionado no inciso II; e

IV - 50% (cinquenta por cento), nos demais casos.

Parágrafo único. Aplica-se o disposto nos §§ 1º e 2º do art. 116 aos procedimentos estabelecidos neste artigo.

Art. 118. Se a utilização de equipamento for inerente à execução dos serviços contratados, desde que haja a discriminação de valores na nota fiscal ou fatura, adotase o seguinte procedimento:

I - se houver o fornecimento de equipamento e os respectivos valores constarem em contrato, aplica-se o disposto no art. 116; ou

II - se não houver a discriminação de valores em contrato, independentemente da previsão contratual do fornecimento de equipamento, a base de cálculo da retenção de que trata o art. 110 corresponderá, no mínimo, aos seguintes percentuais do valor bruto da nota fiscal ou fatura:

a) 50% (cinquenta por cento), para a prestação de serviços em geral; e

b) no caso da prestação de serviços na área da construção civil:

1. 10% (dez por cento), para pavimentação asfáltica;

2. 15% (quinze por cento), para terraplenagem, aterro sanitário e dragagem;

3. 45% (quarenta e cinco por cento), para obras de arte (pontes ou viadutos);

4. 50% (cinquenta por cento), para drenagem; e 5. 35% (trinta e cinco por cento), para os demais serviços realizados com a utilização de equipamentos, exceto os manuais.

§ 1º Se na mesma nota fiscal ou fatura constar a execução de mais de um dos serviços referidos nos incisos do caput, cujos valores não constem individualmente discriminados na nota fiscal ou fatura, deverá ser aplicado o percentual correspondente a cada tipo de serviço, conforme disposto em contrato, ou o percentual maior, se o contrato não permitir identificar o valor de cada serviço.

§ 2º Aplica-se o disposto nos §§ 1º e 2º do art. 116 aos procedimentos estabelecidos neste artigo.

Art. 119. Se não existir previsão contratual de fornecimento de material ou de utilização de equipamento, e o uso desse equipamento não for inerente ao serviço, mesmo se houver a discriminação de valores na nota fiscal ou fatura, a base de cálculo da retenção de que trata o art. 110 será o valor bruto da nota fiscal ou fatura, exceto no caso do serviço de transporte de passageiros, para o qual a base de cálculo da retenção corresponderá, no mínimo, à prevista no inciso I do caput do art. 117.

Parágrafo único. Na falta de discriminação de valores na nota fiscal ou fatura, a base de cálculo da retenção será o seu valor bruto, ainda que exista previsão contratual para o fornecimento de material ou a utilização de equipamento, com ou sem discriminação de valores em contrato.

SEÇÃO VII
DAS DEDUÇÕES DA BASE DE CÁLCULO

Art. 120. Poderão ser deduzidas da base de cálculo da retenção de que trata o art. 110 as parcelas que estiverem discriminadas na nota fiscal ou fatura, que correspondam:

I - ao custo da alimentação in natura fornecida pela contratada e, a partir de 11 de novembro de 2017, ao custo do auxílio alimentação, desde que este não seja pago em dinheiro; e

II - ao fornecimento de vale-transporte, ainda que pago em dinheiro, limitado ao valor equivalente ao necessário para o custeio do deslocamento em transporte coletivo de passageiros. (Solução de

Consulta Cosit nº 245, de 20 de agosto de 2019)

§ 1º O valor relativo à taxa de administração ou de agenciamento não poderá ser deduzido da base de cálculo da retenção, inclusive no caso de serviços prestados por trabalhadores temporários, ainda que o valor seja discriminado no documento ou seja objeto de nota fiscal ou fatura específica.

§ 2º A fiscalização da RFB poderá exigir da contratada a comprovação das deduções previstas neste artigo.

SEÇÃO VIII
DO DESTAQUE DA RETENÇÃO

Art. 121. Na emissão da nota fiscal ou fatura, a contratada deverá destacar o valor da retenção de que trata o art. 110 com o título de "RETENÇÃO PARA A PREVIDÊNCIA SOCIAL", observado o disposto no art. 115. (Lei nº 8.212, de 1991, art. 31, § 1º; e Regulamento da Previdência Social, de 1999, art. 219, § 4º)

§ 1º O destaque do valor retido deverá ser identificado logo após a descrição dos serviços prestados, apenas para produzir efeito como parcela dedutível no ato da quitação da nota fiscal ou fatura, sem alteração do valor bruto da nota ou fatura.

§ 2º A falta do destaque do valor da retenção na forma disposta no caput constitui infração à regra prevista no § 1º do art. 31 da Lei nº 8.212, de 1991.

Art. 122. Caso haja subcontratação, os valores retidos da subcontratada, e comprovadamente recolhidos pela contratada, poderão ser deduzidos do valor da retenção a ser efetuada pela contratante, desde que todos os documentos envolvidos se refiram à mesma competência e ao mesmo serviço.

Parágrafo único. Para fins do disposto no caput, a contratada deverá destacar na nota fiscal ou fatura as retenções da seguinte forma:

I - retenção para a Previdência Social: informar o valor correspondente a 11% (onze por cento) do valor bruto dos serviços, observado o disposto no § 1º do art. 110 e no art. 131;

II - dedução de valores retidos de subcontratadas: informar o valor total correspondente aos valores retidos e recolhidos relativos aos serviços subcontratados; e

III - valor retido para a Previdência Social: informar o valor correspondente à diferença entre a retenção, apurada na forma do inciso I, e a dedução efetuada conforme disposto no inciso II, que indicará o valor a ser efetivamente retido pela contratante.

SEÇÃO IX
DO RECOLHIMENTO DO VALOR RETIDO

Art. 123. As contribuições retidas na forma deste Capítulo deverão ser recolhidas pela empresa contratante até o dia 20 do mês seguinte ao da emissão da nota fiscal ou fatura, antecipando-se esse prazo para o dia útil imediatamente anterior quando não houver expediente bancário na referida data. (Lei nº 8.212, de 1991, art. 31, caput; e Regulamento da Previdência Social, de 1999, art. 216, caput, inciso I, alínea "b")

§ 1º A multa de mora devida no caso de recolhimento em atraso do valor retido será aquela prevista no art. 241. (Lei nº 8.212, de 1991, art. 35)

§ 2º O órgão ou a entidade integrante do Siafi deverá recolher os valores retidos com base na nota fiscal ou fatura até a data prevista no caput, observado o disposto no art. 115.

§ 3º Nos casos em que um mesmo estabelecimento da contratada emitir mais de uma nota fiscal ou fatura para um mesmo estabelecimento da contratante, na mesma competência, sobre as quais houve retenção, a contratante deverá efetuar o recolhimento dos valores retidos, em nome da contratada, num único documento de arrecadação.

§ 4º A falta de recolhimento, no prazo legal, das importâncias retidas enseja a formalização de Representação Fiscal para Fins Penais, por configurar, em tese, crime contra a Previdência Social previsto no art. 168-A do Código Penal.

Art. 124. A empresa contratada poderá consolidar num único documento de arrecadação, por competência e por estabelecimento, as contribuições incidentes sobre a remuneração de todos os trabalhadores segurados envolvidos na prestação de serviços, inclusive os alocados no setor administrativo, e compensar os valores retidos com as contribuições previdenciárias devidas por quaisquer de seus estabelecimentos. (Lei nº 8.212, de 1991, art. 31, § 1º; e Regulamento da Previdência Social, de 1999, art. 219, § 4º)

SEÇÃO X
DAS OBRIGAÇÕES DA EMPRESA CONTRATADA

Art. 125. Na prestação de serviços sujeitos à retenção de que trata este Capítulo, a empresa contratada deverá: (Lei nº 8.212, de 1991, art. 32; e Regulamento da Previdência Social, de 1999, art. 225)

I - elaborar folhas de pagamento distintas e o respectivo resumo geral, para cada estabelecimento ou obra de construção civil da empresa contratante, relacionando todos os segurados alocados na prestação de serviços, na forma prevista no inciso III do caput do art. 27; (Regulamento da Previdência Social, de 1999, art. 219, § 5º)

II - apresentar as informações relativas aos tomadores de serviços, para cada estabelecimento da empresa contratante ou cada obra de construção civil, nos termos do art. 25; e

III - elaborar demonstrativo mensal por contratante e por contrato, assinado pelo seu representante legal, com:

a) a denominação social e o CNPJ da contratante, ou a matrícula da obra de construção civil, conforme o caso;

b) o número e a data de emissão da nota fiscal ou fatura;

c) o valor bruto, o valor retido e o valor líquido recebido relativo à nota fiscal ou à fatura; e

d) a totalização dos valores e sua consolidação por obra de construção civil ou por estabelecimento da contratante, conforme o caso.

§ 1º Aplica-se o disposto neste artigo à empresa prestadora de serviços por intermédio de consórcio, em relação a sua participação no empreendimento, e ao consórcio, conforme o caso, nos termos da Instrução Normativa RFB nº 1.199, de 14 de outubro de 2011, que dispõe sobre procedimentos fiscais dispensados aos consórcios, observado o disposto neste Capítulo em relação à retenção e ao recolhimento das contribuições.

§ 2º A empresa contratada fica dispensada de elaborar folha de pagamento e prestar as informações a que se refere o inciso II do caput de forma distinta por estabelecimento em que realizar tarefa ou prestar serviços, quando, comprovadamente, utilizar os mesmos segurados para atender a várias empresas contratantes, alternadamente, no mesmo período, inviabilizando a individualização da remuneração desses segurados por tarefa ou por serviço contratado.

§ 3º Para fins do disposto no § 2º, são considerados serviços prestados alternadamente aqueles em que a tarefa ou o serviço contratado seja executado por trabalhador ou equipe de trabalho em vários estabelecimentos de uma mesma contratante ou de vários contratantes, por etapas, numa mesma competência.

§ 4º Não se aplica o disposto no § 2º aos serviços de construção civil prestados a obra de construção civil, ainda que prestados alternadamente nos termos do § 3º, hipótese em que se aplica o disposto nos incisos I e II do caput.

Art. 126. A contratada, legalmente obrigada a manter escrituração contábil formalizada, está obrigada a registrar, mensalmente, em contas individualizadas, todos os fatos geradores de contribuições sociais previdenciárias, inclusive a retenção sobre o valor da prestação de serviços, conforme disposto no inciso IV do caput do art. 27. (Lei nº 8.212, de 1991, art. 32, caput, inciso II; e Regulamento da Previdência Social, de 1999, art. 225, caput, inciso II)

§ 1º O lançamento da retenção na escrituração contábil a que se refere o caput deverá discriminar:

I - o valor bruto dos serviços;

II - o valor da retenção; e

III - o valor líquido a receber.

§ 2º Na contabilidade em que houver lançamento pela soma total das notas fiscais ou faturas e pela soma total da retenção, por mês, por contratante, a empresa contratada deverá manter em registros auxiliares a discriminação desses valores, por contratante, conforme disposto no inciso III do caput do art. 125.

SEÇÃO XI
DAS OBRIGAÇÕES DA EMPRESA CONTRATANTE

Art. 127. A empresa contratante fica obrigada a manter em arquivo, por empresa contratada, em ordem cronológica, à disposição da RFB, até que ocorra a prescrição relativa aos créditos decorrentes das operações a que se refiram, as correspondentes notas fiscais ou faturas. (Lei nº 8.212, de 1991, art. 32, § 11; e Regulamento da Previdência Social, de 1999, art. 219, § 6º, e art. 225, § 5º)

Art. 128. A contratante, legalmente obrigada a manter escrituração contábil formalizada, está obrigada a registrar, mensalmente, em contas individualizadas, todos os fatos geradores de contribuições sociais previdenciárias, inclusive a retenção sobre o valor dos serviços contratados, conforme disposto no inciso IV do caput do art. 27. (Lei nº 8.212, de 1991, art. 32, caput, inciso II; e Regulamento da Previdência Social, de 1999, art. 225, caput, inciso II)

§ 1º O lançamento da retenção na escrituração contábil a que se refere o caput deverá discriminar:

I - o valor bruto dos serviços;

II - o valor da retenção;

III - o valor líquido a pagar.

§ 2º Na contabilidade em que houver lançamento pela soma total das notas fiscais ou faturas e pela soma total da retenção, por mês, por contratada, a empresa contratante deverá manter em registros auxiliares a discriminação desses valores, individualizados por contratada.

Art. 129. A empresa contratante, legalmente dispensada da apresentação da escrituração contábil, deverá elaborar demonstrativo mensal, assinado pelo seu representante legal, relativo a cada contrato, com as seguintes informações:

I - a denominação social e o CNPJ da contratada;

II - o número e a data da emissão da nota fiscal ou fatura;

III - o valor bruto, a retenção e o valor líquido pago relativo à nota fiscal ou à fatura; e

IV - a totalização dos valores e sua consolidação por obra de construção civil e por estabelecimento da contratada, conforme o caso.

SEÇÃO XII
DA RETENÇÃO NA CONSTRUÇÃO CIVIL

Art. 130. Na construção civil, sujeitam-se à retenção de que trata o art. 110, observado o disposto no art. 131:

I - a contratação de obra de construção civil mediante empreitada parcial, conforme definição estabelecida no inciso IV do caput e no § 2º do art. 7º da Instrução Normativa RFB nº 2.021, de 2021;

II - a contratação de obra de construção civil mediante subempreitada, conforme definição estabelecida no inciso V do caput do art. 7º da Instrução Normativa RFB nº 2.021, de 2021;

III - a prestação de serviços tais como os discriminados no Anexo VI, além dos seguintes:

a) instalação de estrutura de concreto armado (pré-moldada);

b) serviços complementares na construção civil, tais como o ajardinamento, a colocação de gradis, dentre outros;

c) execução de lajes de fundação radiers;

d) montagem de torres;

e) locação de equipamentos com operador; e

f) impermeabilização contratada com empresa especializada; e

IV - a reforma de pequeno valor, conforme definição estabelecida no inciso XVI do caput do art. 7º da Instrução Normativa RFB nº 2.021, de 2021.

§ 1º Não se sujeita à retenção disposta no caput, a prestação de serviços de:

I - administração, fiscalização, supervisão ou gerenciamento de obras;

II - assessoria ou consultoria técnicas;

III - controle de qualidade de materiais;

IV - fornecimento de concreto usinado, de massa asfáltica ou de argamassa usinada ou preparada;

V - jateamento ou hidrojateamento;

VI - perfuração de poço artesiano;

VII - elaboração de projeto da construção civil;

VIII - ensaios geotécnicos de campo ou de laboratório, tais como sondagens de solo, provas de carga, ensaios de resistência, amostragens, testes em laboratório de solos ou outros serviços afins;

IX - serviços de topografia;

X - instalação de antena coletiva;

XI - instalação de aparelhos de ar-condicionado, de refrigeração, de ventilação, de aquecimento, de calefação ou de exaustão;

XII - instalação de sistemas de ar-condicionado, de refrigeração, de ventilação, de aquecimento, de calefação ou de exaustão, quando a venda for realizada com emissão apenas da nota fiscal de venda mercantil, observado o disposto no § 2º;

XIII - instalação de estruturas e esquadrias metálicas, de equipamento ou de material, quando for emitida apenas a nota fiscal de venda mercantil, observado o disposto no § 2º;

XIV - locação de caçamba;

XV - locação de máquinas, de ferramentas, de equipamentos ou de outros utensílios sem fornecimento de mão de obra; e

XVI - fundações especiais, exceto lajes de fundação radiers.

§ 2º Se na prestação dos serviços relacionados nos incisos XII e XIII do § 1º houver emissão de nota fiscal ou fatura relativa à mão de obra utilizada na instalação do material ou do equipamento vendido, os valores desses serviços integrarão a base de cálculo da retenção.

§ 3º Caso haja, para a mesma obra, contratação de serviço relacionado no § 1º e, simultaneamente, o fornecimento de mão de obra para execução de outro serviço sujeito à retenção, aplicar-se-á a retenção apenas a este serviço, desde que os valores estejam discriminados na nota fiscal ou fatura.

§ 4º Na hipótese do § 3º, se não houver a discriminação na nota fiscal ou fatura, aplicar-se-á a retenção a todos os serviços contratados.

SEÇÃO XIII
DA RETENÇÃO NA PRESTAÇÃO DE SERVIÇOS EM CONDIÇÕES ESPECIAIS

Art. 131. Nos casos em que a atividade dos segurados na empresa contratante for exercida em condições especiais que prejudiquem a saúde ou a integridade física destes, de forma a possibilitar a concessão de aposentadoria especial após 15 (quinze), 20 (vinte) ou 25 (vinte e cinco) anos de trabalho, o percentual da retenção aplicado sobre o valor dos serviços prestados por estes segurados, a partir de 1º de abril de 2003, deve ser acrescido de 4% (quatro por cento), 3% (três por cento) ou 2% (dois por cento), respectivamente, perfazendo o total de 15% (quinze por cento), 14% (quatorze por cento) ou 13% (treze por cento). (Lei nº 10.666, de 2003, art. 6º; e Regulamento da Previdência Social, de 1999, art. 219, § 12)

§ 1º Para fins do disposto no caput, a empresa contratada deverá emitir nota fiscal ou fatura específica para os serviços prestados em condições especiais pelos segurados ou discriminar o valor desses na nota fiscal ou fatura.

§ 2º Caso haja previsão contratual de utilização de trabalhadores na execução de atividades na forma do caput, e a nota fiscal ou fatura não tenha sido emitida na forma prevista no § 1º, a base de cálculo para incidência do acréscimo de retenção será proporcional ao número de trabalhadores envolvidos nas atividades exercidas em condições especiais, se houver a possibilidade de identificação dos trabalhadores envolvidos e dos não envolvidos nessas atividades.

§ 3º Na hipótese do § 2º, se não houver possibilidade de identificação do número de trabalhadores envolvidos e não envolvidos com as atividades exercidas em condições especiais, o acréscimo da retenção incidirá sobre o valor total dos serviços contido na nota fiscal ou fatura, no percentual correspondente à atividade especial.

§ 4º Se a empresa contratante desenvolver atividades em condições especiais e não houver previsão contratual da utilização ou não dos trabalhadores contratados nessas atividades, incidirá, sobre o valor total dos serviços contido na nota fiscal ou fatura, o percentual adicional de retenção correspondente às atividades em condições especiais desenvolvidas pela empresa ou, não sendo possível identificar as atividades, o percentual mínimo de 2% (dois por cento).

Art. 132. As empresas contratada e contratante, no que se refere às obrigações relacionadas aos agentes nocivos a que os trabalhadores estiverem expostos, devem observar as disposições contidas no Capítulo IX do Título III, que trata dos riscos ocupacionais no ambiente de trabalho.

Parágrafo único. A contratada deve elaborar o Perfil Profissiográfico Previdenciário dos trabalhadores expostos a agentes nocivos com base, dentre outras informações, nas demonstrações ambientais da contratante ou do local da efetiva prestação de serviços. (Regulamento da Previdência Social, de 1999, art. 68, § 8º)

SEÇÃO XIV
DISPOSIÇÕES ESPECIAIS

Art. 133. A entidade beneficente de assistência social em gozo de isenção, a empresa optante pelo Simples Nacional, o sindicato da categoria de trabalhadores avulsos, o Ogmo, o operador portuário e a cooperativa, quando forem contratantes de serviços mediante cessão de mão de obra ou empreitada, estão obrigados a efetuar a retenção de que trata o art. 110 sobre o valor da nota fiscal ou fatura e o recolhimento da importância retida em nome da empresa contratada, observadas as demais disposições previstas neste Capítulo.

Art. 134. Caso haja decisão judicial que vede a aplicação da retenção prevista no art. 110 e que se refira a empresa contratada mediante cessão de mão de obra ou empreitada, não sujeita à aplicação do instituto da responsabilidade solidária, as contribuições previdenciárias incidentes sobre a remuneração da mão de obra utilizada na prestação de serviços serão exigidas da contratada.

Parágrafo único. Na situação prevista no caput, se a contratada pertencer à jurisdição de outra unidade da RFB, deverá ser emitido subsídio fiscal para a unidade competente da jurisdição do estabelecimento matriz da empresa contratada, ainda que a decisão judicial não determine que se aplique o instituto da responsabilidade solidária.

CAPÍTULO IX
DA SOLIDARIEDADE

SEÇÃO I
DISPOSIÇÕES GERAIS

Art. 135. São solidariamente obrigadas as pessoas que tenham interesse comum na situação que constitua o fato gerador da obrigação principal e as expressamente designadas por lei como tal. (CTN, art. 124, caput, incisos I e II)

§ 1º A solidariedade prevista no caput não comporta benefício de ordem. (CTN, art. 124, parágrafo único)

§ 2º Excluem-se da responsabilidade solidária:

I - as contribuições previdenciárias decorrentes de serviços prestados mediante cessão de mão de obra ou empreitada sujeitos à retenção obrigatória de que trata o art. 110;

II - as contribuições previdenciárias decorrentes da contratação, qualquer que seja a forma, de serviços, inclusive de obra de construção civil, reforma ou acréscimo, por órgão público da administração direta, por autarquia e por fundação de direito público; e (Regulamento da Previdência Social, de 1999, art. 221-A, caput)

III - as contribuições previdenciárias decorrentes da contratação por órgão público da administração direta, autarquias e fundações da União, dos estados, do Distrito Federal e dos municípios na forma da Lei nº 14.133, de 1º de abril de 2021, observado o disposto no § 3º. (Lei nº 14.133, de 2021, art. 1º, e art. 121, caput e § 1º)

§ 3º A administração pública responderá solidariamente pelos encargos previdenciários se comprovada falha na fiscalização do cumprimento das obrigações do contratado nas contratações regidas pela Lei nº 14.133, de 2021, de que sejam objeto serviços contínuos com regime de dedicação exclusiva de mão de obra. (Lei nº 14.133, de 2021, art. 121, § 2º)

SEÇÃO II
DOS RESPONSÁVEIS SOLIDÁRIOS

Art. 136. São responsáveis solidários pelo cumprimento da obrigação previdenciária principal:

I - as empresas que integram grupo econômico de qualquer natureza, entre si; (Lei nº 8.212, de 1991, art. 30, caput, inciso IX; e Regulamento da Previdência Social, de 1999, art. 222)

II - o operador portuário e o Ogmo, entre si, relativamente à requisição de mão de obra de trabalhador avulso, ressalvado o disposto no § 1º; (Lei nº 9.719, de 1998, art. 2º, § 4º, e art. 13; e Regulamento da Previdência Social, de 1999, art. 223)

III - os produtores rurais, entre si, integrantes de consórcio simplificado de produtores rurais definido no inciso XIX do caput do art. 146; (Lei nº 8.212, de 1991, art. 25-A, § 3º; e Regulamento da Previdência Social, de 1999, art. 222)

IV - os titulares e os sócios, em qualquer tempo, e os administradores do período de ocorrência dos respectivos fatos geradores no caso de solicitação de baixa de empresário ou pessoa jurídica sem o pagamento das respectivas contribuições sociais previdenciárias; (Lei nº 11.598, de 3 de dezembro de 2007, art. 7º-A, § 2º)

V - os titulares e os sócios, em qualquer tempo, e os administradores do período de ocorrência dos respectivos fatos geradores, de microempresas ou empresas de pequeno porte baixadas sem o pagamento das respectivas contribuições sociais previdenciárias; e (Lei Complementar nº 123, de 2006, art. 9º, § 5º)

VI - as empresas integrantes de consórcio constituído nos termos dos arts. 278 e 279 da Lei nº 6.404, de 1976, observada a Instrução Normativa RFB nº 1.199, de 2011, que dispõe sobre procedimentos fiscais dispensados aos consórcios. (Lei nº 12.402, de 2 de maio de 2011, art. 1º; e Regulamento da Previdência Social, de 1999, art. 222-A)

§ 1º A solidariedade não se aplica aos trabalhadores portuários avulsos cedidos em caráter permanente, na forma estabelecida pela Lei nº 12.815, de 2013.

§ 2º Em relação aos créditos decorrentes de obrigações previdenciárias, aplica-se a responsabilidade pessoal disposta no art. 135 do CTN às pessoas nele mencionadas.

§ 3º Os titulares e os sócios, em qualquer tempo, e os administradores do período de ocorrência dos respectivos fatos geradores reputam-se solidariamente responsáveis pelas penalidades decorrentes da falta de recolhimento ou da prática, comprovada e apurada em processo administrativo ou judicial, de outras irregularidades cometidas pelos empresários, pelas microempresas, pelas empresas de pequeno porte, demais pessoas jurídicas, ou por seus sócios ou administradores. (Lei Complementar nº 123, de 2006, art. 9º, §§ 4º e 5º)

§ 4º As solidariedades estabelecidas nos incisos I, II e III do caput aplicam-se também à multa decorrente do descumprimento das obrigações acessórias, que se convertem em obrigação principal relativamente à penalidade pecuniária.

§ 5º A solidariedade prevista nos incisos IV, V e VI do caput aplica-se também às contribuições destinadas a terceiros e à multa por atraso no cumprimento das obrigações acessórias. (Lei nº 12.402, de 2011, art. 1º, § 3º)

Art. 137. Os administradores de autarquias e fundações criadas e mantidas pelo poder público, de empresas públicas e de sociedades de economia mista sujeitas ao controle da União, dos estados, do Distrito Federal ou dos municípios, que se encontrem em mora por mais de 30 (trinta) dias, quanto ao recolhimento das contribuições sociais previdenciárias, tornam-se solidariamente responsáveis pelo respectivo pagamento, ficando ainda sujeitos às proibições do art. 1º e às sanções dos arts. 4º e 7º do Decreto-Lei nº 368, de 19 de dezembro de 1968. (Lei nº 8.212, de 1991, art. 42; e Regulamento da Previdência Social, de 1999, art. 224)

SEÇÃO III
DA SOLIDARIEDADE NA CONSTRUÇÃO CIVIL

SUBSEÇÃO I
DA RESPONSABILIDADE

Art. 138. São responsáveis solidários pelo cumprimento da obrigação previdenciária principal na construção civil:

I - o proprietário do imóvel, o dono da obra, o incorporador, o condômino de unidade imobiliária, pessoa jurídica ou física, quando contratar a execução da obra mediante empreitada total com empresa construtora definida no inciso II do caput do art. 7º da Instrução Normativa RFB nº 2.021, de 2021, observado o disposto no § 4º deste artigo, ressalvado o disposto no inciso II do § 2º do art. 135 e no art. 145; e (Lei nº 8.212, de 1991, art. 30, caput, inciso VI; e Regulamento da Previdência Social, de 1999, art. 220, caput)

II - os adquirentes que assumem a administração da obra, no caso de falência ou insolvência civil do incorporador, conforme disposto no art. 31-F da Lei nº 4.591, de 1964, observado que cada adquirente responderá individualmente pelos fatos geradores porventura ocorridos resultantes da diferença do custo orçado e o custo efetivo verificado até a data da quebra, da seguinte forma:

a) na proporção dos coeficientes de construção atribuíveis às respectivas unidades; ou

b) por outro critério de rateio, deliberado em assembleia geral por 2/3 (dois terços) dos votos dos adquirentes, de acordo com o disposto na Lei nº 4.591, de 1964.

§ 1º Ao contratante responsável solidário é ressalvado o direito regressivo contra o contratado e admitida a retenção de importância devida a este último para garantia do cumprimento das obrigações previdenciárias. (Lei nº 8.212, de 1991, art. 30, inciso VI; e Regulamento da Previdência Social, de 1999, art. 220, caput)

§ 2º Exclui-se da responsabilidade solidária o adquirente de prédio ou unidade imobiliária que realizar a operação com empresa de comercialização ou incorporador de imóveis, ficando estes solidariamente responsáveis com a empresa construtora. (Lei nº 8.212, de 1991, art. 30, caput, inciso VII; e Regulamento da Previdência Social, de 1999, art. 221)

§ 3º Excluem-se ainda da responsabilidade solidária, sujeitando-se à retenção prevista no art. 110 e, se for o caso, no art. 131:

I - as demais formas de contratação de empreitada de obra de construção civil não enquadradas no inciso I do caput deste artigo, observado o disposto nos incisos II e III do § 2º e no § 3º do art. 135; e

II - os serviços de construção civil tais como os discriminados no Anexo VI, observado o disposto no § 1º do art. 130.

§ 4º No caso de repasse integral do contrato, na forma definida no inciso I do § 1º do art. 7º da Instrução Normativa RFB nº 2.021, de 2021, fica estabelecida a responsabilidade solidária entre a empresa construtora originalmente contratada e a empresa construtora para a qual foi repassada a responsabilidade pela execução integral da obra, além da solidariedade entre o proprietário, o dono da obra ou o incorporador e aquelas, observado o disposto no inciso II do § 2º do art. 135 e no art. 141.

Art. 139. No contrato de empreitada total de obra, conforme definição estabelecida no inciso III do caput e no § 1º do art. 7º da Instrução Normativa RFB nº 2.021, de 2021, a ser realizada por empresas reunidas em consórcio, o contratante responde solidariamente com as empresas consorciadas pelo cumprimento das obrigações perante a Previdência Social em relação às operações praticadas pelo consórcio, em nome deste ou da empresa líder, ressalvado o disposto no inciso II do § 2º do art. 135. (Lei nº 12.402, de 2011, art. 1º; e Regulamento da Previdência Social, de 1999, art. 222-A)

§ 1º Não desfigura a responsabilidade solidária o fato de cada uma das consorciadas executar partes distintas do projeto total e também realizar faturamento direta e isoladamente para a contratante, observado o disposto no inciso IV do § 2º do art. 7º da Instrução Normativa RFB nº 2.021, de 2021.

§ 2º As consorciadas se obrigam nas condições previstas no respectivo contrato, respondendo cada uma por suas obrigações e pelas decorrentes da contratação, pelo consórcio ou pela empresa líder, de pessoas jurídicas ou físicas, observado o disposto no inciso VI do caput do art. 136.

§ 3º A responsabilidade solidária prevista no caput poderá ser elidida na forma do art. 145, observadas as disposições do Capítulo VIII deste Título.

§ 4º A solidariedade a que se refere este artigo abrange também as contribuições devidas a terceiros, além da multa por atraso no cumprimento das obrigações acessórias. (Lei nº 12.402, de 2011, art. 1º, § 3º; e Regulamento da Previdência Social, de 1999, art. 222-A, § 3º)

Art. 140. O órgão público da administração direta, a autarquia e a fundação de direito público da União, dos estados, do Distrito Federal ou dos municípios, na contratação de obra de construção civil por empreitada total, não respondem solidariamente pelas contribuições sociais previdenciárias decorrentes da execução do contrato. (Decreto nº 3.048, de 1999, art. 221-A; Súmula Carf nº 66)

Art. 141. Nas licitações, o contrato celebrado com a administração pública pelo regime de empreitada por preço unitário ou por tarefa será considerado de empreitada total quando a contratada for empresa construtora, admitindo-se o fracionamento de que trata o art. 8º da Instrução Normativa RFB nº 2.061, de 2021, e observado, quanto à solidariedade, o disposto nos incisos II e III do § 2º e no § 3º do art. 135, entendendo-se por:

I - empresa construtora, a empresa definida no inciso II do caput do art. 7º da Instrução Normativa RFB nº 2.021, de 2021;

II - empreitada por preço unitário, aquela em que o preço é ajustado por unidade, seja de parte distinta da obra ou por medida; e (Lei nº 8.666, de 21 de junho de 1993, art. 6º, caput, inciso VIII, alínea "b"; e Lei nº 14.133, de 2021, art. 6º, caput, inciso XXVIII)

III - contratação por tarefa, a contratação para a execução de pequenas obras ou de parte de uma obra maior, com ou sem fornecimento de material ou locação de equipamento, podendo o preço ser ajustado de forma global ou unitária. (Lei nº 8.666, de 1993, art. 6º, caput, inciso VIII, alínea "d"; e Lei nº 14.133, de 2021, art. 6º, caput, inciso XXXI)

Parágrafo único. As contratações da administração pública que não se enquadrarem nas situações previstas neste artigo ficam sujeitas às regras de retenção previstas no Capítulo VIII deste Título.

Art. 142. A entidade beneficente de assistência social que usufrui da imunidade das contribuições sociais previdenciárias, na contratação de obra de construção civil, responde solidariamente na forma do inciso I do caput do art. 138 apenas pelas contribuições sociais previdenciárias a cargo dos segurados que laboram na execução da obra.

§ 1º A imunidade é extensiva à obra de construção civil somente quando executada diretamente pela entidade e destinada a uso próprio. (Constituição Federal, art. 195, § 7º; Lei Complementar nº 187, de 2021)

§ 2º O disposto no caput não implica imunidade das contribuições sociais previdenciárias devidas pela empresa construtora.

SUBSEÇÃO II
DAS OBRIGAÇÕES ACESSÓRIAS

Art. 143. No período em que a contratada ainda estiver obrigada à entrega de GFIP, cabe ao contratante exigir da empresa construtora contratada por empreitada total, no momento da quitação da nota fiscal ou fatura:

I - cópia da GFIP com as informações referentes à obra e da folha de pagamento específica para a obra, relativas à mão de obra própria utilizada pela contratada;

II - cópia da GFIP identificada com a matrícula da obra, com informação da ausência de fato gerador de obrigações previdenciárias, nos casos em que a construtora não utilizar mão de obra própria e a obra for completamente realizada mediante contratos de subempreitada; e

III - cópia das notas fiscais ou faturas emitidas por subempreiteiras, com vinculação inequívoca à obra, dos correspondentes documentos de arrecadação da retenção e da GFIP das subempreiteiras com comprovante de entrega e informações específicas do tomador da obra.

§ 1º O contratante deverá exigir da contratada comprovação de escrituração contábil regular para o período de prestação de serviços na obra, se os recolhimentos apresentados forem inferiores aos calculados de acordo com as normas de aferição indireta da remuneração previstas nos arts. 246, 247 e 250.

§ 2º A comprovação de escrituração contábil regular a que se refere o § 1º será efetuada mediante declaração firmada pelo representante legal da empresa, sob as penas da lei, de que os valores apresentados estão contabilizados.

§ 3º Aplica-se o disposto neste artigo, no que couber, à empresa construtora contratada por empreitada total que efetuar o repasse integral do contrato conforme definição estabelecida no inciso I do § 1º do art. 7º da Instrução Normativa RFB nº 2.021, de 2021, e à empresa construtora que assumir a execução do contrato transferido.

Art. 144. Até a disponibilização de acesso a relatório no Portal do eSocial com as informações relativas a segurados vinculados à obra, cabe ao contratante por empreitada total de empresa construtora sujeita à entrega dos eventos do eSocial exigir declaração da contratada de que prestou à RFB, pelos meios adequados, informações de todos os segurados e das respectivas remunerações vinculados à obra.

SUBSEÇÃO III
DA ELISÃO DA RESPONSABILIDADE SOLIDÁRIA

Art. 145. Na contratação de obra de construção civil mediante empreitada total, observado o disposto no art. 140, a responsabilidade solidária do proprietário do imóvel, do dono da obra, do incorporador ou do condômino da unidade imobiliária, com a empresa construtora, será elidida, conforme o caso: (Regulamento da Previdência Social, de 1999, art. 220, § 3º)

I - por meio de apresentação, na forma do art. 25, das informações relativas às contribuições sociais previdenciárias incidentes sobre a remuneração contida na folha de pagamento dos segurados utilizados na prestação de serviços, corroborado por escrituração contábil, se o valor declarado for inferior ao indiretamente aferido com base nas notas fiscais ou faturas, na forma estabelecida nos arts. 21 a 23 da Instrução Normativa RFB nº 2.021, de 2021;

II - por meio de apresentação, na forma do art. 25, das informações relativas às contribuições sociais previdenciárias incidentes sobre a remuneração da mão de obra contida em nota fiscal ou fatura correspondente aos serviços executados, aferidas indiretamente na forma estabelecida nos arts. 21 a 23 da Instrução Normativa RFB nº 2.021, de 2021, caso a contratada não apresente a escrituração contábil formalizada na época da regularização da obra; ou

III - por meio de retenção de 11% (onze por cento) do valor bruto da nota fiscal ou fatura contra ela emitida pela contratada, inclusive o consórcio, na forma prevista no Capítulo VIII deste Título, observado o disposto no art. 131, que deverá ser comprovada, no caso de empresa contratante:

a) não obrigada à apresentação da EFD-Reinf, por meio da comprovação do recolhimento das retenções efetuadas pela empresa contratante com base nas notas fiscais ou faturas emitidas pela construtora contratada mediante empreitada total e das retenções efetuadas com base nas notas fiscais ou faturas emitidas pelas subempreiteiras, que tenham vinculação inequívoca à obra; ou

b) obrigada à apresentação da EFD-Reinf, pelo envio do evento R-2010 e com a entrega da DCTFWeb referentes às retenções efetuadas pela empresa contratante com base nas notas fiscais ou faturas emitidas pela construtora contratada mediante empreitada total e das retenções efetuadas com base nas notas fiscais ou faturas emitidas pelas subempreiteiras, que tenham vinculação inequívoca à obra.

§ 1º Para fins do disposto nos incisos I e II do caput, aplica-se a exigência prevista no art. 144.

§ 2º No caso do inciso III do caput, a contratante efetuará o recolhimento do valor retido em documento de arrecadação com a identificação da matrícula da obra de construção civil e a denominação social da contratada.

§ 3º O valor retido na forma do inciso III do caput poderá ser compensado pela empresa contratada, ou ser objeto de restituição, observadas as regras definidas em ato próprio da RFB. (Lei nº 8.212, de 1991, art. 31, § 1º; e Regulamento da Previdência Social, de 1999, art. 219, § 4º)

§ 4º No caso de ação judicial referente a empresa contratada mediante empreitada total na construção civil, impetrada contra o uso, pela contratante, da aplicação da retenção prevista no inciso III do caput, se a decisão judicial vedar a aplicação da referida retenção, configura-se a previsão legal do instituto da responsabilidade solidária, ressalvado o disposto no art. 140, e a contratante deverá observar o disposto no art. 143 e neste artigo, no que couber, para fins de elisão da sua responsabilidade.

TÍTULO III
DAS NORMAS E DOS PROCEDIMENTOS ESPECÍFICOS

CAPÍTULO I
DAS ATIVIDADES RURAL E AGROINDUSTRIAL

SEÇÃO I
DOS CONCEITOS

Art. 146. Considera-se:

I - produtor rural, a pessoa física ou jurídica, proprietária ou não, que desenvolve, em área urbana ou rural, atividade agropecuária, pesqueira ou silvicultural, bem como a extração de produtos primários, vegetais ou animais, em caráter permanente ou temporário, diretamente ou por intermédio de prepostos, sendo:

a) produtor rural pessoa física:

1. o segurado especial que, na condição de proprietário, parceiro, meeiro, comodatário ou arrendatário, pescador artesanal ou a ele assemelhado, exerce a atividade individualmente ou em regime de economia familiar, ainda que com o auxílio eventual de terceiros, bem como seus respectivos cônjuges ou companheiros e filhos maiores de 16 (dezesseis) anos ou a eles equiparados, desde que trabalhem comprovadamente com o grupo familiar, conforme definido no art. 9º; e (Constituição Federal, art. 195, § 8º; Lei nº 8.212, de 1991, art. 12, caput, inciso VII; e Regulamento da Previdência Social, de 1999, art. 9º, caput, inciso VII)

2. a pessoa física, proprietária ou não, que explora atividade agropecuária ou pesqueira, em caráter permanente ou temporário, diretamente ou por intermédio de prepostos e com auxílio de empregados, utilizados a qualquer título, ainda que de forma não contínua; (Lei nº 8.212, de 1991, art. 12, caput, inciso V, alínea "a"; e Regulamento da Previdência Social, de 1999, art. 9º, caput, inciso V, alínea "a")

b) produtor rural pessoa jurídica:

1. o empregador rural que, constituído sob a forma de empresário individual, ou sociedade empresária, tem como fim apenas a atividade de produção rural, observado o disposto no inciso III do § 2º do art. 153; (Lei nº 8.870, de 1994, art. 25; e Regulamento da Previdência Social, de 1999, art. 201, caput, inciso IV)

2. a agroindústria que desenvolve as atividades de produção rural e de industrialização da produção rural própria ou da produção rural própria e da adquirida de terceiros, observado o disposto no inciso IV do § 2º do art. 153 e nos §§ 1º e 2º deste artigo; (Lei nº 8.212, de 1991, art. 22-A, caput; e Regulamento da Previdência Social, de 1999, art. 201-A, caput)

II - produção rural, os produtos de origem animal ou vegetal, em estado natural ou submetidos a processos de beneficiamento ou de industrialização rudimentar, bem como os subprodutos e os resíduos obtidos por esses processos; (Lei nº 8.212, de 1991, art. 25, §§ 3º e 11; Lei nº 8.870, de 1994, art. 25, § 3º; e Regulamento da Previdência Social, de 1999, art. 9º, § 25, e art. 200, § 5º)

III - beneficiamento ou industrialização artesanal, a primeira modificação ou o preparo dos produtos de origem animal ou vegetal, realizado diretamente pelo próprio produtor rural pessoa física e desde que não esteja sujeito à incidência do IPI, por processos simples ou sofisticados, para posterior venda ou industrialização, sem lhes retirar a característica original, assim compreendidos, entre outros, os processos de lavagem, limpeza, descaroçamento, pilagem, descascamento, debulhação, secagem, socagem e lenhamento; (Lei nº 8.212, de 1991, art. 25, §§ 3º e 11; e Regulamento da Previdência Social, de 1999, art. 9º, § 25, e art. 200, § 5º)

IV - industrialização rudimentar, o processo de transformação do produto rural, realizado pelo produtor rural pessoa física ou pessoa jurídica, alterando-lhe as características originais, tais como lavagem, limpeza, descaroçamento, pilagem, descascamento, lenhamento, pasteurização, resfriamento, secagem, fermentação, embalagem, cristalização, fundição, carvoejamento, cozimento, destilação, moagem e torrefação, entre outros similares; (Lei nº 8.212, de 1991, art. 25, §§ 3º e 11; e Regulamento da Previdência Social, de 1999, art. 9º, § 25, e art. 200, § 5º)

V - subprodutos e resíduos, aqueles que, mediante processo de beneficiamento ou de industrialização rudimentar de produto rural original, surgem sob nova forma, tais como a casca, o farelo, a palha, o pelo e o caroço, entre outros; (Lei nº 8.212, de 1991, art. 25, § 3º; e Regulamento da Previdência Social, de 1999, art. 200, § 5º)

VI - adquirente, a pessoa física ou jurídica que adquire a produção rural para uso comercial, industrial ou para qualquer outra finalidade econômica;

VII - consignatário, o comerciante a quem a produção rural é entregue para que seja comercializada, de acordo com as instruções do fornecedor;

VIII - consumidor, a pessoa física ou jurídica que adquire a produção rural no varejo ou diretamente do produtor rural, para uso ou consumo próprio;

IX - arrematante, a pessoa física ou jurídica que arremata ou que adquire produção rural em leilões ou praças;

X - sub-rogado, a condição de que se reveste a empresa adquirente, consumidora ou consignatária, ou a cooperativa que, por expressa disposição de lei, torna-se diretamente responsável pelo recolhimento das contribuições devidas pelo segurado especial e pelo produtor rural pessoa física que optar pelo regime de incidência de contribuição previdenciária sobre a receita; (Lei nº 8.212, de 1991, art. 30, caput, inciso IV; e Regulamento da Previdência Social, de 1999, art. 200, § 7º, inciso I)

XI - parceria rural, o contrato agrário pelo qual uma pessoa se obriga a ceder a outra, por tempo determinado ou não, o uso específico de imóvel rural, de parte ou partes dele, incluindo benfeitorias, outros bens ou facilidades, caso haja, com o objetivo de nele ser exercida atividade de exploração agrícola, pecuária, agroindustrial, extrativa vegetal ou mista ou a entregar animais para cria, recria, invernagem, engorda ou extração de matérias-primas de origem animal, mediante partilha, de forma isolada ou cumulativa, dos seguintes riscos: (Lei nº 4.504, de 30 de novembro de 1964, art. 96, § 1º) (Redação dada pela Instrução Normativa RFB 2.185/2024)

a) caso fortuito e de força maior do empreendimento rural; (Acrescida pela Instrução Normativa RFB 2.185/2024)

b) dos frutos, produtos ou lucros havidos nas proporções que estipularem, observados os limites percentuais estabelecidos no inciso VI do caput do art. 96 da Lei nº 4.504, de 30 de novembro de 1964; (Acrescida pela Instrução Normativa RFB 2.185/2024)

c) das variações de preço dos frutos obtidos na exploração do empreendimento rural. (Acrescida pela Instrução Normativa RFB 2.185/2024)

XII - parceiro, aquele que, comprovadamente, tem contrato de parceria com o proprietário do imóvel ou embarcação e nele desenvolve atividade agropecuária ou pesqueira, partilhando os lucros conforme o ajustado em contrato;

XIII - meeiro, aquele que, comprovadamente, tem contrato com o proprietário do imóvel ou de embarcação e nele desenvolve atividade agropecuária ou pesqueira, dividindo os rendimentos auferidos em partes iguais;

XIV - integração vertical ou integração, a relação contratual entre produtores integrados e integradores que visa a planejar e a realizar a produção e a industrialização ou comercialização de matéria-prima, bens intermediários ou bens de consumo final, com responsabilidades e obrigações recíprocas estabelecidas em contratos de integração; (Lei nº 13.288, de 16 de maio de 2016, art. 2º, caput, inciso I)

XV - arrendamento rural, o contrato pelo qual uma pessoa se obriga a ceder a outra, por tempo determinado ou não, o uso e o gozo de imóvel rural, de parte ou de partes de imóvel rural, incluindo ou não outros bens e outras benfeitorias, ou embarcação, com o objetivo de nele exercer atividade de exploração agropecuária ou pesqueira mediante certa retribuição ou aluguel; (Decreto nº 59.666, de 14 de novembro de 1966, art. 3º, caput)

XVI - arrendatário, aquele que, comprovadamente, utiliza o imóvel ou embarcação, mediante retribuição acertada ou pagamento de aluguel ao arrendante, com o objetivo de nele desenvolver atividade agropecuária ou pesqueira; (Decreto nº 59.666, de 1966, art. 3º, § 2º)

XVII - comodato rural, o empréstimo gratuito de imóvel rural, de parte ou de partes de imóvel rural, incluindo ou não outros bens e outras benfeitorias, ou embarcação, com o objetivo de nele ser exercida atividade agropecuária ou pesqueira; (Código Civil, art. 579)

XVIII - comodatário, aquele que, comprovadamente, explora o imóvel rural ou embarcação pertencente a outra pessoa, por empréstimo gratuito, por tempo indeterminado ou não, com o objetivo de nele desenvolver atividade agropecuária ou pesqueira;

XIX - consórcio simplificado de produtores rurais, a união de produtores rurais pessoas físicas que, mediante documento registrado em cartório de títulos e documentos, outorga a um deles poderes para contratar, gerir e demitir trabalhador para a exclusiva prestação de serviços aos integrantes desse consórcio, observado que: (Lei nº 8.212, de 1991, art. 25-A, caput; e Regulamento da Previdência Social, de 1999, art. 200-A, caput)

a) a formalização do consórcio ocorre por meio de documento registrado em cartório de títulos e documentos, que deverá conter a identificação de cada produtor rural pessoa física, seu endereço pessoal e o de sua propriedade rural, bem como o respectivo registro no Incra ou informações relativas à parceria, à meação, ao comodato ou ao arrendamento e à matrícula de cada um dos produtores rurais nos termos do inciso II do caput do art. 15; e (Lei nº 8.212, de 1991, art. 25-A, § 1º; e Regulamento da Previdência Social, de 1999, art. 200-A, § 1º)

b) o consórcio simplificado de produtores rurais equipara-se ao empregador rural pessoa física; (Lei nº 8.212, de 1991, art. 25-A, caput; e Regulamento da Previdência Social, de 1999, art. 200-A, caput)

XX - cooperativa de produção rural, a sociedade de produtores rurais pessoas físicas, ou de produtores rurais pessoas físicas e pessoas jurídicas que, organizada na forma da lei, constitui-se em pessoa jurídica com o objetivo de produzir e industrializar, ou de produzir e comercializar, ou de produzir, industrializar e comercializar a sua produção rural;

XXI - cooperativa de produtores rurais, a sociedade organizada por produtores rurais pessoas físicas ou por produtores rurais pessoas físicas e pessoas jurídicas, com o objetivo de comercializar, de industrializar ou de industrializar e comercializar a produção rural dos cooperados; e

XXII - atividade econômica autônoma a que não constitui parte de atividade econômica mais abrangente ou fase de processo produtivo mais complexo, e que seja exercida mediante estrutura operacional definida, em um ou mais estabelecimentos. (Regulamento da Previdência Social, de 1999, art. 201, § 22)

§ 1º Não se considera atividade de industrialização, para efeito de enquadramento do produtor rural pessoa jurídica como agroindústria:

I - as atividades de beneficiamento e de industrialização descritas nos incisos III e IV do caput, ressalvado o disposto no § 2º; e

II - as atividades de industrialização realizadas pelo produtor rural pessoa jurídica sem departamentalização ou divisões setoriais que separem a atividade rural da industrial.

§ 2º Considera-se também agroindustrial o produtor rural pessoa jurídica que mantém abatedouro de animais da produção própria ou da produção própria e da adquirida de terceiros.

SEÇÃO II
DO FATO GERADOR

Art. 147. O fato gerador das contribuições sociais previdenciárias ocorre na comercialização:

I - da produção rural do produtor rural pessoa física e do segurado especial realizada diretamente com: (Lei nº 8.212, de 1991, art. 25, caput, incisos I e II; e Regulamento da Previdência Social, de 1999, art. 200, caput)

a) o consumidor pessoa física, no varejo;

b) o adquirente pessoa física, não produtor rural, para venda no varejo a consumidor pessoa física;

c) outro produtor rural pessoa física;

d) outro segurado especial; e

e) a empresa adquirente, consumidora, consignatária ou com cooperativa;

II - da produção rural do produtor rural pessoa jurídica, exceto daquele que, além da atividade rural, exerce atividade econômica autônoma do ramo comercial, industrial ou de serviços, observado o disposto nos §§ 4º a 6º do art. 153; e (Lei nº 8.870, de 1994, art. 25, caput, incisos I e II; Regulamento da Previdência Social, de 1999, art. 201, caput, inciso IV)

III - da produção própria ou da adquirida de terceiros, industrializada ou não, pela agroindústria, exceto quanto às sociedades cooperativas e às agroindústrias de piscicultura, carcinicultura, suinocultura e a de avicultura. (Lei nº 8.212, de 1991, art. 22-A, caput e § 4º; e Regulamento da Previdência Social, de 1999, art. 201-A, caput e § 4º)

§ 1º O recebimento de produção agropecuária oriunda de outro país, ainda que o remetente seja o próprio destinatário do produto, não configura fato gerador de contribuições sociais previdenciárias.

§ 2º Os seguintes eventos são também considerados fatos geradores de contribuições sociais previdenciárias:

I - a destinação, para fins diversos daqueles que asseguram a isenção, de produto originariamente adquirido com isenção, tais como o descarte, a industrialização, a revenda, dentre outros;

II - a comercialização de produto rural vegetal ou animal originariamente isento de contribuição com adquirente que não tenha como objetivo econômico atividade condicionante da isenção;

III - a dação em pagamento, a permuta, o ressarcimento, a indenização ou a compensação feita com produtos rurais pelo produtor rural com adquirente, consignatário, cooperativa ou consumidor; (Lei nº 8.212, de 1991, art. 25, § 10, inciso IV; e Regulamento da Previdência Social, de 1999, art. 200, § 4º, inciso IV)

IV - o repasse do valor de fixação de preço efetuado pela cooperativa aos cooperados, não compreendidos: (Lei nº 8.212, de 1991, art. 25, §§ 14 e 15)

a) os valores pagos, creditados ou capitalizados a título de sobras, os quais não representam preço ou complemento de preço; e

b) a entrega ou o retorno de produção para a cooperativa nas operações em que não ocorra repasse pela cooperativa a título de fixação de preço;

V - o arremate de produção rural em leilões e praças, exceto se os produtos não integrarem a base de cálculo das contribuições.

§ 3º Na parceria de produção rural integrada, o fato gerador, a base de cálculo e as alíquotas das contribuições serão determinadas em função da categoria de cada parceiro perante o RGPS no momento da destinação dos respectivos quinhões.

§ 4º Na hipótese do § 3º, a parte da produção que na partilha couber ao parceiro outorgante produtor rural pessoa física é considerada produção própria.

§ 5º Nos contratos de compra e venda para entrega futura, que exigem cláusula suspensiva, o fato gerador de contribuições dar-se-á na data de emissão da respectiva nota fiscal, independentemente da realização de antecipações de pagamento. (CTN, art. 117, inciso I)

SEÇÃO III
DA EXPORTAÇÃO DE PRODUTOS

Art. 148. As contribuições sociais previdenciárias de que trata este Capítulo não incidem sobre as receitas decorrentes de exportação. (Constituição Federal, art. 149, § 2º, inciso I; e STF, ADI nº 4.735/DF, de 2020)

Parágrafo único. O disposto no caput não se aplica à contribuição devida ao Senar, por se tratar de contribuição de interesse das categorias profissionais ou econômicas.

Art. 149. A empresa comercial exportadora que houver adquirido produtos de outra pessoa jurídica, com o fim específico de exportação para o exterior, deverá efetuá-la no prazo de 180 (cento e oitenta) dias, contado da data da emissão da nota fiscal pela vendedora. (Lei nº 10.637, de 30 de dezembro de 2002, art. 7º; e Lei nº 10.833, de 29 de dezembro de 2003, art. 9º)

Parágrafo único. No caso de a empresa comercial exportadora não comprovar o embarque dos produtos para o exterior no prazo previsto no caput, ou vendê-los no mercado interno antes de encerrado o referido prazo, ficará sujeita ao pagamento das contribuições sociais previdenciárias de que trata este Capítulo, que deixaram de ser pagas pela empresa vendedora, acrescidas de juros de mora e multa, de mora ou de ofício, calculados na forma prevista nesta Instrução Normativa. (Lei nº 10.637, de 2002, art. 7º; e Lei nº 10.833, de 2003, art. 9º)

Art. 150. A empresa comercial exportadora que houver adquirido produtos de pessoa física, com o fim específico de exportação para o exterior, deverá efetuá-la no prazo de 1 (um) ano, contado da data do depósito em entreposto. (Decreto-Lei nº 1.248, de 29 de novembro de 1972, art. 5º)

Parágrafo único. No caso de a empresa comercial exportadora não comprovar o embarque dos produtos para o exterior no prazo previsto no caput, ou vendê-los no mercado interno antes de encerrado o referido prazo, ficará sujeita ao pagamento das contribuições sociais previdenciárias de que trata este Capítulo, que deixaram de ser pagas pela pessoa física vendedora, acrescidas de juros de mora e multa, de mora ou de ofício, calculados na forma prevista nesta Instrução Normativa. (Decreto-Lei nº 1.248, de 1972, art. 5º)

SEÇÃO IV
DA BASE DE CÁLCULO DAS CONTRIBUIÇÕES DO PRODUTOR RURAL

Art. 151. A base de cálculo das contribuições sociais previdenciárias devidas pelo produtor rural é:

I - o valor da receita bruta proveniente da comercialização da sua produção e dos subprodutos e resíduos, se houver; (Lei nº 8.212, de 1991, art. 25, caput, incisos I e II; Lei nº 8.870, art. 25, caput, incisos I e II; e Regulamento da Previdência Social, de 1999, art. 200, caput, e art. 201, caput, inciso IV)

II - o valor do arremate da produção rural; e

III - o preço de mercado da produção rural dada em pagamento, permuta, ressarcimento ou em compensação, entendendo-se por: (Lei nº 8.212, de 1991, art. 25, § 10, inciso IV; e Regulamento da Previdência Social, de 1999, art. 200, § 4º, inciso IV)

a) preço de mercado, a cotação do produto rural no dia e na localidade em que ocorrer o fato gerador;

b) preço a fixar, aquele que é definido posteriormente à comercialização da produção rural, sendo que a contribuição será devida nas competências e nas proporções dos pagamentos; e

c) preço de pauta, o valor comercial mínimo fixado pela União, pelos estados, pelo Distrito Federal ou pelos municípios para fins tributários.

§ 1º Considera-se receita bruta o valor recebido ou creditado ao produtor rural pela comercialização da sua produção rural com adquirente ou consumidor, pessoas físicas ou jurídicas, com cooperativa ou por meio de consignatário, podendo, ainda, ser resultante de permuta, compensação, dação em pagamento ou ressarcimento que represente valor, preço ou complemento de preço. (Lei nº 8.212, de 1991, art. 25, § 10, inciso IV; e Regulamento da Previdência Social, de 1999, art. 200, § 4º, inciso IV)

§ 2º Na hipótese de a documentação não indicar o valor da produção dada em pagamento, em ressarcimento ou em compensação, tomar-se-á como base de cálculo das contribuições o valor da obrigação quitada.

§ 3º Para os fatos geradores ocorridos a partir de 18 de abril de 2018, não integram a base de cálculo da contribuição devida pelo produtor rural os valores correspondentes à produção rural destinada ao plantio ou reflorestamento e ao produto animal destinado à reprodução ou criação pecuária ou granjeira ou à utilização como cobaia para fins de pesquisas científicas, quando vendido pelo próprio produtor a quem os utiliza diretamente para essas finalidades e, no caso de produto vegetal, a pessoa ou entidade registrada no Ministério da Agricultura, Pecuária e Abastecimento que se dedique ao comércio de sementes e mudas no País. (Lei nº 8.212, de 1991, art. 25, § 12; Lei nº 8.870, de 1994, art. 25, § 6º; Regulamento da Previdência Social, de 1999, art. 200, § 11, e art. 201, § 24; e Solução de Consulta Cosit nº 18, de 15 de janeiro de 2019) (Redação dada pela Instrução Normativa RFB 2.185/2024)

§ 4º Integra também a receita bruta do produtor rural pessoa física e segurado especial, além dos valores decorrentes da comercialização da produção na forma do § 1º, a receita proveniente:

I - da comercialização da produção obtida em razão de contrato de parceria ou meação de parte do imóvel rural pelo produtor rural pessoa física; (Lei nº 8.212, de 1991, art. 25, § 10, inciso I; e Regulamento da Previdência Social, de 1999, art. 200, § 4º, inciso I)

II - da comercialização de artigos de artesanato de que trata o inciso VII do § 6º do art. 9º; (Lei nº 8.212, de 1991, art. 25, § 10, inciso II; e Regulamento da Previdência Social, de 1999, art. 200, § 4º, inciso II)

III - de serviços prestados, de equipamentos utilizados e de produtos comercializados no imóvel rural, desde que em atividades turística e de entretenimento desenvolvidas no próprio imóvel, inclusive hospedagem, alimentação, recepção, recreação e atividades pedagógicas, bem como taxa de visitação e serviços especiais; (Lei nº 8.212, de 1991, art. 25, § 10, inciso III; e Regulamento da Previdência Social, de 1999, art. 200, § 4º, inciso III)

IV - do preço de mercado da produção rural dada em pagamento ou que tiver sido trocada por outra, qualquer que seja o motivo ou a finalidade; e (Lei nº 8.212, de 1991, art. 25, § 10, inciso IV; e Regulamento da Previdência Social, de 1999, art. 200, § 4º, inciso IV)

V - de atividade artística de que trata o inciso VIII do § 6º do art. 9º. (Lei nº 8.212, de 1991, art. 25, § 10, inciso V; e Regulamento da Previdência Social, de 1999, art. 200, § 4º, inciso V)

SEÇÃO V
DA BASE DE CÁLCULO DAS CONTRIBUIÇÕES DA AGROINDÚSTRIA

Art. 152. A base de cálculo das contribuições sociais previdenciárias devidas pela agroindústria é o valor da receita bruta proveniente da comercialização da produção própria e da adquirida de terceiros, industrializada ou não, exceto para as agroindústrias de piscicultura, carcinicultura, suinocultura e avicultura e para as sociedades cooperativas. (Lei nº 8.212, de 1991, art. 22-A, caput e § 4º; e Regulamento da Previdência Social, de 1999, art. 201-A, caput e § 4º)

Parágrafo único. Ocorre a tributação tratada no caput ainda que a agroindústria explore, também, outra atividade econômica autônoma, no mesmo ou em estabelecimento distinto, hipótese em que a contribuição social previdenciária incidirá sobre o valor da receita bruta decorrente da comercialização em todas as atividades, ressalvado o disposto no inciso I do § 1º do art. 156 e observado o disposto nos arts. 148 a 151. (Regulamento da Previdência Social, de 1999, art. 201-B)

SEÇÃO VI
DA CONTRIBUIÇÃO SOBRE A PRODUÇÃO RURAL

Art. 153. As contribuições sociais previdenciárias incidentes sobre a receita bruta proveniente da comercialização da produção rural, industrializada ou não, de que trata este Capítulo substituem as contribuições sociais previdenciárias incidentes sobre a remuneração dos segurados empregados e trabalhadores avulsos, previstas nos incisos I e II do caput do art. 43, sendo devidas por: (Lei nº 8.212, de 1991, arts. 22-A e 25; Lei nº 8.870, art. 25; e Regulamento da Previdência Social, de 1999, art. 200, art. 201, caput, inciso IV, e art. 201-A)

I - produtores rurais pessoas física e jurídica;

II - agroindústrias, exceto:

a) as agroindústrias de piscicultura, de carcinicultura, de suinocultura e de avicultura; e

b) as cooperativas agroindustriais. (Lei nº 8.212, de 1991, art. 22-A, § 4º; e Regulamento da Previdência Social, de 1999, art. 201-A, § 4º) § 1º A substituição prevista no caput ocorre inclusive:

I - quando os integrantes do consórcio simplificado de produtores rurais se utilizarem dos serviços de segurados empregados contratados pelo consórcio, exclusivamente, para a prestação de serviços a seus consorciados; (Lei nº 8.212, de 1991, art. 25-A; e Regulamento da Previdência Social, de 1999, art. 200-A)

II - quando os cooperados filiados a cooperativa de produtores rurais se utilizarem dos serviços de segurados empregados por ela contratados para realizarem, exclusivamente, a colheita da produção de seus cooperados; (Lei nº 8.870, de 1994, art. 25-A; e Regulamento da Previdência Social, de 1999, art. 201-C)

III - em relação à remuneração dos segurados empregados:

a) que prestam serviços em escritório mantido por produtor rural, pessoa física ou pessoa jurídica, exclusivamente para a administração da atividade rural; e

b) contratados pelo consórcio simplificado de produtores rurais para suas atividades administrativas.

§ 2º Não se aplica a substituição prevista no caput, hipótese em que são devidas as contribuições previdenciárias nas formas previstas nos incisos I e II do caput do art. 43:

I - às agroindústrias de piscicultura, de carcinicultura, de suinocultura e de avicultura, bem como às sociedades cooperativas, exceto no caso do inciso II do § 1º; (Lei nº 8.212, de 1991, art. 22-A, § 4º; e Regulamento da Previdência Social, de 1999, art. 201-A, § 4º, inciso I)

II - às indústrias que, embora desenvolvam as atividades relacionadas no art. 2º do Decreto-Lei nº 1.146, de 1970, não se enquadram como agroindústrias conforme definição estabelecida no item 2 da alínea "b" do inciso I do caput do art. 146, por não possuírem produção própria;

III - quando o produtor rural pessoa jurídica, além da atividade rural:

a) prestar serviços a terceiros em condições que não caracterize atividade econômica autônoma definida no inciso XXII do caput do art. 146, exclusivamente em relação à remuneração dos segurados envolvidos na prestação dos serviços, excluída a receita proveniente dessas operações da base de cálculo das contribuições incidentes sobre a receita bruta; (Lei nº 8.870, de 1994, art. 25, § 5º; e Regulamento da Previdência Social, de 1999, art. 201, § 21)

b) exercer outra atividade econômica autônoma definida no inciso XXII do caput do art. 146, seja comercial, industrial ou de serviços, em relação à remuneração de todos os empregados e trabalhadores avulsos; (Regulamento da Previdência Social, de 1999, art. 201, § 22)

IV - na hipótese de a agroindústria prestar serviços a terceiros, independentemente de se tratar de atividade econômica autônoma, apenas em relação à remuneração dos segurados envolvidos na prestação desses serviços, devendo o valor da prestação do serviço ser excluído da base de cálculo das contribuições incidentes sobre a receita bruta; e (Lei nº 8.212, de 1991, art. 22-A, §§ 2º e 3º; e Regulamento da Previdência Social, de 1999, art. 201-A, §§ 2º e 3º)

V - a partir de 1º de janeiro de 2019, ao produtor rural pessoa física ou jurídica que optar por contribuir na forma prevista nos incisos I e II do caput do art. 43, observado o disposto nos §§ 2º a 4º do art. 156. (Lei nº 8.212, de 1991, art. 25, § 13; Lei nº 8.870, de 1994, art. 25, § 7º; e Regulamento da Previdência Social, de 1999, art. 200, §§ 12 e 13, e art. 201, §§ 25 e 26)

§ 3º Nas hipóteses da alínea "a" do inciso III e do inciso IV do § 2º, relativamente à remuneração dos segurados envolvidos na prestação de serviços, deve ser elaborada folha de pagamento e prestadas as informações nos termos do art. 25 de forma individualizada por tomador.

§ 4º O produtor rural pessoa jurídica que contribui na forma prevista no caput poderá manter essa forma de tributação ainda que produza ração para alimentação dos animais de sua própria produção, desde que a ração produzida não seja destinada, total ou parcialmente, à comercialização.

§ 5º Na hipótese prevista no § 4º, se a ração produzida for destinada, total ou parcialmente, à comercialização, o produtor será tributado: (Regulamento da Previdência Social, de 1999, art. 201, § 22; e Solução de Consulta Cosit nº 10, de 3 de janeiro de 2019)

I - como agroindústria, desde que produza também, total ou parcialmente, o produto rural base utilizado na fabricação da ração; ou

II - com base na alínea "b" do inciso III do § 2º, caso não produza, total ou parcialmente, o produto rural base utilizado na fabricação da ração.

§ 6º Em relação à empresa que se dedica ao florestamento e reflorestamento como fonte de matéria-prima para industrialização própria, serão observados os seguintes procedimentos: (Lei nº 8.212, de 1991, art. 22-A, §§ 6º e 7º; e Regulamento da Previdência Social, de 1999, art. 201-A, § 4º, inciso II, e § 5º)

I - caberá a substituição prevista no caput, quando:

a) a atividade rural da empresa for exclusivamente de florestamento e reflorestamento e seja utilizado processo industrial que não modifique a natureza química da madeira nem a transforme em pasta celulósica; ou

b) a atividade rural da empresa for de florestamento e reflorestamento e seja utilizado processo industrial que modifique a natureza química da madeira ou a transforme em pasta celulósica, desde que concomitantemente com essa situação, a empresa:

1. comercialize resíduos vegetais, sobras ou partes da produção cuja receita bruta decorrente da comercialização desses produtos represente mais de 1% (um por cento) da receita bruta proveniente da comercialização da sua produção; ou
2. explore outra atividade rural;

II - não caberá a substituição prevista no caput quando:

a) relativamente à atividade rural, a empresa se dedica apenas ao florestamento e reflorestamento como fonte de matéria-prima para industrialização própria e utiliza processo industrial que modifique a natureza química da madeira ou a transforme em pasta celulósica; e

b) na hipótese de efetuar venda de resíduos vegetais, sobras ou partes da produção rural, a receita bruta dela decorrente represente menos de 1% (um por cento) da receita bruta proveniente da comercialização da sua produção.

§ 7º Para fins do disposto no § 6º, entende-se que ocorre a modificação da natureza química da madeira quando, por processo químico, uma ou mais substâncias que a compõem se transformam em nova substância, tais como pasta celulósica, papel, álcool de madeira, ácidos, óleos que são utilizados como insumos energéticos em combustíveis industriais, produtos empregados na indústria farmacêutica, de cosméticos e alimentícia, e os produtos que resultam dos processos de carbonização, gaseificação ou hidrólise.

Art. 154. As contribuições previdenciárias e as devidas a terceiros, apuradas com base na receita bruta proveniente da comercialização da produção rural, industrializada ou não, serão calculadas mediante a aplicação das alíquotas discriminadas no Anexo IV.

SEÇÃO VII
DA CONTRIBUIÇÃO SOBRE A FOLHA DE PAGAMENTO DO PRODUTOR RURAL E DA AGROINDÚSTRIA

Art. 155. Nos casos em que for aplicada a substituição prevista no art. 153, o produtor rural pessoa física ou jurídica, inclusive a agroindústria, deverá recolher, além daquelas incidentes sobre a comercialização da produção rural, as contribuições sociais previdenciárias:

I - descontadas dos segurados empregados e dos trabalhadores avulsos, incidentes sobre o total das remunerações pagas, devidas ou creditadas, a qualquer título, no decorrer do mês, e as descontadas dos contribuintes individuais, incidentes sobre o total das remunerações pagas ou creditadas, no decorrer do mês, observado o disposto no § 1º do art. 49; (Lei nº 8.212, de 1991, art. 30, caput, inciso I, alíneas "a" e "b"; Lei nº 10.666, de 2003, art. 4º; e Regulamento da Previdência Social, de 1999, art. 201, § 17, e art. 216, caput, inciso I, alíneas "a" e "b")

II - a seu cargo, incidentes sobre o total das remunerações ou das retribuições pagas ou creditadas, a qualquer título, no decorrer do mês, aos segurados contribuintes individuais; (Lei nº 8.212, de 1991, art. 30, caput, inciso I, alínea "b"; Lei nº 10.666, de 2003, art. 4º, caput; e Regulamento da Previdência Social, de 1999, art. 216, caput, inciso I, alínea "b")

III - devidas a terceiros, de que tratam o Capítulo VII do Título II, incidentes sobre o total das remunerações pagas, devidas ou creditadas, a qualquer título, no decorrer do mês, aos segurados empregados e trabalhadores avulsos; e

IV - descontadas do transportador autônomo nos termos do disposto no art. 103.

Art. 156. Nos casos em que não for aplicada a substituição prevista no art. 153, aplica-se ao produtor rural pessoa física ou jurídica e à agroindústria as contribuições devidas à Previdência Social e as devidas a terceiros incidentes sobre o total da remuneração paga, devida ou creditada aos segurados empregados e trabalhadores avulsos, discriminadas no Anexo V, e as incidentes sobre a remuneração paga ou creditada aos contribuintes individuais, mediante aplicação das mesmas alíquotas e regras aplicáveis às empresas em geral. (Lei nº 8.212, de 1991, art. 22; e Regulamento da Previdência Social, de 1999, arts. 201 e 202)

§ 1º As contribuições sociais previdenciárias devidas pelos segurados, previstas nos incisos II a IV do caput do art. 49, e as devidas pelo produtor rural ou pela agroindústria, previstas no art. 43, deverão ser recolhidas:

I - pelo produtor rural pessoa jurídica e pela agroindústria em relação às operações relativas à prestação de serviços a terceiros; (Lei nº 8.212, de 1991, art. 22-A, § 2º; Lei nº 8.870, de 1994, art. 25, § 5º; e Regulamento da Previdência Social, de 1999, art. 201, § 21, e art. 201-A, § 2º)

II - pela agroindústria de piscicultura, carcinicultura, avicultura e de suinocultura; (Lei nº 8.212, de 1991, art. 22-A, § 4º; e Regulamento da Previdência Social, de 1999, art. 201-A, § 4º, inciso I)

III - pelas sociedades cooperativas; (Lei nº 8.212, de 1991, art. 22-A, § 4º; e Regulamento da Previdência Social, de 1999, art. 201-A, § 4º, inciso I)

IV - pelo produtor rural pessoa jurídica que, além da atividade rural, explorar também outra atividade econômica autônoma definida no inciso XXII do caput do art. 146, no mesmo ou em estabelecimento distinto, independentemente de qual seja a atividade preponderante; (Regulamento da Previdência Social, de 1999, art. 201, § 22)

V - pelo produtor rural pessoa física ou jurídica que optar por contribuir sobre a folha de salários, nos termos do disposto no inciso V do § 2º do art. 153; e (Lei nº 8.212, de 1991, art. 25, § 13; Lei nº 8.870, de 1994, art. 25, § 7º; e Regulamento da Previdência Social, de 1999, art. 200, § 12, e art. 201, § 25)

VI - pela empresa que se dedica ao florestamento e reflorestamento como fonte de matéria-prima para industrialização própria a que se refere o inciso II do § 6º do art. 153.

§ 2º A opção a que se refere o inciso V do § 1º será manifestada mediante pagamento das contribuições previstas nos incisos I e II do caput do art. 43, relativas ao mês de janeiro de cada ano, ou ao primeiro mês de competência subsequente ao início da atividade rural, e será irretratável para todo o ano-calendário. (Lei nº 8.212, de 1991, art. 25, § 13; Lei nº 8.870, de 1994, art. 25, § 7º; e Regulamento da Previdência Social, de 1999, art. 200, §§ 12 e 13, e art. 201, §§ 25 e 26)

§ 3º Tratando-se de produtor rural pessoa física, no caso de ser realizada a opção a que se refere o inciso V do § 1º:

I - não será aplicada a sub-rogação prevista no inciso IV do caput do art. 159; e

II - a tributação abrangerá todos os imóveis em que ele exerça atividade rural.

§ 4º O produtor rural pessoa física que fizer a opção a que se refere o inciso V do § 1º deverá apresentar à empresa adquirente, consumidora, consignatária ou cooperativa, ou à pessoa física adquirente não produtora rural, a declaração de que recolhe as contribuições previstas nos incisos I e II do caput do art. 43, conforme modelo constante do Anexo VII.

Art. 157. No caso do consórcio simplificado de produtores rurais:

I - o produtor rural pessoa física que o represente deverá recolher as contribuições sociais previdenciárias incidentes sobre a comercialização da produção rural e aquelas previstas nos incisos do caput do art. 155, relativamente aos segurados contratados exclusivamente para a prestação de serviços aos integrantes do consórcio; e (Lei nº 8.212, de 1991, art. 22-B; e Regulamento da Previdência Social, de 1999, art. 200-B)

II - é vedada a prestação de serviços a terceiros.

Parágrafo único. Os produtores rurais pessoas físicas integrantes do consórcio simplificado de produtores rurais são responsáveis solidários em relação às obrigações previdenciárias a que se refere o inciso I do caput. (Lei nº 8.212, de 1991, art. 25-A, § 3º; e Regulamento da Previdência Social, de 1999, art. 222)

Art. 158. A cooperativa de produtores rurais que contratar segurado empregado exclusivamente para a realização da colheita de produção de seus cooperados é diretamente responsável pelo recolhimento da contribuição social previdenciária devida pelo segurado empregado, bem como pelo recolhimento das contribuições devidas a terceiros, incidentes sobre o total das remunerações pagas, devidas ou creditadas, a qualquer título, no decorrer do mês, a esse segurado. (Regulamento da Previdência Social, de 1999, art. 201-C, § 2º)

Parágrafo único. A cooperativa de produtores rurais deverá elaborar folha de pagamento distinta para os segurados contratados na forma do caput e apurar os encargos decorrentes dessa contratação separadamente, por produtor rural a ela filiado, lançando os respectivos valores em títulos próprios de sua contabilidade, na forma prevista no § 8º do art. 27. (Regulamento da Previdência Social, de 1999, art. 201-C, § 1º)

SEÇÃO VIII
DA RESPONSABILIDADE PELO RECOLHIMENTO DAS CONTRIBUIÇÕES INCIDENTES SOBRE A COMERCIALIZAÇÃO DA PRODUÇÃO RURAL

Art. 159. A responsabilidade pelo recolhimento das contribuições sociais previdenciárias incidentes sobre a receita bruta oriunda da comercialização da produção de que trata este Capítulo é:

I - do produtor rural pessoa física e do segurado especial, quando comercializarem a produção diretamente com: (Lei nº 8.212, de 1991, art. 30, caput, inciso X; e Regulamento da Previdência Social, de 1999, art. 200, § 7º, inciso III, e art. 216, caput, inciso IV)

a) adquirente domiciliado no exterior (exportação), observado o disposto no art. 148;

b) consumidor pessoa física, no varejo;

c) outro produtor rural pessoa física; e

d) outro segurado especial;

II - do produtor rural pessoa jurídica, quando comercializar a própria produção rural; (Regulamento da Previdência Social, de 1999, art. 216, caput, inciso VII)

III - da agroindústria, exceto a sociedade cooperativa e a agroindústria de piscicultura, carcinicultura, suinocultura e a de avicultura, quando comercializar a produção própria ou a produção própria e a adquirida de terceiros, industrializada ou não; (Lei nº 8.212, de 1991, art. 22-A, caput e § 4º; e Regulamento da Previdência Social, de 1999, art. 201-A caput e § 4º, I)

IV - da empresa adquirente, inclusive se agroindustrial, consumidora, consignatária ou da cooperativa, na condição de sub-rogada nas obrigações do produtor rural pessoa física e do segurado especial; (Lei nº 8.212, de 1991, art. 30, caput, incisos III e IV; e Regulamento da Previdência Social, de 1999, art. 216, caput, inciso III)

V - dos órgãos públicos da administração direta, das autarquias e das fundações de direito público que ficam sub-rogados nas obrigações do produtor rural pessoa física e do segurado especial, quando adquirirem a produção rural, ainda que para consumo, ou comercializarem a recebida em consignação, diretamente dessas pessoas ou por intermediário pessoa física; e (Lei nº 8.212, de 1991, art. 15, caput, inciso I, e art. 30, caput, incisos III e IV; e Regulamento da Previdência Social, de 1999, art. 12, caput, inciso I, e art. 216, caput, inciso III)

VI - da pessoa física adquirente não produtora rural, na condição de subrogada no cumprimento das obrigações do produtor rural pessoa física e do segurado especial, quando adquirir produção para venda no varejo, a consumidor pessoa física. (Lei nº 8.212, de 1991, art. 30, caput, inciso XI; e Regulamento da Previdência Social, de 1999, art. 216, caput, inciso VI)

§ 1º A responsabilidade pelo recolhimento da contribuição do produtor rural pessoa física ou do produtor rural pessoa jurídica, na comercialização de produtos agropecuários com a Companhia Nacional de Abastecimento (Conab), destinados ao Programa de Aquisição de Alimentos (PAA), é da própria instituição adquirente e será efetuado à conta do referido Programa. (Lei nº 11.718, de 20 de junho de 2008, art. 11; e Regulamento da Previdência Social, de 1999, art. 216, § 34)

§ 2º O produtor rural pessoa física e o segurado especial também ficarão responsáveis pelo recolhimento das contribuições a que se refere o caput:

I - se a produção for comercializada com destinatário incerto;

II - se não for comprovada, formalmente, a destinação da produção; ou

III - se a empresa adquirente da produção for impedida de efetuar a retenção e o recolhimento da contribuição por força de decisão judicial proferida em ação judicial proposta pelo produtor rural pessoa física ou pelo segurado especial.

§ 3º A comprovação do destino da produção deve ser feita pelo produtor rural pessoa física ou pelo segurado especial que comercialize com:

I - pessoa jurídica, mediante a apresentação de via da nota fiscal de entrada emitida pelo adquirente ou de nota fiscal emitida pelo produtor rural ou pela repartição fazendária; ou

II - outra pessoa física ou com outro segurado especial, mediante a apresentação de via da nota fiscal emitida pelo produtor rural ou pela repartição fazendária.

§ 4º A empresa adquirente, consumidora ou consignatária ou a cooperativa deverá exigir do produtor rural pessoa jurídica a comprovação de sua inscrição no C N P J.

§ 5º A falta de comprovação da inscrição a que se refere o § 4º acarreta a presunção de que a empresa adquirente, consumidora, consignatária ou a cooperativa comercializou a produção com produtor rural pessoa física ou com segurado especial, ficando a empresa adquirente, consumidora, consignatária ou a cooperativa sub-rogada na respectiva obrigação, conforme disposto no inciso IV do caput, cabendo-lhe o ônus da prova em contrário.

§ 6º A responsabilidade da empresa adquirente, consumidora ou consignatária ou da cooperativa prevalece quando a comercialização envolver produção rural de pessoa física ou de segurado especial, qualquer que seja a quantidade, independentemente de ter sido realizada diretamente com o produtor ou com o intermediário, pessoa física, exceto no caso previsto no inciso I do caput. (Lei nº 8.212, de 1991, art. 30, caput, incisos III e IV; e Regulamento da Previdência Social, de 1999, art. 216, caput, inciso III)

§ 7º A entidade beneficente de assistência social, ainda que isenta das contribuições patronais, na condição de adquirente, consumidora ou de consignatária, sub-roga-se nas obrigações do produtor rural pessoa física e do segurado especial.

§ 8º O desconto da contribuição legalmente autorizado sempre se presumirá feito, oportuna e regularmente, pela empresa adquirente, consumidora ou consignatária ou pela cooperativa, a isso obrigada, não lhe sendo lícito alegar qualquer omissão para se eximir do recolhimento, ficando ela diretamente responsável pela importância que eventualmente deixar de descontar ou que tiver descontado em desacordo com as normas vigentes. (Lei nº 8.212, de 1991, art. 33, § 5º; e Regulamento da Previdência Social, de 1999, art. 216, § 5º)

§ 9º Observadas as responsabilidades definidas neste artigo, o recolhimento das contribuições incidentes sobre a receita bruta da comercialização da produção deverá ser efetuado nos prazos previstos no art. 52. (Regulamento da Previdência Social, de 1999, art. 216, caput, incisos III, IV, VI e VII)

§ 10. Sem prejuízo do disposto no inciso I do caput, o produtor rural pessoa física e o segurado especial são obrigados a recolher, diretamente, a contribuição incidente sobre a receita bruta proveniente. (Lei nº 8.212, de 1991, art. 30, caput, inciso XII; e Regulamento da Previdência Social, de 1999, art. 200, § 9º)

I - da comercialização de artigos de artesanato elaborados com matéria-prima produzida pelo respectivo grupo familiar;

II - de comercialização de artesanato ou do exercício de atividade artística, observado o disposto nos incisos VII e VIII do § 6º do art. 9º; e

III - de serviços prestados, de equipamentos utilizados e de produtos comercializados no imóvel rural, desde que em atividades turística e de entretenimento desenvolvidas no próprio imóvel, inclusive hospedagem, alimentação, recepção, recreação e atividades pedagógicas, bem como taxa de visitação e serviços especiais.

§ 11. A empresa adquirente, consumidora, consignatária ou cooperativa, ou a pessoa física adquirente não produtora rural, para exonerar-se da responsabilidade pela sub-rogação, deverá exigir do produtor rural pessoa física a declaração de que ele recolhe as contribuições previstas nos incisos I e II do caput do art. 43, conforme modelo constante do Anexo VII. (Lei nº 8.212, de 1991, art. 25, § 13, art. 30, incisos III e IV)

SEÇÃO IX
DAS DISPOSIÇÕES ESPECIAIS

Art. 160. A instituição de ensino, a entidade hospitalar, a creche, a empresa de hotelaria ou qualquer outro estabelecimento que, por sua natureza, realiza, eventual ou subsidiariamente, atividade rural, não é considerado produtor rural, para os efeitos da substituição das contribuições sociais incidentes sobre a folha de pagamento, sendo que a eventual comercialização de sua produção não constitui fato gerador de contribuições sociais. (Decreto nº 3.048, de 1999, art. 201, § 22)

Art. 161. O garimpeiro contribui sobre a folha de pagamento dos segurados que remunera. (Lei nº 8.212, de 1991, art. 22)

Art. 162. Apenas a aquisição de produção rural de terceiros para industrialização ou para comercialização não se caracteriza atividade rural, devendo a empresa adquirente contribuir com base na remuneração paga, devida ou creditada aos segurados a seu serviço, respondendo, também, pelas obrigações decorrentes da subrogação, na hipótese de aquisição de produção rural de pessoa física ou de segurado especial. (Lei nº 8.212, de 1991, art. 22, art. 25 e art. 30, incisos III e IV)

Art. 163. O excremento de animais, quando comercializado por produtor rural pessoa física, segurado especial, produtor rural pessoa jurídica ou agroindústria, é considerado produto rural para efeito de incidência das contribuições sociais, em razão de característica e origem próprias. (Lei nº 8.212, de 1991, art. 22-A e art. 25; Lei nº 8.870, de 1994, art. 25)

CAPÍTULO II
DA EMPRESA OPTANTE PELO SIMPLES NACIONAL

SEÇÃO I
DA OPÇÃO PELO SIMPLES NACIONAL

Art. 164. A microempresa (ME) e a empresa de pequeno porte (EPP) optantes pelo Regime Especial Unificado de Arrecadação de Tributos e Contribuições devidos pelas Microempresas e Empresas de Pequeno Porte (Simples Nacional) estão sujeitas à contribuição previdenciária sobre a receita em substituição às contribuições previdenciárias a cargo da empresa incidentes sobre a remuneração dos segurados empregados, trabalhadores avulsos e contribuintes individuais. (Lei Complementar nº 123, de 2006, art. 13, caput, inciso VI)

§ 1º Não se aplica a substituição a que se refere o caput para as pessoas jurídicas que se dediquem às seguintes atividades: (Lei Complementar nº 123, de 2006, art. 18, § 5º-C)

I - construção de imóveis e obras de engenharia em geral, inclusive sob a forma de subempreitada, execução de projetos e serviços de paisagismo, bem como decoração de interiores;

II - serviço de vigilância, limpeza ou conservação; e

III - serviços advocatícios.

§ 2º As microempresas e as empresas de pequeno porte optantes pelo Simples Nacional a que se refere o caput ficam dispensadas do pagamento das contribuições devidas a terceiros de que trata o Capítulo VII do Título II. (Lei Complementar nº 123, de 2006, art. 13, § 3º)

SEÇÃO II
DA RESPONSABILIDADE PELAS CONTRIBUIÇÕES

Art. 165. As microempresas e as empresas de pequeno porte optantes pelo Simples Nacional, além da contribuição substitutiva a que se refere o art. 164, são obrigadas a arrecadar e recolher, mediante desconto ou retenção, as contribuições devidas:

I - pelo segurado empregado, trabalhador avulso e contribuinte individual, podendo deduzir, no ato do recolhimento, os valores pagos a título de salário-família e salário-maternidade no caso de segurado empregado e trabalhador avulso; (Lei nº 8.212, de 1991, art. 30, caput, inciso I, alíneas "a" e "b"; Lei nº 10.666, de 2003, art. 4º; e Regulamento da Previdência Social, de 1999, art. 216, caput, inciso I, alíneas "a" e "b")

II - pelo segurado, destinadas ao Sest e ao Senat, no caso de contratação de contribuinte individual condutor autônomo de veículo rodoviário, inclusive o taxista e o motorista de transporte remunerado privado individual de passageiros, auxiliar de condutor autônomo, transportador autônomo de cargas e transportador autônomo de cargas auxiliar; (Lei nº 8.706, de 1993, art. 7º, § 2º; e Decreto nº 1.007, de 1993, art. 2º, § 3º, alínea "a")

III - pelo produtor rural pessoa física ou pelo segurado especial, incidentes sobre o valor bruto da comercialização de produto rural, na condição de sub-rogadas; (Lei nº 8.212, de 1991, art. 30, caput, incisos III e IV; e Regulamento da Previdência Social, de 1999, art. 216, caput, inciso III)

IV - pela associação desportiva, incidente sobre a receita bruta decorrente de contrato de patrocínio, de licenciamento de uso de marcas e símbolos, de publicidade, de propaganda e de transmissão de espetáculos desportivos, quando forem as patrocinadoras; e (Lei nº 8.212, de 1991, art. 22, § 9º; e Regulamento da Previdência Social, de 1999, art. 205, § 3º)

V - pela empresa contratada, incidentes sobre o valor bruto da nota fiscal, da fatura ou do recibo de prestação de serviço mediante cessão de mão de obra ou empreitada, na forma do Capítulo VIII do Título II. (Lei nº 8.212, de 1991, art. 31, caput; e Regulamento da Previdência Social, de 1999, art. 219, caput)

Art. 166. As microempresas e empresas de pequeno porte tributadas na forma do Anexo IV da Lei Complementar nº 123, de 2006, estão sujeitas à retenção da contribuição social previdenciária incidente sobre o valor bruto da nota fiscal, da fatura ou do recibo de prestação de serviços executados mediante cessão de mão de obra ou empreitada. (Lei Complementar nº 123, de 2006, art. 18, § 5º-C; Lei nº 8.212, de 1991, art. 31, caput; e Regulamento da Previdência Social, de 1999, art. 219, caput)

Parágrafo único. A retenção disposta no caput restringe-se à execução dos serviços elencados nos arts. 111 e 112, sendo aplicado, no que couber, as disposições do Capítulo VIII do Título II. (Lei nº 8.212, de 1991, art. 31, § 4º; e Regulamento da Previdência Social, de 1999, art. 219, §§ 2º e 3º)

Art. 167. As microempresas e as empresas de pequeno porte optantes pelo Simples Nacional que prestarem serviços mediante cessão de mão de obra ou empreitada, exceto nos casos previstos no art. 166, não estão sujeitas à retenção da contribuição social previdenciária incidente sobre o valor da nota fiscal, da fatura ou do recibo da prestação de serviços. (STJ, Súmula nº 425)

Parágrafo único. As microempresas e as empresas de pequeno porte a que se refere o caput estão sujeitas à exclusão do Simples Nacional. (Lei Complementar nº 123, de 2006, art. 17, caput, inciso XII, e art. 30, caput, inciso II)

SEÇÃO III
DA TRIBUTAÇÃO

Art. 168. Para fins desta Seção considera-se:

I - exercício exclusivo de atividade, aquele realizado por trabalhador cuja mão de obra é empregada somente em atividades tributadas na forma:

a) dos Anexos I, II, III e V da Lei Complementar nº 123, de 2006, hipótese em que a contribuição previdenciária patronal incide sobre a receita; ou

b) do Anexo IV da Lei Complementar nº 123, de 2006, hipótese em que a contribuição previdenciária patronal incide sobre a remuneração dos segurados; e

II - exercício concomitante de atividades, aquele realizado por trabalhador cuja

CONTRIBUIÇÕES PREVIDENCIÁRIAS

mão de obra é empregada de forma simultânea em atividade tributada na forma do Anexo IV em conjunto com outra atividade tributada na forma de um dos Anexos I, II, III ou V da Lei Complementar nº 123, de 2006.

Art. 169. As microempresas e as empresas de pequeno porte optantes pelo Simples Nacional deverão discriminar mensalmente a receita bruta, destacada por estabelecimento e por atividade enquadrada nos Anexos I a V da Lei Complementar nº 123, de 2006, na forma do art. 25 da Resolução CGSN nº 140, de 22 de maio de 2018.

Art. 170. As microempresas e as empresas de pequeno porte optantes pelo Simples Nacional deverão elaborar folha de pagamento mensal, nos termos do inciso III do caput do art. 27, destacando a remuneração dos trabalhadores que se dediquem:

I - exclusivamente, a atividade tributada na forma dos Anexos I, II, III e V da Lei Complementar nº 123, de 2006;

II - exclusivamente, a atividade tributada na forma do Anexo IV da Lei Complementar nº 123, de 2006; e

III - a exercício concomitante de atividades, conforme definido no inciso II do caput do art. 168.

§ 1º A remuneração dos trabalhadores, destacada na forma dos incisos do caput, deve ser informada à RFB nos termos do disposto no art. 25.

§ 2º O Código de Classificação Brasileira de Ocupação (CBO) atribuído ao trabalhador pelas microempresas e empresas de pequeno porte deverá ser compatível com o CNAE da atividade desenvolvida.

Art. 171. As microempresas e as empresas de pequeno porte optantes pelo Simples Nacional, no que se refere às contribuições sociais previdenciárias patronais, serão tributadas da seguinte forma:

I - as contribuições patronais incidentes sobre a remuneração dos trabalhadores referidos no inciso I do caput do art. 170 serão substituídas pela contribuição sobre a receita do regime do Simples Nacional; (Lei Complementar nº 123, de 2006, art. 13, caput, inciso VI)

II - as contribuições patronais em relação aos trabalhadores referidos no inciso II do caput do art. 170 incidem sobre a remuneração desses trabalhadores, na forma prevista no art. 43, e serão recolhidas de acordo com as regras aplicáveis aos demais contribuintes; e (Lei Complementar nº 123, de 2006, art. 18, § 5º-C)

III - as contribuições previdenciárias patronais em relação aos trabalhadores referidos no inciso III do caput do art. 170 desta Instrução Normativa, incidentes sobre a remuneração desses trabalhadores, serão proporcionais à parcela da receita bruta auferida nas atividades tributadas na forma do Anexo IV da Lei Complementar nº 123, de 2006, em relação à receita bruta total auferida pela empresa.

§ 1º A contribuição a ser recolhida na forma do inciso III do caput corresponderá ao resultado da multiplicação do valor das contribuições calculadas conforme o disposto no art. 43, pela fração, cujo numerador é a receita bruta auferida nas atividades tributadas na forma do Anexo IV da Lei Complementar nº 123, de 2006, e o denominador é a receita bruta total auferida pela empresa.

§ 2º A contribuição devida na forma do inciso III do caput incidente sobre o décimo terceiro salário corresponderá ao resultado da multiplicação do valor da contribuição calculada conforme o disposto no art. 43, pela fração cujo numerador é o valor da receita bruta auferida nas atividades tributadas na forma do Anexo IV da Lei Complementar nº 123, de 2006, acumulada nos 12 (doze) meses anteriores ao mês de dezembro de cada ano-calendário, e o denominador é o valor total da receita bruta acumulada no mesmo período.

§ 3º O cálculo da contribuição previdenciária incidente sobre o décimo terceiro salário pago nas rescisões contratuais será feito mediante aplicação da mesma regra aplicável às contribuições incidentes sobre as demais parcelas do salário de contribuição pagas no mês, independentemente da forma de tributação a que se refere o inciso I, II ou III do caput.

§ 4º O disposto no § 3º se aplica ao cálculo da contribuição previdenciária sobre o décimo terceiro pago aos trabalhadores sujeitos a contrato de trabalho intermitente.

SEÇÃO IV
DO MICROEMPREENDEDOR INDIVIDUAL (MEI)

Art. 172. O MEI contribuirá para a Previdência Social na forma do inciso IV e da alínea "a" do inciso V do § 3º do art. 18-A da Lei Complementar nº 123, de 2006, observada a regulamentação do CGSN.

Parágrafo único. O MEI poderá efetuar complementação do recolhimento na forma prevista no § 7º do art. 37, diretamente em documento de arrecadação próprio.

Art. 173. A empresa contratante de serviços executados por intermédio do MEI mantém, em relação a essa contratação, a obrigatoriedade de recolhimento da contribuição a que se referem o inciso III do caput e o § 6º do art. 43, bem como o cumprimento das obrigações acessórias relativas à contratação de contribuinte individual. (Lei Complementar nº 123, de 2006, art. 18-B, caput)

§ 1º Aplica-se o disposto neste artigo exclusivamente em relação ao MEI que for contratado para prestar serviços de hidráulica, eletricidade, pintura, alvenaria, carpintaria e de manutenção ou reparo de veículos. (Lei Complementar nº 123, de 2006, art. 18-B, § 1º; e Regulamento da Previdência Social, de 1999, art. 201, § 27)

§ 2º A obrigação da empresa de reter, descontar e recolher a contribuição do segurado contribuinte individual a seu serviço com base na previsão legal disposta no art. 4º da Lei nº 10.666, de 2003, não se aplica a este artigo.

Art. 174. O MEI que contratar um único empregado que receba exclusivamente 1 (um) salário-mínimo ou o piso salarial da categoria profissional: (Lei Complementar nº 123, de 2006, art. 18-C, caput)

I - está sujeito ao recolhimento da contribuição previdenciária patronal calculada à alíquota de 3% (três por cento) sobre a remuneração do empregado; (Lei Complementar nº 123, de 2006, art. 18-C, § 1º, inciso III)

II - deverá reter e recolher a contribuição previdenciária devida pelo segurado empregado a seu serviço, na forma disposta no inciso II do caput do art. 49 e no art. 52; e (Lei Complementar nº 123, de 2006, art. 18-C, § 1º, inciso I; e Resolução CGSN nº 140, de 2018, art. 105, § 1º, inciso I)

III - fica obrigado a prestar as informações relativas ao segurado empregado a seu serviço, na forma estabelecida no art. 25. (Lei Complementar nº 123, de 2006, art. 18-C, § 1º, inciso II; e Resolução CGSN nº 140, de 2018, art. 105, § 1º, inciso II)

SEÇÃO V
DA EXCLUSÃO DO SIMPLES NACIONAL E DOS EFEITOS DA EXCLUSÃO

Art. 175. Para a exclusão do Simples Nacional e a aplicação os efeitos dela decorrentes deverão ser observadas as regras dispostas pela CGSN. (Lei Complementar nº 123, de 2006, art. 2º, § 6º)

CAPÍTULO III
DA EMPRESA QUE ATUA NA ÁREA DA SAÚDE

Art. 176. Considera-se:

I - empresa que atua na área da saúde, aquela que tem como atividade principal a prestação de serviços médicos, odontológicos e serviços técnicos de medicina;

II - entidade hospitalar, o estabelecimento de saúde pertencente à empresa da área da saúde onde são prestados os serviços de atendimento médico e os serviços técnicos de medicina;

III - residência médica, a modalidade de ensino de pós-graduação, destinada a médicos, sob a forma de cursos de especialização, caracterizada por treinamento em serviço, funcionando sob a responsabilidade de instituições de saúde, universitárias ou não, sob a orientação de profissionais médicos de elevada qualificação ética e profissional; e (Lei nº 6.932, de 1981, art. 1º)

IV - residência em área profissional da saúde, a modalidade de ensino de pós-graduação lato sensu, voltada para a educação em serviço e destinada às categorias profissionais que integram a área de saúde, excetuada a médica, desenvolvida em regime de dedicação exclusiva e realizada sob supervisão docente-assistencial, de responsabilidade conjunta dos setores da educação e da saúde. (Lei nº 11.129, de 2005, art. 13)

Art. 177. A empresa que atua na área da saúde está sujeita às normas de tributação e de arrecadação aplicáveis às empresas em geral, previstas nesta Instrução Normativa, em relação à remuneração paga, devida ou creditada, no decorrer do mês, aos profissionais da saúde por ela contratados, de acordo com o enquadramento desses segurados no RGPS, conforme definido no art. 5º, quando se tratar de segurado empregado, ou no art. 8º, quando se tratar de segurado contribuinte individual.

Art. 178. Na atividade odontológica, quando houver prestação de serviços por pessoa física a pessoa jurídica, na impossibilidade de discriminação do valor dos serviços e dos materiais empregados, a base de cálculo da contribuição social previdenciária a cargo da empresa e do contribuinte individual, em relação a este até o limite máximo do salário de contribuição, corresponderá a 60% (sessenta por cento) do valor bruto da nota fiscal, da fatura ou do recibo de prestação de serviços. (Lei nº 8.212, de 1991, art. 33, § 6º)

Art. 179. A utilização das dependências ou dos serviços da empresa que atua na área da saúde, para atendimento de seus clientes particulares ou conveniados, pelo médico ou profissional da saúde que perceba honorários diretamente desses clientes ou de operadora ou seguradora de saúde, inclusive do SUS, com quem mantém contrato de credenciamento ou convênio, não gera qualquer encargo previdenciário para a empresa locatária ou cedente.

§ 1º Na hipótese prevista no caput, em que a entidade hospitalar ou afim se reveste da qualidade de mera repassadora dos honorários, os quais não deverão constar em contas de resultado de sua escrituração contábil, o responsável pelo pagamento da contribuição social previdenciária devida pela empresa e pelo desconto e recolhimento da contribuição do segurado contribuinte individual será, conforme o caso, o ente público integrante do SUS, ou de outro sistema de saúde, ou a empresa que atua mediante plano ou seguro de saúde que pagou o segurado por meio da entidade repassadora.

§ 2º Se comprovado que a entidade hospitalar ou afim não se reveste da qualidade de mera repassadora, o crédito previdenciário será lançado:

I - com base nos valores registrados nas contas de receitas e de despesas de sua escrituração contábil; ou

II - mediante arbitramento quando for constatado que os honorários não constam em contas de receita e de despesa de sua escrituração contábil. (Lei nº 8.212, de 1991, art. 33, § 6º)

Art. 180. A entidade hospitalar ou afim credenciada ou conveniada junto a sistema público de saúde ou a empresa que atua mediante plano ou seguro de saúde é responsável pelas contribuições sociais previdenciárias decorrentes da contratação de profissionais para executar os serviços relativos a esses convênios.

CAPÍTULO IV
DAS SOCIEDADES COOPERATIVAS

SEÇÃO I
DOS CONCEITOS

Art. 181. Considera-se, para fins desta Instrução Normativa:

I - cooperativa, urbana ou rural, a sociedade simples de pessoas, sem fins lucrativos, com forma e natureza jurídica próprias, de natureza civil, não sujeita a falência, constituída para prestar serviços a seus associados; (Lei nº 5.764, de 16 de dezembro de 1971, art. 4º; e Código Civil, art. 982, parágrafo único, e arts. 1.093 a 1.096)

II - cooperativa de trabalho, a sociedade constituída por trabalhadores para o exercício de suas atividades laborativas ou profissionais e que, na qualidade de associados, prestam serviços a terceiros por seu intermédio;

III - cooperativa de produtores rurais, espécie de cooperativa organizada por pessoas físicas ou pessoas físicas e jurídicas com o objetivo de comercializar, ou de industrializar ou de comercializar e industrializar a produção rural de seus cooperados; e

IV - cooperativa de produção, a sociedade constituída por sócios que contribuem com trabalho para a produção em comum de bens e a cooperativa detém, a qualquer título, os meios de produção; (Lei nº 10.666, de 8 de maio de 2003, art. 1º, § 3º)

§ 1º A cooperativa de trabalho no ramo transporte é a sociedade constituída por sócios que atuam na prestação de serviços de transporte de cargas e passageiros.

§ 2º Cooperativa de trabalho no ramo saúde é a sociedade formada por médicos, odontólogos ou profissionais ligados à área de saúde humana.

§ 3º O cooperado, definido como o trabalhador associado à cooperativa, que adere aos propósitos sociais e preenche as condições estabelecidas no estatuto dessa cooperativa, é enquadrado no RGPS como segurado obrigatório na categoria de contribuinte individual. (Lei nº 8.212, de 1991, art. 12, caput, inciso V, alíneas "g" e "h"; e Regulamento da Previdência Social, art. 9º, caput, inciso V, alínea "n", e art. 18, caput, inciso IV, alínea "b")

SEÇÃO II
DA BASE DE CÁLCULO DA CONTRIBUIÇÃO DO SEGURADO COOPERADO

Art. 182. A remuneração do segurado contribuinte individual: (Lei nº 8.212, de 1991, art. 28, caput, inciso III; e Regulamento da Previdência Social, de 1999, art. 214, caput, inciso III)

I - associado à cooperativa de trabalho decorre da prestação de serviços, por intermédio da cooperativa, às pessoas físicas ou jurídicas, bem como da prestação de serviços à própria cooperativa; e

II - associado à cooperativa de produção é o valor a ele pago ou creditado, correspondente ao resultado de suas atividades como cooperado, bem como o valor decorrente da prestação de serviços à própria cooperativa.

§ 1º As bases de cálculo previstas no caput, observados os limites mínimo e máximo do salário de contribuição definidos nos §§ 1º e 2º do art. 30, correspondem:

I - à remuneração paga ou creditada aos cooperados em decorrência de seu trabalho, de acordo com a escrituração contábil da cooperativa, formalizada conforme disposto no § 8º do art. 27, não podendo ser inferior ao piso da categoria profissional; (Lei nº 12.690, de 2012, art. 7º, caput, inciso I)

II - aos valores totais pagos, distribuídos ou creditados aos cooperados, ainda que a título de sobras ou de antecipação de sobras, exceto quando, comprovadamente, esse rendimento seja decorrente de ganhos da cooperativa resultantes de aplicação financeira, comercialização de produção própria ou outro resultado cuja origem não seja a receita gerada pelo trabalho do cooperado; ou

III - aos valores totais pagos ou creditados aos cooperados, quando a contabilidade for apresentada de forma deficiente. (Lei nº 8.212, de 1991, art. 33, § 6º)

§ 2º Para o cálculo da contribuição social previdenciária devida pelo cooperado será aplicado o disposto no art. 37.

SEÇÃO III
DAS OBRIGAÇÕES DA COOPERATIVA DE TRABALHO E DE PRODUÇÃO

Art. 183. As cooperativas de trabalho e de produção são equiparadas às empresas em geral, ficando sujeitas ao cumprimento das obrigações acessórias previstas no art. 27 e às obrigações principais previstas nos arts. 43 e 49, em relação: (Lei nº 8.212, de 1991, art. 15, parágrafo único; e Regulamento da Previdência Social, de 1999, art. 12, parágrafo único, inciso II)

I - à contratação de segurado empregado, trabalhador avulso ou contribuinte individual para lhes prestar serviços;

II - à remuneração paga ou creditada a cooperado pelos serviços prestados à própria cooperativa, inclusive aos cooperados eleitos para cargo de direção, observado o disposto no § 1º;

III - ao desconto e recolhimento da contribuição individual de seus cooperados pelos serviços por elas intermediados e prestados a pessoas físicas, a pessoas jurídicas ou a elas prestados, observado o disposto no inciso III do caput do art. 49 e os prazos de recolhimento previstos no art. 52; e (Lei nº 10.666, de 2003, art. 4º, § 1º; e Regulamento da Previdência Social, de 1999, art. 216, § 31)

IV - à retenção decorrente da contratação de serviços mediante cessão de mão de obra ou empreitada, inclusive em regime de trabalho temporário, incidente sobre o valor bruto da nota fiscal, da fatura ou do recibo de prestação de serviços. (Lei nº 8.212, de 1991, art. 31; e Regulamento da Previdência Social, de 1999, art. 219)

§ 1º O disposto no inciso II do caput aplica-se à cooperativa de produção em relação à remuneração paga ou creditada aos cooperados envolvidos na produção dos bens ou serviços.

§ 2º A cooperativa que atua na atividade de transporte, em relação à remuneração paga ou creditada a segurado contribuinte individual que lhe presta serviços e a cooperado pelos serviços prestados com sua intermediação, deve reter e recolher a contribuição do segurado condutor autônomo de veículo rodoviário, inclusive o taxista e o motorista de transporte remunerado privado individual de passageiros, do auxiliar de condutor autônomo, do transportador autônomo de cargas e do transportador autônomo de cargas auxiliar, destinada ao Sest e ao Senat, observados os prazos previstos nos arts. 52 e 55. (Lei nº 8.706, de 1993, art. 7º, § 2º; e Decreto nº 1.007, de 1993, art. 2º, § 3º, alínea "a"; Solução de Consulta Cosit nº 316, de 2019)

§ 3º No caso de cooperativa de trabalho, não incide a contribuição de que trata o inciso III do art. 43 sobre a remuneração paga ou creditada a seus cooperados pela prestação de serviços a terceiros por intermédio da cooperativa.

SEÇÃO IV
DA CONTRIBUIÇÃO ADICIONAL PARA O FINANCIAMENTO DA APOSENTADORIA ESPECIAL E DA PRESTAÇÃO DE INFORMAÇÕES

Art. 184. A cooperativa de produção deve recolher a contribuição adicional prevista no § 2º do art. 43 quando desenvolver atividade com exposição dos cooperados a agentes nocivos, de forma a lhes possibilitar a concessão de aposentadoria especial, observado o disposto no § 4º do art. 43, bem como prestar as informações relativas a dados cadastrais e a fatos geradores de contribuições sociais previdenciárias nos termos do art. 25. (Lei nº 10.666, de 2003, art. 1º, § 2º; e Regulamento da Previdência Social, de 1999, art. 202, § 10)

Art. 185. Compete às cooperativas de trabalho prestar as informações relativas a dados cadastrais e a fatos geradores de contribuições sociais previdenciárias nos termos do art. 25, inclusive em relação à ocorrência da exposição a agentes nocivos dos cooperados a elas associados. (Lei nº 8.212, de 1991, art. 32, caput, inciso IV; e Regulamento da Previdência Social, de 1999, art. 225, caput, inciso IV)

§ 1º A obrigação prevista no caput envolve informar os dados cadastrais dos cooperados e os valores a eles pagos ou creditados correspondentes aos serviços prestados às empresas contratantes.

§ 2º A cooperativa de trabalho à qual esteja vinculado o cooperado deverá ser informada como tomadora dos serviços no caso de:

I - serviços prestados pelos cooperados a pessoas físicas; e

II - convênio entre cooperativas de trabalho para atendimento em comum a seus contratantes na hipótese de não ser possível à cooperativa identificar a empresa tomadora.

CAPÍTULO V
DAS ENTIDADES IMUNES ÀS CONTRIBUIÇÕES PREVIDENCIÁRIAS

SEÇÃO I
DOS REQUISITOS DA IMUNIDADE

SUBSEÇÃO I
REQUISITOS APLICÁVEIS COM FUNDAMENTO NA LEI Nº 12.101, DE 2009
(Redação dada pela Instrução Normativa RFB 2.185/2024)

Art. 186. A entidade beneficente de assistência social, pessoa jurídica de direito privado sem fins lucrativos, que presta serviço nas áreas de assistência social, de saúde e de educação, certificada na forma da Lei nº 12.101, de 27 de novembro de 2009, fará jus, até o final do prazo de validade da certificação, à imunidade das contribuições sociais previdenciárias a cargo da empresa de que trata o art. 43, desde que cumpra, cumulativamente, os seguintes requisitos: (Constituição Federal, art. 195, § 7º; e Lei nº 12.101, de 27 de novembro de 2009, art. 1º e art. 29, caput) (Redação dada pela Instrução Normativa RFB 2.185/2024)

I - mantenha escrituração contábil regular, que registre receitas, despesas e aplicação de recursos em gratuidade de forma segregada, em consonância com as normas emanadas do Conselho Federal de Contabilidade; (CTN, art. 14, caput, inciso III; e Lei nº 12.101, de 2009, art. 29, caput, inciso IV)

II - não distribua resultados, dividendos, bonificações, participações ou parcelas do seu patrimônio sob qualquer forma ou pretexto, inclusive a título participação de empregados nos lucros ou resultados; (CTN, art. 14, caput, inciso I; Lei nº 10.101, de 2000, art. 2º, § 3º, inciso II, alínea "a"; e Lei nº 12.101, de 2009, art. 29, caput, inciso V)

III - mantenha em boa ordem e à disposição da RFB as demonstrações contábeis e financeiras, devidamente auditadas por auditor independente habilitado nos Conselhos Regionais de Contabilidade, quando a receita bruta anual auferida for superior ao limite máximo estabelecido pelo inciso II do caput do art. 3º da Lei Complementar nº 123, de 2006; (CTN, art. 14, caput, inciso III; e Lei nº 12.101, de 2009, art. 29, caput, inciso VIII)

IV - não remunere diretores, conselheiros, sócios, instituidores ou benfeitores e não lhes conceda vantagens ou benefícios a qualquer título, direta ou indiretamente, em razão das competências, funções ou atividades que lhes sejam atribuídas pelos respectivos atos constitutivos, exceto no caso de associações assistenciais ou fundações sem fins lucrativos, cujos dirigentes poderão ser remunerados, desde que atuem efetivamente na gestão executiva, respeitados como limites máximos os valores praticados pelo mercado na região correspondente a sua área de atuação, devendo seu valor ser fixado pelo órgão de deliberação superior da entidade, registrado em ata, com comunicação ao Ministério Público, no caso das fundações; (CTN, art. 14, caput, inciso I; e Lei nº 12.101, de 2009, art. 29, caput, inciso I)

V - aplique integralmente suas rendas, seus recursos e o eventual superávit em território nacional, na manutenção e no desenvolvimento de seus objetivos institucionais; (CTN, art. 14, caput, inciso II; e Lei nº 12.101, de 2009, art. 29, caput, inciso II)

VI - mantenha regularidade fiscal em relação a todos os tributos administrados pela RFB durante todo o período de gozo da imunidade; (Lei nº 12.101, de 2009, art. 29, caput, inciso III)

VII - mantenha certificado de regularidade do FGTS durante todo o período de gozo da imunidade; e (Lei nº 12.101, de 2009, art. 29, caput, inciso III) VIII - cumpra as obrigações acessórias estabelecidas pela legislação tributária. (CTN, art. 14, caput, inciso III; e Lei nº 12.101, de 2009, art. 29, caput, inciso VII)

§ 1º (Revogado dada pela Instrução Normativa RFB 2.185/2024)

§ 2º Para fins do disposto no inciso I do caput, a entidade que atua em mais de uma das áreas a que se refere o art. 1º da Lei nº 12.101, de 2009, deverá manter escrituração contábil segregada por área, de modo a evidenciar o patrimônio, as receitas, os custos e as despesas de cada atividade desempenhada. (Lei nº 12.101, de 2009, art. 33)

§ 3º A exigência a que se refere o inciso IV do caput não impede: (Lei nº 12.101, de 2009, art. 29, § 1º)

I - a remuneração aos diretores não estatutários que tenham vínculo empregatício; e

II - a remuneração aos dirigentes estatutários, desde que recebam remuneração inferior, em seu valor bruto, a 70% (setenta por cento) do limite estabelecido para a remuneração de servidores do Poder Executivo federal.

§ 4º A remuneração dos dirigentes estatutários referidos no inciso II do § 3º deverá obedecer às seguintes condições: (Lei nº 12.101, de 2009, art. 29, § 2º)

I - nenhum dirigente remunerado poderá ser cônjuge ou parente até 3º (terceiro) grau, inclusive afim, de instituidores, sócios, diretores, conselheiros, benfeitores ou equivalentes da instituição de que trata o caput; e

II - o total pago a título de remuneração para dirigentes, pelo exercício das atribuições estatutárias, deve ser inferior a 5 (cinco) vezes o valor correspondente ao limite individual estabelecido no inciso II do § 3º.

§ 5º O disposto nos §§ 3º e 4º não impede a remuneração da pessoa do dirigente estatutário ou diretor que, cumulativamente, tenha vínculo estatutário e empregatício, exceto se houver incompatibilidade de jornadas de trabalho. (Lei nº 12.101, de 2009, art. 29, § 3º)

SUBSEÇÃO II
REQUISITOS APLICÁVEIS COM FUNDAMENTO NA LEI COMPLEMENTAR Nº 187, DE 2021

(Redação dada pela Instrução Normativa RFB 2.185/2024)

Art. 187. Farão jus à imunidade de que trata o § 7º do art. 195 da Constituição Federal as entidades beneficentes, pessoas jurídicas sem fins lucrativos que atuem nas áreas da saúde, da educação e da assistência social, certificadas nos termos da Lei Complementar nº 187, de 16 de dezembro de 2021, e que atendam, cumulativamente, aos seguintes requisitos: (Lei Complementar nº 187, de 2021, art. 2º e art. 3º) (Redação dada pela Instrução Normativa RFB 2.185/2024)

I - não percebam seus dirigentes estatutários, conselheiros, associados, instituidores ou benfeitores remuneração, vantagens ou benefícios, direta ou indiretamente, por qualquer forma ou título, em razão das competências, das funções ou das atividades que lhes sejam atribuídas pelos respectivos atos constitutivos;

II - apliquem suas rendas, seus recursos e eventual superávit integralmente no território nacional, na manutenção e no desenvolvimento de seus objetivos institucionais;

III - apresentem certidão negativa ou certidão positiva com efeito de negativa de débitos relativos aos tributos administrados pela Secretaria Especial da Receita Federal do Brasil e pela Procuradoria-Geral da Fazenda Nacional, bem como comprovação de regularidade do Fundo de Garantia do Tempo de Serviço (FGTS);

IV - mantenham escrituração contábil regular que registre as receitas e as despesas, bem como o registro em gratuidade, de forma segregada, em consonância com as normas do Conselho Federal de Contabilidade e com a legislação fiscal em vigor;

V - não distribuam a seus conselheiros, associados, instituidores ou benfeitores seus resultados, dividendos, bonificações, participações ou parcelas do seu patrimônio, sob qualquer forma ou pretexto, e, na hipótese de prestação de serviços a terceiros, públicos ou privados, com ou sem cessão de mão de obra, não transfiram a esses terceiros os benefícios relativos à imunidade prevista no § 7º do art. 195 da Constituição Federal;

VI - conservem, pelo prazo de 10 (dez) anos, contado da data de emissão, os documentos que comprovem a origem e o registro de seus recursos e os relativos a atos ou a operações realizadas que impliquem modificação da situação patrimonial;

VII - apresentem as demonstrações contábeis e financeiras devidamente auditadas por auditor independente legalmente habilitado nos Conselhos Regionais de Contabilidade, quando a receita bruta anual auferida for superior ao limite fixado pelo inciso II do caput do art. 3º da Lei Complementar nº 123, de 14 de dezembro de 2006; e

VIII - prevejam, em seus atos constitutivos, em caso de dissolução ou extinção, a destinação do eventual patrimônio remanescente a entidades beneficentes certificadas ou a entidades públicas.

§ 1º A exigência a que se refere o inciso I do caput deste artigo não impede:

I - a remuneração aos dirigentes não estatutários; e

II - a remuneração aos dirigentes estatutários, desde que recebam remuneração inferior, em seu valor bruto, a 70% (setenta por cento) do limite estabelecido para a remuneração de servidores do Poder Executivo federal, obedecidas as seguintes condições:

a) nenhum dirigente remunerado poderá ser cônjuge ou parente até o terceiro grau, inclusive afim, de instituidores, de associados, de dirigentes, de conselheiros, de benfeitores ou equivalentes da entidade de que trata o caput deste artigo; e

b) o total pago a título de remuneração para dirigentes pelo exercício das atribuições estatutárias deverá ser inferior a 5 (cinco) vezes o valor correspondente ao limite individual estabelecido para a remuneração dos servidores do Poder Executivo federal.

§ 2º O valor das remunerações de que trata o § 1º deste artigo deverá respeitar como limite máximo os valores praticados pelo mercado na região correspondente à sua área de atuação e deverá ser fixado pelo órgão de deliberação superior da entidade, registrado em ata, com comunicação ao Ministério Público, no caso das fundações.

§ 3º Os dirigentes, estatutários ou não, não respondem, direta ou subsidiariamente, pelas obrigações fiscais da entidade, salvo se comprovada a ocorrência de dolo, fraude ou simulação.

SEÇÃO II
DO EXERCÍCIO DA IMUNIDADE

Art. 188. O direito à imunidade das contribuições sociais será exercido pela entidade independentemente de requerimento à RFB: (Redação dada pela Instrução Normativa RFB 2.185/2024)

I - a partir do cumprimento dos requisitos previstos na Lei nº 12.101, de 2009, quando fundamentado nesta lei; e (Lei nº 12.101, de 2009, art. 31; e STF, ADI nº 4.480/DF, de 2020) (Acrescido pela Instrução Normativa RFB 2.185/2024)

II - a partir da data de publicação da concessão da certificação no Diário Oficial da União, com retroatividade dos efeitos tributários à data do protocolo do requerimento de concessão de certificação perante o Ministério certificador de sua área de atuação preponderante, quando fundamentado na Lei Complementar nº 187, de 2021. (Lei Complementar nº 187, de 2021, art. 36; Decreto nº 11.791, de 21 de novembro de 2023, art. 12, § 1º) (Acrescido pela Instrução Normativa RFB 2.185/2024)

§ 1º A imunidade das contribuições sociais previdenciárias usufruída pela entidade é extensiva às suas dependências e estabelecimentos, e às obras de construção civil, quando por ela executadas e destinadas a uso próprio.

§ 2º A imunidade de que trata este artigo não se estende a outra pessoa jurídica, ainda que constituída e mantida pela entidade à qual a certificação foi concedida. (Lei nº 12.101, de 2009, art. 30; Lei Complementar nº 187, de 2021, art. 4º) (Redação dada pela Instrução Normativa RFB 2.185/2024)

§ 3º As certificações concedidas com fundamento na Lei nº 12.101, de 2009, permanecem por ela regidas durante o seu prazo de validade, sem prejuízo do cumprimento obrigatório dos requisitos para a certificação com fundamento na Lei Complementar nº 187, de 2021, no exercício fiscal anterior ao do requerimento de concessão ou de renovação da certificação apresentado a partir de 17 de dezembro de 2021. (Decreto nº 11.791, de 2023, art. 85, §§ 3º e 4º) (Acrescido pela Instrução Normativa RFB 2.185/2024)

SEÇÃO III
DA REPRESENTAÇÃO PELA RFB E DA LAVRATURA DO AUTO DE INFRAÇÃO

Art. 189. A RFB representará ao Ministério responsável pela certificação caso verifique que a entidade beneficente de assistência social deixou de atender a requisito necessário à manutenção da certificação previsto na Lei nº 12.101, de 2009, relacionado à área de atuação do Ministério, durante o prazo de validade da certificação concedida na forma da Lei nº 12.101, de 2009. (Lei nº 12.101, de 2009, art. 27, caput, inciso II) (Redação dada pela Instrução Normativa RFB 2.185/2024)

Parágrafo único. Cancelada a certificação, o lançamento do crédito tributário decorrente da suspensão da imunidade terá como termo inicial a data do fato que motivou a representação. (Lei nº 12.101, de 2009, art. 36; e Decreto nº 8.242, de 23 de maio de 2014, art. 16, § 1º)

Art. 190. A RFB lavrará auto de infração caso constate o descumprimento, pela entidade beneficente de assistência social, de requisito estabelecido: (Lei nº 12.101, de 2009, art. 32, caput; Lei Complementar nº 187, de 2021, art. 38, § 2º) (Redação dada pela Instrução Normativa RFB 2.185/2024)

I - no art. 186, com fundamento na Lei nº 12.101, de 2009; (Redação dada pela Instrução Normativa RFB 2.185/2024)

II - no art. 187, com fundamento na Lei Complementar nº 187, de 2021; e (Redação dada pela Instrução Normativa RFB 2.185/2024)

III - na Lei Complementar nº 187, de 2021, não previsto no art. 187 desta Instrução Normativa.

§ 1º O auto de infração decorrente do descumprimento dos requisitos previstos no art. 186 será lavrado pelo período correspondente ao descumprimento, assim considerado o: (Redação dada pela Instrução Normativa RFB 2.185/2024)

I - exercício a que a escrituração se refere, no caso de descumprimento do requisito estabelecido no inciso I do caput do art. 186; (Redação dada pela Instrução Normativa RFB 2.185/2024)

II - mês de ocorrência e os subsequentes, até a efetiva reversão dos recursos ao patrimônio da entidade, reajustados com base no índice referido no § 1º do art. 40 do Regulamento da Previdência Social, aprovado pelo Decreto nº 3.048, de 6 de maio de 1999, no caso de descumprimento dos requisitos estabelecidos nos incisos II, IV e V do caput do art. 186; (Redação dada pela Instrução Normativa RFB 2.185/2024)

III - mês em que se constatar falta de documentos que comprovem a origem e a aplicação de recursos ou operações que impliquem modificação da situação patrimonial da entidade, e os meses subsequentes em que ocorrer o efeito financeiro dela decorrente, no caso de descumprimento do requisito estabelecido no inciso III do caput do art. 186; (Redação dada pela Instrução Normativa RFB 2.185/2024)

IV - exercício a que as demonstrações se referem, no caso de descumprimento do requisito estabelecido no inciso III do caput do art. 186; (Redação dada pela Instrução Normativa RFB 2.185/2024)

V - período durante o qual a irregularidade verificada impede a emissão da certidão ou do certificado correspondente, no caso de descumprimento dos requisitos estabelecidos nos incisos VI e VII do caput do art. 186; e (Redação dada pela Instrução Normativa RFB 2.185/2024)

VI - mês em que as obrigações acessórias estabelecidas pela legislação tributária deixarem de ser cumpridas, no caso do inciso VIII do caput do art. 186. (Redação dada pela Instrução Normativa RFB 2.185/2024)

§ 1º-A. Para fins do disposto nos incisos II e III do caput, a RFB constituirá o crédito tributário a partir da data em que tiver sido praticada a irregularidade pela entidade em diante. (Lei Complementar nº 187, de 2021, art. 38, §§ 5º e 6º; Decreto nº 11.791, de 2023, arts. 14 e 15) (Acrescido pela Instrução Normativa RFB 2.185/2024)

§ 2º Aplica-se ao lançamento previsto neste artigo o rito estabelecido pelo Decreto nº 70.235, de 1972. (Lei nº 12.101, de 2009, art. 32, § 2º; Lei Complementar nº 187, de 2021, art. 38, §§ 2º e 6º)

§ 3º O auto de infração lavrado em virtude de descumprimento de requisito a que se referem os incisos II e III do caput será objeto de representação à autoridade certificadora, suspendendo-se a exigibilidade do crédito tributário e o trâmite do respectivo processo administrativo fiscal até a decisão definitiva no processo administrativo que julgar a representação. (Lei Complementar nº 187, de 2021, art. 38, §§ 2º e 6º; Decreto nº 11.791, de 2023, art. 20, § 2º) (Redação dada pela Instrução Normativa RFB 2.185/2024)

§ 4º No caso do § 3º:

I - mantida a certificação pelo ministério competente, o lançamento deve ser cancelado de ofício; e

II - cancelada a certificação, o auto de infração seguirá o trâmite do Decreto nº 70.235, de 1972, e os efeitos do cancelamento retroagirão à data em que houver sido praticada a irregularidade pela entidade.

§ 5º O auto de infração decorrente do descumprimento de requisitos previstos na Lei nº 12.101, de 2009, ainda que lavrado após a data de entrada em vigor da Lei Complementar nº 187, de 2021, e do Decreto nº 11.791, de 21 de novembro de 2023, não se submete ao disposto no § 3º. (Decreto nº 11.791, de 2023, art. 85, § 5º) (Acrescido pela Instrução Normativa RFB 2.185/2024)

SEÇÃO IV
DAS OBRIGAÇÕES TRIBUTÁRIAS

Art. 191. A entidade beneficente de assistência social regularmente em gozo de imunidade está obrigada ao cumprimento das seguintes obrigações:

I - reter o valor das contribuições dos segurados empregados e trabalhadores avulsos a seu serviço, mediante dedução da respectiva remuneração, observados os limites mínimo e máximo do salário de contribuição a que se refere o art. 30, e efetuar o recolhimento no prazo previsto no art. 52; (Lei nº 8.212, de 1991, art. 30, caput, inciso I, alíneas "a" e "b"; e Regulamento da Previdência Social, de 1999, art. 216, caput, inciso I, alíneas "a" e "b")

II - reter o valor da contribuição previdenciária a cargo do segurado contribuinte individual a seu serviço, correspondente a 20% (vinte por cento) de sua remuneração, mediante dedução desta, e efetuar o recolhimento no prazo previsto no art. 52, observado o disposto no inciso V do caput do art. 27; (Lei nº 8.212, de 1991, art. 21, caput; Lei nº 10.666, de 2003, art. 4º, caput; e Regulamento da Previdência Social, de 1999, art. 216, caput, inciso I, alínea "a", e § 26)

III - reter e recolher o valor da contribuição devida ao Sest e Senat pelos serviços prestados pelo condutor autônomo de veículo rodoviário, inclusive o taxista e o motorista de transporte remunerado privado individual de passageiros, pelo auxiliar de condutor autônomo, pelo transportador autônomo de cargas e pelo transportador autônomo de cargas auxiliar, observado o disposto no art. 103; (Lei nº 8.706, de 1993, art. 7º, § 2º; e Decreto nº 1.007, de 1993, art. 2º, § 3º, alínea "a")

IV - reter as contribuições sociais previdenciárias e a contribuição devida ao Senar, a cargo do produtor rural pessoa física e do segurado especial, dos quais adquira produto rural, na condição de sub-rogada, conforme alíquotas previstas no Anexo V incidentes sobre a receita bruta da comercialização da produção rural, e efetuar o recolhimento no prazo previsto no art. 52; e (Lei nº 8.212, de 1991, art. 30, caput, inciso IV; Lei nº 9.528, de 1997, art. 6º, parágrafo único, inciso I; e Regulamento da Previdência Social, de 1999, art. 216, caput, inciso III)

V - reter o valor da contribuição da empresa que lhe prestar serviços mediante cessão de mão de obra ou empreitada, correspondente a 11% (onze por cento) do valor bruto da nota fiscal, fatura ou recibo, e recolher o valor retido em nome da empresa contratada, conforme disposto no art. 123, observado o disposto no art. 131. (Lei nº 8.212, de 1991, art. 31, caput, e Regulamento da Previdência Social, de 1999, art. 219, caput)

Art. 192. A entidade beneficente de assistência social imune na forma da Lei nº 12.101, de 2009, e da Lei Complementar nº 187, de 2021, fica dispensada da contribuição devida por lei a terceiros. (Lei nº 11.457, de 2007, art. 3º, § 5º)

Art. 193. A imunidade de que trata este Capítulo não dispensa o cumprimento das obrigações acessórias previstas no art. 27 e na legislação tributária a que a entidade beneficente de assistência social está sujeita na condição de contribuinte ou responsável. (Lei nº 12.101, de 2009, art. 29, caput, inciso VII)

SEÇÃO V
DISPOSIÇÕES ESPECÍFICAS

Art. 194. A entidade beneficente de assistência social em gozo de imunidade, mantenedora de instituição de ensino superior, que adotar as regras de seleção de estudantes bolsistas na forma prevista no art. 11 da Lei nº 11.096, de 13 de janeiro de 2005, e optar pela transformação de sua natureza jurídica em sociedade de fins econômicos, na forma facultada pelo art. 7º-A da Lei nº 9.131, de 24 de novembro de 1995, ficará obrigada ao pagamento das contribuições patronais previstas no art. 43 desta Instrução Normativa, de forma gradual, observado o disposto no § 2º deste artigo, mediante aplicação dos seguintes percentuais sobre o montante apurado: (Lei nº 11.096, de 2005, art. 13)

I - 20% (vinte por cento) nos 12 (doze) meses seguintes à transformação;

II - 40% (quarenta por cento) a partir do 13º (décimo terceiro) mês até o 24º (vigésimo quarto) mês após a transformação;

III - 60% (sessenta por cento) a partir do 25º (vigésimo quinto) mês até o 36º (trigésimo sexto) mês após a transformação;

IV - 80% (oitenta por cento) a partir do 37º (trigésimo sétimo) mês até o 48º (quadragésimo oitavo) mês após a transformação; e

V - 100% (cem por cento) a partir do 49º (quadragésimo nono) mês após a transformação.

§ 1º Para fins de cumprimento do disposto no inciso III do caput do art. 49, a entidade deverá calcular a contribuição a ser retida do contribuinte individual que lhe presta serviços mediante aplicação dos seguintes percentuais sobre os valores pagos, devidos ou creditados ao prestador:

I - 18,2% (dezoito inteiros e dois décimos por cento) nos 12 (doze) meses seguintes à transformação;

II - 16,4% (dezesseis inteiros e quatro décimos por cento) a partir do 13º (décimo terceiro) mês até o 24º (vigésimo quarto) mês após a transformação;

III - 14,6% (quatorze inteiros e seis décimos por cento) a partir do 25º (vigésimo quinto) mês até o 36º (trigésimo sexto) mês após a transformação;

IV - 12,8% (doze inteiros e oito décimos por cento) a partir do 37º (trigésimo sétimo) mês até o 48º (quadragésimo oitavo) mês após a transformação; e

V - 11% (onze por cento) a partir do 49º (quadragésimo nono) mês após a transformação.

§ 2º A entidade transformada em sociedade de fins econômicos ficará obrigada ao pagamento das contribuições a que se refere o caput a partir do 1º (primeiro) dia do mês de realização da assembleia geral que autorizar a transformação da entidade em sociedade de fins econômicos, observados os percentuais a que se referem os incisos do caput. (Lei nº 11.096, de 2005, art. 13, parágrafo único)

§ 3º A entidade transformada em sociedade de fins econômicos ficará obrigada ao pagamento das contribuições devidas por lei a terceiros, a partir do 1º (primeiro) dia do mês de realização da assembleia geral que autorizar a transformação da entidade em sociedade de fins econômicos, às quais não se aplica a gradação a que se refere o caput. (Lei nº 11.457, de 2007, art. 3º, § 5º)

CAPÍTULO VI
DA ATIVIDADE FUTEBOLÍSTICA

SEÇÃO I
DOS CONCEITOS

Art. 195. Considera-se:

I - clube de futebol profissional, a associação desportiva que mantém equipe de futebol profissional, filiada à federação de futebol do respectivo estado, ainda que mantenha outras modalidades desportivas, e que seja organizada na forma da Lei nº 9.615, de 1998; (Lei nº 8.212, de 1991, art. 22, § 11; e Regulamento da Previdência Social, de 1999, art. 205, § 8º)

II - entidade promotora, a federação, a confederação ou a liga responsável pela organização do evento, assim entendido o jogo ou a partida, isoladamente considerado; e (Lei nº 8.212, de 1991, art. 22, § 7º; Regulamento da Previdência Social, de 1999, art. 205, § 1º; e Parecer CJ/MPS nº 3.425, de 24 de fevereiro de 2005)

III - empresa ou entidade patrocinadora, aquela que destinar recursos à associação desportiva que mantém equipe de futebol profissional a título de patrocínio, licenciamento de uso de marcas e símbolos, publicidade, propaganda e transmissão de espetáculos desportivos; (Lei nº 8.212, de 1991, art. 22, § 9º; e Regulamento da Previdência Social, de 1999, art. 205, § 3º)

IV - Sociedade Anônima do Futebol, a companhia cuja atividade principal consiste na prática do futebol, feminino e masculino, em competição profissional, sujeita às regras específicas da Lei nº 14.193, de 6 de agosto de 2021, e, subsidiariamente, às disposições da Lei nº 6.404, de 15 de dezembro de 1976, e da Lei nº 9.615, de 24 de março de 1998. (Lei nº 14.193, de 2021, art. 1º)

SEÇÃO II
DAS CONTRIBUIÇÕES

SUBSEÇÃO I
DAS ASSOCIAÇÕES DESPORTIVAS

Art. 196. A contribuição previdenciária patronal a cargo da associação desportiva que mantém equipe de futebol profissional, em substituição às contribuições previstas nos incisos I e II do caput do art. 43, corresponde: (Lei nº 8.212, de 1991, art. 22, § 6º; e Regulamento da Previdência Social, de 1999, art. 205, caput)

I - a 5% (cinco por cento) da receita bruta decorrente de espetáculos desportivos de que participem em todo o território nacional, em qualquer modalidade desportiva, inclusive jogos internacionais; e

II - a 5% (cinco por cento) da receita bruta decorrente de qualquer forma de patrocínio, licenciamento de uso de marcas e símbolos, publicidade, propaganda e transmissão de espetáculos desportivos.

§ 1º No caso das sociedades empresárias regularmente organizadas segundo um dos tipos regulados nos arts. 1.039 a 1.092 do Código Civil que mantêm equipe de futebol profissional, a substituição prevista neste artigo aplica-se apenas às atividades diretamente relacionadas com a manutenção e a administração da equipe profissional de futebol, não se estendendo às outras atividades econômicas exercidas pelas sociedades, atividades às quais se aplicam as normas dirigidas às empresas em geral. (Lei nº 8.212, de 1991, art. 22, §§ 11 e 11-A; e Regulamento da Previdência Social, de 1999, art. 205, §§ 7º e 8º)

§ 2º Para fins do disposto no caput, considera-se receita bruta:

I - a receita auferida, a qualquer título, nos espetáculos desportivos de qualquer modalidade, devendo constar em boletins financeiros emitidos pelas federações, confederações ou ligas, não sendo admitida qualquer dedução, compreendendo toda e qualquer receita auferida no espetáculo, tais como a venda de ingressos, o recebimento de doações e a realização de sorteios, bingos e shows; e

II - o valor recebido, a qualquer título, que possa caracterizar qualquer forma de patrocínio, licenciamento de uso de marcas e símbolos, publicidade, propaganda e transmissão de espetáculos desportivos.

§ 3º As demais entidades desportivas que não mantêm clube de futebol profissional contribuem na forma estabelecida para as empresas em geral. (Regulamento da Previdência Social, de 1999, art. 205, § 7º)

Art. 197. Além das contribuições devidas na forma do art. 196 e das obrigações a que está sujeita na condição de contribuinte ou responsável, a associação desportiva que mantém clube de futebol profissional fica obrigada ao pagamento das seguintes contribuições sociais previdenciárias:

I - 20% (vinte por cento) sobre os valores pagos a contribuintes individuais que lhe prestem serviços; e (Lei nº 8.212, de 1991, art. 22, caput, inciso III; e Regulamento da Previdência Social, de 1999, art. 201, caput, inciso II)

II - devidas a terceiros, na forma do art. 104.

Parágrafo único. Além das obrigações previstas no caput, a sociedade empresária regularmente organizada segundo um dos tipos regulados nos arts. 1.039 a 1.092 do Código Civil e mantenedora de equipe de futebol profissional que exercer também atividade econômica não diretamente ligada à manutenção e à administração da equipe de futebol, deverá, a partir da competência outubro de 2007:

I - elaborar folhas de pagamento distintas, uma que relacione os trabalhadores dedicados às atividades diretamente ligadas à manutenção e à administração da equipe de futebol e outra que relacione os trabalhadores dedicados às demais atividades econômicas;

II - declarar, em documentos distintos, os fatos e as informações relativos às atividades diretamente relacionadas à manutenção e à administração da equipe de futebol e os relativos às demais atividades econômicas, observado, quanto a estas, o disposto nos arts. 83 a 87.

Art. 198. A responsabilidade pelo recolhimento das contribuições sociais previdenciárias será:

I - da entidade promotora do espetáculo na hipótese a que se refere o inciso I do caput do art. 196; (Lei nº 8.212, de 1991, art. 22, § 7º; e Regulamento da Previdência Social, de 1999, art. 205, § 1º)

II - da associação desportiva que mantém clube de futebol profissional, no caso da contribuição prevista no inciso III do caput do art. 43, e das arrecadadas na forma do art. 49;

III - da empresa ou entidade patrocinadora que enviar recursos para a associação desportiva que mantém o clube de futebol profissional, na hipótese do inciso II do caput do art. 196, inclusive nos casos de cessão de direitos de uso de denominações, marcas, emblemas, hinos ou símbolos para divulgação e execução de concurso de prognóstico citados na Lei nº 13.756, de 2018; (Lei nº 8.212, de 1991, art. 22, § 9º; e Regulamento da Previdência Social, de 1999, art. 205, § 3º)

IV - da entidade promotora do espetáculo, em relação às contribuições sociais previdenciárias decorrentes da contratação de contribuintes individuais prestadores de serviços na realização do evento desportivo, nestes considerados: (Lei nº 10.666, de 2003, art. 4º, caput; e Regulamento da Previdência Social, de 1999, art. 216, caput, inciso I, alínea "a")

a) os árbitros e seus auxiliares, nos termos do disposto no parágrafo único do art. 30 da Lei nº 10.671, de 15 de maio de 2003 - Estatuto de Defesa do Torcedor;

b) os delegados e os fiscais; e

c) a mão de obra utilizada para realização do exame antidoping;

V - do contratante dos profissionais que compõem o quadro móvel do espetáculo, podendo ser a federação, a confederação, a liga ou o clube de futebol profissional.

§ 1º A empresa ou a entidade patrocinadora que, a título de patrocínio, licenciamento de uso de marcas e símbolos, publicidade, propaganda e transmissão de espetáculos, repassa recursos à associação desportiva que mantém equipe de futebol profissional, está obrigada a reter a contribuição prevista no inciso II do caput do art. 196, mediante desconto do valor dos recursos repassados, inclusive nos casos de cessão de direitos de uso de denominações, marcas, emblemas, hinos ou símbolos para divulgação e execução de concurso de prognóstico citados na Lei nº 13.756, de 2018.

§ 2º Responsabilizar-se-á pelo desconto e pelo recolhimento da contribuição incidente sobre a receita bruta auferida nos espetáculos desportivos, independentemente da modalidade, quando, pelo menos, um dos participantes do espetáculo estiver vinculado a uma associação desportiva que mantém equipe de futebol profissional:

I - a entidade promotora do espetáculo desportivo em relação à receita bruta definida no inciso I do § 2º do art. 196; (Lei nº 8.212, de 1991, art. 22, § 7º)

II - a empresa ou a entidade patrocinadora em relação à parte da receita bruta definida no inciso II do § 2º do art. 196 destinada ao participante vinculado a uma associação desportiva que mantém equipe de futebol profissional.

§ 3º A Confederação Brasileira de Futebol (CBF) fica sujeita ao recolhimento da contribuição social previdenciária incidente sobre a receita bruta decorrente da realização do evento desportivo que não possa ser realizado sem a sua participação, na condição de responsável subsidiária, quando a entidade local promotora do espetáculo descumprir a obrigação tributária prevista neste artigo. (Parecer CJ/MPS nº 3.425, de 2005)

Art. 199. O recolhimento da contribuição social previdenciária incidente sobre a receita bruta do espetáculo desportivo deve ser efetuado no prazo de até 2 (dois) dias úteis após a realização de cada espetáculo, em documento de arrecadação específico, preenchido em nome da entidade promotora do espetáculo definida no inciso II do caput do art. 195. (Lei nº 8.212, de 1991, art. 22, § 7º; e Regulamento da Previdência Social, de 1999, art. 205, § 1º)

Art. 200. Deve ser efetuado no prazo previsto no art. 52, o recolhimento das contribuições sociais previdenciárias:

I - incidentes sobre o valor bruto dos recursos repassados a título de patrocínio, licenciamento de uso de marcas e símbolos, publicidade, propaganda e transmissão de espetáculos desportivos, a ser realizado em documento de arrecadação específico, preenchido em nome da empresa ou entidade responsável pelo repasse; e (Lei nº 8.212, de 1991, art. 22, § 9º; e Regulamento da Previdência Social, de 1999, art. 205, § 3º)

II - a que se refere o art. 197.

Art. 201. Na ocorrência da desfiliação da respectiva federação, mesmo que temporária, deixa de ocorrer a substituição referida no art. 196, caso em que o clube de futebol profissional passará a efetuar o pagamento da contribuição patronal na forma e no prazo estabelecidos para as empresas em geral, devendo a federação comunicar o fato à unidade da RFB com jurisdição sobre sua sede, a qual, após as providências e anotações cabíveis, comunicará o fato à unidade da RFB com jurisdição sobre o clube de futebol profissional.

SUBSEÇÃO II
DA SOCIEDADE ANÔNIMA DO FUTEBOL

Art. 202. A Sociedade Anônima do Futebol regularmente constituída nos termos da Lei nº 14.193, de 2021, fica sujeita ao Regime de Tributação Específica do Futebol (TEF), que implica o recolhimento mensal, mediante documento único de arrecadação, dos impostos mencionados no § 1º do art. 31 da Lei nº 14.193, de 2021, e das contribuições previstas nos incisos I, II e III do caput do art. 43 e no art. 196, calculados sobre a receitas mensais recebidas à alíquota de:

I - 5% (cinco por cento) nos 5 (cinco) primeiros anos-calendário de sua constituição; e

II - 4% (quatro por cento) a partir do início do sexto ano-calendário de sua constituição.

§ 1º Para fins do disposto no caput deste artigo, considera-se receita mensal a totalidade das receitas recebidas pela Sociedade Anônima do Futebol, inclusive aquelas referentes a prêmios e programas de sócio-torcedor, excetuadas as relativas à cessão dos direitos desportivos dos atletas.

§ 2º Além das contribuições devidas na forma do caput e das obrigações a que está sujeita na condição de contribuinte ou responsável, a Sociedade Anônima do Futebol fica obrigada ao pagamento das contribuições devidas a terceiros.

CAPÍTULO VII
DOS ÓRGÃOS DA ADMINISTRAÇÃO PÚBLICA DIRETA, DAS AUTARQUIAS E DAS FUNDAÇÕES DE DIREITO PÚBLICO

Art. 203. Os órgãos públicos da administração direta, as autarquias e as fundações de direito público são considerados empresa em relação aos segurados não abrangidos por RPPS, ficando sujeitos, em relação a esses segurados, ao cumprimento das obrigações acessórias previstas no art. 27 e às obrigações principais previstas nos arts. 43 e 49. (Lei nº 8.212, de 1991, art. 15, caput, inciso I; e Regulamento da Previdência Social, de 1999, art. 12, caput, inciso I)

§ 1º A missão diplomática e a repartição consular de carreiras estrangeiras são equiparadas a empresa, para fins previdenciários, observado o disposto nas convenções e nos tratados internacionais, não respondendo, todavia, por multas decorrentes de descumprimento de obrigação acessória prevista na legislação previdenciária. (Lei nº 8.212, de 1991, art. 15, parágrafo único; e Regulamento da Previdência Social, de 1999, art. 12, parágrafo único, inciso II)

§ 2º Os membros de missão diplomática e de repartição consular de carreiras estrangeiras, em funcionamento no Brasil, não respondem por multas decorrentes de descumprimento de obrigação acessória.

§ 3º Os órgãos e as entidades descritos no caput deverão informar, nos termos do art. 25, todos os segurados que lhes prestam serviço não amparados pelo RPPS, bem como os demais fatos geradores de contribuições para a Previdência Social. (Lei nº 8.212, de 1991, art. 32, caput, inciso IV; e Regulamento da Previdência Social, de 1999, art. 225, caput, inciso IV)

§ 4º Os órgãos públicos da administração direta, as autarquias, as fundações de direito público, as missões diplomáticas e as repartições consulares de carreiras estrangeiras estão sujeitos à multa de mora no caso de recolhimento fora do prazo, exceto em relação às contribuições sociais previdenciárias cujos fatos geradores tenham ocorrido até a competência janeiro de 2007, observado o disposto no § 5º.

§ 5º Não se aplica a multa de mora na forma prevista no § 4º, às missões diplomáticas estrangeiras no Brasil e aos membros dessas missões quando assegurada a isenção em tratado, convenção ou outro acordo internacional de que o Estado estrangeiro ou organismo internacional e o Brasil sejam partes. (Regulamento da Previdência Social, de 1999, art. 239, § 9º)

Art. 204. Se o órgão ou a entidade da administração pública direta da União efetuar o pagamento de remuneração a segurado do RGPS, a responsabilidade pelo cumprimento das obrigações acessórias previstas no art. 27 e das obrigações principais previstas nos arts. 43 e 49 é do seu dirigente. (Parecer PGFN/CDA nº 426, de 2001)

§ 1º O não recolhimento das contribuições no prazo estabelecido no art. 52 ou a sua não retenção sujeita o responsável às sanções penais e administrativas cabíveis e à aplicação de juros e multa na forma dos arts. 240 e 241.

§ 2º Constatado o descumprimento das obrigações previstas neste artigo, o Auditor-Fiscal da Receita Federal do Brasil notificará o dirigente do órgão ou da entidade onde se constatou a irregularidade, que deverá, no prazo de 30 (trinta) dias contados da data da ciência:

I - providenciar o recolhimento das contribuições ou o cumprimento das obrigações acessórias; ou

II - apresentar justificação administrativa ao Auditor-Fiscal da Receita Federal do Brasil responsável pela notificação.

§ 3º Na hipótese prevista no inciso II do § 2º:

I - acolhidas as razões apresentadas na justificação administrativa, o AuditorFiscal da Receita Federal do Brasil deverá informar o fato ao dirigente notificado e arquivar a notificação; ou

II - caso não sejam acolhidas as razões apresentadas na justificação administrativa, o Auditor-Fiscal da Receita Federal do Brasil intimará o dirigente do órgão ou da entidade, por meio de despacho fundamentado, para que ele providencie o recolhimento das contribuições ou o cumprimento das obrigações acessórias no prazo de 30 (trinta) dias contados da data da ciência da intimação.

§ 4º Se não ocorrer a regularização no prazo estabelecido nos §§ 2º e 3º, a RFB representará o fato ao Tribunal de Contas da União, ao Ministério Público Federal, à Controladoria-Geral da União e ao Conselho Nacional de Justiça, se for o caso.

§ 5º Para fins do disposto neste artigo, considera-se dirigente do órgão ou da entidade da administração pública direta da União aquele que, à época do descumprimento das obrigações previstas neste artigo, tinha a competência funcional, prevista em ato administrativo emitido por autoridade competente, para decidir sobre a retenção e o recolhimento das contribuições, bem como pelo cumprimento das obrigações acessórias de que trata esta Instrução Normativa.

Art. 205. As contratações por órgão público da administração direta, autarquia e fundação de direito público de serviços prestados mediante cessão ou empreitada de mão de obra, inclusive em regime de trabalho temporário, ficam sujeitas às normas de retenção previstas no Capítulo VIII do Título II. (Lei nº 14.133, de 2021, art. 121, § 5º)

Art. 206. A inexistência de débitos em relação às contribuições devidas à Previdência Social é condição necessária para que os estados, o Distrito Federal e os municípios possam receber as transferências dos recursos do Fundo de Participação dos Estados e do Distrito Federal (FPE) e do Fundo de Participação dos Municípios (FPM), celebrar acordos, contratos, convênios ou ajustes, bem como receber empréstimos, financiamentos, avais e subvenções em geral de órgãos ou entidades da administração direta e indireta da União. (Lei nº 8.212, de 1991, art. 56, caput; e Regulamento da Previdência Social, de 1999, art. 264, caput)

CAPÍTULO VIII
DA ATIVIDADE DO TRABALHADOR AVULSO

SEÇÃO I
DOS CONCEITOS

Art. 207. Para fins do disposto nesta Instrução Normativa considera-se:

I - trabalhador avulso, aquele que, sindicalizado ou não, presta serviços de natureza urbana ou rural, sem vínculo empregatício, a diversas empresas, com intermediação obrigatória do sindicato da categoria ou, quando se tratar de atividade portuária, do Ogmo; (Lei nº 8.212, de 1991, art. 12, caput, inciso VI; e Regulamento da Previdência Social, de 1999, art. 9º, caput, inciso VI)

II - trabalhador avulso não portuário, aquele que:

a) presta serviços de carga e descarga de mercadorias de qualquer natureza, inclusive carvão e minério, o trabalhador em alvarenga (embarcação para carga e descarga de navios), o amarrador de embarcação, o ensacador de café, cacau, sal e similares, aquele que trabalha na indústria de extração de sal, o carregador de bagagem em porto, o prático de barra em porto, o guindasteiro, o classificador, o movimentador e o empacotador de mercadorias em portos; e (Regulamento da Previdência Social, de 1999, art. 9º, caput, inciso VI, alínea "a", itens 2 a 10)

b) exerce atividade de movimentação de mercadorias em geral, nas atividades de costura, pesagem, embalagem, enlonamento, ensaque, arrasto, posicionamento, acomodação, reordenamento, reparação da carga, amostragem, arrumação, remoção, classificação, empilhamento, transporte com empilhadeiras, paletização, ova e desova de vagões, carga e descarga em feiras livres e abastecimento de lenha em secadores e caldeiras, operações de equipamentos de carga e descarga, pré-limpeza e limpeza em locais necessários à viabilidade das operações ou à sua continuidade; (Lei nº 12.023, de 2009, art. 2º; e Regulamento da Previdência Social, de 1999, art. 9º, caput, inciso VI, alínea "b")

III - trabalhador avulso portuário, aquele que presta serviços de capatazia, estiva, conferência de carga, conserto de carga, bloco e vigilância de embarcações na área dos portos organizados e de instalações portuárias de uso privativo, com intermediação obrigatória do Ogmo, podendo ser: (Lei nº 12.815, de 2013, art. 40; e Regulamento da Previdência Social, de 1999, art. 9º, caput, inciso VI, alínea "a", item 1)

a) segurado trabalhador avulso, quando registrado ou cadastrado no Ogmo em conformidade com a Lei nº 12.815, de 2013, presta serviços a diversos operadores portuários sem vínculo empregatício; ou (Lei nº 12.815, de 2013, art. 40, caput)

b) segurado empregado, quando registrado no Ogmo e contratado com vínculo empregatício a prazo indeterminado na forma da Lei nº 12.815, de 2013, é cedido a operador portuário; (Lei nº 12.815, de 2013, art. 40, § 2º)

IV - Ogmo, a entidade civil de utilidade pública, sem fins lucrativos, constituída pelos operadores portuários, em conformidade com a Lei nº 12.815, de 2013, que tem por finalidade gerir o fornecimento de mão de obra do trabalhador avulso portuário; (Lei nº 12.815, de 2013, art. 32)

V - operador portuário, a pessoa jurídica pré-qualificada para exercer as atividades de movimentação de passageiros ou movimentação e armazenagem de mercadorias, destinados ou provenientes de transporte aquaviário, dentro da área do porto organizado definido no inciso I do caput do art. 2º da Lei nº 12.815, de 2013; (Lei nº 12.815, de 2013, art. 2º, caput, inciso XIII)

VI - trabalho portuário avulso, as atividades que compreendem os serviços de capatazia, estiva, conferência de carga, conserto de carga, bloco e vigilância de embarcação, sendo: (Lei nº 12.815, de 2013, art. 40, caput)

a) capatazia, a movimentação de mercadorias nas instalações de uso público, compreendendo recebimento, conferência, transporte interno, abertura de volumes para conferência aduaneira, manipulação, arrumação e entrega, bem como carregamento e descarga de embarcações, quando efetuados por aparelhamento portuário; (Lei nº 12.815, de 2013, art. 40, § 1º, inciso I)

b) estiva, a movimentação de mercadorias nos conveses ou nos porões das embarcações principais ou auxiliares, incluindo o transbordo, a arrumação, a peação ou a despeação, bem como o carregamento ou a descarga das embarcações, quando realizados com equipamentos de bordo; (Lei nº 12.815, de 2013, art. 40, § 1º, inciso II)

c) conferência de carga, a contagem de volumes, a anotação de características, de procedência ou de destino, a verificação do estado das mercadorias, a assistência à pesagem, a conferência de manifesto e os demais serviços correlatos, nas operações de carregamento e de descarga de embarcações; (Lei nº 12.815, de 2013, art. 40, § 1º, inciso III)

d) conserto de carga, o reparo ou a restauração das embalagens de mercadorias, a reembalagem, a marcação, a remarcação, a carimbagem, a etiquetagem, a abertura de volumes para vistoria e posterior recomposição, nas operações de carregamento e de descarga de embarcações; (Lei nº 12.815, de 2013, art. 40, § 1º, inciso IV)

e) bloco, a atividade de limpeza e conservação de embarcações mercantes ou de seus tanques, incluindo batimento de ferrugem, pintura, reparos de pequena monta ou os serviços correlatos; e (Lei nº 12.815, de 2013, art. 40, § 1º, inciso VI)

f) vigilância de embarcações, a fiscalização da entrada e saída de pessoas a bordo das embarcações atracadas ou fundeadas ao largo, bem como a movimentação de mercadorias em portalós, rampas, porões, conveses, plataformas ou em outros locais da embarcação; (Lei nº 12.815, de 2013, art. 40, § 1º, inciso V)

VII - cooperativa de trabalhadores avulsos portuários, aquela constituída por trabalhadores avulsos registrados no Ogmo, estabelecida como operadora portuária; e (Lei nº 12.815, de 2013, art. 29)

VIII - montante de mão de obra (MMO), a remuneração paga, devida ou creditada ao trabalhador avulso em retribuição pelos serviços executados, compreendendo o valor da produção ou da diária e o valor correspondente ao repouso semanal remunerado.

Parágrafo único. Sobre o MMO a que se refere o inciso VIII do caput são calculados os valores de férias e décimo terceiro salário, nos percentuais de 11,12% (onze inteiros e doze centésimos por cento) e de 8,34% (oito inteiros e trinta e quatro centésimos por cento), respectivamente.

SEÇÃO II
DO TRABALHO AVULSO PORTUÁRIO

SUBSEÇÃO I
DISPOSIÇÕES PRELIMINARES

Art. 208. Aplica-se ao requisitante de mão de obra, inclusive ao titular de instalação portuária de uso privativo, quando contratar mão de obra de trabalhadores avulsos portuários, as mesmas regras estabelecidas nesta Instrução Normativa para o operador portuário. (Regulamento da Previdência Social, de 1999, art. 217, caput)

Art. 209. A cooperativa de trabalhadores avulsos portuários deve ser pré-qualificada na administração do porto, e sua atuação equipara-se à do operador portuário. (Lei nº 12.815, de 2013, art. 29)

Parágrafo único. O trabalhador, enquanto permanecer associado à cooperativa a que se refere o caput, deixará de concorrer à escala como avulso. (Lei nº 9.719, de 1998, art. 3º, § 1º)

Art. 210. Os operadores portuários e o Ogmo estão dispensados da obrigatoriedade da retenção prevista nos arts. 110 e 131, se for o caso, incidente sobre o valor dos serviços em relação às operações portuárias realizadas nos termos desta Instrução Normativa.

SUBSEÇÃO II
DAS OBRIGAÇÕES DO ÓRGÃO GESTOR DE MÃO DE OBRA (OGMO)

Art. 211. Cabe ao Ogmo, observada a data de sua efetiva implementação em cada porto, na requisição de mão de obra de trabalhador avulso portuário efetuada em conformidade com a Lei nº 9.719, de 1998, e a Lei nº 12.815, de 2013, além de outras obrigações previstas na legislação previdenciária, adotar as seguintes providências:

I - selecionar, registrar e cadastrar o trabalhador avulso portuário, mantendo com exclusividade o controle dos mesmos, ficando, desta maneira, formalizada a inscrição do segurado perante a Previdência Social; (Lei nº 12.815, de 2013, art. 32, caput, incisos II e IV)

II - elaborar listas de escalação diária dos trabalhadores avulsos portuários, por operador portuário e por navio, e mantê-las sob sua guarda para exibição à fiscalização da RFB, quando solicitadas, cabendo ao Ogmo, exclusivamente, a responsabilidade pela exatidão dos dados lançados nessas listas; (Lei nº 9.719, de 1998, art. 7º)

III - efetuar o pagamento da remuneração pelos serviços executados e das parcelas referentes ao décimo terceiro salário e às férias ao trabalhador avulso portuário; (Lei nº 9.719, de 1998, art. 2º, caput, inciso II; Lei nº 12.815, de 2013, art. 32, caput, inciso VII; e Regulamento da Previdência Social, de 1999, art. 217, § 2º, inciso I)

IV - elaborar folha de pagamento na forma prevista no inciso III do caput do art. 27; (Regulamento da Previdência Social, de 1999, art. 217, § 2º, inciso II)

V - encaminhar cópia da folha de pagamento dos trabalhadores avulsos portuários aos respectivos operadores portuários;

VI - pagar, mediante convênio com o INSS, o salário-família devido ao trabalhador avulso portuário; (Regulamento da Previdência Social, de 1999, art. 217, § 6º)

VII - arrecadar as contribuições sociais previdenciárias devidas pelos operadores portuários incidentes sobre a folha de pagamento e a contribuição social previdenciária devida pelo trabalhador avulso portuário, mediante desconto de sua remuneração, e efetuar o recolhimento na forma estabelecida no art. 218 e no prazo estabelecido no art. 52; (Regulamento da Previdência Social, de 1999, art. 217, § 2º, inciso IV)

VIII - efetuar o recolhimento das contribuições destinadas a terceiros devidas pelo operador portuário, incidentes sobre a remuneração do trabalhador avulso portuário, observado o disposto no art. 50; (Regulamento da Previdência Social, de 1999, art. 217, § 2º, inciso IV)

IX - prestar as informações para a Previdência Social, na forma prevista no art. 25, relativas aos trabalhadores avulsos portuários, por operador portuário, com a informação do somatório do MMO com as férias e o décimo terceiro salário, bem como da contribuição descontada dos segurados sobre essas remunerações; (Regulamento da Previdência Social, de 1999, art. 217, § 2º, inciso III)

X - comunicar ao INSS os acidentes de trabalho ocorridos com trabalhadores avulsos portuários; (Regulamento da Previdência Social, de 1999, art. 336, caput)

XI - registrar mensalmente em títulos próprios de sua contabilidade, de forma discriminada em contas individualizadas, as rubricas integrantes e as não integrantes da base de cálculo das contribuições para a Previdência Social, bem como as contribuições descontadas dos segurados trabalhadores avulsos portuários e os totais recolhidos, por operador portuário; e (Regulamento da Previdência Social, de 1999, art. 225, caput, inciso II)

XII - exibir os livros Diário e Razão, quando exigidos pela fiscalização, com os registros escriturados após 90 (noventa) dias contados da ocorrência dos fatos geradores das contribuições devidas, na forma prevista no inciso IV do caput e no § 8º do art. 27. (Regulamento da Previdência Social, de 1999, art. 225, § 13)

§ 1º As folhas de pagamento dos trabalhadores portuários avulsos devem ser elaboradas por navio, com indicação do operador portuário e dos trabalhadores que participaram da operação e, especificamente, com relação a estes, devem informar: (Regulamento da Previdência Social, de 1999, art. 225, § 10)

I - os respectivos números de registro ou cadastro no Ogmo;

II - o cargo, a função ou o serviço prestado;

III - os turnos trabalhados;

IV - as remunerações pagas, devidas ou creditadas a cada um dos trabalhadores, registrando o MMO, bem como as parcelas referentes ao décimo terceiro salário e às férias, com a correspondente totalização; e

V - os valores das contribuições sociais previdenciárias retidas.

§ 2º O Ogmo deve consolidar mensalmente as folhas de pagamento elaboradas na forma do inciso III do caput do art. 27 e do § 1º deste artigo, por operador portuário e por trabalhador avulso portuário, e deve manter resumo mensal e acumulado, por trabalhador avulso portuário, dos valores totais da remuneração da mão de obra, das férias, do décimo terceiro salário e das contribuições sociais previdenciárias retidas. (Regulamento da Previdência Social, de 1999, art. 225, § 11)

§ 3º No prazo de 48 (quarenta e oito) horas após o término do serviço, o Ogmo efetuará o pagamento da remuneração a que se refere o inciso III do caput, descontando desta a contribuição social previdenciária devida pelo segurado. (Lei nº 9.719, de 1998, art. 2º, § 1º)

§ 4º O prazo previsto no § 3º pode ser alterado mediante convenção coletiva firmada entre entidades sindicais representativas dos trabalhadores e operadores portuários, observado o prazo legal para recolhimento dos encargos fiscais, trabalhistas e previdenciários. (Lei nº 9.719, de 1998, art. 2º, § 5º)

Art. 212. O Ogmo deverá manter registrada a informação dos valores correspondentes às compensações de contribuições sociais previdenciárias realizadas, de forma discriminada, mensalmente e por operador portuário.

Parágrafo único. A informação a que se refere o caput, quando solicitada pela fiscalização, deverá ser prestada de forma clara e precisa quanto aos valores originais, aos coeficientes de atualização aplicados, aos valores compensados e, se ainda houver, ao saldo a ser utilizado em competências subsequentes.

Art. 213. O Ogmo equipara-se a empresa, ficando sujeito às obrigações aplicáveis às empresas em geral, em relação à remuneração paga, devida ou creditada no decorrer do mês, a segurados empregado e contribuinte individual por ele contratados. (Lei nº 8.212, de 1991, art. 15, parágrafo único; e Regulamento da Previdência Social, de 1999, art. 12, parágrafo único, inciso III)

SUBSEÇÃO III
DO OPERADOR PORTUÁRIO

Art. 214. O operador portuário responde perante:

I - o trabalhador avulso portuário, pela remuneração dos serviços prestados e pelos respectivos encargos; e (Lei nº 12.815, de 2013, art. 26, caput, inciso IV)

II - os órgãos competentes, pelo recolhimento dos tributos incidentes sobre o trabalho avulso portuário. (Lei nº 12.815, de 2013, art. 26, caput, inciso VI)

§ 1º Compete ao operador portuário realizar:

I - o repasse ao Ogmo do valor correspondente à remuneração, inclusive férias e décimo terceiro salário, devida ao trabalhador avulso portuário e aos encargos sociais e previdenciários incidentes sobre a remuneração; e (Lei nº 9.719, de 1998, art. 2º, caput, inciso I; e Regulamento da Previdência Social, de 1999, art. 217, § 1º)

II - o recolhimento da CPRB de que trata os arts. 7º e 8º da Lei nº 12.546, de 2011, caso esteja sujeito a essa contribuição.

§ 2º O operador portuário realizará o repasse dos valores a que se refere o inciso I do § 1º, juntamente com os valores devidos pelo serviço executado, no prazo de 24 (vinte e quatro) horas após a realização do serviço. (Lei nº 9.719, de 1998, art. 2º, caput, inciso I; e Regulamento da Previdência Social, de 1999, art. 217, § 1º)

§ 3º O prazo previsto nos § 2º pode ser alterado mediante convenção coletiva firmada entre entidades sindicais representativas dos trabalhadores e operadores portuários, observado o prazo legal para recolhimento dos encargos fiscais, trabalhistas e previdenciários. (Lei nº 9.719, de 1998, art. 2º, § 5º; e Regulamento da Previdência Social, de 1999, art. 217, § 4º)

Art. 215. O operador portuário deverá exigir do Ogmo a folha de pagamento das remunerações pagas ou creditadas a todos os segurados que estejam a seu serviço registrados no referido órgão.

Art. 216. O operador portuário deverá manter registrada a informação dos valores correspondentes às compensações de contribuições sociais previdenciárias realizadas, de forma discriminada mensalmente, por Ogmo, quando for o caso.

Parágrafo único. Aplica-se ao operador portuário o disposto no parágrafo único do art. 212.

Art. 217. O operador portuário responde solidariamente, conforme disposto no inciso II do caput do art. 136, pelo pagamento das contribuições patronais previstas nos incisos I e II do caput do art. 43, e das devidas a terceiros, incidentes sobre a remuneração paga, devida ou creditada ao trabalhador avulso portuário, cujo recolhimento é de responsabilidade do Ogmo.

§ 1º As contribuições a que se refere o caput incidem inclusive sobre a remuneração de férias e sobre o décimo terceiro salário dos trabalhadores avulsos portuários. (Regulamento da Previdência Social, de 1999, art. 217, § 1º, e § 2º, inciso IV)

§ 2º Para o cálculo da remuneração de férias e do décimo terceiro salário são aplicados os percentuais referidos no parágrafo único do art. 207, sendo possível a aplicação de percentuais superiores aos informados em face da garantia estabelecida nos incisos VIII e XVII do caput do art. 7º da Constituição Federal.

SUBSEÇÃO IV
DO RECOLHIMENTO DAS CONTRIBUIÇÕES

Art. 218. O recolhimento das contribuições sociais previdenciárias incidentes sobre a folha de pagamento e das contribuições destinadas a terceiros, devidas pelo operador portuário, e da contribuição do trabalhador avulso portuário, incidentes sobre o MMO, as férias e o décimo terceiro salário, será efetuado pelo Ogmo em documento de arrecadação identificado com o número de inscrição no CNPJ deste. (Regulamento da Previdência Social, de 1999, art. 217, § 2º, inciso IV)

Art. 219. O operador portuário é obrigado a arrecadar, mediante desconto, a contribuição social previdenciária devida pelos seus empregados, inclusive pelo trabalhador portuário contratado com vínculo empregatício a prazo indeterminado, recolhendo-a juntamente com as contribuições a seu cargo, incidentes sobre a remuneração desses segurados, observado o disposto no art. 49.

SUBSEÇÃO V
DOS PROCEDIMENTOS DE AUDITORIA-FISCAL

Art. 220. Constatado, em procedimento fiscal, o descumprimento de obrigações atribuídas aos operadores portuários, o Auditor-Fiscal da Receita Federal do Brasil formalizará representação administrativa, que será encaminhada à administração do porto organizado para fins do disposto no Capítulo IV da Lei nº 12.815, de 2013, sem prejuízo, se for o caso, da constituição do crédito tributário.

Art. 221. A não apresentação das informações sobre a compensação na forma prevista nos arts. 212 e 216 ensejará a lavratura de Auto de Infração ou de Notificação de Lançamento em nome do Ogmo ou do operador portuário, respectivamente.

SEÇÃO III
DO TRABALHO AVULSO NÃO PORTUÁRIO

SUBSEÇÃO I
DISPOSIÇÕES GERAIS

Art. 222. O sindicato que efetuar a intermediação de mão de obra de trabalhador avulso é responsável pela elaboração das folhas de pagamento por contratante de serviços, contendo, além das informações previstas no inciso III do caput do art. 27, as seguintes: (Lei nº 12.023, de 2009, art. 4º)

I - os respectivos números de registro ou cadastro no sindicato;

II - o cargo, a função ou o serviço prestado;

III - os turnos trabalhados;

IV - as remunerações pagas, devidas ou creditadas a cada um dos trabalhadores, registrando o MMO, bem como as parcelas referentes ao décimo terceiro salário e às férias, e a correspondente totalização; e

V - os valores das contribuições sociais previdenciárias retidas.

Art. 223. Caberá ao sindicato da classe, mediante convênio com o INSS, efetuar o pagamento do salário-família devido ao trabalhador avulso. (Regulamento da Previdência Social, de 1999, art. 218, § 1º)

Art. 224. A prestação de informações na forma prevista no art. 25 e no inciso VIII do caput do art. 27, referente ao trabalhador avulso contratado com intermediação do sindicato, são de responsabilidade do tomador de serviço. (Regulamento da Previdência Social, de 1999, art. 218, caput)

Parágrafo único. O sindicato é responsável pelo envio dos eventos ao eSocial referentes à remuneração do trabalhador avulso contratado com sua intermediação.

SUBSEÇÃO II
DO RECOLHIMENTO DAS CONTRIBUIÇÕES

Art. 225. A empresa contratante ou requisitante dos serviços de trabalhador avulso, cuja contratação de pessoal não for abrangida pela Lei nº 9.719, de 1998, e pela Lei nº 12.815, de 2013, é responsável pelo recolhimento de todas as contribuições sociais previdenciárias e das contribuições devidas a terceiros, observadas as demais obrigações previstas nesta Instrução Normativa. (Lei nº 12.023, de 2009, art. 6º; e

Regulamento da Previdência Social, de 1999, art. 218, caput)

Art. 226. O sindicato de trabalhadores avulsos equipara-se a empresa, ficando sujeito às normas de tributação e de arrecadação aplicáveis às empresas em geral, em relação à remuneração paga, devida ou creditada, no decorrer do mês, a segurados empregado e contribuinte individual por ele contratado, conforme o caso.

SEÇÃO IV
DA CONTRIBUIÇÃO DO SEGURADO TRABALHADOR AVULSO

Art. 227. A contribuição devida pelo segurado trabalhador avulso, portuário e não portuário, é calculada na forma do art. 35 e do § 2º do art. 49, observado o disposto no § 5º do art. 49.

§ 1º Considera-se salário de contribuição mensal do segurado trabalhador avulso, a remuneração resultante da soma do MMO e da parcela referente às férias, observados os limites mínimo e máximo previstos nos §§ 1º e 2º do art. 30.

§ 2º Para fins de enquadramento na faixa salarial e de observância do limite máximo do salário de contribuição mensal, o sindicato da categoria ou o Ogmo fará controle contínuo da remuneração do segurado trabalhador avulso, de acordo com a prestação de serviços deste, por contratante.

§ 3º O Ogmo, para fins do disposto no § 2º, consolidará, por trabalhador, as folhas de pagamento de todos os operadores portuários relativas às operações concluídas no mês.

§ 4º A contribuição do segurado trabalhador avulso sobre a remuneração do décimo terceiro salário é calculada em separado mediante a aplicação das alíquotas previstas no art. 35, observados os limites mínimo e máximo do salário de contribuição, devendo o sindicato da categoria ou o Ogmo, conforme o caso, manter resumo mensal e acumulado por trabalhador avulso. (Regulamento da Previdência Social, de 1999, art. 217, § 5º)

CAPÍTULO IX
DOS RISCOS OCUPACIONAIS NO AMBIENTE DE TRABALHO

SEÇÃO I
DA FISCALIZAÇÃO DA SECRETARIA ESPECIAL DA RECEITA FEDERAL DO BRASIL (RFB)

Art. 228. A RFB verificará, por intermédio de sua fiscalização, a regularidade e a conformidade das demonstrações ambientais de que trata o art. 230, os controles internos da empresa relativos ao gerenciamento dos riscos ocupacionais, em especial o embasamento para a declaração de informações nos termos do art. 25, de acordo com as disposições previstas nos arts. 57 e 58 da Lei nº 8.213, de 1991. (Regulamento da Previdência Social, de 1999, art. 338, § 3º)

Parágrafo único. O disposto no caput tem como objetivo:

I - verificar a integridade das informações do banco de dados do Cadastro Nacional de Informações Sociais (CNIS), que é alimentado pelos fatos declarados nos termos do art. 25;

II - verificar a regularidade do recolhimento da contribuição prevista no inciso II do caput do art. 43, e da contribuição adicional prevista no § 2º do art. 43, observado o disposto no § 5º do mesmo artigo; e

III - garantir o custeio de benefícios devidos.

SEÇÃO II
DAS REPRESENTAÇÕES E DA AÇÃO REGRESSIVA

Art. 229. Poderão ser emitidas as seguintes representações: (Regulamento da Previdência Social, de 1999, art. 338, § 4º)

I - representação administrativa ao Ministério Público do Trabalho competente, e à unidade do Ministério do Trabalho e Previdência com competência relativa às atividades relacionadas à segurança e saúde do trabalho, sempre que, em tese, ocorrer desrespeito às normas de segurança e saúde do trabalho que reduzem os riscos inerentes ao trabalho ou às normas previdenciárias relativas ao Laudo Técnico de Condições Ambientais do Trabalho, à Comunicação de Acidente do Trabalho, ao Perfil Profissiográfico Previdenciário e às obrigações acessórias referidas no art. 25, quando relacionadas ao gerenciamento dos riscos ocupacionais;

II - representação administrativa aos conselhos regionais das categorias profissionais, com cópia para o Ministério Público do Trabalho competente, sempre que a confrontação da documentação apresentada com os ambientes de trabalho revelar indícios de irregularidades, fraudes ou imperícia dos profissionais legalmente habilitados responsáveis pelas demonstrações ambientais e demais documentos dispostos no art. 228;

III - representação administrativa ao INSS, com cópia ao Ministério Público do Trabalho competente, sempre que for constatado que a empresa não cumpriu quaisquer das obrigações relativas ao acidente de trabalho previstas nos arts. 19 a 22 da Lei nº 8.213, de 1991, ou as disposições previstas no art. 58 do mesmo ato legal; e

IV - Representação Fiscal para Fins Penais ao Ministério Público Federal competente, sempre que as irregularidades previstas neste Capítulo ensejarem a ocorrência, em tese, de crime relacionado com as atividades da RFB, observado o procedimento disciplinado por ato próprio.

Parágrafo único. As representações de que trata este artigo deverão ser comunicadas ao sindicato representativo da categoria do trabalhador.

SEÇÃO III
DA DEMONSTRAÇÃO DO GERENCIAMENTO DO AMBIENTE DE TRABALHO

Art. 230. As informações prestadas nos termos do art. 25 sobre a existência ou não de riscos ambientais em níveis ou concentrações que prejudiquem a saúde ou a integridade física do trabalhador deverão ser comprovadas perante a fiscalização da RFB mediante a apresentação dos seguintes documentos:

I - Programa de Prevenção de Riscos Ambientais, documento utilizado até 2 de janeiro de 2022, que visa à preservação da saúde e da integridade dos trabalhadores, por meio da antecipação, do reconhecimento, da avaliação e do consequente controle da ocorrência de riscos ambientais, sendo sua abrangência e profundidade dependentes das características dos riscos e das necessidades de controle, devendo ser elaborado e implementado pela empresa, por estabelecimento; (NR-9 - Programa de Prevenção de Riscos Ambientais, com redação dada pela Portaria SEPRT/ME nº 1.359, de 9 de dezembro de 2019; e NR-9 - Avaliação e Controle das Exposições Ocupacionais a Agentes Físicos, Químicos e Biológicos, com redação dada pela Portaria SEPRT/ME nº 6.735, de 10 de março de 2020; início de vigência estabelecido pela Portaria SEPRT/ME nº 8.873, de 23 de julho de 2021) (Redação dada pela Instrução Normativa RFB 2.185/2024)

II - Programa de Condições e Meio Ambiente de Trabalho na Indústria da Construção, obrigatório em caso de obras de construção civil iniciadas até 2 de janeiro de 2022, para estabelecimentos que desenvolvam atividades relacionadas à indústria da construção, identificados no grupo 45 da tabela de CNAE, com 20 (vinte) trabalhadores ou mais por estabelecimento ou obra, e visa a implementar medidas de controle e sistemas preventivos de segurança nos processos, nas condições e no meio ambiente de trabalho, nos termos da NR-18 do Ministério do Trabalho e Previdência, em substituição ao Programa de Prevenção de Riscos Ambientais, quando contemplar todas as exigências contidas na NR-9, com validade até o término da obra a que se refere; (NR-18 - Condições de Segurança e Saúde no Trabalho na Indústria da Construção; início de vigência estabelecido pela Portaria SEPRT/ME nº 8.873, de 2021) (Redação dada pela Instrução Normativa RFB 2.185/2024)

III - Programa de Gerenciamento de Riscos, obrigatório para:

a) as atividades relacionadas à mineração, em substituição ao Programa de Prevenção de Riscos Ambientais para essas atividades, independentemente da data, devendo ser elaborado e implementado pela empresa ou pelo permissionário de lavra garimpeira; (NR-22 - Segurança e Saúde Ocupacional na Mineração)

b) as obras de construção iniciadas a partir de 3 de janeiro de 2022, que contemple os riscos ocupacionais e suas respectivas medidas de prevenção, devendo ser elaborado por profissional legalmente habilitado em segurança do trabalho e implementado sob responsabilidade da organização; e (NR-18 - Condições de Segurança e Saúde no Trabalho na Indústria da Construção; início de vigência estabelecido pela Portaria SEPRT/ME nº 8.873, de 2021) (Redação dada pela Instrução Normativa RFB 2.185/2024)

c) as demais empresas, a partir de 3 de janeiro de 2022. (NR-1 - Disposições Gerais e Gerenciamento de Riscos Ocupacionais; início de vigência estabelecido pela Portaria SEPRT/ME nº 8.873, de 2021) (Redação dada pela Instrução Normativa RFB 2.185/2024)

IV - Programa de Controle Médico de Saúde Ocupacional, que deverá ser elaborado e implementado pela empresa ou pelo estabelecimento, a partir do Programa de Prevenção de Riscos Ambientais, do Programa de Gerenciamento de Riscos ou do Programa de Condições e Meio Ambiente de Trabalho na Indústria da Construção, com o objetivo de promover a prevenção, o rastreamento e o diagnóstico precoce dos agravos à saúde relacionados ao trabalho, inclusive daqueles de natureza subclínica, além de constatar a existência de casos de doenças profissionais ou de danos irreversíveis à saúde dos trabalhadores; (NR-7 - Programa de Controle Médico de Saúde Ocupacional)

V - Laudo Técnico de Condições Ambientais do Trabalho, declaração pericial emitida para evidenciação técnica das condições ambientais do trabalho, podendo ser substituído por um dos documentos dentre os previstos nos incisos I e III, conforme disposto nesta Instrução Normativa e no ato que estabelece os critérios a serem adotados pelo INSS; (Lei nº 8.213, de 1991, art. 58, § 1º; e Regulamento da Previdência Social, de 1999, art. 68, § 3º)

VI - Perfil Profissiográfico Previdenciário, que é o documento histórico laboral individual do trabalhador, conforme disposto nesta Instrução Normativa e no ato que estabelece os critérios a serem adotados pelo INSS; e (Lei nº 8.213, de 1991, art. 58, § 4º; e Regulamento da Previdência Social, de 1999, art. 68, §§ 8º e 9º)

VII - Comunicação de Acidente do Trabalho, que é o documento que registra o acidente do trabalho, a ocorrência ou o agravamento de doença ocupacional, mesmo que não tenha sido determinado o afastamento do trabalho, conforme disposto nos arts. 19 a 22 da Lei nº 8.213, de 1991, e nas NR-7 e NR-15 do Ministério do Trabalho e Previdência, sendo seu registro fundamental para a geração de análises estatísticas que determinam a morbidade e mortalidade nas empresas e para a adoção das medidas preventivas e repressivas cabíveis, sendo considerados, também, os casos de reconhecimento de nexo técnico epidemiológico na forma do art. 21-A da citada lei. (Lei nº 8.213, de 1991, art. 22; e Regulamento da Previdência Social, de 1999, art. 336)

§ 1º Os documentos previstos nos incisos II e III do caput deverão ter Anotação de Responsabilidade Técnica (ART), registrada no Conselho de Engenharia e Agronomia (Crea), ou Registro de Responsabilidade Técnica (RRT), registrado no Conselho de Arquitetura e Urbanismo (CAU).

§ 2º As entidades e os órgãos da administração pública direta, as autarquias e as fundações de direito público, inclusive os órgãos dos Poderes Legislativo e Judiciário, que não possuam trabalhadores regidos pela CLT, estão desobrigados da apresentação dos documentos previstos nos incisos I a IV do caput. (NR-1 - Disposições Gerais e Gerenciamento de Riscos Ocupacionais, item 1.2.1.1)

§ 3º A empresa contratante de serviços de terceiros intramuros é responsável:

I - por fornecer cópia dos documentos, dentre os previstos nos incisos I, II, III e V do caput, que permitam à contratada prestar as informações a que esteja obrigada em relação aos riscos ambientais a que estejam expostos seus trabalhadores;

II - pelo cumprimento dos programas, exigindo dos trabalhadores contratados a fiel obediência às normas e diretrizes estabelecidas nos referidos programas; e

III - pela implementação de medidas de controle ambiental, indicadas para os trabalhadores contratados. (NR-7; NR-9; NR-18; e NR-22)

§ 4º A empresa contratada para prestação de serviços intramuros, sem prejuízo das obrigações em relação aos demais trabalhadores, em relação aos envolvidos na prestação de serviços em estabelecimento da contratante ou no de terceiros por ela indicado, com base nas informações obtidas na forma do inciso I do § 3º, é responsável:

I - pela elaboração do Perfil Profissiográfico Previdenciário de cada trabalhador exposto a riscos ambientais;

II - pelas informações a serem prestadas nos termos do art. 25, relativas à exposição a riscos ambientais; e

III - pela implementação do Programa de Controle Médico de Saúde Ocupacional previsto no inciso IV do caput.

§ 5º A empresa contratante de serviços de terceiros intramuros deverá apresentar à empresa contratada os documentos a que estiver obrigada, dentre os previstos nos incisos I a V do caput, para comprovação da obrigatoriedade ou não do acréscimo da retenção de que trata o art. 131.

§ 6º Para fins do disposto nos §§ 3º a 5º, considera-se serviços de terceiros intramuros todas as atividades desenvolvidas em estabelecimento da contratante ou de terceiros por ela indicado, inclusive em obra de construção civil, por trabalhadores contratados mediante cessão de mão de obra, empreitada, trabalho temporário e por intermédio de cooperativa de trabalho.

§ 7º Na prestação de serviços mediante empreitada total na construção civil a responsabilidade pelo gerenciamento dos riscos ambientais é da contratada.

SEÇÃO IV
DA CONTRIBUIÇÃO ADICIONAL PARA O FINANCIAMENTO DA APOSENTADORIA ESPECIAL

Art. 231. O exercício de atividade em condições especiais que prejudiquem a saúde ou a integridade física do trabalhador, com exposição a agentes nocivos de modo permanente, não ocasional nem intermitente, é fato gerador de contribuição social previdenciária adicional para custeio da aposentadoria especial. (Lei nº 8.213, de 1991, art. 57, § 6º; e Regulamento da Previdência Social, de 1999, art. 202, § 1º)

Art. 232. A empresa ou o equiparado fica obrigado ao pagamento da contribuição adicional a que se refere o art. 231 incidente sobre o valor da remuneração paga, devida ou creditada a segurado empregado, trabalhador avulso ou contribuinte individual cooperado associado à cooperativa de produção, sob condições que justifiquem a concessão de aposentadoria especial. (Lei nº 8.213, de 1991, art. 57, § 6º; Lei nº 10.666, de 2003, art. 1º, § 2º; e Regulamento da Previdência Social, de 1999, art. 202, §§ 1º e 10; ADI RFB nº 5/2015)

§ 1º A contribuição adicional de que trata este artigo será calculada mediante a aplicação das alíquotas previstas no § 2º do art. 43, de acordo com a atividade exercida pelo trabalhador e o tempo exigido para a aposentadoria, observado o disposto nos §§ 3º, 4º e 5º do art. 43. (Lei nº 8.213, de 1991, art. 57, § 6º; Lei nº 10.666, de 2003, art. 1º, § 2º; e Regulamento da Previdência Social, de 1999, art. 202, §§ 1º e 10)

§ 2º Não será devida a contribuição adicional de que trata este artigo quando a adoção de medidas de proteção coletiva ou individual neutralizarem ou reduzirem o grau de exposição do trabalhador a níveis legais de tolerância, de forma que afaste a concessão da aposentadoria especial, conforme previsto nesta Instrução Normativa ou em ato que estabeleça critérios a serem adotados pelo INSS, desde que a empresa comprove o gerenciamento dos riscos e a adoção das medidas de proteção recomendadas, conforme previsto no art. 230. (Regulamento da Previdência Social, de 1999, art. 64, §§ 1º e 1º-A)

SEÇÃO V
DISPOSIÇÕES ESPECIAIS

Art. 233. A empresa que não apresentar o Laudo Técnico de Condições Ambientais do Trabalho a que se refere o inciso V do caput do art. 230 ou apresentá-lo com dados divergentes ou desatualizados em relação às condições ambientais existentes estará sujeita à autuação com fundamento no § 2º do art. 33 da Lei nº 8.212, de 1991.

Parágrafo único. Considera-se suprida a exigência do Laudo Técnico de Condições Ambientais do Trabalho prevista neste artigo, quando a empresa, no uso da faculdade prevista no inciso V do caput do art. 230, apresentar um dos documentos que o substitui.

Art. 234. A empresa que desenvolve atividades em condições especiais que exponham os trabalhadores a riscos ambientais, está obrigada a elaborar e manter atualizado o Perfil Profissiográfico Previdenciário a que se refere o inciso VI do caput do art. 230, ou o documento eletrônico que venha a substituí-lo, abrangendo as atividades desenvolvidas pelos segurados empregados, trabalhadores avulsos e contribuintes individuais cooperados filiados à cooperativa de produção que laborem expostos a agentes nocivos químicos, físicos, biológicos ou a associação desses agentes, prejudiciais à saúde ou à integridade física, ainda que não presentes os requisitos para concessão de aposentadoria especial, seja pela eficácia dos equipamentos de proteção, coletivos ou individuais, seja por não se caracterizar a permanência da exposição aos agentes. (Regulamento da Previdência Social, de 1999, art. 68, § 8º)

§ 1º A exigência do Perfil Profissiográfico Previdenciário referida neste artigo tem como finalidade identificar os trabalhadores expostos a agentes nocivos em relação aos quais será cobrada a respectiva alíquota adicional de contribuição para o custeio do benefício da correspondente aposentadoria especial, caso implementados os demais requisitos a esse direito.

§ 2º A elaboração do Perfil Profissiográfico Previdenciário, em relação aos agentes químicos e ao agente físico ruído, fica condicionada ao alcance dos níveis de ação de que trata o subitem 9.6 da NR-9 do Ministério do Trabalho e Previdência, e em relação aos demais agentes, à simples presença no ambiente de trabalho.

§ 3º O Perfil Profissiográfico Previdenciário deverá ser atualizado sempre que houver alteração no ambiente de trabalho, troca de atividade pelo trabalhador, ou qualquer alteração que implique mudança das informações contidas nas suas seções. (Redação dada pela Instrução Normativa RFB 2.185/2024)

Art. 235. A contribuição adicional a que se refere o art. 231 será lançada por arbitramento nos casos em que for constatada uma das seguintes ocorrências: (Lei nº 8.212, de 1991, art. 33, § 3º; e Regulamento da Previdência Social, de 1999, art. 233)

I - a falta dos documentos mencionados nos incisos I, II III, V e VI do caput do art. 230, quando exigíveis, observada a possibilidade de substituição prevista no inciso V do citado dispositivo;

II - a incompatibilidade entre os documentos referidos no inciso I; ou

III - a incoerência entre os documentos do inciso I e os emitidos com base na legislação trabalhista ou outros documentos emitidos pela empresa prestadora de serviços, pela tomadora de serviços, pelo INSS ou pela RFB.

Parágrafo único. Nas situações descritas neste artigo, caberá à empresa o ônus da prova em contrário.

TÍTULO IV
DO RECOLHIMENTO E DA ARRECADAÇÃO BANCÁRIA

CAPÍTULO I
DO RECOLHIMENTO DAS CONTRIBUIÇÕES NA REDE ARRECADADORA

SEÇÃO I
DO DOCUMENTO DE ARRECADAÇÃO

Art. 236. As contribuições sociais previdenciárias administradas pela RFB e as devidas a terceiros deverão ser recolhidas por meio de Guia da Previdência Social (GPS) e, a partir do mês em que a entrega da DCTFWeb se torne obrigatória, por meio de Documento de Arrecadação de Receitas Federais (Darf).

SEÇÃO II
DO RECOLHIMENTO TRIMESTRAL

Art. 237. O segurado contribuinte individual ou o facultativo poderá optar pelo recolhimento trimestral da contribuição previdenciária devida, desde que o salário de contribuição não seja superior ao valor de 1 (um) salário-mínimo. (Regulamento da Previdência Social, de 1999, art. 216, § 15)

§ 1º A contribuição trimestral deve ser recolhida até o dia 15 (quinze) do mês seguinte ao do encerramento de cada trimestre civil, prorrogando-se para o 1º (primeiro) dia útil subsequente, quando não houver expediente bancário na referida data.

§ 2º No recolhimento de contribuições em atraso, incidirão os juros e a multa de mora a partir do 1º (primeiro) dia útil subsequente ao do vencimento do trimestre civil.

§ 3º O segurado facultativo, após a inscrição, poderá optar pelo recolhimento trimestral.

§ 4º Se a inscrição ocorrer no curso do trimestre civil, é permitido o recolhimento na forma do caput para a 2ª (segunda) e a 3ª (terceira) competências do trimestre. (Regulamento da Previdência Social, de 1999, art. 216, § 17)

§ 5º Não se aplica o recolhimento trimestral se se tratar de recolhimento calculado sobre piso salarial fixado por lei estadual ou normativo da categoria diverso do salário-mínimo nacional.

SEÇÃO III
DO VALOR MÍNIMO PARA RECOLHIMENTO

Art. 238. É vedado o recolhimento de contribuições sociais previdenciárias, em documento de arrecadação, de valor inferior a R$ 10,00 (dez reais).

§ 1º Se o valor a recolher na competência for inferior ao valor mínimo estabelecido no caput, deverá ser adicionado ao devido na competência seguinte, e assim sucessivamente, até atingir o valor mínimo permitido para recolhimento, observado que:

I - ficam sujeitos aos acréscimos legais, os valores não recolhidos a partir da competência em que for alcançado o valor mínimo;

II - o valor acumulado deverá ser recolhido em documento de arrecadação com código de receita da mesma natureza; e

III - se não houver, na competência em que foi atingido o valor mínimo, outro recolhimento sob o mesmo código de pagamento, o valor acumulado poderá ser adicionado a recolhimento a ser efetuado em documento de arrecadação com código de pagamento diverso.

§ 2º Não se aplica o disposto no caput aos órgãos e às entidades da administração pública quando o recolhimento for efetuado pelo Siafi.

§ 3º O valor devido decorrente de recolhimento efetuado a menor, cujo principal acrescido de juros e de multa de mora não atinja o mínimo estabelecido, será adicionado ao valor devido na próxima competência.

§ 4º Em caso de restrição em nome do contribuinte que envolva o montante a recolher de valor inferior ao mínimo estabelecido no caput, ele poderá recolher o valor mínimo.

CAPÍTULO II
DAS CONTRIBUIÇÕES NÃO RECOLHIDAS NO VENCIMENTO

SEÇÃO I
DISPOSIÇÕES GERAIS

Art. 239. As contribuições sociais previdenciárias e as contribuições devidas a terceiros não recolhidas até a data de seu vencimento ficam sujeitas a juros e multa de mora determinados de acordo com a legislação de regência, incidentes sobre o valor atualizado, se for o caso. (Lei nº 8.212, de 1991, art. 35; e Regulamento da Previdência Social, de 1999, art. 239)

SEÇÃO II
DOS JUROS DE MORA

Art. 240. Os percentuais de juros de mora, ao mês ou fração, correspondem à variação da taxa referencial do Sistema Especial de Liquidação e de Custódia (Selic) a partir do 1º (primeiro) dia do mês subsequente ao vencimento do prazo até o mês anterior ao do pagamento e 1% (um por cento) no mês de pagamento. (Lei nº 8.212, de 1991, art. 35; Lei nº 9.430, de 1996, art. 61, § 3º; e Regulamento da Previdência Social, de 1999, art. 239, caput, inciso II) Seção III Da Multa de Mora

Art. 241. As contribuições sociais previdenciárias e as devidas a terceiros não recolhidas no prazo, incluídas ou não em Auto de Infração ou Notificação de Lançamento, objeto ou não de parcelamento, ficam sujeitas a multa de mora. (Lei nº 9.430, de 1996, art. 61, caput e §§ 1º e 2º; e Regulamento da Previdência Social, de 1999, art. 239, caput, inciso III)

§ 1º Não se aplica a multa de mora aos créditos de responsabilidade das missões diplomáticas estrangeiras no Brasil e membros dessas missões quando assegurada a isenção em tratado, convenção ou outro acordo internacional de que o Estado estrangeiro ou organismo internacional e o Brasil sejam partes. (Regulamento da Previdência Social, de 1999, art. 239, § 9º)

§ 2º A interposição de ação judicial favorecida com medida liminar interrompe a incidência da multa de mora, desde a concessão da medida judicial, até 30 (trinta) dias após a data da publicação da decisão judicial que considerar devido o tributo. (Lei nº 9.430, de 1996, art. 63, § 2º)

TÍTULO V
DA AFERIÇÃO INDIRETA

CAPÍTULO I
DISPOSIÇÕES GERAIS

Art. 242. Aferição indireta é o procedimento de que dispõe a RFB para apuração indireta da base de cálculo das contribuições sociais. (Lei nº 8.212, de 1991, art. 33, § 6º)

Art. 243. A aferição indireta será utilizada, se:

I - no exame da escrituração contábil ou de qualquer outro documento do sujeito passivo, a fiscalização constatar que a contabilidade não registra o movimento real da remuneração dos segurados a seu serviço, da receita, ou do faturamento e do lucro; (Lei nº 8.212, de 1991, art. 33, § 6º)

II - a empresa, o empregador doméstico ou o segurado recusar-se a apresentar qualquer documento, sonegar informação ou apresentá-los deficientemente; (Lei nº 8.212, de 1991, art. 33, § 3º)

III - faltar prova regular e formalizada do montante dos salários pagos pela execução de obra de construção civil; (Lei nº 8.212, de 1991, art. 33, § 4º)

IV - as informações prestadas ou os documentos expedidos pelo sujeito passivo não merecerem fé em face de outras informações ou outros documentos de que disponha a fiscalização, como por exemplo:

a) omissão de receita ou de faturamento verificada por intermédio de subsídio à fiscalização; (Lei nº 8.212, de 1991, art. 33, § 8º)

b) dados coletados na Justiça do Trabalho, nas unidades regionais do Ministério do Trabalho e Previdência, ou em outros órgãos, em confronto com a escrituração contábil, livro de registro de empregados ou outros elementos em poder do sujeito passivo; e

c) constatação da impossibilidade de execução do serviço contratado, tendo em vista o número de segurados informados nos documentos apresentados nos termos do art. 25 ou constantes na folha de pagamento, mediante confronto desses documentos com as respectivas notas fiscais, faturas, recibos ou contratos.

§ 1º Considera-se deficiente o documento apresentado ou a informação prestada que não preencha as formalidades legais, bem como o documento que contenha informação diversa da realidade ou, ainda, que omita informação verdadeira. (Regulamento da Previdência Social, de 1999, art. 233, parágrafo único)

§ 2º Para fins do disposto no inciso III do caput, considera-se prova regular e formalizada a escrituração contábil devidamente registrada nos livros Diário e Razão, conforme disposto no inciso IV do caput e no § 8º do art. 27.

§ 3º No caso de apuração por aferição indireta das contribuições efetivamente devidas, caberá à empresa, ao segurado, ao proprietário, ao dono da obra, ao condômino da unidade imobiliária ou à empresa corresponsável o ônus da prova em contrário. (Lei nº 8.212, de 1991, art. 33, § 6º)

§ 4º Aplicam-se às contribuições de que tratam esta Instrução Normativa, as presunções legais de omissão de receita previstas nos §§ 2º e 3º do art. 12 do Decreto-Lei nº 1.598, de 26 de dezembro de 1977, e nos arts. 40, 41 e 42 da Lei nº 9.430, de 1996. (Lei nº 8.212, de 1991, art. 33, § 8º)

Art. 244. Na aferição indireta da remuneração devida:

I - pela execução de serviço de construção civil, deverão ser observadas as regras estabelecidas no Capítulo II deste Título; e

II - pela execução de obra de construção civil, deverão ser observadas as regras estabelecidas na Instrução Normativa RFB nº 2.021, de 2021.

Art. 245. No cálculo da contribuição social previdenciária do segurado empregado incidente sobre a remuneração da mão de obra indiretamente aferida, aplicase a alíquota mínima, sem limite.

CAPÍTULO II
DA AFERIÇÃO INDIRETA DA REMUNERAÇÃO DA MÃO DE OBRA NA PRESTAÇÃO DE SERVIÇOS

Art. 246. A remuneração da mão de obra utilizada na prestação de serviços por empresa calculada por aferição indireta corresponde, no mínimo, ao percentual de:

I - 40% (quarenta por cento) do valor dos serviços constantes da nota fiscal, da fatura ou do recibo de prestação de serviços; ou

II - 50% (cinquenta por cento) do valor dos serviços constantes da nota fiscal, da fatura ou do recibo, no caso de trabalho temporário.

Parágrafo único. Nos serviços de limpeza, de transporte de cargas e de passageiros e nos de construção civil, que envolvam utilização de equipamentos, a remuneração da mão de obra utilizada na execução dos serviços não poderá ser inferior aos respectivos percentuais previstos nos arts. 248, 249 e 250.

Art. 247. Nos serviços que envolvam fornecimento de material ou utilização de equipamentos: (Regulamento da Previdência Social, de 1999, art. 219, §§ 7º e 8º)

I - caso haja previsão contratual de fornecimento de material ou de utilização de equipamento próprio ou de terceiros, exceto os equipamentos manuais, para a execução dos serviços, se os valores de material ou equipamento estiverem estabelecidos no contrato, ainda que não discriminados na nota fiscal, na fatura ou no recibo de prestação de serviços, o valor da remuneração da mão de obra utilizada na prestação de serviços será apurado na forma do art. 246, observado, no caso dos serviços de limpeza, o disposto no art. 248;

II - caso haja previsão contratual de fornecimento de material ou de utilização de equipamento próprio ou de terceiros, exceto os equipamentos manuais, e os valores de material ou de utilização de equipamento não estiverem estabelecidos no contrato, nem discriminados na nota fiscal, na fatura ou no recibo de prestação de serviços, o valor do serviço corresponderá, no mínimo, a 50% (cinquenta por cento) do valor bruto da nota fiscal, fatura ou recibo, aplicando-se, para fins de aferição da remuneração da mão de obra utilizada, o disposto no art. 246;

III - caso haja discriminação de valores de material ou de utilização de equipamento na nota fiscal, fatura ou recibo de prestação de serviços, e se não existir previsão contratual de seu fornecimento, o valor dos serviços será o valor bruto da nota fiscal, da fatura ou do recibo, aplicando-se, para fins de aferição da remuneração da mão de obra, o disposto no art. 246; e

IV - se a utilização de equipamento for inerente à execução dos serviços contratados, ainda que não esteja previsto em contrato, o valor do serviço corresponderá a 50% (cinquenta por cento) do valor bruto da nota fiscal, da fatura ou do recibo de prestação de serviços, aplicando-se, para fins de aferição da remuneração da mão de obra utilizada na prestação de serviços, o disposto no art. 246 e observado, no caso de serviço da construção civil, o disposto no art. 250.

Parágrafo único. A remuneração nos serviços de transporte de cargas e de passageiros será aferida na forma prevista no art. 249.

Art. 248. Nos serviços de limpeza em que houver a previsão de fornecimento de material e de utilização de equipamento, próprio ou de terceiros, exceto os equipamentos manuais, se os valores estiverem estabelecidos no contrato, ainda que não discriminados na respectiva nota fiscal, fatura ou recibo de prestação de serviços, o valor da remuneração da mão de obra não poderá ser inferior a: (Regulamento da Previdência Social, de 1999, art. 219, §§ 7º e 8º)

I - 26% (vinte e seis por cento) do valor bruto da nota fiscal, da fatura ou do recibo de prestação de serviços, na limpeza hospitalar; ou

II - 32% (trinta e dois por cento) do valor bruto da nota fiscal, da fatura ou do recibo de prestação de serviços, nos demais serviços de limpeza.

Art. 249. Na operação de transporte de cargas ou de passageiros, o valor da remuneração da mão de obra utilizada na prestação de serviços corresponde a 20% (vinte por cento) do valor bruto da nota fiscal, da fatura ou do recibo de prestação de serviços, observado, quanto ao transporte de cargas, o disposto no inciso V do caput do art. 114. (Lei nº 8.212, de 1991, art. 22, § 15; e Regulamento da Previdência Social, de 1999, art. 201, § 4º)

Art. 250. Na prestação dos serviços de construção civil abaixo relacionados, se houver ou não previsão contratual de utilização de equipamento próprio ou de terceiros, o valor da remuneração da mão de obra utilizada na execução dos serviços não poderá ser inferior ao percentual, respectivamente estabelecido para cada um destes serviços, aplicado sobre o valor bruto da nota fiscal, da fatura ou do recibo de prestação de serviços:

I - terraplenagem e dragagem: 6% (seis por cento);

II - drenagem: 20% (vinte por cento); ou

III - demais serviços realizados com a utilização de equipamentos, exceto manuais, desde que inerentes à prestação dos serviços: 14% (quatorze por cento).

Parágrafo único. Se na mesma nota fiscal ou fatura de prestação de serviços constar a execução de mais de um dos serviços relacionados nos incisos do caput e não houver discriminação individual do valor de cada serviço, deverá ser aplicado o percentual correspondente a cada tipo de serviço conforme disposto em contrato, ou o percentual maior, se o contrato não permitir identificar o valor de cada serviço.

Art. 251. O valor do material fornecido ao contratante, bem como o valor da locação do equipamento de terceiros utilizado no serviço, discriminado na nota fiscal, na fatura ou no recibo de prestação de serviços, não poderá ser superior ao valor de aquisição ou de locação, respectivamente.

Parágrafo único. A empresa deverá, quando exigido pela fiscalização da RFB, comprovar a veracidade dos valores dos materiais utilizados na prestação de serviços, mediante apresentação dos documentos fiscais de aquisição dos materiais.

TÍTULO VI
DA CONSTITUIÇÃO DO CRÉDITO FISCAL

CAPÍTULO I
DAS FORMAS DE CONSTITUIÇÃO DO CRÉDITO

Art. 252. Observado o disposto no art. 26, o crédito tributário relativo às contribuições de que trata esta Instrução normativa será constituído: (Lei nº 8.212, de 1991, art. 33, § 7º, art. 35-A, e art. 37; e Regulamento da Previdência Social, de 1999, arts. 233 e 235, e art. 245, caput)

I - pelo lançamento por homologação expressa ou tácita, mediante declaração do sujeito passivo que comunica a existência de crédito tributário;

II - pelo reconhecimento espontaneamente da obrigação tributária; e

III - pelo lançamento de ofício.

§ 1º Os documentos decorrentes da forma de constituição a que se refere o inciso I do caput constituem confissão de dívida e instrumento hábil e suficiente para a exigência do crédito tributário neles comunicado. (Lei nº 8.212, de 1991, art. 32, § 2º; e Regulamento da Previdência Social, de 1999, art. 225, § 1º)

§ 2º Os documentos comprobatórios do cumprimento das obrigações devem ficar arquivados na empresa até que ocorra a prescrição relativa aos créditos decorrentes das operações a que se refiram. (Lei nº 8.212, de 1991, art. 32, § 11; e Regulamento da Previdência Social, de 1999, art. 225, § 5º)

CAPÍTULO II
DOS DOCUMENTOS DE CONSTITUIÇÃO DO CRÉDITO

SEÇÃO I
DISPOSIÇÕES GERAIS

Art. 253. São documentos de constituição do crédito tributário relativo às contribuições de que trata esta Instrução Normativa: (Lei nº 8.212, de 1991, art. 33, § 7º; e Regulamento da Previdência Social, de 1999, art. 245, caput)

I - a GFIP e, a partir do mês em que a sua entrega se tornar obrigatória nos termos do disposto no art. 26, a DCTFWeb; (Lei nº 8.212, de 1991, art. 32, § 2º; e Regulamento da Previdência Social, de 1999, art. 225, § 1º)

II - o Lançamento do Débito Confessado (LDC), documento por meio do qual o sujeito passivo confessa os débitos que verifica;

III - o Auto de Infração, documento constitutivo de crédito, inclusive relativo à multa aplicada em decorrência do descumprimento de obrigação acessória, lavrado por Auditor-Fiscal da Receita Federal do Brasil e apurado mediante procedimento de fiscalização;

IV - a Notificação de Lançamento, documento constitutivo de crédito expedido pelo órgão da Administração Tributária; e

V - o Débito Confessado em GFIP (DCG), documento que registra o débito decorrente de divergência entre os valores recolhidos em documento de arrecadação previdenciária e os declarados em GFIP.

Art. 254. São documentos de constituição do crédito tributário relativo a obras de construção civil:

I - o Aviso para Regularização de Obra (ARO) emitido em conformidade com a Instrução Normativa RFB nº 971, de 13 de novembro de 2019, a partir das informações prestadas na Declaração e Informação sobre Obra (Diso), por meio do qual o sujeito passivo responsável por obra confessa os valores das contribuições sociais incidentes sobre o valor da remuneração da mão de obra utilizada na execução da obra, apurado mediante aferição indireta, e que constitui instrumento hábil e suficiente para a exigência do crédito tributário por meio dele confessado; e

II - a DCTFWeb Aferição de Obras de que trata o art. 6º da Instrução Normativa RFB nº 2.021, de 2021, declaração que constitui instrumento hábil e suficiente para a exigência do crédito tributário relativo às contribuições sociais incidentes sobre o valor da remuneração da mão de obra apurada na aferição da obra de construção civil realizada por meio do Serviço Eletrônico para Aferição de Obras (Sero), e que substitui o ARO a partir de 1º de junho de 2021.

SEÇÃO II
DA CONSTITUIÇÃO DO CRÉDITO TRIBUTÁRIO MEDIANTE DÉBITO CONFESSADO EM GFIP (DCG)

SUBSEÇÃO I
DA EMISSÃO DO DCG

Art. 255. O sistema informatizado da RFB, ao constatar débito decorrente de divergência entre os valores recolhidos em documento de arrecadação previdenciária e os declarados em GFIP, poderá registrar esse débito em documento próprio, denominado DCG, o qual dará início à cobrança automática independentemente da instauração de procedimento fiscal ou notificação ao sujeito passivo. (Lei nº 8.212, de 1991, art. 32, § 2º; e Regulamento da Previdência Social, de 1999, art. 225, § 1º)

§ 1º É facultado à RFB, antes da emissão do DCG, intimar o sujeito passivo a regularizar as divergências apuradas na forma do caput.

§ 2º A intimação prevista no § 1º será encaminhada ao sujeito passivo, a critério da RFB, por via postal, com ou sem aviso de recebimento, ou por meio eletrônico, e conterá:

I - o prazo para regularização;

II - o endereço eletrônico para acesso aos relatórios com detalhamento dos valores apurados e obtenção de instruções para regularização da situação; e

III - o endereço da unidade da RFB onde o sujeito passivo poderá comparecer, caso manifeste interesse em obter informações adicionais.

§ 3º O DCG será emitido caso as divergências apresentadas na intimação a que se refere o § 1º não sejam regularizadas no prazo previsto no documento.

§ 4º Considera-se constituído o crédito tributário apurado nos termos do caput a partir do momento da declaração da obrigação tributária, mediante a entrega da GFIP, independentemente da emissão do DCG.

§ 5º O DCG dispensa o contencioso administrativo e será encaminhado à Procuradoria-Geral da Fazenda Nacional (PGFN), para fins de inscrição em dívida ativa e realização da cobrança judicial, caso não seja regularizado no prazo nele previsto.

SUBSEÇÃO II
DA ALTERAÇÃO DAS INFORMAÇÕES PRESTADAS EM GFIP REFERENTES A COMPETÊNCIAS INCLUÍDAS NO DCG

Art. 256. A alteração nas informações prestadas em GFIP será formalizada mediante a apresentação de GFIP retificadora, elaborada com a observância das normas constantes do Manual da GFIP.

§ 1º A GFIP retificadora que apresentar valor devido inferior ao anteriormente declarado e que se referir a competências incluídas em DCG somente será processada no caso de comprovação de erro no preenchimento da GFIP a ser retificada.

§ 2º Para fins do disposto no § 1º, o sujeito passivo deverá solicitar o processamento da GFIP retificadora por meio de requerimento administrativo, que deverá fazer referência ao número de controle dessa GFIP.

§ 3º O requerimento previsto no § 2º será analisado pela RFB, observada a não aplicação de contencioso administrativo na confissão de dívida.

§ 4º O processamento da GFIP retificadora de que trata o § 1º implicará a confrontação dos novos valores confessados com os recolhimentos feitos, podendo resultar, se for o caso, em retificação dos DCG.

§ 5º A retificação não produzirá efeitos tributários quando tiver por objeto alterar os débitos em relação aos quais o sujeito passivo tenha sido intimado do início de procedimento fiscal, salvo no caso de ocorrência de recolhimento anterior ao início desse procedimento:

I - quando não houve entrega de GFIP, hipótese em que o sujeito passivo poderá apresentar GFIP, em atendimento a intimação fiscal e nos termos desta, para sanar erro de fato, sem prejuízo das penalidades cabíveis; e

II - em valor superior ao declarado, hipótese em que o sujeito passivo poderá apresentar GFIP retificadora, em atendimento a intimação fiscal e nos termos desta, para sanar erro de fato, sem prejuízo das penalidades cabíveis.

SEÇÃO III
DO LANÇAMENTO DE DÉBITO CONFESSADO (LDC)

Art. 257. O LDC é o documento constitutivo de crédito relativo às contribuições sociais previdenciárias e às devidas a terceiros, não declaradas nos termos do art. 25, decorrente de confissão de dívida pelo sujeito passivo. (Lei nº 8.212, de 1991, art. 33, § 7º; e Regulamento da Previdência Social, de 1999, art. 245, caput)

§ 1º O LDC será emitido quando o sujeito passivo comparecer na unidade da RFB de sua jurisdição para, espontaneamente, reconhecer contribuições devidas.

§ 2º O LDC será assinado pelo representante legal, mandatário ou preposto do sujeito passivo.

§ 3º Caso a obrigação tributária não seja quitada nem parcelada no prazo de 30 (trinta) dias, contados da assinatura do LDC, bem como no caso de rescisão de parcelamento, o processo administrativo será encaminhado à PGFN para fins de inscrição do crédito tributário em dívida ativa e realização de cobrança judicial, juntamente com cópia da comunicação ao sujeito passivo sobre sua inclusão no Cadastro Informativo de Créditos não Quitados do Setor Público Federal (Cadin).

§ 4º À confissão de dívida por meio de LDC não se aplica o contencioso administrativo.

§ 5º Em se tratando de créditos previdenciários relativos a serviços notariais e de registro, o LDC será lavrado em nome do titular do serviço ou do substituto designado pela autoridade competente para responder pelo expediente na hipótese de extinção da delegação, por meio de sua matrícula CEI ou CAEPF atribuída ou não de ofício pela RFB.

SEÇÃO IV
DO AUTO DE INFRAÇÃO OU DA NOTIFICAÇÃO DE LANÇAMENTO PELO DESCUMPRIMENTO DE OBRIGAÇÃO PRINCIPAL OU ACESSÓRIA

SUBSEÇÃO I
DISPOSIÇÕES GERAIS

Art. 258. O titular de serviço notarial e de registro é pessoalmente responsável pela infração a obrigação acessória prevista na legislação previdenciária, em nome do qual será lavrado o documento de constituição do crédito tributário, por meio de sua matrícula CEI ou CAEPF atribuída ou não de ofício. (Lei nº 8.212, de 1991, art. 48, § 3º, e art. 68, § 5º; e Regulamento da Previdência Social, de 1999, art. 228, § 6º)

Art. 259. O síndico ou o administrador judicial, o comissário ou o liquidante de empresa que esteja em falência, em recuperação judicial, em concordata ou em liquidação judicial ou extrajudicial, será autuado sempre que, relativamente aos documentos ou às informações que estejam sob a sua guarda, se recusar a apresentá-los, sonegá-los ou apresentá-los deficientemente, identificando-se o regime especial em que se encontra a empresa no relatório fiscal. (Lei nº 8.212, de 1991, art. 33, §§ 2º e 3º; e Regulamento da Previdência Social, de 1999, arts. 232 e 233)

Parágrafo único. As pessoas referidas no caput serão responsabilizadas pelos atos infracionais praticados durante o período de administração da falência, da recuperação judicial, da concordata ou da liquidação.

Art. 260. O inventariante será autuado sempre que ocorrer a hipótese prevista no art. 259, bem como pelos atos infracionais praticados durante o período da administração do espólio em relação ao período de gestão do inventariante.

Art. 261. Caso haja denúncia espontânea da infração, não cabe a lavratura de Auto de Infração para aplicação de penalidade pelo descumprimento de obrigação acessória.

§ 1º Considera-se denúncia espontânea o procedimento adotado pelo infrator com a finalidade de regularizar a situação que constitua infração, antes do início de qualquer ação fiscal relacionada com a infração, dispensada a comunicação da correção da falta à RFB. (Decreto nº 70.235, de 1972, art. 7º, § 1º)

§ 2º Não se aplica às multas a que se refere o art. 264 os benefícios decorrentes da denúncia espontânea.

Art. 262. As infrações isoladas, por ocorrência, poderão integrar, para economia processual, um único Auto de Infração ou uma única Notificação de Lançamento.

§ 1º Para fins do disposto neste artigo, configura-se uma ocorrência:

I - cada segurado não inscrito, independentemente da data de contratação do empregado, do empregado doméstico, do trabalhador avulso ou do contribuinte individual;

II - cada Perfil Profissiográfico Previdenciário não emitido para trabalhador exposto aos agentes nocivos, ou não atualizado;

III - cada certidão negativa de débitos não exigida, nos casos previstos em lei;

IV - cada obra de construção civil não matriculada no prazo estabelecido em lei; e

V - a ausência de entrega, a entrega fora do prazo ou a apresentação com incorreções ou omissões, pelo município ou Distrito Federal, da relação de todos os alvarás, habite-se e certificados de conclusão de obra emitidos no mês.

§ 2º É também considerada uma ocorrência cada competência em que sejam constatados os descumprimentos a seguir descritos, independentemente do número de documentos não entregues na competência:

I - GFIP ou DCTFWeb não entregue;

II - GFIP ou DCTFWeb entregue com dados não correspondentes aos fatos geradores de todas as contribuições sociais previdenciárias.

§ 3º A GFIP mencionada nos incisos do § 2º deve ser considerada como um documento único, independentemente da quantidade de documentos entregues nos termos do Manual da GFIP, e ainda que se refiram a estabelecimentos distintos, sendo que:

I - caso haja informação a ser prestada, a entrega de qualquer GFIP, inclusive a sem movimento, descaracteriza, exclusivamente para a competência a que se refere, a infração prevista no inciso I do § 2º, devendo, nos casos em que haja omissão de fatos geradores, ser caracterizada a infração prevista no inciso II do § 2º;

II - caso não haja informação a ser prestada, a entrega da GFIP sem movimento tem validade para a competência a que se refere e para as seguintes, até a competência imediatamente anterior àquela na qual tenha ocorrido fato gerador de contribuições sociais previdenciárias.

SUBSEÇÃO II
DAS MULTAS

Art. 263. Por infração a qualquer dispositivo da Lei nº 8.212, de 1991, exceto no que se refere aos prazos de recolhimento de contribuições, da Lei nº 8.213, de 1991, e da Lei nº 10.666, de 2003, fica o responsável sujeito a multa variável, conforme a gravidade da infração, limitada aos valores mínimo e máximo previstos no art. 283 do Regulamento da Previdência Social, de 1999, e atualizados mediante portaria ministerial, aplicada da seguinte forma:

I - a partir do valor mínimo, limitada ao valor máximo estabelecido em portaria ministerial, para as infrações previstas no inciso I do caput do art. 283 do Regulamento da Previdência Social, de 1999;

II - a partir de 1/10 (um décimo) do valor máximo estabelecido em portaria ministerial, ao qual se limita, para as infrações previstas no inciso II do caput do art. 283 do Regulamento da Previdência Social, de 1999;

III - no valor mínimo, por segurado não inscrito, para a infração prevista no § 2º do art. 283 do Regulamento da Previdência Social, de 1999;

IV - no valor mínimo, para as infrações para as quais não haja penalidade expressamente cominada, conforme disposto no § 3º do art. 283 do Regulamento da Previdência Social, de 1999;

V - à empresa que estiver em débito não garantido com a União, no valor de 50% (cinquenta por cento) das quantias distribuídas ou pagas a título de quaisquer bonificações ou participação nos lucros; e (Lei nº 4.357, de 16 de julho de 1964, art. 32, § 1º, inciso I; Lei nº 8.212, de 1991, art. 52; e Regulamento da Previdência Social, de 1999, art. 285)

VI - aos diretores e demais membros da administração superior, no valor de 50% (cinquenta por cento) das importâncias a que se refere o inciso V, recebidas indevidamente da empresa que estiver em débito não garantido com a União. (Lei nº 4.357, de 1964, art. 32, § 1º, inciso II)

§ 1º As multas referidas nos incisos V e VI do caput ficam limitadas, respectivamente, a 50% (cinquenta por cento) do valor total do débito não garantido da empresa. (Lei nº 4.357, de 1964, art. 32, § 2º)

§ 2º Consideram-se débitos, para fins das multas previstas nos incisos V e VI do caput, desde que não estejam com a exigibilidade suspensa, os constituídos mediante Notificação de Lançamento e Auto de Infração transitados em julgado na fase administrativa e LDC inscrito em dívida ativa, os valores lançados em documentos de natureza declaratória não recolhidos e a provisão contábil de contribuições sociais previdenciárias não recolhidas.

Art. 264. A falta de entrega, a entrega em atraso ou o envio da GFIP com incorreções ou omissões sujeita o responsável a multa variável aplicada da seguinte forma, observado o disposto no art. 267: (Lei nº 8.212, de 1991, art. 32-A)

I - R$ 20,00 (vinte reais) para cada grupo de até 10 (dez) informações incorretas ou omitidas; e

II - 2% (dois por cento) ao mês-calendário ou fração, incidente sobre o montante das contribuições informadas, ainda que integralmente pagas, no caso de falta de entrega da declaração ou entrega após o prazo, limitada a 20% (vinte por cento), observado o disposto no § 3º.

§ 1º Para efeito de aplicação da multa prevista no inciso II do caput, será considerado como termo inicial o dia seguinte ao término do prazo fixado para entrega da declaração, e como termo final, a data da efetiva entrega ou, no caso de não apresentação, a data da lavratura do Auto de Infração ou da Notificação de Lançamento.

§ 2º As multas previstas nos incisos I e II do caput, observado o disposto no § 3º, serão reduzidas:

I - à metade, quando a declaração for apresentada depois do prazo, mas antes de qualquer procedimento de ofício; ou

II - a 75% (setenta e cinco por cento), se houver apresentação da declaração no prazo fixado em intimação.

§ 3º A multa mínima a ser aplicada será de:

I - R$ 200,00 (duzentos reais), tratando-se de omissão de declaração sem ocorrência de fatos geradores de contribuição social previdenciária; e

II - R$ 500,00 (quinhentos reais), nos demais casos.

Art. 265. As penalidades aplicadas pela falta de entrega ou a entrega em atraso da DCTFWeb, bem como pelo envio da declaração com incorreções ou omissões, estão previstas na Instrução Normativa RFB nº 2.005, de 2021.

Art. 266. Fica sujeito às multas específicas aplicadas na forma prevista no art. 263 em razão do descumprimento das obrigações acessórias correspondentes, a empresa ou o responsável que deixar de enviar as informações relativas aos eventos a que se referem os incisos do § 2º do art. 27, ou que enviar informações incorretas ou omitir informações.

Art. 267. No caso de lançamento de ofício, aplicam-se as multas previstas no art. 44 da Lei nº 9.430, de 1996.

Art. 268. Por infração ao disposto no inciso II do caput do art. 211, fica o Ogmo sujeito à multa aplicada de acordo com os valores fixados no art. 288 do Regulamento da Previdência Social, de 1999, atualizados periodicamente mediante portaria ministerial, observado o disposto no § 5º do art. 272 e no inciso V do caput do art. 273 desta Instrução Normativa. (Lei nº 9.719, de 1998, art. 10)

Art. 269. O valor-base da multa aplicada por infração a dispositivo da legislação previdenciária deverá ser o vigente na data da lavratura do Auto de Infração ou da Notificação de Lançamento, observados os critérios de sua gradação nos termos do art. 273, se for o caso.

Art. 270. O limite máximo da multa é por ocorrência nas hipóteses previstas no art. 262.

Art. 271. Os valores mínimo e máximo da multa previstos nesta Subseção são estabelecidos periodicamente mediante portaria ministerial.

SUBSEÇÃO III
DAS CIRCUNSTÂNCIAS AGRAVANTES

Art. 272. Constituem circunstâncias agravantes da infração, das quais dependerá a gradação da multa, ter o infrator: (Regulamento da Previdência Social, de 1999, art. 290)

I - tentado subornar servidor dos órgãos competentes;

II - agido com dolo, fraude ou má-fé;

III - desacatado, no ato da ação fiscal, o agente da fiscalização;

IV - obstado a ação da fiscalização; ou

V - incorrido em reincidência.

§ 1º Caracteriza-se reincidência, a prática de nova infração a dispositivo da legislação por uma mesma pessoa ou por seu sucessor, no prazo de 5 (cinco) anos contados da data em que se tornar irrecorrível administrativamente a decisão condenatória, da data do pagamento ou da data em que se configurou a revelia, referentes à autuação anterior. (Regulamento da Previdência Social, de 1999, art. 290, parágrafo único)

§ 2º O disposto no § 1º não produz efeitos em relação à sucessão de pessoa física.

§ 3º Reincidência específica é a prática de nova infração ao mesmo dispositivo legal e reincidência genérica, a prática de nova infração de natureza diversa.

§ 4º Nas infrações referidas nos incisos V e VI do caput do art. 263, a ocorrência de circunstância agravante não produz efeito para a gradação da multa.

§ 5º Para a infração referida no art. 268, cometida por Ogmo, serão consideradas apenas as agravantes previstas nos incisos III, IV e V do caput deste artigo. (Regulamento da Previdência Social, de 1999, art. 292, parágrafo único)

SUBSEÇÃO IV
DA GRADAÇÃO DAS MULTAS

Art. 273. As multas serão aplicadas da seguinte forma:

I - a ausência de agravantes implica utilização dos valores mínimos estabelecidos, conforme o caso; (Regulamento da Previdência Social, de 1999, art. 292, caput, inciso I)

II - as agravantes previstas nos incisos I e II do caput do art. 272 elevam a multa em 3 (três) vezes; (Regulamento da Previdência Social, de 1999, art. 292, caput, inciso II)

III - as agravantes previstas nos incisos III e IV do caput do art. 272 elevam a multa em 2 (duas) vezes; (Regulamento da Previdência Social, de 1999, art. 292, caput, inciso III)

IV - a agravante prevista no inciso V do caput do art. 272 eleva a multa em 3 (três) vezes, a cada reincidência específica, e, em 2 (duas) vezes, a cada reincidência genérica; (Regulamento da Previdência Social, de 1999, art. 292, caput, inciso IV)

V - cada reincidência da infração referida no art. 268, cometida por Ogmo, seja ela genérica ou específica, eleva a multa em 2 (duas) vezes; (Regulamento da Previdência Social, de 1999, art. 292, parágrafo único)

VI - caso haja concorrência entre as agravantes previstas nos incisos I a IV do caput do art. 272, prevalecerá aquela que mais eleva a multa; e

VII - caso haja concorrência entre a agravante prevista no inciso V do caput do art. 272 e outra constante nos demais incisos do caput do art. 272, ambas serão consideradas na aplicação da multa.

§ 1º A caracterização da reincidência sempre se dará em relação a procedimentos fiscais distintos.

§ 2º Será considerada apenas uma reincidência nos casos em que em um procedimento fiscal anterior tenham sido lavrados mais de um Auto de Infração, independentemente de as decisões administrativas definitivas terem ocorrido em datas diferentes.

§ 3º Caso haja concorrência de reincidência genérica com reincidência específica, prevalecerá a específica.

§ 4º A partir da 2ª (segunda) reincidência, o valor total da multa será obtido mediante a multiplicação do seu valor-base pelo produto dos fatores de elevação previstos nos incisos IV e V do caput.

§ 5º Nas hipóteses em que a reincidência concorrer com qualquer outra agravante, aplicar-se-ão, distintamente, os respectivos fatores de elevação sobre o valorbase da multa, e os resultados serão somados para a obtenção do valor final da multa a ser aplicada.

§ 6º Se houver a materialização das infrações referidas no art. 262, a multa será calculada separadamente para cada ocorrência, devendo-se totalizar os valores obtidos em todas essas ocorrências para calcular o valor final da multa a ser aplicada.

§ 7º Se houver a materialização das demais infrações não referidas no art. 262, a multa será fixada por Auto de Infração ou Notificação de Lançamento, independentemente do número de ocorrências.

CAPÍTULO III DO CRÉDITO PREVIDENCIÁRIO NO CASO DE EMPRESAS EM FALÊNCIA OU RECUPERAÇÃO JUDICIAL

Art. 274. No caso de empresas em falência ou recuperação judicial, nos termos da Lei nº 11.101, de 2005, bem como em intervenção ou liquidação extrajudicial, nos termos da Lei nº 6.024, de 13 de março de 1974, serão emitidos Autos de Infração ou Notificações de Lançamento distintos para créditos previdenciários que ensejam pedido de restituição (parte reivindicante) e ajuizamento de execução fiscal (parte privilegiada).

Parágrafo único. Serão objeto de pedido de restituição, perante o juízo da falência:

I - as contribuições sociais previdenciárias arrecadadas dos segurados empregados, dos trabalhadores avulsos e dos contribuintes individuais;

II - as contribuições destinadas ao Sest e ao Senat, quando descontadas dos contribuintes individuais transportadores rodoviários autônomos;

III - as contribuições decorrentes de sub-rogação na comercialização da produção rural;

IV - os valores decorrentes da retenção na contratação de serviços mediante cessão de mão de obra ou empreitada, inclusive em regime de trabalho temporário, incidentes sobre o valor bruto da nota fiscal, da fatura ou do recibo de prestação de serviços; e

V - as contribuições descontadas da entidade desportiva que mantém equipe de futebol profissional sobre a receita de patrocínio, licenciamento de uso de marcas e de símbolos, publicidade, propaganda e transmissão de espetáculos desportivos.

CAPÍTULO IV DO GRUPO ECONÔMICO

Art. 275. No momento do lançamento de crédito previdenciário de responsabilidade de empresa integrante de grupo econômico, as demais empresas do grupo, responsáveis solidárias entre si pelo cumprimento das obrigações previdenciárias na forma do inciso I do caput do art. 136 serão cientificadas da ocorrência. (Lei nº 8.212, de 1991, art. 30, caput, inciso IX; e Regulamento da Previdência Social, de 1999, art. 222)

§ 1º Caracteriza-se grupo econômico quando uma ou mais empresas estiverem sob a direção, o controle ou a administração de outra, ou ainda quando, mesmo guardando cada uma sua autonomia, integrem grupo industrial, comercial ou de qualquer outra atividade econômica. (CLT, art. 2º, § 2º)

§ 2º Não caracteriza grupo econômico a mera identidade de sócios, sendo necessárias, para a configuração do grupo, a demonstração do interesse integrado, a efetiva comunhão de interesses e a atuação conjunta das empresas dele integrantes. (CLT, art. 2º, § 3º)

TÍTULO VII DISPOSIÇÕES FINAIS

Art. 276. Ficam revogados:

I - a Instrução Normativa RFB nº 971, de 13 de novembro de 2009;

II - a Instrução Normativa RFB nº 1.027, de 22 de abril de 2010;

III - a Instrução Normativa RFB nº 1.071, de 15 de setembro de 2010;

IV - a Instrução Normativa RFB nº 1.080, de 3 de novembro de 2010;

V - o art. 2º da Instrução Normativa RFB nº 1.175, de 22 de julho de 2011;

VI - a Instrução Normativa RFB nº 1.238, de 11 de janeiro de 2012;

VII - o art. 6º da Instrução Normativa RFB nº 1.307, de 27 de dezembro de 2012;

VIII - a Instrução Normativa RFB nº 1.453, de 24 de fevereiro de 2014;

IX - a Instrução Normativa RFB nº 1.477, de 3 de julho de 2014;

X - a Instrução Normativa RFB nº 1.564, de 8 de maio de 2015;

XI - a Instrução Normativa RFB nº 1.589, de 5 de novembro de 2015;

XII - a Instrução Normativa RFB nº 1.767, de 14 de dezembro de 2017;

XIII - a Instrução Normativa RFB nº 1.777, de 28 de dezembro de 2017;

XIV - a Instrução Normativa RFB nº 1.810, de 13 de junho de 2018;

XV - a Instrução Normativa RFB nº 1.867, de 25 de janeiro de 2019;

XVI - a Instrução Normativa RFB nº 1.975, de 8 de setembro de 2020;

XVII - a Instrução Normativa RFB nº 1.997, de 7 de dezembro de 2020;

XVIII - o art. 48 da Instrução Normativa RFB nº 2.021, de 16 de abril de 2021;

XIX - a Instrução Normativa RFB nº 2.059, de 10 de dezembro de 2021; e

XX - a Instrução Normativa RFB nº 2.107, de 4 de outubro de 2022.

Art. 277. Esta Instrução Normativa será publicada no Diário Oficial da União e entrará em vigor em 1º de novembro de 2022.

JULIO CESAR VIEIRA GOMES

- Optamos pela não publicação dos anexos desta norma.

PARTE 12 – AUTOMAÇÃO (ROBÔ) NO INSS

PORTARIA DIRBEN/INSS Nº 1.087, DE 15 DE DEZEMBRO DE 2022

Estabelece diretrizes e orientações quanto à rotina de automação da análise dos requerimentos de benefícios e serviços prestados pelo INSS.

O DIRETOR DE BENEFÍCIOS E RELACIONAMENTO COM O CIDADÃO DO INSTITUTO NACIONAL DO SEGURO SOCIAL - INSS, no uso da competência que lhe confere o Decreto nº 10.995, de 14 de março de 2022, e tendo em vista o que consta no Processo Administrativo nº 35014.532346/2022-11, RESOLVE:

Art. 1º Estabelecer diretrizes e orientações quanto à rotina de automação dos requerimentos e serviços prestados aos cidadãos efetuados junto ao INSS.

TÍTULO I
DAS DISPOSIÇÕES RELATIVAS À AUTOMAÇÃO

CAPÍTULO I
DA AUTOMAÇÃO DOS SERVIÇOS

Art. 2º A automação dos serviços prestados pelo INSS ocorre de acordo com regras predefinidas e configuradas nos sistemas de atendimento e/ou nos sistemas de benefícios, dispensando a atuação do servidor em ao menos uma das etapas da análise do requerimento.

Parágrafo único. Para os efeitos desta Portaria, o Gerenciador de Tarefas – GET e o Portal do Atendimento – PAT são considerados "sistemas de atendimento", e o Prisma e o Sibe (Sistema Integrado de Benefícios) são considerados "sistemas de benefício".

Art. 3º Os sistemas de atendimento estão configurados para que as seguintes etapas de análise do requerimento sejam efetuadas de maneira automática:

I. identificação de características específicas do requerimento, denominadas "divergências";

II. integração entre o requerimento com as bases governamentais para que dados essenciais sejam vinculados;

III. integração do requerimento com os sistemas de benefício para habilitação e reconhecimento automático de direito, quando possível;

IV. emissão de exigência; e

V. conclusão de tarefa.

Art. 4º As divergências apontam características próprias de cada requerimento de acordo com:

I - as informações prestadas pelo requerente;

II - os dados cadastrais e tempo de contribuição constantes nos sistemas; e,

III - as situações específicas obtidas por meio de integração com outros sistemas e bases governamentais.

§ 1º Nem todo requerimento possui divergências, mas as que são geradas podem ser consultadas ao se detalhar a tarefa nos sistemas de atendimento.

§ 2º As divergências de cada requerimento podem ser consideradas tanto para a ação automática como para a análise manual, servindo, neste caso, como um ponto de atenção para o servidor responsável pela análise.

§ 3º A divergência pode ser do tipo "dados cadastrais", "vínculos", ou ainda do tipo "não se aplica", quando não impacta na automação do respectivo serviço.

§ 4º Além de agrupar requerimentos com características semelhantes, a divergência também pode ser utilizada para identificar se um requerimento é ou não elegível para a concessão automática no sistema de benefício.

§ 5º Entende-se por divergência elegível aquela que permite a concessão automática no sistema de benefício e, por divergência não elegível, aquela que permite apenas o indeferimento automático do benefício.

§ 6º Os sistemas de atendimento possuem um campo específico para identificar cada requerimento como elegível ou não para a concessão automática, na aba "detalhes" da tela inicial do GET ou PAT.

§ 7º A relação das divergências de que trata o caput, constam no Anexo I desta Portaria. (Acrescido pela Portaria Conjunta DIRBEN/DTI 91/2023)

I - CNIS - Dados Cadastrais;

II - CNIS - Elos;

III - CNIS - Atividades;

IV - CNIS - Vínculos;

V - CNIS - Extrato Previdenciário;

VI - CNIS - Extrato Ano Civil;

VII - SUB - Declarações de benefícios.

§ 8º Para as tarefas concluídas de forma manual, haverá opção de juntada do dossiê CNIS e, após a confirmação de inclusão, todas as informações do dossiê são inseridas na tarefa. (Acrescido pela Portaria Conjunta DIRBEN/DTI 91/2023)

§ 9º No ato da conclusão e emissão do dossiê, caso não sejam encontradas informações, ou ainda, ocorrer instabilidade que impeça a emissão de alguma informação, será gerada um mensagem ao final do arquivo. (Acrescido pela Portaria Conjunta DIRBEN/DTI 91/2023)

Art. 5º As informações prestadas pelo requerente, nos campos adicionais da tarefa, durante o protocolo do requerimento, em conjunto com as divergências e com os anexos qualificados, formam cenários que são considerados para a automação.

§ 1º Anexo qualificado é aquele em que o requerente pode juntar documentos durante o protocolo do requerimento, com nome e campo específicos.

§ 2º O documento não identificado, qualificado como "outros documentos", ou juntado pelo requerente após o protocolo inicial, não é considerado para fins de automação.

§ 3º Esses elementos são agrupados e, de acordo com as possíveis combinações entre eles, utilizados para automatizar a emissão de exigências ou a conclusão de tarefas.

TÍTULO II
DAS FERRAMENTAS UTILIZADAS NA AUTOMAÇÃO

CAPÍTULO I
DO CONTROLE DE PRAZOS

Art. 6º O vencimento do prazo para cumprimento de exigência, descrito no art. 566 da Instrução Normativa PRES/INSS nº 128, de 28 de março 2022, permite a conclusão automática da tarefa por meio do fluxo do Controle de Prazos.

Art. 7º São submetidos ao fluxo do Controle de Prazos os requerimentos:

I. que tenham última exigência emitida há mais de 35 dias;

II. sem agendamento do serviço "cumprimento de exigência" posterior à emissão da última exigência;

III. sem insucesso ao tentar agendar o serviço "cumprimento de exigência"; e

IV. com opção do requerente pelo acompanhamento do processo pelos canais remotos.

§ 1º O controle de prazos provoca a conclusão automática dos requerimentos de benefícios assistenciais e o indeferimento nos sistemas de benefício pelo motivo de "não cumprimento de exigência".

§ 2º Eventuais agendamentos de avaliação social e/ou perícia médica, em aberto e não realizados, vinculados aos requerimentos enquadrados na situação prevista no §1º, são automaticamente cancelados.

§ 3º Os requerimentos dos demais serviços podem ser automaticamente concluídos após o decurso do prazo para cumprimento de exigência.

CAPÍTULO II
DO SUPORTE À TOMADA DE DECISÃO

Art. 8º O Suporte à Tomada de Decisão - STD utiliza ciência de dados e aprendizagem de máquina para identificar cenários de decisão automática ou de emissão automática de exigência, por meio de análise de dados disponíveis nos sistemas do INSS ou em outras bases governamentais.

§ 1º O STD consegue consultar todo o estoque de requerimentos pendentes e agrupá-los por similaridade, para identificar quais deles são elegíveis para ação automática e criar os respectivos cenários de automação.

§ 2º Os cenários de automação identificados pelo STD, quando homologados pelo INSS, são transformados em divergências, que ficam gravadas nos requerimentos do estoque.

CAPÍTULO III
DA FERRAMENTA WORKFLOW

Art. 9º A ferramenta Workflow é uma funcionalidade do PAT que possibilita a conclusão automática de requerimentos e a emissão automática de exigência em qualquer serviço ofertado pelo INSS.

Art. 10. A integração do requerimento com a ferramenta Workflow depende da ativação do respectivo parâmetro no PAT ou no GET e, também, no catálogo de serviços do módulo gerencial do SAG Gestão.

Art. 11. As ações automáticas executadas pelo Workflow são previamente configuradas no respectivo módulo do PAT, por servidor autorizado pela Coordenação-Geral de Sistemas e Automação – CGAUT.

Parágrafo único. As ações automáticas do Workflow são configuradas em cenários com a combinação de possíveis informações prestadas no requerimento, anexos qualificados e divergências.

Art. 12. A ação automática configurada no Workflow é executada quando:

I. um novo requerimento possui as mesmas características do cenário previamente cadastrado no PAT; ou

II. o STD identifica que um requerimento pendente no estoque pode ter alguma ação automatizada.

Parágrafo único. A ação executada automaticamente pelo Workflow pode ser consultada no Histórico de Ações de cada tarefa.

SEÇÃO I
DA EXIGÊNCIA AUTOMÁTICA

Art. 13. A exigência automática é emitida quando a informação prestada pelo requerente, ou a divergência gerada para o requerimento, indicam a necessidade de documentação complementar para verificação do direito ao serviço ou benefício.

Parágrafo único. A exigência automática não é emitida quando o requerente inclui documentos nos anexos detalhados do requerimento, específicos para cada tipo de documento.

Art. 14. Os documentos que podem ser solicitados na exigência automática estão cadastrados no módulo de Fragmentos do PAT, para padronização do texto da carta de exigência.

Art. 15. O status da tarefa é automaticamente alterado para "Em exigência" quando o PAT identifica que há um cenário previamente cadastrado no Workflow para a emissão de exigência.

SEÇÃO II
DA CONCLUSÃO AUTOMÁTICA

Art. 16. A tarefa é automaticamente concluída no sistema de atendimento quando a divergência gerada no requerimento ou na integração com o STD, e/ou as informações prestadas pelo requerente durante o protocolo, indicam que não há direito ao benefício ou serviço requerido.

Art. 17. A conclusão automática dos seguintes serviços, urbanos e rurais, está integrada com o indeferimento no sistema de benefício:

I. aposentadoria por idade;

II. aposentadoria por tempo de contribuição;

III. auxílio-reclusão;

IV. pensão por morte; e

V. salário-maternidade.

Art. 18. O requerimento dos serviços de aposentadoria por idade e aposentadoria por tempo de contribuição é automaticamente indeferido pelo Workflow quando há divergência indicando que não há direito ao benefício.

§ 1º As informações prestadas pelo requerente na tela de relações previdenciárias do requerimento desses serviços, quando houver, são consideradas para uma simulação do direito à aposentadoria, realizada imediatamente após o protocolo do requerimento e anexada à tarefa.

§ 2º A simulação considera válidos todos os períodos que estejam no Cadastro Nacional de Informações Sociais - CNIS do requerente e os que forem por ele incluídos ou alterados por meio de edição da tela de relações previdenciárias.

§ 3º A simulação cujo resultado indica que o requerente não tem direito à aposentadoria provoca a geração de uma divergência, que é utilizada pelo Workflow para automação da decisão.

§ 4º O requerimento de benefício é automaticamente indeferido quando o resultado da simulação indica que, mesmo que todos os períodos do CNIS e os que foram validados no requerimento fossem computados, não haveria direito ao benefício de aposentadoria segundo as regras anteriores, de transição e posteriores à Emenda Constitucional n.º 103, de 14 de novembro de 2019.

§ 5º Os vínculos e períodos com marcações e pendências, considerados para fins de simulação, poderão ser objeto de comprovação documental pelo cidadão.

Art. 19. O requerimento de pensão por morte e auxílio-reclusão é automaticamente indeferido pelo Workflow quando as respostas aos campos adicionais e/ou as divergências indicam que o requerente não possui qualidade de dependente ou que o instituidor não possua qualidade de segurado nos moldes do artigo 18.

Art. 20. O requerimento do serviço salário-maternidade é automaticamente indeferido pelo Workflow quando as respostas aos campos adicionais e/ou as divergências indicam:

I. que a requerente não está filiada ao Regime Geral de Previdência Social ou não se afastou do trabalho após a data do fato gerador do benefício;

II. prescrição do prazo para requerimento do benefício; ou

III. que a requerente não possui qualidade de segurada e/ou carência.

Art. 21. O requerimento concluído automaticamente pelo Workflow é encaminhado ao sistema de benefício para habilitação e indeferimento.

TÍTULO III
DO RECONHECIMENTO AUTOMÁTICO DOS BENEFÍCIOS PREVIDENCIÁRIOS E ASSISTENCIAIS

CAPÍTULO I
DO RECONHECIMENTO AUTOMÁTICO DE DIREITO

Art. 22. Os sistemas de benefícios estão configurados para o reconhecimento automático de direito aos seguintes serviços:

I. aposentadoria por idade urbana e rural;

II. aposentadoria por tempo de contribuição;

III. auxílio-inclusão à pessoa com deficiência;

IV. benefício assistencial à pessoa com deficiência;

V. benefício assistencial ao idoso; e

VI. salário-maternidade urbano e rural.

VII. pensão por morte urbana. (Acrescido pela Portaria DIRBEN/INSS 1.128/2023)

Parágrafo único. O reconhecimento automático do direito é identificado no Sistema Único de Benefícios quando a matrícula do concessor é "9797979".

Art. 23. O reconhecimento automático do direito é iniciado com o envio das informações do requerimento para os sistemas de benefícios.

§ 1º Ao receber os dados do sistema de atendimento, os sistemas de benefício decidem pela concessão, indeferimento ou necessidade de atendimento de exigência, seguindo as mesmas regras vigentes para análise manual.

§ 2º Os critérios para análise automática do direito são os mesmos da análise manual, ocorrendo apenas a automatização de ações que, se fossem executadas por um servidor, produziriam o mesmo resultado.

§ 3º O resultado do reconhecimento automático do direito ao benefício é comunicado aos sistemas de atendimento e fica registrado no Histórico de Ações da tarefa.

§ 4º As ocorrências da integração entre os sistemas de atendimento e benefício ficam registradas em campo próprio da aba detalhes de cada tarefa.

§ 5º Os requerimentos processados de forma automática são assim instruídos:

I. requerimentos indeferidos pelo Workflow:

a) relações previdenciárias do cidadão;

b) simulação do tempo de contribuição;

c) comunicação de decisão; e

d) despacho conclusivo.

II. requerimentos com reconhecimento do direito no Prisma:

a) relações previdenciárias;

b) simulação do tempo de contribuição;

c) descritivo de análise de períodos rurais, quando o requerimento possuir autodeclaração eletrônica preenchida;

d) extrato de tempo de contribuição;

e) resumo;

f) comunicação de decisão; e

g) despacho conclusivo.

§ 6º O requerimento processado pelo Workflow é identificado por meio de evento no Histórico de Ações, que registra a conclusão da tarefa pela ferramenta.

CAPÍTULO II
DO RECONHECIMENTO AUTOMÁTICO DOS BENEFÍCIOS PREVIDENCIÁRIOS

Art. 24. Os requerimentos dos seguintes serviços são encaminhados para reconhecimento automático no sistema Prisma:

I. aposentadoria por idade urbana e rural;

II. aposentadoria por tempo de contribuição; e

III. salário-maternidade urbano e rural.

IV. pensão por morte urbana. (Acrescido pela Portaria DIRBEN/INSS 1.128/2023)

§ 1º. O requerimento de benefício que possui divergência que o torna não elegível para o automático, pode:

I. ter exigência automática emitida pelo Workflow, sendo encaminhado ao Prisma apenas para habilitação; ou

II. ser concluído automaticamente pelo Workflow e encaminhado ao Prisma para habilitação, indeferimento e envio da Comunicação de Decisão.

§ 2º A habilitação do requerimento não elegível para concessão automática é efetuada na máquina local do Prisma da abrangência do endereço cadastral do requerente.

§ 3º O número de benefício pré-habilitado fica registrado nos campos adicionais da tarefa e deve ser utilizado pelo servidor na fase de análise.

Art. 25. O resultado da integração do sistema de atendimento com o Prisma fica registrado no sistema de atendimento no campo "Status prisma":

I. o status prisma "pendente" indica que os dados do requerimento ainda não foram recebidos no sistema de benefício;

II. o status prisma "em exigência" indica que os dados do requerimento e do CNIS não são suficientes para o reconhecimento do direito e a análise deve ser concluída manualmente pelo servidor responsável pela tarefa, ou por meio de integração com o STD;

III. o status prisma "deferido" ou "indeferido" indica a concessão ou indeferimento do benefício, respectivamente;

IV. o status prisma "em processamento" indica que o sistema de benefício recebeu os dados do requerimento, mas ainda não informou o resultado da análise ao sistema de atendimento; e

V. o status prisma "não enviado" indica que não houve integração do sistema de atendimento com o Prisma.

§ 1º Nos casos do inciso IV, o benefício pode estar formatado no SUB e não ter o seu status alterado por falha de comunicação entre os dois sistemas, cabendo ao servidor responsável pela tarefa concluí-la no sistema de atendimento.

§ 2º O sistema de atendimento detalha as etapas de comunicação com o Prisma no campo "Ocorrências Prisma".

Art. 26. O requerimento encaminhado ao Prisma sem divergências, ou com todas as divergências elegíveis, é submetido ao processo de reconhecimento automático de direitos sem integração com o Workflow para emissão de exigência.

Art. 27. Para verificação de tempo de contribuição e carência nos requerimentos de aposentadoria por idade e aposentadoria por tempo de contribuição, o Prisma processa o reconhecimento automático do direito por meio de integração com o CNIS e com o Sistema Nacional de Emprego (Sine).

Art. 28. O reconhecimento automático de direito à aposentadoria por idade rural e salário-maternidade rural depende do preenchimento da autodeclaração eletrônica e da validação automática dos períodos de atividade rural nela declarados.

Parágrafo único. A validação dos períodos autodeclarados de segurado especial é efetuada por meio de interoperabilidade de bases governamentais com o CNIS, que se integra com o Prisma para informar o resultado da análise.

Art. 28-A. A confirmação do vínculo entre o dependente e o instituidor para fins do reconhecimento automático de direito à pensão por morte será realizado por meio das certidões civis constantes no SIRC - Sistema Nacional de Informações de Registro Civil. (Acrescido pela Portaria DIRBEN/INSS 1.128/2023)

Art. 28-B. As decisões judiciais que determinarem a concessão de benefícios assistenciais poderão ser implantadas automaticamente. (Acrescido pela Portaria Conjunta DIRBEN/DTI 91/2023)

§ 1º O processamento da concessão do benefício será realizada após encaminhados pelo Poder Judiciário, por meio de integração direta com o PAT, os dados mínimos a seguir:

I - CPF do Autor/Segurado/Titular;

II - CPF do Representante Legal, se for o caso;

III - Data do Início do Benefício (DIB);

IV - Data do Início do Pagamento (DIP Judicial);

V - Espécie do Benefício;

VI - RMI, se for o caso.

§ 2º O PAT receberá os dados do Poder Judiciário e realizará a integração com o Sibe para efetuar o processamento automático do benefício.

§ 3º Os dados da implantação do benefício poderão ser consultados no Histórico de Ações da tarefa no PAT e nos autos do processo judicial.

Art. 28-C. O fornecimento de dossiês para as unidades do Poder Judiciário que já possuam integração com o INSS será automático, contendo: (Acrescido pela Portaria Conjunta DIRBEN/DTI 91/2023)

I - Informações completas de laudos médicos periciais;

II - Informações do CNIS (pessoa física e extrato);

III - Dados de Benefícios;

IV - Histórico de Créditos.

Parágrafo único. As mesmas unidades do Poder Judiciário também podem ter acesso automático ao processo administrativo previdenciário completo, bastando efetuar a solicitação em seu próprio sistema.

CAPÍTULO III
RECONHECIMENTO AUTOMÁTICO DOS BENEFÍCIOS ASSISTENCIAIS

Art. 29. As informações do requerimento do benefício assistencial à pessoa com deficiência ou ao idoso são encaminhadas para processamento automático no Sibe quando não há divergências no requerimento ou quando as que existem não impeçam seu processamento.

Art. 30. Após o processamento do benefício, o Sibe envia para o sistema de atendimento, o status Sibe "Deferido" ou "Indeferido", que pode ser consultado ao se detalhar a tarefa.

§ 1º O deferimento ocorre automaticamente quando não há pendências a serem sanadas e todos os requisitos para concessão do benefício forem cumpridos.

§ 2º Ao receber os status Sibe "Deferido" ou "Indeferido", o PAT conclui a tarefa automaticamente e cancela eventuais agendamentos pendentes.

Art. 31. Quando o SIBE não habilita o benefício, seja pela existência de inconsistências cadastrais, exigências ou pendências administrativas, ou ainda, quando o benefício é habilitado, mas aguarda apenas a realização de avaliação da deficiência, o status SIBE é atualizado para a situação correspondente à cada inconsistência.

TÍTULO IV
DA UNIDADE DE PROCESSAMENTO AUTOMÁTICO E DEMAIS DISPOSIÇÕES

CAPÍTULO I
DA UNIDADE DE PROCESSAMENTO AUTOMÁTICO

Art. 32. A Agência da Previdência Social Unidade de Processamento Automático – APSAUT, UO 23.001.240, é a unidade de atendimento configurada para habilitação dos benefícios encaminhados para o reconhecimento automático de direitos.

Art. 33. Informações a respeito de tarefas alocadas na unidade 23.001.240 devem ser prestadas diretamente pela unidade mantenedora indicada no sistema de atendimento, independentemente de seu status.

Parágrafo único. As notificações ou intimações judiciais relacionadas às demandas que tenham como objeto requerimentos que estejam na Unidade 23.001.240 devem ser analisadas pela Gerência Executiva responsável pela unidade mantenedora.

Art. 34. As manifestações na plataforma Fala.BR, referentes às tarefas que estejam localizadas na Unidade 23.001.240, devem ser tratadas pela CEAB de vinculação ao OL mantenedor indicado no sistema de atendimento.

Art. 35. O acesso ao Prisma da Unidade 23.001.240 deverá ser realizado por meio de acesso ao Prisma do OL de vinculação do servidor, selecionando a opção "Acesso ao Prisma Digital", conforme disposto no relatório de versão do Prisma 9.5o, de 12 de abril de 2018.

Art. 36. A definição e ampliação das regras de reconhecimento automático de direitos estão em constante evolução, motivo pelo qual qualquer comportamento sistêmico diferente do disposto nesta Portaria, devem ser reportados à DIRBEN por meio do Formulário de Feedback do Automático, disponível no site https://forms.office.com/r/vSa4V4WLQ4 .

Art. 37. Revogam-se os seguintes atos:

I. Portaria DIRBEN/INSS nº 1.035, de 18 de julho de 2022;

II. Portaria DIRBEN/INSS nº 1.048, de 10 de agosto de 2022; e

III. Portaria DIRBEN/INSS nº 1.064, de 5 de outubro de 2022.

CAPÍTULO II
REGRAS DE GOVERNANÇA E REABERTURAS AUTOMÁTICAS

Art. 37-A. Requerimentos concluídos manual ou automaticamente poderão ser reabertos a qualquer momento, nos casos em que as rotinas de governança identificarem inconsistências ou falhas na integração entre diferentes sistemas. (Acrescido pela Portaria Conjunta DIRBEN/DTI 91/2023)

Parágrafo único. A reabertura será automática quando forem identificadas as seguintes falhas na integração do PAT com os sistemas:

I - Prisma: quando o Workflow concluir a tarefa sem enviar para o Prisma todos os dados que ele precisa para habilitar o benefício;

II - Sibe: quando a subtarefa relacionada aos serviços de Benefício de Prestação Continuada - BPC for concluída sem o tratamento completo das pendências, inconsistências, geração do número do benefício e processamento do reconhecimento automático do direito;

III - Sistema Único de Benefícios: quando na rotina de cálculo de juros, o PAT verificar que o CPF do titular do benefício, retornado pelo SUB, é diferente do CPF do interessado na tarefa;

IV - Sapiens, da Procuradoria Federal: quando na tarefa relacionada aos serviços judiciais com integração e/ou automação ocorrer falha na comunicação com o Sapiens ou em caso de crítica de validação ao receber o despacho.

Art. 37-B. O Anexo desta Portaria, passa a compor a Portaria Dirben/INSS nº 1.087, de 15 de dezembro de 2022. (Acrescido pela Portaria Conjunta DIRBEN/DTI 91/2023)

Art. 38. Esta portaria entra em vigor no ato de sua publicação.

EDSON AKIO YAMADA

Diretor de Benefícios e Relacionamento com o Cidadão

PARTE 13 – CNIS

DECRETO Nº 10.047, DE 9 DE OUTUBRO DE 2019

Dispõe sobre a governança do Cadastro Nacional de Informações Sociais e institui o programa Observatório de Previdência e Informações, no âmbito do Cadastro Nacional de Informações Sociais.

O PRESIDENTE DA REPÚBLICA, no uso das atribuições que lhe confere o art. 84, caput, incisos IV e VI, alínea "a", da Constituição, e tendo em vista o disposto no art. 124-B da Lei nº 8.213, de 24 de julho de 1991,

DECRETA:

Art. 1º Este Decreto dispõe sobre a governança do Cadastro Nacional de Informações Sociais - Cnis e institui o programa Observatório de Previdência e Informações do Cnis.

Art. 2º Compete à Secretaria Especial de Previdência e Trabalho do Ministério da Economia:

I - articular com os órgãos e as entidades da administração pública federal a forma de compartilhamento de bases de dados para sua incorporação ao Cnis;

II - fomentar a interoperabilidade das informações entre o Cnis e os demais sistemas da administração pública federal;

III - promover ações para ampliação das informações sociais contidas no Cnis; e

IV - definir diretrizes de governança do Cnis.

Parágrafo único. A Secretaria Especial de Previdência e Trabalho do Ministério da Economia implementará e manterá sistema de gestão de riscos e controles de incidentes destinado à identificação, à avaliação, ao tratamento, ao monitoramento e à análise crítica de riscos que possam impactar a implementação das estratégias e a consecução dos objetivos de utilização do Cnis na implantação de benefícios sociais.

Art. 3º Compete ao Instituto Nacional do Seguro Social - INSS:

I - administrar e operacionalizar o Cnis, com base nas orientações e nos atos normativos editados pela Secretaria Especial de Previdência e Trabalho do Ministério da Economia;

II - administrar e gerir permissões e níveis de acesso ao Cnis e suas informações;

III - administrar e gerir as demandas de desenvolvimento do Cnis;

IV - incorporar ao Cnis as informações necessárias à concessão, à manutenção, à revisão e às verificações periódicas de benefícios administrados pelo INSS; e

V - encaminhar à Secretaria Especial de Previdência e Trabalho do Ministério da Economia propostas de ações ou de normativos relacionados às competências de que trata o art. 2º.

§ 1º O INSS instituirá medidas e ações de integridade destinadas à prevenção e à detecção de erros e fraudes relacionados ao acesso, à inclusão, à exclusão e à alteração de dados no Cnis, que repercutam no reconhecimento ou na manutenção de benefícios.

§ 2º Para o cumprimento do disposto neste Decreto os órgãos e as entidades da administração pública federal disponibilizarão ao INSS acesso aos dados necessários para a análise, a concessão, a revisão e a manutenção de benefícios por ele administrados, constantes de bases, sistemas ou quaisquer tipos de repositórios, em especial aqueles listados no Anexo a este Decreto.

§ 3º Fica dispensada a celebração de convênio, acordo de cooperação técnica ou instrumentos congêneres para a efetivação do compartilhamento de dados com o INSS, nos termos do art. 5º do Decreto nº 10.046, de 9 de outubro de 2019.

§ 4º Cabe aos órgãos e entidades da administração pública federal assegurar que as informações constantes de suas bases de dados estejam corretas e atualizadas.

§ 5º O INSS, no exercício das competências de que trata o caput, não é responsável pelas inconsistências existentes nas bases de dados mantidas por outros órgãos e entidades.

Art. 4º Fica instituído o programa Observatório de Previdência e Informações do Cnis, sob a gestão da Secretaria Especial de Previdência e Trabalho do Ministério da Economia, com os seguintes objetivos:

I - fomentar a produção acadêmica e científica de pesquisas e estudos sociais baseados nos dados constantes no Cnis;

II - fortalecer o diálogo entre gestores públicos, comunidade acadêmica e demais atores envolvidos na promoção de políticas sociais;

III - incentivar o intercâmbio de experiências e de conhecimentos entre órgãos e entidades públicas ou privadas envolvidos na promoção de políticas sociais;

IV - estimular a governança e a utilização de dados estatísticos do Cnis como subsídio à formulação e à avaliação de políticas sociais;

V - auxiliar os órgãos e entidades públicas relacionadas a políticas sociais no aperfeiçoamento de sua atuação; e

VI - auxiliar no aprimoramento dos instrumentos de identificação, de prevenção de irregularidades e de combate a fraudes.

§ 1º Ato da Secretaria Especial de Previdência e Trabalho do Ministério da Economia disporá sobre o Observatório de Previdência e Informações do Cnis e a forma de acesso às informações para órgãos e entidades públicas ou privadas envolvidos na consecução dos objetivos de que trata o caput.

§ 2º Os dados do Observatório serão disponibilizados de forma anonimizada, exceto em casos específicos disciplinados no ato normativo de que trata o § 1º.

Art. 5º A Secretaria Especial de Previdência e Trabalho do Ministério da Economia e o INSS, no exercício das competências de que trata este Decreto, em articulação com o órgão central do Sistema de Administração dos Recursos de Tecnologia da Informação - Sisp, observarão as regras gerais e os normativos específicos de governança e compartilhamento de dados, em especial o disposto no Decreto nº 10.046, de 2019.

Parágrafo único. Prevalecerão as regras sobre políticas de segurança da informação e comunicações adotadas pelos gestores dos dados a serem compartilhados na hipótese em que as mesmas estabeleçam grau de proteção superior em relação às regras gerais e aos normativos específicos de que trata o caput.

Art. 6º O compartilhamento ou uso das bases de dados e informações a que se refere este Decreto observará o disposto no art. 198 da Lei nº 5.172, de 25 de outubro de 1966, na Lei nº 13.709, de 14 de agosto de 2018, e a legislação pertinente ao sigilo médico.

Art. 7º O INSS elaborará plano de trabalho relativo à implementação do disposto neste Decreto, observada a disponibilidade técnica e orçamentária.

Art. 8º Este Decreto entra em vigor na data de sua publicação.

Brasília, 9 de outubro de 2019; 198º da Independência e 131º da República.

JAIR MESSIAS BOLSONARO

Paulo Guedes

ANEXO

LISTA DE BASES, SISTEMAS E REPOSITÓRIOS QUE SERÃO REPLICADOS NO CNIS

1. Cadastro Nacional da Pessoa Jurídica - CNPJ;
2. Cadastro Nacional de Imóveis Rurais - Cnir;
3. Cadastro Nacional de Obras - CNO;
4. Cadastro de Atividade Econômica da Pessoa Física - CAEPF;
5. Cadastro de Imóveis Rurais - Cafir;
6. Cadastro de Pessoas Físicas - CPF;
7. Sistema Nacional de Cadastro Rural - SNCR;
8. Sistema Integrado de Administração de Recursos Humanos - Siape;
9. Fundo de Garantia do Tempo de Serviço - FGTS;
10. Sistema Integrado de Administração Financeira do Governo Federal - Siafi;
11. Registro Nacional de Veículos Automotores - Renavam;
12. Registro Nacional de Carteira de Habilitação - Renach;
13. Programa Nacional de Acesso ao Ensino Técnico e Emprego - Pronatec;
14. Programa Universidade para Todos - ProUni;
15. Sistema de Seleção Unificada - Sisu;
16. Monitoramento da frequência escolar do Programa Bolsa Família - Presença;
17. Financiamento Estudantil - Fies;
18. Programa Nacional de Fortalecimento da Agricultura Familiar - Pronaf;
19. Base de dados do sistema GTA;
20. Sistema de Informações de Projetos de Reforma Agrária - Sipra;

21. Cadastro Nacional de Estabelecimentos de Saúde - Cnes;
22. Prontuário Eletrônico do Paciente - PEP;
23. Programa de Volta para Casa - PVC;
24. Sistema de Acompanhamento da Gestante - SisPreNatal;
25. Sistema de Informações do Programa Nacional de Imunizações - SIPNI;
26. Sistema de Informações sobre Mortalidade - SIM;
27. Sistema de Cadastro de usuários do SUS - Cadsus;
28. Sistema de Informação sobre Nascidos Vivos - Sinasc;
29. Folha de Pagamento do Programa Bolsa Família;
30. Cadastro Único - CadÚnico;
31. Sistema de Registro Nacional Migratório - Sismigra;
32. Sistema de Informação do câncer do colo do útero - Siscolo;
33. Sistema de Informação do câncer de mama - Sismama;
34. Sistema Nacional de Passaportes - Sinpa;
35. Sistema Nacional de Informações de Segurança Pública - Sinesp;
36. Registro Administrativo de Nascimento e Óbito de Indígenas - Rani;
37. Sistema ProVB - Programa de Vendas em Balcão;
38. Sistema de Cadastro Nacional de Produtores Rurais, Público do PAA, Cooperativas, Associações e demais Agências - Sican;
39. Observatório da Despesa Pública;
40. Sistema de Gerenciamento de Embarcações da Marinha do Brasil - Sisgemb;
41. Sistema da Declaração de Aptidão ao Pronaf - Sistemas DAP;
42. Cadastro da Agricultura Familiar - CAF;
43. Cadastro Ambiental Rural - CAR;
44. Sistema de Cadastramento Unificado de Fornecedores - Sicaf;
45. Cadastro Nacional de Empresas - CNE;
46. Folha de Pagamento do Seguro-Desemprego;
47. Folha de Pagamento do Programa Garantia Safra;
48. Base de Beneficiários do Plano Safra;
49. Folha de Pagamento do Bolsa Estiagem;
50. Auxílio econômico a produtores independentes de cana-de-açúcar;
51. Sistema Aguia.

PORTARIA CONJUNTA MPS/INSS Nº 3, DE 16 DE JANEIRO DE 2024

Define as diretrizes de governança do Cadastro Nacional de Informações Sociais - CNIS e estabelece orientações para o Instituto Nacional do Seguro Social - INSS exercer suas atribuições de administrar e operacionalizar o CNIS, nos termos do inciso IV do art. 2º e do inciso I do art. 3º do Decreto nº 10.047, de 9 de outubro de 2019.

O MINISTRO DE ESTADO DA PREVIDÊNCIA SOCIAL e o PRESIDENTE DO INSTITUTO NACIONAL DO SEGURO SOCIAL, no uso das atribuições que lhes conferem, respectivamente, o inciso II do parágrafo único do art. 87, da Constituição, e o Decreto n.º 11.356, de 1º de janeiro de 2023; e o Decreto nº 10.995, de 14 de março de 2022, bem como tendo em vista o disposto no inciso IV do art. 2º e do inciso I do art. 3º do Decreto nº 10.047, de 9 de outubro de 2019, e considerando o processo SEI 10135.101602/2020-63, resolvem:

Art. 1º O Cadastro Nacional de Informações Sociais - CNIS plataforma destinada a concentrar informações previdenciárias, trabalhistas e sociais tem por finalidades precípuas possibilitar a execução de políticas públicas e o reconhecimento de direitos previdenciários.

§ 1º Consideram-se informações sociais o conjunto de dados contidos no CNIS, que subsidiam o alcance das finalidades de que trata o caput.

§ 2º O CNIS recepcionará informações e dados constantes das bases, sistemas e repositórios, em especial aqueles listados no Anexo do Decreto nº 10.047, de 2019.

§ 3º Para fins desta Portaria, entende-se por:

I - Governança - conjunto de mecanismos de gestão, estratégia e controle utilizados no intuito de obter capacidade de resposta, integridade, confiabilidade, melhoria regulatória, prestação de contas e responsabilidade e transparência nas ações.

II - Gestão - conjunto de práticas gerenciais que visam assegurar a existência de condições mínimas para o exercício da boa governança;

III - Estratégia - definição de diretrizes, objetivos, planos e ações, além de critérios de priorização e alinhamento entre organizações e partes interessadas, para que os serviços e produtos alcancem o resultado pretendido; e

IV - Controle - processos estruturados para mitigar os possíveis riscos.

Art. 2º São diretrizes de governança do CNIS promover:

I - o compartilhamento de dados entre os órgãos e as entidades do Poder Público;

II - a categorização de dados geridos pelo CNIS, em atenção aos arts. 3º e 4º do Decreto nº 10.046, de 9 de outubro de 2019;

III - o registro das informações de interesse da administração pública federal, com vistas ao fortalecimento do cadastro do cidadão no CNIS;

IV - a confiabilidade do CNIS nas análises das condições de acesso e manutenção de benefícios sociais, assistenciais e fiscais;

V - soluções tecnológicas com vistas à simplificação de processos e procedimentos de atendimento aos usuários dos serviços públicos, respeitados os limites legais e as condições de segurança de dados, de modo a propiciar as melhores regras para compartilhamento de informações, nos termos do Decreto nº 9.094, de 17 de julho de 2017, inciso VI do art. 1º;

VI - a utilização do Cadastro de Pessoa Física - CPF para fins de acesso a informações e ou cruzamento de dados de bases oficiais, com vistas ao cumprimento dos critérios de elegibilidade para concessão e manutenção de benefícios;

VII - mecanismos de manutenção da integridade para recepção, hospedagem, tratamento, atualização, acesso, utilização e distribuição dos dados;

VIII - a transparência nas decisões administrativas com base nas informações que compõem o CNIS, em especial, sobre as fontes de dados utilizadas e quais instituições acessam sua base.

Art. 3º As bases, sistemas e repositórios incorporados ao CNIS têm por objetivo:

I - promover a desburocratização e simplificação dos atos administrativos, proporcionando melhor atendimento ao cidadão, conforme premissas definidas pela Lei nº 13.726, de 08 de outubro de 2018;

II - manter a confiabilidade na utilização de dados, que se dará:

a) na análise de requerimentos, ao possibilitar a confirmação das circunstâncias de elegibilidade ou inelegibilidade aos benefícios requeridos, evitando fraudes e ou desvios no reconhecimento de direitos;

b) por meio de cruzamento de dados, preferencialmente automáticos;

III - aprimorar a análise automática de benefícios; e

IV - facilitar o acesso, em base unificada, pelo próprio cidadão, aos seus dados sob gestão de diferentes órgãos públicos, bem como aos próprios órgãos e entidades do Poder Público.

Art. 4º Ao Ministério da Previdência Social compete:

I - acompanhar estrategicamente as ações relacionadas a governança do CNIS;

II - propor diretrizes e normativos relacionados ao funcionamento do CNIS, tais como políticas de acesso, compartilhamento de dados, políticas de segurança, gestão de riscos.

III - estabelecer a forma, respeitadas as políticas de governo digital, para a difusão, extração e transmissão dos dados originados e compartilhados com outros órgãos, observadas as limitações técnicas do CNIS, quando se trata de extração, bem como o estabelecido nesta Portaria;

IV - avaliar as solicitações de compartilhamento de dados do CNIS formuladas por órgãos ou entidades não especificados no art. 1º do Decreto nº 10.046, de 2019, promovendo a celebração de convênio, acordo de cooperação técnica ou instrumento congênere, conforme o caso.

V - exercer o papel de controlador no tratamento de dados pessoais, de que trata o inciso VI do art. 5º da Lei nº 13.709, de 14 de agosto de 2018, podendo contratar ou firmar parcerias com terceiros para que este exerça esse papel.

Art. 5º Ao INSS compete:

I - a administração, o desenvolvimento e a operacionalização do CNIS, em consonância com as orientações e os atos normativos editados pelo Ministério da Previdência Social;

II - avaliar as solicitações de compartilhamento de dados do CNIS formuladas por órgãos ou entidades referidos no art. 1º do Decreto nº 10.046, de 2019, com base no art. 5º desse Decreto;

III - gerir permissões e níveis de acesso on-line ao CNIS e suas informações aos órgãos e às entidades cujos pedidos foram deferidos;

IV - incorporar ao CNIS as informações necessárias à concessão, à manutenção, à revisão e às verificações periódicas de benefícios por ele administrados;

V - elaborar, dar publicidade e cumprir, em relação ao CNIS, os relatórios de versões sistêmicas e a política de gerenciamento de acesso aos órgãos e às entidades da administração pública especificados no art. 1º do Decreto nº 10.046, de 2019;

VI - exercer os papel de operador no tratamento de dados pessoais, de que trata o inciso VII do art. 5º da Lei nº 13.709, de 14 de agosto de 2018, podendo contratar ou firmar parcerias com terceiros para que este exerça esse papel.

Parágrafo único. Compete ao INSS criar canais de comunicação oficiais entre órgãos públicos, cujos dados compõem o CNIS, com o objetivo de mitigar inconsistências nas bases tratadas, resguardada a proteção dos dados.

Art. 6º O compartilhamento de dados do CNIS se dará nas formas previstas no Anexo I desta Portaria e o requerimento para compartilhamento será condicionado aos seguintes requisitos:

I - apresentação do Formulário para Solicitação de Acesso a Dados do CNIS, na forma do Anexo II desta Portaria, devidamente preenchido e assinado;

II - apresentação do Termo de Compromisso de Manutenção de Sigilo - TCMS, na forma do Anexo III, devidamente preenchido e assinado pela autoridade subscritora da solicitação, acompanhado de cópia do seu documento de identificação oficial com foto e do seu CPF;

III - na hipótese de solicitação de acesso on-line ao CNIS, apresentação dos TCMSs preenchidos e assinados pelos 2 (dois) servidores indicados como Gestores de Acesso, sendo que estes Termos deverão estar acompanhados de cópias do documento de identificação oficial com foto e do CPF, de cada um;

IV - em se tratando de dados pessoais, inclusive sensíveis, apresentação das informações necessárias ao cumprimento do disposto nos arts. 7º e 11 da Lei nº 13.709, de 2018.

V - arcar, se necessário, com os custos suficientes ao processamento, transmissão, armazenamento, proteção e cessão dos dados, exceto disposição contrária prevista em lei, regulamento ou acordo entre as entidades ou os órgãos envolvidos; e

VI - não fornecer a terceiros os dados requisitados do CNIS, exceto nos casos previstos em lei.

§ 1º Aplica-se ao compartilhamento de informações o disposto nos arts. 198 e 199 da Lei nº 5.172, de 25 de outubro de 1966, e a legislação pertinente ao sigilo médico.

§ 2º Quando não houver possibilidade de cessão dos dados do CNIS, devido a restrições legais, deverá ser oportunizado ao solicitante que o operador promova, quando possível, as ações para a geração da informação necessária sem que seja transferido ou permitido o conhecimento dos dados restritos.

Art. 7º Esta Portaria entra em vigor no primeiro dia útil do mês subsequente ao de sua publicação.

CARLOS ROBERTO LUPI
Ministro de Estado da Previdência Social

ALESSANDRO ANTONIO STEFANUTTO
Presidente do Instituto Nacional do Seguro Social

ANEXO I

SEÇÃO I
DO FLUXO

Art. 1º O órgão ou entidade que necessite ter acesso aos dados do CNIS deverá enviar solicitação por ofício ao Ministério da Previdência Social ou ao INSS, conforme especificado a seguir, acompanhado dos documentos constantes nos Anexos II e III desta Portaria, da cópia do documento de identificação oficial com foto e do CPF da autoridade solicitante.

I - órgãos e entidades da administração pública referidos no art. 1º do Decreto nº 10.046, de 2019: solicitação endereçada ao INSS, para análise com base no art. 5º do Decreto nº 10.046, de 2019;

II - demais órgãos e entidades do Poder Público não referidos no art. 1º do Decreto nº 10.046, de 2019: solicitação endereçada ao Ministério da Previdência Social, para avaliação e adoção das tratativas necessárias visando à celebração de convênio, acordo de cooperação técnica ou instrumento congênere, conforme o caso.

§ 1º Após o recebimento da documentação referida no caput, o Ministério da Previdência Social ou o INSS, conforme o caso, formalizará processo administrativo e se manifestará a respeito.

§ 2º Uma vez autorizado o acesso a dados do CNIS, será emitido Termo de Autorização de Acesso a Dados do CNIS (Anexo IV), pelo Ministério da Previdência Social ou pelo INSS, conforme o caso, sendo que o órgão ou a entidade cujo pedido foi deferido deverá apresentar o referido documento à empresa de tecnologia quando da celebração de contrato ou outro instrumento visando remunerar os serviços, se existentes.

§ 3º As solicitações que tenham finalidade diversa da prevista no art. 2º serão encaminhadas para deliberação do Ministério da Previdência Social.

§ 4º O órgão ou a entidade interessada em solicitar o acesso aos dados do CNIS disponíveis em plataformas de interoperabilidade do Governo Federal submetem-se às regras próprias destas plataformas e estão dispensados do envio de solicitação de acesso diretamente ao Ministério da Previdência Social e ao INSS.

SEÇÃO II
DO FORMATO

Art. 2º Os dados serão mantidos em formato interoperável e estruturado para o uso compartilhado, com vistas à execução de políticas públicas, à prestação de serviços públicos e à descentralização da atividade pública, nos termos do art. 25, da Lei nº 13.709, de 14 de agosto de 2018.

Art. 3º O acesso a dados do CNIS poderá ser realizado das seguintes formas:

I - acesso on-line: de forma direta, por meio de senha disponibilizada em quantidade controlada, sendo liberado o acesso às informações conforme a classificação do nível de acesso autorizado.

II - API/Web Service (Interface de Programação de Aplicativos) ou mecanismo similar: integração direta entre sistemas de informação a partir de chamadas diretas ao banco de dados, através de barramento de serviços, que permite o compartilhamento ordenado de dados em modelo de serviço pela internet, por meio de canais seguros e criptografados;

III - qualificação de dados: os dados de interesse serão qualificados junto ao CNIS e entregues como extração.

SEÇÃO III
DA SEGURANÇA E RESTRIÇÕES DE ACESSO

Art. 4º O órgão ou a entidade cujo pedido foi deferido ou qualquer outra pessoa que intervenha em uma das fases do tratamento obriga-se a garantir a segurança da informação dos dados pessoais, nos termos da Lei nº 13.709, de 2018.

§ 1º O tratamento dos dados deverá atender às finalidades específicas de execução das políticas públicas e atribuição legal do órgão ou da entidade.

§ 2º O acesso aos dados poderá ser concedido somente aos agentes públicos do respectivo órgão ou entidade cujo pedido foi deferido, mediante assinatura do TCMS (Anexo III).

Art. 5º Os órgãos ou as entidades solicitantes devem observar e implementar os seguintes requisitos mínimos de segurança nos sistemas receptores dos dados e informações oriundos do CNIS:

I - manter o registro das operações de tratamento de dados do CNIS;

II - adotar medidas de segurança, técnicas e administrativas aptas a proteger os dados pessoais de acessos não autorizados e de situações acidentais ou ilícitas de destruição, perda, alteração, comunicação ou qualquer forma de tratamento inadequado ou ilícito; e

III - assegurar que os sistemas utilizados para o tratamento de dados pessoais sejam estruturados de forma a atender aos requisitos de segurança, aos padrões de boas práticas e de governança e aos princípios gerais previstos nas normas regulamentares.

Art. 6º A autorização de compartilhamento de dados será revogada quando:

I - houver alteração normativa ou de interpretação a afastar o motivo invocado para a sua concessão;

II - forem descumpridas as regras de utilização dos dados;

III - o órgão solicitante formalizar interesse em revogar a autorização;

IV - nas hipóteses previstas no convênio, acordo de cooperação técnica ou instrumento congênere celebrado.

Parágrafo único. A revogação da autorização não exime os agentes de tratamento dos dados das sanções administrativas aplicáveis em razão de infrações às normas previstas na legislação.

SEÇÃO IV
DAS DISPOSIÇÕES FINAIS

Art. 7º As autorizações para acesso a dados do CNIS com base no art. 5º do Decreto nº 10.046, de 2019, serão, em regra, concedidas por prazo indeterminado.

Art. 8º As autorizações dadas e os convênios, acordos de cooperação técnica ou instrumentos congêneres celebrados anteriormente à presente Portaria permanecem válidos, observado o prazo de vigência estabelecido.

ANEXO II Formas de compartilhamento de dados do CNIS

Âmbito de compartilhamento	Forma de acesso aos dados	Competência para compartilhamento /acesso	Efetivação do compartilhamento
Órgãos e entidades da Administração Pública Federal citados no Art. 1º do Decreto 10.046/2019	Acesso on-line API/Web service Extração de dados qualificados	INSS	Nos termos do Decreto 10.046/2019
Demais órgãos e entidades não referidos no Art. 1º do Decreto 10.046/2019	API/Web service Extração de dados qualificados	MPS	Celebração de convênio, acordo de cooperação técnica ou instrumentos congêneres

ANEXO III FORMULÁRIO PARA SOLICITAÇÃO DE ACESSO A DADOS DO CNIS

1. IDENTIFICAÇÃO DO ÓRGÃO OU DA ENTIDADE SOLICITANTE:	
CNPJ:	
Nome:	
Nível Federativo:	[ ] Federal - Art.1º D.10.046/19(enviar pedido ao INSS); [ ] Estadual ou [ ] Municipal (Enviar pedido a SPrev)
Natureza jurídica:	
Endereço de correspondência, incluindo o CEP:	

2. AUTORIDADE DO ÓRGÃO OU DA ENTIDADE SOLICITANTE: [Preencher com os dados da autoridade máxima do órgão ou da entidade ou da autoridade com poderes para tanto]	
Nome completo:	
Cargo/Função:	
CPF:	
Matrícula:	
E-mail institucional:	
Telefone com DDD:	

3. RESPONSÁVEL TÉCNICO PELA SOLICITAÇÃO: [Dados do servidor indicado pelo órgão ou pela entidade que será o responsável pelo manuseio dos dados do CNIS]	
Nome completo:	
Cargo/Função:	
CPF:	
Matrícula:	
E-mail institucional:	
Telefone com DDD:	

4. OBJETO DA SOLICITAÇÃO: DADOS DO CNIS:

[ ]	Nível Básico: dados cadastrais de pessoas físicas e seus elos.
[ ]	Nível Intermediário: dados cadastrais e da vida laborativa e previdenciária, sem exibir valores (remunerações/ salários/contribuições).
[ ]	Nível Completo*: dados cadastrais e da vida laborativa e previdenciária, incluindo valores (remunerações/salários/contribuições). *Avaliação à luz dos arts. 198 e 199 da Lei nº 5.172, de 1966.

5. NECESSIDADE DE ACESSO AOS DADOS:OBJETO DA SOLICITAÇÃO: [Especificar, correlacionando aos dados solicitados, e apresentando a(s) devidas justificativa(s). Exemplos: para o funcionamento dos seguintes sistemas; realização dos seguintes serviços; execução de batimentos; combate a fraudes]

6. DESTINATÁRIOS DO COMPARTILHAMENTO:

7. FINALIDADE DO TRATAMENTO DOS DADOS: [Detalhar a finalidade pretendida pelo órgão ou pela entidade, compatibilizando com as atividades de sua competência e apresentando as justificativas para acesso. Informar a previsão legal]

8. FORMAS DE ACESSO SOLICITADAS: [Assinalar com "X" a(s) opção(-ões) desejadas]	
[ ]	API/Web Service (Interface de Programação de Aplicativos) ou mecanismo similar: [ ] API Pessoa Física (consulta a inscrições; consulta a dados pessoais; consulta a dados pessoais com endereço); [ ] API Relação Trabalhista (consulta a lista de Relações Trabalhistas/Vínculos/Períodos); [ ] API Renda Familiar* *Observados os arts. 198 e 199 da Lei nº 5.172, de 1966.
[ ]	Extração de dados qualificados
[ ]	Acesso on-line

9. TERMO DE RESPONSABILIDADE PELA UTILIZAÇÃO DA INFORMAÇÃO:
I - Este órgão ou entidade compromete-se a observar os critérios técnicos e de segurança que serão adotados para o acesso às informações contidas no CNIS, conforme o nível de acesso disponibilizado, e utilizar as informações que lhe forem disponibilizadas, exclusivamente, nas atividades que lhe compete exercer e para alcançar o(s) objetivo(s) e a(s) finalidade(s) declarados, além de manter sigilo relativo aos dados recebidos; II - Exigir dos usuários que terão acesso direto às informações disponibilizadas, que assinem o Termo de Compromisso de Manutenção de Sigilo previsto no Anexo III desta Portaria;
Declaro que: III - Estou ciente de que: a) a quebra do sigilo das informações disponibilizadas fora das hipóteses expressamente autorizadas, sujeitará o infrator às sanções penais, cíveis e administrativas previstas na legislação pertinente; e
b) o agente público que tiver acesso aos dados do INSS e divulgá-los ou permitir acesso indevido aos respectivos dados, será responsabilizado, nos termos dos arts. 32 e 33 da Lei nº 12.527, de 18 de novembro de 2011, sem prejuízo das responsabilidades civis, penais e administrativas previstas na legislação pertinente.

Local (UF), ______ de _______ de ____.

(ASSINATURA)

____

(NOME COMPLETO DA AUTORIDADE

(CARGO/FUNÇÃO/SETOR)

(Nº DO CPF)

ANEXO IV TERMO DE COMPROMISSO DE MANUTENÇÃO DE SIGILO - TCMS

Eu, _________________________(informar nome completo), ocupante do cargo/função de __________, lotado no(na) _____________(informar Setor/Seção/Unidade/Órgão onde trabalha, com respectivo CNPJ), natural de ______________, CPF sob o nº ______________, RG nº ______________, expedido por ______________________, em _________(data de expedição do RG), filho(a) de

___________________________(Nome do Pai) e de _____________________(Nome da Mãe), residente e domiciliado em ____(informar o endereço completo), Telefone nº________, e-mail institucional _____________________, declaro ter ciência inequívoca da habilitação que me foi conferida para manuseio dos dados e informações do __________(informar base de dados/sistema/repositório), e da legislação sobre o tratamento de informação classificada cuja divulgação possa causar risco ou dano à segurança da sociedade ou do Estado, sendo que me comprometo a guardar o sigilo necessário, nos termos da Lei nº 12.527, de 18 de novembro de 2011 (Lei de Acesso à Informação - LAI), da Lei nº 13.709, de 14 de agosto de 2018 (Lei Geral de Proteção de Dados Pessoais - LGPD), e das normatizações ou regulamentações específicas acerca de sigilos e proteção de dados, inclusive pessoais, incidentes.

No tocante às atribuições a mim conferidas, comprometo-me a:

I - manusear os dados apenas por necessidade de serviço, ou em caso de determinação expressa, desde que legal, de superior hierárquico;

II - manter a absoluta cautela quando da exibição de dados em tela, impressora, ou, ainda, na gravação em meios eletrônicos, afim de evitar que deles venham a tomar ciência pessoas não autorizadas;

III - não me ausentar do terminal sem encerrar a sessão de uso das bases, garantindo assim a impossibilidade de acesso indevido por pessoas não autorizadas;

IV - manter o sigilo dos dados obtidos por força de minhas atribuições, abstendo-me de revelá-los ou divulgá-los, sob pena de incorrer nas sanções civis e penais decorrentes de eventual divulgação;

V - realizar atividades de tratamento de dados observando a boa-fé e os princípios definidos na Lei nº 13.709, de 2018 (LGPD), que dispõe sobre a proteção de dados pessoais e altera a Lei nº 12.965, de 23 de abril de 2014 (Marco Civil da Internet), e estar ciente das sanções administrativas previstas no § 3º do art. 52 da LGPD;

VI - estar ciente das restrições previstas no § 2º do art. 31 da Lei nº 12.527, de 2011 (LAI), no § 2º do art. 61 do Decreto nº 7.724, de 16 de maio de 2012 (uso indevido da informação), no art. 20 (divulgação autorizada ou necessária) da Lei nº 10.406, de 10 de janeiro de 2002 (Código Civil), e nos arts. 138 a 145 (crimes contra a honra), 297, 299 e 304 (crimes de falsidade documental) do Decreto-Lei nº 2.848, de 7 de dezembro de 1940 (Código Penal);

VII - reconhecer que a utilização dos ativos de informação poderá ser monitorada;

VIII - não utilizar e nem disponibilizar os dados para uso comercial, sem autorização formal do órgão gestor da base de dados/sistema/repositório; e

IX - responder, em todas as instâncias devidas, pelas consequências decorrentes das ações ou omissões de minha parte que possam pôr em risco ou comprometer a exclusividade de conhecimento de minha senha.

Local (UF), ______ de _______ de ____.

(ASSINATURA)

____

(NOME COMPLETO DA AUTORIDADE)

(CARGO/FUNÇÃO/SETOR)

(Nº DO CPF)

Testemunhas:

Nome: ____ CPF: ________________

Nome: ____ CPF: ________________

ANEXO V

TERMO DE AUTORIZAÇÃO DE ACESSO A DADOS DO CNIS

1. IDENTIFICAÇÃO DO ÓRGÃO AUTORIZADOR:
CNPJ:

Nome:	
Endereço de correspondência, incluindo o CEP:	

2. IDENTIFICAÇÃO DO ÓRGÃO OU DA ENTIDADE SOLICITANTE:	
CNPJ:	
Nome:	
Nível Federativo:	[ ] Federal - Art.1º D.10.046/19 (enviar pedido ao INSS); [ ] Estadual
Natureza jurídica:	
Endereço de correspondência, incluindo o CEP:	

3. AUTORIDADE DO ÓRGÃO OU DA ENTIDADE SOLICITANTE: [Preencher com os dados da autoridade máxima do órgão ou da entidade ou da autoridade com poderes para tanto]	
Nome completo:	
Cargo/Função:	
CPF:	
Matrícula:	
E-mail institucional:	
Telefone com DDD:	

4. RESPONSÁVEL TÉCNICO PELA SOLICITAÇÃO: [Dados do servidor indicado pelo órgão ou pela entidade que será o responsável pelo manuseio dos dados do CNIS]	
Nome completo:	
Cargo/Função:	
CPF:	
Matrícula:	
E-mail institucional:	
Telefone com DDD:	

5. OBJETO DA SOLICITAÇÃO: DADOS DO CNIS:	
[ ]	Nível Básico: dados cadastrais de pessoas físicas e seus elos.
[ ]	Nível Intermediário: dados cadastrais e da vida laborativa e previdenciária, sem exibir valores (remunerações/ salários/contribuições).
[ ]	Nível Completo*: dados cadastrais e da vida laborativa e previdenciária, incluindo valores (remunerações/salários/contribuições). *Avaliação à luz dos arts. 198 e 199 da Lei nº 5.172, de 1966.

6. FINALIDADE DO TRATAMENTO DOS DADOS: [Detalhar a finalidade pretendida pelo órgão ou pela entidade, compatibilizando com as atividades de sua competência e apresentando as justificativas para acesso. Informar a previsão legal]

7. FORMAS DE ACESSO DEFERIDAS: [Assinalar com "X" a(s) opção(ões) desejadas]	
[ ]	API/Web Service (Interface de Programação de Aplicativos) ou mecanismo similar: [ ] API Pessoa Física (consulta a inscrições; consulta a dados pessoais; consulta a dados pessoais com endereço); [ ] API Relação Trabalhista (consulta a lista de Relações Trabalhistas/Vínculos/Períodos); [ ] API Renda Familiar* *Observados os arts. 198 e 199 da Lei nº 5.172, de 1966.
[ ]	Extração de dados qualificados
[ ]	Acesso on-line

8. FUNDAMENTO LEGAL/NORMATIVO PARA DEFERIMENTO:

9. NÚMERO DO PROCESSO ADMINISTRATIVO:

10. EM CASO DE CELEBRAÇÃO DE ACT:	
Número do ACT:	
Data de publicação no Diário Oficial da União - DOU:	
Edição DOU:	
Seção DOU:	
Prazo de vigência do ACT:	[dd/mm/aaaa até dd/mm/aaaa]

11. SEGURANÇA E RESTRIÇÕES DE ACESSO:
O órgão ou a entidade cujo pedido foi autorizado deverá observar os critérios técnicos e de segurança que serão adotados para o acesso às informações contidas nos sistemas, conforme o nível de acesso disponibilizado, e utilizar as informações que lhe forem disponibilizadas, exclusivamente, nas atividades que lhe compete exercer e para alcançar o objetivo e a finalidade previstos, além de manter sigilo relativo aos dados recebidos.
O acesso às informações obtidas somente poderá ser concedido aos servidores do respectivo órgão, condicionada à assinatura do Termo de Compromisso de Manutenção de Sigilo - TCMS, sendo vedada a disponibilização de acesso a estagiários, terceirizados, ou a qualquer pessoa não investida legalmente em cargo público.
A quebra do sigilo das informações disponibilizadas fora das hipóteses expressamente autorizadas, sujeitará o infrator às sanções penais, cíveis e administrativas previstas na legislação pertinente. O agente público que tiver acesso aos dados do INSS e divulgá-los ou permitir acesso indevido aos respectivos dados, será responsabilizado, nos termos dos arts. 32 e 33 da Lei nº 12.527, de 18 de novembro de 2011, sem prejuízo das responsabilidades civis, penais e administrativas previstas na legislação pertinente.

12. DESPESAS:	
[ ]	Este Termo não acarretará transferência de recursos financeiros entre os partícipes.
[ ]	Não haverá cobrança de taxas e emolumentos pelas informações cedidas em razão do presente Termo.
[ ]	As despesas com os serviços de API/Web Service (Interface de Programação de Aplicativos) ou mecanismo similar, Batimento de Dados, caso opte, serão assumidas pelo órgão ou pela entidade autorizado neste Termo, que firmará contrato específico com empresa de tecnologia operadora dos dados do CNIS.

Local (UF), ______ de _______ de ____.

(ASSINATURA)

(NOME COMPLETO DA AUTORIDADE)

(CARGO/FUNÇÃO/SETOR)

(Nº DO CPF)

PARTE 14 – REGIME PRÓPRIO DE PREVIDÊNCIA SOCIAL – RPPS

LEI Nº 8.112, DE 11 DE DEZEMBRO DE 1990

Dispõe sobre o regime jurídico dos servidores públicos civis da União, das autarquias e das fundações públicas federais.

- DOU, 12.12.1990.
- Republicado no DOU, 18.03.1998.
- Publicação consolidada determinada pelo art. 13, Lei 9.527/1997.
- Lei 9.962/2000 (Disciplina o regime de emprego público do pessoal da Administração federal direta, autárquica e fundacional).
- art. 12, Lei 12.813/2013 (Dispõe sobre o conflito de interesses no exercício de cargo ou emprego do Poder Executivo federal e impedimentos posteriores ao exercício do cargo ou emprego).
- Lei 12.855/2013 (Institui a indenização devida a ocupante de cargo efetivo das Carreiras e Planos Especiais de Cargos que especifica, em exercício nas unidades situadas em localidades estratégicas vinculadas à prevenção, controle, fiscalização e repressão dos delitos transfronteiriços).
- Dec. Leg. 206/2010, (Aprova, com ressalvas, os textos da Convenção 151 e da Recomendação 159, da Organização Internacional do Trabalho, ambas de 1978, sobre as relações de trabalho na Administração Pública).
- Dec. 9.991/2019 (Dispõe sobre a Política Nacional de Desenvolvimento de Pessoas da administração pública federal direta, autárquica e fundacional, e regulamenta dispositivos da Lei 8.112/1990, quanto a licenças e afastamentos para ações de desenvolvimento).
- Dec. 6.833/2009 (Institui o Subsistema Integrado de Atenção à Saúde do Servidor Público Federal - SIASS e o Comitê Gestor de Atenção à Saúde do Servidor).
- Dec. 8.690/2016 (Dispõe sobre a gestão das consignações em folha de pagamento no âmbito do sistema de gestão de pessoas do Poder Executivo federal.)
- Dec. 8.737/2016 (Institui o Programa de Prorrogação da Licença-Paternidade).

O Presidente da República. Faço saber que o Congresso Nacional decreta e eu sanciono a seguinte Lei:

TÍTULO I
CAPÍTULO ÚNICO
DAS DISPOSIÇÕES PRELIMINARES

Art. 1º Esta Lei institui o Regime Jurídico dos Servidores Públicos Civis da União, das autarquias, inclusive as em regime especial, e das fundações públicas federais.

- Lei 11.440/2006 (Institui o regime jurídico dos servidores do serviço exterior brasileiro).

Art. 2º Para os efeitos desta lei, servidor é a pessoa legalmente investida em cargo público.

- Lei 9.962/2000 (Disciplina o regime de emprego público do pessoal da Administração Federal direta, autárquica e fundacional).

Art. 3º Cargo público é o conjunto de atribuições e responsabilidades previstas na estrutura organizacional que devem ser cometidas a um servidor.

Parágrafo único. Os cargos públicos, acessíveis a todos os brasileiros, são criados por lei, com denominação própria e vencimento pago pelos cofres públicos, para provimento em caráter efetivo ou em comissão.

Art. 4º É proibida a prestação de serviços gratuitos, salvo os casos previstos em lei.

TÍTULO II
DO PROVIMENTO, VACÂNCIA, REMOÇÃO, REDISTRIBUIÇÃO E SUBSTITUIÇÃO

CAPÍTULO I
DO PROVIMENTO

SEÇÃO I
DISPOSIÇÕES GERAIS

Art. 5º São requisitos básicos para investidura em cargo público:

I - a nacionalidade brasileira;

II - o gozo dos direitos políticos;

III - a quitação com as obrigações militares e eleitorais;

IV - o nível de escolaridade exigido para o exercício do cargo;

V - a idade mínima de dezoito anos;

VI - aptidão física e mental.

§ 1º As atribuições do cargo podem justificar a exigência de outros requisitos estabelecidos em lei.

§ 2º Às pessoas portadoras de deficiência é assegurado o direito de se inscrever em concurso público para provimento de cargo cujas atribuições sejam compatíveis com a deficiência de que são portadoras; para tais pessoas serão reservadas até 20% (vinte por cento) das vagas oferecidas no concurso.

- Súm. 377, STJ.

§ 3º As universidades e instituições de pesquisa científica e tecnológica federais poderão prover seus cargos com professores, técnicos e cientistas estrangeiros, de acordo com as normas e os procedimentos desta lei. (Incluído pela Lei 9.515/1997.)

Art. 6º O provimento dos cargos públicos far-se-á mediante ato da autoridade competente de cada Poder.

Art. 7º A investidura em cargo público ocorrerá com a posse.

Art. 8º São formas de provimento de cargo público:

I - nomeação;

II - promoção;

III e IV - (Revogados pela Lei 9.527/1997.)

V - readaptação;

VI - reversão;

VII - aproveitamento;

VIII - reintegração;

IX - recondução.

SEÇÃO II
DA NOMEAÇÃO

Art. 9º A nomeação far-se-á:

I - em caráter efetivo, quando se tratar de cargo isolado de provimento efetivo ou de carreira;

II - em comissão, inclusive na condição de interino, para cargos de confiança vagos. (Redação dada pela Lei 9.527/1997.)

Parágrafo único. O servidor ocupante de cargo em comissão ou de natureza especial poderá ser nomeado para ter exercício, interinamente, em outro cargo de confiança, sem prejuízo das atribuições do que atualmente ocupa, hipótese em que deverá optar pela remuneração de um deles durante o período da interinidade. (Redação dada pela Lei 9.527/1997.)

Art. 10. A nomeação para cargo de carreira ou cargo isolado de provimento efetivo depende de prévia habilitação em concurso público de provas ou de provas e títulos, obedecidos a ordem de classificação e o prazo de sua validade.

Parágrafo único. Os demais requisitos para o ingresso e o desenvolvimento do servidor na carreira, mediante promoção, serão estabelecidos pela lei que fixar as diretrizes do sistema de carreira na Administração Pública Federal e seus regulamentos. (Redação dada pela Lei 9.527/1997.)

SEÇÃO III
DO CONCURSO PÚBLICO

Art. 11. O concurso será de provas ou de provas e títulos, podendo ser realizado em duas etapas, conforme dispuserem a lei e o regulamento do respectivo plano de carreira, condicionada a inscrição do candidato ao pagamento do valor fixado no edital, quando indispensável ao seu custeio, e ressalvadas as hipóteses de isenção nele expressamente previstas. (Redação dada pela Lei 9.527/1997.)

- Dec. 6.593/2008 (Regulamenta este artigo quanto à isenção de pagamento de taxa de inscrição em concursos públicos realizados no âmbito do Poder Executivo Federal).

Art. 12. O concurso público terá validade de até 2 (dois) anos, podendo ser prorrogado uma única vez, por igual período.

§ 1º O prazo de validade do concurso e as condições de sua realização serão fixados em edital, que será publicado no Diário Oficial da União e em jornal diário de grande circulação.

§ 2º Não se abrirá novo concurso enquanto houver candidato aprovado em concurso anterior com prazo de validade não expirado.

SEÇÃO IV
DA POSSE E DO EXERCÍCIO

Art. 13. A posse dar-se-á pela assinatura do respectivo termo, no qual deverão constar as atribuições, os deveres, as responsabilidades e os direitos inerentes ao cargo ocupado, que não poderão ser alterados unilateralmente, por qualquer das partes, ressalvados os atos de ofício previstos em lei.

§ 1º A posse ocorrerá no prazo de trinta dias contados da publicação do ato de provimento. (Redação dada pela Lei 9.527/1997.)

§ 2º Em se tratando de servidor, que esteja na data de publicação do ato de provimento, em licença prevista nos incisos I, III e V do art. 81, ou afastado nas hipóteses dos incisos I, IV, VI, VIII, alíneas *a*, *b*, *d*, *e* e *f*, IX e X do art. 102, o prazo será contado do término do impedimento. (Redação dada pela Lei 9.527/1997.)

§ 3º A posse poderá dar-se mediante procuração específica.

§ 4º Só haverá posse nos casos de provimento de cargo por nomeação. (Redação dada pela Lei 9.527/1997.)

§ 5º No ato da posse, o servidor apresentará declaração de bens e valores que constituem seu patrimônio e declaração quanto ao exercício ou não de outro cargo, emprego ou função pública.

- art. 13, Lei 8.429/1992 (Lei da Improbidade Administrativa).
- Lei 8.730/1993 (Estabelece a obrigatoriedade da declaração de bens e rendas para o exercício de cargos, empregos e funções nos Poderes Executivo, Legislativo e Judiciário).

§ 6º Será tornado sem efeito o ato de provimento se a posse não ocorrer no prazo previsto no § 1º deste artigo.

Art. 14. A posse em cargo público dependerá de prévia inspeção médica oficial.

Parágrafo único. Só poderá ser empossado aquele que for julgado apto física e mentalmente para o exercício do cargo.

Art. 15. Exercício é o efetivo desempenho das atribuições do cargo público ou da função de confiança. (Redação dada pela Lei 9.527/1997.)

§ 1º É de quinze dias o prazo para o servidor empossado em cargo público entrar em exercício, contados da data da posse. (Redação dada pela Lei 9.527/1997.)

§ 2º O servidor será exonerado do cargo ou será tornado sem efeito o ato de sua designação para função de confiança, se não entrar em exercício nos prazos previstos neste artigo, observado o disposto no art. 18. (Redação dada pela Lei 9.527/1997.)

§ 3º À autoridade competente do órgão ou entidade para onde for nomeado ou designado o servidor compete dar-lhe exercício. (Redação dada pela Lei 9.527/1997.)

§ 4º O início do exercício de função de confiança coincidirá com a data de publicação do ato de designação, salvo quando o servidor estiver em licença ou afastado por qualquer outro motivo legal, hipótese em que recairá no primeiro dia útil após o término do impedimento, que não poderá exceder a trinta dias da publicação. (Incluído pela Lei 9.527/1997.)

Art. 16. O início, a suspensão, a interrupção e o reinício do exercício serão registrados no assentamento individual do servidor.

Parágrafo único. Ao entrar em exercício, o servidor apresentará ao órgão competente os elementos necessários ao seu assentamento individual.

Art. 17. A promoção não interrompe o tempo de exercício, que é contado no novo posicionamento na carreira a partir da data de publicação do ato que promover o servidor. (Redação dada pela Lei 9.527/1997.)

Art. 18. O servidor que deva ter exercício em outro município em razão de ter sido removido, redistribuído, requisitado, cedido ou posto em exercício provisório terá, no mínimo, dez e, no máximo, trinta dias de prazo, contados da publicação do ato, para a retomada do efetivo desempenho das atribuições do cargo, incluído nesse prazo o tempo necessário para o deslocamento para a nova sede. (Redação dada pela Lei 9.527/1997.)

§ 1º Na hipótese de o servidor encontrar-se em licença ou afastado legalmente, o prazo a que se refere este artigo será contado a partir do término do impedimento. (Parágrafo renumerado e alterado pela Lei 9.527/1997.)

§ 2º É facultado ao servidor declinar dos prazos estabelecidos no *caput*. (Incluído pela Lei 9.527/1997.)

Art. 19. Os servidores cumprirão jornada de trabalho fixada em razão das atribuições pertinentes aos respectivos cargos, respeitada a duração máxima do trabalho semanal de quarenta horas e observados os limites mínimo e máximo de seis horas e oito horas diárias, respectivamente. (Redação dada pela Lei 8.270/1991)

- Dec. 1.590/1995 (Dispõe sobre a jornada de trabalho dos servidores da Administração Pública Federal direta, das autarquias e das fundações públicas federais).

§ 1º O ocupante de cargo em comissão ou função de confiança submete-se a regime de integral dedicação ao serviço, observado o disposto no art. 120, podendo ser convocado sempre que houver interesse da Administração. (Redação dada pela Lei 9.527/1997.)

§ 2º O disposto neste artigo não se aplica a duração de trabalho estabelecida em leis especiais. (Incluído pela Lei 8.270/1991)

Art. 20. Ao entrar em exercício, o servidor nomeado para cargo de provimento efetivo ficará sujeito a estágio probatório por período de 24 (vinte e quatro) meses, durante o qual a sua aptidão e capacidade serão objeto de avaliação para o desempenho do cargo, observados os seguinte fatores:

- EC 19/1998.

I - assiduidade;

II - disciplina;

III - capacidade de iniciativa;

IV - produtividade;

V - responsabilidade.

§ 1º 4 (quatro) meses antes de findo o período do estágio probatório, será submetida à homologação da autoridade competente a avaliação do desempenho do servidor, realizada por comissão constituída para essa finalidade, de acordo com o que dispuser a lei ou o regulamento da respectiva carreira ou cargo, sem prejuízo da continuidade de apuração dos fatores enumerados nos incisos I a V do *caput* deste artigo. (Redação dada pela Lei 11.784/2008.)

§ 2º O servidor não aprovado no estágio probatório será exonerado ou, se estável, reconduzido ao cargo anteriormente ocupado, observado o disposto no parágrafo único do art. 29.

§ 3º O servidor em estágio probatório poderá exercer quaisquer cargos de provimento em comissão ou funções de direção, chefia ou assessoramento no órgão ou entidade de lotação, e somente poderá ser cedido a outro órgão ou entidade para ocupar cargos de Natureza Especial, cargos de provimento em comissão do Grupo-Direção e Assessoramento Superiores - DAS, de níveis 6, 5 e 4, ou equivalentes. (Incluído pela Lei 9.527/1997.)

§ 4º Ao servidor em estágio probatório somente poderão ser concedidas as licenças e os afastamentos previstos nos arts. 81, incisos I a IV, 94, 95 e 96, bem assim afastamento para participar de curso de formação decorrente de aprovação em concurso para outro cargo na Administração Pública Federal. (Incluído pela Lei 9.527/1997.)

§ 5º O estágio probatório ficará suspenso durante as licenças e os afastamentos previstos nos arts. 83, 84, § 1º, 86 e 96, bem assim na hipótese de participação em curso de formação, e será retomado a partir do término do impedimento. (Incluído pela Lei 9.527/1997.)

SEÇÃO V
DA ESTABILIDADE

Art. 21. O servidor habilitado em concurso público e empossado em cargo de provimento efetivo adquirirá estabilidade no serviço público ao completar 2 (dois) anos de efetivo exercício.

- art. 41, CF.
- arts. 19 a 21, ADCT.
- Súm. 390, TST.

Art. 22. O servidor estável só perderá o cargo em virtude de sentença judicial transitada em julgado ou de processo administrativo disciplinar no qual lhe seja assegurada ampla defesa.

SEÇÃO VI
DA TRANSFERÊNCIA

Art. 23. (Revogado pela Lei 9.527/1997.)

SEÇÃO VII
DA READAPTAÇÃO

Art. 24. Readaptação é a investidura do servidor em cargo de atribuições e responsabilidades compatíveis com a limitação que tenha sofrido em sua capacidade física ou mental verificada em inspeção médica.

§ 1º Se julgado incapaz para o serviço público, o readaptando será aposentado.

§ 2º A readaptação será efetivada em cargo de atribuições afins, respeitada a habilitação exigida, nível de escolaridade e equivalência de vencimentos e, na hipótese de inexistência de cargo vago, o servidor exercerá suas atribuições como excedente, até a ocorrência de vaga. (Redação dada pela Lei 9.527/1997.)

SEÇÃO VIII
DA REVERSÃO

- Dec. 3.644/2000 (Regulamento).

Art. 25. Reversão é o retorno à atividade de servidor aposentado: (Redação dada pela Med. Prov. 2.225-45/2001. Até o encerramento desta edição, não convertida em Lei.)

I - por invalidez, quando junta médica oficial declarar insubsistentes os motivos da aposentadoria; ou (Incluído pela Med. Prov. 2.225-45/2001.)

II - no interesse da administração, desde que: (Incluído pela Med. Prov. 2.225-45/2001.)

a) tenha solicitado a reversão; (Incluído pela Med. Prov. 2.225-45/2001.)

b) a aposentadoria tenha sido voluntária; (Incluído pela Med. Prov. 2.225-45/2001.)

c) estável quando na atividade; (Incluído pela Med. Prov. 2.225-45/2001.)

d) a aposentadoria tenha ocorrido nos cinco anos anteriores à solicitação; (Incluído pela Med. Prov. 2.225-45/2001.)

e) haja cargo vago. (Incluído pela Med. Prov. 2.225-45/2001.)

§ 1º A reversão far-se-á no mesmo cargo ou no cargo resultante de sua transformação. (Incluído pela Med. Prov. 2.225-45/2001.)

§ 2º O tempo em que o servidor estiver em exercício será considerado para concessão da aposentadoria. (Incluído pela Med. Prov. 2.225-45/2001.)

§ 3º No caso do inciso I, encontrando-se provido o cargo, o servidor exercerá suas atribuições como excedente, até a ocorrência de vaga. (Incluído pela Med. Prov. 2.225-45/2001.)

§ 4º O servidor que retornar à atividade por interesse da administração perceberá, em substituição aos proventos da aposentadoria, a remuneração do cargo que voltar a exercer, inclusive com as vantagens de natureza pessoal que percebia anteriormente à aposentadoria. (Incluído pela Med. Prov. 2.225-45/2001.)

§ 5º O servidor de que trata o inciso II somente terá os proventos calculados com base nas regras atuais se permanecer pelo menos cinco anos no cargo. (Incluído pela Med. Prov. 2.225-45/2001.)

§ 6º O Poder Executivo regulamentará o disposto neste artigo. (Incluído pela Med. Prov. 2.225-45/2001.)

Art. 26. (Revogado pela Med. Prov. 2.225-45/2001.)

Art. 27. Não poderá reverter o aposentado que já tiver completado 70 (setenta) anos de idade.

SEÇÃO IX
DA REINTEGRAÇÃO

Art. 28. A reintegração é a reinvestidura do servidor estável no cargo anteriormente ocupado, ou no cargo resultante de sua transformação, quando invalidada a sua demissão por decisão administrativa ou judicial, com ressarcimento de todas as vantagens.

- Súm. 173, STJ.

§ 1º Na hipótese de o cargo ter sido extinto, o servidor ficará em disponibilidade, observado o disposto nos arts. 30 e 31.

- art. 41, § 3º, CF.

§ 2º Encontrando-se provido o cargo, o seu eventual ocupante será reconduzido ao cargo de origem, sem direito à indenização ou aproveitado em outro cargo, ou, ainda, posto em disponibilidade.

- art. 41, § 3º, CF.

SEÇÃO X
DA RECONDUÇÃO

Art. 29. Recondução é o retorno do servidor estável ao cargo anteriormente ocupado e decorrerá de:

I - inabilitação em estágio probatório relativo a outro cargo;

II - reintegração do anterior ocupante.

Parágrafo único. Encontrando-se provido o cargo de origem, o servidor será aproveitado em outro, observado o disposto no art. 30.

SEÇÃO XI
DA DISPONIBILIDADE E DO APROVEITAMENTO

Art. 30. O retorno à atividade de servidor em disponibilidade far-se-á mediante aproveitamento obrigatório em cargo de atribuições e vencimentos compatíveis com o anteriormente ocupado.

Art. 31. O órgão central do Sistema de Pessoal Civil determinará o imediato aproveitamento de servidor em disponibilidade em vaga que vier a ocorrer nos órgãos ou entidades da Administração Pública Federal.

- Dec. 3.151/1999 (Disciplina a prática dos atos de extinção e de declaração de desnecessidade de cargos públicos, bem assim a dos atos de colocação em disponibilidade remunerada e de aproveitamento de servidores públicos em decorrência da extinção ou da reorganização de órgãos ou entidades da Administração Pública Federal direta, autárquica e fundacional).

Parágrafo único. Na hipótese prevista no § 3º do art. 37, o servidor posto em disponibilidade poderá ser mantido sob responsabilidade do órgão central do Sistema de Pessoal Civil da Administração Federal - SIPEC, até o seu adequado aproveitamento em outro órgão ou entidade. (Parágrafo incluído pela Lei 9.527/1997.)

Art. 32. Será tornado sem efeito o aproveitamento e cassada a disponibilidade se o servidor não entrar em exercício no prazo legal, salvo doença comprovada por junta médica oficial.

CAPÍTULO II
DA VACÂNCIA

Art. 33. A vacância do cargo público decorrerá de:

I - exoneração;

II - demissão;

III - promoção;

IV e V - (Revogados pela Lei 9.527/1997.)

VI - readaptação;

VII - aposentadoria;

VIII - posse em outro cargo inacumulável;

IX - falecimento.

Art. 34. A exoneração de cargo efetivo dar-se-á a pedido do servidor, ou de ofício.

- Súm. 21, STF.

Parágrafo único. A exoneração de ofício dar-se-á:

I - quando não satisfeitas as condições do estágio probatório;

II - quando, tendo tomado posse, o servidor não entrar em exercício no prazo estabelecido.

Art. 35. A exoneração de cargo em comissão e a dispensa de função de confiança dar-se-á: (Redação dada pela Lei 9.527/1997.)

I - a juízo da autoridade competente;

II - a pedido do próprio servidor.

Parágrafo único. (Revogado pela Lei 9.527/1997.)

CAPÍTULO III
DA REMOÇÃO E DA REDISTRIBUIÇÃO

SEÇÃO I
DA REMOÇÃO

Art. 36. Remoção é o deslocamento do servidor, a pedido ou de ofício, no âmbito do mesmo quadro, com ou sem mudança de sede.

- art. 20, Lei 11.416/2006 (Dispõe sobre as carreiras dos servidores do Poder Judiciário da União).

Parágrafo único. Para fins do disposto neste artigo, entende-se por modalidades de remoção: (Redação dada pela Lei 9.527/1997.)

I - de ofício, no interesse da Administração; (Incluído pela Lei 9.527/1997.)

II - a pedido, a critério da Administração; (Incluído pela Lei 9.527/1997.)

III - a pedido, para outra localidade, independentemente do interesse da Administração: (Incluído pela Lei 9.527/1997.)

a) para acompanhar cônjuge ou companheiro, também servidor público civil ou militar, de qualquer dos Poderes da União, dos Estados, do Distrito Federal e dos Municípios, que foi deslocado no interesse da Administração; (Incluído pela Lei 9.527/1997.)

- art. 142, § 3º, CF.

b) por motivo de saúde do servidor, cônjuge, companheiro ou dependente que viva às suas expensas e conste do seu assentamento funcional, condicionada à comprovação por junta médica oficial; (Incluído pela Lei 9.527/1997.)

c) em virtude de processo seletivo promovido, na hipótese em que o número de interessados for superior ao número de vagas, de acordo com normas preestabelecidas pelo órgão ou entidade em que aqueles estejam lotados. (Incluído pela Lei 9.527/1997.)

SEÇÃO II
DA REDISTRIBUIÇÃO

Art. 37. Redistribuição é o deslocamento de cargo de provimento efetivo, ocupado ou vago no âmbito do quadro geral de pessoal, para outro órgão ou entidade do mesmo Poder, com prévia apreciação do órgão central do SIPEC, observados os seguintes preceitos: (Redação dada pela Lei 9.527/1997.)

I - interesse da administração; (Incluído pela Lei 9.527/1997.)

II - equivalência de vencimentos; (Incluído pela Lei 9.527/1997.)

III - manutenção da essência das atribuições do cargo; (Incluído pela Lei 9.527/1997.)

IV - vinculação entre os graus de responsabilidade e complexidade das atividades; (Incluído pela Lei 9.527/1997.)

V - mesmo nível de escolaridade, especialidade ou habilitação profissional; (Incluído pela Lei 9.527/1997.)

VI - compatibilidade entre as atribuições do cargo e as finalidades institucionais do órgão ou entidade. (Incluído pela Lei 9.527/1997.)

- Dec. 3.151/1999 (Disciplina a prática dos atos de extinção e de declaração de desnecessidade de cargos públicos, bem assim a dos atos de colocação em disponibilidade remunerada e de aproveitamento de servidores públicos em decorrência da extinção ou da reorganização de órgãos ou entidades da Administração Pública Federal direta, autárquica e fundacional).

§ 1º A redistribuição ocorrerá *ex officio* para ajustamento de lotação e da força de trabalho às necessidades dos serviços, inclusive nos casos de reorganização, extinção ou criação de órgão ou entidade. (Incluído pela Lei 9.527/1997.)

§ 2º A redistribuição de cargos efetivos vagos se dará mediante ato conjunto entre o órgão central do SIPEC e os órgãos e entidades da Administração Pública Federal envolvidos. (Incluído pela Lei 9.527/1997.)

§ 3º Nos casos de reorganização ou extinção de órgão ou entidade, extinto o cargo ou declarada sua desnecessidade no órgão ou entidade, o servidor estável que não for redistribuído será colocado em disponibilidade, até seu aproveitamento na forma dos arts. 30 e 31. (Parágrafo renumerado e alterado pela Lei 9.527/1997.)

§ 4º O servidor que não for redistribuído ou colocado em disponibilidade poderá ser mantido sob responsabilidade do órgão central do SIPEC, e ter exercício provisório, em outro órgão ou entidade, até seu adequado aproveitamento. (Incluído pela Lei 9.527/1997.)

CAPÍTULO IV
DA SUBSTITUIÇÃO

Art. 38. Os servidores investidos em cargo ou função de direção ou chefia e os ocupantes de cargo de Natureza Especial terão substitutos indicados no regimento interno ou, no caso de omissão, previamente designados pelo dirigente máximo do órgão ou entidade. (Redação dada pela Lei 9.527/1997.)

§ 1º O substituto assumirá automática e cumulativamente, sem prejuízo do cargo que ocupa, o exercício do cargo ou função de direção ou chefia e os de Natureza Especial, nos afastamentos, impedimentos legais ou regulamentares do titular e na vacância do cargo, hipóteses em que deverá optar pela remuneração de um deles durante o respectivo período. (Redação dada pela Lei 9.527/1997.)

§ 2º O substituto fará jus à retribuição pelo exercício do cargo ou função de direção ou chefia ou de cargo de Natureza Especial, nos casos dos afastamentos ou impedimentos legais do titular, superiores a trinta dias consecutivos, paga na proporção dos dias de efetiva substituição, que excederem o referido período. (Redação dada pela Lei 9.527/1997.)

Art. 39. O disposto no artigo anterior aplica-se aos titulares de unidades administrativas organizadas em nível de assessoria.

TÍTULO III
DOS DIREITOS E VANTAGENS

CAPÍTULO I
DO VENCIMENTO E DA REMUNERAÇÃO

Art. 40. Vencimento é a retribuição pecuniária pelo exercício de cargo público, com valor fixado em lei.

- Súm. 378, STJ.

Parágrafo único. (Revogado pela Lei 11.784/2008.)

Art. 41. Remuneração é o vencimento do cargo efetivo, acrescido das vantagens pecuniárias permanentes estabelecidas em lei.

- Súm. Vinc. 4, STF.
- Súm. 339, 680, 681 e 682, STF.

§ 1º A remuneração do servidor investido em função ou cargo em comissão será paga na forma prevista no art. 62.

§ 2º O servidor investido em cargo em comissão de órgão ou entidade diversa da de sua lotação receberá a remuneração de acordo com o estabelecido no § 1º do art. 93.

§ 3º O vencimento do cargo efetivo, acrescido das vantagens de caráter permanente, é irredutível.

§ 4º É assegurada a isonomia de vencimentos para cargos de atribuições iguais ou assemelhadas do mesmo Poder, ou entre servidores dos três Poderes, ressalvadas as vantagens de caráter individual e as relativas à natureza ou ao local de trabalho.

- art. 37, XIII, CF.

§ 5º Nenhum servidor receberá remuneração inferior ao salário-mínimo. (Incluído pela Lei 11.784/2008.)

- Súm. Vinc. 6, 15 e 16, STF.
- Súm. 378, STJ.

Art. 42. Nenhum servidor poderá perceber, mensalmente, a título de remuneração, importância superior à soma dos valores percebidos como remuneração, em espécie, a qualquer título, no âmbito dos respectivos Poderes, pelos Ministros de Estado, por membros do Congresso Nacional e Ministros do Supremo Tribunal Federal.

- art. 37, XI, CF.

Parágrafo único. Excluem-se do teto de remuneração as vantagens previstas nos incisos II a VII do art. 61.

Art. 43. (Revogado pela Lei 9.624/1998.)

Art. 44. O servidor perderá:

I - a remuneração do dia em que faltar ao serviço, sem motivo justificado; (Redação dada pela Lei 9.527/1997.)

- art. 4º, §§ 4º e 5º, do Dec. 7.003/2009, (que Regulamenta a licença para tratamento de saúde do servidor da Administração Federal direta, autárquica e fundacional e os casos em que poderá ser dispensada a perícia oficial).

II - a parcela de remuneração diária, proporcional aos atrasos, ausências justificadas, ressalvadas as concessões de que trata o art. 97, e saídas antecipadas, salvo na hipótese de compensação de horário, até o mês subsequente ao da ocorrência, a ser estabelecida pela chefia imediata. (Redação dada pela Lei 9.527/1997.)

Parágrafo único. As faltas justificadas decorrentes de caso fortuito ou de força maior poderão ser compensadas a critério da chefia imediata, sendo assim consideradas como efetivo exercício. (Incluído pela Lei 9.527/1997.)

Art. 45. Salvo por imposição legal, ou mandado judicial, nenhum desconto incidirá sobre a remuneração ou provento.

- Dec. 6.386/2008 (Regulamenta este artigo).

§§ 1º e 2º (Revogados pela Lei 14.509/2022)

Art. 46. As reposições e indenizações ao erário, atualizadas até 30 de junho de 1994, serão previamente comunicadas ao servidor ativo, aposentado ou ao pensionista, para pagamento, no prazo máximo de trinta dias, podendo ser parceladas, a pedido do interessado. (Redação dada pela Med. Prov. 2.225-45/2001.)

- Res. CJF 68/2009 (Dispõe sobre o processo administrativo relativo à devolução de valores indevidamente recebidos, bem como ao ressarcimento de danos causados ao erário por juiz ou servidor da Justiça Federal de primeiro e segundo graus e por servidor do Conselho da Justiça Federal).

§ 1º O valor de cada parcela não poderá ser inferior ao correspondente a dez por cento da remuneração, provento ou pensão. (Redação dada pela Med. Prov. 2.225-45/2001.)

§ 2º Quando o pagamento indevido houver ocorrido no mês anterior ao do processamento da folha, a reposição será feita imediatamente, em uma única parcela. (Redação dada pela Med. Prov. 2.225-45/2001.)

§ 3º Na hipótese de valores recebidos em decorrência de cumprimento a decisão liminar, a tutela antecipada ou a sentença que venha a ser revogada ou rescindida, serão eles atualizados até a data da reposição. (Redação dada pela Med. Prov. 2.225-45/2001.)

Art. 47. O servidor em débito com o erário, que for demitido, exonerado ou que tiver sua aposentadoria ou disponibilidade cassada, terá o prazo de sessenta dias para quitar o débito. (Redação dada pela Med. Prov. 2.225-45/2001.)

Parágrafo único. A não quitação do débito no prazo previsto implicará sua inscrição em dívida ativa. (Redação dada pela Med. Prov. 2.225-45/2001.)

Art. 48. O vencimento, a remuneração e o provento não serão objeto de arresto, sequestro ou penhora, exceto nos casos de prestação de alimentos resultante de decisão judicial.

- Súm. 97, STJ.

CAPÍTULO II
DAS VANTAGENS

Art. 49. Além do vencimento, poderão ser pagas ao servidor as seguintes vantagens:

I - indenizações;

II - gratificações;

III - adicionais.

§ 1º As indenizações não se incorporam ao vencimento ou provento para qualquer efeito.

§ 2º As gratificações e os adicionais incorporam-se ao vencimento ou provento, nos casos e condições indicados em lei.

Art. 50. As vantagens pecuniárias não serão computadas, nem acumuladas, para efeito de concessão de quaisquer outros acréscimos pecuniários ulteriores, sob o mesmo título ou idêntico fundamento.

- art. 37, XIV, CF.

SEÇÃO I
DAS INDENIZAÇÕES

Art. 51. Constituem indenizações ao servidor:

I - ajuda de custo;

II - diárias;

III - transporte.

IV - auxílio-moradia. (Incluído pela Lei 11.355/2006.)

Art. 52. Os valores das indenizações estabelecidas nos incisos I a III do art. 51, assim como as condições para a sua concessão, serão estabelecidos em regulamento. (Redação dada pela Lei 11.355/2006.)

- Dec. 3.184/1999 (Regulamenta este artigo).

SUBSEÇÃO I
DA AJUDA DE CUSTO

- Dec. 4.004/2001 (Dispõe sobre a concessão de ajuda de custo e de transporte aos servidores públicos civis da União, das autarquias e das fundações públicas federais).

Art. 53. A ajuda de custo destina-se a compensar as despesas de instalação do servidor que, no interesse do serviço, passar a ter exercício em nova sede, com mudança de domicílio em caráter permanente, vedado o duplo pagamento de indenização, a qualquer tempo, no caso de o cônjuge ou companheiro que detenha também a condição de servidor, vier a ter exercício na mesma sede. (Redação dada pela Lei 9.527/1997.)

§ 1º Correm por conta da administração as despesas de transporte do servidor e de sua família, compreendendo passagem, bagagem e bens pessoais.

§ 2º À família do servidor que falecer na nova sede são assegurados ajuda de custo e transporte para a localidade de origem, dentro do prazo de 1 (um) ano, contado do óbito.

§ 3º Não será concedida ajuda de custo nas hipóteses de remoção previstas nos incisos II e III do parágrafo único do art. 36. (Acrescentado pela Lei 12.998/2014.)

Art. 54. A ajuda de custo é calculada sobre a remuneração do servidor, conforme se dispuser em regulamento, não podendo exceder a importância correspondente a 3 (três) meses.

Art. 55. Não será concedida ajuda de custo ao servidor que se afastar do cargo, ou reassumi-lo, em virtude de mandato eletivo.

Art. 56. Será concedida ajuda de custo àquele que, não sendo servidor da União, for nomeado para cargo em comissão, com mudança de domicílio.

Parágrafo único. No afastamento previsto no inciso I do art. 93, a ajuda de custo será paga pelo órgão cessionário, quando cabível.

Art. 57. O servidor ficará obrigado a restituir a ajuda de custo quando, injustificadamente, não se apresentar na nova sede no prazo de 30 (trinta) dias.

SUBSEÇÃO II
DAS DIÁRIAS

Art. 58. O servidor que, a serviço, afastar-se da sede em caráter eventual ou transitório para outro ponto do território nacional ou para o exterior, fará jus a passagens e diárias destinadas a indenizar as parcelas de despesas extraordinárias com pousada, alimentação e locomoção urbana, conforme dispuser em regulamento. (Redação dada pela Lei 9.527/1997.)

§ 1º A diária será concedida por dia de afastamento, sendo devida pela metade quando o deslocamento não exigir pernoite fora da sede, ou quando a União custear, por meio diverso, as despesas extraordinárias cobertas por diárias. (Redação dada pela Lei 9.527/1997.)

§ 2º Nos casos em que o deslocamento da sede constituir exigência permanente do cargo, o servidor não fará jus a diárias.

§ 3º Também não fará jus a diárias o servidor que se deslocar dentro da mesma região metropolitana, aglomeração urbana ou microrregião, constituídas por municípios limítrofes e regularmente instituídas, ou em áreas de controle integrado mantidas com países limítrofes, cuja jurisdição e competência dos órgãos, entidades e servidores brasileiros considera-se estendida, salvo se houver pernoite fora da sede, hipóteses em que as diárias pagas serão sempre as fixadas para os afastamentos dentro do território nacional. (Incluído pela Lei 9.527/1997.)

Art. 59. O servidor que receber diárias e não se afastar da sede, por qualquer motivo, fica obrigado a restituí-las integralmente, no prazo de 5 (cinco) dias.

Parágrafo único. Na hipótese de o servidor retornar à sede em prazo menor do que o previsto para o seu afastamento, restituirá as diárias recebidas em excesso, no prazo previsto no *caput.*

SUBSEÇÃO III
DA INDENIZAÇÃO DE TRANSPORTE

Art. 60. Conceder-se-á indenização de transporte ao servidor que realizar despesas com a utilização de meio próprio de locomoção para a execução de serviços externos, por força das atribuições próprias do cargo, conforme se dispuser em regulamento.

- Dec. 3.184/1999 (Regulamenta este artigo).

SUBSEÇÃO IV
DO AUXÍLIO-MORADIA

Incluído pela Lei 11.355/2006.

Art. 60-A. O auxílio-moradia consiste no ressarcimento das despesas comprovadamente realizadas pelo servidor com aluguel de moradia ou com meio de hospedagem administrado por empresa hoteleira, no prazo de um mês após a comprovação da despesa pelo servidor. (Incluído pela Lei nº 11.355, de 2006)

Art. 60-B. Conceder-se-á auxílio-moradia ao servidor se atendidos os seguintes requisitos: (Incluído pela Lei 11.355/2006.)

I - não exista imóvel funcional disponível para uso pelo servidor; (Incluído pela Lei 11.355/2006.)

II - o cônjuge ou companheiro do servidor não ocupe imóvel funcional; (Incluído pela Lei 11.355/2006.)

III - o servidor ou seu cônjuge ou companheiro não seja ou tenha sido proprietário, promitente comprador, cessionário ou promitente cessionário de imóvel no Município aonde for exercer o cargo, incluída a hipótese de lote edificado sem averbação de construção, nos doze meses que antecederem a sua nomeação; (Incluído pela Lei 11.355/2006.)

IV - nenhuma outra pessoa que resida com o servidor receba auxílio-moradia; (Incluído pela Lei 11.355/2006.)

V - o servidor tenha se mudado do local de residência para ocupar cargo em comissão ou função de confiança do Grupo-Direção e Assessoramento Superiores - DAS, níveis 4, 5 e 6, de Natureza Especial, de Ministro de Estado ou equivalentes; (Incluído pela Lei 11.355/2006.)

VI - o Município no qual assuma o cargo em comissão ou função de confiança não se enquadre nas hipóteses do art. 58, § 3º, em relação ao local de residência ou domicílio do servidor; (Incluído pela Lei 11.355/2006.)

VII - o servidor não tenha sido domiciliado ou tenha residido no Município, nos últimos doze meses, aonde for exercer o cargo em comissão ou função de confiança, desconsiderando-se prazo inferior a sessenta dias dentro desse período; e (Incluído pela Lei 11.355/2006.)

VIII - o deslocamento não tenha sido por força de alteração de lotação ou nomeação para cargo efetivo. (Incluído pela Lei 11.355/2006.)

IX - o deslocamento tenha ocorrido após 30 de junho de 2006. (Incluído pela Lei 11.490/2007.)

Parágrafo único. Para fins do inciso VII, não será considerado o prazo no qual o servidor estava ocupando outro cargo em comissão relacionado no inciso V. (Incluído pela Lei 11.355/2006.)

Art. 60-C. (Revogado pela Lei 12.998/2014.)

Art. 60-D. O valor mensal do auxílio-moradia é limitado a 25% (vinte e cinco por cento) do valor do cargo em comissão, função comissionada ou cargo de Ministro de Estado ocupado. (Incluído pela Lei nº 11.784, de 2008

§ 1º O valor do auxílio-moradia não poderá superar 25% (vinte e cinco por cento) da remuneração de Ministro de Estado. (Incluído pela Lei 11.784/2008.)

§ 2º Independentemente do valor do cargo em comissão ou função comissionada, fica garantido a todos os que preencherem os requisitos o ressarcimento até o valor de R$ 1.800,00 (mil e oitocentos reais). (Incluído pela Lei nº 11.784, de 2008

Art. 60-E. No caso de falecimento, exoneração, colocação de imóvel funcional à disposição do servidor ou aquisição de imóvel, o auxílio-moradia continuará sendo pago por um mês. (Incluído pela Lei nº 11.355, de 2006)

SEÇÃO II
DAS GRATIFICAÇÕES E ADICIONAIS

› art. 39, § 7º, CF.

Art. 61. Além do vencimento e das vantagens previstas nesta Lei, serão deferidos aos servidores as seguintes retribuições, gratificações e adicionais: (Redação dada pela Lei 9.527/1997.)

› Súm. Vinc. 4, STF.

I - retribuição pelo exercício de função de direção, chefia e assessoramento; (Redação dada pela Lei 9.527/1997.)

II - gratificação natalina;

III - (Revogado pela Med. Prov. 2.225-45/2001.)

IV - adicional pelo exercício de atividades insalubres, perigosas ou penosas;

V - adicional pela prestação de serviço extraordinário;

VI - adicional noturno;

VII - adicional de férias;

VIII - outros, relativos ao local ou à natureza do trabalho;

IX - gratificação por encargo de curso ou concurso. (Incluído pela Lei 11.314/2006.)

SUBSEÇÃO I
DA RETRIBUIÇÃO PELO EXERCÍCIO DE FUNÇÃO
DE DIREÇÃO, CHEFIA E ASSESSORAMENTO

› Redação dada pela Lei 9.527/1997.

Art. 62. Ao servidor ocupante de cargo efetivo investido em função de direção, chefia ou assessoramento, cargo de provimento em comissão ou de Natureza Especial é devida retribuição pelo seu exercício. (Redação dada pela Lei 9.527/1997.)

Parágrafo único. Lei específica estabelecerá a remuneração dos cargos em comissão de que trata o inciso II do art. 9º. (Redação dada pela Lei 9.527/1997.)

Art. 62-A. Fica transformada em Vantagem Pessoal Nominalmente Identificada - VPNI a incorporação da retribuição pelo exercício de função de direção, chefia ou assessoramento, cargo de provimento em comissão ou de Natureza Especial a que se referem os arts. 3º e 10 da Lei n. 8.911, de 11 de julho de 1994, e o art. 3º da Lei n. 9.624, de 02 de abril de 1998. (Incluído pela Med. Prov. 2.225-45/2001. Até o encerramento desta edição não havia sido convertida em Lei.)

Parágrafo único. A VPNI de que trata o *caput* deste artigo somente estará sujeita às revisões gerais de remuneração dos servidores públicos federais. (Incluído pela Med. Prov. 2.225-45/2001.)

SUBSEÇÃO II
DA GRATIFICAÇÃO NATALINA

Art. 63. A gratificação natalina corresponde a 1/12 (um doze avos) da remuneração a que o servidor fizer jus no mês de dezembro, por mês de exercício no respectivo ano.

Parágrafo único. A fração igual ou superior a 15 (quinze) dias será considerada como mês integral.

Art. 64. A gratificação será paga até o dia 20 (vinte) do mês de dezembro de cada ano.

Parágrafo único. (Vetado.)

Art. 65. O servidor exonerado perceberá sua gratificação natalina, proporcionalmente aos meses de exercício, calculada sobre a remuneração do mês da exoneração.

Art. 66. A gratificação natalina não será considerada para cálculo de qualquer vantagem pecuniária.

SUBSEÇÃO III
DO ADICIONAL POR TEMPO DE SERVIÇO

Art. 67. (Revogado pela Med. Prov. 2.225-45/2001, respeitadas as situações constituídas até 08.03.1999. Até o encerramento desta edição não convertida em Lei).

SUBSEÇÃO IV
DOS ADICIONAIS DE INSALUBRIDADE, PERICULOSIDADE OU ATIVIDADES PENOSAS

Art. 68. Os servidores que trabalhem com habitualidade em locais insalubres ou em contato permanente com substâncias tóxicas, radioativas ou com risco de vida, fazem jus a um adicional sobre o vencimento do cargo efetivo.

§ 1º O servidor que fizer jus aos adicionais de insalubridade e de periculosidade deverá optar por um deles.

§ 2º O direito ao adicional de insalubridade ou periculosidade cessa com a eliminação das condições ou dos riscos que deram causa a sua concessão.

Art. 69. Haverá permanente controle da atividade de servidores em operações ou locais considerados penosos, insalubres ou perigosos.

Parágrafo único. A servidora gestante ou lactante será afastada, enquanto durar a gestação e a lactação, das operações e locais previstos neste artigo, exercendo suas atividades em local salubre e em serviço não penoso e não perigoso.

Art. 70. Na concessão dos adicionais de atividades penosas, de insalubridade e de periculosidade, serão observadas as situações estabelecidas em legislação específica.

› Port. PGR - MPU 633/2010 (Regulamenta o pagamento do adicional de atividade penosa de que trata este artigo).

Art. 71. O adicional de atividade penosa será devido aos servidores em exercício em zonas de fronteira ou em localidades cujas condições de vida o justifiquem, nos termos, condições e limites fixados em regulamento.

› Port. PGR - MPU 633/2010 (Regulamenta o pagamento do adicional de atividade penosa de que trata este artigo).

Art. 72. Os locais de trabalho e os servidores que operam com Raios X ou substâncias radioativas serão mantidos sob controle permanente, de modo que as doses de radiação ionizante não ultrapassem o nível máximo previsto na legislação própria.

Parágrafo único. Os servidores a que se refere este artigo serão submetidos a exames médicos a cada 6 (seis) meses.

SUBSEÇÃO V
DO ADICIONAL POR SERVIÇO EXTRAORDINÁRIO

Art. 73. O serviço extraordinário será remunerado com acréscimo de 50% (cinquenta por cento) em relação à hora normal de trabalho.

› Dec. 948/1993 (Regulamenta este artigo).

Art. 74. Somente será permitido serviço extraordinário para atender a situações excepcionais e temporárias, respeitado o limite máximo de 2 (duas) horas por jornada.

SUBSEÇÃO VI
DO ADICIONAL NOTURNO

Art. 75. O serviço noturno, prestado em horário compreendido entre 22 (vinte e duas) horas de um dia e 5 (cinco) horas do dia seguinte, terá o valor-hora acrescido de 25% (vinte e cinco por cento), computando-se cada hora como cinquenta e dois minutos e trinta segundos.

Parágrafo único. Em se tratando de serviço extraordinário, o acréscimo de que trata este artigo incidirá sobre a remuneração prevista no art. 73.

SUBSEÇÃO VII
DO ADICIONAL DE FÉRIAS

Art. 76. Independentemente de solicitação, será pago ao servidor, por ocasião das férias, um adicional correspondente a 1/3 (um terço) da remuneração do período das férias.

› Súm. 125 e 136, STJ.

Parágrafo único. No caso de o servidor exercer função de direção, chefia ou assessoramento, ou ocupar cargo em comissão, a respectiva vantagem será considerada no cálculo do adicional de que trata este artigo.

SUBSEÇÃO VIII
DA GRATIFICAÇÃO POR ENCARGO DE CURSO OU CONCURSO

Incluída pela Lei 11.314/2006.

Art. 76-A. A Gratificação por Encargo de Curso ou Concurso é devida ao servidor que, em caráter eventual: (Incluído pela Lei 11.314/2006)

‣ Dec.11.069/2022 (Regulamenta este artigo).

I - atuar como instrutor em curso de formação, de desenvolvimento ou de treinamento regularmente instituído no âmbito da administração pública federal; (Incluído pela Lei 11.314/2006.)

‣ art. 98, § 4º, desta lei.

II - participar de banca examinadora ou de comissão para exames orais, para análise curricular, para correção de provas discursivas, para elaboração de questões de provas ou para julgamento de recursos intentados por candidatos; (Incluído pela Lei 11.314/2006.)

‣ art. 98, § 4º, desta lei.

III - participar da logística de preparação e de realização de concurso público envolvendo atividades de planejamento, coordenação, supervisão, execução e avaliação de resultado, quando tais atividades não estiverem incluídas entre as suas atribuições permanentes; (Incluído pela Lei 11.314/2006.)

IV - participar da aplicação, fiscalizar ou avaliar provas de exame vestibular ou de concurso público ou supervisionar essas atividades. (Incluído pela Lei 11.314/2006.)

§ 1º Os critérios de concessão e os limites da gratificação de que trata este artigo serão fixados em regulamento, observados os seguintes parâmetros: (Incluído pela Lei 11.314/2006.)

I - o valor da gratificação será calculado em horas, observadas a natureza e a complexidade da atividade exercida; (Incluído pela Lei 11.314/2006.)

II - a retribuição não poderá ser superior ao equivalente a 120 (cento e vinte) horas de trabalho anuais, ressalvada situação de excepcionalidade, devidamente justificada e previamente aprovada pela autoridade máxima do órgão ou entidade, que poderá autorizar o acréscimo de até 120 (cento e vinte) horas de trabalho anuais; (Incluído pela Lei 11.314/2006.)

III - o valor máximo da hora trabalhada corresponderá aos seguintes percentuais, incidentes sobre o maior vencimento básico da administração pública federal: (Incluído pela Lei 11.314/2006.)

a) 2,2% (dois inteiros e dois décimos por cento), em se tratando de atividades previstas nos incisos I e II do *caput* deste artigo; (Redação dada pela Lei 11.501/2007.)

b) 1,2% (um inteiro e dois décimos por cento), em se tratando de atividade prevista nos incisos III e IV do *caput* deste artigo. (Redação dada pela Lei 11.501/2007.)

§ 2º A Gratificação por Encargo de Curso ou Concurso somente será paga se as atividades referidas nos incisos do *caput* deste artigo forem exercidas sem prejuízo das atribuições do cargo de que o servidor for titular, devendo ser objeto de compensação de carga horária quando desempenhadas durante a jornada de trabalho, na forma do § 4º do art. 98 desta Lei. (Incluído pela Lei 11.314/2006.)

§ 3º A Gratificação por Encargo de Curso ou Concurso não se incorpora ao vencimento ou salário do servidor para qualquer efeito e não poderá ser utilizada como base de cálculo para quaisquer outras vantagens, inclusive para fins de cálculo dos proventos da aposentadoria e das pensões. (Incluído pela Lei 11.314/2006.)

CAPÍTULO III
DAS FÉRIAS

Art. 77. O servidor fará jus a trinta dias de férias, que podem ser acumuladas, até o máximo de dois períodos, no caso de necessidade do serviço, ressalvadas as hipóteses em que haja legislação específica. (Redação dada pela Lei 9.525/1997.)

§ 1º Para o primeiro período aquisitivo de férias serão exigidos 12 (doze) meses de exercício.

§ 2º É vedado levar à conta de férias qualquer falta ao serviço.

§ 3º As férias poderão ser parceladas em até três etapas, desde que assim requeridas pelo servidor, e no interesse da administração pública. (Incluído pela Lei 9.525/1997.)

Art. 78. O pagamento da remuneração das férias será efetuado até 2 (dois) dias antes do início do respectivo período, observando-se o disposto no § 1º deste artigo.

‣ art. 2º, Lei 9.525/1997 (Ministros de Estado.)

§§ 1º e 2º (Revogados pela Lei 9.527/1997.)

§ 3º O servidor exonerado do cargo efetivo, ou em comissão, perceberá indenização relativa ao período das férias a que tiver direito e ao incompleto, na proporção de um doze avos por mês de efetivo exercício, ou fração superior a quatorze dias. (Incluído pela Lei 8.216/1991.)

§ 4º A indenização será calculada com base na remuneração do mês em que for publicado o ato exoneratório. (Incluído pela Lei 8.216/1991.)

§ 5º Em caso de parcelamento, o servidor receberá o valor adicional previsto no inciso XVII do art. 7º da Constituição Federal quando da utilização do primeiro período. (Incluído pela Lei 9.525/1997.)

Art. 79. O servidor que opera direta e permanentemente com raios X ou substâncias radioativas gozará 20 (vinte) dias consecutivos de férias, por semestre de atividade profissional, proibida em qualquer hipótese a acumulação.

Parágrafo único. (Revogado pela Lei 9.527/1997.)

Art. 80. As férias somente poderão ser interrompidas por motivo de calamidade pública, comoção interna, convocação para júri, serviço militar ou eleitoral, ou por necessidade do serviço declarada pela autoridade máxima do órgão ou entidade. (Redação dada pela Lei 9.527/1997.)

Parágrafo único. O restante do período interrompido será gozado de uma só vez, observado o disposto no art. 77. (Incluído pela Lei 9.527/1997.)

CAPÍTULO IV
DAS LICENÇAS

SEÇÃO I
DISPOSIÇÕES GERAIS

Art. 81. Conceder-se-á ao servidor licença:

I - por motivo de doença em pessoa da família;

II - por motivo de afastamento do cônjuge ou companheiro;

III - para o serviço militar;

IV - para atividade política;

V - para capacitação; (Redação dada pela Lei 9.527/1997.)

VI - para tratar de interesses particulares;

VII - para desempenho de mandato classista.

§ 1º A licença prevista no inciso I do *caput* deste artigo bem como cada uma de suas prorrogações serão precedidas de exame por perícia médica oficial, observado o disposto no art. 204 desta lei. (Redação dada pela Lei 11.907/2009.)

§ 2º (Revogado pela Lei 9.527/1997.)

§ 3º É vedado o exercício de atividade remunerada durante o período da licença prevista no inciso I deste artigo.

Art. 82. A licença concedida dentro de 60 (sessenta) dias do término de outra da mesma espécie será considerada como prorrogação.

SEÇÃO II
DA LICENÇA POR MOTIVO DE DOENÇA EM PESSOA DA FAMÍLIA

Art. 83. Poderá ser concedida licença ao servidor por motivo de doença do cônjuge ou companheiro, dos pais, dos filhos, do padrasto ou madrasta e enteado, ou dependente que viva a suas expensas e conste do seu assentamento funcional, mediante comprovação por perícia médica oficial. (Redação dada pela Lei 11.907/2009.)

‣ art. 9º, Dec. 7.003/2009 (Regulamenta a licença para tratamento de saúde do servidor da administração federal direta, autárquica e fundacional e os casos em que poderá ser dispensada a perícia oficial).

§ 1º A licença somente será deferida se a assistência direta do servidor for indispensável e não puder ser prestada simultaneamente com o exercício do cargo ou mediante compensação de horário, na forma do disposto no inciso II do art. 44. (Redação dada pela Lei 9.527/1997.)

§ 2º A licença de que trata o *caput*, incluídas as prorrogações, poderá ser concedida a cada período de doze meses nas seguintes condições: (Redação dada pela Lei 12.269/2010.)

I - por até 60 (sessenta) dias, consecutivos ou não, mantida a remuneração do servidor; e (Incluído pela Lei 12.269/2010.)

II - por até 90 (noventa) dias, consecutivos ou não, sem remuneração. (Incluído pela Lei 12.269/2010.)

§ 3º O início do interstício de 12 (doze) meses será contado a partir da data do deferimento da primeira licença concedida. (Incluído pela Lei 12.269/2010.)

§ 4º A soma das licenças remuneradas e das licenças não remuneradas, incluídas as respectivas prorrogações, concedidas em um mesmo período de 12 (doze) meses, observado o disposto no § 3º, não poderá ultrapassar os limites estabelecidos nos incisos I e II do § 2º. (Incluído pela Lei 12.269/2010.)

SEÇÃO III
DA LICENÇA POR MOTIVO DE AFASTAMENTO DO CÔNJUGE

Art. 84. Poderá ser concedida licença ao servidor para acompanhar cônjuge ou companheiro que foi deslocado para outro ponto do território nacional, para o exterior ou para o exercício de mandato eletivo dos Poderes Executivo e Legislativo.

- Res. 5/2008, CJF (Regulamenta, no âmbito do Conselho e da Justiça Federal de primeiro e segundo graus a concessão de horário especial, do afastamento para estudo ou missão no exterior, da licença para capacitação, do afastamento de servidores para participação em curso de formação, da cessão e requisição, da licença por motivo de doença em pessoa da família, da licença para atividade política, do afastamento para exercício de mandato eletivo, da licença por motivo de afastamento do cônjuge, da licença para o trato de assuntos particulares e da licença-prêmio por assiduidade previstos, na Lei 8.112/1990).

§ 1º A licença será por prazo indeterminado e sem remuneração.

§ 2º No deslocamento de servidor cujo cônjuge ou companheiro também seja servidor público, civil ou militar, de qualquer dos Poderes da União, dos Estados, do Distrito Federal e dos Municípios, poderá haver exercício provisório em órgão ou entidade da Administração Federal direta, autárquica ou fundacional, desde que para o exercício de atividade compatível com o seu cargo. (Redação dada pela Lei 9.527/1997.)

- art. 142, § 3º, CF.

SEÇÃO IV
DA LICENÇA PARA O SERVIÇO MILITAR

Art. 85. Ao servidor convocado para o serviço militar será concedida licença, na forma e condições previstas na legislação específica.

Parágrafo único. Concluído o serviço militar, o servidor terá até 30 (trinta) dias sem remuneração para reassumir o exercício do cargo.

SEÇÃO V
DA LICENÇA PARA ATIVIDADE POLÍTICA

Art. 86. O servidor terá direito a licença, sem remuneração, durante o período que mediar entre a sua escolha em convenção partidária, como candidato a cargo eletivo, e a véspera do registro de sua candidatura perante a Justiça Eleitoral.

§ 1º O servidor candidato a cargo eletivo na localidade onde desempenha suas funções e que exerça cargo de direção, chefia, assessoramento, arrecadação ou fiscalização, dele será afastado, a partir do dia imediato ao do registro de sua candidatura perante a Justiça Eleitoral, até o décimo dia seguinte ao do pleito. (Redação dada pela Lei 9.527/1997.)

§ 2º A partir do registro da candidatura e até o décimo dia seguinte ao da eleição, o servidor fará jus à licença, assegurados os vencimentos do cargo efetivo, somente pelo período de três meses. (Redação dada pela Lei 9.527/1997.)

SEÇÃO VI
DA LICENÇA PARA CAPACITAÇÃO

- Redação dada pela Lei 9.527/1997.

Art. 87. Após cada quinquênio de efetivo exercício, o servidor poderá, no interesse da Administração, afastar-se do exercício do cargo efetivo, com a respectiva remuneração, por até três meses, para participar de curso de capacitação profissional. (Redação dada pela Lei 9.527/1997.)

- art. 18, I, Dec. 9.991/2019.

Parágrafo único. Os períodos de licença de que trata o *caput* não são acumuláveis. (Redação dada pela Lei 9.527/1997.)

Arts. 88 e 89. (Revogados pela Lei 9.527/1997.)

Art. 90. (Vetado.)

SEÇÃO VII
DA LICENÇA PARA TRATAR DE INTERESSES PARTICULARES

Art. 91. A critério da Administração, poderão ser concedidas ao servidor ocupante de cargo efetivo, desde que não esteja em estágio probatório, licenças para o trato de assuntos particulares pelo prazo de até três anos consecutivos, sem remuneração. (Redação dada pela Med. Prov. 2.225-45/2001.)

Parágrafo único. A licença poderá ser interrompida, a qualquer tempo, a pedido do servidor ou no interesse do serviço. (Redação dada pela Med. Prov. 2.225-45/2001.)

SEÇÃO VIII
DA LICENÇA PARA O DESEMPENHO DE MANDATO CLASSISTA

Art. 92. É assegurado ao servidor o direito à licença sem remuneração para o desempenho de mandato em confederação, federação, associação de classe de âmbito nacional, sindicato representativo da categoria ou entidade fiscalizadora da profissão ou, ainda, para participar de gerência ou administração em sociedade cooperativa constituída por servidores públicos para prestar serviços a seus membros, observado o disposto na alínea *c* do inciso VIII do art. 102 desta lei, conforme disposto em regulamento e observados os seguintes limites: (Redação dada pela Lei 11.094/2005.)

- Dec. 11.411/2023 (Regulamenta este artigo).

I - para entidades com até 5.000 (cinco mil) associados, 2 (dois) servidores; (Alterado pela Lei 12.998/2014.)

II - para entidades com 5.001 (cinco mil e um) a 30.000 (trinta mil) associados, 4 (quatro) servidores; (Alterado pela Lei 12.998/2014.)

III - para entidades com mais de 30.000 (trinta mil) associados, 8 (oito) servidores. (Alterado pela Lei 12.998/2014.)

§ 1º Somente poderão ser licenciados os servidores eleitos para cargos de direção ou de representação nas referidas entidades, desde que cadastradas no órgão competente. (Alterado pela Lei 12.998/2014.)

§ 2º A licença terá duração igual à do mandato, podendo ser renovada, no caso de reeleição. (Alterado pela Lei 12.998/2014.)

CAPÍTULO V
DOS AFASTAMENTOS

SEÇÃO I
DO AFASTAMENTO PARA SERVIR A OUTRO ÓRGÃO OU ENTIDADE

Art. 93. O servidor poderá ser cedido para ter exercício em outro órgão ou entidade dos Poderes da União, dos Estados, ou do Distrito Federal e dos Municípios, nas seguintes hipóteses: (Redação dada pela Lei 8.270/1991.)

- Dec. 10.835/2021 (Dispõe sobre as cessões, as requisições e as alterações de exercício para composição da força de trabalho em que a administração pública federal, direta e indireta, seja parte).

I - para exercício de cargo em comissão ou função de confiança; (Redação dada pela Lei 8.270/1991.)

II - em casos previstos em leis específicas. (Redação dada pela Lei 8.270/1991.)

§ 1º Na hipótese do inciso I, sendo a cessão para órgãos ou entidades dos Estados, do Distrito Federal ou dos Municípios, o ônus da remuneração será do órgão ou entidade cessionária, mantido o ônus para o cedente nos demais casos. (Redação dada pela Lei 8.270/1991.)

§ 2º Na hipótese de o servidor cedido a empresa pública ou sociedade de economia mista, nos termos das respectivas normas, optar pela remuneração do cargo efetivo ou pela remuneração do cargo efetivo acrescida de percentual da retribuição do cargo em comissão, a entidade cessionária efetuará o reembolso das despesas realizadas pelo órgão ou entidade de origem. (Redação dada pela Lei 11.355/2006.)

§ 3º A cessão far-se-á mediante Portaria publicada no Diário Oficial da União. (Redação dada pela Lei 8.270/1991.)

§ 4º Mediante autorização expressa do Presidente da República, o servidor do Poder Executivo poderá ter exercício em outro órgão da Administração Federal direta que não tenha quadro próprio de pessoal, para fim determinado e a prazo certo. (Incluído pela Lei 8.270/1991.)

§ 5º Aplica-se à União, em se tratando de empregado ou servidor por ela requisitado, as disposições dos §§ 1º e 2º deste artigo. (Redação dada pela Lei 10.470/2002.)

§ 6º As cessões de empregados de empresa pública ou de sociedade de economia mista, que receba recursos de Tesouro Nacional para o custeio total ou parcial da sua folha de pagamento de pessoal, independem das disposições contidas nos incisos I e II e §§ 1º e 2º deste artigo, ficando o exercício do empregado cedido condicionado a autorização específica do Ministério do Planejamento, Orçamento e Gestão, exceto nos casos de ocupação de cargo em comissão ou função gratificada. (Incluído pela Lei 10.470/2002.)

- O Ministério do Planejamento, Orçamento e Gestão foi transformado em Ministério do Planejamento, Desenvolvimento e Gestão pela Lei 13.341/2016.
- Lei 13.303/2016 (Dispõe sobre o estatuto jurídico da empresa pública, da sociedade de economia mista e de suas subsidiárias, no âmbito da União, dos Estados, do Distrito Federal e dos Municípios).

§ 7º O Ministério do Planejamento, Orçamento e Gestão, com a finalidade de promover a composição da força de trabalho dos órgãos e entidades da Administração Pública Federal, poderá determinar a lotação ou o exercício de empregado ou servidor, independentemente da observância do constante no inciso I e nos §§ 1º e 2º deste artigo. (Incluído pela Lei 10.470/2002.)

- O Ministério do Planejamento, Orçamento e Gestão foi transformado em Ministério do Planejamento, Desenvolvimento e Gestão pela Lei 13.341/2016.
- Dec. 5.375/2005 (Dispõe sobre a aplicação deste parágrafo, para compor força de trabalho no âmbito dos projetos que especifica).

SEÇÃO II
DO AFASTAMENTO PARA EXERCÍCIO DE MANDATO ELETIVO

Art. 94. Ao servidor investido em mandato eletivo aplicam-se as seguintes disposições:

I - tratando-se de mandato federal, estadual ou distrital, ficará afastado do cargo;

II - investido no mandato de Prefeito, será afastado do cargo, sendo-lhe facultado optar pela sua remuneração;

III - investido no mandato de vereador:

a) havendo compatibilidade de horário, perceberá as vantagens de seu cargo, sem prejuízo da remuneração do cargo eletivo;

b) não havendo compatibilidade de horário, será afastado do cargo, sendo-lhe facultado optar pela sua remuneração.

§ 1º No caso de afastamento do cargo, o servidor contribuirá para a seguridade social como se em exercício estivesse.

§ 2º O servidor investido em mandato eletivo ou classista não poderá ser removido ou redistribuído de ofício para localidade diversa daquela onde exerce o mandato.

SEÇÃO III
DO AFASTAMENTO PARA ESTUDO OU MISSÃO NO EXTERIOR

Art. 95. O servidor não poderá ausentar-se do País para estudo ou missão oficial, sem autorização do Presidente da República, Presidente dos Órgãos do Poder Legislativo e Presidente do Supremo Tribunal Federal.

- art. 18, IV, Dec. 9.991/2019.

§ 1º A ausência não excederá a 4 (quatro) anos, e finda a missão ou estudo, somente decorrido igual período, será permitida nova ausência.

§ 2º Ao servidor beneficiado pelo disposto neste artigo não será concedida exoneração ou licença para tratar de interesse particular antes de decorrido período igual ao do afastamento, ressalvada a hipótese de ressarcimento da despesa havida com seu afastamento.

§ 3º O disposto neste artigo não se aplica aos servidores da carreira diplomática.

§ 4º As hipóteses, condições e formas para a autorização de que trata este artigo, inclusive no que se refere à remuneração do servidor, serão disciplinadas em regulamento. (Incluído pela Lei 9.527/1997.)

Art. 96. O afastamento de servidor para servir em organismo internacional de que o Brasil participe ou com o qual coopere dar-se-á com perda total da remuneração.

- Dec. 201/1991 (Dispõe sobre o afastamento de servidores federais para servir em organismos internacionais).
- Dec. 3.456/2000 (Delega competência ao Ministro de Estado do Planejamento, Orçamento e Gestão para a prática do ato que menciona).

SEÇÃO IV
DO AFASTAMENTO PARA PARTICIPAÇÃO EM PROGRAMA DE PÓS-GRADUAÇÃO STRICTO SENSU NO PAÍS

- Incluído pela Lei 11.907/2009.

Art. 96-A. O servidor poderá, no interesse da Administração, e desde que a participação não possa ocorrer simultaneamente com o exercício do cargo ou mediante compensação de horário, afastar-se do exercício do cargo efetivo, com a respectiva remuneração, para participar em programa de pós-graduação *stricto sensu* em instituição de ensino superior no País. (Incluído pela Lei 11.907/2009.)

- art. 18, III, Dec. 9.991/2019.

§ 1º Ato do dirigente máximo do órgão ou entidade definirá, em conformidade com a legislação vigente, os programas de capacitação e os critérios para participação em programas de pós-graduação no País, com ou sem afastamento do servidor, que serão avaliados por um comitê constituído para este fim. (Incluído pela Lei 11.907/2009.)

§ 2º Os afastamentos para realização de programas de mestrado e doutorado somente serão concedidos aos servidores titulares de cargos efetivos no respectivo órgão ou entidade há pelo menos 3 (três) anos para mestrado e 4 (quatro) anos para doutorado, incluído o período de estágio probatório, que não tenham se afastado por licença para tratar de assuntos particulares para gozo de licença capacitação ou com fundamento neste artigo nos 2 (dois) anos anteriores à data da solicitação de afastamento. (Incluído pela Lei 11.907/2009.)

§ 3º Os afastamentos para realização de programas de pós-doutorado somente serão concedidos aos servidores titulares de cargos efetivo no respectivo órgão ou entidade há pelo menos quatro anos, incluído o período de estágio probatório, e que não tenham se afastado por licença para tratar de assuntos particulares ou com fundamento neste artigo, nos quatro anos anteriores à data da solicitação de afastamento. (Redação dada pela Lei 12.269/2010.)

§ 4º Os servidores beneficiados pelos afastamentos previstos nos §§ 1º, 2º e 3º deste artigo terão que permanecer no exercício de suas funções após o seu retorno por um período igual ao do afastamento concedido. (Incluído pela Lei 11.907/2009.)

§ 5º Caso o servidor venha a solicitar exoneração do cargo ou aposentadoria, antes de cumprido o período de permanência previsto no § 4º deste artigo, deverá ressarcir o órgão ou entidade, na forma do art. 47 da Lei n. 8.112, de 11 de dezembro de 1990, dos gastos com seu aperfeiçoamento. (Incluído pela Lei 11.907/2009.)

§ 6º Caso o servidor não obtenha o título ou grau que justificou seu afastamento no período previsto, aplica-se o disposto no § 5º deste artigo, salvo na hipótese comprovada de força maior ou de caso fortuito, a critério do dirigente máximo do órgão ou entidade. (Incluído pela Lei 11.907/2009.)

§ 7º Aplica-se à participação em programa de pós-graduação no Exterior, autorizado nos termos do art. 95 desta lei, o disposto nos §§ 1º a 6º deste artigo. (Incluído pela Lei 11.907/2009.)

CAPÍTULO VI
DAS CONCESSÕES

Art. 97. Sem qualquer prejuízo, poderá o servidor ausentar-se do serviço:

I - por 1 (um) dia, para doação de sangue;

II - pelo período comprovadamente necessário para alistamento ou recadastramento eleitoral, limitado, em qualquer caso, a 2 (dois) dias; e (Alterado pela Lei 12.998/2014.)

III - por 8 (oito) dias consecutivos em razão de:

a) casamento;

b) falecimento do cônjuge, companheiro, pais, madrasta ou padrasto, filhos, enteados, menor sob guarda ou tutela e irmãos.

Art. 98. Será concedido horário especial ao servidor estudante, quando comprovada a incompatibilidade entre o horário escolar e o da repartição, sem prejuízo do exercício do cargo.

§ 1º Para efeito do disposto neste artigo, será exigida a compensação de horário no órgão ou entidade que tiver exercício, respeitada a duração semanal do trabalho. (Parágrafo renumerado e alterado pela Lei 9.527/1997.)

§ 2º Também será concedido horário especial ao servidor portador de deficiência, quando comprovada a necessidade por junta médica oficial, independentemente de compensação de horário. (Incluído pela Lei 9.527/1997.)

§ 3º As disposições constantes do § 2º são extensivas ao servidor que tenha cônjuge, filho ou dependente com deficiência. (Alterado pela Lei 13.370/2016.)

§ 4º Será igualmente concedido horário especial, vinculado à compensação de horário a ser efetivada no prazo de até 1 (um) ano, ao servidor que desempenhe atividade prevista nos incisos I e II do *caput* do art. 76-A desta lei. (Redação dada pela Lei 11.501/2007.)

Art. 99. Ao servidor estudante que mudar de sede no interesse da administração é assegurada, na localidade da nova residência ou na mais próxima, matrícula em instituição de ensino congênere, em qualquer época, independentemente de vaga.

Parágrafo único. O disposto neste artigo estende-se ao cônjuge ou companheiro, aos filhos, ou enteados do servidor que vivam na sua companhia, bem como aos menores sob sua guarda, com autorização judicial.

CAPÍTULO VII
DO TEMPO DE SERVIÇO

› art. 40, §§ 9º e 10, CF.

Art. 100. É contado para todos os efeitos o tempo de serviço público federal, inclusive o prestado às Forças Armadas.

Art. 101. A apuração do tempo de serviço será feita em dias, que serão convertidos em anos, considerado o ano como de trezentos e sessenta e cinco dias.

Parágrafo único. (Revogado pela Lei 9.527/1997.)

Art. 102. Além das ausências ao serviço previstas no art. 97, são considerados como de efetivo exercício os afastamentos em virtude de:

I - férias;

II - exercício de cargo em comissão ou equivalente, em órgão ou entidade dos Poderes da União, dos Estados, Municípios e Distrito Federal;

III - exercício de cargo ou função de governo ou administração, em qualquer parte do território nacional, por nomeação do Presidente da República;

IV - participação em programa de treinamento regularmente instituído ou em programa de pós-graduação *stricto sensu* no País, conforme dispuser o regulamento; (Redação dada pela Lei 11.907/2009.)

› art. 18, II, Dec. 9.991/2019.

V - desempenho de mandato eletivo federal, estadual, municipal ou do Distrito Federal, exceto para promoção por merecimento;

VI - júri e outros serviços obrigatórios por lei;

VII - missão ou estudo no exterior, quando autorizado o afastamento, conforme dispuser o regulamento; (Redação dada pela Lei 9.527/1997.)

VIII - licença:

a) à gestante, à adotante e à paternidade;

b) para tratamento da própria saúde, até o limite de vinte e quatro meses, cumulativo ao longo do tempo de serviço público prestado à União, em cargo de provimento efetivo; (Redação dada pela Lei 9.527/1997.)

c) para o desempenho de mandato classista ou participação de gerência ou administração em sociedade cooperativa constituída por servidores para prestar serviços a seus membros, exceto para efeito de promoção por merecimento; (Redação dada pela Lei 11.094/2005.)

d) por motivo de acidente em serviço ou doença profissional;

e) para capacitação, conforme dispuser o regulamento; (Redação dada pela Lei 9.527/1997.)

f) por convocação para o serviço militar;

IX - deslocamento para a nova sede de que trata o art. 18;

X - participação em competição desportiva nacional ou convocação para integrar representação desportiva nacional, no País ou no exterior, conforme disposto em lei específica;

XI - afastamento para servir em organismo internacional de que o Brasil participe ou com o qual coopere. (Incluído pela Lei 9.527/1997.)

Art. 103. Contar-se-á apenas para efeito de aposentadoria e disponibilidade:

I - o tempo de serviço público prestado aos Estados, Municípios e Distrito Federal;

II - a licença para tratamento de saúde de pessoal da família do servidor, com remuneração, que exceder a 30 (trinta) dias em período de 12 (doze) meses. (Redação dada pela Lei 12.269/2010.)

III - a licença para atividade política, no caso do art. 86, § 2º;

IV - o tempo correspondente ao desempenho de mandato eletivo federal, estadual, municipal ou distrital, anterior ao ingresso no serviço público federal;

V - o tempo de serviço em atividade privada, vinculada à Previdência Social;

VI - o tempo de serviço relativo a tiro de guerra;

VII - o tempo de licença para tratamento da própria saúde que exceder o prazo a que se refere a alínea "*b*" do inciso VIII do art. 102. (Incluído pela Lei 9.527/1997.)

§ 1º O tempo em que o servidor esteve aposentado será contado apenas para nova aposentadoria.

§ 2º Será contado em dobro o tempo de serviço prestado às Forças Armadas em operações de guerra.

§ 3º É vedada a contagem cumulativa de tempo de serviço prestado concomitantemente em mais de um cargo ou função de órgão ou entidades dos Poderes da União, Estado, Distrito Federal e Município, autarquia, fundação pública, sociedade de economia mista e empresa pública.

› Lei 13.303/2016 (Dispõe sobre o estatuto jurídico da empresa pública, da sociedade de economia mista e de suas subsidiárias, no âmbito da União, dos Estados, do Distrito Federal e dos Municípios).

CAPÍTULO VIII
DO DIREITO DE PETIÇÃO

Art. 104. É assegurado ao servidor o direito de requerer aos Poderes Públicos, em defesa de direito ou interesse legítimo.

Art. 105. O requerimento será dirigido à autoridade competente para decidi-lo e encaminhado por intermédio daquela a que estiver imediatamente subordinado o requerente.

Art. 106. Cabe pedido de reconsideração à autoridade que houver expedido o ato ou proferido a primeira decisão, não podendo ser renovado.

› Lei 12.300/2010. (Altera o Plano de Carreira dos Servidores do Senado Federal).

Parágrafo único. O requerimento e o pedido de reconsideração de que tratam os artigos anteriores deverão ser despachados no prazo de 5 (cinco) dias e decididos dentro de 30 (trinta) dias.

Art. 107. Caberá recurso:

› Lei 12.300/2010. (Altera o Plano de Carreira dos Servidores do Senado Federal).

I - do indeferimento do pedido de reconsideração;

II - das decisões sobre os recursos sucessivamente interpostos.

§ 1º O recurso será dirigido à autoridade imediatamente superior à que tiver expedido o ato ou proferido a decisão, e, sucessivamente, em escala ascendente, às demais autoridades.

§ 2º O recurso será encaminhado por intermédio da autoridade a que estiver imediatamente subordinado o requerente.

Art. 108. O prazo para interposição de pedido de reconsideração ou de recurso é de 30 (trinta) dias, a contar da publicação ou da ciência, pelo interessado, da decisão recorrida.

Art. 109. O recurso poderá ser recebido com efeito suspensivo, a juízo da autoridade competente.

Parágrafo único. Em caso de provimento do pedido de reconsideração ou do recurso, os efeitos da decisão retroagirão à data do ato impugnado.

Art. 110. O direito de requerer prescreve:

I - em 5 (cinco) anos, quanto aos atos de demissão e de cassação de aposentadoria ou disponibilidade, ou que afetem interesse patrimonial e créditos resultantes das relações de trabalho;

II - em 120 (cento e vinte) dias, nos demais casos, salvo quando outro prazo for fixado em lei.

Parágrafo único. O prazo de prescrição será contado da data da publicação do ato impugnado ou da data da ciência pelo interessado, quando o ato não for publicado.

Art. 111. O pedido de reconsideração e o recurso, quando cabíveis, interrompem a prescrição.

Art. 112. A prescrição é de ordem pública, não podendo ser relevada pela administração.

Art. 113. Para o exercício do direito de petição, é assegurada vista do processo ou documento, na repartição, ao servidor ou a procurador por ele constituído.

Art. 114. A administração deverá rever seus atos, a qualquer tempo, quando eivados de ilegalidade.

Art. 115. São fatais e improrrogáveis os prazos estabelecidos neste Capítulo, salvo motivo de força maior.

- arts. 53 e 54, Lei 9.784/1999 (Lei do Processo Administrativo Federal).

TÍTULO IV
DO REGIME DISCIPLINAR

CAPÍTULO I
DOS DEVERES

Art. 116. São deveres do servidor:

- art. 312 e ss. do CP.
- Lei 8.027/1990 (Dispõe sobre as normas de conduta dos servidores públicos civis da União, das Autarquias e das Fundações Públicas).
- Lei 8.429/1992 (Lei da Improbidade Administrativa).

I - exercer com zelo e dedicação as atribuições do cargo;

II - ser leal às instituições a que servir;

III - observar as normas legais e regulamentares;

IV - cumprir as ordens superiores, exceto quando manifestamente ilegais;

V - atender com presteza:

a) ao público em geral, prestando as informações requeridas, ressalvadas as protegidas por sigilo;

b) à expedição de certidões requeridas para defesa de direito ou esclarecimento de situações de interesse pessoal;

c) às requisições para a defesa da Fazenda Pública;

VI - levar as irregularidades de que tiver ciência em razão do cargo ao conhecimento da autoridade superior ou, quando houver suspeita de envolvimento desta, ao conhecimento de outra autoridade competente para apuração; (Alterado pela Lei 12.527/2011.)

- Dec. 7.845/2012 (Regulamenta procedimentos para credenciamento de segurança e tratamento de informação classificada em qualquer grau de sigilo, e dispõe sobre o Núcleo de Segurança e Credenciamento).

VII - zelar pela economia do material e a conservação do patrimônio público;

VIII - guardar sigilo sobre assunto da repartição;

IX - manter conduta compatível com a moralidade administrativa;

X - ser assíduo e pontual ao serviço;

XI - tratar com urbanidade as pessoas;

XII - representar contra ilegalidade, omissão ou abuso de poder.

Parágrafo único. A representação de que trata o inciso XII será encaminhada pela via hierárquica e apreciada pela autoridade superior àquela contra a qual é formulada, assegurando-se ao representando ampla defesa.

CAPÍTULO II
DAS PROIBIÇÕES

- Dec. 1.171/1994 (Aprova o Código de Ética Profissional do Servidor Público Civil do Poder Executivo Federal).

Art. 117. Ao servidor é proibido:

I - ausentar-se do serviço durante o expediente, sem prévia autorização do chefe imediato;

- Dec. 1.480/1995 (Dispõe sobre os procedimentos a serem adotados em casos de paralisações dos serviços públicos federais, enquanto não regulado o disposto no art. 37, VII, CF.

II - retirar, sem prévia anuência da autoridade competente, qualquer documento ou objeto da repartição;

III - recusar fé a documentos públicos;

IV - opor resistência injustificada ao andamento de documento e processo ou execução de serviço;

V - promover manifestação de apreço ou desapreço no recinto da repartição;

VI - cometer a pessoa estranha à repartição, fora dos casos previstos em lei, o desempenho de atribuição que seja de sua responsabilidade ou de seu subordinado;

VII - coagir ou aliciar subordinados no sentido de filiarem-se a associação profissional ou sindical, ou a partido político;

VIII - manter sob sua chefia imediata, em cargo ou função de confiança, cônjuge, companheiro ou parente até o segundo grau civil;

- Dec. 7.203/2010 (Dispõe sobre a vedação do nepotismo no âmbito da administração pública federal).

IX - valer-se do cargo para lograr proveito pessoal ou de outrem, em detrimento da dignidade da função pública;

X - participar de gerência ou administração de sociedade privada, personificada ou não personificada, exercer o comércio, exceto na qualidade de acionista, cotista ou comanditário; (Redação dada pela Lei 11.784/2008.)

XI - atuar, como procurador ou intermediário, junto a repartições públicas, salvo quando se tratar de benefícios previdenciários ou assistenciais de parentes até o segundo grau, e de cônjuge ou companheiro;

XII - receber propina, comissão, presente ou vantagem de qualquer espécie, em razão de suas atribuições;

XIII - aceitar comissão, emprego ou pensão de estado estrangeiro;

XIV - praticar usura sob qualquer de suas formas;

XV - proceder de forma desidiosa;

XVI - utilizar pessoal ou recursos materiais da repartição em serviços ou atividades particulares;

XVII - cometer a outro servidor atribuições estranhas ao cargo que ocupa, exceto em situações de emergência e transitórias;

XVIII - exercer quaisquer atividades que sejam incompatíveis com o exercício do cargo ou função e com o horário de trabalho;

XIX - recusar-se a atualizar seus dados cadastrais quando solicitado. (Incluído pela Lei 9.527/1997.)

Parágrafo único. A vedação de que trata o inciso X do *caput* deste artigo não se aplica nos seguintes casos: (Incluído pela Lei 11.784/2008.)

I - participação nos conselhos de administração e fiscal de empresas ou entidades em que a União detenha, direta ou indiretamente, participação no capital social ou em sociedade cooperativa constituída para prestar serviços a seus membros; e (Incluído pela Lei 11.784/2008.)

II - gozo de licença para o trato de interesses particulares, na forma do art. 91 desta lei, observada a legislação sobre conflito de interesses. (Incluído pela Lei 11.784/2008.)

CAPÍTULO III
DA ACUMULAÇÃO

Art. 118. Ressalvados os casos previstos na Constituição, é vedada a acumulação remunerada de cargos públicos.

- art. 37, XVII, CF.

§ 1º A proibição de acumular estende-se a cargos, empregos e funções em autarquias, fundações públicas, empresas públicas, sociedades de economia mista da União, do Distrito Federal, dos Estados, dos Territórios e dos Municípios.

§ 2º A acumulação de cargos, ainda que lícita, fica condicionada à comprovação da compatibilidade de horários.

§ 3º Considera-se acumulação proibida a percepção de vencimento de cargo ou emprego público efetivo com proventos da inatividade, salvo quando os cargos de que decorram essas remunerações forem acumuláveis na atividade. (Incluído pela Lei 9.527/1997.)

Art. 119. O servidor não poderá exercer mais de um cargo em comissão, exceto no caso previsto no parágrafo único do art. 9º, nem ser remunerado pela participação em órgão de deliberação coletiva. (Redação dada pela Lei 9.527/1997.)

Parágrafo único. O disposto neste artigo não se aplica à remuneração devida pela participação em conselhos de administração e fiscal das empresas públicas e sociedades de economia mista, suas subsidiárias e controladas, bem como quaisquer empresas ou entidades em que a União, direta ou indiretamente, detenha participação no capital social, observado o que, a respeito, dispuser legislação específica. (Redação dada pela Med. Prov. 2.225-45/2001.)

Art. 120. O servidor vinculado ao regime desta lei, que acumular licitamente dois cargos efetivos, quando investido em cargo de provimento em comissão, ficará afastado de ambos os cargos efetivos, salvo na hipótese em que houver compatibilidade de horário e local com o exercício de um deles, declarada pelas autoridades máximas dos órgãos ou entidades envolvidos. (Redação dada pela Lei 9.527/1997.)

CAPÍTULO IV
DAS RESPONSABILIDADES

Art. 121. O servidor responde civil, penal e administrativamente pelo exercício irregular de suas atribuições.

Art. 122. A responsabilidade civil decorre de ato omissivo ou comissivo, doloso ou culposo, que resulte em prejuízo ao erário ou a terceiros.

› art. 37, § 6º, CF.

§ 1º A indenização de prejuízo dolosamente causado ao erário somente será liquidada na forma prevista no art. 46, na falta de outros bens que assegurem a execução do débito pela via judicial.

§ 2º Tratando-se de dano causado a terceiros, responderá o servidor perante a Fazenda Pública, em ação regressiva.

§ 3º A obrigação de reparar o dano estende-se aos sucessores e contra eles será executada, até o limite do valor da herança recebida.

Art. 123. A responsabilidade penal abrange os crimes e contravenções imputadas ao servidor, nessa qualidade.

Art. 124. A responsabilidade civil-administrativa resulta de ato omissivo ou comissivo praticado no desempenho do cargo ou função.

Art. 125. As sanções civis, penais e administrativas poderão cumular-se, sendo independentes entre si.

Art. 126. A responsabilidade administrativa do servidor será afastada no caso de absolvição criminal que negue a existência do fato ou sua autoria.

Art. 126-A. Nenhum servidor poderá ser responsabilizado civil, penal ou administrativamente por dar ciência à autoridade superior ou, quando houver suspeita de envolvimento desta, a outra autoridade competente para apuração de informação concernente à prática de crimes ou improbidade de que tenha conhecimento, ainda que em decorrência do exercício de cargo, emprego ou função pública. (Incluído pela Lei 12.527/2011.)

› Dec. 7.845/2012 (Regulamenta procedimentos para credenciamento de segurança e tratamento de informação classificada em qualquer grau de sigilo, e dispõe sobre o Núcleo de Segurança e Credenciamento).

CAPÍTULO V
DAS PENALIDADES

Art. 127. São penalidades disciplinares:

I - advertência;

II - suspensão;

III - demissão;

› art. 12, p.u., Lei 12.813/2013 (Dispõe sobre o conflito de interesses no exercício de cargo ou emprego do Poder Executivo federal e impedimentos posteriores ao exercício do cargo ou emprego).

IV - cassação de aposentadoria ou disponibilidade;

V - destituição de cargo em comissão;

VI - destituição de função comissionada.

Art. 128. Na aplicação das penalidades serão consideradas a natureza e a gravidade da infração cometida, os danos que dela provierem para o serviço público, as circunstâncias agravantes ou atenuantes e os antecedentes funcionais.

Parágrafo único. O ato de imposição da penalidade mencionará sempre o fundamento legal e a causa da sanção disciplinar. (Incluído pela Lei 9.527/1997.)

Art. 129. A advertência será aplicada por escrito, nos casos de violação de proibição constante do art. 117, incisos I a VIII e XIX, e de inobservância de dever funcional previsto em lei, regulamentação ou norma interna, que não justifique imposição de penalidade mais grave. (Redação dada pela Lei 9.527/1997.)

Art. 130. A suspensão será aplicada em caso de reincidência das faltas punidas com advertência e de violação das demais proibições que não tipifiquem infração sujeita a penalidade de demissão, não podendo exceder de 90 (noventa) dias.

§ 1º Será punido com suspensão de até 15 (quinze) dias o servidor que, injustificadamente, recusar-se a ser submetido a inspeção médica determinada pela autoridade competente, cessando os efeitos da penalidade uma vez cumprida a determinação.

§ 2º Quando houver conveniência para o serviço, a penalidade de suspensão poderá ser convertida em multa, na base de 50% (cinquenta por cento) por dia de vencimento ou remuneração, ficando o servidor obrigado a permanecer em serviço.

Art. 131. As penalidades de advertência e de suspensão terão seus registros cancelados, após o decurso de 3 (três) e 5 (cinco) anos de efetivo exercício, respectivamente, se o servidor não houver, nesse período, praticado nova infração disciplinar.

Parágrafo único. O cancelamento da penalidade não surtirá efeitos retroativos.

Art. 132. A demissão será aplicada nos seguintes casos:

› art. 12, p.u., Lei 12.813/2013 (Dispõe sobre o conflito de interesses no exercício de cargo ou emprego do Poder Executivo federal e impedimentos posteriores ao exercício do cargo ou emprego).

› Súm. 25, STF.

I - crime contra a administração pública;

› art. 312 e ss., CP.

II - abandono de cargo;

III - inassiduidade habitual;

IV - improbidade administrativa;

V - incontinência pública e conduta escandalosa, na repartição;

VI - insubordinação grave em serviço;

VII - ofensa física, em serviço, a servidor ou a particular, salvo em legítima defesa própria ou de outrem;

VIII - aplicação irregular de dinheiros públicos;

IX - revelação de segredo do qual se apropriou em razão do cargo;

X - lesão aos cofres públicos e dilapidação do patrimônio nacional;

XI - corrupção;

XII - acumulação ilegal de cargos, empregos ou funções públicas;

XIII - transgressão dos incisos IX a XVI do art. 117.

Art. 133. Detectada a qualquer tempo a acumulação ilegal de cargos, empregos ou funções públicas, a autoridade a que se refere o art. 143 notificará o servidor, por intermédio de sua chefia imediata, para apresentar opção no prazo improrrogável de dez dias, contados da data da ciência e, na hipótese de omissão, adotará procedimento sumário para a sua apuração e regularização imediata, cujo processo administrativo disciplinar se desenvolverá nas seguintes fases: (Redação dada pela Lei 9.527/1997.)

I - instauração, com a publicação do ato que constituir a comissão, a ser composta por dois servidores estáveis, e simultaneamente indicar a autoria e a materialidade da transgressão objeto da apuração; (Incluído pela Lei 9.527/1997.)

II - instrução sumária, que compreende indiciação, defesa e relatório; (Incluído pela Lei 9.527/1997.)

III - julgamento. (Incluído pela Lei 9.527/1997.)

§ 1º A indicação da autoria de que trata o inciso I dar-se-á pelo nome e matrícula do servidor, e a materialidade pela descrição dos cargos, empregos ou funções públicas em situação de acumulação ilegal, dos órgãos ou entidades de vinculação, das datas de ingresso, do horário de trabalho e do correspondente regime jurídico. (Redação dada pela Lei 9.527/1997.)

§ 2º A comissão lavrará, até três dias após a publicação do ato que a constituiu, termo de indiciação em que serão transcritas as informações de que trata o parágrafo anterior, bem como promoverá a citação pessoal do servidor indiciado, ou por intermédio de sua chefia imediata, para, no prazo de cinco dias, apresentar defesa escrita, assegurando-se-lhe vista do processo na repartição, observado o disposto nos arts. 163 e 164. (Redação dada pela Lei 9.527/1997.)

§ 3º Apresentada a defesa, a comissão elaborará relatório conclusivo quanto à inocência ou à responsabilidade do servidor, em que resumirá as peças principais dos autos, opinará sobre a licitude da acumulação em exame, indicará o respectivo dispositivo legal e remeterá o processo à autoridade instauradora, para julgamento. (Incluído pela Lei 9.527/1997.)

§ 4º No prazo de cinco dias, contados do recebimento do processo, a autoridade julgadora proferirá a sua decisão, aplicando-se, quando for o caso, o disposto no § 3º do art. 167. (Incluído pela Lei 9.527/1997.)

§ 5º A opção pelo servidor até o último dia de prazo para defesa configurará sua boa-fé, hipótese em que se converterá automaticamente em pedido de exoneração do outro cargo. (Incluído pela Lei 9.527/1997.)

§ 6º Caracterizada a acumulação ilegal e provada a má-fé, aplicar-se-á a pena de demissão, destituição ou cassação de aposentadoria ou disponibilidade em relação aos cargos, empregos ou funções públicas em regime de acumulação ilegal, hipótese em que os órgãos ou entidades de vinculação serão comunicados. (Incluído pela Lei 9.527/1997.)

§ 7º O prazo para a conclusão do processo administrativo disciplinar submetido ao rito sumário não excederá trinta dias, contados da data de publicação do ato que constituir a comissão, admitida a sua prorrogação por até quinze dias, quando as circunstâncias o exigirem. (Incluído pela Lei 9.527/1997.)

§ 8º O procedimento sumário rege-se pelas disposições deste artigo, observando-se, no que lhe for aplicável, subsidiariamente, as disposições dos Títulos IV e V desta lei. (Incluído pela Lei 9.527/1997.)

Art. 134. Será cassada a aposentadoria ou a disponibilidade do inativo que houver praticado, na atividade, falta punível com a demissão.

Art. 135. A destituição de cargo em comissão exercido por não ocupante de cargo efetivo será aplicada nos casos de infração sujeita às penalidades de suspensão e de demissão.

Parágrafo único. Constatada a hipótese de que trata este artigo, a exoneração efetuada nos termos do art. 35 será convertida em destituição de cargo em comissão.

Art. 136. A demissão ou a destituição de cargo em comissão, nos casos dos incisos IV, VIII, X e XI do art. 132, implica a indisponibilidade dos bens e o ressarcimento ao erário, sem prejuízo da ação penal cabível.

Art. 137. A demissão ou a destituição de cargo em comissão, por infringência do art. 117, incisos IX e XI, incompatibiliza o ex-servidor para nova investidura em cargo público federal, pelo prazo de 5 (cinco) anos.

Parágrafo único. Não poderá retornar ao serviço público federal o servidor que for demitido ou destituído do cargo em comissão por infringência do art. 132, incisos I, IV, VIII, X e XI.

- *ADI nº 2.975: Parágrafo declarado inconstitucional, em controle concentrado, pelo Supremo Tribunal Federal, publicada no DOU de 8/1/2021.*

Art. 138. Configura abandono de cargo a ausência intencional do servidor ao serviço por mais de trinta dias consecutivos.

Art. 139. Entende-se por inassiduidade habitual a falta ao serviço, sem causa justificada, por sessenta dias, interpoladamente, durante o período de doze meses.

Art. 140. Na apuração de abandono de cargo ou inassiduidade habitual, também será adotado o procedimento sumário a que se refere o art. 133, observando-se especialmente que: (Redação dada pela Lei 9.527/1997.)

I - a indicação da materialidade dar-se-á: (Incluído pela Lei 9.527/1997.)

a) na hipótese de abandono de cargo, pela indicação precisa do período de ausência intencional do servidor ao serviço superior a trinta dias; (Incluído pela Lei 9.527/1997.)

b) no caso de inassiduidade habitual, pela indicação dos dias de falta ao serviço sem causa justificada, por período igual ou superior a sessenta dias interpoladamente, durante o período de doze meses; (Incluído pela Lei 9.527/1997.)

II - após a apresentação da defesa a comissão elaborará relatório conclusivo quanto à inocência ou à responsabilidade do servidor, em que resumirá as peças principais dos autos, indicará o respectivo dispositivo legal, opinará, na hipótese de abandono de cargo, sobre a intencionalidade da ausência ao serviço superior a trinta dias e remeterá o processo à autoridade instauradora para julgamento. (Incluído pela Lei 9.527/1997.)

Art. 141. As penalidades disciplinares serão aplicadas:

I - pelo Presidente da República, pelos Presidentes das Casas do Poder Legislativo e dos Tribunais Federais e pelo Procurador-Geral da República, quando se tratar de demissão e cassação de aposentadoria ou disponibilidade de servidor vinculado ao respectivo Poder, órgão, ou entidade;

II - pelas autoridades administrativas de hierarquia imediatamente inferior àquelas mencionadas no inciso anterior quando se tratar de suspensão superior a 30 (trinta) dias;

III - pelo chefe da repartição e outras autoridades na forma dos respectivos regimentos ou regulamentos, nos casos de advertência ou de suspensão de até 30 (trinta) dias;

IV - pela autoridade que houver feito a nomeação, quando se tratar de destituição de cargo em comissão.

Art. 142. A ação disciplinar prescreverá:

I - em 5 (cinco) anos, quanto às infrações puníveis com demissão, cassação de aposentadoria ou disponibilidade e destituição de cargo em comissão;

II - em 2 (dois) anos, quanto à suspensão;

III - em 180 (cento e oitenta) dias, quanto à advertência.

§ 1º O prazo de prescrição começa a correr da data em que o fato se tornou conhecido.

§ 2º Os prazos de prescrição previstos na lei penal aplicam-se às infrações disciplinares capituladas também como crime.

§ 3º A abertura de sindicância ou a instauração de processo disciplinar interrompe a prescrição, até a decisão final proferida por autoridade competente.

§ 4º Interrompido o curso da prescrição, o prazo começará a correr a partir do dia em que cessar a interrupção.

- Lei 9.784/1999 (Lei dos Processos Administrativos Federais).

TÍTULO V
DO PROCESSO ADMINISTRATIVO DISCIPLINAR

CAPÍTULO I
DISPOSIÇÕES GERAIS

Art. 143. A autoridade que tiver ciência de irregularidade no serviço público é obrigada a promover a sua apuração imediata, mediante sindicância ou processo administrativo disciplinar, assegurada ao acusado ampla defesa.

- art. 11, II, Lei 8.429/1992 (Dispõe sobre as sanções aplicáveis aos agentes públicos nos casos de enriquecimento ilícito no exercício de mandato, cargo, emprego ou função na administração pública direta, indireta ou fundacional).
- art. 17, Lei 9.784/1999 (Regula o processo administrativo no âmbito da Administração Pública Federal).
- Súm. 665 do STJ.

§§ 1º e 2º (Revogados pela Lei 11.204/2005.)

§ 3º A apuração de que trata o *caput*, por solicitação da autoridade a que se refere, poderá ser promovida por autoridade de órgão ou entidade diverso daquele em que tenha ocorrido a irregularidade, mediante competência específica para tal finalidade, delegada em caráter permanente ou temporário pelo Presidente da República, pelos presidentes das Casas do Poder Legislativo e dos Tribunais Federais e pelo Procurador-Geral da República, no âmbito do respectivo Poder, órgão ou entidade, preservadas as competências para o julgamento que se seguir à apuração. (Incluído pela Lei 9.527/1997.)

Art. 144. As denúncias sobre irregularidades serão objeto de apuração, desde que contenham a identificação e o endereço do denunciante e sejam formuladas por escrito, confirmada a autenticidade.

Parágrafo único. Quando o fato narrado não configurar evidente infração disciplinar ou ilícito penal, a denúncia será arquivada, por falta de objeto.

Art. 145. Da sindicância poderá resultar:

I - arquivamento do processo;

II - aplicação de penalidade de advertência ou suspensão de até 30 (trinta) dias;

III - instauração de processo disciplinar.

Parágrafo único. O prazo para conclusão da sindicância não excederá 30 (trinta) dias, podendo ser prorrogado por igual período, a critério da autoridade superior.

Art. 146. Sempre que o ilícito praticado pelo servidor ensejar a imposição de penalidade de suspensão por mais de 30 (trinta) dias, de demissão, cassação de aposentadoria ou disponibilidade, ou destituição de cargo em comissão, será obrigatória a instauração de processo disciplinar.

CAPÍTULO II
DO AFASTAMENTO PREVENTIVO

Art. 147. Como medida cautelar e a fim de que o servidor não venha a influir na apuração da irregularidade, a autoridade instauradora do processo disciplinar poderá determinar o seu afastamento do exercício do cargo, pelo prazo de até 60 (sessenta) dias, sem prejuízo da remuneração.

Parágrafo único. O afastamento poderá ser prorrogado por igual prazo, findo o qual cessarão os seus efeitos, ainda que não concluído o processo.

CAPÍTULO III
DO PROCESSO DISCIPLINAR

Art. 148. O processo disciplinar é o instrumento destinado a apurar responsabilidade de servidor por infração praticada no exercício de suas atribuições, ou que tenha relação com as atribuições do cargo em que se encontre investido.

- Lei 8.429/1992 (Lei da Improbidade Administrativa).

Art. 149. O processo disciplinar será conduzido por comissão composta de três servidores estáveis designados pela autoridade competente, observado o disposto no § 3º do art. 143, que indicará, dentre eles, o seu presidente, que deverá ser ocupante de cargo efetivo superior ou de mesmo nível, ou ter nível de escolaridade igual ou superior ao do indiciado. (Redação dada pela Lei 9.527/1997.)

§ 1º A Comissão terá como secretário servidor designado pelo seu presidente, podendo a indicação recair em um de seus membros.

§ 2º Não poderá participar de comissão de sindicância ou de inquérito, cônjuge, companheiro ou parente do acusado, consanguíneo ou afim, em linha reta ou colateral, até o terceiro grau.

Art. 150. A Comissão exercerá suas atividades com independência e imparcialidade, assegurado o sigilo necessário à elucidação do fato ou exigido pelo interesse da administração.

Parágrafo único. As reuniões e as audiências das comissões terão caráter reservado.

Art. 151. O processo disciplinar se desenvolve nas seguintes fases:

I - instauração, com a publicação do ato que constituir a comissão;

II - inquérito administrativo, que compreende instrução, defesa e relatório;

III - julgamento.

Art. 152. O prazo para a conclusão do processo disciplinar não excederá 60 (sessenta) dias, contados da data de publicação do ato que constituir a comissão, admitida a sua prorrogação por igual prazo, quando as circunstâncias o exigirem.

§ 1º Sempre que necessário, a comissão dedicará tempo integral aos seus trabalhos, ficando seus membros dispensados do ponto, até a entrega do relatório final.

§ 2º As reuniões da comissão serão registradas em atas que deverão detalhar as deliberações adotadas.

SEÇÃO I
DO INQUÉRITO

Art. 153. O inquérito administrativo obedecerá ao princípio do contraditório, assegurada ao acusado ampla defesa, com a utilização dos meios e recursos admitidos em direito.

Art. 154. Os autos da sindicância integrarão o processo disciplinar, como peça informativa da instrução.

Parágrafo único. Na hipótese de o relatório da sindicância concluir que a infração está capitulada como ilícito penal, a autoridade competente encaminhará cópia dos autos ao Ministério Público, independentemente da imediata instauração do processo disciplinar.

Art. 155. Na fase do inquérito, a comissão promoverá a tomada de depoimentos, acareações, investigações e diligências cabíveis, objetivando a coleta de prova, recorrendo, quando necessário, a técnicos e peritos, de modo a permitir a completa elucidação dos fatos.

Art. 156. É assegurado ao servidor o direito de acompanhar o processo pessoalmente ou por intermédio de procurador, arrolar e reinquirir testemunhas, produzir provas e contraprovas e formular quesitos, quando se tratar de prova pericial.

§ 1º O presidente da comissão poderá denegar pedidos considerados impertinentes, meramente protelatórios, ou de nenhum interesse para o esclarecimento dos fatos.

§ 2º Será indeferido o pedido de prova pericial, quando a comprovação do fato independer de conhecimento especial de perito.

Art. 157. As testemunhas serão intimadas a depor mediante mandado expedido pelo presidente da comissão, devendo a segunda via, com o ciente do interessado, ser anexado aos autos.

Parágrafo único. Se a testemunha for servidor público, a expedição do mandado será imediatamente comunicada ao chefe da repartição onde serve, com a indicação do dia e hora marcados para inquirição.

Art. 158. O depoimento será prestado oralmente e reduzido a termo, não sendo lícito à testemunha trazê-lo por escrito.

§ 1º As testemunhas serão inquiridas separadamente.

§ 2º Na hipótese de depoimentos contraditórios ou que se infirmem, proceder-se-á à acareação entre os depoentes.

Art. 159. Concluída a inquirição das testemunhas, a comissão promoverá o interrogatório do acusado, observados os procedimentos previstos nos arts. 157 e 158.

§ 1º No caso de mais de um acusado, cada um deles será ouvido separadamente, e sempre que divergirem em suas declarações sobre fatos ou circunstâncias, será promovida a acareação entre eles.

§ 2º O procurador do acusado poderá assistir ao interrogatório, bem como à inquirição das testemunhas, sendo-lhe vedado interferir nas perguntas e respostas, facultando-se-lhe, porém, reinquiri-las, por intermédio do presidente da comissão.

Art. 160. Quando houver dúvida sobre a sanidade mental do acusado, a comissão proporá à autoridade competente que ele seja submetido a exame por junta médica oficial, da qual participe pelo menos um médico psiquiatra.

Parágrafo único. O incidente de sanidade mental será processado em auto apartado e apenso ao processo principal, após a expedição do laudo pericial.

Art. 161. Tipificada a infração disciplinar, será formulada a indiciação do servidor, com a especificação dos fatos a ele imputados e das respectivas provas.

§ 1º O indiciado será citado por mandado expedido pelo presidente da comissão para apresentar defesa escrita, no prazo de 10 (dez) dias, assegurando-se-lhe vista do processo na repartição.

§ 2º Havendo dois ou mais indiciados, o prazo será comum e de 20 (vinte) dias.

§ 3º O prazo de defesa poderá ser prorrogado pelo dobro, para diligências reputadas indispensáveis.

§ 4º No caso de recusa do indiciado em apor o ciente na cópia da citação, o prazo para defesa contar-se-á da data declarada, em termo próprio, pelo membro da comissão que fez a citação, com a assinatura de (2) duas testemunhas.

Art. 162. O indiciado que mudar de residência fica obrigado a comunicar à comissão o lugar onde poderá ser encontrado.

Art. 163. Achando-se o indiciado em lugar incerto e não sabido, será citado por edital, publicado no Diário Oficial da União e em jornal de grande circulação na localidade do último domicílio conhecido, para apresentar defesa.

Parágrafo único. Na hipótese deste artigo, o prazo para defesa será de 15 (quinze) dias a partir da última publicação do edital.

Art. 164. Considerar-se-á revel o indiciado que, regularmente citado, não apresentar defesa no prazo legal.

§ 1º A revelia será declarada, por termo, nos autos do processo e devolverá o prazo para a defesa.

§ 2º Para defender o indiciado revel, a autoridade instauradora do processo designará um servidor como defensor dativo, que deverá ser ocupante de cargo efetivo superior ou de mesmo nível, ou ter nível de escolaridade igual ou superior ao do indiciado. (Redação dada pela Lei 9.527/1997.)

Art. 165. Apreciada a defesa, a comissão elaborará relatório minucioso, onde resumirá as peças principais dos autos e mencionará as provas em que se baseou para formar a sua convicção.

§ 1º O relatório será sempre conclusivo quanto à inocência ou à responsabilidade do servidor.

§ 2º Reconhecida a responsabilidade do servidor, a comissão indicará o dispositivo legal ou regulamentar transgredido, bem como as circunstâncias agravantes ou atenuantes.

Art. 166. O processo disciplinar, com o relatório da comissão, será remetido à autoridade que determinou a sua instauração, para julgamento.

SEÇÃO II
DO JULGAMENTO

Art. 167. No prazo de 20 (vinte) dias, contados do recebimento do processo, a autoridade julgadora proferirá a sua decisão.

§ 1º Se a penalidade a ser aplicada exceder a alçada da autoridade instauradora do processo, este será encaminhado à autoridade competente, que decidirá em igual prazo.

§ 2º Havendo mais de um indiciado e diversidade de sanções, o julgamento caberá à autoridade competente para a imposição da pena mais grave.

§ 3º Se a penalidade prevista for a demissão ou cassação de aposentadoria ou disponibilidade, o julgamento caberá às autoridades de que trata o inciso I do art. 141.

§ 4º Reconhecida pela comissão a inocência do servidor, a autoridade instauradora do processo determinará o seu arquivamento, salvo se flagrantemente contrária à prova dos autos. (Incluído pela Lei 9.527/1997.)

Art. 168. O julgamento acatará o relatório da comissão, salvo quando contrário às provas dos autos.

Parágrafo único. Quando o relatório da comissão contrariar as provas dos autos, a autoridade julgadora poderá, motivadamente, agravar a penalidade proposta, abrandá-la ou isentar o servidor de responsabilidade.

Art. 169. Verificada a ocorrência de vício insanável, a autoridade que determinou a instauração do processo ou outra de hierarquia superior declarará a sua nulidade, total ou parcial, e ordenará, no mesmo ato, a constituição de outra comissão para instauração de novo processo. (Redação dada pela Lei 9.527/1997.)

§ 1º O julgamento fora do prazo legal não implica nulidade do processo.

‣ Súm. 592, STJ.

§ 2º A autoridade julgadora que der causa à prescrição de que trata o art. 142, § 2º, será responsabilizada na forma do Capítulo IV do Título IV.

Art. 170. Extinta a punibilidade pela prescrição, a autoridade julgadora determinará o registro do fato nos assentamentos individuais do servidor.

Art. 171. Quando a infração estiver capitulada como crime, o processo disciplinar será remetido ao Ministério Público para instauração da ação penal, ficando trasladado na repartição.

Art. 172. O servidor que responder a processo disciplinar só poderá ser exonerado a pedido, ou aposentado voluntariamente, após a conclusão do processo e o cumprimento da penalidade, acaso aplicada.

Parágrafo único. Ocorrida a exoneração de que trata o parágrafo único, inciso I do art. 34, o ato será convertido em demissão, se for o caso.

Art. 173. Serão assegurados transporte e diárias:

I - ao servidor convocado para prestar depoimento fora da sede de sua repartição, na condição de testemunha, denunciado ou indiciado;

II - aos membros da comissão e ao secretário, quando obrigados a se deslocarem da sede dos trabalhos para a realização de missão essencial ao esclarecimento dos fatos.

SEÇÃO III
DA REVISÃO DO PROCESSO

Art. 174. O processo disciplinar poderá ser revisto, a qualquer tempo, a pedido ou de ofício, quando se aduzirem fatos novos ou circunstâncias suscetíveis de justificar a inocência do punido ou a inadequação da penalidade aplicada.

§ 1º Em caso de falecimento, ausência ou desaparecimento do servidor, qualquer pessoa da família poderá requerer a revisão do processo.

§ 2º No caso de incapacidade mental do servidor, a revisão será requerida pelo respectivo curador.

Art. 175. No processo revisional, o ônus da prova cabe ao requerente.

Art. 176. A simples alegação de injustiça da penalidade não constitui fundamento para a revisão, que requer elementos novos, ainda não apreciados no processo originário.

Art. 177. O requerimento de revisão do processo será dirigido ao Ministro de Estado ou autoridade equivalente, que, se autorizar a revisão, encaminhará o pedido ao dirigente do órgão ou entidade onde se originou o processo disciplinar.

Parágrafo único. Deferida a petição, a autoridade competente providenciará a constituição de comissão, na forma do art. 149.

Art. 178. A revisão correrá em apenso ao processo originário.

Parágrafo único. Na petição inicial, o requerente pedirá dia e hora para a produção de provas e inquirição das testemunhas que arrolar.

Art. 179. A comissão revisora terá 60 (sessenta) dias para a conclusão dos trabalhos.

Art. 180. Aplicam-se aos trabalhos da comissão revisora, no que couber, as normas e procedimentos próprios da comissão do processo disciplinar.

Art. 181. O julgamento caberá à autoridade que aplicou a penalidade, nos termos do art. 141.

Parágrafo único. O prazo para julgamento será de 20 (vinte) dias, contados do recebimento do processo, no curso do qual a autoridade julgadora poderá determinar diligências.

Art. 182. Julgada procedente a revisão, será declarada sem efeito a penalidade aplicada, restabelecendo-se todos os direitos do servidor, exceto em relação à destituição do cargo em comissão, que será convertida em exoneração.

Parágrafo único. Da revisão do processo não poderá resultar agravamento de penalidade.

TÍTULO VI
DA SEGURIDADE SOCIAL DO SERVIDOR

CAPÍTULO I
DISPOSIÇÕES GERAIS

Art. 183. A União manterá Plano de Seguridade Social para o servidor e sua família.

§ 1º O servidor ocupante de cargo em comissão que não seja, simultaneamente, ocupante de cargo ou emprego efetivo na administração pública direta, autárquica e fundacional não terá direito aos benefícios do Plano de Seguridade Social, com exceção da assistência à saúde. (Redação dada pela Lei 10.667/2003.)

§ 2º O servidor afastado ou licenciado do cargo efetivo, sem direito à remuneração, inclusive para servir em organismo oficial internacional do qual o Brasil seja membro efetivo ou com o qual coopere, ainda que contribua para regime de previdência social no exterior, terá suspenso o seu vínculo com o regime do Plano de Seguridade Social do Servidor Público enquanto durar o afastamento ou a licença, não lhes assistindo, neste período, os benefícios do mencionado regime de previdência. (Incluído pela Lei 10.667/2003.)

§ 3º Será assegurada ao servidor licenciado ou afastado sem remuneração a manutenção da vinculação ao regime do Plano de Seguridade Social do Servidor Público, mediante o recolhimento mensal da respectiva contribuição, no mesmo percentual devido pelos servidores em atividade, incidente sobre a remuneração total do cargo a que faz jus no exercício de suas atribuições, computando-se, para esse efeito, inclusive, as vantagens pessoais. (Acrescentado pela Lei 10.667/2003.)

§ 4º O recolhimento de que trata o § 3º deve ser efetuado até o segundo dia útil após a data do pagamento das remunerações dos servidores públicos, aplicando-se os procedimentos de cobrança e execução dos tributos federais quando não recolhidas na data de vencimento. (Incluído pela Lei 10.667/2003.)

Art. 184. O Plano de Seguridade Social visa a dar cobertura aos riscos a que estão sujeitos o servidor e sua família, e compreende um conjunto de benefícios e ações que atendam às seguintes finalidades:

I - garantir meios de subsistência nos eventos de doença, invalidez, velhice, acidente em serviço, inatividade, falecimento e reclusão;

II - proteção à maternidade, à adoção e à paternidade;

III - assistência à saúde.

Parágrafo único. Os benefícios serão concedidos nos termos e condições definidos em regulamento, observadas as disposições desta lei.

Art. 185. Os benefícios do Plano de Seguridade Social do servidor compreendem:

I - quanto ao servidor:

a) aposentadoria;

b) auxílio-natalidade;

c) salário-família;

d) licença para tratamento de saúde;

e) licença à gestante, à adotante e licença-paternidade;

f) licença por acidente em serviço;

g) assistência à saúde;

h) garantia de condições individuais e ambientais de trabalho satisfatórias;

II - quanto ao dependente:

a) pensão vitalícia e temporária;

b) auxílio-funeral;

c) auxílio-reclusão;

d) assistência à saúde.

§ 1º As aposentadorias e pensões serão concedidas e mantidas pelos órgãos ou entidades aos quais se encontram vinculados os servidores, observado o disposto nos arts. 189 e 224.

§ 2º O recebimento indevido de benefícios havidos por fraude, dolo ou má-fé, implicará devolução ao erário do total auferido, sem prejuízo da ação penal cabível.

CAPÍTULO II
DOS BENEFÍCIOS

SEÇÃO I
DA APOSENTADORIA

Art. 186. O servidor será aposentado:

▸ art. 40, CF.

I - por invalidez permanente, sendo os proventos integrais quando decorrente de acidente em serviço, moléstia profissional ou doença grave, contagiosa ou incurável, especificada em lei, e proporcionais nos demais casos;

II - compulsoriamente, aos setenta anos de idade, com proventos proporcionais ao tempo de serviço;

III - voluntariamente:

a) aos 35 (trinta e cinco) anos de serviço, se homem, e aos 30 (trinta) se mulher, com proventos integrais;

b) aos 30 (trinta) anos de efetivo exercício em funções de magistério se professor, e 25 (vinte e cinco) se professora, com proventos integrais;

c) aos 30 (trinta) anos de serviço, se homem, e aos 25 (vinte e cinco) se mulher, com proventos proporcionais a esse tempo;

d) aos 65 (sessenta e cinco) anos de idade, se homem, e aos 60 (sessenta) se mulher, com proventos proporcionais ao tempo de serviço.

§ 1º Consideram-se doenças graves, contagiosas ou incuráveis, a que se refere o inciso I deste artigo, tuberculose ativa, alienação mental, esclerose múltipla, neoplasia maligna, cegueira posterior ao ingresso no serviço público, hanseníase, cardiopatia grave, doença de Parkinson, paralisia irreversível e incapacitante, espondiloartrose anquilosante, nefropatia grave, estados avançados do mal de Paget (osteíte deformante), Síndrome de Imunodeficiência Adquirida - AIDS, e outras que a lei indicar, com base na medicina especializada.

§ 2º Nos casos de exercício de atividades consideradas insalubres ou perigosas, bem como nas hipóteses previstas no art. 71, a aposentadoria de que trata o inciso III, *a* e *c*, observará o disposto em lei específica.

§ 3º Na hipótese do inciso I o servidor será submetido à junta médica oficial, que atestará a invalidez quando caracterizada a incapacidade para o desempenho das atribuições do cargo ou a impossibilidade de se aplicar o disposto no art. 24. (Incluído pela Lei 9.527/1997.)

Art. 187. A aposentadoria compulsória será automática, e declarada por ato, com vigência a partir do dia imediato àquele em que o servidor atingir a idade-limite de permanência no serviço ativo.

Art. 188. A aposentadoria voluntária ou por invalidez vigorará a partir da data da publicação do respectivo ato.

§ 1º A aposentadoria por invalidez será precedida de licença para tratamento de saúde, por período não excedente a 24 (vinte e quatro) meses.

§ 2º Expirado o período de licença e não estando em condições de reassumir o cargo ou de ser readaptado, o servidor será aposentado.

§ 3º O lapso de tempo compreendido entre o término da licença e a publicação do ato da aposentadoria será considerado como de prorrogação da licença.

§ 4º Para os fins do disposto no § 1º deste artigo, serão consideradas apenas as licenças motivadas pela enfermidade ensejadora da invalidez ou doenças correlacionadas. (Incluído pela Lei 11.907/2009.)

§ 5º A critério da Administração, o servidor em licença para tratamento de saúde ou aposentado por invalidez poderá ser convocado a qualquer momento, para avaliação das condições que ensejaram o afastamento ou a aposentadoria. (Incluído pela Lei 11.907/2009.)

Art. 189. O provento da aposentadoria será calculado com observância do disposto no § 3º do art. 41, e revisto na mesma data e proporção, sempre que se modificar a remuneração dos servidores em atividade.

Parágrafo único. São estendidos aos inativos quaisquer benefícios ou vantagens posteriormente concedidas aos servidores em atividade, inclusive quando decorrentes de transformação ou reclassificação do cargo ou função em que se deu a aposentadoria.

▸ arts. 185, § 1º, e 224 desta lei.

Art. 190. O servidor aposentado com provento proporcional ao tempo de serviço se acometido de qualquer das moléstias especificadas no § 1º do art. 186 desta lei e, por esse motivo, for considerado inválido por junta médica oficial passará a perceber provento integral, calculado com base no fundamento legal de concessão da aposentadoria. (Redação dada pela Lei 11.907/2009.)

Art. 191. Quando proporcional ao tempo de serviço, o provento não será inferior a 1/3 (um terço) da remuneração da atividade.

Arts. 192 e 193. (Revogados pela Lei 9.527/1997.)

Art. 194. Ao servidor aposentado será paga a gratificação natalina, até o dia vinte do mês de dezembro, em valor equivalente ao respectivo provento, deduzido o adiantamento recebido.

Art. 195. Ao ex-combatente que tenha efetivamente participado de operações bélicas, durante a Segunda Guerra Mundial, nos termos da Lei n. 5.315, de 12 de setembro de 1967, será concedida aposentadoria com provento integral, aos 25 (vinte e cinco) anos de serviço efetivo.

▸ art. 53, V, ADCT.

SEÇÃO II
DO AUXÍLIO-NATALIDADE

Art. 196. O auxílio-natalidade é devido à servidora por motivo de nascimento de filho, em quantia equivalente ao menor vencimento do serviço público, inclusive no caso de natimorto.

§ 1º Na hipótese de parto múltiplo, o valor será acrescido de 50% (cinquenta por cento), por nascituro.

§ 2º O auxílio será pago ao cônjuge ou companheiro servidor público, quando a parturiente não for servidora.

SEÇÃO III
DO SALÁRIO-FAMÍLIA

Art. 197. O salário-família é devido ao servidor ativo ou ao inativo, por dependente econômico.

Parágrafo único. Consideram-se dependentes econômicos para efeito de percepção do salário-família:

I - o cônjuge ou companheiro e os filhos, inclusive os enteados até 21 (vinte e um) anos de idade ou, se estudante, até 24 (vinte e quatro) anos ou, se inválido, de qualquer idade;

II - o menor de 21 (vinte e um) anos que, mediante autorização judicial, viver na companhia e às expensas do servidor, ou do inativo;

III - a mãe e o pai sem economia própria.

Art. 198. Não se configura a dependência econômica quando o beneficiário do salário-família perceber rendimento do trabalho ou de qualquer outra fonte, inclusive pensão ou provento da aposentadoria, em valor igual ou superior ao salário-mínimo.

Art. 199. Quando o pai e mãe forem servidores públicos e viverem em comum, o salário-família será pago a um deles; quando separados, será pago a um e outro, de acordo com a distribuição dos dependentes.

Parágrafo único. Ao pai e à mãe equiparam-se o padrasto, a madrasta e, na falta destes, os representantes legais dos incapazes.

Art. 200. O salário-família não está sujeito a qualquer tributo, nem servirá de base para qualquer contribuição, inclusive para a Previdência Social.

Art. 201. O afastamento do cargo efetivo, sem remuneração, não acarreta a suspensão do pagamento do salário-família.

SEÇÃO IV
DA LICENÇA PARA TRATAMENTO DE SAÚDE

‣ Dec. 7.003/2009 (Regulamenta a licença para tratamento de saúde, de que tratam os arts. 202 a 205 desta lei).

Art. 202. Será concedida ao servidor licença para tratamento de saúde, a pedido ou de ofício, com base em perícia médica, sem prejuízo da remuneração a que fizer jus.

Art. 203. A licença de que trata o art. 202 desta lei será concedida com base em perícia oficial. (Redação dada pela Lei 11.907/2009.)

§ 1º Sempre que necessário, a inspeção médica será realizada na residência do servidor ou no estabelecimento hospitalar onde se encontrar internado.

§ 2º Inexistindo médico no órgão ou entidade no local onde se encontra ou tenha exercício em caráter permanente o servidor, e não se configurando as hipóteses previstas nos parágrafos do art. 230, será aceito atestado passado por médico particular. (Redação dada pela Lei 9.527/1997.)

§ 3º No caso do § 2º deste artigo, o atestado somente produzirá efeitos depois de recepcionado pela unidade de recursos humanos do órgão ou entidade. (Redação dada pela Lei 11.907/2009.)

§ 4º A licença que exceder o prazo de 120 (cento e vinte) dias no período de 12 (doze) meses a contar do primeiro dia de afastamento será concedida mediante avaliação por junta médica oficial. (Redação dada pela Lei 11.907/2009.)

§ 5º A perícia oficial para concessão da licença de que trata o *caput* deste artigo, bem como nos demais casos de perícia oficial previstos nesta Lei, será efetuada por cirurgiões-dentistas, nas hipóteses em que abranger o campo de atuação da odontologia. (Incluído pela Lei 11.907/2009.)

Art. 204. A licença para tratamento de saúde inferior a 15 (quinze) dias, dentro de 1 (um) ano, poderá ser dispensada de perícia oficial, na forma definida em regulamento. (Redação dada pela Lei 11.907/2009.)

Art. 205. O atestado e o laudo da junta médica não se referirão ao nome ou natureza da doença, salvo quando se tratar de lesões produzidas por acidente em serviço, doença profissional ou qualquer das doenças especificadas no art. 186, § 1º.

Art. 206. O servidor que apresentar indícios de lesões orgânicas ou funcionais será submetido a inspeção médica.

Art. 206-A. O servidor será submetido a exames médicos periódicos, nos termos e condições definidos em regulamento. (Incluído pela Lei 11.907/2009.)

‣ Dec. 6.856/2009 (Regulamenta este artigo).

Parágrafo único. Para os fins do disposto no *caput*, a União e suas entidades autárquicas e fundacionais poderão: (Acrescentado pela Lei 12.998/2014.)

I - prestar os exames médicos periódicos diretamente pelo órgão ou entidade à qual se encontra vinculado o servidor; (Acrescentado pela Lei 12.998/2014.)

II - celebrar convênio ou instrumento de cooperação ou parceria com os órgãos e entidades da administração direta, suas autarquias e fundações; (Acrescentado pela Lei 12.998/2014.)

III - celebrar convênios com operadoras de plano de assistência à saúde, organizadas na modalidade de autogestão, que possuam autorização de funcionamento do órgão regulador, na forma do art. 230; ou (Acrescentado pela Lei 12.998/2014.)

IV - prestar os exames médicos periódicos mediante contrato administrativo, observado o disposto na Lei n. 8.666, de 21 de junho de 1993, e demais normas pertinentes. (Acrescentado pela Lei 12.998/2014.)

SEÇÃO V
DA LICENÇA À GESTANTE, À ADOTANTE E DA LICENÇA-PATERNIDADE

Art. 207. Será concedida licença à servidora gestante por 120 (cento e vinte) dias consecutivos, sem prejuízo da remuneração.

‣ Lei 11.770/2008 (Lei do Programa Empresa Cidadã) e Dec. 7.052/2009 (Regulamento).

‣ art. 2º, § 2º, Dec. 6.690/2008 (Institui o Programa de Prorrogação da Licença à Gestante e à Adotante e estabelece os critérios de adesão ao Programa).

‣ ADI 7.495

§ 1º A licença poderá ter início no primeiro dia do nono mês de gestação, salvo antecipação por prescrição médica.

§ 2º No caso de nascimento prematuro, a licença terá início a partir do parto.

§ 3º No caso de natimorto, decorridos 30 (trinta) dias do evento, a servidora será submetida a exame médico, e se julgada apta, reassumirá o exercício.

§ 4º No caso de aborto atestado por médico oficial, a servidora terá direito a 30 (trinta) dias de repouso remunerado.

Art. 208. Pelo nascimento ou adoção de filhos, o servidor terá direito à licença-paternidade de 5 (cinco) dias consecutivos.

‣ Dec. 8.737/2016 (Institui o Programa de Prorrogação da Licença-Paternidade).

Art. 209. Para amamentar o próprio filho, até a idade de seis meses, a servidora lactante terá direito, durante a jornada de trabalho, a uma hora de descanso, que poderá ser parcelada em dois períodos de meia hora.

Art. 210. À servidora que adotar ou obtiver guarda judicial de criança até 1 (um) ano de idade, serão concedidos 90 (noventa) dias de licença remunerada.

‣ art. 2º, § 3º, II, Dec. 6.690/2008 (Institui o Programa de Prorrogação da Licença à Gestante e à Adotante e estabelece os critérios de adesão ao Programa).

‣ ADI 7.495

Parágrafo único. No caso de adoção ou guarda judicial de criança com mais de 1 (um) ano de idade, o prazo de que trata este artigo será de 30 (trinta) dias.

SEÇÃO VI
DA LICENÇA POR ACIDENTE EM SERVIÇO

Art. 211. Será licenciado, com remuneração integral, o servidor acidentado em serviço.

Art. 212. Configura acidente em serviço o dano físico ou mental sofrido pelo servidor, que se relacione, mediata ou imediatamente, com as atribuições do cargo exercido.

Parágrafo único. Equipara-se ao acidente em serviço o dano:

I - decorrente de agressão sofrida e não provocada pelo servidor no exercício do cargo;

II - sofrido no percurso da residência para o trabalho e vice-versa.

Art. 213. O servidor acidentado em serviço que necessite de tratamento especializado poderá ser tratado em instituição privada, à conta de recursos públicos.

Parágrafo único. O tratamento recomendado por junta médica oficial constitui medida de exceção e somente será admissível quando inexistirem meios e recursos adequados em instituição pública.

Art. 214. A prova do acidente será feita no prazo de 10 (dez) dias, prorrogável quando as circunstâncias o exigirem.

SEÇÃO VII
DA PENSÃO

Art. 215. Por morte do servidor, os seus dependentes, nas hipóteses legais, fazem jus à pensão por morte, observados os limites estabelecidos no inciso XI do *caput* do art. 37 da Constituição e no art. 2º da Lei nº 10.887, de 18 de junho de 2004. (Redação dada pela Lei 13.846/2019)

Art. 216. (Revogado pela Lei 13.135/2015.)

Art. 217. São beneficiários das pensões:

I - o cônjuge; (Alterado pela Lei 13.135/2015.)

a) a e) (Revogadas pela Lei 13.135/2015);

II - o cônjuge divorciado ou separado judicialmente ou de fato, com percepção de pensão alimentícia estabelecida judicialmente; (Alterado pela Lei 13.135/2015.)

a) a d) (Revogadas pela Lei 13.135/2015);

III - o companheiro ou companheira que comprove união estável como entidade familiar; (Alterado pela Lei 13.135/2015.)

IV - o filho de qualquer condição que atenda a um dos seguintes requisitos: (Alterado pela Lei 13.135/2015.)

a) seja menor de 21 (vinte e um) anos; (Alterado pela Lei 13.135/2015.)

b) seja inválido; (Alterado pela Lei 13.135/2015.)

‣ Súm. 663, STJ.

c) tenha deficiência grave; ou (Alterado pela Lei 13.135/2015. Vigência: 2 anos a partir da publicação 18.06.2015.)

d) tenha deficiência intelectual ou mental; (Alterado pela Lei 13.846/2019)

V - a mãe e o pai que comprovem dependência econômica do servidor; e (Alterado pela Lei 13.135/2015.)

VI - o irmão de qualquer condição que comprove dependência econômica do servidor e atenda a um dos requisitos previstos no inciso IV. (Alterado pela Lei 13.135/2015.)

§ 1º A concessão de pensão aos beneficiários de que tratam os incisos I a IV do *caput* exclui os beneficiários referidos nos incisos V e VI. (Alterado pela Lei 13.135/2015.)

§ 2º A concessão de pensão aos beneficiários de que trata o inciso V do *caput* exclui o beneficiário referido no inciso VI. (Alterado pela Lei 13.135/2015.)

§ 3º O enteado e o menor tutelado equiparam-se a filho mediante declaração do servidor e desde que comprovada dependência econômica, na forma estabelecida em regulamento. (Alterado pela Lei 13.135/2015.)

§ 4º (Vetado na Lei 13.846/2019).

Art. 218. Ocorrendo habilitação de vários titulares à pensão, o seu valor será distribuído em partes iguais entre os beneficiários habilitados. (Alterado pela Lei 13.135/2015.)

§§ 1º a 3º (Revogados pela Lei 13.135/2015).

Art. 219. A pensão por morte será devida ao conjunto dos dependentes do segurado que falecer, aposentado ou não, a contar da data: (Redação dada pela Lei 13.846/2019)

I - do óbito, quando requerida em até cento e oitenta dias após o óbito, para os filhos menores de dezesseis anos, ou em até noventa dias após o óbito, para os demais dependentes; (Redação dada pela Lei 13.846/2019)

II - do requerimento, quando requerida após o prazo previsto no inciso I; ou (Redação dada pela Lei 13.846/2019)

III - da decisão judicial, na hipótese de morte presumida. (Redação dada pela Lei 13.846/2019)

§ 1º A concessão da pensão por morte não será protelada pela falta de habilitação de outro possível dependente e a habilitação posterior que importe em exclusão ou inclusão de dependente só produzirá efeito a partir da data da publicação da portaria de concessão da pensão ao dependente habilitado. (Redação dada pela Lei 13.846/2019)

§ 2º Ajuizada a ação judicial para reconhecimento da condição de dependente, este poderá requerer a sua habilitação provisória ao benefício de pensão por morte, exclusivamente para fins de rateio dos valores com outros dependentes, vedado o pagamento da respectiva cota até o trânsito em julgado da respectiva ação, ressalvada a existência de decisão judicial em contrário. (Redação dada pela Lei 13.846/2019)

§ 3º Nas ações em que for parte o ente público responsável pela concessão da pensão por morte, este poderá proceder de ofício à habilitação excepcional da referida pensão, apenas para efeitos de rateio, descontando-se os valores referentes a esta habilitação das demais cotas, vedado o pagamento da respectiva cota até o trânsito em julgado da respectiva ação, ressalvada a existência de decisão judicial em contrário. (Redação dada pela Lei 13.846/2019)

§ 4º Julgada improcedente a ação prevista no § 2º ou § 3º deste artigo, o valor retido será corrigido pelos índices legais de reajustamento e será pago de forma proporcional aos demais dependentes, de acordo com as suas cotas e o tempo de duração de seus benefícios. (Redação dada pela Lei 13.846/2019)

§ 5º Em qualquer hipótese, fica assegurada ao órgão concessor da pensão por morte a cobrança dos valores indevidamente pagos em função de nova habilitação. (Redação dada pela Lei 13.846/2019)

Art. 220. Perde o direito à pensão por morte: (Alterado pela Lei 13.135/2015.)

I - após o trânsito em julgado, o beneficiário condenado pela prática de crime de que tenha dolosamente resultado a morte do servidor; (Alterado pela Lei 13.135/2015.)

II - o cônjuge, o companheiro ou a companheira se comprovada, a qualquer tempo, simulação ou fraude no casamento ou na união estável, ou a formalização desses com o fim exclusivo de constituir benefício previdenciário, apuradas em processo judicial no qual será assegurado o direito ao contraditório e à ampla defesa. (Alterado pela Lei 13.135/2015.)

Art. 221. Será concedida pensão provisória por morte presumida do servidor, nos seguintes casos:

I - declaração de ausência, pela autoridade judiciária competente;

II - desaparecimento em desabamento, inundação, incêndio ou acidente não caracterizado como em serviço;

III - desaparecimento no desempenho das atribuições do cargo ou em missão de segurança.

Parágrafo único. A pensão provisória será transformada em vitalícia ou temporária, conforme o caso, decorridos 5 (cinco) anos de sua vigência, ressalvado o eventual reaparecimento do servidor, hipótese em que o benefício será automaticamente cancelado.

Art. 222. Acarreta perda da qualidade de beneficiário:

I - o seu falecimento;

II - a anulação do casamento, quando a decisão ocorrer após a concessão da pensão ao cônjuge;

III - a cessação da invalidez, em se tratando de beneficiário inválido, ou o afastamento da deficiência, em se tratando de beneficiário com deficiência, respeitados os períodos mínimos decorrentes da aplicação das alíneas a e b do inciso VII do *caput* deste artigo; (Redação dada pela Lei 13.846/2019)

IV - o implemento da idade de 21 (vinte e um) anos, pelo filho ou irmão; (Alterado pela Lei 13.135/2015.)

V - a acumulação de pensão na forma do art. 225;

VI - a renúncia expressa; e (Alterado pela Lei 13.135/2015.)

VII - em relação aos beneficiários de que tratam os incisos I a III do *caput* do art. 217: (Alterado pela Lei 13.135/2015.)

a) o decurso de 4 (quatro) meses, se o óbito ocorrer sem que o servidor tenha vertido 18 (dezoito) contribuições mensais ou se o casamento ou a união estável tiverem sido iniciados em menos de 2 (dois) anos antes do óbito do servidor; (Alterado pela Lei 13.135/2015.)

b) o decurso dos seguintes períodos, estabelecidos de acordo com a idade do pensionista na data de óbito do servidor, depois de vertidas 18 (dezoito) contribuições mensais e pelo menos 2 (dois) anos após o início do casamento ou da união estável: (Alterado pela Lei 13.135/2015.)

1) 3 (três) anos, com menos de 21 (vinte e um) anos de idade;

2) 6 (seis) anos, entre 21 (vinte e um) e 26 (vinte e seis) anos de idade;

3) 10 (dez) anos, entre 27 (vinte e sete) e 29 (vinte e nove) anos de idade;

4) 15 (quinze) anos, entre 30 (trinta) e 40 (quarenta) anos de idade;

5) 20 (vinte) anos, entre 41 (quarenta e um) e 43 (quarenta e três) anos de idade;

6) vitalícia, com 44 (quarenta e quatro) ou mais anos de idade.

§ 1º A critério da administração, o beneficiário de pensão cuja preservação seja motivada por invalidez, por incapacidade ou por deficiência poderá ser convocado a qualquer momento para avaliação das referidas condições. (Alterado pela Lei 13.135/2015.)

§ 2º Serão aplicados, conforme o caso, a regra contida no inciso III ou os prazos previstos na alínea "b" do inciso VII, ambos do *caput*, se o óbito do servidor decorrer de acidente de qualquer natureza ou de doença profissional ou do trabalho, independentemente do recolhimento de 18 (dezoito) contribuições mensais ou da comprovação de 2 (dois) anos de casamento ou de união estável. (Alterado pela Lei 13.135/2015.)

§ 3º Após o transcurso de pelo menos 3 (três) anos e desde que nesse período se verifique o incremento mínimo de um ano inteiro na média nacional única, para ambos os sexos, correspondente à expectativa de sobrevida da população brasileira ao nascer, poderão ser fixadas, em números inteiros, novas idades para os fins previstos na alínea "b" do inciso VII do *caput*, em ato do Ministro de Estado do Planejamento, Orçamento e Gestão, limitado o acréscimo na comparação com as idades anteriores ao referido incremento. (Alterado pela Lei 13.135/2015.)

§ 4º O tempo de contribuição a Regime Próprio de Previdência Social (RPPS) ou ao Regime Geral de Previdência Social (RGPS) será considerado na contagem das 18 (dezoito) contribuições mensais referidas nas alíneas "a" e "b" do inciso VII do *caput*. (Alterado pela Lei 13.135/2015.)

§ 5º Na hipótese de o servidor falecido estar, na data de seu falecimento, obrigado por determinação judicial a pagar alimentos temporários a ex-cônjuge, ex-companheiro ou ex-companheira, a pensão por morte será devida pelo prazo remanescente na data do óbito, caso não incida outra hipótese de cancelamento anterior do benefício. (Redação dada pela Lei 13.846/2019)

§ 6º O beneficiário que não atender à convocação de que trata o § 1º deste artigo terá o benefício suspenso, observado o disposto nos incisos I e II do *caput* do art. 95 da Lei nº 13.146, de 6 de julho de 2015. (Redação dada pela Lei 13.846/2019)

§ 7º O exercício de atividade remunerada, inclusive na condição de microempreendedor individual, não impede a concessão ou manutenção da cota da pensão de dependente com deficiência intelectual ou mental ou com deficiência grave. (Redação dada pela Lei 13.846/2019)

§ 8º No ato de requerimento de benefícios previdenciários, não será exigida apresentação de termo de curatela de titular ou de beneficiário com deficiência, observados os procedimentos a serem estabelecidos em regulamento. (Redação dada pela Lei 13.846/2019)

Art. 223. Por morte ou perda da qualidade de beneficiário, a respectiva cota reverterá para os cobeneficiários. (Alterado pela Lei 13.135/2015.)

I e II - (Revogados pela Lei 13.135/2015);

Art. 224. As pensões serão automaticamente atualizadas na mesma data e na mesma proporção dos reajustes dos vencimentos dos servidores, aplicando-se o disposto no parágrafo único do art. 189.

Art. 225. Ressalvado o direito de opção, é vedada a percepção cumulativa de pensão deixada por mais de um cônjuge ou companheiro ou companheira e de mais de 2 (duas) pensões. (Alterado pela Lei 13.135/2015.)

SEÇÃO VIII
DO AUXÍLIO-FUNERAL

Art. 226. O auxílio-funeral é devido à família do servidor falecido na atividade ou aposentado, em valor equivalente a um mês da remuneração ou provento.

§ 1º No caso de acumulação legal de cargos, o auxílio será pago somente em razão do cargo de maior remuneração.

§ 2º (Vetado.)

§ 3º O auxílio será pago no prazo de 48 (quarenta e oito) horas, por meio de procedimento sumaríssimo, à pessoa da família que houver custeado o funeral.

› arts. 275 a 281, CPC.

Art. 227. Se o funeral for custeado por terceiro, este será indenizado, observado o disposto no artigo anterior.

Art. 228. Em caso de falecimento de servidor em serviço fora do local de trabalho, inclusive no exterior, as despesas de transporte do corpo correrão à conta de recursos da União, autarquia ou fundação pública.

SEÇÃO IX
DO AUXÍLIO-RECLUSÃO

Art. 229. À família do servidor ativo é devido o auxílio-reclusão, nos seguintes valores:

I - dois terços da remuneração, quando afastado por motivo de prisão, em flagrante ou preventiva, determinada pela autoridade competente, enquanto perdurar a prisão;

II - metade da remuneração, durante o afastamento, em virtude de condenação, por sentença definitiva, a pena que não determine a perda de cargo.

§ 1º Nos casos previstos no inciso I deste artigo, o servidor terá direito à integralização da remuneração, desde que absolvido.

§ 2º O pagamento do auxílio-reclusão cessará a partir do dia imediato àquele em que o servidor for posto em liberdade, ainda que condicional.

§ 3º Ressalvado o disposto neste artigo, o auxílio-reclusão será devido, nas mesmas condições da pensão por morte, aos dependentes do segurado recolhido à prisão. (Acrescentado pela Lei 13.135/2015.)

CAPÍTULO III
DA ASSISTÊNCIA À SAÚDE

Art. 230. A assistência à saúde do servidor, ativo ou inativo, e de sua família compreende assistência médica, hospitalar, odontológica, psicológica e farmacêutica, terá como diretriz básica o implemento de ações preventivas voltadas para a promoção da saúde e será prestada pelo Sistema Único de Saúde - SUS, diretamente pelo órgão ou entidade ao qual estiver vinculado o servidor, ou mediante convênio ou contrato, ou ainda na forma de auxílio, mediante ressarcimento parcial do valor despendido pelo servidor, ativo ou inativo, e seus dependentes ou pensionistas com planos ou seguros privados de assistência à saúde, na forma estabelecida em regulamento. (Redação dada pela Lei 11.302/2006.)

› Dec. 4.978/2004 (Regulamenta este artigo).

§ 1º Nas hipóteses previstas nesta Lei em que seja exigida perícia, avaliação ou inspeção médica, na ausência de médico ou junta médica oficial, para a sua realização o órgão ou entidade celebrará, preferencialmente, convênio com unidades de atendimento do sistema público de saúde, entidades sem fins lucrativos declaradas de utilidade pública, ou com o Instituto Nacional do Seguro Social - INSS. (Incluído pela Lei 9.527/1997.)

§ 2º Na impossibilidade, devidamente justificada, da aplicação do disposto no parágrafo anterior, o órgão ou entidade promoverá a contratação da prestação de serviços por pessoa jurídica, que constituirá junta médica especificamente para esses fins, indicando os nomes e especialidades dos seus integrantes, com a comprovação de suas habilitações e de que não estejam respondendo a processo disciplinar junto à entidade fiscalizadora da profissão. (Incluído pela Lei 9.527/1997.)

§ 3º Para os fins do disposto no *caput* deste artigo, ficam a União e suas entidades autárquicas e fundacionais autorizadas a: (Incluído pela Lei 11.302/2006.)

I - celebrar convênios exclusivamente para a prestação de serviços de assistência à saúde para os seus servidores ou empregados ativos, aposentados, pensionistas, bem como para seus respectivos grupos familiares definidos, com entidades de autogestão por elas patrocinadas por meio de instrumentos jurídicos efetivamente celebrados e publicados até 12 de fevereiro de 2006 e que possuam autorização de funcionamento do órgão regulador, sendo certo que os convênios celebrados depois dessa data somente poderão sê-lo na forma da regulamentação específica sobre patrocínio de autogestões, a ser publicada pelo mesmo órgão regulador, no prazo de 180 (cento e oitenta) dias da vigência desta lei, normas essas também aplicáveis aos convênios existentes até 12 de fevereiro de 2006; (Incluído pela Lei 11.302/2006.)

II - contratar, mediante licitação, na forma da Lei n. 8.666, de 21 de junho de 1993, operadoras de planos e seguros privados de assistência à saúde que possuam autorização de funcionamento do órgão regulador; (Incluído pela Lei 11.302/2006.)

III - (Vetado.) (Incluído pela Lei 11.302/2006.)

§ 4º (Vetado.) (Incluído pela Lei 11.302/2006.)

§ 5º O valor do ressarcimento fica limitado ao total despendido pelo servidor ou pensionista civil com plano ou seguro privado de assistência à saúde. (Incluído pela Lei 11.302/2006.)

CAPÍTULO IV
DO CUSTEIO

Art. 231. (Revogado pela Lei 9.783/1999.)

TÍTULO VII

CAPÍTULO ÚNICO
DA CONTRATAÇÃO TEMPORÁRIA DE EXCEPCIONAL INTERESSE PÚBLICO

Arts. 232 a 235. (Revogados pela Lei 8.745/1993.)

TÍTULO VIII

CAPÍTULO ÚNICO
DAS DISPOSIÇÕES GERAIS

Art. 236. O Dia do Servidor Público será comemorado a vinte e oito de outubro.

Art. 237. Poderão ser instituídos, no âmbito dos Poderes Executivo, Legislativo e Judiciário, os seguintes incentivos funcionais, além daqueles já previstos nos respectivos planos de carreira:

› art. 39, § 7º, CF.

I - prêmios pela apresentação de ideias, inventos ou trabalhos que favoreçam o aumento de produtividade e a redução dos custos operacionais;

II - concessão de medalhas, diplomas de honra ao mérito, condecoração e elogio.

Art. 238. Os prazos previstos nesta Lei serão contados em dias corridos, excluindo-se o dia do começo e incluindo-se o do vencimento, ficando prorrogado, para o primeiro dia útil seguinte, o prazo vencido em dia em que não haja expediente.

Art. 239. Por motivo de crença religiosa ou de convicção filosófica ou política, o servidor não poderá ser privado de quaisquer dos seus direitos, sofrer discriminação em sua vida funcional, nem eximir-se do cumprimento de seus deveres.

Art. 240. Ao servidor público civil é assegurado, nos termos da Constituição Federal, o direito à livre associação sindical e os seguintes direitos, entre outros, dela decorrentes:

a) de ser representado pelo sindicato, inclusive como substituto processual;

b) de inamovibilidade do dirigente sindical, até um ano após o final do mandato, exceto se a pedido;

c) de descontar em folha, sem ônus para a entidade sindical a que for filiado, o valor das mensalidades e contribuições definidas em assembleia geral da categoria.

d) e *e)* (Revogadas pela Lei 9.527/1997.)

Art. 241. Consideram-se da família do servidor, além do cônjuge e filhos, quaisquer pessoas que vivam às suas expensas e constem do seu assentamento individual.

Parágrafo único. Equipara-se ao cônjuge a companheira ou companheiro, que comprove união estável como entidade familiar.

Art. 242. Para os fins desta lei, considera-se sede o município onde a repartição estiver instalada e onde o servidor tiver exercício, em caráter permanente.

TÍTULO IX
CAPÍTULO ÚNICO

DAS DISPOSIÇÕES TRANSITÓRIAS E FINAIS

Art. 243. Ficam submetidos ao regime jurídico instituído por esta Lei, na qualidade de servidores públicos, os servidores dos Poderes da União, dos ex-Territórios, das autarquias, inclusive as em regime especial, e das fundações públicas, regidos pela Lei n. 1.711, de 28 de outubro de 1952 - Estatuto dos Funcionários Públicos Civis da União, ou pela Consolidação das Leis do Trabalho, aprovada pelo Decreto-Lei n. 5.452, de 1º de maio de 1943, exceto os contratados por prazo determinado, cujos contratos não poderão ser prorrogados após o vencimento do prazo de prorrogação.

› Lei 9.962/2000 (Disciplina o regime de emprego público do pessoal da Administração Federal direta, autárquica e fundacional).

§ 1º Os empregos ocupados pelos servidores incluídos no regime instituído por esta Lei ficam transformados em cargos, na data de sua publicação.

§ 2º As funções de confiança exercidas por pessoas não integrantes de tabela permanente do órgão ou entidade onde têm exercício ficam transformadas em cargos em comissão, e mantidas enquanto não for implantado o plano de cargos dos órgãos ou entidades na forma da lei.

§ 3º As Funções de Assessoramento Superior - FAS, exercidas por servidor integrante de quadro ou tabela de pessoal, ficam extintas na data da vigência desta lei.

§ 4º (Vetado.)

§ 5º O regime jurídico desta lei é extensivo aos serventuários da Justiça, remunerados com recursos da União, no que couber.

§ 6º Os empregos dos servidores estrangeiros com estabilidade no serviço público, enquanto não adquirirem a nacionalidade brasileira, passarão a integrar tabela em extinção, do respectivo órgão ou entidade, sem prejuízo dos direitos inerentes aos planos de carreira aos quais se encontrem vinculados os empregos.

§ 7º Os servidores públicos de que trata o *caput* deste artigo, não amparados pelo art. 19 do Ato das Disposições Constitucionais Transitórias, poderão, no interesse da Administração e conforme critérios estabelecidos em regulamento, ser exonerados mediante indenização de um mês de remuneração por ano de efetivo exercício no serviço público federal. (Incluído pela Lei 9.527/1997.)

§ 8º Para fins de incidência do imposto de renda na fonte e na declaração de rendimentos, serão considerados como indenizações isentas os pagamentos efetuados a título de indenização prevista no parágrafo anterior. (Incluído pela Lei 9.527/1997.)

§ 9º Os cargos vagos em decorrência da aplicação do disposto no § 7º poderão ser extintos pelo Poder Executivo quando considerados desnecessários. (Incluído pela Lei 9.527/1997.)

Art. 244. Os adicionais por tempo de serviço, já concedidos aos servidores abrangidos por esta Lei, ficam transformados em anuênio.

Art. 245. A licença especial disciplinada pelo art. 116 da Lei n. 1.711, de 1952, ou por outro diploma legal, fica transformada em licença-prêmio por assiduidade, na forma prevista nos arts. 87 a 90.

Art. 246. (Vetado.)

Art. 247. Para efeito do disposto no Título VI desta lei, haverá ajuste de contas com a Previdência Social, correspondente ao período de contribuição por parte dos servidores celetistas abrangidos pelo art. 243. (Redação dada pela Lei 8.162/1991.)

Art. 248. As pensões estatutárias, concedidas até a vigência desta lei, passam a ser mantidas pelo órgão ou entidade de origem do servidor.

Art. 249. Até a edição da lei prevista no § 1º do art. 231, os servidores abrangidos por esta Lei contribuirão na forma e nos percentuais atualmente estabelecidos para o servidor civil da União conforme regulamento próprio.

Art. 250. O servidor que já tiver satisfeito ou vier a satisfazer, dentro de 1 (um) ano, as condições necessárias para a aposentadoria nos termos do inciso II do art. 184 do antigo Estatuto dos Funcionários Públicos Civis da União, Lei n. 1.711, de 28 de outubro de 1952, aposentar-se-á com a vantagem prevista naquele dispositivo.

› Mantido pelo Congresso Nacional.

Art. 251. (Revogado pela Lei 9.527/1997.)

Art. 252. Esta Lei entra em vigor na data de sua publicação, com efeitos financeiros a partir do primeiro dia do mês subsequente.

Art. 253. Ficam revogadas a Lei n. 1.711, de 28 de outubro de 1952, e respectiva legislação complementar, bem como as demais disposições em contrário.

Brasília, 11 de dezembro de 1990; 169º da Independência e 102º da República.

Fernando Collor

LEI Nº 9.717, DE 27 DE NOVEMBRO DE 1998

Dispõe sobre regras gerais para a organização e o funcionamento dos regimes próprios de previdência social dos servidores públicos da União, dos Estados, do Distrito Federal e dos Municípios, dos militares dos Estados e do Distrito Federal e dá outras providências.

Art. 1º. Os regimes próprios de previdência social dos servidores públicos da União, dos Estados, do Distrito Federal e dos Municípios, dos militares dos Estados e do Distrito Federal deverão ser organizados, baseados em normas gerais de contabilidade e atuária, de modo a garantir o seu equilíbrio financeiro e atuarial, observados os seguintes critérios:

I – realização de avaliação atuarial inicial e em cada balanço utilizando-se parâmetros gerais, para a organização e revisão do plano de custeio e benefícios; (Redação dada pela MP 2.187-13/2001)

II – financiamento mediante recursos provenientes da União, dos Estados, do Distrito Federal e dos Municípios e das contribuições do pessoal civil e militar, ativo, inativo e dos pensionistas, para os seus respectivos regimes;

III – as contribuições e os recursos vinculados ao Fundo Previdenciário da União, dos Estados, do Distrito Federal e dos Municípios e as contribuições do pessoal civil e militar, ativo, inativo, e dos pensionistas, somente poderão ser utilizadas para pagamento de benefícios previdenciários dos respectivos regimes, ressalvadas as despesas administrativas estabelecidas no art. 6º, inciso VIII, desta Lei, observado os limites de gastos estabelecidos em parâmetros gerais; (Redação dada pela MP 2.187-13/2001)

IV – cobertura de um número mínimo de segurados, de modo que os regimes possam garantir diretamente a totalidade dos riscos cobertos no plano de benefícios, preservando o equilíbrio atuarial

REGIME PRÓPRIO

sem necessidade de resseguro, conforme parâmetros gerais;

V – cobertura exclusiva a servidores públicos titulares de cargos efetivos e a militares, e a seus respectivos dependentes, de cada ente estatal, vedado o pagamento de benefícios, mediante convênios ou consórcios entre Estados, entre Estados e Municípios e entre Municípios;

VI – pleno acesso dos segurados às informações relativas à gestão do regime e participação de representantes dos servidores públicos e dos militares, ativos e inativos, nos colegiados e instâncias de decisão em que os seus interesses sejam objeto de discussão e deliberação;

VII – registro contábil individualizado das contribuições de cada servidor e dos entes estatais, conforme diretrizes gerais;

VIII – identificação e consolidação em demonstrativos financeiros e orçamentários de todas as despesas fixas e variáveis com pessoal inativo civil, militar e pensionistas, bem como dos encargos incidentes sobre os proventos e pensões pagos;

IX – sujeição às inspeções e auditorias de natureza atuarial, contábil, financeira, orçamentária e patrimonial dos órgãos de controle interno e externo.

X – vedação de inclusão nos benefícios, para efeito de percepção destes, de parcelas remuneratórias pagas em decorrência de local de trabalho, de função de confiança ou de cargo em comissão, exceto quando tais parcelas integrarem a remuneração de contribuição do servidor que se aposentar com fundamento no art. 40 da Constituição Federal, respeitado, em qualquer hipótese, o limite previsto no § 2º do citado artigo; (Redação dada pela Lei 10.887/2004)

XI – vedação de inclusão nos benefícios, para efeito de percepção destes, do abono de permanência de que tratam o § 19 do art. 40 da Constituição Federal, o § 5º do art. 2º e o § 1º do art. 3º da Emenda Constitucional nº 41, de 19 de dezembro de 2003. (Incluído pela Lei 10.887/2004)

§ 1º Aplicam-se adicionalmente aos regimes próprios de previdência social as disposições estabelecidas no art. 6º desta Lei relativas aos fundos com finalidade previdenciária por eles instituídos. (Parágrafo único renumerado e com redação dada pela Lei 13.846, de 2019)

§ 2º Os regimes próprios de previdência social da União, dos Estados, do Distrito Federal e dos Municípios operacionalizarão a compensação financeira a que se referem o § 9º do art. 201 da Constituição Federal e a Lei nº 9.796, de 5 de maio de 1999, entre si e com o regime geral de previdência social, sob pena de incidirem nas sanções de que trata o art. 7º desta Lei. (Acrescido pela Lei 13.846/2019)

Art. 1º-A. O servidor público titular de cargo efetivo da União, dos Estados, do Distrito Federal e dos Municípios ou o militar dos Estados e do Distrito Federal filiado a regime próprio de previdência social, quando cedido a órgão ou entidade de outro ente da federação, com ou sem ônus para o cessionário, permanecerá vinculado ao regime de origem. (Incluído pela Medida Provisória 2.187-13/2001)

Art. 2º. A contribuição da União, dos Estados, do Distrito Federal e dos Municípios, incluídas suas autarquias e fundações, aos regimes próprios de previdência social a que estejam vinculados seus servidores não poderá ser inferior ao valor da contribuição do servidor ativo, nem superior ao dobro desta contribuição. (Redação dada pela Lei 10.887/2004)

§ 1º. A União, os Estados, o Distrito Federal e os Municípios são responsáveis pela cobertura de eventuais insuficiências financeiras do respectivo regime próprio, decorrentes do pagamento de benefícios previdenciários. (Redação dada pela Lei 10.887/2004)

§ 2º. A União, os Estados, o Distrito Federal e os Municípios publicarão, até 30 (trinta) dias após o encerramento de cada bimestre, demonstrativo financeiro e orçamentário da receita e despesa previdenciárias acumuladas no exercício financeiro em curso. (Redação dada pela Lei 10.887/2004)

§§ 3º a 7º. (Revogados). (Redação dada pela Lei 10.887/2004)

Art. 3º. As alíquotas de contribuição dos servidores ativos dos Estados, do Distrito Federal e dos Municípios para os respectivos regimes próprios de previdência social não serão inferiores às dos servidores titulares de cargos efetivos da União, devendo ainda ser observadas, no caso das contribuições sobre os proventos dos inativos e sobre as pensões, as mesmas alíquotas aplicadas às remunerações dos servidores em atividade do respectivo ente estatal. (Redação dada pela Lei 10.887/2004)

Art. 4º. Revogado pela Lei 10.887, de 2004.

Art. 5º. Os regimes próprios de previdência social dos servidores públicos da União, dos Estados, do Distrito Federal e dos Municípios, dos militares dos Estados e do Distrito Federal não poderão conceder benefícios distintos dos previstos no Regime Geral de Previdência Social, de que trata a Lei nº 8.213, de 24 de julho de 1991, salvo disposição em contrário da Constituição Federal.

Parágrafo único. Fica vedada a concessão de aposentadoria especial, nos termos do § 4º do art. 40 da Constituição Federal, até que lei complementar federal discipline a matéria. (Incluído pela Medida Provisória 2.187-13/2001)

Art. 6º. Fica facultada à União, aos Estados, ao Distrito Federal e aos Municípios, a constituição de fundos integrados de bens, direitos e ativos, com finalidade previdenciária, desde que observados os critérios de que trata o artigo 1º e, adicionalmente, os seguintes preceitos:

I – Revogado pela MP 2.187-13/2001.

II – existência de conta do fundo distinta da conta do Tesouro da unidade federativa;

III – Revogado pela MP 2.187-13/2001.

IV – aplicação de recursos, conforme estabelecido pelo Conselho Monetário Nacional;

V – vedação da utilização de recursos do fundo de bens, direitos e ativos para empréstimos de qualquer natureza, inclusive à União, aos Estados, ao Distrito Federal e aos Municípios, a entidades da administração indireta e aos respectivos segurados;

VI – vedação à aplicação de recursos em títulos públicos, com exceção de títulos do Governo Federal;

VII – avaliação de bens, direitos e ativos de qualquer natureza integrados ao fundo, em conformidade com a Lei nº 4.320, de 17 de março de 1964 e alterações subsequentes;

VIII – estabelecimento de limites para a taxa de administração, conforme parâmetros gerais;

IX – constituição e extinção do fundo mediante lei.

Parágrafo único. No estabelecimento das condições e dos limites para aplicação dos recursos dos regimes próprios de previdência social, na forma do inciso IV do caput deste artigo, o Conselho Monetário Nacional deverá considerar, entre outros requisitos: (Parágrafo único acrescido pela Lei 13.846, de 2019)

I - a natureza pública das unidades gestoras desses regimes e dos recursos aplicados, exigindo a observância dos princípios de segurança, proteção e prudência financeira;

II - a necessidade de exigência, em relação às instituições públicas ou privadas que administram, direta ou indiretamente por meio de fundos de investimento, os recursos desses regimes, da observância de critérios relacionados a boa qualidade de gestão, ambiente de controle interno, histórico e experiência de atuação, solidez patrimonial, volume de recursos sob administração e outros destinados à mitigação de riscos.

Art. 7º. O descumprimento do disposto nesta Lei pelos Estados, Distrito Federal e Municípios e pelos respectivos fundos, implicará, a partir de 1º de julho de 1999:

I – suspensão das transferências voluntárias de recursos pela União;

II – impedimento para celebrar acordos, contratos, convênios ou ajustes, bem como receber empréstimos, financiamentos, avais e subvenções em geral de órgãos ou entidades da Administração direta e indireta da União;

III – suspensão de empréstimos e financiamentos por instituições financeiras federais.

IV – (Revogado pela Lei 13.846/2019).

Art. 8º. Os responsáveis pelos poderes, órgãos ou entidades do ente estatal, os dirigentes da unidade gestora do respectivo regime próprio de previdência social e os membros dos seus conselhos e comitês respondem diretamente por infração ao disposto nesta Lei, sujeitando-se, no que couber, ao regime disciplinar estabelecido na Lei Complementar nº 109, de 29 de maio de 2001, e seu regulamento, e conforme diretrizes gerais. (Redação dada pela Lei 13.846/2019)

§ 1º As infrações serão apuradas mediante processo administrativo que tenha por base o auto, a representação ou a denúncia positiva dos fatos irregulares, assegurados ao acusado o contraditório e a ampla defesa, em conformidade com diretrizes gerais. (Parágrafo único renumerado e com redação dada pela Lei 13.846, de 2019)

§ 2º São também responsáveis quaisquer profissionais que prestem serviços técnicos ao ente estatal e respectivo regime próprio de previdência social, diretamente ou por intermédio de pessoa jurídica contratada. (Acrescido pela Lei 13.846/2019)

Art. 8º-A. Os dirigentes do ente federativo instituidor do regime próprio de previdência social e da unidade gestora do regime e os demais responsáveis pelas ações de investimento e aplicação dos recursos previdenciários, inclusive os consultores, os distribuidores, a instituição financeira administradora da carteira, o fundo de investimentos que tenha recebido os recursos e seus gestores e administradores serão solidariamente responsáveis, na medida de sua participação, pelo ressarcimento dos prejuízos decorrentes de aplicação em desacordo com a legislação vigente a que tiverem dado causa. (Acrescido pela Lei 13.846, de 2019)

Art. 8º-B. Os dirigentes da unidade gestora do regime próprio de previdência social deverão atender aos seguintes requisitos mínimos: (Acrescido pela Lei 13.846, de 2019)

I - não ter sofrido condenação criminal ou incidido em alguma das demais situações de inelegilidade previstas no inciso I do caput do art. 1º da Lei Complementar nº 64, de 18 de maio de 1990, observados os critérios e prazos previstos na referida Lei Complementar;

II - possuir certificação e habilitação comprovadas, nos termos definidos em parâmetros gerais;

III - possuir comprovada experiência no exercício de atividade nas áreas financeira, administrativa, contábil, jurídica, de fiscalização, atuarial ou de auditoria;

IV - ter formação superior.

Parágrafo único. Os requisitos a que se referem os incisos I e II do caput deste artigo aplicam-se aos membros dos conselhos deliberativo e fiscal e do comitê de investimentos da unidade gestora do regime próprio de previdência social.

Art. 9º. Compete à União, por intermédio da Secretaria Especial de Previdência e Trabalho do Ministério da Economia, em relação aos regimes próprios de previdência social e aos seus fundos previdenciários: (Redação dada pela Lei 13.846/2019)

I - a orientação, a supervisão, a fiscalização e o acompanhamento; (Redação dada pela Lei 13.846/2019)

II - o estabelecimento e a publicação de parâmetros, diretrizes e critérios de responsabilidade previdenciária na sua instituição, organização e funcionamento, relativos a custeio, benefícios, atuária, contabilidade, aplicação e utilização de recursos e constituição e manutenção dos fundos previdenciários, para preservação do caráter contributivo e solidário e do equilíbrio financeiro e atuarial; (Redação dada pela Lei 13.846/2019)

III - a apuração de infrações, por servidor credenciado, e a aplicação de penalidades, por órgão próprio, nos casos previstos no art. 8º desta Lei; (Redação dada pela Lei 13.846/2019)

IV - a emissão do Certificado de Regularidade Previdenciária (CRP), que atestará, para os fins do disposto no art. 7º desta Lei, o cumprimento, pelos Estados, Distrito Federal e Municípios, dos critérios e exigências aplicáveis aos regimes próprios de previdência social e aos seus fundos previdenciários. (Inciso acrescido pela Lei 13.846, de 2019)

Parágrafo único. A União, os Estados, o Distrito Federal e os Municípios encaminharão à Secretaria Especial de Previdência e Trabalho do Ministério da Economia, na forma, na periodicidade e nos critérios por ela definidos, dados e informações sobre o regime próprio de previdência social e seus segurados. (Redação dada pela Lei 13.846/2019)

Art. 10. No caso de extinção de regime próprio de previdência social, a União, o Estado, o Distrito Federal e os Municípios assumirão integralmente a responsabilidade pelo pagamento dos benefícios concedidos durante a sua vigência, bem como daqueles benefícios cujos requisitos necessários a sua concessão foram implementados anteriormente à extinção do regime próprio de previdência social.

Art. 11. Esta Lei entra em vigor na data de sua publicação.

Brasília, 27 de novembro de 1998; 177º da Independência e 110º da República.

FERNANDO HENRIQUE CARDOSO

Este texto não substitui o publicado no DOU de 28-11-1998

DECRETO Nº 3.788, DE 11 DE ABRIL DE 2001

Institui, no âmbito da Administração Pública Federal, o Certificado de Regularidade Previdenciária - CRP.

O PRESIDENTE DA REPÚBLICA, no uso das atribuições que lhe conferem os incisos IV e VI do art. 84 da Constituição, e tendo em vista o disposto na Lei nº 9.717, de 27 de novembro de 1998,

DECRETA:

Art. 1º O Ministério da Previdência e Assistência Social fornecerá aos órgãos ou entidades da Administração Pública direta e indireta da União Certificado de Regularidade Previdenciária -CRP, que atestará o cumprimento dos critérios e exigências estabelecidos na Lei nº 9.717, de 27 de novembro de 1998, pelos regimes próprios de previdência social dos Estados, do Distrito Federal e dos Municípios, nos seguintes casos:

I - realização de transferências voluntárias de recursos pela União;

II - celebração de acordos, contratos, convênios ou ajustes, bem como de empréstimos, financiamentos, avais e subvenções em geral de órgãos ou entidades da Administração direta e indireta da União;

III - celebração de empréstimos e financiamentos por instituições financeiras federais;

IV - pagamento dos valores devidos pelo Regime Geral de Previdência Social em razão da Lei nº 9.796, de 5 de maio de 1999.

Parágrafo único. O Ministério da Previdência e Assistência Social disponibilizará, por meio eletrônico, o Certificado de Regularidade Previdenciária - CRP, para fins de atendimento do *caput*.

Art. 2º O responsável do órgão ou entidade pela realização de cada ato ou contrato mencionado no artigo anterior deverá juntar ao processo pertinente o Certificado de Regularidade Previdenciária - CRP do regime próprio de previdência social vinculado ao ente da federação beneficiário ou contratante.

Parágrafo único. O servidor público que praticar ato com inobservância do disposto neste artigo responderá civil, penal e administrativamente, nos termos da lei.

Art. 3º O Ministério da Previdência e Assistência Social expedirá, em até noventa dias, os atos necessários à execução deste Decreto.

Art. 4º Este Decreto entra em vigor na data de sua publicação.

Brasília, 11 de abril de 2001; 180º da Independência e 113º da República.

FERNANDO HENRIQUE CARDOSO
José Cechin

LEI Nº 10.887, DE 18 DE JUNHO DE 2004

Dispõe sobre a aplicação de disposições da Emenda Constitucional nº 41, de 19 de dezembro de 2003, altera dispositivos das Leis nºs 9.717, de 27 de novembro de 1998, 8.213, de 24 de julho de 1991, 9.532, de 10 de dezembro de 1997, e dá outras providências.

Art. 1º. No cálculo dos proventos de aposentadoria dos servidores titulares de cargo efetivo de qualquer dos Poderes da União, dos Estados, do Distrito Federal e dos Municípios, incluídas suas autarquias e fundações, previsto no § 3º do art. 40 da Constituição Federal e no art. 2º da Emenda Constitucional nº 41, de 19 de dezembro de 2003, será considerada a média aritmética simples das maiores remunerações, utilizadas como base para as contribuições do servidor aos regimes de previdência a que esteve vinculado, correspondentes a 80% (oitenta por cento) de todo o período contributivo desde a competência julho de 1994 ou desde a do

REGIME PRÓPRIO

início da contribuição, se posterior àquela competência.

§ 1º. As remunerações consideradas no cálculo do valor inicial dos proventos terão os seus valores atualizados mês a mês de acordo com a variação integral do índice fixado para a atualização dos salários-de-contribuição considerados no cálculo dos benefícios do regime geral de previdência social.

§ 2º. A base de cálculo dos proventos será a remuneração do servidor no cargo efetivo nas competências a partir de julho de 1994 em que não tenha havido contribuição para regime próprio.

§ 3º. Os valores das remunerações a serem utilizadas no cálculo de que trata este artigo serão comprovados mediante documento fornecido pelos órgãos e entidades gestoras dos regimes de previdência aos quais o servidor esteve vinculado ou por outro documento público, na forma do regulamento.

§ 4º. Para os fins deste artigo, as remunerações consideradas no cálculo da aposentadoria, atualizadas na forma do § 1º deste artigo, não poderão ser:

I – inferiores ao valor do salário-mínimo;

II – superiores ao limite máximo do salário-de-contribuição, quanto aos meses em que o servidor esteve vinculado ao regime geral de previdência social.

§ 5º. Os proventos, calculados de acordo com o *caput* deste artigo, por ocasião de sua concessão, não poderão ser inferiores ao valor do salário-mínimo nem exceder a remuneração do respectivo servidor no cargo efetivo em que se deu a aposentadoria.

Art. 2º. Aos dependentes dos servidores titulares de cargo efetivo e dos aposentados de qualquer dos Poderes da União, dos Estados, do Distrito Federal e dos Municípios, incluídas suas autarquias e fundações, falecidos a partir da data de publicação desta Lei, será concedido o benefício de pensão por morte, que será igual:

I – à totalidade dos proventos percebidos pelo aposentado na data anterior à do óbito, até o limite máximo estabelecido para os benefícios do regime geral de previdência social, acrescida de 70% (setenta por cento) da parcela excedente a este limite; ou

II – à totalidade da remuneração do servidor no cargo efetivo na data anterior à do óbito, até o limite máximo estabelecido para os benefícios do regime geral de previdência social, acrescida de 70% (setenta por cento) da parcela excedente a este limite, se o falecimento ocorrer quando o servidor ainda estiver em atividade.

Parágrafo único. Aplica-se ao valor das pensões o limite previsto no art. 40, § 2º, da Constituição Federal.

Art. 3º. Para os fins do disposto no inciso XI do art. 37 da Constituição Federal, a União, os Estados, o Distrito Federal e os Municípios instituirão sistema integrado de dados relativos às remunerações, proventos e pensões pagos aos respectivos servidores e militares, ativos e inativos, e pensionistas, na forma do regulamento.

Art. 4º. A contribuição social do servidor público ativo de qualquer dos Poderes da União, incluídas suas autarquias e fundações, para a manutenção do respectivo regime próprio de previdência social, será de 11% (onze por cento), incidentes sobre: (Redação dada pela Lei 12.618/2012)

I – a totalidade da base de contribuição, em se tratando de servidor que tiver ingressado no serviço público até a data da publicação do ato de instituição do regime de previdência complementar para os servidores públicos federais titulares de cargo efetivo e não tiver optado por aderir a ele; (Incluído pela Lei 12.618/2012)

II – a parcela da base de contribuição que não exceder ao limite máximo estabelecido para os benefícios do regime geral de previdência social, em se tratando de servidor: (Incluído pela Lei 12.618/2012)

a) que tiver ingressado no serviço público até a data a que se refere o inciso I e tenha optado por aderir ao regime de previdência complementar ali referido; ou (Incluído pela Lei 12.618/2012)

b) que tiver ingressado no serviço público a partir da data a que se refere o inciso I, independentemente de adesão ao regime de previdência complementar ali referido. (Incluído pela Lei 12.618/2012)

§ 1º. Entende-se como base de contribuição o vencimento do cargo efetivo, acrescido das vantagens pecuniárias permanentes estabelecidas em lei, os adicionais de caráter individual ou quaisquer outras vantagens, excluídas:

I – as diárias para viagens;

II – a ajuda de custo em razão de mudança de sede;

III – a indenização de transporte;

IV – o salário-família;

V – o auxílio-alimentação;

VI – o auxílio-creche;

VII – as parcelas remuneratórias pagas em decorrência de local de trabalho;

VIII – a parcela percebida em decorrência do exercício de cargo em comissão ou de função comissionada ou gratificada; (Redação dada pela Lei 12.688/2012)

IX – o abono de permanência de que tratam o § 19 do art. 40 da Constituição Federal, o § 5º do art. 2º e o § 1º do art. 3º da Emenda Constitucional nº 41, de 19 de dezembro de 2003; (Redação dada pela Lei 12.688/2012)

X – o adicional de férias; (Incluído pela Lei 12.688/2012)

XI – o adicional noturno; (Incluído pela Lei 12.688/2012)

XII – o adicional por serviço extraordinário; (Incluído pela Lei 12.688/2012)

XIII – a parcela paga a título de assistência à saúde suplementar; (Incluído pela Lei 12.688/2012)

XIV – a parcela paga a título de assistência pré-escolar; (Incluído pela Lei 12.688/2012)

XV – a parcela paga a servidor público indicado para integrar conselho ou órgão deliberativo, na condição de representante do governo, de órgão ou de entidade da administração pública do qual é servidor; (Incluído pela Lei 12.688/2012)

XVI – o auxílio-moradia; (Incluído pela Lei 12.688/2012)

XVII – a Gratificação por Encargo de Curso ou Concurso, de que trata o art. 76-A da Lei nº 8.112, de 11 de dezembro de 1990; (Incluído pela Lei 12.688/2012)

XVIII – a Gratificação Temporária das Unidades dos Sistemas Estruturadores da Administração Pública Federal (GSISTE), instituída pela Lei nº 11.356, de 19 de outubro de 2006; (Incluído pela Lei 12.688/2012)

XIX – a Gratificação Temporária do Sistema de Administração dos Recursos de Informação e Informática (GSISP), instituída pela Lei nº 11.907, de 2 de fevereiro de 2009; (Redação dada pela Lei 13.328/2016)

XX – a Gratificação Temporária de Atividade em Escola de Governo (GAEG), instituída pela Lei nº 11.907, de 2 de fevereiro de 2009; (Incluído pela Lei 13.328/2016)

XXI – a Gratificação Específica de Produção de Radioisótopos e Radiofármacos (GEPR), instituída pela Lei nº 11.907, de 2 de fevereiro de 2009; (Incluído pela Lei 13.328/2016)

XXII – a Gratificação de Raio X; (Redação dada pela Lei 13.464/2017)

XXIII – a parcela relativa ao Bônus de Eficiência e Produtividade na Atividade Tributária e Aduaneira, recebida pelos servidores da carreira Tributária e Aduaneira da Receita Federal do Brasil; (Incluído pela Lei 13.464/2017)

XXIV – a parcela relativa ao Bônus de Eficiência e Produtividade na Atividade de Auditoria-Fiscal do Trabalho, recebida pelos servidores da carreira de Auditoria-Fiscal do Trabalho. (Incluído pela Lei 13.464/2017)

XXV - (Inciso acrescido pela MP 805/2017, com prazo de vigência encerrado em 8/4/2018, conforme Ato Declaratório nº 19, de 9/4/2018, publicado no DOU de 10/4/2018)

XXVI - o Bônus de Desempenho Institucional por Perícia Médica em Benefícios por Incapacidade (BPMBI); (Redação dada pela Lei 14.875/2024)

XXVII - o Bônus de Desempenho Institucional por Análise de Benefícios com Indícios de Irregularidade do Monitoramento Operacional de Benefícios (BMOB); e (Redação dada pela Lei 14.875/2024)

XXVIII - a Gratificação Temporária de Proteção e Defesa Civil (GPDEC). (Acrescido pela Lei 14.875/2024)

§ 2º O servidor ocupante de cargo efetivo poderá optar pela inclusão na base de cálculo da contribuição, para efeito de cálculo do benefício a ser concedido com fundamento no art. 40 da Constituição Federal e no art. 2º da Emenda Constitucional nº 41, de 19 de dezembro de 2003, respeitada a limitação estabelecida no § 2º do art. 40 da Constituição Federal e no art. 26 da Emenda Constitucional nº 103, de 12 de novembro de 2019, das seguintes parcelas: (Redação dada pela Lei 14.875/2024)

I - as percebidas em decorrência de local de trabalho e do exercício de cargo em comissão ou de função comissionada ou gratificada; (Acrescido pela Lei 14.875/2024)

II - a GSISTE; (Acrescido pela Lei 14.875/2024)

III - a GSISP; (Acrescido pela Lei 14.875/2024)

IV - a GAEG; (Acrescido pela Lei 14.875/2024)

V - a GEPR; (Acrescido pela Lei 14.875/2024)

VI - a Gratificação de Raio X; (Acrescido pela Lei 14.875/2024)

VII - as recebidas a título de adicional noturno ou de adicional por serviço extraordinário; e (Acrescido pela Lei 14.875/2024)

VIII - a GPDEC. (Acrescido pela Lei 14.875/2024)

Art. 5º. Os aposentados e os pensionistas de qualquer dos Poderes da União, incluídas suas autarquias e fundações, contribuirão com 11% (onze por cento), incidentes sobre o valor da parcela dos proventos de aposentadorias e pensões concedidas de acordo com os critérios estabelecidos no art. 40 da Constituição Federal e nos arts. 2º e 6º da Emenda Constitucional no 41, de 19 de dezembro de 2003, que supere o limite máximo estabelecido para os benefícios do regime geral de previdência social.

Art. 6º. Os aposentados e os pensionistas de qualquer dos Poderes da União, incluídas suas autarquias e fundações, em gozo desses benefícios na data de publicação da Emenda Constitucional no 41, de 19 de dezembro de 2003, contribuirão com 11% (onze por cento), incidentes sobre a parcela dos proventos de aposentadorias e pensões que supere 60% (sessenta por cento) do limite máximo estabelecido para os benefícios do regime geral de previdência social.

Parágrafo único. A contribuição de que trata o caput deste artigo incidirá sobre os proventos de aposentadorias e pensões concedidas aos servidores e seus dependentes que tenham cumprido todos os requisitos para obtenção desses benefícios com base nos critérios da legislação vigente até 31 de dezembro de 2003.

Art. 7º. O servidor ocupante de cargo efetivo que tenha completado as exigências para aposentadoria voluntária estabelecidas na alínea a do inciso III do § 1º do art. 40 da Constituição Federal, no § 5º do art. 2º ou no § 1º do art. 3º da Emenda Constitucional nº 41, de 19 de dezembro de 2003, e que opte por permanecer em atividade fará jus a abono de permanência equivalente ao valor da sua contribuição previdenciária até completar as exigências para aposentadoria compulsória contidas no inciso II do § 1º do art. 40 da Constituição Federal.

Art. 8º. A contribuição da União, de suas autarquias e fundações para o custeio do regime de previdência, de que trata o art. 40 da Constituição Federal, será o dobro da contribuição do servidor ativo, devendo o produto de sua arrecadação ser contabilizado em conta específica.

Parágrafo único. A União é responsável pela cobertura de eventuais insuficiências financeiras do regime decorrentes do pagamento de benefícios previdenciários.

Art. 8º-A. A responsabilidade pela retenção e recolhimento das contribuições de que tratam os arts. 4º a 6º e 8º será do dirigente e do ordenador de despesa do órgão ou entidade que efetuar o pagamento da remuneração ou do benefício. (Incluído pela Lei 12.350/2010)

› Esta Lei: art. 16 – A.

§ 1º. O recolhimento das contribuições de que trata este artigo deve ser efetuado: (Incluído pela Lei 12.350/2010)

I – até o dia 15, no caso de pagamentos de remunerações ou benefícios efetuados no primeiro decêndio do mês; (Incluído pela Lei 12.350/2010)

II – até o dia 25, no caso de pagamentos de remunerações ou benefícios efetuados no segundo decêndio do mês; ou (Incluído pela Lei 12.350/2010)

III – até o dia 5 do mês posterior, no caso de pagamentos de remunerações ou benefícios efetuados no último decêndio do mês. (Incluído pela Lei 12.350/2010)

§ 2º. O não recolhimento das contribuições nos prazos previstos no § 1º: (Incluído pela Lei 12.350/2010)

I – enseja a aplicação dos acréscimos de mora previstos para os tributos federais; e (Incluído pela Lei 12.350/2010)

II – sujeita o responsável às sanções penais e administrativas cabíveis. (Incluído pela Lei 12.350/2010)

§ 3º. A não retenção das contribuições pelo órgão pagador sujeita o responsável às sanções penais e administrativas, cabendo a esse órgão apurar os valores não retidos e proceder ao desconto na folha de pagamento do servidor ativo, do aposentado e do pensionista, em rubrica e classificação contábil específicas, podendo essas contribuições ser parceladas na forma do art. 46 da Lei nº 8.112, de 11 de dezembro de 1990, observado o disposto no art. 56 da Lei nº 9.784, de 29 de janeiro de 1999. (Incluído pela Lei 12.688/2012)

§ 4º. Caso o órgão público não observe o disposto no § 3º, a Secretaria da Receita Federal do Brasil formalizará representações aos órgãos de controle e constituirá o crédito tributário relativo à parcela devida pelo servidor ativo, aposentado ou pensionista. (Incluído pela Lei 12.688/2012)

Art. 9º. A unidade gestora do regime próprio de previdência dos servidores, prevista no art. 40, § 20, da Constituição Federal:

I – contará com colegiado, com participação paritária de representantes e de servidores dos Poderes da União, cabendo-lhes acompanhar e fiscalizar sua administração, na forma do regulamento;

II – procederá, no mínimo a cada 5 (cinco) anos, a recenseamento previdenciário, abrangendo todos os aposentados e pensionistas do respectivo regime;

III – disponibilizará ao público, inclusive por meio de rede pública de transmissão de dados, informações atualizadas sobre as receitas e despesas do respectivo regime, bem como os critérios e parâmetros adotados para garantir o seu equilíbrio financeiro e atuarial.

Art. 10. A Lei nº 9.717, de 27 de novembro de 1998, com a redação dada pela Medida Provisória nº 2.187-13, de 24 de agosto de 2001, passa a vigorar com as seguintes alterações:

[...]

Art. 11. A Lei nº 8.212, de 24 de julho de 1991, passa a vigorar com as seguintes alterações:

[...]

Art. 12. A Lei nº 8.213, de 24 de julho de 1991, passa a vigorar com as seguintes alterações:

[...]

Art. 13. O art. 11 da Lei nº 9.532, de 10 de dezembro de 1997, passa a vigorar com a seguinte redação:

[...]

Art. 14. O art. 12 da Lei nº 10.666, de 8 de maio de 2003, passa a vigorar com a seguinte redação:

[...]

Art. 15. Os proventos de aposentadoria e as pensões de que tratam os arts. 1º e 2º desta Lei serão reajustados, a partir de janeiro de 2008, na mesma data e índice em que se der o reajuste dos benefícios do regime geral de previdência social, ressalvados os beneficiados pela garantia de paridade de revisão de proventos de aposentadoria e pensões de acordo com a legislação vigente. (Redação dada pela Lei 11.784/2008)

› ADI 4.582: O STF, por unanimidade, conheceu da ação e, no mérito, julgou-a procedente para fins de conferir interpretação conforme à Constituição ao art. 15 da Lei nº 10.887/2004, com a redação que lhe foi atribuída pela Lei nº 11.784/2008, de modo a restringir-lhe a aplicabilidade apenas aos servidores ativos e inativos e aos pensionistas da União. DJE 22.11.2022.

Art. 16. As contribuições a que se referem os arts. 4º, 5º e 6º desta Lei serão exigíveis a partir de 20 de maio de 2004.

§ 1º. Decorrido o prazo estabelecido no *caput* deste artigo, os servidores abrangidos pela isenção de contribuição referida no § 1º do art. 3º e no § 5º do art. 8º da Emenda Constitucional nº 20, de 15 de dezembro de 1998, passarão a recolher contribuição previdenciária correspondente, fazendo jus ao abono a que se refere o art. 7º desta Lei.

§ 2º. A contribuição de que trata o art. 1º da Lei nº 9.783, de 28 de janeiro de 1999, fica mantida até o início do recolhimento da contribuição a que se refere o *caput* deste artigo, para os servidores ativos.

Art. 16-A. A contribuição do Plano de Seguridade do Servidor Público (PSS), decorrente de valores pagos em cumprimento de decisão judicial, ainda que derivada de homologação de acordo, será retida na fonte, no momento do pagamento ao beneficiário ou seu representante legal, pela instituição financeira responsável pelo pagamento, por intermédio da quitação da guia de recolhimento remetida pelo setor de precatórios do Tribunal respectivo, no caso de pagamento de precatório ou requisição de pequeno valor, ou pela fonte pagadora, no caso de implantação de rubrica específica em folha, mediante a aplicação da alíquota de 11% (onze por cento) sobre o valor pago. (Redação dada pela Lei 12.350/2010)

Parágrafo único. O recolhimento da contribuição deverá ser efetuado nos mesmos prazos previstos no § 1º do art. 8º-A, de acordo com a data do pagamento. (Redação dada pela Lei 12.688/2012)

Art. 17. Esta Lei entra em vigor na data de sua publicação.

Art. 18. Ficam revogados os §§ 3º, 4º, 5º, 6º e 7º do art. 2º, o art. 2º-A e o art. 4º da Lei nº 9.717, de 27 de novembro de 1998, o art. 8º da Medida Provisória nº 2.187-13, de 24 de agosto de 2001, na parte em que dá nova redação ao inciso X do art. 1º, ao art. 2º e ao art. 2º – A da Lei nº 9.717, de 27 de novembro de 1998, e a Lei nº 9.783, de 28 de janeiro de 1999.

Brasília, 18 de junho de 2004; 183º da Independência e 116º da República.

LUIZ INÁCIO LULA DA SILVA

Este texto não substitui o publicado no DOU de 21-06-2004

NOTA TÉCNICA SEI Nº 12212/2019/ME

Assunto: ANÁLISE DAS REGRAS CONSTITUCIONAIS DA REFORMA PREVIDENCIÁRIA APLICÁVEIS AOS REGIMES PRÓPRIOS DE PREVIDÊNCIA SOCIAL DOS ENTES FEDERADOS SUBNACIONAIS.

INTERESSADOS: REGIMES PRÓPRIOS DE PREVIDÊNCIA SOCIAL DOS ESTADOS, DO DISTRITO FEDERAL E DOS MUNICÍPIOS

SUMÁRIO EXECUTIVO

1. A reforma do sistema de previdência social decorrente da Emenda Constitucional (EC) nº 103, de 12.11.2019, prescreve um conjunto de regras aplicável a todos os entes da Federação, outro conjunto aplicável somente à União Federal, e, por fim, disposições específicas para os entes subnacionais, isto é, aplicáveis somente aos Estados, ao Distrito Federal e aos Municípios.

2. Numa análise das disposições relacionadas aos entes subnacionais, podemos identificar nessa reforma constitucional, conforme a lição clássica de José Afonso da Silva:

(a) normas de eficácia plena e aplicabilidade imediata;

(b) normas de eficácia contida e aplicabilidade imediata; e

(c) normas de eficácia limitada, não autoaplicável, e dependente de complementação legislativa (aplicabilidade diferida).

3. Como todas as normas constitucionais possuem força normativa, acentue-se que as referidas disposições da reforma sempre terão alguma espécie de eficácia.

4. Esta Nota Técnica busca analisar e categorizar as normas da aludida reforma previdenciária conforme a sua eficácia e aplicabilidade em face dos regimes próprios de previdência social dos entes subnacionais, o que tem relevância quanto aos limites e aos resultados da interpretação constitucional.

5. Feitas estas considerações, passemos ao exame das disposições da EC nº 103, de 2019.

I - DAS CLÁUSULAS DE REVOGAÇÃO E DE VIGÊNCIA DA REFORMA

6. Os arts. 35 e 36 da EC nº 103, de 2019, prescrevem normas complementares, contendo cláusula de revogação de dispositivos constitucionais até então em vigor e cláusula de vigência de disposições acrescidas ou alteradas por essa reforma, respectivamente.

7. Em regra, para os RPPS dos Estados, do Distrito Federal e dos Municípios, todos os dispositivos da reforma não expressamente ressalvados pelo art. 36 da EC nº 103, de 12.11.2019, vigoram desde a data de sua publicação, nos termos de seu inciso III.

8. Já para determinados preceitos da reforma, nominados adiante, a cláusula de vigência constante do inciso II do art. 36 da EC nº 103, de 2019, estabelece um período de vacância, em que o início da produção de efeitos jurídicos dar-se-á somente com a publicação de lei do ente subnacional que promova o seu referendo integral.

9. Por outro lado, a cláusula de vigência do inciso I do art. 36 leva em consideração o princípio da anterioridade tributária (nonagesimal), para determinar que os arts. 11, 28 e 32 da Emenda, que tratam das alíquotas de contribuição do RPPS da União e do RGPS, bem como da alíquota de contribuição prevista na Lei nº 7.689, de 1988, respectivamente, devem entrar em vigor a partir do primeiro dia do quarto mês subsequente ao da data de sua publicação.

10. A teor do aludido inciso II do art. 36 da EC nº 103, de 2019, a alteração de redação dada pela reforma ao art. 149 da Constituição Federal e a cláusula de revogação contida na alínea *a* do inciso I e nos incisos III e IV do art. 35 daquela Emenda **não têm aplicabilidade constitucional para os Estados, o Distrito Federal e os Municípios enquanto estiverem em período de vacância**, **já que dependem de referendo para o início de sua vigência**, mediante a publicação de lei de iniciativa privativa do respectivo Poder Executivo destes entes da Federação, nestes termos:

EC nº 103, de 2019

Art. 35. Ficam revogados:

I - os seguintes dispositivos da Constituição Federal:

a) o § 21 do art. 40;

b) o § 13 do art. 195;

II - os arts. 9º, 13 e 15 da Emenda Constitucional nº 20, de 15 de dezembro de 1998;

III - os arts. 2º, 6º e 6º-A da Emenda Constitucional nº 41, de 2003; IV - o art. 3º da Emenda Constitucional nº 47, de 2005.

Art. 36. Esta Emenda Constitucional entrará em vigor:

I - a partir do primeiro dia do quarto mês subsequente ao da data de publicação desta Emenda Constitucional, quanto ao disposto nos arts. 11, 28 e 32;

II - para os regimes próprios de previdência social dos Estados, do Distrito Federal e dos Municípios, quanto à alteração promovida pelo art. 1º desta Emenda Constitucional no art. 149 da Constituição Federal e às revogações previstas na alínea "a" do inciso I e nos incisos III e IV do art. 35, na data de publicação de lei de iniciativa privativa do respectivo Poder Executivo, que as referende integralmente;

III - nos demais casos, na data de sua publicação.

Parágrafo único. A lei de que trata o inciso II do *caput* não produzirá efeitos anteriores à data de sua publicação.

11. Assim, enquanto não houver o referendo integral dos mencionados dispositivos da reforma, por meio de lei estadual, distrital ou municipal, continua a valer o parágrafo 21 do art. 40 da Constituição, bem como valem os arts. 2º, 6º e 6º-A da Emenda Constitucional nº 41, de 2003, e o art. 3º da Emenda Constitucional nº 47, de 2005, sendo aplicável, quanto ao art. 149 da Constituição, a redação anterior à data de entrada em vigor da EC nº 103, de 2019.

12. Isto significa que, **sem o referendo mediante lei do ente subnacional, de que trata o inciso II do art. 36 da EC nº 103, de 2019**, os Estados, o Distrito Federal e os Municípios não poderão instituir alíquotas de contribuição para o custeio do RPPS de forma progressiva, nem fazer incidir a contribuição ordinária dos aposentados e pensionistas sobre o valor dos proventos e pensões que superem o salário mínimo, se houver deficit atuarial, pois, em todo o caso, deverá incidir sobre proventos e pensões que superem o limite máximo estabelecido para os benefícios do RGPS, ou que superem o dobro desse limite quando o beneficiário for acometido de doença incapacitante.

13. Além disso, consideram-se ainda vigentes para os entes subnacionais as regras de transição dos arts. 2º, 6º e 6º-A da Emenda Constitucional nº 41, de 2003, e do art.

3º da Emenda Constitucional nº 47, de 2005, nessa hipótese de ausência de lei que referende integralmente a alteração do **art. 149 da Constituição Federal e a cláusula de revogação da alínea *a* do inciso I e dos incisos III e IV do art. 35 da EC nº 103, de 2019**.

14. Acresce que a lei estadual, distrital ou municipal, quando se referir ao referendo de que trata o inciso II do art. 36 da EC nº 103, de 2019, terá efeitos prospectivos, a partir de sua publicação, por força do que dispõe o parágrafo único desse mesmo artigo, o qual veda a produção de efeitos retroativos.

15. Observe-se que nos parece válido o referendo da lei estadual, distrital ou municipal incidir apenas sobre a alteração promovida pelo art. 1º da EC nº 103, de 2019, no art. 149 da Constituição Federal, desde que integral, mesmo que o inciso II do art. 36 da EC nº 103, de 2019, também aborde o referendo para as revogações previstas na alínea "a" do inciso I e nos incisos III e IV do art. 35 dessa Emenda. Isto porque a aplicação do novo teor do art. 149 da Constituição é relativamente independente da aplicação da imunidade de parcela dos proventos de aposentadoria e de pensão em caso de doença incapacitante e das regras de transição das reformas constitucionais anteriores das Emendas Constitucionais nº 41, de 2003, e 47, de 2005, de que tratam as aludidas revogações.

16. Na hipótese a que se refere o inciso III do art. 36 por exclusão (isto é, "nos demais casos"), a reforma decorrente da EC nº 103, de 2019, entra em vigor na data de sua publicação para todos os regimes próprios de previdência social, sendo relevante discernir quais os dispositivos da reforma se aplicam imediatamente aos Estados, Distrito Federal e Municípios com eficácia plena dos que se aplicam com eficácia limitada ou contida, como veremos a seguir.

II – DAS INATIVIDADES E PENSÕES DAS POLÍCIAS MILITARES E DOS CORPOS DE BOMBEIROS MILITARES

17. Um exame da redação que a EC nº 103, de 2019, conferiu ao inciso XXI do art. 22 da Constituição mostra-nos que a reforma atribuiu à União a **competência privativa** para editar **normas gerais** sobre inatividades e pensões das polícias militares e corpos de bombeiros militares. Essa nova competência que se lhe atribuiu tem eficácia plena e aplicabilidade imediata.

18. Porém, note-se que está mantida, nos termos do art. 42 da CF, a competência dos Estados para dispor, **em lei estadual específica**, tanto sobre as matérias do art. 142, § 3º, X (entre outras, a que trata da transferência do militar para a inatividade), quanto sobre as pensões militares.

19. Por conseguinte, os **Estados** deverão adaptar suas leis específicas ao que vier a ser disposto em lei de caráter nacional da União sobre normas gerais de inatividades e pensões das polícias militares e corpos de bombeiros militares, sob pena de invalidade.

20. Por sua vez, a situação das inatividades e pensões das polícias militares e corpos de bombeiros militares do **Distrito Federal** não sofre qualquer alteração com a reforma do sistema de previdência social decorrente da promulgação da EC nº 103, de 2019. E isso porque o regime jurídico de policiais militares e bombeiros militares do Distrito Federal continua sendo disciplinado por **leis federais**, com fundamento no inciso XIV do art. 21 da Lei Maior, porquanto essa norma constitucional fixou a **competência material exclusiva da União** para organizar e manter os respectivos órgãos de segurança pública distritais. Da mesma forma, essa legislação federal também observará a aludida lei nacional de normas gerais a ser editada pela União.

21. A situação das inatividades e pensões dos policiais civis, inclusive dos policiais civis do Distrito Federal, será analisada nos tópicos respectivos dos **servidores civis** dos Estados, do Distrito Federal e dos Municípios.

III – DA CONTAGEM RECÍPROCA E DA COMPENSAÇÃO FINANCEIRA DO TEMPO DE SERVIÇO MILITAR

22. O direito à **contagem recíproca** do tempo de serviço militar e do tempo de contribuição ao RGPS ou RPPS, para fins de inativação militar ou aposentadoria, passa a ter previsão constitucional expressa no art. 201, § 9º-A, da Carta Magna, com a reforma previdenciária da EC nº 103, de 2019, tendo **eficácia plena e aplicabilidade imediata**.

23. No entanto, o referido dispositivo, quando interpretado em conjunto com o antecedente § 9º do mesmo artigo, leva-nos a concluir que a **compensação financeira** entre as receitas de contribuição referente aos militares e as receitas de contribuição aos demais regimes depende de lei para regulamentá-la, tendo **eficácia limitada**, já que a atual Lei nº 9.796, de 5.5.1999, referente às compensações financeiras inter-regimes previdenciários, não abrange a inatividade militar. Confira-se a redação:

> **Art. 201.** (...):
>
> ...
>
> § 9º Para fins de aposentadoria, será assegurada a contagem recíproca do tempo de contribuição entre o Regime Geral de Previdência Social e os regimes próprios de previdência social, e destes entre si, observada a compensação financeira, de acordo com os critérios estabelecidos em lei.
>
> § 9º-A. O tempo de serviço militar exercido nas atividades de que tratam os arts. 42, 142 e 143 e o tempo de contribuição ao Regime Geral de Previdência Social ou a regime próprio de previdência social terão contagem recíproca para fins de inativação militar ou aposentadoria, e a compensação financeira será devida entre as receitas de contribuição referentes aos militares e as receitas de contribuição aos demais regimes.

IV – DAS APOSENTADORIAS VOLUNTÁRIAS COMUNS DOS SERVIDORES PÚBLICOS CIVIS DOS ESTADOS, DO DISTRITO FEDERAL E DOS MUNICÍPIOS

24. A reforma desconstitucionalizou regras de elegibilidade da aposentadoria voluntária comum dos servidores públicos civis nos regimes próprios de previdência social dos Estados, do Distrito Federal e dos Municípios. De acordo com o dispositivo transcrito a seguir, com exceção da idade mínima, cuja fixação exige emenda às respectivas Constituições Estaduais e Leis Orgânicas, os demais requisitos de aposentadoria deverão ser estabelecidos mediante lei complementar do respectivo ente federativo (grifos nossos):

> Constituição Federal
>
> **Art. 40.** (...).
>
> § 1º O servidor abrangido por regime próprio de previdência social será aposentado:
>
> ....
>
> ....
>
> **III** - no âmbito da **União**, aos sessenta e dois anos de idade, se mulher, e aos sessenta e cinco anos de idade, se homem, e, no âmbito dos **Estados**, do **Distrito Federal** e dos **Municípios**, na idade mínima estabelecida mediante **emenda** às **respectivas Constituições e Leis Orgânicas**, **observados o tempo de contribuição e os demais requisitos estabelecidos em lei complementar do respectivo ente federativo**.
>
> (...).

25. Portanto, foram desconstitucionalizados os requisitos de tempo de contribuição, tempo de efetivo exercício no serviço público e de tempo no cargo efetivo em que se dará a aposentadoria para todos os entes da Federação. A ausência desses parâmetros na Carta Magna implica a **eficácia limitada, não autoaplicável**, dessa norma constitucional de concessão do benefício de aposentadoria voluntária comum dos servidores públicos civis.

26. Esse modelo previdenciário federal de desconstitucionalização é de observância obrigatória pelas Constituições dos Estados e pelas Leis Orgânicas do Distrito Federal e dos Municípios, em razão do princípio da simetria federativa.

27. Para salvaguardar expectativas de direito do servidor titular de cargo efetivo, esse que já era, ao tempo da reforma, destinatário das regras constitucionais permanentes do sistema previdenciário próprio, e que permaneceria, neste regime, sujeito a novos requisitos (mais exigentes) para a aposentação, foi adotada uma disciplina jurídica de transição entre o sistema jurídico anterior e o novo sistema de previdência social, tendo em vista o princípio da segurança jurídica e a proteção da confiança do servidor que tenha ingressado no serviço público em cargo efetivo até a data de entrada em vigor da EC nº 103, de 2019.

28. Por outro lado, em face da eficácia limitada da norma constitucional permanente de concessão de aposentadoria voluntária (inciso III do § 1º do art. 40 da Constituição), a qual depende de providência legislativa para se concretizar, a reforma estabeleceu disposições transitórias para os servidores federais que venham a ingressar no serviço público em cargo efetivo após a data de entrada em vigor da EC nº 103, de 2019, também aplicáveis aos que já haviam ingressado até a data de sua publicação, se mais vantajosas, **com eficácia plena e aplicabilidade imediata** enquanto não sobrevier tal complementação legislativa.

29. Em relação à aposentadoria voluntária comum no RPPS da União, a reforma prescreve uma disciplina jurídica de transição nos arts. 4º e 20, e estabelece disposições transitórias no art.10 da EC nº 103, de 2019.

30. Contudo, o Poder Legislativo decidiu não estender a disciplina jurídica de transição, bem como as disposições transitórias da nova Emenda às aposentadorias voluntárias comuns dos Estados, do Distrito Federal e dos Municípios. Não obstante, para contornar a não autoexecutoriedade da norma do inciso III do § 1º do art. 40 da Constituição, e a ausência de disposições transitórias para os entes subnacionais, o Poder Constituinte Reformador resolveu recepcionar expressamente as normas constitucionais e infraconstitucionais anteriores à entrada em vigor dessa Emenda, assegurando-lhes a continuidade da vigência em face dos Estados, do Distrito Federal e dos Municípios, **com eficácia plena e aplicabilidade imediata**, embora as tenha recebido por prazo certo, isto é, até que sejam promovidas alterações na legislação destes entes subnacionais referente aos respectivos regimes próprios, quando então a sua eficácia estará exaurida.

31. A recepção das normas constitucionais e infraconstitucionais anteriores à reforma, para os entes subnacionais, ocorreu com base no mesmo preceito constante de todos os aludidos artigos da disciplina jurídica de transição, bem como o da disposição transitória da EC nº 103, de 2019, relacionados à aposentadoria voluntária comum, assim redigido:

> Aplicam-se às aposentadorias dos servidores dos Estados, do Distrito Federal e dos Municípios as normas constitucionais e infraconstitucionais anteriores à data de entrada em vigor desta Emenda Constitucional, enquanto não promovidas alterações na legislação interna relacionada ao respectivo regime próprio de previdência social.

V – DAS APOSENTADORIAS VOLUNTÁRIAS ESPECIAIS DOS SERVIDORES PÚBLICOS **CIVIS** DOS **ESTADOS,** DO DISTRITO FEDERAL E DOS MUNICÍPIOS

32. Não obstante a reforma das normas constitucionais sobre aposentadorias voluntárias especiais advinda da EC nº 103, de 2019, elas continuam não autoaplicáveis, já que dependem de lei complementar do respectivo ente federativo para regulamentá-las, ou seja, carecem de integração normativa para viabilizar o exercício do direito que consagram, sendo, portanto, de **eficácia limitada**.

33. A regulamentação agora deve sobrevir limitada aos requisitos de idade e tempo de contribuição diferenciados da regra geral, ou, no caso de professor, com a determinação do requisito de tempo de efetivo exercício das funções de magistério na educação infantil e no ensino fundamental e médio, porquanto a sua idade mínima já foi estabelecida pela reforma como inferior em cinco anos às idades mínimas que venham a ser fixadas para os servidores em geral dos respectivos entes federados.

34. Observe-se que, em relação à **União**, a eficácia limitada dos parágrafos 4º, 4º-A, 4º-B, 4º-C, e 5º do art. 40 da Constituição, a respeito das aposentadorias voluntárias especiais, acabou sendo integrada normativa e temporariamente pela disciplina jurídica de transição dos arts. 4º, 5º, 20 e 21 da EC nº 103, de 2019, assim como pelas disposições transitórias de seus arts. 10 e 22.

35. Mas em relação aos Estados, Distrito Federal e Municípios o Poder Constituinte Reformador não prescreveu a disciplina jurídica de transição nem as disposições transitórias já referidas, salvo na situação específica descrita adiante. Em seu lugar, contornou a não autoexecutoriedade das normas constitucionais permanentes sobre aposentadoria voluntária especial recepcionando expressamente e *pro tempore* as normas constitucionais e infraconstitucionais anteriores à entrada em vigor da nova Emenda, assegurando-lhes a continuidade da vigência em face desses entes subnacionais, **com eficácia plena e aplicabilidade imediata**, até que sejam promovidas alterações na legislação dos respectivos regimes próprios, quando então a sua eficácia estará exaurida.

36. Destarte, a reforma preservou o quadro jurídico anterior à sua promulgação no que concerne, entre outras matérias, à aplicação das normas constitucionais sobre aposentadorias especiais então vigentes, as quais continuam a ter aplicação para os Estados, o Distrito Federal e os Municípios, com a redação citada abaixo, enquanto estes não promulgarem a respectiva reforma previdenciária, devendo obediência aos condicionamentos impostos pela EC nº 103, de 2019, ou seja, à supremacia da Constituição Federal, já que a reforma da Carta do Estado ou da Lei Orgânica do Município trata-se de Poder decorrente.

> Constituição Federal (redação anterior à EC nº 103, de 2019)
>
> **Art. 40.** (...)
>
> ...
>
> § 4º É vedada a adoção de requisitos e critérios diferenciados para a concessão de aposentadoria aos abrangidos pelo regime de que trata este artigo, ressalvados, nos termos definidos em leis complementares, os casos de servidores:
>
> **I** - portadores de deficiência;
>
> **II** - que exerçam atividades de risco;
>
> **III** - cujas atividades sejam exercidas sob condições especiais que prejudiquem a saúde ou a integridade física.
>
> § 5º Os requisitos de idade e de tempo de contribuição serão reduzidos em cinco anos, em relação ao disposto no § 1º, III, "a", para o professor que comprove exclusivamente tempo de efetivo exercício das funções de magistério na educação infantil e no ensino fundamental e médio.

37. A propósito, mesmo que as normas sobre aposentadoria especial anteriores à entrada em vigor da EC nº 103, de 2019, apresentem incompatibilidade com a redação atribuída pela reforma aos §§ 4º, 4º-A, 4º B e 4º-C do art. 40 da Constituição, isto não poderá afastar a sua aplicação aos regimes próprios dos Estados, do Distrito Federal e dos Municípios, a teor do § 10 do art. 4º da EC nº 103, de 2019.

38. A recepção das aludidas normas constitucionais, com a redação em vigor antes da reforma da EC nº 103, de 2019, estende-se à respectiva **norma infraconstitucional** regulamentadora. É o caso da Lei Complementar federal nº 51, de 20.12.1985, que continua a reger, na condição de lei federal de normas gerais de abrangência nacional, a aposentadoria especial do servidor policial do Estado, conforme a redação transcrita a seguir, até que essa matéria seja alterada para o respectivo regime próprio, por meio de lei complementar do ente federativo, nos termos, condições e alcance previstos nos §§ 4º e 4º-B do art. 40 da Constituição, com a redação dada pela EC nº 103, de 2019.

> Lei Complementar nº 51, de 1985 (art. 1º)
>
> **Art. 1º** O servidor público policial será aposentado:
>
> **I** - (Revogado pela Lei Complementar nº 152, de 2015)
>
> **II** - voluntariamente, com proventos integrais, independentemente da idade: (Redação dada pela Lei Complementar nº 144, de 2014)
>
> a) após 30 (trinta) anos de contribuição, desde que conte, pelo menos, 20 (vinte) anos de exercício em cargo de natureza estritamente policial, se homem; (Incluído pela Lei Complementar nº 144, de 2014)
>
> b) após 25 (vinte e cinco) anos de contribuição, desde que conte, pelo menos, 15 (quinze) anos de exercício em cargo de natureza estritamente policial, se mulher. (Incluído pela Lei Complementar nº 144, de 2014)

39. A preservação do quadro jurídico anterior à promulgação da EC nº 103, de 2019, no que concerne à aplicação das normas constitucionais e infraconstitucionais sobre aposentadorias especiais então vigentes, ainda que *pro tempore*, também implica a da jurisprudência constitucional do colendo Supremo Tribunal Federal – STF, consolidada sobre a referida matéria. Assim é que a **Súmula Vinculante - SV do STF nº 33 continua aplicável aos Estados, ao Distrito Federal e aos Municípios**, quanto à observância da legislação do Regime Geral de Previdência Social como parâmetro de regulamentação infraconstitucional da aposentadoria especial de que trata o art. 40, § 4º, III, da Constituição Federal (**na redação anterior** à **EC nº 103,**

de 2019), ou seja, nas atividades exercidas sob condições especiais que prejudiquem a saúde ou a integridade física, até a edição de lei complementar do respectivo ente federativo.

40. Para a aposentadoria especial dos servidores com deficiência no âmbito dos regimes próprios de previdência social dos **Estados, do Distrito Federal e dos Municípios**, com base no art. 40, § 4º, I, da Constituição Federal (**na redação anterior** à **EC nº 103, de 2019**), à míngua de lei complementar federal ou, após a promulgação da EC nº 103, de 2019, de lei complementar estadual, distrital ou municipal regulamentadora dessa matéria, permanece a necessidade de impetração de mandado de injunção para viabilizar o exercício desse direito constitucional.

41. Isso já não ocorre em relação à **União**, porquanto, com a reforma, houve perda de objeto da SV nº 33 em face deste ente político, bem como não haveria interesse processual na impetração de mandado de injunção para a regulamentação das normas de aposentadoria especial previstas na Constituição. Como vimos, a eficácia limitada dos parágrafos 4º, 4º-A, 4º-B, 4º-C, e 5º do art. 40 da Constituição, a respeito das aposentadorias voluntárias especiais, acabou sendo integrada normativa e temporariamente, tão somente para a União, pela disciplina jurídica de transição dos arts. 4º, 5º, 20 e 21 da EC nº 103, de 2019, assim como pelas disposições transitórias de seus arts. 10 e 22.

42. Convém ressaltar que a União exerce por meio de leis federais, com fundamento no inciso XIV do art. 21 da Lei Maior, a **competência material exclusiva** para organizar e manter os órgãos de segurança pública do Distrito Federal, e entre eles a Polícia Civil, razão por que a reforma decorrente da promulgação da EC nº 103, de 2019, acabou por conferir, na situação específica do **policial civil do Distrito Federal,** uma regra jurídica de transição e uma disposição transitória sobre aposentadoria especial, respectivamente, em seus arts. 5º e 10.

VI – DA APOSENTADORIA POR INCAPACIDADE PERMANENTE **PARA** O TRABALHO

43. Com a reforma previdenciária, a aposentadoria "por invalidez permanente" passa a denominar-se aposentadoria "por incapacidade permanente para o trabalho". A EC nº 103, de 2019 constitucionaliza a exigência de avaliações periódicas para verificação da continuidade das condições que ensejaram a concessão da aposentadoria, bem como a condição de o servidor ser insuscetível de readaptação, nestes termos:

> **Art. 40.** (...).
>
> § 1º O servidor abrangido por regime próprio de previdência social será aposentado:
>
> **I** – por incapacidade permanente para o trabalho, no cargo em que estiver investido, quando insuscetível de readaptação, hipótese em que será obrigatória a realização de avaliações periódicas para verificação da continuidade das condições que ensejaram a concessão da aposentadoria, na forma de lei do respectivo ente federativo;

44. Trata-se de norma com **eficácia limitada**. Contudo, até que entre em vigor lei federal que discipline esse benefício **no** âmbito **da União**, está prevista uma disposição transitória de concessão da aposentadoria por incapacidade permanente para o trabalho, com **eficácia plena e aplicabilidade imediata**, no art. 10, § 1º, II, e de cálculo dos proventos conforme o § 4º desse mesmo artigo c/c o art. 26, § 2º, II, e § 3º, II, todos da EC nº 103, de 2019. Segundo essa norma transitória, o valor do benefício corresponderá a 60% da média definida na forma do *caput* e do § 1º do art. 26, com acréscimo de 2% por ano de contribuição que exceder o tempo de vinte anos de contribuição, salvo na hipótese de incapacidade permanente decorrente de acidente do trabalho, doença profissional e doença do trabalho, quando o percentual da referida média corresponderá a 100%. Note-se, todavia, que esta exceção não mais se aplica às hipóteses de doença grave, contagiosa ou incurável.

45. Já em relação aos Estados, Distrito Federal e Municípios, ante a ausência de disposição transitória, e por força do que prescreve o § 7º do art. 10 da EC nº 103, de 2019, mantém-se o quadro jurídico imediatamente anterior à promulgação da EC nº 103, de 2019, no que concerne à aplicação das normas constitucionais e infraconstitucionais que estavam em vigor sobre a concessão e cálculo da "aposentadoria por invalidez permanente", com **eficácia plena e aplicabilidade imediata**, até a edição de lei do respectivo ente federativo.

46. Quando for promovida a reforma dos Estados, do Distrito Federal e dos Municípios referente aos respectivos regimes próprios, deverá ser observado, na edição da lei regulamentadora do benefício de aposentadoria por incapacidade permanente para o trabalho (art. 40, § 1º, I, da Constituição), como vimos, que a EC nº 103, de 2019, constitucionaliza a exigência de avaliações periódicas para verificação da continuidade das condições que ensejaram a concessão dessa aposentadoria, bem como a condição de o servidor ser insuscetível de readaptação.

VII - DA APOSENTADORIA CONCEDIDA COM UTILIZAÇÃO DE TEMPO **DE** CONTRIBUIÇÃO DECORRENTE DE CARGO, EMPREGO OU FUNÇÃO PÚBLICA E **DA** VEDAÇÃO RELACIONADA À COMPLEMENTAÇÃO DE APOSENTADORIA E PENSÕES

47. É entendimento assente na Orientação Normativa nº 2, de 2009, e na Nota Técnica nº 3, de 2013, ambas da lavra desta Subsecretaria dos Regimes Próprios de Previdência Social, que o aproveitamento de qualquer tempo sob o **regime estatutário** para fins de concessão de aposentadoria, inclusive pelo Regime Geral, implica a vacância do cargo titularizado pelo servidor público.

48. Além disso, o art. 12 da Portaria MPS nº 154, de 2008, já dispunha que a Certidão de Tempo de Contribuição - CTC somente poderia ser emitida por regime próprio de Previdência Social para ex- servidor, ou seja, para servidor exonerado ou demitido do cargo efetivo. Essa interpretação veio a ser acolhida expressamente pelo legislador **no inciso VI do art. 96 da Lei nº 8.213, de 1991**, acrescentado pela Lei nº 13.846, de 18.6.2019. A propósito, de acordo com a nossa Nota Informativa SEI nº 2/2019/CONOR/CGNAL/SRPPS/SPREVSEPRT-ME, "o objetivo principal da previsão é impedir que servidores titulares de cargos efetivos se aposentem pelo Regime Geral de Previdência Social - RGPS, mantendo-se no exercício do cargo com vinculação ao RPPS, podendo, além de acumular benefícios com a remuneração do cargo efetivo, receber dois benefícios previdenciários futuramente decorrentes de um único cargo público em detrimento do equilíbrio dos regimes previdenciários".

49. O que acentuamos de novo na reforma da EC nº 103, de 2019, é o preceito segundo o qual não só a utilização de tempo de contribuição de cargo público, mas também a de emprego ou função pública, ainda que se trate de tempo de contribuição para o RGPS, acarreta o rompimento do vínculo do agente público com a Administração Pública. Confira-se o dispositivo:

> "Art. 37. ....
>
> ....
>
> ....
>
> ....
>
> § 14. A aposentadoria concedida com a utilização de tempo de contribuição decorrente de cargo, emprego ou função pública, inclusive do Regime Geral de Previdência Social, acarretará o rompimento do vínculo que gerou o referido tempo de contribuição.

50. Essa norma constitucional tem **eficácia plena e aplicabilidade imediata em relação** à **União, Estados, Distrito Federal e Municípios**, mas não alcança a aposentadoria concedida pelo RGPS até a data de entrada em vigor da reforma decorrente da EC nº 103, de 2019, conforme a ressalva expressa em seu art. 6º.

51. Outro ponto a ser destacado é a restrição determinada pela reforma previdenciária da EC nº 103, de 2019, quanto à complementação de aposentadorias de servidores públicos e de pensões por morte a seus dependentes. Essa complementação estará, em regra, **vedada** após a data de entrada em vigor dessa Emenda, **com eficácia plena e aplicabilidade imediata para os Estados, o Distrito Federal e os Municípios**, salvo em relação às complementações relacionadas à instituição do Regime de Previdência Complementar a que se referem os §§ 14 a 16 do art. 40 da Constituição e em relação à prevista em lei que extinga RPPS, a teor do que dispõe o § 15 do art. 37 da Constituição, acrescido pela EC nº 103, de 2019, c/c o art. 7º dessa Emenda (este último dispositivo também determina que a vedação prevista no § 15 do art. 37 da Constituição não se aplica a complementações de aposentadorias e pensões concedidas até a data de entrada em vigor da EC nº 103, de 2019).

VIII - DA REMUNERAÇÃO DO SERVIDOR PÚBLICO NO CARGO EFETIVO, **PARA** FINS DE CÁLCULO DE PROVENTOS DE APOSENTADORIA COM BASE NA **TOTALIDADE** DA REMUNERAÇÃO

52. Consta do § 8º do art. 4º da EC nº 103, de 2019, regra de transição a respeito da apuração da remuneração do servidor público federal cujos proventos venham a ser calculados pela **totalidade da remuneração**, com fundamento no inciso **I do § 6º do art. 4º** ou no inciso **I do § 2º do art. 20**.

53. O RPPS da União deverá observar que uma parcela dessa remuneração integrará o cálculo dos proventos com base numa média aritmética simples, mesmo havendo o direito à totalidade da remuneração, nas seguintes hipóteses de que tratam os incisos I e II do aludido § 8º do art. 4º da EC nº 103, de 2019, a saber: (I) quando o cargo estiver sujeito a variações na carga horária; e (II) se as vantagens pecuniárias permanentes forem variáveis.

54. Essa regra de transição foi prevista tão somente para o **servidor público federal** que tenha ingressado no serviço público em cargo efetivo até 31.12.2003 e que não tenha feito a opção pelo Regime de Previdência Complementar de que trata o § 16 do art. 40 da Constituição Federal.

55. A nosso ver, o § 8º do art. 4º da EC nº 103, de 2019, não rege a apuração da totalidade da remuneração em relação aos regimes próprios de previdência dos entes subnacionais. Com efeito, a reforma contém uma ressalva, expressa tanto no § 9º desse art. 4º quanto no § 4º do art. 20, **com eficácia plena e aplicabilidade imediata**, segundo a qual:

> Aplicam-se às aposentadorias dos servidores dos Estados, do Distrito Federal e dos Municípios as normas constitucionais e infraconstitucionais anteriores à data de entrada em vigor desta Emenda Constitucional, enquanto não promovidas alterações na legislação interna relacionada ao respectivo regime próprio de previdência social.

56. Assim sendo, o cálculo dos proventos de aposentadoria concedida com fundamento na integralidade, no âmbito do RPPS dos Estados, Distrito Federal e Municípios, mantém-se regido, quanto à apuração da remuneração, pela lei do respectivo ente federativo, em vigor antes da publicação da EC nº 103, de 2019, isto é, de acordo com o que for prescrito como remuneração do cargo efetivo, a título de vencimentos e vantagens pecuniárias permanentes, com o acréscimo de adicionais de caráter individual e vantagens pessoais permanentes.

IX – DAS PENSÕES DOS SERVIDORES PÚBLICOS CIVIS DOS **ESTADOS,** DO DISTRITO FEDERAL E DOS MUNICÍPIOS

57. A EC nº 103, de 2019, promoveu a desconstitucionalização das regras permanentes de concessão de pensão aos dependentes dos servidores públicos civis de todos os entes da Federação, remetendo a sua regulamentação para a lei do respectivo ente federativo, de modo que o seguinte § 7º do art. 40 da Constituição passou a ter aplicabilidade diferida, ou seja, **eficácia limitada**, nestes termos (grifamos):

> Constituição Federal (Redação dada pela EC nº 103, de 2019) Art. 40. (...).
>
> § 7º Observado o disposto no § 2º do art. 201 quando se tratar da única fonte de renda formal auferida pelo dependente, **o benefício de pensão por morte será concedido nos termos de lei do respectivo ente federativo**, a qual tratará de forma diferenciada a hipótese de morte dos servidores de que trata o § 4º-B decorrente de agressão sofrida no exercício ou em razão da função.

58. Ainda que a norma supracitada tenha eficácia limitada, ela contém uma prescrição constitucional mandatória, cujo cumprimento é obrigatório para todos os entes da Federação, por força de remissão expressa ao § 2º do art. 201 da Constituição, que estabelece o piso de um salário mínimo para a pensão por morte no âmbito do RPPS, **quando esse benefício se tratar da** única **fonte de renda formal auferida pelo dependente**. Essa ressalva não se estende ao RGPS, já que foi mantido o piso de um salário mínimo para o benefício deste regime que substitua o salário de contribuição ou o rendimento do trabalho do segurado.

59. Por outro lado, aquele mesmo preceito também visa a orientação da atividade legislativa futura, ao traçar a diretiva do tratamento diferenciado para a hipótese de concessão de pensão por morte decorrente de agressão sofrida no exercício ou em razão da função, para o servidor policial, agente penitenciário ou socioeducativo, a qual depende de lei para se concretizar.

60. Ocorre que, no âmbito da União, a reforma prescreve disposições transitórias sobre o benefício de pensão por morte com **eficácia plena e aplicabilidade imediata**, enquanto não sobrevier a referida complementação legislativa. Com efeito, o art. 23 da EC nº 103, de 2019, determina regras de concessão de pensão passíveis de serem alteradas por lei federal sobre o Regime Próprio de Previdência Social da União.

61. Além disso, com base na **competência material exclusiva** da União para organizar e manter os órgãos de segurança pública do Distrito Federal, e entre eles a Polícia Civil, a reforma já estatui, em seu art. 10, § 6º, que a pensão devida aos dependentes do policial federal, agente federal penitenciário ou socioeducativo, **bem como aos dependentes do policial civil do Distrito Federal**, será vitalícia para o cônjuge ou companheiro e equivalente à remuneração do cargo, quando decorrente de agressão sofrida no exercício ou em razão da função. Note-se que esse dispositivo da reforma não abrange os policiais civis dos Estados, já que não há remissão expressa ao inciso IV do *caput* do art. 144 da Constituição.

62. À exceção tão somente dessa hipótese de concessão de pensão por morte do policial civil do Distrito Federal em decorrência de agressão sofrida no exercício ou em razão da função, **as disposições transitórias a respeito do benefício de pensão por morte previstas no art. 10, § 6º, e no art. 23 da EC nº 103, de 2019, não se aplicam aos Estados, Distrito Federal e Municípios**.

63. Para o lugar dessas disposições transitórias da EC nº 103, de 2019, com vistas a remediar a eficácia limitada da norma sobre pensão por morte do art 40, § 7º, do corpo permanente da Constituição, o Poder Constituinte Reformador recepcionou expressamente e *pro tempore* as normas constitucionais e infraconstitucionais anteriores à entrada em vigor daquela Emenda, assegurando-lhes a continuidade da vigência em face dos Estados, do Distrito Federal e dos Municípios, **com eficácia plena e aplicabilidade imediata**, até que sejam promovidas alterações na legislação dos respectivos regimes próprios, quando então a sua eficácia estará exaurida.

64. Destarte, até a edição de lei do respectivo ente federativo subnacional, ou de lei federal (no caso da Polícia Civil do DF), aplicam-se as normas constitucionais e infraconstitucionais que estavam em vigor antes do advento da EC nº 103, de 2019, para reger a concessão de pensão por morte no âmbito do RPPS dos Estados, do Distrito Federal e dos Municípios, salvo para a pensão decorrente de agressão sofrida no exercício ou em razão da função de policial civil do DF, conforme os seguintes dispositivos da reforma:

> EC nº 103, de 2019 Art. 10. (...).
>
> ...
>
> § 6º A pensão por morte devida aos dependentes do **policial civil do** órgão **a que se refere o inciso XIV do *caput* do art. 21 da Constituição Federal** [Polícia Civil do DF], do policial dos órgãos a que se referem o inciso IV do *caput* do art. 51, o inciso XIII do *caput* do art. 52 e os incisos I a III do *caput* do art. 144 da Constituição Federal e dos ocupantes dos cargos de agente federal penitenciário ou socioeducativo decorrente de **agressão sofrida no exercício ou em razão da função** será vitalícia para o cônjuge ou companheiro e equivalente à remuneração do cargo.
>
> (...).
>
> **Art. 23.** (...).
>
> ...
>
> § 8º Aplicam-se às pensões concedidas aos dependentes de servidores dos Estados, do Distrito Federal e dos Municípios **as normas constitucionais e infraconstitucionais anteriores** à **data de entrada em vigor desta Emenda Constitucional**, enquanto não promovidas alterações na legislação interna relacionada ao respectivo regime próprio de previdência social.

65. Assim, até a edição de lei do respectivo ente federativo subnacional, ou de lei federal (no caso da Polícia Civil do DF), os

Estados, o Distrito Federal e os Municípios deverão aplicar, para fins de concessão do benefício de pensão por morte, as disposições previstas no art. 2º da Lei nº 10.887, de 18.6.2004, com esta redação:

Lei nº 10.887, de 2004

Art. 2º Aos dependentes dos servidores titulares de cargo efetivo e dos aposentados de qualquer dos Poderes da União, dos Estados, do Distrito Federal e dos Municípios, incluídas suas autarquias e fundações, falecidos a partir da data de publicação desta Lei, será concedido o benefício de pensão por morte, que será igual:

I - à totalidade dos proventos percebidos pelo aposentado na data anterior à do óbito, até o limite máximo estabelecido para os benefícios do regime geral de previdência social, acrescida de 70% (setenta por cento) da parcela excedente a este limite; ou

II - à totalidade da remuneração do servidor no cargo efetivo na data anterior à do óbito, até o limite máximo estabelecido para os benefícios do regime geral de previdência social, acrescida de 70% (setenta por cento) da parcela excedente a este limite, se o falecimento ocorrer quando o servidor ainda estiver em atividade.

Parágrafo único. Aplica-se ao valor das pensões o limite previsto no art. 40, § 2º, da Constituição Federal.

X – DO CÁLCULO DOS PROVENTOS DE APOSENTADORIA DOS SERVIDORES PÚBLICOS CIVIS DOS **ESTADOS,** DO DISTRITO FEDERAL E DOS MUNICÍPIOS

66. Na nova redação do § 3º do art. 40 da Constituição, a reforma transfere integralmente a regulamentação do cálculo dos proventos de aposentadoria para a lei de cada ente federativo, nestes termos:

Art. 40. (...).

....

§ 3º As regras para cálculo de proventos de aposentadoria serão disciplinadas em lei do respectivo ente federativo.

67. Dada a **eficácia limitada do preceito supracitado**, que depende de complementação legislativa, a reforma prescreveu as disposições transitórias do art. 26 da EC nº 103, de 2019, **com eficácia plena e aplicabilidade imediata** enquanto não sobrevier lei que discipline o cálculo dos proventos de aposentadoria.

68. Ocorre que, em relação aos regimes próprios, essas normas de cálculo dos proventos de aposentadoria do art. 26 da EC nº 103, de 2019, baseado na apuração de um média aritmética de todo o período contributivo desde julho de 1994 (ou do início da contribuição, se posterior), abarcam unicamente os benefícios que vierem a ser concedidos no âmbito do **RPPS da União**, com base na disciplina jurídica de transição dos arts. 4º, 20 e 21, bem como nas disposições transitórias do art. 10 da reforma. Há, portanto, regras de cálculo para aposentadorias voluntárias comuns e especiais, por incapacidade permanente para o trabalho, e para a aposentadoria compulsória dos servidores públicos federais.

69. Além dos aludidos critérios de cálculo dos proventos, aos servidores públicos federais também são aplicadas regras de transição para aposentadoria voluntária com direito à integralidade (EC nº 103, de 2019, art. 4º, § 6º, I, e art. 20, § 2º, I, observado quanto à apuração da remuneração do servidor o previsto no § 8º do art. 4º); são aplicados os critérios de cálculo da aposentadoria especial do servidor público federal com deficiência, na forma da Lei Complementar nº 142, de 8.5.2013 (art. 22 da EC nº 103, de 2019); e aos policiais federais, agentes federais penitenciários ou socioeducativos, bem como aos policiais civis do Distrito Federal, que tenham ingressado na carreira até a data de entrada em vigor da reforma, é assegurada a aposentadoria na forma da Lei Complementar nº 51, de 20.12.1985, desde que observem o requisito de idade mínima para esta aposentadoria especial (art. 5º da EC nº 103, de 2019).

70. Exceto em relação à aposentadoria especial dos policiais civis do Distrito Federal, os dispositivos da EC nº 103, de 2019, que versam sobre critérios de cálculo dos proventos de aposentadoria a ser concedida com base na disciplina jurídica de transição dos arts. 4º, 5º, 20 e 21, ou com base nas disposições transitórias dos arts. 10 e 22, visam ao servidor público federal, **não sendo aplicáveis aos servidores públicos vinculados aos RPPS dos Estados, do Distrito Federal e dos Municípios**.

71. Para os entes subnacionais da Federação, a reforma recepcionou as normas constitucionais e infraconstitucionais a ela anteriores, no que concerne às aposentadorias, o que a nosso ver se estende ao cálculo dos proventos, assegurando-lhes a continuidade da vigência **com eficácia plena e aplicabilidade imediata**, até que sejam promovidas alterações na legislação dos Estados, do Distrito Federal e dos Municípios referente aos respectivos regimes próprios, quando então a sua eficácia estará exaurida.

72. Assim, enquanto não sobrevier lei do Estado, Distrito Federal ou Município que discipline o cálculo dos proventos de aposentadoria (salvo em relação à aposentadoria especial dos policiais civis do Distrito Federal), estes entes da Federação deverão aplicar o disposto no art. 1º da Lei nº 10.887, de 18.6.2004, com esta redação:

Lei nº 10.887, de 2004

Art. 1º No cálculo dos proventos de aposentadoria dos servidores titulares de cargo efetivo de qualquer dos Poderes da União, dos Estados, do Distrito Federal e dos Municípios, incluídas suas autarquias e fundações, previsto no § 3º do art. 40 da Constituição Federal e no art. 2º da Emenda Constitucional nº 41, de 19 de dezembro de 2003, será considerada a média aritmética simples das maiores remunerações, utilizadas como base para as contribuições do servidor aos regimes de previdência a que esteve vinculado, correspondentes a 80% (oitenta por cento) de todo o período contributivo desde a competência julho de 1994 ou desde a do início da contribuição, se posterior àquela competência.

§ 1º As remunerações consideradas no cálculo do valor inicial dos proventos terão os seus valores atualizados mês a mês de acordo com a variação integral do índice fixado para a atualização dos salários-de-contribuição considerados no cálculo dos benefícios do regime geral de previdência social.

§ 2º A base de cálculo dos proventos será a remuneração do servidor no cargo efetivo nas competências a partir de julho de 1994 em que não tenha havido contribuição para regime próprio.

§ 3º Os valores das remunerações a serem utilizadas no cálculo de que trata este artigo serão comprovados mediante documento fornecido pelos órgãos e entidades gestoras dos regimes de previdência aos quais o servidor esteve vinculado ou por outro documento público, na forma do regulamento.

§ 4º Para os fins deste artigo, as remunerações consideradas no cálculo da aposentadoria, atualizadas na forma do § 1º deste artigo, não poderão ser:

I - inferiores ao valor do salário-mínimo;

II - superiores ao limite máximo do salário-de-contribuição, quanto aos meses em que o servidor esteve vinculado ao regime geral de previdência social.

§ 5º Os proventos, calculados de acordo com o *caput* deste artigo, por ocasião de sua concessão, não poderão ser inferiores ao valor do salário-mínimo nem exceder a remuneração do respectivo servidor no cargo efetivo em que se deu a aposentadoria.

XI – DO ABONO DE PERMANÊNCIA DOS SERVIDORES PÚBLICOS CIVIS DOS **ESTADOS,** DO DISTRITO FEDERAL E DOS MUNICÍPIOS

73. A norma de concessão de abono de permanência da atual reforma previdenciária tem **eficácia contida**, já que o legislador de cada ente federativo pode restringir-lhe o alcance, estabelecendo critérios que possam importar em redução de seu valor ou até mesmo em sua supressão, conforme o seguinte teor do § 19 do art. 40 da Constituição, na redação dada pela EC nº 103, de 2019:

Constituição Federal (Redação dada pela EC nº 103, de 2019) Art. 40. (...).

§ 19. Observados critérios a serem estabelecidos em lei do respectivo ente federativo, o servidor titular de cargo efetivo que tenha completado as exigências para a aposentadoria voluntária e que opte por permanecer em atividade poderá fazer jus a um abono de permanência equivalente, no máximo, ao valor da sua contribuição previdenciária, até completar a idade para aposentadoria compulsória.

74. Em relação ao servidor público federal e ao servidor policial civil do Distrito Federal, a reforma assegura a concessão de abono de permanência no valor equivalente ao de sua contribuição previdenciária, até que entre em vigor lei federal que regulamente o disposto no citado § 19 do art. 40 da Constituição, **nos termos do art. 10 da EC nº 103, de 2019**.

75. Ocorre que, em relação às aposentadorias dos servidores dos Estados, do Distrito Federal e dos Municípios, esse mesmo art. 10 da EC nº 103, de 2019, prescreve a aplicação das normas constitucionais e infraconstitucionais anteriores à data de entrada em vigor dessa reforma, enquanto não promovidas alterações na legislação interna relacionada ao respectivo regime próprio de previdência social. Isso leva a crer que as regras sobre o abono de permanência anteriores ao advento da atual reforma previdenciária permanecem em vigor para os entes subnacionais até a edição de lei para os respectivos regimes próprios que regulamente a norma do § 19 do art. 40 da Constituição.

76. Veja-se que, em relação a regime próprio, o art. 3º da EC nº 103, de 2019, versa sobre o **direito adquirido** à aposentadoria exclusivamente para o servidor público federal, assegurando-lhe a concessão de abono de permanência equivalente ao valor de sua contribuição previdenciária, enquanto não editada lei federal, desde que tenha cumprido, até a promulgação dessa reforma, os requisitos para aposentadoria voluntária com base em normas constitucionais até então em vigor. Em relação aos entes subnacionais não haveria, contudo, razão para disciplinar a concessão de abono em face do direito adquirido, já que as regras de aposentadoria dos servidores públicos dos Estados, do Distrito Federal e dos Municípios não teriam sofrido alteração com a reforma.

77. Já o art. 8º da EC nº 103, de 2019, assegura a concessão de abono de permanência equivalente ao valor da contribuição previdenciária para o servidor público federal que venha a cumprir os requisitos para a concessão de aposentadoria voluntária nos termos da disciplina jurídica de transição dos arts. 4º, 5º, 20 e 21, e da disposição transitória do art 22 dessa Emenda. Essas regras de aposentadoria (não permanentes) não são aplicáveis aos servidores públicos dos entes subnacionais pela mesma razão.

78. Por outro lado, quando o art. 35 da EC nº 103, de 2019, **revogou** os arts. 2º e 6º da EC nº 41, de 19.12.2003, e o art. 3º da EC nº 47, de 5.7.2005, a própria reforma de 2019 determinou um período de vacância para a vigência dessa revogação em face dos entes subnacionais (art. 36, II), durante o qual **não haverá aplicabilidade constitucional para os Estados, o Distrito Federal e os Municípios, já que ela dependerá de referendo para o início de sua vigência,** mediante a publicação de lei de iniciativa privativa do respectivo Poder Executivo destes entes da Federação. Ou seja, enquanto não houver esse referendo mediante lei dos Estados, do Distrito Federal e dos Municípios, aqueles artigos das reformas das Emendas nº 41, de 2003, e nº 47, de 2005, continuam em vigor e ainda podem embasar a concessão de abono de permanência no âmbito dos RPPS subnacionais.

79. Assim, em relação às aposentadorias dos servidores dos Estados, do Distrito Federal e dos Municípios, a reforma recepcionou as normas constitucionais e infraconstitucionais anteriores à data de entrada em vigor da nova Emenda, enquanto não promovidas alterações na legislação interna relacionada ao respectivo regime próprio de previdência social. Essa recepção, a nosso ver, também abarcou as normas sobre abono de permanência, constitucionais e infraconstitucionais. Isso significa que, a princípio, o abono de permanência continua sendo devido no valor equivalente ao da contribuição previdenciária do servidor estadual, distrital ou municipal, enquanto não for editada lei do respectivo ente subnacional que regulamente os critérios que possam importar em redução de seu valor ou até mesmo em sua supressão, conforme a norma de eficácia contida do § 19 do art. 40 da Constituição, na redação dada pela EC nº 103, de 2019.

80. Por sua vez, a concessão de abono de permanência **com base nas regras de transição das reformas previdenciárias anteriores das Emendas nº 41, de 2003 (arts. 2º e 6º), e nº 47, de 2005 (art. 3º)**, pode vir a ser extinta para os RPPS dos Estados, Distrito Federal e Municípios mediante lei do respectivo ente que referende integralmente a sua revogação pelo art. 35, incisos III e IV, da EC nº 103, de 2019. No entanto, tal abono poderá ser mantido *pro tempore*, na reforma previdenciária dos entes subnacionais, nos moldes da redação do § 3º do art. 3º da EC nº 103, de 2019, até que entre em vigor a lei do respectivo ente que regulamente o disposto no § 19 do art. 40 da Constituição.

XII – DAS NORMAS GERAIS DE ORGANIZAÇÃO, DE FUNCIONAMENTO E DE RESPONSABILIDADE NA GESTÃO DOS REGIMES PRÓPRIOS DE PREVIDÊNCIA SOCIAL

81. A EC nº 103, de 2019, acresceu ao art. 40 da Constituição o **§ 22** para estatuir algumas diretivas, em *numerus apertus*, acerca do objeto da lei complementar federal que deverá dispor sobre normas gerais de organização, de funcionamento e de responsabilidade na gestão dos regimes próprios de previdência social.

82. Essas diretivas não exaustivas visam orientar a atividade legislativa futura da União, portanto, com caráter prospectivo e **eficácia limitada**. Não obstante, o mesmo dispositivo veicula uma prescrição mandatória proibitiva, cuja eficácia é **plena (aplicabilidade imediata)**, a qual veda a instituição de novos regimes próprios de previdência social.

83. Em outro dispositivo dessa Emenda, precisamente no *caput* do art. 9º, o Poder Constituinte Reformador recepcionou, com *status* de lei complementar, a Lei Federal nº 9.717, de 27.11.1998, a qual estabelece normas gerais para a organização e o funcionamento dos regimes próprios de previdência social dos entes da Federação, e, a par disso, determinou a observância de determinadas prescrições acerca desse tema, em regra, com **eficácia plena**. Cumpre observar que o referido *status* abarca as normas gerais de responsabilidade na gestão previdenciária dos regimes próprios de previdência social, já previstas na Lei nº 9.717, de 1998.

84. Nos termos do aludido art. 9º da EC nº 103, de 2019, podemos mencionar, entre outras, as seguintes prescrições constitucionais com eficácia plena e aplicabilidade imediata aos regimes próprios de previdência social dos entes federativos:

(a) limitação do rol de benefícios às aposentadorias e à pensão por morte;

(b) os afastamentos por incapacidade temporária para o trabalho e o salário-maternidade não devem ser pagos à conta do RPPS, ficando a cargo do Tesouro dos entes federativos, passando agora a ser considerado como um benefício estatutário e não mais previdenciário, integrando a remuneração para todos os fins;

(c) o modo de comprovação do equilíbrio financeiro e atuarial do regime próprio de previdência social, cuja norma encerra em si o conceito desse equilíbrio;

(d) salvo na situação de ausência de deficit atuarial a ser equacionado, os Estados, o Distrito Federal e os Municípios não poderão estabelecer alíquota inferior à da contribuição dos servidores da União, e mesmo naquela hipótese a alíquota não poderá ser inferior às alíquotas aplicáveis ao RGPS;

(e) o prazo para a instituição do regime de previdência complementar na forma dos §§ 14 a 16, e para a adequação do órgão ou entidade gestora do RPPS ao § 20 (isto é, quanto à existência de um único órgão ou entidade gestora com abrangência de todos os poderes, órgãos e entidades autárquicas e fundacionais), todos do art. 40 da Constituição Federal, é de dois anos da data de entrada em vigor da EC nº 103, de 2019;

(f) fica vedada a moratória/parcelamento de débitos dos entes federativos com seus regimes próprios em prazo superior a sessenta meses, exceto em relação aos parcelamentos previstos na legislação vigente até a data de entrada em vigor da EC nº 103, de 2019, cuja reabertura ou prorrogação de prazo para adesão não é admitida pelo art. 31 da mesma Emenda.

85. Pode-se aduzir que as normas do art. 9º da EC nº 103, de 2019, sobre organização e funcionamento dos regimes próprios de previdência social, como a referente à limitação do rol de benefícios dos RPPS ou a que atribui ao ente federativo a responsabilidade direta pelo pagamento de salário- maternidade e afastamentos por incapacidade temporária, mencionadas acima (a e b), não seriam constitucionais em termos materiais, sendo provisórias, já que serão substituídas em futura regulamentação por meio de lei federal complementar, e por essa razão haveria somente a suspensão de eficácia das normas dos entes subnacionais contrárias aos preceitos gerais de RPPS contidos no aludido art. 9º dessa Emenda.

86. Ocorre que a mera suspensão de eficácia não se opera ante a supremacia **formal** da Constituição. As normas dos entes federados incompatíveis com a EC nº 103, de 2019, não são recepcionadas por esta, perdem a sua vigência diante da revogação, mesmo que não haja preceito revogatório expresso. Em verdade, a autoridade hierárquico-normativa da Constituição, cuja supremacia absoluta é reconhecida pelo colendo STF de forma inequívoca, independe do conteúdo do preceito constitucional, ou seja, da matéria de fundo presente na Constituição.

87. Com relação ao salário-família e o auxílio-reclusão, entendemos que a sua natureza é de benefício assistencial a ser concedido a servidores de baixa renda, inclusive quando aposentados, não integrando a remuneração destes, estando a cargo do ente federativo o seu pagamento.

88. Por outro lado, as seguintes disposições do art. 9º da EC nº 103, de 2019, precisam de complementação normativa para a sua executoriedade em relação à União, aos Estados, ao Distrito Federal e aos Municípios:

> EC nº 103, de 2019 Art. 9º (...).
>
> ....
>
> § 7º Os recursos de regime próprio de previdência social poderão ser aplicados na concessão de empréstimos a seus segurados, na modalidade de consignados, observada regulamentação específica estabelecida pelo Conselho Monetário Nacional.
>
> § 8º Por meio de lei, poderá ser instituída contribuição extraordinária pelo prazo máximo de vinte anos, nos termos dos §§ 1º-B e 1º-C do art. 149 da Constituição Federal.
>
> (...).

89. A aplicação de recursos do RPPS na concessão de empréstimos com consignação em folha de pagamento dos segurados depende, nos termos do § **7º do art. 9º da EC nº 103, de 2019**, citado acima, de norma integradora de sua eficácia a ser expedida pelo Conselho Monetário Nacional - CMN. A despeito de sua **eficácia limitada**, tal preceito já produz o efeito normativo de paralisar a disposição em sentido contrário prevista no inciso V, *in fine*, do art. 6º da Lei nº 9.717, de 1998, que veda a utilização de recursos de fundo previdenciário do RPPS para empréstimos aos respectivos segurados, bem como a prevista no inciso II do § 2º do art. 43 da Lei de Responsabilidade Fiscal – LRF (Lei Complementar nº 101, de 4.5.2000), que veda a aplicação das disponibilidades de caixa dos regimes próprios em empréstimos aos segurados. Deste modo, a concessão de empréstimos com consignação em folha de pagamento dos segurados dos RPPS não é mais vedada, contudo, depende de regulamentação do CMN.

90. Com relação à instituição de contribuição extraordinária, por meio de lei, nos termos dos §§ 1º-B e 1º-C do art. 149 da Constituição Federal (objeto de remissão expressa do supracitado § **8º do art. 9º da EC nº 103, de 2019**), o certo é que a regulamentação dessa matéria no âmbito dos Estados, Distrito Federal e Municípios somente poderá ser editada quando a alteração de redação dada pela reforma ao art. 149 da Constituição Federal tiver vigência em relação a estes entes subnacionais, isto é, não estiver mais em período de vacância, o que dependerá de publicação de lei estadual, distrital ou municipal que referende integralmente a alteração promovida nesse artigo da Constituição, a teor do que dispõe o inciso II do art. 36 da EC nº 103, de 2019.

91. Por fim, cumpre ainda mencionar que o art. 1º da EC nº 103, de 2019, acrescentou ao art. 167 da Constituição Federal, que trata de normas de finanças públicas, os incisos XII e XIII, com vedações relacionadas aos regimes próprios de previdência social e, no art. 12, atribuiu competência à União para instituir sistema integrado de dados relativos às remunerações, proventos e pensões dos segurados do Regime Geral de Previdência Social, dos regimes próprios de previdência social e dos participantes e assistidos dos Regimes de Previdência Complementar, aos benefícios dos programas de assistência social de que trata o art. 203 da Constituição e às remunerações, proventos de inatividade e pensão por morte decorrentes das atividades militares de que tratam os arts. 42 e 142 da Constituição Federal, em interação com outras bases de dados, ferramentas e plataformas. Confira-se a alteração do art. 167 da Constituição:

> "Art. 167. ....
>
> ....
>
> **I** – na forma estabelecida na lei complementar de que trata o § 22 do art. 40, a utilização de recursos de regime próprio de previdência social, incluídos os valores integrantes dos fundos previstos no art. 249, para a realização de despesas distintas do pagamento dos benefícios previdenciários do respectivo fundo vinculado àquele regime e das despesas necessárias à sua organização e ao seu funcionamento;
>
> **II** – a transferência voluntária de recursos, a concessão de avais, as garantias e as subvenções pela União e a concessão de empréstimos e de financiamentos por instituições financeiras federais aos Estados, ao Distrito Federal e aos Municípios na hipótese de descumprimento das regras gerais de organização e de funcionamento de regime próprio de previdência social.
>
> ...." (NR)

92. A recepção, com *status* de lei complementar, da Lei nº 9.717, de 1998, pelo art. 9º da EC nº 103, de 2019, preenche a falta da lei complementar federal a que se refere o inciso XII da art. 167 supracitado, até a edição desta última. Isto significa que o descumprimento desse preceito constitucional, quanto à vedação de utilização de recursos de RPPS, implica a impossibilidade de ser atestada a regularidade do respectivo regime mediante a emissão de Certificado de Regularidade Previdenciária (CRP), nos termos previstos na Lei nº 9.717, de 1998. Em relação ao inciso XIII do art. 167, essas sanções serão aplicadas também em conformidade com o que dispõe a Lei nº 9.717, de 1998, até a edição da aludida lei complementar.

XIII – DAS RESTRIÇÕES À ACUMULAÇÃO DE PENSÕES E DE PENSÕES E PROVENTOS DE APOSENTADORIA OU DE INATIVIDADE **MILITAR**

93. A reforma previdenciária da EC nº 103, de 2019, preceitua uma proibição de acumulação, **no mesmo regime de previdência social**, de mais de uma pensão deixada por cônjuge ou companheiro, salvo se decorrentes do exercício de cargos acumuláveis na forma do art. 37 da Constituição, quando forem deixadas pelo mesmo instituidor, nestes termos:

> EC nº 103, de 2019
>
> **Art. 24.** É vedada a acumulação de mais de uma pensão por morte deixada por cônjuge ou companheiro, no âmbito do mesmo regime de previdência social, ressalvadas as pensões do mesmo instituidor decorrentes do exercício de cargos acumuláveis na forma do art. 37 da Constituição Federal.
>
> (...).

94. No âmbito do RGPS, o inciso VI do art. 124 da Lei nº 8.213, de 1991, prescreve a mesma vedação supracitada constante do art. 24 da EC nº 103, de 2019. Contudo, **a ressalva da parte final deste preceito**, quanto ao exercício de cargos acumuláveis na forma da Constituição pelo mesmo instituidor, **não se aplica em relação a atividades concomitantes deste no mesmo Regime Geral**, seja em cargos, empregos ou funções públicas, já que não é possível a concessão de mais de uma pensão oriunda de um mesmo vínculo previdenciário nesse Regime, razão por que a totalidade da remuneração do instituidor nessas atividades não deve ultrapassar o limite máximo do salário de contribuição para efeito de contribuição ao RGPS, bem como para o cálculo do respectivo benefício, a teor do art. 32 da Lei nº 8.213, de 1991.

95. Aquela regra da EC nº 103, de 2019, é complementada por alguns casos de acumulação previstos no § 1º do mesmo art. 24, referentes ao acúmulo de pensões, bem como ao de pensões com aposentadorias ou com proventos de inatividade de origem militar, para os quais, não obstante seja permitida a acumulação, sofrem uma restrição quanto ao valor do benefício a ser pago a partir do segundo benefício numa escala decrescente de rendimento, consistente numa redução percentual apurada cumulativamente por faixas de cada um desses benefícios.

96. Essas restrições à acumulação de benefícios são normas de **eficácia plena e aplicabilidade imediata a todos os regimes próprios de previdência social**, sem embargo de não poderem prejudicar o direito adquirido antes de sua entrada em vigor, a teor do que dispõe o § 4º do art. 24 da EC nº 103, de 2019.

97. Além disso, pode-se inferir do § 5º do art. 24 da EC nº 103, de 2019, que a reforma recepcionou, naquilo que não for contrário às aludidas restrições desse mesmo artigo, as regras sobre acumulação de benefícios prevista na legislação vigente na data de sua entrada em vigor, nestes termos:

> EC nº 103, de 2019 Art. 24. (...).
>
> ...
>
> § 5º As regras sobre acumulação previstas neste artigo e na legislação vigente na data de entrada em vigor desta Emenda Constitucional poderão ser alteradas na forma do § 6º do art. 40 e do § 15 do art. 201 da Constituição Federal.

98. Assim, por exemplo, o Regime Jurídico Único – RJU da União veda **"a percepção cumulativa de pensão deixada por mais de um cônjuge ou companheiro ou companheira e de mais de 2 (duas) pensões"**, conforme o art. 225 da Lei nº 8.112, de 11.12.1990. A nosso ver, essa vedação permanece em vigor e teria sido recepcionada pela reforma, se a interpretarmos como aplicável às pensões por morte deixadas no âmbito do mesmo RPPS da União, por mais de um cônjuge ou companheiro, cuja acumulação seria vedada nos termos do art. 24 da EC nº 103, de 2019. Mas, se essa acumulação provier de diferentes regimes de previdência, isto é, em decorrência da concessão de pensão por regimes próprios de entes federativos distintos, inclusive a concedida pelo RGPS, a acumulação de até **duas pensões** seria em princípio admitida, mesmo quando deixadas por mais de um cônjuge ou companheiro, mas com uma redução percentual em relação ao benefício de menor valor dos dois.

99. Do mesmo modo, a previsão da Lei nº 3.765, de 4.5.1960, que trata das pensões militares, e que **"permite a acumulação de uma pensão militar com proventos de disponibilidade, reforma, vencimentos ou aposentadoria ou de uma pensão militar com pensão de outro regime"**, permanece em vigor e teria sido recepcionada pela reforma, de forma que ainda que o beneficiário tenha mais de uma pensão por morte em regimes próprios de entes federativos distintos, inclusive do RGPS, a acumulação dessas pensões com a pensão militar implica a limitação da condição de beneficiário de, no máximo, duas pensões, sendo uma militar, aplicando-se ainda os redutores previstos no art. 24 da EC nº 103, de 2019.

100. É preciso atentar ainda para a possibilidade de alteração tanto das normas constitucionais de acumulação previstas naquele art. 24 da EC nº 103, de 2019, quanto da legislação infraconstitucional que permanece em vigor, sendo neste ponto a sua **eficácia limitada**. De fato, isto vai depender de complementação legislativa, na forma de lei complementar sobre vedações, regras e condições para a acumulação de benefícios previdenciários no Regime Geral de Previdência Social, a qual terá caráter de lei nacional, já que sua aplicação deverá ser estendida aos regimes próprios de previdência social, nos termos do § 6º do art. 40 da Constituição.

XIV – DAS INCORPORAÇÕES DE **VANTAGENS** TEMPORÁRIAS À REMUNERAÇÃO **DO** CARGO EFETIVO

101. A vedação de incorporação de vantagens de caráter temporário ou vinculadas ao exercício de função de confiança ou de cargo em comissão à remuneração do cargo efetivo, constante do § 9º do art. 39 da Constituição, tem eficácia plena e aplicabilidade imediata, independentemente de lei regulamentadora. A reforma determina a sua aplicação com caráter prospectivo, porquanto o art. 13 da EC nº 103, de 2019, ressalva de sua incidência as incorporações dessa natureza ocorridas até a data de entrada em vigor dessa Emenda, com esta redação:

> EC nº 103, de 2019
>
> **Art. 13.** Não se aplica o disposto no § 9º do art. 39 da Constituição Federal a parcelas remuneratórias decorrentes de incorporação de vantagens de caráter temporário ou vinculadas ao exercício de função de confiança ou de cargo em comissão efetivada até a data de entrada em vigor desta Emenda Constitucional.

XV – DOS REGIMES DE PREVIDÊNCIA APLICÁVEIS A TITULARES DE **MANDATO** ELETIVO

102. De acordo com o art. 14 da EC nº 103, de 2019, consideram-se em extinção os regimes de previdência aplicáveis a titulares de mandato eletivo da União, dos Estados, do Distrito Federal e dos Municípios, dada a vedação de adesão de novos segurados e de instituição de novos regimes dessa natureza.

103. É concedida a opção de retirada desses regimes no prazo de cento e oitenta dias, contado da data de entrada em vigor dessa reforma. Caso o segurado exerça a referida opção, é assegurada a contagem recíproca do tempo de contribuição vertido para tal regime previdenciário de titulares de mandato eletivo do respectivo ente federado, nos termos do § 9º do art. 201 da Constituição.

104. Ainda nos termos do art. 14 da EC nº 103, de 2019, foi prevista uma regra de transição específica para o regime de previdência de que trata a Lei nº 9.506, de 30.10.1997, segundo a qual os segurados do **Plano de Seguridade Social dos Congressistas** que optarem por manter a vinculação a esse regime devem cumprir um pedágio correspondente a 30% (trinta por cento) do tempo de contribuição faltante, na data de promulgação dessa reforma, para a aquisição do direito à aposentadoria de titular de mandato eletivo da **União**, observada a idade mínima de 62 anos, se mulher, e 65 anos, se homem.

105. Acresce que foram preservados os direitos adquiridos em relação às pensões e aposentadorias de titulares de mandato eletivo cujos requisitos tenham sido cumpridos até a entrada em vigor da EC nº 103, de 2019.

106. Todos estes preceitos se aplicam imediatamente com **eficácia plena**.

107. Em relação aos regimes de titulares de mandato eletivo que porventura existam atualmente nos Estados, no Distrito Federal ou nos Municípios, a reforma prescreve uma norma de **eficácia limitada** conducente à disciplina, por lei específica desses entes da Federação, tão somente de **regra de transição** para aqueles que fizerem a opção de permanecer em tais regimes, que por força constitucional passam a ser em extinção. Confira-se:

> EC nº 103, de 2019 Art. 14. (...).
>
> ...
>
> § 5º Lei específica do Estado, do Distrito Federal ou do Município deverá disciplinar a regra de transição a ser aplicada aos segurados que, na forma do *caput*, fizerem a opção de permanecer no regime previdenciário de que trata este artigo.

108. Cumpre observar ainda que a reforma da EC nº 103, de 2019, constitucionalizou uma regra de filiação previdenciária para o servidor que venha a exercer qualquer mandato eletivo, federal, estadual, distrital ou municipal, porquanto, o servidor, no exercício de mandato eletivo, "na hipótese de ser segurado de regime próprio de previdência social, permanecerá filiado a esse regime, no ente federativo de origem". A alteração do art. 38 da Constituição, levada a efeito pela EC nº 103, de 2019, tem eficácia plena e aplicabilidade imediata aos Estados, Distrito Federal e Municípios.

XVI – DA EXCLUSÃO DA APLICAÇÃO DA PENA DE APOSENTADORIA COMPULSÓRIA DO MAGISTRADO OU DO MEMBRO DO MINISTÉRIO PÚBLICO COMO SANÇÃO DISCIPLINAR

109. A reforma previdenciária excluiu a possibilidade de aplicação, como sanção administrativa, da **pena de aposentadoria compulsória** de magistrados e membros do ministério público da União ou dos Estados, com direito a proventos proporcionais ao tempo de serviço, ao modificar, com eficácia plena e aplicabilidade imediata, o texto dos arts. 93, VIII, 103-B, § 4º, III, e art. 130-A, § 2º, III, da Constituição, na parte em que previa tal prestação previdenciária.

XVII – DA ADMINISTRAÇÃO, POR ENTIDADE **ABERTA** DE PREVIDÊNCIA COMPLEMENTAR, DE PLANO DE BENEFÍCIO DE REGIME DE PREVIDÊNCIA COMPLEMENTAR COM **PATROCÍNIO** DA ADMINISTRAÇÃO PÚBLICA

110. Com a reforma previdenciária da EC nº 103, de 2019, passa a ser admitida a administração, por entidade aberta de previdência complementar, de planos de benefícios patrocinados pelos entes federados ou pelas entidades de sua administração indireta, conforme a nova redação dada ao § 15 do art. 40 da Constituição (grifamos):

> Constituição Federal (na redação dada pela EC nº 103, de 2019) Art. 40. (...)
>
> § 15. O regime de previdência complementar de que trata o § 14 oferecerá plano de benefícios somente na modalidade contribuição definida, observará o disposto no art. 202 e será efetivado por intermédio de entidade fechada de previdência complementar ou de entidade aberta de previdência complementar.

111. Contudo, essa norma do § 15 do art. 40 da Constituição não é autoaplicável em relação às entidades abertas de previdência complementar, possuindo **eficácia limitada**, porque a disciplina da relação destas com a União, os Estados, o Distrito Federal e os Municípios, inclusive suas autarquias, fundações, sociedades de economia mista e empresas controladas direta ou indiretamente, enquanto patrocinadores de planos de benefícios de previdência privada a serem administrados por aquelas entidades, está pendente de regulamentação mediante lei complementar da União. Com efeito, enquanto esta não for editada, apenas as entidades **fechadas** de previdência complementar estão autorizadas a administrar planos de benefícios previdenciários para os aludidos patrocinadores, de acordo com o seguinte preceito do art. 33 da EC nº 103, de 2019:

> EC nº 103, de 2019
>
> **Art. 33.** Até que seja disciplinada a relação entre a União, os Estados, o Distrito Federal e os Municípios e entidades abertas de previdência complementar na forma do disposto nos §§ 4º e 5º do art. 202 da Constituição Federal, somente entidades fechadas de previdência complementar estão autorizadas a administrar planos de benefícios patrocinados pela União, Estados, Distrito Federal ou Municípios, inclusive suas autarquias, fundações, sociedades de economia mista e empresas controladas direta ou indiretamente.

XVIII – DA EXTINÇÃO DO REGIME PRÓPRIO DE PREVIDÊNCIA SOCIAL

112. O art. 34 da EC nº 103, de 2019, dispôs sobre alguns requisitos para a hipótese de extinção, por lei do ente federativo, do respectivo regime próprio de previdência social. Essa norma da reforma possui **eficácia plena e aplicabilidade imediata** até que seja editada lei complementar federal sobre normas gerais que discipline o § 22 do art. 40 da Constituição, dispondo, entre outras matérias, sobre os requisitos para a referida extinção e consequente migração para o Regime Geral de Previdência Social.

XIX – DA APLICAÇÃO DAS NORMAS CONSTITUCIONAIS E INFRACONSTITUCIONAIS ANTERIORES À **DATA** DE ENTRADA EM VIGOR DA EC Nº 103, DE 2019, **PARA** OS **ESTADOS,** DISTRITO FEDERAL E MUNICÍPIOS, **PARA** EFEITO DE CONCESSÃO DE APOSENTADORIAS E PENSÕES

113. Com a entrada em vigor da EC nº 103, de 2019, somente os **servidores públicos federais, vinculados ao RPPS da União, e os segurados do RGPS** foram alcançados pela reforma das regras constitucionais de elegibilidade e de cálculo das aposentadorias voluntárias, comum e especial, e das pensões respectivas dos seus dependentes. Além disso, a EC nº 103, de 2019, também estabeleceu novas regras de cálculo das aposentadorias por incapacidade permanente e compulsória, e pensões decorrentes, exclusivamente para os referidos servidores e segurados.

114. Com efeito, o Poder Constituinte Reformador, na estruturação da EC nº 103, de 2019, restringiu o âmbito de aplicação da **disciplina jurídica de transição** de seus arts. 4º, 5º, 20 e 21, e o das **disposições transitórias** dos arts. 10, 22 e 23, fazendo uma ressalva em relação aos entes federados subnacionais, já que para estes incluiu uma disposição normativa, no texto de todos os referidos artigos, que determina a aplicação das normas constitucionais e infraconstitucionais anteriores à data de entrada em vigor da EC nº 103, de 2019, para efeito de concessão de aposentadorias aos servidores dos Estados, do Distrito Federal e dos Municípios, e de pensão aos seus dependentes, "*enquanto não promovidas alterações na legislação interna relacionada ao respectivo regime próprio de previdência social*".

115. Assim, a reforma da EC nº 103, de 2019, **manteve em vigor**, ainda que *pro tempore* e apenas em relação aos Estados, DF e Municípios, os dispositivos constitucionais e infraconstitucionais concernentes a regras de elegibilidade e cálculo de aposentadorias e pensões, como estavam redigidos antes da promulgação dessa Emenda, até que sobrevenha a reforma previdenciária dos referidos entes subnacionais.

116. Não obstante, a aplicação da **legislação federal, estadual, distrital ou municipal em vigor** no dia imediatamente anterior ao de publicação da referida EC nº 103, de 2019, impõe a observância do princípio da supremacia da Constituição Federal, **inclusive da jurisprudência assentada do Supremo Tribunal Federal**, quanto à mencionada matéria, portanto, não pode ir de encontro aos dispositivos da Constituição Federal cuja vigência considera-se mantida em relação aos Estados, Distrito Federal e Municípios.

117. Neste sentido, por exemplo, os arts. 1º e 2º da Lei Federal nº 10.887, de 2004, na redação vigente na véspera da publicação da EC nº 103, de 2019, continuam a ser aplicados aos Estados, DF e Municípios para fins de cálculo dos proventos de aposentadorias e pensões, respectivamente (salvo em relação à aposentadoria especial dos policiais civis do Distrito Federal e às pensões decorrentes de agressão sofrida no exercício ou em razão da função policial, as quais já contam com disciplina dada pela reforma).

118. Assim é que a **Súmula Vinculante - SV do STF nº 33 continua aplicável aos Estados, ao Distrito Federal e aos Municípios**, quanto à observância da legislação do Regime Geral de Previdência Social como parâmetro de regulamentação infraconstitucional da aposentadoria especial de que trata o art. 40, § 4º, III, da Constituição Federal (**na redação anterior** à **EC nº 103, de 2019**), até a edição de lei complementar do respectivo ente federativo.

119. É o caso também da Lei Complementar federal nº 51, de 1985, que continua a reger, na condição de lei federal de normas gerais de abrangência nacional, a aposentadoria especial do servidor policial do Estado (salvo em relação ao policial civil do DF), até que essa matéria seja alterada para o respectivo regime próprio, por meio de lei complementar do ente federativo, nos termos, condições e alcance previstos nos §§ 4º e 4º-B do art. 40 da Constituição, com a redação advinda da reforma da EC nº 103, de 2019.

120. Para a aposentadoria especial dos servidores com deficiência no âmbito dos regimes próprios de previdência social dos **Estados, do Distrito Federal e dos Municípios**, com base no art. 40, § 4º, I, da Constituição Federal (**na redação anterior** à **EC nº 103, de 2019**), à míngua de lei complementar federal ou, após a promulgação da EC nº 103, de 2019, de lei complementar estadual, distrital ou municipal regulamentadora dessa matéria, permanece a necessidade de impetração de mandado de injunção para viabilizar o exercício desse direito constitucional.

XX – DAS ALÍQUOTAS DE CONTRIBUIÇÃO PREVIDENCIÁRIA **PARA** CUSTEIO DO RPPS DOS **ESTADOS,** DISTRITO FEDERAL E MUNICÍPIOS, COBRADAS DOS SERVIDORES **ATIVOS,** APOSENTADOS E PENSIONISTAS

121. De acordo com a cláusula de vigência do art. 36, II, da EC nº 103, de 2019, a **nova redação** que a reforma conferiu ao art. 149 da Constituição não é aplicável aos Estados, Distrito Federal e Municípios, **enquanto estiver em período de vacância, já que depende de referendo destes entes da Federação para o início de sua vigência**, mediante a publicação de lei de iniciativa privativa do respectivo Poder Executivo.

122. Assim, enquanto não houver o referendo integral da nova redação dada ao art. 149 da CF, por meio de lei estadual, distrital ou municipal, continua a valer para os entes subnacionais a redação do referido artigo anterior à data de entrada em vigor da EC nº 103, de 2019.

123. Isto significa que, **sem o referendo mediante lei do ente subnacional, de que trata o inciso II do art. 36 da EC nº 103, de 2019**, os Estados, o Distrito Federal e os Municípios não poderão instituir alíquotas de contribuição para o custeio do RPPS de forma progressiva, nem fazer incidir a contribuição ordinária dos aposentados e pensionistas sobre o valor dos proventos e pensões que superem o salário mínimo, se houver deficit atuarial, pois, em todo o caso, deverá incidir sobre proventos e pensões que superem o limite máximo estabelecido para os benefícios do RGPS, ou que superem o dobro desse limite quando o beneficiário for acometido de doença incapacitante.

124. Por outro lado, salvo na situação de ausência de deficit atuarial a ser equacionado, os Estados, o Distrito Federal e os Municípios não poderão estabelecer alíquota inferior à da contribuição dos servidores da União, e mesmo naquela hipótese de ausência de deficit a alíquota não poderá ser inferior às alíquotas aplicáveis ao RGPS. É o que dispõe o § **4º do art. 9º da EC nº 103, de 2019**. Esse preceito da reforma tem eficácia plena e aplicabilidade imediata aos regimes próprios de previdência social dos entes federativos.

125. Deste modo, a vigência da alíquota de contribuição previdenciária de 14%, que será exigida no âmbito do RPPS da União a partir de **1/3/2020**, de acordo com o disposto no *caput* do art. 11 c/c o art. 36, I, da EC nº 103, de 2019, implica, a partir dessa mesma data, para os demais entes da Federação, em regra, o dever de majorar a sua alíquota, quando inferior, ao menos até o referido percentual, **por meio de lei**, em observância ao que dispõe o § 4º do art. 9º da EC nº 103, de 2019, antes mencionado, sob pena de o respectivo RPPS ser considerado em situação previdenciária irregular, a teor dos arts. 3º e 7º da Lei nº 9.717, de 1998. Esse dever de majorar a alíquota de contribuição do segurado também se estende à majoração da alíquota do ente, **por meio de lei**, já que a contribuição do ente não poderá ser inferior ao valor da contribuição do segurado nem superior ao dobro desta, consoante o art. 2º da Lei nº 9.717, de 1998.

126. Com relação à instituição de contribuição extraordinária, por meio de lei, nos termos dos §§ 1º-B e 1º-C do art. 149 da Constituição Federal (objeto de remissão expressa do § **8º do art. 9º da EC nº 103, de 2019**), o certo é que a regulamentação dessa matéria no âmbito dos Estados, Distrito Federal e Municípios somente poderá ser editada quando a alteração de redação dada pela reforma ao art. 149 da Constituição Federal tiver vigência em relação a estes entes subnacionais, isto é, não estiver mais em período de vacância, o que dependerá de publicação de lei estadual, distrital ou municipal que referende integralmente a alteração promovida nesse artigo da Constituição, a teor do que dispõe o inciso II do art. 36 da EC nº 103, de 2019.

127. Independentemente de haver ou não o aludido referendo, mantém-se o dever do ente federativo subnacional de preservar o equilíbrio financeiro e atuarial do RPPS, sendo responsável, nos termos do art. 2º da Lei nº 9.717, de 1998, pela cobertura de eventuais insuficiências financeiras do respectivo regime próprio, decorrentes do pagamento de benefícios previdenciários. Portanto, no caso de deficit atuarial, deverão ser adotadas medidas para o seu equacionamento, como o plano de amortização com **alíquota suplementar**, a cargo do ente federativo, segregação da massa e aporte de bens, direitos e ativos, entre outras medidas previstas na Portaria MF nº 464, de 19.11.2018.

CONCLUSÃO

128. Conforme esclarecimentos contidos nesta Nota Técnica conclui-se:

I – Quanto às Cláusulas de Revogação e de Vigência da Reforma:

(a) Os arts. 35 e 36 da EC nº 103, de 2019, prescrevem normas complementares, contendo cláusula de revogação de dispositivos constitucionais até então em vigor e cláusula de vigência de disposições acrescidas ou alteradas por essa reforma, respectivamente.

(b) A cláusula de vigência do **inciso I** do art. 36 dessa Emenda leva em consideração o princípio da anterioridade tributária (nonagesimal), para determinar que os seus arts. 11, 28 e 32, que tratam das alíquotas de contribuição do RPPS da União e do RGPS, bem como da alíquota de contribuição prevista na Lei nº 7.689, de 1988, respectivamente, devem entrar em vigor a partir do primeiro dia do quarto mês subsequente ao da data de sua publicação.

(c) A teor do **inciso II** do art. 36 da EC nº 103, de 2019, a alteração de redação dada pela reforma ao art. 149 da Constituição Federal e a cláusula de revogação contida na alínea *a* do inciso I e nos incisos III e IV do art. 35 daquela Emenda **não têm aplicabilidade constitucional para os Estados, o Distrito Federal e os Municípios enquanto estiverem em período de vacância, já que dependem de referendo para o início de sua vigência**, mediante a publicação de lei de iniciativa privativa do respectivo Poder Executivo destes entes da Federação.

(d) Observe-se que nos parece válido o referendo da lei estadual, distrital ou municipal incidir apenas sobre a alteração promovida pelo art. 1º da EC nº 103, de 2019, no art. 149 da Constituição Federal, desde que integral, mesmo que inciso II do art. 36 da EC nº 103, de 2019, também aborde o referendo para as revogações previstas na alínea "a" do inciso I e nos incisos III e IV do art. 35 dessa Emenda. Isto porque a aplicação do novo teor do art. 149 da Constituição é relativamente independente da aplicação da imunidade de parcela dos proventos de aposentadoria e de pensão em caso de doença incapacitante e das regras de transição das reformas constitucionais anteriores das Emendas Constitucionais nº 41, de 2003, e 47, de 2005, de que tratam as aludidas revogações.

(e) Em regra, para os RPPS dos Estados, do Distrito Federal e dos Municípios, todos os dispositivos da reforma não expressamente ressalvados pelo art. 36 da EC nº 103, de 2019, vigoram desde a data de sua publicação, nos termos de seu **inciso III**, sendo relevante discernir quais os dispositivos da reforma se aplicam imediatamente com eficácia plena dos que se aplicam com eficácia limitada ou contida.

II - Quanto às Inatividades e Pensões das Polícias Militares e dos Corpos de Bombeiros Militares:

(a) A reforma atribuiu à União a **competência privativa** para editar **normas gerais** sobre inatividades e pensões das polícias militares e corpos de bombeiros militares. Essa nova competência que se lhe atribuiu tem eficácia plena e aplicabilidade imediata.

(b) Porém, está mantida, nos termos do art. 42 da CF, a competência dos Estados para dispor, **em lei estadual específica**, tanto sobre as matérias do art. 142, § 3º, X (entre outras, a que trata da transferência do militar para a inatividade), quanto sobre as pensões militares.

(c) Por conseguinte, os **Estados** deverão adaptar suas leis específicas ao que vier a ser disposto em lei de caráter nacional da União sobre normas gerais de inatividades e pensões das polícias militares e corpos de bombeiros militares, sob pena de invalidade.

(d) A situação das inatividades e pensões das polícias militares e corpos de bombeiros militares do **Distrito Federal** não sofre qualquer alteração com a reforma do sistema de previdência social decorrente da promulgação da EC nº 103, de 2019, porque o seu regime jurídico continua sendo disciplinado por **leis federais**, com fundamento no inciso XIV do art. 21 da Lei Maior, porquanto essa norma constitucional fixou a **competência material exclusiva da União** para organizar e manter os órgãos de segurança pública distritais. Da mesma forma, essa legislação federal também observará a aludida lei nacional de normas gerais a ser editada pela União

III - Quanto à Contagem Recíproca e Compensação Financeira do Tempo de Serviço Militar:

(a) O direito à contagem recíproca do tempo de serviço militar e do tempo de contribuição ao RGPS ou RPPS, para fins de inativação militar ou aposentadoria, passa a ter previsão constitucional expressa no art. 201, § 9º-A, da Carta Magna, com a reforma previdenciária da EC nº 103, de 2019, tendo eficácia plena e aplicabilidade imediata.

(b) No entanto, o referido dispositivo, quando interpretado em conjunto com o antecedente § 9º do mesmo artigo, leva-nos a concluir que a compensação financeira entre as receitas de contribuição referente aos militares e as receitas de contribuição aos demais regimes depende de lei para regulamentá-la, tendo eficácia limitada, já que a atual Lei nº 9.796, de 5.5.1999, referente às compensações financeiras inter-regimes previdenciários, não abrange a inatividade militar.

IV - Quanto às Aposentadorias Voluntárias Comuns dos Servidores Públicos Civis dos Estados, do Distrito Federal e dos Municípios:

(a) A reforma desconstitucionalizou regras de elegibilidade da aposentadoria voluntária comum dos servidores públicos civis nos regimes próprios de previdência social dos Estados, do Distrito Federal e dos Municípios. De acordo com o **inciso III do §1º do art. 40 da Constituição**, com exceção da idade mínima, cuja fixação exige emenda às respectivas Constituições Estaduais e Leis Orgânicas, os demais requisitos deverão ser estabelecidos mediante lei complementar do respectivo ente federativo.

(b) Assim, foram desconstitucionalizados os requisitos de tempo de contribuição, tempo de efetivo exercício no serviço público e de tempo no cargo efetivo em que se dará a aposentadoria para todos os entes da Federação. A ausência desses parâmetros na Carta Magna implica a **eficácia limitada, não autoaplicável**, da referida norma constitucional de concessão do benefício de aposentadoria voluntária comum dos servidores públicos civis.

(c) Esse modelo previdenciário federal de desconstitucionalização é de observância obrigatória pelas Constituições dos Estados e pelas Leis Orgânicas do Distrito Federal e dos Municípios, em razão do princípio da simetria federativa.

(d) Para salvaguardar expectativas de direito do servidor titular de cargo efetivo, esse que já era, ao tempo da reforma, destinatário das regras constitucionais permanentes do sistema previdenciário próprio, e que permaneceria, neste regime, sujeito a novos requisitos (mais exigentes) para a aposentação, foi adotada uma disciplina jurídica de transição entre o sistema jurídico anterior e o novo sistema de previdência social, tendo em vista o princípio da segurança jurídica e a proteção da confiança do servidor que tenha ingressado no serviço público em cargo efetivo até a data de entrada em vigor da EC nº 103, de 2019.

(e) Por outro lado, em face da eficácia limitada da norma constitucional permanente de concessão de aposentadoria voluntária (inciso III do § 1º do art. 40 da Constituição), a qual depende de providência legislativa para se concretizar, a reforma estabeleceu disposições transitórias para os servidores federais que venham a ingressar no serviço público em cargo efetivo após a data de entrada em vigor da EC nº 103, de 2019, também aplicáveis aos que já haviam ingressado até a data de sua publicação, se mais vantajosas, **com eficácia plena e aplicabilidade imediata** enquanto não sobrevier tal complementação legislativa.

(f) Em relação à aposentadoria voluntária comum no RPPS da União, a reforma prescreve uma disciplina jurídica de transição nos arts. 4º e 20, e estabelece disposições transitórias no art.10 da EC nº 103, de 2019.

(g) Contudo, o Poder Legislativo não estendeu a disciplina jurídica de transição, bem como as disposições transitórias da EC nº 103, de 2019, às aposentadorias voluntárias comuns dos Estados, do Distrito Federal e dos Municípios. Não obstante, para contornar a não autoexecutoriedade da norma do inciso III do § 1º do art. 40 da Constituição, e a ausência de disposições transitórias para os entes subnacionais, o Poder Constituinte Reformador resolveu recepcionar expressamente as normas constitucionais e infraconstitucionais anteriores à entrada em vigor da nova Emenda, assegurando-lhes a continuidade da vigência em face dos Estados, do Distrito Federal e dos Municípios, **com eficácia plena e aplicabilidade imediata**, embora as tenha recebido por prazo certo, isto é, até que sejam promovidas alterações na legislação destes entes subnacionais referente aos respectivos regimes próprios, quando então a sua eficácia estará exaurida.

V - Quanto às Aposentadorias Voluntárias Especiais dos Servidores Públicos Civis dos Estados, do Distrito Federal e dos Municípios:

(a) Não obstante a reforma das normas constitucionais sobre aposentadorias voluntárias especiais advinda da EC nº 103, de 2019, elas continuam não autoaplicáveis, já que dependem de lei complementar do respectivo ente federativo para regulamentá-las, ou seja, carecem de integração normativa para viabilizar o exercício do direito que consagram, sendo, portanto, de eficácia limitada.

(b) Em relação à **União**, a eficácia limitada dos parágrafos 4º, 4º-A, 4º-B, 4º-C, e 5º do art. 40 da Constituição, a respeito das aposentadorias voluntárias especiais, acabou sendo integrada normativa e temporariamente pela disciplina jurídica de transição dos arts. 4º, 5º, 20 e 21 da EC nº 103, de 2019, assim como pelas disposições transitórias de seus arts. 10 e 22.

(c) Mas em relação aos Estados, Distrito Federal e Municípios o Poder Constituinte Reformador não prescreveu a disciplina jurídica de transição nem as disposições transitórias já referidas, salvo na situação específica descrita adiante. Em seu lugar, recepcionou expressamente e *pro tempore* as normas constitucionais e infraconstitucionais anteriores à entrada em vigor da EC nº 103, de 2019, assegurando-lhes a continuidade da vigência em face desses entes subnacionais, **com eficácia plena e aplicabilidade imediata**, até que sejam promovidas alterações na legislação dos respectivos regimes próprios, quando então a sua eficácia estará exaurida.

(d) Destarte, a reforma preservou o quadro jurídico anterior à sua promulgação no que concerne, entre outras matérias, à aplicação das normas constitucionais sobre aposentadorias especiais então vigentes, as quais continuam a ter aplicação para os Estados, o Distrito Federal e os Municípios, enquanto estes não promulgarem a respectiva reforma previdenciária, devendo obediência aos condicionamentos impostos pela EC nº 103, de 2019, ou seja, à supremacia da Constituição Federal, já que a reforma da Carta do Estado ou da Lei Orgânica do Município trata-se de Poder decorrente.

(e) A recepção das aludidas normas constitucionais, com a redação em vigor antes da reforma da EC nº 103, de 2019, estende-se à respectiva **norma infraconstitucional** regulamentadora. É o caso da Lei Complementar federal nº 51, de 20.12.1985, que continua a reger, na condição de lei federal de normas gerais de abrangência nacional, a aposentadoria especial do servidor policial do Estado, até que essa matéria seja alterada para o respectivo regime próprio, por meio de lei complementar do ente federativo, nos termos, condições e alcance previstos nos §§ 4º e 4º-B do art. 40 da Constituição, com a redação dada pela EC nº 103, de 2019.

(f) A preservação do quadro jurídico anterior à promulgação da EC nº 103, de 2019, no que concerne à aplicação das normas constitucionais e infraconstitucionais sobre aposentadorias especiais então vigentes, ainda que *pro tempore*, também implica a da jurisprudência constitucional do colendo Supremo Tribunal Federal – STF, consolidada sobre a referida matéria. Assim é que a **Súmula Vinculante - SV do STF nº 33 continua aplicável aos Estados, ao Distrito Federal e aos Municípios**, quanto à observância da legislação do Regime Geral de Previdência Social como parâmetro de regulamentação infraconstitucional da aposentadoria especial de que trata o art. 40, § 4º, III, da Constituição Federal (**na redação anterior** à **EC nº 103, de 2019**), ou seja nas atividades exercidas sob condições especiais que prejudiquem a saúde ou a integridade física, até a edição de lei complementar do respectivo ente federativo.

(g) Para a aposentadoria especial dos servidores com deficiência no âmbito dos regimes próprios de previdência social dos **Estados, do Distrito Federal e dos Municípios**, com base no art. 40, § 4º, I, da Constituição Federal (**na redação anterior** à **EC nº 103, de 2019**), à míngua de lei complementar federal ou, após a promulgação da EC nº 103, de 2019, de lei complementar estadual, distrital ou municipal regulamentadora dessa matéria, permanece a necessidade de impetração de mandado de injunção para viabilizar o exercício desse direito constitucional.

(h) Isso já não ocorre em relação à **União**, porquanto, com a reforma, houve perda de objeto da SV nº 33 em face deste ente político, bem como não haveria interesse processual na impetração de mandado de injunção para a regulamentação das normas de aposentadoria especial previstas na Constituição. Como vimos, a eficácia limitada dos parágrafos 4º, 4º-A, 4º-B, 4º-C, e 5º do art. 40 da Constituição, a respeito das aposentadorias voluntárias especiais, acabou sendo integrada normativa e temporariamente, tão somente para a União, pela disciplina jurídica de transição dos arts. 4º, 5º, 20 e 21 da EC nº 103, de 2019, assim como pelas disposições transitórias de seus arts. 10 e 22.

(i) A reforma decorrente da promulgação da EC nº 103, de 2019, acabou por conferir ao **policial civil do Distrito Federal** uma regra jurídica de transição e uma disposição transitória sobre aposentadoria especial, respectivamente, em seus arts. 5º e 10, tendo em vista a **competência material exclusiva da União** para organizar e manter os órgãos de segurança pública do Distrito Federal.

VI - Quanto à Aposentadoria por Incapacidade Permanente para o Trabalho:

(a) Com a reforma previdenciária, a aposentadoria "por invalidez permanente" passa a denominar- se aposentadoria "por incapacidade permanente para o trabalho". A EC nº 103, de 2019, constitucionaliza a exigência de avaliações periódicas para verificação da continuidade das condições que ensejaram a concessão da aposentadoria, bem como a condição de o servidor ser insuscetível de readaptação, conferindo nova redação ao inciso I do § 1º do art. 40 da Constituição.

(b) Trata-se de norma com **eficácia limitada**. Contudo, até que entre em vigor lei federal que discipline esse benefício **no** âmbito **da União**, está prevista uma disposição transitória de concessão da aposentadoria por incapacidade permanente para o trabalho, com **eficácia plena e aplicabilidade imediata**, no art. 10, § 1º, II, e de cálculo dos proventos conforme o § 4º desse mesmo artigo c/c o art. 26, § 2º, II, e § 3º, II, todos da EC nº 103, de 2019. Segundo essa norma transitória, o valor do benefício corresponderá a 60% da média definida na forma do *caput* e do § 1º do art. 26, com acréscimo de 2% por ano de contribuição que exceder o tempo de vinte anos de contribuição, salvo na hipótese de incapacidade permanente decorrente de acidente do trabalho, doença profissional e doença do trabalho, quando o percentual da referida média corresponderá a 100%. Note-se, todavia, que esta exceção não mais se aplica às hipóteses de doença grave, contagiosa ou incurável.

(c) Já em relação aos Estados, Distrito Federal e Municípios, ante a ausência de disposição transitória, e por força do que prescreve o § 7º do art. 10 da EC nº 103, de 2019, mantém-se o quadro jurídico imediatamente anterior à promulgação da EC nº 103, de 2019, no que concerne à aplicação das normas constitucionais e infraconstitucionais que estavam em vigor sobre a concessão e cálculo da "aposentadoria por invalidez permanente", com **eficácia plena e aplicabilidade imediata**, até a edição de lei do respectivo ente federativo.

VII - Quanto à Aposentadoria Concedida com Utilização de Tempo de Contribuição Decorrente de Cargo, Emprego ou Função Pública e da Vedação Relacionada à Complementação de Aposentadorias e Pensões:

(a) É entendimento assente na Orientação Normativa nº 2, de 2009, e na Nota Técnica nº 3, de 2013, ambas da lavra desta Subsecretaria dos Regimes Próprios de Previdência Social, que o aproveitamento de qualquer tempo sob o **regime estatutário** para fins de concessão de aposentadoria, inclusive pelo Regime Geral, implica a vacância do cargo titularizado pelo servidor público.

(b) Além disso, o art. 12 da Portaria MPS nº 154, de 2008, já dispunha que a Certidão de Tempo de Contribuição - CTC somente poderia ser emitida por regime próprio de previdência social para ex- servidor, ou seja, para servidor exonerado ou demitido do cargo efetivo. Essa interpretação veio a ser acolhida expressamente pelo legislador **no inciso VI do art. 96 da Lei nº 8.213, de 1991**, acrescentado pela Lei nº 13.846, de 18.6.2019.

(c) O que acentuamos de novo na reforma da EC nº 103, de 2019, é o preceito segundo o qual não só a utilização de tempo de contribuição de cargo público, mas também a de emprego ou função pública, ainda que se trate de tempo de contribuição para o RGPS, acarreta o rompimento do vínculo do agente público com a Administração Pública.

(d). Essa norma constitucional tem **eficácia plena e aplicabilidade imediata em relação aos Estados, Distrito Federal e Municípios**, mas não alcança a aposentadoria concedida pelo RGPS até a data de entrada em vigor da reforma decorrente da EC nº 103, de 2019, conforme a ressalva expressa em seu art. 6º.

(e) Outro ponto a ser destacado é a restrição determinada pela reforma previdenciária da EC nº 103, de 2019, quanto à complementação de aposentadorias de servidores públicos e de pensões por morte a seus dependentes. Essa complementação estará, em regra, **vedada** após a data de entrada em vigor dessa Emenda, **com eficácia plena e aplicabilidade imediata para os Estados, o Distrito Federal e os Municípios**, salvo em relação às complementações relacionadas à instituição do Regime de Previdência Complementar a que se referem os §§ 14 a 16 do art. 40 da Constituição e em relação à prevista em lei que extinga RPPS, a teor do que dispõe o § 15 do art. 37 da Constituição, acrescido pela EC nº 103, de 2019, c/c o art. 7º dessa Emenda (este último dispositivo também determina que a vedação prevista no § 15 do art. 37 da Constituição não se aplica a complementações de aposentadorias e pensões concedidas até a data de entrada em vigor da EC nº 103, de 2019).

VIII - Quanto à Remuneração do Servidor Público no Cargo Efetivo, para Fins de Cálculo de Proventos de Aposentadoria com Base na Totalidade da Remuneração:

(a) Consta do § 8º do art. 4º da EC nº 103, de 2019, regra de transição a respeito da apuração da remuneração do servidor público federal cujos proventos venham a ser calculados pela **totalidade da remuneração**, com fundamento no inciso **I do § 6º do art. 4º** ou no inciso **I do § 2º do art. 20**.

(b) O RPPS da União deverá observar que uma parcela dessa remuneração integrará o cálculo dos proventos com base numa média aritmética simples, mesmo havendo o direito à totalidade da remuneração, nas seguintes hipóteses de que tratam os incisos I e II do aludido § 8º do art. 4º da EC nº 103, de 2019, a saber: (I) quando o cargo estiver sujeito a variações na carga horária; e (II) se as vantagens pecuniárias permanentes forem variáveis.

(c) Essa regra de transição foi prevista tão somente para o **servidor público federal** que tenha ingressado no serviço público em cargo efetivo até 31.12.2003 e que não tenha feito a opção pelo Regime de Previdência Complementar de que trata o § 16 do art. 40 da Constituição Federal.

(d) A nosso ver, o § 8º do art. 4º da EC nº 103, de 2019, não rege a apuração da totalidade da remuneração em relação aos regimes próprios de previdência dos entes subnacionais. Com efeito, a reforma contém uma ressalva, expressa tanto no § 9º desse art. 4º quanto no § 4º do art. 20, **com eficácia plena e aplicabilidade imediata**, segundo a qual:

> Aplicam-se às aposentadorias dos servidores dos Estados, do Distrito Federal e dos Municípios as normas constitucionais e infraconstitucionais anteriores à data de entrada em vigor desta Emenda Constitucional, enquanto não promovidas alterações na legislação interna relacionada ao respectivo regime próprio de previdência social

(e) Assim sendo, o cálculo dos proventos de aposentadoria concedida com fundamento na integralidade, no âmbito do RPPS dos Estados, Distrito Federal e Municípios, mantém-se regido, quanto à apuração da remuneração, pela lei do respectivo ente federativo, em vigor antes da publicação da EC nº 103, de 2019, isto é, de acordo com o que for prescrito como remuneração do cargo efetivo, a título de vencimentos e vantagens pecuniárias permanentes, com o acréscimo de adicionais de caráter individual e vantagens pessoais permanentes.

IX - Quanto às Pensões dos Servidores Públicos Civis dos Estados, do Distrito Federal e dos Municípios:

(a) A EC nº 103, de 2019, promoveu a desconstitucionalização das regras permanentes de concessão de pensão aos dependentes dos servidores públicos civis de todos os entes da Federação, remetendo a sua regulamentação para a lei do respectivo ente federativo, de modo que o § 7º do art. 40 da Constituição passou a ter aplicabilidade diferida, ou seja, **eficácia limitada**. Não obstante, essa norma contém uma prescrição constitucional mandatória, cujo cumprimento é obrigatório para todos os entes da Federação, por força de remissão expressa ao § 2º do art. 201 da Constituição, que estabelece o piso de um salário mínimo para a pensão por morte no âmbito do RPPS, **quando esse benefício se tratar da** única **fonte de renda formal auferida pelo dependente**. Essa ressalva não se estende ao RGPS, já que foi mantido o piso de um salário mínimo para o benefício deste regime que substitua o salário de contribuição ou o rendimento do trabalho do segurado.

(b) Por outro lado, aquele mesmo § 7º do art. 40 da Constituição também visa a orientação da atividade legislativa futura, ao traçar a diretiva do tratamento diferenciado para a hipótese de concessão de pensão por morte decorrente de agressão sofrida no exercício ou em razão da função, para o servidor policial, agente penitenciário ou socioeducativo, a qual depende de lei para se concretizar.

(c) Ocorre que, no âmbito da União, a reforma prescreve disposições transitórias sobre o benefício de pensão por morte com **eficácia plena e aplicabilidade imediata**, enquanto não sobrevier a referida complementação legislativa. Com efeito, o art. 23 da EC nº 103, de 2019, determina regras de concessão de pensão passíveis de serem alteradas por lei federal sobre o Regime Próprio de Previdência Social da União.

(d) Além disso, com base na **competência material exclusiva** da União para organizar e manter os órgãos de segurança pública do Distrito Federal, e entre eles a Polícia Civil, a reforma já estatui, em seu art. 10, § 6º, que a pensão devida aos dependentes do policial federal, agente federal penitenciário ou socioeducativo, **bem como aos dependentes do policial civil do Distrito Federal**, será vitalícia para o cônjuge ou companheiro e equivalente à remuneração do cargo, quando decorrente de agressão sofrida no exercício ou em razão da função. Esse dispositivo da reforma não abrange os policiais civis dos Estados, já que não há remissão expressa ao inciso IV do *caput* do art. 144 da Constituição.

(e) À exceção tão somente dessa hipótese de concessão de pensão por morte do policial civil do Distrito Federal decorrência de agressão sofrida no exercício ou em razão da função, **as disposições transitórias a respeito do benefício de pensão por morte previstas no art. 10, § 6º, e no art. 23 da EC nº 103, de 2019, não se aplicam aos Estados, Distrito Federal e Municípios**.

(f) Para o lugar dessas disposições transitórias da EC nº 103, de 2019, com vistas a remediar a eficácia limitada da norma sobre pensão por morte do art 40, § 7º, do corpo permanente da Constituição, o Poder Constituinte Reformador recepcionou expressamente e *pro tempore* as normas constitucionais e infraconstitucionais anteriores à entrada em vigor daquela Emenda, assegurando-lhes a continuidade da vigência em face dos Estados, do Distrito Federal e dos Municípios, **com eficácia plena e aplicabilidade imediata**, até que sejam promovidas alterações na legislação dos respectivos regimes próprios, quando então a sua eficácia estará exaurida.

(g) Destarte, até a edição de lei do respectivo ente federativo subnacional, ou de lei federal (no caso da Polícia Civil do DF), aplicam-se as normas constitucionais e infraconstitucionais que estavam em vigor antes do advento da EC nº 103, de 2019, para reger a concessão de pensão por morte no âmbito do RPPS dos Estados, do Distrito Federal e dos Municípios, salvo para a pensão decorrente de agressão sofrida no exercício ou em razão da função de policial civil do DF.

(h) Assim, até a edição de lei do respectivo ente federativo subnacional, ou de lei federal (no caso da Polícia Civil do DF), os Estados, o Distrito Federal e os Municípios deverão aplicar, para fins de concessão do benefício de pensão por morte, as disposições previstas no art. 2º da Lei nº 10.887, de 2004.

X - Quanto ao Cálculo dos Proventos de Aposentadoria dos Servidores Públicos Civis dos Estados, do Distrito Federal e dos Municípios:

(a) Na nova redação do §3º do art. 40 da Constituição, a reforma transfere integralmente a regulamentação do cálculo dos proventos de aposentadoria para a lei de cada ente federativo.

(b) Dada a eficácia limitada do preceito supracitado, que depende de complementação legislativa, a reforma prescreveu as disposições transitórias do art. 26 da EC nº 103, de 2019, **com eficácia plena e aplicabilidade imediata** enquanto não sobrevier lei que discipline o cálculo dos proventos de aposentadoria.

(c) Ocorre que, em relação aos regimes próprios, essas normas de cálculo dos proventos de aposentadoria do art. 26 da EC nº 103, de 2019, baseado na apuração de um média aritmética de todo o período contributivo desde julho de 1994 (ou do início da contribuição, se posterior), abarcam unicamente os benefícios que vierem a ser concedidos no âmbito do **RPPS da União**, com base na disciplina jurídica de transição dos arts. 4º, 20 e 21, bem como nas disposições transitórias do art. 10 da reforma.

(d) Além dos aludidos critérios de cálculo dos proventos, aos servidores públicos federais também são aplicadas regras de transição para aposentadoria voluntária com direito à integralidade (EC nº 103, de 2019, art. 4º, § 6º, I, e art. 20, § 2º, I, observado quanto à apuração da remuneração do servidor o previsto no § 8º do art. 4º); são aplicados os critérios de cálculo da aposentadoria especial do servidor público federal com deficiência, na forma da Lei Complementar nº 142, de 8.5.2013 (art. 22 da EC nº 103, de 2019); e aos policiais federais, agentes federais penitenciários ou socioeducativos, bem como aos policiais civis do Distrito Federal, que tenham ingressado na carreira até a data de entrada em vigor da reforma, é assegurada a aposentadoria na forma da Lei Complementar nº 51, de 20.12.1985, desde que observem o requisito de idade mínima para esta aposentadoria especial (art. 5º da EC nº 103, de 2019).

(e) Exceto em relação à aposentadoria especial dos policiais civis do Distrito Federal, os dispositivos da EC nº 103, de 2019, que versam sobre critérios de cálculo dos proventos de aposentadoria a ser concedida com base na disciplina jurídica de transição dos arts. 4º, 5º, 20 e 21, ou com base nas disposições transitórias dos arts. 10 e 22, visam ao servidor público federal, **não sendo aplicáveis aos servidores públicos vinculados aos RPPS dos Estados, do Distrito Federal e dos Municípios**.

(f) Para os entes subnacionais da Federação, a reforma recepcionou as normas constitucionais e infraconstitucionais a ela anteriores, no que concerne às aposentadorias, o que a nosso ver se estende ao cálculo dos proventos, assegurando-lhes a continuidade da vigência **com eficácia plena e aplicabilidade imediata**, até que sejam promovidas alterações na legislação dos Estados, do Distrito Federal e dos Municípios referente aos respectivos regimes próprios, quando então a sua eficácia estará exaurida.

XI – Quanto ao Abono de Permanência dos Servidores Públicos Civis dos Estados, do Distrito Federal e dos Municípios:

(a) A norma de concessão de abono de permanência da atual reforma previdenciária tem **eficácia contida**, já que o legislador de cada ente federativo pode restringir-lhe o alcance, estabelecendo critérios que possam importar em redução de seu valor ou até mesmo em sua supressão, conforme o teor do § 19 do art. 40 da Constituição, na redação dada pela EC nº 103, de 2019.

(b) Em relação ao servidor público federal e ao servidor policial civil do Distrito Federal, a reforma assegura a concessão de abono de permanência no valor equivalente ao de sua contribuição previdenciária, até que entre em vigor lei federal que regulamente o disposto no citado § 19 do art. 40 da Constituição, **nos termos do art. 10 da EC nº 103, de 2019**.

(c) Ocorre que, em relação às aposentadorias dos servidores dos Estados, do Distrito Federal e dos Municípios, esse mesmo art. 10 da EC nº 103, de 2019, prescreve a aplicação das normas constitucionais e infraconstitucionais anteriores à data de entrada em vigor dessa reforma, enquanto não promovidas alterações na legislação interna relacionada ao respectivo regime próprio de previdência social. Isso leva a crer que as regras sobre o abono de permanência anteriores ao advento da atual reforma previdenciária permanecem em vigor para os entes subnacionais até a edição de lei para os respectivos regimes próprios que regulamente a norma do § 19 do art. 40 da Constituição.

(d) Veja-se que, em relação a regime próprio, o art. 3º da EC nº 103, de 2019, versa sobre o **direito adquirido** à aposentadoria exclusivamente para o servidor público federal, assegurando-lhe a concessão de abono de permanência equivalente ao valor de sua contribuição previdenciária, enquanto não editada lei federal, desde que tenha cumprido, até a promulgação dessa reforma, os requisitos para aposentadoria voluntária com base em normas constitucionais até então em vigor. Em relação aos entes subnacionais não haveria, contudo, razão para disciplinar a concessão de abono em face do direito adquirido, já que as regras de aposentadoria dos servidores públicos dos Estados, do Distrito Federal e dos Municípios não teriam sofrido alteração com a reforma.

(e) Já o art. 8º da EC nº 103, de 2019, assegura a concessão de abono de permanência equivalente ao valor da contribuição previdenciária para o servidor público federal que venha a cumprir os requisitos para a concessão de aposentadoria voluntária nos termos da disciplina jurídica de transição dos arts. 4º, 5º, 20 e 21, e da disposição transitória do art 22 dessa Emenda. Essas regras de aposentadoria (não permanentes) não são aplicáveis aos servidores públicos dos entes subnacionais pela mesma razão.

(f) Por outro lado, quando o art. 35 da EC nº 103, de 2019, **revogou** os arts. 2º e 6º da EC nº 41, de 19.12.2003, e o art. 3º da EC nº 47, de 5.7.2005, a própria reforma de 2019 determinou um período de vacância para a vigência dessa revogação em face dos entes subnacionais (art. 36, II), durante o qual **não haverá aplicabilidade constitucional para os Estados, o Distrito Federal e os Municípios, já que ela dependerá de referendo para o início de sua vigência,** mediante a publicação de lei de iniciativa privativa do respectivo Poder Executivo destes entes da Federação. Ou seja, enquanto não houver esse referendo mediante lei dos Estados, do Distrito Federal e dos Municípios, aqueles artigos das reformas das Emendas nº 41, de 2003, e nº 47, de 2005, continuam em vigor e ainda podem embasar a concessão de abono de permanência no âmbito dos RPPS subnacionais.

(g) Assim, em relação às aposentadorias dos servidores dos Estados, do Distrito Federal e dos Municípios, a reforma recepcionou as normas constitucionais e infraconstitucionais anteriores à data de entrada em vigor da EC nº 103, de 2019, enquanto não promovidas alterações na legislação interna relacionada ao respectivo regime próprio de previdência social. Essa recepção, a nosso ver, também abarcou as normas sobre abono de permanência, constitucionais e infraconstitucionais. Isso significa que, a princípio, o abono de permanência continua sendo devido no valor equivalente ao da contribuição previdenciária do servidor estadual, distrital ou municipal, enquanto não for editada lei do respectivo ente subnacional que regulamente os critérios que possam importar em redução de seu valor ou até mesmo em sua supressão, conforme a norma de eficácia contida do § 19 do art. 40 da Constituição, na redação dada pela EC nº 103, de 2019.

(h) Por sua vez, a concessão de abono de permanência **com base nas regras de transição das reformas previdenciárias anteriores das Emendas nº 41, de 2003 (arts. 2º e 6º), e nº 47, de 2005 (art. 3º)**, pode vir a ser extinta para os RPPS dos Estados, Distrito Federal e Municípios mediante lei do respectivo ente que referende integralmente a sua revogação pelo art. 35, incisos III e IV, da EC nº 103, de 2019. No entanto, tal abono poderá ser mantido *pro tempore*, na reforma previdenciária dos entes subnacionais, nos moldes da redação do § 3º do art. 3º da EC nº 103, de 2019, até que entre em vigor a lei do respectivo ente que regulamente o disposto no § 19 do art. 40 da Constituição.

XII - Quanto às Normas Gerais de Organização, de Funcionamento e de Responsabilidade na Gestão dos Regimes Próprios de Previdência Social:

(a) A EC nº 103, de 2019, acresceu ao art. 40 da Constituição o § **22** para estatuir algumas diretivas, em *numerus apertus*, acerca do objeto da lei complementar federal que deverá dispor sobre normas gerais de organização, de funcionamento e de responsabilidade na gestão dos regimes próprios de previdência social.

(b) Essas diretivas não exaustivas visam orientar a atividade legislativa futura da União, portanto, com caráter prospectivo e **eficácia limitada**. Não obstante, o mesmo dispositivo veicula uma prescrição mandatória proibitiva, cuja eficácia é plena (aplicabilidade imediata), a qual veda a instituição de novos regimes próprios de previdência social.

(c) Em outro dispositivo dessa Emenda, precisamente no *caput* do art. 9º, o Poder Constituinte Reformador recepcionou, com *status* de lei-complementar, a Lei Federal nº 9.717, de 27.11.1998, a qual estabelece normas gerais para a organização e o funcionamento dos regimes próprios de previdência social dos entes da Federação, e, a par disso, determinou a observância de determinadas prescrições acerca desse tema, em sua maioria, com **eficácia plena**. Cumpre observar que o referido *status* abarca as normas gerais de responsabilidade na gestão previdenciária dos regimes próprios de previdência social, já previstas na Lei nº 9.717, de 1998.

(d) Como exceções, indicamos os §§7º e 8º do art. 9º da EC nº 103, de 2019, os quais precisam de complementação normativa para a sua executoriedade em relação à União, aos Estados, ao Distrito Federal e aos Municípios.

(e) A aplicação de recursos do RPPS na concessão de empréstimos com consignação em folha de pagamento dos segurados depende, nos termos do § **7º do art. 9º da EC nº 103, de 2019**, citado acima, de norma integradora de sua eficácia a ser expedida pelo Conselho Monetário Nacional.

(f) Com relação à instituição de contribuição extraordinária, por meio de lei, nos termos dos §§ 1º-B e 1º-C do art. 149 da Constituição Federal (objeto de remissão expressa do supracitado § **8º do art. 9º da EC nº 103, de 2019**), o certo é que a regulamentação dessa matéria no âmbito dos Estados, Distrito Federal e Municípios somente poderá ser editada quando a alteração de redação dada pela reforma ao art. 149 da Constituição Federal tiver vigência em relação a estes entes subnacionais, isto é, não estiver mais em período de vacância, o que dependerá de publicação de lei estadual, distrital ou municipal que referende integralmente a alteração promovida nesse artigo da Constituição, a teor do que dispõe o inciso II do art. 36 da EC nº 103, de 2019.

(g) Por fim, cumpre ainda mencionar que o art. 1º da EC nº 103, de 2019, acrescentou ao art. 167 da Constituição Federal, que trata de normas de finanças públicas, os incisos XII e XIII, com vedações relacionadas aos regimes próprios de previdência social e, no art. 12, atribuiu competência à União para instituir sistema integrado de dados relativos às remunerações, proventos e pensões dos segurados do Regime Geral de Previdência Social, dos regimes próprios de previdência social e dos participantes e assistidos dos Regimes de Previdência Complementar, aos benefícios dos programas de assistência social de que trata o art. 203 da Constituição e às remunerações, proventos de inatividade e pensão por morte decorrentes das atividades militares de que tratam os arts. 42 e 142 da Constituição Federal, em interação com outras bases de dados, ferramentas e plataformas.

(h) A recepção, com *status* de lei complementar, da Lei nº 9.717, de 1998, pelo art. 9º da EC nº 103, de 2019, preenche a falta da lei complementar federal a que se refere o inciso XII da art. 167 supracitado, até a edição desta última. Isto significa que o descumprimento desse preceito constitucional, quanto à vedação de utilização de recursos de RPPS, implica a impossibilidade de ser atestada a regularidade do respectivo regime mediante a emissão de Certificado de Regularidade Previdenciária (CRP), nos termos previstos na Lei nº 9.717, de 1998. Em relação ao inciso XIII do art. 167, essas sanções serão aplicadas também em conformidade com o que dispõe a Lei nº 9.717, de 1998, até a edição da aludida lei complementar.

XIII - Quanto às Restrições à Acumulação de Pensões e de Pensões e Proventos de Aposentadoria ou de Inatividade Militar:

(a) A reforma previdenciária da EC nº 103, de 2019, em seu art. 24, preceitua uma proibição de acumulação, **no mesmo regime de previdência social**, de mais de uma pensão deixada por cônjuge ou companheiro, salvo se decorrentes do exercício de cargos acumuláveis na forma do art. 37 da Constituição.

(b) No âmbito do RGPS, o inciso VI do art. 124 da Lei nº 8.213, de 1991, prescreve a mesma proibição de acumulação constante do art. 24 da EC nº 103, de 2019. Contudo, **a ressalva da parte final deste preceito**, quanto ao exercício de cargos acumuláveis na forma da Constituição pelo mesmo instituidor, **não se aplica em relação a atividades concomitantes deste no mesmo Regime Geral**, seja em cargos, empregos ou funções públicas, já que não é possível a concessão de mais de uma pensão oriunda de um mesmo vínculo previdenciário nesse Regime, razão por que a totalidade da remuneração do instituidor nessas atividades não deve ultrapassar o limite máximo do salário de contribuição para efeito de contribuição ao RGPS, bem como para o cálculo do respectivo benefício, a teor do art. 32 da Lei nº 8.213, de 1991.

(c) Aquela regra da EC nº 103, de 2019, é complementada por alguns casos de acumulação previstos no § 1º do mesmo art. 24, referentes ao acúmulo de pensões, bem como ao de pensões com aposentadorias ou com proventos de inatividade de origem militar, para os quais, não obstante seja permitida a acumulação, sofrem uma restrição quanto ao valor do benefício a ser pago a partir do segundo numa escala decrescente de rendimento, consistente numa redução percentual apurada cumulativamente por faixas de cada um desses benefícios.

(d) Essas restrições à acumulação de benefícios são normas de **eficácia plena e aplicabilidade imediata a todos os regimes próprios de previdência social**, sem embargo de não poderem prejudicar o direito adquirido antes de sua entrada em vigor, a teor do que dispõe o § 4º do art. 24 da EC nº 103, de 2019.

(e) Além disso, pode-se inferir do § 5º do art. 24 da EC nº 103, de 2019, que a reforma recepcionou, naquilo que não for contrário às aludidas restrições desse mesmo artigo, as regras sobre acumulação de benefícios prevista na legislação vigente na data de sua entrada em vigor.

(f) É preciso atentar ainda para a possibilidade de alteração tanto das normas constitucionais de acumulação previstas naquele art. 24 da EC nº 103, de 2019, quanto da legislação infraconstitucional que permanece em vigor, sendo neste ponto a sua **eficácia limitada**. De fato, isto vai depender de complementação legislativa, na forma de lei complementar sobre vedações, regras e condições para a acumulação de benefícios previdenciários no Regime Geral de Previdência Social, a qual terá caráter de lei nacional, já que sua aplicação deverá ser estendida aos regimes próprios de previdência social, nos termos do § 6º do art. 40 da Constituição.

XIV - Quanto às Incorporações de Vantagens Temporárias à Remuneração do Cargo Efetivo:

(a) A vedação de incorporação de vantagens de caráter temporário ou vinculadas ao exercício de função de confiança ou de cargo em comissão à remuneração do cargo efetivo, constante do § 9º do art. 39 da Constituição, tem eficácia plena e aplicabilidade imediata, independentemente de lei regulamentadora. A reforma determina a sua aplicação com caráter prospectivo, porquanto o art. 13 da EC nº 103, de 2019, ressalva de sua incidência as incorporações dessa natureza ocorridas até a data de entrada em vigor dessa Emenda.

XV – Quanto aos Regimes de Previdência Aplicáveis a Titulares de Mandato Eletivo:

(a) De acordo com o art. 14 da EC nº 103, de 2019, consideram-se em extinção os regimes de previdência aplicáveis a titulares de mandato eletivo da União, dos Estados, do Distrito Federal e dos Municípios, dada a vedação de adesão de novos segurados e de instituição de novos regimes dessa natureza.

(b) É concedida a opção de retirada desses regimes no prazo de cento e oitenta dias, contado da data de entrada em vigor dessa reforma. Caso o segurado exerça a referida opção, é assegurada a contagem recíproca do tempo de contribuição vertido para tal regime previdenciário de titulares de mandato eletivo do respectivo ente federado, nos termos do § 9º do art. 201 da Constituição.

(c) Ainda nos termos do art. 14 da EC nº 103, de 2019, foi prevista uma regra de transição específica para o regime de previdência de que trata a Lei nº 9.506, de 30.10.1997, segundo a qual os segurados do **Plano de Seguridade Social dos Congressistas** que optarem por manter a vinculação a esse regime devem cumprir um pedágio correspondente a 30% (trinta por cento) do tempo de contribuição faltante, na data de promulgação dessa reforma, para a aquisição do direito à aposentadoria de titular de mandato eletivo da **União**, observada a idade mínima de 62 anos, se mulher, e 65 anos, se homem.

(d) Acresce que foram preservados os direitos adquiridos em relação às pensões e aposentadorias de titulares de mandato eletivo cujos requisitos tenham sido cumpridos até a entrada em vigor da EC nº 103, de 2019.

(e) Todos estes preceitos se aplicam imediatamente com **eficácia plena**.

(f) Em relação aos regimes de titulares de mandato eletivo que porventura existam atualmente nos Estados, no Distrito Federal ou nos Municípios, a reforma prescreve uma norma de **eficácia limitada** conducente à disciplina, por lei específica desses entes da Federação, tão somente de **regra de transição** para aqueles que fizerem a opção de permanecer em tais regimes, que por força constitucional passam a ser em extinção. Em nosso entender, os **entes subnacionais** devem cumprir esse dever constitucional tendo, como paradigma, as normas de transição já previstas na EC nº 103, de 2019, para os titulares de mandato eletivo da União, em prol do princípio republicano e do princípio da isonomia.

(g) Cumpre observar ainda que a reforma da EC nº 103, de 2019, constitucionalizou uma regra de filiação previdenciária para o servidor que venha a exercer qualquer mandato eletivo, federal, estadual, distrital ou municipal, porquanto, o servidor, no exercício de mandato eletivo, "na hipótese de ser segurado de regime próprio de previdência social, permanecerá filiado a esse regime, no ente federativo de origem". A alteração do art. 38 da Constituição, levada a efeito pela EC nº 103, de 2019, tem eficácia plena e aplicabilidade imediata aos Estados, Distrito Federal e Municípios.

XVI - Quanto à Exclusão da Aplicação da Pena de Aposentadoria Compulsória do Magistrado ou do Membro do Ministério Público como Sanção Disciplinar:

(a) A reforma previdenciária excluiu a possibilidade de aplicação, como sanção administrativa, da **pena de aposentadoria compulsória** de magistrados e membros do ministério público da União ou dos Estados, com direito a proventos proporcionais ao tempo de serviço, ao modificar, com eficácia plena e aplicabilidade imediata, o texto dos arts. 93, VIII, 103-B, § 4º, III, e art. 130-A, § 2º, III, da Constituição, na parte em que previa tal prestação previdenciária.

XVII - Quanto à Administração, por Entidade Aberta de Previdência Complementar, de Plano de Benefício de Regime de Previdência Complementar com Patrocínio da Administração Pública:

(a) Com a reforma previdenciária da EC nº 103, de 2019, passa a ser admitida a administração, por entidade aberta de previdência complementar, de planos de benefícios patrocinados pelos entes federados ou pelas entidades de sua administração indireta, conforme a nova redação dada ao § 15 do art. 40 da Constituição.

(b) Contudo, essa norma do § 15 do art. 40 da Constituição não é autoaplicável em relação às entidades abertas de previdência complementar, possuindo **eficácia limitada**, porque a disciplina da relação destas com a União, os Estados, o Distrito Federal e os Municípios, inclusive suas autarquias, fundações, sociedades de economia mista e empresas controladas direta ou indiretamente, enquanto patrocinadores de planos de benefícios de previdência privada a serem administrados por aquelas entidades, está pendente de regulamentação mediante lei complementar da União. Com efeito, enquanto esta não for editada, apenas as entidades **fechadas** de previdência complementar estão autorizadas a administrar planos de benefícios previdenciários para os aludidos patrocinadores, de acordo com o art. 33 da EC nº 103, de 2019.

XVIII - Quanto à Extinção do Regime Próprio de Previdência Social:

(a) O art. 34 da EC nº 103, de 2019, dispôs sobre alguns requisitos para a hipótese de extinção, por lei do ente federativo, do respectivo regime próprio de previdência social. Essa norma da reforma possui **eficácia plena e aplicabilidade imediata** até que seja editada lei complementar federal sobre normas gerais que discipline o § 22 do art. 40 da Constituição, dispondo, entre outras matérias, sobre os requisitos para a referida extinção e consequente migração para o Regime Geral de Previdência Social.

XIX - Quanto à Aplicação das Normas Constitucionais e Infraconstitucionais Anteriores à Data de Entrada em Vigor da EC nº 103, de 2019:

(a) Com a entrada em vigor da EC nº 103, de 2019, somente os **servidores públi-**

cos federais, vinculados ao RPPS da União, e os segurados do RGPS foram alcançados pela reforma das regras constitucionais de elegibilidade e de cálculo das aposentadorias voluntárias, comum e especial, e das pensões respectivas dos seus dependentes. Além disso, a EC nº 103, de 2019, também estabeleceu novas regras de cálculo das aposentadorias por incapacidade permanente e compulsória, e pensões decorrentes, exclusivamente para os referidos servidores e segurados.

(b) Com efeito, o Poder Constituinte Reformador, na estruturação da EC nº 103, de 2019, restringiu o âmbito de aplicação da **disciplina jurídica de transição** de seus arts. 4º, 5º, 20 e 21, e o das **disposições transitórias** dos arts. 10, 22 e 23, fazendo uma ressalva em relação aos entes federados subnacionais, já que para estes incluiu uma disposição normativa, no texto de todos os referidos artigos, que determina a aplicação das normas constitucionais e infraconstitucionais anteriores à data de entrada em vigor da EC nº 103, de 2019, para efeito de concessão de aposentadorias aos servidores dos Estados, do Distrito Federal e dos Municípios, e de pensão aos seus dependentes, "*enquanto não promovidas alterações na legislação interna relacionada ao respectivo regime próprio de previdência social*".

(c) Assim, a reforma da EC nº 103, de 2019, **manteve em vigor**, ainda que *pro tempore* e apenas em relação aos Estados, DF e Municípios, os dispositivos constitucionais e infraconstitucionais concernentes a regras de elegibilidade e cálculo de aposentadorias e pensões, como estavam redigidos antes da promulgação dessa Emenda, até que sobrevenha a reforma previdenciária dos referidos entes subnacionais.

(d) Não obstante, a aplicação da **legislação federal, estadual, distrital ou municipal em vigor** no dia imediatamente anterior ao de publicação da referida EC nº 103, de 2019, impõe a observância do princípio da supremacia da Constituição Federal, **inclusive da jurisprudência assentada do Supremo Tribunal Federal**, quanto à mencionada matéria, portanto, não pode ir de encontro aos dispositivos da Constituição Federal cuja vigência considera-se mantida em relação aos Estados, Distrito Federal e Municípios.

(e) Neste sentido, por exemplo, os arts. 1º e 2º da Lei Federal nº 10.887, de 2004, na redação vigente na véspera da publicação da EC nº 103, de 2019, continuam a ser aplicados aos Estados, DF e Municípios para fins de cálculo dos proventos de aposentadorias e pensões, respectivamente (salvo em relação à aposentadoria especial dos policiais civis do Distrito Federal e às pensões decorrentes de agressão sofrida no exercício ou em razão da função policial, as quais já contam com disciplina dada pela reforma).

(f) Assim é que a **Súmula Vinculante - SV do STF nº 33 continua aplicável aos Estados, ao Distrito Federal e aos Municípios**, quanto à observância da legislação do Regime Geral de Previdência Social como parâmetro de regulamentação infraconstitucional da aposentadoria especial de que trata o art. 40, § 4º, III, da Constituição Federal (**na redação anterior** à **EC nº 103, de 2019**), até a edição de lei complementar do respectivo ente federativo.

(g) É o caso também da Lei Complementar federal nº 51, de 1985, que continua a reger, na condição de lei federal de normas gerais de abrangência nacional, a aposentadoria especial do servidor policial do Estado (salvo em relação ao policial civil do DF), até que essa matéria seja alterada para o respectivo regime próprio, por meio de lei complementar do ente federativo, nos termos, condições e alcance previstos nos §§ 4º e 4º-B do art. 40 da Constituição, com a redação advinda da reforma da EC nº 103, de 2019.

(h) Para a aposentadoria especial dos servidores com deficiência no âmbito dos regimes próprios de previdência social dos **Estados, do Distrito Federal e dos Municípios**, com base no art. 40, § 4º, I, da Constituição Federal (**na redação anterior** à **EC nº 103, de 2019**), à míngua de lei complementar federal ou, após a promulgação da EC nº 103, de 2019, de lei complementar estadual, distrital ou municipal regulamentadora dessa matéria, permanece a necessidade de impetração de mandado de injunção para viabilizar o exercício desse direito constitucional.

XX - Quanto à Aplicação das Alíquotas de Contribuição Previdenciária para Custeio do RPPS dos Estados, Distrito Federal e Municípios, cobradas dos Servidores Ativos, Aposentados e Pensionistas:

(a) De acordo com a cláusula de vigência do art. 36, II, da EC nº 103, de 2019, a **nova redação** que a reforma conferiu ao art. 149 da Constituição não é aplicável aos Estados, Distrito Federal e Municípios, **enquanto estiver em período de vacância**, **já que depende de referendo destes entes da Federação para o início de sua vigência**, mediante a publicação de lei de iniciativa privativa do respectivo Poder Executivo.

(b) Assim, enquanto não houver o referendo integral da nova redação dada ao art. 149 da CF, por meio de lei estadual, distrital ou municipal, continua a valer para os entes subnacionais a redação do referido artigo anterior à data de entrada em vigor da EC nº 103, de 2019.

(c) Isto significa que, **sem esse referendo mediante lei do ente subnacional, de que trata o inciso II do art. 36 da EC nº 103, de 2019**, os Estados, o Distrito Federal e os Municípios não poderão instituir alíquotas de contribuição para o custeio do RPPS de forma progressiva, nem fazer incidir a contribuição ordinária dos aposentados e pensionistas sobre o valor dos proventos e pensões que superem o salário mínimo, se houver déficit atuarial, pois, em todo o caso, deverá incidir sobre proventos e pensões que superem o limite máximo estabelecido para os benefícios do RGPS, ou que superem o dobro desse limite quando o beneficiário for acometido de doença incapacitante.

(d) Por outro lado, salvo na situação de ausência de deficit atuarial a ser equacionado, os Estados, o Distrito Federal e os Municípios não poderão estabelecer alíquota inferior à da contribuição dos servidores da União, e mesmo naquela hipótese de ausência de deficit a alíquota não poderá ser inferior às alíquotas aplicáveis ao RGPS. É o que dispõe o § **4º do art. 9º da EC nº 103, de 2019**. Esse preceito da reforma tem eficácia plena e aplicabilidade imediata aos regimes próprios de previdência social dos entes federativos.

(e) Deste modo, a vigência da alíquota de contribuição previdenciária de 14%, que será exigida no âmbito do RPPS da União a partir de **1/3/2020**, de acordo com o disposto no *caput* do art. 11 c/c o art. 36, I, da EC nº 103, de 2019, implica, a partir dessa mesma data, para os demais entes da Federação, em regra, o dever de majorar a sua alíquota, quando inferior, ao menos até o referido percentual, por meio de lei, em observância ao que dispõe o § 4º do art. 9º da EC nº 103, de 2019, antes mencionado, sob pena de o respectivo RPPS ser considerado em situação previdenciária irregular, a teor dos arts. 3º e 7º da Lei nº 9.717, de 27.11.1998. Esse dever de majorar a alíquota de contribuição do segurado também se estende à majoração da alíquota do ente, **por meio de lei**, já que a contribuição do ente não poderá ser inferior ao valor da contribuição do segurado nem superior ao dobro desta, consoante o art. 2º da Lei nº 9.717, de 1998.

(f) Com relação à instituição de contribuição extraordinária, por meio de lei, nos termos dos §§ 1º-B e 1º-C do art. 149 da Constituição Federal (objeto de remissão expressa do § **8º do art. 9º da EC nº 103, de 2019**), o certo é que a regulamentação dessa matéria no âmbito dos Estados, Distrito Federal e Municípios somente poderá ser editada quando a alteração de redação dada pela reforma ao art. 149 da Constituição Federal tiver vigência em relação a estes entes subnacionais, isto é, não estiver mais em período de vacância, o que dependerá de publicação de lei estadual, distrital ou municipal que referende integralmente a alteração promovida nesse artigo da Constituição, a teor do que dispõe o inciso II do art. 36 da EC nº 103, de 2019.

(g) Independentemente de haver ou não o aludido referendo, mantém-se o dever do ente federativo subnacional de preservar o equilíbrio financeiro e atuarial do RPPS, sendo responsável, nos termos do art. 2º da Lei nº 9.717, de 1998, pela cobertura de eventuais insuficiências financeiras do respectivo regime próprio, decorrentes do pagamento de benefícios previdenciários. Portanto, no caso de deficit atuarial, deverão ser adotadas medidas para o seu equacionamento, como o plano de amortização com **alíquota suplementar**, a cargo do ente federativo, segregação da massa e aporte de bens, direitos e ativos, entre outras medidas previstas na Portaria MF nº 464, de 19.11.2018.

XXI - Síntese da Categorização das Normas Previdenciárias da EC nº 103, de 2019, Quanto a sua Eficácia e Aplicabilidade em face dos Regimes Próprios de Previdência Social dos Entes Subnacionais:

Acerca da categorização de normas da EC nº 103, de 2019, que empreendemos em face dos **regimes próprios de previdência social dos Estados, DF e Municípios**, podemos apresentar esta síntese, quanto à eficácia e aplicabilidade:

a. **normas de eficácia plena e aplicabilidade imediata:**

1. Em regra, todos os dispositivos da EC nº 103, de 2019, não expressamente ressalvados pelo seu art. 36, incisos I e II, nem indicados nas alíneas b a d seguintes.
2. A competência privativa da União para editar normas gerais sobre inatividades e pensões das polícias militares e corpos de bombeiros militares (inciso XXI do art. 22 da Constituição).
3. O direito à contagem recíproca do tempo de serviço militar e do tempo de contribuição ao RGPS ou RPPS, para fins de inativação militar ou aposentadoria (art. 201, § 9º-A, da Constituição).
4. As normas constitucionais e infraconstitucionais anteriores à data de entrada em vigor da EC nº 103, de 2019, concernentes às regras de elegibilidade e cálculo de aposentadorias e pensões, bem como à regra de concessão de abono de permanência, enquanto não promovidas alterações na legislação interna relacionada ao respectivo regime próprio de previdência social dos Estados, do Distrito Federal e dos Municípios.
5. As regras jurídicas de transição do art. 5º e a disposição transitória do art.10 da EC nº 103, de 2019, para a concessão de aposentadoria especial ao policial civil do Distrito Federal.
6. A pensão por morte do policial civil do Distrito Federal, vitalícia para o cônjuge ou companheiro e equivalente à remuneração do cargo, quando decorrente de agressão sofrida no exercício ou em razão da função (art. 10, § 6º, EC nº 103, de 2019).
7. O abono de permanência do policial civil do Distrito Federal, equivalente ao valor de sua contribuição previdenciária, até que entre em vigor lei federal que regulamente o disposto no § 19 do art. 40 da Constituição (art. 10, § 5º, EC nº 103, de 2019).
8. No âmbito do RPPS da União, a disposição transitória de concessão da aposentadoria por incapacidade permanente para o trabalho do art. 10, § 1º, II, e de cálculo dos proventos conforme o § 4º desse mesmo artigo c/c o art. 26, § 2º, II, e § 3º, II, todos da EC nº 103, de 2019.
9. No âmbito dos Estados, Distrito Federal e Municípios, a aplicação das normas constitucionais e infraconstitucionais que estavam em vigor sobre a concessão e cálculo da "aposentadoria por invalidez permanente", até a edição de lei do respectivo ente federativo.
10. O preceito segundo o qual não só a utilização de tempo de contribuição de cargo público, mas também a de emprego ou função pública, ainda que se trate de tempo de contribuição para o RGPS, acarreta o rompimento do vínculo do agente público com a Administração Pública (art. 37, § 14, da Constituição), com a ressalva expressa da aposentadoria concedida pelo RGPS até a data de entrada em vigor da reforma decorrente da EC nº 103, de 2019 (art. 6º).
11. A restrição determinada pela reforma previdenciária quanto à complementação de aposentadorias de servidores públicos e de pensões por morte a seus dependentes. Essa complementação estará, em regra, **vedada** após a data de entrada em vigor da EC nº 103, de 2019, salvo em relação às complementações relacionadas à instituição do Regime de Previdência Complementar a que se referem os §§ 14 a 16 do art. 40 da Constituição e em relação à prevista em lei que extinga RPPS, a teor do que dispõe o § 15 do art. 37 da Constituição, acrescido pela EC nº 103, de 2019, c/c o art. 7º dessa Emenda.
12. A regra de transição do art. 4º, § 8º, da EC nº 103, de 2019, a respeito da apuração da remuneração do servidor público federal cujos proventos venham a ser calculados pela **totalidade da remuneração**, com fundamento no inciso **I do § 6º do art. 4º** ou no inciso **I do § 2º do art. 20**.
13. O cálculo dos proventos de aposentadoria concedida com fundamento na integralidade, no âmbito do RPPS dos Estados, Distrito Federal e Municípios, mantém-se regido, quanto à apuração da remuneração, pela lei do respectivo ente federativo, em vigor antes da publicação da EC nº 103, de 2019, isto é, de acordo com o que for prescrito como remuneração do cargo efetivo, a título de vencimentos e vantagens pecuniárias permanentes, com o acréscimo de adicionais de caráter individual e vantagens pessoais permanentes, enquanto não promovidas alterações na legislação interna relacionada ao respectivo RPPS.
14. A regra de filiação previdenciária para o servidor que venha a exercer qualquer mandato eletivo, federal, estadual, distrital ou municipal, segundo a qual, o servidor, no exercício de mandato eletivo, "na hipótese de ser segurado de regime próprio de previdência social, permanecerá filiado a esse regime, no ente federativo de origem" (art. 38, V, da Constituição).
15. A concessão de abono de permanência com base nas regras de transição das reformas previdenciárias anteriores das Emendas nº 41, de 2003 (arts. 2º e 6º), e nº 47, de 2005 (art. 3º), enquanto elas não forem extintas para os RPPS dos Estados, Distrito Federal e Municípios mediante lei do respectivo ente que referende integralmente a sua revogação pelo art. 35, incisos III e IV, da EC nº 103, de 2019.
16. A norma que veda a instituição de novos regimes próprios de previdência social (art. 40, § 22, da Constituição).
17. A recepção constitucional, com *status* de lei complementar, da Lei Federal nº 9.717, de 1998, que versa sobre normas gerais para a organização e o funcionamento dos regimes próprios de previdência social dos entes da Federação, e, a par disso, as prescrições acerca desse tema já estabelecidas pelo art. 9º da EC nº 103, de 2019, descritas a seguir, salvo as dos §§ 7º e 8º, até que entre em vigor lei complementar federal que discipline o § 22 do art. 40 da Constituição:

17.1. Modo de comprovação do equilíbrio financeiro e atuarial do regime próprio de previdência social, cuja norma encerra em si o conceito desse equilíbrio.

17.2. Limitação do rol de benefícios do RPPS às aposentadorias e à pensão por morte (os afastamentos por incapacidade temporária para o trabalho e o salário-maternidade não devem ser pagos à conta do RPPS, ficando a cargo do Tesouro dos entes federativos).

17.3. Vedação para o estabelecimento, pelos Estados, Distrito Federal e Municípios, de alíquota inferior à da contribuição dos servidores da União, salvo na situação de ausência de deficit atuarial a ser equacionado, hipótese em que a alíquota não poderá ser inferior às alíquotas aplicáveis ao RGPS.

17.4. Prazo de dois anos da data de entrada em vigor da Emenda oriunda da EC nº 103/2019 para a instituição do regime de previdência complementar na forma dos §§ 14 a 16, e para a adequação do órgão ou entidade gestora único do RPPS ao § 20, todos do art. 40 da Constituição Federal.

17.5. Vedação da moratória/parcelamento de débitos dos entes federativos com seus regimes próprios em prazo superior a sessenta meses, exceto em relação aos parcelamentos previstos na legislação vigente até a data de entrada em vigor da Emenda oriunda da EC nº 103/2019, cuja reabertura ou prorrogação de prazo para adesão não é admitida pelo art. 31 da mesma Emenda.

18. As restrições à acumulação de benefícios previdenciários de que trata o art. 24 da EC nº 103, de 2019, e, no que não for contrário, a recepção das regras sobre acumulação de benefícios previstas na legislação vigente ao tempo de sua publicação.
19. A vedação de incorporação de vantagens de caráter temporário ou vinculadas ao exercício de função de confiança ou de cargo em comissão à remuneração do cargo efetivo, constante do § 9º do art. 39 da Constituição.
20. Nos termos do art 14 da EC nº 103, de 2019, a vedação de adesão de novos segurados e de instituição de novos regimes de previdência aplicáveis a titulares de mandato eletivo; a opção de retirada desses regimes no prazo de cento e oitenta dias, contado da data de entrada em vigor dessa reforma; a contagem recíproca do tempo de contribuição vertido para tal regime previdenciário, caso o segurado exerça a referida opção; a preservação dos direitos adquiridos em relação às pensões e aposentadorias de titulares de mandato eletivo cujos requisitos tenham sido cumpridos até a entrada em vigor da EC nº 103, de 2019.
21. A exclusão da possibilidade de aplicação, como sanção administrativa, da **pena de aposentadoria compulsória** de magistrados e membros do ministério público dos Estados, com direito a proventos proporcionais ao tempo de serviço, com

a alteração dos arts. 93, VIII, 103-B, § 4º, III, e art. 130-A, § 2º, III, da Constituição, na parte em que previa tal prestação previdenciária.

22. Os requisitos previstos no art. 34 da EC nº 103, de 2019, para a hipótese de extinção, por lei do ente federativo, do respectivo regime próprio de previdência social, até que seja editada lei complementar federal sobre normas gerais que discipline o § 22 do art. 40 da Constituição, dispondo, entre outras matérias, sobre os requisitos para a referida extinção e consequente migração para o Regime Geral de Previdência Social.

23. Salvo na situação de ausência de deficit atuarial a ser equacionado, os Estados, o Distrito Federal e os Municípios não poderão estabelecer alíquota inferior à da contribuição dos servidores da União, e mesmo naquela hipótese de ausência de deficit a alíquota não poderá ser inferior às alíquotas aplicáveis ao RGPS. É o que dispõe o **§ 4º do art. 9º da EC nº 103, de 2019**.

24. A norma de vigência da alíquota de contribuição previdenciária de 14%, que será exigida no âmbito do RPPS da União a partir de **1/3/2020**, de acordo com o disposto no *caput* do art. 11 c/c o art. 36, I, da EC nº 103, de 2019, implica, a partir dessa mesma data, para os demais entes da Federação, em regra, o dever de majorar a sua alíquota, quando inferior, ao menos até o referido percentual, **por meio de lei**, em observância ao que dispõe o § 4º do art. 9º da EC nº 103, de 2019, sob pena de o respectivo RPPS ser considerado em situação previdenciária irregular, a teor dos arts. 3º e 7º da Lei nº 9.717, de 1998. Esse dever de majorar a alíquota de contribuição do segurado também se estende à majoração da alíquota do ente, **por meio de lei**, já que a contribuição do ente não poderá ser inferior ao valor da contribuição do segurado nem superior ao dobro desta, consoante o art. 2º da Lei nº 9.717, de 1998.

b. **normas de eficácia contida e aplicabilidade imediata:**

1. A norma de concessão do abono de permanência de que trata o § 19 do art. 40 da Constituição, já que o legislador dos Estados, do Distrito Federal e dos Municípios pode restringir-lhe o alcance, estabelecendo critérios que possam importar em redução de seu valor ou até mesmo em sua supressão.

c. **normas de eficácia limitada, não autoaplicável, e dependente de complementação legislativa (aplicabilidade diferida):**

1. A norma constitucional permanente de concessão de aposentadoria voluntária comum (inciso III do § 1º do art. 40 da Constituição).

2. As normas constitucionais permanentes sobre aposentadorias voluntárias especiais (art. 40, §§ 4, 4º-A, 4º-B, 4º-C e 5º, da Constituição).

3. A regra de concessão da pensão por morte ao dependente do servidor público civil (§ 7º do art. 40 da Constituição).

4. O tratamento diferenciado para a hipótese de concessão de pensão por morte decorrente de agressão sofrida no exercício ou em razão da função, para o servidor policial, agente penitenciário ou socioeducativo.

5. O cálculo dos proventos a que se refere o § 3º do art. 40 da Constituição.

6. A compensação financeira entre as receitas de contribuição referente aos militares e as receitas de contribuição aos demais regimes.

7. A aposentadoria por incapacidade permanente para o trabalho, com exigência de avaliações periódicas para verificação da continuidade das condições que ensejaram a concessão, bem como a condição de o servidor ser insuscetível de readaptação (inciso I do § 1º do art. 40 da Constituição).

8. As diretivas que visam a orientar a atividade legislativa futura da União, com caráter prospectivo, acerca do objeto da lei complementar federal que deverá dispor sobre normas gerais de organização, de funcionamento e de responsabilidade na gestão dos RPPS (art. 40, § 22, da Constituição).

9. A aplicação de recursos do RPPS na concessão de empréstimos com consignação em folha de pagamento dos segurados (§ 7º do art. 9º da EC nº 103, de 2019), que depende de norma integradora de sua eficácia a ser expedida pelo Conselho Monetário Nacional – CMN.

10. A instituição de contribuição extraordinária, por meio de lei, nos termos dos §§ 1º-B e 1º-C do art. 149 da Constituição Federal (objeto de remissão expressa do § **8º do art. 9º da EC nº 103, de 2019**), cuja regulamentação no âmbito dos Estados, Distrito Federal e Municípios somente poderá ser editada quando a alteração de redação dada pela reforma ao art. 149 da Constituição Federal tiver vigência em relação a estes entes subnacionais, isto é, não estiver mais em período de vacância, o que dependerá de publicação de lei estadual, distrital ou municipal que referende integralmente a alteração promovida nesse artigo da Constituição, a teor do que dispõe o inciso II do art. 36 da EC nº 103, de 2019.

11. A possibilidade de alteração tanto das normas constitucionais de acumulação previstas no art. 24 da EC nº 103, de 2019, quanto da legislação infraconstitucional recepcionada, a teor do § 5º desse artigo, a qual depende de complementação legislativa, na forma de lei complementar nacional sobre vedações, regras e condições para a acumulação de benefícios previdenciários no Regime Geral de Previdência Social, cuja aplicação deverá ser estendida aos regimes próprios de previdência social, nos termos do § 6º do art. 40 da Constituição.

12. A disciplina jurídica de transição para os regimes de titulares de mandato eletivo que porventura existam atualmente nos Estados, no Distrito Federal ou nos Municípios, no caso de opção de permanência em tais regimes, que por força constitucional passam a ser em extinção (art. 14, § 5º, da EC nº 103, de 2019).

13. A administração, por entidade aberta de previdência complementar, de planos de benefícios patrocinados pelos entes federados, inclusive suas autarquias, fundações, sociedades de economia mista e empresas controladas direta ou indiretamente, conforme a nova redação conferida pela EC nº 103, de 2019, ao § 15 do art. 40 da Constituição, que depende de regulamentação mediante lei complementar da União.

d. **normas com período de vacância:**

1. Os arts. 11, 28 e 32 da EC nº 103, de 2019, que tratam das alíquotas de contribuição do RPPS da União e do RGPS, bem como da alíquota de contribuição prevista na Lei nº 7.689, de 1988, levando em consideração o período de anterioridade tributária (nonagesimal), entram em vigor a partir do primeiro dia do quarto mês subsequente ao da data de publicação dessa Emenda, conforme o inciso I do art. 36 da EC nº 103, de 2019.

2. A alteração de redação dada pela reforma ao art. 149 da Constituição Federal e a cláusula de revogação contida na alínea a do inciso I e nos incisos III e IV do art. 35 da EC nº 103, de 2019, não têm aplicabilidade constitucional para os Estados, o Distrito Federal e os Municípios enquanto estiverem em período de vacância, já que dependem de referendo para o início de sua vigência, mediante a publicação de lei de iniciativa privativa do respectivo Poder Executivo destes entes da Federação, conforme o II do art. 36 da referida Emenda.

3. A possibilidade de instituir alíquotas de contribuição para o custeio do RPPS de forma progressiva, e de fazer incidir contribuição ordinária dos aposentados e pensionistas sobre o valor dos proventos e pensões que superem o salário mínimo, se houver déficit atuarial, as quais necessitam de referendo mediante lei do ente subnacional, de que trata o inciso II do art. 36 da EC nº 103, de 2019, para a nova redação conferida pela reforma ao art. 149 da Constituição.

Brasília, 22 de novembro de 2019.

PORTARIA ME/SED/SG Nº 4.645, DE 24 DE MAIO DE 2022

DOU 25/5/2022

Dispõe sobre os procedimentos e orienta os órgãos e entidades integrantes do Sistema de Pessoal Civil da Administração Federal (Sipec) acerca da concessão e manutenção dos benefícios de pensão por morte de que tratam a Lei nº 8.112, de 11 de dezembro de 1990, e a Lei nº 3.373, de 12 de março de 1958.

O SECRETÁRIO DE GESTÃO E DESEMPENHO DE PESSOAL DA SECRETARIA ESPECIAL DE DESBUROCRATIZAÇÃO, GESTÃO E GOVERNO DIGITAL DO MINISTÉRIO DA ECONOMIA, no uso das atribuições que lhe conferem os incisos II e III do art. 138, do Anexo I ao Decreto nº 9.745, de 8 de abril de 2019, tendo em vista o disposto nos arts. 23 e 24 da Emenda Constitucional nº 103, de 12 de novembro de 2019, na Lei nº 3.373, de 12 de março de 1958, na Lei nº 6.782, de 19 de maio de 1980, nos arts. 215 a 225 da Lei nº 8.112, de 11 de dezembro de 1990, na Lei nº 10.887, de 18 de junho de 2004, no art. 6º, incisos I a II, do Decreto nº 10.139, de 28 no novembro de 2019, no PARECER nº 00001/2020/CNASP/CGU/AGU da Câmara Nacional de Assuntos de Servidor Público da Advocacia-Geral da União, no Parecer SEI nº 3867/2022/ME, PARECER SEI Nº 2504/2022/ME e DESPACHO Nº 3/2022/

CAP/PGACPET/PGFN-ME, da Coordenação-Geral de Assuntos Previdenciários da Procuradoria-Geral da Fazenda Nacional e no Acórdão nº 2.175/2020 - Plenário do Tribunal de Contas da União, resolve:

Art. 1º Esta Portaria dispõe e orienta os órgãos e entidades integrantes do Sistema de Pessoal Civil da Administração Federal (Sipec) acerca dos procedimentos administrativos necessários à concessão e manutenção dos benefícios de pensão por morte assegurado pelas seguintes legislações:

I - Lei nº 8.112, de 11 de dezembro 1990, cujo óbito tenha ocorrido após 11 de dezembro de 1990; e

II - Lei nº 3.373, de 12 de março de 1958, combinada com a Lei nº 6.782, de 19 de maio de 1980, observados os artigos 161 e 256 da Lei nº 1.711, de 28 de outubro de 1952, cujo óbito tenha ocorrido até 11 de dezembro de 1990, data imediatamente anterior à da publicação da Lei nº 8.112, de 11 de dezembro de 1990.

TÍTULO I PENSÃO DE QUE TRATA A LEI Nº 8.112, DE 1990

CAPÍTULO I REQUISITOS PARA A INSTITUIÇÃO DA PENSÃO

Art. 2º Por morte do servidor titular de cargo efetivo da administração direta, autárquica e fundacional ou aposentado, os seus dependentes fazem jus à pensão por morte, nas hipóteses legais, observados os limites estabelecidos no inciso XI do art. 37 da Constituição Federal, no art. 2º da Lei nº 10.887, de 18 de junho de 2004 e nos arts. 23 e 24 da Emenda Constitucional nº 103, de 12 de novembro de 2019.

Parágrafo único. Para a instituição do benefício da pensão de que trata o caput faz-se necessário que, na data do óbito, o servidor titular de cargo efetivo tenha vinculação ativa no Regime Próprio de Previdência Social da União, por meio do recolhimento da Contribuição para o Plano de Seguridade Social do Servidor (CPSS), nos termos de ato normativo editado pela Secretaria da Receita Federal do Brasil que trate da CPSS, ou que seja beneficiário de aposentadoria.

CAPÍTULO II BENEFICIÁRIOS DE PENSÃO

Art. 3º São beneficiários de pensão:

I - o cônjuge;

II - o cônjuge divorciado ou separado judicialmente ou de fato, com percepção de pensão alimentícia estabelecida por decisão judicial ou por escritura pública;

III - o cônjuge divorciado ou separado judicialmente ou de fato, que tenha renunciado aos alimentos no momento do divórcio ou separação, que comprove superveniente dependência econômica do servidor ou aposentado;

IV - o companheiro ou a companheira que comprove união estável como entidade familiar;

V - o ex-companheiro ou a ex-companheira com percepção de pensão alimentícia estabelecida judicialmente ou por escritura pública, e aquele que renunciou aos alimentos na dissolução judicial ou extrajudicial da união estável, que comprove superveniente dependência econômica do servidor ou aposentado;

VI - o filho de qualquer condição que atenda a um dos seguintes requisitos:

a) seja menor de vinte e um anos de idade;

b) seja inválido;

c) tenha deficiência grave; ou

d) tenha deficiência intelectual ou mental.

VII - o enteado e o menor tutelado equiparados a filho por declaração do servidor ou do aposentado que atenda a um dos requisitos previstos no inciso VI, e comprove dependência econômica nos termos desta Portaria;

VIII - a mãe e o pai do servidor ou do aposentado que comprovem dependência econômica, nos termos desta Portaria; e

IX - o irmão de qualquer condição que comprove dependência econômica e atenda a um dos requisitos previstos no inciso VI.

§ 1º A concessão de pensão aos beneficiários de que tratam os incisos I a VII do caput exclui a possibilidade de concessão aos beneficiários referidos nos incisos VIII e IX.

§ 2º A concessão de pensão aos beneficiários de que trata o inciso VIII do caput exclui a possibilidade de concessão ao beneficiário referido no inciso IX.

§ 3º Entende-se por menor tutelado, para fins desta Portaria, o menor sobre o qual o servidor ou aposentado detém a responsabilidade de proteger e administrar os bens, representando-o ou assistindo-o em todos os atos da vida civil, exercendo necessariamente o dever de guarda.

Art. 4º Para fins de concessão de pensão, a comprovação da invalidez será obrigatoriamente realizada mediante avaliação pericial e a avaliação da deficiência intelectual ou mental será biopsicossocial, realizada por equipe multiprofissional e interdisciplinar.

Parágrafo único. O diagnóstico da invalidez, da deficiência grave, da deficiência intelectual ou mental e o reconhecimento da dependência econômica devem estar caracterizados em momento anterior à data do óbito do servidor ou do aposentado.

Art. 5º É vedada a concessão do benefício de pensão por morte de forma concomitante à cônjuge e companheiro ou companheira, sendo concedido o benefício ao cônjuge quando houver habilitação simultânea dos dois beneficiários.

§ 1º A concessão do benefício de pensão por morte ao companheiro ou companheira de que trata o caput, somente poderá ocorrer quando houver decisão judicial reconhecendo a união estável e a separação de fato.

§ 2º Considera-se união estável aquela configurada na convivência pública, contínua e duradoura entre pessoas, estabelecida com intenção de constituição de família, observado o disposto no § 3º do art. 226 da Constituição Federal e no § 1º do art. 1.723, da Lei nº 10.406, de 10 de janeiro de 2002 - Código Civil, desde que comprovado o vínculo na forma estabelecida nesta Portaria.

CAPÍTULO III INÍCIO DO EFEITO FINANCEIRO DA PENSÃO

Art. 6º Nos casos de fatos geradores ocorridos a partir de 18 de janeiro de 2019, data da publicação da Medida Provisória nº 871, de 18 de janeiro de 2019, convertida na Lei nº 13.846, de 18 de junho de 2019, a pensão por morte será devida ao conjunto dos dependentes do servidor ou do aposentado que falecer, a contar da data:

I - do óbito, quando requerida em até cento e oitenta dias após o óbito, para os filhos menores de dezesseis anos, ou em até noventa dias após o óbito, para os demais dependentes;

II - do requerimento, quando requerida após o prazo previsto no inciso I; ou

III - da decisão judicial ou administrativa, na hipótese de morte presumida.

Parágrafo único. Para os fatos geradores ocorridos até 17 de janeiro de 2019 aplicam-se os prazos vigentes à época do óbito.

CAPÍTULO IV REQUERIMENTO DO BENEFÍCIO DE PENSÃO

Art. 7º Os dependentes deverão apresentar requerimento de pensão, por meio digital ou físico, conforme disciplinado pelo órgão do Sipec, nos moldes do Anexo I desta Portaria, acompanhado, quando for o caso, de cópia dos seguintes documentos comprobatórios:

I - Documentos de apresentação comum para todos os dependentes:

a) Carteira de identidade ou registro geral (RG) com foto do beneficiário;

b) certidão de óbito do servidor ou aposentado;

c) número de inscrição no cadastro de pessoa física - CPF do beneficiário;

d) dados bancários do beneficiário, contendo nome/número do banco, agência e conta-salário; e

e) declaração de acumulação de aposentadoria e pensão, nos termos do Anexo II desta Portaria;

II - Documentos específicos, conforme o dependente:

a) cônjuge: certidão de casamento civil ou religioso com efeitos civis emitida após a da data do óbito do servidor ou aposentado.

b) filhos:

1. certidão de nascimento ou carteira de identidade; e 2. declaração - filho, enteado, menor tutelado e irmão, conforme Anexo III.

c) companheira ou companheiro:

1. certidão de nascimento do servidor ou do aposentado falecido emitida após a data do óbito, quando esse for solteiro ou solteira;

2. certidão de nascimento do requerente emitida após a data do óbito do servidor ou aposentado, quando o companheiro ou a companheira forem, respectivamente, solteiro ou solteira;

3. certidão de casamento civil ou religioso com efeitos civis emitida após a data de óbito do servidor ou aposentado, com averbação da separação judicial ou do divórcio, quando um dos companheiros(as) ou ambos(as) já tiverem sido casados; ou certidão de óbito, quando um dos companheiros ou ambos forem viúvos; e

4. comprovação de união estável, nos termos desta Portaria.

d) cônjuge divorciado ou separado judicialmente ou de fato, ou excompanheiro ou ex-companheira separado judicial ou extrajudicialmente:

1. certidão de casamento civil ou religioso com efeitos civis emitida após a data de óbito do servidor ou aposentado, com averbação da separação judicial ou divórcio;

2. decisão judicial ou escritura pública que fixe o pagamento de pensão alimentícia em favor do requerente; e

3. comprovação de dependência econômica em relação ao servidor ou aposentado para aqueles que renunciaram aos alimentos na dissolução judicial ou extrajudicial do casamento ou da união estável, ou que estabeleceram pensão alimentícia extrajudicialmente (escritura pública), nos termos desta Portaria.

e) Enteado e o menor tutelado equiparados a filho:

1. certidão de casamento civil ou religioso com efeitos civis atualizada do servidor ou aposentado com o genitor ou genitora do enteado, emitida após a data do óbito; ou 2. comprovação de união estável do servidor ou aposentado com o genitor ou genitora do enteado;

3. certidão de nascimento ou carteira de identidade do enteado ou equiparado;

4. declaração firmada pelo servidor de existência de dependência econômica do enteado e do menor tutelado para com ele, conforme Anexo IV;

5. declaração - filho, enteado, menor tutelado e irmão, conforme Anexo III;

6. comprovação de dependência econômica do enteado ou o menor tutelado com o servidor ou aposentado falecido, nos termos desta Portaria; e

7. certidão judicial de tutela, em se tratando de menor tutelado.

f) pais:

1. documento oficial do requerente, que comprove a relação de parentesco com o instituidor; e

2. comprovação de dependência econômica, nos termos desta Portaria.

g) irmão:

1. documento oficial do requerente, que comprove a relação de parentesco com o instituidor;

2. comprovação de dependência econômica, nos termos desta Portaria; e

3. declaração - filho, enteado, menor tutelado e irmão, conforme Anexo III;

h) filho, enteado ou irmão inválido ou deficiente:

1. documento oficial do requerente, que comprove a relação de parentesco com o instituidor;

2. declaração - filho, enteado, menor tutelado e irmão, conforme Anexo III; e

3. laudo pericial emitido por junta oficial que ateste a invalidez e sua preexistência em data anterior ao óbito do servidor ou aposentado; ou

4. laudo pericial, emitido por perícia singular ou junta oficial em saúde, por meio de instrumento específico para avaliação biopsicossocial da pessoa com deficiência, que ateste a deficiência intelectual, mental ou grave e sua preexistência em data anterior ao óbito do servidor ou aposentado;

§ 1º Nos casos em que a qualidade de dependente for reconhecida judicialmente deverá ser apresentada a decisão judicial.

§ 2º No caso de requerimento realizado por Procurador deverá ser apresentado, além dos documentos exigidos do beneficiário, o instrumento de mandato, público ou particular, este último, preferencialmente, nos moldes do Anexo V, devidamente acompanhado da cópia do seu documento de identificação com foto.

§ 3º Para os maiores de dezesseis anos é necessária a apresentação de pelo menos um documento oficial de identificação com foto.

§ 4º A documentação mencionada nos incisos do caput somente será exigida quando não constar do assentamento funcional do servidor ou do aposentado, podendo a Administração, a qualquer tempo, requerer a apresentação de novos documentos que julgar necessários para a avaliação da concessão do benefício.

CAPÍTULO V
COMPROVAÇÃO DA UNIÃO ESTÁVEL E DEPENDÊNCIA ECONÔMICA

Art. 8º Nas hipóteses em que houver a necessidade de comprovação da união estável e da dependência econômica para fins de concessão de pensão, a Unidade de Gestão de Pessoas competente para a prática do ato promoverá a análise do caso concreto, por meio probatório idôneo e capaz de atestar a veracidade da situação familiar e econômica do eventual beneficiário de pensão em relação ao servidor ou aposentado.

§ 1º A dependência econômica tem por objetivo assegurar ao beneficiário a percepção do montante mínimo necessário para proporcionar uma sobrevivência condigna, não lhe sendo garantida a manutenção do padrão de vida existente antes da instituição da pensão.

§ 2º A percepção de renda ou de benefício previdenciário por parte do dependente, por si só, não é suficiente para descaracterizar a dependência econômica, devendo ser consideradas as peculiaridades do caso concreto.

Art. 9º Para fins das comprovações de que trata o caput do art. 8º deverão ser apresentados no mínimo dois dos seguintes documentos:

I - certidão de nascimento de filho havido em comum;

II - certidão de casamento religioso;

III - declaração de união estável registrada em cartório;

IV - sentença judicial de reconhecimento de união estável;

V - declaração de imposto de renda do servidor ou aposentado, em que conste o interessado como seu dependente;

VI - prova de residência no mesmo domicílio;

VII - registro em associação de qualquer natureza, no qual conste o nome do interessado como dependente do servidor;

VIII - apólice de seguro de vida no qual conste o servidor como titular do seguro e a pessoa interessada como sua beneficiária;

IX - ficha de tratamento em instituição de assistência médica, da qual conste o servidor como responsável;

X - escritura de compra e venda de imóvel pelo servidor em nome do dependente;

XI - disposições testamentárias;

XII - declaração especial feita perante tabelião;

XIII - prova de encargos domésticos evidentes e existência de sociedade ou comunhão nos atos da vida civil;

XIV - procuração ou fiança reciprocamente outorgada;

XV - conta bancária conjunta;

XVI - anotação constante de ficha ou livro de registro de empregados; e

XVII - quaisquer outros que possam levar à comprovação do fato ou da situação.

§ 1º O auxílio financeiro ou quaisquer outros meios de subsistência material custeada pelo instituidor não constitui meio de comprovação de dependência econômica.

§ 2º As provas de união estável e de dependência econômica exigem início de prova material contemporânea dos fatos, produzido em período não superior a 24 (vinte e quatro) meses anterior à data do óbito, não sendo admitida a prova exclusivamente testemunhal, exceto na ocorrência de motivo de caso fortuito e/ou força maior.

§ 3º Caso não esteja caracterizada a dependência econômica, a Unidade de Gestão de Pessoas responsável pela análise do pedido de pensão poderá requerer a apresentação de outros documentos constantes além daqueles previstos no caput.

Art. 10. O cônjuge, o companheiro ou companheira, o ex-cônjuge ou excompanheiro ou ex-companheira com pensão alimentícia fixada judicialmente possuem presunção absoluta de dependência econômica.

Art. 11. Possuem presunção relativa de dependência econômica:

I - o ex-cônjuge e o ex-companheiro ou ex-companheira:

a) que renunciou a alimentos no divórcio, na separação judicial, ou na dissolução da união estável; ou

b) separado de fato;

II - o separado, o divorciado, o ex-companheiro ou ex-companheira que perceba pensão alimentícia extrajudicialmente, mediante escritura pública;

III - o enteado, o menor tutelado, o irmão, a mãe e o pai; ou

IV - o filho de até vinte e um anos ou inválido, deficiente grave, intelectual ou mental.

§ 1º Os dependentes que possuem presunção relativa de dependência econômica deverão comprová-la quando do requerimento do benefício de pensão, à exceção do filho com até vinte e um anos de idade ou inválido, deficiente grave, intelectual ou mental, enquanto durar a invalidez ou a deficiência, cujo ônus de descaracterizar a dependência econômica em relação ao servidor ou aposentado, caso este perceba qualquer tipo de renda, é da própria Administração.

§ 2º O exercício de atividade remunerada, inclusive na condição de microempreendedor individual, não impede a concessão ou manutenção da cota da pensão de dependente com deficiência intelectual ou mental ou com deficiência grave.

CAPÍTULO VI
CÁLCULO E REAJUSTE

SEÇÃO I
REGRAS PARA O CÁLCULO DA PENSÃO CUJO ÓBITO OCORREU ENTRE 20 DE FEVEREIRO DE 2004 E 12 DE NOVEMBRO DE 2019 - DIA ANTERIOR À PUBLICAÇÃO DA EC Nº 103/2019

Art. 12. A pensão por morte, nos casos de fatos geradores ocorridos entre 20 de fevereiro de 2004 e 12 de novembro de 2019, data anterior à publicação da Emenda Constitucional nº 103, de 2019, corresponderá à totalidade:

I - dos proventos percebidos pelo aposentado na data anterior ao do óbito, até o limite máximo estabelecido para os benefícios do Regime Geral de Previdência Social - RGPS, acrescido de setenta por cento da parcela excedente a esse limite; ou

II - da remuneração percebida pelo servidor público no cargo efetivo na data anterior ao óbito, até o limite máximo estabelecido para os benefícios do RGPS, acrescida de setenta por cento da parcela excedente a esse limite, se o falecimento ocorrer quando o servidor ainda estava em atividade.

§ 1º Entende-se por remuneração do cargo do servidor, para fins desta Portaria, o subsídio ou o vencimento básico acrescido das vantagens pecuniárias permanentes estabelecidas em lei e das vantagens de caráter pessoal permanentes, percebidas pelo servidor.

§ 2º Consideram-se proventos a designação técnica dos valores pecuniários recebidos pelo servidor aposentado, que serão calculados ou tendo por base a remuneração do respetivo servidor no cargo efetivo em que se deu a aposentadoria, na forma como disciplinar a lei que instituiu cada benefício, e das vantagens de caráter pessoal permanentes, ou pela média aritmética simples, de acordo com o estabelecido no art. 1º da Lei nº 10.887, de 2004.

§ 3º Somente integrarão a base de cálculo de que tratam os §§ 1º e 2º, os valores ou vantagens incorporadas por decisão judicial, de natureza geral ou individual, ainda que decorrentes de sentença judicial transitada em julgado, se decorrentes de vantagens remuneratórias.

§ 4º Em caso de dúvidas quanto a incorporação a que se refere o § 3º, as unidades de gestão de pessoas deverão consultar as unidades de assessoramento jurídico.

§ 5º O valor da pensão não poderá exceder o valor da remuneração do cargo efetivo ou dos proventos que serviu de base para a sua concessão, nos termos do parágrafo único do art. 2º da Lei nº 10.887, de 2004.

§ 6º Na hipótese de cálculo de pensão oriunda de falecimento do servidor na atividade, é vedada a inclusão de parcelas remuneratórias pagas em decorrência de local de trabalho, de função de confiança, de cargo em comissão, de outras parcelas de natureza temporária, ou do abono de permanência, bem como a previsão de incorporação de tais parcelas diretamente no valor da pensão ou na remuneração.

§ 7º Em caso de falecimento de servidor em exercício de cargos acumuláveis ou que acumulava proventos ou remuneração com proventos decorrentes de cargos acumuláveis, o cálculo da pensão será feito individualmente, por cargo ou provento, na forma do caput.

Art. 13. As pensões amparadas pelo parágrafo único do art. 3º da Emenda Constitucional nº 47, de 2005, e no art. 6-A da Emenda Constitucional 41, de 19 de dezembro de 2003, não possuem direito à integralidade, aplicando-se lhes o disposto no art. 12.

Art. 14. Para o cálculo da pensão de que trata o art. 12, será utilizada como referência a remuneração do servidor no cargo efetivo na data anterior à do óbito do servidor ainda em atividade conforme art. 2º, II da Lei nº 10.887, de 2004, mesmo que proporcionalizada em face de redução da jornada de trabalho, ou do provento, quando se tratar de aposentado.

Art. 15. As pensões instituídas por servidor ou aposentado que se encontrava submetidos ao Regime de Previdência Complementar de que trata a Lei nº 12.618, de 30 de abril de 2012, no momento do óbito, deverão ser limitadas ao valor máximo estabelecido para os benefícios do Regime Geral de Previdência Social - RGPS.

SEÇÃO II
REGRAS PARA O REAJUSTE DA PENSÃO CUJO ÓBITO OCORREU ENTRE 20 DE FEVEREIRO DE 2004 E 12 DE NOVEMBRO DE 2019 - DIA ANTERIOR À PUBLICAÇÃO DA EC Nº 103/2019.

Art. 16. As pensões de que tratam o art. 12 serão reajustadas nos mesmos índices e datas aplicáveis aos benefícios do Regime Geral de Previdência Social - RGPS, exceto as pensões amparadas pelo parágrafo único do art. 3º da Emenda Constitucional nº 47, de 5 de julho de 2005, e pelo art. 6-A da Emenda Constitucional 41, de 19 de dezembro de 2003, que se aplicará a direito à paridade com os servidores em atividade.

§ 1º No cálculo da revisão pela paridade das pensões amparadas pelo parágrafo único do art. 3º da Emenda Constitucional nº 47, de 5 de julho de 2005, e pelo art. 6º-A da Emenda Constitucional nº 41, de 19 de dezembro de 2003, o redutor previsto no art. 40, § 7º, incisos I e II, da Constituição Federal e no art. 2º, incisos I e II da Lei nº 10.887, de 2004, será recalculado sempre que houver reajuste nos benefícios do Regime Geral de Previdência Social ou na remuneração do cargo do instituidor da pensão, incluindo parcelas remuneratórias criadas após a concessão da pensão que sejam extensíveis aos pensionistas.

§ 2º Por paridade entende-se a revisão na mesma proporção e na mesma data, sempre que se modificar a remuneração dos servidores em atividade, sendo também estendidos aos pensionistas quaisquer benefícios ou vantagens posteriormente concedidas aos servidores em atividade, inclusive quando decorrentes da transformação ou reclassificação do cargo ou função que serviu de referência para a concessão da pensão, na forma da lei.

§ 3º Os benefícios e vantagens a que se referem o parágrafo anterior não serão extensíveis aos pensionistas de forma automática, devendo ter característica de generalidade, isto é, são aplicáveis indistintamente aos servidores ativos, independentemente do efetivo exercício de alguma atividade especial ou outra circunstância pessoal.

SEÇÃO III
REGRAS PARA O CÁLCULO DA PENSÃO CUJO ÓBITO OCORREU A PARTIR DE 13 DE NOVEMBRO DE 2019 - DATA DA PUBLICAÇÃO DA EC Nº 103/2019

Art. 17. A pensão por morte, conferida ao conjunto de dependentes do servidor ou aposentado falecido a partir de 13 de novembro de 2019, data da publicação da

Emenda Constitucional nº 103, de 2019, será calculada observando-se as seguintes regras.

Regra geral

Art. 18. A pensão por morte será equivalente a uma cota familiar de 50% (cinquenta por cento) da base de cálculo, acrescida de cotas de dez pontos percentuais da base de cálculo por dependente, até o máximo de cem por cento do valor do benefício do instituidor.

§ 1º A base de cálculo a que se refere o caput corresponderá:

I - na hipótese de óbito do aposentado, a totalidade dos proventos na data do óbito; e

II - na hipótese de óbito do servidor, ao valor a que teria direito se fosse aposentado por incapacidade permanente para o trabalho na data do óbito, exceto na hipótese constante no § 5º, II deste artigo.

§ 2º Para o cálculo dos proventos de aposentadoria por incapacidade permanente, inicialmente, será realizada a média aritmética simples dos salários de contribuição e das remunerações adotados como base para contribuições a regime próprio de previdência social e ao Regime Geral de Previdência Social, ou como base para contribuições decorrentes das atividades militares de que tratam os arts. 42 e 142 da Constituição Federal, atualizados monetariamente, correspondentes a cem por cento do período contributivo desde a competência julho de 1994 ou desde o início da contribuição, se posterior àquela competência.

§ 3º Exceto na hipótese constante no § 5º, I deste artigo, o valor da média será multiplicado pelo percentual constante no Anexo VII, que tem como referência o tempo de contribuição do servidor aos regimes de previdência a que se encontrou vinculado ou as contribuições decorrentes das atividades militares.

§ 4º Para os servidores submetidos ao Regime de Previdência Complementar de que trata a Lei nº 12.618, de 30 de abril de 2012, a média a que se refere o § 2º deste artigo será limitada ao valor máximo do salário de contribuição do Regime Geral de Previdência Social.

§ 5º No caso de servidor ativo cujo óbito seja decorrente de acidente de trabalho, doença profissional ou do trabalho, ou que tenha cumprido os requisitos para aposentadoria voluntária:

I - quando decorrente de acidente de trabalho, doença profissional ou do trabalho, a base de cálculo corresponderá a cem por cento da média aritmética simples das remunerações e dos salários de contribuição, adotados como base para contribuições aos regimes de previdência social, ou como base para contribuições decorrentes das atividades militares de que tratam os arts. 42 e 142 da Constituição Federal, correspondentes a cem por cento de todo o período contributivo, desde a competência julho de 1994 ou desde a competência do início da contribuição, se posterior àquela competência; ou

II - quando o servidor tiver adquirido direito à aposentadoria voluntária, mas optar em permanecer em atividade, a base de cálculo corresponderá ao valor do provento a que faria jus se estivesse aposentado voluntariamente.

Art. 19. Para a pensão cujo óbito tenha ocorrido a partir de 13 de novembro de 2019, data de publicação da Emenda Constitucional nº 103, de 2019, as cotas por dependente a que se refere o art. 18 desta Portaria, cessarão com a perda dessa qualidade e não serão reversíveis aos demais dependentes, preservado o valor de cem por cento da pensão por morte quando o número de dependentes remanescentes for igual ou superior a cinco.

Art. 20. O benefício de pensão por morte poderá ser inferior ao valor do salário-mínimo enquanto não for regulamentada a disposição contida no § 7º do art. 40 da Constitucional Federal.

§ 1º Não se aplica o disposto no caput quando:

I - a pensão for a única renda formal auferida pelo dependente (art. 201, § 2º, CF de 1988); ou

II - existir dependente inválido ou com deficiência intelectual, mental ou grave (art. 23, § 2º, EC nº 103, de 2019).

§ 2º Considera-se renda formal a que se refere o inciso I do parágrafo anterior, o somatório dos rendimentos recebidos mensalmente, constantes de sistema integrado de dados relativos a beneficiários de regimes de previdência, de militares, de programas de assistência social, ou de prestações indenizatórias, a ser instituído pelo Ministério do Trabalho e Emprego, igual ou superior a um salário-mínimo.

§ 3º Enquanto não instituído o sistema de que trata o parágrafo anterior, as Unidade de Gestão de Pessoas considerar-se-ão os rendimentos mensais constantes do Cadastro Nacional de Informações Sociais - CNIS.

Regra aplicável quando houver dependente inválido ou com deficiência intelectual, mental ou grave.

Art. 21. Na existência de dependente inválido ou com deficiência intelectual, mental ou grave, a pensão corresponderá à:

I - cem por cento da aposentadoria recebida pelo servidor aposentado ou daquela a que teria direito se fosse aposentado por incapacidade permanente na data do óbito, calculada nos termos dos §§ 1º, 2º, 3º, 4º e 5º do art. 18, até o limite máximo de benefícios do Regime Geral de Previdência Social; e

II - uma cota familiar de cinquenta por cento acrescida de cotas individuais de dez pontos percentuais por dependente, até o máximo de cem por cento, do valor da aposentadoria que o servidor recebia ou daquela a que teria direito se fosse aposentado por incapacidade permanente ou nas situações do § 5º do art. 18 na data do óbito que ultrapassar o limite máximo de benefícios do Regime Geral de Previdência Social.

Parágrafo único. Quando não houver mais dependente inválido ou com deficiência intelectual, mental ou grave, o valor da pensão será recalculado na forma disposta no art. 18 desta Portaria.

Regra aplicável às pensões instituídas por policiais civis da União cujo óbitos decorram de agressão sofrida no exercício ou em razão da função.

Art. 22. A pensão a ser concedida aos dependentes de servidores integrantes das Carreiras de Policial Federal, de Policial Rodoviário Federal, de Agente Penitenciário Federal, cujo óbito decorra de agressão sofrida no exercício ou em razão da função, será vitalícia para o cônjuge ou companheiro e equivalente à remuneração do cargo.

Parágrafo único. Aplica-se o disposto no caput ao Policial Civil dos Extintos Territórios Federais do Acre, Amapá, Rondônia e Roraima transposto para o quadro em extinção da União.

Art. 23. As pensões a que se referem os art. 18, 21 e 22 desta Portaria serão reajustadas nos termos do art. 15 da Lei nº 10.887, de 2004.

CAPÍTULO VII
RATEIO, REVERSÃO E RECÁLCULO DO BENEFÍCIO DE PENSÃO

Art. 24. A pensão será considerada instituída quando da sua concessão ao primeiro dependente habilitado.

Parágrafo único. A habilitação posterior que importe exclusão ou inclusão de dependente só produzirá efeito a partir da data da publicação da portaria de concessão da pensão ao habilitado.

Art. 25. Ocorrendo a habilitação de vários titulares à pensão, o seu valor será distribuído em partes iguais entre os beneficiários habilitados.

Art. 26. Ajuizada a ação judicial para reconhecimento da condição de dependente, o interessado poderá requerer a sua habilitação provisória ao benefício de pensão por morte, exclusivamente para fins de rateio dos valores com outros dependentes, vedado o pagamento da respectiva cota até o trânsito em julgado da respectiva ação, ressalvada a existência de decisão judicial em contrário.

Art. 27. Nas ações judiciais em que for parte o ente público responsável pela concessão da pensão por morte, o interessado poderá proceder de ofício à habilitação excepcional do benefício, apenas para efeitos de rateio, descontando-se os valores referentes à habilitação das demais cotas, vedado o pagamento da respectiva cota até o trânsito em julgado da respectiva ação, ressalvada a existência de decisão judicial em contrário.

Art. 28. Julgada improcedente a ação judicial, eventual valor retido será pago de forma proporcional aos demais dependentes, de acordo com as suas cotas e o tempo de duração de seus benefícios.

Parágrafo único. Os valores eventualmente retidos serão corrigidos pelos mesmos critérios de reajuste do benefício de pensão.

Art. 29. Em qualquer hipótese, fica assegurada ao órgão concessor da pensão por morte a cobrança dos valores indevidamente pagos em função de nova habilitação, nos termos do art. 46 da Lei nº 8.112, de 1990, e nas normas regulamentares expedidas pelo órgão central do Sipec para reposição de valores ao erário.

Parágrafo único. Na reposição de que trata o caput, a devolução será devida mesmo que os valores tenham sido realizados de boa-fé.

Art. 30. Não haverá reversão das cotas de 10% (dez por cento) por dependente de que trata o art. 18 e o inciso II do art. 21, para as pensões cujo óbito tenha ocorrido a partir de 13 de novembro de 2019, devendo ser recalculado o valor total da pensão conforme o mesmo artigo quando houver a perda de qualidade de algum dos dependentes, segundo a quantidade de remanescentes.

§ 1º Será preservado o valor de cem por cento da pensão por morte quando o número de dependentes remanescentes for igual ou superior a cinco, respeitado o mínimo de 50% (cinquenta por cento) de cota familiar mais 10% (dez por cento) de cota individual quando houver apenas um beneficiário remanescente, aplicando-se o disposto no art. 25 para a definição da nova cota-parte.

§ 2º Em caso da perda da qualidade de beneficiário das pensões cujo óbito tenha ocorrido até 12 de novembro de 2019, data anterior à publicação da Emenda Constitucional nº 103, de 2019, a respectiva cota-parte reverterá integralmente aos cobeneficiários, nos termos do art. 223 da Lei nº 8.112, de 1990.

Art. 31. Na situação de perda da qualidade de dependente, a pensão deverá ser recalculada utilizando como referência o valor do provento e do teto previdenciário vigentes no mês do fato gerador, nos termos dos arts. 18, 21 e 22, conforme o caso.

CAPÍTULO VIII
PERDA E CESSAÇÃO DO DIREITO À PENSÃO

Art. 32. Perde o direito à pensão por morte:

I - após o trânsito em julgado, o beneficiário condenado criminalmente, como autor, coautor ou partícipe de homicídio doloso, ou de tentativa desse crime, cometido contra o servidor ou aposentado, ressalvados os absolutamente incapazes e os inimputáveis; ou

II - o cônjuge, companheiro ou companheira se comprovada, a qualquer tempo, simulação ou fraude no casamento ou na união estável, ou a sua formalização com fim exclusivo de constituir benefício previdenciário, apuradas em processo judicial no qual será assegurado o direito ao contraditório e à ampla defesa.

Art. 33. Acarreta perda da qualidade de beneficiário:

I - o seu falecimento;

II - a anulação do casamento, quando a decisão ocorrer após a concessão da pensão ao cônjuge;

III - a cessação da invalidez, em se tratando de beneficiário inválido, o afastamento da deficiência, em se tratando de beneficiário com deficiência, ou o levantamento da interdição, em se tratando de beneficiário com deficiência intelectual ou mental que o torne absoluta ou relativamente incapaz, respeitados, para o cônjuge, companheiro ou companheira, os períodos mínimos decorrentes da aplicação das alíneas "a" e "b" do inciso VIII deste artigo;

IV - o implemento da idade de vinte e um anos, pelo filho, enteado ou irmão;

V - pela emancipação, quando caracterizada alguma das seguintes situações, observado o § 1º do art. 11:

a) pela concessão dos pais, ou de um deles na falta do outro, mediante instrumento público, independente de homologação judicial ou por sentença de juiz, ouvido o tutor, se o menor tiver dezesseis anos completos;

b) pelo casamento ou união estável;

c) pelo exercício de cargo ou emprego público efetivo;

d) pela colação de grau em ensino de curso superior; e

e) pelo estabelecimento civil ou comercial ou pela existência de relação de emprego, desde que, em função deles, o menor com dezesseis anos completos tenha economia própria.

VI - a acumulação de pensão na forma do art. 34 desta Portaria;

VII - a renúncia expressa; e

VIII - em relação aos beneficiários de que tratam os incisos I a V do art. 3º:

a) o decurso de quatro meses, se o óbito ocorrer sem que o servidor tenha vertido dezoito contribuições mensais ou se o casamento ou a união estável tiverem sido iniciados em menos de dois anos antes do óbito do servidor ou aposentado; e

b) o decurso dos períodos, estabelecidos de acordo com a idade do pensionista na data de óbito do servidor ou aposentado, fixada por ato do Ministro de Estado do Planejamento, Orçamento e Gestão, atual Ministro de Estado da Economia, no uso da atribuição que lhe foi conferida pelo § 3º do art. 222 da Lei nº 8.112, de 11 de dezembro de 1990, depois de vertidas dezoito contribuições mensais e pelo menos dois anos após o início do casamento ou da união estável.

§ 1º A descaracterização da condição de beneficiário de que trata o inciso V será precedida de análise nos termos do § 1º do art. 11 desta Portaria.

§ 2º A cota-parte do cônjuge ou companheiro será vitalícia quando caracterizada a situação constante no art. 22, não se aplicando a determinação constante no inciso VIII.

§ 3º O tempo anterior de união estável do servidor ou aposentado que contrair matrimônio é contado para fins de cumprimento do prazo exigido nas alíneas "a" e "b" do inciso VIII do caput deste artigo.

§ 4º À critério da Administração, a qualquer momento o beneficiário de pensão cuja manutenção seja motivada por invalidez, por incapacidade ou por deficiência, poderá ser convocado para avaliação das condições que ensejaram a concessão do benefício, sob pena de suspensão do seu pagamento.

§ 5º O beneficiário que não atender à convocação de que trata o parágrafo anterior terá o benefício suspenso, devendo o órgão ou entidade promover o contato necessário com a pessoa com deficiência em sua residência.

§ 6º Aplica-se, conforme o caso, o disposto no inciso III ou na alínea "b" do inciso VIII, todos do caput, se o óbito do servidor ou aposentado decorrer de acidente de qualquer natureza ou doença profissional ou do trabalho, independentemente do recolhimento de dezoito contribuições mensais ou da comprovação de dois anos de casamento ou de união estável.

§ 7º O tempo de contribuição ao Regime Próprio de Previdência Social ou ao Regime Geral de Previdência Social será considerado na contagem das dezoito contribuições mensais referidas nas alíneas "a" e "b" do inciso VIII do caput, desde que o servidor tenha averbado o respectivo período junto ao Regime Próprio de Previdência Social da União.

§ 8º Na hipótese de o servidor ou aposentado falecido estar, na data de seu falecimento, obrigado por determinação judicial a pagar alimentos temporários a excônjuge, ex-companheiro ou ex-companheira, a pensão por morte será devida pelo prazo remanescente constante na decisão judicial, caso não incida outra hipótese de cancelamento anterior do benefício.

§ 9º Não se considera, para fins de cumprimento do interstício previsto no inciso VIII deste artigo, o tempo de serviço militar.

§ 10. Com a extinção da parte do último pensionista a pensão extinguir-seá.

Regras de acumulação de pensão por morte

Art. 34. Ressalvado o direito de opção pela pensão mais vantajosa, fica vedada a percepção cumulativa, no âmbito do Regime Próprio de Previdência Social da União:

I - de pensão instituída por mais de um cônjuge, companheiro ou companheira; e

II - de mais de duas pensões.

Parágrafo único. As determinações constantes no inciso I do caput não se aplicam quando as pensões do mesmo instituidor decorrerem de cargos acumuláveis, na forma prevista no inciso XVI do art. 37 da Constituição Federal.

Art. 35. Será admitida a acumulação dos seguintes benefícios previdenciários quando concedidos por regimes distintos:

I - pensão por morte deixada por cônjuge, companheiro ou companheira no Regime Próprio de Previdência Social da União, com pensão por morte concedida por outro regime de previdência social, ou com pensões decorrentes das atividades militares de que tratam os arts. 42 e 142 da Constituição Federal;

II - pensão por morte deixada por cônjuge, companheiro ou companheira no Regime Próprio de Previdência Social da União, com aposentadoria concedida no âmbito do RPPS da União ou de outro regime próprio ou no Regime Geral de Previdência Social, ou com proventos de inatividade decorrentes das atividades militares de que tratam os arts. 42 e 142 da Constituição Federal; ou

III - aposentadoria concedida no Regime Próprio de Previdência Social da União com pensão por morte concedida neste regime ou de outro regime próprio, ou do Regime Geral de Previdência Social, ou ainda decorrentes das atividades militares de que tratam os arts. 42 e 142 da Constituição Federal.

§ 1º Nas hipóteses de acumulação previstas nos incisos do caput deste artigo, é assegurada a percepção do valor integral do benefício mais vantajoso e de uma parte de cada um dos demais benefícios, apurada cumulativamente de acordo com as seguintes faixas:

I - sessenta por cento do valor que exceder um salário-mínimo, até o limite de dois salários-mínimos;

II - quarenta por cento do valor que exceder dois salários-mínimos, até o limite de três salários-mínimos;

III - vinte por cento do valor que exceder três salários-mínimos, até o limite de quatro salários-mínimos; e

IV - dez por cento do valor que exceder quatro salários-mínimos.

§ 2º O beneficiário deverá manifestar-se formalmente sobre qual benefício deverá incidir a limitação de que trata o parágrafo anterior.

§ 3º A aplicação do disposto no § 1º deste artigo poderá ser revista a qualquer tempo, a pedido do interessado, em razão de alteração de algum dos benefícios ou em decorrência de alteração da sua opção, gerando efeitos financeiros a partir da data do requerimento, vedado quaisquer pagamentos retroativos a este termo.

§ 4º O valor do salário-mínimo a que se refere o § 1º deste artigo será o vigente no momento do cálculo, que será realizado mensalmente.

§ 5º Os órgãos do Sipec deverão informar sobre a redução do valor do benefício, conforme o § 1º deste artigo, ao regime que realiza a manutenção do outro benefício, ou aos órgãos do Poder Executivo que não processam a folha de pagamento no Sistema Integrado de Administração de Recursos Humanos - Siape; ou ao respectivo Poder ou órgão constitucionalmente autônomo da União, ao Instituto Nacional do Seguro Social - INSS, aos respectivos comandos militares.

§ 6º As restrições previstas neste artigo não serão aplicadas se o direito aos dois benefícios houver sido adquirido antes de 13 de novembro de 2019, data da entrada em vigor da Emenda Constitucional nº 103, de 2019.

CAPÍTULO IX
PENSÃO PROVISÓRIA

Art. 36. Será concedida pensão provisória por morte presumida do servidor, nos seguintes casos:

I - declaração de ausência, pela autoridade judiciária competente; ou

II - desde que devidamente comprovado:

a) o desaparecimento em desabamento, inundação, incêndio ou acidente não caracterizado como em serviço; e

b) o desaparecimento no desempenho das atribuições do cargo ou em missão de segurança.

§ 1º Para a concessão da pensão nas situações do inciso II servirão como prova hábil do desaparecimento, entre outras:

I - boletim do registro de ocorrência feito junto à autoridade de policial;

II - prova documental de sua presença no local da ocorrência;

III - noticiário nos meios de comunicação; e

IV - protocolo de ingresso da ação judicial para fins de reconhecimento de morte presumida.

§ 2º Nas situações de que tratam o parágrafo anterior, a cada seis meses o recebedor do benefício deverá apresentar documento da autoridade competente, contendo informações acerca do andamento do processo, relativamente à declaração de morte presumida, até que seja apresentada a certidão de óbito.

§ 3º A pensão deixará de ser provisória decorridos cinco anos de sua vigência, ressalvado o eventual reaparecimento do servidor, hipótese em que o benefício será automaticamente cancelado, desobrigados os dependentes da reposição dos valores recebidos, salvo comprovada má-fé.

§ 4º Aplicam-se à concessão da pensão provisória tratada no caput as disposições contidas nesta Portaria, a exceção do Título II.

TÍTULO II
BENEFÍCIO DE PENSÃO DE QUE TRATA A LEI Nº 3.373, DE 1958

Art. 37. A concessão e a manutenção do benefício de pensão de que trata a Lei nº 3.373, de 1958, combinada com a Lei nº 6.782, de 1980, observados os artigos 161 e 256 da Lei nº 1.711, de 1952, passam a ser reguladas no âmbito do Sistema de Pessoal Civil da Administração Federal - Sipec pelo disposto neste Título.

Parágrafo único. As disposições deste Título aplicam-se aos beneficiários de pensão por morte instituída por servidor público federal, cujo óbito tenha ocorrido até 11 de dezembro de 1990, data imediatamente anterior à da publicação da Lei nº 8.112 de 11 de dezembro de 1990.

CAPÍTULO I
BENEFICIÁRIOS DE PENSÃO

Art. 38. São beneficiários de pensão:

I - vitalícia:

a) a esposa, exceto a divorciada que não receba pensão de alimentos;

b) o marido inválido; e

c) a mãe viúva ou sob dependência econômica preponderante do servidor, ou pai inválido, no caso de ser o segurado solteiro ou viúvo;

II - temporária:

a) o filho em qualquer condição, ou enteado, até a idade de vinte e um anos, ou, se inválido, enquanto durar a invalidez;

b) o irmão, órfão de pai e sem padrasto, até a idade de vinte e um anos, ou se inválido, enquanto perdurar a invalidez, no caso de ser o servidor solteiro ou viúvo, sem filhos ou enteados; e

c) a filha solteira maior de vinte e um anos, não ocupante de cargo público permanente.

§ 1º Equipara-se à beneficiária a que se refere a alínea "c" do inciso II do caput deste artigo, a filha separada judicialmente ou divorciada até a data do óbito do instituidor.

§ 2º Para fazer jus ao benefício de pensão os interessados deverão comprovar que atendiam aos requisitos necessários à habilitação na data de óbito do servidor, bem como que os atendem no momento do requerimento.

Art. 39. A comprovação da dependência econômica para o beneficiário constante na alínea "c" do inciso I do art. 38, deverá observar os termos do Capítulo V do Título I - comprovação da união estável e dependência econômica - desta Portaria.

§ 1º Aos beneficiários de que tratam o art. 38 aplicam-se às disposições constante no art. 7º desta Portaria, no que couber.

§ 2º A filha maior solteira, além da documentação comum constante no inciso I do art. 7º, deverá apresentar os seguintes documentos específicos:

1. certidão de nascimento, emitida há no máximo 90 dias do protocolo do pedido de pensão;

2. certidão de casamento civil ou religioso com efeitos civis com averbação da separação judicial ou do divórcio realizada até a data do óbito do instituidor, emitida há no máximo 90 dias do protocolo do pedido de pensão; e

3. Declaração - pensão filha maior solteira, conforme Anexo VI

Art. 40. No caso da habilitação provisória aplicam-se os arts. 26, 27 e 28 desta Portaria.

CAPÍTULO II
EXTINÇÃO DO BENEFÍCIO

Art. 41. Acarreta a perda da qualidade de beneficiário da pensão por morte com fundamento na Lei nº 3.373, de 1958:

I - o seu falecimento;

II - a cessação de invalidez, em se tratando de beneficiário inválido; e

III - a maioridade de filho, enteado ou e irmão órfão, aos vinte e um anos de idade.

Parágrafo único. A filha maior solteira a que se refere a alínea "c" do inciso II do art. 38 desta Portaria perderá a qualidade de beneficiária da pensão, ainda, quando:

I - ocupar cargo público permanente; ou

II - obtiver o estado civil de casada ou viúva; ou

III - estabelecer união estável; ou

IV - perceber benefícios previdenciários decorrentes da alteração do estado civil, como a pensão prevista no art. 217, incisos I, II e III, da Lei nº 8.112, de 1990, ou de outros regimes de previdência.

Art. 42. Caracterizada alguma das situações elencadas nos incisos I e III do caput ou nos incisos I, II e IV do parágrafo único do art. 41 desta Portaria, a perda da qualidade de beneficiário é imediata e irrevogável, devendo o benefício ser cancelado, ainda que já tenha sido registrado pelo Tribunal de Contas da União - TCU.

§ 1º Na hipótese da perda da condição de beneficiário decorrer da situação de que trata o inciso II do caput e III do parágrafo único do art. 41, antes do cancelamento do benefício, deverá ser oportunizado ao beneficiário o contraditório e a ampla defesa, nos moldes dos art. 56 a 65 da Lei nº 9.784, de 29 de janeiro de 1999.

§ 2º O cancelamento da pensão deverá ser comunicado ao Tribunal de Contas da União, por meio do sistema e-Pessoal.

Art. 43. Uma vez perdida a qualidade de beneficiário, é vedada a opção entre a continuidade da percepção da pensão em detrimento de qualquer outra verba remuneratória ou previdenciária.

TÍTULO III
DOS PROCEDIMENTOS COMUM

CAPÍTULO I
DO PROCEDIMENTO DE CONCESSÃO DE PENSÃO POR MORTE

Art. 44. O Procedimento de Concessão de Pensão por morte observará as seguintes etapas:

I - solicitação do benefício pelo beneficiário; e

II - análise dos requisitos exigidos para a concessão da pensão por morte.

SEÇÃO I
SOLICITAÇÃO DO BENEFÍCIO

Art. 45. O pedido de pensão por morte será instruído com os documentos indicados no art. 7º desta Portaria.

§ 1º O requerimento será apresentado pelos meios disponibilizados pelos órgãos setoriais e seccionais integrantes do Sipec, sendo a comunicação acerca da sua análise processual; da complementação de documentação; e da decisão proferida, ser realizada na primeira oportunidade, via eletrônica ou por ciência nos autos.

§ 2º Quando não houver ciência nos autos, a comunicação deverá ser feita via postal com aviso de recebimento, telegrama ou outro meio que assegure a ciência do interessado, devendo a informação ficar registrada no processo administrativo.

Art. 46. Cada beneficiário que pleitear o benefício deverá apresentar um requerimento, vedada a abertura de novo requerimento se houver outro em tramitação para o mesmo beneficiário.

Parágrafo único. Nos processos físicos e digitais, caso seja apresentado mais de um requerimento, todos deverão ser anexados ao primeiro, que será considerado para fins de contagem dos prazos constantes nesta Portaria.

Art. 47. A apresentação de documentação incompleta não constitui, por si só, motivo para recusa do requerimento de benefício, ainda que seja possível identificar previamente que o beneficiário não faça jus ao benefício.

§ 1º Na hipótese de que trata o caput, as unidades de gestão de pessoas deverão notificar o interessado, por meios que possam garantir a certeza da sua ciência, para apresentar a documentação necessária no prazo de 30 (trinta) dias.

§ 2º Encerrado o prazo para cumprimento da exigência sem que os documentos solicitados tenham sido apresentados pelo interessado, a unidade de gestão de pessoas:

I - decidirá pelo arquivamento do processo sem análise de mérito do requerimento, caso não haja elementos suficientes ao reconhecimento do direito nos termos do disposto no art. 40 da Lei nº 9.784, de 1999; e

II - proferirá decisão de mérito:

a) se a inércia do interessado se der em hipótese que envolva relevante interesse público que extrapole o seu interesse individual e a pendência possa ser suprida de ofício; ou

b) caso haja elementos suficientes para subsidiar a decisão pelo deferimento ou indeferimento do pleito.

§ 3º Não caberá recurso da decisão que determine o arquivamento do requerimento sem análise de mérito decorrente da não apresentação de documentação indispensável ao exame do requerimento.

§ 4º Caso haja manifestação formal do interessado no sentido de não dispor de outras informações ou documentos úteis diversos daqueles apresentados ou disponíveis ao órgão, será proferida a decisão administrativa com análise de mérito do requerimento.

§ 5º Aplica-se o disposto no parágrafo anterior nas situações em que o interessado reapresentar os mesmos documentos inicialmente apresentados.

§ 6º O arquivamento do processo não inviabilizará a apresentação de novo requerimento pelo interessado, que terá efeitos a partir da data de apresentação da nova solicitação.

§ 7º O reconhecimento do direito ao benefício com base em documento apresentado após a decisão administrativa de arquivamento ou de indeferimento considerará como data de entrada do requerimento a data de apresentação do referido documento.

§ 8º O disposto no parágrafo anterior aplica-se aos pedidos de recursos fundamentados em documentos não apresentados no momento do requerimento administrativo e, quanto aos seus efeitos financeiros, aplica-se o disposto no art. 46.

SEÇÃO II
DA ANÁLISE

Art. 48. Os requerimentos de pensão por morte deverão ser analisados em até 30 (trinta) dias.

§ 1º Concluída a análise, a Administração tem o prazo de até 30 (trinta) dias para decidir, salvo prorrogação por igual período expressamente motivada.

§ 2º O prazo previsto no caput será suspenso, em caráter excepcional, em razão de irregularidade na instrução do pedido até que o interessado promova a sua regularização, após a devida notificação.

SUBSEÇÃO I
DO RECURSO

Art. 49. Da decisão proferida quanto ao pedido de pensão por morte caberá recurso administrativo, nos termos dos arts. 56 a 65 da Lei nº 9.784, de 1999, no prazo de 10 (dez) dias, contado a partir da ciência pelo interessado, à autoridade que proferiu a decisão, que poderá reconsiderar o ato, no prazo de 5 (cinco) dias, ou, mantendo a decisão, submeter a instância administrativa superior.

§ 1º O recurso será interposto em meio digital ou físico, conforme disciplinado pelo órgão do Sipec, devendo, obrigatoriamente, ser utilizado o mesmo meio de comunicação do requerimento.

§ 2º Se o recorrente alegar que a decisão administrativa contraria enunciado da súmula vinculante, caberá à autoridade prolatora da decisão impugnada, se não a reconsiderar, explicitar, antes de encaminhar o recurso à autoridade superior, as razões da aplicabilidade ou inaplicabilidade da súmula, conforme o caso.

§ 3º Não é considerado pedido de recurso de decisão de indeferimento definitiva, mas de novo pedido de benefício, o que vier acompanhado de outros documentos além dos já existentes no processo, aplicando-se o disposto no § 6º do art. 47.

§ 4º O recurso administrativo deverá ser decidido no prazo máximo de 30 (trinta dias), a partir do recebimento dos autos pelo órgão competente, podendo ser prorrogado por igual período, ante justificativa explícita.

Art. 50. O recurso não será conhecido quando interposto:

I - fora do prazo;

II - perante órgão incompetente;

III - por quem não seja legitimado;

IV - após exaurida a esfera administrativa.

§ 1º Na hipótese do inciso II, será indicada ao recorrente a autoridade competente, sendo-lhe devolvido o prazo para recurso.

§ 2º O não conhecimento do recurso não impede a Administração de rever de ofício o ato ilegal, desde que não ocorrida preclusão administrativa, nos termos do art. 46 desta Portaria.

SUBSEÇÃO II
DA DECADÊNCIA E PRESCRIÇÃO

Art. 51. Os beneficiários de pensão possuem legitimidade para pedir em nome próprio as diferenças de benefício antes titulado pelo instituidor da pensão e por este não recebidas em vida ou que influenciar no cálculo do benefício pensional.

Parágrafo único. O prazo para pleitear o direito a que se refere o caput, decai em cinco anos a contar do óbito do servidor, nos termos do inciso I do art. 110 da Lei nº 8.112, de 1990, ou do registro do ato pensional pelo Tribunal de Contas da União, o que ocorrer primeiro.

Art. 52. Prescreve em cinco anos, a contar da data em que deveriam ter sido pagas, toda e qualquer ação para haver prestações vencidas ou quaisquer restituições ou diferenças devidas, nos termos do Decreto-Lei nº 20.910, de 06 de janeiro de 1932.

CAPÍTULO II
REVISÃO DOS ATOS DA PENSÃO

Art. 53. Para a revisão do benefício de pensão a Administração deverá observar os ritos estabelecidos nos §§ 1º e 2º deste artigo, conforme o caso:

§ 1º Para os benefícios que ainda não foram registrados pelo Tribunal de Contas da União:

I - o órgão ou entidade do Sistema de Pessoal Civil da Administração Pública Federal - Sipec deverá aplicar as determinações previstas em normativo editado pelo órgão central quanto aos procedimentos para a regularização de dados financeiros e cadastrais de servidores, aposentados e beneficiários de pensão civil;

II - realizar a alteração do valor do benefício no Sistema Integrado de Administração de Recursos Humanos - Siape; e

III - encaminhar ao Tribunal de Contas da União as informações relativas às alterações realizadas no ato da pensão, da seguinte forma:

a) para os benefícios que não foram encaminhados ao Tribunal de Contas da União, concedidos em prazo inferior a cinco anos, enviar pelo Sistema e-Pessoal o ato de pensão original;

b) para os benefícios que não foram encaminhados ao Tribunal de Contas da União, concedidos em prazo superior a cinco anos, enviar pelo Sistema e-Pessoal o ato de pensão original e o ato de alteração com os valores recalculados, caso tenha ocorrido a alteração de valores;

c) para os benefícios encaminhados ao Tribunal de Contas da União, não apreciados, concedidos em prazo inferior a cinco anos, solicitar o retorno dos respectivos atos ao órgão concedente e proceder à alteração devida no ato, com reenvio posterior àquele Tribunal pelo Sistema e-Pessoal para a unidade de controle interno; e

d) para os benefícios encaminhados ao Tribunal de Contas da União, não apreciados, concedidos em prazo superior a cinco anos, enviar pelo e-Pessoal o ato de alteração, com os valores recalculados.

§ 2º Para os benefícios registrados pelo Tribunal de Contas da União, a Unidade de Gestão de Pessoas deverá enviar expediente informando sobre a necessidade de revisão do pagamento, no qual deverá conter, necessariamente:

1. os nomes e números dos CPFs do instituidor e dos beneficiários da pensão;
2. número de controle dos atos de pessoal nos sistemas e-Pessoal ou Sisac com necessidade de revisão;
3. as memórias de cálculo do valor inicial da pensão e do valor obtido com o recálculo, apontando expressamente os motivos que fundamentaram a necessidade de recálculo, especificar rubricas e/ou operações indevidamente utilizadas na apuração da média das contribuições.

§ 3º O prazo decadencial para a Administração rever os seus atos terá início a partir da publicação do ato de registro da pensão pelo Tribunal de Contas da União.

§ 4º Para a reposição ao erário de valores recebidos indevidamente por beneficiários de pensão, os órgãos e entidades do Sistema de Pessoal Civil da Administração Pública Federal, deverão observar os normativos editados pelo órgão central do Sipec quanto à matéria.

Art. 54. A manutenção de valores ou benefícios recebidos por beneficiários de pensão, amparados por decisão judicial ou por decisão do Tribunal de Contas da União, serão apresentadas em situação/rubrica específica no Siape ou no Sistema de Gestão de Pessoas - Sigepe.

TÍTULO IV
DISPOSIÇÕES FINAIS

Art. 55. No caso de requerimento de pensão por morte de servidor, caberá ao dependente apresentar Certidão de Tempo de Contribuição, a ser requerida nos regimes de previdência nos quais o servidor esteve vinculado, para fins de cálculo do benefício na forma do inciso II do § 1º do art. 18 desta Portaria.

§ 1º A apresentação da Certidão de Tempo de Contribuição fica dispensada quando a pensão por morte é precedida de aposentadoria concedida ao instituidor até 17 de janeiro de 2019 à luz da averbação automática vigente até a publicação Medida Provisória nº 871, de 18 de janeiro de 2019, convertida na Lei nº 13.846, de 18 de junho de 2019.

§ 2º Em caso de majoração do benefício, o valor será devido a partir da decisão da autoridade competente, observando-se a prescrição constante nos arts. 51 e 52.

Art. 56. A pensão instituída até 31 de dezembro de 2003 será revista na forma estabelecida no § 2º do art. 16 desta Portaria.

Art. 57. A pensão instituída no período compreendido entre 1º de janeiro de 2004 e 20 de fevereiro de 2004 será calculada pela última remuneração ou provento percebido pelo servidor ou aposentado na data anterior ao óbito e será revista na forma estabelecida nas legislações que instituíram as vantagens utilizadas como base para o cálculo da pensão ou, na sua falta, na mesma data e índices aplicados aos benefícios do RGPS.

Art. 58. A lei aplicável à concessão de pensão por morte é aquela vigente na data do óbito do servidor ou aposentado.

Art. 59. Concedida a pensão ou revisto o seu ato concessório, o ato será publicado no Diário Oficial da União e encaminhado pelo órgão ou entidade concedente ao Tribunal de Contas da União - TCU, para fins de registro, nos termos da Instrução Normativa TCU nº 78, de 21 de março de 2018.

§ 1º Os dirigentes da Unidade de Gestão de Pessoas dos órgãos e entidades integrantes do Sipec devem informar aos pensionistas que o ato de pensão pendente de registro no Tribunal de Contas da União é precário, sujeito a apreciação do Tribunal, e que poderá ser revisto.

§ 2º No caso de adesão do servidor ou aposentado ao plano de benefícios da Fundação de Previdência Complementar do Servidor Público Federal do Poder Executivo - Funpresp-Exe, as Unidades de Gestão de Pessoas deverão orientar os beneficiários a acionar a Fundação, por meio de seus canais de atendimento, objetivando formalizar o requerimento de eventuais benefícios

Art. 60. As dúvidas decorrentes da aplicação desta Portaria poderão ser dirigidas a esta Secretaria de Gestão e Desempenho de Pessoal, observados os procedimentos quanto ao encaminhamento de consultas estabelecidos pelo órgão central do Sipec.

§ 1º O órgão central do Sipec não tem competência para realizar esclarecimentos de determinações do Tribunal de Contas da União, que deverão ser dirigidas diretamente à corte de contas.

§ 2º Quando houver dúvida jurídica interpretativa na aplicação dos institutos da prescrição e decadência, deverá submeter os autos à análise do respectivo órgão de assessoramento jurídico.

Art. 61. A renúncia expressa à pensão é irretratável.

Art. 62. As unidades de gestão de pessoas deverão utilizar o modelo de portaria constante no Anexo VIII desta Portaria, para a concessão do benefício de pensão.

Art. 63. Os dirigentes da Unidade de Gestão de Pessoas dos órgãos e entidades integrantes do Sipec devem assegurar a observância desta Portaria, sob pena de responsabilidade administrativa, civil e penal.

Parágrafo único. O cumprimento do Título II desta Portaria não desobriga os órgãos do Sipec a observarem as determinações do Tribunal de Contas da União, em especial as constantes no Acórdão nº 2.175/2020 - Plenário.

Art. 64. As disposições desta Portaria aplicam-se, no que couber, aos processos administrativos em trâmite na unidade administrativa do Ministério da Economia e no Instituto Nacional do Seguro Social, responsáveis pela centralização das aposentadorias e pensões de que trata o Decreto nº 10.620, de 05 de fevereiro de 2021, e nos órgãos correlatos, seccionais, setoriais do Sipec.

Parágrafo único. A unidade administrativa do Ministério da Economia e o Instituto Nacional do Seguro Social poderão restituir aos órgãos centralizados os processos que se encontram em desacordo com esta Portaria, principalmente, em relação ao Capítulo V do Título I.

Art. 65. Os órgãos deverão observar os normativos editados pelo órgão central do Sipec quanto aos procedimentos para a aplicação do limite remuneratório de que trata o inciso XI, do art. 37, da Constituição Federal.

Art. 66. O órgão central do Sipec disponibilizará sistema informatizado para que os beneficiários apresentarem os requerimentos de pensão.

Art. 67. Ficam revogadas a partir de 13 de junho de 2022:

I - a Orientação Normativa SAF nº 54, de 18 de janeiro de 1991;

II - a Orientação Normativa SAF nº 110, de 27 de maio de 1991;

III - a Instrução Normativa nº 6, de julho de 1993.

IV - a Orientação Normativa SRH MP nº 9, de 5 de novembro de 2010;

V - a Orientação Normativa SEGEP/MPOG nº 13, de 30 de outubro de 2013; e

VI - a Orientação Normativa nº 3, de 21 de março de 2017.

Art. 69. Esta Portaria entra em vigor:

› Consta conforme publicação oficial.

I - em 13 de junho de 2022, em relação aos Títulos I, II e IV; e

II - em 1º de agosto de 2022, em relação ao Título III.

LEONARDO JOSÉ MATTOS SULTANI

ANEXO I

REQUERIMENTO DE PENSÃO					
1. DADOS DO SERVIDOR					
Nome Civil:					
CPF:					
Situação funcional na Data do Óbito:		() Ativo		() Aposentado	
2. PARENTESCO					
Lei nº 8.112, de 11 de dezembro 1990					
() Cônjuge	() Companheiro	() Ex-cônjuge ou ex-companheiro	() Filho menor de 21 anos	() Filho inválido	() Outros:
Lei nº 3.373, de 12 de março de 1958					
() esposa	() marido	() pai	() mãe	() irmão	() Filha maior solteira
3. DADOS DO BENEFICIÁRIO					
Nome Civil:					
Nome Social:					
CPF:		Data de nascimento:			
Título de Eleitor:		Zona:	Seção:	UF:	
Nº Identidade / Órgão Expedidor/ Data de Expedição:					
Endereço Residencial (Rua, Praça, Nº , Bairro):					
Município / Cidade:				UF:	
CEP:		Telefone / Celular:		E-mail	
Banco:					
Código Agência:					
Conta Salário nº :					
Cidade:		UF:			
3. PROCURADOR/CURADOR*					
Nome:					
CPF:	RG	Data de expedição		Órgão de expedição	
EMAIL:					

1. TERMO DE COMPROMISSO

O Requerente/Representante de pensão se compromete a manter os dados atualizados sempre que modificar a situação apresentada neste formulário, principalmente, quanto à emancipação dos menores de idade ou obtenção de renda que que possa interferir a situação de beneficiário ou no cálculo do benefício.

O Requerente/Representante acima identificado requer o benefício de que trata o art. 215 da Lei nº 8.112, de 1990, publicada no D.O.U de 12/12/1990, nos termos da Portaria SGP/SEDGG/ME Nº 4245, de 24 de maio de 2022.

Local e data: _______________, ______ de_______________de 202__

____

(Assinatura do Requerente/Representante, de acordo como documento de identidade apresentado)

* Anexar cópia da escritura pública ou particular (se particular, sugere-se o modelo constante no Anexo V da Portaria SGP/SEDGG/ME Nº 4245, de 24 de maio de 2022)

REQUERIMENTO DE PENSÃO (Continuação)

Checklist - Documentação

(Art. 7º, da Portaria SGP/SEDGG/ME Nº 4245, de 24 de maio de 2022)

I - Documentos de apresentação obrigatória para todos os dependentes ( ) certidão de óbito do servidor ou aposentado;

( ) carteira de identidade ou registro geral (RG) com foto do beneficiário

( ) número de inscrição no cadastro de pessoa física - CPF do beneficiário;

( ) dados bancários do beneficiário, contendo nome/número do banco, agência e conta-salário.

Obs.: Não serão aceitas conta-corrente ou conta poupança.

( ) declaração de acumulação de aposentadoria e pensão, nos termos do Anexo II da Portaria SGP/SEDGG/ME Nº 4245, de 24 de maio de 2022.

( ) comprovantes de rendimentos (contracheque) de vínculos com outros entes da federação ou de órgãos públicos que não processam a folha de pagamento no SiapeSIAPE, inclusive o Regime Geral de Previdência Social.

II - Documentos específicos, conforme o dependente Cônjuge

( ) certidão de casamento civil ou religioso com efeitos civis emitida após a da data do óbito do servidor ou aposentado

Filho

( ) certidão de nascimento ou carteira de identidade.

( ) declaração - filho, enteado, menor tutelado e irmão, conforme Anexo III da Portaria SGP/SEDGG/ME Nº 4245, de 24 de maio de 2022;

Companheira ou companheiro

( ) certidão de nascimento do servidor ou do aposentado falecido emitida após a data do óbito, quando esse for solteiro ou solteira;

( ) certidão de nascimento emitida após a data do óbito do servidor ou aposentado, quando o companheiro ou a companheira forem, respectivamente, solteiro ou solteira;

( ) certidão de casamento civil ou religioso com efeitos civis emitida após a data de óbito do servidor ou aposentado, com averbação da separação judicial ou do divórcio, quando um dos companheiros(as) ou ambos(as) já tiverem sido casados; ou certidão de óbito, quando um dos companheiros ou ambos forem viúvos; e

( ) comprovação de união estável, nos termos da Portaria SGP/SEDGG/ME Nº 4245, de 24 de maio de 2022.

Cônjuge divorciado ou separado judicialmente ou de fato, ou ex-companheiro ou ex- companheira separado judicial ou extrajudicialmente

( ) certidão de casamento civil ou religioso com efeitos civis emitida após a data de óbito do servidor ou aposentado, com averbação da separação judicial ou divórcio;

( ) decisão judicial que fixe o pagamento de pensão alimentícia; ou ( ) escritura pública que fixe o pagamento de pensão alimentícia; e

( ) comprovação de dependência econômica em relação ao servidor ou aposentado para aqueles que renunciaram aos alimentos na dissolução judicial ou extrajudicial do casamento ou da união estável, ou que estabeleceram pensão alimentícia extrajudicialmente (escritura pública), nos termos da Portaria SGP/SEDGG/ME Nº 4245, de 24 de maio de 2022.

Enteado e o menor tutelado equiparados a filho

( ) certidão de casamento civil ou religioso com efeitos civis atualizada do servidor ou aposentado com o genitor ou genitora do enteado, emitida após a data do óbito;

( ) comprovação de união estável do servidor ou aposentado com o genitor ou genitora do enteado;

( ) certidão de nascimento ou carteira de identidade do enteado ou equiparado;

( ) declaração firmada pelo servidor de existência de dependência econômica do enteado e do menor tutelado para com ele, conforme Anexo IV da Portaria SGP/SEDGG/ME Nº 4245, de 24 de maio de 2022;

( ) declaração - filho, enteado, menor tutelado e irmão, conforme Anexo III da Portaria SGP/SEDGG/ME Nº 4245, de 24 de maio de 2022;

( ) comprovação de dependência econômica do enteado ou o menor tutelado com o servidor ou aposentado falecido, nos termos da Portaria SGP/SEDGG/ME Nº 4245, de 24 de maio de 2022; e

( ) certidão judicial de tutela, em se tratando de menor tutelado.

Pais

( ) documento oficial do requerente, que comprove a relação de parentesco com o instituidor; e ( ) comprovação de dependência econômica, nos termos desta Portaria.

Irmão

( ) documento oficial do requerente, que comprove a relação de parentesco com o instituidor; e

( ) comprovação de dependência econômica, nos termos da Portaria SGP/SEDGG/ME Nº 4245, de 24 de maio de 2022.

( ) declaração - filho, enteado, menor tutelado e irmão, conforme Anexo III da Portaria SGP/SEDGG/ME Nº 4245, de 24 de maio de 2022.

Filho ou irmão inválido ou deficiente

( ) certidão de nascimento ou carteira de identidade; e

( ) laudo pericial emitido por junta oficial que ateste a invalidez e sua preexistência em data anterior ao óbito do servidor ou aposentado; ou

( ) laudo pericial, emitido por perícia singular ou junta oficial em saúde, por meio de instrumento específico para avaliação biopsicossocial da pessoa com deficiência, que ateste a deficiência intelectual, mental ou grave e sua preexistência em data anterior ao óbito do servidor ou aposentado.

( ) declaração - filho, enteado, menor tutelado e irmão, conforme Anexo III da Portaria SGP/SEDGG/ME Nº 4245, de 24 de maio de 2022.

Filha maior solteira

( ) certidão de nascimento atualizada, emitida há no máximo 90 dias do protocolo do pedido de pensão.

( ) certidão de casamento civil ou religioso com efeitos civis com averbação da separação judicial ou do divórcio realizada até a data do óbito do instituidor atualizada, emitida há no máximo 90 dias do protocolo do pedido de pensão.

( ) Declaração - pensão filha maior solteira, conforme Anexo VI da Portaria SGP/SEDGG/ME Nº 4245, de 24 de maio de 2022.

ANEXO II

Declaração de Acumulação de Aposentadorias e Pensões

Eu, (nome do beneficiário/pensionista), na qualidade de (relação de parentesco), do ex-servidor (nome do servidor), Matrícula (número), DECLARO, para fins de concessão de Pensão por Morte prevista nos arts. 215 e 217, bem como, do limite estabelecido no art. 225, todos da Lei nº 8.112, de 11 de dezembro de 1990, e do art. 24 da Emenda Constitucional nº 103, de 12 de novembro de 2019, que:

( ) Não percebo aposentadoria ou pensão de morte por regime de previdência ou decorrente de atividades militares.

( ) Percebo aposentadoria(s) ou pensão(ões) do RPPS da União (em órgão dos Poderes Executivo, Legislativo e Judiciário da União, MPU, TCU e DPU), do RGPS, de outro Regime Próprio de Previdência, ou decorrentes das atividades militares e opto pela aplicação do redutor de que trata o §2º do art. 24 da Emenda Constitucional nº 103, de 2019, no ( ) benefício a ser concedido neste órgão ou ( ) no benefício concedido pelo (nome do regime de previdência)*

Declaro, ainda, que tenho consciência de que constitui crime, previsto no art. 299 do Código Penal Brasileiro, prestar declaração falsa com o fim de criar obrigação ou alterar a verdade sobre fato juridicamente relevante e que a penalidade aplicada no seu cumprimento varia de 01 (um) a 03 (três) anos de reclusão e multa.

Local e data:_____________,_______ de___________de 202__

____

Assinatura do beneficiário/pensionista

(*) Anexar comprovante/contracheque dos valores recebidos, caso receba benefício de aposentadoria ou pensão em algum órgão previdenciário (RPPS da União - órgão dos Poderes Executivo, Legislativo e Judiciário da União, MPU, TCU e DPU -, RGPS, ou qualquer outro Regime Próprio de Previdência).

ANEXO III

Declaração - filho, enteado, menor tutelado e irmão

Eu, (nome do dependente maior de 18 anos ou do representante legal), portador do RG nº .... e do CPF nº ...., representante do menor (nome do dependente menor de 18 anos), declaro para os devidos fins e efeitos legais, sob as penas da lei, que o requerente ao benefício de pensão:

( ) é emancipado (caso o(a) dependente seja maior de 16 anos e menor de 18 anos)

( ) não é emancipado (caso o(a) dependente seja maior de 16 anos e menor de 18 anos)

( ) incorreu em pelo menos uma das situações abaixo (caso o(a) dependente seja maior de 18 anos)

( ) não incorreu em nenhuma das situações abaixo (caso o(a) dependente seja maior de 18 anos) Nos termos do art. 5º do Código Civil, a emancipação ocorrer nas seguintes situações:

pela concessão dos pais, ou de um deles na falta do outro, mediante instrumento público, independentemente de homologação judicial, ou por sentença do juiz, ouvido o tutor, se o menor tiver dezesseis anos completos;

pelo casamento;

pelo exercício de emprego público efetivo;

pela colação de grau em curso de ensino superior;

pelo estabelecimento civil ou comercial, ou pela existência de relação de emprego, desde que, em função deles, o menor com dezesseis anos completos tenha economia própria.*

Declaro, ainda, que tenho consciência de que constitui crime, previsto no art. 299 do Código Penal Brasileiro, prestar declaração falsa com o fim de criar obrigação ou alterar a verdade sobre fato juridicamente relevante e que a penalidade aplicada no seu cumprimento varia de 01 (um) a 03 (três) anos de reclusão e multa.

Local e data:_____________,_______ de__________de 202__

____

Assinatura do beneficiário/pensionista

(*) Anexar comprovante/contracheque dos valores recebidos, em caso de recebimento de renda em decorrência da relação de emprego, público ou privado.

ANEXO IV

Declaração de inclusão de enteado ou menor tutelado como beneficiário de pensão

Eu, (nome do servidor), ocupante do cargo (denominação do cargo/carreira), matrícula Siape (número), do quadro de pessoal deste (nome do órgão ou entidade), declaro para os devidos fins e efeitos legais, sob as penas da lei, que o(a) menor (nome do menor), é meu (enteado ou menor tutelado) e beneficiário para fins concessão de pensão, sendo meu dependente econômico, nos termos da Portaria SGP/SEDGG/ME Nº 4645, de 24 de maio de 2022.

Local e data:_________________,_______ de___________________de 202__

____

Assinatura do servidor

ANEXO V

Procuração Particular

Por este instrumento particular de procuração, eu (NOME COMPLETO DO REQUERENTE), nascido(a) em (MUNICÍPIO DA NASCIMENTO), (DATA DE NASCIMENTO), (NACIONALIDADE), (ESTADO CIVIL), portador(a) da cédula de identidade RG Nº (NÚMERO), inscrito(a) no CPF/MF sob nº (NÚMERO), residente e domiciliado(a) à (ENDEREÇO COMPLETO), (BAIRRO), (CIDADE), (ESTADO - UF), (CEP), (TELEFONE), nomeio e constituo meu(minha) bastante procurador(a) Sr(a) (NOME COMPLETO DO PROCURADOR), (NACIONALIDADE), (ESTADO CIVIL), portador(a) da cédula de identidade RG (NÚMERO) inscrito(a) no CPF/MF sob nº (NÚMERO), (PROFISSÃO), residente e domiciliado(a) à (ENDEREÇO COMPLETO), (BAIRRO), (CIDADE), (ESTADO - UF), (CEP), (TELEFONE), a quem confiro poderes especiais para representá-lo perante o (ÓRGÃO DE VINCULAÇÃO DO SERVIDOR), bem como usar de todos os meios legais para o fiel cumprimento do presente mandato, podendo requerer benefícios, revisão e interpor recursos.

Local e data:_________________,_______ de___________________de 202__

____

Assinatura do Procurador

TERMO DE RESPONSABILIDADE

Pelo presente Termo de Responsabilidade, comprometo-me a comunicar ao (ÓRGÃO DE VINCULAÇÃO DO SERVIDOR) qualquer evento que possa anular a presente Procuração, no prazo de trinta dias, a contar da data que o mesmo ocorra, principalmente o óbito do requerente, mediante apresentação da respectiva certidão.

Estou ciente que o descumprimento do compromisso ora assumido, além de obrigar a devolução de importâncias recebidas indevidamente, quando for o caso, sujeitar-me-á às penalidades previstas nos arts. 171 e 299, ambos do Código Penal.

Local e data:_______________,_______ de___________de 202__

____

Assinatura do Procurador

ANEXO VI

Declaração - pensão filha maior solteira

Eu, (nome do dependente), portador do RG nº .... e do CPF nº, declaro para os devidos fins e efeitos legais e sob as penas da lei que:

não ocupo ou ocupei cargo público permanente; ou

não obtive o estado civil de casada ou viúva após o óbito do instituir da pensão; ou

não estabeleci união estável; ou

não percebi ou percebo benefícios previdenciários decorrentes da alteração do estado civil de solteira, como a pensão prevista no art. 217, incisos I, II e III, da Lei nº 8.112, de 1990, ou de outros regimes de previdência.

Comprometo-me a informar, imediatamente, ao (nome órgão de vinculação da pensão) a ocorrência de quaisquer das situações acima.

Declaro, ainda, que tenho consciência de que constitui crime, previsto no art. 299 do Código Penal Brasileiro, prestar declaração falsa com o fim de criar obrigação ou alterar a verdade sobre fato juridicamente relevante e que a penalidade aplicada no seu cumprimento varia de 01 (um) a 03 (três) anos de reclusão e multa.

Local e data:__________________,_______ de___________de 202__

____

Assinatura do Procurador

ANEXO VII

Tabela de Contribuição do Servidor

Tempo de contribuição	Percentual
< =20 anos	60%
21 anos	62%
22 anos	64%
23 anos	66%
24 anos	68%
25 anos	70%
26 anos	72%
27 anos	74%
28 anos	76%
29 anos	78%

30 anos	80%
31 anos	82%
32 anos	84%
33 anos	86%
34 anos	88%
35 anos	90%
36 anos	92%
37 anos	94%
38 anos	96%
39 anos	98%
40 anos	100%
>40 anos	Acréscimo de 2% para cada ano excedente

ANEXO VIIII

Minuta de Portaria de Concessão de Pensão

PORTARIA N° XXX, DE XX DE XXXX DE 20XX

A (autoridade competente), no uso da competência que lhe foi atribuída pela (ato legal ou infralegal), publicada no D.O.U de XX de XXX de XXXX, e tendo em vista o que consta do Processo nº XXXXX , resolve:

Art. 1º Conceder pensão à(o) (nome do beneficiário), na qualidade de (tipo de beneficiário) do ex- servidor (nome do ex-servidor), ocupante do cargo (denominação do cargo/carreira), matricula Siape (número), do quadro de pessoal deste (nome do órgão ou entidade), falecido em (atividade / aposentado), em (data de falecimento), com fundamento no inciso (numero) do art. 3º da Portaria SGP/SEDGG/ME Nº 4645, de 24 de maio de 2022, c/c o art. 217 da Lei nº 8.112, de 11 de dezembro de 1990, e (art. 2º da Lei nº 10.887, de 18 de junho de 2004 ou art. 23 da Emenda Constitucional nº 103, de 12 de novembro de 2019).

Art. 2º Os efeitos desta Portaria entram em vigor em (data do óbito/requerimento/decisão judicial/data da portaria).

Assinatura da autoridade competente

PORTARIA MTP Nº 1.467, DE 2 DE JUNHO DE 2022

Disciplina os parâmetros e as diretrizes gerais para organização e funcionamento dos regimes próprios de previdência social dos servidores públicos da União, dos Estados, do Distrito Federal e dos Municípios, em cumprimento à Lei nº 9.717, de 1998, aos arts. 1º e 2º da Lei nº 10.887, de 2004 e à Emenda Constitucional nº 103, de 2019.

O MINISTRO DE ESTADO DO TRABALHO E PREVIDÊNCIA, no uso das atribuições que lhe confere o art. 87, parágrafo único, inciso II, da Constituição Federal e tendo em vista o disposto no art. 9º da Lei nº 9.717, de 27 de novembro de 1998 e no art. 9º da Emenda Constitucional nº 103, de 12 de novembro de 2019, resolve:

Art. 1º Os parâmetros e as diretrizes gerais previstos na Lei nº 9.717, de 1998, que dispõe sobre regras gerais para organização e funcionamento dos regimes próprios de previdência social dos servidores públicos da União, dos Estados, do Distrito Federal e dos Municípios, nos termos do § 22 do art. 40 da Constituição Federal e da Emenda Constitucional nº 103, de 2019, serão regidos conforme as disposições desta Portaria.

CAPÍTULO I
DEFINIÇÕES

Art. 2º Para os efeitos desta Portaria, considera-se:

I - ente federativo: a União, os Estados, o Distrito Federal e os Municípios;

II - Regime Próprio de Previdência Social - RPPS: o regime de previdência instituído no âmbito da União, dos Estados, do Distrito Federal e dos Municípios até 13 de novembro de 2019, data de publicação da Emenda Constitucional nº 103, de 2019, que assegure, por lei, aos seus segurados, os benefícios de aposentadorias e pensão por morte previstos no art. 40 da Constituição Federal;

III - segurados: os segurados em atividade que sejam servidores públicos titulares de cargo efetivo, membros da magistratura, do Ministério Público, da Defensoria Pública e dos Tribunais de Contas de quaisquer dos poderes da União, dos Estados, do Distrito Federal e dos Municípios, incluídas suas autarquias e fundações;

IV - beneficiários: os segurados aposentados e os pensionistas amparados em RPPS;

V - RPPS em extinção: o RPPS do ente federativo que deixou de assegurar em lei os benefícios de aposentadoria e pensão por morte a todos os segurados, mantendo a responsabilidade pelo pagamento dos benefícios concedidos, bem como daqueles cujos requisitos necessários à sua concessão foram implementados anteriormente à vigência da lei;

VI - unidade gestora: entidade ou órgão único, de natureza pública, de cada ente federativo, abrangendo todos os poderes, órgãos e entidades autárquicas e fundacionais, que tenha por finalidade a administração, o gerenciamento e a operacionalização do RPPS, incluindo a arrecadação e gestão de recursos e fundos previdenciários, a concessão, o pagamento e a manutenção dos benefícios previdenciários;

VII - dirigentes da unidade gestora: representante legal ou o detentor da autoridade de mais elevada da unidade gestora do RPPS, e os demais integrantes do órgão ou instância superior de direção da unidade imediatamente a ele subordinados, correspondentes aos diretores no caso de diretoria executiva, ou aos cargos com funções de direção assemelhadas, em caso de outra denominação do órgão ou instância superior de direção;

VIII - responsável pela gestão das aplicações dos recursos do RPPS: o dirigente ou servidor da unidade gestora do RPPS formalmente designado para a função, por ato da autoridade competente;

IX - benefícios previdenciários: aposentadorias e pensão por morte;

X - cargo efetivo: o conjunto de atribuições, deveres e responsabilidades específicas definidas em estatutos dos entes federativos cometidas a um servidor aprovado por meio de concurso público de provas ou de provas e títulos;

XI - carreira: a sucessão de cargos efetivos, estruturados em níveis e graus segundo sua natureza, complexidade e o grau de responsabilidade, de acordo com o plano definido por lei de cada ente federativo;

XII - tempo de efetivo exercício no serviço público: o tempo de exercício de cargo, inclusive militar, função ou emprego público, ainda que descontínuo, na Administração direta e indireta de qualquer dos entes federativos;

XIII - remuneração do cargo efetivo: o valor constituído pelo subsídio, pelos vencimentos e pelas vantagens pecuniárias permanentes do cargo, estabelecidos em lei de cada ente, acrescido dos adicionais de caráter individual e das vantagens pessoais permanentes;

XIV - recursos previdenciários: as contribuições e quaisquer valores, bens, ativos e seus rendimentos vinculados ao RPPS ou aos fundos previdenciários, de que trata o art. 6º da Lei nº 9.717, de 28 de novembro 1998, inclusive a totalidade dos créditos do ente instituidor do benefício, reconhecidos pelo regime de origem, relativos à compensação financeira prevista nos §§ 9º e 9º-A do art. 201 da Constituição Federal e os recursos destinados à taxa de administração;

XV - equilíbrio financeiro e atuarial: a garantia de equivalência, a valor presente, entre o fluxo das receitas estimadas e das despesas projetadas, apuradas atuarialmente, que, juntamente com os bens, direitos e ativos vinculados, comparados às obrigações assumidas, evidenciem a solvência e a liquidez do plano de benefícios;

XVI - taxa de administração: o valor financiado por meio de alíquota de contribuição, a ser somada às alíquotas de cobertura do custo normal do RPPS ou outra forma prevista em lei de cada ente, para custeio das despesas correntes e de capital necessárias à organização, administração e ao funcionamento do regime, inclusive para conservação de seu patrimônio, observados limites anuais de gastos e a sua manutenção de forma segregada dos recursos destinados ao pagamento de benefícios; *(Redação dada pela Portaria MTP 3.803/2022)*

XVII - base de cálculo: valor das parcelas da remuneração ou do subsídio adotadas como base para contribuição ao RPPS e para cálculo dos benefícios por meio de média aritmética;

XVIII - cálculo por integralidade: regra de definição do valor inicial de proventos de aposentadoria e das pensões por morte, que corresponderão à remuneração do segurado no cargo efetivo, ao subsídio, ou ao provento, conforme previsto na regra vigente para concessão desses benefícios quando da implementação dos requisitos pelo segurado ou beneficiário;

XIX - cálculo por média: regra de definição dos proventos, que considera a média aritmética simples das bases de cálculo das contribuições aos regimes de previdência a que esteve filiado o segurado ou das bases para contribuições decorrentes das atividades militares de que tratam os arts. 42 e 142 da Constituição Federal, atualizadas monetariamente, correspondentes a todo o período contributivo, ou a parte deste, conforme regra vigente na data do implemento dos requisitos de aposentadoria;

XX - paridade: forma de revisão dos proventos de aposentadoria e das pensões por morte aos quais foi assegurada a aplicação dessa regra, que ocorrerá na mesma proporção e na mesma data, sempre que se modificar a remuneração ou subsídio dos segurados em atividade, sendo também estendidos aos aposentados e pensionistas quaisquer benefícios ou vantagens posteriormente concedidos aos segurados, inclusive quando decorrentes da transformação ou reclassificação do cargo ou função em que se deu a aposentadoria ou que serviu de referência para a concessão de pensão por morte, desde que tenham natureza permanente e geral e sejam compatíveis com o regime jurídico dos segurados em atividade, na forma da lei;

XXI - reajustamento anual: forma de revisão dos proventos e das pensões por morte aos quais não foi garantida a aplicação da paridade, para preservar, em caráter permanente, o valor real desses benefícios, conforme índice definido na legislação de cada ente federativo;

XXII - proventos integrais: regra de definição do valor inicial de proventos, sem proporcionalização, que corresponderão à 100% (cem por cento) do valor calculado conforme inciso XVIII ou, pelo menos a 100% do valor calculado conforme inciso XIX, de acordo com a regra constitucional ou legal aplicável em cada hipótese;

XXIII - proventos proporcionais: proventos de aposentadoria concedidos ao segurado que não cumpriu os requisitos para obtenção de proventos integrais, calculados conforme fração entre o tempo de contribuição do segurado e o tempo mínimo exigido para concessão de proventos integrais, calculado em dias, fração que será aplicada sobre a integralidade da remuneração do segurado ou sobre o resultado da média aritmética das bases de cálculo de contribuição com os percentuais a ela acrescidos, conforme regra constitucional ou legal aplicável em cada hipótese;

XXIV - contribuições normais: as contribuições do ente e dos segurados e beneficiários destinadas à cobertura do custo normal do plano de benefícios, e as contribuições dos aposentados e pensionistas, inclusive em decorrência da ampliação da base de cálculo para o valor dos proventos de aposentadoria e de pensões por morte que supere o valor a partir do salário mínimo;

XXV - contribuições suplementares: as contribuições a cargo do ente destinadas à cobertura do custo suplementar, que corresponde às necessidades de custeio, atuarialmente calculadas, referentes ao tempo de serviço passado, ao equacionamento de deficit e outras finalidades para o equilíbrio do regime não incluídas nas contribuições normais;

XXVI - Notificação de Ação Fiscal - NAF: documento que instaura o Processo Administrativo Previdenciário - PAP, emitido por Auditor-Fiscal da Receita Federal do Brasil - AFRFB credenciado pela Secretaria de Previdência - SPREV do Ministério do Trabalho e Previdência - MTP;

XXVII - Decisão-Notificação - DN: ato pelo qual AFRFB designado pela SPREV decide sobre impugnação apresentada no PAP;

XXVIII - Decisão de Recurso - DR: ato pelo qual a autoridade competente decide sobre o recurso administrativo no PAP;

XXIX - Despacho-Justificativa: ato praticado no PAP por AFRFB designado pela SPREV, homologado pela autoridade imediatamente superior e que não constitua DN ou DR; e

XXX - Certificado de Regularidade Previdenciária - CRP: documento instituído pelo Decreto nº 3.788, de 11 de abril de 2001, que atesta, para os fins do disposto no art. 7º da Lei nº 9.717, de 1998, o cumprimento, pelos Estados, Distrito Federal e Municípios, dos critérios e exigências aplicáveis aos RPPS e aos seus fundos previdenciários, conforme previsão do inciso IV do art. 9º dessa Lei.

§ 1º Nas referências desta Portaria:

I - à União, aos Estados, ao Distrito Federal e aos Municípios, estão compreendidos:

a) o Poder Executivo, o Poder Legislativo, o Poder Judiciário, o Ministério Público, a Defensoria Pública e os Tribunais de Contas; e

b) as respectivas administrações diretas, fundos previdenciários, autarquias e fundações de direito público;

II - a Tribunais de Contas, estão incluídos: Tribunal de Contas da União, Tribunal de Contas do Estado e, quando houver, Tribunal de Contas dos Municípios e Tribunal de Contas do Município; e

III - a cargos efetivos, estão incluídos os cargos vitalícios.

§ 2º Considera-se instituído o RPPS a partir da entrada em vigor da lei que assegurou a concessão dos benefícios de aposentadoria e pensão por morte, independentemente da criação de unidade gestora ou do estabelecimento de alíquota de contribuição, observadas as condições estabelecidas na própria lei de criação.

§ 3º Quando os benefícios de aposentadoria e pensão por morte estiverem previstos em leis distintas, considerar-se-á instituído o RPPS na data da vigência da lei mais recente que estabeleça a concessão de um desses benefícios.

CAPÍTULO II
SEGURADOS E BENEFICIÁRIOS DO RPPS

Art. 3º O RPPS oferecerá cobertura exclusiva a todos os servidores públicos titulares de cargo efetivo, bem como aos membros da magistratura, do Ministério Público, da Defensoria Pública e dos Tribunais de Contas de quaisquer dos poderes da União, dos Estados, do Distrito Federal e dos Municípios, incluídas suas autarquias e fundações e a seus dependentes.

§ 1º Aplica-se ao agente público do ente federativo, incluídas suas autarquias e fundações, ocupante, exclusivamente, de cargo em comissão declarado em lei de livre nomeação e exoneração, de outro cargo temporário, inclusive mandato eletivo, ou de emprego público, o Regime Geral de Previdência Social - RGPS.

§ 2º O aposentado por qualquer regime de previdência que exerça ou venha a exercer cargo em comissão, cargo temporário, emprego público ou mandato eletivo filia-se, obrigatoriamente, ao RGPS.

§ 3º O segurado que exerça cargo ou função em comissão, provido por nomeação, designação ou outra forma de investidura nos órgãos ou entidades da administração pública direta, indireta ou fundacional, continua filiado exclusivamente ao RPPS, observado o disposto no art. 12, não sendo devidas contribuições ao RGPS pelo exercício do cargo ou função.

§ 4º A filiação do segurado ao RPPS dar-se-á pelo exercício das atribuições do cargo de que é titular, nos limites da carga horária que a legislação do ente federativo fixar.

§ 5º Quando houver exercício concomitante de cargo efetivo com outro cargo não efetivo, desde que haja compatibilidade de horários, haverá o vínculo e o recolhimento ao RPPS, pelo cargo efetivo e, ao RGPS, pelo cargo em comissão.

§ 6º Os notários ou tabeliães, os oficiais de registro ou registradores, os escreventes e os auxiliares, não remunerados pelos cofres públicos, são segurados obrigatórios do RGPS, e não se filiam ao RPPS.

Art. 4º O segurado de RPPS, permanecerá filiado a esse regime, no ente federativo de origem, nas seguintes situações:

I - quando cedido, com ou sem ônus para o cessionário, a órgão ou entidade da administração direta ou indireta de quaisquer dos entes federativos;

II - quando licenciado, na forma da lei do ente federativo;

III - durante o afastamento do cargo para o exercício de mandato eletivo em quaisquer dos entes federativos, com ou sem ônus para o órgão do exercício mandato, conforme art. 38 da Constituição Federal;

IV - durante o afastamento do país por cessão ou licenciamento na forma da lei do ente federativo; e

V - durante o afastamento para exercício de cargo temporário ou função pública providos por nomeação, designação ou outra forma de investidura nos órgãos ou entidades da administração pública direta, indireta ou fundacional do mesmo ou de outro ente federativo.

§ 1º O segurado de RPPS que for investido no mandato de vereador e, havendo compatibilidade de horários, continuar exercendo as atribuições do cargo efetivo, sem prejuízo da remuneração do cargo eletivo, permanecerá filiado ao RPPS no ente federativo de origem em relação ao cargo efetivo, sendo filiado ao RGPS pelo exercício concomitante do cargo eletivo.

§ 2º O recolhimento das contribuições relativas aos segurados cedidos, afastados e licenciados observará ao disposto nos arts. 19 a 24.

Art. 5º São segurados, na condição de beneficiários, os dependentes em gozo de pensão por morte e os aposentados.

Art. 6º A perda da condição de segurado do RPPS ocorrerá nas hipóteses de morte, exoneração, demissão, cassação da aposentadoria, transcurso do tempo de duração ou demais condições da pensão por morte previstas em lei do ente federativo ou em razão de decisão judicial.

CAPÍTULO III
CARÁTER CONTRIBUTIVO

Art. 7º O RPPS terá caráter contributivo e solidário, observada a exigência do equilíbrio financeiro e atuarial e o seguinte:

I - previsão em lei do ente federativo:

a) das alíquotas de contribuição do ente, dos segurados e dos beneficiários e dos valores de aportes para equacionamento de deficit atuarial, embasados nas avaliações atuariais do regime próprio, elaboradas conforme as normas de atuária previstas no Capítulo IV;

b) do prazo para repasse das contribuições ou aportes pelo responsável, que não poderá ultrapassar o último dia útil do mês subsequente ao da competência da folha de pagamento; e

c) de aplicação, em caso de falta do repasse das contribuições no prazo a que se refere a alínea "b", de índice oficial de atualização monetária, de taxa de juros igual ou superior à hipótese financeira utilizada nas avaliações atuariais do RPPS e de multa, sem prejuízo das sanções penais, cíveis e administrativas a que estejam sujeitos os responsáveis; e

II - retenção, recolhimento e repasse das contribuições dos segurados e beneficiários do RPPS à unidade gestora do regime, bem como das contribuições e aportes do ente federativo, inclusive dos valores relativos a débitos parcelados mediante acordo.

§ 1º O índice oficial de atualização monetária a que se refere a alínea "c" do inciso I do caput será, no mínimo, o mesmo fixado para a atualização dos proventos de aposentadoria e de pensões por morte do RPPS calculados com base na média aritmética das bases de cálculo de contribuição;

§ 2º A responsabilidade pela retenção, recolhimento e repasse mensal das contribuições e aportes devidos ao RPPS será do ordenador de despesas do órgão ou da entidade com atribuições para efetuar o pagamento das remunerações, proventos e pensões por morte.

§ 3º Deverão ser estabelecidas as alíquotas previstas na alínea "a" do inciso I do caput para os fundos previdenciários, inclusive em caso de segregação da massa.

§ 4º As contribuições e aportes do ente federativo e as transferências para cobertura das insuficiências financeiras do RPPS deverão abranger todos os poderes, órgãos e entidades que possuem segurados e beneficiários do regime.

§ 5º Extinta a obrigação tributária do ente federativo pela decadência ou prescrição ou, quando delegada a capacidade tributária, pela confusão, permanece a obrigação financeira do ente de respeitar a destinação dos respectivos valores ao RPPS, continuando exigíveis as contribuições e aportes previstos, em observância ao princípio do equilíbrio financeiro e atuarial previsto no caput do art. 40 da Constituição Federal.

Art. 8º Aos RPPS cujos entes federativos referendarem, em dispositivo de lei de iniciativa privativa do respectivo Poder Executivo, as alterações promovidas no art. 149 da Constituição Federal pela Emenda Constitucional nº 103, de 2019, aplicam-se as seguintes disposições, observadas as regras sobre limites previstas no art. 11:

I - poderão instituir alíquotas progressivas de acordo com o valor da base de contribuição ou dos proventos de aposentadoria e de pensões por morte; e

II - quando houver deficit atuarial, o ente federativo poderá, por meio de lei, estabelecer que a contribuição dos beneficiários incidirá sobre o valor dos proventos de aposentadoria e de pensões por morte que supere o valor a partir do salário mínimo, na forma prevista na citada lei.

Art. 9º As alíquotas de contribuição do ente, dos segurados e dos beneficiários do RPPS serão instituídas ou alteradas expressamente por meio de lei do ente federativo, e:

I - em caso de instituição ou majoração, serão exigidas depois de decorridos noventa dias da data da publicação da lei de cada ente que as houver instituído ou majorado, podendo ser postergada, na lei, a exigência para o primeiro dia do mês subsequente ao nonagésimo dia, devendo ser mantida a vigência da contribuição anterior durante esse período;

II - poderão ser progressivas de acordo com o valor da base de contribuição desde que embasadas em avaliação atuarial;

III - não poderão ser alteradas com efeitos retroativos; e

IV - a implementação de eventual redução está condicionada à observância dos critérios previstos no art. 65.

§ 1º Aos aportes destinados ao plano de equacionamento do deficit atuarial aplica-se o disposto nos incisos I, III e IV do caput.

§ 2º As contribuições do ente federativo e os aportes por ele destinados ao plano de equacionamento do deficit atuarial poderão ser diferenciados conforme critérios previstos no art. 53.

§ 3º A aplicação do disposto no § 2º às contribuições dos segurados e beneficiários deverá observar os parâmetros definidos na forma do § 22 do art. 40 da Constituição.

§ 4º É vedada a compensação ou restituição das contribuições de que trata o caput quando não atendidos os requisitos previstos no art. 82.

Art. 10. A legislação que instituir ou alterar as contribuições normais e suplementares ou os aportes para equacionamento de deficit atuarial deverá discriminar, conforme o caso, todos os percentuais, valores e períodos de exigência, não se admitindo a simples menção a percentuais e a outros aspectos constantes da avaliação atuarial que tenha proposto o plano de custeio ou de amortização do deficit, devendo conter:

I - todos os valores das parcelas a amortizar, quer sejam decorrentes da aplicação de alíquotas ou aportes mensais;

II - os prazos para repasse e critérios de atualização na forma do inciso I do caput do art. 7º; e

III - os respectivos períodos de exigência das contribuições suplementares ou dos aportes por meio de tabela com as seguintes informações:

a) competências de início e fim dos períodos de exigência das respectivas alíquotas ou aportes devidos; e

b) para cada período, o percentual da alíquota devida e os valores estimados da base de cálculo e das contribuições totalizados no período ou o valor das parcelas mensais dos aportes devidos e dos valores anuais totalizados no período.

SEÇÃO I
LIMITES DE CONTRIBUIÇÃO

Art. 11. As contribuições normais do ente federativo, dos segurados e beneficiários destinadas ao RPPS sujeitam-se aos seguintes limites:

I - o somatório do valor da contribuição do ente federativo para cobertura do custo normal do plano de benefícios do RPPS não poderá ser inferior ao somatório do valor da contribuição dos segurados nem superior ao dobro desta, observadas as avaliações atuariais anuais;

II - as alíquotas de contribuição dos segurados dos RPPS dos Estados, Distrito Federal e Municípios não poderão ser inferiores às dos segurados do RPPS da União, exceto se demonstrado que o RPPS não possui deficit atuarial a ser equacionado, hipótese em que a alíquota não poderá ser inferior às aplicáveis ao RGPS; e

III - as contribuições sobre os proventos de aposentadoria e sobre as pensões que excederem ao limite máximo estabelecido para os benefícios do RGPS ou àquele fixado nos termos do inciso II do caput do art. 8º observarão os mesmos percentuais aplicados aos segurados do RPPS do ente federativo.

§ 1º Aplicam-se os seguintes parâmetros para observância aos limites de que tratam os incisos II e III do caput:

I - em caso de estabelecimento de alíquota uniforme:

a) se o RPPS possui deficit atuarial, deverá ser prevista, no mínimo, a alíquota de 14% (catorze por cento); ou

b) se o RPPS não possui deficit atuarial deverá ser prevista alíquota que proporcione valores mensais a serem arrecadados, como produto de sua aplicação aos segurados e beneficiários do RPPS, correspondentes, no mínimo, àqueles que seriam obtidos caso fossem aplicadas as alíquotas progressivas previstas para os segurados do RGPS; ou

II - em caso de estabelecimento de alíquotas progressivas:

a) se o RPPS possui deficit atuarial, deverão ser previstas alíquotas que proporcionem valores mensais a serem arrecadados, como produto da sua aplicação aos segurados e beneficiários do RPPS, correspondentes, no mínimo, àqueles que seriam obtidos caso fosse aplicada a alíquota uniforme de 14% (catorze por cento); ou

b) se o RPPS não possui deficit atuarial, deverão ser previstas alíquotas que proporcionem valores mensais a serem arrecadados, como produto da sua aplicação aos segurados e beneficiários do RPPS, correspondentes, no mínimo, àqueles que seriam obtidos caso fossem aplicadas as alíquotas progressivas previstas para os segurados do RGPS.

§ 2º Para fins do disposto no § 1º:

I - não será considerada como ausência de deficit atuarial a implementação de segregação da massa de segurados ou a previsão em lei do ente federativo de plano de equacionamento de deficit; e

II - o produto resultante da aplicação das alíquotas às bases de cálculo dos segurados e dos beneficiários a serem previstas, considerando o disposto no inciso II do caput do art. 8º, deverá ser comparado com aquele que seria obtido sem a ampliação das bases de cálculo.

§ 3º Caso a avaliação atuarial anual passe a identificar a existência de deficit atuarial, a adequação das alíquotas dos segurados e beneficiários deverá observar o prazo previsto no art. 54 para implementação do plano de custeio nela proposto.

§ 4º Para garantia do equilíbrio financeiro e atuarial do RPPS, as alíquotas suplementares e os aportes para equacionamento de deficit não serão computadas para fins de verificação do limite máximo de que trata o inciso I do caput.

§ 5º A limitação prevista no inciso III do caput não se aplica, em caso de estabelecimento de alíquotas progressivas, às bases de cálculo das contribuições.

§ 6º Para fins de verificação dos parâmetros previstos neste artigo, poderão ser considerados os impactos financeiros decorrentes da adequação das regras de benefícios após a Emenda Constitucional nº 103, de 2019.

§ 7º O ente federativo será responsável pela cobertura de eventuais insuficiências financeiras do RPPS decorrentes do pagamento de benefícios previdenciários, ainda que supere o limite previsto no inciso I do caput.

SEÇÃO II
BASE DE CÁLCULO DAS CONTRIBUIÇÕES

Art. 12. Lei do ente federativo definirá as parcelas que comporão a base de cálculo das contribuições devidas ao RPPS, observados os seguintes parâmetros:

I - integram a base de cálculo das contribuições, dentre outros, o subsídio, o vencimento do cargo efetivo, acrescido das vantagens pecuniárias permanentes estabelecidas em lei, os adicionais de caráter individual e as seguintes rubricas:

a) no que se refere ao segurado: o décimo terceiro salário ou gratificação natalina, a remuneração devida ao segurado em decorrência de períodos de afastamento legal, inclusive por incapacidade temporária para o trabalho e por maternidade; e

b) relativamente aos beneficiários: a gratificação natalina ou abono anual;

II - a contribuição incidente sobre o décimo terceiro salário, gratificação natalina ou abono anual incidirá sobre o valor bruto dessas verbas, sem compensação dos adiantamentos pagos, mediante aplicação, em separado, das alíquotas definidas em lei pelo ente federativo;

III - para o segurado que ingressar no serviço público em cargo efetivo a partir do início da vigência do Regime de Previdência Complementar - RPC ou que tenha exercido a opção correspondente, na forma dos §§ 14 a 16 do art. 40 da Constituição Federal, a base de cálculo das contribuições observará o limite máximo estabelecido para os benefícios do RGPS;

IV - as contribuições dos beneficiários:

a) incidirão sobre a parcela dos proventos e pensões por morte que supere o limite máximo estabelecido para os benefícios do RGPS ou daquele fixado nos termos do inciso II do caput do art. 8º;

b) na forma da lei do ente federativo, incidirão sobre as parcelas de proventos de aposentadoria e de pensão por morte que superem o dobro do limite máximo estabelecido para os benefícios do RGPS quando o beneficiário for portador de doença incapacitante e desde que não referendada, na forma do caput do art. 8º, a revogação do disposto no § 21 do art. 40 pela Emenda Constitucional nº 103, de 2019;

c) serão calculadas mensalmente, observando-se as alterações das bases de cálculo em caso de alíquotas progressivas ou dos limites de que trata a alínea "a"; e

d) incidirão sobre o valor total do benefício, antes de sua divisão em cotas;

V - a base de cálculo das contribuições dos segurados não poderá ser inferior ao salário mínimo, inclusive na hipótese de redução de carga horária, com prejuízo do subsídio ou remuneração;

VI - (Revogado pela Portaria MPS 1.180/2024)

VII - não incidirá contribuição sobre verba não incorporável aos proventos de aposentadoria do segurado, tais como abono de permanência, terço de férias, serviços extraordinários, adicional noturno e adicional de insalubridade, observado o disposto no § 1º.

§ 1º Lei do ente federativo poderá prever a inclusão, na base de cálculo, das parcelas pagas em decorrência de local de trabalho, de função de confiança, de cargo em comissão, ou de outras parcelas temporárias de remuneração, inclusive quando pagas por ente cessionário, mediante opção expressa do servidor que for se aposentar pela média de que trata o inciso XIX do caput do art. 2º, hipótese na qual também será devida a contribuição do ente.

§ 2º Na hipótese de haver mais de um beneficiário do mesmo segurado instituidor, em que algum for portador de doença incapacitante, deverão ser realizados cálculos separados das contribuições sobre o total da base de cálculo considerando as duas condições, conforme alíneas "a" ou "b" do inciso IV do caput, a ser descontada de cada um de forma proporcional à quantidade de cotas-parte do benefício.

Art. 13. Incidirá contribuição de responsabilidade dos segurados e beneficiários e do ente sobre as parcelas que componham a base de cálculo, pagas retroativamente em razão de determinação legal, administrativa ou judicial, observando-se que:

I - se for possível identificar as competências a que se refere o pagamento, aplicar-se-á a alíquota vigente em cada competência;

II - em caso de impossibilidade de identificação das competências a que se refere o pagamento, aplicar-se-á a alíquota vigente na competência em que for efetuado o pagamento;

III - em qualquer caso, as contribuições correspondentes deverão ser repassadas à unidade gestora no mesmo prazo fixado para o repasse das contribuições relativas à competência em que se efetivar o pagamento dos valores retroativos; e

IV - se as contribuições devidas forem repassadas após o prazo previsto no inciso III do caput, incidirão os mesmos acréscimos legais previstos para as contribuições relativas à competência do pagamento.

Art. 13-A. A contribuição do servidor público ativo da União, dos Estados, do Distrito Federal e dos Municípios, incluídas suas autarquias e fundações, para os respectivos regimes próprios de previdência social, bem como a de seus aposentados e pensionistas, incidirá sobre a base de contribuição apurada isoladamente para cada um dos vínculos previdenciários do servidor e/ou beneficiário da Previdência Social, salvo disposição diversa prevista em lei do ente federativo, para o plano de custeio, em relação aos vínculos do servidor, aposentado e pensionista no âmbito do mesmo RPPS. (Acrescido pela Portaria MPS 1.180/2024)

SEÇÃO III
PARCELAMENTO DE DÉBITOS

Art. 14. As contribuições normais e as suplementares e aportes destinados ao equacionamento do deficit atuarial, legalmente instituídos, inclusive seus encargos legais, devidos pelo ente federativo e não repassadas à unidade gestora do RPPS até o seu vencimento, depois de apurados e confessados, poderão ser objeto de termo de acordo de parcelamento para pagamento em moeda corrente, assegurado o equilíbrio financeiro e atuarial do regime e observados, no mínimo, os seguintes critérios: *(Redação dada pela Portaria MTP 3.803/2022)*

I - autorização em lei do ente federativo;

II - previsão, em cada termo de acordo de parcelamento, do número máximo de 60 (sessenta) prestações mensais, iguais e sucessivas;

III - aplicação de índice oficial de atualização e de taxa de juros, definidos em lei do ente federativo, na consolidação do montante devido e no pagamento das prestações vincendas e vencidas, com incidência mensal, respeitando-se, como limite mínimo, a meta atuarial utilizada na avaliação atuarial do RPPS quando da celebração do termo;

IV - vencimento da primeira prestação no máximo até o último dia útil do mês subsequente ao da assinatura do termo de acordo de parcelamento;

V - previsão das medidas e sanções, inclusive multa, para os casos de inadimplemento das prestações ou descumprimento das demais regras do termo de acordo de parcelamento;

VI - vedação de inclusão das contribuições descontadas dos segurados e beneficiários; e

VII - vedação de inclusão de débitos não decorrentes de contribuições previdenciárias.

§ 1º Na contratação a que se refere o caput, o ente federativo deverá adotar as providências necessárias a assegurar a regularidade orçamentária, financeira e patrimonial da operação, inclusive no que se refere à autorização legislativa para assunção da obrigação.

§ 2º Observadas as regras previstas neste artigo, os Estados, o Distrito Federal e os Municípios poderão, mediante lei autorizativa, firmar termo de acordo de parcelamento, em até 60 (sessenta) prestações mensais, iguais e sucessivas, de contribuições devidas pelo ente federativo, de contribuições descontadas dos segurados e beneficiários, bem como de outros débitos não decorrentes de contribuições previdenciárias relativos a competências até março de 2017.

Art. 15. Admite-se o reparcelamento de débitos parcelados anteriormente, mediante autorização em lei do ente federativo, observados os seguintes parâmetros: *(Redação dada pela Portaria MTP 3.803/2022)*

I - o reparcelamento consiste em uma nova consolidação do montante do débito parcelado, calculada a partir da diferença entre o valor originalmente consolidado do termo de parcelamento em vigor e o valor total das prestações pagas posteriormente, ajustadas a valor presente na data de formalização do termo em vigor, sendo essa diferença atualizada até a data de consolidação do reparcelamento;

II - as prestações em atraso não poderão ser objeto de novo parcelamento desvinculado do parcelamento originário, devendo ser quitadas integralmente ou incluídas no saldo devedor do reparcelamento;

III - previsão, em cada termo de acordo de reparcelamento, de quantidade de prestações mensais, iguais e sucessivas, que não ultrapasse 60 (sessenta) meses quando somadas à quantidade de prestações pagas previstas no parcelamento originário;

IV - cada termo de parcelamento poderá ser reparcelado uma única vez, vedada a inclusão de débitos que não o integravam anteriormente; e

V - não são considerados como reparcelamento os acordos que tenham por objeto a alteração de condições estabelecidas em acordo anterior, sem ampliação do prazo inicialmente estabelecido para o pagamento das prestações, mantida a exigência, na forma e valores previstos na pactuação originária, das parcelas com vencimento anterior àquela alteração, que não estarão, assim, sujeitas à compensação ou restituição. *(Redação dada pela Portaria MTP 3.803/2022)*

Art. 16. O segurado obrigado a recolher, ele próprio, as contribuições ao RPPS, poderá, em caso de inadimplência, parcelar a dívida nos termos da legislação do ente federativo, observado o prazo máximo previsto no inciso II do caput do art. 14.

Art. 17. Os termos de acordo de parcelamento ou reparcelamento deverão ser formalizados e encaminhados à SPREV por meio do Sistema de Informações dos Regimes Públicos de Previdência Social - Cadprev, conforme modelos disponibilizados pela SPREV na página da Previdência Social na Internet, para apreciação de sua conformidade com os parâmetros gerais.

SEÇÃO IV
DAÇÃO EM PAGAMENTO

Art. 18. É vedada a utilização de bens, direitos e demais ativos de qualquer natureza para dação em pagamento de débitos do ente federativo com o RPPS.

SEÇÃO V
CONTRIBUIÇÃO DOS SEGURADOS CEDIDOS, AFASTADOS E LICENCIADOS

Art. 19. Nas hipóteses de cessão, licenciamento ou afastamento de segurado, o cálculo da contribuição ao RPPS será feito com base na remuneração ou subsídio do cargo efetivo de que o segurado for titular.

Art. 20. Na cessão de segurado ou no afastamento para exercício de mandato eletivo, em que o órgão ou entidade cessionário ou órgão do exercício do mandato efetua o pagamento da remuneração ou subsídio diretamente ao segurado, será de responsabilidade desse órgão ou entidade:

I - o desconto das contribuições devidas pelo segurado ao RPPS de origem;

II - o custeio das contribuições normais e suplementares devidas pelo órgão ou entidade de origem ao regime próprio; e

III - o repasse das contribuições, de que tratam os incisos I e II, à unidade gestora do RPPS a que está filiado o segurado.

§ 1º Caso o cessionário ou órgão do exercício do mandato não efetue o repasse das contribuições previdenciárias no prazo legal, a unidade gestora do RPPS, comunicará ao órgão ou entidade de origem para que recomponha financeiramente o regime, sendo facultado a esse órgão ou entidade buscar o posterior reembolso dos valores correspondentes.

§ 2º O termo, ato ou outro documento de cessão ou afastamento do segurado com ônus remuneratório para o cessionário ou órgão de exercício de mandato deverá prever a responsabilidade deste também pelo desconto, recolhimento e repasse das contribuições previdenciárias ao RPPS, conforme valores informados mensalmente pelo órgão ou entidade de origem.

§ 3º O disposto neste artigo aplica-se a todos os casos de afastamento em que o ônus for:

I - do órgão de exercício do mandato eletivo, inclusive o de prefeito ou de vereador em que haja opção pelo recebimento do subsídio desses cargos; ou

II - do órgão ou entidade de exercício de cargo político pelo segurado.

Art. 21. Na cessão ou afastamento do segurado, sem ônus para o cessionário, continuarão sob a responsabilidade do órgão ou entidade de origem o recolhimento e o repasse, à unidade gestora do RPPS, das contribuições correspondentes à parcela devida pelo segurado e pelo ente federativo.

Parágrafo único. O disposto no caput se aplica às situações de segurado afastado do cargo para exercício de mandato eletivo de prefeito ou de vereador em que haja opção pelo recebimento do subsídio ou da remuneração do cargo efetivo de que ele seja titular e no caso de segurado afastado, sem ônus para o cessionário, para exercício de cargo político.

Art. 22. Aplica-se ao segurado cedido ou afastado para exercício de mandato eletivo no mesmo ente, a base de cálculo de contribuição estabelecida em lei conforme art. 12.

Parágrafo único. Não incidirão contribuições para o RPPS do ente de origem, para o RPPS do ente cessionário ou de exercício do mandato, nem para o RGPS, sobre as parcelas remuneratórias não componentes da remuneração do cargo efetivo pagas, pelo ente cessionário ou de exercício do mandato ou de cargo político, ao segurado cedido ou licenciado para exercício de mandato eletivo em outro ente federativo, exceto na hipótese em que houver a opção pela contribuição facultativa ao RPPS do ente de origem, na forma prevista em sua legislação, conforme § 1º do art. 12.

Art. 22-A. A solicitação de cessão deverá ser apresentada pelo órgão ou entidade cessionária nos moldes do Anexo XV, e a movimentação do agente público cedido será formalizada mediante publicação no veículo oficial de divulgação da Administração Pública cedente. (Acrescido pela Portaria MPS 1.180/2024)

Parágrafo único. Compete ao órgão ou entidade cessionária:

I - informar ao órgão ou entidade cedente a data da efetiva entrada em exercício do agente público cedido para fins de atualização sistêmica pertinente à movimentação efetuada; e

II - acompanhar a frequência e informar ao órgão ou entidade cedente qualquer ocorrência funcional, inclusive faltas não justificadas ou em desacordo com a legislação vigente.

Art. 23. O segurado afastado ou licenciado temporariamente do exercício do cargo efetivo sem recebimento de remuneração ou de subsídio pelo ente federativo somente contará o tempo correspondente ao afastamento ou licenciamento para fins de aposentadoria mediante o recolhimento mensal, ao RPPS, das contribuições a seu cargo.

§ 1º Lei do ente federativo atribuirá ao segurado a que se refere o caput o ônus de recolher a própria contribuição e definirá se a responsabilidade pelo recolhimento da parcela de contribuição a cargo do ente federativo será mantida ou imputada ao segurado.

§ 2º Na omissão da lei do ente federativo quanto ao ônus pelo recolhimento da parcela de contribuição do ente federativo durante o período de afastamento ou licenciamento, o repasse do valor correspondente à unidade gestora do RPPS continuará sob a responsabilidade do ente federativo.

§ 3º As contribuições referidas no § 1º incidirão sobre a mesma base de cálculo e nos mesmos percentuais que incidiriam se o segurado estivesse em atividade, observado o disposto no art. 12.

§ 4º O período de contribuição do segurado na situação de que trata o caput será computado para a concessão de aposentadoria pelo RPPS ou para a contagem recíproca prevista nos §§ 9º e 9º-A do art. 201 da Constituição Federal e não será considerado para verificação do cumprimento dos requisitos de tempo de efetivo exercício no serviço público, de tempo na carreira e de tempo de exercício no cargo efetivo para a concessão de aposentadoria ao segurado.

§ 5º Será suspensa a contagem do tempo de contribuição para efeitos de concessão de benefícios previdenciários do segurado que não efetivar o recolhimento das contribuições ao RPPS e não será devida, no período, a cobertura dos riscos previdenciários não programáveis de aposentadoria por incapacidade permanente para o trabalho, aposentadoria por invalidez e pensão por morte, exceto na hipótese do § 2º do art. 11 do Anexo I, conforme art. 169. (Redação dada pela Portaria MPS 1.180/2024)

Art. 24. Se o segurado for afastado de ambos os cargos efetivos acumulados licitamente para investidura em cargo de provimento em comissão, a contribuição ao RPPS deverá ser realizada sobre as bases de cálculo dos dois cargos, sob pena de suspender a contagem do tempo de contribuição no cargo quanto ao qual não houve o recolhimento.

CAPÍTULO IV
EQUILÍBRIO FINANCEIRO E ATUARIAL

Art. 25. Ao RPPS deverá ser garantido o equilíbrio financeiro e atuarial em conformidade com avaliações atuariais realizadas em cada exercício financeiro para a organização e revisão do plano de custeio e de benefícios.

§ 1º Os entes federativos deverão observar, no dimensionamento dos compromissos do plano de benefícios e no estabelecimento do plano de custeio dos RPPS, os parâmetros técnico-atuariais previstos nesta Portaria e detalhados no Anexo VI, para assegurar a transparência, solvência, liquidez e a observância do equilíbrio financeiro e atuarial.

§ 2º O ente federativo deverá garantir diretamente a totalidade dos riscos cobertos no plano de benefícios, preservando o equilíbrio financeiro e atuarial do RPPS, e, no caso de desequilíbrio, é responsável pela cobertura de eventuais insuficiências financeiras do regime. (Redação dada pela Portaria MPS 1.180/2024)

§ 3º Os dirigentes e membros dos conselhos deliberativo e fiscal do RPPS e os gestores e representantes legais do ente federativo deverão pautar suas ações pela busca da sustentabilidade de longo prazo do regime.

§ 4º O atendimento aos parâmetros estabelecidos nesta Portaria não exime os responsáveis do ônus de demonstrar, tempestivamente, a adequação das hipóteses e premissas atuariais, regimes financeiros e métodos de financiamento adotados para o RPPS.

SEÇÃO I
AVALIAÇÃO ATUARIAL ANUAL

Art. 26. Deverão ser realizadas avaliações atuariais anuais com data focal em 31 de dezembro de cada exercício, coincidente com o ano civil, que se refiram ao cálculo dos custos e compromissos com o plano de benefícios do RPPS, cujas obrigações iniciarse-ão no primeiro dia do exercício seguinte, observados os seguintes parâmetros:

I - elaboração por atuário habilitado;

II - embasamento na Nota Técnica Atuarial - NTA;

III - demonstração da situação do RPPS em relação ao equilíbrio financeiro e atuarial, considerando as normas gerais de organização e funcionamento dos RPPS e a legislação do ente federativo vigentes na data focal;

IV - inclusão de todos os benefícios concedidos e a conceder e respectivos critérios para sua concessão, manutenção e pagamento, indicando, se for o caso, a necessidade de revisão do plano de benefícios;

V - fornecimento das projeções atuariais e da avaliação da situação financeira e atuarial do RPPS, de que trata a Lei Complementar nº 101, de 4 de maio de 2000;

VI - apuração das provisões matemáticas previdenciárias a serem registradas nas demonstrações contábeis levantadas nessa data, observadas as normas de contabilidade aplicáveis ao setor público; e

VII - definição do resultado atuarial do RPPS, com a apuração dos custos normal e suplementar e dos compromissos do plano de benefícios, para estabelecer o plano de custeio de equilíbrio do regime, embasado em regime financeiro e método de financiamento descritos na NTA, indicando, se for o caso, a necessidade de revisão dos planos vigentes.

§ 1º Os resultados das avaliações atuariais anuais deverão ser registrados no Relatório da Avaliação Atuarial que deverá fornecer aos dirigentes e membros dos conselhos deliberativo e fiscal do RPPS e aos gestores e representantes legais dos entes federativos informações que possibilitem o contínuo acompanhamento da solvência e liquidez do plano de benefícios. *(Redação dada pela Portaria MTP 3.803/2022)*

§ 2º O Relatório da Avaliação Atuarial deverá demonstrar os ganhos e perdas atuariais.

§ 3º Para registro das provisões matemáticas previdenciárias de que trata o inciso VI do caput deverá ser utilizado método de financiamento alinhado às normas de contabilidade aplicáveis ao setor público e, no caso de, adicionalmente, ser utilizado outro método para a avaliação da situação atuarial do RPPS, seus resultados deverão ser apresentados em notas explicativas às demonstrações contábeis.

§ 4º Deverão ser elaboradas avaliações atuariais anuais para apuração dos valores dos compromissos e registro das provisões matemáticas previdenciárias nas seguintes situações, observados subsidiariamente os parâmetros de atuária estabelecidos nesta Portaria e as normas de contabilidade aplicáveis ao setor público:

I - em caso de extinção de RPPS;

II - para a massa de beneficiários do RPPS sob responsabilidade financeira direta do Tesouro; e

III - para os Sistemas de Proteção Social dos Militares - SPSM dos Estados e Distrito Federal.

SEÇÃO II
NOTA TÉCNICA ATUARIAL - NTA

Art. 27. A NTA deverá fundamentar a elaboração da avaliação atuarial do RPPS e conter a estrutura e os elementos mínimos previstos no Anexo VI.

§ 1º A NTA deverá ser distinta por Fundo em Repartição e Fundo em Capitalização, em caso de segregação da massa, e nas demais situações de que trata o § 4º do art. 26.

§ 2º A NTA deverá ser substituída em caso de alteração das regras de concessão, cálculo e reajustamento dos benefícios do RPPS, de sua estrutura atuarial, do regime financeiro ou método de financiamento e de suas formulações.

§ 3º Em caso de substituição da NTA deverá ser elaborada justificativa técnica com a descrição das alterações promovidas e os seus impactos, considerando os custos, compromissos, resultados atuariais, nível de capitalização das reservas e o plano de custeio suficiente para o equilíbrio do RPPS.

SEÇÃO III
FLUXOS ATUARIAIS

Art. 28. Os fluxos atuariais, parte integrante da avaliação atuarial, deverão possibilitar o acompanhamento do nível de constituição das reservas e ser base matemática para o cálculo do valor presente atuarial das obrigações e direitos do plano de benefícios e observar os seguintes parâmetros:

I - separação das massas, nas seguintes situações, além de outra desagregação necessária para fins de acompanhamento do passivo previdenciário: (Redação dada pela Portaria MPS 3.811/2024)

a) por Fundo em Repartição e Fundo em Capitalização, em caso de segregação da massa; (Acrescida pela Portaria MPS 3.811/2024)

b) para a atual massa de segurados e beneficiários do RPPS, constante da base cadastral de que trata o art. 47, e para a massa de novos entrantes, em caso de utilização de premissa de reposição de segurados; (Acrescida pela Portaria MPS 3.811/2024)

c) para a massa de beneficiários do RPPS sob responsabilidade financeira direta do Tesouro; e (Acrescida pela Portaria MPS 3.811/2024)

d) para os Sistemas de Proteção Social dos Militares - SPSM dos Estados e Distrito Federal; (Acrescida pela Portaria MPS 3.811/2024)

II - inclusão de projeções de todas as receitas e despesas do RPPS que, trazidas a valor presente, deverão convergir com os valores dos compromissos apurados na avaliação atuarial;

III - demonstração dos quantitativos esperados de novos entrantes e de concessão de benefícios;

IV - evidenciação das projeções relativas aos segurados em atividade considerados como riscos iminentes; e

V - inclusão das previsões de receitas líquidas provenientes da exploração econômica ou da vinculação de bens, direitos e ativos vinculados ao RPPS não classificáveis como ativos garantidores dos compromissos do plano de benefícios.

§ 1º Os fluxos atuariais deverão ser elaborados conforme a estrutura e os elementos mínimos previstos no modelo disponibilizado pela SPREV na página da Previdência Social na Internet e as orientações constantes do Anexo VI.

§ 2º Em caso de utilização de formulações que utilizem subperíodos anuais ou rendas fracionárias, os valores obtidos por comutação deverão convergir para os valores dos fluxos atuariais, a valor presente.

SEÇÃO IV
DURAÇÃO DO PASSIVO

Art. 29. A duração do passivo do RPPS corresponde à média dos prazos dos fluxos de pagamentos de benefícios do RPPS, líquidos das contribuições dos beneficiários, ponderada pelos valores presentes desses fluxos.

§ 1º O cálculo da duração do passivo deverá ser efetuado nos fluxos atuariais referentes à atual massa de segurados e beneficiários do RPPS, observada a metodologia constante do Anexo VI, e ser distinto para as massas previstas no art. 27, § 1º. (Redação dada pela Portaria MPS 3.811/2024)

§ 2º O Relatório da Avaliação Atuarial deverá informar a duração do passivo do RPPS e o histórico de sua evolução anual.

SEÇÃO V
REGIMES FINANCEIROS E MÉTODOS DE FINANCIAMENTO

Art. 30. Os entes federativos poderão adotar para apuração dos compromissos e determinação dos custos do plano de benefícios do RPPS, como fundamento da observância do equilíbrio financeiro e atuarial:

I - regime financeiro de capitalização, para cálculo dos compromissos relativos às aposentadorias programadas e pensões por morte decorrentes dessas aposentadorias; e

II - regime financeiro de repartição de capitais de cobertura, como o mínimo aplicável para cálculo dos benefícios não programáveis de aposentadorias por incapacidade permanente para o trabalho, pensões por morte delas decorrentes, bem como pensão por morte de segurados em atividade.

Parágrafo único. O cálculo dos compromissos relativos aos benefícios do Fundo em Repartição, em caso de segregação da massa e das massas previstas no § 1º do art. 27, que operam em regime financeiro de repartição simples, deverá ser efetuado por processo atuarial, observadas as normas de contabilidade aplicáveis ao setor público.

Art. 31. Para apuração do custo normal dos benefícios avaliados em regime financeiro de capitalização, o financiamento gradual do custo dos benefícios futuros deverá ser estruturado durante toda a vida laboral do segurado, por meio de um dos seguintes métodos atuariais de financiamento, que deverão atender aos parâmetros previstos no Anexo VI:

I - Crédito Unitário Projetado;

II - Idade Normal de Entrada;

III - Prêmio Nivelado Individual; e

IV - Agregado/Ortodoxo.

§ 1º Poderão ser utilizados outros métodos, além daqueles previstos neste artigo, desde que:

I - apresentem nível de formação de reservas superior ao método do Crédito Unitário Projetado;

II - possam ser inteiramente caracterizados conforme critérios estabelecidos no Anexo VI; e

III - sejam submetidos à aprovação da SPREV com todas as formulações necessárias e pertinentes para identificação do novo modelo.

§ 2º Os fluxos de pagamentos de benefícios e de recebimentos das contribuições dos RPPS deverão ser postecipados.

Art. 32. Em caso de alteração do método de financiamento utilizado nas avaliações atuariais:

I - a unidade gestora deverá cientificar o conselho deliberativo do RPPS;

II - deverá ser encaminhada à SPREV a justificativa técnica de substituição da NTA;

III - a motivação e os seus impactos deverão constar do Relatório da Avaliação Atuarial; e

IV - exceto em caso de sua aprovação prévia pela SPREV, o plano de custeio do RPPS somente poderá ser reduzido em decorrência dessa alteração caso o método a ser alterado tenha sido utilizado, no mínimo, nos últimos 3 (três) exercícios e sejam observados os parâmetros previstos no art. 65.

SEÇÃO VI
HIPÓTESES ATUARIAIS

Art. 33. O ente federativo, a unidade gestora do RPPS e o atuário responsável pela elaboração da avaliação atuarial deverão eleger conjuntamente as hipóteses biométricas, demográficas, econômicas e financeiras adequadas à situação do plano de benefícios e aderentes às características da massa de beneficiários do regime para o correto dimensionamento dos seus compromissos futuros, obedecidos os parâmetros mínimos de prudência estabelecidos nesta Portaria.

§ 1º O atuário deverá descrever e atestar, no Relatório da Avaliação Atuarial, quais foram as hipóteses utilizadas na avaliação, indicando aquelas de maior impacto para o resultado atuarial do RPPS.

§ 2º A unidade gestora deverá realizar o acompanhamento das hipóteses biométricas, demográficas, econômicas e financeiras utilizadas, cientificando o conselho deliberativo da sua manutenção ou alteração.

Art. 34. A unidade gestora do RPPS deverá solicitar dos representantes do ente federativo informações e manifestação fundamentada das hipóteses econômicas e financeiras relacionadas ao estabelecimento de políticas ou à execução de programas e atividades sob responsabilidade do ente, especialmente daqueles referentes à gestão de pessoal, para subsidiar a escolha e a análise da aderência.

§ 1º Caso não sejam apresentadas as informações previstas no caput, caberá à unidade gestora defini-las com as informações de que dispõe, devendo essa circunstância constar do Relatório da Avaliação Atuarial. (Parágrafo único transformado em § 1º pela Portaria MPS 3.811/2024)

§ 2º As informações sobre as políticas de gestão de pessoal deverão incluir os históricos de ingresso de servidores para reposição dos decrementos decorrentes de aposentadoria e falecimento e as necessidades, perspectivas e eventual planejamento de novas admissões. (Acrescido pela Portaria MPS 3.811/2024)

Art. 35. Deverá ser elaborado Relatório de Análise das Hipóteses para comprovação de sua adequação às características da massa de beneficiários do regime, atendendo-se em sua formulação às seguintes diretrizes:

I - observância dos elementos mínimos constantes do Anexo VI;

II - elaboração por profissional habilitado; e

III - abrangência e conclusão, no mínimo, quanto à manutenção ou necessidade de alteração das seguintes hipóteses:

a) taxa atuarial de juros;

b) crescimento real das remunerações;

c) probabilidades de ocorrência de morte e invalidez;

d) proporção de participantes do plano com dependentes que serão elegíveis aos benefícios;

e) idade de primeira vinculação a regime previdenciário; (Redação dada pela Portaria MPS 3.811/2024)

f) idade provável de aposentadoria; e (Redação dada pela Portaria MPS 3.811/2024)

g) reposição de segurados. (Acrescida pela Portaria MPS 3.811/2024)

§ 1º Constatada a impossibilidade de demonstração da aderência e adequação de hipóteses quando da aplicação de metodologias para esse fim, deverão constar do Relatório de Análise das Hipóteses as justificativas e resultados que tenham levado a essa conclusão.

§ 2º Caso identificada a não aderência das hipóteses avaliadas, a alteração das hipóteses deverá ser efetuada na próxima avaliação atuarial.

§ 3º Deverão ser registradas no Relatório da Avaliação Atuarial as premissas e hipóteses que foram alteradas ou mantidas em decorrência do Relatório de Análise de Hipóteses.

§ 4º A atualização das tábuas biométricas referenciais e de hipóteses decorrentes da utilização de metodologias que utilizem como insumo informações financeiras e econômicas de domínio público independe do Relatório de Análise de Hipóteses.

§ 5º A inclusão das hipóteses de que tratam as alíneas "e" e "f" do inciso III do caput no Relatório de Análise de Hipóteses é facultativa caso sejam utilizados os parâmetros mínimos prudenciais estabelecidos nesta Portaria.

§ 6º Para fins de definição do plano de custeio de equilíbrio do RPPS, a inclusão da hipótese de que trata a alínea "g" do inciso III do caput é facultativa, caso a sua utilização não impacte os valores dos compromissos e o resultado atuarial. (Acrescido pela Portaria MPS 3.811/2024)

Art. 36. A utilização de tábuas biométricas para a projeção da longevidade e da entrada em invalidez deverá observar os seguintes critérios:

I - para a taxa de sobrevivência de válidos e inválidos, o limite mínimo:

a) será dado pela tábua anual de mortalidade do Instituto Brasileiro de Geografia e Estatísticas - IBGE, segregada obrigatoriamente por sexo, divulgada pela SPREV; e

b) será averiguado por meio da comparação entre a Expectativa de Vida - Ex estimada por essa tábua com aquela gerada pelas tábuas utilizadas na avaliação atuarial, com base na idade média geral da massa de segurados do RPPS; e

II - para a taxa de entrada em invalidez, o limite mínimo:

a) será dado pela tábua Álvaro Vindas; e

b) será averiguado com a comparação das probabilidades de entrada em invalidez de segurados em atividade indicadas por essa tábua mínima com aquelas geradas pela tábua utilizada na avaliação atuarial, com base no somatório de ix, de idade a idade, desde a idade média do grupo de segurados até a idade prevista na regra constitucional para aposentadoria voluntária do servidor do gênero masculino.

Parágrafo único. A unidade gestora poderá utilizar tábuas biométricas formuladas com base na experiência evidenciada da massa de beneficiários do regime, desde que atendidos os limites mínimos de que trata este artigo.

Art. 37. A avaliação atuarial poderá contemplar as perspectivas de alteração futura no perfil e na composição da massa de segurados, cujos critérios deverão ser demonstrados no Relatório da Avaliação Atuarial. (Redação dada pela Portaria MPS 3.811/2024)

§ 1º A alteração do perfil da massa por rotatividade de segurados deverá observar os seguintes parâmetros:

I - taxa máxima de 1% (um por cento) a cada ano de projeção;

II - embasamento por experiência histórica da massa avaliada; e

III - compatibilidade com as premissas de compensação financeira e de reposição de segurados em atividade.

§ 2º A alteração do perfil da massa por reposição de segurados deverá observar princípios relacionados à prudência e segurança e os seguintes parâmetros: (Redação dada pela Portaria MPS 3.811/2024)

I - não poderá resultar em aumento da massa;

II - utilização de modelo para o estabelecimento da dinâmica populacional de reposição e das características biométricas, funcionais, previdenciárias e remuneratórias dos novos entrantes, que: (Redação dada pela Portaria MPS 3.811/2024)

a) seja aderente à experiência histórica da massa avaliada, com dados dos últimos cinco anos, no mínimo; e (Acrescida pela Portaria MPS 3.811/2024)

b) considere as perspectivas de ingresso no serviço público; (Acrescida pela Portaria MPS 3.811/2024)

III - consideração de período de reposição de 75 (setenta e cinco) anos futuros, projetando-se o fluxo de receitas e despesas previdenciárias correspondentes até o falecimento de todo o grupo de reposição;

IV - fundamentação, para sua utilização e revisão, em base cadastral completa, atualizada e consistente e nas informações recebidas pela unidade gestora, na forma do art. 34 e do art. 47; (Redação dada pela Portaria MPS 3.811/2024)

V - poderá impactar os valores dos compromissos e o resultado atuarial, para fins de definição do plano de equacionamento do deficit atuarial e de planejamento atuarial aderente às políticas de gestão de pessoal do ente federativo; (Redação dada pela Portaria MPS 3.811/2024)

VI - poderá ser segmentada por função estatal, por áreas de atuação do setor público ou por cargos ou carreiras típicos de Estado; (Acrescido pela Portaria MPS 3.811/2024)

VII - poderá contemplar somente a reposição de decrementos decorrentes de aposentadorias programadas ou compulsórias ou de falecimentos; (Acrescido pela Portaria MPS 3.811/2024)

VIII - adoção de tempo mínimo de um ano entre a estimativa de decremento e a da respectiva reposição; (Acrescido pela Portaria MPS 3.811/2024)

IX - a remuneração dos novos entrantes, observado o disposto no art. 38, não poderá ser inferior ao salário mínimo nem superior ao limite máximo estabelecido para os benefícios do RGPS; (Acrescido pela Portaria MPS 3.811/2024)

X - apreciação pelo conselho deliberativo do RPPS; (Acrescido pela Portaria MPS 3.811/2024)

XI - deliberação pelo dirigente, instância ou órgão competentes, conforme previsto nas normas de governança do RPPS; (Acrescido pela Portaria MPS 3.811/2024)

XII - análise de sua aderência e revisão, no mínimo, a cada quatro anos, com base no Relatório de Análise das Hipóteses de que trata o art. 35; e (Acrescido pela Portaria MPS 3.811/2024)

XIII - demonstração dos ganhos e perdas atuariais no Relatório da Avaliação Atuarial. (Acrescido pela Portaria MPS 3.811/2024)

§ 3º No caso de utilização de premissa de reposição de segurados, as formulações de cálculo da dinâmica populacional de reposição, das provisões matemáticas e dos custos correspondentes serão demonstradas na NTA, na forma de anexo ou aditivo. (Redação dada pela Portaria MPS 3.811/2024)

§ 4º O Relatório da Avaliação Atuarial deverá conter: (Redação dada pela Portaria MPS 3.811/2024)

I - a separação entre os compromissos, custos e demais informações, com e sem reposição de segurados; e (Acrescido pela Portaria MPS 3.811/2024)

II - a avaliação dos impactos da premissa de reposição para o plano de custeio e o equilíbrio financeiro e atuarial do RPPS. (Acrescido pela Portaria MPS 3.811/2024)

§ 5º O modelo de premissa de reposição de segurados que for adotado deverá observar o prazo de que trata o inciso XII do § 2º, exceto se atendido o disposto no art. 32, incisos I a IV. (Acrescido pela Portaria MPS 3.811/2024)

Art. 38. A hipótese de taxa real de crescimento da remuneração ao longo da carreira será de, no mínimo, 1% (um por cento) a cada ano da projeção atuarial, e os critérios adotados para sua definição deverão estar explicitados no Relatório da Avaliação Atuarial, observando-se os seguintes parâmetros:

I - utilização uniforme em todas as etapas da avaliação atuarial, devendo a taxa de crescimento real das remunerações, em caso de plano de equacionamento de déficit atuarial, ser a mesma utilizada para a apuração dos compromissos e dos custos do plano de benefícios do RPPS;

II - possibilidade de diferenciação por poderes, órgãos ou entidades, bem como por categorias ou carreiras; e

III - fundamentação, alternativamente ou cumulativamente:

a) nas informações recebidas pela unidade gestora, na forma do art. 34;

b) a partir de dados, desagregados ou não, por carreiras ou cargos, apurando-se a evolução das remunerações de acordo com a idade ou data de ingresso no ente federativo, ou outra metodologia apropriada; e

c) em estudo, a constar no Relatório de Análise das Hipóteses, da estrutura remuneratória prevista na legislação do ente federativo, com a evolução na carreira estabelecida em estatuto dos servidores ou de carreiras específicas, ou no cumprimento de pisos salariais previstos em lei para determinadas categorias.

§ 1º No cálculo da taxa real de remuneração deverão ser computados todos os ganhos, bem como a progressão de cargos e carreiras e os reajustes gerais que comporão os valores dos benefícios a serem concedidos.

§ 2º A hipótese de que trata este artigo deverá ser aplicada às projeções dos proventos com paridade.

Art. 39. A taxa de juros real anual a ser utilizada como taxa de desconto para apuração do valor presente dos fluxos de benefícios e contribuições do RPPS será equivalente à taxa de juros parâmetro cujo ponto da Estrutura a Termo de Taxa de Juros Média - ETTJ seja o mais próximo à duração do passivo do RPPS.

§ 1º A ETTJ corresponde à média de 5 (cinco) anos das Estruturas a Termo de Taxa de Juros diárias baseadas nos títulos públicos federais indexados ao Índice de Preço ao Consumidor Amplo - IPCA, utilizando-se, para sua mensuração, a mesma metodologia aplicada ao regime de previdência complementar fechado.

§ 2º A taxa de juros parâmetro a ser utilizada na avaliação atuarial do exercício utiliza, para sua correspondência aos pontos (em anos) da ETTJ, a duração do passivo calculada na avaliação atuarial com data focal em 31 de dezembro do exercício anterior.

§ 3º Na hipótese de os pontos divulgados da ETTJ não apresentarem o ponto de duração do passivo do RPPS, expresso em ano com uma casa decimal, será utilizado o ponto imediatamente anterior ao dessa duração para identificação da taxa de juros parâmetro.

§ 4º A taxa de juros parâmetro, estabelecida conforme o Anexo VII, poderá ser acrescida em 0,15 (quinze centésimos) a cada ano em que a rentabilidade da carteira de investimentos superar os juros reais da meta atuarial dos últimos 5 (cinco) anos, limitados ao total de 0,60 (sessenta centésimos).

§ 5º O acréscimo de que trata o § 4º poderá ser graduado em função da obtenção de certificação institucional no âmbito do Programa de Certificação Institucional e Modernização da Gestão dos Regimes Próprios de Previdência Social da União, dos Estados, do Distrito Federal e dos Municípios - Pró-Gestão RPPS a que se refere o art. 236 ou do Índice de Situação Previdenciária dos Regimes Próprios de Previdência Social - ISP-RPPS de que trata o art. 238, conforme estabelecido no Anexo VII.

§ 6º Poderá ser utilizada taxa de juros inferior àquela estabelecida no caput, em atenção a critérios de prudência demonstrados no Relatório da Avaliação Atuarial.

§ 7º Os ganhos e perdas atuariais decorrentes da alteração da taxa de juros deverão ser demonstrados no Relatório da Avaliação Atuarial.

§ 8º Em caso de utilização de taxas atuariais de juros diferenciadas por período, prospectadas pelo perfil da carteira de investimentos do RPPS, deverão ser observados os limites de que trata este artigo.

§ 9º Para o Fundo em Repartição e nas demais situações de que trata o § 4º do art. 26, deverão ser apresentados, no Relatório da Avaliação Atuarial, os resultados atuariais calculados com a taxa de juros parâmetro e com a taxa de juros de 0% (zero por cento).

Art. 40. Em caso de inexistência na base cadastral de informações sobre o tempo de contribuição do segurado em atividade anterior ao seu ingresso no ente federativo ou se as existentes indicarem vinculação a algum regime previdenciário com idade superior a 25 (vinte e cinco) anos, essa poderá ser adotada para cálculo do tempo de contribuição.

Parágrafo único. A premissa adotada relativa ao tempo de contribuição anterior ao ingresso no ente federativo será demonstrada no Relatório da Avaliação Atuarial, assim como os seus impactos nos resultados para efeitos de estimativa de compensação financeira, devendo ser adotado critério para limitação do tempo de contribuição estimado, caso não seja aderente a uma perspectiva conservadora para as obrigações do RPPS.

Art. 41. Com relação à estimativa da data provável de entrada em aposentadoria, deverão constar, no Relatório da Avaliação Atuarial, as informações relativas:

I - às premissas utilizadas para cálculo das elegibilidades aos benefícios de aposentadoria programada, dentre as quais as condições para determinação das regras permanentes, das regras de transição e do lapso temporal para espera por uma regra mais vantajosa;

II - à adoção da premissa quanto ao recebimento do abono de permanência, descrevendo a estimativa percentual de obtenção do abono e a perspectiva de duração dessa condição;

III - à quantidade de segurados em atividade considerados como risco iminente por já apresentarem condições de entrada em aposentadoria na data focal da avaliação atuarial, explicitando a forma de distribuição desses riscos iminentes nos primeiros anos de projeção atuarial;

IV - à projeção do quantitativo das futuras elegibilidades, conforme informações da base cadastral ou em decorrência da premissa adotada; e

V - à descrição do comportamento das despesas com benefícios projetadas para os primeiros anos de projeção atuarial diante do histórico dos últimos anos das referidas despesas, objetivando demonstrar a adequação da projeção ao histórico e destacar o impacto dessa projeção para o RPPS no curto prazo.

Parágrafo único. Em caso de adoção da premissa constante do inciso II do caput, a idade limite que deverá cessar o recebimento do abono de permanência deverá ser, no máximo, de 24 (vinte e quatro) meses, contados após o cumprimento da idade mínima prevista para a aposentadoria programada, caso não demonstrada a aderência dessa hipótese na forma do art. 35.

Art. 42. Na falta ou inconsistência de dados cadastrais dos dependentes, deverá ser estimada a composição do grupo familiar para fins de cálculo do compromisso gerado pela morte de segurado ou aposentado com o pagamento de pensões por morte, sempre numa perspectiva conservadora quanto aos impactos nos custos e provisões.

§ 1º O Relatório da Avaliação Atuarial deverá descrever os critérios adotados, observados os seguintes parâmetros:

I - no caso de utilização de família padrão, deverão ser indicadas a composição familiar estimada e a diferença de idades entre os cônjuges e a idade dos filhos; e

II - no caso de utilização de percentual esperado de segurados e aposentados que deixarão pensão previdenciária, deverão ser indicados o percentual utilizado e qual o critério técnico adotado, com a explicitação da idade considerada para o cônjuge.

§ 2º Caso a composição familiar esteja representada por utilização de tábua correspondente (Hx), esta deverá ser anexada ao Relatório da Avaliação Atuarial, com indicação da correspondente taxa de juros, tábua de sobrevivência e o critério de elaboração da composição da família.

Art. 43. A utilização da premissa de fator de capacidade deverá observar a perspectiva de inflação de longo prazo, conforme última grade de parâmetros macroeconômicos divulgada pelo Ministério da Economia até a data focal da avaliação atuarial.

Art. 44. Com relação às hipóteses de cálculo do valor dos benefícios a conceder, com base na média das remunerações, a NTA deverá explicitar a forma de cálculo utilizada.

Art. 45. Para a projeção do valor do limite máximo dos benefícios do RGPS deverá ser utilizada a grade de parâmetros de que trata o art. 43.

Art. 46. A avaliação atuarial deverá computar os efeitos da compensação financeira entre os regimes previdenciários, projetando os valores a receber e a pagar pelo RPPS relativos aos benefícios concedidos e a conceder, cujos critériosea metodologia utilizados deverão ser demonstrados no Relatório da Avaliação Atuarial.

§ 1º As projeções dos valores de compensação financeira relativas aos benefícios concedidos deverão observar os seguintes parâmetros:

I - utilizar a relação percentual verificada entre o valor compensado pro rata apurado no Sistema de Compensação Previdenciária - Comprev e o valor de pagamento dos benefícios do RPPS, de forma individual ou agregada, evidenciando-se os valores a receber e a pagar de compensação; ou

II - em caso de benefícios cujos requerimentos ainda não foram deferidos no Comprev, deverão ser observados os procedimentos estabelecidos no Anexo VI.

§ 2º As projeções dos valores de compensação financeira a receber relativas aos benefícios a conceder deverão observar os seguintes parâmetros:

I - deverá ter por base os dados cadastrais relativos ao tempo de contribuição anterior a outros regimes previdenciários, inclusive a experiência demonstrada quando da concessão dos benefícios de aposentadoria ou os valores de compensação efetivamente verificados para o RPPS;

II - para fins de estimativa de compensação a receber, deverá ser utilizado, para o cálculo do valor individual, o critério que resulte no menor valor entre:

a) o resultante de aplicação de percentual de proporção de tempos de contribuição para efeito de compensação estimado na avaliação sobre o valor médio per capita dos benefícios pagos pelo RGPS; e

b) o valor médio per capita do fluxo mensal de compensação dos requerimentos já deferidos na data focal da avaliação atuarial; e

III - em caso de indisponibilidade de informações de que tratam os incisos I e II deste parágrafo, deverão ser observados os procedimentos estabelecidos no Anexo VI.

§ 3º As projeções dos valores de compensação financeira a pagar relativas aos benefícios a conceder deverão utilizar informações obtidas na forma dos §§ 1º e 2º e seu montante deverá ser descontado dos percentuais de que tratam o inciso II do § 1º e o inciso III do § 2º.

§ 4º Os valores de compensação financeira a receber e a pagar relativos a novos entrantes poderão ser computados, observados os parâmetros definidos no Anexo VI. (Redação dada pela Portaria MPS 3.811/2024)

SEÇÃO VII
BASE CADASTRAL

Art. 47. A avaliação atuarial deverá dispor de informações atualizadas e consistentes que contemplem todos os segurados e beneficiários do RPPS, de quaisquer dos poderes, órgãos e entidades do ente federativo.

§ 1º A base de dados cadastrais, funcionais e remuneratórios deverá estar posicionada entre julho e dezembro do exercício relativo à avaliação atuarial anual com data focal em 31 de dezembro.

§ 2º Poderão ser utilizados critérios de ajuste da base de dados cadastrais para o seu posicionamento na data focal da avaliação, com a devida adequação do passivo atuarial, desde que demonstrados no Relatório da Avaliação Atuarial.

§ 3º Os poderes, órgãos e entidades do ente federativo deverão encaminhar à unidade gestora do RPPS as informações de que trata o caput, ou permitir o seu acesso a sistemas que contenham essas informações, em tempo hábil para sua análise, correção, processamento e apresentação dos resultados.

§ 4º A SPREV poderá solicitar ao ente federativo os arquivos contendo a base de dados utilizada na avaliação atuarial, sem prejuízo do disposto no inciso VI do caput do art. 241.

§ 5º O Relatório da Avaliação Atuarial deverá descrever a base de dados utilizada, explicitando:

I - se foram apresentadas todas as informações necessárias para o correto dimensionamento dos custos e compromissos do plano de benefícios do RPPS;

II - a análise da qualidade dos dados, destacando sua atualização, amplitude e consistência;

III - as premissas adotadas para o ajuste técnico dos dados que não atendem os atributos previstos no inciso II; e

IV - as providências adotadas pelo ente federativo e pela unidade gestora para a adequação da base de dados disponibilizada para a avaliação que foi objeto dos ajustes mencionados no relatório da avaliação atuarial do exercício anterior.

§ 6º Os poderes, órgãos e entidades do ente federativo, além do disposto no § 3º, deverão encaminhar as informações de que trata o art. 34, § 2º. (Acrescido pela Portaria MPS 3.811/2024)

SEÇÃO VIII
APURAÇÃO DOS CUSTOS E COMPROMISSOS

Art. 48. As avaliações atuariais indicarão os valores dos custos, dos compromissos futuros do plano de benefícios do RPPS, suas necessidades de custeio e o resultado atuarial.

§ 1º Preliminarmente à apuração do resultado do plano de benefícios do RPPS, deverão ser considerados no mínimo:

I - a satisfação das exigências regulamentares relativas ao custeio do plano, mediante o uso de modelos e critérios consistentes;

II - os riscos que possam comprometer a solvência e liquidez do plano de benefícios;

III - a adequada precificação dos recursos garantidores do plano de benefícios; e

IV - o correto provisionamento das contingências passivas imputáveis ao plano de benefícios, observados os princípios contábeis e as normas legais vigentes.

§ 2º Entende-se como satisfação das exigências regulamentares relativas ao custeio do plano de benefícios a observância do disposto nas normas gerais de organização e funcionamento dos RPPS e normas locais do ente federativo, com o devido reflexo na avaliação atuarial e no plano de custeio para o exercício em que está sendo apurado o resultado.

§ 3º Os custos do plano de benefícios do RPPS deverão ser apresentados na avaliação atuarial, separadamente, por benefício e cobertura e demonstrados para as massas previstas no § 1º do art. 27.

§ 4º Com a finalidade de identificar os componentes do deficit atuarial do RPPS, poderão ser demonstradas as obrigações previdenciárias relativas ao tempo de serviço computado até a Emenda Constitucional nº 20, de 15 de dezembro de 1998, ou outra data posterior, coincidente com a instituição de contribuições para o financiamento das aposentadorias programadas no âmbito do ente federativo.

Art. 49. Os valores necessários para o financiamento dos benefícios avaliados em regime de repartição de capitais de cobertura deverão compor o custo normal do plano de benefícios e os saldos de recursos arrecadados, o respectivo fundo garantidor, podendo ser constituído fundo para oscilação de riscos.

§ 1º Deverá constar no Relatório da Avaliação Atuarial os critérios de constituição e reversão dos fundos de que trata este artigo.

§ 2º Ao final de cada exercício, em caso de apuração de resultado negativo do fundo garantidor, o fundo para oscilação de riscos deverá realizar a cobertura até o limite de seu saldo, ficando o ente federativo responsável por realizar aporte de eventual insuficiência financeira remanescente.

Art. 50. O passivo atuarial do RPPS é representado pelas provisões matemáticas previdenciárias, que correspondem aos compromissos líquidos do plano de benefícios, avaliados em regime de capitalização.

§ 1º O resultado atuarial será obtido pela diferença entre o passivo atuarial e os ativos garantidores dos compromissos do plano de benefícios, podendo ser constituído fundo para oscilação de riscos.

§ 2º As provisões e o fundo garantidor relativo aos benefícios estruturados em regime de repartição de capitais de cobertura e os fundos para oscilação de riscos não compõem o passivo atuarial e nem os ativos garantidores considerados na apuração do resultado atuarial dos compromissos dos benefícios avaliados em regime de capitalização.

§ 3º As receitas de que trata o inciso V do caput do art. 28 trazidas a valor presente poderão ser consideradas no resultado atuarial, desde que atendidos, no mínimo, os parâmetros previstos no art. 63.

Art. 51. Poderão ser considerados como ativos garantidores dos compromissos do plano de benefícios do RPPS:

I - os ativos destacados contabilmente como investimentos, desde que:

a) mensurados adequadamente, conforme normas de contabilidade aplicáveis ao setor público;

b) aplicados conforme regras estabelecidas pelo Conselho Monetário Nacional - CMN; e

c) atendidos, em caso de bens, direitos e demais ativos vinculados ao RPPS, no mínimo, os parâmetros previstos no art. 63; e

II - os valores dos créditos a receber reconhecidos nas demonstrações contábeis do RPPS, exigindo-se, em relação aos créditos a receber do ente federativo, que:

a) estejam por ele devidamente reconhecidos e contabilizados como dívida fundada com a unidade gestora do RPPS; e

b) o termo de acordo de parcelamento esteja cadastrado no Cadprev.

§ 1º Os ativos garantidores do plano de benefícios deverão apresentar liquidez compatível com as obrigações do plano de benefícios do RPPS e deverão ser reconhecidos pelo seu valor contábil na data focal da avaliação, devidamente precificados para essa data.

§ 2º Em caso de alteração do critério contábil de precificação dos ativos, o ajuste positivo ou negativo será acrescido ou deduzido, respectivamente, para fins de equacionamento de deficit, por ocasião da avaliação atuarial.

SEÇÃO IX
PLANO DE CUSTEIO PROPOSTO NA AVALIAÇÃO ATUARIAL

Art. 52. Para observância do equilíbrio financeiro e atuarial do RPPS, a avaliação atuarial deve indicar o plano de custeio necessário para a cobertura do custo normal e do custo suplementar do plano de benefícios.

Parágrafo único. Ao indicar o plano de custeio a ser implementado em lei, o atuário deverá considerar a utilização de critérios que preservem o equilíbrio financeiro e atuarial do RPPS, as características do método de financiamento adotado, a prudência das hipóteses elegidas e a avaliação da qualidade da base cadastral utilizada.

Art. 53. O plano de custeio proposto na avaliação atuarial deverá observar os seguintes parâmetros:

I - cobrir os custos de todos os benefícios do RPPS e contemplar, nos termos do art. 84, os recursos da taxa de administração;

II - ser objeto de demonstração em que se evidencie que possui viabilidade orçamentária, financeira e fiscal do ente federativo, nos termos do art. 64;

III - as contribuições, normal e suplementar, a cargo do ente federativo poderão ser diferenciadas por massa de segurados sujeita a critérios legais de elegibilidade específicos, desde que assegurada a equidade no financiamento do RPPS e demonstrado que o plano de custeio financia integralmente o custo total apurado na avaliação atuarial;

IV - em caso de segregação da massa, a contribuição a cargo do ente poderá ser diferenciada por Fundo em Repartição e Fundo em Capitalização; e

V - sua revisão, com redução das contribuições, na forma de alíquotas ou aportes, deverá observar os critérios prudenciais estabelecidos no art. 65.

§ 1º O conselho deliberativo do RPPS deverá apreciar as propostas de alteração do plano de custeio.

§ 2º Para aplicação do previsto no inciso III do caput, no que se refere à contribuição suplementar, deverá ser aplicado critério de rateio dos ativos garantidores dos compromissos do plano de benefícios do RPPS.

§ 3º A taxa de administração deve ser corretamente dimensionada, de forma a impossibilitar que sejam utilizados, para administração do RPPS, recursos das contribuições destinadas à cobertura dos benefícios do plano.

Art. 54. O plano de custeio proposto na avaliação atuarial com data focal em 31 de dezembro de cada exercício que indicar a necessidade de majoração das contribuições deverá ser implementado por meio de lei do ente federativo editada, publicada e encaminhada à SPREV e ser exigível até 31 de dezembro do exercício seguinte.

§ 1º O ente federativo deverá atentar para os prazos relativos ao processo legal orçamentário, e em caso de majoração das contribuições, a lei deverá ser publicada em prazo compatível com a anterioridade de que trata o inciso I do caput do art. 9º.

§ 2º Após ser implementado em lei, o plano de custeio deverá ser objeto de contínuo acompanhamento por parte, dentre outros:

I - do ente federativo, que deverá avaliar periodicamente os seus impactos orçamentários, financeiros e fiscais e adotar medidas para mitigar os riscos do seu não cumprimento;

II - da unidade gestora do RPPS, que deverá estabelecer processo de verificação das bases de cálculo e dos valores das contribuições e aportes repassados pelo ente, tomando as medidas necessárias para cobrança do principal e dos acréscimos legais em caso de atraso nos repasses e para comunicação do descumprimento da obrigação aos órgãos de controle interno e externo e ao Ministério Público competentes; e

III - dos conselhos deliberativo e fiscal do RPPS, que deverão verificar, mensalmente, a regularidade do repasse das contribuições e aportes.

§ 3º Os poderes, órgãos e entidades do ente federativo deverão disponibilizar à unidade gestora, ou permitir o seu acesso por meio de sistemas, às informações relativas às folhas de pagamento e aos documentos de repasse das contribuições visando o efetivo controle da apuração e do repasse das contribuições.

SEÇÃO X
EQUACIONAMENTO DO DEFICIT ATUARIAL

Art. 55. No caso de a avaliação atuarial apurar deficit atuarial, deverão ser adotadas medidas para o seu equacionamento, que poderão consistir em:

I - plano de amortização com contribuições suplementares, na forma de alíquotas ou aportes mensais com valores preestabelecidos;

II - segregação da massa;

III - aporte de bens, direitos e ativos, observados os critérios previstos no art. 63; e

IV - adequações das regras de concessão, cálculo e reajustamento dos benefícios, na forma do art. 164.

§ 1º Complementarmente às medidas previstas no caput, devem ser adotadas providências para o aperfeiçoamento da legislação do RPPS e dos processos relativos à concessão, manutenção e pagamento dos benefícios e para a melhoria da gestão integrada dos ativos e passivos do regime e identificação e controle dos riscos atuariais.

§ 2º O Relatório da Avaliação Atuarial, com base no estudo específico da situação econômico-financeira e atuarial do RPPS, deverá identificar as principais causas do deficit atuarial por meio do balanço de ganhos e perdas atuariais, apresentar cenários com as possibilidades para seu equacionamento e os seus impactos e propor plano de equacionamento a ser implementado em lei pelo ente federativo.

§ 3º Em caso de assunção pelo ente federativo das obrigações previdenciárias de que trata o § 4º do art. 48 ou de massa de beneficiários do RPPS sob sua responsabilidade financeira direta, os respectivos compromissos não compõem o plano de equacionamento do deficit de que trata o caput.

§ 4º Em caso de deficit atuarial, poderão ser mantidas as alíquotas normais, relativas à cobertura do custo normal, mesmo sendo superiores ao custo identificado pelo método de financiamento utilizado, para fins de amortização do deficit.

§ 5º A proposta do plano de equacionamento do deficit deverá ser apreciada pelo conselho deliberativo e disponibilizada pela unidade gestora do RPPS, juntamente com o estudo técnico que a fundamentou, aos beneficiários do regime.

§ 6º O plano de equacionamento do deficit somente será considerado implementado a partir do seu estabelecimento em lei do ente federativo, observado o prazo previsto no art. 54.

§ 7º Considerando o porte e perfil do RPPS, conforme o ISP-RPPS e o Pró-Gestão RPPS, poderá ser estabelecida outra forma de estrutura atuarial do regime, cujo estudo técnico, encaminhado para aprovação prévia pela SPREV, tenha sido, comprovadamente, objeto de apreciação pelo conselho deliberativo e demonstre a adoção de medidas que visem assegurar o equilíbrio financeiro e atuarial do regime.

§ 8º Os aportes de que trata o inciso I do caput, estabelecidos conforme normas de classificações orçamentárias da receita e da despesa com a finalidade de tratamento fiscal específico, deverão atender às seguintes condições: *(Acrescentado pela Portaria MTP 3.803/2022)*

I - utilização dos recursos deles decorrentes somente para o pagamento de benefícios previdenciários dos segurados e beneficiário vinculados ao Fundo em Capitalização de que trata o art. 58;

II - gestão e controle pela unidade gestora do RPPS de forma segregada dos demais recursos previdenciários, de forma a evidenciar a vinculação para qual foram instituídos; e

III - aplicação no mercado financeiro e de capitais em conformidade com as regras estabelecidas pelo Conselho Nacional Monetário - CMN por, no mínimo, 5 (cinco) anos, a contar da data do respectivo repasse à unidade gestora.

§ 9º A alteração do perfil da massa por reposição de segurados poderá contribuir para a adoção e melhor acompanhamento das medidas de equacionamento de deficit atuarial de que tratam os incisos do caput. (Acrescido pela Portaria MPS 3.811/2024)

SEÇÃO XI
EQUACIONAMENTO POR PLANO DE AMORTIZAÇÃO

Art. 56. Para assegurar o equilíbrio financeiro e atuarial do RPPS, o plano de amortização estabelecido em lei do ente federativo deverá, adicionalmente aos parâmetros previstos nesta Portaria relativos ao plano de custeio do regime, observar os seguintes:

I - garantir a solvência e liquidez do plano de benefícios, mantendo nível de arrecadação de contribuições e acumulação de reservas compatível com o regime financeiro adotado, bem como com as obrigações futuras, a serem demonstrados por meio dos fluxos atuariais;

II - que o montante de contribuição anual, na forma de alíquotas suplementares ou aportes mensais, seja superior ao montante anual de juros do saldo do deficit atuarial do exercício, conforme definido no Anexo VI;

III - não poderá prever diferimento para início da exigibilidade das contribuições; e

IV - contemplar as alíquotas e valores dos aportes para todo o período do plano, na forma prevista no art. 10.

§ 1º O plano de amortização deverá ser objeto de contínuo acompanhamento, conforme previsto no § 2º do art. 54. (Parágrafo único transformado em § 1º pela Portaria MPS 3.811/2024)

§ 2º O acompanhamento de que trata o § 1º deverá contemplar a análise dos impactos da utilização da premissa de reposição de segurados no plano de amortização do deficit atuarial. (Acrescido pela Portaria MPS 3.811/2024)

Art. 57. O plano de amortização deverá observar a categorização das espécies de planos e os critérios definidos no Anexo VI, relativos aos prazos e percentuais mínimos do deficit a ser equacionado, e garantir a constituição de reservas necessárias para o cumprimento das obrigações do RPPS, atestado por meio do fluxo atuarial.

§ 1º O ente federativo deverá optar por uma das espécies de planos de amortização, devendo constar, do Relatório da Avaliação Atuarial, em caso de modificação da modelagem adotada, a justificativa técnica para a alteração, com a demonstração dos seus impactos para o nível de solvência e liquidez do plano de benefícios.

§ 2º A revisão do plano de amortização implica a implementação, em lei, de novo plano em substituição ao anterior, contemplando a alteração das alíquotas suplementares e valores dos aportes para todo o período.

SEÇÃO XII
EQUACIONAMENTO PELA SEGREGAÇÃO DA MASSA

Art. 58. Poderá ser implementada a segregação da massa dos beneficiários do RPPS, divididos entre o Fundo em Repartição e o Fundo em Capitalização, para o equacionamento do deficit do regime, observados os seguintes parâmetros:

I - atendimento aos princípios da eficiência e economicidade na alocação dos recursos financeiros do regime e na composição das submassas;

II - o Fundo em Repartição será constituído por um grupo fechado em extinção, sendo vedado o ingresso de novos segurados, os quais deverão ser alocados no Fundo em Capitalização;

III - para a definição da composição da submassa do Fundo em Capitalização, deverá ser considerado que a ele serão vinculados os saldos de todos os recursos financeiros do RPPS acumulados anteriormente à implementação da segregação, para fazer frente aos compromissos desse grupo; e

IV - não se estabeleçam datas futuras para a composição da submassa do Fundo em Capitalização, à exceção, no que se refere ao parâmetro relativo ao ingresso de segurados no ente federativo, do prazo previsto no art. 54 ou do início da vigência do Regime de Previdência Complementar, conforme disposto no art. 158.

Parágrafo único. Não devem ser utilizados outros modelos de agrupamentos ou desmembramentos de massas além daqueles previstos neste artigo, à exceção do previsto no § 7º do art. 55.

Art. 59. A implementação da segregação da massa ou sua eventual revisão deve contemplar a análise de todos os aspectos relacionados à sua implantação, manutenção e viabilidade de longo prazo, levando em consideração os impactos para a gestão do ente federativo a curto, médio e longo prazos, e estar embasada em estudo técnico de impacto administrativo, financeiro, patrimonial e atuarial, que deverá demonstrar:

I - a viabilidade orçamentária, financeira e fiscal para o ente federativo, na forma do art. 64;

II - os resultados atuariais e respectivas projeções de receitas e despesas do RPPS por meio de cenários que possibilitem a comparação entre a implantação de plano de amortização e do modelo proposto de composição dos fundos para a segregação da massa;

III - a atualização, amplitude e consistência da base cadastral;

IV - a aderência das hipóteses, na forma do art. 35;

V - que os valores dos compromissos do plano de benefícios foram devidamente aferidos e que o plano de custeio a ser estabelecido assegura o equilíbrio financeiro e atuarial do RPPS;

VI - a vinculação dos saldos de todos recursos financeiros do RPPS ao Fundo em Capitalização e o critério de alocação dos demais bens, direitos e ativos ao Fundo em Repartição ou ao Fundo em Capitalização, devendo ser observado que:

a) os recursos oriundos da compensação financeira entre os regimes previdenciários deverão ser alocados às respectivas massas; e

b) as receitas decorrentes dos termos de acordo de parcelamento existentes deverão ser apropriadas a cada fundo proporcionalmente aos valores das folhas de pagamento, sendo que os novos termos eventualmente firmados deverão ser elaborados distintamente; e

VII - ter sido objeto de apreciação pelo conselho deliberativo do RPPS.

§ 1º O estudo técnico a que se refere este artigo deverá ser encaminhado à SPREV para análise de sua adequação à exigência do equilíbrio financeiro e atuarial acompanhado da lei de instituição da segregação.

§ 2º Caso seja identificado pela SPREV o não atendimento aos parâmetros previstos nesta Portaria, o ente federativo deverá apresentar nova proposta de segregação, de sua revisão ou de plano de amortização para sua aprovação prévia, devendo garantir que os recursos continuem sendo vertidos para a constituição de reservas do Fundo em Capitalização até que seja implementada proposta adequada para equacionamento do deficit, na forma prevista em lei.

Art. 60. A segregação da massa deverá ser implementada em até 90 (noventa) dias da data da publicação da lei de sua instituição, observando-se, a partir de sua implementação, que:

I - deverá ser realizada a alocação dos beneficiários ao Fundo em Repartição e ao Fundo em Capitalização, considerando a massa existente na data da sua publicação;

II - os saldos acumulados dos recursos financeiros do RPPS adicionados aos bens, direitos e demais ativos destinados ao Fundo em Capitalização deverão ser a ele imediatamente vinculados e somente poderão ser utilizados para pagamento dos beneficiários desse fundo;

III - deverá ser promovida a separação orçamentária, financeira e contábil dos recursos e obrigações vinculados a cada um dos fundos; e

IV - fica vedada transferência de beneficiários, recursos ou obrigações entre os fundos, não se admitindo, também, a previsão da destinação de contribuições de um grupo para o financiamento dos benefícios do outro, ressalvada a revisão da segregação de que trata o art. 62.

§ 1º Em caso de não atendimento ao disposto neste artigo, a segregação da massa instituída em lei não será considerada instrumento apto ao equacionamento do deficit atuarial do RPPS.

§ 2º O ente federativo e a unidade gestora do RPPS deverão adequar procedimentos e sistemas, especialmente relacionados às folhas de pagamento, aos controles contábeis e financeiros e à arrecadação das contribuições, de forma a garantir a separação orçamentária, financeira e contábil dos recursos do Fundo em Repartição e do Fundo em Capitalização.

Art. 61. A estrutura de gestão do RPPS deve possibilitar o controle eficiente dos ativos e passivos previdenciários segregados por fundo, devendo a segregação da massa ser objeto de contínuo acompanhamento por parte, dentre outros:

I - do ente federativo, que deverá avaliar, periodicamente, os seus impactos orçamentários, financeiros e fiscais e adotar medidas para mitigar os riscos do não cumprimento do plano de custeio e aportes sob sua responsabilidade;

II - da unidade gestora, que deverá estabelecer procedimentos que garantam os repasses das contribuições, dos pagamentos dos benefícios, da aplicação dos recursos, dentre outros, separados por fundo;

III - dos conselhos deliberativo e fiscal, que deverão verificar a regularidade da separação orçamentária, financeira e contábil dos recursos e obrigações correspondentes; e

IV - do atuário responsável pela avaliação atuarial, que deverá demonstrar, nos Relatórios das Avaliações Atuariais, a evolução dos custos e compromissos de cada fundo, das receitas e despesas e dos ativos garantidores, indicando se há necessidade de adequação do plano de equacionamento.

Parágrafo único. O valor da insuficiência financeira mensal devida pelo ente federativo ao Fundo em Repartição deverá ser controlado pela unidade gestora do RPPS por poder, órgão e entidade, considerando os valores das contribuições e das folhas de pagamento dos respectivos beneficiários.

Art. 62. O RPPS que implementar a segregação da massa somente poderá alterar os seus parâmetros ou desfazê-la se demonstrado o atendimento dos pressupostos que garantam a manutenção do equilíbrio financeiro e atuarial do regime, conforme requisitos estabelecidos neste artigo.

§ 1º A revisão da segregação da massa deverá estar fundamentada em estudo técnico que compare a atual situação do RPPS com o cenário decorrente da alteração proposta para a atual massa de segurados e beneficiários do regime, demonstrando, além dos critérios previstos no art. 59: (Redação dada pela Portaria MPS 3.811/2024)

I - a repercussão na solvência e liquidez do plano de benefícios diante da modificação dos parâmetros da segregação de massa e da destinação dos recursos garantidores entre os fundos;

II - a manutenção de nível de acumulação de reservas compatível com as obrigações futuras do fundo em capitalização;

III - que as medidas previstas na proposta de revisão contribuam para a capacidade fiscal do ente federativo sem inviabilizar o equilíbrio financeiro e atuarial do RPPS, considerados todos os fundos, respectivas massas de segurados, recursos acumulados e bens, direitos e demais ativos que lhes serão vinculados; e

IV - a apuração dos valores das provisões matemáticas relativas aos fundos com os mesmos regimes financeiros, método de financiamento e hipóteses, compatíveis com as avaliações atuariais anteriores.

§ 2º Ressalvado o disposto no § 3º, a proposta de revisão da segregação da massa deverá ser submetida à análise prévia da SPREV, acompanhada do estudo técnico e dos documentos e informações que a fundamentaram.

§ 3º Poderá ser implementada a revisão da segregação da massa com análise posterior pela SPREV, se comprovado o atendimento dos seguintes requisitos:

I - as últimas 3 (três) avaliações atuariais do Fundo em Capitalização apresentem resultado superavitário, sem considerar eventual valor atual do plano de equacionamento de deficit;

II - seja estabelecido, em lei, critério objetivo de transferência dos beneficiários do Fundo em Repartição para o Fundo em Capitalização, e publicada em ato normativo a relação dos beneficiários que serão transferidos;

III - o valor da provisão matemática relativa aos beneficiários a serem transferidos do Fundo em Repartição, apurado antes de realizada a revisão, seja igual ou inferior à Margem para Revisão de Segregação, calculada pelo maior valor entre:

a) Margem para Revisão de Segregação = [(Ativos garantidores dos compromissos do plano de benefícios) x (0,87)] - [Provisões Matemáticas dos Benefícios Concedidos e a Conceder do Fundo em Capitalização]; ou

b) Margem para Revisão de Segregação = [(Ativos garantidores dos compromissos do plano de benefícios) x (0,75 + 0,01 x duração do passivo do Fundo em Capitalização, em anos))] - [Provisões Matemáticas dos Benefícios Concedidos e a Conceder do Fundo em Capitalização], limitando a duração do passivo para o valor máximo de 25 (vinte e cinco anos); e

IV - não sejam transferidos recursos financeiros acumulados do Fundo em Capitalização para o Fundo em Repartição.

§ 4º Excepcionalmente, em caso de inviabilidade orçamentária, financeira e fiscal para o ente federativo de revisão da segregação da massa que mantenha todos os recursos financeiros acumulados no Fundo em Capitalização, será admitida a transferência dos beneficiários e recursos do Fundo em Capitalização para o Fundo em Repartição, desde que observados os seguintes requisitos, a serem comprovados mediante proposta de revisão da segregação da massa submetida à análise prévia da SPREV, acompanhada do estudo técnico de que trata o § 1º:

I - apresentação de resultado atuarial superavitário pelo Fundo em Capitalização, anteriormente à revisão da segregação, sem considerar eventual valor atual do plano de equacionamento de deficit atuarial;

II - manutenção dos recursos financeiros do Fundo em Capitalização suficientes para a cobertura dos valores das provisões matemáticas da massa de beneficiários que nele permanecerão, acrescidos de Margem Para Revisão de Segregação de, no mínimo, 25% (vinte e cinco por cento) dessas provisões;

III - manutenção no Fundo em Capitalização, no mínimo, dos segurados e beneficiários sujeitos ao RPC;

IV - adoção das mesmas regras concessão, cálculo e reajustamento dos benefícios do RPPS da União, na forma do art. 159;

V - ampliação da base de cálculo dos beneficiários, na forma do inciso II do art. 8º, e, em caso de adoção de alíquotas progressivas, o cumprimento do disposto no inciso II do § 1º do art. 11;

VI - revisão do regime jurídico único dos servidores da administração pública direta, autárquica e fundacional para suprimir a previsão legal de concessão de benefícios ou vantagens não previstos no regime jurídico único dos servidores públicos da União, tais como anuênios, triênios, quinquênios, sexta-parte, licença-prêmio e congêneres, asseguradas as vantagens anteriormente concedidas;

VII - apresentem estrutura de maturidade da massa de beneficiários, calculada na apuração do ISP, de que trata o art. 238, igual ou inferior a 2 (dois); e

VIII - não tenha sido realizada outra revisão da segregação, nos termos deste parágrafo, nos últimos 10 (dez) anos.

§ 5º Caso ocorra a revisão da segregação da massa sem a observância dos requisitos estabelecidos neste artigo, será considerado, enquanto não promovida a sua regularização, que o ente federativo descumpre o equilíbrio financeiro e atuarial do RPPS.

SEÇÃO XIII
APORTE DE BENS, DIREITOS E DEMAIS ATIVOS AO RPPS

Art. 63. Em adição aos planos de amortização do deficit e de segregação da massa, poderão ser aportados, ao RPPS, bens, direitos e demais ativos de qualquer natureza para equacionamento de deficit ou para constituição dos fundos referidos no art. 249 da Constituição Federal e no art. 6º da Lei nº 9.717, de 1998, desde que garantidas a solvência e a liquidez do plano de benefícios, a adequação do processo de análise e afetação aos princípios que regem a Administração Pública.

§ 1º A gestão dos bens, direitos e demais ativos de qualquer natureza a serem aportados ao RPPS deverão observar, no mínimo, além das normas legais e regulamentares relativas à matéria, os seguintes parâmetros:

I - aporte precedido de estudo técnico e processo transparente de avaliação e análise de viabilidade econômico-financeira;

II - observância de compatibilidade com os prazos e taxas das obrigações presentes e futuras do RPPS;

III - aprovação pelo conselho deliberativo do RPPS;

IV - vinculação realizada por meio de lei do ente federativo;

V - disponibilização, pela unidade gestora, aos segurados do RPPS, do estudo e do processo de avaliação e análise de sua viabilidade econômico-financeira; e

VI - obtenção de rentabilidade compatível com a meta atuarial.

§ 2º Os bens, direitos e demais ativos devem ser destacados contabilmente como investimentos, conforme normas de contabilidade aplicáveis ao setor público e caso não possuam atributos para essa classificação, as receitas provenientes de sua exploração econômica ou de sua vinculação ao RPPS poderão ser consideradas nos fluxos atuariais, atendidos os princípios de razoabilidade e conservadorismo.

§ 3º As receitas financeiras geradas pelos bens, direitos e demais ativos deverão ser aplicadas conforme resolução do CMN.

§ 4º Os bens, direitos e demais ativos poderão, observados a regulamentação da Comissão de Valores Mobiliários - CVM e o previsto em resolução do CMN, ser utilizados para integralização de cotas de fundos de investimento.

§ 5º Em caso de segregação da massa, os bens, direitos e demais ativos poderão ser alocados ao Fundo em Repartição ou ao Fundo em Capitalização, ou serem utilizados para sua revisão, observadas as demais prescrições legais e os parâmetros estabelecidos nesta Portaria.

SEÇÃO XIV
DEMONSTRAÇÃO DE VIABILIDADE DO PLANO DE CUSTEIO

Art. 64. Deverão ser garantidos os recursos econômicos suficientes para honrar os compromissos estabelecidos no plano de custeio e na segregação da massa, cabendo ao ente federativo demonstrar a adequação do plano de custeio do RPPS à sua capacidade orçamentária e financeira e aos limites de gastos com pessoal impostos pela Lei Complementar nº 101, de 2000.

§ 1º Os estudos técnicos de implementação e revisão dos planos de custeio, inclusive de equacionamento de deficit atuarial e de alteração da estrutura atuarial do RPPS, deverão avaliar a viabilidade financeira, orçamentária e fiscal para o ente federativo conforme Demonstrativo de Viabilidade do Plano de Custeio, observados o disposto no Anexo VI, a estrutura e os elementos mínimos previstos do modelo disponibilizado pela SPREV na página da Previdência Social na Internet.

§ 2º Os conselhos deliberativo e fiscal do RPPS deverão acompanhar as informações do demonstrativo de que trata este artigo, as quais serão, ainda, encaminhadas aos órgãos de controle interno e externo para subsidiar a análise da capacidade orçamentária, financeira e fiscal do ente federativo para cumprimento do plano de custeio do RPPS.

SEÇÃO XV
REDUÇÃO DO PLANO DE CUSTEIO

Art. 65. A redução do plano de custeio do RPPS será admitida desde que sejam demonstrados:

I - o fundamento da revisão do plano no Relatório da Avaliação Atuarial;

II - a garantia da constituição de reservas necessárias para o cumprimento das obrigações do RPPS e que as receitas do RPPS sejam superiores às despesas, excluindo os valores de receitas e despesas administrativas, nos 5 (cinco) exercícios subsequentes ao da avaliação;

III - que o total dos ativos garantidores referente às aplicações de recursos realizadas conforme Resolução do CMN seja superior às provisões matemáticas dos benefícios concedidos;

IV - apreciação pelo conselho deliberativo do RPPS; e

V - observância, em caso de alteração do método de financiamento, do disposto no inciso IV do caput do art. 32.

§ 1º Em caso de segregação da massa, os parâmetros estabelecidos neste artigo se referem ao Fundo em Capitalização.

§ 2º Caso seja efetuada redução do plano de custeio do RPPS sem observar os parâmetros estabelecidos nesta Portaria, será considerado que o ente federativo não demonstrou o equilíbrio financeiro e atuarial do RPPS até que o plano seja recomposto aos níveis anteriores ou seja apresentada à SPREV justificativa técnica que a fundamente.

SEÇÃO XVI
RELATÓRIO DA AVALIAÇÃO ATUARIAL

Art. 66. O Relatório da Avaliação Atuarial deverá observar a estrutura e os elementos mínimos previstos no modelo disponibilizado pela SPREV na página da Previdência Social na Internet e, além de outras informações previstas nesta Portaria, deverá conter:

I - a descrição da base de dados e a certificação do nível de sua adequação;

II - a descrição das hipóteses atuariais e os fundamentos da sua utilização e, se for o caso, a análise de sensibilidade do resultado à alteração das principais hipóteses utilizadas na avaliação atuarial;

III - a demonstração dos resultados e análises das projeções atuariais;

IV - informações circunstanciadas sobre a situação atuarial do plano de benefícios dos RPPS, dispondo, quando for o caso, sobre as principais causas do superávit ou do deficit apontado;

V - a definição do plano de custeio de equilíbrio do RPPS, e, em decorrência, os valores dos custos normal e suplementar e dos compromissos do plano de benefícios, indicando, se for o caso, a necessidade de revisão dos planos de custeio e de benefícios vigentes;

VI - a indicação, dentre aquelas previstas na legislação aplicável, das medidas para o equacionamento de deficit e para a busca e manutenção do equilíbrio financeiro e atuarial, demonstrando os cenários e os seus impactos;

VII - a recomendação da medida a ser adotada pelo ente federativo para o equacionamento de deficit e das demais ações que deverão pautar a busca da sustentabilidade de longo prazo do RPPS;

VIII - a análise comparativa entre os resultados das 3 (três) últimas avaliações atuariais, indicando as maiores alterações e os prováveis motivos; e

IX - a demonstração dos ganhos e perdas atuariais, conforme critérios estabelecidos no Anexo VI.

Parágrafo único. O Relatório da Avaliação Atuarial com data focal em 31 de dezembro deverá ser anexado, juntamente com nota elaborada pela unidade gestora do RPPS, como anexo ao projeto de lei de diretrizes orçamentárias do exercício seguinte, em atendimento à exigência da avaliação da situação financeira e atuarial do RPPS prevista na alínea "a" do inciso IV do § 2º do art. 4º da Lei Complementar nº 101, de 2000.

SEÇÃO XVII
ACOMPANHAMENTO ATUARIAL

Art. 67. Para garantir a solvência e liquidez do plano de benefícios deverão ser adotadas medidas de aperfeiçoamento da gestão dos ativos e passivos do RPPS e assegurada a participação dos conselhos deliberativo e fiscal em seu acompanhamento.

Parágrafo único. As medidas incluem definição, acompanhamento e controle das bases normativa, cadastral e técnica e dos resultados da avaliação atuarial, estabelecimento do plano de custeio e do equacionamento do deficit, além de ações relacionadas à concessão, manutenção e pagamento dos benefícios e às políticas de gestão de pessoal que contribuam para assegurar a transparência, solvência, liquidez e equilíbrio econômico, financeiro e atuarial do plano de benefícios do RPPS.

Art. 68. Deverá ser implementado plano institucionalizado de identificação, controle e tratamento dos riscos atuariais, promovendo o contínuo acompanhamento do equilíbrio entre os compromissos do plano de benefícios e os respectivos recursos garantidores, inclusive verificando a evolução das provisões matemáticas.

Parágrafo único. Deverá ser elaborada avaliação atuarial no período compreendido entre duas avaliações atuariais anuais caso seja verificada a ocorrência de fato relevante para o deterioramento da situação financeira e atuarial do RPPS ou em decorrência de alteração de disposições do seu plano de benefícios.

Art. 69. Na hipótese de alteração legal relacionada à estrutura funcional e remuneratória dos segurados do RPPS, à ampliação e reformulação dos quadros existentes e às demais políticas de pessoal do ente federativo que possam provocar a majoração potencial dos benefícios do regime próprio, a unidade gestora, a partir de estudo técnico elaborado por atuário legalmente habilitado, acompanhado das premissas e metodologia de cálculo utilizadas, deverá demonstrar a estimativa do seu impacto para o equilíbrio financeiro e atuarial do RPPS.

Parágrafo único. O ente federativo deverá prever fontes de custeio e adotar medidas para o equacionamento do deficit se a proposta de que trata o caput agravar a situação de desequilíbrio financeiro ou atuarial do RPPS.

Art. 70. Poderão ser realizadas auditorias atuariais periódicas, por atuário legalmente habilitado, para verificar e avaliar a coerência e a consistência das avaliações atuariais, atendidas as disposições legais e as determinações dos conselhos deliberativo ou fiscal do RPPS.

CAPÍTULO V
GESTÃO DOS REGIMES PRÓPRIOS

Art. 71. É vedada a existência de mais de um RPPS para os segurados desse regime em cada ente federativo e de mais de uma unidade gestora.

§ 1º A unidade gestora única deverá gerenciar, direta ou indiretamente, a concessão, o pagamento e a manutenção, dos benefícios de aposentadoria e pensão por morte devidos a todos os segurados e beneficiários do RPPS e a seus dependentes, relativos a todos os poderes, órgãos e entidades do ente federativo.

§ 2º Há gerenciamento indireto quando a concessão, o pagamento e a manutenção dos benefícios forem executados por outro órgão ou entidade integrante da correspondente Administração Pública, atendendo-se, porém, na realização daquelas atividades, ao comando, à coordenação e ao controle da unidade gestora única.

§ 3º O gerenciamento indireto poderá se dar sob a forma de sistema, cabendo à unidade gestora o papel de órgão central do sistema previdenciário e às unidades de administração descentralizadas, o de órgãos setoriais, observado o seguinte:

I - o órgão central do sistema previdenciário procederá à orientação normativa e à supervisão técnica dos órgãos setoriais, sem prejuízo da subordinação dessas unidades descentralizadas ao órgão em cuja estrutura administrativa estiverem integradas;

II - as atribuições previstas no inciso I serão desempenhadas pelo órgão central do sistema previdenciário por meio, dentre outros, do estabelecimento e acompanhamento dos procedimentos, atividades e rotinas a serem observados pelos órgãos setoriais na concessão, revisão e pagamento dos benefícios de aposentadorias e de pensão por morte;

III - compete ao órgão central do sistema previdenciário a decisão final, no âmbito administrativo, acerca da concessão, da manutenção, do pagamento e da revisão dos benefícios de aposentadorias e de pensão por morte à luz da legislação local e federal aplicável, ressalvadas as competências constitucionais dos Tribunais de Contas; e

IV - os órgãos setoriais deverão observar a decisão final de que trata o inciso III e procederem as adequações requeridas pelo órgão central.

§ 4º Cabe à unidade gestora implementar processo de controle de qualidade e documentação, revisão e requisitos de auditoria sobre os sistemas de suporte de TI utilizados no RPPS.

§ 5º As delegações permitidas no que se refere aos dirigentes da unidade gestora do RPPS deverão estar claramente definidas na legislação do ente federativo

Art. 72. Na composição dos conselhos deliberativo e fiscal deverá ser garantida a representação dos segurados.

Parágrafo único. Se houver previsão em lei do ente federativo de remuneração dos membros pela participação nos órgãos de que trata o caput, deverá ser observado o disposto no art. 84.

Art. 73. É facultada aos entes federativos a constituição, por meio de lei, de fundos integrados de bens, direitos e ativos com finalidade previdenciária, de que trata o art. 249 da Constituição Federal, bem como de fundos para oscilação de riscos atuariais previstos nos arts. 49 e 50 desta Portaria.

Art. 74. Deverá ser garantido aos segurados e beneficiários o pleno acesso às informações relativas à gestão do RPPS e às de seu interesse pessoal e divulgadas, por meio de sítios eletrônicos, em linguagem clara e acessível, as principais informações administrativas, contábeis, financeiras e atuariais do regime.

Art. 75. O ente federativo deverá manter registro individualizado dos segurados e beneficiários do RPPS, que conterá, no mínimo, as seguintes informações:

I - nome e demais dados pessoais, inclusive dos dependentes;

II - matrícula e outros dados funcionais;

III - valores mensais das remunerações, subsídios e proventos e das bases de cálculo das contribuições;

IV - valores mensais da contribuição do segurado e do beneficiário;

V - valores mensais da contribuição do ente federativo; e

VI - Certidão de Tempo de Contribuição - CTC.

§ 1º Aos segurados e beneficiários e, na sua falta, aos dependentes devidamente identificados serão disponibilizadas as informações constantes de seu registro individualizado.

§ 2º As informações de que tratam este artigo relativas aos segurados deverão possibilitar a emissão da respectiva CTC disciplinada no Capítulo IX.

§ 3º Aplica-se o previsto neste artigo para os segurados e beneficiários que perderem a filiação ao RPPS.

SEÇÃO I
REQUISITOS DOS DIRIGENTES E MEMBROS DOS CONSELHOS DELIBERATIVO, FISCAL E COMITÊ DE INVESTIMENTOS DOS RPPS

Art. 76. Deverá ser comprovado o atendimento, pelos dirigentes da unidade gestora do RPPS, aos seguintes requisitos previstos no art. 8º-B da Lei nº 9.717, de 1998, para sua nomeação ou permanência, sem prejuízo de outras condições estabelecidas na legislação do regime:

I - não ter sofrido condenação criminal ou incidido em alguma das demais situações de inelegibilidade previstas no inciso I do caput do art. 1º da Lei Complementar nº 64, de 18 de maio de 1990, observados os critérios e prazos previstos na referida Lei Complementar;

II - possuir certificação, por meio de processo realizado por entidade certificadora para comprovação de atendimento e verificação de conformidade com os requisitos técnicos necessários para o exercício de determinado cargo ou função;

III - possuir comprovada experiência no exercício de atividade nas áreas financeira, administrativa, contábil, jurídica, de fiscalização, atuarial ou de auditoria; e

IV - ter formação acadêmica em nível superior.

§ 1º Os requisitos de que tratam os incisos I e II do caput aplicam-se aos membros dos conselhos deliberativo e fiscal e do comitê de investimentos do RPPS.

§ 2º Os requisitos de que tratam os incisos I a IV do caput aplicam-se ao responsável pela gestão das aplicações dos recursos do RPPS.

§ 3º É de responsabilidade do ente federativo e da unidade gestora do RPPS a verificação dos requisitos de que trata este artigo e o encaminhamento das correspondentes informações à SPREV, na forma estabelecida no art. 241.

§ 4º A autoridade do ente federativo ou da unidade gestora do RPPS competente para apreciar o atendimento aos requisitos previstos neste artigo deverá verificar a veracidade das informações e autenticidade dos documentos a ela apresentados e adotar as providências relativas à nomeação e permanência dos profissionais nas respectivas funções.

§ 5º A lei do ente federativo poderá estabelecer outros requisitos além dos previstos neste artigo.

Art. 77. A comprovação do requisito de que trata o inciso I do caput do art. 76 será exigida a cada 2 (dois) anos, observados os seguintes parâmetros:

I - a inexistência de condenação criminal, inclusive para os delitos previstos no inciso I do art. 1º da Lei Complementar nº 64, de 1990, mediante apresentação de certidões negativas de antecedentes criminais da Justiça Estadual e da Justiça Federal competentes; e

II - no que se refere às demais situações previstas no inciso I do art. 1º da Lei Complementar nº 64, de 1990, mediante declaração de não ter incidido em alguma das situações ali previstas, conforme modelo de declaração disponibilizado pela SPREV na página da Previdência Social na Internet.

Parágrafo único. Em caso de ocorrência das situações de que trata este artigo, os profissionais deixarão de ser considerados como habilitados para as correspondentes funções desde a data de implementação do ato ou fato obstativo.

Art. 78. A comprovação do requisito de que trata o inciso II do caput do art. 76 deverá ser efetuada com a apresentação de certificação emitida por meio de processo realizado por entidade certificadora reconhecida na forma do § 5º, observados os seguintes parâmetros: *(Redação dada pela Portaria MTP 3.803/2022)*

I - certificação do representante legal ou do detentor da autoridade mais elevada da unidade gestora do RPPS, e da maioria dos demais dirigentes de que trata o inciso VII do art. 2º; *(Redação dada pela Portaria MTP 3.803/2022)*

II - certificação da maioria dos membros titulares dos conselhos deliberativo e fiscal; *(Redação dada pela Portaria MTP 3.803/2022)* e

III - certificação do responsável pela gestão das aplicações dos recursos do RPPS e dos membros titulares do comitê de investimentos. *(Redação dada pela Portaria MTP 3.803/2022)*

§ 1º A substituição dos titulares dos cargos ou funções referidos nos incisos I e II do caput deverá ocorrer sem prejudicar a comprovação do requisito de que trata o caput na forma prevista no § 9º do art. 247. *(Redação dada pela Portaria MTP 3.803/2022)*

§ 2º Os titulares dos cargos e funções de que trata o inciso III do caput deverão ser certificados previamente ao seu exercício. *(Redação dada pela Portaria MTP 3.803/2022)*

§ 3º As certificações terão validade máxima de 4 (quatro) anos e deverão ser obtidas mediante aprovação prévia em exames por provas, ou por provas e títulos, ou adicionalmente pela análise de experiência e, em caso de renovação, por programa de qualificação continuada.

§ 4º As certificações e programas de qualificação continuada deverão ter os seus conteúdos alinhados aos requisitos técnicos necessários ao exercício da correspondente função.

§ 5º Para fins do cumprimento do disposto neste artigo, a gestão do reconhecimento dos certificados e das entidades certificadoras, a ser efetuada na forma definida pela SPREV, deverá contemplar, entre outras, as seguintes medidas:

I - análise e decisão sobre os pedidos de reconhecimento das entidades certificadoras e dos correspondentes certificados ou programas de qualificação continuada;

II - definição dos modelos dos processos de certificação ou programas de qualificação continuada e os conteúdos mínimos dos temas para cada tipo de certificação ou programa;

III - definição dos critérios de qualificação técnica das entidades certificadoras;

IV - reconhecimento do processo de certificação e programa de qualificação continuada em que os requisitos técnicos necessários para o exercício da função sejam estabelecidos por modelo que considere sistema de atribuição de pontos por nível ou tipo de certificação;

V - estabelecimento das situações de dispensa da certificação em função de reconhecido conhecimento técnico inerente à titulação acadêmica do dirigente da unidade gestora ou do conselheiro do RPPS ou ao cargo público de que é titular ou de que seja oriundo; e

VI - estabelecimento de critérios para implantação gradual e aperfeiçoamento dos processos de certificação e programas de qualificação continuada de que trata este artigo.

§ 6º O programa de qualificação continuada deverá exigir, como condição de aprovação, dentre outras atividades, produção acadêmica, participação periódica em cursos presenciais ou educação a distância e em eventos de capacitação e educação previdenciárias.

§ 7º A SPREV divulgará na página da Previdência Social na Internet a relação das certificadoras, dos certificados e dos programas de qualificação continuada reconhecidos na forma do § 5º e que serão aceitos para fins da certificação prevista neste artigo.

Art. 79. As certificações e programas de qualificação continuada poderão ser graduados em níveis básico, intermediário e avançado, exigidos de forma proporcional ao porte, conforme o ISP-RPPS, ao volume de recursos e às demais características dos RPPS, nos moldes em que definidos no Manual da Certificação dos Profissionais dos Regimes Próprios de Previdência Social, divulgado pela Secretaria de Regime Próprio e Complementar do Ministério da Previdência Social. (Redação dada pela Portaria MPS 1.499/2024)

Art. 80. A comprovação do requisito de que trata o inciso III do caput do art. 76 deverá ser efetuada mediante a apresentação de documentos que comprovem a experiência de, no mínimo, 2 (dois) anos, conforme as especificidades de cada cargo ou função, no exercício de atividade nas áreas previdenciária, financeira, administrativa, contábil, jurídica, de fiscalização, atuarial ou de auditoria.

SEÇÃO II
UTILIZAÇÃO DOS RECURSOS PREVIDENCIÁRIOS

Art. 81. São considerados recursos previdenciários as contribuições e quaisquer valores, bens, ativos e seus rendimentos vinculados ao RPPS ou aos fundos previdenciários, inclusive os créditos do ente instituidor, reconhecidos pelo regime de origem, relativos à compensação financeira disciplinada na Lei nº 9.796, de 05 de maio de 1999.

§ 1º Os recursos de que trata este artigo somente deverão ser utilizados para o pagamento dos benefícios de aposentadoria e pensão por morte, para o financiamento da taxa de administração do RPPS e para o pagamento da compensação financeira disciplinada na Lei nº 9.796, de 05 de maio de 1999.

§ 2º É vedada a utilização dos recursos previdenciários para finalidades diversas daquelas referidas no § 1º, dentre elas consideradas:

I - o pagamento de benefícios diversos da aposentadoria e pensão por morte;

II - o custeio da complementação de benefícios prevista na lei do ente federativo como incentivo para a opção de que trata o § 16 do art. 40 da Constituição Federal;

III - a compensação ou restituição das contribuições quando não atendidos os requisitos previstos no art. 82;

IV - as despesas realizadas em desacordo com os parâmetros estabelecidos pelo art. 84; e

V - a transferência de beneficiários, recursos ou obrigações entre o fundo em repartição e o fundo em capitalização, no caso de RPPS com segregação da massa dos segurados, em desacordo com os parâmetros estabelecidos nesta Portaria.

§ 3º A utilização indevida dos recursos previdenciários exigirá o ressarcimento ao RPPS dos valores correspondentes, com aplicação de índice oficial de atualização e de taxa de juros, respeitando-se como limite mínimo a meta atuarial.

Art. 82. A unidade gestora poderá restituir, no prazo previsto no art. 168 da Lei nº 5.172, de 25 de outubro de 1966, a quem seja o sujeito passivo da obrigação, ou esteja por ele expressamente autorizado, contribuição repassada ao RPPS quando tenha havido pagamento indevido da obrigação por aquele que pleiteia a restituição comprovado em processo administrativo formalmente constituído.

Art. 83. É vedada a utilização de recursos previdenciários para custear ações de assistência social ou de saúde, e para concessão de verbas indenizatórias, ainda que decorrentes de acidente em serviço.

Parágrafo único. Desde 1º de julho de 1999, os RPPS já existentes que tivessem, dentre as suas atribuições a prestação de serviços de assistência médica, em caso de não extinção desses serviços, devem contabilizar as contribuições para previdência social e para assistência médica em separado, sendo vedada a transferência de recursos entre estas contas.

Art. 84. A taxa de administração a ser instituída em lei do ente federativo, deverá observar os seguintes parâmetros:

I - financiamento na forma prevista na legislação do RPPS; *(Redação dada pela Portaria MTP 3.803/2022)*

II - limitação de gastos aos seguintes percentuais máximos previstos em lei do ente federativo, apurados com base no exercício financeiro anterior, desde que devidamente financiados na forma dos incisos I e III: *(Redação dada pela Portaria MTP 3.803/2022)*

a) de até 2,0% (dois por cento) para os RPPS dos Estados e Distrito Federal, classificados no grupo Porte Especial do ISP-RPPS, de que trata o art. 238, aplicado sobre o somatório da base de cálculo das contribuições dos servidores ou de até 1,3% (um inteiro e três décimos por cento), sobre o somatório das remunerações brutas dos servidores, aposentados e pensionistas;

b) de até 2,4% (dois inteiros e quatro décimos por cento) para os RPPS dos Municípios classificados no grupo Grande Porte do ISP-RPPS, aplicado sobre o somatório da base de cálculo das contribuições dos servidores ou de até 1,7% (um inteiro e sete décimos por cento), sobre o somatório das remunerações brutas dos servidores, aposentados e pensionistas;

c) de até 3,0% (três por cento) para os RPPS dos Municípios classificados no grupo Médio Porte do ISP-RPPS, aplicado sobre o somatório da base de cálculo das contribuições dos servidores ou de até 2,3% (dois inteiros e três décimos por cento), sobre o somatório das remunerações brutas dos servidores, aposentados e pensionistas; ou

d) de até 3,6% (três inteiros e seis décimos por cento) para os RPPS dos Municípios classificados no grupo Pequeno Porte do ISP-RPPS, aplicado sobre o somatório da base de cálculo das contribuições dos servidores ou de até 2,7% (dois inteiros e sete décimos por cento), sobre o somatório das remunerações brutas dos servidores, aposentados e pensionistas; e

III - vinculação dos recursos para pagamento das despesas correntes e de capital necessárias à organização, à administração e ao funcionamento do RPPS, observando-se que:

a) deverão ser administrados em contas bancárias e contábeis distintas das destinadas aos benefícios, formando reserva financeira administrativa para as finalidades previstas neste artigo;

b) mantém-se a vinculação das sobras mensais de custeio administrativo e dos rendimentos por elas auferidas, exceto se aprovada, pelo conselho deliberativo, na totalidade ou em parte, a sua reversão para pagamento dos benefícios do RPPS, vedada sua devolução ao ente federativo ou aos segurados do RPPS;

c) os valores arrecadados mensalmente com a taxa de administração, ainda que superiores aos limites anuais previstos no inciso II quando o seu financiamento se der por meio de alíquota incluída no plano de custeio definido na avaliação atuarial do RPPS, serão incorporados à reserva administrativa e poderão ser utilizados, inclusive com as sobras de custeio administrativo e os rendimentos auferidos, para as finalidades previstas neste artigo; e *(Redação dada pela Portaria MTP 3.803/2022)*

d) poderão ser utilizados para aquisição, construção, reforma ou melhorias de imóveis destinados a uso próprio da unidade gestora nas atividades de administração, gerenciamento e operacionalização do RPPS, bem como para reforma ou melhorias de bens destinados a investimentos, desde que seja garantido o retorno dos valores empregados, mediante verificação por meio de análise de viabilidade econômicofinanceira.

§ 1º Os recursos da taxa de administração utilizados em desconformidade com o previsto neste artigo deverão ser objeto de recomposição ao RPPS, sem prejuízo de adoção de medidas para ressarcimento por parte dos responsáveis pela utilização indevida dos recursos previdenciários.

§ 2º Na hipótese de a unidade gestora do RPPS possuir competências diversas daquelas relacionadas à administração do regime, inclusive se for responsável pela gestão do Sistema de Proteção Social dos Militares - SPSM e das perícias de benefícios por afastamentos temporários, deverá haver o rateio proporcional das despesas relativas a cada atividade para posterior apropriação nos custos correspondentes e a gestão segregada dos recursos, observando-se, ainda, que, se a estrutura ou patrimônio utilizado for de titularidade exclusiva do RPPS, deverá ser estabelecida uma remuneração ao regime em virtude dessa utilização.

§ 3º Eventuais despesas com prestação de serviços relativos à assessoria ou consultoria, independentemente da nomenclatura utilizada na sua definição, deverão observar os seguintes requisitos, sem prejuízo de outras exigências previstas na legislação do RPPS:

I - os serviços prestados deverão ter por escopo atividades que contribuam para a melhoria da gestão, dos processos e dos controles, sendo vedada a substituição das atividades decisórias da diretoria executiva e dos demais órgãos estatutários da unidade gestora, bem como das suas atividades finalísticas;

II - o valor contratual não poderá ser estabelecido, de forma direta ou indireta, como parcela, fração ou percentual do limite da taxa de administração ou como percentual de receitas ou ingressos de recursos futuros; e

III - em qualquer hipótese, os dispêndios efetivamente realizados não poderão ser superiores a 50% (cinquenta por cento) dos valores anuais da taxa de administração calculados conforme o inciso II do caput, considerados sem os acréscimos de que trata o § 4º.

§ 4º A lei do ente federativo poderá autorizar que o percentual da taxa de administração estabelecida na forma do inciso II do caput, seja elevado em até 20% (vinte por cento), exclusivamente para o custeio de despesas administrativas relacionadas a: *(Redação dada pela Portaria MTP 1.837/2022)*

I - obtenção e manutenção de certificação institucional no âmbito do PróGestão RPPS, a ser obtida no prazo de 2 (dois) anos, contado da data da formalização da adesão ao programa, contemplando, entre outros, gastos referentes a:

a) preparação para a auditoria de certificação;

b) elaboração e execução do plano de trabalho para implantação do PróGestão RPPS;

c) cumprimento das ações previstas no programa, inclusive aquisição de insumos materiais e tecnológicos necessários;

d) auditoria de certificação, procedimentos periódicos de autoavaliação e auditoria de supervisão; e

e) processo de renovação ou de alteração do nível de certificação; e

II - obtenção e manutenção de certificação pelos dirigentes da unidade gestora e membros dos conselhos deliberativo e fiscal e do comitê de investimentos do RPPS, contemplando, entre outros, gastos referentes a:

a) preparação, obtenção e renovação da certificação; e

b) capacitação e atualização dos gestores e membros dos conselhos e comitê.

§ 5º A definição dos percentuais da taxa de administração de que trata o inciso II do caput deverá observar os seguintes critérios:

I - considerar a classificação nos grupos de porte do ISP-RPPS publicado no penúltimo exercício anterior ao exercício no qual esse percentual será aplicado; e

III - em caso de regimes que não constarem da classificação do ISP-RPPS, deverá ser considerado o limite do grupo "Médio Porte", até que seja promovida a sua inclusão.

§ 6º As despesas originadas pelas aplicações dos recursos do RPPS em ativos financeiros, inclusive as decorrentes dos tributos incidentes sobre os seus rendimentos, deverão ser suportadas pelas receitas geradas pelas respectivas aplicações, assegurada a transparência de sua rentabilidade líquida.

§ 7º Em caso de insuficiência de recursos da taxa de administração, inclusive para pagamento de tributos ou de insumos materiais e tecnológicos indispensáveis para a gestão do regime, deverão ser aportados recursos pelo ente federativo, desde que assegurada transparência ao custeio administrativo do RPPS.

SEÇÃO III
PROCEDIMENTOS CONTÁBEIS

Art. 85. A contabilidade dos RPPS será individualizada em relação à contabilidade do ente federativo e obedecerá aos princípios, às normas e aos procedimentos aplicáveis ao setor público.

§ 1º Deverão ser reconhecidas na contabilidade consolidada do ente federativo as obrigações decorrentes do plano de benefícios do RPPS, inclusive para consolidação das contas públicas de que trata o § 2º do art. 50 da Lei Complementar nº 101, de 2000.

§ 2º Os instrumentos de transparência fiscal e as informações e dados contábeis, orçamentários e fiscais de que trata o art. 48 da Lei Complementar nº 101, de 2000, deverão compreender os relativos ao RPPS.

§ 3º Os RPPS adotarão as contas a estes aplicáveis, especificadas no Plano de Contas Aplicado ao Setor Público - PCASP estendido até o 7º nível de classificação, na forma estabelecida pela Secretaria do Tesouro Nacional - STN. *(Acrescentado pela Portaria MTP 3.803/2022)*

§ 4º As Demonstrações Contábeis Aplicadas ao Setor Público - DCASP dos RPPS devem seguir as regras e modelos definidos no Manual de Contabilidade Aplicada ao Setor Público - MCASP, aprovado pela STN. *(Acrescentado pela Portaria MTP 3.803/2022)*

CAPÍTULO VI
INVESTIMENTOS DOS RECURSOS

Art. 86. Os recursos financeiros do RPPS deverão ser geridos em conformidade com a política de investimentos estabelecida e com os critérios para credenciamento de instituições e contratações, de forma independente, sendo vedada a realização de convênio ou contrato tendo como base exigência de reciprocidade relativa às aplicações dos recursos do regime.

§ 1º Deverão ser adotadas regras, procedimentos e controles internos que visem à promoção de elevados padrões éticos na condução das operações, bem como à eficiência dos procedimentos técnicos, operacionais e de controle das aplicações.

§ 2º Deverão ser claramente definidas as atribuições e a separação de responsabilidades de todos os órgãos e agentes que participem do processo de análise, avaliação, gerenciamento, assessoramento e decisão sobre as aplicações dos recursos do RPPS, inclusive com a definição das alçadas de decisão de cada instância.

Art. 87. Os recursos dos RPPS serão aplicados no mercado financeiro e de capitais em conformidade com regras estabelecidas pelo Conselho Monetário Nacional - CMN.

Parágrafo único. A aplicação dos recursos deverá, com o objetivo de alcançar a meta atuarial, atender aos princípios da segurança, rentabilidade, solvência, liquidez, motivação, adequação à natureza de suas obrigações e transparência, previstos em resolução do CMN, e observar também os parâmetros gerais relativos à gestão de investimentos dos RPPS previstos neste Capítulo.

Art. 88. Os processos decisórios dos investimentos de recursos do RPPS se referem às operações de alocação, de manutenção de posições em ativos e de desinvestimentos das aplicações.

§ 1º Consideram-se como ativos financeiros aqueles definidos nos termos da regulamentação da CVM, cuja emissão, registro, depósito centralizado, distribuição e negociação devem observar as normas e procedimentos por ela estabelecidos e pelo Banco Central do Brasil, nas suas respectivas áreas de competências.

§ 2º A unidade gestora deve implementar processo de controle de qualidade e documentação, revisão e requisitos de auditoria rigorosos no que se refere às decisões na aplicação dos recursos de que trata o caput.

SEÇÃO I
GESTÃO DA APLICAÇÃO DOS RECURSOS

Art. 89. O ente federativo deverá informar à SPREV o responsável pela gestão das aplicações dos recursos do RPPS, que será por ela considerado como o principal responsável pela prestação de informações relativas às aplicações do regime próprio.

Art. 90. A definição das atribuições e a separação de responsabilidades prevista no § 2º do art. 86 deverá abranger, no mínimo, as atribuições e as responsabilidades dos dirigentes, do conselho deliberativo, do conselho fiscal e do comitê de investimentos do RPPS, e seus membros, no que se refere às aplicações dos recursos do regime.

Art. 91. O comitê de investimentos deverá observar os seguintes requisitos:

I - previsão na legislação do ente federativo de suas atribuições, estrutura, composição, forma de funcionamento e de participação no processo decisório de investimentos do RPPS, inclusive quanto à formulação e execução da política de investimentos;

II - manutenção do vínculo de seus membros com o ente federativo ou com a unidade gestora do RPPS na qualidade de servidor titular de cargo efetivo ou de livre nomeação e exoneração;

III - previsão de periodicidade das reuniões ordinárias e forma de convocação das extraordinárias;

IV - previsão de acessibilidade das informações relativas aos processos decisórios dos investimentos dos recursos do RPPS aos membros do comitê; e

V - exigência de que as deliberações e decisões sejam registradas em atas.

Art. 92. O responsável pela gestão das aplicações dos recursos do RPPS e os membros do comitê de investimentos deverão comprovar o atendimento aos requisitos previstos no art. 76.

Art. 93. O RPPS deverá buscar o acompanhamento dos riscos de sua carteira de investimentos.

Art. 94. A atuação dos agentes que participam do processo de análise, avaliação, gerenciamento, assessoramento e decisão sobre as aplicações dos recursos do RPPS deve observar o código de ética e de padrões de conduta profissional adotado.

Art. 95. A gestão das aplicações dos recursos dos RPPS poderá ser própria, por entidade autorizada e credenciada, ou mista, nos seguintes termos:

I - gestão própria, quando a unidade gestora realiza diretamente a execução da política de investimentos da carteira do regime, decidindo sobre as alocações dos recursos, inclusive por meio de fundos de investimento;

II - gestão realizada exclusivamente por pessoa jurídica devidamente registrada e autorizada para administração de recursos de terceiros pela CVM; e

III - gestão mista, quando parte da carteira do RPPS é gerida diretamente pela unidade gestora e parte por instituições contratadas para administração de carteiras de valores mobiliários.

Parágrafo único. A unidade gestora deverá certificar-se do cumprimento dos limites, condições e vedações estabelecidos em resolução do CMN pelas instituições escolhidas para a gestão de carteira administrada.

Art. 96. Na seleção e contratação de instituições para gestão de carteira administrada deverá ser observado, no mínimo, o seguinte:

I - certificação do registro e autorização pela CVM;

II - estabelecimento de critérios isonômicos, técnicos e transparentes, inclusive relacionados à política de divulgação de informações sobre os investimentos e performance, especificando a periodicidade e as informações necessárias para o monitoramento das atividades da instituição contratada;

III - análise se a política de gestão de riscos proposta para a carteira administrada é consistente e passível de verificação, de forma a que fundamente, efetivamente, os processos decisórios dos investimentos e se está alinhada às diretrizes da política de investimentos do RPPS;

IV - verificação se a segregação das funções de gestão, administração e custódia da instituição é suficiente para mitigar situações de conflito de interesse;

V - confirmação se a instituição adere a códigos de autorregulação e códigos de ética e conduta que incentivem boas práticas de mercado, transparência e padrões éticos na administração de carteira de valores mobiliários;

VI - observância de critérios isonômicos, técnicos e transparentes;

VII - possibilidade de fracionamento da carteira em lotes a fim de fomentar a competição no atingimento dos objetivos da política de investimentos; e VIII - avaliação do histórico de atuação do prestador, incluindo a certificação de sua reputação ilibada.

Parágrafo único. Os critérios de seleção devem, ainda, observar a solidez, porte e experiência em gestão de recursos das instituições e serem proporcionais à complexidade do mandato.

Art. 97. A unidade gestora deverá assegurar-se da capacidade técnica e do desempenho positivo de qualquer instituição contratada para prestação de serviços relacionados às aplicações dos recursos do RPPS, observados, no mínimo, os seguintes parâmetros:

I - deverá recair somente sobre pessoas jurídicas e, em caso de prestadores de serviço sujeitos a registro, autorização ou credenciamento nos termos da regulamentação da CVM ou do Banco Central do Brasil, certificar-se de sua regularidade perante o órgão;

II - o escopo do serviço a ser prestado deverá ser definido de forma a contemplar objetivos passíveis de verificação de acordo com as características do mandato ou contrato e que contribuam para a melhoria da gestão previdenciária;

III - os critérios de seleção e de contratação deverão garantir a impessoalidade, concorrência, transparência, economicidade e eficiência, a vedação ao nepotismo, além dos princípios relativos às boas práticas de governança, ambiente de controle e outros destinados à mitigação de riscos, inclusive os relacionados a conflitos de interesse;

IV - a seleção, o acompanhamento, a avaliação e o monitoramento dos prestadores de serviços deverão ser executados com diligência;

V - deverá ser avaliado o histórico de atuação do prestador, incluindo a certificação de sua reputação ilibada;

VI - deverão ser exigidas informações que comprovem a adequação da estrutura existente para a prestação do serviço, inclusive se o prestador possui recursos humanos e computacionais adequados e suficientes para ofertar os serviços contratados;

VII - deverá ser avaliada a qualificação técnica e a experiência dos profissionais e colaboradores do prestador, incluindo o histórico de sua atuação; e VIII - deverá ser realizado o monitoramento periódico dos prestadores, de forma a verificar, no mínimo, o cumprimento satisfatório dos requisitos e condições estabelecidos na legislação aplicável e as exigências e finalidades estabelecidas no contrato.

§ 1º A contratação de serviços especializados de terceiros não exime os participantes dos processos decisórios dos investimentos do RPPS de suas responsabilidades legais.

§ 2º Na contratação a que se refere o caput, serão observadas as normas gerais de licitação e contratação.

Art. 98. Deverão ser adotadas medidas para evitar potenciais conflitos de interesse dos prestadores de serviços com as pessoas que participam do processo de análise, avaliação, gerenciamento, assessoramento e decisão sobre a aplicação dos recursos do RPPS.

§ 1º O conflito de interesse será configurado em quaisquer situações em que possam ser identificadas ações que não estejam alinhadas aos objetivos do RPPS, independentemente de obtenção de vantagem para si ou para outrem, da qual resulte ou não prejuízo.

§ 2º A contratação deverá, sob pena de imediata rescisão, vedar que o prestador, ou partes a ele relacionadas, direta ou indiretamente, em relação às aplicações dos recursos do RPPS, recebam qualquer remuneração, benefício ou vantagem que potencialmente prejudiquem a independência na prestação do serviço.

§ 3º É vedado à unidade gestora do RPPS, nos termos de resolução do CMN:

I - remunerar quaisquer prestadores de serviço relacionados direta ou indiretamente aos fundos de investimento ou demais ativos em que foram aplicados os recursos do regime, de forma distinta:

a) das taxas previstas na regulamentação da CVM, incluindo as previstas em contrato de carteira administrada ou de consultoria;

b) dos encargos do fundo, nos termos do regulamento do fundo e da regulamentação da CVM; e

c) dos custos de distribuição de valores mobiliários no âmbito de ofertas públicas de valores mobiliários, desde que observada a regulamentação da CVM; e

II - aplicar recursos na aquisição de cotas de fundos de investimento em que prestadores de serviço contratados pela unidade gestora do RPPS, ou partes relacionadas, direta ou indiretamente, a esses prestadores, figurem como emissores dos ativos das carteiras, ressalvado o disposto na regulamentação da CVM.

§ 4º Os participantes dos processos decisórios dos investimentos do RPPS deverão formalizar a existência de qualquer potencial conflito de interesse quando da seleção do prestador de serviço e durante a execução do contrato.

Art. 99. Não se caracteriza como contratação de serviços a relação estabelecida entre a unidade gestora com as instituições credenciadas na forma do art. 103 e com os prestadores de serviço relacionados aos correspondentes ativos financeiros.

Art. 100. A unidade gestora deverá dar ampla publicidade aos custos relativos à gestão de carteiras, incluindo custódia, corretagens, consultorias, honorários advocatícios, auditorias e outras despesas relevantes.

Parágrafo único. O disposto neste artigo não abrange as aplicações em fundos de investimento efetuadas por meio de gestão própria.

SEÇÃO II
POLÍTICA DE INVESTIMENTOS

Art. 101. A unidade gestora deverá comprovar a elaboração e a aprovação da política anual de investimentos do RPPS.

§ 1º A política de investimentos deve ser aprovada pelo conselho deliberativo, antes do início do exercício a que se referir e constituir-se em um mandato a ser observado pelo responsável pela gestão das aplicações dos recursos do RPPS e demais participantes dos processos decisórios dos investimentos do RPPS.

§ 2º A política de investimentos poderá ser alterada no curso de sua execução com vistas à adequação ao mercado ou à nova legislação, desde que aprovada pelo conselho deliberativo.

§ 3º No início de cada exercício, a unidade gestora deverá apresentar aos conselhos deliberativo e fiscal o relatório de acompanhamento da execução da política de investimentos relativo ao ano anterior.

§ 4º As informações relativas às políticas de investimentos deverão ser encaminhadas à SPREV por meio do Demonstrativo da Política de Investimentos - DPIN, acompanhado do envio do documento que comprove a sua elaboração e aprovação pelo conselho deliberativo, conforme modelo e instruções de preenchimento disponibilizados pela SPREV na página da Previdência Social na Internet.

Art. 102. A política de investimentos deverá contemplar, no mínimo, o previsto em resolução do CMN, atentando-se para as seguintes informações:

I - no que se refere ao modelo de gestão a ser adotado, deverá:

a) avaliar os aspectos relativos à governança do RPPS, contemplando a estrutura de gestão e as competências, atribuições e responsabilidades dos órgãos e agentes participantes dos processos decisórios dos investimentos; e

b) definir, em caso de carteira administrada, os critérios para a contratação das instituições;

II - no que se refere à definição da estratégia de alocação dos recursos entre os diversos segmentos de aplicação e as respectivas carteiras de investimentos, deverá:

a) avaliar o cenário macroeconômico e financeiro a fim de justificar as perspectivas relativas aos investimentos;

b) avaliar o atual perfil da carteira de investimentos do RPPS;

c) verificar os prazos, montantes e taxas das obrigações atuariais presentes e futuras do regime, com o objetivo de serem estabelecidas estratégias de alocação, de carregamento das posições e de desinvestimento compatíveis com as obrigações do plano de benefícios, de forma a manter o equilíbrio econômico-financeiro entre ativos e passivos do RPPS;

d) definir os objetivos da gestão de investimentos, considerando o cenário interno e externo, o perfil da carteira e as estratégias e critérios para a diversificação pretendida;

e) estabelecer as estratégias alvo de alocação, com os percentuais pretendidos para cada segmento e tipo de ativo, bem como os limites mínimos e máximos, não se circunscrevendo a reproduzir os limites de alocação, diversificação e de concentração previstos em resolução do CMN; e

f) a estratégia alvo de alocação, que não se confunde com os limites mínimos e máximos de que trata a alínea "e";

III - no que se refere aos critérios para credenciamento de instituições e para seleção de ativos, deverá considerar a adequação ao perfil da carteira, ao ambiente interno e à estrutura de exposição a riscos do RPPS, e análise da solidez, porte e experiência das instituições credenciadas;

IV - no que se refere aos parâmetros de rentabilidade perseguidos, deverá:

a) definir a meta de rentabilidade futura dos investimentos, que será utilizada para balizar a aderência da taxa de juros utilizada na avaliação atuarial do regime;

b) buscar a compatibilidade da meta de rentabilidade com o perfil da carteira de investimentos do RPPS, a partir das estratégias de alocação definidas na forma do inciso II do caput, tendo por base cenários macroeconômico e financeiros e os fluxos atuariais com as projeções das receitas e despesas futuras do RPPS; e

c) observar a necessidade de busca e manutenção do equilíbrio financeiro e atuarial do regime, podendo a meta de rentabilidade ser diferenciada por período, prospectada pelo perfil da carteira de investimentos do RPPS e pelo cenário macroeconômico e financeiro;

V - no que se refere aos limites para investimento em títulos e valores mobiliários de emissão ou coobrigação de uma mesma pessoa jurídica, deverá estabelecer os limites de alocação dos recursos do RPPS por emissor, assim considerados os integrantes de um mesmo conglomerado econômico ou financeiro;

VI - no que se refere à metodologia, aos critérios gerais e às fontes de referência a serem adotados para precificação dos ativos, deverá:

a) ter por base critérios consistentes e passíveis de verificação, consentâneos com os parâmetros reconhecidos pelo mercado financeiro;

b) utilizar critérios de apuração do valor de mercado ou de intervalo referencial de preços máximos e mínimos dos ativos financeiros, estabelecidos com base em metodologia publicada por instituições de reconhecido mérito no mercado financeiro;

c) utilizar metodologia de precificação que observe os princípios, legislação e procedimentos contábeis aplicados ao setor público e que assegure que os preços apurados sejam consistentes com o valor real dos ativos, exceto em caso de cumprimento dos critérios relativos aos ativos a serem mantidos até o seu vencimento; e

d) observar, quanto aos bens, direitos e demais ativos de qualquer natureza aportados ao RPPS para equacionamento de deficit atuarial ou para constituição dos fundos com finalidade previdenciária, os parâmetros previstos no art. 63;

VII - no que se refere à metodologia e aos critérios a serem adotados para análise prévia dos riscos dos investimentos, bem como as diretrizes para o seu controle e monitoramento, deverá contemplar a avaliação dos riscos de crédito, de mercado, de liquidez, operacional, legal, sistêmico e outros inerentes a cada operação e a tolerância do regime a esses riscos;

VIII - no que se refere à metodologia e aos critérios a serem adotados para avaliação e acompanhamento da meta de rentabilidade dos investimentos, deverá considerar os custos relativos à gestão da carteira e os critérios de precificação adequados à cada ativo financeiro; e

IX - no que se refere ao plano de contingência, deverá definir as medidas a serem adotadas em caso de descumprimento dos limites e requisitos previstos em resolução do CMN, de excessiva exposição a riscos ou de potenciais perdas dos recursos.

SEÇÃO III
CREDENCIAMENTO DE INSTITUIÇÕES

Art. 103. A unidade gestora do RPPS deverá realizar o prévio credenciamento de todas as instituições que recebam ou administrem recursos do regime.

§ 1º As aplicações dos recursos do RPPS deverão observar os parâmetros de mercado e poderão ser realizadas por meio de instituições públicas ou privadas, desde que registradas, autorizadas ou credenciadas pela CVM ou pelo Banco Central do Brasil.

§ 2º Os critérios para o credenciamento das instituições deverão estar relacionados à boa qualidade de gestão, ao ambiente de controle interno, ao histórico e experiência de atuação, à solidez patrimonial, ao volume de recursos sob administração, à exposição a risco reputacional, ao padrão ético de conduta e à aderência da rentabilidade a indicadores de desempenho e a outros destinados à mitigação de riscos e ao atendimento aos princípios de segurança, proteção e prudência financeira.

§ 3º Para o credenciamento da instituição, deverão ser observados e formalmente atestados pela unidade gestora do RPPS:

I - registro ou autorização na forma do § 1º e inexistência de suspensão ou inabilitação pela CVM, pelo Banco Central do Brasil ou por outro órgão competente;

II - observância de elevado padrão ético de conduta nas operações realizadas no mercado financeiro e ausência de restrições que, a critério da CVM, do Banco Central do Brasil ou de outros órgãos competentes, desaconselhem um relacionamento seguro;

III - análise do histórico de sua atuação e de seus principais controladores;

IV - experiência mínima de 5 (cinco) anos dos profissionais diretamente relacionados à gestão de ativos de terceiros; e

V - análise quanto ao volume de recursos sob sua gestão e administração, bem como quanto a qualificação do corpo técnico e segregação de atividades.

§ 4º O credenciamento se aplica ao gestor e ao administrador dos fundos de investimento e das instituições financeiras bancárias emissoras de ativos financeiros aptos a receberem diretamente as aplicações do regime.

Art. 104. Deverá ser realizado o credenciamento do distribuidor, instituição integrante do sistema de distribuição ou agente autônomo de investimento, certificando-se sobre a sua regularidade perante a CVM e o contrato para distribuição e mediação do produto ofertado.

Art. 105. Deverá ser realizado o credenciamento das corretoras ou distribuidoras de títulos e valores mobiliários para as operações diretas com títulos de emissão do Tesouro Nacional registrados no Sistema Especial de Liquidação e Custódia - SELIC.

Parágrafo único. Aplica-se o previsto no caput aos serviços de custódia de títulos e valores mobiliários relativos à carteira de títulos públicos federais sob gestão própria do RPPS.

Art. 106. A conclusão da análise das informações e da verificação dos requisitos estabelecidos para o credenciamento deverá ser registrada em Termo de Credenciamento, que deverá observar os seguintes parâmetros:

I - estar embasado nos formulários de diligência previstos em códigos de autorregulação relativos à administração de recursos de terceiros, disponibilizados por entidade representativa dos participantes do mercado financeiro e de capitais que possua convênio com a CVM para aproveitamento de autorregulação na indústria de fundos de investimento;

II - ser atualizado a cada 2 (dois) anos;

III - contemplar, em caso de fundos de investimentos, o administrador, o gestor e o distribuidor do fundo; e

IV - ser instruído, com os documentos previstos na instrução de preenchimento do modelo disponibilizado na página da Previdência Social na Internet.

§ 1º O Termo de Credenciamento é o documento pelo qual se formaliza a relação entre a unidade gestora do RPPS e a credenciada, demonstrando o cumprimento das condições de sua habilitação e aptidão para intermediar ou receber as aplicações dos recursos.

§ 2º A assinatura do Termo de Credenciamento não estabelece obrigatoriedade de aplicação ou adesão a nenhum fundo de investimento ou ativo financeiro emitido, administrado, gerido ou distribuído pela credenciada.

SEÇÃO IV
ALOCAÇÕES DOS RECURSOS

Art. 107. Observado, no que couber, o art. 97, os recursos do RPPS somente podem ser alocados, nos termos de resolução do CMN, em fundos de investimento:

I - cujo gestor e o administrador sejam considerados, conforme o credenciamento realizado pela unidade gestora, como de boa qualidade de gestão e de ambiente de controle de investimento;

II - cujo administrador ou o gestor seja, na data da aplicação, instituição autorizada a funcionar pelo Banco Central do Brasil e obrigada a instituir comitê de auditoria e comitê de riscos; e

III - cujo administrador detenha percentual máximo de recursos sob sua administração oriundos de RPPS, nos termos de resolução do CMN.

§ 1º Os fundos de investimento objeto de aplicação por parte dos RPPS devem ser registrados na CVM e os investimentos por eles realizados observar, além da regulamentação estabelecida por aquela autarquia, os requisitos dos ativos financeiros previstos em resolução do CMN.

§ 2º Para a verificação do limite de que trata o inciso III do caput deverão ser consultadas as informações sobre a gestão de recursos de terceiros, por segmento de investidor, divulgadas por entidades representativas dos participantes do mercado financeiro e de capitais de que trata o inciso I do caput do art. 106.

§ 3º Os parâmetros previstos nos incisos I a III do caput se aplicam aos gestores ou administradores dos fundos de investimento que receberem diretamente as aplicações do RPPS.

§ 4º Os parâmetros previstos nos incisos I e II do caput se aplicam às instituições financeiras com obrigação ou coobrigação relacionadas aos ativos financeiros que forem investidos diretamente pela unidade gestora.

Art. 108. Na seleção de fundos de investimento deverão ser analisados, no mínimo:

I - o regulamento e demais documentos disponibilizados pelo fundo de investimento, previamente às alocações, identificando os riscos inerentes às operações previstas;

II - as características do fundo frente às necessidades de liquidez do RPPS;

III - a política de investimentos do fundo quanto à seleção, alocação e diversificação de ativos e, quando for o caso, à concentração de ativos;

IV - os custos, retorno e riscos relativos a fundos de investimento com classificação, características e políticas de investimento similares;

V - a compatibilidade entre o objetivo de retorno do fundo de investimento, a política de investimento do fundo, o limite de risco divulgado pelo gestor, quando couber, e eventual adequação do parâmetro utilizado para a cobrança da taxa de performance;

VI - as hipóteses de eventos de avaliação, amortização e liquidação, inclusive antecipada, quando aplicável;

VII - o histórico de performance do gestor em relação à gestão do fundo de investimento e de demais fundos por ele geridos, com classificação, características e políticas de investimento similares; e

VIII - o atendimento, em caso de fundos de investimento cujas carteiras sejam representadas, exclusivamente ou não, por cotas de outros fundos de investimento, dos requisitos previstos em resolução do CMN, relativamente à carteira desses fundos investidos.

Art. 109. Na seleção de Fundos de Investimento em Participações - FIP, adicionalmente ao disposto no art. 108, deverão ser, ainda, analisados, no mínimo:

I - as regras aplicáveis para subscrição e integralização de cotas;

II - a política de amortização e distribuição de rendimentos;

III - a política de divulgação de informações do fundo e de suas sociedades investidas, conforme regulamentação aplicável;

IV - a forma do aporte do gestor em relação aos demais investidores;

V - a duração do fundo, se houver, o período de investimento e de desinvestimento;

VI - a possibilidade de o gestor lançar outro fundo com objetivos concorrentes ou com potencial impacto para a performance do FIP;

VII - os riscos envolvidos na participação da unidade gestora do RPPS em comitê de investimento do FIP;

VIII - os critérios e metodologias utilizados pelo gestor, ou empresa avaliadora independente por ele contratada, para realizar a avaliação dos investimentos do FIP ao valor justo;

IX - a política para a contratação de consultores e terceiros pelo FIP para auxiliar na gestão do fundo ou das sociedades investidas; e

X - as regras de diversificação por empresa investida dos ativos que podem compor a carteira do FIP previstas na política de investimento do fundo.

§ 1º O regulamento do FIP deverá determinar que o gestor da carteira mantenha participação no capital subscrito do fundo sob sua gestão, considerando as subscrições efetuadas por todos os cotistas do FIP.

§ 2º Para fins de composição do percentual do capital subscrito a que se refere o § 1º, poderão ser considerados os aportes efetuados por:

I - gestor do FIP, pessoa jurídica credenciada como administrador de carteiras de valores mobiliários pela CVM, diretamente ou por meio de fundo de investimento exclusivo;

II - fundo de investimento constituído no Brasil que seja restrito ao gestor referido no inciso I deste parágrafo, ou, desde que seja pessoa natural domiciliada no Brasil, a sócio, diretor ou membros da equipe-chave, responsáveis pela gestão do FIP, vinculados ao referido gestor da carteira do FIP; ou

III - pessoa jurídica, sediada no Brasil ou exterior, ligada ao mesmo grupo econômico, excetuadas as empresas coligadas, do gestor referido no inciso I deste parágrafo.

§ 3º Para fins do disposto no inciso II do § 2º, entendem-se como membros da equipe-chave os responsáveis pela gestão do FIP, os quais devem ser indicados no regulamento do fundo.

§ 4º Caso a pessoa referida nos incisos II e III do § 2º, que tenha realizado aporte de recursos para fins de composição do percentual disposto no § 1º, deixe de manter vínculo ou ligação com o referido gestor do FIP, o gestor da carteira do FIP deve realizar os procedimentos necessários para a manutenção do referido percentual, conforme previsto em regulamento do fundo.

Art. 110. Na seleção de Fundos de Investimento em Direitos Creditórios - FIDC, adicionalmente ao disposto no art. 108, deverão ser, ainda, analisados, no mínimo:

I - a estrutura da carteira, o cedente, os tipos de cotas do fundo, a inadimplência e a perda que a subordinação deveria suportar comparando-se com a perda estimada, e a classificação de risco no Sistema de Informações de Crédito do Banco Central (SCR), quando disponível;

II - os mecanismos de proteção do FIDC;

III - as características do FIDC;

IV - as características dos direitos creditórios;

V - o fluxograma operacional da estrutura do FIDC, descrevendo o procedimento de cessão, quando houver, e o fluxo financeiro; e

VI - a política do gestor do fundo para a contratação de terceiros para auxiliar na gestão de recursos, quando houver.

Parágrafo único. Os recursos do RPPS, conforme disposto em resolução do CMN:

I - somente poderão ser aplicados em cotas de FIDC de classe sênior, vedadas aplicações em cotas subordinadas ou em cotas de FIDC de classe única;

II - somente poderão ser aplicados em FIDC que atenda a percentual máximo de cotas de classe sênior do fundo que podem ser detidas por esses regimes; e

III - não poderão ser aplicados em cotas de FIDC não padronizados.

Art. 111. Na seleção de Fundos de Investimento Imobiliários - FII, adicionalmente ao disposto no art. 108, deverão ser, ainda, analisados, no mínimo:

I - as características dos créditos imobiliários e garantias atreladas, caso existam;

II - a descrição dos riscos inerentes aos ativos-alvo que podem ser investidos pelo FII;

III - o laudo de avaliação, quando houver definição específica dos ativos-alvo que integrarão a carteira do FII;

IV - fato relativo ao FII, considerado relevante, que possa afetar a decisão do potencial investidor no que diz respeito à aquisição das cotas do FII;

V - os critérios e metodologias utilizados pelo gestor ou empresa avaliadora independente por ele contratada para realizar a avaliação dos investimentos do FII ao valor justo;

VI - a política para a contratação de consultores e terceiros para auxiliar na gestão dos ativos do FII ou dos empreendimentos imobiliários; e

VII - o nível de negociabilidade em pregões de Bolsa de Valores.

Art. 112. A aplicação de recursos do RPPS em fundos de investimento ou por meio de carteiras administradas, quando os regulamentos ou contratos contenham cláusulas que estipulem taxa de performance, está condicionada à verificação do atendimento aos requisitos estabelecidos em resolução do CMN e de sua aderência à análise dos riscos da carteira do regime.

Parágrafo único. Para fins do disposto neste artigo, a unidade gestora deverá:

I - certificar-se, na análise dos regulamentos dos fundos de investimento e no contrato de administração de carteira, do método de cobrança da taxa de performance adotado; e

II - exigir a comprovação, pelo administrador do fundo ou da carteira, de que o método de cobrança da taxa de performance adotado é compatível com a estratégia de alocação de recursos, conforme definido na política de investimentos do fundo, ou no contrato, e com os ativos que efetivamente compõe sua carteira, além de sua conformidade à regulamentação da CVM.

Art. 113. As aplicações do RPPS, dentro dos limites previstos em resolução do CMN, em cotas de fundos de investimento, cujas políticas de investimento assumam o compromisso de buscar o retorno de qualquer índice ou subíndice praticado pelo mercado, sujeitam-se à análise, por parte do gestor dos recursos do regime, de que a carteira de investimento desses fundos é aderente ao compromisso estabelecido em seu regulamento.

Art. 114. Para fins de cômputo dos limites definidos em resolução do CMN:

I - consideram-se todos os recursos vinculados ao RPPS, tanto ao fundo em capitalização quanto ao fundo em repartição, em caso de segregação da massa, bem como os relativos à taxa de administração; e

II - excluem-se os bens, direitos e ativos aportados ao RPPS para equacionamento de deficit atuarial ou para constituição dos fundos, as cotas de fundos de investimento integralizadas por esses ativos, as disponibilidades financeiras mantidas em conta corrente e os depósitos em poupança.

Parágrafo único. Deverão ser prestadas no Demonstrativo de Aplicações e Investimentos dos Recursos - DAIR, conforme modelo e instruções de preenchimento divulgados na página da Previdência Social na Internet as informações relativas à gestão e aplicação dos recursos de que tratam os incisos I e II do caput.

Art. 115. A aplicação dos recursos do RPPS deverá observar as necessidades de liquidez do plano de benefícios e a compatibilidade dos fluxos de pagamentos dos ativos com os prazos e o montante das obrigações financeiras e atuariais do regime, presentes e futuras.

§ 1º As aplicações que apresentem prazos para desinvestimento, inclusive para vencimento, resgate, carência ou para conversão de cotas de fundos de investimento, deverão ser precedidas de atestado elaborado pela unidade gestora, evidenciando a compatibilidade prevista no caput.

§ 2º As rentabilidades e os fluxos projetados deverão estar em consonância com a política de investimentos do RPPS e considerar eventuais descasamentos de fluxos de ativos e passivos que acarretem risco de reinvestimento dos recursos a taxas de retorno inferiores às da carteira corrente.

Art. 116. As aplicações ou resgates dos recursos dos RPPS deverão ser acompanhadas do formulário Autorização de Aplicação e Resgate - APR, cujas informações deverão ser inseridas no DAIR, com as informações dos responsáveis pelo investimento ou desinvestimento realizados e das razões que motivaram tais operações.

Parágrafo único. A APR deverá conter as assinaturas do representante legal ou detentor da autoridade mais elevada da unidade gestora, do responsável pelas aplicações dos recursos do RPPS, enquanto proponente da operação e do responsável pela operacionalização da operação, como liquidante e ser arquivada digitalmente.

Art. 117. Para verificação do limite de concentração dos recursos do RPPS aplicados por meio de fundos de investimento e carteiras administradas, previsto em resolução do CMN, relativo ao volume total de recursos de terceiros, geridos por um mesmo gestor ou por gestoras ligadas ao seu grupo econômico:

I - considera-se grupo econômico, conforme regulamentação da CVM, o conjunto de entidades controladoras diretas ou indiretas, controladas, coligadas ou submetidas a controle comum; e

II - deverão ser consultadas as informações sobre a gestão de recursos de terceiros, divulgadas por entidades representativas de participantes do mercado de que trata o inciso I do caput art. 106.

Art. 118. Para a verificação dos limites de concentração dos recursos do RPPS em relação ao patrimônio líquido do fundo de investimento:

I - quando se tratar de estruturas de fundos de investimento na modalidade master-feeder, o limite deverá ser verificado apenas em relação ao fundo master, desde que seja possível identificar, no regulamento do fundo feeder, a referência ao fundo master;

II - quando se tratar de fundos de investimento do segmento de investimentos no exterior, o limite deverá ser verificado apenas em relação ao patrimônio líquido do fundo constituído no exterior; e

III - quando se tratar de aplicações do RPPS na emissão de cotas de fundos de investimento, deverá ser assegurado:

a) por meio de instrumentos contratuais, o direito à devolução integral e imediata dos recursos aplicados, caso o fundo não consiga atingir a captação de recursos objeto de oferta pública, de modo a não provocar o desenquadramento do regime nos limites de concentração do patrimônio do fundo; e

b) que a política de investimentos do fundo estabeleça que, até que seja atingida a captação necessária, os recursos serão aplicados em ativos que permitam o resgate das cotas.

Parágrafo único. Considera-se master-feeder as estruturas em que vários feeders, com diferentes taxas de administração e condições de aplicações e resgates, investem em um único fundo (master), administrados pelo mesmo administrador.

Art. 119. Os limites previstos em resolução do CMN para aplicações diretas em operações compromissadas, lastreadas exclusivamente pelos títulos de emissão do Tesouro Nacional, registrados no SELIC, não se aplicam às carteiras dos fundos investidos.

Art. 120. As aplicações dos recursos dos RPPS em ativos financeiros de renda fixa de emissão com obrigação ou coobrigação de instituições financeiras somente podem ser realizadas caso o ativo seja previsto em resolução do CMN e a instituição atenda ao requisito de que trata o inciso II do caput do art. 107 e não tenha o seu controle societário detido, direta ou indiretamente, por Estado ou pelo Distrito Federal.

Art. 121. A unidade gestora deverá certificar-se, conforme disposto em resolução do CMN, no momento da aplicação, de que os direitos, títulos e valores mobiliários que compõem as carteiras dos fundos de investimento e os emissores correspondentes sejam considerados de baixo risco de crédito.

Art. 122. É vedada a aplicação em fundos de investimento em que haja cogestão na forma estabelecida na regulamentação da CVM e resolução do CMN imponha requisitos quanto às características do gestor do fundo que não sejam cumpridos por todos os gestores.

Parágrafo único. Excetua-se do previsto no caput, o requisito de que trata o inciso II do caput do art. 107, caso esse seja comprovado por administrador ou gestor do fundo de investimento correspondente.

Art. 123. Os processos decisórios das aplicações dos recursos do RPPS deverão ser estruturados de forma a garantir, no mínimo, a transparência das seguintes etapas:

I - apreciação da operação pelo comitê de investimentos, com a verificação dos riscos envolvidos e do atendimento aos requisitos e limites previstos na legislação em vigor; e

II - avaliação e aprovação da operação pretendida, conforme atribuições estabelecidas na forma do § 2º do art. 86, preferencialmente, de forma colegiada.

Art. 124. É vedada a aplicação na aquisição de imóveis e de bens, direitos e demais ativos de que trata o art. 63 dos recursos financeiros acumulados pelo RPPS, excetuada a aplicação em fundos de investimento cujas quotas forem integralizadas por esses ativos, observados os limites previstos em resolução do CMN.

SEÇÃO V
AVALIAÇÃO E MONITORAMENTO DOS RISCOS

Art. 125. A unidade gestora deverá identificar, analisar, avaliar, controlar e monitorar os riscos dos investimentos de recursos do RPPS, por meio de procedimentos e controles internos formalizados.

§ 1º Deverá ser realizada a análise prévia dos riscos dos investimentos, sendo que a utilização de avaliação de agência classificadora de risco registrada na CVM ou reconhecida por essa autarquia constitui um dos elementos a serem considerados, não substituindo a responsabilidade dos participantes dos processos decisórios do RPPS.

§ 2º Deverão ser considerados na análise de riscos, sempre que possível, os aspectos relacionados à sustentabilidade econômica, ambiental, social e de governança dos investimentos.

Art. 126. Os sistemas de controles internos devem ser continuamente reavaliados e aprimorados pela unidade gestora, com procedimentos apropriados para os riscos mais relevantes identificados na gestão das aplicações dos recursos do RPPS.

Art. 127. As deficiências de controles internos, sejam elas identificadas pelas próprias áreas, ou por qualquer instância de controle, devem ser reportadas em tempo hábil ao nível gerencial adequado e tratadas prontamente.

Art. 128. A unidade gestora, tanto em caso de carteira própria quanto administrada, deverá, no que se refere ao risco de liquidez, verificar se os recursos estarão disponíveis na data do pagamento dos benefícios e demais obrigações do regime por meio do acompanhamento dos fluxos de pagamentos dos ativos, dos prazos e dos montantes dos fluxos dos passivos.

Art. 129. Deverão ser emitidos relatórios, no mínimo, semestralmente, que contemplem:

I - as conclusões dos exames efetuados, inclusive sobre a aderência da gestão dos recursos do RPPS às normas em vigor e à política de investimentos;

II - as recomendações a respeito de eventuais deficiências, com estabelecimento de cronograma para seu saneamento, quando for o caso; e

III - análise de manifestação dos responsáveis pelas correspondentes áreas, a respeito das deficiências encontradas em verificações anteriores, bem como análise das medidas efetivamente adotadas para saná-las.

Parágrafo único. As conclusões, recomendações, análises e manifestações deverão ser levadas em tempo hábil ao conhecimento dos órgãos ou instâncias com atribuições para determinar as providências necessárias.

Art. 130. Poderá ser instituída auditoria interna para auxílio na avaliação e melhoria da eficácia dos processos de riscos, controle e governança, especialmente daqueles relativos às aplicações de recursos do RPPS.

Parágrafo único. Os serviços de auditoria poderão ser executados por auditoria independente, desde que observados os critérios para contratação previstos no art. 97 e a instituição não seja também a responsável pela auditoria das demonstrações contábeis.

Art. 131. Caso os controles internos do RPPS se mostrem insuficientes, inadequados ou impróprios, deverá ser determinada a observância de parâmetros e limites de aplicações mais restritivos na política de investimentos até que sejam sanadas as deficiências apontadas.

Art. 132. As práticas de governança e os controles internos adotados deverão estar adequados aos princípios e regras estabelecidos em resolução do CMN e tratados neste Capítulo, e devidamente adaptados ao porte, complexidade e riscos inerentes a cada operação.

Art. 133. Para verificação do cumprimento dos limites, requisitos e vedações estabelecidos em resolução do CMN, a unidade gestora do RPPS deverá consolidar as posições das carteiras próprias e das carteiras administradas.

Art. 134. A unidade gestora do RPPS, no monitoramento da instituição contratada para administração de carteiras de valores mobiliários, deverá:

I - zelar pela manutenção da relação fiduciária estabelecida com a instituição;

II - utilizar procedimentos e metodologias com critérios quantitativos e qualitativos;

III - zelar pela transparência de informações divulgadas pelo gestor de recursos;

IV - monitorar o risco e a meta de rentabilidade dos investimentos;

V - monitorar se a instituição mantém estrutura de gerenciamento de investimentos e riscos compatível com a complexidade do mandato; e

VI - atuar com diligência e tempestividade nos casos de descumprimento dos mandatos.

Art. 135. No monitoramento de fundos de investimento, a unidade gestora deverá, além do previsto nos incisos II a IV do caput do art. 134:

I - analisar os relatórios divulgados pelos fundos de investimento, observando a ocorrência de fatos relevantes;

II - acompanhar a aderência dos fundos de investimento à política de investimento do RPPS; e

III - avaliar as demonstrações financeiras anuais do fundo investido e o parecer dos auditores independentes.

Art. 136. A unidade gestora deverá elaborar, no mínimo, trimestralmente, relatórios detalhados sobre a rentabilidade, os riscos das diversas modalidades de operações realizadas nas aplicações dos recursos do regime e a aderência à política de investimentos, que deverão ser submetidos para avaliação e adoção de providências pelos órgãos responsáveis, conforme atribuições estabelecidas na forma do § 2º do art. 86.

SEÇÃO VI
CATEGORIZAÇÃO DOS RPPS

Art. 137. Será considerado investidor qualificado, para os fins da categorização estabelecida pela CVM, o RPPS que atenda cumulativamente aos seguintes requisitos:

I - possua recursos aplicados, informados no DAIR do mês imediatamente anterior à data de realização de cada aplicação exclusiva para tal categoria de investidor, em montante igual ou superior a R$ 10.000.000,00 (dez milhões de reais); e

II - tenha aderido ao Pró-Gestão RPPS, e obtido certificação institucional em um dos níveis de aderência nele estabelecidos.

Art. 138. Será considerado investidor profissional, para os fins da normatização estabelecida pela CVM, o RPPS que atenda cumulativamente aos seguintes requisitos:

I - possua recursos aplicados, informados no DAIR relativo ao mês imediatamente anterior à data de realização de cada aplicação exclusiva para tal categoria de investidor, em montante igual ou superior a R$ 500.000.000,00 (quinhentos milhões de reais); e

II - tenha aderido ao Pró-Gestão RPPS e obtido certificação institucional no quarto nível de aderência nele estabelecido.

Art. 139. A classificação de RPPS como investidor qualificado ou profissional somente produzirá efeitos quando atendidos os requisitos de que tratam os arts. 137 e 138, sendo vedada a aplicação de recursos em investimentos destinados a investidores qualificados ou profissionais, pelos regimes que não cumprirem integralmente esses requisitos.

Art. 140. A classificação do RPPS como investidor qualificado ou profissional não exime a unidade gestora do regime da responsabilidade pela adoção de elevados padrões éticos e técnicos na governança e controle das operações e pela observância dos princípios previstos em resolução do CMN.

SEÇÃO VII
APLICAÇÕES EM TÍTULOS PÚBLICOS

Art. 141. A unidade gestora do RPPS, em caso de negociações diretas com títulos de emissão do Tesouro Nacional, deverá observar os parâmetros previstos no Anexo VIII.

Art. 142. É vedada, nos termos de resolução do CMN, a aplicação dos recursos financeiros acumulados pelo RPPS em títulos:

I - que não sejam emitidos pelo Tesouro Nacional;

II - que não estejam registrados no SELIC; e

III - emitidos por Estados, Distrito Federal ou Municípios.

SEÇÃO VIII
PRECIFICAÇÃO DOS ATIVOS INTEGRANTES DAS CARTEIRAS DO RPPS

Art. 143. Deverão ser observados os princípios e normas de contabilidade aplicáveis ao setor público para o registro dos valores da carteira de investimentos do RPPS, tendo por base metodologias, critérios e fontes de referência para precificação dos ativos, estabelecidos na política de investimentos, as normas da CVM e do Banco Central do Brasil e os parâmetros reconhecidos pelo mercado financeiro.

Art. 144. Os ativos financeiros integrantes das carteiras dos RPPS devem ser registrados inicialmente pelo custo de aquisição, formado pelo valor efetivamente pago, além de corretagens e emolumentos.

Art. 145. Os ativos financeiros integrantes das carteiras dos RPPS poderão ser classificados nas seguintes categorias, conforme critérios previstos no Anexo VIII:

I - disponíveis para negociação futura ou para venda imediata; ou

II - mantidos até o vencimento.

Art. 146. Poderá ser realizada a reclassificação dos ativos da categoria de mantidos até o vencimento para a categoria de ativos disponíveis para negociação, ou vice-versa, na forma prevista no Anexo VIII.

Art. 147. A precificação dos ativos da carteira dos fundos de investimento cujas cotas componham as carteiras dos RPPS deverá observar as normas estabelecidas pela CVM.

SEÇÃO IX
TRANSPARÊNCIA DAS INFORMAÇÕES RELATIVAS AOS INVESTIMENTOS

Art. 148. A unidade gestora do RPPS deverá disponibilizar aos segurados e beneficiários, no mínimo, os seguintes documentos e informações:

I - a política de investimentos, suas revisões e alterações, no prazo de até 30 (trinta) dias, a partir da data de sua aprovação;

II - as informações contidas nos formulários APR, no prazo de até 30 (trinta) dias, contados da respectiva aplicação ou resgate;

III - a composição da carteira de investimentos do RPPS, no prazo de até 30 (trinta) dias após o encerramento do mês;

IV - os procedimentos de seleção das eventuais entidades autorizadas e credenciadas e de contratação de prestadores de serviços;

V - as informações relativas ao processo de credenciamento de instituições para receber as aplicações dos recursos do RPPS;

VI - a relação das entidades credenciadas para atuar com o RPPS e respectiva data de atualização do credenciamento; e

VII - as datas e locais das reuniões dos conselhos deliberativo e fiscal e do comitê de investimentos e respectivas atas.

Parágrafo único. O envio tempestivo do DPIN e do DAIR à SPREV com as informações de que tratam os incisos I, II, III, V e VI do caput atende às exigências previstas nesses dispositivos.

Art. 149. A unidade gestora do RPPS deverá manter registro, por meio digital, de todos os documentos que suportem a tomada de decisão na aplicação de recursos e daqueles que demonstrem o cumprimento das normas previstas em resolução do CMN.

Art. 150. Além das informações prestadas no DAIR, deverão ser encaminhadas à SPREV, pela unidade gestora do RPPS, informações relativas ao cadastro de fundos de investimentos e de fundos de investimento em cotas de fundos de investimento constituídos no Brasil dos quais o regime seja cotista, direta ou indiretamente, bem como os dados referentes aos ativos pertencentes às carteiras desses fundos, observados o disposto em resolução do CMN, bem como as condições determinadas pela CVM quanto à consolidação das aplicações dos fundos investidos e divulgação das informações aos cotistas.

Parágrafo único. As informações a que se refere o caput poderão ser acessadas pela SPREV por meio de cooperação técnica com instituições representativas de segmentos relacionados aos entes federativos, aos RPPS ou de participantes do mercado financeiro.

Art. 151. Considerando a natureza pública da unidade gestora do RPPS e dos recursos por ela administrados, de que trata o inciso

I do parágrafo único do art. 6º da Lei nº 9.717, de 1998, essa deverá autorizar que:

I - os administradores e custodiantes das contas de custódia dos fundos de investimento, da carteira administrada e da carteira própria do RPPS, em atendimento à solicitação da SPREV, concedam-lhe o acesso aos dados e informações relativos às operações e posições em ativos financeiros pertencentes ao regime, aos fundos de investimento e aos fundos de investimento em cotas de fundos de investimento, junto aos sistemas de registro e de liquidação financeira ou depositados perante depositário central, observada a regulamentação do Banco Central do Brasil ou da CVM, nas suas respectivas áreas de competência; e

II - as instituições financeiras responsáveis pela liquidação das operações de suas carteiras próprias, de seus fundos de investimento e de seus fundos de investimento em cotas de fundos de investimento, em atendimento à solicitação da SPREV, concedam-lhe o acesso aos extratos de movimentação das operações com títulos públicos federais e de posição de custódia desses títulos públicos, conforme regulamentação específica.

SEÇÃO X
MEDIDAS EM CASO DE DESENQUADRAMENTO

Art. 152. A unidade gestora do RPPS poderá manter, conforme prazo previsto em resolução do CMN, as aplicações que passem a ficar desenquadradas em relação à essa norma, desde que seja comprovado que o desenquadramento foi decorrente de situações involuntárias, para as quais não tenha dado causa, e que o seu desinvestimento ocasionaria, comparativamente à sua manutenção, realização de perdas financeiras ou maiores riscos para o atendimento aos princípios previstos em resolução do CMN.

§ 1º Consideram-se como situações involuntárias para fins do previsto no caput as seguintes:

I - entrada em vigor de alterações da resolução do CMN;

II - resgate de cotas de fundos de investimento por um outro cotista, nos quais o RPPS não efetue novos aportes;

III - valorização ou desvalorização de ativos financeiros;

IV - reorganização da estrutura do fundo de investimento em decorrência de incorporação, fusão, cisão e transformação ou de outras deliberações da assembleia geral de cotistas, após as aplicações realizadas pela unidade gestora;

V - alteração dos prestadores de serviço dos fundos investidos;

VI - se os direitos, títulos e valores mobiliários que compõem as carteiras dos fundos de investimento e os seus emissores deixarem de ser considerados como de baixo risco de crédito, após as aplicações realizadas pela unidade gestora; *(Redação dada pela Portaria MTP 3.803/2022)*

VII - ocorrência de eventos de riscos que prejudiquem a formação das reservas e a evolução do patrimônio do RPPS; *(Redação dada pela Portaria MTP 3.803/2022)*

VIII - aplicações efetuadas na aquisição de cotas de fundo de investimento destinado exclusivamente a investidores qualificados ou profissionais, caso o regime próprio de previdência social deixe de atender aos critérios estabelecidos para essa categorização em regulamentação específica; e *(Acrescentado pela Portaria MTP 3.803/2022)*

IX - aplicações efetuadas em ativos financeiros que deixarem de observar os requisitos e condições previstos em resolução do CMN. *(Acrescentado pela Portaria MTP 3.803/2022)*

§ 2º Ainda que haja o desenquadramento das aplicações a que se refere o caput, poderão ser mantidas em carteira, desde que não seja economicamente viável a sua negociação no mercado secundário e sejam atendidos os requisitos de que tratam os incisos I e II do caput do art. 153 e o previsto no § 3º as aplicações:

I - em ativos ou fundos de investimento que apresentem prazo de carência ou prazos para vencimento, resgate ou conversão de cotas; e

II - em fundos que venham a ser declarados fechados ou constituídos sem a possibilidade de resgate de cotas.

§ 3º Em qualquer hipótese, a unidade gestora não poderá efetuar novas aplicações que onerem os excessos verificados, relativamente aos limites excedidos, salvo em caso de ter sido comprovadamente celebrados, anteriormente às situações de que trata o § 1º, compromissos de subscrição de cotas do fundo de investimento ou cumprimento de ordem judicial.

§ 4º As situações previstas neste artigo não serão consideradas como inobservância aos limites estabelecidos em resolução do CMN, desde que sejam apresentadas à SPREV informações sobre o estágio das medidas para o seu enquadramento, sem prejuízo das sanções administrativas e penais a que estarão sujeitos os responsáveis.

§ 5º A unidade gestora deverá comprovar que envidou todos os esforços como investidor, inclusive por meio de registros em assembleia geral de cotistas, para que não ocorressem as situações de desenquadramento de que tratam os incisos IV e V do § 1º, optando pela alternativa que melhor atenda aos princípios de segurança, rentabilidade, solvência, liquidez, motivação, adequação à natureza de suas obrigações e transparência.

Art. 153. No caso do desenquadramento em consequência de aplicações realizadas em desacordo com os limites, requisitos e vedações previstos em resolução do CMN vigente na data da correspondente operação, e havendo impossibilidade na forma do § 2º do art. 152 de a unidade gestora promover o seu desinvestimento, deverá ser comprovada a adoção de medidas de melhoria da governança e do controle de riscos na gestão das aplicações do RPPS, que deverão incluir, no mínimo, as seguintes providências:

I - definição, na forma do § 2º do art. 86, das responsabilidades de todos os agentes que participem do processo de análise, avaliação, gerenciamento e decisão sobre a aplicação dos recursos, e, sempre que possível, com a segregação das atividades da diretoria executiva, ou órgão com estrutura equivalente, dos conselhos deliberativo e fiscal e do comitê de investimentos;

II - registro contábil das prováveis perdas e demonstração de que as aplicações desenquadradas à resolução do CMN ou com potenciais prejuízos ao RPPS não foram consideradas como ativos garantidores dos compromissos do plano de benefícios;

III - envidamento de esforços, na forma do § 5º do art. 152, para a liquidação do fundo, de realização de plano de recuperação de ativos ilíquidos e para recebimento dos valores relativos à parcela da carteira com valor de mercado;

IV - adoção de todos os procedimentos a seu alcance para responsabilização, administrativa e judicial, dos agentes que deram causa ao descumprimento das aplicações à resolução do CMN e a potencial prejuízo, por meio de, no mínimo:

a) realização de sindicância com recomendação de medidas de responsabilização dos agentes;

b) instauração de processos administrativos disciplinares;

c) ingresso de ação civil pública por ato de improbidade administrativa cumulada com pedido de ressarcimento, se for o caso; e

d) encaminhamento de eventuais indícios ao Ministério Público para persecução penal;

V - atendimento ao previsto no § 3º do art. 152; e

VI - encaminhamento à SPREV e aos órgãos de controle externo e interno de relatório trimestral demonstrando o estágio das medidas de que tratam os incisos III e IV e de eventual negociação do ativo.

§ 1º Após a integral liquidação do fundo de investimento em caso de restarem ativos a serem distribuídos aos cotistas, esses devem ser informados no DAIR até a sua negociação.

§ 2º Caso seja comprovada a adoção das medidas previstas neste artigo, aplica-se o disposto no § 4º do art. 152.

§ 3º Sujeitam-se ao previsto neste artigo, as aplicações que, mesmo não descumprindo os limites, requisitos e vedações previstos em resolução do CMN, não observaram os princípios nela estabelecidos, realizadas em fundos de investimento que apresentem notórios problemas de iliquidez em suas carteiras ou com problemas de qualidade de gestão, de ambiente de controle interno, de histórico e experiência de atuação e conduta de seus administradores e gestores.

SEÇÃO XI
SEGMENTO DE EMPRÉSTIMOS CONSIGNADOS

Art. 154. A aplicação de recursos do RPPS com a concessão de empréstimos aos servidores em atividade, aposentados e pensionistas, na modalidade de consignados, deverá observar os limites e condições previstos em resolução do CMN, e as instruções para sua operacionalização estabelecidas no Anexo VIII.

Parágrafo único. Observadas as normas de que trata o caput, a política de investimentos deverá estabelecer critérios para a carteira de empréstimos consignados adequados aos riscos da carteira de investimentos do RPPS.

Art. 155. Os parâmetros de rentabilidade perseguidos para a carteira de empréstimos consignados deverão buscar compatibilidade com o perfil das obrigações do RPPS, tendo em vista a necessidade de busca e manutenção do equilíbrio financeiro e atuarial.

Art. 156. É vedada a concessão de empréstimos, de qualquer natureza, com recursos do RPPS ao ente federativo, inclusive a suas empresas controladas.

CAPÍTULO VII
CONCESSÃO DE BENEFÍCIOS

Art. 157. O RPPS concederá somente os benefícios de aposentadoria e de pensão por morte.

§ 1º Durante os afastamentos por incapacidade temporária para o trabalho e por maternidade, a remuneração dos segurados será paga diretamente pelo ente federativo e não correrá à conta do RPPS.

§ 2º Caso a legislação do ente federativo preveja o pagamento de saláriofamília e do auxílio-reclusão aos dependentes dos segurados ou beneficiários de baixa renda, o custeio desses benefícios não poderá ser realizado com recursos previdenciários.

SEÇÃO I
LIMITAÇÃO DOS VALORES DOS BENEFÍCIOS COM A INSTITUIÇÃO DO RPC

Art. 158. Os entes federativos deverão instituir, por lei de iniciativa do respectivo Poder Executivo, Regime de Previdência Complementar - RPC para os servidores públicos ocupantes de cargo efetivo e filiados ao RPPS.

§ 1º O RPC terá vigência a partir da autorização do convênio de adesão ao plano de benefício da entidade de previdência complementar pelo órgão fiscalizador de que trata a Lei Complementar nº 109, de 29 de maio de 2001.

§ 1º-A Para os fins do § 1º, considera-se ocorrida a autorização do convênio de adesão: *(Acrescentado pela Portaria MTP 3.803/2022)*

I - na data de emissão do protocolo de instrução de requerimento pelo órgão fiscalizador, quando se tratar de licenciamento automático; ou

II - na data de publicação do ato de autorização, nos demais casos.

§ 2º O RPC oferecerá plano de benefícios somente na modalidade contribuição definida e será efetivado por intermédio de entidade fechada de previdência complementar ou de entidade aberta de previdência complementar.

§ 3º Até que seja disciplinada a relação entre a União, os Estados, o Distrito Federal e os Municípios e entidades abertas de previdência complementar, na forma prevista nos §§ 4º e 5º do art. 202 da Constituição Federal, somente entidades fechadas de previdência complementar poderão efetivar o RPC a que se refere o caput, nos termos do que prevê o art. 33 da Emenda Constitucional nº 103, de 2019.

§ 4º Para os segurados do RPPS que ingressarem após a vigência do RPC será observado o limite máximo dos benefícios do RGPS para o valor das aposentadorias e das pensões por morte do regime próprio.

§ 5º Deverão ser comprovadas pelos entes federativos:

I - a instituição do RPC, por meio de lei, independentemente de os segurados do RPPS não possuírem remuneração acima do limite máximo estabelecido para os benefícios do RGPS; e

II - a vigência do RPC, na forma do § 1º, caso tenha havido ingresso, após a instituição desse regime, de segurados do RPPS com remuneração acima do limite máximo estabelecido para os benefícios do RGPS.

§ 5º-A A lei de instituição do RPC deverá estabelecer o percentual da alíquota de contribuição máxima devida pelo ente federativo, na condição de patrocinador do plano de benefícios, que: *(Acrescentado pela Portaria MTP 3.803/2022)*

I - não poderá exceder a alíquota de contribuição normal do participante; e

II - deverá observar um limite mínimo que proporcione taxa de reposição adequada da base de contribuição que ultrapasse o limite máximo dos benefícios do RGPS, conforme parâmetros divulgados pela SPREV.

§ 6º O segurado do RPPS que tiver ingressado no serviço público em cargo efetivo até o início da vigência do RPC poderá, conforme legislação do ente federativo e mediante sua prévia e expressa opção, sujeitar-se ao limite máximo estabelecido para os benefícios do RGPS e aderir ao regime de que trata este artigo.

§ 7º O pagamento de complementação de aposentadorias e de pensões por morte, ainda que por meio de mecanismo de ressarcimento de valores, caso previsto na lei do ente federativo como incentivo para a opção de que trata o § 6º, não terá natureza previdenciária. *(Redação dada pela Portaria MTP 3.803/2022)*

§ 8º É vedada a utilização de recursos previdenciários para a concessão do incentivo de que trata o § 7º. *(Redação dada pela Portaria MTP 3.803/2022)*

§ 9º Na hipótese de o incentivo previsto no § 7º considerar tempo de contribuição a outro RPPS, será devida a compensação financeira de que trata o § 9º do art. 201 da Constituição Federal. *(Redação dada pela Portaria MTP 3.803/2022)*

SEÇÃO II
NORMAS APLICÁVEIS AOS BENEFÍCIOS

Art. 159. Na concessão, cálculo e reajustamento dos benefícios do RPPS da União e dos entes federativos que adotarem as mesmas regras estabelecidas para os servidores federais pela Emenda Constitucional nº 103, de 2019, serão observados os requisitos e critérios definidos no Anexo I.

§ 1º As revogações previstas na alínea "a" do inciso I e nos incisos III e IV do art. 35 da Emenda Constitucional nº 103, de 2019, que dizem respeito ao § 21 do art. 40 da Constituição Federal, aos arts. 2º, 6º e 6º-A da Emenda Constitucional nº 41, de 2003, e ao art. 3º da Emenda Constitucional nº 47, de 2005, somente entrarão em vigor para os regimes próprios de previdência social dos Estados, do Distrito Federal e dos Municípios, na data de publicação de lei de iniciativa privativa do respectivo Poder Executivo que as referende integralmente. (Redação dada pela Portaria MPS 1.180/2024)

§ 2º Aplicam-se às aposentadorias dos segurados dos RPPS dos Estados, do Distrito Federal e dos Municípios e às pensões concedidas aos dependentes desses segurados, as normas constitucionais e infraconstitucionais anteriores à data de entrada em vigor da Emenda Constitucional nº 103, de 2019, inclusive os arts. 1º e 2º da Lei nº 10.887, de 18 de junho de 2004, enquanto não promovidas alterações na legislação do respectivo RPPS, conforme § 1º, devendo ser observado o disposto no Anexo II.

Art. 160. Na concessão de aposentadoria especial aos segurados do RPPS da União, cujas atividades sejam exercidas com efetiva exposição a agentes químicos, físicos e biológicos prejudiciais à saúde, ou a associação desses agentes, na forma do § 4º-C do art. 40 da Constituição Federal, bem como na concessão desse benefício aos segurados dos RPPS dos entes federativos que adotarem, em sua legislação, as normas que constam dos arts. 10 e 21 da Emenda Constitucional nº 103, de 2019, aplicar-se-á o disposto no Anexo III.

Art. 161. Até que entre em vigor lei complementar do respectivo ente federativo que discipline o § 4º-C do art. 40 da Constituição Federal, a concessão de aposentadoria especial aos segurados dos RPPS dos Estados, do Distrito Federal e dos Municípios, cujas atividades sejam exercidas sob condições especiais que prejudiquem a saúde ou a integridade física, observará, no que couber, as regras do RGPS sobre aposentadoria especial de que trata o inciso III do § 4º do art. 40 da Constituição Federal, na redação em vigor em 12 de novembro de 2019, em consonância com a Súmula Vinculante nº 33 do Supremo Tribunal Federal e as disposições contidas no Anexo IV.

Art. 162. Na concessão das aposentadorias dos segurados do RPPS da União com deficiência, ou dos RPPS dos Estados, do Distrito Federal e dos Municípios que adotaram as mesmas regras para os servidores federais, bem como dos segurados com deficiência desses entes, quando amparados por ordem concedida em mandado de injunção, a serem concedidas na forma da Lei Complementar nº 142, de 8 de maio de 2013, será observado o disposto no Anexo V, enquanto esses entes não promoverem alteração na legislação, nos termos do § 4º-A do art. 40 da Constituição Federal.

Parágrafo único. É vedada a concessão de aposentadoria especial para o segurado com deficiência dos Estados, Distrito Federal e dos Municípios não amparado por ordem concedida em mandado de injunção, até que lei complementar do ente federativo discipline a matéria nos termos do § 4º-A do art. 40 da Constituição Federal.

Art. 163. Até que entre em vigor lei complementar do Estado que discipline o § 4º-B do art. 40 da Constituição Federal, a aposentadoria especial do servidor que, em razão do exercício de atividade de risco, se enquadrar na hipótese do inciso II do § 4º do art. 40 da Constituição Federal, na redação dada pela Emenda Constitucional nº 47, de 5 de julho de 2005, será concedida, na forma da Lei Complementar nº 51, de 20 de dezembro de 1985, apenas ao servidor público policial.

Parágrafo único. Não será considerado tempo de exercício em cargo de natureza estritamente policial, para os fins do inciso II do art. 1º da Lei Complementar nº 51, de 1985, o tempo em que o segurado policial estiver em exercício de mandato eletivo, ou quando estiver cedido a órgão ou entidade da administração direta ou indireta, do mesmo ou de outro ente federativo, com ou sem ônus para o cessionário, ou afastado por licenciamento.

Art. 164. Os requisitos e critérios para a concessão, cálculo e reajustamento das aposentadorias e da pensão por morte previstas no art. 40 da Constituição Federal serão estabelecidos pelo ente federativo com amparo em parâmetros técnico-atuariais que preservem o equilíbrio financeiro e atuarial de que trata esse artigo em sua redação vigente dada pela Emenda Constitucional nº 103, de 2019, bem como observarão as seguintes prescrições nele expressas: (Redação dada pela Portaria MPS 1.180/2024)

I - as idades mínimas para aposentadoria deverão ser definidas mediante emenda às Constituições ou Leis Orgânicas;

II - deverão ser estabelecidos em lei complementar do ente federativo:

a) o tempo de contribuição e os demais requisitos de concessão de aposentadoria; e

b) o tempo mínimo de efetivo exercício das funções de magistério na educação infantil e no ensino fundamental e médio, observado o disposto no § 1º, para que os ocupantes do cargo de professor tenham idade mínima reduzida em 5 (cinco) anos em relação às idades dos demais segurados do RPPS, definidas conforme inciso I;

III - deverão ser estabelecidos em lei complementar do ente federativo idade e tempo de contribuição diferenciados exclusivamente para aposentadoria dos segurados:

a) com deficiência, previamente submetidos a avaliação biopsicossocial realizada por equipe multiprofissional e interdisciplinar;

b) ocupantes, na União, nos Estados e no Distrito Federal, do cargo de agente penitenciário, de agente socioeducativo ou de policial civil, de policial penal, de policial legislativo federal da Câmara dos Deputados e do Senado Federal, de policial federal, de policial rodoviário federal e de policial ferroviário federal; e

c) cujas atividades sejam exercidas com efetiva exposição a agentes químicos, físicos e biológicos prejudiciais à saúde, ou associação desses agentes, vedada a caracterização por categoria profissional ou ocupação; e

IV - deverão ser disciplinadas por lei ordinária do ente federativo regras para:

a) concessão de aposentadoria por incapacidade permanente para o trabalho, no cargo em que estiver investido o segurado, quando insuscetível de readaptação, hipótese em que será obrigatória a realização de avaliações periódicas para verificação da continuidade das condições que ensejaram a concessão da aposentadoria; e

b) cálculo de proventos de aposentadoria e de atualização monetária de sua base de cálculo, bem como regras de cálculo da pensão por morte, assegurado o reajustamento desses benefícios para preservar-lhes, em caráter permanente, o valor real.

§ 1º Conforme § 2º do art. 67 da Lei nº 9.394, de 20 de dezembro de 1996, são consideradas funções de magistério as exercidas por segurado ocupante de cargo de professor no desempenho de atividades educativas, quando exercidas em estabelecimento de educação básica, formada pela educação infantil, ensino fundamental e médio, em seus diversos níveis e modalidades, incluídas, além do exercício de docência, as de direção de unidade escolar e as de coordenação e assessoramento pedagógico.

§ 2º O tempo em que o segurado estiver em exercício de mandato eletivo ou cedido a órgão ou entidade da administração direta ou indireta, do mesmo ou de outro ente federativo, com ou sem ônus para o cessionário, ou afastado do país por cessão ou licenciamento, não será considerado tempo de contribuição diferenciado para aposentadoria nas hipóteses de que tratam:

I - a alínea "b" do inciso III do caput, por não se tratar de tempo de exercício em cargo de natureza estritamente policial; e

II - a alínea "c" do inciso III do caput, se as atividades no período não forem exercidas com efetiva exposição a agentes químicos, físicos e biológicos prejudiciais à saúde, ou associação desses agentes.

§ 3º Na disciplina da pensão por morte, deverá ser:

I - estabelecido o tempo de duração do benefício e das cotas individuais por dependente até a perda dessa qualidade, a regra de divisão, o rol de dependentes, sua qualificação e as condições necessárias para enquadramento;

II - observada a garantia de benefício não inferior ao valor do salário mínimo, ao menos quando se tratar da única fonte de renda formal auferida pelo dependente; e

III - tratada de forma diferenciada, no mínimo, a hipótese de morte dos segurados de que trata a alínea "b" do inciso III do caput, decorrente de agressão sofrida no exercício ou em razão da função.

§ 4º São vedados:

I - o estabelecimento de idade de aposentadoria compulsória diversa da prevista na Lei Complementar nº 152, de 3 de dezembro de 2015;

II - a edição de lei que estabeleça regras gerais ou de transição com adoção de requisitos ou critérios diferenciados entre os seus segurados para concessão de benefícios pelo RPPS, ressalvada a redução de idade e tempo de contribuição para os beneficiários de aposentadoria de que tratam a alínea "b" do inciso II e o inciso III do caput;

III - a dispensa de cumprimento dos requisitos de idade e tempo de contribuição mínimos para concessão de aposentadoria voluntária;

IV - a previsão de proventos de aposentadoria inferiores ao valor do salário mínimo ou superiores ao limite máximo estabelecido para o RGPS, observado o disposto no art. 158 desta Portaria e nos §§ 14 a 16 do art. 40 da Constituição Federal; e

V - a disciplina, pelos municípios, da aposentadoria de que trata o § 4º-B do art. 40 da Constituição Federal.

SEÇÃO III
REGRAS DE ACUMULAÇÃO DE BENEFÍCIOS

Art. 165. É vedada a acumulação de mais de uma pensão por morte deixada por cônjuge ou companheiro, no âmbito do mesmo regime de previdência social.

§ 1º Excetua-se da vedação do caput as pensões por morte do mesmo segurado instituidor no âmbito do mesmo regime de previdência social, decorrentes do exercício de cargos acumuláveis na forma do art. 37, XVI da Constituição Federal.

§ 2º Será admitida, nos termos do § 3º, a acumulação de:

I - pensão por morte deixada por cônjuge ou companheiro no âmbito do RPPS com pensão por morte concedida em outro RPPS ou no RGPS, e pensão por morte deixada por cônjuge ou companheiro no âmbito do RGPS com pensão por morte deixada no âmbito do RPPS;

II - pensão por morte deixada por cônjuge ou companheiro no âmbito do RGPS com pensões por morte decorrentes das atividades militares de que tratam os arts. 42 e 142 da Constituição Federal;

III - pensão por morte deixada por cônjuge ou companheiro no âmbito do RPPS com pensões por morte decorrentes das atividades militares de que tratam os arts. 42 e 142 da Constituição Federal;

IV - pensão por morte deixada por cônjuge ou companheiro no âmbito do RGPS com aposentadoria concedida por RPPS ou RGPS;

V - pensão por morte deixada por cônjuge ou companheiro no âmbito do RPPS com aposentadoria concedida por RPPS ou RGPS;

VI - pensão por morte deixada por cônjuge ou companheiro no âmbito do RPPS ou do RGPS com proventos de inatividade decorrentes das atividades militares de que tratam os arts. 42 e 142 da Constituição Federal;

VII - pensões por morte decorrentes das atividades militares de que tratam os arts. 42 e 142 da Constituição Federal com aposentadoria concedida no âmbito do RGPS; e

VIII - pensões por morte decorrentes das atividades militares de que tratam os arts. 42 e 142 da Constituição Federal com aposentadoria concedida no âmbito de RPPS.

§ 3º Nas hipóteses das acumulações previstas no § 2º, é assegurada a percepção do valor integral do benefício mais vantajoso e de uma parte de cada um dos demais benefícios, apurada cumulativamente de acordo com as seguintes faixas:

I - 100% (cem por cento) do valor da parcela de até 1 (um) salário mínimo nacional;

II - 60% (sessenta por cento) do valor que exceder 1 (um) salário mínimo nacional, até o limite de 2 (dois) salários mínimos;

III - 40% (quarenta por cento) do valor que exceder 2 (dois) salários mínimos, até o limite de 3 (três) salários mínimos;

IV - 20% (vinte por cento) do valor que exceder 3 (três) salários mínimos, até o limite de 4 (quatro) salários mínimos; e

V - 10% (dez por cento) do valor que exceder 4 (quatro) salários mínimos.

§ 4º O escalonamento de que trata o § 3º:

I - não se aplica às pensões por morte deixadas pelo mesmo cônjuge ou companheiro decorrentes de cargos acumuláveis no âmbito do mesmo RPPS, exceto quando as pensões forem acumuladas com aposentadoria de qualquer regime previdenciário; e

II - poderá ser revisto a qualquer tempo, a pedido do interessado, em razão de alteração de algum dos benefícios.

§ 5º Quando houver mais de um dependente, a redução de que trata o § 3º, considerará o valor da cota parte recebido pelo beneficiário que se enquadrar nas situações previstas no § 2º.

§ 6º As restrições previstas neste artigo:

I - se aplicam ainda que os entes não tenham efetuado reforma na legislação do RPPS de seus servidores e continuem a aplicar as normas constitucionais e infraconstitucionais anteriores à data de publicação da Emenda Constitucional nº 103, de 2019;

II - não serão aplicadas se o direito a todos os benefícios, acumuláveis nos termos da Constituição Federal, houver sido adquirido antes de 13 de novembro de 2019, ainda que venham a ser concedidos após essa data;

III - representam condições para a efetiva percepção mensal de valores, a serem aferidas a cada pagamento, e não critério de cálculo e divisão de benefício; e

IV - não alteram o critério legal e original de reajustamento ou revisão do benefício que deverá ser aplicado sobre o valor integral para posterior recálculo do valor a ser pago em cada competência a cada beneficiário.

§ 7º Aplicam-se as regras de que tratam os §§ 2º e 3º se o direito à acumulação ocorrer a partir de 13 de novembro de 2019, hipótese em que todos os benefícios deverão ser considerados para definição do mais vantajoso para efeito da redução de que trata o § 3º, ainda que concedidos anteriormente a essa data.

§ 8º A parte do benefício a ser percebida, decorrente da aplicação das faixas de que tratam os incisos do § 3º, deverá ser recalculada por ocasião do reajuste do valor do salário mínimo nacional.

§ 9º As regras sobre acumulação previstas neste artigo e na legislação dos RPPS e do RGPS vigente na data de entrada em vigor da Emenda Constitucional nº 103, de 2019, somente poderão ser alteradas quando for editada a Lei Complementar nº âmbito do RGPS na forma do § 6º do art. 40 e do § 15 do art. 201, ambos da Constituição Federal.

SEÇÃO IV
DISPOSIÇÕES GERAIS SOBRE BENEFÍCIOS

Art. 166. Na fixação da data de ingresso no serviço público, para fins de verificação do direito de opção pelas regras de transição para concessão de aposentadoria, quando o segurado tiver ocupado, sem interrupção, sucessivos cargos efetivos na Administração Pública direta, autárquica e fundacional, em qualquer dos entes federativos, será considerada a data da investidura mais remota dentre as ininterruptas.

Art. 167. Será considerado como tempo no cargo efetivo, tempo na carreira e tempo de efetivo exercício no serviço público o período em que o segurado estiver em exercício de mandato eletivo, cedido, com ou sem ônus para o cessionário, a órgão ou entidade da administração direta ou indireta, do mesmo ou de outro ente federativo, ou afastado do país por cessão ou licenciamento com remuneração.

Art. 168. Na contagem do tempo no cargo efetivo e do tempo de carreira para verificação dos requisitos de concessão de aposentadoria, deverão ser observadas as alterações de denominação efetuadas na legislação aplicável ao segurado, inclusive no caso de reclassificação ou reestruturação de cargos e carreiras.

Art. 169. Ressalvado o direito adquirido, a concessão de benefícios previdenciários pelos RPPS exige a comprovação de filiação ativa ao RPPS.

Art. 170. A concessão de aposentadoria ao servidor titular de cargo efetivo, ainda que pelo RGPS, com a utilização de tempo de contribuição decorrente do cargo em exercício, acarretará o rompimento do vínculo funcional e determinará a vacância do cargo.

Parágrafo único. O tempo de contribuição relativo a emprego público ou cargo anterior averbado no RPPS, somente poderá ser desaverbado e utilizado para obtenção de aposentadoria no regime anterior se não tiver gerado a concessão de vantagens remuneratórias ao segurado no cargo em exercício.

Art. 171. São vedados:

I - o cômputo de tempo de contribuição fictício para o cálculo de benefício previdenciário;

II - a conversão de tempo:

a) exercido sob condições especiais prejudiciais à saúde ou à integridade física em tempo comum, a partir de 13 de novembro de 2019, bem como o exercido com efetiva exposição a agentes prejudiciais à saúde a que se refere o § 4º-C do art. 40 da Constituição Federal, salvo quando houver previsão expressa a esse respeito na lei complementar do ente federativo editada após essa data;

b) de efetivo exercício nas funções de magistério em tempo comum depois da Emenda Constitucional nº 18, de 30 de junho de 1981;

c) em atividades de risco ou as exercidas nos cargos de agente penitenciário, agente socioeducativo ou de policial em tempo comum; e

d) cumprido pelo segurado com deficiência em tempo de contribuição comum;

III - a contagem de tempo de contribuição sujeito à filiação ao RGPS com a de RPPS ou de serviço militar ou de mais de uma atividade, quando concomitantes;

IV - a concessão de benefícios em valor inferior ao salário mínimo nacional, ressalvados os casos de pensão por morte cujo dependente possua outra renda formal conforme previsto no inciso II do § 3º do art. 164;

V - a percepção de mais de uma aposentadoria à conta do RPPS, ressalvadas as decorrentes dos cargos acumuláveis previstos na Constituição Federal, aplicando-se outras vedações, regras e condições para a acumulação de benefícios previdenciários estabelecidas no RGPS ou na legislação dos entes federativos detentores de RPPS editada antes de 13 de novembro de 2019;

VI - a percepção simultânea de proventos de aposentadoria decorrentes de RPPS ou dos Sistemas de Proteção Social dos Militares de que tratam os arts. 42 e 142 da Constituição, com a remuneração de cargo, emprego ou função pública, ressalvados os cargos acumuláveis na forma da Constituição Federal, os cargos eletivos e os cargos em comissão declarados em lei de livre nomeação e exoneração;

VII - a filiação ao RGPS, na qualidade de segurado facultativo, de segurado de RPPS, inclusive durante afastamento sem remuneração se prevista a opção de recolhimento conforme art. 23;

VIII - a complementação de aposentadorias de segurados e de pensões por morte a seus dependentes que não seja decorrente do disposto nos §§ 14 a 16 do art. 40 da Constituição Federal ou que não seja prevista em lei de extinção de RPPS;

IX - a desaverbação de tempo em RPPS quando o tempo averbado tiver gerado a concessão de vantagens remuneratórias ao segurado em atividade;

X - o pagamento de benefícios previdenciários mediante convênio, consórcio ou outra forma de associação entre Estados, entre Estados e Municípios e entre Municípios, ressalvado o disposto no § 7º;

XI - a concessão de aposentadoria sob regime jurídico híbrido, mediante combinação de requisitos e critérios de elegibilidade, regras de cálculo e reajustamento previstos em dispositivos constitucionais ou legais distintos;

XII - a revisão do ato concessório de benefício para mudança do seu fundamento legal, salvo quando:

a) o beneficiário tiver implementado todos os requisitos e critérios exigidos por norma de concessão mais favorável na mesma data-base da concessão inicial, observado o prazo decadencial, se houver, e a prescrição quinquenal fixada no art. 1º do Decreto nº 20.910, de 6 de janeiro de 1932, quanto aos efeitos financeiros; ou

b) for decorrente da autotutela da administração em controle de legalidade, ainda que decorrerem efeitos desfavoráveis para o beneficiário que não tiver comprovado contra si a má-fé, observado o prazo decadencial quinquenal, na ausência de normatização específica do ente federativo;

XIII - a acumulação de proventos de aposentadoria com remuneração ou subsídio quando envolvidos cargos inacumuláveis na atividade, na forma permitida pela Constituição;

XIV - a acumulação tríplice de remunerações ou proventos decorrentes de cargos públicos, ainda que os provimentos nestes tenham ocorrido antes da vigência da Emenda Constitucional nº 20, de 1998; e

XV - a majoração do valor dos proventos depois da concessão inicial da aposentadoria, motivados por incapacidade ou invalidez permanente para o trabalho do segurado superveniente à inativação, ainda que decorrente do acometimento de moléstia profissional ou doença grave, contagiosa ou incurável.

§ 1º Não se considera fictício o tempo definido em lei como tempo de contribuição para fins de concessão de aposentadoria quando tenha havido, por parte do segurado, a prestação de serviço ou a correspondente contribuição.

§ 2º Na hipótese de não aplicação da conversão de tempo especial em tempo comum no ente federativo instituidor, cumprido após a Emenda Constitucional nº 103, de 2019, por vedação ou falta de regulamentação legal, não se aplicará também a conversão do tempo especial certificado pelo regime de origem para fins de contagem recíproca quanto ao mesmo período conforme art. 188.

§ 3º A vedação prevista no inciso VI do caput não se aplica aos membros de Poder e aos aposentados, servidores e militares que, até 16 de dezembro de 1998, tenham ingressado novamente no serviço público por concurso público de provas ou de provas e títulos, e pelas demais formas previstas na Constituição Federal, sendo-lhes proibida a percepção de mais de uma aposentadoria pelo RPPS, exceto se decorrentes de cargos acumuláveis previstos na Constituição Federal.

§ 4º O segurado aposentado para ser investido em cargo público efetivo não acumulável com aquele que gerou a aposentadoria deverá renunciar aos proventos dessa.

§ 5º Ao segurado de que trata o § 3º é resguardado o direito de opção pela aposentadoria mais vantajosa, sendo vedadas a averbação do tempo anterior para concessão do novo benefício e emissão do CTC .

§ 6º A concessão de aposentadoria a segurado de RPPS com fundamento nos §§ 4º e 5º do art. 40 da Constituição Federal, relativa a um dos cargos de que tratam as alíneas "a", "b" ou "c" do inciso XVI do art. 37 da Constituição Federal, não impede a acumulação de outro cargo previsto no mesmo dispositivo, ainda que o ingresso ocorra depois da aposentadoria.

§ 7º Os convênios, consórcios ou outra forma de associação, existentes em 27 de novembro de 1998, devem garantir integralmente o pagamento dos benefícios já concedidos, daqueles cujos requisitos necessários à sua concessão foram implementados até aquela data, bem como os deles decorrentes.

Art. 172. Na conversão de tempo exercido até 12 de novembro de 2019, sob condições especiais que prejudiquem a saúde ou a integridade física em tempo comum, devem ser aplicados os seguintes fatores previstos no Regulamento da Previdência Social, aprovado pelo Decreto nº 3.048, de 6 de maio de 1999:

TEMPO A CONVERTER	MULTIPLICADORES	
	MULHER (PARA 30)	HOMEM (PARA 35)
DE 15 ANOS	2,00	2,33
DE 20 ANOS	1,50	1,75
DE 25 ANOS	1,20	1,40

§ 1º A caracterização e a comprovação do tempo de atividade sob condições especiais obedecerão ao disposto na legislação em vigor do RGPS na época da prestação do serviço.

§ 2º As regras de conversão de tempo de atividade sob condições especiais em tempo de atividade comum constantes deste artigo aplicam-se ao trabalho prestado em qualquer período até 12 de novembro de 2019.

§ 3º Ao servidor titular de cargo efetivo aplica-se o multiplicador da faixa de tempo a converter de 25 anos do quadro constante do caput, ou, excepcionalmente, aplicam-se os multiplicadores das faixas de tempo a converter de 15 (quinze) ou 20 (vinte) anos, se as atividades forem prestadas nas condições especiais relativas a essas faixas.

§ 4º Após a conversão de tempo especial em tempo comum, o período acrescido em decorrência da aplicação dos fatores de que trata o caput será considerado como tempo de contribuição para fins de elegibilidade à aposentadoria voluntária comum, nas regras gerais ou de transição, mas não para o cômputo dos requisitos de tempo de efetivo exercício no serviço público, de tempo na carreira ou de tempo no cargo efetivo. *(Redação dada pela Portaria MTP 1.837/2022)*

§ 5º É vedada a soma do tempo comum resultante da conversão de que trata o caput a qualquer outro tempo de natureza especial não convertido, sendo vedada também a conversão inversa, de tempo comum em tempo especial, com vistas, em ambos estes casos, à concessão de aposentadoria voluntária especial. *(Acrescentado pela Portaria MTP 1.837/2022)*

Art. 173. O tempo especial certificado pelo RPPS de origem de atividades sob condições especiais que prejudiquem a saúde ou a integridade física, conforme art. 188, exercido até 12 de novembro de 2019, poderá ser convertido em tempo comum para efeitos da contagem recíproca no regime instituidor a qualquer tempo, observado o disposto no art. 172.

Art. 174. Na ocorrência das hipóteses previstas para concessão de aposentadoria compulsória ou por incapacidade permanente a segurado que tenha implementado os requisitos legais para concessão de aposentadoria voluntária em qualquer regra, o RPPS deverá facultar que, antes da concessão da aposentadoria de ofício, o segurado, ou seu representante legal, opte pela aposentadoria de acordo a regra que lhe seja mais vantajosa.

Art. 175. Após a publicação do ato de concessão de aposentadoria ou de pensão por morte no RPPS, a unidade gestora desse regime o submeterá ao exame do Tribunal de Contas para fins de apreciação da legalidade e registro.

Art. 176. A aposentadoria por incapacidade permanente ou por invalidez será concedida com base na legislação vigente na data em que laudo médico-pericial definir como início da incapacidade total e definitiva para o trabalho, e vigorará a partir da data da publicação do ato correspondente.

Parágrafo único. O aposentado que voltar a exercer atividade que denote a recuperação de capacidade laboral para o exercício das atribuições do cargo em que se deu a aposentadoria ou a possibilidade de sua readaptação, terá a aposentadoria por incapacidade permanente ou invalidez reavaliada, a pedido ou de ofício, assegurado sempre ao interessado o direito à ampla defesa e ao contraditório.

Art. 177. O segurado, homem ou mulher, será aposentado compulsoriamente aos 75 (setenta e cinco anos) de idade, com proventos proporcionais ao tempo de contribuição, ressalvado o disposto no parágrafo único do art. 2º da Lei Complementar nº 152, de 3 de dezembro de 2015, quanto aos servidores do Serviço Exterior Brasileiro.

Parágrafo único. Na concessão da aposentadoria compulsória é vedada a fixação de limites mínimos de proventos em valor superior ao salário mínimo nacional.

Art. 178. O direito à pensão por morte configura-se na data do óbito do segurado, sendo o benefício concedido, calculado e revisto com base na legislação vigente nessa data.

Parágrafo único. Em caso de óbito de segurado em exercício de cargos acumuláveis ou que acumulava proventos ou remuneração com proventos decorrentes de cargos acumuláveis, o cálculo da pensão por morte será feito individualmente, por cargo ou provento.

Art. 179. É assegurada a concessão, a qualquer tempo, de aposentadoria aos segurados, bem como pensão por morte aos seus dependentes, que, até 31 de dezembro de 2003, tenham cumprido todos os requisitos para obtenção desses benefícios, com base nos critérios da legislação então vigente.

§ 1º Os proventos da aposentadoria a ser concedida aos segurados de acordo com este artigo, em termos integrais ou proporcionais ao tempo de contribuição já exercido até 31 de dezembro de 2003, bem como as pensões por morte devidas a seus dependentes, serão calculados de acordo com a legislação em vigor à época em que foram atendidos os requisitos nela estabelecidos para a concessão desses benefícios ou nas condições da legislação vigente, conforme opção do segurado.

§ 2º No cálculo do benefício concedido de acordo com a legislação em vigor à época da aquisição do direito, será utilizada, em observância à regra de integralidade, a remuneração do segurado no cargo efetivo ou o subsídio devido no momento da concessão da aposentadoria.

§ 3º No benefício concedido conforme o caput, será considerado o tempo de contribuição cumprido até a aquisição do direito, observando-se que o cômputo de tempo posterior a essa data, somente será utilizado para fins de cumprimento dos requisitos exigidos para outra regra vigente no mesmo RPPS.

Art. 180. O RPPS observará ainda, no que couber, os requisitos e critérios fixados para o RGPS.

CAPÍTULO VIII
RESPONSABILIDADES DO ENTE FEDERATIVO EM CASO DE EXTINÇÃO DE RPPS

Art. 181. O início da extinção de RPPS e a consequente migração dos segurados para o RGPS somente será feita por meio de lei do ente federativo, que deverá prever também:

I - um mecanismo de ressarcimento ou de complementação de aposentadorias e pensões por morte aos que tenham contribuído acima do limite máximo do RGPS, vedada a concessão concomitante dessas prestações;

II - a manutenção das alíquotas de contribuição dos segurados que tenham cumprido os requisitos para aposentadoria antes da vigência da lei de extinção e dos beneficiários em fruição de aposentadoria ou de pensão por morte, observados os limites de que trata o art. 11; e

III - a migração ao RGPS de todos os servidores ocupantes de cargos efetivos que não se enquadrem nas situações de que trata o inciso II.

§ 1º O ente federativo que aprovar lei de extinção de RPPS, observará as seguintes exigências:

I - assunção integral da responsabilidade pelo pagamento:

a) dos benefícios de aposentadoria e de pensão por morte concedidos durante a vigência do regime e daqueles cujos requisitos necessários para sua concessão tenham sido implementados antes da vigência da lei;

b) das pensões por morte decorrentes do falecimento dos segurados e aposentados que estejam nas situações de que trata a alínea "a", independentemente da data do óbito;

c) do ressarcimento de contribuições ou da complementação de benefícios de que trata o inciso I do caput; e

d) da compensação financeira com o RGPS, outro RPPS ou SPSM;

II - responsabilidade pelo repasse das contribuições em atraso, relativas às competências anteriores à publicação da lei de que trata o caput, inclusive as incluídas em termos de acordo de parcelamento;

III - manutenção em contas segregadas das demais sob a titularidade do ente federativo e aplicação conforme art. 87 dos seguintes recursos:

a) as reservas do RPPS existentes no momento da extinção;

b) as contribuições descontadas dos segurados e beneficiários depois da extinção, previstas conforme inciso II do caput; e

c) as contribuições em atraso de que trata o inciso II;

IV - vinculação dos recursos de que trata o inciso III exclusivamente para cumprimento das responsabilidades descritas no inciso I; e

V - emissão da CTC e da relação das bases de cálculo de contribuição ao RPPS de que trata o Capítulo IX e sua entrega a todos os segurados que migraram para o RGPS, para fins de averbação quando do requerimento do benefício junto a esse regime.

§ 2º A lei a que se refere o caput deverá ser encaminhada à SPREV, acompanhada das seguintes informações:

I - cadastrais, funcionais e remuneratórias dos segurados e beneficiários que estejam nas situações de que trata o inciso I do § 1º;

II - contábeis e financeiras sobre os recursos a que se refere o inciso III do § 1º; e

III - do órgão do Poder Executivo que será responsável pela administração dos recursos do RPPS em extinção e pelo pagamento dos benefícios.

§ 3º Aplica-se o previsto neste artigo aos entes cujo regime jurídico estatutário esteja em extinção, pela adoção do regime da Consolidação das Leis do Trabalho - CLT como regime jurídico único para seus servidores até 4 de junho de 1998, em cumprimento ao caput do art. 39 na redação original da Constituição Federal de 1988, e que garantam, em lei, a concessão de aposentadoria aos segurados amparados pelo RPPS em extinção e de pensão por morte a seus dependentes.

§ 4º O ente federativo será responsável pela cobertura de insuficiências financeiras do RPPS em extinção, se os recursos de que trata o inciso III do § 1º não forem suficientes para o cumprimento das obrigações previstas no inciso I do § 1º.

§ 5º Considera-se extinto o RPPS do ente federativo que teve cessada a responsabilidade pela concessão e manutenção de benefícios de aposentadoria e pensão por morte, ressarcimento de contribuições ou da complementação de benefícios ou que utilizaram a totalidade do valor de que trata o inciso III do § 1º para o cumprimento das obrigações previstas no inciso I do § 1º.

§ 6º A revogação da lei que criou a unidade gestora do RPPS não representa a extinção do RPPS se houver lei vigente assegurando a concessão dos benefícios de aposentadoria e de pensão por morte.

§ 7º O servidor que tiver implementado os requisitos necessários à concessão de aposentadoria pelo RPPS antes da vigência da lei de extinção do regime, se permanecer em atividade, não se filia ao RGPS, exceto no caso de implemento do direito à aposentadoria proporcional ou com redutores nos proventos sendo-lhe assegurado nessa hipótese:

I - o direito aos benefícios previdenciários do RGPS desde que cumpridas as condições estabelecidas nesse regime depois da filiação; ou

II - a opção pelo benefício do RPPS cujo direito à concessão foi implementado antes da data da extinção, computando-se somente o tempo de contribuição até essa data.

CAPÍTULO IX
COMPROVAÇÃO DO TEMPO E DA BASE DE CÁLCULO DE CONTRIBUIÇÃO

Art. 182. Para fins de contagem recíproca e compensação financeira previstas nos §§ 9º e 9º-A do art. 201 da Constituição Federal, o tempo de contribuição deverá ser comprovado por:

I - Certidão de Tempo de Contribuição - CTC, fornecida pela unidade gestora do RPPS ou, excepcionalmente, pelo órgão de origem do segurado, desde que devidamente homologada pela respectiva unidade gestora, limitada ao período de vinculação a este regime, ou pelo Instituto Nacional do Seguro Social - INSS, quando se referir a tempo de contribuição no RGPS; e

II - por Certidão de Tempo de Serviço Militar, fornecida pelo órgão responsável pela gestão do Sistema de Proteção Social dos Militares - SPSM, quando for o caso de tempo de serviço militar exercido nas atividades de que tratam os arts. 42, 142 e 143 da Constituição Federal.

§ 1º O ente federativo expedirá a CTC ou a Certidão de Tempo de Serviço Militar mediante requerimento formal do ex-segurado de RPPS, do ex-militar ou do beneficiário de pensão por morte.

§ 2º Até que seja instituído sistema integrado de dados que permita a emissão eletrônica de CTC, a certidão deverá ser digitada e conterá numeração única no ente federativo emissor, não podendo conter espaços em branco, emendas, rasuras ou entrelinhas que não estejam ressalvadas antes do seu desfecho.

§ 3º A contagem recíproca no RPPS aplica-se à hipótese de concessão de pensão por morte se, no cálculo desse benefício, for computado o tempo de contribuição do segurado aos regimes previdenciários segundo as normas do regime instituidor, a exemplo do caput do art. 23 da Emenda Constitucional nº 103, de 2019. (Acrescido pela Portaria MPS 1.180/2024)

§ 4º Na hipótese de invalidação da relação jurídica de filiação do segurado ao RPPS, por qualquer forma, serão mantidos os períodos de contribuição ao RPPS, assegurada a contagem recíproca do tempo de contribuição enquanto o vínculo esteve vigente, nos termos do disposto no § 9º do art. 201 da Constituição, mediante emissão de CTC. (Acrescido pela Portaria MPS 1.180/2024)

Art. 183. Para fins de concessão de aposentadoria ou inativação militar, com utilização de contagem recíproca de tempo de contribuição ou de tempo de serviço militar, só poderá ser aceita CTC emitida por RPPS, pelo RGPS ou, no caso das atividades de que tratam os arts. 42, 142 e 143 da Constituição Federal, a Certidão de Tempo de Serviço Militar expedida no âmbito do SPSM.

Art. 184. É vedada a contagem recíproca, por RPPS, de tempo de contribuição ao RGPS sem a emissão da CTC correspondente pelo INSS, ainda que o tempo referente ao RGPS tenha sido prestado pelo segurado ao próprio ente instituidor.

Parágrafo único. Ressalvada a hipótese de que trata o § 3º do art. 188, o tempo de contribuição comum ao RGPS prestado pelo segurado ao próprio ente instituidor, averbado automaticamente pelo ente até 18 de janeiro de 2019, poderá ser contado para fins de concessão de benefícios no RPPS a qualquer tempo, utilizando-se, como comprovação para fins de compensação financeira, certidão específica conforme modelo constante do Anexo XIII. (Redação dada pela Portaria MPS 1.180/2024)

Art. 185. O setor competente da União, do Estado, do Distrito Federal e do Município deverá promover o levantamento do tempo de contribuição para o RPPS ou para o SPSM à vista dos assentamentos funcionais do segurado ou do militar.

Art. 186. Após as providências de que trata o art. 185, a unidade gestora do RPPS, o órgão de origem do segurado ou o órgão gestor do SPSM, quando se tratar de militar, deverá emitir a CTC ou a Certidão de Tempo de Serviço Militar constando, obrigatoriamente, no mínimo:

I - órgão expedidor;

II - nome do segurado ou militar, matrícula, RG, CPF, sexo, data de nascimento, filiação, PIS ou PASEP, cargo ou patente, lotação, data de admissão e data de exoneração ou demissão;

III - período de contribuição ao RPPS ou ao SPSM, de data a data, compreendido na certidão;

IV - fonte de informação;

V - discriminação da frequência durante o período abrangido pela certidão, indicadas as alterações existentes, tais como faltas, licenças, suspensões e outras ocorrências;

VI - soma do tempo líquido, que corresponde ao tempo bruto de dias de vínculo ao RPPS ou ao SPSM de data a data, inclusive o dia adicional dos anos bissextos, descontados os períodos de faltas, suspensões, disponibilidade, licenças e outros afastamentos sem remuneração;

VII - declaração expressa do servidor responsável pela emissão da certidão, indicando o tempo líquido de contribuição em dias e o equivalente em anos, meses e dias, considerando-se o mês de 30 (trinta) e o ano de 365 (trezentos e sessenta e cinco) dias;

VIII - assinatura do responsável pela emissão da certidão e do dirigente do órgão expedidor;

IX - indicação da lei que garanta ao segurado ou ao militar a concessão de aposentadorias, transferência para inatividade e pensão por morte;

X - relação das bases de cálculo de contribuição por competência, inclusive as correspondentes ao décimo terceiro salário ou gratificação natalina, a serem utilizadas no cálculo dos proventos da aposentadoria, apuradas em todo o período certificado desde a competência julho de 1994 ou desde a do início da contribuição, se posterior àquela competência, sob a forma de anexo; e

XI - homologação da unidade gestora do RPPS, no caso de a certidão ser emitida por outro órgão da administração do ente federativo de origem.

§ 1º Constará da CTC emitida para o segurado que ocupou o cargo de professor, a discriminação do tempo de efetivo exercício das funções de magistério na educação infantil e no ensino fundamental e médio, conforme definição constante do § 1º do art. 164.

§ 2º O ente federativo deverá adotar os modelos de CTC e de Relação das Bases de Cálculo de Contribuição constantes nos Anexos IX e X.

§ 3º As assinaturas necessárias na CTC poderão ser eletrônicas, mediante utilização de certificação digital.

Art. 187. Na apuração das bases de cálculo de contribuição prevista no inciso X do caput do art. 186, deverá ser observada a legislação vigente em cada competência a ser discriminada, bem com as alterações das bases de cálculo que tenham ocorrido, em relação às competências a que se referirem.

§ 1º Entende-se como base de cálculo os valores da remuneração ou subsídio utilizado como base para a contribuição do segurado ao regime previdenciário ou ao sistema de proteção social a que esteve filiado.

§ 2º Na ausência de informação de base de cálculo de contribuição do segurado ou militar, nas competências a partir de julho de 1994, a relação tomará por base o valor do subsídio ou da remuneração do cargo efetivo ocupado pelo segurado ou da remuneração do militar; ou da remuneração equivalente ou semelhante; ou piso remuneratório local; ou o salário mínimo mensal; nesta ordem.

Art. 188. Para fins de elegibilidade às aposentadorias especiais referidas nos §§ 4º, 4º-A, 4º-B e 4º-C do art. 40 da Constituição Federal, os períodos reconhecidos pelo regime previdenciário de origem como de tempo especial, cumprido em qualquer época, deverão estar incluídos nos períodos de contribuição compreendidos na CTC, sem conversão em tempo comum e discriminados de data a data, em campo próprio da CT C, conforme Anexo IX.

§ 1º Ressalvados os casos de ex-segurados amparados em decisão judicial, observados os limites nela estabelecidos, o ente de origem reconhecerá o tempo de contribuição de natureza especial cumprido no RPPS a qualquer tempo e emitirá a CTC com essa informação apenas nas seguintes hipóteses: (Redação dada pela Portaria MPS 1.180/2024)

I - segurado com deficiência:

a) da União, a partir da vigência da Emenda Constitucional nº 103, de 2019, conforme art. 22 dessa Emenda; ou

b) dos Estados, do Distrito Federal e dos Municípios, a partir da vigência da Lei Complementar editada conforme atribuição do § 4º-A do art. 40 da Constituição Federal;

II - segurado titular do cargo de policial regido pela Lei Complementar nº 51, de 20 de dezembro de 1985;

III - segurado titular do cargo de policial e de agente penitenciário ou socioeducativo:

a) da União, a partir da vigência da Emenda Constitucional nº 103, de 2019, conforme o inciso I do § 2º do art. 10 dessa Emenda; ou

b) dos Estados e do Distrito Federal a partir da vigência da Lei Complementar editada conforme atribuição do § 4º-B do art. 40 da Constituição Federal;

IV - segurado em exercício de atividades sob condições especiais que prejudiquem a saúde ou a integridade física, nos limites da Súmula Vinculante nº 33:

a) da União, até a vigência da Emenda Constitucional nº 103, de 2019; ou

b) dos Estados, do Distrito Federal e dos Municípios até a vigência da Lei Complementar editada conforme atribuição do § 4º-C do art. 40 da Constituição Federal; e

V - segurado cujas atividades sejam exercidas com efetiva exposição a agentes químicos, físicos e biológicos prejudiciais à saúde, ou associação desses agentes:

a) da União, a partir da vigência da Emenda Constitucional nº 103, de 2019, conforme o inciso II do § 2º do art. 10 dessa Emenda; ou

b) dos Estados, do Distrito Federal e dos Municípios a partir da vigência da Lei Complementar editada conforme atribuição do § 4º-C do art. 40 da Constituição Federal.

§ 2º No reconhecimento do tempo de natureza especial a ser incluído na CTC, será obedecido o disposto:

I - no Anexo V, quanto ao tempo cumprido pelos segurados de que trata a alínea "a" do inciso I do § 1º, ou pelos amparados em decisão judicial que determine a aplicação da Lei Complementar nº 142, de 8 de maio de 2013;

II - no Anexo IV, quanto ao tempo de que tratam as alíneas "a" e "b" do inciso IV do § 1º;

III - no Anexo III, quanto ao tempo cumprido pelos segurados da União de que trata a alínea "a" do inciso V do § 1º e dos segurados dos entes que adotarem as mesmas regras; e

IV - na legislação do ente federativo editada conforme competências atribuídas pelos §§ 4º-A, § 4º-B e § 4º-C do art. 40 da Constituição Federal.

§ 3º A averbação e cômputo, pelo RPPS instituidor do benefício, de tempo de natureza especial exercido com filiação a outro RPPS ou ao RGPS, serão feitos somente por CTC emitida pelo regime de origem, inclusive se esse tempo foi prestado ao ente federativo instituidor a qualquer tempo, mas com filiação ao RGPS. (Redação dada pela Portaria MPS 1.180/2024)

§ 4º Na hipótese de que trata o inciso I, b, do § 1º, por não haver norma geral aplicável à aposentadoria com idade e tempo de contribuição diferenciados para os segurados dos RPPS com deficiência, o ente federativo somente poderá emitir ou averbar CTC do segurado nessa condição, que contemplará todo o tempo especial exercido, depois de editar a lei complementar de que trata o § 4º-A do art. 40 da Constituição Federal, que assegure esse benefício para seus servidores ativos, ressalvado o amparo em decisão judicial expressa. (Acrescido pela Portaria MPS 1.180/2024)

Art. 189. A CTC deverá ser expedida em duas vias, das quais a primeira será fornecida ao interessado, mediante recibo passado na segunda via, implicando sua concordância quanto ao tempo certificado.

§ 1º A primeira via original da CTC deverá compor o processo de averbação de tempo de contribuição perante o regime instituidor do benefício, bem como o processo da aposentadoria em que houver a contagem recíproca de tempo de contribuição.

§ 2º A segunda via da certidão, com recibo do interessado, deverá ser arquivada no órgão emissor ou na unidade gestora do RPPS, para fins de controle.

§ 3º Caso o ex-servidor requeira a emissão de CTC correspondente a cargos acumuláveis que titularizava no ente federativo, deverá ser emitida uma única Certidão em relação a cada cargo, observado o disposto no art. 192. (Acrescido pela Portaria MPS 1.180/2024)

Art. 190. Se o ente utilizar processo administrativo eletrônico, a segunda via da certidão emitida pelo regime de origem, com recibo do interessado, e a primeira via da certidão recebida pelo regime instituidor poderão ser arquivadas eletronicamente.

Parágrafo único. Na hipótese de que trata este artigo, o regime instituidor deverá registrar na primeira via original da CTC recebida que o tempo certificado foi averbado e que é vedada sua reutilização por outro regime, devolvendo ao segurado depois de digitalizada.

Art. 191. A unidade gestora do RPPS, o órgão ou entidade emissora da CTC e o órgão gestor do SPSM deverão efetuar no registro individualizado do segurado do RPPS ou do SPSM e nos assentamentos funcionais ou militares do ex-segurado ou ex-militar, respectivamente, anotação contendo, no mínimo, os seguintes dados:

I - número da CTC e respectiva data de emissão;

II - o tempo líquido de contribuição somado na certidão expresso em dias e em anos, meses e dias;

III - os períodos certificados e os órgãos destinatários correspondentes, bem como o tempo destinado a cada regime em caso de fracionamento; e

IV - os períodos, dentro daqueles certificados, que foram reconhecidos pelo emissor da CTC como sendo tempo especial, sem conversão, na forma do art. 188.

§ 1º As anotações a que se refere o caput devem ser assinadas pelo servidor responsável e conter o visto do dirigente do órgão.

§ 2º Se os órgãos e entidades utilizarem sistemas informatizados de assentamento funcional, os registros a que se refere este artigo serão realizados no próprio sistema.

Art. 192. Quando solicitado pelo ex-segurado que mantém filiação a 2 (dois) RPPS ou 2 (dois) vínculos funcionais com filiação ao mesmo RPPS e exerce atividades com filiação ao RGPS, é permitida a emissão de CTC única, pelo RPPS, com destinação do tempo de contribuição para, no máximo, estes três regimes previdenciários ou dois vínculos, segundo indicação do requerente. (Redação dada pela Portaria MPS 1.180/2024)

§ 1º A CTC de que trata este artigo deverá ser expedida em 3 (três) vias, das quais a primeira e a segunda serão fornecidas ao interessado, mediante recibo passado na terceira via, implicando sua concordância quanto ao tempo certificado, observado o disposto no art. 190.

§ 2º Na CTC única, deverá constar o período integral de contribuição ao RPPS, bem como as frações desse período a serem aproveitadas em cada um dos regimes instituidores ou em cada um dos cargos do regime instituidor, em caso de duplo vínculo a um mesmo RPPS, segundo indicação do requerente.

Art. 193. A averbação, por RPPS, de tempo de contribuição constante de CTC emitida pelo INSS somente pode ser efetivada em um único cargo ocupado pelo segurado, ainda que, no período certificado, tenha havido filiação ao RGPS pelo exercício de múltiplas atividades decorrentes de empregos públicos ou privados ou cargos públicos.

Parágrafo único. Ressalva-se do disposto no caput, a hipótese de emissão, pelo INSS, de CTC única com divisão e destinação do tempo de contribuição para, no máximo, dois órgãos distintos, quando solicitado pelo segurado que exerce cargos constitucionalmente acumuláveis, conforme previsão do § 7º do art. 130 do Regulamento da Previdência Social, aprovado pelo Decreto nº 3.048, de 1999.

Art. 194. A CTC e a Certidão de Tempo de Serviço Militar somente serão fornecidas para os períodos de efetivo vínculo ao RPPS, nos termos do art. 40 da Constituição Federal, ou ao SPSM, nos termos dos arts.

42, 142 e 143 da Constituição Federal, respectivamente.

Parágrafo único. Poderão ser certificados os períodos de afastamento sem remuneração, desde que o cômputo seja autorizado por lei e tenha havido a correspondente contribuição ao RPPS.

Art. 195. É vedada a emissão de CTC:

I - com contagem de tempo de contribuição de atividade privada com a de serviço público ou de mais de uma atividade no serviço público, quando concomitantes;

II - em relação a período que já tiver sido utilizado para a concessão de aposentadoria em qualquer regime de previdência social ou para a transferência para a inatividade em qualquer SPSM;

III - com contagem de tempo fictício ao RPPS;

IV - com conversão de tempo exercido sob condições especiais em tempo de contribuição comum, salvo decisão judicial expressa;

V - com conversão de tempo de efetivo exercício nas funções de magistério em tempo comum após a Emenda Constitucional nº 18, de 1981;

VI - relativa a período de filiação a outro RPPS, ao RGPS ou a SPSM, ainda que o segurado tenha prestado serviços ao próprio ente emissor naquele período, e que esse tempo tenha sido objeto de averbação; e

VII - (Revogado pela Portaria MPS 1.180/2024)

§ 1º Entende-se como tempo fictício aquele considerado em lei como tempo de contribuição para fins de concessão de aposentadoria sem que tenha havido, por parte do segurado, a prestação de serviço ou a correspondente contribuição.

§ 2º O tempo de serviço considerado para efeito de aposentadoria por lei e cumprido até 16 de dezembro de 1998 será contado como tempo de contribuição.

§ 3º Constarão na CTC os períodos de filiação a RPPS posteriores a 16 de dezembro de 1998 em que tenha havido a prestação de serviço sem ocorrência de contribuição.

§ 4º Para os períodos a que se refere o § 3º, as informações das bases de cálculo de contribuição deverão corresponder aos valores das respectivas remunerações do cargo efetivo ou do subsídio.

Art. 196. A CTC só poderá ser emitida para ex-segurado do RPPS ou ex-militar do SPSM e relativamente a períodos em que tenha havido, por parte deles, a prestação de serviço ou a correspondente contribuição.

§ 1º No caso de acumulação lícita de cargos efetivos no mesmo ente federativo, só poderá ser emitida CTC relativamente ao tempo de contribuição no cargo do qual o segurado se exonerou ou foi demitido.

§ 2º Na hipótese de migração do segurado ao RGPS por força de lei do ente federativo que resulte na extinção do RPPS, poderá ser emitida a CTC relativamente ao período de filiação ao RPPS mesmo que o segurado não esteja exonerado ou demitido do cargo efetivo na data do pedido, situação na qual a CTC somente poderá ser utilizada para obtenção de aposentadoria no RGPS relativa ao cargo a que se refere a certidão.

§ 3º A CTC relativa ao período de filiação ao RPPS, emitida a requerimento do segurado na situação de que trata o § 2º, implica, na forma estabelecida na legislação do ente federativo emissor, a vacância do cargo público, com efeitos a partir da primeira entre as seguintes datas:

I - aquela em que o segurado teve ciência da decisão concessiva de aposentadoria pelo INSS;

II - do recebimento, pelo ente federativo, da comunicação sobre a concessão de aposentadoria ao segurado, enviada pelo INSS conforme previsão do inciso I do art. 131 do Regulamento da Previdência Social, aprovado pelo Decreto nº 3.048, de 1999; ou

III - aquela em que o ente federativo teve ciência da concessão de aposentadoria ao segurado por quaisquer outros meios.

Art. 197. Concedido o benefício, caberá ao RPPS instituidor comunicar o fato, por ofício, à unidade gestora do regime previdenciário de origem emitente da CTC ou ao órgão gestor responsável pela emissão da Certidão de Tempo de Serviço Militar no âmbito do SPSM, para os registros e providências de direito.

Art. 198. Poderá haver revisão da CTC pelo ente federativo emissor, inclusive para fracionamento de períodos, desde que previamente devolvida a certidão original.

Parágrafo único. Observado o disposto no art. 192, será admitida revisão da CTC para fracionamento de períodos somente quando a certidão comprovadamente não tiver sido utilizada para fins de aposentadoria no RGPS, para fins de averbação ou de aposentadoria em outro RPPS ou para fins de transferência para a inatividade em SPSM, ou ainda, uma vez averbado o tempo, este não tiver sido utilizado para obtenção de qualquer direito ou vantagem no RPPS ou vantagem remuneratória.

Art. 199. Para possibilitar a revisão da CTC, o interessado deverá apresentar:

I - requerimento de cancelamento da certidão, no qual esclarecerá o fim e a razão do pedido;

II - a certidão original, anexa ao requerimento; e

III - declaração, conforme Anexo XI, emitida pelo regime previdenciário ou SPSM a que se destinava a certidão contendo informações sobre a utilização, ou não, dos períodos lavrados na certidão e, em caso afirmativo, para que fins foram utilizados.

Art. 200. No caso de solicitação de 2ª via da CTC, o requerimento deverá expor as razões que justificam o pedido, observando-se o disposto nos incisos I e III do art. 199.

Art. 201. Os entes federativos e o INSS deverão disponibilizar na respectiva página oficial na Internet as certidões de tempo de contribuição por eles emitidas, digitalizadas, para permitir a confirmação da veracidade por parte do regime previdenciário destinatário.

§ 1º O endereço eletrônico referido no caput para consulta na Internet deverá constar na própria CTC.

§ 2º Quando não for possível a disponibilização e confirmação da veracidade da CTC na página da Internet indicada pelo órgão emissor, o órgão destinatário poderá solicitar ao emissor, por ofício, sua ratificação ou retificação.

§ 3º Caso a CTC não tenha a veracidade confirmada ou caso seja retificada pelo órgão emissor, eventual concessão de benefício ou vantagem já ocorrida com base na certidão deverá ser revista, de ofício, pelo regime destinatário.

§ 4º Após a conclusão do processo de revisão de que trata o § 3º, o resultado deverá ser comunicado ao órgão emissor da CTC para eventual revisão de compensação financeira, caso esta já tenha sido requerida e concedida.

Art. 202. Caberá revisão da CTC, inclusive de ofício, quando for constatado erro material e desde que tal revisão não importe em dar à certidão destinação diversa da que lhe foi dada originariamente.

§ 1º A revisão de que trata o caput será precedida de solicitação ao órgão destinatário da CTC de devolução da certidão original.

§ 2º Na impossibilidade de prévio resgate da certidão original, caberá ao órgão emissor encaminhar a nova CTC ao órgão destinatário, acompanhada de ofício informando os motivos da revisão e o cancelamento da CTC anteriormente emitida, para fins de regularização, quando for o caso, dos seus efeitos funcionais e/ou previdenciários.

Art. 203. Para revisão da CTC que tenha sido utilizada no RGPS, em outro RPPS ou em SPSM, aplica-se o prazo decadencial estabelecido para esse fim na forma da legislação do ente federativo, salvo comprovada má-fé.

Parágrafo único. No caso de ausência de lei do ente federativo que estabeleça prazo decadencial para revisão da CTC, aplica-se o prazo decadencial de 10 (dez) anos, contados da data de emissão da certidão, salvo comprovada má-fé, conforme estabelece no âmbito do RGPS a Lei nº 8.213, de 24 de julho de 1991.

Art. 204. Os entes federativos fornecerão ao servidor detentor exclusivamente de cargo de livre nomeação e exoneração, e ao servidor titular de cargo, emprego ou função amparado pelo RGPS, documento comprobatório do vínculo funcional e Declaração de Tempo de Contribuição na forma do formulário constante no Anexo XII, para fins de concessão de benefícios ou para emissão de CTC pelo RGPS.

Parágrafo único. A apresentação de informações prevista no caput não dispensa o cumprimento de obrigações trabalhistas e previdenciárias, inclusive obrigações acessórias, e a comprovação do recolhimento das contribuições relativas ao RGPS.

Art. 205. Quanto aos períodos em que foi assegurado o pagamento de benefícios de aposentadoria e/ou pensão por morte mediante convênios ou consórcios entre entes federativos diversos, a emissão ou homologação da CTC caberá à unidade gestora do RPPS do ente federativo que seria diretamente responsável pela concessão do benefício de aposentadoria.

Art. 206. É de responsabilidade do RPPS a emissão de CTC em relação a período exercido sob o Regime Especial disciplinado pelo parágrafo único do art. 3º da Lei nº 3.807, de 1960.

Art. 207. Os entes federativos emitirão, para apresentação ao INSS na condição de organismo de ligação, Declaração de Tempo de Contribuição para Aplicação de Acordo Internacional relativa a segurado filiado ao seu RPPS, conforme formulário constante no Anexo XIV, para o cumprimento de acordos internacionais de previdência social que contenham cláusula convencional que alcance a legislação dos RPPS, observado o disposto no art. 232.

Art. 208. As previsões deste Capítulo se aplicam às certidões emitidas para comprovar o tempo de contribuição aos regimes de previdência aplicáveis a titulares de mandato eletivo da União, dos Estados, do Distrito Federal e dos Municípios para a contagem recíproca e a compensação financeira de que trata o § 9º do art. 201 da Constituição Federal, conforme previsão do § 2º do art. 14 da Emenda Constitucional nº 103, de 2019.

Parágrafo único. Os RPPS e o RGPS averbarão o tempo de contribuição de seus segurados que for certificado, conforme o caput, pelos regimes de previdência aplicáveis a titulares de mandato eletivo da União, dos Estados, do Distrito Federal e dos Municípios, na situação de desvinculação destes por opção expressa, e, para os segurados que optaram por permanecer nestes regimes, nos termos dos §§ 1º, 4º e 5º do art. 14 da Emenda Constitucional nº 103, de 2019, os RPPS poderão emitir, para ex-servidores, e o RGPS, para seus segurados atuais e anteriores, a CTC referente a tempo de contribuição anterior à filiação aos regimes de previdência dos mencionados agentes políticos. (Acrescido pela Portaria MPS 1.180/2024)

Art. 209. Caberá ao ente federativo disciplinar os procedimentos internos adequados ao cumprimento do disposto neste Capítulo.

Art. 210. Observado o disposto nos arts. 202 e 203, continuam válidas, para fins de contagem recíproca e compensação financeira as certidões de tempo de serviço e de contribuição e relações de remunerações de contribuição emitidas:

I - em data anterior à publicação da Portaria MPS nº 154, de 2008, pelos órgãos da Administração Pública da União, Estados, Distrito Federal e Municípios, suas autarquias, fundações ou unidade gestoras dos RPPS, relativamente ao tempo de serviço e de contribuição para esses regimes;

II - nos termos da Portaria MPS nº 154, de 2008, durante sua vigência; e

III - em data anterior à vigência desta Portaria, quanto ao tempo de serviço militar.

Art. 211. As disposições deste Capítulo são de aplicação facultativa para a comprovação de tempo de contribuição de segurados entre órgãos e entidades de quaisquer dos poderes do mesmo ente federativo.

CAPÍTULO X
APLICAÇÃO DE ACORDOS INTERNACIONAIS DE PREVIDÊNCIA SOCIAL CUJO CAMPO DE APLICAÇÃO MATERIAL ALCANCE A LEGISLAÇÃO DOS RPPS

SEÇÃO I
DISPOSIÇÕES PRELIMINARES

Art. 212. Será observado o disposto neste Capítulo para a definição da condição de regime instituidor quando da aplicação, no plano jurídico interno, dos acordos internacionais de previdência social ratificados pelo Brasil e ajustes administrativos correspondentes, cujo campo de aplicação material contenha cláusula convencional que alcance a legislação dos RPPS da União, dos Estados, do Distrito Federal e dos Municípios.

Art. 213. Na aplicação do acordo internacional de previdência social, quando a pessoa interessada estiver filiada ao sistema previdenciário de Estado Acordante à época do requerimento e comprovar tempo anterior de filiação a RPPS, o RGPS será considerado regime instituidor, em consonância com o § 6º do art. 3º da Lei nº 9.796, de 1999, no que concerne à parcela proporcional da prestação brasileira do benefício a ser concedido por totalização.

§ 1º Na situação prevista no caput, o INSS exigirá do RPPS de origem, para fins de contagem recíproca do tempo de contribuição e posterior compensação financeira, a CTC, relativa ao tempo de vínculo no RPPS que venha a ser considerado período de seguro válido nos termos do acordo internacional de previdência social.

§ 2º Entende-se por período de seguro ou período de cobertura os períodos de contribuição, de emprego, de serviço, de exercício de atividade profissional ou período equivalente que sejam reconhecidos pela legislação dos Estados Acordantes para fins de aquisição do direito a benefícios.

§ 3º Aplicar-se-á o disposto neste artigo inclusive quando a pessoa interessada nunca tiver mantido filiação ao RGPS.

Art. 214. O RPPS será considerado regime instituidor apenas quando, no momento da aplicação do acordo internacional de previdência social, a pessoa interessada mantiver vínculo atual com o RPPS, na condição de segurado.

§ 1º O INSS manterá a condição de organismo de ligação na hipótese de que trata o caput, para fins de aplicação do acordo internacional de previdência social.

§ 2º O formulário de ligação encaminhado pelo INSS ao RPPS, cujo período de seguro tenha sido validado pelo organismo de ligação do Estado Acordante, será considerado documento hábil para fins de registro no RPPS, cálculo da prestação teórica e da prestação proporcional do benefício a ser concedido por totalização.

§ 3º Se o segurado filiado a RPPS requerer, para fins de aplicação de acordo internacional, além do cômputo do período de seguro cumprido no Estado Acordante, a contagem recíproca de tempo de contribuição para o RGPS ou outro RPPS, como regimes de origem, esse tempo nacional, mediante a expedição de CTC, será passível de compensação financeira nos termos da Lei nº 9.796, de 1999.

Art. 215. Para os fins desta Portaria, considera-se acordo internacional de previdência social aquele que verse sobre matéria previdenciária, concluído por escrito entre Estados e regido pelo Direito Internacional, quer conste de um instrumento único, quer de dois ou mais instrumentos conexos, qualquer que seja sua denominação específica.

Parágrafo único. Compreende-se na expressão de que trata o caput qualquer ato internacional dos Estados Acordantes, posterior à celebração do acordo internacional de previdência social, relativo à interpretação deste ou à aplicação de suas disposições, a exemplo dos acordos adicionais, convênios de execução e ajustes administrativos.

Art. 216. As controvérsias em que forem partes Estado Acordante, organismo de ligação ou instituição competente estrangeiros, de um lado, e, do outro, o Brasil, o INSS ou a unidade gestora do RPPS, sobre a interpretação ou a execução dos acordos internacionais de previdência social, serão resolvidas pelos meios previstos nesses atos internacionais.

Art. 217. Os tratados, convenções e outros acordos internacionais de que Estado Acordante ou organismo internacional e o Brasil sejam partes, e que versem sobre matéria previdenciária, serão interpretados como lei especial.

Art. 218. O disposto neste Capítulo, será observado, no que couber, para a definição da condição de regime instituidor quando da aplicação, no plano jurídico interno, dos acordos internacionais de previdência social ratificados pelo Brasil e ajustes administrativos correspondentes, cujo campo de aplicação material contenha cláusula convencional que alcance a legislação dos SPSM da União, dos Estados e do Distrito Federal.

SEÇÃO II
APLICAÇÃO DOS ACORDOS INTERNACIONAIS DE PREVIDÊNCIA SOCIAL RATIFICADOS PELO BRASIL

Art. 219. Na aplicação dos acordos internacionais de previdência social, os nacionais brasileiros e os estrangeiros, residentes ou não no Brasil, terão igualdade de tratamento assegurada pelos RPPS, em conformidade com a legislação brasileira.

Parágrafo único. Salvo disposições especiais convencionadas entre os Estados Acordantes, a igualdade de tratamento abrange, nos casos em que o Brasil tenha aceitado tais obrigações nos instrumentos internacionais, os ramos de previdência social, assim considerados os riscos sociais para os quais há cobertura previdenciária, como aposentadoria por idade e tempo de contribuição, aposentadoria por invalidez e por incapacidade permanente e pensão por morte.

Art. 220. No âmbito dos acordos internacionais de previdência social, os requerimentos de benefícios serão apresentados em formulários estabelecidos, de comum acordo, pelos Estados Acordantes, cujos modelos oficiais constam no endereço eletrônico da previdência social na rede mundial de computadores.

§ 1º Um requerimento ou documento redigido no idioma oficial de um Estado Acordante não poderá ser rejeitado por não estar redigido em língua portuguesa.

§ 2º Quando requerimentos, recursos ou declarações forem submetidos à autoridade competente, organismo de ligação ou instituição competente de um Estado Acordante, serão considerados como apresentados, na mesma data, à unidade gestora do RPPS.

§ 3º Se previsto em norma específica do acordo internacional de previdência social, os atos do processo administrativo poderão ser digitais, de forma a permitir que sejam produzidos, comunicados, armazenados e validados por meio eletrônico.

§ 4º Nos termos estabelecidos no acordo internacional de previdência social, bem como no Direito Internacional vigente, os Estados Acordantes dispensarão a tradução oficial, visto ou legalização, por parte das autoridades diplomáticas, consulares e de registro público, dos documentos necessários à aplicação do referido acordo.

§ 5º Os documentos, formulários e certificados entregues por uma instituição competente ou organismo de ligação de um Estado Acordante serão considerados autênticos pela instituição competente brasileira.

Art. 221. A unidade gestora do RPPS deverá verificar a autenticidade dos dados cadastrais, de identificação e de habilitação constantes do formulário de ligação, e a dos documentos anexos que o instruem, antes de encaminhá-los, por intermédio do INSS, à instituição congênere do Estado Acordante.

Parágrafo único. A unidade gestora do RPPS também encaminhará todos os documentos e informações de que dispuser e que possam ser necessários para a instituição competente do Estado Acordante estabelecer a elegibilidade ao benefício.

Art. 222. A instituição competente do Estado Acordante será igualmente informada acerca dos fatos relevantes supervenientes, no âmbito da aplicação do acordo internacional de previdência social no Brasil, a exemplo de:

I - concessão ou indeferimento de uma prestação;

II - cessação de uma prestação, inclusive de cota parte de pensão por morte;

III - alteração dos períodos de seguro;

IV - revisão do cálculo da prestação;

V - permanência ou retorno à atividade laboral;

VI - óbito do beneficiário, titular ou dependente;

VII - mudança de residência habitual para outro país;

VIII - início da incapacidade laboral; e

IX - recuperação da capacidade laboral.

Art. 223. A unidade gestora do RPPS, ao receber ou transmitir dados pessoais sigilosos, em conformidade com as normas específicas do acordo internacional de previdência social, a legislação brasileira e as normas do Direito Internacional vigente em matéria de proteção de dados, adotará as medidas necessárias para assegurar a sua confidencialidade e a privacidade dos interessados, sob as penas da lei.

Art. 224. A unidade gestora do RPPS notificará diretamente o requerente ou beneficiário de sua decisão sobre o requerimento, indicando a fundamentação legal pertinente e motivação e informando, nos termos da legislação brasileira, a forma, o prazo e os meios de impugnação da decisão administrativa.

Parágrafo único. A notificação poderá ocorrer por intermédio do INSS, se houver norma específica nesse sentido no acordo internacional de previdência social.

Art. 225. A União, os Estados, o Distrito Federal ou os Municípios realizarão o exame médico-pericial do requerente ou beneficiário, quando filiado ao seu RPPS e residente no Brasil, para efeito de reconhecimento inicial do direito à prestação, manutenção do benefício concedido por totalização, ou a pedido da instituição competente do Estado Acordante.

§ 1º A unidade gestora do RPPS avaliará a condição de incapacidade laboral do interessado, levando em consideração os antecedentes médicos e preencherá o formulário próprio acordado para este fim, que deverá ser encaminhado ao Estado Acordante, juntamente com toda a documentação médica que dispuser a respeito do estado de saúde do requerente ou beneficiário.

§ 2º Na hipótese de o interessado não residir no Brasil, a unidade gestora do RPPS poderá solicitar, por intermédio do organismo de ligação, na forma convencionada entre os Estados Acordantes, os exames médicos que sejam necessários à aplicação do acordo internacional de previdência social.

§ 3º A unidade gestora do RPPS realizará a análise médico-pericial dos casos concretos, relativos a residentes no exterior, a partir das informações constantes no formulário acordado e na documentação recebidos do Estado Acordante.

Art. 226. A distribuição do ônus da realização de exames médicos entre os Estados Acordantes e o direito ao reembolso ou à compensação de seus custos dependerão do que for convencionado pelas Partes no acordo internacional de previdência social correspondente.

Parágrafo único. As despesas médicas ficarão a cargo da unidade gestora do RPPS que requerer a perícia médica ou exames complementares à instituição competente estrangeira, salvo se de modo diverso for convencionado pelos Estados Acordantes.

Art. 227. Os acordos internacionais de previdência social em vigor no Brasil serão aplicados para fins de elegibilidade ao benefício concedido por totalização de períodos de seguro, cumpridos sob a égide da legislação dos Estados Acordantes, quando o interessado não atenda às exigências para a concessão do benefício com base unicamente nos períodos cumpridos sob a legislação brasileira.

§ 1º A totalização não poderá sobrepor um período de seguro a outro coincidente.

§ 2º A concessão do benefício brasileiro, sem totalização, não obsta a que o interessado pleiteie a aplicação do acordo internacional de previdência social em face do outro Estado Acordante.

§ 3º Se houver previsão e nas condições estabelecidas no acordo internacional de previdência social, o período de seguro cumprido sob a legislação de um terceiro Estado poderá ser computado na totalização.

§ 4º Para fins de totalização será considerado o tempo de contribuição exigido para a concessão do benefício nos termos da legislação brasileira, observado o que dispuser cada acordo internacional de previdência social.

Art. 228. Poderá ser exigido do requerente o cumprimento de um período mínimo de seguro sob a legislação brasileira, para fins de aplicação da norma convencional internacional de totalização, quando houver disposição específica neste sentido constante de acordo internacional de previdência social ratificado pelo Brasil.

Art. 229. O RPPS determinará o montante da prestação teórica, assim considerada aquela a que o interessado faria jus como se todos os períodos de seguro totalizados tivessem sido cumpridos sob a legislação brasileira.

Parágrafo único. No cálculo da prestação teórica do benefício a ser concedido por totalização, a unidade gestora do RPPS observará que:

I - os períodos certificados pelos Estados Acordantes no formulário de ligação serão considerados somente para fins de determinação do tempo de contribuição, não devendo ser levados em conta os rendimentos, contribuições, bases de cálculo de contribuição ou remunerações referentes a períodos de seguro cumpridos em regimes estrangeiros;

II - o valor da prestação teórica será determinado de acordo com a regra de cálculo do benefício aplicável a cada caso concreto, observados os requisitos constitucionais e legais vigentes, levando-se em conta, conforme a hipótese, o subsídio ou a remuneração do segurado no cargo efetivo em que se der a aposentadoria ou as bases de cálculo das contribuições do servidor aos regimes de previdência a que esteve filiado no Brasil; e

III - a prestação teórica do benefício não poderá ser inferior ao valor do salário mínimo nacional.

Art. 230. As normas constitucionais acerca dos regimes previdenciários de que tratam os arts. 40 e 201 da Constituição Federal de 1988, bem como as respectivas regras de transição das Emendas Constitucionais, inclusive a legislação infraconstitucional geral e de cada ente federativo editadas em consonância com o disposto da Constituição Federal, devem incidir quando da apuração da prestação teórica, em consonância com o campo material de aplicação do acordo internacional.

§ 1º As normas internacionais de totalização dos acordos internacionais de previdência social, aprovados com status jurídico de lei ordinária, não derrogam as normas constitucionais permanentes a respeito de RPPS, nem as transitórias das reformas previdenciárias, inclusive as que dizem respeito restritamente à condição jurídica do servidor público da Administração Pública brasileira, como as referentes ao tempo de exercício no serviço público, tempo na carreira, tempo no cargo efetivo ou à data de ingresso no serviço público brasileiro.

§ 2º Os períodos de seguro cumpridos sob um regime previdenciário especial no Estado Acordante, em face da condição pessoal, profissional ou de exercício da atividade, conforme o disposto no acordo internacional de previdência social, somente serão levados em conta com suas características diferenciadas para a concessão de benefício por totalização no RPPS, se houver um regime previdenciário especial equivalente no Brasil.

Art. 231. A prestação proporcional do benefício brasileiro a ser concedido por totalização será calculada considerando-se o resultado da divisão do período de seguro cumprido no Brasil pelo somatório dos períodos de seguro cumpridos em todos os Estados Acordantes, multiplicado pela prestação teórica, calculada na forma dos arts. 229 e 230.

Parágrafo único. O divisor de que trata o cálculo pro rata do caput estará limitado ao tempo de contribuição mínimo necessário para o estabelecimento da elegibilidade ao benefício nos termos da legislação brasileira, se de outra forma não for convencionado no acordo internacional de previdência social.

Art. 232. A faculdade prevista no § 6º do art. 26 da Emenda Constitucional nº 103, de 2019, referente à exclusão de contribuições que resultem em redução do valor do benefício, tem efeito na determinação do montante da prestação teórica segundo a legislação brasileira, mas não altera o período de seguro cumprido no Brasil nem o cálculo da prestação proporcional (pro rata) do benefício a ser concedido por totalização, observado o que dispuser cada acordo internacional de previdência, devendo constar a informação desse período de seguro cumprido para efeito de elegibilidade no Estado Acordante no Anexo XIV.

Art. 233. A unidade gestora do RPPS pagará ao beneficiário a prestação proporcional do benefício concedido por totalização, em moeda nacional, nos termos estabelecidos pelos Estados Acordantes no acordo internacional de previdência social.

§ 1º A conversão do valor da prestação brasileira em moeda estrangeira atenderá ao que dispuser o acordo internacional de previdência social em relação ao pagamento de beneficiários não residentes no Brasil.

§ 2º A prestação mensal proporcional dos benefícios concedidos por totalização, com base em acordos internacionais de previdência social, pode ter valor inferior ao do salário mínimo.

Art. 234. Se o segurado filiado a RPPS requerer, para fins de aplicação de acordo internacional de previdência social, além do cômputo do período de seguro cumprido no Estado Acordante, a contagem recíproca de tempo de contribuição para o RGPS ou outro RPPS, como regimes de origem, esse tempo nacional, comprovado mediante Certidão de Tempo de Contribuição - CTC, será passível de compensação financeira nos termos da Lei nº 9.796, de 1999.

Art. 235. Quando previsto no acordo internacional de previdência social, a unidade gestora do RPPS que pagar a um beneficiário prestação que exceda aquela a que ele tem direito, poderá solicitar à instituição competente do Estado Acordante, devedora de prestações de mesma natureza em favor desse beneficiário, a dedução do valor correspondente nas quantias pagas por esta e o seu reembolso, observado o disposto na legislação aplicável.

Parágrafo único. Aplica-se o disposto no caput quando a unidade gestora do RPPS receber solicitação semelhante do Estado Acordante, que tiver pago a um beneficiário prestação em valor superior ao devido, observadas as condições e os limites da legislação brasileira.

CAPÍTULO XI
PROGRAMA DE CERTIFICAÇÃO INSTITUCIONAL E MODERNIZAÇÃO DA GESTÃO DOS RPPS

Art. 236. O Programa de Certificação Institucional e Modernização da Gestão dos Regimes Próprios de Previdência Social da União, dos Estados, do Distrito Federal e dos Municípios - Pró-Gestão RPPS, instituído pela Portaria MPS nº 185, de 14 de maio de 2015, tem por objetivo incentivar os RPPS a adotarem melhores práticas de gestão previdenciária, que proporcionem maior controle dos seus ativos e passivos e mais transparência no relacionamento com os segurados e a sociedade.

§ 1º A adesão ao Pró-Gestão RPPS é facultativa, devendo ser formalizada por meio de termo assinado pelos representantes legais do ente federativo e da unidade gestora do RPPS.

§ 2º A certificação institucional no âmbito do Pró-Gestão RPPS, concedida aos RPPS que cumprirem ações nas dimensões de Controles Internos, Governança Corporativa e Educação Previdenciária, constará de um nível de acesso e quatro níveis de aderência e terá prazo de validade de três anos. (Redação dada pela Portaria MPS 3.811/2024)

§ 3º A avaliação do cumprimento dos requisitos mínimos a serem observados em cada uma das ações e a atribuição da certificação institucional será de responsabilidade de entidade credenciada na forma do inciso VI do caput do art. 237.

§ 4º O nível de acesso previsto no § 2º será utilizado para a primeira certificação institucional simplificada, visando facilitar o ingresso dos RPPS no programa de que trata o caput, sem possibilidade de renovação e contemplará apenas o incentivo previsto no art. 84, § 4º. (Acrescido pela Portaria MPS 3.811/2024)

§ 5º O RPPS certificado em um dos quatro níveis de aderência do Pró-Gestão RPPS poderá participar do Programa de Conformidade Previdenciária, a ser regulamentado pela Secretaria de Regime Próprio e Complementar, que visa incentivar a autorregularização, pelos entes federativos, mediante a adoção de providências necessárias ao cumprimento das obrigações e a implementação de boas práticas de gestão previdenciária, priorizando o caráter orientador da supervisão e a cooperação do Ministério da Previdência Social em relação aos RPPS. (Acrescido pela Portaria MPS 3.811/2024)

Art. 237. A gestão do Pró-Gestão RPPS, a ser efetuada na forma definida pela SPREV, deverá contemplar, entre outras, as seguintes medidas:

I - elaboração dos documentos e informações relativos ao Programa;

II - definição dos parâmetros a serem observados para avaliação e credenciamento das entidades certificadoras;

III - estabelecimento dos procedimentos para adesão pelos entes federativos ao programa e para a renovação, suspensão ou cancelamento da certificação institucional;

› Consta conforme publicação oficial.

V - definição das ações a serem observadas para obtenção da certificação institucional;

VI - avaliação das entidades interessadas em se habilitarem como certificadoras e decisão sobre o seu credenciamento; e

VII - acompanhamento e avaliação dos seus resultados.

Parágrafo único. A SPREV disponibilizará na página da Previdência Social na Internet a relação das entidades credenciadas como certificadoras, os entes federativos que formalizaram a adesão, os RPPS que obtiveram certificação e os demais documentos e informações relativos ao Pró-Gestão RPPS.

CAPÍTULO XII
ÍNDICE DE SITUAÇÃO PREVIDENCIÁRIA

Art. 238. O Índice de Situação Previdenciária dos Regimes Próprios de Previdência Social - ISP-RPPS será aferido anualmente segundo conceitos, critérios de composição, metodologia de cálculo e periodicidade estabelecidos pela SPREV.

§ 1º Para apuração do ISP-RPPS serão utilizadas as informações de que trata o art. 241, relativas ao exercício anterior ao de sua divulgação, encaminhadas até a database estabelecida pela SPREV.

§ 2º Para fins de cálculo e divulgação do ISP-RPPS os regimes próprios serão segregados em grupos, conforme seu porte, calculado pelas quantidades de segurados e beneficiários do RPPS, e subgrupos, de forma a refletir o grau de maturidade da sua massa.

§ 3º As informações detalhadas sobre a composição e metodologia de aferição do ISP-RPPS serão disponibilizadas pela SPREV na página da Previdência Social na Internet por meio de relatório anual, com a correspondente memória de cálculo do índice.

§ 4º Após ser publicado o relatório anual de que trata o § 3º, os interessados terão o prazo de 30 (trinta) dias para apresentar à SPREV, impugnação aos resultados apresentados, cuja apreciação e decisão serão informadas aos interessados em até 30 (trinta) dias contados do encerramento do prazo para apresentação da impugnação, procedendo-se, então, se for o caso, à revisão do ISP-RPPS que será considerado válido até a próxima divulgação anual do índice.

§ 5º Caso ocorra alteração de composição ou de metodologia de aferição do ISP-RPPS antes do prazo de 3 (três) anos da última alteração, os resultados com a antiga metodologia deverão continuar a ser divulgados até o término desse período.

§ 6º O atendimento, pelos entes federativos, das medidas previstas no art. 55, inciso IV e no art. 158, que contribuam efetivamente para o atingimento e a manutenção do equilíbrio financeiro e atuarial, passará a ser utilizado para avaliação do ISP-RPPS. (Acrescido pela Portaria MPS 3.811/2024)

CAPÍTULO XIII
REGULAÇÃO E SUPERVISÃO DOS RPPS

Art. 239. Ao Ministério do Trabalho e Previdência - MTP compete:

I - a orientação, o acompanhamento, a supervisão e a fiscalização dos RPPS, conforme disposto no inciso I do art. 9º da Lei nº 9.717, de 1998;

II - o estabelecimento e a publicação dos parâmetros para aplicação das regras gerais de organização e funcionamento dos RPPS e de seus fundos previdenciários, conforme disposto no inciso II do art. 9º da Lei nº 9.717, de 1998;

III - a apuração de infrações e a aplicação de penalidades previstas no regime disciplinar de que tratam o art. 8º e o inciso III do art. 9º da Lei nº 9.717, de 1998, na forma que vier a ser regulamentada;

IV - a emissão do Certificado de Regularidade Previdenciária - CRP, conforme disposto no inciso IV do art. 9º da Lei nº 9.717, de 1998; e

V - receber, da União, Estados, Distrito Federal e Municípios dados e informações sobre os RPPS e seus segurados e beneficiários, conforme disposto no parágrafo único do art. 9º da Lei nº 9.717, de 1998.

§ 1º A SPREV disciplinará as diretrizes gerais, requisitos e formas de atendimento aos RPPS para consecução das atribuições de que trata este artigo.

§ 2º O ISP-RPPS poderá ser utilizado como base para segmentação dos RPPS e aplicação proporcional de regulamentação prudencial na supervisão e fiscalização desses regimes.

§ 3º Para fins do acompanhamento previsto no inciso I do caput, deverá ser promovida a articulação institucional, a cooperação técnica e intercâmbio de informações com outros órgãos e entidades, com vistas a: (Acrescido pela Portaria MPS 1.499/2024)

I - reforçar a atuação do Ministério da Previdência Social em prol da sustentabilidade, do equilíbrio financeiro e atuarial e da observância do caráter contributivo dos RPPS;

II - induzir a regularidade previdenciária e a transparência e melhoria na gestão dos RPPS;

III - estimular e fortalecer o seu controle social; e

IV - compartilhar com os órgãos de controle externo e com os sistemas de controle interno da administração pública, nas esferas federal, estadual, distrital e municipal, conhecimentos técnicos e subsídios para a auditoria previdenciária dos RPPS, visando o aprimoramento da atuação coordenada do Ministério da Previdência Social com os referidos órgãos/sistemas de controle.

§ 4º Para a articulação institucional de que trata o § 3º, poderão ser disponibilizadas informações gerenciais de natureza pública relativas ao cumprimento das normas de organização, funcionamento, transparência, conformidade, situação financeira e atuarial necessárias à sustentabilidade dos RPPS, cujos dados serão obtidos das bases, sistemas e ferramentas de que trata o art. 241 ou de outros que contenham elementos de interesse da atividade. (Acrescido pela Portaria MPS 1.499/2024)

Art. 240. O CNRPPS participa, conforme disposto no art. 18 do Decreto nº 10.188, de 2019, da formulação dos parâmetros de que trata o inciso II do caput do art. 239.

SEÇÃO I
ENVIO DE INFORMAÇÕES RELATIVAS AO RPPS

Art. 241. Os entes federativos deverão encaminhar à SPREV dados e informações relativos, entre outros, aos seguintes aspectos dos regimes previdenciários de seus servidores:

I - à legislação relacionada ao regime previdenciário, imediatamente após a sua publicação, com informação da data e forma de publicação de cada ato;

II - à estrutura de governança do RPPS, contemplando a identificação dos dirigentes da unidade gestora, do responsável pela gestão das aplicações dos recursos e dos membros dos conselhos deliberativo e fiscal e do comitê de investimentos e a comprovação do atendimento aos requisitos de que trata o art. 76; (Redação dada pela Portaria MPS 1.180/2024)

III - à gestão atuarial do RPPS:

a) a Nota Técnica Atuarial - NTA, imediatamente após sua elaboração ou retificação;

b) o Demonstrativo de Resultado da Avaliação Atuarial - DRAA, os fluxos atuariais e o Relatório da Avaliação Atuarial relativos à avaliação atuarial anual, até o dia 31 de março de cada exercício; e

c) o Demonstrativo de Viabilidade do Plano de Custeio e o Relatório de Análise das Hipóteses, conforme disposto no Anexo VI;

IV - aos investimentos dos recursos:

a) o Demonstrativo da Política de Investimentos - DPIN relativo ao exercício seguinte, até 31 de dezembro de cada exercício, acompanhado do documento da política de investimentos correspondente;

b) o Demonstrativo de Aplicações e Investimentos dos Recursos - DAIR, até o último dia de cada mês, relativamente às informações das aplicações do mês anterior; e

c) os dados cadastrais de fundos de investimentos, informações referentes aos ativos pertencentes às carteiras desses fundos e à movimentação e posição de títulos públicos federais, nos termos do art. 150;

V - à apuração, contabilização e execução das receitas e despesas do RPPS:

a) encaminhamento dos instrumentos de transparência fiscal e as informações e dados contábeis, orçamentários e fiscais de que trata o art. 163-A da Constituição Federal de 1988 e o § 2º do art. 48 da Lei Complementar nº 101, de 2000, compreendendo os relativos ao RPPS, na forma e nos prazos estabelecidos pela STN; *(Redação dada pela Portaria MTP 3.803/2022)*

b) o Demonstrativo de Informações Previdenciárias e Repasses - DIPR, até o último dia do mês seguinte ao encerramento de cada bimestre do ano civil; e

c) os termos de acordos de parcelamento e reparcelamento dos débitos, nos termos do art. 17;

VI - aos dados cadastrais, funcionais e remuneratórios dos segurados e beneficiários do RPPS, considerando as informações constantes dos eventos de tabelas, periódicos e não periódicos, enviadas por meio do Sistema Simplificado de Escrituração Digital das Obrigações Previdenciárias, Trabalhistas e Fiscais - eSocial, observando-se as regras e prazos estabelecidos na documentação técnica aprovada pelo Ministério da Previdência Social em conjunto com os órgãos gestores do eSocial; e (Redação dada pela Portaria MPS 1.499/2024)

VII - ao RPC:

a) encaminhar até 31 de março de 2022, a lei de instituição do RPC que atenda ao disposto nas normas gerais aplicáveis, independentemente de possuírem servidores filiados ao RPPS com remuneração acima do limite máximo estabelecido para os benefícios do RGPS; e

b) apresentar até 30 de junho de 2022, convênio de adesão ao plano de benefício da entidade de previdência complementar autorizado pela Superintendência de Previdência Complementar - Previc, caso haja ingresso de segurados no RPPS com remuneração acima do limite máximo estabelecido para os benefícios do RGPS após a instituição do RPC, ou após essa data, para os que vierem a admitir novos servidores que se enquadrem nessa situação.

§ 1º As informações deverão ser encaminhadas por meio do Cadprev ou do Sistema de Gestão de Consultas e Normas - Gescon-RPPS, na forma disponibilizada pela SPREV na página da Previdência Social na Internet, cujo acesso deverá ser solicitado pelos representantes do ente federativo ou dirigentes da unidade gestora do RPPS que habilitarão, sob sua responsabilidade, os demais agentes autorizados.

§ 2º Os representantes do ente federativo e os dirigentes da unidade gestora do RPPS são responsáveis pelas informações cadastradas, pelos agentes para isso habilitados, nos sistemas a que se refere o § 1º e sujeitar-se-ão a sanções administrativas e penais em caso de prestação de declaração ou informação que saiba ser falsa ou por apresentá-las incorretamente.

§ 3º Os demonstrativos de que trata este artigo deverão ser encaminhados com assinatura digital.

§ 4º O encaminhamento de legislação, de que trata o inciso I do caput, relacionada aos planos de custeio e de benefícios do RPPS, será precedido do cadastramento de suas informações no Gescon.

§ 5º O previsto no § 1º não se aplica aos sistemas de que tratam a alínea "a" do inciso V e o inciso VI do caput, que seguirão as formas de acesso e envio a eles relacionadas.

§ 6º As informações sobre a estrutura de governança do RPPS a que se refere o inciso II do caput serão prestadas nos demonstrativos de que trata este artigo ou cadastradas no Cadprev ou Gescon.

§ 7º Os Estados e o Distrito Federal deverão encaminhar à SPREV as informações de que tratam o inciso I, as alíneas "a" e "b" do inciso III, a alínea "b" do inciso V e o inciso VI do caput relativas ao SPSM, para fins do previsto no art. 2º do Decreto nº 10.418, de 07 de julho de 2020.

§ 8º O Gescon-RPPS é o sistema único para o envio, pelos entes federativos e unidades gestoras dos RPPS à SPREV, de consultas que tenham como objeto a prestação de esclarecimentos sobre a aplicação das normas gerais desses regimes, a utilização dos sistemas por ela disponibilizados e a solicitação de análise de documentos e informações. *(Redação dada pela Portaria MTP 3.803/2022)*

§ 9º Os documentos e bancos de dados que deram suporte às informações de que trata este artigo deverão permanecer à disposição da SPREV pelo prazo de 10 (dez) anos e arquivados pelo ente federativo e unidade gestora do RPPS, preferencialmente de forma digital.

§ 10. As entidades certificadoras, reconhecidas na forma do § 5º do art. 78, deverão encaminhar, para fins da divulgação de que trata o § 7º desse artigo, as informações dos certificados por elas expedidos. (Acrescido pela Portaria MPS 1.180/2024)

SEÇÃO II
SISTEMA DE INFORMAÇÕES GERENCIAIS DOS REGIMES PRÓPRIOS DE PREVIDÊNCIA SOCIAL - SIG-RPPS

Art. 242. Por meio do Sistema de Informações Gerenciais dos Regimes Próprios de Previdência Social - SIG-RPPS, instituído pela Portaria SPREV/MF nº 47, de 14 de dezembro de 2018, serão fornecidos aos entes federativos e às unidades gestoras dos RPPS subsídios, direta ou indiretamente, relacionados, entre outros, aos seguintes aspectos:

I - perda da condição de segurado ou beneficiário do RPPS, inclusive por óbito;

II - recebimento indevido de benefícios previdenciários;

III - aplicação do teto constitucional, previsto no inciso XI do art. 37 da Constituição Federal;

IV - acumulação indevida de cargos, empregos e funções públicas, observado o disposto nos incisos XVI e XVII do art. 37 da Constituição Federal;

V - acumulação de benefícios;

VI - compensação financeira entre os regimes previdenciários;

VII - verificação das fontes de rendas formais do beneficiário para fins de pagamento da pensão por morte; e

VIII - acompanhamento da filiação previdenciária de servidores cedidos, afastados e licenciados.

Parágrafo único. O sistema de que trata o caput utilizará as informações encaminhadas pelos entes federativos na forma do inciso VI do caput do art. 241.

Art. 243. As informações de que trata o art. 242, relativas, exclusivamente, aos agentes vinculados ao ente federativo, poderão ser utilizadas para o seu cruzamento com outras bases que alimentam o Cadastro Nacional de Informações Sociais - CNIS, de forma a atender os incisos I a VIII do caput desse artigo.

Parágrafo único. Os relatórios disponibilizados pelo SIG-RPPS que identificarem indícios de descumprimento de disposições legais terão caráter meramente informativo, sendo de responsabilidade do ente federativo adotar as providências administrativas necessárias para confirmar a existência de eventual irregularidade e proceder a sua correção.

Art. 244. O acesso ao SIG-RPPS será franqueado apenas aos servidores autorizados pelo ente federativo, os quais deverão assinar termo de compromisso quanto ao sigilo das informações e a sua utilização exclusivamente para as finalidades prevista no art. 242, sendo vedado seu compartilhamento para outras finalidades ou sua divulgação externa.

Art. 245. A SPREV detalhará os procedimentos operacionais a serem observados na utilização do SIG-RPPS.

§ 1º Poderá ser disponibilizado aos Tribunais de Contas o acesso às informações resultantes do cruzamento de dados enviados pelos seus jurisdicionados, para desenvolvimento de suas atividades institucionais de controle.

§ 2º A SPREV poderá recepcionar informações dos órgãos de que trata o § 1º, relativamente aos seus jurisdicionados, com vista a atender o escopo de finalidades previstas nos incisos I a VIII do caput do art. 242.

SEÇÃO III
EMISSÃO DO CERTIFICADO DE REGULARIDADE PREVIDENCIÁRIA - CRP

Art. 246. O CRP será exigido nos seguintes casos:

I - realização de transferências voluntárias de recursos pela União;

II - celebração de acordos, contratos, convênios ou ajustes, bem como recebimento de empréstimos, financiamentos, avais e subvenções em geral de órgãos ou entidades da Administração Direta e Indireta da União; e

III - liberação de recursos de empréstimos e financiamentos por instituições financeiras federais.

§ 1º Aplica-se o disposto neste artigo aos requerimentos para realização de operações de crédito interno e externo dos Estados, do Distrito Federal e dos Municípios, nos termos do inciso VIII do art. 21 da Resolução nº 43, de 26 de dezembro de 2001, do Senado Federal.

§ 2º Para fins de aplicação do inciso I do caput, excetuam-se as transferências relativas às ações de educação, saúde e assistência social, nos termos do § 3º do art. 25 da Lei Complementar nº 101, de 2000.

§ 3º O responsável pela realização de cada ato ou contrato previsto nos incisos do caput fará constar do processo pertinente, ou atestar nos autos, a verificação da validade do CRP do ente federativo beneficiário ou contratante constante da página da Previdência Social na Internet, mencionando seu número e data de emissão.

§ 4º O servidor público que praticar ato com a inobservância do disposto no § 3º responderá civil, penal e administrativamente, nos termos da lei.

Art. 247. Para a emissão do CRP, o ente federativo deverá comprovar à SPREV o cumprimento dos seguintes critérios e exigências, relativos ao RPPS de seus servidores:

I - observância do caráter contributivo, conforme disposto no art. 7º;

II - observância dos limites de contribuição do ente, dos segurados e beneficiários, conforme disposto no art. 11;

III - organização baseada em normas gerais de atuária previstas nesta Portaria, de modo a garantir o seu equilíbrio financeiro e atuarial, com a realização de avaliações atuariais anuais para a organização e revisão do plano de custeio e de benefícios;

IV - plano de benefícios integrado apenas por aposentadorias e pensão por morte, conforme disposto no art. 157;

V - existência de apenas um RPPS administrado por uma única unidade gestora, abrangidos todos os poderes, órgãos e entidades autárquicas e fundacionais, que serão responsáveis pelo seu financiamento, conforme disposto no art. 71;

VI - cobertura exclusiva aos segurados e beneficiários de que trata o art. 3º;

VII - atendimento aos requisitos mínimos estabelecidos para os dirigentes da unidade gestora do RPPS, para o responsável pela gestão das aplicações dos recursos e para os membros dos conselhos deliberativo e fiscal e do comitê de investimentos do regime, nos termos do art. 76;

VIII - utilização de recursos, incluídos os valores integrantes dos fundos, com finalidade previdenciária, nos termos do art. 81;

IX - aplicação dos recursos conforme previsto no art. 87;

X - instituição e vigência do RPC, nos termos do inciso VII do art. 241; *(Redação dada pela Portaria MTP 1.837/2022)*

XI - operacionalização da compensação financeira do RPPS com o RGPS e com os demais RPPS, consistente na habilitação para o processamento, enquanto regime instituidor, do requerimento pelo sistema de compensação disponibilizado pela SPREV, nos termos do art. 10 do Decreto nº 10.188, de 2019;

XII - atendimento de solicitação de documentos ou informações pela SPREV, no prazo e na forma estipulados nos procedimentos referidos nos incisos II e III do caput do art. 250;

XIII - encaminhamento de documentos, demonstrativos e informações previstos no art. 241; e

XIV - atendimento ao disposto no art. 164 nas normas editadas para a adequação, à Emenda Constitucional nº 103, de 2019, das regras de concessão, cálculo e reajustamento das aposentadorias e pensão por morte.

§ 1º Para a emissão do CRP dos RPPS em extinção, após a atualização do histórico do regime previdenciário no Cadprev, deverão ser encaminhados o DIPR e o DAIR e ser comprovado o atendimento ao previsto nos incisos I, II, VIII, IX, XI e XII do caput, observado o disposto no art. 181. (Redação dada pela Portaria MPS 1.180/2024)

§ 2º Para emissão do CRP dos RPPS extintos, de que trata o § 5º do art. 181, após a atualização do histórico do regime previdenciário no Cadprev, deverá ser comprovado o atendimento ao previsto no inciso XII do caput.

§ 3º Para emissão do CRP de entes que nunca possuíram RPPS, deverá ser encaminhada a legislação de que trata o inciso I do caput do art. 241.

§ 4º As ações de acompanhamento para verificação do cumprimento dos critérios e exigências de que trata este artigo poderão ser realizadas mediante cooperação técnica com Tribunais de Contas e demais órgãos de fiscalização, regulação e controle e com instituições representativas de segmentos relacionados aos entes federativos e RPPS de reconhecida capacidade técnica e representatividade, observadas as disposições do § 3º do art. 239. (Redação dada pela Portaria MPS 1.499/2024)

§ 5º O critério de que trata o inciso II do caput será considerado cumprido durante a vigência das alíquotas ou do prazo para sua exigência estabelecido na lei do ente federativo, em conformidade com o disposto no inciso I do caput do art. 9º.

§ 6º Para fins do disposto no inciso XIII do caput será considerado o envio do DPIN do exercício em curso e, para os demais demonstrativos, desse e dos últimos 5 (cinco) exercícios, observadas normas específicas que tratem de sua obrigatoriedade em prazo inferior a esse, ou que tenham dispensado o seu envio. *(Redação dada pela Portaria MTP 3.803/2022)*

§ 7º Para fins do disposto no inciso X do caput:

I - a lei de instituição do RPC deverá ser encaminhada pelo ente federativo por meio do Gescon e observar o disposto nas normas gerais aplicáveis a esse regime, de forma a possibilitar a sua vigência; e

II - o ente deverá informar, na forma estipulada pela Secretaria de Regime Próprio e Complementar, a ocorrência do ingresso, após a instituição do RPC, de segurados do RPPS com remuneração acima do limite máximo estabelecido para os benefícios do RGPS e comprovar a efetiva operacionalização do convênio de adesão ao RPC. (Redação dada pela Portaria MPS 3.811/2024)

§ 8º Para fins do disposto no inciso XI do caput, os entes federativos terão de comprovar a celebração do termo de adesão e do contrato com a empresa de tecnologia desenvolvedora do sistema de compensação previdenciária, previstos no § 1º do art. 10 do Decreto nº 10.188, de 2019, sob pena de terem seu acesso ao sistema de compensação previdenciária suspenso e de sofrerem as penalidades previstas no art. 25 desse regulamento.

§ 9º A verificação do critério de que trata o inciso VII do caput deste artigo deverá ser realizada pelo Cadprev, a partir das informações prestadas pela unidade gestora neste sistema, nos seguintes prazos e situações: (Redação dada pela Portaria MPS 1.499/2024)

I - o requisito previsto no inciso I do caput do art. 76, para os dirigentes da unidade gestora, o responsável pela gestão das aplicações de recursos e todos os membros titulares dos conselhos deliberativo e fiscal e do comitê de investimentos, quando informada sua nomeação no respectivo cargo ou função ou posse, e a cada período de dois anos, contados a partir da data da habilitação informada no Cadprev, sem prejuízo do disposto no § 4º do mesmo artigo; (Redação dada pela Portaria MPS 1.499/2024)

II - o requisito previsto no inciso II do caput do art. 76: (Redação dada pela Portaria MPS 1.499/2024)

a) para a maioria dos dirigentes da unidade gestora de que trata o inciso VII do caput do art. 2º, incluindo, obrigatoriamente, o seu representante legal ou detentor da autoridade mais elevada, em 31 de julho de cada exercício, independentemente da data da nomeação no respectivo cargo ou função, a iniciar-se em 2024; (Acrescida pela Portaria MPS 1.499/2024)

b) para um terço dos membros titulares do conselho deliberativo e do conselho fiscal, até 31 de dezembro de 2025, e para sua maioria a partir desta data, em 31 de julho de cada exercício, independentemente da data de sua posse, a iniciar-se em 2024; (Acrescida pela Portaria MPS 1.499/2024)

c) para a maioria dos membros titulares do comitê de investimentos, até 31 de dezembro de 2025, e para a sua totalidade a partir desta data, quando informada sua posse no respectivo comitê, exceto na situação de que trata o art. 280; e (Acrescida pela Portaria MPS 1.499/2024)

d) para o responsável pela gestão das aplicações dos recursos do RPPS, quando informada sua nomeação no respectivo cargo ou função; e (Acrescida pela Portaria MPS 1.499/2024)

III - os requisitos previstos nos incisos III e IV do caput do art. 76, para todos os dirigentes da unidade gestora e o responsável pela gestão das aplicações dos recursos, quando informada sua nomeação no respectivo cargo ou função. (Redação dada pela Portaria MPS 1.499/2024)

§ 10. A certificação no nível básico, estabelecida de acordo com o art. 79, cumprirá, até 31 de dezembro de 2025, o requisito de que trata o inciso II do caput do art. 76. (Acrescido pela Portaria MPS 1.499/2024)

§ 11. Na hipótese em que não se alcance êxito no processo de obtenção da certificação a que se refere o inciso II do caput do art. 76, nos prazos e situações indicados no inciso II do § 9º deste artigo, para dirigente, membro do conselho deliberativo e do conselho fiscal, e para membro do comitê de investimento, a unidade gestora do RPPS e o ente federativo deverão adotar, na forma da legislação do ente, providências relativas à substituição desse profissional. (Acrescido pela Portaria MPS 1.499/2024)

Art. 248. O CRP será emitido por meio do Cadprev após a verificação do cumprimento dos critérios e exigências previstos no art. 247, demonstrados no extrato previdenciário de cada ente federativo disponibilizado pela SPREV na página da Previdência Social na Internet, e observará os seguintes parâmetros:

I - será disponibilizado no endereço eletrônico a que se refere o caput;

II - conterá numeração única;

III - terá validade de 180 (cento e oitenta) dias a contar da data de sua emissão;

IV - poderá ser específico para cumprimento de decisão judicial que determinou sua emissão e nos casos de ordem judicial que determine a suspensão de irregularidades relacionadas aos critérios exigidos para sua emissão, ou a regularização da situação do ente federativo quanto ao RPPS nos cadastros da União; e

V - será cancelado, por reforma da decisão judicial que fundamentou sua emissão, por emissão indevida ou quando constatadas pela SPREV a sua emissão com base em informações falsas prestadas nos documentos de que trata o art. 241.

§ 1º O critério do extrato previdenciário a que seja atribuída situação irregular é impeditivo da emissão do CRP desde o momento desse registro, devendo o ente federativo comprovar à SPREV o seu cumprimento para que se proceda à atualização no sistema para a emissão do CRP.

§ 2º O CRP cancelado nos termos do inciso V do caput continuará disponível para consulta, com a indicação do motivo de seu cancelamento, no endereço eletrônico a que se refere o caput.

Art. 249. Poderá ser emitido CRP emergencial para o ente federativo que tenha encaminhado os documentos e informações aptos a comprovar o atendimento dos critérios e exigências para sua emissão previstos no art. 247:

I - quando o registro da situação de regularidade dos critérios e exigências depender de adequação das funcionalidades do Cadprev, bem como em face de problema de natureza operacional, ocorrido neste sistema de informações, que implique interrupção de funcionamento, indisponibilidade ou intermitência; ou (Redação dada pela Portaria MPS 1.499/2024)

II - que estejam aguardando análise pela SPREV, relativas aos seguintes casos:

a) termos de acordo de parcelamento, com a finalidade de que trata o inciso I do caput do art. 247, desde que formalizados conforme parâmetros gerais e que contemplem todo o período dos débitos; e

b) demais situações em que a análise e aprovação da documentação pela SPREV seja condição para implementação, pelo ente, das medidas destinadas a promover a regularização do critério.

§ 1º A emissão do CRP nas situações de que trata este artigo será permitida quando não existirem impedimentos em critérios diversos daqueles referidos nos incisos I e II do caput e não afastará a posterior verificação, pela Secretaria de Regime Próprio e Complementar, da conformidade dos documentos apresentados. (Redação dada pela Portaria MPS 1.499/2024)

§ 2º Na hipótese de grave e generalizado impedimento ao funcionamento regular do Cadprev, em função das situações referidas no inciso I do caput deste artigo, com evidente prejuízo para o cumprimento tempestivo dos prazos de envio de dados e informações previstos no art. 241, os aludidos prazos poderão ser suspensos ou prorrogados, a juízo da Secretaria de Regime Próprio e Complementar. (Redação dada pela Portaria MPS 1.499/2024)

SEÇÃO IV
REGISTRO DE SITUAÇÃO NO EXTRATO PREVIDENCIÁRIO

Art. 250. O registro da situação dos critérios previstos para a emissão do CRP no extrato previdenciário de cada ente federativo dar-se-á:

I - quando do recebimento e validação automática, nos sistemas referidos no art. 241, dos documentos e informações encaminhados pelo ente federativo;

II - após a análise, pela SPREV, dos documentos e informações do RPPS de que trata o art. 241; ou

III - em decorrência de fiscalização, efetuada por Auditor-Fiscal da Receita Federal do Brasil em exercício no MTP, devidamente credenciado e designado pela SPREV.

§ 1º Deverão ser adotados critérios para atendimento aos princípios relativos à relevância, razoabilidade, proporcionalidade, significância e consistência nos procedimentos de que trata este artigo.

§ 2º Na situação de que trata o inciso I do caput, quando não houver o encaminhamento dos documentos e informações ou quando esses contiverem elementos declaratórios do descumprimento dos critérios previstos nos incisos I, II, VII, IX, X e XI do caput do art. 247, a situação de irregularidade poderá ser registrada automaticamente no extrato previdenciário, devendo ser comprovada sua regularidade:

I - por meio do reenvio, pelo ente federativo, dos documentos e informações ou retificação dos registros nos sistemas a que se refere o art. 241 possibilitando validação automática; ou

II - por meio do envio de esclarecimentos e outros elementos pelo ente federativo, quando o reenvio dos documentos e informações não forem suficientes para comprová-la automaticamente, após análise da SPREV.

§ 3º Na situação de que trata o inciso II do caput, deverá ser emitida Notificação de Irregularidade pela SPREV, observando-se que o critério correspondente no extrato previdenciário ficará:

I - "em análise", sem causar impedimento para a emissão do CRP:

a) pelo prazo de até 180 (cento e oitenta) dias, contado da data da emissão da notificação;

b) pelo prazo de 30 (trinta) dias, contado da data da ciência, pelo ente federativo, da decisão da SPREV que tenha concluído pela insubsistência da manifestação apresentada, no período a que se refere a alínea "a", com vistas a regularizar o critério notificado; ou

c) até que seja proferida a decisão que aprecie novos elementos apresentados pelo ente federativo, no prazo a que se refere a alínea "b";

II - "irregular":

a) quando decorrido o prazo previsto na alínea "a" do inciso I deste parágrafo sem manifestação do ente federativo;

b) quando decorrido o prazo referido na alínea "b" do inciso I deste parágrafo sem apresentação de novos elementos; ou

c) em caso de a decisão a que se refere a alínea "c" do inciso I deste parágrafo concluir pela insubsistência dos novos elementos apresentados; ou

III - "regular", quando for comprovada a regularização a qualquer tempo.

§ 4º Os prazos previstos no § 3º serão contados excluindo-se o dia do começo e incluindo-se o do vencimento e se iniciarão no primeiro dia útil seguinte ao envio ou disponibilização de notificação eletrônica pelos sistemas previstos no art. 241 aos servidores cadastrados na forma do § 1º do mesmo artigo.

§ 5º Os prazos de que trata o § 4º, em caso de a notificação e a decisão serem encaminhadas ao ente federativo pelo Cadprev ou Gescon, serão contados a partir do dia da sua consulta no sistema ou, caso o ente não tenha realizado a consulta, após (10) dez dias corridos de seu envio.

§ 6º Na situação de que trata o inciso III do caput, serão observados os procedimentos previstos nos arts. 251 a 275, exceto no que se refere a fatos veiculados apenas em informações fiscais. *(Redação dada pela Portaria MTP 3.803/2022)*

SEÇÃO V
FISCALIZAÇÃO DO RPPS

Art. 251. A fiscalização dos RPPS será exercida, conforme previsto nos §§ 2º e 3º do art. 11 da Lei nº 11.457, de 16 de março de 2007, por Auditor-Fiscal da Receita

Federal do Brasil - AFRFB credenciado pela SPREV quando aí em exercício e na forma por ela estabelecida.

Art. 252. Ao AFRFB, devidamente credenciado, deverá ser dado livre acesso à unidade gestora do RPPS e do fundo previdenciário e às entidades e órgãos do ente federativo que possuam servidores vinculados ao RPPS, podendo examinar livros, bases de dados, documentos e registros contábeis e praticar os atos necessários à consecução da fiscalização, inclusive a apreensão e guarda de livros e documentos, nos termos do §§ 4º e 5º do art. 11 da Lei nº 11.457, de 2007.

Art. 253. O procedimento de fiscalização poderá abranger a verificação da totalidade dos critérios relacionados à regularidade do RPPS ou apenas dos critérios necessários para o atendimento à denúncia ou outra ação específica.

Art. 254. Constatadas irregularidades impeditivas da emissão do CRP, o AFRFB lavrará a Notificação de Ação-Fiscal - NAF, que conterá, no mínimo, os seguintes elementos: *(Redação dada pela Portaria MTP 3.803/2022)*

I - o local e a data de sua lavratura;

II - a identificação do ente federativo notificado;

III - os fundamentos normativos da irregularidade;

IV - a descrição dos fatos que caracterizem a irregularidade, o período e as circunstâncias em que foi praticada;

V - os efeitos da irregularidade em relação à emissão do CRP;

VI - a notificação do ente federativo e da unidade gestora do RPPS fixando prazo e local para apresentação da defesa, com a informação da continuidade do processo independentemente do comparecimento do seu representante; e

VII - a identificação da autoridade notificante, com indicação do cargo ou função, número de matrícula e assinatura.

§ 1º A NAF observará o modelo a ser definido pela SPREV e será acompanhada de documentos que tenham subsidiado sua lavratura.

§ 2º A entrega da NAF a procurador exige juntada de procuração com poderes para receber notificação.

§ 3º Em uma mesma fiscalização, será lavrada uma única NAF, ainda que múltiplas as irregularidades impeditivas de emissão do CRP verificadas no procedimento.

§ 4º As impropriedades, incorreções ou omissões existentes na NAF não acarretarão sua nulidade quando dela constarem elementos suficientes para identificar a irregularidade e o dispositivo infringido, sem prejuízo à defesa do ente notificado.

§ 5º As ocorrências já apontadas na forma dos incisos I e II do caput do art. 250:

I - não serão lavradas em NAF quando confirmada, pelo AFRFB, a consistência do respectivo documento ou informação encaminhada pelo ente federativo à SPREV nos termos do art. 241; ou

II - serão excluídas da NAF, a qualquer tempo, desde que constatada a consistência do documento ou informação de que trata o inciso I deste parágrafo.

Art. 255. O ente federativo e a unidade gestora do RPPS serão cientificados do encerramento da fiscalização e, no caso de terem sido constatadas irregularidades, será encaminhada, ao representante legal do ente federativo, a NAF, acompanhada de relatório circunstanciado emitido pelo AFRFB.

Parágrafo único. A unidade gestora do RPPS receberá cópia da NAF e do correspondente relatório encaminhados ao ente federativo.

SEÇÃO VI
PROCESSO ADMINISTRATIVO PREVIDENCIÁRIO

Art. 256. O Processo Administrativo Previdenciário - PAP se destina a apurar, para fins de aplicação do disposto no art. 7º da Lei nº 9.717, de 1998, as irregularidades impeditivas da emissão do CRP verificadas em fiscalização, tendo início com a lavratura da NAF.

§ 1º O processo a que se refere o caput será instruído e documentado em autos eletrônicos, na forma do Decreto nº 8.539, de 8 de outubro de 2015, e conforme disciplinado pela SPREV.

§ 2º Ficam dispensados o reconhecimento de firma e a autenticação de cópia dos documentos expedidos no país e destinados à digitalização para fazer prova junto aos autos, exceto se existir dúvida fundada quanto à sua autenticidade ou à previsão legal.

§ 3º Mediante requerimento do interessado, será dado acesso ao conteúdo do PAP, observadas as regras de sigilo fiscal e o disposto na Lei nº 12.527, de 18 de novembro de 2011, e a Lei nº 13.709, de 14 de agosto de 2018.

Art. 257. Cabe somente ao representante legal do ente federativo notificado, ou terceiro por ele formalmente indicado, apresentar impugnação à NAF no prazo de 30 (trinta) dias, contados da ciência da notificação.

§ 1º A impugnação, instruída com a prova de representação legal do ente federativo, será formalizada por meio de documento original e apresentada diretamente à SPREV, mediante protocolo in loco ou eletrônico, ou remetida por via postal, hipótese em que será considerada tempestiva se postada no prazo do caput.

§ 2º Considera-se como data de interposição da impugnação, para fins de verificação de sua tempestividade, a data do protocolo do documento ou de sua postagem pelo interessado.

§ 3º É tempestiva a impugnação formalizada em documento digital quando transmitida integralmente até as vinte e quatro horas do último dia do prazo a que se refere o caput, observado o § 1º do art. 271.

§ 4º É facultada, ao interessado, a juntada de documentos após a apresentação da impugnação e antes de prolatada a decisão pela autoridade ou órgão competente.

§ 5º Decorrido o prazo estabelecido no caput sem que tenha sido apresentada impugnação revestida dos requisitos a que se refere o § 1º, a preclusão será reconhecida em despacho e consideradas procedentes as irregularidades apontadas na NAF, ensejando seu imediato registro na forma do inciso I do caput do art. 267.

Art. 258. A impugnação conterá as seguintes informações:

I - qualificação do impugnante;

II - pontos de discordância e os motivos, de fato e de direito, em que se fundamenta o pedido;

III - relação dos documentos que a acompanham, demonstrando a sua pertinência com os motivos de fato em que se fundamenta o pedido;

IV - planilha circunstanciada contendo os valores repassados (do ente, dos segurados e dos segurados), as datas de seus recolhimentos e os correspondentes extratos bancários do RPPS em que estejam comprovadas, na hipótese de irregularidade relativa ao caráter contributivo; e

V - a data e a assinatura do subscrevente.

Parágrafo único. A impugnação apresentada fora do prazo ou que não revista as formalidades mencionadas neste artigo não será conhecida, observando-se o disposto no art. 267.

Art. 259. A autoridade competente poderá determinar a realização de diligências quando necessário complementar a instrução do processo ou esclarecer informações.

§ 1º O ente federativo e a unidade gestora do RPPS serão cientificados da determinação para realização da diligência e do procedimento a ser observado.

§ 2º A diligência deverá ser cumprida no prazo máximo de 90 (noventa) dias, contado da data da ciência de que trata o § 1º, podendo ser prorrogado por até 90 (noventa) dias, mediante justificativa.

Art. 260. O AFRFB designado, desde que não seja o responsável pela lavratura da respectiva NAF, apreciará, em Decisão-Notificação - DN, a defesa e as provas, se houver, observando os fatos e as circunstâncias descritas nos autos, e concluirá sobre a procedência ou improcedência da irregularidade, submetendo sua decisão à homologação da autoridade superior.

Art. 261. A DN conterá identificação do PAP, ementa, relatório resumido, fundamentação, conclusão e ordem de intimação, devendo apreciar todas as razões de defesa suscitadas pelo impugnante.

Parágrafo único. A DN deverá ser concluída no prazo máximo de 180 (cento e oitenta) dias, a partir da apresentação da impugnação, prorrogável por igual período, a critério da autoridade competente.

Art. 262. Ultimada a DN, será dada ciência do seu resultado ao ente federativo, com cópia à unidade gestora do RPPS.

Art. 263. Da DN caberá recurso, com efeito suspensivo, ao Conselho de Recursos da Previdência Social - CRPS, órgão julgador de último grau, no prazo de 30 (trinta) dias, contados da ciência do notificado.

§ 1º O recurso, dirigido ao CRPS, será formalizado perante a SPREV, pelo representante legal do ente federativo.

§ 2º Considera-se como data de interposição do recurso, para fins de verificação de sua tempestividade, a data do protocolo do documento ou de sua postagem pelo interessado.

§ 3º A SPREV poderá fazer-se presente nas sessões de julgamento.

Art. 264. Constituem razões de não conhecimento do recurso:

I - a intempestividade;

II - a ilegitimidade do recorrente;

III - o não cabimento do recurso;

IV - a desistência voluntária manifestada por escrito pelo interessado ou seu procurador; e

V - a perda do objeto do recurso.

Parágrafo único. A SPREV decidirá, em caráter irrecorrível, sobre as situações constantes dos incisos I e II deste artigo, devendo adotar a providência prevista no inciso II do caput do art. 266 no caso do não conhecimento do recurso.

Art. 265. As decisões serão proferidas pelo CRPS na forma do seu Regimento Interno.

Art. 266. Após o julgamento do recurso pelo CRPS e, se for o caso, do embargo de declaração, o extrato da decisão definitiva será publicado no Diário Oficial da União e o processo administrativo será devolvido à SPREV para as providências referentes ao cumprimento do acórdão.

Art. 267. As irregularidades apontadas na NAF serão registradas no Cadprev pela SPREV:

I - após transcorrido o prazo de impugnação sem sua apresentação ou quando não conhecida nos termos do parágrafo único do art. 258;

II - após decorrido o prazo de recurso sem sua interposição ou quando não conhecido na hipótese do parágrafo único do art. 264; e

III - após recebidos, do CRPS, os autos relativos ao recurso por ele decidido.

Art. 268. Sendo reconhecida a regularidade ou regularização de critério constante de NAF pela autoridade ou órgão cuja decisão anterior tenha resultado na providência a que se refere o art. 267, a SPREV registrará a ocorrência no Cadprev.

§ 1º A manifestação do ente federativo deverá apontar os motivos de fato e de direito em que se fundamenta e demonstrar a pertinência e adequação dos documentos encaminhados como prova do alegado.

§ 2º A autoridade competente poderá determinar a realização de diligência ou de nova fiscalização quando imprescindíveis ao reconhecimento a que se refere o caput.

§ 3º Atendidas as condições do § 1º e sendo necessária a realização de diligência ou de nova fiscalização mencionadas no § 2º, fica sobrestada a irregularidade até a conclusão do correspondente procedimento, observado, em qualquer caso, o prazo previsto no § 2º do art. 259.

§ 4º O ente federativo será cientificado do reconhecimento, reconhecimento parcial ou não reconhecimento, pela SPREV, da regularidade ou regularização a que se refere o caput por meio de Despacho de Justificativas - DJ, em relação ao qual não se aplica o disposto nos arts. 257 a 266.

Art. 269. Os atos do PAP devem realizar-se em dias úteis, no horário normal de funcionamento da repartição, com exceção daqueles cujo adiamento prejudique o curso regular do procedimento ou cause danos ao ente federativo interessado ou à Administração.

Art. 270. As notificações e intimações serão realizadas por qualquer meio que assegure a ciência do interessado, procedendo-se, dentre outros:

I - mediante sua ciência ou do seu representante legal, efetivada por servidor designado, ou, no caso de recusa, de aposição de assinatura em declaração expressa de quem proceder à notificação ou intimação;

II - por via postal, comprovando-se sua entrega pelo aviso de recebimento ou documento similar com mesma finalidade, emitido pelo serviço postal;

III - por meio eletrônico; ou

IV - por edital, publicado uma única vez no Diário Oficial da União, se frustradas as tentativas de notificação por via pessoal, postal ou eletrônica, ou pela constatação de estar o autuado em lugar incerto ou ignorado, devendo constar do edital o termo inicial para contagem do prazo para apresentação da defesa, observado o disposto no inciso IV do § 3º.

§ 1º Os meios de notificação ou intimação previstos no caput não estão sujeitos a ordem de preferência.

§ 2º As intimações serão nulas quando feitas sem observância das prescrições legais, mas o comparecimento ou a manifestação do ente federativo no PAP supre sua falta ou irregularidade.

§ 3º Consideram-se feitas as notificações e intimações:

I - quando pessoal, na data da ciência do interessado ou do representante legal, ou, ainda, no caso de recusa, da data da declaração de quem procedeu à notificação;

II - quando por via postal, na data do recebimento;

III - quando por meio digital, na data registrada no comprovante de entrega; e

IV - quando por edital, 15 (quinze) dias após sua publicação no Diário Oficial da União.

Art. 271. Na contagem dos prazos processuais em dias, os prazos serão contínuos e começam a correr a partir da data da intimação válida, excluindo-se na sua contagem o dia do início e incluindo-se o do vencimento.

§ 1º Os prazos só se iniciam ou vencem em dia de expediente normal na SPREV.

§ 2º Considera-se prorrogado o prazo até o primeiro dia útil seguinte se o vencimento cair em dia em que não houver expediente ou este for encerrado antes do horário normal.

Art. 272. Não será declarada a nulidade de ato processual que não causar prejuízo, nem comprometer a decisão do processo.

Art. 273. São nulos:

I - os atos e termos lavrados por pessoa incompetente;

II - os despachos e decisões proferidos por autoridade incompetente ou com preterição do direito de defesa;

III - as decisões não fundamentadas; e

IV - a NAF que não contenha elementos suficientes para determinar, com segurança, a irregularidade.

§ 1º A nulidade somente prejudica os atos posteriores àquele declarado nulo se dele diretamente dependentes ou se dele forem consequência.

§ 2º Na declaração de nulidade, a autoridade dirá os atos alcançados, e determinará as providências necessárias ao prosseguimento ou solução do processo.

§ 3º Quando puder decidir o mérito a favor do impugnante ou recorrente, a quem aproveitaria a declaração de nulidade, a autoridade julgadora não a pronunciará nem mandará repetir o ato ou suprir-lhe a falta.

Art. 274. As impropriedades, incorreções e omissões diferentes das referidas no art. 273 não importarão em nulidade, e serão sanadas quando não resultarem em prejuízo para o interessado, salvo se este lhe houver dado causa, ou quando não afetarem a solução do processo.

Art. 275. A nulidade será declarada, de ofício ou a requerimento do interessado, pela autoridade competente para praticar o ato ou julgar a sua legitimidade.

CAPÍTULO XIV
DISPOSIÇÕES TRANSITÓRIAS E FINAIS

Art. 276. Conforme arts. 115 e 117 do Ato das Disposições Constitucionais Transitórias, os Municípios poderão firmar, até 30 de junho de 2022, mediante lei municipal autorizativa específica, termo de acordo de parcelamento, em até 240 (duzentas e quarenta) prestações mensais, iguais e sucessivas, de contribuições previdenciárias e outros débitos devidos pelos entes federativos aos respectivos RPPS com vencimento até 31 de outubro de 2021. *(Redação dada pela Portaria MTP 1.837/2022)*

§ 1º A contratação do acordo de parcelamento de que trata este artigo tem como requisito a comprovação, pelo Município, de ter promovido, no prazo estabelecido no caput, alterações em sua legislação para o atendimento das seguintes condições, cumulativamente:

I - adoção de regras de elegibilidade, de cálculo e de reajustamento dos benefícios que contemplem, nos termos previstos nos incisos I e III do § 1º e nos §§ 3º a 5º, 7º e 8º do art. 40 da Constituição Federal, regras assemelhadas às aplicáveis aos servidores públicos do regime próprio de previdência social da União e que contribuam efetivamente para o atingimento e a manutenção do equilíbrio financeiro e atuarial;

II - adequação do rol de benefícios ao disposto nos §§ 2º e 3º do art. 9º da Emenda Constitucional nº 103, de 2019;

III - adequação da alíquota de contribuição devida pelos segurados, nos termos do § 4º do art. 9º da Emenda Constitucional nº 103, de 2019; e

IV - instituição do regime de previdência complementar e adequação da unidade gestora do RPPS, nos termos do § 6º do art. 9º da Emenda Constitucional nº 103, de 2019.

§ 2º A formalização do parcelamento previsto neste artigo fica condicionada, ainda, à previsão, na lei de que trata o caput e no termo de acordo de parcelamento, de vinculação do FPM para fins de pagamento das prestações acordadas, mediante autorização fornecida ao agente financeiro responsável pela liberação do FPM concedida no ato de formalização do termo.

§ 3º Consideram-se como formalizados no prazo a que se refere o caput os acordos de parcelamento cujos termos tenham sido cadastrados no Cadprev até 30 de junho de 2022.

§ 4º A comprovação prevista no § 1º será procedida por meio do encaminhamento à SPREV, pelo ente federativo ou pela unidade gestora do RPPS, por meio do Gescon-RPPS, de formulário de solicitação de análise, conforme modelo por ela disponibilizado, e da correspondente legislação, na forma prevista no art. 241, observando-se adicionalmente o seguinte:

I - no que se refere às exigências de que trata o inciso I do § 1º, deverão ser encaminhadas:

a) lei de iniciativa privativa do Poder Executivo que referende integralmente, na forma do inciso II do art. 36 da Emenda Constitucional nº 103, de 2019, as revogações previstas na alínea "a" do inciso I e nos incisos III e IV do art. 35 daquela Emenda;

b) Emenda à Lei Orgânica, acompanhada das respectivas leis complementares ou ordinárias, conforme disposto no § 5º; e

c) as avaliações atuariais que demonstrem a situação do equilíbrio financeiro e atuarial anterior às alterações das regras de benefícios e posterior a sua adoção, elaboradas de acordo com as normas de atuária previstas no Capítulo IV; ou

d) os correspondentes DRAA, acompanhados dos respectivos relatórios de avaliação atuarial encaminhados por meio do Cadprev, caso em que será suficiente que a informação consolidada dos resultados constantes desse documento seja inserida no formulário de que trata o caput; e

II - no que se refere às exigências de que trata o inciso IV do § 1º, deverão ser observados a forma, os prazos para comprovação e procedimentos previstos no art. 278.

§ 5º Para fins do previsto no inciso I do § 1º, os requisitos e critérios para a concessão, cálculo e reajustamento das aposentadorias e da pensão por morte previstas no art. 40 da Constituição Federal serão estabelecidos pelo Município com amparo em parâmetros técnico-atuariais que preservem o equilíbrio financeiro e atuarial previsto nesse dispositivo constitucional, bem como observarão as seguintes prescrições nele expressas:

I - as idades mínimas de mulher e homem para aposentadoria deverão ser definidas mediante emenda à Lei Orgânica, conforme disposto no inciso III do § 1º do art. 40 da Constituição Federal;

II - deverão ser estabelecidos em lei complementar do ente federativo:

a) o tempo de contribuição e os demais requisitos para concessão de aposentadoria, conforme disposto no inciso III do § 1º do art. 40 da Constituição Federal;

b) o tempo mínimo de efetivo exercício das funções de magistério na educação infantil e no ensino fundamental e médio, conforme disposto no § 5º do art. 40 da Constituição Federal, observando-se a redução da idade mínima em 5 (cinco) anos, em relação às idades decorrentes da aplicação do disposto no inciso III do § 1º, do art. 40 da Constituição Federal;

c) idade e tempo de contribuição diferenciados para aposentadoria dos segurados com deficiência, previamente submetidos à avaliação biopsicossocial realizada por equipe multiprofissional e interdisciplinar, conforme disposto no § 4º-A do art. 40 da Constituição Federal; e

d) idade e tempo de contribuição diferenciados para aposentadoria dos segurados cujas atividades sejam exercidas com efetiva exposição a agentes químicos, físicos e biológicos prejudiciais à saúde, ou associação desses agentes, vedada a caracterização por categoria profissional ou ocupação, conforme disposto no § 4º-C do art. 40 da Constituição Federal; e

III - deverão ser disciplinadas por lei ordinária do ente federativo, caso não previstos em lei complementar, regras para:

a) concessão de aposentadoria por incapacidade permanente para o trabalho, no cargo em que estiver investido o segurado, quando insuscetível de readaptação, hipótese em que será obrigatória a realização de avaliações periódicas para verificação da continuidade das condições que ensejaram a concessão da aposentadoria, conforme disposto no inciso I do § 1º do art. 40 da Constituição Federal; e

b) cálculo de proventos de aposentadoria e de atualização monetária de sua base de cálculo, bem como regras de cálculo da pensão por morte, assegurado o reajustamento desses benefícios para preservar-lhes, em caráter permanente, o valor real, conforme disposto nos §§ 3º, 7º e 8º do art. 40 da Constituição Federal.

§ 6º Poderão ser incluídos no parcelamento a que se refere este artigo quaisquer débitos do ente, incluídas suas autarquias e fundações, decorrentes das contribuições previdenciárias e demais débitos com os respectivos RPPS, com vencimento até 31 de outubro de 2021, inclusive os parcelados anteriormente e as contribuições não repassadas dos servidores.

§ 7º Caso a vinculação do FPM de que trata o § 2º não seja suficiente para fins de pagamento das prestações acordadas, ou não ocorra por qualquer outro motivo, o Município é responsável pelo pagamento integral e na data de vencimento de cada parcela prevista no parcelamento a que se refere este artigo, inclusive dos acréscimos legais previstos na forma do § 9º, para fins de comprovação, nos termos do inciso I do art. 247, do cumprimento do caráter contributivo do RPPS.

§ 8º A unidade gestora deverá rescindir o parcelamento de que trata este artigo:

I - em caso de revogação da autorização fornecida ao agente financeiro para vinculação do FPM prevista no § 2º; e

II - nas demais hipóteses previstas na lei autorizativa de que trata o caput deste artigo.

§ 9º Além das condições dispostas no caput, a lei específica do ente federativo aí referida deverá prever, ainda:

I - índice oficial de atualização e de taxa de juros na consolidação do montante devido e no pagamento das prestações vincendas e vencidas, com incidência mensal, respeitando-se como limite mínimo a meta atuarial;

II - vencimento da primeira prestação no máximo até o último dia útil do mês subsequente ao da assinatura do termo de acordo de parcelamento; e

III - previsão das medidas e sanções, inclusive multa, para os casos de inadimplemento das prestações ou descumprimento das demais regras do termo de acordo de parcelamento.

§ 10. Em caso de inclusão no parcelamento previsto neste artigo de débitos anteriormente parcelados ou reparcelados, haverá reconsolidação da dívida, apurando-se novo saldo devedor, que será calculado, na forma do inciso I do § 9º, a partir dos valores atualizados dos débitos consolidados no parcelamento anterior e das prestações pagas posteriormente.

§ 11. Admite-se o reparcelamento de débitos parcelados na forma deste artigo, mediante lei autorizativa específica, observados os parâmetros do art. 15.

§ 12. Verificando-se a situação de que trata o inciso I do § 8º, os termos de acordo de parcelamento firmados com as condições estabelecidas neste artigo deixarão de ser considerados pela SPREV como documentos hábeis à comprovação do cumprimento do caráter contributivo do RPPS, para fins do disposto no inciso I do art. 247.

§ 13. Em caso de não adequação das funcionalidades do Cadprev para permitir o atendimento ao disposto no § 3º, o ente ou a unidade gestora do RPPS deverão:

I - encaminhar, à SPREV, até 30 de junho de 2022, o formulário e a legislação previstos no § 4º, acompanhados da lei municipal autorizativa específica do parcelamento de que trata o caput deste artigo, por meio do Gescon-RPPS; e

II - efetuar o seu cadastramento e envio pelo Cadprev, quando adequadas as funcionalidades desse sistema.

§ 14. Aplica-se ao parcelamento de que trata este artigo o disposto no art. 249.

§ 15. Caso seja identificada pela SPREV a necessidade de adequação da legislação e dos demais documentos encaminhados no prazo previsto no § 3º, ou sua complementação, o ente federativo será notificado para, no prazo de até 180 (cento e oitenta) dias, comprovar o saneamento da pendência, sob pena de indeferimento do pedido do parcelamento de que trata o caput. *(Acrescentado pela Portaria MTP 1.837/2022)*

› *Art. 1º, Port. MPS 2.200/2023*

§ 16. Os processos de requerimento dos parcelamentos de que trata este artigo, desde que cumpridos os requisitos previstos nos § 1º e § 2º, terão seguimento para fins de ateste do seu cumprimento pelo Ministério da Previdência Social, possibilitando aos entes federativos efetuarem ou complementarem o cadastramento dos termos e o envio de dados e informações solicitados, até dia 1º de abril de 2024. (Acrescido pela Portaria MPS 861/2023)

§ 17. Em caso de não atendimento ao disposto no § 16, os termos de parcelamento serão considerados em desconformidade com a legislação aplicável e concluídos no Sistema de Informações dos Regimes Públicos de Previdência Social (CadPrev). (Acrescido pela Portaria MPS 861/2023)

Art. 277. A SPREV disponibilizará, em seu sítio na internet, inclusive para os fins do disposto no § 1º do art. 116 do Ato das Disposições Constitucionais Transitórias, informações dos Municípios que comprovarem o atendimento das condições previstas nos incisos I a IV do art. 115 dessa norma constitucional, cujo cumprimento é requisito para a formalização dos parcelamentos de débitos relativos ao RPPS e às contribuições do Regime Geral de Previdência Social, em caso de o ente federativo possuir RPPS.

§ 1º Caso o Município deseje contestar as informações disponibilizadas na forma do caput, deverá encaminhar suas justificativas, acompanhadas da legislação e documentos complementares, por meio do Gescon-RPPS.

§ 2º O ente federativo será comunicado pela SPREV do resultado da análise da legislação e dos documentos encaminhados na forma do § 1º por meio do Gescon-RPPS, procedendo, se for o caso, a atualização das informações a que se refere este artigo.

§ 3º O acompanhamento previsto no parágrafo único do art. 115 do Ato das Disposições Constitucionais Transitórias, relativo ao montante das dívidas incluído na contratação a que se refere o art. 5º-B, às formas de parcelamento adotadas e aos juros e encargos incidentes, será realizado, pelos entes federativos, por meio de consulta às informações constantes do Cadprev. *(Redação dada pela Portaria MTP 1.837/2022)*

Art. 278. A comprovação do atendimento ao critério previsto no inciso V do art. 247, será aferida da seguinte forma: *(Redação dada pela Portaria MTP 3.803/2022)*

I - envio, pelo ente federativo, após solicitação da SPREV, da lei em que esteja prevista a existência da unidade gestora única do RPPS, observado o disposto no inciso I do art. 241 e no inciso XII do art. 247; e

II - verificação, por meio do procedimento previsto no art. 251, das condições de implementação do texto legal a que se refere o inciso I.

Parágrafo único. O registro no Cadprev da situação do critério de que trata o caput, decorrente do procedimento previsto no inciso II e constatada no processo a que se refere o art. 256 ficará suspenso até ulterior definição dos parâmetros nos termos do § 22 do art. 40 da Constituição Federal.

Art. 279. Permanecem válidos os acordos de parcelamentos e os seus reparcelamentos formalizados no Cadprev e com arquivo XML enviado até a data de publicação desta Portaria firmados com base nas regras do art. 5º e no art. 5º-A da Portaria MPS nº 402, de 2008.

Parágrafo único. Aplica-se o disposto no art. 15 a eventual reparcelamento dos acordos a que se refere o caput deste artigo, ressalvado o disposto no art. 276.

Art. 280. A implantação do comitê de investimentos será facultativa para os RPPS com ativos garantidores do plano de benefícios iguais ou inferiores a R$ 5.000.000,00 (cinco milhões de reais), limite que será reajustado, anualmente, a partir da publicação desta Portaria, conforme índice aplicável aos benefícios do RGPS.

Art. 281. O recurso a que se refere o art. 263 continuará a ser decidido pela SPREV até que o CRPS assuma essa competência.

Art. 282. A SPREV poderá editar atos necessários ao cumprimento do disposto nesta Portaria, sendo competente para dirimir os casos omissos.

Art. 283. Permanecem válidos, para fins do art. 247: *(Redação dada pela Portaria MTP 3.803/2022)*

I - o disposto no § 2º do art. 14 da Portaria MF nº 9.907, de 14 de abril de 2020, relativo à certificação do responsável pela gestão das aplicações dos recursos e da maioria dos membros do comitê de investimentos, enquanto não exigível na forma do inciso II do § 9º do art. 247; e

II - no parágrafo único do art. 3º da Portaria MTP nº 905, de 09 de dezembro de 2021, no que se refere à verificação dos limites da taxa de administração do exercício de 2022, para os entes que ainda não adequaram a legislação do RPPS ao previsto no inciso II do art. 84.

Art. 284. Revogam-se as seguintes normas:

I - Orientação Normativa SPS/MPAS nº 9, de 02 de março de 1999, publicada no Diário Oficial da União de 05 de março de 1999;

II - Orientação Normativa SPS/MPAS nº 10, de 29 de outubro de 1999, publicada no Diário Oficial da União de 01 de novembro de 1999;

III - Orientação Normativa SPS/MPAS nº 11, de 21 de janeiro de 2000, publicada no Diário Oficial da União de 25 de janeiro de 2000;

IV - Portaria MPS nº 3.699, de 26 de novembro de 2001, publicada no Diário Oficial da União de 29 de novembro de 2001;

V - Portaria MPS nº 951, de 27 de agosto de 2002, publicada no Diário Oficial da União de 28 de agosto de 2002;

VI - Portaria MPS nº 1.317, de 30 de dezembro de 2002, publicada no Diário Oficial da União de 31 de dezembro de 2002;

VII - Portaria MPS nº 43, de 22 de janeiro de 2003, publicada no Diário Oficial da União de 23 de janeiro de 2003;

VIII - Portaria MPS nº 460, de 28 de abril de 2003, publicada no Diário Oficial da União de 29 de abril de 2003;

IX - Portaria MPS nº 898, de 4 de julho de 2003, publicada no Diário Oficial da União de 07 de julho de 2003;

X - Portaria MPS nº 1.767, de 22 de dezembro de 2003, publicada no Diário Oficial da União de 23 de dezembro de 2003;

XI - Orientação Normativa SPS/MPS nº 1, de 06 de janeiro de 2004 publicada no Diário Oficial da União de 07 de janeiro de 2004 e republicada em 23 de janeiro de 2004;

XII - Orientação Normativa SPS/MPS nº 3, de 12 de agosto de 2004, publicada no Diário Oficial da União de 17 de agosto de 2004;

XIII - Portaria MPS nº 154, de 15 de maio de 2008, publicada no Diário Oficial da União de 16 de maio de 2008;

XIV - Portaria MPS nº 204, de 10 de julho de 2008, publicada no Diário Oficial da União de 11 de julho de 2008;

XV - Portaria MPS nº 402, de 10 de dezembro de 2008, publicada no Diário Oficial da União de 11 de dezembro de 2008 e republicada em 12 de dezembro de 2008;

XVI - Portaria MPS nº 83, de 18 de março de 2009, publicada no Diário Oficial da União de 19 de março de 2009;

XVII - Orientação Normativa SPPS/MPS nº 2, de 31 de março de 2009, publicada no Diário Oficial da União de 02 de abril de 2009;

XVIII - Orientação Normativa SPPS/MPS nº 3, de 04 de maio de 2009, publicada no Diário Oficial da União de 05 de maio de 2009;

XIX - Portaria MPS nº 230, de 28 de agosto de 2009, publicada no Diário Oficial da União de 31 de agosto de 2009;

XX - Portaria MPS nº 346, de 29 de dezembro de 2009, publicada no Diário Oficial da União de 30 de dezembro de 2009;

XXI - Portaria MPS nº 315, de 21 de junho de 2010, publicada no Diário Oficial da União de 22 de junho de 2010;

XXII - Instrução Normativa SPPS/MPS nº 1, de 22 de julho de 2010, publicada no Diário Oficial da União de 27 de julho de 2010;

XXIII - Portaria MPS nº 1, de 06 de janeiro de 2011, publicada no Diário Oficial da União de 7 de janeiro de 2011;

XXIV - Portaria MPS nº 519, de 24 de agosto de 2011, publicada no Diário Oficial da União de 25 de agosto de 2011 e retificada em 26 de agosto de 2011;

XXV - Orientação Normativa SPPS/MPS nº 1, de 30 de maio de 2012, publicada no Diário Oficial da União de 31 de maio de 2012;

XXVI - Portaria MPS nº 347, de 30 de julho de 2012, publicada no Diário Oficial da União de 31 de julho de 2012;

XXVII - Portaria MPS nº 21, de 16 de janeiro de 2013, publicada no Diário Oficial da União de 18 de janeiro de 2013;

XXVIII - Portaria MPS nº 307, de 20 de junho de 2013, publicada no Diário Oficial da União de 21 de junho de 2013;

XXIX - Portaria MPS nº 312, de 02 de julho de 2013, publicada no Diário Oficial da União de 3 de julho de 2013;

XXX - Portaria MPS nº 400, de 16 de setembro de 2013, publicada no Diário Oficial da União de 17 de setembro de 2013;

XXXI - Portaria MPS nº 438, de 07 de outubro de 2013, publicada no Diário Oficial da União de 9 de outubro de 2013;

XXXII - Portaria MPS nº 509, de 12 de dezembro de 2013, publicada no Diário Oficial da União de 13 de dezembro de 2013;

XXXIII - Portaria MPS nº 524, de 19 de dezembro de 2013, publicada no Diário Oficial da União de 20 de dezembro de 2013;

XXXIV - Portaria MPS nº 21, de 14 de janeiro de 2014, publicada no Diário Oficial da União de 15 de janeiro de 2014;

XXXV - Instrução Normativa SPPS/MPS nº 02, de 13 de fevereiro de 2014, publicada no Diário Oficial da União de 17 de fevereiro de 2014;

XXXVI - Portaria MPS nº 65, de 26 de fevereiro de 2014, publicada no Diário Oficial da União de 27 fevereiro de 2014;

XXXVII - Instrução Normativa SPPS/MPS nº 3, de 23 de maio de 2014, publicada no Diário Oficial da União de 26 de maio de 2014;

XXXVIII - Orientação Normativa SPPS/MPS nº 1, de 10 de julho de 2014, publicada no Diário Oficial da União de 11 de julho de 2014;

XXXIX - Portaria MPS nº 530, de 24 de novembro de 2014, publicada no Diário Oficial da União de 25 de novembro de 2014;

XL - Portaria MPS nº 563, de 26 de dezembro de 2014, publicada no Diário Oficial da União de 29 de dezembro de 2014;

XLI - Portaria MPS nº 185, de 14 de maio de 2015, publicada no Diário Oficial da União de 15 de maio de 2015;

XLII - Portaria MPS nº 300, de 03 de julho de 2015, publicada no Diário Oficial da União de 6 de julho de 2015;

XLIII - Portaria MTPS nº 360, de 30 de março de 2016, publicada no Diário Oficial da União de 31 de março de 2016;

XLIV - Portaria MPS nº 527, de 5 de maio de 2016, publicada no Diário Oficial da União de 06 maio de 2016;

XLV - Instrução Normativa SPPS/MPS nº 1, de 25 de novembro de 2016, publicada no Diário Oficial da União de 28 de novembro de 2016;

XLVI - Portaria SPPS nº 06, de 08 de dezembro de 2016, publicada no Diário Oficial da União de 09 de dezembro de 2016;

XLVII - Portaria MF nº 1, de 3 de janeiro de 2017, publicada no Diário Oficial da União de 05 de janeiro de 2017;

XLVIII - Portaria MF nº 333, de 11 de julho de 2017, publicada no Diário Oficial da União de 12 de julho de 2017;

XLIX - Portaria MF nº 567, de 18 de dezembro de 2017, publicada no Diário Oficial da União de 20 de dezembro de 2017;

L - Portaria MF nº 577, de 27 de dezembro de 2017, publicada no Diário Oficial da União de 29 de dezembro de 2017;

LI - Portaria SPREV/MF nº 13, de 08 de novembro de 2017, publicada no Diário Oficial da União de 09 de novembro de 2017;

LII - Portaria SPREV/MF nº 3 de 31 de janeiro de 2018, publicada no Diário Oficial da União de 02 de fevereiro de 2018;

LIII - Portaria SPREV/MF nº 4, de 05 de fevereiro de 2018, publicada no Diário Oficial da União de 06 de fevereiro de 2018;

LIV - Portaria MF nº 393, de 31 de agosto de 2018, publicada no Diário Oficial da União de 03 de setembro de 2018;

LV - Portaria MF nº 464, de 19 de novembro de 2018, publicada no Diário Oficial da União de 20 de novembro de 2018;

LVI - Portaria SPREV/MF nº 47, de 14 de dezembro de 2018, publicada no Diário Oficial da União, de 20 de dezembro de 2018;

LVII - Portaria SPREV/MF nº 49, de 21 de dezembro de 2018, publicada no Diário Oficial da União de 31 de dezembro de 2018;

LVIII - Instrução Normativa SPREV nº 01, de 21 de dezembro de 2018, publicada no Diário Oficial da União de 28 de dezembro de 2018 e republicada em 26 de agosto de 2019;

LIX - Instrução Normativa SPREV nº 02, de 21 de dezembro de 2018, publicada no Diário Oficial da União de 28 de dezembro de 2018 e republicada em 26 de agosto de 2019;

LX -Instrução Normativa SPREV nº 03, de 21 de dezembro de 2018, publicada no Diário Oficial da União de 28 de dezembro de 2018 e republicada em 26 de agosto de 2019;

LXI - Instrução Normativa SPREV nº 04, de 21 de dezembro de 2018, publicada no Diário Oficial da União de 28 de dezembro de 2018 e republicada em 26 de agosto de 2019;

LXII - Instrução Normativa SPREV nº 05, de 21 de dezembro de 2018, publicada no Diário Oficial da União de 28 de dezembro de 2018 e republicada em 26 de agosto de 2019;

LXIII - Instrução Normativa SPREV nº 06, de 21 de dezembro de 2018, publicada no Diário Oficial da União de 28 de dezembro de 2018 e republicada em 26 de agosto de 2019;

LXIV - Instrução Normativa SPREV nº 07, de 21 de dezembro de 2018, publicada no Diário Oficial da União de 28 de dezembro de 2018 e republicada em 26 de agosto de 2019;

LXV - Instrução Normativa SPREV nº 08, de 21 de dezembro de 2018, publicada no Diário Oficial da União de 28 de dezembro de 2018 e republicada em 26 de agosto de 2019;

LXVI - Instrução Normativa SPREV nº 09, de 21 de dezembro de 2018, publicada no Diário Oficial da União de 28 de dezembro de 2018 e republicada em 26 de agosto de 2019;

LXVII - Instrução Normativa SPREV nº 10, de 21 de dezembro de 2018, publicada no Diário Oficial da União de 28 de dezembro de 2018 e republicada em 26 de agosto de 2019;

LXVIII - Portaria SPREV/MF nº 50, de 28 de dezembro de 2018, publicada no Diário Oficial da União de 03 de janeiro de 2019;

LXIX - Portaria ME nº 23, de 30 de janeiro de 2019, publicada no Diário Oficial da União de 01 de fevereiro de 2019;

LXX - Portaria SPREV/ME nº 14 de 30 de abril de 2019, publicada no Diário Oficial da União de 6 de maio de 2019;

LXXI - Portaria SPREV/ME nº 17, de 20 de maio de 2019, publicada no Diário Oficial da União de 21 de maio de 2019;

LXXII - Portaria SPREV/ME nº 25 de 19 de julho de 2019, publicada no Diário Oficial da União de 23 de julho de 2019;

LXXIII - Instrução Normativa SEPRT/ME nº 01, de 23 de agosto de 2019, publicada no Diário Oficial da União de 26 de agosto de 2019;

LXXIV - Portaria SEPRT/ME nº 1.348, de 3 de dezembro de 2019, publicada no Diário Oficial da União de 4 de dezembro de 2019;

LXXV - Portaria SEPRT/ME nº 9.907, de 14 de abril de 2020, publicada no Diário Oficial da União de 27 de abril de 2020;

LXXVI - Portaria SEPRT/ME nº 12.233, de 14 de maio de 2020, publicada no Diário Oficial da União de 15 de maio de 2020;

LXXVII - Portaria SEPRT/ME nº 18.084, de 29 de julho de 2020, publicada no Diário Oficial da União de 30 de julho de 2020.

LXXVIII - Portaria SEPRT nº 18.495, de 04 de agosto de 2020, publicada no Diário Oficial da União de 05 de agosto de 2020;

LXXIX - Portaria SEPRT/ME nº 19.451, de 18 de agosto de 2020, publicada no Diário Oficial da União de 19 de agosto de 2020;

LXXX - Portaria SPREV/ME nº 20.532, de 08 de setembro de 2020, publicada no Diário Oficial da União de 09 de setembro de 2020;

LXXXI - Portaria MPS nº 440, de 22 de setembro de 2010, publicada no Diário Oficial da União de 23 de setembro de 2010;

LXXXII - Portaria SEPRT/ME nº 21.233, de 23 de setembro de 2020, publicada no Diário Oficial da União de 30 de setembro de 2020;

LXXXIII - Portaria SPREV/ME nº 3.030, de 15 de março de 2021, publicada no Diário Oficial da União de 17 de março de 2021;

LXXXIV - Portaria SEPRT/ME nº 3.411, de 23 de março de 2021, publicada no Diário Oficial da União de 17 de março de 2021;

LXXXV Portaria SPREV/ME nº 6.132, de 25 de maio de 2021, publicada no Diário Oficial da União de 24 de março de 2021;

LXXXVI - Portaria MTP nº 905, de 9 de dezembro de 2021, publicada no Diário Oficial da União de 9 de dezembro de 2021; e

LXXXVII - Portaria MTP nº 360, de 22 de fevereiro de 2022, publicada no Diário Oficial da União de 23 de fevereiro de 2022.

Art. 285. Esta Portaria entra em vigor em 1º de julho de 2022.

JOSÉ CARLOS OLIVEIRA

ANEXO I

NORMAS RELATIVAS AOS BENEFÍCIOS CONCEDIDOS PELOS RPPS DA UNIÃO E DOS ENTES FEDERATIVOS QUE ADOTAREM AS MESMAS REGRAS ESTABELECIDAS PARA OS SERVIDORES FEDERAIS PELA EMENDA CONSTITUCIONAL Nº 103, DE 2019

SEÇÃO I
REGRAS PERMANENTES PARA CONCESSÃO DE APOSENTADORIA

Art. 1º O segurado do Regime Próprio de Previdência Social - RPPS da União que ingressar após a Emenda Constitucional nº 103, de 12 de novembro de 2019, bem como os que ingressaram antes e venham a exercer o direito de opção por suas regras, e os segurados dos Regimes Próprios dos entes federativos que promoverem alterações em sua legislação relacionada ao respectivo RPPS para a adoção das mesmas regras aplicáveis aos servidores públicos federais, cujo ingresso tenha ocorrido após essas alterações, ou antes, quando exercitarem o direito de opção, serão aposentados:

I - voluntariamente, observados, cumulativamente, os seguintes requisitos:

a) 62 (sessenta e dois) anos de idade, se mulher, e 65 (sessenta e cinco) anos de idade, se homem; e

b) 25 (vinte e cinco) anos de contribuição, desde que cumprido o tempo mínimo de 10 (dez) anos de efetivo exercício no serviço público e de 5 (cinco) anos no cargo efetivo em que for concedida a aposentadoria;

II - por incapacidade permanente para o trabalho, no cargo em que estiverem investidos, quando insuscetíveis de readaptação, hipótese em que será obrigatória a realização de avaliações periódicas para verificação da continuidade das condições que ensejaram a concessão da aposentadoria; ou

III - compulsoriamente, nos termos da Lei Complementar nº 152, de 3 de dezembro de 2015, aos 75 (setenta e cinco) anos de idade.

Art. 2º O segurado com direito a idade mínima ou tempo de contribuição distintos da regra geral para concessão de aposentadoria estabelecida no inciso I do caput do art. 1º, na forma dos §§ 4º-A, 4º-B, 4º-C e 5º do art. 40 da Constituição Federal, poderão aposentar-se, observados, exclusivamente, os seguintes requisitos:

I - o segurado com deficiência, na forma da Lei Complementar nº 142, de 8 de maio de 2013, desde que cumpridos o tempo mínimo de 10 (dez) anos de efetivo exercício no serviço público e de 5 (cinco) anos no cargo efetivo em que for concedida a aposentadoria;

II - os ocupantes do cargo de agente penitenciário, de agente socioeducativo ou de policial civil, de policial penal, de policial legislativo federal da Câmara dos Deputados e do Senado Federal, de policial federal, de policial rodoviário federal e de policial ferroviário federal, aos 55 (cinquenta e cinco) anos de idade, com 30 (trinta) anos de contribuição e 25 (vinte e cinco) anos de efetivo exercício em cargo dessas carreiras, para ambos os sexos;

III - o segurado cujas atividades sejam exercidas com efetiva exposição a agentes químicos, físicos e biológicos prejudiciais à saúde, ou associação desses agentes, vedada a caracterização por categoria profissional ou ocupação, aos 60 (sessenta) anos de idade, com 25 (vinte e cinco) anos de efetiva exposição e contribuição, 10 (dez) anos de efetivo exercício de serviço público e 5 (cinco) anos no cargo efetivo em que for concedida a aposentadoria; e

IV - o titular do cargo de professor, aos 60 (sessenta) anos de idade, se homem, aos 57 (cinquenta e sete) anos, se mulher, com 25 (vinte e cinco) anos de contribuição exclusivamente em efetivo exercício das funções de magistério na educação infantil e no ensino fundamental e médio, 10 (dez) anos de efetivo exercício de serviço público e 5 (cinco) anos no cargo efetivo em que for concedida a aposentadoria, para ambos os sexos.

§ 1º Para o reconhecimento do tempo de que trata o inciso I do caput, serão observadas as instruções constantes do Anexo V desta Portaria.

§ 2º Para o reconhecimento do tempo de que trata o inciso III do caput, serão observadas as instruções constantes do Anexo III desta Portaria.

§ 3º O tempo em que o segurado estiver em exercício de mandato eletivo ou cedido a órgão ou entidade da administração direta ou indireta, do mesmo ou de outro ente federativo, com ou sem ônus para o cessionário, ou afastado do país por cessão ou licenciamento, não será considerado tempo de contribuição diferenciado para aposentadoria nas hipóteses de que tratam:

I - o inciso II do caput; e

II - o inciso III do caput, se as atividades no período não forem exercidas com efetiva exposição a agentes químicos, físicos e biológicos prejudiciais à saúde, ou associação desses agentes.

Art. 3º A aposentadoria do segurado cujas atividades sejam exercidas com efetiva exposição a agentes químicos, físicos e biológicos prejudiciais à saúde, ou associação desses agentes, de que trata o inciso III do caput do art. 2º, observará adicionalmente as condições e os requisitos estabelecidos para o Regime Geral de Previdência Social - RGPS, naquilo em que não conflitarem com as regras específicas aplicáveis ao RPPS, vedada a conversão de tempo especial, exercido a partir de 13 de novembro de 2019, em tempo comum.

SEÇÃO II
REGRAS DE TRANSIÇÃO PARA CONCESSÃO DE APOSENTADORIA

Art. 4º Assegurado o direito de opção pelas regras previstas no inciso I do caput do art. 1º e no art. 2º, o segurado do RPPS da União, que tenha ingressado em cargo efetivo até a data da publicação da Emenda Constitucional nº 103, de 2019, e o segurado do RPPS do ente federativo que tenha ingressado nesse ente até a data de entrada em vigor da norma que adotar as mesmas regras da União estabelecidas nessa Emenda, poderá aposentar-se conforme previsões desta Seção.

SUBSEÇÃO I

REGRA DE TRANSIÇÃO POR SOMA DE PONTOS PARA CONCESSÃO DE APOSENTADORIA A SEGURADOS EM GERAL E PROFESSORES

Art. 5º O segurado de que trata o art. 4º poderá aposentar-se voluntariamente quando preencher, cumulativamente, os seguintes requisitos:

I - 56 (cinquenta e seis) anos de idade, se mulher, e 61 (sessenta e um) anos de idade, se homem, observado o disposto no § 1º;

II - 30 (trinta) anos de contribuição, se mulher, e 35 (trinta e cinco) anos de contribuição, se homem;

III - 20 (vinte) anos de efetivo exercício no serviço público;

IV - 5 (cinco) anos no cargo efetivo em que se der a aposentadoria; e

V - somatório da idade e do tempo de contribuição, incluídas as frações, equivalente a 86 (oitenta e seis) pontos, se mulher, e 96 (noventa e seis) pontos, se homem, observado o disposto nos §§ 2º e 3º.

§ 1º A partir de 1º de janeiro de 2022, a idade mínima a que se refere o inciso I do caput será de 57 (cinquenta e sete) anos de idade, se mulher, e 62 (sessenta e dois) anos de idade, se homem.

§ 2º A partir de 1º de janeiro de 2020, a pontuação a que se refere inciso V do caput será acrescida a cada ano de 1 (um) ponto, até atingir o limite de 100 (cem) pontos, se mulher, e de 105 (cento e cinco) pontos, se homem.

§ 3º A idade e o tempo de contribuição serão apurados em dias para o cálculo do somatório de pontos a que se referem o inciso V do caput e o § 2º.

§ 4º Para o titular do cargo de professor que comprovar exclusivamente tempo de efetivo exercício das funções de magistério na educação infantil e no ensino fundamental e médio, os requisitos de idade e de tempo de contribuição de que tratam os incisos I e II do caput serão:

I - 51 (cinquenta e um) anos de idade, se mulher, e 56 (cinquenta e seis) anos de idade, se homem;

II - 25 (vinte e cinco) anos de contribuição, se mulher, e 30 (trinta) anos de contribuição, se homem; e

III - 52 (cinquenta e dois) anos de idade, se mulher, e 57 (cinquenta e sete) anos de idade, se homem, a partir de 1º de janeiro de 2022.

§ 5º O somatório da idade e do tempo de contribuição de que trata o inciso V do caput para os professores a que se refere o § 4º, incluídas as frações, será de 81 (oitenta e um) pontos, se mulher, e 91 (noventa e um) pontos, se homem, aos quais serão acrescidos, a partir de 1º de janeiro de 2020, 1 (um) ponto a cada ano, até atingir o limite de 92 (noventa e dois) pontos, se mulher, e de 100 (cem) pontos, se homem.

§ 6º Os proventos das aposentadorias concedidas nos termos do disposto neste artigo corresponderão:

I - à totalidade da remuneração do segurado no cargo efetivo em que se der a aposentadoria, observado o disposto no § 7º, para o segurado que tenha ingressado no serviço público em cargo efetivo até 31 de dezembro de 2003 e que não tenha feito a opção de que trata o § 16 do art. 40 da Constituição Federal, desde que tenha, no mínimo:

a) 62 (sessenta e dois) anos de idade, se mulher, e 65 (sessenta e cinco) anos de idade, se homem, ou,

b) 57 (cinquenta e sete) anos de idade, se mulher, e 60 (sessenta) anos de idade, se homem, para os titulares do cargo de professor de que trata o § 4º; e

II - ao valor apurado conforme art. 9º, para o segurado que:

a) ingressou no serviço público a partir de 1º de janeiro de 2004; ou

b) que tenha ingressado até 31 de dezembro de 2003 e tenha feito a opção de que trata o § 16 do art. 40 da Constituição Federal.

§ 7º Considera-se remuneração do segurado no cargo efetivo, para fins de cálculo dos proventos de aposentadoria com fundamento no disposto no inciso I do § 6º ou no inciso I do § 2º do art. 6º, o valor constituído pelo subsídio, pelo vencimento e pelas vantagens pecuniárias permanentes do cargo, estabelecidos em lei, acrescido dos adicionais de caráter individual e das vantagens pessoais permanentes, observados os seguintes critérios:

I - se o cargo estiver sujeito a variações na carga horária, o valor das rubricas que refletem essa variação integrará o cálculo do valor da remuneração do segurado no cargo efetivo em que se deu a aposentadoria, considerando-se a média aritmética simples dessa carga horária proporcional ao número de anos completos de recebimento e contribuição, contínuos ou intercalados, em relação ao tempo total exigido para a aposentadoria; e

II - se as vantagens pecuniárias permanentes forem variáveis por estarem vinculadas a indicadores de desempenho, produtividade ou situação similar, o valor dessas vantagens integrará o cálculo da remuneração do segurado no cargo efetivo mediante a aplicação, sobre o valor atual de referência das vantagens pecuniárias permanentes variáveis, da média aritmética simples do indicador, proporcional ao número de anos completos de recebimento e de respectiva contribuição, contínuos ou intercalados, em relação ao tempo total exigido para a aposentadoria ou, se inferior, ao tempo total de percepção da vantagem.

§ 8º Para fins do disposto no inciso II do § 7º:

I - se o tempo total de percepção da vantagem for inferior ao tempo total exigido para a aposentadoria, o divisor do fator de cálculo será substituído pelo tempo total de percepção da vantagem; e

II - se o tempo total de percepção da vantagem for superior ao tempo total exigido para a aposentadoria esse tempo será utilizado como divisor.

§ 9º As vantagens pecuniárias permanentes variáveis somente serão parte integrante do cálculo quando previstas na legislação vigente ao tempo em que cumpridos todos os requisitos para a elegibilidade ao benefício.

§ 10. Os proventos das aposentadorias concedidas nos termos do disposto neste artigo não serão inferiores ao valor do salário mínimo e serão reajustados:

I - na mesma proporção e na mesma data, sempre que se modificar a remuneração dos segurados em atividade, sendo também estendidos aos proventos quaisquer benefícios ou vantagens posteriormente concedidos aos segurados em atividade, inclusive quando decorrentes da transformação ou reclassificação do cargo ou função em que se deu a aposentadoria, na forma da lei, se cumpridos os requisitos previstos no inciso I do § 6º; ou

II - nos termos estabelecidos para o RGPS, na hipótese prevista no inciso II do § 6º.

§ 11. Na contagem do tempo, será adotado mês de 30 (trinta) dias e ano de 365 (trezentos e sessenta e cinco) dias.

SUBSEÇÃO II

REGRA DE TRANSIÇÃO COM ADICIONAL DE TEMPO (PEDÁGIO) PARA CONCESSÃO DE APOSENTADORIA A SEGURADOS EM GERAL E PROFESSORES

Art. 6º O segurado de que trata o art. 4º, poderá aposentar-se voluntariamente quando preencher, cumulativamente, os seguintes requisitos:

I - 57 (cinquenta e sete) anos de idade, se mulher, e 60 (sessenta) anos de idade, se homem;

II - 30 (trinta) anos de contribuição, se mulher, e 35 (trinta e cinco) anos de contribuição, se homem;

III - 20 (vinte) anos de efetivo exercício no serviço público e 5 (cinco) anos no cargo efetivo em que se der a aposentadoria; e

IV - período adicional de contribuição correspondente ao tempo que faltaria para atingir o tempo mínimo de contribuição referido no inciso II em 13 de novembro de 2019, para os servidores da União, ou na data de entrada em vigor da norma do ente federativo que tenha adotado as regras estabelecidas para os servidores da União pela Emenda Constitucional nº 103, de 2019.

§ 1º Para o professor que comprovar exclusivamente tempo de efetivo exercício das funções de magistério na educação infantil e no ensino fundamental e médio, os requisitos de idade e de tempo de contribuição de que trata os incisos I e II do caput, serão:

I - 52 (cinquenta e dois) anos de idade, se mulher, e 55 (cinquenta e cinco) anos de idade, se homem; e

II - 25 (vinte e cinco) anos de contribuição, se mulher, e 30 (trinta) anos de contribuição, se homem.

§ 2º Os proventos das aposentadorias concedidas nos termos do disposto neste artigo corresponderão:

I - em relação ao segurado que tenha ingressado no serviço público em cargo efetivo até 31 de dezembro de 2003 e que não tenha feito a opção de que trata o § 16 do art. 40 da Constituição Federal, à totalidade da remuneração no cargo efetivo em que se der a aposentadoria, observado o disposto no § 7º do art. 5º; e

II - ao valor apurado conforme art. 9º, para o segurado que:

a) ingressou no serviço público a partir de 1º de janeiro de 2004; ou

b) que tenha ingressado até 31 de dezembro de 2003 e tenha feito a opção de que trata o § 16 do art. 40 da Constituição Federal.

§ 3º Os proventos das aposentadorias concedidas nos termos do disposto neste artigo não serão inferiores ao valor do salário mínimo e serão reajustados:

I - na mesma proporção e na mesma data, sempre que se modificar a remuneração dos segurados em atividade, sendo também estendidos aos proventos quaisquer benefícios ou vantagens posteriormente concedidos aos segurados em atividade, inclusive quando decorrentes da transformação ou reclassificação do cargo ou função em que se deu a aposentadoria, na forma da lei, se cumpridos os requisitos previstos no inciso I do § 2º; ou

II - nos termos estabelecidos para o RGPS, na hipótese prevista no inciso II do § 2º.

SUBSEÇÃO III
REGRA DE TRANSIÇÃO PARA CONCESSÃO DE APOSENTADORIA A SEGURADOS POLICIAIS, AGENTES PENITENCIÁRIOS E SOCIOEDUCATIVOS

Art. 7º Poderá aposentar-se na forma da Lei Complementar nº 51, de 20 de dezembro de 1985, observada a idade mínima de 55 (cinquenta e cinco) anos para ambos os sexos, ou o disposto no § 2º, o segurado policial civil do Distrito Federal, o policial legislativo federal da Câmara dos Deputados e do Senado Federal, o policial federal, o policial rodoviário federal, o policial ferroviário federal e o ocupante de cargo de policial penal federal, agente federal penitenciário ou socioeducativo, que tenham ingressado na respectiva carreira até a data de entrada em vigor:

I - da Emenda Constitucional n° 103, de 2019, para os servidores da União e para o policial civil do Distrito Federal; ou

II - da norma do ente federativo que tenha adotado as regras estabelecidas para os servidores da União pela Emenda Constitucional nº 103, de 2019.

§ 1º Serão considerados tempo de exercício em cargo de natureza estritamente policial, para os fins do inciso II do art. 1º da Lei Complementar nº 51, de 1985, o tempo de atividade militar nas Forças Armadas, nas polícias militares e nos corpos de bombeiros militares e o tempo de atividade como agente penitenciário ou socioeducativo.

§ 2º Os segurados de que trata este artigo poderão aposentar-se aos 52 (cinquenta e dois) anos de idade, se mulher, e aos 53 (cinquenta e três) anos de idade, se homem, desde que cumprido período adicional de contribuição correspondente ao tempo que, em 13 de novembro de 2019, faltaria para atingir o tempo de contribuição previsto na Lei Complementar nº 51, de 1985.

§ 3º Os policiais civis da União, nos termos do Parecer nº 00004/2020/ CONSUNIAO/ CGU/AGU, de 08 de junho de 2020, da Consultoria-Geral da União, adotado pelo Parecer vinculante nº JL-4, de 9 de junho de 2020, do Advogado-Geral da União:

I - ingressos nas respectivas carreiras até 12 de novembro de 2019, quando da implementação dos requisitos, fazem jus à aposentadoria com base no artigo 5º da Emenda Constitucional nº 103, de 2019, com proventos integrais, correspondentes à totalidade da remuneração do servidor no cargo efetivo em que se der a aposentadoria, nos termos do artigo 1º, II, da Lei Complementar nº 51, de 1985, e paridade plena, com fundamento no art. 38 da Lei nº 4.878, de 1965; e

II - ingressos nas respectivas carreiras a partir de 13 de novembro de 2019, quando da implementação dos requisitos, fazem jus à aposentadoria com base no artigo 10, §2º, I, com proventos calculados pela média aritmética e reajustados nos termos estabelecidos para o RGPS, conforme artigo 26, todos da Emenda Constitucional nº 103/2019, bem como passaram a se submeter ao Regime de Previdência Complementar da Lei nº 12.618, de 2012.

§ 4º Os policiais civis dos Estados fazem jus à aposentadoria com base no art. 5º da Emenda Constitucional nº 103, de 2019, com proventos calculados na forma da legislação do ente federativo, desde que cumprido período adicional de contribuição correspondente ao tempo que, na data de entrada em vigor da norma do ente federativo que tenha adotado as regras estabelecidas para os servidores da União pela Emenda Constitucional nº 103, de 2019, faltaria para atingir o tempo de contribuição previsto na Lei Complementar nº 51, de 1985.

§ 5º Não será considerado efetivo exercício em cargos das carreiras de que trata o caput, o tempo em que o servidor público estiver em exercício de mandato eletivo, ou, em razão de sua própria natureza, as atribuições que lhe forem cometidas não se enquadrarem em atividades típicas dos aludidos cargos, entre outras hipóteses, se for o caso, quando estiver cedido a órgão ou entidade da administração direta ou indireta, do mesmo ou de outro ente federativo, com ou sem ônus para o cessionário, ou afastado do país por cessão ou licenciamento.

SUBSEÇÃO IV
REGRA DE TRANSIÇÃO PARA CONCESSÃO DE APOSENTADORIA A SEGURADOS CUJAS ATIVIDADES TENHAM SIDO EXERCIDAS COM EFETIVA EXPOSIÇÃO A AGENTES QUÍMICOS, FÍSICOS E BIOLÓGICOS PREJUDICIAIS À SAÚDE

Art. 8º O segurado de que trata o art. 4º, cujas atividades tenham sido exercidas com efetiva exposição a agentes químicos, físicos e biológicos prejudiciais à saúde, ou associação desses agentes, vedada a caracterização por categoria profissional ou ocupação, desde que cumpridos o tempo mínimo de 20 (vinte) anos de efetivo exercício no serviço público de qualquer ente federativo e de 5 (cinco) anos no cargo efetivo em que for concedida a aposentadoria, na forma dos arts. 57 e 58 da Lei nº 8.213, de 24 de julho de 1991, poderão aposentar-se quando:

I - o total da soma resultante da sua idade e do tempo de contribuição for de 86 (oitenta e seis) pontos; e

II - o tempo de efetiva exposição for de 25 (vinte) anos.

§ 1º O somatório de pontos e o tempo de efetiva exposição de que trata o caput corresponderão a 66 (sessenta e seis) pontos e 15 (quinze) anos de efetiva exposição ou 76 (setenta e seis) pontos e 20 (vinte) anos de efetiva exposição, quando as atividades prestadas pelo segurado forem análogas às descritas na normatização do RGPS que fundamenta o enquadramento de atividade especial com os referidos requisitos.

§ 2º A idade e o tempo de contribuição serão apurados em dias para o cálculo do somatório de pontos a que se referem o inciso I do caput e o § 1º.

§ 3º O valor da aposentadoria de que trata este artigo será apurado conforme art. 9º.

§ 4º Deverão ser cumpridas adicionalmente as condições e os requisitos estabelecidos para o RGPS, naquilo em que não conflitarem com as regras específicas aplicáveis ao RPPS, vedada a conversão de tempo especial exercido a partir de 13 de novembro de 2019 em tempo comum.

SEÇÃO III
REGRAS GERAIS DE CÁLCULO
E REAJUSTAMENTO DE
APOSENTADORIA

Art. 9º Será utilizada a média aritmética simples das bases de cálculo de contribuição a RPPS de qualquer ente federativo e ao RGPS, ou da base para contribuições decorrentes das atividades militares de que tratam os arts. 42 e 142 da Constituição Federal, atualizados monetariamente, correspondentes a 100% (cem por cento) do período contributivo desde a competência julho de 1994 ou desde o início da contribuição, se posterior àquela competência, no cálculo dos proventos das aposentadorias de que tratam:

I - o inciso I do caput do art. 1º;

II - os incisos I, II, III e IV do caput do art. 2º;

III - o inciso II do § 6º do caput do art. 5º;

IV - o inciso II do § 2º do caput do art. 6º; e

V - o art. 8º.

§ 1º A média a que se refere o caput será limitada ao valor máximo do salário de contribuição do RGPS para os segurados que ingressaram no serviço público em cargo efetivo após a implantação do regime de previdência complementar ou que tenha exercido a opção correspondente, nos termos do disposto nos §§ 14 a 16 do art. 40 da Constituição Federal.

§ 2º O valor do benefício de aposentadoria corresponderá a 60% (sessenta por cento) da média aritmética definida na forma prevista no caput e § 1º, com acréscimo de 2 (dois) pontos percentuais para cada ano de contribuição que exceder o tempo de 20 (vinte) anos de contribuição nos seguintes casos:

I - da aposentadoria prevista no inciso I do caput do art. 1º;

II - das aposentadorias previstas nos incisos II, III e IV do caput do art. 2º;

III - da aposentadoria voluntária prevista no § 6º do inciso II do art. 5º; e

IV - da aposentadoria voluntária prevista no art. 8º.

§ 3º O valor do benefício de aposentadoria corresponderá a 100% (cem por cento) da média aritmética definida na forma prevista no caput e § 1º no caso:

I - da aposentadoria voluntária de que trata o inciso II do § 2º do art. 6º; e

II - de aposentadoria por incapacidade permanente para o trabalho de que trata o inciso II do caput do art. 1º, quando decorrer de acidente de trabalho, de doença profissional e de doença do trabalho.

§ 4º Ressalvado o cumprimento de critérios mais favoráveis para aposentadoria voluntária, o valor do benefício da aposentadoria compulsória de que trata o inciso III do caput do art. 1º corresponderá ao resultado da:

I - divisão do tempo de contribuição do segurado por 20 (vinte) anos, ambos computados em dias, limitado a um inteiro; e

II - multiplicação do fator encontrado no inciso I deste parágrafo, pelo valor apurado na forma prevista no caput e nos §§ 1º e 2º.

§ 5º O acréscimo a que se refere o § 2º será aplicado para cada ano que exceder 15 (quinze) anos de tempo de contribuição, quando igual número de anos de efetiva exposição for exigido em relação ao segurado de que trata § 1º do art. 8º.

§ 6º Poderão ser excluídas da média de que trata o caput as contribuições recolhidas a qualquer regime previdenciário ou sistema de proteção social dos militares que resultem em redução do valor do benefício, desde que mantido o tempo mínimo de contribuição exigido, vedada a utilização do tempo excluído para qualquer finalidade, inclusive para o acréscimo a que se referem os §§ 2º e 5º, para a averbação em outro regime previdenciário ou para a obtenção dos proventos de inatividade das atividades militares de que tratam os arts. 42 e 142 da Constituição Federal. (Redação dada pela Portaria MPS 1.180/2024)

§ 7º A exclusão de que trata o § 6º não se aplica ao cálculo de aposentadoria compulsória ou por incapacidade permanente.

§ 8º A base de cálculo dos proventos será o subsídio ou a remuneração do segurado no cargo efetivo nas competências a partir de julho de 1994 em que não tenha havido contribuição para RPPS, inclusive quando houve isenção de contribuição ou afastamento do cargo, desde que seja considerado como de efetivo exercício. (Redação dada pela Portaria MPS 1.180/2024)

§ 9º As bases de cálculo de contribuição a serem utilizadas no cálculo de que trata este artigo serão comprovadas mediante documento fornecido pelas unidades gestoras dos regimes de previdência ou pelo órgão gestor do SPSM aos quais o segurado ou militar esteve filiado ou por outro documento público.

§ 10. Para o cálculo dos proventos conforme este artigo, as bases de cálculo de contribuição consideradas no cálculo da aposentadoria, que serão atualizadas na forma do § 11, não poderão ser:

I - inferiores ao valor do salário mínimo vigente na competência da remuneração; e

II - superiores ao limite máximo do salário de contribuição vigente na competência da remuneração, quanto aos meses em que o segurado esteve filiado ao RGPS.

§ 11. As bases de cálculo de contribuição consideradas no cálculo do valor inicial dos proventos terão os seus valores atualizados mês a mês de acordo com a variação integral do índice fixado para a atualização dos salários de contribuição considerados no cálculo dos benefícios do RGPS.

§ 12. No cálculo da média que de que trata o caput, será incluído no numerador e no denominador o décimo terceiro salário ou gratificação natalina.

§ 13. Os benefícios calculados nos termos do disposto neste artigo serão reajustados nos termos estabelecidos para o RGPS.

§ 14. O valor dos proventos iniciais calculados conforme este artigo pode ser superior à remuneração ou subsídio do cargo efetivo em que se der a aposentadoria, observado o disposto no § 1º. (Acrescido pela Portaria MPS 1.180/2024)

SEÇÃO IV
REGRAS DE CONCESSÃO E CÁLCULO DA PENSÃO POR MORTE

Art. 10. Aos dependentes do segurado e do aposentado do RPPS da União, falecido a partir da data de publicação da Emenda Constitucional nº 103, de 2019, e do segurado e do aposentado do RPPS do ente federativo, falecido a partir da data de entrada em vigor da norma que adotar as mesmas regras da União estabelecidas nessa Emenda, será concedido o benefício de pensão por morte, conforme disposto nesta Seção.

§ 1º A pensão por morte será equivalente a uma cota familiar de 50% (cinquenta por cento) do valor da aposentadoria recebida pelo segurado ou daquela a que teria direito se fosse aposentado por incapacidade permanente na data do óbito, calculada conforme art. 9º, acrescida de cotas de 10 (dez) pontos percentuais por dependente, até o máximo de 100% (cem por cento).

§ 2º A pensão por morte, calculada conforme § 1º, será dividida em parte iguais entre os dependentes habilitados.

§ 3º As cotas de 10 (dez) pontos percentuais por dependente cessarão com a perda dessa qualidade e não serão reversíveis aos demais dependentes, preservado o valor de 100% (cem por cento) da pensão por morte quando o número de dependentes remanescente for igual ou superior a 5 (cinco).

§ 4º Na hipótese de existir dependente inválido ou com deficiência intelectual, mental ou grave, o valor da pensão por morte de que trata o caput será equivalente a:

I - 100% (cem por cento) da aposentadoria recebida pelo segurado ou daquela a que teria direito se fosse aposentado por incapacidade permanente na data do óbito, até o limite máximo de benefícios do RGPS; e

II - uma cota familiar de 50% (cinquenta por cento) acrescida de cotas de 10 (dez) pontos percentuais por dependente, até o máximo de 100% (cem) por cento, para o valor que supere o limite máximo de benefícios do RGPS.

§ 5º Quando não houver mais dependente inválido ou com deficiência intelectual, mental ou grave, o valor da pensão por morte será recalculado na forma do disposto nos §§ 1º e 2º.

§ 6º O dependente divorciado, separado judicialmente ou de fato ou cuja união estável foi legalmente dissolvida, com percepção de pensão alimentícia, concorrerá em igualdade de condições com os demais dependentes habilitados.

§ 7º O tempo de duração da pensão por morte e das cotas individuais por dependente até a perda dessa qualidade, o rol de dependentes e sua qualificação e as condições necessárias para enquadramento serão aqueles estabelecidos na Lei nº 8.213, de 24 de julho de 1991.

§ 8º Para o dependente inválido ou com deficiência intelectual, mental ou grave, sua condição pode ser reconhecida previamente ao óbito do segurado, por meio de avaliação biopsicossocial realizada por equipe multiprofissional e interdisciplinar, observada revisão periódica na forma da legislação.

§ 9º Equiparam-se a filho, para fins de recebimento da pensão por morte, exclusivamente o enteado e o menor tutelado, desde que comprovada a dependência econômica.

§ 10. Após o cálculo e rateio da pensão, sobre a cota parte reservada ao cônjuge ou companheiro (a), e ao cônjuge divorciado, separado judicialmente ou de fato ou companheiro (a) cuja união estável foi legalmente dissolvida, com percepção de pensão alimentícia, se acumulada com os benefícios de que trata o art. 165 desta Portaria, incidirão os redutores na forma nele prevista.

§ 11. O valor da pensão por morte, calculada conforme o § 1º, antes do rateio entre os dependentes, não será inferior ao salário-mínimo quando houver ao menos um dependente para o qual esse benefício seja a única fonte de renda formal por ele auferida, nem será superior ao valor da aposentadoria a que o segurado teria direito se fosse aposentado por incapacidade permanente na data do óbito.

§ 12. A pensão por morte devida aos dependentes do policial civil do Distrito Federal, do policial legislativo federal da Câmara dos Deputados e do Senado Federal, do policial federal, policial rodoviário federal, policial ferroviário federal e do ocupante de cargo de policial penal federal, agente federal penitenciário ou socioeducativo, bem como a pensão por morte dos dependentes do policial civil, policial penal, agente penitenciário ou socioeducativo dos Estados que se enquadrem na situação de que trata o caput, decorrente de agressão sofrida no exercício ou em razão da função, será vitalícia para o cônjuge ou companheiro e equivalente à remuneração do cargo.

SEÇÃO V
DIREITO ADQUIRIDO

Art. 11. Aos segurados dos RPPS, é assegurada a concessão de aposentadoria e de pensão por morte a seus dependentes, a qualquer tempo, observados os critérios da legislação vigente na data em que foram atendidos os requisitos para a sua concessão, desde que tenham ingressado no cago efetivo no respectivo ente e cumpridos os requisitos para obtenção desses benefícios até:

I - a data de entrada em vigor da Emenda Constitucional n° 103, de 2019, para os servidores da União; ou

II - a data de entrada em vigor das alterações na legislação do RPPS dos servidores dos Estados, do Distrito Federal e dos Municípios, promovidas após a publicação dessa Emenda.

§ 1º A superveniência de incapacidade permanente para o trabalho ou o fato de o segurado ter atingido a idade para a aposentadoria compulsória não alteram o seu direito de opção pelo exercício do direito adquirido à aposentadoria voluntária nos termos do caput.

§ 2º O valor dos proventos de aposentadoria voluntária que seria devido ao segurado conforme o caput servirá de base para o cálculo da pensão por morte aos dependentes, no caso de o óbito sobrevir à aquisição do direito, mesmo que não tenha havido seu exercício.

§ 3º Os proventos de aposentadoria devidos ao segurado a que se refere o caput e as pensões por morte devidas aos seus dependentes serão calculados e reajustados de acordo com a legislação em vigor à época em que foram atendidos os requisitos nela estabelecidos para a concessão desses benefícios.

§ 4º No cálculo do benefício concedido conforme o caput, será:

I - utilizada a remuneração do servidor no momento da concessão da aposentadoria se aplicável a regra da integralidade da remuneração ou do subsídio do segurado no cargo efetivo; e

II - considerado o tempo de contribuição cumprido somente até a data de aquisição do direito, não sendo computado qualquer tempo posterior a essa data, salvo na hipótese de elegibilidade mais favorável a outra regra de concessão de benefício no mesmo RPPS.

SEÇÃO VI
ABONO DE PERMANÊNCIA

Art. 12. Até que entre em vigor lei do ente federativo de que trata o § 19 do art. 40 da Constituição Federal, o segurado do RPPS que cumprir as exigências para a concessão da aposentadoria voluntária nos termos do disposto nos arts. 1º, I, 2º, 5º, 6º, 7º e 8º, e que optar por permanecer em atividade, fará jus a um abono de permanência equivalente ao valor da sua contribuição previdenciária, até completar a idade para aposentadoria compulsória.

§ 1º O abono previsto neste artigo será concedido, nas mesmas condições, ao segurado de que trata o art. 11, que tenha cumprido os requisitos para aposentadoria voluntária com base no disposto nos seguintes dispositivos:

I - alínea "a" do inciso III do § 1º do art. 40 da Constituição Federal, na redação vigente até a data de entrada em vigor da Emenda Constitucional n° 103, de 2019, para o servidor público federal, ou até a data de entrada em vigor das alterações na legislação do RPPS dos servidores dos Estados, do Distrito Federal e dos Municípios, promovidas após a publicação dessa Emenda;

II - art. 2º, no § 1º do art. 3º ou no art. 6º da Emenda Constitucional nº 41, de 19 de dezembro de 2003; e

III - art. 3º da Emenda Constitucional nº 47, de 5 de julho de 2005.

§ 2º (Revogado pela Portaria MPS 1.180/2024)

§ 3º A lei do respectivo ente federativo de que trata o § 19 do art. 40 da Constituição Federal estabelecerá critérios, inclusive quanto à determinação de seu valor, para concessão do abono de permanência a que poderá fazer jus o servidor titular de cargo efetivo que tenha completado as exigências para a aposentadoria voluntária e que opte por permanecer em atividade, sendo equivalente, no máximo, ao valor da sua contribuição previdenciária, até completar a idade para a aposentadoria compulsória.

§ 4º A concessão do abono de permanência não é de responsabilidade do RPPS, e deverá ser pago à conta do Tesouro do ente federativo, sendo devido a partir do cumprimento dos requisitos para obtenção do benefício de aposentadoria voluntária ao servidor que optar por permanecer em atividade.

§ 5º O recebimento do abono de permanência pelo servidor que cumpriu todos os requisitos para obtenção da aposentadoria voluntária em qualquer regra não constitui impedimento à concessão do benefício de acordo com outra regra, desde que cumpridos os requisitos previstos para a hipótese, garantida ao segurado a opção pela que entender mais vantajosa.

SEÇÃO VII
DISPOSIÇÕES GERAIS

Art. 13. Conforme § 2º do art. 67 da Lei nº 9.394, de 20 de dezembro de 1996, são consideradas funções de magistério, as exercidas por segurado ocupante de cargo de professor no desempenho de atividades educativas, quando exercidas em estabelecimento de educação básica, formada pela educação infantil, ensino fundamental e médio, em seus diversos níveis e modalidades, incluídas, além do exercício de docência, as de direção de unidade escolar e as de coordenação e assessoramento pedagógico.

Art. 14. Para efeito do cumprimento dos requisitos de concessão de aposentadoria voluntária, o tempo de efetivo exercício no cargo em que se dará a aposentadoria deverá ser cumprido no cargo efetivo do qual o segurado seja titular na data imediatamente anterior à da concessão do benefício, contando-se a partir da data do ingresso nesse cargo.

ANEXO II

NORMAS RELATIVAS AOS BENEFÍCIOS CONCEDIDOS PELOS RPPS DOS ENTES FEDERATIVOS QUE NÃO PROMOVERAM ALTERAÇÕES NA SUA LEGISLAÇÃO DECORRENTES DA EMENDA CONSTITUCIONAL Nº 103, DE 2019

SEÇÃO I
REGRAS GERAIS DE CONCESSÃO

Art. 1º Os segurados dos Regimes Próprios de Previdência Social - RPPS do Distrito Federal, dos Estados e dos Municípios serão aposentados conforme disposições a seguir, enquanto não fizerem as alterações na sua legislação decorrentes da Emenda Constitucional n° 103, de 12 de novembro de 2019:

I - por invalidez permanente, com proventos proporcionais ao tempo de contribuição, exceto se decorrente de acidente em serviço, moléstia profissional ou doença grave, contagiosa ou incurável, na forma da lei, hipóteses em que os proventos serão integrais.

II - compulsoriamente, aos 75 (setenta e cinco) anos de idade, com proventos proporcionais ao tempo de contribuição; e

III - voluntariamente, desde que cumprido tempo mínimo de 10 (dez) anos de efetivo exercício no serviço público e 5 (cinco) anos no cargo efetivo em que se dará a aposentadoria, observadas as seguintes condições:

a) 60 (sessenta anos) de idade e 35 (trinta e cinco) de contribuição, se homem, e 55 (cinquenta e cinco) anos de idade e 30 (trinta) de contribuição, se mulher; e

b) 65 (sessenta e cinco) anos de idade, se homem, e 60 (sessenta) anos de idade, se mulher, com proventos proporcionais ao tempo de contribuição.

Art. 2º Os requisitos de idade e de tempo de contribuição serão reduzidos em 5 (cinco) anos, em relação ao disposto na alínea "a" do inciso III do caput, para o professor que comprove exclusivamente tempo de efetivo exercício das funções de magistério na educação infantil e no ensino fundamental e médio.

Parágrafo único. São consideradas funções de magistério as exercidas por segurado ocupante de cargo de professor no desempenho de atividades educativas, quando exercidas em estabelecimento de educação básica, formada pela educação infantil, ensino fundamental e médio, em seus diversos níveis e modalidades, incluídas, além do exercício de docência, as de direção de unidade escolar e as de coordenação e assessoramento pedagógico.

Art. 3º A aposentadoria aos segurados do RPPS dos Estados e do Distrito Federal que exerçam atividades de risco, conforme previsão do inciso II do § 4º do art. 40 da Constituição Federal, na redação da Emenda Constitucional nº 47, de 05 de julho de 2005, será concedida apenas aos titulares de cargos efetivos de policiais, conforme o disposto na Lei Complementar nº 51, de 20 de dezembro de 1985.

Art. 4º O segurado cujas atividades sejam exercidas sob condições especiais que prejudiquem a saúde ou a integridade física poderá ser aposentado conforme as regras do Regime Geral de Previdência Social - RGPS sobre aposentadoria especial, no que couber, conforme Súmula Vinculante nº 33 do Supremo Tribunal Federal, observado o disposto no Anexo IV desta Portaria.

Art. 5º Não é computado como exercício de atividade de risco de que trata o art. 3º ou das atividades descritas no art. 4º o período em que o segurado estiver em exercício de mandato eletivo, cedido, com ou sem ônus para o cessionário, a órgão ou entidade da administração direta ou indireta, do mesmo ou de outro ente federativo, ou afastado do país por cessão ou licenciamento.

Art. 6º Aos dependentes dos segurados falecidos a partir de 20 de fevereiro de 2004, será concedido o benefício de pensão por morte, que será igual à totalidade dos proventos percebidos pelo aposentado na data anterior à do óbito ou à totalidade do subsídio ou da remuneração do segurado no cargo efetivo na data anterior à do óbito, se o óbito ocorrer quando o segurado ainda estiver em atividade, até o limite máximo estabelecido para os benefícios do RGPS, acrescida de 70% (setenta por cento) da parcela excedente a este limite em ambos os casos.

Parágrafo único. O valor da pensão por morte calculado de acordo com este artigo, antes da sua divisão entre os beneficiários, não poderá ser inferior a salário mínimo e nem exceder o subsídio ou a remuneração do segurado no cargo efetivo em que se deu aposentadoria ou que serviu de referência para a concessão da pensão por morte, por ocasião de sua concessão.

SEÇÃO II
REGRAS DE TRANSIÇÃO

Art. 7º Ao segurado do RPPS que tenha ingressado regularmente em cargo efetivo na Administração Pública direta, autárquica e fundacional da União, dos Estados, do Distrito Federal e dos Municípios, até 16 de dezembro de 1998, é assegurado o direito de opção pela aposentadoria voluntária, com proventos calculados conforme art. 10, quando, cumulativamente:

I - tiver 53 (cinquenta e três) anos de idade, se homem, e 48 (quarenta e oito) anos de idade, se mulher;

II - tiver 5 (cinco) anos de efetivo exercício no cargo em que se der a aposentadoria; e

III - contar tempo de contribuição igual, no mínimo, à soma de:

a) 35 (trinta e cinco) anos, se homem, e 30 (trinta) anos, se mulher; e

b) um período adicional de contribuição equivalente a 20% (vinte por cento) do tempo que, em 16 de dezembro de 1998, faltaria para atingir o limite de tempo constante da alínea "a" do inciso III do caput.

§ 1º O segurado de que trata este artigo que cumprir as exigências para aposentadoria previstas nos incisos I, II e III do caput terá os seus proventos de inatividade reduzidos para cada ano antecipado em relação aos limites de idade previstos na alínea "a" do inciso III do caput do art. 1º, respeitado o previsto no art. 2º, na seguinte proporção:

I - três inteiros e cinco décimos por cento, para aquele que tiver completado as exigências para aposentadoria na forma dos incisos I, II e III do caput até 31 de dezembro de 2005; e

II - cinco por cento, para aquele que tiver completado as exigências para aposentadoria na forma dos incisos I, II e III do caput a partir de 1º de janeiro de 2006.

§ 2º Na aplicação do disposto neste artigo, o magistrado ou o membro do Ministério Público ou de Tribunal de Contas, se homem, terá o tempo de serviço exercido até 16 de dezembro de 1998, contado com acréscimo de dezessete por cento, observado o disposto no § 1º.

§ 3º O professor, servidor da União, dos Estados, do Distrito Federal e dos Municípios, incluídas suas autarquias e fundações, que, até 16 de dezembro de 1998, tenha ingressado, regularmente, em cargo efetivo de magistério e que opte por aposentar-se na forma do disposto neste artigo, terá o tempo de serviço exercido até 16 de dezembro de 1998, contado com o acréscimo de dezessete por cento, se homem, e de vinte por cento, se mulher, desde que se aposente, exclusivamente, com tempo de efetivo exercício nas funções de magistério, observado o disposto no § 1º.

§ 4º Os acréscimos de que tratam os §§ 2º e 3º aplicam-se apenas aos proventos do segurado que implementar todos os requisitos previstos neste artigo antes da publicação: (Acrescido pela Portaria MPS 1.180/2024)

a) da Emenda Constitucional nº 103, de 2019, no âmbito do RPPS da União; ou

b) da Lei de iniciativa privativa do Poder Executivo dos Estados, do Distrito Federal e dos Municípios que referendar integralmente, no âmbito desses entes, a revogação do art. 2º da Emenda Constitucional nº 41, de 2003, conforme art. 36, II, da Emenda Constitucional nº 103, de 2019.

Art. 8º Ressalvado o direito de opção à aposentadoria pelas regras estabelecidas nos arts. 1º ou 9º, o segurado do RPPS que tenha ingressado no serviço público em cargo efetivo até 31 de dezembro de 2003, poderá aposentar-se com proventos integrais, que corresponderão à totalidade do subsídio ou da remuneração do segurado no cargo efetivo em que se der a aposentadoria, quando, observadas as reduções de idade e tempo de contribuição contidas no art. 2º, vier a preencher, cumulativamente, as seguintes condições:

I - 60 (sessenta) anos de idade, se homem, e 55 (cinquenta e cinco) anos de idade, se mulher;

II - 35 (trinta e cinco) anos de contribuição, se homem, e 30 (trinta) anos de contribuição, se mulher;

III - 20 (vinte) anos de efetivo exercício no serviço público; e

IV - 10 (dez) anos de carreira e cinco anos de efetivo exercício no cargo em que se der a aposentadoria.

Art. 9º Ressalvado o direito de opção à aposentadoria pelas regras estabelecidas nos arts. 1º ou 7º ou 8º, o segurado do RPPS que tenha ingressado no serviço público em cargo efetivo até 16 de dezembro de 1998 poderá aposentar-se com proventos integrais, que corresponderão à totalidade do subsídio ou da remuneração do segurado no cargo efetivo em que se der a aposentadoria, desde que preencha, cumulativamente, as seguintes condições:

I - 35 (trinta e cinco) anos de contribuição, se homem, e 30 (trinta) anos de contribuição, se mulher;

II - 25 (vinte e cinco) anos de efetivo exercício no serviço público, 15 (quinze) anos de carreira e 5 (cinco) anos no cargo em que se der a aposentadoria; e

III - idade mínima resultante da redução, relativamente aos limites da alínea "a" do inciso III do caput do art. 1º, de um ano de idade para cada ano de contribuição que exceder a condição prevista no inciso I deste artigo.

SEÇÃO III
REGRAS DE CÁLCULO E REAJUSTAMENTO DOS BENEFÍCIOS

Art. 10. Para o cálculo dos proventos de aposentadoria de que tratam os arts.

1º, 2º, 4º e 7º, por ocasião da sua concessão, será considerada a média aritmética simples das maiores bases de cálculo de contribuição a RPPS de qualquer ente federativo e ao RGPS, ou da base para contribuições decorrentes das atividades militares de que tratam os arts. 42 e 142 da Constituição Federal, correspondentes a 80% (oitenta por cento) de todo o período contributivo desde a competência julho de 1994 ou desde a do início da contribuição, se posterior àquela competência.

§ 1º A base de cálculo dos proventos será o subsídio ou a remuneração do segurado no cargo efetivo nas competências a partir de julho de 1994 em que não tenha havido contribuição para RPPS, inclusive quando houve isenção de contribuição ou afastamento do cargo, desde que seja considerado como de efetivo exercício. (Redação dada pela Portaria MPS 1.180/2024)

§ 2º As remunerações consideradas na base de cálculo dos proventos conforme este artigo, que serão atualizadas na forma do § 8º, não poderão ser: (Redação dada pela Portaria MPS 1.180/2024)

I - inferiores ao valor do salário mínimo vigente na competência da remuneração; e

II - superiores ao limite máximo do salário de contribuição vigente na competência da remuneração, quanto aos meses em que o segurado esteve filiado ao RGPS.

§ 3º Os proventos, calculados de acordo com este artigo, por ocasião de sua concessão, não poderão ser inferiores ao valor do salário mínimo, nem exceder o subsídio ou a remuneração do segurado no cargo efetivo em que se deu a aposentadoria, observado o disposto nos §§ 14 a 16 do art. 40 da Constituição Federal.

§ 4º Para o cálculo do valor inicial dos proventos proporcionais ao tempo de contribuição, será utilizada fração cujo numerador será o total desse tempo e o denominador, o tempo necessário à respectiva aposentadoria voluntária com proventos integrais, conforme alínea "a" do inciso III do caput do art. 1º.

§ 5º A fração de que trata o § 4º será aplicada sobre o valor inicial do provento calculado pela média das contribuições conforme o caput, observando-se previamente a aplicação do limite de remuneração do cargo efetivo de que trata o § 3º.

§ 6º Os períodos de tempo utilizados no cálculo previsto neste artigo serão considerados em número de dias.

§ 7º No cálculo da média que de que trata o caput, será incluído no numerador e no denominador o décimo terceiro salário ou gratificação natalina.

§ 8º As bases de cálculo de contribuição consideradas no cálculo do valor inicial dos proventos terão os seus valores atualizados mês a mês de acordo com a variação integral do índice fixado para a atualização dos salários de contribuição considerados no cálculo dos benefícios do Regime Geral de Previdência Social - RGPS.

Art. 11. É assegurado o reajustamento dos benefícios de aposentadoria e pensão por morte concedidos de acordo com os arts. 1º, 2º, 4º, 6º e 7º, para preservar-lhes, em caráter permanente, o valor real, conforme a variação do índice oficial de atualização adotado em lei de cada ente federativo.

Parágrafo único. O reajustamento de que trata este artigo será aplicado de forma proporcional entre a data da concessão e a do primeiro reajustamento.

Art. 12. Os proventos de aposentadoria dos segurados e as pensões devidas a seus dependentes pagos pelos RPPS, em fruição em 31 de dezembro de 2003, serão revistos na mesma proporção e na mesma data, sempre que se modificar a remuneração dos segurados em atividade, sendo também estendidos aos aposentados e pensionistas quaisquer benefícios ou vantagens posteriormente concedidas aos segurados em atividade, inclusive quando decorrentes da transformação ou reclassificação do cargo ou função em que se deu a aposentadoria ou que serviu de referência para a concessão da pensão por morte, na forma da lei.

Parágrafo único. Aplica-se o disposto no caput aos proventos das aposentadorias concedidas conforme os arts. 8º e 9º, observando-se igual critério de revisão às pensões derivadas dos proventos de segurados falecidos que tenham se aposentado em conformidade com o art. 9º.

Art. 13. O segurado de RPPS, que tenha ingressado no serviço público em cargo efetivo até 31 de dezembro de 2003, e que tenha se aposentado ou venha a se aposentar por invalidez permanente, com fundamento no inciso I do caput do art. 1º, tem direito a proventos de aposentadoria calculados com base na remuneração do cargo efetivo em que se der a aposentadoria, na forma da lei, não lhes sendo aplicáveis as disposições constantes dos arts.10 e 11.

§ 1º As pensões derivadas dos proventos dos segurados de que trata este artigo, quando falecidos depois de 31 de dezembro de 2003, serão calculadas conforme art. 6º.

§ 2º Aplica-se ao valor dos proventos de aposentadorias concedidas com base neste artigo o disposto no art. 12, observando-se igual critério de revisão às pensões derivadas dos proventos desses segurados, ainda que a aposentadoria tenha ocorrido antes de 31 de dezembro de 2003 e o óbito depois dessa data.

Art. 14. Na revisão das pensões a que se refere o § 2º do art. 13 e o parágrafo único do art. 12, o redutor de 30% (trinta por cento) decorrente do cálculo de que trata o art. 6º será refeito sempre que houver reajuste nos benefícios do RGPS ou na remuneração do cargo do instituidor da pensão, incluindo parcelas remuneratórias criadas após a concessão da pensão que sejam extensíveis aos pensionistas.

SEÇÃO IV
ABONO DE PERMANÊNCIA

Art. 15. Até que entre em vigor lei do ente federativo de que trata o § 19 do art. 40 da Constituição Federal, o segurado do RPPS que cumprir as exigências para a concessão da aposentadoria prevista na alínea "a" do inciso III do caput do art. 1º, ou no art. 7º e que opte por permanecer em atividade, fará jus a um abono de permanência equivalente ao valor da sua contribuição previdenciária até completar as exigências para aposentadoria compulsória prevista no inciso II do caput do art. 1º.

§ 1º O abono previsto neste artigo será concedido, nas mesmas condições, ao segurado que, até 31 de dezembro de 2003, tenha cumprido todos os requisitos para obtenção da aposentadoria voluntária, com proventos integrais ou proporcionais, com base nos critérios da legislação então vigente, conforme previsto no art. 11, desde que conte com, no mínimo, 25 (vinte e cinco) anos de contribuição, se mulher, ou 30 (trinta) anos, se homem.

§ 2º (Revogado pela Portaria MPS 1.180/2024)

§ 3º A lei do respectivo ente federativo de que trata o § 19 do art. 40 da Constituição Federal estabelecerá critérios, inclusive quanto à determinação de seu valor, para concessão do abono de permanência a que poderá fazer jus o servidor titular de cargo efetivo que tenha completado as exigências para a aposentadoria voluntária e que opte por permanecer em atividade, sendo equivalente, no máximo, ao valor da sua contribuição previdenciária, até completar a idade para a aposentadoria compulsória. (Redação dada pela Portaria MPS 1.180/2024)

§ 4º O pagamento do abono de permanência é de responsabilidade do ente federativo e será devido a partir do cumprimento dos requisitos para obtenção do benefício.

§ 5º O recebimento do abono de permanência pelo servidor que cumpriu todos os requisitos para obtenção da aposentadoria voluntária em qualquer regra não constitui impedimento à concessão do benefício de acordo com outra regra, desde que cumpridos os requisitos previstos para a hipótese, garantida ao segurado a opção pela que entender mais vantajosa.

SEÇÃO V
DISPOSIÇÕES GERAIS

Art. 16. É vedada a inclusão nos benefícios de aposentadoria e pensão por morte, para efeito de percepção destes, de parcelas remuneratórias pagas em decorrência de local de trabalho, de função de confiança ou de cargo em comissão e do abono de permanência de que tratam o § 19 do art. 40 da Constituição Federal, o § 5º do art. 2º e o § 1º do art. 3º da Emenda Constitucional nº 41, de 2003.

§ 1º Compreende-se na vedação do caput, a previsão de incorporação das parcelas temporárias diretamente nos benefícios ou na remuneração, apenas para efeito de concessão de benefícios, ainda que mediante regras específicas.

§ 2º Não se incluem na vedação prevista no caput, as parcelas que tiverem integrado a base de cálculo de contribuição do segurado que se aposentar com proventos calculados conforme art. 8º, respeitando-se, em qualquer hipótese, como limite máximo para valor inicial do benefício, o subsídio ou a remuneração do segurado no cargo em que se der a aposentadoria.

§ 3º Considera-se remuneração do cargo efetivo o valor constituído pelo subsídio, pelos vencimentos e pelas vantagens pecuniárias permanentes do cargo, estabelecidos em lei de cada ente, acrescido dos adicionais de caráter individual e das vantagens pessoais permanentes.

Art. 17. Para efeito do cumprimento dos requisitos de concessão de aposentadoria voluntária, o tempo de efetivo exercício no cargo em que se dará a aposentadoria deverá ser cumprido no cargo efetivo do qual o segurado seja titular na data imediatamente anterior à da concessão do benefício, contando-se a partir da data do ingresso nesse cargo.

§ 1º (Revogado pela Portaria MTP 1.837/2022)

§ 2º Conforme § 2º do art. 67 da Lei nº 9.394, de 20 de dezembro de 1996, são consideradas funções de magistério as exercidas por segurado ocupante de cargo de professor no desempenho de atividades educativas, quando exercidas em estabelecimento de educação básica, formada pela educação infantil, ensino fundamental e médio, em seus diversos níveis e modalidades, incluídas, além do exercício de docência, as de direção de unidade escolar e as de coordenação e assessoramento pedagógico.

§ 3º Na hipótese de o cargo em que se der a aposentadoria não estar inserido em plano de carreira, o requisito de tempo na carreira de que tratam o inciso IV do art. 8º e o inciso II do art. 9º deverá ser cumprido no último cargo efetivo. (Acrescido pela Portaria MTP 1.837/2022)

ANEXO III

INSTRUÇÕES PARA O RECONHECIMENTO DO TEMPO DE EXERCÍCIO DE ATIVIDADES COM EFETIVA EXPOSIÇÃO A AGENTES QUÍMICOS, FÍSICOS E BIOLÓGICOS PREJUDICIAIS À SAÚDE, OU ASSOCIAÇÃO DESSES AGENTES, PELO RPPS DA UNIÃO E DOS DEMAIS ENTES FEDERATIVOS QUE ADOTAREM AS MESMAS REGRAS ESTABELECIDAS PARA OS SERVIDORES FEDERAIS

Art. 1º Aplicam-se às aposentadorias especiais dos segurados do Regime Próprio de Previdência Social - RPPS da União e às dos segurados dos RPPS dos demais entes federativos que adotarem as mesmas regras aplicáveis à União, cujas atividades sejam exercidas com efetiva exposição a agentes químicos, físicos e biológicos prejudiciais à saúde, ou a associação desses agentes, na forma do § 4º-C do art. 40 da Constituição Federal, as normas a elas referentes que constam dos arts. 10 e 21 da Emenda Constitucional nº 103, de 12 de novembro de 2019, conforme requisitos e critérios definidos neste Anexo.

Parágrafo único. Na concessão, cálculo e reajustamento dos benefícios do RPPS da União e dos entes federativos que adotarem as mesmas regras estabelecidas para os servidores federais pela Emenda Constitucional nº 103, de 2019, serão observados o disposto nos arts. 2º, III, 8º e 9º do Anexo I desta Portaria.

Art. 2º O reconhecimento do tempo de exercício de atividades com efetiva exposição a agentes químicos, físicos e biológicos prejudiciais à saúde, ou associação desses agentes, de que trata o § 4º-C do art. 40 da Constituição Federal observará adicionalmente as condições e os requisitos estabelecidos para o Regime Geral de Previdência Social - RGPS, naquilo em que não conflitarem com as regras específicas aplicáveis aos regimes próprios da União e com as dos demais entes federativos, em consonância com o disposto no § 12 do art. 40 da Constituição Federal, vedada a conversão de tempo especial exercido a partir de 13 de novembro de 2019 em tempo comum.

Art. 3º A caracterização e a comprovação do exercício de atividades com efetiva exposição a agentes químicos, físicos e biológicos prejudiciais à saúde, ou a associação desses agentes, obedecerão ao disposto na legislação em vigor na época do exercício das atribuições do segurado.

§ 1º O reconhecimento de tempo de serviço público exercido com efetiva exposição a agentes químicos, físicos e biológicos prejudiciais à saúde, ou a associação desses agentes, pelos regimes próprios, dependerá de comprovação do exercício de atribuições do cargo público de modo permanente, não ocasional nem intermitente, nessas condições, inclusive no período em que o segurado estiver em exercício de mandato eletivo, cedido, com ou sem ônus para o cessionário, a órgão ou entidade da administração direta ou indireta, do mesmo ou de outro ente federativo, ou afastado do país por cessão ou licenciamento.

§ 2º A efetiva exposição a agente prejudicial à saúde configura-se quando, mesmo após a adoção das medidas de controle previstas na legislação, a nocividade não seja eliminada ou neutralizada.

§ 3º Para fins do disposto no § 2º, considera-se:

I - eliminação: a adoção de medidas de controle que efetivamente impossibilitem a exposição ao agente prejudicial à saúde no ambiente de trabalho; e

II - neutralização: a adoção de medidas de controle que reduzam a intensidade, a concentração ou a dose do agente prejudicial à saúde ao limite de tolerância previsto no Regulamento da Previdência Social, aprovado pelo Decreto nº 3.048, de 6 de maio de 1999, ou, na sua ausência, na legislação trabalhista.

§ 4º Para fins do disposto no caput, a exposição aos agentes químicos, físicos e biológicos prejudiciais à saúde, ou a associação desses agentes, deverá superar os limites de tolerância estabelecidos segundo critérios quantitativos ou estar caracterizada de acordo com os critérios da avaliação qualitativa de riscos comprovada pela descrição:

I - das circunstâncias de exposição ocupacional a determinado agente ou associação de agentes prejudiciais à saúde presentes no ambiente de trabalho durante toda a jornada de trabalho;

II - de todas as fontes e possibilidades de liberação dos agentes mencionados no inciso I deste parágrafo; e

III - dos meios de contato ou exposição dos trabalhadores, as vias de absorção, a intensidade da exposição, a frequência e a duração do contato.

§ 5º A caracterização de tempo especial não ocorre quando o Equipamento de Proteção Individual - EPI tiver a capacidade real de neutralizar a exposição do trabalhador, salvo na hipótese de exposição a ruído acima dos limites de tolerância a que se refere o art. 12, ainda que haja declaração da eficácia do EPI quanto a este agente prejudicial à saúde, emitida pelo órgão responsável da Administração e constante do documento de comprovação de que trata o art. 8º.

§ 6º Os agentes reconhecidamente cancerígenos para humanos, listados pelo Ministério do Trabalho e Previdência - MTP, serão avaliados em conformidade com os critérios da avaliação qualitativa dispostos nos incisos I a III do § 4º e na forma do art. 11 e, caso sejam adotadas as medidas de controle previstas na legislação trabalhista que eliminem a nocividade, será descaracterizada a efetiva exposição.

§ 7º É vedada a caracterização por categoria profissional ou ocupação para concessão de aposentadoria especial.

§ 8º Não será admitida a comprovação de tempo de serviço público de que trata o § 1º por meio de prova exclusivamente testemunhal ou com base no mero recebimento de adicional de insalubridade ou equivalente.

Art. 4º Até 28 de abril de 1995, data anterior à vigência da Lei nº 9.032, bem como no período de 29 de abril de 1995 até 5 de março de 1997, o enquadramento de atividade especial somente admitirá o critério de efetiva exposição a agentes químicos, físicos e biológicos prejudiciais à saúde, ou a associação desses agentes, no exercício de atribuições do cargo público, em condições análogas às que permitem enquadrar as atividades profissionais como perigosas, insalubres ou penosas, conforme a classificação em função da efetiva exposição aos referidos agentes, agrupados sob o código 1.0.0 do Quadro anexo ao Decreto nº 53.831, de 1964 e sob o código 1.0.0 do Anexo I do Regulamento dos Benefícios da Previdência Social, aprovado pelo Decreto nº 83.080, de 1979.

Art. 5º De 6 de março de 1997 até 6 de maio de 1999, o enquadramento de atividade especial observará a efetiva exposição a agentes químicos, físicos e biológicos prejudiciais à saúde, ou a associação desses agentes, conforme a classificação que consta do Anexo IV do Regulamento dos Benefícios da Previdência Social, aprovado pelo Decreto nº 2.172, de 5 de março de 1997.

Art. 6º A partir de 7 de maio de 1999, o enquadramento de atividade especial observará a efetiva exposição a agentes químicos, físicos e biológicos prejudiciais à saúde, ou a associação desses agentes, conforme a classificação que consta do Anexo IV do Regulamento da Previdência Social, aprovado pelo Decreto nº 3.048, de 1999.

Art. 7º O procedimento de reconhecimento de tempo de atividade especial pelo órgão competente da União, dos Estados, do Distrito Federal e dos Municípios, incluídas as suas autarquias e fundações, deverá ser instruído com os seguintes documentos:

I - documento de comprovação de efetiva exposição a agentes prejudiciais à saúde, em meio físico, ou documento eletrônico que venha a substituí-lo;

II - Laudo Técnico de Condições Ambientais do Trabalho - LTCAT, observado o disposto no art. 9º, ou os documentos aceitos em substituição àquele, consoante o art. 10; e

III - parecer da perícia médica, em relação ao enquadramento por efetiva exposição a agentes prejudiciais à saúde, na forma do art. 11.

Art. 8º O documento de comprovação de efetiva exposição a agentes prejudiciais à saúde de que trata o inciso I do caput do art. 7º é o modelo de documento instituído para o RGPS, segundo seu período de vigência, sob as siglas SB-40, DISESBE 5235, DSS-8030 ou DIRBEN 8030, que serão aceitos, quando emitidos até 31 de dezembro de 2003, e o Perfil Profissiográfico Previdenciário - PPP, que é o formulário exigido a partir de 1º de janeiro de 2004.

Parágrafo único. O documento de comprovação de efetiva exposição será emitido pelo órgão ou entidade responsável pelos assentamentos funcionais do segurado no correspondente período de exercício das atribuições do cargo, observado o disposto no art. 3º.

Art. 9º O LTCAT será expedido por médico do trabalho ou engenheiro de segurança do trabalho que integre, de preferência, o quadro funcional da Administração Pública responsável pelo levantamento ambiental, podendo esse encargo ser atribuído a terceiro que comprove o mesmo requisito de habilitação técnica.

§ 1º O enquadramento de atividade especial por exposição ao agente físico ruído, em qualquer época da prestação do labor, exige laudo técnico pericial.

§ 2º Em relação aos demais agentes nocivos, o laudo técnico pericial será obrigatório para os períodos laborados a partir de 14 de outubro de 1996, data de publicação da Medida Provisória nº 1.523, posteriormente convertida na Lei nº 9.528, de 10 de dezembro de 1997.

§ 3º É admitido o laudo técnico emitido em data anterior ou posterior ao exercício da atividade pelo segurado, se não houve alteração no ambiente de trabalho ou em sua organização, desde que haja ratificação, nesse sentido, pelo responsável técnico a que se refere o caput.

§ 4º Não serão aceitos:

I - laudo relativo a atividade diversa, salvo quando efetuada no mesmo órgão público;

II - laudo relativo a órgão público ou equipamento diversos, ainda que as funções sejam similares; e

III - laudo realizado em localidade diversa daquela em que houve o exercício da atividade.

§ 5º Nas avaliações ambientais deverão ser considerados, além do disposto nos arts. 4º a 6º, a metodologia e os procedimentos de avaliação estabelecidos pela Fundação Jorge Duprat Figueiredo de Segurança e Medicina do Trabalho - Fundacentro.

§ 6º Na hipótese de não terem sido estabelecidos pela Fundacentro a metodologia e os procedimentos de avaliação, caberá ao MTP indicar outras instituições para estabelecê-los.

§ 7º O laudo técnico a que se refere este artigo conterá informações sobre a existência de tecnologia de proteção coletiva ou individual e sobre a sua eficácia e será elaborado com observância às normas editadas pelo MTP e aos procedimentos adotados pelo INSS.

Art. 10. Poderão ser aceitos em substituição ao LTCAT, ou ainda de forma complementar a este, os seguintes documentos:

I - laudos técnico-periciais emitidos por determinação da Justiça do Trabalho, em ações trabalhistas, acordos ou dissídios coletivos;

II - laudos emitidos pela Fundacentro;

III - laudos emitidos pelo MTP, ou, ainda, pelas Delegacias Regionais do Trabalho - DRT;

IV - laudos individuais acompanhados de:

a) autorização escrita do órgão administrativo competente, se o levantamento ambiental ficar a cargo de responsável técnico não integrante do quadro funcional da respectiva Administração;

b) cópia do documento de habilitação profissional do engenheiro de segurança do trabalho ou médico do trabalho, indicando sua especialidade;

c) nome e identificação do servidor da Administração responsável pelo acompanhamento do levantamento ambiental, quando a emissão do laudo ficar a cargo de profissional não pertencente ao quadro efetivo dos funcionários; e

d) data e local da realização da perícia; e

V - demonstrações ambientais constantes dos seguintes documentos:

a) Programa de Prevenção de Riscos Ambientais - PPRA;

b) Programa de Gerenciamento de Riscos - PGR;

c) Programa de Condições e Meio Ambiente de Trabalho na Indústria da Construção - PCMAT; e

d) Programa de Controle Médico de Saúde Ocupacional - PCMSO.

Art. 11. A análise para a caracterização e o enquadramento do exercício de atribuições com efetiva exposição a agentes químicos, físicos e biológicos prejudiciais à saúde, ou a associação desses agentes, será de responsabilidade de Perito Médico que integre, de preferência, o quadro funcional da Administração Pública do ente concessor, mediante a adoção dos seguintes procedimentos:

I - análise do documento de comprovação de efetiva exposição a agentes prejudiciais à saúde e laudo técnico ou demais demonstrações ambientais referidas no inciso V do caput do art. 10;

II - a seu critério, inspeção de ambientes de trabalho com vistas à rerratificação das informações contidas nas demonstrações ambientais; e

III - emissão de parecer médico-pericial conclusivo, descrevendo o enquadramento por efetiva exposição a agentes prejudiciais à saúde, indicando a codificação contida na legislação específica e o correspondente período de atividade.

Art. 12. Considera-se especial a atividade exercida com efetiva exposição a ruído quando a exposição ao ruído tiver sido superior a:

I - 80 (oitenta) decibéis (dB), até 5 de março de 1997;

II - 90 (noventa) dB, a partir de 6 março de 1997 até 18 de novembro de 2003; e

III - 85 (oitenta e cinco) dB, a partir de 19 de novembro de 2003.

Parágrafo único. O enquadramento a que se refere o inciso III do caput, será efetuado quando o Nível de Exposição Normalizado - NEN se situar acima de 85 (oitenta e cinco) decibéis ou for ultrapassada a dose unitária, observados:

I - os limites de tolerância definidos no Quadro Anexo I da NR-15 do MTP; e

II - as metodologias e os procedimentos definidos na Norma de Higiene Ocupacional - NHO-01 da Fundacentro.

Art. 13. Consideram-se tempo de serviço sob condições especiais, para os fins deste Anexo, desde que o segurado estivesse exercendo atividade considerada especial ao tempo das seguintes ocorrências:

I - períodos de descanso determinados pela legislação do regime estatutário do ente federativo, inclusive férias;

II - licença gestante, adotante e paternidade; e

III - ausência por motivo de doação de sangue, alistamento como eleitor, participação em júri, casamento e óbito de pessoa da família.

Art. 14. No cálculo e no reajustamento dos proventos de aposentadorias especiais dos segurados, cujas atividades sejam exercidas com efetiva exposição a agentes químicos, físicos e biológicos prejudiciais à saúde, ou a associação desses agentes, aplica-se o art. 26 da Emenda Constitucional nº 103, de 2019, inclusive quanto ao reajuste do benefício nos termos estabelecidos para o RGPS.

Art. 15. O responsável por informações falsas, no todo ou em parte, inserida nos documentos a que se referem os arts. 7º e 8º, responderá pela prática dos crimes previstos nos arts. 297 e 299 do Código Penal.

Art. 16. Aplicam-se, no que couber, as disposições da Instrução Normativa INSS nº 77, de 21 de janeiro de 2015, para o reconhecimento do tempo de exercício de atividades com efetiva exposição a agentes químicos, físicos e biológicos prejudiciais à saúde, ou a associação desses agentes, nos casos omissos neste Anexo.

Art. 17. Salvo decisão judicial expressa em contrário, este Anexo não será aplicado para conversão do tempo de exercício de atividades com efetiva exposição a agentes químicos, físicos e biológicos prejudiciais à saúde, ou associação desses agentes, a partir de 13 de novembro de 2019, em tempo de contribuição comum, inclusive para fins de contagem recíproca de tempo de contribuição;

ANEXO IV

INSTRUÇÕES PARA O RECONHECIMENTO DE TEMPO DE SERVIÇO PÚBLICO EXERCIDO SOB CONDIÇÕES ESPECIAIS PREJUDICIAIS À SAÚDE OU À INTEGRIDADE FÍSICA PELOS REGIMES PRÓPRIOS COM BASE NAS NORMAS CONSTITUCIONAIS E INFRACONSTITUCIONAIS ANTERIORES À 13 DE NOVEMBRO DE 2019, POR FORÇA DA SÚMULA VINCULANTE Nº 33

Art. 1º Enquanto não promovida alteração na legislação do Regimes Próprios de Previdência Social - RPPS nos termos do disposto no § 4º-C do art. 40 da Constituição Federal, aplicam-se às aposentadorias especiais dos segurados dos Estados, do Distrito Federal e dos Municípios, cujas atividades sejam exercidas sob condições especiais que prejudiquem a saúde ou a integridade física, as normas constitucionais e infraconstitucionais anteriores à data de entrada em vigor da Emenda Constitucional nº 103, de 12 de novembro de 2019.

§ 1º A análise do direito à concessão de aposentadoria especial de que trata o inciso III do § 4º do art. 40 da Constituição Federal, na redação vigente até a publicação da Emenda Constitucional nº 103, de 2019, dar-se-á em cumprimento à Súmula Vinculante nº 33 ou nos casos em que o segurado esteja amparado por ordem concedida em mandado de injunção.

§ 2º Estende-se o disposto no caput às normas sobre aposentadoria de segurados incompatíveis com a redação atribuída pela Emenda Constitucional nº 103, de 2019, aos §§ 4º e 4º-C do art. 40 da Constituição Federal.

Art. 2º A caracterização e a comprovação do tempo de atividade sob condições especiais obedecerão ao disposto na legislação em vigor na época do exercício das atribuições do segurado.

§ 1º O reconhecimento de tempo de serviço público exercido sob condições especiais prejudiciais à saúde ou à integridade física pelos regimes próprios dependerá de comprovação do exercício de atribuições do cargo público de modo permanente, não ocasional nem intermitente, nessas condições, inclusive no período em que o segurado estiver em exercício de mandato eletivo; cedido, com ou sem ônus para o cessionário, a órgão ou entidade da administração direta ou indireta, do mesmo ou de outro ente federativo, ou afastado do país por cessão ou licenciamento.

§ 2º Não será admitida a comprovação de tempo de serviço público sob condições especiais por meio de prova exclusivamente testemunhal ou com base no mero recebimento de adicional de insalubridade ou equivalente.

Art. 3º Até 28 de abril de 1995, data anterior à vigência da Lei nº 9.032, o enquadramento de atividade especial admitirá os seguintes critérios:

I - por cargo público cujas atribuições sejam análogas às atividades profissionais das categorias presumidamente sujeitas a condições especiais, consoante as ocupações/grupos profissionais agrupados sob o código 2.0.0 do Quadro anexo ao Decreto nº 53.831, de 25 de março de 1964, e sob o código 2.0.0 do Anexo II do Regulamento dos Benefícios da Previdência Social, aprovado pelo Decreto nº 83.080, de 24 de janeiro de 1979; ou

II - por exposição a agentes nocivos no exercício de atribuições do cargo público, em condições análogas às que permitem enquadrar as atividades profissionais como perigosas, insalubres ou penosas, conforme a classificação em função da exposição aos referidos agentes, agrupados sob o código 1.0.0 do Quadro anexo ao Decreto nº 53.831, de 1964 e sob o código 1.0.0 do Anexo I do Regulamento dos Benefícios da Previdência Social, aprovado pelo Decreto nº 83.080, de 1979.

Art. 4º De 29 de abril de 1995 até 5 de março de 1997, o enquadramento de atividade especial somente admitirá o critério inscrito no inciso II do caput do art. 3º.

Art. 5º De 6 de março de 1997 até 6 de maio de 1999, o enquadramento de atividade especial observará a relação dos agentes nocivos prejudiciais à saúde ou à integridade física que consta do Anexo IV do Regulamento dos Benefícios da Previdência Social, aprovado pelo Decreto nº 2.172, de 5 de março de 1997.

Art. 6º A partir de 7 de maio de 1999, o enquadramento de atividade especial observará a relação dos agentes nocivos prejudiciais à saúde ou à integridade física que consta do Anexo IV do Regulamento da Previdência Social, aprovado pelo Decreto nº 3.048, de 6 de maio de 1999.

Art. 7º O procedimento de reconhecimento de tempo de atividade especial pelo órgão competente da União, dos Estados, do Distrito Federal e dos Municípios, incluídas as suas autarquias e fundações, deverá ser instruído com os seguintes documentos:

I - formulário de informações sobre atividades exercidas em condições especiais;

II - Laudo Técnico de Condições Ambientais do Trabalho - LTCAT, observado o disposto no art. 9º, ou os documentos aceitos em substituição àquele, consoante o art. 10; e

III - parecer da perícia médica, em relação ao enquadramento por exposição a agentes nocivos, na forma do art. 11.

Art. 8º O formulário de informações sobre atividades exercidas em condições especiais de que trata o inciso I do caput do art. 7º é o modelo de documento instituído para o regime geral de previdência social, segundo seu período de vigência, sob as siglas SB-40, DISESBE 5235, DSS-8030 ou DIRBEN 8030, que serão aceitos, quando emitidos até 31 de dezembro de 2003, e o Perfil Profissiográfico Previdenciário - PPP, que é o formulário exigido a partir de 1º de janeiro de 2004.

Parágrafo único. O formulário será emitido pelo órgão ou entidade responsável pelos assentamentos funcionais do segurado no correspondente período de exercício das atribuições do cargo, observado o disposto no art. 2º.

Art. 9º O LTCAT será expedido por médico do trabalho ou engenheiro de segurança do trabalho que integre, de preferência, o quadro funcional da Administração Pública responsável pelo levantamento ambiental, podendo esse encargo ser atribuído a terceiro que comprove o mesmo requisito de habilitação técnica.

§ 1º O enquadramento de atividade especial por exposição ao agente físico ruído, em qualquer época da prestação do labor, exige laudo técnico pericial.

§ 2º Em relação aos demais agentes nocivos, o laudo técnico pericial será obrigatório para os períodos laborados a partir de 14 de outubro de 1996, data de publicação da Medida Provisória nº 1.523, posteriormente convertida na Lei nº 9.528, de 10 de dezembro de 1997.

§ 3º É admitido o laudo técnico emitido em data anterior ou posterior ao exercício da atividade do segurado, se não houve alteração no ambiente de trabalho ou em sua organização, desde que haja ratificação, nesse sentido, pelo responsável técnico a que se refere o caput.

§ 4º Não serão aceitos:

I - laudo relativo a atividade diversa, salvo quando efetuada no mesmo órgão público;

II - laudo relativo a órgão público ou equipamento diversos, ainda que as funções sejam similares; e

III - laudo realizado em localidade diversa daquela em que houve o exercício da atividade.

§ 5º Nas avaliações ambientais deverão ser considerados, além do disposto nos arts. 3º a 6º, a metodologia e os procedimentos de avaliação estabelecidos pela Fundação Jorge Duprat Figueiredo de Segurança e Medicina do Trabalho - Fundacentro.

§ 6º Na hipótese de não terem sido estabelecidos pela Fundacentro a metodologia e os procedimentos de avaliação, caberá ao Ministério do Trabalho e Previdência - MTP indicar outras instituições para estabelecê-los.

§ 7º O laudo técnico a que se refere este artigo conterá informações sobre a existência de tecnologia de proteção coletiva ou individual e sobre a sua eficácia e será elaborado com observância às normas editadas pelo MTP e aos procedimentos adotados pelo INSS.

Art. 10. Poderão ser aceitos em substituição ao LTCAT, ou ainda de forma complementar a este, os seguintes documentos:

I - laudos técnico-periciais emitidos por determinação da Justiça do Trabalho, em ações trabalhistas, acordos ou dissídios coletivos;

II - laudos emitidos pela Fundacentro;

III - laudos emitidos pelo MTP, ou, ainda, pelas Delegacias Regionais do Trabalho - DRT;

IV - laudos individuais acompanhados de:

a) autorização escrita do órgão administrativo competente, se o levantamento ambiental ficar a cargo de responsável técnico não integrante do quadro funcional da respectiva Administração;

b) cópia do documento de habilitação profissional do engenheiro de segurança do trabalho ou médico do trabalho, indicando sua especialidade;

c) nome e identificação do servidor da Administração responsável pelo acompanhamento do levantamento ambiental, quando a emissão do laudo ficar a cargo de profissional não pertencente ao quadro efetivo dos funcionários; e

d) data e local da realização da perícia; e

V - demonstrações ambientais constantes dos seguintes documentos:

a) Programa de Prevenção de Riscos Ambientais - PPRA;

b) Programa de Gerenciamento de Riscos - PGR;

c) Programa de Condições e Meio Ambiente de Trabalho na Indústria da Construção - PCMAT; e

d) Programa de Controle Médico de Saúde Ocupacional - PCMSO.

Art. 11. A análise para a caracterização e o enquadramento do exercício de atribuições com efetiva exposição a agentes nocivos prejudiciais à saúde ou à integridade física será de responsabilidade de Perito Médico que integre, de preferência, o quadro funcional da Administração Pública do ente concessor, mediante a adoção dos seguintes procedimentos:

I - análise do formulário e laudo técnico ou demais demonstrações ambientais referidas no inciso V do caput do art. 10;

II - a seu critério, inspeção de ambientes de trabalho com vistas à rerratificação das informações contidas nas demonstrações ambientais; e

III - emissão de parecer médico-pericial conclusivo, descrevendo o enquadramento por agente nocivo, indicando a codificação contida na legislação específica e o correspondente período de atividade.

Art. 12. Considera-se especial a atividade exercida com exposição a ruído quando a exposição ao ruído tiver sido superior a:

I - 80 decibéis (dB), até 5 de março de 1997;

II - 90 dB, a partir de 6 março de 1997 até 18 de novembro de 2003; e

III - 85 dB, a partir de 19 de novembro de 2003.

Parágrafo único. O enquadramento a que se refere o inciso III do caput, será efetuado quando o Nível de Exposição Normalizado - NEN se situar acima de oitenta e cinco decibéis ou for ultrapassada a dose unitária, observados:

I - os limites de tolerância definidos no Quadro Anexo I da NR-15 do MTE; e

II - as metodologias e os procedimentos definidos na Norma de Higiene Ocupacional - NHO-01 da Fundacentro.

Art. 13. Consideram-se tempo de serviço sob condições especiais, para os fins deste Anexo, desde que o segurado estivesse exercendo atividade considerada especial ao tempo das seguintes ocorrências:

I - períodos de descanso determinados pela legislação do regime estatutário do ente federativo, inclusive férias;

II - licença/afastamento por motivo de acidente, doença profissional ou doença do trabalho;

III - aposentadoria por invalidez acidentária;

IV - licença gestante, adotante e paternidade; e

V - ausência por motivo de doação de sangue, alistamento como eleitor, participação em júri, casamento e óbito de pessoa da família.

Art. 14. No cálculo e no reajustamento dos proventos de aposentadoria especial aplica-se o disposto nos §§ 2º, 3º, 8º, 14, 15, 16 e 17, do art. 40 da Constituição Federal, na redação vigente até a publicação da Emenda Constitucional nº 103, de 2019.

Art. 15. O responsável por informações falsas, no todo ou em parte, inserida nos documentos a que se referem os arts. 7º e 8º, responderá pela prática dos crimes previstos nos arts. 297 e 299 do Código Penal.

Art. 16. Aplicam-se, no que couber, as disposições da Instrução Normativa INSS nº 77, de 21 de janeiro de 2015, na redação vigente até a publicação da Emenda Constitucional nº 103, de 2019, para o reconhecimento do tempo de serviço exercido sob condições especiais que prejudiquem a saúde ou a integridade física e concessão da respectiva aposentadoria, nos casos omissos neste Anexo, até que lei complementar do ente federativo discipline o disposto no § 4º-C do art. 40 da Constituição Federal.

Art. 17. Salvo decisão judicial expressa em contrário, este Anexo não será aplicado para:

I - conversão do tempo exercido pelo segurado a partir de 13 de novembro de 2019 sob condições especiais prejudiciais à saúde ou à integridade física em tempo de contribuição comum, inclusive para fins de contagem recíproca de tempo de contribuição; e

II - revisão de benefício de aposentadoria em fruição.

ANEXO V

INSTRUÇÕES PARA O RECONHECIMENTO DO DIREITO À APOSENTADORIA ESPECIAL DOS SEGURADOS COM DEFICIÊNCIA DO RPPS DA UNIÃO E DOS DEMAIS ENTES FEDERATIVOS QUE ADOTAREM AS REGRAS DA UNIÃO, INCLUSIVE DOS ENTES FEDERATIVOS QUE NÃO PROMOVEREM ALTERAÇÕES NA LEGISLAÇÃO RELACIONADA AO RPPS, QUANDO O RECONHECIMENTO DO DIREITO À APOSENTADORIA ESPECIAL DO SEGURADO COM DEFICIÊNCIA TIVER AMPARO EM ORDEM CONCEDIDA EM MANDADO DE INJUNÇÃO.

Art. 1º Os parâmetros e diretrizes gerais estabelecidos neste Anexo serão observados para fins de análise do direito do segurado com deficiência à concessão da aposentadoria especial na forma da Lei Complementar nº 142, de 8 de maio de 2013, com fundamento no art. 22 da

Emenda Constitucional nº 103, de 12 de novembro de 2019, para os Regimes Próprios de Previdência Social - RPPS de que trata o art. 40 da Constituição Federal:

I - da União;

II - dos entes federativos que adotarem as mesmas regras da União; ou

III - dos entes federativos que não promoverem alteração na sua legislação relacionada ao RPPS de seus servidores nos termos do § 4º-A do art. 40 da Constituição Federal, quando o segurado for amparado por ordem concedida em mandado de injunção.

Art. 2º Considera-se pessoa com deficiência aquela que tem impedimentos de longo prazo de natureza física, mental, intelectual ou sensorial, os quais, em interação com diversas barreiras, podem obstruir sua participação plena e efetiva na sociedade em igualdade de condições com as demais pessoas, consoante o art. 1º da Convenção Internacional sobre os Direitos das Pessoas com Deficiência, promulgada pelo Decreto nº 6.949, de 25 de agosto de 2009.

Parágrafo único. Segurado com deficiência é a pessoa com deficiência abrangida por RPPS.

Art. 3º A adoção de requisitos e critérios diferenciados para a concessão de aposentadoria voluntária ao segurado com deficiência está condicionada à comprovação das condições a que se refere o art. 2º na data de entrada do requerimento ou na data de aquisição do direito ao benefício.

SEÇÃO I
REQUISITOS E CRITÉRIOS DIFERENCIADOS

Art. 4º Os segurados com deficiência dos entes federativos de que trata o art. 1º serão aposentados voluntariamente, desde que cumprido tempo mínimo de 10 (dez) anos de efetivo exercício no serviço público e 5 (cinco) anos no cargo efetivo em que se dará a aposentadoria, observadas as seguintes condições:

I - aos 25 (vinte e cinco) anos de tempo de contribuição, se homem, e 20 (vinte) anos, se mulher, no caso de segurado com deficiência grave;

II - aos 29 (vinte e nove) anos de tempo de contribuição, se homem, e 24 (vinte e quatro), se mulher, no caso de segurado com deficiência moderada;

III - aos 33 (trinta e três) anos de tempo de contribuição, se homem, e 28 (vinte e oito), se mulher, no caso de segurado com deficiência leve; ou

IV - aos 60 (sessenta) anos de idade, se homem, e 55 (cinquenta e cinco) anos de idade, se mulher, desde que cumprido tempo mínimo de contribuição de 15 (quinze) anos na condição de segurado com deficiência.

Parágrafo único. O tempo mínimo de contribuição previsto nos incisos I a III do caput deve ser cumprido na condição de pessoa com deficiência, conforme o grau especificado, e, no inciso IV do caput, independentemente do grau de deficiência, observado, em qualquer caso, o disposto no art. 3º.

Art. 5º Se a condição de pessoa com deficiência sobrevier à filiação nos diversos regimes de previdência social, ou se houver alteração do grau de deficiência, os parâmetros mencionados nos incisos I, II e III do caput do art. 4º serão proporcionalmente ajustados conforme as tabelas abaixo, considerando- se o número de anos de exercício de atividade laboral sem deficiência e com deficiência, observando-se o correspondente grau de deficiência preponderante:

MULHER			
TEMPO A AJUSTAR	MULTIPLICADORES		
	Para 20 anos (Deficiência Grave)	Para 24 anos (Deficiência Moderada)	Para 28 anos (Deficiência Leve)
De 20 anos	1,00	1,20	1,40
De 24 anos	0,83	1,00	1,17
De 28 anos	0,71	0,86	1,00
De 30 anos	0,67	0,80	0,93

HOMEM			
TEMPO A AJUSTAR	MULTIPLICADORES		
	Para 25 anos (Deficiência Grave)	Para 29 anos (Deficiência Moderada)	Para 33 anos (Deficiência Leve)
De 25 anos	1,00	1,16	1,32
De 29 anos	0,86	1,00	1,14
De 33 anos	0,76	0,88	1,00
De 35 anos	0,71	0,83	0,94

Parágrafo único. O grau de deficiência preponderante será aquele em que o segurado cumpriu maior tempo de contribuição, antes de ajustado, e servirá como parâmetro para definir o tempo mínimo necessário para a aposentadoria voluntária dos incisos I, II e III do caput do art. 4º.

Art. 6º Poderá ser realizada a conversão em tempo com deficiência do tempo em que o segurado exerceu, inclusive como pessoa com deficiência, atividades sujeitas a condições especiais que prejudiquem a saúde ou a integridade física, que fundamentam a concessão da aposentadoria especial de que trata o art. 57 da Lei nº 8.213, de 24 de julho de 1991, se resultar mais favorável ao segurado, conforme as tabelas abaixo:

MULHER			
TEMPO A CONVERTER	MULTIPLICADORES		
	Para 20 anos (Deficiência Grave)	Para 24 anos (Deficiência Moderada)	Para 28 anos (Deficiência Leve)
De 25 anos	0,80	0,96	1,12
HOMEM			
TEMPO A CONVERTER	MULTIPLICADORES		
	Para 25 anos (Deficiência Grave)	Para 29 anos (Deficiência Moderada)	Para 33 anos (Deficiência Leve)
De 25 anos	1,00	1,16	1,32

Art. 7º Na concessão da aposentadoria a que se refere o inciso IV do caput do art. 4º, o tempo mínimo de contribuição exigido deve ser apurado sem o ajuste ou conversão de tempo de que tratam os arts. 5º e 6º, respectivamente, e inteiramente cumprido na condição de pessoa com deficiência.

Parágrafo único. Para a aposentadoria por idade concedida a pessoa com deficiência, será assegurada, exclusivamente para fins de cálculo do valor dos proventos, a conversão do período de exercício de atividade sujeito a condições especiais que prejudiquem a sua saúde ou a sua integridade física, na forma do art. 6º, cumprido na condição de pessoa com deficiência até 13 de novembro de 2019.

Art. 8º A redução de tempo de contribuição prevista nos incisos I, II e III do caput do art. 4º não poderá ser acumulada, no tocante ao mesmo período contributivo, com a redução assegurada aos casos de atividades exercidas sob condições especiais que prejudiquem a saúde ou a integridade física a que se refere o art. 6º.

SEÇÃO II
AVALIAÇÃO E COMPROVAÇÃO DA DEFICIÊNCIA

Art. 9º A avaliação da deficiência pelos órgãos competentes da União, dos Estados, do Distrito Federal e dos Municípios será médica e funcional, por meio de perícia que fixará a data provável do início da deficiência e o seu grau, no correspondente período de filiação ao respectivo RPPS, e de exercício das suas atribuições na condição de segurado com deficiência.

§ 1º A avaliação do segurado no período de sua filiação ao Regime Geral de Previdência Social - RGPS compete à perícia própria do Instituto Nacional do Seguro Social - INSS.

§ 2º Para efeito da avaliação médica e funcional de que trata o caput, a União, os Estados, o Distrito Federal e os Municípios utilizarão, para fins de integração normativa, a disciplina própria que a esse respeito for editada para o RGPS.

§ 3º Na avaliação mencionada neste artigo poderá ser adotado o instrumento aprovado por meio da Portaria Interministerial AGU/MPS/MF/SEDH/MP nº 1, de 27 de janeiro de 2014.

Art. 10. A comprovação de tempo de contribuição na condição de segurado com deficiência, filiado a RPPS, não será admitida por meio de prova exclusivamente testemunhal.

Art. 11. Aplica-se ao segurado com deficiência a contagem recíproca do tempo de contribuição nessa condição relativo à filiação ao RGPS, ao RPPS ou ao Sistema de Proteção Social dos Militares, devendo os regimes compensar-se financeiramente, na forma de regulamentação específica.

Parágrafo único. Para aplicação do disposto no caput, o tempo de contribuição com deficiência em outro regime ou no SPSM deverá ser comprovado, respectivamente, mediante Certidão de Tempo de Contribuição - CTC emitida pelo regime previdenciário de origem ou Certidão de Tempo de Serviço Militar, devendo estar identificados os períodos com deficiência e seus graus, na forma do Anexo IX.

SEÇÃO III
CÁLCULO E REAJUSTE DOS PROVENTOS

Art. 12. Os proventos de aposentadoria do segurado com deficiência de que trata o art. 1º corresponderão ao valor resultado mediante a aplicação dos seguintes percentuais sobre a média aritmética simples das bases de cálculo de contribuição para o RGPS ou RPPS, ou das contribuições decorrentes das atividades militares de que tratam os arts. 42 e 142 da Constituição Federal, atualizados monetariamente, correspondentes a 100% (cem por cento) de todo o período contributivo, desde a competência julho de 1994 ou desde o início da contribuição, se posterior àquela competência: (Redação dada pela Portaria MTP 1.837/2022)

I - 100% (cem por cento), para os casos dos incisos I, II e III do caput do art. 4º; ou

II - 70% (setenta por cento) mais 1% (um por cento) por grupo de 12 (doze) contribuições mensais até o máximo de 30% (trinta por cento), no caso do inciso IV do art. 4º do caput.

§ 1º No cálculo dos proventos de aposentadoria especial do segurado com deficiência aplica-se ainda o disposto nos §§ 2º, 14, 15 e 16 do art. 40 da Constituição Federal.

§ 2º Os proventos calculados conforme o disposto neste artigo serão reajustados nos termos estabelecidos para o RGPS.

SEÇÃO IV
DISPOSIÇÕES FINAIS

Art. 13. Salvo decisão judicial expressa em contrário, este Anexo não será aplicado para:

I - conversão do tempo cumprido pelo segurado com deficiência em tempo de contribuição comum, inclusive para fins de contagem recíproca de tempo de contribuição; e

II - reconhecimento de tempo de contribuição exercido na condição de pessoa com deficiência com o objetivo de instruir futuro pedido de aposentadoria voluntária.

ANEXO VI

APLICAÇÃO DOS PARÂMETROS PARA GARANTIA DO EQUILÍBRIO FINANCEIRO E ATUARIAL

Art. 1º A aplicação dos parâmetros previstos no Capítulo IV desta Portaria relativos ao equilíbrio financeiro e atuarial dos Regimes Próprios de Previdência Social - RPPS obedecerá, de forma complementar, o disposto neste Anexo.

SEÇÃO I
CONCEITOS

Art. 2º Para os efeitos deste Anexo, considera-se:

I - alíquota de contribuição normal: percentual de contribuição, instituído em lei do ente federativo, definido, anualmente, para cobertura do custo normal e cujos valores são destinados à constituição de reservas com a finalidade de prover o pagamento de benefícios;

II - alíquota de contribuição suplementar: percentual de contribuição, estabelecido em lei do ente federativo, para cobertura do custo suplementar e equacionamento do deficit atuarial;

III - análise de sensibilidade: método que busca mensurar o efeito de uma hipótese ou premissa no resultado final de um estudo ou avaliação atuarial;

IV - ativos garantidores dos compromissos do plano de benefícios: somatório dos recursos provenientes das contribuições, das disponibilidades decorrentes das receitas correntes e de capital e demais ingressos financeiros auferidos pelo RPPS, e dos bens, direitos, ativos financeiros e ativos de qualquer natureza vinculados, por lei, ao regime, destacados como investimentos, conforme normas contábeis aplicáveis ao setor público, excluídos os recursos relativos ao financiamento das despesas administrativas do regime e aqueles vinculados aos fundos para oscilação de riscos e os valores das provisões para pagamento dos benefícios avaliados em regime de repartição de capitais de cobertura;

V - atuário: profissional técnico especializado, bacharel em Ciências Atuariais e legalmente habilitado para o exercício da profissão nos termos do Decreto-lei nº 806, de 04 de setembro de 1969;

VI - auditoria atuarial: exame dos aspectos atuariais do plano de benefícios do RPPS realizado por atuário ou empresa de consultoria atuarial certificada com o objetivo de verificar e avaliar a coerência e a consistência da base cadastral, das bases técnicas adotadas, da adequação do plano de custeio, dos montantes estimados para as provisões (reservas) matemáticas e fundos de natureza atuarial, bem como de demais aspectos que possam comprometer a liquidez e solvência do plano de benefícios;

VII - avaliação atuarial: documento elaborado por atuário, em conformidade com as bases técnicas estabelecidas para o plano de benefícios do RPPS, que caracteriza a massa de segurados e beneficiários e a base cadastral utilizada, discrimina os encargos, estima os recursos necessários e as alíquotas de contribuição normal e suplementar do plano de custeio de equilíbrio para todos os benefícios do plano, que apresenta os montantes dos fundos de natureza atuarial, das reservas técnicas e provisões matemáticas a contabilizar, o fluxo atuarial e as projeções atuariais exigidas pela legislação pertinente e que contem parecer atuarial conclusivo relativo à solvência e liquidez do plano de benefícios;

VIII - bases técnicas: premissas, pressupostos, hipóteses e parâmetros biométricos, demográficos, econômicos e financeiros utilizados e adotados no plano de benefícios pelo atuário, com a concordância dos representantes do RPPS, adequados e aderentes às características da massa de segurados e beneficiários do RPPS e ao seu regramento, compreendo, também, os regimes financeiros adotados para o financiamento dos benefícios, as tábuas biométricas utilizadas, bem como fatores e taxas utilizados para a estimação de receitas e encargos;

IX - custo normal: o valor correspondente às necessidades de custeio do plano de benefícios do RPPS, atuarialmente calculadas, conforme os regimes financeiros adotados, referentes a períodos compreendidos entre a data da avaliação e a data de início dos benefícios;

X - custo suplementar: o valor correspondente às necessidades de custeio, atuarialmente calculadas, destinado à cobertura do tempo de serviço passado, ao equacionamento de deficit gerados pela ausência ou insuficiência de alíquotas de contribuição, inadequação das bases técnicas ou outras causas que ocasionaram a insuficiência de ativos garantidores necessários à cobertura das provisões matemáticas previdenciárias;

XI - data focal da avaliação atuarial: data na qual foram posicionados, a valor presente, os encargos, as contribuições e aportes relativos ao plano de benefícios, bem como os ativos garantidores, e na qual foram apurados o resultado e a situação atuarial do plano, sendo que nas avaliações atuariais anuais, a data focal é a data do último dia do ano civil, 31 de dezembro;

XII - deficit atuarial: resultado negativo apurado por meio do confronto entre o somatório dos ativos garantidores dos compromissos do plano de benefícios e os valores atuais do fluxo de contribuições futuras, do fluxo dos valores líquidos da compensação financeira a receber e dos parcelamentos vigentes a receber, menos o somatório dos valores atuais dos fluxos futuros de pagamento dos benefícios do plano de benefícios;

XIII - deficit financeiro: valor da insuficiência financeira, período a período, apurada por meio do confronto entre o fluxo das receitas e o fluxo das despesas do RPPS em cada exercício financeiro;

XIV - Demonstrativo de Resultado da Avaliação Atuarial - DRAA: documento exclusivo de cada RPPS, que demonstra, as características gerais do plano de benefícios, da massa segurada pelo plano e os principais resultados da avaliação atuarial, elaborado conforme definido pela Secretaria de Previdência - SPREV do Ministério do Trabalho e Previdência - MTP;

XV - duração do passivo: a média ponderada dos prazos dos fluxos de pagamentos de benefícios de cada plano, líquidos de contribuições incidentes sobre esses pagamentos;

XVI - equacionamento de deficit atuarial: decisão do ente federativo quanto às formas, prazos, valores e condições em que se dará o completo reequilíbrio dos planos de custeio e de benefícios do RPPS, observadas as normas legais e regulamentares;

XVII - equilíbrio atuarial: garantia de equivalência, a valor presente, entre o fluxo das receitas estimadas e das obrigações projetadas, ambas estimadas e projetadas atuarialmente, até a extinção da massa de segurados a que se refere; expressão utilizada para denotar a igualdade entre o total dos recursos garantidores do plano de benefícios do RPPS, acrescido das contribuições futuras e direitos, e o total de compromissos atuais e futuros do regime;

XVIII - equilíbrio financeiro: garantia de equivalência entre as receitas auferidas e as obrigações do RPPS em cada exercício financeiro;

XIX - Estrutura a Termo de Taxa de Juros Média - ETTJM: a média das Estruturas a Termo de Taxa de Juros diárias embasadas nos títulos públicos federais indexados ao Índice de Preço ao Consumidor Amplo - IPCA;

XX - evento gerador do benefício: evento que gera o direito e torna o segurado ativo do RPPS, ou o seu dependente, e o segurado inativo elegíveis ao benefício;

XXI - Fundo em Capitalização: fundo especial, instituído nos termos da Lei nº 4.320, de 17 de março de 1964, com a finalidade de acumulação de recursos para pagamento dos compromissos definidos no plano de benefícios do RPPS, no qual, pelo menos, as aposentadorias programadas e as pensões por morte decorrentes dessas aposentadorias são estruturadas sob o regime financeiro de capitalização;

XXII - Fundo em Repartição: fundo especial, instituído nos termos da Lei nº 4.320, de 1964, em caso de segregação da massa, em que as contribuições a serem pagas pelo ente federativo, pelos segurados e beneficiários filiados ao RPPS são fixadas sem objetivo de acumulação de recursos, sendo as insuficiências aportadas pelo ente federativo, admitida a constituição de fundo para oscilação de riscos;

XXIII - fluxo atuarial: discriminação dos fluxos de recursos, direitos, receitas e encargos do plano de benefícios do RPPS, benefício a benefício, período a período, que se trazidos a valor presente pela taxa atuarial de juros adotada no plano, convergem para os resultados do Valor Atual dos Benefícios Futuros e do Valor Atual das Contribuições Futuras que deram origem aos montantes dos fundos de natureza atuarial, às provisões matemáticas (reservas) a contabilizar e ao eventual deficit ou superavit apurados da Avaliação Atuarial;

XXIV - fundo para oscilação de riscos: valor destinado à cobertura de riscos decorrentes de desvios das hipóteses adotadas na avaliação atuarial ou com o objetivo de anti-seleção de riscos, cuja finalidade é manter nível de estabilidade do plano de custeio do RPPS e garantir sua solvência;

XXV - ganhos e perdas atuariais: demonstrativo sobre o ajuste entre a realidade e a expectativa que se tinha quando da formulação do plano de custeio, acerca do comportamento das hipóteses ou premissas atuariais;

XXVI- método de financiamento atuarial: metodologia adotada pelo atuário para estabelecer o nível de constituição das provisões necessárias à cobertura dos benefícios estruturados no regime financeiro de capitalização, em face das características biométricas, demográficas, econômicas e financeiras dos segurados do RPPS;

XXVII - Nota Técnica Atuarial - NTA: documento técnico elaborado por atuário e exclusivo de cada RPPS, que contém todas as formulações e expressões de cálculo utilizadas nas avaliações atuariais do regime, relativas às alíquotas de contribuição e encargos do plano de benefícios, às provisões (reservas) matemáticas previdenciárias e aos fundos de natureza atuarial, em conformidade com as bases técnicas aderentes à massa de segurados e beneficiários do RPPS, bem como descreve, de forma clara e precisa, as características gerais dos benefícios, as bases técnicas adotadas e metodologias utilizadas nas formulações;

XXVIII - Provisão Matemática de Benefícios a Conceder: corresponde ao valor presente dos encargos (compromissos) com um determinado benefício não concedido, líquidos das contribuições futuras e aportes futuros, ambos também a valor presente;

XXIX - Provisão Matemática de Benefícios Concedidos: corresponde ao valor presente dos encargos (compromissos) com um determinado benefício já concedido, líquidos das contribuições futuras e aportes futuros, ambos também a valor presente;

XXX - passivo atuarial: é o valor presente, atuarialmente calculado, dos benefícios referentes aos servidores, dado determinado método de financiamento do plano de benefícios;

XXXI - parecer atuarial: documento emitido por atuário que apresenta de forma conclusiva a situação financeira e atuarial do plano de benefícios, no que se refere à sua liquidez de curto prazo e solvência, que certifica a adequação da base cadastral e das bases técnicas utilizadas na avaliação atuarial, a regularidade ou não do repasse de contribuições ao RPPS e a observância do plano de custeio vigente, a discrepância ou não entre o plano de custeio vigente e o plano de custeio de equilíbrio estabelecido na última avaliação atuarial e aponta medidas para a busca e manutenção do equilíbrio financeiro e atuarial;

XXXII - plano de benefícios: o conjunto de benefícios de natureza previdenciária oferecidos aos segurados do RPPS, segundo as regras constitucionais e legais, limitado às aposentadorias e pensões por morte;

XXXIII - plano de custeio de equilíbrio: conjunto de alíquotas normais e suplementares e de aportes, discriminadas por benefício, para financiamento do plano de benefícios e dos custos com a sua administração, necessários para se garantir o equilíbrio financeiro e atuarial do plano de benefícios, proposto na avaliação atuarial;

XXXIV - plano de custeio vigente: conjunto de alíquotas normais e suplementares e de aportes para financiamento do plano de benefícios e dos custos com a administração desse plano, estabelecido em lei pelo ente federativo e vigente na posição da avaliação atuarial;

XXXV - projeções atuariais: compreendem as projeções de todas as receitas e despesas do RPPS, considerando o fluxo atuarial dos benefícios calculados pelo regime financeiro de capitalização, os benefícios calculados por capitais de cobertura e os benefícios calculados por repartição simples, em caso de Fundo em Repartição e benefícios mantidos pelo Tesouro e taxa de administração;

XXXVI - Relatório da Avaliação Atuarial: documento elaborado por atuário legalmente habilitado que apresenta os resultados do estudo técnico desenvolvido, baseado na NTA e demais bases técnicas, com o objetivo principal de estabelecer, de forma suficiente e adequada, os recursos necessários para a garantia do equilíbrio financeiro e atuarial do plano de previdência;

XXXVII - Relatório de Análise das Hipóteses: instrumento de responsabilidade da unidade gestora do RPPS, elaborado por atuário legalmente responsável, pelo qual demonstra-se a adequação e aderência das bases técnicas adotadas na avaliação atuarial do regime próprio às características da massa de beneficiários do regime e aos parâmetros gerais estabelecidos neste Anexo;

XXXVIII - regime financeiro de capitalização: regime no qual o valor atual de todo o fluxo de contribuições normais e suplementares futuras acrescido ao patrimônio do plano é igual ao valor atual de todo o fluxo de pagamento de benefícios futuros, fluxo este considerado até sua extinção e para todos os benefícios cujo evento gerador venha a ocorrer no período futuro dos fluxos, requerendo o regime, pelo menos, a constituição:

a) de provisão matemática de benefícios a conceder até a data prevista para início do benefício, apurada de acordo com o método de financiamento estabelecido; e

b) de provisão matemática de benefícios concedidos para cada benefício do plano a partir da data de sua concessão;

XXXIX - regime financeiro de repartição de capitais de cobertura: regime no qual o valor atual de todo o fluxo de contribuições normais futuras de um único período é igual ao valor atual de todo o fluxo de pagamento de benefícios futuros, considerado até sua extinção, para os benefícios cujo evento gerador venha a ocorrer naquele único período, requerendo o regime, no mínimo, a constituição de provisão matemática de benefícios concedidos para cada benefício a partir da data de concessão do mesmo;

XL - regime financeiro de repartição simples: regime em que o valor atual do fluxo de contribuições normais futuras de um único exercício é igual ao valor atual de todo o fluxo de benefícios futuros cujo pagamento venha a ocorrer nesse mesmo exercício;

XLI - resultado atuarial: resultado apurado por meio do confronto entre o somatório dos ativos garantidores dos compromissos do plano de benefícios com os valores atuais do fluxo de contribuições futuras, do fluxo dos valores líquidos da compensação financeira a receber, menos o somatório dos valores atuais dos fluxos futuros de pagamento dos benefícios do plano de benefícios, sendo superavitário, caso as receitas superem as despesas, e, deficitário, em caso contrário;

XLII - segregação da massa: a separação dos segurados do plano de benefícios do RPPS em grupos distintos que integrarão o Fundo em Capitalização e o Fundo em Repartição;

XLIII - serviço passado: parcela do passivo atuarial do segurado correspondente ao período anterior a seu ingresso no RPPS do ente, para a qual não exista compensação financeira integral, e, para os beneficiários, à parcela do passivo atuarial relativa ao período anterior à assunção pelo regime próprio e para o qual não houve contribuição para custear esses benefícios;

XLIV - sobrevida média dos beneficiários: representa a sobrevida média da tábua de mortalidade na data da avaliação atuarial e expresso em anos dos aposentados e pensionistas vitalícios e da duração do tempo do benefício das pensões temporárias;

XLV - superavit atuarial: resultado positivo apurado por meio do confronto entre o somatório dos ativos garantidores dos compromissos do plano de benefícios com os valores atuais do fluxo de contribuições futuras, do fluxo dos valores líquidos da compensação financeira a receber, menos o somatório dos valores atuais dos fluxos futuros de pagamento dos benefícios do plano de benefícios;

XLVI - tábuas biométricas: instrumentos demográficos estatísticos utilizados nas bases técnicas da avaliação atuarial que estimam as probabilidades de ocorrência de eventos relacionados de determinado grupo de pessoas, como sobrevivência, mortalidade, invalidez e morbidade;

XLVII - taxa atuarial de juros: é a taxa anual utilizada no cálculo dos direitos e compromissos do plano de benefícios a valor presente, sem utilização do índice oficial de inflação de referência do plano de benefícios;

XLVIII - taxa de juros parâmetro: aquela cujo ponto da Estrutura a Termo de Taxa de Juros Média - ETTJ, divulgado anualmente no Anexo VII desta Portaria, seja o mais próximo à duração do passivo do respectivo plano de benefícios;

XLIX - Valor Atual das Contribuições Futuras - VACF: valor presente atuarial do fluxo das futuras contribuições de um plano de benefícios, considerando as bases técnicas indicadas na NTA e os preceitos da Ciência Atuarial;

L - Valor Atual dos Benefícios Futuros - VABF: valor presente atuarial do fluxo de futuros pagamentos de benefícios de um plano de benefícios, considerados as bases técnicas indicadas na NTA e os preceitos da Ciência Atuarial;

LI - viabilidade financeira: capacidade de o ente federativo dispor de recursos financeiros suficientes para honrar os compromissos previstos no plano de benefícios do RPPS;

LII - viabilidade fiscal: capacidade de cumprimento dos limites fiscais previstos na Lei Complementar nº 101, de 04 de maio de 2000; (Redação dada pela Portaria MPS 3.811/2024)

LIII - viabilidade orçamentária: capacidade de o ente federativo consignar receitas e fixar despesas, em seu orçamento anual, suficientes para honrar os compromissos com o RPPS; e (Redação dada pela Portaria MPS 3.811/2024)

LIV - premissa de reposição de segurados: projeção de novos servidores para reposição de decrementos decorrentes de aposentadorias programadas e compulsórias ou de falecimentos, visando manter o equilíbrio atuarial do RPPS. (Acrescido pela Portaria MPS 3.811/2024)

Parágrafo único. Nas referências deste Anexo:

I - às alíquotas ou contribuições normais estão compreendidas as alíquotas ou contribuições normais do ente, dos segurados e beneficiários; e

II - às alíquotas ou contribuições suplementares estão compreendidas as alíquotas ou contribuições suplementares do ente.

SEÇÃO II
NOTA TÉCNICA ATUARIAL

Art. 3º A NTA deverá ser encaminhada à SPREV até o prazo de envio do DRAA relativo à avaliação atuarial nela fundamentada e observar a estrutura e o conteúdo mínimo do modelo disponibilizado pela SPREV na página da Previdência Social na Internet, especialmente as seguintes informações:

I - a descrição da metodologia utilizada, das caraterísticas do plano de benefícios, dos critérios utilizados para o cálculo das premissas atuariais, financeiras e demográficas, dos regimes financeiros e métodos de financiamento utilizados na elaboração das avaliações atuariais;

II - a demonstração das expressões matemáticas e suas respectivas simbologias utilizadas para determinar o cálculo do custeio e obrigações do custo normal, das provisões matemáticas, do custo suplementar e dos fluxos atuariais;

III - a descrição das condições de elegibilidade para a concessão dos benefícios previdenciários, justificando os critérios e apresentando as formulações utilizadas para a determinação das regras permanentes, das regras de transição e do comportamento para aposentadoria;

IV - a demonstração da formulação do cálculo da dinâmica populacional dos segurados, das provisões matemáticas e dos custos correspondentes relativos à alteração do perfil da massa em decorrência de falecimento, rotatividade, invalidez, incapacidade permanente para o trabalho e entrada em aposentadoria; e (Redação dada pela Portaria MPS 3.811/2024)

V - a explicitação da forma de cálculo relativa à metodologia para determinação do valor dos benefícios, com base na média aritmética simples das bases de cálculo das contribuições ou na última remuneração do servidor no cargo efetivo.

Parágrafo único. A NTA deverá estar atualizada e ser elaborada em estrita observância à modelagem do plano de benefícios, considerando suas características gerais.

SUBSEÇÃO I
HIPÓTESES ATUARIAIS E PREMISSAS

Art. 4º As formulações e metodologias relativas às hipóteses biométricas, demográficas, econômicas e financeiras e premissas adotadas nas avaliações atuariais deverão ser descritas na NTA, com a seguinte estrutura mínima:

I - tábua de mortalidade geral (válidos e inválidos);

II - tábua de entrada em invalidez;

III - tábua de morbidez;

IV - alterações futuras no perfil e composição das massas;

V - rotatividade;

VI - expectativa de reposição de segurados;

VII - estimativas de bases de cálculo de contribuições, remunerações e proventos;

VIII - taxa real de crescimento da base de cálculo das contribuições, remunerações e proventos;

IX - taxa de juros atuarial;

X - entrada no mercado de trabalho e em aposentadoria programada;

XI - idade estimada de ingresso no mercado de trabalho;

XII - idade estimada de entrada em aposentadoria programada;

XIII - composição do grupo familiar;

XIV - fator de determinação do valor real ao longo do tempo das bases de cálculo das contribuições, remunerações e proventos;

XV - premissa de cálculo do valor dos benefícios;

XVI - projeção do valor do limite máximo dos benefícios do Regime Geral de Previdência Social - RGPS, conforme art. 45 desta Portaria; e (Redação dada pela Portaria MPS 3.811/2024)

XVII - demais premissas e hipóteses.

SUBSEÇÃO II
TAXA DE ADMINISTRAÇÃO

Art. 5º A base técnica relativa à taxa de administração do RPPS deverá ser descrita na NTA, destacando-se:

I - critérios considerados para o custeio administrativo;

II - formulações de cálculo do custeio administrativo; e

III - metodologia para a constituição da reserva administrativa.

SUBSEÇÃO III
FORMULAÇÕES MATEMÁTICAS E METODOLOGIAS DE CÁLCULO

Art. 6º As formulações matemáticas e as metodologias de cálculo serão apresentadas na NTA para cada espécie de benefício, a conceder ou concedido, de responsabilidade do RPPS:

I - aposentadoria de válidos, programada ou compulsória;

II - reversão em pensão devida a dependente de aposentado válido;

III - aposentadoria por incapacidade permanente para o trabalho;

IV - reversão em pensão devida a dependente de aposentado por incapacidade permanente para o trabalho; e

V - pensão por morte de segurado.

Art. 7º Serão informadas, na NTA, as seguintes bases técnicas para cada tipo de benefício a conceder pelo RPPS:

I - regime financeiro;

II - método de financiamento;

III - formulações para o cálculo do benefício inicial;

IV - formulações para o cálculo do custo normal em valores monetários e em percentual sobre a remuneração de contribuição;

V - formulações para o valor atual dos benefícios futuros a conceder, abertas ao nível de anuidades, probabilidades e fatores financeiros, se aplicável ao benefício e à sua estrutura técnica, para os segurados atuais e para a expectativa de reposição de segurados;

VI - formulações para o valor atual das contribuições futuras, relativas às provisões dos benefícios a conceder, abertas ao nível de anuidades, probabilidades e fatores financeiros, se aplicável ao benefício e à sua estrutura técnica, para os segurados atuais e para a expectativa de reposição de segurados; e

VII - formulações para a elaboração dos fluxos atuariais abertos no nível de anuidades, probabilidades e fatores financeiros.

Art. 8º Serão informadas as seguintes bases técnicas para cada tipo de benefício concedido pelo RPPS:

I - regime financeiro;

II - formulações para o valor atual dos benefícios futuros concedidos, abertas ao nível de anuidades, probabilidades e fatores financeiros, se aplicável ao benefício e à sua estrutura técnica, para os segurados atuais e para a expectativa de reposição de segurados;

III - formulações para o valor atual das contribuições futuras, relativas às provisões dos benefícios concedidos, abertas ao nível de anuidades, probabilidades e fatores financeiros, se aplicável ao benefício e à sua estrutura técnica, para os segurados atuais e para a expectativa de reposição de segurados; e

IV - formulações para a elaboração dos fluxos atuariais abertas ao nível de anuidades, probabilidades e fatores financeiros.

Art. 9º Deverão ser apresentadas as expressões de cálculo das contribuições para cobertura do custo normal do ente, segurados e beneficiários e do valor atual das bases de cálculo das contribuições futuras, geralmente referidas como Valor Atual das Remunerações Futuras - VARF.

Art. 10. Deverão ser apresentadas a metodologia e as expressões de cálculo para a compensação financeira segregadas por:

I - compensação financeira dos benefícios concedidos a receber;

II - compensação financeira dos benefícios concedidos a pagar;

III - compensação financeira dos benefícios a conceder a receber; e

IV - compensação financeira dos benefícios a conceder a pagar.

Art. 11. Serão apresentadas as expressões de cálculo para a projeção do quantitativo de segurados atuais e para a expectativa de reposição.

Art. 12. Serão apresentadas as expressões de cálculo e metodologia para a constituição do:

I - fundo garantidor de benefícios estruturados em regime de repartição simples;

II - fundo garantidor de benefícios estruturados em regime de repartição de capitais de cobertura;

III - fundo para oscilação de riscos dos benefícios estruturados em regime financeiro de repartição simples;

IV - fundo para oscilação de riscos dos benefícios estruturados em repartição de capitais de cobertura; e

V - fundo para oscilação de riscos dos benefícios estruturados em regime de capitalização.

SUBSEÇÃO IV
DEMAIS INFORMAÇÕES E EXPRESSÕES DE CÁLCULO

Art. 13. Serão apresentados na NTA:

I - as expressões de cálculo da construção da tábua de serviços;

II - o glossário das nomenclaturas utilizadas e as simbologias;

III - as expressões de cálculo e a metodologia para demonstração dos ganhos e perdas atuariais, no mínimo para:

a) valor das remunerações;

b) expectativa de mortalidade;

c) taxa de juros; (Redação dada pela Portaria MPS 3.811/2024)

d) quantidade e valores de aposentadorias; e (Redação dada pela Portaria MPS 3.811/2024)

e) reposição de segurados; (Acrescida pela Portaria MPS 3.811/2024)

IV - as expressões de cálculo e a metodologia para o equacionamento do deficit atuarial, considerando, se for o caso, o impacto da utilização de premissa de reposição de segurados; e (Redação dada pela Portaria MPS 3.811/2024)

V - os parâmetros considerados para a segregação de massas.

Art. 14. Em caso de substituição da NTA com a utilização de método de financiamento diverso daquele previsto neste Anexo, a nova nota técnica deverá:

I - conter todas as formulações necessárias e pertinentes para identificação do novo modelo;

II - discriminar a data de referência de cálculo do custo normal, compreendida como sendo a data de posicionamento dos encargos e receitas para fins de cálculo da alíquota normal ou do custo normal, conforme o caso;

III - apresentar projeção do valor do benefício inicial futuro, na data de sua elegibilidade, considerando, no mínimo, a taxa de crescimento da remuneração e a probabilidade do segurado ser elegível ao benefício na data do respectivo evento gerador; e

IV - permitir a identificação de alíquotas normais e custos normais por evento gerador de benefício.

SEÇÃO III
FLUXOS ATUARIAIS

Art. 15. Os fluxos atuariais deverão ser encaminhados à SPREV conforme o modelo de planilha eletrônica disponibilizado pela SPREV na página da Previdência Social na Internet.

§ 1º As formulações relativas a cada grupo de informações da planilha dos fluxos atuariais compõem a NTA, devendo ser atualizadas sempre que houver alterações na base técnica veiculada nesse último documento.

§ 2º Os conceitos relativos às variáveis utilizadas na planilha dos fluxos atuariais e os procedimentos adotados para apuração dos correspondentes valores constam das instruções de preenchimento que acompanham o modelo a que se refere o caput.

§ 3º A planilha dos fluxos atuariais integra conjunto de informações dispostas em colunas numeradas, contemplando, especialmente as informações relativas:

I - aos anos a que referem os fluxos de pagamentos de benefícios e de recebimentos de contribuições, que deverão ser postecipados;

II - à hipótese de taxa atuarial de juros utilizada na avaliação atuarial;

III - ao fator de desconto composto para cada ano;

IV - aos valores das receitas de contribuições futuras a cargo dos segurados, dos beneficiários e do ente federativo, das receitas de contribuições e aportes incluídos em planos de amortização do deficit, das receitas de parcelamentos de débitos previdenciários, das receitas de compensação financeira, das receitas de aportes para cobertura de insuficiências financeiras dos Fundos em Repartição, sendo que os valores anuais são totalizados e apresentados de forma segregada;

V - aos valores das despesas futuras com benefícios e os da compensação financeira a pagar, que representam os encargos do RPPS, sendo que os valores anuais são totalizados e apresentados de forma segregada;

VI - à apuração das insuficiências ou excedentes financeiros anuais e à demonstração da evolução dos recursos garantidores vinculados ao RPPS;

VII - aos valores das receitas de contribuições futuras e das despesas esperadas no ano, em relação às coberturas dos benefícios de aposentadoria por incapacidade permanente para o trabalho e pensão na fase laborativa, estruturadas em regime de repartição de capitais de cobertura;

VIII - aos valores das receitas de taxa de administração e das despesas administrativas futuras projetadas no ano;

IX - ao resumo geral das receitas, despesas e resultados anuais, que engloba todas as despesas e receitas previdenciárias;

X - às bases de cálculo anuais da contribuição do ente e dos segurados; e

XI - às projeções anuais de novos entrantes e de aposentadorias e de pensões por morte a serem concedidas.

§ 4º Todos os valores anuais deverão ser informados pelos seus valores nominais originários, sem quaisquer efeitos da taxa de juros.

§ 5º Os fluxos atuariais deverão ser segregados para a atual massa de segurados e beneficiários do RPPS e para a massa de novos entrantes, em caso de utilização de premissa de reposição de segurados. (Acrescido pela Portaria MPS 3.811/2024)

§ 6º Deverá ser elaborado fluxo adicional que consolide as duas massas, na hipótese do § 5º. (Acrescido pela Portaria MPS 3.811/2024)

SEÇÃO IV
MÉTODOS DE FINANCIAMENTO

Art. 16. Os métodos atuariais de financiamento a serem utilizados nas avaliações atuariais dos RPPS para apuração dos compromissos e determinação dos custos do seu plano de benefícios devem observar o disposto neste Anexo.

§ 1º Na utilização do regime financeiro de capitalização, o fluxo de contribuições normais futuras deve ter como limite temporal máximo a data estimada de elegibilidade ao respectivo benefício.

§ 2º Os fluxos de pagamentos de benefícios e de recebimentos das contribuições dos RPPS deverão ser postecipados.

§ 3º Os benefícios estruturados sob o regime de capitalização decorrentes dos eventos de morte e invalidez devem ter todo o fluxo de eventos geradores e de contribuição estimados apenas a partir da data focal da avaliação atuarial.

Art. 17. Para apuração do custo normal dos benefícios avaliados em regime financeiro de capitalização, o financiamento gradual do custo dos benefícios futuros deverá ser estruturado durante toda a vida laboral do segurado em atividade, por meio de um dos seguintes métodos atuariais de financiamento:

I - Crédito Unitário Projetado - CUP:

a) pela data de ingresso no ente federativo - CUP-e; ou

b) pela data de ingresso no plano de benefícios - CUP-p;

II - Idade Normal de Entrada - INE;

III - Prêmio Nivelado Individual - PNI:

a) pela data de ingresso no ente federativo - PNI-e; ou

b) pela data de ingresso no plano de benefícios - PNI-p; ou IV - Agregado/Ortodoxo.

Parágrafo único. Poderão ser utilizados outros métodos além daqueles previstos neste artigo, desde que:

I - apresentem nível de formação de reservas superior ao crédito unitário projetado;

II - possam ser inteiramente caracterizados conforme critérios estabelecidos neste Anexo; e

III - sejam submetidos à aprovação da SPREV, com a apresentação de justificativa técnica acompanhada da substituição da NTA.

SUBSEÇÃO I
CARACTERÍSTICAS DOS MÉTODOS DE FINANCIAMENTO SOB O REGIME FINANCEIRO DE CAPITALIZAÇÃO

Art. 18. Para categorização e identificação de métodos de financiamento sob o regime de capitalização, elencam-se as seguintes características e atributos de enquadramento do método utilizado nas avaliações atuariais dos RPPS:

I - em relação ao valor do benefício, em determinado momento antes da data de elegibilidade, um método pode ser categorizado como:

a) de benefício projetado, quando o encargo referente ao benefício, em qualquer momento do período de contribuição, é representado pela totalidade do encargo a valor atual, relativo ao benefício ao qual o segurado terá direito na data de elegibilidade, calculado segundo as bases técnicas do plano; ou

b) de benefício acumulado (accrued benefit), quando o encargo referente ao benefício, em qualquer momento do período de contribuição, é representado por uma parcela equivalente a "n" avos do encargo total, a valor atual, relativo ao benefício ao qual o segurado terá direito na data de elegibilidade, calculado segundo as bases técnicas do plano;

II - em relação à forma de cálculo do custo normal, um método pode ser categorizado como:

a) individual, quando o custo normal e a alíquota referente à contribuição normal são calculados por meio da situação e das caraterísticas de cada segurado, possibilitando-se identificar o custo e a alíquota individual de cada um, sendo que o estabelecimento e a consequente utilização de um custo normal médio ou de uma alíquota normal média para o grupo de segurados decorrentes do cálculo individual mantém o método na categoria de método individual, para fins de categorização sob o aspecto do cálculo do custo normal; ou

b) agregado, quando não é possível identificar o custo e a alíquota individual de cada segurado, segundo a situação e características de cada um, sendo que o custo normal e a alíquota normal decorrem de um fator médio, tais como anuidade ou período, ponderado pela remuneração de contribuição, idade, tempo de contribuição a decorrer ou outra característica objetiva relativa a cada segurado que fará jus ao para o benefício;

III - em relação ao momento de reconhecimento de perdas e ganhos atuariais, um método pode ser categorizado como:

a) de reconhecimento imediato ou explícito, quando, a partir da avaliação atuarial, é possível identificar, reconhecer e registrar explicitamente um superavit ou deficit, cuja amortização deve ser realizada por meio de aportes ou alíquotas suplementares ao ingresso normal de recursos, em razão do custo normal e da alíquota normal contemplarem apenas os fluxos de contribuições normais futuras, não incluindo insuficiências de fluxos normais passados; ou

b) de reconhecimento diferido ou implícito, quando a partir da avaliação atuarial não é possível identificar, reconhecer e registrar explicitamente um superavit ou deficit, em razão de tais situações serem implícita e automaticamente incorporadas à alíquota normal e ao custo normal futuro, não existindo assim aporte ou alíquota suplementar ao ingresso normal de recursos em caso de deficit; e

IV - em relação à existência de serviço passado, um método pode ser categorizado como:

a) com serviço passado, quando o método reconhece obrigações do plano para com o segurado, relativas a uma data anterior à sua entrada no RPPS; ou

b) sem serviço passado, quando o método não reconhece obrigações do plano para com o segurado, relativas a uma data anterior à sua entrada no RPPS.

Parágrafo único. A SPREV poderá solicitar esclarecimentos adicionais e a discriminação de outras características do método de financiamento e da formulação utilizada na NTA, de forma a possibilitar maior transparência e evidenciação do método utilizado na avaliação atuarial e a verificação do atendimento ao equilíbrio financeiro e atuarial do RPPS.

SUBSEÇÃO II
MÉTODOS DE CRÉDITO UNITÁRIO PROJETADO

Art. 19. O regime financeiro de capitalização estruturado pelo método do Crédito Unitário Projetado pela data de ingresso do segurado no ente federativo, método CUP-e, deverá possuir as seguintes características:

I - o número de períodos anuais de contribuição deverá corresponder à diferença, em anos, entre a data de elegibilidade ao benefício e a data de ingresso do segurado no ente federativo como servidor titular de cargo efetivo;

II - o valor inicial do benefício futuro, na data estimada para sua elegibilidade, deverá ser projetado considerando, no mínimo, a taxa de crescimento da remuneração e a probabilidade do segurado ser elegível ao benefício na data do respectivo evento gerador;

III - o custo normal anual deverá corresponder ao quociente entre o valor atual de todo o fluxo de benefícios futuros, posicionado na data focal da avaliação atuarial, e o número de períodos anuais de contribuição, calculado na forma do inciso I;

IV - a parcela anual relativa à compensação financeira entre os regimes previdenciários, caso estimada, deverá corresponder ao valor do quociente entre o valor atual de todo fluxo de compensação estimada, posicionada na data focal da avaliação atuarial, e o número de períodos anuais de contribuição, calculado na forma do inciso I;

V - a alíquota normal, relativa ao benefício, deverá corresponder ao quociente entre o custo normal anual, calculado na forma do inciso III e líquido da parcela anual de compensação financeira, e:

a) o valor atual do fluxo de remunerações de contribuição futuras, calculado por meio de anuidade aleatória temporária de um período, posicionado na data focal da avaliação e relativo ao período anual imediatamente posterior à data focal da avaliação atuarial; ou

b) o valor atual do fluxo de remunerações de contribuição futuras, calculado por meio de anuidade certa temporária de um período, posicionado na data focal da avaliação e relativo ao período anual imediatamente posterior à data focal da avaliação atuarial; ou

c) o produto entre o fator 13 (treze) e a remuneração mensal de contribuição, posicionada na data focal da avaliação; e

VI - a provisão matemática de benefícios a conceder de um segurado deverá corresponder ao produto:

a) do valor atual de todo o fluxo de benefícios futuros, posicionado na data focal da avaliação atuarial, pela razão do número de períodos anuais correspondentes à diferença, em anos, entre a data focal da avaliação atuarial e a data de ingresso do segurado no ente federativo como servidor titular de cargo efetivo, pelo número de períodos anuais de contribuição calculado na forma do inciso I; ou

b) do custo normal anual, estabelecido no inciso III, pelo número de períodos anuais correspondentes à diferença, em anos, entre a data focal da avaliação atuarial e a data de ingresso do segurado no ente federativo como servidor titular de cargo efetivo.

Parágrafo único. Em caso de estimativa de valor a receber relativo à compensação financeira, essa quantia deverá ser considerada como redutora do passivo atuarial e corresponder ao produto entre a parcela anual de compensação, estabelecida conforme inciso IV do caput, e o número de períodos anuais correspondentes à diferença, em anos, entre a data focal da avaliação atuarial e a data de ingresso do segurado no ente como servidor titular de cargo efetivo.

Art. 20. O regime financeiro de capitalização estruturado pelo método do Crédito Unitário Projetado pela data de ingresso do segurado no plano de benefícios, método CUP-p, deverá possuir as seguintes características:

I - o número de períodos anuais de contribuição deverá corresponder à diferença, em anos, entre a data de elegibilidade ao benefício e a data de ingresso do segurado no plano de benefícios;

II - o valor inicial do benefício futuro, na data estimada para sua elegibilidade, deverá ser projetado considerando, no mínimo, a taxa de crescimento da remuneração e a probabilidade de o segurado ser elegível ao benefício na data do respectivo evento gerador;

III - o custo normal anual do plano de custeio deverá corresponder ao quociente entre o valor atual de todo o fluxo de benefícios futuros, posicionado na data focal da avaliação atuarial, e o número de períodos anuais de contribuição, calculado na forma do inciso I;

IV - a parcela anual relativa à compensação financeira entre os regimes previdenciários, caso estimada, deverá corresponder ao valor do quociente entre o valor atual de todo fluxo de compensação estimada, posicionada na data focal da avaliação atuarial, e o número de períodos anuais de contribuição, calculado na forma do inciso I;

V - a alíquota normal, relativa ao benefício, deverá corresponder ao quociente entre o custo normal anual, calculado na forma do inciso III e líquido da parcela anual de compensação financeira, e:

a) o valor atual do fluxo de remunerações de contribuição futuras, calculado por meio de anuidade aleatória temporária de um período, posicionado na data focal da avaliação e relativo ao período anual imediatamente posterior à data focal da avaliação atuarial; ou

b) o valor atual do fluxo de remunerações de contribuição futuras, calculado por meio de anuidade certa temporária de um período, posicionado na data focal da avaliação e relativo ao período anual imediatamente posterior à data focal da avaliação atuarial; ou

c) o produto entre o fator 13 (treze) e a remuneração mensal de contribuição, posicionada na data focal da avaliação; e

VI - a provisão matemática de benefícios a conceder de um segurado deverá corresponder ao produto:

a) do valor atual de todo o fluxo de benefícios futuros, posicionado na data focal da avaliação atuarial, pela razão do número de períodos anuais correspondentes à diferença, em anos, entre a data focal da avaliação atuarial e a data de ingresso do segurado no plano de benefícios do RPPS, pelo número de períodos anuais de contribuição calculado na forma do inciso I; ou

b) do custo normal anual, estabelecido no inciso III, pelo número de períodos anuais correspondentes à diferença, em anos, entre a data focal da avaliação atuarial e data de ingresso do segurado no plano de benefícios do RPPS.

Parágrafo único. Em caso de estimativa de valor a receber relativo à compensação financeira, essa quantia deverá ser considerada como redutora do passivo atuarial e corresponder ao produto entre a parcela anual de compensação, estabelecida conforme inciso IV do caput, e o número de períodos anuais correspondentes à diferença, em anos, entre a data focal da avaliação atuarial e a data de ingresso do segurado no plano de benefícios do RPPS.

Art. 21. Os métodos CUP-e e CUP-p são considerados como métodos de benefício projetado, com custo normal individual, reconhecimento imediato e explícito de perdas e ganhos atuariais e sem serviço passado, em que as alíquotas normais individuais não contemplam a existência de obrigação anterior à data de referência do cálculo, apesar de poder ser considerada a eventual existência de compensação financeira decorrente de tempo anterior de contribuição do segurado a algum regime previdenciário.

SUBSEÇÃO III
MÉTODO DA IDADE NORMAL DE ENTRADA

Art. 22. O regime financeiro de capitalização estruturado pelo método da Idade Normal de Entrada, método INE, deverá possuir as seguintes características:

I - a data de referência de cálculo da alíquota normal individual deverá corresponder à de ingresso do segurado em algum regime de previdência social, podendo ser o próprio RPPS, em caso de não possuir tempo anterior de contribuição a outro regime previdenciário, ou ao primeiro regime de previdência social ao qual tenha sido vinculado e cujo tempo de contribuição deverá ser computado para fins de elegibilidade ao benefício;

II - o valor inicial do benefício futuro, na data estimada para sua elegibilidade, deverá ser projetado considerando, no mínimo, a taxa de crescimento da remuneração e a probabilidade do segurado ser elegível ao benefício na data do respectivo evento gerador;

III - a alíquota normal individual a ser calculada por segurado deverá corresponder à razão entre:

a) o valor atual do fluxo de benefícios futuros do segurado, posicionado na data de referência de cálculo estabelecida no inciso I, líquido do valor atual do fluxo de compensação financeira do segurado, caso exista compensação financeira a ser estimada para o segurado; e

b) o valor atual do fluxo de remunerações de contribuição futuras do segurado, calculado por meio de anuidade aleatória e temporária entre a data de elegibilidade ao benefício e data de referência de cálculo estabelecida no inciso I e utilizando-se a remuneração de contribuição na data focal da avaliação, projetada de forma retrospectiva para a data de referência de cálculo estabelecida no inciso I;

IV - a alíquota normal média do grupo de segurados, relativa ao benefício, deverá corresponder à média ponderada das alíquotas normais individuais estabelecidas no inciso III, tendo como peso de ponderação:

a) a remuneração de contribuição do segurado, na data focal da avaliação atuarial; ou

b) a anuidade aleatória temporária do segurado, calculada entre a data focal da avaliação e a data de elegibilidade ao benefício; ou

c) o valor atual do fluxo de remunerações de contribuição futuras do segurado, posicionado na data focal da avaliação atuarial e calculado pela anuidade aleatória temporária do segurado, relativa a um período anual; ou

d) o valor atual do fluxo de remunerações de contribuição futuras do segurado posicionado na data focal da avaliação atuarial e calculado pela anuidade aleatória temporária do segurado, entre a data de elegibilidade ao benefício e a data focal da avaliação;

V - o custo normal anual do grupo de segurados, relativo ao período imediatamente posterior à data focal da avaliação atuarial, deverá corresponder ao produto da alíquota normal média calculada na forma do inciso IV pelo valor atual dos fluxos de remunerações de contribuição futuras dos segurados, posicionados na data focal da avaliação atuarial e calculados por anuidades aleatórias temporárias de um período anual; e

VI - a provisão matemática de benefícios a conceder de um segurado, calculada pelo método prospectivo, deverá corresponder à diferença entre o valor atual do fluxo de benefícios futuros e o valor atual do fluxo de contribuições futuras estimado com a alíquota normal média estabelecida no inciso IV, ambos os fluxos posicionados na data focal da avaliação.

§ 1º Em caso de estimativa de valor a receber relativo à compensação financeira, esse deverá ser considerado como redutor do passivo atuarial e corresponder ao valor atual dos fluxos futuros de compensação a receber, posicionados na data focal da avaliação e calculados por meio de anuidades aleatórias, segurado a segurado.

§ 2º O método INE é considerado como método de benefício projetado, com custo normal individual, reconhecimento imediato e explícito de perdas e ganhos atuariais e com serviço passado.

SUBSEÇÃO IV
MÉTODOS DO PRÊMIO NIVELADO INDIVIDUAL

Art. 23. O regime financeiro de capitalização estruturado pelo método do Prêmio Nivelado Individual na data de ingresso do segurado no ente federativo, método PNI-e, também denominado de "capitalização ortodoxa na data de ingresso no ente", deverá possuir as seguintes características:

I - a data de referência de cálculo da alíquota normal individual deverá corresponder à de ingresso do segurado no ente federativo como servidor titular de cargo efetivo;

II - o valor inicial do benefício futuro, na data estimada para sua elegibilidade, deverá ser projetado considerando, no mínimo, a taxa de crescimento da remuneração e a probabilidade do segurado ser elegível ao benefício na data do respectivo evento gerador;

III - a alíquota normal individual a ser calculada por segurado deverá corresponder à razão entre:

a) o valor atual do fluxo de benefícios futuros do segurado, posicionado na data de referência de cálculo estabelecida no inciso I, líquido do valor atual de todo o fluxo de compensação financeira caso exista compensação financeira a ser estimada para o segurado; e

b) o valor atual do fluxo de remunerações de contribuição futuras, calculado por meio de anuidade aleatória e temporária entre a data de elegibilidade ao benefício e a data de referência de cálculo estabelecida no inciso I e utilizando-se a remuneração de contribuição da data focal da avaliação, projetada de forma retrospectiva para a data de referência de cálculo estabelecida no inciso I;

IV - a alíquota normal média do grupo de segurados, relativa ao benefício, deverá corresponder à média ponderada das alíquotas normais individuais estabelecidas no inciso III, tendo como peso de ponderação:

a) a remuneração de contribuição do segurado, na data focal da avaliação atuarial; ou

b) a anuidade aleatória temporária do segurado, calculada entre a data focal da avaliação e a data de elegibilidade ao benefício; ou

c) o valor atual do fluxo de remunerações de contribuição futuras do segurado, posicionado na data focal da avaliação atuarial e calculado pela anuidade aleatória temporária do segurado, relativa a um período anual; ou

d) o valor atual do fluxo de remunerações de contribuição futuras do segurado, posicionado na data focal da avaliação atuarial e calculado pela anuidade aleatória temporária do segurado, entre a data de elegibilidade ao benefício e a data focal da avaliação;

V - o custo normal anual do grupo de segurados, relativo ao período imediatamente posterior à data focal da avaliação atuarial, deverá corresponder ao produto da alíquota normal média calculada na forma do inciso IV pelo valor atual dos fluxos de remunerações de contribuição futuras dos segurados, posicionados na data focal da avaliação atuarial e calculados por anuidades aleatórias temporárias de um período anual; e

VI - a provisão matemática de benefícios a conceder de um segurado, calculada pelo método prospectivo, deverá corresponder à diferença entre o valor atual do fluxo de benefícios futuros e o valor atual do fluxo de contribuições futuras estimado com a alíquota normal média estabelecida no inciso IV, ambos os fluxos posicionados na data focal da avaliação.

Parágrafo único. Em caso de estimativa de valor a receber relativo à compensação financeira, essa quantia deverá ser considerada como redutora do passivo atuarial e corresponder ao valor atual dos fluxos futuros de compensação a receber, calculados por meio de anuidades aleatórias, segurado a segurado.

Art. 24. O regime financeiro de capitalização estruturado pelo método do Prêmio Nivelado Individual na data de ingresso do segurado no plano de benefícios, método PNI-p, também denominado de "capitalização ortodoxa na data de ingresso no plano", deverá possuir as seguintes características:

I - a data de referência de cálculo da alíquota normal individual deverá corresponder à de ingresso do segurado no plano de benefícios dos RPPS;

II - o valor inicial do benefício futuro, na data estimada para sua elegibilidade, deverá ser projetado considerando, no mínimo, a taxa de crescimento da remuneração e a probabilidade do segurado ser elegível ao benefício na data do respectivo evento gerador;

III - a alíquota normal individual a ser calculada por segurado deverá corresponder à razão entre:

a) o valor atual do fluxo de benefícios futuros do segurado, posicionado na data de referência de cálculo estabelecida no inciso I, líquido do valor atual de todo o fluxo de compensação financeira, caso exista compensação financeira a ser estimada para o segurado; e

b) o valor atual do fluxo relativo às remunerações de contribuição futuras, calculado por meio de anuidade aleatória e temporária entre a data de elegibilidade ao benefício e a data de referência de cálculo estabelecida no inciso I e utilizando-se a remuneração de contribuição na data focal da avaliação, projetada de forma retrospectiva para a data de referência de cálculo estabelecida no inciso I;

IV - a alíquota normal, relativa ao benefício, deverá corresponder à média ponderada das alíquotas normais individuais estabelecidas no inciso III, tendo como peso de ponderação:

a) a remuneração de contribuição do segurado, na data focal da avaliação atuarial; ou

b) a anuidade aleatória temporária do segurado, calculada entre a data focal da avaliação e a data de elegibilidade ao benefício; ou

c) o valor atual do fluxo relativo às remunerações de contribuição futuras do segurado, posicionado na data focal da avaliação atuarial e calculado pela anuidade aleatória temporária do segurado, relativa, apenas, ao período anual imediatamente posterior à data focal da avaliação; ou

d) o valor atual do fluxo relativo às remunerações de contribuição futuras do segurado, posicionado na data focal da avaliação atuarial e calculado pela anuidade aleatória temporária respectiva, entre a data de elegibilidade ao benefício e a data focal da avaliação;

V - o custo normal anual, relativo ao período imediatamente posterior à data focal da avaliação atuarial, deverá corresponder ao produto da alíquota normal média calculada na forma do inciso IV pelo valor atual do fluxo relativo às remunerações de contribuição futuras dos segurados, posicionado na data focal da avaliação atuarial e calculado por anuidade aleatória temporária relativa a apenas um período anual; e

VI - a provisão matemática de benefícios a conceder de um segurado, calculada pelo método prospectivo, deverá corresponder à diferença entre o valor atual do fluxo de benefícios futuros e o valor atual do fluxo de contribuições futuras estimado com a alíquota normal média estabelecida no inciso IV e anuidade aleatória, ambos os fluxos posicionados na data focal da avaliação.

Parágrafo único. Em caso de estimativa de valor a receber relativo à compensação financeira, essa quantia deverá ser considerada como redutor do passivo atuarial e corresponder ao valor atual de todos os fluxos futuros de compensação a receber, calculados por meio de anuidades aleatórias, segurado a segurado.

Art. 25. Os métodos PNI-e e PNI-p são considerados como métodos de benefício projetado, com custo normal individual, reconhecimento imediato e explícito de perdas e ganhos atuariais e sem serviço passado, em que as alíquotas normais individuais não contemplam a existência de obrigação anterior à data de referência de cálculo, apesar de poder ser considerada a eventual existência de compensação financeira decorrente de tempo anterior de contribuição do segurado a algum regime previdenciário.

SUBSEÇÃO V
MÉTODO AGREGADO/ORTODOXO

Art. 26. O regime financeiro de capitalização estruturado pelo método Agregado/Ortodoxo deverá possuir as seguintes características:

I - a data de referência de cálculo da alíquota normal e do custo normal deverá corresponder a data focal da avaliação atuarial;

II - o valor inicial do benefício futuro, na data estimada para sua elegibilidade, deverá ser projetado considerando, no mínimo, a taxa de crescimento da remuneração e a probabilidade do segurado ser elegível ao benefício na data do respectivo evento gerador;

III - o valor atual do fluxo de remunerações de contribuição futuras será o somatório dos valores atuais dos fluxos de remuneração de contribuição futura de cada segurado, relativo a cada benefício em regime de capitalização sob esse método, posicionados na data focal da avaliação atuarial e calculados por anuidade aleatória temporária, entre a data da elegibilidade ao benefício e a data focal da avaliação;

IV - a alíquota total anual, posicionada na data de referência de cálculo estabelecida no inciso I deverá corresponder à razão entre:

a) o somatório dos valores atuais dos fluxos de benefícios futuros de cada segurado, posicionados na data focal da avaliação atuarial, relativos a cada benefício em regime de capitalização sob esse método, líquido do valor atual do fluxo de compensação financeira e do saldo de ativos garantidores dos compromissos do plano de benefícios do RPPS, após a cobertura das provisões matemáticas de benefícios concedidos; e

b) e o valor atual do fluxo de remunerações de contribuição futuras, calculado na forma do inciso III;

V - o custo total anual, relativo ao período imediatamente posterior à data focal da avaliação atuarial, deverá corresponder ao produto da alíquota total anual estabelecida na forma do inciso IV pelo o somatório dos valores atuais dos fluxos de remuneração de contribuição futura de cada segurado, relativo a cada benefício em regime de capitalização, posicionados na data focal da avaliação atuarial e relativos, apenas, a um período anual;

VI - a provisão matemática de benefícios a conceder deverá corresponder à diferença entre:

a) o somatório dos valores atuais dos fluxos de benefícios futuros de cada segurado, posicionados na data focal da avaliação atuarial, relativos a cada benefício em regime de capitalização sob esse método; e

b) o produto da alíquota normal, estabelecida na forma do § 2º, pelo valor atual do fluxo de remunerações de contribuição futuras, calculado na forma do inciso III; e

VII - a anuidade aleatória média do grupo segurado é a razão entre o valor atual do fluxo de remunerações de contribuição futuras, estabelecido no inciso III, e o montante mensal de remunerações de contribuição na data focal da avaliação.

§ 1º Em caso de estimativa de valor a receber relativo à compensação financeira, essa quantia deverá ser considerada como redutora do passivo atuarial e corresponder ao valor atual dos fluxos futuros de compensação a receber, calculados por meio de anuidades aleatórias, segurado a segurado.

§ 2º A alíquota anual a ser considerada como alíquota normal, para fins do plano de custeio, será o menor valor entre a alíquota vigente, na data focal da avaliação atuarial, e a alíquota total anual estabelecida no inciso IV do caput.

§ 3º Caso a alíquota total anual, estabelecida no inciso IV do caput, seja superior à alíquota vigente na data focal da avaliação atuarial, a diferença será considerada como alíquota suplementar mínima, com a finalidade de amortização de deficit decorrente de insuficiência de alíquota normal, situação na qual deverá ser reconhecido um deficit atuarial cujo montante corresponderá, no mínimo, ao produto da alíquota suplementar pelo valor atual do fluxo relativo às remunerações de contribuição futuras calculado por meio da anuidade aleatória média do grupo segurado estabelecida no inciso VII do caput.

§ 4º Caso a alíquota total anual, estabelecida no inciso IV do caput, seja inferior à alíquota vigente na data focal da avaliação atuarial, a diferença será considerada como alíquota adicional máxima, situação na qual deverá ser reconhecido um superávit atuarial cujo montante corresponderá, no máximo, ao produto da alíquota adicional pelo valor atual do fluxo relativo às remunerações de contribuição futuras calculado por meio da anuidade aleatória média do grupo segurado estabelecida no inciso VII do caput.

§ 5º O método Agregado/Ortodoxo é considerado como método de benefício projetado, com custo normal agregado, reconhecimento diferido e implícito de perdas e ganhos atuariais e sem serviço passado, em que as alíquotas normais individuais não contemplam a existência de obrigação anterior à data de referência de cálculo, apesar de poder ser considerada a eventual existência de compensação financeira decorrente de tempo anterior de contribuição do segurado a algum regime previdenciário e de eventual descompasso entre a alíquota vigente na data focal da avaliação e a alíquota total.

SEÇÃO V
RELATÓRIO DE ANÁLISE DAS HIPÓTESES

Art. 27. O Relatório de Análise das Hipóteses deverá ser elaborado por profissional habilitado, conter a descrição da metodologia utilizada, por meio de testes estatísticos e/ou atuariais, e ser conclusivo quanto à manutenção ou necessidade de alteração das hipóteses utilizadas nas avaliações atuariais anuais dos RPPS.

§ 1º A responsabilidade do profissional pela elaboração dos cálculos e estudos técnicos apresentados no Relatório de Análise das Hipóteses não exime a dos dirigentes e gestores do RPPS e do ente federativo pela fidedignidade dos dados e das informações que lhe foram repassados para sua elaboração.

§ 2º A unidade gestora deverá elaborar sumário executivo com os resultados e recomendações do Relatório de Análise das Hipóteses para cientificação dos conselhos deliberativo e fiscal e disponibilizá- lo, juntamente com o relatório, aos beneficiários do regime e aos órgãos de controle interno e externo.

SUBSEÇÃO I
PROBABILIDADES DE OCORRÊNCIA DE MORTE E INVALIDEZ

Art. 28. O Relatório de Análise das Hipóteses deverá contemplar o estudo técnico de aderência, decorrente da confrontação entre as probabilidades de ocorrência de morte ou invalidez constantes das tábuas utilizadas e aquelas constatadas para a massa analisada, contendo, no mínimo:

I - a análise da convergência entre o número de eventos indicados a partir da aplicação das probabilidades de ocorrência de morte ou invalidez das tábuas biométricas utilizadas na avaliação atuarial do RPPS e os decréscimos constatados na massa de beneficiários do regime, pelo menos, nos 5 (cinco) exercícios anteriores ao da realização do estudo;

II - a comparação dos eventos constatados com as tábuas biométricas disponíveis; e

III - a indicação das tábuas biométricas mais aderentes às características da massa dos beneficiários do RPPS.

Parágrafo único. Em caso de impossibilidade de demonstração da aderência e adequação de hipóteses quando da aplicação de metodologias para esse fim, deverá ser atestado no Relatório de Análise das Hipóteses que as informações históricas relativas às ocorrências de morte ou invalidez dos beneficiários do RPPS não são suficientes para a realização do estudo ou que a massa não é estatisticamente suficiente para aferição de aderência das tábuas biométricas.

SUBSEÇÃO II
TAXA REAL DE CRESCIMENTO DA REMUNERAÇÃO

Art. 29. A hipótese de taxa real de crescimento da remuneração deverá ser fundamentada na análise da estrutura funcional e remuneratória dos segurados em atividade do RPPS prevista na legislação do ente federativo, bem como de sua evolução, considerando as informações relativas às medidas e políticas de gestão de pessoal por ele implementadas.

§ 1º O Relatório de Análise das Hipóteses deverá contemplar o estudo técnico de aderência da hipótese de crescimento da remuneração, contendo, no mínimo:

I - a relação da legislação do ente federativo que trata dos cargos, carreiras e estrutura remuneratória dos segurados do RPPS;

II - a descrição da estrutura geral remuneratória prevista na legislação e a aplicabilidade do método utilizado a essa estrutura;

III - as estatísticas de distribuição dos segurados do RPPS nos cargos, carreiras e respectivas remunerações;

IV - a descrição e análise do histórico do crescimento salarial, por estrutura funcional e remuneratória dos segurados, pelo menos, dos 5 (cinco) exercícios anteriores ao da realização do estudo;

V - informações sobre as manifestações fundamentadas encaminhadas pelo ente federativo relacionadas ao estabelecimento de políticas ou à execução de programas de gestão de pessoal; e

VI - a indicação da taxa real de crescimento futuro da remuneração mais aderente à massa dos segurados do RPPS.

§ 2º A análise deverá contemplar também os segurados cuja remuneração é abrangida por legislações federais.

SUBSEÇÃO III
TAXA ATUARIAL DE JUROS

Art. 30. O Relatório de Análise das Hipóteses deverá contemplar o estudo técnico da convergência entre a hipótese de taxa de juros e as rentabilidades obtidas pelos recursos garantidores do plano de benefícios do RPPS, bem como em relação à taxa de rentabilidade projetada, no longo prazo, para a aplicação desses recursos, contendo, no mínimo:

I - a descrição da metodologia utilizada para aferição do histórico de rentabilidade da carteira de investimentos do RPPS, indicando as fontes de dados;

II - o histórico da rentabilidade carteira de investimentos do RPPS dos 3 (três) exercícios anteriores ao da realização do estudo;

III - as informações relativas às metas e estratégias de investimento estabelecidas na política anual de aplicação dos recursos do RPPS dos 3 (três) exercícios anteriores ao da realização do estudo;

IV - a análise do comportamento das rentabilidades obtidas em relação às metas estabelecidas;

V - as rentabilidades projetadas a partir da carteira que compõe os recursos garantidores do plano de benefícios do RPPS, conforme a atual política anual de investimentos do RPPS, considerando cada segmento de aplicação; e

VI - indicação da aderência ou não da hipótese da taxa real de juros utilizada nas últimas 3 (três) avaliações atuariais e de eventual necessidade de alteração da atualmente utilizada.

§ 1º As rentabilidades projetadas de que trata o inciso V do caput deverão considerar eventuais descasamentos de fluxos de ativos e passivos que acarretem risco de reinvestimento dos recursos a taxas de retorno inferiores às da carteira corrente, utilizando-se as projeções das receitas e despesas do RPPS constantes dos fluxos atuariais .

§ 2º É vedada a utilização de modelos probabilísticos para verificação da aderência da hipótese de que trata este artigo, à exceção do cálculo da projeção de retorno de longo prazo, decorrente de reinvestimentos.

§ 3º O disposto neste artigo não se aplica às submassas que operam em regime financeiro de repartição simples.

SUBSEÇÃO IV
DEMAIS HIPÓTESES DO RELATÓRIO DE ANÁLISE

Art. 31. Caso o estudo técnico contenha a análise do comportamento e aderência de outras hipóteses biométricas, demográficas, econômicas e financeiras utilizadas na avaliação atuarial deverão ser considerados, no mínimo, os dados relativos aos 3 (três) exercícios anteriores ao da realização do estudo.

§ 1º O período de abrangência dos dados de que trata o caput é aplicável àquelas hipóteses cuja análise necessite de levantamento de dados históricos do ente federativo ou do RPPS e da sua massa de segurados e beneficiários.

§ 2º A inclusão das hipóteses relativas à idade de primeira vinculação a regime previdenciário e à idade provável de aposentadoria é facultativa caso sejam utilizados os parâmetros mínimos prudenciais estabelecidos no Capítulo IV desta Portaria.

§ 3º O Relatório de Análise das Hipóteses deverá contemplar o estudo técnico da aderência da reposição de segurados, conforme parâmetros estabelecidos no art. 33. (Acrescido pela Portaria MPS 3.811/2024)

SUBSEÇÃO V
ENCAMINHAMENTO DO RELATÓRIO DE ANÁLISE DAS HIPÓTESES

Art. 32. O Relatório de Análise das Hipóteses deverá ser elaborado, no mínimo, a cada 4 (quatro) anos e conter as assinaturas do profissional responsável pelo estudo e do dirigente da unidade gestora.

§ 1º A necessidade de elaboração do Relatório de Análise das Hipóteses em prazo inferior ao previsto no caput deverá ser avaliada pelos dirigentes e membros dos conselhos deliberativo e fiscal do RPPS bem como pelo atuário habilitado responsável pelas avaliações atuariais do regime.

§ 2º O Relatório de Análise das Hipóteses deverá ser encaminhado à SPREV por meio do Sistema de Informações dos Regimes Públicos de Previdência Social - Cadprev na forma de documento digitalizado, como anexo ao Relatório da Avaliação Atuarial referente ao exercício posterior ao de sua elaboração, devendo compor o mesmo arquivo digitalizado.

§ 3º A SPREV poderá solicitar a elaboração do Relatório de Análise das Hipóteses em prazo inferior ao previsto no caput para fundamentar processos de análise de pedidos de alteração de estruturas atuariais do RPPS.

§ 4º Em caso de não envio do Relatório de Análise das Hipóteses será considerado que o ente federativo não demonstrou a adoção de medidas objetivando o equilíbrio financeiro e atuarial do RPPS.

SEÇÃO VI
REPOSIÇÃO DE SEGURADOS

Art. 33. A utilização de premissa de reposição dos segurados deverá ser fundamentada em estudo técnico e sua adequação deverá ser demonstrada no Relatório de Análise das Hipóteses, que contemplará, no mínimo: (Redação dada pela Portaria MPS 3.811/2024)

I - o histórico de concessão de aposentadorias e de falecimentos de servidores e de posteriores provimentos nos respectivos cargos, relativo, no mínimo, aos últimos cinco exercícios anteriores ao da realização do estudo; (Acrescido pela Portaria MPS 3.811/2024)

II - a descrição e a análise do histórico de reposição, para o prazo previsto no inciso I, considerando as características biométricas, funcionais, previdenciárias e remuneratórias dos segurados aposentados ou falecidos e dos respectivos novos entrantes; (Acrescido pela Portaria MPS 3.811/2024)

III - a descrição da metodologia de dinâmica de reposição populacional adotada na avaliação atuarial e da utilizada para análise de sua aderência; (Acrescido pela Portaria MPS 3.811/2024)

IV - as comparações entre os eventos de reposição estimados e os constatados, incluindo as características dos novos entrantes; (Acrescido pela Portaria MPS 3.811/2024)

V - as informações relacionadas às políticas de recursos humanos ou à execução de programas de gestão de pessoal pelo ente federativo, considerando entre outras: (Acrescido pela Portaria MPS 3.811/2024)

a) as perspectivas, metas ou eventual planejamento de admissão de novos servidores;

b) os concursos públicos planejados, autorizados ou em curso;

c) as situações de vacância de cargos; e

d) as funções estatais, por áreas de atuação do setor público, que apresentam maior demanda potencial;

VI - a indicação, se for o caso, de alteração da metodologia para a utilização da premissa; (Acrescido pela Portaria MPS 3.811/2024)

VII - a análise do impacto na avaliação atuarial de alteração da premissa; e (Acrescido pela Portaria MPS 3.811/2024)

VIII - a inclusão de estudos sobre a aderência de utilização da premissa nas estimativas de valores de compensação financeira, na hipótese de que trata o art. 34, § 2º. (Acrescido pela Portaria MPS 3.811/2024)

SEÇÃO VII
COMPENSAÇÃO PREVIDENCIÁRIA

Art. 34. A estimativa dos efeitos da compensação financeira entre os regimes previdenciários deverá observar os seguintes procedimentos: (Redação dada pela Portaria MPS 3.811/2024)

I - no que se refere aos benefícios concedidos:

a) em caso de benefícios que já estejam sendo objeto de compensação, será utilizado o valor pró-rata individual do respectivo benefício constante do Sistema de Compensação Previdenciária - Comprev;

b) em caso de benefícios elegíveis à compensação financeira, mas que ainda não tenham seus requerimentos deferidos no Comprev, deverá ser aplicada a relação percentual agregada obtida a partir dos valores de que trata a alínea "a"; e

c) em caso de não se dispor de informações de compensação financeira dos benefícios concedidos pelo RPPS no Comprev, deverá ser utilizado, para o cálculo do valor individual, o resultante da aplicação de percentual de proporção de tempos de contribuição, para efeito de compensação estimado na avaliação atuarial, sobre o valor médio per capita dos benefícios pagos pelo RGPS; e

II - no que se refere aos benefícios a conceder:

a) deverá ter por base os dados cadastrais relativos ao tempo de contribuição anterior a outros regimes previdenciários, inclusive as comprovações de vínculo apresentadas quando da concessão dos benefícios de aposentadoria, ou os valores de compensação efetivamente verificados para o RPPS; e

b) caso a base cadastral não contenha todas as informações suficientes para aplicação da alínea "a", poderá ser utilizado o valor percentual de 10% (dez por cento) aplicado sobre o Valor Atual dos Benefícios Futuros (VABF) relativo aos benefícios passiveis de compensação.

§ 1º O percentual de que trata a alínea "b" do inciso II do caput se aplica para a avaliação atuarial do exercício de 2020, sendo que nas avaliações seguintes, esse será reduzido à razão de 1% ao ano até o limite de 5%. (Parágrafo único transformado em § 1º pela Portaria MPS 3.811/2024)

§ 2º As estimativas dos efeitos da premissa de reposição de segurados para a compensação financeira deverão se fundamentar no histórico de reposição de segurados, considerando as características dos novos entrantes descritas no Relatório de Análise de Hipóteses de que trata o art. 33 e se sujeitam ao limite previsto no § 1º. (Acrescido pela Portaria MPS 3.811/2024)

SEÇÃO VIII
DURAÇÃO DO PASSIVO

Art. 35. O cálculo da duração do passivo dos fluxos de pagamentos de benefícios deve considerar os benefícios concedidos e a conceder que tenham seu valor ou nível previamente estabelecido e cujo custeio seja determinado atuarialmente, utilizando-se os valores informados nos fluxos atuariais, conforme a seguinte fórmula:

$$Duração = \frac{\sum_{i=1}^{N} \left[\left(\frac{F_i}{(1+TA)^{(i-0,5)}} \right) . (i - 0,5) \right]}{\sum_{i=1}^{N} \left(\frac{F_i}{(1+TA)^{(i-0,5)}} \right)}$$

Onde:

Fi = somatório dos pagamentos de benefícios de cada plano, líquidos das contribuições dos aposentados e pensionistas, relativos ao i-ésimo prazo;

i = prazo, em anos, resultante da diferença entre o ano de ocorrência dos fluxos (Fi) e o ano de cálculo; e

TA = a taxa de juros real anual que foi utilizada como taxa de desconto para apuração do valor presente dos fluxos de benefícios e contribuições do RPPS na avaliação atuarial relativa ao exercício anterior.

§ 1º O cálculo da duração do passivo da avaliação atuarial com data focal em 31 de dezembro de um exercício utilizará a taxa de juros da avaliação com data focal em 31 de dezembro do exercício anterior para trazer, a valor presente, o fluxo líquido de pagamentos com benefícios a ser ponderado.

§ 2º A duração do passivo, a ser expressa em ano, será utilizada para:

I - a definição da taxa de juros parâmetro a ser aplicada para a hipótese de taxa de juros da avaliação atuarial; e

II - o cálculo do prazo máximo do plano de amortização e do valor do deficit atuarial a ser equacionado.

§ 3º A demonstração do cálculo da duração do passivo será comprovada à SPREV conjuntamente com o envio dos fluxos atuariais.

SEÇÃO IX
BASE CADASTRAL

Art. 36. As bases de dados cadastrais, funcionais e remuneratórios dos segurados e beneficiários dos RPPS a serem utilizadas nas avaliações atuariais deverão conter, dentre outras, as seguintes informações:

I - se compõe a massa do Fundo em Repartição, do Fundo em Capitalização ou está sob responsabilidade financeira direta do ente federativo;

II - o poder, órgão ou entidade ao qual está vinculado;

III - se o segurado pertence a alguma categoria que possui regra de elegibilidade específica para aposentadoria;

IV - os dados para sua identificação, como sexo, data de nascimento, matrícula, CPF, estado civil, condição, se válido ou inválido;

V - os dados relativos à situação funcional do segurado, do aposentado ou do instituidor de pensão, tais como, tipo de vínculo, identificação do cargo e da carreira, data de ingresso no ente, no cargo e na carreira, se está sujeito ou vinculado ao regime de previdência complementar, se percebe abono de permanência;

VI - os valores da remuneração bruta, da base de cálculo das contribuições, da contribuição previdenciária e do teto remuneratório;

VII - o tempo de contribuição ao RGPS e a outros RPPS, com identificação do respectivo regime de origem;

VIII - as informações relativas a seus dependentes, tais como a quantidade, data de nascimento, condição do cônjuge, se válido ou inválido;

IX - o tipo de aposentadoria, a data de início do benefício, se possui paridade ou não, o valor da compensação financeira recebida por meio do Comprev, com identificação dos respectivos regimes de origem; e

X - a identificação do instituidor da pensão, da data do seu falecimento, do valor percentual da quota, do tipo de relação do pensionista com o instituidor, da duração do benefício, se vitalício ou temporário.

Parágrafo único. Adicionalmente, a base cadastral deverá contemplar informações:

I - relativas aos beneficiários que se desvincularam do RPPS em decorrência de desligamento ou falecimento, permitindo-se o acompanhamento das hipóteses relativas às projeções de rotatividade e longevidade; (Redação dada pela Portaria MPS 3.811/2024)

II - que guardem pertinência com o processo de escolha e acompanhamento das demais hipóteses e premissas utilizadas na avaliação atuarial, possibilitando a elaboração do Relatório de Análise das Hipóteses; e (Redação dada pela Portaria MPS 3.811/2024)

III - relativas ao histórico dos ingressos de novos servidores e às perspectivas e eventual planejamento de novas admissões. (Acrescido pela Portaria MPS 3.811/2024)

Art. 37. O ente federativo deverá encaminhar os arquivos da base cadastral dos segurados e beneficiários do RPPS utilizada na avaliação atuarial, em complemento às informações do Sistema Simplificado de Escrituração Digital das Obrigações Previdenciárias, Trabalhistas e Fiscais - eSocial, na forma de planilha eletrônica, quando solicitados pela SPREV para análise das avaliações atuariais e de estudos técnicos e projeções que lhe forem submetidos.

Parágrafo único. A base cadastral de que trata o caput contempla os dados encaminhados pela unidade gestora ao atuário habilitado, sem os ajustes e imputações eventualmente realizados para o seu processamento na avaliação atuarial, refletindo o banco de dados cadastrais, funcionais e remuneratórios dos segurados e beneficiários, bem como os arquivos da base especificamente utilizada pelo atuário na avaliação atuarial do RPPS, com os ajustes estatísticos efetuados para as projeções atuariais pertinentes.

SEÇÃO X
PLANOS DE AMORTIZAÇÃO DO DEFICIT

Art. 38. As formas de operacionalização dos parâmetros referentes aos planos de amortização do deficit atuarial dos RPPS deverão observar o disposto neste Anexo quanto aos seguintes aspectos:

I - percentuais mínimos do deficit atuarial a ser equacionado;

II - prazos máximos do plano de amortização; e

III - percentuais mínimos do deficit atuarial que, em caso de aumento, torna obrigatória a revisão do plano de amortização.

§ 1º A aplicação dos parâmetros deverá garantir a solvência e liquidez do plano de benefícios, mantendo-se o nível de arrecadação de contribuições e acumulação de provisões compatível com as obrigações futuras do RPPS em regime de capitalização, conforme demonstrado por meio dos fluxos atuariais.

§ 2º O Relatório da Avaliação Atuarial deverá descrever os cenários com as possibilidades para equacionamento do deficit atuarial apurado, devendo constar do DRAA o plano de amortização indicado na avaliação atuarial a ser implementado em lei pelo ente federativo.

SUBSEÇÃO I
CÁLCULO DO VALOR DO DEFICIT A SER EQUACIONADO

Art. 39. Poderá ser deduzido, do valor do deficit atuarial apurado na avaliação atuarial, o Limite de Deficit Atuarial - LDA calculado em função de um dos seguintes fatores:

I - duração do passivo do fluxo de pagamento dos benefícios do RPPS; ou

II - sobrevida média dos beneficiários.

§ 1º O plano de amortização deve equacionar, no mínimo, o resultado atuarial deficitário apontado na avaliação atuarial menos o valor relativo ao LDA.

§ 2º O LDA não se aplica nas seguintes situações, devendo o deficit atuarial ser integralmente equacionado por meio de plano de amortização:

I - em caso de alteração de legislação do ente federativo que resulte em transferência de segurados do Fundo em Repartição para o Fundo em Capitalização ou da massa de beneficiários mantida pelo Tesouro para a responsabilidade do RPPS; (Redação dada pela Portaria MPS 3.811/2024)

II - caso o ente federativo não tenha encaminhado à Secretaria de Regime Próprio e Complementar os documentos e informações atuariais exigidos ou tenham sido por esta identificadas inconsistências nessas informações que impactem no cálculo das variáveis de que tratam os incisos do caput, enquanto não for procedida a sua adequação; ou (Redação dada pela Portaria MPS 3.811/2024)

III - em relação ao resultado atuarial decorrente da hipótese de reposição de segurados. (Acrescido pela Portaria MPS 3.811/2024)

§ 3º Deverá ser registrada, no Relatório da Avaliação Atuarial, a análise dos efeitos da aplicação do LDA.

§ 4º Na hipótese prevista no inciso I do § 2º, o ente federativo deverá efetuar o aporte integral da provisão matemática referente aos beneficiários transferidos ao RPPS.

Art. 40. Para aplicação do LDA, deverão ser apurados separadamente o valor do deficit atuarial relativo à insuficiência de cobertura patrimonial da Provisão Matemática dos Benefícios a Conceder (PMBaC) e aquele relativo à insuficiência de cobertura patrimonial da Provisão Matemática dos Benefícios Concedidos (PMBC).

§ 1º Os ativos garantidores dos compromissos do plano de benefícios deverão ser apropriados, prioritariamente, ao resultado atuarial relativo à PMBC e os valores dos ativos que excederem a essa provisão, ao resultado atuarial da PMBaC.

§ 2º Será apurado deficit atuarial caso os valores dos ativos garantidores não sejam suficientes para cobertura das provisões matemáticas, conforme especificado a seguir:

I - deverá ser apurada a diferença entre o valor dos ativos garantidores e da PMBC;

II - caso o valor apurado na forma do inciso I seja negativo:

a) o deficit atuarial relativo à PMBC será igual ao resultado do inciso I, ou seja, corresponderá ao valor dos ativos garantidores menos o valor da PMBC; e

b) o deficit atuarial relativo à PMBaC será igual ao valor da PMBaC; e

III - caso o valor apurado na forma do inciso I seja igual a zero ou positivo:

a) o deficit atuarial relativo à PMBC será igual a zero; e

b) o deficit atuarial relativo à PMBaC será igual ao valor da PMBaC subtraído do resultado obtido no inciso I, ou seja, corresponderá à seguinte fórmula:

[PMBaC - (ativos garantidores - PMBC)].

§ 3º O deficit atuarial relativo à PMBC deverá ser integralmente equacionado por meio de plano de amortização.

Art. 41. O deficit atuarial relativo à PMBaC poderá ser deduzido do LDA calculado de acordo com uma das seguintes opções:

I - caso seja utilizada a duração do passivo deverá ser aplicada a seguinte fórmula do LDA:

LDA = (DP x a)/100 x deficit relativo à PMBaC onde:

LDA = Limite do Deficit Atuarial, representando a parcela relativa ao deficit atuarial que poderá não compor o plano de amortização;

DP = duração do passivo da projeção de pagamento dos benefícios líquidos do RPPS, expressa em anos, sem utilização da hipótese de reposição dos segurados, calculada de acordo com o fluxo atuarial da respectiva avaliação atuarial; e

a = constante 1,5, 1,75, 1,75 ou 2, para os RPPS identificados, respectivamente, no Índice de Situação Previdenciária dos Regimes Próprios de Previdência Social - ISP-RPPS como Perfis Atuariais I, II, III e IV;

II - caso seja utilizada a sobrevida média dos beneficiários, deverá ser aplicada a seguinte fórmula do LDA:

LDA = (SVM - 2)/100 x deficit relativo à PMBaC onde:

SVM = sobrevida média dos beneficiários, expressa em anos, relativa a todos os aposentados e pensionistas constantes da base cadastral utilizada na avaliação atuarial e calculada pela seguinte fórmula: SVM = (Σ Ex + 0,5) / (número de beneficiários);

Ex = expectativa de vida individual à idade X para todos os beneficiários, expressa em anos, calculada a partir da base cadastral e tábuas de mortalidade utilizadas na respectiva avaliação atuarial, considerando, com base na idade do beneficiário na data focal da avaliação atuarial, a idade exata mais próxima na respectiva tábua de mortalidade; e

Número de beneficiários = somatório de aposentados e pensionistas do RPPS, ou em caso de segregação da massa, do Fundo em Capitalização, apurado conforme base cadastral utilizada na avaliação atuarial.

Art. 42. O valor do deficit atuarial a ser equacionado pelo plano de amortização, em caso de aplicação do LDA, deverá corresponder ao somatório do deficit atuarial relativo à PMBC e do deficit atuarial relativo à PMBaC, sendo que, para esse último, é subtraído o valor do LDA.

§ 1º A composição do plano de amortização, na forma de alíquotas ou aportes, será determinada pelo prazo calculado conforme parâmetros estabelecidos neste Anexo e pelo sistema de amortização escolhidos conjuntamente pelo atuário, pelo dirigente da unidade gestora e pelos gestores e representantes do ente federativo.

§ 2º Em caso de não aplicação do LDA, o deficit atuarial a ser equacionado corresponderá ao valor integral do resultado apurado na avaliação atuarial.

SUBSEÇÃO II
CÁLCULO DOS PRAZOS MÁXIMOS DO PLANO DE AMORTIZAÇÃO

Art. 43. O plano de amortização deverá obedecer a um dos seguintes prazos máximos:

I - 35 (trinta e cinco) anos, contados a partir do plano de amortização que tiver sido implementado em lei do ente federativo publicada após a Portaria MF nº 464, de 19 de novembro de 2018;

II - caso seja utilizada a duração do passivo como parâmetro para o cálculo do LDA, o prazo do plano de amortização corresponderá ao dobro da duração; ou

III - caso seja utilizada a sobrevida média dos beneficiários como parâmetro para o cálculo do LDA, deverão ser observados os seguintes parâmetros:

a) o prazo do plano de amortização do deficit atuarial relativo à PMBC deverá corresponder à sobrevida média dos beneficiários; e

b) o prazo do plano de amortização do deficit atuarial relativo à PMBaC deverá ser calculado pela seguinte fórmula:

Prazo = RAP x 1,5 onde:

RAP = prazo médio remanescente para aposentadoria de cada segurado, calculado a partir da base cadastral, premissas e hipóteses utilizadas na respectiva avaliação atuarial, considerando no mínimo a idade, sexo e tempo de contribuição.

Parágrafo único. Para os entes federativos que comprovarem o disposto no inciso IV do art. 55 desta Portaria, o plano de amortização do deficit atuarial de que trata o inciso I do caput poderá prever alíquotas e/ou aportes até 2065.

SUBSEÇÃO III
OBRIGATORIEDADE DE REVISÃO DO PLANO DE AMORTIZAÇÃO

Art. 44. O plano de amortização implementado em lei deverá ser obrigatoriamente revisto, elevando-se as contribuições, na forma de alíquotas ou aportes, quando, nas avaliações atuariais dos exercícios subsequentes:

I - for apurado deficit atuarial superior àquele anteriormente equacionado, excluído dessa apuração o valor atual do plano de equacionamento do deficit implementado em lei; e

II - o valor do novo deficit atuarial apurado, excluído desse o valor atual do plano de equacionamento do deficit implementado em lei, for superior a 1% (um por cento), 1% (um por cento), 2% (dois por cento) ou 5% (cinco por cento) das provisões matemáticas previdenciárias para os RPPS identificados, respectivamente, no ISP-RPPS como Perfis Atuariais I, II, III e IV.

§ 1º A revisão do plano de amortização implica a implementação, em lei, de novo plano em substituição ao anterior, contemplando a alteração das contribuições, na forma de alíquotas ou aportes, do prazo e do valor do deficit atuarial a ser equacionado pelo novo plano.

§ 2º O prazo relativo ao novo plano de amortização do deficit atuarial deverá observar os seguintes critérios:

I - em caso de plano de amortização cujo prazo foi calculado de acordo com a duração do passivo, sobrevida média dos beneficiários ou tempo médio remanescente para aposentadoria, deverá ser utilizado o novo prazo calculado com base nesses parâmetros; e

II - em caso de plano de amortização com prazo fixo de 35 anos, deverá ser observado o prazo remanescente.

§ 3º Para apuração do valor do deficit atuarial a ser equacionado pelo novo plano de amortização, poderá ser utilizado o LDA.

§ 4º Eventual modificação da modelagem adotada no plano de amortização anterior resultante da utilização de parâmetro diverso para cálculo do prazo e do LDA, deverá ser objeto de justificativa técnica no Relatório da Avaliação Atuarial, onde se demonstrarão, ainda, os impactos da medida para o nível de solvência do RPPS.

§ 5º Caso o ente federativo tenha optado, inicialmente, pelo prazo de 35 (trinta e cinco) anos, poderá, na revisão do plano de custeio, modificar a forma de cálculo do prazo do novo plano de amortização, aplicando as outras modelagens previstas neste Anexo.

§ 6º A alteração do plano de amortização não poderá retroagir para reduzir os valores das obrigações vencidas.

SUBSEÇÃO IV
DEMAIS PARÂMETROS DO PLANO DE AMORTIZAÇÃO

Art. 45. A adequação do plano de amortização do déficit atuarial do RPPS ao requisito previsto no inciso II do caput do art. 56 desta Portaria, poderá ser promovida gradualmente, com a elevação das contribuições suplementares, na forma de alíquotas ou aportes, da seguinte forma: (Redação dada pela Portaria MPS 861/2023)

I - para os entes federativos que comprovarem o disposto no inciso IV do art. 55 desta Portaria: (Acrescido pela Portaria MPS 861/2023)

a) nos exercícios de 2023, 2024 e 2025, à razão de um terço do necessário;

b) no exercício de 2026, cinquenta por cento do necessário;

c) no exercício de 2027, setenta e cinco por cento do necessário; e

d) a partir do exercício de 2028, cem por cento do necessário; e

II - para os entes federativos que não se enquadrarem na situação de que trata o inciso I: (Acrescido pela Portaria MPS 861/2023)

a) nos exercícios de 2023, 2024 e 2025, à razão de um terço do necessário;

b) no exercício de 2026, à razão de dois terços do necessário; e

c) a partir do exercício de 2027, cem por cento do necessário.

Parágrafo único. A adequação gradual do plano de amortização na forma deste artigo poderá ser aplicada: (Acrescido pela Portaria MPS 861/2023)

I - caso assegure a liquidez do plano de benefícios, mantendo nível de arrecadação de contribuições e acumulação de reservas compatível com o regime financeiro adotado, bem como o cumprimento das obrigações futuras, conforme demonstrado nos fluxos atuariais; e

II - caso a capacidade orçamentária, financeira e fiscal do ente federativo, nos termos do art. 64 desta Portaria, não suporte a sua implantação imediata; e

III - sem observar os requisitos previstos no art. 65 desta Portaria, desde que não comprometa a amortização integral do déficit atuarial.

Art. 46. Em caso de diferenciação das contribuições suplementares por massa de segurados sujeita a critérios legais de elegibilidade específicos, ou para fins de apuração de custos para subsidiar a gestão atuarial do regime, deverá ser aplicado, como critério de rateio dos ativos garantidores dos compromissos, o tempo de vinculação ao RPPS pela massa considerada, ponderado pela remuneração mensal vigente na data focal da avaliação.

Art. 47. A compatibilidade do plano de amortização com a capacidade orçamentária, financeira e fiscal do ente federativo deverá ser objeto de comprovação por meio do Demonstrativo de Viabilidade do Plano de Custeio.

SEÇÃO XI
VIABILIDADE ORÇAMENTÁRIA, FINANCEIRA E FISCAL

Art. 48. Os planos de custeio e de equacionamento de deficit atuarial do RPPS propostos na avaliação atuarial deverão ser adequados à capacidade orçamentária e financeira do ente federativo e aos limites de despesas com pessoal previstos na Lei Complementar nº 101, de 2000.

SUBSEÇÃO I
DEMONSTRATIVO DE VIABILIDADE DO PLANO DE CUSTEIO

Art. 49. Deverá ser apresentado à SPREV o Demonstrativo de Viabilidade do Plano de Custeio, documento de caráter declaratório, conforme modelo e instrução de preenchimento disponibilizados na página da Previdência Social na Internet.

§ 1º O demonstrativo de que trata o caput contempla informações estruturadas relativas ao histórico de receitas e despesas do ente federativo, às projeções de receitas e despesas do RPPS e ao plano de equacionamento do deficit atuarial do regime e o cálculo de indicadores que visem avaliar o impacto do plano de custeio para a situação financeira e fiscal do ente federativo, considerando-se o equilíbrio financeiro e atuarial do RPPS.

§ 2º O Demonstrativo de Viabilidade do Plano de Custeio de que trata o caput deverá ser encaminhado à SPREV na forma de planilha eletrônica como anexo a estudos técnicos submetidos à sua análise ou no prazo previsto em notificação eletrônica por ela emitida.

§ 3º Em caso de não atendimento ao previsto no § 2º será considerado que o ente federativo não demonstrou a adoção de medidas objetivando o equilíbrio financeiro e atuarial do RPPS.

Art. 50. Para a elaboração do Demonstrativo de Viabilidade do Plano de Custeio deverão ser obtidos dados e informações relativos:

I - à Receita Corrente Líquida - RCL, conforme dados do Demonstrativo da Receita Corrente Líquida, anexo ao Relatório Resumido da Execução Orçamentária - RREO do último bimestre de cada exercício, considerando o período de, no mínimo, 5 (cinco) exercícios anteriores àquele a que se refere a avaliação atuarial;

II - à Despesa Líquida com Pessoal - DLP, conforme dados do Demonstrativo da Despesa com Pessoal - DPP, anexo ao Relatório de Gestão Fiscal - RGF de que trata o Manual de Demonstrativos Fiscais - MDF disponibilizado na página da Secretaria do Tesouro Nacional - STN na Internet, considerando o mesmo período informado para a RCL;

III - às contribuições a cargo do ente federativo relativas ao exercício anterior àquele a que se refere a avaliação atuarial, contemplando as contribuições normais e suplementares, na forma de alíquotas ou aportes, devidas pelo ente federativo nas competências de janeiro a dezembro daquele exercício e os montantes das parcelas, devidas nesse período, relativas a termos de parcelamento firmados entre a unidade gestora e o ente federativo, excluindo os valores dos aportes para cobertura de insuficiência financeira do RPPS;

IV - às despesas do RPPS com o pagamento de benefícios e despesas administrativas, relativas ao exercício anterior àquele a que se refere a avaliação atuarial;

V - à Dívida Consolidada Líquida - DCL, conforme dados do Demonstrativo da Dívida Consolidada Líquida, anexo ao RGF;

VI - ao resultado atuarial apurado na avaliação atuarial, sem considerar o valor atual do plano de equacionamento do deficit atuarial estabelecido em lei; e

VII - às projeções de remunerações, despesas com benefícios, contribuições, parcelamentos, insuficiências ou excedentes financeiros, evolução dos recursos garantidores e demais informações obtidas nos fluxos atuariais.

§ 1º A partir dos dados e informações referidos neste artigo devem ser calculadas a variação real média da RCL e da DLP para fundamentar as projeções dessas receitas e despesas, realizadas as estimativas de contribuições e encargos totais do ente, das despesas totais com pessoal e do limite de endividamento, considerando os valores do deficit atuarial e do crescimento percentual do saldo financeiro acumulado para o cálculo de indicadores que irão fundamentar a análise de viabilidade do plano de custeio.

§ 2º As projeções para análise da viabilidade do plano de custeio do RPPS deverão ser realizadas para todos os anos do período do plano de amortização e, em caso de segregação da massa, pelo período de duas vezes a duração do passivo do Fundo em Capitalização, para ambos os fundos.

§ 3º Para a variação real da RCL, deverá ser utilizado percentual de crescimento inferior àquele calculado pelos dados históricos caso o valor projetado não se demonstre sustentável a longo prazo.

§ 4º A responsabilidade pelas informações a serem prestadas no Demonstrativo de Viabilidade do Plano de Custeio relativas às projeções atuariais do RPPS é do atuário e, pelos dados contábeis, financeiros, orçamentários e fiscais, do representante legal do ente federativo e dos dirigentes da unidade gestora do RPPS.

§ 5º No caso de utilização de premissa de reposição de segurados, os dados e informações de que trata este artigo contemplarão as estimativas de novos entrantes. (Acrescido pela Portaria MPS 3.811/2024)

SUBSEÇÃO II
INDICADORES DE VIABILIDADE DO PLANO DE CUSTEIO

Art. 51. A análise do impacto do plano de custeio do RPPS para a situação financeira e fiscal do ente federativo, observando-se o equilíbrio financeiro e atuarial do regime, deverá basear-se, no mínimo, em indicadores, que utilizam como insumo as informações do Demonstrativo de Viabilidade do Plano de Custeio, que visam aferir os impactos: (Renumerado pela Portaria MTP 1.837/2022)

I - da despesa total de pessoal na RCL;

II - do percentual acima do limite prudencial estabelecidos na Lei Complementar nº 101, de 2000;

III - da inclusão do valor do deficit atuarial na análise do limite de endividamento; e

IV - do resultado financeiro dos fluxos atuariais

Parágrafo único. A análise do limite de endividamento de que trata o inciso III do caput deverá considerar, conforme inciso III do art. 32 da Lei Complementar nº 101, de 2000, o previsto nas resoluções do Senado Federal que dispõem sobre os limites globais para o montante da dívida pública consolidada dos Estados, Distrito Federal e Municípios.

SUBSEÇÃO III
AVALIAÇÃO DA VIABILIDADE DO PLANO DE CUSTEIO

Art. 52. A unidade gestora do RPPS e o ente federativo deverão apresentar justificativa técnica para a manutenção dos planos de custeio do RPPS quando, isoladamente ou de forma cumulativa, forem constatadas as seguintes situações: (Renumerado pela Portaria MTP 1.837/2022)

I - o percentual de despesas com pessoal projetado for superior aos limites estabelecidos na Lei Complementar nº 101, de 2000, em qualquer exercício das projeções atuariais efetuadas;

II - o limite de endividamento, após a inclusão do deficit atuarial for superior ao previsto no art. 3º da Resolução do Senado Federal nº 40, de 2001; e

III - for identificada insuficiência financeira em, pelo menos, um dos 10 (dez) exercícios subsequentes ao exercício da data focal da avaliação atuarial.

§ 1º Em caso de a providência a que se refere o caput não demonstrar a capacidade de execução do plano de custeio pelo ente federativo deverá ser proposta sua revisão, a ser implementada até o término do exercício subsequente, desde que vise o equilíbrio financeiro e atuarial do RPPS.

§ 2º Os conselhos deliberativo e fiscal do RPPS deverão acompanhar as informações do Demonstrativo de Viabilidade do Plano de Custeio, que serão encaminhadas aos órgãos de controle interno e externo para subsidiar a análise da capacidade orçamentária, financeira e fiscal do ente federativo para cumprimento do plano de custeio do RPPS.

SEÇÃO XII
ISPOSIÇÕES FINAIS

Art. 53. Ficam aprovados os modelos disponibilizados pela SPREV na página da Previdência Social na Internet na data de publicação desta Portaria, que constavam das Instruções Normativas SPREV nº 01, 03, 05, 08, 09 e 10, ambas publicadas no Diário Oficial da União de 28 de dezembro de 2018 e republicadas em 26 de agosto de 2019, dos seguintes documentos e planilhas: (Renumerado pela Portaria MTP 1.837/2022)

I - NTA;

II - fluxos atuariais;

III - leiaute da base de dados da avaliação atuarial;

IV - Demonstrativo de Viabilidade do Plano de Custeio; e

V - Relatório da Avaliação Atuarial.

Art. 54. O envio à SPREV do Relatório de Análise das Hipóteses, a cada 4 (quatro) anos, como anexo ao Relatório da Avaliação Atuarial do exercício seguinte, deverá observar os seguintes marcos temporais: (Renumerado pela Portaria MTP 1.837/2022)

I - 31 de julho de 2023, relativo à avaliação atuarial posicionada em 31 de dezembro de 2022, para os RPPS classificados no grupo Porte Especial do ISP-RPPS;

II - 31 de julho de 2024, relativo à avaliação atuarial posicionada em 31 de dezembro de 2023, para os RPPS classificados no grupo Grande Porte do ISP-RPPS; e

III - 31 de julho de 2025, relativo à avaliação atuarial posicionada em 31 de dezembro de 2024, para os RPPS para os RPPS classificados no grupo Médio Porte do ISP-RPPS.

Art. 55. Exceto em caso de atendimento ao disposto no art. 55, § 7º, desta Portaria, a utilização de premissa de reposição de segurados poderá impactar os valores dos compromissos e o resultado atuarial do RPPS da seguinte forma: (Acrescido pela Portaria MPS 3.811/2024)

I - para os RPPS que alcançaram os níveis I ou II no Pró-Gestão RPPS ou que comprovarem o disposto no art. 158 e no art. 164 desta Portaria:

a) até 60% (sessenta por cento) em 2025;
b) até 70% (setenta por cento) em 2026;
c) até 80% (oitenta por cento) em 2027;
d) até 90% (noventa por cento) em 2028; e
e) até 100% (cem por cento) a contar de 2029;

II - para os RPPS que alcançaram os níveis III ou IV no Pró-Gestão RPPS:

a) até 70% (setenta por cento) em 2025;
b) até 80% (oitenta por cento) em 2026;
c) até 90% (noventa por cento) em 2027; e
d) até 100% (cem por cento) a contar de 2028; e

III - para os RPPS que não se enquadrarem nas hipóteses de que tratam os incisos I ou II:

a) até 50% (cinquenta por cento) em 2025;
b) até 60% (sessenta por cento) em 2026;
c) até 70% (setenta por cento) em 2027;
d) até 80% (oitenta por cento) em 2028;
e) até 90% (noventa por cento) em 2029; e
f) até 100% (cem por cento) a contar de 2030.

ANEXO VII

TAXA DE JUROS PARÂMETRO A SER UTILIZADA NAS AVALIAÇÕES ATUARIAIS DOS RPPS

Art. 1º As taxas de juros parâmetro a serem utilizadas nas avaliações atuariais dos Regimes Próprios de Previdência Social - RPPS da União, dos Estados, Distrito Federal e Municípios observarão os valores anuais previstos neste Anexo, considerando a taxa cujo ponto da Estrutura a Termo de Taxa de Juros Média - ETTJ seja o mais próximo à duração do passivo do regime.

SEÇÃO I
AVALIAÇÕES ATUARIAIS DOS EXERCÍCIOS DE 2019 A 2022

Art. 2º Para definição da hipótese da taxa de juros real a ser utilizada nas avaliações atuariais dos RPPS relativas aos exercícios de 2019 a 2022 aplicam-se as seguintes taxas de juros parâmetro, definidas conforme disposto no inciso II do art. 26 e no art. 79 da Portaria MF nº 464, de 19 de novembro de 2018, e no art. 3º da Instrução Normativa SPREV nº 02, de 21 de dezembro de 2018:

Pontos da duração do passivo (em anos)	Taxa de Juros Parâmetro (% a.a.)			
	2022	2021	2020	2019
0,5	-	-	-	4,76
1,00	2,60	4,07	4,61	4,76
1,50	2,90	4,18	4,81	4,98
2,00	3,24	4,42	5,06	5,24
2,50	3,52	4,64	5,27	5,44
3,00	3,74	4,82	5,43	5,59
3,50	3,91	4,95	5,54	5,70
4,00	4,05	5,04	5,61	5,78
4,50	4,15	5,12	5,67	5,83
5,00	4,24	5,17	5,71	5,87
5,50	4,31	5,22	5,74	5,90
6,00	4,38	5,25	5,77	5,93
6,50	4,43	5,28	5,78	5,94
7,00	4,47	5,30	5,80	5,96
7,50	4,51	5,32	5,81	5,97
8,00	4,55	5,33	5,82	5,98
8,50	4,58	5,35	5,82	5,98
9,00	4,61	5,36	5,83	5,99
9,50	4,64		5,83	5,99
10,00	4,66	5,35	5,84	6,00
10,50	4,68	5,35	5,84	6,00
11,00	4,71	5,36	5,85	6,00
11,50	4,72	5,37	5,85	6,01
12,00	4,74	5,37	5,85	6,01
12,50	4,76	5,38	5,85	6,01
13,00	4,77	5,39	5,85	6,01

13,50	4,79	5,39	5,86	6,02
14,00	4,80	5,39	5,86	6,02
14,50	4,81	5,40	5,86	6,02
15,00	4,83	5,40	5,86	6,02
15,50	4,84	5,41	5,86	6,02
16,00	4,85	5,41	5,86	6,02
16,50	4,86	5,41	5,87	6,03
17,00	4,87	5,42	5,87	6,03
17,50	4,88	5,42	5,87	6,03
18,00	4,88	5,42	5,87	6,03
18,50	4,89	5,43	5,87	6,03
19,00	4,90	5,43	5,87	6,03
19,50	4,91	5,43	5,87	6,03
20,00	4,91	5,43	5,87	6,03
20,50	4,92	5,44	5,87	6,03
21,00	4,93	5,44	5,87	6,04
21,50	4,93	5,44	5,88	6,04
22,00	4,94	5,44	5,88	6,04
22,50	4,94	5,44	5,88	6,04
23,00	4,95	5,45	5,88	6,04
23,50	4,95	5,45	5,88	6,04
24,00	4,96	5,45	5,88	6,04
24,50	4,96	5,45	5,88	6,04
25,00	4,97	5,45	5,88	6,04
25,50	4,97	5,45	5,88	6,04
26,00	4,97	5,45	5,88	6,04
26,50	4,98	5,46	5,88	6,05
27,00	4,98	5,46	5,88	6,05
27,50	4,99	5,46	5,88	6,05
28,00	4,99	5,46	5,89	6,05
28,50	4,99	5,46	5,89	6,05
29,00	4,99	5,46	5,89	6,05
29,50	5,00	5,46	5,89	6,05
30,00	5,00	5,46	5,89	6,05
30,50	5,01	5,46	5,89	6,05
31,00	5,01	5,47	5,89	6,05
31,50	5,01	5,47	5,89	6,05
32,00	5,01	5,47	5,89	6,05

32,50	5,01	5,47	5,89	6,05
33,00	5,01	5,47	5,89	6,05
33,50	5,02	5,47	5,89	6,05
34 ou (34,00 ou mais)	5,04	5,47	5,89	6,05
34,50		5,47	5,89	6,06
35,00 ou mais		5,47	5,89	6,06

Parágrafo único. As taxas de juros parâmetro de que trata o caput foram divulgadas por meio da Portaria SEPRT/ME nº 6.132, de 25 de maio de 2021, da Portaria SEPRT/ME nº 12.233, de 14 de maio de 2020, da Portaria SPREV/ME nº 17, de 20 de maio de 2019 e da Portaria SPREV/MF nº 50, de 28 de dezembro de 2018.

SEÇÃO II
AVALIAÇÕES ATUARIAIS DOS EXERCÍCIOS A PARTIR DE 2023

Art. 3º Para definição da hipótese da taxa de juros real nas avaliações atuariais dos exercícios a partir de 2023 deverão ser utilizadas as taxas de juros parâmetro estabelecidas de acordo com o art. 1º, acrescidas em 0,15 pontos percentuais para cada ano em que a taxa de juros utilizada nas avaliações atuariais dos últimos 5 (cinco) exercícios antecedentes à data focal da avaliação tiver sido alcançada pelo RPPS, limitada a 0,6 pontos percentuais.

§ 1º Os acréscimos de que trata o caput não se aplicam aos RPPS que possuam recursos inferiores a R$ 10.000.000,00 (dez milhões de reais) e ao Fundo em Repartição e nas demais situações de que tratam o § 4º do art. 26 desta Portaria.

§ 2º Deverá constar no Demonstrativo de Resultados da Avaliação Atuarial (DRAA), na tabela «Hipóteses Demográficas, Econômicas e Financeiras", em "Justificativa Técnica para Eventuais Discrepâncias em Relação a Hipótese Adotada", no campo "Projeção da Taxa de Juros Real para o Exercício" a informação relativa à utilização dos acréscimos de que trata o caput.

Art. 4º Para definição da hipótese da taxa de juros real a ser utilizada nas avaliações atuariais dos RPPS dos exercícios a partir de 2023, conforme disposto no art. 3º, aplicam-se as seguintes taxas de juros parâmetro, estabelecidas de acordo com o art. 1º:

Pontos da duração do passivo (em anos)	Taxa de Juros Parâmetro (% a.a.) para as avaliações atuariais dos RPPS dos seguintes exercícios		
	2023	2024	2025
1,00	2,09	2,72	3,53
1,50	2,48	3,04	3,62
2,00	2,86	3,32	3,73
2,50	3,17	3,54	3,84
3,00	3,41	3,71	3,94
3,50	3,60	3,85	4,03
4,00	3,75	3,97	4,12
4,50	3,87	4,07	4,19
5,00	3,96	4,15	4,26
5,50	4,05	4,22	4,32
6,00	4,12	4,29	4,38
6,50	4,18	4,34	4,43
7,00	4,23	4,39	4,47
7,50	4,28	4,44	4,52
8,00	4,33	4,48	4,56
8,50	4,36	4,52	4,59
9,00	4,40	4,55	4,63
9,50	4,43	4,58	4,66
10,00	4,46	4,61	4,68
10,50	4,49	4,64	4,71
11,00	4,51	4,66	4,74
11,50	4,53	4,68	4,76
12,00	4,56	4,71	4,78

12,50	4,58	4,73	4,80
13,00	4,59	4,75	4,82
13,50	4,61	4,76	4,84
14,00	4,63	4,78	4,86
14,50	4,64	4,79	4,87
15,00	4,66	4,81	4,89
15,50	4,67	4,82	4,90
16,00	4,68	4,84	4,91
16,50	4,70	4,85	4,93
17,00	4,71	4,86	4,94
17,50	4,72	4,87	4,95
18,00	4,73	4,88	4,96
18,50	4,74	4,89	4,97
19,00	4,75	4,90	4,98
19,50	4,76	4,91	4,99
20,00	4,76	4,92	5,00
20,50	4,77	4,93	5,01
21,00	4,78	4,93	5,02
21,50	4,79	4,94	5,02
22,00	4,79	4,95	5,03
22,50	4,80	4,96	5,04
23,00	4,81	4,96	5,04
23,50	4,81	4,97	5,05
24,00	4,82	4,97	5,06
24,50	4,82	4,98	5,06
25,00	4,83	4,99	5,07
25,50	4,83	4,99	5,07
26,00	4,84	5,00	5,08
26,50	4,84	5,00	5,08
27,00	4,85	5,00	5,09
27,50	4,85	5,01	5,09
28,00	4,86	5,01	5,10
28,50	4,86	5,02	5,10
29,00	4,86	5,02	5,11
29,50	4,87	5,02	5,11
30,00	4,87	5,03	5,11
30,50	4,87	5,03	5,12
31,00	4,88	5,04	5,12
31,50	4,88	5,04	5,12
32,00	4,88	5,04	5,13
32,50	4,89	5,04	5,13
33,00	4,89	5,04	5,13
33,50	4,86	5,04	5,13
34,00	4,90	5,10	5,21
34,50	4,90	5,10	5,31
35 ou mais	4,90	5,10	5,47

" (NR)

ANEXO VIII

APLICAÇÃO DOS PARÂMETROS PARA GESTÃO DOS INVESTIMENTOS

Art. 1º A aplicação dos parâmetros previstos no Capítulo VI desta Portaria relativos à gestão dos investimentos dos Regimes Próprios de Previdência Social - RPPS obedecerá, de forma complementar, o disposto neste Anexo.

SEÇÃO I
OPERAÇÕES COM TÍTULOS PÚBLICOS

Art. 2º A unidade gestora do RPPS, em caso de negociações diretas com títulos de emissão do Tesouro Nacional, deverá comprovar:

I - a consulta às informações divulgadas por entidades representativas de participantes do mercado financeiro e de capitais reconhecidamente idôneas pela sua transparência e elevado padrão técnico na difusão de preços e taxas dos títulos, e a sua utilização como referência nas negociações, bem como, ao volume, preços, e taxas das operações registradas no SELIC, antes do efetivo fechamento da operação;

II - a utilização de plataformas eletrônicas administradas por sistemas autorizados a funcionar pelo Banco Central do Brasil ou pela CVM ou que as aquisições foram efetuadas em ofertas públicas do Tesouro Nacional, por intermédio das instituições regularmente habilitadas;

III - o registro do valor e do volume dos títulos efetivamente negociados; e

IV - que os títulos estão sob a titularidade do RPPS, com base nas informações de sistema de registro, de custódia ou de liquidação financeira, sejam depositados perante depositário central (SELIC).

Parágrafo único. Além de consulta às taxas e preços na forma do inciso I do caput, no dia das negociações, deverão ser verificados os registros no SELIC das operações do dia anterior, conforme informações divulgadas pelo Banco Central do Brasil ou pelas entidades representativas de participantes do mercado financeiro e de capitais.

Art. 3º A plataforma eletrônica de negociação deverá garantir que o preço e taxa a ser negociado na aquisição ou venda do título decorra de condições normais de mercado, impossibilitando a criação de condições artificiais de oferta ou de demanda e a adoção de práticas não equitativas pelos participantes.

Art. 4º Para comprovação de operações realizadas em ofertas públicas do Tesouro Nacional, a unidade gestora deverá arquivar os documentos de comunicação com a instituição que participou do leilão.

SEÇÃO II
PROCEDIMENTOS PARA PRECIFICAÇÃO DOS ATIVOS

Art. 5º Os ativos financeiros integrantes das carteiras dos RPPS poderão ser classificados nas seguintes categorias, conforme critérios estabelecidos neste Anexo:

I - disponíveis para negociação futura ou para venda imediata; ou

II - mantidos até o vencimento.

§ 1º Na categoria de disponíveis para negociação ou para venda, devem ser registrados os ativos adquiridos com o propósito de serem negociados, independentemente do prazo a decorrer da data da aquisição.

§ 2º Na categoria de ativos mantidos até o vencimento, podem ser registrados os ativos para os quais haja intenção e capacidade financeira do RPPS de mantê-los em carteira até o vencimento.

Art. 6º Os ativos da categoria de disponíveis para negociação ou para venda imediata, deverão ser marcados a mercado, no mínimo mensalmente, de forma a refletir o seu valor real, observado o regime de competência.

§ 1º A metodologia de apuração do valor de mercado ou valor justo é de responsabilidade da unidade gestora, tendo por base critérios consistentes e passíveis de verificação, e os valores divulgados por entidades representativas de participantes do mercado financeiro e de capitais reconhecidamente idôneas pela sua transparência e elevado padrão técnico na difusão de preços e taxas de ativos.

§ 2º Na eventual indisponibilidade da informação de que trata o § 1º poderão ser utilizados como parâmetros:

I - o preço médio de negociação no dia da apuração ou, quando não disponível, o preço médio de negociação no dia útil anterior;

II - o valor líquido provável de realização obtido mediante adoção de técnica ou modelo de precificação; ou

III - o preço de título semelhante, levando em consideração, no mínimo, os prazos de pagamento e vencimento, o risco de mercado e a moeda ou indexador.

§ 3º O previsto neste artigo se aplica aos títulos públicos de emissão do Tesouro Nacional, aos ativos financeiros de renda fixa de emissão com obrigação ou coobrigação de instituições financeiras disponíveis para negociação e aos bens, direitos e demais ativos aportados ao RPPS.

§ 4º A unidade gestora poderá utilizar metodologia de apuração do valor de mercado das cotas de fundos de investimento, diversa da divulgada pelo fundo, de forma a refletir o seu valor real, especialmente nos casos dos fundos cujas cotas são negociáveis em bolsa de valores, que apresentam carteiras com baixa liquidez ou nas situações de desenquadramento de que trata o § 2º do art. 152 desta Portaria.

§ 5º Nas situações de que trata o § 4º deverá ser utilizado instrumento de avaliação dos ativos financeiros considerando a redução ao valor recuperável.

§ 6º Observadas as normas de contabilidade aplicáveis ao setor público, valor justo ou valor de mercado é o valor pelo qual um ativo pode ser negociado ou um passivo liquidado entre as partes interessadas em condições ideais e com a ausência de fatores que pressionem para a liquidação da transação ou que caracterizem uma transação de comercialização.

Art. 7º Os ativos da categoria de mantidos até o vencimento deverão ser contabilizados pelos seus custos de aquisição, acrescidos dos rendimentos auferidos, devendo ser atendidos os seguintes parâmetros:

I - demonstração da capacidade financeira do RPPS de mantê-los em carteira até o vencimento;

II - demonstração, de forma inequívoca, pela unidade gestora, da intenção de mantê-los até o vencimento;

III - compatibilidade com os prazos e taxas das obrigações presentes e futuras do RPPS;

IV - classificação contábil e controle separados dos ativos disponíveis para negociação; e

V - obrigatoriedade de divulgação das informações relativas aos ativos adquiridos, ao impacto nos resultados atuariais e aos requisitos e procedimentos contábeis, na hipótese de alteração da forma de precificação dos ativos.

§ 1º A capacidade financeira de que trata o inciso I do caput deve:

I - ser caracterizada pela capacidade de atendimento das necessidades de liquidez do RPPS, em função dos direitos dos segurados e beneficiários, das obrigações do regime e do perfil do exigível atuarial de seu plano de benefícios; e

II - estar amparada em projeção de fluxo de caixa que desconsidera a possibilidade de venda dos ativos mantidos até o vencimento.

§ 2º As operações de alienação de títulos de emissão do Tesouro Nacional realizadas simultaneamente à aquisição de novos títulos da mesma natureza, com prazo de vencimento superior e em montante igual ou superior ao dos títulos alienados, não descaracterizam a intenção do RPPS de mantê-los em carteira até o vencimento de que trata o inciso II do caput.

§ 3º No que se refere à compatibilidade com as obrigações presentes e futuras do RPPS de que trata o inciso III do caput:

I - deverão constar das estratégias de investimento, carregamento de posição e desinvestimento definidas na política de investimentos, as informações relativas à aderência da carteira de ativos mantidos até o vencimento com os prazos e taxas das obrigações presentes e futuras do RPPS, bem como uma descrição do perfil desses ativos; e

II - a verificação da aderência da carteira deverá estar embasada nos fluxos atuariais de pagamento de benefícios e de recebimento, pelo RPPS, das contribuições e demais receitas, no perfil atual da carteira de investimentos e no montante, natureza e faixas de vencimento dos ativos.

§ 4º Poderá ser aplicado o disposto neste artigo aos ativos de que trata o § 3º do art. 6º, desde que atendidos os critérios previstos no caput.

§ 5º A metodologia de marcação dos títulos será a utilizada pela Secretaria do Tesouro Nacional - STN nos leilões de oferta de títulos públicos federais.

Art. 8º A reclassificação dos ativos da categoria de mantidos até o vencimento para a categoria de ativos disponíveis para negociação, ou vice-versa, somente poderá ser efetuada por ocasião da elaboração dos balanços anuais e deverá ser precedida de demonstração dos seus impactos contábeis e atuariais e de justificativa técnica.

§ 1º A transferência dos ativos entre as categorias somente poderá ocorrer por motivo isolado, não usual, não recorrente e não previsto, ocorrido após a data da classificação, de modo a não descaracterizar a intenção evidenciada pela unidade gestora, quando da classificação naquela categoria.

§ 2º Os impactos contábeis da reclassificação dos ativos deverão observar o previsto nas normas e nos procedimentos contábeis aplicáveis ao setor público.

§ 3º Os impactos atuariais da reclassificação dos ativos deverão ser demonstrados No Relatório da Avaliação Atuarial do RPPS do exercício.

§ 4º A unidade gestora do RPPS deverá manter a documentação que serviu de base para a reclassificação dos ativos e em caso de constatadas impropriedades ou inconsistências nos processos de classificação e de avaliação, a SPREV poderá determinar a sua reclassificação, com o consequente reconhecimento dos efeitos nas demonstrações contábeis e no resultado atuarial do RPPS.

Art. 9º Em complemento às normas e procedimentos contábeis aplicáveis ao setor público, deverão ser divulgados em notas explicativas às demonstrações contábeis, tanto com relação aos ativos disponíveis para negociação quanto aos mantidos até o vencimento, os seguintes aspectos, no mínimo:

I - o montante, a natureza e as faixas de vencimento dos ativos;

II - os valores de custo e de mercado, segregados por tipo de ativo, título e por categoria, bem como os parâmetros utilizados na determinação desses valores;

III - os ativos da categoria de mantidos até o vencimento que forem negociados no exercício, especificando a data da negociação, quantidade negociada, valor total negociado, o efeito no resultado das demonstrações contábeis e a justificativa para a negociação;

IV - a declaração sobre a capacidade financeira do RPPS e a intenção da unidade gestora do regime de manter os ativos até o seu vencimento, relativos à respectiva categoria; e

V - em caso de reclassificação, o montante dos ativos reclassificados, o reflexo no resultado e os motivos que levaram à reclassificação.

SEÇÃO III
INSTRUÇÕES SOBRE OPERACIONALIZAÇÃO DA CARTEIRA DE EMPRÉSTIMOS CONSIGNADOS

Art. 10. A política de investimentos, observados os limites e requisitos previstos em resolução do CMN e os parâmetros estabelecidos neste Anexo, deverá estabelecer, em caso de aplicações de recursos dos RPPS no segmento de empréstimos consignados, os montantes, valores das prestações, prazos, critérios de elegibilidade e demais condições de acesso dos servidores em atividade, dos aposentados e dos pensionistas ao crédito, considerando a taxa de inadimplência e rentabilidade obtidas para o segmento nos exercícios anteriores.

§ 1º São elegíveis aos empréstimos de que trata este artigo, na qualidade de tomadores, somente os servidores, os aposentados e os pensionistas vinculados ao RPPS, observadas as condições previstas nos arts. 24 e 25.

§ 2º É vedada a concessão de empréstimos a servidores, aposentados e pensionistas, nas situações em que o pagamento de sua remuneração ou provento seja de responsabilidade do ente federativo ou que dependa de suas transferências financeiras mensais, caso os respectivos Estados, Distrito Federal e Municípios, não possuam a classificação "A" relativa à Capacidade de Pagamento - CAPAG divulgada pela Secretaria do Tesouro Nacional - STN.

§ 3º Os Estados, Distrito Federal e Municípios que possuírem a classificação da CAPAG «B», "C» e "D" os empréstimos somente poderão ser concedidos aos aposentados e pensionistas vinculados ao RPPS e caso o ente possua segregação da massa, somente aos aposentados e pensionistas do Fundo em Capitalização.

§ 4º A unidade gestora do RPPS deverá dar publicidade aos potenciais tomadores das taxas, prazos e condições de elegibilidade aos empréstimos.

Art. 11. Não haverá a possibilidade de portabilidade, pelos tomadores, dos saldos devedores dos empréstimos contratados junto ao RPPS.

Art. 12. Os poderes, órgãos e entidades do ente federativo deverão disponibilizar a unidade gestora do RPPS o acesso aos sistemas de gestão das folhas de pagamento de seus servidores e de eventuais aposentados e pensionistas sobre sua responsabilidade para fins de operacionalização dos empréstimos, a serem concedidos por meio de sistemas a eles interligados.

SUBSEÇÃO I
COBERTURA DOS RISCOS DOS EMPRÉSTIMOS

Art. 13. Deverão ser considerados, na gestão dos recursos alocados aos empréstimos consignados, os parâmetros e medidas mais adequados aos riscos da carteira de investimentos do RPPS.

Parágrafo único. Para a cobertura dos riscos inerentes ao processo de concessão e gestão dos créditos relativos aos empréstimos, a unidade gestora do RPPS deverá:

I - constituir fundos garantidores e/ou de oscilação de riscos; e/ou

II - contratar seguros regulamentados pelo Conselho Nacional de Seguros Privados - CNSP e autorizados pela Superintendência de Seguros Privados - Susep.

Art. 14. Para a constituição dos fundos garantidores ou de oscilação de riscos deverão ser adotadas as seguintes medidas:

I - realização de estudo atuarial para estimar as perdas causadas em função da probabilidade de ocorrência de eventos de desvinculação ao regime, em decorrência de morte, exoneração, demissão, cessação ou cassação do benefício, seja por decisão administrativa ou judicial, e demais situações de decremento e perda de renda;

II - apuração da taxa para cobertura da totalidade dos riscos necessária para a preservação do equilíbrio econômico-financeiro da carteira, sem prejuízo de taxa adicional de riscos, para situações não previstas ou não controladas; e

III - segregação, contábil e financeira, dos recursos relativos às taxas de que trata o inciso II, incluídas nos encargos financeiros das operações, para a formação dos fundos garantidores ou de oscilação de riscos.

§ 1º Os estudos a que se refere o inciso I do caput deverão utilizar modelos que limitem a probabilidade de perdas máximas e estar embasados em hipóteses de taxa de sobrevivência de válidos e inválidos, de rotatividade e outras situações de decremento aderentes às características da massa de servidores, aposentados e pensionistas do regime.

§ 2º Os fundos garantidores a que se refere o inciso III do caput:

I - destinam-se ao provisionamento dos recursos para fazer frente às despesas geradas pelo acontecimento dos eventos estimados, dando cobertura financeira aos eventos a que se destinam;

II - operam a quitação do saldo devedor vincendo em caso de ocorrência dos eventos estimados; e

III - são calculados atuarialmente em função de características dos tomadores, do prazo e dos valores contratados.

§ 3º Os fundos de oscilação de riscos a que se refere o inciso III do caput:

I - destinam-se ao provisionamento de recursos para cobrir os riscos de perda da carteira em decorrência de desvios nas hipóteses utilizadas, de acontecimentos que extrapolem a margem de segurança dos fundos garantidores, em caso de eventos incertos ou com amplitude não adequadamente mensurada; e

II - objetivam a estabilidade dos valores das taxas de coberturas dos riscos.

§ 4º As reservas dos fundos garantidores e dos fundos de oscilação de riscos da carteira de empréstimos deverão ser periodicamente avaliadas e redimensionadas e não se confundem com os recursos destinados ao pagamento de benefícios do RPPS.

Art. 15. A contratação de seguros visa garantir o recebimento do saldo devedor do tomador em caso de ocorrência de situações de que trata o inciso I do caput art. 14 e que possam levar a inadimplência em face das obrigações contratualmente assumidas com a unidade gestora do RPPS.

§ 1º A cobertura de que trata o caput poderá ser obtida:

I - por meio de apólices conjuntas de seguros entre RPPS distintos, caso disponíveis, desde que demonstrados, em consonância com o princípio da economicidade, melhor relação custo-benefício quando comparada à cotação individual das modalidades de seguro por cada RPPS envolvido e que o custo atenda a exigência de que encargos financeiros das operações sejam superiores à meta atuarial do regime; e/ou

II - por meio de apólices coletivas de seguro de tomadores, desde que a eles assegurada a adesão voluntária.

§ 2º Considera-se como saldo devedor líquido para quitação, o valor presente das prestações vincendas na data da amortização, descontado à taxa de juros fixada no contrato de empréstimo, referente ao período não utilizado em função da quitação antecipada.

Art. 16. Os encargos financeiros das operações de empréstimos consignados deverão manter o equilíbrio econômico-financeiro da carteira e ser superiores à meta atuarial do RPPS utilizada na avaliação atuarial vigente na data de sua concessão, acrescida, na forma do art. 31, de taxas:

I - de administração das operações, que deverão suportar todos os custos operacionais e de gestão necessários para as atividades de atendimento, análise, concessão, acompanhamento e controle; e

II - de custeio dos fundos garantidores e de oscilação de riscos ou de seguros contratados e/ou de adicionais de risco, para fazer frente a eventos extraordinários, porventura não cobertos pelos fundos e seguros.

§ 1º Independentemente de contratação de pessoa jurídica para prestação de serviços relacionados à operacionalização dos empréstimos, a liberação do crédito ao tomador e o depósito dos valores das parcelas consignadas ocorrerão sempre sob responsabilidade da unidade gestora do RPPS, por meio das contas bancárias do regime.

§ 2º Os valores arrecadados para custeio dos fundos garantidores e de oscilação de riscos ou proveniente dos seguros contratados somente integram o limite da carteira de empréstimos consignados previsto em Resolução do CMN quando os fundos recomporem as perdas ocorridas na carteira ou forem recebidos os valores dos sinistros.

SUBSEÇÃO II
RECURSOS ALOCADOS

Art. 17. A política de investimentos deverá considerar para definição do limite de alocação no segmento de empréstimos consignados a situação da certificação no Pró-Gestão-RPPS no momento de sua aprovação, sem prejuízo de futura alteração, caso o regime venha obter a certificação durante a sua execução no exercício.

Art. 18. A concessão de empréstimos será automaticamente suspensa quando o saldo da carteira de investimentos em empréstimos atingir o percentual de alocação máximo estipulado na política de investimentos ou aquele redefinido pelo conselho deliberativo, durante o acompanhamento de sua execução.

§ 1º Deverá ser dada publicidade ao valor da carteira autorizado pela política de investimentos que ainda esteja disponível para as concessões e dos critérios estabelecidos para acesso dos interessados aos recursos restantes.

§ 2º A unidade gestora poderá, a qualquer tempo, suspender, encerrar ou reabrir as concessões de empréstimos, além de alterar prazos, valores mínimos e máximos dos contratos, taxas de juros e outros parâmetros de custeio que norteiam a administração e gestão da carteira de investimentos em empréstimos, mediante prévia comunicação aos servidores, aposentados e pensionistas, sempre visando o equilíbrio econômico-financeiro da carteira, e desde que autorizados pelo conselho deliberativo.

SUBSEÇÃO III
CONSIGNAÇÃO E REPASSE

Art. 19. O desconto da prestação para pagamento do empréstimo pelos servidores, aposentados e pensionistas, será feito diretamente em folha de pagamento e o valor correspondente imediatamente creditado para a unidade gestora do RPPS.

§ 1º Os tomadores deverão autorizar o desconto das prestações dos empréstimos em folha de pagamento, que deverão ser efetuados pelos poderes, órgãos e entidades do ente federativo aos quais estejam vinculados.

§ 2º Na autorização do desconto em folha de pagamento das prestações do empréstimo concedido ao servidor deverá constar a previsão de sua manutenção no caso de concessão de benefício de aposentadoria e nos afastamentos legais em que são mantidas a remuneração do cargo.

§ 3º A consignação ou retenção recairá sobre o valor da remuneração ou do provento e eventual saldo devedor deverá ser objeto de acerto entre a unidade gestora e o tomador.

§ 4º O representante legal (tutor ou curador) do tomador poderá autorizar o desconto no respectivo benefício elegível de seu tutelado ou curatelado, mediante autorização judicial.

§ 5º A revogação ou a destituição dos poderes ao representante legal não atingem os atos praticados durante sua vigência, salvo decisão judicial dispondo o contrário.

§ 6º A autorização para a efetivação da consignação do servidor e do aposentado não persiste por sucessão em relação aos respectivos pensionistas e dependentes.

Art. 20. Os poderes, órgãos ou entidades responsáveis pelo pagamento dos servidores, aposentados e pensionistas tomadores de empréstimos deverão repassar à unidade gestora do RPPS, imediatamente após o pagamento das respectivas remunerações e proventos, os valores delas retidos, quando esses créditos não puderem ser efetuados de forma simultânea ao processamento das respectivas folhas de pagamento.

§ 1º Em caso de não repasse pelos poderes, órgãos e entidades do ente federativo dos valores das prestações dos empréstimos:

I - a unidade gestora do RPPS deverá comunicar-lhes imediatamente e efetuar a cobrança dos valores;

II - deverá ser aplicado, conforme previsto na legislação do RPPS, índice oficial de atualização monetária, taxa de juros e multa, sem prejuízo das sanções administrativas e penais a que estarão sujeitos os responsáveis; e

III - serão vedadas novas concessões de empréstimos aos servidores, aposentados e pensionistas do poder, órgão e entidade que não efetuou o respectivo repasse, por prazo igual ao período de atraso, contado a partir da regularização total dos pagamentos.

§ 2º O poder, órgão ou entidade responsável pelo pagamento da remuneração ou provento ao tomador do empréstimo:

I - responderá, em qualquer hipótese, como devedor solidário perante a unidade gestora do RPPS por valores a ela devidos, em razão de contratações de empréstimos que deixarem, por sua falha ou culpa, de serem retidos ou repassados; e

II - será corresponsável pelo pagamento dos empréstimos à unidade gestora do RPPS, durante o período relativo à inadimplência do repasse dos valores devidos em consignação, em caso de mora no pagamento das remunerações ou proventos por ele realizadas diretamente ou decorrente de falta de transferência dos recursos para cobertura da insuficiência financeira do RPPS, da qual dependa o recebimento do provento pelo beneficiário tomador.

§ 3º Aplica-se o previsto no inciso III do § 1º em caso de ocorrência da situação de que trata o inciso II do § 2º.

SUBSEÇÃO IV
CONTRATAÇÃO DE EMPRÉSTIMO

Art. 21. O contrato é um instrumento que regula a relação entre o tomador de empréstimos e a unidade gestora do RPPS, estabelecendo as obrigações e direitos e o ônus de eventual descumprimento de uma das cláusulas, para evitar controvérsias que poderiam trazer riscos para a operação.

§ 1º A formalização dos empréstimos poderá se dar por meio de contrato específico para cada novo empréstimo concedido, formalizado eletronicamente, ou por contrato de adesão, em que é pactuado um contrato único e prévio que respaldará todas as futuras concessões de empréstimos.

§ 2º Cada contratação deverá ser identificada por um número único e específico para cada contratação, inclusive em caso de refinanciamento.

I - o valor total com e sem juros;

II - a taxa efetiva mensal e anual de juros;

III - todos os acréscimos remuneratórios, moratórios e tributários que eventualmente incidam sobre o valor do crédito contratado;

IV - valor, número e periodicidade das prestações;

V - custo efetivo total da operação; e

VI - a data do início e fim do desconto.

Art. 22. Os contratos das operações de empréstimos devem conter:

I - cláusula de consignação em pagamento com desconto em folha;

II - autorização, em caso de exoneração, demissão, cessação do vínculo ou do benefício, ou de afastamentos do servidor sem manutenção da remuneração mensal, antes do término da amortização do empréstimo, de retenção das verbas rescisórias ou decorrentes da perda de vínculo para a quitação do saldo devedor líquido do empréstimo;

III - autorização para débito em conta corrente do tomador, no caso de inviabilidade do desconto direto em folha de pagamento ou das remunerações, proventos e verbas de que tratam os incisos I e II; e

IV - anuência dos órgãos responsáveis pelo pagamento dos servidores, aposentados e pensionistas, de sua responsabilidade como devedor solidário pela cobertura de eventual inadimplemento, na situação de que tratam os incisos I e II do § 2º do art. 20.

§ 1º Para fins do disposto no inciso II do caput poderá ser efetuada a retenção de até 30% (trinta por cento) das verbas, caso existentes, para a quitação do saldo devedor do empréstimo, e na hipótese de sua insuficiência, deverá o tomador quitar integralmente o respectivo saldo junto à unidade gestora do RPPS.

§ 2º Caso não seja possível a quitação de que trata o § 1º, ressalvada disposição contratual em contrário, serão mantidos os prazos e encargos originalmente previstos, cabendo ao tomador autorizar o débito em conta corrente ou efetuar o pagamento mensal das prestações diretamente à unidade gestora do RPPS, conforme mecanismos a ele disponibilizados.

§ 3º Os descontos autorizados relativos aos empréstimos consignados terão preferência sobre outros descontos da mesma natureza, que venham a ser autorizados posteriormente.

§ 4º Até o integral pagamento do empréstimo, as autorizações dos descontos somente poderão ser canceladas mediante prévia aquiescência da unidade gestora do RPPS e do tomador.

§ 5º É vedado o estabelecimento de prazo de carência para o início do pagamento das parcelas.

§ 6º Os poderes, órgãos ou entidades responsáveis pelo pagamento do tomador deverão informar previamente à unidade gestora do RPPS a ocorrência das situações de que trata o inciso II do caput.

Art. 23. A liberação do crédito ao tomador somente ocorrerá após:

I - a celebração do contrato;

II - a autorização, em caráter irrevogável e irretratável, para a consignação das prestações contratadas em folha de pagamento; e

III - a confirmação do poder, órgão ou entidade responsável pelo pagamento de sua remuneração, por meio eletrônico, quanto à possibilidade da realização dos descontos, em função dos limites de margem consignável.

§ 1º A autorização para consignação das prestações contratadas é nula de pleno direito na hipótese de não liberação do crédito.

§ 2º Aplica-se o previsto neste artigo em caso de repactuação do contrato de empréstimo que implique alteração do número ou do valor das prestações consignadas em folha.

§ 3º A unidade gestora do RPPS, após certificar-se das medidas de que trata o caput, deverá liberar o valor contratado ao tomador no prazo máximo de 5 (cinco) dias úteis diretamente em sua conta corrente bancária, pela qual recebe o benefício previdenciário ou a remuneração do cargo, sendo vedado o pagamento em espécie.

§ 4º Caso o tomador solicite a quitação antecipada do seu contrato, deverá ser disponibilizado demonstrativo do valor total antecipado, do valor do desconto, do valor líquido a pagar e do cálculo do saldo devedor.

SUBSEÇÃO V
ELEGIBILIDADE AOS EMPRÉSTIMOS

Art. 24. Deverá ser definido perfil dos servidores, aposentados e pensionistas vinculados ao RPPS, a partir das características biométricas, funcionais e remuneratórias e a natureza dos benefícios, para estabelecer os requisitos e condições para elegibilidade aos empréstimos, que deverão estar previstos na política de investimentos.

§ 1º Deverá ser avaliada na concessão do empréstimo ao servidor a estimativa da data de sua aposentadoria e a regra de cálculo do futuro benefício.

§ 2º Os dependentes dos servidores e dos aposentados somente serão elegíveis aos empréstimos consignados quando estiverem em gozo de pensão por morte.

Art. 25. Não poderão contratar operações de empréstimos os servidores, aposentados e pensionistas que, no momento da solicitação, estejam enquadrados em quaisquer das hipóteses a seguir:

I - não tenham disponibilidade de margem consignável para a contratação;

II - que tenham causado inadimplência em relação a empréstimos consignados anteriormente tomados perante o RPPS;

III - tenham perdido o vínculo com o ente federativo ou de cessado o benefício; e

IV - se encontrem na situação de que tratam os §§ 2º e 3º do art. 10.

Art. 26. A aprovação do requerimento de concessão de empréstimos está sujeita à prévia análise de crédito.

§ 1º A depender da análise de crédito realizada poderá não ser concedido o empréstimo na forma requerida pelo servidor, aposentado ou pensionista, com base nos critérios e condições estabelecidos na política de investimentos do RPPS.

§ 2º Na concessão dos empréstimos deverão ser observados critérios mínimos uniformes, parâmetros e condições financeiras diferenciados por situação cadastral e demais características dos potenciais tomadores, sendo vedadas práticas discriminatórias e a concessão em caráter especial, respeitados os limites legais aplicáveis.

§ 3º Poderá ser objeto de contratação de pessoas jurídicas para prestação de serviços que contemplem análise e proteção ao crédito, com informações sobre a característica de risco e o grau de endividamento de interessados, com o objetivo de buscar melhor aderência entre o crédito disponibilizado e o perfil do tomador.

SUBSEÇÃO VI
PRAZOS DOS EMPRÉSTIMOS

Art. 27. Deverá ser adequado o prazo máximo dos empréstimos ao perfil das obrigações do RPPS e da sua carteira de investimentos, bem como ao da massa de servidores, aposentados e pensionistas elegível às operações, não podendo ser superior ao número máximo de prestações previsto para os empréstimos dos beneficiários do Regime Geral de Previdência Social - RGPS.

§ 1º O prazo dos empréstimos deverá ter por base a expectativa de sobrevida do tomador, conforme taxa de sobrevivência de válidos e inválidos utilizada na avaliação atuarial.

§ 2º O prazo dos empréstimos para os pensionistas deverá observar o tempo de duração da pensão por morte ou outro requisito de cessação da pensão estabelecido na legislação do RPPS.

SUBSEÇÃO VII
MARGEM CONSIGNÁVEL

Art. 28. A concessão e o valor da prestação mensal a ser assumida pelo tomador do empréstimo estão condicionados à existência de margem consignável relativa à remuneração ou ao provento do benefício, a ser informada eletronicamente pelo órgão do ente federativo responsável pela gestão da folha de pagamento do respectivo servidor, aposentado e pensionista.

Parágrafo único. Os poderes, órgãos ou entidades deverão disponibilizar à unidade gestora do RPPS e aos tomadores as informações necessárias para a contratação da operação de crédito, especialmente o total já consignado em operações preexistentes e as demais informações necessárias para o cálculo da margem disponível para consignação.

Art. 29. A margem máxima individual consignável para os empréstimos consignados dos servidores, aposentados e pensionistas vinculados ao RPPS, realizados com recursos do regime, terá como limite a prevista para os empréstimos consignados dos beneficiários do RGPS, excluído o percentual destinado à amortização de despesas e saque por meio de cartão de crédito.

§ 1º Para fins do cálculo da margem máxima consignável, que indica a capacidade de pagamento do potencial tomador, consideram-se os seguintes conceitos, que tem como parâmetro os previstos para os empréstimos consignados dos beneficiários do RGPS:

I - como remuneração básica:

a) para o servidor, a remuneração do cargo efetivo, acrescida das vantagens pecuniárias permanentes estabelecidas em lei e os adicionais de caráter individual, excluídas parcelas remuneratórias transitórias, temporárias ou decorrentes do exercício de cargo em comissão ou de função comissionada ou gratificada; e

b) para o aposentado ou pensionista, o valor do benefício recebido;

II - como remuneração disponível, a parcela remanescente da remuneração básica de que trata o inciso I, após a dedução das seguintes consignações compulsórias:

a) contribuições devidas ao RPPS;

b) pagamento de benefícios além do regularmente devido, tais como parcelas pagas retroativamente em razão de determinação legal, administrativa ou judicial;

c) pensão alimentícia fixada por decisão judicial, acordo homologado pela Defensoria Pública ou Ministério Público ou estabelecida em escritura pública nos casos em que legalmente admitida;

d) imposto de renda retido na fonte;

e) descontos decorrentes de decisão judicial ou administrativa;

f) mensalidades e contribuições em favor de entidades sindicais;

g) contribuições devidas ao regime de previdência complementar; e

h) outros descontos compulsórios instituídos por lei.

§ 2º No momento da contratação da operação, a autorização para a efetivação dos descontos das parcelas de pagamento dos empréstimos, para cada tomador, deverá observar que a soma dos descontos do empréstimo consignado não poderá exceder ao percentual previsto para os empréstimos consignados dos beneficiários do RGPS, aplicado sobre a remuneração disponível de que trata o inciso II do § 1º.

§ 3º O percentual de margem consignável poderá sofrer limitações conforme estabelecido em lei do ente federativo ou na política de investimentos.

§ 4º É vedada a utilização para o cálculo da margem máxima consignável de valores de benefícios ou remunerações que não decorram do vínculo do tomador com o RPPS.

§ 5º Em caso de o tomador possuir mais de um vínculo com o RPPS, cada vínculo será tratado de forma autônoma para todos os efeitos das operações de empréstimos consignados junto ao regime.

§ 6º A eventual modificação no valor do benefício, da remuneração ou das margens de consignação, ou, ainda, dos descontos previstos no inciso II do § 1º, poderá ensejar a reprogramação da retenção ou da consignação, desde que repactuada entre a unidade gestora do RPPS e o tomador, por sua manifestação expressa.

§ 7º Para fins do cálculo da margem máxima consignável também poderão ser consideradas possíveis reduções nesta margem, associadas às categorias de servidores suscetíveis à alteração de carga horária e que resultem na redução de sua remuneração.

Art. 30. Em caso de posterior inexistência de margem consignável para quitação de determinada parcela do empréstimo, o tomador deverá providenciar junto a unidade gestora do RPPS a liquidação da prestação, devidamente atualizada, devendo o órgão responsável pela folha de pagamento do tomador informar imediatamente o ocorrido à unidade gestora do RPPS.

SUBSEÇÃO VIII
CÁLCULO DAS PRESTAÇÕES

Art. 31. Deverão ser observados os seguintes parâmetros relativos à operacionalização dos empréstimos:

I - os encargos financeiros deverão contemplar:

a) taxa referente ao custo administrativo das operações, que deverá suportar todos os custos operacionais e de gestão decorrentes das atividades de concessão e controle dos empréstimos, tais como contabilidade, tesouraria, financeiro, bancário, jurídico, atendimento, informática, recursos humanos;

b) taxa para cobertura dos riscos e para constituição de fundo garantidor e de oscilação de riscos, considerando, se for o caso, os custos de contratação de seguros;

c) taxas adicionais de risco, para fazer frente a eventos extraordinários, porventura não cobertos pelos fundos ou seguros de que trata a alínea "b", devido a ocorrências de desvinculação ao RPPS bem acima do esperado, demandas judiciais, erros operacionais, ou para aumentar a rentabilidade da carteira; e

d) taxa de juros correspondente, no mínimo, à hipótese financeira utilizada na avaliação atuarial vigente na data da celebração do empréstimo, incluídas projeções do índice oficial de atualização monetária, divulgadas por entidades reconhecidamente idôneas pela sua transparência e elevado padrão técnico;

II - os encargos financeiros deverão ser repassados pelos tomadores dos empréstimos nas seguintes formas:

a) por meio de parcela única, que consiste em deduzir do valor bruto do empréstimo o montante necessário para cobrir os custos da operação correspondente ao período de amortização incialmente contratado, apurando-se o encargo total por meio da divisão do custo total mensal das operações pelo valor de concessão média mensal; ou

b) por meio de parcelas mensais, acrescentando-se às prestações mensais dos empréstimos o valor dos encargos financeiros apurados, obtidos pela divisão do custo total mensal pelo valor total da carteira de empréstimos;

III - deverão ser debitados, do valor do empréstimo concedido ao tomador, o valor relativo a impostos e repassá-lo ao órgão responsável por sua arrecadação; e

IV - deverá ser escolhido o sistema de amortização mais adequado às características da carteira e dos tomadores, podendo ser o sistema de amortização crescente ou o sistema de amortização constante.

§ 1º Os encargos financeiros das operações de que trata o inciso II deverão expressar o custo efetivo do empréstimo.

§ 2º O custo administrativo das operações de empréstimos consignados deverão ser suportados pelos rendimentos dessa modalidade de aplicação dos recursos do RPPS.

SUBSEÇÃO IX
DO ACOMPANHAMENTO E CONTROLE

Art. 32. A unidade gestora do RPPS deverá manter os documentos e bancos de dados que deram suporte às operações de empréstimos consignados, por no mínimo 10 (dez) anos após a quitação do empréstimo, preferencialmente de forma digital.

Parágrafo único. Deverão ser disponibilizadas aos conselhos deliberativo e fiscal, órgãos de controle interno e externo e à SPREV, no mínimo, as seguintes informações, de forma estruturada:

I - estudo atuarial, constituição e manutenção dos fundos garantidores e de oscilação dos riscos e/ou contratação de seguros;

II - que fundamentaram a definição das condições de elegibilidade e prazos;

III - que fundamentaram o estabelecimento dos encargos financeiros das operações;

IV - valores consignados em folhas de pagamento e repassados à unidade gestora do RPPS; e IV - níveis de inadimplência e rentabilidade da carteira.

Parágrafo único. A disponibilização de informações sobre os tomadores, prestações e respectivos valores contratados deverá observar a legislação aplicável.

Art. 33. A unidade gestora deverá adotar medidas que objetivam mitigar os riscos inerentes a todo o processo de concessão e gestão dos créditos relativos aos empréstimos, de modo a preservar o retorno dos capitais emprestados, evitar possível inadimplência e garantir a rentabilidade mínima, para assegurar o equilíbrio dessa modalidade de investimento.

§ 1º Deverão ser permanentemente monitorados os limites de alocação da carteira de empréstimos estabelecidos na política de investimentos, bem como o cumprimento dos demais requisitos e condições para a concessão dos empréstimos.

§ 2º Deverão ser tomadas todas as providências, administrativas ou judiciais, para recebimento dos valores das prestações em atraso e para responsabilização dos agentes ou tomadores que lhe deram causa.

Art. 34. Deverá ser acompanhado o nível de inadimplência da carteira de empréstimos, por meio de indicador calculado pela divisão do saldo total da provisão para créditos de liquidação duvidosa pelo saldo total da carteira de empréstimos.

Parágrafo único. Deverão ser adotados os seguintes procedimentos quanto à constituição da provisão para reconhecimento de perdas referentes aos créditos de liquidação duvidosa, aplicando-se os seguintes percentuais sobre os valores dos créditos vencidos e vincendos:

I - 25% (vinte e cinco por cento) para atrasos entre 61 (sessenta e um) e 120 (cento e vinte) dias;

II - 50% (cinquenta por cento) para atrasos entre 121 (cento e vinte e um) e 240 (duzentos e quarenta) dias;

III - 75% (setenta e cinco por cento) para atrasos entre 241 (duzentos e quarenta e um) e 360 (trezentos e sessenta) dias; e

IV - 100% (cem por cento) para atrasos superiores a 360 (trezentos e sessenta) dias.

Art. 35. Para apuração da rentabilidade da carteira de empréstimos, deverá ser adotada metodologia que permita apurar a variação do valor total da carteira disponibilizada ao segmento, mensurada após as movimentações de concessão, amortização, valorização, provisionamentos legais e constituição de fundos e/ou seguros.

"ANEXO IX

(IDENTIFICAÇÃO DO ÓRGÃO OU ENTIDADE EMITENTE)

CERTIDÃO DE TEMPO DE CONTRIBUIÇÃO (Redação dada pela Portaria MPS 1.180/2024)

		Nº	
ÓRGÃO EXPEDIDOR:		CNPJ:	
NOME DO SERVIDOR:		SEXO:	MATRÍCULA:
RG/ÓRGÃO EXPEDIDOR:	CPF:	PIS/PASEP:	
FILIAÇÃO:		DATA DE NASCIMENTO:	
CARGO EFETIVO:			
ÓRGÃO DE LOTAÇÃO:	DATA DE ADMISSÃO:	DATA DE EXONERAÇÃO/DEMISSÃO:	
PERÍODO DE CONTRIBUIÇÃO COMPREENDIDO NESTA CERTIDÃO: DE ____/_____/______ A ____/____/_______			
DESTINAÇÃO DO TEMPO DE CONTRIBUIÇÃO: PERÍODO DE ___/___/____ A ___/___/____ PARA APROVEITAMENTO NO _____(ÓRGÃO A QUE SE DESTINA)________ CNPJ DO ENTE DESTINATÁRIO____________________ PERÍODO DE ___/___/____ A ___/___/____ PARA APROVEITAMENTO NO _____(ÓRGÃO A QUE SE DESTINA)________________ CNPJ DO ENTE DESTINATÁRIO____________________			

FREQUÊNCIA

ANO	TEMPO BRUTO	DEDUÇÕES						TEMPO LÍQUIDO
		FALTAS (*)	LICENÇAS (*)	LICENÇA SEM CONTRIBUIÇÃO (*)	SUSPENSÕES (*)	DISPONIBILIDADE (*)	OUTRA (*)	
TOTAL (em dias) =								

(*) Vide períodos discriminados no verso

CERTIFICO, em face do apurado, que o interessado conta, de efetivo exercício prestado neste Órgão, o tempo de contribuição de ____ dias, correspondente a ____ anos, ____ meses e ____ dias. CERTIFICO que a Lei nº ___, de ___/___/___, assegura aos servidores do Estado/Município de _________ aposentadorias voluntárias, por incapacidade permanente e compulsória, e pensão por morte, com aproveitamento de tempo de contribuição para o Regime Geral de Previdência Social ou para outro Regime Próprio de Previdência Social.	
Lavrei a Certidão, que não contém emendas nem rasuras. Local e data: ___________________________ Assinatura do servidor Nome/Cargo/Matrícula	Visto do Dirigente do Órgão Data: ____/____/______ Assinatura do servidor Nome/Cargo/Matrícula

UNIDADE GESTORA DO RPPS

HOMOLOGO a presente Certidão de Tempo de Contribuição e declaro que as informações nela constantes correspondem à verdade. Local e data: _______________________________ _______________________________________ Assinatura e carimbo do Dirigente da UG

Endereço eletrônico para confirmação desta Certidão: ________________________________

[Verso da Certidão de Tempo de Contribuição nº _____________]

FREQUÊNCIA - DISCRIMINAÇÃO DAS DEDUÇÕES DO TEMPO BRUTO		
Períodos	Tempo em dias	Identificação da ocorrência
DE ___/___/____ A ___/___/____		
DE ___/___/____ A ___/___/____		
DE ___/___/____ A ___/___/____		
DE ___/___/____ A ___/___/____		
DE ___/___/____ A ___/___/____		
DE ___/___/____ A ___/___/____		
DE ___/___/____ A ___/___/____		

TEMPO ESPECIAL INCLUÍDO, SEM CONVERSÃO, NO PERÍODO DE CONTRIBUIÇÃO COMPREENDIDO NESTA CERTIDÃO		
Especificação do exercício do tempo especial	Período	Tempo em dias
I - Na condição de segurado com deficiência:		
a. grave	DE ___/___/_____ A ___/___/_____	
b. moderada	DE ___/___/_____ A ___/___/_____	
c. leve	DE ___/___/_____ A ___/___/_____	
II - No cargo de policial, agente penitenciário ou de agente socioeducativo.	DE ___/___/_____ A ___/___/_____	
III - Em atividades sob condições especiais que prejudiquem a saúde ou a integridade física ou com efetiva exposição a agentes químicos, físicos e biológicos prejudiciais à saúde.		
a. com redução do tempo para 25 anos	DE ___/___/_____ A ___/___/_____ DE ___/___/_____ A ___/___/_____ DE ___/___/_____ A ___/___/_____	
b. com redução do tempo para 20 anos	DE ___/___/_____ A ___/___/_____ DE ___/___/_____ A ___/___/_____ DE ___/___/_____ A ___/___/_____	

c. com redução do tempo para 15 anos	DE ___/___/_____ A ___/___/_____ DE ___/___/_____ A ___/___/_____ DE ___/___/_____ A ___/___/_____	

TEMPO DE EFETIVO EXERCÍCIO DAS FUNÇÕES DE MAGISTÉRIO NA EDUCAÇÃO INFANTIL E NO ENSINO FUNDAMENTAL E MÉDIO NO PERÍODO DE CONTRIBUIÇÃO COMPREENDIDO NESTA CERTIDÃO	
Períodos	Tempo em dias
DE ___/___/_______ A ___/___/_______	
DE ___/___/_______ A ___/___/_____ ___	
DE ___/___/_______ A ___/___/_______	

OBSERVAÇÕES:

__________________________________ Assinatura do servidor que lavrou a certidão Nome/Cargo/Matrícula	__________________________________ Assinatura do Dirigente do Órgão Nome/Cargo/Matrícula

" (NR)

ANEXO X

(IDENTIFICAÇÃO DO ÓRGÃO OU ENTIDADE EMITENTE)

RELAÇÃO DAS BASES DE CÁLCULO DE CONTRIBUIÇÃO

REFERENTE À CERTIDÃO DE TEMPO DE CONTRIBUIÇÃO Nº ______, DE ___/___/____.

ÓRGÃO EXPEDIDOR:	CNPJ:
NOME DO SERVIDOR:	MATRÍCULA:

NOME DA MÃE:					DATA DE NASCIMENTO:
DATA DE INÍCIO DA CONTRIBUIÇÃO/ADMISSÃO:		DATA DA EXONERAÇÃO:	PIS/PASEP		CPF:
Mês	Ano:	Ano:	Ano:	Ano:	Ano:
	Valor	Valor	Valor	Valor	Valor
JANEIRO					
FEVEREIRO					
MARÇO					
ABRIL					
MAIO					
JUNHO					
JULHO					
AGOSTO					
SETEMBRO					
OUTUBRO					
NOVEMBRO					
DEZEMBRO					

13º SALÁRIO OU GRATIFICAÇÃO NATALINA					
LOCAL e DATA:			CARIMBO, MATRÍCULA E ASSINATURA DO SERVIDOR RESPONSÁVEL:		

UNIDADE GESTORA DO RPPS

HOMOLOGO o presente documento e declaro que as informações nele constantes correspondem com a verdade.
Local e data: ______________________________
____
Carimbo e assinatura do dirigente da unidade gestora do Regime Próprio de Previdência Social

ESTE DOCUMENTO NÃO CONTÉM EMENDAS NEM RASURAS

ANEXO XI

(IDENTIFICAÇÃO DO ÓRGÃO OU ENTIDADE EMITENTE)

DECLARAÇÃO PARA REVISÃO DE CERTIDÃO DE TEMPO DE CONTRIBUIÇÃO.

ÓRGÃO EXPEDIDOR:	CNPJ:

DADOS PESSOAIS

NOME:		
RG:	ÓRGÃO EXPEDIDOR:	DATA DE EXPEDIÇÃO:
CPF:	TÍTULO DE ELEITOR:	PIS/PASEP:
DATA DE NASCIMENTO:	NOME DA MÃE:	
ENDEREÇO:		
Nº da CTC:	Data de expedição:	
Ato de averbação:		

DISCRIMINAÇÃO DOS PERÍODOS CERITIFICADOS NA CTC			
Períodos __/__/____ A __/__/____ __/__/____ A __/__/____ __/__/____ A __/__/____ __/__/____ A __/__/____	Utilização (S/N)	Efeitos da utilização	
RESPONSÁVEL PELAS INFORMAÇÕES NOME/MATRÍCULA/CARGO:		VISTO DO DIRIGENTE DO ÓRGÃO DE PESSOAL NOME/MATRÍCULA/CARGO:	
ASSINATURA E CARIMBO DO SERVIDOR		ASSINATURA E CARIMBO DO SERVIDOR	
LOCAL e DATA			
OBSERVAÇÕES / OCORRÊNCIAS:			

ANEXO XII

(IDENTIFICAÇÃO DO ÓRGÃO OU ENTIDADE EMITENTE)

DECLARAÇÃO DE TEMPO DE CONTRIBUIÇÃO PARA FINS DE CONCESSÃO DE BENEFÍCIO OU EMISSÃO DE CTC PELO INSS.

ÓRGÃO EXPEDIDOR:	CNPJ:

DADOS PESSOAIS

NOME:		
RG:	ÓRGÃO EXPEDIDOR:	DATA DE EXPEDIÇÃO:
CPF:	TÍTULO DE ELEITOR:	PIS/PASEP:
DATA DE NASCIMENTO:	NOME DA MÃE:	
ENDEREÇO:		

DADOS FUNCIONAIS

CARGO EM COMISSÃO EXERCIDO:

Nº DA PORTARIA DE NOMEAÇÃO: DATA DA ENTRADA EM EXERCÍCIO:	DATA DE PUBLICAÇÃO:
DATA DE ENCERRAMENTO / AFASTAMENTO:	
Nº DA PORTARIA DE EXONERAÇÃO/DEMISSÃO:	DATA DA PUBLICAÇÃO:

RESPONSÁVEL PELAS INFORMAÇÕES NOME/MATRÍCULA/CARGO:	VISTO DO DIRIGENTE DO ÓRGÃO DE PESSOAL NOME/MATRÍCULA/CARGO:
ASSINATURA E CARIMBO DO SERVIDOR	ASSINATURA E CARIMBO DO SERVIDOR
LOCAL e DATA:	
OBSERVAÇÕES / OCORRÊNCIAS:	

ESTA DECLARAÇÃO NÃO CONTÉM EMENDAS NEM RASURAS

ANEXO XIII

(IDENTIFICAÇÃO DO ÓRGÃO OU ENTIDADE EMITENTE)

CERTIDÃO ESPECÍFICA DE TEMPO DE CONTRIBUIÇÃO PRESTADO PELO SEGURADO AO PRÓPRIO ENTE INSTITUIDOR PARA FINS DE COMPENSAÇÃO

Nº DA CERTIDÃO:		
ÓRGÃO EXPEDIDOR:		
NOME DO SERVIDOR:		MATRÍCULA:
PIS/PASEP:	DATA DE NASCIMENTO:	CPF:
ADMISSÃO:	CARGO:	
FILIAÇÃO: e		

PERÍODO COMPREENDIDO/FILIADO AO RGPS:	ANO(S)	MÊS(S)	DIA(S)	
				DIAS
TOTAL				

Nº DO PROCESSO:	FONTE DE INFORMAÇÃO CENTRO DE DIREITOS E REGISTROS

CERTIFICO que o(a) interessado(a) conta com o tempo de serviço líquido de dias, correspondendo a___ano(s),___mes(es), dia(s) de exercício filiado ao Regime Geral de Previdência Social - RGPS, , calculado conforme as normas legais do INSS, para fins de Compensação Financeira entre o RGPS e os Regimes Próprios de Previdência Social - RPPS dos Servidores Públicos	
DECLARO que o período certificado foi averbado até 18 de janeiro de 2019 e não foi incluído o tempo Regime Especial de contribuição em que tinha garantido apenas os benefícios de família, na forma do parágrafo único do art. 3º da Lei nº 3.807, de 26 de agosto de 1960 e no § 3º do art. 3º do Decreto 10.188, de 20 de dezembro de 2019, sob pena de aplicação das penalidades previstas no art. 299 do Código Penal.	
OBSERVAÇÕES:	
Local e Data	
RESPONSÁVEL PELAS INFORMAÇÕES NOME/MATRÍCULA/CARGO:	Carimbo e assinatura do Diriegente

ESTA DECLARAÇÃO NÃO CONTÉM EMENDAS NEM RASURAS

ANEXO XIV

(IDENTIFICAÇÃO DO ÓRGÃO OU ENTIDADE EMITENTE)
DECLARAÇÃO DE TEMPO DE CONTRIBUIÇÃO AO RPPS PARA APLICAÇÃO DE ACORDOS INTERNACIONAIS DE PREVIDÊNCIA SOCIAL.

ÓRGÃO EXPEDIDOR:	CNPJ:

DADOS PESSOAIS

NOME:		
RG:	ÓRGÃO EXPEDIDOR:	DATA DE EXPEDIÇÃO:
CPF:	TÍTULO DE ELEITOR:	PIS/PASEP:
DATA DE NASCIMENTO:	NOME DA MÃE:	
ENDEREÇO:		

DADOS FUNCIONAIS

APOSENTADO:		NÃO		SIM	DATA DA APOSENTADORIA:
CARGO EFETIVO:					
ORGÃO DE LOTAÇÃO:					
DATA DE ADMISSÃO:					MATRÍCULA:

DADOS DO BENEFÍCIO

BENEFÍCIO A SER REQUERIDO:

PERÍODO DE CONTRIBUIÇÃO AO RPPS

DE ____/____/_______ A ____/____/_______	
FONTE DE INFORMAÇÃO:	
DECLARO que até esta data o servidor conta, de efetivo exercício prestado neste Órgão, o tempo líquido de contribuição de ___ dias, correspondente a ____ anos, ____ meses e ____ dias.	
Lavrei esta Declaração, que não contém emendas nem rasuras. _______________________________ Assinatura e carimbo do servidor Nome/Matrícula/Cargo	Visto do Dirigente do Órgão _______________________________ Assinatura e carimbo do dirigente Nome/Matrícula/Cargo
LOCAL e DATA:	
OBSERVAÇÕES / OCORRÊNCIAS:	

UNIDADE GESTORA DO RPPS

HOMOLOGO a presente Declaração de Tempo de Contribuição ao RPPS e declaro que as informações nela constantes correspondem à verdade. Local e data: _______________________________ Assinatura e carimbo do Dirigente da UG

"ANEXO XV

(IDENTIFICAÇÃO DO ÓRGÃO OU ENTIDADE EMITENTE)

TERMO DE SOLICITAÇÃO DE CESSÃO DE SERVIDOR PÚBLICO EFETIVO

(Acrescido pela Portaria MPS 1.180/2024)

Órgão ou entidade cedente: CNPJ:	Ente Federativo de origem: CNPJ:	
Órgão ou entidade cessionária: CNPJ:	Ente Federativo de destino: CNPJ:	
Servidor (a):		
Matrícula:		
Cargo:		
Fundamento Legal da Cessão:		
Cargo/função a ser ocupada:		
Reembolso:	( ) Sim Órgão ou entidade responsável pelo ônus do ressarcimento:	( ) Não
Ônus da remuneração a cargo:	( ) do órgão ou entidade de origem ( ) do órgão ou entidade de destino	
Retenção e recolhimento da contribuição do servidor cedido, juntamente com o valor da contribuição patronal para o custeio da previdência social, e o repasse dessas contribuições à unidade gestora do RPPS a que está filiado o segurado, a cargo:	( ) do órgão ou entidade de origem ( ) do órgão ou entidade de destino	
Unidade onde serão desempenhadas as atividades:		
Localidade onde serão desempenhadas as atividades:		
Competências institucionais da unidade:		
Prazo da cessão:	( ) Determinado: dia/mês/ano a dia/mês/ano ( ) Indeterminado	

" (NR)

PORTARIA ME/SED/SG Nº 10.360, DE 6 DE DEZEMBRO DE 2022

Estabelece orientação aos órgãos e entidades do Sistema de Pessoal Civil da Administração Pública Federal - Sipec, acerca da concessão, manutenção e pagamento dos benefícios de aposentadoria no âmbito do Regime Próprio de Previdência Social da União - RPPS da União.

- *Aposentadoria - Regime Próprio de Previdência Social da União*

O SECRETÁRIO DE GESTÃO E DESEMPENHO DE PESSOAL DA SECRETARIA ESPECIAL DE DESBUROCRATIZAÇÃO, GESTÃO E GOVERNO DIGITAL DO MINISTÉRIO DA ECONOMIA, no uso das atribuições que lhe conferem os incisos II e III do art. 138, do Anexo I ao Decreto nº 9.745, de 8 de abril de 2019, e tendo em vista o disposto no art. 40 da Constituição Federal de 1988, nas Emendas Constitucionais nºs 20, de 15 de dezembro de 1998; 41, de 19 de dezembro de 2003; 47, de 5 de julho de 2005; 70, de 29 de março de 2012; 88, de 7 de maio de 2015; e 103, de 12 de novembro de 2019; e Portaria MTP nº 1.467, de 02 de junho de 2022, do Ministério do Trabalho e Previdência, que disciplina os parâmetros e as diretrizes gerais para organização e funcionamento dos regimes próprios de previdência social dos servidores públicos da União, dos Estados, do Distrito Federal e dos Municípios, em cumprimento à Lei nº 9.717, de 27 de novembro de 1998; aos arts. 1º, 2º e 15 da Lei nº 10.887, de 18 de junho de 2004, e à Emenda Constitucional nº 103, 12 de novembro de 2019, resolve:

CAPÍTULO I
DAS DISPOSIÇÕES GERAIS

Art. 1º Esta Portaria estabelece orientação aos órgãos e entidades integrantes do Sistema de Pessoal Civil da Administração Federal - Sipec, acerca dos procedimentos administrativos necessários à concessão, manutenção e ao pagamento do benefício de aposentadoria aos servidores da Administração Pública Federal direta, autárquica e fundacional.

SEÇÃO I
OBJETO E ÂMBITO DE APLICAÇÃO

Art. 2º Os requisitos para a concessão da aposentadoria, de que trata esta Portaria, serão aplicados exclusivamente aos servidores ocupantes de cargo efetivo do Poder Executivo, incluindo suas autarquias e fundações, filiados ao Regime Próprio de Previdência Social - RPPS da União, de caráter contributivo e solidário, observada a exigência do equilíbrio financeiro e atuarial.

SEÇÃO II
CONCEITOS

Art. 3º Para fins desta Portaria e seus Anexos, considera-se:

I - Regime Próprio de Previdência Social da União: regime de previdência instituído no âmbito da União que assegura aos servidores públicos ocupantes de cargo efetivo federal e aos membros da magistratura federal, do Ministério Público da União, da Defensoria Pública da União e do Tribunal de Contas da União, os benefícios de aposentadoria e pensão por morte, conforme previsão constante do art. 40 da Constituição Federal, com redação dada pela Emenda Constitucional nº 103, de 2019, e nos termos do Título VI - Da Seguridade Social do Servidor da Lei nº 8.112, de 11 de dezembro de 1990;

II - beneficiários: os servidores aposentados e os pensionistas abrangidos pelo RPPS da União;

III - servidor abrangido pelo Regime Próprio de Previdência Social da União: todos os servidores públicos ocupantes de cargo efetivo da administração pública federal, incluídas suas autarquias e fundações;

IV - cargo efetivo: conjunto de atribuições e responsabilidades previstas na estrutura organizacional que devem ser conferidas a um servidor;

V - cargo em comissão: cargo de livre nomeação e exoneração, destinado às atribuições de direção, chefia e assessoramento, que pode ser ocupado tanto por pessoa sem vínculo efetivo com a administração, quanto por servidor efetivo ou empregado público;

VI - carreira: forma de organização dos cargos efetivos com denominação estabelecida em lei, que dispõe sobre o conjunto de regras que disciplinam o ingresso, a estrutura remuneratória, o desenvolvimento e outros requisitos específicos exigidos dos ocupantes do cargo;

VII - tempo de efetivo exercício no serviço público: o tempo de exercício do cargo, efetivo ou comissionado, posto militar, função, contratação temporária ou emprego público, ainda que descontínuo, na Administração direta, autárquica ou fundacional, e indireta e nos conselhos de fiscalização profissional de qualquer dos entes federativos;

VIII - tempo de contribuição: período em que o servidor público federal contribuiu para um dos Regimes Próprios de Previdência Social - RPPS, ao Regime Geral de Previdência Social - RGPS - ou ao Sistema de Proteção Social dos Militares - SPSM;

IX - averbação de tempo de serviço/contribuição: registro nos assentamentos funcionais e nos Sistemas Estruturantes de Gestão de Pessoas da Administração Pública Federal, para fins previdenciários, dos períodos contributivos realizados ao Regime Geral de Previdência Social, a regime próprio de previdência social ou a sistema de proteção social dos militares para contagem recíproca entre os regimes;

X - desaverbação: desfazimento das inserções realizadas nos assentamentos funcionais do servidor e dos Sistemas Estruturantes de Gestão de Pessoas da Administração Pública Federal dos períodos contributivos realizados ao Regime Geral de Previdência Social, ao regime próprio de previdência social ou ao sistema de proteção social dos militares para contagem recíproca entre os regimes, desde que não tenha gerado benefícios previdenciários ou vantagens remuneratórias;

XI - Certidão por Tempo de Contribuição - CTC: instrumento que certifica o período contributivo para fins de obtenção, pelo beneficiário, de benefício previdenciário junto ao regime instituidor, bem como possibilita a compensação previdenciária e financeira entre os regimes de previdência;

XII - cálculo pela média: regra de definição dos proventos que considera a média aritmética simples das bases de cálculo das contribuições aos regimes de previdência a que esteve filiado o servidor, ou as decorrentes das atividades militares de que tratam os arts. 42 e 142 da Constituição Federal, atualizados monetariamente, correspondentes a todo o período contributivo, ou a parte deste, a partir de julho de 1994, ou desde o início da contribuição, se posterior àquela competência, conforme regra vigente na data do implemento dos requisitos de aposentadoria;

XIII - cálculo por integralidade: regra de definição do valor inicial de proventos de aposentadoria, que corresponderá à remuneração do servidor no cargo efetivo ou ao subsídio, conforme previsto na regra vigente para a concessão desse benefício quando da implementação dos requisitos pelo servidor;

XIV - paridade: forma de revisão dos proventos de aposentadoria aos servidores efetivos que têm assegurada a aplicação dessa regra, que ocorrerá na mesma proporção e na mesma data, sempre que se modificar a remuneração ou o subsídio dos servidores efetivos em atividade, sendo também estendidos aos aposentados quaisquer benefícios ou vantagens posteriormente concedidos aos servidores efetivos, inclusive se decorrentes da transformação ou reclassificação do cargo efetivo ou função em que se deu a aposentadoria, desde que tenha natureza permanente e geral e sejam compatíveis com o regime jurídico dos servidores efetivos em atividade, na forma da lei; e

XV - vacância: é o desligamento de cargo efetivo, com liberação de vaga.

SEÇÃO III
DO REGIME PRÓPRIO DE PREVIDÊNCIA SOCIAL DA UNIÃO E DE SEUS BENEFICIÁRIOS

Art. 4º O Regime Próprio de Previdência Social da União - RPPS da União, no âmbito do Poder Executivo Federal, oferecerá cobertura exclusiva aos servidores públicos ocupantes de cargo efetivo da administração pública federal direta, incluídas suas autarquias e fundações, e a seus dependentes.

§ 1º São filiados ao RPPS da União:

I - os servidores ocupantes de cargo efetivo federal;

II - servidor público federal da administração direta, autárquica ou fundacional dos ex-Territórios Federais do Amapá, Rondônia e Roraima transpostos para os quadros federais;

III - os dependentes em usufruto de pensão por morte e os aposentados, na condição de beneficiários; e

IV - os aposentados e pensionistas dos regimes próprios de previdência dos Estados de Rondônia, do Amapá e de Roraima que forem transpostos para o RPPS da União, nos termos da Portaria SGP/SEDGG/ME nº 44, de 20 de abril de 2021.

§ 2º A filiação do servidor ocupante de cargo efetivo ao RPPS da União dar-se-á pelo exercício das atribuições do cargo, nos termos do art. 15 da Lei nº 8.112, de 1990.

§ 3º Não integram o RPPS da União:

I - os servidores ocupantes de cargo efetivo das Polícias Civil e Penal do Distrito Federal;

II - os empregados dos conselhos de fiscalização de profissões regulamentadas; e

III - os policiais e os bombeiros militares dos ex-Territórios Federais do Amapá, Rondônia e Roraima transpostos para os quadros federais.

§ 4º O RPPS da União oferecerá os benefícios de aposentadoria e pensão.

§ 5º A partir de 13 de novembro de 2019 os benefícios de auxílio-natalidade, salário-família, licença para tratamento de saúde, licença à gestante, à adotante, licença-paternidade, licença por acidente em serviço, assistência à saúde, auxílio-funeral e auxílio-reclusão, constantes no art. 185 da Lei nº 8.112, de 1990, não serão concedidos com recursos do RPPS da União.

§ 6º É vedada a concessão, em qualquer caso, de aposentadoria pelo RPPS da União a servidor ocupante de cargo em comissão, sem vínculo efetivo com a Administração Pública.

§ 7º Não se aplica o disposto no § 6º ao servidor que tiver reunido todos os requisitos à inativação na vigência da Lei nº 8.112, de 1990, até 13 de abril de 1993, véspera da publicação da Lei nº 8.647, de 13 de abril de 1993, desde que neste período tenha exercido o cargo em comissão em que haveria a aposentadoria por no mínimo dois anos de efetivo exercício, sendo vedado o somatório de tempo de cargos distintos.

Art. 5º O servidor permanece filiado ao RPPS da União:

I - quando cedido, com ou sem ônus para o cessionário, à órgão ou entidade da administração pública direta ou indireta de quaisquer dos entes federativos;

II - quando licenciado ou afastado do país;

III - durante o afastamento do cargo efetivo para o exercício de mandato eletivo em quaisquer dos entes federativos, com ou sem ônus para o órgão do exercício do mandato, conforme art. 38 da Constituição Federal; e

IV - quando nomeado para o exercício de cargo em comissão, cargo temporário ou função pública providos por nomeação, designação ou outra forma de investidura nos órgãos ou entidades da administração pública direta, autárquica ou fundacional dos Estados, Distrito Federal ou Municípios, continua filiado exclusivamente ao RPPS da União, não sendo devidas contribuições ao RGPS sobre a remuneração correspondente ao cargo em comissão.

Art. 6º São filiados a mais de um regime de previdência os servidores que se enquadrem nas seguintes situações:

I - quando investido no mandato de vereador, que exerça, concomitantemente, o cargo efetivo e o mandato, filia-se ao RPPS, pelo cargo efetivo, e ao RGPS, pelo mandato eletivo; e

II - quando houver exercício concomitante de cargo efetivo com outro cargo em comissão, verificada a compatibilidade de horários, haverá o vínculo e o recolhimento ao RPPS da União, pelo cargo efetivo, e a contribuição ao RGPS, pelo cargo em comissão.

Art. 7º São filiados ao Regime Geral de Previdência Social:

I - o servidor da União ocupante, exclusivamente, de cargo em comissão declarado em lei de livre nomeação e exoneração, de cargo eletivo, bem como de outro cargo temporário ou de emprego público;

II - o aposentado filiado a qualquer regime próprio de previdência que exerça ou venha a exercer cargo em comissão, cargo temporário, emprego público ou mandato eletivo;

III - os empregados públicos cedidos ou requisitados para órgãos ou entidades da administração pública federal; e

IV - os empregados de empresas públicas extintas que outrora encontravam-se regidos pela Consolidação das Leis do Trabalho - CLT e que foram readmitidos em razão da anistia concedida pela Lei nº 8.878, de 11 de maio de 1994.

Art. 8º A perda da condição de filiado ou beneficiário ao RPPS da União ocorrerá nas hipóteses de:

I - morte;

II - exoneração;

III - posse em outro cargo efetivo inacumulável em outros entes federativos;

IV - demissão;

V - cassação da aposentadoria;

VI - decisão judicial; e

VII - transcurso do tempo de duração ou demais condições da pensão por morte, nos termos da Portaria SGP/SEDGG/ME nº 4.645, de 24 de maio de 2022.

Parágrafo único. Deverá ser publicada no Diário Oficial da União as vacâncias elencadas nos incisos I ao VI do caput deste artigo.

Art. 9º A responsabilidade pela prática dos atos de aposentadoria e pensão é do órgão ou entidade ao qual se encontra vinculado o servidor ou instituidor da pensão, nos termos do § 1º do art. 185 da Lei nº 8.112, de 1990.

§ 1º A responsabilidade de que trata o caput se estende à manutenção do benefício, devendo a autoridade competente adotar as providências necessárias em face às alterações normativas, adequações sistêmicas ou determinação do Órgão Central do Sipec e dos órgãos de controle.

§ 2º Em caso de extinção do órgão ou entidade e não havendo disposição legal, a gestão dos benefícios previdenciários será realizada pelo órgão ou entidade que gerenciar a folha dos servidores do órgão ou entidade extinto, exceto o disposto no art. 26 desta Portaria.

SEÇÃO IV
DISPOSIÇÕES GERAIS PARA INSTITUIÇÃO DA APOSENTADORIA

Art. 10. O servidor fará jus ao benefício de aposentadoria no momento em que cumprir, cumulativamente, todos os requisitos estabelecidos na legislação de regência.

Art. 11. Na fixação da data de ingresso no serviço público para fins de verificação do direito de opção pelas regras de concessão de aposentadoria, quando o servidor tiver ocupado, sem interrupção, sucessivos cargos efetivos na Administração Pública direta, autárquica e fundacional, em qualquer dos entes federativos, será considerada a data de investidura mais remota dentre as ininterruptas.

§ 1º Não haverá interrupção desde que o servidor cumpra os seguintes requisitos:

I - a vacância do cargo efetivo anterior e a posse no novo cargo produzam efeitos na mesma data; e

II - o efetivo exercício tenha início no prazo previsto no § 1º do art. 15 da Lei nº 8.112, de 1990.

§ 2º A vinculação a emprego, público ou privado, ou a cargo em comissão sem vinculação efetiva interrompe a sucessão de cargos, sendo essa iniciada novamente se houver vinculação exclusivamente a cargo efetivo posterior à interrupção.

Art. 12. O ingresso em emprego público ou nas carreiras militares e nas forças auxiliares não será contado para fins de definição da data de ingresso no serviço público para definição das regras de aposentadoria, nos termos do artigo anterior.

Art. 13. Será considerado como tempo no cargo efetivo, tempo na carreira e tempo de efetivo exercício no serviço público o período em que o servidor esteve afastado ou licenciado, nos termos do Anexo II desta Portaria.

§ 1º Na hipótese de o cargo efetivo em que se der a aposentadoria não estar inserido em plano de carreira, em sentido restrito, o requisito de tempo na carreira deverá ser cumprido no cargo efetivo.

§ 2º Na contagem do tempo no cargo efetivo e na carreira, para a verificação dos requisitos de concessão de aposentadoria, deverão ser observadas as alterações de denominação efetuadas na legislação aplicável ao servidor, inclusive no caso de reclassificação ou reestruturação de cargos e carreiras.

§ 3º Para efeito do cumprimento dos requisitos de concessão de aposentadoria voluntária, o tempo de efetivo exercício no cargo efetivo em que se dará a aposentadoria deverá ser cumprido no cargo efetivo do qual o servidor seja ocupante na data imediatamente anterior à da concessão do benefício, contando-se a partir da data do ingresso nesse cargo.

Art. 14. A concessão de aposentadoria voluntária ou compulsória exige o cumprimento do estágio probatório no cargo efetivo em que ocorrerá a aposentadoria.

Art. 15. Ressalvado o direito adquirido, a concessão de aposentadoria exige que o servidor esteja com a filiação ativa no RPPS da União.

§ 1º A filiação encontra-se ativa quando o servidor realiza, de forma mensal e constante, as suas contribuições previdenciárias ao RPPS da União, que é realizada sobre a sua remuneração mensal ou, nos termos do art. 17 da Instrução Normativa RFB nº 2.097, de 18 de julho de 2022, da Secretaria da Receita Federal do Brasil, para os servidores licenciados ou afastados sem remuneração.

§ 2º A reintegração administrativa ou judicial tem efeito retroativo, devendo ser considerado o tempo de afastamento como tempo de contribuição, de serviço público, no cargo efetivo e na carreira, mesmo que o efetivo recolhimento da contribuição previdenciária se dê no momento do pagamento dos precatórios.

§ 3º O servidor licenciado ou afastado sem remuneração, que não optou pela manutenção à filiação ao RPPS da União, nos termos do § 3º do art. 183 da Lei nº 8.112, de 1990, terá a filiação reativada ao regime de previdência após o recolhimento da primeira contribuição previdenciária.

Art. 16. A concessão de aposentadoria pelo RGPS à servidor filiado ao RPPS da União, com a utilização de tempo de contribuição decorrente do cargo efetivo ocupado, acarretará o rompimento do vínculo funcional e a vacância do cargo.

Art. 17. Para fins de concessão de aposentadoria, o aproveitamento de qualquer tempo de serviço sob o regime estatutário, inclusive o prestado no Regime Geral de Previdência Social - RGPS, implicará na vacância do cargo efetivo ocupado pelo servidor público.

Parágrafo único. O tempo de contribuição relativo a outro RPPS, ao RGPS ou ao Sistema de Proteção Social dos Militares averbado no RPPS da União somente poderá ser desaverbado e utilizado para a obtenção de aposentadoria no regime anterior se não tiver gerado a concessão de vantagens remuneratórias ao servidor no cargo efetivo em exercício.

Art. 18. São vedadas:

I - a conversão de tempo:

a) exercido sob condições especiais prejudiciais à saúde ou à integridade física em tempo comum, a partir de 13 de novembro de 2019, bem como o exercido com efetiva exposição a agentes prejudiciais à saúde a que se refere o § 4º-C do art. 40 da Constituição Federal, salvo quando houver previsão expressa em lei;

b) de efetivo exercício nas funções de magistério, em tempo comum, depois da Emenda Constitucional nº 18, de 30 de junho de 1981;

c) em atividades de risco ou as exercidas nos cargos efetivos de agente penitenciário, agente socioeducativo ou de policial em tempo comum; e

d) cumprido pelo segurado com deficiência em tempo de contribuição comum;

II - a contagem de tempo de contribuição sujeito à filiação ao RGPS com a de RPPS ou de serviço militar ou de mais de uma atividade, quando concomitantes;

III - a concessão de proventos em valor inferior ao salário-mínimo nacional;

IV - a percepção de mais de uma aposentadoria à conta do RPPS da União, ressalvadas as decorrentes dos cargos efetivos acumuláveis previstos na Constituição Federal;

V - a filiação ao RGPS, na qualidade de contribuinte facultativo, de filiado do RPPS da União, inclusive durante as licenças ou afastamento sem remuneração;

VI - a complementação de aposentadorias de servidores públicos e de pensões por morte a seus dependentes, exceto o Benefício Especial de que trata o § 2º do art. 3º da Lei nº 12.618, de 30 de abril de 2012;

VII - a desaverbação de tempo de contribuição de outros regimes de previdência ou do serviço de proteção social dos militares quando o tempo averbado tiver gerado a concessão de vantagens remuneratórias ao servidor em atividade, mesmo na hipótese de restituição dos valores recebidos;

VIII - a renúncia aos proventos de aposentadoria do RPPS da União com o propósito de desaverbar tempo de contribuição para aproveitamento em outro cargo, mesmo na hipótese do art. 11 da Emenda Constitucional nº 20, de 15 de dezembro de 1998;

IX - a desaverbação de tempo de contribuição excedente ao mínimo exigido pelas regras de aposentadoria para utilização em outro cargo público;

X - a renúncia do tempo de contribuição do RPPS da União do cargo efetivo em que o servidor estiver em exercício;

XI - a concessão de aposentadoria com combinação de requisitos e critérios de concessão, regras de cálculo e reajustamentos previstos em dispositivos constitucionais ou legais distintos;

XII - a revisão do ato concessório de benefícios para mudança do seu fundamento legal, salvo no caso em que o servidor tenha implementado, na mesma data-base da concessão inicial, todos os requisitos e critérios exigidos, conforme disciplinado no art. 78 deste normativo;

XIII - a acumulação tríplice de remunerações ou proventos decorrentes de cargos públicos, ainda que os provimentos nestes tenham ocorrido antes da vigência da Emenda Constitucional nº 20, de 1998;

XIV - a alteração de regime de trabalho para o de dedicação exclusiva do professor que esteja há, no mínimo, cinco anos de adquirir o direito à aposentadoria, em qualquer das modalidades previstas na legislação em vigor;

XV - a redução da jornada de trabalho, nos termos do art. 5º da Medida Provisória nº 2.174-28, de 24 de agosto de 2001, ao servidor que esteja há, no máximo, cinco anos de adquirir o direito à aposentadoria pela integralidade;

XVI - a contagem de tempo de contribuição fictício para efeito de concessão dos benefícios previdenciários e de contagem recíproca, exceto a conversão de licença-prêmio e a conversão de tempo especial em comum, de que trata o art. 40 do Anexo II desta Portaria;

XVII - a desaverbação do tempo de licença-prêmio contado em dobro para fins de aposentadoria ou percepção de abono de permanência, por se tratar de ato irretratável;

XVIII - a utilização de contribuições realizadas ao RPPS da União na condição de aposentado ou pensionista, em decorrência da determinação constante no § 18 do art. 40 da Constituição Federal, para a obtenção de benefícios previdenciários e estatutários;

XIX - considerar o tempo de atividade autônoma (atividade privada) com filiação à antiga Previdência Social Urbana, atual RGPS, exercido de forma concomitante ao período de empregado público celetista, com filiação a mesma Previdência Social Urbana, objeto de averbação no RPPS da União, nos termos do art. 247 da Lei nº 8.112, de 1990, para efetivo de mais de uma aposentadoria, independentemente do regime instituidor do benefício.

Art. 19. Concedida a aposentadoria ou revisto o seu ato concessório, o ato será publicado no Diário Oficial da União e encaminhado ao Tribunal de Contas da União - TCU, para fins de registro nos termos da Instrução Normativa TCU nº 78, de 21 de março de 2018.

§ 1º O ato de concessão de aposentadoria pelos órgãos e entidades integrantes do Sipec é precário, somente se aperfeiçoando com o registro pelo TCU.

§ 2º As vantagens constantes nos proventos poderão ser revistas, de ofício ou a pedido do servidor, até o registro pelo TCU, nos termos do Capítulo V desta Portaria.

§ 3º Os órgãos e entidades integrantes do Sipec deverão observar com rigidez os prazos estabelecidos na Instrução Normativa TCU nº 78, de 2018.

§ 4º A competência do TCU nas concessões de aposentadorias, para fins de registro, limita-se à aferição da legalidade dos respectivos atos, a luz dos elementos que os suportam, não cabendo àquele Tribunal efetuar qualquer alteração nos títulos jurídicos emitidos pelo órgão ou entidade de origem.

§ 5º O Órgão Central do Sipec não tem competência para realizar esclarecimentos de determinações do Tribunal de Contas da União, que deverão ser dirigidas diretamente à Corte de Contas.

Art. 20. O servidor que responde a Processo Administrativo Disciplinar - PAD somente poderá se aposentar voluntariamente após a conclusão do mesmo e o efetivo cumprimento da penalidade, caso seja comprovada a culpa do servidor.

§ 1º Não se aplica o disposto no caput na hipótese em que o prazo para conclusão do PAD tenha ultrapassado 140 (cento e quarenta) dias, e desde que reste comprovado que o servidor não foi o responsável pela demora na realização da fase de instrução processual, impedindo, por consequência, o julgamento pela autoridade competente em prazo razoável.

§ 2º Será cassada a aposentadoria do servidor que ao final do processo de PAD for imputada falta punível com a demissão.

Art. 21. A aposentadoria do servidor transgênero será regida pelo gênero constante no Registro Civil das Pessoas Naturais - RCPN - no momento da filiação ao RPPS da União.

Art. 22. O RPPS da União observará ainda, no que couber, os requisitos e critérios fixados para o RGPS, conforme manifestação do Órgão Central do Sipec.

SEÇÃO V
DA ACUMULAÇÃO DE PROVENTOS E REMUNERAÇÃO

Art. 23. A concessão de aposentadoria, inclusive as especiais, a servidor filiado ao RPPS da União, não impede as seguintes acumulações:

I - com cargo público, emprego ou função pública, desde que observado o que dispõe o inciso XVI do art. 37 da Constituição Federal; ou

II - com os cargos eletivos e os cargos em comissão declarados em lei de livre nomeação e exoneração.

Parágrafo único. Não se aplica o disposto no caput ao servidor aposentado por incapacidade permanente para o trabalho.

Art. 24. O servidor aposentado, para ser investido em cargo público efetivo não acumulável com aquele que gerou a aposentadoria, deverá renunciar aos proventos dessa.

§ 1º A vedação constante no caput não se aplica aos membros de Poder e aos aposentados, servidores e militares que, até 16 de dezembro de 1998, tenham ingressado novamente no serviço público por concurso público de provas ou de provas e títulos, e pelas demais formas previstas na Constituição Federal, sendo-lhes proibida a percepção de mais de uma aposentadoria pelo RPPS da União.

§ 2º Ao servidor a que se refere o § 1º é resguardado o direito de opção pela aposentadoria mais vantajosa, sendo vedada, em caso de renúncia à aposentadoria em vigor, a averbação do tempo de serviço/contribuição para concessão do novo benefício previdenciário.

SEÇÃO VI
DA ACUMULAÇÃO DE BENEFÍCIOS PREVIDENCIÁRIOS

Art. 25. Os órgãos e entidades integrantes do Sipec deverão observar as determinações constantes na Portaria SGP/SEDGG/ME nº 4.645, de 24 de maio de 2022, quanto à acumulação de benefícios previdenciários.

SEÇÃO VII
DA CENTRALIZAÇÃO DOS BENEFÍCIOS
DE APOSENTADORIA

Art. 26. Até que seja instituído em lei e estruturado o órgão ou a entidade gestora única de que trata o § 20 do art. 40 da Constituição Federal, será realizada a centralização gradual das atividades de concessão e de manutenção das aposentadorias e pensões, conforme estabelece o Decreto nº 10.620, de 5 de fevereiro de 2021.

Parágrafo único. As atividades de que trata este artigo serão realizadas, no âmbito do Poder Executivo federal, de modo centralizado:

I - pelo Órgão Central do Sipec, quanto à administração pública direta; e

II - pelo Instituto Nacional do Seguro Social - INSS, quanto às autarquias e às fundações públicas.

CAPÍTULO II
DAS REGRAS DE APOSENTADORIAS COM BASE NA EMENDA CONSTITUCIONAL Nº 103, DE 2019

Art. 27. Os servidores filiados ao RPPS da União serão aposentados:

I - por incapacidade permanente para o trabalho;

II - compulsoriamente; ou

III - voluntariamente.

SEÇÃO I
DA APOSENTADORIA POR
INCAPACIDADE PERMANENTE PARA O
TRABALHO

Art. 28. O servidor que for considerado incapaz para exercer qualquer atividade laboral, e, consequentemente, insuscetível de ser readaptado, será aposentado por incapacidade permanente para o trabalho no cargo efetivo em que estiver investido.

Parágrafo único. Cabe à perícia oficial estabelecer a periodicidade da verificação da continuidade das condições que ensejaram a concessão da aposentadoria por incapacidade permanente para o trabalho, conforme critérios técnicos e em face da enfermidade e da condição de saúde motivadora da aposentadoria do servidor, não podendo este prazo superar 2 (dois) anos, exceto em situações excepcionais devidamente fundamentadas.

Art. 29. A aposentadoria por incapacidade permanente para o trabalho será concedida com base na legislação vigente na data em que o laudo médico-pericial definir como início da incapacidade total e definitiva para o trabalho, se posterior a 13 de novembro de 2019.

Parágrafo único. A aposentadoria de que trata o caput vigorará a partir da data da publicação da Portaria de concessão do benefício no Diário Oficial da União.

Art. 30. A concessão de aposentadoria por incapacidade permanente para o trabalho não exige o cumprimento do estágio probatório, observado no momento da investidura o cumprimento do disposto no art. 14 da Lei nº 8.112, de 1990.

Art. 31. Ao servidor que for julgado incapaz permanentemente para o trabalho e que tenha implementado os requisitos legais para a concessão de aposentadoria voluntária em qualquer regra, será facultado o direito de optar pela aposentadoria de acordo com a regra mais vantajosa.

§ 1º A Unidade de Gestão de Pessoas deverá conceder o prazo de 30 (trinta) dias para que o servidor exerça o seu direito de opção, sendo concedida a aposentadoria de ofício por incapacidade permanente para o trabalho em caso de não manifestação, ou se essa se der de forma intempestiva.

§ 2º O servidor que for aposentado incapacidade permanente para o trabalho na forma definida no caput, poderá solicitar a alteração do fundamento de aposentadoria observando o disposto no art. 82 desta Portaria.

Art. 32. O pagamento do benefício de aposentadoria por incapacidade permanente para o trabalho decorrente de doença mental independe da designação de curador do servidor.

Art. 33. O servidor que acumula licitamente dois cargos públicos não poderá ser declarado incapaz permanentemente para um cargo e continuar em atividade no outro.

Art. 34. É incompatível ao servidor aposentado por incapacidade permanente para o trabalho exercer qualquer atividade na iniciativa privada.

Art. 35. O servidor aposentado que voltar a exercer atividade que denote a recuperação da capacidade laboral para o exercício das atribuições do cargo efetivo em que se deu a aposentadoria, ou a possibilidade da sua readaptação, terá a aposentadoria por incapacidade permanente reavaliada, a pedido ou de ofício, assegurado sempre ao interessado o direito à ampla defesa e ao contraditório.

§ 1º Será suspenso o pagamento do benefício de aposentadoria por incapacidade permanente quando o servidor for devidamente convocado, mas injustificadamente, não comparecer à perícia oficial.

§ 2º Aplica-se o disposto neste artigo ao servidor já aposentado por invalidez.

Art. 36. A partir da vigência da Emenda Constitucional nº 103, de 2019, não subsiste o direito à integralização dos proventos de aposentadoria, nos termos do art. 190 da Lei nº 8.112, de 1990.

SUBSEÇÃO I
DA READAPTAÇÃO

Art. 37. O servidor público que tenha sofrido limitação em sua capacidade física ou mental, para o exercício das atribuições do cargo efetivo do qual é ocupante, deverá ser previamente readaptado.

Parágrafo único. A readaptação consiste na incumbência de atribuições e responsabilidades de outro cargo efetivo que sejam compatíveis com a limitação que o servidor tenha sofrido em sua capacidade física ou mental, constatada em inspeção médica, e perdurará enquanto o servidor permanecer nesta condição, mantida a remuneração do cargo de origem.

Art. 38. Compete exclusivamente à Unidade de Gestão de Pessoas a que o servidor estiver vinculado avaliar a possibilidade de readaptação, identificando, a partir das limitações atestadas pela junta médica oficial, as atribuições que podem ser exercidas pelo readaptando, bem como se possui a habilitação e o nível de escolaridade exigidos para o cargo efetivo de destino.

Parágrafo único. Caberá à perícia oficial determinar a periodicidade da reavaliação do servidor, que não excederá a 2 (dois) anos, exceto em casos excepcionais devidamente fundamentados.

Art. 39. A autoridade competente para determinar a readaptação é o Ministro de Estado dos órgãos da Administração Pública Federal Direta e a autoridade máxima das autarquias e fundações públicas responsável pela gestão do plano, da carreira ou do cargo, podendo haver delegação de competência mediante previsão em ato normativo específico.

Parágrafo único. A readaptação será realizada por intermédio de Portaria publicada no Diário Oficial da União, em que será estabelecido ao servidor as atribuições e responsabilidades do cargo efetivo de destino.

SEÇÃO II
DA APOSENTADORIA COMPULSÓRIA

Art. 40. O servidor será aposentado compulsoriamente aos 75 (setenta e cinco anos) de idade, ressalvado o disposto no parágrafo único do art. 2º da Lei Complementar nº 152, de 3 de dezembro de 2015, quanto aos servidores do Serviço Exterior Brasileiro.

Parágrafo único. A vigência da aposentadoria compulsória será a partir do dia imediato àquele em que o servidor completar a idade prevista no caput, independentemente da data de publicação do ato no Diário Oficial da União, encerrandose, automaticamente, as licenças ou afastamentos que porventura esteja usufruindo.

Art. 41. O servidor que tenha implementado os requisitos legais para a concessão de aposentadoria voluntária em qualquer regra deverá exercê-la no prazo de 90 (noventa) dias anteriores ao atingimento da data limite de permanência no serviço público.

Parágrafo único. A não apresentação do requerimento de aposentação no prazo de que trata o caput ensejará o início do processo de aposentadoria compulsória e qualquer alteração de fundamento não ensejará o pagamento de valores retroativos.

SEÇÃO III
DA APOSENTADORIA VOLUNTÁRIA

SUBSEÇÃO I
REGRA COMUM A TODOS OS SERVIDORES

Art. 42. O servidor público federal poderá se aposentar voluntariamente, desde que cumpridos cumulativamente os seguintes requisitos:

I - 62 (sessenta e dois) anos de idade, se mulher, e 65 (sessenta e cinco) anos de idade, se homem;

II - 25 (vinte e cinco) anos de contribuição;

III - 10 (dez) anos de efetivo exercício no serviço público;

IV - 5 (cinco) anos no cargo efetivo em que for concedida a aposentadoria.

SUBSEÇÃO II
DA APOSENTADORIA DO SERVIDOR OCUPANTE DE CARGO DE PROFESSOR

Art. 43. O ocupante de cargo de professor que comprovar, exclusivamente, tempo de efetivo exercício nas funções de magistério na educação infantil, no ensino fundamental e médio, poderá aposentar-se desde que cumpra, cumulativamente, os seguintes requisitos:

I - 60 (sessenta) anos de idade, se homem; e 57 (cinquenta e sete) anos, se mulher;

II - 25 (vinte e cinco) anos de contribuição, exclusivamente, em efetivo exercício das funções de magistério na educação infantil e no ensino fundamental e médio;

III - 10 (dez) anos de efetivo exercício de serviço público; e

IV - 5 (cinco) anos no cargo efetivo em que for concedida a aposentadoria.

§ 1º São consideradas funções de magistério as exercidas por servidor ocupante de cargo de professor no desempenho de atividades educativas, quando exercidas em estabelecimento de educação básica, formada pela educação infantil, ensino fundamental e médio, em seus diversos níveis e modalidades, incluídas, além do exercício de docência, as de direção de unidade escolar e as de coordenação e assessoramento pedagógico.

§ 2º Não se enquadra no conceito de "efetivo exercício das funções de magistério" o tempo de serviço relativo a licenças ou afastamentos para a realização de cursos de qualquer natureza.

SUBSEÇÃO III
DA APOSENTADORIA DO SERVIDOR COM DEFICIÊNCIA

Art. 44. Ressalvado o direito de opção pelas regras contidas nesta Portaria, o servidor com deficiência poderá se aposentar, por tempo de contribuição, desde que atenda aos seguintes requisitos:

I - tempo de contribuição de:

a) 25 (vinte e cinco) anos de tempo de contribuição, se homem, e 20 (vinte) anos, se mulher, no caso de servidor com deficiência grave;

b) 29 (vinte e nove) anos de tempo de contribuição, se homem, e 24 (vinte e quatro) anos, se mulher, no caso de servidor com deficiência moderada;

c) 33 (trinta e três) anos de tempo de contribuição, se homem, e 28 (vinte e oito) anos, se mulher, no caso de servidor com deficiência leve.

II - 10 (dez) anos de efetivo exercício no serviço público; e

III - 5 (cinco) anos no cargo efetivo em que for concedida a aposentadoria.

Art. 45. Ressalvado o direito de opção pela regra contida no art. 44, o servidor com deficiência poderá se aposentar, por idade, desde que atenda aos seguintes requisitos:

I - 60 (sessenta) anos de idade, se homem, e 55 (cinquenta e cinco) anos de idade, se mulher, independentemente do grau de deficiência;

II - 15 (quinze) anos de contribuição na condição de servidor com deficiência;

III - 10 (dez) anos de efetivo exercício no serviço público; e

IV - 5 (cinco) anos no cargo efetivo em que for concedida a aposentadoria.

Art. 46. Considera-se pessoa com deficiência aquela que tem impedimentos de longo prazo de natureza física, mental, intelectual ou sensorial, os quais, em interação com diversas barreiras, podem obstruir sua participação plena e efetiva na sociedade em igualdade de condições com as demais pessoas, consoante o art. 1º da Convenção Internacional sobre os Direitos das Pessoas com Deficiência, promulgada pelo Decreto nº 6.949, de 25 de agosto de 2009.

§ 1º A adoção de requisitos e critérios diferenciados para a concessão de aposentadoria voluntária ao servidor com deficiência está condicionada à comprovação das condições previstas neste artigo, na data do requerimento ou na data de aquisição do direito ao benefício.

§ 2º O tempo mínimo de contribuição previsto no inciso I do art. 44 desta Portaria deve ser cumprido na condição de pessoa com deficiência, conforme o grau especificado, e, no inciso II do art. 45 deste normativo, independentemente do grau de deficiência, observado, em qualquer caso, o disposto no § 1º deste artigo.

Art. 47. No caso em que a condição de pessoa com deficiência sobrevier à filiação nos diversos regimes de previdência social, ou mesmo se houver alteração do grau de deficiência, os parâmetros mencionados no inciso I do art. 44 desta Portaria serão proporcionalmente ajustados conforme as tabelas abaixo, considerando-se o número de anos de exercício de atividade laboral sem deficiência e com deficiência, observando-se o correspondente grau de deficiência preponderante:

TEMPO A AJUSTAR	MULHER		
	MULTIPLICADORES		
	Para 20 anos (Deficiência Grave)	Para 24 anos (Deficiência Moderada)	Para 28 anos (Deficiência Leve)
De 20 anos	1,00	1,20	1,40
De 24 anos	0,83	1,00	1,17
De 28 anos	0,71	0,86	1,00
De 30 anos	0,67	0,80	0,93

	HOMEM		
TEMPO A AJUSTAR	MULTIPLICADORES		
	Para 25 anos (Deficiência Grave)	Para 29 anos (Deficiência Moderada)	Para 33 anos (Deficiência Leve)
De 25 anos	1,00	1,16	1,32
De 29 anos	0,86	1,00	1,14
De 33 anos	0,76	0,88	1,00
De 35 anos	0,71	0,83	0,94

REGIME PRÓPRIO

Parágrafo único. O grau de deficiência preponderante será aquele em que o servidor cumpriu maior tempo de contribuição, antes de ajustado, e servirá como parâmetro para definir o tempo mínimo necessário para a aposentadoria voluntária de que trata o inciso I do art. 44 desta Portaria.

Art. 48. Poderá ser realizada a conversão em tempo com deficiência do tempo em que o servidor exerceu, inclusive como pessoa com deficiência, atividades sujeitas a condições especiais que prejudiquem a saúde ou a integridade física, que fundamentam a concessão da aposentadoria especial de que trata o art. 57 da Lei nº 8.213, de 24 de julho de 1991, se resultar mais favorável ao servidor, conforme as tabelas abaixo:

MULHER			
TEMPO A CONVERTER	MULTIPLICADORES		
	Para 20 anos (Deficiência Grave)	Para 24 anos (Deficiência Moderada)	Para 28 anos (Deficiência Leve)
De 25 anos	0,80	0,96	1,12

HOMEM			
TEMPO A CONVERTER	MULTIPLICADORES		
	Para 25 anos (Deficiência Grave)	Para 29 anos (Deficiência Moderada)	Para 33 anos (Deficiência Leve)
De 25 anos	1,00	1,16	1,32

Art. 49. Na concessão da aposentadoria a que se refere o art. 45 desta Portaria, o tempo mínimo de contribuição exigido deve ser apurado sem o ajuste ou conversão de tempo de que tratam os arts. 47 e 48, respectivamente, e inteiramente cumprido na condição de pessoa com deficiência.

Parágrafo único. Para a aposentadoria por idade concedida à pessoa com deficiência, será assegurada, exclusivamente para fins de cálculo do valor dos proventos, a conversão do período de exercício de atividade sujeito a condições especiais que prejudiquem a sua saúde ou a sua integridade física, na forma do art. 48, cumprido na condição de pessoa com deficiência até 13 de novembro de 2019.

Art. 50. A redução de tempo de contribuição previsto no inciso I do art. 44 não poderá ser acumulada, no tocante ao mesmo período contributivo, com a redução assegurada aos casos de atividades exercidas sob condições especiais que prejudiquem a saúde ou a integridade física a que se refere o art. 48 desta Portaria.

Art. 51. A avaliação da deficiência pelos órgãos competentes da União será realizada de forma multiprofissional e interdisciplinar por meio de avaliação que fixará a data provável do início da deficiência e o seu grau, no correspondente período de filiação ao RPPS da União, e de exercício das atribuições do cargo efetivo na condição de servidor com deficiência.

§ 1º Para efeito da avaliação médica e funcional de que trata o caput, o RPPS da União utilizará os normativos editados pelo RGPS.

§ 2º Na avaliação mencionada neste artigo poderá ser adotado o instrumento aprovado por meio da Portaria Interministerial AGU/MPS/MF/SEDH/MP nº 1, de 27 de janeiro de 2014, ou outro instrumento que venha a substituí-lo, editado pelo Órgão Central do Sipec.

Art. 52. A comprovação de tempo de contribuição na condição de servidor com deficiência, filiado ao RPPS da União, não será admitida por meio de prova exclusivamente testemunhal.

Art. 53. Aplica-se ao servidor com deficiência a contagem recíproca do tempo de contribuição relativo à filiação ao RGPS, ao RPPS ou ao Sistema de Proteção Social dos Militares, devendo os regimes compensar-se financeiramente, na forma estabelecida na Instrução Normativa SEDGG nº 96, de 20 de outubro de 2021.

Parágrafo único. Para aplicação do disposto no caput, o tempo de deficiência em outro regime deverá ser comprovado em Certidão de Tempo de Contribuição - C TC emitida pelo regime previdenciário de origem, devendo estar identificados os períodos com deficiência e os seus graus, conforme disciplinado no Anexo II desta Portaria.

SUBSEÇÃO IV
DA APOSENTADORIA DO SERVIDOR POLICIAL DA UNIÃO E AGENTE FEDERAL DE EXECUÇÃO PENAL

Art. 54. O servidor ocupante de cargo da Carreira de Policial Federal, da Carreira de Policial Rodoviário Federal e da Carreira de Agente Federal de Execução Penal poderá aposentar-se desde que cumpra, cumulativamente, os seguintes critérios:

I - 55 (cinquenta e cinco) anos de idade, independentemente do sexo;

II - 30 (trinta) anos de contribuição; e

III - 25 (vinte e cinco) anos de efetivo exercício em cargo efetivo dessas carreiras, para ambos os sexos.

§ 1º O tempo de carreira a que se refere o inciso III do caput poderá ser contínuo, na mesma carreira, ou intercalado entre as carreiras e cargos a que se refere o caput e as carreiras de Polícia Civil do Distrito Federal e de Policial Legislativo Federal da Câmara dos Deputados e do Senado Federal.

§ 2º O tempo em que o servidor esteve em exercício de mandato eletivo ou cedido a órgão ou entidade da administração direta ou indireta, do mesmo ou de outro ente federativo, com ou sem ônus para o cessionário, ou afastado do país por cessão ou licenciamento, não será considerado tempo de contribuição diferenciado para fins de aposentadoria de que trata este artigo.

Art. 55. Aplicam-se as disposições do artigo anterior aos Policiais Civis dos ex-Territórios Federais transpostos para os quadros da União.

SUBSEÇÃO V
SERVIDOR QUE EXERCE ATIVIDADES EM CONDIÇÕES ESPECIAIS

Art. 56. O servidor cujas atividades sejam exercidas com efetiva exposição a agentes químicos, físicos e biológicos prejudiciais à saúde, ou associação desses agentes, vedada a caracterização por categoria profissional ou ocupação, será aposentado, desde que cumpra os seguintes requisitos:

I - 60 (sessenta) anos de idade;

II - 25 (vinte e cinco) anos de efetiva exposição e contribuição;

III - 10 (dez) anos de efetivo exercício de serviço público; e

IV - 5 (cinco) anos no cargo efetivo em que for concedida a aposentadoria.

§ 1º Os requisitos para a caracterização e comprovação da exposição a agentes químicos, físicos e biológicos prejudiciais à saúde, ou associação desses agentes estão elencados no Anexo IV desta Portaria.

§ 2º O tempo em que o servidor esteve em exercício de mandato eletivo ou cedido a órgão ou entidade da administração direta ou indireta, do mesmo ou de outro ente federativo, com ou sem ônus para o cessionário, ou afastado do país por cessão ou licenciamento, somente será considerado tempo de contribuição diferenciado para fins de aposentadoria de que trata este artigo, se forem exercidas com efetiva exposição a agentes químicos, físicos e biológicos prejudiciais à saúde, ou a associação desses agentes.

Art. 57. Os proventos das aposentadorias de que tratam este Capítulo serão calculados segundo a média aritmética, nos termos do art. 72 desta Portaria.

CAPÍTULO III
DAS REGRAS DE TRANSIÇÃO

SEÇÃO I
SOMA DE PONTOS

SUBSEÇÃO
REGRA COMUM A TODOS OS SERVIDORES

Art. 58. O servidor que tenha ingressado em cargo efetivo da Administração Pública, autárquica e fundacional da União, Estados, Distrito Federal e Municípios até 13 de novembro de 2019, data de entrada em vigor da Emenda Constitucional nº 103, de 2019, poderá aposentar-se voluntariamente quando preencher, cumulativamente, os seguintes requisitos:

I - idade de:

a) até dezembro de 2021: 56 (cinquenta e seis) anos de idade, se mulher; e 61 (sessenta e um) anos de idade, se homem;

b) a partir de 1º de janeiro de 2022: 57 (cinquenta e sete) anos de idade, se mulher; e 62 (sessenta e dois) anos de idade, se homem.

II - 30 (trinta) anos de contribuição, se mulher; e 35 (trinta e cinco) anos de contribuição, se homem;

III - 20 (vinte) anos de efetivo exercício no serviço público;

IV - 5 (cinco) anos no cargo efetivo em que se der a aposentadoria; e

V - somatório da idade e do tempo de contribuição, incluídas as frações, equivalente a:

Ano	Pontuação	
	Mulher	Homem
2019	86	96
2020	87	97
2021	88	98
2022	89	99
2023	90	100
2024	91	101
2025	92	102
2026	93	103
2027	94	104
2028	95	105
2029	96	
2030	97	
2031	98	
2032	99	
2033	100	

Parágrafo único. A idade e o tempo de contribuição serão apurados em dias para o cálculo do somatório de pontos a que se referem o inciso V do caput.

SUBSEÇÃO II
REGRA APLICÁVEL AO SERVIDOR OCUPANTE DE CARGO DE PROFESSOR

Art. 59. Ressalvado o direito de aposentadoria pelas regras de que trata esta Portaria, o servidor que tenha ingressado, até 13 de novembro de 2019, em cargo público efetivo de professor e que comprovar exclusivamente tempo de efetivo exercício das funções de magistério na educação infantil e no ensino fundamental e médio da Administração Pública, autárquica e fundacional da União, Estados, Distrito Federal e Municípios, poderá se aposentar desde que cumpra os seguintes requisitos:

I - idade de:

a) até de dezembro de 2021: 51 (cinquenta e um) anos de idade, se mulher; e 56 (cinquenta e seis) anos de idade, se homem;

b) a partir de 1º de janeiro de 2021: 52 (cinquenta e dois) anos de idade, se mulher; e 57 (cinquenta e sete) anos de idade, se homem.

II - 25 (vinte e cinco) anos de contribuição, se mulher; e 30 (trinta) anos de contribuição, se homem; e

III - 20 (vinte) anos de efetivo exercício no serviço público;

IV - 5 (cinco) anos no cargo efetivo em que se der a aposentadoria;

V - O somatório da idade e do tempo de contribuição de que tratam os incisos I e II, incluídas as frações, equivalente a:

Ano	Pontuação	
	Mulher	Homem
2019	81	91
2020	82	92
2021	83	93
2022	84	94
2023	85	95
2024	86	96
2025	87	97
2026	88	98
2027	89	99
2028	90	100
2029	91	
2030	92	

Art. 60. Os proventos das aposentadorias de que tratam os arts. 58 e 59 serão calculados segundo a média aritmética, nos termos do art. 72 deste normativo, para o servidor que:

I - ingressou em cargo efetivo a partir de 1º de janeiro de 2004; ou

II - ingressou em cargo efetivo até 31 de dezembro de 2003 e esteja vinculado ao Regime de Previdência Complementar, de que trata a Lei nº 12.618, de 30 de abril de 2012.

SUBSEÇÃO III
SERVIDOR QUE INGRESSOU ATÉ 31 DE DEZEMBRO DE 2003 (ANTES DA EC 41, DE 2003)

Art. 61. Ressalvado o direito de aposentadoria pelas regras de que tratam esta Portaria, o servidor que tenha ingressado em cargo público efetivo da Administração Pública Direta, autárquica e fundacional da União, Estados, Distrito Federal e Municípios até 31 de dezembro de 2003, data da entrada em vigor da Emenda Constitucional nº 41, de 2003, poderá aposentar-se voluntariamente quando preencher, cumulativamente, os seguintes requisitos:

I - não ter feito a migração de regime de que trata o § 16 do art. 40 da Constituição Federal;

II - ter idade de:

a) 62 (sessenta e dois) anos de idade, se mulher; e 65 (sessenta e cinco) anos de idade, se homem; ou

b) 57 (cinquenta e sete) anos de idade, se mulher; e 60 (sessenta) anos de idade, se homem, para o ocupante de cargo de professor.

III - tempo de contribuição de:

a) 30 (trinta) anos de contribuição, se mulher; e 35 (trinta e cinco) anos de contribuição, se homem;

b) 25 (vinte e cinco) anos de contribuição, se mulher; e 30 (trinta) anos de contribuição, se homem, para o ocupante do cargo de professor.

IV - 20 (vinte) anos de efetivo exercício no serviço público;

V - 5 (cinco) anos no cargo efetivo em que se der a aposentadoria; e

VI - somatório da idade e do tempo de contribuição, incluídas as frações, equivalente a:

Ano	**Mulher**	**Homem**	Professora	Professor
2019	86	96	81	91
2020	87	97	82	92
2021	88	98	83	93
2022	89	99	84	94
2023	90	100	85	95
2024	91	101	86	96
2025	92	102	87	97
2026	93	103	88	98
2027	94	104	89	99
2028	95	105	90	100
2029	96		91	
2030	97		92	
2031	98			
2032	99			
2033	100			

§ 1º Os proventos das aposentadorias concedidas nos termos deste artigo serão calculados pela integralidade, segundo os arts. 73 a 77 desta Portaria.

§ 2º É facultado ao servidor que cumpriu os requisitos estabelecidos no caput a opção pela forma de cálculo segundo a média aritmética, nos termos do art. 72 deste Portaria.

SEÇÃO II
POLICIAIS DA UNIÃO E AGENTE FEDERAL DE EXECUÇÃO PENAL

SUBSEÇÃO
SEM ADICIONAL DE TEMPO (SEM PEDÁGIO)

Art. 62. O servidor ocupante de cargos da Carreira de Policial Federal, da Carreira de Policial Rodoviário Federal e da Carreira de Agente Federal de Execução Penal que tenha ingressado na respectiva carreira até 13 de novembro de 2019, data de entrada em vigor da Emenda Constitucional nº 103, de 2019, poderá se aposentar desde que atendidos os seguintes requisitos:

I - a idade mínima de 55 (cinquenta e cinco) anos para ambos os sexos;

II - tempo de contribuição de:

a) 30 (trinta) anos de contribuição, desde que conte, pelo menos, 20 (vinte) anos de exercício em cargo de natureza estritamente policial, se homem; ou

b) 25 (vinte e cinco) anos de contribuição, desde que conte, pelo menos, 15 (quinze) anos de exercício em cargo de natureza estritamente policial, se mulher.

SUBSEÇÃO II
ADICIONAL DE TEMPO (COM PEDÁGIO)

Art. 63. O servidor ocupante de cargos da Carreira de Policial Federal, da Carreira de Policial Rodoviário Federal e da Carreira de Agente Federal de Execução Penal que tenha ingressado na respectiva carreira até 13 de novembro de 2019, data de entrada em vigor da Emenda Constitucional nº 103, de 2019, poderá se aposentar desde que atendidos os seguintes requisitos:

I - 52 (cinquenta e dois) anos de idade, se mulher; e 53 (cinquenta e três) anos de idade, se homem;

II - 30 (trinta) anos de contribuição, desde que conte, pelo menos, 20 (vinte) anos de exercício em cargo de natureza estritamente policial, se homem; ou

III - 25 (vinte e cinco) anos de contribuição, desde que conte, pelo menos, 15 (quinze) anos de exercício em cargo de natureza estritamente policial, se mulher;

IV - período adicional (pedágio) de contribuição correspondente ao tempo que, em 13 de novembro de 2019, faltaria para atingir os tempos de contribuições de que tratam os incisos II e III do caput.

Art. 64. O reconhecimento de atividades estritamente policial de que tratam o inciso II do art. 62, e o inciso III do art. 63, será realizado nos termos da Portaria nº 580, de 6 de junho de 2019, do Ministro de Estado da Justiça e Segurança Pública.

§ 1º Será considerado tempo de exercício em cargo de natureza estritamente policial, para os fins do inciso II do art. 62, e inciso III do art. 63, o tempo de atividade militar nas Forças Armadas, nas polícias militares e nos corpos de bombeiros militares, e o tempo de atividade como agente penitenciário ou socioeducativo dos entes federativos.

§ 2º Não será considerado efetivo exercício em cargos das carreiras de que trata o caput, o tempo em que o servidor público estiver em exercício de mandato eletivo, ou, em razão de sua própria natureza, as atribuições que lhe forem cometidas não se enquadrarem em atividades típicas dos aludidos cargos, entre outras hipóteses, se for o caso, quando estiver cedido a órgão ou entidade da administração direta ou indireta, do mesmo ou de outro ente federativo, com ou sem ônus para o cessionário, ou afastado do país por cessão ou licenciamento.

Art. 65. Os proventos das aposentadorias de que tratam o art. 62 e 63 serão calculados segundo:

I - a integralidade, nos termos dos arts. 73 a 77 desta Portaria, para o servidor que ingressou nas respectivas carreiras até 12 de novembro de 2019 e que não esteja vinculado ao Regime de Previdência Complementar de que trata a Lei nº 12.618, de 2012.

II - a média aritmética, nos termos do art. 72 desta Portaria, para o servidor que:

a) ingressou nas respectivas carreiras a partir de 13 de novembro de 2019;

b) ingressou nas respectivas carreiras até 12 de novembro de 2019 e esteja vinculado ao Regime de Previdência Complementar de que trata a Lei nº 12.618, de 2012;

c) amparado pelo inciso I e opte pela forma de cálculo segundo a média aritmética, nos termos do art. 72 deste Portaria.

Art. 66. Aplica-se as disposições desta subseção Policiais Civis dos ex-Territórios Federais transpostos para os quadros da União.

SEÇÃO III
ADICIONAL DE TEMPO (PEDÁGIO)

Art. 67. Ressalvado o direito de aposentadoria pelas regras de que tratam esta Portaria, o servidor que tenha ingressado em cargo efetivo da Administração Pública Direta, autárquica e fundacional da União, Estados, Distrito Federal e Municípios até 13 de novembro de 2019, data de entrada em vigor da Emenda Constitucional nº 103, de 2019, poderá aposentar-se voluntariamente quando preencher, cumulativamente, os seguintes requisitos:

I - idade de:

a) 57 (cinquenta e sete) anos de idade, se mulher; e 60 (sessenta) anos de idade, se homem; ou

b) 52 (cinquenta e dois) anos de idade, se mulher; e 55 (cinquenta e cinco) anos de idade, se homem, para o ocupante do cargo de professor.

II - tempo de contribuição de:

a) 30 (trinta) anos de contribuição, se mulher; e 35 (trinta e cinco) anos de contribuição, se homem; ou

b) 25 (vinte e cinco) anos de contribuição, se mulher; e 30 (trinta) anos de contribuição, se homem, para o ocupante do cargo de professor.

III - 20 (vinte) anos de efetivo exercício no serviço público;

IV - 5 (cinco) anos no cargo efetivo em que se der a aposentadoria; e

V - período adicional de contribuição correspondente ao tempo que faltaria para atingir os tempos mínimos de contribuição referidos nas alíneas "a" e "b" do inciso II deste artigo, em 13 de novembro de 2019.

Parágrafo único. O servidor ocupante de cargo de professor deverá comprovar, exclusivamente, tempo de efetivo exercício das funções de magistério na educação infantil e no ensino fundamental e médio.

Art. 68. Os proventos das aposentadorias de que tratam o art. 66 serão calculados segundo:

I - a integralidade, nos termos dos arts. 73 a 77 desta Portaria, para o servidor que ingressou em cargo efetivo até 31 de dezembro de 2003, e que não esteja vinculado ao Regime de Previdência Complementar de que trata a Lei nº 12.618, de 2012;

II - a média aritmética, nos termos do art. 72 desta Portaria, para o servidor que:

a) ingressou em cargo efetivo a partir de 1º de janeiro de 2004;

b) ingressou em cargo efetivo até 31 de dezembro de 2003 e esteja vinculado ao Regime de Previdência Complementar de que trata a Lei nº 12.618, de 2012; ou

c) amparado pelo inciso I deste artigo que opte pela forma de cálculo segundo a média aritmética, nos termos do art. 72 desta Portaria.

SEÇÃO IV
SERVIDOR CUJAS ATIVIDADES TENHAM SIDO EXERCIDAS COM EFETIVA EXPOSIÇÃO A AGENTES QUÍMICOS, FÍSICOS E BIOLÓGICOS PREJUDICIAIS À SAÚDE

Art. 69. O servidor que tenha ingressado em cargo efetivo da Administração Pública Direta, autárquica e fundacional da União, Estados, Distrito Federal e Municípios até 13 de novembro de 2019, data de entrada em vigor da Emenda Constitucional nº 103, de 2019, cujas atividades tenham sido exercidas com a efetiva exposição a agentes químicos, físicos e biológicos prejudiciais à saúde, ou a associação desses agentes, vedada a caracterização por categoria profissional ou ocupação, serão aposentados desde que cumpram os seguintes requisitos:

I - 20 (vinte) anos de efetivo exercício no serviço público;

II - 5 (cinco) anos no cargo efetivo em que for concedida a aposentadoria;

III - o total da soma resultante da sua idade e do tempo de contribuição for igual a 86 (oitenta e seis) pontos; e

IV - 25 (vinte e cinco) anos de efetiva exposição.

§ 1º A idade e o tempo de contribuição serão apurados em dias para o cálculo do somatório de pontos a que se refere o inciso III do caput.

§ 2º Deverá ser instruído processo administrativo pelo órgão ou entidade na qual o servidor exerceu atividades especiais, com a caracterização e comprovação de tempo de serviço em atividades que tenham sido exercidas com efetiva exposição a agentes químicos, físicos e biológicos prejudiciais à saúde, nos termos do Anexo IV desta Portaria.

§ 3º O processo a que se refere o § 2º deverá obrigatoriamente integrar os autos de aposentação do servidor.

Art. 70. Os proventos das aposentadorias concedidas nos termos do artigo anterior serão calculados pela média aritmética simples, nos termos do art. 72 desta Portaria.

CAPÍTULO IV
REGRAS PARA O CÁLCULO DOS PROVENTOS DE APOSENTADORIA

Art. 71. As aposentadorias concedidas aos servidores públicos da União com base nas regras estabelecidas nesta Portaria serão calculadas observando-se o disposto neste Capítulo.

SEÇÃO I
CÁLCULO PELA MÉDIA

Art. 72. Para o cálculo dos proventos será utilizada a média aritmética simples das bases de cálculo de contribuição ao RPPS da União e, no caso de opção do servidor por averbação para fins de contagem recíproca, as contribuições decorrentes de Regimes Próprios de Previdência dos Estados, do Distrito Federal e dos Municípios e ao RGPS, ou da base para contribuições decorrentes das atividades militares de que tratam os arts. 42 e 142 da Constituição Federal, atualizados monetariamente, correspondentes a 100% (cem por cento) do período contributivo desde a competência julho de 1994 ou desde o início da contribuição, se posterior àquela competência.

§ 1º A média a que se refere o caput será limitada ao valor máximo do salário de contribuição do RGPS para o servidor submetido ao Regime de Previdência Complementar de que trata a Lei nº 12.618, de 30 de abril de 2012.

§ 2º Sobre o valor da média de que trata o caput e o § 1º, será aplicado o percentual constante na tabela abaixo, tendo como referência o tempo de contribuição do servidor no momento da concessão do benefício.

Tempo de contribuição	Percentual
<=20 anos	60%
21 anos	62%
22 anos	64%
23 anos	66%
24 anos	68%
25 anos	70%
26 anos	72%
27 anos	74%
28 anos	76%
29 anos	78%
30 anos	80%
31 anos	82%
32 anos	84%
33 anos	86%
34 anos	88%
35 anos	90%
36 anos	92%
37 anos	94%
38 anos	96%
39 anos	98%
40 anos	100%
>40 anos	Acréscimo de 2% para cada ano excedente

§ 3º O valor do benefício de aposentadoria corresponderá a 100% (cem por cento) da média aritmética definida na forma prevista no caput e no § 1º deste artigo, no caso:

I - das aposentadorias voluntárias referidas nos art. 68, II;

II - de aposentadoria por incapacidade permanente para o trabalho de que trata o art. 28 desta Portaria, quando atestada por perícia médica decorrente de acidente de trabalho, de doença profissional e de doença do trabalho; e

III - de aposentadoria dos servidores com deficiência de que trata o art. 44.

§ 4º Os proventos do servidor aposentado com base no art. 45 corresponderá a 70% (setenta por cento) da média de que trata o caput e o § 1º, e será acrescido em 1% (um por cento) por grupo de 12 (doze) contribuições mensais, até o máximo de 30% (trinta por cento).

§ 5º O valor do benefício da aposentadoria compulsória de que trata o art. 40 desta Portaria corresponderá ao resultado da:

I - divisão do tempo de contribuição do servidor por 20 (vinte) anos, ambos computados em dias, limitado a um inteiro; e

II - multiplicação do fator encontrado no inciso I, pelo valor apurado na forma prevista no caput e nos §§ 1º e 2º deste artigo.

§ 6º Poderão ser excluídas da média de que trata o caput as contribuições que resultem em redução do valor do benefício, desde que mantido o tempo mínimo de contribuição exigido, ainda que cumprido antes de julho de 1994 em qualquer regime previdenciário, vedada a utilização do tempo excluído para qualquer finalidade, inclusive para o acréscimo a que se refere o § 2º deste artigo, para desaverbação e averbação em outro regime previdenciário, ou para a obtenção dos proventos de inatividade das atividades militares de que tratam os arts. 42 e 142 da Constituição Federal.

§ 7º A exclusão de que trata o § 6º não se aplica ao cálculo de aposentadoria compulsória ou por incapacidade permanente.

§ 8º Nas hipóteses de competências até 16 de dezembro de 1998, em que não tenha havido contribuição para o RPPS da União, a base de cálculo dos proventos será a remuneração percebida pelo servidor no cargo efetivo ou o subsídio.

§ 9º As bases de cálculo de contribuição a serem utilizadas no cálculo de que trata este artigo serão comprovadas mediante documento fornecido pelas unidades gestoras dos regimes de previdência aos quais o servidor esteve filiado, nos termos do art. 10 do Anexo II desta Portaria.

§ 10. Para o cálculo dos proventos conforme este artigo, as bases de cálculo de contribuição consideradas no cálculo da aposentadoria não poderão ser:

I - inferiores ao valor do salário-mínimo vigente na competência da remuneração; e

II - superiores ao limite máximo do salário de contribuição vigente na competência da remuneração, quanto aos meses em que o servidor esteve filiado ao RGPS ou vinculado ao Regime de Previdência Complementar de que trata a Lei nº 12.618, de 2012.

§ 11. As bases de cálculo de contribuição consideradas no cálculo do valor inicial dos proventos terão os seus valores atualizados mês a mês, de acordo com a variação integral do índice fixado para a atualização dos salários de contribuição considerados no cálculo dos benefícios do RGPS.

§ 12. No cálculo da média de que trata o caput será incluído, no numerador e no denominador, o décimo terceiro salário ou a gratificação natalina.

§ 13. Os benefícios calculados nos termos do disposto neste artigo serão reajustados na mesma data e índice em que se der o reajuste dos benefícios do RGPS.

§ 14. Para o cálculo da média a que se refere o caput, deverá o servidor realizar ao menos 2 (duas) contribuições a regimes de previdência a partir de julho de 1994.

§ 15. Na base de cálculo da média deverão ser consideradas as contribuições realizadas sobre o adicional de férias realizados até 1º de abril de 2012, data de publicação da Medida Provisória nº 556, de 23 de dezembro de 2011.

§ 16. O valor dos proventos iniciais calculados conforme este artigo pode ser superior à remuneração ou subsídio do cargo efetivo em que se der a aposentadoria, ressalvado o servidor submetido ao Regime de Previdência Complementar de que trata a Lei nº 12.618, de 30 de abril de 2012.

SUBSEÇÃO II
CÁLCULO PELA INTEGRALIDADE

Art. 73. Será utilizado no cálculo do benefício concedido com base na regra de integralidade:

I - a remuneração ou o subsídio do servidor no cargo efetivo no momento da concessão da aposentadoria; e

II - o tempo de contribuição cumprido até a data da aquisição do direito a concessão da aposentadoria.

§ 1º Considera-se remuneração do servidor público no cargo efetivo o valor constituído pelo subsídio, pelo vencimento e pelas vantagens pecuniárias permanentes do cargo, estabelecidos em lei, acrescidos dos adicionais de caráter individual e das vantagens pessoais permanentes, observados os seguintes critérios:

I - se o cargo estiver sujeito a variações na carga horária, o valor das rubricas que refletem essa variação integrará o cálculo do valor da remuneração do servidor público no cargo efetivo em que se deu a aposentadoria, considerando-se a média aritmética simples dessa carga horária proporcional ao número de anos completos de recebimento e contribuição, contínuos ou intercalados, em relação ao tempo total exigido para a aposentadoria;

II - se as vantagens pecuniárias permanentes forem variáveis por estarem vinculadas a indicadores de desempenho, produtividade ou situação similar, o valor dessas vantagens integrará o cálculo da remuneração do servidor público no cargo efetivo mediante a aplicação, sobre o valor atual de referência das vantagens pecuniárias permanentes variáveis, da média aritmética simples do indicador, proporcional ao número de anos completos de recebimento e de respectiva contribuição, contínuos ou intercalados, em relação ao tempo total exigido para a aposentadoria ou, se inferior, ao tempo total de percepção da vantagem.

§ 2º Para fins do disposto no inciso II do § 1º deste artigo:

I - se o tempo total de percepção da vantagem for inferior ao tempo total exigido para a aposentadoria, o divisor do fator de cálculo será substituído pelo tempo total de percepção da vantagem; e

II - se o tempo total de percepção da vantagem for superior ao tempo total exigido para a aposentadoria esse tempo será utilizado como divisor.

§ 3º As vantagens pecuniárias permanentes variáveis somente serão parte integrante do cálculo quando previstas na legislação vigente ao tempo em que cumpridos todos os requisitos para a elegibilidade ao benefício.

§ 4º Os proventos das aposentadorias concedidas nos termos do disposto neste artigo não serão inferiores ao valor do salário mínimo e serão reajustados na mesma proporção e na mesma data, sempre que se modificar a remuneração dos servidores em atividade, sendo também estendidos aos proventos quaisquer benefícios ou vantagens posteriormente concedidos aos servidores em atividade, inclusive quando decorrentes da transformação ou reclassificação do cargo em que se deu a aposentadoria, na forma estabelecida pela lei.

§ 5º Os benefícios e vantagens a que se refere o § 4º não serão extensíveis aos aposentados de forma automática, devendo serem aplicáveis indistintamente aos servidores ativos, independentemente do efetivo exercício de alguma atividade especial ou outra circunstância pessoal.

Art. 74. As vantagens, inclusive as gratificações de desempenho, percebidas por servidor em decorrência de exercício das atribuições do seu cargo em determinada localidade/órgão/unidade organizacional, somente poderão integrar os proventos de aposentadoria quando fizerem parte da estrutura remuneratória do cargo ocupado pelo servidor.

Parágrafo único. As gratificações de desempenho integrarão os proventos conforme estabelecido em lei.

Art. 75. O servidor que adquirir o direito e optar pela aposentadoria por integralidade e paridade, terá vedada a incorporação de vantagens estranhas à estrutura remuneratória do cargo efetivo ou vinculadas ao exercício de função de confiança ou de cargo em comissão, exceto se houver previsão legal em sentido contrário.

Art. 76. Na contagem do tempo, será adotado o mês de 30 (trinta) dias e o ano de 365 (trezentos e sessenta e cinco) dias.

Art. 77. Aplicam-se aos servidores aposentados pela integralidade as disposições constantes na Subseção II, da Seção I, do Capítulo II, do Anexo I desta Portaria.

CAPÍTULO V
REVISÃO DOS ATOS DE APOSENTADORIA

Art. 78. Para a revisão do benefício de aposentadoria os órgãos e entidades integrantes do Sipec deverão observar os ritos estabelecidos neste artigo.

§ 1º Para os benefícios que ainda não foram registrados pelo TCU:

I - o órgão ou entidade do Sipec deverá aplicar as determinações previstas em normativo editado pelo órgão central quanto aos procedimentos para a regularização de dados financeiros e cadastrais de servidores, aposentados e beneficiários de pensão civil;

II - realizar a alteração do valor do benefício nos Sistemas Estruturantes de Gestão de Pessoas da Administração Pública Federal; e

III - encaminhar ao TCU as informações relativas às alterações realizadas no ato da pensão, da seguinte forma:

a) para os benefícios que não foram encaminhados ao TCU, concedidos em prazo inferior a cinco anos, enviar pelo Sistema e-Pessoal o ato de aposentadoria original;

b) para os benefícios que não foram encaminhados ao TCU, concedidos em prazo superior a cinco anos, enviar pelo Sistema e-Pessoal o ato de aposentadoria original e o ato de alteração com os valores recalculados, caso tenha ocorrido a alteração de valores;

c) para os benefícios encaminhados ao TCU, não apreciados, concedidos em prazo inferior a cinco anos, solicitar o retorno dos respectivos atos ao órgão concedente e proceder à alteração devida no ato, com reenvio posterior àquele Tribunal pelo Sistema e-Pessoal para a unidade de controle interno; e

d) para os benefícios encaminhados ao TCU, não apreciados, concedidos em prazo superior a cinco anos, enviar pelo e-Pessoal o ato de alteração, com os valores recalculados.

§ 2º Para os benefícios registrados pelo Tribunal de Contas da União, a Unidade de Gestão de Pessoas deverá enviar expediente informando sobre a necessidade de revisão do pagamento, no qual deverá conter, necessariamente:

I - os nomes e números dos CPF's do servidor aposentado;

II - número de controle dos atos de pessoal nos sistemas e-Pessoal ou Sisac com necessidade de revisão; e

III - as memórias de cálculo do valor inicial dos proventos e do valor obtido com o recálculo, apontando expressamente os motivos que fundamentaram a necessidade de recálculo, especificar rubricas e/ou operações indevidamente utilizadas na apuração da média das contribuições.

§ 3º O prazo decadencial para a Administração rever os seus atos de aposentadoria é de cinco anos, a partir da publicação do ato de registro da aposentadoria pelo TCU.

§ 4º Para a reposição ao erário de valores recebidos indevidamente por servidor aposentado, os órgãos e entidades do Sipec deverão observar os normativos editados pelo órgão central quanto à matéria.

Art. 79. O prazo para o aposentado pleitear alteração no seu benefício decai em cinco anos a contar da publicação do ato de aposentadoria no Diário Oficial da União, nos termos do inciso I do art. 110 da Lei nº 8.112, de 1990, ou do registro do ato pelo TCU, o que ocorrer primeiro.

Art. 80. A manutenção de valores ou benefícios recebidos por beneficiários de aposentadoria, amparados por decisão judicial ou por decisão do TCU, será apresentada em situação/rubrica específica nos Sistemas Estruturantes de Gestão de Pessoas da Administração Pública Federal.

CAPÍTULO VI
DA ALTERAÇÃO DE FUNDAMENTO DE APOSENTADORIA

Art. 81. Uma vez adquirido o direito a aposentação por uma ou mais regras de aposentadoria previstas, o beneficiário poderá requerer a alteração da fundamentação legal de sua aposentadoria, desde que atendidos os seguintes pressupostos cumulativos:

I - que o servidor cumpra, em atividade, os critérios para aposentação em mais de uma regra de aposentadoria; e

II - que a regra para a qual o servidor pretende migrar lhe conceda o melhor benefício, considerando aquele que lhe proporcionar o maior valor de proventos em moeda corrente, na mesma data-base da concessão inicial; e

III - observância do prazo de 5 (cinco) anos, previsto no inciso I do art. 110 da Lei nº 8.112, de 1990, contado da data de publicação do ato de concessão do benefício, caso os atos de aposentadoria não tenham sido registrados pelo Tribunal de Contas da União - TCU.

§ 1º Os efeitos financeiros da alteração do fundamento de aposentadoria passam a fruir a partir da publicação da Portaria de alteração do fundamento, aplicandose a prescrição quinquenal fixada no art. 1º do Decreto nº 20.910, de 6 de janeiro de 1932.

§ 2º Nos casos em que o ato de jubilação já se encontre registrado pelo TCU aplicam-se as determinações constante na Súmula TCU nº 199.

§ 3º É vedada:

I - a alteração do fundamento de aposentadoria quando o pedido estiver baseado em critérios legais de recomposição e/ou reajustes posteriores à data de concessão originária; e

II - a alteração do fundamento de aposentadoria voluntária para incapacidade permanente para o trabalho ou invalidez.

Art. 82. O fundamento de aposentadoria poderá ser revisto de ofício pela Administração, no uso do seu poder de autotutela em controle de legalidade, ainda que decorrerem efeitos desfavoráveis para o beneficiário que não tiver comprovado contra si a má-fé, observado o prazo decadencial quinquenal de 5 (cinco) anos, nos termos do art. 54 da Lei nº 9.784, de 1999, fruindo a partir do registro do ato pelo Tribunal de Contas da União.

Parágrafo único. Os órgãos deverão observar as determinações constantes em normativo do Órgão Central do Sipec para a regularização de dados financeiros e cadastrais de servidores, aposentados e beneficiários de pensão civil.

CAPÍTULO VII
DISPOSIÇÕES FINAIS

Art. 83. As dúvidas decorrentes da aplicação desta Portaria poderão ser dirigidas ao Órgão Central do Sipec, observados os procedimentos estabelecidos na Orientação Normativa nº 7, de 2012, editada pela extinta Secretaria de Gestão Pública, do antigo Ministério do Planejamento, Orçamento e Gestão, atual Ministério da Economia.

Art. 84. Quando houver dúvida jurídica interpretativa na aplicação dos institutos da prescrição e decadência pelos órgãos, os autos deverão ser submetidos à análise do respectivo órgão de assessoramento jurídico.

Art. 85. No caso de adesão do servidor ou aposentado ao plano de benefícios da Fundação de Previdência Complementar do Servidor Público Federal do Poder Executivo - Funpresp-Exe, as Unidades de Gestão de Pessoas devem orientar os beneficiários a acionar diretamente àquela Fundação, por meio dos seus canais de atendimento, objetivando formalizar o requerimento de eventuais benefícios.

Art. 86. É de responsabilidade da unidade competente para a concessão inicial da aposentadoria a análise do pleito dos servidores, não sendo este Órgão Central uma unidade recursal das decisões proferidas pelos órgãos setoriais e seccionais do Sipec.

Art. 87. Os dirigentes das Unidades de Gestão de Pessoas dos órgãos e entidades integrantes do Sipec devem assegurar a observância desta Portaria, sob pena de responsabilidade administrativa, civil e penal.

Art. 88. Encontram-se sem eficácia os seguintes dispositivos da Lei nº 8.112, de 1990:

I - § 1º do art. 103;

II - art. 190; e

III - art. 191; respeitadas as situações já constituídas sob a égide da redação original da Constituição Federal.

Art. 89. Foram recepcionadas pela Constituição Federal de 1988 as seguintes legislações:

I - Lei nº 1.229, de 13 de novembro de 1950;

II - Lei nº 3.382, de 24 de abril de 1958;

III - art. 53 da Lei nº 4.881-A, de 6 de dezembro de 1965;

IV - Lei Complementar nº 58, de 21 de janeiro de 1988; e

V - Lei Complementar nº 51, de 20 de dezembro de 1985.

Art. 90. Ficam revogados os seguintes normativos:

I - Orientação Normativa nº 3, de 3 de abril de 1979, editada pelo extinto Departamento Administrativo do Serviço Público - DASP;

II - Orientação Normativa nº 52, de 18 de janeiro de 1991, editada pela extinta Secretaria da Administração Federal - SAF;

III - Orientação Normativa nº 64, de 18 de janeiro de 1991, editada pela extinta Secretaria da Administração Federal - SAF;

IV - Orientação Normativa nº 67, de 18 de janeiro de 1991 editada pela extinta Secretaria da Administração Federal - SAF;

V - Orientação Normativa nº 74, de 1º de fevereiro de 1991, editada pela extinta Secretaria da Administração Federal - SAF;

VI - Orientação Normativa nº 84, de 6 de março de 1991, editada pela extinta Secretaria de Administração Federal - SAF;

VII - Orientação Normativa nº 92, de 5 de maio de 1991, editada pela extinta Secretaria de Administração Federal - SAF;

VIII - Orientação Normativa nº 93, de 6 de maio de 1991, editada pela extinta Secretaria de Administração Federal - SAF;

IX - Orientação Normativa nº 113, de 27 de maio de 1991, editada pela extinta Secretaria de Administração Federal - SAF;

X - Ofício-circular nº 29, de 9 de junho de 1995, exarado pela extinta Secretaria de Recursos Humanos do Ministério da Administração Federal e Reforma do Estado;

XI - Ofício-Circula nº 33, de 1º de agosto de 1995, exarado pela extinta Secretaria de Recursos humanos do Ministério da Administração Federal e Reforma do Estado;

XII - Ofício-Circular nº 56, de 5 de dezembro de 1996, exarado pela extinta Secretaria de Recursos Humanos do Ministério da Administração Federal e Reforma do Estado;

XIII - Orientação Consultiva nº 10/97 - DENOR/SRH, editada pela extinta Secretaria de Recursos Humanos do extinto Ministério da Administração Federal e Reforma do Estado;

XIV - Orientação Consultiva nº 11/97 - DENOR/SRH, editada pela extinta Secretaria de Recursos Humanos do Ministério da Administração Federal e Reforma do Estado;

XV - Orientação Normativa nº 6, de 19 de novembro de 2007, editada pela extinta Secretaria de Recursos Humanos do Ministério do Planejamento, Orçamento e Gestão;

XVI - Orientação Normativa nº 8, de 5 de novembro de 2010, editada pela extinta Secretaria de Recursos Humanos do Ministério do Planejamento, Orçamento e Gestão;

XVII - Orientação Normativa nº 11, de 5 de novembro de 2010, editada pela extinta Secretaria de Recursos Humanos do Ministério do Planejamento, Orçamento e Gestão;

XVIII - Orientação Normativa nº 6, de 20 de julho de 2011, editada pela extinta Secretaria de Recursos Humanos do Ministério do Planejamento, Orçamento e Gestão;

XIX - Orientação Normativa nº 6, de 25 de julho de 2012, editada pela extinta Secretaria de Gestão Pública do Ministério do Ministério do Planejamento, Orçamento e Gestão;

XX - Orientação Normativa nº 16, de 23 de dezembro de 2013, editada pela extinta Secretaria de Gestão Pública do Ministério do Ministério do Planejamento, Orçamento e Gestão;

XXI - Orientação Normativa nº 5, de 22 de julho de 2014, editada pela extinta Secretaria de Gestão Pública do Ministério do Ministério do Planejamento, Orçamento e Gestão;

XXII - Orientação Normativa nº 5, de 19 de dezembro de 2016, editada pela Secretaria de Gestão de Pessoas e Relações do Trabalho, do Ministério do Planejamento, Desenvolvimento e Gestão;

XXIII - Orientação Normativa nº 2, de 23 de faveiro de 2017, editada pela Secretaria de Gestão de Pessoas e Relações do Trabalho, do Ministério do Planejamento, Desenvolvimento e Gestão; e

XXIV - Instrução Normativa SGP/SEDGG/ME nº 93, de 18 de outubro de 2021, editada pela Secretaria de Gestão e Desenvolvimento de Pessoal do Ministério da Economia.

Art. 91. Esta Portaria entra em vigor em 1º de janeiro de 2023.

EDUARDO BERGAMASCHI FELIZOLA

ANEXO I

REGRAS DE APOSENTADORIA
PELO DIREITO ADQUIRIDO

Art. 1º A concessão de aposentadoria ao servidor público federal filiado ao Regime Próprio de Previdência Social da União - RPPS da União - será assegurada, a qualquer tempo, desde que tenham sido cumpridos os requisitos para a sua obtenção até a data da entrada em vigor da Emenda Constitucional nº 103, de 2019, observados os critérios da legislação vigente na data em que foram atendidos os requisitos para a sua concessão.

§ 1º São asseguradas as seguintes aposentadorias:

I - por invalidez;

II - compulsória; e

III - voluntária.

§ 2º O servidor afastado para o exercício de mandato eletivo, de licença para mandato classista, para estudo ou missão no exterior ou participação em programa de formação, que não realizou o recolhimento da contribuição ao RPPS da União, poderá indenizar o regime, nos termos da Instrução Normativa RFB nº 2097, de 18 de julho de 2022, para fins de cumprimento do requisito do tempo de contribuição.

CAPÍTULO
REGRAS DE APOSENTADORIA

SEÇÃO I
APOSENTADORIA POR INVALIDEZ

Art. 2º O servidor cujo laudo médico pericial definir como início da invalidez permanente data anterior a 13 de novembro de 2019 será aposentado por invalidez, com proventos proporcionais ao tempo de contribuição, exceto se decorrente de acidente em serviço, moléstia profissional ou doença grave, contagiosa ou incurável constantes no § 1º do art. 186 da Lei nº 8.112, de 1990, hipóteses em que os proventos serão integrais.

§ 1º O rol constante no § 1º do art. 186 da Lei nº 8.112, de 1990, é taxativo, sendo vedado o enquadramento de outras doenças como graves, contagiosas ou incuráveis que não estejam expressamente previstas no referido dispositivo.

§ 2º O denominador a ser utilizado na aposentadoria proporcional é de 35 (trinta e cinco) anos para o homem; e 30 (trinta) anos para a mulher, independentemente de o servidor ter cumprido os requisitos para aposentadorias especiais.

Art. 3º O servidor que acumula licitamente dois cargos públicos poderá ser declarado inválido em um cargo e continuar em atividade no outro.

Parágrafo único. Aplica-se o disposto no caput ao servidor investido em cargo em comissão.

Art. 4º Não é incompatível o exercício de atividade na iniciativa privada, por servidor aposentado por invalidez, se as atividades desempenhadas não forem idênticas às atividades inerentes ao cargo para o qual foi declarado inválido (atribuições, carga horária e procedimentos - requisitos não cumulativos).

Parágrafo único. O servidor que se enquadrar na situação do caput deverá ser submetido à perícia Oficial em Saúde, que avaliará a subsistência dos requisitos que ensejaram a concessão do benefício previdenciário; a manutenção da aposentadoria; ou a possibilidade de aplicação da readaptação.

Art. 5º Os proventos de aposentadoria a que se refere o art. 2º deste Anexo serão calculados observando-se os seguintes requisitos:

I - para o servidor que ingressou em cargo efetivo até 31 de dezembro de 2003, será calculado segundo a Seção I do Capítulo II deste Anexo;

II - para o servidor que ingressou em cargo efetivo após 1º de janeiro de 2004, deverá observar- se o disposto na Seção II do Capítulo II.

Parágrafo único. Para fins de cálculo dos proventos de aposentadoria o tempo contributivo será considerado em dias, cujos efeitos financeiros vigoram desde o dia 19 de setembro de 2018.

SEÇÃO II
APOSENTADORIA COMPULSÓRIA

Art. 6º Ressalvado o direito à aposentadoria voluntária, o servidor será aposentado compulsoriamente aos 75 (setenta e cinco) anos de idade, com proventos proporcionais ao tempo de contribuição, observado, quanto ao seu cálculo, o disposto na Seção II do Capítulo II deste Anexo.

§ 2º A aposentadoria terá vigência no dia imediato àquele em que o servidor completar 75 (setenta e cinco) anos de idade, encerrando-se, automaticamente, as licenças ou afastamentos que porventura esteja usufruindo.

‣ Consta conforme publicação oficial.

§ 3º Os proventos das aposentadorias de que tratam este artigo serão calculados, nos termos da Seção II do Capítulo II deste Anexo.

SEÇÃO III
APOSENTADORIA VOLUNTÁRIA
SUBSEÇÃO I
ART. 40 DA CONSTITUIÇÃO FEDERAL

Art. 7º O servidor que tenha ingressado regularmente em cargo público efetivo na Administração Pública direta, autárquica e fundacional da União, Estados, Distrito Federal e Municípios poderá se aposentar voluntariamente desde que tenha cumprido os seguintes requisitos até 12 de novembro de 2019:

I - voluntariamente por idade e tempo de contribuição:

a) 10 (dez) anos de efetivo exercício no serviço público;

b) 5 (cinco) anos de efetivo exercício no cargo efetivo em que se der a aposentadoria; e

c) 60 (sessenta) anos de idade e 35 (trinta e cinco) anos de tempo de contribuição, se homem; e 55 (cinquenta e cinco) anos de idade e 30 (trinta) anos de tempo de contribuição, se mulher.

II - voluntariamente por idade, com proventos proporcionais ao tempo de contribuição:

a) 10 (dez) anos de efetivo exercício no serviço público;

b) 5 (cinco) anos de efetivo exercício no cargo em que se der a aposentadoria;

c) 65 (sessenta e cinco) anos de idade, se homem; e 60 (sessenta) anos de idade, se mulher.

III - será concedida aposentadoria especial ao servidor ocupante de cargo de professor, desde que comprove tempo de efetivo exercício exclusivamente nas funções de magistério na educação infantil e no ensino fundamental e médio, e que tenha preenchido os seguintes requisitos:

a) 10 (dez) anos de efetivo exercício no serviço público;

b) 5 (cinco) anos de efetivo exercício no cargo efetivo em que se der a aposentadoria; e

c) 55 (cinquenta e cinco) anos de idade e 30 (trinta) anos de tempo de contribuição, se homem; e 50 (cinquenta) anos de idade e 25 (vinte e cinco) anos de tempo de contribuição, se mulher.

§ 1º São consideradas funções de magistério aquelas exercidas por servidor ocupante de cargo de professor no desempenho de atividades educativas, quando exercidas em estabelecimento de educação básica, formada pela educação infantil, ensino fundamental e médio, em seus diversos níveis e modalidades, incluídas, além do exercício de docência, as de direção de unidade escolar e as de coordenação e assessoramento pedagógico.

§ 2º Não se enquadra no conceito de «efetivo exercício das funções de magistério», o tempo de serviço relativo as licenças ou afastamentos para a realização de cursos de qualquer natureza.

§ 3º Os proventos das aposentadorias de que tratam este artigo serão calculados nos termos da Seção II do Capítulo II deste Anexo.

SUBSEÇÃO II
ART. 2º DA EMENDA CONSTITUCIONAL Nº 41, DE 2003.

Art. 8º Assegurado o direito de opção pelas regras previstas no art. 7º deste Anexo, o servidor que tenha ingressado regularmente em cargo público efetivo na Administração Pública direta, autárquica e fundacional da União, Estados, Distrito Federal e Municípios até 16 de dezembro de 1998, é facultado aposentar-se voluntariamente, desde que tenha cumprido os seguintes requisitos até 12 de novembro de 2019:

I - 53 (cinquenta e três) anos de idade, se homem; e 48 (quarenta e oito) anos de idade, se mulher;

II - 5 (cinco) anos de efetivo exercício no cargo em que se der a aposentadoria; e

III - contar tempo de contribuição igual, no mínimo, à soma de:

a) 35 (trinta e cinco) anos, se homem; e 30 (trinta) anos, se mulher, e

b) um período adicional de contribuição equivalente a 20% (vinte por cento) do tempo que, em 16 de dezembro de 1998, faltaria para atingir o limite de tempo de trinta e cinco anos de contribuição, se homem, e trinta anos, se mulher.

§ 1º O servidor de que trata este artigo, que cumpriu as exigências para aposentadoria na forma do caput, terá os seus proventos calculados nos termos da Seção II do Capítulo II deste Anexo, sendo reduzido para cada ano antecipado em relação aos limites de idade estabelecidos pelo art. 7º, inciso III, alínea "c" deste Anexo, observada a seguinte proporção:

I - 3,5% (três inteiros e cinco décimos por cento) para aquele que tiver completado as exigências para aposentadoria na forma do caput até 31 de dezembro de 2005; e

II - 5,00% (cinco por cento) para aquele que completou as exigências previstas no caput a partir de 1º de janeiro de 2006.

§ 2º O número de anos antecipados para fins de cálculo da redução do § 1º deste artigo será verificado no momento da concessão do benefício.

§ 3º Os percentuais de redução previstos nos incisos I e II do § 1º deste artigo serão aplicados sobre o valor do benefício inicial calculado pela média das contribuições, conforme Seção II do Capítulo II deste Anexo, não podendo exceder o valor da remuneração ou subsídio do respectivo servidor no cargo efetivo em que se der a aposentadoria.

§ 4º O professor de qualquer nível de ensino que, até 16 de dezembro de 1998, data da publicação da Emenda Constitucional nº 20, de 1998, tenha ingressado regularmente em cargo efetivo das carreiras de magistério da União, Estados, Distrito Federal e Municípios, incluídas suas autarquias e fundações, e que opte por aposentar-se com fundamento neste artigo, terá o tempo de serviço exercido até 16 de dezembro de 1998, acrescido em 17% (dezessete por cento), se homem, e em 20% (vinte por cento), se mulher, desde que se aposente, exclusivamente, com tempo de efetivo exercício nas funções de magistério, conforme definição constante no § 1º do art. 7º deste Anexo.

SUBSEÇÃO III
ART. 6º DA EMENDA CONSTITUCIONAL Nº 41, DE 2003

Art. 9º Ressalvado o direito de opção pelas regras contidas nos arts. 7º e 8º deste Anexo, o servidor que tenha ingressado em cargo público efetivo na Administração Pública direta, autárquica e fundacional da União, Estados, Distrito Federal e Municípios até 31 de dezembro de 2003, data de publicação da Emenda Constitucional nº 41, de 2003, poderá aposentar-se com proventos calculados conforme a Seção I do Capítulo II deste Anexo, desde que atendidas, cumulativamente, as seguintes condições até 12 de novembro de 2019:

I - 60 (sessenta) anos de idade, se homem; e 55 (cinquenta e cinco) anos de idade, se mulher;

II - 35 (trinta e cinco) anos de tempo de contribuição, se homem; e 30 (trinta) anos de tempo de contribuição, se mulher;

III - 20 (vinte) anos de efetivo exercício no serviço público;

IV - 10 (dez) anos de carreira; e

V - 5 (cinco) anos de efetivo exercício no cargo em que se der a aposentadoria.

§ 1º Os requisitos de idade e de tempo de contribuição serão reduzidos em cinco anos para o ocupante do cargo de professor que comprove tempo de efetivo exercício, exclusivamente, nas funções de magistério na educação infantil e no ensino fundamental e médio, nos termos dos §§ 1º e 2º do art. 7º deste Anexo.

§ 2º Os proventos das aposentadorias de que tratam este artigo serão calculados nos termos da Seção I do Capítulo II deste Anexo.

SEÇÃO IV
ART. 3º DA EMENDA CONSTITUCIONAL Nº 47, DE 2005

Art. 10. Ressalvado o direito de opção pelas regras constantes nos arts. 7º, 8º e 9º deste Anexo, o servidor da Administração Pública direta, autárquica e fundacional da União, Estados, Distrito Federal e Municípios que tiver ingressado em cargo público efetivo até 16 de dezembro de 1998, poderá aposentar-se com proventos calculados conforme Seção I do Capítulo II deste Anexo, desde que tenha preenchido, cumulativamente, os seguintes requisitos até 12 de novembro de 2019:

I - 35 (trinta e cinco) anos de contribuição, se homem; e 30 (trinta) anos de contribuição, se mulher;

II - 25 (vinte e cinco) anos de efetivo exercício no serviço público;

III - 15 (quinze) anos de carreira;

IV - 5 (cinco) anos no cargo em que se der a aposentadoria; e

V - idade mínima resultante da redução, relativamente aos limites fixados no art. 7º, inciso I, alínea "c" deste Anexo, de um ano de idade para cada ano de contribuição que exceder a condição prevista no inciso I deste artigo.

§ 1º Na aplicação da regra de que trata o inciso "V" deste artigo não se aplicam as reduções relativas ao professor, previstas no inciso III do art. 7º deste Anexo.

§ 2º Os proventos das aposentadorias de que tratam este artigo serão calculados nos termos da Seção I do Capítulo II deste Anexo.

SEÇÃO IV
ART. 3º DA EMENDA CONSTITUCIONAL Nº 41, DE 2003

Art. 11. É assegurada a concessão, a qualquer tempo, de aposentadoria aos servidores públicos que tenham cumprido todos os requisitos contidos neste Anexo para a obtenção do benefício, devendo ser observados os seguintes marcos e fundamentos:

I - até 16 de dezembro de 1998, com base no art. 40 da Constituição Federal de 1988, em sua redação original; e

II - até 31 de dezembro de 2003, com base no art. 40 da Constituição Federal de 1988, com a redação dada pela Emenda Constitucional nº 20, de 1998; e no art. 8º da Emenda Constitucional nº 20, de 1998.

Parágrafo único. Os proventos de aposentadoria a serem concedidos aos servidores referidos no caput serão integrais ou proporcionais ao tempo de contribuição, na forma dos incisos I e II, e calculados de acordo com a legislação em vigor à época em que foram atendidos os requisitos nela estabelecidos para a concessão dos benefícios.

SEÇÃO IV
APOSENTADORIAS ESPECIAIS

Art. 12. Os servidores públicos federais que tinham direito à aposentadoria com critérios distintos da regra geral, na forma do § 4º do art. 40 da Constituição Federal, com redação dada pela Emenda Constitucional nº 47, de 2005, poderão aposentar-se desde que cumpridos os seguintes requisitos até 12 de novembro de 2019:

I - os servidores integrantes da Carreira de Policial Federal e da Carreira de Policial Rodoviário Federal deverão atender aos critérios estabelecidos pela Lei Complementar nº 51, de 20 de dezembro de 1985:

a) 30 (trinta) anos de contribuição, desde que conte, pelo menos, 20 (vinte) anos de exercício em cargo de natureza estritamente policial, se homem;

b) 25 (vinte e cinco) anos de contribuição, desde que conte, pelo menos, 15 (quinze) anos de exercício em cargo de natureza estritamente policial, se mulher.

II - o servidor cujas atividades sejam exercidas sob condições especiais que prejudiquem a saúde ou a integridade física, devem atender aos seguintes requisitos:

a) 10 (dez) anos de efetivo exercício no serviço público;

b) 5 (cinco) anos no cargo efetivo em que se dará a aposentadoria;

c) tempo de contribuição conforme reconhecimento administrativo do exercício das atribuições do cargo público em condições especiais, prejudiciais à saúde ou à integridade física, de modo permanente, não ocasional ou intermitente, nos termos do Anexo III desta Portaria.

III - o servidor com deficiência deverá atender os seguintes requisitos:

a) estar amparado por decisão em Mandado de Injunção expedida pelo Supremo Tribunal Federal;

b) 10 (dez) anos de efetivo exercício no serviço público;

c) 5 (cinco) anos no cargo efetivo em que se dará a aposentadoria;

d) atender às seguintes condições:

1. aos 25 (vinte e cinco) anos de tempo de contribuição, se homem; e 20 (vinte) anos, se mulher, no caso de servidor com deficiência grave;
2. aos 29 (vinte e nove) anos de tempo de contribuição, se homem; e 24 (vinte e quatro) anos, se mulher, no caso de servidor com deficiência moderada;
3. aos 33 (trinta e três) anos de tempo de contribuição, se homem; e 28 (vinte e oito) anos, se mulher, no caso de servidor com deficiência leve; ou
4. aos 60 (sessenta) anos de idade, se homem; e 55 (cinquenta e cinco) anos de idade, se mulher, desde que cumprido tempo mínimo de contribuição de 15 (quinze) anos na condição de servidor com deficiência.

§ 1º Para fins de análise do tempo de exercício em cargo de natureza estritamente policial, de que tratam as alíneas «a» e «b» do inciso I do caput, não será considerado o tempo de atividade militar nas Forças Armadas, nas polícias militares e nos corpos de bombeiros militares; e o tempo de atividade como agente penitenciário ou socioeducativo, carcereiro e médico legista.

§ 2º A aposentadoria de que trata o inciso II observará os parâmetros e as diretrizes gerais constantes na Instrução Normativa SPPS nº 02, de 13 de fevereiro de 2014, da extinta Secretaria de Políticas de Previdência Social do antigo Ministério da Previdência Social.

§ 3º Aplica-se à aposentadoria de que trata o inciso III do caput o disposto nos arts. 51, 52 e 55 a 58 desta Portaria.

§ 4º Os proventos das aposentadorias de que tratam este artigo serão calculados:

I - nos termos da Seção I do Capítulo II deste Anexo, em atenção ao Parecer JL nº 4, de 2020, da Advocacia-Geral da União, para as aposentadorias amparadas no inciso I;

II - nos termos da Seção II do Capítulo II deste Anexo, para os servidores cujas atividades sejam exercidas sob condições especiais que prejudiquem a saúde ou a integridade física e servidores com deficiência.

CAPÍTULO II
CÁLCULO DOS PROVENTOS DE APOSENTADORIA

Art. 13. Os proventos das aposentadorias disciplinadas por este Anexo serão calculados segundo a legislação vigente na data do cumprimento de todos os requisitos para a obtenção desses benefícios.

Parágrafo único. Nas aposentadorias com proventos integrais ou proporcionais previstas neste Anexo, considerar-se-á o tempo de contribuição cumprido até 12 de novembro de 2019, não se admitindo o cômputo de tempo de contribuição posterior a esta data, exceto para a concessão de aposentadoria disciplinada pela Emenda Constitucional nº 103, de 2019.

SEÇÃO I
INTEGRALIDADE

Art. 14. Para o cálculo dos proventos de aposentadoria pela integralidade, serão consideradas as parcelas remuneratórias que integram a remuneração do cargo efetivo em que se der a aposentadoria, observadas as legislações que tratam da incorporação de cada vantagem pecuniária.

Parágrafo único. No cálculo do benefício concedido de acordo com a legislação vigente à época da aquisição do direito, será utilizado como base a remuneração do servidor no cargo efetivo no momento da concessão da aposentadoria.

SUBSEÇÃO I
INCORPORAÇÃO DAS GRATIFICAÇÕES DE DESEMPENHO, DA GRATIFICAÇÃO DE ATIVIDADE DE COMBATE E CONTROLE DE ENDEMIAS - GACEN E DA

GRATIFICAÇÃO DE INCREMENTO À ATIVIDADE DE ADMINISTRAÇÃO DO PATRIMÔNIO DA UNIÃO - GIAPU

Art. 15. A opção pela incorporação da gratificação de desempenho, da Gacen e da Giapu à aposentadoria, de que tratam as Leis nºs 13.324, de 29 de julho de 2016; 13.325, de 29 de julho de 2016; 13.326, de 29 de julho de 2016; 13.327, de 29 de julho de 2016 e 13.328, de 29 de julho de 2016, e a Medida Provisória nº 765, de 29 de dezembro de 2016, convertida na Lei nº 13.464, de 10 de julho de 2017, dar-se-á de forma irretratável, observadas as regras e orientações estabelecidas nesta Subseção.

Art. 16. A opção pela incorporação das gratificações à aposentadoria de que trata este Anexo poderá alcançar os seguintes beneficiários:

I - servidores públicos que tenham efetivamente percebido a gratificação por, no mínimo 60 (sessenta) meses, cuja aposentadoria possa se efetivar segundo uma das regras constitucionais dispostas nos arts. 3º, 6º e 6º-A da Emenda Constitucional nº 41, de 19 de dezembro de 2003,ou no art. 3º da Emenda Constitucional nº 47, de 5 de julho de 2005; e

II - aposentados que estavam nesta condição em 29 de julho de 2016 e tenham percebido efetivamente gratificação de desempenho por, no mínimo, 60 (sessenta) meses, quando estavam em atividade, e cujos proventos tenham sido calculados segundo uma das regras constitucionais dispostas nos arts. 3º, 6º, 6º-A da Emenda Constitucional nº 41, de 2003, ou no art. 3º da Emenda Constitucional nº 47, de 2005.

Art. 17. A aferição dos requisitos para fins do disposto no caput do art. 15 deverá ter por parâmetro a situação funcional individual do servidor, observada a data da efetiva percepção da gratificação.

Parágrafo único. Não será computado como efetivo percebimento da gratificação de desempenho o período em que o servidor esteve afastado ou licenciado sem remuneração e que se manteve filiado ao RPPS da União, em consonância com o § 3º do art. 183 da Lei nº 8.112, de 1990.

Art. 18. A incorporação das gratificações de desempenho aos proventos de aposentadoria obedece ao disposto nas leis específicas dos respectivos planos, carreiras e cargos, e às regras de aposentadoria a que estiverem submetidos os servidores e aposentados.

Art. 19. Os servidores, os aposentados ou os pensionistas alcançados pelas regras de que trata esta Subseção poderão optar, em caráter irretratável, pela incorporação da gratificação de desempenho mediante a assinatura do termo de opção contido nos Anexos das leis de que tratam o art. 15, observadas as seguintes regras gerais:

§ 1º A opção de que trata o caput somente poderá ser exercida se o servidor ou aposentado tiver efetivamente percebido quaisquer gratificações de desempenho por, no mínimo, 60 (sessenta) meses, antes da data do requerimento da aposentadoria.

§ 2º Para fins do cômputo dos 60 (sessenta) meses serão consideradas todas as gratificações de desempenho percebidas ao longo da vida funcional do servidor ou do aposentado no cargo efetivo em que se der a aposentadoria.

§ 3º O período mínimo de 60 (sessenta) meses poderá ser composto por períodos contínuos ou interpolados, que somente considerarão os meses de efetiva percepção da gratificação de desempenho.

§ 4º Na aferição dos 60 (sessenta) meses poderão ser considerados os períodos em que o servidor esteve cedido ou requisitado a outro órgão ou entidade, desde que tenha percebido gratificação de desempenho, nos termos das leis específicas dos planos, carreiras e cargos.

Art. 20. O prazo para a opção pela incorporação da gratificação de desempenho por servidor sujeito as regras desta Subseção é o momento do requerimento da aposentadoria.

Art. 21. O prazo para a opção pela incorporação da gratificação de desempenho pelo aposentado que esteja sujeito às regras desta Subseção foi de 29 de julho de 2016 à 31 de outubro de 2018.

Parágrafo único. O aposentado que fazia jus à opção pela nova forma de cálculo de incorporação da gratificação de desempenho e que não a exerceu no prazo de que trata o caput, permanecerá sujeito às regras gerais previstas nas respectivas leis dos planos, carreiras e cargos, nos termos do art. 18 deste Anexo.

Art. 22. O valor da gratificação de desempenho a ser incorporado em cada período pelo servidor que optar na forma desta Subseção observará os seguintes prazos e percentuais:

I - a partir de 1º de janeiro de 2017: 67% (sessenta e sete por cento) do valor incorporável;

II - a partir de 1º de janeiro de 2018: 84% (oitenta e quatro por cento) do valor incorporável; e

III - a partir de 1º de janeiro de 2019: 100% (cem por cento) do valor incorporável.

Art. 23. O valor incorporável à aposentadoria será obtido a partir da média aritmética simples da pontuação total auferida pelo servidor em cada um dos sessenta meses utilizados na composição do cálculo, multiplicada pelo valor unitário do ponto vigente da respectiva gratificação no mês de concessão da aposentadoria, observados os prazos de vigência estabelecidos em lei e o posicionamento do optante na tabela remuneratória.

§ 1º A média aritmética simples de que trata o caput deverá ser composta, obrigatoriamente, pelo total de pontos recebidos em cada um dos últimos sessenta meses em que o optante, ainda em atividade, tiver recebido gratificação de desempenho, observado o disposto no art. 18 desta Subseção.

§ 2º A pontuação mensal utilizada na composição da média de sessenta meses, integrante do cálculo do valor incorporável, deverá ser obtida a partir das informações efetivamente registradas no cadastro e na folha de pagamento do optante.

§ 3º A conversão dos valores de pontuação mensal para fins de cálculo do valor incorporável será obtida pela divisão do valor nominal efetivamente pago a título de gratificação de desempenho, em cada um dos sessenta meses utilizados na composição da média de pontos, pelo valor unitário da gratificação de desempenho vigente em cada mês considerado no cálculo, observado o posicionamento do optante na tabela remuneratória no período.

§ 4º Na conversão de que trata o parágrafo anterior deverá ser considerada a proporcionalidade aplicada à remuneração em cada competência de forma a se obter a pontuação correspondente ao pagamento proporcional em cada competência em que houver essa situação.

§ 5º Eventuais valores retroativos pagos a título de gratificação de desempenho no período utilizado para composição da média de pontos deverão ser considerados conforme o mês de competência.

Art. 24. No caso de gratificação de desempenho mensurada em percentual, preliminarmente à aplicação dos cálculos previstos no art. 23 e a aplicação dos percentuais previstos nos incisos I a III do art. 22, os percentuais serão convertidos em pontos.

Art. 25. Na hipótese em que a gratificação de desempenho corresponda à valor monetário específico, preliminarmente a aplicação dos cálculos previstos no art. 23 e à aplicação dos percentuais previstos nos incisos I a III do art. 22, deverá ser feita a conversão em pontos em que a pontuação atribuída ao servidor será igual ao valor efetivamente recebido, multiplicado por 100 (cem) e dividido pelo valor máximo previsto para a gratificação.

Art. 26. Aplica-se a mesma forma de cálculo de que trata o art. 23 ao valor incorporável a ser pago aos aposentados e pensionistas que estavam nesta condição em 29 de julho de 2016, observado, neste caso, o mês de assinatura e entrega da opção e os prazos de vigência estabelecidos em lei.

Art. 27. Na conversão de percentuais e valores em pontos para fins de cálculo do valor incorporável não poderá haver prejuízo ao servidor, aposentado ou pensionista.

Art. 28. Eventual diferença entre o valor que o aposentado ou pensionista recebia ou o servidor receberia antes da opção, e o valor decorrente da aplicação dos incisos I e II do art. 22, terá como base de cálculo o valor do ponto vigente e será paga a título de parcela complementar, de natureza provisória, até a implantação das parcelas subsequentes.

Parágrafo único. O valor da parcela complementar será gradativamente absorvido quando da implantação de cada parcela de incorporação subsequente, conforme prazos e percentuais descritos no art. 23 deste Anexo.

Art. 29. Poderão optar, na forma desta Subseção, pela incorporação da Gacen, de que trata a Lei nº 11.784, de 22 de setembro de 2008, os servidores que ocupem e os aposentados que tenham ocupado os cargos relacionados no art. 54 da Lei nº 11.784, de 2008, e nos arts. 284 e 284-A da Lei nº 11.907, de 2009, do Quadro de Pessoal do Ministério da Saúde ou do Quadro de Pessoal da Fundação Nacional de Saúde - Funasa, desde que tenham percebido a Gacen por, no mínimo, sessenta meses, antes da data da aposentadoria.

Parágrafo único. Para fins de incorporação da Gacen, será observado:

a) os prazos e percentuais previstos no art. 22 desta subseção; e

b) o valor a ser incorporado em cada período será o resultado da aplicação dos percentuais de que trata o art. 22 sobre o último valor monetário da Gacen percebido pelo servidor ou aposentado.

Art. 30. Eventual diferença entre o valor que o aposentado recebia antes da opção e o valor decorrente da aplicação das alíneas "a" e "b" do parágrafo único do art. 29 terá como base de cálculo o valor do ponto vigente e será paga a título de parcela complementar, de natureza provisória, até a implantação das parcelas subsequentes.

§ 1º O valor da parcela complementar observará a diferença total entre o valor recebido à título de gratificação de desempenho no mês de dezembro de 2016 ou no mês anterior ao da opção, no caso da opção formalizada em data posterior a janeiro de 2017, e o valor incorporável apurado na forma do art. 22 desta Subseção.

§ 2º O valor da parcela complementar será gradativamente absorvido quando da implantação de cada parcela de incorporação subsequente, conforme prazos e percentuais descritos no art. 22 desta Subseção.

Art. 31. Poderá optar, na forma deste Anexo, pela incorporação da Giapu, de que trata a Lei nº 11.095, de 2005, o servidor e o aposentado que:

I - tenha percebido a Giapu no último mês de atividade; e

II - tenha percebido a Giapu ou outra gratificação de desempenho por, no mínimo sessenta meses, antes da data da aposentadoria.

§ 1º Aplica-se, para fins de incorporação da Giapu, os seguintes prazos e percentuais:

I - a partir de 1º de janeiro de 2017: 67% (sessenta e sete por cento) do valor referente à média dos percentuais das gratificações recebidos nos últimos sessenta meses de atividade;

II - a partir de 1º de janeiro de 2018: 84% (oitenta e quatro por cento) do valor referente à média dos percentuais das gratificações recebidos nos últimos sessenta meses de atividade; e

III - a partir de 1º de janeiro de 2019: 100% (cem por cento) do valor da média dos percentuais das gratificações recebidos nos últimos sessenta meses de atividade.

§ 2º Para fins de cálculo da incorporação da Giapu serão adotados os seguintes procedimentos:

I - o percentual obtido da média aritmética simples dos últimos sessenta meses em que o servidor, o aposentado que percebeu a Giapu, será aplicado sobre os percentuais referidos nos incisos I a III do § 1º deste artigo; e

II - consecutivamente, o percentual obtido para cada um dos incisos do § 2º deste artigo será aplicado sobre o valor máximo da Giapu, de acordo com o nível do cargo efetivo, conforme anexo específico da Lei de criação da referida gratificação.

§ 3º Para o servidor ou o aposentado que percebeu outra gratificação nos últimos sessenta meses de atividade, o cálculo da média dos percentuais das gratificações percebidos dar-se-á da seguinte forma:

I - os pontos obtidos em cada período serão convertidos em percentuais sobre a pontuação total da gratificação; e

II - sobre a média dos percentuais obtidos nos últimos sessenta meses, serão aplicados o disposto nos incisos I e II do § 2º.

Art. 32. Eventual diferença entre o valor que o aposentado recebia antes da opção e o valor decorrente da aplicação das regras dos incisos I a II do § 1º do art. 31 será paga a título de parcela complementar, de natureza provisória, até a implantação das parcelas subsequentes.

§ 1º O valor da parcela complementar observará a diferença total entre o valor recebido à título de gratificação de desempenho no mês de dezembro de 2016 ou no mês anterior ao da opção, no caso da opção formalizada em data posterior a janeiro de 2017, e o valor incorporável apurado na forma do art. 31 desta Subseção.

§ 2º O valor da parcela complementar será gradativamente absorvido quando da implantação de cada parcela de incorporação subsequente, conforme prazos e percentuais descritos no art. 31 desta Subseção.

Art. 33. A opção pela incorporação das gratificações de desempenho, da Gacen e da Giapu aos proventos de aposentadoria somente será válida com a assinatura do respectivo termo de opção, contido nas leis de que tratam o art. 15 desta Subseção, e observará:

I - a forma, os prazos e os percentuais; e

II - a renúncia à forma de cálculo de incorporação da gratificação de desempenho reconhecida por decisão administrativa ou judicial.

Art. 34. A assinatura do termo de opção implica a renúncia ao direito de pleitear, na via administrativa ou judicial, quaisquer valores ou vantagens decorrentes da forma de cálculo da gratificação de desempenho incorporada aos proventos de aposentadoria, exceto em caso de comprovado erro material.

Art. 35. Na hipótese de pagamento em duplicidade de valores referentes às gratificações de desempenho previstas nesta Subseção, fica o ente público autorizado a reaver a importância paga a maior administrativamente, por meio de desconto direto nos proventos.

Parágrafo único. Para fins de desconto de importância paga a maior, deverão ser observados os procedimentos de que tratama Orientação Normativa SEGEP/MP nº 5, de 21 de fevereiro de 2013.

Art. 36. Os efeitos financeiros da opção pela incorporação das gratificações de desempenho ocorrerão somente a partir da data de entrega do termo de opção.

Art. 37. A aplicação do disposto nesta Subseção não poderá acarretar o pagamento de valores retroativos à data da vigência das leis de que tratam o art. 15 desta Portaria.

SUBSEÇÃO II
INCORPORAÇÃO DA VANTAGEM DO ART. 184 DA LEI Nº 1.711, DE 1952, E DO ART. 192 DA LEI Nº 8.112, DE 1990.

Art. 38. Nos termos do art. 184 da Lei nº 1.711, de 1952, revogada pela Lei nº 8.112, de 1990, o servidor que contasse com 35 (trinta e cinco) anos de tempo de serviço faria jus à aposentadoria com proventos integrais, acrescidos da vantagem do referido artigo, nas seguintes formas:

I - com proventos correspondentes ao vencimento ou remuneração da classe imediatamente superior;

II - com o provento acrescido em 20%, quando ocupante da última classe da respectiva carreira; ou

III - com o provento acrescido em 20%, quando ocupante de cargo isolado, caso tenha permanecido neste cargo durante três anos.

§ 1º Para fins de cálculo das vantagens previstas nos incisos I, II e III do art. 184, da Lei nº 1.711, de 1952, deverá ser utilizada a remuneração do servidor.

§ 2º Entende-se por remuneração, para fins do disposto no parágrafo anterior, o vencimento do cargo efetivo e as vantagens pecuniárias permanentes estabelecidas em lei.

§ 3º É vedada a concessão da vantagem do art. 184, inciso II, da Lei nº 1.711, de 1952, no período compreendido entre 1º de janeiro de 1991 a 18 de abril de 1991, e após 18 de abril de 1992.

§ 4º É vedado o pagamento cumulativo da vantagem de quintos de que trata a Lei nº 8.911, de 11 de julho de 1994, com a vantagem pecuniária do art. 184 da Lei nº 1.711, de 1952.

Art. 39. Nos termos do art. 192 da Lei nº 8.112, de 1990, revogado pela Lei nº 9.527, de 10 de dezembro de 1997, o servidor que contasse tempo de serviço para aposentadoria com proventos integrais seria aposentado:

I - com a remuneração do padrão de classe imediatamente superior àquela em que se encontra posicionado;

II - quando ocupante da última classe da carreira, com a remuneração do padrão correspondente, acrescida da diferença entre esse e o padrão da classe imediatamente anterior.

§ 1º Para efeitos de cálculo das vantagens de que trata este artigo, entende-se por remuneração do padrão/classe, o vencimento básico fixado em lei.

§ 2º Os servidores que implementaram as condições para aposentadoria integral até 14 de outubro de 1996, data da publicação da Medida Provisória nº 1.522, de 11 de outubro de 1996, reeditada até a Medida Provisória nº 1.595-14, convertida na Lei nº 9.527, de 10 de dezembro de 1997, farão jus à percepção das vantagens do art. 192, observada a estrutura remuneratória e funcional vigente à época.

Art. 40. Na hipótese de a nova estrutura remuneratória do servidor não permitir o cálculo das vantagens de que trata esta Subseção, serão mantidos os valores originalmente concedidos.

Art. 41. É vedado:

I - o pagamento de VPNI, a título de compensação, na hipótese de redução dos valores das vantagens de que trata esta Subseção, quando houver transformação, transposição, reestruturação, reorganização ou outra alteração de planos, carreiras e cargos nos quais tenha se aposentado o servidor; e

II - a alteração da vantagem do art. 184 da Lei nº 1.711, de 1952, pela vantagem do art. 192 da Lei nº 8.112, de 1990, e vice-versa;

III - a percepção da vantagem do art. 184 da Lei nº 1.711, de 1952, e da vantagem do art. 192 da Lei nº 8.112, de 1990, pelos servidores que optaram pela Estrutura Remuneratória Especial de que trata a Lei nº 12.277, de 30 de junho de 2010.

SUBSEÇÃO III
DA PROPORCIONALIZAÇÃO DOS PROVENTOS DE APOSENTADORIA

Art. 42. Para efeito de proporcionalidade de proventos, serão desconsideradas do cálculo as seguintes parcelas:

I - adicional por tempo de serviço;

II - vantagem pessoal decorrente dos "quintos";

III - vantagem prevista no art. 193 da Lei nº 8.112, de 1990; e

IV - vantagem do art. 180 da Lei nº 1.711, de 1952.

Art. 43. As gratificações não calculadas sobre o vencimento básico de servidores, como as gratificações de desempenho, devem ser proporcionalizadas, sendo indevido o seu pagamento integral quando os proventos forem calculados de forma proporcional.

Art. 44. O denominador da proporcionalização dos proventos será o tempo mínimo exigido na alínea "a" do inciso II do § 1º da art. 40 da Constituição Federal.

SEÇÃO II
MÉDIA ARITMÉTICA SIMPLES

Art. 45. Para o cálculo das aposentadorias constantes do inciso II do art. 5º e dos arts. 6º, 7º e 8º deste Anexo, considerar-se-á a média aritmética simples das maiores remunerações ou subsídios, utilizados como base das contribuições do servidor ao regime de previdência a que esteve filiado, correspondente a 80% (oitenta por cento) de todo o período contributivo desde a competência julho de 1994, ou desde o início da contribuição, se posterior àquela competência, até 13 de novembro de 2019, devendo ser observados a fixação do valor do provento inicial do benefício, nas seguintes condições:

I - se o valor resultante da média for inferior ao valor do salário-mínimo, o provento inicial será igual ao valor do salário-mínimo;

II - se o valor da média for superior à remuneração ou subsídio do cargo efetivo em que se der a aposentadoria, o provento inicial será limitado ao valor da remuneração ou do subsídio do cargo efetivo, observado o disposto nos §§ 14 a 16 do art. 40 da Constituição Federal.

III - será considerado o tempo de contribuição cumprido até 13 de novembro de 2019, não sendo computado qualquer tempo posterior a essa data, salvo na hipótese de elegibilidade mais favorável a outra regra de concessão de benefícios.

§ 1º Os períodos de tempo utilizados no cálculo previsto neste artigo serão considerados em número de dias.

§ 2º No cálculo da média que de que trata o caput, será incluído no numerador e no denominador o décimo terceiro salário ou a gratificação natalina.

§ 3º Para os efeitos do disposto no caput, serão utilizados os valores das remunerações ou subsídios que constituíram a base de cálculo das contribuições do servidor aos regimes de previdência, independentemente do percentual da alíquota estabelecida ou de terem sido referidas contribuições destinadas ao custeio de parte dos benefícios previdenciários.

§ 4º Nas competências a partir de julho de 1994, em que não tenha havido contribuição do servidor filiado a regime próprio, considerar-se-á como base de cálculo dos proventos a remuneração ou subsídio do cargo efetivo do servidor, inclusive nos períodos em que houve afastamento do cargo, desde que o respectivo afastamento seja legalmente considerado como de efetivo exercício, observando-se os seguintes parâmetros:

I - até 16 de dezembro de 1998, todo o tempo de efetivo exercício será considerado como tempo de contribuição;

II - de 17 de dezembro de 1998 a 18 de dezembro de 2002 (data da Medida Provisória nº 86, de 2002, convertida na Lei nº 10.667, de 2003), o tempo será considerado desde que tenha havido a respectiva contribuição a regimes próprios ou geral de previdência; e

III - a partir de 19 de dezembro de 2002 será considerado o tempo de contribuição para o RPPS da União ou ao RGPS na condição de segurado obrigatório.

§ 5º Aplicam-se as disposições do parágrafo anterior ao servidor que foi beneficiado pelo instituto da isenção de contribuição previdenciária prevista no § 1º do art. 3º da Emenda Constitucional nº 20, de 1998, ou nos casos de não haver alíquota válida.

§ 6º Na determinação do número de competências correspondentes a oitenta por cento do período contributivo de que trata o caput, desprezar-se-á a parte decimal.

§ 7º Na hipótese de haver lacunas no período contributivo compreendido entre julho de 1994 a 16 de dezembro de 1998, por não filiação do servidor a regime previdenciário em razão de ausência de prestação de serviço ou de contribuição, esse período será desprezado do cálculo de que trata este artigo, ressalvando-se o tempo de serviço militar exercido nas atividades de que tratam os arts. 42, 142 e 143, conforme o § 9º-A do art. 201 da Constituição Federal.

§ 8º Para fins de cálculo dos proventos de que trata o caput, considera-se base de contribuição o vencimento do cargo efetivo, acrescido das vantagens pecuniárias permanentes estabelecidas em lei, os adicionais de caráter individual ou quaisquer outras vantagens, excluídas as parcelas previstas no § 1º do art. 4º da Lei nº 10.887, de 2004.

§ 9º É facultado ao servidor ocupante de cargo efetivo optar pela inclusão, na base de contribuição a que se refere o § 9º, de parcelas remuneratórias percebidas em decorrência de local de trabalho, do exercício de cargo em comissão ou de função de confiança, para efeito do cálculo do benefício de aposentadoria.

§ 10. No cálculo de que trata este artigo deverão ser consideradas as remunerações pagas retroativamente, por meio de decisão administrativa ou judicial, sobre as quais incidiram as alíquotas de contribuição:

I - a atualização dos valores das remunerações e subsídios que serviram de base para as contribuições, mês a mês, aplicando-se os índices do Regime Geral de Previdência Social - RGPS;

II - o ajuste dos valores atualizados, de forma que não sejam menores do que o valor do salário mínimo vigente à época;

III - no que se refere aos períodos de tempo do RGPS averbados no RPPS da União, os valores atualizados deverão ser ajustados de forma que não sejam superiores ao limite máximo do salário-de- contribuição do RGPS vigente à época.

§ 11. As bases de cálculo de contribuição consideradas no cálculo do valor inicial dos proventos terão os seus valores atualizados mês a mês, de acordo com a variação integral do índice fixado para a atualização dos salários de contribuição considerados no cálculo dos benefícios do RGPS.

Art. 46. Para fins de cálculo do valor inicial dos proventos proporcionais ao tempo de contribuição será utilizada fração cujo numerador será o total desse tempo e o denominador o tempo necessário à respectiva aposentadoria voluntária com proventos integrais, considerando 35 (trinta e cinco) anos de tempo de contribuição, se homem, e 30 (trinta) anos de tempo de contribuição, se mulher, não se aplicando, nesse caso, a redução da idade e do tempo de contribuição de que trata o inciso III do art. 7º deste Anexo ou das regras de aposentadorias especiais.

Parágrafo único. O valor resultante da média aritmética deverá ser previamente confrontado com a remuneração do cargo efetivo em que se der a aposentadoria, para posterior proporcionalização ao tempo de contribuição, para depois aplicação da fração de que trata o caput.

Art. 47. Os proventos de aposentadoria do servidor com deficiência de que trata o inciso III do art. 12, após serem calculados conforme os arts. 45 e 46, corresponderão a:

I - 100% (cem por cento) da média, para os casos dos itens 1 a 3 da alínea "d" do inciso III do art. 12; ou

II - 70% (setenta por cento) da média mais 1% (um por cento) por grupo de 12 (doze) contribuições mensais até o máximo de 30% (trinta por cento), no caso do item 4 da alínea "d" do inciso III do art. 12

CAPÍTULO III
DOS CRITÉRIOS DE REAJUSTE

Art. 48. Os proventos de aposentadoria calculados de acordo com a Seção II do Capítulo II deste Anexo serão reajustados, desde janeiro de 2008, nas mesmas datas e índices utilizados para fins de reajustes dos benefícios do RGPS.

Art. 49. Os proventos de aposentadoria em fruição em 31 de dezembro de 2003, bem como os abrangidos pela Seção I do Capítulo II serão revistos na mesma proporção e na mesma data, sempre que se modificar a remuneração dos servidores em atividade, sendo também estendidos aos aposentados quaisquer benefícios ou vantagens posteriormente concedidas aos servidores em atividade, inclusive quando decorrentes da transformação ou reclassificação do cargo ou função em que se deu a aposentadoria, na forma da lei.

Art. 50. As aposentadorias concedidas no período compreendido entre 1º de janeiro de 2004 e 20 de fevereiro de 2004 serão calculadas pela última remuneração ou provento percebido pelo servidor ou aposentado na data anterior ao óbito e serão revistas na forma estabelecida nas legislações que instituíram as vantagens utilizadas como base para o cálculo da aposentadoria ou, na sua falta, na mesma data e índices aplicados aos benefícios do RGPS.

CAPÍTULO IV
DA APLICAÇÃO DA VANTAGEM DO ART. 190 DA LEI Nº 8.112, DE 1990.

Art. 51. O servidor aposentado com provento proporcional que foi acometido de qualquer das moléstias especificadas no § 1º do art. 186 da Lei nº 8.112, de 1990, até 13 de novembro de 2019, e por esse motivo for considerado inválido por junta médica oficial, passará a perceber provento integral, calculado com base no fundamento legal de concessão da aposentadoria.

Parágrafo único. É vedada a alteração do fundamento de aposentadoria de voluntária para invalidez para a integralização de que trata este artigo.

ANEXO II

TEMPO DE SERVIÇO

CAPÍTULO I
APURAÇÃO E AVERBAÇÃO DE TEMPO DE SERVIÇO E CONTRIBUIÇÃO

Art. 1º A apuração do tempo de serviço e contribuição, para fins de aposentadoria e pensão, será realizada observando os seguintes pressupostos:

I - será realizada conforme estabelecido na legislação de regência; e

II - deverá observar os entendimentos firmados pelo Órgão Central do Sipec, em relação à legislação específica vigente no momento do preenchimento dos requisitos para a aposentadoria ou instituição da pensão.

Art. 2º A averbação de tempo de serviço e contribuição efetuado nos assentamentos funcionais do servidor e nos Sistemas Estruturantes de Gestão de Pessoas da Administração Pública Federal, à vista de documentação apresentada, não é, em nenhuma medida, elemento constitutivo de direito, tendo por objetivo apenas abreviar, em momento subsequente, o trâmite burocrático necessário ao reconhecimento de benefícios previdenciários pela Administração.

§ 1º O prazo decadencial para a administração rever os seus atos quanto à averbação do tempo de serviço/contribuição é de 5 (cinco) anos, nos termos do art. 54 da Lei nº 9.784, de 1999, fruindo a partir do registro dos atos pelo Tribunal de Contas da União.

§ 2º O prazo decadencial a que se refere o caput será contado de forma individualizada em cada benefício previdenciário de aposentadoria e pensão e enquanto não efetivado este registo pelo Tribunal de Contas da União, não há que se falar em decurso de prazo decadencial.

CAPÍTULO II
TEMPOS PARA FINS DE APOSENTADORIA

SEÇÃO I
TEMPO DE CARGO EFETIVO, CARREIRA E EFETIVO EXERCÍCIO NO SERVIÇO PÚBLICO

Art. 3º São considerados como tempo de serviço no cargo efetivo e tempo na carreira, para fins de aposentadoria, além do tempo de efetivo exercícios das atribuições do cargo, nos termos do art. 15 da Lei nº 8.112, de 1990, as ausências, os afastamentos e as licenças consideradas como de efetivo exercício pela referida legislação ou pelas legislações esparsas, conforme segue:

I - as ausências constantes no art. 97 da Lei nº 8.112, de 1990:

a) por 1 (um) dia, para doação de sangue;

b) pelo período comprovadamente necessário para alistamento ou recadastramento eleitoral, limitado, em qualquer caso, a 2 (dois) dias;

c) por 8 (oito) dias consecutivos em razão de:

1. casamento; e

2. falecimento do cônjuge, companheiro, pais, madrasta ou padrasto, filhos, enteados, menor sob guarda ou tutela e irmãos.

II - os seguintes afastamentos e licenças constantes no art. 102 da Lei 8.112, de 1990:

a) férias;

b) cessão, com ou sem remuneração, para ter exercício em outro órgão ou entidade dos Poderes da União, dos Estados, ou do Distrito Federal e dos Municípios, nos termos do art. 93 da Lei nº 8.112, de 1990, e seus regulamentos;

c) exercício de cargo ou função de governo ou administração, em qualquer parte do território nacional, por nomeação do Presidente da República;

d) participação em programa de treinamento regularmente instituído ou em programa de pós- graduação stricto sensu no País, conforme dispuser o regulamento;

e) desempenho de mandato eletivo federal, estadual, municipal ou do Distrito Federal.

f) o tempo disponível a júri e outros serviços obrigatórios por lei;

g) missão ou estudo no exterior, quando autorizado o afastamento, conforme dispuser o regulamento;

h) licença:

1) à gestante, à adotante e à paternidade, e suas prorrogações;

2) para tratamento da própria saúde, até o limite de vinte e quatro meses, cumulativo ao longo do tempo de serviço público prestado à União, em cargo de provimento efetivo;

3) para o desempenho de mandato classista ou participação de gerência ou administração em sociedade cooperativa constituída por servidores para prestar serviços a seus membros;

4) por motivo de acidente em serviço ou doença profissional;
5) para capacitação, conforme dispuser o regulamento;
6) por convocação para o serviço militar;
i) deslocamento para a nova sede de que trata o art. 18 da Lei nº 8.112, de 1990;
j) participação em competição desportiva nacional ou convocação para integrar representação desportiva nacional, no País ou no exterior, conforme disposto em lei específica;
k) conversão da pena de suspensão em multa, nos termos do § 2º do art. 130 da Lei nº 8.112, de 1990.
l) licença para atividade política, no uso do art. 86, § 2º, da Lei n. 8.112, de 1990.

III - As seguintes situações amparadas por legislações esparsas:

a) a licença para tratamento de saúde de pessoal da família do servidor, com remuneração, até 30 (trinta) dias;
b) outros afastamentos considerados como de efetivo exercício previstos nas legislações dos planos, carreiras e cargos, ou legislações esparsas.

Art. 4º São considerados como tempo de efetivo exercício no serviço público, para fins de aposentadoria, além das situações elencadas no art. 3º, as seguintes situações:

I - o tempo prestado às Forças Armadas (art. 100 da Lei n ° 8.112, de 1990 - DC-0365-39/91-1);

II - tempo de serviço relativo a tiro de guerra;

III - o tempo de serviço prestado em virtude de contratação temporária no serviço público, com base na Lei nº 8.745, de 1993 (art. 16 da referida Lei);

IV - tempo de serviço prestado à administração pública estadual, distrital e municipal;

V - o tempo de exercício exclusivamente de cargo em comissão declarado em lei de livre nomeação e exoneração ou de função pública;

VI - tempo de emprego público em empresa pública, sociedade de economia mista e nos conselhos de fiscalização profissional de qualquer dos entes federativos;

VII - o tempo de serviço prestado pelo servidor que era regido pela Lei nº 1.711, de 1952, sob qualquer regime jurídico, inclusive sob a CLT, em órgão da administração direta e autarquias, da União, Estados, Distrito Federal e Municípios, em período anterior à vigência da Lei nº 8.112, de 1990, conforme a Lei n° 6.936, de 31 de agosto de 1981;

VIII - o tempo de serviço prestado pelo servidor que era regido pela Lei nº 1.711, de 1952, na qualidade de extranumerário, diarista ou tarefeiro, bem como o retribuído à conta de dotação global, desde que legalmente considerado para aposentadoria e disponibilidade, a partir de 15 de dezembro de 1980, na forma da Lei nº 6.890, de 11 de dezembro de 1980;

IX - o tempo de serviço relativo ao Centro de Preparação de Oficiais da Reserva e de outros órgãos análogos, reconhecidos na forma da lei e das normas emanadas das autoridades militares competentes, a ser apurada proporcionalmente à razão de razão de 1 (um) dia de tempo de serviço para o período de cada 8 (oito) horas de instrução, em consonância com as regras estatuídas no art. 134, § 2º, da Lei 6.880, de 09 de dezembro de 1980, e art. 198, § 1º, do Decreto nº 57.654, de 20 de janeiro de 1966;

X - a licença para tratamento da própria saúde, por doença especificada no art. 104, da Lei nº 1.711, de 1952; e

XI - outros afastamentos e licenças que forem considerados como de efetivo por lei.

Art. 5º Não serão considerados como tempo no cargo efetivo, tempo na carreira e tempo de efetivo exercício no serviço público:

I - os tempos de contribuições concomitantes;

II - a licença para tratar de interesses particulares prevista no art. 91, inciso VI, da Lei n° 8.112, de 1990;

III - a licença por motivo de afastamento do cônjuge, servidor público civil ou militar na forma do art. 84, § 1º, da Lei nº 8.112, de 1990;

IV - a licença por motivo de doença em pessoa da família, sem remuneração na forma do art. 83 da Lei nº 8.112, de 1990;

V - a licença até 30 (trinta) dias, sem remuneração, após a conclusão do serviço militar (art. 85, parágrafo único, da Lei nº 8.112, de 1990);

VI - a licença sem remuneração, para escolha de candidato em convenção partidária (art. 86 da Lei nº 8.112, de 1990);

VII - a licença para o desempenho de mandato classista ou participação de gerência ou administração em sociedade cooperativa constituída por servidores para prestar serviços a seus membros;

VIII - afastamento para servir em organismo internacional de que o Brasil participe ou com o qual coopere, conforme art. 9º deste Anexo;

IX - o período correspondente à pena de suspensão aplicada em casos de falta grave ou de reincidência prevista no art. 130 da Lei nº 8.112, de 1990;

X - as faltas não justificadas previstas no art. 44, inciso I, da Lei nº 8.112, de 1990;

XI - o período de licença-prêmio convertida em dobro;

XII - tempo especial convertido em comum, nos termos do art. 40 deste Anexo;

XIII - outros afastamentos não considerados com de efetivo exercício pela legislação.

XIV - Os períodos em que o servidor ficou afastado sem remuneração, mas houve contribuições previdenciárias para fins de manutenção da filiação ativa ao RPPS da União nos termos do §3º do art. 183 da Lei nº 8.112, de 11 de dezembro de 1990; e

XV - outros afastamentos não considerados com de efetivo exercício pela legislação.

Parágrafo único. É indevida a averbação, para quaisquer fins, o período de aluno monitor, estagiário, bolsista, tempo gratuito sem vínculo empregatício, ainda que anterior ao estatuto de 1939; contrato de locação de serviços, de que trata o art. 232 da Lei n. 8.112 de 11 de dezembro de 1990; e retribuído mediante recibo.

SEÇÃO II
TEMPO DE CONTRIBUIÇÃO

Art. 6º Será considerado, para fins de aposentadoria, como tempo de contribuição:

I - os períodos efetivamente laborados pelo servidor até 16 de dezembro de 1998, mesmo que não tenha sido realizado a contribuição o RPPS da União;

II - os períodos efetivamente laborados pelo servidor após 16 de dezembro de 1998, desde que haja a efetiva contribuição ao RPPS da União;

III - os períodos de licenças e os afastamentos, observando-se os seguintes parâmetros:

a) até 16.12.1998, todas a licenças e afastamentos considerados como de efetivo exercício pela legislação, nos termos do art. 4º da EC 20, de 15 de dezembro de 1998;
b) de 17.12.1998 a 18.12.2002, data da Medida Provisória nº 86, de 2002, convertida na Lei nº 10.667, de 14 de maio de 2003, o tempo em que tenha havido a respectiva contribuição do servidor a regimes de previdência, seja próprio ou geral; e
c) a partir de 19.12.2002 será considerado o tempo em que haja contribuição para o Plano de Seguridade Social do Servidor - PSS - ou ao RGPS, na condição de segurado obrigatório.

IV - o período de disponibilidade;

V - tempo de aluno aprendiz, mesmo após o advento da Lei nº 3.552, de 16 de fevereiro de 1959, devendo ser apresentada certidão de tempo de serviço que conste as seguintes informações:

a) comprovação da condição de aluno-aprendiz, baseada em documentos que comprovem o labor do então estudante na execução de encomendas recebidas pela escola;
b) retribuição em prestação pecuniária ou em auxílios materiais à conta do Orçamento à título de contraprestação por labor na execução de bens e serviços destinados a terceiros em montante correspondente a uma fração da renda auferida com a execução das encomendas.
c) menção expressa do período trabalhado, desprezando-se o cômputo do período de férias escolares;
d) Não será admitida a simples percepção de auxílio financeiro ou em bens, bolsas de estudo ou de subsídios diversos concedidos aos alunos.

VI - período de atividade rural, que deverá ser comprovado mediante certidão emitida pelo Regime Geral de Previdência Social, que comprove o recolhimento das contribuições previdenciárias à época da realização da atividade rural ou, mesmo a posteriori, de forma indenizada.

VII - a licença-prêmio convertida em dobro, nos termos do art. 7º da Lei nº 9.527, de 10 de dezembro de 1997;

VIII - a conversão de tempo especial em comum a que se refere o art. 40 do Anexo II desta Portaria.

§ 1º A competência para o reconhecimento da atividade de aluno-aprendiz será:

I - do RPPS da União para os casos em que a atividade foi exercida em instituição de ensino federal e antes do advento da Lei nº 3.780, de 1960;

II - do RPPS do ente federado para os casos em que a atividade foi exercida em instituição de ensino pública e desde que no momento da atividade existisse RPPS devidamente instituído; e

III - do INSS para os demais casos.

§ 2º O tempo de aluno-aprendiz deve ser averbado junto ao regime previdenciário que estava filiado à época da prestação da atividade, tendo direito à emissão de CTC para fins de contagem recíproca.

§ 3º As contribuições ao RPPS da União deverão observar a normatização realizada pela Secretaria da Receita Federal do Brasil, em especial as constantes na Instrução Normativa RFB nº 2.097, de 18 de julho de 2022.

§ 4º Aplica-se o disposto no caput ao servidor em licença sem remuneração que for filiado obrigatório ao RGPS, devendo ser apresentada a Certidão de Tempo de Contribuição - CTC - emitida por aquele regime.

Art. 7º Não é considerado como tempo de contribuição, em caso de reversão, o período em que o servidor aposentado contribuiu ao RPPS da União, em face da determinação constante no §18 do art. 40 da Constituição Federal de 5 de outubro de 1988.

SEÇÃO III
PERÍODO DE CURSO DE FORMAÇÃO

Art. 8º O candidato habilitado para participar em programa de formação, decorrente de concurso público, inclusive, o candidato que seja servidor, contará o tempo destinado ao seu cumprimento, conforme segue:

I - Até 24.11.1995, data anterior à da publicação da Medida Provisória nº 1.195, de 24 de novembro de 1995, não há possibilidade de contribuição ao RPPS - União, em face da ausência de amparo legal, porém, este tempo poderá ser averbado caso o interessado apresente CTC obtida junto ao Regime Geal da Previdência Social - RGPS.

II - Entre 25.11.1995 e 15.12.1998, data anterior a da publicação da Emenda Constitucional nº 20, de 15 de dezembro de 1998, o tempo será considerado como contributivo no RPPS da União, independentemente de contribuição e de o candidato aprovado no programa de formação ser ou não servidor público federal.

III - A partir de 16.12.1998, com a entrada em vigor da EC nº 20, de 15 de dezembro de 1998:

a) Antes da regulamentação pela Instrução Normativa nº 1.332, de 14 de fevereiro de 2013, da Secretaria da Receita Federal do Brasil, revogada pela Instrução Normativa RFB nº 2.097, de 18 de julho de 2022

1 - Caso o candidato seja servidor público federal e opte pela remuneração do cargo efetivo, o tempo de curso de formação será considerado como tempo de contribuição.

2 - Caso o candidato seja servidor público federal e opte pelo auxílio financeiro, o tempo de curso de formação será considerado como tempo de contribuição somente se houve contribuição ao RPPS da União, nos termos da legislação de vigência à época.

3 - Caso o candidato não seja servidor público federal, o tempo de curso de formação será considerado como tempo de contribuição somente se houve contribuição ao RPPS da União, nos termos da legislação de vigência à época.

b) após a regulamentação pela Instrução Normativa nº 1.332, de 14 de fevereiro de 2013, da Secretaria da Receita Federal do Brasil, revogada pela Instrução Normativa RFB nº 2.097, de 18 de julho de 2022:

1 - Caso o candidato seja servidor público federal e opte pela remuneração do cargo efetivo e haja a respectiva contribuição ao RPPS da União, o tempo de curso de formação será considerado como tempo de contribuição.

2 - Caso o candidato seja servidor público federal e opte pelo auxílio financeiro, o tempo de curso de formação será considerado como tempo de contribuição somente se houver a contribuição ao RPPS da União, nos termos do art. 15 da Instrução Normativa nº 1.332, de 14 de fevereiro de 2013, revogada pela Instrução Normativa RFB nº 2.097, de 18 de julho de 2022;

3 - Caso o candidato não seja servidor público federal, o tempo de curso de formação será considerado como tempo de contribuição somente com base em certidão obtida junto ao Instituto Nacional do Seguro Social (INSS).

Parágrafo único. Será considerado como tempo de contribuição, independente de contribuição, até 16 de dezembro de 1998, o tempo de curso de formação que a legislação do plano, carreiras e cargos determina como de efetivo exercício ou para fins de aposentadoria, como por exemplo, o art. 12 da Lei nº 4.878, de 16 de novembro de 1964, que dispõe sobre o regime jurídico dos funcionários policiais civis da União e do Distrito Federal.

SEÇÃO IV
AFASTAMENTO PARA ORGANISMO INTERNACIONAL

Art. 9º O período em que o servidor federal esteve afastado para servir em organismo internacional de que o Brasil participe ou com o qual coopere será considerado, para fins de aposentadoria, conforme segue:

I - De 12.12.1990 a 3.07.1997 - o afastamento é considerado somente como tempo de contribuição, independentemente da existência da efetiva contribuição a qualquer regime de previdência (Lei nº 8.112, de 1990, c/c o Decreto nº 201, de 26 de agosto de 1991);

II - De 4.07.1997 a 16.12.1998, data da Emenda Constitucional nº 20 de 15 de dezembro de 1998 - é considerado como de efetivo exercício e será considerado como tempo contributivo para fins de aposentadoria, independentemente de contribuição a qualquer regime de previdência.

III - De 17.12.1998 a 18.12.2002 - somente será considerado como tempo contributivo desde que o servidor averbe o tempo de contribuição filiado a qualquer regime de previdência, com exceção do RPPS da União.

IV - A partir de 19.12.2002 - somente será considerado como tempo contributivo desde que o servidor contribua ao RPPS da União ou ao RGPS na condição de segurado obrigatório.

CAPÍTULO III
AVERBAÇÃO DE TEMPO DE CONTRIBUIÇÃO DE OUTROS REGIMES DE PREVIDÊNCIA

Art. 10. O tempo de contribuição filiado a regimes próprios, ao regime geral e ao Sistema de Proteção Social dos Militares - SPSM, para fins da contagem recíproca e a compensação financeira prevista nos §§ 9º e 9º-A do art. 201 da Constituição Federal de 5 de outubro de 1988, será averbado no RPPS da União com base nos seguintes documentos:

I - Certidão de Tempo de Contribuição - CTC - fornecida pela unidade gestora do RPPS ou, excepcionalmente, pelo órgão de origem do servidor, desde que devidamente homologada pela respectiva unidade gestora do RPPS, ou pelo Instituto Nacional do Seguro Social - INSS, quando se referir a tempo de contribuição no RGPS.

II - Certidão de Tempo de Serviço Militar, fornecida pelo órgão responsável pela gestão do Sistema de Proteção Social dos Militares - SPSM, quando for o caso de tempo de serviço militar exercido nas atividades de que tratam os arts. 42, 142 e 143 da Constituição Federal.

§ 1º Os órgãos e entidades integrantes do SIPEC deverão averbar as informações constantes na CTC, para fins de concessão de aposentadoria ou cálculo do benefício de pensão.

§ 2º Em havendo concomitância de tempo da CTC a ser averbado com o tempo contributivo do RPPS da União, deverá o órgão e entidade integrante do SIPEC restituir a CTC ao servidor para que solicite ao regime emissor a sua substituição sem a concomitância constatada.

§ 3º São validas, para fins de averbação de tempo de contribuição e compensação financeira, as certidões de tempo de serviço e de contribuição e relações de remunerações de contribuição emitidas:

I - em data anterior à publicação da Portaria MPS nº 154, de 15 de maio de 2008, pelos órgãos da Administração Pública dos Estados, Distrito Federal e Municípios, suas autarquias, fundações ou unidade gestoras dos RPPS, relativamente ao tempo de serviço e de contribuição para esses regimes;

II - nos termos da Portaria MPS nº 154, de 15 de maio de 2008, durante sua vigência; e

III - em data anterior à vigência da Portaria MTP nº 1.467, de 02 de junho de 2022, quanto ao tempo de serviço militar.

Art. 11. É vedado o reconhecimento, pelo RPPS da União, de tempo de natureza especial exercido com filiação a outro RPPS ou ao RGPS ainda que à vista de outros documentos comprobatórios apresentados pelo servidor, inclusive se o tempo de natureza especial tenha sido prestado ao ente federativo instituidor a qualquer tempo, mas com filiação ao RGPS.

Art. 12. É vedada a contagem do tempo de ex-empregado público amparado pelo art. 243 da Lei nº 8.112, de 11 de dezembro de 1990, pelo RPPS da União, sem a emissão da CTC correspondente pelo Instituto Nacional do Seguro Social - INSS.

Parágrafo único. Encontram-se válidas a averbação automática realizada até 18 de janeiro de 2019, que geraram a concessão de aposentadoria e abono de permanência até essa data.

Art. 13. A averbação pelo RPPS da União do tempo de contribuição constante de CTC emitida pelo INSS somente pode ser efetivada em um único cargo ocupado pelo servidor, ainda que, no período certificado, tenha havido filiação ao RGPS pelo exercício de múltiplas atividades decorrentes de empregos públicos ou privados ou cargos públicos.

Parágrafo único. Ressalva-se do disposto no caput, a hipótese de emissão, pelo INSS, de CTC única com divisão e destinação do tempo de contribuição para dois órgãos distintos conforme previsão do art. 130, § 7º, do Regulamento da Previdência Social, aprovado pelo Decreto nº 3.048, de 6 de maio de 1999.

Art. 14. Concedido o benefício, caberá ao órgão concessor da aposentadoria comunicar o fato, por ofício ou por outro meio que assegure a ciência do interessado, ao regime previdenciário ou ao SPSM emitente da CTC, para os registros e providências cabíveis.

Art. 15. Somente haverá a averbação, no RPPS da União, de tempo especial de outros regimes, cumprido em qualquer época, desde que a CTC, sem conversão em tempo comum e discriminados de data a data, em campo próprio, contenha as informações dos servidores passiveis de aposentadoria especiais constantes nos §§ 4º, 4º-A, 4º-B e 4º-C do art. 40 e no §1º, I e II do art. 201 da Constituição Federal de 5 de outubro de 1988, emitida nos seguintes períodos:

I - servidor com deficiência: a partir da vigência da Lei Complementar editada pelo ente federativo, conforme atribuição do § 4º-A do art. 40 da Constituição Federal.

II - segurado do RGPS com deficiência, a partir da vigência da Lei Complementar nº 142, de 8 de maio de 2013;

III - servidor ocupante do cargo de policial civil regido pela Lei Complementar nº 51, de 20 de dezembro de 1985, a partir da edição da referida lei;

IV - servidor ocupante do cargo de policial penal, de agente penitenciário ou socioeducativo: a partir da vigência da Lei Complementar editada pelo Estado ou Distrito Federal, conforme atribuição do § 4º-B do art. 40 da Constituição Federal de 5 de outubro de 1988;

V - servidor em exercício de atividades sob condições especiais que prejudiquem a saúde ou a integridade física, nos limites da Súmula Vinculante nº 33: até a vigência da Lei Complementar editada pelo ente federativo, conforme atribuição do § 4º-C do art. 40 da Constituição Federal de 5 de outubro de 1988.

VI - segurado do RGPS em exercício de atividades sob condições especiais que prejudiquem a saúde ou a integridade física, até da vigência da Emenda Constitucional nº 103, de 2019, conforme legislação vigente no âmbito daquele regime;

VII - servidor cujas atividades sejam exercidas com efetiva exposição a agentes químicos, físicos e biológicos prejudiciais à saúde, ou associação desses agentes a partir da vigência da Lei Complementar editada pelo Estado, Distrito Federal ou município conforme atribuição do § 4º-C do art. 40 da Constituição Federal; e

VIII - segurado do RGPS cujas atividades sejam exercidas com efetiva exposição a agentes químicos, físicos e biológicos prejudiciais à saúde, ou associação desses agentes a partir da vigência da Emenda Constitucional nº 103, de 2019.

Art. 16. Os Sistemas Estruturantes de Gestão de Pessoal da Administração Pública Federal disciplinarão a forma de recepção eletrônica da CTC apresentada pelos servidores.

Art. 17. É lícita a averbação de tempo contributivo do RGPS realizado durante a aposentadoria do servidor, para, em caso de reversão, a obtenção de nova aposentadoria pelas regras então vigentes no momento da concessão do segundo benefício.

Art. 18. A averbação do tempo contributivo do RGPS deverá observar os seguintes parâmetros:

I - Até 13 de novembro de 2019, data da publicação da Emenda Constitucional nº 103, de 2019, considera-se como tempo de contribuição, o tempo contado de data a data, desde o início até a data do desligamento de atividade abrangida pela Previdência Social ou até a data de requerimento de benefício, descontados os períodos legalmente estabelecidos, conforme art. 188-G do Decreto nº 3.048, de 1999, respeitadas as regras de indenização previstas na legislação para os fins de emissão de Certidão de Tempo de Contribuição - CTC.

II - Após a Emenda Constitucional nº 103, de 12 de novembro de 2019, o tempo de contribuição deve ser considerado em sua forma integral, independentemente do número de dias trabalhados, desde que o valor mensal da remuneração percebida atinja o piso legal ou convencional da categoria ou, se inexistente, o salário-mínimo nacional.

Art. 19. Os órgãos e entidades integrantes do SIPEC deverão consultar, na respectiva página oficial na Internet do RPPS ou do RGPS, as certidões de tempo de contribuição emitidas, para confirmação da veracidade das informações, em caso de dúvida razoável.

§ 1º Quando não for possível a disponibilização e confirmação da veracidade da CTC na página da Internet indicada pelo órgão emissor, o órgão destinatário poderá solicitar ao emissor, por ofício, sua ratificação ou retificação.

§ 2º Caso a CTC não tenha a veracidade confirmada ou caso seja retificada pelo órgão emissor, eventual concessão de benefício ou vantagem já ocorrida com base na certidão deverá ser revista, de ofício, pelo RPPS da União.

§ 3º Após a conclusão do processo de revisão de que trata o § 4º, o resultado deverá ser comunicado ao órgão emissor da CTC para eventual revisão de compensação financeira, caso esta já tenha sido requerida e concedida.

CAPÍTULO IV
EMISSÃO DE CERTIDÃO DE TEMPO DE CONTRIBUIÇÃO PARA EX-SERVIDOR DO RPPS DA UNIÃO

Art. 20. A CTC somente será expedida mediante requerimento formal do ex-servidor que perdeu a condição de filiado, nos termos do art. 8º desta Portaria.

§ 1º A CTC poderá ser requerida por dependente do ex-servidor, para fins de cálculo do benefício pensional, nos termos da Emenda Constitucional nº 103, de 2019, em outro regime previdenciário ou em sistema de proteção social.

§ 2º Até que os Sistemas Estruturantes de Gestão de Pessoas da Administração Pública Federal estejam adequados ou que haja instituído sistema integrado de dados que permita a emissão eletrônica de CTC, a certidão deverá ser digitada e conterá numeração única por órgão ou entidade do SIPEC, não podendo conter espaços em branco, emendas, rasuras ou entrelinhas que não estejam ressalvadas antes do seu desfecho.

Art. 22. A emissão da CTC será elaborada observando-se o tempo de contribuição junto ao RPPS da União à vista das informações constantes nos assentamentos funcionais do ex-servidor ou nos constantes nos Sistemas Estruturantes de Gestão de Pessoas da Administração Pública Federal.

› Consta conforme publicação oficial.

§ 1º Na CTC deverá constar, obrigatoriamente, no mínimo:

I - órgão expedidor;

II - nome do ex-servidor, matrícula SIAPE, RG, CPF, sexo, data de nascimento, filiação, PIS ou PASEP, cargo que ocupou na data de desligamento do RRPS da União, lotação, data de admissão e data de exoneração ou demissão;

III - período de contribuição ao RPPS da União, de data a data, compreendido na certidão;

IV - fonte de informação;

V - discriminação da frequência durante o período abrangido pela certidão, indicadas as alterações existentes, tais como faltas, licenças, suspensões e outras ocorrências;

VI - soma do tempo líquido, que corresponde ao tempo bruto de dias de vínculo ao RPPS da União de data a data, inclusive o dia adicional dos anos bissextos, descontados os períodos de faltas, suspensões, disponibilidade, licenças e outros afastamentos sem remuneração;

VII - declaração expressa do servidor responsável pela emissão da certidão, indicando o tempo líquido de contribuição em dias e o equivalente em anos, meses e dias, considerando-se o mês de 30 (trinta) e o ano de 365 (trezentos e sessenta e cinco) dias;

VIII - assinatura do responsável pela emissão da certidão e do dirigente do órgão expedidor;

IX - indicação da Lei nº 8.112, de 11 de dezembro de 1990, como a legislação que garanta aos servidores federais a concessão de aposentadorias e pensão por morte;

X - relação das bases de cálculo de contribuição por competência, inclusive as correspondentes ao décimo terceiro salário ou gratificação natalina, a serem utilizadas no cálculo dos proventos da aposentadoria, apuradas em todo o período certificado desde a competência julho de 1994 ou desde a do início da contribuição, se posterior àquela competência, sob a forma de anexo; e

XI - homologação pelo gestor da unidade de gestão de pessoas do órgão, no campo reservado a unidade gestora do RPPS.

§ 2º Constará da CTC emitida para o segurado que ocupou o cargo de professor, a discriminação do tempo de efetivo exercício das funções de magistério na educação infantil e no ensino fundamental e médio.

§ 3º Para fins dos disposto no parágrafo segundo, são consideradas funções de magistério as exercidas por segurado ocupante de cargo de professor no desempenho de atividades educativas, quando exercidas em estabelecimento de educação básica, formada pela educação infantil, ensino fundamental e médio, em seus diversos níveis e modalidades, incluídas, além do exercício de docência, as de direção de unidade escolar e as de coordenação e assessoramento pedagógico, conforme estabelece o § 2º do art. 67 da Lei nº 9.394, de 20 de dezembro de 1996.

§ 4º A CTC será emitida conforme modelo constante na Portaria MTP nº 1.467, de 2022.

§ 5º As assinaturas necessárias na CTC poderão ser eletrônicas, mediante utilização de certificação digital.

§ 6º Na apuração das bases de cálculo de contribuição prevista no inciso X do parágrafo primeiro, deverá ser observada a legislação vigente em cada competência a ser discriminada, bem com as alterações das bases de cálculo que tenham ocorrido, em relação às competências a que se referirem.

§ 7º Entende-se como base de cálculo os valores da remuneração ou subsídio utilizado como base para a contribuição do segurado ao regime previdenciário ou ao sistema de proteção social a que esteve filiado.

§ 8º Na ausência de informação de base de cálculo de contribuição do segurado ou militar, nas competências a partir de julho de 1994, a relação tomará por base o valor do subsídio ou da remuneração do cargo efetivo ocupado pelo servidor.

Art. 23. A CTC só poderá ser fornecida para os períodos de efetivo vínculo ao RPPS da União, nos termos do art. 40 da Constituição Federal.

Parágrafo único. Poderão ser certificados os períodos de afastamento, desde que o cômputo seja autorizado por lei e tenha havido a correspondente contribuição ao RPPS da União.

Art. 24. Deverá constar na CTC os períodos reconhecidos pelo RPPS da União do tempo especial, cumprido em qualquer época, incluído nos períodos de contribuição compreendidos na CTC, sem conversão em tempo comum e discriminados de data a data, em campo próprio da CTC, as informações dos servidores passiveis de aposentadoria especiais constantes nos §§ 4º, 4º-A, 4º-B e 4º-C do art. 40 da Constituição Federal.

Parágrafo único. A informação na CTC sobre o tempo de contribuição reconhecido pelo RPPS da União como tempo de natureza especial, está restrita às seguintes situações e períodos, ressalvados os casos de segurados amparados em decisão judicial, a qualquer tempo, nos limites nela estabelecidos:

I - servidor com deficiência, a partir da vigência da Emenda Constitucional nº 103, de 2019, conforme art. 22 dessa Emenda;

II - servidor ocupante do cargo da Carreira de Policial Federal e da Carreira de Policial Rodoviária Federal regidos pela Lei Complementar nº 51, de 20 de dezembro de 1985, desde a edição da referida lei;

III - servidor titular do cargo da Carreira de Agente Federal de Execução Penal, a partir da vigência da Emenda Constitucional nº 103, de 2019, conforme art. 10 § 2º, I, dessa Emenda;

IV - servidor em exercício de atividades sob condições especiais que prejudiquem a saúde ou a integridade física, nos limites da Súmula Vinculante nº 33, até a vigência da Emenda Constitucional nº 103, de 12 de novembro de 2019; e

V - servidor cujas atividades sejam exercidas com efetiva exposição a agentes químicos, físicos e biológicos prejudiciais à saúde, ou associação desses agentes a partir da vigência da Emenda Constitucional nº 103, de 12 de novembro de 2019, conforme art. 10, § 2º, II, e art. 21 dessa Emenda.

Art. 25. A CTC deverá ser expedida em duas vias, das quais a primeira será fornecida ao interessado, mediante recibo passado na segunda via, implicando sua concordância quanto ao tempo certificado.

§ 1º A primeira via original da CTC deverá compor o processo de averbação de tempo de contribuição perante o regime instituidor do benefício, bem como o processo da aposentadoria em que houver a contagem recíproca de tempo de contribuição.

§ 2º A segunda via da certidão, com recibo do interessado, deverá ser arquivada no órgão emissor ou na unidade gestora do RPPS, para fins de controle.

§ 3º Os Sistemas Estruturantes de Gestão de Pessoal da Administração Pública Federal disciplinarão a forma de emissão da CTC eletrônica no âmbito do SIPEC.

Art. 26. Se o órgão ou entidade integrantes do SIPEC utilizar processo administrativo eletrônico, o servidor deverá certificar que recebeu a CTC e declara que não a reutilizará para outro regime diferente do originalmente emitido, devendo esses documentos serem arquivados eletronicamente.

Art. 27. Os órgãos e entidades integrantes do SIPEC deverão efetuar no registro individualizado nos assentamentos funcionais do ex-servidor anotação contendo, no mínimo, os seguintes dados:

I - número da CTC e respectiva data de emissão;

II - o tempo líquido de contribuição somado na certidão expresso em dias e em anos, meses e dias;

III - os períodos certificados e os órgãos destinatários correspondentes, bem como o tempo destinado a cada regime em caso de fracionamento; e

IV - os períodos, dentro daqueles certificados, que foram reconhecidos pelo emissor da CTC como sendo tempo especial, sem conversão, na forma do art. 22 deste anexo.

Parágrafo Único. As anotações a que se refere o caput devem ser assinadas pelo servidor responsável e conter o visto do dirigente da unidade de gestão de pessoas ou autoridade competente.

Art. 28. Quando solicitado pelo ex-servidor que manteve filiação a 2 (dois) RPPS ou 2 (dois) vínculos funcionais com filiação concomitante ao mesmo RPPS e ao RGPS, é permitida a emissão de CTC única com destinação do tempo de contribuição para, no máximo, estes três regimes previdenciários ou dois vínculos, segundo indicação do requerente.

§ 1º A CTC de que trata este artigo deverá ser expedida em 3 (três) vias, das quais a primeira e a segunda serão fornecidas ao interessado, mediante recibo passado na terceira via, implicando sua concordância quanto ao tempo certificado, observado o disposto no art. 24.

§ 2º Na CTC única, deverá constar o período integral de contribuição ao RPPS, bem como as frações desse período a serem aproveitadas em cada um dos regimes instituidores ou em cada um dos cargos do regime instituidor, em caso de duplo vínculo a um mesmo RPPS, segundo indicação do requerente.

Art. 29. É vedada a emissão de CTC:

I - com contagem de tempo de contribuição de atividade privada com a de serviço público ou de mais de uma atividade no serviço público, quando concomitantes;

II - em relação a período que já tiver sido utilizado para a concessão de aposentadoria no RPPS da União;

III - com contagem de tempo fictício ao RPPS da União;

IV - com conversão de tempo exercido sob condições especiais em tempo de contribuição comum, salvo decisão judicial expressa;

V - com conversão de tempo de efetivo exercício nas funções de magistério em tempo comum após a Emenda Constitucional nº 18, de 1981;

VI - relativa a período de filiação a outro RPPS, ao RGPS ou a SPSM, ainda que o servidor tenha prestado serviços ao próprio órgão emissor naquele período, e que esse tempo tenha sido objeto de averbação; e

VII - para ex-servidor não ocupante de cargo efetivo, em relação a período posterior a 16 de dezembro de 1998.

§ 1º Entende-se como tempo fictício aquele considerado em lei como tempo de contribuição para fins de concessão de aposentadoria sem que tenha havido, por parte do servidor, a prestação de serviço ou a correspondente contribuição.

§ 2º O tempo de serviço considerado para efeito de aposentadoria por lei e cumprido até 16 de dezembro de 1998 será contado como tempo de contribuição.

Art. 30. A CTC só poderá ser emitida para ex-servidor do RPPS da União e relativamente a períodos em que tenha havido, por parte deles, a prestação de serviço ou a correspondente contribuição.

Parágrafo Único. No caso de acumulação lícita de cargos efetivos no âmbito do RPPS da União, só poderá ser emitida CTC relativamente ao tempo de contribuição no cargo do qual o servidor se exonerou ou foi demitido.

Art. 31. Poderá haver revisão da CTC pelo RPPS da União, inclusive para fracionamento de períodos, desde que previamente devolvida a certidão original.

Parágrafo único. Observado o disposto no art. 28, será admitida revisão da CTC para fracionamento de períodos somente quando a certidão comprovadamente não tiver sido utilizada para fins de aposentadoria no RGPS, para fins de averbação ou de aposentadoria em outro RPPS ou para fins de inativação em SPSM, ou ainda, uma vez averbado o tempo, este não tiver sido utilizado para obtenção de qualquer direito ou vantagem no RPPS de destino ou vantagem remuneratória.

Art. 32. Para possibilitar a revisão da CTC, o interessado deverá apresentar:

I - requerimento de cancelamento da certidão, no qual esclarecerá o fim e a razão do pedido;

II - a certidão original, anexa ao requerimento; e

III - declaração, conforme Anexo XI da Portaria MTP nº 1.467, de 2022, emitida pelo regime previdenciário ou SPSM a que se destinava a certidão contendo informações sobre a utilização, ou não, dos períodos lavrados na certidão e, em caso afirmativo, para que fins foram utilizados.

Art. 33. No caso de solicitação de 2ª via da CTC, o requerimento deverá expor as razões que justificam o pedido, observando-se o disposto nos incisos I e III do art. 32.

Art. 34. Caberá revisão da CTC, inclusive de ofício, quando for constatado erro material e desde que tal revisão não importe em dar à certidão destinação diversa da que lhe foi dada originariamente.

§ 1º A revisão de que trata o caput será precedida de solicitação ao órgão destinatário da CTC de devolução da certidão original.

§ 2º Na impossibilidade de prévio resgate da certidão original, caberá ao órgão ou entidade do SIPEC encaminhar a nova CTC ao RPPS de destino, ao RGPS ou SPSM, acompanhada de ofício informando os motivos da revisão e o cancelamento da CTC anteriormente emitida, para fins de regularização, quando for o caso, dos seus efeitos funcionais e/ou previdenciários.

Art. 35. Para revisão da CTC que tenha sido utilizada no RGPS, em outro RPPS ou em SPSM, aplica-se o prazo decadencial de 5 (cinco) anos, contados da data de emissão da certidão, salvo comprovada má-fé, nos termos do art. 54 da Lei nº 9.784, de 29 de janeiro de 1999.

Art. 36. Os órgãos e entidades integrantes do SIPEC fornecerão ao servidor detentor exclusivamente de cargo de livre nomeação e exoneração e aos ocupantes de emprego ou função amparado pelo RGPS, documento comprobatório do vínculo funcional e Declaração de Tempo de Contribuição na forma do formulário constante no Anexo XII da Portaria MTP nº 1.467, de 2 de junho de 2022, para fins de concessão de benefícios ou para emissão de CTC pelo RGPS.

Parágrafo único. A apresentação de informações prevista no caput não dispensa o cumprimento das exigências e a comprovação do recolhimento das contribuições relativas ao RGPS.

Art. 37. Os órgãos e entidades integrantes do SIPEC emitirão, para apresentação ao INSS na condição de organismo de ligação, Declaração de Tempo de Contribuição para Aplicação de Acordo Internacional relativa a segurado filiado ao seu RPPS, conforme formulário constante no Anexo XIV da Portaria MTP nº 1.467, de 2 de junho de 2022, para o cumprimento de acordos internacionais de previdência social que contenham cláusula convencional que alcance a legislação dos RPPS.

Art. 38. As previsões deste anexo se aplicam às certidões emitidas para comprovar o tempo de contribuição aos regimes de previdência aplicáveis a titulares de mandato eletivo da União, dos Estados, do Distrito Federal e dos Municípios para a contagem recíproca e a compensação financeira de que trata o § 9º do art. 201 da Constituição Federal, conforme previsão do § 2º do art. 14 da Emenda Constitucional nº 103, de 12 de novembro de 2019.

Art. 39. Os órgãos e entidades integrantes do SIPEC deverão observar o disposto no art. 20 da Instrução Normativa SEDGG/ME nº 96, de 20 de outubro de 2021, quanto à edição de Declaração de Tempo de Contribuição para os servidores que se movimentarem para órgãos que não integram os Sistemas Estruturantes de Gestão de Pessoas da Administração Pública Federal, para outros Poderes da União ou órgãos federais constitucionalmente autônomos.

CAPÍTULO III
APLICAÇÃO DE ACORDOS INTERNACIONAIS DE PREVIDÊNCIA SOCIAL

Art. 40. Os órgãos e entidades integrantes do SIPEC deverão observar as orientações constante no Capítulo X da Portaria MPT nº 1.467, de 2 de junho de 2022, quando da aplicação dos acordos internacionais de previdência social ratificados pelo Brasil e ajustes administrativos correspondentes, cujo campo de aplicação material contenha cláusula convencional que alcance a legislação do RPPS da União.

CAPÍTULO IV
CONVERSÃO DE TEMPO ESPECIAL EM COMUM

Art. 41. Os servidores públicos federais que exerceram atividades em condições especiais prejudiciais à saúde ou à integridade física, até o dia 13 de novembro de 2019, poderão ter esse tempo convertido em tempo comum para fins de aposentadoria e contagem recíproca de tempo de contribuição.

Parágrafo único. Salvo decisão judicial expressa em contrário, é vedada a conversão de que trata o caput para períodos laborados com efetiva exposição a agentes químicos, físicos e biológicos prejudiciais à saúde, ou associação desses agentes a partir de 13 de novembro de 2019.

Art. 42. Nos termos do Tema nº 942, no Recurso Extraordinário - RE nº 1014286/SP, a conversão de tempos especial em comum é permitida para períodos laborados até 13 de novembro de 2019, em condições especiais prejudiciais à saúde ou à integridade física, para fins de aposentadoria, devendo ser realizada observando-se os seguintes procedimentos:

I - A caracterização e comprovação da exposição a agentes químicos, físicos e biológicos prejudiciais à saúde observará os procedimentos estabelecidos no Anexo III desta Portaria;

II - Deverão ser utilizados os fatores de conversão de 1,20, para mulher, e de 1,4, para homem, previstos no art. 70 do Regulamento da Previdência Social, aprovado pelo Decreto nº 3.048, de 06 de maio de 1999, reproduzida no § 5º do art. 188-P do mesmo Regulamento, na redação dada pelo Decreto nº 10.410, de 30 de junho de 2020.

III - o processo de caracterização e comprovação de tempo especial deverá, obrigatoriamente, integrar o processo de concessão de aposentadoria.

Parágrafo único. A conversão de tempo especial em comum de que trata o caput não se aplica:

I - períodos de labor posterior a 13 de novembro de 2019, data de publicação da Emenda Constitucional nº 103, de 12 de novembro de 2019;

II - a conversão em tempo comum do tempo prestado pelo servidor na condição de pessoa com deficiência, nem de conversão de tempo exercido para fins de aposentadoria de que trata a Lei Complementar nº 51, de 20 de dezembro de 1985, exceto para fins do disposto no parágrafo único do art. 49 da Portaria;

III - não abrange conversão, em tempo comum, do tempo de efetivo exercício das funções de magistério na educação infantil e no ensino fundamental e médio, na hipótese de aposentadoria especial de professor a que se refere o § 5º do art. 40 da Constituição Federal de 5 de outubro de 1988, na redação anterior à reforma previdenciária de 2019; e

IV - ao período de emprego público convertido em cargo público pelo art. 243 da Lei nº 8.112, de 1990, que deverá ser atestado pelo RGPS;

Paragrafo único. As disposições deste capítulo poderão ser aplicadas aos benefícios de aposentadoria em fruição, sendo vedado pagamento retroativo.

‣ Consta conforme publicação oficial.

Art. 43. Após a conversão de tempo especial em tempo comum, o período acrescido em decorrência da aplicação dos fatores de que trata o inciso II do caput do art. 42 será considerado como tempo de contribuição para fins de elegibilidade à aposentadoria voluntária comum, nas regras gerais ou de transição, mas não para o cômputo dos requisitos de tempo de efetivo exercício no serviço público, de tempo na carreira ou de tempo no cargo efetivo.

§ 1º É vedada a soma do tempo comum resultante da conversão de que trata o caput a qualquer outro tempo de natureza especial não convertido, sendo vedada também a conversão inversa, de tempo comum em tempo especial, com vistas, em ambos estes casos, à concessão de aposentadoria voluntária especial.

§ 2º Aplica-se o disposto no caput a conversão de licença prêmio em dobro de que trata o art. 7º da Lei nº 9.527, de 10 de dezembro de 1997.

Art. 44. O tempo especial certificado em CTC pelo RPPS de origem de atividades sob condições especiais que prejudiquem a saúde ou a integridade física exercido até 12 de novembro de 2019, poderá ser convertido em tempo comum para efeitos da contagem recíproca no RPPS da União a qualquer tempo, observado o disposto no art. 42.

ANEXO III

RECONHECIMENTO DE TEMPO DE SERVIÇO PÚBLICO EXERCIDO SOB CONDIÇÕES ESPECIAIS PREJUDICIAIS À SAÚDE OU À INTEGRIDADE FÍSICA REALIZADOS ATÉ 13 DE NOVEMBRO DE 2019, DATA DA EMENDA CONSTITUCIONAL Nº 103, DE 2019, PARA OS SERVIDORES AMPARADOS POR MANDADO DE INJUNÇÃO OU POR FORÇA DA SÚMULA VINCULANTE Nº 33.

Art. 1º Será instituído processo administrativo com vista a caracterização e comprovação da exposição do servidor a agentes químicos, físicos e biológicos prejudiciais à saúde para as seguintes finalidades:

I - aposentadoria especial de que trata o inciso II do art. 12 do Anexo I; e

II - conversão de tempo especial para utilização no âmbito do RPPS da União, nos termos do art. 41 do Anexo II;

§ 1º O processo a que se refere o caput será instruído pelo órgão ou entidade no qual o servidor exerceu atividades especiais e, obrigatoriamente, deverá integrar os autos de aposentadoria ou de emissão da Certidão de Tempo de Contribuição - CTC.

§ 2º A responsabilidade pelas informações prestadas nos autos a que se refere o caput é da autoridade que o instruiu, respondendo solidariamente a autoridade responsável pela concessão de aposentadoria em caso de utilização de tempo convertido em que não seja observada as questões formais disciplinadas neste Anexo.

§ 3º É vedada a instrução processual de que trata o caput para fins conversão de tempo especial em comum de que trata o Capítulo IV do Anexo II para concessão de aposentadoria de servidor na condição de pessoa com deficiência ou de que trata a Lei Complementar nº 51, de 1985.

Art. 2º A caracterização e a comprovação do tempo de serviço público prestado sob condições especiais obedecerão ao disposto na legislação em vigor à época do exercício das atribuições do cargo público.

§ 1º O reconhecimento de tempo de serviço público do Poder Executivo federal prestado sob condições especiais, prejudiciais à saúde ou à integridade física, dependerá de comprovação do exercício das atribuições do cargo público nessas condições, de modo permanente, não ocasional ou intermitente, inclusive no período em que o servidor estiver em exercício de mandato eletivo; cedido, com ou sem ônus para o cessionário, a órgão ou entidade da administração direta ou indireta, do mesmo ou de outro ente federativo, ou afastado do país por licenciamento.

§ 2º Não será admitida prova exclusivamente testemunhal ou apenas a comprovação da percepção de adicional de insalubridade ou periculosidade ou gratificação por trabalhos com Raios-X ou substâncias radioativas para fins de comprovação do tempo de serviço público prestado sob condições especiais.

§ 3º É vedada a caracterização de submissão a condições de que trata o §1º deste artigo de forma presumida, em face da nomenclatura e atribuições dos cargos públicos se assemelharem aos existentes na iniciativa privada.

§ 4º O tempo em que o servidor público prestou as atividades sob condições especiais, como celetista, deverá ser comprovado por intermédio de CTC emitida pelo Regime Geral de Previdência Social - RGPS.

§5º O disposto previsto no § 4º deste artigo não se aplica à caracterização e a comprovação realizadas com base na Orientação Normativa SEGEP nº 15, de 23 de dezembro de 2013, até 25 de janeiro de 2018, data da suspensão dos efeitos do Capítulo II da referida orientação normativa, nos termos do Ofício-Circular nº 37/2018-MP.

Art. 3º O enquadramento de atividade em condições especiais observará os seguintes marcos temporais e critérios:

I - até 28 de abril de 1995, data anterior à vigência da Lei nº 9.032, de 29 de abril de 1995:

a) pela investidura de cargo cujas atribuições sejam análogas às atividades profissionais das categorias presumidamente sujeitas a condições especiais, consoante as ocupações/grupos profissionais agrupados sob o código 2.0.0 do Quadro anexo ao Decreto nº 53.831, de 25 de março de 1964, e sob o código 2.0.0 do Anexo II do Regulamento dos Benefícios da Previdência Social, aprovado pelo Decreto nº 83.080, de 24 de janeiro de 1979; ou

b) por exposição a agentes nocivos no exercício de atribuições do cargo público, em condições análogas às que permitem enquadrar as atividades profissionais como perigosas, insalubres ou penosas, conforme a classificação em função da exposição aos referidos agentes, agrupados sob o código 1.0.0 do Quadro anexo ao Decreto nº 53.831, de 1964, e sob o código 1.0.0 do Anexo I do Regulamento dos Benefícios da Previdência Social, aprovado pelo Decreto nº 83.080, de 1979.

II - de 29 de abril de 1995 até 5 de março de 1997 o enquadramento de atividade especial somente admitirá o critério contido da alínea "b" do inciso I deste artigo.

III - De 6 de março de 1997 até 6 de maio de 1999 o enquadramento de atividade especial observará a relação dos agentes nocivos prejudiciais à saúde ou à integridade física que consta do Anexo IV do Regulamento dos Benefícios da Previdência Social, aprovado pelo Decreto nº 2.172, de 5 de março de 1997.

IV - a partir de 7 de maio de 1999, o enquadramento de atividade especial observará a relação dos agentes nocivos prejudiciais à saúde ou à integridade física que consta do Anexo IV do Regulamento da Previdência Social, aprovado pelo Decreto nº 3.048, de 6 de maio de 1999.

Art. 4º O processo administrativo a que se refere o art. 1º deste Anexo deverá ser individualizado e deverá ser instruído com os seguintes documentos, cumulativamente:

I - formulário de informações sobre atividades exercidas em condições especiais;

II - Laudo Técnico de Condições Ambientais do Trabalho - LTCAT - observado o disposto no art. 6º ou os documentos aceitos em substituição àquele, consoante o que dispõe o art. 7º deste Anexo;

III - parecer da perícia médica, em relação ao enquadramento por exposição a agentes nocivos, na forma do art. 8º deste Anexo; e

IV - portaria de nomeação do servidor para investidura em cargo público efetivo, cujas atividades sejam análogas às dos profissionais das categorias presumidamente sujeitas a condições especiais estabelecidas no Anexo.

V - portaria de designação do servidor para operar com raios X e substâncias radioativas, na forma do Decreto nº 81.384, de 22 de fevereiro de 1978, quando for o caso.

Art. 5º Somente será aceito como formulário de informações sobre atividades exercidas em condições especiais, de que trata o inciso I do art. 4º deste Anexo, que o modelo de tal documento instituído para o RGPS, segundo seu período de vigência, sob as siglas SB-40, DISESBE 5235, DSS-8030 ou DIRBEN 8030, quando emitidos até 31 de dezembro de 2003, e o Perfil Profissiográfico Previdenciário - PPP, conforme Anexo V, que é o formulário exigido a partir de 1º de janeiro de 2004.

Parágrafo único. O formulário de informações sobre atividades exercidas em condições especiais ou o Perfil Profissiográfico Previdenciário - PPP - será emitido pelo órgão ou entidade responsável pelos assentamentos funcionais do servidor público no correspondente período de exercício das atribuições do cargo ou emprego público em condições especiais.

Art. 6º O LTCAT será elaborado por servidor público da esfera federal, estadual, distrital ou municipal, ou militar, ocupante de cargo público ou posto militar de médico com especialização em medicina do trabalho, ou de engenheiro ou de arquiteto com especialização em segurança do trabalho.

§ 1º O enquadramento de atividade especial por exposição ao agente físico ruído, em qualquer época da prestação do labor, exige laudo técnico pericial.

§ 2º Em relação aos demais agentes nocivos, o laudo técnico pericial será obrigatório para os períodos laborados a partir de 14 de outubro de 1996, data de publicação da Medida Provisória nº 1.523, de 11 de outubro de 1996, convertida na Lei nº 9.528, de 10 de dezembro de 1997.

§ 3º É admitido o laudo técnico emitido em data anterior ou posterior ao exercício da atividade do servidor, se não houve alteração no ambiente de trabalho ou em sua organização, desde que haja ratificação nesse sentido, pelo responsável técnico a que se refere o caput.

§ 4º Para fins de comprovação do tempo de serviço público prestado sob condições especiais não serão aceitos os seguintes documentos:

I - laudo relativo à atividade diversa, salvo quando a atividade que se pretende comprovar tiver sido exercida no mesmo órgão público;

II - laudo relativo a órgão público ou equipamentos diversos, ainda que as funções sejam similares; e

III - laudo realizado em localidade diversa daquela em que houve o exercício da atividade.

§ 5º Nas avaliações ambientais deverão ser considerados, além do disposto nos incisos do art. 3º, a metodologia e os procedimentos de avaliação estabelecidos pela Fundação Jorge Duprat Figueiredo de Segurança e Medicina do Trabalho - Fundacentro.

§ 6º Na hipótese de não terem sido estabelecidos pela Fundacentro a metodologia e os procedimentos de avaliação, caberá ao Ministério do Trabalho e Previdência - MTP - indicar outras instituições para estabelecê-los.

§ 7º O laudo técnico a que se refere este artigo conterá informações sobre a existência de tecnologia de proteção coletiva ou individual e sobre a sua eficácia e será elaborado com observância às normas editadas pelo Ministério do Trabalho e Previdência - MTP e aos procedimentos adotados pelo INSS.

Art. 7º Poderão ser aceitos em substituição ao LTCAT, ou ainda de forma complementar a este, os seguintes documentos:

I - laudos técnico-periciais emitidos por determinação da Justiça do Trabalho, em ações trabalhistas, acordos ou dissídios coletivos;

II - laudos emitidos pela Fundacentro;

III - laudos emitidos pelo Ministério do Trabalho e Previdência - MTP ou pelas delegacias Regionais do Trabalho - DRT; e

IV - laudos técnicos individuais acompanhados de:

a) autorização escrita do órgão administrativo competente, se o levantamento ambiental ficar a cargo de responsável técnico integrante dos quadros funcionais de outra esfera de Poder da União ou de governo;

b) cópia do documento de habilitação profissional do engenheiro de segurança do trabalho ou médico do trabalho, indicando sua especialidade; e

c) nome e identificação do servidor da Administração responsável pelo acompanhamento do levantamento ambiental, quando a emissão do laudo técnico ficar a cargo de servidor público pertencente aos quadros funcionais de outras esferas de governo ou Poder; e

d) data e local da realização da perícia.

V - demonstrações ambientais quando constantes dos seguintes documentos:

a) Programa de Prevenção de Riscos Ambientais - PPRA;

b) Programa de Gerenciamento de Riscos - PGR;

c) Programa de Condições e Meio Ambiente de Trabalho na Indústria da Construção - PCMAT;

d) Programa de Controle Médico de Saúde Ocupacional - PCMSO.

Art. 8º A análise para a caracterização e o enquadramento do exercício de atribuições com efetiva exposição a agentes nocivos prejudiciais à saúde ou à integridade física será de responsabilidade de Perito Médico que integre, de preferência, o quadro funcional da Administração Pública Federal, mediante a adoção dos seguintes procedimentos:

I - análise do formulário e laudo técnico ou demais demonstrações ambientais referidas no inciso V do art. 7º, deste Anexo;

II - a seu critério, inspeção de ambientes de trabalho com vistas à rerratificação das informações contidas nas demonstrações ambientais;

III - emissão de parecer médico-pericial conclusivo, descrevendo o enquadramento por agente nocivo, indicando a codificação prevista na legislação específica e o correspondente período de atividade.

Art. 9º Considera-se especial a atividade exercida com exposição a ruído quando a referida exposição tiver sido superior a:

I - 80 decibéis (dB), até 5 de março de 1997;

II - 90 decibéis (dB), a partir de 6 março de 1997 até 18 de novembro de 2003; e

III - 85 decibéis (dB), a partir de 19 de novembro de 2003.

Parágrafo único. O enquadramento a que se refere o inciso III do caput será efetuado quando o Nível de Exposição Normalizado - NEN - situar-se acima de oitenta e cinco decibéis ou for ultrapassada a dose unitária, observados:

I - os limites de tolerância definidos no Quadro Anexo I da NR-15 do Ministério do Trabalho e Previdência - MTP; e

II - as metodologias e os procedimentos definidos na Norma de Higiene Ocupacional - NHO-01 da Fundacentro.

Art. 10. Consideram-se tempo de serviço sob condições especiais, para os fins deste Anexo, desde que o segurado estivesse exercendo atividade considerada especial ao tempo das seguintes ocorrências:

I - períodos de descanso determinados pela legislação do regime estatutário da União, inclusive férias;

II - licença/afastamento por motivo de acidente, doença profissional ou doença do trabalho;

III - aposentadoria por invalidez acidentária;

IV - licença gestante, adotante e paternidade; e

V - ausência por motivo de doação de sangue, alistamento como eleitor, participação em júri, casamento e óbito de pessoa da família.

Art. 11. O responsável por informações falsas, no todo ou em parte, inserida nos documentos a que se referem os arts. 4º e 5º, responderá pela prática dos crimes previstos nos arts. 297 e 299 do Código Penal.

Art. 12. Aplicam-se, no que couber, as disposições da Instrução Normativa SGP/SEDGG/ME Nº 15, de 16 de março de 2022, da Secretaria de Gestão e Desempenho de Pessoal, que estabelece orientações sobre a concessão dos adicionais de insalubridade, periculosidade, irradiação ionizante e gratificação por trabalhos com raios-x ou substâncias radioativas, e dá outras providências.

ANEXO IV

RECONHECIMENTO DO TEMPO DE EXERCÍCIO DE ATIVIDADES COM EFETIVA EXPOSIÇÃO A AGENTES QUÍMICOS, FÍSICOS E BIOLÓGICOS PREJUDICIAIS À SAÚDE, OU ASSOCIAÇÃO DESSES AGENTES, A PARTIR DE 13 DE NOVEMBRO DE 2019, DATA DA EMENDA CONSTITUCIONAL Nº 103, DE 2019.

Art. 1º Deverá ser instituído processo administrativo para caracterização e comprovação da efetiva exposição a agentes químicos, físicos e biológicos prejudiciais à saúde, ou associação desses agentes, para fins exclusivos de concessão de aposentadoria de que trata o art. 56 desta Portaria.

§ 1º O processo a que se refere o caput será instruído pelo órgão ou entidade no qual o servidor exerceu atividades especiais e, necessariamente, deverá integrar os autos de aposentadoria, mesmo que seja concedido em outro distinto.

§ 2º A responsabilidade pelas informações prestadas nos autos a que se refere o caput é da autoridade que o instruiu, respondendo solidariamente a autoridade responsável pela concessão de aposentadoria em caso de utilização de tempo convertido sem que sejam observadas as questões formais disciplinadas neste Anexo.

Art. 2º O reconhecimento do tempo de exercício de atividades com efetiva exposição a agentes químicos, físicos e biológicos prejudiciais à saúde, ou associação desses agentes, de que trata o § 4º-C do art. 40 da Constituição Federal observará adicionalmente as condições e os requisitos estabelecidos para o Regime Geral de Previdência Social - RGPS, naquilo em que não conflitarem com as regras específicas aplicáveis aos RPPS da União, em consonância com o disposto no § 12 do art. 40 da Constituição Federal, vedada a conversão de tempo especial exercido a partir de 13 de novembro de 2019 em tempo comum.

Art. 3º A caracterização e a comprovação do exercício de atividades com efetiva exposição a agentes químicos, físicos e biológicos prejudiciais à saúde, ou a associação desses agentes, obedecerão ao disposto na legislação em vigor na época do exercício das atribuições do segurado.

§ 1º O reconhecimento de tempo de serviço público exercido com efetiva exposição a agentes químicos, físicos e biológicos prejudiciais à saúde, ou a associação desses agentes, pelos regimes próprios, dependerá de comprovação do exercício de atribuições do cargo público de modo permanente, não ocasional nem intermitente, nessas condições, inclusive no período em que o segurado estiver em exercício de mandato eletivo, cedido, com ou sem ônus para o cessionário, a órgão ou entidade da administração direta ou indireta, do mesmo ou de outro ente federativo, ou afastado do país por cessão ou licenciamento.

§ 2º A efetiva exposição a agente prejudicial à saúde configura-se quando, mesmo após a adoção das medidas de controle previstas na legislação, a nocividade não seja eliminada ou neutralizada.

§ 3º Para fins do disposto no § 2º, considera-se:

I - eliminação: a adoção de medidas de controle que efetivamente impossibilitem a exposição ao agente prejudicial à saúde no ambiente de trabalho; e

II - neutralização: a adoção de medidas de controle que reduzam a intensidade, a concentração ou a dose do agente prejudicial à saúde ao limite de tolerância previsto no Regulamento da Previdência Social, aprovado pelo Decreto nº 3.048, de 6 de maio de 1999, ou, na sua ausência, na legislação trabalhista.

§ 4º Para fins do disposto no caput, a exposição aos agentes químicos, físicos e biológicos prejudiciais à saúde, ou a associação desses agentes, deverá superar os limites de tolerância estabelecidos segundo critérios quantitativos ou estar caracterizada de acordo com os critérios da avaliação qualitativa de riscos comprovada pela descrição:

I - das circunstâncias de exposição ocupacional a determinado agente ou associação de agentes prejudiciais à saúde presentes no ambiente de trabalho durante toda a jornada de trabalho;

II - de todas as fontes e possibilidades de liberação dos agentes mencionados no inciso I deste parágrafo; e

III - dos meios de contato ou exposição dos trabalhadores, as vias de absorção, a intensidade da exposição, a frequência e a duração do contato.

§ 5º A caracterização de tempo especial não ocorre quando o Equipamento de Proteção Individual - EPI - tiver a capacidade real de neutralizar a exposição do trabalhador, salvo na hipótese de exposição a ruído acima dos limites de tolerância a que se refere o art. 10, ainda que haja declaração da eficácia do EPI quanto a este agente prejudicial à saúde, emitida pelo órgão responsável da Administração e constante do documento de comprovação de que trata o art. 6º.

§ 6º Os agentes reconhecidamente cancerígenos para humanos, listados pelo Ministério do Trabalho e Previdência - MTP, serão avaliados em conformidade com os critérios da avaliação qualitativa dispostos nos incisos I a III do § 4º e na forma do art. 9º e, caso sejam adotadas as medidas de controle previstas na legislação trabalhista que eliminem a nocividade, será descaracterizada a efetiva exposição.

§ 7º É vedada a caracterização por categoria profissional ou ocupação para concessão de aposentadoria especial.

§ 8º Não será admitida a comprovação de tempo de serviço público de que trata o § 1º por meio de prova exclusivamente testemunhal ou com base no mero recebimento de adicional de insalubridade ou equivalente.

Art. 4º O enquadramento de atividade em condições especiais observará os seguintes marcos temporais e critérios:

I - Até 5 de março de 1997, o enquadramento de atividade especial somente admitirá o critério de efetiva exposição a agentes químicos, físicos e biológicos prejudiciais à saúde, ou a associação desses agentes, no exercício de atribuições do cargo público, em condições análogas às que permitem enquadrar as atividades profissionais como perigosas, insalubres ou penosas, conforme a classificação em função da efetiva exposição aos referidos agentes, agrupados sob o código 1.0.0 do Quadro anexo ao Decreto nº 53.831, de 1964 e sob o código 1.0.0 do Anexo I do Regulamento dos Benefícios da Previdência Social, aprovado pelo Decreto nº 83.080, de 1979.

II - De 6 de março de 1997 até 6 de maio de 1999 o enquadramento de atividade especial observará a relação dos agentes nocivos prejudiciais à saúde ou à integridade física que consta do Anexo IV do Regulamento dos Benefícios da Previdência Social, aprovado pelo Decreto nº 2.172, de 5 de março de 1997.

III - A partir de 7 de maio de 1999, o enquadramento de atividade especial observará a relação dos agentes nocivos prejudiciais à saúde ou à integridade física que consta do Anexo IV do Regulamento da Previdência Social, aprovado pelo Decreto nº 3.048, de 6 de maio de 1999.

Art. 5º O processo administrativo a que se refere o art. 1º deste Anexo deverá ser individualizado e deverá ser instruído com os seguintes documentos, cumulativamente:

I - documento de comprovação de efetiva exposição a agentes prejudiciais à saúde, em meio físico, ou documento eletrônico que venha a substituí-lo;

II - Laudo Técnico de Condições Ambientais do Trabalho - LTCAT, observado o disposto no art. 7º, ou os documentos aceitos em substituição àquele, consoante o art. 8º; e

III - parecer da perícia médica, em relação ao enquadramento por efetiva exposição a agentes prejudiciais à saúde, na forma do art. 9º.

Art. 6º O documento de comprovação de efetiva exposição a agentes prejudiciais à saúde de que trata o inciso I do caput do art. 5º é o modelo de documento instituído para o RGPS, segundo seu período de vigência, sob as siglas SB-40, DISESBE 5235, DSS-8030 ou DIRBEN 8030, que serão aceitos, quando emitidos até 31 de dezembro de 2003, e o Perfil Profissiográfico Previdenciário - PPP, conforme Anexo V, que é o formulário exigido a partir de 1º de janeiro de 2004.

Parágrafo único. O documento de comprovação de efetiva exposição será emitido pelo órgão ou entidade responsável pelos assentamentos funcionais do segurado no correspondente período de exercício das atribuições do cargo, observado o disposto no art. 3º.

Art. 7º O LTCAT será expedido por médico do trabalho ou engenheiro de segurança do trabalho que integre, de preferência, o quadro funcional da Administração Pública responsável pelo levantamento ambiental, podendo esse encargo ser atribuído a terceiro que comprove o mesmo requisito de habilitação técnica.

§ 1º O enquadramento de atividade especial por exposição ao agente físico ruído, em qualquer época da prestação do labor, exige laudo técnico pericial.

§ 2º Em relação aos demais agentes nocivos, o laudo técnico pericial será obrigatório para os períodos laborados a partir de 14 de outubro de 1996, data de publicação da Medida Provisória nº 1.523, posteriormente convertida na Lei nº 9.528, de 10 de dezembro de 1997.

§ 3º É admitido o laudo técnico emitido em data anterior ou posterior ao exercício da atividade pelo segurado, se não houve alteração no ambiente de trabalho ou em sua organização, desde que haja ratificação, nesse sentido, pelo responsável técnico a que se refere o caput.

§ 4º Não serão aceitos:

I - laudo relativo à atividade diversa, salvo quando efetuada no mesmo órgão público;

II - laudo relativo a órgão público ou equipamento diversos, ainda que as funções sejam similares; e

III - laudo realizado em localidade diversa daquela em que houve o exercício da atividade.

§ 5º Nas avaliações ambientais deverão ser considerados, além do disposto nos incisos do art. 4º, a metodologia e os procedimentos de avaliação estabelecidos pela Fundação Jorge Duprat Figueiredo de Segurança e Medicina do Trabalho - Fundacentro.

§ 6º Na hipótese de não terem sido estabelecidos pela Fundacentro a metodologia e os procedimentos de avaliação, caberá ao MTP indicar outras instituições para estabelecê-los.

§ 7º O laudo técnico a que se refere este artigo conterá informações sobre a existência de tecnologia de proteção coletiva ou individual e sobre a sua eficácia e será elaborado com observância às normas editadas pelo MTP e aos procedimentos adotados pelo INSS.

Art. 8º Poderão ser aceitos em substituição ao LTCAT, ou ainda de forma complementar a este, os seguintes documentos:

I - laudos técnico-periciais emitidos por determinação da Justiça do Trabalho, em ações trabalhistas, acordos ou dissídios coletivos;

II - laudos emitidos pela Fundacentro;

III - laudos emitidos pelo MTP, ou, ainda, pelas Delegacias Regionais do Trabalho - DRT;

IV - laudos individuais acompanhados de:

a) autorização escrita do órgão administrativo competente, se o levantamento ambiental ficar a cargo de responsável técnico não integrante do quadro funcional da respectiva Administração;

b) cópia do documento de habilitação profissional do engenheiro de segurança do trabalho ou médico do trabalho, indicando sua especialidade;

c) nome e identificação do servidor da Administração responsável pelo acompanhamento do levantamento ambiental, quando a emissão do laudo ficar a cargo de profissional não pertencente ao quadro de pessoal do órgão ou da entidade; e

d) data e local da realização da perícia; e

V - demonstrações ambientais constantes dos seguintes documentos:

a) Programa de Prevenção de Riscos Ambientais - PPRA;

b) Programa de Gerenciamento de Riscos - PGR;

c) Programa de Condições e Meio Ambiente de Trabalho na Indústria da Construção - PCMAT; e

d) Programa de Controle Médico de Saúde Ocupacional - PCMSO.

Art. 9º A análise para a caracterização e o enquadramento do exercício de atividades com efetiva exposição a agentes químicos, físicos e biológicos prejudiciais à saúde, ou a associação desses agentes, será de responsabilidade de Perito Médico que integre, de preferência, o quadro de pessoal da Administração Pública do ente concessor, mediante a adoção dos seguintes procedimentos:

I - análise do documento de comprovação de efetiva exposição a agentes prejudiciais à saúde e laudo técnico ou demais demonstrações ambientais referidas no inciso V do caput do art. 8º;

II - a seu critério, inspeção de ambientes de trabalho com vistas à rerratificação das informações contidas nas demonstrações ambientais; e

III - emissão de parecer médico-pericial conclusivo, descrevendo o enquadramento por efetiva exposição a agentes prejudiciais à saúde, indicando a codificação contida na legislação específica e o correspondente período de atividade.

Art. 10. Considera-se especial a atividade exercida com efetiva exposição a ruído quando a exposição ao ruído tiver sido superior a:

I - 80 (oitenta) decibéis (dB), até 5 de março de 1997;

II - 90 (noventa) dB, a partir de 6 março de 1997 até 18 de novembro de 2003; e

III - 85 (oitenta e cinco) dB, a partir de 19 de novembro de 2003.

Parágrafo único. O enquadramento a que se refere o inciso III do caput, será efetuado quando o Nível de Exposição Normalizado - NEN se situar acima de 85 (oitenta e cinco) decibéis ou for ultrapassada a dose unitária, observados:

I - os limites de tolerância definidos no Quadro Anexo I da NR-15 do MTP; e

II - as metodologias e os procedimentos definidos na Norma de Higiene Ocupacional - NHO-01 da Fundacentro.

Art. 11 Considera-se tempo de serviço sob condições especiais, para os fins deste Anexo, desde que o segurado estivesse exercendo atividade considerada especial ao tempo das seguintes ocorrências:

I - períodos de descanso determinados pela legislação do regime estatutário da União, inclusive férias;

II - licença gestante, adotante e paternidade; e

III - ausência por motivo de doação de sangue, alistamento como eleitor, participação em júri, casamento e óbito de pessoa da família.

Art. 12. No cálculo e no reajustamento dos proventos de aposentadorias especiais dos segurados, cujas atividades sejam exercidas com efetiva exposição a agentes químicos, físicos e biológicos prejudiciais à saúde, ou a associação desses agentes, aplica-se o art. 26 da Emenda Constitucional nº 103, de 2019, inclusive quanto ao reajuste do benefício nos termos estabelecidos para o RGPS.

Art. 13. O responsável por informações falsas, no todo ou em parte, inserida nos documentos a que se referem os arts. 5º e 6º, responderá pela prática dos crimes previstos nos arts. 297 e 299 do Código Penal.

Art. 14. Aplicam-se, no que couber, as disposições da Instrução Normativa da SGP/SEGGG/ME nº 15 de 16 de março de 2022, da Secretaria de Gestão e Desempenho de Pessoal, que estabelece orientações sobre a concessão dos adicionais de insalubridade, periculosidade, irradiação ionizante e gratificação por trabalhos com raios-x ou substâncias radioativas, e dá outras providências.

Art. 15. Este Anexo não será aplicado para conversão do tempo de exercício de atividades com efetiva exposição a agentes químicos, físicos e biológicos prejudiciais à saúde, ou associação desses agentes, a partir de 13 de novembro de 2019, em tempo de contribuição comum, inclusive para fins de contagem recíproca de tempo de contribuição.

ANEXO V

PERFIL PROFISSIOGRÁFICO PREVIDENCIÁRIO - PPP

DADOS ADMINISTRATIVOS

1 - CNPJ do Domicílio Tributário/CEI/CAEPF/CNO	2 - Nome Empresarial	3 - CNAE
4 - Nome do Trabalhador	5 - BR/PDH	6 - CPF

7 - Data de Nascimento	8 - Sexo (F/M)	9 - Matrícula do Trabalhador no eSocial	10 - Data de Admissão	11 - Regime Revezamento

12 - CAT REGISTRADA

12.1 - Data do Registro	12.2 - Data do Registro	12.1 - Data do Registro	12.2 - Data do Registro

13 - LOTAÇÃO E ATRIBUIÇÃO

13.1 - Período	13.2 - CNPJ/ CEI/ CAEPF/CNO	13.3 - Setor	13.4 - Cargo	13.5 - Função	13.6 - CBO	13.7 - Código GFIP/ eSocial
___/____/___ a ___/____/___						
___/____/___ a ___/____/___						
___/____/___ a ___/____/___						
___/____/___ a ___/____/___						

14 - PROFISSIOGRAFIA

14.1 - Período	14.2 - Descrição das Atividades
___/____/___ a ___/____/___	
___/____/___ a ___/____/___	
___/____/___ a ___/____/___	
___/____/___ a ___/____/___	

REGISTROS AMBIENTAIS

15 - EXPOSIÇÃO A FATORES DE RISCOS

15.1 - Período	15.2 - Tipo	15.3 - Fator de Risco	15.4 - Intensidade/ Concentração	15.5 - Técnica Utilizada	15.6 - EPC Eficaz (S/N)	15.7 - EPI Eficaz (S/N)	15.8 - CA EPI	15.9 - Atendimento aos requisitos das NR-06 e NR-01 do MTP pelos EPIs informados (*)				
								Medida de Proteção	Condição de Funcionamento do EPI	Prazo de Validade do EPI	Periodicidade da Troca do EPI	Higienização do EPI
___/____/___ a ___/____/___												
___/____/___ a ___/____/___												
___/____/___ a ___/____/___												
___/____/___ a ___/____/___												

* Legenda do item 15.9:
Medida de Proteção: Foi tentada a implementação de medidas de proteção coletiva, de caráter administrativo ou d optando-se pelo Equipamento de Proteção Individual - EPI por
inviabilidade técnica, insuficiência ou interinidade, ou ainda em caráter complementar ou emergencial?
Condição de Funcionamento do EPI: Foram observadas as condições de funcionamento e do uso ininterrupto do EP conforme especificação técnica do fabricante, ajustada às condições?
Prazo de Validade do EPI: Foi observado o prazo de validade, conforme Certificado de Aprovação - CA do MTP? Periocidade da Troca do EPI: Foi observada a periodicidade de troca definida pelos programas ambientais, comprov assinado pelo usuário em época própria?
Higienização do EPI: Foi observada a higienização?

16. RESPONSÁVEL PELOS REGISTROS AMBIENTAIS

16.1 - Período	16.2 - CPF	16.3 Registro Conselho de Classe	16.4 Nome do profissional legalmente
___/____/___ a ___/____/___			
___/____/___ a ___/____/___			
___/____/___ a ___/____/___			
___/____/___ a ___/____/___			

RESPONSÁVEIS PELAS INFORMAÇÕES

<table>
<tr><td colspan="3">Declaramos, para todos fins de direito, que as informações prestadas neste documento são verídicas e foram transc administrativos, das demonstrações ambientais e dos programas médicos de responsabilidade da empresa. É de n prestação de informações falsas neste documento constitui crime de falsificação de documento público, nos termo e, também, que tais informações são de caráter privativo do trabalhador, constituindo crime, nos termos da Lei nº 9. práticas discriminatórias decorrentes de sua exigibilidade por outrem, bem como de sua divulgação para terceiros, pelos órgãos públicos competentes.</td></tr>
<tr><td>17 - Data da Emissão do PPP</td><td colspan="2">18 - Representante Legal da Empresa</td></tr>
<tr><td>_____/_____/_____</td><td>18.1 - NIT do Representante Legal</td><td>18.2 - Nome do Representante Legal</td></tr>
<tr><td></td><td></td><td></td></tr>
<tr><td></td><td>(Carimbo da Empresa)</td><td>______________________________
(Assinatura física ou eletrônica)</td></tr>
<tr><td colspan="3">OBSERVAÇÕES</td></tr>
<tr><td colspan="3"></td></tr>
<tr><td colspan="3"></td></tr>
</table>

INSTRUÇÕES DE PREENCHIMENTO DO PPP

CAMPO	DESCRIÇÃO	INSTRUÇÃO DE PREENCHIMENTO
DADOS ADMINISTRATIVOS		

1	CNPJ do Domicílio Tributário/ CEI/ CAEPF/ CNO	CNPJ relativo ao estabelecimento escolhido como domicílio tributário, nos termos do art. 127 do CTN, no formato XXXXXXXX/XXXX-XX; ou Matrícula no Cadastro Específico do INSS (Matrícula CEI) relativa à obra realizada por Contribuinte Individual ou ao estabelecimento escolhido como domicílio tributário que não possua CNPJ, no formato XX.XXX.XXXXX/XX, ambos compostos por caracteres numéricos; ou Cadastro das Atividades Econômicas das Pessoas Físicas (CAEPF) ou Cadastro Nacional de Obras (CNO) do empregador no formato, respectivamente, XXX.XXX.XXX/XXX-XX e XX.XXX.XXXXX/XX.
2	NOME EMPRESARIAL	Até quarenta caracteres alfanuméricos.
3	CNAE	Classificação Nacional de Atividades Econômicas da Empresa - CNAE, completo, com sete caracteres numéricos, no formato XXXXXX-X, instituído pelo IBGE por meio da Resolução CONCLA nº 07, de 16 de dezembro de 2002. A tabela de códigos CNAE - Fiscal pode ser consultada na internet, no sitewww.cnae.ibge.gov.br
4	NOME DO TRABALHADOR	Até quarenta caracteres alfabéticos.
5	BR/PDH	BR - Beneficiário Reabilitado; PDH - Portador de Deficiência Habilitado; NA - Não Aplicável. Preencher com base no art. 93 da Lei nº 8.213, de 1991, que estabelece a obrigatoriedade do preenchimento dos cargos de empresas com cem ou mais empregados com beneficiários reabilitados ou pessoas portadoras de deficiência, habilitadas, na seguinte proporção: I - até 200 empregados 2%; II - de 201 a 500 3%; III - de 501 a 1.000 4%; IV - de 1.001 em diante 5%.
6	CPF	Número de Cadastro da Pessoa Física com onze caracteres numéricos, no formato XXX.XXX.XXX-XX.
7	DATA DO NASCIMENTO	No formato DD/MM/AAAA
8	SEXO (F/M)	F - Feminino; M - Masculino
9	MATRÍCULA DO TRABALHADOR NO eSOCIAL	Número único composto pelo código da empresa e pelo número do empregado.
10	DATA DE ADMISSÃO	No formato DD/MM/AAAA
11	REGIME DE REVEZAMENTO	Regime de Revezamento de Trabalho, para trabalhos em turnos ou escala, especificando tempo trabalhado e tempo de descanso, com até quinze caracteres alfanuméricos.
		Exemplo: 24 x 72 horas; 14 x 21 dias; 2 x 1 meses. Se inexistente, preencher com NA - Não Aplicável.
12	CAT REGISTRADA	Informações sobre as Comunicações de Acidente do Trabalho registradas pela empresa na Previdência Social, nos termos do art. 22 da Lei nº 8.213, de 1991, do art. 169 da CLT, do art. 336 do RPS, aprovado pelo Decreto nº 3.048, de 1999, do item 7.4.8, alínea "a", da NR-07 do MTP e dos itens 4.3 e 6.1 do Anexo 13-A da NR-15 do MTP, disciplinado pela Portaria MPAS nº 5.051, de 1999, que aprova o Manual de Instruções para Preenchimento da CAT.
12.1	DATA DO REGISTRO	No formato DD/MM/AAAA.

12.2	NÚMERO DA CAT	Com treze caracteres numéricos, com formato XXXXXXXXXX-X/XX. Os dois últimos caracteres correspondem a um número sequencial relativo ao mesmo acidente, identificado por NIT, CNPJ e data do acidente.
13	LOTAÇÃO E ATRIBUIÇÃO	Informações sobre o histórico de lotação e atribuições do trabalhador, por período. A alteração de qualquer um dos campos - 13.2 a 13.7 - implica, obrigatoriamente, a criação de nova linha, com discriminação do período, repetindo as informações que não foram alteradas.
13.1	PERÍODO	Data de início e data de fim do período, ambas no formato DD/MM/AAAA. No caso de trabalhador ativo, a data de fim do último período não deverá ser preenchida.
13.2	CNPJ/CEI/CAEPF/CNO	Local onde efetivamente o trabalhador exerce suas atividades. Deverá ser informado o CNPJ do estabelecimento de lotação do trabalhador ou da empresa tomadora de serviços, no formato XXXXXXXX/XXXX- XX ou Matrícula CEI da obra ou do estabelecimento que não possua CNPJ, no formato XX.XXX.XXXXX/XX, ou o Cadastro das Atividades Econômicas das Pessoas Físicas (CAEPF), no formato XXX.XXX.XXX/XXX-XX ou o Cadastro Nacional de Obras (CNO) do empregador no formato XX.XXX.XXXXX/XX.
13.3	SETOR	Lugar administrativo na estrutura organizacional da empresa, onde o trabalhador exerce suas atividades laborais, com até quinze caracteres alfanuméricos.
13.4	CARGO	Cargo do trabalhador, constante na CTPS, se empregado ou trabalhador avulso, ou constante no Recibo de Produção e Livro de Matrícula, se cooperado, com até trinta caracteres alfanuméricos.
13.5	FUNÇÃO	Lugar administrativo na estrutura organizacional da empresa, onde o trabalhador tenha atribuição de comando, chefia, coordenação, supervisão ou gerência. Quando inexistente a função, preencher com NA - Não Aplicável, com até trinta caracteres alfanuméricos.
13.6	CBO	Classificação Brasileira de Ocupação - CBO vigente à época, com seis caracteres numéricos: 1 - No caso de utilização da tabela CBO relativa a 1994, utilizar a CBO completa com cinco caracteres. 2 - No caso de utilização da tabela CBO relativa a 2002, utilizar a família do CBO com quatro caracteres, completando com "0" (zero) a primeira posição. A tabela de CBO pode ser consultada na internet, no sitehttp://cbo.maisemprego.mte.gov.br/cbosite/pages/home.jsf OBS.: Após a alteração da GFIP, somente será aceita a CBO completa, com seis caracteres numéricos, conforme a nova tabela CBO relativa a 2002.
13.7	CÓDIGO DE OCORRÊNCIA DA GFIP	Código Ocorrência da GFIP para o trabalhador, com dois caracteres numéricos, conforme Manual da GFIP para usuários do SEFIP.
14	PROFISSIOGRAFIA	Informações sobre a profissiografia do trabalhador, por período. A alteração do campo 14.2 implica, obrigatoriamente, a criação de nova linha, com discriminação do período.
14.1	PERÍODO	Data de início e data de fim do período, ambas no formato DD/MM/AAAA. No caso de trabalhador ativo, a data de fim do último período não deverá ser preenchida.
14.2	DESCRIÇÃO DAS ATIVIDADES	Descrição das atividades, físicas ou mentais, realizadas pelo trabalhador, por força do poder de comando a que se submete, com até quatrocentos caracteres alfanuméricos. As atividades deverão ser descritas com exatidão e de forma sucinta, com a utilização de verbos no infinitivo impessoal.
REGISTROS AMBIENTAIS		
15	EXPOSIÇÃO A FATORES DE RISCOS	Informações sobre a exposição do trabalhador a fatores de riscos ambientais, por período, ainda que estejam neutralizados, atenuados ou exista proteção eficaz. Facultativamente, também poderão ser indicados os fatores de riscos ergonômicos e mecânicos. A alteração de qualquer um dos campos - 15.2 a 15.8 - implica, obrigatoriamente, a criação de nova linha, com discriminação do período, repetindo as informações que não foram alteradas. OBS.: Após a implantação da migração dos dados do PPP em meio magnético pela Previdência Social, as informações relativas aos fatores de riscos ergonômicos e mecânicos passarão a ser obrigatórias.
15.1	PERÍODO	Data de início e data de fim do período, ambas no formato DD/MM/AAAA. No caso de trabalhador ativo, a data de fim do último período não deverá ser preenchida.
15.2	TIPO	F - Físico; Q - Químico; B - Biológico; E -Ergonômico/Psicossocial, M - Mecânico/de Acidente, conforme classificação adotada pelo Ministério da Saúde, em "Doenças Relacionadas ao Trabalho: Manual de Procedimentos para os Serviços de Saúde", de 2001. A indicação do Tipo "E" e "M" é facultativa. O que determina a associação de agentes é a superposição de períodos com fatores de risco diferentes.
15.3	FATOR DE RISCO	Descrição do fator de risco, com até quarenta caracteres alfanuméricos. Em se tratando do Tipo "Q", deverá ser informado o nome da substância ativa, não sendo aceitas citações de nomes comerciais.

15.4	INTENSIDADE / CONCENTRAÇÃO	Intensidade ou Concentração, dependendo do tipo de agente, com até quinze caracteres alfanuméricos. Caso o fator de risco não seja passível de mensuração, preencher com NA - Não Aplicável.
15.5	TÉCNICA UTILIZADA	Técnica utilizada para apuração do item 15.4, com até quarenta caracteres alfanuméricos. Caso o fator de risco não seja passível de mensuração, preencher com NA - Não Aplicável.
15.6	EPC EFICAZ (S/N)	S - Sim; N - Não, considerando se houve ou não a eliminação ou a neutralização, com base no informado nos itens 15.2 a 15.5, asseguradas as condições de funcionamento do EPC ao longo do tempo, conforme especificação técnica do fabricante e respectivo plano de manutenção.
15.7	EPI EFICAZ (S/N)	S - Sim; N - Não, considerando se houve ou não a atenuação, com base no informado nos itens 15.2 a 15.5, observado o disposto na NR- 06 do MTP, assegurada a observância*:
15.8	C.A. EPI	Número do Certificado de Aprovação do MTP para o Equipamento de Proteção Individual referido no campo 154.7, com cinco caracteres numéricos. Caso não seja utilizado EPI, preencher com NA - Não Aplicável.
15.9	ATENDIMENTO AOS REQUISITOS DAS NR-06 E NR-01 DO MTP PELOS EPI INFORMADOS	Observação do disposto na NR-06 do MTP, assegurada a observância*:
16	RESPONSÁVEL PELOS REGISTROS AMBIENTAIS	Informações sobre os responsáveis pelos registros ambientais, por período.
16.1	PERÍODO	Data de início e data de fim do período, ambas no formato DD/MM/AAAA. No caso de trabalhador ativo, sem alteração do responsável, a data de fim do último período não deverá ser preenchida.
16.2	CPF	Número de Cadastro da Pessoa Física com onze caracteres numéricos, no formato XXX.XXX.XXX-XX.
16.3	REGISTRO CONSELHO DE CLASSE	Número do registro profissional no Conselho de Classe, com nove caracteres alfanuméricos, no formato XXXXXX-X/XX ou XXXXXXX/XX. A parte "-X" corresponde à D - Definitivo ou P - Provisório. A parte "/XX" deve ser preenchida com a UF, com dois caracteres alfabéticos. A parte numérica deverá ser completada com zeros à esquerda.
16.4	NOME DO PROFISSIONAL LEGALMENTE HABILITADO	Até quarenta caracteres alfabéticos.
RESPONSÁVEIS PELAS INFORMAÇÕES		
17	DATA DE EMISSÃO DO PPP	Data em que o PPP é impresso e assinado pelos responsáveis, no formato DD/MM/AAAA.
18	REPRESENTANTE LEGAL DA EMPRESA	Informações sobre o Representante Legal da empresa.
18.1	NIT DO REPRESENTANTE LEGAL	NIT do representante legal da empresa com onze caracteres numéricos, no formato XXX.XXXXX.XX-X. O NIT corresponde ao número do PIS/PASEP/CI, sendo que, no caso de CI, pode ser utilizado o número de inscrição no SUS ou na Previdência Social.
18.2	NOME DO REPRESENTANTE LEGAL	Até quarenta caracteres alfabéticos.
	CARIMBO DA EMPRESA E ASSINATURA DO REPRESENTANTE LEGAL	Carimbo da empresa e assinatura, física ou eletrônica, do Representante Legal.
OBSERVAÇÕES		
Devem ser incluídas neste campo informações necessárias à análise do PPP, bem como facilitadoras do requerimento do benefício, como por exemplo: esclarecimento sobre alteração de razão social da empresa, no caso de sucessora ou indicador de empresa pertencente a grupo econômico.		
OBS.: É facultada a inclusão de informações complementares ou adicionais ao PPP.		

* 1. da hierarquia estabelecida no item 9.3.5.4 da NR-01 do MTP (medidas de proteção coletiva, medidas de caráter administrativo ou de organização do trabalho e utilização de EPI, nesta ordem, admitindo-se a utilização de EPI somente em situações de inviabilidade técnica, insuficiência ou interinidade à implementação do EPC, ou ainda em caráter complementar ou emergencial);
2. das condições de funcionamento do EPI ao longo do tempo, conforme especificação técnica do fabricante, ajustada às condições de campo;
3. do prazo de validade, conforme Certificado de Aprovação do MTP;
4. da periodicidade de troca definida pelos programas ambientais, devendo esta ser comprovada mediante recibo; e
5. dos meios de higienização.

Este conteúdo não substitui o publicado na versão certificada.

PARTE 15 – PREVIDÊNCIA COMPLEMENTAR NO SERVIÇO PÚBLICO

LEI Nº 12.618, DE 30 DE ABRIL DE 2012

Institui o regime de previdência complementar para os servidores públicos federais titulares de cargo efetivo, inclusive os membros dos órgãos que menciona; fixa o limite máximo para a concessão de aposentadorias e pensões pelo regime de previdência de que trata o art. 40 da Constituição Federal; autoriza a criação de 3 (três) entidades fechadas de previdência complementar, denominadas Fundação de Previdência Complementar do Servidor Público Federal do Poder Executivo (Funpresp-Exe), Fundação de Previdência Complementar do Servidor Público Federal do Poder Legislativo (Funpresp-Leg) e Fundação de Previdência Complementar do Servidor Público Federal do Poder Judiciário (Funpresp-Jud); altera dispositivos da Lei nº 10.887, de 18 de junho de 2004; e dá outras providências.

CAPÍTULO I. DO REGIME DE PREVIDÊNCIA COMPLEMENTAR

Art. 1º. É instituído, nos termos desta Lei, o regime de previdência complementar a que se referem os §§ 14, 15 e 16 do art. 40 da Constituição Federal para os servidores públicos titulares de cargo efetivo da União, suas autarquias e fundações, inclusive para os membros do Poder Judiciário, do Ministério Público da União e do Tribunal de Contas da União.

§ 1º. Os servidores e os membros referidos no *caput* deste artigo que tenham ingressado no serviço público até a data anterior ao início da vigência do regime de previdência complementar poderão, mediante prévia e expressa opção, aderir ao regime de que trata este artigo, observado o disposto no art. 3º desta Lei. (Renumerado do parágrafo único pela Lei nº 13.183, de 2015)

§ 2º. Os servidores e os membros referidos no *caput* deste artigo com remuneração superior ao limite máximo estabelecido para os benefícios do Regime Geral de Previdência Social, que venham a ingressar no serviço público a partir do início da vigência do regime de previdência complementar de que trata esta Lei, serão automaticamente inscritos no respectivo plano de previdência complementar desde a data de entrada em exercício. (Incluído pela Lei nº 13.183, de 2015)

§ 3º. Fica assegurado ao participante o direito de requerer, a qualquer tempo, o cancelamento de sua inscrição, nos termos do regulamento do plano de benefícios. (Incluído pela Lei nº 13.183, de 2015)

§ 4º. Na hipótese do cancelamento ser requerido no prazo de até noventa dias da data da inscrição, fica assegurado o direito à restituição integral das contribuições vertidas, a ser paga em até sessenta dias do pedido de cancelamento, corrigidas monetariamente. (Incluído pela Lei nº 13.183, de 2015)

§ 5º. O cancelamento da inscrição previsto no § 4º não constitui resgate. (Incluído pela Lei nº 13.183, de 2015)

§ 6º. A contribuição aportada pelo patrocinador será devolvida à respectiva fonte pagadora no mesmo prazo da devolução da contribuição aportada pelo participante. (Incluído pela Lei nº 13.183, de 2015)

Art. 2º. Para os efeitos desta Lei, entende-se por:

I – patrocinador: a União, suas autarquias e fundações, em decorrência da aplicação desta Lei;

II – participante: o servidor público titular de cargo efetivo da União, inclusive o membro do Poder Judiciário, do Ministério Público e do Tribunal de Contas da União, que aderir aos planos de benefícios administrados pelas entidades a que se refere o art. 4º desta Lei;

III – assistido: o participante ou o seu beneficiário em gozo de benefício de prestação continuada.

Art. 3º. Aplica-se o limite máximo estabelecido para os benefícios do regime geral de previdência social às aposentadorias e pensões a serem concedidas pelo regime de previdência da União de que trata o art. 40 da Constituição Federal, observado o disposto na Lei nº 10.887, de 18 de junho de 2004, aos servidores e membros referidos no *caput* do art. 1º desta Lei que tiverem ingressado no serviço público:

I – a partir do início da vigência do regime de previdência complementar de que trata o art. 1º desta Lei, independentemente de sua adesão ao plano de benefícios; e

II – até a data anterior ao início da vigência do regime de previdência complementar de que trata o art. 1º desta Lei, e nele tenham permanecido sem perda do vínculo efetivo, e que exerçam a opção prevista no § 16 do art. 40 da Constituição Federal.

§ 1º. É assegurado aos servidores e membros referidos no inciso II do *caput* deste artigo o direito a um benefício especial calculado com base nas contribuições recolhidas ao regime de previdência da União, dos Estados, do Distrito Federal ou dos Municípios de que trata o art. 40 da Constituição Federal, observada a sistemática estabelecida nos §§ 2º a 3º deste artigo e o direito à compensação financeira de que trata o § 9º do art. 201 da Constituição Federal, nos termos da lei.

§ 2º O benefício especial terá como referência as remunerações anteriores à data de mudança do regime, utilizadas como base para as contribuições do servidor ao regime próprio de previdência da União, e, na hipótese de opção do servidor por averbação para fins de contagem recíproca, as contribuições decorrentes de regimes próprios de previdência dos Estados, do Distrito Federal e dos Municípios, atualizadas pelo Índice Nacional de Preços ao Consumidor Amplo (IPCA), divulgado pela Fundação Instituto Brasileiro de Geografia e Estatística (IBGE), ou pelo índice que vier a substituí-lo, e será equivalente a: (Redação dada pela Lei 14.463/2022)

I - para os termos de opção firmados até 30 de novembro de 2022, inclusive na vigência da Medida Provisória nº 1.119, de 25 de maio de 2022: a diferença entre a média aritmética simples das maiores remunerações referidas neste parágrafo correspondentes a 80% (oitenta por cento) de todo o período contributivo desde a competência de julho de 1994 ou desde a do início da contribuição, se posterior àquela competência, e o limite máximo a que se refere o caput deste artigo, multiplicada pelo fator de conversão; ou (Acrescido pela Lei 14.463/2022)

II - para os termos de opção firmados a partir de 1º de dezembro de 2022, em novas aberturas de prazo de migração, se houver: a diferença entre a média aritmética simples das remunerações referidas neste parágrafo correspondentes a 100% (cem por cento) de todo o período contributivo desde a competência de julho de 1994 ou desde a do início da contribuição, se posterior àquela competência, e o limite máximo a que se refere o caput, multiplicada pelo fator de conversão. (Acrescido pela Lei 14.463/2022)

§ 3º O fator de conversão a que se refere o § 2º deste artigo, cujo resultado é limitado ao máximo de 1 (um), será calculado pela fórmula FC = Tc/Tt, na qual: (Redação dada pela Lei 14.463/2022)

I - FC: fator de conversão; (Acrescido pela Lei 14.463/2022)

II - Tc: quantidade de contribuições mensais efetuadas para o regime próprio de previdência social da União, dos Estados, do Distrito Federal e dos Municípios de que trata o art. 40 da Constituição Federal, efetivamente pagas pelo servidor titular de cargo efetivo da União ou por membro do Poder Judiciário da União, do Tribunal de Contas da União, do Ministério Público da União ou da Defensoria Pública da União até a data da opção; e (Acrescido pela Lei 14.463/2022)

III - Tt: (Acrescido pela Lei 14.463/2022)

a) para os termos de opção firmados até 30 de novembro de 2022, inclusive na vigência da Medida Provisória nº 1.119, de 25 de maio de 2022:

1. igual a 455 (quatrocentos e cinquenta e cinco), quando se tratar de servidor titular de cargo efetivo da União ou membro do Poder Judiciário da União, do Tribunal de Contas da União, do Ministério Público da União ou da Defensoria Pública da União, se homem;

2. igual a 390 (trezentos e noventa), quando se tratar de servidor titular de cargo efetivo da União ou membro do Poder Judiciário da União, do Tribunal de Contas da União, do Ministério Público da União ou da Defensoria Pública da União, se mulher, ou servidor da União titular de cargo efetivo de professor da educação infantil ou do ensino fundamental; ou

3. igual a 325 (trezentos e vinte e cinco), quando se tratar de servidor titular de cargo efetivo da União de professor da educação infantil ou do ensino fundamental, se mulher; e

b) para os termos de opção firmados a partir de 1º de dezembro de 2022, em novas aberturas de prazo de migração, se houver: igual a 520 (quinhentos e vinte).

§ 4º Para os termos de opção firmados até 30 de novembro de 2022, inclusive na vigência da Medida Provisória nº 1.119, de 25 de maio de 2022, o fator de conversão será ajustado pelo órgão competente para a concessão do benefício quando, na forma prevista nas respectivas leis complementares, o tempo de contribuição exigido para concessão da aposentadoria de servidor com deficiência, ou que exerça atividade de risco, ou cujas atividades sejam exercidas sob condições especiais que prejudiquem a saúde ou a integridade física, for inferior ao Tt de que trata a alínea "a" do inciso III do § 3º deste artigo. (Redação dada pela Lei 14.463/2022)

§ 5º. O benefício especial será pago pelo órgão competente da União, por ocasião da concessão de aposentadoria, inclusive por invalidez, ou pensão por morte pelo regime próprio de previdência da União, de que trata o art. 40 da Constituição Federal, enquanto perdurar o benefício pago por esse regime, inclusive junto com a gratificação natalina.

§ 6º O benefício especial: (Redação dada pela Lei 14.463/2022)

I - é opção que importa ato jurídico perfeito; (Acrescido pela Lei 14.463/2022)

II - será calculado de acordo com as regras vigentes no momento do exercício da opção de que trata o § 16 do art. 40 da Constituição Federal; (Acrescido pela Lei 14.463/2022)

III - será atualizado pelo mesmo índice aplicável ao benefício de aposentadoria ou pensão mantido pelo Regime Geral de Previdência Social;(Acrescido pela Lei 14.463/2022)

IV - não está sujeito à incidência de contribuição previdenciária; e (Acrescido pela Lei 14.463/2022)

V - está sujeito à incidência de imposto sobre a renda. (Acrescido pela Lei 14.463/2022)

§ 7º. O prazo para a opção de que trata o inciso II do *caput* deste artigo será de 24 (vinte e quatro) meses, contados a partir do início da vigência do regime de previdência complementar instituído no *caput* do art. 1º desta Lei.

§ 8º. O exercício da opção a que se refere o inciso II do *caput* é irrevogável e irretratável, não sendo devida pela União e suas autarquias e fundações públicas qualquer contrapartida referente ao valor dos descontos já efetuados sobre a base de contribuição acima do limite previsto no *caput* deste artigo.

CAPÍTULO II. DAS ENTIDADES FECHADAS DE PREVIDÊNCIA COMPLEMENTAR

SEÇÃO I. DA CRIAÇÃO DAS ENTIDADES

Art. 4º. É a União autorizada a criar, observado o disposto no art. 26 e no art. 31, as seguintes entidades fechadas de previdência complementar, com a finalidade de administrar e executar planos de benefícios de caráter previdenciário nos termos das Leis Complementares nºs 108 e 109, de 29 de maio de 2001:

I – a Fundação de Previdência Complementar do Servidor Público Federal do Poder Executivo (Funpresp-Exe), para os servidores públicos titulares de cargo efetivo do Poder Executivo, por meio de ato do Presidente da República;

II – a Fundação de Previdência Complementar do Servidor Público Federal do Poder Legislativo (Funpresp-Leg), para os servidores públicos titulares de cargo efetivo do Poder Legislativo e do Tribunal de Contas da União e para os membros deste Tribunal, por meio de ato conjunto dos Presidentes da Câmara dos Deputados e do Senado Federal; e

III – a Fundação de Previdência Complementar do Servidor Público Federal do Poder Judiciário (Funpresp-Jud), para os servidores públicos titulares de cargo efetivo e para os membros do Poder Judiciário, por meio de ato do Presidente do Supremo Tribunal Federal.

§ 1º A Funpresp-Exe, a Funpresp-Leg e a Funpresp-Jud: (Redação dada pela Lei 14.463/2022)

I - serão estruturadas na forma de fundação, com personalidade jurídica de direito privado; (Acrescido pela Lei 14.463/2022)

II - gozarão de autonomia administrativa, financeira e gerencial; e (Acrescido pela Lei 14.463/2022)

III - terão sede e foro no Distrito Federal. (Acrescido pela Lei 14.463/2022)

§ 2º. Por ato conjunto das autoridades competentes para a criação das fundações previstas nos incisos I a III, poderá ser criada fundação que contemple os servidores públicos de 2 (dois) ou dos 3 (três) Poderes.

§ 3º. Consideram-se membros do Tribunal de Contas da União, para os efeitos desta Lei, os Ministros, os Auditores de que trata o § 4º do art. 73 da Constituição Federal e os Subprocuradores-Gerais e Procuradores do Ministério Público junto ao Tribunal de Contas da União.

SEÇÃO II. DA ORGANIZAÇÃO DAS ENTIDADES

Art. 5º. A estrutura organizacional das entidades de que trata esta Lei será constituída de conselho deliberativo, conselho fiscal e diretoria executiva, observadas as disposições da Lei Complementar nº 108, de 29 de maio de 2001.

§ 1º. Os Conselhos Deliberativos terão composição paritária e cada um será integrado por 6 (seis) membros.

§ 2º. Os Conselhos Fiscais terão composição paritária e cada um deles será integrado por 4 (quatro) membros.

§ 3º. Os membros dos conselhos deliberativos e dos conselhos fiscais das entidades fechadas serão designados pelos Presidentes da República e do Supremo Tribunal Federal e por ato conjunto dos Presidentes da Câmara dos Deputados e do Senado Federal, respectivamente.

§ 3º-A. A designação dos membros dos conselhos deliberativos e dos conselhos fiscais das entidades fechadas representantes dos participantes e dos assistidos poderá ser delegada pelas autoridades de que trata o § 3º. (Acrescido pela MP 1.286/2024)

§ 4º. A presidência dos conselhos deliberativos será exercida pelos membros indicados pelos patrocinadores, na forma prevista no estatuto das entidades fechadas de previdência complementar.

§ 5º. A presidência dos conselhos fiscais será exercida pelos membros indicados pelos participantes e assistidos, na forma prevista no estatuto das entidades fechadas de previdência complementar.

§ 6º. As diretorias executivas serão compostas, no máximo, por 4 (quatro) membros, nomeados pelos conselhos deliberativos das entidades fechadas de previdência complementar.

§ 7º. Vetado.

§ 8º A remuneração e as vantagens de qualquer natureza dos membros das diretorias executivas das entidades fechadas de previdência complementar serão estabelecidas pelos seus conselhos deliberativos, em valores compatíveis com os níveis prevalecentes no mercado de trabalho para profissionais de graus equivalentes de formação profissional e de especialização. (Redação dada pela Lei 14.463/2022)

§ 9º. A remuneração dos membros dos conselhos deliberativo e fiscal é limitada a 10% (dez por cento) do valor da remuneração dos membros da diretoria executiva.

§ 10. Os requisitos previstos nos incisos I a IV do art. 20 da Lei Complementar nº 108, de 29 de maio de 2001, estendem-se aos membros dos conselhos deliberativos e fiscais das entidades fechadas de previdência complementar.

§ 11. As entidades fechadas de previdência complementar poderão criar, observado o disposto no estatuto e regimento interno, comitês de assessoramento técnico, de caráter consultivo, para cada plano de benefícios por elas administrado, com representação paritária entre os patrocinadores e os participantes e assistidos, sendo estes eleitos pelos seus pares, com as atribuições de apresentar propostas e sugestões quanto à gestão da entidade e sua política de investimentos e à situação financeira e atuarial dos respectivos planos de benefícios e de formular recomendações prudenciais a elas relacionadas.

§ 12. Vetado.

SEÇÃO III. DISPOSIÇÕES GERAIS

Art. 6º. É exigida a instituição de código de ética e de conduta, inclusive com regras para prevenir conflito de interesses e proibir operações dos dirigentes com partes relacionadas, que terá ampla divulgação, especialmente entre os participantes e assistidos e as partes relacionadas, cabendo aos conselhos fiscais das entidades fechadas de previdência complementar assegurar o seu cumprimento.

Parágrafo único. Compete ao órgão fiscalizador das entidades fechadas de previdência complementar definir o universo das partes relacionadas a que se refere o *caput* deste artigo.

Art. 7º. O regime jurídico de pessoal das entidades fechadas de previdência complementar referidas no art. 4º desta Lei será o previsto na legislação trabalhista.

Art. 8º As entidades fechadas de que trata o art. 4º desta Lei, observado o disposto nesta Lei e nas Leis Complementares nºs 108, de 29 de maio de 2001, e 109, de 29 de maio de 2001, submetem-se às demais normas de direito público exclusivamente no que se refere à: (Redação dada pela Lei 14.463/2022)

I - submissão à legislação federal sobre licitação e contratos administrativos aplicável às empresas públicas e às sociedades de economia mista; (Redação dada pela Lei 14.463/2022)

II – realização de concurso público para a contratação de pessoal, no caso de empregos permanentes, ou de processo seletivo, em se tratando de contrato temporário, conforme a Lei nº 8.745, de 9 de dezembro de 1993;

III – publicação anual, na imprensa oficial ou em sítio oficial da administração pública certificado digitalmente por autoridade para esse fim credenciada no âmbito da Infraestrutura de Chaves Públicas Brasileira (ICP Brasil), de seus demonstrativos contábeis, atuariais, financeiros e de benefícios, sem prejuízo do fornecimento de informações aos participantes e assistidos dos planos de benefícios e ao órgão fiscalizador das entidades fechadas de previdência complementar, na forma das Leis Complementares nºs 108 e 109, de 29 de maio de 2001.

Art. 9º. A administração das entidades fechadas de previdência complementar referidas no art. 4º desta Lei observará os princípios que regem a administração pública, especialmente os da eficiência e da economicidade, devendo adotar mecanismos de gestão operacional que maximizem a utilização de recursos, de forma a otimizar o atendimento aos participantes e assistidos e diminuir as despesas administrativas.

§ 1º. As despesas administrativas referidas no *caput* deste artigo serão custeadas na forma dos regulamentos dos planos de benefícios, observado o disposto no *caput* do art. 7º da Lei Complementar nº 108, de 29 de maio de 2001, e ficarão limitadas aos valores estritamente necessários à sustentabilidade do funcionamento das entidades fechadas de previdência complementar.

§ 2º. O montante de recursos destinados à cobertura das despesas administrativas será revisto ao final de cada ano, com vistas ao atendimento do disposto neste artigo.

Art. 10. As entidades fechadas de previdência complementar referidas no art. 4º desta Lei serão mantidas integralmente por suas receitas, oriundas das contribuições de patrocinadores, participantes e assistidos, dos resultados financeiros de suas aplicações e de doações e legados de qualquer natureza, observado o disposto no § 3º do art. 202 da Constituição Federal.

Art. 11. A União, suas autarquias e fundações são responsáveis, na qualidade de patrocinadores, pelo aporte de contribuições e pelas transferências às entidades fechadas de previdência complementar das contribuições descontadas dos seus servidores, observado o disposto nesta Lei e nos estatutos respectivos das entidades.

§ 1º. As contribuições devidas pelos patrocinadores deverão ser pagas de forma centralizada pelos respectivos Poderes da União, pelo Ministério Público da União e pelo Tribunal de Contas da União.

§ 2º. O pagamento ou a transferência das contribuições após o dia 10 (dez) do mês seguinte ao da competência:

I – enseja a aplicação dos acréscimos de mora previstos para os tributos federais; e

II – sujeita o responsável às sanções penais e administrativas cabíveis.

§ 3º As transferências referidas no caput deste artigo incluirão: (Acrescido pela Lei 14.463/2022)

I - as contratadas pelo servidor para cobertura de riscos de invalidez ou morte; e

II - as referidas no § 4º do art. 16 desta Lei.

CAPÍTULO III. DOS PLANOS DE BENEFÍCIOS

SEÇÃO I. DAS LINHAS GERAIS DOS PLANOS DE BENEFÍCIOS

Art. 12. Os planos de benefícios da Funpresp-Exe, da Funpresp-Leg e da Funpresp-Jud serão estruturados na modalidade de contribuição definida, nos termos da regulamentação estabelecida pelo órgão regulador das entidades fechadas de previdência complementar, e financiados de acordo com os planos de custeio definidos nos termos do art. 18 da Lei Complementar nº 109, de 29 de maio de 2001, observadas as demais disposições da Lei Complementar nº 108, de 29 de maio de 2001.

§ 1º. A distribuição das contribuições nos planos de benefícios e nos planos de custeio será revista sempre que necessário, para manter o equilíbrio permanente dos planos de benefícios.

§ 2º. Sem prejuízo do disposto no § 3º do art. 18 da Lei Complementar nº 109, de 29 de maio de 2001, o valor do benefício programado será calculado de acordo com o montante do saldo da conta acumulado pelo participante, devendo o valor do benefício estar permanentemente ajustado ao referido saldo.

§ 3º. Os benefícios não programados serão definidos nos regulamentos dos planos, observado o seguinte:

I – devem ser assegurados, pelo menos, os benefícios decorrentes dos eventos invalidez e morte e, se for o caso, a cobertura de outros riscos atuariais; e

II – terão custeio específico para sua cobertura.

§ 4º. Na gestão dos benefícios de que trata o § 3º deste artigo, as entidades fechadas de previdência complementar referidas no art. 4º desta Lei poderão contratá-los externamente ou administrá-los em seus próprios planos de benefícios.

§ 5º. A concessão dos benefícios de que trata o § 3º aos participantes ou assistidos pela entidade fechada de previdência social é condicionada à concessão do benefício pelo regime próprio de previdência social.

Art. 13. Os requisitos para aquisição, manutenção e perda da qualidade de participante, assim como os requisitos de elegibilidade e a forma de concessão, cálculo e pagamento dos benefícios, deverão constar dos regulamentos dos planos de benefícios, observadas as disposições das Leis Complementares nºs 108 e 109, de 29 de maio de 2001, e a regulamentação do órgão regulador das entidades fechadas de previdência complementar.

Parágrafo único. O servidor com remuneração inferior ao limite máximo estabelecido para os benefícios do regime geral de previdência social poderá aderir aos planos de benefícios administrados pelas entidades fechadas de previdência complementar de que trata esta Lei, sem contrapartida do patrocinador, cuja base de cálculo será definida nos regulamentos.

Art. 14. Poderá permanecer filiado aos respectivos planos de benefícios o participante:

I – cedido a outro órgão ou entidade da administração pública direta ou indireta da União, Estados, Distrito Federal e Municípios, inclusive suas empresas públicas e sociedades de economia mista;

II – afastado ou licenciado do cargo efetivo temporariamente, com ou sem recebimento de remuneração;

III – que optar pelo benefício proporcional diferido ou autopatrocínio, na forma do regulamento do plano de benefícios.

§ 1º. Os regulamentos dos planos de benefícios disciplinarão as regras para a manutenção do custeio do plano de benefícios, observada a legislação aplicável.

§ 2º. Os patrocinadores arcarão com as suas contribuições somente quando a cessão, o afastamento ou a licença do cargo efetivo implicar ônus para a União, suas autarquias e fundações.

§ 3º. Havendo cessão com ônus para o cessionário, este deverá recolher às entidades fechadas de previdência complementar referidas no art. 4º desta Lei a contribuição aos planos de benefícios, nos mesmos níveis e condições que seria devida pelos patrocinadores, na forma definida nos regulamentos dos planos.

SEÇÃO II. DOS RECURSOS GARANTIDORES

Art. 15. A aplicação dos recursos garantidores correspondentes às reservas, às provisões e aos fundos dos planos de benefícios da Funpresp-Exe, da Funpresp-Leg e da Funpresp-Jud obedecerá às diretrizes e aos limites prudenciais estabelecidos pelo Conselho Monetário Nacional (CMN).

§ 1º. A gestão dos recursos garantidores dos planos de benefícios administrados pelas entidades referidas no *caput* poderá ser realizada por meio de carteira própria, carteira administrada ou fundos de investimento.

§ 2º. As entidades referidas no *caput* contratarão, para a gestão dos recursos garantidores prevista neste artigo, somente instituições, administradores de carteiras ou fundos de investimento que estejam autorizados e registrados na Comissão de Valores Mobiliários (CVM).

§ 3º. A contratação das instituições a que se refere o § 2º deste artigo será feita mediante licitação, cujos contratos terão prazo total máximo de execução de 5 (cinco) anos.

§ 4º. O edital da licitação prevista no § 3º estabelecerá, entre outras, disposições relativas aos limites de taxa de administração e de custos que poderão ser imputados aos fundos, bem como, no que concerne aos administradores, a solidez, o porte e a experiência em gestão de recursos.

§ 5º. Cada instituição contratada na forma deste artigo poderá administrar, no máximo, 20% (vinte por cento) dos recursos garantidores correspondentes às reservas técnicas, aos fundos e às provisões.

§ 6º. As instituições referidas no § 5º deste artigo não poderão ter qualquer ligação societária com outra instituição que esteja concorrendo na mesma licitação ou que já administre reservas, provisões e fundos da mesma entidade fechada de previdência complementar.

SEÇÃO III.
DAS CONTRIBUIÇÕES

Art. 16. As contribuições do patrocinador e do participante incidirão sobre a parcela da base de contribuição que exceder o limite máximo a que se refere o art. 3º desta Lei, observado o disposto no inciso XI do art. 37 da Constituição Federal.

§ 1º. Para efeitos desta Lei, considera-se base de contribuição aquela definida pelo § 1º do art. 4º da Lei nº 10.887, de 18 de junho de 2004, podendo o participante optar pela inclusão de parcelas remuneratórias percebidas em decorrência do local de trabalho e do exercício de cargo em comissão ou função de confiança.

§ 2º. A alíquota da contribuição do participante será por ele definida anualmente, observado o disposto no regulamento do plano de benefícios.

§ 3º. A alíquota da contribuição do patrocinador será igual à do participante, observado o disposto no regulamento do plano de benefícios, e não poderá exceder o percentual de 8,5% (oito inteiros e cinco décimos por cento).

§ 4º. Além da contribuição normal, o participante poderá contribuir facultativamente, sem contrapartida do patrocinador, na forma do regulamento do plano.

§ 5º. A remuneração do servidor, quando devida durante afastamentos considerados por lei como de efetivo exercício, será integralmente coberta pelo ente público, continuando a incidir a contribuição para o regime instituído por esta Lei.

SEÇÃO IV.
DISPOSIÇÕES ESPECIAIS

Art. 17. O plano de custeio previsto no art. 18 da Lei Complementar nº 109, de 29 de maio de 2001, discriminará o percentual da contribuição do participante e do patrocinador, conforme o caso, para cada um dos benefícios previstos no plano de benefícios, observado o disposto no art. 6º da Lei Complementar nº 108, de 29 de maio de 2001.

§ 1º. O plano de custeio referido no *caput* deverá prever parcela da contribuição do participante e do patrocinador com o objetivo de compor o Fundo de Cobertura de Benefícios Extraordinários (FCBE), do qual serão vertidos montantes, a título de contribuições extraordinárias, à conta mantida em favor do participante, nas hipóteses e na forma prevista nesta Lei.

§ 2º. As contribuições extraordinárias a que se refere o § 1º serão vertidas nas seguintes hipóteses:

I – morte do participante;

II – invalidez do participante;

III – aposentadoria nas hipóteses dos §§ 4º e 5º do art. 40 da Constituição Federal;

IV – aposentadoria das mulheres, na hipótese da alínea "a" do inciso III do § 1º do art. 40 da Constituição Federal; e

V – sobrevivência do assistido.

§ 3º. O montante do aporte extraordinário de que tratam os incisos III e IV do § 2º será equivalente à diferença entre a reserva acumulada pelo participante e o produto desta mesma reserva multiplicado pela razão entre 35 (trinta e cinco) e o número de anos de contribuição exigido para a concessão do benefício pelo regime próprio de previdência social de que trata o art. 40 da Constituição Federal.

Art. 18. As entidades fechadas de previdência complementar referidas no art. 4º desta Lei manterão controles das reservas constituídas em nome do participante, registrando contabilmente as contribuições deste e as dos patrocinadores.

CAPÍTULO IV.
DO CONTROLE E DA FISCALIZAÇÃO

Art. 19. A constituição, o funcionamento e a extinção da Funpresp-Exe, da Funpresp-Leg e da Funpresp-Jud, a aplicação de seus estatutos, regulamentos dos planos de benefícios, convênios de adesão e suas respectivas alterações, assim como as retiradas de patrocínios, dependerão de prévia e expressa autorização do órgão fiscalizador das entidades fechadas de previdência complementar.

§ 1º. Serão submetidas ao órgão fiscalizador das entidades fechadas de previdência complementar:

I – as propostas de aprovação do estatuto e de instituição de planos de benefícios da entidade fechada de previdência complementar, bem como suas alterações; e

II – a proposta de adesão de novos patrocinadores a planos de benefícios em operação na entidade fechada de previdência complementar.

§ 2º. No caso da Funpresp-Exe, as propostas de aprovação do estatuto, de adesão de novos patrocinadores e de instituição de planos devem estar acompanhadas de manifestação favorável do Ministério do Planejamento, Orçamento e Gestão e do Ministério da Fazenda.

§ 3º. No caso da Funpresp-Leg, as propostas de aprovação do estatuto, de adesão de novos patrocinadores e de instituição de planos devem estar acompanhadas de manifestação favorável das Mesas Diretoras da Câmara dos Deputados e do Senado Federal.

§ 4º. No caso da Funpresp-Jud, as propostas de aprovação do estatuto, de adesão de novos patrocinadores e de instituição de planos devem estar acompanhadas de manifestação favorável:

I – do Supremo Tribunal Federal;

II – Vetado.

Art. 20. A supervisão e a fiscalização da Funpresp-Exe, da Funpresp-Leg e da Funpresp-Jud e dos seus planos de benefícios competem ao órgão fiscalizador das entidades fechadas de previdência complementar.

§ 1º. A competência exercida pelo órgão referido no *caput* deste artigo não exime os patrocinadores da responsabilidade pela supervisão e fiscalização sistemática das atividades das entidades fechadas de previdência complementar.

§ 2º. Os resultados da supervisão e da fiscalização exercidas pelos patrocinadores serão encaminhados ao órgão mencionado no *caput* deste artigo.

Art. 21. Aplica-se, no âmbito da Funpresp-Exe, da Funpresp-Leg e da Funpresp-Jud, o regime disciplinar previsto no Capítulo VII da Lei Complementar nº 109, de 29 de maio de 2001.

CAPÍTULO V.
DISPOSIÇÕES FINAIS E TRANSITÓRIAS

Art. 22. Aplica-se o benefício especial de que tratam os §§ 1º a 8º do art. 3º ao servidor público titular de cargo efetivo da União, inclusive ao membro do Poder Judiciário, do Ministério Público e do Tribunal de Contas da União, oriundo, sem quebra de continuidade, de cargo público estatutário de outro ente da federação que não tenha instituído o respectivo regime de previdência complementar e que ingresse em cargo público efetivo federal a partir da instituição do regime de previdência complementar de que trata esta Lei, considerando-se, para esse fim, o tempo de contribuição estadual, distrital ou municipal, assegurada a compensação financeira de que trata o § 9º do art. 201 da Constituição Federal.

Art. 23. Após a autorização de funcionamento da Funpresp-Exe, da Funpresp-Jud e da Funpresp-Leg, nos termos desta Lei, os servidore]s que deverão compor provisoriamente os conselhos deliberativos e os conselhos fiscais, dispensados da exigência da condição de participante ou assistido dos planos de benefícios das entidades fechadas de previdência complementar, serão nomeados, respectivamente, pelo Presidente da República, pelo Presidente do Supremo Tribunal Federal e por ato conjunto dos Presidentes da Câmara dos Deputados e do Senado Federal.

Parágrafo único. O mandato dos conselheiros de que trata o *caput* deste artigo será de 2 (dois) anos, durante os quais será realizada eleição direta para que os participantes e assistidos escolham os seus representantes, e os patrocinadores indicarão os seus representantes.

Art. 24. Para fins de implantação, ficam a Funpresp-Exe, a Funpresp-Leg e a Funpresp-Jud equiparadas às pessoas jurídicas a que se refere o art. 1º da Lei nº 8.745, de 9 de dezembro de 1993, com vistas à contratação de pessoal técnico e administrativo por tempo determinado.

§ 1º. Considera-se como necessidade temporária de excepcional interesse público, para os efeitos da Lei nº 8.745, de 9 de dezembro de 1993, a contratação de pessoal técnico e administrativo, por tempo determinado, imprescindível ao funcionamento inicial da Funpresp-Exe, da Funpresp-Leg e da Funpresp-Jud.

§ 2º. As contratações observarão o disposto no *caput* do art. 3º, no art. 6º, no inciso II do art. 7º e nos arts. 9º e 12 da Lei nº 8.745, de 9 de dezembro de 1993, e não poderão exceder o prazo de 24 (vinte e quatro) meses.

Art. 25. É a União autorizada, em caráter excepcional, no ato de criação das entidades fechadas de previdência complementar referidas no art. 4º, a promover aporte a título de adiantamento de contribuições futuras, necessário ao regular funcionamento inicial, no valor de:

I – Funpresp-Exe: até R$ 50.000.000,00 (cinquenta milhões de reais);

II – Funpresp-Leg: até R$ 25.000.000,00 (vinte e cinco milhões de reais); e

III – Funpresp-Jud: até R$ 25.000.000,00 (vinte e cinco milhões de reais).

Art. 26. A Funpresp-Exe, a Funpresp-Leg e a Funpresp-Jud deverão entrar em funcionamento em até 240 (duzentos e quarenta) dias após a publicação da autorização de funcionamento concedida pelo órgão fiscalizador das entidades fechadas de previdência complementar.

Art. 27. Aplicam-se ao regime de previdência complementar a que se referem os §§ 14, 15 e 16 do art. 40 da Constituição Federal as disposições das Leis Complementares nºs 108 e 109, de 29 de maio de 2001.

Art. 28. Até que seja promovida a contratação na forma prevista no § 3º do art. 15 desta Lei, a totalidade dos recursos garantidores correspondentes às reservas técnicas, aos fundos e às provisões dos planos de benefícios da Funpresp-Exe, da Funpresp-Leg e da Funpresp-Jud será administrada por instituição financeira federal, mediante taxa de administração praticada a preço de mercado, vedada a cobrança de taxas de performance.

Art. 29. O *caput* do art. 4º da Lei nº 10.887, de 18 de junho de 2004, passa a vigorar com a seguinte redação:

"Art. 4º A contribuição social do servidor público ativo de qualquer dos Poderes da União, incluídas suas autarquias e fundações, para a manutenção do respectivo regime próprio de previdência social, será de 11% (onze por cento), incidentes sobre:

I – a totalidade da base de contribuição, em se tratando de servidor que tiver ingressado no serviço público até a data da publicação do ato de instituição do regime de previdência complementar para os servidores públicos federais titulares de cargo efetivo e não tiver optado por aderir a ele;

II – a parcela da base de contribuição que não exceder ao limite máximo estabelecido para os benefícios do regime geral de previdência social, em se tratando de servidor:

a) que tiver ingressado no serviço público até a data a que se refere o inciso I e tenha optado por aderir ao regime de previdência complementar ali referido; ou

b) que tiver ingressado no serviço público a partir da data a que se refere o inciso I, independentemente de adesão ao regime de previdência complementar ali referido.

[...]"

Art. 30. Para os fins do exercício do direito de opção de que trata o parágrafo único do art. 1º, considera-se instituído o regime de previdência complementar de que trata esta Lei a partir da data da publicação pelo órgão fiscalizador da autorização de aplicação dos regulamentos dos planos de benefícios de qualquer das entidades de que trata o art. 4º desta Lei.

Art. 31. A Funpresp-Exe, a Funpresp-Leg e a Funpresp-Jud deverão ser criadas pela União no prazo de 180 (cento e oitenta) dias, contado da publicação desta Lei, e iniciar o seu funcionamento nos termos do art. 26.

§ 1º. Ultrapassados os prazos de que trata o *caput*, considera-se vigente, para todos os fins, o regime de previdência complementar de que trata esta Lei.

§ 2º. Ultrapassados os prazos de que trata o *caput* sem o início do funcionamento de alguma das entidades referidas no art. 4º, os servidores e membros do respectivo Poder poderão aderir ao plano de benefícios da entidade que primeiro entrou em funcionamento até a regularização da situação.

Art. 32. Considera-se ato de improbidade, nos termos do art. 10 da Lei nº 8.429, de 2 de junho de 1992, o descumprimento injustificado dos prazos de que trata o art. 31.

Art. 33. Esta Lei entra em vigor:

I – quanto ao disposto no Capítulo I, na data em que forem criadas quaisquer das entidades de que trata o art. 4º, observado o disposto no art. 31;

II – quanto aos demais dispositivos, na data de sua publicação.

Brasília, 30 de abril de 2012;
191º da Independência e
124º da República.

DILMA ROUSSEFF

Este texto não substitui o publicado no DOU de 02-05-2012

DECRETO Nº 7.808, DE 20 DE SETEMBRO DE 2012

Cria a Fundação de Previdência Complementar do Servidor Público Federal do Poder Executivo – Funpresp-Exe, dispõe sobre sua vinculação no âmbito do Poder Executivo e dá outras providências.

A PRESIDENTA DA REPÚBLICA, no uso das atribuições que lhe confere o art. 84, *caput*, incisos IV e VI, alínea "a", da Constituição, e tendo em vista o disposto no art. 4º, *caput*, inciso I, da Lei nº 12.618, de 30 de abril de 2012,

DECRETA:

Art. 1º Fica criada a Fundação de Previdência Complementar do Servidor Público Federal do Poder Executivo – Funpresp-Exe, entidade fechada de previdência complementar vinculada ao Ministério do Planejamento, Orçamento e Gestão, com a finalidade de administrar e executar planos de benefícios de caráter previdenciário.

§ 1º A Funpresp-Exe será estruturada na forma de fundação, de natureza pública, com personalidade jurídica de direito privado e autonomia administrativa, financeira e gerencial.

§ 2º A Funpresp-Exe terá sede e foro em Brasília, Distrito Federal.

Art. 2º O regime jurídico de pessoal da Funpresp-Exe será o previsto na legislação trabalhista.

Art. 3º A Funpresp-Exe atuará de acordo com o disposto na lei e em seu estatuto, e sua estrutura organizacional será constituída de Conselho Deliberativo, Conselho Fiscal e Diretoria-Executiva.

Art. 4º Para o cumprimento do disposto na Lei nº 12.618, de 30 de abril de 2012, o Ministério do Planejamento, Orçamento e Gestão:

I – elaborará a proposta de estatuto inicial da Funpresp-Exe e adotará as providências necessárias à sua aprovação pelo órgão fiscalizador das entidades fechadas de previdência complementar;

II – celebrará convênio de adesão com a Funpresp-Exe em nome dos órgãos da administração direta, das autarquias e das fundações do Poder Executivo federal;

III – exercerá as funções de órgão responsável:

a) pelo aporte inicial, a título de adiantamento de contribuições futuras, de que trata o art. 25, *caput*, inciso I, da Lei nº 12.618, de 2012, e o Anexo I à Lei nº 12.697, de 30 de julho de 2012;

b) pelo aporte, desconto e transferência das contribuições de que trata o art. 11, *caput*, da Lei nº 12.618, de 2012; e

c) pela supervisão e fiscalização sistemática das atividades da Funpresp-Exe, em nome dos órgãos e entidades de que trata o inciso II do *caput*, e encaminhamento dos resultados ao órgão fiscalizador das entidades fechadas de previdência complementar, na forma do art. 20 da Lei nº 12.618, de 2012; e

IV – fornecerá as informações necessárias para compor a base de dados da Funpresp-Exe.

Parágrafo único. Os órgãos e entidades do Poder Executivo federal deverão fornecer ao Ministério do Planejamento, Orçamento e Gestão os dados e informações necessários ao cumprimento do disposto no *caput*.

Art. 5º Poderão celebrar convênios de adesão com a Funpresp-Exe, na qualidade de patrocinadores de planos de benefícios próprios administrados pela entidade:

I – o Ministério Público da União e o Conselho Nacional do Ministério Público; e

II – a Câmara dos Deputados, o Senado Federal e o Tribunal de Contas da União.

§ 1º Os servidores públicos titulares de cargo efetivo dos órgãos de que tratam os incisos I e II do *caput*, inclusive os membros do Ministério Público da União e do Tribunal de Contas da União, poderão aderir aos planos de benefícios próprios de que trata o *caput*.

§ 2º As competências definidas no art. 4º serão exercidas, no que couber, pelos órgãos de que tratam os incisos I e II do *caput*, em relação aos seus servidores e membros.

Art. 6º A Funpresp-Exe será mantida integralmente por suas receitas, oriundas das contribuições de patrocinadores, participantes e assistidos, dos resultados financeiros de suas aplicações e de doações e legados de qualquer natureza.

Art. 7º Os patrocinadores poderão ceder servidores públicos para a Funpresp-Exe, desde que ressarcidos os custos correspondentes, observadas as disposições legais sobre a cessão de pessoal.

Parágrafo único. No âmbito do Poder Executivo, a cessão deverá ser autorizada pelo Ministro de Estado do Planejamento, Orçamento e Gestão e pelo dirigente máximo do órgão ou entidade cedente.

Art. 8º As seguintes propostas a serem encaminhadas pela Funpresp-Exe para autorização do órgão fiscalizador das entidades fechadas de previdência complementar deverão estar acompanhadas de manifestação favorável do Ministério do Planejamento, Orçamento e Gestão e do Ministério da Fazenda, observado o disposto no art. 19 da Lei nº 12.618, de 2012:

I – aprovação e alteração do estatuto;

II – aprovação, alteração e extinção de planos de benefícios; e

III – adesão e retirada de patrocinadores, e alteração dos convênios de adesão.

Art. 9º O Ministério do Planejamento, Orçamento e Gestão prestará o apoio necessário às atividades da Funpresp-Exe até o início de seu funcionamento, nos termos do art. 26 da Lei nº 12.618, de 2012.

Parágrafo único. As despesas administrativas diretas ou indiretas, apuradas pelo Ministério do Planejamento, Orçamento e Gestão, decorrentes do estabelecido no *caput*, serão ressarcidas pela Funpresp-Exe.

Arts. 10 e 11. (Revogados pelo Decreto 10.086/2019)

Art. 12. Este Decreto entra em vigor na data de sua publicação.

Brasília, 20 de setembro de 2012; 191º da Independência e 124º da República.

DILMA ROUSSEFF
Nelson Henrique Barbosa Filho

PORTARIA MPS/PREVIC/DITEC Nº 44, DE 31 DE JANEIRO DE 2013

O DIRETOR DE ANÁLISE TÉCNICA, no uso das atribuições que lhe confere o art. 13 e o inciso I do art. 33, combinado com o art. 5º, todos da Lei Complementar nº 109, de 29 de maio de 2001, e art. 23, inciso I alíneas "a" e "c", do Anexo I do Decreto nº 7.075, de 26 de janeiro de 2010, e tendo em vista a Resolução CGPC nº 14 de 1º de outubro de 2004, considerando as manifestações técnicas exaradas no Processo Previc nº 44011.000035/2013-18, comando nº 360859163, resolve:

Art. 1º Aprovar o Regulamento do Plano Executivo Federal, administrado pela Fundação de Previdência Complementar do Servidor Público Federal do Poder Executivo - Funpresp-Exe.

Art. 2º Inscrever sob o nº 2013.0003-83, no Cadastro Nacional de Planos de Benefícios, o Plano Executivo Federal.

Art. 3º Aprovar o Convênio de Adesão da União, na condição de patrocinadora do Plano Executivo Federal, CNPB nº 2013.0003-83, por meio do Poder Executivo Federal, representado pelo Ministério do Planejamento, Orçamento e Gestão.

Art. 4º Fixar o prazo de 180 (cento e oitenta) dias para início de funcionamento do referido plano.

Art. 5º Esta Portaria entra em vigor na data de sua publicação.

JOSÉ ROBERTO FERREIRA

REGULAMENTO DO PLANO DE BENEFÍCIOS DA PREVIDÊNCIA COMPLEMENTAR DO PODER EXECUTIVO FEDERAL

EXECPREV
CNPB Nº 2013.0003-83

Aprovado pela Portaria DITEC/PREVIC/MPS nº 44, de 31 de janeiro de 2013 (publicada no DOU, em 04 de fevereiro de 2013, Seção 1, Página 50).

Alterado pela Portaria DITEC/PREVIC/MPS nº 317, de 25 de junho de 2014 (publicada no DOU, em 26 de junho de 2014, Seção 1, Página 33).

Alterado pela Portaria DITEC/PREVIC/MF nº 311, de 8 de julho de 2016 (publicada no DOU, em 11 de julho de 2016, na Seção 1, Página 45).

Alterado pela Portaria DILIC/PREVIC/ME nº 167, de 17 de março de 2021 (publicada no DOU, em 19 de março de 2021, Seção 1, Página 56)

CAPÍTULO I
DO PLANO DE BENEFÍCIOS

Art. 1º. O presente Regulamento tem por finalidade dispor sobre o plano de benefícios previdenciários denominado Plano Executivo Federal – ExecPrev, doravante designado Plano, estruturado na modalidade de contribuição definida, destinado aos servidores públicos titulares de cargo efetivo do Poder Executivo Federal e seus respectivos beneficiários.

Parágrafo único. O Plano deverá ser executado de acordo com legislação aplicável e as deliberações do Conselho Deliberativo da Entidade, observadas as disposições estatutárias e do convênio de adesão firmado entre os Patrocinadores e a Entidade.

CAPÍTULO II
DAS DEFINIÇÕES

Art. 2º. Para os fins deste Regulamento, as expressões, palavras, abreviações ou siglas a seguir indicadas deverão ser grafadas com a primeira letra maiúscula e correspondem aos seguintes significados:

I - ASSISTIDO: O Participante ou o seu Beneficiário em gozo de benefício de prestação continuada.

II - ATUÁRIO: Profissional legalmente habilitado, graduado em Ciências Atuariais em curso reconhecido pelo Ministério da Educação, ou pessoa jurídica sob a responsabilidade daquele profissional que tenha como objeto social a execução de serviços atuariais, a quem compete privativamente, no âmbito de sua especialidade, a elaboração dos planos técnicos, a avaliação de riscos, a fixação de contribuições e indenizações e a avaliação das reservas matemáticas das entidades fechadas de previdência complementar.

III - AVALIAÇÃO ATUARIAL: Estudo técnico desenvolvido por atuário, tendo por base a massa de Participantes, de Assistidos e de Beneficiários do plano de benefícios, admitidas hipóteses biométricas, demográficas, econômicas e financeiras, com o objetivo principal de dimensionar os compromissos do plano de benefícios, estabelecer o plano de custeio de forma a manter o equilíbrio e a solvência atuarial e definir o montante das provisões matemáticas e fundos previdenciais.

IV - BASE DE CONTRIBUIÇÃO: Subsídio ou vencimento do cargo efetivo do servidor, acrescido das vantagens pecuniárias permanentes estabelecidas em lei, os adicionais de caráter individual ou quaisquer outras vantagens, excluídas as vantagens previstas na legislação aplicável ao Regime Próprio de Previdência Social da União, podendo o participante optar pela inclusão de parcelas remuneratórias percebidas em decorrência do local de trabalho e do exercício de cargo em comissão ou função de confiança.

V - BENEFICIÁRIO: pessoa reconhecida como beneficiária para fins de concessão de pensão por morte do Participante no RPPS ou, caso o Participante não mais esteja vinculado ao RPPS, atenda as condições de reconhecimento como beneficiária no RPPS.

VI - BENEFICIÁRIO ASSISTIDO: Beneficiário em gozo de benefícios de prestação continuada.

VII - BENEFÍCIO NÃO PROGRAMADO: Benefício de caráter previdenciário cuja concessão depende da ocorrência de eventos não previsíveis, como a morte, a invalidez ou a sobrevivência.

VIII - BENEFÍCIO PROGRAMADO: Benefício de caráter previdenciário cuja concessão decorre de eventos previsíveis estabelecidos neste Regulamento.

IX - CONTA INDIVIDUAL: Conta individualmente mantida no Plano para cada Participante, onde serão alocadas as cotas, indispensáveis à formação da reserva garantidora dos benefícios previstos neste Regulamento.

X - CONTRIBUIÇÃO ADMINISTRATIVA: Contribuição devida pelo Assistido, pelo Participante Vinculado e pelo ex-Participante que mantenha recursos na Entidade, destinada ao custeio das despesas administrativas da Entidade.

XI - CONTRIBUIÇÃO ALTERNATIVA: Contribuição realizada pelo Participante Ativo Alternativo e pelo Participante Autopatrocinado, decorrente de opção de Ativo Alternativo, de caráter obrigatório e mensal, destinada à constituição de reservas com a finalidade de prover o pagamento de benefícios.

XII - CONTRIBUIÇÃO BÁSICA: Contribuição realizada pelo Patrocinador, pelo Participante Ativo Normal e pelo Participante Autopatrocinado, decorrente de opção de Ativo Normal, de caráter obrigatório e mensal, destinada à constituição de reservas com a finalidade de prover o pagamento de benefícios.

XIII - CONTRIBUIÇÃO DEFINIDA: Modalidade deste plano de benefícios, em que os benefícios programados têm seu valor permanentemente ajustado ao saldo de conta mantido em favor do Participante, inclusive na fase de percepção de benefícios, considerando o resultado líquido de sua aplicação, os valores aportados e os benefícios pagos.

XIV - CONTRIBUIÇÃO FACULTATIVA: Contribuição realizada pelo Participante Ativo Normal, pelo Participante Ativo Alternativo, pelo Participante Autopatrocinado ou pelo Participante Vinculado, de forma voluntária, sem contrapartida do Patrocinador, nos termos da Seção I do Capítulo V.

XV - ENTIDADE: A Fundação de Previdência Complementar do Servidor Público Federal do Poder Executivo – Funpresp-Exe, entidade fechada de previdência complementar.

XVI - FCBE: Fundo de Cobertura de Benefícios Extraordinários, de natureza coletiva, para cobertura dos benefícios não programados e dos aportes extraordinários, nos termos do Capítulo VI.

XVII - FUNDO PREVIDENCIAL: Valor definido por ocasião da avaliação atuarial anual, com objetivos específicos e segregados das provisões matemáticas, devidamente justificado, com apresentação da metodologia de cálculo pelo atuário do Plano na Nota Técnica Atuarial.

XVIII - ÍNDICE DO PLANO: Índice Nacional de Preços ao Consumidor Amplo - IPCA, do Instituto Brasileiro de Geografia e Estatística – IBGE ou outro índice que vier a substituí-lo.

XIX - INSTITUTOS: São os relativos ao Autopatrocínio, ao Benefício Proporcional Diferido – BPD, à Portabilidade e ao Resgate, referidos no Capítulo IX.

XX - NOTA TÉCNICA ATUARIAL: Documento técnico elaborado por Atuário contendo as expressões de cálculo das provisões, reservas e fundos de natureza atuarial, contribuições e metodologia de cálculo para apuração de perdas e ganhos atuariais, de acordo com as hipóteses biométricas, demográficas, financeiras e econômicas, modalidade dos benefícios constantes do Regulamento, métodos atuariais e metodologia de cálculo.

XX-A - PARCELA ADICIONAL DE RISCO: Cobertura facultativa para os riscos de invalidez e morte custeada individualmente pelo Participante Ativo Normal, Ativo Alternativo, Autopatrocinado, Vinculado ou Assistido, contratada junto a sociedade seguradora de acordo com o Termo de Repasse de Risco.

XXI - PARTICIPANTE: Pessoa física que aderir e permanecer filiada ao Plano, conforme previsto na Seção II do Capítulo III.

XXII - PARTICIPANTE ASSISTIDO: Participante em gozo de benefício de prestação continuada.

XXIII - PATROCINADOR: Os órgãos da administração direta, as autarquias e as fundações do Poder Executivo Federal, conforme previsto na Seção I do Capítulo III.

XXIV - PERFIS DE INVESTIMENTOS: Ferramenta de gestão de recursos previdenciários que permite ao Participante optar, sob o seu inteiro risco e sob a sua exclusiva responsabilidade, por uma das Carteiras de Investimentos do Plano disponibilizadas pela Entidade para a aplicação dos recursos alocados nas suas respectivas Contas Individuais, nos termos do Capítulo VII.

XXV - PLANO DE CUSTEIO: Documento elaborado, com periodicidade mínima anual, pelo Atuário responsável pelo Plano e aprovado pelo Conselho Deliberativo da Entidade, no qual é estabelecido o nível de contribuição necessário à constituição das suas reservas garantidoras de benefícios, fundos e provisões, e à cobertura das demais despesas, em conformidade com os critérios fixados pelo órgão regulador e fiscalizador e por este Regulamento e divulgado aos participantes, assistidos e beneficiários.

XXVI - PREVIC: Superintendência Nacional de Previdência Complementar, autarquia de natureza especial vinculada ao Ministério da Economia, responsável pela fiscalização e supervisão das atividades das entidades fechadas de previdência complementar e pela execução das políticas para o regime de previdência complementar operado pelas entidades fechadas de previdência complementar.

XXVII - PROVISÃO MATEMÁTICA DE BENEFÍCIOS A CONCEDER: Corresponde ao valor atual dos compromissos relativos a benefícios ainda não concedidos, destinado aos Participantes que ainda não entraram em gozo de benefício pelo Plano.

XXVIII - PROVISÃO MATEMÁTICA DE BENEFÍCIOS CONCEDIDOS: Corresponde ao valor atual dos compromissos relativos a benefícios já concedidos aos Assistidos.

XXIX - RESULTADO LÍQUIDO DOS INVESTIMENTOS: Retorno líquido auferido com a aplicação dos ativos financeiros do Plano, deduzidos dos custos com tributos e com as despesas realizadas para a execução desses investimentos, na forma da Política de Investimentos apro- vada pelo Conselho Deliberativo da Entidade.

XXX - RGPS: Regime Geral de Previdência Social.

XXXI - RPPS: Regime Próprio de Previdência Social.

XXXII - SALÁRIO DE PARTICIPAÇÃO: Valor sobre o qual incidem contribuições para o Plano, na forma definida no Capítulo IV.

XXXIII - TAXA DE CARREGAMENTO: Taxa incidente sobre a Contribuição Básica e sobre a Contribuição Alternativa destinada ao custeio das despesas administrativas da Entidade.

XXXIV - TAXA DE ADMINISTRAÇÃO: Taxa incidente sobre o montante dos recursos garantidores do Plano, inclusive sobre o saldo das contas de natureza individual, destinada ao custeio das despesas administrativas da Entidade.

XXXIV-A - TERMO DE REPASSE DE RISCO: Contrato firmado entre a Entidade e a sociedade seguradora que disciplinará as questões relativas aos riscos repassados para a seguradora.

XXXV - TETO DO RGPS: Limite máximo estabelecido para os benefícios do RGPS, aplicável às aposentadorias e pensões a serem concedidas pelo RPPS.

XXXVI - URP: Unidade de Referência do Plano, correspondente a R$ 100,00 (cem reais) na data de início de operação do Plano, devendo ser atualizada anualmente, no mês de dezem- bro, pelo Índice do Plano.

XXXVII - VÍNCULO FUNCIONAL: Vínculo estatutário existente entre o servidor público titular de cargo efetivo e algum dos Patrocinadores da Entidade.

CAPÍTULO III
DOS MEMBROS DO PLANO

Art. 3º. São membros do Plano:

I - Patrocinadores;

II - Participantes, Assistidos e Beneficiários.

DOS PATROCINADORES

▸ Consta conforme publicação oficial.

Art. 4º. São Patrocinadores do Plano os órgãos da administração direta, as autarquias e as fundações do Poder Executivo Federal.

§ 1º A adesão de Patrocinador ao Plano dar-se-á por meio de convênio de adesão, firmado entre o Poder Executivo Federal e a Entidade, desde que prevista no estatuto da Entidade e autorizada pela Previc.

§ 2º Os termos do convênio de adesão em nenhuma hipótese contrariarão as premissas e limites fixados neste Regulamento.

SEÇÃO II
DOS PARTICIPANTES, ASSISTIDOS E BENEFICIÁRIOS

Art. 5º. Os Participantes do Plano são classificados em:

I - Participante Ativo Normal: o servidor público titular de cargo efetivo dos órgãos da administração direta, autarquias e fundações do Poder Executivo Federal que aderir ao Plano e se encontrar nas seguintes situações:

a) esteja submetido ao Teto do RGPS; e

b) possua Base de Contribuição superior ao Teto do RGPS.

II - Participante Ativo Alternativo: o servidor público titular de cargo efetivo dos órgãos da administração direta, autarquias e fundações do Poder Executivo Federal que aderir ao Plano e se encontrar em pelo menos uma das seguintes situações:

a) não esteja submetido ao Teto do RGPS; ou

b) possua Base de Contribuição igual ou inferior ao Teto do RGPS.

III - Participante Autopatrocinado: o Participante Ativo Normal ou o Participante Ativo Alter- nativo que optar pelo instituto do Autopatrocínio, nos termos da Seção II do Capítulo IX, em razão de perda parcial ou total de sua remuneração, inclusive pela perda do Vínculo Funcional.

IV - Participante Vinculado: o Participante Ativo Normal ou o Participante Ativo Alternativo que optar pelo instituto do Benefício Proporcional Diferido, nos termos da Seção III do Capítulo IX, em razão da perda do vínculo funcional.

V - Participante Assistido: o Participante em gozo de benefício de prestação continuada.

§ 1º O requerimento de inscrição do Participante no Plano será realizado por meio do preenchimento e assinatura de formulário próprio, ressalvados os casos dos Participantes automa- ticamente inscritos, na forma da lei.

§ 2º A inscrição de que trata o § 1º deste artigo terá efeitos a partir da data do protocolo na unidade de recursos humanos do Patrocinador ou diretamente na Entidade, caso o Participante já esteja no exercício do cargo, ou, na hipótese de inscrição automática, na data em que o Participante entrar em exercício, ou atingir ambas as condições previstas no inciso I do *caput* deste artigo.

§ 3º O Participante Ativo Normal ou o Participante Ativo Alternativo cedido a outro órgão ou entidade da administração pública direta ou indireta da União, Estados, Distrito Federal e Municípios, inclusive suas empresas públicas e sociedades de economia mista, com ou sem ônus para o Patrocinador, permanecerá filiado ao Plano, mantendo-se inalterada a responsabilidade do Patrocinador pelo recolhimento à Entidade das contribuições do Participante e, no caso de Participante Ativo Normal, também das contribuições do Patrocinador.

§ 4º Quando a cessão de que trata o § 3º deste artigo se der sem ônus para o Patrocinador, este adotará as medidas necessárias para ser ressarcido pelo cessionário e para que o cessionário efetue os descontos das contribuições do Participante incidentes sobre a sua respectiva remuneração.

§ 5º O Participante Ativo Normal ou o Participante Ativo Alternativo afastado ou licenciado temporariamente do cargo efetivo, com direito à remuneração, permanecerá filiado ao Plano, mantendo-se inalterada a responsabilidade do Patrocinador pelo recolhimento à Entidade das contribuições do Participante e, no caso de Participante Ativo Normal, também das contribuições do Patrocinador.

§ 6º O Participante Ativo Normal afastado ou licenciado temporariamente do cargo efetivo, sem direito à remuneração, poderá permanecer filiado ao Plano, desde que mantenha o aporte da sua contribuição e da contribuição de responsabilidade do respectivo Patrocinador, através do instituto do Autopatrocínio, nos termos da Seção II do Capítulo IX.

§ 7º O Participante Ativo Alternativo afastado ou licenciado temporariamente do cargo efetivo, sem direito à remuneração, poderá permanecer filiado ao Plano, desde que mantenha o aporte da sua contribuição, através do instituto do Autopatrocínio, nos termos da Seção II do Capítulo IX.

§ 8º Nas hipóteses dos § 6º e § 7º deste artigo, o Participante terá o prazo de 90 (noventa) dias, contados da data do afastamento ou licença temporária, para optar pelo Autopatrocínio.

§ 9º Terá sua filiação ao Plano cancelada o Participante que:

I - falecer;

II - requerer o cancelamento, ocasião na qual será considerado ex-Participante do Plano e lhe será assegurado o valor equivalente ao instituto do Resgate na data em que ocorrer a perda do Vínculo Funcional;

III - na qualidade de Participante Ativo Normal ou Participante Alternativo afastado ou licen- ciado temporariamente do cargo efetivo, sem direito à remuneração, não optar pelo instituto do Autopatrocínio no prazo previsto no § 8º deste artigo, ocasião na qual será considerado ex-Participante do Plano e lhe será assegurado o valor equivalente ao instituto do Resgate na data em que ocorrer a perda do Vínculo Funcional.

IV - na qualidade de Participante Ativo Normal ou Participante Ativo Alternativo, perder o Vínculo Funcional e optar pelo institutos da Portabilidade ou do Resgate, observado, neste último caso, o disposto nos §§ 2º e 3º do art. 33;

V - na qualidade de Participante Autopatrocinado, formalizar a desistência do instituto do Autopatrocínio e optar pelos institutos da Portabilidade ou do Resgate, observado, neste último caso, o disposto nos §§ 2º e 3º do art. 33;

VI - na qualidade de Participante Vinculado, formalizar a desistência do instituto do Benefício Proporcional Diferido e optar pelos institutos da Portabilidade ou do Resgate, observado, neste último caso, o disposto nos §§ 2º e 3º do art. 33;

VII - deixar de aportar a sua Contribuição Básica, Alternativa ou Administrativa por 3 (três) meses, consecutivos ou não, ocasião na qual será considerado ex-Participante do Plano, sendo-lhe assegurado o valor equivalente ao instituto do Resgate na data em que ocorrer a perda do Vínculo Funcional.

§ 10 O Participante que deixar de recolher sua contribuição no prazo devido, depois de notificado pela Entidade, terá um prazo de 30 (trinta) dias para pagar o débito, contados a partir da data da expedição da notificação ao endereço cadastrado, sob pena de cobrança judicial.

§ 11 Na hipótese do inciso II do § 9º, o cancelamento da filiação do Participante ao Plano terá vigência a partir do 1º dia do mês subsequente ao do protocolo do requerimento na Entidade, garantindo-lhe, até aquela data, todos os direitos previstos neste Regulamento.

§ 12 Nas hipóteses dos incisos II, III e VII do § 9º, poderá ser descontada dos recursos mantidos na Entidade, a Contribuição Administrativa prevista na alínea "d" do inciso I do artigo 13, de acordo com as regras e procedimentos aprovados pelo Conselho Deliberativo da Entidade.

§ 13 Na hipótese de nova inscrição ao Plano do ex-Participante, sem perda de vínculo funcional, que ainda possua recursos na Entidade, suas novas contribuições serão alocadas nas contas já existentes em seu nome e seu tempo de filiação ao Plano, para todos os efeitos, será obtido pela soma do tempo em que vigorou a inscrição anterior com o tempo apurado a partir da nova inscrição.

Art. 6º. São Assistidos do Plano os Participantes ou os seus Beneficiários em gozo de bene- fício de prestação continuada.

Art. 7º. São Beneficiários do Plano aqueles reconhecidos como beneficiários para fins de con- cessão de pensão por morte do Participante no RPPS ou, caso o Participante não mais esteja vinculado ao RPPS, atendam as condições de reconhecimento como beneficiários no RPPS.

Parágrafo único. Perderá a condição de Beneficiário do Plano aquele que perder a qualidade de beneficiário no RPPS ou deixar de atender condição de reconhecimento como beneficiário no RPPS, exceto nas hipóteses de:

I - acumulação de pensões;

II - renúncia expressa à pensão do RPPS;

III - decurso dos prazos que acarretam a cessação do pagamento da pensão do

RPPS ao cônjuge, ao ex-cônjuge com percepção de pensão alimentícia estabelecida judicialmente ou ao companheiro(a) em união estável.

SEÇÃO III
DAS TRANSIÇÕES ENTRE AS CATEGORIAS DE PARTICIPANTES

Art. 8º. O Participante Ativo Normal poderá vir a se tornar:

I - Participante Ativo Alternativo, sempre que sua Base de Contribuição passar a ser igual ou inferior ao Teto do RGPS e não houver opção pelo instituto do Autopatrocínio, previsto na Seção II do Capítulo IX, a fim de recompor o seu Salário de Participação ao nível anterior ao da perda de remuneração;

II - Participante Autopatrocinado, no caso de perda parcial ou total de sua remuneração, inclusive pela perda do vínculo funcional e opção pelo instituto do Autopatrocínio, nos termos da Seção II do Capítulo IX;

III - Participante Vinculado, no caso de perda do vínculo funcional e opção pelo instituto do Benefício Proporcional Diferido, nos termos da Seção III do Capítulo IX; ou

IV - Participante Assistido, no caso de concessão da Aposentadoria Normal ou da Aposentadoria por Invalidez, nos termos das seções I e II do Capítulo VIII, respectivamente.

Art. 9º. O Participante Ativo Alternativo poderá vir a se tornar:

I - Participante Ativo Normal, no caso de estar submetido ao Teto do RGPS e a sua Base de Contribuição aumentar a um nível superior ao Teto do RGPS;

II - Participante Autopatrocinado, no caso de perda do Vínculo Funcional e opção pelo instituto do Autopatrocínio, nos termos da Seção II do Capítulo IX;

III - Participante Vinculado, no caso de perda do Vínculo Funcional e opção pelo instituto do Benefício Proporcional Diferido, nos termos da Seção III do Capítulo IX; ou

IV - Participante Assistido, no caso de concessão do Benefício Suplementar, nos termos da Seção VI do Capítulo VIII.

Art. 10. O Participante Autopatrocinado poderá vir a se tornar:

I - Participante Ativo Normal, no caso de recomposição parcial ou total de sua remuneração, inclusive pela formação de novo vínculo funcional, cuja Base de Contribuição seja superior ao Teto do RGPS e opção por essa condição, através de formulário próprio a ser fornecido pela Entidade;

II - Participante Ativo Alternativo, no caso de formação de novo vínculo funcional cuja Base de Contribuição seja igual ou inferior ao Teto do RGPS e opção por essa condição, através de formulário próprio a ser fornecido pela Entidade;

III - Participante Vinculado, no caso de opção pelo instituto do Benefício Proporcional Dife- rido, nos termos da Seção III do Capítulo IX; ou

IV - Participante Assistido, no caso de concessão da Aposentadoria Normal ou da Aposentado- ria por Invalidez, nos termos das seções I e II do Capítulo VIII, respectivamente, ou no caso de concessão do Benefício Suplementar, nos termos da Seção VI do Capítulo VIII, conforme o caso.

Art. 11. O Participante Vinculado poderá vir a se tornar:

I - Participante Ativo Normal, no caso de formação de novo vínculo funcional cuja Base de Contribuição seja superior ao Teto do RGPS e opção por essa condição, através de formulário próprio a ser fornecido pela Entidade;

II - Participante Ativo Alternativo, no caso de formação de novo vínculo funcional cuja Base de Contribuição seja igual ou inferior ao Teto do RGPS e opção por essa condição, através de formulário próprio a ser fornecido pela Entidade; ou

III - Participante Assistido, no caso de concessão da Aposentadoria Normal, nos termos da seção I do Capítulo VIII, ou no caso de concessão do Benefício Suplementar, nos termos da Seção VI do Capítulo VIII, conforme o caso.

CAPÍTULO IV
DO SALÁRIO DE PARTICIPAÇÃO

Art. 12. Entende-se por Salário de Participação:

I - para o Participante Ativo Normal, a parcela da sua Base de Contribuição que exceder o Teto do RGPS;

II - para o Participante Ativo Alternativo, ou Participante Autopatrocinado ou Participante Vinculado decorrente dele, mediante sua opção, qualquer valor limitado à sua Base de Contribuição, tendo como mínimo o valor correspondente a 10 (dez) URPs vigentes no mês da competência;

III - para o Participante Autopatrocinado, o seu Salário de Participação vigente no mês anterior ao da data da perda parcial ou total de remuneração;

IV - para o Participante Vinculado, o seu Salário de Participação vigente no mês anterior ao da data da perda do Vínculo Funcional; e

V - para o Assistido, o seu respectivo benefício de prestação continuada, na forma deste Regulamento.

§ 1º Nos termos da legislação aplicável, o Participante poderá optar pela inclusão na Base de Contribuição de parcelas remuneratórias percebidas em decorrência do local de trabalho e do exercício de cargo em comissão ou função de confiança.

§ 2º Os Salários de Participação de que tratam os incisos III e IV do caput deste artigo serão atualizados anualmente, no mês de janeiro, pelo Índice do Plano acumulado nos 12 (doze) me- ses anteriores, ressalvada a primeira atualização, que será feita com base no Índice do Plano acumulado no período compreendido entre o mês da data da perda de remuneração ou da perda do Vínculo Funcional e o mês de dezembro.

§ 3º A gratificação natalina será considerada como Base de Contribuição.

§ 4º Se o Participante Ativo Alternativo não indicar o valor de seu Salário de Participação, este será o valor correspondente a 10 URPs vigentes no mês da competência.

§ 5º Observado o disposto no inciso II deste artigo, o Participante Ativo Alternativo poderá redefinir, nos meses de abril e outubro, o valor de seu Salário de Participação, que passará a vigorar a partir do mês subsequente ao registro do requerimento no sistema de administração de recursos humanos do Patrocinador.

§ 6º Os Participantes de que tratam o inciso III deste artigo, poderão, mediante sua opção, alterar o valor do seu Salário de Participação, observado o mínimo de 10 (dez) URPs vigentes no mês da competência.

CAPÍTULO V
DO CUSTEIO DO PLANO

SEÇÃO I
DAS RECEITAS DO PLANO

Art. 13. O Plano será mantido a partir das receitas previstas a seguir, em conformidade com o Plano de Custeio Anual:

I - Contribuições de Participantes e Assistidos:

a) Contribuição Básica: a ser aportada pelo Participante Ativo Normal e pelo Participante Autopatrocinado, decorrente de opção de Participante Ativo Normal, de caráter obrigatório e mensal, correspondente a uma alíquota escolhida pelo Participante e incidente sobre o respectivo Salário de Participação, observado o disposto no § 1º deste artigo, com a seguinte destinação:

1) constituição da Reserva Acumulada pelo Participante – RAP, Conta Participante – CPART;

2) constituição do Fundo de Cobertura de Benefícios Extraordinários – FCBE; e

3) custeio das Despesas Administrativas, mediante cobrança de Taxa de Carregamento.

b) Contribuição Alternativa: a ser aportada pelo Participante Ativo Alternativo e pelo Participante Autopatrocinado, decorrente de opção de Participante Ativo Alternativo, de caráter obrigatório e mensal, correspondente a uma alíquota escolhida pelo Participante e incidente sobre o respectivo Salário de Participação, observado o disposto no § 1º deste artigo, com a seguinte destinação:

1) constituição da Reserva Acumulada Suplementar – RAS, Conta de Contribuições Alternativas – CCA; e

2) custeio das Despesas Administrativas, mediante cobrança de Taxa de Carregamento.

c) Contribuição Facultativa: a ser aportada pelo Participante Ativo Normal, pelo Partici- pante Ativo Alternativo, pelo Participante Autopatrocinado ou pelo Participante Vincula- do, sem contrapartida do Patrocinador, de caráter voluntário, em valor definido livremente pelo Participante, com a seguinte destinação:

1) constituição da Reserva Acumulada Suplementar – RAS, Conta de Contribuições Facultativas – CCF, de periodicidade mensal ou esporádica;

2) custeio da Parcela Adicional de Risco – PAR, de periodicidade mensal.

d) Contribuição Administrativa: contribuição devida pelo Assistido, pelo Participante Vinculado e pelo ex-Participante que mantenha recursos na Entidade, incidente sobre o respectivo Salário de Participação ou reserva individual do Participante, destinada ao custeio das despesas administrativas do Plano.

II - Contribuições de Patrocinadores:

a) Contribuição Básica: a ser aportada pelo Patrocinador, em favor de cada Participante Ativo Normal, de caráter obrigatório e mensal, correspondente a 100% (cem por cento) da Contribuição Básica do Participante Ativo Normal, observado o limite máximo de 8,5% (oito inteiros e cinco décimos por cento) do Salário de Participação do respectivo Participante Ativo Normal, com a seguinte destinação:

1) Reserva Acumulada pelo Participante – RAP, Cota Patrocinador – CPATR;

2) constituição do Fundo de Cobertura de Benefícios Extraordinários – FCBE; e

3) custeio das Despesas Administrativas, mediante cobrança de Taxa de Carregamento.

III - Portabilidade:

a) Recursos Portados de Entidade Aberta: correspondente aos valores recebidos de entidade aberta de previdência complementar, oriundos de portabilidade, a serem alocados integral- mente na respectiva Reserva Acumulada Suplementar – RAS, Conta de Recursos Portados de EAPC – CRPA; e

b) Recursos Portados de Entidade Fechada: correspondente aos valores recebidos de entidade fechada de previdência complementar, oriundos de portabilidade, a serem alocados integralmente na respectiva Reserva Acumulada Suplementar – RAS, Conta de Recursos Portados de EFPC – CRPF.

IV - Resultado dos Investimentos; e

V - Doações, legados e outras receitas não previstas nos incisos anteriores, desde que admitidos pela legislação vigente.

§ 1º As alíquotas da Contribuição Básica e da Contribuição Alternativa de responsabilidade do Participante serão de sua escolha, dentre as seguintes:

I - 8,5% (oito inteiros e cinco décimos por cento);

II - 8,0% (oito inteiros por cento); ou

III - 7,5% (sete inteiros e cinco décimos por cento).

§ 2º Na ausência de escolha da alíquota da Contribuição Básica e da Contribuição Alternativa pelo Participante, aplicar-se-á o percentual de 8,5%.

§ 3º O Plano de Custeio definirá o percentual da Contribuição Básica destinado ao custeio do FCBE, a Taxa de Carregamento, a Taxa de Administração e a alíquota da Contribuição Administrativa, devendo ser amplamente divulgado pela Entidade no prazo de até 30 (trinta) dias, contados da data da sua aprovação pelo Conselho Deliberativo da Entidade.

§ 4º Observado o disposto no § 1º deste artigo, o Participante Ativo Normal, o Participante Ativo Alternativo e o Participante Autopatrocinado poderão redefinir, nos meses de abril e outubro, a alíquota da sua Contribuição, que passará a vigorar a partir do mês subsequente ao registro do requerimento no sistema de administração de recursos humanos do Patrocinador ou, no caso de Participante Autopatrocinado, a partir do mês subsequente ao registro do requerimento na Entidade.

§ 5º Observado o disposto no § 1º deste artigo, o Participante Autopatrocinado poderá redefinir, no momento de sua opção pelo instituto do Autopatrocínio, a alíquota da sua Contribuição, que passará a vigorar a partir do mês subsequente ao registro do requerimento na Entidade.

§ 6º Caso o Participante Ativo Normal, o Participante Ativo Alternativo e o Participante Autopatrocinado desejem contribuir regularmente com alíquota superior a 8,5% (oito inteiros e cinco décimos por cento), devem fazê-lo na forma de Contribuição Facultativa.

§ 7º A Contribuição Básica, a Contribuição Alternativa e a Contribuição Administrativa do Assistido também serão devidas sobre o Salário de Participação decorrente da gratificação natalina.

§ 8º O Participante Ativo Normal que se tornar Participante Autopatrocinado passará a arcar com a parcela da Contribuição Básica do Patrocinador que deixar de ser aportada em razão de perda parcial ou total de remuneração, observado o disposto no inciso III do art. 12.

§ 9º O Patrocinador não aportará qualquer contribuição em favor do Participante Ativo Alternativo, do Participante Vinculado e do Participante Autopatrocinado, ressalvado o caso do Participante Ativo Normal que se tornar Participante Autopatrocinado em razão de perda parcial de remuneração, hipótese na qual a Contribuição Básica devida pelo Patrocinador incidirá sobre a parcela da Base de Contribuição do Participante que exceder o Teto do RGPS.

§ 10 É vedado aos Patrocinadores o aporte ao Plano de recursos não previstos neste Regulamento, bem como no Plano de Custeio Anual, salvo o aporte da União, a título de adiantamento de contribuições futuras, necessário ao regular funcionamento inicial da Entidade.

§ 11 A Contribuição para custeio da PAR será definida de acordo com o Termo de Repasse de Risco firmado com a sociedade seguradora e será contratada de forma opcional pelo Participante Ativo Normal, pelo Ativo Alternativo, pelo Autopatrocinado e pelo Vinculado.

§ 12 Nas hipóteses de transição de categoria previstas neste Regulamento, salvo disposição diversa do Participante, prevalecerá o percentual de contribuição em vigor na data de transição de categoria.

§ 13 O Participante Ativo Normal, o Participante Ativo Alternativo e o Participante Autopa- trocinado que já tenham no mínimo 12 (doze) meses de tempo de filiação ao Plano poderão requerer a suspensão do pagamento da respectiva Contribuição Básica ou da Contribuição Alternativa, conforme o caso, além da Contribuição Básica de responsabilidade do Patrocinador, por um período de até 36 (trinta e seis) meses, contados a partir do mês subsequente ao protocolo do requerimento na Entidade.

§ 14 Findo o período de suspensão requerido pelo Participante na forma do §13 deste artigo, a cobrança das contribuições básicas ou alternativas serão reativadas automaticamente.

§ 15 Na hipótese prevista no § 13 deste artigo, as coberturas dos benefícios previstos nos incisos II e III do artigo 20 serão suspensas até o fim do período de suspensão requerido pelo Participante.

§ 16 Na hipótese prevista no § 13 deste artigo, o Participante poderá optar pela manutenção das coberturas de Parcela Adicional de Risco – PAR vigentes, mediante o desconto na reserva previdenciária ou a continuidade do pagamento das contribuições facultativas destinadas exclusivamente para o custeio dessas coberturas.

§ 17 O Participante poderá requerer uma nova suspensão somente após decorrido o prazo de 12 (doze) meses de tempo de filiação ao Plano, contados da data da cessação do período de suspensão imediatamente anterior.

§ 18 O período de suspensão das contribuições, na forma do §13 deste artigo, não será utilizado para a contagem do tempo de filiação ao Plano.

SEÇÃO II
DAS DESPESAS ADMINISTRATIVAS

Art. 14. As despesas administrativas do Plano serão custeadas a partir das fontes de recursos descritas neste Regulamento, observado o Plano de Gestão Administrativa – PGA e o Plano de Custeio Anual.

Parágrafo único. O Plano de Gestão Administrativa – PGA deverá ter regulamento próprio aprovado pelo Conselho Deliberativo da entidade, que fixará os critérios quantitativos e qualitativos das despesas administrativas, bem como as metas para os indicadores de gestão para avaliação objetiva das despesas administrativas, inclusive gastos com pessoal, nos termos da legislação aplicável.

SEÇÃO III
DA DATA CERTA DO REPASSE DAS CONTRIBUIÇÕES E DAS PENALIDADES POR ATRASO

Art. 15. A Contribuição Básica do Participante Ativo Normal, a Contribuição Alternativa do Participante Ativo

Alternativo e a Contribuição Facultativa mensal serão descontadas de sua respectiva remuneração e, juntamente com a Contribuição Básica do Patrocinador, quando for o caso, serão recolhidas à Entidade de forma centralizada pelo órgão do Poder Executivo responsável pela coordenação e controle da folha de pagamento dos servidores públicos federais.

Parágrafo único. O repasse das contribuições referidas no caput deverá ocorrer, no máximo, até três dias depois do pagamento dos vencimentos devidos pelo Patrocinador, sob pena de ensejar a aplicação dos acréscimos de mora previstos para os tributos federais e sujeitar o responsável às sanções penais e administrativas cabíveis.

Art. 16. A Contribuição Básica, a Contribuição Alternativa e a Contribuição Facultativa devidas pelo Participante Autopatrocinado, conforme o caso, serão recolhidas por ele diretamente à Entidade até o dia 10 (dez) do mês seguinte ao de sua competência, em conformidade com as regras e procedimentos aprovados pelo Conselho Deliberativo da Entidade.

Parágrafo único. O atraso no recolhimento das contribuições de que trata o caput ensejará a aplicação dos acréscimos de mora previstos para os tributos federais, sem prejuízo do disposto no inciso VII do § 9º e no § 10 do art. 5º e nos §§ 3º e 4º do art. 36.

Art. 17. Os valores arrecadados em decorrência do descumprimento das obrigações previstas nesta Seção serão alocados no Plano de Gestão Administrativa, quando o descumprimento for decorrente de omissão do participante.

Parágrafo único. Caso o descumprimento a que se refere o *caput* decorrer de omissão do patrocinador, os valores arrecadados correspondentes serão alocados nas reservas individuais dos respectivos participantes.

CAPÍTULO VI
DAS PROVISÕES, CONTAS E FUNDOS PREVIDENCIAIS

Art. 18. As contribuições destinadas ao custeio dos benefícios do Plano serão convertidas em cotas e segregadas nas seguintes reservas, contas e fundos:

I - Reserva Acumulada pelo Participante – RAP, de natureza individual, a ser contabilizada no âmbito das Provisões Matemáticas de Benefícios a Conceder, resultante do somatório do saldo das seguintes subcontas:

a) Conta Participante – CPART: correspondente à acumulação da parcela da Contribuição Básica realizada pelo Participante Ativo Normal e, conforme o caso, pelo Participante Autopatrocinado, prevista no item 1 da alínea "a" do inciso I do Art. 13; e

b) Conta Patrocinador – CPATR: correspondente à acumulação da parcela da Contribuição Básica realizada pelo Patrocinador, prevista no item 1 na alínea "a" do inciso II do Art. 13.

II - Reserva Acumulada Suplementar – RAS, de natureza individual, a ser contabilizada no âmbito das Provisões Matemáticas de Benefícios a Conceder, resultante do somatório do saldo das seguintes subcontas:

a) Conta de Contribuições Alternativas – CCA: correspondente à acumulação da parcela da Contribuição Alternativa realizada pelo Participante Ativo Alternativo e, conforme o caso, pelo Participante Autopatrocinado, prevista no item 1 da alínea "b" do inciso I do Art. 13;

b) Conta de Contribuições Facultativas – CCF: correspondente à acumulação das Contribuições Facultativas realizadas pelo Participante, previstas na alínea "c" do inciso I do Art. 13;

c) Conta de Recursos Portados de EAPC – CRPA: correspondente à acumulação dos recur- sos portados oriundos de Entidade Aberta de Previdência Complementar – EAPC, previstos na alínea "a" do inciso III do Art. 13; e

d) Conta de Recursos Portados de EFPC – CRPF: correspondente à acumulação dos re- cursos portados oriundos de Entidade Fechada de Previdência Complementar – EFPC, previstos na alínea "b" do inciso III do Art. 13.

III - Reserva Individual de Benefício Concedido Normal – RIBCN, de natureza individual, a ser contabilizada no âmbito das Provisões Matemáticas de Benefícios Concedidos, resultante da reversão do saldo da respectiva Reserva Acumulada pelo Participante – RAP;

IV - Reserva Individual de Benefício Concedido de Invalidez – RIBCI, de natureza individual, a ser contabilizada no âmbito das Provisões Matemáticas de Benefícios Concedidos, resultante da reversão do saldo da respectiva Reserva Acumulada pelo Participante – RAP e, quando for o caso, de parcela a ser transferida mensalmente do Fundo de Cobertura de Benefícios Extraor- dinários – FCBE, a título de Aporte Extraordinário de Aposentadoria por Invalidez – AEAI, por ocasião da concessão da Aposentadoria por Invalidez, na forma prevista no § 5º do art. 22;

V - Reserva Individual de Benefício Concedido por Morte do Participante Ativo Normal e do Participante Autopatrocinado – RIBCMAt, de natureza individual, a ser contabilizada no âmbito das Provisões Matemáticas de Benefícios Concedidos, resultante da reversão do saldo da respectiva Reserva Acumulada pelo Participante – RAP e, quando for o caso, de parcela a ser transferida mensalmente do Fundo de Cobertura de Benefícios Extraordinários – FCBE, a título de Aporte Extraordinário por Morte do Participante Ativo Normal e do Participante Autopatrocinado – AEMAt, por ocasião da concessão da Pensão por Morte do Participante Ativo Normal e do Participante Autopatrocinado, na forma prevista no § 5º do art. 23;

VI - Reserva Individual de Benefício Concedido por Morte do Participante Assistido – RIB- CMAss, de natureza individual, a ser contabilizada no âmbito das Provisões Matemáticas de Benefícios Concedidos, resultante da reversão do saldo da respectiva Reserva Individual de Benefício Concedido Normal – RIBCN ou da Reserva Individual de Benefício Concedido de Invalidez – RIBCI, e, quando for o caso, de parcela a ser transferida mensalmente do Fundo de Cobertura de Benefícios Extraordinários – FCBE, a título de Aporte Extraordinário por Morte do Participante Assistido – AEMAss, por ocasião da concessão da Pensão por Morte do Participante Assistido, na forma prevista no § 3º do art. 24;

VII - Reserva Individual de Benefício Concedido Suplementar – RIBCS, de natureza individual, a ser contabilizada no âmbito das Provisões Matemáticas de Benefícios Concedidos, resultante, por ocasião da concessão do Benefício Suplementar, na forma prevista no art. 26, da soma:

a) do saldo da respectiva Reserva Acumulada Suplementar – RAS;

b) da respectiva indenização do seguro por morte referente à Parcela Adicional de Risco – PAR paga pela sociedade seguradora contratada, em caso de morte do Participante Ativo Normal, do Participante Ativo Alternativo, do Autopatrocinado, do Vinculado e do Participante Assistido que tiver optado pela referida cobertura;

c) da respectiva indenização do seguro por invalidez referente à Parcela Adicional de Risco – PAR paga pela sociedade seguradora contratada, em caso de invalidez do Participante Ativo Normal, do Participante Ativo Alternativo, do Autopatrocinado e do Vinculado que tiver optado pela referida cobertura; e

d) de eventual saldo da RAP quando o Participante Ativo Alternativo ou Autopatrocina- do, cuja opção pelo autopatrocínio tenha sido efetuada por Participante Ativo Alternati- vo, tenha contribuído em algum momento como Participante Ativo Normal.

VIII - Fundo de Cobertura de Benefícios Extraordinários – FCBE, de natureza coletiva, a ser contabilizado no âmbito das Provisões Matemáticas de Benefícios a Conceder e das Provisões Matemáticas de Benefícios Concedidos, conforme o caso, correspondente aos compromissos do Plano relativos ao:

a) Aporte Extraordinário de Aposentadoria por Invalidez – AEAI, montante apurado na data de concessão da Aposentadoria por Invalidez, prevista no art. 22, destinado ao pagamento do benefício na hipótese de insuficiência do saldo da respectiva RIBCI, na forma prevista no § 5º do art. 22;

b) Aporte Extraordinário por Morte do Participante Ativo Normal e do Participante Auto- patrocinado – AEMAt, montante apurado na data de concessão da Pensão por Morte do Participante Ativo Normal e do Participante Autopatrocinado, prevista no art. 23, destinado ao pagamento do benefício na hipótese de insuficiência do saldo da respectiva RIBCMAt, na forma prevista no § 5º do art. 23;

c) Aporte Extraordinário por Morte do Participante Assistido – AEMAss, montante apurado na data de concessão da Pensão por Morte do Participante Assistido, prevista no art. 24, destinado ao pagamento do benefício na hipótese de insuficiência do saldo da respectiva RIBCMAss, na forma prevista no § 3º do art. 24; e

d) Benefício por Sobrevivência do Assistido, previsto na Seção V do Capítulo VIII.

IX - Fundo de Recursos não Resgatados, montante decorrente das seguintes fontes:

a) recursos não contemplados no direito do Participante que perdeu o vínculo funcional e optou pelo instituto do Resgate, previsto na Seção V do Capítulo IX; e

b) saldos remanescentes das contas individuais de Participantes ou de Assistidos cujos benefícios se extinguiram pela inexistência de Beneficiários e que não sejam reivindicados por eventuais herdeiros legais, nos termos deste Regulamento.

§ 1º Os recursos alocados no FCBE possuem natureza coletiva e não serão objeto de direito sucessório.

§ 2º Os recursos oriundos do Fundo de Recursos não Resgatados serão transferidos, anualmente, ao Fundo de Cobertura de Benefícios Extraordinários – FCBE, cujo custeio será revisto por ocasião da elaboração do Plano de Custeio Anual.

§ 3º Os recursos garantidores correspondentes às provisões, contas e fundos do Plano serão aplicados em observância às diretrizes e aos limites prudenciais estabelecidos pelo Conselho Monetário Nacional (CMN) e à política de investimentos definida pelo Conselho Deliberativo da Entidade.

§ 4º A cota representativa das provisões, contas individuais e fundos referidos neste artigo terá, na data da implantação do Plano, o valor unitário original de R$ 1,00 (um real).

§ 5º O valor da cota de que trata o § 4º deste artigo será diariamente determinado em função da oscilação do patrimônio do Plano, e mediante a divisão do valor total das provisões, contas e fundos, em moeda corrente, pelo número de cotas existentes, conforme metodologia aprovada pelo Conselho Deliberativo da Entidade.

CAPÍTULO VII
DOS PERFIS DE INVESTIMENTOS

Art. 19. O Conselho Deliberativo da Entidade poderá instituir Perfis de Investimentos distintos a serem escolhidos pelos Participantes, sob o seu inteiro risco e sob a sua exclusiva responsabilidade, para a aplicação dos recursos alocados nas suas respectivas Contas Individuais, em conformidade com as regras e procedimentos aprovados pelo Conselho Deliberativo sobre a composição das carteiras de investimentos e os limites de aplicação.

§ 1º A decisão do Conselho Deliberativo da Entidade que instituir os Perfis de Investimentos deverá ser fundamentada de acordo com critérios técnicos e econômicos e deverá ser amplamente divulgada aos Participantes, especialmente em relação aos riscos associados a cada Perfil de Investimentos.

§ 2º A instituição dos Perfis de Investimentos deverá ser acompanhada da aprovação de Manual Técnico pelo Conselho Deliberativo da Entidade contendo regras para a operacionalização dos Perfis de Investimentos, especialmente em relação à definição dos Perfis de Investimentos e aos prazos para opção por parte dos Participantes.

§ 3º As regras do Manual Técnico de que trata o § 2º também deverão estar contidas na Nota Técnica Atuarial.

CAPÍTULO VIII
DOS BENEFÍCIOS DO PLANO

Art. 20. O Plano oferecerá aos seus Participantes e Beneficiários os seguintes Benefícios, observadas as condições estabelecidas neste Regulamento:

I - Aposentadoria Normal;

II - Aposentadoria por Invalidez;

III - Pensão por Morte do Participante Ativo Normal e do Participante Autopatrocinado;

IV - Pensão por Morte do Participante Assistido;

V - Benefício por Sobrevivência do Assistido;

VI - Benefício Suplementar;

VII - Benefício Previdenciário Temporário.

§ 1º A Data de Início do Benefício – DIB será a data do protocolo do requerimento do benefício na Entidade.

§ 2º O pagamento da 13ª prestação anual do benefício será feito juntamente com a prestação do mês de dezembro e o seu valor corresponderá a 1/12 (um doze avos) do valor do benefício devido no mês de dezembro, por mês de efetivo recebimento do benefício no respectivo ano, considerando-se como mês integral a fração igual ou superior a 15 (quinze) dias.

§ 3º Verificado erro no pagamento de qualquer benefício previsto neste Regulamento, a Entidade fará o devido acerto, pagando ou reavendo o que lhe couber, podendo, no último caso, reter nas prestações subsequentes até 30% (trinta por cento) do valor mensal do benefício, até completar a compensação dos valores devidos.

§ 4º Inexistindo Beneficiários para os benefícios previstos nos incisos I a IV e VI do caput deste artigo e ainda restando saldo na respectiva reserva individual a que se refere o art. 18, incisos III a VII, este será pago em parcela única aos herdeiros legais, sendo destes a responsabilidade pelo seu requerimento e pela comprovação dessa condição sucessória por meio do formal de partilha ou de documento equivalente, cessando todos os compromissos do Plano para com o Participante e seus respectivos Beneficiários e herdeiros legais.

SEÇÃO I
DA APOSENTADORIA NORMAL

Art. 21. A Aposentadoria Normal será concedida ao Participante Ativo Normal, ao Participante Autopatrocinado e ao Participante Vinculado, caso a opção pelos institutos tenha sido efetuada por Participante Ativo Normal, desde que requerida pelo Participante e atendidas, simultaneamente, as seguintes condições:

I - Para o Participante Ativo Normal e para o Participante Autopatrocinado que possua vínculo funcional com o Patrocinador:

a) concessão de aposentadoria voluntária ou aposentadoria compulsória pelo RPPS; e

b) carência de 60 (sessenta) meses de efetiva contribuição, Básica e/ou Alternativa, ao Plano, exceto no caso de concessão de aposentadoria compulsória pelo RPPS.

II - Para o Participante Autopatrocinado que não possua Vínculo Funcional com o Patrocinador e para o Participante Vinculado:

a) tenha completado 65 (sessenta e cinco) anos de idade, se homem, ou 62 (sessenta e dois) anos de idade, se mulher;

b) carência de 60 (sessenta) meses de efetiva contribuição, Básica e/ou Alternativa, ao Plano, exceto no caso de cumprimento do mesmo requisito de idade exigido para a concessão de aposentadoria compulsória pelo RPPS.

§ 1º A Aposentadoria Normal corresponderá a uma renda temporária por um prazo, em meses, correspondente à expectativa de sobrevida do Participante na data da concessão do Benefício, obtida a partir da Tábua de Mortalidade Geral, segmentada por sexo, adotada para o Plano, calculada na data da concessão, cujo valor inicial será obtido de acordo com a seguinte fórmula:

RAP/(Fator (Exp;i%)

Em que:

RAP = Reserva Acumulada pelo Participante, conforme definida no inciso I do Art. 18, apurada na data da concessão do Benefício;

Fator(Exp;i%) = Fator financeiro de conversão de saldo em renda, baseado na taxa de juros atuarial anual i% adotada para o Plano, convertida em taxa mensal, e em prazo, em meses, correspondente à expectativa de sobrevida do Participante na data de concessão do Benefício, obtida a partir da Tábua de Mortalidade Geral, segmentada por sexo, adotada para o Plano.

§ 2º A formulação do fator financeiro de conversão de saldo em renda de que trata o §1º deste artigo será detalhada em Nota Técnica Atuarial elaborada pelo Atuário do Plano.

§ 3º O pagamento da Aposentadoria Normal será mensal, efetuado até o 5º (quinto) dia útil do mês subsequente ao da competência, recalculado anualmente a partir:

I - do saldo de conta remanescente da respectiva Reserva Individual de Benefício

Concedido Normal – RIBCN, originado da reversão do saldo da respectiva Reserva Acumulada pelo Participante – RAP na data da concessão do benefício; e

II - do prazo restante, na forma do § 1º deste artigo; e

§ 4º Na hipótese da renda mensal, calculada na forma do § 1º deste artigo, ser inferior ao valor de 10 (dez) URPs, o Participante poderá, a seu critério, optar por receber o saldo da respectiva Reserva Individual de Benefício Concedido Normal – RIBCN em parcela única, quitando-se, assim, qualquer compromisso do Plano para com o Participante e seus Beneficiários.

§ 5º A atualização da Aposentadoria Normal tomará como referência o mês de janeiro, passando a vigorar, a partir deste mês, o novo valor do benefício.

§ 6º O Participante poderá optar por receber à vista até 100% (cem por cento) do saldo da Conta Participante – CPART, no momento da concessão do benefício.

§ 7º A parcela da CPART paga à vista será deduzida da RAP para o cálculo previsto no § 1º.

§ 8º Na hipótese da renda mensal, atualizada na forma do § 5 deste artigo, ser inferior ao valor de 10 (dez) URPs, o Participante Assistido poderá, a seu critério, optar por receber o saldo da respectiva RIBCN em parcela única, quitando-se, assim, qualquer compromisso do Plano para com o Participante e seus respectivos Beneficiários e herdeiros legais.

SEÇÃO II
DA APOSENTADORIA POR INVALIDEZ

Art. 22. A Aposentadoria por Invalidez será concedida ao Participante Ativo Normal e ao Participante Autopatrocinado, caso a opção pelo instituto tenha sido efetuada por Participante Ativo Normal, desde que atendidas, simultaneamente, as seguintes condições:

I - Para o Participante Ativo Normal e para o Participante Autopatrocinado que possua vínculo funcional com o Patrocinador:

a) carência de 12 (doze) meses de filiação ao Plano, exceto no caso de acidente em serviço; e

b) concessão de aposentadoria por incapacidade permanente para o trabalho pelo RPPS.

II - Para o Participante Autopatrocinado que não possua vínculo funcional com o Patrocinador:

a) carência de 12 (doze) meses de filiação ao Plano; e

b) cumprimento dos mesmos requisitos para a concessão de aposentadoria por incapacidade permanente para o trabalho pelo RPPS.

§ 1º A Aposentadoria por Invalidez corresponderá a uma renda temporária pelo prazo, em meses, correspondente à expectativa de sobrevida do Participante na data de concessão do benefício, obtida a partir da Tábua de Mortalidade de Inválidos, segmentada por sexo, adotada para o Plano, calculada na data da concessão, cujo valor inicial será obtido de acordo com a seguinte fórmula:

[Média(SP) – BE] x %MC/ 8,5%x80%

Em que:

Média(SP) = média aritmética simples de todos os Salários de Participação do Participante Ativo Normal ou Participante Autopatrocinado decorrente de Ativo Normal, atualizados pelo Índice do Plano até o mês de concessão do benefício;

BE = Valor do Benefício Especial, se houver, disciplinado no §1º do art. 3º da Lei nº 12.618, de 2012; e

%MC = Média dos percentuais da Contribuição Básica aportada pelo Participante, apurada entre a data de filiação ao Plano e a data de concessão da Aposentadoria por Invalidez, limitada a 8,5% (oito inteiros e cinco décimos por cento).

§ 2º Na hipótese da renda mensal, calculada na forma do § 1º deste artigo, ser inferior ao valor de 2 (duas) URPs, será devido ao Participante um benefício mensal no valor de 2 (duas) URPs.

§ 3º O pagamento da Aposentadoria por Invalidez será mensal, efetuado até o 5º (quinto) dia útil do mês subsequente ao da competência, atualizado anualmente pelo Índice do Plano, e terá como base o saldo de conta da respectiva Reserva Individual de Benefício Concedido de Invalidez – RIBCI, originado da reversão da respectiva Reserva Acumulada pelo Participante – RAP na data da concessão do Benefício.

§ 4º Esgotados os recursos da RIBCI e não findo o prazo definido no § 1º deste artigo, a Aposentadoria por Invalidez será paga através de recursos oriundos do FCBE, vertidos mensalmente à RIBCI, a título de Aporte Extraordinário de Aposentadoria por Invalidez – AEAI.

§ 5º A atualização da Aposentadoria por Invalidez tomará como referência o mês de janeiro, passando a vigorar, a partir deste mês, o novo valor do benefício, tendo como limite mínimo o valor de 2 (duas) URPs vigentes no mês de atualização.

§ 6º A reversão da aposentadoria por invalidez pelo RPPS importa reversão da Aposentadoria por Invalidez prevista neste artigo.

§ 7º Se a carência de 12 meses prevista na alínea "a" dos incisos I e II não tiver sido cumprida, o saldo da respectiva Reserva Acumulada pelo Participante – RAP lhe será pago em parcela única, cessando todos os compromissos do Plano para com o Participante e seus respectivos Beneficiários e herdeiros legais.

SEÇÃO III
DA PENSÃO POR MORTE DO PARTICIPANTE ATIVO NORMAL E DO PARTICIPANTE AUTOPATROCINADO

Art. 23. A Pensão por Morte do Participante Ativo Normal e do Participante Autopatrocinado será concedida ao Beneficiário do Participante Ativo Normal e do Participante Autopatrocinado, caso a opção pelo instituto tenha sido efetuada por Participante Ativo Normal, desde que atendidas as seguintes condições:

I - Para o Beneficiário do Participante Ativo Normal e do Participante Autopatrocinado que possuía vínculo funcional com o Patrocinador:

a) concessão de pensão por morte pelo RPPS; e

II - Para o Beneficiário do Participante Autopatrocinado que não possuía vínculo funcional com o Patrocinador:

a) cumprimento dos mesmos requisitos para a concessão da pensão por morte pelo RPPS.

§ 1º A Pensão por Morte do Participante Ativo Normal e do Participante Autopatrocinado corresponderá a uma renda temporária pelo prazo, em meses, correspondente à expectativa de sobrevida do Participante Ativo Normal ou do Participante Autopatrocinado na data de concessão do benefício, obtida a partir da Tábua de Mortalidade Geral, segmentada por sexo, adotada para o Plano, calculada na data da concessão do Benefício, cujo valor inicial será obtido de acordo com a seguinte fórmula:

[Média(SP) – BE] x %MC/ 8,5% x 70%

Em que:

Média(SP) = média aritmética simples de todos os Salários de Participação do Participante Ativo Normal ou Participante Autopatrocinado decorrente de Ativo Normal, atualizados pelo Índice do Plano até o mês de concessão do benefício;

BE = Valor do Benefício Especial, se houver, disciplinado no §1º do art. 3º da Lei nº 12.618, de 2012; e

%MC = Média dos percentuais da Contribuição Básica aportada pelo Participante, apurada entre a data de filiação ao Plano e a data de concessão da Pensão por Morte, limitada a 8,5% (oito inteiros e cinco décimos por cento).

§ 2º Na hipótese da renda mensal, calculada na forma do § 1º deste artigo, ser inferior ao valor de 2 (duas) URPs, será devido aos Beneficiários um benefício total mensal no valor de 2 (duas) URPs.

§ 3º O pagamento da Pensão por Morte será mensal, efetuado até o 5º (quinto) dia útil do mês subsequente ao da competência, atualizado anualmente pelo Índice do Plano.

§ 4º Esgotados os recursos da RIBCMAt e não findo o prazo definido no § 1º deste artigo, a Pensão por Morte será paga através de recursos oriundos do FCBE, vertidos mensalmente à respectiva RIBCMAt, a título de Aporte Extraordinário por Morte do Participante Ativo – AEMAt.

§ 5º A Pensão por Morte será rateada em partes iguais entre todos os Beneficiários e a cota individual correspondente a cada Beneficiário ser-lhe-á paga até o fim do prazo definido no § 1º ou até a perda da condição de beneficiário, o que ocorrer primeiro.

§ 6º Na hipótese de perda do direito da Pensão por Morte, a cota individual do Beneficiário será automaticamente revertida em favor dos Beneficiários remanescentes.

§ 7º A atualização da Pensão por Morte tomará como referência o mês de janeiro, passando a vigorar, a partir deste mês, o novo valor do benefício, tendo como limite mínimo o valor de 2 (duas) URPs vigentes no mês de atualização.

§ 8º Concedida a pensão, eventual habilitação tardia ou prova posterior que implique inclusão ou exclusão de beneficiário só produzirá efeitos financeiros a partir da data em que for apresentada à Funpresp-Exe.

SEÇÃO IV
DA PENSÃO POR MORTE DO PARTICIPANTE ASSISTIDO

Art. 24. A Pensão por Morte do Participante Assistido será concedida aos Beneficiários do Participante Ativo Normal e do Participante Autopatrocinado, caso a opção pelo instituto tenha sido efetuada por Participante Ativo Normal, que tenha se tornado Participante Assistido e que tenha, posteriormente, falecido, desde que atendidas as seguintes condições:

I - Para o Beneficiário do Participante Assistido que estava vinculado ao RPPS, a concessão da pensão por morte pelo RPPS; e

II - Para o Beneficiário do Participante Assistido que não estava vinculado ao RPPS, o cumprimento dos mesmos requisitos para a concessão da pensão por morte pelo RPPS.

§ 1º A Pensão por Morte do Participante Assistido corresponderá a uma renda temporária, calculada na data da concessão do Benefício, cujo valor inicial será equivalente a 70% (setenta por cento) da renda mensal percebida pelo Participante Assistido na data do falecimento, e será paga com base no saldo da respectiva RIBCMAss, resultante da reversão de saldo da RIBCN ou da RIBCI, na data da concessão do Benefício, ou de parcela do FCBE, conforme o caso.

§ 2º O pagamento da Pensão por Morte do Participante Assistido será mensal, efetuado até o 5º (quinto) dia útil do mês subsequente ao da competência, atualizado anualmente pelo Índice do Plano, pelo prazo, em meses, correspondente à expectativa de sobrevida do Participante Assistido, se vivo fosse, na data da concessão da Pensão, obtida a partir da Tábua de Mortalidade Geral ou da Tábua de Mortalidade de Inválidos, segmentada por sexo, conforme o caso, adotada para o Plano.

§ 3º Esgotados os recursos da RIBCMAss e não findo o prazo definido no § 2º deste artigo, a Pensão por Morte do Participante Assistido será paga através de recursos oriundos do FCBE, vertidos mensalmente à respectiva RIBCMAss, a título de Aporte Extraordinário por Morte do Participante Assistido – AEMAss.

§ 4º A atualização da Pensão por Morte do Participante Assistido tomará como referência o mês de janeiro, passando a vigorar, a partir deste mês, o novo valor do benefício.

§ 5º O valor da Pensão por Morte do Participante Assistido será rateado entre os Beneficiários em partes iguais e a cota individual correspondente a cada Beneficiário lhe será paga até o fim do prazo definido no § 2º deste artigo ou até a perda da condição de Beneficiário, o que ocorrer primeiro.

§ 6º Na hipótese de perda do direito à Pensão por Morte do Participante Assistido, a cota individual do Beneficiário será automaticamente revertida em favor dos Beneficiários remanescentes.

§ 7º Concedida a pensão, eventual habilitação tardia ou prova posterior que implique inclusão ou exclusão de Beneficiário só produzirá efeitos financeiros a partir da data em que for apresentada à Funpresp-Exe.

SEÇÃO V
DO BENEFÍCIO POR SOBREVIVÊNCIA DO ASSISTIDO

Art. 25. O Benefício por Sobrevivência do Assistido será concedido ao Assistido que sobreviver ao prazo de pagamento da Aposentadoria Normal, da Aposentadoria por Invalidez, da Pensão por Morte do Participante Ativo Normal e do Participante Autopatrocinado ou da Pensão por Morte do Participante Assistido, conforme o caso.

§ 1º O Benefício por Sobrevivência do Assistido corresponderá a uma renda vitalícia, baseada em parcela do FCBE, com valor inicial equivalente a 80% (oitenta por cento) da última prestação mensal percebida pelo Assistido relativa à respectiva Aposentadoria Normal, Aposentadoria por Invalidez, Pensão por Morte do Participante Ativo Normal e do Participante Autopatrocinado, ou Pensão por Morte do Participante Assistido, conforme o caso.

§ 2º O pagamento do Benefício por Sobrevivência do Assistido será mensal, efetuado até o 5º (quinto) dia útil do mês subsequente ao da competência, e seu valor será atualizado anualmente pelo Índice do Plano.

§ 3º A atualização do Benefício por Sobrevivência do Assistido tomará como referência o mês de janeiro, passando a vigorar, a partir deste mês, o novo valor do benefício.

§ 4º Para o Participante Assistido que estiver em gozo de Aposentadoria Normal, o Benefício por Sobrevivência do Assistido será devido a partir do mês em que o saldo da RIBCN decorrente da RAP não for suficiente para o pagamento do respectivo Benefício e no montante necessário para a sua cobertura.

§ 5º O valor do Benefício por Sobrevivência do Assistido devido a Beneficiários será rateado entre estes em partes iguais e a cota individual correspondente a cada Beneficiário lhe será paga até a perda da condição de Beneficiário.

§ 6º Na hipótese de perda do direito ao Benefício por Sobrevivência do Assistido, a cota individual do Beneficiário será automaticamente revertida em favor dos Beneficiários remanescentes.

§ 7º O Benefício por Sobrevivência do Assistido não será devido, em hipótese alguma, aos Beneficiários do Participante Ativo Alternativo que tenha se tornado Participante Assistido.

SEÇÃO VI
DO BENEFÍCIO SUPLEMENTAR

Art. 26. O Benefício Suplementar será concedido ao Participante Ativo Normal, ao Participante Ativo Alternativo, ao Participante Autopatrocinado e ao Participante Vinculado, ou aos seus respectivos Beneficiários, caso haja saldo na respectiva Reserva Acumulada Suplementar – RAS, desde que atendidas as seguintes condições:

I - Para o Participante Ativo Normal ou dele decorrente:

a) concessão da aposentadoria voluntária ou aposentadoria compulsória pelo RPPS; ou

b) concessão da aposentadoria por incapacidade permanente para o trabalho pelo RPPS.

II - Para o Participante Ativo Alternativo ou dele decorrente:

a) concessão da aposentadoria voluntária pelo RPPS ou aposentadoria compulsória pelo RPPS; ou

b) concessão de aposentadoria por incapacidade permanente para o trabalho pelo RPPS; ou

c) caso o Participante não esteja mais vinculado ao RPPS, tenha completado 65 (sessenta e cinco) anos de idade, se homem, ou 62 (sessenta e dois) anos de idade, se mulher, ou o cumprimento dos mesmos requisitos para a concessão de aposentadoria por incapacidade permanente para o trabalho pelo RPPS.

III - Para o Beneficiário:

a) concessão da pensão por morte no RPPS; ou

b) caso se trate de Beneficiário de Participante que não mais estava vinculado ao RPPS, cumprimento dos mesmos requisitos para a concessão da pensão por morte pelo RPPS.

§ 1º O Benefício Suplementar corresponderá a uma renda temporária, calculada na data da concessão, cujo valor inicial será obtido da seguinte forma:

I - Para os casos previstos nos itens I e II do caput deste artigo e no caso de falecimento de Participante Ativo Normal, Participante Ativo Alternativo ou Participante Autopatrocinado:

RIBCS/Fator(x,i%)

Em que:

RIBCS = Reserva Individual de Benefício Concedido Suplementar, conforme defini-

PREV. COMPLEMENTAR

da no inciso VII do art. 18, deduzida a eventual parcela paga ao assistido (%RIBCS);

%RIBCS = Parcela de até 100% (cem por cento) da RIBCS paga à vista ao assistido, em percentual de sua escolha no momento da concessão do Benefício;

Fator(x;i%) = Fator financeiro de conversão de saldo em renda, baseado na taxa de juros atuarial anual i% adotada para o Plano na data da concessão, convertida em taxa mensal, e em prazo, em meses, a ser definido pelo Participante ou Beneficiário, conforme o caso, de no máximo a expectativa de sobrevida no Plano do Participante na data de concessão do Benefício, obtida a partir da Tábua de Mortalidade Geral ou da Tábua de Mortalidade e de Inválidos, segmentada por sexo, conforme o caso, adotada para o Plano.

II - Para o caso previsto no item III do caput deste artigo, o valor do Benefício Suplementar percebido pelo Participante na ocasião do seu falecimento, a ser pago no prazo estipulado originalmente pelo Participante.

§ 2º A formulação do fator financeiro de conversão de saldo em renda de que trata o inciso I do § 1º deste artigo será detalhada em Nota Técnica Atuarial elaborada pelo atuário do Plano.

§ 3º O pagamento do Benefício Suplementar será mensal, efetuado até o 5º (quinto) dia útil do mês subsequente ao da competência, e seu valor será recalculado anualmente, em função do respectivo saldo da RIBCS remanescente e do prazo remanescente, conforme a forma de concessão do benefício, definida no § 1º deste artigo.

§ 4º O recálculo do Benefício Suplementar tomará como referência o saldo da RIBCS apurado no mês de janeiro, passando a vigorar a partir deste mês, o novo valor do benefício.

§ 5º O Benefício Suplementar devido a Beneficiários será rateado entre estes em partes iguais e a cota individual correspondente a cada Beneficiário lhe será paga enquanto houver saldo na respectiva RIBCS ou até a perda da condição de Beneficiário, o que ocorrer primeiro.

§ 6º Para recebimento do seguro por invalidez ou por morte a que se refere as alíneas "b" e "c" do inciso VII do art. 18, a Entidade acionará a sociedade seguradora com o objetivo de receber tal indenização, tendo em vista as condições e os valores pactuados na forma do Termo de Repasse de Risco.

§ 7º Nas hipóteses de morte ou invalidez do Participante Vinculado, aplicar-se-á o disposto nos §§ 5º a 7º do art. 30 deste Regulamento, nos termos definidos pelo Conselho Deliberativo.

§ 8º No caso em que o Benefício Suplementar, calculado conforme § 1º deste artigo ou recalculado conforme § 4º deste artigo, resultar em valor inferior a 10 (dez) URPs, o saldo da Reserva Acumulada Suplementar – RAS será pago em parcela única, cessando todos os compromissos do Plano para com o Participante e seus respectivos Beneficiários e herdeiros legais.

§ 9º O pagamento em parcela única do saldo da Reserva Acumulada Suplementar – RAS será realizado com base na última cota disponível na data do pagamento, sendo garantida no mínimo a cota do último dia do mês anterior ao protocolo do requerimento do benefício na Entidade.

SEÇÃO VII
DO BENEFÍCIO PREVIDENCIÁRIO TEMPORÁRIO

Art. 26-A. O Participante Ativo Normal, o Participante Ativo Alternativo, o Participante Autopatrocinado e o Participante Vinculado, que não tenha cumprido os requisitos de elegibilidade previstos nos art. 21 ou art. 26, poderão requerer o Benefício Previdenciário Temporário, calculado sobre percentual, por ele definido, do saldo acumulado na Conta de Contribuições Facultativas – CCF e na Conta de Recursos Portados de EAPC – CRPA.

§ 1º O Benefício Previdenciário Temporário corresponderá a uma renda temporária, em cotas, cujo valor mensal será obtido a partir da divisão da parcela da Conta de Contribuições Facultativas – CCF e na Conta de Recursos Portados de EAPC – CRPA definida pelo Participante, pelo prazo em meses a ser definido pelo Participante, de no máximo 60 (sessenta) meses, desde que o valor mensal seja, no mínimo, de 10 (dez) URPs.

§ 2º Durante o período de recebimento do Benefício Previdenciário Temporário, o Participante deverá manter o recolhimento das contribuições previstas nas alíneas "a", "b" e "d" do inciso I do art.13, conforme o caso.

§ 3º A realização de novo requerimento do Benefício Previdenciário Temporário está condicionado à cessação do pagamento de Benefício Previdenciário Temporário requerido anteriormente.

§ 4º O pagamento do Benefício Previdenciário Temporário cessará caso seja requerido o Benefício Suplementar.

§ 5º O pagamento do Benefício Previdenciário Temporário será efetuado até o 5º (quinto) dia útil do mês subsequente ao da competência, e seu valor será equivalente à conversão, do quantitativo de cotas apurados conforme o §1º deste artigo, pela última cota disponível na data do pagamento, sendo garantida no mínimo a cota do último dia do mês anterior à competência.

CAPÍTULO IX
DOS INSTITUTOS

SEÇÃO I
DAS DISPOSIÇÕES COMUNS

Art. 27. Desde que preenchidos os requisitos necessários previstos neste Capítulo, o Participante que não estiver em gozo de benefício poderá optar por um dos institutos previstos neste Capítulo, elencados a seguir:

I - Autopatrocínio;

II - Benefício Proporcional Diferido;

III - Portabilidade; e

IV - Resgate.

Art. 28. Para fins da opção prevista no art. 27, a Entidade fornecerá extrato ao Participante, no prazo máximo de 30 (trinta) dias, contados da data do recebimento da comunicação da cessação do vínculo funcional com o Patrocinador ou da data do requerimento protocolado pelo Participante perante a Entidade, contendo as informações exigidas pela legislação vigente.

§ 1º Após o recebimento do extrato, o Participante terá o prazo de até 60 (sessenta) dias para optar pelo Autopatrocínio, pelo Benefício Proporcional Diferido, pelo Resgate ou pela Portabilidade, mediante protocolo de Termo de Opção formalizado junto à Entidade.

§ 2º O Participante que não fizer sua opção no prazo previsto no parágrafo anterior terá presumida, na forma da legislação vigente, sua opção pelo Benefício Proporcional Diferido, desde que atendidas as condições previstas na Seção III deste Capítulo.

§ 3º Na hipótese do § 2º deste artigo, caso o Participante não atenda às condições exigidas para se habilitar ao Benefício Proporcional Diferido, restará a ele unicamente a opção pelo instituto do Resgate, na forma da Seção V deste Capítulo, cujo pagamento será efetuado mediante solicitação formal do Participante.

§ 4º O prazo para a formalização da opção pelos institutos, previsto no § 1º deste artigo, será suspenso na hipótese do Participante apresentar, durante o referido prazo, questionamento devidamente formalizado junto à Entidade, no tocante às informações constantes do extrato de que trata o caput deste artigo, até que sejam prestados pela Entidade os pertinentes esclarecimentos, no prazo máximo de 15 (quinze) dias úteis contados do protocolo do respectivo pedido de esclarecimentos.

§ 5º Para fins deste Regulamento, a cessação do vínculo funcional com o Patrocinador ocorrerá na hipótese de vacância do cargo efetivo decorrente de:

I - exoneração;

II - demissão;

III - posse em outro cargo inacumulável, ressalvada a hipótese de se tratar de cargo efetivo em algum dos Patrocinadores do Plano;

IV - falecimento; ou

V - aposentadoria voluntária ou compulsória.

SEÇÃO II
DO AUTOPATROCÍNIO

Art. 29. Em caso de perda parcial ou total da remuneração, o Participante Ativo Normal e o Participante Ativo Alternativo poderão optar pelo instituto do Autopatrocínio, devendo, para tanto, manter o pagamento da respectiva Contribuição

Básica ou da Contribuição Alternativa, conforme o caso, além da Contribuição Básica de responsabilidade do Patrocinador, se aplicável, relativamente à parcela correspondente à referida perda, na forma deste Regulamento e conforme critérios estabelecidos no Plano de Custeio Anual, como forma de assegurar a percepção dos benefícios nos níveis correspondentes àquela remuneração.

§ 1º A cessação do vínculo funcional com o Patrocinador deverá ser entendida como uma das formas de perda total da remuneração recebida.

§ 2º No caso de perda parcial da remuneração com manutenção do vínculo funcional com o Patrocinador, o Participante poderá assumir a sua contribuição e a que seria vertida pelo Patrocinador, calculada sobre a diferença entre o Salário de Participação observado no mês imediatamente anterior ao da referida perda e o novo Salário de Participação, visando à manutenção da constituição das reservas no mesmo nível anterior à perda.

§ 3º O Participante Ativo Alternativo que optar pelo instituto do Autopatrocínio deverá manter o pagamento da sua respectiva Contribuição Alternativa, observado o disposto no inciso III do art. 12 e os critérios previstos no Plano de Custeio.

§ 4º Para efetivação da opção pelo Autopatrocínio, o Participante deverá recolher à Entidade, até o dia 10 (dez) do mês subsequente ao da referida opção, todas as contribuições em atraso desde o mês da perda da remuneração.

§ 5º Considera-se como data de início do Autopatrocínio o dia imediatamente posterior ao da perda total ou parcial da remuneração.

§ 6º A opção pelo Autopatrocínio não impede a posterior opção pelos institutos do Benefício Proporcional Diferido, do Resgate ou da Portabilidade, observadas as disposições contidas neste Regulamento aplicáveis a cada instituto.

SEÇÃO III
DO BENEFÍCIO PROPORCIONAL DIFERIDO

Art. 30. O Participante Ativo Normal, o Participante Ativo Alternativo e o Participante Autopatrocinado poderão optar pelo instituto do Benefício Proporcional Diferido, interrompendo o pagamento da respectiva Contribuição Básica ou Contribuição Alternativa, conforme o caso, desde que preenchidos os seguintes requisitos, cumulativamente:

I - cessação do vínculo funcional com o Patrocinador;

II - ausência de preenchimento dos requisitos de elegibilidade à Aposentadoria Normal ou ao Benefício Suplementar, conforme o caso; e

III - não tenha optado pelos institutos da Portabilidade ou do Resgate.

§ 1º A opção pelo Benefício Proporcional Diferido implicará, a partir da data do requerimento, na obrigação de pagamento da Contribuição Administrativa ao Plano, prevista na alínea "d" do inciso I do art.13.

§ 2º A Contribuição Administrativa poderá ser descontada diretamente do saldo da respectiva Reserva Acumulada pelo Participante – RAP ou da Reserva Acumulada Suplementar – RAS, conforme o caso, em conformidade com as regras e procedimentos aprovados pelo Conselho Deliberativo da Entidade.

§ 3º O Participante Vinculado que mantinha a condição de Participante Ativo Normal antes da opção pelo Benefício Proporcional Diferido manterá o direito à Aposentadoria Normal e, conforme o caso, ao Benefício Suplementar, quando vier a completar 65 (sessenta e cinco) anos de idade, se homem, ou 62 (sessenta e dois) anos de idade, se mulher.

§ 4º O Participante Vinculado que mantinha a condição de Participante Ativo Alternativo antes da opção pelo Benefício Proporcional Diferido manterá o direito ao Benefício Suplementar, quando vier a completar 65 (sessenta e cinco) anos de idade, se homem, ou 62 (sessenta e dois) anos de idade, se mulher.

§ 5º No caso de falecimento do Participante Vinculado, o saldo da respectiva Reserva Acumulada pelo Participante – RAP e da Reserva Acumulada Suplementar – RAS, conforme o caso, será pago, em parcela única, aos seus Beneficiários ou, na falta destes, aos seus herdeiros legais, cessando todos os compromissos do Plano para com o Participante e seus respectivos Beneficiários e herdeiros legais.

§ 6º Na hipótese do Participante Vinculado se tornar Assistido e vier a falecer, o saldo remanescente da respectiva Reserva Individual de Benefício Concedido Normal – RIBCN ou da Reserva Individual de Benefício Concedido Suplementar – RIBCS, conforme o caso, será pago, em parcela única, aos seus Beneficiários ou, na falta destes, aos seus herdeiros legais, cessando todos os compromissos do Plano para com o Participante e seus respectivos Beneficiários e herdeiros legais.

§ 7º Na hipótese do Participante Vinculado se tornar inválido, o saldo da respectiva Reserva Acumulada pelo Participante – RAP e da Reserva Acumulada Suplementar – RAS, conforme o caso, lhe será pago em parcela única, cessando todos os compromissos do Plano para com o Participante e seus respectivos Beneficiários e herdeiros legais.

§ 8º A opção pelo Benefício Proporcional Diferido não impede a posterior opção pelos institutos do Resgate ou da Portabilidade, observadas as disposições contidas neste Regulamento aplicáveis a cada instituto.

SEÇÃO IV
DA PORTABILIDADE

Art. 31. O Participante Ativo Normal, o Participante Ativo Alternativo, o Participante Autopatrocinado e o Participante Vinculado poderão optar pelo instituto da Portabilidade de seu direito acumulado para outro plano de benefícios operado por entidade de previdência complementar ou sociedade seguradora autorizada a operar plano de benefícios de caráter previdenciário, desde que preenchidos os seguintes requisitos, cumulativamente:

I - cessação do vínculo funcional com o Patrocinador;

II - o Participante não esteja em gozo de qualquer benefício previsto neste Regulamento; e

III - o Participante não tenha optado pelo instituto do Resgate.

§ 1º Será considerado direito acumulado para fins de Portabilidade o somatório dos saldos da Reserva Acumulada pelo Participante – RAP e da Reserva Acumulada Suplementar – RAS, apurados na data de cessação das contribuições para o Plano.

§ 2º Na hipótese de Portabilidade após opção pelo Benefício Proporcional Diferido e antes da concessão da Aposentadoria Normal ou do Benefício Suplementar, conforme o caso, o direito acumulado consistirá nos saldos da Reserva Acumulada pelo Participante – RAP e da Reserva Acumulada Suplementar – RAS, apurados na data do protocolo na Entidade do requerimento da Portabilidade.

§ 3º O direito acumulado, apurado nos termos deste artigo, será atualizado com base na última cota disponível na data do pagamento, sendo garantida no mínimo a cota do último dia do mês anterior ao do requerimento.

§ 4º Após o recebimento do Termo de Opção de que trata o § 1º do art. 28, a Entidade elaborará o Termo de Portabilidade e terá o prazo de até 5 (cinco) dias úteis para encaminhá-lo à entidade que administra o plano de benefícios receptor, contendo todas as informações exigidas pela legislação aplicável.

§ 5º A transferência do direito acumulado dar-se-á em moeda corrente nacional, até o 10º (décimo) dia útil subsequente à data do protocolo do Termo de Portabilidade na entidade receptora, atendidas as condições previstas neste Regulamento e na legislação aplicável.

§ 6º A Portabilidade não caracteriza resgate, sendo vedado que os recursos financeiros transitem, sob qualquer forma, pelos participantes do Plano.

§ 7º A opção pela Portabilidade é direito inalienável do Participante e será exercida em caráter irrevogável e irretratável, cessando, com a transferência da totalidade dos recursos financeiros para a entidade receptora, todo e qualquer direito previsto neste Plano relativo ao Participante e seus Beneficiários.

Art. 32. O Plano poderá receber recursos portados de outras entidades de previdência complementar ou de sociedade seguradora autorizada a operar plano de benefícios de caráter previdenciário, desde que observado o disposto neste Regulamento e na legislação aplicável.

Parágrafo único. Os recursos portados recebidos de outras entidades de previdência complementar ou de sociedade seguradora serão mantidos em separado das demais contribuições e alocados em uma das seguintes contas:

I - Reserva Acumulada Suplementar – RAS, Conta de Recursos Portados de EAPC – CRPA, se oriundos de Entidade Aberta de Previdência Complementar – EAPC ou sociedade seguradora; ou

II - Reserva Acumulada Suplementar – RAS, Conta de Recursos Portados de EFPC – CRPF, se oriundos de Entidade Fechada de Previdência Complementar – EFPC.

SEÇÃO V
DO RESGATE

Art. 33. O Participante Ativo Normal, o Participante Ativo Alternativo, o Participante Autopatrocinado e o Participante Vinculado poderão optar pelo instituto do Resgate, por meio do recebimento dos respectivos recursos individuais alocados no Plano, já descontadas as parcelas do custeio administrativo e do FCBE, desde que preenchidos os seguintes requisitos, cumulativamente:

I - cessação do vínculo funcional com o Patrocinador;

II - o Participante não esteja em gozo de qualquer benefício previsto neste Regulamento; e

III - o Participante não tenha optado pelo instituto da Portabilidade.

§ 1º Os recursos individuais de que trata o caput deste artigo correspondem ao somatório dos saldos das seguintes contas:

I - Reserva Acumulada pelo Participante – RAP, Conta Participante – CPART;

II - Reserva Acumulada Suplementar – RAS, observados os §§ 2º e 3º deste artigo; e

III - Percentual, não cumulativo, da Reserva Acumulada pelo Participante – RAP, Conta Patrocinador – CPATR, conforme tabela a seguir:

Tempo de filiação ao Plano	% da CPATR/Conta Patrocinador
até 3 anos	0%
a partir de 3 anos	10%
a partir de 5 anos	25%
a partir de 10 anos	40%
a partir de 15 anos	55%
a partir de 20 anos	70%

§ 2º É facultado o resgate de valores portados constituídos em plano de previdência complementar administrado por Entidade Aberta de Previdência Complementar – EAPC ou sociedade seguradora, acumulados na respectiva Conta de Recursos Portados de EAPC – CRPA.

§ 3º É vedado o resgate de valores portados constituídos em plano de previdência complementar administrado por Entidade Fechada de Previdência Complementar – EFPC, acumulados na respectiva Conta de Recursos Portados de EFPC – CRPF.

§ 4º O Participante que optar por manter no Plano o saldo das contas referidas nos §§ 2º e 3º deste artigo será considerado Participante Vinculado, desde que observe as disposições contidas neste Regulamento aplicáveis a cada instituto.

§ 5º O valor correspondente ao Resgate, conforme descrito no § 1º deste artigo, será obtido com base nos saldos das contas apurados na data de cessação das contribuições para o Plano, atualizado com base na última cota disponível na data do pagamento, sendo garantida no mínimo a cota do último dia do mês anterior ao do requerimento.

§ 6º Quando do pagamento do valor correspondente ao Resgate, serão efetuados os descontos previstos em lei e os decorrentes de decisões judiciais.

§ 7º É facultado ao Participante optar pelo recebimento do Resgate em parcela única ou em até 12 (doze) parcelas mensais e consecutivas, atualizadas pela variação verificada entre a cota do último dia do mês anterior ao do requerimento e a cota do último dia do mês anterior ao do respectivo pagamento.

§ 8º O pagamento da parcela única ou da primeira parcela mensal será efetuado no prazo de até 30 (trinta) dias contados da data de protocolo do Termo de Opção.

§ 9º Uma vez exercido o Resgate, cessará todo e qualquer direito do Participante e de seus Beneficiários ou, na ausência destes, de seus herdeiros legais, em relação ao Plano, exceto quanto às prestações vincendas no caso de opção pelo pagamento parcelado ou de eventuais recursos oriundos de Portabilidade não resgatados.

CAPÍTULO X
DAS DISPOSIÇÕES TRANSITÓRIAS FINAIS

Art. 34. Os casos omissos deste Regulamento serão decididos pelo Conselho Deliberativo da Entidade, observada a legislação vigente.

Art. 35. As hipóteses biométricas, demográficas, econômicas e financeiras adotadas na avaliação atuarial do Plano deverão ser objeto de reavaliação pelo menos uma vez a cada 3 (três) anos, a fim de aferir a sua adequabilidade ao grupo de Participantes, Assistidos e Beneficiários do Plano.

Art. 36. A Entidade fica autorizada a contratar, mediante licitação, coberturas para os benefícios não programados e para a PAR previstos, respectivamente, nos incisos II a V do art. 20 e no inciso VII, alíneas "b" e "c", do art. 18 deste Regulamento e no § 4º do art. 12 da Lei nº 12.618, de 2012.

§ 1º A cobertura da PAR é condicionada à existência de contrato vigente entre a Entidade e sociedade seguradora relativamente ao Participante Ativo Normal, ao Ativo Alternativo, ao Autopatrocinado, ao Vinculado e ao Assistido que tiver optado pela referida cobertura.

§ 2º A cobertura da PAR é renovada mensalmente, mediante o pagamento da respectiva contribuição pelo Participante, sob pena de cancelamento após o trigésimo dia de atraso.

§ 3º Fica a Entidade autorizada a descontar da reserva individual do Participante eventuais contribuições não pagas referentes à cobertura da PAR.

§ 4º Sempre que houver alteração da sociedade seguradora com a qual a Entidade contratar ou alteração das condições previstas no Termo de Repasse de Risco, será assegurada ao Participante Ativo Normal, ao Ativo Alternativo, ao Autopatrocinado, ao Vinculado e ao Assistido que tiver optado pelo custeio da PAR a oportunidade de optar por manter ou cessar esse custeio.

Art. 37. Para os participantes Ativos Normais e Autopatrocinados, decorrentes de opção de participante Ativo Normal que tenha mantido o vínculo funcional, inscritos no Plano até o dia anterior à data da alteração deste Regulamento, que já tenham atingido as condições de elegibilidade ao benefício de Aposentadoria Normal, fica assegurado o direito ao Aporte Extraordinário de Aposentadoria Normal – AEAN nos termos do Regulamento vigente à referida data.

§ 1º A reserva matemática necessária para o Aporte Extraordinário de Aposentadoria Normal – AEAN dos participantes mencionados no caput deste artigo permanecerá na Provisão Matemática de Benefícios a Conceder.

§ 2º As contribuições realizadas, até a data anterior à alteração deste Regulamento, pelos Participantes não elegíveis ao benefício de Aposentadoria Normal, destinadas ao custeio do Aporte Extraordinário de Aposentadoria Normal – AEAN e mantidas no Fundo de Cobertura de Benefícios Extraordinários – FCBE, serão transferidas para a Conta Participante – CPART, que compõe a Reserva Acumulado do Participante – RAP, em até 90 (noventa) dias a partir da aprovação da alteração deste Regulamento.

§ 3º As contribuições realizadas, até a data anterior à alteração deste Regulamento, pelo Patrocinador em nome dos Participantes não elegíveis ao benefício de Aposentadoria Normal, destinadas ao custeio do Aporte Extraordinário de Aposentadoria Normal – AEAN e mantidas no Fundo de Cobertura de Benefícios Extraordinários – FCBE, serão transferidas para a Conta Patrocinador – CPATR, que compõe a Reserva Acumulado do Participante – RAP, em até 90 (noventa) dias a partir da aprovação da alteração deste Regulamento.

Art. 38 Para os participantes Autopatrocinados que não possuam Vínculo Funcional com o Patrocinador e para Participantes Vinculados, do sexo feminino, inscritos no Plano até o dia anterior à data da alteração deste Regulamento, que já tenham atingido as condições de elegibilidade aos benefícios previstos, fica assegurado o direito ao requisito de idade mínima de 60 (sessenta) anos.

Art. 39 Este Regulamento entrará em vigor na data da publicação pela Previc da autorização para a sua aplicação.

PORTARIA Nº 239, DE 6 DE MAIO DE 2013

Aprova o Regulamento do Plano de Benefícios LegisPrev

O DIRETOR DE ANÁLISE TÉCNICA, no uso das atribuições que lhe confere o art. 13 e o inciso I do art. 33, combinado com o art. 5º, todos da Lei Complementar nº 109, de 29 de maio de 2001, e art. 23, inciso I alíneas "a" e "c", do Anexo I do Decreto nº 7.075, de 26 de janeiro de 2010, e tendo em vista a Resolução CGPC nº 14, de 1º de outubro de 2004, considerando as manifestações técnicas exaradas no Processo Previc nº 44011.000035/2013-18, comando nº 363619198 e juntada nº 364679138, resolve:

Art. 1º Aprovar o Regulamento do Plano de Benefícios do Poder Legislativo Federal - LegisPrev, administrado pela Fundação de Previdência Complementar do Servidor Público Federal do Poder Executivo - Funpresp-Exe.

Art. 2º Inscrever sob o nº 2013.0006-18, no Cadastro Nacional de Planos de Benefícios, o Plano de Benefícios do Poder Legislativo Federal - LegisPrev.

Art. 3º Aprovar o Convênio de Adesão da União, na condição de patrocinadora do Plano de Benefícios do Poder Legislativo Federal - LegisPrev, CNPB nº 2013.0006-18, por meio do Poder Legislativo Federal, representado pela Câmara dos Deputados, pelo Senado Federal e pelo Tribunal de Contas da União.

Art. 4º Fixar o prazo de 180 (cento e oitenta) dias para início de funcionamento do referido plano.

Art. 5º Esta Portaria entra em vigor na data de sua publicação.

JOSÉ ROBERTO FERREIRA

REGULAMENTO DO PLANO DE BENEFÍCIOS DA PREVIDÊNCIA COMPLEMENTAR DO PODER LEGISLATIVO FEDERAL

CNPB nº 2013.0006-18

Aprovado pela Portaria DITEC/PREVIC/MPS nº 239, de 6 de maio de 2013 (publicada no DOU nº 86, de 07 de maio de 2013, Seção 1, Página 31).

Alterado pela Portaria DILIC/PREVIC/MF nº 545, de 22 de maio de 2017 (publicada no DOU nº 98, de 24 de maio de 2017, Seção 1, Página 32)

Alterado pela Portaria DILIC/PREVIC/ME nº 166, de 17 de março de 2021 (publicada no DOU, em 19 de março de 2021, Seção 1, Página 56)

CAPÍTULO I
DO PLANO DE BENEFÍCIOS

Art. 1º. O presente Regulamento tem por finalidade dispor sobre o plano de benefícios previdenciários denominado LegisPrev, doravante designado Plano, estruturado na modalidade de Contribuição Definida, destinado aos servidores públicos titulares de cargo efetivo do Poder Legislativo Federal, aos membros do Tribunal de Contas da União e seus respectivos Beneficiários.

§ 1º O Plano deverá ser executado de acordo com a legislação aplicável e as deliberações do Conselho Deliberativo da Entidade, observadas as disposições estatutárias e dos convênios de adesão firmados entre os Patrocinadores e a Entidade.

§ 2º Consideram-se membros do Tribunal de Contas da União, para os efeitos deste Regulamento, os Ministros, os Auditores e os membros do Ministério Público junto ao Tribunal de Contas da União.

CAPÍTULO II
DAS DEFINIÇÕES

Art. 2º. Para os fins deste Regulamento, as expressões, palavras, abreviações ou siglas a seguir indicadas deverão ser grafadas com a primeira letra maiúscula e correspondem aos seguintes significados:

I - ASSISTIDO: o Participante ou o seu Beneficiário em gozo de benefício de prestação continuada.

II - ATUÁRIO: profissional legalmente habilitado, graduado em Ciências Atuariais em curso reconhecido pelo Ministério da Educação, ou pessoa jurídica sob a responsabilidade daquele profissional que tenha como objeto social a execução de serviços atuariais, a quem compete privativamente, no âmbito de sua especialidade, a elaboração dos planos técnicos, a avaliação de riscos, a fixação de contribuições e indenizações e a avaliação das reservas matemáticas das entidades fechadas de previdência complementar.

III - AVALIAÇÃO ATUARIAL: estudo técnico desenvolvido por Atuário, tendo por base a massa de Participantes, de Assistidos e de Beneficiários do plano de benefícios, admitidas hipóteses biométricas, demográficas, econômicas e financeiras, com o objetivo principal de dimensionar os compromissos do plano de benefícios, estabelecer o Plano de Custeio de forma a manter o equilíbrio e a solvência atuarial e definir o montante das provisões matemáticas e fundos previdenciais.

IV - BASE DE CONTRIBUIÇÃO: subsídio ou vencimento do cargo efetivo do servidor ou membro do Tribunal de Contas da União, acrescido das vantagens pecuniárias permanentes estabelecidas em lei, os adicionais de caráter individual ou quaisquer outras vantagens, excluídas as vantagens previstas na legislação aplicável ao Regime Próprio de Previdência Social da União, podendo o Participante optar pela inclusão de parcelas remuneratórias percebidas em decorrência do local de trabalho e do exercício de cargo em comissão ou função de confiança.

V - BENEFICIÁRIO: pessoa reconhecida como beneficiária para fins de concessão de pensão por morte do Participante no RPPS ou, caso o Participante não mais esteja vinculado ao RPPS, atenda as condições de reconhecimento como beneficiária no RPPS.

VI - BENEFICIÁRIO ASSISTIDO: Beneficiário em gozo de benefícios de prestação continuada.

VII - BENEFÍCIO NÃO PROGRAMADO: benefício de caráter previdenciário cuja concessão depende da ocorrência de eventos não previsíveis, como a morte, a invalidez ou a sobrevivência.

VIII - BENEFÍCIO PROGRAMADO: benefício de caráter previdenciário cuja concessão decorre de eventos previsíveis estabelecidos neste Regulamento.

IX - CONTA INDIVIDUAL: conta individualmente mantida no Plano para cada Participante, onde serão alocadas as cotas, indispensáveis à formação da reserva garantidora dos benefícios previstos neste Regulamento.

X - CONTRIBUIÇÃO ADMINISTRATIVA: Contribuição devida pelo Assistido, pelo Participante Vinculado e pelo ex-Participante que mantenha recursos na Entidade, destinada ao custeio das despesas administrativas da Entidade.

XI - CONTRIBUIÇÃO ALTERNATIVA: Contribuição realizada pelo Participante Ativo Alternativo e pelo Participante Autopatrocinado, decorrente de opção de Ativo Alternativo, de caráter obrigatório e mensal, destinada à constituição de reservas com a finalidade de prover o pagamento de benefícios.

XII - CONTRIBUIÇÃO BÁSICA: Contribuição realizada pelo Patrocinador, pelo Participante Ativo Normal e pelo Participante Autopatrocinado, decorrente de opção de Ativo Normal, de caráter obrigatório e mensal, destinada à constituição de reservas com a finalidade de prover o pagamento de benefícios.

XIII - CONTRIBUIÇÃO DEFINIDA: Modalidade deste plano de benefícios, em que os benefícios programados têm seu valor permanentemente ajustado ao saldo de conta mantido em favor do Participante, inclusive na fase de percepção de benefícios, considerando o resultado líquido de sua aplicação, os valores aportados e os benefícios pagos.

XIV - CONTRIBUIÇÃO FACULTATIVA: Contribuição realizada pelo Participante Ativo Normal, pelo Participante Ativo Alternativo, pelo Participante Autopatrocinado ou pelo Participante Vinculado, de forma voluntária, sem contrapartida do Patrocinador, nos termos da Seção I do Capítulo V.

XV - ENTIDADE: A Fundação de Previdência Complementar do Servidor Público Federal do Poder Executivo – Funpresp-Exe, entidade fechada de previdência complementar.

XVI - FCBE: Fundo de Cobertura de Benefícios Extraordinários, de natureza coletiva, para cobertura dos benefícios não programados e dos aportes extraordinários, nos termos do Capítulo VI.

XVII - FUNDO PREVIDENCIAL: Valor definido por ocasião da avaliação atuarial anual, com objetivos específicos e segregados das provisões matemáticas, devidamente justificado, com apresentação da metodologia de cálculo pelo atuário do Plano na Nota Técnica Atuarial.

XVIII - ÍNDICE DO PLANO: Índice Nacional de Preços ao Consumidor Amplo - IPCA, do Instituto Brasileiro de Geografia e Estatística – IBGE ou outro índice que vier a substituí-lo.

XIX - INSTITUTOS: São os relativos ao Autopatrocínio, ao Benefício Proporcional Diferido – BPD, à Portabilidade e ao Resgate, referidos no Capítulo IX.

XX - NOTA TÉCNICA ATUARIAL: Documento técnico elaborado por Atuário contendo as expressões de cálculo das provisões, reservas e fundos de natureza atuarial, contribuições e metodologia de cálculo para apuração de perdas e ganhos atuariais, de acordo com as hipóteses biométricas, demográficas, financeiras e econômicas, modalidade dos benefícios constantes do Regulamento, métodos atuariais e metodologia de cálculo.

XX-A - PARCELA ADICIONAL DE RISCO: Cobertura facultativa para os riscos de invalidez e morte custeada individualmente pelo Participante Ativo Normal, Ativo Alternativo, Autopatrocinado, Vinculado ou Assistido, contratada junto a sociedade seguradora de acordo com o Termo de Repasse de Risco.

XXI - PARTICIPANTE: Pessoa física que aderir e permanecer filiada ao Plano, conforme previsto na Seção II do Capítulo III.

XXII - PARTICIPANTE ASSISTIDO: Participante em gozo de benefício de prestação continuada.

XXIII - PATROCINADOR: a Câmara dos Deputados, o Senado Federal e o Tribunal de Contas da União, conforme previsto na Seção I do Capítulo III deste Regulamento.

XXIV - PERFIS DE INVESTIMENTOS: Ferramenta de gestão de recursos previdenciários que permite ao Participante optar, sob o seu inteiro risco e sob a sua exclusiva responsabilidade, por uma das Carteiras de Investimentos do Plano disponibilizadas pela Entidade para a aplicação dos recursos alocados nas suas respectivas Contas Individuais, nos termos do Capítulo VII.

XXV - PLANO DE CUSTEIO: Documento elaborado, com periodicidade mínima anual, pelo Atuário responsável pelo Plano e aprovado pelo Conselho Deliberativo da Entidade, no qual é estabelecido o nível de contribuição necessário à constituição das suas reservas garantidoras de benefícios, fundos e provisões, e à cobertura das demais despesas, em conformidade com os critérios fixados pelo órgão regulador e fiscalizador e por este Regulamento e divulgado aos participantes, assistidos e beneficiários.

XXVI - PREVIC: Superintendência Nacional de Previdência Complementar, autarquia de natureza especial vinculada ao Ministério da Economia, responsável pela fiscalização e supervisão das atividades das entidades fechadas de previdência complementar e pela execução das políticas para o regime de previdência complementar operado pelas entidades fechadas de previdência complementar.

XXVII - PROVISÃO MATEMÁTICA DE BENEFÍCIOS A CONCEDER: Corresponde ao valor atual dos compromissos relativos a benefícios ainda não concedidos, destinado aos Participantes que ainda não entraram em gozo de benefício pelo Plano.

XXVIII - PROVISÃO MATEMÁTICA DE BENEFÍCIOS CONCEDIDOS: Corresponde ao valor atual dos compromissos relativos a benefícios já concedidos aos Assistidos.

XXIX - RESULTADO LÍQUIDO DOS INVESTIMENTOS: Retorno líquido auferido com a aplicação dos ativos financeiros do Plano, deduzidos dos custos com tributos e com as despesas realizadas para a execução desses investimentos, na forma da Política de Investimentos aprovada pelo Conselho Deliberativo da Entidade.

XXX - RGPS: Regime Geral de Previdência Social.

XXXI - RPPS: Regime Próprio de Previdência Social.

XXXII - SALÁRIO DE PARTICIPAÇÃO: Valor sobre o qual incidem contribuições para o Plano, na forma definida no Capítulo IV.

XXXIII - TAXA DE CARREGAMENTO: Taxa incidente sobre a Contribuição Básica e sobre a Contribuição Alternativa destinada ao custeio das despesas administrativas da Entidade.

XXXIV - TAXA DE ADMINISTRAÇÃO: Taxa incidente sobre o montante dos recursos garantidores do Plano, inclusive sobre o saldo das contas de natureza individual, destinada ao custeio das despesas administrativas da Entidade.

XXXIV - A - TERMO DE REPASSE DE RISCO: Contrato firmado entre a Entidade e a sociedade seguradora que disciplinará as questões relativas aos riscos repassados para a seguradora.

› Consta conforme publicação oficial.

XXXV - TETO DO RGPS: Limite máximo estabelecido para os benefícios do RGPS, aplicável às aposentadorias e pensões a serem concedidas pelo RPPS.

XXXVI - URP: Unidade de Referência do Plano, correspondente a R$ 100,00 (cem reais) na data de início de operação do Plano, devendo ser atualizada anualmente, no mês de dezembro, pelo Índice do Plano.

XXXVII - VÍNCULO FUNCIONAL: Vínculo estatutário existente entre o servidor público titular de cargo efetivo e algum dos Patrocinadores da Entidade.

CAPÍTULO III
DOS MEMBROS DO PLANO

Art. 3º. São membros do Plano:

I - Patrocinadores;

II - Participantes, Assistidos e Beneficiários.

DOS PATROCINADORES

› Consta conforme publicação oficial.

Art. 4º São Patrocinadores do Plano a Câmara dos Deputados, o Senado Federal e o Tribunal de Contas da União.

§ 1º A adesão de Patrocinador ao Plano dar-se-á por meio de convênio de adesão, firmado entre o Poder Legislativo Federal e a Entidade, desde que prevista no estatuto da Entidade e autorizada pela Previc.

§ 2º Os termos do convênio de adesão em nenhuma hipótese contrariarão as premissas e limites fixados neste Regulamento.

SEÇÃO II
DOS PARTICIPANTES, ASSISTIDOS E BENEFICIÁRIOS

Art. 5º. Os Participantes do Plano são classificados em:

I - Participante Ativo Normal: o servidor público titular de cargo efetivo dos órgãos do Poder Legislativo Federal ou membro do Tribunal de Contas da União que aderir ao Plano e se encontrar nas seguintes situações:

a) esteja submetido ao Teto do RGPS; e

b) possua Base de Contribuição superior ao Teto do RGPS.

II - Participante Ativo Alternativo: o servidor público titular de cargo efetivo dos órgãos do Poder Legislativo Federal ou membro do Tribunal de Contas da União que aderir ao Plano e se encontrar em pelo menos uma das seguintes situações:

a) não esteja submetido ao Teto do RGPS; ou

b) possua Base de Contribuição igual ou inferior ao Teto do RGPS.

III - Participante Autopatrocinado: o Participante Ativo Normal ou o Participante Ativo Alternativo que optar pelo instituto do Autopatrocínio, nos termos da Seção II do Capítulo IX, em razão de perda parcial ou total de sua remuneração, inclusive pela perda do Vínculo Funcional.

IV - Participante Vinculado: o Participante Ativo Normal ou o Participante Ativo Alternativo que optar pelo instituto do Benefício Proporcional Diferido, nos termos da Seção III do Capítulo IX, em razão da perda do vínculo funcional.

V - Participante Assistido: o Participante em gozo de benefício de prestação continuada.

§ 1º O requerimento de inscrição do Participante no Plano será realizado por meio do preenchimento e assinatura de formulário próprio, ressalvados os casos dos Participantes automaticamente inscritos, na forma da lei.

§ 2º A inscrição de que trata o § 1º deste artigo terá efeitos a partir da data do protocolo na unidade de recursos humanos do Patrocinador ou diretamente na Entidade, caso o Participante já esteja no exercício do cargo, ou, na hipótese de inscrição automática, na data em que o Participante entrar em exercício, ou atingir ambas as condições previstas no inciso I do caput deste artigo.

§ 3º O Participante Ativo Normal ou o Participante Ativo Alternativo cedido a outro órgão ou entidade da administração pública direta ou indireta da União, Estados, Distrito Federal e Municípios, inclusive suas empresas públicas e sociedades de economia mista, com ou sem ônus para o Patrocinador, permanecerá filiado ao Plano, mantendo-se inalterada a responsabilidade do Patrocinador pelo recolhimento à Entidade das contribuições do Participante e, no caso de Participante Ativo Normal, também das contribuições do Patrocinador.

§ 4º Quando a cessão de que trata o § 3º deste artigo se der sem ônus para o Patrocinador, este adotará as medidas necessárias para ser ressarcido pelo cessionário e para que o cessionário efetue os descontos das contribuições do Participante incidentes sobre a sua respectiva remuneração.

§ 5º O Participante Ativo Normal ou o Participante Ativo Alternativo afastado ou licenciado temporariamente do cargo efetivo, com direito à remuneração, permanecerá filiado ao Plano, mantendo-se inalterada a responsabilidade do Patrocinador pelo recolhimento à Entidade das contribuições do Participante e, no caso de Participante Ativo Normal, também das contribuições do Patrocinador.

§ 6º O Participante Ativo Normal afastado ou licenciado temporariamente do cargo efetivo, sem direito à remuneração, poderá permanecer filiado ao Plano, desde que mantenha o aporte da sua contribuição e da contribuição de responsabilidade do respectivo Patrocinador, através do instituto do Autopatrocínio, nos termos da Seção II do Capítulo IX.

§ 7º O Participante Ativo Alternativo afastado ou licenciado temporariamente do cargo efetivo, sem direito à remuneração, poderá permanecer filiado ao Plano, desde que mantenha o aporte da sua contribuição, através do instituto do Autopatrocínio, nos termos da Seção II do Capítulo IX.

§ 8º Nas hipóteses dos § 6º e § 7º deste artigo, o Participante terá o prazo de 90 (noventa) dias, contados da data do afastamento ou licença temporária, para optar pelo Autopatrocínio.

§ 9º Terá sua filiação ao Plano cancelada o Participante que:

I - falecer;

II - requerer o cancelamento, ocasião na qual será considerado ex-Participante do Plano e lhe será assegurado o valor equivalente ao instituto do Resgate na data em que ocorrer a perda do Vínculo Funcional;

III - na qualidade de Participante Ativo Normal ou Participante Alternativo afastado ou licenciado temporariamente do cargo efetivo, sem direito à remuneração, não optar pelo instituto do Autopatrocínio no prazo previsto no § 8º deste artigo, ocasião na qual será considerado ex-Participante do Plano e lhe será assegurado o valor equivalente ao instituto do Resgate na data em que ocorrer a perda do Vínculo Funcional.

IV - na qualidade de Participante Ativo Normal ou Participante Ativo Alternativo, perder o Vínculo Funcional e optar pelo institutos da Portabilidade ou do Resgate, observado, neste último caso, o disposto nos §§ 2º e 3º do art. 33;

V - na qualidade de Participante Autopatrocinado, formalizar a desistência do instituto do Autopatrocínio e optar pelos institutos da Portabilidade ou do Resgate, observado, neste último caso, o disposto nos §§ 2º e 3º do art. 33;

VI - na qualidade de Participante Vinculado, formalizar a desistência do instituto do Benefício Proporcional Diferido e optar pelos institutos da Portabilidade ou do Resgate, observado, neste último caso, o disposto nos §§ 2º e 3º do art. 33;

VII - deixar de aportar a sua Contribuição Básica, Alternativa ou Administrativa por 3 (três) meses, consecutivos ou não, ocasião na qual será considerado ex-Participante do Plano, sendo-lhe assegurado o valor equivalente ao instituto do Resgate na data em que ocorrer a perda do Vínculo Funcional.

§ 10 O Participante que deixar de recolher sua contribuição no prazo devido, depois de notificado pela Entidade, terá um prazo de 30 (trinta) dias para pagar o débito, contados a partir da data da expedição da notificação ao endereço cadastrado, sob pena de cobrança judicial.

§ 11 Na hipótese do inciso II do § 9º, o cancelamento da filiação do Participante ao Plano terá vigência a partir do 1º dia do mês subsequente ao do protocolo do requerimento na Entidade, garantindo-lhe, até aquela data, todos os direitos previstos neste Regulamento.

§ 12 Nas hipóteses dos incisos II, III e VII do § 9º, poderá ser descontada dos recursos mantidos na Entidade, a Contribuição Administrativa prevista na alínea "d" do inciso I do artigo 13, de acordo com as regras e procedimentos aprovados pelo Conselho Deliberativo da Entidade.

§ 13 Na hipótese de nova inscrição ao Plano do ex-Participante, sem perda de vínculo funcional, que ainda possua recursos na Entidade, suas novas contribuições serão alocadas nas contas já existentes em seu nome e seu tempo de filiação ao Plano, para todos os efeitos, será obtido pela soma do tempo em que vigorou a inscrição anterior com o tempo apurado a partir da nova inscrição.

Art. 6º. São Assistidos do Plano os Participantes ou os seus Beneficiários em gozo de benefício de prestação continuada.

Art. 7º. São Beneficiários do Plano aqueles reconhecidos como beneficiários para fins de concessão de pensão por morte do Participante no RPPS ou, caso o Participante não mais esteja vinculado ao RPPS, atendam as condições de reconhecimento como beneficiários no RPPS.

Parágrafo único. Perderá a condição de Beneficiário do Plano aquele que perder a qualidade de beneficiário no RPPS ou deixar de atender condição de reconhecimento como beneficiário no RPPS, exceto nas hipóteses de:

I - acumulação de pensões;

II - renúncia expressa à pensão do RPPS;

III - decurso dos prazos que acarretam a cessação do pagamento da pensão do RPPS ao cônjuge, ao ex-cônjuge com percepção de pensão alimentícia estabelecida judicialmente ou ao companheiro(a) em união estável.

SEÇÃO III
DAS TRANSIÇÕES ENTRE AS CATEGORIAS DE PARTICIPANTES

Art. 8º. O Participante Ativo Normal poderá vir a se tornar:

I - Participante Ativo Alternativo, sempre que sua Base de Contribuição passar a ser igual ou inferior ao Teto do RGPS e não houver opção pelo instituto do Autopatrocínio, previsto na Seção II do Capítulo IX, a fim de recompor o seu Salário de Participação ao nível anterior ao da perda de remuneração;

II - Participante Autopatrocinado, no caso de perda parcial ou total de sua remuneração, inclusive pela perda do vínculo funcional e opção pelo instituto do Autopatrocínio, nos termos da Seção II do Capítulo IX;

III - Participante Vinculado, no caso de perda do vínculo funcional e opção pelo instituto do Benefício Proporcional Diferido, nos termos da Seção III do Capítulo IX; ou

IV - Participante Assistido, no caso de concessão da Aposentadoria Normal ou da Aposentadoria por Invalidez, nos termos das seções I e II do Capítulo VIII, respectivamente.

Art. 9º. O Participante Ativo Alternativo poderá vir a se tornar:

I - Participante Ativo Normal, no caso de estar submetido ao Teto do RGPS e a sua Base de Contribuição aumentar a um nível superior ao Teto do RGPS;

II - Participante Autopatrocinado, no caso de perda do Vínculo Funcional e opção pelo instituto do Autopatrocínio, nos termos da Seção II do Capítulo IX;

III - Participante Vinculado, no caso de perda do Vínculo Funcional e opção pelo instituto do Benefício Proporcional Diferido, nos termos da Seção III do Capítulo IX; ou

IV - Participante Assistido, no caso de concessão do Benefício Suplementar, nos termos da Seção VI do Capítulo VIII.

Art. 10. O Participante Autopatrocinado poderá vir a se tornar:

I - Participante Ativo Normal, no caso de recomposição parcial ou total de sua remuneração, inclusive pela formação de novo vínculo funcional, cuja Base de Contribuição seja superior ao Teto do RGPS e opção por essa condição, através de formulário próprio a ser fornecido pela Entidade;

II - Participante Ativo Alternativo, no caso de formação de novo vínculo funcional

PREV. COMPLEMENTAR

cuja Base de Contribuição seja igual ou inferior ao Teto do RGPS e opção por essa condição, através de formulário próprio a ser fornecido pela Entidade;

III - Participante Vinculado, no caso de opção pelo instituto do Benefício Proporcional Diferido, nos termos da Seção III do Capítulo IX; ou

IV - Participante Assistido, no caso de concessão da Aposentadoria Normal ou da Aposentadoria por Invalidez, nos termos das seções I e II do Capítulo VIII, respectivamente, ou no caso de concessão do Benefício Suplementar, nos termos da Seção VI do Capítulo VIII, conforme o caso.

Art. 11. O Participante Vinculado poderá vir a se tornar:

I - Participante Ativo Normal, no caso de formação de novo vínculo funcional cuja Base de Contribuição seja superior ao Teto do RGPS e opção por essa condição, através de formulário próprio a ser fornecido pela Entidade;

II - Participante Ativo Alternativo, no caso de formação de novo vínculo funcional cuja Base de Contribuição seja igual ou inferior ao Teto do RGPS e opção por essa condição, através de formulário próprio a ser fornecido pela Entidade; ou

III - Participante Assistido, no caso de concessão da Aposentadoria Normal, nos termos da seção I do Capítulo VIII, ou no caso de concessão do Benefício Suplementar, nos termos da Seção VI do Capítulo VIII, conforme o caso.

CAPÍTULO IV
DO SALÁRIO DE PARTICIPAÇÃO

Art. 12. Entende-se por Salário de Participação:

I - para o Participante Ativo Normal, a parcela da sua Base de Contribuição que exceder o Teto do RGPS;

II - para o Participante Ativo Alternativo, ou Participante Autopatrocinado ou Participante Vinculado decorrente dele, mediante sua opção, qualquer valor limitado à sua Base de Contribuição, tendo como mínimo o valor correspondente a 10 (dez) URPs vigentes no mês da competência;

III - para o Participante Autopatrocinado, o seu Salário de Participação vigente no mês anterior ao da data da perda parcial ou total de remuneração;

IV - para o Participante Vinculado, o seu Salário de Participação vigente no mês anterior ao da data da perda do Vínculo Funcional; e

V - para o Assistido, o seu respectivo benefício de prestação continuada, na forma deste Regulamento.

§ 1º Nos termos da legislação aplicável, o Participante poderá optar pela inclusão na Base de Contribuição de parcelas remuneratórias percebidas em decorrência do local de trabalho e do exercício de cargo em comissão ou função de confiança.

§ 2º Os Salários de Participação de que tratam os incisos III e IV do caput deste artigo serão atualizados anualmente, no mês de janeiro, pelo Índice do Plano acumulado nos 12 (doze) meses anteriores, ressalvada a primeira atualização, que será feita com base no Índice do Plano acumulado no período compreendido entre o mês da data da perda de remuneração ou da perda do Vínculo Funcional e o mês de dezembro.

§ 3º A gratificação natalina será considerada como Base de Contribuição.

§ 4º Se o Participante Ativo Alternativo não indicar o valor de seu Salário de Participação, este será o valor correspondente a 10 URPs vigentes no mês da competência.

§ 5º Observado o disposto no inciso II deste artigo, o Participante Ativo Alternativo poderá redefinir, nos meses de abril e outubro, o valor de seu Salário de Participação, que passará a vigorar a partir do mês subsequente ao registro do requerimento no sistema de administração de recursos humanos do Patrocinador.

§ 6º Os Participantes de que tratam o inciso III deste artigo, poderão, mediante sua opção, alterar o valor do seu Salário de Participação, observado o mínimo de 10 (dez) URPs vigentes no mês da competência.

CAPÍTULO V
DO CUSTEIO DO PLANO

SEÇÃO I
DAS RECEITAS DO PLANO

Art. 13. O Plano será mantido a partir das receitas previstas a seguir, em conformidade com o Plano de Custeio Anual:

I - Contribuições de Participantes e Assistidos:

a) Contribuição Básica: a ser aportada pelo Participante Ativo Normal e pelo Participante Autopatrocinado, decorrente de opção de Participante Ativo Normal, de caráter obrigatório e mensal, correspondente a uma alíquota escolhida pelo Participante e incidente sobre o respectivo Salário de Participação, observado o disposto no § 1º deste artigo, com a seguinte destinação:

1) constituição da Reserva Acumulada pelo Participante – RAP, Conta Participante – CPART;

2) constituição do Fundo de Cobertura de Benefícios Extraordinários – FCBE; e

3) custeio das Despesas Administrativas, mediante cobrança de Taxa de Carregamento.

b) Contribuição Alternativa: a ser aportada pelo Participante Ativo Alternativo e pelo Participante Autopatrocinado, decorrente de opção de Participante Ativo Alternativo, de caráter obrigatório e mensal, correspondente a uma alíquota escolhida pelo Participante e incidente sobre o respectivo Salário de Participação, observado o disposto no § 1º deste artigo, com a seguinte destinação:

1) constituição da Reserva Acumulada Suplementar – RAS, Conta de Contribuições Alternativas – CCA; e

2) custeio das Despesas Administrativas, mediante cobrança de Taxa de Carregamento.

c) Contribuição Facultativa: a ser aportada pelo Participante Ativo Normal, pelo Participante Ativo Alternativo, pelo Participante Autopatrocinado ou pelo Participante Vinculado, sem contrapartida do Patrocinador, de caráter voluntário, em valor definido livremente pelo Participante, com a seguinte destinação:

1) constituição da Reserva Acumulada Suplementar – RAS, Conta de Contribuições Facultativas – CCF, de periodicidade mensal ou esporádica;

2) custeio da Parcela Adicional de Risco – PAR, de periodicidade mensal.

d) Contribuição Administrativa: contribuição devida pelo Assistido, pelo Participante Vinculado e pelo ex-Participante que mantenha recursos na Entidade, incidente sobre o respectivo Salário de Participação ou reserva individual do Participante, destinada ao custeio das despesas administrativas do Plano.

II - Contribuições de Patrocinadores:

a) Contribuição Básica: a ser aportada pelo Patrocinador, em favor de cada Participante Ativo Normal, de caráter obrigatório e mensal, correspondente a 100% (cem por cento) da Contribuição Básica do Participante Ativo Normal, observado o limite máximo de 8,5% (oito inteiros e cinco décimos por cento) do Salário de Participação do respectivo Participante Ativo Normal, com a seguinte destinação:

1) Reserva Acumulada pelo Participante – RAP, Cota Patrocinador – CPATR;

2) constituição do Fundo de Cobertura de Benefícios Extraordinários – FCBE; e

3) custeio das Despesas Administrativas, mediante cobrança de Taxa de Carregamento.

III - Portabilidade:

a) Recursos Portados de Entidade Aberta: correspondente aos valores recebidos de entidade aberta de previdência complementar, oriundos de portabilidade, a serem alocados integralmente na respectiva Reserva Acumulada Suplementar – RAS, Conta de Recursos Portados de EAPC – CRPA; e

b) Recursos Portados de Entidade Fechada: correspondente aos valores recebidos de entidade fechada de previdência complementar, oriundos de portabilidade, a serem alocados integralmente na respectiva Reserva Acumulada Suplementar – RAS, Conta de Recursos Portados de EFPC – CRPF.

IV - Resultado dos Investimentos; e

V - Doações, legados e outras receitas não previstas nos incisos anteriores, desde que admitidos pela legislação vigente.

§ 1º As alíquotas da Contribuição Básica e da Contribuição Alternativa de responsabilidade do Participante serão de sua escolha, dentre as seguintes:

I - 8,5% (oito inteiros e cinco décimos por cento);

II - 8,0% (oito inteiros por cento); ou

III - 7,5% (sete inteiros e cinco décimos por cento).

§ 2º Na ausência de escolha da alíquota da Contribuição Básica e da Contribuição Alternativa pelo Participante, aplicar-se-á o percentual de 8,5%.

§ 3º O Plano de Custeio definirá o percentual da Contribuição Básica destinado ao custeio do FCBE, a Taxa de Carregamento, a Taxa de Administração e a alíquota da Contribuição Administrativa, devendo ser amplamente divulgado pela Entidade no prazo de até 30 (trinta) dias, contados da data da sua aprovação pelo Conselho Deliberativo da Entidade.

§ 4º Observado o disposto no § 1º deste artigo, o Participante Ativo Normal, o Participante Ativo Alternativo e o Participante Autopatrocinado poderão redefinir, nos meses de abril e outubro, a alíquota da sua Contribuição, que passará a vigorar a partir do mês subsequente ao registro do requerimento no sistema de administração de recursos humanos do Patrocinador ou, no caso de Participante Autopatrocinado, a partir do mês subsequente ao registro do requerimento na Entidade.

§ 5º Observado o disposto no § 1º deste artigo, o Participante Autopatrocinado poderá redefinir, no momento de sua opção pelo instituto do Autopatrocínio, a alíquota da sua Contribuição, que passará a vigorar a partir do mês subsequente ao registro do requerimento na Entidade.

§ 6º Caso o Participante Ativo Normal, o Participante Ativo Alternativo e o Participante Autopatrocinado desejem contribuir regularmente com alíquota superior a 8,5% (oito inteiros e cinco décimos por cento), devem fazê-lo na forma de Contribuição Facultativa.

§ 7º A Contribuição Básica, a Contribuição Alternativa e a Contribuição Administrativa do Assistido também serão devidas sobre o Salário de Participação decorrente da gratificação natalina.

§ 8º O Participante Ativo Normal que se tornar Participante Autopatrocinado passará a arcar com a parcela da Contribuição Básica do Patrocinador que deixar de ser aportada em razão de perda parcial ou total de remuneração, observado o disposto no inciso III do art. 12.

§ 9º O Patrocinador não aportará qualquer contribuição em favor do Participante Ativo Alternativo, do Participante Vinculado e do Participante Autopatrocinado, ressalvado o caso do Participante Ativo Normal que se tornar Participante Autopatrocinado em razão de perda parcial de remuneração, hipótese na qual a Contribuição Básica devida pelo Patrocinador incidirá sobre a parcela da Base de Contribuição do Participante que exceder o Teto do RGPS.

§ 10 É vedado aos Patrocinadores o aporte ao Plano de recursos não previstos neste Regulamento, bem como no Plano de Custeio Anual, salvo o aporte da União, a título de adiantamento de contribuições futuras, necessário ao regular funcionamento inicial da Entidade.

§ 11 A Contribuição para custeio da PAR será definida de acordo com o Termo de Repasse de Risco firmado com a sociedade seguradora e será contratada de forma opcional pelo Participante Ativo Normal, pelo Ativo Alternativo, pelo Autopatrocinado e pelo Vinculado.

§ 12 Nas hipóteses de transição de categoria previstas neste Regulamento, salvo disposição diversa do Participante, prevalecerá o percentual de contribuição em vigor na data de transição de categoria.

§ 13 O Participante Ativo Normal, o Participante Ativo Alternativo e o Participante Autopatrocinado que já tenham no mínimo 12 (doze) meses de tempo de filiação ao Plano poderão requerer a suspensão do pagamento da respectiva Contribuição Básica ou da Contribuição Alternativa, conforme o caso, além da Contribuição Básica de responsabilidade do Patrocinador, por um período de até 36 (trinta e seis) meses, contados a partir do mês subsequente ao protocolo do requerimento na Entidade.

§ 14 Findo o período de suspensão requerido pelo Participante na forma do §13 deste artigo, a cobrança das contribuições básicas ou alternativas serão reativadas automaticamente.

§ 15 Na hipótese prevista no § 13 deste artigo, as coberturas dos benefícios previstos nos incisos II e III do artigo 20 serão suspensas até o fim do período de suspensão requerido pelo Participante.

§ 16 Na hipótese prevista no § 13 deste artigo, o Participante poderá optar pela manutenção das coberturas de Parcela Adicional de Risco – PAR vigentes, mediante o desconto na reserva previdenciária ou a continuidade do pagamento das contribuições facultativas destinadas exclusivamente para o custeio dessas coberturas.

§ 17 O Participante poderá requerer uma nova suspensão somente após decorrido o prazo de 12 (doze) meses de tempo de filiação ao Plano, contados da data da cessação do período de suspensão imediatamente anterior.

§ 18 O período de suspensão das contribuições, na forma do §13 deste artigo, não será utilizado para a contagem do tempo de filiação ao Plano.

SEÇÃO II
DAS DESPESAS ADMINISTRATIVAS

Art. 14. As despesas administrativas do Plano serão custeadas a partir das fontes de recursos descritas neste Regulamento, observado o Plano de Gestão Administrativa – PGA e o Plano de Custeio Anual.

Parágrafo único. O Plano de Gestão Administrativa – PGA deverá ter regulamento próprio aprovado pelo Conselho Deliberativo da entidade, que fixará os critérios quantitativos e qualitativos das despesas administrativas, bem como as metas para os indicadores de gestão para avaliação objetiva das despesas administrativas, inclusive gastos com pessoal, nos termos da legislação aplicável.

SEÇÃO III
DA DATA CERTA DO REPASSE DAS CONTRIBUIÇÕES E DAS PENALIDADES POR ATRASO

Art. 15. A Contribuição Básica do Participante Ativo Normal, a Contribuição Alternativa do Participante Ativo Alternativo e a Contribuição Facultativa mensal serão descontadas de sua respectiva remuneração e, juntamente com a Contribuição Básica do Patrocinador, quando for o caso, serão recolhidas à Entidade de forma centralizada pelo órgão Patrocinador responsável pela coordenação e controle da folha de pagamento dos servidores públicos federais.

Parágrafo único. O repasse das contribuições referidas no caput deverá ocorrer, no máximo, até três dias depois do pagamento dos vencimentos devidos pelo Patrocinador, sob pena de ensejar a aplicação dos acréscimos de mora previstos para os tributos federais e sujeitar o responsável às sanções penais e administrativas cabíveis.

Art. 16. A Contribuição Básica, a Contribuição Alternativa e a Contribuição Facultativa devidas pelo Participante Autopatrocinado, conforme o caso, serão recolhidas por ele diretamente à Entidade até o dia 10 (dez) do mês seguinte ao de sua competência, em conformidade com as regras e procedimentos aprovados pelo Conselho Deliberativo da Entidade.

Parágrafo único. O atraso no recolhimento das contribuições de que trata o caput ensejará a aplicação dos acréscimos de mora previstos para os tributos federais, sem prejuízo do disposto no inciso VII do § 9º e no § 10 do art. 5º e nos §§ 3º e 4º do art. 36.

Art. 17. Os valores arrecadados em decorrência do descumprimento das obrigações previstas nesta Seção serão alocados no Plano de Gestão Administrativa, quando o descumprimento for decorrente de omissão do participante.

Parágrafo único. Caso o descumprimento a que se refere o caput decorrer de omissão do patrocinador, os valores arrecadados correspondentes serão alocados nas reservas individuais dos respectivos participantes.

CAPÍTULO VI
DAS PROVISÕES, CONTAS E FUNDOS PREVIDENCIAIS

Art. 18. As contribuições destinadas ao custeio dos benefícios do Plano serão convertidas em cotas e segregadas nas seguintes reservas, contas e fundos:

I - Reserva Acumulada pelo Participante – RAP, de natureza individual, a ser contabilizada no âmbito das Provisões Matemáticas de Benefícios a Conceder, resultante do somatório do saldo das seguintes subcontas:

a) Conta Participante – CPART: correspondente à acumulação da parcela da Contribuição Básica realizada pelo Participante Ativo Normal e, conforme o caso, pelo Participante Autopatrocinado, prevista no item 1 da alínea "a" do inciso I do Art. 13; e

b) Conta Patrocinador – CPATR: correspondente à acumulação da parcela da Contribuição Básica realizada pelo Patrocinador, prevista no item 1 na alínea "a" do inciso II do Art. 13.

II - Reserva Acumulada Suplementar – RAS, de natureza individual, a ser contabilizada no âmbito das Provisões Matemáticas de Benefícios a Conceder, resultante do somatório do saldo das seguintes subcontas:

a) Conta de Contribuições Alternativas – CCA: correspondente à acumulação da parcela da Contribuição Alternativa realizada pelo Participante Ativo Alternativo e, conforme o caso, pelo Participante Autopatrocinado, prevista no item 1 da alínea "b" do inciso I do Art. 13;

b) Conta de Contribuições Facultativas – CCF: correspondente à acumulação das Contribuições Facultativas realizadas pelo Participante, previstas na alínea "c" do inciso I do Art. 13;

c) Conta de Recursos Portados de EAPC – CRPA: correspondente à acumulação dos recursos portados oriundos de Entidade Aberta de Previdência Complementar – EAPC, previstos na alínea "a" do inciso III do Art. 13; e

d) Conta de Recursos Portados de EFPC – CRPF: correspondente à acumulação dos recursos portados oriundos de Entidade Fechada de Previdência Complementar – EFPC, previstos na alínea "b" do inciso III do Art. 13.

III - Reserva Individual de Benefício Concedido Normal – RIBCN, de natureza individual, a ser contabilizada no âmbito das Provisões Matemáticas de Benefícios Concedidos, resultante da reversão do saldo da respectiva Reserva Acumulada pelo Participante – RAP;

IV - Reserva Individual de Benefício Concedido de Invalidez – RIBCI, de natureza individual, a ser contabilizada no âmbito das Provisões Matemáticas de Benefícios Concedidos, resultante da reversão do saldo da respectiva Reserva Acumulada pelo Participante – RAP e, quando for o caso, de parcela a ser transferida mensalmente do Fundo de Cobertura de Benefícios Extraordinários – FCBE, a título de Aporte Extraordinário de Aposentadoria por Invalidez – AEAI, por ocasião da concessão da Aposentadoria por Invalidez, na forma prevista no § 5º do art. 22;

V - Reserva Individual de Benefício Concedido por Morte do Participante Ativo Normal e do Participante Autopatrocinado – RIBCMAt, de natureza individual, a ser contabilizada no âmbito das Provisões Matemáticas de Benefícios Concedidos, resultante da reversão do saldo da respectiva Reserva Acumulada pelo Participante – RAP e, quando for o caso, de parcela a ser transferida mensalmente do Fundo de Cobertura de Benefícios Extraordinários – FCBE, a título de Aporte Extraordinário por Morte do Participante Ativo Normal e do Participante Autopatrocinado – AEMAt, por ocasião da concessão da Pensão por Morte do Participante Ativo Normal e do Participante Autopatrocinado, na forma prevista no § 5º do art. 23;

VI - Reserva Individual de Benefício Concedido por Morte do Participante Assistido – RIB-CMAss, de natureza individual, a ser contabilizada no âmbito das Provisões Matemáticas de Benefícios Concedidos, resultante da reversão do saldo da respectiva Reserva Individual de Benefício Concedido Normal – RIBCN ou da Reserva Individual de Benefício Concedido de Invalidez – RIBCI, e, quando for o caso, de parcela a ser transferida mensalmente do Fundo de Cobertura de Benefícios Extraordinários – FCBE, a título de Aporte Extraordinário por Morte do Participante Assistido – AEMAss, por ocasião da concessão da Pensão por Morte do Participante Assistido, na forma prevista no § 3º do art. 24;

VII - Reserva Individual de Benefício Concedido Suplementar – RIBCS, de natureza individual, a ser contabilizada no âmbito das Provisões Matemáticas de Benefícios Concedidos, resultante, por ocasião da concessão do Benefício Suplementar, na forma prevista no art. 26, da soma:

a) do saldo da respectiva Reserva Acumulada Suplementar – RAS;

b) da respectiva indenização do seguro por morte referente à Parcela Adicional de Risco – PAR paga pela sociedade seguradora contratada, em caso de morte do Participante Ativo Normal, do Participante Ativo Alternativo, do Autopatrocinado, do Vinculado e do Participante Assistido que tiver optado pela referida cobertura;

c) da respectiva indenização do seguro por invalidez referente à Parcela Adicional de Risco – PAR paga pela sociedade seguradora contratada, em caso de invalidez do Participante Ativo Normal, do Participante Ativo Alternativo, do Autopatrocinado e do Vinculado que tiver optado pela referida cobertura; e

d) de eventual saldo da RAP quando o Participante Ativo Alternativo ou Autopatrocinado, cuja opção pelo autopatrocínio tenha sido efetuada por Participante Ativo Alternativo, tenha contribuído em algum momento como Participante Ativo Normal.

VIII - Fundo de Cobertura de Benefícios Extraordinários – FCBE, de natureza coletiva, a ser contabilizado no âmbito das Provisões Matemáticas de Benefícios a Conceder e das Provisões Matemáticas de Benefícios Concedidos, conforme o caso, correspondente aos compromissos do Plano relativos ao:

a) Aporte Extraordinário de Aposentadoria por Invalidez – AEAI, montante apurado na data de concessão da Aposentadoria por Invalidez, prevista no art. 22, destinado ao pagamento do benefício na hipótese de insuficiência do saldo da respectiva RIBCI, na forma prevista no § 5º do art. 22;

b) Aporte Extraordinário por Morte do Participante Ativo Normal e do Participante Autopatrocinado – AEMAt, montante apurado na data de concessão da Pensão por Morte do Participante Ativo Normal e do Participante Autopatrocinado, prevista no art. 23, destinado ao pagamento do benefício na hipótese de insuficiência do saldo da respectiva RIBCMAt, na forma prevista no § 5º do art. 23;

c) Aporte Extraordinário por Morte do Participante Assistido – AEMAss, montante apurado na data de concessão da Pensão por Morte do Participante Assistido, prevista no art. 24, destinado ao pagamento do benefício na hipótese de insuficiência do saldo da respectiva RIBCMAss, na forma prevista no § 3º do art. 24; e

d) Benefício por Sobrevivência do Assistido, previsto na Seção V do Capítulo VIII.

IX - Fundo de Recursos não Resgatados, montante decorrente das seguintes fontes:

a) recursos não contemplados no direito do Participante que perdeu o vínculo funcional e optou pelo instituto do Resgate, previsto na Seção V do Capítulo IX; e

b) saldos remanescentes das contas individuais de Participantes ou de Assistidos cujos benefícios se extinguiram pela inexistência de Beneficiários e que não sejam reivindicados por eventuais herdeiros legais, nos termos deste Regulamento.

§ 1º Os recursos alocados no FCBE possuem natureza coletiva e não serão objeto de direito sucessório.

§ 2º Os recursos oriundos do Fundo de Recursos não Resgatados serão transferidos, anualmente, ao Fundo de Cobertura de Benefícios Extraordinários – FCBE, cujo custeio será revisto por ocasião da elaboração do Plano de Custeio Anual.

§ 3º Os recursos garantidores correspondentes às provisões, contas e fundos do Plano serão aplicados em observância às diretrizes e aos limites prudenciais estabelecidos pelo Conselho Monetário Nacional (CMN) e à política de investimentos definida pelo Conselho Deliberativo da Entidade.

§ 4º A cota representativa das provisões, contas individuais e fundos referidos neste artigo terá, na data da implantação do Plano, o valor unitário original de R$ 1,00 (um real).

§ 5º O valor da cota de que trata o § 4º deste artigo será diariamente determinado em função da oscilação do patrimônio do Plano, e mediante a divisão do valor total das provisões, contas e fundos, em moeda corrente, pelo número de cotas existentes, conforme metodologia aprovada pelo Conselho Deliberativo da Entidade.

CAPÍTULO VII
DOS PERFIS DE INVESTIMENTOS

Art. 19. O Conselho Deliberativo da Entidade poderá instituir Perfis de Investimentos distintos a serem escolhidos pelos Participantes, sob o seu inteiro risco e sob a sua exclusiva responsabilidade, para a aplicação dos recursos alocados nas suas respectivas Contas Individuais, em conformidade com as regras e procedimentos aprovados pelo Conselho Deliberativo sobre a composição das carteiras de investimentos e os limites de aplicação.

§ 1º A decisão do Conselho Deliberativo da Entidade que instituir os Perfis de Investimentos deverá ser fundamentada de acordo com critérios técnicos e econômicos e deverá ser amplamente divulgada aos Participantes, especialmente em relação aos riscos associados a cada Perfil de Investimentos.

§ 2º A instituição dos Perfis de Investimentos deverá ser acompanhada da aprovação de Manual Técnico pelo Conselho Deliberativo da Entidade contendo regras para a operacionalização dos Perfis de Investimentos, especialmente em relação à definição dos Perfis de Investimentos e aos prazos para opção por parte dos Participantes.

§ 3º As regras do Manual Técnico de que trata o § 2º também deverão estar contidas na Nota Técnica Atuarial.

CAPÍTULO VIII
DOS BENEFÍCIOS DO PLANO

Art. 20. O Plano oferecerá aos seus Participantes e Beneficiários os seguintes Benefícios, observadas as condições estabelecidas neste Regulamento:

I - Aposentadoria Normal;

II - Aposentadoria por Invalidez;

III - Pensão por Morte do Participante Ativo Normal e do Participante Autopatrocinado;

IV - Pensão por Morte do Participante Assistido;

V - Benefício por Sobrevivência do Assistido;

VI - Benefício Suplementar;

VII - Benefício Previdenciário Temporário.

§ 1º A Data de Início do Benefício – DIB será a data do protocolo do requerimento do benefício na Entidade.

§ 2º O pagamento da 13ª prestação anual do benefício será feito juntamente com a prestação do mês de dezembro e o seu valor corresponderá a 1/12 (um doze avos) do valor do benefício devido no mês de dezembro, por mês de efetivo recebimento do benefício no respectivo ano, considerando-se como mês integral a fração igual ou superior a 15 (quinze) dias.

§ 3º Verificado erro no pagamento de qualquer benefício previsto neste Regulamento, a Entidade fará o devido acerto, pagando ou reavendo o que lhe couber, podendo, no último caso, reter nas prestações subsequentes até 30% (trinta por cento) do valor mensal do benefício, até completar a compensação dos valores devidos.

§ 4º Inexistindo Beneficiários para os benefícios previstos nos incisos I a IV e VI do caput deste artigo e ainda restando saldo na respectiva reserva individual a que se refere o art. 18, incisos III a VII, este será pago em parcela única aos herdeiros legais, sendo destes a responsabilidade pelo seu requerimento e pela comprovação dessa condição sucessória por meio do formal de partilha ou de documento equivalente, cessando todos os compromissos do Plano para com o Participante e seus respectivos Beneficiários e herdeiros legais.

SEÇÃO I
DA APOSENTADORIA NORMAL

Art. 21. A Aposentadoria Normal será concedida ao Participante Ativo Normal, ao Participante Autopatrocinado e ao Participante Vinculado, caso a opção pelos institutos tenha sido efetuada por Participante Ativo Normal, desde que requerida pelo Participante e atendidas, simultaneamente, as seguintes condições:

I - Para o Participante Ativo Normal e para o Participante Autopatrocinado que possua vínculo funcional com o Patrocinador:

a) concessão de aposentadoria voluntária ou aposentadoria compulsória pelo RPPS; e

b) carência de 60 (sessenta) meses de efetiva contribuição, Básica e/ou Alternativa, ao Plano, exceto no caso de concessão de aposentadoria compulsória pelo RPPS.

II - Para o Participante Autopatrocinado que não possua Vínculo Funcional com o Patrocinador e para o Participante Vinculado:

a) tenha completado 65 (sessenta e cinco) anos de idade, se homem, ou 62 (sessenta e dois) anos de idade, se mulher;

b) carência de 60 (sessenta) meses de efetiva contribuição, Básica e/ou Alternativa, ao Plano, exceto no caso de cumprimento do mesmo requisito de idade exigido para a concessão de aposentadoria compulsória pelo RPPS.

§ 1º A Aposentadoria Normal corresponderá a uma renda temporária por um prazo, em meses, correspondente à expectativa de sobrevida do Participante na data da concessão do Benefício, obtida a partir da Tábua de Mortalidade Geral, segmentada por sexo, adotada para o Plano, calculada na data da concessão, cujo valor inicial será obtido de acordo com a seguinte fórmula:

RAP/(Fator (Exp;i%)

Em que:

RAP = Reserva Acumulada pelo Participante, conforme definida no inciso I do Art. 18, apurada na data da concessão do Benefício;

Fator(Exp;i%) = Fator financeiro de conversão de saldo em renda, baseado na taxa de juros atuarial anual i% adotada para o Plano, convertida em taxa mensal, e em prazo, em meses, correspondente à expectativa de sobrevida do Participante na data de concessão do Benefício, obtida a partir da Tábua de Mortalidade Geral, segmentada por sexo, adotada para o Plano.

§ 2º A formulação do fator financeiro de conversão de saldo em renda de que trata o §1º deste artigo será detalhada em Nota Técnica Atuarial elaborada pelo Atuário do Plano.

§ 3º O pagamento da Aposentadoria Normal será mensal, efetuado até o 5º (quinto) dia útil do mês subsequente ao da competência, recalculado anualmente a partir:

I - do saldo de conta remanescente da respectiva Reserva Individual de Benefício Concedido Normal – RIBCN, originado da reversão do saldo da respectiva Reserva Acumulada pelo Participante – RAP na data da concessão do benefício; e

II - do prazo restante, na forma do § 1º deste artigo; e

§ 4º Na hipótese da renda mensal, calculada na forma do § 1º deste artigo, ser inferior ao valor de 10 (dez) URPs, o Participante poderá, a seu critério, optar por receber o saldo da respectiva Reserva Individual de Benefício Concedido Normal – RIBCN em parcela única, quitando-se, assim, qualquer compromisso do Plano para com o Participante e seus Beneficiários.

§ 5º A atualização da Aposentadoria Normal tomará como referência o mês de janeiro, passando a vigorar, a partir deste mês, o novo valor do benefício.

§ 6º O Participante poderá optar por receber à vista até 100% (cem por cento) do saldo da Conta Participante – CPART, no momento da concessão do benefício.

§ 7º A parcela da CPART paga à vista será deduzida da RAP para o cálculo previsto no § 1º.

§ 8º Na hipótese da renda mensal, atualizada na forma do § 5 deste artigo, ser inferior ao valor de 10 (dez) URPs, o Participante Assistido poderá, a seu critério, optar por receber o saldo da respectiva RIBCN em parcela única, quitando-se, assim, qualquer compromisso do Plano para com o Participante e seus respectivos Beneficiários e herdeiros legais.

SEÇÃO II
DA APOSENTADORIA POR INVALIDEZ

Art. 22. A Aposentadoria por Invalidez será concedida ao Participante Ativo Normal e ao Participante Autopatrocinado, caso a opção pelo instituto tenha sido efetuada por Participante Ativo Normal, desde que atendidas, simultaneamente, as seguintes condições:

I - Para o Participante Ativo Normal e para o Participante Autopatrocinado que possua vínculo funcional com o Patrocinador:

a) carência de 12 (doze) meses de filiação ao Plano, exceto no caso de acidente em serviço; e

b) concessão de aposentadoria por incapacidade permanente para o trabalho pelo RPPS.

II - Para o Participante Autopatrocinado que não possua vínculo funcional com o Patrocinador:

a) carência de 12 (doze) meses de filiação ao Plano; e

b) cumprimento dos mesmos requisitos para a concessão de aposentadoria por incapacidade permanente para o trabalho pelo RPPS.

§ 1º A Aposentadoria por Invalidez corresponderá a uma renda temporária pelo prazo, em meses, correspondente à expectativa de sobrevida do Participante na data de concessão do benefício, obtida a partir da Tábua de Mortalidade de Inválidos, segmentada por sexo, adotada para o Plano, calculada na data da concessão, cujo valor inicial será obtido de acordo com a seguinte fórmula:

[Média(SP) – BE] x %MC/ 8,5%x80%

Em que:

Média(SP) = média aritmética simples de todos os Salários de Participação do Participante Ativo Normal ou Participante Autopatrocinado decorrente de Ativo Normal, atualizados pelo Índice do Plano até o mês de concessão do benefício;

BE = Valor do Benefício Especial, se houver, disciplinado no §1º do art. 3º da Lei nº 12.618, de 2012; e

%MC = Média dos percentuais da Contribuição Básica aportada pelo Participante, apurada entre a data de filiação ao Plano e a data de concessão da Aposentadoria por Invalidez, limitada a 8,5% (oito inteiros e cinco décimos por cento).

§ 2º Na hipótese da renda mensal, calculada na forma do § 1º deste artigo, ser inferior ao valor de 2 (duas) URPs, será devido ao Participante um benefício mensal no valor de 2 (duas) URPs.

§ 3º O pagamento da Aposentadoria por Invalidez será mensal, efetuado até o 5º (quinto) dia útil do mês subsequente ao da competência, atualizado anualmente pelo Índice do Plano, e terá como base o saldo de conta da respectiva Reserva Individual de Benefício Concedido de Invalidez – RIBCI, originado da reversão da respectiva Reserva Acumulada pelo Participante – RAP na data da concessão do Benefício.

§ 4º Esgotados os recursos da RIBCI e não findo o prazo definido no § 1º deste artigo, a Aposentadoria por Invalidez será paga através de recursos oriundos do FCBE, vertidos mensalmente à RIBCI, a título de Aporte Extraordinário de Aposentadoria por Invalidez – AEAI.

§ 5º A atualização da Aposentadoria por Invalidez tomará como referência o mês de janeiro, passando a vigorar, a partir deste mês, o novo valor do benefício, tendo como limite mínimo o valor de 2 (duas) URPs vigentes no mês de atualização.

§ 6º A reversão da aposentadoria por invalidez pelo RPPS importa reversão da Aposentadoria por Invalidez prevista neste artigo.

§ 7º Se a carência de 12 meses prevista na alínea "a" dos incisos I e II não tiver sido cumprida, o saldo da respectiva Reserva Acumulada pelo Participante – RAP lhe será pago em parcela única, cessando todos os compromissos do Plano para com o Participante e seus respectivos Beneficiários e herdeiros legais.

SEÇÃO III
DA PENSÃO POR MORTE DO PARTICIPANTE ATIVO NORMAL E DO PARTICIPANTE AUTOPATROCINADO

Art. 23. A Pensão por Morte do Participante Ativo Normal e do Participante Autopatrocinado será concedida ao Beneficiário do Participante Ativo Normal e do Participante Autopatrocinado, caso a opção pelo instituto tenha sido efetuada por Participante Ativo Normal, desde que atendidas as seguintes condições:

I - Para o Beneficiário do Participante Ativo Normal e do Participante Autopatrocinado que possuía vínculo funcional com o Patrocinador:

a) concessão de pensão por morte pelo RPPS; e

II - Para o Beneficiário do Participante Autopatrocinado que não possuía vínculo funcional com o Patrocinador:

a) cumprimento dos mesmos requisitos para a concessão da pensão por morte pelo RPPS.

§ 1º A Pensão por Morte do Participante Ativo Normal e do Participante Autopatrocinado corresponderá a uma renda temporária pelo prazo, em meses, correspondente à expectativa de sobrevida do Participante Ativo Normal ou do Participante Autopatrocinado na data de concessão do benefício, obtida a partir da Tábua de Mortalidade Geral, segmentada por sexo, adotada para o Plano, calculada na data da concessão do Benefício, cujo valor inicial será obtido de acordo com a seguinte fórmula:

[Média(SP) – BE] x %MC/ 8,5% x 70%

Em que:

Média(SP) = média aritmética simples de todos os Salários de Participação do Participante Ativo Normal ou Participante Autopatrocinado decorrente de Ativo Normal, atualizados pelo Índice do Plano até o mês de concessão do benefício;

BE = Valor do Benefício Especial, se houver, disciplinado no §1º do art. 3º da Lei nº 12.618, de 2012; e

%MC = Média dos percentuais da Contribuição Básica aportada pelo Participante, apurada entre a data de filiação ao Plano e a data de concessão da Pensão por Morte, limitada a 8,5% (oito inteiros e cinco décimos por cento).

§ 2º Na hipótese da renda mensal, calculada na forma do § 1º deste artigo, ser inferior ao valor de 2 (duas) URPs, será devido aos Beneficiários um benefício total mensal no valor de 2 (duas) URPs.

§ 3º O pagamento da Pensão por Morte será mensal, efetuado até o 5º (quinto) dia útil do mês subsequente ao da competência, atualizado anualmente pelo Índice do Plano.

§ 4º Esgotados os recursos da RIBCMAt e não findo o prazo definido no § 1º deste artigo, a Pensão por Morte será paga através de recursos oriundos do FCBE, vertidos mensalmente à respectiva RIBCMAt, a título de Aporte Extraordinário por Morte do Participante Ativo – AEMAt.

§ 5º A Pensão por Morte será rateada em partes iguais entre todos os Beneficiários e a cota individual correspondente a cada Beneficiário ser-lhe-á paga até o fim do prazo definido no § 1º ou até a perda da condição de beneficiário, o que ocorrer primeiro.

§ 6º Na hipótese de perda do direito da Pensão por Morte, a cota individual do Beneficiário será automaticamente revertida em favor dos Beneficiários remanescentes.

§ 7º A atualização da Pensão por Morte tomará como referência o mês de janeiro, passando a vigorar, a partir deste mês, o novo valor do benefício, tendo como limite mínimo o valor de 2 (duas) URPs vigentes no mês de atualização.

§ 8º Concedida a pensão, eventual habilitação tardia ou prova posterior que implique inclusão ou exclusão de beneficiário só produzirá efeitos financeiros a partir da data em que for apresentada à Funpresp-Exe.

SEÇÃO IV
DA PENSÃO POR MORTE DO PARTICIPANTE ASSISTIDO

Art. 24. A Pensão por Morte do Participante Assistido será concedida aos Beneficiários do Participante Ativo Normal e do Participante Autopatrocinado, caso a opção pelo instituto tenha sido efetuada por Participante Ativo Normal, que tenha se tornado Participante Assistido e que tenha, posteriormente, falecido, desde que atendidas as seguintes condições:

I - Para o Beneficiário do Participante Assistido que estava vinculado ao RPPS, a concessão da pensão por morte pelo RPPS; e

II - Para o Beneficiário do Participante Assistido que não estava vinculado ao RPPS, o cumprimento dos mesmos requisitos para a concessão da pensão por morte pelo RPPS.

§ 1º A Pensão por Morte do Participante Assistido corresponderá a uma renda temporária, calculada na data da concessão do Benefício, cujo valor inicial será equivalente a 70% (setenta por cento) da renda mensal percebida pelo Participante Assistido na data do falecimento, e será paga com base no saldo da respectiva RIBCMAss, resultante da reversão de saldo da RIBCN ou da RIBCI, na data da concessão do Benefício, ou de parcela do FCBE, conforme o caso.

§ 2º O pagamento da Pensão por Morte do Participante Assistido será mensal, efetuado até o 5º (quinto) dia útil do mês subsequente ao da competência, atualizado anualmente pelo Índice do Plano, pelo prazo, em meses, correspondente à expectativa de sobrevida do Participante Assistido, se vivo fosse, na data da concessão da Pensão, obtida a partir da Tábua de Mortalidade Geral ou da Tábua de Mortalidade de Inválidos, segmentada por sexo, conforme o caso, adotada para o Plano.

§ 3º Esgotados os recursos da RIBCMAss e não findo o prazo definido no § 2º deste artigo, a Pensão por Morte do Participante Assistido será paga através de recursos oriundos do FCBE, vertidos mensalmente à respectiva RIBCMAss, a título de Aporte Extraordinário por Morte do Participante Assistido – AEMAss.

§ 4º A atualização da Pensão por Morte do Participante Assistido tomará como referência o mês de janeiro, passando a vigorar, a partir deste mês, o novo valor do benefício.

§ 5º O valor da Pensão por Morte do Participante Assistido será rateado entre os Beneficiários em partes iguais e a cota individual correspondente a cada Beneficiário lhe será paga até o fim do prazo definido no § 2º deste artigo ou até a perda da condição de Beneficiário, o que ocorrer primeiro.

§ 6º Na hipótese de perda do direito à Pensão por Morte do Participante Assistido, a cota individual do Beneficiário será automaticamente revertida em favor dos Beneficiários remanescentes.

§ 7º Concedida a pensão, eventual habilitação tardia ou prova posterior que implique inclusão ou exclusão de Beneficiário só produzirá efeitos financeiros a partir da data em que for apresentada à Funpresp-Exe.

SEÇÃO V
DO BENEFÍCIO POR SOBREVIVÊNCIA DO ASSISTIDO

Art. 25. O Benefício por Sobrevivência do Assistido será concedido ao Assistido que sobreviver ao prazo de pagamento da Aposentadoria Normal, da Aposentadoria por Invalidez, da Pensão por Morte do Participante Ativo Normal e do Participante Autopatrocinado ou da Pensão por Morte do Participante Assistido, conforme o caso.

§ 1º O Benefício por Sobrevivência do Assistido corresponderá a uma renda vitalícia, baseada em parcela do FCBE, com valor inicial equivalente a 80% (oitenta por cento) da última prestação mensal percebida pelo Assistido relativa à respectiva Aposentadoria Normal, Aposentadoria por Invalidez, Pensão por Morte do Participante Ativo Normal e do Participante Autopatrocinado, ou Pensão por Morte do Participante Assistido, conforme o caso.

§ 2º O pagamento do Benefício por Sobrevivência do Assistido será mensal, efetuado até o 5º (quinto) dia útil do mês subsequente ao da competência, e seu valor será atualizado anualmente pelo Índice do Plano.

§ 3º A atualização do Benefício por Sobrevivência do Assistido tomará como referência o mês de janeiro, passando a vigorar, a partir deste mês, o novo valor do benefício.

§ 4º Para o Participante Assistido que estiver em gozo de Aposentadoria Normal, o Benefício por Sobrevivência do Assistido será devido a partir do mês em que o saldo da RIBCN decorrente da RAP não for suficiente para o pagamento do respectivo Benefício e no montante necessário para a sua cobertura.

§ 5º O valor do Benefício por Sobrevivência do Assistido devido a Beneficiários será rateado entre estes em partes iguais e a cota individual correspondente a cada Beneficiário lhe será paga até a perda da condição de Beneficiário.

§ 6º Na hipótese de perda do direito ao Benefício por Sobrevivência do Assistido, a cota individual do Beneficiário será automaticamente revertida em favor dos Beneficiários remanescentes.

§ 7º O Benefício por Sobrevivência do Assistido não será devido, em hipótese alguma, aos Beneficiários do Participante Ativo Alternativo que tenha se tornado Participante Assistido.

SEÇÃO VI
DO BENEFÍCIO SUPLEMENTAR

Art. 26. O Benefício Suplementar será concedido ao Participante Ativo Normal, ao Participante Ativo Alternativo, ao Participante Autopatrocinado e ao Participante Vinculado, ou aos seus respectivos Beneficiários, caso haja saldo na respectiva Reserva Acumulada Suplementar – RAS, desde que atendidas as seguintes condições:

I - Para o Participante Ativo Normal ou dele decorrente:

a) concessão da aposentadoria voluntária ou aposentadoria compulsória pelo RPPS; ou

b) concessão da aposentadoria por incapacidade permanente para o trabalho pelo RPPS.

II - Para o Participante Ativo Alternativo ou dele decorrente:

a) concessão da aposentadoria voluntária pelo RPPS ou aposentadoria compulsória pelo RPPS; ou

b) concessão de aposentadoria por incapacidade permanente para o trabalho pelo RPPS; ou

c) caso o Participante não esteja mais vinculado ao RPPS, tenha completado 65 (sessenta e cinco) anos de idade, se homem, ou 62 (sessenta e dois) anos de idade, se mulher, ou o cumprimento dos mesmos requisitos para a concessão de aposentadoria por incapacidade permanente para o trabalho pelo RPPS.

III - Para o Beneficiário:

a) concessão da pensão por morte no RPPS; ou

b) caso se trate de Beneficiário de Participante que não mais estava vinculado ao RPPS, cumprimento dos mesmos requisitos para a concessão da pensão por morte pelo RPPS.

§ 1º O Benefício Suplementar corresponderá a uma renda temporária, calculada na data da concessão, cujo valor inicial será obtido da seguinte forma:

I - Para os casos previstos nos itens I e II do caput deste artigo e no caso de falecimento de Participante Ativo Normal, Participante Ativo Alternativo ou Participante Autopatrocinado:

RIBCS/Fator(x,i%)

Em que:

RIBCS = Reserva Individual de Benefício Concedido Suplementar, conforme definida no inciso VII do art. 18, deduzida a eventual parcela paga ao assistido (%RIBCS);

%RIBCS = Parcela de até 100% (cem por cento) da RIBCS paga à vista ao assistido, em percentual de sua escolha no momento da concessão do Benefício;

Fator(x;i%) = Fator financeiro de conversão de saldo em renda, baseado na taxa de juros atuarial anual i% adotada para o Plano na data da concessão, convertida em taxa mensal, e em prazo, em meses, a ser definido pelo Participante ou Beneficiário, conforme o caso, de no máximo a expectativa de sobrevida no Plano do Participante na data de concessão do Benefício, obtida a partir da Tábua de Mortalidade Geral ou da Tábua de Mortalidade e de Inválidos, segmentada por sexo, conforme o caso, adotada para o Plano.

II - Para o caso previsto no item III do caput deste artigo, o valor do Benefício Suplementar percebido pelo Participante na ocasião do seu falecimento, a ser pago no prazo estipulado originalmente pelo Participante.

§ 2º A formulação do fator financeiro de conversão de saldo em renda de que trata o inciso I do § 1° deste artigo será detalhada em Nota Técnica Atuarial elaborada pelo atuário do Plano.

§ 3º O pagamento do Benefício Suplementar será mensal, efetuado até o 5º (quinto) dia útil do mês subsequente ao da competência, e seu valor será recalculado anualmente, em função do respectivo saldo da RIBCS remanescente e do prazo remanescente, conforme a forma de concessão do benefício, definida no § 1º deste artigo.

§ 4º O recálculo do Benefício Suplementar tomará como referência o saldo da RIBCS apurado no mês de janeiro, passando a vigorar a partir deste mês, o novo valor do benefício.

§ 5º O Benefício Suplementar devido a Beneficiários será rateado entre estes em partes iguais e a cota individual correspondente a cada Beneficiário lhe será paga enquanto houver saldo na respectiva RIBCS ou até a perda da condição de Beneficiário, o que ocorrer primeiro.

§ 6º Para recebimento do seguro por invalidez ou por morte a que se refere as alíneas “b” e “c” do inciso VII do art. 18, a Entidade acionará a sociedade seguradora com o objetivo de receber tal indenização, tendo em vista as condições e os valores pactuados na forma do Termo de Repasse de Risco.

§ 7º Nas hipóteses de morte ou invalidez do Participante Vinculado, aplicar-se-á o disposto nos §§ 5º a 7º do art. 30 deste Regulamento, nos termos definidos pelo Conselho Deliberativo.

§ 8º No caso em que o Benefício Suplementar, calculado conforme § 1º deste artigo ou recalculado conforme § 4º deste artigo, resultar em valor inferior a 10 (dez) URPs, o saldo da Reserva Acumulada Suplementar – RAS será pago em parcela única, cessando todos os compromissos do Plano para com o Participante e seus respectivos Beneficiários e herdeiros legais.

§ 9º O pagamento em parcela única do saldo da Reserva Acumulada Suplementar – RAS será realizado com base na última cota disponível na data do pagamento, sendo garantida no mínimo a cota do último dia do mês anterior ao protocolo do requerimento do benefício na Entidade.

SEÇÃO VII
DO BENEFÍCIO PREVIDENCIÁRIO TEMPORÁRIO

Art. 26-A. O Participante Ativo Normal, o Participante Ativo Alternativo, o Participante Autopatrocinado e o Participante Vinculado, que não tenha cumprido os requisitos de elegibilidade previstos nos art. 21 ou art. 26, poderão requerer o Benefício Previdenciário Temporário, calculado sobre percentual, por ele definido, do saldo acumulado na Conta de Contribuições Facultativas – CCF e na Conta de Recursos Portados de EAPC – CRPA.

§ 1º O Benefício Previdenciário Temporário corresponderá a uma renda temporária, em cotas, cujo valor mensal será obtido a partir da divisão da parcela da Conta de Contribuições Facultativas – CCF e na Conta de Recursos Portados de EAPC – CRPA definida pelo Participante, pelo prazo em meses a ser definido pelo Participante, de no máximo 60 (sessenta) meses, desde que o valor mensal seja, no mínimo, de 10 (dez) URPs.

§ 2º Durante o período de recebimento do Benefício Previdenciário Temporário, o Participante deverá manter o recolhimento das contribuições previstas nas alíneas "a", "b" e "d" do inciso I do art.13, conforme o caso.

§ 3º A realização de novo requerimento do Benefício Previdenciário Temporário está condicionado à cessação do pagamento de Benefício Previdenciário Temporário requerido anteriormente.

§ 4º O pagamento do Benefício Previdenciário Temporário cessará caso seja requerido o Benefício Suplementar.

§ 5º O pagamento do Benefício Previdenciário Temporário será efetuado até o 5º (quinto) dia útil do mês subsequente ao da competência, e seu valor será equivalente à conversão, do quantitativo de cotas apurados conforme o §1º deste artigo, pela última cota disponível na data do pagamento, sendo garantida no mínimo a cota do último dia do mês anterior à competência.

CAPÍTULO IX
DOS INSTITUTOS

SEÇÃO I
DAS DISPOSIÇÕES COMUNS

Art. 27. Desde que preenchidos os requisitos necessários previstos neste Capítulo, o Participante que não estiver em gozo de benefício poderá optar por um dos institutos previstos neste Capítulo, elencados a seguir:

I - Autopatrocínio;

II - Benefício Proporcional Diferido;

III - Portabilidade; e

IV - Resgate.

Art. 28. Para fins da opção prevista no art. 27, a Entidade fornecerá extrato ao Participante, no prazo máximo de 30 (trinta) dias, contados da data do recebimento da comunicação da cessação do vínculo funcional com o Patrocinador ou da data do requerimento protocolado pelo Participante perante a Entidade, contendo as informações exigidas pela legislação vigente.

§ 1º Após o recebimento do extrato, o Participante terá o prazo de até 60 (sessenta) dias para optar pelo Autopatrocínio, pelo Benefício Proporcional Diferido, pelo Resgate ou pela Portabilidade, mediante protocolo de Termo de Opção formalizado junto à Entidade.

§ 2º O Participante que não fizer sua opção no prazo previsto no parágrafo anterior terá presumida, na forma da legislação vigente, sua opção pelo Benefício Proporcional Diferido, desde que atendidas as condições previstas na Seção III deste Capítulo.

§ 3º Na hipótese do § 2º deste artigo, caso o Participante não atenda às condições exigidas para se habilitar ao Benefício Proporcional Diferido, restará a ele unicamente a opção pelo instituto do Resgate, na forma da Seção V deste Capítulo, cujo pagamento será efetuado mediante solicitação formal do Participante.

§ 4º O prazo para a formalização da opção pelos institutos, previsto no § 1º deste artigo, será suspenso na hipótese do Participante apresentar, durante o referido prazo, questionamento devidamente formalizado junto à Entidade, no tocante às informações constantes do extrato de que trata o caput deste artigo, até que sejam prestados pela Entidade os pertinentes esclarecimentos, no prazo máximo de 15 (quinze) dias úteis contados do protocolo do respectivo pedido de esclarecimentos.

§ 5º Para fins deste Regulamento, a cessação do vínculo funcional com o Patrocinador ocorrerá na hipótese de vacância do cargo efetivo decorrente de:

I - exoneração;

II - demissão;

III - posse em outro cargo inacumulável, ressalvada a hipótese de se tratar de cargo efetivo em algum dos Patrocinadores do Plano;

IV - falecimento; ou

V - aposentadoria voluntária ou compulsória.

SEÇÃO II
DO AUTOPATROCÍNIO

Art. 29. Em caso de perda parcial ou total da remuneração, o Participante Ativo Normal e o Participante Ativo Alternativo poderão optar pelo instituto do Autopatrocínio, devendo, para tanto, manter o pagamento da respectiva Contribuição Básica ou da Contribuição Alternativa, conforme o caso, além da Contribuição Básica de responsabilidade do Patrocinador, se aplicável, relativamente à parcela correspondente à referida perda, na forma deste Regulamento e conforme critérios estabelecidos no Plano de Custeio Anual, como forma de assegurar a percepção dos benefícios nos níveis correspondentes àquela remuneração.

§ 1º A cessação do vínculo funcional com o Patrocinador deverá ser entendida como uma das formas de perda total da remuneração recebida.

§ 2º No caso de perda parcial da remuneração com manutenção do vínculo funcional com o Patrocinador, o Participante poderá assumir a sua contribuição e a que seria vertida pelo Patrocinador, calculada sobre a diferença entre o Salário de Participação observado no mês imediatamente anterior ao da referida perda e o novo Salário de Participação, visando à manutenção da constituição das reservas no mesmo nível anterior à perda.

§ 3º O Participante Ativo Alternativo que optar pelo instituto do Autopatrocínio deverá manter o pagamento da sua respectiva Contribuição Alternativa, observado o disposto no inciso III do art. 12 e os critérios previstos no Plano de Custeio.

§ 4º Para efetivação da opção pelo Autopatrocínio, o Participante deverá recolher à Entidade, até o dia 10 (dez) do mês subsequente ao da referida opção, todas as contribuições em atraso desde o mês da perda da remuneração.

§ 5º Considera-se como data de início do Autopatrocínio o dia imediatamente posterior ao da perda total ou parcial da remuneração.

§ 6º A opção pelo Autopatrocínio não impede a posterior opção pelos institutos do Benefício Proporcional Diferido, do Resgate ou da Portabilidade, observadas as disposições contidas neste Regulamento aplicáveis a cada instituto.

SEÇÃO III
DO BENEFÍCIO PROPORCIONAL DIFERIDO

Art. 30. O Participante Ativo Normal, o Participante Ativo Alternativo e o Participante Autopatrocinado poderão optar pelo instituto do Benefício Proporcional Diferido, interrompendo o pagamento da respectiva Contribuição Básica ou Contribuição Alternativa, conforme o caso, desde que preenchidos os seguintes requisitos, cumulativamente:

I - cessação do vínculo funcional com o Patrocinador;

II - ausência de preenchimento dos requisitos de elegibilidade à Aposentadoria Normal ou ao Benefício Suplementar, conforme o caso; e

III - não tenha optado pelos institutos da Portabilidade ou do Resgate.

§ 1º A opção pelo Benefício Proporcional Diferido implicará, a partir da data do requerimento, na obrigação de pagamento da Contribuição Administrativa ao Plano, prevista na alínea "d" do inciso I do art.13.

§ 2º A Contribuição Administrativa poderá ser descontada diretamente do saldo da respectiva Reserva Acumulada pelo Participante – RAP ou da Reserva Acumulada Suplementar – RAS, conforme o caso, em conformidade com as regras e procedimentos aprovados pelo Conselho Deliberativo da Entidade.

§ 3º O Participante Vinculado que mantinha a condição de Participante Ativo Normal antes da opção pelo Benefício Proporcional Diferido manterá o direito à Aposentadoria Normal e, conforme o caso, ao Benefício Suplementar, quando vier a completar 65 (sessenta e cinco) anos de idade, se homem, ou 62 (sessenta e dois) anos de idade, se mulher.

§ 4º O Participante Vinculado que mantinha a condição de Participante Ativo Alternativo antes da opção pelo Benefício Proporcional Diferido manterá o direito ao Benefício Suplementar, quando vier a completar 65 (sessenta e cinco) anos de idade, se homem, ou 62 (sessenta e dois) anos de idade, se mulher.

§ 5º No caso de falecimento do Participante Vinculado, o saldo da respectiva Reserva Acumulada pelo Participante – RAP e da Reserva Acumulada Suplementar – RAS, conforme o caso, será pago, em parcela única, aos seus Beneficiários ou, na falta destes, aos seus herdeiros legais, cessando todos os compromissos do Plano para com o Participante e seus respectivos Beneficiários e herdeiros legais.

§ 6º Na hipótese do Participante Vinculado se tornar Assistido e vier a falecer, o saldo remanescente da respectiva Reserva Individual de Benefício Concedido Normal – RIBCN ou da Reserva Individual de Benefício Concedido Suplementar – RIBCS, conforme o caso, será pago, em parcela única, aos seus Beneficiários ou, na falta destes, aos seus herdeiros legais, cessando todos os compromissos do Plano para com o Participante e seus respectivos Beneficiários e herdeiros legais.

§ 7º Na hipótese do Participante Vinculado se tornar inválido, o saldo da respectiva Reserva Acumulada pelo Participante – RAP e da Reserva Acumulada Suplementar – RAS, conforme o caso, lhe será pago em parcela única, cessando todos os compromissos do Plano para com o Participante e seus respectivos Beneficiários e herdeiros legais.

§ 8º A opção pelo Benefício Proporcional Diferido não impede a posterior opção pelos institutos do Resgate ou da Portabilidade, observadas as disposições contidas neste Regulamento aplicáveis a cada instituto.

SEÇÃO IV
DA PORTABILIDADE

Art. 31. O Participante Ativo Normal, o Participante Ativo Alternativo, o Participante Autopatrocinado e o Participante Vinculado poderão optar pelo instituto da Portabilidade de seu direito acumulado para outro plano de benefícios operado por entidade de previdência complementar ou sociedade seguradora autorizada a operar plano de benefícios de caráter previdenciário, desde que preenchidos os seguintes requisitos, cumulativamente:

I - cessação do vínculo funcional com o Patrocinador;

II - o Participante não esteja em gozo de qualquer benefício previsto neste Regulamento; e

III - o Participante não tenha optado pelo instituto do Resgate.

§ 1º Será considerado direito acumulado para fins de Portabilidade o somatório dos saldos da Reserva Acumulada pelo Participante – RAP e da Reserva Acumulada Suplementar – RAS, apurados na data de cessação das contribuições para o Plano.

§ 2º Na hipótese de Portabilidade após opção pelo Benefício Proporcional Diferido e antes da concessão da Aposentadoria Normal ou do Benefício Suplementar, conforme o caso, o direito acumulado consistirá nos saldos da Reserva Acumulada pelo Participante – RAP e da Reserva Acumulada Suplementar – RAS, apurados na data do protocolo na Entidade do requerimento da Portabilidade.

§ 3º O direito acumulado, apurado nos termos deste artigo, será atualizado com base na última cota disponível na data do pagamento, sendo garantida no mínimo a cota do último dia do mês anterior ao do requerimento.

§ 4º Após o recebimento do Termo de Opção de que trata o § 1º do art. 28, a Entidade elaborará o Termo de Portabilidade e terá o prazo de até 5 (cinco) dias úteis para encaminhá-lo à entidade que administra o plano de benefícios receptor, contendo todas as informações exigidas pela legislação aplicável.

§ 5º A transferência do direito acumulado dar-se-á em moeda corrente nacional, até o 10º (décimo) dia útil subsequente à data do protocolo do Termo de Portabilidade na entidade receptora, atendidas as condições previstas neste Regulamento e na legislação aplicável.

§ 6º A Portabilidade não caracteriza resgate, sendo vedado que os recursos financeiros transitem, sob qualquer forma, pelos participantes do Plano.

§ 7º A opção pela Portabilidade é direito inalienável do Participante e será exercida em caráter irrevogável e irretratável, cessando, com a transferência da totalidade dos recursos financeiros para a entidade receptora, todo e qualquer direito previsto neste Plano relativo ao Participante e seus Beneficiários.

Art. 32. O Plano poderá receber recursos portados de outras entidades de previdência complementar ou de sociedade seguradora autorizada a operar plano de benefícios de caráter previdenciário, desde que observado o disposto neste Regulamento e na legislação aplicável.

Parágrafo único. Os recursos portados recebidos de outras entidades de previdência complementar ou de sociedade seguradora serão mantidos em separado das demais contribuições e alocados em uma das seguintes contas:

I - Reserva Acumulada Suplementar – RAS, Conta de Recursos Portados de EAPC – CRPA, se oriundos de Entidade Aberta de Previdência Complementar – EAPC ou sociedade seguradora; ou

II - Reserva Acumulada Suplementar – RAS, Conta de Recursos Portados de EFPC – CRPF, se oriundos de Entidade Fechada de Previdência Complementar – EFPC.

SEÇÃO V
DO RESGATE

Art. 33. O Participante Ativo Normal, o Participante Ativo Alternativo, o Participante Autopatrocinado e o Participante Vinculado poderão optar pelo instituto do Resgate, por meio do recebimento dos respectivos recursos individuais alocados no Plano, já descontadas as parcelas do custeio administrativo e do FCBE, desde que preenchidos os seguintes requisitos, cumulativamente:

I - cessação do vínculo funcional com o Patrocinador;

II - o Participante não esteja em gozo de qualquer benefício previsto neste Regulamento; e

III - o Participante não tenha optado pelo instituto da Portabilidade.

§ 1º Os recursos individuais de que trata o caput deste artigo correspondem ao somatório dos saldos das seguintes contas:

I - Reserva Acumulada pelo Participante – RAP, Conta Participante – CPART;

II - Reserva Acumulada Suplementar – RAS, observados os §§ 2º e 3º deste artigo; e

III - Percentual, não cumulativo, da Reserva Acumulada pelo Participante – RAP, Conta Patrocinador – CPATR, conforme tabela a seguir:

Tempo de filiação ao Plano	% da CPATR/Conta Patrocinador
até 3 anos	0%
a partir de 3 anos	10%
a partir de 5 anos	25%
a partir de 10 anos	40%
a partir de 15 anos	55%
a partir de 20 anos	70%

§ 2º É facultado o resgate de valores portados constituídos em plano de previdência complementar administrado por Entidade

PREV. COMPLEMENTAR

Aberta de Previdência Complementar – EAPC ou sociedade seguradora, acumulados na respectiva Conta de Recursos Portados de EAPC – CRPA.

§ 3º É vedado o resgate de valores portados constituídos em plano de previdência complementar administrado por Entidade Fechada de Previdência Complementar – EFPC, acumulados na respectiva Conta de Recursos Portados de EFPC – CRPF.

§ 4º O Participante que optar por manter no Plano o saldo das contas referidas nos §§ 2º e 3º deste artigo será considerado Participante Vinculado, desde que observe as disposições contidas neste Regulamento aplicáveis a cada instituto.

§ 5º O valor correspondente ao Resgate, conforme descrito no § 1º deste artigo, será obtido com base nos saldos das contas apurados na data de cessação das contribuições para o Plano, atualizado com base na última cota disponível na data do pagamento, sendo garantida no mínimo a cota do último dia do mês anterior ao do requerimento.

§ 6º Quando do pagamento do valor correspondente ao Resgate, serão efetuados os descontos previstos em lei e os decorrentes de decisões judiciais.

§ 7º É facultado ao Participante optar pelo recebimento do Resgate em parcela única ou em até 12 (doze) parcelas mensais e consecutivas, atualizadas pela variação verificada entre a cota do último dia do mês anterior ao do requerimento e a cota do último dia do mês anterior ao do respectivo pagamento.

§ 8º O pagamento da parcela única ou da primeira parcela mensal será efetuado no prazo de até 30 (trinta) dias contados da data de protocolo do Termo de Opção.

§ 9º Uma vez exercido o Resgate, cessará todo e qualquer direito do Participante e de seus Beneficiários ou, na ausência destes, de seus herdeiros legais, em relação ao Plano, exceto quanto às prestações vincendas no caso de opção pelo pagamento parcelado ou de eventuais recursos oriundos de Portabilidade não resgatados.

CAPÍTULO X
DAS DISPOSIÇÕES TRANSITÓRIAS FINAIS

Art. 34. Os casos omissos deste Regulamento serão decididos pelo Conselho Deliberativo da Entidade, observada a legislação vigente.

Art. 35. As hipóteses biométricas, demográficas, econômicas e financeiras adotadas na avaliação atuarial do Plano deverão ser objeto de reavaliação pelo menos uma vez a cada 3 (três) anos, a fim de aferir a sua adequabilidade ao grupo de Participantes, Assistidos e Beneficiários do Plano.

Art. 36. A Entidade fica autorizada a contratar, mediante licitação, coberturas para os benefícios não programados e para a PAR previstos, respectivamente, nos incisos II a V do art. 20 e no inciso VII, alíneas "b" e "c", do art. 18 deste Regulamento e no § 4º do art. 12 da Lei nº 12.618, de 2012.

§ 1º A cobertura da PAR é condicionada à existência de contrato vigente entre a Entidade e sociedade seguradora relativamente ao Participante Ativo Normal, ao Ativo Alternativo, ao Autopatrocinado, ao Vinculado e ao Assistido que tiver optado pela referida cobertura.

§ 2º A cobertura da PAR é renovada mensalmente, mediante o pagamento da respectiva contribuição pelo Participante, sob pena de cancelamento após o trigésimo dia de atraso.

§ 3º Fica a Entidade autorizada a descontar da reserva individual do Participante eventuais contribuições não pagas referentes à cobertura da PAR.

§ 4º Sempre que houver alteração da sociedade seguradora com a qual a Entidade contratar ou alteração das condições previstas no Termo de Repasse de Risco, será assegurada ao Participante Ativo Normal, ao Ativo Alternativo, ao Autopatrocinado, ao Vinculado e ao Assistido que tiver optado pelo custeio da PAR a oportunidade de optar por manter ou cessar esse custeio.

Art. 37. Para os participantes Ativos Normais e Autopatrocinados, decorrentes de opção de participante Ativo Normal que tenha mantido o vínculo funcional, inscritos no Plano até o dia anterior à data da alteração deste Regulamento, que já tenham atingido as condições de elegibilidade ao benefício de Aposentadoria Normal, fica assegurado o direito ao Aporte Extraordinário de Aposentadoria Normal – AEAN nos termos do Regulamento vigente à referida data.

§ 1º A reserva matemática necessária para o Aporte Extraordinário de Aposentadoria Normal – AEAN dos participantes mencionados no caput deste artigo permanecerá na Provisão Matemática de Benefícios a Conceder.

§ 2º As contribuições realizadas, até a data anterior à alteração deste Regulamento, pelos Participantes não elegíveis ao benefício de Aposentadoria Normal, destinadas ao custeio do Aporte Extraordinário de Aposentadoria Normal – AEAN e mantidas no Fundo de Cobertura de Benefícios Extraordinários – FCBE, serão transferidas para a Conta Participante – CPART, que compõe a Reserva Acumulado do Participante – RAP, em até 90 (noventa) dias a partir da aprovação da alteração deste Regulamento.

§ 3º As contribuições realizadas, até a data anterior à alteração deste Regulamento, pelo Patrocinador em nome dos Participantes não elegíveis ao benefício de Aposentadoria Normal, destinadas ao custeio do Aporte Extraordinário de Aposentadoria Normal – AEAN e mantidas no Fundo de Cobertura de Benefícios Extraordinários – FCBE, serão transferidas para a Conta Patrocinador – CPATR, que compõe a Reserva Acumulado do Participante – RAP, em até 90 (noventa) dias a partir da aprovação da alteração deste Regulamento.

Art. 38 Para os participantes Autopatrocinados que não possuam Vínculo Funcional com o Patrocinador e para Participantes Vinculados, do sexo feminino, inscritos no Plano até o dia anterior à data da alteração deste Regulamento, que já tenham atingido as condições de elegibilidade aos benefícios previstos, fica assegurado o direito ao requisito de idade mínima de 60 (sessenta) anos.

Art. 39 Este Regulamento entrará em vigor na data da publicação pela Previc da autorização para a sua aplicação.

PORTARIA Nº 708, DE 24 DE JULHO DE 2018

Aprova o Regulamento do Plano de Benefícios - JusMP-Prev

▸ *Regulamento do Plano de Benefícios - JusMP--Prev*

O DIRETOR DE LICENCIAMENTO SUBSTITUTO, no uso das atribuições que lhe confere o inciso I do art. 33 combinado com o art. 5º, todos da Lei Complementar nº 109, de 29 de maio de 2001, e art. 22, inciso I, alínea "a", do Anexo I do Decreto nº 8.992, de 20 de fevereiro de 2017, e considerando asmanifestações técnicas exaradas no Processo nº 44011.003709/2018-41 e Documentos SEI nº 0133745, 0134072 e 0140724, resolve:

Art. 1º Aprovar as alterações propostas ao regulamento do Plano de Benefícios do Judiciário da União, do Ministério Público da União e do Conselho Nacional do Ministério Público (JusMPPrev), CNPB nº 2013.0017-38, administrado pela Fundação de Previdência Complementar do Servidor Público Federal do Poder Judiciário - FUNPRESP-JUD.

Art. 2º Esta portaria entra em vigor na data de sua publicação.

CARLOS MARNE DIAS ALVES

REGULAMENTO DO PLANO DE BENEFÍCIOS DO JUDICIÁRIO DA UNIÃO, DO MPU E DO CNMP

▸ *Poder Judiciário.*

CNPB nº 2013.0017-38

Aprovado pela Portaria DILIC/PREVIC nº 708, de 24 de julho de 2018. (publicada no DOU nº 146, de 31 de julho de 2018, Seção 1, Página 41)

CAPÍTULO I
DO PLANO DE BENEFÍCIOS

Art. 1º O presente Regulamento dispõe sobre o plano de benefícios previdenciários denominado Plano de Benefícios do Judiciário da União, do Ministério Público da União e do Conselho Nacional do Ministério Público – JusMP-Prev, doravante designado PLANO, estruturado na modalidade de contribuição definida, destinado aos membros e servidores públicos titulares de cargo efetivo do Poder Judiciário da União e do Ministério Público da União, aos servidores públicos titulares de cargo efetivo do Conselho Nacional de Justiça e do Conselho Nacional do Ministério Público e aos seus respectivos beneficiários.

Parágrafo único. O PLANO deverá ser executado de acordo com a legislação aplicável e as deliberações do Conselho Deliberativo, observadas as disposições estatutárias e do convênio de adesão firmado entre os Patrocinadores e a Fundação de Previdência Complementar do Servidor Público Federal do Poder Judiciário – Funpresp-Jud.

CAPÍTULO II
DAS DEFINIÇÕES

Art. 2º Para os fins deste Regulamento, considera-se:

I – ABONO ANUAL: 13ª (décima terceira) parcela mensal do benefício de prestação continuada, paga no mês de dezembro de cada ano;

II – ADESÃO: ato que formaliza a condição de patrocinador do PLANO mediante convênio celebrado entre o patrocinador e a Funpresp-Jud, para cada plano de benefícios por esta administrado e executado;

III – ASSISTIDO: o participante ou o seu beneficiário em gozo de benefício de prestação continuada;

IV – APORTE INICIAL: aporte de recursos realizado pelos patrocinadores do PLANO à Funpresp-Jud a título de adiantamento de contribuições futuras, necessário ao seu funcionamento inicial;

V – ATUÁRIO: profissional legalmente habilitado, graduado em Ciências Atuariais em curso reconhecido pelo Ministério da Educação, ou pessoa jurídica sob a responsabilidade daquele profissional que tenha como objeto social a execução de serviços atuariais, a quem compete privativamente, no âmbito de sua especialidade, a elaboração dos planos técnicos, a avaliação de riscos, a fixação de contribuições e indenizações e a avaliação das reservas matemáticas das entidades fechadas de previdência complementar;

VI – AVALIAÇÃO ATUARIAL: estudo técnico desenvolvido por atuário, tendo por base a massa de participantes, de assistidos e de beneficiários do plano de benefícios, admitidas hipóteses biométricas, demográficas, econômicas e financeiras, com o objetivo principal de dimensionar os compromissos do plano de benefícios, estabelecer o plano de custeio de forma a manter o equilíbrio e a solvência atuarial e definir o montante das provisões matemáticas e fundos previdenciais;

VII – BASE DE CONTRIBUIÇÃO:

a) subsídio acrescido, mediante opção do participante, de parcelas remuneratórias percebidas em decorrência do local de trabalho e do exercício de cargo em comissão ou função comissionada, excluídas as vantagens previstas na legislação aplicável ao Regime Próprio de Previdência Social da União – RPPS; ou

b) vencimento do cargo efetivo acrescido das vantagens pecuniárias permanentes estabelecidas em lei, dos adicionais de caráter individual ou quaisquer outras vantagens e, mediante opção do participante, das parcelas remuneratórias percebidas em decorrência do local de trabalho e do exercício de cargo em comissão ou função comissionada, excluídas as vantagens previstas na legislação aplicável ao RPPS da União.

VIII – BENEFICIÁRIO: dependente do participante, declarado no PLANO para fins de recebimento de benefício previsto neste Regulamento;

IX – BENEFÍCIO NÃO PROGRAMADO: benefício de caráter previdenciário cuja concessão depende da ocorrência de eventos não previsíveis, como a morte, a invalidez ou a sobrevivência;

X – BENEFÍCIO PROGRAMADO: benefício de caráter previdenciário cuja concessão decorre de eventos previsíveis estabelecidos neste Regulamento;

XI – CARÊNCIA: prazo mínimo estabelecido para que o participante ou beneficiário adquira direito aos benefícios ou possa optar por institutos previstos neste Regulamento;

XII – CESSAÇÃO DO VÍNCULO EFETIVO COM O PATROCINADOR: decorre da vacância do cargo de provimento efetivo, ocupado pelo participante, por motivo de exoneração, demissão, posse em outro cargo público inacumulável, falecimento, aposentadoria ou outras hipóteses previstas na legislação;

XIII – CONTRIBUIÇÃO DEFINIDA: modalidade de plano de benefícios em que os benefícios programados têm seus valores permanentemente ajustados ao saldo da conta mantida em favor do participante, inclusive na fase de percepção de benefícios, considerando o resultado líquido de sua aplicação, os valores aportados e os benefícios pagos;

XIV – COTA PREVIDENCIAL: fração do patrimônio atualizada pela rentabilidade dos investimentos, que permite apurar a participação individual de cada participante ou assistido no patrimônio do PLANO;

XV – DESPESAS ADMINISTRATIVAS: gastos realizados pela Funpresp-Jud na administração de seus planos de benefícios, por meio do Plano de Gestão Administrativa – PGA, incluídas as despesas de investimentos;

XVI – FUNDAÇÃO DE PREVIDÊNCIA COMPLEMENTAR DO SERVIDOR PÚBLICO FEDERAL DO PODER JUDICIÁRIO – FUNPRESP-JUD: entidade fechada de previdência complementar estruturada na forma de fundação, de natureza pública, com personalidade jurídica de direito privado e autonomia administrativa, financeira e gerencial;

XVII – FUNDO DE COBERTURA DE BENEFÍCIOS EXTRAORDINÁRIOS – FCBE: de natureza coletiva, destinado à cobertura dos benefícios não programados e dos aportes extraordinários, formado por parcelas da contribuição do participante e do patrocinador, do qual serão vertidos montantes, a título de contribuições extraordinárias, à reserva individual mantida em favor do participante ou, se for o caso, do seu beneficiário;

XVIII – FUNDO PREVIDENCIAL: fundo de natureza coletiva, com valor definido por ocasião da avaliação atuarial anual, com objetivos específicos e segregados das provisões matemáticas, devidamente justificado, com apresentação da metodologia de cálculo pelo atuário do PLANO em nota técnica atuarial;

XIX – ÍNDICE DO PLANO: obtido com base no Índice Nacional de Preços ao Consumidor Amplo – IPCA, do Instituto Brasileiro de Geografia e Estatística – IBGE, ou índice que venha a substituí-lo;

XX – INSTITUTOS: o autopatrocínio, o benefício proporcional diferido, a portabilidade e o resgate;

XXI – NOTA TÉCNICA ATUARIAL: documento técnico elaborado por atuário contendo as expressões de cálculo das provisões, reservas e fundos de natureza atuarial, contribuições e metodologia de cálculo para apuração de perdas e ganhos atuariais, de acordo com as hipóteses biométricas, demográficas, financeiras e econômicas, modalidade dos benefícios constantes do Regulamento, métodos atuariais e metodologia de cálculo;

XXII – PLANO DE GESTÃO ADMINISTRATIVA – PGA: ente contábil com a finalidade de registrar as atividades referentes à gestão administrativa da Funpresp-Jud, com regulamento próprio, aprovado pelo Conselho Deliberativo, fixará os critérios quantitativos e qualitativos das despesas administrativas e as metas para os indicadores de gestão para avaliação objetiva das despesas administrativas, inclusive gastos com pessoal;

XXIII – PARTICIPANTE: membro ou servidor público titular de cargo efetivo, vinculado aos patrocinadores, que se inscrever e permanecer filiado ao PLANO;

XXIV – PARTICIPANTE SUBMETIDO AO TETO DO REGIME GERAL DE PREVIDÊNCIA SOCIAL – RGPS: aquele que ingressou no serviço público:

a) a partir do início da vigência do Regime de Previdência Complementar – RPC; ou

b) em data anterior ao início da vigência do Regime de Previdência Complementar – RPC e nele tenha permanecido sem perda do vínculo efetivo, desde que exerça a opção prevista no § 16 do art. 40 da Constituição Federal.

XXV – PARTICIPANTE NÃO SUBMETIDO AO TETO DO RGPS: aquele que ingressou no serviço público em data anterior ao início da vigência do RPC e nele tenha permanecido sem perda do vínculo efetivo, desde que não exerça a opção prevista no § 16 do art. 40 da Constituição Federal;

XXVI – PATROCINADOR: os órgãos do Poder Judiciário da União, do Ministério Público da União e do Conselho Nacional do Ministério Público vinculados ao PLANO mediante assinatura do convênio de adesão;

XXVII – PERFIS DE INVESTIMENTOS: ferramenta de gestão de recursos previdenciários que permite ao participante, exceto ao assistido, optar, sob o seu inteiro risco e sob a sua exclusiva responsabilidade, por uma das carteiras de investimentos do PLANO disponibilizadas pela Funpresp-Jud para a aplicação dos recursos alocados nas suas respectivas reservas individuais;

XXVIII – PROVISÃO MATEMÁTICA DE BENEFÍCIOS A CONCEDER – PMBaC: corresponde ao valor atual dos compromissos do PLANO relativos aos benefícios ainda não concedidos, destinado aos participantes ou aos seus beneficiários que ainda não entraram em gozo de benefício;

XXIX – PROVISÃO MATEMÁTICA DE BENEFÍCIOS CONCEDIDOS – PMBC: corresponde ao valor atual dos compromissos do PLANO relativos aos benefícios já concedidos aos assistidos;

XXX – REGIME DE PREVIDÊNCIA COMPLEMENTAR – RPC: regime de previdência complementar, autônomo em relação ao RPPS da União, de caráter facultativo e instituído por lei, operado por entidades fechadas de previdência complementar, de natureza pública, que oferecerão aos respectivos participantes planos de benefícios somente na modalidade de contribuição definida.

XXXI – REGIME GERAL DE PREVIDÊNCIA SOCIAL – RGPS: regime geral de previdência, de caráter obrigatório e contributivo, instituído e administrado pela União;

XXXII – REGIME PRÓPRIO DE PREVIDÊNCIA SOCIAL – RPPS: regime de previdência, instituído pela União, Estados, Distrito Federal ou Municípios que assegure, pelo menos, os benefícios de aposentadoria e pensão por morte;

XXXIII – REMUNERAÇÃO DE PARTICIPAÇÃO: valor sobre o qual incidem contribuições para o PLANO;

XXXIV – RESERVA INDIVIDUAL: conta individual mantida no PLANO em nome de cada participante, com valores registrados em moeda corrente nacional e representados por quantidade de cotas previdenciais do PLANO;

XXXV – TAXA DE CARREGAMENTO: taxa incidente sobre as contribuições e benefícios destinada ao custeio das despesas administrativas da Funpresp-Jud;

XXXVI – TAXA DE ADMINISTRAÇÃO: Taxa incidente sobre o montante dos recursos garantidores do Plano, inclusive sobre o saldo das contas de natureza individual , destinada ao custeio das despesas administrativas da Entidade.

XXXVII – TETO DO RGPS: limite máximo estabelecido para os benefícios do RGPS; e

XXXVIII – UNIDADE DE REFERÊNCIA DO PLANO – URP: parâmetro utilizado pelo PLANO para fins de apuração de valores mínimos da remuneração de participação e dos benefícios a serem concedidos, atualizado mensalmente pelo índice do plano, cujo valor corresponde a R$ 100,00 (cem reais) na data de início de operação do PLANO.

CAPÍTULO III
DOS INTEGRANTES DO PLANO

Art. 3º São integrantes do PLANO:

I – patrocinadores;

II – participantes; e

III – assistidos, assim considerados os participantes ou seus beneficiários em gozo de benefício de prestação continuada.

SEÇÃO I
DOS PATROCINADORES

Art. 4º São patrocinadores do PLANO os órgãos do Poder Judiciário da União, os órgãos do Ministério Público da União e o Conselho Nacional do Ministério Público.

§ 1º A adesão ao PLANO dar-se-á por meio de convênio, firmado entre os patrocinadores e a Funpresp-Jud, desde que autorizada pelo órgão fiscalizador das entidades fechadas de previdência complementar.

§ 2º Os termos do convênio de adesão observarão as premissas e os limites fixados neste Regulamento.

§ 3º Poderão ocorrer adesões de novos patrocinadores ao PLANO, desde que as propostas de adesão estejam acompanhadas de manifestação favorável do Supremo Tribunal Federal e sejam prévia e expressamente autorizadas pelo órgão fiscalizador das entidades fechadas de previdência complementar, na forma prevista no § 1º e nas disposições estatutárias.

SEÇÃO II
DOS PARTICIPANTES, ASSISTIDOS E BENEFICIÁRIOS

Art. 5º Os participantes inscritos no PLANO são classificados em:

I – participante patrocinado: aquele que esteja submetido ao teto do RGPS e possua base de contribuição superior ao referido teto;

II – participante vinculado, aquele que:

a) esteja submetido ao teto do RGPS e possua base de contribuição igual ou inferior ao referido teto; ou

b) não esteja submetido ao teto do RGPS, independente da base de contribuição.

III – participante autopatrocinado:

a) o participante patrocinado que optar pelo autopatrocínio, em razão de perda parcial ou total da base de contribuição, inclusive no caso de cessação do vínculo efetivo com o patrocinador; e

b) o participante vinculado que optar pelo autopatrocínio, em razão de perda total da base de contribuição decorrente de cessação do vínculo efetivo com o patrocinador.

IV – participante remido: o participante patrocinado ou vinculado que optar pelo benefício proporcional diferido, em razão da cessação do vínculo efetivo com o patrocinador, desde que não tenha preenchido os requisitos de elegibilidade ao benefício de aposentadoria normal ou ao benefício suplementar.

§ 1º A inscrição do participante no PLANO será realizada:

I – automaticamente, com efeitos a partir da data definida em lei ou norma regulamentar; ou;

II – mediante preenchimento e assinatura de formulário próprio, que terá efeitos a partir da data do protocolo na unidade competente do Patrocinador ou na Funpresp-Jud.

§ 2º No ato da inscrição serão disponibilizados ao participante o estatuto da Funpresp-Jud, o presente Regulamento e outros documentos previstos na legislação aplicável.

§ 3º O participante patrocinado ou vinculado cedido a outro órgão ou entidade da administração pública direta ou indireta da União, Estados, Distrito Federal e Municípios, inclusive suas empresas públicas e sociedades de economia mista, com ônus para o patrocinador, permanecerá filiado ao PLANO, mantendo-se inalterada a responsabilidade do patrocinador pelo desconto e repasse das contribuições do participante e, no caso de participante patrocinado, também das contribuições do patrocinador.

§ 4º Quando a cessão de que trata o § 3º deste artigo se der sem ônus para o patrocinador, este adotará as medidas necessárias para ser ressarcido pelo cessionário e para que o cessionário efetue os descontos das contribuições do participante incidentes sobre a sua respectiva remuneração.

§ 5º O participante patrocinado ou vinculado afastado ou licenciado temporariamente do cargo efetivo, com a respectiva remuneração, permanecerá filiado ao PLANO, mantendo-se inalterada a responsabilidade do patrocinador pelo desconto e repasse das contribuições do participante e, no caso de participante patrocinado, também das contribuições do patrocinador.

§ 6º O participante patrocinado afastado ou licenciado temporariamente do cargo efetivo, sem remuneração, poderá permanecer filiado ao PLANO, desde que opte pelo autopatrocínio e mantenha o aporte de sua contribuição e da contribuição de responsabilidade do patrocinador diretamente à Funpresp-Jud.

§ 7º O participante vinculado afastado ou licenciado temporariamente do cargo efetivo, sem remuneração, poderá permanecer filiado ao PLANO desde que opte pelo autopatrocínio e mantenha o aporte de sua contribuição diretamente à Funpresp-Jud.

Art. 6º Perderá a condição de participante inscrito do PLANO aquele que:

I – falecer;

II – requerer o cancelamento da inscrição;

III – deixar de aportar 3 (três) contribuições mensais consecutivas; ou

IV – exercer a opção:

a) pela portabilidade;

b) pelo resgate, salvo na hipótese prevista no § 4º do art. 31; ou

c) pelo recebimento do benefício em parcela única, caso o valor do benefício mensal apurado seja inferior a 3 (três) URPs.

§ 1º O participante que deixar de aportar as contribuições no prazo previsto no art. 17 será notificado pela Funpresp-Jud para seu recolhimento, ocasião em que será alertado sobre a possibilidade de perda da condição de participante prevista no inciso III do *caput*, caso não regularize os aportes no prazo estabelecido.

§ 2º Nos casos previstos nos incisos II e III do *caput*, será assegurado ao participante o resgate, desde que requerido após a data da cessação do vínculo efetivo com o patrocinador:

I – o resgate, na forma do art. 31; ou

II – a portabilidade, na forma do art. 30.

§ 3º O ex-participante, nas hipóteses previstas nos incisos II e III do *caput*, poderá solicitar formalmente, desde que seja mantido vínculo com um dos patrocinadores, a reativação da inscrição, hipótese na qual haverá a continuidade da contagem de vínculo ao PLANO, excluído o período em que não houve contribuições.

§ 4º A hipótese prevista no § 3º surtirá efeito a partir da data do protocolo da ficha de inscrição na unidade competente do patrocinador ou na Funpresp-Jud.

Art. 7º São considerados assistidos os participantes ou seus beneficiários em gozo de quaisquer dos benefícios previstos neste Regulamento.

Art. 8º São beneficiários dos participantes:

I – o cônjuge;

II – o companheiro ou a companheira, que comprove união estável como entidade familiar; e

III – os filhos, ou enteados, até 21 (vinte e um) anos de idade, ou se inválidos, ou que tenham deficiência intelectual ou mental que os torne absoluta ou relativamente incapazes, assim declarado judicialmente, enquanto durar a invalidez ou a incapacidade.

Parágrafo único. O participante deverá declarar os seus beneficiários no momento da inscrição e manter atualizados na Funpresp-Jud os respectivos dados cadastrais, especialmente nas ocorrências de inclusão e/ou exclusão de beneficiários.

Art. 9º Perderá a condição de beneficiário aquele que:

I – falecer; ou

II – deixar de atender as condições previstas no art. 8º.

SEÇÃO III
DAS TRANSIÇÕES ENTRE AS CATEGORIAS DE PARTICIPANTES

Art. 10. O participante patrocinado poderá tornar-se:

I – participante vinculado, se a nova base de contribuição for igual ou inferior ao teto do RGPS, desde que não haja opção pelo autopatrocínio;

II – participante autopatrocinado, se ocorrer perda parcial ou total da base de contribuição, inclusive no caso de cessação do vínculo efetivo com o patrocinador, desde que haja opção pelo autopatrocínio;

III – participante remido, se ocorrer a cessação do vínculo efetivo com o patrocinador, antes da aquisição do direito ao benefício de aposentadoria normal, desde que haja opção pelo benefício proporcional diferido; ou

IV – participante assistido, se ocorrer a concessão do benefício de aposentadoria normal ou de aposentadoria por invalidez.

Art. 11. O participante vinculado poderá tornar-se:

I – participante patrocinado, se a nova base de contribuição for superior ao teto do RGPS, desde que o participante esteja submetido ao referido teto;

II – participante autopatrocinado, no caso de cessação do vínculo efetivo com o patrocinador, desde que haja opção pelo autopatrocínio;

III – participante remido, se ocorrer a cessação do vínculo efetivo com o patrocinador, antes da aquisição do direito ao benefício suplementar, desde que haja opção pelo benefício proporcional diferido; ou

IV – participante assistido, se ocorrer concessão do benefício suplementar.

Art. 12. O participante autopatrocinado poderá tornar-se:

I – participante patrocinado, desde que esteja submetido ao teto do RGPS, se:

a) não ocorrer interrupção do vínculo efetivo com patrocinador e houver aumento ou recomposição da base de contribuição em nível igual ou superior ao verificado no momento da opção pelo autopatrocínio; ou

b) ocorrer novo vínculo efetivo com patrocinador e a nova base de contribuição for superior ao teto do RGPS.

II – participante vinculado, se:

a) não ocorrer interrupção do vínculo efetivo com patrocinador, desde que a nova base de contribuição seja igual ou inferior ao teto do RGPS, em se tratando de participante submetido ao referido teto, ou que ocorra aumento ou recomposição da base de contribuição em nível igual ou superior ao verificado no momento da opção pelo autopatrocínio, em se tratando de participante não submetido ao teto do RGPS; ou

b) ocorrer novo vínculo efetivo com patrocinador, desde que a nova base de contribuição seja igual ou inferior ao teto do RGPS, em se tratando de participante submetido ao referido teto, ou, independente da nova base de contribuição, em se tratando de participante não submetido ao teto do RGPS.

III – participante remido, se ocorrer a cessação do vínculo efetivo com o patrocinador, antes da aquisição do direito ao benefício de aposentadoria normal e/ou benefício suplementar, desde que haja opção pelo benefício proporcional diferido; ou

IV – participante assistido, se ocorrer concessão do benefício de aposentadoria normal, por invalidez e/ou benefício suplementar.

Parágrafo único. O participante autopatrocinado para transitar entre as categorias constantes dos incisos I a III do *caput* deverá apresentar desistência do autopatrocínio.

Art. 13. O participante remido poderá tornar-se:

I – participante patrocinado, se ocorrer novo vínculo efetivo com patrocinador, desde que a nova base de contribuição seja superior ao teto do RGPS e o participante esteja submetido ao referido teto;

II – participante vinculado, se ocorrer novo vínculo efetivo com patrocinador, desde que:

a) esteja submetido ao teto do RGPS e a nova base de contribuição seja igual ou inferior ao referido teto; ou

b) não esteja submetido ao teto do RGPS, independente do valor da nova base de contribuição.

III – participante assistido, se ocorrer concessão do benefício de aposentadoria normal e/ou benefício suplementar.

Parágrafo único. O participante remido, para transitar entre as categorias constantes dos incisos I e II do *caput* deverá apresentar desistência do benefício proporcional diferido.

CAPÍTULO IV
DA REMUNERAÇÃO DE PARTICIPAÇÃO

Art. 14. Entende-se por remuneração de participação para o:

I – participante patrocinado: a parcela da sua base de contribuição que exceder o teto do RGPS, desde que o participante esteja submetido ao referido teto;

II – participante vinculado: aquela por ele definida no momento da inscrição ou, facultativamente, por ocasião da transição para a categoria de participante vinculado ou, ainda, no mês de novembro de cada ano, com vigência a partir do mês de janeiro do ano subsequente, observado o valor mínimo de 10 (dez) URPs e o valor máximo a totalidade de sua base de contribuição;

III – participante autopatrocinado, no caso de perda:

a) parcial da base de contribuição, o valor da sua remuneração de participação atual acrescido da perda parcial; ou

b) total da base de contribuição, o valor anterior de sua remuneração de participação.

IV – participante remido: o valor da remuneração de participação vigente na data da opção pelo benefício proporcional diferido; e

V – assistido: o valor mensal do seu benefício de prestação continuada.

§ 1º O participante poderá solicitar a inclusão na base de contribuição de parcelas remuneratórias percebidas em decorrência do local de trabalho e do exercício de cargo em comissão ou função de confiança, mediante expressa opção em formulário próprio, que terá efeito a partir da data do protocolo na unidade competente do Patrocinador ou na Funpresp-Jud.

§ 2º As remunerações de participação constantes dos incisos III, alínea 'b', e IV serão atualizadas anualmente, no mês de janeiro, pelo índice do PLANO apurado no mês de dezembro do ano anterior, considerando-se os últimos doze meses, ressalvada a primeira atualização, que terá por base o período compreendido entre o mês da data da cessação do vínculo efetivo com o patrocinador e o mês de novembro.

§ 3º A gratificação natalina será considerada como base de contribuição.

§ 4º O abono anual será considerado como base de contribuição no mês de dezembro.

§ 5º Caso o participante vinculado escolha o limite mínimo de 10 (dez) URPs como remuneração de participação, este valor será atualizado anualmente em janeiro, considerando o valor da URP vigente no mês de novembro do ano anterior.

§ 6º Caso a remuneração de participação escolhida atinja valor inferior ao mínimo estabelecido, o patrocinador deverá convertê-la para 10 (dez) URPs em janeiro do ano subsequente na forma do§ 5º.

CAPÍTULO V
DO CUSTEIO DO PLANO

SEÇÃO I
DAS RECEITAS DO PLANO

Art. 15. O PLANO será mantido integralmente pelas receitas previstas a seguir, em conformidade com o plano de custeio anual:

I – contribuição normal do participante: a ser aportada pelo participante patrocinado e pelo participante autopatrocinado, decorrente da opção de participante patrocinado, de caráter obrigatório e mensal, correspondente à alíquota por ele escolhida, observado o intervalo de 0,5% (zero vírgula cinco por cento), considerando o limite mínimo de 6,5% (seis vírgula cinco por cento) e o máximo de 8,5% (oito vírgula cinco por cento), incidente sobre a respectiva remuneração de participação, observadas as seguintes destinações:

a) formação da Conta do Participante – CPART, que integra a Reserva Acumulada Normal – RAN;

b) formação do FCBE; e

c) custeio das despesas administrativas, mediante cobrança de taxa de carregamento.

II – contribuição vinculada: a ser aportada pelo participante vinculado e pelo participante autopatrocinado, decorrente da opção de participante vinculado, de caráter obrigatório e mensal, correspondente à alíquota por ele escolhida, observado o intervalo de 0,5% (zero vírgula cinco por cento), considerando o limite mínimo de 6,5% (seis vírgula cinco por cento) e o máximo de 22% (vinte e dois por cento), incidente sobre a respectiva remuneração de participação, com a seguinte destinação:

a) formação da Conta de Contribuições Vinculadas – CCV, que integra a Reserva Acumulada Suplementar – RAS; e

b) custeio das despesas administrativas mediante cobrança de taxa de carregamento, que poderá ser reduzida em relação à estabelecida para a contribuição normal, em percentual a ser definido pelo Conselho Deliberativo.

III – contribuição facultativa: a ser aportada por qualquer participante, exceto o assistido, sem contrapartida do patrocinador, de caráter voluntário, de forma regular ou esporádica, com valor definido pelo participante, observado o limite mínimo de 2,5% (dois vírgula cinco por cento) incidente sobre a respectiva remuneração de participação, com a seguinte destinação:

a) formação da Conta de Contribuições Facultativas – CCF, que integra a RAS; e

b) custeio das despesas administrativas, mediante cobrança de taxa de carregamento, que poderá ser reduzida em relação à estabelecida para a contribuição normal, em percentual a ser definido pelo Conselho Deliberativo.

IV – contribuição administrativa: a ser aportada pelo assistido e pelo participante remido, de caráter obrigatório e mensal, correspondente ao percentual definido no plano de custeio anual, incidente sobre a respectiva remuneração de participação, destinada à cobertura das despesas administrativas;

V – contribuição normal do patrocinador: a ser aportada em nome de cada participante patrocinado e participante autopatrocinado, decorrente da opção de participante patrocinado, de caráter obrigatório e mensal, com alíquota igual à do respectivo participante, e não poderá exceder o percentual de 8,5% (oito vírgula cinco por cento) sobre a remuneração de participação, excluída a perda parcial, com a seguinte destinação:

a) formação da Conta do Patrocinador – CPATR, que integra a RAN;

b) formação do FCBE; e

c) custeio das despesas administrativas, mediante cobrança de taxa de carregamento.

VI – recursos portados de entidade aberta: valores recebidos de Entidade Aberta de Previdência Complementar – EAPC ou de sociedade seguradora autorizada a operar planos de benefícios de caráter previdenciário, oriundos de portabilidade, a serem alocados integralmente na Conta de Recursos Portados de EAPC – CRPA, que integra a RAS;

VII – recursos portados de entidade fechada: valores recebidos de Entidade Fechada de Previdência Complementar – EFPC, oriundos de portabilidade, a serem alocados integralmente na Conta de Recursos Portados de EFPC – CRPF, que integra a RAS;

VIII – resultado dos investimentos; e

IX – doações, legados e outras rendas não previstas nos incisos anteriores, desde que admitidos pela legislação aplicável.

§ 1º As alíquotas da contribuição dos participantes serão por eles definidas inicialmente no formulário de inscrição no PLANO e, facultativamente, no mês de:

I - maio de cada ano, passando a vigorar a nova alíquota a partir do mês de julho do respectivo ano; e

II – novembro de cada ano, passando a vigorar a nova alíquota a partir do mês de janeiro do ano subsequente.

§ 2º Na ausência de escolha da alíquota de contribuição normal pelo participante, no caso de inscrição automática, será aplicado o percentual de 8,5%.

§ 3º O plano de custeio, com periodicidade mínima anual, estabelecerá o percentual da contribuição normal destinado ao custeio do FCBE, a taxa de carregamento, a taxa de administração e a alíquota da contribuição administrativa devida pelo assistido e pelo participante remido, devendo ser divulgado aos participantes e assistidos pelos meios de comunicação usualmente utilizados pela Funpresp-Jud no prazo de até 30 (trinta) dias de sua aprovação pelo Conselho Deliberativo.

§ 4º Os patrocinadores e participantes efetuarão contribuições incidentes sobre a remuneração de participação relativa à gratificação natalina no mês de pagamento da segunda parcela ou parcela única e no mês da cessação do vínculo efetivo com o patrocinador.

§ 5º Os assistidos também efetuarão contribuições incidentes sobre a remuneração de participação relativa ao abono anual pago no mês de dezembro.

§ 6º O participante patrocinado que optar pelo autopatrocínio passará a arcar com a correspondente contribuição normal que vinha sendo aportada pelo patrocinador, quando poderá solicitar a alteração do percentual de sua contribuição normal, que passará a vigorar no mês seguinte.

§ 7º É vedado aos patrocinadores o aporte ao PLANO de recursos não previstos neste Regulamento e no plano de custeio anual, salvo o aporte inicial dos patrocinadores, a título de adiantamento de contribuições futuras, necessário ao regular funcionamento inicial da FunprespJud.

SEÇÃO II
DAS DESPESAS ADMINISTRATIVAS

Art. 16. As despesas administrativas do PLANO serão custeadas pelas fontes de recursos descritas neste Regulamento, observado o Plano de Gestão Administrativa – PGA, o plano de custeio anual e os limites fixados pelo órgão regulador.

Parágrafo único. O PGA deverá ter regulamento próprio aprovado pelo Conselho Deliberativo da Funpresp-Jud, que fixará os critérios quantitativos e qualitativos das despesas administrativas, bem como as metas para os indicadores de gestão para avaliação objetiva das despesas administrativas, inclusive gastos com pessoal, nos termos da legislação aplicável.

SEÇÃO III
DA DATA CERTA DO REPASSE DAS CONTRIBUIÇÕES E DAS PENALIDADES POR ATRASO

Art. 17. As contribuições de caráter obrigatório deverão ser repassadas de forma centralizada pelo patrocinador, uma única vez por mês, à FunprespJud até o dia 10 (dez) do mês seguinte ao da competência, observados os seguintes critérios:

I – as contribuições devidas pelos participantes patrocinado e vinculado deverão ser descontadas de suas respectivas remunerações de participação e, juntamente com as contribuições dos patrocinadores, repassadas por estes ou pelo órgão ou entidade cessionária, no caso de participante cedido sem ônus para o patrocinador, preferencialmente na data do crédito da folha de pagamento; e

II – as contribuições devidas pelos participantes remido e autopatrocinado com perda total da remuneração deverão ser recolhidas por estes diretamente à Funpresp-Jud, na forma definida pela Diretoria Executiva e aprovada pelo Conselho Deliberativo.

§ 1º A não observância do prazo estabelecido no *caput* implicará os acréscimos de mora previstos para os tributos federais e, no caso das contribuições previstas no inciso I, também a sujeição do responsável às sanções penais e administrativas cabíveis.

§ 2º As contribuições facultativas e as devidas pelo participante autopatrocinado que mantenha remuneração ou provento no patrocinador poderão, mediante requerimento, ser descontadas de sua respectiva remuneração de participação, para fins de repasse à FunprespJud, nos termos do *caput* e inciso I.

§ 3º Os valores relativos às multas decorrentes do descumprimento das obrigações previstas nesta Seção serão alocados no PGA e utilizados em conformidade com as diretrizes aprovadas pelo Conselho Deliberativo da Funpresp-Jud.

§ 4º O valor da primeira contribuição devida pelo participante, observada a data do protocolo da ficha de inscrição e o percentual escolhido, será proporcional aos dias de efetiva vinculação ao PLANO no respectivo mês e calculado considerando o valor integral da respectiva remuneração de participação mensal, previstas nos incisos I e II do art. 14.

§ 5º Não incidirão os acréscimos previstos no § 1º sobre as contribuições decorrentes de inscrição ocorrida após o fechamento da folha normal ou de pagamento realizado em folha suplementar, desde que repassadas à Funpresp-Jud com as contribuições da próxima folha normal de pagamento.

§ 6º Não incidirá a cobrança de multa de mora sobre o recolhimento das contribuições pendentes quando se tratar de reversão de cancelamento de inscrição.

CAPÍTULO VI
DAS RESERVAS, CONTAS E FUNDOS PREVIDENCIAIS

Art. 18. As contribuições destinadas ao custeio dos benefícios do PLANO serão convertidas em cotas previdenciais e segregadas nas seguintes reservas, contas e fundos:

I – Reserva Acumulada Normal – RAN: de natureza individual, a ser contabilizada no âmbito da PMBaC, formada por parte da contribuição normal do participante e do patrocinador, correspondente ao somatório dos saldos da Conta do Participante – CPART e da Conta do Patrocinador – CPATR;

II – Reserva Acumulada Suplementar – RAS: de natureza individual, a ser contabilizada no âmbito da PMBaC, resultante do somatório dos saldos da Conta de Contribuições Vinculadas – CCV, da Conta de Contribuições Facultativas – CCF, da Conta de Recursos Portados de EAPC – CRPA e da Conta de Recursos Portados de EFPC – CRPF;

III – Reserva Individual de Benefício Concedido de Aposentadoria Normal – RIBCN: de natureza individual, a ser contabilizada no âmbito da PMBC, resultante da reversão do saldo da respectiva RAN por ocasião da concessão do benefício de aposentadoria normal e, se for o caso, desde que esgotado o saldo da RIBCN, de parcela a ser transferida mensalmente do FCBE, a título de Aporte Extraordinário por Concessão de Benefício de Aposentadoria Normal – AEAN, para os casos previstos nos incisos III e IV do § 2º do art. 17 da Lei nº 12.618/2012;

IV – Reserva Individual de Benefício Concedido de Aposentadoria por Invalidez – RIBCI: de natureza individual, a ser contabilizada no âmbito da PMBC, resultante da reversão do saldo da respectiva RAN por ocasião da concessão do benefício de aposentadoria por invalidez e, se for o caso, desde que esgotado o saldo da RIBCI, de parcela a ser transferida mensalmente do FCBE, a título de Aporte Extraordinário por Concessão de Benefício de Aposentadoria por Invalidez – AEAI;

V – Reserva Individual de Benefício Concedido de Pensão por Morte do Participante Ativo – RIBCMAt: de natureza individual, a ser contabilizada no âmbito da PMBC, resultante da reversão do saldo da respectiva RAN, por ocasião da concessão do benefício por morte do participante ativo e, se for o caso, desde que esgotado o saldo da RIBCMAt, de parcela a ser transferida mensalmente do FCBE, a título de Aporte Extraordinário por Concessão de Benefício de Pensão por Morte do Participante Ativo – AEMAt;

VI – Reserva Individual de Benefício Concedido de Pensão por Morte do Participante Assistido – RIBCMAs: de natureza individual, a ser contabilizada no âmbito da PMBC, resultante da reversão do saldo da respectiva RIBCN ou da RIBCI, por ocasião da concessão do benefício de pensão por morte do participante assistido, ocorrida antes da concessão de benefício por sobrevivência do assistido e, se for o caso, desde que esgotado o saldo da RIBCMAs, de parcela a ser transferida mensalmente do FCBE, a título de Aporte Extraordinário por Concessão de Benefício de Pensão por Morte do Participante Assistido – AEMAs, oriundo, preferencialmente, caso exista saldo, do AEAN ou do AEAI, conforme o caso;

VII – Reserva Individual de Benefício Concedido Suplementar – RIBCS: de natureza individual, a ser contabilizada no âmbito da PMBC, resultante da reversão do saldo da respectiva RAS, por ocasião da concessão do benefício suplementar, acrescido de eventual saldo revertido da RAN, na forma do § 1º, inciso II, do art. 26;

VIII – FCBE: de natureza coletiva, a ser contabilizado no âmbito da PMBaC e da PMBC, conforme o caso, formado por parte da contribuição normal do participante e do patrocinador, estabelecidas no plano de custeio anual e segregadas nos seguintes subfundos:

a) morte do participante;

b) invalidez do participante;

c) aposentadoria normal, nas hipóteses dos incisos III e IV do § 2º do art. 17 da Lei nº 12.618/2012; e

d) sobrevivência do assistido.

IX – Fundo de Recursos não Resgatados – FRR: formado pela parcela dos recursos:

a) da CPATR não contemplados no valor do resgate pago ao ex-participante; e

b) de saldos remanescentes das contas individuais de participantes ou de assistidos, se inexistirem beneficiários ou herdeiros legais, nos termos deste Regulamento.

§ 1º Os recursos oriundos do FRR serão transferidos anualmente ao FCBE e serão considerados para fins da elaboração do plano de custeio anual.

§ 2º Os recursos garantidores correspondentes às reservas, contas e fundos do PLANO serão aplicados em observância às diretrizes, aos limites prudenciais estabelecidos pelo Conselho Monetário Nacional – CMN e à política geral de administração e de investimentos definidas pelo Conselho Deliberativo.

§ 3º A cota previdencial representativa das reservas, contas individuais e fundos terá, na data da publicação pelo órgão fiscalizador da autorização de aplicação do PLANO, o valor unitário original de R$ 1,00 (um real).

§ 4º O valor da cota previdencial será determinado diariamente em função da oscilação do patrimônio do PLANO, conforme metodologia aprovada pelo Conselho Deliberativo.

§ 5º Os recursos alocados no FCBE não serão objeto de direito sucessório.

CAPÍTULO VII
DOS PERFIS DE INVESTIMENTOS

Art. 19. O Conselho Deliberativo da Funpresp-Jud poderá instituir perfis de investimentos distintos a serem escolhidos pelos participantes, exceto o assistido, sob o seu inteiro risco e sob a sua exclusiva responsabilidade, para a aplicação dos recursos alocados nas suas respectivas reservas individuais, em conformidade com as regras e procedimentos aprovados pelo citado Conselho sobre a composição das carteiras de investimentos e os limites de aplicação.

§ 1º A decisão do Conselho Deliberativo que instituir os perfis de investimentos deverá ser fundamentada de acordo com critérios técnicos e econômicos.

§ 2º A instituição dos perfis de investimentos deverá ser acompanhada da aprovação de manual técnico pelo Conselho Deliberativo contendo regras para a sua operacionalização, especialmente em relação à definição desses perfis e aos prazos para opção pelos participantes.

§ 3º As regras do manual técnico de que trata o § 2º deverão ser consideradas na elaboração da nota técnica atuarial.

§ 4º As disposições deste artigo deverão ser amplamente divulgadas aos participantes, especialmente em relação aos riscos associados a cada perfil criado.

CAPÍTULO VIII
DOS BENEFÍCIOS DO PLANO

Art. 20. Os benefícios do PLANO compreendem:

I – quanto aos participantes:

a) aposentadoria normal; e

b) aposentadoria por invalidez.

II – quanto aos beneficiários:

a) pensão por morte do participante ativo; e

b) pensão por morte do participante assistido.

III – quanto aos participantes e beneficiários:

a) suplementar; e

b) por sobrevivência do assistido.

§ 1º Classificam-se como:

I – benefícios programados os previstos na alínea 'a' do inciso I e na alínea 'a' do inciso III; e

II – benefícios não programados os previstos na alínea 'b' do inciso I, nas alíneas 'a' e 'b' do inciso II e na alínea 'b' do inciso III.

§ 2º Deverão ser concedidos concomitantemente, se for o caso, os benefícios previstos na:

I – alínea 'a' do inciso III, com os previstos nas alíneas 'a' e 'b' do inciso I, quanto aos participantes; ou

II – alínea 'a' do inciso III, com os previstos nas alíneas 'a' e 'b' do inciso II, quanto aos beneficiários.

§ 3º O benefício suplementar previsto na alínea 'a' do inciso III não gera direito a qualquer outro benefício previsto no PLANO.

SEÇÃO I
DO BENEFÍCIO DE APOSENTADORIA NORMAL

Art. 21. O benefício de aposentadoria normal será concedido, mediante requerimento, ao participante patrocinado, autopatrocinado ou remido, desde que a opção pelo instituto do autopatrocínio ou benefício proporcional diferido tenha sido efetuada por participante patrocinado, se atendidas, cumulativamente, as seguintes condições:

I – cumprimento de todos os requisitos para a concessão de aposentadoria no RGPS ou RPPS a que esteja vinculado, exceto invalidez, ou em caso de comprovada inexistência de vínculo com o RGPS ou RPPS, tenha completado 65 (sessenta e cinco) anos de idade, se homem, ou 60 (sessenta) anos de idade, se mulher;

II – cumprimento de carência de 60 (sessenta) contribuições mensais ao PLANO, exceto se cumprido o requisito de idade limite de permanência em atividade no serviço público, na data do requerimento do benefício; e

III – cessação do vínculo efetivo com o patrocinador.

§ 1º O benefício referido no *caput* corresponderá a uma renda por prazo certo, em meses, correspondente à expectativa de sobrevivência do participante apurada, na data de sua concessão, a partir da tábua de mortalidade geral, segregada por sexo, adotada para o PLANO, cujo valor inicial será obtido de acordo com a seguinte fórmula:

$$\frac{RAN + AEAN}{\text{Fator (Exp; i\%)}}$$

Onde:

RAN = saldo da RAN apurado na data da concessão do benefício;

AEAN = valor apurado na data de concessão do benefício pela aplicação da fórmula RANx(35/TC-1), destinado ao participante que esteja contemplado nos incisos III e IV do § 2º do art. 17 da Lei nº 12.618/2012;

TC = número de anos de contribuição exigido para a concessão do benefício de aposentadoria voluntária pelo RPPS de que trata o art. 40 da Constituição Federal;

Fator (Exp; i%) = fator financeiro de conversão de saldo em renda, detalhado em nota técnica atuarial e apurado com base na taxa mensal equivalente à taxa de juros atuarial anual i% adotada para o PLANO e no prazo, em meses, tratado no § 1º.

§ 2º O pagamento do benefício previsto no *caput* será mensal, efetuado até o 1º (primeiro) dia útil do mês subsequente ao da competência, e seu valor será recalculado anualmente, em função do saldo remanescente da respectiva RIBCN, considerando eventual saldo remanescente a título de AEAN, e do prazo restante, na forma do § 1º, tomando-se como referência os saldos apurados no mês de dezembro, passando a vigorar o novo valor do benefício no mês de janeiro do ano subsequente.

§ 3º Na hipótese de o valor da renda mensal, calculada na forma do § 1º, ser inferior a 3 (três) URP's, o participante poderá, ao seu critério, optar por receber o saldo integral da respectiva RIBCN em parcela única, quitando-se, assim, qualquer compromisso do PLANO para com o participante e seus beneficiários ou, na ausência destes, seus herdeiros legais.

§ 4º Os valores correspondentes ao AEAN, se devidos, serão mantidos no FCBE e, transformados em cotas previdenciais na data da concessão do benefício, passarão a ser vertidos mensalmente à respectiva RIBCN, em montante necessário para a cobertura do valor da prestação mensal do benefício, após a integral utilização do saldo da RIBCN oriundo da RAN.

§ 5º O participante remido e o participante autopatrocinado sem vínculo efetivo com o patrocinador não terão direito ao AEAN.

SEÇÃO II
DO BENEFÍCIO DE APOSENTADORIA POR INVALIDEZ

Art. 22. O benefício de aposentadoria por invalidez será concedido, mediante requerimento, ao participante patrocinado ou autopatrocinado, desde que a opção pelo autopatrocínio tenha sido efetuada por participante patrocinado, se concedida aposentadoria por invalidez no RGPS ou RPPS ou, se comprovada inexistência de vínculo com RGPS ou RPPS, mediante apresentação de laudo médico pericial que ateste a invalidez, desde que homologado pela Funpresp-Jud.

§ 1º O benefício estabelecido no *caput* corresponderá a uma renda por prazo certo, em meses, correspondente à expectativa de sobrevivência do participante apurada, na data de concessão do benefício, a partir da tábua de mortalidade de inválidos adotada para o PLANO, cujo valor inicial será obtido de acordo com a seguinte fórmula:

$$\frac{RAN}{\text{Fator (Exp; i\%)}}$$

Onde:

RAN = saldo da RAN apurado na data da concessão do benefício;

Fator (Exp; i%) = fator financeiro de conversão de saldo em renda, detalhado em nota técnica atuarial e apurado com base na taxa mensal equivalente à taxa de juros atuariais anual i% adotada para o PLANO e no prazo, em meses, tratado no § 1º.

§ 2º O valor da renda mensal inicial, prevista no § 1º, não será inferior a 5% (cinco por cento) da remuneração de participação.

§ 3º Na hipótese de o valor da renda mensal inicial, calculada na forma do § 1º, ser inferior a 3 (três) URP's, o participante poderá, ao seu critério, optar por receber o saldo integral da respectiva RAN em parcela única, cessando todos os compromissos do PLANO para com o participante e seus beneficiários ou, na ausência destes, seus herdeiros legais.

§ 4º No caso de prevalecer o valor mínimo referido no § 2º, a diferença entre o compromisso do PLANO relativo ao pagamento do benefício de aposentadoria por invalidez, calculado atuarialmente, e o saldo da RAN apurado na data da concessão do benefício será suportado pelo FCBE, a título de Aporte Extraordinário por Concessão de Benefício de Aposentadoria por Invalidez – AEAI.

§ 5º O pagamento do benefício previsto no *caput* será mensal, efetuado até o 1º (primeiro) dia útil do mês subsequente ao da competência, e seu valor será recalculado anualmente no mês de janeiro em função do saldo remanescente da respectiva RIBCI, considerando eventual saldo a título de AEAI e do prazo restante, na forma do § 1º, enquanto houver saldo na RIBCI ou no AEAI, tomando-se como referência os saldos apurados no mês de dezembro.

§ 6º Os valores correspondentes ao AEAI, se devidos, serão transformados em cotas previdenciais na data da concessão do benefício, mantidos no FCBE e, após a integral utilização do saldo da RIBCI, passarão a ser vertidos mensalmente à respectiva RIBCI, em montante equivalente ao valor da prestação mensal do benefício.

SEÇÃO III
DO BENEFÍCIO DE PENSÃO POR MORTE DO PARTICIPANTE ATIVO

Art. 23. O benefício de pensão por morte do participante ativo será concedido aos beneficiários do participante patrocinado ou autopatrocinado, desde que a opção pelo autopatrocínio tenha sido efetuada por participante patrocinado, se concedida pensão por morte no RGPS ou RPPS, ou ocorrido óbito do participante, se comprovada inexistência de vínculo deste com o RGPS ou RPPS, ou se houver de acumulação de pensão civil pelo beneficiário.

§ 1º O benefício previsto no *caput* poderá ser requerido a qualquer tempo, com efeitos financeiros a partir da data do requerimento ou do óbito, a critério dos beneficiários.

§ 2º Concedido o benefício, qualquer prova posterior ou habilitação tardia que implique redução do valor do benefício só produzirá efeitos financeiros a partir da data da nova concessão.

§ 3º O benefício estabelecido no *caput* corresponderá a uma renda por prazo certo, em meses, correspondente ao maior tempo apurado para pagamento do benefício dentre os beneficiários habilitados, considerando-se:

I – a expectativa de sobrevivência de cada beneficiário calculada na data de concessão do benefício a partir da tábua de mortalidade geral, segregada por sexo, adotada para o PLANO;

II – a expectativa de sobrevivência de cada beneficiário inválido ou incapaz calculada na data de concessão do benefício a partir da tábua de mortalidade de inválidos adotada para o PLANO; e

III – o tempo faltante para atingir a idade limite de 21 (vinte e um anos) anos, para filhos e enteados.

§ 4º O valor inicial do benefício, observado o prazo apurado no § 3º, será obtido de acordo com a seguinte fórmula:

$$\frac{RAN}{\text{Fator (Exp; i\%)}}$$

Onde:

RAN = saldo da RAN apurado na data da concessão do benefício;

Fator (Exp; i%) = fator financeiro de conversão de saldo em renda, detalhado em nota técnica atuarial e apurado com base na taxa mensal equivalente à taxa de juros atuariais anual i% adotada para o PLANO e no prazo apurado na forma do § 3º.

§ 5º O valor total do benefício, previsto no § 4º, não será inferior a 5% (cinco por cento) da remuneração de participação.

§ 6º No caso de prevalecer o valor mínimo referido no § 5º, a diferença entre o compromisso do PLANO relativo ao pagamento do benefício de pensão por morte de participante ativo, calculado atuarialmente, e o saldo da RAN apurado na data da concessão do benefício será suportado pelo FCBE, a título de Aporte Extraordinário por Concessão de Benefício de Pensão por Morte de Participante Ativo – AEMAt.

§ 7º O pagamento do benefício previsto no *caput* será mensal, efetuado até o 1º (primeiro) dia útil do mês subsequente ao da competência, e seu valor será recalculado anualmente no mês de janeiro em função do saldo remanescente da respectiva RIBCMAt, considerando eventual saldo a título de AEMAt, e do prazo restante, na forma do § 3º, enquanto houver saldo na RIBCMAt ou no AEMAt, tomando-se como referência os saldos apurados no mês de dezembro.

§ 8º Os valores correspondentes ao AEMAt, se devidos, serão transformados em cotas previdenciais na data da concessão do benefício, mantidos no FCBE e, após a integral utilização do saldo da RIBCMAt, passarão a ser vertidos mensalmente à respectiva RIBCMAt, em montante equivalente ao valor da prestação mensal do benefício.

§ 9º O benefício previsto no *caput*, havendo mais de um habilitado, será rateado em partes iguais.

§ 10. A parte daquele cujo direito ao benefício cessar será revertida em favor dos demais habilitados somente enquanto existir saldo na RIBCMAt.

SEÇÃO IV
BENEFÍCIO DE PENSÃO POR MORTE DO PARTICIPANTE ASSISTIDO

Art. 24. O benefício de pensão por morte do participante assistido será concedido aos seus beneficiários, mediante requerimento com efeitos financeiros a partir da data do pedido ou do óbito, a critério dos beneficiários.

§ 1º Concedido o benefício, qualquer prova posterior ou habilitação tardia que implique redução do valor do benefício só produzirá efeitos financeiros a partir da data da nova concessão.

§ 2º Por ocasião da concessão do benefício de que trata o *caput*:

I – será revertido para a RIBCMAs o saldo da RIBCN ou da RIBCI, conforme o caso, do respectivo participante;

II – será revertido para o AEMAs o saldo, se houver, do AEAN ou do AEAI, conforme o caso, do respectivo participante; e

III – será calculada atuarialmente a diferença entre o montante dos compromissos do PLANO necessários ao pagamento do benefício de pensão por morte, levando-se em conta o prazo apurado conforme critério previsto no § 3º do art. 23 em relação aos beneficiários habilitados, e a soma dos saldos previstos nos incisos I e II, cujo resultado, se positivo, será aportado ao AEMAs a partir do FCBE.

§ 3º O benefício previsto no *caput*:

I – corresponderá a uma renda por prazo certo, cujo valor inicial será equivalente a 70% (setenta por cento) da última prestação mensal paga ao participante quando de sua morte, desde que não tenha ocorrido alteração dos integrantes do grupo familiar elencados no inciso I e II do art. 8º na forma prevista no § 6º; e

II – será pago mensalmente, até o 1º (primeiro) dia útil do mês subsequente ao da competência, e seu valor será recalculado anualmente, no mês de janeiro em função do saldo remanescente da respectiva RIBCMAs, considerando eventual saldo a título de AEMAs, e do prazo restante, calculado na forma dos incisos do § 3º do art. 23, enquanto houver saldo na RIBCMAs ou no AEMAs, tomando-se como referência os saldos apurados no mês de dezembro do ano anterior.

§ 4º O benefício previsto no *caput*, havendo mais de um habilitado, será rateado em partes iguais.

§ 5º A parte daquele cujo direito ao benefício cessar será revertida em favor dos demais habilitados somente enquanto existir saldo na RIBCMAs.

§ 6° Caso tenha ocorrido alteração dos integrantes do grupo familiar, elencados nos incisos I e II do art. 8º, existente no momento da concessão do benefício de aposentadoria do participante, o valor inicial do beneficio de pensão por morte do participante assistido será calculado atuarialmente e limitado ao percentual previsto no inciso I do § 3º.

SEÇÃO V
DO BENEFÍCIO POR SOBREVIVÊNCIA DO ASSISTIDO

Art. 25. O benefício por sobrevivência do assistido será concedido àquele que sobreviver após o prazo de pagamento do benefício de aposentadoria ou de pensão ou ao beneficiário de participante aposentado que faleceu em gozo do benefício por sobrevivência.

§ 1º O benefício previsto no *caput*:

I – corresponderá a uma renda mensal vitalícia, custeada por parcela do FCBE, com valor inicial equivalente a 70% (setenta por cento) da última prestação mensal do benefício:

a) de aposentadoria, no caso de concessão a participante assistido;

b) de pensão por morte do participante ativo ou assistido, no caso de concessão a beneficiário assistido; e

c) por sobrevivência, no caso de concessão a beneficiário de participante assistido, cujo falecimento tenha ocorrido durante o usufruto do benefício por sobrevivência, desde que não tenha ocorrido alteração dos integrantes do grupo familiar elencados no inciso I e II do art. 8° na forma prevista no § 5º.

II – será pago mensalmente, até o 1º (primeiro) dia útil do mês subsequente ao da competência, e será atualizado anualmente, no mês de janeiro, pelo índice do PLANO incidente sobre o valor do benefício vigente no mês de dezembro no ano anterior, passando a vigorar o novo valor do benefício no mês de janeiro.

§ 2º No caso de concessão para beneficiário de participante aposentado que faleceu em gozo do benefício por sobrevivência, havendo mais de um beneficiário, o benefício será rateado em partes iguais.

§ 3º Na hipótese de perda do direito ao benefício previsto no *caput*, a respectiva parcela individual não será revertida em favor dos beneficiários remanescentes, se houver.

§ 4º O benefício por sobrevivência do assistido não será devido, em hipótese alguma, ao participante vinculado ou aos seus respectivos beneficiários.

§ 5° Caso tenha ocorrido alteração dos integrantes do grupo familiar, elencados nos incisos I e II do art. 8º, existente no momento da concessão do benefício de aposentadoria do participante, o valor inicial do benefício por sobrevivência será calculado atuarialmente e limitado ao percentual previsto no inciso I do § 1º.

SEÇÃO VI
DO BENEFÍCIO SUPLEMENTAR

Art. 26. O benefício suplementar será concedido aos participantes, exceto assistidos, ou aos respectivos beneficiários, com efeitos financeiros a partir da data do requerimento, desde que haja saldo na respectiva RAS e sejam atendidas as seguintes condições:

I – para o participante, desde que ocorrida a cessação do vínculo efetivo com o patrocinador:

a) concessão de aposentadoria pelo PLANO; ou

b) cumprimento de todos os requisitos para a concessão de aposentadoria no RGPS ou no RPPS ou, em caso de comprovada inexistência de vínculo com o RGPS ou RPPS, tenha completado 65 (sessenta e cinco) anos de idade, se homem, ou 60 (sessenta) anos de idade, se mulher.

II – para o beneficiário: a concessão de pensão por morte no RGPS ou no RPPS ou óbito do participante, se comprovada inexistência de vínculo deste com o RGPS ou RPPS.

§ 1º O benefício estabelecido no *caput* corresponderá a uma renda por prazo certo, calculada na data da concessão, cujo valor inicial será igual:

I – ao do benefício suplementar percebido pelo participante na ocasião do seu falecimento, quando se tratar de concessão aos beneficiários de participante assistido, a ser pago pelo restante do prazo escolhido originalmente pelo participante; ou

II – ao apurado de acordo com a seguinte fórmula, quando se tratar de concessão ao participante ou ao beneficiário em caso de morte do participante ativo:

$$\frac{RAS * (1 - k\%)}{\text{Fator } (x;\ i\%)}$$

Onde:

RAS = saldo da RAS apurado na data da concessão do benefício, acrescido da reversão integral de eventual saldo existente na RAN, em se tratando de participante vinculado;

K% = percentual escolhido pelo participante ou pelos beneficiários no momento da concessão, limitado a 25% (vinte e cinco por cento) incidente sobre o saldo da RAS, cujo valor resultante lhe será pago à vista;

Fator (x;i%) = fator financeiro de conversão de saldo em renda, detalhado em nota técnica atuarial e apurado com base na taxa mensal equivalente à taxa de juros atuarial anual i% adotada para o PLANO e no prazo, em meses, a ser definido pelo participante ou pelos beneficiários, conforme o caso, de no mínimo 60 (sessenta) meses e no máximo 480 (quatrocentos e oitenta) meses.

§ 2º O pagamento do benefício previsto no *caput* será mensal, efetuado até o 1º (primeiro) dia útil do mês subsequente ao da competência, e será recalculado anualmente no mês de janeiro, em função do respectivo saldo da RIBCS apurado no mês de dezembro do ano anterior e do prazo remanescente, passando a vigorar o novo valor do benefício no mês de janeiro.

§ 3º O benefício previsto no *caput*, havendo mais de um habilitado, será rateado em partes iguais.

§ 4º A parte daquele cujo direito ao benefício cessar será revertida em favor dos demais habilitados somente enquanto existir saldo na RIBCS.

CAPÍTULO IX
DOS INSTITUTOS

SEÇÃO I
DAS DISPOSIÇÕES COMUNS

Art. 27. Desde que preenchidos os respectivos requisitos, o participante patrocinado, vinculado ou autopatrocinado poderá optar por um dos seguintes institutos:

I – autopatrocínio;

II – benefício proporcional diferido;

III – portabilidade; ou

IV – resgate.

§ 1º A Funpresp-Jud fornecerá ao participante extrato para fins da opção prevista no *caput*, no prazo máximo de 30 (trinta) dias, contados da data do recebimento da comunicação da cessação do vínculo efetivo com o patrocinador ou da data do requerimento protocolado pelo participante perante a Funpresp-Jud, contendo as informações exigidas pelas normas em vigor.

§ 2º Após o recebimento do extrato previsto no § 1º, o participante terá o prazo de até 30 (trinta) dias para optar pelo autopatrocínio, pelo benefício proporcional diferido, pela portabilidade ou pelo resgate, mediante protocolo do termo de opção formalizado junto à Funpresp-Jud.

§ 3º O participante que não optar no prazo previsto no § 2º terá presumida a sua opção pelo benefício proporcional diferido, desde que atendidas as condições previstas no PLANO para esse instituto.

§ 4º Caso o participante não atenda às condições exigidas para se habilitar ao benefício proporcional diferido, na forma prevista no art. 29, será aplicada a opção pelo resgate, cujo pagamento do valor correspondente deverá ser formalmente requerido pelo participante ou, em caso de sua morte, por seus beneficiários ou herdeiros legais.

§ 5º Na hipótese de questionamento pelo participante das informações constantes do extrato previsto no § 1º, o prazo para opção previsto no § 2º será suspenso até que sejam prestados os esclarecimentos, em até 15 (quinze) dias úteis, contados do protocolo do pedido na Funpresp-Jud.

SEÇÃO II
DO AUTOPATROCÍNIO

Art. 28. Em caso de perda parcial ou total de sua base de contribuição, o participante poderá optar expressamente pelo autopatrocínio com o objetivo de perceber benefícios em nível correspondente àquela base de contribuição ou em outro nível, a sua escolha, nos termos deste Regulamento.

§ 1º Caso a opção pelo autopatrocínio tenha decorrido de perda:

I – parcial da base de contribuição, o participante assumirá a parte de sua contribuição e a do patrocinador, se for o caso, calculada sobre a diferença entre a remuneração de participação observada no mês anterior ao da referida perda e a nova remuneração de participação;

II – total da base de contribuição com manutenção de vínculo efetivo com o patrocinador, o participante assumirá a totalidade de sua contribuição e a do patrocinador, se for o caso; ou

III – total da base de contribuição com cessação do vínculo efetivo com o patrocinador, o participante assumirá a totalidade de sua contribuição e a do patrocinador, se for o caso, calculada sobre a remuneração de participação observada no mês anterior ao da referida perda, observado o prazo previsto nos parágrafos do art. 27.

§ 2º A opção prevista nos incisos I e II do § 1º deverá ser apresentada pelo participante no prazo de 60 (sessenta) dias contados da data da perda parcial ou total da base de contribuição.

§ 3º Para efetivação da opção pelo autopatrocínio, o participante deverá recolher à Funpresp-Jud, até o dia 10 (dez) do mês subsequente ao da referida opção, todas as contribuições em atraso.

§ 4º Considera-se como data de início do autopatrocínio o dia da perda total ou parcial da base de contribuição.

§ 5º A opção pelo autopatrocínio não impede o posterior exercício do benefício proporcional diferido, do resgate ou da portabilidade, observadas as disposições contidas neste Regulamento aplicáveis a cada instituto.

SEÇÃO III
DO BENEFÍCIO PROPORCIONAL DIFERIDO

Art. 29. O participante patrocinado, vinculado ou autopatrocinado poderá optar por interromper o pagamento da respectiva contribuição normal ou contribuição vinculada, conforme o caso, tornando-se participante remido, desde que, cumulativamente:

I – tenha cessado o vínculo efetivo com o patrocinador;

II – esteja inscrito no PLANO há, pelo menos, 6 (seis) meses ininterruptos; e

III – não tenha preenchido os requisitos de elegibilidade ao benefício de aposentadoria normal ou benefício suplementar.

§ 1º A opção pelo benefício proporcional diferido implicará, a partir da data do requerimento, o pagamento da contribuição administrativa, em percentual definido no plano de custeio anual, que deverá ser recolhida pelo participante até o dia 10 (dez) do mês posterior ao de sua competência.

§ 2º O participante remido poderá autorizar o desconto da contribuição administrativa diretamente do saldo da respectiva RAN ou da RAS, conforme o caso, de acordo com as regras e procedimentos aprovados pelo Conselho Deliberativo da Funpresp-Jud.

§ 3º Na hipótese prevista no § 3º do art. 27, o desconto da contribuição administrativa será realizado diretamente do saldo da respectiva RAN ou da RAS, conforme o caso, salvo manifestação expressa do participante pelo recolhimento na forma do § 1º.

§ 4º O participante remido que mantinha a condição de participante patrocinado ou vinculado antes da opção pelo benefício proporcional diferido manterá o direito ao benefício de aposentadoria normal e/ou benefício suplementar, conforme o caso, quando cumpridos os respectivos requisitos de elegibilidade.

§ 5º No caso de invalidez do participante remido, o saldo da RAN e/ou da RAS lhe será pago em parcela única, cessando todos os compromissos do PLANO para com o participante e seus beneficiários ou, na ausência destes, seus herdeiros legais.

§ 6º No caso de falecimento do participante remido, o saldo da RAN e/ou da RAS será pago em parcela única aos seus beneficiários, cessando todos os compromissos do PLANO para com o participante e seus beneficiários ou, na ausência destes, seus herdeiros legais.

§ 7º Na hipótese de falecimento do participante assistido, oriundo da condição de participante remido, o saldo remanescente da RIBCN, se houver, e/ou da RIBCS será pago, em parcela única, aos seus beneficiários, cessando todos os compromissos do PLANO para com o participante e seus beneficiários ou, na ausência destes, seus herdeiros legais.

§ 8º Os saldos acumulados na RAN e/ou na RAS, até a data da opção pelo benefício proporcional diferido, acrescidos de eventuais aportes de contribuições facultativas realizados no decorrer do período de diferimento, comporão os recursos garantidores do benefício correspondente, que serão calculados na data do requerimento do participante, observado o disposto nos §§ 1º a 3º, e atualizados durante o período do diferimento pela variação da cota previdencial do PLANO.

§ 9º A opção pelo benefício proporcional diferido não impede a posterior opção pelo resgate ou portabilidade, observadas as disposições contidas neste Regulamento aplicáveis a cada instituto.

SEÇÃO IV
DA PORTABILIDADE

Art. 30. O participante, exceto o assistido, poderá exercer a portabilidade de seu direito acumulado para outro plano de benefícios operado por entidade de previdência complementar ou sociedade seguradora autorizada a operar plano de benefícios de caráter previdenciário, desde que, cumulativamente:

I – tenha cessado o vínculo efetivo com o patrocinador;

II – esteja vinculado ao PLANO há, pelo menos, 6 (seis) meses ininterruptos; e

III – não esteja em gozo de qualquer benefício previsto neste Regulamento, exceto se já for beneficiário do benefício de pensão por morte.

§ 1º Os recursos portados de outro plano de benefícios de previdência complementar não se sujeitam à carência prevista no inciso II do *caput*.

§ 2º Será considerado direito acumulado para fins de portabilidade o somatório dos saldos da RAN e/ou da RAS, apurados na data da cessação das contribuições para o PLANO.

§ 3º Na hipótese de portabilidade após opção pelo benefício proporcional diferido e antes da concessão do benefício de aposentadoria normal ou do benefício suplementar, conforme o caso, o direito acumulado consistirá nos saldos da RAN e/ou da RAS, apurados na data do protocolo na Funpresp-Jud do termo de opção pela portabilidade.

§ 4º O direito acumulado, apurado nos termos deste artigo, será obtido com base na quantidade de cotas existentes, que serão convertidas em moeda corrente com base no valor da última cota previdencial disponível.

§ 5º Após o recebimento do termo de opção, a Funpresp-Jud elaborará o termo de portabilidade, contendo todas as informações exigidas pela legislação aplicável, e terá o prazo de 10 (dez) dias úteis para encaminhá-lo à entidade que administra o plano de benefícios receptor.

§ 6º A transferência do direito acumulado dar-se-á em moeda corrente nacional, até o 5º (quinto) dia útil do mês subsequente à data do protocolo do termo de portabilidade na entidade receptora, atendidas as condições previstas neste Regulamento e na legislação aplicável.

§ 7º A portabilidade não caracteriza resgate, sendo vedado que os recursos financeiros correspondentes transitem, sob qualquer forma, pelos participantes do PLANO.

§ 8º A opção pela portabilidade é direito inalienável do participante, vedada sua cessão sob qualquer forma, e será exercida em caráter irrevogável e irretratável, cessando, com a transferência dos recursos financeiros para a entidade receptora, todos os compromissos do PLANO para com o participante e seus beneficiários ou, na ausência destes, seus herdeiros legais.

§ 9º O PLANO poderá receber recursos portados de outras entidades de previdência complementar ou de sociedade seguradora autorizada a operar plano de benefícios de caráter previdenciário, desde que observado o disposto neste Regulamento e na legislação aplicável.

§ 10. Os recursos portados de outras entidades de previdência complementar ou de sociedade seguradora autorizada a operar plano de benefícios de caráter previdenciário serão mantidos em separado e alocados para formação da:

I – CRPA, que integra a RAS, se oriundos de EAPC e/ou de sociedade seguradora autorizada a operar plano de benefícios de caráter previdenciário; ou

II – CRPF, que integra a RAS, se oriundos de EFPC.

SEÇÃO V
DO RESGATE

Art. 31. O participante, exceto o assistido, poderá optar pelo instituto do resgate, desde que, cumulativamente:

I – tenha cessado o vínculo efetivo com o patrocinador; e

II – não esteja em gozo de qualquer benefício previsto neste Regulamento, exceto se já for beneficiário do benefício de pensão por morte.

§ 1º Os recursos a serem resgatados correspondem ao somatório dos saldos das seguintes contas:

I – CPART, que integra a RAN;

II – CCV, CCF e CRPA, que integram a RAS, observado o disposto no § 2º quanto à CRPA; e

III – CPATR, que integra a RAN, em parcela resultante da aplicação do percentual sobre o seu saldo, conforme tabela a seguir:

Tempo de vínculo com o PLANO	% do saldo
menos de 3 anos	10%
a partir de 3 anos	20%
a partir de 6 anos	30%
a partir de 9 anos	40%
a partir de 12 anos	50%
a partir de 15 anos	60%
a partir de 18 anos	70%
a partir de 21 anos	80%
a partir de 24 anos	90%

§ 2º É facultado o resgate de valores portados constituídos em plano de previdência complementar administrado por EAPC ou sociedade seguradora autorizada a operar plano de benefícios de caráter previdenciário, acumulados na respectiva CRPA.

§ 3º É vedado o resgate de valores portados constituídos em plano de previdência complementar administrado por EFPC, acumulados na respectiva CRPF.

§ 4º O participante poderá formalizar opção pela manutenção no PLANO do saldo da conta referida no § 2º e/ou no § 3º, hipótese na qual será considerado participante remido.

§ 5º O valor correspondente ao resgate, conforme descrito no § 1º, será obtido com base na quantidade de cotas existentes, que serão convertidas em moeda corrente com base no valor da última cota previdencial disponível.

§ 6º Por ocasião do pagamento do valor correspondente ao resgate, serão efetuados os descontos legais e os decorrentes de decisões judiciais.

§ 7º É facultado ao participante optar pelo recebimento do resgate em parcela única ou em até 12 (doze) parcelas mensais e consecutivas, atualizadas pela variação da cota previdencial do PLANO verificada entre a data do cálculo e a dos respectivos pagamentos.

§ 8º O pagamento da parcela única ou da primeira parcela mensal será efetuado em até 30 (trinta) dias, a contar da data de protocolo do termo de opção pelo resgate.

§ 9º Uma vez exercido o resgate, cessará todos os compromissos do PLANO para com o participante e seus beneficiários ou, na ausência destes, seus herdeiros legais, exceto quanto às prestações vincendas, no caso de opção pelo pagamento parcelado, e/ou aos eventuais recursos oriundos de portabilidade não resgatados.

CAPÍTULO X
DAS DISPOSIÇÕES GERAIS

Art. 32. Ao assistido em gozo de quaisquer dos benefícios previstos neste Regulamento será assegurado o pagamento do abono anual, no mês de dezembro de cada ano.

Parágrafo único. O abono anual previsto no *caput* corresponde a 1/12 (um doze avos) do valor do benefício devido no mês de dezembro, por mês de efetivo recebimento do benefício no respectivo ano, considerando como mês integral a fração superior a 14 (quatorze) dias.

Art. 33. Em caso de morte do participante, ativo ou assistido, sem que existam beneficiários, o saldo existente em sua reserva individual poderá ser pago, na devida proporção, aos seus herdeiros legais, mediante determinação judicial ou escritura pública de inventário e partilha.

Art. 34. Verificado erro no valor de benefício pago, a Funpresp-Jud, após notificação do interessado, fará o devido acerto, pagando ou reavendo, conforme o caso, a diferença, e podendo, na última hipótese, reter, nas prestações subsequentes, no máximo 10% (dez por cento) do valor mensal do benefício, até completar a compensação.

Parágrafo único. Fica assegurado ao assistido o prazo de 15 (quinze) dias, contados do recebimento da notificação, para apresentação de contestação, que poderá ser recebida com efeito suspensivo.

Art. 35. O direito ao benefício e às prestações correspondentes não poderá ser transferido, cedido ou dado em garantia.

CAPÍTULO XI
DAS DISPOSIÇÕES TRANSITÓRIAS E FINAIS

Art. 36. As hipóteses biométricas, demográficas, econômicas e financeiras adotadas pelo PLANO deverão ser reanalisadas na avaliação atuarial anual, com a finalidade de aferir sua adequabilidade ao grupo de participantes, assistidos e beneficiários.

Art. 37. A Funpresp-Jud poderá, mediante licitação, contratar coberturas para os benefícios não programados, decorrentes de morte, invalidez ou sobrevivência.

Art. 38. Quaisquer alterações no presente Regulamento deverão observar o disposto no inciso I do § 4º do art. 19 da Lei nº 12.618/2012.

Art. 39. Os casos omissos serão decididos pelo Conselho Deliberativo da Funpresp-Jud.

Art. 40. Este Regulamento entrará em vigor a partir da data da publicação da autorização de sua aplicaçãopelo órgão fiscalizador das entidades fechadas de previdência complementar.

INSTRUÇÃO NORMATIVA SRT/MGI Nº 2, DE 23 DE JANEIRO DE 2024

Estabelece orientações, critérios e procedimentos gerais a serem observados pelos órgãos e entidades integrantes do Sistema de Pessoal Civil da Administração Federal - SIPEC, quanto ao cálculo e ao pagamento do Benefício Especial de que trata a Lei nº 12.618, de 30 de abril de 2012.

O SECRETÁRIO DE RELAÇÕES DE TRABALHO DO MINISTÉRIO DA GESTÃO E DA INOVAÇÃO EM SERVIÇOS PÚBLICOS, no uso das atribuições que lhe conferem o art. 35-A, I, "a", "b" e "c", e § 1º, I e VII, do Anexo I ao Decreto nº 11.437, de 17 de março de 2023, e tendo em vista o que dispõe o art. 3º e o art. 22 da Lei nº 12.618, de 30 de abril de 2012, resolve:

OBJETO E ÂMBITO DE APLICAÇÃO

Art. 1º Esta Instrução Normativa estabelece orientações, critérios e procedimentos gerais a serem observados pelos órgãos e entidades integrantes do Sistema de Pessoal Civil da Administração Federal - SIPEC, quanto ao cálculo e ao pagamento do Benefício Especial.

DISPOSIÇÕES GERAIS

Art. 2º Podem fazer jus ao Benefício Especial:

I - Servidores do Poder Executivo que ingressaram em cargo efetivo antes de 04 de fevereiro de 2013, e que migraram para o Regime de Previdência Complementar - RPC;

II - Servidores públicos federais dos Poderes Legislativo e Judiciário da União, da Defensoria Pública da União, do Tribunal de Contas da União e do Ministério Público da União que migraram para o RPC naqueles poderes ou em órgãos constitucionalmente autônomos e que, posteriormente, ingressaram em cargo efetivo do Poder Executivo, sem quebra de continuidade; e

III - servidores egressos, sem quebra de continuidade, de cargo público estatutário de outro ente da federação que, no momento da vacância, não havia instituído o respectivo RPC, e que tenham ingressado em cargo público efetivo federal a partir de 4 de fevereiro de 2013.

§ 1º Não haverá quebra de continuidade com o vínculo anterior desde que o servidor cumpra os seguintes requisitos:

I - A vacância do cargo anterior e a posse no novo cargo produzam efeitos na mesma data; e

II - O efetivo exercício tenha início no prazo previsto no § 1º do art. 15 da Lei nº 8.112, de 11 de dezembro de 1990.

§ 2º Aos servidores públicos federais dos outros poderes de que trata o inciso II do caput, se aplicam as regras estabelecidas nesta Instrução Normativa, independentemente, dos procedimentos e entendimentos adotados no momento da migração.

CÁLCULO DO BENEFÍCIO ESPECIAL

Art. 3º O Benefício Especial será equivalente à diferença entre a média aritmética simples das maiores remunerações anteriores à data de mudança do regime, utilizadas como base para as contribuições efetuadas pelo servidor ao Regime Próprio de Previdência Social - RPPS da União, e, na hipótese de opção do servidor por averbação para fins de contagem recíproca, as contribuições decorrentes de RPPS dos Estados, do Distrito Federal e dos Municípios, atualizadas pelo Índice Nacional de Preços ao Consumidor Amplo (IPCA), divulgado pela Fundação Instituto Brasileiro de Geografia e Estatística (IBGE), ou pelo índice que vier a substituí-lo, correspondente:

I - para as migrações realizadas até 30 de novembro de 2022: a diferença entre a média aritmética simples das maiores remunerações referidas no caput correspondentes a 80% (oitenta por cento) de todo o período contributivo desde a competência de julho de 1994 ou desde a do início da contribuição, se posterior àquela competência, e o limite máximo estabelecido para os benefícios do Regime Geral de Previdência Social - RGPS, multiplicada pelo fator de conversão; ou

II - para as migrações realizadas a partir de 1º de dezembro de 2022, em novas aberturas de prazo de migração, se houver: a diferença entre a média aritmética simples das remunerações referidas no caput correspondentes a 100% (cem por cento) de todo o período contributivo desde a competência de julho de 1994 ou desde a do início da contribuição, se posterior àquela competência, e o limite máximo estabelecido para os benefícios do RGPS, multiplicada pelo fator de conversão.

§ 1º O fator de conversão, cujo resultado é limitado ao máximo de 1 (um) será calculado mediante a aplicação da fórmula FC = Tc/Tt, na qual:

I - FC = fator de conversão;

II - Tc = quantidade de contribuições mensais efetuadas pelo servidor ao RPPS da União, dos Estados, do Distrito Federal e dos Municípios, de que trata o caput do art. 40 da Constituição Federal, até o mês anterior à data da opção pelo RPC; e

III - Tt:

a) para os termos de opção firmados até 30 de novembro de 2022:

1. igual a 455 (quatrocentos e cinquenta e cinco), quando servidor titular de cargo efetivo, se homem;
2. igual a 390 (trezentos e noventa), quando servidor titular de cargo efetivo, se mulher, ou servidor titular de cargo efetivo de professor da educação infantil ou do ensino fundamental; ou
3. igual a 325 (trezentos e vinte e cinco), quando se tratar de servidora titular de cargo efetivo de professora da educação infantil ou do ensino fundamental; e

b) para os termos de opção firmados a partir de 1º de dezembro de 2022, em novas aberturas de prazo de migração, se houver: igual a 520 (quinhentos e vinte).

§ 2º O Tt será ajustado para os servidores que se aposentaram nas seguintes hipóteses:

I - servidor público com deficiência amparado por ordem concedida em Mandado de Injunção nos termos da Instrução Normativa SPPS/MPS nº 2, de 13 de fevereiro de 2014, ou com base nos arts. 44 a 53 da Portaria SGP/SEDGG/ME nº 10.360, de 6 de dezembro de 2022:

a) Tt igual a 325 (trezentos e vinte e cinco), se homem, e 260 (duzentos e sessenta), se mulher, no caso de deficiência grave;

b) Tt igual a 377 (trezentos e setenta e sete), se homem, e 312 (trezentos e doze), se mulher, no caso de deficiência moderada; ou

c) Tt igual a 429 (quatrocentos e vinte e nove), se homem, e 364 (trezentos e sessenta e quatro), se mulher, no caso de deficiência leve.

II - servidor da Carreira de Policial Federal e da Carreira de Policial Rodoviário Federal aposentado com base na Lei Complementar nº 51, de 20 de dezembro de 1985: Tt igual a 390 (trezentos e noventa), se homem, e 325 (trezentos e vinte e cinco), se mulher; ou

III - servidor da Carreira de Policial Federal, da Carreira de Policial Rodoviário Federal e da Carreira de Agente Federal de Execução Penal aposentado com base nos arts. 62 e 63 da Portaria SGP/SEDGG/ME nº 10.360, de 6 de dezembro de 2022: Tt igual a 390 (trezentos e noventa), se homem, e 325 (trezentos e vinte e cinco), se mulher.

§ 3º Aplica-se o disposto no § 1º ao servidor que adquirir o direito às aposentadorias de que tratam os incisos I, II e III do § 2º e falecer em atividade.

§ 4º Não haverá ajuste do Tt por ocasião da concessão de aposentadorias amparadas pelos seguintes normativos:

I - Orientação Normativa SRH nº 16, de 23 de dezembro de 2013: servidor em atividades sob condições especiais que prejudiquem a saúde ou a integridade física;

II - art. 69 da Portaria SGP/SEDGG/ME nº 10.360, de 06 de dezembro de 2022: servidor em atividades com efetiva exposição a agentes químicos, físicos e biológicos prejudiciais à saúde, ou associação desses agentes, vedada a caracterização por categoria profissional ou ocupação; e

III - servidor público com deficiência aposentado por idade, amparado por ordem concedida em Mandado de Injunção nos termos da Instrução Normativa SPPS/MPS nº 2, de 13 de fevereiro de 2014, ou com base nos arts. 44 a 53 da Portaria SGP/SEDGG/ME nº 10.360, de 6 de dezembro de 2022.

§ 5º O tempo de contribuição para RPPS será considerado, mesmo que haja quebra de continuidade entre os cargos públicos ou intercalação de vinculação a cargo ou emprego, público ou privado.

§ 6º Para efeito de cálculo do Tc, será considerado todo o período contributivo para o RPPS da União, dos Estados, do Distrito Federal e dos Municípios, desde que tenha ocorrido efetiva contribuição do servidor a esses regimes.

§ 7º É vedada, para fins de cálculo do Benefício Especial, a contagem de tempo de contribuição relativo a período vinculado ao RGPS, inclusive na condição de empregado público, cujo emprego foi transformado em cargo público, nos termos do art. 243 da Lei nº 8.112, de 1990, e ao Serviço de Proteção Social dos Militares.

§ 8º A responsabilidade pela atualização dos dados para o cálculo do Benefício Especial será da unidade de gestão de pessoas a que o servidor estiver vinculado enquanto em atividade.

Art. 4º Para o cômputo do tempo de contribuição a RPPS dos Estados, do Distrito Federal, dos Municípios ou de órgãos que não integram o Sistema Integrado de Administração de Pessoal - SIAPE, de outros Poderes da União ou de órgãos federais constitucionalmente autônomos, será necessária a apresentação prévia de:

I - Certidão de Tempo de Contribuição emitida pelo órgão gestor do respectivo RPPS; ou

II - Declaração de Tempo de Contribuição emitida pelos órgãos federais de que trata o caput; e

III - Declaração emitida pelo órgão gestor do respectivo RPPS ou pelo órgão federal ao qual o servidor esteve vinculado, declarando as competências que foram efetivamente realizadas pelo servidor e as respectivas bases de cálculo de contribuição, sendo estas em relação às competências a partir de julho de 1994.

Art. 5º Para certificar os períodos efetivamente contributivos vinculados ao RPPS da União, deverão ser observados os seguintes parâmetros:

I - até 31 de dezembro de 1990, poderão ser consideradas as contribuições efetivamente realizadas pelo funcionário público, ocupante de cargo público regido pela Lei nº 1.711, de 28 de outubro de 1952, para o Plano de Assistência ao Funcionário e sua Família de que trata a Lei nº 3.373, de 12 de março de 1958; e

II - a partir de 1º janeiro de 1991, será considerado todo período efetivamente contribuído para o RPPS da União.

Parágrafo único. É vedada a contagem de tempo em que não houve efetiva contribuição do servidor ao RPPS da União, mesmo que o período seja considerado como tempo contributivo para fins de aposentadoria.

Art. 6º Para certificação do tempo contributivo no âmbito do RPPS da União, poderão ser utilizadas, entre outras, as informações:

I - constantes dos Sistemas Estruturantes de Gestão de Pessoal da Administração Pública Federal;

II - constantes do assentamento funcional do servidor;

III - apresentadas pelo servidor; e

IV - constantes do Cadastro Nacional de Informações Sociais - CNIS, exclusivamente para certificação dos tempos contributivos anteriores a julho de 1994.

CONCESSÃO

Art. 7º O Benefício Especial será calculado e pago pelo órgão ou entidade a que o servidor estiver vinculado por ocasião da concessão de aposentadoria ou de pensão por morte e perdurará enquanto o benefício previdenciário for pago.

§ 1º O Benefício Especial será pago de ofício pelo órgão ou entidade, sem a necessidade de requerimento do servidor ou do beneficiário de pensão.

§ 2º O valor do Benefício Especial integrará a gratificação natalina.

Art. 8º O valor do Benefício Especial será distribuído em partes iguais entre os beneficiários de pensão habilitados.

Parágrafo único. A cota-parte do Benefício Especial que cabia ao dependente que vier a perder esta condição será revertida igualitariamente em favor dos beneficiários remanescentes.

Art. 9º As informações do Benefício Especial não deverão constar da Certidão de Tempo de Contribuição emitida pelo RPPS da União.

Art. 10. O Benefício Especial será concedido com base nas informações constantes dos Sistemas Estruturantes de Gestão de Pessoal da Administração Pública Federal no momento da concessão da aposentadoria ou da instituição da pensão, de responsabilidade das unidades de gestão de pessoas dos órgãos e entidades da Administração Pública Federal, direta, autárquica e fundacional.

Parágrafo único. O servidor de que trata o inciso III do art. 2º terá o Benefício Especial calculado com base nas contribuições realizadas ao RPPS do ente subnacional ao qual esteve vinculado.

Art. 11. Após a concessão do Benefício Especial, o servidor ou o beneficiário de pensão poderá requerer a revisão do benefício ao órgão ou entidade que realiza a sua manutenção.

Parágrafo único. Em caso de deferimento do pedido de revisão, o Benefício Especial será recalculado e os efeitos financeiros passarão a viger a partir da data de requerimento.

DISPOSIÇÕES FINAIS

Art. 12. O Benefício Especial:

I - é opção que importa ato jurídico perfeito;

II - tem natureza jurídica compensatória;

III - não está sujeito à incidência de contribuição previdenciária;

IV - está sujeito à incidência de imposto sobre a renda;

V - será calculado no momento da aposentadoria ou pensão, em caso de servidor falecido em atividade;

VI - será atualizado na mesma data e índice em que se der o reajuste dos benefícios do RGPS;

VII - a soma do benefício previdenciário e do Benefício Especial submete-se ao Teto Constitucional; e

VIII - não está submetido:

a) à limitação de que trata o § 2º do art. 40 da Constituição Federal, com redação dada pela Emenda Constitucional nº 20, de 1998, para os benefícios de aposentadoria adquiridos até a entrada em vigor da Emenda Constitucional nº 103, de 12 de novembro de 2019;

b) à limitação de que trata o § 2º do art. 24 da Emenda Constitucional nº 103, de 2019; e

c) às proporcionalidades previstas na aposentadoria.

Art. 13. No caso de servidor ou aposentado vinculado ao plano de benefícios da Fundação de Previdência Complementar do Servidor Público Federal do Poder Executivo - Funpresp-Exe, as Unidades de Gestão de Pessoas deverão:

I - informar à Fundação sobre a concessão do benefício previdenciário e do valor do Benefício Especial; e

II - orientar os beneficiários a acionar a Fundação, por meio de seus canais de atendimento, a fim de formalizar o requerimento dos eventuais benefícios por ela devidos.

Art. 14. Esta Instrução Normativa entra em vigor em 30 de janeiro de 2024.

JOSÉ LOPEZ FEIJÓO

PARTE 16 – PREVIDÊNCIA COMPLEMENTAR PRIVADA

LEI COMPLEMENTAR Nº 108, DE 29 DE MAIO DE 2001

Dispõe sobre a relação entre a União, os Estados, o Distrito Federal e os Municípios, suas autarquias, fundações, sociedades de economia mista e outras entidades públicas e suas respectivas entidades fechadas de previdência complementar, e dá outras providências.

CAPÍTULO I. INTRODUÇÃO

Art. 1º. A relação entre a União, os Estados, o Distrito Federal e os Municípios, inclusive suas autarquias, fundações, sociedades de economia mista e empresas controladas direta ou indiretamente, enquanto patrocinadores de entidades fechadas de previdência complementar, e suas respectivas entidades fechadas, a que se referem os §§ 3º, 4º, 5º e 6º do art. 202 da Constituição Federal, será disciplinada pelo disposto nesta Lei Complementar.

Art. 2º. As regras e os princípios gerais estabelecidos na Lei Complementar que regula o *caput* do art. 202 da Constituição Federal aplicam-se às entidades reguladas por esta Lei Complementar, ressalvadas as disposições específicas.

CAPÍTULO II. DOS PLANOS DE BENEFÍCIOS

SEÇÃO I. DISPOSIÇÕES ESPECIAIS

Art. 3º. Observado o disposto no artigo anterior, os planos de benefícios das entidades de que trata esta Lei Complementar atenderão às seguintes regras:

I – carência mínima de sessenta contribuições mensais a plano de benefícios e cessação do vínculo com o patrocinador, para se tornar elegível a um benefício de prestação que seja programada e continuada; e

II – concessão de benefício pelo regime de previdência ao qual o participante esteja filiado por intermédio de seu patrocinador, quando se tratar de plano na modalidade benefício definido, instituído depois da publicação desta Lei Complementar.

Parágrafo único. Os reajustes dos benefícios em manutenção serão efetuados de acordo com critérios estabelecidos nos regulamentos dos planos de benefícios, vedado o repasse de ganhos de produtividade, abono e vantagens de qualquer natureza para tais benefícios.

Art. 4º. Nas sociedades de economia mista e empresas controladas direta ou indiretamente pela União, pelos Estados, pelo Distrito Federal e pelos Municípios, a proposta de instituição de plano de benefícios ou adesão a plano de benefícios em execução será submetida ao órgão fiscalizador, acompanhada de manifestação favorável do órgão responsável pela supervisão, pela coordenação e pelo controle do patrocinador.

Parágrafo único. As alterações no plano de benefícios que implique elevação da contribuição de patrocinadores serão objeto de prévia manifestação do órgão responsável pela supervisão, pela coordenação e pelo controle referido no *caput*.

Art. 5º. É vedado à União, aos Estados, ao Distrito Federal e aos Municípios, suas autarquias, fundações, empresas públicas, sociedades de economia mista e outras entidades públicas o aporte de recursos a entidades de previdência privada de caráter complementar, salvo na condição de patrocinador.

SEÇÃO II. DO CUSTEIO

Art. 6º. O custeio dos planos de benefícios será responsabilidade do patrocinador e dos participantes, inclusive assistidos.

§ 1º. A contribuição normal do patrocinador para plano de benefícios, em hipótese alguma, excederá a do participante, observado o disposto no art. 5º da Emenda Constitucional nº 20, de 15 de dezembro de 1998, e as regras específicas emanadas do órgão regulador e fiscalizador.

§ 2º. Além das contribuições normais, os planos poderão prever o aporte de recursos pelos participantes, a título de contribuição facultativa, sem contrapartida do patrocinador.

§ 3º. É vedado ao patrocinador assumir encargos adicionais para o financiamento dos planos de benefícios, além daqueles previstos nos respectivos planos de custeio.

Art. 7º. A despesa administrativa da entidade de previdência complementar será custeada pelo patrocinador e pelos participantes e assistidos, atendendo a limites e critérios estabelecidos pelo órgão regulador e fiscalizador.

Parágrafo único. É facultada aos patrocinadores a cessão de pessoal às entidades de previdência complementar que patrocinam, desde que ressarcidos os custos correspondentes.

CAPÍTULO III. DAS ENTIDADES DE PREVIDÊNCIA COMPLEMENTAR PATROCINADAS PELO PODER PÚBLICO E SUAS EMPRESAS

SEÇÃO I. DA ESTRUTURA ORGANIZACIONAL

Art. 8º. A administração e execução dos planos de benefícios compete às entidades fechadas de previdência complementar mencionadas no art. 1º desta Lei Complementar.

Parágrafo único. As entidades de que trata o *caput* organizar-se-ão sob a forma de fundação ou sociedade civil, sem fins lucrativos.

Art. 9º. A estrutura organizacional das entidades de previdência complementar a que se refere esta Lei Complementar é constituída de conselho deliberativo, conselho fiscal e diretoria-executiva.

SEÇÃO II. DO CONSELHO DELIBERATIVO E DO CONSELHO FISCAL

Art. 10. O conselho deliberativo, órgão máximo da estrutura organizacional, é responsável pela definição da política geral de administração da entidade e de seus planos de benefícios.

Art. 11. A composição do conselho deliberativo, integrado por no máximo seis membros, será paritária entre representantes dos participantes e assistidos e dos patrocinadores, cabendo a estes a indicação do conselheiro presidente, que terá, além do seu, o voto de qualidade.

§ 1º. A escolha dos representantes dos participantes e assistidos dar-se-á por meio de eleição direta entre seus pares.

§ 2º. Caso o estatuto da entidade fechada, respeitado o número máximo de conselheiros de que trata o *caput* e a participação paritária entre representantes dos participantes e assistidos e dos patrocinadores, preveja outra composição, que tenha sido aprovada na forma prevista no seu estatuto, esta poderá ser aplicada, mediante autorização do órgão regulador e fiscalizador.

Art. 12. O mandato dos membros do conselho deliberativo será de quatro anos, com garantia de estabilidade, permitida uma recondução.

§ 1º. O membro do conselho deliberativo somente perderá o mandato em virtude de renúncia, de condenação judicial transitada em julgado ou processo administrativo disciplinar.

§ 2º. A instauração de processo administrativo disciplinar, para apuração de irregularidades no âmbito de atuação do conselho deliberativo da entidade fechada, poderá determinar o afastamento do conselheiro até sua conclusão.

§ 3º. O afastamento de que trata o parágrafo anterior não implica prorrogação ou permanência no cargo além da data inicialmente prevista para o término do mandato.

§ 4º. O estatuto da entidade deverá regulamentar os procedimentos de que tratam os parágrafos anteriores deste artigo.

Art. 13. Ao conselho deliberativo compete a definição das seguintes matérias:

I – política geral de administração da entidade e de seus planos de benefícios;

II – alteração de estatuto e regulamentos dos planos de benefícios, bem como a implantação e a extinção deles e a retirada de patrocinador;

III – gestão de investimentos e plano de aplicação de recursos;

IV – autorizar investimentos que envolvam valores iguais ou superiores a cinco por cento dos recursos garantidores;

V – contratação de auditor independente atuário e avaliador de gestão, observadas as disposições regulamentares aplicáveis;

VI – nomeação e exoneração dos membros da diretoria-executiva; e

VII – exame, em grau de recurso, das decisões da diretoria-executiva.

Parágrafo único. A definição das matérias previstas no inciso II deverá ser aprovada pelo patrocinador.

Art. 14. O conselho fiscal é órgão de controle interno da entidade.

Art. 15. A composição do conselho fiscal, integrado por no máximo quatro membros, será paritária entre representantes de patrocinadores e de participantes e assistidos, cabendo a estes a indicação do conselheiro presidente, que terá, além do seu, o voto de qualidade.

Parágrafo único. Caso o estatuto da entidade fechada, respeitado o número máximo de conselheiros de que trata o *caput* e a participação paritária entre representantes dos participantes e assistidos e dos patrocinadores, preveja outra composição, que tenha sido aprovada na forma prevista no seu estatuto, esta poderá ser aplicada, mediante autorização do órgão regulador e fiscalizador.

Art. 16. O mandato dos membros do conselho fiscal será de quatro anos, vedada a recondução.

Art. 17. A renovação dos mandatos dos conselheiros deverá obedecer ao critério de proporcionalidade, de forma que se processe parcialmente a cada dois anos.

§ 1º. Na primeira investidura dos conselhos, após a publicação desta Lei Complementar, os seus membros terão mandato com prazo diferenciado.

§ 2º. O conselho deliberativo deverá renovar três de seus membros a cada dois anos e o conselho fiscal dois membros com a mesma periodicidade, observada a regra de transição estabelecida no parágrafo anterior.

Art. 18. Aplicam-se aos membros dos conselhos deliberativo e fiscal os mesmos requisitos previstos nos incisos I a III do art. 20 desta Lei Complementar.

SEÇÃO III.
DA DIRETORIA-EXECUTIVA

Art. 19. A diretoria-executiva é o órgão responsável pela administração da entidade, em conformidade com a política de administração traçada pelo conselho deliberativo.

§ 1º. A diretoria-executiva será composta, no máximo, por seis membros, definidos em função do patrimônio da entidade e do seu número de participantes, inclusive assistidos.

§ 2º. O estatuto da entidade fechada, respeitado o número máximo de diretores de que trata o parágrafo anterior, deverá prever a forma de composição e o mandato da diretoria-executiva, aprovado na forma prevista no seu estatuto, observadas as demais disposições desta Lei Complementar.

Art. 20. Os membros da diretoria-executiva deverão atender aos seguintes requisitos mínimos:

I – comprovada experiência no exercício de atividade na área financeira, administrativa, contábil, jurídica, de fiscalização, atuarial ou de auditoria;

II – não ter sofrido condenação criminal transitada em julgado;

III – não ter sofrido penalidade administrativa por infração da legislação da seguridade social, inclusive da previdência complementar ou como servidor público; e

IV – ter formação de nível superior.

Art. 21. Aos membros da diretoria-executiva é vedado:

I – exercer simultaneamente atividade no patrocinador;

II – integrar concomitantemente o conselho deliberativo ou fiscal da entidade e, mesmo depois do término do seu mandato na diretoria-executiva, enquanto não tiver suas contas aprovadas; e

III – ao longo do exercício do mandato prestar serviços a instituições integrantes do sistema financeiro.

Art. 22. A entidade de previdência complementar informará ao órgão regulador e fiscalizador o responsável pelas aplicações dos recursos da entidade, escolhido entre os membros da diretoria-executiva.

Parágrafo único. Os demais membros da diretoria-executiva responderão solidariamente com o dirigente indicado na forma do *caput* pelos danos e prejuízos causados à entidade para os quais tenham concorrido.

Art. 23. Nos doze meses seguintes ao término do exercício do cargo, o ex-diretor estará impedido de prestar, direta ou indiretamente, independentemente da forma ou natureza do contrato, qualquer tipo de serviço às empresas do sistema financeiro que impliquem a utilização das informações a que teve acesso em decorrência do cargo exercido, sob pena de responsabilidade civil e penal.

§ 1º. Durante o impedimento, ao ex-diretor que não tiver sido destituído ou que pedir afastamento será assegurada a possibilidade de prestar serviço à entidade, mediante remuneração equivalente à do cargo de direção que exerceu ou em qualquer outro órgão da Administração Pública.

§ 2º. Incorre na prática de advocacia administrativa, sujeitando-se às penas da lei, o ex-diretor que violar o impedimento previsto neste artigo, exceto se retornar ao exercício de cargo ou emprego que ocupava junto ao patrocinador, anteriormente à indicação para a respectiva diretoria-executiva, ou se for nomeado para exercício em qualquer órgão da Administração Pública.

CAPÍTULO IV.
DA FISCALIZAÇÃO

Art. 24. A fiscalização e controle dos planos de benefícios e das entidades fechadas de previdência complementar de que trata esta Lei Complementar competem ao órgão regulador e fiscalizador das entidades fechadas de previdência complementar.

Art. 25. As ações exercidas pelo órgão referido no artigo anterior não eximem os patrocinadores da responsabilidade pela supervisão e fiscalização sistemática das atividades das suas respectivas entidades de previdência complementar.

Parágrafo único. Os resultados da fiscalização e do controle exercidos pelos patrocinadores serão encaminhados ao órgão mencionado no artigo anterior.

CAPÍTULO V.
DISPOSIÇÕES GERAIS

Art. 26. As entidades fechadas de previdência complementar patrocinadas por empresas privadas permissionárias ou concessionárias de prestação de serviços públicos subordinam-se, no que couber, às disposições desta Lei Complementar, na forma estabelecida pelo órgão regulador e fiscalizador.

Art. 27. As entidades de previdência complementar patrocinadas por entidades públicas, inclusive empresas públicas e sociedades de economia mista, deverão rever, no prazo de dois anos, a contar de 16 de dezembro de 1998, seus planos de benefícios e serviços, de modo a ajustá-los atuarialmente a seus ativos, sob pena de intervenção, sendo seus dirigentes e seus respectivos patrocinadores responsáveis civil e criminalmente pelo descumprimento do disposto neste artigo.

Art. 28. A infração de qualquer disposição desta Lei Complementar ou de seu regulamento, para a qual não haja penalidade expressamente cominada, sujeita a pessoa física ou jurídica responsável, conforme o caso e a gravidade da infração, às penalidades administrativas previstas na Lei Complementar que disciplina o *caput* do art. 202 da Constituição Federal.

Art. 29. As entidades de previdência privada patrocinadas por empresas controladas, direta ou indiretamente, pela União, Estados, Distrito Federal e Municípios, que possuam planos de benefícios definidos com responsabilidade da patrocinadora, não poderão exercer o controle ou participar de acordo de acionistas que tenha por objeto formação de grupo de controle de sociedade anônima, sem prévia e expressa autorização da patrocinadora e do seu respectivo ente controlador.

Parágrafo único. O disposto no *caput* não se aplica às participações acionárias detidas na data de publicação desta Lei Complementar.

Art. 30. As entidades de previdência complementar terão o prazo de um ano para adaptar sua organização estatutária ao disposto nesta Lei Complementar, contados a partir da data de sua publicação.

Art. 31. Esta Lei Complementar entra em vigor na data de sua publicação.

Art. 32. Revoga-se a Lei nº 8.020, de 12 de abril de 1990.

Brasília, 29 de maio de 2001;
180º da Independência e
113º da República.
Fernando Henrique Cardoso
Publicado no DOU de 30.5.2001

LEI COMPLEMENTAR Nº 109, DE 29 DE MAIO DE 2001

Dispõe sobre o Regime de Previdência Complementar e dá outras providências.

O PRESIDENTE DA REPÚBLICA. Faço saber que o Congresso Nacional decreta e eu sanciono a seguinte Lei Complementar:

CAPÍTULO I
INTRODUÇÃO

Art. 1º O regime de previdência privada, de caráter complementar e organizado de forma autônoma em relação ao regime geral de previdência social, é facultativo, baseado na constituição de reservas que garantam o benefício, nos termos do *caput* do art. 202 da Constituição Federal, observado o disposto nesta Lei Complementar.

Art. 2º O regime de previdência complementar é operado por entidades de previdência complementar que têm por objetivo principal instituir e executar planos de benefícios de caráter previdenciário, na forma desta Lei Complementar.

Art. 3º A ação do Estado será exercida com o objetivo de:

I - formular a política de previdência complementar;

II - disciplinar, coordenar e supervisionar as atividades reguladas por esta Lei Complementar, compatibilizando-as com as políticas previdenciária e de desenvolvimento social e econômico-financeiro;

III - determinar padrões mínimos de segurança econômico-financeira e atuarial, com fins específicos de preservar a liquidez, a solvência e o equilíbrio dos planos de benefícios, isoladamente, e de cada entidade de previdência complementar, no conjunto de suas atividades;

IV - assegurar aos participantes e assistidos o pleno acesso às informações relativas à gestão de seus respectivos planos de benefícios;

V - fiscalizar as entidades de previdência complementar, suas operações e aplicar penalidades; e

VI - proteger os interesses dos participantes e assistidos dos planos de benefícios.

Art. 4º As entidades de previdência complementar são classificadas em fechadas e abertas, conforme definido nesta Lei Complementar.

Art. 5º A normatização, coordenação, supervisão, fiscalização e controle das atividades das entidades de previdência complementar serão realizados por órgão ou órgãos regulador e fiscalizador, conforme disposto em lei, observado o disposto no inciso VI do art. 84 da Constituição Federal.

CAPÍTULO II
DOS PLANOS DE BENEFÍCIOS

SEÇÃO I
DISPOSIÇÕES COMUNS

Art. 6º As entidades de previdência complementar somente poderão instituir e operar planos de benefícios para os quais tenham autorização específica, segundo as normas aprovadas pelo órgão regulador e fiscalizador, conforme disposto nesta Lei Complementar.

Art. 7º Os planos de benefícios atenderão a padrões mínimos fixados pelo órgão regulador e fiscalizador, com o objetivo de assegurar transparência, solvência, liquidez e equilíbrio econômico-financeiro e atuarial.

Parágrafo único. O órgão regulador e fiscalizador normatizará planos de benefícios nas modalidades de benefício definido, contribuição definida e contribuição variável, bem como outras formas de planos de benefícios que reflitam a evolução técnica e possibilitem flexibilidade ao regime de previdência complementar.

Art. 8º Para efeito desta Lei Complementar, considera-se:

I - participante, a pessoa física que aderir aos planos de benefícios; e

II - assistido, o participante ou seu beneficiário em gozo de benefício de prestação continuada.

Art. 9º As entidades de previdência complementar constituirão reservas técnicas, provisões e fundos, de conformidade com os critérios e normas fixados pelo órgão regulador e fiscalizador.

§ 1º A aplicação dos recursos correspondentes às reservas, às provisões e aos fundos de que trata o *caput* será feita conforme diretrizes estabelecidas pelo Conselho Monetário Nacional.

§ 2º É vedado o estabelecimento de aplicações compulsórias ou limites mínimos de aplicação.

Art. 10. Deverão constar dos regulamentos dos planos de benefícios, das propostas de inscrição e dos certificados de participantes condições mínimas a serem fixadas pelo órgão regulador e fiscalizador.

§ 1º A todo pretendente será disponibilizado e a todo participante entregue, quando de sua inscrição no plano de benefícios:

I - certificado onde estarão indicados os requisitos que regulam a admissão e a manutenção da qualidade de participante, bem como os requisitos de elegibilidade e forma de cálculo dos benefícios;

II - cópia do regulamento atualizado do plano de benefícios e material explicativo que descreva, em linguagem simples e precisa, as características do plano;

III - cópia do contrato, no caso de plano coletivo de que trata o inciso II do art. 26 desta Lei Complementar; e

IV - outros documentos que vierem a ser especificados pelo órgão regulador e fiscalizador.

§ 2º Na divulgação dos planos de benefícios, não poderão ser incluídas informações diferentes das que figurem nos documentos referidos neste artigo.

Art. 11. Para assegurar compromissos assumidos junto aos participantes e assistidos de planos de benefícios, as entidades de previdência complementar poderão contratar operações de resseguro, por iniciativa própria ou por determinação do órgão regulador e fiscalizador, observados o regulamento do respectivo plano e demais disposições legais e regulamentares.

Parágrafo único. Fica facultada às entidades fechadas a garantia referida no *caput* por meio de fundo de solvência, a ser instituído na forma da lei.

SEÇÃO II
DOS PLANOS DE BENEFÍCIOS DE ENTIDADES FECHADAS

Art. 12. Os planos de benefícios de entidades fechadas poderão ser instituídos por patrocinadores e instituidores, observado o disposto no art. 31 desta Lei Complementar.

Art. 13. A formalização da condição de patrocinador ou instituidor de um plano de benefício dar-se-á mediante convênio de adesão a ser celebrado entre o patrocinador ou instituidor e a entidade fechada, em relação a cada plano de benefícios por esta administrado e executado, mediante prévia autorização do órgão regulador e fiscalizador, conforme regulamentação do Poder Executivo.

§ 1º Admitir-se-á solidariedade entre patrocinadores ou entre instituidores, com relação aos respectivos planos, desde que expressamente prevista no convênio de adesão.

§ 2º O órgão regulador e fiscalizador, dentre outros requisitos, estabelecerá o número mínimo de participantes admitido para cada modalidade de plano de benefício.

Art. 14. Os planos de benefícios deverão prever os seguintes institutos, observadas as normas estabelecidas pelo órgão regulador e fiscalizador:

I - benefício proporcional diferido, em razão da cessação do vínculo empregatício com o patrocinador ou associativo com o instituidor antes da aquisição do direito ao benefício pleno, a ser concedido quando cumpridos os requisitos de elegibilidade;

II - portabilidade do direito acumulado pelo participante para outro plano;

III - resgate da totalidade das contribuições vertidas ao plano pelo participante, descontadas as parcelas do custeio administrativo, na forma regulamentada; e

IV - faculdade de o participante manter o valor de sua contribuição e a do patrocinador, no caso de perda parcial ou total da remuneração recebida, para assegurar a percepção dos benefícios nos níveis correspondentes àquela remuneração ou em outros definidos em normas regulamentares.

§ 1º Não será admitida a portabilidade na inexistência de cessação do vínculo empregatício do participante com o patrocinador.

§ 2º O órgão regulador e fiscalizador estabelecerá período de carência para o instituto de que trata o inciso II deste artigo.

§ 3º Na regulamentação do instituto previsto no inciso II do *caput* deste artigo, o órgão regulador e fiscalizador observará, entre outros requisitos específicos, os seguintes:

I - se o plano de benefícios foi instituído antes ou depois da publicação desta Lei Complementar;

II - a modalidade do plano de benefícios.

§ 4º O instituto de que trata o inciso II deste artigo, quando efetuado para entidade aberta, somente será admitido quando a integralidade dos recursos financeiros correspondentes ao direito acumulado do participante for utilizada para a contratação de renda mensal vitalícia ou por prazo determinado, cujo prazo mínimo não poderá ser inferior ao período em que a respectiva reserva foi constituída, limitado ao mínimo de quinze anos, observadas as normas estabelecidas pelo órgão regulador e fiscalizador.

Art. 15. Para efeito do disposto no inciso II do *caput* do artigo anterior, fica estabelecido que:

I - a portabilidade não caracteriza resgate; e

II - é vedado que os recursos financeiros correspondentes transitem pelos participantes dos planos de benefícios, sob qualquer forma.

Parágrafo único. O direito acumulado corresponde às reservas constituídas pelo participante ou à reserva matemática, o que lhe for mais favorável.

Art. 16. Os planos de benefícios devem ser, obrigatoriamente, oferecidos a todos os empregados dos patrocinadores ou associados dos instituidores.

§ 1º Para os efeitos desta Lei Complementar, são equiparáveis aos empregados e associados a que se refere o *caput* os gerentes, diretores, conselheiros ocupantes de cargo eletivo e outros dirigentes de patrocinadores e instituidores.

§ 2º É facultativa a adesão aos planos a que se refere o *caput* deste artigo.

§ 3º O disposto no *caput* deste artigo não se aplica aos planos em extinção, assim considerados aqueles aos quais o acesso de novos participantes esteja vedado.

Art. 17. As alterações processadas nos regulamentos dos planos aplicam-se a todos os participantes das entidades fechadas, a partir de sua aprovação pelo órgão regulador e fiscalizador, observado o direito acumulado de cada participante.

Parágrafo único. Ao participante que tenha cumprido os requisitos para obtenção dos benefícios previstos no plano é assegurada a aplicação das disposições regulamentares vigentes na data em que se tornou elegível a um benefício de aposentadoria.

Art. 18. O plano de custeio, com periodicidade mínima anual, estabelecerá o nível de contribuição necessário à constituição das reservas garantidoras de benefícios, fundos, provisões e à cobertura das demais despesas, em conformidade com os critérios fixados pelo órgão regulador e fiscalizador.

§ 1º O regime financeiro de capitalização é obrigatório para os benefícios de pagamento em prestações que sejam programadas e continuadas.

§ 2º Observados critérios que preservem o equilíbrio financeiro e atuarial, o cálculo das reservas técnicas atenderá às peculiaridades de cada plano de benefícios e deverá estar expresso em nota técnica atuarial, de apresentação obrigatória, incluindo as hipóteses utilizadas, que deverão guardar relação com as características da massa e da atividade desenvolvida pelo patrocinador ou instituidor.

§ 3º As reservas técnicas, provisões e fundos de cada plano de benefícios e os exigíveis a qualquer título deverão atender permanentemente à cobertura integral dos compromissos assumidos pelo plano de benefícios, ressalvadas excepcionalidades definidas pelo órgão regulador e fiscalizador.

Art. 19. As contribuições destinadas à constituição de reservas terão como finalidade prover o pagamento de benefícios de caráter previdenciário, observadas as especificidades previstas nesta Lei Complementar.

Parágrafo único. As contribuições referidas no *caput* classificam-se em:

I - normais, aquelas destinadas ao custeio dos benefícios previstos no respectivo plano; e

II - extraordinárias, aquelas destinadas ao custeio de déficits, serviço passado e outras finalidades não incluídas na contribuição normal.

Art. 20. O resultado superavitário dos planos de benefícios das entidades fechadas, ao final do exercício, satisfeitas as exigências regulamentares relativas aos mencionados planos, será destinado à constituição de reserva de contingência, para garantia de benefícios, até o limite de vinte e cinco por cento do valor das reservas matemáticas.

§ 1º Constituída a reserva de contingência, com os valores excedentes será constituída reserva especial para revisão do plano de benefícios.

§ 2º A não utilização da reserva especial por três exercícios consecutivos determinará a revisão obrigatória do plano de benefícios da entidade.

§ 3º Se a revisão do plano de benefícios implicar redução de contribuições, deverá ser levada em consideração a proporção existente entre as contribuições dos patrocinadores e dos participantes, inclusive dos assistidos.

Art. 21. O resultado deficitário nos planos ou nas entidades fechadas será equacionado por patrocinadores, participantes e assistidos, na proporção existente entre as suas contribuições, sem prejuízo de ação regressiva contra dirigentes ou terceiros que deram causa a dano ou prejuízo à entidade de previdência complementar.

§ 1º O equacionamento referido no *caput* poderá ser feito, dentre outras formas, por meio do aumento do valor das contribuições, instituição de contribuição adicional ou redução do valor dos benefícios a conceder, observadas as normas estabelecidas pelo órgão regulador e fiscalizador.

§ 2º A redução dos valores dos benefícios não se aplica aos assistidos, sendo cabível, nesse caso, a instituição de contribuição adicional para cobertura do acréscimo ocorrido em razão da revisão do plano.

§ 3º Na hipótese de retorno à entidade dos recursos equivalentes ao déficit previsto no *caput* deste artigo, em conseqüência de apuração de responsabilidade mediante ação judicial ou administrativa, os respectivos valores deverão ser aplicados necessariamente na redução proporcional das contribuições devidas ao plano ou em melhoria dos benefícios.

Art. 22. Ao final de cada exercício, coincidente com o ano civil, as entidades fechadas deverão levantar as demonstrações contábeis e as avaliações atuariais de cada plano de benefícios, por pessoa jurídica ou profissional legalmente habilitado, devendo os resultados ser encaminhados ao órgão regulador e fiscalizador e divulgados aos participantes e aos assistidos.

Art. 23. As entidades fechadas deverão manter atualizada sua contabilidade, de acordo com as instruções do órgão regulador e fiscalizador, consolidando a posição dos planos de benefícios que administram e executam, bem como submetendo suas contas a auditores independentes.

Parágrafo único. Ao final de cada exercício serão elaboradas as demonstrações contábeis e atuariais consolidadas, sem prejuízo dos controles por plano de benefícios.

Art. 24. A divulgação aos participantes, inclusive aos assistidos, das informações pertinentes aos planos de benefícios dar-se-á ao menos uma vez ao ano, na forma, nos prazos e pelos meios estabelecidos pelo órgão regulador e fiscalizador.

Parágrafo único. As informações requeridas formalmente pelo participante ou assistido, para defesa de direitos e esclarecimento de situações de interesse pessoal específico deverão ser atendidas pela entidade no prazo estabelecido pelo órgão regulador e fiscalizador.

Art. 25. O órgão regulador e fiscalizador poderá autorizar a extinção de plano de benefícios ou a retirada de patrocínio, ficando os patrocinadores e instituidores obrigados ao cumprimento da totalidade dos compromissos assumidos com a entidade relativamente aos direitos dos participantes, assistidos e obrigações legais, até a data da retirada ou extinção do plano.

Parágrafo único. Para atendimento do disposto no *caput* deste artigo, a situação de solvência econômico-financeira e atuarial da entidade deverá ser atestada por profissional devidamente habilitado, cujos relatórios serão encaminhados ao órgão regulador e fiscalizador.

SEÇÃO III
DOS PLANOS DE BENEFÍCIOS DE ENTIDADES ABERTAS

Art. 26. Os planos de benefícios instituídos por entidades abertas poderão ser:

I - individuais, quando acessíveis a quaisquer pessoas físicas; ou

II - coletivos, quando tenham por objetivo garantir benefícios previdenciários a pessoas físicas vinculadas, direta ou indiretamente, a uma pessoa jurídica contratante.

§ 1º O plano coletivo poderá ser contratado por uma ou várias pessoas jurídicas.

§ 2º O vínculo indireto de que trata o inciso II deste artigo refere-se aos casos em que uma entidade representativa de pessoas jurídicas contrate plano previdenciário coletivo para grupos de pessoas físicas vinculadas a suas filiadas.

§ 3º Os grupos de pessoas de que trata o parágrafo anterior poderão ser constituídos por uma ou mais categorias específicas de empregados de um mesmo empregador, podendo abranger empresas coligadas, controladas ou subsidiárias, e por membros de associações legalmente constituídas, de caráter profissional ou classista, e seus cônjuges ou companheiros e dependentes econômicos.

§ 4º Para efeito do disposto no parágrafo anterior, são equiparáveis aos empregados e associados os diretores, conselheiros ocupantes de cargos eletivos e outros dirigentes ou gerentes da pessoa jurídica contratante.

§ 5º A implantação de um plano coletivo será celebrada mediante contrato, na forma, nos critérios, nas condições e nos requisitos mínimos a serem estabelecidos pelo órgão regulador.

§ 6º É vedada à entidade aberta a contratação de plano coletivo com pessoa jurídica cujo objetivo principal seja estipular, em nome de terceiros, planos de benefícios coletivos.

Art. 27. Observados os conceitos, a forma, as condições e os critérios fixados pelo órgão regulador, é assegurado aos participantes o direito à portabilidade, inclusive para plano de benefício de entidade fechada, e ao resgate de recursos das reservas técnicas, provisões e fundos, total ou parcialmente.

§ 1º A portabilidade não caracteriza resgate.

§ 2º É vedado, no caso de portabilidade:

I - que os recursos financeiros transitem pelos participantes, sob qualquer forma; e

II - a transferência de recursos entre participantes.

Art. 28. Os ativos garantidores das reservas técnicas, das provisões e dos fundos serão vinculados à ordem do órgão fiscalizador, na forma a ser regulamentada, e poderão ter sua livre movimentação suspensa pelo referido órgão, a partir da qual não poderão ser alienados ou prometidos alienar sem sua prévia e expressa autorização, sendo nulas, de pleno direito, quaisquer operações realizadas com violação daquela suspensão.

§ 1º Sendo imóvel, o vínculo será averbado à margem do respectivo registro no Cartório de Registro Geral de Imóveis competente, mediante comunicação do órgão fiscalizador.

§ 2º Os ativos garantidores a que se refere o *caput*, bem como os direitos deles decorrentes, não poderão ser gravados, sob qualquer forma, sem prévia e expressa autorização do órgão fiscalizador, sendo nulos os gravames constituídos com infringência do disposto neste parágrafo.

Art. 29. Compete ao órgão regulador, entre outras atribuições que lhe forem conferidas por lei:

I - fixar padrões adequados de segurança atuarial e econômico-financeira, para preservação da liquidez e solvência dos planos de benefícios, isoladamente, e de cada entidade aberta, no conjunto de suas atividades;

II - estabelecer as condições em que o órgão fiscalizador pode determinar a suspensão da comercialização ou a transferência, entre entidades abertas, de planos de benefícios; e

III - fixar condições que assegurem transparência, acesso a informações e fornecimento de dados relativos aos planos de benefícios, inclusive quanto à gestão dos respectivos recursos.

Art. 30. É facultativa a utilização de corretores na venda dos planos de benefícios das entidades abertas.

Parágrafo único. Aos corretores de planos de benefícios aplicam-se a legislação e a regulamentação da profissão de corretor de seguros.

CAPÍTULO III
DAS ENTIDADES FECHADAS DE PREVIDÊNCIA COMPLEMENTAR

Art. 31. As entidades fechadas são aquelas acessíveis, na forma regulamentada pelo órgão regulador e fiscalizador, exclusivamente:

I - aos empregados de uma empresa ou grupo de empresas e aos servidores da União, dos Estados, do Distrito Federal e dos Municípios, entes denominados patrocinadores; e

II - aos associados ou membros de pessoas jurídicas de caráter profissional, classista ou setorial, denominadas instituidores.

§ 1º As entidades fechadas organizar-se-ão sob a forma de fundação ou sociedade civil, sem fins lucrativos.

§ 2º As entidades fechadas constituídas por instituidores referidos no inciso II do *caput* deste artigo deverão, cumulativamente:

I - terceirizar a gestão dos recursos garantidores das reservas técnicas e provisões mediante a contratação de instituição especializada autorizada a funcionar pelo Banco Central do Brasil ou outro órgão competente;

II - ofertar exclusivamente planos de benefícios na modalidade contribuição definida, na forma do parágrafo único do art. 7º desta Lei Complementar.

§ 3º Os responsáveis pela gestão dos recursos de que trata o inciso I do parágrafo anterior deverão manter segregados e totalmente isolados o seu patrimônio dos patrimônios do instituidor e da entidade fechada.

§ 4º Na regulamentação de que trata o *caput*, o órgão regulador e fiscalizador estabelecerá o tempo mínimo de existência do instituidor e o seu número mínimo de associados.

Art. 32. As entidades fechadas têm como objeto a administração e execução de planos de benefícios de natureza previdenciária.

Parágrafo único. É vedada às entidades fechadas a prestação de quaisquer serviços que não estejam no âmbito de seu objeto, observado o disposto no art. 76.

Art. 33. Dependerão de prévia e expressa autorização do órgão regulador e fiscalizador:

I - a constituição e o funcionamento da entidade fechada, bem como a aplicação dos respectivos estatutos, dos regulamentos dos planos de benefícios e suas alterações;

II - as operações de fusão, cisão, incorporação ou qualquer outra forma de reorganização societária, relativas às entidades fechadas;

III - as retiradas de patrocinadores; e

IV - as transferências de patrocínio, de grupo de participantes, de planos e de reservas entre entidades fechadas.

§ 1º Excetuado o disposto no inciso III deste artigo, é vedada a transferência para terceiros de participantes, de assistidos e de reservas constituídas para garantia de benefícios de risco atuarial programado, de acordo com normas estabelecidas pelo órgão regulador e fiscalizador.

§ 2º Para os assistidos de planos de benefícios na modalidade contribuição definida que mantiveram esta característica durante a fase de percepção de renda programada, o órgão regulador e fiscalizador poderá, em caráter excepcional, autorizar a transferência dos recursos garantidores dos benefícios para entidade de previdência complementar ou companhia seguradora autorizada a operar planos de previdência complementar, com o objetivo específico de contratar plano de renda vitalícia, observadas as normas aplicáveis.

Art. 34. As entidades fechadas podem ser qualificadas da seguinte forma, além de outras que possam ser definidas pelo órgão regulador e fiscalizador:

I - de acordo com os planos que administram:

a) de plano comum, quando administram plano ou conjunto de planos acessíveis ao universo de participantes; e

b) com multiplano, quando administram plano ou conjunto de planos de benefícios para diversos grupos de participantes, com independência patrimonial;

II - de acordo com seus patrocinadores ou instituidores:

a) singulares, quando estiverem vinculadas a apenas um patrocinador ou instituidor; e

b) multipatrocinadas, quando congregarem mais de um patrocinador ou instituidor.

Art. 35. As entidades fechadas deverão manter estrutura mínima composta por conselho deliberativo, conselho fiscal e diretoria-executiva.

§ 1º O estatuto deverá prever representação dos participantes e assistidos nos conselhos deliberativo e fiscal, assegurado a eles no mínimo um terço das vagas.

§ 2º Na composição dos conselhos deliberativo e fiscal das entidades qualificadas como multipatrocinadas, deverá ser considerado o número de participantes vinculados a cada patrocinador ou instituidor, bem como o montante dos respectivos patrimônios.

§ 3º Os membros do conselho deliberativo ou do conselho fiscal deverão atender aos seguintes requisitos mínimos:

I - comprovada experiência no exercício de atividades nas áreas financeira, administrativa, contábil, jurídica, de fiscalização ou de auditoria;

II - não ter sofrido condenação criminal transitada em julgado; e

III - não ter sofrido penalidade administrativa por infração da legislação da seguridade social ou como servidor público.

§ 4º Os membros da diretoria-executiva deverão ter formação de nível superior e atender aos requisitos do parágrafo anterior.

§ 5º Será informado ao órgão regulador e fiscalizador o responsável pelas aplicações dos recursos da entidade, escolhido entre os membros da diretoria-executiva.

§ 6º Os demais membros da diretoria-executiva responderão solidariamente com o dirigente indicado na forma do parágrafo anterior pelos danos e prejuízos causados à entidade para os quais tenham concorrido.

§ 7º Sem prejuízo do disposto no § 1º do art. 31 desta Lei Complementar, os membros da diretoria-executiva e dos conselhos deliberativo e fiscal poderão ser remunerados pelas entidades fechadas, de acordo com a legislação aplicável.

§ 8º Em caráter excepcional, poderão ser ocupados até trinta por cento dos cargos da diretoria-executiva por membros sem formação de nível superior, sendo assegurada a possibilidade de participação neste órgão de pelo menos um membro, quando da aplicação do referido percentual resultar número inferior à unidade.

CAPÍTULO IV
DAS ENTIDADES ABERTAS DE PREVIDÊNCIA COMPLEMENTAR

Art. 36. As entidades abertas são constituídas unicamente sob a forma de sociedades anônimas e têm por objetivo instituir e operar planos de benefícios de caráter previdenciário concedidos em forma de renda continuada ou pagamento único, acessíveis a quaisquer pessoas físicas.

Parágrafo único. As sociedades seguradoras autorizadas a operar exclusivamente no ramo vida poderão ser autorizadas a operar os planos de benefícios a que se refere o *caput*, a elas se aplicando as disposições desta Lei Complementar.

Art. 37. Compete ao órgão regulador, entre outras atribuições que lhe forem conferidas por lei, estabelecer:

I - os critérios para a investidura e posse em cargos e funções de órgãos estatutários de entidades abertas, observado que o pretendente não poderá ter sofrido condenação criminal transitada em julgado, penalidade administrativa por infração da legislação da seguridade social ou como servidor público;

II - as normas gerais de contabilidade, auditoria, atuária e estatística a serem observadas pelas entidades abertas, inclusive quanto à padronização dos planos de contas, balanços gerais, balancetes e outras demonstrações financeiras, critérios sobre sua periodicidade, sobre a publicação desses documentos e sua remessa ao órgão fiscalizador;

III - os índices de solvência e liquidez, bem como as relações patrimoniais a serem atendidas pelas entidades abertas, observado que seu patrimônio líquido não poderá ser inferior ao respectivo passivo não operacional; e

IV - as condições que assegurem acesso a informações e fornecimento de dados relativos a quaisquer aspectos das atividades das entidades abertas.

Art. 38. Dependerão de prévia e expressa aprovação do órgão fiscalizador:

I - a constituição e o funcionamento das entidades abertas, bem como as disposições de seus estatutos e as respectivas alterações;

II - a comercialização dos planos de benefícios;

III - os atos relativos à eleição e posse de administradores e membros de conselhos estatutários, podendo o Conselho Nacional de Seguros Privados (CNSP) dispor sobre hipóteses em que essa aprovação será dispensável; (Redação dada pela LC 213/2025)

IV - as operações relativas à transferência do controle acionário, fusão, cisão, incorporação ou qualquer outra forma de reorganização societária.

Parágrafo único. O órgão regulador disciplinará o tratamento administrativo a ser emprestado ao exame dos assuntos constantes deste artigo.

Art. 39. As entidades abertas deverão comunicar ao órgão fiscalizador, no prazo e na forma estabelecidos:

I - os atos relativos às alterações estatutárias e à eleição de administradores e membros de conselhos estatutários; e

II - o responsável pela aplicação dos recursos das reservas técnicas, provisões e fundos, escolhido dentre os membros da diretoria-executiva.

Parágrafo único. Os demais membros da diretoria-executiva responderão solidariamente com o dirigente indicado na forma do inciso II deste artigo pelos danos e prejuízos causados à entidade para os quais tenham concorrido.

Art. 40. As entidades abertas deverão levantar no último dia útil de cada mês e semestre, respectivamente, balancetes mensais e balanços gerais, com observância das regras e dos critérios estabelecidos pelo órgão regulador.

Parágrafo único. As sociedades seguradoras autorizadas a operar planos de benefícios deverão apresentar nas demonstrações financeiras, de forma discriminada, as atividades previdenciárias e as de seguros, de acordo com critérios fixados pelo órgão regulador.

CAPÍTULO V
DA FISCALIZAÇÃO

Art. 41. No desempenho das atividades de fiscalização das entidades de previdência complementar, os servidores do órgão regulador e fiscalizador terão livre acesso às respectivas entidades, delas podendo requisitar e apreender livros, notas técnicas e quaisquer documentos, caracterizando-se embaraço à fiscalização, sujeito às penalidades previstas em lei, qualquer dificuldade oposta à consecução desse objetivo.

§ 1º O órgão regulador e fiscalizador das entidades fechadas poderá solicitar dos patrocinadores e instituidores informações relativas aos aspectos específicos que digam respeito aos compromissos assumidos frente aos respectivos planos de benefícios.

§ 2º A fiscalização a cargo do Estado não exime os patrocinadores e os instituidores da responsabilidade pela supervisão sistemática das atividades das suas respectivas entidades fechadas.

§ 3º As pessoas físicas ou jurídicas submetidas ao regime desta Lei Complementar ficam obrigadas a prestar quaisquer informações ou esclarecimentos solicitados pelo órgão regulador e fiscalizador.

§ 4º O disposto neste artigo aplica-se, sem prejuízo da competência das autoridades fiscais, relativamente ao pleno exercício das atividades de fiscalização tributária.

Art. 42. O órgão regulador e fiscalizador poderá, em relação às entidades fechadas, nomear administrador especial, a expensas da entidade, com poderes próprios de intervenção e de liquidação extrajudicial, com o objetivo de sanear plano de benefícios específico, caso seja constatada na sua administração e execução alguma das hipóteses previstas nos arts. 44 e 48 desta Lei Complementar.

Parágrafo único. O ato de nomeação de que trata o *caput* estabelecerá as condições, os limites e as atribuições do administrador especial.

Art. 43. O órgão fiscalizador poderá, em relação às entidades abertas, desde que se verifique uma das condições previstas no art. 44 desta Lei Complementar, nomear, por prazo determinado, prorrogável a seu critério, e a expensas da respectiva entidade, um diretor-fiscal.

§ 1º O diretor-fiscal, sem poderes de gestão, terá suas atribuições estabelecidas pelo órgão regulador, cabendo ao órgão fiscalizador fixar sua remuneração.

§ 2º Se reconhecer a inviabilidade de recuperação da entidade aberta ou a ausência de qualquer condição para o seu funcionamento, o diretor-fiscal proporá ao órgão fiscalizador a decretação da intervenção ou da liquidação extrajudicial.

§ 3º O diretor-fiscal não está sujeito à indisponibilidade de bens, nem aos demais efeitos decorrentes da decretação da intervenção ou da liquidação extrajudicial da entidade aberta.

CAPÍTULO VI
DA INTERVENÇÃO E DA LIQUIDAÇÃO EXTRAJUDICIAL

SEÇÃO I
DA INTERVENÇÃO

Art. 44. Para resguardar os direitos dos participantes e assistidos poderá ser decretada a intervenção na entidade de previdência complementar, desde que se verifique, isolada ou cumulativamente:

I - irregularidade ou insuficiência na constituição das reservas técnicas, provisões e fundos, ou na sua cobertura por ativos garantidores;

II - aplicação dos recursos das reservas técnicas, provisões e fundos de forma inadequada ou em desacordo com as normas expedidas pelos órgãos competentes;

III - descumprimento de disposições estatutárias ou de obrigações previstas nos regulamentos dos planos de benefícios, convênios de adesão ou contratos dos planos coletivos de que trata o inciso II do art. 26 desta Lei Complementar;

IV - situação econômico-financeira insuficiente à preservação da liquidez e solvência de cada um dos planos de benefícios e da entidade no conjunto de suas atividades;

V - situação atuarial desequilibrada;

VI - outras anormalidades definidas em regulamento.

Art. 45. A intervenção será decretada pelo prazo necessário ao exame da situação da entidade e encaminhamento de plano destinado à sua recuperação.

Parágrafo único. Dependerão de prévia e expressa autorização do órgão competente os atos do interventor que impliquem oneração ou disposição do patrimônio.

Art. 46. A intervenção cessará quando aprovado o plano de recuperação da entidade pelo órgão competente ou se decretada a sua liquidação extrajudicial.

SEÇÃO II
DA LIQUIDAÇÃO EXTRAJUDICIAL

Art. 47. As entidades fechadas não poderão solicitar concordata e não estão sujeitas a falência, mas somente a liquidação extrajudicial.

Art. 48. A liquidação extrajudicial será decretada quando reconhecida a inviabilidade de recuperação da entidade de previdência complementar ou pela ausência de condição para seu funcionamento.

Parágrafo único. Para os efeitos desta Lei Complementar, entende-se por ausência de condição para funcionamento de entidade de previdência complementar:

I - (VETADO)

II - (VETADO)

III - o não atendimento às condições mínimas estabelecidas pelo órgão regulador e fiscalizador.

Art. 49. A decretação da liquidação extrajudicial produzirá, de imediato, os seguintes efeitos:

I - suspensão das ações e execuções iniciadas sobre direitos e interesses relativos ao acervo da entidade liquidanda;

II - vencimento antecipado das obrigações da liquidanda;

III - não incidência de penalidades contratuais contra a entidade por obrigações vencidas em decorrência da decretação da liquidação extrajudicial;

IV - não fluência de juros contra a liquidanda enquanto não integralmente pago o passivo;

V - interrupção da prescrição em relação às obrigações da entidade em liquidação;

VI - suspensão de multa e juros em relação às dívidas da entidade;

VII - inexigibilidade de penas pecuniárias por infrações de natureza administrativa;

VIII - interrupção do pagamento à liquidanda das contribuições dos participantes e dos patrocinadores, relativas aos planos de benefícios.

§ 1º As faculdades previstas nos incisos deste artigo aplicam-se, no caso das entidades abertas de previdência complementar, exclusivamente, em relação às suas atividades de natureza previdenciária.

§ 2º O disposto neste artigo não se aplica às ações e aos débitos de natureza tributária.

Art. 50. O liquidante organizará o quadro geral de credores, realizará o ativo e liquidará o passivo.

§ 1º Os participantes, inclusive os assistidos, dos planos de benefícios ficam dispensados de se habilitarem a seus respectivos créditos, estejam estes sendo recebidos ou não.

§ 2º Os participantes, inclusive os assistidos, dos planos de benefícios terão privilégio especial sobre os ativos garantidores das reservas técnicas e, caso estes não sejam suficientes para a cobertura dos direitos respectivos, privilégio geral sobre as demais partes não vinculadas ao ativo.

§ 3º Os participantes que já estiverem recebendo benefícios, ou que já tiverem adquirido este direito antes de decretada a liquidação extrajudicial, terão preferência sobre os demais participantes.

§ 4º Os créditos referidos nos parágrafos anteriores deste artigo não têm preferência sobre os créditos de natureza trabalhista ou tributária.

Art. 51. Serão obrigatoriamente levantados, na data da decretação da liquidação extrajudicial de entidade de previdência complementar, o balanço geral de liquidação e as demonstrações contábeis e atuariais necessárias à determinação do valor das reservas individuais.

Art. 52. A liquidação extrajudicial poderá, a qualquer tempo, ser levantada, desde que constatados fatos supervenientes que viabilizem a recuperação da entidade de previdência complementar.

Art. 53. A liquidação extrajudicial das entidades fechadas encerrar-se-á com a aprovação, pelo órgão regulador e fiscalizador, das contas finais do liquidante e com a baixa nos devidos registros.

Parágrafo único. Comprovada pelo liquidante a inexistência de ativos para satisfazer a possíveis créditos reclamados contra a entidade, deverá tal situação ser comunicada ao juízo competente e efetivados os devidos registros, para o encerramento do processo de liquidação.

SEÇÃO III
DISPOSIÇÕES ESPECIAIS

Art. 54. O interventor terá amplos poderes de administração e representação e o liquidante plenos poderes de administração, representação e liquidação.

Art. 55. Compete ao órgão fiscalizador decretar, aprovar e rever os atos de que tratam os arts. 45, 46 e 48 desta Lei Complementar, bem como nomear, por intermédio do seu dirigente máximo, o interventor ou o liquidante.

Art. 56. A intervenção e a liquidação extrajudicial determinam a perda do mandato dos administradores e membros dos conselhos estatutários das entidades, sejam titulares ou suplentes.

Art. 57. Os créditos das entidades de previdência complementar, em caso de liquidação ou falência de patrocinadores, terão privilégio especial sobre a massa, respeitado o privilégio dos créditos trabalhistas e tributários.

Parágrafo único. Os administradores dos respectivos patrocinadores serão responsabilizados pelos danos ou prejuízos causados às entidades de previdência complementar, especialmente pela falta de aporte das contribuições a que estavam obrigados, observado o disposto no parágrafo único do art. 63 desta Lei Complementar.

Art. 58. No caso de liquidação extrajudicial de entidade fechada motivada pela falta de aporte de contribuições de patrocinadores ou pelo não recolhimento de contribuições de participantes, os administradores daqueles também serão responsabilizados pelos danos ou prejuízos causados.

Art. 59. Os administradores, controladores e membros de conselhos estatutários das entidades de previdência complementar sob intervenção ou em liquidação extrajudicial ficarão com todos os seus bens indisponíveis, não podendo, por qualquer forma, direta ou indireta, aliená-los ou onerá-los, até a apuração e liquidação final de suas responsabilidades.

§ 1º A indisponibilidade prevista neste artigo decorre do ato que decretar a intervenção ou liquidação extrajudicial e atinge todos aqueles que tenham estado no exercício das funções nos doze meses anteriores.

§ 2º A indisponibilidade poderá ser estendida aos bens de pessoas que, nos últimos doze meses, os tenham adquirido, a qualquer título, das pessoas referidas no *caput* e no parágrafo anterior, desde que haja seguros elementos de convicção de que se trata de simulada transferência com o fim de evitar os efeitos desta Lei Complementar.

§ 3º Não se incluem nas disposições deste artigo os bens considerados inalienáveis ou impenhoráveis pela legislação em vigor.

§ 4º Não são também atingidos pela indisponibilidade os bens objeto de contrato de alienação, de promessas de compra e venda e de cessão de direitos, desde que os respectivos instrumentos tenham sido levados ao competente registro público até doze meses antes da data de decretação da intervenção ou liquidação extrajudicial.

§ 5º Não se aplica a indisponibilidade de bens das pessoas referidas no *caput* deste artigo no caso de liquidação extrajudicial de entidades fechadas que deixarem de ter condições para funcionar por motivos totalmente desvinculados do exercício das suas atribuições, situação esta que poderá ser revista a qualquer momento, pelo órgão regulador e fiscalizador, desde que constatada a existência de irregularidades ou indícios de crimes por elas praticados.

Art. 60. O interventor ou o liquidante comunicará a indisponibilidade de bens aos órgãos competentes para os devidos registros e publicará edital para conhecimento de terceiros.

Parágrafo único. A autoridade que receber a comunicação ficará, relativamente a esses bens, impedida de:

I - fazer transcrições, inscrições ou averbações de documentos públicos ou particulares;

II - arquivar atos ou contratos que importem em transferência de cotas sociais, ações ou partes beneficiárias;

III - realizar ou registrar operações e títulos de qualquer natureza; e

IV - processar a transferência de propriedade de veículos automotores, aeronaves e embarcações.

Art. 61. A apuração de responsabilidades específicas referida no *caput* do art. 59 desta Lei Complementar será feita mediante inquérito a ser instaurado pelo órgão regulador e fiscalizador, sem prejuízo do disposto nos arts. 63 a 65 desta Lei Complementar.

§ 1º Se o inquérito concluir pela inexistência de prejuízo, será arquivado no órgão fiscalizador.

§ 2º Concluindo o inquérito pela existência de prejuízo, será ele, com o respectivo relatório, remetido pelo órgão regulador e fiscalizador ao Ministério Público, observados os seguintes procedimentos:

I - o interventor ou o liquidante, de ofício ou a requerimento de qualquer interessado que não tenha sido indiciado no inquérito, após aprovação do respectivo relatório pelo órgão fiscalizador, determinará o levantamento da indisponibilidade de que trata o art. 59 desta Lei Complementar;

II - será mantida a indisponibilidade com relação às pessoas indiciadas no inquérito, após aprovação do respectivo relatório pelo órgão fiscalizador.

Art. 62. Aplicam-se à intervenção e à liquidação das entidades de previdência complementar, no que couber, os dispositivos da legislação sobre a intervenção e liquidação extrajudicial das instituições financeiras, cabendo ao órgão regulador e fiscalizador as funções atribuídas ao Banco Central do Brasil.

CAPÍTULO VII
DO REGIME DISCIPLINAR

Art. 63. Os administradores de entidade, os procuradores com poderes de gestão, os membros de conselhos estatutários, o interventor e o liquidante responderão civilmente pelos danos ou prejuízos que causarem, por ação ou omissão, às entidades de previdência complementar.

Parágrafo único. São também responsáveis, na forma do *caput*, os administradores dos patrocinadores ou instituidores, os atuários, os auditores independentes, os avaliadores de gestão e outros profissionais que prestem serviços técnicos à entidade, diretamente ou por intermédio de pessoa jurídica contratada.

Art. 64. O órgão fiscalizador competente, o Banco Central do Brasil, a Comissão de Valores Mobiliários ou a Secretaria da Receita Federal, constatando a existência de práticas irregulares ou indícios de crimes em entidades de previdência complementar, noticiará ao Ministério Público, enviando-lhe os documentos comprobatórios.

Parágrafo único. O sigilo de operações não poderá ser invocado como óbice à troca de informações entre os órgãos mencionados no *caput*, nem ao fornecimento de informações requisitadas pelo Ministério Público.

Art. 65. A infração de qualquer disposição desta Lei Complementar ou de seu regulamento, para a qual não haja penalidade expressamente cominada, sujeita a pessoa física ou jurídica responsável, conforme o caso e a gravidade da infração, às seguintes penalidades administrativas, observado o disposto em regulamento:

I - advertência;

II - suspensão do exercício de atividades em entidades de previdência complementar pelo prazo de até cento e oitenta dias;

III - inabilitação, pelo prazo de dois a dez anos, para o exercício de cargo ou função em entidades de previdência complementar, sociedades seguradoras, instituições financeiras e no serviço público; e

IV - multa de dois mil reais a um milhão de reais, devendo esses valores, a partir da publicação desta Lei Complementar, ser reajustados de forma a preservar, em caráter permanente, seus valores reais.

§ 1º A penalidade prevista no inciso IV será imputada ao agente responsável, respondendo solidariamente a entidade de previdência complementar, assegurado o direito de regresso, e poderá ser aplicada cumulativamente com as constantes dos incisos I, II ou III deste artigo.

§ 2º Das decisões do órgão fiscalizador caberá recurso, no prazo de quinze dias, com efeito suspensivo, ao órgão competente.

§ 3º O recurso a que se refere o parágrafo anterior, na hipótese do inciso IV deste artigo, somente será conhecido se for comprovado pelo requerente o pagamento antecipado, em favor do órgão fiscalizador, de trinta por cento do valor da multa aplicada.

§ 4º Em caso de reincidência, a multa será aplicada em dobro.

Art. 66. As infrações serão apuradas mediante processo administrativo, na forma do regulamento, aplicando-se, no que couber, o disposto na Lei nº 9.784, de 29 de janeiro de 1999.

Art. 67. O exercício de atividade de previdência complementar por qualquer pessoa, física ou jurídica, sem a autorização devida do órgão competente, inclusive a comercialização de planos de benefícios, bem como a captação ou a administração de recursos de terceiros com o objetivo de, direta ou indiretamente, adquirir ou conceder benefícios previdenciários sob qualquer forma, submete o responsável à penalidade de inabilitação pelo prazo de dois a dez anos para o exercício de cargo ou função em entidade de previdência complementar, sociedades seguradoras, instituições financeiras e no serviço público, além de multa aplicável de acordo com o disposto no inciso IV do art. 65 desta Lei Complementar, bem como noticiar ao Ministério Público.

CAPÍTULO VIII
DISPOSIÇÕES GERAIS

Art. 68. As contribuições do empregador, os benefícios e as condições contratuais previstos nos estatutos, regulamentos e planos de benefícios das entidades de previdência complementar não integram o contrato de trabalho dos participantes, assim como, à exceção dos benefícios concedidos, não integram a remuneração dos participantes.

§ 1º Os benefícios serão considerados direito adquirido do participante quando implementadas todas as condições estabelecidas para elegibilidade consignadas no regulamento do respectivo plano.

§ 2º A concessão de benefício pela previdência complementar não depende da concessão de benefício pelo regime geral de previdência social.

Art. 69. As contribuições vertidas para as entidades de previdência complementar, destinadas ao custeio dos planos de benefícios de natureza previdenciária, são dedutíveis para fins de incidência de imposto sobre a renda, nos limites e nas condições fixadas em lei.

§ 1º Sobre as contribuições de que trata o *caput* não incidem tributação e contribuições de qualquer natureza.

§ 2º Sobre a portabilidade de recursos de reservas técnicas, fundos e provisões entre planos de benefícios de entidades de previdência complementar, titulados pelo mesmo participante, não incidem tributação e contribuições de qualquer natureza.

Art. 70. (VETADO)

Art. 71. É vedado às entidades de previdência complementar realizar quaisquer operações comerciais e financeiras:

I - com seus administradores, membros dos conselhos estatutários e respectivos cônjuges ou companheiros, e com seus parentes até o segundo grau;

II - com empresa de que participem as pessoas a que se refere o inciso anterior, exceto no caso de participação de até cinco por cento como acionista de empresa de capital aberto; e

III - tendo como contraparte, mesmo que indiretamente, pessoas físicas e jurídicas a elas ligadas, na forma definida pelo órgão regulador.

Parágrafo único. A vedação deste artigo não se aplica ao patrocinador, aos participantes e aos assistidos, que, nessa condição, realizarem operações com a entidade de previdência complementar.

Art. 72. Compete privativamente ao órgão regulador e fiscalizador das entidades fechadas zelar pelas sociedades civis e fundações, como definido no art. 31 desta Lei Complementar, não se aplicando a estas o disposto nos arts. 26 e 30 do Código Civil e 1.200 a 1.204 do Código de Processo Civil e demais disposições em contrário.

Art. 73. As entidades abertas serão reguladas também, no que couber, pela legislação aplicável às sociedades seguradoras.

Art. 74. Até que seja publicada a lei de que trata o art. 5º desta Lei Complementar, as funções do órgão regulador e do órgão fiscalizador serão exercidas pelo Ministério da Previdência e Assistência Social, por intermédio, respectivamente, do Conselho de Gestão da Previdência Complementar (CGPC) e da Secretaria de Previdência Complementar (SPC), relativamente às entidades fechadas, e pelo Ministério da Fazenda, por intermédio do Conselho Nacional de Seguros Privados (CNSP) e da Superintendência de Seguros Privados (SUSEP), em relação, respectivamente, à regulação e fiscalização das entidades abertas.

Art. 75. Sem prejuízo do benefício, prescreve em cinco anos o direito às prestações não pagas nem reclamadas na época própria, resguardados os direitos dos menores dependentes, dos incapazes ou dos ausentes, na forma do Código Civil.

Art. 76. As entidades fechadas que, na data da publicação desta Lei Complementar, prestarem a seus participantes e assistidos serviços assistenciais à saúde poderão continuar a fazê-lo, desde que seja estabelecido um custeio específico para os planos assistenciais e que a sua contabilização e o seu patrimônio sejam mantidos em separado em relação ao plano previdenciário.

§ 1º Os programas assistenciais de natureza financeira deverão ser extintos a partir da data de publicação desta Lei Complementar, permanecendo em vigência, até o seu termo, apenas os compromissos já firmados.

§ 2º Consideram-se programas assistenciais de natureza financeira, para os efeitos desta Lei Complementar, aqueles em que o rendimento situa-se abaixo da taxa mínima atuarial do respectivo plano de benefícios.

Art. 77. As entidades abertas sem fins lucrativos e as sociedades seguradoras autorizadas a funcionar em conformidade com a Lei nº 6.435, de 15 de julho de 1977, terão o prazo de dois anos para se adaptar ao disposto nesta Lei Complementar.

§ 1º No caso das entidades abertas sem fins lucrativos já autorizadas a funcionar, é permitida a manutenção de sua organização jurídica como sociedade civil, sendo-lhes vedado participar, direta ou indiretamente, de pessoas jurídicas, exceto quando tiverem participação acionária:

I - minoritária, em sociedades anônimas de capital aberto, na forma regulamentada pelo Conselho Monetário Nacional, para aplicação de recursos de reservas técnicas, fundos e provisões;

II - em sociedade seguradora e/ou de capitalização.

§ 2º É vedado à sociedade seguradora e/ou de capitalização referida no inciso II do parágrafo anterior participar majoritariamente de pessoas jurídicas, ressalvadas as empresas de suporte ao seu funcionamento e as sociedades anônimas de capital aberto, nas condições previstas no inciso I do parágrafo anterior.

§ 3º A entidade aberta sem fins lucrativos e a sociedade seguradora e/ou de capitalização por ela controlada devem adaptar-se às condições estabelecidas nos §§ 1º e 2º, no mesmo prazo previsto no *caput* deste artigo.

§ 4º As reservas técnicas de planos já operados por entidades abertas de previdência privada sem fins lucrativos, anteriormente à data de publicação da Lei nº 6.435, de 15 de julho de 1977, poderão permanecer garantidas por ativos de propriedade da entidade, existentes à época, dentro de programa gradual de ajuste às normas estabelecidas pelo órgão regulador sobre a matéria, a ser submetido pela entidade ao órgão fiscalizador no prazo máximo de doze meses a contar da data de publicação desta Lei Complementar.

§ 5º O prazo máximo para o término para o programa gradual de ajuste a que se refere o parágrafo anterior não poderá superar cento e vinte meses, contados da data de aprovação do respectivo programa pelo órgão fiscalizador.

§ 6º As entidades abertas sem fins lucrativos que, na data de publicação desta Lei Complementar, já vinham mantendo programas de assistência filantrópica, prévia e expressamente autorizados, poderão, para efeito de cobrança, adicionar às contribuições de seus planos de benefícios valor destinado àqueles programas, observadas as normas estabelecidas pelo órgão regulador.

§ 7º A aplicabilidade do disposto no parágrafo anterior fica sujeita, sob pena de cancelamento da autorização previamente concedida, à prestação anual de contas dos programas filantrópicos e à aprovação pelo órgão competente.

§ 8º O descumprimento de qualquer das obrigações contidas neste artigo sujeita os administradores das entidades abertas sem fins lucrativos e das sociedades seguradora e/ou de capitalização por elas controladas ao Regime Disciplinar previsto nesta Lei Complementar, sem prejuízo da responsabilidade civil por danos ou prejuízos causados, por ação ou omissão, à entidade.

Art. 78. Esta Lei Complementar entra em vigor na data de sua publicação.

Art. 79. Revogam-se as Leis nº 6.435, de 15 de julho de 1977, e nº 6.462, de 9 de novembro de 1977.

Brasília, 29 de maio de 2001; 180º da Independência e 113º da República.

FERNANDO HENRIQUE CARDOSO

PARTE 17 – CRIMES CONTRA A PREVIDÊNCIA SOCIAL

DECRETO-LEI Nº 2.848, DE 7 DE DEZEMBRO DE 1940

(Excertos)

Código Penal.

(...)

APROPRIAÇÃO INDÉBITA PREVIDENCIÁRIA

- Incluído pela Lei 9.983/2000.

Art. 168-A. Deixar de repassar à previdência social as contribuições recolhidas dos contribuintes, no prazo e forma legal ou convencional: (Incluído pela Lei 9.983/2000.)

Pena - Reclusão, de 2 (dois) a 5 (cinco) anos, e multa. (Incluído pela Lei 9.983/2000.)

- art. 83, Lei 9.430/1996 (Dispõe sobre a legislação tributária federal e as contribuições para a seguridade social).

§ 1º Nas mesmas penas incorre quem deixar de: (Incluído pela Lei 9.983/2000.)

I - recolher, no prazo legal, contribuição ou outra importância destinada à previdência social que tenha sido descontada de pagamento efetuado a segurados, a terceiros ou arrecadada do público; (Incluído pela Lei 9.983/2000.)

II - recolher contribuições devidas à previdência social que tenham integrado despesas contábeis ou custos relativos à venda de produtos ou à prestação de serviços; (Incluído pela Lei 9.983/2000.)

III - pagar benefício devido a segurado, quando as respectivas cotas ou valores já tiverem sido reembolsados à empresa pela previdência social. (Incluído pela Lei 9.983/2000.)

§ 2º É extinta a punibilidade se o agente, espontaneamente, declara, confessa e efetua o pagamento das contribuições, importâncias ou valores e presta as informações devidas à previdência social, na forma definida em lei ou regulamento, antes do início da ação fiscal. (Incluído pela Lei 9.983/2000.)

§ 3º É facultado ao juiz deixar de aplicar a pena ou aplicar somente a de multa se o agente for primário e de bons antecedentes, desde que: (Incluído pela Lei 9.983/2000.)

I - tenha promovido, após o início da ação fiscal e antes de oferecida a denúncia, o pagamento da contribuição social previdenciária, inclusive acessórios; ou (Incluído pela Lei 9.983/2000.)

II - o valor das contribuições devidas, inclusive acessórios, seja igual ou inferior àquele estabelecido pela previdência social, administrativamente, como sendo o mínimo para o ajuizamento de suas execuções fiscais. (Incluído pela Lei 9.983/2000.)

§ 4º A faculdade prevista no § 3° deste artigo não se aplica aos casos de parcelamento de contribuições cujo valor, inclusive dos acessórios, seja superior àquele estabelecido, administrativamente, como sendo o mínimo para o ajuizamento de suas execuções fiscais. (Incluído pela Lei 13.606/2018.)

(...)

FALSIFICAÇÃO DE DOCUMENTO PÚBLICO

Art. 297. Falsificar, no todo ou em parte, documento público, ou alterar documento público verdadeiro:

Pena - Reclusão, de dois a seis anos, e multa.

- art. 311, CPM.
- art. 348, CE.
- art. 5º, § 1º, IV, a, Lei 13.254/2016 (Dispõe sobre o Regime Especial de Regularização Cambial e Tributária (RERCT) de recursos, bens ou direitos de origem lícita, não declarados ou declarados incorretamente, remetidos, mantidos no exterior ou repatriados por residentes ou domiciliados no País).

§ 1º Se o agente é funcionário público, e comete o crime prevalecendo-se do cargo, aumenta-se a pena de sexta parte.

§ 2º Para os efeitos penais, equiparam-se a documento público o emanado de entidade paraestatal, o título ao portador ou transmissível por endosso, as ações de sociedade comercial, os livros mercantis e o testamento particular.

§ 3º Nas mesmas penas incorre quem insere ou faz inserir: (Incluído pela Lei 9.983/2000.)

I - na folha de pagamento ou em documento de informações que seja destinado a fazer prova perante a previdência social, pessoa que não possua a qualidade de segurado obrigatório; (Incluído pela Lei 9.983/2000.)

II - na Carteira de Trabalho e Previdência Social do empregado ou em documento que deva produzir efeito perante a previdência social, declaração falsa ou diversa da que deveria ter sido escrita; (Incluído pela Lei 9.983/2000.)

III - em documento contábil ou em qualquer outro documento relacionado com as obrigações da empresa perante a previdência social, declaração falsa ou diversa da que deveria ter constado. (Incluído pela Lei 9.983/2000.)

§ 4º Nas mesmas penas incorre quem omite, nos documentos mencionados no § 3º, nome do segurado e seus dados pessoais, a remuneração, a vigência do contrato de trabalho ou de prestação de serviços. (Incluído pela Lei 9.983/2000.)

(...)

INSERÇÃO DE DADOS FALSOS EM SISTEMA DE INFORMAÇÕES

- Incluído pela Lei 9.983/2000.

Art. 313-A. Inserir ou facilitar, o funcionário autorizado, a inserção de dados falsos, alterar ou excluir indevidamente dados corretos nos sistemas informatizados ou bancos de dados da Administração Pública com o fim de obter vantagem indevida para si ou para outrem ou para causar dano: (Incluído pela Lei 9.983/2000.)

Pena - Reclusão, de 2 (dois) a 12 (doze) anos, e multa. (Incluído pela Lei 9.983/2000.)

MODIFICAÇÃO OU ALTERAÇÃO NÃO AUTORIZADA DE SISTEMA DE INFORMAÇÕES

Art. 313-B. Modificar ou alterar, o funcionário, sistema de informações ou programa de informática sem autorização ou solicitação de autoridade competente: (Incluído pela Lei 9.983/2000.)

Pena - Detenção, de 3 (três) meses a 2 (dois) anos, e multa. (Incluído pela Lei 9.983/2000.)

Parágrafo único. As penas são aumentadas de um terço até a metade se da modificação ou alteração resulta dano para a Administração Pública ou para o administrado. (Incluído pela Lei 9.983/2000.)

(...)

SONEGAÇÃO DE CONTRIBUIÇÃO PREVIDENCIÁRIA

- Incluído pela Lei 9.983/2000.

Art. 337-A. Suprimir ou reduzir contribuição social previdenciária e qualquer acessório, mediante as seguintes condutas: (Incluído pela Lei 9.983/2000.)

- art. 83, Lei 9.430/1996 (Dispõe sobre a legislação tributária federal e as contribuições para a seguridade social

I - omitir de folha de pagamento da empresa ou de documento de informações previsto pela legislação previdenciária segurados empregado, empresário, trabalhador avulso ou trabalhador autônomo ou a este equiparado que lhe prestem serviços; (Incluído pela Lei 9.983/2000.)

II - deixar de lançar mensalmente nos títulos próprios da contabilidade da empresa as quantias descontadas dos segurados ou as devidas pelo empregador ou pelo tomador de serviços; (Incluído pela Lei 9.983/2000.)

III - omitir, total ou parcialmente, receitas ou lucros auferidos, remunerações pagas ou creditadas e demais fatos geradores de contribuições sociais previdenciárias: (Incluído pela Lei 9.983/2000.)

Pena - Reclusão, de 2 (dois) a 5 (cinco) anos, e multa. (Incluído pela Lei 9.983/2000.)

§ 1º É extinta a punibilidade se o agente, espontaneamente, declara e confessa as contribuições, importâncias ou valores e presta as informações devidas à previdência social, na forma definida em lei ou regulamento, antes do início da ação fiscal. (Incluído pela Lei 9.983/2000.)

§ 2º É facultado ao juiz deixar de aplicar a pena ou aplicar somente a de multa se o agente for primário e de bons antecedentes, desde que: (Incluído pela Lei 9.983/2000.)

I - (Vetado.) (Incluído pela Lei 9.983/2000.)

II - o valor das contribuições devidas, inclusive acessórios, seja igual ou inferior àquele estabelecido pela previdência social, administrativamente, como sendo o mínimo para o ajuizamento de suas execuções fiscais. (Incluído pela Lei 9.983/2000.)

§ 3º Se o empregador não é pessoa jurídica e sua folha de pagamento mensal não ultrapassa R$ 1.510,00 (um mil, quinhentos e dez reais), o juiz poderá reduzir a pena de um terço até a metade ou aplicar apenas a de multa. (Incluído pela Lei 9.983/2000.)

- Port. Interministerial MPS/MF 6/2025.

§ 4º O valor a que se refere o parágrafo anterior será reajustado nas mesmas datas e nos mesmos índices do reajuste dos benefícios da previdência social. (Incluído pela Lei 9.983/2000.)

(...)

PARTE 18 – ASSISTÊNCIA SOCIAL

LEI Nº 8.742, DE 7 DE DEZEMBRO DE 1993

Dispõe sobre a organização da Assistência Social e dá outras providências.

O PRESIDENTE DA REPÚBLICA Faço saber que o Congresso Nacional decreta e eu sanciono a seguinte lei:

LEI ORGÂNICA DA ASSISTÊNCIA SOCIAL

CAPÍTULO I
DAS DEFINIÇÕES E DOS OBJETIVOS

Art. 1º. A assistência social, direito do cidadão e dever do Estado, é Política de Seguridade Social não contributiva, que provê os mínimos sociais, realizada através de um conjunto integrado de ações de iniciativa pública e da sociedade, para garantir o atendimento às necessidades básicas.

Art. 2º. A assistência social tem por objetivos: (Redação dada pela Lei 12.435/2011)

I - a proteção social, que visa à garantia da vida, à redução de danos e à prevenção da incidência de riscos, especialmente:

a) a proteção à família, à maternidade, à infância, à adolescência e à velhice;

b) o amparo às crianças e aos adolescentes carentes;

c) a promoção da integração ao mercado de trabalho;

d) a habilitação e reabilitação das pessoas com deficiência e a promoção de sua integração à vida comunitária; e

e) a garantia de 1 (um) salário-mínimo de benefício mensal à pessoa com deficiência e ao idoso que comprovem não possuir meios de prover a própria manutenção ou de tê-la provida por sua família; (Redação dada pela Lei 12.435/2011)

II - a vigilância socioassistencial, que visa a analisar territorialmente a capacidade protetiva das famílias e nela a ocorrência de vulnerabilidades, de ameaças, de vitimizações e danos; (Redação dada pela Lei 12.435/2011)

III - a defesa de direitos, que visa a garantir o pleno acesso aos direitos no conjunto das provisões socioassistenciais; (Redação dada pela Lei 12.435/2011)

IV - (Revogado pela Lei 12.435/2011)

V - (Revogado pela Lei 12.435/2011)

Parágrafo único. Para o enfrentamento da pobreza, a assistência social realiza-se de forma integrada às políticas setoriais, garantindo mínimos sociais e provimento de condições para atender contingências sociais e promovendo a universalização dos direitos sociais. (Redação dada pela Lei 12.435/2011)

Art. 3º Consideram-se entidades e organizações de assistência social aquelas sem fins lucrativos que, isolada ou cumulativamente, prestam atendimento e assessoramento aos beneficiários abrangidos por esta Lei, bem como as que atuam na defesa e garantia de direitos. (Redação dada pela Lei 12.435/2011)

§ 1º São de atendimento aquelas entidades que, de forma continuada, permanente e planejada, prestam serviços, executam programas ou projetos e concedem benefícios de prestação social básica ou especial, dirigidos às famílias e indivíduos em situações de vulnerabilidade ou risco social e pessoal, nos termos desta Lei, e respeitadas as deliberações do Conselho Nacional de Assistência Social (CNAS), de que tratam os incisos I e II do art. 18. (Acrescido pela Lei 12.435/2011)

§ 2º São de assessoramento aquelas que, de forma continuada, permanente e planejada, prestam serviços e executam programas ou projetos voltados prioritariamente para o fortalecimento dos movimentos sociais e das organizações de usuários, formação e capacitação de lideranças, dirigidos ao público da política de assistência social, nos termos desta Lei, e respeitadas as deliberações do CNAS, de que tratam os incisos I e II do art. 18. (Acrescido pela Lei 12.435/2011)

§ 3º São de defesa e garantia de direitos aquelas que, de forma continuada, permanente e planejada, prestam serviços e executam programas e projetos voltados prioritariamente para a defesa e efetivação dos direitos socioassistenciais, construção de novos direitos, promoção da cidadania, enfrentamento das desigualdades sociais, articulação com órgãos públicos de defesa de direitos, dirigidos ao público da política de assistência social, nos termos desta Lei, e respeitadas as deliberações do CNAS, de que tratam os incisos I e II do art. 18. (Acrescido pela Lei 12.435/2011)

CAPÍTULO II
DOS PRINCÍPIOS E DAS DIRETRIZES

SEÇÃO I
DOS PRINCÍPIOS

Art. 4º A assistência social rege-se pelos seguintes princípios:

I - supremacia do atendimento às necessidades sociais sobre as exigências de rentabilidade econômica;

II - universalização dos direitos sociais, a fim de tornar o destinatário da ação assistencial alcançável pelas demais políticas públicas;

III - respeito à dignidade do cidadão, à sua autonomia e ao seu direito a benefícios e serviços de qualidade, bem como à convivência familiar e comunitária, vedando-se qualquer comprovação vexatória de necessidade;

IV - igualdade de direitos no acesso ao atendimento, sem discriminação de qualquer natureza, garantindo-se equivalência às populações urbanas e rurais;

V - divulgação ampla dos benefícios, serviços, programas e projetos assistenciais, bem como dos recursos oferecidos pelo Poder Público e dos critérios para sua concessão.

SEÇÃO II
DAS DIRETRIZES

Art. 5º A organização da assistência social tem como base as seguintes diretrizes:

I - descentralização político-administrativa para os Estados, o Distrito Federal e os Municípios, e comando único das ações em cada esfera de governo;

II - participação da população, por meio de organizações representativas, na formulação das políticas e no controle das ações em todos os níveis;

III - primazia da responsabilidade do Estado na condução da política de assistência social em cada esfera de governo.

CAPÍTULO III
DA ORGANIZAÇÃO E DA GESTÃO

Art. 6º A gestão das ações na área de assistência social fica organizada sob a forma de sistema descentralizado e participativo, denominado Sistema Único de Assistência Social (Suas), com os seguintes objetivos: (Redação dada pela Lei 12.435/2011)

I - consolidar a gestão compartilhada, o cofinanciamento e a cooperação técnica entre os entes federativos que, de modo articulado, operam a proteção social não contributiva; (Acrescido pela Lei 12.435/2011)

II - integrar a rede pública e privada de serviços, programas, projetos e benefícios de assistência social, na forma do art. 6º-C; (Acrescido pela Lei 12.435/2011)

III - estabelecer as responsabilidades dos entes federativos na organização, regulação, manutenção e expansão das ações de assistência social; (Acrescido pela Lei 12.435/2011)

IV - definir os níveis de gestão, respeitadas as diversidades regionais e municipais; (Acrescido pela Lei 12.435/2011)

V - implementar a gestão do trabalho e a educação permanente na assistência social; (Acrescido pela Lei 12.435/2011)

VI - estabelecer a gestão integrada de serviços e benefícios; e (Acrescido pela Lei 12.435/2011)

VII - afiançar a vigilância socioassistencial e a garantia de direitos. (Acrescido pela Lei 12.435/2011)

§ 1º As ações ofertadas no âmbito do Suas têm por objetivo a proteção à família, à maternidade, à infância, à adolescência e à velhice e, como base de organização, o território. (Acrescido pela Lei 12.435/2011)

§ 2º O Suas é integrado pelos entes federativos, pelos respectivos conselhos de assistência social e pelas entidades e organizações de assistência social abrangidas por esta Lei. (Acrescido pela Lei 12.435/2011)

§ 3º A instância coordenadora da Política Nacional de Assistência Social é o Ministério do Desenvolvimento Social e Combate à Fome. (Parágrafo único transformado em § 3º com redação dada pela Lei 12.435/2011)

§ 4º. Cabe à instância coordenadora da Política Nacional de Assistência Social normatizar e padronizar o emprego e a divulgação da identidade visual do Suas. (Acrescido pela Lei 13.714/2018)

§ 5º. A identidade visual do Suas deverá prevalecer na identificação de unidades públicas estatais, entidades e organizações de assistência social, serviços, programas, projetos e benefícios vinculados ao Suas. (Acrescido pela Lei 13.714/2018)

Art. 6º-A. A assistência social organiza-se pelos seguintes tipos de proteção:

I - proteção social básica: conjunto de serviços, programas, projetos e benefícios da assistência social que visa a prevenir situações de vulnerabilidade e risco social por meio do desenvolvimento de potencialidades e aquisições e do fortalecimento de vínculos familiares e comunitários;

II - proteção social especial: conjunto de serviços, programas e projetos que tem por objetivo contribuir para a reconstrução de vínculos familiares e comunitários, a defesa de direito, o fortalecimento das potencialidades e aquisições e a proteção de famílias e indivíduos para o enfrentamento das situações de violação de direitos.

Parágrafo único. A vigilância socioassistencial é um dos instrumentos das proteções da assistência social que identifica e previne as situações de risco e vulnerabilidade social e seus agravos no território. (Acrescido pela Lei 12.435/2011)

Art. 6º-B. As proteções sociais básica e especial serão ofertadas pela rede socioassistencial, de forma integrada, diretamente pelos entes públicos e/ou pelas entidades e organizações de assistência social vinculadas ao Suas, respeitadas as especificidades de cada ação.

§ 1º A vinculação ao Suas é o reconhecimento pelo Ministério do Desenvolvimento Social e Combate à Fome de que a entidade de assistência social integra a rede socioassistencial.

§ 2º Para o reconhecimento referido no § 1º, a entidade deverá cumprir os seguintes requisitos:

I - constituir-se em conformidade com o disposto no art. 3º;

II - inscrever-se em Conselho Municipal ou do Distrito Federal, na forma do art. 9º;

III - integrar o sistema de cadastro de entidades de que trata o inciso XI do art. 19.

§ 3º As entidades e organizações de assistência social vinculadas ao Suas celebrarão convênios, contratos, acordos ou ajustes com o poder público para a execução, garantido financiamento integral, pelo Estado, de serviços, programas, projetos e ações de assistência social, nos limites da capacidade instalada, aos beneficiários abrangidos por esta Lei, observando-se as disponibilidades orçamentárias.

§ 4º O cumprimento do disposto no § 3º será informado ao Ministério do Desenvolvimento Social e Combate à Fome pelo órgão gestor local da assistência social. (Acrescido pela Lei 12.435/2011)

Art. 6º-C. As proteções sociais, básica e especial, serão ofertadas precipuamente no Centro de Referência de Assistência Social (Cras) e no Centro de Referência Especializado de Assistência Social (Creas), respectivamente, e pelas entidades sem fins lucrativos de assistência social de que trata o art. 3º desta Lei.

§ 1º O Cras é a unidade pública municipal, de base territorial, localizada em áreas com maiores índices de vulnerabilidade e risco social, destinada à articulação dos serviços socioassistenciais no seu território de abrangência e à prestação de serviços, programas e projetos socioassistenciais de proteção social básica às famílias.

§ 2º O Creas é a unidade pública de abrangência e gestão municipal, estadual ou regional, destinada à prestação de serviços a indivíduos e famílias que se encontram em situação de risco pessoal ou social, por violação de direitos ou contingência, que demandam intervenções especializadas da proteção social especial.

§ 3º Os Cras e os Creas são unidades públicas estatais instituídas no âmbito do Suas, que possuem interface com as demais políticas públicas e articulam, coordenam e ofertam os serviços, programas, projetos e benefícios da assistência social. (Acrescido pela Lei 12.435/2011)

Art. 6º-D. As instalações dos Cras e dos Creas devem ser compatíveis com os serviços neles ofertados, com espaços para trabalhos em grupo e ambientes específicos para recepção e atendimento reservado das famílias e indivíduos, assegurada a acessibilidade às pessoas idosas e com deficiência. (Acrescido pela Lei 12.435/2011)

Art. 6º-E. Os recursos do cofinanciamento do Suas, destinados à execução das ações continuadas de assistência social, poderão ser aplicados no pagamento dos profissionais que integrarem as equipes de referência, responsáveis pela organização e oferta daquelas ações, conforme percentual apresentado pelo Ministério do Desenvolvimento Social e Combate à Fome e aprovado pelo CNAS.

Parágrafo único. A formação das equipes de referência deverá considerar o número de famílias e indivíduos referenciados, os tipos e modalidades de atendimento e as aquisições que devem ser garantidas aos usuários, conforme deliberações do CNAS. (Acrescido pela Lei 12.435/2011)

Art. 6º-F. Fica instituído o Cadastro Único para Programas Sociais do Governo Federal (CadÚnico), registro público eletrônico com a finalidade de coletar, processar, sistematizar e disseminar informações para a identificação e a caracterização socioeconômica das famílias de baixa renda, nos termos do regulamento. (Redação dada pela Lei 14.601/2023)

§ 1º As famílias de baixa renda poderão inscrever-se no CadÚnico nas unidades públicas de que tratam os §§ 1º e 2º do art. 6º-C desta Lei ou, nos termos do regulamento, por meio eletrônico.

§ 2º A inscrição no CadÚnico poderá ser obrigatória para acesso a programas sociais do governo federal, na forma estabelecida em regulamento. (Redação dada pela Lei 14.601/2023)

§ 3º Para fins de cumprimento do disposto no art. 12 da Emenda Constitucional nº 103, de 12 de novembro de 2019, e de ampliação da fidedignidade das informações cadastrais, será garantida a interoperabilidade de dados do CadÚnico com os dados constantes do Cadastro Nacional de Informações Sociais (CNIS), de que trata a Lei nº 8.213, de 24 de julho de 1991. (Acrescido pela Lei 14.601/2023)

§ 4º Os dados do CNIS incluídos no CadÚnico poderão ser acessados pelos órgãos gestores do CadÚnico, nas 3 (três) esferas da Federação, conforme termo de adesão do ente federativo ao CadÚnico, do qual constará cláusula de compromisso com o sigilo de dados. (Acrescido pela Lei 14.601/2023)

§ 5º A sociedade civil poderá cooperar com a identificação de pessoas que precisem ser inscritas no CadÚnico, nos termos do regulamento. (Acrescido pela Lei 14.601/2023)

§ 6º O Cadastro Único para Programas Sociais do Governo Federal (CadÚnico) coletará informações que caracterizem a condição socioeconômica e territorial das famílias, as quais serão objeto de checagem em outras bases de dados, nos termos estabelecidos em ato do Poder Executivo federal. (Redação dada pela Lei 15.077/2024)

Art. 7º As ações de assistência social, no âmbito das entidades e organizações de assistência social, observarão as normas expedidas pelo Conselho Nacional de Assistência Social - CNAS, de que trata o art. 17 desta Lei.

Art. 8º A União, os Estados, o Distrito Federal e os Municípios, observados os princípios e diretrizes estabelecidos nesta Lei, fixarão suas respectivas Políticas de Assistência Social.

Art. 9º O funcionamento das entidades e organizações de assistência social depende de prévia inscrição no respectivo Conselho Municipal de Assistência Social, ou no Conselho de Assistência Social do Distrito Federal, conforme o caso.

§ 1º A regulamentação desta lei definirá os critérios de inscrição e funcionamento das entidades com atuação em mais de um município no mesmo Estado, ou em mais de um Estado ou Distrito Federal.

§ 2º Cabe ao Conselho Municipal de Assistência Social e ao Conselho de Assistência Social do Distrito Federal a fiscalização das entidades referidas no *caput* na forma prevista em lei ou regulamento.

§ 3º (Revogado pela Lei 12.101/2009)

§ 4º As entidades e organizações de assistência social podem, para defesa de seus direitos referentes à inscrição e ao funcionamento, recorrer aos Conselhos Nacional, Estaduais, Municipais e do Distrito Federal.

Art. 10. A União, os Estados, os Municípios e o Distrito Federal podem celebrar convênios com entidades e organizações de assistência social, em conformidade com os Planos aprovados pelos respectivos Conselhos.

Art. 11. As ações das três esferas de governo na área de assistência social realizam-se de forma articulada, cabendo a coordenação e as normas gerais à esfera federal e a coordenação e execução dos programas, em suas respectivas esferas, aos Estados, ao Distrito Federal e aos Municípios.

Art. 12. Compete à União:

I - responder pela concessão e manutenção dos benefícios de prestação continuada definidos no art. 203 da Constituição Federal;

II - cofinanciar, por meio de transferência automática, o aprimoramento da gestão, os serviços, os programas e os projetos de assistência social em âmbito nacional; (Redação dada pela Lei 12.435/2011)

III - atender, em conjunto com os Estados, o Distrito Federal e os Municípios, às ações assistenciais de caráter de emergência;

IV - realizar o monitoramento e a avaliação da política de assistência social e assessorar Estados, Distrito Federal e Municípios para seu desenvolvimento. (Acrescido pela Lei 12.435/2011)

Art. 12-A. A União apoiará financeiramente o aprimoramento à gestão descentralizada dos serviços, programas, projetos e benefícios de assistência social, por meio do Índice de Gestão Descentralizada (IGD) do Sistema Único de Assistência Social (Suas), para a utilização no âmbito dos Estados, dos Municípios e do Distrito Federal, destinado, sem prejuízo de outras ações a serem definidas em regulamento, a:

I - medir os resultados da gestão descentralizada do Suas, com base na atuação do gestor estadual, municipal e do Distrito Federal na implementação, execução e monitoramento dos serviços, programas, projetos e benefícios de assistência social, bem como na articulação intersetorial;

II - incentivar a obtenção de resultados qualitativos na gestão estadual, municipal e do Distrito Federal do Suas; e

III - calcular o montante de recursos a serem repassados aos entes federados a título de apoio financeiro à gestão do Suas.

§ 1º Os resultados alcançados pelo ente federado na gestão do Suas, aferidos na forma de regulamento, serão considerados como prestação de contas dos recursos a serem transferidos a título de apoio financeiro.

§ 2º As transferências para apoio à gestão descentralizada do Suas adotarão a sistemática do Índice de Gestão Descentralizada do Programa Bolsa Família, previsto no art. 8º da Lei nº 10.836, de 9 de janeiro de 2004, e serão efetivadas por meio de procedimento integrado àquele índice.

§ 3º (VETADO).

§ 4º Para fins de fortalecimento dos Conselhos de Assistência Social dos Estados, Municípios e Distrito Federal, percentual dos recursos transferidos deverá ser gasto com atividades de apoio técnico e operacional àqueles colegiados, na forma fixada pelo Ministério do Desenvolvimento Social e Combate à Fome, sendo vedada a utilização dos recursos para pagamento de pessoal efetivo e de gratificações de qualquer natureza a servidor público estadual, municipal ou do Distrito Federal. (Acrescido pela Lei 12.435/2011)

Art. 13. Compete aos Estados:

I - destinar recursos financeiros aos Municípios, a título de participação no custeio do pagamento dos benefícios eventuais de que trata o art. 22, mediante critérios estabelecidos pelos Conselhos Estaduais de Assistência Social; (Redação dada pela Lei 12.435/2011)

II - cofinanciar, por meio de transferência automática, o aprimoramento da gestão, os serviços, os programas e os projetos de assistência social em âmbito regional ou local; (Redação dada pela Lei 12.435/2011)

III - atender, em conjunto com os Municípios, às ações assistenciais de caráter de emergência;

IV - estimular e apoiar técnica e financeiramente as associações e consórcios municipais na prestação de serviços de assistência social;

V - prestar os serviços assistenciais cujos custos ou ausência de demanda municipal justifiquem uma rede regional de serviços, desconcentrada, no âmbito do respectivo Estado;

VI - realizar o monitoramento e a avaliação da política de assistência social e assessorar os Municípios para seu desenvolvimento. (Acrescido pela Lei 12.435/2011)

Art. 14. Compete ao Distrito Federal:

I - destinar recursos financeiros para custeio do pagamento dos benefícios eventuais de que trata o art. 22, mediante critérios estabelecidos pelos Conselhos de Assistência Social do Distrito Federal; (Redação dada pela Lei 12.435/2011)

II - efetuar o pagamento dos auxílios natalidade e funeral;

III - executar os projetos de enfrentamento da pobreza, incluindo a parceria com organizações da sociedade civil;

IV - atender às ações assistenciais de caráter de emergência;

V - prestar os serviços assistenciais de que trata o art. 23 desta Lei;

VI - cofinanciar o aprimoramento da gestão, os serviços, os programas e os projetos de assistência social em âmbito local; (Acrescido pela Lei 12.435/2011)

VII - realizar o monitoramento e a avaliação da política de assistência social em seu âmbito. (Acrescido pela Lei 12.435/2011)

Art. 15. Compete aos Municípios:

I - destinar recursos financeiros para custeio do pagamento dos benefícios eventuais de que trata o art. 22, mediante critérios estabelecidos pelos Conselhos Municipais de Assistência Social; (Redação dada pela Lei 12.435/2011)

II - efetuar o pagamento dos auxílios natalidade e funeral;

III - executar os projetos de enfrentamento da pobreza, incluindo a parceria com organizações da sociedade civil;

IV - atender às ações assistenciais de caráter de emergência;

V - prestar os serviços assistenciais de que trata o art. 23 desta Lei;

VI - cofinanciar o aprimoramento da gestão, os serviços, os programas e os projetos de assistência social em âmbito local; (Acrescido pela Lei 12.435/2011)

VII - realizar o monitoramento e a avaliação da política de assistência social em seu âmbito. (Acrescido pela Lei 12.435/2011)

Art. 16. As instâncias deliberativas do Suas, de caráter permanente e composição paritária entre governo e sociedade civil, são: (Redação dada pela Lei 12.435/2011)

I - o Conselho Nacional de Assistência Social;

II - os Conselhos Estaduais de Assistência Social;

III - o Conselho de Assistência Social do Distrito Federal;

IV - os Conselhos Municipais de Assistência Social.

Parágrafo único. Os Conselhos de Assistência Social estão vinculados ao órgão gestor de assistência social, que deve prover a infraestrutura necessária ao seu funcionamento, garantindo recursos materiais, humanos e financeiros, inclusive com despesas referentes a passagens e diárias de conselheiros representantes do governo ou da sociedade civil, quando estiverem no exercício de suas atribuições. (Acrescido pela Lei 12.435/2011)

Art. 17. Fica instituído o Conselho Nacional de Assistência Social - CNAS, órgão superior de deliberação colegiada, vinculado à estrutura do órgão da Administração Pública Federal responsável pela coordenação da Política Nacional de Assistência Social, cujos membros, nomeados pelo Presidente da República, têm mandato de 2 (dois) anos, permitida uma única recondução por igual período.

§ 1º O Conselho Nacional de Assistência Social - CNAS é composto por 18 (dezoito) membros e respectivos suplentes, cujos nomes são indicados ao órgão da Administração Pública Federal responsável pela coordenação da Política Nacional de Assistência Social, de acordo com os critérios seguintes:

I - 9 (nove) representantes governamentais, incluindo 1 (um) representante dos Estados e 1 (um) dos Municípios;

II - 9 (nove) representantes da sociedade civil, dentre representantes dos usuários ou de organizações de usuários, das entidades e organizações de assistência social e dos trabalhadores do setor, escolhidos em foro próprio sob fiscalização do Ministério Público Federal.

§ 2º O Conselho Nacional de Assistência Social - CNAS é presidido por um de seus integrantes, eleito dentre seus membros, para mandato de 1 (um) ano, permitida uma única recondução por igual período.

§ 3º O Conselho Nacional de Assistência Social - CNAS contará com uma Secretaria Executiva, a qual terá sua estrutura disciplinada em ato do Poder Executivo.

§ 4º Os Conselhos de que tratam os incisos II, III e IV do art. 16, com competência para acompanhar a execução da política de assistência social, apreciar e aprovar a proposta orçamentária, em consonância com as diretrizes das conferências nacionais, estaduais, distrital e municipais, de acordo com seu âmbito de atuação, deverão ser instituídos, respectivamente, pelos Estados, pelo Distrito Federal e pelos Municípios, mediante lei específica. (Redação dada pela Lei 12.435/2011)

Art. 18. Compete ao Conselho Nacional de Assistência Social:

I - aprovar a Política Nacional de Assistência Social;

II - normatizar as ações e regular a prestação de serviços de natureza pública e privada no campo da assistência social;

III - acompanhar e fiscalizar o processo de certificação das entidades e organizações de assistência social no Ministério do Desenvolvimento Social e Combate à Fome; (Redação dada pela Lei 12.101/2009)

IV - apreciar relatório anual que conterá a relação de entidades e organizações de assistência social certificadas como beneficentes e encaminhá-lo para conhecimento dos Conselhos de Assistência Social dos Estados, Municípios e do Distrito Federal; (Redação dada pela Lei 12.101/2009)

V - zelar pela efetivação do sistema descentralizado e participativo de assistência social;

VI - a partir da realização da II Conferência Nacional de Assistência Social em 1997, convocar ordinariamente a cada quatro anos a Conferência Nacional de Assistência Social, que terá a atribuição de avaliar a situação da assistência social e propor diretrizes para o aperfeiçoamento do sistema; (Redação dada pela Lei 9.720/1998)

VII - (VETADO)

VIII - apreciar e aprovar a proposta orçamentária da Assistência Social a ser encaminhada pelo órgão da Administração Pública Federal responsável pela coordenação da Política Nacional de Assistência Social;

IX - aprovar critérios de transferência de recursos para os Estados, Municípios e Distrito Federal, considerando, para tanto, indicadores que informem sua regionalização mais eqüitativa, tais como: população, renda per capita, mortalidade infantil e concentração de renda, além de disciplinar os procedimentos de repasse de recursos para as entidades e organizações de assistência social, sem prejuízo das disposições da Lei de Diretrizes Orçamentárias;

X - acompanhar e avaliar a gestão dos recursos, bem como os ganhos sociais e o desempenho dos programas e projetos aprovados;

XI - estabelecer diretrizes, apreciar e aprovar os programas anuais e plurianuais do Fundo Nacional de Assistência Social - FNAS;

XII - indicar o representante do Conselho Nacional de Assistência Social - CNAS junto ao Conselho Nacional da Seguridade Social;

XIII - elaborar e aprovar seu regimento interno;

XIV - divulgar, no Diário Oficial da União, todas as suas decisões, bem como as contas do Fundo Nacional de Assistência Social - FNAS e os respectivos pareceres emitidos

Parágrafo único. (Revogado pela Lei 12.101/2009)

Art. 19. Compete ao órgão da Administração Pública Federal responsável pela coordenação da Política Nacional de Assistência Social:

I - coordenar e articular as ações no campo da assistência social;

II - propor ao Conselho Nacional de Assistência Social - CNAS a Política Nacional de Assistência Social, suas normas gerais, bem como os critérios de prioridade e de elegibilidade, além de padrões de qualidade na prestação de benefícios, serviços, programas e projetos;

III - prover recursos para o pagamento dos benefícios de prestação continuada definidos nesta Lei;

IV - elaborar e encaminhar a proposta orçamentária da assistência social, em conjunto com as demais áreas da Seguridade Social;

V - propor os critérios de transferência dos recursos de que trata esta lei;

VI - proceder à transferência dos recursos destinados à assistência social, na forma prevista nesta Lei;

VII - encaminhar à apreciação do Conselho Nacional de Assistência Social - CNAS relatórios trimestrais e anuais de atividades e de realização financeira dos recursos;

VIII - prestar assessoramento técnico aos Estados, ao Distrito Federal, aos Municípios e às entidades e organizações de assistência social;

IX - formular política para a qualificação sistemática e continuada de recursos humanos no campo da assistência social;

X - desenvolver estudos e pesquisas para fundamentar as análises de necessidades e formulação de proposições para a área;

XI - coordenar e manter atualizado o sistema de cadastro de entidades e organizações de assistência social, em articulação com os Estados, os Municípios e o Distrito Federal;

XII - articular-se com os órgãos responsáveis pelas políticas de saúde e previdência social, bem como com os demais responsáveis pelas políticas sócio-econômicas setoriais, visando à elevação do patamar mínimo de atendimento às necessidades básicas;

XIII - expedir os atos normativos necessários à gestão do Fundo Nacional de Assistência Social FNAS, de acordo com as diretrizes estabelecidas pelo Conselho Nacional de Assistência Social - CNAS;

XIV - elaborar e submeter ao Conselho Nacional de Assistência Social - CNAS os programas anuais e plurianuais de aplicação dos recursos do Fundo Nacional de Assistência Social - FNAS.

Parágrafo único. A atenção integral à saúde, inclusive a dispensação de medicamentos e produtos de interesse para a saúde, às famílias e indivíduos em situações de vulnerabilidade ou risco social e pessoal, nos termos desta Lei, dar-se-á independentemente da apresentação de documentos que comprovem domicílio ou inscrição no cadastro no Sistema Único de Saúde (SUS), em consonância com a diretriz de articulação das ações de assistência social e de saúde a que se refere o inciso XII deste artigo. (Acrescido pela Lei 13.714/2018)

CAPÍTULO IV
DOS BENEFÍCIOS, DOS SERVIÇOS, DOS PROGRAMAS E DOS PROJETOS DE ASSISTÊNCIA SOCIAL

SEÇÃO I
DO BENEFÍCIO DE PRESTAÇÃO CONTINUADA

Art. 20. O benefício de prestação continuada é a garantia de um salário-mínimo mensal à pessoa com deficiência e ao idoso com 65 (sessenta e cinco) anos ou mais que comprovem não possuir meios de prover a própria manutenção nem de tê-la provida por sua família. (Redação dada pela Lei 12.435/2011)

§ 1º Para os efeitos do disposto no *caput*, a família é composta pelo requerente, o cônjuge ou companheiro, os pais e, na ausência de um deles, a madrasta ou o padrasto, os irmãos solteiros, os filhos e enteados solteiros e os menores tutelados, desde que vivam sob o mesmo teto. (Redação dada pela Lei 12.435/2011)

§ 2º Para efeito de concessão do benefício de prestação continuada, considera-se pessoa com deficiência aquela que tem impedimento de longo prazo de natureza física, mental, intelectual ou sensorial, o qual, em interação com uma ou mais barreiras, pode obstruir sua participação plena e efetiva na sociedade em igualdade de condições com as demais pessoas. (Redação dada pela Lei 13.146/2015)

I - (Revogado pela Lei 12.470/2011)

II - (Revogado pela Lei 12.470/2011)

§ 2º-A. A concessão administrativa ou judicial do benefício de que trata este artigo a pessoa com deficiência fica sujeita a avaliação, nos termos de regulamento. (Acrescido pela Lei 15.077/2024)

§ 2º-B. (Vetado na Lei 15.077/2024).

§ 3º Observados os demais critérios de elegibilidade definidos nesta Lei, terão direito ao benefício financeiro de que trata o caput deste artigo a pessoa com deficiência ou a pessoa idosa com renda familiar mensal per capita igual ou inferior a 1/4 (um quarto) do salário-mínimo. (Redação dada pela Lei 14.176/2021)

I – (Revogado pela Lei 14.176/2021)

II – *(VETADO na Lei 13.982/2020)*

§ 3º-A. O cálculo da renda familiar considerará a soma dos rendimentos auferidos mensalmente pelos membros da família que vivam sob o mesmo teto, ressalvadas as hipóteses previstas no § 14 deste artigo, nos termos estabelecidos em ato do Poder Executivo federal, vedadas deduções não previstas em lei. (Acrescido pela Lei 15.077/2024)

§ 4º O benefício de que trata este artigo não pode ser acumulado pelo beneficiário com qualquer outro no âmbito da seguridade social ou de outro regime, salvo os da assistência médica e da pensão especial de natureza indenizatória, bem como as transferências de renda de que tratam o parágrafo único do art. 6º e o inciso VI do caput do art. 203 da Constituição Federal e o caput e o § 1º do art. 1º da Lei nº 10.835, de 8 de janeiro de 2004. (Redação dada pela Lei 14.601/2023)

§ 5º A condição de acolhimento em instituições de longa permanência não prejudica o direito do idoso ou da pessoa com deficiência ao benefício de prestação continuada. (Redação dada pela Lei 12.435/2011)

§ 6º A concessão do benefício ficará sujeita à avaliação da deficiência e do grau de impedimento de que trata o § 2º, composta por avaliação médica e avaliação social realizadas por médicos peritos e por assistentes sociais do Instituto Nacional de Seguro Social - INSS. (Redação dada pela Lei 12.470/2011)

§ 6º-A. O INSS poderá celebrar parcerias para a realização da avaliação social, sob a supervisão do serviço social da autarquia. (Acrescido pela Lei 14.441/2022)

§ 7º Na hipótese de não existirem serviços no município de residência do beneficiário, fica assegurado, na forma prevista em regulamento, o seu encaminhamento ao município mais próximo que contar com tal estrutura. (Redação dada pela Lei 9.720/1998)

§ 8º A renda familiar mensal a que se refere o § 3º deverá ser declarada pelo requerente ou seu representante legal, sujeitando-se aos demais procedimentos previstos no regulamento para o deferimento do pedido. (Acrescido pela Lei 9.720/1998)

§ 9º Os valores recebidos a título de auxílio financeiro temporário ou de indenização por danos sofridos em decorrência de rompimento e colapso de barragens, bem como os rendimentos decorrentes de estágio supervisionado e de aprendizagem, não serão computados para fins de cálculo da renda familiar per capita a que se refere o § 3º deste artigo. (Redação dada pela Lei 14.809/2024)

§ 10. Considera-se impedimento de longo prazo, para os fins do § 2º deste artigo, aquele que produza efeitos pelo prazo mínimo de 2 (dois) anos. (Acrescido pela Lei 12.470/2011)

§ 11. Para concessão do benefício de que trata o *caput* deste artigo, poderão ser utilizados outros elementos probatórios da condição de miserabilidade do grupo familiar e da situação de vulnerabilidade, conforme regulamento. (Acrescido pela Lei 13.146/2015)

§ 11-A. O regulamento de que trata o § 11 deste artigo poderá ampliar o limite de renda mensal familiar per capita previsto no § 3º deste artigo para até 1/2 (meio) salário-mínimo, observado o disposto no art. 20-B desta Lei. (Acrescido pela Lei 14.176/2021)

§ 12. São requisitos para a concessão, a manutenção e a revisão do benefício as inscrições no Cadastro de Pessoas Físicas - CPF e no Cadastro Único para Programas Sociais do Governo Federal - Cadastro Único, conforme previsto em regulamento. *(Acrescido pela Lei 13.846/2019)*

§ 12-A. Ao requerente do benefício de prestação continuada, ou ao responsável legal, será solicitado registro biométrico nos cadastros da Carteira de Identidade Nacional (CIN), do título eleitoral ou da Carteira Nacional de Habilitação (CNH), nos termos de ato conjunto dos órgãos competentes. *(Acrescido pela Lei 14.973/2024)*

§ 12-B. Na impossibilidade de registro biométrico do requerente, ele será obrigatório ao responsável legal. (Acrescido pela Lei 15.077/2024)

§ 13. *(Acrescido pela MP 871/2019, e não mantido pela Lei 13.846/2019, na qual foi convertida a referida Medida Provisória)*

§ 14. O benefício de prestação continuada ou o benefício previdenciário no valor de até 1 (um) salário-mínimo concedido a idoso acima de 65 (sessenta e cinco) anos de idade ou pessoa com deficiência não será computado, para fins de concessão do benefício de prestação continuada a outro idoso ou pessoa com deficiência da mesma família, no cálculo da renda a que se refere o § 3º deste artigo. *(Acrescido pela Lei 13.982/2020)*

§ 15. O benefício de prestação continuada será devido a mais de um membro da mesma família enquanto atendidos os requisitos exigidos nesta Lei. *(Acrescido pela Lei 13.982/2020)*

Art. 20-A. (Revogado pela Lei 14.176/2021)

Art. 20-B. Na avaliação de outros elementos probatórios da condição de miserabilidade e da situação de vulnerabilidade de que trata o § 11 do art. 20 desta Lei, serão considerados os seguintes aspectos para ampliação do critério de aferição da renda familiar mensal per capita de que trata o § 11-A do referido artigo: (Acrescido pela Lei 14.176/2021)

I - o grau da deficiência;

II - a dependência de terceiros para o desempenho de atividades básicas da vida diária; e

III - o comprometimento do orçamento do núcleo familiar de que trata o § 3º do art. 20 desta Lei exclusivamente com gastos médicos, com tratamentos de saúde, com fraldas, com alimentos especiais e com medicamentos do idoso ou da pessoa com deficiência não disponibilizados gratuitamente pelo SUS, ou com serviços não prestados pelo Suas, desde que comprovadamente necessários à preservação da saúde e da vida.

§ 1º A ampliação de que trata o caput deste artigo ocorrerá na forma de escalas graduais, definidas em regulamento.

§ 2º Aplicam-se à pessoa com deficiência os elementos constantes dos incisos I e III do caput deste artigo, e à pessoa idosa os constantes dos incisos II e III do caput deste artigo.

§ 3º O grau da deficiência de que trata o inciso I do caput deste artigo será aferido por meio de instrumento de avaliação biopsicossocial, observados os termos dos §§ 1º e 2º do art. 2º da Lei nº 13.146, de 6 de julho de 2015 (Estatuto da Pessoa com Deficiência), e do § 6º do art. 20 e do art. 40-B desta Lei.

§ 4º O valor referente ao comprometimento do orçamento do núcleo familiar com gastos de que trata o inciso III do caput deste artigo será definido em ato conjunto do Ministério da Cidadania, da Secretaria Especial de Previdência e Trabalho do Ministério da Economia e do INSS, a partir de valores médios dos gastos realizados pelas famílias exclusivamente com essas finalidades, facultada ao interessado a possibilidade de comprovação, conforme critérios definidos em regulamento, de que os gastos efetivos ultrapassam os valores médios.

Art. 21. O benefício de prestação continuada deve ser revisto a cada 2 (dois) anos para avaliação da continuidade das condições que lhe deram origem.

§ 1º O pagamento do benefício cessa no momento em que forem superadas as condições referidas no *caput*, ou em caso de morte do beneficiário.

§ 2º O benefício será cancelado quando se constatar irregularidade na sua concessão ou utilização.

§ 3º O desenvolvimento das capacidades cognitivas, motoras ou educacionais e a realização de atividades não remuneradas de habilitação e reabilitação, entre outras, não constituem motivo de suspensão ou cessação do benefício da pessoa com deficiência. (Acrescido pela Lei 12.435/2011)

§ 4º A cessação do benefício de prestação continuada concedido à pessoa com deficiência não impede nova concessão do benefício, desde que atendidos os requisitos definidos em regulamento. (Redação dada pela Lei 12.470/2011)

§ 5º O beneficiário em gozo de benefício de prestação continuada concedido judicial ou administrativamente poderá ser convocado para avaliação das condições que ensejaram sua concessão ou manutenção, sendo-lhe exigida a presença dos requisitos previstos nesta Lei e no regulamento. (Acrescido pela Lei 14.176/2021)

Art. 21-A. O benefício de prestação continuada será suspenso pelo órgão concedente quando a pessoa com deficiência exercer atividade remunerada, inclusive na condição de microempreendedor individual.

§ 1º Extinta a relação trabalhista ou a atividade empreendedora de que trata o *caput* deste artigo e, quando for o caso, encerrado o prazo de pagamento do seguro-desemprego e não tendo o beneficiário adquirido direito a qualquer benefício previdenciário, poderá ser requerida a continuidade do pagamento do benefício suspenso, sem necessidade de realização de perícia médica ou reavaliação da deficiência e do grau de incapacidade para esse fim, respeitado o período de revisão previsto no *caput* do art. 21.

§ 2º A contratação de pessoa com deficiência como aprendiz não acarreta a suspensão do benefício de prestação continuada, limitado a 2 (dois) anos o recebimento concomitante da remuneração e do benefício. (Acrescido pela Lei 12.470/2011)

Art. 21-B. Os beneficiários do benefício de prestação continuada, quando não estiverem inscritos no CadÚnico ou quando estiverem com o cadastro desatualizado há mais de 24 (vinte e quatro) meses, deverão regularizar a situação nos seguintes prazos, contados a partir da efetiva notificação bancária ou por outros canais de atendimento: (Redação dada pela Lei 15.077/2024)

I - 45 (quarenta e cinco) dias para Municípios de pequeno porte; (Acrescido pela Lei 14.973/2024)

II - 90 (noventa) dias para Municípios de médio e grande porte ou metrópole, com população acima de 50.000 (cinquenta mil) habitantes. (Acrescido pela Lei 14.973/2024)

§ 1º Na falta da ciência da notificação bancária ou por outros canais de atendimento, o crédito do benefício será bloqueado em 30 (trinta) dias após o envio da notificação. (Acrescido pela Lei 14.973/2024)

§ 2º O não cumprimento do disposto no caput implicará a suspensão do benefício, desde que comprovada a ciência da notificação. (Acrescido pela Lei 14.973/2024)

§ 3º O beneficiário poderá realizar a inclusão ou a atualização no CadÚnico até o final do prazo de suspensão, sem que haja prejuízo no pagamento do benefício. (Acrescido pela Lei 14.973/2024)

SEÇÃO II
DOS BENEFÍCIOS EVENTUAIS

Art. 22. Entendem-se por benefícios eventuais as provisões suplementares e provisórias que integram organicamente as garantias do Suas e são prestadas aos cidadãos e às famílias em virtude de nascimento, morte, situações de vulnerabilidade temporária e de calamidade pública.

§ 1º A concessão e o valor dos benefícios de que trata este artigo serão definidos pelos Estados, Distrito Federal e Municípios e previstos nas respectivas leis orçamentárias anuais, com base em critérios e prazos definidos pelos respectivos Conselhos de Assistência Social.

§ 2º O CNAS, ouvidas as respectivas representações de Estados e Municípios dele participantes, poderá propor, na medida das disponibilidades orçamentárias das 3 (três) esferas de governo, a instituição de benefícios subsidiários no valor de até 25% (vinte e cinco por cento) do salário-mínimo para cada criança de até 6 (seis) anos de idade.

§ 3º Os benefícios eventuais subsidiários não poderão ser cumulados com aqueles instituídos pelas Leis nº 10.954, de 29 de setembro de 2004, e nº 10.458, de 14 de maio de 2002. (Redação dada pela Lei 12.435/2011)

SEÇÃO III
DOS SERVIÇOS

Art. 23. Entendem-se por serviços socioassistenciais as atividades continuadas que visem à melhoria de vida da população e cujas ações, voltadas para as necessidades básicas, observem os objetivos, princípios e diretrizes estabelecidos nesta Lei. (Redação dada pela Lei 12.435/2011)

§ 1º O regulamento instituirá os serviços socioassistenciais. (Acrescido pela Lei 12.435/2011)

§ 2º Na organização dos serviços da assistência social serão criados programas de amparo, entre outros:

I - às crianças e adolescentes em situação de risco pessoal e social, em cumprimento ao disposto no art. 227 da Constituição Federal e na Lei nº 8.069, de 13 de julho de 1990 (Estatuto da Criança e do Adolescente);

II - às pessoas que vivem em situação de rua. (Parágrafo único transformado em § 2º com redação dada pela Lei 12.435/2011)

III - às pessoas idosas carentes residentes em instituições de longa permanência, nas quais o poder público apoiará o atendimento integral à saúde, na forma do regulamento. (Acrescido pela Lei 14.878/2024)

SEÇÃO IV
DOS PROGRAMAS DE ASSISTÊNCIA SOCIAL

Art. 24. Os programas de assistência social compreendem ações integradas e complementares com objetivos, tempo e área de abrangência definidos para qualificar, incentivar e melhorar os benefícios e os serviços assistenciais.

§ 1º Os programas de que trata este artigo serão definidos pelos respectivos Conselhos de Assistência Social, obedecidos os objetivos e princípios que regem esta Lei, com prioridade para a inserção profissional e social.

§ 2º Os programas voltados para o idoso e a integração da pessoa com deficiência serão devidamente articulados com o benefício de prestação continuada estabelecido no art. 20 desta Lei. (Redação dada pela Lei 12.435/2011)

Art. 24-A. Fica instituído o Serviço de Proteção e Atendimento Integral à Família (Paif), que integra a proteção social básica e consiste na oferta de ações e serviços socioassistenciais de prestação continuada, nos Cras, por meio do trabalho social com famílias em situação de vulnerabilidade social, com o objetivo de prevenir o rompimento dos vínculos familiares e a violência no âmbito de suas relações, garantindo o direito à convivência familiar e comunitária.

Parágrafo único. Regulamento definirá as diretrizes e os procedimentos do Paif. (Acrescido pela Lei 12.435/2011)

Art. 24-B. Fica instituído o Serviço de Proteção e Atendimento Especializado a Famílias e Indivíduos (Paefi), que integra a proteção social especial e consiste no apoio, orientação e acompanhamento a famílias e indivíduos em situação de ameaça ou violação de direitos, articulando os serviços socioassistenciais com as diversas políticas públicas e com órgãos do sistema de garantia de direitos.

Parágrafo único. Regulamento definirá as diretrizes e os procedimentos do Paefi. (Acrescido pela Lei 12.435/2011)

Art. 24-C. Fica instituído o Programa de Erradicação do Trabalho Infantil (Peti), de caráter intersetorial, integrante da Política Nacional de Assistência Social, que, no âmbito do Suas, compreende transferências de renda, trabalho social com famílias e oferta de serviços socioeducativos para crianças e adolescentes que se encontrem em situação de trabalho.

§ 1º O Peti tem abrangência nacional e será desenvolvido de forma articulada pelos entes federados, com a participação da sociedade civil, e tem como objetivo contribuir para a retirada de crianças e adolescentes com idade inferior a 16 (dezesseis) anos em situação de trabalho, ressalvada a condição de aprendiz, a partir de 14 (quatorze) anos.

§ 2º As crianças e os adolescentes em situação de trabalho deverão ser identificados e ter os seus dados inseridos no

Cadastro Único para Programas Sociais do Governo Federal (CadÚnico), com a devida identificação das situações de trabalho infantil. (Acrescido pela Lei 12.435/2011)

SEÇÃO V
DOS PROJETOS DE ENFRENTAMENTO DA POBREZA

Art. 25. Os projetos de enfrentamento da pobreza compreendem a instituição de investimento econômico-social nos grupos populares, buscando subsidiar, financeira e tecnicamente, iniciativas que lhes garantam meios, capacidade produtiva e de gestão para melhoria das condições gerais de subsistência, elevação do padrão da qualidade de vida, a preservação do meio-ambiente e sua organização social.

Art. 26. O incentivo a projetos de enfrentamento da pobreza assentar-se-á em mecanismos de articulação e de participação de diferentes áreas governamentais e em sistema de cooperação entre organismos governamentais, não governamentais e da sociedade civil.

SEÇÃO VI
DO AUXÍLIO-INCLUSÃO

(Acrescida pela Lei 14.176/2021)

Art. 26-A. Terá direito à concessão do auxílio-inclusão de que trata o art. 94 da Lei nº 13.146, de 6 de julho de 2015 (Estatuto da Pessoa com Deficiência), a pessoa com deficiência moderada ou grave que, cumulativamente: (Acrescido pela Lei 14.176/2021)

I - receba o benefício de prestação continuada, de que trata o art. 20 desta Lei, e passe a exercer atividade:

a) que tenha remuneração limitada a 2 (dois) salários-mínimos; e

b) que enquadre o beneficiário como segurado obrigatório do Regime Geral de Previdência Social ou como filiado a regime próprio de previdência social da União, dos Estados, do Distrito Federal ou dos Municípios;

II - tenha inscrição atualizada no CadÚnico no momento do requerimento do auxílio-inclusão;

III - tenha inscrição regular no CPF; e

IV - atenda aos critérios de manutenção do benefício de prestação continuada, incluídos os critérios relativos à renda familiar mensal per capita exigida para o acesso ao benefício, observado o disposto no § 4º deste artigo.

§ 1º O auxílio-inclusão poderá ainda ser concedido, nos termos do inciso I do caput deste artigo, mediante requerimento e sem retroatividade no pagamento, ao beneficiário:

I - que tenha recebido o benefício de prestação continuada nos 5 (cinco) anos imediatamente anteriores ao exercício da atividade remunerada; e

II - que tenha tido o benefício suspenso nos termos do art. 21-A desta Lei.

§ 2º O valor do auxílio-inclusão percebido por um membro da família não será considerado no cálculo da renda familiar mensal per capita de que trata o inciso IV do caput deste artigo, para fins de concessão e de manutenção de outro auxílio-inclusão no âmbito do mesmo grupo familiar.

§ 3º O valor do auxílio-inclusão e o da remuneração do beneficiário do auxílio-inclusão de que trata a alínea "a" do inciso I do caput deste artigo percebidos por um membro da família não serão considerados no cálculo da renda familiar mensal per capita de que tratam os §§ 3º e 11-A do art. 20 desta Lei para fins de manutenção de benefício de prestação continuada concedido anteriormente a outra pessoa do mesmo grupo familiar.

§ 4º Para fins de cálculo da renda familiar per capita de que trata o inciso IV do caput deste artigo, serão desconsideradas:

I - as remunerações obtidas pelo requerente em decorrência de exercício de atividade laboral, desde que o total recebido no mês seja igual ou inferior a 2 (dois) salários-mínimos; e

II - as rendas oriundas dos rendimentos decorrentes de estágio supervisionado e de aprendizagem.

Art. 26-B. O auxílio-inclusão será devido a partir da data do requerimento, e o seu valor corresponderá a 50% (cinquenta por cento) do valor do benefício de prestação continuada em vigor. (Acrescido pela Lei 14.176/2021)

§ 1º Ao requerer o auxílio-inclusão, o beneficiário autorizará a suspensão do benefício de prestação continuada, nos termos do art. 21-A desta Lei. (Parágrafo único transformado em § 1º pela Lei nº 14.441/2022)

§ 2º O auxílio-inclusão será concedido automaticamente pelo INSS, observado o preenchimento dos demais requisitos, mediante constatação, pela própria autarquia ou pelo Ministério da Cidadania, de acumulação do benefício de prestação continuada com o exercício de atividade remunerada. (Acrescido pela Lei 14.441/2022)

§ 3º Na hipótese do § 2º deste artigo, o auxílio-inclusão será devido a partir do primeiro dia da competência em que se identificou a ocorrência de acumulação do benefício de prestação continuada com o exercício de atividade remunerada, e o titular deverá ser notificado quanto à alteração do benefício e suas consequências administrativas. (Acrescido pela Lei 14.441/2022)

Art. 26-C. O pagamento do auxílio-inclusão não será acumulado com o pagamento de: (Acrescido pela Lei 14.176/2021)

I - benefício de prestação continuada de que trata o art. 20 desta Lei;

II - prestações a título de aposentadoria, de pensões ou de benefícios por incapacidade pagos por qualquer regime de previdência social; ou

III - seguro-desemprego.

Art. 26-D. O pagamento do auxílio-inclusão cessará na hipótese de o beneficiário: (Acrescido pela Lei 14.176/2021)

I - deixar de atender aos critérios de manutenção do benefício de prestação continuada; ou

II - deixar de atender aos critérios de concessão do auxílio-inclusão.

Parágrafo único. Ato do Poder Executivo federal disporá sobre o procedimento de verificação dos critérios de manutenção e de revisão do auxílioinclusão.

Art. 26-E. O auxílio-inclusão não está sujeito a desconto de qualquer contribuição e não gera direito a pagamento de abono anual. (Acrescido pela Lei 14.176/2021)

Art. 26-F. Compete ao Ministério da Cidadania a gestão do auxílio-inclusão, e ao INSS a sua operacionalização e pagamento. (Acrescido pela Lei 14.176/2021)

Art. 26-G. As despesas decorrentes do pagamento do auxílio-inclusão correrão à conta do orçamento do Ministério da Cidadania. (Acrescido pela Lei 14.176/2021)

§ 1º O Poder Executivo federal compatibilizará o quantitativo de benefícios financeiros do auxílio-inclusão de que trata o art. 26-A desta Lei com as dotações orçamentárias existentes.

§ 2º O regulamento indicará o órgão do Poder Executivo responsável por avaliar os impactos da concessão do auxílio-inclusão na participação no mercado de trabalho, na redução de desigualdades e no exercício dos direitos e liberdades fundamentais das pessoas com deficiência, nos termos do § 16 do art. 37 da Constituição Federal.

Art. 26-H. No prazo de 10 (dez) anos, contado da data de publicação desta "Seção, será promovida a revisão do auxílio-inclusão, observado o disposto no § 2º do art. 26-G desta Lei, com vistas a seu aprimoramento e ampliação. (Acrescido pela Lei 14.176/2021)

CAPÍTULO V
DO FINANCIAMENTO DA ASSISTÊNCIA SOCIAL

Art. 27. Fica o Fundo Nacional de Ação Comunitária - Funac, instituído pelo Decreto nº 91.970, de 22 de novembro de 1985, ratificado pelo Decreto Legislativo nº 66, de 18 de dezembro de 1990, transformado no Fundo Nacional de Assistência Social - FNAS.

Art. 28. O financiamento dos benefícios, serviços, programas e projetos estabelecidos nesta Lei far-se-á com os recursos da União, dos Estados, do Distrito Federal e dos Municípios, das demais contribuições sociais previstas no art. 195 da Constituição Federal, além daqueles que compõem o Fundo Nacional de Assistência Social - FNAS.

§ 1º Cabe ao órgão da Administração Pública responsável pela coordenação da Política de Assistência Social nas 3 (três) esferas de governo gerir o Fundo de Assistência Social, sob orientação e controle dos respectivos Conselhos de Assistência Social. (Redação dada pela Lei 12.435/2011)

§ 2º O Poder Executivo disporá, no prazo de 180 (cento e oitenta) dias a contar da data de publicação desta lei, sobre o regulamento e funcionamento do Fundo Nacional de Assistência Social - FNAS.

§ 3º O financiamento da assistência social no Suas deve ser efetuado mediante cofinanciamento dos 3 (três) entes federados, devendo os recursos alocados nos fundos de assistência social ser voltados à operacionalização, prestação, aprimoramento e viabilização dos serviços, programas, projetos e benefícios desta política. (Acrescido pela Lei 12.435/2011)

Art. 28-A. (Revogado pela Lei 13.813/2019)

Art. 29. Os recursos de responsabilidade da União destinados à assistência social serão automaticamente repassados ao Fundo Nacional de Assistência Social - FNAS, à medida que se forem realizando as receitas.

Parágrafo único. Os recursos de responsabilidade da União destinados ao financiamento dos benefícios de prestação continuada, previstos no art. 20, poderão ser repassados pelo Ministério da Previdência e Assistência Social diretamente ao INSS, órgão responsável pela sua execução e manutenção. (Acrescido pela Lei 9.720/1998)

Art. 30. É condição para os repasses, aos Municípios, aos Estados e ao Distrito Federal, dos recursos de que trata esta lei, a efetiva instituição e funcionamento de:

I - Conselho de Assistência Social, de composição paritária entre governo e sociedade civil;

II - Fundo de Assistência Social, com orientação e controle dos respectivos Conselhos de Assistência Social;

III - Plano de Assistência Social.

Parágrafo único. É, ainda, condição para transferência de recursos do FNAS aos Estados, ao Distrito Federal e aos Municípios a comprovação orçamentária dos recursos próprios destinados à Assistência Social, alocados em seus respectivos Fundos de Assistência Social, a partir do exercício de 1999. (Acrescido pela Lei 9.720/1998)

Art. 30-A. O cofinanciamento dos serviços, programas, projetos e benefícios eventuais, no que couber, e o aprimoramento da gestão da política de assistência social no Suas se efetuam por meio de transferências automáticas entre os fundos de assistência social e mediante alocação de recursos próprios nesses fundos nas 3 (três) esferas de governo.

Parágrafo único. As transferências automáticas de recursos entre os fundos de assistência social efetuadas à conta do orçamento da seguridade social, conforme o art. 204 da Constituição Federal, caracterizam-se como despesa pública com a seguridade social, na forma do art. 24 da Lei Complementar nº 101, de 4 de maio de 2000. (Acrescido pela Lei 12.435/2011)

Art. 30-B. Caberá ao ente federado responsável pela utilização dos recursos do respectivo Fundo de Assistência Social o controle e o acompanhamento dos serviços, programas, projetos e benefícios, por meio dos respectivos órgãos de controle, independentemente de ações do órgão repassador dos recursos. (Acrescido pela Lei 12.435/2011)

Art. 30-C. A utilização dos recursos federais descentralizados para os fundos de assistência social dos Estados, dos Municípios e do Distrito Federal será declarada pelos entes recebedores ao ente transferidor, anualmente, mediante relatório de gestão submetido à apreciação do respectivo Conselho de Assistência Social, que comprove a execução das ações na forma de regulamento.

Parágrafo único. Os entes transferidores poderão requisitar informações referentes à aplicação dos recursos oriundos do seu fundo de assistência social, para fins de análise e acompanhamento de sua boa e regular utilização. (Acrescido pela Lei 12.435/2011)

CAPÍTULO VI
DAS DISPOSIÇÕES GERAIS E TRANSITÓRIAS

Art. 31. Cabe ao Ministério Público zelar pelo efetivo respeito aos direitos estabelecidos nesta lei.

Art. 32. O Poder Executivo terá o prazo de 60 (sessenta) dias, a partir da publicação desta Lei, obedecidas as normas por ela instituídas, para elaborar e encaminhar projeto de lei dispondo sobre a extinção e reordenamento dos órgãos de assistência social do Ministério do Bem-Estar Social.

§ 1º O projeto de que trata este artigo definirá formas de transferências de benefícios, serviços, programas, projetos, pessoal, bens móveis e imóveis para a esfera municipal.

§ 2º O Ministro de Estado do Bem-Estar Social indicará Comissão encarregada de elaborar o projeto de lei de que trata este artigo, que contará com a participação das organizações dos usuários, de trabalhadores do setor e de entidades e organizações de assistência social.

Art. 33. Decorrido o prazo de 120 (cento e vinte) dias da promulgação desta Lei, fica extinto o Conselho Nacional de Serviço Social - CNSS, revogando-se, em conseqüência, os Decretos-Lei nºs 525, de 1º de julho de 1938, e 657, de 22 de julho de 1943.

§ 1º O Poder Executivo tomará as providências necessárias para a instalação do Conselho Nacional de Assistência Social - CNAS e a transferência das atividades que passarão à sua competência dentro do prazo estabelecido no *caput*, de forma a assegurar não haja solução de continuidade.

§ 2º O acervo do órgão de que trata o *caput* será transferido, no prazo de 60 (sessenta) dias, para o Conselho Nacional de Assistência Social - CNAS, que promoverá, mediante critérios e prazos a serem fixados, a revisão dos processos de registro e certificado de entidade de fins filantrópicos das entidades e organização de assistência social, observado o disposto no art. 3º desta lei.

Art. 34. A União continuará exercendo papel supletivo nas ações de assistência social, por ela atualmente executadas diretamente no âmbito dos Estados, dos Municípios e do Distrito Federal, visando à implementação do disposto nesta Lei, por prazo máximo de 12 (doze) meses, contados a partir da data da publicação desta Lei.

Art. 35. Cabe ao órgão da Administração Pública Federal responsável pela coordenação da Política Nacional de Assistência Social operar os benefícios de prestação continuada de que trata esta lei, podendo, para tanto, contar com o concurso de outros órgãos do Governo Federal, na forma a ser estabelecida em regulamento.

§ 1º O regulamento de que trata o caput definirá as formas de comprovação do direito ao benefício, as condições de sua suspensão, os procedimentos em casos de curatela e tutela e o órgão de credenciamento, de pagamento e de fiscalização, dentre outros aspectos. (Parágrafo único transformado em § 1º pela Lei 15.077/2024)

§ 2º Os órgãos federais disponibilizarão as informações constantes das bases de dados de que sejam detentores necessárias à verificação dos requisitos para concessão, manutenção e revisão do benefício de prestação continuada previsto no art. 20 desta Lei, nos termos de ato do Poder Executivo federal. (Acrescido pela Lei 15.077/2024)

Art. 36. As entidades e organizações de assistência social que incorrerem em irregularidades na aplicação dos recursos que lhes foram repassados pelos poderes públicos terão a sua vinculação ao Suas cancelada, sem prejuízo de responsabilidade civil e penal. (Redação dada pela Lei 12.435/2011)

Art. 37. O benefício de prestação continuada será devido após o cumprimento, pelo requerente, de todos os requisitos legais e regulamentares exigidos para a sua concessão, inclusive apresentação da documentação necessária, devendo o seu pagamento ser efetuado em até quarenta e cinco dias após cumpridas as exigências de que trata este artigo. (Redação dada pela Lei 9.720/1998)

Parágrafo único. No caso de o primeiro pagamento ser feito após o prazo previsto no *caput*, aplicar-se-á na sua atualização o mesmo critério adotado pelo INSS na atualização do primeiro pagamento de benefício previdenciário em atraso. (Acrescido pela Lei 9.720/1998)

Art. 38. (Revogado pela Lei 12.435/2011)

Art. 39. O Conselho Nacional de Assistência Social - CNAS, por decisão da maioria absoluta de seus membros, respeitados o orçamento da seguridade social e a disponibilidade do Fundo Nacional de Assistência Social - FNAS, poderá propor ao Poder Executivo a alteração dos limites de renda mensal per capita definidos no § 3º do art. 20 e *caput* do art. 22.

Art. 40. Com a implantação dos benefícios previstos nos arts. 20 e 22 desta Lei, extinguem-se a renda mensal vitalícia, o auxílio-natalidade e o auxílio-funeral existentes no âmbito da Previdência Social, conforme o disposto na Lei nº 8.213, de 24 de julho de 1991.

§ 1º A transferência dos beneficiários do sistema previdenciário para a assistência social deve ser estabelecida de forma que o atendimento à população não sofra solução de continuidade. (Parágrafo único transformado em § 1º pela Lei 9.711/1998)

§ 2º É assegurado ao maior de setenta anos e ao inválido o direito de requerer a renda mensal vitalícia junto ao INSS até 31 de dezembro de 1995, desde que atenda, alternativamente, aos requisitos estabelecidos nos incisos I, II ou III do § 1º do art. 139 da Lei nº 8.213, de 24 de julho de 1991. (Acrescido pela Lei 9.711/1998)

Art. 40-A. Os benefícios monetários decorrentes do disposto nos arts. 22, 24-C e 25 desta Lei serão pagos preferencialmente à mulher responsável pela unidade familiar, quando cabível. (Acrescido pela Lei 13.014/2014)

Art. 40-B. Enquanto não estiver regulamentado o instrumento de avaliação de que tratam os §§ 1º e 2º do art. 2º da Lei nº 13.146, de 6 de julho de 2015 (Estatuto da Pessoa com Deficiência), a concessão do benefício de prestação continuada a pessoa com deficiência ficará sujeita à avaliação do grau da deficiência e do impedimento de que trata o § 2º do art. 20 desta Lei, composta de avaliação médica e avaliação social realizadas, respectivamente, pela perícia médica federal e pelo serviço social do INSS, com a utilização de instrumentos desenvolvidos especificamente para esse fim, e será obrigatório o registro, nos sistemas informacionais utilizados para a concessão do benefício, do código da Classificação Internacional de Doenças (CID), garantida a preservação do sigilo. (Redação dada pela Lei 15.077/2024)

§ 1º O INSS poderá celebrar parcerias para a realização da avaliação social, sob a supervisão do serviço social da autarquia. (Parágrafo único transformado em § 1º pela Lei 14.724/2023)

§ 2º A avaliação médica prevista no caput deste artigo poderá ser realizada com o uso de tecnologia de telemedicina ou por análise documental conforme situações e requisitos definidos em regulamento. (Acrescido pela Lei 14.724/2023)

Art. 40-C. Os eventuais débitos do beneficiário decorrentes de recebimento irregular do benefício de prestação continuada ou do auxílio-inclusão poderão ser consignados no valor mensal desses benefícios, nos termos do regulamento. (Acrescido pela Lei 14.176/2021)

Art. 41. Esta lei entra em vigor na data da sua publicação.

Art. 42. Revogam-se as disposições em contrário.

Brasília, 7 de dezembro de 1993, 172º da Independência e 105º da República.

ITAMAR FRANCO

Jutahy Magalhães Júnior

LEI Nº 10.741, DE 1º DE OUTUBRO DE 2003

Dispõe sobre o Estatuto da Pessoa Idosa e dá outras providências. (Redação dada pela Lei 14.423/2022)

O PRESIDENTE DA REPÚBLICA.

Faço saber que o Congresso Nacional decreta e eu sanciono a seguinte Lei:

TÍTULO I. DISPOSIÇÕES PRELIMINARES

Art. 1º É instituído o Estatuto da Pessoa Idosa, destinado a regular os direitos assegurados às pessoas com idade igual ou superior a 60 (sessenta) anos. (Redação dada pela Lei 14.423/2022)

Art. 2º A pessoa idosa goza de todos os direitos fundamentais inerentes à pessoa humana, sem prejuízo da proteção integral de que trata esta Lei, assegurando-se-lhe, por lei ou por outros meios, todas as oportunidades e facilidades, para preservação de sua saúde física e mental e seu aperfeiçoamento moral, intelectual, espiritual e social, em condições de liberdade e dignidade. (Redação dada pela Lei 14.423/2022)

Art. 3º É obrigação da família, da comunidade, da sociedade e do poder público assegurar à pessoa idosa, com absoluta prioridade, a efetivação do direito à vida, à saúde, à alimentação, à educação, à cultura, ao esporte, ao lazer, ao trabalho, à cidadania, à liberdade, à dignidade, ao respeito e à convivência familiar e comunitária. (Redação dada pela Lei 14.423/2022)

§ 1º A garantia de prioridade compreende: (Anterior par. único renumerado para § 1º pela Lei nº 13.466, de 2017)

I – atendimento preferencial imediato e individualizado junto aos órgãos públicos e privados prestadores de serviços à população;

II – preferência na formulação e na execução de políticas sociais públicas específicas;

III – destinação privilegiada de recursos públicos nas áreas relacionadas com a proteção à pessoa idosa; (Redação dada pela Lei 14.423/2022)

IV – viabilização de formas alternativas de participação, ocupação e convívio da pessoa idosa com as demais gerações; (Redação dada pela Lei 14.423/2022)

V – priorização do atendimento da pessoa idosa por sua própria família, em detrimento do atendimento asilar, exceto dos que não a possuam ou careçam de condições de manutenção da própria sobrevivência; (Redação dada pela Lei 14.423/2022)

VI – capacitação e reciclagem dos recursos humanos nas áreas de geriatria e gerontologia e na prestação de serviços às pessoas idosas; (Redação dada pela Lei 14.423/2022)

VII – estabelecimento de mecanismos que favoreçam a divulgação de informações de caráter educativo sobre os aspectos biopsicossociais de envelhecimento;

VIII – garantia de acesso à rede de serviços de saúde e de assistência social locais.

IX – prioridade no recebimento da restituição do Imposto de Renda. (Incluído pela Lei nº 11.765, de 2008).

§ 2º Entre as pessoas idosas, é assegurada prioridade especial aos maiores de 80 (oitenta) anos, atendendo-se suas necessidades sempre preferencialmente em relação às demais pessoas idosas. (Redação dada pela Lei 14.423/2022)

Art. 4º Nenhuma pessoa idosa será objeto de qualquer tipo de negligência, discriminação, violência, crueldade ou opressão, e todo atentado aos seus direitos, por ação ou omissão, será punido na forma da lei. (Redação dada pela Lei 14.423/2022)

§ 1º É dever de todos prevenir a ameaça ou violação aos direitos da pessoa idosa. (Redação dada pela Lei 14.423/2022)

§ 2º. As obrigações previstas nesta Lei não excluem da prevenção outras decorrentes dos princípios por ela adotados.

Art. 5º. A inobservância das normas de prevenção importará em responsabilidade à pessoa física ou jurídica nos termos da lei.

Art. 6º. Todo cidadão tem o dever de comunicar à autoridade competente qualquer forma de violação a esta Lei que tenha testemunhado ou de que tenha conhecimento.

Art. 7º Os Conselhos Nacional, Estaduais, do Distrito Federal e Municipais da Pessoa Idosa, previstos na Lei nº 8.842, de 4 de janeiro de 1994, zelarão pelo cumprimento dos direitos da pessoa idosa, definidos nesta Lei. (Redação dada pela Lei 14.423/2022)

TÍTULO II. DOS DIREITOS FUNDAMENTAIS

CAPÍTULO I. DO DIREITO À VIDA

Art. 8º. O envelhecimento é um direito personalíssimo e a sua proteção um direito social, nos termos desta Lei e da legislação vigente.

Art. 9º. É obrigação do Estado, garantir à pessoa idosa a proteção à vida e à saúde, mediante efetivação de políticas sociais públicas que permitam um envelhecimento saudável e em condições de dignidade.

CAPÍTULO II. DO DIREITO À LIBERDADE, AO RESPEITO E À DIGNIDADE

Art. 10. É obrigação do Estado e da sociedade assegurar à pessoa idosa a liberdade, o respeito e a dignidade, como pessoa humana e sujeito de direitos civis, políticos, individuais e sociais, garantidos na Constituição e nas leis. (Redação dada pela Lei 14.423/2022)

§ 1º. O direito à liberdade compreende, entre outros, os seguintes aspectos:

I – faculdade de ir, vir e estar nos logradouros públicos e espaços comunitários, ressalvadas as restrições legais;

II – opinião e expressão;

III – crença e culto religioso;

IV – prática de esportes e de diversões;

V – participação na vida familiar e comunitária;

VI – participação na vida política, na forma da lei;

VII – faculdade de buscar refúgio, auxílio e orientação.

§ 2º. O direito ao respeito consiste na inviolabilidade da integridade física, psíquica e moral, abrangendo a preservação da imagem, da identidade, da autonomia, de valores, ideias e crenças, dos espaços e dos objetos pessoais.

§ 3º É dever de todos zelar pela dignidade da pessoa idosa, colocando-a a salvo de qualquer tratamento desumano, violento, aterrorizante, vexatório ou constrangedor. (Redação dada pela Lei 14.423/2022)

CAPÍTULO III. DOS ALIMENTOS

Art. 11. Os alimentos serão prestados à pessoa idosa na forma da lei civil. (Redação dada pela Lei 14.423/2022)

› Lei nº 5.478, de 25-7-1968, dispõe sobre a Lei de Alimentos.

Art. 12. A obrigação alimentar é solidária, podendo a pessoa idosa optar entre os prestadores. (Redação dada pela Lei 14.423/2022)

› CC: arts. 264 a 285.

Art. 13. As transações relativas a alimentos poderão ser celebradas perante o Promotor de Justiça ou Defensor Público, que as referendará, e passarão a ter efeito de título executivo extrajudicial nos termos da lei processual civil. (Redação dada pela Lei nº 11.737, de 2008)

Art. 14. Se a pessoa idosa ou seus familiares não possuírem condições econômicas de prover o seu sustento, impõe-se ao poder público esse provimento, no âmbito da assistência social. (Redação dada pela Lei 14.423/2022)

› CF: arts. 203 e segs.

CAPÍTULO IV. DO DIREITO À SAÚDE

Art. 15. É assegurada a atenção integral à saúde da pessoa idosa, por intermédio do Sistema Único de Saúde (SUS), garantindo-lhe o acesso universal e igualitário, em conjunto articulado e contínuo das ações e serviços, para a prevenção, promoção, proteção e recuperação da saúde, incluindo a atenção especial às doenças que afetam preferencialmente as pessoas idosas. (Redação dada pela Lei 14.423/2022)

› CF: arts. 196 e segs.

§ 1º A prevenção e a manutenção da saúde da pessoa idosa serão efetivadas por meio de: (Redação dada pela Lei 14.423/2022)

I – cadastramento da população idosa em base territorial;

II – atendimento geriátrico e gerontológico em ambulatórios;

III – unidades geriátricas de referência, com pessoal especializado nas áreas de geriatria e gerontologia social;

IV – atendimento domiciliar, incluindo a internação, para a população que dele necessitar e esteja impossibilitada de se locomover, inclusive para as pessoas idosas abrigadas e acolhidas por instituições públicas, filantrópicas ou sem fins lucrativos e eventualmente conveniadas com o poder público, nos meios urbano e rural; (Redação dada pela Lei 14.423/2022)

› CF: art. 230, § 1º.

V – reabilitação orientada pela geriatria e gerontologia, para redução das sequelas decorrentes do agravo da saúde.

§ 2º Incumbe ao poder público fornecer às pessoas idosas, gratuitamente, medicamentos, especialmente os de uso continuado, assim como próteses, órteses e outros recursos relativos ao tratamento, habilitação ou reabilitação. (Redação dada pela Lei 14.423/2022)

§ 3º É vedada a discriminação da pessoa idosa nos planos de saúde pela cobrança de valores diferenciados em razão da idade. (Redação dada pela Lei 14.423/2022)

§ 4º As pessoas idosas com deficiência ou com limitação incapacitante terão atendimento especializado, nos termos da lei. (Redação dada pela Lei 14.423/2022)

§ 5º É vedado exigir o comparecimento da pessoa idosa enferma perante os órgãos públicos, hipótese na qual será admitido o seguinte procedimento: (Redação dada pela Lei 14.423/2022)

I – quando de interesse do poder público, o agente promoverá o contato necessário com a pessoa idosa em sua residência; ou (Redação dada pela Lei 14.423/2022)

II – quando de interesse da própria pessoa idosa, esta se fará representar por procurador legalmente constituído. (Redação dada pela Lei 14.423/2022)

§ 6º É assegurado à pessoa idosa enferma o atendimento domiciliar pela perícia médica do Instituto Nacional do Seguro Social (INSS), pelo serviço público de saúde ou pelo serviço privado de saúde, contratado ou conveniado, que integre o SUS, para expedição do laudo de saúde necessário ao exercício de seus direitos sociais e de isenção tributária. (Redação dada pela Lei 14.423/2022)

§ 7º Em todo atendimento de saúde, os maiores de 80 (oitenta) anos terão preferência especial sobre as demais pessoas idosas, exceto em caso de emergência. (Redação dada pela Lei 14.423/2022)

Art. 16. À pessoa idosa internada ou em observação é assegurado o direito a acompanhante, devendo o órgão de saúde proporcionar as condições adequadas para a sua permanência em tempo integral, segundo o critério médico. (Redação dada pela Lei 14.423/2022)

Parágrafo único. Caberá ao profissional de saúde responsável pelo tratamento conceder autorização para o acompanhamento da pessoa idosa ou, no caso de impossibilidade, justificá-la por escrito. (Redação dada pela Lei 14.423/2022)

Art. 17. À pessoa idosa que esteja no domínio de suas faculdades mentais é assegurado o direito de optar pelo tratamento de saúde que lhe for reputado mais favorável. (Redação dada pela Lei 14.423/2022)

Parágrafo único. Não estando a pessoa idosa em condições de proceder à opção, esta será feita: (Redação dada pela Lei 14.423/2022)

I – pelo curador, quando a pessoa idosa for interditada; (Redação dada pela Lei 14.423/2022)

› CC: arts. 1.767 a 1.783.

II – pelos familiares, quando a pessoa idosa não tiver curador ou este não puder ser contactado em tempo hábil; (Redação dada pela Lei 14.423/2022)

III – pelo médico, quando ocorrer iminente risco de vida e não houver tempo hábil para consulta a curador ou familiar;

IV – pelo próprio médico, quando não houver curador ou familiar conhecido, caso em que deverá comunicar o fato ao Ministério Público.

Art. 18. As instituições de saúde devem atender aos critérios mínimos para o atendimento às necessidades da pessoa idosa, promovendo o treinamento e a capacitação dos profissionais, assim como orientação a cuidadores familiares e grupos de autoajuda. (Redação dada pela Lei 14.423/2022)

Art. 19. Os casos de suspeita ou confirmação de violência praticada contra pessoas idosas serão objeto de notificação compulsória pelos serviços de saúde públicos e privados à autoridade sanitária, bem como serão obrigatoriamente comunicados por eles a quaisquer dos seguintes órgãos: (Redação dada pela Lei 14.423/2022)

I – autoridade policial;

II – Ministério Público;

III – Conselho Municipal da Pessoa Idosa; (Redação dada pela Lei 14.423/2022)

IV – Conselho Estadual da Pessoa Idosa; (Redação dada pela Lei 14.423/2022)

V – Conselho Nacional da Pessoa Idosa. (Redação dada pela Lei 14.423/2022)

§ 1º Para os efeitos desta Lei, considera-se violência contra a pessoa idosa qualquer ação ou omissão praticada em local público ou privado que lhe cause morte, dano ou sofrimento físico ou psicológico. (Redação dada pela Lei 14.423/2022)

§ 2º. Aplica-se, no que couber, à notificação compulsória prevista no *caput* deste artigo, o disposto na Lei nº 6.259, de 30 de outubro de 1975. (Incluído pela Lei nº 12.461, de 2011)

CAPÍTULO V. DA EDUCAÇÃO, CULTURA, ESPORTE E LAZER

Art. 20. A pessoa idosa tem direito a educação, cultura, esporte, lazer, diversões, espetáculos, produtos e serviços que respeitem sua peculiar condição de idade. (Redação dada pela Lei 14.423/2022)

Art. 21. O poder público criará oportunidades de acesso da pessoa idosa à educação, adequando currículos, metodologias e material didático aos programas educacionais a ela destinados. (Redação dada pela Lei 14.423/2022)

§ 1º Os cursos especiais para pessoas idosas incluirão conteúdo relativo às técnicas de comunicação, computação e demais avanços tecnológicos, para sua integração à vida moderna. (Redação dada pela Lei 14.423/2022)

§ 2º As pessoas idosas participarão das comemorações de caráter cívico ou cultural, para transmissão de conhecimentos e vivências às demais gerações, no sentido da preservação da memória e da identidade culturais. (Redação dada pela Lei 14.423/2022)

Art. 22. Nos currículos mínimos dos diversos níveis de ensino formal serão inseridos conteúdos voltados ao processo de envelhecimento, ao respeito e à valorização da pessoa idosa, de forma a eliminar o preconceito e a produzir conhecimentos sobre a matéria. (Redação dada pela Lei 14.423/2022)

Art. 23. A participação das pessoas idosas em atividades culturais e de lazer será proporcionada mediante descontos de pelo menos 50% (cinquenta por cento) nos ingressos para eventos artísticos, culturais, esportivos e de lazer, bem como o acesso preferencial aos respectivos locais. (Redação dada pela Lei 14.423/2022)

Art. 24. Os meios de comunicação manterão espaços ou horários especiais voltados às pessoas idosas, com finalidade informativa, educativa, artística e cultural, e ao público sobre o processo de envelhecimento. (Redação dada pela Lei 14.423/2022)

Art. 25. As instituições de educação superior ofertarão às pessoas idosas, na perspectiva da educação ao longo da vida, cursos e programas de extensão, presenciais ou a distância, constituídos por atividades formais e não formais. (Redação dada pela Lei nº 13.535, de 2017)

Parágrafo único. O poder público apoiará a criação de universidade aberta para as pessoas idosas e incentivará a publicação de livros e periódicos, de conteúdo e padrão editorial adequados à pessoa idosa, que facilitem a leitura, considerada a natural redução da capacidade visual. (Redação dada pela Lei 14.423/2022)

CAPÍTULO VI. DA PROFISSIONALIZAÇÃO E DO TRABALHO

Art. 26. A pessoa idosa tem direito ao exercício de atividade profissional, respeitadas suas condições físicas, intelectuais e psíquicas. (Redação dada pela Lei 14.423/2022)

Art. 27. Na admissão da pessoa idosa em qualquer trabalho ou emprego, são vedadas a discriminação e a fixação de limite máximo de idade, inclusive para concursos, ressalvados os casos em que a natureza do cargo o exigir. (Redação dada pela Lei 14.423/2022)

▸ Súm. nº 683, 684 e 686 do STF.

Parágrafo único. O primeiro critério de desempate em concurso público será a idade, dando-se preferência ao de idade mais elevada.

Art. 28. O Poder Público criará e estimulará programas de:

I – profissionalização especializada para as pessoas idosas, aproveitando seus potenciais e habilidades para atividades regulares e remuneradas; (Redação dada pela Lei 14.423/2022)

II – preparação dos trabalhadores para a aposentadoria, com antecedência mínima de 1 (um) ano, por meio de estímulo a novos projetos sociais, conforme seus interesses, e de esclarecimento sobre os direitos sociais e de cidadania;

III – estímulo às empresas privadas para admissão de pessoas idosas ao trabalho. (Redação dada pela Lei 14.423/2022)

CAPÍTULO VII. DA PREVIDÊNCIA SOCIAL

Art. 29. Os benefícios de aposentadoria e pensão do Regime Geral da Previdência Social observarão, na sua concessão, critérios de cálculo que preservem o valor real dos salários sobre os quais incidiram contribuição, nos termos da legislação vigente.

Parágrafo único. Os valores dos benefícios em manutenção serão reajustados na mesma data de reajuste do salário-mínimo, pro rata, de acordo com suas respectivas datas de início ou do seu último reajustamento, com base em percentual definido em regulamento, observados os critérios estabelecidos pela Lei nº 8.213, de 24 de julho de 1991.

Art. 30. A perda da condição de segurado não será considerada para a concessão da aposentadoria por idade, desde que a pessoa conte com, no mínimo, o tempo de contribuição correspondente ao exigido para efeito de carência na data de requerimento do benefício.

Parágrafo único. O cálculo do valor do benefício previsto no *caput* observará o disposto no *caput* e § 2º do art. 3º da Lei nº 9.876, de 26 de novembro de 1999, ou, não havendo salários-de-contribuição recolhidos a partir da competência de julho de 1994, o disposto no art. 35 da Lei nº 8.213, de 1991.

Art. 31. O pagamento de parcelas relativas a benefícios, efetuado com atraso por responsabilidade da Previdência Social, será atualizado pelo mesmo índice utilizado para os reajustamentos dos benefícios do Regime Geral de Previdência Social, verificado no período compreendido entre o mês que deveria ter sido pago e o mês do efetivo pagamento.

Art. 32. O Dia Mundial do Trabalho, 1º de Maio, é a data-base dos aposentados e pensionistas.

CAPÍTULO VIII. DA ASSISTÊNCIA SOCIAL

▸ CF: arts. 203 e segs.

Art. 33. A assistência social às pessoas idosas será prestada, de forma articulada, conforme os princípios e diretrizes previstos na Lei Orgânica da Assistência Social (Loas), na Política Nacional da Pessoa Idosa, no SUS e nas demais normas pertinentes. (Redação dada pela Lei 14.423/2022)

Art. 34. Às pessoas idosas, a partir de 65 (sessenta e cinco) anos, que não possuam meios para prover sua subsistência, nem de tê-la provida por sua família, é assegurado o benefício mensal de 1 (um) salário mínimo, nos termos da Loas. (Redação dada pela Lei 14.423/2022)

▸ CF: arts. 203, V.

Parágrafo único. O benefício já concedido a qualquer membro da família nos termos do *caput* não será computado para os fins do cálculo da renda familiar per capita a que se refere a Loas.

Art. 35. Todas as entidades de longa permanência, ou casa-lar, são obrigadas a firmar contrato de prestação de serviços com a pessoa idosa abrigada.

§ 1º No caso de entidade filantrópica, ou casa-lar, é facultada a cobrança de participação da pessoa idosa no custeio da entidade. (Redação dada pela Lei 14.423/2022)

§ 2º O Conselho Municipal da Pessoa Idosa ou o Conselho Municipal da Assistência Social estabelecerá a forma de participação prevista no § 1º deste artigo, que não poderá exceder a 70% (setenta por cento) de qualquer benefício previdenciário ou de assistência social percebido pela pessoa idosa. (Redação dada pela Lei 14.423/2022)

§ 3º. Se a pessoa idosa for incapaz, caberá a seu representante legal firmar o contrato a que se refere o *caput* deste artigo.

Art. 36. O acolhimento de pessoas idosas em situação de risco social, por adulto ou núcleo familiar, caracteriza a dependência econômica, para os efeitos legais. (Redação dada pela Lei 14.423/2022)

CAPÍTULO IX. DA HABITAÇÃO

Art. 37. A pessoa idosa tem direito a moradia digna, no seio da família natural ou substituta, ou desacompanhada de seus familiares, quando assim o desejar, ou, ainda, em instituição pública ou privada. (Redação dada pela Lei 14.423/2022)

§ 1º. A assistência integral na modalidade de entidade de longa permanência será prestada quando verificada inexistência de grupo familiar, casa-lar, abandono ou carência de recursos financeiros próprios ou da família.

§ 2º Toda instituição dedicada ao atendimento à pessoa idosa fica obrigada a manter identificação externa visível, sob pena de interdição, além de atender toda a legislação pertinente. (Redação dada pela Lei 14.423/2022)

§ 3º As instituições que abrigarem pessoas idosas são obrigadas a manter padrões de habitação compatíveis com as necessidades delas, bem como provê-las com alimentação regular e higiene indispensáveis às normas sanitárias e com estas condizentes, sob as penas da lei. (Redação dada pela Lei 14.423/2022)

Art. 38. Nos programas habitacionais, públicos ou subsidiados com recursos públicos, a pessoa idosa goza de prioridade na aquisição de imóvel para moradia própria, observado o seguinte: (Redação dada pela Lei 14.423/2022)

I – reserva de pelo menos 3% (três por cento) das unidades habitacionais residenciais para atendimento às pessoas idosas; (Redação dada pela Lei 14.423/2022)

II – implantação de equipamentos urbanos comunitários voltados à pessoa idosa; (Redação dada pela Lei 14.423/2022)

III – eliminação de barreiras arquitetônicas e urbanísticas, para garantia de acessibilidade à pessoa idosa; (Redação dada pela Lei 14.423/2022)

IV – critérios de financiamento compatíveis com os rendimentos de aposentadoria e pensão.

Parágrafo único. As unidades residenciais reservadas para atendimento a pessoas idosas devem situar-se, preferencialmente, no pavimento térreo. (Redação dada pela Lei 14.423/2022)

CAPÍTULO X. DO TRANSPORTE

Art. 39. Aos maiores de 65 (sessenta e cinco) anos fica assegurada a gratuidade dos transportes coletivos públicos urbanos e semi-urbanos, exceto nos serviços seletivos e especiais, quando prestados paralelamente aos serviços regulares.

‣ CF: arts. 230, § 2º.

§ 1º Para ter acesso à gratuidade, basta que a pessoa idosa apresente qualquer documento pessoal que faça prova de sua idade. (Redação dada pela Lei 14.423/2022)

§ 2º Nos veículos de transporte coletivo de que trata este artigo, serão reservados 10% (dez por cento) dos assentos para as pessoas idosas, devidamente identificados com a placa de reservado preferencialmente para pessoas idosas. (Redação dada pela Lei 14.423/2022)

§ 3º. No caso das pessoas compreendidas na faixa etária entre 60 (sessenta) e 65 (sessenta e cinco) anos, ficará a critério da legislação local dispor sobre as condições para exercício da gratuidade nos meios de transporte previstos no *caput* deste artigo.

Art. 40. No sistema de transporte coletivo interestadual observar-se-á, nos termos da legislação específica:

I – a reserva de 2 (duas) vagas gratuitas por veículo para pessoas idosas com renda igual ou inferior a 2 (dois) salários mínimos; (Redação dada pela Lei 14.423/2022)

II – desconto de 50% (cinquenta por cento), no mínimo, no valor das passagens, para as pessoas idosas que excederem as vagas gratuitas, com renda igual ou inferior a 2 (dois) salários mínimos. (Redação dada pela Lei 14.423/2022)

Parágrafo único. Caberá aos órgãos competentes definir os mecanismos e os critérios para o exercício dos direitos previstos nos incisos I e II.

Art. 41. É assegurada a reserva para as pessoas idosas, nos termos da lei local, de 5% (cinco por cento) das vagas nos estacionamentos públicos e privados, as quais deverão ser posicionadas de forma a garantir a melhor comodidade à pessoa idosa. (Redação dada pela Lei 14.423/2022)

Art. 42. São asseguradas a prioridade e a segurança da pessoa idosa nos procedimentos de embarque e desembarque nos veículos do sistema de transporte coletivo. (Redação dada pela Lei 14.423/2022)

TÍTULO III. DAS MEDIDAS DE PROTEÇÃO

CAPÍTULO I. DAS DISPOSIÇÕES GERAIS

Art. 43. As medidas de proteção à pessoa idosa são aplicáveis sempre que os direitos reconhecidos nesta Lei forem ameaçados ou violados: (Redação dada pela Lei 14.423/2022)

I – por ação ou omissão da sociedade ou do Estado;

II – por falta, omissão ou abuso da família, curador ou entidade de atendimento;

III – em razão de sua condição pessoal.

CAPÍTULO II. DAS MEDIDAS ESPECÍFICAS DE PROTEÇÃO

Art. 44. As medidas de proteção à pessoa idosa previstas nesta Lei poderão ser aplicadas, isolada ou cumulativamente, e levarão em conta os fins sociais a que se destinam e o fortalecimento dos vínculos familiares e comunitários. (Redação dada pela Lei 14.423/2022)

Art. 45. Verificada qualquer das hipóteses previstas no art. 43, o Ministério Público ou o Poder Judiciário, a requerimento daquele, poderá determinar, dentre outras, as seguintes medidas:

I – encaminhamento à família ou curador, mediante termo de responsabilidade;

II – orientação, apoio e acompanhamento temporários;

III – requisição para tratamento de sua saúde, em regime ambulatorial, hospitalar ou domiciliar;

IV – inclusão em programa oficial ou comunitário de auxílio, orientação e tratamento a usuários dependentes de drogas lícitas ou ilícitas, à própria pessoa idosa ou à pessoa de sua convivência que lhe cause perturbação; (Redação dada pela Lei 14.423/2022)

V – abrigo em entidade;

VI – abrigo temporário.

TÍTULO IV. DA POLÍTICA DE ATENDIMENTO À PESSOA IDOSA (REDAÇÃO DADA PELA LEI 14.423/2022)

CAPÍTULO I. DISPOSIÇÕES GERAIS

Art. 46. A política de atendimento à pessoa idosa far-se-á por meio do conjunto articulado de ações governamentais e não governamentais da União, dos Estados, do Distrito Federal e dos Municípios. (Redação dada pela Lei 14.423/2022)

Art. 47. São linhas de ação da política de atendimento:

I – políticas sociais básicas, previstas na Lei nº 8.842, de 4 de janeiro de 1994;

II – políticas e programas de assistência social, em caráter supletivo, para aqueles que necessitarem;

III – serviços especiais de prevenção e atendimento às vítimas de negligência, maus-tratos, exploração, abuso, crueldade e opressão;

IV – serviço de identificação e localização de parentes ou responsáveis por pessoas idosas abandonados em hospitais e instituições de longa permanência; (Redação dada pela Lei 14.423/2022)

V – proteção jurídico-social por entidades de defesa dos direitos das pessoas idosas; (Redação dada pela Lei 14.423/2022)

VI – mobilização da opinião pública no sentido da participação dos diversos segmentos da sociedade no atendimento da pessoa idosa. (Redação dada pela Lei 14.423/2022)

CAPÍTULO II DAS ENTIDADES DE ATENDIMENTO À PESSOA IDOSA (REDAÇÃO DADA PELA LEI 14.423/2022)

Art. 48. As entidades de atendimento são responsáveis pela manutenção das próprias unidades, observadas as normas de planejamento e execução emanadas do órgão competente da Política Nacional da Pessoa Idosa, conforme a Lei nº 8.842, de 4 de janeiro de 1994. (Redação dada pela Lei 14.423/2022)

Parágrafo único. As entidades governamentais e não governamentais de assistência à pessoa idosa ficam sujeitas à inscrição de seus programas perante o órgão competente da Vigilância Sanitária e o Conselho Municipal da Pessoa Idosa e, em sua falta, perante o Conselho Estadual ou Nacional da Pessoa Idosa, especificando os regimes de atendimento, observados os seguintes requisitos: (Redação dada pela Lei 14.423/2022)

I – oferecer instalações físicas em condições adequadas de habitabilidade, higiene, salubridade e segurança;

II – apresentar objetivos estatutários e plano de trabalho compatíveis com os princípios desta Lei;

III – estar regularmente constituída;

IV – demonstrar a idoneidade de seus dirigentes.

Art. 49. As entidades que desenvolvam programas de institucionalização de longa permanência adotarão os seguintes princípios:

I – preservação dos vínculos familiares;

II – atendimento personalizado e em pequenos grupos;

III – manutenção da pessoa idosa na mesma instituição, salvo em caso de força maior; (Redação dada pela Lei 14.423/2022)

IV – participação da pessoa idosa nas atividades comunitárias, de caráter interno e externo; (Redação dada pela Lei 14.423/2022)

V – observância dos direitos e garantias das pessoas idosas; (Redação dada pela Lei 14.423/2022)

VI – preservação da identidade da pessoa idosa e oferecimento de ambiente de respeito e dignidade. (Redação dada pela Lei 14.423/2022)

Parágrafo único. O dirigente de instituição prestadora de atendimento à pessoa idosa responderá civil e criminalmente pelos atos que praticar em detrimento da pessoa idosa, sem prejuízo das sanções administrativas. (Redação dada pela Lei 14.423/2022)

Art. 50. Constituem obrigações das entidades de atendimento:

I – celebrar contrato escrito de prestação de serviço com a pessoa idosa, especificando o tipo de atendimento, as obrigações da entidade e prestações decorrentes do contrato, com os respectivos preços, se for o caso; (Redação dada pela Lei 14.423/2022)

II – observar os direitos e as garantias de que são titulares as pessoas idosas; (Redação dada pela Lei 14.423/2022)

III – fornecer vestuário adequado, se for pública, e alimentação suficiente;

IV – oferecer instalações físicas em condições adequadas de habitabilidade;

V – oferecer atendimento personalizado;

VI – diligenciar no sentido da preservação dos vínculos familiares;

VII – oferecer acomodações apropriadas para recebimento de visitas;

VIII – proporcionar cuidados à saúde, conforme a necessidade da pessoa idosa; (Redação dada pela Lei 14.423/2022)

IX – promover atividades educacionais, esportivas, culturais e de lazer;

X – propiciar assistência religiosa àqueles que desejarem, de acordo com suas crenças;

XI – proceder a estudo social e pessoal de cada caso;

XII – comunicar à autoridade competente de saúde toda ocorrência de pessoa idosa com doenças infectocontagiosas; (Redação dada pela Lei 14.423/2022)

XIII – providenciar ou solicitar que o Ministério Público requisite os documentos necessários ao exercício da cidadania àqueles que não os tiverem, na forma da lei;

XIV – fornecer comprovante de depósito dos bens móveis que receberem das pessoas idosas; (Redação dada pela Lei 14.423/2022)

XV – manter arquivo de anotações no qual constem data e circunstâncias do atendimento, nome da pessoa idosa, responsável, parentes, endereços, cidade, relação de seus pertences, bem como o valor de contribuições, e suas alterações, se houver, e demais dados que possibilitem sua identificação e a individualização do atendimento; (Redação dada pela Lei 14.423/2022)

XVI – comunicar ao Ministério Público, para as providências cabíveis, a situação de abandono moral ou material por parte dos familiares;

XVII – manter no quadro de pessoal profissionais com formação específica.

Art. 51. As instituições filantrópicas ou sem fins lucrativos prestadoras de serviço às pessoas idosas terão direito à assistência judiciária gratuita. (Redação dada pela Lei 14.423/2022)

‣ Lei nº 1.060, de 5-2-1990, Assistência Judiciária.

CAPÍTULO III. DA FISCALIZAÇÃO DAS ENTIDADES DE ATENDIMENTO

Art. 52. As entidades governamentais e não governamentais de atendimento à pessoa idosa serão fiscalizadas pelos Conselhos da Pessoa Idosa, Ministério Público, Vigilância Sanitária e outros previstos em lei. (Redação dada pela Lei 14.423/2022)

Art. 53. O art. 7º da Lei nº 8.842, de 1994, passa a vigorar com a seguinte redação:

"Art. 7º Compete aos Conselhos de que trata o art. 6º desta Lei a supervisão, o acompanhamento, a fiscalização e a avaliação da política nacional do idoso, no âmbito das respectivas instâncias político-administrativas."

Art. 54. Será dada publicidade das prestações de contas dos recursos públicos e privados recebidos pelas entidades de atendimento.

Art. 55. As entidades de atendimento que descumprirem as determinações desta Lei ficarão sujeitas, sem prejuízo da responsabilidade civil e criminal de seus dirigentes ou prepostos, às seguintes penalidades, observado o devido processo legal:

I – as entidades governamentais:

a) advertência;

b) afastamento provisório de seus dirigentes;

c) afastamento definitivo de seus dirigentes;

d) fechamento de unidade ou interdição de programa;

II – as entidades não-governamentais:

a) advertência;

b) multa;

c) suspensão parcial ou total do repasse de verbas públicas;

d) interdição de unidade ou suspensão de programa;

e) proibição de atendimento a pessoas idosas a bem do interesse público. (Redação dada pela Lei 14.423/2022)

§ 1º Havendo danos às pessoas idosas abrigadas ou qualquer tipo de fraude em relação ao programa, caberá o afastamento provisório dos dirigentes ou a interdição da unidade e a suspensão do programa. (Redação dada pela Lei 14.423/2022)

§ 2º. A suspensão parcial ou total do repasse de verbas públicas ocorrerá quando verificada a má aplicação ou desvio de finalidade dos recursos.

§ 3º Na ocorrência de infração por entidade de atendimento que coloque em risco os direitos assegurados nesta Lei, será o fato comunicado ao Ministério Público, para as providências cabíveis, inclusive para promover a suspensão das atividades ou dissolução da entidade, com a proibição de atendimento a pessoas idosas a bem do interesse público, sem prejuízo das providências a serem tomadas pela Vigilância Sanitária. (Redação dada pela Lei 14.423/2022)

§ 4º Na aplicação das penalidades, serão consideradas a natureza e a gravidade da infração cometida, os danos que dela provierem para a pessoa idosa, as circunstâncias agravantes ou atenuantes e os antecedentes da entidade. (Redação dada pela Lei 14.423/2022)

CAPÍTULO IV. DAS INFRAÇÕES ADMINISTRATIVAS

Art. 56. Deixar a entidade de atendimento de cumprir as determinações do art. 50 desta Lei:

Pena – multa de R$ 500,00 (quinhentos reais) a R$ 3.000,00 (três mil reais), se o fato não for caracterizado como crime, podendo haver a interdição do estabelecimento até que sejam cumpridas as exigências legais.

Parágrafo único. No caso de interdição do estabelecimento de longa permanência, as pessoas idosas abrigadas serão transferidas para outra instituição, a expensas do estabelecimento interditado, enquanto durar a interdição. (Redação dada pela Lei 14.423/2022)

Art. 57. Deixar o profissional de saúde ou o responsável por estabelecimento de saúde ou instituição de longa permanência de comunicar à autoridade competente os casos de crimes contra pessoa idosa de que tiver conhecimento: (Redação dada pela Lei 14.423/2022)

Pena – multa de R$ 500,00 (quinhentos reais) a R$ 3.000,00 (três mil reais), aplicada em dobro no caso de reincidência.

Art. 58. Deixar de cumprir as determinações desta Lei sobre a prioridade no atendimento à pessoa idosa: (Redação dada pela Lei 14.423/2022)

Pena – multa de R$ 500,00 (quinhentos reais) a R$ 1.000,00 (mil reais) e multa civil a ser estipulada pelo juiz, conforme o dano sofrido pela pessoa idosa. (Redação dada pela Lei 14.423/2022)

CAPÍTULO V
DA APURAÇÃO ADMINISTRATIVA DE INFRAÇÃO ÀS NORMAS DE PROTEÇÃO À PESSOA IDOSA (REDAÇÃO DADA PELA LEI 14.423/2022)

Art. 59. Os valores monetários expressos no Capítulo IV serão atualizados anualmente, na forma da lei.

Art. 60. O procedimento para a imposição de penalidade administrativa por infração às normas de proteção à pessoa idosa terá início com requisição do Ministério Público ou auto de infração elaborado por servidor efetivo e assinado, se possível, por 2 (duas) testemunhas. (Redação dada pela Lei 14.423/2022)

§ 1º. No procedimento iniciado com o auto de infração poderão ser usadas fórmulas impressas, especificando-se a natureza e as circunstâncias da infração.

§ 2º. Sempre que possível, à verificação da infração seguir-se-á a lavratura do auto, ou este será lavrado dentro de 24 (vinte e quatro) horas, por motivo justificado.

Art. 61. O autuado terá prazo de 10 (dez) dias para a apresentação da defesa, contado da data da intimação, que será feita:

I – pelo autuante, no instrumento de autuação, quando for lavrado na presença do infrator;

II – por via postal, com aviso de recebimento.

Art. 62. Havendo risco para a vida ou à saúde da pessoa idosa, a autoridade competente aplicará à entidade de atendimento as sanções regulamentares, sem prejuízo da iniciativa e das providências que vierem a ser adotadas pelo Ministério Público ou pelas demais instituições legitimadas para a fiscalização. (Redação dada pela Lei 14.423/2022)

Art. 63. Nos casos em que não houver risco para a vida ou a saúde da pessoa idosa abrigada, a autoridade competente aplicará à entidade de atendimento as sanções regulamentares, sem prejuízo da iniciativa e das providências que vierem a ser adotadas pelo Ministério Público ou pelas demais instituições legitimadas para a fiscalização.

CAPÍTULO VI.
DA APURAÇÃO JUDICIAL DE IRREGULARIDADES EM ENTIDADE DE ATENDIMENTO

Art. 64. Aplicam-se, subsidiariamente, ao procedimento administrativo de que trata este Capítulo as disposições das Leis nºs 6.437, de 20 de agosto de 1977, e 9.784, de 29 de janeiro de 1999.

Art. 65. O procedimento de apuração de irregularidade em entidade governamental e não governamental de atendimento à pessoa idosa terá início mediante petição fundamentada de pessoa interessada ou iniciativa do Ministério Público. (Redação dada pela Lei 14.423/2022)

Art. 66. Havendo motivo grave, poderá a autoridade judiciária, ouvido o Ministério Público, decretar liminarmente o afastamento provisório do dirigente da entidade ou outras medidas que julgar adequadas, para evitar lesão aos direitos da pessoa idosa, mediante decisão fundamentada. (Redação dada pela Lei 14.423/2022)

Art. 67. O dirigente da entidade será citado para, no prazo de 10 (dez) dias, oferecer resposta escrita, podendo juntar documentos e indicar as provas a produzir.

Art. 68. Apresentada a defesa, o juiz procederá na conformidade do art. 69 ou, se necessário, designará audiência de instrução e julgamento, deliberando sobre a necessidade de produção de outras provas.

§ 1º. Salvo manifestação em audiência, as partes e o Ministério Público terão 5 (cinco) dias para oferecer alegações finais, decidindo a autoridade judiciária em igual prazo.

§ 2º. Em se tratando de afastamento provisório ou definitivo de dirigente de entidade governamental, a autoridade judiciária oficiará a autoridade administrativa imediatamente superior ao afastado, fixando-lhe prazo de 24 (vinte e quatro) horas para proceder à substituição.

§ 3º Antes de aplicar qualquer das medidas, a autoridade judiciária poderá fixar prazo para a remoção das irregularidades verificadas. Satisfeitas as exigências, o processo será extinto, sem julgamento do mérito.

§ 4º. A multa e a advertência serão impostas ao dirigente da entidade ou ao responsável pelo programa de atendimento.

TÍTULO V.
DO ACESSO À JUSTIÇA

CAPÍTULO I.
DISPOSIÇÕES GERAIS

Art. 69. Aplica-se, subsidiariamente, às disposições deste Capítulo, o procedimento sumário previsto no Código de Processo Civil, naquilo que não contrarie os prazos previstos nesta Lei.

Art. 70. O poder público poderá criar varas especializadas e exclusivas da pessoa idosa. (Redação dada pela Lei 14.423/2022)

Art. 71. É assegurada prioridade na tramitação dos processos e procedimentos e na execução dos atos e diligências judiciais em que figure como parte ou interveniente pessoa com idade igual ou superior a 60 (sessenta) anos, em qualquer instância.

§ 1º. O interessado na obtenção da prioridade a que alude este artigo, fazendo prova de sua idade, requererá o benefício à autoridade judiciária competente para decidir o feito, que determinará as providências a serem cumpridas, anotando-se essa circunstância em local visível nos autos do processo.

§ 2º. A prioridade não cessará com a morte do beneficiado, estendendo-se em favor do cônjuge supérstite, companheiro ou companheira, com união estável, maior de 60 (sessenta) anos.

› CC: arts. 1.723 a 1.727.

§ 3º. A prioridade se estende aos processos e procedimentos na Administração Pública, empresas prestadoras de serviços públicos e instituições financeiras, ao atendimento preferencial junto à Defensoria Pública da União, dos Estados e do Distrito Federal em relação aos Serviços de Assistência Judiciária.

› Lei nº 1.060, de 5-2-1950, dispõe sobre assistência judiciária aos necessitados.

§ 4º Para o atendimento prioritário, será garantido à pessoa idosa o fácil acesso aos assentos e caixas, identificados com a destinação a pessoas idosas em local visível e caracteres legíveis. (Redação dada pela Lei 14.423/2022)

§ 5º Dentre os processos de pessoas idosas, dar-se-á prioridade especial aos das maiores de 80 (oitenta) anos. (Redação dada pela Lei 14.423/2022)

CAPÍTULO II.
DO MINISTÉRIO PÚBLICO

Art. 72. (VETADO)

Art. 73. As funções do Ministério Público, previstas nesta Lei, serão exercidas nos termos da respectiva Lei Orgânica.

Art. 74. Compete ao Ministério Público:

I – instaurar o inquérito civil e a ação civil pública para a proteção dos direitos e interesses difusos ou coletivos, individuais indisponíveis e individuais homogêneos da pessoa idosa; (Redação dada pela Lei 14.423/2022)

II – promover e acompanhar as ações de alimentos, de interdição total ou parcial, de designação de curador especial, em circunstâncias que justifiquem a medida e oficiar em todos os feitos em que se discutam os direitos das pessoas idosas em condições de risco; (Redação dada pela Lei 14.423/2022)

III – atuar como substituto processual da pessoa idosa em situação de risco, conforme o disposto no art. 43 desta Lei; (Redação dada pela Lei 14.423/2022)

IV – promover a revogação de instrumento procuratório da pessoa idosa, nas hipóteses previstas no art. 43 desta Lei, quando necessário ou o interesse público justificar; (Redação dada pela Lei 14.423/2022)

V – instaurar procedimento administrativo e, para instruí-lo:

a) expedir notificações, colher depoimentos ou esclarecimentos e, em caso de não comparecimento injustificado da pessoa notificada, requisitar condução coercitiva, inclusive pela Polícia Civil ou Militar;

b) requisitar informações, exames, perícias e documentos de autoridades municipais, estaduais e federais, da administração direta e indireta, bem como promover inspeções e diligências investigatórias;

c) requisitar informações e documentos particulares de instituições privadas;

VI – instaurar sindicâncias, requisitar diligências investigatórias e a instauração de inquérito policial, para a apuração de ilícitos ou infrações às normas de proteção à pessoa idosa; (Redação dada pela Lei 14.423/2022)

VII – zelar pelo efetivo respeito aos direitos e garantias legais assegurados à pessoa idosa, promovendo as medidas judiciais e extrajudiciais cabíveis; (Redação dada pela Lei 14.423/2022)

VIII – inspecionar as entidades públicas e particulares de atendimento e os programas de que trata esta Lei, adotando de pronto as medidas administrativas ou judiciais necessárias à remoção de irregularidades porventura verificadas;

IX – requisitar força policial, bem como a colaboração dos serviços de saúde, educacionais e de assistência social, públicos, para o desempenho de suas atribuições;

X – referendar transações envolvendo interesses e direitos das pessoas idosas previstos nesta Lei. (Redação dada pela Lei 14.423/2022)

§ 1º. A legitimação do Ministério Público para as ações cíveis previstas neste artigo não impede a de terceiros, nas mesmas hipóteses, segundo dispuser a lei.

§ 2º. As atribuições constantes deste artigo não excluem outras, desde que compatíveis com a finalidade e atribuições do Ministério Público.

§ 3º O representante do Ministério Público, no exercício de suas funções, terá livre acesso a toda entidade de atendimento à pessoa idosa. (Redação dada pela Lei 14.423/2022)

Art. 75. Nos processos e procedimentos em que não for parte, atuará obrigatoriamente o Ministério Público na defesa dos direitos e interesses de que cuida esta Lei, hipóteses em que terá vista dos autos depois das partes, podendo juntar documentos, requerer diligências e produção de outras provas, usando os recursos cabíveis.

Art. 76. A intimação do Ministério Público, em qualquer caso, será feita pessoalmente.

Art. 77. A falta de intervenção do Ministério Público acarreta a nulidade do feito, que será declarada de ofício pelo juiz ou a requerimento de qualquer interessado.

CAPÍTULO III. DA PROTEÇÃO JUDICIAL DOS INTERESSES DIFUSOS, COLETIVOS E INDIVIDUAIS INDISPONÍVEIS OU HOMOGÊNEOS

Art. 78. As manifestações processuais do representante do Ministério Público deverão ser fundamentadas.

Art. 79. Regem-se pelas disposições desta Lei as ações de responsabilidade por ofensa aos direitos assegurados à pessoa idosa, referentes à omissão ou ao oferecimento insatisfatório de: (Redação dada pela Lei 14.423/2022)

I – acesso às ações e serviços de saúde;

II – atendimento especializado à pessoa idosa com deficiência ou com limitação incapacitante; (Redação dada pela Lei 14.423/2022)

III – atendimento especializado à pessoa idosa com doença infectocontagiosa; (Redação dada pela Lei 14.423/2022)

IV – serviço de assistência social visando ao amparo da pessoa idosa. (Redação dada pela Lei 14.423/2022)

Parágrafo único. As hipóteses previstas neste artigo não excluem da proteção judicial outros interesses difusos, coletivos, individuais indisponíveis ou homogêneos, próprios da pessoa idosa, protegidos em lei. (Redação dada pela Lei 14.423/2022)

Art. 80. As ações previstas neste Capítulo serão propostas no foro do domicílio da pessoa idosa, cujo juízo terá competência absoluta para processar a causa, ressalvadas as competências da Justiça Federal e a competência originária dos Tribunais Superiores. (Redação dada pela Lei 14.423/2022)

Art. 81. Para as ações cíveis fundadas em interesses difusos, coletivos, individuais indisponíveis ou homogêneos, consideram-se legitimados, concorrentemente:

I – o Ministério Público;

II – a União, os Estados, o Distrito Federal e os Municípios;

III – a Ordem dos Advogados do Brasil;

IV – as associações legalmente constituídas há pelo menos 1 (um) ano e que incluam entre os fins institucionais a defesa dos interesses e direitos da pessoa idosa, dispensada a autorização da assembleia, se houver prévia autorização estatutária.

§ 1º. Admitir-se-á litisconsórcio facultativo entre os Ministérios Públicos da União e dos Estados na defesa dos interesses e direitos de que cuida esta Lei.

§ 2º. Em caso de desistência ou abandono da ação por associação legitimada, o Ministério Público ou outro legitimado deverá assumir a titularidade ativa.

Art. 82. Para defesa dos interesses e direitos protegidos por esta Lei, são admissíveis todas as espécies de ação pertinentes.

Parágrafo único. Contra atos ilegais ou abusivos de autoridade pública ou agente de pessoa jurídica no exercício de atribuições de Poder Público, que lesem direito líquido e certo previsto nesta Lei, caberá ação mandamental, que se regerá pelas normas da lei do mandado de segurança.

‣ Lei nº 12.016, de 7-8-2009, dispõe sobre mandado de segurança.

Art. 83. Na ação que tenha por objeto o cumprimento de obrigação de fazer ou não-fazer, o juiz concederá a tutela específica da obrigação ou determinará providências que assegurem o resultado prático equivalente ao adimplemento.

§ 1º. Sendo relevante o fundamento da demanda e havendo justificado receio de ineficácia do provimento final, é lícito ao juiz conceder a tutela liminarmente ou após justificação prévia, na forma do art. 273 do Código de Processo Civil.

§ 2º. O juiz poderá, na hipótese do § 1º ou na sentença, impor multa diária ao réu, independentemente do pedido do autor, se for suficiente ou compatível com a obrigação, fixando prazo razoável para o cumprimento do preceito.

§ 3º. A multa só será exigível do réu após o trânsito em julgado da sentença favorável ao autor, mas será devida desde o dia em que se houver configurado.

Art. 84. Os valores das multas previstas nesta Lei reverterão ao Fundo da Pessoa Idosa, onde houver, ou na falta deste, ao Fundo Municipal de Assistência Social, ficando vinculados ao atendimento à pessoa idosa. (Redação dada pela Lei 14.423/2022)

Parágrafo único. As multas não recolhidas até 30 (trinta) dias após o trânsito em julgado da decisão serão exigidas por meio de execução promovida pelo Ministério Público, nos mesmos autos, facultada igual iniciativa aos demais legitimados em caso de inércia daquele.

Art. 85. O juiz poderá conferir efeito suspensivo aos recursos, para evitar dano irreparável à parte.

Art. 86. Transitada em julgado a sentença que impuser condenação ao Poder Público, o juiz determinará a remessa de peças à autoridade competente, para apuração da responsabilidade civil e administrativa do agente a que se atribua a ação ou omissão.

Art. 87. Decorridos 60 (sessenta) dias do trânsito em julgado da sentença condenatória favorável à pessoa idosa sem que o autor lhe promova a execução, deverá fazê-lo o Ministério Público, facultada igual iniciativa aos demais legitimados, como assistentes ou assumindo o polo ativo, em caso de inércia desse órgão. (Redação dada pela Lei 14.423/2022)

Art. 88. Nas ações de que trata este Capítulo, não haverá adiantamento de custas, emolumentos, honorários periciais e quaisquer outras despesas.

Parágrafo único. Não se imporá sucumbência ao Ministério Público.

Art. 89. Qualquer pessoa poderá, e o servidor deverá, provocar a iniciativa do Ministério Público, prestando-lhe informações sobre os fatos que constituam objeto de ação civil e indicando-lhe os elementos de convicção.

Art. 90. Os agentes públicos em geral, os juízes e tribunais, no exercício de suas funções, quando tiverem conhecimento de fatos que possam configurar crime de ação pública contra a pessoa idosa ou ensejar a propositura de ação para sua defesa, devem encaminhar as peças pertinentes ao Ministério Público, para as providências cabíveis. (Redação dada pela Lei 14.423/2022)

Art. 91. Para instruir a petição inicial, o interessado poderá requerer às autoridades competentes as certidões e informações que julgar necessárias, que serão fornecidas no prazo de 10 (dez) dias.

Art. 92. O Ministério Público poderá instaurar sob sua presidência, inquérito civil, ou requisitar, de qualquer pessoa, organismo público ou particular, certidões, informações, exames ou perícias, no prazo que assinalar, o qual não poderá ser inferior a 10 (dez) dias.

§ 1º. Se o órgão do Ministério Público, esgotadas todas as diligências, se convencer da inexistência de fundamento para a propositura da ação civil ou de peças informativas, determinará o seu arquivamento, fazendo-o fundamentadamente.

§ 2º. Os autos do inquérito civil ou as peças de informação arquivados serão remetidos, sob pena de se incorrer em falta grave, no prazo de 3 (três) dias, ao Conselho Superior do Ministério Público ou à Câmara de Coordenação e Revisão do Ministério Público.

§ 3º. Até que seja homologado ou rejeitado o arquivamento, pelo Conselho Superior do Ministério Público ou por Câmara de Coordenação e Revisão do Ministério Público, as associações legitimadas poderão apresentar razões escritas ou documentos, que serão juntados ou anexados às peças de informação.

§ 4º. Deixando o Conselho Superior ou a Câmara de Coordenação e Revisão do Ministério Público de homologar a promoção de arquivamento, será designado outro membro do Ministério Público para o ajuizamento da ação.

TÍTULO VI. DOS CRIMES

CAPÍTULO I. DISPOSIÇÕES GERAIS

Art. 93. Aplicam-se subsidiariamente, no que couber, as disposições da Lei nº 7.347, de 24 de julho de 1985.

Art. 94. Aos crimes previstos nesta Lei, cuja pena máxima privativa de liberdade não ultrapasse 4 (quatro) anos, aplica-se o procedimento previsto na Lei nº 9.099, de 26 de setembro de 1995, e, subsidiariamente, no que couber, as disposições do Código Penal e do Código de Processo Penal.

CAPÍTULO II. DOS CRIMES EM ESPÉCIE

Art. 95. Os crimes definidos nesta Lei são de ação penal pública incondicionada, não se lhes aplicando os arts. 181 e 182 do Código Penal.

Art. 96. Discriminar pessoa idosa, impedindo ou dificultando seu acesso a operações bancárias, aos meios de transporte, ao direito de contratar ou por qualquer outro meio ou instrumento necessário ao exercício da cidadania, por motivo de idade:

Pena – reclusão de 6 (seis) meses a 1 (um) ano e multa.

§ 1º. Na mesma pena incorre quem desdenhar, humilhar, menosprezar ou discriminar pessoa idosa, por qualquer motivo.

§ 2º. A pena será aumentada de 1/3 (um terço) se a vítima se encontrar sob os cuidados ou responsabilidade do agente.

§ 3º Não constitui crime a negativa de crédito motivada por superendividamento da pessoa idosa. (Redação dada pela Lei 14.423/2022)

Art. 97. Deixar de prestar assistência à pessoa idosa, quando possível fazê-lo sem risco pessoal, em situação de iminente perigo, ou recusar, retardar ou dificultar sua assistência à saúde, sem justa causa, ou não pedir, nesses casos, o socorro de autoridade pública: (Redação dada pela Lei 14.423/2022)

Pena – detenção de 6 (seis) meses a 1 (um) ano e multa.

Parágrafo único. A pena é aumentada de metade, se da omissão resulta lesão corporal de natureza grave, e triplicada, se resulta a morte.

Art. 98. Abandonar a pessoa idosa em hospitais, casas de saúde, entidades de longa permanência, ou congêneres, ou não prover suas necessidades básicas, quando obrigado por lei ou mandado: (Redação dada pela Lei 14.423/2022)

Pena – detenção de 6 (seis) meses a 3 (três) anos e multa.

Art. 99. Expor a perigo a integridade e a saúde, física ou psíquica, da pessoa idosa, submetendo-a a condições desumanas ou degradantes ou privando-a de alimentos e cuidados indispensáveis, quando obrigado a fazê-lo, ou sujeitando-a a trabalho excessivo ou inadequado: (Redação dada pela Lei 14.423/2022)

Pena – detenção de 2 (dois) meses a 1 (um) ano e multa.

§ 1º. Se do fato resulta lesão corporal de natureza grave:

Pena – reclusão de 1 (um) a 4 (quatro) anos.

§ 2º. Se resulta a morte:

Pena – reclusão de 4 (quatro) a 12 (doze) anos.

Art. 100. Constitui crime punível com reclusão de 6 (seis) meses a 1 (um) ano e multa:

I – obstar o acesso de alguém a qualquer cargo público por motivo de idade;

II – negar a alguém, por motivo de idade, emprego ou trabalho;

III – recusar, retardar ou dificultar atendimento ou deixar de prestar assistência à saúde, sem justa causa, a pessoa idosa;

IV – deixar de cumprir, retardar ou frustrar, sem justo motivo, a execução de ordem judicial expedida na ação civil a que alude esta Lei;

V – recusar, retardar ou omitir dados técnicos indispensáveis à propositura da ação civil objeto desta Lei, quando requisitados pelo Ministério Público.

Art. 101. Deixar de cumprir, retardar ou frustrar, sem justo motivo, a execução de ordem judicial expedida nas ações em que for parte ou interveniente a pessoa idosa: (Redação dada pela Lei 14.423/2022)

Pena – detenção de 6 (seis) meses a 1 (um) ano e multa.

Art. 102. Apropriar-se de ou desviar bens, proventos, pensão ou qualquer outro rendimento da pessoa idosa, dando-lhes aplicação diversa da de sua finalidade: (Redação dada pela Lei 14.423/2022)

Pena – reclusão de 1 (um) a 4 (quatro) anos e multa.

Art. 103. Negar o acolhimento ou a permanência da pessoa idosa, como abrigada, por recusa desta em outorgar procuração à entidade de atendimento: (Redação dada pela Lei 14.423/2022)

Pena – detenção de 6 (seis) meses a 1 (um) ano e multa.

Art. 104. Reter o cartão magnético de conta bancária relativa a benefícios, proventos ou pensão da pessoa idosa, bem como qualquer outro documento com objetivo de assegurar recebimento ou ressarcimento de dívida: (Redação dada pela Lei 14.423/2022)

Pena – detenção de 6 (seis) meses a 2 (dois) anos e multa.

Art. 105. Exibir ou veicular, por qualquer meio de comunicação, informações ou imagens depreciativas ou injuriosas à pessoa idosa: (Redação dada pela Lei 14.423/2022)

Pena – detenção de 1 (um) a 3 (três) anos e multa.

Art. 106. Induzir pessoa idosa sem discernimento de seus atos a outorgar procuração para fins de administração de bens ou deles dispor livremente:

Pena – reclusão de 2 (dois) a 4 (quatro) anos.

Art. 107. Coagir, de qualquer modo, a pessoa idosa a doar, contratar, testar ou outorgar procuração: (Redação dada pela Lei 14.423/2022)

Pena – reclusão de 2 (dois) a 5 (cinco) anos.

Art. 108. Lavrar ato notarial que envolva pessoa idosa sem discernimento de seus atos, sem a devida representação legal:

Pena – reclusão de 2 (dois) a 4 (quatro) anos.

TÍTULO VII. DISPOSIÇÕES FINAIS E TRANSITÓRIAS

Art. 109. Impedir ou embaraçar ato do representante do Ministério Público ou de qualquer outro agente fiscalizador:

Pena – reclusão de 6 (seis) meses a 1 (um) ano e multa.

Art. 110. O Decreto-Lei nº 2.848, de 7 de dezembro de 1940, Código Penal, passa a vigorar com as seguintes alterações:

- CP: arts. 61, II, *h*; 121; 133; 140; 141, IV; 148, § 1º, I; 159, § 1º; 183, III; 244.

Art. 111. O art. 21 do Decreto-Lei nº 3.688, de 3 de outubro de 1941, Lei das Contravenções Penais, passa a vigorar acrescido do seguinte parágrafo único:

- Dec.-lei nº 3.688, de 3-10-1941: art. 21, par. ún.

Art. 112. O inciso II do § 4º do art. 1º da Lei nº 9.455, de 7 de abril de 1997, passa a vigorar com a seguinte redação:

- Lei nº 9.455, de 7-4-1997: art. 1º, § 4º, II.

Art. 113. O inciso III do art. 18 da Lei nº 6.368, de 21 de outubro de 1976, passa a vigorar com a seguinte redação:

"Art. 18. [...]

[...]

III – se qualquer deles decorrer de associação ou visar a menores de 21 (vinte e um) anos ou a pessoa com idade igual ou superior a 60 (sessenta) anos ou a quem tenha, por qualquer causa, diminuída ou suprimida a capacidade de discernimento ou de autodeterminação:

[...]."

Art. 114. O art. 1º da Lei nº 10.048, de 8 de novembro de 2000, passa a vigorar com a seguinte redação:

"Art. 1º. As pessoas portadoras de deficiência, os idosos com idade igual ou superior a 60 (sessenta) anos, as gestantes, as lactantes e as pessoas acompanhadas por crianças de colo terão atendimento prioritário, nos termos desta Lei."

Art. 115. O Orçamento da Seguridade Social destinará ao Fundo Nacional de Assistência Social, até que o Fundo Nacional da Pessoa Idosa seja criado, os recursos necessários, em cada exercício financeiro, para aplicação em programas e ações relativos à pessoa idosa. (Redação dada pela Lei 14.423/2022)

Art. 116. Serão incluídos nos censos demográficos dados relativos à população idosa do País.

Art. 117. O Poder Executivo encaminhará ao Congresso Nacional projeto de lei revendo os critérios de concessão do Benefício de Prestação Continuada previsto na Lei Orgânica da Assistência Social, de forma a garantir que o acesso ao direito seja condizente com o estágio de desenvolvimento socioeconômico alcançado pelo País.

Art. 118. Esta Lei entra em vigor decorridos 90 (noventa) dias da sua publicação, ressalvado o disposto no *caput* do art. 36, que vigorará a partir de 1º de janeiro de 2004.

Brasília, 1º de outubro de 2003; 182º da Independência e 115º da República.

LUIZ INÁCIO LULA DA SILVA

DECRETO Nº 6.214, DE 26 DE SETEMBRO DE 2007

Regulamenta o benefício de prestação continuada da assistência social devido à pessoa com deficiência e ao idoso de que trata a Lei nº 8.742, de 7 de dezembro de 1993, e a Lei nº 10.741, de 1º de outubro de 2003, acresce parágrafo ao art. 162 do Decreto nº 3.048, de 6 de maio de 1999, e dá outras providências.

O Presidente da República, no uso da atribuição que lhe confere o art. 84, inciso IV, da Constituição, e tendo em vista o disposto no art. 20 da Lei nº 8.742, de 7 de dezembro de 1993, e no art. 34 da Lei nº 10.741, de 1º de outubro de 2003,

DECRETA:

Art. 1º Fica aprovado, na forma do Anexo deste Decreto, o Regulamento do Benefício de Prestação Continuada instituído pelo art. 20 da Lei nº 8.742, de 7 de dezembro de 1993.

Art. 2º *(Revogado pelo Decreto 10.554/2020)*

Art. 3º Este Decreto entra em vigor na data de sua publicação.

Art. 4º Ficam revogados os Decretos nºs 1.744, de 8 de dezembro de 1995, e 4.712, de 29 de maio de 2003.

Brasília, 26 de setembro de 2007; 186º da Independência e 189º da República.

LUIZ INÁCIO LULA DA SILVA

ANEXO
REGULAMENTO DO BENEFÍCIO DE PRESTAÇÃO CONTINUADA

CAPÍTULO I
DO BENEFÍCIO DE PRESTAÇÃO CONTINUADA E DO BENEFICIÁRIO

Art. 1º O Benefício de Prestação Continuada previsto no art. 20 da Lei nº 8.742, de 7 de dezembro de 1993, é a garantia de um salário mínimo mensal à pessoa com deficiência e ao idoso, com idade de sessenta e cinco anos ou mais, que comprovem não possuir meios para prover a própria manutenção e nem de tê-la provida por sua família.

§ 1º O Benefício de Prestação Continuada integra a proteção social básica no âmbito do Sistema Único de Assistência Social – SUAS, instituído pelo Ministério do Desenvolvimento Social e Agrário, em consonância com o estabelecido pela Política Nacional de Assistência Social – PNAS. (Redação dada pelo Decreto nº 8.805, de 2016)

§ 2º O Benefício de Prestação Continuada é constitutivo da PNAS e integrado às demais políticas setoriais, e visa ao enfrentamento da pobreza, à garantia da proteção social, ao provimento de condições para atender contingências sociais e à universalização dos direitos sociais, nos moldes definidos no parágrafo único do art. 2º da Lei nº 8.742, de 1993.

§ 3º A plena atenção à pessoa com deficiência e ao idoso beneficiário do Benefício de Prestação Continuada exige que os gestores da assistência social mantenham ação integrada às demais ações das políticas setoriais nacional, estaduais, municipais e do Distrito Federal, principalmente no campo da saúde, segurança alimentar, habitação e educação.

Art. 2º Compete ao Ministério do Desenvolvimento Social e Agrário a implementação, a coordenação-geral, a regulação, o financiamento, o monitoramento e a avaliação da prestação do beneficio, sem prejuízo das iniciativas compartilhadas com Estados, Distrito Federal e Municípios, em consonância com as diretrizes do SUAS e da descentralização político-administrativa, prevista no inciso I do *caput* do art. 204 da Constituição e no inciso I do *caput* do art. 5º da Lei nº 8.742, de 1993. (Redação dada pelo Decreto nº 8.805, de 2016)

Art. 3º O Instituto Nacional do Seguro Social – INSS é o responsável pela operacionalização do Benefício de Prestação Continuada, nos termos deste Regulamento.

Art. 4º Para os fins do reconhecimento do direito ao benefício, considera-se:

I – idoso: aquele com idade de sessenta e cinco anos ou mais;

II – pessoa com deficiência: aquela que tem impedimentos de longo prazo de natureza física, mental, intelectual ou sensorial, os quais, em interação com diversas barreiras, podem obstruir sua participação plena e efetiva na sociedade em igualdade de condições com as demais pessoas; (Redação dada pelo Decreto nº 7.617, de 2011)

III – incapacidade: fenômeno multidimensional que abrange limitação do desempenho de atividade e restrição da participação, com redução efetiva e acentuada da capacidade de inclusão social, em correspondência à interação entre a pessoa com deficiência e seu ambiente físico e social;

IV – família incapaz de prover a manutenção da pessoa com deficiência ou do idoso: aquela cuja renda mensal bruta familiar dividida pelo número de seus integrantes seja inferior a um quarto do salário mínimo;

V – família para cálculo da renda *per capita*: conjunto de pessoas composto pelo requerente, o cônjuge, o companheiro, a companheira, os pais e, na ausência de um deles, a madrasta ou o padrasto, os irmãos solteiros, os filhos e enteados solteiros e os menores tutelados, desde que vivam sob o mesmo teto; e (Redação dada pelo Decreto nº 7.617, de 2011)

VI – renda mensal bruta familiar: a soma dos rendimentos brutos auferidos mensalmente pelos membros da família composta por salários, proventos, pensões, pensões alimentícias, benefícios de previdência pública ou privada, seguro-desemprego, comissões, *pro-labore*, outros rendimentos do trabalho não assalariado, rendimentos do mercado informal ou autônomo, rendimentos auferidos do patrimônio, Renda Mensal Vitalícia e Benefício de Prestação Continuada, ressalvado o disposto no parágrafo único do art. 19. (Redação dada pelo Decreto nº 7.617, de 2011)

§ 1º Para fins de reconhecimento do direito ao Benefício de Prestação Continuada às crianças e adolescentes menores de dezesseis anos de idade, deve ser avaliada a existência da deficiência e o seu impacto na limitação do desempenho de atividade e restrição da participação social, compatível com a idade. (Redação dada pelo Decreto nº 7.617, de 2011)

§ 2º Para fins do disposto no inciso VI do *caput*, não serão computados como renda mensal bruta familiar: (Redação dada pelo Decreto nº 7.617, de 2011)

I – benefícios e auxílios assistenciais de natureza eventual e temporária; (Incluído pelo Decreto nº 7.617, de 2011)

II – valores oriundos de programas sociais de transferência de renda; (Incluído pelo Decreto nº 7.617, de 2011)

III – bolsas de estágio supervisionado; (Redação dada pelo Decreto nº 8.805, de 2016)

IV – pensão especial de natureza indenizatória e benefícios de assistência médica, conforme disposto no art. 5º; (Incluído pelo Decreto nº 7.617, de 2011)

V – rendas de natureza eventual ou sazonal, a serem regulamentadas em ato conjunto do Ministério do Desenvolvimento Social e Combate à Fome e do INSS; e (Incluído pelo Decreto nº 7.617, de 2011)

VI – rendimentos decorrentes de contrato de aprendizagem. (Redação dada pelo Decreto nº 8.805, de 2016)

§ 3º Considera-se impedimento de longo prazo aquele que produza efeitos pelo prazo mínimo de dois anos. (Redação dada pelo Decreto nº 7.617, de 2011)

Art. 5º O beneficiário não pode acumular o Benefício de Prestação Continuada com outro benefício no âmbito da Seguridade Social ou de outro regime, inclusive o seguro-desemprego, ressalvados o de assistência médica e a pensão especial de natureza indenizatória. (Redação dada pelo Decreto nº 8.805, de 2016)

Parágrafo único. A acumulação do benefício com a remuneração advinda do contrato de aprendizagem pela pessoa com deficiência é limitada ao prazo máximo de dois anos. (Redação dada pelo Decreto nº 8.805, de 2016)

Art. 6º A condição de acolhimento em instituições de longa permanência, como abrigo, hospital ou instituição congênere não prejudica o direito do idoso ou da pessoa com deficiência ao Benefício de Prestação Continuada. (Redação dada pelo Decreto nº 7.617, de 2011)

Art. 7º O Benefício de Prestação Continuada é devido ao brasileiro, nato ou naturalizado, e às pessoas de nacionalidade portuguesa, em consonância com o disposto no Decreto nº 7.999, de 8 de maio de 2013, desde que comprovem, em qualquer dos casos, residência no Brasil e atendam a todos os demais critérios estabelecidos neste Regulamento. (Redação dada pelo Decreto nº 8.805, de 2016)

CAPÍTULO II
DA HABILITAÇÃO, DA CONCESSÃO, DA MANUTENÇÃO, DA REPRESENTAÇÃO E DO INDEFERIMENTO

SEÇÃO I
DA HABILITAÇÃO E DA CONCESSÃO

Art. 8º Para fazer jus ao Benefício de Prestação Continuada, o idoso deverá comprovar:

I – contar com sessenta e cinco anos de idade ou mais;

II – renda mensal bruta familiar, dividida pelo número de seus integrantes, inferior a um quarto do salário mínimo; e

III – não possuir outro benefício no âmbito da Seguridade Social ou de outro regime, inclusive o seguro-desemprego, salvo o de assistência médica e a pensão especial de natureza indenizatória, observado o disposto no inciso VI do *caput* e no § 2º do art. 4º. (Redação dada pelo Decreto nº 7.617, de 2011)

Parágrafo único. A comprovação da condição prevista no inciso III poderá ser feita mediante declaração do idoso ou, no caso de sua incapacidade para os atos da vida civil, do seu curador.

Art. 9º Para fazer jus ao Benefício de Prestação Continuada, a pessoa com deficiência deverá comprovar:

I – a existência de impedimentos de longo prazo de natureza física, mental, intelectual ou sensorial, os quais, em interação com diversas barreiras, obstruam sua participação plena e efetiva na sociedade em igualdade de condições com as demais pessoas, na forma prevista neste Regulamento; (Redação dada pelo Decreto nº 7.617, de 2011)

II – renda mensal bruta familiar do requerente, dividida pelo número de seus integrantes, inferior a um quarto do salário mínimo; e

III – por meio de declaração, que não recebe outro benefício no âmbito da Seguridade Social ou de outro regime, inclusive o seguro-desemprego, exceto o de assistência médica e a pensão especial de natureza indenizatória. (Redação dada pelo Decreto nº 8.805, de 2016)

Parágrafo único. A comprovação da condição prevista no inciso III poderá ser feita mediante declaração da pessoa com deficiência ou, no caso de sua incapacidade para os atos da vida civil, do seu curador ou tutor.

Art. 10. A pessoa com deficiência e o idoso deverão informar o número de inscrição no Cadastro de Pessoas Físicas - CPF e apresentar documento com foto reconhecido por lei como prova de identidade do requerente. (Redação dada pelo Decreto 9.462/2018)

I – (Revogado pelo Decreto 9.462/2018)

II – (Revogado pelo Decreto 9.462/2018)

III – (Revogado pelo Decreto 9.462/2018)

IV – (Revogado pelo Decreto 9.462/2018)

V – (Revogado pelo Decreto 9.462/2018)

Parágrafo único. As crianças e os adolescentes menores de dezesseis anos poderão apresentar apenas a certidão de nascimento para fins da identificação de que trata o caput. (Acrescido pelo Decreto 9.462/2018)

Art. 11. Para fins de identificação da pessoa com deficiência e do idoso e de comprovação da idade do idoso, no caso de brasileiro naturalizado, deverão ser apresentados os seguintes documentos:

I – título declaratório de nacionalidade brasileira; e

II – carteira de identidade ou carteira de trabalho e previdência social.

Art. 12. São requisitos para a concessão, a manutenção e a revisão do benefício as inscrições no Cadastro de Pessoas Físicas – CPF e no Cadastro Único para Programas Sociais do Governo Federal – CadÚnico. (Redação dada pelo Decreto nº 8.805, de 2016)

§ 1º O beneficiário que não realizar a inscrição ou atualização no CadÚnico terá seu benefício suspenso após encerrado o prazo estabelecido na legislação. (Redação dada pelo Decreto 9.462/2018)

§ 2º O benefício será concedido ou mantido apenas quando o CadÚnico estiver atualizado e válido, de acordo com o disposto no Decreto nº 6.135, de 26 de junho de 2007. (Redação dada pelo Decreto 9.462/2018)

Art. 13. As informações para o cálculo da renda familiar mensal *per capita* serão declaradas no momento da inscrição da família do requerente no CadÚnico, ficando o declarante sujeito às penas previstas em lei no caso de omissão de informação ou de declaração falsa. (Redação dada pelo Decreto nº 8.805, de 2016)

§ 1º As informações de que trata o *caput* serão declaradas em conformidade com o disposto no Decreto nº 6.135, de 26 de junho de 2007. (Redação dada pelo Decreto nº 8.805, de 2016)

§ 2º Por ocasião do requerimento do benefício, conforme disposto no § 1º do art. 15, o requerente ratificará as informações declaradas no CadÚnico, ficando sujeito às penas previstas em lei no caso de omissão de informação ou de declaração falsa. (Redação dada pelo Decreto nº 8.805, de 2016)

§ 3º Na análise do requerimento do benefício, o INSS confrontará as informações do CadÚnico, referentes à renda, com outros cadastros ou bases de dados de órgãos da administração pública disponíveis, prevalecendo as informações que indiquem maior renda se comparadas àquelas declaradas no CadÚnico. (Redação dada pelo Decreto nº 8.805, de 2016)

§ 4º Compete ao INSS e aos órgãos autorizados pelo Ministério do Desenvolvimento Social e Agrário, quando necessário, verificar junto a outras instituições, inclusive de previdência, a existência de benefício ou de renda em nome do requerente ou beneficiário e dos integrantes da família. (Redação dada pelo Decreto nº 8.805, de 2016)

§ 5º Na hipótese de as informações do CadÚnico serem insuficientes para a análise conclusiva do benefício, o INSS: (Redação dada pelo Decreto nº 8.805, de 2016)

I – comunicará o interessado, o qual deverá atualizar seu cadastro junto ao órgão local responsável pelo CadÚnico no prazo de trinta dias; (Incluído pelo Decreto nº 8.805, de 2016)

II – concluirá a análise após decorrido o prazo de que trata o inciso I; e (Incluído pelo Decreto nº 8.805, de 2016)

III – no caso de o cadastro não ser atualizado no prazo de que trata o inciso I, indeferirá a solicitação para receber o benefício. (Incluído pelo Decreto nº 8.805, de 2016)

§ 6º Quando o requerente for pessoa em situação de rua deve ser adotado, como referência, o endereço do serviço da rede sócioassistencial pelo qual esteja sendo acompanhado, ou, na falta deste, de pessoas com as quais mantém relação de proximidade.

§ 7º Será considerado família do requerente em situação de rua as pessoas elencadas no inciso V do art. 4º, desde que convivam com o requerente na mesma situação, devendo, neste caso, ser relacionadas na Declaração da Composição e Renda Familiar.

§ 8º Entende-se por relação de proximidade, para fins do disposto no § 6º, aquela que se estabelece entre o requerente em situação de rua e as pessoas indicadas pelo próprio requerente como pertencentes ao seu ciclo de convívio que podem facilmente localizá-lo. (Incluído pelo Decreto nº 6.564, de 2008)

Art. 14. O Benefício de Prestação Continuada poderá ser requerido por meio dos canais de atendimento do INSS ou nos órgãos autorizados para este fim. (Redação dada pelo Decreto 9.462/2018)

§ 1º Os formulários utilizados para o requerimento do benefício serão disponibilizados, por meio dos sítios eletrônicos: (Incluído pelo Decreto nº 8.805, de 2016)

I – do Ministério do Desenvolvimento Social e Agrário; (Incluído pelo Decreto nº 8.805, de 2016)

II – do INSS; ou (Incluído pelo Decreto nº 8.805, de 2016)

III – dos órgãos autorizados pelo Ministério do Desenvolvimento Social e Agrário ou pelo INSS. (Incluído pelo Decreto nº 8.805, de 2016)

§ 2º Os formulários a que se refere o § 1º deverão ser disponibilizados de forma acessível, nos termos estabelecidos pelo Decreto nº 5.296, de 2 de dezembro de 2004. (Incluído pelo Decreto nº 8.805, de 2016)

Art. 15. A concessão do benefício dependerá da prévia inscrição do interessado no CPF e no CadÚnico, este último atualizado e válido, de acordo com os prazos estabelecidos no Decreto nº 6.135, de 2007. (Redação dada pelo Decreto 9.462/2018)

§ 1º O requerimento do benefício deverá ser realizado por meio dos canais de atendimento da Previdência Social ou de outros canais definidos em ato do Ministro de Estado do Desenvolvimento Social. (Redação dada pelo Decreto 9.462/2018)

§ 2º Na hipótese de não ser o requerente alfabetizado ou de estar impossibilitado para assinar o pedido, será admitida a aposição da impressão digital na presença de funcionário do órgão recebedor do requerimento.

§ 3º A existência de formulário próprio não impedirá que seja aceito qualquer requerimento pleiteando o benefício, desde que nele constem os dados imprescindíveis ao seu processamento.

§ 4º A apresentação de documentação incompleta não constitui motivo de recusa liminar do requerimento do benefício.

§ 5º Na hipótese de ser verificado que a renda familiar mensal *per capita* não atende aos requisitos de concessão do benefício, o pedido deverá ser indeferido pelo INSS, sendo desnecessária a avaliação da deficiência. (Incluído pelo Decreto nº 8.805, de 2016)

Art. 16. A concessão do benefício à pessoa com deficiência ficará sujeita à avaliação da deficiência e do grau de impedimento, com base nos princípios da Classificação Internacional de Funcionalidades, Incapacidade e Saúde – CIF, estabelecida pela Resolução da Organização Mundial da Saúde nº 54.21, aprovada pela 54ª Assembleia Mundial da Saúde, em 22 de maio de 2001. (Redação dada pelo Decreto nº 7.617, de 2011)

§ 1º A avaliação da deficiência e do grau de impedimento será realizada por meio de avaliação social e avaliação médica. (Redação dada pelo Decreto nº 7.617, de 2011)

§ 2º A avaliação social considerará os fatores ambientais, sociais e pessoais, a avaliação médica considerará as deficiências nas funções e nas estruturas do corpo, e ambas considerarão a limitação do desempenho de atividades e a restrição da participação social, segundo suas especificidades. (Redação dada pelo Decreto nº 7.617, de 2011)

§ 3º As avaliações de que trata o § 1º serão realizadas, respectivamente, pelo serviço social e pela perícia médica do INSS, por meio de instrumentos desenvolvidos especificamente para este fim, instituídos por ato conjunto do Ministro de Estado do Desenvolvimento Social e Agrário e do Presidente do INSS. (Redação dada pelo Decreto nº 8.805, de 2016)

§ 4º O Ministério do Desenvolvimento Social e Agrário e o INSS garantirão as condições necessárias para a realização da avaliação social e da avaliação médica necessárias ao Benefício de Prestação Continuada. (Redação dada pelo Decreto nº 8.805, de 2016)

§ 5º A avaliação da deficiência e do grau de impedimento tem por objetivo: (Incluído pelo Decreto nº 7.617, de 2011)

I – comprovar a existência de impedimentos de longo prazo de natureza física, mental, intelectual ou sensorial; e (Incluído pelo Decreto nº 7.617, de 2011)

II – aferir o grau de restrição para a participação plena e efetiva da pessoa com deficiência na sociedade, decorrente da interação dos impedimentos a que se refere o inciso I com barreiras diversas. (Incluído pelo Decreto nº 7.617, de 2011)

§ 6º Na hipótese de não ser possível prever a duração dos impedimentos a que se refere o inciso I do § 5º, mas existir a possibilidade de que se estendam por longo prazo, o benefício poderá ser concedido, conforme o disposto em ato do Ministro de Estado do Desenvolvimento Social. (Redação dada pelo Decreto 9.462/2018)

§ 7º Na hipótese do benefício concedido nos termos do disposto no § 6º, os beneficiários deverão ser prioritariamente submetidos a novas avaliações da deficiência, observado o intervalo máximo de dois anos. (Redação dada pelo Decreto 9.462/2018)

§ 8º A avaliação da deficiência e do grau de impedimento observará os instrumentos de que trata o § 2º do art. 2º da Lei nº 13.146, de 6 de julho de 2015, a partir de sua criação, permitindo inclusive que outras políticas para pessoas com deficiência se beneficiem das informações. (Incluído pelo Decreto nº 8.805, de 2016)

§ 9º Sem prejuízo do compartilhamento das informações de que trata o § 8º, o acesso à avaliação da deficiência e do grau de impedimento, com a finalidade de permitir que outras políticas para pessoas com deficiência dela se beneficiem, dependerá de prévio consentimento do titular da informação. (Incluído pelo Decreto nº 8.805, de 2016)

§ 10. O consentimento de acesso à avaliação poderá ser manifestado no momento da prestação das referidas informações ou quando do requerimento de acesso à política pública. (Incluído pelo Decreto nº 8.805, de 2016)

§ 11. Ato do Ministro de Estado do Desenvolvimento Social estabelecerá diretrizes para o escalonamento, a priorização e os casos que serão dispensados das reavaliações em razão da deficiência constatada. (Acrescido pelo Decreto 9.462/2018)

Art. 17. Na hipótese de não existirem serviços pertinentes para avaliação da deficiência e do grau de impedimento no município de residência do requerente ou beneficiário, fica assegurado o seu encaminhamento ao município mais próximo que contar com tal estrutura, devendo o INSS realizar o pagamento das despesas de transporte e diárias com recursos oriundos do Fundo Nacional de Assistência Social. (Redação dada pelo Decreto nº 7.617, de 2011)

§ 1º Caso o requerente ou beneficiário necessite de acompanhante, a viagem deste deverá ser autorizada pelo INSS, aplicando-se o disposto no *caput*.

§ 2º O valor da diária paga ao requerente ou beneficiário e seu acompanhante será igual ao valor da diária concedida aos beneficiários do Regime Geral de Previdência Social.

§ 3º Caso o requerente ou beneficiário esteja impossibilitado de se apresentar no local de realização da avaliação da deficiência e do grau de impedimento a que se refere o *caput*, os profissionais deverão deslocar-se até o interessado. (Redação dada pelo Decreto nº 7.617, de 2011)

Art. 18. A concessão do Benefício de Prestação Continuada independe da interdição judicial do idoso ou da pessoa com deficiência.

Art. 19. O Benefício de Prestação Continuada será devido a mais de um membro da mesma família enquanto atendidos os requisitos exigidos neste Regulamento.

Parágrafo único. O valor do Benefício de Prestação Continuada concedido a idoso não será computado no cálculo da renda mensal bruta familiar a que se refere o inciso VI do art. 4º, para fins de concessão do Benefício de Prestação Continuada a outro idoso da mesma família.

Art. 20. O Benefício de Prestação Continuada será devido com o cumprimento de todos os requisitos legais e regulamentares exigidos para a sua concessão, devendo o seu pagamento ser efetuado em até quarenta e cinco dias após cumpridas as exigências.

Parágrafo único. Para fins de atualização dos valores pagos em atraso, serão aplicados os mesmos critérios adotados pela legislação previdenciária. (Redação dada pelo Decreto nº 7.617, de 2011)

Art. 21. Fica o INSS obrigado a emitir e enviar ao requerente o aviso de concessão ou de indeferimento do benefício, e, neste caso, com indicação do motivo.

SEÇÃO II
DA MANUTENÇÃO E DA REPRESENTAÇÃO

Art. 22. O Benefício de Prestação Continuada não está sujeito a desconto de qualquer contribuição e não gera direito ao pagamento de abono anual.

Art. 23. O Benefício de Prestação Continuada é intransferível, não gerando direito à pensão por morte aos herdeiros ou sucessores.

Parágrafo único. O valor do resíduo não recebido em vida pelo beneficiário será pago aos seus herdeiros ou sucessores, na forma da lei civil.

Art. 24. O desenvolvimento das capacidades cognitivas, motoras ou educacionais e a realização de atividades não remuneradas de habilitação e reabilitação, dentre outras, não constituem motivo de suspensão ou cessação do benefício da pessoa com deficiência.

Art. 25. A cessação do Benefício de Prestação Continuada concedido à pessoa com deficiência, inclusive em razão do seu ingresso no mercado de trabalho, não impede nova concessão do benefício desde que atendidos os requisitos exigidos neste Decreto.

Art. 26. O benefício será pago pela rede bancária autorizada e, nas localidades onde não houver estabelecimento bancário, o pagamento será efetuado por órgãos autorizados pelo INSS.

Art. 27. O pagamento do Benefício de Prestação Continuada poderá ser antecipado excepcionalmente, na hipótese prevista no § 1º do art. 169 do Decreto nº 3.048, de 6 de maio de 1999. (Redação dada pelo Decreto nº 7.617, de 2011)

Art. 28. O benefício será pago diretamente ao beneficiário ou ao procurador, tutor ou curador.

§ 1º O instrumento de procuração poderá ser outorgado em formulário próprio do INSS, mediante comprovação do motivo da ausência do beneficiário, e sua validade deverá ser renovada a cada doze meses.

§ 2º O procurador, o tutor ou o curador do beneficiário deverá firmar, perante o INSS ou outros órgãos autorizados pelo Ministério do Desenvolvimento Social e Agrário, termo de responsabilidade mediante o qual se comprometa a comunicar qualquer evento que possa anular a procuração, a tutela ou a curatela, principalmente o óbito do outorgante, sob pena de incorrer nas sanções criminais e civis cabíveis. (Redação dada pelo Decreto nº 8.805, de 2016)

Art. 29. Na hipótese de haver indícios de inidoneidade acerca do instrumento de procuração apresentado para o recebimento do Benefício de Prestação Continuada ou do procurador, tanto o INSS quanto qualquer um dos órgãos autorizados pelo Ministério do Desenvolvimento Social e Agrário poderão recusá-los, sem prejuízo das providências que se fizerem necessárias para a apuração da responsabilidade e para a aplicação das sanções criminais e civis cabíveis. (Redação dada pelo Decreto nº 8.805, de 2016)

Art. 30. Para fins de recebimento do Benefício de Prestação Continuada, é aceita a constituição de procurador com mais de um instrumento de procuração, nos casos de beneficiários representados por parentes de primeiro grau e nos casos de beneficiários representados por dirigentes de instituições nas quais se encontrem acolhidos, sendo admitido também, neste último caso, o instrumento de procuração coletiva. (Redação dada pelo Decreto nº 7.617, de 2011)

Art. 31. Não poderão ser procuradores:

I – o servidor público civil e o militar em atividade, salvo se parentes do beneficiário até o segundo grau; e

II – o incapaz para os atos da vida civil, ressalvado o disposto no art. 666 do Código Civil.

Parágrafo único. Nas demais disposições relativas à procuração observar-se-á, subsidiariamente, o Código Civil.

Art. 32. No caso de transferência do beneficiário de uma localidade para outra, o procurador fica obrigado a apresentar novo instrumento de mandato na localidade de destino.

Art. 33. A procuração perderá a validade ou eficácia nos seguintes casos:

I – quando o outorgante passar a receber pessoalmente o benefício, declarando, por escrito que cancela a procuração existente;

II – quando for constituído novo procurador;

III – pela expiração do prazo fixado ou pelo cumprimento ou extinção da finalidade outorgada;

IV – por morte do outorgante ou do procurador;

V – por interdição de uma das partes; ou

VI – por renúncia do procurador, desde que por escrito.

Art. 34. Não podem outorgar procuração o menor de dezoito anos, exceto se assistido ou emancipado após os dezesseis anos, e o incapaz para os atos da vida civil que deverá ser representado por seu representante legal, tutor ou curador.

Art. 35. O benefício devido ao beneficiário incapaz será pago ao cônjuge, pai, mãe, tutor ou curador, admitindo-se, na sua falta, e por período não superior a seis meses, o pagamento a herdeiro necessário, mediante termo de compromisso firmado no ato do recebimento.

§ 1º O período a que se refere o *caput* poderá ser prorrogado por iguais períodos, desde que comprovado o andamento do processo legal de tutela ou curatela.

§ 2º O tutor ou curador poderá outorgar procuração a terceiro com poderes para receber o benefício e, nesta hipótese, obrigatoriamente, a procuração será outorgada mediante instrumento público.

§ 3º A procuração não isenta o tutor ou curador da condição original de mandatário titular da tutela ou curatela.

Art. 35-A. O beneficiário, ou seu representante legal, deve informar ao INSS alterações dos dados cadastrais correspondentes à mudança de nome, endereço e estado civil, a fruição de qualquer benefício no âmbito da Seguridade Social ou de outro regime, a sua admissão em emprego ou a percepção de renda de qualquer natureza elencada no inciso VI do *caput* do art. 4º. (Incluído pelo Decreto nº 7.617, de 2011)

Parágrafo único. O INSS deverá ser informado pelo representante legal ou pelo procurador sobre a propositura de ação judicial relativa à ausência ou à morte presumida do beneficiário. (Acrescido pelo Decreto 9.462/2018)

SEÇÃO III
DO INDEFERIMENTO

Art. 36. O não atendimento das exigências contidas neste Regulamento pelo requerente ensejará o indeferimento do benefício.

§ 1º Do indeferimento do benefício caberá recurso à Junta de Recursos do Conselho de Recursos da Previdência Social, no prazo de trinta dias, a contar do recebimento da comunicação.

§ 2º A situação prevista no art. 24 também não constitui motivo para o indeferimento do benefício.

CAPÍTULO III
DA GESTÃO

Art. 37. Constituem garantias do SUAS o acompanhamento do beneficiário e de sua família, e a inserção destes à rede de serviços socioassistenciais e de outras políticas setoriais.

§ 1º O acompanhamento do beneficiário e de sua família visa a favorecer-lhes a obtenção de aquisições materiais, sociais, socieducativas, socioculturais para suprir as necessidades de subsistência, desenvolver capacidades e talentos para a convivência familiar e comunitária, o protagonismo e a autonomia.

§ 2º Para fins de cumprimento do disposto no *caput*, o acompanhamento deverá abranger as pessoas que vivem sob o mesmo teto com o beneficiário e que com este mantém vínculo parental, conjugal, genético ou de afinidade.

§ 3º Para o cumprimento do disposto no *caput* e para subsidiar os processos de concessão e de revisão bienal do benefício, os beneficiários e suas famílias deverão ser cadastrados no CadÚnico, observada a legislação aplicável. (Redação dada pelo Decreto nº 8.805, de 2016)

Art. 38. Compete ao Ministério do Desenvolvimento Social e Agrário, sem prejuízo do previsto no art. 2º: (Redação dada pelo Decreto nº 8.805, de 2016)

I – acompanhar os beneficiários do Benefício de Prestação Continuada no âmbito do SUAS, em articulação com o Distrito Federal, Municípios e, no que couber, com os Estados, visando a inseri-los nos programas e serviços da assistência social e demais políticas, em conformidade com o art. 11 da Lei nº 8.742, de 1993;

II – considerar a participação dos órgãos gestores de assistência social nas ações de monitoramento e avaliação do Benefício de Prestação Continuada, bem como de acompanhamento de seus beneficiários, como critério de habilitação dos municípios e Distrito Federal a um nível de gestão mais elevado no âmbito do SUAS;

III – manter e coordenar o Programa Nacional de Monitoramento e Avaliação do Benefício de Prestação Continuada, instituído na forma do art. 41, com produção de dados e análise de resultados do impacto do Benefício de Prestação Continuada na vida dos beneficiários, em conformidade com o disposto no art. 24 da Lei nº 8.742, de 1993;

IV – destinar recursos do Fundo Nacional de Assistência Social para pagamento, operacionalização, gestão, informatização, pesquisa, monitoramento e avaliação do Benefício de Prestação Continuada;

V – descentralizar recursos do orçamento do Fundo Nacional de Assistência Social ao INSS para as despesas de pagamento, operacionalização, sistemas de informação, monitoramento e avaliação do Benefício de Prestação Continuada;

VI – fornecer subsídios para a formação de profissionais envolvidos nos processos de concessão, manutenção e revisão dos benefícios, e no acompanhamento de seus beneficiários, visando à facilidade de acesso e bem-estar dos usuários desses serviços.

VII – articular políticas intersetoriais, intergovernamentais e interinstitucionais que afiancem a completude de atenção às pessoas com deficiência e aos idosos, atendendo ao disposto no § 2º do art. 24 da Lei nº 8.742, de 1993; (Redação dada pelo Decreto nº 8.805, de 2016)

VIII – atuar junto a outros órgãos, nas três esferas de governo, com vistas ao aperfeiçoamento da gestão do Benefício de Prestação Continuada; e (Redação dada pelo Decreto nº 8.805, de 2016)

IX – garantir as condições necessárias para inclusão e atualização dos dados do requerente e do beneficiário no CadÚnico. (Incluído pelo Decreto nº 8.805, de 2016)

Art. 39. Compete ao INSS, na operacionalização do Benefício de Prestação Continuada:

I – receber os requerimentos, conceder, manter, revisar, suspender ou fazer cessar o benefício, atuar nas contestações, desenvolver ações necessárias ao ressarcimento do benefício e participar de seu monitoramento e avaliação;

II – realizar, periodicamente, cruzamentos de informações, utilizando o registro de informações do CadÚnico e de outros cadastros, de benefícios previdenciários e de emprego e renda em nome do requerente ou beneficiário e dos integrantes do grupo familiar; (Redação dada pelo Decreto 9.462/2018)

III – realizar a avaliação médica e social da pessoa com deficiência, de acordo com as normas a serem disciplinadas em atos específicos;

IV – realizar o pagamento de transporte e diária do requerente ou beneficiários e seu acompanhante, com recursos oriundos do FNAS, nos casos previstos no art. 17.

V – enviar comunicações aos beneficiários, aos seus representantes legais ou aos seus procuradores; (Redação dada pelo Decreto 9.462/2018)

VI – analisar defesas, receber recursos pelo indeferimento e suspensão do benefício, instruir e encaminhar os processos à Junta de Recursos;

VII – efetuar o repasse de recursos para pagamento do benefício junto à rede bancária autorizada ou entidade conveniada;

VIII – participar, em conjunto com o Ministério do Desenvolvimento Social e Agrário, da instituição de sistema de informação e de alimentação de bancos de dados sobre a concessão, o indeferimento, a manutenção, a suspensão, a cessação, o ressarcimento e a revisão do Benefício de Prestação Continuada, além de gerar relatórios gerenciais e subsidiar a atuação dos demais órgãos no acompanhamento do beneficiário e na defesa de seus direitos; (Redação dada pelo Decreto nº 8.805, de 2016)

IX – submeter à apreciação prévia do Ministério do Desenvolvimento Social e Agrário atos que disponham sobre matéria de regulação e de procedimentos técnicos e administrativos que repercutam no reconhecimento do direito ao acesso, à manutenção e ao pagamento do Benefício de Prestação Continuada; (Redação dada pelo Decreto nº 8.805, de 2016)

X – instituir, em conjunto com o Ministério do Desenvolvimento Social e Agrário, formulários e documentos necessários à operacionalização do Benefício de Prestação Continuada; e (Redação dada pelo Decreto nº 8.805, de 2016)

XI – apresentar ao Ministério do Desenvolvimento Social e Agrário relatórios periódicos das atividades desenvolvidas na operacionalização do Benefício de Prestação Continuada e na execução orçamentária e financeira dos recursos descentralizados. (Redação dada pelo Decreto nº 8.805, de 2016)

Parágrafo único. A análise das defesas a que se refere o inciso VI do caput deve observar o disposto no Capítulo XI da Lei nº 9.784, de 29 de janeiro de 1999. (Acrescido pelo Decreto 9.462/2018)

Art. 40. Compete aos órgãos gestores da assistência social dos Estados, do Distrito Federal e dos Municípios, de acordo com o disposto no § 2º do art. 24 da Lei nº 8.742, de 1993, promover ações que assegurem a articulação do Benefício de Prestação Continuada com os programas voltados ao idoso e à inclusão da pessoa com deficiência.

CAPÍTULO IV
DO MONITORAMENTO E DA AVALIAÇÃO

Art. 41. Fica instituído o Programa Nacional de Monitoramento e Avaliação do Benefício de Prestação Continuada da Assistência Social, que será mantido e coordenado pelo Ministério do Desenvolvimento Social e Agrário, em parceria com o INSS, os Estados, o Distrito Federal e os Municípios, como parte da dinâmica do SUAS. (Redação dada pelo Decreto nº 8.805, de 2016)

§ 1º O Programa Nacional de Monitoramento e Avaliação do Benefício de Prestação Continuada, baseado em um conjunto de indicadores e de seus respectivos índices, compreende:

I – o monitoramento da incidência dos beneficiários e dos requerentes por município brasileiro e no Distrito Federal;

II – o tratamento do conjunto dos beneficiários como uma população com graus de risco e vulnerabilidade social variados, estratificada a partir das características do ciclo de vida do requerente, sua família e da região onde vive;

III – o desenvolvimento de estudos intersetoriais que caracterizem comportamentos da população beneficiária por análises geo-demográficas, índices de mortalidade, morbidade, entre outros, nos quais se inclui a tipologia das famílias dos beneficiários e das instituições em que eventualmente viva ou conviva;

IV – a instituição e manutenção de banco de dados sobre os processos desenvolvidos pelos gestores dos estados, do Distrito Federal e dos municípios para inclusão do beneficiário ao SUAS e demais políticas setoriais;

V – a promoção de estudos e pesquisas sobre os critérios de acesso, implementação do Benefício de Prestação Continuada e impacto do benefício na redução da pobreza e das desigualdades sociais;

VI – a organização e manutenção de um sistema de informações sobre o Benefício de Prestação Continuada, com vistas ao planejamento, desenvolvimento e avaliação das ações; e

VII – a realização de estudos longitudinais dos beneficiários do Benefício de Prestação Continuada.

§ 2º As despesas decorrentes da implementação do Programa a que se refere o *caput* correrão com as dotações orçamentárias consignadas ao Ministério do Desenvolvimento Social e Agrário. (Redação dada pelo Decreto nº 8.805, de 2016)

§ 3º O Ministério do Desenvolvimento Social e Agrário e o INSS deverão integrar suas bases de dados quanto às informações que compõem a base de dados do CadÚnico e compartilhá-las com o Cadastro-Inclusão, instituído pelo art. 92 da Lei nº 13.146, de 6 de julho de 2015, quando se tratar de informação referente a pessoa com deficiência. (Incluído pelo Decreto nº 8.805, de 2016)

§ 4º Até que esteja concluída a integração das bases de dados de que trata o § 3º, o Ministério do Desenvolvimento Social e Agrário deverá fornecer ao INSS, mensalmente, as informações do CadÚnico necessárias à concessão e à manutenção do Benefício de Prestação Continuada, em especial aquelas relativas à composição do grupo familiar, à renda de todos os integrantes. (Incluído pelo Decreto nº 8.805, de 2016)

Art. 42. O Benefício de Prestação Continuada deverá ser revisto a cada dois anos, para avaliação da continuidade das condições que lhe deram origem, conforme dispõe o art. 21 da Lei nº 8.742, de 1993, passando o processo de reavaliação a integrar o Programa Nacional de Monitoramento e Avaliação do Benefício de Prestação Continuada.

§ 1º A revisão de que trata o caput será realizada pelo INSS por meio da utilização de cruzamento de informações do beneficiário e de seus familiares existentes em registros e bases de dados oficiais, na forma estabelecida em ato do Ministro de Estado do Desenvolvimento Social, e observará: (Redação dada pelo Decreto 9.462/2018)

I – o cadastramento ou a atualização cadastral no CadÚnico, conforme o disposto no Decreto nº 6.135, de 2007; (Redação dada pelo Decreto 9.462/2018)

II – a confrontação de informações de cadastros de benefícios, emprego e renda ou outras bases de dados de órgãos da administração pública disponíveis, referentes à renda do titular e de sua família; (Redação dada pelo Decreto 9.462/2018)

III – o cruzamento de dados para fins de verificação de acúmulo do benefício com outra renda no âmbito da Seguridade Social ou de outro regime, conforme vedação a que se refere o § 4º do art. 20 da Lei nº 8.742, de 1993; e (Incluído pelo Decreto nº 8.805, de 2016)

IV – as reavaliações da deficiência constatada anteriormente, quando o beneficiário não tenha superado os requisitos de renda familiar mensal per capita. (Redação dada pelo Decreto 9.462/2018)

§ 2º Identificada a superação de condição para manutenção do benefício, após a atualização das informações junto ao CadÚnico, o INSS deverá suspender ou cessar o benefício, conforme o caso, observado o disposto no art. 47. (Incluído pelo Decreto nº 8.805, de 2016)

§ 3º A revisão de que trata o caput poderá ser realizada para os benefícios concedidos ou reativados judicialmente, observados os critérios definidos na decisão judicial. (Redação dada pelo Decreto 9.462/2018)

§ 4º O Ministério do Desenvolvimento Social e o Ministério do Planejamento, Desenvolvimento e Gestão compartilharão as bases de dados nos termos do Decreto nº 8.789, de 29 de junho de 2016. (Acrescido pelo Decreto 9.462/2018)

§ 5º Os benefícios concedidos administrativamente que utilizem critérios definidos em ações civis públicas poderão ser revisados de acordo com os mesmos critérios de sua concessão. (Acrescido pelo Decreto 9.462/2018)

§ 6º A reavaliação médica e social da deficiência fica condicionada à conclusão da análise relativa à renda, decorrente do procedimento disposto no inciso II do § 1º. (Acrescido pelo Decreto 9.462/2018)

§ 7º A reavaliação médica e social da deficiência poderá ser priorizada ou dispensada por ato do Ministro de Estado do Desenvolvimento Social, considerados o tipo e a gravidade do impedimento, a idade do beneficiário e a duração do benefício. (Acrescido pelo Decreto 9.462/2018)

§ 8º O Ministro de Estado do Desenvolvimento Social editará ato complementar ao disposto neste artigo. (Acrescido pelo Decreto 9.462/2018)

CAPÍTULO V
DA DEFESA DOS DIREITOS E DO CONTROLE SOCIAL

Art. 43. O Ministério do Desenvolvimento Social e Agrário deverá articular-se com os Conselhos de Assistência Social, do Idoso, da Pessoa com Deficiência, da Criança e do Adolescente e da Saúde para desenvolver ações de controle e defesa dos direitos dos beneficiários do Benefício de Prestação Continuada. (Redação dada pelo Decreto nº 8.805, de 2016)

Art. 44. Qualquer pessoa física ou jurídica de direito público ou privado, especialmente os Conselhos de Direitos, os Conselhos de Assistência Social e as organizações representativas de pessoas com deficiência e de idosos, é parte legítima para provocar a iniciativa das autoridades do Ministério do Desenvolvimento Social e Agrário, do INSS, do Ministério Público e dos órgãos de controle social, e para lhes fornecer informações sobre irregularidades na aplicação deste Regulamento, quando for o caso. (Redação dada pelo Decreto nº 8.805, de 2016)

Art. 45. Qualquer cidadão que observar irregularidade ou falha na prestação de serviço referente ao Benefício de Prestação Continuada poderá comunicá-la às Ouvidorias do Ministério do Desenvolvimento Social e Agrário, observadas as atribuições de cada órgão e em conformidade com as disposições específicas de cada Pasta. (Redação dada pelo Decreto nº 8.805, de 2016)

Art. 45-A. As informações referentes às despesas com Benefício de Prestação Continuado deverão ser incluídas, de forma individualizada, no Portal da Transparência do Poder Executivo Federal, de que trata o Decreto nº 5.482, de 30 de junho de 2005, observado o disposto no art. 31 da Lei nº 12.527, de 18 de novembro de 2011. (Incluído pelo Decreto nº 8.805, de 2016)

Art. 46. Constatada a prática de infração penal decorrente da concessão ou da manutenção do Benefício de Prestação Continuada, o INSS aplicará os procedimentos cabíveis, independentemente de outras penalidades legais.

CAPÍTULO VI
DA SUSPENSÃO E DA CESSAÇÃO

Art. 47. O Benefício de Prestação Continuada será suspenso nas seguintes hipóteses: (Redação dada pelo Decreto 9.462/2018)

I – superação das condições que deram origem ao benefício, previstas nos art. 8º e art. 9º; (Acrescido pelo Decreto 9.462/2018)

II – identificação de irregularidade na concessão ou manutenção do benefício; (Acrescido pelo Decreto 9.462/2018)

III – não inscrição no CadÚnico após o fim do prazo estabelecido em ato do Ministro de Estado do Desenvolvimento Social; (Acrescido pelo Decreto 9.462/2018)

IV – não agendamento da reavaliação da deficiência até a data limite estabelecida em convocação; (Acrescido pelo Decreto 9.462/2018)

V – identificação de inconsistências ou insuficiências cadastrais que afetem a avaliação da elegibilidade do beneficiário para fins de manutenção do benefício, conforme o disposto em ato do Ministro de Estado do Desenvolvimento Social; ou (Acrescido pelo Decreto 9.462/2018)

VI – identificação de outras irregularidades. (Acrescido pelo Decreto 9.462/2018)

§ 1º A suspensão do benefício deve ser precedida de notificação do beneficiário, de seu representante legal ou de seu procurador, preferencialmente pela rede bancária, sobre a irregularidade identificada e da concessão do prazo de dez dias para a apresentação de defesa. (Redação dada pelo Decreto 9.462/2018)

§ 2º Se não for possível realizar a notificação de que trata o § 1º pela rede bancária ou pelo correio, o valor do benefício será bloqueado. (Redação dada pelo Decreto 9.462/2018)

§ 3º O bloqueio do valor do benefício consiste no comando bancário que impossibilita temporariamente a movimentação do valor referente ao benefício, observadas as seguintes regras: (Redação dada pelo Decreto 9.462/2018)

I – o bloqueio terá duração máxima de um mês; (Acrescido pelo Decreto 9.462/2018)

II – o valor do benefício será desbloqueado após contato do beneficiário, do seu representante legal ou do seu procurador, por meio dos canais de atendimento do INSS, presenciais ou remotos, ou de outros canais definidos para esse fim; e (Acrescido pelo Decreto 9.462/2018)

III – no momento da solicitação do desbloqueio, o INSS ou outros canais definidos para esse fim deverão notificar o beneficiário, o seu representante legal ou o seu procurador sobre a situação de irregularidade e sobre a concessão do prazo para apresentação de defesa, devendo o interessado confirmar ciência. (Acrescido pelo Decreto 9.462/2018)

§ 4º Após a notificação e o desbloqueio, o beneficiário, o seu representante legal ou o seu procurador terá o prazo de dez dias para apresentar a defesa junto aos canais de atendimento do INSS ou a outros canais autorizados para esse fim. (Redação dada pelo Decreto 9.462/2018)

§ 5º O INSS terá o prazo de trinta dias, prorrogável por igual período, para analisar a defesa interposta. (Redação dada pelo Decreto 9.462/2018)

§ 6º O benefício será mantido caso a defesa apresentada seja acatada. (Acrescido pelo Decreto 9.462/2018)

§ 7º A suspensão do pagamento do benefício consiste na interrupção do envio do pagamento à rede bancária e observará as seguintes regras: (Acrescido pelo Decreto 9.462/2018)

I – o benefício será suspenso:

a) quando o beneficiário, o seu representante legal ou o procurador for notificado e não apresentar defesa no prazo de dez dias;

b) quando os elementos apresentados na defesa forem insuficientes;

c) quando o beneficiário não entrar em contato com os canais de atendimento do INSS ou outros canais autorizados para esse fim no prazo de trinta dias, contado do bloqueio de que trata o § 3º; ou

d) quando informada a ausência do beneficiário pelo representante legal ou pelo procurador, na forma da lei;

II – o beneficiário, o seu representante legal ou o seu procurador deverá ser comunicado sobre os motivos da suspensão do benefício e sobre o prazo de trinta dias para a interposição de recurso junto aos canais de atendimento do INSS ou a outros canais autorizados para esse fim; e

III – o recurso interposto será analisado pelo Conselho de Recursos do Seguro Social - CRSS.

§ 8º A interposição de recurso não gera efeito suspensivo. (Acrescido pelo Decreto 9.462/2018)

§ 9º O benefício será restabelecido caso o recurso interposto ao CRSS seja provido, sendo devidos os valores desde a suspensão do benefício, respeitado o teor da decisão. (Acrescido pelo Decreto 9.462/2018)

Art. 47-A. O Benefício de Prestação Continuada será suspenso em caráter especial quando a pessoa com deficiência exercer atividade remunerada, inclusive na condição de microempreendedor individual, mediante comprovação da relação trabalhista ou da atividade empreendedora. (Incluído pelo Decreto nº 7.617, de 2011)

§ 1º O pagamento do benefício suspenso na forma do *caput* será restabelecido mediante requerimento do interessado que comprove a extinção da relação trabalhista ou da atividade empreendedora, e, quando for o caso, o encerramento do prazo de pagamento do seguro-desemprego, sem que tenha o beneficiário adquirido direito a qualquer benefício no âmbito da Previdência Social. (Incluído pelo Decreto nº 7.617, de 2011)

§ 2º O benefício será restabelecido: (Incluído pelo Decreto nº 7.617, de 2011)

I – a partir do dia imediatamente posterior, conforme o caso, da cessação do contrato de trabalho, do encerramento da atividade empresarial, da última competência de contribuição previdenciária recolhida como contribuinte individual ou do encerramento do prazo de pagamento do seguro desemprego; ou (Redação dada pelo Decreto 9.462/2018)

II – a partir da data do protocolo do requerimento, quando requerido após noventa dias, conforme o caso, da cessação do contrato de trabalho, da última competência de contribuição previdenciária recolhida como contribuinte individual ou do encerramento do prazo de pagamento do seguro-desemprego. (Incluído pelo Decreto nº 7.617, de 2011)

§ 3º Na hipótese prevista no *caput*, o prazo para a reavaliação bienal do benefício prevista no art. 42 será suspenso, voltando a correr, se for o caso, a partir do restabelecimento do pagamento do benefício. (Incluído pelo Decreto nº 7.617, de 2011)

§ 4º O restabelecimento do pagamento do benefício prescinde de nova avaliação da deficiência e do grau de impedimento, respeitado o prazo para a reavaliação bienal. (Incluído pelo Decreto nº 7.617, de 2011)

§ 5º A pessoa com deficiência contratada na condição de aprendiz terá seu benefício suspenso somente após o período de dois anos de recebimento concomitante da remuneração e do benefício, nos termos do § 2º do art. 21-A da Lei nº 8.742, de 7 de dezembro de 1993. (Incluído pelo Decreto nº 7.617, de 2011)

Art. 48. O benefício será cessado: (Redação dada pelo Decreto 9.462/2018)

I – nas hipóteses de óbito, de morte presumida ou de ausência do beneficiário, na forma da lei; (Redação dada pelo Decreto 9.462/2018)

II – quando o beneficiário, o seu representante legal ou o seu procurador não interpuser recurso ao CRSS no prazo de trinta dias, contado da suspensão do benefício; ou (Redação dada pelo Decreto 9.462/2018)

III – quando o recurso ao CRSS não for provido. (Redação dada pelo Decreto 9.462/2018)

§ 1º O representante legal ou o procurador são obrigados a informar ao INSS a ocorrência das situações a que se refere o inciso I do caput. (Redação dada pelo Decreto 9.462/2018)

§ 2º O INSS comunicará o beneficiário, seu representante legal ou o seu procurador, por meio dos canais de atendimento do INSS ou de outros canais autorizados para esse fim, sobre os motivos que levaram à cessação do benefício. (Acrescido pelo Decreto 9.462/2018)

Art. 48-A. Ato conjunto do Ministério do Desenvolvimento Social e Combate à Fome e do INSS disporá sobre a operacionalização da suspensão e cessação do Benefício de Prestação Continuada. (Incluído pelo Decreto nº 7.617, de 2011)

Art. 48-B. Fica vedada a reativação de benefício cessado quando esgotadas todas as instâncias administrativas de recurso. (Acrescido pelo Decreto 9.462/2018)

Art. 49. Cabe ao INSS, sem prejuízo da aplicação de outras medidas legais, adotar as providências necessárias à restituição do valor do benefício pago indevidamente, ressalvados os casos de recebimento de boa-fé. (Redação dada pelo Decreto 9.462/2018)

§ 1º O montante indevidamente pago será corrigido pelo mesmo índice utilizado para a atualização mensal dos salários de contribuição utilizados para apuração dos benefícios do Regime Geral de Previdência Social, e deverá ser restituído, sob pena de inscrição em Dívida Ativa e cobrança judicial. (Redação dada pelo Decreto nº 7.617, de 2011)

§ 2º Na hipótese de o beneficiário permanecer com direito ao recebimento do Benefício de Prestação Continuada ou estar em usufruto de outro benefício previdenciário regularmente concedido pelo INSS, poderá devolver o valor indevido de forma parcelada, atualizado nos moldes do § 1º, em tantas parcelas quantas forem necessárias à liquidação do débito de valor equivalente a trinta por cento do valor do benefício em manutenção.

§ 3º A restituição do valor devido deverá ser feita em única parcela, no prazo de sessenta dias contados da data da notificação, ou mediante acordo de parcelamento, em até sessenta meses, na forma do art. 244 do Regulamento da Previdência Social, aprovado pelo Decreto nº 3.048, de 1999, ressalvado o pagamento em consignação previsto no § 2º. (Redação dada pelo Decreto nº 7.617, de 2011)

§ 4º (Revogado pelo Decreto 9.462/2018)

§ 5º O valor ressarcido será repassado pelo INSS ao Fundo Nacional de Assistência Social.

§ 6º Em nenhuma hipótese serão consignados débitos originários de benefícios previdenciários em Benefícios de Prestação

Continuada. (Incluído pelo Decreto nº 7.617, de 2011)

CAPÍTULO VII DAS DISPOSIÇÕES GERAIS E TRANSITÓRIAS

Art. 50. O Ministério do Desenvolvimento Social e Combate à Fome e o INSS terão prazo até 31 de maio de 2009 para implementar a avaliação da deficiência e do grau de incapacidade prevista no art. 16. (Redação dada pelo Decreto nº 6.564, de 2008)

Parágrafo único. A avaliação da deficiência e da incapacidade, até que se cumpra o disposto no § 4º do art. 16, ficará restrita ao exame médico pericial e laudo realizados pelos serviços de perícia médica do INS (Redação dada pelo Decreto nº 6.564, de 2008)

PORTARIA INTERMINISTERIAL Nº 1, DE 1º DE AGOSTO DE 2014

Dispõe sobre a concessão e manutenção do benefício assistencial devido aos trabalhadores portuários avulsos de que trata o art. 73 da Lei nº 12.815, de 5 de junho de 2013 e o art. 45 do Decreto nº 8.033, de 27 de julho de 2013.

OS MINISTROS DE ESTADO DO DESENVOLVIMENTO SOCIAL E COMBATE À FOME, DA SECRETARIA DE PORTOS, DA PREVIDÊNCIA SOCIAL, DO PLANEJAMENTO, ORÇAMENTO E GESTÃO E DA FAZENDA, no uso das atribuições que lhe confere o art. 87, parágrafo único, inciso II da Constituição Federal e tendo em vista o disposto no art. 45 do Decreto nº 8.033, de 27 de julho de 2013, que estabelece que ato conjunto disciplinará sobre a concessão e manutenção do benefício assistencial aos trabalhadores portuários avulsos, resolvem:

CAPÍTULO I DO BENEFÍCIO E DOS BENEFICIÁRIOS

SEÇÃO I DAS DEFINIÇÕES

Art. 1º – É assegurado o benefício assistencial mensal de um salário mínimo, aos trabalhadores portuários avulsos, a partir dos sessenta anos de idade, que não cumprirem os requisitos para a aquisição das modalidades de aposentadorias por invalidez, por idade, por tempo de contribuição e especial, previstas nos artigos 42, 48, 52 e 57 da Lei nº 8.213, de 24 de julho de 1991, e que não possuam meios para prover a sua subsistência.

§ 1º – Considera-se trabalhador portuário avulso, para fins do *caput*, aquele que possui domicílio no Brasil e cadastro ativo ou registro ativo junto ao OGMO – Órgão Gestor de Mão de Obra do Trabalho Portuário Avulso.

§ 2º – A ausência de meios para prover a subsistência é ca racterizada pela renda média auferida pelo trabalhador portuário avulso nos últimos doze meses anteriores ao requerimento, no valor inferior a um salário mínimo mensal.

§ 3º – O benefício de que trata o *caput* não pode ser acumulado com qualquer outro no âmbito da seguridade social ou de outro regime, salvo os da assistência médica e das pensões especiais de natureza indenizatória.

CAPÍTULO II DA CONCESSÃO, MANUTENÇÃO, SUSPENSÃO, CESSAÇÃO E REVISÃO

SEÇÃO I DA CONCESSÃO

Art. 2º – Para fazer jus ao benefício assistencial o interessado deverá comprovar junto ao INSS – Instituto Nacional do Seguro Social:

I – idade de sessenta anos ou mais;

II – renda média mensal individual inferior ao valor de um salário mínimo mensal, calculada com base na média aritmética simples dos últimos doze meses anteriores ao requerimento, incluindo-se no cômputo a renda proveniente de décimo terceiro salário, se houver;

III – domicílio no Brasil;

IV – quinze anos, no mínimo, de cadastro ou registro ativo como trabalhador portuário avulso;

V – comparecimento, no mínimo, a oitenta por cento das chamadas realizadas pelo respectivo órgão de gestão de mão de obra; e

VI – comparecimento, no mínimo, a oitenta por cento dos turnos de trabalho para os quais tenha sido escalado no período.

Art. 3º – A comprovação dos requisitos de que tratam os incisos IV, V e VI do art. 2º será realizada por meio de certidão emitida pelo Órgão Gestor de Mão de Obra – OGMO conforme modelo constante do Anexo e deverá ser fornecida em duas vias, em papel timbrado da entidade, com numeração sequencial controlada e ininterrupta, e conter as seguintes informações:

I – identificação e qualificação pessoal do requerente: nome, data de nascimento, filiação, Carteira de Identidade ou Carteira Profissional, CPF, título de eleitor e endereço;

II – número e data do Registro ou Cadastro no OGMO;

III – percentual de comparecimento às chamadas e aos turnos de trabalho;

IV – identificação da entidade: CNPJ e endereço; e

V – identificação e qualificação pessoal do emissor: nome, carteira de identidade, CPF, assinatura e cargo/função.

§ 1º – A segunda via da Certidão deverá ser mantida na própria entidade, com numeração sequencial em ordem crescente, à disposição do INSS e demais órgãos de fiscalização e controle.

§ 2º – A Certidão deve consignar os documentos e informações que serviram de base para a sua emissão, inclusive o nome, números de RG e CPF do responsável pelo OGMO, bem como, se for o caso, a origem dos dados extraídos de registros existentes na própria entidade declarante ou em outro órgão, entidade ou empresa, desde que idôneos e acessíveis à Previdência Social.

§ 3º – Caso seja identificado indício de irregularidades na emissão da declaração de que trata este artigo, o processo deverá ser devidamente instruído, adotando-se os critérios disciplinados em normas do Monitoramento Operacional de Benefícios do INSS.

Art. 4º – Para fins de apuração da média mensal de que trata o § 2º do art. 1º, o INSS utilizará as informações constantes das bases de dados dos sistemas corporativos da Previdência Social.

Art. 5º – Ao trabalhador que preencher todos os requisitos para a concessão de qualquer das aposentadorias previstas no art. 1º não é devida opção ao benefício assistencial de que trata esta Portaria.

Art. 6º – Da decisão de indeferimento ou de cessação do benefício cabe recurso ao Conselho de Recursos da Previdência Social, no prazo de trinta dias, a contar do recebimento da comunicação.

SEÇÃO II DA MANUTENÇÃO

Art. 7º – O benefício será pago diretamente ao beneficiário ou ao seu representante legal, conforme as regras estabelecidas pelo INSS.

Art. 8º – O Benefício Assistencial não está sujeito a consignações derivadas de empréstimos, financiamentos e operações de arrendamento mercantil, contratados junto a instituições financeiras e sociedades de arrendamento mercantil na forma da Lei nº 10.820, de 17 de dezembro de 2003.

Art. 9º – A gratificação natalina não é devida no benefício assistencial mensal de que trata esta Portaria.

Art. 10 – O benefício assistencial de que trata esta Portaria é pessoal e intransferível e não gera direito à pensão por morte aos herdeiros ou sucessores.

Parágrafo único – O valor do resíduo não recebido em vida pelo beneficiário será pago aos seus herdeiros ou sucessores, na forma da lei civil, mediante alvará judicial ou escritura pública, observada a legislação aplicável.

SEÇÃO III DA SUSPENSÃO E CESSAÇÃO

Art. 11 – O pagamento do benefício assistencial será suspenso quando identificada irregularidade na sua concessão ou manutenção, observados os procedimentos previstos para os benefícios do Regime Geral de Previdência Social, sem prejuízo do direito do interessado de apresentar, no prazo legal, defesa escrita, provas e documentos que dispuser, bem como ter vista do processo administrativo.

Parágrafo único – Os rendimentos advindos do trabalho do beneficiário entre a data do início do benefício e a data da revisão anual, somente caracterizarão superação das condições se a renda média mensal individual, a que se refere o inciso II do art. 2º, for igual ou superior ao valor do salário mínimo.

Art. 12 – O pagamento do benefício cessa:

I – no caso de morte do beneficiário;

II – no caso de morte presumida ou de ausência do beneficiário, declarada em juízo;

III – no caso de concessão de qualquer benefício do RGPS ou de outro regime de previdência; e

IV – quando identificada irregularidade na concessão ou manutenção do benefício.

Art. 13 – Cabe ao INSS, sem prejuízo da aplicação de outras medidas legais, adotar as providências necessárias à cobrança da restituição do valor do benefício pago indevidamente, observados os procedimentos previstos para os benefícios do Regime Geral de Previdência Social.

SEÇÃO IV
DA REVISÃO

Art. 14 – O benefício assistencial de que trata esta Portaria deverá ser revisto a cada ano para avaliação do critério referente à subsistência do beneficiário, conforme dispõe o § 2º do art. 1º.

§ 1º – A revisão será realizada apurando-se a média da renda do beneficiário nos 12 últimos meses anteriores à competência da revisão, com base nas informações constantes nos sistemas coorporativos da previdência social.

§ 2º – O benefício será cessado na data da revisão quando verificado o não atendimento ao critério referente à subsistência.

§ 3º – O valor do benefício não será computado no cálculo da renda mensal para fins de apuração do critério de renda elegível ao benefício.

Art. 15 – O benefício pode ser revisto a qualquer tempo motivado por solicitação formal dos órgãos de controle, por denúncias fundadas ou por indícios de irregularidade fundamentados.

CAPÍTULO III
DISPOSIÇÕES FINAIS

Art. 16 – Compete ao OGMO fornecer as certidões:

I – de registro ou cadastro como trabalhador portuário avulso por no mínimo quinze anos;

II – de comparecimento, no mínimo, a oitenta por cento das chamadas realizadas pelo respectivo órgão de gestão de mão de obra; e

III – de comparecimento, no mínimo, a oitenta por cento dos turnos de trabalho para os quais tenha sido escalado no período.

Art. 17 – Compete ao INSS administrar os requerimentos, os pagamentos, a revisão e demais medidas necessárias à operacionalização do benefício.

Art. 18 – Fica o INSS obrigado a emitir e enviar ao requerente o aviso de concessão ou de indeferimento do benefício, e, neste caso, com indicação do motivo.

Art. 19 – O benefício assistencial de que trata esta Portaria será solicitado ao INSS por meio de prévio agendamento através da Central Telefônica 135 ou da internet, pelo endereço eletrônico www.previdencia.gov.br.

Art. 20 – O Benefício Assistencial ao trabalhador portuário avulso será devido com o cumprimento de todos os requisitos legais e regulamentares exigidos para a sua concessão, devendo o seu primeiro pagamento ser efetuado em até quarenta e cinco dias depois de cumpridas todas as exigências.

Art. 21 – Esta Portaria entra em vigor após noventa dias a contar da data da sua publicação.

TEREZA CAMPELLO – Ministra de Estado do Desenvolvimento Social e Combate à Fome

CÉSAR AUGUSTO RABELLO BORGES – Ministro de Estado Chefe da Secretaria de Portos

GARIBALDI ALVES FILHO – Ministro de Estado da Previdência Social

MIRIAM BELCHIOR – Ministra de Estado do Planejamento, Orçamento e Gestão

GUIDO MANTEGA – Ministro de Estado da Fazenda

Optamos pela não publicação do anexo desta norma.

PORTARIA CONJUNTA PGF/INSS Nº 4, DE 10 DE SETEMBRO DE 2014

Estabelece procedimentos relacionados à assistência técnica e à revisão administrativa de benefícios previdenciários por incapacidade e do benefício social de prestação continuada pago à pessoa com deficiência previsto na Lei nº 8.742, de 7 de dezembro de 1993.

Fundamentação Legal:

Lei nº 8.212, de 24 de julho de 1991;

Lei nº 8.213, de 24 julho de 1991;

Lei nº 8.742, de 7 de dezembro de 1993;

Lei nº 9.784, de 29 de janeiro 1999;

Lei nº 10.666, de 8 de maio de 2003;

Lei nº 11.907 de 2 de fevereiro de 2009;

Decreto nº 3.048, de 6 de maio de 1999;

Decreto nº 6.214, de 26 de setembro de 2007; e

Decreto nº 7.617, de 17 de novembro de 2011.

O PRESIDENTE DO INSTITUTO NACIONAL DO SEGURO SOCIAL – INSS E O PROCURADOR-GERAL FEDERAL, no uso de suas atribuições legais, com vista a regulamentar o disposto no artigo 11 da Lei nº 10.666, de 8 de maio de 2003, no artigo 71 da Lei nº 8.212, de 24 de julho de 1991, no artigo 101 da Lei nº 8.213, de 24 de julho de 1991, no art. 11, § 2º, incisos I e VIII, da Lei nº 10.480, de 2 de julho de 2002, resolvem:

TÍTULO I
DAS DISPOSIÇÕES GERAIS

Art. 1º – Ficam disciplinados os procedimentos a serem adotados pelas Gerências Executivas do INSS, pelas Agências da Previdência Social, pelo Serviço/Seção de Saúde do Trabalhador, pelas Agências da Previdência Social de Atendimento de Demandas Judiciais – APSADJ, pelos Setores de Atendimento de Demandas Judiciais – SADJ, e pelos órgãos de execução da Procuradoria-Geral Federal – PGF na assistência-técnica, na perícia de revisão administrativa dos benefícios previdenciários e do benefício assistencial de prestação continuada previsto na Lei nº 8.742, de 7 de dezembro de 1993, concedidos e reativados em cumprimento de decisão judicial.

Parágrafo único – O planejamento e a execução dos procedimentos de revisão e assistência técnica ocorrerão dentro da demanda normal de atendimento das Agências da Previdência Social – APS.

Art. 2º – As ações de assistência técnica e de revisão administrativa dos benefícios judiciais deverão ser coordenadas regionalmente por Perito Médico Previdenciário, Supervisor Médico Pericial ou Médico Perito da Previdência Social especificamente indicado para o encargo.

§ 1º – A coordenação regional das atividades terá por objetivo a efetividade das ações executadas em cada SST, verificada esta por controle dos parâmetros de atuação em ato normativo próprio.

§ 2º – Caberá à Divisão/Serviço de Benefícios e ao Serviço/ Seção de Saúde do Trabalhador – SST das Gerências-Executivas, em ação conjunta, coordenar, supervisionar e controlar a execução local da assistência técnica e das revisões nas APS.

§ 3º – A Divisão/Serviço de Benefício, mediante consulta aos sistemas corporativos, fará controle dos benefícios mantidos por determinação judicial por prazo superior ao estabelecido no artigo 10.

§ 4º – Na atuação do assistente técnico do INSS, o SST priorizará a participação efetiva do perito médico na perícia judicial e do assistente social na visita técnica.

TÍTULO II
DA ASSISTÊNCIA TÉCNICA

Art. 3º – A assistência técnica é a função desempenhada pelos Peritos Médicos e Assistentes Sociais do INSS de assessoria aos órgãos de execução da PGF com representação judicial do INSS sempre que a matéria por sua natureza demandar conhecimentos técnicos específicos, particularmente por sua participação nos atos preparatórios da defesa e na perícia judicial em processos de benefícios previdenciários e assistenciais de prestação continuada.

Art. 4º – Compete aos servidores que integram as carreiras da área de Perito Médico Previdenciário, na sua atuação como assistente técnico em ações judiciais:

I – comparecer ao local designado para acompanhamento da perícia, munido de informações prévias obtidas nos sistemas informatizados sobre a vida laborativa do segurado, benefícios previdenciários ou assistenciais postulados e perícias médicas anteriores;

II – participar do exame clínico designado, se entender necessário, solicitando ao autor esclarecimentos e informando ao Perito Judicial acerca dos dados colhidos nos sistemas informatizados do INSS;

III – realizar assessoramento técnico em processos de aposentadoria especial;

IV – elaborar parecer médico conclusivo sobre a perícia judicial acompanhada ou manifestar concordância com a conclusão explicitada pelo Perito Judicial, respondendo, quando solicitado, aos quesitos do Juízo e das partes e fixando, fundamentadamente, a data de início da incapacidade;

V – comunicar imediatamente ao órgão de execução da PGF que atue no feito qualquer espécie de constrangimento a que for submetido no exercício das suas atribuições, para que sejam tomadas as devidas providências; e

VI – comunicar ao órgão de execução da PGF que atue no feito, em manifestação fundamentada, eventual impedimento, suspeição ou conduta parcial do médico nomeado pelo juízo.

Parágrafo único – Finalizado o ato médico-pericial, o assistente técnico poderá reunir-se com o Perito Judicial, com o intuito de esclarecer conceitos específicos da perícia médica previdenciária e do exame médico pericial.

Art. 5º – Compete aos servidores que integram as carreiras de Assistente Social e Analista do Seguro Social com formação em Serviço Social, na sua atuação como assistente técnico em ações judiciais:

I – acompanhar a perícia judicial e participar de procedimentos técnicos, quando solicitado;

II – elaborar parecer social ou parecer técnico conclusivo sobre a perícia social acompanhada ou manifestar concordância com a conclusão explicitada pelo profissional designado pelo Juízo, respondendo, quando solicitado, aos quesitos judiciais e das partes;

III – comunicar imediatamente ao órgão de execução da PGF que atue no feito qualquer espécie de constrangimento a que for submetido no exercício das suas atribuições, para que sejam tomadas as devidas providências; e

IV – comunicar ao órgão de execução da PGF que atue no feito, em manifestação fundamentada, eventual impedimento, suspeição ou conduta parcial do profissional designado pelo juízo.

Art. 6º – O Perito Médico e o Assistente Social do INSS serão comunicados previamente da data, horário e local da perícia judicial pelo órgão de execução da PGF que atue no feito ou diretamente pelo Poder Judiciário, quando previamente acertado com o juízo competente e o órgão de execução da PGF com atribuição para atuar no processo judicial.

Art. 7º – O parecer do assistente técnico deverá empregar linguagem acessível, esclarecendo siglas e evitando abreviaturas, sem prejuízo do conteúdo que envolve.

Art. 8º – O SST deverá indicar servidor(es) da área médicopericial/serviço social da Previdência Social para atender a demanda de serviço junto ao órgão de execução da PGF, devendo ainda compatibilizar a agenda do(s) servidor(es), quando no exercício da assistência técnica.

TÍTULO III
DA REVISÃO ADMINISTRATIVA

Art. 9º A revisão administrativa de benefícios por incapacidade disciplinada nesta Portaria será realizada pelos peritos médicos do INSS com o intuito de verificar a existência de incapacidade laboral atual, observado o disposto no art. 71 da Lei nº 8.212/91 e no art. 101 da Lei nº 8.213/91. (Redação determinada na Portaria Conjunta INSS e PGF 1/2017)

§ 1º Na realização da perícia serão verificados os dados da perícia médica do INSS, documentos e exames médicos apresentados pelo segurado, bem como suas alegações. (Redação determinada na Portaria Conjunta INSS e PGF 1/2017)

§ 2º A perícia será orientada por critérios exclusivamente médicos, não sendo cabível a alteração de datas técnicas referentes à data do início da doença (DID), data do início da incapacidade (DII) e data do início do benefício (DIB), decorrentes do processo judicial que originou a concessão ou reativação do benefício, nem retroagir a data de cessação do benefício (DCB) para data anterior à realização do exame (DRE).

§ 3º Sendo constatada a incapacidade do segurado por moléstia diversa da reconhecida judicialmente, a CID do benefício poderá ser alterada. (Redação determinada na Portaria Conjunta INSS e PGF 1/2017)

§ 4º A ausência de informações referentes à concessão ou reativação do benefício não impedirá a realização da avaliação da incapacidade, situação em que o INSS considerará preenchidos os requisitos qualidade de segurado e carência, mediante a fixação da data do início da doença (DID) e data de início da incapacidade (DII) na data informada judicialmente como início do benefício (DIB). (Redação determinada na Portaria Conjunta INSS e PGF 1/2017)

Art. 10. A implantação ou reativação do benefício de auxílio-doença considerará a DCB fixada na decisão judicial ou na lei, permitindo-se o pedido de prorrogação perante o INSS. (Redação determinada na Portaria Conjunta INSS e PGF 1/2017)

Art. 11. Ressalvado o estabelecido em eventual parecer de força executória do órgão de execução da PGF, o INSS poderá convocar o segurado, para a revisão do benefício a qualquer tempo, preferencialmente após o decurso dos seguintes prazos: (Redação determinada na Portaria Conjunta INSS e PGF 1/2017)

I - 120 (cento e vinte) dias do ato de implantação ou reativação do benefício, em se tratando de auxílio-doença; (Redação determinada na Portaria Conjunta INSS e PGF 1/2017)

II - 2 (dois) anos do ato de implantação ou reativação da aposentadoria por invalidez. (Redação determinada na Portaria Conjunta INSS e PGF 1/2017)

§ 1º Em caso de não comparecimento do segurado na data agendada para a revisão administrativa, o benefício será suspenso, em conformidade com os arts. 46 e 77, ambos do Regulamento do Regime Geral de Previdência Social, aprovado pelo Decreto nº 3.048, de 6 de maio de 1999. (Redação determinada na Portaria Conjunta INSS e PGF 1/2017)

§ 2º Não será convocado para realização de perícia o aposentado por invalidez que tenha completado 60 (sessenta) anos de idade, exceto nas hipóteses do §2º do art. 101 da Lei nº 8.213/91. (Redação determinada na Portaria Conjunta INSS e PGF 1/2017)

§ 3º O INSS poderá realizar a revisão do benefício em prazo inferior ao previsto nos incisos I e II na hipótese de ocorrência de fato que indique a necessidade de sua realização. (Redação determinada na Portaria Conjunta INSS e PGF 1/2017)

Art. 12. A conclusão da perícia médica poderá ensejar os seguintes procedimentos administrativos, conforme determina o art. 71 da Lei nº 8.212/91, facultando-se ao segurado a interposição de recurso administrativo: (Redação determinada na Portaria Conjunta INSS e PGF 1/2017)

I - constatada a persistência de incapacidade temporária que enseje a manutenção do auxílio doença, o benefício será mantido pelo prazo necessário à recuperação da capacidade, observadas as mesmas regras aplicáveis aos benefícios mantidos administrativamente pelo INSS; (Redação determinada na Portaria Conjunta INSS e PGF 1/2017)

II - constatada a existência de incapacidade total e permanente do segurado para o trabalho, o benefício de auxílio doença concedido ou reativado judicialmente será convertido em aposentadoria por invalidez; (Redação determinada na Portaria Conjunta INSS e PGF 1/2017)

III -constatada a consolidação das lesões decorrentes de acidente de qualquer natureza, que resultaram sequelas que impliquem redução da capacidade para o trabalho que habitualmente exercia, o auxílio-doença será cessado e concedido o auxílio-acidente; (Redação determinada na Portaria Conjunta INSS e PGF 1/2017)

IV - reconhecida a incapacidade parcial ou total para o trabalho e sendo possível a reabilitação profissional, o segurado deverá ser encaminhado para avaliação de elegibilidade junto ao Programa de Reabilitação Profissional, observada a manutenção prevista no inciso V; (Redação determinada na Portaria Conjunta INSS e PGF 1/2017)

V - constatada a ausência de incapacidade laboral atual do segurado, observado o disposto no art. 9º, o benefício será cessado, aplicando-se às cessações do benefício de aposentadoria por invalidez o disposto no art. 47 da Lei nº 8.213/91; (Redação determinada na Portaria Conjunta INSS e PGF 1/2017)

§ 1º Nos termos do art. 71 da Lei nº 8.212, de 1991, a realização dos procedimentos de que trata o art. 12, caput, e incisos I a V, independe de oitiva prévia ou posterior dos órgãos de execução da PGF. (Redação determinada na Portaria Conjunta INSS e PGF 1/2017)

§ 2º Identificada dúvida jurídica por parte do INSS, devidamente fundamentada, poderá ser submetida consulta à Procuradora Federal Especializada junto ao INSS, observados os atos normativos próprios. (Redação determinada na Portaria Conjunta INSS e PGF 1/2017)

TÍTULO IV
DO PROCEDIMENTO

Arts. 13 a 19 – (Revogados pela Portaria Conjunta INSS e PGF 1/2017)

TÍTULO V
DISPOSIÇÕES FINAIS

Art. 20 – Revoga-se a Orientação Interna Conjunta/INSS/PFE/DIRBEN nº 76, de 18 de setembro de 2003.

LINDOLFO NETO DE OLIVEIRA SALES
Presidente do Instituto
MARCELO DE SIQUEIRA FREITAS
Procurador-Geral Federal

PORTARIA CONJUNTA MDS/INSS Nº 2, DE 30 DE MARÇO DE 2015

Dispõe sobre critérios, procedimentos e instrumentos para a avaliação social e médica da pessoa com deficiência para acesso ao Benefício de Prestação Continuada.

A MINISTRA DE ESTADO DO DESENVOLVIMENTO SOCIAL E COMBATE À FOME – MDS, no uso das atribuições que lhe conferem o art. 87, parágrafo único, inciso II da Constituição Federal e os arts. 2º e 39, X, do Anexo do Decreto nº 6.214, de 26 de setembro de 2007, e a PRESIDENTA DO INSTITUTO NACIONAL DO SEGURO SOCIAL – INSS, no uso das atribuições que lhe conferem o art. 39, inciso X, do Anexo do Decreto nº 6.214, de 2007, o art. 26, I, do Anexo I do Decreto nº 7.556, de 24 de agosto de 2011, tendo em vista o disposto no art. 16 do Anexo do Decreto nº 6.214, de 2007, e considerando a:

a) necessidade de alterar os instrumentos técnicos de avaliação instituídos pela Portaria Conjunta MDS/INSS nº 01, de 24 de maio de 2011, bem como complementar as orientações para sua aplicação, rever critérios e procedimentos em consonância com a Lei nº 8.742, 7 de dezembro de 1993;

b) determinação legal acerca da responsabilidade de operacionalização do Benefício de Prestação Continuada da Assistência Social pelo INSS, conforme art. 3º do Anexo do Decreto nº 6.214, de 2007;

c) necessidade de aprimorar os sistemas informatizados corporativos do INSS para a avaliação da pessoa com deficiência requerente do Benefício de Prestação Continuada da Assistência Social; e

d) a Convenção sobre os Direitos das Pessoas com Deficiência e seu Protocolo Facultativo, assinado pelo Brasil em 30 de março de 2007, aprovados pelo Decreto Legislativo nº 186, de 9 de julho de 2008 e promulgados pelo Decreto nº 6.949, de 25 de agosto de 2009,

RESOLVEM:

Art. 1º Estabelecer os critérios, procedimentos e instrumentos para a avaliação social e médica da pessoa com deficiência requerente do Benefício de Prestação Continuada da Assistência Social – BPC.

Art. 2º A avaliação da pessoa com deficiência é constituída pelos seguintes componentes, baseados na Classificação Internacional de Funcionalidade, Incapacidade e Saúde – CIF:

I – Fatores Ambientais;

II – Funções e Estruturas do Corpo; e

III – Atividades e Participação.

Art. 3º Os instrumentos para avaliação da pessoa com deficiência destinam-se à utilização pelo Assistente Social e pelo Perito Médico, do quadro do INSS, com a finalidade de qualificar as barreiras enfrentadas, as alterações de funções e/ou Estruturas do Corpo, as limitações de atividades e restrições à participação social, em igualdade de condições com as demais pessoas.

Art. 4º Para avaliação da pessoa com deficiência serão utilizados os seguintes instrumentos:

I – Avaliação da Pessoa com Deficiência para acesso ao BPC – Espécie 87 – 16 anos ou mais, conforme formulário previsto no Anexo I; e

II – Avaliação da Pessoa com Deficiência para acesso ao BPC – Espécie 87 – menor de 16 anos, conforme formulário previsto no Anexo II.

Art. 5º Compete ao Assistente Social avaliar e qualificar os seguintes componentes e domínios da Avaliação Social:

I – Fatores Ambientais, por meio dos domínios:

a) Produtos e Tecnologia;

b) Condições de Habitabilidade e Mudanças Ambientais;

c) Apoio e Relacionamentos;

d) Atitudes; e

e) Serviços, Sistemas e Políticas;

II – Atividades e Participação, por meio dos domínios:

a) Vida Doméstica;

b) Relações e Interações Interpessoais;

c) Áreas Principais da Vida; e

d) Vida Comunitária, Social e Cívica, com distintos pontos de corte para análise, detalhados no Anexo III desta Portaria.

Art. 6º Compete ao Perito Médico Previdenciário avaliar e qualificar os seguintes componentes e domínios da avaliação médica, com base na CIF:

I – Funções do Corpo, por meio dos domínios:

a) Funções Mentais;

b) Funções Sensoriais da Visão;

c) Funções Sensoriais da Audição;

d) Funções Sensoriais Adicionais e Dor;

e) Funções da Voz e da Fala;

f) Funções do Sistema Cardiovascular;

g) Funções do Sistema Hematológico;

h) Funções do Sistema Imunológico;

i) Funções do Sistema Respiratório;

j) Funções do Sistema Digestivo;

l) Funções do Sistema Metabólico e Endócrino;

m) Funções Geniturinárias e Reprodutivas;

n) Funções Neuromusculoesqueléticas e Relacionadas ao Movimento; e

o) Funções da Pele e Estruturas Relacionadas;

II – Atividades e Participação, por meio dos domínios:

a) Aprendizagem e Aplicação de Conhecimento;

b) Tarefas e Demandas Gerais;

c) Comunicação;

d) Mobilidade; e

e) Cuidado Pessoal, com distintos pontos de corte para análise, detalhados no Anexo III desta Portaria.

Art. 7º Além de avaliar e qualificar os componentes e domínios a que se refere o art. 6º, incumbe ao Perito Médico Previdenciário:

I – pronunciar-se sobre a existência de alterações na Estrutura do Corpo que configurem maiores limitações e restrições ao avaliado do que as alterações observadas em Funções do Corpo;

II – sinalizar se as alterações em Funções e/ou Estruturas do Corpo configuram prognóstico desfavorável; e

III – pronunciar-se sobre a possibilidade das alterações em Funções e/ou Estruturas do Corpo serem resolvidas em menos de 2 (dois) anos, considerando as barreiras apontadas na avaliação social, os aspectos clínicos avaliados, o tempo pregresso já vivenciado com o quadro clínico e as possibilidades de acesso ao tratamento necessário, na perspectiva da participação plena e efetiva na sociedade em igualdade de condições com as demais pessoas.

Art. 8º A combinação de qualificadores finais resultantes da avaliação social e da avaliação médica será confrontada com a Tabela Conclusiva de Qualificadores – Anexo IV desta Portaria, para fins de reconhecimento ou não do direito ao benefício, devendo ser indeferido o requerimento quando:

I – o qualificador final do componente Funções do Corpo for nenhum (N) ou leve (L);

II – o qualificador final do componente Atividades e Participação for nenhum (N) ou leve (L); e

III – as alterações de Funções e/ou Estruturas do Corpo puderem ser resolvidas em menos de 2 (dois) anos, consideradas as condições especificadas no inciso III do art. 7º.

Art. 9º O formulário Solicitação de Informações Sociais – SIS, constante do Anexo V, poderá ser utilizado pelo assistente social do INSS, com a finalidade de instrumentalizar a coleta de informações para subsidiar a Avaliação Social dos requerentes do BPC.

Art. 10. Fica autorizada, para fins da Avaliação Médica, a utilização do formulário Solicitação de Informações ao Médico Assistente – SIMA, constante no Anexo VI da Instrução Normativa PRES/INSS nº 77, de 21 de janeiro de 2015, ou outro formulário com o mesmo fim, que vier a substituí-lo.

Art. 11. Os critérios, procedimentos e instrumentos de que trata esta Portaria aplicam-se às avaliações realizadas nas instâncias administrativa e recursal, assim como nas reavaliações bienais, quando for o caso.

§ 1º Os sistemas informatizados corporativos do INSS devem atender plenamente às avaliações realizadas em cada instância, conforme disposto no *caput*, e devem ser disponibilizados no prazo de até 6 (seis) meses contados da publicação desta Portaria.

§ 2º Os anexos da Portaria Conjunta MDS/INSS nº 01, de 2011, serão utilizados pelo INSS até a adequação e disponibilização em seus sistemas informatizados, no prazo fixado no §1º deste artigo.

Art. 12. Esta Portaria entra em vigor na data de sua publicação.

Art. 13. Fica revogada a Portaria Conjunta MDS/INSS nº 01, de 24 maio de 2011.

TEREZA CAMPELLO
Ministra de Estado do Desenvolvimento Social e Combate à Fome

CINARA WAGNER FREDO
Presidenta Substituta do Instituto Nacional do Seguro Social

ANEXO I
PORTARIA CONJUNTA MDS/INSS Nº 2, DE 30 DE MARÇO DE 2015.

(Publicada no DOU nº 67, Seção 1, de 9 de abril de 2015 e Retificada no DOU nº 123, Seção 1, de 1º de julho de 2015)

AVALIAÇÃO DA PESSOA COM DEFICIÊNCIA PARA ACESSO AO BENEFÍCIO DE PRESTAÇÃO CONTINUADA DA ASSISTÊNCIA SOCIAL – BPC – ESPÉCIE B87
16 ANOS OU MAIS

GEX: ______ **APS:** ______

Dados pessoais do avaliado

Requerimento: NB:

Nome do avaliado: Apelido:

Sexo: M ☐ F ☐ Data de Nascimento: Idade: *(anos)*

NIT: Cart. Identidade: Órgão Emissor: Data emissão:

CPF: CTPS nº: Série: UF:

Escolaridade:

☐ Não alfabetizado

Fundamental	Médio	Superior
☐ Completo	☐ Completo	☐ Completo
☐ Incompleto	☐ Incompleto	☐ Incompleto

Outro. Especifique:

Estado Civil:

☐ Solteiro ☐ Casado ☐ União Estável ☐ Divorciado ☐ Separado de fato ☐ Viúvo

Nome do Responsável ou Representante legal:

☐ Mãe / Pai ☐ Tutor ☐ Curador ☐ Procurador Outro. Especifique:

Onde o avaliado vive?

☐ Residência ☐ Em situação de rua ☐ Instituição

☐ Instituição carcerária
- ☐ Regime aberto
- ☐ Regime fechado

☐ Instituição para cumprimento de medida socioeducativa
- ☐ Regime de semiliberdade
- ☐ Regime fechado

Nome da Instituição: CNPJ ou CEI:

Nome do representante:

Endereço Residencial ou Institucional: *(citar pontos de referência)* Bairro:

Cidade: UF: CEP: Tel.:

Endereço para correspondência: Bairro:

Cidade: UF: CEP: Tel.:

AVALIAÇÃO SOCIAL DA PESSOA COM DEFICIÊNCIA
ESPÉCIE 87 – BPC / LOAS - 16 ANOS OU MAIS

Fase da avaliação

Inicial:		Recursal:		Revisão Administrativa:		Reavaliação Bienal:		Judicial:	

Dados do Avaliado

NIT:		Nome:		CPF:	
NB / Espécie:		Nome da Mãe:		Sexo:	
APS:		Grau de Instrução:		Data Nascimento:	
Data Avaliação Social:			Idade:		(Meses / Anos)

Documento do Avaliado

Tipo:		Número:		Complemento:	

Documento do Acompanhante / Responsável pelas informações

Tipo:		Número:		Complemento:	

Cobertura Previdenciária e/ou da Assistência Social

- [ ] Já foi beneficiário do BPC
- [ ] Teve vínculo empregatício após ter sido beneficiário do BPC
- [ ] Nunca foi segurado
- [ ] Perdeu a qualidade de segurado
- [ ] Tem qualidade de segurado
- [ ] Segurado sem carência
- [ ] Dependente de segurado
- [ ] Outra

Deficiência informada

- [ ] Visual (Sensorial)
- [ ] Neuromusculoesquelética (Física)
- [ ] Outra. Especifique:
- [ ] Auditiva (Sensorial)
- [ ] Doença Crônica
- [ ] Intelectual
- [ ] Múltipla
- [ ] Transtorno Mental
- [ ] Não informada

Responsável pelas informações

- [ ] Avaliado
- [ ] Avaliado não sabe informar
- [ ] Avaliado não tem condições de informar
- [ ] Acompanhante. Identifique:
- [ ] Representante legal. Identifique:
- [ ] Acompanhante ou representante legal não sabe informar

História Social:

Constitui-se na síntese do estudo social, com registro de elementos relevantes que possibilitem conhecer, analisar e interpretar situações vivenciadas pela pessoa em seu cotidiano, para avaliar a participação plena e efetiva da pessoa na sociedade, em igualdade de condições com as demais pessoas, conforme previsto na legislação. Deve conter informações relevantes, que respaldem os qualificadores atribuídos às unidades de classificação e respectivos domínios, subsidiem a avaliação médico-pericial e avaliações subsequentes em fases recursal e judicial.

FATORES AMBIENTAIS

Qualificadores a serem usados: **0 =** Nenhuma barreira (0 a 4%) **1 =** Barreira Leve (5 a 24%) **2 =** Barreira Moderada (25 a 49%) **3 =** Barreira Grave (50 a 95%) **4 =** Barreira Completa (96 a 100%)

Os Fatores Ambientais são externos ao indivíduo e podem ter influência sobre seu desempenho na execução de Atividades e Participação Social, assim como nas Funções e Estruturas do Corpo.

*Considerar na avaliação dos **Fatores Ambientais** as **barreiras** do ambiente físico, social e de atitudes no qual as pessoas vivem e conduzem sua vida, assim como os **Fatores Pessoais** (gênero, etnia, idade, condição física, estilo de vida, hábitos, nível de instrução, profissão e outros).*

***Barreira:** é um qualificador que descreve os obstáculos vivenciados pelo indivíduo (a qualificação deve considerar, inclusive, a frequência e extensão dessas barreiras).*

***Ambiente social:** relações de convívio familiar, comunitário e social, considerando a acessibilidade às políticas públicas, a vulnerabilidade e o risco pessoal e social a que a pessoa com deficiência está submetida.*

***Ambiente físico:** território onde vive e as condições de vida, considerando a acessibilidade, salubridade ou insalubridade.*

I – PRODUTOS E TECNOLOGIA – e1: referem-se a qualquer produto, instrumento, equipamento ou tecnologia, inclusive os adequados ou especialmente projetados para melhorar a funcionalidade da pessoa, bem como bens materiais e não materiais e patrimônio financeiro que a pessoa poss a usufruir. Analisar conforme a necessidade do avaliado.

Indicadores = disponibilidade; condições de acesso (despesa, distância geográfica entre o domicílio e local de acesso, qualidade e periodicidade).

(Qualifique de 0 a 4 cada unidade de classificação abaixo)	0	1	2	3	4
1. Produtos ou substâncias para consumo pessoal (alimentação, dieta especial, medicação prescrita, entre outros) – e110					
2. Produtos e tecnologia para uso pessoal e na vida diária (objetos necessários ou de uso pessoal disponíveis, como: roupas e móveis, inclusive os adequados e especialmente projetados, órtese/prótese, inclusive óculos e lentes de contato ou intraoculares, lupas, bolsa coletora, sonda nasogástrica, naso-enteral ou de gastrostomia, nebulizador, instrumentos e aparelhos/produtos de limpeza, aparelhos e produtos para cuidados e higiene pessoal, fralda descartável, colchão caixa ou casca de ovo, colchão d'água, cama hospitalar, entre outros) – e115					
3. Produtos e tecnologia para mobilidade e transporte pessoal em ambientes internos e externos (objetos necessários para mobilidade, como: cadeira de rodas, cadeira para banho, muletas, andador, bengala e veículos motorizados e não motorizados para transporte de pessoas em terra, água ou ar, inclusive os adequados e especialmente projetados, entre outros) – e120					
4. Produtos e tecnologia para comunicação utilizada pelas pessoas nas atividades de transmissão e recepção de informações (instrumentos disponíveis, como: prótese de voz, aparelhos auditivos e computador, internet, telefone, televisão, rádio, inclusive os adequados e especialmente projetados, entre outros) – e125					
5. Produtos e tecnologia para educação (inclusive aquisição de conhecimento ou habilidade), cultura, lazer e trabalho, inclusive na condição de aprendiz (materiais e produtos, como: livros, brinquedos, materiais educativos, ferramentas, máquinas, equipamentos, mobiliário, *hardwares*, *softwares*, instrumentos musicais, materiais artísticos, recreativos e esportivos, entre outros) – e130 / e135 / e140					
6. Produtos e tecnologia usados em projetos, arquitetura e construção para acesso às instalações de uso público/privado, com segurança física (rampa de acesso, corrimão, piso tátil, elevador sonorizado, placas e sinalizações, inclusive em Braille e de emergência, semáforo sonoro, instalações sanitárias acessíveis, grades, armazenamento seguro de objetos e materiais perigosos, entre outros) – e150 / e155					
7. Produtos ou objetos de intercâmbio econômico (acesso a dinheiro, mercadorias, propriedades e outros valores que o indivíduo ou a família possui ou tem o direito de usar; considerar grau de comprometimento da renda familiar com gastos relacionados à dieta especial, medicação continuada não disponível na rede, tratamento especializado, gastos com cuidadores, entre outros, destinados ao próprio indivíduo ou a outros componentes do grupo familiar) – e165					
Qualificador do domínio e1					

II – CONDIÇÕES DE HABITABILIDADE E MUDANÇAS AMBIENTAIS – e2: Referem-se ao ambiente natural ou físico e aos componentes deste ambiente que foram modificados pelas pessoas, bem como às características das populações humanas desse ambiente. (*)

Indicadores = grau de vulnerabilidade e de risco social (acessibilidade, privacidade da moradia, condição de habitabilidade, insalubridade, periculosidade, precarização do ambiente, violência e outros não especificados).

(Qualifique de 0 a 4 cada unidade de classificação abaixo)	0	1	2	3	4
8. Nível de vulnerabilidade e risco das condições de habitabilidade (quaisquer aspectos climáticos ou evento natural ou de causa humana que configurem barreira para a pessoa com deficiência, tais como: morro, córrego, possível desabamento, inundações ou tempestades, poluição, violência, entre outros) – e210 / e225 / e230 / e235					
9. Situação e condição de habitabilidade (condição de moradia como barreira para a pessoa com deficiência. Considerar se a residência ou instituição é adequada ou de acesso universal, grau de privacidade, se própria, alugada, cedida, de favor, ocupada, acampamento, assentamento, pessoa em situação de rua, se é construção de alvenaria, madeira, taipa, entre outros) – e298 / e299 (**)					
Qualificador do domínio e2					
(*) *Domínio da CIF adaptado para atender aos objetivos do instrumento.* (**) *Unidade de Classificação da CIF adaptada para atender aos objetivos do instrumento.*					

III – APOIO E RELACIONAMENTOS – e3: referem-se à disponibilidade das pessoas ou animais domésticos em fornecer proteção, apoio físico ou emocional. Referem-se também aos relacionamentos com outras pessoas, na casa, na comunidade, escola ou apoio em outros aspectos das suas atividades diárias.

Indicadores = Apoio e relacionamentos insatisfatórios ou inexistentes no âmbito das relações familiares, comunitárias, institucionais e sociais, ou em outros aspectos das suas atividades.

(Qualifique de 0 a 4 cada unidade de classificação abaixo)	0	1	2	3	4
10. Disponibilidade da família em oferecer apoio físico, emocional, afetivo, proteção (segurança) e cuidados – e310/ e315					
11. Disponibilidade de amigos, conhecidos, colegas, vizinhos e membros da comunidade em oferecer apoio físico, emocional, afetivo, proteção (segurança) e cuidados – e320 /e325					
(Qualifique de 0 a 4 cada unidade de classificação abaixo)	**0**	**1**	**2**	**3**	**4**
12. Disponibilidade de apoio físico, emocional, afetivo, proteção (segurança) e cuidados de profissionais de saúde, cuidadores e outros profissionais – e340 / e355 / e360					
13. Disponibilidade de animais de estimação que proporcionem apoio físico, emocional, psíquico e terapêutico (cavalos, cachorros, gatos, pássaros, peixes, entre outros) ou animais que auxiliem a mobilidade e transporte pessoal (cão-guia, entre outros) – e350					
14. Condições familiares que interferem na disponibilidade de apoio e relacionamentos (existência de idosos, crianças, pessoas com deficiência, com doença crônica, com dependência química, desempregadas, sobrecarga de cuidadores na família, menor disponibilidade de familiares por residirem distante ou por razões diversas, incluindo compromissos de trabalho) – e398					
Qualificador do domínio e3					

IV – ATITUDES – e4: referem-se às consequências observáveis dos costumes, práticas, ideologias, valores e normas, oriundas de pessoas externas à pessoa cuja situação está sendo avaliada. As atitudes influenciam o comportamento individual e a vida social em todos os níveis, dos relacionamentos interpessoais e sociais, às estruturas políticas, econômicas e legais.

Indicadores = atitudes estigmatizantes, estereotipadas, preconceituosas, discriminatórias, de superproteção e/ou negligentes, que contribuem para segregação da pessoa com deficiência e influenciam no comportamento e nas ações individuais.

(Qualifique de 0 a 4 cada unidade de classificação abaixo)	0	1	2	3	4
15. Situações de preconceito, estigma, estereótipo, discriminação, superproteção, negligência de membros da família – e410 / e415					
16. Situações de preconceito, estigma, estereótipo, discriminação, superproteção, negligência de amigos, conhecidos, colegas, vizinhos, membros ou grupos sociais da comunidade/sociedade – e420 / e425 / e430 / e435 / e440 / e460					
17. Situações de preconceito, estigma, estereótipo, discriminação, superproteção, negligência de cuidadores e assistentes pessoais, profissionais de saúde e de educação, pessoas em posição de autoridade ou subordinadas e outros, inclusive em relação à inserção e permanência no trabalho – e450 / e499					
Qualificador do domínio e4					

V – SERVIÇOS, SISTEMAS E POLÍTICAS – e5: referem-se à rede de serviços, sistemas e políticas garantidoras de proteção social.

Indicadores = Não tem acesso ou o acesso disponível não supre suas necessidades, inclusive pela distância e/ou inexistência do serviço na localidade em que vive.

(Qualifique de 0 a 4 cada unidade de classificação abaixo)	0	1	2	3	4
18. Serviços, sistemas e políticas de habitação (existência e acesso a políticas habitacionais que contemplem moradias e entorno com acessibilidade e proximidade de equipamentos e serviços públicos) – e525					
19. Serviços, sistemas e políticas dos serviços públicos (acesso a serviços de abastecimento de água e esgoto, energia elétrica, coleta de lixo, correios, entre outros) – e530					
20. Serviços, sistemas e políticas de comunicação (acesso à transmissão de informações por meio de vários métodos que incluem telefone, fax, correio postal, correio eletrônico e outros) e comunicação em massa (rádio, televisão, serviços de circuito fechado, serviços de reportagens e imprensa, jornais, serviços em Braille, internet, entre outros) – e535 / e560					
21. Serviços, sistemas e políticas de transporte (acesso a transporte coletivo e/ou adaptado e/ou existência e inclusão em programa de livre acesso ao transporte coletivo, de forma a suprir as necessidades) – e540					
22. Serviços, sistemas e políticas de proteção civil (acesso a serviços de emergência e de ambulância e a serviços e programas voltados à segurança das pessoas e da propriedade, tais como bombeiros, polícia, defesa civil, entre outros) – e545					
23. Serviços, sistemas e políticas legais (acesso a serviços dos órgãos de proteção dos direitos sociais: Fóruns, Tribunais, Ministério Público, Defensoria Pública, Conselho Tutelar, Cartórios, entre outros) – e550					

24. Serviços, sistemas e políticas de associações e organizações (relacionados a grupos de pessoas que se organizam em busca de interesses comuns ou coletivos, sem fins lucrativos) – e555					
25. Serviços, sistemas e políticas de apoio social (fornecimento de suporte específico para aqueles que necessitam de apoio para compras, trabalho doméstico, transporte, cuidados com criança, cuidados temporários, cuidado pessoal, entre outros, para que participem plenamente na sociedade) – e575					
26. Serviços, sistemas e políticas de saúde (acesso a hospitais, postos de saúde, programa de saúde da família, exames simples e complexos, procedimentos cirúrgicos, serviços de habilitação e reabilitação, inclusive terapia reabilitatória e estimulação precoce, entre outros, de forma a suprir as necessidades) – e580					
27. Serviços, sistemas e políticas de educação e treinamento (acesso a escolas com educação inclusiva e/ou especializada na comunidade, equipadas com materiais pedagógicos adequados, equipe técnica especializada, acessibilidade, incluindo áreas de apoio que atendam às necessidades específicas da pessoa com deficiência, entre outros) – e585					
(Qualifique de 0 a 4 cada unidade de classificação abaixo)	**0**	**1**	**2**	**3**	**4**
28. Serviços, sistemas e políticas relacionados ao trabalho e emprego (acesso ao trabalho, serviços de habilitação e reabilitação profissional, condições de trabalho adequadas, inclusive na condição de aprendiz, entre outras ações) – e590					
29. Serviços, sistemas e políticas de assistência social (o conjunto integrado de programas, serviços e benefícios de iniciativa pública estatal e da sociedade para garantir proteção social às pessoas em situação de vulnerabilidade e risco social, tais como: ações socioassistenciais promovidas pelo PAIF, CRAS, CREAS e outros, disponíveis para suprir as necessidades) – e598.					
Qualificador do domínio e5					

Fatores Ambientais				
e1	**e2**	**e3**	**e4**	**e5**

Qualificador Final de Fatores Ambientais				
		Barreira		

ATIVIDADES E PARTICIPAÇÃO

Qualificadores a serem usados: 0 = **N**enhuma dificuldade (0 a 4%) **1** = Dificuldade **L**eve (5 a 24%) **2** = Dificuldade **M**oderada (25 a 49%) **3** = Dificuldade **G**rave (50 a 95%) **4** = Dificuldade **C**ompleta (96 a 100%)

Considerar na análise o impacto/influência dos ***Fatores Ambientais*** *(barreiras) e* ***Pessoais*** *(gênero, etnia, idade, condição física, estilo de vida, hábitos, nível de instrução, profissão e outros) e na avaliação do* ***desempenho*** *para a execução de atividades e participação social, em igualdade de condições com as demais pessoas.*
Desempenho: *é um qualificador que descreve o que o indivíduo faz (grau de dificuldade) em seu ambiente de vida habitual, entendido como "envolvimento em uma situação vital" ou "a experiência vivida", no contexto real em que vive (a qualificação deve considerar, sobretudo, a frequência e extensão da dificuldade).*
Atividade: *é a execução de uma tarefa ou ação por um indivíduo. Representa a* ***perspectiva individual*** *da funcionalidade.*
Participação*: é o ato de se envolver em uma situação real de vida. Representa a* ***perspectiva social*** *da funcionalidade.*

As **colunas T** e **P**, à direita dos qualificadores de cada domínio, destinam-se à sinalização de **dependência Total ou Parcial de cuidados de terceiros**, sempre que o avaliador julgar pertinente, com vistas a fornecer subsídios para **políticas públicas de cuidados.** Não representam o foco principal da avaliação, que deve estar centrado no desempenho para o exercício de atividades e participação social, conforme o grau de dificuldade estabelecido pelos cortes percentuais acima.

VI – VIDA DOMÉSTICA – d6: refere-se à realização de ações e tarefas domésticas e do dia a dia (limpeza e reparos domésticos, cuidar de objetos pessoais, da casa e ajudar os outros, além de obter um lugar para morar, alimento, vestuário e outras necessidades). **Indicadores** = limitação no desempenho para administrar e executar tarefas domésticas, com ou sem auxílio, em igualdade de condições com as demais pessoas.

(Qualifique de 0 a 4 cada unidade de classificação abaixo)	**0**	**1**	**2**	**3**	**4**	**T**	**P**
30. Dificuldade para obter um lugar para morar (comprar, alugar, tomar emprestado, mobiliar, arrumar, entre outras) – d610							
31. Dificuldade para obter bens e serviços (selecionar, adquirir e transportar bens e produtos para uso doméstico e/ou solicitar instalações e reparos, entre outros serviços) – d620							
32. Dificuldade para preparar e servir refeições simples e complexas para si próprio e para outros (planejar o que será consumido, selecionar ingredientes, preparar, cozinhar e servir o alimento ou bebida) – d630							

33. Dificuldade para planejar, administrar e realizar tarefas domésticas (organizar o trabalho doméstico, limpar e arrumar a casa, lavar e passar roupa, utilizar utensílios domésticos, armazenar alimentos, remover o lixo, entre outras atividades) – d640							
34. Dificuldade para cuidar de objetos da casa, de objetos pessoais, de plantas e animais (manter e consertar objetos da casa e objetos pessoais, cuidar das plantas, tratar e alimentar animais domésticos, entre outras atividades) – d650							
35. Dificuldade para ajudar os outros (auxiliar os membros da casa e outros no seu aprendizado, na comunicação, no cuidado pessoal e movimento, dentro ou fora da casa; preocupar-se com o bem estar dos membros da casa, entre outros) – d660							
Qualificador do domínio d6							

VII – RELAÇÕES E INTERAÇÕES INTERPESSOAIS – d7: referem-se à realização de ações e condutas necessárias para estabelecer interações pessoais, de maneira contextual e socialmente estabelecida com outras pessoas (estranhos, amigos, familiares e companheiros).

Indicadores = limitação no desempenho para iniciar, manter e terminar relações interpessoais de maneira contextual e socialmente estabelecida, com ou sem auxílio, em igualdade de condições com as demais pessoas.

(Qualifique de 0 a 4 cada unidade de classificação abaixo)	**0**	**1**	**2**	**3**	**4**	**T**	**P**
36. Dificuldade para estabelecer interações pessoais básicas com os outros (com respeito, discernimento, afeto, tolerância, atitude crítica, reações adequadas, contato físico contextual e apropriado, entre outras) – d710							
37. Dificuldade para estabelecer interações pessoais complexas (iniciar, manter ou terminar relações com outras pessoas, como controlar emoções, impulsos, agressões verbais e/ou físicas e agir de forma independente nas interações sociais e conforme as regras sociais; considerar se a autorrepresentação da deficiência dificulta os relacionamentos) – d720							
38. Dificuldade para estabelecer contatos ou ligações temporárias com estranhos (solicitar algo, fazer um agradecimento, formular indagações, perguntar um caminho) – d730							
39. Dificuldade para criar e manter relações específicas em ambientes formais (com professores, funcionários, profissionais ou prestadores de serviços, entre outros) – d740							
40. Dificuldade para iniciar relações informais com outros, como relações casuais com pessoas que vivem na mesma comunidade ou residência, ou com colaboradores, estudantes, companheiros de lazer (amigos, vizinhos, conhecidos, colegas de moradia) – d750							
41. Dificuldade para criar e manter relações de parentesco com membros do núcleo familiar, família adotiva e de criação e parentes distantes, não consanguíneos ou tutores – d760							
Qualificador do domínio d7							

VIII – ÁREAS PRINCIPAIS DA VIDA – d8: referem-se à realização das tarefas e ações necessárias para participar das atividades de educação e transações econômicas.

Indicadores = limitação no desempenho em participar e realizar tarefas e ações acima mencionadas, com ou sem auxílio, em igualdade de condições com as demais pessoas.

(Qualifique de 0 a 4 cada unidade de classificação abaixo)	**0**	**1**	**2**	**3**	**4**	**T**	**P**
42. Dificuldade para obter acesso, realizar ou participar de atividades, aprender o conteúdo e cumprir responsabilidades e exigências do ensino fundamental, médio ou educação de adultos, incluindo frequência regular, trabalho em equipe e interação adequada com demais alunos, professores e funcionários – d820							
43. Dificuldade para obter acesso, realizar ou participar de atividades, aprender o conteúdo e cumprir responsabilidades e exigências de curso técnico e/ou profissionalizante, incluindo frequência regular, trabalho em equipe e interação adequada com demais alunos, professores e funcionários – d825							
44. Dificuldade para obter acesso, realizar ou participar de atividades, aprender o conteúdo e cumprir responsabilidades e exigências do ensino superior ou pós-graduação, incluindo frequência regular, trabalho em equipe e interação adequada com demais alunos, professores e funcionários – d830							
45. Dificuldade para realizar transações econômicas básicas e complexas, como comprar, trocar e negociar mercadorias, manter conta bancária, economizar dinheiro, obter acesso a fontes de recursos financeiros, entre outras – d860/d865							
Qualificador do domínio d8							

IX – VIDA COMUNITÁRIA, SOCIAL E CÍVICA – d9: referem-se às ações e tarefas necessárias para participar da vida social organizada fora do âmbito familiar, em áreas da vida comunitária, social e cívica.
Indicadores = limitação no desempenho em participar e realizar atividades relacionadas à vida comunitária, social e cívica, com ou sem auxílio, em igualdade de condições com as demais pessoas.

(Qualifique de 0 a 4 cada unidade de classificação abaixo)	0	1	2	3	4	T	P
46. Dificuldade para participar de reuniões comunitárias, cerimônias sociais, associações e grupos sociais – d910							
47. Dificuldade para participar de atividades recreativas e de lazer (excursões, trabalhos artesanais, jogos, esportes, cinema, museus, tocar instrumentos musicais, demais atividades culturais, entre outras atividades de diversão) – d920							
48. Dificuldade para participar da vida social e política enquanto cidadão, considerando a garantia e ampliação do acesso aos direitos humanos (direitos políticos: liberdade de associação e posição legal de cidadão; direitos civis: liberdade de expressão, de autodeterminação ou autonomia; direitos sociais: satisfação digna de suas necessidades sociais) – d940/d950							
Qualificador do domínio d9							

☐ **Solicitação de Informações Sociais – SIS**

☐ **Solicitação de Visita Técnica**

Atividades e Participação			
d6	**d7**	**d8**	**d9**

Qualificador Parcial de Atividades e Participação			
		Dificuldade	

Risco e Proteção Social
Avaliação Social

☐ **CASO SEJAM OBSERVADOS INDÍCIOS DE RISCO SOCIAL QUE DEMANDEM ACOMPANHAMENTO PRIORITÁRIO** *(violência física e/ou psicológica, abandono familiar, abusos e/ou exploração sexual, crianças e/ou adolescentes fora da escola, exploração de trabalho infantil entre outros).* **ASSINALE E DESCREVA ABAIXO PARA POSTERIOR ENCAMINHAMENTO:**

Descreva:

☐ **NA AUSÊNCIA DE PROTEÇÃO SOCIAL, FAMILIAR E/OU COMUNITÁRIA, ENTRE OUTRAS, ASSINALE E DESCREVA ABAIXO, PARA POSTERIOR ENCAMINHAMENTO:**

Descreva:

Fatores Ambientais				
e1	e2	e3	e4	e5

Atividades e Participação			
d6	d7	d8	d9

Resultado Parcial

Fatores Ambientais: ☐ = Barreira

Qualificador Parcial de Atividades e Participação: ☐ = Dificuldade

Observações do avaliador(a):

Profissional avaliador(a):

Local e data	Assistente Social	CRESS

GEX:	
APS:	

AVALIAÇÃO DA PESSOA COM DEFICIÊNCIA PARA ACESSO AO BENEFÍCIO DE PRESTAÇÃO CONTINUADA DA ASSISTÊNCIA SOCIAL – BPC – ESPÉCIE B87
16 ANOS OU MAIS

GEX: ____________ APS: ____________

Dados pessoais do avaliado

Requerimento:		NB:	
Nome do avaliado:		Apelido:	
Sexo: M ☐ F ☐	Data de Nascimento:	Idade:	(anos)
NIT:	Cart. identidade:	Orgão Emissor:	Data emissão:
CPF	CTPS nº	Série:	UF:

Escolaridade:

☐ Não alfabetizado

Fundamental: ☐ Completo ☐ Incompleto

Médio: ☐ Completo ☐ Incompleto

Superior: ☐ Completo ☐ Incompleto

Outro. Especifique:

Estado Civil.
☐ Solteiro ☐ Casado ☐ União Estável ☐ Divorciado ☐ Separado de fato ☐ Viúvo

Nome do Responsável ou Representante legal:
☐ Mãe / Pai ☐ Tutor ☐ Curador ☐ Procurador Outro. Especifique:

Onde o avaliado vive ?:
☐ Residência ☐ Em situação de rua ☐ Instituição
☐ Instituição carcerária ☐ Instituição para cumprimento de medida socioeducativa
☐ Regime aberto ☐ Regime fechado
☐ Regime de semiliberdade ☐ Regime fechado

Nome da Instituição:			CNPJ ou CEI:
Nome do representante:			
Endereço Residencial ou Institucional: (citar pontos de referência)			Bairro:
Cidade	UF:	CEP:	Tel.:
Endereço para correspondência:			Bairro:
Cidade:	UF:	CEP:	Tel.:

AVALIAÇÃO MÉDICO-PERICIAL DA PESSOA COM DEFICIÊNCIA
ESPÉCIE 87 – BPC / LOAS - 16 ANOS OU MAIS

Fase da avaliação

Inicial:		Recursal:		Revisão Administrativa:		Reavaliação Bienal:		Judicial:	

Dados do Avaliado

NIT:		Nome:		CPF:	
NB / Espécie:		Nome da Mãe:		Sexo:	
APS:		Grau de Instrução:		Data Nascimento:	
Data Avaliação Social:		Data. Avaliação Médico Pericial:		Idade:	(Anos)

Documento do Avaliado

Tipo:		Número:		Complemento:	

Documento do Acompanhante / Responsável pelas informações

Tipo:		Número:		Complemento:	

História Clínica:
Considerar todos os elementos relevantes da história clínica atual e pregressa, que darão subsídios para a avaliação e qualificação dos domínios abaixo relacionados, incluindo relatórios e laudos técnicos, prontuários e resultados de exames complementares, quando houver.

Informações de exames e laudos apresentados:

Exame físico:
Considerar as alterações relevantes observadas ao exame físico, que darão subsídios para a avaliação e qualificação dos domínios abaixo relacionados.

Diagnóstico:

CID PRINCIPAL: (Campo Obrigatório)		**Código:**	
CID SECUNDÁRIO(S): (Campo Obrigatório)		**Códigos:**	
		Não há:	

FUNÇÕES DO CORPO

Qualificadores a serem usados: 0 = Nenhuma alteração (0 a 4%) 1 = Alteração Leve (5 a 24%) 2 = Alteração Moderada (25 a 49%) 3 = Alteração Grave (50 a 95%) 4 = Alteração Completa (96 a 100%)

X – FUNÇÕES MENTAIS – b1: referem-se às funções do cérebro, que incluem funções mentais globais, como consciência, energia e impulso, e funções mentais específicas, como memória, linguagem e cálculo.
Indicadores = discriminados nas unidades de classificação abaixo, entre parênteses.

(Qualifique de 0 a 4 as unidades de classificação consideradas para a qualificação final do domínio)	**0**	**1**	**2**	**3**	**4**
49. Funções da consciência (vigília, obnubilação, coma, estado vegetativo, estado de alerta, delírio, entre outros, entre outras) – b110					
50. Funções da orientação (conhecimento e determinação da relação da pessoa consigo própria, com outras pessoas, objetos, espaço, tempo e/ou ambiente, entre outras) – b114					
51. Funções intelectuais (várias funções mentais integradas, incluindo as funções cognitivas e seu desenvolvimento ao longo da vida. Verificar: deficiência intelectual, transtorno mental, demência, entre outras) – b117					
52. Funções psicossociais globais (habilidades interpessoais necessárias para o estabelecimento de interações sociais recíprocas, em termos de significado e finalidade, interações interpessoais, entre outras) – b122					
53. Funções do temperamento e personalidade (extroversão, introversão, amabilidade, responsabilidade, estabilidade psíquica e emocional, abertura e busca para novas experiências, otimismo, confiança, confiabilidade, entre outras) – b126					
54. Funções da energia e de impulsos (nível de energia, motivação, apetite, desejo intenso/dependência, controle de impulsos, entre outras) – b130					
55. Funções do sono (início, manutenção, quantidade e qualidade do sono) – b134					
56. Funções da atenção (concentração, distração e distúrbios da atenção) – b140					

(Qualifique de 0 a 4 as unidades de classificação consideradas para a qualificação final do domínio)	**0**	**1**	**2**	**3**	**4**
57. Funções da memória (distúrbios da memória recente, remota e amnésica) – b144					
58. Funções psicomotoras (atraso psicomotor, controle e coordenação de partes do corpo, marcha, postura, ecolalia, ecopraxia, excitação, agitação, catatonia, negativismo, ambivalência, convulsão epiléptica, entre outras) – b147					
59. Funções da emoção (funções mentais específicas relacionadas com a adequação, regulação e amplitude da emoção, tristeza, medo, raiva, ódio, tensão, ansiedade, apatia afetiva, labilidade emocional, depressão, entre outras) – b152					
60. Funções da percepção (reconhecimento e interpretação de estímulos sensoriais envolvendo a audição, visão, olfato, paladar e/ou tato e posição de objetos em relação a si e ao ambiente, como em alucinações ou ilusões, entre outras) – b156					
61. Funções do pensamento (delírios, obsessões, compulsões, bloqueio, incoerência, fuga de ideias, entre outras) – b160					
62. Funções cognitivas superiores (pensamento abstrato, organização de ideias, tomada de decisão, planejamento e execução, julgamento, flexibilidade mental, autoconhecimento, entre outras) – b164					
63. Funções mentais da linguagem (recepção e expressão de linguagem gestual, decodificação e produção de mensagens de gestos feitos pelas mãos e outros movimentos, entre outras) – b167					
64. Funções de cálculo (funções de operações matemáticas simples – adição, subtração, multiplicação e divisão e complexas, procedimentos aritméticos, com fórmulas matemáticas, entre outras) – b172					
65. Funções da experiência pessoal e de tempo (consciência da própria identidade, representação e consciência do corpo, duração e passagem do tempo, entre outras) – b180					
Qualificador do domínio X-b1					

Justifique, caso seja atribuído qualificador "0" a este domínio.		
		Não foram observadas alterações ou as alterações no domínio como um todo são mínimas (de 0 a 4%).
		Ausência de elementos de convicção para qualificar.

XI – FUNÇÕES SENSORIAIS DA VISÃO – b2: referem-se à percepção de luz, tamanho e cor de um estímulo visual.
Indicadores = discriminados nas unidades de classificação abaixo, entre parênteses.

(Qualifique de 0 a 4 as unidades de classificação consideradas para a qualificação final do domínio)	0	1	2	3	4
66. Funções da visão (qualidade, acuidade, percepção de luz e cor, visão monocular e binocular, miopia, hipermetropia, astigmatismo, hemianopsia, presbiopia, cegueira de cores, visão em túnel, escotoma central e periférico, diplopia, cegueira noturna e adaptabilidade à luz, entre outras) – b210					
67. Funções das estruturas adjacentes ao olho (funções da acomodação, reflexo pupilar, funções da pálpebra, nistagmo, movimentos voluntários, movimentos de rastreamento, fixação do olho, estrabismo, funções das glândulas e canal lacrimonasal, entre outras) – b215					
68. Sensações associadas ao olho e estruturas adjacentes (pressão, cansaço, ressecamento, prurido, irritação, queimação, entre outras) – b220					
Qualificador do domínio XI-b2					

Justifique, caso seja atribuído qualificador "0" a este domínio.		Não foram observadas alterações ou as alterações no domínio como um todo são mínimas (de 0 a 4%).
		Ausência de elementos de convicção para qualificar.

XII – FUNÇÕES SENSORIAIS DA AUDIÇÃO – b2: referem-se à percepção de sons e discriminação de localização, intensidade, ruído e qualidade.
Indicadores = discriminados nas unidades de classificação abaixo, entre parênteses.

(Qualifique de 0 a 4 as unidades de classificação consideradas para a qualificação final do domínio)	0	1	2	3	4
69. Funções auditivas (detecção, discriminação e localização do som e da fala, insuficiência e perda da audição, entre outras) – b230					
70. Funções vestibulares (determinação da posição, equilíbrio e movimentação do corpo, entre outras) – b235					
71. Sensações associadas à audição e à função vestibular (tontura, sensação de queda, vibração, vertigem, zumbido, irritação e pressão auricular, entre outras) – b240					
Qualificador do domínio XII-b2					

Justifique, caso seja atribuído qualificador "0" a este domínio.		Não foram observadas alterações ou as alterações no domínio como um todo são mínimas (de 0 a 4%).
		Ausência de elementos de convicção para qualificar.

XIII – FUNÇÕES SENSORIAIS ADICIONAIS E DOR – b2: referem-se às funções gustativas, olfativas, proprioceptivas, táteis e a sensações relacionadas à temperatura e outros estímulos e sensação de dor.
Indicadores = discriminados nas unidades de classificação abaixo, entre parênteses.

(Qualifique de 0 a 4 as unidades de classificação consideradas para a qualificação final do domínio)	0	1	2	3	4
72. Funções gustativas e olfativas – b250 / b255					
73. Funções proprioceptivas (percepção da posição relativa de partes do corpo) – b260					
74. Função tátil (anestesia, parestesia, formigamento, hipoestesia, hiperestesia, entre outras) e funções sensoriais relacionadas à temperatura e outros estímulos (sensibilidade à temperatura, vibração, tremor ou oscilação, pressão superficial ou profunda, ardor, entre outras) – b265 / b270					
75. Sensação de dor (dor generalizada ou localizada em uma ou mais parte do corpo, analgesia, hipoalgesia, hiperalgesia, entre outras) – b280					
Qualificador do domínio XIII-b2					

Justifique, caso seja atribuído qualificador "0" a este domínio.		Não foram observadas alterações ou as alterações no domínio como um todo são mínimas (de 0 a 4%).
		Ausência de elementos de convicção para qualificar.

XIV – FUNÇÕES DA VOZ E DA FALA – b3: referem-se à produção de sons e da fala.
Indicadores = discriminados nas unidades de classificação abaixo, entre parênteses.

(Qualifique de 0 a 4 as unidades de classificação consideradas para a qualificação final do domínio)		0	1	2	3	4
76. Funções da voz (produção e qualidade da voz, disfonia, afonia, rouquidão, hiponasalidade, hipernasalidade, entre outras) – b310						
77. Funções da articulação (produção de sons da fala, disartria, anartria, articulação de fonemas, entre outras) – b320						
78. Funções da fluência e ritmo da fala (alterações na fluência, gagueira, verborreia, dislalia – taquilalia, bradilalia, entre outras) – b330						
Qualificador do domínio XIV-b3						
Justifique, caso seja atribuído qualificador "0" a este domínio.		Não foram observadas alterações ou as alterações no domínio como um todo são mínimas (de 0 a 4%).				
		Ausência de elementos de convicção para qualificar.				

XV – FUNÇÕES DO SISTEMA CARDIOVASCULAR – b4: referem-se às funções do coração, vasos sanguíneos e pressão sanguínea.
Indicadores = discriminados nas unidades de classificação abaixo, entre parênteses.

(Qualifique de 0 a 4 as unidades de classificação consideradas para a qualificação final do domínio)		0	1	2	3	4
79. Funções do coração (ritmo, frequência, contratilidade, insuficiência, isquemia, bloqueio, valvulopatias, miocardiopatias) – b410						
80. Funções dos vasos sanguíneos (valvulares, arteriais, venosas e capilares; inclui alterações decorrentes de varizes, aterosclerose, aneurismas, entre outras) – b415						
81. Funções da pressão sanguínea (hipotensão, hipertensão) – b420						
Qualificador do domínio XV-b4						
Justifique, caso seja atribuído qualificador "0" a este domínio.		Não foram observadas alterações ou as alterações no domínio como um todo são mínimas (de 0 a 4%).				
		Ausência de elementos de convicção para qualificar.				

XVI – FUNÇÕES DO SISTEMA HEMATOLÓGICO – b4: referem-se à produção de sangue, transporte de oxigênio e metabólitos e à coagulação.
Indicadores = discriminados nas unidades de classificação abaixo, entre parênteses.

(Qualifique de 0 a 4 as unidades de classificação consideradas para a qualificação final do domínio)		0	1	2	3	4
82. Funções da produção de sangue, da medula óssea, do baço, do transporte de oxigênio e metabólitos (anemias, linfomas, leucemias, mielodisplasias, aplasia medular, mieloma múltiplo, trombastenia, hemoglobinúrias, doença falciforme, talassemias, coagulopatias, entre outras) – b430						
Qualificador do domínio XVI-b4						
Justifique, caso seja atribuído qualificador "0" a este domínio.		Não foram observadas alterações ou as alterações no domínio como um todo são mínimas (de 0 a 4%).				
		Ausência de elementos de convicção para qualificar.				

XVII – FUNÇÕES DO SISTEMA IMUNOLÓGICO – b4: referem-se à imunidade celular e humoral e alterações na função do sistema linfático.

Indicadores = discriminados nas unidades de classificação abaixo, entre parênteses.

(Qualifique de 0 a 4 as unidades de classificação consideradas para a qualificação final do domínio)	0	1	2	3	4
83. Funções do sistema imunológico (alterações imunológicas mediadas por células ou por anticorpos, doença autoimune, imunossupressão medicamentosa e/ou em decorrência de outras morbidades, incluindo CÂNCER, reações alérgicas, respostas a imunizações, alterações no sistema linfático, linfadenites, linfedema, entre outras) – b435					
Qualificador do domínio XVII-b4					

Justifique, caso seja atribuído qualificador "0" a este domínio.		Não foram observadas alterações ou as alterações no domínio como um todo são mínimas (de 0 a 4%).
		Ausência de elementos de convicção para qualificar.

XVIII – FUNÇÕES DO SISTEMA RESPIRATÓRIO – b4: referem-se à frequência, ritmo e profundidade da respiração e às funções dos músculos respiratórios.

Indicadores = discriminados nas unidades de classificação abaixo, entre parênteses.

(Qualifique de 0 a 4 as unidades de classificação consideradas para a qualificação final do domínio)	0	1	2	3	4
84. Funções respiratórias – frequência, ritmo, profundidade e dificuldades (dispneia, taquipneia, respiração irregular, espasmo brônquico, enfisema pulmonar, entre outras) – b440					
Qualificador do domínio XVIII-b4					

Justifique, caso seja atribuído qualificador "0" a este domínio.		Não foram observadas alterações ou as alterações no domínio como um todo são mínimas (de 0 a 4%).
		Ausência de elementos de convicção para qualificar.

XIX – FUNÇÕES DO SISTEMA DIGESTIVO – b5: referem-se à ingestão, digestão e eliminação de substâncias líquidas e sólidas.

Indicadores = discriminados nas unidades de classificação abaixo, entre parênteses.

(Qualifique de 0 a 4 as unidades de classificação consideradas para a qualificação final do domínio)	0	1	2	3	4
85. Funções de ingestão (sucção, mordedura, mastigação, mobilização de alimentos na boca, salivação, deglutição, regurgitação, vômito, entre outras) – b510					
86. Funções digestivas (peristalse, degradação dos alimentos, absorção dos nutrientes, tolerância aos alimentos, entre outras) – b515					
87. Funções da defecação (consistência, frequência e continência fecal, flatulência, entre outras) – b525					
88. Funções de manutenção de peso (baixo peso, caquexia, emaciação, obesidade, entre outras) – b530					
Qualificador do domínio XIX-b5					

Justifique, caso seja atribuído qualificador "0" a este domínio.		Não foram observadas alterações ou as alterações no domínio como um todo são mínimas (de 0 a 4%).
		Ausência de elementos de convicção para qualificar.

XX – FUNÇÕES DOS SISTEMAS METABÓLICO E ENDÓCRINO – b5: referem-se às funções metabólicas gerais e das glândulas endócrinas, inclusive as associadas à puberdade.

Indicadores = discriminados nas unidades de classificação abaixo, entre parênteses.

(Qualifique de 0 a 4 as unidades de classificação consideradas para a qualificação final do domínio)	**0**	**1**	**2**	**3**	**4**
89. Funções metabólicas gerais (metabolismo basal, metabolismo de carboidratos, de proteínas ou gorduras, incluindo lipodistrofia, entre outras) – b540					
90. Funções de equilíbrio hídrico, mineral e eletrolítico – b545					
91. Funções das glândulas endócrinas, inclusive as associadas à puberdade (hipo ou hiperpituitarismo, hipo ou hipertireoidismo, hipo ou hiperparatireoidismo, hipo ou hipergonadismo, nanismo, gigantismo, entre outras) – b555 / b560					
Qualificador do domínio XX-b5					

Justifique, caso seja atribuído qualificador "0" a este domínio.		Não foram observadas alterações ou as alterações no domínio como um todo são mínimas (de 0 a 4%).
		Ausência de elementos de convicção para qualificar.

XXI – FUNÇÕES GENITURINÁRIAS E REPRODUTIVAS – b6: referem-se às funções urinárias e reprodutivas, incluindo funções sexuais e de procriação.

Indicadores = discriminados nas unidades de classificação abaixo, entre parênteses.

(Qualifique de 0 a 4 as unidades de classificação consideradas para a qualificação final do domínio)	**0**	**1**	**2**	**3**	**4**
92. Funções relacionadas à filtração ou eliminação da urina (insuficiência renal, anúria, oligúria, hidronefrose, bexiga hipotônica, obstrução do ureter, entre outras) – b610					
93. Funções urinárias (frequência de micção, continência, urgência, retenção, fluxo excessivo, poliúria, entre outras) – b620					
94. Função reprodutiva (funções sexuais, funções da menstruação, incluindo endometriose, funções de procriação, entre outras) – b640 / b650 / b660					
Qualificador do domínio XXI-b6					

Justifique, caso seja atribuído qualificador "0" a este domínio.		Não foram observadas alterações ou as alterações no domínio como um todo são mínimas (de 0 a 4%).
		Ausência de elementos de convicção para qualificar.

XXII – FUNÇÕES NEUROMUSCULOESQUELÉTICAS E RELACIONADAS AO MOVIMENTO – b7: referem-se à mobilidade, funções das articulações, ossos, reflexos e músculos.

Indicadores = discriminados nas unidades de classificação abaixo, entre parênteses.

(Qualifique de 0 a 4 as unidades de classificação consideradas para a qualificação final do domínio)	**0**	**1**	**2**	**3**	**4**
95. Funções das articulações e/ou dos ossos (mobilidade das articulações e dos ossos) – b710 / b715 / b720					
96. Funções musculares (relacionadas à força, ao tônus e à resistência muscular) – b730 / b735 / b740					
97. Funções dos movimentos (relacionadas aos reflexos motores e dos movimentos involuntários, controle voluntário e involuntário) – b750 / b755 / b760 / b765					
98. Funções relacionadas ao padrão da marcha (deficiências como marcha espástica, hemiplégica, paraplégica, entre outras) – b770					
Qualificador do domínio XXII-b7					

Justifique, caso seja atribuído qualificador "0" a este domínio.		Não foram observadas alterações ou as alterações no domínio como um todo são mínimas (de 0 a 4%).
		Ausência de elementos de convicção para qualificar.

XXIII – FUNÇÕES DA PELE E ESTRUTURAS RELACIONADAS – b8: referem-se a funções da pele e seus anexos (pelos, cabelos e unhas).
Indicadores = discriminados nas unidades de classificação abaixo, entre parênteses.

(Qualifique de 0 a 4 as unidades de classificação consideradas para a qualificação final do domínio)	0	1	2	3	4
99. Funções protetoras, reparadoras e outras funções da pele e fâneros (pênfigo, psoríase, hanseníase, neurofibromatose, dermatite de contato, albinismo, vitiligo, escalpelamento, queimaduras, entre outras) – b810/ b820 / b830 / b840 / b850					
Qualificador do domínio XXIII-b8					

Justifique, caso seja atribuído qualificador "0" a este domínio.	Não foram observadas alterações ou as alterações no domínio como um todo são mínimas (de 0 a 4%).
	Ausência de elementos de convicção para qualificar.

FUNÇÕES DO CORPO

X-b1	XI-b2	XII-b2	XIII-b2	XIV-b3	XV-b4	XVI-b4	XVII-b4	XVIII-b4	XIX-b5	XX-b5	XXI-b6	XXII-b7	XXIII-b8

b1	b2	b3	b4	b5	b6	b7	b8

Qualificador Final de Funções do Corpo			
	Alteração		

Estrutura e Prognóstico

EXISTEM ALTERAÇÕES NA ESTRUTURA DO CORPO QUE CONFIGURAM MAIORES LIMITAÇÕES E RESTRIÇÕES AO AVALIADO DO QUE AS ALTERAÇÕES OBSERVADAS EM FUNÇÕES DO CORPO?

☐ **Não**

☐ **Sim** *A resposta afirmativa a este quesito implicará a elevação do qualificador final de Funções do Corpo em um nível (de N para L, de L para M, de M para G, de G para C e C permanece como C).*

Assinale abaixo a(s) Estrutura(s) do Corpo que configura(m) tal condição:

Estruturas do sistema nervoso		Estruturas do sistema respiratório	
Estruturas do olho		Estruturas do sistema digestivo	
Estruturas do ouvido		Estruturas do sistema metabólico e endócrino	
Estruturas relacionadas à voz e à fala		Estruturas do sistema geniturinário e reprodutivo	
Estruturas do sistema cardiovascular		Estruturas relacionadas ao movimento	
Estruturas do sistema imunológico		Pele e estruturas relacionadas	

Descreva, caso já não o tenha feito na história clínica ou no exame físico:

AS ALTERAÇÕES OBSERVADAS EM FUNÇÕES E/OU ESTRUTURAS DO CORPO CONFIGURAM PROGNÓSTICO DESFAVORÁVEL?

A resposta afirmativa a este quesito implicará a elevação do qualificador final de Funções do Corpo em um nível (de N para L, de L para M, de M para G, de G para C e C permanece como C), de forma não cumulativa, caso já tenha havido elevação pelo quesito anterior.

☐ **Não**

☐ **Não é possível prognosticar**

☐ **Sim. Descreva, caso já não o tenha feito na história clínica ou no exame físico:**

CONSIDERANDO OS ASPECTOS AVALIADOS, TRATA-SE DE IMPEDIMENTO DE LONGO PRAZO?
(Considera-se impedimento de longo prazo aquele no qual as alterações em Funções e/ou Estruturas do Corpo produzam efeitos pelo prazo mínimo de 2 (dois) anos.

Considerar também o tempo pregresso já vivenciado com tal quadro, as possibilidades de acesso ao tratamento necessário e a participação plena e efetiva na sociedade em igualdade de condições com as demais pessoas).

( ) Sim
( ) Não
( ) Não é possível prever, mas os efeitos podem se estender por dois anos ou mais. Neste caso, justifique:

› *(Redação dada pela Lei Portaria Conjunta/MC/MTP/INSS 14/2021)*

ATIVIDADES E PARTICIPAÇÃO

Qualificadores a serem usados: 0 = **N**enhuma dificuldade (0 a 4%) **1** = Dificuldade **L**eve (5 a 24%) **2** = Dificuldade **M**oderada (25 a 49%) **3** = Dificuldade **G**rave (50 a 95%) **4** = Dificuldade **C**ompleta (96 a 100%)
*Considerar na análise o impacto/influência dos **Fatores Ambientais** (barreiras) e **Pessoais** (gênero, etnia, idade, condição física, estilo de vida, hábitos, nível de instrução, profissão e outros) e na avaliação do **desempenho** para a execução de atividades e participação social, em igualdade de condições com as demais pessoas.* ***Desempenho:** é um qualificador que descreve o que o indivíduo faz (grau de dificuldade) em seu ambiente de vida habitual, entendido como "envolvimento em uma situação vital" ou "a experiência vivida", no contexto rea l em que vive (a qualificação deve considerar, sobretudo, a frequência e extensão da dificuldade).* ***Atividade:** é a execução de uma tarefa ou ação por um indivíduo. Representa a **perspectiva individual** da funcionalidade.* ***Participação**: é o ato de se envolver em uma situação real de vida. Representa a **perspectiva social** da funcionalidade.*
As **colunas T** e **P**, à direita dos qualificadores de cada domínio, destinam-se à sinalização de **dependência Total ou Parcial de cuidados de terceiros**, sempre que o avaliador julgar pertinente, com vistas a fornecer subsídios para **políticas públicas de cuidados.** Não representam o foco principal da avaliação, que deve estar centrado no desempenho para o exercício de atividades e participação social, conforme o grau de dificuldade estabelecido pelos cortes percentuais acima.

XXVI – APRENDIZAGEM E APLICAÇÃO DE CONHECIMENTO – d1: referem-se ao desempenho em aprender, aplicar o conhecimento aprendido, pensar, resolver problemas e tomar decisões.

Indicadores = limitação no desempenho para aprender e aplicar o conhecimento aprendido, com ou sem auxílio, em igualdade de condições com as demais pessoas.

(Qualifique de 0 a 4 cada unidade de classificação abaixo)	**0**	**1**	**2**	**3**	**4**	**T**	**P**
100. Dificuldade para utilizar intencionalmente o sentido da visão (seguir objeto visualmente, observar pessoas, assistir a evento esportivo, observar pessoas, entre outras) – d110							
101. Dificuldade para utilizar intencionalmente o sentido da audição (ouvir rádio, música, voz humana, entre outras) – d115							
102. Dificuldade em percepções sensoriais intencionais de tato, paladar e olfato (tocar ou sentir texturas, saborear e sentir cheiros, entre outras) – d120							
103. Dificuldade para imitar ou copiar algo que configure aprendizagem básica (imitar um gesto ou um som, copiar números ou letras do alfabeto, entre outras situações simples) – d130							
104. Dificuldade para aprender a ler e utilizar este conhecimento (ler, compreendendo o significado de vocábulos, frases e textos, inclusive em Braille, quando for o caso) – d140 / d166							
105. Dificuldade para aprender a escrever e utilizar este conhecimento (escrever, compreendendo o significado de vocábulos, frases e textos, inclusive em Braille, quando for o caso) – d145 / d170							
106. Dificuldade para aprender a calcular e aplicar este conhecimento (calcular, compreendendo o significado de símbolos e operações matemáticas) – d150 / d172							
107. Dificuldade para adquirir e executar habilidades básicas (usar talheres, lápis, entre outras) e complexas (jogos, esportes, utilizar ferramentas, relógio, entre outras) – d155							
108. Dificuldade para concentrar a atenção, encontrar solução para problemas simples e complexos e tomar decisões – d160 / d175 / d177							
Qualificador do domínio d1							

XXVII – TAREFAS E DEMANDAS GERAIS – d2: referem-se aos aspectos gerais da execução de uma única tarefa ou de várias tarefas, organização de rotinas e superação do estresse.

Indicadores = limitação no desempenho para a execução de tarefa(s), organização de rotinas e superação do estresse, com ou sem auxílio, em igualdade de condições com as demais pessoas.

(Qualifique de 0 a 4 cada unidade de classificação abaixo)	**0**	**1**	**2**	**3**	**4**	**T**	**P**
109. Dificuldade para realizar tarefas múltiplas, atender a comandos múltiplos, realizar a rotina diária, de forma independente ou a comando de outros – d220/ d230							
110. Dificuldade para lidar com o estresse e outras demandas psicológicas, tais como lidar com responsabilidades, gerenciar e controlar crises (considerar se a autorrepresentação da deficiência aumenta essa dificuldade) – d240							
Qualificador do domínio d2							

XXVIII – COMUNICAÇÃO – d3: refere-se às características gerais e específicas da comunicação, por meio da linguagem, sinais e símbolos, incluindo a recepção e produção de mensagens, manutenção da conversação e utilização de dispositivos e técnicas de comunicação.
Indicadores = limitação no desempenho para se comunicar (entender e se fazer entender), em igualdade de condições com as demais pessoas.

(Qualifique de 0 a 4 cada unidade de classificação abaixo)	0	1	2	3	4	T	P
111. Dificuldade na recepção de mensagens orais (compreender o significado de uma frase) – d310							
112. Dificuldade na recepção de mensagens não verbais (transmitidas por gestos, símbolos, fotos, desenhos e expressões faciais, leitura labial) – d315							
113. Dificuldade na recepção e compreensão de mensagens na Língua Brasileira de Sinais (LIBRAS) – d320 *							
114. Dificuldade na recepção e compreensão de mensagens escritas ou mensagens em braile (revistas, livros, jornais e outros) – d325							
115. Dificuldade na fala (produção de sílabas, palavras, frases ou mensagens compreensíveis) – d330							
116. Dificuldade na produção de mensagens não verbais (usar gestos, símbolos ou desenhos para se comunicar) – d335							
117. Dificuldade na produção de mensagens na Língua Brasileira de Sinais (LIBRAS) – d340 *							
118. Dificuldade na conversação (iniciar, manter e finalizar uma troca de pensamentos e ideias, usando qualquer forma de linguagem) – d350							
Qualificador do domínio d3							

XXIX – MOBILIDADE – d4: refere-se ao movimento de mudar o corpo de posição ou de lugar, carregar, mover ou manipular objetos, ao andar ou deslocar-se.
Indicadores = limitação no desempenho para se mobilizar ou mobilizar objetos, com ou sem auxílio, em igualdade de condições com as demais pessoas.

(Qualifique de 0 a 4 cada unidade de classificação abaixo)	0	1	2	3	4	T	P
119. Dificuldade para mudar a posição básica do corpo (levantar, ajoelhar, agachar, deitar e/ou rolar) – d410							
120. Dificuldade para se mover na mesma superfície ou de uma superfície para outra, sem mudar a posição do corpo (ex. de deitado para deitado, de sentado para sentado) – d420							
121. Dificuldade para manusear, mover, deslocar e/ou carregar objetos, realizando movimentos finos – d430 / d435 / d440 / d445							
122. Dificuldade para andar (mover-se a pé, por curtas ou longas distâncias, sem auxílio de pessoas, equipamentos ou dispositivos) – d450							
123. Dificuldade para se deslocar utilizando equipamento ou dispositivo específico para facilitar a movimentação (andador, cadeira de rodas, muletas, bengala e outros) – d465							
Qualificador do domínio d4							

XXX – CUIDADO PESSOAL – d5: refere-se ao cuidado pessoal como lavar-se e secar-se, cuidar do próprio corpo e de parte do corpo, vestir-se, comer, beber e cuidar da própria saúde.
Indicadores = limitação no desempenho para cuidar de si próprio, em igualdade de condições com as demais pessoas.

(Qualifique de 0 a 4 cada unidade de classificação abaixo)	0	1	2	3	4	T	P
124. Dificuldade nos cuidados com o próprio corpo (lavar, secar, cuidar das mãos, dentes, unhas, nariz, cabelos e/ou higiene após excreção) – d510/ d520/ d530							
125. Dificuldade para se vestir (colocar, tirar e escolher roupas e calçados apropriados) – d540							
126. Dificuldade para coordenar os gestos para comer, beber alimentos e bebidas servidos, sem auxílio – d550/ d560							
127. Dificuldade para cuidar da própria saúde (conforto físico, dieta, prevenção de doenças e busca de assistência, exposição a riscos ou situações perigosas, incluindo abusos e violência) – d570 / d598							
Qualificador do domínio d5							

☐ **Solicitação de Informações ao Médico Assistente – SIMA**

☐ **Solicitação de Visita Técnica**

Atividades e Participação				
d5	d6	d7	d8	d9

Qualificador Parcial de Atividades e Participação		
	Dificuldade	

Causa da Deficiência

☐ **Congênita** ☐ **Complicações no parto** ☐ **Doença** ☐ **Dependência química** ☐ **Violência**

☐ **Acidente de Trabalho / Doença Ocupacional ou Relacionada ao Trabalho**(*)

☐ **Acidente de Trânsito** ☐ **Acidente de outra natureza** ☐ **Ignorada**

☐ **Outra causa. Especifique:** ____________

(*) *Inclusive na condição de aprendiz ou estagiário.*

Risco e Proteção Social

☐ **CASO SEJAM OBSERVADOS INDÍCIOS DE RISCO SOCIAL QUE DEMANDEM ACOMPANHAMENTO PRIORITÁRIO** *(violência física e/ou psicológica; abandono familiar; abusos e/ou exploração sexual; crianças e/ou adolescentes fora da escola; exploração de trabalho infantil; ausência de proteção social, familiar e/ou comunitária, entre outros)*, **ASSINALE E DESCREVA ABAIXO, PARA POSTERIOR ENCAMINHAMENTO PELO ASSISTENTE SOCIAL:**

Descreva: ____________

Avaliação Médico-pericial

Funções do Corpo							
b1	b2	b3	b4	b5	b6	b7	b8

Atividades e Participação				
d1	d2	d3	d4	d5

Resultado Parcial

Funções do Corpo: ☐ **= Alteração** ____________

Qualificador Parcial de Atividades e Participação: ☐ **= Dificuldade** ____________

Observações do avaliador(a):

____

Profissional avaliador(a):

Local e data	Perito Médico	CRM

GEX:	
APS:	

CONCLUSÃO DA AVALIAÇÃO SOCIAL E MÉDICO-PERICIAL DA PESSOA COM DEFICIÊNCIA
ESPÉCIE 87 – BPC / LOAS - 16 ANOS OU MAIS

Dados do Avaliado

NIT:		Nome:		CPF:	
NB / Espécie:		Nome da Mãe:		Sexo:	
APS:		Grau de Instrução:		Data Nascimento:	
Data Avaliação Social:		Data. Avaliação Médico Pericial:		Idade:	(Meses / Anos)

Avaliação Social e Médico Pericial

Fatores Ambientais				
e1	e2	e3	e4	e5

Atividades e Participação								
d1	d2	d3	d4	d5	d6	d7	d8	d9

Funções do Corpo							
b1	b2	b3	b4	b5	b6	b7	b8

☐ Resposta afirmativa no quesito sobre Estrutura do Corpo e/ou no quesito sobre Prognóstico Desfavorável.

☐ Resposta afirmativa no quesito sobre possibilidade de resolução das alterações em Funções e/ou Estruturas do Corpo em menos de dois anos.

Resultado Final

Fatores Ambientais	Atividades e Participação	Funções do Corpo
☐ Barreira ☐	☐ Dificuldade ☐	☐ Alteração ☐

Decisão da Avaliação Social e Médico-pericial

☐ O avaliado preenche os requisitos estabelecidos pelo Art. 20, §§ 2º e 10, da Lei nº 8.742/1993, que define pessoa com deficiência para fins de acesso ao Benefício de Prestação Continuada da Assistência Social – BPC.

☐ O avaliado não preenche os requisitos estabelecidos pelo Art. 20, §§ 2º e 10, da Lei nº 8.742/1993, que define pessoa com deficiência para fins de acesso ao Benefício de Prestação Continuada da Assistência Social – BPC.

Profissionais avaliadores

Assistente Social	CRESS	Perito Médico	CRM

GEX:
APS:

ANEXO II
PORTARIA CONJUNTA MDS/INSS nº 2, de 30 de março de 2015.
(Publicada no DOU nº 67, Seção 1, de 9 de abril de 2015 e Retificada no DOU nº 123, Seção 1, de 1º de julho de 2015)

AVALIAÇÃO DA PESSOA COM DEFICIÊNCIA PARA ACESSO AO BENEFÍCIO DE PRESTAÇÃO CONTINUADA DA ASSISTÊNCIA SOCIAL – BPC – ESPÉCIE B87 MENOR DE 16 ANOS

GEX: ____________________ **APS:** ____________________

Dados pessoais do avaliado

Requerimento:	NB:
Nome do avaliado:	Apelido:
Sexo: M ☐ F ☐ Data de Nascimento: ☐☐☐	Idade: *(anos)*

Certidão de Nascimento:	Livro:	Folhas:	Cartório:
NIT:	Cart. Identidade:	Órgão Emissor:	Data emissão:
CPF:	CTPS nº:	Série:	UF:

Escolaridade:

- ☐ Não alfabetizado
- Fundamental: ☐ Completo ☐ Incompleto
- Médio: ☐ Completo ☐ Incompleto
- Superior: ☐ Incompleto

Outro. Especifique: ____________________

Estado Civil:
☐ Solteiro ☐ Casado ☐ União Estável ☐ Divorciado ☐ Separado de fato ☐ Viúvo

Nome do Responsável ou Representante legal:
☐ Mãe / Pai ☐ Tutor ☐ Curador ☐ Procurador Outro. Especifique: ____________________

Onde o avaliado vive ?
☐ Residência ☐ Em situação de rua ☐ Instituição
☐ Instituição para cumprimento de medida socioeducativa
☐ Regime de semiliberdade
☐ Regime fechado

Nome da Instituição:			CNPJ ou CEI:
Nome do representante:			
Endereço Residencial ou Institucional: *(citar pontos de referência)*			Bairro:
Cidade:	UF:	CEP:	Tel.:
Endereço para correspondência:			Bairro:
Cidade:	UF:	CEP:	Tel.:

AVALIAÇÃO SOCIAL DA PESSOA COM DEFICIÊNCIA
ESPÉCIE 87 – BPC/LOAS - MENOR DE 16 ANOS

Fase da avaliação

Inicial:		Recursal:		Revisão Administrativa:		Reavaliação Bienal:		Judicial:	

Dados do Avaliado

NIT:		Nome:		CPF:	
NB / Espécie:		Nome da Mãe:		Sexo:	
APS:		Grau de Instrução:		Data Nascimento:	
Data Avaliação Social:				Idade:	(Meses / Anos)

Documento do Avaliado

Tipo:		Número:		Complemento:	

Documento do Acompanhante / Responsável pelas informações

Tipo:		Número:		Complemento:	

Cobertura Previdenciária e/ou da Assistência Social

- [ ] Já foi beneficiário do BPC
- [ ] Teve vínculo empregatício após ter sido beneficiário do BPC
- [ ] Nunca foi segurado
- [ ] Perdeu a qualidade de segurado
- [ ] Tem qualidade de segurado
- [ ] Segurado sem carência
- [ ] Dependente de segurado
- [ ] Outra

Deficiência informada

- [ ] Visual (Sensorial)
- [ ] Neuromusculoesquelética (Física)
- [ ] Outra. Especifique:
- [ ] Auditiva (Sensorial)
- [ ] Doença Crônica
- [ ] Intelectual
- [ ] Múltipla
- [ ] Transtorno Mental
- [ ] Não informada

Responsável pelas informações

- [ ] Avaliado
- [ ] Avaliado não sabe informar
- [ ] Avaliado não tem condições de informar
- [ ] Acompanhante. Identifique:
- [ ] Representante legal. Identifique:
- [ ] Acompanhante ou representante legal não sabe informar

História Social:

Constitui-se na síntese do estudo social, com registro de elementos relevantes que possibilitem conhecer, analisar e interpretar situações vivenciadas pela pessoa em seu cotidiano, para avaliar a participação plena e efetiva da pessoa na sociedade, em igualdade de condições com as demais pessoas, conforme previsto na legislação. Deve conter informações relevantes, que respaldem os qualificadores atribuídos às unidades de classificação e respectivos domínios, subsidiem a avaliação médico-pericial e avaliações subsequentes em fases recursal e judicial.

FATORES AMBIENTAIS

Qualificadores a serem usados: 0 = Nenhuma barreira (0 a 4%) 1 = Barreira Leve (5 a 24%) 2 = Barreira Moderada (25 a 49%) 3 = Barreira Grave (50 a 95%) 4 = Barreira Completa (96 a 100%)

Os Fatores ambientais são externos ao indivíduo e podem ter influência sobre seu desempenho na execução de Atividades e Participação Social, assim como nas Funções e Estruturas do Corpo.

*Considerar na avaliação dos **Fatores Ambientais** as **barreiras** do ambiente físico, social e de atitudes no qual as pessoas vivem e conduzem sua vida, assim como os **Fatores Pessoais** (gênero, etnia, idade, condição física, estilo de vida, hábitos, nível de instrução, profissão e outros).*

***Barreira:** é um qualificador que descreve os obstáculos vivenciados pelo indivíduo (a qualificação deve considerar, inclusive, a frequência e extensão dessas barreiras).*

***Ambiente social:** relações de convívio familiar, comunitário e social, considerando a acessibilidade às políticas públicas, a vulnerabilidade e o risco pessoal e social a que a pessoa com deficiência está submetida.*

***Ambiente físico:** território onde vive e as condições de vida, considerando a acessibilidade, salubridade ou insalubridade.*

I – PRODUTOS E TECNOLOGIA – e1: referem-se a qualquer produto, instrumento, equipamento ou tecnologia, inclusive os adequados ou especialmente projetados para melhorar a funcionalidade da pessoa, bem como bens materiais e não materiais e patrimônio financeiro que a pessoa possa usufruir. Analisar conforme a necessidade do avaliado.

Indicadores = disponibilidade; condições de acesso (despesa, distância geográfica entre o domicílio e local de acesso, qualidade e periodicidade).

(Qualifique de 0 a 4 cada unidade de classificação abaixo)	0	1	2	3	4
1. Produtos ou substâncias para consumo pessoal (alimentação, dieta especial, medicação prescrita, entre outros) – e110					
2. Produtos e tecnologia para uso pessoal e na vida diária (objetos necessários ou de uso pessoal disponíveis, como: roupas e móveis, inclusive os adequados e especialmente projetados, órtese/prótese, inclusive óculos e lentes de contato ou intraoculares, lupas, bolsa coletora, sonda nasogástrica, nasoenteral ou de gastrostomia, nebulizador, instrumentos e aparelhos/produtos de limpeza, aparelhos e produtos para cuidados e higiene pessoal, fralda descartável, colchão caixa ou casca de ovo, colchão d'água, cama hospitalar, produtos e tecnologias para jogos e brincadeiras, entre outros) – e115					
3. Produtos e tecnologia para mobilidade e transporte pessoal em ambientes internos e externos (objetos necessários para mobilidade, como: cadeira de rodas, cadeira para banho, muletas, andador, bengala e veículos motorizados e não motorizados para transporte de pessoas em terra, água ou ar, inclusive os adequados e especialmente projetados, entre outros) – e120					
4. Produtos e tecnologia para comunicação utilizada pelas pessoas nas atividades de transmissão e recepção de informações (instrumentos disponíveis, como: prótese de voz, aparelhos auditivos e computador, internet, telefone, televisão, rádio, inclusive os adequados e especialmente projetados, entre outros) – e125					
5. Produtos e tecnologia para educação (inclusive aquisição de conhecimento ou habilidade), cultura, lazer e trabalho, inclusive na condição de aprendiz (materiais e produtos, como: livros, brinquedos, materiais educativos, ferramentas, máquinas, equipamentos, mobiliário, *hardwares*, *softwares*, instrumentos musicais, materiais artísticos, recreativos e esportivos, entre outros) – e130 / e135 / e140					
6. Produtos e tecnologia usados em projetos, arquitetura e construção para acesso às instalações de uso público/privado, com segurança física (rampa de acesso, corrimão, piso tátil, elevador sonorizado, placas e sinalizações, inclusive em Braille e de emergência, semáforo sonoro, instalações sanitárias acessíveis, grades, armazenamento seguro de objetos e materiais perigosos, entre outros) – e150 / e155					
7. Produtos ou objetos de intercâmbio econômico (acesso a dinheiro, mercadorias, propriedades e outros valores que o indivíduo ou a família possui ou tem o direito de usar; considerar grau de comprometimento da renda familiar com gastos relacionados à dieta especial, medicação continuada não disponível na rede, tratamento especializado, gastos com cuidadores, entre outros, destinados ao próprio indivíduo ou a outros componentes do grupo familiar) – e165					
Qualificador do domínio e1					

II – CONDIÇÕES DE HABITABILIDADE E MUDANÇAS AMBIENTAIS – e2: Referem-se ao ambiente natural ou físico e aos componentes deste ambiente que foram modificados pelas pessoas, bem como às características das populações humanas desse ambiente. (*)

Indicadores = grau de vulnerabilidade e de risco social (acessibilidade, privacidade da moradia, condição de habitabilidade, insalubridade, periculosidade, precarização do ambiente, violência e outros não especificados).

(Qualifique de 0 a 4 cada unidade de classificação abaixo)	0	1	2	3	4
8. Nível de vulnerabilidade e risco das condições de habitabilidade (quaisquer aspectos climáticos ou evento natural ou de causa humana que configurem barreira para a pessoa com deficiência, tais como: morro, córrego, possível desabamento, inundações ou tempestades, poluição, violência, entre outros) – e210 / e225 / e230 / e235					
9. Situação e condição de habitabilidade (condição de moradia como barreira para a pessoa com deficiência. Considerar se a residência ou instituição é adequada ou de acesso universal, grau de privacidade, se própria, alugada, cedida, de favor, ocupada, acampamento, assentamento, pessoa em situação de rua, se é construção de alvenaria, madeira, taipa, entre outros) – e298 / e299 (**)					
Qualificador do domínio e2					
(*) *Domínio da CIF adaptado para atender aos objetivos do instrumento.* (**) *Unidade de Classificação da CIF adaptada para atender aos objetivos do instrumento.*					

III – APOIO E RELACIONAMENTOS – e3: referem-se à disponibilidade das pessoas ou animais domésticos em fornecer proteção, apoio físico ou emocional. Referem-se também aos relacionamentos com outras pessoas, na casa, na comunidade, escola ou apoio em outros aspectos das suas atividades diárias.

Indicadores = Apoio e relacionamentos insatisfatórios ou inexistentes no âmbito das relações familiares, comunitárias, institucionais e sociais, ou em outros aspectos das suas atividades.

(Qualifique de 0 a 4 cada unidade de classificação abaixo)	0	1	2	3	4
10. Disponibilidade da família em oferecer apoio físico, emocional, afetivo, proteção (segurança) e cuidados – e310/ e315					
11. Disponibilidade de amigos, conhecidos, colegas, vizinhos e membros da comunidade em oferecer apoio físico, emocional, afetivo, proteção (segurança) e cuidados – e320 /e325					
12. Disponibilidade de apoio físico, emocional, afetivo, proteção (segurança) e cuidados de profissionais de saúde, cuidadores e outros profissionais – e340 / e355 / e360					
13. Disponibilidade de animais de estimação que proporcionem apoio físico, emocional, psíquico e terapêutico (cavalos, cachorros, gatos, pássaros, peixes, entre outros) ou animais que auxiliem a mobilidade e transporte pessoal (cão-guia, entre outros) – e350					
14. Condições familiares que interferem na disponibilidade de apoio e relacionamentos (existência de idosos, crianças, pessoas com deficiência, com doença crônica, com dependência química, desempregadas, sobrecarga de cuidadores na família, menor disponibilidade de familiares por residirem distante ou por razões diversas, incluindo compromissos de trabalho) – e398					
Qualificador do domínio e3					

IV – ATITUDES – e4: referem-se às consequências observáveis dos costumes, práticas, ideologias, valores e normas, oriundas de pessoas externas à pessoa cuja situação está sendo avaliada. As atitudes influenciam o comportamento individual e a vida social em todos os níveis, dos relacionamentos interpessoais e sociais, às estruturas políticas, econômicas e legais.

Indicadores = atitudes estigmatizantes, estereotipadas, preconceituosas, discriminatórias, de superproteção e/ou negligentes, que contribuem para segregação da pessoa com deficiência e influenciam no comportamento e nas ações individuais.

(Qualifique de 0 a 4 cada unidade de classificação abaixo)	0	1	2	3	4
15. Situações de preconceito, estigma, estereótipo, discriminação, superproteção, negligência de membros da família – e410 / e415					
16. Situações de preconceito, estigma, estereótipo, discriminação, superproteção, negligência de amigos, conhecidos, colegas, vizinhos, membros ou grupos sociais da comunidade/sociedade – e420 / e425 / e430 / e435 / e440 / e460					
17. Situações de preconceito, estigma, estereótipo, discriminação, superproteção, negligência de cuidadores e assistentes pessoais, profissionais de saúde e de educação, pessoas em posição de autoridade ou subordinadas e outros, inclusive em relação à inserção e permanência no trabalho (no caso de avaliados com 14 anos ou mais) – e450 / e499					
Qualificador do domínio e4					

V – SERVIÇOS, SISTEMAS E POLÍTICAS – e5: referem-se à rede de serviços, sistemas e políticas garantidoras de proteção social.

Indicadores = Não tem acesso ou o acesso disponível não supre suas necessidades, inclusive pela distância e/ou inexistência do serviço na localidade em que vive.

(Qualifique de 0 a 4 cada unidade de classificação abaixo)	0	1	2	3	4
18. Serviços, sistemas e políticas de habitação (existência e acesso a políticas habitacionais que contemplem moradias e entorno com acessibilidade e proximidade de equipamentos e serviços públicos) – e525					
19. Serviços, sistemas e políticas dos serviços públicos (acesso a serviços de abastecimento de água e esgoto, energia elétrica, coleta de lixo, correios, entre outros) – e530					
20. Serviços, sistemas e políticas de comunicação (acesso à transmissão de informações por meio de vários métodos que incluem telefone, fax, correio postal, correio eletrônico e outros) e comunicação em massa (rádio, televisão, serviços de circuito fechado, serviços de reportagens e imprensa, jornais, serviços em Braille, internet, entre outros) – e535 / e560					
21. Serviços, sistemas e políticas de transporte (acesso a transporte coletivo e/ou adaptado e/ou existência e inclusão em programa de livre acesso ao transporte coletivo, de forma a suprir as necessidades) – e540					
22. Serviços, sistemas e políticas de proteção civil (acesso a serviços de emergência e de ambulância e a serviços e programas voltados à segurança das pessoas e da propriedade, tais como bombeiros, polícia, defesa civil, entre outros) – e545					

(Qualifique de 0 a 4 cada unidade de classificação abaixo)	**0**	**1**	**2**	**3**	**4**
23. Serviços, sistemas e políticas legais (acesso a serviços dos órgãos de proteção dos direitos sociais: Fóruns, Tribunais, Ministério Público, Defensoria Pública, Conselho Tutelar, Cartórios, entre outros) – e550					
24. Serviços, sistemas e políticas de apoio social (fornecimento de suporte específico para aqueles que necessitam de apoio para compras, trabalho doméstico, transporte, cuidados com criança, cuidados temporários, cuidado pessoal, entre outros, para que participem plenamente na sociedade) – e575					
25. Serviços, sistemas e políticas de saúde (acesso a hospitais, postos de saúde, programa de saúde da família, exames simples e complexos, procedimentos cirúrgicos, serviços de habilitação e reabilitação, inclusive terapia reabilitatória e estimulação precoce, entre outros, de forma a suprir as necessidades) – e580					
26. Serviços, sistemas e políticas de educação e treinamento (acesso a escolas com educação inclusiva e/ou especializada na comunidade, equipadas com materiais pedagógicos adequados, equipe técnica especializada, acessibilidade, incluindo áreas de apoio que atendam às necessidades específicas da pessoa com deficiência, entre outros) – e585					
27. Serviços, sistemas e políticas relacionados ao trabalho e emprego (acesso ao trabalho na condição de aprendiz, condições de trabalho adequadas, entre outras ações) – e590 (***a partir de 14 anos***)					
28. Serviços, sistemas e políticas de assistência social (o conjunto integrado de programas, serviços e benefícios de iniciativa pública estatal e da sociedade para garantir proteção social às pessoas em situação de vulnerabilidade e risco social, tais como: ações socioassistenciais promovidas pelo PAIF, CRAS, CREAS e outros, disponíveis para suprir as necessidades) – e598.					
Qualificador do domínio e5					

Fatores Ambientais				
e1	**e2**	**e3**	**e4**	**e5**

Qualificador Final de Fatores Ambientais			
	Barreira		

ATIVIDADES E PARTICIPAÇÃO

Qualificadores a serem usados: 0 = **N**enhuma dificuldade (0 a 4%) **1** = Dificuldade **L**eve (5 a 24%) **2** = Dificuldade **M**oderada (25 a 49%) **3** = Dificuldade **G**rave (50 a 95%) **4** = Dificuldade **C**ompleta (96 a 100%)

*Considerar na análise o impacto/influência dos **Fatores Ambientais** (barreiras) e **Pessoais** (gênero, etnia, idade, condição física, estilo de vida, hábitos, nível de instrução, profissão e outros) e na avaliação do **desempenho** para a execução de atividades e participação social, em igualdade de condições com as demais pessoas.*

***Desempenho:** é um qualificador que descreve o que o indivíduo faz (grau de dificuldade) em seu ambiente de vida habitual, entendido como "envolvimento em uma situação vital" ou "a experiência vivida", no contexto real em que vive (a qualificação deve considerar, sobretudo, a frequência e extensão da dificuldade).*

***Atividade:** é a execução de uma tarefa ou ação por um indivíduo. Representa a **perspectiva individual** da funcionalidade.*

***Participação:** é o ato de se envolver em uma situação real de vida. Representa a **perspectiva social** da funcionalidade.*

As **colunas T** e **P**, à direita dos qualificadores de cada domínio, destinam-se à sinalização de **dependência Total ou Parcial de cuidados de terceiros**, sempre que o avaliador julgar pertinente, com vistas a fornecer subsídios para **políticas públicas de cuidados.** Não representam o foco principal da avaliação, que deve estar centrado no desempenho para o exercício de atividades e participação social, conforme o grau de dificuldade estabelecido pelos cortes percentuais acima.

VI – VIDA DOMÉSTICA – d6: refere-se à realização de ações e tarefas domésticas e do dia a dia (limpeza e reparos domésticos, cuidar de objetos pessoais, da casa e ajudar os outros, além de obter um lugar para morar, alimento, vestuário e outras necessidades).
Indicadores = limitação no desempenho para administrar e executar tarefas domésticas, com ou sem auxílio, em igualdade de condições com as demais pessoas.

(Qualifique de 0 a 4 cada unidade de classificação abaixo)	**0**	**1**	**2**	**3**	**4**	**T**	**P**
29. Dificuldade para obter bens e serviços (selecionar, adquirir e transportar bens e produtos para uso doméstico e/ou solicitar instalações e reparos, entre outros serviços), de forma compatível com a faixa etária – d620 (***a partir de 14 anos***)							
30. Dificuldade para preparar e se servir de alimentos e bebidas frias, para si e para os outros (planejar o que será consumido, selecionar ingredientes, preparar e servir o alimento ou bebida), de forma compatível com a faixa etária – d630 (***a partir de 7 anos***)							
(Qualifique de 0 a 4 cada unidade de classificação abaixo)	**0**	**1**	**2**	**3**	**4**	**T**	**P**
31. Dificuldade para planejar, administrar e realizar tarefas domésticas (limpar e arrumar o quarto ou partes da casa, organizar armários e gavetas, utilizar utensílios domésticos, armazenar alimentos, remover o lixo, entre outras atividades), de forma compatível com a faixa etária – d640 (***a partir de 7 anos***)							
32. Dificuldade para cuidar de objetos da casa, de objetos pessoais, de plantas e animais (manter e consertar objetos da casa, objetos pessoais – como roupas e brinquedos, cuidar das plantas, tratar e alimentar animais domésticos, entre outras atividades), de forma compatível com a faixa etária – d650 (***a partir de 12 anos***)							
33. Dificuldade para ajudar os outros (auxiliar os membros da casa e outros na comunicação, no cuidado pessoal, movimento, dentro ou fora da casa; preocupar-se com o bem estar dos membros da casa, entre outros), de forma compatível com a faixa etária – d660 (***a partir de 12 anos***)							
Qualificador do domínio d6							

VII – RELAÇÕES E INTERAÇÕES INTERPESSOAIS – d7: referem-se à realização de ações e condutas necessárias para estabelecer interações pessoais, de maneira contextual e socialmente estabelecida com outras pessoas (estranhos, amigos, familiares e companheiros).
Indicadores = limitação no desempenho para iniciar, manter e terminar relações interpessoais de maneira contextual e socialmente estabelecida, com ou sem auxílio, em igualdade de condições com as demais pessoas.

(Qualifique de 0 a 4 cada unidade de classificação abaixo)	**0**	**1**	**2**	**3**	**4**	**T**	**P**
34. Dificuldade para estabelecer interações pessoais básicas com os outros (com respeito, discernimento, afeto, tolerância, atitude crítica, reações adequadas, contato físico contextual e apropriado; distinguir familiares de estranhos, reagir adequadamente a situações conhecidas e desconhecidas, entre outras), de forma compatível com a faixa etária – d710 (***a partir de 1 ano***)							
35. Dificuldade para estabelecer interações pessoais complexas (iniciar, manter ou terminar relações com outras pessoas, controlando emoções, impulsos, agressões verbais e/ou físicas e agir de forma independente nas interações sociais, conforme as regras sociais; considerar se a autorrepresentação da deficiência dificulta os relacionamentos), de forma compatível com a faixa etária – d720 (***a partir de 7 anos***)							
36. Dificuldade para estabelecer contatos ou ligações temporárias com estranhos (solicitar algo, fazer um agradecimento, formular indagações, perguntar um caminho), de forma compatível com a faixa etária – d730 (***a partir de 3 anos***)							
37. Dificuldade para criar e manter relações específicas em ambientes formais (com professores, funcionários, profissionais ou prestadores de serviços, entre outros), de forma compatível com a faixa etária – d740 (**a partir de 7 anos**)							
38. Dificuldade para iniciar relações informais, como relações casuais com pessoas que vivem na mesma comunidade ou residência, ou com colaboradores, estudantes, companheiros de lazer (amigos, vizinhos, conhecidos, colegas de moradia), de forma compatível com a faixa etária – d750 (***a partir de 3 anos***)							
39. Dificuldade para criar e manter relações de parentesco com membros do núcleo familiar, família adotiva e de criação e parentes distantes, não consanguíneos ou tutores, de forma compatível com a faixa etária – d760 (***a partir de 3 anos***)							
Qualificador do domínio d7							

VIII – ÁREAS PRINCIPAIS DA VIDA – d8: referem-se à realização das tarefas e ações necessárias para participar das atividades de educação e transações econômicas.

Indicadores = limitação no desempenho em participar e realizar tarefas e ações acima mencionadas, com ou sem auxílio, em igualdade de condições com as demais pessoas.

(Qualifique de 0 a 4 cada unidade de classificação abaixo)	0	1	2	3	4	T	P
40. Dificuldade para obter acesso e participar da educação pré-escolar (no lar, maternal, creche, centro educacional infantil), interagindo com demais alunos, professores e funcionários, de forma compatível com a faixa etária. Inclui ir à escola regularmente e interagir com alunos, professores e funcionários – d815 / d816 (***de 6 meses a menor de 6 anos***)							
41. Dificuldade para obter acesso, realizar ou participar de atividades, aprender o conteúdo e cumprir as responsabilidades e exigências do ensino fundamental e médio, de forma compatível com a faixa etária. Inclui ir à escola regularmente, progredir para outros níveis de educação, trabalhar em cooperação com outros alunos e interagir com professores e funcionários – d820 (***a partir de 6 anos***)							
42. Dificuldade para obter acesso, realizar ou participar de atividades, aprender o conteúdo e cumprir responsabilidades e exigências de curso técnico e/ou profissionalizante, de forma compatível com a faixa etária. Inclui ir à escola regularmente, progredir para outros níveis de formação profissional, trabalhar em cooperação com outros alunos e interagir com professores e funcionários – d825 (***a partir de 14 anos***)							
(Qualifique de 0 a 4 cada unidade de classificação abaixo)	**0**	**1**	**2**	**3**	**4**	**T**	**P**
43. Dificuldade para realizar transações econômicas básicas, para efetuar compras, trocar mercadorias ou economizar dinheiro, entre outras, de forma compatível com a faixa etária – d860 (***a partir de 10 anos***)							
44. Dificuldade para se envolver, de forma deliberada e continuada, sozinho ou com outros, em brincadeiras utilizando objetos, brinquedos, materiais ou jogos, recreativos ou pedagógicos, de forma compatível com a faixa etária – d880 (***a partir de 6 meses***)							
Qualificador do domínio d8							

IX – VIDA COMUNITÁRIA, SOCIAL E CÍVICA – d9: referem-se às ações e tarefas necessárias para participar da vida social organizada fora do âmbito familiar, em áreas da vida comunitária, social e cívica.

Indicadores = limitação no desempenho em participar e realizar atividades relacionadas à vida comunitária, social e cívica, com ou sem auxílio, em igualdade de condições com as demais pessoas.

(Qualifique de 0 a 4 cada unidade de classificação abaixo)	0	1	2	3	4	T	P
45. Dificuldade para participar de reuniões comunitárias, cerimônias sociais, associações e grupos sociais em espaços públicos na vizinhança e comunidade (parque, praças e áreas públicas), de forma compatível com a faixa etária – d910 (***a partir de 3 anos***)							
46. Dificuldade para participar de atividades recreativas e de lazer (excursões, trabalhos artesanais, jogos, esportes, cinema, museus, tocar instrumentos musicais, entre outras atividades culturais e de diversão), de forma compatível com a faixa etária – d920 (***a partir de 7 anos***)							
Qualificador do domínio d9							

Solicitação de Informações Sociais – SIS

Solicitação de Visita Técnica

Atividades e Participação			
d6	**d7**	**d8**	**d9**

Qualificador Parcial de Atividades e Participação				
		Dificuldade		

Risco e Proteção Social

☐ **CASO SEJAM OBSERVADOS INDÍCIOS DE RISCO SOCIAL QUE DEMANDEM ACOMPANHAMENTO PRIORITÁRIO** *(violência física e/ou psicológica, abandono familiar, abusos e/ou exploração sexual, crianças e/ou adolescentes fora da escola, exploração de trabalho infantil, entre outros)*, **ASSINALE E DESCREVA ABAIXO PARA POSTERIOR ENCAMINHAMENTO:**

Descreva:

☐ **NA AUSÊNCIA DE PROTEÇÃO SOCIAL, FAMILIAR E/OU COMUNITÁRIA, ENTRE OUTRAS, ASSINALE E DESCREVA ABAIXO, PARA POSTERIOR ENCAMINHAMENTO:**

Descreva:

Avaliação Social

Fatores Ambientais				
e1	e2	e3	e4	e5

Atividades e Participação			
d6	d7	d8	d9

Resultado Parcial

Fatores Ambientais: ☐ **= Barreira** ☐

Qualificador Parcial de Atividades e Participação: ☐ **= Dificuldade** ☐

Observações do avaliador(a):

Profissional avaliador(a):

Local e data	Assistente Social	CRESS

GEX:	
APS:	

AVALIAÇÃO DA PESSOA COM DEFICIÊNCIA PARA ACESSO AO BENEFÍCIO DE PRESTAÇÃO CONTINUADA DA ASSISTÊNCIA SOCIAL – BPC – ESPÉCIE B87

MENOR DE 16 ANOS

GEX: **APS:**

Dados pessoais do avaliado

Requerimento: NB:

Nome do avaliado: Apelido:

Sexo: M ☐ F ☐ Data de Nascimento: Idade: (anos)

NIT: Cart.Identidade: Órgão Emissor: Data emissão:

CPF: CTPS nº: Série: UF:

Escolaridade:

☐ Não alfabetizado

Fundamental: ☐ Completo ☐ Incompleto

Médio: ☐ Completo ☐ Incompleto

Superior: ☐ Incompleto

Outro. Especifique:

Estado Civil:

☐ Solteiro ☐ Casado ☐ União Estável ☐ Divorciado ☐ Separado de fato ☐ Viúvo

Nome do Responsável ou Representante legal:

☐ Mãe / Pai ☐ Tutor ☐ Curador ☐ Procurador Outro. Especifique:

Onde o avaliado vive ?

☐ Residência ☐ Em situação de rua ☐ Instituição

☐ Instituição para cumprimento de medida socioeducativa

☐ Regime de semiliberdade

☐ Regime fechado

Nome da Instituição: CNPJ ou CEI:

Nome do representante:

Endereço Residencial ou Institucional: *(citar pontos de referência)* Bairro:

Cidade: UF: CEP: Tel.:

Endereço para correspondência: Bairro:

Cidade: UF: CEP: Tel.:

AVALIAÇÃO MÉDICO-PERICIAL DA PESSOA COM DEFICIÊNCIA
ESPÉCIE 87 – BPC / LOAS – MENOR DE 16 ANOS

Fase da avaliação

Inicial:		Recursal:		Revisão Administrativa:		Reavaliação Bienal:		Judicial:	

Dados do Avaliado

NIT:		Nome:		CPF:	
NB / Espécie:		Nome da Mãe:		Sexo:	
APS:		Grau de Instrução:		Data Nascimento:	
Data Avaliação Social:		Data. Avaliação Médico Pericial:		Idade:	(Meses / Anos)

Documento do Avaliado

Tipo:		Número:		Complemento:	

Documento do Acompanhante / Responsável pelas informações

Tipo:		Número:		Complemento:	

História Clínica:

Considerar todos os elementos relevantes da história clínica atual e pregressa, que darão subsídios para a avaliação e qualificação dos domínios abaixo relacionados, incluindo relatórios e laudos técnicos, prontuários e resultados de exames complementares, quando houver.

Informações de exames e laudos apresentados:

Exame físico:

Considerar as alterações relevantes observadas ao exame físico, que darão subsídios para a avaliação e qualificação dos domínios abaixo relacionados.

Diagnóstico:

CID PRINCIPAL: (Campo Obrigatório) — **Código:**

CID SECUNDÁRIO(S): (Campo Obrigatório) — **Códigos:**

Não há:

FUNÇÕES DO CORPO

Qualificadores a serem usados: 0 = Nenhuma alteração (0 a 4%) 1 = Alteração Leve (5 a 24%) 2 = Alteração Moderada (25 a 49%) 3 = Alteração Grave (50 a 95%) 4 = Alteração Completa (96 a 100%)

X – FUNÇÕES MENTAIS – b1: referem-se às funções do cérebro, que incluem funções mentais globais, como consciência, energia e impulso, e funções mentais específicas, como memória, linguagem e cálculo.

Indicadores = discriminados nas unidades de classificação abaixo, entre parênteses.

(Qualifique de 0 a 4 as unidades de classificação consideradas para a qualificação final do domínio)	0	1	2	3	4
47. Funções da consciência (vigília, obnubilação, coma, estado vegetativo, estado de alerta, delírio, entre outras), de forma compatível com a faixa etária – b110					
48. Funções de orientação (conhecimento e determinação da relação da pessoa consigo própria, com outras pessoas, objetos, espaço, tempo e/ou ambiente, entre outras), de forma compatível com a faixa etária – b114 (***a partir de 6 meses***)					
49. Funções intelectuais (várias funções mentais integradas, incluindo as funções cognitivas e seu desenvolvimento ao longo da vida. Verificar: deficiência intelectual, transtorno mental, demência, entre outras), de forma compatível com a faixa etária – b117 (***a partir de 6 meses***)					

50. Funções psicossociais globais (habilidades interpessoais necessárias para o estabelecimento de interações sociais recíprocas, em termos de significado e finalidade, adaptabilidade, responsividade, previsibilidade, persistência e acessibilidade, interações interpessoais, entre outras), de forma compatível com a faixa etária – b122, b125 (***a partir de 1 ano***)					
51. Funções do temperamento e personalidade (extroversão, introversão, amabilidade, responsabilidade, estabilidade psíquica e emocional, abertura e busca para novas experiências, otimismo, confiança, confiabilidade, entre outras), de forma compatível com a faixa etária – b126 (***a partir de 5 anos***)					
52. Funções da energia e de impulsos (nível de energia, motivação, apetite, desejo intenso/dependência, controle de impulsos, entre outras), de forma compatível com a faixa etária – b130 (***a partir de 5 anos***)					
53. Funções do sono (início, manutenção, quantidade e qualidade do sono), de forma compatível com a faixa etária – b134					
54. Funções da atenção (concentração, distração e distúrbios da atenção), de forma compatível com a faixa etária – b140 (***a partir de 6 meses***)					
55. Funções da memória (distúrbios da memória recente, remota e amnésica), de forma compatível com a faixa etária – b144 (***a partir de 3 anos***)					
56. Funções psicomotoras (atraso psicomotor, controle e coordenação de partes do corpo, marcha, postura, ecolalia, ecopraxia, excitação, agitação, catatonia, negativismo, ambivalência, convulsão epiléptica, entre outras), de forma compatível com a faixa etária – b147 (***a partir de 3 meses***)					
57. Funções da emoção (funções mentais específicas relacionadas com a adequação, regulação e amplitude da emoção, tristeza, medo, raiva, ódio, tensão, ansiedade, apatia afetiva, labilidade emocional, depressão, entre outras), de forma compatível com a faixa etária – b152 (***a partir de 7 anos***)					
58. Funções da percepção (reconhecimento e interpretação de estímulos sensoriais envolvendo audição, visão, olfato, paladar e/ou tato e posição de objetos em relação a si e ao ambiente, como em alucinações ou ilusões, entre outras), de forma compatível com a faixa etária – b156 (***a partir de 3 meses***)					
59. Funções do pensamento (delírios, obsessões e compulsões, bloqueio, incoerência, fuga de ideias, entre outras), de forma compatível com a faixa etária – b160 (***a partir de 7 anos***)					
60. Funções cognitivas básicas (conhecimento sobre objetos, eventos e experiências, entre outras, e organização/aplicação deste conhecimento em tarefas que requerem atividade mental), de forma compatível com a faixa etária – b163 (***a partir de 3 anos***)					
61. Funções cognitivas superiores (pensamento abstrato, organização de ideias, tomada de decisão, planejamento e execução, julgamento, flexibilidade mental, autoconhecimento, entre outras), de forma compatível com a faixa etária – b164 (***a partir de 10 anos***)					
62. Funções mentais da linguagem (recepção e expressão de linguagem gestual, decodificação e produção de mensagens de gestos feitos pelas mãos e outros movimentos, entre outras), de forma compatível com a faixa etária – b167 (***a partir de 2 anos***)					
63. Funções de cálculo (funções de operações matemáticas simples – adição, subtração, multiplicação e divisão e complexas – procedimentos aritméticos, com fórmulas matemáticas, entre outras), de forma compatível com a faixa etária – b172 (***a partir de 7 anos***)					
64. Funções da experiência pessoal e de tempo (consciência da própria identidade, representação e consciência do corpo, duração e passagem do tempo, entre outras), de forma compatível com a faixa etária – b180 (***a partir de 3 anos***)					
Qualificador do domínio X-b1					
Justifique, caso seja atribuído qualificador "0" a este domínio.	Não foram observadas alterações ou as alterações no domínio como um todo são mínimas (de 0 a 4%).				
	Ausência de elementos de convicção para qualificar.				

XI – FUNÇÕES SENSORIAIS DA VISÃO – b2: referem-se à percepção de luz, tamanho e cor de um estímulo visual.
Indicadores = discriminados nas unidades de classificação abaixo, entre parênteses.

(Qualifique de 0 a 4 as unidades de classificação consideradas para a qualificação final do domínio)	**0**	**1**	**2**	**3**	**4**
65. Funções da visão (qualidade, acuidade, percepção de luz e cor, visão monocular e binocular, miopia, hipermetropia, astigmatismo, hemianopsia, presbiopia, cegueira de cores, visão em túnel, escotoma central e periférico, diplopia, cegueira noturna e adaptabilidade à luz, entre outras), de forma compatível com a faixa etária – b210					
66. Funções das estruturas adjacentes ao olho (funções da acomodação, reflexo pupilar, funções da pálpebra, nistagmo, movimentos voluntários, movimentos de rastreamento, fixação do olho, estrabismo, funções das glândulas e canal lacrimonasal, entre outras), de forma compatível com a faixa etária – b215					
67. Sensações associadas ao olho e estruturas adjacentes (pressão, cansaço, ressecamento, prurido, irritação, queimação, entre outras), de forma compatível com a faixa etária – b220					

Qualificador do domínio XII-b2					
Justifique, caso seja atribuído qualificador "0" a este domínio.		Não foram observadas alterações ou as alterações no domínio como um todo são mínimas (de 0 a 4%).			
		Ausência de elementos de convicção para qualificar.			

XII – FUNÇÕES SENSORIAIS DA AUDIÇÃO – b2: referem-se à percepção de sons e discriminação de localização, intensidade, ruído e qualidade.

Indicadores = discriminados nas unidades de classificação abaixo, entre parênteses.

(Qualifique de 0 a 4 as unidades de classificação consideradas para a qualificação final do domínio)	0	1	2	3	4
68. Funções auditivas (detecção, discriminação e localização do som e da fala, insuficiência e perda da audição, entre outras) de forma compatível com a faixa etária – b230					
69. Funções vestibulares (determinação da posição, equilíbrio e movimentação do corpo, entre outras), de forma compatível com a faixa etária – b235					
70. Sensações associadas à audição e à função vestibular (tontura, sensação de queda, vibração, vertigem, zumbido, irritação e pressão auricular, entre outras), de forma compatível com a faixa etária. – b240					
Qualificador do domínio XII-b2					

Justifique, caso seja atribuído qualificador "0" a este domínio.		Não foram observadas alterações ou as alterações no domínio como um todo são mínimas (de 0 a 4%).
		Ausência de elementos de convicção para qualificar.

XIII – FUNÇÕES SENSORIAIS ADICIONAIS E DOR – b2: referem-se às funções gustativas, olfativas, proprioceptivas, táteis e a sensações relacionadas à temperatura e outros estímulos e sensação de dor.

Indicadores = discriminados nas unidades de classificação abaixo, entre parênteses.

(Qualifique de 0 a 4 as unidades de classificação consideradas para a qualificação final do domínio)	0	1	2	3	4
71. Funções gustativas e olfativas, de forma compatível com a faixa etária – b250 / b255 (***a partir de 1 ano***)					
72. Funções proprioceptivas (percepção da posição relativa de partes do corpo), de forma compatível com a faixa etária – b260 (***a partir de 1 ano***)					
73. Função tátil (anestesia, parestesia, formigamento, hipoestesia, hiperestesia, entre outras) e funções sensoriais relacionadas à temperatura e outros estímulos (sensibilidade à temperatura, vibração, tremor ou oscilação, pressão superficial ou profunda, ardor, entre outras), de forma compatível com a faixa etária – b265 / b270 (***a partir de 6 meses***)					
74. Sensação de dor (dor generalizada ou localizada em uma ou mais parte do corpo, analgesia, hipoalgesia, hiperalgesia, entre outras), de forma compatível com a faixa etária – b280					
Qualificador do domínio XIII-b2					

Justifique, caso seja atribuído qualificador "0" a este domínio.		Não foram observadas alterações ou as alterações no domínio como um todo são mínimas (de 0 a 4%).
		Ausência de elementos de convicção para qualificar.

XIV – FUNÇÕES DA VOZ E DA FALA – b3: referem-se à produção de sons e da fala.
Indicadores = discriminados nas unidades de classificação abaixo, entre parênteses.

(Qualifique de 0 a 4 as unidades de classificação consideradas para a qualificação final do domínio)	0	1	2	3	4
75. Funções da voz (produção e qualidade da voz, disfonia, afonia, rouquidão, hiponasalidade, hipernasalidade, entre outras), de forma compatível com a faixa etária – b310					
76. Funções da articulação (produção de sons da fala, disartria, anartria, articulação de fonemas, entre outras), de forma compatível com a faixa etária – b320 (***a partir de 1 ano***)					
77. Funções da fluência e ritmo da fala (alterações na fluência, gagueira, verborreia, dislalia – taquilalia, bradilalia, entre outras), de forma compatível com a faixa etária – b330 (***a partir de 2 anos***)					
Qualificador do domínio XIV-b3					

Justifique, caso seja atribuído qualificador "0" a este domínio.		
		Não foram observadas alterações ou as alterações no domínio como um todo são mínimas (de 0 a 4%).
		Ausência de elementos de convicção para qualificar.

XV – FUNÇÕES DO SISTEMA CARDIOVASCULAR – b4: referem-se às funções do coração, vasos sanguíneos e pressão sanguínea.
Indicadores = discriminados nas unidades de classificação abaixo, entre parênteses.

(Qualifique de 0 a 4 as unidades de classificação consideradas para a qualificação final do domínio)	0	1	2	3	4
78. Funções do coração (ritmo, frequência, contratilidade, insuficiência, isquemia, bloqueio, valvulopatias, miocardiopatias, entre outras), de forma compatível com a faixa etária – b410					
79. Funções dos vasos sanguíneos (valvulares, arteriais, venosas e capilares), de forma compatível com a faixa etária – b415					
80. Funções da pressão sanguínea (hipotensão, hipertensão), de forma compatível com a faixa etária – b420					
Qualificador do domínio XV-b4					

Justifique, caso seja atribuído qualificador "0" a este domínio.		
		Não foram observadas alterações ou as alterações no domínio como um todo são mínimas (de 0 a 4%).
		Ausência de elementos de convicção para qualificar.

XVI – FUNÇÕES DO SISTEMA HEMATOLÓGICO – b4: referem-se à produção de sangue, transporte de oxigênio e metabólitos e à coagulação.
Indicadores = discriminados nas unidades de classificação abaixo, entre parênteses.

(Qualifique de 0 a 4 as unidades de classificação consideradas para a qualificação final do domínio)	0	1	2	3	4
81. Funções da produção de sangue, da medula óssea, do baço, do transporte de oxigênio e metabólitos (anemias, linfomas, leucemias, mielodisplasias, aplasia medular, mieloma múltiplo, trombastenia, hemoglobinúrias, doença falciforme, talassemias, coagulopatias, entre outras), de forma compatível com a faixa etária – b430					
Qualificador do domínio XVI-b4					

Justifique, caso seja atribuído qualificador "0" a este domínio.		
		Não foram observadas alterações ou as alterações no domínio como um todo são mínimas (de 0 a 4%).
		Ausência de elementos de convicção para qualificar.

XVII – FUNÇÕES DO SISTEMA IMUNOLÓGICO – b4: referem-se à imunidade celular e humoral e alterações na função do sistema linfático.
Indicadores = discriminados nas unidades de classificação abaixo, entre parênteses.

(Qualifique de 0 a 4 as unidades de classificação consideradas para a qualificação final do domínio)	0	1	2	3	4
82. Funções do sistema imunológico (alterações imunológicas mediadas por células ou por anticorpos, doença autoimune, imunossupressão medicamentosa e/ou em decorrência de outras morbidades, incluindo câncer, reações alérgicas, respostas a imunizações, alterações no sistema linfático, linfadenites, linfedema, entre outras), de forma compatível com a faixa etária – b435					

Qualificador do domínio XVII-b4		
Justifique, caso seja atribuído qualificador "0" a este domínio.		Não foram observadas alterações ou as alterações no domínio como um todo são mínimas (de 0 a 4%).
		Ausência de elementos de convicção para qualificar.

XVIII – FUNÇÕES DO SISTEMA RESPIRATÓRIO – b4: referem-se à frequência, ritmo e profundidade da respiração e às funções dos músculos respiratórios.

Indicadores = discriminados nas unidades de classificação abaixo, entre parênteses.

(Qualifique de 0 a 4 as unidades de classificação consideradas para a qualificação final do domínio)	0	1	2	3	4
83. Funções respiratórias – frequência, ritmo, profundidade e dificuldades (dispneia, taquipneia, respiração irregular, espasmo brônquico, enfisema pulmonar, entre outras), de forma compatível com a faixa etária – b440					
Qualificador do domínio XVIII-b4					

Justifique, caso seja atribuído qualificador "0" a este domínio.		
		Não foram observadas alterações ou as alterações no domínio como um todo são mínimas (de 0 a 4%).
		Ausência de elementos de convicção para qualificar.

XIX – FUNÇÕES DO SISTEMA DIGESTIVO – b5: referem-se à ingestão, digestão e eliminação de substâncias líquidas e sólidas.

Indicadores = discriminados nas unidades de classificação abaixo, entre parênteses.

(Qualifique de 0 a 4 as unidades de classificação consideradas para a qualificação final do domínio)	0	1	2	3	4
84. Funções de ingestão (sucção, mordedura, mastigação, mobilização de alimentos na boca, salivação, deglutição, regurgitação, vômito, entre outras), de forma compatível com a faixa etária – b510					
85. Funções digestivas (peristalse, degradação dos alimentos, absorção dos nutrientes, tolerância aos alimentos, entre outras), de forma compatível com a faixa etária – b515					
86. Funções da defecação (consistência, frequência e continência fecal, flatulência, entre outras), de forma compatível com a faixa etária – b525					
87. Funções de manutenção de peso (baixo peso, caquexia, emaciação, obesidade, entre outras), de forma compatível com a faixa etária – b530					
Qualificador do domínio XIX-b5					

Justifique, caso seja atribuído qualificador "0" a este domínio.		
		Não foram observadas alterações ou as alterações no domínio como um todo são mínimas (de 0 a 4%).
		Ausência de elementos de convicção para qualificar.

XX – FUNÇÕES DOS SISTEMAS METABÓLICO E ENDÓCRINO – b5: referem-se às funções metabólicas gerais e das glândulas endócrinas, inclusive as associadas à puberdade.

Indicadores = discriminados nas unidades de classificação abaixo, entre parênteses.

(Qualifique de 0 a 4 as unidades de classificação consideradas para a qualificação final do domínio)	0	1	2	3	4
88. Funções metabólicas gerais (metabolismo basal, metabolismo de carboidratos, de proteínas ou gorduras, incluindo lipodistrofia, entre outras), de forma compatível com a faixa etária – b540					
89. Funções de equilíbrio hídrico, mineral e eletrolítico, de forma compatível com a faixa etária – b545					
90. Funções das glândulas endócrinas, inclusive as associadas à puberdade (hipo ou hiperpituitarismo, hipo ou hipertireoidismo, hipo ou hiperparatireoidismo, hipo ou hipergonadismo, nanismo, gigantismo, entre outras), de forma compatível com a faixa etária – b555 / b560					
Qualificador do domínio XX-b5					

Justifique, caso seja atribuído qualificador "0" a este domínio.		
		Não foram observadas alterações ou as alterações no domínio como um todo são mínimas (de 0 a 4%).
		Ausência de elementos de convicção para qualificar.

XXI – FUNÇÕES GENITURINÁRIAS E REPRODUTIVAS – b6: referem-se às funções urinárias e reprodutivas, incluindo funções sexuais e de procriação.
Indicadores = discriminados nas unidades de classificação abaixo, entre parênteses.

(Qualifique de 0 a 4 as unidades de classificação consideradas para a qualificação final do domínio)	0	1	2	3	4
91. Funções relacionadas à filtração ou eliminação da urina (insuficiência renal, anúria, oligúria, hidronefrose, bexiga hipotônica, obstrução do ureter, entre outras), de forma compatível com a faixa etária – b610					
92. Funções urinárias (frequência de micção, continência, urgência, retenção, fluxo excessivo, poliúria, entre outras), de forma compatível com a faixa etária – b620					
93. Função reprodutiva (funções sexuais, funções da menstruação, incluindo endometriose, funções de procriação, entre outras), de forma compatível com a faixa etária – b640 / b650 / b660					
Qualificador do domínio XXI-b6					

Justifique, caso seja atribuído qualificador "0" a este domínio.		Não foram observadas alterações ou as alterações no domínio como um todo são mínimas (de 0 a 4%).
		Ausência de elementos de convicção para qualificar.

XXII – FUNÇÕES NEUROMUSCULOESQUELÉTICAS E RELACIONADAS AO MOVIMENTO – b7: referem-se à mobilidade, funções das articulações, ossos, reflexos e músculos.
Indicadores = discriminados nas unidades de classificação abaixo, entre parênteses.

(Qualifique de 0 a 4 as unidades de classificação consideradas para a qualificação final do domínio)	0	1	2	3	4
94. Funções das articulações e/ou dos ossos (mobilidade das articulações e dos ossos), de forma compatível com a faixa etária – b710 / b715 / b720					
95. Funções musculares (relacionadas à força, ao tônus e à resistência muscular), de forma compatível com a faixa etária – b730 / b735 / b740					
96. Funções dos movimentos (relacionadas aos reflexos motores e dos movimentos involuntários, controle voluntário e involuntário), de forma compatível com a faixa etária – b750 / b755 / b760 / b761 / b765					
97. Funções relacionadas ao padrão da marcha (deficiências como marcha espástica, hemiplégica, paraplégica, entre outras), de forma compatível com a faixa etária – b770					
Qualificador do domínio XXII-b7					

Justifique, caso seja atribuído qualificador "0" a este domínio.		Não foram observadas alterações ou as alterações no domínio como um todo são mínimas (de 0 a 4%).
		Ausência de elementos de convicção para qualificar.

XXIII – FUNÇÕES DA PELE E ESTRUTURAS RELACIONADAS – b8: referem-se a funções da pele e seus anexos (pelos, cabelos e unhas).
Indicadores = discriminados nas unidades de classificação abaixo, entre parênteses.

(Qualifique de 0 a 4 as unidades de classificação consideradas para a qualificação final do domínio)	0	1	2	3	4
98. Funções protetoras, reparadoras e outras funções da pele e fâneros (pênfigo, psoríase, hanseníase, neurofibromatose, dermatite de contato, albinismo, vitiligo, escalpelamento, queimaduras, entre outras), de forma compatível com a faixa etária – b810 / b820 / b830 / b840 / b850					
Qualificador do domínio XXIII-b8					

Justifique, caso seja atribuído qualificador "0" a este domínio.		Não foram observadas alterações ou as alterações no domínio como um todo são mínimas (de 0 a 4%).
		Ausência de elementos de convicção para qualificar.

X-b1	XI-b2	XII-b2	XIII-b2	XIV-b3	XV-b4	XVI-b4	XVII-b4	XVIII-b4	XIX-b5	XX-b5	XXI-b6	XXII-b7	XXIII-b8

b1	b2	b3	b4	b5	b6	b7	b8

Qualificador Final de Funções do Corpo					
		Alteração			

Estrutura e Prognóstico

EXISTEM ALTERAÇÕES NA ESTRUTURA DO CORPO QUE CONFIGURAM MAIORES LIMITAÇÕES E RESTRIÇÕES AO AVALIADO DO QUE AS ALTERAÇÕES OBSERVADAS EM FUNÇÕES DO CORPO?

☐ **Não**

☐ **Sim** *A resposta afirmativa a este quesito implicará a elevação do qualificador final de Funções do Corpo em um nível (de N para L, de L para M, de M para G, de G para C e C permanece como C).*

Assinale abaixo a(s) Estrutura(s) do Corpo que configura(m) tal condição:

Estruturas do sistema nervoso		Estruturas do sistema respiratório	
Estruturas do olho		Estruturas do sistema digestivo	
Estruturas do ouvido		Estruturas do sistema metabólico e endócrino	
Estruturas relacionadas à voz e à fala		Estruturas do sistema geniturinário e reprodutivo	
Estruturas do sistema cardiovascular		Estruturas relacionadas ao movimento	
Estruturas do sistema imunológico		Pele e estruturas relacionadas	

Descreva, caso já não o tenha feito na história clínica ou no exame físico:

AS ALTERAÇÕES OBSERVADAS EM FUNÇÕES E/OU ESTRUTURAS DO CORPO CONFIGURAM PROGNÓSTICO DESFAVORÁVEL?

A resposta afirmativa a este quesito implicará a elevação do qualificador final de Funções do Corpo em um nível (de N para L, de L para M, de M para G, de G para C e C permanece como C), de forma não cumulativa, caso já tenha havido elevação pelo quesito anterior.

☐ Não

☐ Não é possível prognosticar

☐ Sim. Descreva, caso já não o tenha feito na história clínica ou no exame físico:

CONSIDERANDO OS ASPECTOS AVALIADOS, TRATA-SE DE IMPEDIMENTO DE LONGO PRAZO?
(Considera-se impedimento de longo prazo aquele no qual as alterações em Funções e/ou Estruturas do Corpo produzam efeitos pelo prazo mínimo de 2 (dois) anos.

Considerar também o tempo pregresso já vivenciado com tal quadro, as possibilidades de acesso ao tratamento necessário e a participação plena e efetiva na sociedade em igualdade de condições com as demais pessoas).

( )Sim
( )Não
( )Não é possível prever, mas os efeitos podem se estender por dois anos ou mais. Neste caso, justifique:

‣ *(Redação dada pela Portaria Conjunta/MC/MTP/INSS 14/2021)*

ATIVIDADES E PARTICIPAÇÃO

Qualificadores a serem usados: 0 = Nenhuma dificuldade (0 a 4%) 1 = Dificuldade Leve (5 a 24%) 2 = Dificuldade Moderada (25 a 49%) 3 = Dificuldade Grave (50 a 95%) 4 = Dificuldade Completa (96 a 100%)

*Considerar na análise o impacto/influência dos **Fatores Ambientais** (barreiras) e **Pessoais** (gênero, etnia, idade, condição física, estilo de vida, hábitos, nível de instrução, profissão e outros) e na avaliação do **desempenho** para a execução de atividades e participação social, em igualdade de condições com as demais pessoas.*

***Desempenho:** é um qualificador que descreve o que o indivíduo faz (grau de dificuldade) em seu ambiente de vida habitual, entendido como "envolvimento em uma situação vital" ou "a experiência vivida", no contexto real em que vive (a qualificação deve considerar, sobretudo, a frequência e extensão da dificuldade).*

***Atividade:** é a execução de uma tarefa ou ação por um indivíduo. Representa a **perspectiva individual** da funcionalidade.*

***Participação**: é o ato de se envolver em uma situação real de vida. Representa a **perspectiva social** da funcionalidade.*

As colunas **T** e **P**, à direita dos qualificadores de cada domínio, destinam-se à sinalização de **dependência Total ou Parcial de cuidados de terceiros**, sempre que o avaliador julgar pertinente, com vistas a fornecer subsídios para **políticas públicas de cuidados.** Não representam o foco principal da avaliação, que deve estar centrado no desempenho para o exercício de atividades e participação social, conforme o grau de dificuldade estabelecido pelos cortes percentuais acima.

XXVI – APRENDIZAGEM E APLICAÇÃO DE CONHECIMENTO – d1: referem-se ao desempenho em aprender, aplicar o conhecimento aprendido, pensar, resolver problemas e tomar decisões.
Indicadores = limitação no desempenho para aprender e aplicar o conhecimento aprendido, com ou sem auxílio, em igualdade de condições com as demais pessoas.

(Qualifique de 0 a 4 cada unidade de classificação abaixo)	**0**	**1**	**2**	**3**	**4**	**T**	**P**
99. Dificuldade para utilizar intencionalmente o sentido da visão (seguir objeto visualmente, observar pessoas, assistir a evento esportivo, observar pessoas ou crianças brincando, entre outras), de forma compatível com a faixa etária – d110 (***a partir de 1 ano***)							
100. Dificuldade para utilizar intencionalmente o sentido da audição (ouvir rádio, música, voz humana, entre outras) de forma compatível com a faixa etária – d115 (***a partir de 6 meses***)							
101. Dificuldade em percepções sensoriais intencionais de tato, paladar e olfato (tocar, sentir texturas, explorar com a boca e nariz objetos, comida e bebida, entre outras), de forma compatível com a faixa etária – d120 (***a partir de 6 meses***)							
102. Dificuldade para imitar ou copiar algo que configure aprendizagem básica (imitar, aprender brincando, copiar um gesto, som ou letras, jogos simbólicos ou "faz de conta", entre outras situações simples), de forma compatível com a faixa etária – d130 / d131 (***a partir de 6 meses***)							
103. Dificuldade para adquirir linguagem para representar pessoas, objetos, eventos, acontecimentos, sentimentos, por meio de palavras, símbolos, expressões, frases ou gestos, de forma compatível com a faixa etária – d133 / d134 (***a partir de 2 anos***)							
104. Dificuldade para adquirir conceitos sobre tamanho, forma, quantidade, comprimento, igual/diferente, grande/pequeno, esquerdo/direito, de forma compatível com a faixa etária – d137 (***a partir de 3 anos***)							
105. Dificuldade para aprender a ler e utilizar esse conhecimento (ler, compreendendo o significado de vocábulos, frases e textos, inclusive em Braille, quando for o caso), de forma compatível com a faixa etária – d140 / d166 (***a partir de 6 anos***)							

106. Dificuldade para aprender a escrever e utilizar esse conhecimento (escrever, compreendendo o significado de vocábulos, frases e textos, inclusive em Braille, quando for o caso), de forma compatível com a faixa etária – d145 / d170 (***a partir de 6 anos***)							
107. Dificuldade para aprender a calcular e aplicar esse conhecimento (calcular, compreendendo o significado de símbolos e operações matemáticas), de forma compatível com a faixa etária – d150 / d172 (***a partir de 6 anos***)							
108. Dificuldade para adquirir e executar habilidades básicas (usar talheres, lápis, entre outras) e complexas (jogos, esportes, utilizar ferramentas, relógio, entre outras), de forma compatível com a faixa etária – d155 (***a partir de 2 anos***)							
109. Dificuldade para concentrar a atenção, encontrar solução para problemas simples e complexos e tomar decisões, de forma compatível com a faixa etária – d160 / d175 / d177 (***a partir de 7 anos***)							
Qualificador do domínio d1							

XXVII – TAREFAS E DEMANDAS GERAIS – d2: referem-se aos aspectos gerais da execução de uma única tarefa ou de várias tarefas, organização de rotinas e superação do estresse.

Indicadores = limitação no desempenho para a execução de tarefa(s), organização de rotinas e superação do estresse, com ou sem auxílio, em igualdade de condições com as demais pessoas.

(Qualifique de 0 a 4 cada unidade de classificação abaixo)	**0**	**1**	**2**	**3**	**4**	**T**	**P**
110. Dificuldade para realizar uma única tarefa ou atender a um único comando (preensão palmar voluntária, pegar voluntariamente um objeto, entre outras), de forma compatível com a faixa etária – d210 (***a partir de 6 meses***)							
111. Dificuldade para realizar tarefas múltiplas, atender a comandos múltiplos, realizar a rotina diária, de forma independente ou a comando de outros, de forma compatível com a faixa etária – d220/ d230 (***a partir de 7 anos***)							
112. Dificuldade para gerenciar o próprio comportamento e emoções frente a determinadas demandas, de forma coerente e compatível com a faixa etária (considerar se a autorrepresentação da deficiência aumenta essa dificuldade) – d250 (***a partir de 7 anos***)							
Qualificador do domínio d2							

XXVIII – COMUNICAÇÃO – d3: refere-se às características gerais e específicas da comunicação, por meio da linguagem, sinais e símbolos, incluindo a recepção e produção de mensagens, manutenção da conversação e utilização de dispositivos e técnicas de comunicação.

Indicadores = limitação no desempenho para se comunicar (entender e se fazer entender), em igualdade de condições com as demais pessoas.

(Qualifique de 0 a 4 cada unidade de classificação abaixo)	**0**	**1**	**2**	**3**	**4**	**T**	**P**
113. Dificuldade na recepção de mensagens orais (compreender o significado de uma frase), de forma compatível com a faixa etária – d310 (***a partir de 1 ano***)							
114. Dificuldade na recepção de mensagens não verbais (compreender mensagens transmitidas por gestos, símbolos, fotos, desenhos e expressões faciais, leitura labial), de forma compatível com a faixa etária – d315 (***a partir de 2 anos***)							
115. Dificuldade na recepção e compreensão de mensagens na Língua Brasileira de Sinais (LIBRAS), de forma compatível com a faixa etária – d320 (***a partir de 7 anos***) *							
116. Dificuldade na recepção e compreensão de mensagens escritas ou mensagens em Braille (revistas, livros, jornais e outros), de forma compatível com a faixa etária – d325 (***a partir de 7 anos***)							
117. Dificuldade na fala (produção de sílabas, palavras, frases ou mensagens compreensíveis), de forma compatível com a faixa etária – d330 (***a partir de 1 ano***)							
118. Dificuldade na produção de mensagens não verbais (usar gestos, símbolos ou desenhos para se comunicar), de forma compatível com a faixa etária – d335 (***a partir de 1 ano***)							
119. Dificuldade na produção de mensagens na Língua Brasileira de Sinais (LIBRAS), de forma compatível com a faixa etária – d340 (***a partir de 7 anos***) *							
120. Dificuldade na conversação (iniciar, manter e finalizar uma troca de pensamentos e ideias, usando qualquer forma de linguagem), de forma compatível com a faixa etária – d350 (***a partir de 3 anos***)							

Qualificador do domínio d3							
** Avaliar nas unidades de classificação de nos 115 e 119 o grau de dificuldade para se comunicar utilizando a Língua Brasileira de Sinais – LIBRAS. Para uma pessoa sem surdez, que não domina o idioma, a dificuldade é máxima (4), porém não impacta em nada o qualificador final do domínio "Comunicação", a menos que no seu dia a dia mantenha contato com pessoas com deficiência auditiva, situação que poderá configurar certo grau de dificuldade para comunicação com as mesmas. Pessoa surda, com total domínio de LIBRAS, terá o qualificador zero (nenhuma dificuldade para receber, compreender e produzir mensagens) nas unidades de classificação correspondentes, mas o qualificador final do domínio "COMUNICAÇÃO" jamais poderá ser zero (0), pois a maioria de seus interlocutores na sociedade não se comunica em LIBRAS, configurando uma dificuldade final moderada ou grave, na dependência dos demais fatores envolvidos na comunicação como um todo. Intérprete de LIBRAS terá também o qualificador zero (nenhuma dificuldade para receber, compreender e produzir mensagens) nas unidades de classificação correspondentes, mas o qualificador final de "COMUNICAÇÃO" poderá também ser zero, por não depender exclusivamente da LIBRAS para se comunicar com as demais pessoas.*							

XXIX – MOBILIDADE – d4: refere-se ao movimento de mudar o corpo de posição ou de lugar, carregar, mover ou manipular objetos, ao andar ou deslocar-se.

Indicadores = limitação no desempenho para se mobilizar ou mobilizar objetos, com ou sem auxílio, em igualdade de condições com as demais pessoas.

(Qualifique de 0 a 4 cada unidade de classificação abaixo)	0	1	2	3	4	T	P
121. Dificuldade para mudar a posição básica do corpo (levantar, ajoelhar, agachar, deitar e/ ou rolar), de forma compatível com a faixa etária – d410 (***a partir de 6 meses***)							
122. Dificuldade para se mover na mesma superfície ou de uma superfície para outra, sem mudar a posição do corpo (ex. de deitado para deitado, de sentado para sentado), de forma compatível com a faixa etária – d420 (***a partir de 3 anos***)							
123. Dificuldade para manusear, mover, deslocar e/ou carregar brinquedos ou objetos, realizando movimentos finos, de forma compatível com a faixa etária – d430/ d435/ d440/ d445 (***a partir de 6 meses***)							
124. Dificuldade para andar (mover-se a pé, por curtas ou longas distâncias, sem auxílio de pessoas, equipamentos ou dispositivos), de forma compatível com a faixa etária – d450 (***a partir de 2 anos***)							
125. Dificuldade para se deslocar utilizando equipamento ou dispositivo específico para facilitar a movimentação (andador, cadeira de rodas, muletas, bengala e outros), de forma compatível com faixa etária – d465 (***a partir de 3 anos***)							
Qualificador do domínio d4							

XXX – CUIDADO PESSOAL – d5: refere-se ao cuidado pessoal como lavar-se e secar-se, cuidar do próprio corpo e de parte do corpo, vestir-se, comer, beber e cuidar da própria saúde.

Indicadores = limitação no desempenho para cuidar de si próprio, em igualdade de condições com as demais pessoas.

(Qualifique de 0 a 4 cada unidade de classificação abaixo)	0	1	2	3	4	T	P
126. Dificuldade nos cuidados com o próprio corpo (lavar, secar, cuidar das mãos, dentes, unhas, nariz, cabelos e/ou higiene após excreção, com supervisão ou não), de forma compatível com a faixa etária – d510/ d520/ d530 (***a partir de 5 anos***)							
127. Dificuldade para se vestir (colocar, tirar e escolher roupas e calçados apropriados), de forma compatível com a faixa etária – d540 (***a partir de 3 anos***)							
128. Dificuldade para coordenar os gestos para comer, beber alimentos e bebidas servidos, sem auxílio, de forma compatível com a faixa etária – d550/ d560 (***a partir de 3 anos***)							
129. Dificuldade para evitar exposição a riscos ou situações perigosas, incluindo abusos e violência, de forma compatível com a faixa etária – d571 (***a partir de* 7 anos**)							
Qualificador do domínio d5							

Solicitação de Informações ao Médico Assistente – SIMA	

Solicitação de Visita Técnica	

Atividades e Participação				
d5	d6	d7	d8	d9

Qualificador Parcial de Atividades e Participação				
		Dificuldade		

Causa da Deficiência

☐ **Congênita** ☐ **Complicações no parto** ☐ **Doença** ☐ **Dependência química** ☐ **Violência**

☐ **Acidente de Trabalho / Doença Ocupacional ou Relacionada ao Trabalho(*)**

☐ **Acidente de Trânsito** ☐ **Acidente de outra natureza** ☐ **Ignorada**

☐ **Outra causa. Especifique:** ______________________

(*) *Inclusive na condição de aprendiz ou estagiário.*

Risco Social

☐ **CASO SEJAM OBSERVADOS INDÍCIOS DE RISCO SOCIAL QUE DEMANDEM ACOMPANHAMENTO PRIORITÁRIO** *(violência física e/ou psicológica; abandono familiar; abusos e/ou exploração sexual; crianças e/ou adolescentes fora da escola; exploração de trabalho infantil; ausência de proteção social, familiar e/ou comunitária, entre outros)*, **ASSINALE E DESCREVA ABAIXO, PARA POSTERIOR ENCAMINHAMENTO PELO ASSISTENTE SOCIAL:**

Descreva:

Avaliação Médico-pericial

Funções do Corpo							
b1	b2	b3	b4	b5	b6	b7	b8

Atividades e Participação				
d1	d2	d3	d4	d5

Resultado Parcial

Funções do Corpo: ☐ **= Alteração** ☐

Qualificador Parcial de Atividades e Participação: ☐ **= Dificuldade** ☐

Observações do avaliador(a):

Profissional avaliador(a):

Local e data	Perito Médico	CRM

GEX:	
APS:	

CONCLUSÃO DA AVALIAÇÃO SOCIAL E MÉDICO-PERICIAL DA PESSOA COM DEFICIÊNCIA
ESPÉCIE 87 – BPC / LOAS – MENOR DE 16 ANOS

Dados do Avaliado

NIT:		Nome:		CPF:	
NB / Espécie:		Nome da Mãe:		Sexo:	
APS:		Grau de Instrução:		Data Nascimento:	
Data Avaliação Social:		Data. Avaliação Médico Pericial:		Idade:	(Meses / Anos)

Avaliação Social e Médico Pericial

Fatores Ambientais				
e1	e2	e3	e4	e5

Atividades e Participação								
d1	d2	d3	d4	d5	d6	d7	d8	d9

Funções do Corpo							
b1	b2	b3	b4	b5	b6	b7	b8

☐ Resposta afirmativa no quesito sobre Estrutura do Corpo e/ou no quesito sobre Prognóstico Desfavorável.

☐ Resposta afirmativa no quesito sobre possibilidade de resolução das alterações em Funções e/ou Estruturas do Corpo em menos de dois anos.

Resultado Final		
Fatores Ambientais	**Atividades e Participação**	**Funções do Corpo**
☐ Barreira ☐	☐ Dificuldade ☐	☐ Alteração ☐

Decisão da Avaliação Social e Médico-pericial

☐ O avaliado preenche os requisitos estabelecidos pelo Art. 20, §§ 2º e 10, da Lei nº 8.742/1993, que define pessoa com deficiência para fins de acesso ao Benefício de Prestação Continuada da Assistência Social – BPC.

☐ O avaliado não preenche os requisitos estabelecidos pelo Art. 20, §§ 2º e 10, da Lei nº 8.742/1993, que define pessoa com deficiência para fins de acesso ao Benefício de Prestação Continuada da Assistência Social – BPC.

Profissionais avaliadores

Assistente Social	CRESS	Perito Médico	CRM

GEX:
APS:

ANEXO III
PORTARIA CONJUNTA MDS/INSS Nº 2, DE 30 DE MARÇO DE 2015.

(Publicada no DOU nº 67, Seção 1, de 9 de abril de 2015)

CONCEITOS E CRITÉRIOS DAS AVALIAÇÕES SOCIAL E MÉDICO-PERICIAL

A avaliação da pessoa com deficiência para acesso ao Benefício de Prestação Continuada da Assistência Social – BPC deve se pautar: nos princípios da Classificação Internacional de Funcionalidade, Incapacidade e Saúde, estabelecida pela Resolução da Organização Mundial da Saúde nº 54.21 e aprovada pela 54ª Assembleia Mundial da Saúde, em 22 de maio de 2001, doravante denominada "CIF"; nos princípios da Convenção sobre os Direitos das Pessoas com Deficiência e seu Protocolo Facultativo assinado pelo Brasil em 30 de março de 2007, aprovados pelo Decreto Legislativo nº 186, de 9 de julho de 2008 e promulgados pelo Decreto nº 6.949, de

25 de agosto de 2009, com equivalência de emenda constitucional, doravante denominada "Convenção da ONU"; no estabelecido pela Lei 8.742 de 7 de dezembro de 1993 e pelo Decreto 6.214, de 26 de setembro de 2007 e respectivas alterações.

Em que pesem as divergências de tradução para a língua portuguesa de termos comuns aos dois documentos internacionais acima mencionados, os atuais instrumentos de avaliação de pessoas com deficiência para acesso ao BPC buscaram compatibilizar as definições comuns e adequar as definições específicas, conforme se seguem:

I – funções do corpo: são as funções fisiológicas dos sistemas corporais, incluindo as funções psicológicas;

II – estruturas do corpo: são as partes estruturais ou anatômicas do corpo, tais como, órgãos, membros e seus componentes, classificados de acordo com os sistemas corporais;

III – deficiências (segundo a CIF e "Impedimentos" segundo a Convenção da ONU): são problemas nas funções ou nas estruturas do corpo, tais como, um desvio significativo ou uma perda (doravante tratadas pelos instrumentos de avaliação como "alterações de funções e/ou estruturas do corpo");

IV – atividade: é a execução de uma tarefa ou ação por um indivíduo, numa perspectiva individual da funcionalidade;

V – limitações de atividades: são dificuldades que um indivíduo pode encontrar na execução de atividades;

VI – participação: é o envolvimento de um indivíduo numa situação de vida real, numa perspectiva social da funcionalidade;

VII – restrições da participação: são problemas que um indivíduo pode enfrentar quando está envolvido em situações da vida real;

VIII – capacidade: descreve a habilidade de um indivíduo executar uma tarefa ou ação, com o mais alto nível de funcionalidade provável, em um ambiente considerado uniforme ou padrão;

IX – desempenho: descreve o que o indivíduo faz em seu ambiente de vida habitual, entendido como envolvimento em uma situação de vida ou experiência vivida, no contexto real em que vive.

A comparação das avaliações de capacidade e de desempenho evidencia o que pode ser modificado no ambiente para melhorar o desempenho de um indivíduo.

X – funcionalidade: é um termo genérico envolvendo as funções do corpo, estruturas do corpo, assim como as atividades e participação, indicando os aspectos positivos da interação entre um indivíduo, com uma condição de saúde, e seus fatores contextuais (ambientais e pessoais);

XI – incapacidade (segundo a CIF e "Deficiência" segundo a Convenção da ONU): é um termo genérico envolvendo alterações nas funções ou nas estruturas do corpo, limitação de atividades e restrição da participação, indicando os aspectos negativos da interação entre um indivíduo, com uma condição de saúde, e seus fatores ambientais e pessoais (doravante o termo adotado pelos instrumentos de avaliação será "Deficiência") ;

XII – fatores pessoais: representam o histórico particular da vida e estilo de vida de um indivíduo e englobam características próprias que não são parte de uma condição de saúde ou de um estado de saúde, os quais embora não classificados na CIF, podem influenciar os resultados das várias intervenções;

XIII – fatores ambientais: constituem o ambiente físico, social e atitudinal no qual as pessoas vivem e conduzem sua vida, são externos ao indivíduo e podem atuar como facilitadores ou barreiras sobre a função e/ou estrutura de seu corpo e sobre seu desempenho e/ou capacidade para executar ações ou tarefas.

Os princípios enumerados acima estão contemplados na definição de Pessoa com Deficiência constante da Convenção da ONU, da Lei 8.742/1993 e do Decreto 6.214/2007 e respectivas atualizações.

O reconhecimento de pessoas com deficiência para acesso ao BPC, nos termos da CIF e da Convenção da ONU, deve ser efetuado com base nas diferentes dimensões de saúde, sob a perspectiva biológica, individual e social e na relação entre o estado ou condição de saúde do indivíduo e fatores pessoais e externos, que representam as circunstâncias em que vive.

Esse reconhecimento é efetuado através dos instrumentos de avaliação atualizados pela presente Portaria, destinados à avaliação social e médico-pericial, com base na codificação e qualificação dos componentes e domínios propostos pela CIF. Cada componente acima referido é composto de vários domínios, que são conjuntos práticos e significativos de funções relacionadas à fisiologia, estruturas anatômicas, ações, tarefas ou áreas da vidas. Cada domínio, por sua vez, é composto por categorias denominadas unidades de classificação.

A estrutura do instrumento de avaliação é composta pelos seguintes componentes Fatores Ambientais, Atividades e Participação e Funções do Corpo, sendo que Atividades e Participação são avaliadas pelos assistentes sociais e peritos médicos.

A avaliação social, após a habilitação do benefício, considera e qualifica os seguintes componentes da CIF e respectivos domínios:

I – Fatores Ambientais (para todas as idades):

a) Produtos e tecnologia;

b) Condições de habitabilidade e mudanças ambientais;

c) Apoio e relacionamentos;

d) Aitudes;

e) Serviços, sistemas e políticas.

II – Atividades e Participação:

a) Vida doméstica (a partir de 7 anos de idade);

b) Relações e interações interpessoais (a partir de 1 ano de idade)

c) Áreas principais da vida (a partir de 6 meses de idade)

d) Vida comunitária, social e cívica (a partir de 3 anos de idade)

Para a qualificação dos Fatores Ambientais consideram-se as barreiras existentes e para a qualificação do componente Atividades e Participação consideram-se as dificuldades para o exercício de atividades e participação social, em igualdade de condições com as demais pessoas.

Os qualificadores para os domínios a que se referem os incisos I e II e respectivas alíneas, baseiam-se nos mesmos parâmetros estabelecidos pela CIF, qualificados como:

a) nenhuma barreira ou nenhuma dificuldade (N) – 0-4% = 0

b) barreira leve ou dificuldade leve (L) – 5-24% = 1

c) barreira moderada ou dificuldade moderada (M) – 25-49% = 2

d) barreira grave ou dificuldade grave (G) – 50-95% = 3

e) barreira completa ou dificuldade completa (C) – 96-100% = 4

A avaliação social de crianças com idade inferior aos pontos de corte previstos nos domínios de Atividades e Participação implica o reconhecimento automático de dificuldade máxima nos respectivos domínios, correspondendo ao qualificador 4 = C (Completa).

O assistente social pode realizar visitas técnicas visando a conhecer os recursos sociais existentes e colher subsídios para a avaliação social.

A avaliação médico-pericial considera incialmente a(s) doença(s) ou agravo(s), codificando-o(s) pela Classificação Internacional de Doenças (CID-10).

Em seguida, a avaliação considera e qualifica os seguintes componentes da CIF e respectivos domínios:

I – Funções do Corpo (para todas as idades):

a) funções mentais;

b) funções sensoriais da visão;

c) funções sensoriais da audição;

d) funções sensoriais adicionais e dor

e) funções da voz e da fala;

f) funções do sistema cardiovascular;

g) funções do sistema hematológico;

h) funções do sistema imunológico;

i) funções do sistema respiratório;

j) funções do sistema digestivo;

k) funções do sistema metabólico e endócrino;

l) funções geniturinárias;

m) funções neuromusculoesqueléticas e relacionadas ao movimento e

n) funções da pele.

II – Atividades e Participação:

a) aprendizagem e aplicação de conhecimento (a partir de 6 meses de idade);

b) tarefas e demandas gerais (a partir de 6 meses de idade);

c) comunicação (a partir de 1 ano de idade);

d) mobilidade (a partir de 6 meses de idade);

e) cuidado pessoal (a partir de 3 anos de idade).

Para a qualificação de Funções do Corpo consideram-se as alterações constatadas e para a qualificação do componente Atividades e Participação consideram-se as dificuldades para o exercício de atividades e participação social, em igualdade de condições com as demais pessoas.

Os qualificadores para os domínios a que se referem os incisos I e II e respectivas alíneas, baseiam-se nos mesmos parâmetros estabelecidos pela CIF, qualificados como:

a) nenhuma alteração ou nenhuma dificuldade (N) – 0-4%

b) alteração leve ou dificuldade leve (L) – 5-24%

c) alteração moderada ou dificuldade moderada (M) – 25-49%

d) alteração grave ou dificuldade grave (G) – 50-95%

e) alteração completa ou dificuldade completa (C) – 96-100%

Compete ao perito médico identificar tecnicamente, em resposta a quesitos dos instrumentos de avaliação, a existência de alterações na Estrutura do Corpo, que configurem maiores limitações e restrições ao avaliado do que as observadas em Funções do Corpo, assim como a condição de prognóstico desfavorável. A existência de qualquer dessas situações resulta na elevação não cumulativa do qualificador atribuído ao componente Funções do Corpo em um nível (de , de , de , de e de).

Para atendimento ao art. 20, §§ 2º e 10 da Lei 8.742/1993, compete também ao perito médico responder a quesito específico relativo à perspectiva de resolução das alterações em Funções e/ou Estruturas do Corpo em menos de dois anos, considerando as barreiras apontadas pela avaliação social, os aspectos clínicos avaliados, o tempo pregresso já vivenciado com o quadro clínico e as possibilidades de acesso ao tratamento necessário, na perspectiva da participação plena e efetiva na sociedade em igualdade de condições com as demais pessoas.

A avaliação médico-pericial de crianças com idade inferior aos pontos de corte previstos nos domínios de Atividades e Participação implica o reconhecimento automático de dificuldade máxima nos respectivos domínios, correspondendo ao qualificador 4 = C (Completa).

A avaliação médico-pericial é posterior à avaliação social.

As qualificações das Funções/Estruturas do Corpo, pela avaliação médico-pericial, e de Atividades e Participação, pelas avaliações social e médico-pericial, devem considerar as barreiras qualificadas em Fatores Ambientais, assim como os Fatores Pessoais registrados na folha de rosto dos instrumentos.

As avaliações social e médico-pericial são realizadas mediante utilização dos instrumentos anexos à presente portaria, intitulados:

a) Anexo I – Avaliação da Pessoa com Deficiência para acesso ao Benefício de Prestação Continuada da Assistência Social – BPC – Espécie 87 – 16 anos ou mais.

b) Anexo II – Avaliação da Pessoa com Deficiência para acesso ao Benefício de Prestação Continuada da Assistência Social – BPC – Espécie 87 – Menor de 16 anos.

Fatores Ambientais

O qualificador final de Fatores Ambientais corresponde à média dos qualificadores atribuídos aos cinco domínios, assim calculada: [(e1+e2+e3+e4+e5)x5] - 0,1. O cálculo é realizado automaticamente pelo sistema e expresso pela letra correspondente, que retrata a totalização das barreiras (Nenhuma, Leve, Modera, Grave ou Completa).

Funções do Corpo

O qualificador final de Funções do Corpo corresponde ao maior qualificador atribuído aos domínios b1 a b8. A apuração é realizada automaticamente pelo sistema e expressa pela letra correspondente, que retrata a totalização das alterações constatadas em Funções do Corpo (Nenhuma, Leve, Modera, Grave ou Completa).

O qualificador de Funções do Corpo pode ser majorado em um nível (de *N para L*, de *L para M*, de *M para G*, de *G para C* e *C mantém-se como C*), de forma não cumulativa, em caso de prognóstico desfavorável ou em caso de presença de alterações em Estruturas dos Corpo que configurem maiores limitações ou restrições ao avaliado do que as alterações observadas em Funções do Corpo.

Atividades e Participação

O qualificador final de Atividades e Participação corresponde a média dos 9 qualificadores, sendo calculada: [(d1+d2+d3+d4+d5+d6+d7+d8+d9) x 2,777777777777780] - 0,1. O cálculo é realizado automaticamente pelo sistema e expresso pela letra correspondente, que retrata o grau de dificuldade para a realização de atividades e para a participação social (Nenhuma, Leve, Modera, Grave ou Completa).

Resultado

O resultado final da avaliação configura uma combinação de qualificadores, atribuídos como nenhuma (N), leve (L), moderada (M), grave (G) ou completa (C), resultantes da avaliação dos componentes "Fatores ambientais", "Atividades e Participação" e "Funções do Corpo".

Confrontado com a "Tabela Conclusiva de Qualificadores", Anexo IV da presente Portaria, define a concessão ou indeferimento do benefício.

A combinação de qualificadores resultante da avaliação dos componentes "Fatores ambientais", "Atividades e Participação" e "Funções do Corpo", atribuídos como nenhuma (N), leve (L), moderada (M), grave (G) e completa (C), é confrontada com a "Tabela Conclusiva de Qualificadores" – Anexo IV da presente Portaria, que define a concessão ou indeferimento do benefício.

Se, durante a avaliação, o assistente social ou o perito médico detectar indícios que configurem risco social para o avaliado, demandando acompanhamento social prioritário, deve assinalar um campo específico para esse fim e descrever a situação constatada em formulário próprio da instituição.

Compete, posteriormente, ao Serviço Social identificar os casos assinalados como em risco social, para articulação com os Centros de Referência de Assistência Social – CRAS e Centros de Referência Especial em Assistência Social – CREAS, a quem caberão providências junto aos órgãos competentes.

O assistente social e o perito médico podem, se necessário para subsidiar suas avaliações, solicitar informações sociais ou médicas aos profissionais de saúde ou de outras áreas sociais que assistem o requerente, devendo deixar pendente a conclusão da avaliação. Para tanto, são utilizados os formulários "Solicitação de Informações Sociais – SIS", Anexo V da presente Portaria e "Solicitação de Informações ao Médico Assistente – SIMA", Anexo VI da Instrução Normativa INSS/PRE nº 79, de 1º de janeiro de 2015, ou outro formulário com o mesmo fim, que vier, por ato normativo, substituí-lo.

Para fins de conclusão da avaliação, devem ser cumpridas as exigências referentes às avaliações social e médico-pericial, no prazo de trinta dias.

Em conformidade com o art. 4º, § 1o do Decreto 6.214/07, para fins de reconhecimento do direito ao Benefício de Prestação Continuada às crianças e adolescentes menores de dezesseis anos de idade, deve ser avaliada a existência da deficiência e o seu impacto na limitação do desempenho de atividade e restrição da participação social, compatível com a idade.

Para fins de identificação perante o perito médico e o assistente social, pode ser utilizado apenas um dos documentos citados nos artigos 10 e 11 do Decreto 6.214/07.

É permitido que a conclusão do instrumento de avaliação da pessoa com deficiência para acesso ao BPC possa ser realizada por assistente social e perito médico diferentes dos que iniciaram a avaliação.

Cabe ao INSS as medidas necessárias à realização das avaliações social e médico--pericial, nas diferentes fases do requerimento, e a cobertura de atendimento pelas Unidades que não dispõem de assistentes sociais e peritos médicos, com base nas seguintes previsões:

a) deslocamento de assistentes sociais e peritos médicos;

b) elaboração da agenda do assistente social e perito médico;

c) constituição de equipes itinerantes, salvaguardadas as condições adequadas para o desenvolvimento das ações e assegurados os preceitos éticos e o sigilo profissional.

A ocorrência de exigências administrativas a serem cumpridas pelo avaliado não impede a realização das avaliações social e médico-pericial.

O agendamento para realizar as avaliações social e médico-pericial deve ser preferencialmente na mesma data, devendo-se garantir ao avaliado o comparecimento à Agência da Previdência Social - APS o menor número de vezes possível.

Cabe ao Serviço Social realizar articulações com gestores municipais e profissionais vinculados às redes sociais, entidades da sociedade e de controle social, visando a socializar informações sobre o BPC e realizar ações conjuntas que favoreçam o acesso do avaliado ao benefício.

ANEXO IV
PORTARIA CONJUNTA MDS/INSS Nº 2, DE 30 DE MARÇO DE 2015.

(Publicada no DOU nº 67, Seção 1, de 9 de abril de 2015)

TABELA CONCLUSIVA DE QUALIFICADORES

Resultados possíveis das avaliações social e médico-pericial da pessoa com deficiência para acesso ao Benefício de Prestação Continuada da Assistência Social – BPC **N** = **N**enhuma **L** = **L**eve **M** = **M**oderada **G** = **G**rave **C** = **C**ompleta				
	Fatores Ambientais (e)	**Atividades e Participação (d)**	**Funções do Corpo (b)**	**O avaliado preenche os requisitos estabelecidos pelo Art. 20, §§ 2º e 10, da Lei nº 8.742/93, que define pessoa com deficiência para fins de acesso ao Benefício de Prestação Continuada da Assistência Social – BPC?**
1.	C	C	C	Sim
2.	G	C	C	Sim
3.	M	C	C	Sim
4.	L	C	C	Sim
5.	N	C	C	Sim
6.	C	G	C	Sim
7.	G	G	C	Sim
8.	M	G	C	Sim
9.	L	G	C	Sim
10.	N	G	C	Sim
11.	C	M	C	Sim
12.	G	M	C	Sim
13.	M	M	C	Sim
14.	L	M	C	Sim
15.	N	M	C	Sim
16.	C	L	C	Não
17.	G	L	C	Não
18.	M	L	C	Não
19.	L	L	C	Não
20.	N	L	C	Não
21.	C	N	C	Não
22.	G	N	C	Não
23.	M	N	C	Não

Resultados possíveis das avaliações social e médico-pericial da pessoa com deficiência para acesso ao Benefício de Prestação Continuada da Assistência Social – BPC N = Nenhuma L = Leve M = Moderada G = Grave C = Completa				
	Fatores Ambientais (e)	**Atividades e Participação (d)**	**Funções do Corpo (b)**	**O avaliado preenche os requisitos estabelecidos pelo Art. 20, §§ 2º e 10, da Lei nº 8.742/93, que define pessoa com deficiência para fins de acesso ao Benefício de Prestação Continuada da Assistência Social – BPC?**
24.	L	N	C	Não
25.	N	N	C	Não
26.	C	C	G	Sim
27.	G	C	G	Sim
28.	M	C	G	Sim
29.	L	C	G	Sim
30.	N	C	G	Sim
31.	C	G	G	Sim
32.	G	G	G	Sim
33.	M	G	G	Sim
34.	L	G	G	Sim
35.	N	G	G	Sim
36.	C	M	G	Sim
37.	G	M	G	Sim
38.	M	M	G	Sim
39.	L	M	G	Sim
40.	N	M	G	Sim
41.	C	L	G	Não
42.	G	L	G	Não
43.	M	L	G	Não
44.	L	L	G	Não
45.	N	L	G	Não
46.	C	N	G	Não
47.	G	N	G	Não
48.	M	N	G	Não
49.	L	N	G	Não
50.	N	N	G	Não
51.	C	C	M	Sim
52.	G	C	M	Sim
53.	M	C	M	Sim
54.	L	C	M	Sim
55.	N	C	M	Sim
56.	C	G	M	Sim
57.	G	G	M	Sim
58.	M	G	M	Sim
59.	L	G	M	Sim
60.	N	G	M	Sim
61.	C	M	M	Sim
62.	G	M	M	Sim
63.	M	M	M	Não
64.	L	M	M	Não

Resultados possíveis das avaliações social e médico-pericial da pessoa com deficiência para acesso ao Benefício de Prestação Continuada da Assistência Social – BPC N = Nenhuma L = Leve M = Moderada G = Grave C = Completa				
	Fatores Ambientais (e)	**Atividades e Participação (d)**	**Funções do Corpo (b)**	**O avaliado preenche os requisitos estabelecidos pelo Art. 20, §§ 2º e 10, da Lei nº 8.742/93, que define pessoa com deficiência para fins de acesso ao Benefício de Prestação Continuada da Assistência Social – BPC?**
65.	N	M	M	Não
66.	C	L	M	Não
67.	G	L	M	Não
68.	M	L	M	Não
69.	L	L	M	Não
70.	N	L	M	Não
71.	C	N	M	Não
72.	G	N	M	Não
73.	M	N	M	Não
74.	L	N	M	Não
75.	N	N	M	Não
76.	C	C	L	Não
77.	G	C	L	Não
78.	M	C	L	Não
79.	L	C	L	Não
80.	N	C	L	Não
81.	C	G	L	Não
82.	G	G	L	Não
83.	M	G	L	Não
84.	L	G	L	Não
85.	N	G	L	Não
86.	C	M	L	Não
87.	G	M	L	Não
88.	M	M	L	Não
89.	L	M	L	Não
90.	N	M	L	Não
91.	C	L	L	Não
92.	G	L	L	Não
93.	M	L	L	Não
94.	L	L	L	Não
95.	N	L	L	Não
96.	C	N	L	Não
97.	G	N	L	Não
98.	M	N	L	Não
99.	L	N	L	Não
100.	N	N	L	Não
101.	C	C	N	Não
102.	G	C	N	Não
103.	M	C	N	Não
104.	L	C	N	Não
105.	N	C	N	Não

Resultados possíveis das avaliações social e médico-pericial da pessoa com deficiência para acesso ao Benefício de Prestação Continuada da Assistência Social – BPC N = Nenhuma L = Leve M = Moderada G = Grave C = Completa				
	Fatores Ambientais (e)	**Atividades e Participação (d)**	**Funções do Corpo (b)**	**O avaliado preenche os requisitos estabelecidos pelo Art. 20, §§ 2º e 10, da Lei nº 8.742/93, que define pessoa com deficiência para fins de acesso ao Benefício de Prestação Continuada da Assistência Social – BPC?**
106.	C	G	N	Não
107.	G	G	N	Não
108.	M	G	N	Não
109.	L	G	N	Não
110.	N	G	N	Não
111.	C	M	N	Não
112.	G	M	N	Não
113.	M	M	N	Não
114.	L	M	N	Não
115.	N	M	N	Não
116.	C	L	N	Não
117.	G	L	N	Não
118.	M	L	N	Não
119.	L	L	N	Não
120.	N	L	N	Não
121.	C	N	N	Não
122.	G	N	N	Não
123.	M	N	N	Não
124.	L	N	N	Não
125.	N	N	N	Não

ANEXO V

PORTARIA CONJUNTA MDS/INSS nº 2, de 30 de março de 2015.

(Publicada no DOU nº 67, Seção 1, de 9 de abril de 2015)

SOLICITAÇÃO DE INFORMAÇÕES SOCIAIS – SIS

Formulário nº: Data: APS:

Ao(À)

Solicitamos a colaboração de nos fornecer os dados abaixo relacionados, para fins de subsidiar a AVALIAÇÃO SOCIAL da pessoa com deficiência, com vistas ao reconhecimento inicial de direito ao Benefício de Prestação Continuada da Assistência Social – BPC. As informações referentes ao Relatório Social serão utilizadas exclusivamente para a análise do benefício pleiteado e contam com autorização do usuário interessado ou seu representante legal.

(Lei nº 8.742/93; Lei nº 8.662/93; Decreto nº 6.214/2007; Resolução do Conselho Federal de Serviço Social nº 273/93 e Portaria MDS nº 44/2009).

Ressaltamos que as informações solicitadas deverão retornar ao INSS em até 30 dias.

Assistente Social Solicitante:

Nome:		Matrícula SIAPE:	Telefone para contato:
CRESS:	Assinatura:		

Avaliado(a) ou Representante Legal:

Nome Avaliado(a):	NB:
Nome Representante Legal:	

Autorizo, em caráter confidencial, utilizar as informações que se fizerem necessárias para compor o Relatório Social e informações complementares.

____

Assinatura do(a) Avaliado(a) ou Representante Legal

1. ( ) Relatório Social (preenchimento exclusivo do Assistente Social)

Emitir Relatório Social informando a situação de **vulnerabilidade social** do(a) avaliado(a), com destaque para:

OBS: Favor anexar o Relatório Social a esta SIS.

2. ( ) Informações complementares (preenchimento por outros profissionais)

Emitir informações sobre a situação do(a) avaliado(a), com destaque para:

OBS: Favor anexar as informações a esta SIS.

3. ( ) Serviços e Programas existentes no Município *(especificar os destinados às pessoas com deficiência)*:

- Serviços de assistência social (CRAS, CREAS e outros):

- Serviços de saúde (hospitais, postos de saúde, PSF, CAPS, habilitação e reabilitação profissional e outros):

- Serviços especializados para a pessoa com deficiência (APAE ou congênere):

- Serviços de educação (especial, inclusiva):

- Serviços dos órgãos de proteção aos direitos sociais (Fóruns, Tribunais, Ministério Público, Defensoria Pública, Conselhos Tutelares, Conselhos de Direito):

- Serviço de transporte coletivo e programa de livre acesso ao transporte coletivo:

- Serviços socioeducativos (ONG, Projetos Sociais, Centros Comunitários e outros):

- Outros serviços. Especificar:

Informações do Profissional:

Nome:	Conselho Regional nº:
Instituição:	
Cargo:	Telefone (opcional):
Local / Data:	
	Assinatura e Carimbo

PORTARIA CONJUNTA MDS/INSS Nº 3, DE 21 DE SETEMBRO DE 2018

Dispõe sobre regras e procedimentos de requerimento, concessão, manutenção e revisão do Benefício de Prestação Continuada da Assistência Social – BPC.

O MINISTRO DE ESTADO DO DESENVOLVIMENTO SOCIAL – MDS, em conformidade com o art. 2º do Anexo do Decreto nº 6.214, de 26 de setembro de 2007, e o PRESIDENTE DO INSTITUTO NACIONAL DO SEGURO SOCIAL – INSS, no uso das atribuições que lhe conferem os artigos 3º e 39 do Anexo do Decreto nº 6.214, de 2007, o art. 25 do Anexo I do Decreto nº 9.104, de 24 de julho de 2017, e o art. 6º do Regimento Interno do INSS, aprovado na pela Portaria nº 414, de 29 de setembro de 2017, do Ministério do Desenvolvimento Social – MDS,

CONSIDERANDO que o Benefício de Prestação Continuada da Assistência Social – BPC é um benefício da Política Nacional de Assistência Social – PNAS que integra a proteção social básica no âmbito do Sistema Único de Assistência Social – SUAS, previsto no inciso V do art. 203 da Constituição Federal, normatizado nos artigos 20, 21 e 21-A da Lei nº 8.742, de 7 de dezembro de 1993, e regulamentado pelo Regulamento do Benefício de Prestação Continuada, aprovado pelo Anexo do Decreto nº 6.214, de 26 de setembro de 2007, observadas as alterações promovidas pelo Decreto nº 9.462, de 8 de agosto de 2018;

CONSIDERANDO que o BPC tem por objetivo proteger as pessoas idosas e as pessoas com deficiência em face de vulnerabilidades agravadas pela insuficiência de renda, assegurando-lhes o sustento e favorecendo o acesso às políticas, programas e serviços de assistência social, bem como a superação das desvantagens sociais enfrentadas e a conquista de sua autonomia, conforme diretrizes, princípios e objetivos estabelecidos na Lei nº 8.742, de 1993, e no Regulamento do Benefício de Prestação Continuada, aprovado pelo Anexo do Decreto nº 6.214, de 2007;

CONSIDERANDO que compete ao Instituto Nacional do Seguro Social – INSS, autarquia vinculada ao Ministério do Desenvolvimento Social, a operacionalização do BPC, nos termos do art. 3º do Regulamento do Benefício de Prestação Continuada, aprovado pelo Anexo do Decreto nº 6.214, de 2007;

CONSIDERANDO a Portaria Interministerial nº 02, de 7 novembro de 2016, que regulamenta o Decreto nº 8.805, de 7 de julho de 2016; e

CONSIDERANDO a Portaria Interministerial nº 5, de 22 de dezembro de 2017, que altera o prazo para inclusão dos beneficiários idosos no Cadastro Único para Programas Sociais do Governo Federal – CadÚnico, resolveM:

Art. 1º Dispor sobre as regras e os procedimentos para requerimento, concessão, manutenção e revisão do Benefício de Prestação Continuada – BPC.

CAPÍTULO I
DAS ETAPAS DE OPERACIONALIZAÇÃO DO BPC

Art. 2º Constituem etapas de operacionalização do BPC:

I – requerimento;

II – concessão;

III – manutenção; e

IV – revisão.

CAPÍTULO II
DA INSCRIÇÃO NO CADÚNICO

Art. 3º O processo de inclusão cadastral e atualização observará o Decreto nº 6.135, de 26 de junho de 2007, e normas específicas que regulamentam o Cadastro Único para Programas Sociais do Governo Federal – CadÚnico.

Art. 4º A inscrição do requerente e de sua família no CadÚnico constitui requisito a ser observado nas etapas da operacionalização do BPC.

Parágrafo único. A ausência de inscrição ou atualização do CadÚnico não impede a formalização do requerimento do benefício.

Art. 5º O Responsável pela Unidade Familiar – RF deverá informar o número do Cadastro de Pessoa Física – CPF do requerente e de todos os membros da família no momento da inclusão e/ou atualização do CadÚnico.

CAPÍTULO III
DO REQUERIMENTO

SEÇÃO I
DOS CANAIS DE REQUERIMENTO

Art. 6º O BPC poderá ser requerido junto aos canais de atendimento do INSS ou nos equipamentos públicos da assistência social, desde que pactuados nas instâncias do Sistema Único de Assistência Social – SUAS.

SEÇÃO II
DOS REQUERENTES

Art. 7º Para requerer o benefício, a pessoa idosa e a pessoa com deficiência, além de atender aos critérios definidos na Lei nº 8.742, de 1993, e nos art. 8º e 9º do Decreto nº 6.214, de 2007, devem:

I – ter nacionalidade brasileira, nata ou naturalizada, ou portuguesa;

II – possuir residência no território brasileiro;

III – estar inscritas no CadÚnico, com os dados atualizados, conforme normas específicas que regulamentam o instrumento.

IV – estar com inscrição regular no Cadastro de Pessoas Físicas - CPF. (Acrescido pela Portaria Conjunta MC/MTP/INSS 22/2022)

§ 1º Ao requerente maior de dezesseis anos de idade será solicitado documento de identificação oficial com fotografia.

§ 2º Não constitui exigência para requerimento ou concessão do BPC:

I – a apresentação de documentos pessoais dos demais membros do grupo familiar, salvo em casos de dúvida fundada; e

II – a interdição judicial do idoso ou da pessoa com deficiência, seja ela total ou parcial, podendo ser observada, nos seus estritos termos, a existência de decisão judicial sobre tomada de decisão apoiada para o requerente, prevista nos artigos 1.783-A da Lei nº 10.406, de 10 de janeiro de 2002, e 116 da Lei nº 13.146, de 6 de julho de 2015.

§ 3º O requerente do BPC poderá solicitar a cessação de benefício previdenciário para a concessão de benefício mais vantajoso, observadas as regras para cessação do benefício previdenciário.

§ 4º Fica dispensada a apresentação de documentos originais do requerente, do representante legal e dos demais membros do grupo familiar, quando a informação puder ser confirmada pelo INSS por meio de confrontação com bases de dados de órgãos públicos, salvo nas hipóteses de expressa previsão legal e existência de dúvida fundada quanto à autenticidade ou integridade do documento, ressalvada a possibilidade de o INSS exigir, a qualquer tempo, os documentos originais, ficando o responsável pela apresentação das cópias sujeito às sanções administrativas, civis e penais aplicáveis. (Acrescido pela Portaria Conjunta ME/SEPT e INSS 7/2020)

SEÇÃO III
DAS INFORMAÇÕES SOBRE A COMPOSIÇÃO DO GRUPO E RENDA FAMILIAR

Art. 8º Na fase de requerimento, as informações do CadÚnico serão utilizadas para registro da composição do grupo familiar e da renda mensal bruta familiar, conforme disposto no Decreto nº 6.214, de 2007, obedecendo aos seguintes procedimentos:

I – as informações do grupo familiar constantes no CadÚnico serão utilizadas para a composição familiar considerada para fins de BPC, conforme previsto no art. 4º, inciso V, do Decreto nº 6.214, de 2007, observada a previsão do § 2º do art. 13 desta Portaria. (Redação dada pela Portaria Conjunta ME/SEPT e INSS 7/2020)

II – caso seja necessário, serão coletadas outras informações para o cálculo da renda que não estejam disponíveis no CadÚnico;

III – a renda familiar per capita será calculada utilizando as informações do CadÚnico bem como dados de outros registros administrativos, quando necessário, observando-se que:

a) não é permitida a acumulação do BPC com outro benefício da Seguridade Social ou de outro regime, inclusive o seguro-desemprego, ressalvados o de assistência médica e a pensão especial de natureza indenizatória;

b) não serão computadas para fins do cálculo da renda familiar no requerimento do BPC aquelas rendas elencadas no art. 4º, § 2º do Decreto nº 6.214, de 2007;

c) o salário de contribuição não integra a renda mensal bruta familiar quando o requerente do BPC, o beneficiário ou os demais membros do grupo familiar contribuírem como segurados facultativos do Regime Geral da Previdência Social – RGPS;

d) o recebimento de pensão alimentícia não impede o recebimento do BPC, desde que observado o critério de renda per capita mensal bruta familiar; e

e) a renda sazonal ou eventual, que consiste nos rendimentos não regulares decorrentes de atividades eventuais exercidas em caráter informal, não serão computadas na renda bruta familiar desde que o valor anual declarado dividido por doze meses seja inferior a um quarto do salário mínimo.

f) serão deduzidos da renda mensal bruta familiar exclusivamente os gastos com tratamentos de saúde, médicos, fraldas, alimentos especiais e medicamentos do idoso ou da pessoa com deficiência, não disponibilizados gratuitamente pelo Sistema Único de Saúde (SUS), ou com serviços não prestados pelo Serviço Único de Assistência Social (SUAS), desde que de natureza contínua e comprovadamente necessários à preservação da saúde e da vida. (Redação dada pela Portaria Conjunta MC/MTP/INSS 14/2021)

IV – o requerente deverá declarar que não recebe outro benefício estadual ou municipal no âmbito da Seguridade Social ou de outro regime, inclusive seguro desemprego;

§ 1º Não compõem o grupo familiar, para efeitos do cálculo da renda mensal familiar per capita:

I – o internado ou acolhido em instituições de longa permanência como abrigo, hospital ou instituição congênere;

II – o filho ou o enteado que tenha constituído união estável, ainda que resida sob o mesmo teto;

III – o irmão, o filho ou o enteado que seja divorciado, viúvo ou separado de fato, ainda que vivam sob o mesmo teto do requerente; e

IV – o tutor ou curador, desde não seja um dos elencados no rol do § 1º do art. 20 da Lei nº 8.742, de 1993.

§ 2º A coabitação do requerente com algum membro de sua família em uma mesma instituição hospitalar, de abrigamento ou congênere, não se configura, por si só, em constituição de um grupo familiar a ser considerado para fins do cálculo da renda mensal familiar per capita.

§ 3º A condição de menor tutelado deve ser comprovada mediante apresentação do termo de tutela.

§ 4º Os descontos, a que se referem a alínea f do inciso III do caput, ficarão condicionados à apresentação, no ato do requerimento, de:(Acrescido pela Portaria Conjunta MC/MTP/INSS 14/2021)

I - documentação médica que afirme a natureza contínua do tratamento e a comprovação de sua não disponibilização gratuita ou de sua negativa de disponibilização, no caso de desconto referente a tratamento não disponibilizado pelo SUS; ou

II - documentação que demonstre a necessidade do requerente de utilização do Serviço de Proteção Especial para idosos, Pessoas com Deficiência e suas famílias (Centro-Dia) e de sua não disponibilização, no caso de desconto referente a serviço não prestado pelo SUAS.

§ 5º O desconto de que trata o § 4º será realizada para cada categoria uma única vez no valor médio do respectivo gasto previsto no Anexo III. (Acrescido pela Portaria Conjunta MC/MTP/INSS 14/2021)

§ 6º É facultada ao interessado a comprovação de que os gastos efetivos previstos no inciso I do § 4º ultrapassam os valores médios utilizados conforme o § 5º, caso em que deverá apresentar os recibos de cada um dos 12 (doze) meses anteriores ao requerimento ou em número igual ao tempo de vida do requerente caso a idade seja inferior a um ano. (Acrescido pela Portaria Conjunta MC/MTP/INSS 14/2021)

Art. 8º-A. A informação sobre o exercício de atividade remunerada declarada no Cadastro Único pelo requerente não será considerada, de forma isolada, para o indeferimento ou suspensão do BPC na situação de que trata o art. 21-A da Lei nº 8.742, de 1993. (Acrescido pela Portaria Conjunta MC/MTP/INSS 22/2022)

Parágrafo único. Os valores eventualmente declarados no Cadastro Único como recebidos pelo requerente deverão compor o cálculo da renda familiar mensal per capita de que trata o art. 8º desta Portaria.

Art. 9º Fica vedada a solicitação de declaração de Pobreza ou qualquer outra forma de comprovação da renda que exponha o requerente à situação constrangedora.

Art. 10. O requerente deverá atestar as informações declaradas no requerimento por meio de assinatura, inclusive eletrônica, ou por acesso com usuário e senha, certificação digital ou biometria. (Redação dada pela Portaria Conjunta ME/SEPT e INSS 7/2020)

§ 1º Na hipótese de não ser o requerente alfabetizado ou de estar impossibilitado para assinar o pedido, será admitida a aposição da impressão digital na presença de funcionário do órgão recebedor.

§ 2º A autenticação eletrônica, por certificação digital, senha pessoal ou biometria, será considerada meio válido para identificação nos canais remotos e autoatendimento.

§ 3º A senha do usuário é de uso pessoal, intransferível e de conhecimento exclusivo, vedado o fornecimento a terceiros.

CAPÍTULO IV
DO RECONHECIMENTO DO DIREITO AO BENEFÍCIO

SEÇÃO I
DO PROCESSO DE ANÁLISE

Art. 11. O INSS deverá:

I – analisar o requerimento;

II – decidir quanto ao deferimento ou indeferimento para a concessão do BPC; e

III – comunicar ao requerente, por meio dos canais disponíveis, quanto ao resultado do requerimento, na forma do art. 15, § 1º, do Decreto nº 6.214, de 2007.

§ 1º Deferido o benefício da pessoa com deficiência, o beneficiário será cientificado de que o benefício estará sujeito à revisão periódica e sobre a necessidade de agendar a próxima avaliação da deficiência, nos termos do inciso IV do art. 47 do Decreto nº 6.214, de 2007. (Acrescido pela Portaria Conjunta ME/SEPT e INSS 7/2020)

§ 2º A concessão do benefício da pessoa com deficiência dependerá da comprovação: (Acrescido pela Portaria Conjunta ME/SEPT e INSS 7/2020)

I – da deficiência; e

II – de renda familiar mensal per capita limitada aos parâmetros de concessão do benefício.

§ 3º A comprovação da deficiência, para fins de concessão do benefício, considerará: (Acrescido pela Portaria Conjunta ME/SEPT e INSS 7/2020)

I – o impedimento de longo prazo de natureza física, mental, intelectual ou sensorial; e

II – o grau de restrição para a participação plena e efetiva da pessoa com deficiência na sociedade, decorrente da interação dos impedimentos a que se refere o inciso I com barreiras diversas.

§ 4º A comprovação de que trata o inciso I do § 2º será realizada por meio de avaliações previamente agendadas. (Acrescido pela Portaria Conjunta ME/SEPT e INSS 7/2020)

§ 5º (Revogado pela Portaria Conjunta MC/MTP/INSS 22/2022)

§ 6º As avaliações para a comprovação da deficiência, de que tratam o inciso I do § 2º e o § 3º poderão sempre ser realizadas em paralelo pelo Serviço Social do INSS e pela Perícia Médica Federal, de forma a minimizar o tempo de espera pelo requerente. (Acrescido pela Portaria Conjunta ME/SEPT e INSS 7/2020)

§ 6º-A. A avaliação social poderá ser realizada em outros equipamentos da rede social mediante parcerias celebradas pelo INSS e sob sua supervisão. (Acrescido pela Portaria Conjunta MC/MTP/INSS 22/2022)

§ 7º Excepcionalmente poderá ser: (Redação dada pela Portaria Conjunta MC/MTP/INSS 14/2021)

I - realizada a avaliação para comprovação da deficiência antes da avaliação de renda; (Acrescido pela Portaria Conjunta MC/MTP/INSS 14/2021)

I - realizada a avaliação pelo Serviço Social que compõe a avaliação da deficiência por meio de videoconferência; e (Acrescido pela Portaria Conjunta MC/MTP/INSS 14/2021)

III - aplicado padrão médio à avaliação social que compõe a avaliação da deficiência, desde que tenha sido realizada a avaliação médica e constatado o impedimento de longo prazo. (Acrescido pela Portaria Conjunta MC/MTP/INSS 14/2021)

§ 8º O disposto no § 7º levará em consideração a necessidade de adaptação de procedimentos e sistemas e poderá ser adotado de forma regionalizada e por período determinado, na forma que vier a ser definida pelo INSS, em relação ao Serviço Social, e pela Subsecretaria da Perícia Médica Federal, em relação à Perícia Médica. (Acrescido pela Portaria Conjunta ME/SEPT e INSS 7/2020)

§ 9º O pedido será indeferido pelo INSS, dispensadas as demais etapas de avaliação do requerimento, quando: (Redação dada pela Portaria Conjunta MC/MTP/INSS 22/2022)

I – a renda familiar mensal per capita não atender aos requisitos de concessão do benefício; ou (Redação dada pela Portaria Conjunta MC/MTP/INSS 22/2022)

II – a comprovação da deficiência não atender aos critérios de que trata o § 5º do art. 16 do anexo ao Decreto nº 6.214, de 2007, no caso de requerimento realizado por pessoa com deficiência; ou (Redação dada pela Portaria Conjunta MC/MTP/INSS 22/2022)

III – o impedimento de longo prazo de que tratam o inciso II do caput e o § 3º do art. 4º do anexo ao Decreto nº 6.214, de 2007, não for constatado, no caso de requerimento realizado por pessoa com deficiência. (Acrescido pela Portaria Conjunta MC/MTP/INSS 22/2022)

§ 10. O padrão médio para a avaliação social, de que trata o inciso III do § 7º, será aplicado na forma estabelecida no Anexo IV desta Portaria.(Acrescido pela Portaria Conjunta MC/MTP/INSS 14/2021)

§ 11. O procedimento de que trata o inciso III do § 7º deste artigo será aplicado exclusivamente se, combinado com a avaliação médica, o resultado do instrumento de avaliação da deficiência permitir a concessão ou a manutenção do benefício, sendo obrigatória a realização da avaliação social nos demais casos. (Acrescido pela Portaria Conjunta MC/MTP/INSS 14/2021)

§ 12. O prazo de aplicação das medidas excepcionais previstas nos incisos II e III do § 7º deste artigo fica prorrogado até disposição em contrário. (Redação dada pela Portaria Conjunta MC/MTP/INSS 22/2022)

Art. 12. A condição de acolhimento em instituições de longa permanência, como abrigo, hospital ou instituição congênere, ou o cumprimento de pena exclusivamente em regime semiaberto ou aberto não prejudicam o direito da pessoa com deficiência ou do idoso ao BPC.

§ 1º O recluso em regime fechado, tendo sido proferida sentença ou não, não faz jus ao BPC.

§ 2º Fazem jus ao benefício os adolescentes com deficiência em cumprimento de medida socioeducativa, desde que estejam em regime de semiliberdade, liberdade assistida ou outra medida em meio aberto, e atendam aos requisitos do BPC.

§ 3º A comprovação do regime será feita por meio de documento emitido por autoridade ou órgão competente.

Art. 13. As informações prestadas no requerimento deverão ser confrontadas com as bases cadastrais disponíveis da Administração Pública, devendo o INSS verificar a existência de registro de benefício previdenciário, de emprego e renda do requerente ou beneficiário e dos integrantes de sua família.

§ 1º Havendo divergência quanto às rendas declaradas, será considerada a informação da renda mais alta.

§ 2º Caso as informações declaradas quanto à composição do grupo familiar no requerimento estejam em desacordo com o CadÚnico, o servidor do INSS deverá cadastrar exigência de atualização das informações cadastrais, o que deverá ser realizado pelo Responsável pela Unidade Familiar (RF), respeitadas as normas e regulamentos do CadÚnico, no prazo de trinta dias, prorrogáveis por igual período.

§ 3º O processo de retificação ou complemento das informações do CadÚnico deve ocorrer quando as informações forem passíveis de coleta no CadÚnico.

§ 4º As informações declaradas pelo requerente ou seu procurador são de sua inteira responsabilidade e deverão ser consideradas para tomada de decisão no reconhecimento do direito ao BPC.

Art. 14. O valor referente ao BPC será pago retroativamente a contar da data do requerimento ao benefício.

§ 1º A data de formalização do requerimento será considerada para fins de pagamento de benefício.

§ 2º Para fins de atualização dos valores pagos, serão aplicados os mesmos critérios adotados pela legislação previdenciária.

SEÇÃO II
DO INDEFERIMENTO

Art. 15. O INSS deverá indeferir o benefício quando os critérios de acesso ao BPC não forem atendidos nos termos do art. 36 do Decreto nº 6.214, de 2007.

§ 1º A análise do requerimento será interrompida e o benefício será indeferido caso o INSS identifique que o requerente veio a óbito antes da comprovação dos requisitos para acessar o BPC. (Parágrafo único transformado em § 1º e com redação dada pela Portaria Conjunta MC/MTP/INSS 22/2022)

§ 2º Caso o requerente que comprovadamente atendeu a todos os requisitos do benefício venha a óbito antes da concessão ou do pagamento da primeira prestação do BPC, os valores devidos poderão ser pagos aos herdeiros. (Acrescido pela Portaria Conjunta MC/MTP/INSS 22/2022)

SEÇÃO III
DO RECURSO

Art. 16. Os interessados poderão interpor recurso contra a decisão de indeferimento do benefício nos canais de atendimento disponibilizados, no prazo de 30 (trinta) dias contados da data da ciência da decisão, conforme disposto no art. 36 do Decreto nº 6.214, de 2007, e no art. 305 do Decreto nº 3.048, de 6 de maio de 1999. (Redação dada pela Portaria Conjunta ME/SEPT e INSS 7/2020)

Arts. 17 e 18. (Revogados pela Portaria Conjunta ME/SEPT e INSS 7/2020)

CAPÍTULO V
DA MANUTENÇÃO E DA REVISÃO DO BPC

SEÇÃO I
REGRAS GERAIS

Art. 19. Para fins desta Portaria, considera-se:

I – bloqueio do valor do benefício: comando bancário que impossibilita temporariamente a movimentação do valor do benefício, com o objetivo de notificar o beneficiário quando inexistente prova inequívoca da ciência da notificação enviada por meio da rede bancária, por carta ou pelos canais de atendimento do INSS;

II – defesa: ato anterior à eventual suspensão do benefício, que permite ao beneficiário prestar esclarecimentos e apresentar documentações sobre os indícios de irregularidades encontradas;

III – suspensão: interrupção do envio do pagamento à rede bancária;

IV – recurso: ato que garante ao beneficiário a possibilidade de contestar decisão do INSS junto ao Conselho de Recursos da Previdência Social (CRPS); e (Redação dada pela Portaria Conjunta ME/SEPT e INSS 7/2020)

V – cessação: encerramento do benefício no âmbito administrativo.

VI - bloqueio cautelar: comando bancário que impossibilita temporariamente a movimentação do valor do benefício, nos casos de risco iminente de prejuízo ao erário, decorrentes da evidenciação de elementos suficientes que indiquem a existência de irregularidade ou fraude na sua concessão ou manutenção. (Acrescido pela Portaria Conjunta MC/MTP/INSS 14/2021)

Art. 20. O valor do BPC não está sujeito a descontos de débitos originários de benefícios previdenciários recebidos indevidamente. (Redação dada pela Portaria Conjunta MC/MTP/INSS 22/2022)

Art. 21. O beneficiário, o procurador ou o seu representante legal deve atualizar informações no INSS, nos termos do art. 35-A do Decreto nº 6.214, de 2007.

§ 1º Inconsistências ou insuficiências no Cadastro de Pessoas Físicas – CPF deverão ser tratadas de acordo com os normativos da Receita Federal do Brasil.

§ 2º Endereços incompletos ou inconsistentes poderão ser atualizados a partir de informações de outras bases de dados da Administração Pública, dando preferência ao mais recente.

§ 3º Na impossibilidade de obter as informações atualizadas sobre o CPF e o endereço, o INSS adotará as providências necessárias conforme dispuser em ato próprio.

§ 4º O representante legal ou o procurador do beneficiário é obrigado a informar ao INSS a ocorrência de morte, morte presumida ou ausência do beneficiário declarada em juízo.

SEÇÃO II
DA REVISÃO DO BENEFÍCIO

Art. 22. A revisão do BPC, de que trata o art. 21 da Lei nº 8.742, de 1993, será realizada por meio de:

I – cruzamento periódico de informações e dados disponíveis pelos órgãos da Administração Pública; e

II – quando for o caso, reavaliação da deficiência e do grau de impedimento de que trata o § 2º do art. 20 da Lei nº 8.742, de 1993.

§ 1º A análise da renda familiar per capita para a manutenção do BPC ocorrerá por meio da leitura das informações do CadÚnico para recomposição do grupo familiar e de outros cadastros e bases de dados dos órgãos da Administração Pública disponíveis para auferir a renda dos membros do grupo familiar.

§ 2º O Ministério da Cidadania deverá acompanhar as ações de cruzamento de informações a que se refere o inciso II do art. 39 do anexo ao Decreto nº 6.214, de 2007. (Redação dada pela Portaria Conjunta MC/MTP/INSS 22/2022)

§ 3º A revisão observará a presença dos requisitos previstos na Lei nº 8.742, de 1993, e no Decreto nº 6.214, de 2007, na data de sua realização, independentemente de ter sido o benefício concedido judicial ou administrativamente. (Acrescido pela Portaria Conjunta MC/MTP/INSS 14/2021)

Art. 23. O cruzamento periódico de informações deverá ocorrer mensalmente para verificação da manutenção do critério de renda do grupo familiar e do acúmulo do benefício com outra renda no âmbito da Seguridade Social ou, no caso da pessoa com deficiência, da renda decorrente do exercício de atividade remunerada, nos termos do art. 20, § 4º, e do art. 21-A da Lei nº 8.742, de 1993.

§ 1º O INSS adotará as providências cabíveis para identificar, entre os benefícios a serem pagos no mês subsequente, a renda do grupo familiar e o recebimento concomitante de renda de trabalho com BPC e outras rendas de benefícios previdenciários por parte do beneficiário.

§ 2º Os beneficiários identificados com recebimento concomitante de benefícios que não podem ser acumulados ou, para o caso de beneficiários pessoas com deficiência, com renda decorrente do exercício de atividade remunerada serão notificados conforme o artigo 24 desta Portaria.

§ 3º Os beneficiários identificados com indícios de irregularidade no critério de renda do grupo familiar serão notificados conforme o artigo 24 desta Portaria.

§ 4º Os procedimentos listados no caput e no § 1º deste artigo não impedem a adoção de outras medidas de apuração de indícios de irregularidade.

§ 5º Se constatar o exercício de atividade remunerada por parte da pessoa com deficiência, o INSS deverá verificar se o beneficiário do BPC atende aos critérios de acesso ao auxílio-inclusão dispostos no art. 26-A da Lei nº 8.742, de 1993, e notificá-lo sobre a eventual concessão do auxílio-inclusão e a suspensão do BPC, conforme o caso, nos termos dos §§ 2º e 3º do art. 26-B da Lei nº 8.742, de 1993. (Acrescido pela Portaria Conjunta MC/MTP/INSS 22/2022)

Art. 24. Identificada a irregularidade na manutenção do benefício, o beneficiário deverá ser notificado sobre a situação constatada e o prazo para apresentar defesa que será de: (Redação dada pela Portaria Conjunta MC/MTP/INSS 22/2022)

I – 30 (trinta) dias, no caso de residente em área urbana; ou (Acrescido pela Portaria Conjunta MC/MTP/INSS 22/2022)

II – 60 (sessenta) dias, no caso de residente em área rural. (Acrescido pela Portaria Conjunta MC/MTP/INSS 22/2022)

§ 1º A notificação de que trata o caput tem por objetivo cientificar o beneficiário, seu representante legal ou procurador e ocorrerá por meio da rede bancária.

§ 2º A notificação de que trata o caput poderá ser realizada alternativamente por meio de envio de carta com aviso de recebimento ou diretamente nas agências do INSS ou em seus canais remotos.

§ 3º O beneficiário poderá apresentar a defesa junto aos canais de atendimento do INSS ou equipamentos públicos da assistência social, desde que pactuados nas instâncias do Sistema Único de Assistência Social – SUAS.

§ 4º Será considerada tempestiva a defesa cujo agendamento tenha ocorrido no prazo estabelecido no caput. (Redação dada pela Portaria Conjunta MC/MTP/INSS 22/2022)

§ 5º (Revogado pela Portaria Conjunta MC/MTP/INSS 22/2022)

§ 6º O benefício será mantido durante o período da análise da defesa pelo INSS, desde que a defesa seja apresentada tempestivamente.

§ 7º O benefício será suspenso caso o beneficiário, seu representante legal ou seu procurador seja cientificado sobre a irregularidade e não apresente a defesa tempestivamente.

§ 8º O valor do benefício será bloqueado quando inexistente prova inequívoca da ciência da notificação enviada; e

§ 9º O beneficiário terá até 30 (trinta) dias, a contar da data do bloqueio do benefício, para entrar em contato com o INSS por meio de seus canais de atendimento, presenciais e remotos, e solicitar o desbloqueio de seu benefício, exceto no caso de bloqueio cautelar, em que se observará o previsto pelo art. 24-A desta Portaria. (Redação dada pela Portaria Conjunta MC/MTP/INSS 14/2021)

Art. 24-A. Os benefícios que forem objeto de apuração de irregularidade ou fraude poderão ter o respectivo valor bloqueado cautelarmente pelo INSS, por meio de decisão fundamentada, quando houver risco iminente de prejuízo ao erário e restarem evidenciados elementos suficientes que indiquem a existência de irregularidade ou fraude na sua concessão ou manutenção. (Acrescido pela Portaria Conjunta MC/MTP/INSS 14/2021)

§ 1º A apuração de irregularidade ou fraude de que trata o caput deverá ter sido realizada por órgão competente e validada pelo Ministério da Cidadania, que poderá indicar ao INSS o cabimento do bloqueio cautelar.

§ 2º Compete exclusivamente à Coordenação-Geral de Conformidade e Combate à Fraude (CGCCF), do INSS, a operacionalização do bloqueio cautelar.

§ 3º Na hipótese de bloqueio cautelar, será facultada, concomitantemente, a apresentação de defesa, nos termos do art. 24 desta Portaria.

§ 4º Será dada prioridade à tramitação de processo no qual tenha ocorrido o bloqueio cautelar, devendo a análise ser concluída no prazo de 30 (trinta) dias, contado da data de apresentação da defesa pelo titular do benefício.

§ 5º Encerrado o prazo de que trata o § 4º, independentemente de concluída a tramitação do processo, o benefício será desbloqueado automaticamente, ressalvada a hipótese prevista no § 7º.

§ 6º O bloqueio cautelar não será objeto de desbloqueio por solicitação do beneficiário.

§ 7º Na hipótese de o titular do benefício não apresentar defesa, o bloqueio será convertido automaticamente em suspensão do benefício.

§ 8º O INSS definirá em ato próprio os procedimentos operacionais para continuidade das apurações a seu cargo.

Art. 25. A reavaliação da deficiência ocorrerá a cada dois anos, podendo o Ministro de Estado do Desenvolvimento Social editar ato para indicar os procedimentos a serem observados e os grupos que eventualmente serão dispensados ou priorizados nessa revisão.

SEÇÃO III
DA SUSPENSÃO E DA CESSAÇÃO

Art. 26. O BPC será suspenso quando:

I – o beneficiário, o seu representante legal ou o procurador for notificado e não apresentar defesa tempestivamente;

II – a defesa apresentada for improcedente;

III – o beneficiário não entrar em contato para ciência da irregularidade constatada por meio dos canais de atendimento do INSS ou outros canais autorizados para esse fim no prazo de trinta dias a partir do bloqueio do valor do benefício; ou

IV – for informada a ausência do beneficiário pelo representante legal ou pelo procurador, na forma da lei;

Art. 27. O beneficiário pessoa com deficiência deverá solicitar por meio dos canais de atendimento do INSS a suspensão em caráter especial quando exercer atividade remunerada, inclusive na condição de microempreendedor individual. (Redação dada pela Portaria Conjunta MC/MTP/INSS 22/2022)

Parágrafo único. Caso o beneficiário pessoa com deficiência que esteja em exercício de atividade remunerada atenda aos requisitos dispostos no art. 26-A da Lei nº 8.742, de 1993 , o INSS deverá conceder automaticamente o auxílio-inclusão de que trata o art. 94 da Lei nº 13.146, de 6 de julho de 2015. (Redação dada pela Portaria Conjunta MC/MTP/INSS 22/2022)

Art. 28. Nos casos em que o BPC for pago por meio da modalidade de cartão magnético, a ausência de saque do valor do benefício por prazo superior a sessenta dias ocasionará a suspensão da emissão de crédito para pagamento do benefício, e a ausência de saque por mais de cento e oitenta dias ensejará a cessação administrativa do benefício.

§ 1º A reativação do crédito ou do benefício estará condicionada à solicitação do beneficiário junto ao INSS, por intermédio dos canais disponíveis.

§ 2º A reativação do crédito do benefício implicará o pagamento de todos os valores devidos durante o período em que a emissão do crédito esteve suspensa ou em que o benefício esteve cessado administrativamente, excetuando o(s) período(s) em que o benefício comprovadamente não é devido.

§ 3º Os procedimentos para restabelecimento do benefício devem ser adotados de imediato a fim de possibilitar o saque no prazo máximo de setenta e duas horas.

§ 4º O benefício suspenso ou cessado por ausência de saque poderá ser reativado por meio de solicitação realizada nos canais de atendimento do INSS. (Redação dada pela Portaria Conjunta MC/MTP/INSS 22/2022)

Art. 29. A contribuição do beneficiário como segurado facultativo da Previdência Social não acarretará a suspensão do pagamento do BPC.

Art. 30. A cessação do BPC não impede a concessão de novo BPC, desde que atendidos os requisitos exigidos para acesso ao benefício.

Parágrafo único. É vedada a reativação de benefício cessado quando esgotadas todas as instâncias administrativas de recurso.

Art. 31. Na hipótese de cessação do contrato de aprendizagem, se a pessoa com deficiência tiver adquirido direito a qualquer benefício no âmbito da Previdência Social, o BPC deverá ser cessado para a habilitação do benefício previdenciário.

Parágrafo único. Na hipótese de cessação do contrato de aprendizagem, se o beneficiário fizer jus a seguro-desemprego, poderá optar pelo recebimento deste, desde que não esteja recebendo o BPC.

CAPÍTULO VI
DA REPRESENTAÇÃO

Art. 32. O requerente ou beneficiário pode se fazer representar nas etapas de operacionalização do BPC por procurador, tutor, curador, ou detentor de guarda devidamente habilitado na forma do art. 33 da Lei nº 8.069, de 13 de julho de 1990.

Art. 33. A decisão judicial no processo de tomada de decisão apoiada, previsto nos artigos 1.783-A da Lei nº 10.406, de 2002, e 116 da Lei nº 13.146, de 2015, deverá ser cumprida nos seus estritos termos.

Art. 34. Poderá ocorrer a representação por meio de mais de uma procuração ou procurações coletivas nos casos de parentes de primeiro grau e nos casos de beneficiários representados por dirigentes de instituições nas quais se encontrem acolhidos.

CAPÍTULO VII
DA COBRANÇA E DO RESSARCIMENTO DE VALORES

Art. 35. É devida a cobrança de ressarcimento de valores recebidos do BPC quando constatada a ocorrência de ao menos uma das hipóteses de cessação do benefício previstas no art. 48 do anexo ao Decreto nº 6.214, de 2007. (Redação dada pela Portaria Conjunta MC/MTP/INSS 22/2022)

§ 1º O valor a ser ressarcido contará do momento da ocorrência do fato que gerou o recebimento indevido.

§ 2º A cobrança dos valores pagos indevidamente depende de apuração e comprovação de dolo, fraude ou má-fé.

Art. 36. O instituto da prescrição se aplica à cobrança de valores pagos indevidamente aos beneficiários do BPC, salvo os casos decorrentes de ato comprovado de dolo, fraude ou má-fé.

Art. 37. Cabe ao INSS, sem prejuízo de outras medidas legais, adotar as providências necessárias à restituição do valor do benefício pago indevidamente, observado o prazo de prescrição. (Redação dada pela Portaria Conjunta MC/MTP/INSS 22/2022)

CAPÍTULO VIII
DAS DENÚNCIAS DE IRREGULARIDADES

Art. 38. Sem prejuízo do disposto no art. 44 do Decreto nº 6.214, de 2007, cabe ao INSS recepcionar as denúncias de irregularidades relativas à concessão, manutenção e pagamento do BPC, apresentadas por qualquer pessoa física ou jurídica de direito público ou privado, especialmente pelos Conselhos de Direitos, Conselhos de Assistência Social e demais organizações representativas de pessoas idosas e de pessoas com deficiência.

§ 1º As denúncias a que se refere o caput devem ser apuradas de acordo com o fluxo operacional definido pelo INSS.

§ 2º Compete ao INSS aplicar os procedimentos cabíveis previstos nesta Portaria, independentemente de outras penalidades legais, quando constatada a prática de infração penal decorrente da concessão ou da manutenção do BPC.

§ 3º O denunciante tem direito de receber informações sobre as providências tomadas pelo INSS quanto à irregularidade por ele denunciada.

Art. 39. Cabe ao INSS e aos demais canais de atendimento informar ao público os locais para recepcionar as denúncias de irregularidades ou falhas na concessão e/ou manutenção do BPC.

Parágrafo único. Eventual denúncia de restrição ao usufruto do BPC mediante retenção de cartão magnético deverá ser encaminhada ao Ministério Público Federal.

CAPÍTULO IX
DAS DISPOSIÇÕES FINAIS E TRANSITÓRIAS

Art. 40. Para fins do disposto nesta Portaria, presumem-se verdadeiras as informações constantes no CadÚnico, admitindo-se que sejam utilizadas outras bases de dados da Administração Pública.

Art. 41. O processo de inclusão e atualização no CadÚnico de beneficiários do BPC e respectivas famílias será regulamentado por meio de Instrução Operacional conjunta da Secretaria Nacional de Renda de Cidadania – SENARC e da Secretaria Nacional de Assistência Social – SNAS, ambas do MDS.

Art. 42. Ficam dispensados de realizar inscrição e atualização no CadÚnico para fins de requerimento e manutenção do BPC, até que seja efetuada adaptação no formulário e no Sistema, os requerentes ou beneficiários menores de 16 anos ou pessoas interditadas total ou parcialmente que:

I – estejam internados em instituição, abrigo, asilo ou hospital há 12 meses ou mais; ou

II – não possuam família de referência, nos termos do art. 2º da Portaria MDS nº 177, de 20 de junho de 2011.

§ 1º As pessoas referidas no *caput* deverão informar os dados relativos ao local de convívio em campo próprio no requerimento. (Redação dada pela Portaria Conjunta MC/MTP/INSS 22/2022)

§ 2º O representante legal deverá informar seus dados pessoais em campo próprio no requerimento. (Redação dada pela Portaria Conjunta MC/MTP/INSS 22/2022)

§ 3º Os benefícios de que tratam o caput não poderão ser suspensos por ausência de inscrição no CadÚnico até que sejam efetuadas adaptações no formulário e no Sistema.

§ 4º Pessoas incapazes cujo processo de interdição ou de tomada de decisão apoiada ainda não esteja concluído ficam também dispensadas de inclusão e atualização dos dados do CadÚnico.

Art. 43. O INSS poderá editar atos complementares com a finalidade de disciplinar a operacionalização em conformidade com as disposições desta Portaria Conjunta.

Art. 44. Fica revogada a Portaria Conjunta nº 01 MDSA/INSS, de 03 de janeiro de 2017.

Art. 45. Essa Portaria entra em vigor na data da sua publicação.

ALBERTO BELTRAME

Pelo Ministro de Estado do Desenvolvimento Social

EDISON ANTÔNIO COSTA BRITTO GARCIA

Presidente do Instituto Nacional do Seguro Social

ANEXO I

‣ (Revogado pela Portaria Conjunta MC/MTP/INSS 22/2022)

ANEXO II

‣ (Revogado pela Portaria Conjunta MC/MTP/INSS 22/2022)

ANEXO III

‣ (Acrescido pela Portaria Conjunta MC/MTP/INSS 14/2021)

Tabela 1. Descontos SUS - inciso I do § 4º do art. 8º

Categoria de gasto dedutível (SUS)	Valor dedutível por categoria (em R$)
Medicamentos	40
Consultas e tratamentos médicos	81
Fraldas	89
Alimentação especial	109

Fonte: Pesquisa de Orçamento Familiar (POF), correspondente ao biênio de 2017-2018 e publicada no ano de 2019, realizada pelo Instituto Brasileiro de Geografia e Estatística (IBGE).

Tabela 2. Descontos SUAS - inciso II do § 4º do art. 8º

Categoria de gasto dedutível (SUAS)	Valor dedutível (em R$)
Centro-Dia	29

Observações:

1. Trata-se dos valores médios de referência, para dedução máxima por categoria, conforme § 5º do art. 8º desta Portaria, ressalvada a possibilidade de dedução de valores superiores, conforme § 6º do art. 8º desta Portaria.
2. Os valores serão atualizados em janeiro de cada ano de acordo com a variação do Índice Nacional de Preços ao Consumidor (INPC) acumulada no ano anterior, apurado pelo IBGE.
3. Para a Tabela 1, os valores apurados pela POF foram atualizados monetariamente pela variação do INPC acumulada entre fevereiro de 2018 e dezembro de 2020, uma vez que a data de referência fixada para a compilação, análise e apresentação dos resultados da POF 2017-2018 foi 15 de janeiro de 2018.
4. Para a Tabela 2, o valor dedutível foi apurado a partir do cofinanciamento federal per capita destinado para o Serviço de Proteção Social Especial para Pessoas com Deficiência, Idosas e suas Famílias (Centro-Dia) prestado pelo SUAS.
5. O detalhamento da metodologia de cálculo encontra-se em nota técnica da Secretaria Nacional de Assistência Social do Ministério da Cidadania e da Secretaria de Previdência da Secretaria Especial de Previdência e Trabalho do Ministério da Economia, que serão objeto de ampla divulgação.
6. Sempre que necessária, a apuração dos valores poderá ser revista, com divulgação da versão atualizada da metodologia.

ANEXO IV

‣ (Acrescido pela Portaria Conjunta MC/MTP/INSS 14/2021)

Tabela 1. Aplicação do padrão médio à avaliação social - inciso III do § 7º do art. 11

Domínio	Qualificador
Produtos e tecnologia (e1)	2,0
Condições de habitabilidade e mudanças ambientais (e2)	2,0
Apoio e relacionamentos (e3)	2,0
Atitudes (e4)	1,0
Serviços, sistemas e políticas (e5)	2,0
Vida doméstica (d6)	3,0
Relações e interações interpessoais (d7)	2,0
Áreas principais da vida (d8)	3,0
Vida Comunitária, Social e Cívica (d9)	3,0

Observações:

1. Trata-se do estabelecimento do padrão médio aplicado à avaliação social que compõe a avaliação da deficiência para acesso ao BPC, conforme previsto no inciso III do § 7º do art.
11, ressalvado o disposto no § 11 do art. 11 desta Portaria.
2. Os valores atribuídos aos qualificadores serão aplicados aos domínios elencados na tabela que são observados no instrumento de avaliação da deficiência para acesso ao BPC definido pela Portaria Conjunta MDS/INSS nº 2, de 30 de março de 2015.
3. O padrão médio foi parametrizado a partir de análise dos dados das avaliações biopsicossociais realizadas desde 2015.
4. O detalhamento da metodologia de cálculo encontra-se em nota técnica da Secretaria Nacional de Assistência Social do Ministério da Cidadania e da Secretaria de Previdência da Secretaria Especial de Previdência e Trabalho do Ministério da Economia, que serão objeto de ampla divulgação.
5. Se necessário, o padrão médio poderá ser revisto, com divulgação da versão atualizada da metodologia.

ANEXO V

‣ (Acrescido pela Portaria Conjunta MC/MTP/INSS 22/)

Assinatura do Responsável pelo preenchimento - Requerente ou Representante Legal

DECLARAÇÃO DO REQUERENTE PARA DEDUÇÃO DA DESPESA DO SUAS NA RENDA FAMILIAR		
1.1.Nome:		1.2.Data de nascimento (dd/mm/aaaa):
1.3.Nome social:	1.4.CPF:	1.5.Nacionalidade:
1.6.Endereço:		1.7.Nº:
1.8.Complemento:		1.9.Bairro:
1.10.Município:	1.11.Estado:	1.12.CEP:
1.13.Telefone: ( )		
Preencha os campos abaixo APENAS se houver Representante Legal (guardião, tutor ou curador)		

ASSISTÊNCIA SOCIAL

2.1.Nome do Representante Legal (RL):		2.2.CPF:
2.3.Endereço:		
2.4.Município:	2.5.Estado:	2.6.CEP:
2.7.Telefone: ( )		
Em relação à oferta do Serviço de Proteção Social Especial para Idosos, Pessoas com Deficiência e suas Famílias (marcar apenas uma opção):		
3.1.( ) Necessito do serviço		
3.2.( ) NÃO necessito do serviço		

Assinatura do Responsável pelo preenchimento - Requerente ou Representante Legal

ANEXO VI

‣ (Acrescido pela Portaria Conjunta MC/MTP/INSS 22/)

DECLARAÇÃO DO SUAS PARA DEDUÇÃO DA DESPESA NA RENDA FAMILIAR DO REQUERENTE DO BPC		
1.1.Nome:		1.2.Data de nascimento (dd/mm/aaaa):
1.3.Nome social:	1.4.CPF:	1.5.Nacionalidade:
1.6.Endereço:		1.7.Nº:
1.8.Complemento:		1.9.Bairro:
1.10.Município:	1.11.Estado:	1.12.CEP:
1.13.Telefone: ( )		
Preencha os campos abaixo APENAS se houver Representante Legal (guardião, tutor ou curador)		
2.1.Nome do Representante Legal (RL):		2.2.CPF:
2.3.Endereço:		
2.4.Município:	2.5.Estado:	2.6.CEP:
2.7.Telefone: ( )		

Em relação ao Serviço de Proteção Social Especial para Idosos, Pessoas com Deficiência e suas Famílias, que integra o Sistema Único de Assistência Social (SUAS), para fins de requerimento do Benefício de Prestação Continuada (BPC) pela pessoa acima identificada, DECLARO que: (marcar apenas uma opção)	
3.1.( ) NÃO HÁ OFERTA do serviço pela rede pública e/ou privada no município ou no Distrito Federal	
3.2.( ) O serviço é ofertado APENAS pela rede pública no município ou no Distrito Federal	
3.3.( ) O serviço é ofertado APENAS pela rede privada no município ou no Distrito Federal	
3.4.( ) O serviço é ofertado pela rede pública e pela rede privada no município ou no Distrito Federal	
Preencha um dos campos abaixo APENAS SE HOUVER OFERTA do serviço no município ou no Distrito Federal:	
4.1.( ) O requerente é atendido pelo serviço	
4.2.( ) O requerente NÃO é atendido	
5.1.Nome do responsável pelo preenchimento:	
5.2.Cargo/Função:	5.3.CPF:

______________________________________, ______/______/_______

Local, data

____

Assinatura do Responsável pelo preenchimento - SUAS

LEI Nº 14.126, DE 22 DE MARÇO DE 2021

Classifica a visão monocular como deficiência sensorial, do tipo visual.

O PRESIDENTE DA REPÚBLICA Faço saber que o Congresso Nacional decreta e eu sanciono a seguinte Lei:

Art. 1º Fica a visão monocular classificada como deficiência sensorial, do tipo visual, para todos os efeitos legais.

Parágrafo único. O previsto no § 2º do art. 2º da Lei nº 13.146, de 6 de julho de 2015 (Estatuto da Pessoa com Deficiência), aplica-se à visão monocular, conforme o disposto no caput deste artigo.

Art. 2º Esta Lei entra em vigor na data de sua publicação.

Brasília, 22 de março de 2021; 200º da Independência e 133º da República.

JAIR MESSIAS BOLSONARO

Este texto não substitui o publicado no DOU de 23.3.2021

DECRETO Nº 10.654, DE 22 DE MARÇO DE 2021

Dispõe sobre a avaliação biopsicossocial da visão monocular para fins de reconhecimento da condição de pessoa com deficiência.

O PRESIDENTE DA REPÚBLICA, no uso da atribuição que lhe confere o art. 84, caput, inciso IV, da Constituição, e tendo em vista o disposto na Lei nº 14.126, de 22 de março de 2021,

DECRETA:

Art. 1º Este Decreto dispõe sobre a avaliação biopsicossocial da visão monocular para fins de reconhecimento da condição de pessoa com deficiência.

Art. 2º A visão monocular, classificada como deficiência sensorial, do tipo visual, pelo art. 1º da Lei nº 14.126, de 22 de março de 2021, será avaliada na forma prevista nos § 1º e § 2º do art. 2º da Lei nº 13.146, de 6 de julho de 2015, para fins de reconhecimento da condição de pessoa com deficiência.

Art. 3º Este Decreto entra em vigor na data de sua publicação.

Brasília, 22 de março de 2021; 200º da Independência e 133º da República.

JAIR MESSIAS BOLSONARO

Este texto não substitui o publicado no DOU de 23.3.2021

PORTARIA CONJUNTA MC e MTP e INSS Nº 13, DE 7 DE OUTUBRO DE 2021

Dispõe sobre regras e procedimentos de requerimento, concessão, manutenção e revisão do auxílio-inclusão.

▸ *Auxílio-inclusão*

O MINISTRO DE ESTADO DA CIDADANIA, em conformidade com o art. 26-F da Lei nº 8.742, de 7 de dezembro de 1993, incluído pela Lei nº 14.176, de 22 de junho de 2021, o MINISTRO DE ESTADO DO TRABALHO E PREVIDÊNCIA, no uso das atribuições que lhe conferem o art. 10 da Medida Provisória nº 1.058, de 27 de julho de 2021, combinado com art. 48-A, inciso I da Lei nº 13.844, de 18 de junho de 2019, e o art. 1º, inciso I e o art. 8º, inciso XIV do Anexo I do Decreto nº 10.761, de 2 de agosto de 2021, e o PRESIDENTE DO INSTITUTO NACIONAL DO SEGURO SOCIAL, no uso das atribuições que lhe conferem o art. 26-F da Lei nº 8.742, de 1993, incluído pela Lei nº 14.176, de 2021, o art. 17 do Anexo I do Decreto nº 9.746, de 8 de abril de 2019, e o art. 6º do Regimento Interno do INSS, aprovado pela Portaria nº 414, de 29 de setembro de 2017, do Ministério do Desenvolvimento Social,

Considerando que o auxílio-inclusão é um benefício previsto no art. 94 da Lei nº 13.146, de 6 de julho de 2015, e sobre o qual dispõe a Lei nº 14.176, de 22 de junho de 2021, que altera a Lei nº 8.742, de 1993;

Considerando que auxílio-inclusão tem por objetivo o fomento da inclusão da pessoa com deficiência moderada ou grave, beneficiária do Benefício de Prestação Continuada (BPC) de que trata o art. 20 da Lei nº 8.742, de 1993, no mundo do trabalho; e

Considerando que compete ao Ministério da Cidadania a gestão do auxílioinclusão, e ao Instituto Nacional do Seguro Social (INSS) a sua operacionalização e pagamento, resolvem:

Art. 1º Dispor sobre regras e os procedimentos para requerimento, concessão, manutenção e revisão do auxílio-inclusão à pessoa com deficiência.

CAPÍTULO I DAS ETAPAS DE OPERACIONALIZAÇÃO DO AUXÍLIO-INCLUSÃO

Art. 2º Constituem etapas de operacionalização do auxílio-inclusão à pessoa com deficiência:

I - requerimento;

II - reconhecimento de direito;

III - manutenção; e

IV - revisão.

CAPÍTULO II DO REQUERIMENTO

SEÇÃO I DOS CANAIS DE REQUERIMENTO

Art. 3º O auxílio-inclusão poderá ser requerido junto aos canais de atendimento do INSS ou nos equipamentos públicos da assistência social, desde que pactuados nas instâncias do Sistema Único de Assistência Social (SUAS).

Parágrafo único. O auxílio-inclusão será concedido automaticamente, observado o preenchimento dos demais requisitos, mediante constatação, pelo Ministério da Cidadania ou pelo INSS, de acumulação do Benefício de Prestação Continuada (BPC) com o exercício de atividade remunerada. (Acrescido pela Portaria Conjunta MC/MTP/INSS 22/2022)

SEÇÃO II DOS REQUERENTES

Art. 4º Para ter acesso ao auxílio-inclusão, o requerente deve ser titular de Benefício de Prestação Continuada (BPC) ativo concedido à pessoa com deficiência e preencher os seguintes requisitos:

I - ter o grau da deficiência moderado ou grave;

II - ter inscrição atualizada no Cadastro Único para Programas do Governo Federal (Cadastro Único);

III - ter inscrição regular no Cadastro de Pessoas Físicas (CPF);

IV - passar a exercer atividade:

a) que tenha remuneração limitada a 2 (dois) salários mínimos; e

b) que o enquadre como segurado obrigatório do Regime Geral de Previdência Social ou como filiado a regime próprio de previdência social da União, dos Estados, do Distrito Federal ou dos Municípios; e

V - atender aos critérios de manutenção do BPC, incluídos os critérios relativos à renda familiar mensal per capita exigida para o acesso ao benefício, observado o disposto no art. 5º.

§ 1º Poderá ainda ter acesso ao auxílio-inclusão aquele que:

I - tenha recebido, por qualquer período, o BPC na condição de pessoa com deficiência nos últimos 5 (cinco) anos imediatamente anteriores ao exercício da atividade remunerada; e

II - o BPC tenha sido suspenso nos termos do art. 21-A da Lei nº 8.742, de 7 de dezembro de 1993.

§ 2º Enquanto não estiver regulamentado o instrumento de avaliação de que tratam os §§ 1º e 2º do art. 2º da Lei nº 13.146, de 6 de julho de 2015 (Estatuto da Pessoa com Deficiência), o grau da deficiência exigido no inciso I do caput será presumido quando o requerente se encontrar com o BPC ativo ou em suspensão nos termos do art. 21-A da Lei nº 8.742, de 1993.

§ 3º Para os casos de que trata § 1º, deverá ser observado o exercício de atividade, nos moldes do inciso IV do caput, na data de requerimento do auxílio-inclusão, independentemente de exercício de atividade distinta no início da suspensão nos termos do art. 21-A da Lei nº 8.742, de 1993.

§ 4º O atendimento aos critérios de manutenção do BPC relativos à renda familiar mensal per capita de que trata o inciso V do caput deverá ser:

I - presumido, para os requerentes titulares de BPC ativo; ou

II - comprovado, para os demais requerentes.

§ 5º As presunções de que tratam o § 2º e o inciso I do § 4º não alteram ou prejudicam os procedimentos revisionais, ou seus resultados, a que estão submetidos o BPC e o auxílio-inclusão.

§ 6º Ao requerer o auxílio-inclusão, o beneficiário autorizará a suspensão do

BPC, nos termos do art. 21-A da Lei nº 8.742, de 1993.

SEÇÃO III
DAS INFORMAÇÕES SOBRE A COMPOSIÇÃO DO GRUPO E RENDA FAMILIAR

Art. 5º Para o acesso ao auxílio-inclusão deverá ser verificada a manutenção dos critérios relativos à renda familiar mensal per capita exigidos para acesso ao BPC, conforme definidos na Portaria Conjunta MDS/INSS nº 3, de 21 de setembro de 2018, observando ainda que serão desconsideradas no cálculo:

I - as remunerações obtidas pelo requerente em decorrência de exercício de atividade laboral, desde que o total recebido no mês seja igual ou inferior a 2 (dois) salários mínimos; e

II - as rendas oriundas dos rendimentos decorrentes de estágio supervisionado e de aprendizagem.

Parágrafo único. O valor do auxílio-inclusão percebido por um membro da família não será considerado no cálculo da renda familiar mensal per capita, de que trata o inciso V do caput do art. 4º, para fins de concessão e de manutenção de outro auxílioinclusão no âmbito do mesmo grupo familiar.

Art. 6º O pagamento do auxílio-inclusão não será acumulado com o pagamento de:

I - BPC;

II - prestações a título de aposentadoria, de pensões ou de benefícios por incapacidade pagos por qualquer regime de previdência social; ou

III - seguro-desemprego.

CAPÍTULO III
DO RECONHECIMENTO DO DIREITO AO BENEFÍCIO

SEÇÃO I
DO PROCESSO DE ANÁLISE

Art. 7º O INSS deverá:

I - analisar o requerimento;

II - decidir quanto ao deferimento ou indeferimento; e

III - comunicar ao requerente, por meio dos canais disponíveis, quanto ao resultado do requerimento.

IV - identificar entre as pessoas com deficiência com o BPC ativo aquelas que estejam no exercício de atividade remunerada e que atendam aos requisitos do auxílio-inclusão para fins de conversão automática do benefício. (Acrescido pela Portaria Conjunta MC/MTP/INSS 22/2022)

Parágrafo único. Caso o auxílio-inclusão seja deferido, o prazo para realização da revisão bienal prevista no art. 21 da Lei nº 8.742, de 1993, será suspenso, voltando a correr, se for o caso, a partir do restabelecimento do BPC.

Art. 8º O valor referente ao auxílio-inclusão será pago a contar da data do requerimento do benefício.

Parágrafo único. Os valores recebidos do BPC em competência posterior a do início da atividade deverão ser descontados do auxílio-inclusão em valor que não exceda 5% (cinco por cento) da importância da renda mensal do benefício, observado o disposto no inciso II do art. 154 do Decreto nº 3.048, de 6 de maio de 1999.

Art. 8º-A. O auxílio-inclusão será concedido automaticamente, observado o preenchimento dos demais requisitos, mediante constatação, pelo Ministério da Cidadania ou pelo INSS, de acumulação do BPC com o exercício de atividade remunerada. (Acrescido pela Portaria Conjunta MC/MTP/INSS 22/2022)

§ 1º O valor referente ao auxílio-inclusão concedido automaticamente será pago a contar do primeiro dia da competência em que o Ministério da Cidadania ou o INSS constatou a ocorrência de acumulação do BPC com o exercício de atividade remunerada.

§ 2º O titular do auxílio-inclusão concedido automaticamente deverá ser notificado sobre:

I - a suspensão do BPC;

II - a concessão automática do auxílio-inclusão;

III - a eventual consignação de valores recebidos indevidamente em razão da acumulação do BPC com o exercício de atividade remunerada, nos moldes previstos no parágrafo único do art. 8º desta Portaria; e

IV - outras consequências administrativas da alteração do benefício.

SEÇÃO II
DO INDEFERIMENTO

Art. 9º O INSS deverá indeferir o benefício quando os critérios de acesso não forem atendidos.

Parágrafo único. O benefício será indeferido quando o requerente vier a óbito durante o processo de análise, dispensando-se a plena avaliação dos requisitos necessários para o reconhecimento do direito.

SEÇÃO III
DO RECURSO

Art. 10. Os interessados poderão interpor recurso contra a decisão de indeferimento do benefício nos canais de atendimento disponibilizados, no prazo de 30 (trinta) dias contados da data da ciência da decisão.

CAPÍTULO IV
DA MANUTENÇÃO E DA REVISÃO DO AUXÍLIO-INCLUSÃO

SEÇÃO I
REGRAS GERAIS

Art. 11. Para a manutenção e a revisão do auxílio-inclusão serão observados os critérios de concessão previstos nesta Portaria e os critérios de manutenção do BPC previstos na Portaria Conjunta MDS/INSS nº 3, de 2018.

Parágrafo único. O procedimento revisional aplicado ao BPC será igualmente aplicado ao auxílio-inclusão quanto à forma, à frequência e aos prazos, observado o disposto no parágrafo único do art. 7º.

Art. 12. O auxílio-inclusão não está sujeito a desconto de qualquer contribuição e não gera direito a pagamento de abono anual.

SEÇÃO II
DA CESSAÇÃO

Art. 13. O pagamento do auxílio-inclusão cessará na hipótese de o beneficiário:

I - deixar de atender aos critérios de manutenção do BPC; ou

II - deixar de atender aos critérios de concessão do auxílio-inclusão.

SEÇÃO III
DO RESTABELECIMENTO DO BPC

Art. 14. Em caso de cessação do auxílio-inclusão, o beneficiário, mediante requerimento, poderá ter o BPC restabelecido:

I - a partir do dia imediatamente posterior, quando requerido em até 90 (noventa) dias, conforme o caso, da cessação do contrato de trabalho, do encerramento da atividade empresarial, da última competência de contribuição previdenciária recolhida como contribuinte individual ou do encerramento do prazo de pagamento do segurodesemprego; ou

II - a partir da data do protocolo do requerimento, quando requerido após 90 (noventa) dias, conforme o caso, da cessação do contrato de trabalho, da última competência de contribuição previdenciária recolhida como contribuinte individual ou do encerramento do prazo de pagamento do seguro-desemprego.

§ 1º Poderá ainda ter o BPC restabelecido, mediante requerimento, aquele que tiver o contrato de trabalho suspenso sem remuneração ou que estiver em licença não remunerada, observados os prazos do caput, sendo o recebimento do auxílio-inclusão indevido nestas situações.

§ 2º O auxílio-inclusão cessado para recebimento de benefício por incapacidade temporária deverá ser restabelecido, de forma automática, a partir do dia posterior à cessação do benefício por incapacidade temporária, independentemente de requerimento.

§ 3º O restabelecimento do BPC, na hipótese do caput, não dependerá de nova avaliação da deficiência.

§ 4º Após o restabelecimento do BPC, caso se verifique que o beneficiário se encontra há mais de 2 (dois) anos sem reavaliação da deficiência, observado o disposto no parágrafo único do art. 7º, deverá ser agendada a avaliação de deficiência para manutenção do benefício.

§ 5º Deverão ser descontados do BPC restabelecido em valor que não exceda 10% (dez por cento) da importância da renda mensal do benefício, observado o disposto no inciso II do art. 154 do Decreto nº 3.048, de 1999, os valores recebidos do auxílio-inclusão:

I - durante período de suspensão do contrato de trabalho sem remuneração ou de licença não remunerada; e

II - após a cessação do contrato de trabalho, o encerramento da atividade empresarial, a última competência de contribuição previdenciária recolhida como contribuinte individual ou o encerramento do prazo de pagamento do seguro-desemprego.

CAPÍTULO V
DAS DISPOSIÇÕES FINAIS

Art. 15. O valor do auxílio-inclusão e o da remuneração do beneficiário do auxílioinclusão, de que trata a alínea "a" do inciso IV do caput do art. 4º, percebidos por um membro da família não serão considerados no cálculo da renda familiar mensal per capita de que tratam os §§ 3º e 11-A do art. 20 da Lei nº 8.742, de 1993, para fins de manutenção de BPC concedido a outra pessoa do mesmo grupo familiar antes do início do referido auxílio-inclusão.

Art. 16. Aplica-se ao auxílio-inclusão, no que couber, o disposto na Portaria Conjunta MDS/INSS nº 3, de 2018.

Art. 17. Atos complementares para a operacionalização do auxílio-inclusão poderão ser editados conjuntamente pela Secretaria Nacional de Assistência Social do Ministério da Cidadania, pela Secretaria de Previdência do Ministério do Trabalho e Previdência e pelo INSS.

Art. 18. Esta Portaria entra em vigor na data de sua publicação.

JOÃO INÁCIO RIBEIRO ROMA NETO
Ministro de Estado da Cidadania
ONYX DORNELLES LORENZONI
Ministro de Estado do Trabalho e Previdência
LEONARDO JOSÉ ROLIM GUIMARÃES
Presidente do Instituto Nacional do Seguro Social

PORTARIA CONJUNTA MC e MTP e INSS Nº 14, DE 7 DE OUTUBRO DE 2021

Dispõe sobre regras e procedimentos de requerimento, concessão, manutenção e revisão do Benefício de Prestação Continuada da Assistência Social (BPC).

› *Benefício de Prestação Continuada*

O MINISTRO DE ESTADO DA CIDADANIA, em conformidade com o artigo 2º do Anexo do Decreto nº 6.214, de 26 de setembro de 2007, o MINISTRO DE ESTADO DO TRABALHO E PREVIDÊNCIA, no uso das atribuições que lhe conferem o artigo 48-A, inciso I da Lei nº 13.844, de 18 de junho de 2019, e o artigo 1º, inciso I e o artigo 8º, inciso XIV do Anexo I do Decreto nº 10.761, de 2 de agosto de 2021, combinado com o artigo 10 da Medida Provisória nº 1.058, de 27 de julho de 2021, e o PRESIDENTE DO INSTITUTO NACIONAL DO SEGURO SOCIAL, no uso das atribuições que lhe conferem os artigos 3º e 39 do Anexo do Decreto nº 6.214, de 2007, o artigo 17 do Anexo I do Decreto nº 9.746, de 8 de abril de 2019, e o artigo 6º do Regimento Interno do INSS, aprovado pela Portaria nº 414, de 29 de setembro de 2017, do Ministério do Desenvolvimento Social,

Considerando o Termo de Acordo homologado pelo Supremo Tribunal Federal no âmbito do Recurso Extraordinário nº 1.171.152/SC,

Considerando a Lei nº 14.176, de 22 de junho de 2021, resolvem:

Art. 1º A Portaria Conjunta MDS/INSS nº 3, de 21 de setembro de 2018, passa a vigorar com as seguintes alterações:

"Art. 8º ....

III - ....

f) serão deduzidos da renda mensal bruta familiar exclusivamente os gastos com tratamentos de saúde, médicos, fraldas, alimentos especiais e medicamentos do idoso ou da pessoa com deficiência, não disponibilizados gratuitamente pelo Sistema Único de Saúde (SUS), ou com serviços não prestados pelo Serviço Único de Assistência Social (SUAS), desde que de natureza contínua e comprovadamente necessários à preservação da saúde e da vida.

....

§ 4º Os descontos, a que se referem a alínea f do inciso III do caput, ficarão condicionados à apresentação, no ato do requerimento, de:

I - documentação médica que afirme a natureza contínua do tratamento e a comprovação de sua não disponibilização gratuita ou de sua negativa de disponibilização, no caso de desconto referente a tratamento não disponibilizado pelo SUS; ou

II - documentação que demonstre a necessidade do requerente de utilização do Serviço de Proteção Especial para idosos, Pessoas com Deficiência e suas famílias (Centro-Dia) e de sua não disponibilização, no caso de desconto referente a serviço não prestado pelo SUAS.

§ 5º O desconto de que trata o § 4º será realizada para cada categoria uma única vez no valor médio do respectivo gasto previsto no Anexo III.

§ 6º É facultada ao interessado a comprovação de que os gastos efetivos previstos no inciso I do § 4º ultrapassam os valores médios utilizados conforme o § 5º, caso em que deverá apresentar os recibos de cada um dos 12 (doze) meses anteriores ao requerimento ou em número igual ao tempo de vida do requerente caso a idade seja inferior a um ano." (NR)

"Art. 11. ....

§ 7º Excepcionalmente poderá ser:

I - realizada a avaliação para comprovação da deficiência antes da avaliação de renda;

I - realizada a avaliação pelo Serviço Social que compõe a avaliação da deficiência por meio de videoconferência; e

III - aplicado padrão médio à avaliação social que compõe a avaliação da deficiência, desde que tenha sido realizada a avaliação médica e constatado o impedimento de longo prazo.

....

§ 10. O padrão médio para a avaliação social, de que trata o inciso III do § 7º, será aplicado na forma estabelecida no Anexo IV desta Portaria.

§ 11. O procedimento de que trata o inciso III do § 7º deste artigo será aplicado exclusivamente se, combinado com a avaliação médica, o resultado do instrumento de avaliação da deficiência permitir a concessão ou a manutenção do benefício, sendo obrigatória a realização da avaliação social nos demais casos.

§ 12. As medidas previstas nos incisos II e III do § 7º poderão ser adotadas até 31 de dezembro de 2021." (NR)

"Art. 19. ....

....

VI - bloqueio cautelar: comando bancário que impossibilita temporariamente a movimentação do valor do benefício, nos casos de risco iminente de prejuízo ao erário, decorrentes da evidenciação de elementos suficientes que indiquem a existência de irregularidade ou fraude na sua concessão ou manutenção."(NR)

"Art. 22. ....

....

§ 3º A revisão observará a presença dos requisitos previstos na Lei nº 8.742, de 1993, e no Decreto nº 6.214, de 2007, na data de sua realização, independentemente de ter sido o benefício concedido judicial ou administrativamente.

...." (NR)

"Art. 24. ....

....

§ 9º O beneficiário terá até 30 (trinta) dias, a contar da data do bloqueio do benefício, para entrar em contato com o INSS por meio de seus canais de atendimento, presenciais e remotos, e solicitar o desbloqueio de seu benefício, exceto no caso de bloqueio cautelar, em que se observará o previsto pelo art. 24-A desta Portaria." (NR)

"Art. 24-A. Os benefícios que forem objeto de apuração de irregularidade ou fraude poderão ter o respectivo valor bloqueado cautelarmente pelo INSS, por meio de decisão fundamentada, quando houver risco iminente de prejuízo ao erário e restarem evidenciados elementos suficientes que indiquem a existência de irregularidade ou fraude na sua concessão ou manutenção.

§ 1º A apuração de irregularidade ou fraude de que trata o caput deverá ter sido realizada por órgão competente e validada pelo Ministério da Cidadania, que poderá indicar ao INSS o cabimento do bloqueio cautelar.

§ 2º Compete exclusivamente à Coordenação-Geral de Conformidade e Combate à Fraude (CGCCF), do INSS, a operacionalização do bloqueio cautelar.

§ 3º Na hipótese de bloqueio cautelar, será facultada, concomitantemente, a apresentação de defesa, nos termos do art. 24 desta Portaria.

§ 4º Será dada prioridade à tramitação de processo no qual tenha ocorrido o bloqueio cautelar, devendo a análise ser concluída no prazo de 30 (trinta) dias, contado da data de apresentação da defesa pelo titular do benefício.

§ 5º Encerrado o prazo de que trata o § 4º, independentemente de concluída a tramitação do processo, o benefício será desbloqueado automaticamente, ressalvada a hipótese prevista no § 7º.

§ 6º O bloqueio cautelar não será objeto de desbloqueio por solicitação do beneficiário.

§ 7º Na hipótese de o titular do benefício não apresentar defesa, o bloqueio será convertido automaticamente em suspensão do benefício.

§ 8º O INSS definirá em ato próprio os procedimentos operacionais para continuidade das apurações a seu cargo." (NR)

Art. 2º Ficam acrescentados os Anexos III e IV à Portaria Conjunta MDS/INSS nº 3, de 2018, que adotarão a redação prevista nos Anexos I e II desta Portaria, respectivamente.

Art. 3º Os Anexos I e II à Portaria Conjunta MDS/INSS nº 2, de 30 de março de 2015, que dispõe sobre critérios, procedimentos e instrumentos para a avaliação social e médica da pessoa com deficiência para acesso ao Benefício de Prestação Continuada, passam a vigorar com as alterações constantes no Anexo III desta Portaria.

Art. 4º Atos complementares para a operacionalização do BPC poderão ser editados conjuntamente pela Secretaria Nacional de Assistência Social do Ministério da Cidadania, pela Secretaria de Previdência do Ministério do Trabalho e Previdência e pelo Instituto Nacional do Seguro Social.

Art. 5º Essa Portaria entra em vigor na data de sua publicação.

JOÃO INÁCIO RIBEIRO ROMA NETO
Ministro de Estado da Cidadania
ONYX DORNELLES LORENZONI
Ministro de Estado do Trabalho e Previdência
LEONARDO JOSÉ ROLIM GUIMARÃES
Presidente do Instituto Nacional do Seguro Social

▸ Optamos pela não publicação dos anexos desta norma.

DECRETO Nº 11.016, DE 29 DE MARÇO DE 2022

Regulamenta o Cadastro Único para Programas Sociais do Governo Federal, instituído pelo art. 6º-F da Lei nº 8.742, de 7 de dezembro de 1993.

▸ *Cadastro Único*

O PRESIDENTE DA REPÚBLICA, no uso da atribuição que lhe confere o art. 84, caput, incisos IV e VI, alínea "a", da Constituição, e tendo em vista o disposto no art. 6º- F da Lei nº 8.742, de 7 de dezembro de 1993, DECRETA:

Art. 1º Este Decreto regulamenta o Cadastro Único para Programas Sociais do Governo Federal - CadÚnico, instituído pelo art. 6º-F da Lei nº 8.742, de 7 de dezembro de 1993.

Art. 2º O CadÚnico é instrumento de coleta, processamento, sistematização e disseminação de informações, com a finalidade de realizar a identificação e a caracterização socioeconômica das famílias de baixa renda que residem no território nacional.

§ 1º Na forma a ser estabelecida em ato do Ministro de Estado da Cidadania, o CadÚnico é constituído por:

I - base de dados;

II - instrumentos;

III - procedimentos;

IV - rede de atendimento;

V - rede de programas usuários; e

VI - sistemas.

§ 2º O CadÚnico será utilizado para o acesso e a integração de programas sociais do Governo federal destinados ao atendimento do público de que trata o caput.

§ 3º O CadÚnico poderá ser utilizado para a formulação, a implementação, o monitoramento e a avaliação de políticas públicas, nos âmbitos federal, estadual, municipal e distrital.

§ 4º O CadÚnico incorporará gradualmente o georreferenciamento dos dados de que trata o inciso VII do caput do art. 3º, de acordo com as disponibilidades técnicas e orçamentárias, observado o sigilo dos dados pessoais, na forma a ser estabelecida em ato do Ministro de Estado da Cidadania.

Art. 3º São diretrizes do CadÚnico:

I - a responsabilidade do responsável pela unidade familiar pela declaração dos dados referentes a todos os membros da sua família;

II - a utilização, pelo Poder Público, de dados sobre a identificação da pessoa e a situação socioeconômica da família, por meio da integração do CadÚnico com outros registros administrativos;

III - o uso para a articulação e a integração de políticas públicas, em todas as esferas de Governo;

IV - o uso de tecnologia e inovação para alcance de seus objetivos;

V - a proteção de dados pessoais, observado o disposto na Lei nº 13.709, de 14 de agosto de 2018;

VI - o zelo pela segurança da informação; e

VII - o georreferenciamento dos dados.

Art. 4º São objetivos do CadÚnico:

I - reunir, armazenar e processar os registros administrativos dos indivíduos e das famílias de baixa renda;

II - servir como base de dados para o acesso a programas sociais do Governo federal; e

III - ser utilizado como repositório de dados para a realização de estudos sobre seu público, com vistas à análise de alternativas de políticas públicas para a superação da situação de vulnerabilidade econômica e social.

Art. 5º Para fins do disposto neste Decreto, consideram-se:

I - família - a unidade composta por um ou mais indivíduos que contribuam para o rendimento ou tenham suas despesas atendidas pela unidade familiar e que sejam moradores em um mesmo domicílio;

II - família de baixa renda - família com renda familiar mensal per capita de até meio salário mínimo;

III - domicílio - local que serve de moradia à família;

IV - responsável pela unidade familiar - pessoa responsável por prestar as informações ao CadÚnico em nome da família, que pode ser:

a) responsável familiar - indivíduo membro da família, morador do domicílio, com idade mínima de dezesseis anos e, preferencialmente, do sexo feminino; ou

b) representante legal - indivíduo não membro da família e que não seja morador do domicílio, legalmente responsável por pessoas menores de dezesseis anos ou incapazes e responsável por prestar as informações ao CadÚnico, quando não houver morador caracterizado como responsável familiar;

V - grupos populacionais tradicionais e específicos - grupos, organizados ou não, identificados pelas características socioculturais, econômicas ou conjunturais particulares e que demandam estratégias diferenciadas de cadastramento no CadÚnico;

VI - renda familiar mensal - soma dos rendimentos brutos auferidos por todos os membros da família, exceto:

a) benefícios e auxílios assistenciais de natureza eventual e temporária;

b) valores oriundos de programas assistenciais de transferência de renda, com exceção do Benefício de Prestação Continuada de que trata o art. 20 da Lei nº 8.742, de 1993;

c) rendas de natureza eventual ou sazonal, na forma a ser estabelecida em ato do Ministro de Estado da Cidadania; e

d) outros rendimentos, na forma a ser estabelecida em ato do Ministro de Estado da Cidadania; e

VII - renda familiar per capita - razão entre a renda familiar mensal e o total de indivíduos da família.

Parágrafo único. As famílias com renda familiar mensal per capita superior àquela prevista no inciso II do caput poderão ser incluídas no CadÚnico, desde que:

I - a inclusão esteja vinculada à seleção de programas sociais implementados por quaisquer das esferas de Governo; e

II - o órgão ou a entidade executora do programa tenha firmado o termo de uso do CadÚnico, nos termos do disposto no art. 11.

Art. 6º Compete ao Ministério da Cidadania:

I - gerir o CadÚnico, em âmbito nacional;

II - editar atos normativos para a gestão do CadÚnico;

III - coordenar, acompanhar e supervisionar a implementação e a execução do CadÚnico;

IV - regulamentar o uso do CadÚnico por outros órgãos e entidades dos Governos federal, estadual, distrital e municipal, para as finalidades previstas no art. 13;

V - qualificar os dados do CadÚnico;

VI - aperfeiçoar o monitoramento da atualidade dos dados do CadÚnico;

VII - facilitar a interoperabilidade e a integração do CadÚnico com as outras bases de dados do Governo federal; e

VIII - gerar dados sobre a situação de vulnerabilidade social dos residentes no País registrados no CadÚnico, com vistas à formulação, à implementação, ao monitoramento e à avaliação de políticas públicas.

Art. 7º O cadastramento das famílias será realizado pelos Municípios que tenham aderido ao CadÚnico ou pelas famílias, por meio eletrônico, na forma a ser estabelecida em ato do Ministro de Estado da Cidadania, observados os seguintes critérios:

I - preenchimento de formulário;

II - cadastramento de cada cidadão em somente uma família;

III - cadastramento de cada família vinculado a seu domicílio e ao responsável pela unidade familiar; e

IV - registro das informações declaradas pelo responsável pela unidade familiar no ato de cadastramento, por meio do formulário a que se refere o inciso I, preferencialmente em meio eletrônico, com as seguintes informações, sem prejuízo de outras a serem estabelecidas em ato do Ministro de Estado da Cidadania:

a) identificação e caracterização do domicílio;

b) identificação e documentação civil de cada membro da família; e

c) escolaridade, participação no mercado de trabalho e rendimento de cada membro da família.

§ 1º Para prestar as informações ao CadÚnico, o responsável pela unidade familiar deverá possuir os dados de todos os membros de sua família.

§ 2º Após o cadastramento, o responsável pela unidade familiar poderá acessar os dados de todos os membros de sua família registrados no CadÚnico.

§ 3º Após o cadastramento, cada membro da família somente poderá ter acesso aos dados de endereço, domicílio e família e a seus dados pessoais registrados no CadÚnico, com exceção do disposto no § 2º.

§ 4º O atendimento às famílias pela rede de atendimento deve ser feito de forma isonômica, acessível e deve garantir tratamento digno.

§ 5º O cadastramento no CadÚnico é uma atividade contínua, que engloba:

I - a identificação das famílias a serem cadastradas;

II - a inclusão e a exclusão das famílias no CadÚnico; e

III - a atualização dos registros cadastrais.

§ 6º Ato do Ministro de Estado da Cidadania estabelecerá os procedimentos para cadastramento diferenciado de famílias pertencentes a grupos populacionais tradicionais e específicos.

Art. 8º O CadÚnico será operacionalizado por meio de plataforma multicanal, na forma a ser estabelecida em ato do Ministro de Estado da Cidadania.

Art. 9º Os dados e as informações coletadas serão processados na base nacional do CadÚnico, de forma a garantir:

I - a unicidade das informações cadastrais;

II - o seu uso como ferramenta para promoção da ação intersetorial e da integração das políticas públicas que o utilizam; e

III - a racionalização do processo de cadastramento pela rede de atendimento ou por meio eletrônico.

§ 1º Ato do Ministro de Estado da Cidadania estabelecerá a forma para garantia da unicidade das informações cadastrais.

§ 2º Na forma a ser estabelecida em ato do Ministro de Estado da Cidadania, os dados do CadÚnico terão como fonte:

I - os registros administrativos e as bases de dados do Governo federal e outros registros oficiais;

II - as informações declaradas pelo cidadão à rede de atendimento do CadÚnico; e

III - as informações declaradas diretamente pelo próprio cidadão por meio eletrônico.

§ 3º Na hipótese de haver divergência entre os dados declarados pelo responsável pela unidade familiar e os dados provenientes da integração do CadÚnico com outros registros administrativos, conforme previsto no inciso I do § 2º, prevalecerá a informação prestada pelo responsável pela unidade familiar, caso haja comprovação documental, conforme disposto em ato do Ministro de Estado da Cidadania.

Art. 10. Os órgãos e as entidades da administração pública federal direta e indireta e as demais entidades controladas direta ou indiretamente pela União que forem detentoras ou responsáveis pela gestão de bases de dados oficiais disponibilizarão ao Ministério da Cidadania, conforme o disposto no Decreto nº 10.046, de 9 de outubro de 2019, o acesso aos dados sob a sua gestão, para fins de:

I - integração dos dados e das informações ao CadÚnico, principalmente, dos dados de identificação, endereço e renda;

II - formulação, implementação, avaliação e monitoramento das políticas públicas que utilizam o CadÚnico; e

III - ações de qualificação, análise e monitoramento dos dados constantes da base do CadÚnico.

§ 1º As bases de dados e os registros administrativos serão compartilhados com o Ministério da Cidadania preferencialmente de forma automática, dispensada a celebração de convênio, acordo de cooperação técnica ou ajustes congêneres.

§ 2º Permanecem vigentes os acordos já firmados entre o Ministério da Cidadania e outros órgãos e entidades que tenham por objeto o compartilhamento de dados entre as bases do CadÚnico e as de outros registros administrativos.

Art. 11. A utilização do CadÚnico pelos órgãos e as entidades executores de programas sociais em todas as esferas de Governo dependerá da aceitação de termo de uso do CadÚnico, na forma estabelecida em ato do Ministro de Estado da Cidadania.

Parágrafo único. Os órgãos e as entidades que firmarem o termo de uso do CadÚnico devem coordenar as ações de gestão de seus benefícios ou de seus serviços e disponibilizar periodicamente ao Ministério da Cidadania a base de dados de seus beneficiários.

Art. 12. As informações constantes do CadÚnico devem ser atualizadas ou revalidadas pela família a cada dois anos, contados da data de inclusão ou da última atualização ou revalidação, na forma estabelecida em ato do Ministro de Estado da Cidadania.

Art. 13. Os dados de identificação das famílias do CadÚnico são sigilosos, de acordo com a definição estabelecida pela Lei nº 12.527, de 18 de novembro de 2011, e pela Lei nº 13.709, de 2018, e de compartilhamento específico, nos termos do disposto no Decreto nº 10.046, de 2019, e somente poderão ser utilizados para as seguintes finalidades:

I - gestão de políticas públicas, de acordo com o § 2º do art. 2º; e

II - realização de estudos e pesquisas.

§ 1º O tratamento dos dados pessoais do CadÚnico para qualquer outra finalidade diferente das previstas no caput sujeitará o responsável às penalidades previstas na Lei nº 12.527, de 2011, e na Lei nº 13.709, de 2018.

§ 2º O tratamento de dados pessoais do CadÚnico deve se limitar ao mínimo necessário para a realização de suas finalidades, com abrangência dos dados pertinentes, proporcionais e não excessivos em relação às finalidades do tratamento de dados, nos termos do disposto na Lei nº 13.709, de 2018.

§ 3º A União, os Estados, os Municípios e o Distrito Federal poderão utilizar suas respectivas bases do CadÚnico para as finalidades previstas no caput no âmbito de sua competência.

§ 4º Os dados a que se refere este artigo somente poderão ser cedidos a terceiros, pelos órgãos gestores do CadÚnico no âmbito da União, dos Estados, do Distrito Federal e dos Municípios, para as finalidades mencionadas no caput, na forma estabelecida em ato do Ministro de Estado da Cidadania.

§ 5º O Ministério da Cidadania poderá ceder a base de dados nacional do CadÚnico aos órgãos e entidades do Poder Executivo federal para sua utilização em políticas públicas que não tenham o CadÚnico como instrumento de seleção de beneficiários, na forma estabelecida em ato do Ministro de Estado da Cidadania.

Art. 14. Fica revogado o Decreto nº 6.135, de 26 de junho de 2007.

Art. 15. Este Decreto entra em vigor na data de sua publicação.

Brasília, 29 de março de 2022; 201º da Independência e 134º da República.

JAIR MESSIAS BOLSONARO

João Inácio Ribeiro Roma Neto

LEI Nº 14.601, DE 19 DE JUNHO DE 2023

Institui o Programa Bolsa Família; altera a Lei nº 8.742, de 7 de dezembro de 1993 (Lei Orgânica da Assistência Social), a Lei nº 10.820, de 17 de dezembro de 2003, que dispõe sobre a autorização para desconto em folha de pagamento, e a Lei nº 10.779, de 25 de novembro de 2003; e revoga dispositivos das Leis nºs 14.284, de 29 de dezembro de 2021, e 14.342, de 18 de maio de 2022, e a Medida Provisória nº 1.155, de 1º de janeiro de 2023.

› Programa Bolsa Família

O PRESIDENTE DA REPÚBLICA

Faço saber que o Congresso Nacional decreta e eu sanciono a seguinte Lei:

CAPÍTULO I
DISPOSIÇÕES PRELIMINARES

Art. 1º Fica instituído o Programa Bolsa Família, no âmbito do Ministério do Desenvolvimento e Assistência Social, Família e Combate à Fome, em substituição ao Programa Auxílio Brasil, instituído pela Lei nº 14.284, de 29 de dezembro de 2021.

§ 1º O Programa Bolsa Família constitui etapa do processo gradual e progressivo de implementação da universalização da renda básica de cidadania, na forma estabelecida no parágrafo único do art. 6º da Constituição Federal e no caput e no § 1º do art. 1º da Lei nº 10.835, de 8 de janeiro de 2004.

§ 2º Os critérios, os parâmetros, os mecanismos e os procedimentos para adequação dos benefícios do Programa Auxílio Brasil ao Programa Bolsa Família serão estabelecidos nesta Lei e em seus regulamentos.

§ 3º Ato do Poder Executivo federal regulamentará o disposto nesta Lei.

CAPÍTULO II
DO PROGRAMA BOLSA FAMÍLIA

SEÇÃO I
DISPOSIÇÕES GERAIS

Art. 2º O Programa Bolsa Família, destinado à transferência direta e condicionada de renda, será implementado na forma estabelecida nesta Lei e em seus regulamentos.

Art. 3º São objetivos do Programa Bolsa Família:

I - combater a fome, por meio da transferência direta de renda às famílias beneficiárias;

II - contribuir para a interrupção do ciclo de reprodução da pobreza entre as gerações; e

III - promover o desenvolvimento e a proteção social das famílias, especialmente das crianças, dos adolescentes e dos jovens em situação de pobreza.

Parágrafo único. Os objetivos do Programa Bolsa Família serão obtidos por meio de:

I - articulação entre o Programa e as ações de saúde, de educação, de assistência social e de outras áreas que atendam o público beneficiário, executadas pelos governos federal, estaduais, municipais e distrital;

II - vinculação ao Sistema Único de Assistência Social (Suas), de que trata a Lei nº 8.742, de 7 de dezembro de 1993 (Lei Orgânica da Assistência Social), permitida a utilização de sua rede de serviços socioassistenciais;

III - coordenação e compartilhamento da gestão e da execução com os entes federativos que venham a aderir ao Programa, na forma estabelecida nesta Lei e em seus regulamentos;

IV - participação social, por meio dos procedimentos estabelecidos nesta Lei e em seus regulamentos;

V - utilização do Cadastro Único para Programas Sociais do Governo Federal (CadÚnico), instituído pelo art. 6º-F da Lei nº 8.742, de 7 de dezembro de 1993 (Lei Orgânica da Assistência Social), e sua promoção como plataforma de integração do Programa a ações executadas pelos governos federal, estaduais, municipais e distrital; e

VI - respeito à privacidade das famílias beneficiárias, na forma estabelecida nas Leis nºs 12.527, de 18 de novembro de 2011, e 13.709, de 14 de agosto de 2018 (Lei Geral de Proteção de Dados Pessoais).

Art. 4º Para fins do disposto nesta Lei, considera-se:

I - família: núcleo composto de uma ou mais pessoas que formem um grupo doméstico, com residência no mesmo domicílio, e que contribuam para o rendimento ou que dele dependam para atendimento de suas despesas;

II - renda familiar mensal: soma dos rendimentos auferidos por todos os integrantes da família, excluídos aqueles rendimentos indicados no § 1º deste artigo e em regulamento;

III - renda familiar per capita mensal: razão entre a renda familiar mensal e o total de integrantes da família; e

IV - domicílio: local que serve de moradia à família.

§ 1º Para fins do disposto no inciso II do caput deste artigo, não serão computados na renda familiar mensal, sem prejuízo de outros rendimentos indicados em regulamento:

I - benefícios financeiros de caráter eventual, temporário ou sazonal instituídos pelo poder público federal, estadual, municipal e distrital;

II - recursos financeiros de natureza indenizatória, recebidos de entes públicos ou privados, para recomposição de danos materiais ou morais; e

III - recursos financeiros recebidos de ações de transferência de renda de natureza assistencial instituídas pelo poder público federal, estadual, municipal e distrital.

§ 2º O benefício de prestação continuada, de que trata o art. 20 da Lei nº 8.742, de 7 de dezembro de 1993 (Lei Orgânica da Assistência Social), recebido por quaisquer dos integrantes da família, compõe o cálculo da renda familiar per capita mensal.

§ 3º O Poder Executivo poderá autorizar o desconto de faixas percentuais do valor do benefício de prestação continuada recebido por pessoa com deficiência no cálculo da renda familiar per capita mensal de que trata o inciso II do caput deste artigo, observado, no que couber, o critério de que trata o inciso I do caput do art. 20-B da Lei nº 8.742, de 7 de dezembro de 1993 (Lei Orgânica da Assistência Social), na forma do regulamento.

SEÇÃO II
DA ELEGIBILIDADE

Art. 5º São elegíveis ao Programa Bolsa Família as famílias:

I - inscritas no CadÚnico; e

II - cuja renda familiar per capita mensal seja igual ou inferior a R$ 218,00 (duzentos e dezoito reais).

Art. 6º As famílias beneficiárias do Programa Bolsa Família cuja renda per capita mensal seja superior ao valor estabelecido no inciso II do caput do art. 5º desta Lei serão mantidas no Programa pelo período de até 24 (vinte e quatro) meses, observados os parâmetros estabelecidos neste artigo e em regulamento.

§ 1º Na hipótese de a renda familiar per capita mensal superar o valor de meio salário mínimo, excluído de seu cálculo o valor dos benefícios financeiros do Programa Bolsa Família e observado o disposto nos §§ 1º e 2º do art. 4º desta Lei, a família será desligada do Programa.

§ 2º Durante o período de 24 (vinte e quatro) meses a que se refere o caput deste artigo, a família beneficiária receberá 50% (cinquenta por cento) do valor dos benefícios financeiros a que for elegível, nos termos do art. 7º desta Lei.

§ 3º Terão prioridade para reingressar no Programa Bolsa Família:

I - as famílias que voluntariamente se desligarem do Programa; e

II - as famílias que forem desligadas do Programa em decorrência do término do período de 24 (vinte e quatro) meses previsto no caput deste artigo.

§ 4º *(Revogado pela Lei 15.077/2024).*

§ 5º Ato do Poder Executivo federal poderá alterar: *(Acrescido pela Lei 15.077/2024)*

I - o valor-limite de desligamento do Programa, observado o valor constante do § 1º deste artigo como máximo;

II - o prazo a que se refere o § 2º deste artigo, não podendo ser superior ao prazo previsto no referido parágrafo.

SEÇÃO III
DOS BENEFÍCIOS FINANCEIROS

Art. 7º A transferência de renda do Programa Bolsa Família é composta de benefícios financeiros disponibilizados às famílias e calculados na forma estabelecida neste artigo e em regulamento.

§ 1º Constituem benefícios financeiros do Programa Bolsa Família:

I - Benefício de Renda de Cidadania, no valor de R$ 142,00 (cento e quarenta e dois reais) por integrante, destinado a todas as famílias beneficiárias do Programa Bolsa Família;

II - Benefício Complementar, destinado às famílias beneficiárias do Programa Bolsa Família cuja soma dos valores relativos aos benefícios financeiros de que trata o inciso I deste parágrafo seja inferior a R$ 600,00 (seiscentos reais), calculado pela diferença entre este valor e a referida soma;

III - Benefício Primeira Infância, no valor de R$ 150,00 (cento e cinquenta reais) por criança, destinado às famílias beneficiárias que possuírem, em sua composição, crianças com idade entre 0 (zero) e 7 (sete) anos incompletos;

IV - Benefício Variável Familiar, no valor de R$ 50,00 (cinquenta reais), destinado às famílias beneficiárias que possuírem, em sua composição:

a) gestantes;

b) nutrizes;

c) crianças com idade entre 7 (sete) anos e 12 (doze) anos incompletos; ou

d) adolescentes, com idade entre 12 (doze) anos e 18 (dezoito) anos incompletos;

V - Benefício Extraordinário de Transição, destinado exclusivamente às famílias que constarem como beneficiárias do Programa Auxílio Brasil na data de entrada em vigor deste inciso, que será calculado pela diferença entre o valor recebido pela família em maio de 2023 e o que vier a receber em junho de 2023.

§ 2º Os benefícios financeiros de que trata o § 1º deste artigo:

I - serão calculados na ordem estabelecida no § 1º deste artigo, observada a elegibilidade da família a cada um deles, na forma estabelecida em regulamento; e

II - poderão ser pagos cumulativamente às famílias beneficiárias, na forma estabelecida em regulamento.

§ 3º Ato do Poder Executivo federal poderá alterar:

I - os valores dos benefícios financeiros de que tratam os incisos I, III e IV do § 1º deste artigo;

II - o valor de referência de R$ 600,00 (seiscentos reais) de que trata o inciso II do § 1º deste artigo; e

III - o valor de referência para caracterização da situação de pobreza de que trata o inciso II do caput do art. 5º desta Lei.

§ 4º Os valores de que trata o § 3º deste artigo poderão ser corrigidos a cada intervalo de, no máximo, 24 (vinte e quatro) meses, na forma estabelecida em regulamento, vedada sua redução.

§ 5º O Benefício Variável Familiar será calculado por integrante familiar que se enquadrar nas hipóteses previstas no inciso IV do § 1º deste artigo.

§ 6º Os benefícios financeiros de que tratam os incisos I, II, III e IV do § 1º deste artigo serão pagos enquanto as famílias beneficiárias estiverem enquadradas nos critérios de elegibilidade ao Programa Bolsa Família e de manutenção dos benefícios, sem prejuízo do disposto no art. 6º desta Lei, na forma estabelecida em regulamento.

§ 7º O Benefício Extraordinário de Transição:

I - terá duração limitada, na forma estabelecida em regulamento; e

II - terá o seu pagamento encerrado, sem prejuízo do disposto no art. 6º desta Lei, quando:

a) a redução no valor do benefício transferido à família decorrer de alteração da estrutura familiar ou da renda familiar per capita mensal, na forma estabelecida em regulamento; ou

b) a soma dos benefícios financeiros de que tratam os incisos I, II, III e IV do § 1º deste artigo devidos à família beneficiária for igual ou superior ao valor que a família recebia como beneficiária do Programa Auxílio Brasil.

§ 8º Os benefícios financeiros de que trata o § 1º deste artigo constituem direito das famílias elegíveis ao Programa Bolsa Família, na forma estabelecida nesta Lei e em regulamento, observado o disposto no § 1º do art. 11 desta Lei.

Art. 8º Os benefícios financeiros de que trata o § 1º do art. 7º desta Lei serão pagos mensalmente pelo agente pagador do Programa Bolsa Família, na forma estabelecida em regulamento.

§ 1º O pagamento dos benefícios financeiros de que trata o caput deste artigo será feito:

I - ao responsável familiar, de acordo com os dados constantes da inscrição da família no CadÚnico; e

II - preferencialmente, à mulher.

§ 2º Os benefícios financeiros de que trata o caput deste artigo poderão ser pagos por meio das seguintes modalidades de contas, na forma estabelecida em resoluções do Banco Central do Brasil:

I - conta do tipo poupança social digital, de que trata a Lei nº 14.075, de 22 de outubro de 2020;

II - conta poupança digital;

III - conta contábil;

IV - conta de depósitos; ou

V - outras espécies de contas que venham a ser criadas, desde que autorizadas por ato do Ministro de Estado do Desenvolvimento e Assistência Social, Família e Combate à Fome.

§ 3º Reverterão à Conta Única do Tesouro Nacional os créditos:

I - de benefícios disponibilizados indevidamente;

II - das contas a que se referem os incisos I, II, IV e V do § 2º deste artigo não movimentadas, na forma estabelecida em regulamento; e

III - de recursos não sacados da conta a que se refere o inciso III do § 2º deste artigo, na forma estabelecida em regulamento.

§ 4º A abertura da conta do tipo poupança social digital para os pagamentos dos benefícios financeiros do Programa Bolsa Família:

I - poderá ocorrer de forma automática, em nome do responsável familiar inscrito no CadÚnico; e

II - ocorrerá na forma estabelecida em contrato firmado entre a União e o agente pagador do Programa Bolsa Família.

SEÇÃO IV
DA IDENTIFICAÇÃO DOS INTEGRANTES DAS FAMÍLIAS

Art. 9º A identificação dos integrantes das famílias que se inscreverem no CadÚnico será realizada, preferencialmente, por meio do número de inscrição no Cadastro de Pessoas Físicas (CPF) da Secretaria Especial da Receita Federal do Brasil do Ministério da Fazenda.

Parágrafo único. Ato do Poder Executivo federal disporá sobre a utilização de documentos alternativos ao CPF, como o Número de Identificação Social (NIS) e o Registro Administrativo de Nascimento do Indígena (Rani), para fins de identificação dos integrantes das famílias registradas no CadÚnico.

SEÇÃO V
DAS CONDICIONALIDADES

Art. 10. A manutenção da família como beneficiária no Programa Bolsa Família dependerá, sem prejuízo dos requisitos estabelecidos nesta Lei e em regulamento, do cumprimento, pelos integrantes das famílias, de condicionalidades relativas:

I - à realização de pré-natal;

II - ao cumprimento do calendário nacional de vacinação;

III - ao acompanhamento do estado nutricional, para os beneficiários que tenham até 7 (sete) anos de idade incompletos; e

IV - à frequência escolar mínima de:

a) 60% (sessenta por cento), para os beneficiários de 4 (quatro) anos a 6 (seis) anos de idade incompletos; e

b) 75% (setenta e cinco por cento), para os beneficiários de 6 (seis) anos a 18 (dezoito) anos de idade incompletos que não tenham concluído a educação básica.

§ 1º Ato do Poder Executivo federal disporá sobre:

I - os critérios para o cumprimento das condicionalidades;

II - as informações a serem coletadas e disponibilizadas;

III - as atribuições dos órgãos responsáveis pela gestão e pela execução das políticas destinadas à provisão dos serviços relacionados com as condicionalidades;

IV - os efeitos do descumprimento das condicionalidades pelas famílias, vedada a adoção de procedimentos de caráter punitivo e de exposição vexatória;

V - as alterações nos percentuais de frequência escolar estabelecidos no inciso IV do caput deste artigo; e

VI - os procedimentos e os mecanismos para a verificação da situação da família e o seu atendimento, com estabelecimento de prazo razoável para que possa cumprir as exigências antes de ser desligada do Programa Bolsa Família.

§ 2º A rede de serviços do Suas poderá atender ou acompanhar as famílias beneficiárias em situação de descumprimento das condicionalidades do Programa Bolsa Família, com vistas à superação gradativa de suas vulnerabilidades, na forma estabelecida em regulamento.

SEÇÃO VI
DA OPERACIONALIZAÇÃO E DA GESTÃO

Art. 11. As despesas do Programa Bolsa Família serão custeadas pelos seguintes recursos, a serem aplicados na forma prevista na legislação específica e em conformidade com as dotações e as disponibilidades orçamentárias e financeiras:

I - dotações orçamentárias da União alocadas ao Programa Auxílio Brasil;

II - dotações orçamentárias da União alocadas ao Programa Bolsa Família; e

III - outros recursos financeiros de fontes nacionais e internacionais destinados à implementação do Programa Bolsa Família.

§ 1º O Poder Executivo federal compatibilizará a quantidade de beneficiários e de benefícios financeiros de que trata o § 1º do art. 7º desta Lei com as dotações orçamentárias disponíveis.

§ 2º Enquanto não houver a transposição dos saldos orçamentários entre o Programa Auxílio Brasil e o Programa Bolsa Família, fica autorizada a utilização das dotações disponíveis no Programa Auxílio Brasil para custear o Programa Bolsa Família.

Art. 12. A execução e a gestão do Programa Bolsa Família são públicas e governamentais e ocorrerão de forma descentralizada, por meio da conjugação de esforços entre os entes federativos, observados a intersetorialidade, a participação comunitária e o controle social.

§ 1º A execução e a gestão descentralizadas a que se refere o caput deste artigo serão implementadas por meio de adesão voluntária dos Estados, do Distrito Federal e dos Municípios ao Programa Bolsa Família, realizada na forma estabelecida em regulamento.

§ 2º Até que as adesões de que trata o § 1º deste artigo sejam formalizadas, ficam convalidados os termos de adesão ao Programa Auxílio Brasil firmados pelos Estados, pelo Distrito Federal e pelos Municípios.

Art. 12-A. Os Municípios e o Distrito Federal, na atuação descentralizada da execução e da gestão do Programa Bolsa Família, deverão observar índice máximo de famílias compostas de 1 (uma) só pessoa inscritas no Programa, nos termos de ato do Poder Executivo federal. (Acrescido pela Lei 15.077/2024)

Art. 13. Fica criada a Rede Federal de Fiscalização do Programa Bolsa Família e do CadÚnico, sob a coordenação do Ministério do Desenvolvimento e Assistência Social, Família e Combate à Fome, na forma estabelecida em regulamento.

Art. 14. Fica instituído o Índice de Gestão Descentralizada do Programa Bolsa Família e do CadÚnico (IGD), a ser utilizado em âmbito estadual, distrital e municipal, cujos parâmetros serão regulamentados em ato do Poder Executivo federal.

§ 1º O índice de que trata o caput deste artigo destina-se a:

I - aferir os resultados da gestão descentralizada, com base na atuação da gestão estadual, distrital ou municipal, na execução dos procedimentos de:

a) cadastramento e atualização cadastral;

b) aprimoramento da qualidade cadastral;

c) gestão do Programa Bolsa Família;

d) acompanhamento de condicionalidades;

e) articulação intersetorial; e

f) implementação das ações de desenvolvimento das famílias beneficiárias;

II - incentivar a obtenção de resultados qualitativos na gestão estadual, distrital e municipal do Programa Bolsa Família e do CadÚnico; e

III - calcular o montante de recursos a ser transferido aos entes federativos a título de apoio financeiro.

§ 2º A União transferirá, obrigatoriamente, aos entes federativos que aderirem ao Programa Bolsa Família, recursos para apoio financeiro às ações de execução e de gestão descentralizadas do Programa e do CadÚnico, desde que obtenham índices mínimos no IGD, na forma estabelecida em regulamento.

§ 3º Para a execução do disposto neste artigo, ato do Poder Executivo federal disporá sobre:

I - os procedimentos e as condições necessários à adesão ao Programa Bolsa Família e ao CadÚnico, incluídas as obrigações dos entes federativos;

II - os instrumentos, os parâmetros e os procedimentos de avaliação de resultados e da qualidade de gestão em âmbito estadual, distrital e municipal; e

III - os procedimentos e os instrumentos de controle e acompanhamento da execução do Programa Bolsa Família e de utilização do CadÚnico pelos entes federativos.

§ 4º Os resultados obtidos pelo ente federativo na gestão do Programa Bolsa Família e do CadÚnico, aferidos na forma prevista no inciso I do § 1º deste artigo, serão considerados como prestação de contas dos recursos transferidos.

§ 5º Os Estados, o Distrito Federal e os Municípios submeterão suas prestações de contas aos respectivos conselhos de assistência social e, na hipótese de não aprovação, os recursos transferidos na forma prevista no § 2º deste artigo serão restituídos pelo ente federativo ao respectivo fundo de assistência social, na forma estabelecida em regulamento.

§ 6º O montante dos recursos de que trata o § 2º deste artigo não excederá a 1% (um por cento) da previsão orçamentária total relativa ao pagamento de benefícios do Programa Bolsa Família.

§ 7º Na hipótese prevista no § 6º deste artigo, ato do Poder Executivo federal estabelecerá os limites e os parâmetros mínimos para a transferência de recursos para cada ente federativo.

SEÇÃO VII
DO AGENTE OPERADOR E PAGADOR

Art. 15. Fica atribuída à Caixa Econômica Federal a função de agente operador e pagador do Programa Bolsa Família, dispensada a licitação para sua contratação, mediante condições a serem pactuadas com o governo federal, na forma estabelecida em regulamento.

§ 1º É vedado ao agente operador e pagador efetuar descontos ou compensações que impliquem a redução do valor dos benefícios financeiros do Programa Bolsa Família ou de qualquer programa de transferência condicionada de renda, a pretexto de recompor saldos negativos ou de saldar dívidas preexistentes do beneficiário.

§ 2º A Caixa Econômica Federal, com a anuência do Ministério do Desenvolvimento e Assistência Social, Família e Combate à Fome, poderá subcontratar instituição financeira, para efetuar o pagamento dos benefícios financeiros do Programa Bolsa Família.

§ 3º Poderão ser contratadas instituições públicas e privadas para apoiar a operacionalização e o pagamento dos benefícios do Programa Bolsa Família.

§ 4º Na hipótese prevista no § 3º deste artigo, fica dispensada a licitação, caso se trate de instituição pública que tenha, entre suas competências, as atividades contratadas para a operacionalização do Programa Bolsa Família.

§ 5º O governo federal poderá firmar apenas um instrumento contratual com a Caixa Econômica Federal para a execução das atividades de:

I - agente operador e pagador do Programa Bolsa Família;

II - fornecimento da infraestrutura necessária à organização e à manutenção do CadÚnico; e

III - desenvolvimento dos sistemas de processamento de dados.

§ 6º O disposto no § 1º deste artigo:

I - aplica-se às instituições subcontratadas pela Caixa Econômica Federal, na forma do § 2º deste artigo; e

II - não se aplica ao pagamento, pelos beneficiários, dos empréstimos pessoais já contratados com base no art. 6º-B da Lei nº 10.820, de 17 de dezembro de 2003.

§ 7º A autorização prevista no § 2º deste artigo alcança as instituições de que trata o art. 6º da Lei nº 12.865, de 9 de outubro de 2013.

SEÇÃO VIII
DO CONTROLE E DA PARTICIPAÇÃO SOCIAL

Art. 16. O controle e a participação social no Programa Bolsa Família serão realizados, em âmbito local, pelo conselho de assistência social.

Art. 17. Será de acesso público a relação dos beneficiários e dos benefícios do Programa Bolsa Família, na forma estabelecida em regulamento.

§ 1º As informações a que se refere o caput deste artigo serão divulgadas em meio eletrônico de acesso público e em outros meios.

§ 2º O disposto neste artigo aplica-se às informações relativas aos benefícios financeiros do Programa Auxílio Brasil e do Programa Alimenta Brasil, instituídos pela Lei nº 14.284, de 29 de dezembro de 2021.

§ 3º Poderão ser adotadas ações que ampliem o diálogo da gestão do Programa Bolsa Família com as famílias beneficiárias e com a rede que lhes presta atendimento, facilitando o acesso a informações, orientações e normas aplicáveis, na forma do regulamento.

§ 4º Serão disponibilizados sistemas de informação on-line', canais nas redes sociais, páginas governamentais na internet, entre outros meios, sobre as ações de gestão do Programa Bolsa Família, incluídas as informações de que trata o § 3º deste artigo.

SEÇÃO IX
DO RESSARCIMENTO DE RECURSOS FINANCEIROS

Art. 18. Sem prejuízo das sanções penais e cíveis cabíveis, e observados os princípios do contraditório e da ampla defesa, o responsável familiar que dolosamente prestar informação falsa no CadÚnico, ao registrar seus dados ou os dos integrantes de sua família, que resulte no ingresso ou na permanência como beneficiário do Programa Bolsa Família, deverá ressarcir ao erário os valores recebidos a título de benefícios financeiros do Programa.

§ 1º A notificação para o ressarcimento de que trata o caput deste artigo poderá ser realizada pelos seguintes meios, sem prejuízo de outros que possam ser estabelecidos em regulamento:

I - meio eletrônico;

II - serviço de mensagens curtas (short message service - SMS);

III - rede bancária;

IV - via postal, considerado o endereço do beneficiário constante do CadÚnico, hipótese em que o aviso de recebimento será considerado prova suficiente de notificação;

V - pessoalmente, quando entregue ao beneficiário em mão, desde que haja registro da notificação; ou

VI - edital, quando o beneficiário não for localizado, após a notificação realizada pelos meios previstos nos incisos I, II, III, IV e V do caput deste parágrafo.

§ 2º Ato do Poder Executivo federal disporá sobre:

I - as condições e os valores mínimos para a cobrança de ressarcimento a que se refere o caput deste artigo;

II - as formas de notificação previstas nos incisos I, II e III do § 1º deste artigo; e

III - os prazos, as etapas e os procedimentos necessários ao processo de ressarcimento.

§ 3º Para fins de ressarcimento, será considerado o valor original do débito atualizado pelo Índice Nacional de Preços ao Consumidor Amplo (IPCA).

§ 4º Nas hipóteses de denúncia ou de constatação de indício de fraude cometida por agente público durante a inscrição da família no CadÚnico, as informações serão enviadas para apuração da autoridade policial competente.

Art. 19. Os valores não restituídos, na forma e nos prazos estabelecidos em regulamento, serão inscritos em dívida ativa da União, na forma prevista na legislação aplicável.

CAPÍTULO III
DO ADICIONAL COMPLEMENTAR PARA O PROGRAMA AUXÍLIO GÁS DOS BRASILEIROS

Art. 20. Fica instituído o Adicional Complementar para Famílias Beneficiárias do Programa Auxílio Gás dos Brasileiros.

§ 1º O adicional complementar consiste no pagamento bimestral do valor monetário correspondente a um adicional de 50% (cinquenta por cento) da média do preço nacional de referência do botijão de 13 kg (treze quilogramas) de gás liquefeito de petróleo, estabelecido pelo Sistema de Levantamento de Preços (SLP) da Agência Nacional do Petróleo, Gás Natural e Biocombustíveis (ANP), nos 6 (seis) meses anteriores, às famílias beneficiárias do Programa Auxílio Gás dos Brasileiros, instituído pela Lei nº 14.237, de 19 de novembro de 2021.

§ 2º Terão direito ao adicional complementar as famílias beneficiárias cujo benefício esteja liberado ou temporariamente bloqueado na data da geração da folha de pagamentos da competência do benefício.

§ 3º O adicional complementar será limitado a um benefício por família.

§ 4º O adicional complementar terá caráter temporário e será pago até que novo programa venha a substituir o Programa Auxílio Gás dos Brasileiros.

§ 5º As despesas para o pagamento e a operacionalização do adicional complementar destinado às famílias beneficiárias do Programa Auxílio Gás dos Brasileiros correrão à conta das dotações orçamentárias consignadas ao referido Programa.

Art. 21. Compete ao Ministério do Desenvolvimento e Assistência Social, Família e Combate à Fome a implementação do adicional complementar de que trata o art. 20 desta Lei.

§ 1º Para o pagamento do adicional complementar será utilizada a estrutura de gestão e operação de benefícios e de pagamentos do Programa Auxílio Gás dos Brasileiros.

§ 2º O pagamento do adicional complementar será feito na data prevista no calendário de pagamentos do Programa Auxílio Gás dos Brasileiros, pelos mesmos meios de pagamento.

Art. 22. Aplica-se, no que couber, o disposto na Lei nº 14.237, de 19 de novembro de 2021, e nos seus regulamentos ao adicional complementar de que trata o art. 20 desta Lei.

Parágrafo único. Ato do Ministro de Estado do Desenvolvimento e Assistência Social, Família e Combate à Fome poderá definir procedimentos para a gestão e a operacionalização do adicional complementar de que trata o art. 20 desta Lei.

CAPÍTULO IV
DISPOSIÇÕES FINAIS E TRANSITÓRIAS

Art. 23. Os atos normativos infralegais que dispõem sobre o Programa Auxílio Brasil, no que forem compatíveis com o disposto nesta Lei, permanecem em vigor até que sejam reeditados.

Art. 24. As famílias beneficiárias do Programa Auxílio Brasil deixarão de receber os benefícios financeiros do referido Programa quando passarem a receber os benefícios do Programa Bolsa Família, sem prejuízo das regras de elegibilidade e de manutenção de benefícios do Programa Bolsa Família.

Art. 25. Com a finalidade de garantir a continuidade do atendimento às famílias beneficiárias do Programa Auxílio Brasil, os contratos vigentes para a sua operacionalização poderão ser aditados no âmbito do Programa Bolsa Família.

Art. 26. Ficam extintos os benefícios instituídos pelo art. 5º da Lei nº 14.284, de 29 de dezembro de 2021.

§ 1º Serão realizados os pagamentos mensais, relativos aos benefícios concedidos em dezembro de 2022, até que se complete o total das 12 (doze) parcelas mensais previstas, dos seguintes benefícios instituídos pelo art. 5º da Lei nº 14.284, de 29 de dezembro de 2021:

I - Auxílio Esporte Escolar;

II - Bolsa de Iniciação Científica Júnior; e

III - Auxílio Inclusão Produtiva Rural.

§ 2º Ato do Poder Executivo federal estabelecerá os critérios e os procedimentos para a execução dos benefícios de que trata o § 1º deste artigo durante o ano de 2023.

Art. 27. O disposto nos arts. 18 e 19 desta Lei aplica-se aos benefícios instituídos no âmbito:

I - do Programa Auxílio Brasil, incluídos os processos não concluídos na data de publicação desta Lei; e

II - do Programa Bolsa Família, instituído pela Lei nº 10.836, de 9 de janeiro de 2004, incluídos os processos não concluídos na data de publicação desta Lei.

§ 1º As cobranças de ressarcimentos relativas à vigência da Lei nº 10.836, de 9 de janeiro de 2004, nos termos do inciso II do caput deste artigo, ficam condicionadas à possibilidade de obtenção do histórico de movimentação cadastral da família beneficiária na base de dados do CadÚnico.

§ 2º Ato do Poder Executivo federal regulamentará os procedimentos aplicáveis às hipóteses previstas no caput do art. 28 da Lei nº 14.284, de 29 de dezembro de 2021.

Art. 28. A Lei nº 8.742, de 7 de dezembro de 1993 (Lei Orgânica da Assistência Social), passa a vigorar com as seguintes alterações:

- Alterações inseridas no texto da referida norma.

Art. 29. O art. 6º da Lei nº 10.820, de 17 de dezembro de 2003, passa a vigorar com as seguintes alterações:

"Art. 6º ....

§ 5º Para os titulares de benefícios de aposentadoria e pensão do Regime Geral de Previdência Social, os descontos e as retenções referidos no caput deste artigo não poderão ultrapassar o limite de 45% (quarenta e cinco por cento) do valor dos benefícios, dos quais 35% (trinta e cinco por cento) destinados exclusivamente a empréstimos, a financiamentos e a arrendamentos mercantis, 5% (cinco por cento) destinados exclusivamente à amortização de despesas contraídas por meio de cartão de crédito consignado ou à utilização com a finalidade de saque por meio de cartão de crédito consignado e 5% (cinco por cento) destinados exclusivamente à amortização de despesas contraídas por meio de cartão consignado de benefício ou à utilização com a finalidade de saque por meio de cartão consignado de benefício.

§ 5º-A Para os titulares do benefício de prestação continuada de que trata o art. 20 da Lei nº 8.742, de 7 de dezembro de 1993 (Lei Orgânica da Assistência Social), os descontos e as retenções referidos no caput deste artigo não poderão ultrapassar o limite de 35% (trinta e cinco por cento) do valor dos benefícios, dos quais 30% (trinta por cento) destinados exclusivamente a empréstimos, a financiamentos e a arrendamentos mercantis e 5% (cinco por cento) destinados exclusivamente à amortização de despesas contraídas por meio de cartão de crédito consignado ou cartão consignado de benefício ou à utilização com a finalidade de saque por meio de cartão de crédito consignado ou cartão consignado de benefício.

§ 6º A instituição financeira que proceder à retenção de valor superior ao limite estabelecido nos §§ 5º e 5º-A deste artigo perderá todas as garantias que lhe são conferidas nesta Lei.

§ 7º Aplica-se o previsto no caput e no § 5º deste artigo aos titulares da renda mensal vitalícia prevista na Lei nº 6.179, de 11 de dezembro de 1974.

§ 8º Para os benefícios que tenham como requisito para sua concessão a preexistência do benefício de prestação continuada de que trata o art. 20 da Lei nº 8.742, de 7 de dezembro de 1993 (Lei Orgânica da Assistência Social), aplica-se o previsto no caput e no § 5º-A deste artigo.

§ 9º As operações de empréstimos, de financiamentos e de arrendamentos mercantis de que trata o § 5º-A deste artigo deverão ser realizadas em 2 (dois) momentos, separados entre si pelo intervalo mínimo de 5 (cinco) dias úteis entre a proposta da instituição financeira e a celebração do contrato."

Art. 30. O art. 2º da Lei nº 10.779, de 25 de novembro de 2003, passa a vigorar com as seguintes alterações:

- Alterações inseridas no texto da referida norma.

Art. 31. As suspensões das parcelas dos Programas Auxílio Brasil e Bolsa Família que, na forma do § 9º do art. 2º da Lei nº 10.779, de 25 de novembro de 2003, não tenham sido aplicadas até o momento da publicação desta Lei não serão tratadas como dívidas da família beneficiária nem imputadas ao Programa Bolsa Família.

Art. 32. As agências financeiras oficiais de fomento desenvolverão, de forma integrada e articulada, instrumentos de crédito específicos para a inclusão produtiva das famílias beneficiárias do Programa Bolsa Família.

Art. 33. Ficam revogados:

I - os §§ 8º, 9º e 10 do art. 2º da Lei nº 10.779, de 25 de novembro de 2003;

II - o art. 6º-B da Lei nº 10.820, de 17 de dezembro de 2003;

III - os seguintes dispositivos da Lei nº 14.284, de 29 de dezembro de 2021:

a) arts. 1º a 20;

b) §§ 1º e 2º do art. 21;

c) arts. 22 a 27; e

d) §§ 1º a 6º do art. 28;

IV - os arts. 1º a 5º da Lei nº 14.342, de 18 de maio de 2022; e

V - a Medida Provisória nº 1.155, de 1º de janeiro de 2023.

Art. 34. Esta Lei entra em vigor:

I - em 1º de janeiro de 2024, quanto:

a) aos arts. 30 e 31 e ao inciso I do caput do art. 33;

b) ao § 3º do art. 4º; e

II - na data de sua publicação, quanto aos demais dispositivos.

Brasília, 19 de junho de 2023; 202º da Independência e 135º da República.

LUIZ INÁCIO LULA DA SILVA

José Wellington Barroso de Araujo Dias

Fernando Haddad Simone

Nassar Tebet

PORTARIA INSS/DIRBEN Nº 1.211, DE 11 DE JUNHO DE 2024

Altera a Portaria DIRBEN/INSS nº 949, de 18 de novembro de 2021, que dispõe sobre as regras e os procedimentos para análise do direito ao Benefício de Auxílio-Inclusão à Pessoa com Deficiência, quanto à aplicação da ACP nº 0006972-83.2012.4.01.3400 DF, de concessão de benefício assistencial previsto na Loas ao estrangeiro em situação regular no País.

O DIRETOR DE BENEFÍCIOS E RELACIONAMENTO COM O CIDADÃO DO INSTITUTO NACIONAL DO SEGURO SOCIAL - INSS, no uso da competência que lhe confere o Decreto nº 10.995, de 14 de março de 2022, e tendo em vista o que consta nos Processos Administrativos nºs 35014.294046/2021-48 e 35014.363383/2021-92, resolve:

Art. 1º Alterar a Portaria DIRBEN/INSS nº 949, de 18 de novembro de 2021, publicada no Diário Oficial da União de 19 de novembro de 2021, passa a vigorar com a seguinte redação:

"Art. 16. Aplicam-se ao requerimento do Auxílio-Inclusão à Pessoa com Deficiência (B 18) as Ações Civis Públicas vigentes para o Benefício Assistencial à Pessoa com Deficiência (B 87) em relação à avaliação do critério de miserabilidade, bem como a relativa à concessão de benefício assistencial previsto na Loas ao estrangeiro em situação regular no País, conforme decisão judicial proferida na Ação Civil Pública nº 0006972-83.2012.4.01.3400 DF". (NR)

Art. 2º Esta Portaria entra em vigor na data de sua publicação.

ANDRÉ PAULO FELIX FIDELIS

PORTARIA PRES/INSS Nº 1.744, DE 29 DE AGOSTO DE 2024

Altera a Portaria PRES/INSS nº 1.380, de 16 de novembro de 2021, que dispõe sobre dedução de gastos da renda mensal bruta familiar e sobre a dispensa da realização das avaliações social e de renda quando a conclusão da avaliação médica for pela inexistência de impedimento de longo prazo nos requerimentos de benefícios assistenciais de que trata o art. 20 da Lei nº 8.742, de 7 de dezembro de 1993, e dá outras providências.

O PRESIDENTE DO INSTITUTO NACIONAL DO SEGURO SOCIAL - INSS, no uso das atribuições que lhe confere o Decreto nº 10.995, de 14 de março de 2022, e tendo em vista o que consta nos Processos Administrativos nºs 71000.041962/2021-08 e 71000.052456/2024-89, resolve:

Art. 1º A Portaria PRES/INSS nº 1.380, de 16 de novembro de 2021, publicada no Diário Oficial da União de 18 de novembro de 2021, passa a vigorar com as seguintes alterações:

"Art. 4º-C Para requerimentos de BPC/Loas apresentados a partir de 1º de setembro de 2024, será solicitado ao requerente, ou ao responsável legal, registro biométrico nos cadastros da Carteira de Identidade Nacional - CIN, do título eleitoral ou da Carteira Nacional de Habilitação - CNH.

§ 1º A existência de registro biométrico prevista no caput será verificada por meio do batimento dos registros existentes nas respectivas bases governamentais.

§ 2º As crianças e os adolescentes menores de 16 (dezesseis) anos poderão apresentar apenas a certidão de nascimento para fins da identificação de que trata o caput, observado o § 3º.

§ 3º Nas situações de impossibilidade do registro biométrico do requerente, ele será obrigatório ao responsável legal.

§ 4º Para fins de cumprimento do disposto no caput, somente se o requerente e o representante legal não possuírem registro biométrico, fica estabelecido o prazo de 120 (cento e vinte) dias para o cumprimento da exigência a fim de que o documento com registro biométrico seja apresentado."

Art. 2º Esta Portaria entra em vigor na data de sua publicação.

ALESSANDRO ANTONIO STEFANUTTO

PARTE 19 – SAÚDE

LEI Nº 8.080, DE 19 DE SETEMBRO DE 1990

Dispõe sobre as condições para a promoção, proteção e recuperação da saúde, a organização e o funcionamento dos serviços correspondentes e dá outras providências.

O PRESIDENTE DA REPÚBLICA, faço saber que o Congresso Nacional decreta e eu sanciono a seguinte lei:

DISPOSIÇÃO PRELIMINAR

Art. 1º Esta lei regula, em todo o território nacional, as ações e serviços de saúde, executados isolada ou conjuntamente, em caráter permanente ou eventual, por pessoas naturais ou jurídicas de direito Público ou privado.

TÍTULO I DAS DISPOSIÇÕES GERAIS

Art. 2º A saúde é um direito fundamental do ser humano, devendo o Estado prover as condições indispensáveis ao seu pleno exercício.

§ 1º O dever do Estado de garantir a saúde consiste na formulação e execução de políticas econômicas e sociais que visem à redução de riscos de doenças e de outros agravos e no estabelecimento de condições que assegurem acesso universal e igualitário às ações e aos serviços para a sua promoção, proteção e recuperação.

§ 2º O dever do Estado não exclui o das pessoas, da família, das empresas e da sociedade.

Art. 3º Os níveis de saúde expressam a organização social e econômica do País, tendo a saúde como determinantes e condicionantes, entre outros, a alimentação, a moradia, o saneamento básico, o meio ambiente, o trabalho, a renda, a educação, a atividade física, o transporte, o lazer e o acesso aos bens e serviços essenciais. (Redação dada pela Lei nº 12.864, de 2013)

Parágrafo único. Dizem respeito também à saúde as ações que, por força do disposto no artigo anterior, se destinam a garantir às pessoas e à coletividade condições de bem-estar físico, mental e social.

TÍTULO II DO SISTEMA ÚNICO DE SAÚDE

DISPOSIÇÃO PRELIMINAR

Art. 4º O conjunto de ações e serviços de saúde, prestados por órgãos e instituições públicas federais, estaduais e municipais, da Administração direta e indireta e das fundações mantidas pelo Poder Público, constitui o Sistema Único de Saúde (SUS).

§ 1º Estão incluídas no disposto neste artigo as instituições públicas federais, estaduais e municipais de controle de qualidade, pesquisa e produção de insumos, medicamentos, inclusive de sangue e hemoderivados, e de equipamentos para saúde.

§ 2º A iniciativa privada poderá participar do Sistema Único de Saúde (SUS), em caráter complementar.

CAPÍTULO I DOS OBJETIVOS E ATRIBUIÇÕES

Art. 5º São objetivos do Sistema Único de Saúde SUS:

I - a identificação e divulgação dos fatores condicionantes e determinantes da saúde;

II - a formulação de política de saúde destinada a promover, nos campos econômico e social, a observância do disposto no § 1º do art. 2º desta lei;

III - a assistência às pessoas por intermédio de ações de promoção, proteção e recuperação da saúde, com a realização integrada das ações assistenciais e das atividades preventivas.

Art. 6º Estão incluídas ainda no campo de atuação do Sistema Único de Saúde (SUS):

I - a execução de ações:

a) de vigilância sanitária;

b) de vigilância epidemiológica;

c) de saúde do trabalhador; (Redação dada pela Lei 14.572/2023)

d) de assistência terapêutica integral, inclusive farmacêutica;

e) de saúde bucal; (Acrescida pela Lei 14.572/2023)

II - a participação na formulação da política e na execução de ações de saneamento básico;

III - a ordenação da formação de recursos humanos na área de saúde;

IV - a vigilância nutricional e a orientação alimentar;

V - a colaboração na proteção do meio ambiente, nele compreendido o do trabalho;

VI - a formulação da política de medicamentos, equipamentos, imunobiológicos e outros insumos de interesse para a saúde e a participação na sua produção;

VII - o controle e a fiscalização de serviços, produtos e substâncias de interesse para a saúde;

VIII - a fiscalização e a inspeção de alimentos, água e bebidas para consumo humano;

IX - a participação no controle e na fiscalização da produção, transporte, guarda e utilização de substâncias e produtos psicoativos, tóxicos e radioativos;

X - o incremento, em sua área de atuação, do desenvolvimento científico e tecnológico;

XI - a formulação e execução da política de sangue e seus derivados.

XII - a formulação e a execução da política de informação e assistência toxicológica e de logística de antídotos e medicamentos utilizados em intoxicações. (Acrescido pela Lei 14.715/2023)

§ 1º Entende-se por vigilância sanitária um conjunto de ações capaz de eliminar, diminuir ou prevenir riscos à saúde e de intervir nos problemas sanitários decorrentes do meio ambiente, da produção e circulação de bens e da prestação de serviços de interesse da saúde, abrangendo:

I - o controle de bens de consumo que, direta ou indiretamente, se relacionem com a saúde, compreendidas todas as etapas e processos, da produção ao consumo; e

II - o controle da prestação de serviços que se relacionam direta ou indiretamente com a saúde.

§ 2º Entende-se por vigilância epidemiológica um conjunto de ações que proporcionam o conhecimento, a detecção ou prevenção de qualquer mudança nos fatores determinantes e condicionantes de saúde individual ou coletiva, com a finalidade de recomendar e adotar as medidas de prevenção e controle das doenças ou agravos.

§ 3º Entende-se por saúde do trabalhador, para fins desta lei, um conjunto de atividades que se destina, através das ações de vigilância epidemiológica e vigilância sanitária, à promoção e proteção da saúde dos trabalhadores, assim como visa à recuperação e reabilitação da saúde dos trabalhadores submetidos aos riscos e agravos advindos das condições de trabalho, abrangendo:

I - assistência ao trabalhador vítima de acidentes de trabalho ou portador de doença profissional e do trabalho;

II - participação, no âmbito de competência do Sistema Único de Saúde (SUS), em estudos, pesquisas, avaliação e controle dos riscos e agravos potenciais à saúde existentes no processo de trabalho;

III - participação, no âmbito de competência do Sistema Único de Saúde (SUS), da normatização, fiscalização e controle das condições de produção, extração, armazenamento, transporte, distribuição e manuseio de substâncias, de produtos, de máquinas e de equipamentos que apresentam riscos à saúde do trabalhador;

IV - avaliação do impacto que as tecnologias provocam à saúde;

V - informação ao trabalhador e à sua respectiva entidade sindical e às empresas sobre os riscos de acidentes de trabalho, doença profissional e do trabalho, bem como os resultados de fiscalizações, avaliações ambientais e exames de saúde, de admissão, periódicos e de demissão, respeitados os preceitos da ética profissional;

VI - participação na normatização, fiscalização e controle dos serviços de saúde do trabalhador nas instituições e empresas públicas e privadas;

VII - revisão periódica da listagem oficial de doenças originadas no processo de trabalho, tendo na sua elaboração a colaboração das entidades sindicais; e

VIII - a garantia ao sindicato dos trabalhadores de requerer ao órgão competente a interdição de máquina, de setor de serviço ou de todo ambiente de trabalho, quando houver exposição a risco iminente para a vida ou saúde dos trabalhadores.

§ 4º Entende-se por saúde bucal o conjunto articulado de ações, em todos os níveis de complexidade, que visem a garantir promoção, prevenção, recuperação e reabilitação odontológica, individual e coletiva, inseridas no contexto da integralidade da atenção à saúde. (Acrescido pela Lei 14.572/2023)

§ 5º Entende-se por assistência toxicológica, a que se refere o inciso XII do caput deste artigo, o conjunto de ações e serviços de prevenção, diagnóstico e tratamento das intoxicações agudas e crônicas decorrentes da exposição a substâncias químicas, medicamentos e toxinas de animais peçonhentos e de plantas tóxicas. (Acrescido pela Lei 14.715/2023)

Art. 6º-A. As diferentes instâncias gestoras do Sistema Único de Saúde (SUS) ficam obrigadas a disponibilizar nas respectivas páginas eletrônicas na internet os estoques de medicamentos das farmácias públicas que estiverem sob sua gestão, com atualização quinzenal, de forma acessível ao cidadão comum. (Acrescido pela Lei 14.654/2023)

CAPÍTULO II
DOS PRINCÍPIOS E DIRETRIZES

Art. 7º As ações e serviços públicos de saúde e os serviços privados contratados ou conveniados que integram o Sistema Único de Saúde (SUS), são desenvolvidos de acordo com as diretrizes previstas no art. 198 da Constituição Federal, obedecendo ainda aos seguintes princípios:

I - universalidade de acesso aos serviços de saúde em todos os níveis de assistência;

II - integralidade de assistência, entendida como conjunto articulado e contínuo das ações e serviços preventivos e curativos, individuais e coletivos, exigidos para cada caso em todos os níveis de complexidade do sistema;

III - preservação da autonomia das pessoas na defesa de sua integridade física e moral;

IV - igualdade da assistência à saúde, sem preconceitos ou privilégios de qualquer espécie;

V - direito à informação, às pessoas assistidas, sobre sua saúde;

VI - divulgação de informações quanto ao potencial dos serviços de saúde e a sua utilização pelo usuário;

VII - utilização da epidemiologia para o estabelecimento de prioridades, a alocação de recursos e a orientação programática;

VIII - participação da comunidade;

IX - descentralização político-administrativa, com direção única em cada esfera de governo:

a) ênfase na descentralização dos serviços para os municípios;

b) regionalização e hierarquização da rede de serviços de saúde;

X - integração em nível executivo das ações de saúde, meio ambiente e saneamento básico;

XI - conjugação dos recursos financeiros, tecnológicos, materiais e humanos da União, dos Estados, do Distrito Federal e dos Municípios na prestação de serviços de assistência à saúde da população;

XII - capacidade de resolução dos serviços em todos os níveis de assistência; e

XIII - organização dos serviços públicos de modo a evitar duplicidade de meios para fins idênticos.

XIV – organização de atendimento público específico e especializado para mulheres e vítimas de violência doméstica em geral, que garanta, entre outros, atendimento, acompanhamento psicológico e cirurgias plásticas reparadoras, em conformidade com a Lei nº 12.845, de 1º de agosto de 2013. (Redação dada pela Lei nº 13.427, de 2017)

XV - proteção integral dos direitos humanos de todos os usuários e especial atenção à identificação de maus-tratos, de negligência e de violência sexual praticados contra crianças e adolescentes. (Acrescido pela Lei 14.679/2023)

Parágrafo único. Para os efeitos do inciso XIV do caput deste artigo, as mulheres vítimas de qualquer tipo de violência têm o direito de serem acolhidas e atendidas nos serviços de saúde prestados no âmbito do SUS, na rede própria ou conveniada, em local e ambiente que garantam sua privacidade e restrição do acesso de terceiros não autorizados pela paciente, em especial o do agressor. (Acrescido pela Lei 14.847/2024)

CAPÍTULO III
DA ORGANIZAÇÃO, DA DIREÇÃO E DA GESTÃO

Art. 8º As ações e serviços de saúde, executados pelo Sistema Único de Saúde (SUS), seja diretamente ou mediante participação complementar da iniciativa privada, serão organizados de forma regionalizada e hierarquizada em níveis de complexidade crescente.

Art. 9º A direção do Sistema Único de Saúde (SUS) é única, de acordo com o inciso I do art. 198 da Constituição Federal, sendo exercida em cada esfera de governo pelos seguintes órgãos:

I - no âmbito da União, pelo Ministério da Saúde;

II - no âmbito dos Estados e do Distrito Federal, pela respectiva Secretaria de Saúde ou órgão equivalente; e

III - no âmbito dos Municípios, pela respectiva Secretaria de Saúde ou órgão equivalente.

Art. 10. Os municípios poderão constituir consórcios para desenvolver em conjunto as ações e os serviços de saúde que lhes correspondam.

§ 1º Aplica-se aos consórcios administrativos intermunicipais o princípio da direção única, e os respectivos atos constitutivos disporão sobre sua observância.

§ 2º No nível municipal, o Sistema Único de Saúde (SUS), poderá organizar-se em distritos de forma a integrar e articular recursos, técnicas e práticas voltadas para a cobertura total das ações de saúde.

Art. 11. (Vetado).

Art. 12. Serão criadas comissões intersetoriais de âmbito nacional, subordinadas ao Conselho Nacional de Saúde, integradas pelos Ministérios e órgãos competentes e por entidades representativas da sociedade civil.

Parágrafo único. As comissões intersetoriais terão a finalidade de articular políticas e programas de interesse para a saúde, cuja execução envolva áreas não compreendidas no âmbito do Sistema Único de Saúde (SUS).

Art. 13. A articulação das políticas e programas, a cargo das comissões intersetoriais, abrangerá, em especial, as seguintes atividades:

I - alimentação e nutrição;

II - saneamento e meio ambiente;

III - vigilância sanitária e farmacoepidemiologia;

IV - recursos humanos;

V - ciência e tecnologia; e

VI - saúde do trabalhador.

Art. 14. Deverão ser criadas Comissões Permanentes de integração entre os serviços de saúde e as instituições de ensino profissional e superior.

Parágrafo único. Cada uma dessas comissões terá por finalidade propor prioridades, métodos e estratégias para a formação e educação continuada dos recursos humanos do Sistema Único de Saúde (SUS), na esfera correspondente, assim como em relação à pesquisa e à cooperação técnica entre essas instituições.

Art. 14-A. As Comissões Intergestores Bipartite e Tripartite são reconhecidas como foros de negociação e pactuação entre gestores, quanto aos aspectos operacionais do Sistema Único de Saúde (SUS). (Incluído pela Lei nº 12.466, de 2011).

Parágrafo único. A atuação das Comissões Intergestores Bipartite e Tripartite terá por objetivo: (Incluído pela Lei nº 12.466, de 2011).

I - decidir sobre os aspectos operacionais, financeiros e administrativos da gestão compartilhada do SUS, em conformidade com a definição da política consubstanciada em planos de saúde, aprovados pelos conselhos de saúde; (Incluído pela Lei nº 12.466, de 2011).

II - definir diretrizes, de âmbito nacional, regional e intermunicipal, a respeito da organização das redes de ações e serviços de saúde, principalmente no tocante à sua governança institucional e à integração das ações e serviços dos entes federados; (Incluído pela Lei nº 12.466, de 2011).

III - fixar diretrizes sobre as regiões de saúde, distrito sanitário, integração de territórios, referência e contrarreferência e demais aspectos vinculados à integração das ações e serviços de saúde entre os entes federados. (Incluído pela Lei nº 12.466, de 2011).

Art. 14-B. O Conselho Nacional de Secretários de Saúde (Conass) e o Conselho Nacional de Secretarias Municipais de Saúde (Conasems) são reconhecidos como entidades representativas dos entes estaduais e municipais para tratar de matérias referentes à saúde e declarados de utilidade pública e de relevante função social, na forma do regulamento. (Incluído pela Lei nº 12.466, de 2011).

§ 1º O Conass e o Conasems receberão recursos do orçamento geral da União por meio do Fundo Nacional de Saúde, para auxiliar no custeio de suas despesas institucionais, podendo ainda celebrar convênios com a União. (Incluído pela Lei nº 12.466, de 2011).

§ 2º Os Conselhos de Secretarias Municipais de Saúde (Cosems) são reconhecidos como entidades que representam os entes municipais, no âmbito estadual, para tratar de matérias referentes à saúde, desde que vinculados institucionalmente ao Conasems, na forma que dispuserem seus estatutos. (Incluído pela Lei nº 12.466, de 2011).

CAPÍTULO IV
DA COMPETÊNCIA E DAS ATRIBUIÇÕES

SEÇÃO I
DAS ATRIBUIÇÕES COMUNS

Art. 15. A União, os Estados, o Distrito Federal e os Municípios exercerão, em seu âmbito administrativo, as seguintes atribuições:

I - definição das instâncias e mecanismos de controle, avaliação e de fiscalização das ações e serviços de saúde;

II - administração dos recursos orçamentários e financeiros destinados, em cada ano, à saúde;

III - acompanhamento, avaliação e divulgação do nível de saúde da população e das condições ambientais;

IV - organização e coordenação do sistema de informação de saúde;

V - elaboração de normas técnicas e estabelecimento de padrões de qualidade e parâmetros de custos que caracterizam a assistência à saúde;

VI - elaboração de normas técnicas e estabelecimento de padrões de qualidade para promoção da saúde do trabalhador;

VII - participação de formulação da política e da execução das ações de saneamento básico e colaboração na proteção e recuperação do meio ambiente;

VIII - elaboração e atualização periódica do plano de saúde;

IX - participação na formulação e na execução da política de formação e desenvolvimento de recursos humanos para a saúde;

X - elaboração da proposta orçamentária do Sistema Único de Saúde (SUS), de conformidade com o plano de saúde;

XI - elaboração de normas para regular as atividades de serviços privados de saúde, tendo em vista a sua relevância pública;

XII - realização de operações externas de natureza financeira de interesse da saúde, autorizadas pelo Senado Federal;

XIII - para atendimento de necessidades coletivas, urgentes e transitórias, decorrentes de situações de perigo iminente, de calamidade pública ou de irrupção de epidemias, a autoridade competente da esfera administrativa correspondente poderá requisitar bens e serviços, tanto de pessoas naturais como de jurídicas, sendo-lhes assegurada justa indenização;

XIV - implementar o Sistema Nacional de Sangue, Componentes e Derivados;

XV - propor a celebração de convênios, acordos e protocolos internacionais relativos à saúde, saneamento e meio ambiente;

XVI - elaborar normas técnico-científicas de promoção, proteção e recuperação da saúde;

XVII - promover articulação com os órgãos de fiscalização do exercício profissional e outras entidades representativas da sociedade civil para a definição e controle dos padrões éticos para pesquisa, ações e serviços de saúde;

XVIII - promover a articulação da política e dos planos de saúde;

XIX - realizar pesquisas e estudos na área de saúde;

XX - definir as instâncias e mecanismos de controle e fiscalização inerentes ao poder de polícia sanitária;

XXI - fomentar, coordenar e executar programas e projetos estratégicos e de atendimento emergencial.

SEÇÃO II
DA COMPETÊNCIA

Art. 16. À direção nacional do SUS compete: (Redação dada pela Lei 14.572/2023)

I - formular, avaliar e apoiar políticas de alimentação e nutrição;

II - participar na formulação e na implementação das políticas:

a) de controle das agressões ao meio ambiente;

b) de saneamento básico; e

c) relativas às condições e aos ambientes de trabalho;

III - definir e coordenar os sistemas:

a) de redes integradas de assistência de alta complexidade;

b) de rede de laboratórios de saúde pública;

c) de vigilância epidemiológica; e

d) vigilância sanitária;

IV - participar da definição de normas e mecanismos de controle, com órgão afins, de agravo sobre o meio ambiente ou dele decorrentes, que tenham repercussão na saúde humana;

V - participar da definição de normas, critérios e padrões para o controle das condições e dos ambientes de trabalho e coordenar a política de saúde do trabalhador;

VI - coordenar e participar na execução das ações de vigilância epidemiológica;

VII - estabelecer normas e executar a vigilância sanitária de portos, aeroportos e fronteiras, podendo a execução ser complementada pelos Estados, Distrito Federal e Municípios;

VIII - estabelecer critérios, parâmetros e métodos para o controle da qualidade sanitária de produtos, substâncias e serviços de consumo e uso humano;

IX - promover articulação com os órgãos educacionais e de fiscalização do exercício profissional, bem como com entidades representativas de formação de recursos humanos na área de saúde;

X - formular, avaliar, elaborar normas e participar na execução da política nacional e produção de insumos e equipamentos para a saúde, em articulação com os demais órgãos governamentais;

XI - identificar os serviços estaduais e municipais de referência nacional para o estabelecimento de padrões técnicos de assistência à saúde;

XII - controlar e fiscalizar procedimentos, produtos e substâncias de interesse para a saúde;

XIII - prestar cooperação técnica e financeira aos Estados, ao Distrito Federal e aos Municípios para o aperfeiçoamento da sua atuação institucional;

XIV - elaborar normas para regular as relações entre o Sistema Único de Saúde (SUS) e os serviços privados contratados de assistência à saúde;

XV - promover a descentralização para as Unidades Federadas e para os Municípios, dos serviços e ações de saúde, respectivamente, de abrangência estadual e municipal;

XVI - normatizar e coordenar nacionalmente o Sistema Nacional de Sangue, Componentes e Derivados;

XVII - acompanhar, controlar e avaliar as ações e os serviços de saúde, respeitadas as competências estaduais e municipais;

XVIII - elaborar o Planejamento Estratégico Nacional no âmbito do SUS, em cooperação técnica com os Estados, Municípios e Distrito Federal;

XIX - estabelecer o Sistema Nacional de Auditoria e coordenar a avaliação técnica e financeira do SUS em todo o Território Nacional em cooperação técnica com os Estados, Municípios e Distrito Federal.

XX - definir as diretrizes e as normas para a estruturação física e organizacional dos serviços de saúde bucal. (Acrescido pela Lei 14.572/2023)

§ 1º A União poderá executar ações de vigilância epidemiológica e sanitária em circunstâncias especiais, como na ocorrência de agravos inusitados à saúde, que possam escapar do controle da direção estadual do Sistema Único de Saúde - SUS ou que representem risco de disseminação nacional. (Parágrafo único transformado em § 1º pela Lei 14.141/2021)

§ 2º Em situações epidemiológicas que caracterizem emergência em saúde pública, poderá ser adotado procedimento simplificado para a remessa de patrimônio genético ao exterior, na forma do regulamento. (Acrescido pela Lei 14.141/2021)

§ 3º Os benefícios resultantes da exploração econômica de produto acabado ou material reprodutivo oriundo de acesso ao patrimônio genético de que trata o § 2º deste artigo serão repartidos nos termos da Lei nº 13.123, de 20 de maio de 2015. (Acrescido pela Lei 14.141/2021)

Art. 17. À direção estadual do Sistema Único de Saúde (SUS) compete:

I - promover a descentralização para os Municípios dos serviços e das ações de saúde;

II - acompanhar, controlar e avaliar as redes hierarquizadas do Sistema Único de Saúde (SUS);

III - prestar apoio técnico e financeiro aos Municípios e executar supletivamente ações e serviços de saúde;

IV - coordenar e, em caráter complementar, executar ações e serviços:

a) de vigilância epidemiológica;

b) de vigilância sanitária;

c) de alimentação e nutrição; (Redação dada pela Lei 14.572/2023)

d) de saúde do trabalhador;

e) de saúde bucal; (Acrescida pela Lei 14.572/2023)

V - participar, junto com os órgãos afins, do controle dos agravos do meio ambiente que tenham repercussão na saúde humana;

VI - participar da formulação da política e da execução de ações de saneamento básico;

VII - participar das ações de controle e avaliação das condições e dos ambientes de trabalho;

VIII - em caráter suplementar, formular, executar, acompanhar e avaliar a política de insumos e equipamentos para a saúde;

IX - identificar estabelecimentos hospitalares de referência e gerir sistemas públicos de alta complexidade, de referência estadual e regional;

X - coordenar a rede estadual de laboratórios de saúde pública e hemocentros, e gerir as unidades que permaneçam em sua organização administrativa;

XI - estabelecer normas, em caráter suplementar, para o controle e avaliação das ações e serviços de saúde;

XII - formular normas e estabelecer padrões, em caráter suplementar, de procedimentos de controle de qualidade para produtos e substâncias de consumo humano;

XIII - colaborar com a União na execução da vigilância sanitária de portos, aeroportos e fronteiras;

XIV - o acompanhamento, a avaliação e divulgação dos indicadores de morbidade e mortalidade no âmbito da unidade federada.

Art. 18. À direção municipal do SUS compete: (Redação dada pela Lei 14.572/2023)

I - planejar, organizar, controlar e avaliar as ações e os serviços de saúde e gerir e executar os serviços públicos de saúde;

II - participar do planejamento, programação e organização da rede regionalizada e hierarquizada do Sistema Único de Saúde (SUS), em articulação com sua direção estadual;

III - participar da execução, controle e avaliação das ações referentes às condições e aos ambientes de trabalho;

IV - executar serviços:

a) de vigilância epidemiológica;

b) vigilância sanitária;

c) de alimentação e nutrição;

d) de saneamento básico; (Redação dada pela Lei 14.572/2023)

e) de saúde do trabalhador;

f) de saúde bucal; (Acrescida pela Lei 14.572/2023)

V - dar execução, no âmbito municipal, à política de insumos e equipamentos para a saúde;

VI - colaborar na fiscalização das agressões ao meio ambiente que tenham repercussão sobre a saúde humana e atuar, junto aos órgãos municipais, estaduais e federais competentes, para controlá-las;

VII - formar consórcios administrativos intermunicipais;

VIII - gerir laboratórios públicos de saúde e hemocentros;

IX - colaborar com a União e os Estados na execução da vigilância sanitária de portos, aeroportos e fronteiras;

X - observado o disposto no art. 26 desta Lei, celebrar contratos e convênios com entidades prestadoras de serviços privados de saúde, bem como controlar e avaliar sua execução;

XI - controlar e fiscalizar os procedimentos dos serviços privados de saúde;

XII - normatizar complementarmente as ações e serviços públicos de saúde no seu âmbito de atuação.

Art. 19. Ao Distrito Federal competem as atribuições reservadas aos Estados e aos Municípios.

CAPÍTULO V
DO SUBSISTEMA DE ATENÇÃO À SAÚDE INDÍGENA

› (Incluído pela Lei nº 9.836, de 1999)

Art. 19-A. As ações e serviços de saúde voltados para o atendimento das populações indígenas, em todo o território nacional, coletiva ou individualmente, obedecerão ao disposto nesta Lei. (Incluído pela Lei nº 9.836, de 1999)

Art. 19-B. É instituído um Subsistema de Atenção à Saúde Indígena, componente do Sistema Único de Saúde – SUS, criado e definido por esta Lei, e pela Lei no 8.142, de 28 de dezembro de 1990, com o qual funcionará em perfeita integração. (Incluído pela Lei nº 9.836, de 1999)

Art. 19-C. Caberá à União, com seus recursos próprios, financiar o Subsistema de Atenção à Saúde Indígena. (Incluído pela Lei nº 9.836, de 1999)

Art. 19-D. O SUS promoverá a articulação do Subsistema instituído por esta Lei com os órgãos responsáveis pela Política Indígena do País. (Incluído pela Lei nº 9.836, de 1999)

Art. 19-E. Os Estados, Municípios, outras instituições governamentais e não-governamentais poderão atuar complementarmente no custeio e execução das ações. (Incluído pela Lei nº 9.836, de 1999)

§ 1º A União instituirá mecanismo de financiamento específico para os Estados, o Distrito Federal e os Municípios, sempre que houver necessidade de atenção secundária e terciária fora dos territórios indígenas. (Acrescido pela Lei 14.021/2020, vetado pelo Presidente da República, mantido pelo Congresso Nacional e publicado na Edição Extra A do DOU de 27/8/2020)

§ 2º Em situações emergenciais e de calamidade pública: (Acrescido pela Lei 14.021/2020, vetado pelo Presidente da República, mantido pelo Congresso Nacional e publicado na Edição Extra A do DOU de 27/8/2020)

I - a União deverá assegurar aporte adicional de recursos não previstos nos planos de saúde dos Distritos Sanitários Especiais Indígenas (Dseis) ao Subsistema de Atenção à Saúde Indígena;

II - deverá ser garantida a inclusão dos povos indígenas nos planos emergenciais para atendimento dos pacientes graves das Secretarias Municipais e Estaduais de Saúde, explicitados os fluxos e as referências para o atendimento em tempo oportuno.

Art. 19-F. Dever-se-á obrigatoriamente levar em consideração a realidade local e as especificidades da cultura dos povos indígenas e o modelo a ser adotado para a atenção à saúde indígena, que se deve pautar por uma abordagem diferenciada e global, contemplando os aspectos de assistência à saúde, saneamento básico, nutrição, habitação, meio ambiente, demarcação de terras, educação sanitária e integração institucional. (Incluído pela Lei nº 9.836, de 1999)

Art. 19-G. O Subsistema de Atenção à Saúde Indígena deverá ser, como o SUS, descentralizado, hierarquizado e regionalizado. (Incluído pela Lei nº 9.836, de 1999)

§ 1º O Subsistema de que trata o *caput* deste artigo terá como base os Distritos Sanitários Especiais Indígenas. (Incluído pela Lei nº 9.836, de 1999)

§ 1º-A. A rede do SUS deverá obrigatoriamente fazer o registro e a notificação da declaração de raça ou cor, garantindo a identificação de todos os indígenas atendidos nos sistemas públicos de saúde. § 1º-B. A União deverá integrar os sistemas de informação da rede do SUS com os dados do Subsistema de Atenção à Saúde Indígena. (Acrescido pela Lei 14.021/2020, vetado pelo Presidente da República, mantido pelo Congresso Nacional e publicado na Edição Extra A do DOU de 27/8/2020)

§ 1º-B. A União deverá integrar os sistemas de informação da rede do SUS com os dados do Subsistema de Atenção à Saúde Indígena. (Acrescido pela Lei 14.021/2020, vetado pelo Presidente da República, mantido pelo Congresso Nacional e publicado na Edição Extra A do DOU de 27/8/2020)

§ 2º O SUS servirá de retaguarda e referência ao Subsistema de Atenção à Saúde Indígena, devendo, para isso, ocorrer adaptações na estrutura e organização do SUS nas regiões onde residem as populações indígenas, para propiciar essa integração e o atendimento necessário em todos os níveis, sem discriminações. (Incluído pela Lei nº 9.836, de 1999)

§ 3º As populações indígenas devem ter acesso garantido ao SUS, em âmbito local, regional e de centros especializados, de acordo com suas necessidades, compreendendo a atenção primária, secundária e terciária à saúde. (Incluído pela Lei nº 9.836, de 1999)

Art. 19-H. As populações indígenas terão direito a participar dos organismos colegiados de formulação, acompanhamento e avaliação das políticas de saúde, tais como o Conselho Nacional de Saúde e os Conselhos Estaduais e Municipais de Saúde, quando for o caso. (Incluído pela Lei nº 9.836, de 1999)

CAPÍTULO VI
DO SUBSISTEMA DE ATENDIMENTO E INTERNAÇÃO DOMICILIAR

‣ (Incluído pela Lei nº 10.424, de 2002)

Art. 19-I. São estabelecidos, no âmbito do Sistema Único de Saúde, o atendimento domiciliar e a internação domiciliar. (Incluído pela Lei nº 10.424, de 2002)

§ 1º Na modalidade de assistência de atendimento e internação domiciliares incluem-se, principalmente, os procedimentos médicos, de enfermagem, fisioterapêuticos, psicológicos e de assistência social, entre outros necessários ao cuidado integral dos pacientes em seu domicílio. (Incluído pela Lei nº 10.424, de 2002)

§ 2º O atendimento e a internação domiciliares serão realizados por equipes multidisciplinares que atuarão nos níveis da medicina preventiva, terapêutica e reabilitadora. (Incluído pela Lei nº 10.424, de 2002)

§ 3º O atendimento e a internação domiciliares só poderão ser realizados por indicação médica, com expressa concordância do paciente e de sua família. (Incluído pela Lei nº 10.424, de 2002)

CAPÍTULO VII
DO SUBSISTEMA DE ACOMPANHAMENTO À MULHER NOS SERVIÇOS DE SAÚDE

(Redação dada pela Lei 14.737/2023)

Art. 19-J. Em consultas, exames e procedimentos realizados em unidades de saúde públicas ou privadas, toda mulher tem o direito de fazer-se acompanhar por pessoa maior de idade, durante todo o período do atendimento, independentemente de notificação prévia. (Redação dada pela Lei 14.737/2023)

§ 1º O acompanhante de que trata o caput deste artigo será de livre indicação da paciente ou, nos casos em que ela esteja impossibilitada de manifestar sua vontade, de seu representante legal, e estará obrigado a preservar o sigilo das informações de saúde de que tiver conhecimento em razão do acompanhamento. (Redação dada pela Lei 14.737/2023)

§ 2º No caso de atendimento que envolva qualquer tipo de sedação ou rebaixamento do nível de consciência, caso a paciente não indique acompanhante, a unidade de saúde responsável pelo atendimento indicará pessoa para acompanhá-la, preferencialmente profissional de saúde do sexo feminino, sem custo adicional para a paciente, que poderá recusar o nome indicado e solicitar a indicação de outro, independentemente de justificativa, registrando-se o nome escolhido no documento gerado durante o atendimento. (Redação dada pela Lei 14.737/2023)

§ 2º-A. Em caso de atendimento com sedação, a eventual renúncia da paciente ao direito previsto neste artigo deverá ser feita por escrito, após o esclarecimento dos seus direitos, com no mínimo 24 (vinte e quatro) horas de antecedência, assinada por ela e arquivada em seu prontuário. (Acrescido pela Lei 14.737/2023)

§ 3º As unidades de saúde de todo o País ficam obrigadas a manter, em local visível de suas dependências, aviso que informe sobre o direito estabelecido neste artigo. (Redação dada pela Lei 14.737/2023)

§ 4º No caso de atendimento realizado em centro cirúrgico ou unidade de terapia intensiva com restrições relacionadas à segurança ou à saúde dos pacientes, devidamente justificadas pelo corpo clínico, somente será admitido acompanhante que seja profissional de saúde. (Acrescido pela Lei 14.737/2023)

§ 5º Em casos de urgência e emergência, os profissionais de saúde ficam autorizados a agir na proteção e defesa da saúde e da vida da paciente, ainda que na ausência do acompanhante requerido. (Acrescido pela Lei 14.737/2023)

Art. 19-L. (VETADO) (Incluído pela Lei nº 11.108, de 2005)

CAPÍTULO VIII
DA ASSISTÊNCIA TERAPÊUTICA E DA INCORPORAÇÃO DE TECNOLOGIA EM SAÚDE

‣ (Incluído pela Lei nº 12.401, de 2011)

Art. 19-M. A assistência terapêutica integral a que se refere a alínea d do inciso I do art. 6o consiste em: (Incluído pela Lei nº 12.401, de 2011)

I - dispensação de medicamentos e produtos de interesse para a saúde, cuja prescrição esteja em conformidade com as diretrizes terapêuticas definidas em protocolo clínico para a doença ou o agravo à saúde a ser tratado ou, na falta do protocolo, em conformidade com o disposto no art. 19-P; (Incluído pela Lei nº 12.401, de 2011)

II - oferta de procedimentos terapêuticos, em regime domiciliar, ambulatorial e hospitalar, constantes de tabelas elaboradas pelo gestor federal do Sistema Único de Saúde - SUS, realizados no território nacional por serviço próprio, conveniado ou contratado.

Art. 19-N. Para os efeitos do disposto no art. 19-M, são adotadas as seguintes definições:

I - produtos de interesse para a saúde: órteses, próteses, bolsas coletoras e equipamentos médicos;

II - protocolo clínico e diretriz terapêutica: documento que estabelece critérios para o diagnóstico da doença ou do agravo à saúde; o tratamento preconizado, com os medicamentos e demais produtos apropriados, quando couber; as posologias recomendadas; os mecanismos de controle clínico; e o acompanhamento e a verificação dos resultados terapêuticos, a serem seguidos pelos gestores do SUS. (Incluído pela Lei nº 12.401, de 2011)

Art. 19-O. Os protocolos clínicos e as diretrizes terapêuticas deverão estabelecer os medicamentos ou produtos necessários nas diferentes fases evolutivas da doença ou do agravo à saúde de que tratam, bem como aqueles indicados em casos de perda de eficácia e de surgimento de intolerância ou reação adversa relevante, provocadas pelo medicamento, produto ou procedimento de primeira escolha. (Incluído pela Lei nº 12.401, de 2011)

Parágrafo único. Em qualquer caso, os medicamentos ou produtos de que trata o *caput* deste artigo serão aqueles avaliados quanto à sua eficácia, segurança, efetividade e custo-efetividade para as diferentes fases evolutivas da doença ou do agravo à saúde de que trata o protocolo. (Incluído pela Lei nº 12.401, de 2011)

Art. 19-P. Na falta de protocolo clínico ou de diretriz terapêutica, a dispensação será realizada: (Incluído pela Lei nº 12.401, de 2011)

I - com base nas relações de medicamentos instituídas pelo gestor federal do SUS, observadas as competências estabelecidas nesta Lei, e a responsabilidade pelo fornecimento será pactuada na Comissão Intergestores Tripartite; (Incluído pela Lei nº 12.401, de 2011)

II - no âmbito de cada Estado e do Distrito Federal, de forma suplementar, com base nas relações de medicamentos instituídas pelos gestores estaduais do SUS, e a responsabilidade pelo fornecimento será pactuada na Comissão Intergestores Bipartite; (Incluído pela Lei nº 12.401, de 2011)

III - no âmbito de cada Município, de forma suplementar, com base nas relações de medicamentos instituídas pelos gestores municipais do SUS, e a responsabilidade pelo fornecimento será pactuada no Conselho Municipal de Saúde. (Incluído pela Lei nº 12.401, de 2011)

Art. 19-Q. A incorporação, a exclusão ou a alteração pelo SUS de novos medicamentos, produtos e procedimentos, bem como a constituição ou a alteração de protocolo clínico ou de diretriz terapêutica, são atribuições do Ministério da Saúde, assessorado pela Comissão Nacional de Incorporação de Tecnologias no SUS. (Incluído pela Lei nº 12.401, de 2011)

§ 1º A Comissão Nacional de Incorporação de Tecnologias no SUS, cuja composição e regimento são definidos em regulamento, contará com a participação de 1 (um) representante indicado pelo Conselho Nacional de Saúde, de 1 (um) representante, especialista na área, indicado pelo Conselho Federal de Medicina e de 1 (um) representante, especialista na área, indicado pela Associação Médica Brasileira. (Redação dada pela Lei 14.655/2023)

§ 2º O relatório da Comissão Nacional de Incorporação de Tecnologias no SUS levará em consideração, necessariamente: (Incluído pela Lei nº 12.401, de 2011)

I - as evidências científicas sobre a eficácia, a acurácia, a efetividade e a segurança do medicamento, produto ou procedimento objeto do processo, acatadas pelo órgão competente para o registro ou a autorização de uso; (Incluído pela Lei nº 12.401, de 2011)

II - a avaliação econômica comparativa dos benefícios e dos custos em relação às tecnologias já incorporadas, inclusive no que se refere aos atendimentos domiciliar, ambulatorial ou hospitalar, quando cabível. (Incluído pela Lei nº 12.401, de 2011)

§ 3º As metodologias empregadas na avaliação econômica a que se refere o inciso II do § 2º deste artigo serão dispostas em regulamento e amplamente divulgadas, inclusive em relação aos indicadores e parâmetros de custo-efetividade utilizados em combinação com outros critérios. (Acrescido pela Lei 14.313/2022)

Art. 19-R. A incorporação, a exclusão e a alteração a que se refere o art. 19-Q serão efetuadas mediante a instauração de processo administrativo, a ser concluído em prazo não superior a 180 (cento e oitenta) dias, contado da data em que foi protocolado o pedido, admitida a sua prorrogação por 90 (noventa) dias corridos, quando as circunstâncias exigirem. (Incluído pela Lei nº 12.401, de 2011)

§ 1º O processo de que trata o *caput* deste artigo observará, no que couber, o disposto na Lei no 9.784, de 29 de janeiro de 1999, e as seguintes determinações especiais: (Incluído pela Lei nº 12.401, de 2011)

I - apresentação pelo interessado dos documentos e, se cabível, das amostras de produtos, na forma do regulamento, com informações necessárias para o atendimento do disposto no § 2o do art. 19-Q; (Incluído pela Lei nº 12.401, de 2011)

II - (VETADO); (Incluído pela Lei nº 12.401, de 2011)

III - realização de consulta pública que inclua a divulgação do parecer emitido pela Comissão Nacional de Incorporação de Tecnologias no SUS; (Incluído pela Lei nº 12.401, de 2011)

IV - realização de audiência pública, antes da tomada de decisão, se a relevância da matéria justificar o evento. (Incluído pela Lei nº 12.401, de 2011)

V - distribuição aleatória, respeitadas a especialização e a competência técnica requeridas para a análise da matéria; (Acrescido pela Lei 14.313/2022)

VI - publicidade dos atos processuais. (Acrescido pela Lei 14.313/2022)

§ 2º (VETADO). (Incluído pela Lei nº 12.401, de 2011)

§ 3º O procedimento referido no caput deste artigo tramitará em regime prioritário quando se tratar de análise de medicamento, de produto ou de procedimento relacionado à assistência da pessoa com câncer. (Acrescido pela Lei 14.758/2023)

Art. 19-S. (VETADO). (Incluído pela Lei nº 12.401, de 2011)

Art. 19-T. São vedados, em todas as esferas de gestão do SUS: (Incluído pela Lei nº 12.401, de 2011)

I - o pagamento, o ressarcimento ou o reembolso de medicamento, produto e procedimento clínico ou cirúrgico experimental, ou de uso não autorizado pela Agência Nacional de Vigilância Sanitária - ANVISA;

II - a dispensação, o pagamento, o ressarcimento ou o reembolso de medicamento e produto, nacional ou importado, sem registro na Anvisa.

Parágrafo único. Excetuam-se do disposto neste artigo: (Acrescido pela Lei 14.313/2022)

I - medicamento e produto em que a indicação de uso seja distinta daquela aprovada no registro na Anvisa, desde que seu uso tenha sido recomendado pela Comissão Nacional de Incorporação de Tecnologias no Sistema Único de Saúde (Conitec), demonstradas as evidências científicas sobre a eficácia, a acurácia, a efetividade e a segurança, e esteja padronizado em protocolo estabelecido pelo Ministério da Saúde;

II - medicamento e produto recomendados pela Conitec e adquiridos por intermédio de organismos multilaterais internacionais, para uso em programas de saúde pública do Ministério da Saúde e suas entidades vinculadas, nos termos do § 5º do art. 8º da Lei nº 9.782, de 26 de janeiro de 1999.

Art. 19-U. A responsabilidade financeira pelo fornecimento de medicamentos, produtos de interesse para a saúde ou procedimentos de que trata este Capítulo será pactuada na Comissão Intergestores Tripartite. (Incluído pela Lei nº 12.401, de 2011)

Art. 19-V. Os gestores do SUS, em todas as esferas, realizarão campanhas permanentes de conscientização contra a automedicação, com o objetivo de informar a população sobre os riscos dessa prática, especialmente quanto à ingestão de antibióticos ou de medicamentos sujeitos a controle especial. (Acrescido pela Lei 14.912/2024)

› Atualização: Art. 19-W. Os laboratórios farmacêuticos de natureza pública que tiverem as condições técnicas para a produção de fármacos deverão produzir os princípios ativos destinados ao tratamento das doenças determinadas socialmente, nos termos de regulamento. (Acrescido pela Lei 14.977/2024 - DOU 19.09.2024, em vigor após decorridos 365 dias de sua publicação oficial)

§ 1º Os laboratórios farmacêuticos de natureza pública que não tiverem as condições técnicas para a produção de fármacos poderão desenvolver projetos e celebrar acordos, convênios e outros ajustes com vistas à adaptação de sua linha produtiva e à aquisição de tecnologias e processos direcionados à produção farmoquímica.

§ 2º O poder público fica autorizado a financiar, a estimular, a promover e a buscar parcerias nacionais e internacionais com laboratórios farmoquímicos que detenham a tecnologia para a produção de fármacos, a fim de obter os requisitos necessários à transferência dessa tecnologia e do conhecimento para os laboratórios de natureza pública capacitados na forma deste artigo.

TÍTULO III
DOS SERVIÇOS PRIVADOS DE ASSISTÊNCIA À SAÚDE

CAPÍTULO I
DO FUNCIONAMENTO

Art. 20. Os serviços privados de assistência à saúde caracterizam-se pela atuação, por iniciativa própria, de profissionais liberais, legalmente habilitados, e de pessoas jurídicas de direito privado na promoção, proteção e recuperação da saúde.

Art. 21. A assistência à saúde é livre à iniciativa privada.

Art. 22. Na prestação de serviços privados de assistência à saúde, serão observados os princípios éticos e as normas expedidas pelo órgão de direção do Sistema Único de Saúde (SUS) quanto às condições para seu funcionamento.

Art. 23. É permitida a participação direta ou indireta, inclusive controle, de empresas ou de capital estrangeiro na assistência à saúde nos seguintes casos: (Redação dada pela Lei nº 13.097, de 2015)

I - doações de organismos internacionais vinculados à Organização das Nações Unidas, de entidades de cooperação técnica e de financiamento e empréstimos; (Incluído pela Lei nº 13.097, de 2015)

II - pessoas jurídicas destinadas a instalar, operacionalizar ou explorar: (Incluído pela Lei nº 13.097, de 2015)

a) hospital geral, inclusive filantrópico, hospital especializado, policlínica, clínica geral e clínica especializada; e (Incluído pela Lei nº 13.097, de 2015)
b) ações e pesquisas de planejamento familiar; (Incluído pela Lei nº 13.097, de 2015)
III - serviços de saúde mantidos, sem finalidade lucrativa, por empresas, para atendimento de seus empregados e dependentes, sem qualquer ônus para a seguridade social; e (Incluído pela Lei nº 13.097, de 2015)
IV - demais casos previstos em legislação específica. (Incluído pela Lei nº 13.097, de 2015)

CAPÍTULO II
DA PARTICIPAÇÃO COMPLEMENTAR

Art. 24. Quando as suas disponibilidades forem insuficientes para garantir a cobertura assistencial à população de uma determinada área, o Sistema Único de Saúde (SUS) poderá recorrer aos serviços ofertados pela iniciativa privada.

Parágrafo único. A participação complementar dos serviços privados será formalizada mediante contrato ou convênio, observadas, a respeito, as normas de direito público.

Art. 25. Na hipótese do artigo anterior, as entidades filantrópicas e as sem fins lucrativos terão preferência para participar do Sistema Único de Saúde (SUS).

Art. 26. Os critérios e valores para a remuneração de serviços e os parâmetros de cobertura assistencial serão estabelecidos pela direção nacional do Sistema Único de Saúde (SUS), aprovados no Conselho Nacional de Saúde.

§ 1º Na fixação dos critérios, valores, formas de reajuste e de pagamento da remuneração aludida neste artigo, a direção nacional do Sistema Único de Saúde (SUS) deverá fundamentar seu ato em demonstrativo econômico-financeiro que garanta a efetiva qualidade de execução dos serviços contratados.

§ 2º Os serviços contratados submeter-se-ão às normas técnicas e administrativas e aos princípios e diretrizes do Sistema Único de Saúde (SUS), mantido o equilíbrio econômico e financeiro do contrato.

§ 3º (Vetado).

§ 4º Aos proprietários, administradores e dirigentes de entidades ou serviços contratados é vedado exercer cargo de chefia ou função de confiança no Sistema Único de Saúde (SUS).

§ 5º Os valores a que se refere o caput deste artigo, para o conjunto das remunerações dos serviços de saúde, serão definidos no mês de dezembro de cada ano, por meio de ato do Ministério da Saúde, devendo-se buscar a garantia da qualidade do atendimento, o equilíbrio econômico-financeiro na prestação dos serviços e a preservação do valor real destinado à remuneração de serviços, observada a disponibilidade orçamentária e financeira. (Acrescido pela Lei 14.820/2024)

TÍTULO III-A
DA TELESSAÚDE

(Acrescido pela Lei 14.510/2022)

Art. 26-A. A telessaúde abrange a prestação remota de serviços relacionados a todas as profissões da área da saúde regulamentadas pelos órgãos competentes do Poder Executivo federal e obedecerá aos seguintes princípios: (Acrescido pela Lei 14.510/2022)
I - autonomia do profissional de saúde;
II - consentimento livre e informado do paciente;
III - direito de recusa ao atendimento na modalidade telessaúde, com a garantia do atendimento presencial sempre que solicitado;
IV - dignidade e valorização do profissional de saúde;
V - assistência segura e com qualidade ao paciente;
VI - confidencialidade dos dados;
VII - promoção da universalização do acesso dos brasileiros às ações e aos serviços de saúde;
VIII - estrita observância das atribuições legais de cada profissão;
IX - responsabilidade digital.

Art. 26-B. Para fins desta Lei, considera-se telessaúde a modalidade de prestação de serviços de saúde a distância, por meio da utilização das tecnologias da informação e da comunicação, que envolve, entre outros, a transmissão segura de dados e informações de saúde, por meio de textos, de sons, de imagens ou outras formas adequadas. (Acrescido pela Lei 14.510/2022)

Parágrafo único. Os atos do profissional de saúde, quando praticados na modalidade telessaúde, terão validade em todo o território nacional.

Art. 26-C. Ao profissional de saúde são asseguradas a liberdade e a completa independência de decidir sobre a utilização ou não da telessaúde, inclusive com relação à primeira consulta, atendimento ou procedimento, e poderá indicar a utilização de atendimento presencial ou optar por ele, sempre que entender necessário. (Acrescido pela Lei 14.510/2022)

Art. 26-D. Compete aos conselhos federais de fiscalização do exercício profissional a normatização ética relativa à prestação dos serviços previstos neste Título, aplicando-se os padrões normativos adotados para as modalidades de atendimento presencial, no que não colidirem com os preceitos desta Lei. (Acrescido pela Lei 14.510/2022)

Art. 26-E. Na prestação de serviços por telessaúde, serão observadas as normas expedidas pelo órgão de direção do Sistema Único de Saúde (SUS) quanto às condições para seu funcionamento, observada a competência dos demais órgãos reguladores. (Acrescido pela Lei 14.510/2022)

Art. 26-F. O ato normativo que pretenda restringir a prestação de serviço de telessaúde deverá demonstrar a imprescindibilidade da medida para que sejam evitados danos à saúde dos pacientes. (Acrescido pela Lei 14.510/2022)

Art. 26-G. A prática da telessaúde deve seguir as seguintes determinações: (Acrescido pela Lei 14.510/2022)
I - ser realizada por consentimento livre e esclarecido do paciente, ou de seu representante legal, e sob responsabilidade do profissional de saúde;
II - prestar obediência aos ditames das Leis nºs 12.965, de 23 de abril de 2014 (Marco Civil da Internet), 12.842, de 10 de julho de 2013 (Lei do Ato Médico), 13.709, de 14 de agosto de 2018 (Lei Geral de Proteção de Dados), 8.078, de 11 de setembro de 1990 (Código de Defesa do Consumidor) e, nas hipóteses cabíveis, aos ditames da Lei nº 13.787, de 27 de dezembro de 2018 (Lei do Prontuário Eletrônico).

Art. 26-H. É dispensada a inscrição secundária ou complementar do profissional de saúde que exercer a profissão em outra jurisdição exclusivamente por meio da modalidade telessaúde. (Acrescido pela Lei 14.510/2022)

TÍTULO IV
DOS RECURSOS HUMANOS

Art. 27. A política de recursos humanos na área da saúde será formalizada e executada, articuladamente, pelas diferentes esferas de governo, em cumprimento dos seguintes objetivos:
I - organização de um sistema de formação de recursos humanos em todos os níveis de ensino, inclusive de pós-graduação, além da elaboração de programas de permanente aperfeiçoamento de pessoal;
II - (Vetado)
III - (Vetado)
IV - valorização da dedicação exclusiva aos serviços do Sistema Único de Saúde (SUS).

Parágrafo único. Os serviços públicos que integram o Sistema Único de Saúde (SUS) constituem campo de prática para ensino e pesquisa, mediante normas específicas, elaboradas conjuntamente com o sistema educacional.

Art. 28. Os cargos e funções de chefia, direção e assessoramento, no âmbito do Sistema Único de Saúde (SUS), só poderão ser exercidas em regime de tempo integral.

§ 1º Os servidores que legalmente acumulam dois cargos ou empregos poderão exercer suas atividades em mais de um estabelecimento do Sistema Único de Saúde (SUS).

§ 2º O disposto no parágrafo anterior aplica-se também aos servidores em regime de tempo integral, com exceção dos ocupantes de cargos ou função de chefia, direção ou assessoramento.

Art. 29. (Vetado).

Art. 30. As especializações na forma de treinamento em serviço sob supervisão serão regulamentadas por Comissão Nacional, instituída de acordo com o art. 12 desta Lei, garantida a participação das entidades profissionais correspondentes.

TÍTULO V
DO FINANCIAMENTO

CAPÍTULO I
DOS RECURSOS

Art. 31. O orçamento da seguridade social destinará ao Sistema Único de Saúde (SUS) de acordo com a receita estimada, os recursos necessários à realização de suas finalidades, previstos em proposta elaborada pela sua direção nacional, com a participação dos órgãos da Previdência Social e da Assistência Social, tendo em vista as metas e prioridades estabelecidas na Lei de Diretrizes Orçamentárias.

Art. 32. São considerados de outras fontes os recursos provenientes de:

I - (Vetado)

II - Serviços que possam ser prestados sem prejuízo da assistência à saúde;

III - ajuda, contribuições, doações e donativos;

IV - alienações patrimoniais e rendimentos de capital;

V - taxas, multas, emolumentos e preços públicos arrecadados no âmbito do Sistema Único de Saúde (SUS); e

VI - rendas eventuais, inclusive comerciais e industriais.

§ 1º Ao Sistema Único de Saúde (SUS) caberá metade da receita de que trata o inciso I deste artigo, apurada mensalmente, a qual será destinada à recuperação de viciados.

§ 2º As receitas geradas no âmbito do Sistema Único de Saúde (SUS) serão creditadas diretamente em contas especiais, movimentadas pela sua direção, na esfera de poder onde forem arrecadadas.

§ 3º As ações de saneamento que venham a ser executadas supletivamente pelo Sistema Único de Saúde (SUS), serão financiadas por recursos tarifários específicos e outros da União, Estados, Distrito Federal, Municípios e, em particular, do Sistema Financeiro da Habitação (SFH).

§ 4º (Vetado).

§ 5º As atividades de pesquisa e desenvolvimento científico e tecnológico em saúde serão co-financiadas pelo Sistema Único de Saúde (SUS), pelas universidades e pelo orçamento fiscal, além de recursos de instituições de fomento e financiamento ou de origem externa e receita própria das instituições executoras.

§ 6º (Vetado).

CAPÍTULO II
DA GESTÃO FINANCEIRA

Art. 33. Os recursos financeiros do Sistema Único de Saúde (SUS) serão depositados em conta especial, em cada esfera de sua atuação, e movimentados sob fiscalização dos respectivos Conselhos de Saúde.

§ 1º Na esfera federal, os recursos financeiros, originários do Orçamento da Seguridade Social, de outros Orçamentos da União, além de outras fontes, serão administrados pelo Ministério da Saúde, através do Fundo Nacional de Saúde.

§ 2º (Vetado).

§ 3º (Vetado).

§ 4º O Ministério da Saúde acompanhará, através de seu sistema de auditoria, a conformidade à programação aprovada da aplicação dos recursos repassados a Estados e Municípios. Constatada a malversação, desvio ou não aplicação dos recursos, caberá ao Ministério da Saúde aplicar as medidas previstas em lei.

Art. 34. As autoridades responsáveis pela distribuição da receita efetivamente arrecadada transferirão automaticamente ao Fundo Nacional de Saúde (FNS), observado o critério do parágrafo único deste artigo, os recursos financeiros correspondentes às dotações consignadas no Orçamento da Seguridade Social, a projetos e atividades a serem executados no âmbito do Sistema Único de Saúde (SUS).

Parágrafo único. Na distribuição dos recursos financeiros da Seguridade Social será observada a mesma proporção da despesa prevista de cada área, no Orçamento da Seguridade Social.

Art. 35. Para o estabelecimento de valores a serem transferidos a Estados, Distrito Federal e Municípios, será utilizada a combinação dos seguintes critérios, segundo análise técnica de programas e projetos:

I - perfil demográfico da região;

II - perfil epidemiológico da população a ser coberta;

III - características quantitativas e qualitativas da rede de saúde na área;

IV - desempenho técnico, econômico e financeiro no período anterior;

V - níveis de participação do setor saúde nos orçamentos estaduais e municipais;

VI - previsão do plano qüinqüenal de investimentos da rede;

VII - ressarcimento do atendimento a serviços prestados para outras esferas de governo.

§ 1º *(Revogado pela Lei Complementar nº 141, de 2012)*

§ 2º Nos casos de Estados e Municípios sujeitos a notório processo de migração, os critérios demográficos mencionados nesta lei serão ponderados por outros indicadores de crescimento populacional, em especial o número de eleitores registrados.

§ 3º (Vetado).

§ 4º (Vetado).

§ 5º (Vetado).

§ 6º O disposto no parágrafo anterior não prejudica a atuação dos órgãos de controle interno e externo e nem a aplicação de penalidades previstas em lei, em caso de irregularidades verificadas na gestão dos recursos transferidos.

CAPÍTULO III
DO PLANEJAMENTO E DO ORÇAMENTO

Art. 36. O processo de planejamento e orçamento do Sistema Único de Saúde (SUS) será ascendente, do nível local até o federal, ouvidos seus órgãos deliberativos, compatibilizando-se as necessidades da política de saúde com a disponibilidade de recursos em planos de saúde dos Municípios, dos Estados, do Distrito Federal e da União.

§ 1º Os planos de saúde serão a base das atividades e programações de cada nível de direção do Sistema Único de Saúde (SUS), e seu financiamento será previsto na respectiva proposta orçamentária.

§ 2º É vedada a transferência de recursos para o financiamento de ações não previstas nos planos de saúde, exceto em situações emergenciais ou de calamidade pública, na área de saúde.

Art. 37. O Conselho Nacional de Saúde estabelecerá as diretrizes a serem observadas na elaboração dos planos de saúde, em função das características epidemiológicas e da organização dos serviços em cada jurisdição administrativa.

Art. 38. Não será permitida a destinação de subvenções e auxílios a instituições prestadoras de serviços de saúde com finalidade lucrativa.

DAS DISPOSIÇÕES FINAIS E TRANSITÓRIAS

Art. 39. (Vetado).

§ 1º (Vetado).

§ 2º (Vetado).

§ 3º (Vetado).

§ 4º (Vetado).

§ 5º A cessão de uso dos imóveis de propriedade do Inamps para órgãos integrantes do Sistema Único de Saúde (SUS) será feita de modo a preservá-los como patrimônio da Seguridade Social.

§ 6º Os imóveis de que trata o parágrafo anterior serão inventariados com todos os seus acessórios, equipamentos e outros bens móveis e ficarão disponíveis para utilização pelo órgão de direção municipal do Sistema Único de Saúde - SUS ou, eventualmente, pelo estadual, em cuja circunscrição administrativa se encontrem, mediante simples termo de recebimento.

§ 7º (Vetado).

§ 8º O acesso aos serviços de informática e bases de dados, mantidos pelo Ministério da Saúde e pelo Ministério do Trabalho e da Previdência Social, será assegurado às Secretarias Estaduais e Municipais de Saúde ou órgãos congêneres, como suporte ao processo de gestão, de forma a permitir a gerencia informatizada das contas e a disseminação de estatísticas sanitárias e epidemiológicas médico-hospitalares.

Art. 40. (Vetado)

Art. 41. As ações desenvolvidas pela Fundação das Pioneiras Sociais e pelo Instituto Nacional do Câncer, supervisionadas pela direção nacional do Sistema Único de Saúde (SUS), permanecerão como referencial de prestação de serviços, formação de recursos humanos e para transferência de tecnologia.

Art. 42. (Vetado).

Art. 43. A gratuidade das ações e serviços de saúde fica preservada nos serviços públicos contratados, ressalvando-se as cláusulas dos contratos ou convênios estabelecidos com as entidades privadas.

Art. 44. (Vetado).

Art. 45. Os serviços de saúde dos hospitais universitários e de ensino integram-se ao Sistema Único de Saúde (SUS), mediante convênio, preservada a sua autonomia administrativa, em relação ao patrimônio, aos recursos humanos e financeiros, ensino, pesquisa e extensão nos limites conferidos pelas instituições a que estejam vinculados.

§ 1º Os serviços de saúde de sistemas estaduais e municipais de previdência social deverão integrar-se à direção correspondente do Sistema Único de Saúde (SUS), conforme seu âmbito de atuação, bem como quaisquer outros órgãos e serviços de saúde.

§ 2º Em tempo de paz e havendo interesse recíproco, os serviços de saúde das Forças Armadas poderão integrar-se ao Sistema Único de Saúde (SUS), conforme se dispuser em convênio que, para esse fim, for firmado.

Art. 46. o Sistema Único de Saúde (SUS), estabelecerá mecanismos de incentivos à participação do setor privado no investimento em ciência e tecnologia e estimulará a transferência de tecnologia das universidades e institutos de pesquisa aos serviços de saúde nos Estados, Distrito Federal e Municípios, e às empresas nacionais.

Art. 47. O Ministério da Saúde, em articulação com os níveis estaduais e municipais do Sistema Único de Saúde (SUS), organizará, no prazo de dois anos, um sistema nacional de informações em saúde, integrado em todo o território nacional, abrangendo questões epidemiológicas e de prestação de serviços.

Art. 48. (Vetado).

Art. 49. (Vetado).

Art. 50. Os convênios entre a União, os Estados e os Municípios, celebrados para implantação dos Sistemas Unificados e Descentralizados de Saúde, ficarão rescindidos à proporção que seu objeto for sendo absorvido pelo Sistema Único de Saúde (SUS).

Art. 51. (Vetado).

Art. 52. Sem prejuízo de outras sanções cabíveis, constitui crime de emprego irregular de verbas ou rendas públicas (Código Penal, art. 315) a utilização de recursos financeiros do Sistema Único de Saúde (SUS) em finalidades diversas das previstas nesta lei.

Art. 53. (Vetado).

Art. 53-A. Na qualidade de ações e serviços de saúde, as atividades de apoio à assistência à saúde são aquelas desenvolvidas pelos laboratórios de genética humana, produção e fornecimento de medicamentos e produtos para saúde, laboratórios de analises clínicas, anatomia patológica e de diagnóstico por imagem e são livres à participação direta ou indireta de empresas ou de capitais estrangeiros. (Incluído pela Lei nº 13.097, de 2015)

Art. 54. Esta lei entra em vigor na data de sua publicação.

Art. 55. São revogadas a Lei nº. 2.312, de 3 de setembro de 1954, a Lei nº. 6.229, de 17 de julho de 1975, e demais disposições em contrário.

Brasília, 19 de setembro de 1990; 169º da Independência e 102º da República.

FERNANDO COLLOR

DOU de 20.9.1990

LEI Nº 9.434, DE 4 DE FEVEREIRO DE 1997

Dispõe sobre a remoção de órgãos, tecidos e partes do corpo humano para fins de transplante e tratamento e dá outras providências.

‣ Regulamentada pelo Decreto 9.175, de 2017.

O PRESIDENTE DA REPÚBLICA Faço saber que o Congresso Nacional decreta e eu sanciono a seguinte Lei:

CAPÍTULO I. DAS DISPOSIÇÕES GERAIS

Art. 1º. A disposição gratuita de tecidos, órgãos e partes do corpo humano, em vida ou *post mortem*, para fins de transplante e tratamento, é permitida na forma desta Lei.

Parágrafo único. Para os efeitos desta Lei, não estão compreendidos entre os tecidos a que se refere este artigo o sangue, o esperma e o óvulo.

Art. 2º. A realização de transplante ou enxertos de tecidos, órgãos ou partes do corpo humano só poderá ser realizada por estabelecimento de saúde, público ou privado, e por equipes médico-cirúrgicas de remoção e transplante previamente autorizados pelo órgão de gestão nacional do Sistema Único de Saúde.

Parágrafo único. A realização de transplantes ou enxertos de tecidos, órgãos e partes do corpo humano só poderá ser autorizada após a realização, no doador, de todos os testes de triagem para diagnóstico de infecção e infestação exigidos em normas regulamentares expedidas pelo Ministério da Saúde. (Redação dada pela Lei nº 10.211, de 2001)

CAPÍTULO II. DA DISPOSIÇÃO *POST MORTEM* DE TECIDOS, ÓRGÃOS E PARTES DO CORPO HUMANO PARA FINS DE TRANSPLANTE

Art. 3º. A retirada *post mortem* de tecidos, órgãos ou partes do corpo humano destinados a transplante ou tratamento deverá ser precedida de diagnóstico de morte encefálica, constatada e registrada por 2 (dois) médicos não participantes das equipes de remoção e transplante, mediante a utilização de critérios clínicos e tecnológicos definidos por resolução do Conselho Federal de Medicina.

§ 1º. Os prontuários médicos, contendo os resultados ou os laudos dos exames referentes aos diagnósticos de morte encefálica e cópias dos documentos de que tratam os arts. 2º, parágrafo único; 4º e seus parágrafos; 5º; 7º; 9º, §§ 2º, 4º, 6º e 8º; e 10, quando couber, e detalhando os atos cirúrgicos relativos aos transplantes e enxertos, serão mantidos nos arquivos das instituições referidas no art. 2º por um período mínimo de 5 (cinco) anos.

§ 2º. Às instituições referidas no art. 2º enviarão anualmente um relatório contendo os nomes dos pacientes receptores ao órgão gestor estadual do Sistema único de Saúde.

§ 3º. Será admitida a presença de médico de confiança da família do falecido no ato da comprovação e atestação da morte encefálica.

Art. 4º. A retirada de tecidos, órgãos e partes do corpo de pessoas falecidas para transplantes ou outra finalidade terapêutica, dependerá da autorização do cônjuge ou parente, maior de idade, obedecida a linha sucessória, reta ou colateral, até o segundo grau inclusive, firmada em documento subscrito por 2 (duas) testemunhas presentes à verificação da morte. (Redação dada pela Lei nº 10.211, de 2001)

Parágrafo único. (*VETADO*). (Incluído pela Lei nº 10.211, de 23.3.2001)

§§ 1º a 5º (*Revogados pela Lei nº 10.211, de 2001*).

Art. 5º. A remoção *post mortem* de tecidos, órgãos ou partes do corpo de pessoa juridicamente incapaz poderá ser feita desde que permitida expressamente por ambos os pais ou por seus responsáveis legais.

Art. 6º. É vedada a remoção *post mortem* de tecidos, órgãos ou partes do corpo de pessoas não identificadas.

Art. 7º. (*VETADO*).

Parágrafo único. No caso de morte sem assistência médica, de óbito em decorrência de causa mal definida ou de outras situações nas quais houver indicação de verificação da causa médica da morte, a remoção de tecidos, órgãos ou partes de cadáver para fins de transplante ou terapêutica somente poderá ser realizada após a autorização do patologista do serviço de verificação de óbito responsável pela investigação e citada em relatório de necrópsia.

Art. 8º. Após a retirada de tecidos, órgãos e partes, o cadáver será imediatamente necropsiado, se verificada a hipótese do parágrafo único do art. 7º, e, em qualquer caso, condignamente recomposto para ser entregue, em seguida, aos parentes do morto ou seus responsáveis legais para sepultamento. (Redação dada pela Lei nº 10.211, de 2001)

CAPÍTULO III. DA DISPOSIÇÃO DE TECIDOS, ÓRGÃOS E PARTES DO CORPO HUMANO VIVO PARA FINS DE TRANSPLANTE OU TRATAMENTO

Art. 9º. É permitida à pessoa juridicamente capaz dispor gratuitamente de tecidos, órgãos e partes do próprio corpo vivo, para fins terapêuticos ou para transplantes em cônjuge ou parentes consangüíneos até o quarto grau, inclusive, na forma do § 4º deste artigo, ou em qualquer outra pessoa, mediante autorização judicial, dispensada esta em relação à medula óssea. (Redação dada pela Lei nº 10.211, de 2001)

§ 1º. (*VETADO*).

§ 2º. (*VETADO*).

§ 3º. Só é permitida a doação referida neste artigo quando se tratar de órgãos duplos, de partes de órgãos, tecidos ou partes do corpo cuja retirada não impeça o organismo do doador de continuar vivendo sem risco para a sua integridade e não represente grave comprometimento de suas aptidões vitais e saúde mental e não cause mutilação ou deformação inaceitável, e corresponda a uma necessidade terapêutica comprovadamente indispensável à pessoa receptora.

§ 4º. O doador deverá autorizar, preferencialmente por escrito e diante de testemunhas, especificamente o tecido, órgão ou parte do corpo objeto da retirada.

§ 5º. A doação poderá ser revogada pelo doador ou pelos responsáveis legais a qualquer momento antes de sua concretização.

§ 6º. O indivíduo juridicamente incapaz, com compatibilidade imunológica comprovada, poderá fazer doação nos casos de transplante de medula óssea, desde que haja consentimento de ambos os pais ou seus responsáveis legais e autorização judicial e o ato não oferecer risco para a sua saúde.

§ 7º. É vedado à gestante dispor de tecidos, órgãos ou partes de seu corpo vivo, exceto quando se tratar de doação de tecido para ser utilizado em transplante de medula óssea e o ato não oferecer risco à sua saúde ou ao feto.

§ 8º. O autotransplante depende apenas do consentimento do próprio indivíduo, registrado em seu prontuário médico ou, se ele for juridicamente incapaz, de um de seus pais ou responsáveis legais.

Art. 9º-A. É garantido a toda mulher o acesso a informações sobre as possibilidades e os benefícios da doação voluntária de sangue do cordão umbilical e placentário durante o período de consultas pré-natais e no momento da realização do parto. (Incluído pela Lei nº 11.633, de 2007)

CAPÍTULO IV. DAS DISPOSIÇÕES COMPLEMENTARES

Art. 10. O transplante ou enxerto só se fará com o consentimento expresso do receptor, assim inscrito em lista única de espera, após aconselhamento sobre a excepcionalidade e os riscos do procedimento. (Redação dada pela Lei nº 10.211, de 2001)

§ 1º. Nos casos em que o receptor seja juridicamente incapaz ou cujas condições de saúde impeçam ou comprometam a manifestação válida da sua vontade, o consentimento de que trata este artigo será dado por um de seus pais ou responsáveis legais. (Incluído pela Lei nº 10.211, de 23.3.2001)

§ 2º. A inscrição em lista única de espera não confere ao pretenso receptor ou à sua família direito subjetivo a indenização, se o transplante não se realizar em decorrência de alteração do estado de órgãos, tecidos e partes, que lhe seriam destinados, provocado por acidente ou incidente em seu transporte. (Incluído pela Lei nº 10.211, de 23.3.2001)

Art. 11. É proibida a veiculação, através de qualquer meio de comunicação social de anúncio que configure:

a) publicidade de estabelecimentos autorizados a realizar transplantes e enxertos, relativa a estas atividades;

b) apelo público no sentido da doação de tecido, órgão ou parte do corpo humano para pessoa determinada identificada ou não, ressalvado o disposto no parágrafo único;

c) apelo público para a arrecadação de fundos para o financiamento de transplante ou enxerto em beneficio de particulares.

Parágrafo único. Os órgãos de gestão nacional, regional e local do Sistema único de Saúde realizarão periodicamente, através dos meios adequados de comunicação social, campanhas de esclarecimento público dos benefícios esperados a partir da vigência desta Lei e de estímulo à doação de órgãos.

- Lei 11.584/2007: art. 1º, par. único.

Art. 12. (*VETADO*).

Art. 13. É obrigatório, para todos os estabelecimentos de saúde, notificar, às centrais de notificação, captação e distribuição de órgãos da unidade federada onde ocorrer o diagnóstico de morte encefálica feito em pacientes por eles atendidos.

Parágrafo único. Após a notificação prevista no *caput* deste artigo, os estabelecimentos de saúde não autorizados a retirar tecidos, órgãos ou partes do corpo humano destinados a transplante ou tratamento deverão permitir a imediata remoção do paciente ou franquear suas instalações e fornecer o apoio operacional necessário às equipes médico-cirúrgicas de remoção e transplante, hipótese em que serão ressarcidos na forma da lei. (Incluído pela Lei nº 11.521, de 2007)

Art. 13-A. Os órgãos públicos civis, as instituições militares e as empresas públicas e privadas que operem ou utilizem veículos de transporte de pessoas e cargas, por via terrestre, aérea ou aquática, são obrigados a dar prioridade ao transporte de órgãos, tecidos e partes do corpo humano para fins de transplante e tratamento e de integrantes da equipe de captação e distribuição de órgãos que acompanhará o transporte do material. (Acrescido pela Lei 14.858/2024)

§ 1º O transporte previsto no caput deste artigo será gratuito e coordenado pelo Sistema Nacional de Transplantes (SNT), por meio da Central Nacional de Transplantes (CNT), realizado de forma articulada entre o remetente, o transportador e o destinatário, nos termos de acordo firmado para esse fim, em tempo e condições adequados para cada tipo de órgão, tecido ou parte do corpo, garantindo-se a qualidade, a segurança e a integridade do material, conforme as disposições de regulamento.

§ 2º Constitui justa causa o cancelamento de reserva de espaço e de vaga de passageiro, em virtude de lotação esgotada no veículo, realizado para fins do disposto no caput deste artigo, o que isenta a empresa de responder por descumprimento de contrato de transporte.

§ 3º O disposto no caput deste artigo não se aplica às instituições militares quando as aeronaves, os veículos e as embarcações estiverem em missão de defesa aeroespacial ou engajados em operações militares, conforme definido pelo respectivo Comando da Força Militar competente.

CAPÍTULO V. DAS SANÇÕES PENAIS E ADMINISTRATIVAS

SEÇÃO I. DOS CRIMES

Art. 14. Remover tecidos, órgãos ou partes do corpo de pessoa ou cadáver, em desacordo com as disposições desta Lei:

Pena – reclusão, de 2 (dois) a 6 (seis) anos, e multa, de 100 (cem) a 360 (trezentos e sessenta) dias-multa.

§ 1º. Se o crime é cometido mediante paga ou promessa de recompensa ou por outro motivo torpe:

Pena – reclusão, de 3 (três) a 8 (oito) anos, e multa, de 100 (cem) a 150 (cento e cinquenta) dias-multa.

§ 2º. Se o crime é praticado em pessoa viva, e resulta para o ofendido:

- CP: art. 129, § 1º.

I – incapacidade para as ocupações habituais, por mais de 30 (trinta) dias;

II – perigo de vida;

III – debilidade permanente de membro, sentido ou função;

IV – aceleração de parto:

Pena – reclusão, de 3 (três) a 10 (dez) anos, e multa, de 100 (cem) a 200 (duzentos) dias-multa

§ 3º. Se o crime é praticado em pessoa viva, e resulta para o ofendido:

- CP: art. 129, § 2º.

I – Incapacidade permanente para o trabalho;

II – Enfermidade incurável;

III – perda ou inutilização de membro, sentido ou função;

IV – deformidade permanente;

V – aborto:

Pena – reclusão, de 4 (quatro) a 12 (doze) anos, e multa, de 150 (cento e cinquenta) a 300 (trezentos) dias-multa.

§ 4º. Se o crime é praticado em pessoa viva e resulta morte:

- CP: art. 129, § 3º.

Pena – reclusão, de 8 (oito) a 20 (vinte) anos, e multa de 200 (duzentos) a 360 (trezentos e sessenta) dias-multa.

Art. 15. Comprar ou vender tecidos, órgãos ou partes do corpo humano:

Pena – reclusão, de 3 (três) a 8 (oito) anos, e multa, de 200 (duzentos) a 360 (trezentos e sessenta) dias-multa.

Parágrafo único. Incorre na mesma pena quem promove, intermedeia, facilita ou aufere qualquer vantagem com a transação.

Art. 16. Realizar transplante ou enxerto utilizando tecidos, órgãos ou partes do corpo humano de que se tem ciência terem sido obtidos em desacordo com os dispositivos desta Lei:

Pena – reclusão, de 1 (um) a 6 (seis) anos, e multa, de 150 (cento e cinquenta) a 300 (trezentos) dias-multa.

Art. 17. Recolher, transportar, guardar ou distribuir partes do corpo humano de que se tem ciência terem sido obtidos em desacordo com os dispositivos desta Lei:

Pena – reclusão, de 6 (seis) meses a 2 (dois) anos, e multa, de 100 (cem) a 250 (duzentos e cinquenta) dias-multa.

Art. 18. Realizar transplante ou enxerto em desacordo com o disposto no art. 10 desta Lei e seu parágrafo único:

Pena – detenção, de 6 (seis) meses a 2 (dois) anos.

Art. 19. Deixar de recompor cadáver, devolvendo-lhe aspecto condigno, para sepultamento ou deixar de entregar ou retardar sua entrega aos familiares ou interessados:

Pena – detenção, de 6 (seis) meses a 2 (dois) anos.

- CP: art. 212.

Art. 20. Publicar anúncio ou apelo público em desacordo com o disposto no art. 11:

Pena – multa, de 100 (cem) a 200 (duzentos) dias-multa.

SEÇÃO II.
DAS SANÇÕES ADMINISTRATIVAS

Art. 21. No caso dos crimes previstos nos arts. 14, 15, 16 e 17, o estabelecimento de saúde e as equipes médico-cirúrgicas envolvidas poderão ser desautorizadas temporária ou permanentemente pelas autoridades competentes.

§ 1º. Se a instituição é particular, a autoridade competente poderá multá-la em 200 (duzentos) a 360 (trezentos e sessenta) dias-multa e, em caso de reincidência, poderá ter suas atividades suspensas temporária ou definitivamente, sem direito a qualquer indenização ou compensação por investimentos realizados.

§ 2º. Se a instituição é particular, é proibida de estabelecer contratos ou convênios com entidades públicas, bem como se beneficiar de créditos oriundos de instituições governamentais ou daquelas em que o Estado é acionista, pelo prazo de 5 (cinco) anos.

Art. 22. As instituições que deixarem de manter em arquivo relatórios dos transplantes realizados, conforme o disposto no art. 3º, § 1º, ou que não enviarem os relatórios mencionados no art. 3º, § 2º ao órgão de gestão estadual do Sistema único de Saúde, estão sujeitas a multa, de 100 (cem) a 200 (duzentos) dias-multa.

§ 1º. Incorre na mesma pena o estabelecimento de saúde que deixar de fazer as notificações previstas no art. 13 desta Lei ou proibir, dificultar ou atrasar as hipóteses definidas em seu parágrafo único. (Redação dada pela Lei nº 11.521, de 2007)

§ 2º. Em caso de reincidência, além de multa, o órgão de gestão estadual do Sistema Único de Saúde poderá determinar a desautorização temporária ou permanente da instituição.

Art. 23. Sujeita-se às penas do art. 59 da Lei nº 4.117, de 27 de agosto de 1962, a empresa de comunicação social que veicular anúncio em desacordo com o disposto no art. 11.

Art. 23-A. As empresas e as instituições que se recusarem, sem justa causa, a fazer o transporte de órgãos, tecidos ou partes do corpo humano para fins de transplante e tratamento, estando autorizadas a fazê-lo, nos termos legais, regulamentares ou contratuais, estão sujeitas a multa, de 100 (cem) a 150 (cento e cinquenta) dias-multa. (Acrescido pela Lei 14.858/2024)

Parágrafo único. Se da infração prevista no caput deste artigo resultar a perda do material, a multa será de 150 (cento e cinquenta) a 360 (trezentos e sessenta) dias-multa.

Art. 23-B. Transportar órgãos, tecidos ou partes do corpo humano para fins de transplante e tratamento em desacordo com o disposto nesta Lei ou em regulamento: (Acrescido pela Lei 14.858/2024)
Pena - as previstas no inciso XXIII do caput do art. 10 da Lei nº 6.437, de 20 de agosto de 1977.

CAPÍTULO VI.
DAS DISPOSIÇÕES FINAIS

Art. 24. (*VETADO*).

Art. 25. Revogam-se as disposições em contrário, particularmente a Lei nº 8.489, de 18 de novembro de 1992, e o Decreto nº 879, de 22 de julho de 1993.

Brasília, 4 de fevereiro de 1997; 176º da Independência e 109º da República.

FERNANDO HENRIQUE CARDOSO

D.O.U. 5.2.1997

LEI Nº 9.656, DE 3 DE JUNHO DE 1998

Dispõe sobre os planos e seguros privados de assistência à saúde.

O PRESIDENTE DA REPÚBLICA Faço saber que o Congresso Nacional decreta e eu sanciono a seguinte Lei:

Art. 1º Submetem-se às disposições desta Lei as pessoas jurídicas de direito privado que operam planos de assistência à saúde, sem prejuízo do cumprimento da legislação específica que rege a sua atividade e, simultaneamente, das disposições da Lei nº 8.078, de 11 de setembro de 1990 (Código de Defesa do Consumidor), adotando-se, para fins de aplicação das normas aqui estabelecidas, as seguintes definições: (Redação dada pela Lei 14.454/2022)

- Súm. 469 do STJ.
- CF/88: art. 199.
- Lei 10.850/2004 – Atribui competências à Agência Nacional de Saúde Suplementar – ANS e fixa as diretrizes a serem observadas na definição de normas para implementação de programas especiais de incentivo à adaptação de contratos anteriores à Lei 9.656/1998.
- Lei 9.961/2000 – Cria a Agência Nacional de Saúde Suplementar – ANS.

I – Plano Privado de Assistência à Saúde: prestação continuada de serviços ou cobertura de custos assistenciais a preço pré ou pós estabelecido, por prazo indeterminado, com a finalidade de garantir, sem limite financeiro, a assistência à saúde, pela faculdade de acesso e atendimento por profissionais ou serviços de saúde, livremente escolhidos, integrantes ou não de rede credenciada, contratada ou referenciada, visando a assistência médica, hospitalar e odontológica, a ser paga integral ou parcialmente às expensas da operadora contratada, mediante reembolso ou pagamento direto ao prestador, por conta e ordem do consumidor; (Incluído pela Medida Provisória nº 2.177-44, de 2001)

II – Operadora de Plano de Assistência à Saúde: pessoa jurídica constituída sob a modalidade de sociedade civil ou comercial, cooperativa, ou entidade de autogestão, que opere produto, serviço ou contrato de que trata o inciso I deste artigo; (Incluído pela Medida Provisória nº 2.177-44, de 2001)

III – Carteira: o conjunto de contratos de cobertura de custos assistenciais ou de serviços de assistência à saúde em qualquer das modalidades de que tratam o inciso I e o § 1o deste artigo, com todos os direitos e obrigações nele contidos. (Incluído pela Medida Provisória nº 2.177-44, de 2001)

§ 1º. Está subordinada às normas e à fiscalização da Agência Nacional de Saúde Suplementar – ANS qualquer modalidade de produto, serviço e contrato que apresente, além da garantia de cobertura financeira de riscos de assistência médica, hospitalar e odontológica, outras características que o diferencie de atividade exclusivamente financeira, tais como: (Redação dada pela Medida Provisória nº 2.177-44, de 2001)

a) custeio de despesas; (Incluído pela Medida Provisória nº 2.177-44, de 2001)

b) oferecimento de rede credenciada ou referenciada; (Incluído pela Medida Provisória nº 2.177-44, de 2001)

c) reembolso de despesas; (Incluído pela Medida Provisória nº 2.177-44, de 2001)

d) mecanismos de regulação; (Incluído pela Medida Provisória nº 2.177-44, de 2001)

e) qualquer restrição contratual, técnica ou operacional para a cobertura de procedimentos solicitados por prestador escolhido pelo consumidor; e (Incluído pela Medida Provisória nº 2.177-44, de 2001)

f) vinculação de cobertura financeira à aplicação de conceitos ou critérios médico-assistenciais. (Incluído pela Medida Provisória nº 2.177-44, de 2001)

§ 2º. Incluem-se na abrangência desta Lei as cooperativas que operem os produtos de que tratam o inciso I e o § 1º deste artigo, bem assim as entidades ou empresas que mantêm sistemas de assistência à saúde, pela modalidade de autogestão ou de administração. (Redação dada pela Medida Provisória nº 2.177-44, de 2001)

§ 3º. As pessoas físicas ou jurídicas residentes ou domiciliadas no exterior podem constituir ou participar do capital, ou do aumento do capital, de pessoas jurídicas de direito privado constituídas sob as leis brasileiras para operar planos privados de assistência à saúde. (Redação dada pela Medida Provisória nº 2.177-44, de 2001)

§ 4º. É vedada às pessoas físicas a operação dos produtos de que tratam o inciso I e o § 1º deste artigo. (Redação dada pela Medida Provisória nº 2.177-44, de 2001)

§ 5º. É vedada às pessoas físicas a operação de plano ou seguro privado de assistência à saúde.

Arts. 2º a 7º. *(Revogados pela Medida Provisória nº 2.177-44, de 2001)*

Art. 8º. Para obter a autorização de funcionamento, as operadoras de planos privados de assistência à saúde devem satisfazer os seguintes requisitos, independentemente de outros que venham a ser determinados pela ANS: (Redação dada pela Medida Provisória nº 2.177-44, de 2001)

I – registro nos Conselhos Regionais de Medicina e Odontologia, conforme o caso, em cumprimento ao disposto no art. 1º da Lei nº 6.839, de 30 de outubro de 1980;

II – descrição pormenorizada dos serviços de saúde próprios oferecidos e daqueles a serem prestados por terceiros;

III – descrição de suas instalações e equipamentos destinados à prestação de serviços;

IV – especificação dos recursos humanos qualificados e habilitados, com responsabilidade técnica de acordo com as leis que regem a matéria;

V – demonstração da capacidade de atendimento em razão dos serviços a serem prestados;

VI – demonstração da viabilidade econômico-financeira dos planos privados de assistência à saúde oferecidos, respeitadas as peculiaridades operacionais de cada uma das respectivas operadoras;

VII – especificação da área geográfica coberta pelo plano privado de assistência à saúde.

§ 1º. São dispensadas do cumprimento das condições estabelecidas nos incisos VI e VII deste artigo as entidades ou empresas que mantêm sistemas de assistência privada à saúde na modalidade de autogestão, citadas no § 2º do art. 1º. (Redação dada pela Medida Provisória nº 2.177-44, de 2001)

§ 2º. A autorização de funcionamento será cancelada caso a operadora não comercialize os produtos de que tratam o inciso I e o § 1º do art. 1º desta Lei, no prazo máximo de 180 (cento e oitenta) dias a contar do seu registro na ANS. (Incluído pela Medida Provisória nº 2.177-44, de 2001)

§ 3º. As operadoras privadas de assistência à saúde poderão voluntariamente requerer autorização para encerramento de suas atividades, observando os seguintes requisitos, independentemente de outros que venham a ser determinados pela ANS: (Incluído pela Medida Provisória nº 2.177-44, de 2001)

a) comprovação da transferência da carteira sem prejuízo para o consumidor, ou a inexistência de beneficiários sob sua responsabilidade; (Incluído pela Medida Provisória nº 2.177-44, de 2001)

b) garantia da continuidade da prestação de serviços dos beneficiários internados ou em tratamento; (Incluído pela Medida Provisória nº 2.177-44, de 2001)

c) comprovação da quitação de suas obrigações com os prestadores de serviço no âmbito da operação de planos privados de assistência à saúde; (Incluído pela Medida Provisória nº 2.177-44, de 2001)

d) informação prévia à ANS, aos beneficiários e aos prestadores de serviço contratados, credenciados ou referenciados, na forma e nos prazos a serem definidos pela ANS. (Incluído pela Medida Provisória nº 2.177-44, de 2001)

Art. 9º. Após decorridos 120 (cento e vinte) dias de vigência desta Lei, para as operadoras, e 240 (duzentos e quarenta) dias, para as administradoras de planos de assistência à saúde, e até que sejam definidas pela ANS, as normas gerais de registro, as pessoas jurídicas que operam os produtos de que tratam o inciso I e o § 1º do art. 1º desta Lei, e observado o que dispõe o art. 19, só poderão comercializar estes produtos se: (Redação dada pela Medida Provisória nº 2.177-44, de 2001)

I – as operadoras e administradoras estiverem provisoriamente cadastradas na ANS; e (Incluído pela Medida Provisória nº 2.177-44, de 2001)

II – os produtos a serem comercializados estiverem registrados na ANS. (Incluído pela Medida Provisória nº 2.177-44, de 2001)

§ 1º. O descumprimento das formalidades previstas neste artigo, além de configurar infração, constitui agravante na aplicação de penalidades por infração das demais normas previstas nesta Lei. (Redação dada pela Medida Provisória nº 2.177-44, de 2001)

§ 2º. A ANS poderá solicitar informações, determinar alterações e promover a suspensão do todo ou de parte das condições dos planos apresentados. (Redação dada pela Medida Provisória nº 2.177-44, de 2001)

§ 3º. A autorização de comercialização será cancelada caso a operadora não comercialize os planos ou os produtos de que tratam o inciso I e o § 1º do art. 1º desta Lei, no prazo máximo de 180 (cento e oitenta) dias a contar do seu registro na ANS. (Incluído pela Medida Provisória nº 2.177-44, de 2001)

§ 4º. A ANS poderá determinar a suspensão temporária da comercialização de plano ou produto caso identifique qualquer irregularidade contratual, econômico-financeira ou assistencial. (Incluído pela Medida Provisória nº 2.177-44, de 2001)

Art. 10. É instituído o plano referência de assistência à saúde, com cobertura assistencial médico-ambulatorial e hospitalar, compreendendo partos e tratamentos, realizados exclusivamente no Brasil, com padrão de enfermaria, centro de terapia intensiva, ou similar, quando necessária a internação hospitalar, das doenças listadas na Classificação Estatística Internacional de Doenças e Problemas Relacionados com a Saúde, da Organização Mundial de Saúde, respeitadas as exigências mínimas estabelecidas no art. 12 desta Lei, exceto: (Redação dada pela Medida Provisória nº 2.177-44, de 2001)

I – tratamento clínico ou cirúrgico experimental; (Redação dada pela Medida Provisória nº 2.177-44, de 2001)

II – procedimentos clínicos ou cirúrgicos para fins estéticos, bem como órteses e próteses para o mesmo fim;

III – inseminação artificial;

IV – tratamento de rejuvenescimento ou de emagrecimento com finalidade estética;

V – fornecimento de medicamentos importados não nacionalizados;

VI – fornecimento de medicamentos para tratamento domiciliar, ressalvado o disposto nas alíneas *c* do inciso I e *g* do inciso II do art. 12; (Redação dada pela Lei nº 12.880, de 2013)

VII – fornecimento de próteses, órteses e seus acessórios não ligados ao ato cirúrgico; (Redação dada pela Medida Provisória nº 2.177-44, de 2001)

VIII – *(Revogado pela Medida Provisória nº 2.177-44, de 2001)*

IX – tratamentos ilícitos ou antiéticos, assim definidos sob o aspecto médico, ou não reconhecidos pelas autoridades competentes;

X – casos de cataclismos, guerras e comoções internas, quando declarados pela autoridade competente.

§ 1º. As exceções constantes dos incisos deste artigo serão objeto de regulamentação pela ANS. (Redação dada pela Medida Provisória nº 2.177-44, de 2001)

§ 2º. As pessoas jurídicas que comercializam produtos de que tratam o inciso I e o § 1º do art. 1º desta Lei oferecerão, obrigatoriamente, a partir de 3 de dezembro de 1999, o plano referência de que trata este artigo a todos os seus atuais e futuros consumidores. (Redação dada pela Medida Provisória nº 2.177-44, de 2001)

▸ ADI 1.931 e 5.135

§ 3º. Excluem-se da obrigatoriedade a que se refere o § 2º deste artigo as pessoas jurídicas que mantêm sistemas de assistência à saúde pela modalidade de autogestão e as pessoas jurídicas que operem exclusivamente planos odontológicos. (Redação dada pela Medida Provisória nº 2.177-44, de 2001)

§ 4º A amplitude das coberturas no âmbito da saúde suplementar, inclusive de transplantes e de procedimentos de alta complexidade, será estabelecida em norma editada pela ANS, que publicará rol de procedimentos e eventos em saúde suplementar, atualizado a cada incorporação. (Redação dada pela Lei 14.454/2022)

§ 5º As metodologias utilizadas na avaliação de que trata o § 3º do art. 10-D desta Lei, incluídos os indicadores e os parâmetros de avaliação econômica de tecnologias em saúde utilizados em combinação com outros critérios, serão estabelecidas em norma editada pela ANS, assessorada pela Comissão de Atualização do Rol de Procedimentos e Eventos em Saúde Suplementar, e terão ampla divulgação. (Redação dada pela Lei 14.307/2022)

§ 6º As coberturas a que se referem as alíneas c do inciso I e g do inciso II do caput do art. 12 desta Lei são obrigatórias, em conformidade com a prescrição médica, desde que os medicamentos utilizados estejam registrados no órgão federal responsável pela vigilância sanitária, com uso terapêutico aprovado para essas finalidades, observado o disposto no § 7º deste artigo. (Acrescido pela Lei 14.307/2022)

§ 7º A atualização do rol de procedimentos e eventos em saúde suplementar pela ANS será realizada por meio da instauração de processo administrativo, a ser concluído no prazo de 180 (cento e oitenta) dias, contado da data em que foi protocolado o pedido, prorrogável por 90 (noventa) dias corridos quando as circunstâncias o exigirem. (Redação dada pela Lei 14.307/2022)

§ 8º Os processos administrativos de atualização do rol de procedimentos e eventos em saúde suplementar referente aos tratamentos listados nas alíneas c do inciso I e g do inciso II do caput do art. 12 desta Lei deverão ser analisados de forma prioritária e concluídos no prazo de 120 (cento e vinte) dias, contado da data em que foi protocolado o pedido, prorrogável por 60 (sessenta) dias corridos quando as circunstâncias o exigirem. (Acrescido pela Lei 14.307/2022)

§ 9º Finalizado o prazo previsto no § 7º deste artigo sem manifestação conclusiva da ANS no processo administrativo, será realizada a inclusão automática do medicamento, do produto de interesse para a saúde ou do procedimento no rol de procedimentos e eventos em saúde suplementar até que haja decisão da ANS, garantida a continuidade da assistência iniciada mesmo se a decisão for desfavorável à inclusão. (Redação dada pela Lei 14.307/2022)

§ 10. As tecnologias avaliadas e recomendadas positivamente pela Comissão Nacional de Incorporação de Tecnologias no Sistema Único de Saúde (Conitec), instituída pela Lei nº 12.401, de 28 de abril de 2011, cuja decisão de incorporação ao SUS já tenha sido publicada, serão incluídas no Rol de Procedimentos e Eventos em Saúde Suplementar no prazo de até 60 (sessenta) dias. (Redação dada pela Lei 14.307/2022)

§ 11. O processo administrativo de que trata o § 7º deste artigo observará o disposto na Lei nº 9.784, de 29 de janeiro de 1999, no que couber, e as seguintes determinações: (Redação dada pela Lei 14.307/2022)

I - apresentação, pelo interessado, dos documentos com as informações necessárias ao atendimento do disposto no § 3º do art. 10-D desta Lei, na forma prevista em regulamento;

II - apresentação do preço estabelecido pela Câmara de Regulação do Mercado de Medicamentos, no caso de medicamentos;

III - realização de consulta pública pelo prazo de 20 (vinte) dias com a divulgação de relatório preliminar emitido pela Comissão de Atualização do Rol de Procedimentos e Eventos em Saúde Suplementar;

IV - realização de audiência pública, na hipótese de matéria relevante, ou quando tiver recomendação preliminar de não incorporação, ou quando solicitada por no mínimo 1/3 (um terço) dos membros da Comissão de Atualização do Rol de Procedimentos e Eventos em Saúde Suplementar;

V - divulgação do relatório final de que trata o § 3º do art. 10-D desta Lei da Comissão de Atualização do Rol de Procedimentos e Eventos em Saúde Suplementar; e

VI - possibilidade de recurso, no prazo de até 15 (quinze) dias após a divulgação do relatório final.

§ 12. O rol de procedimentos e eventos em saúde suplementar, atualizado pela ANS a cada nova incorporação, constitui a referência básica para os planos privados de assistência à saúde contratados a partir de 1º de janeiro de 1999 e para os contratos adaptados a esta Lei e fixa as diretrizes de atenção à saúde. (Acrescido pela Lei 14.454/2022)

§ 13. Em caso de tratamento ou procedimento prescrito por médico ou odontólogo assistente que não estejam previstos no rol referido no § 12 deste artigo, a cobertura deverá ser autorizada pela operadora de planos de assistência à saúde, desde que:

I - exista comprovação da eficácia, à luz das ciências da saúde, baseada em evidências científicas e plano terapêutico; ou

II - existam recomendações pela Comissão Nacional de Incorporação de Tecnologias no Sistema Único de Saúde (Conitec), ou exista recomendação de, no mínimo, 1 (um) órgão de avaliação de tecnologias em saúde que tenha renome internacional, desde que sejam aprovadas também para seus nacionais. (Acrescido pela Lei 14.454/2022)

Art. 10-A. Cabe à operadora definida no inciso II do caput do art. 1º desta Lei, por meio de sua rede de unidades conveniadas, prestar serviço de cirurgia plástica reconstrutiva de mama, utilizando-se de todos os meios e técnicas necessárias, para o tratamento de mutilação decorrente de utilização de técnica de tratamento de câncer. (Redação dada pela Lei 14.538/2023)

§ 1º Quando existirem condições técnicas, a reconstrução da mama será efetuada no tempo cirúrgico da mutilação referida no *caput* deste artigo. *(Incluído pela Lei 13.770/2018, publicada no DOU de 20/12/2018, em vigor 180 dias após a publicação)*

§ 2º No caso de impossibilidade de reconstrução imediata, a paciente será encaminhada para acompanhamento e terá garantida a realização da cirurgia imediatamente após alcançar as condições clínicas requeridas. *(Incluído pela Lei 13.770/2018, publicada no DOU de 20/12/2018, em vigor 180 dias após a publicação)*

§ 3º Os procedimentos de simetrização da mama contralateral e de reconstrução do complexo aréolo-mamilar integram a cirurgia plástica reconstrutiva prevista no *caput* e no § 1º deste artigo. *(Incluído pela Lei 13.770/2018, publicada no DOU de 20/12/2018, em vigor 180 dias após a publicação)*

§ 4º Quando a reconstrução mamária ou a simetrização da mama contralateral for realizada com a utilização de implante mamário, é assegurada a substituição do dispositivo sempre que ocorrerem complicações ou efeitos adversos a ele relacionados. (Acrescido pela Lei 14.538/2023)

§ 5º É assegurado, desde o diagnóstico, o acompanhamento psicológico e multidisciplinar especializado das pacientes que sofrerem mutilação total ou parcial de mama decorrente de utilização de técnica de tratamento de câncer. (Acrescido pela Lei 14.538/2023)

Art. 10-B. Cabe às operadoras dos produtos de que tratam o inciso I e o § 1º do art. 1º, por meio de rede própria, credenciada, contratada ou referenciada, ou mediante reembolso, fornecer bolsas de colostomia, ileostomia e urostomia, sonda vesical de demora e coletor de urina com conector, para uso hospitalar, ambulatorial ou domiciliar, vedada a limitação de prazo, valor máximo e quantidade. (Incluído pela Lei nº 12.738, de 2012)

Art. 10-C. Os produtos de que tratam o inciso I do *caput* e o § 1º do art. 1º desta Lei deverão incluir cobertura de atendimento à violência autoprovocada e às tentativas de suicídio. *(Incluído pela Lei nº 13.819, de 2019)*

Art. 10-D. Fica instituída a Comissão de Atualização do Rol de Procedimentos e Eventos em Saúde Suplementar à qual compete assessorar a ANS nas atribuições de que trata o § 4º do art. 10 desta Lei. (Acrescido pela Lei 14.307/2022)

§ 1º O funcionamento e a composição da Comissão de Atualização do Rol de Procedimentos e Eventos em Saúde Suplementar serão estabelecidos em regulamento.

§ 2º A Comissão de Atualização do Rol de Procedimentos e Eventos em Saúde Suplementar terá composição e regimento definidos em regulamento, com a participação nos processos de:

I - 1 (um) representante indicado pelo Conselho Federal de Medicina;

II - 1 (um) representante da sociedade de especialidade médica, conforme a área terapêutica ou o uso da tecnologia a ser analisada, indicado pela Associação Médica Brasileira;

III - 1 (um) representante de entidade representativa de consumidores de planos de saúde;

IV - 1 (um) representante de entidade representativa dos prestadores de serviços na saúde suplementar;

V - 1 (um) representante de entidade representativa das operadoras de planos privados de assistência à saúde;

VI - representantes de áreas de atuação profissional da saúde relacionadas ao evento ou procedimento sob análise.

§ 3º A Comissão de Atualização do Rol de Procedimentos e Eventos em Saúde Suplementar deverá apresentar relatório que considerará:

I - as melhores evidências científicas disponíveis e possíveis sobre a eficácia, a acurácia, a efetividade, a eficiência, a usabilidade e a segurança do medicamento, do produto ou do procedimento analisado, reconhecidas pelo órgão competente para o registro ou para a autorização de uso;

II - a avaliação econômica comparativa dos benefícios e dos custos em relação às coberturas já previstas no rol de procedimentos e eventos em saúde suplementar, quando couber; e

III - a análise de impacto financeiro da ampliação da cobertura no âmbito da saúde suplementar.

§ 4º Os membros indicados para compor a Comissão de Atualização do Rol de Procedimentos e Eventos em Saúde Suplementar, bem como os representantes designados para participarem dos processos, deverão ter formação técnica suficiente para compreensão adequada das evidências científicas e dos critérios utilizados na avaliação.

Art. 11. É vedada a exclusão de cobertura às doenças e lesões preexistentes à data de contratação dos produtos de que tratam o inciso I e o § 1º do art. 1º desta Lei após 24 (vinte e quatro) meses de vigência do aludido instrumento contratual, cabendo à respectiva operadora o ônus da prova e da demonstração do conhecimento prévio do consumidor ou beneficiário. (Redação dada pela Medida Provisória nº 2.177-44, de 2001)

Parágrafo único. É vedada a suspensão da assistência à saúde do consumidor ou beneficiário, titular ou dependente, até a prova de que trata o *caput*, na forma da regulamentação a ser editada pela ANS. (Incluído pela Medida Provisória nº 2.177-44, de 2001)

Art. 12. São facultadas a oferta, a contratação e a vigência dos produtos de que tratam o inciso I e o § 1º do art. 1º desta Lei, nas segmentações previstas nos incisos I a IV deste artigo, respeitadas as respectivas amplitudes de cobertura definidas no plano referência de que trata o art. 10, segundo as seguintes exigências mínimas: (Redação dada pela Medida Provisória nº 2.177-44, de 2001)

I – quando incluir atendimento ambulatorial:

a) cobertura de consultas médicas, em número ilimitado, em clínicas básicas e especializadas, reconhecidas pelo Conselho Federal de Medicina;

b) cobertura de serviços de apoio diagnóstico, tratamentos e demais procedimentos ambulatoriais, solicitados pelo médico assistente; (Redação dada pela Medida Provisória nº 2.177-44, de 2001)

c) cobertura de tratamentos antineoplásicos domiciliares de uso oral, incluindo medicamentos para o controle de efeitos adversos relacionados ao tratamento e adjuvantes; (Incluído pela Lei nº 12.880, de 2013)

II – quando incluir internação hospitalar:

a) cobertura de internações hospitalares, vedada a limitação de prazo, valor máximo e quantidade, em clínicas básicas e especializadas, reconhecidas pelo Conselho Federal de Medicina, admitindo-se a exclusão dos procedimentos obstétricos; (Redação dada pela Medida Provisória nº 2.177-44, de 2001)

b) cobertura de internações hospitalares em centro de terapia intensiva, ou similar, vedada a limitação de prazo, valor máximo e quantidade, a critério do médico assistente; (Redação dada pela Medida Provisória nº 2.177-44, de 2001)

c) cobertura de despesas referentes a honorários médicos, serviços gerais de enfermagem e alimentação;

d) cobertura de exames complementares indispensáveis para o controle da evolução da doença e elucidação diagnóstica, fornecimento de medicamentos, anestésicos, gases medicinais, transfusões e sessões de quimioterapia e radioterapia, conforme prescrição do médico assistente, realizados ou ministrados durante o período de internação hospitalar; (Redação dada pela Medida Provisória nº 2.177-44, de 2001)

e) cobertura de toda e qualquer taxa, incluindo materiais utilizados, assim como da remoção do paciente, comprovadamente necessária, para outro estabelecimento hospitalar, dentro dos limites de abrangência geográfica previstos no contrato, em território brasileiro; e (Redação dada pela Medida Provisória nº 2.177-44, de 2001)

f) cobertura de despesas de acompanhante, no caso de pacientes menores de 18 anos;

g) cobertura para tratamentos antineoplásicos ambulatoriais e domiciliares de uso oral, procedimentos radioterápicos para tratamento de câncer e hemoterapia, na qualidade de procedimentos cuja necessidade esteja relacionada à continuidade da assistência prestada em âmbito de internação hospitalar; (Incluído pela Lei nº 12.880, de 2013)

III – quando incluir atendimento obstétrico:

a) cobertura assistencial ao recém-nascido, filho natural ou adotivo do consumidor, ou de seu dependente, durante os primeiros trinta dias após o parto;

b) inscrição assegurada ao recém-nascido, filho natural ou adotivo do consumidor, como dependente, isento do cumprimento dos períodos de carência, desde que a inscrição ocorra no prazo máximo de trinta dias do nascimento ou da adoção; (Redação dada pela Medida Provisória nº 2.177-44, de 2001)

IV – quando incluir atendimento odontológico:

a) cobertura de consultas e exames auxiliares ou complementares, solicitados pelo odontólogo assistente;

b) cobertura de procedimentos preventivos, de dentística e endodontia;

c) cobertura de cirurgias orais menores, assim consideradas as realizadas em ambiente ambulatorial e sem anestesia geral;

V – quando fixar períodos de carência:

a) prazo máximo de 300 (trezentos) dias para partos a termo;

b) prazo máximo de 180 (cento e oitenta) dias para os demais casos;

c) prazo máximo de vinte e quatro horas para a cobertura dos casos de urgência e emergência; (Incluído pela Medida Provisória nº 2.177-44, de 2001)

VI – reembolso, em todos os tipos de produtos de que tratam o inciso I e o § 1º do art. 1º desta Lei, nos limites das obrigações contratuais, das despesas efetuadas pelo beneficiário com assistência à saúde, em casos de urgência ou emergência, quando não for possível a utilização dos serviços próprios, contratados, credenciados ou referenciados pelas operadoras, de acordo com a relação de preços de serviços médicos e hospitalares praticados pelo respectivo produto, pagáveis no prazo máximo de trinta dias após a entrega da documentação adequada; (Redação dada pela Medida Provisória nº 2.177-44, de 2001)

VII – inscrição de filho adotivo, menor de 12 anos de idade, aproveitando os períodos de carência já cumpridos pelo consumidor adotante.

§ 1º. Após cento e vinte dias da vigência desta Lei, fica proibido o oferecimento de produtos de que tratam o inciso I e o § 1º do art. 1º desta Lei fora das segmentações de que trata este artigo, observadas suas respectivas condições de abrangência e contratação. (Redação dada pela Medida Provisória nº 2.177-44, de 2001)

§ 2º. A partir de 3 de dezembro de 1999, da documentação relativa à contratação de produtos de que tratam o inciso I e o § 1º do art. 1º desta Lei, nas segmentações de que trata este artigo, deverá constar declaração em separado do consumidor, de que tem conhecimento da existência e disponibilidade do plano referência, e de que este lhe foi oferecido. (Redação dada pela Medida Provisória nº 2.177-44, de 2001)

§ 3º. *(Revogado pela Medida Provisória nº 2.177-44, de 2001)*

§ 4º. As coberturas a que se referem as alíneas 'c' do inciso I e 'g' do inciso II deste artigo serão objeto de protocolos clínicos e diretrizes terapêuticas, revisados periodicamente, ouvidas as sociedades médicas de especialistas da área, publicados pela ANS. (Incluído pela Lei nº 12.880, de 2013)

§ 5º O fornecimento previsto nas alíneas c do inciso I e g do inciso II do caput deste artigo dar-se-á em até 10 (dez) dias após a prescrição médica, por meio de rede própria, credenciada, contratada ou referenciada, diretamente ao paciente ou ao seu representante legal, podendo ser realizado de maneira fracionada por ciclo, sendo obrigatória a comprovação de que o paciente ou seu representante legal recebeu as devidas orientações sobre o uso, a conservação e o eventual descarte do medicamento. (Redação dada pela Lei 14.307/2022)

Art. 13. Os contratos de produtos de que tratam o inciso I e o § 1º do art. 1º desta Lei têm renovação automática a partir do vencimento do prazo inicial de vigência, não cabendo a cobrança de taxas ou qualquer outro valor no ato da renovação. (Redação dada pela Medida Provisória nº 2.177-44, de 2001)

Parágrafo único. Os produtos de que trata o *caput*, contratados individualmente, terão vigência mínima de um ano, sendo vedadas: (Redação dada pela Medida Provisória nº 2.177-44, de 2001)

I – a recontagem de carências; (Redação dada pela Medida Provisória nº 2.177-44, de 2001)

II – a suspensão ou a rescisão unilateral do contrato, salvo por fraude ou não-pagamento da mensalidade por período superior a sessenta dias, consecutivos ou não, nos últimos doze meses de vigência do contrato, desde que o consumidor seja comprovadamente notificado até o quinquagésimo dia de inadimplência; e (Redação dada pela Medida Provisória nº 2.177-44, de 2001)

III – a suspensão ou a rescisão unilateral do contrato, em qualquer hipótese, durante a ocorrência de internação do titular.

Art. 14. Em razão da idade do consumidor, ou da condição de pessoa portadora de deficiência, ninguém pode ser impedido de participar de planos privados de assistência à saúde. (Redação dada pela Medida Provisória nº 2.177-44, de 2001)

Art. 15. A variação das contraprestações pecuniárias estabelecidas nos contratos de produtos de que tratam o inciso I e o § 1º do art. 1º desta Lei, em razão da idade do consumidor, somente poderá ocorrer caso estejam previstas no contrato inicial as faixas etárias e os percentuais de reajustes incidentes em cada uma delas, conforme normas expedidas pela ANS, ressalvado o disposto no art. 35-E. (Redação dada pela Medida Provisória nº 2.177-44, de 2001)

Parágrafo único. É vedada a variação a que alude o *caput* para consumidores com mais de sessenta anos de idade, que participarem dos produtos de que tratam o inciso I e o § 1º do art. 1º, ou sucessores, há mais de dez anos. (Redação dada pela Medida Provisória nº 2.177-44, de 2001)

Art. 16. Dos contratos, regulamentos ou condições gerais dos produtos de que tratam o inciso I e o § 1º do art. 1º desta Lei devem constar dispositivos que indiquem com clareza: (Redação dada pela Medida Provisória nº 2.177-44, de 2001)

I – as condições de admissão;

II – o início da vigência;

III – os períodos de carência para consultas, internações, procedimentos e exames;

IV – as faixas etárias e os percentuais a que alude o *caput* do art. 15;

V – as condições de perda da qualidade de beneficiário; (Redação dada pela Medida Provisória nº 2.177-44, de 2001)

VI – os eventos cobertos e excluídos;

VII – o regime, ou tipo de contratação: (Redação dada pela Medida Provisória nº 2.177-44, de 2001)

a) individual ou familiar; (Redação dada pela Medida Provisória nº 2.177-44, de 2001)
b) coletivo empresarial; ou (Redação dada pela Medida Provisória nº 2.177-44, de 2001)
c) coletivo por adesão; (Redação dada pela Medida Provisória nº 2.177-44, de 2001)

VIII – a franquia, os limites financeiros ou o percentual de coparticipação do consumidor ou beneficiário, contratualmente previstos nas despesas com assistência médica, hospitalar e odontológica; (Redação dada pela Medida Provisória nº 2.177-44, de 2001)

IX – os bônus, os descontos ou os agravamentos da contraprestação pecuniária;

X – a área geográfica de abrangência; (Redação dada pela Medida Provisória nº 2.177-44, de 2001)

XI – os critérios de reajuste e revisão das contraprestações pecuniárias;

XII – número de registro na ANS. (Incluído pela Medida Provisória nº 2.177-44, de 2001)

Parágrafo único. A todo consumidor titular de plano individual ou familiar será obrigatoriamente entregue, quando de sua inscrição, cópia do contrato, do regulamento ou das condições gerais dos produtos de que tratam o inciso I e o § 1º do art. 1º, além de material explicativo que descreva, em linguagem simples e precisa, todas as suas características, direitos e obrigações. (Redação dada pela Medida Provisória nº 2.177-44, de 2001)

Art. 17. A inclusão de qualquer prestador de serviço de saúde como contratado, referenciado ou credenciado dos produtos de que tratam o inciso I e o § 1º do art. 1º desta Lei implica compromisso com os consumidores quanto à sua manutenção ao longo da vigência dos contratos, permitindo-se sua substituição, desde que seja por outro prestador equivalente e mediante comunicação aos consumidores com 30 (trinta) dias de antecedência. (Redação dada pela Lei nº 13.003, de 2014)

§ 1º. É facultada a substituição de entidade hospitalar, a que se refere o *caput* deste artigo, desde que por outro equivalente e mediante comunicação aos consumidores e à ANS com trinta dias de antecedência, ressalvados desse prazo mínimo os casos decorrentes de rescisão por fraude ou infração das normas sanitárias e fiscais em vigor. (Redação dada pela Medida Provisória nº 2.177-44, de 2001)

§ 2º. Na hipótese de a substituição do estabelecimento hospitalar a que se refere o § 1º ocorrer por vontade da operadora durante período de internação do consumidor, o estabelecimento obriga-se a manter a internação e a operadora, a pagar as despesas até a alta hospitalar, a critério médico, na forma do contrato. (Redação dada pela Medida Provisória nº 2.177-44, de 2001)

§ 3º. Excetuam-se do previsto no § 2º os casos de substituição do estabelecimento hospitalar por infração às normas sanitárias em vigor, durante período de internação, quando a operadora arcará com a responsabilidade pela transferência imediata para outro estabelecimento equivalente, garantindo a continuação da assistência, sem ônus adicional para o consumidor. (Incluído pela Medida Provisória nº 2.177-44, de 2001)

§ 4º. Em caso de redimensionamento da rede hospitalar por redução, as empresas deverão solicitar à ANS autorização expressa para tanto, informando: (Incluído pela Medida Provisória nº 2.177-44, de 2001)

I – nome da entidade a ser excluída; (Incluído pela Medida Provisória nº 2.177-44, de 2001)

II – capacidade operacional a ser reduzida com a exclusão; (Incluído pela Medida Provisória nº 2.177-44, de 2001)

III – impacto sobre a massa assistida, a partir de parâmetros definidos pela ANS, correlacionando a necessidade de leitos e a capacidade operacional restante; e (Incluído pela Medida Provisória nº 2.177-44, de 2001)

IV – justificativa para a decisão, observando a obrigatoriedade de manter cobertura com padrões de qualidade equivalente e sem ônus adicional para o consumidor. (Incluído pela Medida Provisória nº 2.177-44, de 2001)

Art. 17-A. As condições de prestação de serviços de atenção à saúde no âmbito dos planos privados de assistência à saúde por pessoas físicas ou jurídicas, independentemente de sua qualificação como contratadas, referenciadas ou credenciadas, serão reguladas por contrato escrito, estipulado entre a operadora do plano e o prestador de serviço. (Incluído pela Lei nº 13.003, de 2014)

§ 1º. São alcançados pelas disposições do *caput* os profissionais de saúde em prática liberal privada, na qualidade de pessoa física, e os estabelecimentos de saúde, na qualidade de pessoa jurídica, que prestem ou venham a prestar os serviços de assistência à saúde a que aludem os arts. 1º e 35-F desta Lei, no âmbito de planos privados de assistência à saúde. (Incluído pela Lei nº 13.003, de 2014)

§ 2º. O contrato de que trata o *caput* deve estabelecer com clareza as condições para a sua execução, expressas em cláusulas que definam direitos, obrigações e responsabilidades das partes, incluídas, obrigatoriamente, as que determinem: (Incluído pela Lei nº 13.003, de 2014)

I – o objeto e a natureza do contrato, com descrição de todos os serviços contratados; (Incluído pela Lei nº 13.003, de 2014)

II – a definição dos valores dos serviços contratados, dos critérios, da forma e da periodicidade do seu reajuste e dos prazos e procedimentos para faturamento e pagamento dos serviços prestados; (Incluído pela Lei nº 13.003, de 2014)

III – a identificação dos atos, eventos e procedimentos médico-assistenciais que necessitem de autorização administrativa da operadora; (Incluído pela Lei nº 13.003, de 2014)

IV – a vigência do contrato e os critérios e procedimentos para prorrogação, renovação e rescisão; (Incluído pela Lei nº 13.003, de 2014)

V – as penalidades pelo não cumprimento das obrigações estabelecidas. (Incluído pela Lei nº 13.003, de 2014)

§ 3º. A periodicidade do reajuste de que trata o inciso II do § 2º deste artigo será anual e realizada no prazo improrrogável de 90 (noventa) dias, contado do início de cada ano-calendário. (Incluído pela Lei nº 13.003, de 2014)

§ 4º. Na hipótese de vencido o prazo previsto no § 3º deste artigo, a Agência Nacional de Saúde Suplementar – ANS, quando for o caso, definirá o índice de reajuste. (Incluído pela Lei nº 13.003, de 2014)

§ 5º. A ANS poderá constituir, na forma da legislação vigente, câmara técnica com representação proporcional das partes envolvidas para o adequado cumprimento desta Lei. (Incluído pela Lei nº 13.003, de 2014)

§ 6º. A ANS publicará normas regulamentares sobre o disposto neste artigo. (Incluído pela Lei nº 13.003, de 2014)

Art. 18. A aceitação, por parte de qualquer prestador de serviço ou profissional de saúde, da condição de contratado, referenciado, credenciado ou cooperado de uma operadora de produtos de que tratam o inciso I e o § 1º do art. 1º desta Lei implica as seguintes obrigações e direitos: (Redação dada pela Lei nº 13.003, de 2014)

I – o consumidor de determinada operadora, em nenhuma hipótese e sob nenhum pretexto ou alegação, pode ser discriminado ou atendido de forma distinta daquela dispensada aos clientes vinculados a outra operadora ou plano;

II – a marcação de consultas, exames e quaisquer outros procedimentos deve ser feita de forma a atender às necessidades dos consumidores, privilegiando os casos de emergência ou urgência, assim como as pessoas com mais de 65 (sessenta e cinco) anos de idade, as gestantes, lactantes, lactentes e crianças até 5 (cinco) anos;

III – a manutenção de relacionamento de contratação, credenciamento ou referenciamento com número ilimitado de operadoras, sendo expressamente vedado às operadoras, independente de sua natureza jurídica constitutiva, impor contratos de exclusividade ou de restrição à atividade profissional. (Redação dada pela Medida Provisória nº 2.177-44, de 2001)

Parágrafo único. A partir de 3 de dezembro de 1999, os prestadores de serviço ou profissionais de saúde não poderão manter contrato, credenciamento ou referenciamento com operadoras que não tiverem registros para funcionamento e comercialização conforme previsto nesta Lei, sob pena de responsabilidade por atividade irregular. (Incluído pela Medida Provisória nº 2.177-44, de 2001)

Art. 19. Para requerer a autorização definitiva de funcionamento, as pessoas jurídicas que já atuavam como operadoras ou administradoras dos produtos de que tratam o inciso I e o § 1º do art. 1º desta Lei, terão prazo de cento e oitenta dias, a partir da publicação da regulamentação específica pela ANS. (Redação dada pela Medida Provisória nº 2.177-44, de 2001)

§ 1º. Até que sejam expedidas as normas de registro, serão mantidos registros provisórios das pessoas jurídicas e dos produtos na ANS, com a finalidade de autorizar a comercialização ou operação dos produtos a que alude o *caput*, a partir de 2 de janeiro de 1999. (Redação dada pela Medida Provisória nº 2.177-44, de 2001)

§ 2º. Para o registro provisório, as operadoras ou administradoras dos produtos a que alude o *caput* deverão apresentar à ANS as informações requeridas e os seguintes documentos, independentemente de outros que venham a ser exigidos: (Incluído pela Medida Provisória nº 2.177-44, de 2001)

I – registro do instrumento de constituição da pessoa jurídica; (Incluído pela Medida Provisória nº 2.177-44, de 2001)

II – nome fantasia; (Incluído pela Medida Provisória nº 2.177-44, de 2001)

III – CNPJ; (Incluído pela Medida Provisória nº 2.177-44, de 2001)

IV – endereço; (Incluído pela Medida Provisória nº 2.177-44, de 2001)

V – telefone, fax e e-mail; e (Incluído pela Medida Provisória nº 2.177-44, de 2001)

VI – principais dirigentes da pessoa jurídica e nome dos cargos que ocupam. (Incluído pela Medida Provisória nº 2.177-44, de 2001)

§ 3º. Para registro provisório dos produtos a serem comercializados, deverão ser apresentados à ANS os seguintes dados: (Incluído pela Medida Provisória nº 2.177-44, de 2001)

I – razão social da operadora ou da administradora; (Incluído pela Medida Provisória nº 2.177-44, de 2001)

II – CNPJ da operadora ou da administradora; (Incluído pela Medida Provisória nº 2.177-44, de 2001)

III – nome do produto; (Incluído pela Medida Provisória nº 2.177-44, de 2001)

IV – segmentação da assistência (ambulatorial, hospitalar com obstetrícia, hospitalar sem obstetrícia, odontológica e referência); (Incluído pela Medida Provisória nº 2.177-44, de 2001)

V – tipo de contratação (individual/familiar, coletivo empresarial e coletivo por adesão); (Incluído pela Medida Provisória nº 2.177-44, de 2001)

VI – âmbito geográfico de cobertura; (Incluído pela Medida Provisória nº 2.177-44, de 2001)

VII – faixas etárias e respectivos preços; (Incluído pela Medida Provisória nº 2.177-44, de 2001)

VIII – rede hospitalar própria por Município (para segmentações hospitalar e referência); (Incluído pela Medida Provisória nº 2.177-44, de 2001)

IX – rede hospitalar contratada ou referenciada por Município (para segmentações hospitalar e referência); (Incluído pela Medida Provisória nº 2.177-44, de 2001)

X – outros documentos e informações que venham a ser solicitados pela ANS. (Incluído pela Medida Provisória nº 2.177-44, de 2001)

§ 4º. Os procedimentos administrativos para registro provisório dos produtos serão tratados em norma específica da ANS. (Incluído pela Medida Provisória nº 2.177-44, de 2001)

§ 5º. Independentemente do cumprimento, por parte da operadora, das formalidades do registro provisório, ou da conformidade dos textos das condições gerais ou dos instrumentos contratuais, ficam garantidos, a todos os usuários de produtos a que alude o *caput*, contratados a partir de 2 de janeiro de 1999, todos os benefícios de acesso e cobertura previstos nesta Lei e em seus regulamentos, para cada segmentação definida no art. 12. (Incluído pela Medida Provisória nº 2.177-44, de 2001)

§ 6º. O não cumprimento do disposto neste artigo implica o pagamento de multa diária no valor de R$ 10.000,00 (dez mil reais) aplicada às operadoras dos produtos de que tratam o inciso I e o § 1º do art. 1º. (Incluído pela Medida Provisória nº 2.177-44, de 2001)

§ 7º. As pessoas jurídicas que forem iniciar operação de comercialização de planos privados de assistência à saúde, a partir de 8 de dezembro de 1998, estão sujeitas aos registros de que trata o § 1º deste artigo. (Incluído pela Medida Provisória nº 2.177-44, de 2001)

Art. 20. As operadoras de produtos de que tratam o inciso I e o § 1º do art. 1º desta Lei são obrigadas a fornecer, periodicamente, à ANS todas as informações e estatísticas relativas as suas atividades, incluídas as de natureza cadastral, especialmente aquelas que permitam a identificação dos consumidores e de seus dependentes, incluindo seus nomes, inscrições no Cadastro de Pessoas Físicas dos titulares e Municípios onde residem, para fins do disposto no art. 32. (Redação dada pela Medida Provisória nº 2.177-44, de 2001)

§ 1º. Os agentes, especialmente designados pela ANS, para o exercício das atividades de fiscalização e nos limites por ela estabelecidos, têm livre acesso às operadoras, podendo requisitar e apreender processos, contratos, manuais de rotina operacional e demais documentos, relativos aos produtos de que tratam o inciso I e o § 1º do art. 1º desta Lei. (Renumerado pela Medida Provisória nº 2.177-44, de 2001)

§ 2º. Caracteriza-se como embaraço à fiscalização, sujeito às penas previstas na lei, a imposição de qualquer dificuldade à consecução dos objetivos da fiscalização, de que trata o § 1º deste artigo. (Incluído pela Medida Provisória nº 2.177-44, de 2001)

Art. 21. É vedado às operadoras de planos privados de assistência à saúde realizar quaisquer operações financeiras:

I – com seus diretores e membros dos conselhos administrativos, consultivos, fiscais ou assemelhados, bem como com os respectivos cônjuges e parentes até o segundo grau, inclusive;

II – com empresa de que participem as pessoas a que se refere o inciso I, desde que estas sejam, em conjunto ou isoladamente, consideradas como controladoras da empresa. (Redação dada pela Medida Provisória nº 2.177-44, de 2001)

Art. 22. As operadoras de planos privados de assistência à saúde submeterão suas contas a auditores independentes, registrados no respectivo Conselho Regional de Contabilidade e na Comissão de Valores Mobiliários – CVM, publicando, anualmente, o parecer respectivo, juntamente com as demonstrações financeiras determinadas pela Lei nº 6.404, de 15 de dezembro de 1976.

§ 1º. A auditoria independente também poderá ser exigida quanto aos cálculos atuariais, elaborados segundo diretrizes gerais definidas pelo CONSU. (Renumerado pela Medida Provisória nº 2.177-44, de 2001)

§ 2º. As operadoras com número de beneficiários inferior a vinte mil usuários ficam dispensadas da publicação do parecer do auditor e das demonstrações financeiras, devendo, a ANS, dar-lhes publicidade. (Incluído pela Medida Provisória nº 2.177-44, de 2001)

Art. 23. As operadoras de planos privados de assistência à saúde não podem requerer concordata e não estão sujeitas a falência ou insolvência civil, mas tão somente ao regime de liquidação extrajudicial. (Redação dada pela Medida Provisória nº 2.177-44, de 2001)

§ 1º. As operadoras sujeitar-se-ão ao regime de falência ou insolvência civil quando, no curso da liquidação extrajudicial, forem verificadas uma das seguintes hipóteses: (Incluído pela Medida Provisória nº 2.177-44, de 2001)

I – o ativo da massa liquidanda não for suficiente para o pagamento de pelo menos a metade dos créditos quirografários; (Incluído pela Medida Provisória nº 2.177-44, de 2001)

II – o ativo realizável da massa liquidanda não for suficiente, sequer, para o pagamento das despesas administrativas e operacionais inerentes ao regular processamento da liquidação extrajudicial; ou (Incluído pela Medida Provisória nº 2.177-44, de 2001)

III – nas hipóteses de fundados indícios de condutas previstas nos arts. 186 a 189 do Decreto-Lei nº 7.661, de 21 de junho de 1945. (Incluído pela Medida Provisória nº 2.177-44, de 2001)

§ 2º. Para efeito desta Lei, define-se ativo realizável como sendo todo ativo que possa ser convertido em moeda corrente em prazo compatível para o pagamento das despesas administrativas e operacionais da massa liquidanda. (Incluído pela Medida Provisória nº 2.177-44, de 2001)

§ 3º. À vista do relatório do liquidante extrajudicial, e em se verificando qualquer uma das hipóteses previstas nos incisos I, II ou III do § 1º deste artigo, a ANS poderá autorizá-lo a requerer a falência ou insolvência civil da operadora. (Incluído pela Medida Provisória nº 2.177-44, de 2001)

§ 4º. A distribuição do requerimento produzirá imediatamente os seguintes efeitos: (Incluído pela Medida Provisória nº 2.177-44, de 2001)

I – a manutenção da suspensão dos prazos judiciais em relação à massa liquidanda; (Incluído pela Medida Provisória nº 2.177-44, de 2001)

II – a suspensão dos procedimentos administrativos de liquidação extrajudicial, salvo os relativos à guarda e à proteção dos bens e imóveis da massa; (Incluído pela Medida Provisória nº 2.177-44, de 2001)

III – a manutenção da indisponibilidade dos bens dos administradores, gerentes, conselheiros e assemelhados, até posterior determinação judicial; e (Incluído pela Medida Provisória nº 2.177-44, de 2001)

IV – prevenção do juízo que emitir o primeiro despacho em relação ao pedido de conversão do regime. (Incluído pela Medida Provisória nº 2.177-44, de 2001)

§ 5º. A ANS, no caso previsto no inciso II do § 1º deste artigo, poderá, no período compreendido entre a distribuição do requerimento e a decretação da falência ou insolvência civil, apoiar a proteção dos bens móveis e imóveis da massa liquidanda. (Incluído pela Medida Provisória nº 2.177-44, de 2001)

§ 6º. O liquidante enviará ao juízo prevento o rol das ações judiciais em curso cujo andamento ficará suspenso até que o juiz competente nomeie o síndico da massa falida ou o liquidante da massa insolvente. (Incluído pela Medida Provisória nº 2.177-44, de 2001)

Art. 24. Sempre que detectadas nas operadoras sujeitas à disciplina desta Lei insuficiência das garantias do equilíbrio financeiro, anormalidades econômico-financeiras ou administrativas graves que coloquem em risco a continuidade ou a qualidade do atendimento à saúde, a ANS poderá determinar a alienação da carteira, o regime de direção fiscal ou técnica, por prazo não superior a trezentos e sessenta e cinco dias, ou a liquidação extrajudicial, conforme a gravidade do caso. (Redação dada pela Medida Provisória nº 2.177-44, de 2001)

§ 1º. O descumprimento das determinações do diretor-fiscal ou técnico, e do liquidante, por dirigentes, administradores, conselheiros ou empregados da operadora de planos privados de assistência à saúde acarretará o imediato afastamento do infrator, por decisão da ANS, sem prejuízo das sanções penais cabíveis, assegurado o direito ao contraditório, sem que isto implique efeito suspensivo da decisão administrativa que determinou o afastamento. (Redação dada pela Medida Provisória nº 2.177-44, de 2001)

§ 2º. A ANS, *ex officio* ou por recomendação do diretor técnico ou fiscal ou do liquidante, poderá, em ato administrativo devidamente motivado, determinar o afastamento dos diretores, administradores, gerentes e membros do conselho fiscal da operadora sob regime de direção ou em liquidação. (Redação dada pela Medida Provisória nº 2.177-44, de 2001)

§ 3º. No prazo que lhe for designado, o diretor-fiscal ou técnico procederá à análise da organização administrativa e da situação econômico-financeira da operadora, bem assim da qualidade do atendimento aos consumidores, e proporá à ANS as medidas cabíveis. (Redação dada pela Medida Provisória nº 2.177-44, de 2001)

§ 4º. O diretor-fiscal ou técnico poderá propor a transformação do regime de direção em liquidação extrajudicial. (Redação dada pela Medida Provisória nº 2.177-44, de 2001)

§ 5º. A ANS promoverá, no prazo máximo de noventa dias, a alienação da carteira das operadoras de planos privados de assistência à saúde, no caso de não surtirem efeito as medidas por ela determinadas para sanar as irregularidades ou nas situações que impliquem risco para os consumidores participantes da carteira. (Redação dada pela Medida Provisória nº 2.177-44, de 2001)

Art. 24-A. Os administradores das operadoras de planos privados de assistência à saúde em regime de direção fiscal ou liquidação extrajudicial, independentemente da natureza jurídica da operadora, ficarão com todos os seus bens indisponíveis, não podendo, por qualquer forma, direta ou indireta, aliená-los ou onerá-los, até apuração e liquidação final de suas responsabilidades. (Incluído pela Medida Provisória nº 2.177-44, de 2001)

§ 1º. A indisponibilidade prevista neste artigo decorre do ato que decretar a direção fiscal ou a liquidação extrajudicial e atinge a todos aqueles que tenham estado no exercício das funções nos doze meses anteriores ao mesmo ato. (Incluído pela Medida Provisória nº 2.177-44, de 2001)

§ 2º. Na hipótese de regime de direção fiscal, a indisponibilidade de bens a que se refere o *caput* deste artigo poderá não alcançar os bens dos administradores, por deliberação expressa da Diretoria Colegiada da ANS. (Incluído pela Medida Provisória nº 2.177-44, de 2001)

§ 3º. A ANS, *ex officio* ou por recomendação do diretor fiscal ou do liquidante, poderá estender a indisponibilidade prevista neste artigo: (Incluído pela Medida Provisória nº 2.177-44, de 2001)

I – aos bens de gerentes, conselheiros e aos de todos aqueles que tenham concorrido, no período previsto no § 1º, para a decretação da direção fiscal ou da liquidação extrajudicial; (Incluído pela Medida Provisória nº 2.177-44, de 2001)

II – aos bens adquiridos, a qualquer título, por terceiros, no período previsto no § 1º, das pessoas referidas no inciso I, desde que configurada fraude na transferência. (Incluído pela Medida Provisória nº 2.177-44, de 2001)

§ 4º. Não se incluem nas disposições deste artigo os bens considerados inalienáveis ou impenhoráveis pela legislação em vigor. (Incluído pela Medida Provisória nº 2.177-44, de 2001)

§ 5º. A indisponibilidade também não alcança os bens objeto de contrato de alienação, de promessa de compra e venda, de cessão ou promessa de cessão de direitos, desde que os respectivos instrumentos tenham sido levados ao competente registro público, anteriormente à data da decretação da direção fiscal ou da liquidação extrajudicial. (Incluído pela Medida Provisória nº 2.177-44, de 2001)

§ 6º. Os administradores das operadoras de planos privados de assistência à saúde respondem solidariamente pelas obrigações por eles assumidas durante sua gestão até o montante dos prejuízos causados, independentemente do nexo de causalidade. (Incluído pela Medida Provisória nº 2.177-44, de 2001)

Art. 24-B. A Diretoria Colegiada definirá as atribuições e competências do diretor técnico, diretor fiscal e do responsável pela alienação de carteira, podendo ampliá-las, se necessário. (Incluído pela Medida Provisória nº 2.177-44, de 2001)

Art. 24-C. Os créditos decorrentes da prestação de serviços de assistência privada à saúde preferem a todos os demais, exceto os de natureza trabalhista e tributários. (Incluído pela Medida Provisória nº 2.177-44, de 2001)

Art. 24-D. Aplica-se à liquidação extrajudicial das operadoras de planos privados de assistência à saúde e ao disposto nos arts. 24-A e 35-I, no que couber com os preceitos desta Lei, o disposto na Lei nº 6.024, de 13 de março de 1974, no Decreto-Lei nº 7.661, de 21 de junho de 1945, no Decreto-Lei nº 41, de 18 de novembro de 1966, e no Decreto-Lei nº 73, de 21 de novembro de 1966, conforme o que dispuser a ANS. (Incluído pela Medida Provisória nº 2.177-44, de 2001)

Art. 25. As infrações dos dispositivos desta Lei e de seus regulamentos, bem como aos dispositivos dos contratos firmados, a qualquer tempo, entre operadoras e usuários de planos privados de assistência à saúde, sujeitam a operadora dos produtos de que tratam o inciso I e o § 1º do art. 1º desta Lei, seus administradores, membros de conselhos administrativos, deliberativos, consultivos, fiscais e assemelhados às seguintes penalidades, sem prejuízo de outras estabelecidas na legislação vigente: (Redação dada pela Medida Provisória nº 2.177-44, de 2001)

I – advertência;

II – multa pecuniária;

III – suspensão do exercício do cargo;

IV – inabilitação temporária para exercício de cargos em operadoras de planos de assistência à saúde; (Redação dada pela Medida Provisória nº 2.177-44, de 2001)

V – inabilitação permanente para exercício de cargos de direção ou em conselhos das operadoras a que se refere esta Lei, bem como em entidades de previdência privada, sociedades seguradoras, corretoras de seguros e instituições financeiras;

VI – cancelamento da autorização de funcionamento e alienação da carteira da operadora. (Incluído pela Medida Provisória nº 2.177-44, de 2001)

Art. 26. Os administradores e membros dos conselhos administrativos, deliberativos, consultivos, fiscais e assemelhados das operadoras de que trata esta Lei respondem solidariamente pelos prejuízos causados a terceiros, inclusive aos acionistas, cotistas, cooperados e consumidores de planos privados de assistência à saúde, conforme o caso, em consequência do descumprimento de leis, normas e instruções referentes às operações previstas na legislação e, em especial, pela falta de constituição e cobertura das garantias obrigatórias. (Redação dada pela Medida Provisória nº 2.177-44, de 2001)

Art. 27. A multa de que trata o art. 25 será fixada e aplicada pela ANS no âmbito de suas atribuições, com valor não inferior a R$ 5.000,00 (cinco mil reais) e não superior a R$ 1.000.000,00 (um milhão de reais) de acordo com o porte econômico da operadora ou prestadora de serviço e a gravidade da infração, ressalvado o disposto no § 6º do art. 19. (Redação dada pela Medida Provisória nº 2.177-44, de 2001)

Parágrafo único. *(Revogado pela Medida Provisória nº 2.177-44, 2001)*

Art. 28. *(Revogado pela Medida Provisória nº 2.177-44, de 2001)*

Art. 29. As infrações serão apuradas mediante processo administrativo que tenha por base o auto de infração, a representação ou a denúncia positiva dos fatos irregulares, cabendo à ANS dispor sobre normas para instauração, recursos e seus efeitos, instâncias e prazos. (Redação dada pela Medida Provisória nº 2.177-44, de 2001)

§ 1º. O processo administrativo, antes de aplicada a penalidade, poderá, a título excepcional, ser suspenso, pela ANS, se a operadora ou prestadora de serviço assinar termo de compromisso de ajuste de conduta, perante a diretoria colegiada, que terá eficácia de título executivo extrajudicial, obrigando-se a: (Incluído pela Medida Provisória nº 2.177-44, de 2001)

I – cessar a prática de atividades ou atos objetos da apuração; e (Incluído pela Medida Provisória nº 2.177-44, de 2001)

II – corrigir as irregularidades, inclusive indenizando os prejuízos delas decorrentes. (Incluído pela Medida Provisória nº 2.177-44, de 2001)

§ 2º. O termo de compromisso de ajuste de conduta conterá, necessariamente, as seguintes cláusulas: (Incluído pela Medida Provisória nº 2.177-44, de 2001)

I – obrigações do compromissário de fazer cessar a prática objeto da apuração, no prazo estabelecido; (Incluído pela Medida Provisória nº 2.177-44, de 2001)

II – valor da multa a ser imposta no caso de descumprimento, não inferior a R$ 5.000,00 (cinco mil reais) e não superior a R$ 1.000.000,00 (um milhão de reais) de acordo com o porte econômico da operadora ou da prestadora de serviço. (Incluído pela Medida Provisória nº 2.177-44, de 2001)

§ 3º. A assinatura do termo de compromisso de ajuste de conduta não importa confissão do compromissário quanto à matéria de fato, nem reconhecimento de ilicitude da conduta em apuração. (Incluído pela Medida Provisória nº 2.177-44, de 2001)

§ 4º. O descumprimento do termo de compromisso de ajuste de conduta, sem prejuízo da aplicação da multa a que se refere o inciso II do § 2º, acarreta a revogação da suspensão do processo. (Incluído pela Medida Provisória nº 2.177-44, de 2001)

§ 5º. Cumpridas as obrigações assumidas no termo de compromisso de ajuste de conduta, será extinto o processo. (Incluído pela Medida Provisória nº 2.177-44, de 2001)

§ 6º. Suspende-se a prescrição durante a vigência do termo de compromisso de ajuste de conduta. (Incluído pela Medida Provisória nº 2.177-44, de 2001)

§ 7º. Não poderá ser firmado termo de compromisso de ajuste de conduta quando tiver havido descumprimento de outro termo de compromisso de ajuste de conduta nos termos desta Lei, dentro do prazo de dois anos. (Incluído pela Medida Provisória nº 2.177-44, de 2001)

§ 8º. O termo de compromisso de ajuste de conduta deverá ser publicado no Diário Oficial da União. (Incluído pela Medida Provisória nº 2.177-44, de 2001)

§ 9º. A ANS regulamentará a aplicação do disposto nos §§ 1º a 7º deste artigo. (Incluído pela Medida Provisória nº 2.177-44, de 2001)

Art. 29-A. A ANS poderá celebrar com as operadoras termo de compromisso, quando houver interesse na implementação de práticas que consistam em vantagens para os consumidores, com vistas a assegurar a manutenção da qualidade dos serviços de assistência à saúde. (Incluído pela Medida Provisória nº 2.177-44, de 2001)

§ 1º. O termo de compromisso referido no *caput* não poderá implicar restrição de direitos do usuário. (Incluído pela Medida Provisória nº 2.177-44, de 2001)

§ 2º. Na definição do termo de que trata este artigo serão considerados os critérios de aferição e controle da qualidade dos serviços a serem oferecidos pelas operadoras. (Incluído pela Medida Provisória nº 2.177-44, de 2001)

§ 3º. O descumprimento injustificado do termo de compromisso poderá importar na aplicação da penalidade de multa a que se refere o inciso II, § 2º, do art. 29 desta Lei. (Incluído pela Medida Provisória nº 2.177-44, de 2001)

Art. 30. Ao consumidor que contribuir para produtos de que tratam o inciso I e o § 1º do art. 1º desta Lei, em decorrência de vínculo empregatício, no caso de rescisão ou exoneração do contrato de trabalho sem justa causa, é assegurado o direito de manter sua condição de beneficiário, nas mesmas condições de cobertura assistencial de que gozava quando da vigência do contrato de trabalho, desde que assuma o seu pagamento integral. (Redação dada pela Medida Provisória nº 2.177-44, de 2001)

§ 1º. O período de manutenção da condição de beneficiário a que se refere o *caput* será de um terço do tempo de permanência nos produtos de que tratam o inciso I e o § 1º do art. 1º, ou sucessores, com um mínimo assegurado de seis meses e um máximo de vinte e quatro meses. (Redação dada pela Medida Provisória nº 2.177-44, de 2001)

§ 2º. A manutenção de trata este artigo é extensiva, obrigatoriamente, a todo o grupo familiar inscrito quando da vigência do contrato de trabalho.

§ 3º. Em caso de morte do titular, o direito de permanência é assegurado aos dependentes cobertos pelo plano ou seguro privado coletivo de assistência à saúde, nos termos do disposto neste artigo.

§ 4º. O direito assegurado neste artigo não exclui vantagens obtidas pelos empregados decorrentes de negociações coletivas de trabalho.

§ 5º. A condição prevista no *caput* deste artigo deixará de existir quando da admissão do consumidor titular em novo emprego. (Incluído pela Medida Provisória nº 2.177-44, de 2001)

§ 6º. Nos planos coletivos custeados integralmente pela empresa, não é considerada contribuição a coparticipação do consumidor, única e exclusivamente, em procedimentos, como fator de moderação, na utilização dos serviços de assistência médica ou hospitalar. (Incluído pela Medida Provisória nº 2.177-44, de 2001)

Art. 31. Ao aposentado que contribuir para produtos de que tratam o inciso I e o § 1º do art. 1o desta Lei, em decorrência de vínculo empregatício, pelo prazo mínimo de dez anos, é assegurado o direito de manutenção como beneficiário, nas mesmas condições de cobertura assistencial de que gozava quando da vigência do contrato de trabalho, desde que assuma o seu pagamento integral. (Redação dada pela Medida Provisória nº 2.177-44, de 2001)

§ 1º. Ao aposentado que contribuir para planos coletivos de assistência à saúde por período inferior ao estabelecido no *caput* é assegurado o direito de manutenção como beneficiário, à razão de um ano para cada ano de contribuição, desde que assuma o pagamento integral do mesmo. (Redação dada pela Medida Provisória nº 2.177-44, de 2001)

§ 2º. Para gozo do direito assegurado neste artigo, observar-se-ão as mesmas condições estabelecidas nos §§ 2º, 3º, 4º, 5º e 6º do art. 30. (Redação dada pela Medida Provisória nº 2.177-44, de 2001)

§ 3º. Para gozo do direito assegurado neste artigo, observar-se-ão as mesmas condições estabelecidas nos §§ 2º e 4º do art. 30.

Art. 32. Serão ressarcidos pelas operadoras dos produtos de que tratam o inciso I e o § 1º do art. 1º desta Lei, de acordo com normas a serem definidas pela ANS, os serviços de atendimento à saúde previstos nos respectivos contratos, prestados a seus consumidores e respectivos dependentes, em instituições públicas ou privadas, conveniadas ou contratadas, integrantes do Sistema Único de Saúde - SUS. (Redação dada pela Medida Provisória nº 2.177-44, de 2001)

§ 1º. O ressarcimento será efetuado pelas operadoras ao SUS com base em regra de valoração aprovada e divulgada pela ANS, mediante crédito ao Fundo Nacional de Saúde – FNS. (Redação dada pela Lei nº 12.469, de 2011)

§ 2º. Para a efetivação do ressarcimento, a ANS disponibilizará às operadoras a discriminação dos procedimentos realizados para cada consumidor. (Redação dada pela Medida Provisória nº 2.177-44, de 2001)

§ 3º. A operadora efetuará o ressarcimento até o 15º (décimo quinto) dia da data de recebimento da notificação de cobrança feita pela ANS. (Redação dada pela Lei nº 12.469, de 2011)

§ 4º. O ressarcimento não efetuado no prazo previsto no § 3º será cobrado com os seguintes acréscimos: (Redação dada pela Medida Provisória nº 2.177-44, de 2001)

I – juros de mora contados do mês seguinte ao do vencimento, à razão de um por cento ao mês ou fração; (Incluído pela Medida Provisória nº 2.177-44, de 2001)

II – multa de mora de dez por cento. (Incluído pela Medida Provisória nº 2.177-44, de 2001)

§ 5º. Os valores não recolhidos no prazo previsto no § 3º serão inscritos em dívida ativa da ANS, a qual compete a cobrança judicial dos respectivos créditos. (Vide Medida Provisória nº 1.665, de 1998) (Incluído pela Medida Provisória nº 2.177-44, de 2001)

§ 6º. O produto da arrecadação dos juros e da multa de mora serão revertidos ao Fundo Nacional de Saúde. (Incluído pela Medida Provisória nº 2.177-44, de 2001)

§ 7º. A ANS disciplinará o processo de glosa ou impugnação dos procedimentos encaminhados, conforme previsto no § 2º deste artigo, cabendo-lhe, inclusive, estabelecer procedimentos para cobrança dos valores a serem ressarcidos. (Redação dada pela Lei nº 12.469, de 2011)

§ 8º. Os valores a serem ressarcidos não serão inferiores aos praticados pelo SUS e nem superiores aos praticados pelas operadoras de produtos de que tratam o inciso I e o § 1º do art. 1º desta Lei. (Incluído pela Medida Provisória nº 2.177-44, de 2001)

§ 9º. Os valores a que se referem os §§ 3º e 6º deste artigo não serão computados para fins de aplicação dos recursos mínimos nas ações e serviços públicos de saúde nos termos da Constituição Federal. (Incluído pela Lei nº 12.469, de 2011)

Art. 33. Havendo indisponibilidade de leito hospitalar nos estabelecimentos próprios ou credenciados pelo plano, é garantido ao consumidor o acesso à acomodação, em nível superior, sem ônus adicional.

Art. 34. As pessoas jurídicas que executam outras atividades além das abrangidas por esta Lei deverão, na forma e no prazo definidos pela ANS, constituir pessoas jurídicas independentes, com ou sem fins lucrativos, especificamente para operar planos privados de assistência à saúde, na forma da legislação em vigor e em especial desta Lei e de seus regulamentos. (Redação dada pela Medida Provisória nº 2.177-44, de 2001)

§ 1º. O disposto no *caput* não se aplica às entidades de autogestão constituídas sob a forma de fundação, de sindicato ou de associação que, na data da publicação desta Lei, já exerciam outras atividades em conjunto com as relacionadas à assistência à saúde, nos termos dos pertinentes estatutos sociais. (Incluído pela Lei nº 13.127, de 2015)

§ 2º. As entidades de que trata o § 1º poderão, desde que a hipótese de segregação da finalidade estatutária esteja prevista ou seja assegurada pelo órgão interno competente, constituir filial ou departamento com número do Cadastro Nacional da Pessoa Jurídica sequencial ao da pessoa jurídica principal. (Incluído pela Lei nº 13.127, de 2015)

§ 3º. As entidades de que trata o § 1º que optarem por proceder de acordo com o previsto no § 2º assegurarão condições para sua adequada segregação patrimonial, administrativa, financeira e contábil. (Incluído pela Lei nº 13.127, de 2015)

Art. 35. Aplicam-se as disposições desta Lei a todos os contratos celebrados a partir de sua vigência, assegurada aos consumidores com contratos anteriores, bem como àqueles com contratos celebrados entre 2 de setembro de 1998 e 1º de janeiro de 1999, a possibilidade de optar pela adaptação ao sistema previsto nesta Lei. (Redação dada pela Medida Provisória nº 2.177-44, de 2001)

§ 1º. Sem prejuízo do disposto no art. 35-E, a adaptação dos contratos de que trata este artigo deverá ser formalizada em termo próprio, assinado pelos contratantes, de acordo com as normas a serem definidas pela ANS. (Redação dada pela Medida Provisória nº 2.177-44, de 2001)

§ 2º. Quando a adaptação dos contratos incluir aumento de contraprestação pecuniária, a composição da base de cálculo deverá ficar restrita aos itens correspondentes ao aumento de cobertura, e ficará disponível para verificação pela ANS, que poderá determinar sua alteração quando o novo valor não estiver devidamente justificado. (Redação dada pela Medida Provisória nº 2.177-44, de 2001)

§ 3º. A adaptação dos contratos não implica nova contagem dos períodos de carência e dos prazos de aquisição dos benefícios previstos nos arts. 30 e 31 desta Lei, observados, quanto aos últimos, os limites de cobertura previstos no contrato original. (Incluído pela Medida Provisória nº 2.177-44, de 2001)

§ 4º. Nenhum contrato poderá ser adaptado por decisão unilateral da empresa operadora. (Incluído pela Medida Provisória nº 2.177-44, de 2001)

§ 5º. A manutenção dos contratos originais pelos consumidores não optantes tem caráter personalíssimo, devendo ser garantida somente ao titular e a seus dependentes já inscritos, permitida inclusão apenas de novo cônjuge e filhos, e vedada a transferência da sua titularidade, sob qualquer pretexto, a terceiros. (Incluído pela Medida Provisória nº 2.177-44, de 2001)

§ 6º. Os produtos de que tratam o inciso I e o § 1º do art. 1º desta Lei, contratados até 1º de janeiro de 1999, deverão permanecer em operação, por tempo indeterminado, apenas para os consumidores que não optarem pela adaptação às novas regras, sendo considerados extintos para fim de comercialização. (Incluído pela Medida Provisória nº 2.177-44, de 2001)

§ 7º. Às pessoas jurídicas contratantes de planos coletivos, não optantes pela adaptação prevista neste artigo, fica assegurada a manutenção dos contratos originais, nas coberturas assistenciais neles pactuadas. (Incluído pela Medida Provisória nº 2.177-44, de 2001)

§ 8º. A ANS definirá em norma própria os procedimentos formais que deverão ser adotados pelas empresas para a adatação dos contratos de que trata este artigo. (Incluído pela Medida Provisória nº 2.177-44, de 2001)

- Consta conforme publicação oficial. Onde se lê "adatação"; leia-se "adaptação".

Art. 35-A. Fica criado o Conselho de Saúde Suplementar – CONSU, órgão colegiado integrante da estrutura regimental do Ministério da Saúde, com competência para: (Incluído pela Medida Provisória nº 2.177-44, de 2001)

I – estabelecer e supervisionar a execução de políticas e diretrizes gerais do setor de saúde suplementar; (Incluído pela Medida Provisória nº 2.177-44, de 2001)

II – aprovar o contrato de gestão da ANS; (Incluído pela Medida Provisória nº 2.177-44, de 2001)

III – supervisionar e acompanhar as ações e o funcionamento da ANS; (Incluído pela Medida Provisória nº 2.177-44, de 2001)

IV – fixar diretrizes gerais para implementação no setor de saúde suplementar sobre: (Incluído pela Medida Provisória nº 2.177-44, de 2001)

a) aspectos econômico-financeiros; (Incluído pela Medida Provisória nº 2.177-44, de 2001)

b) normas de contabilidade, atuariais e estatísticas; (Incluído pela Medida Provisória nº 2.177-44, de 2001)

c) parâmetros quanto ao capital e ao patrimônio líquido mínimos, bem assim quanto às formas de sua subscrição e realização quando se tratar de sociedade anônima; (Incluído pela Medida Provisória nº 2.177-44, de 2001)

d) critérios de constituição de garantias de manutenção do equilíbrio econômico-financeiro, consistentes em bens, móveis ou imóveis, ou fundos especiais ou seguros garantidores; (Incluído pela Medida Provisória nº 2.177-44, de 2001)

e) criação de fundo, contratação de seguro garantidor ou outros instrumentos que julgar adequados, com o objetivo de proteger o consumidor de planos privados de assistência à saúde em caso de insolvência de empresas operadoras; (Incluído pela Medida Provisória nº 2.177-44, de 2001)

V – deliberar sobre a criação de câmaras técnicas, de caráter consultivo, de forma a subsidiar suas decisões. (Incluído pela Medida Provisória nº 2.177-44, de 2001)

Parágrafo único. A ANS fixará as normas sobre as matérias previstas no inciso IV deste artigo, devendo adequá-las, se necessário, quando houver diretrizes gerais estabelecidas pelo CONSU. (Incluído pela Medida Provisória nº 2.177-44, de 2001)

Art. 35-B. O CONSU será integrado pelos seguintes Ministros de Estado: (Incluído pela Medida Provisória nº 2.177-44, de 2001)

I – Chefe da Casa Civil da Presidência da República, na qualidade de Presidente; (Incluído pela Medida Provisória nº 2.177-44, de 2001)

II – da Saúde; (Incluído pela Medida Provisória nº 2.177-44, de 2001)

III – da Fazenda; (Incluído pela Medida Provisória nº 2.177-44, de 2001)

IV – da Justiça; e (Incluído pela Medida Provisória nº 2.177-44, de 2001)

V – do Planejamento, Orçamento e Gestão. (Incluído pela Medida Provisória nº 2.177-44, de 2001)

§ 1º. O Conselho deliberará mediante resoluções, por maioria de votos, cabendo ao Presidente a prerrogativa de deliberar nos casos de urgência e relevante interesse, ad referendum dos demais membros. (Incluído pela Medida Provisória nº 2.177-44, de 2001)

§ 2º. Quando deliberar ad referendum do Conselho, o Presidente submeterá a decisão ao Colegiado na primeira reunião que se seguir àquela deliberação. (Incluído pela Medida Provisória nº 2.177-44, de 2001)

§ 3º. O Presidente do Conselho poderá convidar Ministros de Estado, bem assim outros representantes de órgãos públicos, para participar das reuniões, não lhes sendo permitido o direito de voto. (Incluído pela Medida Provisória nº 2.177-44, de 2001)

§ 4º. O Conselho reunir-se-á sempre que for convocado por seu Presidente. (Incluído pela Medida Provisória nº 2.177-44, de 2001)

§ 5º. O regimento interno do CONSU será aprovado por decreto do Presidente da República. (Incluído pela Medida Provisória nº 2.177-44, de 2001)

§ 6º. As atividades de apoio administrativo ao CONSU serão prestadas pela ANS. (Incluído pela Medida Provisória nº 2.177-44, de 2001)

§ 7º. O Presidente da ANS participará, na qualidade de Secretário, das reuniões do CONSU. (Incluído pela Medida Provisória nº 2.177-44, de 2001)

Art. 35-C. É obrigatória a cobertura do atendimento nos casos: (Redação dada pela Lei nº 11.935, de 2009)

I – de emergência, como tal definidos os que implicarem risco imediato de vida ou de lesões irreparáveis para o paciente, caracterizado em declaração do médico assistente; (Redação dada pela Lei nº 11.935, de 2009)

II – de urgência, assim entendidos os resultantes de acidentes pessoais ou de complicações no processo gestacional; (Redação dada pela Lei nº 11.935, de 2009)

III – de planejamento familiar. (Incluído pela Lei nº 11.935, de 2009)

Parágrafo único. A ANS fará publicar normas regulamentares para o disposto neste artigo, observados os termos de adaptação previstos no art. 35. (Incluído pela Medida Provisória nº 2.177-44, de 2001)

Art. 35-D. As multas a serem aplicadas pela ANS em decorrência da competência fiscalizadora e normativa estabelecida nesta Lei e em seus regulamentos serão recolhidas à conta daquela Agência, até o limite de R$ 1.000.000,00 (um milhão de reais) por infração, ressalvado o disposto no § 6º do art. 19 desta Lei. (Incluído pela Medida Provisória nº 2.177-44, de 2001)

Art. 35-E. A partir de 5 de junho de 1998, fica estabelecido para os contratos celebrados anteriormente à data de vigência desta Lei que: (Incluído pela Medida Provisória nº 2.177-44, de 2001)

▸ ADI 1.931 e 5.135

I – qualquer variação na contraprestação pecuniária para consumidores com mais de sessenta anos de idade estará sujeita à autorização prévia da ANS; (Incluído pela Medida Provisória nº 2.177-44, de 2001)

II – a alegação de doença ou lesão preexistente estará sujeita à prévia regulamentação da matéria pela ANS; (Incluído pela Medida Provisória nº 2.177-44, de 2001)

III – é vedada a suspensão ou a rescisão unilateral do contrato individual ou familiar de produtos de que tratam o inciso I e o § 1º do art. 1º desta Lei por parte da operadora, salvo o disposto no inciso II do parágrafo único do art. 13 desta Lei; (Incluído pela Medida Provisória nº 2.177-44, de 2001)

IV – é vedada a interrupção de internação hospitalar em leito clínico, cirúrgico ou em centro de terapia intensiva ou similar, salvo a critério do médico assistente. (Incluído pela Medida Provisória nº 2.177-44, de 2001)

§ 1º. Os contratos anteriores à vigência desta Lei, que estabeleçam reajuste por mudança de faixa etária com idade inicial em sessenta anos ou mais, deverão ser adaptados, até 31 de outubro de 1999, para repactuação da cláusula de reajuste, observadas as seguintes disposições: (Incluído pela Medida Provisória nº 2.177-44, de 2001)

I – a repactuação será garantida aos consumidores de que trata o parágrafo único do art. 15, para as mudanças de faixa etária ocorridas após a vigência desta Lei, e limitar-se-á à diluição da aplicação do reajuste anteriormente previsto, em reajustes parciais anuais, com adoção de percentual fixo que, aplicado a cada ano, permita atingir o reajuste integral no início do último ano da faixa etária considerada; (Incluído pela Medida Provisória nº 2.177-44, de 2001)

II – para aplicação da fórmula de diluição, consideram-se de dez anos as faixas etárias que tenham sido estipuladas sem limite superior; (Incluído pela Medida Provisória nº 2.177-44, de 2001)

III – a nova cláusula, contendo a fórmula de aplicação do reajuste, deverá ser encaminhada aos consumidores, juntamente com o boleto ou título de cobrança, com a demonstração do valor originalmente contratado, do valor repactuado e do percentual de reajuste anual fixo, esclarecendo, ainda, que o seu pagamento formalizará esta repactuação; (Incluído pela Medida Provisória nº 2.177-44, de 2001)

IV – a cláusula original de reajuste deverá ter sido previamente submetida à ANS; (Incluído pela Medida Provisória nº 2.177-44, de 2001)

V – na falta de aprovação prévia, a operadora, para que possa aplicar reajuste por faixa etária a consumidores com sessenta anos ou mais de idade e dez anos ou mais de contrato, deverá submeter à ANS as condições contratuais acompanhadas de nota técnica, para, uma vez aprovada a cláusula e o percentual de reajuste, adotar a diluição prevista neste parágrafo. (Incluído pela Medida Provisória nº 2.177-44, de 2001)

§ 2º. Nos contratos individuais de produtos de que tratam o inciso I e o § 1º do art. 1º desta Lei, independentemente da data de sua celebração, a aplicação de cláusula de reajuste das contraprestações pecuniárias dependerá de prévia aprovação da ANS. (Incluído pela Medida Provisória nº 2.177-44, de 2001)

§ 3º. O disposto no art. 35 desta Lei aplica-se sem prejuízo do estabelecido neste artigo. (Incluído pela Medida Provisória nº 2.177-44, de 2001)

Art. 35-F. A assistência a que alude o art. 1º desta Lei compreende todas as ações necessárias à prevenção da doença e à recuperação, manutenção e reabilitação da saúde, observados os termos desta Lei e do contrato firmado entre as partes. (Incluído pela Medida Provisória nº 2.177-44, de 2001)

Art. 35-G. Aplicam-se subsidiariamente aos contratos entre usuários e operadoras de produtos de que tratam o inciso I e o § 1º do art. 1º desta Lei as disposições da Lei nº 8.078, de 1990. (Incluído pela Medida Provisória nº 2.177-44, de 2001)

Art. 35-H. Os expedientes que até esta data foram protocolizados na SUSEP pelas operadoras de produtos de que tratam o inciso I e o § 1º do art. 1º desta Lei e que forem encaminhados à ANS em consequência desta Lei, deverão estar acompanhados de parecer conclusivo daquela Autarquia. (Incluído pela Medida Provisória nº 2.177-44, de 2001)

Art. 35-I. Responderão subsidiariamente pelos direitos contratuais e legais dos consumidores, prestadores de serviço e fornecedores, além dos débitos fiscais e trabalhistas, os bens pessoais dos diretores, administradores, gerentes e membros de conselhos da operadora de plano privado de assistência à saúde, independentemente da sua natureza jurídica. (Incluído pela Medida Provisória nº 2.177-44, de 2001)

Art. 35-J. O diretor técnico ou fiscal ou o liquidante são obrigados a manter sigilo relativo às informações da operadora às quais tiverem acesso em razão do exercício do encargo, sob pena de incorrer em improbidade administrativa, sem prejuízo das responsabilidades civis e penais. (Incluído pela Medida Provisória nº 2.177-44, de 2001)

Art. 35-L. Os bens garantidores das provisões técnicas, fundos e provisões deverão ser registrados na ANS e não poderão ser alienados, prometidos a alienar ou, de qualquer forma, gravados sem prévia e expressa autorização, sendo nulas, de pleno direito, as alienações realizadas ou os gravames constituídos com violação deste artigo. (Incluído pela Medida Provisória nº 2.177-44, de 2001)

Parágrafo único. Quando a garantia recair em bem imóvel, será obrigatoriamente inscrita no competente Cartório do Registro Geral de Imóveis, mediante requerimento firmado pela operadora de plano de assistência à saúde e pela ANS. (Incluído pela Medida Provisória nº 2.177-44, de 2001)

Art. 35-M. As operadoras de produtos de que tratam o inciso I e o § 1º do art. 1º desta Lei poderão celebrar contratos de resseguro junto às empresas devidamente autorizadas a operar em tal atividade, conforme estabelecido na Lei nº 9.932, de 20 de dezembro de 1999, e regulamentações posteriores. (Incluído pela Medida Provisória nº 2.177-44, de 2001)

Art. 36. Esta Lei entra em vigor 90 (noventa) dias após a data de sua publicação.

Brasília, 3 de junho de 1998; 177º da Independência e 110º da República.

FERNANDO HENRIQUE CARDOSO

D.O.U. 4.6.1998

PARTE 20 – SEGURO-DESEMPREGO

LEI Nº 7.998, DE 11 DE JANEIRO DE 1990

Regula o Programa do Seguro-Desemprego, o Abono Salarial, institui o Fundo de Amparo ao Trabalhador (FAT), e dá outras providências.

O PRESIDENTE DA REPÚBLICA, faço saber que o Congresso Nacional decreta e eu sanciono a seguinte Lei:

Art. 1º. Esta Lei regula o Programa do Seguro-Desemprego e o abono de que tratam o inciso II do art. 7º, o inciso IV do art. 201 e o art. 239, da Constituição Federal, bem como institui o Fundo de Amparo ao Trabalhador (FAT)

› Súm. 389 do TST.

DO PROGRAMA DE SEGURO-DESEMPREGO

Art. 2º. O programa do seguro-desemprego tem por finalidade: (Redação dada pela Lei nº 8.900, de 30.06.94)

I – prover assistência financeira temporária ao trabalhador desempregado em virtude de dispensa sem justa causa, inclusive a indireta, e ao trabalhador comprovadamente resgatado de regime de trabalho forçado ou da condição análoga à de escravo; (Redação dada pela Lei nº 10.608, de 2002)

II – auxiliar os trabalhadores na busca ou preservação do emprego, promovendo, para tanto, ações integradas de orientação, recolocação e qualificação profissional. (Redação dada pela Medida Provisória nº 2.164-41, de 2001)

Art. 2º-A. Para efeito do disposto no inciso II do art. 2º, fica instituída a bolsa de qualificação profissional, a ser custeada pelo Fundo de Amparo ao Trabalhador – FAT, à qual fará jus o trabalhador que estiver com o contrato de trabalho suspenso em virtude de PARTICIPAÇÃO em curso ou programa de qualificação profissional oferecido pelo empregador, em conformidade com o disposto em convenção ou acordo coletivo celebrado para este fim. (Incluído pela Medida Provisória nº 2.164-41, de 2001)

Art. 2º-B. *(Revogado pela Lei nº 13.134, de 2015)*

§ 1º. *(Revogado pela Lei nº 13.134, de 2015)*

§ 2º. *(Revogado pela Lei nº 13.134, de 2015)*

§ 3º. *(Revogado pela Lei nº 13.134, de 2015)*

Art. 2º-C. O trabalhador que vier a ser identificado como submetido a regime de trabalho forçado ou reduzido a condição análoga à de escravo, em decorrência de ação de fiscalização do Ministério do Trabalho e Emprego, será dessa situação resgatado e terá direito à percepção de três parcelas de seguro-desemprego no valor de um salário mínimo cada, conforme o disposto no § 2º deste artigo. (Incluído pela Lei nº 10.608, de 2002)

§ 1º. O trabalhador resgatado nos termos do *caput* deste artigo será encaminhado, pelo Ministério do Trabalho e Emprego, para qualificação profissional e recolocação no mercado de trabalho, por meio do Sistema Nacional de Emprego – SINE, na forma estabelecida pelo Conselho Deliberativo do Fundo de Amparo ao Trabalhador – Codefat. (Incluído pela Lei nº 10.608, de 2002)

§ 2º. Caberá ao Codefat, por proposta do Ministro de Estado do Trabalho e Emprego, estabelecer os procedimentos necessários ao recebimento do benefício previsto no *caput* deste artigo, observados os respectivos limites de comprometimento dos recursos do FAT, ficando vedado ao mesmo trabalhador o recebimento do benefício, em circunstâncias similares, nos doze meses seguintes à percepção da última parcela. (Incluído pela Lei nº 10.608, de 2002)

Art. 3º. Terá direito à percepção do seguro-desemprego o trabalhador dispensado sem justa causa que comprove:

I – ter recebido salários de pessoa jurídica ou de pessoa física a ela equiparada, relativos a: (Redação dada pela Lei nº 13.134, de 2015)

a) pelo menos 12 (doze) meses nos últimos 18 (dezoito) meses imediatamente anteriores à data de dispensa, quando da primeira solicitação; (Incluído pela Lei nº 13.134, de 2015)

b) pelo menos 9 (nove) meses nos últimos 12 (doze) meses imediatamente anteriores à data de dispensa, quando da segunda solicitação; e (Incluído pela Lei nº 13.134, de 2015)

c) cada um dos 6 (seis) meses imediatamente anteriores à data de dispensa, quando das demais solicitações; (Incluído pela Lei nº 13.134, de 2015)

II – *(Revogado pela Lei nº 13.134, de 2015)*;

III – não estar em gozo de qualquer benefício previdenciário de prestação continuada, previsto no Regulamento dos Benefícios da Previdência Social, excetuado o auxílio-acidente e o auxílio suplementar previstos na Lei nº 6.367, de 19 de outubro de 1976, bem como o abono de permanência em serviço previsto na Lei nº 5.890, de 8 de junho de 1973;

IV – não estar em gozo do auxílio-desemprego; e

V – não possuir renda própria de qualquer natureza suficiente à sua manutenção e de sua família.

VI – matrícula e frequência, quando aplicável, nos termos do regulamento, em curso de formação inicial e continuada ou de qualificação profissional habilitado pelo Ministério da Educação, nos termos do art. 18 da Lei nº 12.513, de 26 de outubro de 2011, ofertado por meio da Bolsa-Formação Trabalhador concedida no âmbito do Programa Nacional de Acesso ao Ensino Técnico e Emprego (Pronatec), instituído pela Lei nº 12.513, de 26 de outubro de 2011, ou de vagas gratuitas na rede de educação profissional e tecnológica. (Incluído pela Lei nº 13.134, de 2015)

§ 1º. A União poderá condicionar o recebimento da assistência financeira do Programa de Seguro-Desemprego à comprovação da matrícula e da frequência do trabalhador segurado em curso de formação inicial e continuada ou qualificação profissional, com carga horária mínima de 160 (cento e sessenta) horas. (Incluído pela Lei nº 12.513, de 2011)

§ 2º. O Poder Executivo regulamentará os critérios e requisitos para a concessão da assistência financeira do Programa de Seguro-Desemprego nos casos previstos no § 1º, considerando a disponibilidade de bolsas-formação no âmbito do Pronatec ou de vagas gratuitas na rede de educação profissional e tecnológica para o cumprimento da condicionalidade pelos respectivos beneficiários. (Incluído pela Lei nº 12.513, de 2011)

§ 3º. A oferta de bolsa para formação dos trabalhadores de que trata este artigo considerará, entre outros critérios, a capacidade de oferta, a reincidência no recebimento do benefício, o nível de escolaridade e a faixa etária do trabalhador. (Incluído pela Lei nº 12.513, de 2011)

§ 4º O registro como Microempreendedor Individual – MEI, de que trata o art. 18-A da Lei Complementar nº 123, de 14 de dezembro de 2006, não comprovará renda própria suficiente à manutenção da família, exceto se demonstrado na declaração anual simplificada da microempresa individual. (Incluído pela Lei Complementar nº 155, de 2016, em vigor na data de sua publicação, produzindo efeitos a partir de 1º de janeiro de 2018)

Art. 3º-A. A periodicidade, os valores, o cálculo do número de parcelas e os demais procedimentos operacionais de pagamento da bolsa de qualificação profissional, nos termos do art. 2º-A desta Lei, bem como os pré-requisitos para habilitação serão os mesmos adotados em relação ao benefício do Seguro-Desemprego, exceto quanto à dispensa sem justa causa. (Incluído pela Medida Provisória nº 2.164-41, de 2001)

Art. 4º. O benefício do seguro-desemprego será concedido ao trabalhador desempregado, por período máximo variável de 3 (três) a 5 (cinco) meses, de forma contínua ou alternada, a cada período aquisitivo, contados da data de dispensa que deu origem à última habilitação, cuja duração será definida pelo Conselho Deliberativo do Fundo de Amparo ao Trabalhador (Codefat). (Redação dada pela Lei nº 13.134, de 2015)

§ 1º. O benefício do seguro-desemprego poderá ser retomado a cada novo período aquisitivo, satisfeitas as condições arroladas nos incisos I, III, IV e V do *caput* do art. 3º. (Incluído pela Lei nº 13.134, de 2015)

§ 2º. A determinação do período máximo mencionado no *caput* observará a seguinte relação entre o número de parcelas mensais do benefício do seguro-desemprego e o tempo de serviço do trabalhador nos 36 (trinta e seis) meses que antecederem a data de dispensa que originou o requerimento do seguro-desemprego, vedado o cômputo de vínculos empregatícios utilizados em períodos aquisitivos anteriores: (Incluído pela Lei nº 13.134, de 2015)

I – para a primeira solicitação: (Incluído pela Lei nº 13.134, de 2015)

a) 4 (quatro) parcelas, se o trabalhador comprovar vínculo empregatício com pessoa jurídica ou pessoa física a ela equiparada de, no mínimo, 12 (doze) meses e, no máximo, 23 (vinte e três) meses, no período de referência; ou (Incluído pela Lei nº 13.134, de 2015)

b) 5 (cinco) parcelas, se o trabalhador comprovar vínculo empregatício com pessoa jurídica ou pessoa física a ela equiparada de, no mínimo, 24 (vinte e quatro) meses, no período de referência; (Incluído pela Lei nº 13.134, de 2015)

II – para a segunda solicitação: (Incluído pela Lei nº 13.134, de 2015)

a) 3 (três) parcelas, se o trabalhador comprovar vínculo empregatício com pessoa jurídica ou pessoa física a ela equiparada de, no mínimo, 9 (nove) meses e, no máximo, 11 (onze) meses, no período de referência; (Incluído pela Lei nº 13.134, de 2015)

b) 4 (quatro) parcelas, se o trabalhador comprovar vínculo empregatício com pessoa jurídica ou pessoa física a ela equiparada de, no mínimo, 12 (doze) meses e, no máximo, 23 (vinte e três) meses, no período de referência; ou (Incluído pela Lei nº 13.134, de 2015)

c) 5 (cinco) parcelas, se o trabalhador comprovar vínculo empregatício com pessoa jurídica ou pessoa física a ela equiparada de, no mínimo, 24 (vinte e quatro) meses, no período de referência; (Incluído pela Lei nº 13.134, de 2015)

III – a partir da terceira solicitação: (Incluído pela Lei nº 13.134, de 2015)

a) 3 (três) parcelas, se o trabalhador comprovar vínculo empregatício com pessoa jurídica ou pessoa física a ela equiparada de, no mínimo, 6 (seis) meses e, no máximo, 11 (onze) meses, no período de referência; (Incluído pela Lei nº 13.134, de 2015)

b) 4 (quatro) parcelas, se o trabalhador comprovar vínculo empregatício com pessoa jurídica ou pessoa física a ela equiparada de, no mínimo, 12 (doze) meses e, no máximo, 23 (vinte e três) meses, no período de referência; ou (Incluído pela Lei nº 13.134, de 2015)

c) 5 (cinco) parcelas, se o trabalhador comprovar vínculo empregatício com pessoa jurídica ou pessoa física a ela equiparada de, no mínimo, 24 (vinte e quatro) meses, no período de referência. (Incluído pela Lei nº 13.134, de 2015)

§ 3º. A fração igual ou superior a 15 (quinze) dias de trabalho será havida como mês integral para os efeitos do § 2º. (Incluído pela Lei nº 13.134, de 2015)

§ 4º. Nos casos em que o cálculo da parcela do seguro-desemprego resultar em valores decimais, o valor a ser pago deverá ser arredondado para a unidade inteira imediatamente superior. (Incluído pela Lei nº 13.134, de 2015)

§ 5º. O período máximo de que trata o *caput* poderá ser excepcionalmente prolongado por até 2 (dois) meses, para grupos específicos de segurados, a critério do Codefat, desde que o gasto adicional representado por esse prolongamento não ultrapasse, em cada semestre, 10% (dez por cento) do montante da reserva mínima de liquidez de que trata o § 2º do art. 9º da Lei nº 8.019, de 11 de abril de 1990. (Incluído pela Lei nº 13.134, de 2015)

§ 6º. Na hipótese de prolongamento do período máximo de percepção do benefício do seguro-desemprego, o Codefat observará, entre outras variáveis, a evolução geográfica e setorial das taxas de desemprego no País e o tempo médio de desemprego de grupos específicos de trabalhadores. (Incluído pela Lei nº 13.134, de 2015)

§ 7º. O Codefat observará as estatísticas do mercado de trabalho, inclusive o tempo médio de permanência no emprego, por setor, e recomendará ao Ministro de Estado do Trabalho e Emprego a adoção de políticas públicas que julgar adequadas à mitigação da alta rotatividade no emprego. (Incluído pela Lei nº 13.134, de 2015)

Art. 4º-A. *(VETADO).* (Incluído pela Lei nº 13.134, de 2015)

Art. 4º-B. *(Vetado na Lei nº 13.183, de 2015)*

Art. 5º. O valor do benefício será fixado em Bônus do Tesouro Nacional (BTN), devendo ser calculado segundo 3 (três) faixas salariais, observados os seguintes critérios:

I – até 300 (trezentos) BTN, multiplicar-se-á o salário médio dos últimos 3 (três) meses pelo fator 0,8 (oito décimos);

II – de 300 (trezentos) a 500 (quinhentos) BTN aplicar-se-á, até o limite do inciso anterior, a regra nele contida e, no que exceder, o fator 0,5 (cinco décimos);

III – acima de 500 (quinhentos) BTN, o valor do benefício será igual a 340 (trezentos e quarenta) BTN.

§ 1º. Para fins de apuração do benefício, será considerada a média dos salários dos últimos 3 (três) meses anteriores à dispensa, devidamente convertidos em BTN pelo valor vigente nos respectivos meses trabalhados.

§ 2º. O valor do benefício não poderá ser inferior ao valor do salário mínimo.

§ 3º. No pagamento dos benefícios, considerar-se-á:

I – o valor do BTN ou do salário mínimo do mês imediatamente anterior, para benefícios colocados à disposição do beneficiário até o dia 10 (dez) do mês;

II – o valor do BTN ou do salário mínimo do próprio mês, para benefícios colocados à disposição do beneficiário após o dia 10 (dez) do mês.

Art. 6º. O seguro-desemprego é direito pessoal e intransferível do trabalhador, podendo ser requerido a partir do sétimo dia subsequente à rescisão do contrato de trabalho.

Art. 7º. O pagamento do benefício do seguro-desemprego será suspenso nas seguintes situações:

I – admissão do trabalhador em novo emprego;

II – início de percepção de benefício de prestação continuada da Previdência Social, exceto o auxílio-acidente, o auxílio suplementar e o abono de permanência em serviço;

III – início de percepção de auxílio-desemprego.

IV – recusa injustificada por parte do trabalhador desempregado em participar de ações de recolocação de emprego, conforme regulamentação do Codefat. (Incluído pela Lei nº 13.134, de 2015)

Art. 7º-A. O pagamento da bolsa de qualificação profissional será suspenso se ocorrer a rescisão do contrato de trabalho. (Incluído pela Medida Provisória nº 2.164-41, de 2001)

Art. 8º. O benefício do seguro-desemprego será cancelado: (Redação dada pela Lei nº 12.513, de 2011)

I – pela recusa por parte do trabalhador desempregado de outro emprego condizente com sua qualificação registrada ou declarada e com sua remuneração anterior; (Redação dada pela Lei nº 12.513, de 2011)

II – por comprovação de falsidade na prestação das informações necessárias à habilitação; (Redação dada pela Lei nº 12.513, de 2011)

III – por comprovação de fraude visando à percepção indevida do benefício do seguro-desemprego; ou (Redação dada pela Lei nº 12.513, de 2011)

IV – por morte do segurado. (Redação dada pela Lei nº 12.513, de 2011)

§ 1º. Nos casos previstos nos incisos I a III deste artigo, será suspenso por um período de 2 (dois) anos, ressalvado o prazo de carência, o direito do trabalhador à percepção do seguro-desemprego, dobrando-se este período em caso de reincidência. (Incluído pela Lei nº 12.513, de 2011)

§ 2º. O benefício poderá ser cancelado na hipótese de o beneficiário deixar de cumprir a condicionalidade de que trata o § 1º do art. 3º desta Lei, na forma do regulamento. (Incluído pela Lei nº 12.513, de 2011)

Art. 8º-A. O benefício da bolsa de qualificação profissional será cancelado nas seguintes situações: (Incluído pela Medida Provisória nº 2.164-41, de 2001)

I – fim da suspensão contratual e retorno ao trabalho; (Incluído pela Medida Provisória nº 2.164-41, de 2001)

II – por comprovação de falsidade na prestação das informações necessárias à habilitação; (Incluído pela Medida Provisória nº 2.164-41, de 2001)

III – por comprovação de fraude visando à percepção indevida da bolsa de qualificação profissional; (Incluído pela Medida Provisória nº 2.164-41, de 2001)

IV – por morte do beneficiário. (Incluído pela Medida Provisória nº 2.164-41, de 2001)

Art. 8º-B. Na hipótese prevista no § 5º do art. 476-A da Consolidação das Leis do Trabalho – CLT, as parcelas da bolsa de qualificação profissional que o empregado tiver recebido serão descontadas das parcelas do benefício do Seguro-Desemprego a que fizer jus, sendo-lhe garantido, no mínimo, o recebimento de uma parcela do Seguro-Desemprego. (Incluído pela Medida Provisória nº 2.164-41, de 2001)

Art. 8º-C. Para efeito de habilitação ao Seguro-Desemprego, desconsiderar-se-á o período de suspensão contratual de que trata o art. 476-A da CLT, para o cálculo dos períodos de que tratam os incisos I e II do art. 3º desta Lei. (Incluído pela Medida Provisória nº 2.164-41, de 2001)

DO ABONO SALARIAL

Art. 9º. É assegurado o recebimento de abono salarial anual, no valor máximo de 1 (um) salário mínimo vigente na data do respectivo pagamento, aos empregados que: (Redação dada pela Lei nº 13.134, de 2015)

I – tenham percebido, de empregadores que contribuem para o Programa de Integração Social (PIS) ou para o Programa de Formação do Patrimônio do Servidor Público (Pasep), até 2 (dois) salários mínimos médios de remuneração mensal no período trabalhado e que tenham exercido atividade remunerada pelo menos durante 30 (trinta) dias no ano-base;

- Considerando-se, para os fins do disposto neste inciso, como ano-base para a sua aplicação o ano de 2015 (v. art. 4º da Lei 13.134/2015).

II – estejam cadastrados há pelo menos 5 (cinco) anos no Fundo de Participação PIS-Pasep ou no Cadastro Nacional do Trabalhador.

§ 1º. No caso de beneficiários integrantes do Fundo de Participação PIS-Pasep, serão computados no valor do abono salarial os rendimentos proporcionados pelas respectivas contas individuais. (Incluído pela Medida Provisória nº 665, de 2014)

§ 2º. O valor do abono salarial anual de que trata o *caput* será calculado na proporção de 1/12 (um doze avos) do valor do salário-mínimo vigente na data do respectivo pagamento, multiplicado pelo número de meses trabalhados no ano correspondente. (Incluído pela Lei nº 13.134, de 2015)

§ 3º. A fração igual ou superior a 15 (quinze) dias de trabalho será contada como mês integral para os efeitos do § 2º deste artigo. (Incluído pela Lei nº 13.134, de 2015)

§ 4º. O valor do abono salarial será emitido em unidades inteiras de moeda corrente, com a suplementação das partes decimais até a unidade inteira imediatamente superior. (Incluído pela Lei nº 13.134, de 2015)

Art. 9º-A. O abono será pago pelo Banco do Brasil S.A. e pela Caixa Econômica Federal mediante: (Incluído pela Lei nº 13.134, de 2015)

I – depósito em nome do trabalhador; (Incluído pela Lei nº 13.134, de 2015)

II – saque em espécie; ou (Incluído pela Lei nº 13.134, de 2015)

III – folha de salários. (Incluído pela Lei nº 13.134, de 2015)

§ 1º. Ao Banco do Brasil S.A. caberá o pagamento aos servidores e empregados dos contribuintes mencionados no art. 14 do Decreto-Lei 2.052, de 3 de agosto de 1983, e à Caixa Econômica Federal, aos empregados dos contribuintes a que se refere o art. 15 desse Decreto-Lei. (Incluído pela Lei nº 13.134, de 2015)

§ 2º. As instituições financeiras pagadoras manterão em seu poder, à disposição das autoridades fazendárias, por processo que possibilite sua imediata recuperação, os comprovantes de pagamentos efetuados. (Incluído pela Lei nº 13.134, de 2015)

DO FUNDO DE AMPARO AO TRABALHADOR

Art. 10. É instituído o Fundo de Amparo ao Trabalhador (FAT), vinculado ao Ministério do Trabalho e Emprego, destinado ao custeio do Programa de Seguro-Desemprego, ao pagamento do abono salarial e ao financiamento de programas de educação profissional e tecnológica e de desenvolvimento econômico. (Redação dada pela Lei nº 12.513, de 2011)

Parágrafo único. O FAT é um fundo contábil, de natureza financeira, subordinando-se, no que couber, à legislação vigente.

Art. 11. Constituem recursos do FAT:

I – o produto da arrecadação das contribuições devidas ao PIS e ao Pasep;

II – o produto dos encargos devidos pelos contribuintes, em decorrência da inobservância de suas obrigações;

III – a correção monetária e os juros devidos pelo agente aplicador dos recursos do fundo, bem como pelos agentes pagadores, incidentes sobre o saldo dos repasses recebidos;

IV – o produto da arrecadação da contribuição adicional pelo índice de rotatividade, de que trata o § 4º do art. 239 da Constituição Federal.

V – outros recursos que lhe sejam destinados.

- Atualização: V - 18% (dezoito por cento) da Contribuição Social sobre Bens e Serviços - CBS; e (Redação dada pela LC 214/2025, com produção de efeitos a partir de 1º de janeiro de 2027)
  VI - outros recursos que lhe sejam destinados. (Acrescido pela LC 214/2025, com produção de efeitos a partir de 1º de janeiro de 2027)

Art. 12. *(VETADO).*

Art. 13. *(VETADO).*

Art. 14. *(VETADO).*

Art. 15. Compete aos Bancos Oficiais Federais o pagamento das despesas relativas ao Programa do Seguro-Desemprego e ao abono salarial conforme normas a serem definidas pelos gestores do FAT.

- Lei 8.019/1990 – Altera a legislação do Fundo de Amparo ao Trabalhador (FAT).

Parágrafo único. Sobre o saldo de recursos não desembolsados, os agentes pagadores remunerarão o FAT, no mínimo com correção monetária.

Art. 16. *(Revogado pela Lei nº 8.019, de 1990).*

Art. 17. *(Revogado pela Lei nº 8.019, de 1990).*

GESTÃO

Art. 18. É instituído o Conselho Deliberativo do Fundo de Amparo ao Trabalhador – Codefat, composto por representação de trabalhadores, empregadores e órgãos e entidades governamentais, na forma estabelecida pelo Poder Executivo. (Redação dada pela Medida Provisória nº 2.216-37, de 2001)

- Dec. 11.496/2023 (Dispõe sobre o Conselho Deliberativo do Fundo de Amparo ao Trabalhador e sobre outros colegiados do âmbito do Ministério do Trabalho e Emprego).

§ 1º (Revogado pela Medida Provisória nº 2.216-37, de 2001)

§ 2º (Revogado pela Medida Provisória nº 2.216-37, de 2001)

I – (Revogado pela Medida Provisória nº 2.216-37, de 2001)

II – (Revogado pela Medida Provisória nº 2.216-37, de 2001)

§ 3º. Os representantes dos trabalhadores serão indicados pelas centrais sindicais e confederações de trabalhadores; e os representantes dos empregadores, pelas respectivas confederações.

§ 4º. Compete ao Ministro do Trabalho a nomeação dos membros do Codefat.

§ 5º. A Presidência do Conselho Deliberativo, anualmente renovada, será rotativa entre os seus membros. (§ 5º com eficácia suspensa pela Medida Provisória nº 2.216-37, de 2001)

§ 6º. Pela atividade exercida no Codefat seus membros não serão remunerados.

Art. 19. Compete ao Codefat gerir o FAT e deliberar sobre as seguintes matérias:

I – *(VETADO).*

II – aprovar e acompanhar a execução do Plano de Trabalho Anual do Programa do Seguro-Desemprego e do abono salarial e os respectivos orçamentos;

III – deliberar sobre a prestação de conta e os relatórios de execução orçamentária e financeira do FAT;

IV – elaborar a proposta orçamentária do FAT, bem como suas alterações;

V – propor o aperfeiçoamento da legislação relativa ao seguro-desemprego e ao abono salarial e regulamentar os dispositivos desta Lei no âmbito de sua competência;

VI – decidir sobre sua própria organização, elaborando seu regimento interno;

VII – analisar relatórios do agente aplicador quanto à forma, prazo e natureza dos investimentos realizados;

VIII – fiscalizar a administração do fundo, podendo solicitar informações sobre contratos celebrados ou em vias de celebração e quaisquer outros atos;

IX – definir indexadores sucedâneos no caso de extinção ou alteração daqueles referidos nesta Lei;

X – baixar instruções necessárias à devolução de parcelas do benefício do seguro-desemprego, indevidamente recebidas;

XI – propor alteração das alíquotas referentes às contribuições a que alude o art. 239 da Constituição Federal, com vistas a assegurar a viabilidade econômico-financeira do FAT;

XII – *(VETADO);*

XIII – *(VETADO);*

XIV – fixar prazos para processamento e envio ao trabalhador da requisição do benefício do seguro-desemprego, em função das possibilidades técnicas existentes, estabelecendo-se como objetivo o prazo de 30 (trinta) dias;

XV – *(VETADO);*

XVI – *(VETADO);*

XVII – deliberar sobre outros assuntos de interesses do FAT.

Art. 19-A. O Codefat poderá priorizar projetos das entidades integrantes do Sistema Nacional de Atendimento Socioeducativo (Sinase) desde que: (Incluído pela Lei nº 12.594, de 2012)

I – o ente federado de vinculação da entidade que solicita o recurso possua o respectivo Plano de Atendimento Socioeducativo aprovado; (Incluído pela Lei nº 12.594, de 2012)

II – as entidades governamentais e não governamentais integrantes do Sinase que solicitem recursos tenham se submetido à avaliação nacional do atendimento socioeducativo. (Incluído pela Lei nº 12.594, de 2012)

Art. 20. A Secretaria-Executiva do Conselho Deliberativo será exercida pelo Ministério do Trabalho, e a ela caberão as tarefas técnico-administrativas relativas ao seguro-desemprego e abono salarial.

Art. 21. As despesas com a implantação, administração e operação do Programa do Seguro-Desemprego e do abono salarial, exceto as de pessoal, correrão por conta do FAT.

Art. 22. Os recursos do FAT integrarão o orçamento da seguridade social na forma da legislação pertinente.

DA FISCALIZAÇÃO E PENALIDADES

Art. 23. Compete ao Ministério do Trabalho e Previdência a fiscalização do cumprimento do Programa de Seguro-Desemprego e do abono salarial, bem como do pagamento, pelas empresas, da bolsa de qualificação profissional de que trata o art. 2º-A desta Lei, ou de benefícios de programas instituídos para promover a manutenção de empregos ou a qualificação de trabalhadores, custeados com recursos do FAT. (Redação dada pela Lei 14.261/2021)

Art. 24. Os trabalhadores, os empregadores e os serviços nacionais de aprendizagem ou entidades qualificadas em formação técnico profissional, bem como os trabalhadores de programas instituídos para promover a manutenção de empregos ou a qualificação de trabalhadores, prestarão as informações necessárias, bem como atenderão às exigências para a concessão do seguro-desemprego e o pagamento do abono salarial e da bolsa de qualificação profissional de que trata o art. 2º-A desta Lei, ou de benefícios de programas instituídos para promover a manutenção de empregos ou a qualificação de trabalhadores, nos termos e nos prazos fixados pelo Ministério do Trabalho e Previdência. (Redação dada pela Lei 14.261/2021)

Art. 25. O empregador que infringir os dispositivos desta Lei estará sujeito a multas de 400 (quatrocentos) a 40.000 (quarenta mil) BTN, segundo a natureza da infração, sua extensão e intenção do infrator, a serem aplicadas em dobro, no caso de reincidência, oposição à fiscalização ou desacato à autoridade.

§ 1º. Serão competentes para impor as penalidades as Delegacias Regionais do Trabalho, nos termos do Título VII da Consolidação das Leis do Trabalho (CLT).

§ 2º. Além das penalidades administrativas já referidas, os responsáveis por meios fraudulentos na habilitação ou na percepção do seguro-desemprego serão punidos civil e criminalmente, nos termos desta Lei.

Art. 25-A. O trabalhador que infringir o disposto nesta Lei e houver percebido indevidamente parcela de seguro-desemprego sujeitar-se-á à compensação automática do débito com o novo benefício, na forma e no percentual definidos por resolução do Codefat. (Incluído pela Lei nº 13.134, de 2015)

§ 1º. O ato administrativo de compensação automática poderá ser objeto de impugnação, no prazo de 10 (dez) dias, pelo trabalhador, por meio de requerimento de revisão simples, o qual seguirá o rito prescrito pela Lei nº 9.784, de 29 de janeiro de 1999. (Incluído pela Lei nº 13.134, de 2015)

§ 2º. A restituição de valor devido pelo trabalhador de que trata o *caput* deste artigo será realizada mediante compensação do saldo de valores nas datas de liberação de cada parcela ou pagamento com Guia de Recolhimento da União (GRU), conforme regulamentação do Codefat. (Incluído pela Lei nº 13.134, de 2015)

DAS DISPOSIÇÕES FINAIS E TRANSITÓRIAS

Art. 26. *(VETADO).*

Art. 27. A primeira investidura do Codefat dar-se-á no prazo de 30 (trinta) dias da publicação desta Lei.

Art. 28. No prazo de trinta dias as contribuições ao PIS e ao Pasep, arrecadadas a partir de 5 de outubro de 1988 e não utilizadas nas finalidades previstas no art. 239 da Constituição Federal, serão recolhidas como receita do FAT. (Redação dada pela Lei nº 8.019, de 1990)

Parágrafo único. *(VETADO).*

Art. 29. *(Revogado pela Lei nº 8.019, de 1990).*

Art. 30. O Poder Executivo regulamentará esta Lei no prazo de 90 (noventa) dias e apresentará projeto lei regulamentando a contribuição adicional pelo índice de rotatividade, de que trata o § 4º do art. 239 da Constituição Federal, no prazo de 180 (cento e oitenta) dias.

Art. 31. Esta Lei entra em vigor na data de sua publicação.

Art. 32. Revogam-se as disposições em contrário.

Brasília, 11 de janeiro de 1990; 169º da Independência e 102º da República.

JOSÉ SARNEY

D.O.U. de 12.1.1990

LEI Nº 10.208, DE 23 DE MARÇO DE 2001

Acresce dispositivos à Lei nº 5.859, de 11 de dezembro de 1972, que dispõe sobre a profissão de empregado doméstico, para facultar o acesso ao Fundo de Garantia do Tempo de Serviço – FGTS e ao seguro-desemprego.

Faço saber que o Presidente da República adotou a Medida Provisória nº 2.104-16, de 2001, que o Congresso Nacional aprovou, e eu, Jader Barbalho, Presidente, para os efeitos do disposto no parágrafo único do art. 62 da Constituição Federal, promulgo a seguinte Lei:

Art. 1º Lei nº 5.859, de 11 de dezembro de 1972, fica acrescida dos seguintes artigos:

"Art. 3º-A É facultada a inclusão do empregado doméstico no Fundo de Garantia do Tempo de Serviço – FGTS, de que trata a Lei nº 8.036, de 11 de maio de 1990, mediante requerimento do empregador, na forma do regulamento." (NR)

"Art. 6º-A O empregado doméstico que for dispensado sem justa causa fará jus ao benefício do seguro-desemprego, de que trata a Lei nº 7.998, de 11 de janeiro de 1990, no valor de um salário mínimo, por um período máximo de três meses, de forma contínua ou alternada.

§ 1º O benefício será concedido ao empregado inscrito no FGTS que tiver trabalhado como doméstico por um período mínimo de quinze meses nos últimos vinte e quatro meses contados da dispensa sem justa causa.

§ 2º Considera-se justa causa para os efeitos desta Lei as hipóteses previstas no art. 482, com exceção das alíneas c e g e do seu parágrafo único, da Consolidação das Leis do Trabalho." (NR)

"Art. 6º-B Para se habilitar ao benefício, o trabalhador deverá apresentar ao órgão competente do Ministério do Trabalho e Emprego:

I – Carteira de Trabalho e Previdência Social, na qual deverão constar a anotação do contrato de trabalho doméstico e a data da dispensa, de modo a comprovar o vínculo empregatício, como empregado doméstico, durante pelo menos quinze meses nos últimos vinte e quatro meses;

II – termo de rescisão do contrato de trabalho atestando a dispensa sem justa causa;

III – comprovantes do recolhimento da contribuição previdenciária e do FGTS, durante o período referido no inciso I, na condição de empregado doméstico;

IV – declaração de que não está em gozo de nenhum benefício de prestação continuada da Previdência Social, exceto auxílio-acidente e pensão por morte; e

V – declaração de que não possui renda própria de qualquer natureza suficiente à sua manutenção e de sua família." (NR)

"Art. 6º-C O seguro-desemprego deverá ser requerido de sete a noventa dias contados da data da dispensa." (NR)

"Art. 6º-D. Novo seguro-desemprego só poderá ser requerido a cada período de dezesseis meses decorridos da dispensa que originou o benefício anterior. " (NR)

Art. 2º As despesas decorrentes do pagamento do seguro-desemprego previsto nesta Lei serão atendidas à conta dos recursos do Fundo de Amparo ao Trabalhador – FAT.

Art. 3º O Poder Executivo regulamentará o disposto nesta Lei até 14 de fevereiro de 2000.

Art. 4º Ficam convalidados os atos praticados com base na Medida Provisória nº 2.104-15, de 26 de janeiro de 2001.

Art. 5º Esta Lei entra em vigor na data de sua publicação.

Congresso Nacional, em de março de 2001; 180º da Independência e 113º da República

SENADOR JADER BARBALHO

Presidente do Congresso Nacional

LEI Nº 10.779, DE 25 DE NOVEMBRO DE 2003

Dispõe sobre a concessão do benefício de seguro desemprego, durante o período de defeso, ao pescador profissional que exerce a atividade pesqueira de forma artesanal.

‣ Regulamento: Decreto nº 8.424/2015

O PRESIDENTE DA REPÚBLICA Faço saber que o Congresso Nacional decreta e eu sanciono a seguinte Lei:

Art. 1º O pescador artesanal de que tratam a alínea "b" do inciso VII do art. 12 da Lei 8.212, de 24 de julho de 1991, e a alínea "b" do inciso VII do art. 11 da Lei 8.213, de 24 de julho de 1991, desde que exerça sua atividade profissional ininterruptamente, de forma artesanal e individualmente ou em regime de economia familiar, fará jus ao benefício do seguro-desemprego, no valor de 1 (um) salário mínimo mensal, durante o período de defeso de atividade pesqueira para a preservação da espécie. *(Redação dada pela Lei nº 13.134, de 2015).*

§ 1º Considera-se profissão habitual ou principal meio de vida a atividade exercida durante o período compreendido entre o defeso anterior e o em curso, ou nos 12 (doze) meses imediatamente anteriores ao do defeso em curso, o que for menor. *(Redação de acordo com a Lei nº 13.134, de 2015).*

§ 2º O período de defeso de atividade pesqueira é o fixado pelo Instituto Brasileiro do Meio Ambiente e dos Recursos Naturais Renováveis – IBAMA, em relação à espécie marinha, fluvial ou lacustre a cuja captura o pescador se dedique.

§ 3º Considera-se ininterrupta a atividade exercida durante o período compreendido entre o defeso anterior e o em curso, ou nos 12 (doze) meses imediatamente anteriores ao do defeso em curso, que for menor. *(Acrescido pela Lei nº 13.134, de 2015).*

§ 4º Somente terá direito ao seguro-desemprego o segurado especial pescador artesanal que não disponha de outra fonte de renda diversa da decorrente da atividade pesqueira. *(Acrescentado pela Lei 13.134, de 2015).*

§ 5º O pescador profissional artesanal não fará jus, no mesmo ano, a mais de um benefício de seguro-desemprego decorrente de defesos relativos a espécies distintas. *(Primitivo § 4º renumerado pela Lei nº 13.134, de 2015).*

§ 6º A concessão do benefício não será extensível às atividades de apoio à pesca nem aos familiares do pescador profissional que não satisfaçam os requisitos e as condições estabelecidos nesta Lei. *(Primitivo § 5º renumerado pela Lei nº 13.134, de 2015).*

§ 7º O benefício do seguro-desemprego é pessoal e intransferível. *(Primitivo § 6º acrescido pela Lei nº 13.134, de 2015).*

§ 8º O período de recebimento do benefício não poderá exceder o limite máximo variável de que trata o *caput* do art. 4º da Lei 7.998, de 11 de janeiro de 1990, ressalvado o disposto nos §§ 4º e 5º do referido artigo. *(Primitivo § 7º acrescido pela Lei nº 13.134, de 2015).*

§ 9º A concessão e a renovação do benefício de que trata o caput serão realizadas após checagem dos requisitos de elegibilidade em bases de dados dos órgãos e das entidades da administração pública federal, nos termos de ato do Poder Executivo. (Acrescido pela Lei 14.973/2024)

§ 10. Ao requerente do benefício de que trata o caput será solicitado registro biométrico nos cadastros da Carteira de Identidade Nacional (CIN), do título eleitoral ou da Carteira Nacional de Habilitação (CNH). (Acrescido pela Lei 14.973/2024)

Art. 2º Cabe ao Instituto Nacional do Seguro Social (INSS) receber e processar os requerimentos e habilitar os beneficiários, nos termos do regulamento. *(Redação dada pela Lei nº 13.134, de 2015).*

I a IV – *(Revogados pela Lei nº 13.134, de 2015)*

§ 1º Para fazer jus ao benefício, o pescador não poderá estar em gozo de nenhum benefício decorrente de benefício previdenciário ou assistencial de natureza continuada, exceto pensão por morte, auxílio-acidente e transferências de renda de que tratam o parágrafo único do art. 6º e o inciso VI do caput do art. 203 da Constituição Federal e o caput e o § 1º do art. 1º da Lei nº 10.835, de 8 de janeiro de 2004. (Redação dada pela Lei 14.601/2023)

§ 2º Para se habilitar ao benefício, o pescador deverá apresentar ao INSS os seguintes documentos: *(§ 2º acrescido pela Lei nº 13.134, de 2015).*

I – registro como pescador profissional, categoria artesanal, devidamente atualizado no Registro Geral da Atividade Pesqueira (RGP), emitido pelo Ministério da Pesca e Aquicultura com antecedência mínima de 1 (um) ano, contado da data de requerimento do benefício;

II – cópia do documento fiscal de venda do pescado a empresa adquirente, consumidora ou consignatária da produção, em que conste, além do registro da operação realizada, o valor da respectiva contribuição previdenciária de que trata o § 7º do art. 30 da Lei 8.212, de 24 de julho de 1991, ou comprovante de recolhimento da contribuição previdenciária, caso tenha comercializado sua produção a pessoa física; e

III – outros estabelecidos em ato do Ministério da Previdência Social que comprovem:

a) o exercício da profissão, na forma do art. 1º desta Lei;

b) que se dedicou à pesca durante o período definido no § 3º do art. 1º desta Lei;

c) que não dispõe de outra fonte de renda diversa da decorrente da atividade pesqueira.

§ 3º O INSS, no ato de habilitação ao benefício, deverá verificar a condição de segurado pescador artesanal e o pagamento da contribuição previdenciária, nos termos da Lei 8.212, de 24 de julho de 1991, nos últimos 12 (doze) meses imediatamente anteriores ao requerimento do benefício ou desde o último período de defeso até o requerimento do benefício, o que for menor, observado, quando for o caso, o disposto no inciso II do § 2º. *(Acrescido pela Lei nº 13.134, de 2015).*

§ 4º O Ministério da Previdência Social e o Ministério da Pesca e Aquicultura desenvolverão atividades que garantam ao INSS acesso às informações cadastrais disponíveis no RGP, de que trata o art. 24 da Lei 11.959, de 29 de junho de 2009, necessárias para a concessão do seguro-desemprego. *(Acrescido pela Lei nº 13.134, de 2015).*

§ 5º Da aplicação do disposto no § 4º deste artigo não poderá resultar nenhum ônus para os segurados. (*Acrescentado pela Lei nº 13.134, de 2015*).

§ 6º O Ministério da Previdência Social poderá, quando julgar necessário, exigir outros documentos para a habilitação do benefício. (*Acrescentado pela Lei nº 13.134, de 2015*).

§ 7º O INSS deverá divulgar mensalmente lista com todos os beneficiários que estão em gozo do seguro-desemprego no período de defeso, detalhados por localidade, nome, endereço e número e data de inscrição no RGP. (*Acrescentado pela Lei nº 13.134, de 2015*).

§§ 8º a 10. (Revogados pela Lei 14.601/2023)

Art. 3º Sem prejuízo das sanções civis e penais cabíveis, todo aquele que fornecer ou beneficiar-se de atestado falso para o fim de obtenção do benefício de que trata esta Lei estará sujeito:

I – a demissão do cargo que ocupa, se servidor público;

II – a suspensão de sua atividade, com cancelamento do seu registro, por dois anos, se pescador profissional.

Art. 4º O benefício de que trata esta Lei será cancelado nas seguintes hipóteses:

I – início de atividade remunerada;

II – início de percepção de outra renda;

III – morte do beneficiário;

IV – desrespeito ao período de defeso; ou

V – comprovação de falsidade nas informações prestadas para a obtenção do benefício.

Art. 5º O benefício do seguro-desemprego a que se refere esta Lei será pago à conta do Fundo de Amparo ao Trabalhador – FAT, instituído pela Lei nº 7.998, de 11 de janeiro de 1990.

Art. 6º Esta Lei entra em vigor na data de sua publicação.

Art. 7º Fica revogada a Lei nº 8.287, de 20 de dezembro de 1991.

Brasília, 25 de novembro de 2003; 182º da Independência e 115º da República.

Luiz Inácio Lula da Silva

DECRETO Nº 8.424, DE 31 DE MARÇO DE 2015

Regulamenta a Lei 10.779, de 25 de novembro de 2003, para dispor sobre a concessão do benefício de seguro-desemprego, durante o período de defeso, ao pescador profissional artesanal que exerce sua atividade exclusiva e ininterruptamente.

A presidenta da república, no uso das atribuições que lhe confere o art. 84, *caput*, incisos IV e VI, alínea "a", da Constituição, e tendo em vista o disposto na Lei 10.779, de 25 de novembro de 2003,

Decreta:

Art. 1º Este Decreto regulamenta a concessão do benefício de seguro-desemprego, no valor de um salário-mínimo mensal, ao pescador artesanal de que tratam a alínea *b* do inciso VII do *caput* do art. 12 da Lei 8.212, de 24 de julho de 1991, e a alínea *b* do inciso VII do *caput* do art. 11 da Lei 8.213, de 24 de julho de 1991, desde que exerça sua atividade profissional ininterruptamente, de forma artesanal e individualmente ou em regime de economia familiar, durante o período de defeso de atividade pesqueira para a preservação da espécie. (*Redação dada pelo Decreto nº 8.967/2017*).

§ 1º Considera-se ininterrupta a atividade exercida durante o período compreendido entre o término do defeso anterior e o início do defeso em curso ou nos doze meses imediatamente anteriores ao início do defeso em curso, o que for menor.

§ 2º Entende-se como regime de economia familiar o trabalho dos membros da mesma família, indispensável à própria subsistência e exercido em condições de mútua dependência e colaboração, sem a utilização de empregados.

§ 3º Para fins de concessão do benefício, consideram-se como períodos de defeso aqueles estabelecidos pelos órgãos federais competentes, determinando a paralisação temporária da pesca para preservação das espécies, nos termos e prazos fixados nos respectivos atos. (*Redação dada pelo Decreto nº 8.967/2017*).

§ 4º O benefício será devido ao pescador profissional artesanal inscrito no Registro Geral da Atividade Pesqueira – RGP que não disponha de outra fonte de renda diversa da decorrente da atividade pesqueira, observado o disposto no Decreto 8.425, de 31 de março de 2015, sem prejuízo da licença de pesca concedida na esfera federal, quando exigida nos termos do art. 3º, § 2º, da Lei 11.959, de 29 de junho de 2009. (*Redação dada pelo Decreto nº 8.967/2017*).

§ 5º O pescador profissional artesanal não fará jus a mais de um benefício de seguro-desemprego no mesmo ano decorrente de defesos relativos a espécies distintas.

§ 6º A concessão do benefício não será extensível aos trabalhadores de apoio à pesca artesanal, assim definidos em legislação específica, e nem aos componentes do grupo familiar do pescador profissional artesanal que não satisfaçam, individualmente, os requisitos e as condições estabelecidos neste Decreto.

§ 7º Os pescadores e as pescadoras de que trata o § 1º do art. 3º do Decreto 8.425/2015, não farão jus ao benefício de seguro-desemprego durante o período de defeso. (*Redação dada pelo Decreto nº 8.967/2017*).

§ 8º Fará jus ao seguro-desemprego o pescador artesanal que, durante o período aquisitivo de que trata o § 1º, tenha recebido benefício de auxílio-doença, auxílio-doença acidentário ou salário maternidade, exclusivamente sob categoria de filiação de segurado especial, ou ainda, que tenha contribuído para a Previdência Social relativamente ao exercício exclusivo dessa atividade. (*Acrescido pelo Decreto nº 8.967/2017*).

§ 9º Previamente ao estabelecimento de períodos de defeso, deverão ser avaliadas outras medidas de gestão e de uso sustentável dos recursos pesqueiros, por meio de ato conjunto dos Ministérios da Agricultura, Pecuária e Abastecimento e do Meio Ambiente. (*Acrescido pelo Decreto nº 8.967/2017*).

§ 10. As normas, os critérios, os padrões e as medidas de ordenamento relativas aos períodos de defeso serão editadas, observadas as competências dos Ministérios da Agricultura, Pecuária e Abastecimento e do Meio Ambiente, e deverão: (*Acrescido pelo Decreto nº 8.967/2017*).

I – definir as espécies que são objeto de conservação, as medidas de proteção à reprodução e ao recrutamento das espécies, os petrechos e os métodos de pesca proibidos;

II – estabelecer a abrangência geográfica da norma, de modo a indicar as bacias hidrográficas, a região ou a área costeiro-marinha e discriminar os Municípios alcançados;

III – definir se há alternativas de pesca disponíveis e se elas abrangem todos os pescadores ou apenas aqueles que atuam de forma embarcada; e

IV – estabelecer mecanismos de monitoramento da biodiversidade e da atividade pesqueira e de avaliação da eficácia dos períodos de defeso como medida de ordenamento.

§ 11. Os Ministérios da Agricultura, Pecuária e Abastecimento e do Meio Ambiente deverão periodicamente avaliar a efetividade dos períodos de defeso instituídos, sobretudo os de área continental, e revogar ou suspender seus atos normativos quando comprovada a sua ineficácia na preservação dos recursos pesqueiros, inclusive quando forem observados os fenômenos de seca, estiagem e contaminações por agentes químicos, físicos e biológicos. (*Acrescido pelo Decreto nº 8.967/2017*).

§ 12. Não será devido o benefício do seguro-desemprego quando houver disponibilidade de alternativas de pesca nos Municípios alcançados pelos períodos de defeso. (*Acrescido pelo Decreto nº 8.967/2017*).

§ 13. O benefício do seguro-desemprego é direito pessoal e intransferível. (*Acrescido pelo Decreto nº 8.967/2017*).

§ 14. Excepcionalmente, nas hipóteses de grave contaminação por agentes químicos, físicos e biológicos, o Ministério da Agricultura, Pecuária e Abastecimento poderá prolongar o período de defeso para as áreas e os grupos específicos atingidos, nos termos previstos na legislação. (*Acrescido pelo Decreto nº 10.080/2019*)

§ 15. A gravidade a que se refere o § 14 será reconhecida em ato do Ministério da Agricultura, Pecuária e Abastecimento. *Acrescido pelo Decreto nº 10.080/2019*)

§ 16. O pagamento de seguro desemprego do pescador profissional artesanal, quando devido, na hipótese de ocorrência do prolongamento a que se refere o § 14, poderá ser ampliado na forma prevista no § 5º do art. 4º da Lei nº 7.998, de 11 de janeiro de 1990, observado o disposto no § 8º do art. 1º da Lei nº 10.779, de 25 de novembro de 2003. *Acrescido pelo Decreto nº 10.080/2019*)

§ 17. Na hipótese de ser efetuado o pagamento de que trata o § 16, o Conselho Deliberativo do Fundo de Amparo ao Trabalhador - Codefat deverá respeitar os limites de reserva mínima de liquidez de que trata o § 5º do art. 4º da Lei nº 7.998, de 1990. *Acrescido pelo Decreto nº 10.080/2019*)

Art. 2º Terá direito ao benefício do seguro-desemprego o pescador profissional artesanal que preencher os seguintes requisitos:

I – ter registro no RGP, com situação cadastral ativa decorrente de licença concedida, emitido pelo Ministério da Agricultura, Pecuária e Abastecimento, na condição de pescador profissional artesanal, observada a antecedência mínima prevista no art. 2º da Lei 10.779/2003; (*Redação dada pelo Decreto nº 8.967/2017*).

II – possuir a condição de segurado especial unicamente na categoria de pescador profissional artesanal;

III – ter realizado o pagamento da contribuição previdenciária, nos termos da Lei 8.212, de 24 de julho de 1991, nos últimos doze meses imediatamente anteriores ao requerimento do benefício ou desde o último período de defeso até o requerimento do benefício, o que for menor, observado, quando for o caso, o disposto no inciso IV do *caput* do art. 5º;

IV – não estar em gozo de nenhum benefício decorrente de programa federal de transferência de renda com condicionalidades ou de benefício de prestação continuada da Assistência Social ou da Previdência Social, exceto auxílio-acidente ou pensão por morte; e

V – não ter vínculo de emprego, ou outra relação de trabalho, ou outra fonte de renda diversa da decorrente da atividade pesqueira vedada pelo período de defeso. (*Redação dada pelo Decreto nº 8.967/2017*).

§ 1º A comprovação da contribuição do segurado especial de que trata o inciso III do *caput* deverá ser feita nos termos do art. 25 da Lei 8.212/1991, e do inciso IV do *caput* do art. 216 do Regulamento da Previdência Social, aprovado pelo Decreto 3.048, de 6 de maio 1999, excluído o período de defeso, desde que não tenha havido comercialização de espécie alternativa não contemplada no ato que fixar o período de defeso.

§ 2º Desde que atendidos os demais requisitos previstos neste artigo, o benefício de seguro-desemprego será concedido ao pescador profissional artesanal cuja família seja beneficiária de programa de transferência de renda com condicionalidades, e caberá ao órgão ou entidade da administração pública federal responsável pela manutenção do programa a suspensão do pagamento pelo mesmo período da percepção do benefício de seguro-desemprego.

§ 3º Para fins do disposto no § 2º, o Instituto Nacional do Seguro Social – INSS disponibilizará aos órgãos ou entidades da administração pública federal responsáveis pela manutenção de programas de transferência de renda com condicionalidades as informações necessárias para identificação dos beneficiários e dos benefícios de seguro-desemprego concedidos, inclusive as relativas à duração, suspensão ou cessação do benefício.

Art. 3º Cabe ao INSS receber e processar os requerimentos, habilitar os beneficiários e decidir quanto à concessão do benefício de seguro-desemprego de que trata o art. 1º.

Parágrafo único. *Revogado pelo Dec. 8.967/2017.*

Art. 4º O prazo para requerer o benefício do seguro-desemprego do pescador profissional artesanal se iniciará trinta dias antes da data de início do período de defeso e terminará no último dia do referido período.

Parágrafo único. Desde que requerido dentro do prazo previsto no *caput*, o pagamento do benefício será devido desde o início do período de defeso, independentemente da data do requerimento.

Art. 5º Para requerer o benefício de seguro-desemprego, o pescador deverá apresentar ao INSS:

I – documento de identificação oficial;

II – comprovante de inscrição no Cadastro de Pessoa Física – CPF;

III – inscrição no RGP, com licença de pesca, emitida pelo Ministério da Agricultura, Pecuária e Abastecimento, na condição de pescador profissional artesanal que tenha a atividade pesqueira como única fonte de renda, observada a antecedência mínima prevista no art. 2º da Lei 10.779/2003; (*Redação dada pelo Decreto nº 8.967/2017*).

IV – cópia do documento fiscal de venda do pescado a empresa adquirente, consumidora ou consignatária da produção, em que conste, além do registro da operação realizada, o valor da respectiva contribuição previdenciária de que trata o § 7º do art. 30 da Lei 8.212/1991, ou cópia do comprovante de recolhimento da contribuição previdenciária, caso tenha comercializado sua produção a pessoa física; e

V – comprovante de residência em Município abrangido pelo ato que instituiu o período de defeso relativo ao benefício requerido, ou seus limítrofes. (*Redação dada pelo Decreto nº 8.967/2017*).

§ 1º Além de apresentar os documentos previstos no *caput*, o pescador profissional artesanal assinará declaração de que:

I – não dispõe de outra fonte de renda;

II – se dedicou à pesca das espécies e nas localidades atingidas pelo defeso, em caráter exclusivo e ininterrupto, durante o período compreendido entre o término do defeso anterior e o início do defeso em curso ou nos doze meses imediatamente anteriores ao início do defeso em curso, o que for menor; e

III – assume responsabilidade civil e criminal por todas as informações prestadas para fins da concessão do benefício.

§ 2º O Ministério da Agricultura, Pecuária e Abastecimento disponibilizará ao INSS informações que demonstrem: (*Redação dada pelo Decreto nº 8.967/2017*).

I – o exercício ininterrupto da atividade de pesca pelo pescador profissional artesanal, observado o disposto no § 1º do art. 4º do Decreto 8.425/2015, com a indicação das localidades em que a atividade foi exercida e das espécies pescadas; e (*Redação dada pelo Decreto nº 8.967/2017*).

II – os municípios abrangidos pelo período de defeso e os municípios limítrofes.

§ 3º Ato do Ministério da Previdência Social poderá exigir outros documentos para a habilitação do benefício.

§ 4º O INSS poderá expedir atos complementares relativos ao reconhecimento e à manutenção do direito ao benefício, observado o disposto neste Decreto e no ato de que trata o § 3º.

§ 5º A apresentação dos documentos discriminados no *caput* poderá ser dispensada pelo INSS caso as informações constem em bases governamentais a ele disponibilizadas por outros órgãos, nos termos do art. 2º do Decreto 6.932, de 11 de agosto de 2009, do art. 329-B do Anexo ao Decreto 3.048, de 6 de maio de 1999 – Regulamento da Previdência Social, e do art. 1º do Decreto 8.789, de 29 de junho de 2016. (*Acrescido pelo Decreto nº 8.967/2017*).

§ 6º Nos casos em que o pescador já tenha recebido o seguro-desemprego do pescador artesanal, o INSS poderá dispensar a reapresentação de requerimento para os próximos períodos do defeso que deu origem ao benefício, desde que possua informações que demonstrem a manutenção dos requisitos do art. 2º e das características da atividade pesqueira exercida; (*Acrescido pelo Decreto nº 8.967/2017*).

§ 7º O INSS poderá comunicar o indeferimento ou a existência de qualquer impedimento para a concessão do benefício por meio da internet ou da central de teleatendimento. (*Acrescido pelo Decreto nº 8.967/2017*).

§ 8º O INSS poderá, a qualquer tempo, convocar o pescador para apresentação de documentos comprobatórios referentes aos requisitos do *caput*. (*Acrescido pelo Decreto nº 8.967/2017*).

Art. 6º O INSS cessará o benefício de seguro-desemprego nas seguintes hipóteses:

I – início de atividade remunerada ou de percepção de outra renda que seja incompatível com a percepção do benefício;

II – desrespeito ao período de defeso ou a quaisquer proibições estabelecidas em normas de defeso;

III – obtenção de renda proveniente da pesca de espécie alternativa não contemplada no ato que fixar o período de defeso;

IV – suspensão do período de defeso;

V – morte do beneficiário, exceto em relação às parcelas vencidas;

VI – início de percepção de renda proveniente de benefício previdenciário ou assistencial de natureza continuada, exceto auxílio acidente ou pensão por morte;

VII – prestação de declaração falsa; ou

VIII – comprovação de fraude.

Parágrafo único. O INSS cessará o benefício quando constatar a ocorrência de hipótese prevista no *caput* ou quando for informado sobre sua ocorrência pelo órgão ou entidade pública competente.

Art. 6º-A. O Poder Executivo poderá condicionar o recebimento do seguro-desemprego, durante o período de defeso, ao pescador profissional artesanal que exerça sua atividade exclusiva, à comprovação da matrícula e da frequência do trabalhador segurado em curso de formação inicial e continuada ou de qualificação profissional, com carga horária mínima de cento e sessenta horas, nos termos do § 1º do art. 3º da Lei 7.998, de 11 de janeiro de 1990. (*Acrescido pelo Decreto nº 8.967/2017*).

Art. 7º No caso de indeferimento do requerimento de concessão de benefício ou no caso de cessação do benefício, o pescador profissional artesanal poderá interpor recurso ao Conselho de Recursos da Previdência Social – CRPS.

§ 1º O prazo para interposição de recurso e para oferecimento de contrarrazões será de trinta dias, contado da ciência da decisão e da interposição do recurso, respectivamente.

§ 2º O processamento e o julgamento dos recursos seguirão o disposto no Regulamento da Previdência Social, aprovado pelo Decreto 3.048/1999, e no regimento interno do CRPS.

Art. 8º Os recursos financeiros para o pagamento do benefício de seguro-desemprego ao pescador profissional artesanal serão provenientes do Fundo de Amparo ao Trabalhador – FAT.

§ 1º Compete ao Conselho Deliberativo do Fundo de Amparo ao Trabalhador – Codefat a gestão do pagamento dos benefícios e ao Ministério do Trabalho e Emprego a sua operacionalização, cabendo aos referidos órgãos a edição dos atos necessários a essas atividades.

§ 2º O INSS disponibilizará ao Ministério do Trabalho e Emprego as informações necessárias para a efetivação do pagamento.

§ 3º O Ministério do Trabalho e Emprego disponibilizará ao INSS e aos órgãos de que trata o § 3º do art. 2º as informações referentes à realização dos pagamentos aos beneficiários.

§ 4º O Ministério do Trabalho e Emprego e o INSS prestarão aos interessados informações relativas ao pagamento dos benefícios em seus próprios canais de atendimento.

Art. 9º O Regulamento da Previdência Social, aprovado pelo Decreto 3.048/1999, passa a vigorar com as seguintes alterações:

- Alterações incorporadas no texto da referida Lei.

Art. 10. (Revogado pelo Decreto 10.930/2022)

Art. 11. Atos conjuntos dos Ministérios da Previdência Social, do Trabalho e Emprego e da Pesca e Aquicultura e de outros órgãos interessados estabelecerão os procedimentos e prazos para operacionalização das trocas de informações previstas neste Decreto.

Art. 12. Este Decreto aplica-se aos períodos de defeso iniciados a partir de 1º de abril de 2015.

Parágrafo único. Aos períodos de defeso iniciados até 31 de março de 2015, aplica-se o disposto na legislação anterior, inclusive quanto aos prazos, procedimentos e recursos e à competência do Ministério do Trabalho e Emprego para as atividades de recebimento e processamento dos requerimentos, habilitação dos beneficiários e apuração de irregularidades.

Art. 13. Ficam revogados o inciso III do § 14 e o § 17 do art. 9º do Regulamento da Previdência Social, aprovado pelo Decreto 3.048, de 6 de maio de 1999.

Art. 14. Este Decreto entra em vigor na data de sua publicação.

Brasília, 31 de março de 2015; 194º da Independência e 127º da República.

Dilma Rousseff

INSTRUÇÃO NORMATIVA INSS Nº 83, DE 18 DE DEZEMBRO DE 2015

- DOU 21/12/2015, ret. DOU 23/12/2015

Estabelece procedimentos relativos ao Seguro-Desemprego devido aos pescadores profissionais artesanais, durante o período de defeso, e dá outras providências.

- FUNDAMENTAÇÃO LEGAL:
Lei nº 10.779, de 25 de novembro de 2003;
Decreto nº 3.048, de 6 de maio de 1999;
Decreto nº 8.424, de 31 de março de 2015; e
Medida Provisória nº 665, de 30 de dezembro de 2014, convertida na Lei nº 13.134, de 16 de junho de 2015. (Redação retificada conforme determinado no DOU 23.12.2015)

A Presidenta do Instituto Nacional do Seguro Social - INSS, no uso da competência que lhe confere o Decreto nº 7.556, de 24 de agosto de 2011, e

Considerando a necessidade de atualizar os procedimentos relativos ao Seguro-Desemprego devido aos pescadores profissionais artesanais durante os períodos de defeso, resolve:

Art. 1º Ficam estabelecidos procedimentos para a concessão do Seguro-Desemprego do Pescador Profissional Artesanal - SDPA que exerça sua atividade profissional ininterruptamente, de forma artesanal, individualmente ou em regime de economia familiar, durante o período de defeso da atividade pesqueira para a preservação da espécie, conforme disposto na Lei nº 10.779, de 25 de novembro de 2003.

§ 1º Considera-se ininterrupta a atividade exercida durante o período compreendido entre o término do defeso anterior e o início do defeso em curso, ou nos doze meses imediatamente anteriores ao início do defeso em curso, o que for menor.

§ 2º A percepção de auxílio-doença, auxílio-doença por acidente de trabalho ou salário-maternidade, durante o período mencionado no § 1º do *caput*, não impede o recebimento do SDPA.

§ 3º Entende-se como regime de economia familiar o trabalho dos membros da mesma família, indispensável à própria subsistência e exercido em condições de mútua dependência e colaboração, sem a utilização de empregados, conforme disposto no § 7º do art. 11 da Lei nº 8.213, de 24 de julho de 1991.

§ 4º Entende-se como período de defeso, para fins de concessão do benefício, a paralisação temporária da atividade pesqueira para preservação da espécie, nos termos e prazos fixados pelos órgãos competentes, conforme § 2º do art. 1º da Lei nº 10.779, de 2003.

§ 5º O benefício SDPA será devido ao pescador profissional artesanal inscrito no Registro Geral da Atividade Pesqueira - RGP, com licença de pesca concedida nos termos da legislação e que não disponha de fonte de renda diversa da decorrente da atividade pesqueira artesanal da espécie abrangida pelo defeso.

§ 6º A concessão do benefício SDPA não será extensível aos trabalhadores de apoio à pesca artesanal, nos termos do art. 2º, inciso VIII, do Decreto nº 8.425, de 31 de março de 2015.

§ 7º As portarias de instituição de defeso podem conter mais de um período de proibição para a mesma espécie, sendo devido o SDPA em todos os períodos.

§ 8º O pescador profissional artesanal não fará jus a mais de um SDPA no mesmo ano decorrente de defesos relativos a espécies distintas.

Art. 2º O SDPA é direito pessoal e intransferível.

CAPÍTULO I
DO REQUERIMENTO

Art. 3º O requerimento do SDPA será, preferencialmente, protocolizado por meio dos canais remotos, que poderão agendar a entrega de documentos em uma Unidade de Atendimento da Previdência Social.

§ 1º O requerimento do SDPA deverá ser feito individualmente e a documentação apresentada deverá se referir ao próprio requerente, não podendo ser utilizados documentos dos demais membros do grupo familiar.

§ 2º Serão informadas ao requerente as pendências impeditivas à conclusão da habilitação, bem como o órgão ou agente responsável pela sua resolução.

§ 3º Deverá ser utilizado no requerimento o mesmo Número de Inscrição do Trabalhador - NIT constante no requerimento anterior, caso haja.

§ 4º O prazo para o requerimento iniciar-se-á trinta dias antes da data de início do defeso e terminará no último dia do referido período.

§ 5º O requerimento do SDPA poderá ser processado em qualquer Agência da Previdência Social - APS, independentemente do domicílio do requerente.

CAPÍTULO II
DA COMPROVAÇÃO E DA CONCESSÃO

Art. 4º Terá direito ao SDPA o pescador que preencher os seguintes requisitos:

I - ter registro ativo no RGP, emitido com antecedência mínima de um ano, contado da data de requerimento do benefício, conforme disposto no inciso I do § 2º do art. 2º da Lei nº 10.779, de 2003;

II - possuir a condição de segurado especial unicamente na categoria de pescador profissional artesanal;

III - ter realizado o pagamento da contribuição previdenciária, nos termos da Lei nº 8.212, de 24 de julho de 1991, nos doze meses imediatamente anteriores ao requerimento do benefício ou desde o último período de defeso até o requerimento do benefício, o que for menor;

IV - não estar em gozo de nenhum benefício de prestação continuada da Assistência Social ou da Previdência Social, exceto auxílio-acidente e pensão por morte limitados a um salário-mínimo, respeitando-se a cota individual; e

V - não dispor de qualquer fonte de renda diversa da decorrente da atividade pesqueira referente às espécies objeto do defeso.

§ 1º Desde que atendidos os demais requisitos previstos neste artigo, o benefício de SDPA será concedido ao pescador profissional artesanal, ainda que a família seja beneficiária de programa de transferência de renda com condicionalidades, nos termos dos § 8º e 9º do art. 2º da Lei nº 10.779, de 2003.

§ 2º A limitação de um salário-mínimo constante no inciso IV do *caput* não se aplica caso a categoria de filiação do benefício seja a de segurado especial.

Art. 5º A condição de segurado especial do pescador artesanal será verificada automaticamente por meio do sistema de habilitação do SDPA, com fundamento nos arts. 329-A e 329-B, ambos do Decreto nº 3.048, de 6 de maio de 1999.

Art. 6º Para análise do benefício nas Unidades de Atendimento, deverá ser apresentado:

I - documento de identificação oficial;

II - número de inscrição no Cadastro de Pessoa Física - CPF;

III - número do RGP ativo, com licença de pesca na categoria de pescador profissional artesanal;

IV - cópia do documento fiscal de venda do pescado à empresa adquirente, consumidora ou consignatária da produção, em que conste, além do registro da operação realizada, o valor da respectiva contribuição previdenciária de que trata o § 7º do art. 30 da Lei nº 8.212, de 1991, ou comprovante do recolhimento da contribuição previdenciária, caso tenha comercializado sua produção a pessoa física, conforme art. 25 da Lei nº 8.212, de 1991;

V - comprovante de residência em municípios abrangidos pela Portaria que declarou o defeso ou nos limítrofes; e

VI - os seguintes documentos, conforme o caso, para defesos restritos à pesca embarcada:

a) Certificado de Registro de Embarcação, emitido pelo Ministério da Agricultura, Pecuária e Abastecimento - MAPA, em que conste a autorização para captura da espécie objeto do defeso;

b) para as embarcações com propulsão a motor, cópia do Título de Inscrição de Embarcação registrado na Marinha do Brasil;

c) Caderneta de Inscrição e Registro - CIR, emitida pela Diretoria de Portos e Costas da Marinha do Brasil - DPC, em que conste a categoria do titular como Pescador Profissional; e

d) rol de equipagem da embarcação, emitida pela DPC, em que conste o pescador no rol de tripulantes.

§ 1º Serão encaminhadas pelo MAPA as informações que demonstrem o exercício ininterrupto da atividade de pesca, com a indicação das localidades em que foi exercida e das espécies capturadas, bem como os municípios abrangidos pelo defeso ao qual o pescador está vinculado.

§ 2º Os documentos listados nos incisos II a VI do *caput* serão dispensados caso as informações constem em bases governamentais disponibilizadas ao INSS por outros órgãos, nos termos do art. 2º do Decreto nº 6.932, de 11 de agosto de 2009.

§ 3º As informações referidas no inciso III do *caput* serão disponibilizadas pelo MAPA por meio de concessão do SDPA, sendo dispensada a apresentação de documentação física em caso de RGP ativo.

§ 4º Nos termos do inciso IV do *caput*, quanto à apresentação de Guia da Previdência Social - GPS para comprovação da comercialização da produção pesqueira a pessoa física, deve-se observar que:

I - este pagamento é realizado sobre a matrícula do Cadastro Específico do INSS - CEI;

II - o penúltimo dígito da matrícula CEI constante na GPS deve ser o algarismo 8 (oito), relativo ao CEI para a contribuição rural;

III - o pagamento deve ter sido realizado com o código 2704, correspondente ao recolhimento sobre a comercialização da produção rural;

IV - a competência recolhida deve estar contida no período compreendido entre o término do defeso anterior e o requerimento, ou nos doze meses imediatamente anteriores ao requerimento do benefício, o que for menor;

V - caso seja apresentada GPS referente à competência contida no período do defeso, por tratar-se de comercialização de espécies coletadas antes deste período, deverá ser apresentado documento do Instituto Brasileiro do Meio Ambiente e dos Recursos Naturais - IBAMA, ou de outro órgão fiscalizador ambiental competente, atestando que se trata de comercialização autorizada de estoque;

VI - caso seja apresentada GPS referente à competência contida no período do defeso, mas que não corresponda à comercialização de estoque autorizada, o benefício será devido somente se houve erro na competência informada na GPS, caso em que o pescador deverá ser orientado, por carta de exigências, a solicitar sua retificação junto à Receita Federal do Brasil - RFB;

VII - é possível o pagamento agregado de mais de uma competência quando estas não alcançarem valor mínimo instituído em ato da RFB, sendo suficiente a apresentação de apenas uma GPS paga para comprovar o período descrito no inciso IV do § 4º do *caput*, sem necessidade de discriminação das competências agregadas na GPS;

VIII - a apresentação da GPS é dispensada caso seja constatado o pagamento por meio de informação disponibilizada em base governamental; e

IX - a GPS será aceita mesmo que paga em atraso.

§ 5º Nos termos do inciso IV do *caput*, quando a comercialização for realizada a pessoa jurídica, deverá ser apresentado pelo menos um documento fiscal para comprovar o período.

§ 6º As pendências de habilitação serão notificadas pelo Sistema, e divididas em três categorias:

I - Notificação de Acerto de Divergência de Informação: indica a necessidade de confirmação da titularidade do número do Programa de Integração Social - PIS informado;

II - Notificação de Acerto de Dados Cadastrais: indica pendências possivelmente sanáveis mediante atualização de cadastro pelo INSS ou por outros órgãos; ou

III - Notificação de Recurso: indica o indeferimento do pedido, cabendo verificação da condição apontada pelo Sistema.

Art. 7º Caso faltem documentos essenciais à análise do direito ou haja necessidade de retificação de alguma informação, o servidor deverá emitir carta de exigências, conforme Anexo II desta Instrução Normativa - IN, observando o prazo disposto no art. 678 da Instrução Normativa nº 77/PRES/INSS, de 21 de janeiro de 2015.

§ 1º A exigência emitida nos termos do *caput* deverá ser cumprida na unidade onde foi formalizado o processo.

§ 2º A exigência de atualização dos dados do RGP será sanada com a atualização deste registro junto ao MAPA, sendo dispensado novo comparecimento do requerente à APS, uma vez que o Sistema concederá o benefício automaticamente.

Art. 8º Não sendo reconhecido o direito ao benefício e não havendo mais exigências possíveis, a informação do indeferimento deverá ser disponibilizada ao requerente, conforme Anexo I desta IN.

Parágrafo único. Caso o servidor tome conhecimento de outros fatos que descaracterizem os requisitos à concessão do benefício, deverá consigná-los de maneira fundamentada na carta de indeferimento.

CAPÍTULO III
DO PAGAMENTO E DA MANUTENÇÃO

Art. 9º Quando da concessão do benefício, o crédito será gerado e disponibilizado automaticamente à Caixa Econômica Federal, podendo ser realizado o saque em qualquer unidade da referida instituição financeira.

§ 1º A efetivação do pagamento será feita pelo Ministério do Trabalho e Previdência Social - MTPS, valendo-se de informações disponibilizadas pelo INSS.

§ 2º O pagamento do benefício será devido desde o início do período de defeso, independentemente da data de requerimento.

§ 3º Compete às Unidades de Atendimento a inclusão de informações para geração ou reprocessamento de créditos.

§ 4º Nos casos em que seja verificado, no ato do requerimento do benefício, o recebimento indevido de SDPA concedido anteriormente, deverão ser restituídas as parcelas recebidas indevidamente pelo segurado, mediante Guia de Recolhimento da União - GRU ou compensação nas parcelas do novo benefício, observando-se o disposto no art. 18.

§ 5º A Central de Teleatendimento 135 prestará informações sobre o pagamento aos pescadores e pendências de seus requerimentos.

Art. 10. O benefício será cessado quando constatadas pelo INSS ou informadas pelo órgão ou entidade pública competente quaisquer das seguintes situações:

I - início de atividade remunerada ou percepção de outra renda incompatível com o benefício;

II - desrespeito ao período de defeso ou às proibições estabelecidas em normas de defeso;

III - obtenção de renda proveniente da pesca de espécies alternativas não contempladas no ato que fixar o período de defeso;

IV - suspensão do período de defeso;

V - morte do beneficiário;

VI - início de percepção de renda proveniente de benefício previdenciário ou assistencial de natureza continuada, exceto auxílio-acidente e pensão por morte, nos termos do art. 4º, inciso IV;

VII - prestação de declaração falsa; ou

VIII - comprovação de fraude.

CAPÍTULO IV
DO RECURSO E DA REVISÃO

Art. 11. Nos casos de indeferimento ou cessação do benefício, o requerente poderá interpor recurso endereçado ao Conselho de Recursos da Previdência Social - CRPS, aplicando-se o disposto no Regulamento da Previdência Social, aprovado pelo Decreto nº 3.048, de 1999, e no Regimento Interno do CRPS.

Parágrafo único. O prazo para interposição de recurso ou para o oferecimento de contrarrazões é de trinta dias, contados de forma contínua da ciência da decisão e da interposição do recurso, respectivamente, excluindo-se da contagem o dia do início e incluindo-se o do vencimento.

Art. 12. Nos casos de requerimento de revisão deverá ser aplicado o disposto no Regulamento da Previdência Social e na Instrução Normativa nº 77/PRES/INSS, de 2015.

CAPÍTULO V
DA FORMALIZAÇÃO E DO ARQUIVAMENTO

Art. 13. Os processos administrativos do SDPA serão formalizados a partir do comparecimento, com assinatura do requerimento e apresentação de documentos para comprovação do direito ao benefício, nos termos do capítulo XIV da Instrução Normativa nº 77/PRES/INSS, de 2015.

Art. 14. Todo processo administrativo do SDPA formalizado deverá receber Número Único de Protocolo - NUP.

Art. 15. O arquivamento dos processos administrativos do SDPA será realizado por ordem de número do requerimento.

CAPÍTULO VI
DO MONITORAMENTO OPERACIONAL DE BENEFÍCIOS

Art. 16. O Monitoramento Operacional de Benefícios - MOB da Gerência-Executiva realizará a apuração dos indícios de irregularidades previstos no art. 10, devendo ser cessado o benefício, quando for o caso, após adotados os procedimentos previstos no Manual do Monitoramento Operacional de Benefícios - Apuração de Indícios de Irregularidades.

Art. 17. O processo de apuração de irregularidade no SDPA que ensejar cobrança administrativa deverá ser encaminhado para a Secretaria de Políticas Públicas de Emprego - SPPE do MTPS, para que esta realize a devida cobrança perante o interessado.

Parágrafo único. Somente nos casos em que o interessado manifeste o desejo de ressarcir as importâncias recebidas indevidamente no curso da apuração, o pedido de ressarcimento ao erário deverá ser expresso e será emitida GRU, devendo o processo de apuração ser encaminhado à SPPE do MTPS, quando da sua conclusão.

CAPÍTULO VII
DAS DISPOSIÇÕES GERAIS

Art. 18. Conforme disposto no Decreto nº 8.424, de 31 de março de 2015, o INSS deverá habilitar e processar apenas os SDPA referentes aos períodos de defeso iniciados a partir de 1º de abril de 2015.

§ 1º Aos períodos de defeso iniciados até 31 de março de 2015, aplica-se o disposto na legislação anterior, inclusive quanto aos prazos, procedimentos e recursos e à competência do atual MTPS para as atividades de recebimento e processamento dos requerimentos, habilitação dos beneficiários e apuração de irregularidades.

§ 2º Nos termos do art. 5º da Lei nº 13.134, de 16 de junho de 2015, é assegurada a concessão do seguro-desemprego relativo a períodos de defeso iniciados entre 1º de abril de 2015 e 31 de agosto de 2015 nos mesmos termos e condições da legislação vigente anteriormente à edição da Medida Provisória nº 665, de 30 de dezembro de 2014.

Art. 19. Revoga-se a Instrução Normativa nº 79/PRES/INSS, de 1º de abril de 2015, publicada no Diário Oficial da União nº 63, de 2 de abril de 2015, Seção 1, págs. 63/64.

Art. 20. Ficam convalidados os atos praticados regularmente sob a vigência da Instrução Normativa nº 79/PRES/INSS, de 2015.

Art. 21. Os Anexos desta Instrução Normativa serão publicados em Boletim de Serviço e suas atualizações e posteriores alterações poderão ser procedidas mediante Despacho Decisório Conjunto expedido pelos Diretores de Atendimento e de Benefícios.

Art. 22. Esta Instrução Normativa entra em vigor na data de sua publicação, devendo ser aplicada a todos os processos pendentes de análise e decisão.

ELISETE BERCHIOL DA SILVA IWAI
Presidenta

DECRETO Nº 10.080, DE 24 DE OUTUBRO DE 2019

Altera o Decreto nº 8.424, de 31 de março de 2015, que regulamenta a Lei nº 10.779, de 25 de novembro de 2003, para dispor sobre a concessão do benefício de seguro-desemprego, durante o período de defeso, ao pescador profissional artesanal que exerce sua atividade exclusiva e ininterruptamente.

O PRESIDENTE DO SENADO FEDERAL, no exercício do cargo de PRESIDENTE DA REPÚBLICA, no uso das atribuições que lhe confere o art. 84, *caput*, incisos IV e VI, alínea "a", da Constituição, e tendo em vista o disposto na Lei nº 10.779, de 25 de novembro de 2003,

DECRETA:

Art. 1º O Decreto nº 8.424, de 31 de março de 2015, passa a vigorar com as seguintes alterações:

"Art. 1º ....

....

§ 14. Excepcionalmente, nas hipóteses de grave contaminação por agentes químicos, físicos e biológicos, o Ministério da Agricultura, Pecuária e Abastecimento poderá prolongar o período de defeso para as áreas e os grupos específicos atingidos, nos termos previstos na legislação.

§ 15. A gravidade a que se refere o § 14 será reconhecida em ato do Ministério da Agricultura, Pecuária e Abastecimento.

§ 16. O pagamento de seguro desemprego do pescador profissional artesanal, quando devido, na hipótese de ocorrência do prolongamento a que se refere o § 14, poderá ser ampliado na forma prevista no § 5º do art. 4º da Lei nº 7.998, de 11 de janeiro de 1990, observado o disposto no § 8º do art. 1º da Lei nº 10.779, de 25 de novembro de 2003.

§ 17. Na hipótese de ser efetuado o pagamento de que trata o § 16, o Conselho Deliberativo do Fundo de Amparo ao Trabalhador – Codefat deverá respeitar os limites de reserva mínima de liquidez de que trata o § 5º do art. 4º da Lei nº 7.998, de 1990."

Art. 2º Este Decreto entra em vigor na data de sua publicação.

Brasília, 24 de outubro de 2019; 198º da Independência e 131º da República.

DAVI ALCOLUMBRE
Marcos Montes Cordeiro

PORTARIA DIRBEN/INSS Nº 1.198, DE 25 DE MARÇO DE 2024

Disciplina e orienta sobre procedimentos para análises dos requerimentos de Seguro Desemprego do Pescador Artesanal (SDPA) e sobre a documentação referente à pesca embarcada da lagosta, no âmbito do INSS. O DIRETOR DE BENEFÍCIOS E RELACIONAMENTO COM O CIDADÃO DO

INSTITUTO NACIONAL DO SEGURO SOCIAL - INSS, no uso da competência que lhe confere o Decreto nº 10.995, de 14 de março de 2022, e tendo em vista o que consta no Processo Administrativo nº 35014.464887/2023-91,

RESOLVE:

Art. 1º Disciplinar e orientar sobre procedimentos para análises dos requerimentos de Seguro Desemprego do Pescador Artesanal (SDPA) e sobre a documentação referente à pesca embarcada da lagosta, no âmbito do INSS.

Art. 2º Para análise dos requerimentos de SDPA, quando houver alguma divergência ou ausência de dados essenciais ao reconhecimento do direito, relacionados à consulta Registro Geral de Pesca (RGP) no Cadastro Nacional de Informações Sociais (CNIS), especialmente relativos a "data do primeiro RGP", "área de atuação", "produto explorado", "forma de atuação" e "situação do Registro", o servidor deverá efetuar consulta pública ao PESQBRASIL, por meio do endereço: https://pesqbrasil-pescadorprofissional.agro.gov.br/consulta, para confirmar a regularidade das informações. (Redação dada pela Portaria DIRBEN/INSSS 1.224/2024)

§ 1º Caso haja alteração/atualização do endereço de consulta por parte do Ministério da Pesca e Aquicultura (MPA), este passará a ser válido em substituição ao anterior, salvo disposição específica em contrário.

§ 2º Persistindo a divergência de informações entre os dados do RGP, após consulta no CNIS e verificação no link do Pesq Brasil, e os critérios exigidos pela portaria do defeso em análise, deverá ser emitida exigência com orientação ao pescador para regularizar seu cadastro e apresentar o Certificado de Regularidade com as correções pontuadas.

§ 3º A autenticidade dos protocolos de solicitação de inscrição de RGP emitidos via SEI, a partir de 01/07/2021, podem ser confirmados no link de consulta disponível no caput.

§ 4º Nos casos em que o resultado da consulta do RGP no CNIS retornar com status de "Indeferido", o requerimento de SDPA deverá ser indeferido, salvo nos casos em que a consulta do Pesqbrasil apresente a situação do RGP como "Ativo". (Acrescido pela Portaria DIRBEN/INSSS 1.224/2024)

§ 5º São válidas as certidões/declarações emitidas via SEI pela Secretaria Nacional de Registro, Monitoramento e Pesquisa da Pesca e Aquicultura - SERMOP/MPA ou pelas Superintendências Federais de Pesca e Aquicultura nos estados – SFPA/MPA, quanto às informações de "área de atuação", "produto da pesca", "status do RGP" e "Data do Primeiro RGP". (Acrescido pela Portaria DIRBEN/INSSS 1.224/2024)

Art. 3º Na ausência de inscrição no Portal CNIS, a consulta citada no art. 2º será considerada como inscrição válida e deverá ser utilizada para fins do reconhecimento do direito

Art. 4º Nos processos de defesos restritos à pesca embarcada da lagosta, deverão ser aceitos os Certificados de Registro e Autorização de Embarcação, que após a consulta no link https://www.gov.br/mpa/pt-br/assuntos/cadastro-registro-emonitoramento/painel-unificado-do-registro-geral-da-atividade-pesqueira, apresentem os status "Deferida-Vigente" e "Deferida-Prorrogada", observados os demais critérios para a concessão do SDPA da pesca embarcada. (Redação dada pela Portaria DIRBEN/INSSS 1.224/2024)

§ 1º Para atendimento do disposto no caput, deverá ser seguido o fluxo de consulta disposto no Anexo I. (Acrescido pela Portaria DIRBEN/INSSS 1.224/2024)

§ 2º Para as embarcações com situação de registro Suspensa, deverá ser emitida exigência para regularização do registro. (Acrescido pela Portaria DIRBEN/INSSS 1.224/2024)

§ 3º Para as embarcações com situação de registro Cancelado, deverá ser indeferido o pedido de SDPA. (Acrescido pela Portaria DIRBEN/INSSS 1.224/2024)

Art. 5º Esta Portaria entra em vigor em sete dias após a sua publicação.

ANDRÉ PAULO FELIX FIDELIS

Diretor de Benefícios e Relacionamento com o Cidadão

PORTARIA DIRBEN/INSS Nº 1.252, DE 2 DE JANEIRO DE 2025

Estabelece como critério obrigatório o registro biométrico do titular do benefício no cadastro da Carteira de Identidade Nacional - CIN, do título eleitoral ou da Carteira Nacional de Habilitação - CN para a concessão ou renovação do benefício de Seguro-Desemprego do Pescador Artesanal - SDPA, instituído pela Lei nº 10.779, de 25 de novembro de 2003 e alterado pela Lei nº 14.973, de 16 de setembro de 2024, no âmbito do INSS.

O DIRETOR DE BENEFÍCIOS E RELACIONAMENTO COM O CIDADÃO - SUBSTITUTO do INSTITUTO NACIONAL DO SEGURO SOCIAL - INSS, no uso das atribuições que lhe confere o Decreto nº 10.995, de 14 de março de 2022, bem como o que consta no processo nº 35014.460673/2024-26, resolve:

Art. 1º Esta Portaria estabelece, no âmbito do INSS, como critério obrigatório para a concessão ou renovação do benefício de Seguro-Desemprego do Pescador Artesanal - SDPA, o registro biométrico do titular do benefício no cadastro da Carteira de Identidade Nacional - CIN, do título eleitoral ou da Carteira Nacional de Habilitação - CNH.

Parágrafo único. Aplica-se o critério estabelecido no caput a todos os requerimentos efetuados a partir de 16 de setembro de 2024, data da publicação da Lei nº 14.973 que alterou a Lei nº 10.779, de 25 de novembro de 2003.

Art. 2º A existência de registro biométrico será verificada de forma automática por meio do batimento dos registros existentes nas respectivas bases governamentais.

Art. 3º O titular do benefício que não possuir a biometria cadastrada em uma das bases governamentais terá o prazo de 120 (cento e vinte) dias para efetuar o registro biométrico exigido.

Parágrafo único. O requerente pode cumprir a exigência por meio de declaração comunicando que realizou o cadastro da biometria ou por meio de comprovante de registro.

Art. 4º Transcorrido o prazo para cumprimento da exigência e caso não seja localizado o registro biométrico, o pedido será encerrado automaticamente por desistência do interessado por falta de formalização do pedido de benefício.

Art. 5º A formalização do pedido de benefício no Portal MTE Mais Emprego - SD e o respectivo processamento dos requerimentos ocorrerá somente após a confirmação da existência da biometria.

Art. 6º Esta Portaria entra em vigor na data de sua publicação e convalida os atos praticados desde 16 de setembro de 2024.

GEOVANI BATISTA SPIECKER

PARTE 21 – ACORDOS INTERNACIONAIS PREVIDENCIÁRIOS

DECRETO Nº 57.759, DE 8 DE FEVEREIRO DE 1966

Promulga o Acordo de Migração com a Itália.

O PRESIDENTE DA REPÚBLICA,

HAVENDO o Congresso Nacional aprovado pelo Decreto Legislativo nº 101, de 1964, o Acôrdo de Migração assinado entre os Estados Unidos do Brasil e a República Italiana, em Roma, a 9 de dezembro de 1960;

E HAVENDO o referido Acôrdo entrado em vigor, de conformidade com seu art. 51, a 26 de fevereiro de 1965, data em que se efetuou no Rio de Janeiro, a troca dos instrumentos de ratificação;

Decreta, que o mesmo, apenso, por cópia ao presente decreto, seja executado e cumprido tão inteiramente como nêle se contém.

Brasília, 8 de fevereiro de 1966; 145° da Independência e 78° da República.

H. CASTELLO BRANCO
Juracy Magalhães

ACÔRDO DE MIGRAÇÃO ENTRE A REPÚBLICA DOS ESTADOS UNIDOS DO BRASIL E A REPÚBLICA ITALIANA.

O Presidente da República dos Estados Unidos do Brasil e o Presidente da República Italiana;

Convictos das necessidade de regular a cooperação entre os dois países em matéria de migração e de assisti-las e organiza-la em moldes condizentes com os respectivos interêsses,

Cônscios de que a execução de uma política objetiva e adequada, baseada no espírito de colaboração internacional, e visando ao desenvolvimento econômico do Brasil mediante o aproveitamento da técnica e mão-de-obra italianas, viria fortalecer os laços de tradicional amizade que os une,

Resolvem concluir um Acôrdo de Migração e nomeiam, para êsse fim, os seguintes Plenipotenciários;

O Presidente da República dos Estados Unidos do Brasil: Sua Excelência e Senhor Horácio Lafer, Ministro de Estado das Relações Exteriores,

O Presidente da República Italiana: Sua Excelência o Senhor Ferdinando Storchi, Ministro dos Negócios Estrangeiros,

Os quais acordam no seguinte:

Das Finalidades

Art. 1º O presente Acôrdo tem por objetivo orientar, assistir e organizar as correntes migratórias Italianas para o Brasil dentro de um regime de conjugação de esforços de ambas as Altas Partes Contratantes, a fim de que os problemas migratórios e de colonização entre os dois países tenham solução prática, rápida e eficaz tendo em conta a conveniência de preservar a unidade dos núcleos familiares.

Art. 2º A migração italiana para o Brasil poderá ser dirigida ou espontânea, devendo ambas merecer todo o amparo e proteção das Altas Partes Contratantes. Estas poderão valer-se da colaboração e da Assistência do Comitê Intergovernamental para as Migrações Européias (CIME) ou de outros organismos internacionais no quadro de programas a serem previamente acordados.

Migração Espontânea

Art. 3º A migração espontânea é a que se opera por livre, iniciativa e às expensas dos migrantes, quer considerados individualmente, quer coletivamente, em conjunto familiar ou grupo de famílias.

Art. 4º Os Governos das Altas Partes Contratantes poderão, por meio de troca de notas, incrementar a facilitar a migração espontânea de italianos para o Brasil, comprometendo-se, com êsse intuito, a fornecer tôdas as informações suscetíveis de orientá-los bem como promover tôdas as medidas capazes de beneficiá-los.

Migração Dirigida

Art. 5º A migração dirigida far-se-á através de programas previamente estabelecidos, de comum acôrdo e com a assistência das Altas Partes Contratantes.

Art. 6º A migração dirigida de italianos para o Brasil compreenderá, entre outras, as seguintes categorias:

a) técnicos, artesãos, operários especializados e profissionais qualificados, ou semi-qualificados consoantes as necessidades do mercado de trabalho e as exigências da legislação especifica no Brasil;

b) unidades de produção ou emprêsas de caráter industrial ou técnico que seja do interêsse do desenvolvimento econômico do Brasil, conforme o pronunciamento prévio dos órgãos competentes brasileiros;

c) agricultores, técnicos especializados em indústrias rurais e atividades acessórias, operários agro-pecuários, lavradores, criadores e camponêses em geral, que migrarem com a intenção de se estabelecer imediatamente como proprietários, ou não;

d) associações ou cooperativa de agricultores, lavradores ou operários agro-pecuários, que emigrarem em caráter coletivo com o fito de se estabelecerem como proprietários, ou não, em fazendas, emprêsas agro-pecuárias ou núcleos coloniais já existentes no Brasil ou a serem criados;

e) os familiares que acompanharem os migrantes dirigidos ou que sejam chamados pelos nacionais migrados e domiciliados no Brasil.

Art. 7º Os migrantes italianos que se estabelecerem no Brasil, mediante o regime da migração dirigida, gozarão de tôdas as facilidades consignadas neste Acôrdo ou que vierem a ser concedidas, em auste especial, por troca de notas entre os dois Governos.

Art. 8º O Govêrno italiano - em conformidade com a legislação vigente na matéria e sem restrições de ordem cambial - autorizará a exportação, com isenção de direitos, dos seguintes bens pertencentes aos migrantes a que se vierem fixar no Brasil:

a) instrumentos de trabalho e pequenas máquinas operatrizes tanto para artezãos como para artifices de profissão qualificada;

b) uma bicileta ou motocicleta ou motoreta; uma máquina de constura e uma máquina de malharia manual usadas;

c) equipamentos agrícolas, utensilios agrícolas e maquinaria, inclusive tratores e máquinas de beneficiamento de produtos agro-pecuários, quando se tratar de agricultores, operários agro-pecuários e técnicos especializados nas indústrias rurais;

d) matrizes animais ou vegetais, selecionadas e de interêsse técnico ou econômico.

Art. 9º O Govêrno brasileiro isentará os bens referidos no artigo anterior, do regime de licença prévia, dos impostos de importação e consumo, da taxa de despacho aduaneiro, assim como de outros tributos que incidam sôbre a entrada de mercadorias no país.

Parágrafo único. Os bens isentos na forma do presente artigo não poderão ser vendidos senão depois de dois anos de sua entrada no Brasil. No caso em que o migrante seja compelido a deixar o país antes do prazo de dois anos terá direito a levar de volta os seus bens.

Art. 10. Os benefícios mencionados nos artigos 8 e 9 restringem-se aos bens correspondentes à qualificação profissional do migrante, devendo ser em quantidade compatível com a sua condição econômica e suficiente ao início de sua atividade no Brasil.

Recrutamento e Seleção

Art. 11. As autoridades italianas competentes efetuarão o recrutamento e a pré-seleção do migrante dirigido baseadas nas indicações e pedidos do Govêrno brasileiro e organizarão listas nominais dos candidatos, nas quais se contenham os elementos necessários aos trabalhos de seleção definitiva.

As autoridades brasileiras fornecerão informações atualizadas e pormenorizadas sôbre as condições gerais de vida de ambiente e de trabalho existentes no Brasil para as várias categorias profissionais requeridas.

As autoridades italianas promoverão adequada divulgação dessas informações visando ao perfeito esclarecimento do candidato à migração.

Art. 12. As autoridades brasileiras procederão à seleção definitiva dos migrantes dirigidos, dentre os candidatos recrutados e pré-selecionados de acôrdo com o art. 11, e que satisfaçam as exigências da legislação brasileira em vigor.

§ 1° O Govêrno brasileiro manterá, na Itália, para os fins previstos no presente artigo, um Serviço técnico de seleção.

§ 2° As despesas para o funcionamento e a atividade dêsse Serviço técnico ficam a cargo do Govêrno brasileiro.

§ 3° O Govêrno italiano dará todo apôio para que o Serviço em questão possa cumprir as suas tarefas, facilitando, também, a realização de eventuais provas práticas para a verificação da capacidade profissional dos migrantes.

§ 4° Os pormenores das operações de seleção serão prèviamente estabelecidos entre o Serviço técnico brasileiro e o Ministério do Trabalho e da Previdência Social da Itália, tendo em vista as peculiaridades e requisitos das diversas categorias a selecionar.

Art. 13. Verificado, pela autoridade consular brasileira na Itália, o cumprimento das exigências legais mencionadas no artigo anterior, serão concedidos ao migrante visto gratuito e autorização para a entrada dos bens de que tratam os arts. 8° e 9°.

Embarque e Transporte

Art. 14. Ficarão a cargo do Govêrno italiano, salvo casos especiais, tôdas as despesas de transportes e manutenção dos candidatos à migração, durante as operações de pré-seleção e seleção.

Ficarão, ainda, a cargo do Govêrno italiano as despesas e encaminhamento dos migrantes e de sua bagagem ao pôrto de embarque, bem como as despesas de transporte e dos bens enumerados no art. 8° até o mesmo pôrto.

Art. 15. Para o transporte dos migrantes e de seus bens para o Brasil, os dois Govêrnos solicitarão a assistência do Comitê Intergovernamental para as Migrações Européias (CIME) ou de outros organismos internacionais específicos, reconhecidos pelos dois Governos.

No caso de não ser isso possível, as Altas Partes Contratantes estabelecerão, mediante troca de notas, o modo e as condições convenientes para assegurar o referido transporte.

Recepção, Encaminhamento e Colocação

Art. 16. O Govêrno brasileiro, desde o desembarque do migrante dirigido até sua destinação final, se responsabilizará:

I) por sua recepção, hospedagem, alimentação e assistência médico-sanitária;

II) pelo desembaraço e guarda dos seus bens;

III) pela entrega da documentação necessária à permanência e ao trabalho;

IV) pelo encaminhamento do migrante e de seus bens ao destino final, bem como pela sua colocação;

V) pela estabulação dos animais e assistência veterinária.

§ 1° A indicação dos pôrtos e datas de desembarques dos migrantes e de seus bens será objeto de entendimento específico entre as autoridades brasileiras e italianas, com o fim de evitar demoras e gastos supérfluos.

§ 2° A inspeção do migrante, seus bens e animais, ao entrarem em território brasileiro, obedecerá as disposições legais que regem a matéria, observado quanto aos bens o disposto no art. 9°.

Art. 17. O Govêrno brasileiro concederá facilidades para a constituição e as atividades de associações assistências compostas de elementos brasileiros e italianos residentes no Brasil e que tenham por finalidade favorecer e ajudar a migração italiana.

Os estatutos e a composição dessas associações deverão ser aprovados pelas autoridades brasileiras, ouvida a Missão diplomática italiana. As referidas associações terão a faculdade de fazer representações às autoridades competentes das duas partes em tudo quanto se relacionar com o bem estar dos migrantes e o respeito dos direitos que lhe estejam assegurados.

Art. 18. A responsabilidade do Govêrno brasileiro pelas obrigações estipuladas no art. 16 cessará com a colocação do migrante e seus bens no ponto a que se destinar, ressalvado os casos previstos nos §§ 1° e 2° do artigo 19.

Art. 19. Considera-se colocado o migrante que haja sido recebido no local a que se destinava e haja iniciado a sua atividade profissional ou, se for o caso, ultimado o período de prova.

§ 1° O migrante que haja iniciado a sua atividade profissional, embora não tendo encontrado as condições de ambiente e de trabalho que lhe foram prèviamente comunicadas, poderá pedir sua recolocação às autoridades brasileiras competentes.

§ 2° Poderão ser considerados outros eventuais pedidos de recolocação e de auxílio aos migrante e à sua família, dentro do primeiro ano de sua chegada.

Colonização e Estabelecimento

Art. 20. As Altas Partes Contratantes estimularão o preparo de planos de colonização, tomando para tanto medidas administrativas, técnicas e financeiras que facilitem a sua execução.

Art. 21. Os programas para o recrutamento e a seleção de migrantes destinados a núcleos coloniais deverão ser prèviamente aprovados pelas competentes autoridades brasileiras e italianas. Dêstes programas constarão, além dos aspectos econômicos, financeiros e técnico-produtivos, indicações sôbre as condições gerais de vida e de trabalho, especialmente no que se refere à situação das habitações e aos auxílios e facilidades de financiamento ao colono.

Art. 22. Os programas de colonização serão realizados nas áreas do território brasileiro mais convenientes ao desenvolvimento do país e à prosperidade dos colonos italianos, de acôrdo com o plano geral de orientação de correntes migratórias e de colonização, elaborado pelo Govêrno brasileiro.

Art. 23. As Altas Partes Contratantes consideram colono todo agricultor, proprietário ou não, que, por iniciativa oficial ou particular, se estabelecer e fixar em zona rural, nela desenvolvendo as atividades característica daquele meio.

Art. 24. A zona rural, como tal definida, compreende as regiões em que os habitantes se dediquem predominantemente a atividades características do meio rural.

Art. 25. A fixação do migrante das categorias c e d a que se refere o artigo 6° estará condicionada à observância do previsto no art. 22.

Art. 26. Os migrantes que se destinaram a exercer atividades colonizadoras, sob regime de migração dirigida, deverão permanecer na zona rural por um prazo mínimo de três anos sob pena de perderem os benefícios previstos neste Acôrdo em favor dos migrantes das categorias c e d, do artigo 6°, excetuados os casos prèviamente autorizados pelas autoridades brasileiras competentes.

Art. 27. No caso de concessão de terras pelos Governos estaduais e autoridades municipais, seu preço será regulado de conformidade com a legislação respectiva, comprometendo-se o Govêrno Federal do Brasil a exercer sua mediação para alcançar o preço mínimo, dentro das condições locas de valorização, bem como para obter adequadas facilidades de pagamento.

Art. 28. O Govêrno brasileiro empenhar-se-á junto aos Govêrnos estaduais e autoridades municipais, a fim de que fiquem isentos os colonos italianos, durante os três primeiros anos de sua localização em lotes rurais, de todos os impostos e taxas que incidam ou venham a incidir sôbre seus lotes, culturas, veículos destinados ao seu transportes e ao dos respectivos produtos, instalações de beneficiamento e colocação destes, assim como dos impostos territoriais, de transmissão inter-vivos e causa-mortis para os lotes integralmente pagos.

Art. 29. A Assistência escolar, médica e social ficará a cargo das autoridades brasileiras competentes.

Parágrafo único. Nas unidades de colonização em que forem localizados colonos italianos, as entidades devidamente reconhecidas pelas Altas Partes Contratantes poderão dar ao colono assistência médica e, excepcionalmente, assistência escolar primária desde que os professores, de nacionalidade brasileira, estejam devidamente habilitados de acôrdo com a lei.

Art. 30. O Govêrno brasileiro entender-se-á com os Governos estaduais no sentido de serem construídas à custa dos membros, as estradas de acesso ao núcleos coloniais que compreendam a colonização italiana, e se possível, as que sirvam aos lotes rurais já demarcados.

Repatriação

Art. 31. As autoridades italianas concederão - de conformidade com a legislação vigente na matéria - a repatriação consular ao migrante que se revelar absolutamente inadaptável ao meio brasileiro e que se encontre sem recursos próprios. Em casos especiais, será requerido o parecer da Comissão Mista de que trata o art. 45.

Parágrafo único. A manutenção dêsse migrante no Brasil até sem embarque será da responsabilidade do Govêrno brasileiro e o transporte ficará a cargo do Govêrno italiano.

Financiamento e Auxílio

Art. 32. As Altas Partes Contratantes proporcionarão aos migrantes às cooperativas e às entidades devidamente reconhecidas, facilidades de financiamento por meio de organizações de crédito.

§ 1° A concessão do financiamento de que trata o presente artigo ficará condicionada a um planejamento prévio específico, aprovado pela entidade financiadora.

§ 2° O Govêrno brasileiro isentará de quaisquer ônus fiscais as remessas financeiras feitas de acôrdo com o presente artigo.

Seguros

Art. 33. As Altas Partes Contratantes recomendam a instituição, em favor do migrante, de um seguro especial que lhe garanta uma indenização se, durante a viagem, sobrevier acidente irremediável de qualquer caso fortuito que o torne incapaz para o trabalho, total ou parcialmente, e que assegure, ainda, aos seus beneficiários um pecúlio no caso de morte.

Art. 34. As Altas Partes Contratantes recomendarão às emprêsas de colonização que segurem os seus empreendimentos agrícolas contra riscos e prejuízos decorrentes de fenômenos naturais.

Treinamento Profissional e Reconhecimento de Títulos de Estudo

Art. 35. As Altas Partes Contratantes concordaram em promover o treinamento profissional básico e complementar dos migrantes através de cursos de formação e de aperfeiçoamento.

Art. 36. As Altas Partes Contratantes comprometem-se a examinar, de comum acôrdo, a possibilidade de adoção de normas, meios e critérios suscetíveis de facilitar o reconhecimento recíproco dos certificado de estudos e dos diplomas de habilitações técnica e profissional, expedidos, nos dois países, pelas respectivas entidades educacionais, oficialmente reconhecidas.

Previdência Social

Art. 37. Os nacionais de cada uma das Altas Partes Contratantes se beneficiarão da legislação de previdência social da outra, nas mesmas condições que os nacionais desta última.

Art. 38. O Brasil e a Itália convencionam, dentro dos limites dos benefícios fixados para os nacionais na legislação própria de cada um desses países, assegurar os direitos da previdência social anteriormente adquiridos, no país de origem, pelos trabalhadores migrantes, enquanto não decorram, no país de acolhimento, os prazos mínimos de carência exigidos para a concessão de cada espécie de benefício mencionada nos arts. 39 e 40.

§ 1° Na hipótese de o migrante não haver preenchido o período de carência, no país de origem, computar-se-á o tempo de contribuição anterior, para os efeitos previstos na legislação vigente no país de acolhimento.

§ 2° A concessão dos benefícios referidos neste artigo far-se-á independentemente na transferência da reserva individual resultante das contribuições recolhidas, no país de origem, pelo trabalhador migrante.

Art. 39. A concessão de prestações, in natura, do seguro-doença aos beneficiários do migrante, que permanecerem no país de origem até doze meses, será feita, de acôrdo com a legislação do país de acolhimento e à conta dêste, pelas instituições de previdência social do referido país de origem.

Art. 40. Os benefícios previstos nos arts. 38 e 39 serão assegurados a partir do momento em que o trabalhador migrante passe a exercer uma atividade compreendida no âmbito das instituições de previdência social do país de acolhimento, referindo-se exclusivamente aos riscos de doença, invalidez e morte e aos auxílios de maternidade e funeral. Entretanto, no que concerne à invalidez e à morte, observar-se-á, em cada país, a legislação respectiva.

Art. 41. Se o trabalhador migrante, dentro do prazo de três anos - considerado período de adaptação no país de acolhimento - retornar ao seu país de origem a reingressar em atividade abrangida pela previdência social, ser-lhe-ão, por êste último país, assegurados os direitos decorrentes das contribuições nêle anteriormente pagas.

Parágrafo único. Ficam ressalvadas as disposições mais favoráveis constantes da legislação vigente no país de origem.

Art. 42. O deslocamento do migrante ou de seus beneficiários, do país, de acolhimento, não prejudica a percepção das prestações em espécie do benefício a que fazem jus. No caso de morte do migrante, tais prestações serão igualmente reconhecidas aos seus beneficiários, onde quer que se encontrem.

Art. 43. As autoridades competentes dos dois países acordarão as normas práticas necessárias à execução do disposto neste Acôrdo em matéria de previdência social.

Remessa de Fundos

Art. 44. Aos trabalhadores migrados no Brasil serão assegurados o direito e a possibilidade de transferirem suas economias para a Itália, a favor de suas famílias ou dependentes, dentro das condições mais favoráveis previstas na legislação cambial brasileira vigente, para a manutenção familiar e categorias análogas, ou segundo o que fôr estabelecido em acôrdos de pagamentos entre o Brasil e a Itália.

Comissão Mista

Art. 45. A fim de que sejam alcançados, de forma prática e eficiente, os desígnios do presente Acôrdo, fica instituída uma Comissão Mista composta de seis delegados, sendo três designados pelo Govêrno brasileiro e três pelo Govêrno italiano.

§ 1° Os representantes brasileiros da Comissão Mista serão indicados um pelo Ministério das Relações Exteriores, outro pelo Instituto Nacional de Imigração e Colonização (I.N.I.C.) e outro pelo Conselho Consultivo do mesmo Instituto.

§ 2° Os representantes italianos, serão designados pelo Ministério dos Negócios Estrangeiros, de acôrdo com o Ministério do Trabalho e Previdência Social.

§ 3° Sempre que for julgado conveniente, cada Alta Parte Contratante poderá designar um de seus representantes como Delegado-Chefe.

§ 4° Além dos Delegados acima referidos, poderão ser também designados Assessores técnicos em número nunca superior a três por Delegação.

Art. 46. A Comissão Mista terá sua sede na Capital do Brasil e poderá reunir-se em qualquer ponto do território brasileiro ou italiano, consoante as necessidades ditadas pela execução do presente Acôrdo.

Art. 47. A Comissão Mista, além das reuniões regulares, poderá ser convocada extraordinàriamente por solicitação de qualquer das Delegações.

Art. 48. A Comissão Mista agirá sempre em coordenação com os órgãos competentes dos dois Governos, num e noutro país, e terá, como principais atribuições, as seguintes:

a) propor, aos órgãos competentes dos dois Governos em matéria de imigração, colonização e previdência social, normas de orientação, recomendação e medidas administrativas que se fizeram mister para a boa execução dêste Acôrdo e, particularmente, dos programas previstos no art. 5°;

b) sugerir ao Govêrno brasileiro a promoção das medidas necessárias ao establecimento dos serviços previstos no art. 29 e verificar, no caso do parágrafo único dêsse artigo, se as entidades estão em condições de prestá-los;

c) opinar, quando consultada, sôbre o repatriamento do migrante conforme o disposto no art. 31;

d) recomendar, em matéria de previdência social, às autoridades competentes dos dois países, qualquer eventual revisão e atualização do disposto nos arts. 37, 38, 39, 40, 41, 42 e 43;

e) esclarecer as dúvidas, decidir sôbre as omissões e conciliar as controvérsias surgidas na aplicação do presente Acôrdo;

f) elaborar o regulamento relativo ao funcionamento da Comissão;

g) tratar de outras questões que lhe forem encaminhadas pelos dois Governos.

Art. 49. Quando a Comissão Mista não puder decidir satisfatòriamente sôbre qualquer questão que lhe seja submetida, remeterá o assunto aos Governos respectivos.

Revisão

Art. 50. As Altas Partes Contratantes se consultarão, periòdicamente, por iniciativa própria ou da Comissão Mista para o fim de promoverem a atualização e o aperfeiçoamento do presente Acôrdo ou dos ajustes dêle decorrentes.

Vigência e Denúncia

Art. 51. Êste Acôrdo será ratificado tão logo sejam cumpridas as formalidades legais de praze no território de cada uma das Altas Partes Contratantes.

Entrará em vigor a partir do dia da troca dos instrumentos de ratificação, permanecendo em vigência, enquanto não fôr denunciado por uma das Altas Partes Contratantes, com o aviso prévio de seis meses.

A troca dos instrumentos de ratificação deverá ser efetuada na Capital do Brasil no mais breve possível.

Parágrafo único. A denúncia não afetará, por qualquer forma, iniciativas anteriormente tomadas, empreendimentos em fase de execução ou compromissos regularmente assumidas na data da respectiva notificação, os quais terão, ipso facto, seu curso independente, se não houver desistência das Altas Partes Contratantes.

Em fé do que, os Plenipotenciários abaixo assinados, firmaram o presente Acôrdo e a êle apuzeram os respectivos selos.

Feito em Roma, em dois exemplares, igualmente válidos, nas línguas portuguesa e italiana, aos nove dias do mês de dezembro de mil novecentos e sessenta.

Pelo Govêrno da República dos Estados Unidos do Brasil.

Pelo Govêrno da República Italiana.

DECRETO Nº 99.088, DE 9 DE MARÇO DE 1990

Promulga o Acordo de Previdência Social entre a República Federativa do Brasil e a República Helênica.

O PRESIDENTE DA REPÚBLICA, usando das atribuições que lhe confere o art. 84, item VIII, da Constituição, e

Considerando que o Congresso Nacional aprovou, pelo Decreto Legislativo nº 3, de 23 de outubro de 1987, o Acordo de Previdência Social, celebrado entre o Governo da República Federativa do Brasil e o Governo da República Helênica, em Atenas, a 12 de setembro de 1984,

Considerando que o referido Acordo entrou em vigor em 1º de setembro de 1988, na forma de seu artigo XXVI,

DECRETA:

Art. 1º. O acordo de Previdência Social entre o Governo da República Federativa do Brasil e o Governo da República Helênica, apenso por cópia ao presente decreto, será executado e cumprido tão inteiramente como nele se contém.

Art. 2º. Este decreto entrará em vigor na data de sua publicação, revogadas as disposições em contrário.

Brasília, 9 de março de 1990; 169º da Independência e 102º da República.

JOSÉ SARNEY

Roberto Costa de Abreu Sodré

ACORDO DE COMPLEMENTAÇÃO SOCIAL ENTRE O GOVERNO DA REPÚBLICA FEDERATIVA DO BRASIL E O GOVERNO DA REPÚBLICA HELÊNICA

O Governo da República Federativa do Brasil

E

O Governo da República Helênica,

Desejosos de regular as relações dos dois países em matéria de previdência social,

Resolveram assinar o presente Acordo de Previdência Social nos termos seguintes:

TÍTULO I
DISPOSIÇÕES GERAIS

ARTIGO I

a) O termo "Grécia" designa a República Helênica.

b) O termo "Brasil" designa a República Federativa do Brasil.

c) O termo "trabalhador" designa qualquer pessoa que preencha os períodos de seguro tais como são definidos pelas legislações mencionadas no Artigo II do presente Acordo.

d) Os termos "membros da família", "sobreviventes" e "dependentes" têm a significação que couber segundo a legislação aplicável.

e) O termo "legislação" designa as leis, os decretos, os regulamentos e qualquer outra disposição, existentes ou futuros, concernentes aos sistemas de previdência social mencionados no Artigo II do presente Acordo.

f) O termo "autoridade competente" designa a autoridade competente para a aplicação das legislações mencionadas no Artigo II do presente Acordo e, em particular:

- no que concerne à Grécia, o Ministro da Seguridade Social;

- no que concerne ao Brasil, o Ministro da Previdência e Assistência Social.

g) O termo "instituição competente" designa a instituição à qual o interessado é filiado no momento do pedido de prestação ou a instituição de parte da qual o interessado tem direito à prestação ou teria direito se ele ou sua família residissem no território do Estado Contratante onde esta instituição se encontra.

h) O termo "Estado competente" designa o Estado Contratante em cujo território a instituição competente se encontra.

i) O termo "organismo de ligação" designa os organismos indicados pelas autoridades competentes para se comunicarem entre si e para intervirem junto às instituições competentes para o trato dos assuntos concernentes aos pedidos de prestações.

j) O termo "organismo de gestão" designa a instituição competente para aplicação das legislações enumeradas no Artigo II do presente Acordo.

l) O termo "atividade independente" designa toda a atividade profissional remunerada exercida habitualmente e por contra própria.

m) O termo "períodos de seguro" designa os períodos de contribuição ou de emprego tais como são definidos ou admitidos como períodos de seguro pela legislação sob a qual eles foram cumpridos, assim como os períodos assemelhados na medida em que são reconhecidos por esta legislação como equivalentes aos períodos de seguro.

n) Qualquer outro termo do presente Acordo tem o significado que lhe convêm de acordo com a legislação dos Estados Contratantes.

ARTIGO II

1. O presente Acordo se aplica:

A. na Grécia:

a. à legislação do regime geral de seguros sociais que cobre os trabalhadores assalariados ou assemelhados quanto aos riscos de velhice, morte, invalidez, doença, maternidade, acidentes do trabalho e doenças profissionais, e prestações familiares;

b. à legislação relativa aos regimes especiais de seguros sociais que cobrem, quanto aos riscos mencionados na letra a acima, certas categorias de trabalhadores assalariados ou assemelhados e as pessoas exercentes de uma atividade independente ou uma profissão liberal, salvo quanto ao regime dos integrantes da Marinha Mercante, ao qual o presente Acordo poderá ser aplicado mediante comum acordo das autoridades competentes.

B. - no Brasil:

- à legislação concernente ao Sistema Nacional de Previdência e Assistência Social - SINPAS e, no que houver reciprocidade, ao Regime do Funcionário Federal.

2. O presente Acordo se aplica igualmente às legislações dos Estados Contratantes que estendam a aplicação da legislação existente a novas categorias profissionais ou que estabeleçam novos regimes de previdência social, salvo se o Governo do Estado Contratante que estende sua legislação ou estabelece os novos regimes notificar ao Governo do outro Estado Contratante sua vontade de excetuar essas disposições do campo de aplicação do presente Acordo, no prazo de 6 meses a contar da data da publicação oficial daquelas.

ARTIGO III

O presente Acordo se aplica aos trabalhadores, independentemente de sua nacionalidade, que estejam ou tenham estado sujeitos à legislação de um ou dos dois Estados Contratantes, bem como aos membros de sua família ou dependentes, quando residam em um dos Estados Contratantes.

ARTIGO IV

Os nacionais de cada uma das Partes Contratantes residentes no território da outra Parte têm direito aos mesmos benefícios e são submetidos às mesmas obrigações que os nacionais deste Estado.

ARTIGO V

1. As prestações em espécie concedidas de acordo com a legislação de um ou dos dois Estados Contratantes não serão passíveis de redução, suspensão ou extinção pelo único fato de que o beneficiário reside no outro Estado Contratante.
2. As vantagens da previdência social reconhecidas de acordo com a legislação de um dos Estados Contratantes aos seus próprios beneficiários, se eles residirem no território de um terceiro país, serão concedidas nas mesmas condições aos nacionais do outro Estado Contratante, igualmente.

ARTIGO VI

Se a legislação de um dos Estados Contratantes subordina a filiação ao seguro voluntário ao seguro voluntário ou facultativo ao cumprimento de períodos de seguro de acordo com as disposições relativas a ele, os períodos de segurança ou de emprego cumpridos sob a legislação do outro Estado Contratante serão levados em conta para essa finalidade, na medida do possível, como se se tratasse de períodos de seguro cumpridos sob a legislação do primeiro Estado.

TÍTULO II
DISPOSIÇÕES RELATIVAS A LEGISLAÇÃO APLICÁVEL

ARTIGO VII

1. Trabalhador ao qual o presente Acordo é aplicável não é sujeito senão à legislação de um só dos Estados Contratantes. Esta legislação é determinada segundo o disposto neste Título.
2. Sob reserva das disposições do presente Acordo:
a) O trabalhador ocupado no território de um dos Estados Contratantes estará sujeito à legislação deste Estado, mesmo que tenha domicílio no território do outro Estado ou que a empresa ou o empregador que o ocupa tenha sua sede ou seu domicílio no território do outro Estado.
b) Os membros da equipagem de um navio sob o pavilhão de um dos Estados Contratantes estarão sujeitos à legislação em vigor neste mesmo Estado. Qualquer outra pessoa engajada pelo navio para tarefas de carga e descarga, de reparos ou de vigilância, quando o referido navio de se encontrar no porto, estará sujeita à legislação do Estado sob cuja jurisdição estiver o navio.
3. O pessoal de movimento de empresa de transportes aéreos estará sujeito á legislação do Estado Contratante em cujo território a empresa tenha sua sede.

ARTIGO VIII

Em derrogação das disposições do parágrafo 2, letra a, do Artigo precedente:
a) os membros das representações diplomáticas e consulares, dos organismos internacionais e outros funcionários dessas representações, assim como seus empregados domésticos, são regidos, no que concerne à previdência social, pela legislação, os tratados e convenções que lhes são aplicáveis;
b) os funcionários e o pessoal assemelhado de um dos Estados Contratantes enviados para o território de outro Estado, a fim de ali exercerem suas funções, estarão sujeitos à legislação do Estado Contratante a que pertença a administração que os ocupe;
c) o trabalhador de uma empresa sediada em um dos Estados Contratantes, que tenha sido destacado para o território do outro Estado Contratante por um período limitado, permanecerá sujeito á legislação em vigor no Estado de origem, desde que a duração prevista do seu trabalho não exceda a 12 (doze) meses. Esta situação poderá, excepcionalmente, ser mantida mediante acordo prévio com o Governo do país onde se exerça o trabalho ocasional;
d) se a duração do trabalho a se efetuar se prolongar, em razão de circunstâncias imprevistas, além da duração primitivamente prevista de 12 (doze) meses, a legislação em vigor no Estado onde ele trabalha habitualmente pode continuar aplicável, por exceção, desde que a autoridade competente do Estado onde ele se ocupa temporariamente esteja de acordo;
e) as regras estabelecidas nas alíneas "c" e "d" do presente Artigo são aplicáveis igualmente às pessoas que exerçam atividade independente no território de um dos Estados Contratantes e que se encontrem para a execução desta atividade no território do outro Estado por um período limitado.

ARTIGO IX

As autoridades competentes dos dois Estados Contratantes podem prever, de comum acordo, exceções às disposições enunciadas nos Artigos VII e VIII para determinados trabalhadores ou para certas categorias de trabalhadores.

TÍTULO III
DISPOSIÇÕES PARTICULARES RELATIVAS AS DIFERENTES CATEGORIAS DE PRESTAÇÕES

CAPÍTULO I
DOENÇA, MATERNIADADE E PRESTAÇÕES FAMILIAIS

ARTIGO X

Se a legislação de um dos Estados Contratantes subordinar a aquisição, a manutenção e a recuperação do direito às prestações em espécie ou em natureza ao cumprimento de períodos de seguro ou de emprego cumpridos sob a legislação do outro Estado Contratante, como se se tratasse de períodos cumpridos sob a legislação do primeiro Estado.

ARTIGO XI

1. O titular de uma prestação em dinheiro devida segundo as legislações dos dois Estados Contratantes, assim como seus dependentes que residam permanente ou temporariamente no território do outro Estado, receberão as prestações em natureza da instituição do Estado do lugar de residência permanente ou temporária, a cargo desta instituição.
2. O titular de uma prestação em dinheiro devida segundo a legislação de um só dos Estados Contratantes, bem como seus dependentes que residam permanente ou temporariamente no território do outro Estado, receberão prestações em natureza da instituição deste último Estado segundo a legislação nele aplicável. A instituição que conceda a prestação em dinheiro reembolsará as despesas daquelas prestações à instituição que as fornece.

ARTIGO XII

As autoridades competentes poderão regular por um acordo administrativo a concessão das prestações por doença ou de maternidade aos trabalhadores e aos seus dependentes que transferirem sua residência ou permanência no território daquele dos dois Estados Contratantes que não for o competente, e que preencham as condições previstas pela legislação deste último Estado.

ARTIGO XIII

As despesas com prestações em natureza fornecidas por um dos Estados Contratantes à conta da instituição do outro Estado, em virtude de disposições do presente Acordo, serão reembolsadas pela forma determinada nos acordos administrativos previstos no Artigo XXI.

ARTIGO XIV

As autoridades competentes dos dois Estados Contratantes poderão regular, de comum acordo, com base nas suas legislações nacionais, as medidas necessárias para a aprovação da concessão das prestações familiais no território daquele dos dois Estados Contratantes onde a instituição competente não tenha sede.

CAPÍTULO II
INVALIDEZ, VELHICE, MORTE

ARTIGO XV

1. a) Se o trabalhador houver estado sucessiva ou alternativamente sujeito às legislações dos dois Estados Contratantes, os períodos de seguro, cumpridos de conformidade com a legislação de cada um dos dois Estados, serão totalizados, com a condição de que não se suponham, para a aquisição, a manutenção e a recuperação do direito às prestações.

b) Se a legislação de um dos Estados Contratantes subordinar a concessão de certas prestações à condição de que os períodos de seguro tenham sido cumpridos em uma profissão sujeita a disposições especiais, os períodos cumpridos no outro Estado sob disposições correspondentes ou, em sua falta, na mesma profissão ou no mesmo emprego, serão totalizados exclusivamente para efeito da concessão dessas prestações, mesmo que não existam no outro Estado disposições especiais para a mesma profissão ou o mesmo emprego. Se, levados em conta os períodos assim cumpridos, o interessado não satisfazer as condições exigidas para se beneficiar das ditas prestações, os períodos serão considerados para a concessão das prestações de acordo com as disposições gerais.

2. Se o trabalhador satisfizer as condições previstas pela legislação de um dos Estados Contratantes para a concessão das prestações sem que a totalização dos períodos de seguro mencionados no parágrafo precedente seja necessária, a instituição competente deste Estado determinará o montante das prestações segundo os períodos de seguro cumpridos exclusivamente conforme as disposições da legislação por ela aplicada. Esta disposição se aplicará igualmente no caso que o beneficiário tenha direito às prestações por parte do outro Estado Contratante calculadas em conformidade com o parágrafo 3.

3. Quando um trabalhador não puder fazer valer um direito às prestações em virtude unicamente dos períodos de seguro cumpridos segundo a legislação de um Estado Contratante, a instituição competente deste Estado determinará o direito às prestações totalizado os períodos de seguro cumpridos de acordo com a legislação do outro Estado Contratante, na medida do possível, para o cumprimento das condições previstas pela sua própria legislação, e calculará o montante da prestação em conformidade com as seguintes disposições:

a) determina-se o montante teórico da prestação á qual o interessado poderia pretender se todos os períodos de seguro totalizados houvessem sido cumpridos segundo as disposições de sua legislação;

b) em seguida, determina-se o montante efetivo da prestação à qual o interessado tem direito na base do montante teórico indicado na letra a, segundo pro rata da duração dos períodos de seguro cumpridos sob a legislação que a instituição aplica, relativamente à duração dos períodos de seguro cumpridos nos dois Estados.

4. Se a legislação de um dos Estados Contratantes prevê que o cálculo das prestações baseia-se no salário ou nas contribuições, a instituição que determinar a prestação em virtude do presente Artigo levará em conta exclusivamente o montante dos salários ou das contribuições versadas segundo a legislação que ela aplica.

5. Por derrogação às disposições do parágrafo 1, letra a, se a duração total dos períodos de seguro cumpridos sob legislação de um dos Estados Contratantes não atingir um ano e se, levados em conta apenas esses períodos, nenhum direito às prestações for adquirido em virtude das disposições dessa legislação, a instituição desse Estado não será obrigada a conceder as prestações em razão dos ditos períodos. Em contraposição, a instituição competente do outro Estado Contratante deverá levar em conta esses períodos de seguro, seja para a abertura do direito, seja para o cálculo da prestação.

ARTIGO XVI

O valor das prestações devido por parte das instituições competentes dos Estados Contratantes não poderá ser inferior ao valor mínimo da prestação em virtude da legislação do Estado Contratante em cujo território o beneficiário resida.

ARTIGO XVII

Se a legislação de um dos Estados Contratantes subordinar a concessão das prestações à condição de que o trabalhador, no momento da verificação de sua situação para a outorga das prestações esteja sujeito à legislação do dito país, esta condição será considerada como cumprida no caso em que, no momento da verificação dessa eventualidade, ele estiver sujeito à legislação do outro Estado ou tiver direito às prestações no outro Estado.

TÍTULO IV
DISPOSIÇÕES FINAIS E TRANSITÓRIAS

ARTIGO XVIII

1. As autoridades competentes, as instituições e os organismos de ligação dos dois Estados Contratantes comunicar-se-ão entre si qualquer informação concernente:

a) às medidas tomadas para a aplicação deste Acordo;

b) às modificações de sua legislação que possam estender a aplicação deste Acordo.

2. Para a aplicação deste Acordo, as autoridades e as instituições dos Estados Contratantes deverão ajudar-se mutuamente e agir como se se tratasse da aplicação de sua própria legislação. Esta ajuda mútua será em princípio gratuita.

3. Para a aplicação deste Acordo as autoridades e as instituições dos Estados Contratantes poderão comunicar-se diretamente entre si, e bem assim com as pessoas interessadas e seus mandatários.

4. As autoridades, as instituições e as jurisdições de um dos Estados Contratantes não poderão rejeitar os pedidos ou outros documentos que lhes forem dirigidos pelo fato de serem redigidos na língua oficial do outro Estado Contratante.

ARTIGO XIX

1. As vantagens das isenções ou reduções de taxas de selos, custas de cartório e de registro, previstas pela legislação de um dos Estados Contratantes para as peças ou documentos a serem produzidos para a aplicação da legislação desse Estado, serão extensivas às peças ou documentos análogos a serem produzidos para a aplicação da legislação do outro Estado Contratante ou do presente Acordo.

2. Todos e quaisquer atos, documentos e peças a serem produzidos para a aplicação deste Acordo estarão dispensados do visto de legalização das autoridades diplomáticas ou consulares.

3. Os pedidos, declarações ou recursos que devam ser apresentados, em um prazo determinado, a uma autoridade ou a um organismo de um dos países Contratantes serão considerados como admissíveis se forem apresentados no mesmo prazo a uma autoridade ou a um organismo correspondente do outro país.

ARTIGO XX

As autoridades, as instituições e os organismos dos dois Estados Contratantes poderão corresponder-se diretamente entre si, e bem assim com as pessoas interessadas na sua língua oficial ou nas línguas inglesa ou francesa.

ARTIGO XXI

1. A aplicação deste Acordo será regulamentada por meio de acordos administrativos cuja elaboração poderá ser atribuída, pelas autoridades competentes, a uma comissão mista composta de representantes das Partes Contratantes.

2. Os acordos administrativos referidos no parágrafo precedente entrarão em vigor por troca de notas entre os dois Governos.

ARTIGO XXII

1. A instituição competente de um dos Estados Contratantes será obrigada a efetuar, a pedido da instituição competente do outro Estado, os exames médicos necessários para os beneficiários que se encontrem em seu território.

2. As despesas dos exames médicos, bem como dos exames necessários à concessão das prestações estarão a cargo, reciprocamente, das instituições que os houverem efetuado.

ARTIGO XXIII

1. Para a aplicação do presente Acordo, qualquer requerimento, envio de documentos, pedido de reembolso ou solicitação de informações será feito por intermédio dos organismos de ligação, que são:

a) para a Grécia: o Instituto de Seguros Sociais (L.K.A);

b) para o Brasil: o Instituto Nacioanal da Previdência Social (INPS).

1. Os organismos de ligação estabelecerão, segundo as necessidades e em comum acordo, os formulários e cartas-padrão

convenientes para a aplicação deste Acordo.

2. Os organismos de ligação poderão igualmente estabelecer entrei si modalidades administrativas de aplicação deste Acordo e dos acordos administrativos, a fim de que isto se faça da melhor forma possível, de acordo com seu espírito e sua letra.

ARTIGO XXIV

1. Os pagamentos decorrentes deste Acordo deverão ser efetuados legalmente na moeda do país Contratante que os fizer.

2. No caso em que limitações monetárias forem estabelecidas num dos Estados Contratantes, os dois Governos tomarão, imediatamente e em comum, medidas para assegurar a transferência entre seus territórios das somas pecuniárias necessárias aos fins do presente Acordo.

ARTIGO XXV

1. O presente Acordo é concluído por prazo indeterminado, salvo denúncia por umas das Partes Contratantes. A denúncia será efetuada por via diplomática e produzirá efeito a partir de seis meses contados daqueles que se seguir de recebimento da notificação.

2. Em caso de denúncia, as estipulações deste Acordo permanecerão aplicáveis aos direitos adquiridos durante o período em ele estiverem vigor.

3. Os direitos em curso de aquisição no momento em que este Acordo deixar de vigorar serão previstos, de comum acordo, pelas Partes Contratantes.

4. As autoridades consulares dos Estados Contratantes poderão representar, sem mandato governamental especial, os nacionais do seu próprio Estados perante as autoridades competentes e os organismos de gestão em matéria de previdência social do outro Estado.

ARTIGO XXVI

Cada Parte Contratante notificará a outra a respeito das disposições tomadas para a execução deste Acordo, o qual entrará em vigor no primeiro dia do segundo mês seguinte aquele durante o qual os instrumentos de ratificação forem trocados.

ARTIGO XXVII

1. O presente Acordo não assegura direito algum ao pagamento de prestações por período anterior à data de sua entrada em vigor.

O período de seguro cumprido em virtude da legislação de cada um dos Estados Contratantes antes da entrada em vigor do presente Acordo será levado em consideração para aplicação de suas disposições.

A regra enunciada na frase anterior não atinge as disposições das legislações dos dois Estados Contratantes que se refiram ao campo de aplicação temporário das referidas legislações. Os acordos administrativos previstos no Artigo XXI determinarão a forma de aplicação da disposição precedente.

2. Os direitos adquiridos anteriormente à entrada em vigor do presente Acordo e o pagamento das prestações poderão dar ensejo à revisão, a pedido dos interessados, levando-se em conta as disposições deste Acordo.

3. Nos Casos mencionados no parágrafo 3 deste Artigo, as prestações serão devidas a contar da data da apresentação do pedido. Entretanto, caso o pedido seja apresentado dentro do prazo de dois anos a partir da entrada em vigor do presente Acordo, as prestações serão devidas a partir dessa data.

ARTIGO XXVIII

O presente Acordo será ratificado pelos Estados Contratantes segundo os procedimentos de cada um e os instrumentos de ratificação serão trocados no mais breve prazo.

Em fé do que, os Plenipotenciários dos dois Estados Contratantes assinaram o presente Acordo.

Feito em Atenas, aos 12 dias de setembro de 1984, em três exemplares originais nas línguas portuguesa, grega e francesa, a língua francesa prevalecer em caso de divergências de interpretação.

PELO GOVERNO DA REPÚBLICA FEDERATIVA DO BRASIL:
ALARICO SILVEIRA JUNIOR
EMBAIXADOR

PELO GOVERNO DA REPÚBLICA HELÊNICA:
ROULA KAKLAMANAKI
VICE-MINISTRO DA SEGURANÇA SOCIAL

DECRETO Nº 1.457, DE 17 DE ABRIL DE 1995

Promulga o Acordo de Seguridade Social ou Segurança Social entre o Governo da República Federativa do Brasil e o Governo da República Portuguesa, de 7 de maio de 1991.

O VICE-PRESIDENTE DA REPÚBLICA, no exercício do cargo de PRESIDENTE DA REPÚBLICA, no uso da atribuição que lhe confere o art. 84, inciso IV, da Constituição Federal, e

Considerando que o Governo da República Federativa do Brasil e o Governo da República Portuguesa assinaram em 7 de maio de 1991, em Brasília, o Acordo de Seguridade Social ou Segurança Social;

Considerando que o Congresso Nacional aprovou esse Acordo por meio de Decreto Legislativo nº 95, de 23 de dezembro de 1992;

Considerando que o Acordo entrou em vigor em 25 de março de 1995 , nos termos de seu artigo 25º;

DECRETA:

Art. 1º. O Acordo de Seguridade Social ou Segurança Social entre o Governo da República Federativa do Brasil e o Governo da República Portuguesa celebrado em Brasília, em 7 de maio de 1991, apenso por cópia ao presente decreto, será executado e cumprido tão inteiramente como nele se contém.

Art. 2º. Este decreto entra em vigor na data de sua publicação.

Brasília, 17 de abril de 1995; 174º da Independência e 107º da República.

Marco Antonio de Oliveira Maciel
Sebastião do Rego Barros Netto

ANEXO AO DECRETO QUE PROMULGA O ACORDO DE SEGURIDADE SOCIAL OU SEGURANÇA SOCIAL ENTRE O GOVERNO DA REPÚBLICA FEDERATIVA DO BRASIL E O GOVERNO DA REPÚBLICA PORTUGUESA.

ACORDO DE SEGURIDADE SOCIAL OU SEGURANÇA SOCIAL ENTRE O GOVERNO DA REPÚBLICA FEDERATIVA DO BRASIL E O GOVERNO DA REPÚBLICA PORTUGUESA

O Governo da República Federativa do Brasil e

O Governo da República Portuguesa,

Desejosos de melhorar a situação dos nacionais dos dois países no domínio social e, em conseqüência, de aperfeiçoar o Acordo de Previdência Social de 17 de outubro de 1969 existente entre o Brasil e Portugal, nomeadamente pela harmonização desse Acordo com as novas disposições introduzidas nas legislações de Seguridade Social e Segurança Social,

Acordam as seguintes disposições:

TITULO I DISPOSIÇÕES GERAIS E LEGISLAÇÃO APLICÁVEL

ARTIGO 1

1. Para efeitos de aplicação do presente Acordo:

"legislação" designa as leis, os regulamentos e disposições estatutárias, nos termos especificados no Artigo 2;

"trabalhador" designa todos os trabalhadores abrangidos pelos regimes de segurança social ou seguridade social referidos no parágrafo 1o do Artigo 2o do presente Acordo; *(Redação dada pelo Decreto 7.999/2013)*

"beneficiário" designa quer o trabalhador, quer a pessoa que contribua voluntariamente e quer os respectivos dependentes;

"dependente" designa a pessoa assim qualificada pela legislação de Seguridade Social brasileira ou o familiar ou equiparado reconhecido como tal pela legislação de Segurança Social portuguesa;

"autoridade competente" designa, em relação a cada Estado Contratante, o membro ou membros do governo ou qualquer outra autoridade correspondente, responsável pelas matérias referidas no Artigo 2º do presente Acordo; *(Redação dada pelo Decreto nº 7.999, de 2013)*

"entidade gestora" designa quer a instituição competente incumbida da aplicação de legislação referida no Artigo 2 quer a instituição responsável pelas prestações previstas nessa legislação;

"período de seguro" designa os períodos de pagamento de contribuições e os períodos equivalentes tal como são definidos ou tomados em consideração pela legislação ao abrigo da qual foram ou são considerados como cumpridos;

"benefícios", "prestações", "pensões" ou "rendas" designa os benefícios, as prestações, pensões ou rendas previstas pela legislação aplicável, incluindo as melhorias, atualizações ou suplementos e as indenizações em capital que as possam substituir.

2. Os restantes termos utilizados neste Acordo têm o significado que resulta da legislação do Estado Contratante em causa.

ARTIGO 2

~~1. O presente Acordo aplicar-se-á:~~

~~I. No Brasil, à legislação sobre o regime geral de Seguridade Social, relativamente a:~~

- ~~assistência médica;~~
- ~~velhice;~~
- ~~incapacidade laborativa temporária;~~
- ~~invalidez;~~
- ~~tempo de serviço;~~
- ~~morte;~~
- ~~natalidade;~~
- ~~salário-família;~~
- ~~acidente de trabalho e doenças profissionais.~~

~~II. Em Portugal, à legislação relativa:~~

- ~~ao regime geral de segurança social referente às prestações de doença, maternidade, invalidez, velhice e morte e às prestações familiares;~~
- ~~aos regimes especiais de segurança social estabelecidos para certas categorias de trabalhadores, na parte em que respeitem às prestações enumeradas na alínea precedente;~~
- ~~à prestações concedidas pelos Serviços Oficiais de Saúde, em conformidade com a Lei número 56/79 que instituiu o Serviço Nacional de Saúde;~~
- ~~ao regime de acidentes de trabalho e doenças profissionais.~~

2. O presente Acordo aplicar-se-á, igualmente, á legislação que complete ou modifique as legislações especificadas no parágrafo anterior.

I – Em Portugal, à legislação relativa: (Redação dada pelo Decreto 7.999/2013)

i) aos regimes de segurança social aplicáveis à generalidade dos trabalhadores por conta de outrem e aos trabalhadores independentes, bem como aos regimes de inscrição facultativa do subsistema previdencial do sistema de segurança social, no que respeita às prestações nas eventualidades de doença, maternidade, paternidade e adoção, doenças profissionais, invalidez, velhice e morte; (Acrescido pelo Decreto 7.999/2013)

ii) ao regime não contributivo do subsistema de solidariedade do sistema público de segurança social, no que respeita as prestações nas eventualidades de invalidez, velhice e morte; (Acrescido pelo Decreto 7.999/2013)

iii) ao regime aplicável às prestações por encargos familiares do subsistema de proteção familiar do sistema de segurança social; (Acrescido pelo Decreto 7.999/2013)

iv) ao regime de proteção social dos funcionários públicos, com exceção da proteção na eventualidade desemprego; (Acrescido pelo Decreto 7.999/2013)

v) ao regime de reparação dos danos emergentes dos acidentes de trabalho; e v

vi) ao regime do Serviço Nacional de Saúde. (Acrescido pelo Decreto 7.999/2013)

II – No Brasil: (Redação dada pelo Decreto 7.999/2013)

i) à legislação do Regime Geral de Previdência Social, sem prejuízo do disposto no parágrafo 3º do a Artigo 9º, no que se refere às seguintes contingências: (Redação dada pelo Decreto 7.999/2013)

a) invalidez; (Redação dada pelo Decreto 7.999/2013)

b) velhice; (Redação dada pelo Decreto 7.999/2013)

c) morte; (Redação dada pelo Decreto 7.999/2013)

d) doença; (Acrescido pelo Decreto 7.999/2013)

e) maternidade; (Acrescido pelo Decreto 7.999/2013)

f) encargos familiares; (Redação dada pelo Decreto 7.999/2013)

g) acidentes de trabalho e doenças profissionais; e (Redação dada pelo Decreto 7.999/2013)

h) tempo de contribuição; (Acrescido pelo Decreto 7.999/2013)

ii) à legislação do Sistema Único de Saúde; e (Acrescido pelo Decreto 7.999/2013)

iii) ao sistema não contributivo abrangido pela Lei Orgânica de Assistência Social. (Acrescido pelo Decreto 7.999/2013)

3 - Aplicar-se-á, também, à legislação que estenda os regimes existentes a novas categorias profissionais, ou que estabeleça novos regimes de Seguridade Social ou Segurança Social, se o Estado Contratante interessado não se opuser a essa aplicação, no prazo de três meses contados da data do recebimento da comunicação da publicação oficial dessa legislação. (Redação dada pelo Decreto 7.999/2013)

ARTIGO 3

1 – O presente Acordo aplica-se aos nacionais de cada um dos Estados Contratantes e, sem prejuízo do disposto no Artigo 12-A, a qualquer outra pessoa que esteja ou tenha estado sujeita à legislação referida no Artigo 2º, bem como aos seus familiares e sobreviventes. (Redação dada pelo Decreto 7.999/2013)

2. As pessoas mencionadas no parágrafos precedentes terão os mesmos direitos e as mesmas obrigações que os nacionais do Estado Contratante em que se encontram, relativamente à aplicação da respectiva legislação referida no Artigo 2.

ARTIGO 4

1. Salvo o disposto em contrário no presente Acordo, os trabalhadores em atividade no território de um Estado Contratante estão exclusivamente sujeitos à legislação desse Estado, mesmo que residam no território do outro Estado ou que a entidade patronal que os ocupa tenha o seu domicílio social no território do outro Estado.

2. O princípio estabelecido no parágrafo precedente, será objeto das seguintes exceções:

- o trabalhador que exerce uma atividade independente, para efeitos de aplicação da legislação portuguesa, ou que seja contribuinte individual, para efeitos de aplicação da legislação brasileira, no território de um Estado Contratante e que efetue uma prestação de serviços por sua própria conta no território do outro Estado Contratante e desde que essa atividade tenha uma relação direta com a que habitualmente exerce, fica sujeito à legislação do primeiro Estado, desde que essa prestação de serviços não exceda vinte e quatro meses; (Redação dada pelo Decreto 7.999/2013)
- o pessoal de vôo das empresas de transporte aéreo continuará exclusivamente sujeito à legislação vigente no Estado em cujo território a empresa estiver situada; (Redação dada pelo Decreto 7.999/2013)
- os membros da tripulação de navio sob bandeira de um dos Estados Contratantes estarão sujeitos às disposições vigentes no respectivo Estado. Qualquer outro pessoal que o navio empregue em tarefas de carga e descarga, conserto e vigilância, quando no porto, estará sujeito à legislação do Estado sob cujo âmbito jurisdicional se encontre o navio; e (Acrescido pelo Decreto 7.999/2013)
- os funcionários públicos e os trabalhadores ao serviço do Estado que sejam enviados de um Estado Contratante para o outro continuam sujeitos à legislação do primeiro Estado, desde que remunerados exclusivamente por este. (Acrescido pelo Decreto 7.999/2013)

3. O disposto na alínea "a" do parágrafo 2º não prejudica a aplicabilidade da legislação do Estado Contratante, onde o trabalhador se encontra destacado, no caso de exercício de atividade remunerada por conta de empresa situada neste Estado, ainda que se trate da empresa destinatária ou tomadora de serviços, que são prestados pelo mesmo trabalhador enquanto ao serviço da empresa destacante. (Redação dada pelo Decreto 7.999/2013)

4. Sem prejuízo do parágrafo 5° do presente Artigo, a isenção de sujeição a legislação do Estado Contratante onde foram prestados serviços, no enquadramento, respectivamente, das alíneas "a" ou "b", pelo período máximo nelas previsto, não será suscetível de aplicação no quadro de novo destacamento ou de nova prestação de serviços por conta própria, pelo trabalhador em causa, a não ser no caso de já ter decorrido pelo menos um ano a contar da data do término do anterior destacamento ou da prestação de serviço. (Acrescido pelo Decreto 7.999/2013)

5. As autoridades competentes dos Estados Contratantes poderão, de comum acordo, ampliar ou modificar, em casos particulares ou relativamente a determinadas categorias profissionais, as exceções enumeradas no parágrafo 2º. (Acrescido pelo Decreto 7.999/2013)

ARTIGO 5

1. Os funcionários diplomáticos, administrativos e técnicos das missões diplomáticas e representações consulares dos Estados Contratantes ficam sujeitos à legislação do Estado a que pertencem, excetuados os cônsules honorários, que ficam sujeitos à legislação do Estado de residência.
2. Os demais funcionários, empregados e trabalhadores a serviço das missões diplomáticas e repartições consulares ou a serviço pessoal de um de seus membros, ficam sujeitos à legislação do Estado em cujo território exerçam atividade, sempre que dentro dos doze meses seguintes à sua contratação não optem, com autorização em cada caso da autoridade competente do referido Estado, pela legislação do Estado Contratante a cujo serviço se encontram.

ARTIGO 6

1. Uma pessoa que faça jus em um Estado Contratante ao direito a uma prestação prevista na legislação referida no Artigo 2º conservá-lo-á, sem qualquer limitação, perante a entidade gestora desse Estado, quando se transferir para o território do outro Estado Contratante, com exceção das prestações previstas no Artigo 12-A deste Acordo. Em caso de transferência para um terceiro Estado, a conservação do referido direito estará sujeita às condições determinadas pelo Estado que outorga a prestação aos seus nacionais residentes naquele terceiro Estado. (Redação dada pelo Decreto 7.999/2013)
2. Uma pessoa que, por haver-se transferido do território de um Estado Contratante para o do outro Estado, teve suspensas as prestações previstas na legislação referida no Artigo 2, poderá, a pedido, readquiri-las em virtude do presente Acordo, respeitadas as normas vigentes nos Estados Contratantes sobre caducidade e prescrição dos direitos relativos à Seguridade Social ou Segurança Social.

TÍTULO II DISPOSIÇÕES RELATIVAS ÀS PRESTAÇÕES

ARTIGO 7

1. Uma pessoa vinculada à Seguridade Social ou Segurança Social de um Estado Contratante, incluindo o titular de uma pensão ou renda devida exclusivamente ao abrigo da legislação de um Estado Contratante, conservará o direito aos cuidados de saúde, quando se encontrar temporariamente no território do outro Estado. Terão o mesmo direito os seus dependentes. (Redação dada pelo Decreto 7.999/ 2013)
2. Os dependentes da pessoa referida no parágrafo precedente, enquanto se mantiver a vinculação desta à Seguridade Social ou Segurança Social de um Estado Contratante, terão direito aos cuidados de saúde no outro Estado em que residem. (Redação dada pelo Decreto 7.999/ 2013)
3. O titular de uma pensão ou renda devida exclusivamente ao abrigo da legislação de um Estado Contratante, bem como os seus dependentes, conservarão o direito aos cuidados de saúde quando transferirem a sua residência para o território do outro Estado. (Redação dada pelo Decreto 7.999/ 2013)
4. A extensão e as modalidades dos cuidados de saúde prestados pela entidade gestora do Estado que concede as prestações, nos termos dos parágrafos anteriores, serão determinadas em conformidade com a legislação deste Estado. (Redação dada pelo Decreto 7.999/ 2013)
5. As despesas relativas aos cuidados de saúde de que trata este Artigo ficarão por conta da entidade gestora a cujo regime esteja vinculado o interessado. A forma de indenizar essas despesas e de determinar o seu custo será fixada de comum acordo entre as autoridades competentes conforme o estipulado em Ajuste Administrativo ao presente Acordo. As autoridades competentes poderão, igualmente, renunciar, no todo ou em parte, ao reembolso das referidas despesas. (Redação dada pelo Decreto 7.999/ 2013)

ARTIGO 8

1. Para efeitos de dar por cumprido o período de carência ou de garantia com vista à aquisição do direito às prestações pecuniárias por doença e maternidade, nos termos da legislação de um Estado Contratante, serão tidos em conta, na medida do necessário, os períodos de seguro cumpridos no outro Estado.
2. Uma pessoa que tenha completado num Estado Contratante o período de carência ou de garantia necessária à concessão dos prestações pecuniárias por doença e maternidade manterá no outro Estado o direito a essas prestações, salvo se a referida pessoa tiver tireito a prestações idênticas nos termos da legislação deste último Estado.

ARTIGO 9

1. Uma pessoa que haja cumprido períodos de seguro sob a égide das legislações de ambos os Estados Contratantes terá esses períodos totalizados para concessão das prestações decorrentes de invalidez, velhice e morte, exceto quando estiverem satisfeitas as condições estabelecidas por aquela legislação, sem que haja necessidade de recorrer à totalização. (Redação dada pelo Decreto 7.999/2013)
2. No que se refere à concessão da aposentadoria por tempo de contribuição, os períodos de tempo de contribuição verificados no Brasil serão igualmente totalizados com os períodos de seguro cumpridos sob a égide da legislação portuguesa, desde que esses períodos correspondam ao exercício efetivo de uma atividade profissional em Portugal. (Redação dada pelo Decreto 7.999/2013)
3. O tempo de contribuição do trabalhador para os regimes próprios de previdência dos servidores públicos da União, dos Estados, do Distrito Federal e dos Municípios, existentes no Brasil, será assumido pela Instituição Competente, para todos os efeitos, e certificado à outra Parte como tempo de contribuição do regime previdenciário de que trata este Acordo, sendo de responsabilidade do Brasil os ajustes normativos e compensatórios internos entre os diferentes regimes. (Redação dada pelo Decreto 7.999/2013)

ARTIGO 10

Para efeitos de aplicação das legislações brasileira e portuguesa, serão tidas em conta as seguintes regras:
1. quando, nos termos das legislações dos Estados Contratantes, o direito a uma prestação depender dos períodos de seguro cumpridos em uma profissão regulada por um regime ou lei especial de Seguridade Social ou Segurança Social, somente poderão ser totalizados, para a concessão das referidas prestações, os períodos cumpridos na mesma profissão em um e outro Estado;
2. Sempre que em um Estado Contratante não existir regime ou lei especial de Seguridade Social ou Segurança Social para a referida profissão, só poderão ser considerados, para concessão das mencionadas prestações no outro Estado, os períodos em que a profissão tenha sido exercida no primeiro Estado, sob o regime de Seguridade Social ou Segurança Social nele vigente. Se, todavia, o interessado não obtiver o direito às prestações do regime ou lei especial, os períodos cumpridos nesse regime serão considerados como se tivessem sido cumpridos no regime geral.
3. Para a totalização dos períodos de seguro, cada Estado Contratante tomará em conta os períodos cumpridos nos termos da legislação do outro Estado, desde que não coincidam com períodos de seguro cumpridos ao abrigo da sua própria legislação.

ARTIGO 11

As prestações a que as pessoa referidas nos artigos 9 e 10 do presente Acordo ou seus dependentes têm direito em virtude da legislação de cada um dos Estados Contratantes, em conseqüência ou não da totalização dos períodos de seguro, serão liquidadas nos termos da sua própria legislação, tomando em conta, exclusivamente, os períodos de seguro cumpridos ao abrigo da legislação desse Estado.

ARTIGO 12

Quando os montantes das pensões ou aposentadorias devidos pelas entidades gestoras dos Estados Contratantes não alcançarem, somados, o mínimo fixado no Estado Contratante em que o beneficiário reside, a diferença até esse mínimo correrá por conta da entidade gestora deste último Estado.

ARTIGO 12-A

‣ (Acrescido pelo Decreto 7.999/2013)

1. As pessoas de nacionalidade portuguesa, abrangidas pelo âmbito de aplicação do presente Acordo, que residam legalmente em território brasileiro, podem ter acesso aos benefícios assistenciais previstos na Lei Orgânica de Assistência Social brasileira, desde que satisfaçam as condições para sua concessão, enquanto residirem no território brasileiro. (Acrescido pelo Decreto 7.999/2013)

2. As pessoas de nacionalidade brasileira, abrangidas pelo âmbito de aplicação do presente Acordo que residam legalmente em território português, podem ter acesso às prestações nas eventualidades de invalidez, velhice, viuvez e orfandade, previstas na legislação portuguesa relativa ao regime não contributivo do subsistema de solidariedade, desde que satisfaçam as condições exigidas por essa legislação para a concessão das mesmas prestações, as quais são apenas concedidas enquanto o interessado residir no território português. (Acrescido pelo Decreto 7.999/2013)

ARTIGO 13

Para efeitos da concessão das prestações familiares previstas nas legislações brasileira e portuguesa, cada Estado Contratante terá em conta, na medida do necessário, os períodos de seguro cumpridos no outro Estado Contratante. (Redação dada pelo Decreto 7.999/2013)

ARTIGO 14

1. Uma pessoa vinculada à Seguridade Social ou Segurança Social de um Estado Contratante, incluindo o titular de uma pensão ou renda devida exclusivamente ao abrigo da legislação de um Estado Contratante, e cujos dependentes residem ou recebem educação no território do outro Estado, tem direito, em relação aos referidos dependentes, ao abono de família ou salário-família de acordo com a legislação do primeiro Estado.

2. Uma pessoa residente no território de um Estado Contratante a quem foi aplicada a legislação do outro Estado em conformidade com as disposições do presente Acordo, tem direito ao abono de família ou salário-família ao abrigo da legislação do último Estado.

ARTIGO 15

Se, para avaliar o grau de incapacidade em caso de acidente de trabalho ou de doença profissional, a legislação de um dos Estados Contratantes preceituar que sejam tomados em condideração os acidentes de trabalho e as doenças profissionais anteriormente ocorridos, sê-lo-ão também ao acidentes de trabalho e as doenças profissionais anteriormente ocorridos ao abrigo da legislação do outro Estado como se tivessem ocorrido sob a legislação do primeiro Estado.

TÍTULO III
DISPOSIÇÕES DIVERSAS

ARTIGO 16

1. As modalidades de aplicação do presente Acordo serão objeto de um Ajuste Administrativos a estabelecer pelas autoridades competentes dos Estados Contratantes.

2. As autoridades competentes dos Estados Contratantes informar-se-ão reciprocamente sobre as medidas adotadas para a aplicação do presente Acordo e as alterações que sejam introduzidas nas respectivas legislações em matéria de Seguridade Social ou Segurança Social.

ARTIGO 17

1. As autoridades competentes e as entidades gestoras dos Estados Contratantes prestar-se-ão assistência recíproca para a aplicação do presente Acordo.

2. Os exames médicos solicitados pela entidade gestora de um Estado Contratante, relativamente a beneficiários que se encontrem no território do outro Estado, serão levados a efeito pela entidade gestora deste último, a pedidos e por conta daquela.

ARTIGO 18

1. Sempre que as entidades gestoras dos Estados Contratantes tiverem de conceder prestações precuniárias em virtude do presente Acordo, fá-lo-ão em moeda do seu próprio país.

2. Quando o pagamento for efetuado na moeda do outro país, a conversão será feita à menor taxa de câmbio oficial vigente no Estado cuja entidade gestora efetuar o pagamento.

ARTIGO 19

1. As isenções de direitos, de taxas e de impostos, estabelecidas em matéria de Seguridade Social ou Segurança Social pela legislação de um Estado Contratante, aplicar-se-ão também para efeito do presente Acordo.

2. Todos os atos e documentos que tiverem de ser produzidos em virtude do presente Acordo ficam isentos de vistos e legalização por parte das autoridades diplomáticas e consulares e de registro público, sempre que tenham tramitado por uma das entidades gestoras.

ARTIGO 20

Para efeitos de aplicação do presente Acordo, as autoridades competentes e as entidades gestoras dos Estados Contratantes comunicar-se-ão diretamente entre si e com os beneficiários ou seus representantes.

ARTIGOS 21

1. Os pedidos, documentos e recursos a apresentar perante uma instituição ou jurisdição competente de um Estado Contratante serão tidos como apresentados em tempo, mesmo quando o forem perante a instituição ou jurisdição correspondente do outro Estado, sempre que a sua apresentação for efetuada dentro do prazo estabelecido pela legislação do Estado competente.

2. O requerimento de prestações nos termos do presente Acordo, apresentado a uma entidade gestora de uma Estado Contratante, salvaguarda os direitos do requerente nos termos da legislação do outro Estado, desde que o interessado solicite que tal requerimento seja considerado nos termos da legislação deste último Estado.

3. Se um requerente apresentar o pedido de prestações à entidade gestora de um Estado Contratante e não restringir especificamente o pedido das prestações à legislação desse Estado, o requerimento salvaguarda também os direitos do interessado nos termos da legislação do outro Estado.

ARTIGO 22

As autoridade consulares dos Estados Contratantes poderão representar, sem mandato especial, os nacionais do seu próprio Estado perante as autoridades competentes e as entidades gestoras em matéria de Seguridade Social ou Segurança Social do outro Estado.

ARTIGO 23

As autoridades competentes dos Estados Contratantes resolverão, de comum acordo, as divergências e controvérsias que surgirem na aplicação do presente Acordo.

ARTIGO 24

Para facilitar a aplicação do presente Acordo, as autoridades competentes dos Estados Contratantes designarão os organismos de ligação que julgarem convenientes, em Ajuste Administrativo.

TÍTULO IV
DISPOSIÇÕES FINAIS

ARTIGO 25

Cada uma das Partes notificará a outra do cumprimento das respectivas formalidade legais internas necessárias à entrada em vigor do presente Acordo, a qual se dará, concomitantemente com o Ajuste Administrativo, trinta dias após a data de recebimento da segunda dessas notificações.

ARTIGO 26

1. O presente Acordo terá a duração de um ano, contado a partir da data de sua entrada em vigor. Considerar-se-á tacitamente prorrogado por iguais período, salvo denúncia notificada por via diplomática pelo Governo de qualquer um dos Estados Contratantes, pelo menos três meses antes da sua expiração.

2. Em caso de denúncia, as disposições do presente Acordo, do Ajuste Adminis-

trativo e Normas de Procedimento que o regulamentem continuarão em vigor com respeito aos direitos adquiridos. (Redação dada pelo Decreto 7.999/2013)

ARTIGO 27

O presente Acordo substitui o Acordo de Previdência Social, celebrado entre o Governo da República Federativa do Brasil e o Governo da República Portuguesa em 17 de outubro de 1969, ficando salvaguardados os direitos adquiridos constituídos ao abrigo do Acordo ora substituído.

Feito em Brasília, aos dias 07 do mês de maio de 1997, em dois exemplares, na língua portuguesa, sendo ambos os textos igualmente autênticos.

PELO GOVERNO DA REPÚBLICA FEDERATIVA DO BRASIL
Francisco Rezek
PELO GOVERNO DA REPÚBLICA PORTUGUESA
João de Deus Pinheiro

Publicação:

- Diário Oficial da União – Seção 1 – 18/4/1995, Página 5409 (Publicação Original)
- Coleção de Leis do Brasil – 1995, Página 1693 Vol. 4 (Publicação Original)

ACORDO ENTRE BRASIL E CABO VERDE

O Governo da República Federativa do Brasil & O Governo da República de Cabo Verde

Acordo, por troca de notas, entre o Brasil e Cabo Verde, estendendo aos nacionais cabo-verdianos, residentes no Brasil, as disposições previstas na Convenção de Previdência Social e Ajustes Complementares assinados entre a República Federativa do Brasil e a República Portuguesa.

A 7 de fevereiro de 1979, por troca de notas efetuadas entre os Senhores Antonio F. Azeredo da Silveira, Ministro de Estado das Relações Exteriores da República Federativa do Brasil, e Abílio Augusto Monteiro Duarte, Ministro dos Negócios Estrangeiros da República de Cabo Verde, foi celebrado um Acordo, por troca de notas, entre o Brasil e Cabo Verde, estendendo aos nacionais cabo-verdianos, residentes no Brasil, as disposições previstas na Convensão de Previdência Social e ajustes complementares assinados entre a República Federativa do Brasil e a República Portuguesa.

A nota brasileira tem o seguinte teor:

Em 7 de fevereiro de 1979 DAF-II/DAI/DIE/ 3 / 615(B46) (A4)

Senhor Ministro,

Tenho a honra de acusar recebimento da Nota no 0547/SC8/1/79, de 1º de fevereiro corrente, do seguinte teor:

"Excelência,

Tenho a honra de me referir às notas no 310/75 de 4 de outubro de 1975 e 800/FIB/77 de 24 de fevereiro de 1977, através das quais o Governo da República de Cabo Verde tinha solicitado que aos nacionais cabo-verdianos, residentes no Brasil, continuassem a ser aplicáveis, por período transitório, as disposições previstas na Convenção de Previdência Social e Ajustes Complementares assinados entre a República Federativa do Brasil e a República Portuguesa, até a concretização das negociações e assinatura de uma Convenção bilateral entre os nossos países.

No mesmo sentido, a delegação ministerial cabo-verdiana que, de 25 de abril a 4 de maio de 1977, visitou oficialmente o Brasil, voltou a formular semelhante pretensão tendo obtido a garantia de total disposição brasileira em satisfazer a petição de Cabo Verde.

Neste contexto, tenho a honra de propor a Vossa Excelência o que se segue:

1. Enquanto não entrar em vigor uma Convenção bilateral entre a República Federativa do Brasil e a República de Cabo Verde, os nacionais de cada um dos países, residentes no território do outro, continuarão a reger-se, no que diz respeito à Segurança Social e domínios afins, pelas disposições que lhes eram aplicáveis antes da Independência de Cabo Verde a 5 de julho de 1975.

2. As duas partes comprometem-se a garantir, aos nacionais de cada uma delas residentes no território da outra, os direitos adquiridos ou vias de aquisição, de acordo com a legislação de segurança social respectiva.

Caso o Governo da República Federativa do Brasil concorde com as disposições anteriores, proponho que a presente nota e a resposta de Vossa Excelência, de igual teor, constituam um Acordo entre os nossos governos a entrar em vigor na data de reposta de Vossa Excelência, podendo ser denunciado por quaisquer dos dois governos, mediante aviso prévio de seis meses.

3. Em resposta, informo Vossa Excelência de que o governo brasileiro concorda com a proposta acima, ficando também entendido que, em território brasileiro, considerar-se- á o referido regime adaptado às transformações na estrutura administrativa da previdência social brasileira decorrentes da criação do Sistema Nacional de Previdência e Assistência Social, objeto da Lei no 6.439 de 1o de setembro de 1977.

4. A presente nota e a nota de Vossa Excelência, acima transcrita, constituirão um Acordo entre nossos dois governos, a entrar em vigor na data de hoje, podendo ser denunciado por qualquer das duas partes, mediante aviso prévio de seis meses.

Aproveito a oportunidade para renovar a Vossa Excelência os protestos da minha mais alta consideração.

Antonio F. Azeredo da Silveira

DECRETO Nº 1.689, DE 7 DE NOVEMBRO DE 1995

Promulga o Convênio de Seguridade Social, entre o Governo da República Federativa do Brasil e o Governo do Reino da Espanha, de 16 de maio de 1991.

O PRESIDENTE DA CÂMARA DOS DEPUTADOS, no exercício do cargo de , no uso das atribuições que lhe confere o art. 84, inciso VIII, da Constituição, e

Considerando que o Governo da República Federativa do Brasil e o Governo do Reino da Espanha assinaram, em 16 de maio de 1991, o Convênio de Seguridade Social;

Considerando que o Congresso Nacional aprovou esse Convênio por meio do Decreto Legislativo nº 123, de 02 de outubro de 1995;

Considerando que o convênio entrará em vigor em 1º de dezembro de 1995, nos termos do seu Artigo 41, parágrafo 1,

DECRETA:

Art. 1º O Convênio de Seguridade Social, firmado entre o Governo da República Federativa do Brasil e o Governo do Reino da Espanha, em Madri, em 16 de maio de 1991, apenso por cópia ao presente Decreto, será executado e cumprido tão inteiramente como nele se contém.

Art. 2º Este Decreto entra em vigor na data de sua publicação.

Brasília, 7 de novembro de 1995; 174º da Independência e 107º da República.

Luis Eduardo
Sebastião do Rego Barros Netto

CONVÊNIO DE SEGURIDADE SOCIAL ENTRE A REPUBLICA FEDERATIVA DO BRASIL E O REINO DA ESPANHA

A República Federativa do Brasil
e
O Reino da Espanha

Animados pelo desejo de atualizar as normas convencionais que regulamentam as relações em matéria de Seguridade Social entre os dois países,

Resolvem firmar Convênio de Seguridade Social nos seguintes termos:

TÍTULO I DISPOSIÇÕES GERAIS

ARTIGO I

1 - Os termos que se relacionam a seguir possuem, para os efeitos da aplicação do Convênio, o seguinte significado:

a) "Partes Contratantes" ou "Partes" significa a República Federativa do Brasil e o Reino da Espanha;

b) "Legislação", leis, regulamentos e demais disposições mencionadas no Artigo 2, vigentes nos territórios de uma e outra Parte Contratante;

c) "Autoridade Competente", com respeito à Espanha, o Ministério do Trabalho e Seguridade Social; com respeito ao Brasil, o Ministério do Trabalho e da Previdência Social;

d) "Instituição", Organismo ou Autoridade responsável pela aplicação da legislação a que se refere o Artigo 2;

e) "Instituição Competente", Organismo ou Autoridade que deve entender-se em cada caso concreto, em conformidade com a legislação aplicável;

f) "Organismo de Ligação", Organismo de coordenação entre as Instituições que intervenham na aplicação do Convênio e de informação aos interessados sobre direitos e obrigações derivados do mesmo;

g) "Trabalhador", toda pessoa que, por realizar ou ter realizado uma atividade por conta própria ou alheia, está ou esteve sujeito à legislação referida no Artigo 2;

h) "Período Seguro", todo o período definido como tal pela legislação sob a qual se tenha cumprido, bem como qualquer período considerado pela mesma legislação como equivalente a um período de seguro;

i) "Prestações pecuniárias" qualquer prestação em espécie, pensão, renda, subsídio ou indenização previstas pelas legislações, mencionadas no Artigo 2, incluído qualquer complemento, suplemento ou revalorização;

j) "Assistência sanitária", a prestação de serviços médicos e farmacêuticos destinados a conservar ou restabelecer a saúde nos casos de doença comum ou profissional, acidente, qualquer que seja a sua causa, gravidez, parto e puerpério;

k) "Familiar", pessoa definida ou admitida como tal pela legislação em virtude da qual são concedidas as prestações.

2 - Os demais termos ou expressões usados no Convênio possuem o significado que lhes atribui a legislação aplicada.

ARTIGO 2

1 - O presente Convênio será aplicado:

A) Por parte da Espanha:

A legislação do Regime Geral e dos Regimes Especiais que integram o Sistema da Seguridade Social, no que se refere a:

a) Assistência Médica nos casos de maternidade, doença comum ou profissional e acidente, seja ou não de trabalho;

b) Prestações pecuniárias nos casos de incapacidade temporária de trabalho derivadas da maternidade, doença comum ou profissional e acidente, seja ou não de trabalho;

c) Invalidez;

d) Velhice;

e) Morte e sobrevivência;

f) Proteção familiar;

g) Acidente do trabalho e doença profissional.

B) Por parte do Brasil:

A legislação do Regime Geral da Seguridade Social, no que se refere a:

a) Assistência médica, farmacêutica e odontológica, ambulatorial e hospitalar;

b) Incapacidade de trabalho temporário;

c) Invalidez;

d) Tempo de Serviço;

e) Velhice;

f) Morte;

g) Natalidade;

h) Acidente de trabalho e doença profissional;

i) Salário-famíla.

2 - O presente convênio aplicar-se-á igualmente às disposições legais que no futuro complementem ou modifiquem as mencionadas no parágrafo anterior.

3 - O presente convênio aplicar-se-á às disposições legais que estabeleçam um novo Regime especial de Seguridade Social quando as Partes Contratantes assim o decidirem.

4 - O Convênio aplicar-se-á às disposições legais que em uma Parte Contratante estendam a legislação vigente da outra Parte não se oponha, dentro dos três meses seguintes ao recebimento da notificação de tais disposições.

ARTIGO 3

O presente Convênio aplicar-se-á às pessoas que estejam ou tenham estado submetidas á legislação de uma ou ambas as Partes Contratantes bem como a seus familiares e dependentes legais.

ARTIGO 4

Ressalvado o disposto no presente Convênio, toda pessoa contemplada no Artigo 3 estará sujeita às obrigações da legislação das Partes que se mencionam no Artigo 2 poderá ter direito às prestações de tais legislações nas mesmas condições de que gozam os nacionais dessa Parte.

ARTIGO 5

1 - As prestações pecuniárias de caráter contributivo concedidas em virtude deste Convênio não estarão sujeitas a redução, modificação, suspensão ou retenção pelo fato do beneficiário residir no território da outra Parte ou em um terceiro país, a menos que no presente Convênio se disponha em contrário.

2 - As prestações pecuniárias de caráter contributivo, devidas por uma das Partes Contratantes em decorrência da aplicação do presente Convênio, serão efetivadas aos beneficiários mesmo que estes se encontrem no território da outra Parte ou de um terceiro país.

3 - Se, em alguma das Partes Contratantes forem promulgadas disposições, que restrinjam a transferência de divisas, as duas Partes adotarão imediatamente, medidas necessárias para garantir a efetivação dos direitos derivados do presente Convênio.

TÍTULO II
DISPOSIÇÕES SOBRE LEGISLAÇÃO APLICÁVEL

1 - As pessoas sujeitas às quais seja aplicável o presente Convênio estarão sujeitas exclusivamente à legislação de Seguridade Social da Parte Contratante em cujo território exerçam sua atividade de trabalho, salvo as exceções previstas no Artigo 7.

2 - O trabalhador por conta própria ou autônomo que, devido ao seu trabalho, possa estar segurado pela legislação de ambas as Partes somente ficará submetido à legislação da Parte em cujo território tenha sua residência.

ARTIGO 7

› Numeração mantida conforme original.

O princípio geral estabelecido no Artigo 6 poderá ser objeto das seguintes exceções:

1 - O trabalhador que, estando a serviço de uma empresa em uma das Parte Contratantes, for deslocado por essa empresa ao território da outra Parte para efetuar um trabalho de caráter temporário, continuará submetido à legislação da primeira Parte como se continuasse trabalhando em seu território, desde que este trabalhador não tenha esgotado o seu período de deslocamento e que a duração previsível do trabalho que deva efetuar não ultrapasse três anos.

Se, por circunstâncias imprevisíveis, a duração do trabalho a ser realizado exceder três anos, poderá continuar sendo-lhe aplicada a legislação da primeira período de dois anos, desde que a Autoridade Competente da segunda Parte o autorize.

O trabalhador autônomo que exercer normalmente a sua atividade por conta própria no território de uma Parte, e que passe a realizar um trabalho por sua conta no território da outra Parte, continuará a ser regido pela legislação da primeira Parte desde que a duração prevista não exceda dois anos.

2 - O pessoal de vôo pertencente às empresas de transporte aéreo estará sujeito à legislação da Parte onde a empresa tenha sua sede principal.

3 - Quando um trabalhador exercer a sua atividade profissional a bordo de um navio com pavilhão pertencente a uma das Partes Contratantes, aplicar-se-á a legislação dessa Parte.

Não obstante o disposto no parágrafo anterior, uma pessoa que exercer atividade por conta de outrem a bordo de um navio com pavilhão de uma das Partes Contratantes, e que seja remunerada em função dessa atividade por uma empresa que tenha sede no território da outra parte Contratante continuará submetida à legislação desta última Parte, se residir no território da mesma. A empresa ou pessoa que pagar a remuneração será considerada como empresário para aplicação da referida legislação.

4 - Os trabalhadores portuários, empregados em trabalhos de carga e descarga, reparações ou na inspeção desses trabalhos, serão regulamentados pelas disposições legais da Parte contratante a cujo território pertença ao porto.

5 - Os membros do pessoal das Missões e das Repartições Consulares reger-se-ão pelo estabelecido pela Convenção de Viena sobre Relações Diplomáticas, de 18 de abril de 1961, e sobre Relações Consulares, de 24 de abril de 1963.

6 - Não obstante, o pessoal administrativo e técnico e os membros do pessoal de serviço das Missões Diplomáticas e Repartições Consulares de cada uma das Partes poderão optar entre a aplicação da legislação do Estado acreditante ou pelo outro, sempre que:

a) não tenham caráter de funcionários públicos da Parte acreditante;
b) sejam nacionais do Estado acreditante;
c) essa opção ocorra dentro dos três primeitos meses a partir da entrada em vigor do presente Convênio ou, segundo o caso, dentro dos três meses seguintes à data de início do trabalho no território da Parte em que desenvolvem a sua atividade.
7 - O pessoal de serviço privado dos membros das Missões e Repartições Consulares terá o mesmo direito de opção regulamentado no item anterior, de acordo unicamente com os requisitos das letras b) e c) do item mencionado.
8 - As autoridades Competentes de ambas as Partes Contratantes poderão, de comum acordo, ampliar, suprimir ou modificar as exceções previstas nos parágrafos anteriores.

TÍTULO III
DISPOSIÇÕES RELATIVAS ÀS PRESTAÇÕES

CAPÍTULO I
DOENÇA-MATERNIDADE

ARTIGO 8

Se a legislação de uma Parte Contratante subordina a aquisição, conservação ou recuperação do direito a prestação por doença ou maternidade ao cumprimento de determinados períodos de seguro, a Instituição Competente levará em conta para tal efeito, quando for necessário, os perídios de seguro cumpridos em conformidades com a legislação da outra Parte Contratante, desde que não sobreponham, como se se tratasse de períodos cumpridos em conformidade com a legislação.

ARTIGO 9

Os trabalhadores que reúnam as condições exigidas pela legislação de uma Parte para obter o direito às prestações por doença ou maternidade e cujo estado de saúde requeira prestação de forma imediata durante uma estadia em território da outra Parte, usufruirão:
a) Das prestações de assistência médica pelo tempo durante o prazo estabelecido pela legislação aplicada pela Instituição Competente e que serão fornecidas pela Instituição do país da estadia, cargo da Instituição Competente;
O disposto anteriormente será aplicável aos familiares do trabalhador.
b) Das prestações pecuniárias concedidas pela Instituição competente em conformidade com a legislação que a mesma aplique.

ARTIGO 10

Os trabalhadores a que se refere o Artigo 7, que reúnam as condições exigidas pela legislação aplicada pela Instituição Competente de uma Parte Contratante, beneficiar-se-ão no território da outra Parte:
a) Das prestações de assistência médica que por conta da Instituição Competente sejam prestadas pela Instituição da outra Parte, em conformidade com as modalidade e conteúdo de sua legislação.
Este mesmo direito aplicar-se-á aos familiares a seu cargo desde que o acompanhem;
b) Das prestações pecuniárias devidas pela Instituição Competente em conformidade com a legislação que a mesma aplique.

ARTIGO 11

1- Os familiares de um trabalhador segurado numa Parte Contratante que residam no território da outra Parte Contratante beneficiar-se-ão das prestações médicas prestadas pela Instituição do lugar de residência com o conteúdo e modalidade previstas pela lesgiação que esta aplique durante o tempo que determina a Instituição Competente em conformidade com a sua própria legislação e cargo desta última.
2 - O disposto anteriormente não será aplicável quando os familiares do trabalhador tenham direito a estas prestações em virtude da legislação do país em cujo território residem.

ARTIGO 12

1 - O titular de uma pensão ou renda devida em virtude das legislações de ambas as Partes Contratantes e com direito a prestações de assistência médica por uma e outra legislação receberá estas prestações da Instituição do lugar de sua residência ou estadia de acordo com a legislação que esta aplique e a cargo dessa Instituição. Igual norma será aplicada aos familiares ou dependentes deste titular quando tenham direito a estas prestações.
Quando o titular da pensão ou renda se encontre em estadia ou residência no território de uma Parte e os familiares ou dependentes no território da outra Parte, as prestações de assistência médica serão concedidas, a seu cargo, pelas correspondentes Instituições do lugar de residência ou de estadia dos beneficiários.
2 - O titular de uma pensão ou renda devida somente em virtude da legislação de uma Parte Contratante, e que em conformidade com essa legislação tenha o direito a prestação da assistência médica, receberá essas prestações quando residir no território da outra Parte Contratante. As prestações serão devidas ao titular e a seus familiares ou dependentes que residam com ele pela Instituição do lugar residência em conformidade com a sua própria legislação e a cargo da Instituição competente.
3 - O titular de uma pensão ou renda, devida em virtude da legislação de apenas uma das Partes Contratantes, que tenha direito a prestações de assistência médica em virtude da legislação dessa Parte, e que se encontre em estadia no território da outra Parte, beneficiar-se-á, assim como seus familiares ou dependentes em caso de necessidade imediata, dos serviços médicos prestados pela Instituição do lugar de estadia, segundo as disposições da legislação que esta aplique e a de cargo da Instituição competente.

ARTIGO 13

As despesas ocorridas em virtude das prestações de assistência médica prestadas pela Instituição de uma Parte por conta da Instituição da outra Parte serão reembolsadas na forma determinada nos Ajustes previstos no Artigo 35 do presente Convênio.

ARTIGO 14

O fornecimento, por parte da Instituição do lugar de residência ou de estadia, de próteses, órteses e ajudas técnicas, tratamentos de reabilitação e outras prestações cuja lista figurará no Ajuste Administrativo previsto no Artigo 35 do presente Convênio, estará subordinado, exceto nos casos de urgência, à autorização da Instituição competente. Tal autorização não será necessária quando o custo das prestações seja calculado sobre a base de quota global e desde que o custo do benefício solicitado não supere a quantia fixada por acordo entre as Autoridades competentes de ambas as Partes.

ARTIGO 15

As prestações pecuniárias por doença serão pagas diretamente ao trabalhador pela Instituição competente da Parte cuja legislação seja aplicável em conformidade com os artigo 6 e 7 deste Convênio.

CAPÍTULO II
PRESTAÇÃO PECUNIÁRIAS POR INVALIDEZ, VELHICE, TEMPO DE SERVIÇO E SOBREVIVÊNCIA

ARTIGO 16

O trabalhador que tenha estado, sucessiva ou alternadamente, submetido à legislação de uma e outra parte Contratante, terá direito às prestações regulamentadas neste Capítulo, nas seguintes condições:
1 - A Instituição competente de cada Parte determinará o direito à pensão, tendo em conta unicamente os períodos de seguro cumpridos nessa Parte.
2 - Do mesmo modo, a Instituição competente de cada Parte determinará à pensão totalizando com os próprios períodos aqueles períodos de seguro cumpridos sob a legislação da outra Parte. Quando, efetuada a totalização, se alcançar o direito à prestação, para o cálculo do montante a pagar aplicar-se-ão as seguintes regras:
a) Determinar-se-á o montante da pensão à qual o interessado faria jus como se todos os períodos de seguro totalizados tivessem sido cumpridos sob a sua própria legislação (pensão teórica);
b) O montante da pensão será estabelecido aplicando-se a pensão teórica calculada de acordo com a sua legislação, na mesma proporção existente entre o período de seguro cumprido na Parte a que pertence a Instituição que calcula a pensão e a tota-

lidade dos períodos de seguro cumpridos em ambas as Partes (pensão pro rata);

c) Se a legislação de uma das Partes exigir uma duração máxima de períodos de seguro para o reconhecimento de uma pensão completa, a Instituição Competente dessa Parte levará em conta, para fins de totalização, somente os períodos de contribuição versados na outra Parte necessários para alcançar o direito de tal pensão;

3 - Determinados os direitos, conforme se estabelece nos parágrafos 1 e 2 precedentes, a Instituição Competente de cada Parte reconhecerá e abonará a pensão que seja mais favorável ao interessado, independentemente da resolução adotada pela Instituição Competente da outra Parte.

4 - Para o reconhecimento das prestações por tempo de serviço, a Instituição Competente levará em conta os períodos de seguro cumpridos na outra Parte, desde que necessário, aplicando posteriormente o disposto no parágrafo 2 deste Artigo.

ARTIGO 17

Se as disposições legais de uma Parte Contratante subordinam a concessão das prestações regulamentadas no Artigo anterior à condição de que o trabalhador tenha estado sujeito a essas disposições no momento de produzir-se o efeito causante da prestação, esta condição será considerada cumprida se nesse momento o trabalhador estiver sujeito à legislação da outra Parte ou for acionista em conformidade com a mesma.

ARTIGO 18

1 - O disposto no parágrafo 2 do Artigo 16 não será aplicável pela Instituição Competente de uma das Partes Contratantes sempre que a duração total dos períodos de seguro ou de trabalho cumpridos sob a sua legislação for inferior a uma ano, desde que, levando-se em conta estes períodos, não se tenha adquirido o direito à prestação em conformidade com a legislação dessa Parte.

2 - Os períodos mencionados no parágrafo anterior serão levados em conta pela Instituição da outra Parte para a aplicação do disposto no parágrafo 2. a) do Artigo 16, considerando como próprios os períodos mencionados para efeitos de cálculo e pagamento das prestações.

3 - Não obstante o disposto no parágrafo anterior, se tiverem sido cumpridos em cada uma das Partes períodos de seguro ou de trabalho inferiores a um ano que, por si mesmos, não dão direito a prestações, serão totalizados de acordo com o parágrafo 2 do Artigo 16, sempre que com essa totalização se adquira o direito a ela em uma ou em ambas as Partes.

ARTIGO 19

Para determinar o grau de diminuição da capacidade física do trabalhador, as Instituições competentes de cada uma das Partes Contratante levarão e, conta os relatório a médicos e os dados administrativos emitidos pela Instituição da outra Parte. Não obstante, cada Instituição Competente terá direito a submeter o segurado a exame por um médico de sua escolha.

ARTIGO 20

Quando um trabalhador tiver estado sujeito às legislações das duas Partes Contratantes, os períodos cumpridos posteriormente à entrada em vigor do Convênio serão totalizados em conformidade com as seguintes regras:

1 - Quando coincidir um período de seguro obrigatório ou legalmente reconhecido como tal com um período de seguro voluntário,levar-se-á em conta somente o período do seguro obrigatório ou legalmente reconhecido como tal.

2 - Quando coincidam períodos de seguro voluntário ou facultativo, levar-se-á em conta o correspondente à parte na qual o trabalhador tenha estado segurado obrigatoriamente em último lugar antes do período voluntário ou facultativo e, caso não existam períodos obrigatórios anteriores em nenhuma das partes, na Parte que se tenham cumprido em primeiro lugar períodos obrigatórios posteriores ao voluntário dou facultativo.

3 - Quando em uma das Partes não for possível determinar a época em que determinados períodos que tenham sido cumpridos, ou se trate de períodos que tenham sido reconhecidos como tais pela legislação de uma ou de outra Parte, presumir-se-á que esses períodos não se sobrepõem aos períodos de seguro cumpridos na outra Parte.

ARTIGO 21

A) Pela parte espanhola:

1 - Para determinar a base de cálculo ou reguladora da prestação, cujo direito haja sido adquirido em conformidade com o disposto no Artigo 16, a Instituição Competente aplicará a sua própria legislação.

2 - Não obstante o estabelecido no parágrafo anterior, quando todo ou parte do período de cotização que deva levar-se em conta pela Instituição Competente espanhola para o cálculo da base reguladora das prestações corresponder a períodos cumpridos sob a Seguridade Social do Brasil, a mencionada Instituição determinará essa base da seguinte forma:

a) o cálculo realizar-se-á em função das cotizações reais do segurado durante os anos que precedem imediatamente o pagamento da última cotização à Seguridade Social espanhola;

b) o montante da pensão obtida será incrementado com os aumentos e revalorizações calculados para cada ano posterior e até o ano precedente à realização do efeito para as pensões da mesma natureza.

3 - Nos casos em que não seja possível, devido à sua antiguidade, determinar as bases de cotização do trabalhador, a base reguladora será estabelecida de acordo com a legislação espanhola e tendo em conta, para os períodos de seguro cumpridos no Brasil, a base mínima de cotização vigente durante esses períodos para os trabalhadores da mesma categoria profissional, que o dito trabalhador tenha auferido na Espanha.

B) Pela parte brasileira:

1 - Para determinar a base reguladora ou salário de benefício das pensões, a Instituição competente do Brasil aplicará a sua legislação.

2 - Nos casos de prestações calculadas por totalização de períodos de seguro cujo montante final resulte numa quantia inferior ao valor mínimo estabelecido pela Seguridade Social brasileira, o valor a abonar será automaticamente igual ao referido mínimo.

ARTIGO 22

Se a legislação de uma das Parte subordina o reconhecimento do direito ou a concessão de certos benefícios à condição de que os períodos de seguro ou trabalho tenham sido cumpridos numa profissão sob um regime especial ou, no caso, numa profissão ou emprego determinados, os períodos cumpridos sob a legislação da outra Parte Contratante serão levados em conta, para a concessão desses benefícios, sempre que tiverem sido realizados sob um regime correspondente ou, na sua falta, na mesma profissão ou no mesmo emprego.

CAPÍTULO III
AUXÍLIO-FUNERAL

ARTIGO 23

1- O auxílio-funeral será regido pela legislação que for aplicável ao trabalhador na data do falecimento, segundo as disposições dos Artigos 6 e 7 deste Convênio. Para o reconhecimento da prestação, serão totalizados,m se necessário for, os períodos de seguro cumpridos pelo trabalhador na outra Parte.

2 - Nos casos de falecimento de um pensionista com direito a auxílio-funeral por ambas as Partes, o reconhecimento do mesmo será regulamentado pela legislação da Parte em que estivesse residindo o pensionista no momento do falecimento. Se a residência do pensionista tiver sido em um terceiro país, a legislação aplicável será a da Parte onde o trabalhador residiu em último lugar.

CAPÍTULO IV
PRESTAÇÕES PECUNIÁRIAS POR ACIDENTE DE TRABALHO E DOENÇA PROFISSIONAL

ARTIGO 24

O direito às prestações derivadas de acidente do trabalho ou doença profissional será determinado de acordo com a legislação da Parte Contratante à qual o trabalhador se encontrava sujeito na data do acidente ou no momento de contrair a doença.

ARTIGO 25

Para avaliar a diminuição da capacidade derivada de um acidente do trabalho ou de uma doença profissional, serão levadas em conta as seqüelas de anteriores acidentes do trabalho ou doenças profissionais que o trabalhador pudesse ter sofrido, mesmo que se tenham produzido estando sujeito à legislação da outra Parte.

ARTIGO 26

1 - As prestações por doenças profissionais serão regulamentadas em conformidade com a legislação da Parte que for aplicável ao trabalhador durante o tempo que esteve exercendo a atividade sujeita ao risco que produziu essa doença profissional, mesmo que esta seja diagnosticada pela primeira vez quando se encontrou sujeito à legislação de outra Parte.

2 - Supondo-se que o trabalhador tenha realizado sucessiva ou alternadamente essa atividade, estando sujeito à legislação de ambas as Parte, seus direitos serão determinados em conformidade com a legislação da Parte à qual tenha estado sujeito em último lugar em decorrência dessa atividade.

3 - No caso de uma doença profissional ter originado a concessão de prestações por uma das Partes, esta responderá por qualquer agravamento da doença que possa ter lugar quando se encontre sujeito à legislação da outra Parte, a menos que o trabalhador tenha realizado uma atividade com o mesmo risco, estando sujeito à legislação desta última Parte, caso em que será esta última que assumirá o pagamento da prestação.

Se, em conseqüência disso, a nova prestação for inferior ao que vinha percebendo da primeira Parte, esta garantirá ao interessado um complemento igual à diferença.

CAPÍTULO V
PRESTAÇÕES FAMILIARES

ARTIGO 27

As prestações familiares serão reconhecidas pela Parte e cuja legislação se ache submetido o trabalhador, ou pela qual receba a pensão.

TÍTULO IV
DISPOSIÇÕES DIVERSAS
TRANSITÓRIAS E FINAIS

CAPÍTULO I
DISPOSIÇÕES DIVERSAS

ARTIGO 28

Quando, segundo as disposições legais de uma das Partes, o gozo de uma prestação da Seguridade Social ou obtenção de recursos de outra natureza, ou a realização de uma atividade lucrativa produza efeitos jurídicos sobre o direito a uma prestação, ou sobre a concessão de uma prestação, estas situações terão efeitos jurídicos ainda que se produzam ou se tenham produzido no produzido no território da outra Parte.

ARTIGO 29

As prestações econômicas reconhecidas pela aplicação das normas dos Capítulos II e IV do Título III revalorizar-se-ão:

1 - Pela parte brasileira, em conformidade com a legislação interna vigente no momento da sua aplicação.

2 - Pela parte espanhola, com a mesma periodicidade e com idêntica quantia que as previstas na sua legislação interna. No entanto, quando a quantia da pensão tenha sida determinada sob o regime de pro rata temporis previstono parágrafo 2 do Artigo 16, o montante da revalorização se efetuará mediante a aplicação da mesma regra de proporcionalidade citada nos mencionados parágrafo e Artigo.

ARTIGO 30

1 - Os pedidos, declarações, recursos e outros documentos que, para efeitos de aplicação da legislação de uma Parte, devam ser apresentados num prazo determinado perante as Autoridades ou Instituições correspondentes dessa Parte, serão considerados como apresentados perante elas desde de que tenham sido entregues, dentro do mesmo prazo, perante uma Autoridade ou Instituição da outra Parte.

2 - Qualquer solicitação de prestação apresentada em conformidade com a legislação de uma Parte será considerada como solicitação da prestação correspondente segundo a legislação da outra Parte, sempre que o interessado, no momento de apresentá-la, o manifeste expressamente ou declare que trabalhou na outra Parte.

3 - No Ajuste Administrativo a que se refere o Artigo 35 estabelecer-se-ão normas para a tramitação dos documentos mencionados nos parágrafos 1 e 2 deste Artigo.

ARTIGO 31

As Instituições Competentes de ambas as Partes poderão solicitar qualquer documento, relatórios médicos, comprovantes de fatos e atos dos quais possam derivar aquisição, modificação, suspensão, extinção ou manutenção dos direitos a prestações por elas efetuadas. As despesa que em conseqüência sejam efetuadas serão ressarcidas sem demora pela Instituição competente que solicitou o relatório ou o comprovante, após o recebimento das justificativas pormenorizadas de tais gastos.

ARTIGO 32

Os benefícios de isenções ou reduções de taxas, selos, direitos de secretaria ou de registro ou outros análogos, previstos na legislação de uma das Partes para os atestados e documentos que sejam expedidos em decorrência da aplicação da legislação dessa Parte, serão estendidos aos documentos e atestados que se devam expedir para a aplicação da legislação da outra Parte ou do presente Convênio.

ARTIGO 33

Para a devida aplicação e cumprimento deste Convênio, as Autoridade competente, Organismos de Ligação e Instituições das duas Partes comunicar-se-ão diretamente entre si e com os interessados.

ARTIGO 34

1 - As Instituições devedoras de prestações estarão autorizadas a efetuar o pagamento na moeda do seu país.

2 - Se o pagamento se fizer na moeda de outro país, a paridade deverá se estabelecida pela menor paridade oficial da Parte que abona a pensão.

ARTIGO 35

As Autoridades Competentes de ambas as Partes estabelecerão os Ajustes para a aplicação e execução do presente Convênio.

ARTIGO 36

As Autoridades Competentes das duas Partes comprometem-se a tomar as seguintes medidas para o devido cumprimento do presente Convênio:

a) Designar os Organismos de Ligação;

b) Comunicar-se sobre as adotadas internamente para a aplicação deste Convênio.

c) Notificar uma à outra as disposições legislativas e regulamentares que modifiquem as mencionadas no Artigo 2.

d) Prestar uma à outra a mais ampla colaboração técnica e administrativa para a aplicação deste Convênio, no âmbito de sua própria legislação.

ARTIGO 37

As Autoridades competentes de ambas as Partes decidirão, de comum acordo, as divergências ou controvérsias que possam na interpretação e aplicação deste Convênio.

CAPÍTULO II
DISPOSIÇÕES TRANSITÓRIAS

ARTIGO 38

1 - Os períodos de seguro cumpridos em virtude da legislação das Partes antes da data de vigência deste Convênio serão levados em consideração para a determinação do direito às prestações reconhecidas em virtude do mesmo.

2 - A aplicação deste Convênio dará direito a prestações por continências ocorridas anteriormente à data de sua entrada em vigor. Entretanto, o pagamento das mesmas não se fará com efeito retroativo a tal data, salvo se a legislação interna o permitir.

ARTIGO 39

As pensões que tenham sido liquidadas por uma ou ambas as Partes antes da entrada em vigor deste Convênio poderão ser revistas a pedido dos interessados, ao amparo do mesmo.

ARTIGO 40

Se coincidirem períodos de seguro voluntário, em conformidade com a legislação de uma Parte, com períodos de seguro obrigatório na outra Parte, cumpridos antes da entrada em vigor de um acordo de Seguridade Social subscrito entre as mesmas, a Instituição Competente de cada uma das Partes levará em consideração os períodos cumpridos em conformidade com a sua legislação.

CAPÍTULO II
DISPOSIÇÕES FINAIS

ARTIGO 41

1 - O presente Convênio estará sujeito ao cumprimento dos requisitos constitucionais de cada uma das Partes para a sua entrada em vigor. Para tal efeito, cada uma delas comunicará à outra o cumprimento de seus próprios requisitos.

2 - O Convênio entrará em vigor no primeiro dia do segundo mês seguinte à data da última notificação.

ARTIGO 42

1 - O presente Convênio terá duração de um ano a partir da data de sua entrada em vigor e será prorrogado, automaticamente, por iguais períodos, salvo denúncia, por via diplomática, pelo menos seis meses antes da expiração do prazo.

2 - No caso de cessar a vigência do Convênio, suas disposições continuarão sendo aplicadas aos direitos adquiridos sob seu amparo. Da mesma forma, neste caso, as Partes Contratantes determinarão disposições que garantam os direitos em vias de aquisição, derivados dos períodos de seguro cumpridos anteriormente à data do término do Convênio.

ARTIGO 43

1 - O Acordo de Seguridade Social entre o Brasil e a Espanha, de 25 de abril de 1969 e o Protocolo Adicional a tal Acordo, de 5 de março de 1980, bem como Ajustes Administrativos de 5 de novembro de 1981, para aplicação do Protocolo Adicional ao Acordo, serão extintos na data de entrada em vigor deste Convênio.

O presente Convênio garante os direitos adquiridos sob o amparo do Acordo e do Protocolo Adicional mencionados no parágrafo anterior.

Feito em Madri, aos 16 dias do mês de maio de 1991, em português e espanhol, sendo ambos os textos igualmente autênticos.

PELA REPÚBLICA FEDERATIVA DO BRASIL
Francisco Fernandez Ordñez
PELO REINO DA ESPANHA
Francisco Rezek

DECRETO LEGISLATIVO Nº 451, DE 19 DE SETEMBRO DE 2001

Aprova o texto do Acordo Multilateral de Seguridade Social do Mercado Comum do Sul e seu Regulamento Administrativo, celebrados em Montevidéu, em 15 de dezembro de 1997.

O Congresso Nacional decreta:

Art. 1º Fica aprovado o texto do Acordo Multilateral de Seguridade Social do Mercado Comum do Sul e seu Regulamento Administrativo, celebrados em Montevidéu, em 15 de dezembro de 1997.

Parágrafo único. Ficam sujeitos à aprovação do Congresso Nacional quaisquer atos que alterem o referido Acordo, assim como quaisquer ajustes complementares que, nos termos do inciso I do art. 49 da Constituição Federal, acarretem encargos ou compromissos gravosos ao patrimônio nacional.

Art. 2º Este Decreto Legislativo entra em vigor na data de sua publicação. Senado Federal, em 14 de novembro de 2001

SENADOR RAMEZ TEBET
Presidente do Senado Federal

ACORDO MULTILATERAL DE SEGURIDADE SOCIAL DO MERCADO COMUM DO SUL

Os Governos da República Argentina, da República Federativa do Brasil, da República do Paraguai e da Republica Oriental do Uruguai,

CONSIDERANDO o Tratado de Assunção de 26 de março de 1991 e o Protocolo de Ouro Preto de 17 de dezembro de 1994; e

DESEJOSOS em estabelecer normas que regulem as relações de Seguridade Social entre os países integrantes do MERCOSUL:

Decidiram celebrar o presente Acordo Multilateral de Seguridade Social nos seguintes termos:

TÍTULO I
DISPOSIÇÕES GERAIS

ARTIGO 1

1. Os termos e expressões que se enumeram a seguir possuem, para os efeitos de aplicação do Acordo, o seguinte significado:

a) "Estados Partes" designa à República Argentina, à República Federativa do Brasil, à República do Paraguai e à República Oriental do Uruguai, ou qualquer outro Estado que venha a aderir de acordo com o previsto no Artigo 19 do presente Acordo;

b) "Legislação", leis, regulamentos e demais disposições sobre Seguridade Social aplicáveis nos territórios dos Estados Partes;

c) "Autoridade Competente", os titulares dos organismos governamentais que, conforme a legislação interna de cada Estado Parte, tenham competência sobre os regimes de Seguridade Social;

d) "Organismo de Ligação", organismo de coordenação entre as instituições que intervenham na aplicação do Acordo;

e) "Entidades Gestoras", as instituições competentes para outorgar as prestações amparadas pelo Acordo;

f) "Trabalhador", toda pessoa que, por realizar ou ter realizado uma atividade, está ou esteve sujeita à legislação de um ou mais Estados Partes;

g) "Período de seguro ou contribuição", todo período definido como tal pela legislação sob a qual o trabalhador esteja acolhido, assim como qualquer período considerado pela mesma como equivalente a um período de seguro ou contribuição;

h) "Prestações pecuniárias", qualquer prestação em espécie, renda, subsidio ou indenização previstos pelas legislações e mencionadas no Acordo, incluído qualquer complemento, suplemento ou revalorização;

i) "Prestações de saúde", as destinadas a prevenir, conservar, restabelecer a saúde ou rehabilitar profissionalmente o trabalhador nos termos previstos pelas respectivas legislações nacionais;

j) "Familiares e assemelhados", pessoas definidas ou admitidas como tais pelas legislações mencionadas no Acordo.

2. Os demais termos ou expressões utilizados no Acordo possuem o significado que lhes atribui a legislação aplicável.

3. Os Estados Partes designarão e comunicar-se-ão as Entidades Gestoras e Organismos de Ligação.

TÍTULO II
ÂMBITO DE APLICAÇÃO PESSOAL

ARTIGO 2

1. Os direitos à Seguridade Social serão reconhecidos aos trabalhadores que prestem ou tenham prestado serviços em quaisquer dos Estados Partes, sendo-lhes reconhecidos, assim como a seus familiares e assemelhados, os mesmos direitos e estando sujeitos às mesmas obrigações que os nacionais de tais Estados Partes com respeito aos especificamente mencionados no presente Acordo.

2. O presente Acordo também será aplicado aos trabalhadores de qualquer outra nacionalidade residentes no território de um dos Estados Partes, desde que prestem ou tenham prestado serviços em tais Estados Partes.

TÍTULO III
ÂMBITO DE APLICAÇÃO MATERIAL

ARTIGO 3

1 O presente Acordo será aplicado em conformidade com a legislação de seguridade social referente às prestações contributivas pecuniárias e de saúde existentes nos Estados Partes, na forma, condições e extensão aqui estabelecidas.

2. Cada Estado Parte concederá as prestações pecuniárias e de saúde de acordo com sua própria legislação.

3. As normas sobre prescrição e caducidade vigentes em cada Estado Parte serão aplicadas ao disposto neste Artigo.

TÍTULO IV
DETERMINAÇÃO DA LEGISLAÇÃO APLICÁVEL

ARTIGO 4

O trabalhador estará submetido à legislação do Estado Parte em cujo território exerça a atividade laboral.

ARTIGO 5

O principio estabelecido no Artigo 4 tem as seguintes exceções:

a) o trabalhador de uma empresa com sede em um dos Estados Partes que desempenhe tarefas profissionais, de pesquisa, cientificas, técnicas ou de direção, ou atividades similares, e outras que poderão ser definidas pela Comissão Multilateral Permanente prevista no Artigo 16, Parágrafo 2, e que seja deslocado para prestar serviços no território de outro Estado, por um período limitado, continuará sujeito à legislação do Estado Parte de origem até um prazo de doze meses, suscetível de ser prorrogado, em caráter excepcional, mediante prévio e expresso consentimento da Autoridade Competente do outro Estado Parte;

b) o pessoal de vôo das empresas de transporte aéreo e o pessoal de trânsito das empresas de transporte terrestre continuarão exclusivamente sujeitos à legislação do Estado Parte em cujo território a respectiva empresa tenha sua sede;

c) os membros da tripulação de navio de bandeira de um dos Estados Partes continuarão sujeitos à legislação do mesmo Estado. Qualquer outro trabalhador empregado em tarefas de carga e descarga, conserto e vigilância de navio, quando no porto, estará sujeito à legislação do Estado Parte sob cuja jurisdição se encontre o navio;

2. Os membros das representações diplomáticas e consulares, organismos internacionais e demais funcionários ou empregados dessas representações serão regidos pelas legislações, tratados e convenções que lhes sejam aplicáveis.

TÍTULO V
DISPOSIÇÕES SOBRE PRESTAÇÕES DE SAÚDE

ARTIGO 6

1. As prestações de saúde serão outorgadas ao trabalhador deslocado temporariamente para o território de outro Estado Parte, assim como para seus familiares e assemelhados, desde que a Entidade Gestora do Estado de origem autorize a sua outorga.

2. Os custos que se originen de acordo com o previsto no parágrafo anterior correrão a cargo da Entidade Gestora que tenha autorizado a prestação.

TÍTULO VI
TOTALIZAÇÃO DE PERÍODOS DE SEGURO OU CONTRIBUIÇÃO

ARTIGO 7

1. Os períodos de seguro ou contribuição cumpridos nos territórios dos Estados Partes serão considerados, para a concessão das prestações por velhice, idade avançada, invalidez ou morte, na forma e nas condições estabelecidas no Regulamento Administrativo. Este Regulamento Administrativo estabelecerá também os mecanismos de pagamento pro-rata das prestações.

2. O Estado Parte onde o trabalhador tenha contribuído durante um período inferior a doze meses poderá não reconhecer prestação alguma, independentemente de que tal período seja computado pelos demais Estados Partes.

3. Caso o trabalhador ou seus familiares e assemelhados não tenham reunido o direito às prestações de acordo com as disposições do Parágrafo 1, serão também computáveis os serviços prestados em outro Estado que tenha celebrado acordos bilaterais ou multilaterais de Seguridade Social com qualquer dos Estados Partes.

4. Se somente um dos Estados Partes tiver concluído um acordo de seguridade com outro pais, para fins da aplicação do Parágrafo 3, será necessário que tal Estado Parte assuma como próprio o período de seguro ou contribuição cumprido neste terceiro país.

ARTIGO 8

Os períodos de seguro ou contribuição cumpridos antes da vigência do presente Acordo serão considerados no caso de que o trabalhador tenha períodos de seguro ou contribuição posteriores a essa data, desde que estes não tenham sido utilizados anteriormente na concessão de prestações pecuniárias em outro pais.

TÍTULO VII
DISPOSIÇÕES APLICÁVEIS A REGIMES DE APOSENTADORIA E PENSÕES DE CAPITALIZAÇÃO INDIVIDUAL

ARTIGO 9

1. O presente Acordo será aplicável também aos trabalhadores filiados a um regime de aposentadoria e pensões de capitalização individual estabelecido por algum dos Estados Partes para a obtenção das prestações por velhice, idade avançada, invalidez ou morte.

2. Os Estados Partes e os que venham a aderir, no futuro, ao presente Acordo que possuírem regimes de aposentadoria e pensões de capitalização individual poderão estabelecer mecanismos de transferências de fundos para os fins de obtenção das prestações por velhice, idade avançada, invalidez ou morte. Tais transferências efetuar-se-ão na oportunidade em que o interessado comprovar direito à obtenção das respectivas prestações. A informação aos afiliados deverá ser proporcionada de acordo com a legislação de cada um dos Estados Partes.

3. As administradoras de fundos ou empresas seguradoras deverão dar cumprimento aos mecanismos previstos neste Acordo.

TITULO VIII
COOPERAÇÃO ADMINISTRATIVA

ARTIGO 10

Os exames médico-periciais solicitados pela Entidade Gestora de um Estado Parte, para fins de avaliação da incapacidade temporária ou permanente dos trabalhadores ou de seus familiares ou assemelhados que se encontrem no território de outro Estado Parte, serão realizados pela Entidade Gestora deste último e correrão por conta da Entidade Gestora que o solicite.

TITULO IX
DISPOSIÇÕES FINAIS

ARTIGO 11

1 As Entidades Gestoras dos Estados Partes pagarão as prestações pecuniárias em moeda de seu próprio país.

2. As Entidades Gestoras dos Estados Partes estabelecerão mecanismos de tran sferências de fundos para o pagamento das prestações pecuniárias do trabalhador ou de seus familiares ou assemelhados que residam no território de outro Estado.

ARTIGO 12

As prestações pecuniárias concedidas de acordo com o regime de um ou de outro Estado Parte não serão objeto de redução, suspensão ou extinção exclusivamente pelo fato de que o trabalhador ou seus familiares ou assemelhados residam em outro Estado Parte.

ARTIGO 13

1. Os documentos que sejam necessários para os fins do presente Acordo não necessitarão de tradução oficial, visto ou legalização pelas autoridades diplomáticas, consulares e de registro público, desde que tenham tramitado com a intervenção de uma Entidade Gestora ou Organismo de Ligação.

2. A correspondência entre as Autoridades Competentes, Organismos de Ligação e Entidades Gestoras dos Estados Partes será redigida no respectivo idioma oficial do Estado emissor.

ARTIGO 14

As solicitações e documentos apresentados perante as Autoridades Competentes ou Entidades Gestoras de qualquer Estado Parte onde o interessado comprove períodos de seguro ou contribuição ou residência surtirão efeito como se fossem apresentados às Autoridades ou Entidades Gestoras correspondentes do outro Estado Parte.

ARTIGO 15

Os recursos que corresponda interpor, perante uma Autoridade Competente ou Entidade Gestora de qualquer Estado Parte onde o interessado tenha períodos de seguro ou contribuição ou residência, serão considerados como interpostos em tempo hábil, mesmo quando apresentados à instituição correspondente do outro Estado Parte, desde que sua apresentação seja efetuada dentro do prazo estabelecido pela legislação do Estado perante o qual devam ser fundamentados os recursos.

ARTIGO 16

1. O presente Acordo será aplicado em conformidade com as disposições do Regulamento Administrativo.

2. As Autoridades Competentes instituirão uma Comissão Multilateral Permanente, que deliberará por consenso e onde cada representação estará integrada por até 3 membros de cada Estado Parte. A Comissão terá as seguintes funções:

a) verificar a aplicação do Acordo, do Regulamento Administrativo e demais instrumentos complementares;

b) assessorar as Autoridades Competentes;

c) planejar as eventuais modificações, ampliações e normas complementares;

d) manter negociações diretas, por um prazo de 6 meses, a fim de resolver as eventuais divergências sobre a aplicação do Acordo. Vencido o término anterior sem que tenham resolvido as diferenças, qualquer um dos Estados Partes poderá recorrer ao sistema de solução de controvérsia vigente entre os Estados Partes do Tratado de Assunção.

3. A Comissão Multilateral Permanente reunir-se-á uma vez por ano, alternadamente em cada um dos Estados Partes, ou quando o solicite um deles.

4. As Autoridades Competentes poderão delegar a elaboração do Regulamento Administrativo e demais instrumentos complementares à Comissão Multilateral Permanente.

ARTIGO 17

1. O presente Acordo estará sujeito à ratificação e entrará em vigor a partir do primeiro dia do mês seguinte à data do depósito do último instrumento de ratificação.

2. O presente Acordo e seus instrumentos de ratificação serão depositados perante o Governo da República do Paraguai, o qual comunicará aos Governos dos Estados Partes a data do depósito dos instrumentos de ratificação e da entrada em vigor do presente Acordo.

3. O Governo da República do Paraguai enviará cópia autenticada do presente Acordo aos Governos dos demais Estados Partes.

4. A partir da entrada em vigor do presente Acordo, ficarão derrogados os Acordos Bilaterais de Seguridade Social ou de Previdência Social celebrados entre os Estados Partes. A entrada em vigor do presente Acordo não significará em nenhum caso a perda de direitos adquiridos ao amparo dos mencionados Acordos Bilaterais.

ARTIGO 18

1. O presente Acordo terá duração indefinida.

2. O Estado Parte que desejar se desvincular do presente Acordo poderá denunciá-lo ao qualquer momento pela via diplomática, notificando disso ao Depositário, que o comunicará aos demais Estados Partes. Neste caso, não serão afetados os direitos adquiridos em virtude deste Acordo.

3. O Estados Partes regulamentarão, de comum acordo, as situações decorrentes da denúncia do presente Acordo.

4. A denúncia surtirá efeito 6 meses depois da data de notificação.

ARTIGO 19

O presente Acordo estará aberto à adesão, mediante negociação, a aquele Estado que no futuro adiram ao Tratado de Assunção.

Feito em Montevidéu, em 15 de dezembro de 1997, em um original, nos idiomas português e espanhol, sendo ambos igualmente autênticos.

Guido di Tella - Ministro de Relaciones Exteriores Y Culto República Argentina.

Luiz Felipe Lampreia - Ministro de Relaciones Exteriores República Federativa del Brasil.

Ruben Melgarejo Lanzoni - Ministro de Relaciones Exteriores República del Paraguay.

Carlos Perez del Castilho - Ministro (i) de Relaciones Exteriores Uruguay.

REGULAMENTO ADMINISTRATIVO PARA A APLICAÇÃO DO ACORDO MULTILATERAL DE SEGURIDADE SOCIAL DO MERCADO DO SUL

Os Governos da República Argentina, da República Federativa do Brasil, da República do Paraguai e da República Oriental do Uruguai.

Em cumprimento ao disposto no artigo 16 do Acordo Multilateral de Seguridade Social, estabelecem o seguinte Regulamento Administrativo:

TÍTULO I
DISPOSIÇÕES GERAIS

ARTIGO 1

Para a aplicação do presente Regulamento Administrativo:

1. O termo "acordo" designa o Acordo Multilateral de Seguridade Social entre a República Argentina, a República Federativa do Brasil, a República do Paraguai e a República Oriental do Uruguai ou qualquer outro Estado que venha a aderir.

2. O termo "Regulamento Administrativo" designa o presente regulamento administrativo.

3. As expressões e termos definidos no Artigo 1 do acordo tem o mesmo significado no presente regulamento administrativo.

4. Os prazos mencionados no presente regulamento administrativo contar-se-ão, salvo expressa menção em contrário, em dias corridos. No caso de vencerem em dia não útil, prorrogar-se-ão até o dia útil seguinte.

ARTIGO 2

1. São Autoridades Competentes os titulares: na Argentina, do Ministério de Trabalho e Seguridade Social e do Ministério da Saúde e Ação Social; no Brasil, do Ministério da Previdência e Assistência Social e do Ministério da Saúde; no Paraguai, do Ministério da Justiça e do Trabalho e do Ministério da Saúde Publica e Bem-Estar Social; e no Uruguai, do Ministério do Trabalho e da Seguridade Social.

2. São Entidades Gestoras na Argentina, a Administração Nacional da Seguridade Social (ANSES), as Caixas ou Institutos Municipais e Provinciais de Previdência, a Superintendência de Administradores de Fundo de Aposentadorias e Pensões e as Administradoras de Fundos de Aposentadorias e Pensões no que se refere aos regimes que amparam as contingências de velhice, invalidez e morte baseadas no sistema de reparto ou no sistema de capitalização individual, e a Administração Nacional de Seguro de Saúde (ANSSAL) no que se refere às prestações de saúde; no Brasil, o Instituto Nacional do Seguro Social (INSS) e o Ministério da Saúde; no Paraguai, o Instituto de Previdência Social (IPS); e no Uruguai, o Banco de Previdência Social (BPS).

3. São Organismos de Ligação: na Argentina, a Administração Nacional da Seguridade Social (ANSES) e a Administração Nacional do Seguro de Saúde (ANSSAL); no Brasil, o Instituto Nacional do Seguro Social (INSS) e o Ministério da Saúde; no Paraguai, o Instituto de Previdência Social (IPS); e no Uruguai, o Banco de Previdência Social (BPS).

4. Os Organismos de Ligação estabelecidos no Parágrafo 3 deste artigo terão como objetivo facilitar a aplicação do acordo e adotar as medidas necessárias para lograr sua máxima agilização e simplificação administrativas.

TÍTULO II
DISPOSIÇÕES SOBRE O DESLOCAMENTO TEMPORÁRIO DE TRABALHADORES

ARTIGO 3

1. Para os casos previstos na alínea "I.a" do Artigo 5 do Acordo, o Organismo da Ligação expedirá, mediante solicitação da empresa do Estado de origem do trabalhador que for deslocado temporariamente para prestar serviços no território de outro Estado, um certificado no qual conste que o trabalhador permanece sujeito à legislação do Estado de origem, indicando os familiares e assemelhados que o acompanharão nesse deslocamento. Cópia de tal certificado deverá ser entregue ao trabalhador.

2. A empresa deslocou, temporariamente o trabalhador comunicará ao Organismo de Ligação do Estado que expediu o certificado, neste caso, a interrupção da atividade prevista na situação anterior.

3. Par os eleitos estabelecidos na alínea "1.a do artigo 5 do acordo, e empresa deverá apresentar a solicitação de prorrogação perante a Entidade Gestora do Estado de origem. A Entidade Gestora do Estado de origem expedirá o certificado de prorrogação correspondente, mediante consulta prévia e expresso consentimento da Entidade gestora do outro Estado.

4. A empresa apresentará as solicitações a que se referem os Parágrafos 1 3 com trinta dias de antecedência mínima da ocorrência do fato gerador. Em caso contrário, o trabalhador ficará automaticamente sujeito, a partir do início da atividade ou da data de expiração do prazo autorizado, à legislação do Estado em cujo território continuar desenvolvendo suas atividades.

TÍTULO III
DISPOSIÇÕES SOBRE AS PRESTAÇÕES DE SAÚDE

ARTIGO 4

1. O trabalhador descolado temporariamente nos termos da alínea "1.a" do artigo 5 do acordo ou seus familiares ou assemelhados, para que possam obter as prestações de saúde durante o período de permanência do Estado Parte em que se encontrem, deverão apresentar ao Organismo de Ligação o certificado aludido no Parágrafo 1 ou 3 do artigo anterior.

ARTIGO 5

O trabalhador ou seus familiares e assemelhados que necessitarem de assistência médica de urgência deverão apresentar perante a Entidade Gestora do Estado em que se encontrem o certificado expedido pelo Estado de origem.

TÍTULO IV
TOTALIZAÇÃO DE PERÍODOS DE SEGURO OU CONTRIBUIÇÃO

ARTIGO 6

1. De acordo com o previsto no Artigo 7 do acordo, os períodos de seguro ou contribuição cumpridos no território dos Estados Partes serão considerados, para a concessão das prestações por velhice, idade avançada, invalidez ou morte, observando as seguintes regras:

a) Cada Estado Parte considerará os períodos cumpridos e certificados por outro Estado, desde que não superponham, como períodos de seguro ou contribuição, conforme sua própria legislação;

b) Os períodos de seguro ou contribuição compridos antes do início da vigência do acordo serão considerados somente quando o trabalho a cumprir a partir dessa data;

c) O período cumprido em um Estado Parte, sob um regime de seguro voluntário, somente será considerado quando não for simultâneo a um período de seguro ou contribuição obrigatório cumprido em outro Estado.

2. Nos casos em que a aplicação do Parágrafo 2 do Artigo 7 do acordo venha exonerar de suas obrigações a todas as Entidades Gestoras competentes dos Estados Partes envolvidos, as prestações serão concedidas ao amparo, exclusivamente, do último dos Estados Partes aonde o trabalhador reúna as condições exigidas por sua legislação, com prévia totalização de todos os períodos de seguro ou contribuição cumpridos pelo trabalhador em todos os Estados Partes.

ARTIGO 7

As prestações a que os trabalhadores, seus familiares e dependentes tenham direito, ao amparo da legislação de cada um dos Estados Partes, serão pagas de acordo com as normas seguintes:

1. Quando se reúnam as condições requeridas pela legislação de um Estado Parte para se ter direito às prestações sem que seja necessário recorrer à totalização de períodos prevista no Título VI do acordo, a Entidade Gestora calculará a prestação em virtude unicamente do previsto na legislação nacional que se aplique, sem prejuízo da totalização que possa solicitar o beneficiário.

2. Quando o direito a prestações não se origine unicamente com base nos períodos de seguro ou contribuição cumpridos no Estado Contratante de que se trate, a liquidação da prestação deverá ser feita tomando-se em conta a totalização dos períodos de seguro ou contribuição cumpridas nos outros Estados Partes.

3. Caso seja aplicado o parágrafo precedente, a Entidade gestora determinará, em primeiro lugar, o valor da prestação a que o interessado ou seus familiares a assemelhados teriam direito como se os períodos totalizados tivessem sido cumpridos sob sua própria legislação e, em seguida, fixará o valor da prestação em proporção aos períodos cumpridos exclusivamente sob tal legislação.

TÍTULO VI
APRESENTAÇÃO DE SOLICITAÇÕES

ARTIGO 8

1. Para obter a concessão das prestações de acordo com o estabelecido no Artigo 7 precedente, os trabalhadores ou seus familiares e assemelhados deverão apresentar solicitação, em formulário especial, ao Organismo de Ligação do Estado em que residirem.

2. Os trabalhadores ou seus familiares e dependentes, residentes no território de outro Estado, deverão dirigir-se ao Organismo de Ligação do Estado Parte sob cuja legislação o trabalhador se encontrava assegurado no último período de seguro ou contribuição.

3. Sem prejuízo do estabelecido no Parágrafo 1, as solicitações dirigidas às Autoridades Competentes ou Entidades Gestoras de qualquer Estado-Parte aonde o interessado tenha períodos de seguro ou contribuição ou residência produzirão os mesmos efeitos como se tivessem sido entregues ao Organismo de Ligação previsto nos parágrafos anteriores. As autoridades Competentes ou Entidades Gestoras receptoras obrigar-se-ão a enviá-las, sem demora, ao Organismo de Ligação competente, informando as datas em que as solicitações foram apresentadas.

ARTIGO 9

1. Para o trâmite das solicitações das prestações pecuniárias, os Organismos de Ligação utilizarão pecuniárias, os Organismos de Ligação utilizarão um formulário especial no qual serão consignados, entre outros, os dados de filiação do trabalhador ou, conforme o caso, de seus familiares e assemelhados, conjuntamente com a relação e o resumo dos períodos de seguro ou contribuição cumpridos pelo trabalhador nos Estados-Partes.

2. O Organismo de Ligação do Estado onde se solicita a prestação avaliará, se for o caso, a incapacidade temporária ou permanente, emitindo o certificado correspondente, que acompanhará os exames médico-periciais realizados no trabalhador ou, conforme o caso, de seus familiares e assemelhados.

3. Os laudos, médicos-periciais do trabalhador consignarão, entre outros dados, se a incapacidade temporária ou invalidez é consequência de acidente do trabalho ou doença profissional, e indicarão a necessidade de reabilitação profissional.

4. O Organismo de Ligação do outro Estado pronunciar-se-á sobre a solicitação, em conformidade com sua respectiva legislação, considerando-se os antecedentes médico-peniciais praticados.

5. O Organismo de Ligação do Estado onde se solicita a prestação remeterá os formulários estabelecidos ao Organismo de Ligação do outro Estado.

ARTIGO 10

1. O Organismo de Ligação do outro Estado preencherá os formulários recebidos com as seguintes indicações:

a) períodos de seguro ou contribuição creditados ao trabalhador sob sua própria legislação;

b) o valor da prestação reconhecida de acordo com o previsto no parágrafo 3º do artigo 7 do presente Regulamento Administrativo.

2. O Organismo de Ligação indicado no parágrafo anterior remeterá os formulários devidamente preenchidos ao Organismo de Ligação do Estado onde o trabalhador solicitou a prestação.

ARTIGO 11

1. A resolução sobre a prestação solicitada pelo trabalhador ou seus familiares e assemelhados será encaminhada pela Entidade Gestora de cada Estado-Parte ao domicilio dos mesmos, por meio do respectivo Organismo de Ligação.

2. Uma cópia de resolução será remetida ao Organismo de Ligação ao outro Estado.

TÍTULO VI
DISPOSIÇÕES FINAIS

ARTIGO 12

As Entidades Gestoras e os Organismos de Ligação dos Estados-Partes deverão controlar a autenticidade dos documentos apresentados pelo trabalhador ou seus familiares e assemelhados.

ARTIGO 13

A Comissão Multilateral Permanente estabelecerá e aprovará os formulários de ligação necessários para a aplicação do Acordo e do Regulamento Administrativo. Tais formulários de ligação deverão ser utilizados pelas Entidades Gestoras e Organismos de Ligação para se comunicarem entre si.

ARTIGO 14

O presente Regulamento Administrativo terá a mesma duração do Acordo.

O presente Acordo será depositado junto ao Governo da República do Paraguai, o qual enviará cópia autêntica do mesmo aos Governos dos demais Estados-Partes.

Feito em Montevidéu, em 15 de dezembro de 1997, em um original, nos idiomas português e espanhol, sendo ambos os textos igualmente autênticos.

Guido di Tella, Ministro de Relaciones Exteriores Y Culto República Argentina - Luis Felipe Lampreia, Ministro de Relaciones Exteriores República Federativa del Brasil - Ruben Melgarejo Lanzoni, Ministro de Relaciones Exteriores República del Paraguay - Carlos Pérez del Castilho, Ministro (i) de Relaciones Exteriores del Uruguay.

› Este texto não substitui o original publicado no Diário da Câmara dos Deputados de 13/01/2000

DECRETO LEGISLATIVO Nº 769, DE 30 DE OUTUBRO DE 2009

Aprova o texto da Convenção Multilateral Ibero-americana de Segurança Social, celebrada em Santiago, em 10 de novembro de 2007, por ocasião da XVII Cúpula Ibero-americana de Chefes de Estados e de Governo.

O Congresso Nacional decreta:

Art. 1º Fica aprovado o texto da Convenção Multilateral Ibero-americana de Segurança Social, celebrada em Santiago, em 10 de novembro de 2007, por ocasião da XVII Cúpula Ibero-americana de Chefes de Estados e de Governo.

Parágrafo único. Ficam sujeitos à aprovação do Congresso Nacional quaisquer atos que possam resultar em revisão da referida Convenção, bem como quaisquer ajustes complementares que, nos termos do inciso I do art. 49 da Constituição Federal, acarretem encargos ou compromissos gravosos ao patrimônio nacional.

Art. 2º Este Decreto Legislativo entra em vigor na data de sua publicação.

Senado Federal, em 30 de outubro de 2009.

Senador JOSÉ SARNEY

CONVENÇÃO MULTILATERAL IBERO-AMERICANA DE SEGURANÇA SOCIAL

Os Estados Partes no presente Convénio:

CONSIDERANDO que o trabalho é um dos fatores essenciais no fortalecimento da coesão social das nações e que as condições de segurança social têm uma dimensão multo Importante no desenvolvimento do trabalho decente.

CONSTATANDO que o processo actual de globalização conduz a novas e complexas relações entre os diferentes Estados, o que implica, entre outros aspectos, uma crescente interdependência entre países e regiões em consequência de um movimento acrescido de bens, serviços, capitais, comunicações, tecnologias e pessoas.

RECONHECENDO que este processo, tanto à escala global como a nível regional, produz, no âmbito sócio-laboral, uma maior mobilidade de pessoas entre os diferentes Estados.

TENDO em conta que a realidade actual aconselha promover formas de cooperação no espaço internacional que abranjam diferentes actividades e, em especial, a protecção social na Comunidade Ibero americana, onde já existe um profundo acervo comum a nível cultural, económico e social.

CONVENCIDOS de que esta realidade exige igualmente políticas sociais e económicas adequadas que se manifestam, entre outros aspectos, na necessidade de que o processo de globalização seja acompanhado por medidas vocacionadas para promover a coordenação normativa em matéria de protecção social que, sem alterar os respectivos sistemas nacionais, permitam garantir a igualdade de tratamento e os direitos adquiridos ou em vias de aquisição dos trabalhadores migrantes e das pessoas que deles dependem.

AFIRMANDO a urgência de contar com um Instrumento de coordenação das legislações nacionais em matéria de pensões que garanta os direitos dos trabalhadores migrantes e suas famílias, abrangidos pelos regimes de Segurança Social dos diferentes Estados Ibero-americanos, com o objetivo de que possam gozar dos benefícios gerados com o seu trabalho nos países receptores.

Acordam:

TÍTULO I REGRAS GERAIS E DETERMINAÇÃO DA LEGISLAÇÃO APLICÁVEL

Artigo 1. *Definições.*

CAPÍTULO 1 DISPOSIÇÕES GERAIS

1. Para efeitos da aplicação da presente Convenção, os termos e expressões constantes do presente artigo têm o seguinte significado:

a) "Atividade por conta de outrem ou dependente'; qualquer actividade ou situação equiparada que seja considerada como tal pela legislação de segurança social do Estado Parte onde se exerça essa actividade ou se verifique a situação equiparada;

b) "Actividade por conta própria ou independente", qualquer actividade ou situação equiparada que seja considerada como tal pela legislação de segurança social do Estado Parte onde se exerça essa actividade ou se verifique a situação equiparada;

c) "Autoridade Competente: em relação a cada Estado Parte, a autoridade que, para esse efeito, seja designada pelos Estados Parte correspondentes e que como tal seja mencionada no Acordo de Aplicação;

d) "Comité Técnico-Administrativo", o órgão mencionado no Título IV;

e) "Familiar beneficiário ou titular do direito", a pessoa definida ou reconhecida como tal pela legislação em virtude da qual as prestações são concedidas;

f) "Funcionário: a pessoa definida ou considerada I como tal pelo Estado do qual dependa a administração ou o organismo que a empregue;

g) "Instituição Competente", o organismo ou I a instituição responsável pela aplicação das legislações mencionadas no artigo 3.º Uma relação será incluída no Acordo de Aplicação;

h) "Legislação"; as leis, os regulamentos e outras disposições de segurança social vigentes no território de cada um dos Estados Partes;

i) "Nacional', a pessoa definida como tal pela legislação aplicável em cada Estado Parte;

j) "Organismo de Ligação", o organismo de coordenação e informação entre as instituições competentes dos Estados Parte que: intervenha na aplicação da Convenção e na informação aos Interessados sobre direitos e obrigações derivados da mesma. Uma relação será incluída no Acordo de Aplicação;

k) "Pensão", a prestação pecuniária de longa duração prevista na legislação mencionada no artigo 3.0 da presente Convenção;

l) "Períodos de seguro, de contribuição, ou de emprego", quaisquer períodos definidos como tal pela legislação ao abrigo da qual foram cumpridos ou se considera como cumpridos, assim como todos os períodos equiparados, sempre que sejam reconhecidos como equivalentes aos períodos de seguro pela referida legislação;

m) "Prestações pecuniárias'; quaisquer prestações pecuniárias,, pensões, rendas, subsídios ou indemnizações, previstos nas legislações mencionadas no artigo 3.0 da presente Convenção, incluindo qualquer complemento, suplemento ou revalorização;

n) "Residência'; o lugar onde a pessoa habitualmente reside.

2. Os restantes termos ou expressões usados na presente Convenção têm o significado que lhes for atribuído pela legislação aplicável.

Artigo 2. *Campo de aplicação pessoal.*

A presente Convenção aplica-se às pessoas que estejam ou tenham estado sujeitas à legislação de um ou de vários Estados Parte, assim como aos seus familiares beneficiários e titulares do direito.

Artigo 3. *Campo de aplicação material*.

1. A presente Convenção aplica-se à legislação referente aos ramos de segurança social relativos:

a) às prestações pecuniárias por invalidez;

b) às prestações pecuniárias por velhice;

c) às prestações pecuniárias por sobrevivência; e,

d) às prestações pecuniárias por acidentes de trabalho e doenças profissionais.

Sem prejuízo do disposto no n.º 5 do presente artigo, os cuidados de saúde previstos nas legislações dos Estados .Parte não são abrangidos pela presente Convenção.

2. A presente Convenção aplica-se aos regimes contributivos de segurança social, gerais e especiais. Não obstante, estes últimos podem ser excluídos sempre que estejam incluídos no Anexo I.

3. A presente Convenção não se aplica às prestações pecuniárias inscritas no Anexo II, não podendo em circunstância alguma ser inscrita qualquer dos ramos de segurança social mencionadas no nº 1 do presente artigo.

4. A presente Convenção não se aplica aos regimes não contributivos, nem à assistência social, nem aos regimes de prestações a favor das vítimas de guerra ou das suas consequências.

5. Dois ou mais Estados Parte da presente Convenção podem alargar o âmbito material da mesma, estendendo-o a prestações ou regimes em princípio excluídos. Os acordos bilaterais ou multilaterais através dos quais se proceda a essa extensão e os efeitos pa mesma são inscritos no Anexo III.

As disposições correspondentes aos regimes e/ou prestações que tenham sido objecto de extensão, conforme o previsto no parágrafo anterior, afectam unicamente os Estados que as tenham aceitado, não produzindo efeitos nos restantes Estados Parte.

Artigo 4. *Igualdade de tratamento.*

As pessoas às quais, em conformidade com o disposto no artigo 2.0, se aplique a presente Convenção, estão sujeitas às I obrigações e beneficiam da legislação do Estado Parte em que exerçam a sua actividade, nas mesmas condições que os nacionais desse Estado, salvo disposição em contrário na presente Convenção.

Artigo 5. *Totalização dos períodos.*

Salvo disposição em contrário na presente Convenção, a instituição competente de um Estado Parte cuja legislação faça depender a sujeição a uma legislação, a aquisição, a conservação, a duração ou a recuperação do direito às prestações, o acesso ou a Isenção do seguro obrigatório ou voluntário do cumprimento de determinados períodos de seguro, de contribuição ou de emprego, tem em conta,I na medida do necessário, os períodos de seguro, de contribuição ou de emprego cumpridos ao abrigo da legislação de qualquer outro Estado Parte como se se tratasse de períodos cumpridos ao abrigo dai legislação que a referida instituição aplica, desde que não se sobreponham.

Artigo 6. *Conservação dos direitos adquiridos e pagamento de prestações no estrangeiro.*

1. Salvo disposição em contrário na presente Convenção, as prestações pecuniárias mencionadas no artigo 3.º reconhecidas pela instituição competente de um Estado Parte, não estão sujeitas a redução, modificação, suspensão ou supressão, excepto as que, eventualmente, derivem das despesas de transferência pelo facto de o beneficiário se encontrar ou residir no território de outro Estado Parte e as receba neste último.

2. As prestações atribuídas por aplicação da presente Convenção a beneficiários que residam num país terceiro são pagas nas mesmas condições e em igual montante que as dos próprios nacionais que residam nesse país terceiro.

Artigo 7. Revalorização das pensões.

Se, em consequência do aumento do custo de vida, da variação do nível de receitas ou de outros ajustamentos, a legislação de um Estado Parte revalorizar ou actualizar as prestações, aplicando uma nova quantia ou uma determinada percentagem, essa revalorização ou actualização deve aplicar-se directamente às prestações devidas ao abrigo da presente Convenção, tendo em conta, se for o caso, a regra de proporcionalidade estabelecida na alínea b) do n.º 1 do artigo 13º.

Artigo 8. Relações entre a presente Convenção e outros instrumentos de coordenação de segurança social

A presente Convenção tem plena aplicação em todos os casos em que não existam convenções bilaterais ou multilaterais Sobre segurança social vigentes entre os Estados Parte.

Nos casos em que existam convenções bilaterais ou multilaterais, aplicam-se as disposições que resultem mais favoráveis para o beneficiário.

Cada Estado Parte informa a Secretaria-Geral Ibero-Americana, através do Secretário-Geral da Organização Ibero-Americana de Segurança Social (OISS), sobre as convenções bilaterais e multilaterais em vigor, a qual procede ao respectivo registo no Anexo IV da presente Convenção.

Logo que a presente Convenção esteja em vigor, os Estados Parte das convenções bilaterais ou multilaterais inscritas mo Anexo IV determinam as disposições mais favoráveis das mesmas e comunicam- nas ao Secretário-Geral da OISS.

CAPÍTULO 2
DETERMINAÇÃO DA LEGISLAÇÃO APLICÁVEL

Artigo 9. Regra geral

Sem prejuízo do disposto no artigo 10.º, as pessoas às quais se aplica a presente Convenção estão sujeitas exclusivamente à legislação de segurança social do Estado Parte em cujo território exerçam uma actividade, dependente ou independente, que permita à sua inclusão no âmbito de aplicação da referida legislação.

Artigo 10. *Regras especiais.*

Para efeito da determinação da legislação aplicável, são estabelecidas as regras especiais seguintes:

a) A pessoa que exerça uma actividade dependente ao serviço de uma empresa com sede no território de um dos Estados Parte, que desempenhe funções profissionais, de investigação, científicas, técnicas, de direcção ou actividades similares e que seja destacada para prestar serviços de carácter temporário no território de outro Estado Parte, continua sujeita à legislação do Estado Parte de origem por um período que não exceda doze meses, susceptível de ser prorrogado por um período idêntico, com carácter excepcional, desde que a autoridade competente do outro Estado Parte tenha dado previamente o seu consentimento expresso.

b) A pessoa que exerça uma actividade independente, que desempenhe qualquer das actividades referidas na alínea a) no território de um Estado Parte no qual esteja segurada e que se transfira para exercer essa actividade no território do outro Estado Parte, continua sujeita à legislação do primeiro Estado, na condição de a duração previsível do trabalho não exceder doze meses, desde que a autoridade competente do Estado de origem tenha dado previamente o seu consentimento.

Os Estados Parte podem alargar, de forma bilateral, a lista de actividades sujeitas à presente regra especial, devendo comunicá-lo ao Comité Técnico-Administrativo.

c) O pessoal itinerante ao serviço de empresas de transporte aéreo que exerça a sua actividade no território de dois 04 mais Estados Parte está sujeito à legislação do Estado Parte em cujo território esteja situada a sede principal da empresa.

d) Uma actividade dependente ou independente que se desenvolva a bordo de um navio no mar, que arvore a bandeira de um Estado Parte, é considerada como uma actividade exercida nesse Estado Parte.

No entanto, o trabalhador que exerça uma actividade dependente a bordo de um navio que arvore a bandeira de um Estado Parte e que seja remunerado por essa actividade por uma empresa ou uma pessoa que tenha a sua sede ou domicílio noutro Estado Parte, está sujeito à legislação deste último Estado Parte, desde que aí resida. A empresa ou pessoa que pague a remuneração é considerada como empresário ou empregador para efeitos d aplicação da respectiva legislação.

e) Os trabalhadores que residam num Estado Parte que prestem serviço em empresa pesqueira mista constituída noutro Estado Parte e em navio com bandeira desse Estado Parte consideram-se pertencentes à empresa participante do país em ue residem e, portanto, ficam sujeitos à sua legislação de segurança social, devendo a referida empresa assumir as suas obrigações como empregador.

f) Os trabalhadores empregados em trabalhos de carga, descarga,, reparação de navios e serviços de vigilância no porto estão sujeitos à legislação do Estado Parte a cujo território pertença o porto.

g) Os membros do pessoal das missões diplomáticas! e dos postos consulares regem-se pelo estabelecido na Convenção de Viena sobre Relações Diplomáticas, de 18 de Abril de 1961, e na Convenção sobre Relações Consulares, de 24 de Abril lde 1963.

h) Os funcionários públicos de um Estado Parte, que não sejam os referidos na alínea g) e o pessoal equiparado, que se encontrem destacados no território de outro Estado Parte, ficam sujeitos à legislação do Estado Parte ao qual pertence a administração de que dependem.

i) O pessoal administrativo e técnico e os membros Ido pessoal ao serviço das missões diplomáticas e postos consulares de cada um dos Estados Parte, que sejam nacionais do Estado Parte acreditante e não sejam funcionários públicos, podem optar entre a aplicação da legislação do Estado acreditante e a do outro Estado Parte.

A opção exerce-se nos três meses seguintes à data de início do trabalho no território do Estado em que exercem a sua actividade.

As pessoas ao serviço privado e exclusivo dos membros das missões diplomáticas ou postos consulares, que sejam nacionais do Estado Parte acreditante, têm o mesmo direito de opção a que se refere o parágrafo anterior.

j) As pessoas enviadas por um Estado Parte em missões de cooperação ao território de outro Estado Parte ficam sujeitas à legislação do Estado que as envia, salvo. disposição e contrário em acordos de cooperação.

Artigo 11. *Excepções.*

Dois ou mais Estados Parte, as autoridades competentes desses Estados ou os organismos designados por essas autoridades podem estabelecer, de comum acordo, excepções aos artigos p. o e 10. 0, em benefício de determinadas pessoas ou categorias de pessoas, sempre que as mesmas sejam inscritas no Anexo V.

Artigo 12. *Seguro voluntário.*

Em matéria de pensões, o interessado pode beneficiar do seguro voluntário de um Estado Parte, ainda que esteja obrigatoriamente sujeito à legislação de outro Estado Parte, sempre que anteriormente já tenha estado sujeito à legislação do primeiro Estado Parte pelo facto ou em consequência do exercício de uma actividade como trabalhador dependente ou independente e na condição de a referi a acumulação ser admitida na legislação do primeiro Estado ·Parte. ser admitida na legislação do primeiro Estado Parte.

TÍTULO II
DISPOSIÇÕES PARTICULARES PARA AS DIFERENTES CATEGORIAS DE PRESTAÇÕES

CAPÍTULO 1
PRESTAÇÕES POR INVALIDEZ, VELHICE E SOBREVIVÊNCIA

Artigo 13. *Determinação das prestações.*

1. Os períodos de seguro, de contribuição ou de emprego cumpridos em qualquer dos Estados Parte são considerados para a determinação das prestações por invalidez, velhice e sobrevivência, nas seguintes condições:

a) Sempre que estejam cumpridas as condições exigidas pela legislação de um ou de vários Estados Parte para beneficiar do direito às prestações, sem que seja necessário recorrer à totalização de períodos prevista no artigo 5., Instituição ou instituições competentes determinam a prestação em conformidade com a referida legislação, considerando unicamente os períodos de seguro, de contribuição ou de emprego cumpridos nesse Estado Parte, sem prejuízo de o interessado poder solicitar a totalização dos períodos cumpridos ao abrigo de outras legislações, caso em que se aplica o n.º 2.

b) Quando, considerando unicamente os períodos de seguro, de contribuição ou de emprego cumpridos num Estado Parte, o beneficiário não satisfaça as condições exigidas para beneficiar do direito às prestações, estas são determinadas mediante! totalização dos períodos de seguro, contribuição ou de emprego cumpridos noutros Estados Parte.

Para o efeito, a instituição competente determina, em primeiro lugar, o montante da prestação à qual o beneficiário teria direito como se todos os períodos totalizados se tivessem cumprido integralmente ao abrigo da sua própria legislação (prestação teórica) e estabelece de seguida o montante efectivo da prestação, aplicando ao referido montante teórico a proporção entre a duração dos períodos de seguro, de contribuição ou de emprego cumpridos, antes de se verificar a eventualidade, ao abrigo da legislação do Estado Parte e os períodos totalizados (prestação efectiva).

2. Se a legislação de um Estado Parte fizer depender a aquisição, a conservação ou a recuperação do direito a prestações da condição de o interessado ter estado segurado no momento de ocorrência do risco, essa condição é considerada preenchida quando o interessado tenha estado segurado ao abrigo da legislação ou tenha recebido uma pensão calculada com base nos períodos de seguro cumpridos noutro Estado Parte. Para efeitos de determinação de pensões de sobrevivência, tem-se em conta, se necessário, o facto de o segurado em causa ter estado segurado ou ter recebido pensão de outro Estado Parte.

Se a legislação de um Estado Parte fizer depender a determinação do direito a uma prestação da condição de terem sido cumpridos períodos de seguro, de contribuição ou de emprego num período determinado imediatamente anterior ao momento e se apurar a prestação, essa condição considera-se cumprida se o interessado provar a existência de períodos imediatamente anteriores ao da determinação da prestação noutro Estado Parte.

Se a legislação de um Estado Parte fizer depender o direito à concessão de determinados benefícios do cumprimento de períodos de seguro, de contribuição ou de emprego numa profissão ou actividade determinadas, tem-se em conta, para a determinação de tais prestações ou benefícios, os períodos cumpridos noutro Estado Parte numa profissão ou actividade correspondentes.

3. Se a duração total dos períodos de seguro, de contribuição ou de emprego, uma vez totalizados, for superior ao período máximo requerido pela legislação de algum dos Estados Parte para a obtenção de uma prestação completa, a instituição competente desse Estado Parte considera, para efeitos do cálculo previsto no nº 1, alínea b) do presente artigo, o citado período máximo em vez da duração total dos períodos totalizados. O disposto anteriormente não se aplica no caso de prestações cujo montante não esteja dependente de períodos de seguro, de cotização ou de emprego.

4. Se a legislação de um Estado Parte estabelecer que, para efeitos da determinação do montante da prestação, sejam tom' dos em conta rendimentos, contribuições, bases de contribuição, remunerações ou uma combinação destes parâmetros, a base de cálculo da prestação determina-se tendo em conta, unicamente, os rendimentos, contribuições, bases de contribuição ou remunerações correspondentes aos períodos de seguro, de contribuição ou de emprego cumpridos no Estado Parte em causa.

5. As cláusulas de redução, suspensão ou supressão previstas na legislação de um Estado Parte no caso de titulares de pensão que exerçam uma actividade profissional, são aplicáveis i mesmo que a referida actividade seja exercida no território de outro Estado Parte.

Artigo 14. *Períodos inferiores a um ano.*

1. Não obstante o disposto nos artigos anteriores, quando a duração total dos períodos de seguro, de contribuição ou de emprego cumpridos ao abrigo da legislação de um Estado Parte não atinja um ano e, nos termos da legislação desse Estado farte, não seja adquirido direito a prestações pecuniárias, a instituição competente do referido Estado Parte não concede qualquer prestação pecuniária relativa ao referido período.

2. Os períodos referidos são tidos em conta, se necessário, pelas instituições competentes dos outros Estados Parte para a aquisição do direito e a determinação do montante , da pensão nos termos da sua legislação.

3. Não obstante o disposto nos números anteriores, quando os períodos cumpridos em cada um dos Estados Parte forem inferiores a um ano, mas, totalizando os mesmos, seja possível adquirir o direito a prestações ao abrigo da legislação de vários Estados Parte, deve proceder-se à sua totalização, e conformidade com o disposto na alínea b) do n.º 1 do artigo 13.º.

Artigo 15. *Montantes devidos em virtude de períodos de seguro voluntário.*

1. Os períodos de seguro voluntário cumpridos pelo trabalhador ao abrigo da legislação de um Estado Parte totalizam-se se necessário, com os períodos de seguro obrigatório ou voluntário cumpridos ao abrigo da legislação de outro Estado Parte, desde que não se sobreponham.

2. Quando coincidam no tempo períodos de seguro obrigatório com períodos de seguro voluntário, tem-se em conta s períodos de seguro obrigatório. Quando coincidam no tempo dois ou mais períodos de seguro voluntário, cumpridos em dois

o mais Estados Parte, cada Estado tem em conta os períodos cumpridos no seu território.

3. Não obstante, uma vez calculado o montante teóricos assim como o montante efectivo, da prestação pecuniária, em conformidade com o disposto no artigo 13.º, o montante efectivamente devido é aumentado pela instituição competente em que tenham sido cumprido os períodos de seguro voluntário no montante que corresponda aos referidos períodos de seguro voluntário que não tenham sido tidos em conta de acordo com a sua legislação interna.

4. Quando num Estado Parte não for possível precisar época em que determinados períodos de seguro tenham sido cumpridos, presume se que os referidos períodos não se sobrepõem com os períodos de seguro cumpridos noutros Estados Parte.

CAPÍTULO 2
COORDENAÇÃO DE REGIMES E LEGISLAÇÕES BASEADOS POUPANÇA E NA CAPITALIZAÇÃO

Artigo 16. ***Regimes de prestações.***

1. Quando se trate de regimes de capitalização individual, os inscritos na Entidade Administradora de Fundos de Pensões o instituição da mesma natureza, financiam as suas pensões com o saldo acumulado na sua conta de capitalização individual, nos termos estabelecidos na legislação do Estado Parte em causa.

Se, de acordo com a legislação de um Estado Parte o qual é paga a pensão, for garantida uma pensão mínima, quando a pensão resultante do saldo acumulado na conta de capitalização individual for insuficiente para financiar pensões de um monta te pelo menos igual ao da referida pensão mínima, a instituição competente do Estado Parte onde se paga a pensão procede à totalização dos períodos cumpridos noutros Estados Parte, de acordo com o artigo 5º, para aceder ao benefício de pensão mínima de velhice ou invalidez, na proporção correspondente, calculada em conformidade com o disposto no artigo 13º Igual direito têm os beneficiários de pensão de sobrevivência.

2. Os trabalhadores que se encontrem inscritos nu sistema de pensões de capitalização individual de um Estado Parte podem contribuir voluntariamente para o referido sistema d contribuições, desde que a legislação nacional desse Estado o permita e durante o tempo em que residam noutro Estado Parte, se prejuízo do cumprimento da obrigação de efectuar contribuições nos termos da legislação deste último Estado.

Artigo 17. ***Transferência de fundos.***

Os Estados Parte nos quais vigorem regime de capital ação individual efeitos de concessão de prestações por invalidez, velhice ou morte.

CAPÍTULO 3
PRESTAÇÕES POR ACIDENTES DE TRABALHO E DOENÇA PROFISSIONAL

Artigo 18. ***Determinação do direito a prestações.***

O direito às prestações por acidente de trabalho ou doença profissional é determinado de acordo com a legislação do Estado Parte à qual o trabalhador se encontrai sujeito na data em que ocorre o acidente ou se verifica a doença.

TÍTULO III
MECANISMOS IDE COOPERAÇÃO ADMINISTRATIVA

Artigo 19. ***Peritagens médicas.***

A pedido da instituição competente, os exames médicos previstos pela legislação de um Estado Parte para efeitos de aquisição ou manutenção das correspondentes prestações de segurança social podem ser efectuados em qualquer outro Estado Parte pela instituição do lugar de residência do requerente ou do beneficiário das prestações, tendo esta instituição direito ao reembolso, por parte da instituição competente, das despesas resultantes da realização dos referidos exames.

2. Os referidos exames médicos são financiados, nos termos estabelecidos no Acordo de Aplicação, pela institui o competente do Estado Parte que solicitou os exames e/ou se assim o determinar a legislação interna, pelo requerente ou beneficiário, podendo a instituição competente do Estado Parte que solicitou a avaliação médica deduzir o montante que o requerente ou beneficiário deva assumir das prestações pecuniárias devidas ou, eventualmente, do saldo da conta de capitalização individual.

3. Para efeitos de facilitar a avaliação a que se refere o nº 2, a instituição competente do Estado Parte em cujo território a pessoa reside, deve, a pedido da instituição competente do outro Estado Parte, remeter a esta última, sem encargos, qualquer relatório ou antecedente médico pertinente que tenha em seu poder, em conformidade com o disposto no artigo 20.0• Essa Informação deve ser utilizada exclusivamente para efeitos da aplicação da presente Convenção.

Artigo 20. ***Troca de informações.***

1. As autoridades competentes dos Estados Parte com nicam entre si as informações relativas:

a) Às medidas adoptadas para efeitos de aplicação da presente Convenção; e

b) Às alterações das respectivas legislações susceptíveis de afectar a aplicação da presente Convenção.

2. Para efeitos de aplicação da presente Convenção, as autoridades e as instituições competentes dos Estados Parte prestam entre si os seus bons ofícios e actuam como se se tratasse da aplicação das suas próprias legislações. O auxílio administrativo prestado pelas referidas autoridades e instituições é, em regra, gratuito.

3. As instituições competentes, de acordo com o princípio da boa administração, respondem a todos os pedidos num prazo razoável e, para tal efeito, comunicam às pessoas interessadas qualquer Informação necessária para fazerem valer os direitos !decorrentes da presente Convenção.

4. De igual forma, as pessoas interessadas ficam obrigadas a informar com brevidade as instituições do Estado Parte competente e do Estado Parte de residência sobre qualquer alteração ma sua situação pessoal ou familiar que afecte o direito às prestações previstas na presente Convenção.

Artigo 21. ***Requerimentos e documentos.***

1. Os documentos pedidos para efeitos de aplicação da presente Convenção não necessitam de tradução oficial, visto ou legalização por parte das autoridades diplomáticas, consulares e de registo público, desde que sejam enviados através de uma autoridade ou instituição competente ou organismo de ligação.

2. A correspondência entre as autoridades competentes, organismos de ligação e instituições competentes dos Estados Parte é redigida em língua portuguesa ou espanhola.

3. Os requerimentos e documentos apresentadas perante as autoridades ou instituições competentes de qualquer Estado Parte onde o interessado tenha cumprido períodos de seguro, de contribuição ou de emprego, ou tenha a sua residência, são admissíveis como se tivessem sido apresentado perante as autoridades ou instituições competentes correspondentes do outro Estado Parte, sempre que o interessado o solicite expressamente ou se da documentação apresentada se deduzir a existência de períodos de seguro, de contribuição ou de emprego neste último Estado Parte.

Artigo 22. ***Isenções.***

As isenções ou reduções de taxas, selos, emolumentos notariais ou de registo estabelecidos na legislação de um Estado Parte para a emissão dos documentos exigidos por essa mesma legislação ao extensivas à emissão dos documento,s análogos exigidos pela legislação de qualquer outro Estado Parte para efeitos de aplicação da presença Convenção.

TÍTULO IV
COMITÉ TÉCNICO-ADMINISTRATIVO

Artigo 23. ***Composição e funcionamento do Técnico Administrativo.***

1. O Comité Técnico-Administrativo, composto por u representante do Governo de cada um dos Estados Parte, assistido, se for caso disso, por conselheiros técnicos.

2. Os estatutos do Comité Técnico-Administrativo são estabelecidos, de comum acordo, pelos seus membros. As decisões sobre as questões de interpretação são adaptadas em conformidade com o que se estabeleça no Acordo de Aplicação da presente Convenção.

Artigo 24. *Atribuições do Comité Técnico Administrativo*

Cabe ao Comité Técnico-Administrativo:

a)Possibilitar a aplicação uniforme da presente convenção, em particular fomentando a troca de experiências e das melhores práticas administrativas.

b) Resolver as questões administrativas ou interpretação decorrentes da presente Convenção ou do respectivo Acordo de Aplicação.

c) Promover e desenvolver a colaboração entre os Estados Parte e as suas instituições em matéria de segurança social, e particular no sentido de facilitar a realização de acções que vise a cooperação transfronteiriça no âmbito da coordenação dos sistemas de segurança social.

d) Fomentar o uso das novas tecnologias; em particular mediante a modernização dos procedimentos necessários pa a troca de informação e a adaptação às trocas electrónicas do fluxo de informações entre as instituições competentes.

e) Exercer qualquer outra função no âmbito das suas competências por força da presente Convenção e do Acordo de Aplicação ou de qualquer convenção ou acordo que venha a celebrar-se no quadro dos referidos instrumentos.

TÍTULO VI
DISPOSIÇÕES TRANSITÓRIAS

Artigo 25. *Disposições transitórias.*

1. A aplicação da presente Convenção confere direito ai prestações por eventualidades ocorridas antes da data da sua entrada em vigor.

Não obstante, o pagamento dessas prestações tem unicamente os efeitos retroactivos previstos na legislação do Estado Parte que as concede e não se reporta a períodos anteriores à entrada em vigor da Convenção.

As prestações que tenham sido negadas ou concedidas por um ou vários Estados Parte antes da entrada em vigor da presente Convenção podem, a pedido do interessado, ser revistas ao abrigo da mesma. O direito é adquirido a partir da data do pedido, salvo disposição mais favorável do Estado Parte que proceda à revisão. As prestações de montante único liquidadas não são passíveis de revisão.

2. Qualquer período de seguro, de contribuição o de emprego cumprido ao abrigo da legislação de um Estado Partes da data de aplicação da presente Convenção no Estado Partes em causa é tido em conta para a determinação dos direitos decorrentes da presente Convenção.

TÍTULO VI
DISPOSIÇÕES FINAIS

Artigo 26. *Acordo de Aplicação.*

As regras de aplicação da presente Convenção são fixadas respectivo Acordo de Aplicação.

Artigo 27. *Conferência das Partes.*

A Secretaria-Geral Ibero-Americana, através da OISS, convoca uma Conferência das Partes, o mais tardar um ano após a entrada em vigor da presente Convenção, com o objectivo de promover e examinar a sua aplicação e, em termos gerais, de efectuar uma troca de informações e de experiências.

Artigo 28. *Solução de controvérsias.*

1. Os Estados Parte procurarão resolver qualquer controvérsia relacionada com a interpretação ou aplicação I da presente Convenção mediante negociação.

2. Qualquer controvérsia entre dois ou mais Estados interpretação ou aplicação da presente Convenção que não possa ser resolvida mediante negociação dentro de um prazo de quatro meses deve, a pedido de um desses Estados, ser submetida à arbitragem de uma Comissão composta por um nacional de cada Estado Parte e por uma pessoa nomeada de comum acordo, a qual actua como Presidente da Comissão. Se, decorrido quatro meses após a data do pedido de arbitragem, os Esta os Parte não chegarem a acordo sobre o árbitro, qualquer deles e solicitar à Secretaria-Geral Ibero-Americana, através da OISS, que o designe.

Uma vez constituída a Comissão de arbitragem, emite a sua decisão dentro de um prazo que não exceda quatro me s, prorrogável por um período similar sempre que a Comissão justifique e informe por escrito, antes de decorridos os quatro meses iniciais, as razões pelas quais solicita esta prorrogação.

A decisão da Comissão é definitiva e obrigatória.

Artigo 29. *Assinatura.*

A presente Convenção está aberta à assinatura dos dos-Membros da Comunidade Ibero-Americana.

Artigo 30. *Ratificação, Aceitação, Aprovação ou Adesão.*

1. A presente Convenção está sujeita a ratificação, aceitação ou aprovação. Os instrumentos de ratificação, aceitação ou aprovação são depositados junto da Secretaria-Geral Ibero-Americana, através da OISS.

2. A presente Convenção está aberta à adesão de todos os Estados que façam parte da Comunidade Ibero-Americana. Os instrumentos de adesão são depositados junto da Secretaria -Geral Ibero Americana, através da OISS.

Artigo 31. *Entrada em vigor.*

1. A Convenção entra em vigor no primeiro dia de terceiro mês subsequente à date, em que tenha sido depositado o sétimo instrumento de ratificação, aceitação, aprovação o adesão. Não obstante, a Convenção só produz efeitos entre os referidos Estados quando o Acordo de Aplicação entrar em vigor para eses Estados.

2. Para cada Estado que ratifique ou adira à presente Convenção
depois de ter sido depositado o sétimo instrumento de ratificação, aceitação, aprovação ou adesão, esta entra em vigor no primeiro dia do terceiro mês subsequente à data em que e Estado tenha depositado o respectivo instrumento. Não obstante, esta só produz efeitos quando o Acordo de Aplicação entrar em vigor para esse Estado. A Secretaria-Geral Ibero-Americana, através da OISS, comunica o referido acto aos restantes Estados Parte.

Artigo 32. *Emendas.*

1. A OISS compila as propostas de emenda à Convenção que os Estados Parte para os quais a Convenção esteja em vigor apresentem e, a pedido de três deles, por meio as respectivas autoridades competentes, ou passados três anos, convoca uma Conferência das Partes com vista à sua análise.

2. Qualquer emenda aprovada pela Conferência das Países está sujeita à ratificação, aceitação ou aprovação pelos Estados Parte.

3. Qualquer emenda aceite de acordo com os n.ºs 1 e 2 do presente artigo entra em vigor relativamente a um Estado Pa noventa dias após a data em que este deposite na Secretaria-Geral Ibero Americana, através da OISS, o instrumento de ratificação, aceitação ou aprovação dessa alteração.

4. Quando uma emenda entrar em vigor, será vinculativa apenas para os Estados Parte que a tenham aceitado expressa ente. Para os restantes Estados Parte vigoram as disposições da presente Convenção, assim como qualquer outra emenda anterior que tenham ratificado, aceitado ou aprovado.

Artigo 33. *Denúncia da convenção.*

1. A Convenção pode ser denunciada por qualquer dos Estados Parte, devendo a denúncia ser notificada por escrito à Secretaria-Geral Ibero-Americana, através da OISS, e produzindo efeitos, relativamente ao referido Estado, após doze meses partir da data da recepção da notificação.

2. Em caso de denúncia, as disposições da presente Convenção continuam a aplicar-se, no respectivo Estado Parte, aos direitos anteriormente reconhecidos ou solicitados.

3. Os Estados Parte podem estabelecer acordos especiais que garantam os direitos em curso de aquisição derivado dos períodos de seguro ou equivalentes cumpridos antes da data do termo da vigência da Convenção.

Artigo 34. *Línguas.*

A presente Convenção é adaptada nas línguas portuguesa e espanhola, fazendo ambos os textos igualmente fé.

Artigo 35. *Depósito.*

O original da presente Convenção, cujos textos em língua portuguesa e espanhola fazem igualmente fé, fica em poder da Secretaria-Geral Ibero-Americana, através da OISS.

Feito em Santiago, Chile, aos 10 dias do mês novembro de dois mil sete.

ANEXOS

ANEXO I

Regimes aos quais não se aplica a Convenção Multilateral (artigo 3.º, n.º 2)

ANEXO II

Prestações às quais não se aplicam as regras da Convenção Multilateral (artigo 3.º, n.º 3)

ANEXO III

Convenções celebradas entre Estados Parte à Convenção Multilateral através dos quais se estende a aplicação da mesma a regimes e prestações não incluídos no âmbito de aplicação da Convenção Multilateral (artigo 3.º, n.º 5)

ANEXO IV

Convenções bilaterais ou multilaterais em matéria de segurança social em vigor entre Estados Parte à Convenção Multilateral (artigo 8.º)

ANEXO V

Acordos entre Estados Parte, através dos quais se estabelecem excepções à legislação aplicável, em conformidade com o disposto nos artigos 9.0 e 10.0 da Convenção (artigo 11.º)

DECRETO Nº 7.281, DE 1º DE SETEMBRO DE 2010

Promulga o Convênio de Previdência Social entre a República Federativa do Brasil e a República do Chile, firmado em Santiago, em 26 de abril de 2007, e dá outras providências.

O PRESIDENTE DA REPÚBLICA, no uso da atribuição que lhe confere o art. 84, inciso IV, da Constituição, e

Considerando que a República Federativa do Brasil e a República do Chile celebraram, em Santiago, em 26 de abril de 2007, um Convênio de Previdência Social;

Considerando que o Congresso Nacional aprovou esse Convênio por meio do Decreto Legislativo nº 266, de 10 de junho de 2009;

Considerando que o Convênio entrou em vigor internacional em 1º de setembro de 2009, nos termos de seu artigo 33;

DECRETA:

Art. 1º O Convênio de Previdência Social entre a República Federativa do Brasil e a República do Chile, firmado em Santiago, em 26 de abril de 2007, apenso por cópia ao presente Decreto, será executado e cumprido tão inteiramente como nele se contém.

Art. 2º São sujeitos à aprovação do Congresso Nacional quaisquer atos que possam resultar em revisão do referido Convênio, assim como quaisquer ajustes complementares que, nos termos do art. 49, inciso I, da Constituição, acarretem encargos ou compromissos gravosos ao patrimônio nacional.

Art. 3º Este Decreto entra em vigor na data de sua publicação.

Art. 4º Fica revogado o Decreto nº 1.875, de 25 de abril de 1996.

Brasília, 1º de setembro de 2010; 189º da Independência e 122º da República.

LUIZ INÁCIO LULA DA SILVA
Celso Luiz Nunes Amorim
Carlos Eduardo Gabas

CONVÊNIO DE PREVIDÊNCIA SOCIAL ENTRE A REPÚBLICA FEDERATIVA DO BRASIL E A REPÚBLICA DO CHILE

A República Federativa do Brasil

e

A República do Chile

(doravante denominados "Partes Contratantes"),

Desejando estabelecer normas que regulem as relações entre os dois países em matéria de Previdência Social,

Resolvem celebrar o presente Convênio de Previdência Social nos seguintes termos:

TÍTULO I
DISPOSIÇÕES GERAIS

ARTIGO 1º – Definições

1. Os termos que se relacionam a seguir possuem, para os efeitos da aplicação do Convênio, o seguinte significado:

a) "Partes Contratantes" ou "Partes": a República Federativa do Brasil e a República do Chile;

b) "Legislação": leis, regulamentos e demais atos normativos pertinentes ao campo de incidência material do Convênio, tal como definido no Artigo 2º;

c) "Autoridade Competente": na República Federativa do Brasil, o Ministro da Previdência Social; na República do Chile, o Ministro do Trabalho e Previdência Social;

d) "Instituição Competente": organismo responsável pela aplicação da legislação pertinente ao campo de incidência material do Convênio, tal como definido no Artigo 2º;

e) "Organismo de Ligação": organismo de coordenação entre as instituições que intervenham na aplicação do Convênio e de informação aos interessados sobre direitos e obrigações derivados dessa aplicação;

f) "Trabalhador": toda pessoa que, por realizar ou ter realizado uma atividade remunerada, ainda que por conta própria, está ou esteve sujeita à legislação referida no Artigo 2º;

g) "Período de seguro": qualquer período considerado como tal pela legislação à qual a pessoa esteve ou está subordinada em cada uma das Partes Contratantes;

h) "Prestações pecuniárias": qualquer prestação, benefício, renda, subsídio ou indenização previstos na legislação referida no Artigo 2º, incluído qualquer complemento, suplemento ou revalorização;

i) "Beneficiário": pessoa definida ou considerada como tal pela legislação em virtude da qual são concedidas as prestações.

2. Os demais termos e expressões utilizados no Convênio têm o significado que lhes for atribuído pela legislação aplicada.

ARTIGO 2º – Âmbito de Aplicação Material

1. O presente Convênio será aplicado:

I) Por parte do Brasil, à legislação do Regime Geral da Previdência Social, observado o disposto no Artigo 19, no que se refere aos seguintes benefícios:

a) aposentadoria por invalidez;

b) aposentadoria por idade; e

c) pensão por morte.

II) Por parte do Chile, à legislação sobre:

a) o Sistema de Aposentadoria por Velhice, Invalidez e Pensão por Morte, baseado em capitalização individual; e

b) os Regimes de Aposentadoria por Velhice, Invalidez e Pensão por Morte administrados pelo "Instituto de Normalización Previsional".

2. O presente Convênio aplicar-se-á igualmente às disposições legais que no futuro complementem ou modifiquem aquelas mencionadas no parágrafo anterior.

3. O Convênio aplicar-se-á às disposições legais que estabeleçam um novo Regime de Previdência ou que incluam dentro dos regimes vigentes de uma Parte novas categorias de pessoas, salvo se uma das Partes Contratantes comunicar à outra sua recusa no prazo de seis (6) meses, contado desde a data da notificação das respectivas modificações.

ARTIGO 3º – Âmbito de Aplicação Pessoal

O presente Convênio aplicar-se-á às pessoas que estejam ou tenham estado submetidas à legislação de uma ou ambas as Partes Contratantes, bem como a seus beneficiários legais.

ARTIGO 4º – Igualdade de Tratamento

Nos limites do previsto no presente Convênio, as pessoas referidas no Artigo 3º ficam sujeitas às obrigações e aos deveres constantes das legislações mencionadas no Artigo 2º e terão direitos às prestações nelas previstas, nos mesmos termos assegurados aos nacionais.

ARTIGO 5º – Irredutibilidade do Valor dos Benefícios

1. As prestações pecuniárias de caráter contributivo concedidas e pagas em virtude da legislação nacional não estão sujeitas a redução, modificação, suspensão ou retenção pelo fato de o beneficiário residir no território da outra Parte ou em um terceiro país.

2. Se em alguma das Partes Contratantes forem promulgadas disposições que restrinjam a transferência de divisas, as duas Partes adotarão, imediatamente, medidas necessárias para garantir a efetivação dos direitos derivados do presente Convênio.

3. As prestações outorgadas em conformidade com o presente Convênio por uma das Partes Contratantes a beneficiários da outra Parte Contratante, que residam em um terceiro país, serão efetivadas nas mesmas condições e com igual abrangência dadas aos próprios nacionais que residam nesse terceiro país.

TÍTULO II
DISPOSIÇÕES SOBRE A LEGISLAÇÃO APLICÁVEL

CAPÍTULO I
NORMAS GERAIS

ARTIGO 6º – Trabalhadores Abrangidos

1. As pessoas às quais seja aplicável o presente Convênio estarão sujeitas, exclusivamente, à legislação de Previdência Social da Parte Contratante em cujo território exerçam as suas atividades de trabalho, salvo as exceções previstas no Artigo 7º.

2. Ao trabalhador autônomo que, em virtude das disposições deste Convênio e em razão das peculiaridades da sua atividade, esteja sujeito à legislação de ambas as Partes, aplicar-se-á, exclusivamente, a legislação da Parte em cujo território tenha a sua residência. Tendo mais de uma residência, aplicar-se-á a legislação da Parte onde tenha a residência principal, na forma da declaração firmada pelo interessado.

3. Os direitos adquiridos pelas pessoas a que se refere o Artigo 3º, na conformidade da legislação de uma das Partes Contratantes, serão mantidos mesmo quando o interessado estiver residindo no território da outra Parte.

4. A pessoa que trabalha num órgão governamental ou em organismo oficial internacional de que uma das Partes Contratantes seja membro efetivo, sendo deslocada para o território da outra Parte, ficará sujeita à legislação da Parte que a contratou, salvo quando coberta por Regime de Previdência Social do mencionado órgão ou organismo oficial internacional.

CAPÍTULO II
EXCEÇÕES ÀS NORMAS GERAIS

ARTIGO 7º – Trabalhadores Deslocados

1. O trabalhador que, estando a serviço de uma empresa em uma das Partes Contratantes, for deslocado por essa empresa ao território da outra Parte para efetuar trabalho temporário, continuando a receber seus salários pela empresa de origem, permanecerá submetido à legislação da primeira Parte desde que o período de trabalho temporário não ultrapasse dois anos.

2. Se, por circunstâncias imprevistas, a duração do trabalho a ser realizado exceder a dois anos, poderá continuar sendo aplicada a legislação da primeira Parte, por até mais dois anos, desde que a Autoridade Competente da segunda Parte o autorize.

3. A prorrogação a que se refere o parágrafo anterior somente será admitida uma única vez, ainda que o período inicialmente autorizado tenha sido inferior a dois anos.

4. A empresa que envia temporariamente o trabalhador ao território da outra Parte ficará sujeita, exclusivamente, à legislação do País onde o trabalhador exerça as suas atividades em caráter permanente.

5. O trabalhador que exercer atividade por conta própria no território de uma Parte, e que realize trabalho temporário por sua conta no território da outra Parte, continuará a ser regido pela legislação da primeira, desde que a duração do trabalho não exceda a dois anos, improrrogáveis.

ARTIGO 8º – Pessoal de Empresas de Transporte Aéreo e Terrestre Internacional

O pessoal de vôo contratado por empresas de transporte aéreo e o pessoal que presta serviços a bordo de veículos de empresas de transporte terrestre estarão sujeitos à legislação da Parte onde a empresa tenha a sua sede, salvo quando forem contratados por uma filial da empresa constituída na outra Parte na qual o trabalhador tenha sua residência.

ARTIGO 9º – Tripulação em Embarcações Marítimas

1. Quando um trabalhador exercer a sua atividade laboral a bordo de um navio com bandeira pertencente a uma das Partes Contratantes, aplicar-se-á a legislação dessa Parte.

2. O trabalhador que exerce atividade remunerada por empresa ou pessoa sediada no território de uma das Partes Contratantes, a bordo de navio com bandeira da outra Parte, ficará sujeito à legislação vigente no território da sede da empresa ou pessoa, desde que aí mantenha sua residência.

ARTIGO 10 – Pessoal de Carga e Descarga de Navio

Os trabalhadores portuários, empregados em trabalhos de carga e descarga, reparação ou inspeção desses trabalhos, ficarão sujeitos às disposições legais vigentes na Parte Contratante da sede do porto.

ARTIGO 11 – Funcionários de Missões Diplomáticas e Consulares

1. Este Convênio não afetará o disposto pela Convenção de Viena sobre Relações Diplomáticas de 18 de abril de 1961 e pela Convenção de Viena sobre Relações Consulares de 24 de abril de 1963.

2. Os nacionais de uma Parte Contratante enviados ao território da outra Parte como Membros do Pessoal Diplomático de uma Missão Diplomática ou como Funcionários Consulares de uma Repartição Consular estarão sujeitos à legislação da Parte Contratante que os designou.

3. Os nacionais de uma Parte Contratante que prestam serviços em uma Missão Diplomática ou Repartição Consular no território da outra Parte Contratante poderão optar pela legislação de seu Estado de origem ou pela da outra Parte Contratante, em um prazo de seis (6) meses a partir do início da vigência do presente Convênio. A mesma opção poderão exercer aqueles que sejam contratados após o início da vigência deste Convenio, caso em que o prazo de seis (6) meses será contado desde a data da contratação. Caso não se faça uso desta opção, serão regidos pela legislação da Parte Contratante onde se encontra a Missão Diplomática ou Repartição Consular.

4. Sem prejuízo do disposto do parágrafo 1, as disposições dos parágrafos 2 e 3 deste Artigo aplicar-se-ão ao pessoal de serviço contratado:

a) pela Missão Diplomática ou Repartição Consular;

b) por membro do pessoal diplomático;

c) por funcionário consular;

d) por pessoal administrativo ou técnico da Missão Diplomática ou Repartição Consular.

ARTIGO 12 – Ampliação das Exceções

As autoridades competentes de ambas as Partes Contratantes poderão, de comum acordo, suprimir ou modificar as exceções previstas neste Capítulo.

TÍTULO III
REGRAS PARA RECONHECIMENTO DE DIREITOS E CÁLCULO DAS PRESTAÇÕES

CAPÍTULO I
DA TOTALIZAÇÃO DOS PERÍODOS DE SEGURO

ARTIGO 13 – Totalização de Períodos de Seguro

Os períodos de seguro cumpridos nas Partes Contratantes, em épocas diferentes, serão totalizados para fins de implementação de direito aos benefícios previstos nas legislações constantes do Artigo 2º.

ARTIGO 14 – Regras de Cálculo

1. O trabalhador que tenha estado, alternadamente, submetido à legislação de uma e outra Parte Contratante, observado o disposto no parágrafo 2 deste Artigo, terá direito às prestações previstas neste Capítulo, nas seguintes condições:

a) se forem completados os requisitos exigidos pela legislação interna de uma Parte Contratante, a instituição competente desta Parte determinará o direito ao benefício, tendo em conta, unicamente, os períodos de seguro cumpridos nesta mesma Parte; e

b) se não forem completados os requisitos exigidos pela legislação interna, a instituição competente de cada Parte determinará o direito ao benefício totalizando, com os próprios períodos, a parcela de períodos de seguro cumpridos sob a legislação da outra Parte, desde que não concomitantes, necessários para alcançar o direito ao benefício.

2. Efetuada a totalização, se resultar direito à prestação, para o cálculo do montante a pagar aplicar-se-ão as seguintes regras:

a) determinar-se-á o montante da prestação à qual o interessado faria jus como se todos os períodos de seguro totalizados tivessem sido cumpridos sob sua própria legislação, mas tomando por base de cálculo os salários que deram origem aos recolhimentos na parte que concede o benefício (prestação teórica);

b) o valor do benefício será estabelecido aplicando-se à prestação teórica, calculada na forma da alínea anterior, a proporção existente entre o período de seguro cumprido na Parte que calcula a prestação e a totalidade dos períodos de seguro exigidos pela legislação interna de cada Parte contratante (prestação pro rata temporis);

c) quando o valor da prestação, estabelecido em conformidade com a alínea "a" (prestação teórica), resultar em valor inferior ao eventual mínimo estabelecido pela legislação do Estado, a respectiva entidade gestora observará, em relação a esse mínimo, a proporcionalidade verificada na alínea anterior.

ARTIGO 15 – Período Mínimo para Totalização

Se a duração total dos períodos de seguro cumpridos sob a legislação de uma das Partes Contratantes não atingir um ano e se, levados em conta apenas estes períodos, nenhum direito a prestações for implementado, em virtude das disposições dessa legislação, a instituição competente dessa Parte não será obrigada a conceder as prestações em razão dos ditos períodos. Em contraposição, a instituição competente da outra Parte Contratante, se assim lhe permitir a legislação interna nacional, deverá levar em conta estes períodos de seguro, seja para implementação do direito, seja para o cálculo da prestação.

CAPÍTULO II
DA MANUTENÇÃO DA QUALIDADE DE SEGURADO E VERIFICAÇÃO DE INFORMAÇÃO EM CASO DE INVALIDEZ PERMANENTE

ARTIGO 16 – Manutenção da Qualidade de Segurado

Se a legislação de uma Parte contratante exige que a concessão das prestações requeira que o trabalhador esteja sujeito a essa legislação no momento em que se verifica o fato gerador do benefício, entende-se cumprida essa condição se, ao verificar-se esse fato, o trabalhador estiver contribuindo ou recebendo benefício na outra Parte Contratante.

ARTIGO 17 – Verificação de Informação em Caso de Invalidez Permanente.

1. Para reconhecer a incapacidade física do trabalhador, as instituições competentes de cada uma das Partes Contratantes levarão em conta os relatórios médicos periciais e os dados administrativos emitidos pela Instituição da outra Parte, sem prejuízo, se entender necessário, do direito de submeter o segurado a exame por um médico por ela escolhido.

2. Se a Instituição Competente de uma Parte Contratante solicitar à instituição competente da outra Parte contratante a realização de exames médicos adicionais, que sejam de seu exclusivo interesse, tais exames serão financiados pela instituição competente que os solicitou.

3. Quando se tratar de trabalhadores afiliados ao Sistema de Capitalização Individual, a instituição competente chilena efetuará o reembolso do custo total desses exames, devendo exigir desse trabalhador o percentual devido. Não obstante, a instituição competente chilena poderá deduzir o custo das prestações pecuniárias devidas ou do saldo de sua conta de capitalização individual.

CAPÍTULO III
APLICAÇÃO DA LEGISLAÇÃO DAS PARTES

ARTIGO 18 – Legislação Chilena

1. Os filiados a uma Administradora de Fundos de Pensões financiarão suas pensões no Chile com o saldo acumulado na sua conta de capitalização individual. Quando este saldo for insuficiente para financiar aposentadorias de valor pelo menos igual ao da pensão mínima garantida pelo Estado, os filiados terão direito à totalização de períodos computáveis de acordo com o Artigo 13 deste Convênio para ter direito ao benefício de pensão mínimo por velhice ou invalidez. Direito igual terão os beneficiários de pensão por morte.

2. Para fins de determinar o cumprimento dos requisitos exigidos pela legislação chilena para a aposentadoria antecipada nos sistemas de capitalização individual serão considerados como beneficiários dos regimes previdenciários indicados no parágrafo 4 deste Artigo os filiados aos quais tenham sido concedidos benefícios conforme a legislação do Brasil.

3. Os trabalhadores que se encontram filiados ao sistema de capitalização Individual no Chile poderão contribuir voluntariamente nesse Sistema, na qualidade de trabalhadores independentes durante o tempo que residam no Brasil, sem prejuízo do cumprimento das obrigações previstas na legislação brasileira. Os trabalhadores que optem por fazer uso desse benefício serão isentos da obrigação de contribuir para o financiamento de sua assistência médica.

4. Os segurados dos regimes de previdência administrados pelo «Instituto de Normalización Previsional" também terão direito ao cômputo dos períodos de contribuição assinalados no Artigo 13 deste Convênio, para ter direito aos benefícios estabelecidos nas disposições legais que lhes sejam aplicáveis.

5. Nos casos contemplados pelos parágrafos 1 e 4 do presente Artigo, a instituição competente determinará o direito ao benefício chileno, como se todos os períodos de contribuição tivessem sido cumpridos sob sua própria legislação. Para efeito do pagamento do benefício calculará a parte a pagar por ela como a proporção existente entre os períodos de contribuição cumpridos exclusivamente sob essa legislação e o total de períodos requeridos correspondentes de acordo com a legislação chilena.

6. Tratando-se de benefícios de valor mínimo que estejam a cargo do «Instituto de Normalización Previsional", a determinação do direito a esses benefícios se fará na forma prevista no parágrafo anterior e, para efeito de seu pagamento, o cálculo se fará com base na proporção existente entre os períodos de contribuição cumpridos exclusivamente no Chile e o total de períodos de contribuição realizado nas duas Partes Contratantes. No caso em que a soma dos supracitados períodos seja superior ao período exigido pela legislação chilena para aquisição de direito a um benefício completo, os anos em excesso não serão considerados para efeito desse cálculo.

ARTIGO 19 – Legislação Brasileira

1. O tempo de contribuição do trabalhador para outros regimes previdenciários existentes no Brasil, exceto os de previdência complementar e os de previdência privada, será assumido pela instituição competente do Brasil, quando comprovado na forma da legislação vigente, para todos os efeitos, e certificado ao organismo de ligação do Chile como tempo de contribuição do regime previdenciário de que trata este Convênio.

2. O tempo de contribuição certificado pela instituição competente do Chile para trabalhadores vinculados a outros regimes previdenciários existentes no Brasil, exceto os de previdência complementar ou privada, será considerado pela instituição competente do Brasil e certificado para esses regimes como se o tempo de contribuição fosse próprio, de acordo com a legislação interna de cada Parte Contratante.

TÍTULO IV
DISPOSIÇÕES DIVERSAS, TRANSITÓRIAS E FINAIS

CAPÍTULO I
DISPOSIÇÕES DIVERSAS

ARTIGO 20 – Prestações de Saúde para Beneficiários

Os beneficiários que residam no território de uma Parte Contratante e recebam benefício conforme a legislação da outra Parte Contratante, terão direito a assistência médica de acordo com a legislação da Parte Contratante em que residam, com os mesmos direitos e obrigações que os que recebem benefícios similares de acordo com a legislação dessa Parte.

ARTIGO 21 – Fatos e Atos Juridicamente Relevantes

Os fatos e atos juridicamente relevantes para o reconhecimento de um direito, benefício ou prestação serão reconhecidos pelas Partes, independentemente do território em que tenham ocorrido, respeitada a legislação interna de cada Parte Contratante.

ARTIGO 22 – Atualização das Prestações

As prestações econômicas reconhecidas pela aplicação das normas do Título III serão atualizadas de acordo com a legislação vigente nas Partes Contratantes.

ARTIGO 23 – Emissão de Documentos e seus Efeitos Jurídicos

1. Os requerimentos, recursos, diligências e outros atos a cargo do interessado, que devam ser apresentados ou praticados em determinado prazo, em conformidade com a legislação de uma Parte, reputar-se-ão concretizados se apresentados no prazo previsto perante uma autoridade ou instituição da outra Parte.

2. Os organismos de ligação a que se refere a alínea «a» do Artigo 27 estabelecerão critérios, prazos e regras para a tramitação dos documentos mencionados no parágrafo 1 deste Artigo.

ARTIGO 24 – Idiomas a serem Utilizados

Para a devida aplicação e cumprimento deste Convênio, as autoridades competentes, organismos de ligação e instituições competentes das duas Partes comunicar-se-ão diretamente entre si e com os interessados nos idiomas português ou espanhol.

ARTIGO 25 – Moedas e Paridade Cambial

1. As instituições competentes efetuarão o pagamento dos benefícios concedidos em decorrência deste Convênio, em moeda da Parte Contratante que realize o pagamento.

2. Se o pagamento se fizer na moeda do outro país, a paridade deverá ser estabelecida pela menor paridade oficial da Parte que abona a prestação do benefício.

ARTIGO 26 – Ajustes Administrativos

As autoridades competentes de ambas as Partes estabelecerão ajustes administrativos para a implementação, aplicação e execução do presente Convênio.

ARTIGO 27 – Medidas Administrativas

As autoridades competentes das duas Partes comprometemse a tomar as seguintes medidas para o devido cumprimento do presente Convênio:

a) designar os organismos de ligação;

b) comunicar entre si as medidas adotadas internamente para a aplicação deste Convênio;

c) notificar uma à outra as disposições legislativas e regulamentares que modifiquem a legislação referida no Artigo 2º;

d) prestar uma à outra a mais ampla colaboração técnica e administrativa para a aplicação deste Convênio, no âmbito de sua própria legislação.

ARTIGO 28 – Divergências e Controvérsias

1. As autoridades competentes deverão resolver mediante negociação as diferenças de interpretação deste Convênio e dos ajustes administrativos.

2. Caso uma controvérsia não possa ser resolvida mediante negociação em um prazo de até seis meses a partir do primeiro pedido de negociação, esta deverá ser submetida a uma Comissão Arbitral, cuja composição e procedimentos serão fixados de comum acordo pelas Partes Contratantes. A decisão dessa Comissão Arbitral será vinculante e definitiva.

ARTIGO 29 – Cooperação Administrativa entre as Instituições Competentes

1. Com a finalidade de assegurar a implementação deste Convênio, as Instituições Competentes colaborarão mutuamente e atuarão da mesma forma como se implementassem sua própria legislação.

2. As Instituições Competentes de ambas as Partes Contratantes poderão solicitar, a qualquer momento, documentos, relatórios médicos, provas documentais e leis que possam conduzir à aquisição, modificação, suspensão, extensão, extinção ou à manutenção dos direitos aos benefícios por elas reconhecidos. Em qualquer circunstância, o atendimento às solicitações que forem feitas pelas Instituições Competentes, quando encaminhadas por meios próprios da Previdência Social, será livre de encargos.

ARTIGO 30 – Disposições Gerais

Para os fins deste Convênio, não será exigida legalização por parte das autoridades diplomáticas, consulares e de registro público dos documentos enviados pelos organismos de ligação.

ARTIGO 31 – A Comissão Mista

1. Uma Comissão Mista Permanente de Técnicos formada por representantes das duas Partes Contratantes terá as seguintes funções:

a) assessorar as autoridades competentes, sempre que solicitada, na aplicação do presente Convênio;

b) emitir pareceres para as autoridades competentes, por iniciativa própria ou mediante solicitação, com referência à aplicação do Convênio;

c) propor às autoridades competentes possíveis modificações ou aperfeiçoamentos no Convênio e normas complementares;

d) desempenhar qualquer outra função relativa à interpretação e aplicação desses acordos que as autoridades competentes, em comum acordo decidam atribuir-lhe.

2. A Comissão Mista poderá constituir um comitê para desenvolvimento de um sistema de transferência eletrônica de dados e de cooperação técnica em matéria de previdência social, de acordo com a legislação de cada Parte Contratante, com o propósito de facilitar e agilizar a aplicação do presente Convênio.

3. Para a concretização do disposto no parágrafo 2, a Comissão Mista poderá valer-se de consultoria técnica especializada e apoio de organismos internacionais.

4. A Comissão Mista reunir-se-á, alternadamente, no território de uma e da outra Parte Contratante, sempre que, de comum acordo, for convocada pelas autoridades competentes.

CAPÍTULO II
DISPOSIÇÕES TRANSITÓRIAS

ARTIGO 32 – Estabelecimento de Direitos Originais antes da Entrada em Vigor do Presente Convênio

1. Os períodos de seguro cumpridos antes da data de vigência deste Convênio serão levados em consideração para a determinação do direito às prestações reconhecidas em virtude deste Ato Internacional.

2. A aplicação deste Convênio gerará direito a benefícios por eventos ocorridos antes de sua entrada em vigência. Entretanto o pagamento somente será devido a partir da data de entrada em vigência deste Convênio ou do requerimento a que se refira, conforme o caso e as exigências previstas pela legislação de cada Parte.

3. As prestações que tenham sido indeferidas pelo Chile antes da entrada em vigor do presente Convênio serão revisados por esta Parte, a pedido dos interessados, tendo em conta as disposições do Convênio, desde que requerido no prazo de até dois anos a partir da entrada em vigor deste Convênio. Para esse fim, o Brasil certificará todos os períodos de contribuição efetuadas nesse país. O direito às prestações será adquirido desde a data do pedido. Não serão revisadas as prestações devidas em pagamento único.

4. O Acordo de Seguridade Social entre o Governo da República Federativa do Brasil e o Governo da República do Chile, assinado em 16 de outubro de 1993, deixará de produzir efeito a partir da data de entrada em vigor do presente Convênio.

5. O presente Convênio assegura os direitos adquiridos ao amparo do Acordo citado no parágrafo 4.

CAPÍTULO III
DISPOSIÇÕES FINAIS

ARTIGO 33 – Ratificação e Entrada em Vigor

Este Convênio será aprovado por cada uma das Partes Contratantes de conformidade com os requisitos constitucionais de cada uma e entrará em vigor no primeiro dia do segundo mês seguinte à troca de instrumentos de ratificação.

ARTIGO 34 – Prazo de Vigência

1. O presente Convênio terá validade por tempo indeterminado. Poderá ser denunciado por qualquer uma das Partes Contratantes. A denúncia deverá ser notificada por via diplomática, produzindo- se o término do Convênio uma vez transcorridos doze meses contados desde a data da denúncia.

2. No caso do término do Convênio, suas disposições continuarão sendo aplicadas relativamente aos direitos adquiridos sob seu amparo.

Feito em Santiago, Chile, em 26 de abril de 2007, em dois exemplares originais, em português e espanhol, sendo ambos igualmente autênticos.

PELA REPÚBLICA FEDERATIVA DO BRASIL:
CELSO AMORIM
Ministro das Relações Exteriores
LUIZ MARINHO
Ministro da Previdência Social
PELA REPÚBLICA DO CHILE:
ALEJANDRO FOXLEY RIOSECO
Ministro de Relações Exteriores
OSVALDO ANDRADE
Ministro do Trabalho e Previdência Social

DOU 02.09.2010

DECRETO Nº 7.702, DE 15 DE MARÇO DE 2012

Promulga o Acordo de Previdência Social entre a República Federativa do Brasil e o Japão.

A PRESIDENTA DA REPÚBLICA, no uso da atribuição que lhe confere o art. 84, inciso IV, da Constituição, e

Considerando que a República Federativa do Brasil e o Japão firmaram, em Tóquio, em 29 de julho de 2010, o Acordo de Previdência Social;

Considerando que o Congresso Nacional aprovou o Acordo, por meio do Decreto Legislativo nº 298, de 30 de setembro de 2011;

Considerando que o Acordo entrará em vigor para a República Federativa do Brasil, no plano jurídico externo, em 1º de março de 2012, nos termos de seu Artigo 27;

DECRETA:

Art. 1º O Acordo de Previdência Social firmado entre a República Federativa do Brasil e o Japão, firmado em Tóquio, em 29 de julho de 2010, apenso por cópia a este Decreto, será executado e cumprido tão inteiramente como nele se contém.

Art. 2º São sujeitos à aprovação do Congresso Nacional quaisquer atos que possam resultar em revisão do referido Acordo, assim como quaisquer ajustes complementares que, nos termos do inciso I do caput do art. 49 da Constituição, acarretem encargos ou compromissos gravosos ao patrimônio nacional.

Art. 3º Este Decreto entra em vigor na data de sua publicação.

Brasília, 15 de março de 2012; 191º da Independência e 124º da República.

DILMA ROUSSEFF
Antonio de Aguiar Patriota
Garibaldi Alves Filho

ACORDO DE PREVIDÊNCIA SOCIAL ENTRE A REPÚBLICA FEDERATIVA DO BRASIL E O JAPÃO

A República Federativa do Brasil e o Japão,

Desejosos de regular suas relações mútuas na área de Previdência Social,

Acordaram o seguinte:

PARTE I
DISPOSIÇÕES GERAIS

ARTIGO 1
DEFINIÇÕES

1. Para os fins deste Acordo:

a) os termos "um Estado Contratante" e "o outro Estado Contratante" significam a República Federativa do Brasil ou o Japão, conforme requerido pelo contexto;

b) o termo "Brasil" significa a República Federativa do Brasil;

c) o termo "nacional" significa, em relação ao Brasil, um nacional brasileiro de acordo com a Constituição Federal e leis da República Federativa do Brasil, em relação ao Japão, um nacional japonês dentro do significado da lei sobre a nacionalidade do Japão;

d) o termo "legislação" significa, em relação ao Brasil, as leis e regulamentos referentes aos benefícios especificados no parágrafo 2 do Artigo 2, em relação ao Japão, as leis e regulamentos do Japão referentes aos sistemas previdenciários do Japão especificados no parágrafo 1 do Artigo 2;

e) o termo "autoridade competente" significa, em relação ao Brasil, o Ministério responsável pela aplicação da legislação do Brasil referida no parágrafo 1, alínea (d), deste Artigo, em relação ao Japão, qualquer das organizações governamentais competentes no que se refere aos sistemas previdenciários japoneses especificados no parágrafo 1 do Artigo 2;

f) o termo "instituição competente" significa, em relação ao Brasil, o Instituto Nacional do Seguro Social, em relação ao Japão, qualquer das instituições de seguro, ou qualquer associação destas, responsáveis pela implementação dos sistemas previdenciários japoneses especificados no parágrafo 1 do Artigo 2;

g) o termo "período de cobertura" significa, em relação ao Brasil, um período de contribuições e quaisquer outros períodos levados em consideração para o estabelecimento de direito a benefícios sob a legislação do Brasil, em relação ao Japão, um período de contribuições sob a legislação do Japão referente aos sistemas previdenciários japoneses especificados no parágrafo 1, alíneas (a) a (e) do Artigo 2 e quaisquer outros períodos considerados sob aquela legislação para estabelecer o direito a benefícios, contudo, um período que será levado em consideração para o propósito de estabelecer direito a benefícios sob aquela legislação, sob a égide de outros acordos de previdência social comparáveis a este Acordo, não deve ser incluído;

h) o termo "benefício" significa uma aposentadoria, pensão ou qualquer outro benefício monetário sob a legislação de um Estado Contratante.

2. Para os propósitos deste Acordo, qualquer termo não definido neste Acordo terá o significado que lhe é atribuído pela legislação aplicável.

ARTIGO 2
CAMPO DE APLICAÇÃO MATERIAL
ESTE ACORDO SERÁ APLICADO,

1. no que se refere ao Japão, aos seguintes sistemas previdenciários japoneses:

a) a Pensão Nacional (excetuado o Fundo de Pensão Nacional);

b) o Seguro de Pensão dos Empregados (excetuado o Fundo de Pensão dos Empregados);

c) a Pensão Mútua para Funcionários Públicos Nacionais;

d) a Pensão Mútua para Funcionários Públicos Locais e Pessoal de Status Similar (excetuado o sistema de previdência para membros de assembléias locais); e

e) a Pensão Mútua para Pessoal de Escolas Privadas; (os sistemas previdenciários japoneses especificados nas alíneas (b) a (e) serão, doravante, designados como os "sistemas previdenciários japoneses para empregados"), contudo, para os propósitos deste Acordo, a Pensão Nacional não incluirá o Benefício Assistencial por Idade ou quaisquer outras pensões concedidas sob fundamento transitório ou complementar com fins assistenciais e que são pagáveis total ou principalmente com os recursos do orçamento nacional; e

2. no que se refere ao Brasil:

a) às aposentadorias por idade e por invalidez e pensão por morte sob o Regime Geral de Previdência Social; e

b) às aposentadorias por idade e por invalidez e pensão por morte sob o regime dos militares e o regime próprio dos servidores públicos.

ARTIGO 3
CAMPO DE APLICAÇÃO PESSOAL

Este Acordo será aplicado a uma pessoa que esteja ou que tenha estado sujeita à legislação de um Estado Contratante, bem como aos dependentes. Para os propósitos deste Artigo, o termo «dependentes» significa, no que se refere ao Japão, membros da família ou sobreviventes que derivam direitos de uma pessoa que está ou esteve sujeita à legislação do Japão e, no que se refere ao Brasil, dependentes conforme definido sob a legislação do Brasil.

ARTIGO 4
IGUALDADE DE TRATAMENTO

Salvo disposição contrária neste Acordo, as pessoas especificadas no Artigo 3 e que habitualmente residam no território de um Estado Contratante receberão tratamento igual dispensado aos nacionais daquele Estado Contratante na aplicação da legislação daquele Estado Contratante.

ARTIGO 5
PAGAMENTO DE BENEFÍCIOS NO EXTERIOR

1. Salvo disposição contrária neste Acordo, qualquer disposição da legislação de um Estado Contratante que restrinja o direito a ou o pagamento de benefícios somente devido a que a pessoa habitualmente resida

fora do território deste Estado Contratante não será aplicável a pessoas que residam habitualmente no território do outro Estado Contratante.
2. Benefícios sob a legislação de um Estado Contratante serão pagos a nacionais do outro Estado Contratante que habitualmente residam no território de um terceiro Estado sob as mesmas condições como se fossem nacionais do primeiro Estado Contratante.
3. Pagamentos de benefícios sob este Acordo a beneficiários que residam no território do outro Estado Contratante serão efetuados diretamente em moeda livremente conversível. No caso da introdução de medidas restritivas do câmbio ou remessa de divisas por qualquer Estado Contratante, os Governos de ambos os Estados Contratantes consultar-se-ão imediatamente sobre as medidas necessárias para assegurar os pagamentos de benefícios por qualquer Estado Contratante sob este Acordo.

PARTE II
DISPOSIÇÕES RELATIVAS À LEGISLAÇÃO APLICÁVEL

ARTIGO 6
DISPOSIÇÕES GERAIS

Salvo disposição contrária neste Acordo, uma pessoa que trabalhe como empregado ou por conta própria no território de um Estado Contratante estará sujeita, no que diz respeito a este emprego ou atividade por conta própria, à legislação exclusivamente deste Estado Contratante.

ARTIGO 7
DISPOSIÇÕES ESPECIAIS

1. Se uma pessoa empregada por um empregador que tenha uma empresa localizada no território de um dos Estados Contratantes for deslocada por esse empregador, seja daquele território ou do território de um terceiro Estado, para trabalhar no território do outro Estado Contratante, esse empregado estará sujeito à legislação apenas do primeiro Estado Contratante como se estivesse empregado no território do primeiro Estado Contratante, desde que este empregado esteja coberto sob a legislação daquele Estado Contratante e que não se preveja que tal período de deslocamento ultrapasse cinco (5) anos.
2. Se o deslocamento referido no parágrafo 1 deste Artigo continuar além de cinco (5) anos, as autoridades competentes ou instituições competentes de ambos os Estados Contratantes poderão acordar, em circunstâncias especiais, que o empregado permaneça sujeito apenas à legislação do primeiro Estado Contratante por um período não superior a três (3) anos.
3. Uma pessoa que tenha estado sujeita às disposições do parágrafo 1 deste Artigo não estará sujeita novamente àquelas disposições, salvo se decorrido um (1) ano desde o término do deslocamento anterior.
4. Se uma pessoa que habitualmente trabalha por conta própria no território de um Estado Contratante trabalhar temporariamente em atividade por conta própria apenas no território do outro Estado Contratante, aquela pessoa estará sujeita apenas à legislação do primeiro Estado Contratante como se aquela pessoa estivesse trabalhando no território do primeiro Estado Contratante, desde que aquela pessoa esteja coberta sob a legislação daquele Estado Contratante e que não se preveja que o período da atividade por conta própria no território do outro Estado Contratante ultrapasse cinco (5) anos.
5. Se a atividade por conta própria no território do outro Estado Contratante referida no parágrafo 4 deste Artigo continuar além de cinco (5) anos, as autoridades competentes ou instituições competentes de ambos os Estados Contratantes poderão acordar, em circunstâncias especiais, que a pessoa por conta própria permaneça sujeita apenas à legislação do primeiro Estado Contratante por um período não superior a três (3) anos.
6. Uma pessoa que tenha estado sujeita às disposições do parágrafo 4 deste Artigo não estará sujeita novamente àquelas disposições, salvo se decorrido um (1) ano desde o término da atividade por conta própria anterior.

ARTIGO 8
EMPREGADOS A BORDO DE UM NAVIO

Se uma pessoa trabalhar como empregado a bordo de um navio que ostente o pavilhão de um Estado Contratante e que estaria sujeita à legislação de ambos os Estados Contratantes se não houvesse este Acordo, aquela pessoa estará sujeita apenas à legislação daquele Estado Contratante. Não obstante o acima mencionado, aquela pessoa estará sujeita somente à legislação do outro Estado Contratante se aquela pessoa for empregada por um empregador com sede no território do outro Estado Contratante.

ARTIGO 9
MEMBROS DE MISSÕES DIPLOMÁTICAS, MEMBROS DE POSTOS CONSULARES E SERVIDORES PÚBLICOS

1. Este Acordo não afetará as disposições da Convenção de Viena sobre Relações Diplomáticas de 18 de Abril de 1961, ou da Convenção de Viena sobre as Relações Consulares de 24 de Abril de 1963.
2. Observado o parágrafo 1 deste Artigo, quando qualquer servidor público de um Estado Contratante ou qualquer pessoa assim tratada na legislação daquele Estado Contratante for deslocado para trabalhar no território do outro Estado Contratante, aquela pessoa estará sujeita apenas à legislação do primeiro Estado Contratante como se aquela pessoa estivesse trabalhando no território do primeiro Estado Contratante.

ARTIGO 10
EXCEÇÕES AOS ARTIGOS 6 A 9

A pedido de um empregado e um empregador ou de uma pessoa por conta própria, as autoridades competentes ou as instituições competentes de ambos os Estados Contratantes podem concordar em conceder uma exceção aos Artigos 6 a 9 para atender ao interesse de determinadas pessoas ou categorias de pessoas, desde que tais pessoas ou categorias de pessoas estejam sujeitas à legislação de um dos Estados Contratantes.

ARTIGO 11
CÔNJUGE E FILHOS

Quando uma pessoa trabalhar no território do Japão e estiver sujeita somente à legislação do Brasil, de acordo com o Artigo 7, o parágrafo 2 do Artigo 9 ou o Artigo 10, o cônjuge ou filhos que venham com esta pessoa estarão isentos da legislação do Japão no que se refere ao sistema previdenciário japonês especificado no parágrafo 1, alínea (a), do Artigo 2, desde que os requerimentos especificados na legislação do Japão no que se refere à implementação dos acordos de previdência social estejam cumpridos. Contudo, quando esses cônjuge ou filhos assim o requererem, o precedente não será aplicado.

ARTIGO 12
COBERTURA COMPULSÓRIA

Os Artigos 6 a 8, o parágrafo 2 do Artigo 9 e o Artigo 11 serão aplicados apenas à cobertura compulsória sob a legislação de cada Estado Contratante.

PARTE III
DISPOSIÇÕES SOBRE BENEFÍCIOS

CAPÍTULO 1
DISPOSIÇÕES RELATIVAS A BENEFÍCIOS JAPONESES

ARTIGO 13
TOTALIZAÇÃO

1. Quando uma pessoa não possuir períodos de cobertura suficientes para atender aos requisitos para o direito a benefícios japoneses, a instituição competente do Japão levará em consideração, para fins de estabelecer direitos a esses benefícios sob este Artigo, os períodos de cobertura sob a legislação do Brasil desde que não coincidam com os períodos de cobertura sob a legislação do Japão. Contudo, o acima mencionado não se aplicará aos benefícios adicionais para determinadas ocupações sob as previdências mútuas e os benefícios de pecúlio equivalentes à restituição de contribuições.
2. Ao aplicar o parágrafo 1 deste Artigo, os períodos de cobertura sob a legislação do Brasil serão levados em consideração como períodos de cobertura sob os sistemas previdenciários japoneses para empregados e como os períodos de cobertura correspondentes sob a Pensão Nacional.

ARTIGO 14
DISPOSIÇÕES ESPECIAIS RELATIVAS A BENEFÍCIOS POR INVALIDEZ E PENSÕES POR MORTE

1. Quando a legislação do Japão exigir para o estabelecimento do direito a benefícios por invalidez ou pensões por morte (excetuados os pagamentos de pecúlio correspondentes às restituições de contribuições) que a data da primeira perícia médica ou da morte esteja dentro de determinados períodos de cobertura, esta exigência será considerada cumprida para o propósito de estabelecer direito àqueles benefícios se tal data estiver compreendida em períodos de cobertura sob a legislação do Brasil. Contudo, se o direito a benefícios por invalidez ou pensão por morte (excetuados os pagamentos de pecúlio correspondentes às restituições de contribuições) sob a Pensão Nacional for estabelecido sem a aplicação deste Artigo, este Artigo não será aplicado para o propósito de estabelecer direito a benefícios por invalidez ou a pensão por morte (excetuados os pagamentos de pecúlio correspondentes às restituições de contribuições) com base no mesmo evento segurado sob os sistemas previdenciários japoneses para empregados.

2. Ao aplicar o parágrafo 1 deste Artigo, no que se refere a uma pessoa que possua períodos de cobertura sob dois ou mais sistemas previdenciários japoneses para empregados, a exigência referida naquele parágrafo será considerada cumprida em um daqueles sistemas previdenciários de acordo com a legislação do Japão.

3. O parágrafo 1 do Artigo 5 não afetará as disposições da legislação do Japão que requerem que uma pessoa, com idade igual ou superior a 60, mas abaixo de 65, resida habitualmente no território do Japão, na data da primeira perícia médica ou da morte, para aquisição do direito à Aposentadoria Básica por Invalidez ou à Pensão Básica por Morte.

ARTIGO 15
CÁLCULO DO VALOR DOS BENEFÍCIOS

1. Quando o direito a um benefício japonês for estabelecido em virtude do parágrafo 1 do Artigo 13 ou do parágrafo 1 do Artigo 14, a instituição competente do Japão calculará o valor daquele benefício em conformidade com a legislação do Japão, sujeito aos parágrafos 2 a 5 deste Artigo.

2. Com referência à Aposentadoria Básica por Invalidez e outros benefícios, cujo valor é um montante fixo independentemente dos períodos de cobertura, caso as exigências para receber tais benefícios sejam cumpridas em virtude do parágrafo 1 do Artigo 13 ou do parágrafo 1 do Artigo 14, o valor a ser concedido será calculado de acordo com a proporção da soma dos tempos de contribuição e dos períodos dispensados de contribuição sob o sistema previdenciário a partir do qual tais benefícios serão pagos frente ao período teórico de cobertura, mencionado no parágrafo 4 deste Artigo.

3. Com relação a benefícios por invalidez e pensões por morte sob os sistemas previdenciários japoneses para empregados, conquanto o valor de tais benefícios a serem concedidos for calculado com base em um período especificado determinado pela legislação do Japão, quando os períodos de cobertura sob tais sistemas forem inferiores a este período especificado, se as exigências para receber tais benefícios forem cumpridas em virtude do parágrafo 1 do Artigo 13 ou do parágrafo 1 do Artigo 14, o valor a ser concedido será calculado de acordo com a proporção dos períodos de cobertura sob os sistemas previdenciários japoneses para empregados frente ao período teórico de cobertura, mencionado no parágrafo 4 deste Artigo. Contudo, quando o período teórico de cobertura exceder aquele período especificado, o período teórico de cobertura será considerado como igual ao período especificado.

4. Para os propósitos dos parágrafos 2 e 3 deste Artigo, "período teórico de cobertura" significa a soma dos seguintes períodos (observado que ele não poderá incluir o período após o mês no qual ocorra o dia de reconhecimento da invalidez ou o período que inicia com o mês em que ocorre o dia subseqüente ao dia da morte):

a) o período desde o mês no qual é completada a idade de 20 anos até o mês precedente ao mês no qual é completada a idade de 60 anos, salvo o período anterior a 1º de abril de 1961;

b) períodos de contribuição sob a legislação do Japão que não coincidam com o período mencionado na alínea (a) deste parágrafo; e

c) períodos de cobertura sob a legislação do Brasil que não coincidam com períodos mencionados na alínea (b) deste parágrafo, no caso de que o mês no qual ocorre o dia do reconhecimento da invalidez ou o mês anterior ao mês no qual ocorre o dia subseqüente à morte estejam antes do período mencionado na alínea (a) deste parágrafo.

5. Com relação ao cálculo do valor dos benefícios sob os sistemas previdenciários japoneses para empregados sob os parágrafos 2 e 3 deste Artigo, caso a pessoa que tenha direito aos benefícios possua períodos de cobertura sob dois ou mais tais sistemas previdenciários, os períodos de contribuição sob o sistema previdenciário do qual tais benefícios serão pagos mencionados no parágrafo 2 deste Artigo ou os períodos de cobertura sob os sistemas previdenciários japoneses para empregados mencionados no parágrafo 3 deste Artigo serão a soma dos períodos de cobertura sob todos estes sistemas previdenciários. Contudo, quando a soma dos períodos de cobertura igualar ou exceder o período especificado determinado pela legislação do Japão prevista no parágrafo 3 deste Artigo, o método de cálculo estipulado no parágrafo 3 deste Artigo e neste parágrafo não será aplicado.

6. Com relação ao Benefício Adicional para Cônjuges que está incluído na Aposentadoria por Idade dos Empregados e quaisquer outros benefícios que possam ser concedidos como um valor fixo em casos em que os períodos de cobertura sob os sistemas previdenciários japoneses para empregados se igualem a ou excedam os períodos especificados determinados pela legislação do Japão, caso as exigências para receber tais benefícios sejam cumpridas em virtude do parágrafo 1 do Artigo 13, o valor a ser concedido será calculado de acordo com a proporção destes períodos de cobertura sob os sistemas previdenciários japoneses para empregados sob os quais tais benefícios serão pagos frente àquele período especificado.

ARTIGO 16
EXCEÇÃO AO ARTIGO 4

O Artigo 4 não afetará as disposições sobre períodos complementares para nacionais japoneses fundamentados na residência habitual fora do território do Japão sob a legislação do Japão.

CAPÍTULO 2
DISPOSIÇÕES RELATIVAS A BENEFÍCIOS BRASILEIROS

ARTIGO 17
TOTALIZAÇÃO E REGRAS DE CÁLCULO

1. Quando uma pessoa não for elegível a um benefício sob a legislação do Brasil por não ter acumulado períodos de cobertura suficientes de acordo com aquela legislação, os períodos de cobertura sob a legislação do Japão serão também considerados para determinar a elegibilidade daquela pessoa. Para aplicar o acima mencionado, a instituição competente do Brasil deverá:

a) calcular o valor teórico do benefício que seria pago se todos os períodos de cobertura houvessem sido completados sob a legislação do Brasil;

b) sobre a base daquele valor teórico, calcular, então, o valor real do benefício a ser pago de acordo com a razão entre a duração dos períodos de cobertura completados sob a legislação do Brasil e a duração total dos períodos de cobertura sob a legislação de ambos os Estados Contratantes. Contudo, se esta duração total exceder o período mínimo necessário para estabelecer o direito ao benefício sob a legislação do Brasil, a duração total será considerada igual ao período mínimo.

2. O valor teórico do benefício mencionado no parágrafo 1, alínea (a), deste Artigo não será, sob nenhuma circunstância, inferior ao valor mínimo garantido pela legislação do Brasil.

3. Caso uma pessoa seja elegível a um benefício sob a legislação do Brasil sem a aplicação do parágrafo 1 deste Artigo, a instituição competente do Brasil determinará o valor do benefício a ser pago com base exclusivamente nos períodos de cobertura completados por esta pessoa sob a legislação do Brasil.

PARTE IV
DISPOSIÇÕES DIVERSAS

ARTIGO 18
COLABORAÇÃO ADMINISTRATIVA

1. As autoridades competentes de ambos os Estados Contratantes deverão:

a) concordar quanto às medidas administrativas necessárias à implementação deste Acordo;

b) designar organismos de ligação para a implementação deste Acordo; e

c) comunicar reciprocamente, assim que possível, qualquer informação sobre mudanças em suas respectivas legislações que possam influenciar a implementação deste Acordo.

2. As autoridades competentes e instituições competentes de ambos os Estados Contratantes, no âmbito de suas respectivas competências, proverão qualquer auxílio necessário à implementação deste Acordo. Esta assistência será gratuita.

ARTIGO 19
TAXAS OU EMOLUMENTOS E LEGALIZAÇÃO

1. Quando a legislação e outras leis e regulamentos pertinentes de um Estado Contratante contiverem disposições de uma isenção ou redução de taxas administrativas ou emolumentos consulares para documentos a serem submetidos sob a legislação daquele Estado Contratante, estas disposições também serão aplicadas a documentos a serem submetidos na aplicação deste Acordo e da legislação do outro Estado Contratante.

2. Documentos apresentados para os propósitos deste Acordo e da legislação de um Estado Contratante não necessitarão de legalização ou qualquer outra formalidade similar por autoridades diplomáticas ou consulares.

ARTIGO 20
COMUNICAÇÃO

1. Ao implementar este Acordo, as autoridades competentes e as instituições competentes de ambos os Estados Contratantes podem comunicar-se diretamente entre si em língua portuguesa ou japonesa e com qualquer pessoa envolvida, onde quer que esta pessoa possa residir.

2. Ao implementar este Acordo, as autoridades competentes e as instituições competentes de um Estado Contratante não podem rejeitar requerimentos ou quaisquer outros documentos pelo motivo de que eles estejam redigidos na língua do outro Estado Contratante.

ARTIGO 21
TRANSMISSÃO E CONFIDENCIALIDADE DE INFORMAÇÕES

1. As autoridades competentes ou instituições competentes de um Estado Contratante transmitirão, de acordo com suas leis e regulamentos, às autoridades competentes ou instituições competentes do outro Estado Contratante informações sobre uma pessoa coletadas sob a legislação daquele Estado Contratante, na medida em que aquela informação seja necessária à implementação deste Acordo. Salvo disposição contrária nas leis e regulamentos daquele outro Estado Contratante, aquela informação será usada exclusivamente para o propósito de implementar este Acordo.

2. As autoridades competentes ou instituições competentes de um Estado Contratante podem, a pedido das autoridades competentes ou instituições competentes do outro Estado Contratante, transmitir, de acordo com a legislação e outras leis e regulamentações pertinentes daquele Estado Contratante, informações sobre uma pessoa diversas daquela informação referida no parágrafo 1 deste Artigo, coletadas sob a legislação daquele Estado Contratante, às autoridades competentes ou instituições competentes daquele outro Estado Contratante, desde que elas sejam necessárias para a implementação da legislação daquele outro Estado Contratante. Salvo disposição contrária nas leis e regulamentos daquele outro Estado Contratante, aquela informação será usada exclusivamente para o propósito de implementar a legislação daquele outro Estado Contratante.

3. As informações mencionadas nos parágrafos 1 e 2 deste Artigo recebidas por um Estado Contratante serão governadas pelas leis e regulamentos daquele Estado Contratante para a proteção da confidencialidade de dados pessoais.

ARTIGO 22
APRESENTAÇÃO DE REQUERIMENTOS, RECURSOS E DECLARAÇÕES

1. Quando um requerimento de benefícios por escrito, um recurso ou qualquer outra declaração sob a legislação de um Estado Contratante for submetida a uma autoridade competente ou instituição competente do outro Estado Contratante que é competente para receber requerimentos, recursos ou declarações similares sob a legislação daquele outro Estado Contratante, aquele requerimento de benefícios, recurso ou declaração será considerada como submetida na mesma data à autoridade competente ou instituição competente do primeiro Estado Contratante e será tratada de acordo com o procedimento e a legislação do primeiro Estado Contratante.

2. A autoridade competente ou instituição competente de um Estado Contratante enviará o requerimento de benefícios, recurso ou qualquer outra declaração submetida de acordo com o parágrafo 1 deste Artigo à autoridade competente ou instituição competente do outro Estado Contratante sem demora.

ARTIGO 23
RESOLUÇÃO DE DESACORDOS

Qualquer desacordo quanto à interpretação ou aplicação deste Acordo será resolvido mediante consultas entre os Estados Contratantes.

ARTIGO 24
COMISSÃO MISTA

Os Estados Contratantes poderão estabelecer uma Comissão Mista composta por representantes das autoridades competentes e instituições competentes de ambos os Estados Contratantes. Esta Comissão Mista será responsável por monitorar a aplicação deste Acordo. Esta Comissão Mista reunir-se-á quando necessário, seja no Brasil ou no Japão, a pedido de qualquer Estado Contratante.

ARTIGO 25
TÍTULOS

Os títulos de Partes, Capítulos e Artigos deste Acordo são inseridos somente para a conveniência de referência e não afetarão a interpretação deste Acordo.

PARTE V
DISPOSIÇÕES FINAIS E TRANSITÓRIAS

ARTIGO 26
EVENTOS E DECISÕES ANTERIORES À ENTRADA EM VIGOR

1. Este Acordo não conferirá nenhum direito a benefícios por qualquer período anterior à sua entrada em vigor.

2. Na implementação deste Acordo serão também levados em consideração períodos de cobertura completados antes de sua entrada em vigor bem como outros eventos legalmente pertinentes ocorridos antes da sua entrada em vigor.

3. Ao aplicar os parágrafos 1 ou 4 do Artigo 7, no caso de uma pessoa que esteja trabalhando no território de um Estado Contratante antes da entrada em vigor deste Acordo, os períodos de deslocamento ou atividade por conta própria mencionados nos parágrafos 1 ou 4 do Artigo 7 serão considerados como tendo início na data de entrada em vigor deste Acordo.

4. Decisões tomadas antes da entrada em vigor deste Acordo não afetarão quaisquer direitos constituídos em virtude deste Acordo.

5. A aplicação deste Acordo não resultará, para um beneficiário, em qualquer redução do valor de benefícios para o qual o direito havia sido estabelecido antes da entrada em vigor deste Acordo.

6. Sujeito ao parágrafo 1 deste Artigo, caso um requerimento de um benefício de acordo com disposições deste Acordo seja apresentado dentro de dois anos após a entrada em vigor deste Acordo, o benefício correspondente poderá ser pago a partir do momento em que as condições necessárias forem satisfeitas. Se o requerimento for

feito após o prazo de dois anos após a data da entrada em vigor deste Acordo, os efeitos desse requerimento estarão sujeitos à legislação do Estado Contratante pertinente.

ARTIGO 27
ENTRADA EM VIGOR

Este Acordo entrará em vigor no primeiro dia do terceiro mês após o mês no qual os Estados Contratantes tenham completado a troca de Notas diplomáticas informando reciprocamente que suas respectivas exigências constitucionais necessárias à entrada em vigor deste Acordo foram cumpridas.

ARTIGO 28
VIGÊNCIA E DENÚNCIA

1. Este Acordo permanecerá em vigor por um período indefinido. Qualquer dos Estados Contratantes pode denunciar este Acordo junto ao outro Estado Contratante, via canal diplomático, mediante aviso escrito de denúncia deste Acordo. Neste caso, o Acordo permanecerá em vigor até o último dia do décimo-segundo mês seguinte ao mês no qual a denúncia foi apresentada.
2. Em caso de denúncia deste Acordo conforme parágrafo 1 deste Artigo, serão preservados os direitos quanto à elegibilidade ou ao pagamento de benefícios adquiridos sob este Acordo.

Em testemunho do que, os abaixo assinados, devidamente autorizados por seus respectivos Governos, firmaram este Acordo.

Feito em Tóquio, em 29 de julho de 2010, em duplicata, em português, japonês e inglês. Em caso de qualquer divergência de interpretação, o texto em inglês prevalecerá.

PELA REPÚBLICA FEDERATIVA DO BRASIL
Carlos Eduardo Gabas
Ministro da Previdência Social

PELO JAPÃO
Katsuya Okada
Ministro dos Negócios Estrangeiros

DECRETO Nº 8.000, DE 8 DE MAIO DE 2013

Promulga o Acordo de Previdência Social e seu Protocolo Adicional entre a República Federativa do Brasil e a República Federal da Alemanha, firmados em Berlim, em 3 de dezembro de 2009.

A PRESIDENTA DA REPÚBLICA, no uso da atribuição que lhe confere o art. 84, caput, inciso IV, da Constituição, e

Considerando que a República Federativa do Brasil e a República Federal da Alemanha firmaram, em Berlim, em 3 de dezembro de 2009, o Acordo de Previdência Social e seu Protocolo Adicional;

Considerando que o Congresso Nacional aprovou o Acordo e seu Protocolo Adicional por meio do Decreto Legislativo nº 332, de 18 de julho de 2012;

Considerando que o Acordo e seu Protocolo Adicional entrarão em vigor para a República Federativa do Brasil, no plano jurídico externo, em 1º de maio de 2013, nos termos do parágrafo 2º de seu Artigo 26;

DECRETA:

Art. 1º Ficam promulgados o Acordo de Previdência Social e seu Protocolo Adicional firmados entre a República Federativa do Brasil a República Federal da Alemanha, em Berlim, em 3 de dezembro de 2009, anexos a este Decreto.

Art. 2º São sujeitos à aprovação do Congresso Nacional atos que possam resultar em revisão do Acordo e de seu Protocolo Adicional, e ajustes complementares que acarretem encargos ou compromissos gravosos ao patrimônio nacional, nos termos do inciso I do caput do art. 49 da Constituição.

Art. 3º Este Decreto entra em vigor na data de sua publicação.

Brasília, 8 de maio de 2013;
192º da Independência e 125º da República.

DILMA ROUSSEFF
Antonio de Aguiar Patriota
Garibaldi Alves Filho

ACORDO DE PREVIDÊNCIA SOCIAL ENTRE A REPÚBLICA FEDERATIVA DO BRASIL E A REPÚBLICA FEDERAL DA ALEMANHA

A República Federativa do Brasil
e
A República Federal da Alemanha
(doravante denominados "Partes"),
Imbuídos do desejo de regulamentar suas relações em matéria de Previdência Social,
Acordam o seguinte:

TÍTULO I
DISPOSIÇÕES GERAIS

Artigo 1. Definições

1. Neste Acordo, os termos relacionados a seguir possuem o seguinte significado:
a) "cidadão nacional" é, em relação à República Federal da Alemanha, um alemão segundo a Lei Fundamental da República Federal da Alemanha e, em relação à República Federativa do Brasil, um brasileiro segundo a Constituição Federal e as Leis da República Federativa do Brasil;
b) "legislação" são as leis, os regulamentos e os demais atos normativos vinculantes, que se referem aos setores e sistemas da previdência social pertinentes ao âmbito material deste Acordo;
c) "Autoridade Competente" é, na República Federal da Alemanha, o Ministério Federal de Trabalho e Assuntos Sociais e, na República Federativa do Brasil, o Ministério da Previdência Social;
d) "Instituição" é a autoridade ou o organismo responsável pela aplicação da legislação pertinente ao âmbito material deste Acordo;
e) "Instituição Competente" é a instituição responsável pela aplicação da legislação em cada caso concreto;
f) "períodos de seguro" são, na República Federal da Alemanha, períodos de contribuição e tempo de exercício da atividade profissional, considerados como tais na legislação alemã e outros períodos que tenham sido reconhecidos como tais por esta legislação, e, na República Federativa do Brasil, qualquer período considerado como tal pela legislação brasileira;
g) "aposentadoria" ou "prestação pecuniária" é uma aposentadoria ou outra prestação pecuniária, incluindo todos os adicionais, subvenções e revalorizações;
h) "residência habitual" ou "residir habitualmente" é o lugar de residência efetiva e não apenas temporária, ou residir efetivamente de modo não apenas temporário.
2. Os demais termos utilizados no Acordo têm o significado que lhes for atribuído pela legislação aplicável de cada Parte.

Artigo 2. Âmbito material

1. Este Acordo refere-se:
a) à legislação alemã sobre:
i. seguro previdenciário;
ii. seguro complementar da caixa de seguro dos operários siderúrgicos;
iii. seguro de aposentadoria dos agricultores;
iv. seguro de acidentes, relativo a aposentadorias e a outras prestações pecuniárias;
b) à legislação brasileira sobre o seguro social referente:
i. às aposentadorias, pensão por morte e auxílio-acidente do Regime Geral de Previdência Social;
ii. às aposentadorias e pensão por morte dos Regimes Próprios de Previdência Social dos servidores públicos.
2. Se, de acordo com a legislação de uma das Partes, além dos pressupostos para a aplicação deste Acordo, também estiverem preenchidos aqueles para a aplicação de outro acordo ou de regulamentações supranacionais, a Instituição dessa Parte, quando aplicar este Acordo, ignorará o outro acordo ou as regulamentações supranacionais. Esse procedimento não se aplica se o outro acordo ou o direito supranacional contiverem regras de repartição dos encargos segurados, nos termos das quais os períodos de seguro tenham sido assumidos definitivamente por uma das Partes ou tenham sido retirados da sua área de competência.

Artigo 3. Âmbito pessoal

Este Acordo se refere:
a) diretamente a:
i. cidadãos nacionais das Partes;
ii. refugiados, segundo o Art. 1 da Convenção das Nações Unidas sobre o Estatuto dos Refugiados, de 28 de julho de 1951, e do Protocolo relativo ao Estatuto dos Refugiados, de 31 de janeiro de 1967;
iii. apátridas segundo o Art. 1 da Convenção sobre o Estatuto dos Apátridas, de 28 de setembro de 1954;

b) indiretamente, a outras pessoas, no que diz respeito aos direitos derivados de uma pessoa diretamente abrangida pelo âmbito da alínea "a" do presente Artigo;

c) cidadãos de Estados terceiros que não se incluam entre as pessoas direta ou indiretamente abrangidas pelas alíneas "a" e "b" do presente Artigo.

Artigo 4. Igualdade de tratamento

1. As pessoas compreendidas, direta ou indiretamente, no âmbito de aplicação deste Acordo, que residam habitualmente no território de uma das Partes, encontram-se igualadas aos cidadãos dessa Parte, no que se refere à aplicação da sua legislação.

2. As prestações segundo a legislação de uma Parte serão atribuídas aos cidadãos da outra Parte que residam habitualmente fora dos territórios das Partes, sob as mesmas condições prévias que aos cidadãos da primeira Parte que aí habitualmente residam.

Artigo 5. Equiparação da residência habitual

As disposições legais restritivas de uma Parte, nos termos das quais a geração de direitos a prestações e a sua realização ou o pagamento de prestações pecuniárias dependam de haver residência habitual no território dessa Parte, não são válidas para pessoas abrangidas, direta ou indiretamente, pelo âmbito do presente Acordo, que residam no território da outra Parte.

Artigo 6. Legislação aplicável a pessoas que exercem atividades econômicas

1. Salvo disposição em contrário no presente Acordo, para uma pessoa que exerce atividade dependente, aplica-se exclusivamente a legislação da Parte em cujo território essa pessoa efetivamente desempenha sua atividade.

2. A membros da tripulação de empresas aéreas, que realizam transporte internacional de pessoas ou mercadorias por conta própria ou por conta alheia, aplica-se a legislação da Parte em cujo território está sediada a empresa. Caso a empresa tenha uma sede, uma filial ou uma representação permanente em ambas as Partes, aplica-se a legislação daquela em cujo território o trabalhador dependente usualmente inicia sua atividade laboral.

3. Para uma pessoa que exerce atividade dependente a bordo de embarcação de longo curso que viaje sob a bandeira de uma das Partes, aplica-se a legislação desta Parte. A pessoa que, não exercendo habitualmente no mar sua atividade profissional, efetue trabalho em águas territoriais ou no porto de uma Parte, em embarcação com bandeira da outra Parte a qual se encontra nessas águas territoriais ou neste porto da primeira Parte, mas sem pertencer à tripulação dessa embarcação, está sujeita à legislação da primeira Parte.

4. Os parágrafos de 1 a 3 aplicam-se correspondentemente a outras pessoas abrangidas pela legislação pertinente ao âmbito material conforme Artigo 2 deste Acordo, e que não sejam trabalhadores dependentes.

Artigo 7. Legislação aplicável em caso de deslocamento

1. Se uma pessoa que habitualmente exerce atividade dependente em uma das Partes for deslocada, no âmbito dessa relação de trabalho, pelo seu empregador, o qual exerce regularmente uma atividade econômica significativa no Estado de origem, para o território da outra Parte, a fim de realizar trabalho para esse mesmo empregador por um período previamente determinado, a legislação da primeira Parte continuará a ser aplicada durante os primeiros 24 meses, como se ainda estivesse trabalhando no território dessa Parte. O período de 24 meses começará a ser contado no primeiro dia do mês no qual a pessoa inicia a atividade no território da outra Parte.

2. O parágrafo 1 aplica-se correspondentemente a outras pessoas abrangidas pela legislação indicada no Art. 2 do Acordo e que não sejam trabalhadores dependentes.

Artigo 8. Legislação aplicável aos funcionários de Missões diplomáticas ou Repartições consulares

1. Este Acordo não afeta a aplicação da Convenção de Viena sobre Relações Diplomáticas, de 18 de abril de 1961, ou da Convenção de Viena sobre Relações Consulares, de 24 de abril de 1963.

2. Se um cidadão de uma das Partes é contratado por essa Parte ou por membro ou funcionário de uma de suas Missões diplomáticas ou Repartições consulares para exercer funções no território da outra Parte, a legislação da primeira Parte é válida, para o período de exercício de suas funções, como se ainda estivesse trabalhando nessa Parte. Esse dispositivo não se aplica se essa pessoa possuir residência habitual na Parte de exercício da atividade em momento imediatamente anterior ao início da relação de trabalho.

3. Se a Missão diplomática ou Repartição consular de uma Parte empregar pessoas que estão submetidas à legislação da outra Parte, tal Missão diplomática ou a Repartição consular serão obrigadas a respeitar essa legislação, à qual tem de submeter-se o empregador local.

Artigo 9. Exceções às disposições sobre a legislação aplicável

1. Autoridades competentes das Partes ou instâncias por elas designadas podem, de comum acordo, estabelecer exceções às disposições do presente Acordo com relação à legislação aplicável, desde que a pessoa interessada continue ou venha a estar sujeita à legislação de uma das Partes. Deve-se levar em consideração o tipo de atividade a ser exercida e suas circunstâncias.

2. As exceções indicadas no parágrafo 1 deste Artigo devem ser solicitadas por meio de requerimento conjunto do trabalhador dependente e do seu empregador ou, caso não se trate de trabalhador dependente, a pedido da própria pessoa. O requerimento será dirigido à Parte cuja legislação se deseja que prevaleça.

TÍTULO II
DISPOSIÇÕES ESPECIAIS

CAPÍTULO 1
SEGURO DE ACIDENTES DE TRABALHO E DOENÇAS OCUPACIONAIS

Artigo 10. Consideração de acidentes de trabalho ou doenças ocupacionais

1. Se a legislação de uma Parte previr, para a avaliação do grau de incapacidade ou para a fixação do direito à prestação em conseqüência de um acidente de trabalho ou de doença ocupacional no sentido desta legislação, que se tenha de levar em consideração outros acidentes de trabalho ou doenças ocupacionais, essa previsão será igualmente aplicável a acidentes de trabalho e doenças ocupacionais sujeitos à legislação da outra Parte, como se tivessem ficado sujeitos à legislação da primeira. Os acidentes de trabalho ou doenças ocupacionais a ter em consideração ficam equiparados àqueles que são considerados acidentes ou outros casos de indenização nos termos de outras disposições legais.

2. A instituição competente, responsável pela indenização do caso de seguro em causa, determina sua prestação, de acordo com o grau de incapacidade resultante do acidente de trabalho ou doença ocupacional determinado pela legislação a que está submetida.

CAPÍTULO 2
SEGURO PREVIDENCIÁRIO

Artigo 11. Totalização de períodos de seguro e cálculo da aposentadoria

1. Para o direito à prestação, segundo a legislação a ser aplicada, também são considerados os períodos de seguro computáveis segundo a legislação da outra Parte e que não recaiam sobre o mesmo período de tempo. Os períodos de seguro a considerar orientam- se pela legislação da Parte de acordo com a qual decorreram estes períodos.

2. No caso de o direito à prestação exigir períodos de seguro com determinadas características, só serão considerados períodos de seguro equiparáveis nos termos da legislação da outra Parte.

3. O cálculo das aposentadorias e pensões por morte é regulado pela legislação da respectiva Parte, salvo disposição contrária contida neste Acordo.

Artigo 12. Particularidades para a Instituição alemã

1. A base para a apuração da pontuação pessoal são os pontos adquiridos de acordo com a legislação alemã.

2. A disposição sobre a totalização dos períodos de seguro aplica-se, correspondentemente, às prestações, cuja concessão por uma instituição competente é facultativa.

3. Os períodos de seguro cumpridos de acordo com a legislação brasileira são levados em consideração na caixa de seguro dos mineiros caso o segurado tenha cumprido esse tempo na parte subterrânea de uma mina. Se, para a legislação alemã, for condição para o direito à prestação que o trabalho tenha sido cumprido de forma contínua na parte subterrânea da mina ou em outro trabalho a este equiparado, a instituição alemã levará em consideração os períodos de seguro cumpridos segundo a legislação brasileira, nos quais tenham sido exercidas atividades equivalentes.

4. Se, para ter direito a prestações segundo a legislação alemã, for condição que determinados períodos de seguro tenham decorrido num determinado espaço de tempo, e se a legislação prevê, além disso, que este período de tempo possa prolongar-se por força de determinado conjunto de fatos ou períodos de seguro, para o prolongamento também serão considerados períodos de seguro segundo a legislação da outra Parte ou um conjunto de fatos comparáveis na outra Parte. Fatos comparáveis são períodos de tempo, durante os quais foram pagas aposentadorias por invalidez ou por idade, ou prestações por doença, desemprego ou acidente de trabalho (neste caso, com exceção de aposentadorias) segundo a legislação brasileira, e períodos dedicados à educação dos filhos passados na República Federativa do Brasil.

5. Os períodos de seguro a ter em consideração nos termos das disposições relativas à totalização dos períodos de seguro serão considerados, apenas, na sua dimensão temporal efetiva.

6. Se a concessão de determinadas prestações no seguro de aposentadoria dos agricultores depender do cumprimento de períodos de seguro dentro do sistema especial para agricultores, só serão computados para a concessão destas prestações os períodos de seguro decorridos ao abrigo da legislação brasileira, se estes períodos de seguro tiverem decorrido durante o exercício de atividade como agricultor por conta própria.

Artigo 13. Particularidades para a Instituição brasileira

1. Se, para a legislação brasileira, for condição para o direito à pensão por morte, o fato de o falecimento do segurado ter acontecido durante um período de seguro, a condição para a fundamentação do direito à prestação é considerada cumprida se o falecimento houver ocorrido dentro de um período de seguro de acordo com a legislação alemã.

2. Os períodos de seguro cumpridos de acordo com a legislação alemã no sistema especial para agricultores serão levados em consideração para o reconhecimento do direito a uma aposentadoria por idade, aposentadoria por invalidez ou pensão por morte no regime geral brasileiro como sendo equivalentes a períodos de seguro especial na agricultura.

3. O tempo de atividade exercido ao abrigo da legislação alemã sob condições especiais que comprovadamente prejudiquem a saúde ou a integridade física do trabalhador poderá ser computado pela Instituição competente brasileira para fins de aposentadoria especial, desde que certificada a exposição aos respectivos agentes nocivos.

4. Os períodos de seguro cumpridos de acordo com a legislação alemã serão levados em consideração para uma aposentadoria especial, caso o segurado tenha cumprido esse tempo na parte subterrânea de uma mina. Se, para a legislação brasileira, for condição para o direito à prestação, que o trabalho tenha sido cumprido de forma contínua na parte subterrânea da mina ou em outro período de seguro a este equiparado, a instituição brasileira levará em consideração, para fins de concessão desta aposentadoria especial, o período de seguro cumprido segundo a legislação alemã em atividade idêntica.

5. Com base na informação do produto extraído da mina, comunicado pela instituição competente alemã, a instituição competente brasileira fundamentará a identificação do agente nocivo para fins de concessão de aposentadoria especial. Caso não seja possível à instituição competente brasileira identificar o agente nocivo ou prejudicial à saúde do segurado que apresente período de seguro cumprido, conforme a legislação aplicável alemã, exclusivamente na parte subterrânea de mina, o tempo informado será considerado, para fins de concessão de aposentadoria especial, com o maior tempo de contribuição previsto na legislação brasileira.

6. Se, conforme a legislação brasileira, não houver direito a prestações considerando os períodos de seguro cumpridos exclusivamente conforme a legislação brasileira, esses períodos serão totalizados com os períodos de seguro computáveis conforme a legislação alemã, a não ser que se trate de períodos concomitantes.

7. Se o direito a uma prestação existir apenas com a consideração também dos períodos de seguro computáveis segundo a legislação alemã conforme o Art. 11, parágrafo 1, a prestação será calculada da seguinte forma:

a) a Instituição brasileira calculará, inicialmente, o montante do benefício supondo que todos os períodos considerados conforme as legislações das duas Partes tivessem sido cumpridos ao amparo da legislação brasileira;

b) para a apuração do montante do benefício, a Instituição brasileira considerará apenas salários e remunerações que serviram de base para o pagamento de contribuições durante os períodos de seguro cumpridos conforme a legislação brasileira (prestação teórica);

c) se o montante da prestação teórica for menor do que o limite mínimo de benefício, a prestação teórica será elevada para o limite mínimo de benefício;

d) por fim, a Instituição brasileira calculará a prestação proporcional a pagar, conforme a legislação brasileira, com base na prestação teórica e na proporção da duração dos períodos de seguro considerados, conforme a sua própria legislação, em relação à duração total dos períodos de seguro cumpridos conforme as legislações das duas Partes (prestação pro rata).

TÍTULO III
DISPOSIÇÕES DIVERSAS

CAPÍTULO 1
COOPERAÇÃO ADMINISTRATIVA

Artigo 14. Cooperação administrativa e perícia médica

1. As Instituições, associações de instituições e autoridades das Partes cooperarão entre si na aplicação deste Acordo, bem como na aplicação da legislação pertinente ao seu âmbito material, como se estivessem aplicando sua própria legislação. Essa cooperação será gratuita. Pagamentos realizados a terceiros serão reembolsados, com a exceção dos custos de comunicação.

2. A cooperação administrativa engloba, igualmente, perícias médicas no âmbito do seguro previdenciário, assim como de acidentes de trabalho e doenças ocupacionais. Custos de perícias, viagens, perda de salário, de internamento para observação e outros pagamentos efetuados a terceiros, com exceção dos custos de comunicação, deverão ser reembolsados pela instituição solicitante. Os custos não serão reembolsados quando a perícia médica for do interesse das instituições competentes de ambas as Partes.

Artigo 15. Taxas e legalização

1. A isenção ou redução de impostos ou de taxas administrativas, previstas na legislação de uma das Partes, o reembolso com despesas de documentos de apresentação obrigatória, segundo esta legislação, engloba também os respectivos documentos que devem ser apresentados na aplicação do presente Acordo ou dentro da legislação da outra Parte, pertinente ao âmbito material deste Acordo.

2. Os documentos que devem ser apresentados, no âmbito da aplicação do presente Acordo ou dentro da legislação de uma Parte, pertinente ao âmbito material deste Acordo, não necessitam de legalização ou outras formalidades semelhantes perante as instâncias da outra Parte.

Artigo 16. Comunicação e línguas oficiais

1. As Instituições, associações de instituições e autoridades das Partes, quando aplicarem este Acordo e a legislação pertinente ao seu âmbito material, podem comunicar-se diretamente, entre si e com as pessoas envolvidas e os seus representantes, nas suas línguas oficiais. O presente artigo não afeta a legislação sobre o recurso a tradutores.

2. Decisões e outros pronunciamentos podem ser comunicados diretamente a uma pessoa que se encontre no território da outra Parte por meio de carta simples. Decisões e outros pronunciamentos de no-

tificação obrigatória quando da aplicação da lei alemã sobre assistência às vítimas da Guerra, bem como daquelas leis que declaram que tal seja correspondentemente aplicável, podem ser comunicados diretamente a uma pessoa que se encontre no território da outra Parte por meio de carta registrada com aviso de recebimento.

3. As Instituições, associações de instituições e autoridades das Partes não podem recusar requerimentos e certidões por estarem redigidos na língua oficial da outra Parte.

Artigo 17. Equiparação dos requerimentos

1. Se o requerimento para uma prestação, feito segundo a legislação de uma Parte, tiver sido apresentado à instância da outra Parte autorizada a receber requerimentos para uma prestação equivalente, segundo a legislação a que está submetida, esse requerimento será válido como se tivesse sido feito na instituição competente da primeira Parte. Isto também se aplica aos demais requerimentos, assim como a declarações, esclarecimentos e recursos administrativos.

2. Requerimentos, declarações, pedidos de esclarecimento e recursos administrativos devem ser, imediatamente, enviados pelas instâncias da Parte às quais foram apresentados para a instituição competente da outra Parte.

3. Um requerimento para prestações, feito segundo a legislação de uma Parte, também é válido como requerimento para uma prestação equivalente, segundo a legislação da outra Parte se, no requerimento, estiver claro que períodos de seguro foram cumpridos segundo a legislação da outra Parte. Isso não se aplica caso a pessoa, expressamente, requeira que o reconhecimento dos direitos de aposentadoria, adquiridos de acordo com a legislação da outra Parte, seja suspenso.

Artigo 18. Proteção de dados

1. Quando, em razão deste Acordo, forem transmitidos dados pessoais, serão aplicadas as seguintes disposições, observando-se, ainda, a legislação vigente em cada uma das Partes:

a) os dados podem ser transmitidos às instâncias designadas na Parte recebedora para a finalidade de aplicação deste Acordo e da legislação à qual ele se refere. A instância recebedora dos dados somente pode utilizá-los para essa finalidade. O repasse desses dados para outras instâncias ou o seu uso para outros fins na Parte recebedora é permitido, no âmbito do direito desta Parte, se tal repasse servir para fins de seguridade social, inclusive para procedimentos jurídicos a ela relacionados. A utilização desses dados é adicionalmente admissível para prevenir e investigar delitos relevantes, assim como para impedir perigos significativos à segurança pública;

b) a pedido das instâncias remetentes, as instâncias recebedoras informarão sobre o uso dos dados transmitidos e sobre os resultados atingidos;

c) as instâncias remetentes deverão atentar para a exatidão dos dados a serem transmitidos, assim como para sua pertinência e para sua proporcionalidade relativas ao objetivo das transmissões. Nesse contexto, devem ser respeitadas as proibições de transmissão impostas pelo direito interno de cada Parte. A transmissão de dados não será levada a cabo quando as instâncias remetentes possuírem motivos para supor que tal possa violar o propósito de uma lei interna de uma Parte ou prejudicar interesses dignos de proteção da pessoa em causa. Caso se comprove que foram transmitidos dados incorretos ou dados que, de acordo com o direito da Parte remetente não poderiam ter sido transmitidos, então tal deve ser, imediatamente, comunicado às instâncias recebedoras. Estas instâncias são obrigadas a proceder à correção ou à eliminação imediata destes dados;

d) a pessoa envolvida deve ser informada, a seu requerimento, sobre os dados transmitidos sobre a sua pessoa ou sobre os fins pretendidos com os mesmos. Observada essa disposição, o direito da pessoa envolvida de receber informação sobre os dados disponíveis sobre si é regulamentado pelo direito interno da Parte de cuja instância a pessoa deseja obter a informação;

e) se uma instância de uma Parte transmitir dados sobre uma pessoa, em virtude do presente Acordo, a instância recebedora da outra Parte não pode alegar em sua defesa, em relação à pessoa prejudicada, no âmbito da sua responsabilidade de acordo com as disposições do direito nacional, que os dados transmitidos estavam incorretos ou indevidamente transmitidos. Se uma instância recebedora pagar indenização por danos causados pelo uso de dados incorretos ou indevidamente transmitidos, a instância remetente deverá ressarcir à instância recebedora o montante total da indenização;

f) os dados pessoais transmitidos têm de ser eliminados logo que deixem de servir os fins para os quais foram transmitidos e quando não houver razões para supor que, com sua eliminação, possam ser afetados interesses dignos de proteção referentes à seguridade social da pessoa em causa;

g) as instâncias remetentes e as instâncias recebedoras deverão documentar a transmissão e recepção de dados pessoais;

h) as instâncias remetentes e as instâncias recebedoras deverão proteger, eficazmente, os dados transmitidos contra o acesso não autorizado, as alterações não autorizadas e a divulgação não autorizada.

2. As disposições do parágrafo 1 são igualmente válidas para o segredo industrial e o segredo comercial.

CAPÍTULO 2
EXECUÇÃO E INTERPRETAÇÃO DESTE ACORDO

Artigo 19. Execução deste Acordo e Organismos de Ligação

1. Os governos ou as autoridades competentes podem acordar sobre os convênios normativos necessários para a execução deste Acordo. As autoridades competentes deverão comunicar entre si as alterações e adendos à legislação pertinente ao âmbito material deste Acordo.

2. Para a execução deste Acordo são aqui determinados os seguintes organismos de ligação:

a) na República Federal da Alemanha:

i. para o seguro previdenciário: Deutsche Rentenversicherung Nordbayern, Bayreuth (Seguro Previdenciário Alemão, Gerência da Baviera do Norte, em Bayreuth), Deutsche Rentenversicherung Bund, Berlin (Seguro Previdenciário Alemão Federal, Berlim), Deutsche Rentenversicherung Knappschaft-Bahn-See, Bochum (Seguro Previdenciário dos Mineiros, Ferroviários e Marinheiros, Bochum);

ii. para o seguro complementar da caixa de seguro dos operários siderúrgicos: Deutsche Rentenversicherung für das Saarland, Saarbrücken (Seguro Previdenciário Alemão para o Sarre, Saarbrücken);

iii. para o seguro de aposentadoria dos agricultores: Spitzenverband der landwirtschaftlichen Sozialversicherung, Kassel (Confederação do Seguro Social Rural, Kassel);

iv. para o seguro de acidentes: Deutsche Gesetzliche Unfallversicherung (DGUV), Deutsche Verbindungsstelle Unfallversicherung - Ausland, Berlim (Seguro-Acidente Obrigatório Alemão-DGUV, Organismo de Ligação do Seguro-Acidente com o Exterior, Berlim);

v. no caso de as instituições de seguro-saúde obrigatório estarem envolvidas na execução deste Acordo: Spitzenverband Bund der Krankenkassen (GKV-Spitzenverband), Deutsche Verbindungsstelle Krankenversicherung - Ausland (DVKA), Bonn (Confederação das Caixas de Seguro-Saúde Obrigatório-GKV, Organismo de Ligação do Seguro-Saúde com o Exterior, Bonn);

b) na República Federativa do Brasil: INSS, Brasília.

3. Caso ainda não esteja previsto na legislação alemã, no processo de atribuição a uma instituição regional dentro do Regime Alemão de Aposentadorias, a Deutsche Rentenversicherung Nordbayern, Bayreuth, será responsável por todos os processos, inclusive o reconhecimento e o pagamento de prestações, se:

a) períodos de seguro foram cumpridos ou devem ser reconhecidos segundo a legislação alemã e a brasileira;

b) o beneficiário tem a sua residência habitual no território da República Federativa do Brasil, ou

c) o beneficiário, possuindo a nacionalidade brasileira, tem a sua residência habitual fora do território das Partes.

4. O parágrafo 3 deste Artigo vale para a prestação de reabilitação médica e para o apoio à reintegração laboral somente

no curso do processo de análise quanto à concessão de uma aposentadoria.

5. No âmbito da sua competência para a execução deste Acordo, os organismos de ligação têm poderes para acordar as medidas administrativas necessárias e adequadas, com a participação das autoridades competentes, incluindo o processo sobre o reembolso e o pagamento de prestações pecuniárias, bem como o cotejo eletrônico regular de benefícios com os sistemas de controle de óbitos de ambas as Partes. A determinação do parágrafo 1 deste Artigo permanece intacta.

6. O parágrafo 5 deste Artigo aplica-se, igualmente, às instâncias designadas pelas autoridades competentes no artigo 9 deste Acordo.

Artigo 20. Moeda e taxas de câmbio

1. Prestações pecuniárias podem ser efetuadas, por uma instituição de uma das Partes, a uma pessoa que se encontre no território da outra Parte, na moeda deste último e com efeito liberatório. Nas relações entre a instituição e o beneficiário, é determinante para a conversão o câmbio do dia que serviu de referência para a transferência das prestações pecuniárias.

2. Se uma Instituição de uma das Partes tiver de efetuar pagamentos à Instituição da outra, o pagamento deve ser feito na moeda desta última.

Artigo 21. Reembolsos

Caso a Instituição de uma das Partes tenha pago, indevidamente, prestações pecuniárias, essa quantia paga indevidamente pode ser retida de uma prestação equivalente, a seu favor, segundo a legislação da outra Parte.

Artigo 22. Solução de controvérsias

1. Controvérsias sobre a interpretação ou a execução deste Acordo serão resolvidas pelas autoridades competentes ou, se persistir a controvérsia, por negociação direta entre as Partes.

2. As Partes poderão, de comum acordo, constituir comissões ad hoc para resolver controvérsias sobre questões específicas.

TÍTULO IV
DISPOSIÇÕES FINAIS E TRANSITÓRIAS

Artigo 23. Direitos a prestações com base neste Acordo

1. O presente Acordo não serve de base para direito a prestações referentes a período de tempo anterior à entrada em vigor deste instrumento.

2. Na aplicação deste Acordo, os períodos de seguro anteriores à sua vigência, assim como os fatos juridicamente relevantes, serão levados em conta em conformidade com a respectiva legislação das Partes.

3. Decisões anteriores não contrariam a aplicação deste Acordo.

4. Se um requerimento para cálculo da aposentadoria, que só pode ser requisitado com base neste Acordo, for apresentado em um prazo de 24 meses após sua entrada em vigor, o pagamento da aposentadoria terá início no mês em cujo princípio estavam preenchidas as condições necessárias, não antes da entrada em vigor deste Acordo.

5. As aposentadorias concedidas antes da entrada em vigor deste Acordo podem ser revistas a pedido do segurado, caso resultem em alguma alteração derivada unicamente das disposições deste Acordo. As aposentadorias fixadas antes da entrada em vigor do Acordo também podem ser revistas ex officio. Nesses casos, o dia do início do processo pela Instituição de uma das Partes serve de data de referência para o requerimento em conformidade com a legislação da outra Parte.

6. Se o resultado da revisão, de acordo com o parágrafo 5 deste Artigo, não conferir nenhuma aposentadoria ou atribuir uma inferior à que estava sendo paga antes da entrada em vigor deste Acordo, o valor da aposentadoria será mantido.

Artigo 24. Protocolo Adicional

O Protocolo Adicional, em anexo, é parte integrante deste Acordo e dele não pode ser separado.

Artigo 25. Vigência e denúncia

1. Este Acordo é válido por tempo indeterminado. Qualquer Parte pode denunciá-lo, por via diplomática e por escrito, até o dia 30 de setembro de cada ano. A denúncia será válida a partir do dia 1° de janeiro do ano seguinte.

2. Em caso de denúncia, as disposições deste Acordo continuam a vigorar para os direitos a prestações, adquiridos até esse momento. Ficam sem efeito, para esses direitos, quaisquer disposições legais restritivas que excluam um direito, ou suspendam ou revoguem prestações em função da estada no estrangeiro.

Artigo 26. Ratificação e entrada em vigor

1. Este Acordo deverá ser ratificado em conformidade com os respectivos procedimentos constitucionais das Partes. A troca dos instrumentos de ratificação terá lugar, assim que possível, em Brasília.

2. Este Acordo entra em vigor no primeiro dia do segundo mês seguinte ao mês em que os instrumentos de ratificação tiverem sido trocados.

Feito em Berlim, aos 3 dias do mês de dezembro do ano de 2009, em dois originais, nos idiomas português e alemão, sendo ambos os textos igualmente autênticos.

PELA REPÚBLICA FEDERATIVA DO BRASIL
Antonio de Aguiar Patriota
Secretário-Geral do Ministério das Relações Exteriores
Carlos Eduardo Gabas
Secretário Executivo do Ministério da Previdência Social

PELA REPÚBLICA FEDERAL DA ALEMANHA
Guido Westerwelle
Ministro do Exterior

PROTOCOLO ADICIONAL AO ACORDO DE PREVIDÊNCIA SOCIAL ENTRE A REPÚBLICA FEDERATIVA DO BRASIL E A REPÚBLICA FEDERAL DA ALEMANHA

Ao assinar hoje o Acordo de Previdência Social celebrado entre a República Federativa do Brasil e a República Federal da Alemanha, os mandatários de ambas as Partes declaram existir concordância no que diz respeito ao seguinte:

1. Referente ao Artigo 1, parágrafo 1, alínea h, do Acordo:

A residência habitual é aquele lugar onde uma pessoa reside de fato e de direito, com intenção de permanência duradoura, e onde está o centro de suas relações sociais.

2. Referente ao Artigo 2 do Acordo:

Não se aplicam ao seguro complementar da caixa de seguro dos operários siderúrgicos, existente na República Federal da Alemanha, as disposições especiais sobre o seguro previdenciário (Título II, capítulo 2).

3. Referente ao Artigo 2, parágrafo 2, do Acordo:

a) para a República Federal da Alemanha, aplica-se a frase 1 com a condição de que a Instituição, se necessário, tenha em consideração também períodos de seguros cumpridos em um Estado no qual são aplicáveis os Regulamentos (CEE) n° 1408/71e (CE) n° 883/2004;

b) para a República Federativa do Brasil, aplica-se a frase 1 com a condição de que a Instituição, se necessário, tenha em consideração também períodos de seguros cumpridos em um Estado com o qual a República Federativa do Brasil possua Acordo Bilateral ou Multilateral de Previdência Social em vigor.

4. Referente ao Artigo 3 do Acordo:

Em relação à República Federal da Alemanha, este Acordo refere-se também a cidadãos nacionais de um Estado no qual são aplicáveis o Regulamento (CEE) n° 1408/71 ou o Regulamento (CE) n° 883/2004, considerando-os pessoas diretamente atingidas.

5. Referente ao Artigo 4 do Acordo:

a) permanecem intactas as regras de repartição dos encargos segurados, contidas em acordos intergovernamentais ou no direito supranacional de uma das Partes;

b) não é afetada a legislação de uma Parte que garanta a participação dos segurados e dos empregadores nos organismos administrativos autônomos das instituições e associações, assim como nos órgãos jurisdicionais da seguridade social;

c) as pessoas que residem habitualmente fora do território da República Federal da Alemanha e que têm a nacionalidade de um Estado no qual são aplicáveis o Regulamento (CEE) n° 1408/71 ou o Regulamento (CE) n° 883/2004 podem ser segurados facultativos do sistema previdenciário alemão somente nos termos destes Regulamentos;

d) os cidadãos brasileiros que residem habitualmente fora do território da República Federal da Alemanha podem ser segurados facultativos do sistema previdenciário alemão se tiverem cumprido tempo de contribuição de, pelo menos, 60 meses; não ficam prejudicadas, com isso, disposições legais nacionais mais favoráveis. Tal é válido também para os refugiados e apátridas referidos no Artigo 3, alínea a, incisos ii e iii, do Acordo, que residam habitualmente no território da República Federativa do Brasil.

6. Referente ao Artigo 4, parágrafo 2, do Acordo:

As prestações pecuniárias concedidas em virtude da legislação brasileira não estão sujeitas a redução, modificação, suspensão ou retenção pelo fato de o beneficiário ter sua residência habitual no território da outra Parte ou em um terceiro país.

7. Referente ao Artigo 5 do Acordo:

a) para as pessoas com residência habitual no território da República Federativa do Brasil, o Artigo 5 do Acordo que se refere ao pagamento de uma aposentadoria de acordo com a legislação alemã, concedida devido à incapacidade laboral, só se aplica caso o direito à prestação exista independentemente da respectiva situação do mercado laboral;

b) não é afetada a legislação alemã relativa às prestações resultantes de acidentes de trabalho (doenças ocupacionais) que não se produziram no território da República Federal da Alemanha, bem como às prestações resultantes de períodos de seguro não cumpridos no território da República Federal da Alemanha;

c) não é afetada a legislação alemã relativa às prestações de reabilitação médica, apoio à reintegração laboral e prestações complementares realizadas pelas instituições do seguro previdenciário e do seguro de aposentadoria dos agricultores;

d) não é afetada a legislação alemã que prevê a suspensão de direitos a prestações do seguro previdenciário no caso de pessoas que se evadiram ao exterior para fugir de um processo penal contra elas instituído.

8. Referente aos Artigos 6 a 9 do Acordo:

a) se uma pessoa estiver submetida à legislação de uma das Partes conforme artigos 6 a 9 do Acordo, então são aplicáveis tanto a ela e quanto ao seu empregador somente as normas dessa Parte quanto à compulsoriedade de ser filiado ao seguro-desemprego (fomento do trabalho);

b) os empregadores de trabalhadores dependentesdeslocados estão obrigados a cooperar com as instituições competentes e as organizações da Parte no território da qual a pessoa efetivamente trabalha, com o objetivo de garantir a segurança no trabalho e prevenir acidentes de trabalho, sem prejuízo de outras disposições legais nacionais.

9. Referente aos Artigos 6 e 7 do Acordo:

Não é afetada a legislação de ambas as Partes quanto à cobertura securitária no caso de prestação de ajuda e outras ações independentes de emprego no estrangeiro.

10. Referente ao Artigo 7 do Acordo:

a) não será considerado deslocamento para outra Parte se, especialmente:

d) o trabalho a ser realizado pelo trabalhador dependente deslocado não corresponde ao campo de atividade do empregador no Estado de origem do deslocamento;

e) o empregador do trabalhador dependentedeslocado não exerce habitualmente uma atividade econômica significativa no Estado de origem do deslocamento;

f) a pessoa contratada para o deslocamento não tem naquele momento sua residência habitual no Estado de origem do deslocamento;

g) a cessão do trabalhador deslocado representa uma infração ao direito de uma das Partes, ou

h) o trabalhador dependente, desde o último período de deslocamento, trabalhou menos que seis meses no Estado de origem do deslocamento;

b) para as pessoas que já se encontram deslocadas no dia da entrada em vigor do Acordo, o prazo fixado começa a ser contado a partir deste mesmo dia.

11. Referente aos Artigos 8, parágrafo 2 e 9 do Acordo:

Se a pessoa envolvida estiver submetida à legislação alemã, ela será considerada como pessoa que está trabalhando ou exercendo funções naquele lugar onde trabalhou ou exerceu funções anteriormente; contudo, segue sendo válida uma regulação acordada antes com base no Artigo 7 do Acordo. Caso a pessoa não tenha trabalhado ou não tenha exercido funções anteriormente no território da República Federal da Alemanha, ela é considerada como pessoa que está trabalhando ou exercendo funções no lugar onde a autoridade alemã competente tem a sua sede.

12. Não será afetada a legislação alemã relativa a prestações com respeito a acidentes de trabalho (doenças ocupacionais) a serem indenizados de acordo com o Fremdrentenrecht (Direito relativo a certas aposentadorias concedidas em função de períodos de seguro cumpridos fora do território alemão em conseqüência da II Guerra Mundial), e relativo a prestações resultantes de períodos de seguro computáveis de acordo com o Fremdrentenrecht.

DECRETO Nº 8.288, DE 24 DE JULHO DE 2014

Promulga o Acordo de Previdência Social entre a República Federativa do Brasil e o Canadá, firmado em Brasília, em 8 de agosto de 2011.

A PRESIDENTA DA REPÚBLICA, no uso da atribuição que lhe confere o art. 84, caput, inciso IV, da Constituição, e

Considerando que a República Federativa do Brasil e o Canadá firmaram, em Brasília, em 8 de agosto de 2011, o Acordo de Previdência Social entre a República Federativa do Brasil e o Canadá;

Considerando que o Congresso Nacional aprovou o Acordo por meio do Decreto Legislativo nº 421, de 28 de novembro de 2013; e

Considerando que o Acordo de Previdência Social entrará em vigor para a República Federativa do Brasil, no plano jurídico externo, em 1º de agosto de 2014, nos termos do seu Artigo 27;

DECRETA:

Art. 1º Fica promulgado o Acordo de Previdência Social firmado entre a República Federativa do Brasil e o Canadá, em Brasília, em 8 de agosto de 2011, anexo a este Decreto.

Art. 2º São sujeitos à aprovação do Congresso Nacional atos que possam resultar em revisão do Acordo e ajustes complementares que acarretem encargos ou compromissos gravosos ao patrimônio nacional, nos termos do inciso I do caput do art. 49 da Constituição.

Art. 3º Este Decreto entra em vigor na data de sua publicação.

Brasília, 24 de julho de 2014; 193º da Independência e 126º da República.

DILMA ROUSSEFF

Luiz Alberto Figueiredo Machado

Garibaldi Alves Filho

ACORDO DE PREVIDÊNCIA SOCIAL ENTRE A REPÚBLICA FEDERATIVA DO BRASIL E O CANADÁ

A República Federativa do Brasil (doravante "Brasil"),

e

O Canadá

doravante denominados "Partes",

Deliberaram cooperar no campo da previdência social,

Decidiram concluir um Acordo para este fim e

Concordam quanto ao seguinte:

PARTE I
DISPOSIÇÕES GERAIS

ARTIGO 1º
DEFINIÇÕES

1. Para os fins deste Acordo:

"benefício" significa, para uma Parte, qualquer prestação pecuniária prevista na legislação de tal Parte e inclui quaisquer suplementos ou aumentos aplicáveis a tal prestação;

"autoridade competente" significa, para o Canadá, o Ministro ou os Ministros responsáveis pela aplicação da legislação canadense; e, para o Brasil, o Ministro responsável pela aplicação da legislação brasileira;

"instituição competente" significa, para o Canadá, a autoridade competente; e, para o Brasil, o Instituto Nacional do Seguro Social;

"dependentes" significa, para o Brasil, as pessoas especificadas na legislação de que trata o artigo 2º;

"legislação" significa, para cada Parte, as leis e os regulamentos especificados no artigo 2º;

"período de cobertura" significa:

para o Canadá, um período de contribuição usado para adquirir o direito a um benefício de acordo com o Plano de Pensão Canadense; um período durante o qual uma pensão por invalidez é paga de acordo com tal plano; e um período de residência usado para adquirir o direito a um benefício de acordo com a Lei de Proteção Social do Idoso; e,

para o Brasil, um período de contribuição ou equivalente utilizado para adquirir o direito a um benefício sob a legislação especificada no artigo 2º.

2. Qualquer termo não definido neste artigo tem o significado segundo a legislação aplicável.

ARTIGO 2º
CAMPO DE APLICAÇÃO MATERIAL

1. Este Acordo será aplicado à seguinte legislação:

a) para o Canadá:

i) a Lei de Proteção Social do Idoso e seus regulamentos;

ii) o Plano de Pensão do Canadá e seus regulamentos;

b) para o Brasil, a legislação relativa ao Regime Geral de Previdência Social e aos Regimes Próprios de Previdência Social dos Servidores Públicos, no que se refere aos benefícios de aposentadoria por invalidez, aposentadoria por idade e pensão por morte.

2. Observado o disposto no parágrafo 3, este Acordo também será aplicado a leis e regulamentos que alterem, suplementem, consolidem ou substituam a legislação especificada no parágrafo 1.

3. Este Acordo será aplicado, ademais, a leis e regulamentos que estendem a legislação de uma Parte a novas categorias de beneficiários ou a novos benefícios, exceto se a Parte que implementa as mudanças comunicar à outra Parte, em até três meses da entrada em vigor de tais leis e regulamentos, que esses dispositivos não deverão ser aplicados.

ARTIGO 3º
CAMPO DE APLICAÇÃO PESSOAL

Este Acordo aplica-se a qualquer pessoa que esteja ou tenha estado sujeita à legislação do Canadá ou do Brasil, e a pessoas que adquiram direitos oriundos de tal pessoa de acordo com a legislação aplicável das Partes.

ARTIGO 4º
IGUALDADE DE TRATAMENTO

Qualquer pessoa que esteja ou tenha estado sujeita à legislação de uma Parte, bem como pessoas que adquiram direitos oriundos de tal pessoa, estará sujeita às obrigações da legislação da outra Parte e terá direito aos benefícios da legislação nas mesmas condições que cidadãos da outra Parte.

ARTIGO 5º
EXPORTAÇÃO DE BENEFÍCIOS

1. Salvo disposição contrária neste Acordo, benefícios pagáveis sob a legislação de uma Parte a qualquer pessoa a que se refere o Artigo 3º, incluindo benefícios adquiridos em virtude deste Acordo, não poderão ser reduzidos, modificados, suspensos ou cancelados em razão unicamente do fato de que a pessoa resida ou esteja presente no território da outra Parte. Esses benefícios serão pagáveis quando essa pessoa residir no território da outra Parte.

2. Benefícios devidos em conformidade com este Acordo a uma pessoa descrita no artigo 3º serão pagos quando essa pessoa residir no território de um terceiro Estado.

3. Com relação ao Canadá, uma provisão e um suplemento de renda garantido serão pagáveis a uma pessoa que esteja fora do Canadá somente na medida em que seja permitido pela Lei de Proteção Social do Idoso.

PARTE II
DISPOSITIVOS REFERENTES À LEGISLAÇÃO APLICÁVEL

ARTIGO 6º
COBERTURA PARA PESSOAS EMPREGADAS E AUTÔNOMAS

Sujeito aos artigos 7º a 9º:

a) uma pessoa empregada que trabalhe no território de uma Parte, com relação a tal trabalho, estará sujeita exclusivamente à legislação de tal Parte;

b) uma pessoa autônoma que resida no território de uma Parte e que trabalhe por conta própria no território da outra Parte ou nos territórios de ambas as Partes, com relação a tal trabalho, só estará sujeita à legislação da primeira Parte.

ARTIGO 7º
DESLOCAMENTOS

Uma pessoa empregada que esteja sujeita à legislação de uma Parte e que seja enviada para trabalhar no território da outra para o mesmo empregador estará, no que se refere a esse trabalho, sujeita apenas à legislação da primeira Parte como se o trabalho tivesse sido realizado em seu território. Isso se aplica aos deslocamentos com duração de até sessenta meses.

ARTIGO 8º
EMPREGO NO GOVERNO

1. Independentemente do disposto neste Acordo, as disposições referentes à seguridade social da Convenção de Viena sobre Relações Diplomáticas de 18 de abril de 1961 e da Convenção de Viena sobre Relações Consulares de 24 de abril de 1963 continuarão a ser aplicadas.

2. Uma pessoa empregada no Governo de uma Parte que seja enviada para trabalhar no território da outra Parte, com relação a tal emprego, estará sujeita apenas à legislação da primeira Parte.

3. Salvo o disposto nos parágrafos 1 e 2, uma pessoa que resida no território de uma Parte e que ali esteja a serviço do Governo da outra Parte, com relação a esse emprego, estará sujeita apenas à legislação da primeira Parte.

ARTIGO 9º
EXCEÇÕES

As autoridades competentes das Partes podem, por consentimento mútuo e por escrito, fazer exceções às aplicações dos artigos 6º a 8º com relação a quaisquer pessoas ou categorias de pessoas, desde que essas pessoas envolvidas estejam sujeitas à legislação de uma das Partes.

ARTIGO 10
PERÍODOS DE COBERTURA DE ACORDO COM A LEGISLAÇÃO DO CANADÁ

1. Para fins de calcular o valor de benefícios de acordo com a Lei de Proteção Social do Idoso:

a) se uma pessoa estiver sujeita ao Plano de Pensão do Canadá ou sujeita ao regime de previdência social de uma província do Canadá, durante qualquer período de presença ou residência no Brasil, tal período será considerado um período de residência no Canadá para tal pessoa; tal período também será considerado um período de residência no Canadá para cônjuge ou companheiro e para dependentes que residam com tal pessoa e não estejam sujeitos à legislação do Brasil em virtude de emprego ou atividade autônoma;

b) caso uma pessoa esteja sujeita à legislação do Brasil durante qualquer período de presença ou residência no Canadá, tal período não será considerado um período de residência no Canadá para tal pessoa; também não será considerado um período de residência no Canadá para o cônjuge ou companheiro e para dependentes que residam com tal pessoa e não estejam sujeitos ao Plano de Pensão do Canadá ou ao regime de previdência social de uma província do Canadá em virtude de emprego ou atividade autônoma.

2. Na aplicação do parágrafo 1:

a) uma pessoa será considerada sujeita ao Plano de Pensão do Canadá ou ao regime de previdência social de uma província do Canadá durante um período de presença ou residência no Brasil somente se tal pessoa contribuir para o plano, durante tal período, em virtude de emprego ou atividade autônoma;

b) uma pessoa será considerada sujeita à legislação do Brasil durante um período de presença ou residência no Canadá apenas se tal pessoa fizer contribuições obrigatórias segundo essa legislação, durante tal período, em virtude de emprego ou atividade autônoma.

PARTE III
DISPOSITIVOS REFERENTES A BENEFÍCIOS

CAPÍTULO I
TOTALIZAÇÃO

ARTIGO 11
PERÍODOS DE ACORDO COM A LEGISLAÇÃO DO CANADÁ E DO BRASIL

1. Se uma pessoa não for elegível a um benefício por não ter acumulado períodos de cobertura suficientes de acordo com a legislação de uma Parte, a elegibilidade de tal pessoa a tal benefício será determinada pela totalização de tais períodos e daqueles especificados nos parágrafos 2 a 4, desde que os períodos não se sobreponham.

2.

a) Para determinar a elegibilidade a um benefício de acordo com a Lei de Proteção Social do Idoso do Canadá, um período de cobertura de acordo com a legislação do

Brasil será considerado um período de residência no Canadá.

b) Para determinar a elegibilidade a um benefício de acordo com o Plano de Pensão do Canadá, um ano calendário civil, incluindo pelo menos 3 meses de cobertura de acordo com a legislação do Brasil, será considerado um ano de cobertura de acordo com o Plano de Pensão do Canadá.

3. Para determinar a elegibilidade a um benefício de aposentadoria por idade de acordo com a legislação do Brasil:

a) um ano calendário civil, que seja um período de cobertura de acordo com o Plano de Pensão do Canadá, será considerado como 12 meses de cobertura de acordo com a legislação do Brasil;

b) um mês de período de cobertura, de acordo com a Lei de Proteção Social do Idoso do Canadá e que não se sobreponha a um período de cobertura de acordo com o Plano de Pensão do Canadá, será considerado um mês de cobertura de acordo com a legislação do Brasil.

4. Para determinar a elegibilidade a um benefício por invalidez ou por morte de acordo com a legislação do Brasil, um ano calendário civil, que seja um período de cobertura de acordo com o Plano de Pensão do Canadá, será considerado como 12 meses de cobertura de acordo com a legislação do Brasil.

ARTIGO 12
PERÍODOS SOB A LEGISLAÇÃO DE UM TERCEIRO ESTADO

1. Caso uma pessoa não seja elegível a um benefício com base nos períodos de cobertura sob a legislação das Partes, totalizados em conformidade com o Artigo 11, a elegibilidade de tal pessoa para tal benefício será determinada pela totalização desses períodos e dos períodos de cobertura concluídos sob a legislação de um terceiro Estado com o qual ambas as Partes sejam vinculadas por instrumentos de previdência social que garantam a totalização dos períodos, desde que eles não se sobreponham. Em casos em que os períodos de cobertura cumpridos sob a legislação de um terceiro Estado forem aplicados pela instituição competente de uma das Partes os períodos não poderão ser utilizados duas vezes.

2. Caso uma pessoa não seja elegível a um benefício sob a legislação do Brasil, com base em períodos de cobertura concluídos sob a legislação do Brasil, totalizados segundo o Artigo 11 ou segundo o parágrafo 1, a elegibilidade dessa pessoa a tal benefício será determinada pela totalização daqueles períodos e de períodos de cobertura concluídos sob a legislação de um terceiro Estado com o qual apenas o Brasil esteja vinculado mediante acordo de previdência social que permita totalização de períodos.

ARTIGO 13
PERÍODO MÍNIMO PARA TOTALIZAÇÃO

Se a duração total dos períodos de cobertura acumulados sob a legislação de uma Parte for inferior a um ano e se, considerando esses períodos, um direito a benefício não exista conforme a legislação de tal Parte, a instituição competente de tal Parte não será obrigada a pagar um benefício com relação a esses períodos em decorrência deste Acordo. Contudo, esses períodos de cobertura serão considerados pela instituição competente da outra Parte para determinar elegibilidade para os benefícios de tal Parte pela aplicação do Capítulo I.

CAPÍTULO II
BENEFÍCIOS DE ACORDO COM A LEGISLAÇÃO DO CANADÁ

ARTIGO 14
BENEFÍCIOS DE ACORDO COM A LEI DE PROTEÇÃO SOCIAL DO IDOSO

1. Se uma pessoa for elegível para uma pensão ou provisão de acordo com a Lei de Proteção Social do Idoso, pela aplicação dos dispositivos de totalização do Capítulo I, a instituição competente do Canadá calculará o valor da pensão ou provisão pagável a tal pessoa de acordo com os dispositivos da lei que regem o pagamento de uma pensão ou provisão parcial, exclusivamente com base em períodos de residência no Canadá que possam ser considerados de acordo com aquela lei.

2. O parágrafo 1 também será aplicado a uma pessoa fora do Canadá que seria elegível para uma pensão integral no Canadá, ainda que não tenha residido no Canadá pelo período mínimo exigido pela Lei de Proteção Social do Idoso para o pagamento de uma pensão fora do Canadá.

3. O Canadá pagará pensão prevista na Lei de Proteção Social do Idoso a uma pessoa que esteja fora do Canadá se os períodos de residência de tal pessoa, quando totalizados conforme previsto no Capítulo I, forem pelo menos iguais ao período mínimo de residência no Canadá exigido pela Lei de Proteção Social do Idoso para o pagamento de uma pensão fora do Canadá.

ARTIGO 15
BENEFÍCIOS DE ACORDO COM O PLANO DE PENSÃO DO CANADÁ

Se uma pessoa for elegível para um benefício exclusivamente por meio da aplicação dos dispositivos de totalização do Capítulo I, a instituição competente do Canadá calculará o valor do benefício pagável a tal pessoa da seguinte forma:

1. a parcela do benefício calculada com base nos rendimentos será determinada em conformidade com os dispositivos do Plano de Pensão do Canadá, exclusivamente com base nos rendimentos contributivos segundo tal Plano;

2. a parcela do benefício que é fixa será calculada pró-rata pela multiplicação:

a) do valor da parcela fixa do benefício determinado em conformidade com os dispositivos do Plano de Pensão do Canadá pela

b) fração representando a razão dos períodos de contribuições ao Plano de Pensão do Canadá em relação ao período mínimo de qualificação exigido de acordo com tal Plano para estabelecer elegibilidade para tal benefício, porém de modo algum tal fração excederá o valor de um inteiro.

CAPÍTULO III
BENEFÍCIOS DE ACORDO COM A LEGISLAÇÃO DO BRASIL

ARTIGO 16
CÁLCULO DO VALOR DO BENEFÍCIO

1. Caso uma pessoa seja elegível a um benefício segundo a legislação do Brasil sem a aplicação das disposições sobre totalização a que se refere o Capítulo I, a instituição competente do Brasil determinará o valor do benefício a ser pago exclusivamente com base nos períodos de cobertura que tal pessoa tenha completado sob a legislação brasileira.

2. Caso uma pessoa seja elegível a um benefício segundo a legislação do Brasil somente com a aplicação das disposições sobre totalização a que se refere o Capítulo I, a instituição competente do Brasil:

a) calculará o valor da prestação teórica do benefício que seria pago se todos os períodos de cobertura tivessem sido cumpridos sob a legislação do Brasil;

b) com base no valor da prestação teórica, calculará o valor real do benefício a ser pago pró-rata considerando os períodos de cobertura completados segundo a legislação do Brasil e o total dos períodos de cobertura segundo a legislação de ambas as Partes, não podendo exceder o período mínimo necessário para o estabelecimento da elegibilidade ao benefício;

c) em nenhum caso aplicará o disposto na alínea "a" de forma que o montante da prestação teórica resulte inferior ao mínimo garantido pela legislação do Brasil.

PARTE IV
DISPOSITIVOS ADMINISTRATIVOS E GERAIS

ARTIGO 17
AJUSTE ADMINISTRATIVO

1. As Partes concluirão um Ajuste Administrativo que estabeleça as medidas necessárias para a aplicação deste Acordo.

2. As Partes designarão os organismos de ligação das Partes naquele Ajuste.

ARTIGO 18
TROCA DE INFORMAÇÕES E ASSISTÊNCIA MÚTUA

1. As autoridades competentes e instituições responsáveis pela aplicação deste Acordo:

a) na medida em que for permitido por lei, comunicarão entre si quaisquer informações necessárias para a aplicação deste Acordo e da legislação à qual este Acordo se aplica;

b) prestarão assistência mútua para fins de determinar elegibilidade a, ou o valor de, qualquer benefício, segundo este Acordo ou segundo a legislação à qual este Acordo se aplica, como se a questão envolvesse a aplicação de sua própria legislação;

c) comunicarão entre si, o mais rapidamente possível, todas as informações sobre as medidas adotadas pelas mesmas para a aplicação deste Acordo ou sobre modificações em suas respectivas legislações na medida em que essas modificações afetem a aplicação deste Acordo.

2. A assistência referida no parágrafo 1, alínea "b", será prestada isenta de encargos, observadas quaisquer disposições contidas no Ajuste Administrativo concluído segundo o artigo 17 para o reembolso de determinados tipos de despesas.

3. A menos que a divulgação seja exigida pelas leis de uma Parte, quaisquer informações sobre uma pessoa que sejam transmitidas em conformidade com este Acordo por uma Parte à outra Parte são confidenciais e serão utilizadas unicamente para fins de implementação deste Acordo e da legislação à qual ele se aplica. Informação sobre uma pessoa obtida pela Parte receptora não pode ser divulgada subsequentemente a qualquer outra pessoa, instituição ou país, a não ser que a Parte emissora seja notificada e esteja de acordo, e que a informação seja divulgada apenas para os mesmos propósitos para os quais ela tenha sido divulgada originalmente.

ARTIGO 19
ISENÇÃO OU REDUÇÃO DE VALORES, TAXAS E ENCARGOS DEVIDOS

1. Caso alguma isenção ou redução de honorários legais, taxas consulares e encargos administrativos seja incluída na legislação de uma Parte para uma categoria de pessoas em relação à emissão de qualquer certificado ou documento exigido para aplicação daquela legislação, essa isenção ou redução deve ser estendida pela primeira Parte à mesma categoria de pessoas para a aplicação da legislação da outra Parte.

2. Documentos de caráter oficial exigidos a serem apresentados para a aplicação deste Acordo estarão isentos de qualquer autenticação por autoridades diplomáticas ou consulares e formalidades similares.

ARTIGO 20
IDIOMA DE COMUNICAÇÃO

Para a aplicação deste Acordo, as autoridades e instituições competentes das Partes podem comunicar-se diretamente em qualquer idioma oficial das Partes.

ARTIGO 21
APRESENTAÇÃO DE REQUERIMENTO, NOTIFICAÇÃO OU RECURSO

1. Requerimentos, notificações e recursos referentes à elegibilidade a um benefício ou a seu valor de acordo com a legislação de uma Parte que deveriam ter sido, para fins de tal legislação, apresentados em prazo previsto a uma autoridade ou instituição competente de tal Parte, porém que sejam apresentados no mesmo período a uma autoridade competente ou instituição da outra Parte, serão tratados como se tivessem sido apresentados à autoridade ou instituição competente da primeira Parte. A data de apresentação de requerimentos, notificações e recursos para a autoridade ou instituição competente da outra Parte será considerada a data de apresentação para a autoridade ou instituição competente da primeira Parte.

2. A data em que um requerimento de benefício é apresentado de acordo com a legislação de uma Parte será considerada a data de apresentação do requerimento para o benefício correspondente de acordo com a legislação da outra Parte, desde que o requerente no momento da solicitação forneça informações indicando que períodos de cobertura foram completados segundo a legislação da outra Parte. Este parágrafo não será aplicado a um requerimento apresentado antes da data de entrada em vigor deste Acordo ou se o requerente solicitar que o requerimento do benefício segundo a legislação da outra Parte fique sobrestado.

3. A autoridade ou instituição competente a qual um requerimento, notificação ou recurso foi apresentado deve transmiti-lo imediatamente à autoridade ou instituição competente da outra Parte.

ARTIGO 22
PAGAMENTO DE BENEFÍCIOS

1. Uma Parte pagará benefícios segundo este Acordo para um beneficiário que resida fora do território em moeda livremente conversível de acordo com a legislação que aplica.

2. Uma Parte pagará benefícios segundo este Acordo sem qualquer dedução de despesas administrativas.

ARTIGO 23
RESOLUÇÃO DE CONTROVÉRSIAS

1. As autoridades competentes das Partes resolverão, na medida do possível, quaisquer controvérsias que surjam na interpretação ou aplicação deste Acordo conforme seus princípios fundamentais.

2. Qualquer controvérsia que não tenha sido resolvida de acordo com o parágrafo 1 será imediatamente resolvida por negociações entre as Partes.

ARTIGO 24
ENTENDIMENTOS COM UMA PROVÍNCIA DO CANADÁ

A autoridade pertinente do Brasil e uma província do Canadá podem concluir entendimentos relativos a qualquer questão de previdência social dentro da jurisdição provincial no Canadá na medida em que tais entendimentos não contrariem os dispositivos deste Acordo.

PARTE V
DISPOSIÇÕES TRANSITÓRIAS E FINAIS

ARTIGO 25
DISPOSIÇÕES TRANSITÓRIAS

1. Qualquer período de cobertura completado antes da data de entrada em vigor deste Acordo será considerado para fins de determinar o direito a um benefício e seu valor segundo este Acordo.

2. As disposições deste Acordo não conferirão qualquer direito de receber pagamento de um benefício por um período anterior à data de entrada em vigor deste Acordo.

3. Observado o parágrafo 2, um benefício, que não seja de pagamento único, será pago segundo este Acordo relativamente a eventos ocorridos antes da data de vigência deste Acordo.

4. Observado o parágrafo 2, quando uma solicitação de benefício sob este Acordo for apresentada dentro do prazo de 12 meses a partir da entrada em vigor deste Acordo, esse benefício será pago uma vez que as condições necessárias tenham sido cumpridas. Entretanto, sob nenhuma circunstância, o pagamento de um benefício será feito por um período de tempo não permitido sob a legislação canadense tal como especificado no Artigo 2º.

5. Para a aplicação do Artigo 7º, no caso de uma pessoa cujo deslocamento tenha iniciado antes da data de entrada em vigor deste Acordo, o período do referido deslocamento deve ser considerado como tendo iniciado na data de entrada em vigor deste Acordo.

ARTIGO 26
DURAÇÃO E DENÚNCIA

1. Este Acordo permanecerá em vigor sem qualquer limitação sobre sua duração, podendo ser denunciado a qualquer momento pelas Partes mediante aviso escrito com doze meses de antecedência à outra Parte.

2. Na eventualidade de que este Acordo seja denunciado, qualquer direito adquirido por uma pessoa nos termos de seus dispositivos será mantido. Este Acordo continuará em vigor com relação a todas as pessoas que, anteriormente à sua denúncia, houvessem requerido e adquirido direitos em decorrência deste Acordo, se este não tivesse sido denunciado.

ARTIGO 27
ENTRADA EM VIGOR

Este Acordo entrará em vigor no primeiro dia do quarto mês após o qual cada Parte tenha recebido da outra Parte notificação, por escrito, por via diplomática, de que tenha cumprido todas as exigências para a entrada em vigor deste Acordo.

Em testemunho do quê, os abaixo-assinados, sendo devidamente autorizados por seus respectivos Governos, assinaram este Acordo.

Feito em dois originais, em Brasília, em 8 de agosto de 2011, nos idiomas português, inglês e francês, sendo todos os textos igualmente autênticos.

PELA REPÚBLICA FEDERATIVA DO BRASIL
Antonio de Aguiar Patriota
Ministro das Relações Exteriores

PELO CANADÁ
Diane Ablonczy
Ministra para as Américas e Assuntos Consulares

DECRETO Nº 8.300, DE 29 DE AGOSTO DE 2014

Promulga o Acordo entre a República Federativa do Brasil e a República Francesa em Matéria de Previdência Social, firmado em Brasília, em 15 de dezembro de 2011.

A PRESIDENTA DA REPÚBLICA, no uso da atribuição que lhe confere o art. 84, caput, inciso IV, da Constituição, e

Considerando que o Acordo entre a República Federativa do Brasil e a República Francesa em Matéria de Previdência Social foi firmado em Brasília, em 15 de dezembro de 2011;

Considerando que o Congresso Nacional aprovou o Acordo por meio do Decreto Legislativo nº 2, de 16 de janeiro de 2014; e

Considerando que o Acordo entrará em vigor para a República Federativa do Brasil, no plano jurídico externo, em 1º de setembro de 2014, nos termos de seu Artigo 40;

DECRETA:

Art. 1º Fica promulgado o Acordo entre a República Federativa do Brasil e a República Francesa em Matéria de Previdência Social firmado em Brasília, em 15 de dezembro de 2011, anexo a este Decreto.

Art. 2º São sujeitos à aprovação do Congresso Nacional atos que possam resultar em revisão do Acordo e ajustes complementares que acarretem encargos ou compromissos gravosos ao patrimônio nacional, nos termos do inciso I do caput do art. 49 da Constituição.

Art. 3º Este Decreto entra em vigor na data de sua publicação.

Brasília, 29 de agosto de 2014; 193º da Independência e 126º da República.

DILMA ROUSSEFF
Luiz Alberto Figueiredo Machado
Garibaldi Alves Filho

ACORDO ENTRE A REPÚBLICA FEDERATIVA DO BRASIL E A REPÚBLICA FRANCESA EM MATÉRIA DE PREVIDÊNCIA SOCIAL

A República Federativa do Brasil e República Francesa, doravante denominadas "Partes contratantes",

Desejosos de estreitar os laços de cooperação em matéria de previdência social,

Acordam o seguinte:

TÍTULO I
DISPOSIÇÕES GERAIS

ARTIGO 1º
DEFINIÇÕES

1. Para fins do presente Acordo, os termos e expressões abaixo:

a) "Brasil" significa a República Federativa do Brasil;

b) "França" significa a República Francesa;

c) "Legislação" significa o conjunto de disposições constitucionais, legislativas, regulamentares e outras disposições legais, bem como quaisquer outras medidas de aplicação referentes aos regimes de previdência social referidos no Artigo 2º do presente Acordo;

d) "Autoridade Competente" significa:

- para o Brasil: o Ministro de Estado da Previdência Social;

- para a França: o(s) Ministro(s) encarregado(s), no que lhe(s) diz respeito, da previdência social;

e) "Instituição Competente" significa a instituição, o organismo ou a autoridade encarregada, total ou parcialmente, da aplicação das legislações mencionadas no Artigo 2º do presente Acordo;

f) "Organismo de Ligação" significa o organismo indicado pela Autoridade Competente de cada Parte Contratante no Acordo de Aplicação Geral, previsto no Artigo 25 do presente Acordo, para exercer as funções de coordenação, informação e assistência, com vistas à aplicação do presente Acordo junto às instituições das duas Partes Contratantes e às pessoas suscetíveis de se enquadrarem no disposto no Artigo 3º do presente Acordo;

g) "Período de Seguro" significa qualquer período de contribuição ou de seguro reconhecido como tal pela legislação de uma ou de outra Parte e em função das quais o referido período houver sido computado, bem como qualquer período assimilado a um período de contribuição ou de seguro, em cumprimento à respectiva legislação.

h) "Pensão" ou "Renda" significa:

- para a legislação do Brasil: qualquer prestação em espécie, inclusive eventuais complementos ou reajustes aplicáveis conforme a legislação mencionada no Artigo 2º parágrafo 1, A) deste Acordo;

- para a legislação da França: qualquer prestação em espécie inclusive as somas globais fixas, complementos e majorações aplicáveis conforme as legislações mencionadas no Artigo 2º, parágrafo 1, B) do presente Acordo, destinada a cobrir riscos de invalidez, aposentadoria por idade, pensão para dependentes, acidentes de trabalho e doenças profissionais, excluídas as indenizações de incapacidade temporária previstas pela sua legislação;

i) "Prestações em Espécie" significa:"

- para o Brasil: pagamento das prestações especificadas no Artigo 2º, parágrafo 1, A) deste Acordo;

- para a França: (prestação em espécie em decorrência de doença, maternidade, paternidade, acidente do trabalho ou doença profissional), ou seja, a renda de substituição que compensa perda de renda relacionada a uma interrupção de trabalho decorrente de doença, maternidade, paternidade, acidente de trabalho ou doença profissional;

j) "Residência" significa o lugar em que uma pessoa reside habitualmente;

k) "Território" significa:"

- para o Brasil: o território nacional; - para a França: o território dos departamentos metropolitanos e ultramarinos da República Francesa, inclusive o mar territorial, e, além deste, as zonas sobre as quais, em conformidade com o direito internacional, a República Francesa tem direitos soberanos e exerce sua jurisdição; e

l) "Dependente" e "Beneficiário" significam as pessoas definidas como tal pela legislação aplicável;

2. Quaisquer termos no definidos no parágrafo 1 do presente Artigo terão o significado que lhes for atribuído na legislação aplicável.

ARTIGO 2º
CAMPO DE APLICAÇÃO MATERIAL

1. O presente Acordo aplica-se no todo ou em parte conforme os artigos:

A) Para o Brasil:

a) às legislações que regem o Regime Geral de Previdência Social, no que se refere às seguintes prestações:

- aposentadoria por idade;

- aposentadoria por invalidez;

- pensão por morte;

- auxílio-doença previdenciário e acidentário (incapacidade laboral temporária); e

- salário maternidade.

b) às legislações que regem os Regimes Próprios de Previdência Social, no que se refere aos períodos de seguro, em conformidade com as disposições do Artigo 17 do presente Acordo.

B) Para a França:

a) às legislações relativas aos Regimes de Previdência Social gerais e especiais, obrigatórios e voluntários, inclusive os regimes dos profissionais independentes, que servem as prestações cobrindo os riscos sociais seguintes:

- doença;
- maternidade e paternidade;
- invalidez;
- morte;
- aposentadoria por idade;
- dependentes (pensões);
- acidentes de trabalho e doenças profissionais; e
- família.

b) o presente Acordo não se aplicará, para a França, aos regimes de seguro voluntário referidos no título VI do livro sétimo do Código da Previdência Social e geridos pela Caisse des Français de l'étranger (Caixa dos franceses no exterior)

2. O presente Acordo:

a) aplicar-se-á também a todas as disposições que alterarem ou ampliarem as legislações mencionadas no parágrafo 1 do presente Artigo.

b) aplicar-se-á a qualquer legislação que estender os regimes existentes a novas categorias de beneficiários, a menos que, a este propósito, a Parte contratante que houver alterado sua legislação manifeste à outra Parte contratante, dentro do prazo de seis meses a contar da data da publicação oficial da referida alteração legislativa, suas objeções quanto à inclusão destas novas categorias de beneficiários.

c) não se aplicará, porém, às disposições legislativas que criarem uma cobertura pela previdência social de um novo risco social.

ARTIGO 3º
CAMPO DE APLICAÇÃO PESSOAL

O presente Acordo se aplicará a todas as pessoas, independentemente de sua nacionalidade, que estiverem ou que tiverem sido submetidas à legislação de uma e/ou outra das Partes contratantes, e aos seus dependentes.

ARTIGO 4º
IGUALDADE DE TRATAMENTO

Salvo disposições em contrário do presente Acordo, as pessoas mencionadas no Artigo 3º acima que residirem no território de uma Parte contratante terão os mesmos direitos e obrigações que aqueles que a legislação desta Parte contratante concede ou impõe a seus nacionais.

ARTIGO 5º
EXPORTAÇÃO DAS PRESTAÇÕES

1. Salvo disposições em contrário do presente Acordo, uma Parte contratante não poderá suspender, reduzir ou modificar as prestações adquiridas em cumprimento de sua legislação ou do presente Acordo, unicamente porque o beneficiário se encontre de passagem ou resida no território da outra Parte contratante ou de um terceiro Estado.

2. As prestações que tratam o parágrafo 1 do presente Artigo são as seguintes:

a) Para o Brasil: as prestações definidas no Artigo 2º, parágrafo 1, alínea A, (a) do presente Acordo;

b) Para a França: as prestações ou rendas definidas no Artigo 1°, parágrafo 1, alínea h, do presente Acordo;

3. A Instituição devedora pagará diretamente ao beneficiário as prestações mencionadas no parágrafo 1 do presente Artigo que lhe forem devidas, nos vencimentos e segundo as modalidades previstas pela legislação aplicável.

4. Estas disposições não se aplicam às prestações não contributivas de solidariedade nacional, que somente poderão ser pagas no território da Parte que as houver concedido. Estas últimas serão enumeradas no Acordo de Aplicação Geral previsto no Artigo 25 do presente Acordo.

ARTIGO 6º
CLÁUSULAS DE REDUÇÃO, SUSPENSÃO OU SUPRESSÃO

1. As cláusulas de redução, suspensão ou supressão previstas pela legislação de uma Parte contratante, em caso de acúmulo de uma prestação com outras prestações de previdência social ou com outros rendimentos de qualquer tipo, serão oponíveis ao beneficiário, mesmo que essas prestações tenham sido adquiridas em conformidade com um regime previdenciário da outra Parte contratante, ou que esses rendimentos tenham sido obtidos no território da outra Parte contratante. Todavia, esta disposição não se aplicará às prestações do mesmo tipo calculadas em conformidade com as disposições do Artigo 19 do presente Acordo.

2. As cláusulas de redução, suspensão ou supressão previstas pela legislação de uma Parte contratante para os casos em que o beneficiário de prestações exerça uma atividade profissional remunerada lhe serão oponíveis, mesmo que exerça a referida atividade no território da outra Parte contratante.

TÍTULO II
DISPOSIÇÕES RELATIVAS À LEGISLAÇÃO APLICÁVEL

ARTIGO 7º
REGRA GERAL

Sem prejuízo das disposições dos Artigos 8º a 12 do presente Acordo, uma pessoa que exerça uma atividade profissional no território de uma Parte contratante ficará, no que diz respeito a essa atividade, submetida unicamente à legislação desta Parte contratante.

ARTIGO 8º
DESLOCAMENTO

1. Uma pessoa que exerça habitualmente atividade assalariada em uma Parte contratante, a serviço de um empregador que explora normalmente suas atividades nessa Parte contratante, e que seja deslocada por este empregador para a outra Parte contratante para ali exercer uma atividade ou função por conta deste mesmo empregador, fica submetida à legislação da primeira Parte contratante desde que o prazo previsto para essa atividade ou função não exceda 24 (vinte e quatro) meses, nela incluída a duração de licenças.

2. O parágrafo 1 do presente Artigo também se aplica quando uma pessoa que houver sido deslocada por seu empregador do território de uma Parte contratante para o território de um terceiro Estado seja novamente deslocada, por esse mesmo empregador, do território desse terceiro Estado, para o território da outra Parte contratante.

3. Se, por circunstâncias imprevisíveis, devidamente justificadas pelo empregador, a duração do trabalho a que se refere o parágrafo 1 deste Artigo for prorrogada para além da duração prevista inicialmente, o trabalhador assalariado continuará sujeito à legislação da primeira Parte contratante por um novo período, não superior a 24 (vinte e quatro) meses, desde que as Autoridades ou Instituições Competentes de cada uma das Partes estejam de comum acordo. O pedido de prorrogação deve ser formulado antes da expiração do período inicial do deslocamento.

4. Após o prazo de que tratam os parágrafos 1 a 3, um novo deslocamento somente poderá ser autorizado para o mesmo trabalhador a serviço do mesmo empregador, para cumprimento de atividade ou função diferente daquela que motivou o deslocamento anterior.

5. Exceto em casos especiais a serem autorizados de comum acordo pelas Autoridades ou Instituições Competentes das Partes contratantes, não será admitido deslocamento de um trabalhador, na forma deste Artigo, para substituição de outro trabalhador cujo período de deslocamento haja terminado.

ARTIGO 9º
PESSOAL CIRCULANTE OU TRIPULAÇÃO DE CABINE DE EMPRESA DE TRANSPORTES INTERNACIONAIS

1. Uma pessoa que fizer parte do pessoal circulante ou tripulação de cabine de uma empresa que efetue, por conta de terceiros ou por sua própria conta, transportes internacionais de passageiros ou de mercadorias e que tenha a sua sede social no território de uma Parte contratante ficará submetida à legislação dessa Parte.

2. Caso, entretanto, a pessoa seja empregada por uma sucursal, por uma representação permanente ou se estiver vinculada a um local de trabalho que a empresa possua no território da Parte contratante, que não aquele em que esteja a sua sede, só ficará, relativamente a esta atividade, submetida à legislação da Parte contratante em cujo território esta sucursal, esta representação permanente ou este local de trabalho se situe.

3. Sem prejuízo dos dois parágrafos acima, se o empregado trabalha de maneira preponderante no território da Parte contratante em que reside, ficará, relativamente a esta atividade, submetido apenas à legislação desta Parte contratante, ainda que o transportador que o emprega não tenha nem sede, nem sucursal, nem representação permanente nesse território. As condições de apreciação do caráter preponderante da atividade serão definidas no Acordo de Aplicação Geral previsto no Artigo 25 do presente Acordo.

4. No caso do parágrafo anterior, o empregador deverá sujeitar-se às obrigações que lhe incumbem conforme a legislação da Parte contratante em que seus empregados trabalhem preponderantemente.

ARTIGO 10
PESSOAL DE NAVEGAÇÃO MARÍTIMA

1. Uma pessoa que exerça uma atividade profissional a bordo de um navio sob a bandeira de uma Parte contratante ficará submetida à legislação desta Parte contratante.

2. Em derrogação ao parágrafo 1 do presente artigo, a pessoa que exerça uma atividade assalariada a bordo de um navio sob a bandeira de uma das Partes contratantes e que seja remunerada a título desta atividade por uma empresa ou uma pessoa que tenha a sua sede social ou o seu domicílio no território da outra Parte contratante ficará submetida à legislação desta última, se tiver a sua residência nesse território; a empresa ou a pessoa que lhe pagar a remuneração será considerada o empregador, para a aplicação da referida legislação.

3. Em derrogação ao parágrafo 1 do presente artigo acima, as pessoas que trabalhem em uma empresa que, além da atividade pesqueira, desenvolva outra atividade, que residam no território da Parte contratante onde se situa essa empresa, ficarão submetidas à legislação desta Parte contratante.

4. Sem prejuízo dos três parágrafos acima, caso o empregado trabalhe de maneira preponderante no território da Parte contratante em que resida, ficará, relativamente a esta atividade, unicamente submetido à legislação dessa Parte contratante, mesmo que a empresa pesqueira que o emprega não tenha sede, nem sucursal, nem representação permanente nesse território. As condições para caracterização da atividade preponderante serão definidas no Acordo de Aplicação Geral previsto no Artigo 25 do presente Acordo.

5. No caso do parágrafo anterior, o empregador deverá sujeitar-se às obrigações que lhe incumbem conforme a legislação da Parte contratante em que seus empregados trabalhem preponderantemente.

6. Os trabalhadores empregados na carga, descarga na reparação de navios ou em serviços de vigilância em um porto, ficarão submetidos à legislação da Parte contratante em que se situe o porto.

ARTIGO 11
FUNCIONÁRIOS E MEMBROS DE MISSÕES DIPLOMÁTICAS E CONSULARES

1. O presente Acordo não afetará as disposições da Convenção de Viena de 18 de abril de 1961 sobre as relações diplomáticas, nem as da Convenção de Viena de 24 de abril de 1963 sobre as relações consulares.

2. As pessoas contratadas por Missão Diplomática ou por Repartição Consular de uma das Partes contratantes no território da outra Parte contratante serão submetidas à legislação desta última.

3. Os funcionários e o pessoal assemelhado ficarão submetidos à legislação da Parte contratante de que depende a Administração que os emprega.

ARTIGO 12
EXCEÇÕES

Mediante pedido, devidamente fundamentado, do trabalhador ou do empregador, as Autoridades Competentes, as Instituições Competentes ou os Organismos de Ligação por elas designados para esse efeito, no Acordo de Aplicação Geral previsto no Artigo 25 do presente Acordo, poderão, de comum acordo entre as duas Partes contratantes, autorizar outras exceções ou modificar as que estão previstas no presente Título. Tais exceções dizem respeito exclusivamente aos casos individuais submetidos ao exame das autoridades mencionadas. Em todo caso, as pessoas interessadas devem sujeitar-se à legislação de uma ou da outra Parte contratante.

ARTIGO 13
DEPENDENTES DO TRABALHADOR

Os dependentes do trabalhador que o acompanharem no território de uma das Partes contratantes ficarão submetidos, exceto se eles próprios exercerem uma atividade profissional, à mesma legislação à qual estiver submetido o trabalhador, em cumprimento às disposições dos artigos 7º a 12 do presente Acordo.

ARTIGO 14
CONDIÇÕES DE MANUTENÇÃO DA LEGISLAÇÃO DA PARTE CONTRATANTE DE ORIGEM

1. A manutenção do trabalhador e respectivos dependentes à legislação de uma das Partes contratantes em cumprimento das disposições dos Artigos 8º, 12 e 13 do presente Acordo ficará condicionada à comprovação de que estejam amparados por cobertura de saúde, a título de seguro público ou privado. A cobertura deve garantir a este trabalhador, durante toda a sua permanência na outra Parte contratante de destino, cobertura completa, para si e para os dependentes que o acompanharem, inclusive em caso de hospitalização, de atendimento em caso de doença, maternidade, acidente profissional ou não profissional ou doença profissional.

2. A noção de "cobertura completa" mencionada no parágrafo 1 do presente Artigo será regulamentada no Acordo de Aplicação Geral previsto no Artigo 25 do presente Acordo.

TÍTULO III
DISPOSIÇÕES RELATIVAS ÀS PRESTAÇÕES EM ESPÉCIE

CAPÍTULO 1
APOSENTADORIAS POR INVALIDEZ E IDADE E PENSÃO POR MORTE

ARTIGO 15
CONDIÇÕES PARA ELEGIBILIDADE DAS PRESTAÇÕES

1. Se a legislação de uma das Partes contratantes condiciona a concessão das prestações a que o trabalhador esteja submetido a essa legislação no momento da ocorrência do fato gerador da prestação, essa condição será considerada atendida se, no momento de sua ocorrência, o trabalhador estiver contribuindo ou mantenha a condição de segurado na outra Parte contratante.

2. Se, para o reconhecimento do direito à prestação, a legislação de uma das Partes contratantes exige que os períodos de seguro tenham sido cumpridos antes do evento que originou a prestação, essa condição será considerada atendida se o interessado comprovar períodos de seguro nos termos da legislação da outra Parte contratante relativamente ao período imediatamente anterior ao evento considerado.

ARTIGO 16
TOTALIZAÇÃO DOS PERÍODOS DE SEGURO

1. Quando houverem transcorrido períodos de seguro nos termos das legislações de ambas as Partes contratantes, a Instituição Competente de cada Parte contratante levará em conta, se necessário, para a concessão do direito ao abrigo da legislação aplicável, os períodos transcorridos nos termos da legislação da outra Parte contratante, desde que esses períodos não se sobreponham.

2. O Acordo de Aplicação Geral previsto no Artigo 25 do presente Acordo estabelecerá as disposições a serem aplicadas em caso de superposição de períodos.

3. Se a legislação de uma das duas Partes contratantes condiciona o direito a certas prestações de aposentadoria por idade ou de pensão por morte a que os períodos de seguro tenham sido cumpridos em conformidade com um regime especial, em uma profissão ou em uma determinada atividade, somente serão totalizados, para o exame do direito a essas prestações, os períodos de seguro cumpridos em um regime ou em uma atividade equivalentes na outra Parte contratante.

4. Os períodos de seguro transcorridos sob um regime especial de uma das Partes contratantes serão levados em conta no âmbito do Regime Geral da outra Parte para a aquisição do direito às prestações, desde que o interessado tenha sido, por outro lado, afiliado a este regime, mesmo que esses períodos já tenham sido levados em conta por esta última Parte sob um regime mencionado no parágrafo 3 do presente Artigo.

5. Caso o trabalhador ou seus dependentes não preencham as condições de elegibilidade às prestações de aposentadoria por invalidez, por idade ou de pensão por morte levando em conta os períodos cumpridos sob as legislações de cada uma das duas Partes contratantes, em conformidade com as disposições do presente Capítulo, os períodos de seguro cumpridos em um terceiro Estado serão igualmente considerados para a elegibilidade e o cálculo da prestação, desde que as duas Partes contratantes estejam vinculadas a

esse terceiro Estado por um Acordo de previdência social que preveja a totalização para estas espécies de prestações e que os períodos não se sobreponham.

ARTIGO 17 DISPOSIÇÕES ESPECIAIS RELATIVAS À LEGISLAÇÃO BRASILEIRA

1. Os tempos de contribuição do trabalhador para outros regimes de previdência social existentes no Brasil, excetuados os de previdência complementar e os de previdência privada, serão assumidos pela Instituição Competente do Brasil como tempo de contribuição do regime previdenciário de que trata este Acordo, sendo de sua responsabilidade a compensação entre os diferentes regimes.
2. O tempo de contribuição validado pela outra Parte contratante será certificado pela Instituição Competente do Brasil, quando for o caso, para outro regime de previdência existente no Brasil como tempo de contribuição válido para aplicação do presente Acordo.
3. O valor do montante teórico mencionado na alínea (a) do parágrafo 2 do Artigo 19 do presente Acordo não poderá, sob nenhuma circunstância, ser inferior ao valor do benefício mínimo garantido pela legislação brasileira.

ARTIGO 18 DISPOSIÇÕES ESPECIAIS RELATIVAS À LEGISLAÇÃO FRANCESA

As disposições dos parágrafos 1 e 3 do Artigo 16 do presente Acordo não se aplicarão, no que concerne à França, aos regimes especiais de servidores civis e militares do Estado, ao funcionalismo público territorial, ao funcionalismo público hospitalar e ao regime de operários de indústrias estatais, para a concessão de direitos às prestações do regime especial. Todavia, para a determinação do índice de liquidação da pensão, esses regimes especiais levarão em conta, em função do período de seguro transcorrido no âmbito de um ou mais regimes obrigatórios de aposentadoria básica, os períodos de seguro cumpridos sob a legislação brasileira.

ARTIGO 19 CÁLCULO DO MONTANTE DAS PRESTAÇÕES DE APOSENTADORIAS POR INVALIDEZ, POR IDADE E DA PENSÃO POR MORTE

1. Se uma pessoa tiver direito a uma prestação de aposentadoria por invalidez, por idade ou de pensão por morte, em cumprimento à legislação de uma das Partes contratantes, sem que seja necessário recorrer aos períodos de seguro cumpridos sob a legislação da outra Parte contratante, a Instituição Competente da primeira Parte contratante calculará os direitos a prestações baseandose diretamente nos períodos de seguro cumpridos exclusivamente sob sua legislação. O montante da prestação assim obtido será comparado àquele que a Instituição Competente calculará, aplicando as regras enunciadas no parágrafo 2 do presente Artigo. Somente o montante mais elevado entre os dois será levado em consideração e pago ao interessado.
2. Se as condições exigidas pela legislação de uma das Partes contratantes para a concessão de direito a prestação de aposentadoria por invalidez, por idade ou de pensão por morte só puderem ser preenchidas por meio de recurso aos períodos de seguro cumpridos sob a legislação da outra Parte contratante ou de um terceiro Estado, em conformidade com as disposições do parágrafo 5 do Artigo 16, a Instituição Competente da primeira Parte contratante calculará o montante da prestação a ser paga da seguinte maneira:
a) a Instituição Competente calculará inicialmente um montante teórico da prestação devida, como se todos os períodos de seguro houvessem sido cumpridos exclusivamente sob sua própria legislação;
b) a Instituição Competente estabelecerá, em seguida, o montante da prestação efetivamente devida aplicando, sobre o montante teórico apurado conforme a alínea (a) do presente Artigo, um coeficiente igual à relação entre a duração dos períodos de seguro cumpridos sob a legislação dessa Parte contratante e a duração total dos períodos de seguro considerados, inclusive os períodos a que se refere o parágrafo 5 do Artigo 16, sendo esta duração total limitada à duração máxima eventualmente requerida pela referida legislação para o benefício de uma prestação completa.

ARTIGO 20 ATUALIZAÇÃO DAS PRESTAÇÕES

As prestações devidas em aplicação das disposições do Título III do presente Acordo serão atualizadas conforme a legislação em vigor em cada uma das Partes contratantes. Essas atualizações serão efetuadas automaticamente pela Instituição Competente da Parte cuja legislação é aplicada, sem que a Instituição Competente da outra Parte deva modificar o montante das referidas prestações.

ARTIGO 21 DISPOSIÇÕES ESPECÍFICAS ÀS PRESTAÇÕES DE INVALIDEZ

1. Para determinar a redução da capacidade de trabalho para fins de concessão das prestações correspondentes de invalidez, a Instituição Competente de cada uma das Partes contratantes efetuará a sua avaliação, em conformidade com a legislação aplicável.
2. Para fins de aplicação das disposições do parágrafo 1 do presente artigo, a Instituição Competente da Parte contratante em cujo território residir o requerente disponibilizará à Instituição Competente da outra Parte contratante, a pedido desta e sem ônus, os relatórios e documentos médicos de que dispuser, observada a legislação aplicável em matéria de sigilo médico.
3. A pedido da Instituição Competente de uma Parte contratante, a Instituição Competente da outra Parte contratante em cujo território residir o requerente realizará os exames médicos necessários à avaliação da condição do requerente. Os exames médicos que forem unicamente de interesse da primeira instituição serão integralmente por ela custeados, segundo as modalidades fixadas no Acordo de Aplicação Geral previsto no Artigo 25 do presente Acordo.

CAPÍTULO 2 PRESTAÇÕES DE ACIDENTES DE TRABALHO E DE DOENÇAS PROFISSIONAIS

ARTIGO 22 DETERMINAÇÃO DO DIREITO A PRESTAÇÕES

1. O direito a prestações em decorrência de um acidente de trabalho ou de doença profissional será concedido em conformidade com a legislação da Parte contratante à qual o trabalhador estava submetido na data do acidente ou à qual estava submetido durante o período de exposição ao risco de doença profissional.
2. Quando o trabalhador, vítima de uma doença profissional, tiver exercido no território das duas Partes contratantes um emprego suscetível de provocar a referida doença, as prestações a que esse trabalhador ou seus dependentes eventualmente façam jus serão concedidas exclusivamente sob a legislação da Parte contratante em cujo território as funções em questão tiverem sido exercidas por último, e desde que o interessado preencha as condições previstas por essa legislação.
3. Quando a legislação de uma das Partes contratantes condicionar o reconhecimento do direito às prestações por doença profissional ao fato de que a doença tenha sido constatada pela primeira vez em seu território, conforme os critérios de sua legislação, tal condição será considerada atendida quando a referida doença houver sido constatada pela primeira vez no território da outra Parte contratante, segundo os seus próprios critérios.

CAPÍTULO 3 PRESTAÇÕES POR DOENÇA, MATERNIDADE E PATERNIDADE

ARTIGO 23 TOTALIZAÇÃO DOS PERÍODOS DE SEGURO

Para a concessão e a determinação do direito a prestações em espécie por doença e maternidade, bem como a prestações em espécie por paternidade previstas pela legislação de cada uma das Partes contratantes, serão levados em conta, se necessário, os períodos de seguro cumpridos sob a legislação da outra Parte contratante, sob a condição de que o interessado esteja enquadrado em um regime de previdência social no âmbito de uma atividade profissional.

CAPÍTULO 4
PRESTAÇÕES DE FAMÍLIA

ARTIGO 24
PRESTAÇÕES DE FAMÍLIA PAGAS ÀS PESSOAS QUE PERMANECEM VINCULADAS À LEGISLAÇÃO FRANCESA

As prestações de família de que puder se beneficiar uma pessoa que permanecer vinculada à legislação francesa, nos termos das disposições dos artigos 8º a 12 do presente Acordo, para os filhos que residirem com ela no território da outra Parte contratante serão mencionadas no Acordo de Aplicação Geral previsto no artigo 25 do presente Acordo.

TÍTULO IV
DISPOSIÇÕES DIVERSAS

ARTIGO 25
ATRIBUIÇÕES DAS AUTORIDADES COMPETENTES

As autoridades competentes das duas Partes contratantes:

a) por meio de Acordo de Aplicação Geral, complementado por todos os outros acordos entre autoridades administrativas competentes, adotarão as medidas exigidas para a aplicação do presente Acordo, inclusive as medidas relativas à validação dos períodos de seguro, e designarão as Instituições Competentes e os Organismos de Ligação;

b) por meio do referido Acordo de Aplicação Geral, definirão os procedimentos de assistência administrativa recíproca, inclusive, se for o caso, o pagamento das despesas relativas à obtenção de provas médicas, administrativas ou outras exigidas para a aplicação do presente Acordo;

c) transmitirão umas às outras diretamente as informações referentes às medidas tomadas para a aplicação do presente Acordo;

d) informarão umas às outras diretamente, assim que possível, mudanças ocorridas nas respectivas legislações que possam ter incidência na aplicação do presente Acordo.

ARTIGO 26
COOPERAÇÃO ADMINISTRATIVA

1. Para a aplicação do presente Acordo, as Autoridades ou Instituições Competentes das duas Partes contratantes cooperarão mutuamente com vistas à determinação dos direitos a uma prestação ou a seu pagamento, em cumprimento das disposições do presente Acordo, como fariam para a aplicação de sua própria legislação. Em princípio, a assistência deverá ser fornecida gratuitamente. Todavia, as Autoridades ou Instituições Competentes poderão decidir quanto ao reembolso de determinadas despesas.

2. Os documentos e certificados que devem ser apresentados com vistas à aplicação do presente Acordo serão isentos de autenticação pelas autoridades diplomáticas ou consulares, bem como de tradução nos idiomas das Partes contratantes. Os documentos e os certificados entregues por uma Instituição Competente ou por intermédio de uma entidade de contato de uma Parte contratante serão considerados autênticos pela Instituição Competente da outra Parte contratante, sem certificação nem condições complementares.

3. As Partes contratantes estipularão, no Acordo de Aplicação Geral, previsto no Artigo 25 do presente acordo, as modalidades de acompanhamento conjunto do procedimento de transferência definido no Artigo 8º e, notadamente, do acompanhamento estatístico e das trocas de informações sobre deslocamento.

4. Para a aplicação do presente Acordo, as Autoridades e Instituições Competentes das Partes contratantes, bem como os seus respectivos Organismos de Ligação, poderão trocar informações diretamente entre si, bem como com quaisquer pessoas, independentemente do lugar de residência destas. Estas comunicações poderão ser realizadas em um dos idiomas utilizados para fins oficiais pelas Partes contratantes. Um pedido ou um documento redigido no idioma oficial da uma Parte contratante não poderá ser rejeitado pela Autoridade ou Instituição Competente, nem pelo Organismo de Ligação da outra Parte contratante por esse motivo.

5. As modalidades de trocas de informações relativas à cooperação administrativa serão definidas no Acordo de Aplicação Geral referido no Artigo 25 do presente Acordo.

ARTIGO 27
CONTESTAÇÕES, AÇÕES E RECURSOS

1. As contestações, ações ou recursos que, em virtude da legislação de uma Parte contratante, tiverem de ser apresentados, dentro de um prazo prescrito à Autoridade, Instituição ou instância judiciária competentes desta Parte, serão considerados tempestivos se apresentados dentro do mesmo prazo às entidades equivalentes da outra Parte. Neste caso, deverão ser transmitidos imediatamente à Autoridade, Instituição ou instância judiciária competentes da primeira Parte contratante. A data em que tais contestações, ações ou recursos houverem sido apresentados a uma Autoridade, Instituição ou instância judiciária competentes da segunda Parte contratante será considerada a data de apresentação à entidade equivalente da outra Parte.

2. Um pedido de prestação em cumprimento da legislação de uma Parte contratante será considerado também como um pedido de prestação do mesmo tipo em cumprimento da legislação da outra Parte contratante, desde que o requerente manifeste este desejo e que forneça informações que indiquem que os períodos de seguro foram cumpridos conforme a legislação da outra Parte contratante.

ARTIGO 28
TRANSMISSÃO DE DADOS DE CARÁTER PESSOAL

1. Para fins exclusivos de cumprimento das disposições do presente Acordo e das legislações por este referidas, as Autoridades e Instituições Competentes e os Organismos de Ligação das duas Partes contratantes ficam autorizados a transmitir uns aos outros dados de caráter pessoal.

2. Esta transmissão será submetida à observância da legislação em matéria de proteção de dados de caráter pessoal da Parte contratante, da Autoridade ou Instituição Competente ou Organismo de Ligação que transmitir os referidos dados.

3. A conservação, o processamento ou a divulgação de dados de caráter pessoal pela Autoridade ou Instituição Competente ou Organismo de Ligação da Parte contratante a que forem transmitidos serão submetidos à legislação em matéria de proteção de dados de caráter pessoal desta Parte.

ARTIGO 29
REEMBOLSO DE PAGAMENTOS INDEVIDOS

Quando a instituição de uma das Partes contratantes pagar a um beneficiário de prestações uma quantia que exceda aquela a que o beneficiário tem direito, essa Instituição pode, nas condições e nos limites previstos em sua legislação, solicitar à Instituição da outra Parte devedora de prestações de mesma natureza em favor desse beneficiário, a dedução do valor pago a mais nas quantias por ela pagas ao referido beneficiário. Esta última Instituição efetuará a dedução, nas condições e nos limites previstos em sua própria legislação, como se fossem quantias pagas a mais por ela própria e transferirá o valor deduzido à Instituição credora.

ARTIGO 30
LUTA CONTRA A FRAUDE

A) Condições de afiliação e de elegibilidade ligadas à residência

1. As Partes contratantes informar-se-ão mutuamente das disposições de suas legislações relativas à determinação da qualidade de residente nos respectivos territórios.

2. A Instituição Competente de uma Parte contratante que necessite examinar as condições nas quais uma pessoa suscetível de se beneficiar, em razão de sua residência no território dessa Parte contratante, da afiliação a um regime de proteção social ou da outorga de uma prestação, pode, se

julgar necessário, questionar a Instituição Competente da outra Parte contratante para certificar-se da veracidade da residência dessa pessoa no território de uma ou de outra destas Partes.
3. A Instituição Competente questionada tem a obrigação de fornecer as informações pertinentes das quais dispõe, suscetíveis de eliminar qualquer dúvida quanto à condição de residente da pessoa em questão.
4. Observadas as disposições do Artigo 28 do presente Acordo, referentes à proteção dos dados de caráter pessoal, as Instituições Competentes das duas Partes contratantes podem trocar informações relativas aos controles de vida ou óbito dos beneficiários. As modalidades dessas trocas de informações serão definidas no Acordo de Aplicação Geral previsto no Artigo 25 do presente Acordo.
B) Apreciação dos recursos
1. A Instituição Competente de uma Parte contratante cuja legislação é aplicável, pode, se julgar necessário, questionar a Instituição Competente da outra Parte contratante quanto aos rendimentos de qualquer natureza dos quais uma pessoa sujeita à referida legislação dispuser, no território desta última Parte.
2. As disposições previstas no parágrafo precedente se aplicam igualmente quando uma Instituição Competente examina o direito de uma pessoa a um benefício de uma prestação condicionada aos seus rendimentos.
3. A Instituição Competente da Parte contratante que for questionada fornecerá a informação solicitada, em conformidade com o estabelecido em sua legislação interna, nos acordos entre as duas Partes e nos acordos intergovernamentais, bilaterais e multilaterais, aplicáveis a cada uma delas.

ARTIGO 31
PAGAMENTO DE PRESTAÇÕES

1. O pagamento das prestações em cumprimento do presente Acordo será efetuado na moeda da Parte contratante do Organismo devedor das referidas prestações.
2. As disposições da legislação de uma Parte contratante em matéria de controle de câmbio não poderão causar empecilho à livre transferência dos montantes financeiros resultantes da aplicação do presente Acordo.

ARTIGO 32
SOLUÇÃO DE DIVERGÊNCIAS

As divergências resultantes da interpretação ou da aplicação do presente Acordo serão solucionadas, na medida do possível, pelas Autoridades Competentes. Estas poderão, conforme o caso, delegar esta competência a uma ou mais Instituições Competentes e/ou aos seus respectivos Organismos de Ligação.

ARTIGO 33
COMISSÃO MISTA

Uma comissão mista, composta por representantes designados pelas Autoridades Competentes de cada uma das Partes contratantes, ficará encarregada de acompanhar a aplicação do presente Acordo, de propor que este seja eventualmente modificado e de solucionar as dificuldades e divergências eventuais relativas à sua aplicação ou à sua interpretação. A comissão se reunirá, quando necessário, a pedido de qualquer uma das Partes contratantes.

ARTIGO 34
COOPERAÇÃO TÉCNICA

As Autoridades Competentes das Partes contratantes poderão reforçar a sua cooperação e desenvolver trocas de boas práticas, de experiências e assistência técnicas sobre quaisquer aspectos dos seus sistemas de previdência social, bem como sobre eventuais projetos em comum nesta matéria. As Autoridades Competentes poderão, conforme o caso, delegar esta competência a uma ou mais Instituições Competentes e/ou a organismos ou estruturas especializados para este efeito.

TÍTULO V
DISPOSIÇÕES TRANSITÓRIAS E FINAIS

ARTIGO 35
DISPOSIÇÕES INTERNACIONAIS NÃO AFETADAS PELO ACORDO

Nenhuma disposição do presente Acordo afeta os direitos e obrigações decorrentes:
- para a França: de sua condição de membro da União Europeia
- para o Brasil: de sua condição de membro do MERCOSUL

ARTIGO 36
FATOS ANTERIORES À ENTRADA EM VIGOR DO ACORDO

1. O presente Acordo não criará nenhum direito a prestações relativas a quaisquer períodos anteriores à sua entrada em vigor.
2. Todavia, os períodos de seguro cumpridos sob a legislação de uma das Partes contratantes, bem como eventos ocorridos antes da data de entrada em vigor do presente Acordo, serão levados em consideração na determinação dos direitos a prestação, em conformidade com as disposições do presente Acordo.
3. O presente Acordo não será aplicado aos direitos liquidados mediante a concessão de uma indenização ou de reembolso de contribuições.
4. Para a aplicação das disposições do Artigo 8º do presente Acordo relativas ao deslocamento, as pessoas enviadas a uma Parte contratante antes da data de entrada em vigor do presente Acordo serão consideradas como tendo começado nessa data os períodos de atividade mencionados pelo referido Artigo.

ARTIGO 37
REVISÃO, PRESCRIÇÃO E PERDA DE DIREITOS

1. Quaisquer prestações que não houverem sido pagas ou que houverem sido suspensas em decorrência da nacionalidade do interessado ou em razão de sua residência no território de uma Parte contratante que não seja aquele em que a Instituição Competente encarregada do pagamento estiver situada poderão ser objeto, a pedido do interessado, de uma revisão relativamente às disposições do presente Acordo. A prestação em questão poderá, se estiver em conformidade com essas disposições, ser paga ou restabelecida a contar da entrada em vigor do presente Acordo.
2. O direito a uma prestação, reconhecido antes da data de entrada em vigor do presente Acordo, poderá ser revisto, a pedido do interessado, tendo por base as disposições deste Acordo. Esta revisão não poderá em hipótese alguma resultar em redução do valor da prestação anterior.
3. Se o pedido mencionado no parágrafo 1 ou 2 do presente Artigo for apresentado dentro do prazo de até dois anos contados da data de entrada em vigor do presente Acordo, quaisquer direitos decorrentes da aplicação do presente Acordo serão devidos a contar desta data e a legislação de qualquer das Partes contratantes relativa à perda ou à prescrição do direito não será aplicável a esses interessados.
4. Se o pedido mencionado no parágrafo 1 ou 2 do presente Artigo houver sido apresentado mais de dois anos após a entrada em vigor do presente Acordo, os direitos não suscetíveis de decadência ou ainda não prescritos serão devidos a contar da data do pedido, a menos que disposições legislativas mais favoráveis da Parte contratante em questão sejam aplicáveis.

ARTIGO 38
DURAÇÃO

O presente Acordo é celebrado por prazo indeterminado e poderá ser denunciado por qualquer uma das Partes contratantes por via diplomática, mediante aviso prévio de doze meses, por escrito, à outra Parte contratante.

ARTIGO 39
GARANTIA DOS DIREITOS ADQUIRIDOS OU EM FASE DE AQUISIÇÃO

Em caso de denúncia do presente Acordo, quaisquer direitos a prestações e quaisquer pagamentos de prestações adquiridos em decorrência dos termos deste Acordo serão mantidos e as Partes contratantes adotarão as medidas necessárias, a fim de garantir os direitos que estejam em processo de aquisição.

ARTIGO 40
ENTRADA EM VIGOR

As duas Partes contratantes notificar-se-ão por via diplomática, quanto ao cumprimento de seus respectivos procedimentos constitucionais e legais exigidos para a entrada em vigor do presente Acordo. Este Acordo entrará em vigor no primeiro dia do terceiro mês subsequente à data de recepção da última notificação.

E para constar, os abaixo assinados, devidamente autorizados para este efeito, assinaram o presente Acordo.

Feito em Brasília, em 15 de dezembro de 2011, em dois exemplares originais, nos idiomas português e francês, sendo ambos os textos igualmente autênticos.

PELA REPÚBLICA FEDERATIVA DO BRASIL
GARIBALDI ALVES FILHO
Ministro da Previdência Social
PELA REPÚBLICA FRANCESA
YVES EDOUARD SAINT-GEOURS
Embaixador da França no Brasil
FEDERATIVA DO BRASIL
Francisco Rezek
PORTUGUESA
João de Deus Pinheiro

DECRETO Nº 8.405, DE 11 DE FEVEREIRO DE 2015

Promulga o Acordo sobre a Previdência Social entre a República Federativa do Brasil e o Reino da Bélgica, firmado em Bruxelas, em 4 de outubro de 2009.

A PRESIDENTA DA REPÚBLICA, no uso da atribuição que lhe confere o art. 84, *caput*, inciso IV, da Constituição, e

Considerando que foi firmado o Acordo sobre a Previdência Social entre a República Federativa do Brasil e a República do Reino da Bélgica, em Bruxelas, em 4 de outubro de 2009;

Considerando que o Congresso Nacional aprovou o Acordo por meio do Decreto Legislativo nº 245, de 7 de junho de 2013; e

Considerando que o Acordo sobre a Previdência Social entre a República Federativa do Brasil e o Reino da Bélgica entrou em vigor para a República Federativa do Brasil, no plano jurídico externo, em 1º de dezembro de 2014, nos termos do parágrafo 1º de seu Artigo 32;

DECRETA:

Art. 1º Fica promulgado o Acordo sobre a Previdência Social entre a República Federativa do Brasil e o Reino da Bélgica, firmado em Bruxelas, em 4 de outubro de 2009, anexo a este Decreto.

Art. 2º São sujeitos à aprovação do Congresso Nacional atos que possam resultar em revisão do Acordo e quaisquer ajustes complementares que acarretem encargos ou compromissos gravosos ao patrimônio nacional, nos termos do inciso I do caput do art. 49 da Constituição Federal.

Art. 3º Este Decreto entra em vigor na data de sua publicação.

Brasília, 11 de fevereiro de 2015; 194º da Independência e 127º da República.
DILMA ROUSSEFF
Mauro Luiz Iecker Vieira
Carlos Eduardo Gabas

ACORDO SOBRE A PREVIDÊNCIA SOCIAL ENTRE A REPÚBLICA FEDERATIVA DO BRASIL E O REINO DA BÉLGICA

A República Federativa do Brasil

e

O Reino da Bélgica

Motivados pelo desejo de regular as relações recíprocas entre os dois Estados no setor da previdência social,

Chegaram ao seguinte acordo:

TÍTULO I
DISPOSIÇÕES GERAIS

Artigo 1. Definições

1. Para a aplicação do presente Acordo:

a) o termo "Estados contratantes" significa o Reino da Bélgica e a República Federativa do Brasil;

b) o termo "Bélgica" significa o Reino da Bélgica, e o termo "Brasil" significa República Federativa do Brasil;

c) o termo "cidadão nacional" significa:

i. a respeito da Bélgica, uma pessoa de nacionalidade belga;

ii. em relação à República Federativa do Brasil, um brasileiro segundo a Constituição e Leis desse Estado;

d) o termo "legislação" significa as leis e regulamentações mencionadas no artigo 2 do presente Acordo;

e) o termo "autoridade competente" significa

i. em relação à Bélgica, os Ministros encarregados, cada um no que lhe diz respeito, à aplicação da legislação mencionada no artigo 2, parágrafo 1º b do presente Acordo,

ii. em relação ao Brasil, o Ministro da Previdência Social;

f) o termo "instituição competente" significa o órgão ou a autoridade encarregada de aplicar, no todo ou em parte, as legislações mencionadas no artigo 2;

g) o termo "organismo de ligação" significa o órgão de coordenação e de informação entre as instituições competentes dos dois Estados contratantes que intervém na aplicação do presente Acordo e na informação das pessoas interessadas sobre os direitos e obrigações decorrentes dele;

h) o termo "período de seguro" significa qualquer período reconhecido como tal pela legislação sob a qual esse período foi cumprido, bem como qualquer período reconhecido por essa legislação como sendo equivalente a um período de seguro;

i) o termo "prestação" significa qualquer pensão, renda ou outra prestação em espécie prevista em virtude das legislações mencionadas no artigo 2 do presente Acordo, incluindo quaisquer complementos, majorações ou indexações que são aplicáveis em virtude das legislações mencionadas no artigo 2 do presente Acordo;

j) o termo "dependente" significa qualquer pessoa definida ou admitida como tal pela legislação a título das prestações que são oferecidas.

2. Qualquer termo não definido no parágrafo 1º do presente artigo tem o sentido que lhe é atribuído pela legislação aplicável.

Artigo 2

Campo de Aplicação Material

1. O presente Acordo aplica-se:

a) em relação ao Brasil, à legislação relativa ao Regime Geral de Previdência Social e aos Regimes Próprios de Previdência Social, no que se refere aos benefícios de aposentadoria por invalidez, aposentadoria por idade e pensão por morte;

b) em relação à Bélgica, às legislações relativas:

i. às prestações por idade ou por morte dos trabalhadores assalariados e dos trabalhadores independentes,

ii. ao seguro por invalidez dos trabalhadores assalariados, dos marinheiros da marinha mercante e dos trabalhadores independentes.

e a respeito do Título II somente, às legislações relativas:

iii. à seguridade social dos trabalhadores assalariados;

iv. ao estatuto social dos trabalhadores independentes.

2. O presente Acordo aplicar-se-á igualmente a todos os atos legislativos ou regulamentares que modificarão ou completarão as legislações enumeradas no presente artigo.

3. O presente Acordo aplicar-se-á aos atos legislativos ou regulamentares que estenderão os regimes existentes a novas categorias de beneficiários, se não houver, a esse respeito, oposição do Estado contratante que modifica a sua legislação, notificada ao outro Estado contratante em um prazo de seis meses a partir da publicação oficial dos referidos atos.

4. O presente Acordo não é aplicável aos atos legislativos ou regulamentares que instituem um novo ramo de seguridade social, exceto se um acordo ocorrer para tanto entre as autoridades competentes dos dois Estados contratantes.

Artigo 3. Campo de Aplicação Pessoal

A menos que o presente Acordo disponha de outra forma, este instrumento aplica-

-se às pessoas, não importando de qual nacionalidade, que estão sujeitas ou que adquiriram direitos em virtude das legislações mencionadas no artigo 2, bem como aos seus sucessores, aos membros da sua família e aos seus dependentes.

Artigo 4. Igualdade de Tratamento

A menos que seja disposto de outra forma no presente Acordo, as pessoas mencionadas no artigo 3 estão sujeitas às obrigações e são admitidas para receberem o benefício da legislação de cada Estado contratante nas mesmas condições que os cidadãos nacionais desse Estado.

Artigo 5. Exportação de Prestações

1. A menos que o presente Acordo disponha de outra forma, as prestações adquiridas em virtude da legislação de um dos Estados contratantes não podem ser suspensas nem sofrer qualquer redução ou alteração em virtude do fato de o beneficiário permanecer ou residir no território do outro Estado contratante.

2. As prestações por idade e por morte devidas em virtude da legislação belga são pagas aos cidadãos nacionais brasileiros que residam no território de um terceiro Estado nas mesmas condições em que o seriam para os cidadãos nacionais belgas residentes no território desse terceiro Estado.

3. As prestações por invalidez, por idade e por morte devidas em virtude da legislação brasileira são pagas aos cidadãos nacionais belgas que residam no território de um terceiro Estado nas mesmas condições em que o seriam para os cidadãos nacionais brasileiros residentes no território desse terceiro Estado.

Artigo 6. Cláusulas de Redução ou de Suspensão

1. As cláusulas de redução ou de suspensão previstas pela legislação de um Estado contratante, em caso de acúmulo de uma prestação com outras prestações de seguridade social ou com renda proveniente do exercício de uma atividade profissional, são oponíveis aos beneficiários, mesmo se for o caso de prestações adquiridas em virtude de um regime do outro Estado ou se for o caso de renda obtida de uma atividade profissional exercida no território do outro Estado.

2. Contudo, para a aplicação do parágrafo 1 deste Artigo, não se deve levar em conta prestações de igual natureza que são liquidadas pelos órgãos competentes dos dois Estados contratantes, conforme as disposições dos artigos 12, 14 e 19 do presente Acordo.

TÍTULO II
DISPOSIÇÕES QUE DETERMINAM A LEGISLAÇÃO APLICÁVEL

Artigo 7. Regras Gerais

1. Ressalvado o disposto nos artigos 8 a 10 do presente Acordo, a legislação aplicável é determinada conforme as seguintes disposições:

a) a pessoa que exerce uma atividade profissional no território de um Estado contratante está submetida à legislação desse Estado;

b) a pessoa que exerce uma atividade assalariada a bordo de um navio sob a bandeira de um Estado Contratante está submetida à legislação do Estado no qual tem a sua residência;

c) a pessoa que faz parte da tripulação de uma empresa que efetue, por conta de outrem ou por sua própria conta, transportes internacionais aéreos de passageiros ou de mercadorias e que tenha a sua sede no território de um Estado contratante está submetida à legislação deste último Estado. Contudo, quando a empresa tem, no território do outro Estado contratante, uma sucursal ou uma representação permanente, a pessoa que esta emprega está submetida à legislação do Estado contratante em cujo território ela se encontra.

2. Em caso de exercício simultâneo de uma atividade profissional independente na Bélgica e assalariada no Brasil, a atividade exercida no Brasil é será considerada equivalente a uma atividade assalariada exercida na Bélgica, em vista da fixação das obrigações que resultam da legislação belga referente ao estatuto social dos trabalhadores independentes.

Artigo 8. Regras Particulares

1. O trabalhador assalariado que, estando a serviço de uma empresa que tenha sua sede principal ou filial localizada, no território de um dos Estados contratantes, , da qual ele dependa normalmente, é deslocado temporariamente por essa empresa ao território do outro Estado contratante para lá realizar um trabalho por conta desse, está sujeito exclusivamente à legislação do primeiro Estado contratante como se continuasse empregado em seu território contanto que a duração prevista do trabalho que ele deva realizar não exceda vinte e quatro meses e que ele não tenha sido enviado para substituir um outro trabalhador que tenha chegado ao final do período do seu deslocamento. Essas disposições são igualmente aplicáveis aos membros da família que acompanham esse trabalhador assalariado no território do outro Estado contratante, a menos que eles exerçam uma atividade assalariada ou independente no território deste Estado contratante.

2. Caso a transferência mencionada no parágrafo 1º do presente artigo persista por mais de vinte e quatro meses, as autoridades competentes dos dois Estados contratantes ou as instituições competentes designadas por essas autoridades competentes podem entrar em um acordo para que o trabalhador assalariado fique submetido exclusivamente à legislação do primeiro Estado contratante. Contudo, esse acordo somente pode ser feito para um período suplementar não excedente a trinta e seis meses. O requerimento deve ser feito antes do final do período inicial de vinte e quatro meses.

3. O parágrafo 1º do presente artigo é aplicável quando uma pessoa enviada por seu empregador do território de um Estado contratante ao território de um terceiro país é enviada, em seguida, por esse empregador do território do terceiro país para o território do outro Estado contratante.

4. O artigo 7, parágrafo 1º, alínea (b), não é aplicável para a pessoa que, não estando empregada habitualmente no mar, está empregada nas águas territoriais ou em um porto de um dos Estados contratantes em um navio que carregue a bandeira do outro Estado. Conforme o caso, o artigo 7, parágrafo 1º, alínea (a), ou o parágrafo 1º, alínea (a) do presente artigo é aplicável.

5. Quando uma pessoa sujeita à legislação de um Estado contratante e que exerça habitualmente uma atividade independente no território desse Estado contratante exerce temporariamente uma atividade independente similar somente no território do outro Estado contratante, esta pessoa permanece sujeita exclusivamente à legislação do primeiro Estado contratante como se ela continuasse a trabalhar no território do primeiro Estado contratante, com a condição de que a duração prevista da atividade independente no território do outro Estado contratante não exceda vinte e quatro meses.

6. Caso a atividade independente no território do outro Estado contratante mencionada no parágrafo 5 do presente artigo persista por mais de vinte e quatro meses, as autoridades competentes dos dois Estados contratantes ou as instituições competentes designadas por essas autoridades competentes podem entrar em acordo para que o trabalhador independente fique submetido exclusivamente à legislação do primeiro Estado contratante. Contudo, esse acordo somente pode ser feito para um período suplementar não excedente a trinta e seis meses. O requerimento deve ser feito antes do final do período inicial de vinte e quatro meses.

Artigo 9. Funcionários, membros de missões diplomáticas e de postos consulares

1. Os membros do pessoal das missões diplomáticas e dos postos consulares estão submetidos às disposições da Convenção de Viena sobre Relações Diplomáticas de 18 de abril de 1961, bem como às da Convenção de Viena sobre Relações Consulares de 24 de abril de 1963.

2. As pessoas contratadas por Missão diplomática ou por Repartição consular de um dos Estados contratantes no território do outro Estado contratante estão submetidas à legislação deste último Estado contratante.

3. Quando a missão diplomática ou o posto consular de um dos Estados contratantes emprega pessoas que, conforme o parágrafo 2 do presente artigo, estão submetidas à legislação do outro Estado contratante, a missão ou o posto deve levar em conta obrigações impostas aos

empregadores pela legislação deste último Estado contratante.

4. As disposições dos parágrafos 2 e 3 do presente artigo são aplicáveis por analogia às pessoas empregadas no serviço particular de uma pessoa mencionada no parágrafo 1 do presente artigo.

5. As disposições dos parágrafos 1 a 4 do presente artigo não são aplicáveis aos membros honorários de um posto consular nem às pessoas empregadas ao serviço particular dessas pessoas.

6. Servidores público e equiparados estão submetidos à legislação do Estado contratante do qual depende a administração que os emprega. Essas pessoas são, para esse efeito, consideradas como residentes no território desse Estado contratante, mesmo se elas estiverem no território do outro Estado contratante.

7. As disposições do presente artigo são igualmente aplicáveis aos membros da família que acompanhem as pessoas mencionadas nos parágrafos 1 e 6, a menos que exerçam uma atividade profissional.

Artigo 10. Derrogações

As autoridades competentes ou a instituição competente designada por essas podem prever, de comum acordo, no interesse de determinados segurados ou de determinadas categorias de segurados, derrogações às disposições dos artigos 7 a 9, sob a condição de que as pessoas envolvidas estejam submetidas à legislação de um dos Estados Contratantes.

TÍTULO III
DISPOSIÇÕES REFERENTES ÀS PRESTAÇÕES

CAPÍTULO 1
DISPOSIÇÕES REFERENTES ÀS PRESTAÇÕES BELGAS

SEÇÃO A
PRESTAÇÕES POR IDADE E POR MORTE

Artigo 11. Totalização

1. Observado o disposto no parágrafo 2 do presente artigo, com vistas à aquisição do direito a prestações belgas por idade ou por morte por uma pessoa, cujos períodos de seguro foram cumpridos conforme a legislação belga, os períodos de seguro cumpridos conforme a legislação brasileira em matéria de prestações são totalizados o quanto necessário pela instituição competente belga com os períodos de seguro cumpridos conforme a legislação belga, contanto que eles não se sobreponham aos períodos de seguro cumpridos sob a legislação belga.

2. Quando a legislação belga subordina a aquisição do direito a certas prestações belgas por idade ou por morte com a condição de que os períodos de seguro tenham sido cumpridos em uma profissão determinada, são totalizados para tanto pela instituição competente belga somente os períodos de seguro cumpridos conforme a legislação brasileira e considerados pela instituição competente belga como tendo sido cumpridos na mesma profissão.

3. Quando a legislação belga subordina a aquisição do direito a certas prestações belgas por idade ou por morte à condição de que os períodos de seguro tenham sido cumpridos em uma profissão determinada, e quando os períodos de seguro totalizados conforme o parágrafo 2 do presente artigo não puderem dar direito às prestações mencionadas, esses períodos de seguro totalizados são considerados pela instituição competente belga como válidos para a determinação das prestações previstas pelo regime geral belga dos trabalhadores assalariados.

Artigo 12. Cálculo do Valor das Prestações

1. Quando uma pessoa tem direito a uma prestação belga por idade ou por morte sem que seja necessário proceder à totalização, a instituição competente belga calcula o valor dessa prestação com base em períodos de seguro cumpridos exclusivamente sob a legislação belga. A instituição competente belga procede também ao cálculo do valor dessa prestação que seria obtido por aplicação das regras previstas no parágrafo 2 do presente artigo. O valor mais alto desses dois valores será aplicado.

2. Quando uma pessoa tem direito a uma prestação belga por idade ou por morte exclusivamente pela totalização dos períodos de seguro efetuada conforme o artigo 11, aplicam-se as seguintes regras:

a) a instituição competente belga calcula o valor teórico da prestação que seria devido se todos os períodos de seguro cumpridos em virtude das legislações dos dois Estados contratantes tivessem sido cumpridos unicamente sob a legislação por ela aplicada;

b) a instituição competente belga calcula em seguida o valor devido, com base no valor mencionado na alínea (a), pro rata da duração dos períodos de seguro cumpridos exclusivamente sob sua legislação com relação à duração de todos os períodos de seguro mencionados na alínea (a).

SEÇÃO B
PRESTAÇÕES POR INVALIDEZ

Artigo 13. Totalização

Para a aquisição do direito a uma prestação belga por invalidez por uma pessoa cujos períodos de seguro tenham sido cumpridos conforme a legislação belga, o artigo 11 é aplicável por analogia.

Artigo 14. Cálculo do Valor da Prestação por Invalidez

1. Quando uma pessoa tem direito a uma prestação belga por invalidez exclusivamente por totalização dos períodos de seguro em virtude da legislação belga e dos períodos de seguro em virtude da legislação brasileira conforme o artigo 11, o artigo 12, parágrafo 2, é aplicável por analogia ao cálculo do valor da prestação devida.

2. Quando uma pessoa tem direito a uma prestação belga por invalidez sem que seja necessário aplicar o artigo 11, e quando o valor resultante da adição da prestação brasileira por invalidez e da prestação belga por invalidez calculada conforme o parágrafo 1º do presente artigo for inferior ao valor da prestação devida com base exclusivamente na legislação belga, a instituição competente belga pagará um complemento igual à diferença entre a soma dessas duas prestações e o valor devido exclusivamente em virtude da legislação belga.

Artigo 15. Período de Seguro Mínimo

Nos casos mencionados no artigo 14, parágrafo 1º, nenhuma prestação belga por invalidez será devida pela instituição competente belga quando a duração total dos períodos de seguro cumpridos conforme a legislação belga antes da ocorrência do evento for inferior a um ano.

Artigo 16. Disposições Particulares Referentes às Prestações por Invalidez

O titular de uma prestação belga por invalidez conserva o benefício dessa prestação no decorrer de uma estada temporária no território do Brasil, quando essa estada temporária tiver sido previamente autorizada pela instituição competente belga. Contudo, essa autorização só pode ser recusada pela instituição competente belga quando a estada temporária situar-se no período no decorrer do qual, em virtude da legislação belga, a instituição competente belga deva proceder à avaliação ou à revisão da situação de invalidez.

SEÇÃO C
DISPOSIÇÕES COMUNS ÀS PRESTAÇÕES BELGAS

Artigo 17. Novo Cálculo do Valor das Prestações

1. Se, em razão do aumento do custo de vida, da variação do nível dos salários ou de outras causas de reajuste, os valores das prestações brasileiras por idade, por morte ou inva1idez forem modificados em uma porcentagem ou valor determinado, a instituição competente belga não é obrigada a proceder a um novo cálculo dos valores das prestações belgas por idade, por morte ou invalidez.

2. No entanto, em caso de alteração do modo de determinação dos direitos ou das regras de cálculo das prestações brasileiras por idade, por morte ou invalidez, um novo cálculo é feito pela instituição competente belga, conforme o artigo 12 ou 14.

CAPÍTULO 2
DISPOSIÇÕES RELATIVAS A PRESTAÇÕES BRASILEIRAS

Artigo 18. Prestação por Morte

Se, para a legislação brasileira, for condição para o direito a uma prestação por morte, o fato de o falecimento do segurado ter acontecido durante um período de seguro, a condição para a fundamentação do direito à prestação é considerada cumprida, se o falecimento houver ocorrido em um período em que a pessoa esteja sujeita à legislação belga.

Artigo 19. Totalização

1. Se, conforme a legislação brasileira, não houver um direito a prestações considerando os períodos de seguro exclusivamente cumpridos conforme a legislação brasileira, estes serão totalizados com os períodos de seguro cumpridos conforme a legislação belga, a não ser que se trate de períodos concomitantes.

2. Se o direito a uma prestação existir unicamente por totalização, a prestação será calculada da seguinte forma:

a) a instituição brasileira calculará inicialmente o valor da prestação supondo que todos os períodos cumpridos segundo as legislações dos dois Estados tivessem sido cumpridos ao amparo da legislação brasileira. Para a apuração do valor da prestação, a instituição brasileira considerará apenas os salários e remunerações, que serviram de base para o pagamento de contribuições durante os períodos de seguro cumpridos conforme a legislação brasileira (valor teórico);

b) se o valor teórico for menor do que o limite mínimo de benefício, esse valor será elevado para o limite mínimo da prestação;

c) por fim, a instituição competente brasileira calculará a prestação proporcional a pagar conforme a legislação brasileira, com base no valor teórico da prestação e na proporção da duração dos períodos de seguro considerados conforme a sua própria legislação em relação à duração total dos períodos de seguro cumpridos conforme as legislações dos dois Estados Contratantes (valor pro rata da prestação).

3. No que se refere ao Brasil, nenhuma prestação será devida pela Instituição competente brasileira quando a duração total dos períodos de seguro cumpridos conforme a legislação brasileira antes da ocorrência do evento for inferior a um ano, salvo se cumpridos os requisitos previstos na legislação brasileira.

TÍTULO IV
DISPOSIÇÕES DIVERSAS

Artigo 20. Atribuições das Autoridades Competentes

As autoridades competentes:

a) adotarão, por meio de ajuste administrativo, as medidas necessárias para a aplicação do presente Acordo e designarão os organismos de ligação e as instituições competentes;

b) definirão os processos de ajuda mútua administrativa, incluindo a divisão das despesas ligadas à obtenção de pareceres médicos periciais, administrativos e outros, necessários para a aplicação do presente Acordo;

c) comunicarão, diretamente entre si, quaisquer informações referentes às medidas tomadas para a aplicação do presente Acordo;

d) comunicarão, diretamente entre si e no menor prazo possível, qualquer alteração da sua legislação suscetível de afetar a aplicação do presente Acordo.

Artigo 21. Colaboração Administrativa

1. Para a aplicação do presente Acordo, as autoridades competentes, bem como as instituições competentes de cada um dos Estados contratantes, prestarão reciprocamente sua ajuda, como se se tratasse da aplicação da sua própria legislação. Esse auxílio mútuo é, a princípio, gratuito; contudo, as autoridades competentes podem combinar o reembolso de algumas despesas.

2. Quaisquer atos e documentos a serem produzidos em aplicação do presente Acordo estão dispensados do visto de legalização de autoridades diplomáticas ou consulares.

3. Para a aplicação do presente Acordo, as autoridades competentes e os organismos de ligação dos Estados contratantes estão habilitados a corresponderem-se diretamente entre eles. A correspondência pode ser feita em uma das línguas oficiais dos Estados contratantes.

Artigo 22. Comunicação de Dados de Caráter Pessoal

1. As instituições dos dois Estados contratantes estão autorizadas a comunicar-se, para os fins da aplicação do presente acordo, dados de caráter pessoal, inclusive dados referentes à renda das pessoas cujo conhecimento é necessário para a instituição de um Estado contratante, para a aplicação de uma legislação de seguridade social ou de assistência social.

2. A comunicação pela instituição de um Estado contratante de dados de caráter pessoal é regida pela legislação em matéria de proteção de dados desse Estado contratante.

3. O armazenamento, o processamento e a divulgação de dados de caráter pessoal pela instituição do Estado contratante à qual eles são comunicados estão sujeitos à legislação em matéria de proteção de dados deste Estado contratante.

4. Os dados mencionados no presente artigo não podem ser utilizados para outros fins que não sejam a aplicação das legislações relacionadas à seguridade social ou à assistência social.

Artigo 23. Requerimentos, Declarações e Recursos.

As demandas, declarações ou recursos que deveriam ter sido apresentados conforme a legislação de um Estado contratante, em um prazo determinado, junto a uma autoridade, um órgão ou uma jurisdição desse Estado, são admissíveis se forem apresentados no mesmo prazo junto a uma autoridade, um órgão ou uma jurisdição do outro Estado contratante. Nesse caso, a autoridade, órgão ou jurisdição assim recorrida transmitirá, imediatamente, esses requerimentos, declarações ou recursos à autoridade, ao órgão ou à jurisdição do primeiro Estado contratante, diretamente ou por intermédio das autoridades competentes dos Estados contratantes. A data na qual esses requerimentos, declarações ou recursos foram apresentados junto a uma autoridade, um órgão ou uma jurisdição do outro Estado contratante é considerada a data de apresentação junto à autoridade, órgão ou jurisdição competente para ficar ciente destes. Um requerimento ou um documento não pode ser rejeitado pelo fato de estar redigido em uma língua oficial do outro Estado contratante.

Artigo 24. Pagamento de Prestações

1. Os órgãos devedores de prestações, em virtude do presente Acordo, poderão pagá-las na moeda do seu Estado.

2. As transferências que resultam da aplicação do presente Acordo ocorrem conforme os acordos em vigor nesta matéria entre os dois Estados contratantes.

3. No caso em que as limitações monetárias forem estabelecidas em um dos dois Estados Contratantes, as autoridades competentes tomarão, imediatamente e de comum acordo, as medidas necessárias para a aplicação do presente Acordo, visando assegurar a transferência das prestações.

Artigo 25. Reembolso de Pagamentos Indevidos

Quando a instituição de um dos Estados contratantes paga a um beneficiário de prestações uma quantia que excede àquela à qual ele tem o direito, essa instituição pode, nas condições e limites previstos pela legislação que ela aplica, solicitar à instituição do outro Estado devedor de prestações em favor desse beneficiário, a dedução do valor pago a mais nas quantias que ela entrega ao referido beneficiário. Esta última instituição realiza a dedução nas condições e limites previstos para tal compensação pela legislação que ela aplica como se tratasse de quantias pagas a mais por ela própria e transfere o valor deduzido à instituição credora.

Artigo 26. Cooperação em matéria de Combate às Fraudes

Além da aplicação dos princípios gerais de cooperação administrativa, os Estados contratantes ajustarão, em um acordo administrativo, modalidades segundo as quais eles prestarão mutuamente seu apoio ao combate às fraudes transfronteiriças envolvendo contribuições e prestações de previdência social, em particular no que concerne à residência efetiva de pessoas, à aferição de renda, ao cálculo de contribuições e ao acúmulo de prestações.

TÍTULO V
DISPOSIÇÕES TRANSITÓRIAS E FINAIS

Artigo 27. Eventos anteriores à Entrada em Vigor do Acordo

1. O presente Acordo aplica-se igualmente a eventos ocorridos anteriormente à sua entrada em vigor.

2. O presente Acordo não dá o direito ao pagamento de prestações por um período anterior à sua entrada em vigor.

3. Qualquer período de seguro cumprido sob a legislação de um dos Estados contratantes antes da data de entrada em vigor do presente Acordo é levado em consideração para a determinação do direito a uma prestação concedida conforme as disposições do referido Acordo.

4. O presente Acordo não se aplica aos direitos que foram liquidados de forma definitiva pela concessão de uma indenização ou pelo reembolso de contribuições.

Artigo 28. Revisão, prescrição, extinção

1. Qualquer prestação que não tenha sido liquidada ou que tenha sido suspensa devido à nacionalidade do interessado ou em razão da sua residência no território do Estado contratante diferente daquele no qual se encontra o órgão devedor, será, a pedido do interessado, liquidada ou restabelecida a partir da entrada em vigor do presente Acordo.

2. Os direitos dos interessados que obtiveram a liquidação de uma prestação anteriormente à entrada em vigor deste Acordo serão revistos, a pedido deles, consideradas as disposições do referido Acordo. Em caso algum tal revisão deve ter por efeito reduzir os direitos anteriores dos interessados.

3. Se o pedido mencionado nos parágrafos 1º ou 2º do presente artigo for apresentado em até dois anos contados a partir da data de entrada em vigor do presente Acordo, os direitos abertos conforme as disposições do referido Acordo são adquiridos a partir dessa data, sem que as disposições da legislação de um ou do outro Estado contratante referentes à extinção ou à prescrição dos direitos sejam oponíveis aos interessados.

4. Se o pedido mencionado nos parágrafos 1º ou 2º do presente artigo for apresentado após a expiração de um prazo de dois anos após a entrada em vigor do presente Acordo, os direitos que não forem atingidos por uma revogação ou que não estiverem prescritos serão adquiridos a partir da data do pedido, sob reserva de disposições mais favoráveis da legislação do Estado contratante envolvido.

Artigo 29. Solução de Controvérsias

As controvérsias referentes à interpretação e à execução do presente Acordo serão solucionadas, na medida do possível, pelas autoridades competentes.

Artigo 30. Duração

O presente Acordo é celebrado por prazo indeterminado. Ele poderá ser denunciado por um dos Estados contratantes por notificação escrita enviada por via diplomática ao outro Estado contratante, com um aviso prévio de doze meses.

Artigo 31. Garantia dos Direitos Adquiridos ou em Vias de Aquisição

Em caso de denúncia do presente Acordo, os direitos e pagamentos das prestações adquiridas em virtude do referido Acordo serão conservados. Os Estados contratantes farão os acordos a respeito dos direitos em vias de aquisição.

Artigo 32. Entrada em vigor

O presente Acordo será ratificado conforme a legislação interna de cada um dos Estados contratantes. Ele entrará em vigor no primeiro dia do terceiro mês seguinte ao qual os dois Estados contratantes tenham trocado, por via diplomática, os instrumentos de ratificação.

Em testemunho do que, os abaixo assinados, devidamente autorizados, assinaram o presente Acordo.

Feito em Bruxelas, Reino da Bélgica, no dia 4 de outubro de 2009, em duas vias, nos idiomas português, francês e neerlandês, sendo os três textos igualmente autênticos.

PELA REPÚBLICA FEDERATIVA DO BRASIL	PELO REINO DA BÉLGICA
Celso Amorim Ministro das Relações Exteriores	**Yves Leterme** Ministro de Assuntos Estrangeiros

DECRETO Nº 9.422, DE 25 DE JUNHO DE 2018

Promulga o Acordo de Previdência Social entre a República Federativa do Brasil e os Estados Unidos da América, firmado em Washington, em 30 de junho de 2015.

O PRESIDENTE DA REPÚBLICA, no uso da atribuição que lhe confere o art. 84, caput, inciso IV, da Constituição, e

Considerando que o Acordo de Previdência Social entre a República Federativa do Brasil e os Estados Unidos da América foi firmado em Washington, em 30 de junho de 2015;

Considerando que o Congresso Nacional aprovou o Acordo por meio do Decreto Legislativo nº 132, de 23 de maio de 2018; e

Considerando que o Acordo entrará em vigor para a República Federativa do Brasil, no plano jurídico externo, em 1º de outubro de 2018, nos termos de seu Artigo 23,

DECRETA:

Art. 1º Fica promulgado o Acordo de Previdência Social entre a República Federativa do Brasil e os Estados Unidos da América, firmado em Washington, em 30 de junho 2015, anexo a este Decreto.

Art. 2º São sujeitos à aprovação do Congresso Nacional atos que possam resultar em revisão do Acordo e ajustes complementares que acarretem encargos ou compromissos gravosos ao patrimônio nacional, nos termos do inciso I do caput do art. 49 da Constituição.

Art. 3º Este Decreto entra em vigor na data de sua publicação.

Brasília, 25 de junho de 2018; 197º da Independência e 130º da República.

MICHEL TEMER

Aloysio Nunes Ferreira Filho

ACORDO DE PREVIDÊNCIA SOCIAL ENTRE A REPÚBLICA FEDERATIVA DO BRASIL E OS ESTADOS UNIDOS DA AMÉRICA

A República Federativa do Brasil e

Os Estados Unidos da América

(doravante denominados, individualmente, de "Estado Contratante" ou, coletivamente, de "Estados Contratantes"),

Com o desejo de regular as relações entre os dois países na área de Previdência Social,

Acordam o seguinte:

PARTE I
DISPOSIÇÕES GERAIS

ARTIGO 1
DEFINIÇÕES

1. Para os fins deste Acordo:

(a) "nacional" significa,

- em relação aos Estados Unidos, um nacional dos Estados Unidos conforme definição na Seção 101 da Lei de Imigração e Nacionalidade, inclusive emendas; e,
- em relação ao Brasil, um nacional do Brasil de acordo com a Constituição Federal do Brasil;

(b) "legislação" significa as leis e regulamentações mencionadas no Artigo 2 do presente Acordo;

(c) "autoridade competente" significa,

- em relação aos Estados Unidos, o Comissário de Seguridade Social, e,
- em relação ao Brasil, o Ministro da Previdência Social;

(d) "Instituição Competente" significa,

- em relação aos Estados Unidos, a Administração da Seguridade Social; e,
- em relação ao Brasil, o Instituto Nacional do Seguro Social;

(e) "período de cobertura" significa um período de recolhimento de contribuições ou um período de rendimentos do trabalho ou de atividade autônoma, conforme definido ou reconhecido como sendo período de cobertura pelas leis sob as quais tal período tenha sido completado, ou qualquer período semelhante desde que seja reconhecido pela legislação mencionada como equivalente a um período de cobertura;

(f) "benefício" significa qualquer benefício previsto em virtude das legislações especificadas no Artigo 2 deste Acordo; e

(g) "dados pessoais" significam qualquer informação relacionada a uma pessoa específica (identificada ou identificável), bem como qualquer informação que possa ser usada para distinguir ou rastrear a identidade de um indivíduo. Isto inclui, sem estar restrito, o seguinte: qualquer identificador individual; cidadania, nacionalidade, condição de apátrida ou de refugiado; benefícios, elegibilidade ou outras informações sobre requerimentos; informação de contato; informação médica ou outras informações não médicas constantes em um laudo médico; informação sobre relações conjugais, familiares ou pessoais; e informações relativas ao status laboral, financeiro ou econômico.

2. Qualquer termo não definido no presente artigo tem o sentido que lhe é atribuído pela legislação aplicável.

ARTIGO 2
CAMPO DE APLICAÇÃO MATERIAL

1. Para os fins deste Acordo a legislação aplicável é:

(a) em relação aos Estados Unidos, a legislação que rege o Programa Federal de Seguro Social por Idade, Morte e Invalidez:

(i) o Título II da Lei de Seguridade Social e respectivas regulamentações, exceto as Seções 226, 226A e 228 desse Título e suas regulamentações; e

(ii) os Capítulos 2 e 21 do Código da Receita Federal ("Internal Revenue Code") de 1986 e regulamentações pertinentes a esses Capítulos; e

(b) em relação ao Brasil:

(i) a legislação que rege o Regime Geral de Previdência Social, no que se refere aos benefícios de aposentadoria por idade, pensão por morte e aposentadoria por invalidez; e

(ii) a legislação que rege o Regime Próprio de Previdência Social de Servidores Públicos e o Regime dos Militares, no que se refere aos benefícios de aposentadoria por idade, pensão por morte e aposentadoria por invalidez.

2. Salvo disposição contrária no presente Acordo, a legislação mencionada no parágrafo 1 deste Artigo não incluirá tratados, demais acordos internacionais ou legislação supranacional de Seguridade Social assinados entre um dos Estados Contratantes e um terceiro Estado, ou legislação ou regulamentações que tenham sido promulgadas especificamente para sua implementação.

3. Ressalvado o disposto no parágrafo 5 deste Artigo, este Acordo também será aplicado a leis e regulamentos que alterem, suplementem, consolidem ou substituam a legislação especificada no parágrafo 1 deste Artigo.

4. Com exceção do previsto no parágrafo 5 deste Artigo, este Acordo será aplicado a leis e regulamentos futuros de um Estado Contratante que criem novas categorias de beneficiários ou novos benefícios sob a legislação desse Estado Contratante.

5. Os parágrafos 3 e 4 deste Artigo não serão aplicados se a Autoridade Competente do Estado Contratante que alterou sua legislação notificar a Autoridade Competente do outro Estado Contratante, por escrito, dentro de três meses da data de publicação oficial da nova legislação, de que tal extensão do Acordo não é desejada.

ARTIGO 3
CAMPO PESSOAL DE APLICAÇÃO

Este Acordo deve ser aplicado a:

(a) pessoas que estão ou tenham estado sujeitas à legislação de um ou de ambos Estados Contratantes; e

(b) outras pessoas quanto aos direitos derivados das pessoas mencionadas alínea (a) deste Artigo.

ARTIGO 4
IGUALDADE DE TRATAMENTO E EXPORTAÇÃO DE BENEFÍCIOS

1. Uma pessoa mencionada no Artigo 3 deste Acordo e que resida no território de um Estado Contratante receberá tratamento igual ao dispensado aos nacionais do segundo Estado Contratante residente no primeiro Estado Contratante no que se refere à aplicação da legislação do segundo Estado Contratante quanto à aquisição do direito a ou ao pagamento de benefícios.

2. Salvo disposição contrária neste Acordo, qualquer disposição da legislação de um Estado Contratante que restrinja a aquisição de direito a ou o pagamento de benefícios unicamente pelo fato de a pessoa residir fora ou estar ausente do território daquele Estado Contratante não será aplicada às pessoas que residam no território do outro Estado Contratante.

PARTE II
DISPOSIÇÕES RELATIVAS À LEGISLAÇÃO APLICÁVEL

ARTIGO 5
DISPOSIÇÕES GERAIS DE COBERTURA

1. Salvo disposição contrária no presente Artigo, uma pessoa empregada no território de um dos Estados Contratantes deverá, no que diz respeito a este emprego, estar sujeita à legislação exclusivamente deste Estado Contratante.

2. Se um trabalhador regularmente empregado por uma empresa localizada no território de um dos Estados Contratantes for deslocado por essa empresa ao território do outro Estado Contratante por um período temporário, o trabalhador permanecerá submetido à legislação apenas do primeiro Estado Contratante como se estivesse empregado no território do primeiro Estado Contratante, desde que não se preveja que o período de trabalho no território do outro Estado Contratante ultrapasse cinco anos.

3. O parágrafo 2 deste Artigo também será aplicado quando um empregador no território de um Estado Contratante enviar um empregado para uma empresa afiliada (tal qual definido sob as leis do Estado Contratante do empregador) no território do outro Estado Contratante. Nesse caso, o empregador e a empresa afiliada serão considerados uma única e mesma entidade, desde que o emprego tenha estado coberto pela legislação do Estado Contratante do empregador na ausência deste Acordo.

4. Um empregado que tenha concluído um período de cinco anos de deslocamento sob a legislação de um Estado Contratante de acordo com o parágrafo 2 ou 3 deste Artigo poderá apenas ser qualificado para uma isenção por deslocamento adicional após terem sido completados seis meses de ausência do território de tal Estado Contratante.

5. Os parágrafos 2 e 3 deste Artigo serão aplicados quando uma pessoa, que tenha sido deslocada por seu empregador do território de um Estado Contratante ao território de um terceiro Estado e que seja obrigatoriamente coberta pela legislação daquele Estado Contratante enquanto trabalhar no território do terceiro Estado, for enviada subsequentemente por esse empregador do território do terceiro Estado para o território do outro Estado Contratante.

6. Um trabalhador autônomo que resida no território de um Estado Contratante estará sujeito à legislação exclusivamente daquele Estado Contratante.

7. No que concerne a trabalhadores em transporte aéreo e marítimo internacional, aplicam-se as seguintes provisões:

(a) uma pessoa que é empregada como oficial ou membro da tripulação a bordo de um navio com bandeira pertencente a um dos Estados Contratantes e que estaria de outra forma coberta pela legislação de ambos os Estados Contratantes deverá estar sujeita à legislação exclusivamente do Estado Contratante cuja bandeira é ostentada pelo navio. Para efeitos do disposto nesta alínea, um navio com bandeira dos Estados Unidos é aquele definido como um navio estadunidense sob a legislação dos Estados Unidos; e

(b) membros de tripulação de companhias aéreas que trabalham nos territórios de ambos os Estados Contratantes e que estariam cobertos pela legislação de ambos os Estados Contratantes deverão, em relação a este trabalho, estar sujeitos à legislação somente do Estado Contratante em cujo território a empresa tenha sua matriz. Entretanto, se tais empregados residirem no território do outro Estado Contratante, eles deverão estar sujeitos à legislação exclusivamente daquele Estado.

8. No que concerne a trabalhadores a serviço dos Estados Contratantes, aplicam-se as seguintes disposições:

(a) este Acordo não afetará as disposições da Convenção de Viena sobre Relações Diplomáticas de 18 de abril de 1961, ou da Convenção de Viena sobre as Relações Consulares de 24 de abril de 1963; e

(b) nacionais de um dos Estados Contratantes que sejam empregados pelo Governo deste Estado Contratante no território do outro Estado Contratante, mas que não estejam isentos da legislação do outro Estado Contratante por força das Convenções de Viena mencionadas no subparágrafo (a), estarão sujeitos à legislação exclusivamente do primeiro Estado Contratante. Para os propósitos deste parágrafo, emprego pelo Governo dos Estados Unidos inclui emprego por uma de suas entidades.

9. As Autoridades Competentes dos dois Estados Contratantes poderão pactuar exceções às disposições deste Artigo quanto a determinadas pessoas ou categorias de pessoas, desde que qualquer pessoa afetada esteja sujeita à legislação de um dos Estados Contratantes.

PARTE III
DISPOSIÇÕES SOBRE BENEFÍCIOS

ARTIGO 6
BENEFÍCIOS DOS ESTADOS UNIDOS

Os seguintes dispositivos serão aplicados aos Estados Unidos:

1. Quando uma pessoa completou pelo menos 6 (seis) trimestres de cobertura sob a legislação dos Estados Unidos, mas não possui períodos de cobertura suficientes para atender aos critérios para o direito a benefícios sob a legislação dos Estados Unidos, a Instituição Competente dos Estados Unidos levará em consideração, para fins de estabelecer direitos a benefícios sob este Artigo, períodos de cobertura creditados sob a legislação do Brasil e que não coincidam com períodos de cobertura já computados sob a legislação dos Estados Unidos.

2. Ao efetuar a elegibilidade para os benefícios de acordo com o parágrafo 1 deste Artigo, a Instituição Competente dos Estados Unidos computará um trimestre de cobertura para cada 3 (três) meses de cobertura certificados pela Instituição Competente do Brasil; contudo, nenhum trimestre de cobertura deverá ser creditado para qualquer trimestre civil já computado como um trimestre de cobertura sob a legislação dos Estados Unidos. O número total de trimestres de cobertura a ser computado em um ano não poderá ser superior a quatro. A Instituição Competente dos Estados Unidos não levará em consideração períodos de cobertura que ocorreram anteriormente à data mais antiga a partir da qual os períodos de cobertura possam ser computados sob sua legislação.

3. Quando o direito a um benefício sob a legislação dos Estados Unidos for estabelecido de acordo com as disposições do parágrafo 1 deste Artigo, a Instituição Competente dos Estados Unidos calculará o pro rata do Montante Base de Seguro, em conformidade com a legislação dos Estados Unidos, com base:

(a) nos rendimentos médios da pessoa computados exclusivamente sob a legislação dos Estados Unidos; e

(b) na razão entre a duração dos períodos de cobertura computados para esta pessoa sob a legislação dos Estados Unidos e a duração de um ciclo completo de cobertura segundo a legislação dos Estados Unidos. Os benefícios devidos sob a legislação dos Estados Unidos serão baseados no pro rata do Montante Base de Seguro.

4. O direito a benefícios dos Estados Unidos resultantes do parágrafo 1 deste Artigo terminará com a aquisição de períodos de cobertura sob a legislação dos Estados Unidos suficientes para que se estabeleçam direitos a um benefício semelhante ou superior sem a necessidade de se invocar a disposição do parágrafo 1 deste Artigo.

ARTIGO 7
BENEFÍCIOS BRASILEIROS

Os seguintes dispositivos serão aplicados ao Brasil:

1. Quando a legislação brasileira requer que certos períodos de cobertura sejam completados para a aquisição, a manutenção ou a recuperação do direito a benefícios de aposentadoria por idade, pensão por morte ou aposentadoria por invalidez, períodos de cobertura completados sob a legislação dos Estados Unidos devem ser somados, quando necessário, aos períodos de cobertura cumpridos sob a legislação brasileira, desde que estes não se sobreponham com períodos de cobertura já creditados de acordo com as leis brasileiras. Ao determinar o direito a benefícios de acordo com este parágrafo, a Instituição Competente brasileira deve creditar 3 (três) meses de cobertura para cada trimestre de cobertura certificado pela Instituição Competente dos Estados Unidos.

2. Quando não for possível determinar o momento em que períodos de cobertura foram completados sob a legislação dos Estados Unidos dentro de um ano específico, deve ser presumido que tais períodos não coincidam com períodos de cobertura completados sob a legislação brasileira. Tais períodos poderão ser alocados a qualquer época do ano, de forma a preservar a opção mais vantajosa para a pessoa.

3. Quando o direito a um benefício sob a legislação brasileira é estabelecido de acordo com o parágrafo 1º deste Artigo, a Instituição Competente do Brasil deve determinar o valor da prestação teórica como se todos os períodos de cobertura completados sob a legislação de ambos os Estados Contratantes tivessem sido completados sob a legislação brasileira e deve calcular o benefício a pagar pelo Brasil como proporção dos períodos de cobertura completados exclusivamente sob a legislação brasileira frente ao total de períodos de cobertura completados sob a legislação de ambos os Estados Contratantes. O período total de cobertura sob a legislação de ambos os Estados Contratantes a ser considerado deve ser limitado ao período mínimo necessário para o estabelecimento da elegibilidade ao benefício.

4. O valor da prestação teórica mencionado no parágrafo 3 deste Artigo não poderá, sob nenhuma circunstância, ser inferior ao benefício mínimo garantido pela legislação do Brasil.

5. Quando uma pessoa for elegível a um benefício sob a legislação do Brasil sem a aplicação do parágrafo 1 deste Artigo, a Instituição Competente do Brasil determinará o valor do benefício a ser pago com base exclusivamente nos períodos de cobertura completados por aquela pessoa sob a legislação do Brasil.

6. Caso uma pessoa não seja elegível para um benefício com base nos períodos de cobertura completados sob a legislação de ambos Estados Contratantes, totalizados conforme o parágrafo 1 deste Artigo, a elegibilidade de tal pessoa para um benefício brasileiro será determinada pela totalização desses períodos e dos períodos de cobertura concluídos sob a legislação de um terceiro Estado, com o qual o Brasil possua um Acordo Bilateral ou Multilateral de Previdência Social em vigor.

ARTIGO 8
DISPOSIÇÃO COMUM SOBRE BENEFÍCIOS

A Instituição Competente de um Estado Contratante levará em consideração períodos de cobertura reconhecidos sob a legislação do outro Estado Contratante somente se de acordo com a legislação do primeiro Estado Contratante.

PARTE IV
DISPOSIÇÕES DIVERSAS

ARTIGO 9
MEDIDAS ADMINISTRATIVAS

As Autoridades Competentes de ambos os Estados Contratantes deverão:

(a) concluir um Ajuste Administrativo e tomar todas as medidas administrativas necessárias para a implementação deste Acordo, bem como designar os organismos de ligação;

(b) informar reciprocamente quanto às medidas adotadas para a aplicação deste Acordo; e

(c) informar reciprocamente, assim que possível, quaisquer alterações em suas respectivas legislações que possam influenciar a aplicação deste Acordo.

ARTIGO 10
ASSISTÊNCIA MÚTUA

As Autoridades Competentes e as Instituições Competentes dos Estados Contratantes, no âmbito de suas respectivas competências, deverão auxiliar-se na implementação deste Acordo. Esta assistência deverá ser gratuita, salvo exceções a serem acordadas em um Ajuste Administrativo.

ARTIGO 11
SIGILO DE INFORMAÇÕES COMPARTILHADAS

1. Salvo disposições diversas nas leis de um Estado Contratante, dados pessoais transmitidos no âmbito deste Acordo para um Estado Contratante pelo outro Estado Contratante devem ser usados exclusivamente para os propósitos da implementação deste Acordo e da le-

gislação mencionada no Artigo 2 deste Acordo. As leis nacionais de proteção da privacidade e confidencialidade de dados pessoais do Estado Contratante receptor e as disposições deste Acordo devem reger sua utilização.

2. As Autoridades Competentes dos Estados Contratantes devem informar à outra quanto a todas as alterações em suas leis nacionais de proteção da privacidade e confidencialidade de dados pessoais que afetam a transmissão de dados pessoais.

3. Qualquer pessoa pode solicitar - e a Autoridade Competente ou Instituição Competente que requer ou transmite dados pessoais informar-lhe-á quando solicitado - o conteúdo, a Autoridade Competente ou Instituição Competente receptoras e a duração de uso de seus dados pessoais e o propósito e a fundamentação legal pelos quais tais dados foram usados ou requeridos.

4. As Autoridades Competentes ou Instituições Competentes que transmitem dados pessoais devem adotar todas as medidas razoáveis para assegurar que dados pessoais transmitidos sejam precisos e limitem-se aos dados necessários para satisfazer a demanda da Autoridade Competente ou Instituição Competente receptora. De acordo com suas respectivas leis nacionais, a Autoridade Competente ou Instituição Competente receptoras deve corrigir ou descartar qualquer dado pessoal impreciso transmitido e qualquer dado desnecessário para satisfazer a demanda da Autoridade Competente ou da Instituição Competente receptora e imediatamente notificar a outra Autoridade Competente ou Instituição Competente de tal correção. Isto não deve restringir o direito da pessoa em questão a requerer tal retificação diretamente às Autoridades Competentes ou Instituições Competentes.

5. Tanto as Autoridades Competentes ou as Instituições Competentes transmissoras quanto as receptoras devem eficazmente proteger dados pessoais contra acesso, alteração ou publicação não autorizados ou ilegais.

ARTIGO 12
SIGILO DE INFORMAÇÕES COMPARTILHADAS DOS EMPREGADORES

Salvo exigido de outra forma pela legislação nacional de um Estado Contratante, as informações dos empregadores transmitidas entre os Estados Contratantes, por força deste Acordo, deverão ser usadas exclusivamente para os fins de administrar este Acordo e as leis aplicáveis. A legislação nacional do Estado Contratante receptor sobre proteção e confidencialidade das informações do empregador e as disposições deste Acordo deverão regular tal uso.

ARTIGO 13
DOCUMENTAÇÃO

1. Quando a legislação de um Estado Contratante estabelecer que qualquer documento a ser submetido à Autoridade Competente ou à Instituição Competente desse Estado Contratante seja isenta total ou parcialmente de emolumentos ou taxas, incluídas taxas administrativas e consulares, a isenção também deverá ser aplicada aos documentos correspondentes que sejam submetidos à Autoridade Competente ou à Instituição Competente do outro Estado Contratante na aplicação deste Acordo.

2. Documentos e certificados que sejam apresentados para os fins deste Acordo deverão ser dispensados do visto de legalização por autoridades diplomáticas ou consulares.

3. Cópias de documentos que sejam atestadas como cópias fiéis e exatas pela Instituição Competente de um Estado Contratante deverão ser aceitas como cópias fiéis e exatas pela Instituição Competente do outro Estado Contratante, sem a necessidade de qualquer outra certificação. A Instituição Competente de cada Estado Contratante deverá tomar a decisão final acerca do valor comprobatório dos documentos que lhe sejam submetidos, qualquer que seja sua origem.

ARTIGO 14
CORRESPONDÊNCIA E IDIOMA

1. As Autoridades Competentes e as Instituições Competentes dos Estados Contratantes poderão corresponder-se diretamente e com qualquer pessoa, onde quer que esta pessoa resida e sempre que necessário para a aplicação deste Acordo.

2. Um requerimento ou documento não poderá ser rejeitado por uma Autoridade Competente ou Instituição Competente de um Estado Contratante unicamente por estar no idioma do outro Estado Contratante.

ARTIGO 15
REQUERIMENTOS

1. Um requerimento de benefícios por escrito apresentado à Instituição Competente de um Estado Contratante deverá assegurar os direitos das pessoas em nome das quais esse requerimento foi apresentado sob a legislação do outro Estado Contratante se o requerente solicitar que este requerimento seja considerado um requerimento sob a legislação do outro Estado Contratante.

2. Se um requerente tiver apresentado um requerimento de benefício por escrito à Instituição Competente de um Estado Contratante e não tiver solicitado explicitamente que este requerimento seja restrito aos benefícios da legislação deste Estado Contratante, o requerimento deverá também assegurar os direitos dos beneficiários sob a legislação do outro Estado Contratante se, no momento da solicitação, o requerente tiver fornecido informação que indique que a pessoa, cujo histórico instrui o requerimento de benefícios, completou períodos de cobertura sob a legislação do outro Estado Contratante.

3. As disposições da Parte III deste Acordo aplicam-se exclusivamente a benefícios cujos requerimentos sejam apresentados a partir da data de entrada em vigor deste Acordo.

ARTIGO 16
RECURSOS E PRAZOS

1. Um recurso por escrito quanto a uma decisão tomada por uma Instituição Competente de um Estado Contratante poderá ser apresentado com validade junto à Instituição Competente de qualquer Estado Contratante. O recurso será decidido conforme os procedimentos e a legislação do Estado Contratante cuja decisão está sendo questionada.

2. Qualquer requerimento, notificação ou recurso por escrito que, sob a legislação de um Estado Contratante deveria ter sido apresentado em um prazo previsto junto à Instituição Competente deste Estado Contratante, mas que, ao invés, tenha sido apresentado no mesmo prazo junto à Instituição Competente do outro Estado Contratante, deverá ser considerado como apresentado em tempo hábil.

ARTIGO 17
TRANSMISSÃO DE REQUERIMENTOS, NOTIFICAÇÕES E RECURSOS

A Instituição Competente à qual um requerimento, notificação ou recurso por escrito foi apresentado na forma do Artigo 15 ou 16, ou ambos, deste Acordo o transmitirá sem demora à Instituição Competente do outro Estado Contratante, indicando a data de recebimento no documento.

ARTIGO 18
MOEDA

1. Pagamentos no âmbito este Acordo poderão ser realizados na moeda do Estado Contratante que faz os pagamentos.

2. Caso qualquer dos Estados Contratantes introduza disposições que restrinjam o câmbio ou transferência de divisas, ambos os Estados Contratantes deverão imediatamente tomar as medidas necessárias para assegurar a transferência das somas devidas pelos respectivos Estados Contratantes sob este Acordo.

ARTIGO 19
RESOLUÇÃO DE CONTROVÉRSIAS

Qualquer divergência relativa à interpretação ou aplicação deste Acordo deverá ser resolvida por meio de consulta entre as Autoridades Competentes, por via diplomática.

ARTIGO 20
ACORDOS SUPLEMENTARES

Este Acordo poderá ser emendado no futuro por meio de acordos suplementares que, a partir de sua entrada em vigor, após a notificação do cumprimento dos requisitos legais internos de cada Estado Contratante, serão considerados parte integrante deste Acordo. Tais acordos podem apresentar efeito retroativo se eles assim dispuserem.

PARTE V
DISPOSIÇÕES FINAIS E TRANSITÓRIAS

ARTIGO 21
DISPOSIÇÕES TRANSITÓRIAS

1. Este Acordo não conferirá nenhum direito ao pagamento de um benefício por qualquer período anterior à data de entrada em vigor deste Acordo ou a um pecúlio por morte se a pessoa faleceu antes da entrada em vigor deste Acordo.
2. Qualquer período de cobertura completado sob a legislação de qualquer dos Estados Contratantes ou outro evento ocorrido antes da entrada em vigor deste Acordo deverá ser considerado para determinar o direito a benefícios segundo este Acordo.
3. Ao aplicar o parágrafo 2, 3 ou 5 do Artigo 5 deste Acordo, no caso de pessoas deslocadas para trabalhar no território de um Estado Contratante em data anterior à data de entrada em vigor do presente Acordo, o período de emprego mencionado naquele parágrafo será considerado como tendo início na data de entrada em vigor deste Acordo.
4. Decisões sobre o direito a benefícios que foram tomadas antes da entrada em vigor deste Acordo não deverão afetar os direitos constituídos sob este Acordo.
5. A aplicação deste Acordo não resultará em qualquer redução do valor de um benefício para o qual o direito havia sido estabelecido antes da entrada em vigor deste Acordo.

ARTIGO 22
VIGÊNCIA E DENÚNCIA

1. Este Acordo permanecerá em vigor até o final do ano calendário seguinte ao ano no qual denúncia por escrito tenha sido apresentada por um dos Estados Contratantes ao outro Estado Contratante.
2. Em caso de denúncia deste Acordo, serão preservados os direitos quanto à elegibilidade ou ao pagamento de benefícios adquiridos na vigência deste Acordo.
3. Em caso de denúncia deste Acordo os Estados Contratantes devem pactuar regras que tratarão dos direitos em curso de aquisição.

ARTIGO 23
ENTRADA EM VIGOR

Os Governos de ambos os Estados Contratantes notificarão um ao outro, por escrito, o cumprimento dos respectivos requisitos legais e constitucionais para a entrada em vigor deste Acordo. Este Acordo entrará em vigor no primeiro dia do primeiro mês seguinte a um período de 90 (noventa) dias a partir da data da última notificação.

Em testemunho do que, os abaixo-assinados, devidamente autorizados, assinaram o presente Acordo.

Feito em Washington no dia 30 do mês de junho de 2015, em duplicata, nos idiomas português e inglês, sendo ambos os textos igualmente autênticos.

PELA REPÚBLICA FEDERATIVA DO BRASIL
Mauro Vieira
Ministro de Estado das Relações Exteriores

PELOS ESTADOS UNIDOS DA AMÉRICA
Antony Blinken
Vice-Secretário de Estado

DECRETO Nº 9.564, DE 14 DE NOVEMBRO DE 2018

Promulga o Acordo de Previdência Social entre a República Federativa do Brasil e o Grão-Ducado de Luxemburgo, firmado em Luxemburgo, em 22 de junho de 2012.

O PRESIDENTE DA REPÚBLICA, no uso da atribuição que lhe confere o art. 84, caput, inciso IV, da Constituição, e

Considerando que o Acordo de Previdência Social entre a República Federativa do Brasil e o Grão-Ducado de Luxemburgo foi firmado em Luxemburgo, em 22 de junho de 2012;

Considerando que o Congresso Nacional aprovou o Acordo por meio do Decreto Legislativo nº 92, de 29 de junho de 2017; e

Considerando que o Acordo entrou em vigor para a República Federativa do Brasil, no plano jurídico externo, em 1º de abril de 2018, nos termos de seu Artigo 33;

DECRETA:

Art. 1º Fica promulgado o Acordo de Previdência Social entre a República Federativa do Brasil e o Grão-Ducado de Luxemburgo, firmado em Luxemburgo, em 22 de junho de 2012, anexo a este Decreto.

Art. 2º São sujeitos à aprovação do Congresso Nacional atos que possam resultar em revisão do Acordo e ajustes complementares que acarretem encargos ou compromissos gravosos ao patrimônio nacional, nos termos do inciso I do *caput* do art. 49 da Constituição.

Art. 3º Este Decreto entra em vigor na data de sua publicação.

Brasília, 14 de novembro de 2018; 197º da Independência e 130º da República.

MICHEL TEMER
Aloysio Nunes Ferreira Filho

ACORDO DE PREVIDÊNCIA SOCIAL ENTRE A REPÚBLICA FEDERATIVA DO BRASIL E O GRÃO-DUCADO DE LUXEMBURGO

O Grão-Ducado do Luxemburgo
e
A República Federativa do Brasil

Motivados pelo desejo de regular relações recíprocas entre os dois Estados na área da Previdência Social,

Decidiram firmar um acordo de previdência social e acordaram o seguinte:

TITULO I
DISPOSIÇÕES GERAIS

Artigo 1. Definições

1. Para a aplicação do presente Acordo, os termos abaixo terão o significado a seguir:

a) "legislação" - as leis e os regulamentos de que trata o parágrafo 1 do Artigo 2 do presente Acordo;

b) "autoridade competente": em relação ao Brasil, o Ministro de Estado da Previdência Social; e em relação ao Luxemburgo, o ministro tendo em suas atribuições a seguridade social;

c) "instituição competente" - órgão ou autoridade encarregada de aplicar, no todo ou em parte, as legislações mencionadas no parágrafo 1 do Artigo 2 do presente Acordo;

d) "organismo de ligação" - órgão de coordenação e de informação entre as instituições competentes das Partes Contratantes que intervém na aplicação do presente Acordo e na informação das pessoas interessadas sobre direitos e obrigações decorrentes dele;

e) "prestação" - qualquer pensão, renda ou outra prestação em espécie, inclusive complementos, atualizações, aumentos ou indexações decorrentes da aplicação das legislações mencionadas no parágrafo 1 do Artigo 2 do presente Acordo;

f) "período de seguro" - período de contribuição ou como tal reconhecido pela legislação sob a qual esse período tenha sido cumprido, bem como qualquer período reconhecido por essa legislação como equivalente a período de seguro;

g) "dependente" - qualquer pessoa definida ou admitida como tal pela legislação das Partes a título das prestações que são oferecidas.

2. Os demais termos usados no presente Acordo possuirão o significado que lhes é atribuído pela legislação aplicável.

Artigo 2. Campo de aplicação material

1. Este Acordo aplicar-se-á:

I - para o Brasil, às legislações que regem o Regime Geral de Previdência Social e os Regimes Próprios de Previdência Social de Servidores Públicos, no que se refere aos seguintes benefícios:

a) aposentadoria por idade;
b) aposentadoria por invalidez; e
c) pensão por morte;

II - para o Luxemburgo, às legislações relativas a:

a) seguro pensão em caso de velhice, invalidez e sobrevivência; e
b) somente em relação ao Titulo II do presente Acordo, seguro saúde, seguro para acidentes do trabalho e doenças profissionais e prestações de seguro desemprego.

2. O presente Acordo aplicar-se-á igualmente a todas as leis e a todos os regulamentos que modifiquem, complementem

ou substituam as legislações mencionadas no parágrafo 1 do presente Artigo.

3. Este Acordo aplicar-se-á a todas as leis e a todos os regulamentos futuros que estendam as legislações mencionadas no parágrafo 1 a novas categorias de beneficiários se, no prazo de até seis meses a partir da data de publicação oficial desses atos, a Parte Contratante que modificou sua legislação não comunicar à outra Parte Contratante que o Acordo não lhes é aplicável.

4. O presente Acordo não se aplicará nem às prestações de assistência social, nem às prestações em favor das vítimas da guerra e nem aos seguros complementares privados.

Artigo 3. Campo de aplicação pessoal

As disposições do presente Acordo serão aplicáveis às pessoas que estiverem ou tenham estado submetidas à legislação de uma ou ambas as Partes Contratantes bem como a seus dependentes legais.

Artigo 4. Igualdade de tratamento

As pessoas de que trata o Artigo 3 estarão sujeitas às obrigações e serão admitidas nos benefícios da legislação de cada Parte Contratante nas mesmas condições que os nacionais dessa Parte.

Artigo 5. Anulação da cláusula de residência

1. As aposentadorias por idade ou invalidez ou a pensão por morte adquiridas nos termos da legislação de uma Parte Contratante não poderão sofrer qualquer redução ou modificação, nem suspensão ou supressão, pelo fato de que o beneficiário resida ou faça estada no território da outra Parte Contratante.

2. As aposentadorias por idade ou invalidez ou a pensão por morte devidas em virtude da legislação de uma das Partes Contratantes serão pagas aos cidadãos da outra Parte Contratante que residem no território de um terceiro Estado, nas mesmas condições que aos cidadãos da primeira Parte Contratante.

Artigo 6. Cláusulas de redução ou de suspensão

1. As cláusulas de redução ou de suspensão previstas na legislação de uma Parte Contratante, em caso de acúmulo de uma prestação com outras prestações de seguridade social ou com renda proveniente do exercício de atividade profissional, serão oponíveis aos beneficiários, mesmo nos casos de prestações adquiridas em virtude de regime da outra Parte Contratante ou de renda obtida de atividade profissional exercida no território da outra Parte.

2. Contudo, para a aplicação do parágrafo 1 deste Artigo, não se deve considerar prestações de igual natureza que são liquidadas pelas instituições competentes das duas Partes Contratantes, conforme as disposições do Capítulo II do Título III deste Acordo.

Artigo 7. Admissão ao seguro facultativo contínuo

1. Se a legislação de uma Parte Contratante condiciona a admissão ao seguro facultativo contínuo à residência no território dessa Parte, as pessoas que residem no território da outra Parte Contratante poderão ser admitidas ao seguro facultativo contínuo se elas foram submetidas, em algum momento de sua atividade passada, à legislação da primeira Parte Contratante na qualidade de trabalhador.

2. Se a legislação de uma Parte Contratante condiciona a admissão ao seguro facultativo contínuo ao cumprimento de períodos de seguro, os períodos de seguro cumpridos sob a legislação da outra Parte Contratante serão considerados, na medida necessária, como se fossem períodos de seguro cumpridos sob a legislação da primeira Parte Contratante.

TITULO II
DISPOSIÇÕES RELATIVAS À LEGISLAÇÃO APLICÁVEL

Artigo 8. Regra geral

A legislação aplicável será determinada de acordo com as disposições a seguir:

a) trabalhadores assalariados empregados no território de uma das Partes Contratantes, no que diz respeito a essa atividade, permanecerão submetidos à legislação exclusivamente dessa Parte Contratante;

b) trabalhadores não assalariados que exerçam sua atividade profissional no território de uma Parte Contratante estarão submetidos à legislação dessa Parte mesmo se residirem no território da outra Parte Contratante;

c) marinheiros que exerçam sua atividade profissional a bordo de navio arvorando pavilhão de uma Parte Contratante estarão submetidos à legislação dessa Parte;

d) servidores públicos e pessoal equiparado estarão submetidos à legislação da Parte Contratante cuja administração os emprega.

Artigo 9. Regras especiais

1. Os princípios indicados nas alíneas (a) e (b) do Artigo 8 do presente Acordo terão as exceções abaixo:

a) trabalhadores assalariados que exerçam atividade no território de uma Parte Contratante e que sejam deslocados pelo empregador do qual dependam normalmente para o território da outra Parte Contratante no intuito de realizar trabalho para seu empregador permanecerão submetidos à legislação da primeira Parte se o prazo previsto desse trabalho não exceder vinte quatro meses;

b) pessoas que normalmente exerçam atividade não assalariada no território de uma Parte Contratante e que realizem trabalho no território da outra Parte Contratante permanecerão submetidas à legislação da primeira Parte Contratante se a duração prevista desse trabalho não exceder vinte e quatro meses;

c) se a duração mencionada nas alíneas (a) e (b) extrapolar vinte e quatro meses, a legislação da primeira Parte continuará aplicável para um novo período de doze meses no máximo, se a autoridade competente da segunda Parte ou o organismo designado por essa autoridade o tenha deferido antes do final do primeiro período de vinte e quatro meses;

d) trabalhadores assalariados a serviço de empresa de transportes aéreos que tenha sede no território de uma das Partes Contratantes e que trabalhem na qualidade de pessoal de bordo estarão submetidos à legislação da Parte em cujo território a empresa tem sua sede. Todavia, no caso de a empresa possuir no território da outra Parte sucursal ou representação permanente, os trabalhadores a serviço dessa empresa estarão submetidos à legislação da Parte em cujo território a sucursal ou representação permanente se encontra;

e) nacionais de uma das Partes Contratantes que sejam empregados pelo Governo dessa Parte no território da outra Parte Contratante, mas que não estejam isentos da legislação da outra Parte Contratante por força das Convenções mencionadas na alínea (a) do Artigo 10, estarão submetidos exclusivamente à legislação da primeira Parte Contratante.

Artigo 10. Missões diplomáticas ou postos consulares

Aos membros das missões diplomáticas ou dos postos consulares aplicar-se-ão às seguintes disposições:

a) este Acordo não afetará as disposições da Convenção de Viena sobre Relações Diplomáticas de 18 de abril de 1961, ou da Convenção de Viena sobre as Relações Consulares de 24 de abril de 1963;

b) as disposições da alínea (a) do Artigo 8 serão aplicáveis aos empregados domésticos a serviço dos membros de missões diplomáticas ou consulares. Todavia, esses empregados poderão optar pela aplicação da legislação do país de envio se forem nacionais desse país. Essa opção deverá ser feita em prazo de seis meses a partir da entrada em serviço.

Artigo 11. Derrogações

Mediante pedido fundamentado do trabalhador ou do empregador, as autoridades competentes das Partes Contratantes poderão, de comum acordo, autorizar exceções especiais.

TITULO III
DISPOSIÇÕES RELATIVAS ÀS PRESTAÇÕES

CAPÍTULO I
PRESTAÇÕES DE CUIDADOS COM A SAÚDE

Artigo 12. Prestações de cuidados com a saúde para os beneficiários de aposentadoria ou pensão

1. Beneficiários de aposentadoria por idade, aposentadoria por invalidez ou pensão por morte baseada somente na legislação do Luxemburgo, residentes no Brasil, terão direito às prestações de cuidados com a saúde de acordo com a legislação brasileira, como se fossem titulares de aposentadoria ou pensão correspondente nos termos da legislação do Brasil.

2. Beneficiários de aposentadoria por idade, aposentadoria por invalidez ou pensão por morte baseada unicamente na legislação brasileira, residentes no Luxemburgo, terão direito de contratar seguro saúde voluntário contínuo, de acordo com as disposições da legislação do Luxemburgo.

CAPÍTULO II
APOSENTADORIAS POR IDADE OU INVALIDEZ E PENSÃO POR MORTE

SEÇÃO I
DISPOSIÇÕES COMUNS

Artigo 13. Assimilação de fatos e eventos

Se, em virtude da legislação de uma Parte Contratante, efeitos jurídicos forem atribuídos à ocorrência de certos fatos ou eventos, essa Parte considerará tais fatos ou eventos ocorridos no território da outra Parte Contratante como se tivessem ocorrido em seu próprio território.

Artigo 14. Totalização dos períodos de seguro

Se a legislação de uma Parte Contratante condiciona a aquisição, a manutenção ou a recuperação do direito às prestações ao cumprimento de períodos de seguro, a instituição competente considerará, na medida do necessário, períodos de seguro cumpridos sob a legislação da outra Parte Contratante, desde que esses períodos não se sobreponham.

Artigo 15. Totalização de períodos de seguro cumpridos em terceiro Estado

Se uma pessoa não tiver direito a uma prestação tendo como base períodos de seguro cumpridos sob as legislações das duas Partes Contratantes, totalizados como previsto no Artigo 14 do presente Acordo, o direito a tal prestação será determinado pela totalização desses períodos com os períodos cumpridos sob a legislação de um terceiro Estado ao qual as duas Partes Contratantes estejam vinculadas por acordo bilateral ou multilateral de seguridade social, que preveja regras sobre totalização de períodos de seguro.

Artigo 16. Cálculo de aposentadorias/pensões

1. Se uma pessoa tiver direito a uma aposentadoria ou pensão em virtude da legislação de uma das Partes Contratantes sem que seja necessário aplicar os Artigos 14 e 15 do presente Acordo, a instituição calculará, de acordo com as disposições da legislação que aplica, a aposentadoria ou pensão correspondente à duração total dos períodos de seguro a serem considerados em virtude dessa legislação.

Essa instituição procederá também ao cálculo da aposentadoria ou pensão que seria devida em aplicação das disposições do parágrafo 2 do presente Artigo. O montante mais elevado será o único considerado.

2. Se uma pessoa tiver direito a uma aposentadoria ou pensão da qual somente faz jus devido à totalização dos períodos previstos nos Artigos 14 e 15 do presente Acordo, as regras a seguir serão aplicáveis:

a) a instituição calculará o montante teórico da aposentadoria ou pensão à qual o requerente teria direito como se todos os períodos de seguro cumpridos em virtude das legislações das duas Partes tivessem sido cumpridos exclusivamente sob sua própria legislação;

b) para a determinação do montante teórico de que trata a alínea (a) anterior, as bases de cálculo serão estabelecidas levando em conta apenas os períodos de seguro cumpridos sob a legislação que a instituição competente aplicar;

c) sobre a base desse montante teórico, a instituição competente fixará, então, o montante efetivo da aposentadoria ou pensão pró-rata da duração dos períodos de seguro cumpridos sob a legislação que ela aplicar em relação à duração total dos períodos de seguros cumpridos sob as legislações das duas Partes Contratantes. Essa duração total será limitada à duração máxima eventualmente exigida pela legislação que se aplica com vista a uma prestação completa.

3. Se uma pessoa tiver direito a uma aposentadoria ou pensão somente pelo que dispõe o Artigo 15 do presente Acordo, os períodos de seguro cumpridos sob a legislação de uma terceira Parte serão considerados para a aplicação do parágrafo anterior.

Artigo 17. Período mínimo para totalização

Se a duração total dos períodos de contribuição cumpridos de acordo com a legislação de uma das Partes Contratantes for inferior a um ano e se, levando em conta esses períodos, nenhum direito a prestação existir de acordo com a legislação dessa Parte, a instituição competente dessa Parte não será obrigada a pagar uma prestação com relação a esses períodos em virtude deste Acordo. Contudo, esses períodos de contribuição serão levados em consideração pela instituição competente da outra Parte Contratante para determinar a prestação devida nos termos da legislação dessa Parte.

SEÇÃO II
DISPOSIÇÃO ESPECIAL RELATIVA ÀS PRESTAÇÕES DO LUXEMBURGO

Artigo 18. Período de seguro a partir do nascimento

Se a condição de duração de seguro prévio para a contabilização do período de seguro a partir do nascimento de um indivíduo não for preenchida com base apenas na legislação do Luxemburgo, serão considerados os períodos de seguro cumpridos pelo interessado nos termos da legislação brasileira. A aplicação da disposição que precede estará condicionada ao fato de o interessado ter cumprido, por último, períodos de seguro nos termos da legislação do Luxemburgo.

SEÇÃO III
DISPOSIÇÃO ESPECIAL RELATIVA ÀS PRESTAÇÕES BRASILEIRAS

Artigo 19. Prestações mínimas

O valor do montante teórico mencionado na alínea (a) do parágrafo 2 do Artigo 16 não poderá, sob nenhuma circunstância, ser inferior ao benefício mínimo garantido pela legislação do Brasil.

TÍTULO IV
DISPOSIÇÕES DIVERSAS

Artigo 20. Medidas de aplicação

1. As autoridades competentes comunicarão entre si todas as informações relativas às medidas tomadas para a aplicação do presente Acordo e todas àquelas relativas às modificações de sua legislação que possam afetar sua aplicação.

2. As autoridades competentes fixarão as modalidades de aplicação do presente Acordo em Ajuste Administrativo.

3. As autoridades competentes designarão organismos de ligação para facilitar a aplicação do presente Acordo.

Artigo 21. Auxílio administrativo

1. Para a aplicação do presente Acordo, a autoridade e a instituição competente de uma Parte colaborarão com aquelas da outra Parte como se estivessem, elas próprias, aplicando sua legislação. O auxílio administrativo dessas autoridades e instituições competentes será gratuito.

2. Para a aplicação do presente Acordo, as autoridades e instituições competentes das Partes Contratantes estarão habilitadas a manter contato direto entre si, assim como com qualquer pessoa interessada, independentemente de seu local de residência.

3. Exames médicos de pessoas que tiverem seu local de residência ou estada no território da outra Parte Contratante serão realizados pela instituição do local de residência ou estada a pedido e sob

as expensas da instituição competente. Gastos com exames médicos não serão reembolsados se tiverem sido efetuados no interesse das instituições das duas Partes Contratantes.

4. As modalidades de controle médico dos beneficiários do presente Acordo serão estabelecidas no Ajuste Administrativo previsto no parágrafo 2 do Artigo 20, do presente Acordo.

Artigo 22. Regime dos idiomas

1. Comunicados endereçados às autoridades ou instituições competentes das Partes Contratantes, na aplicação do presente Acordo, serão redigidos em francês ou em português.

2. Nenhum pedido ou documento poderá ser rejeitado se tiver sido redigido no idioma oficial da outra Parte Contratante.

Artigo 23. Taxas e legalização

1. Todas as isenções ou reduções de taxas previstas pela legislação de uma das Partes Contratantes, relacionadas à emissão de atestado ou documento exigido na aplicação dessa legislação, serão igualmente concedidas a atestados ou documentos exigidos na aplicação da legislação da outra Parte Contratante.

2. Todos os documentos exigidos na aplicação do presente Acordo serão isentos de legalização pelas instâncias competentes.

Artigo 24. Prazos

1. Pedidos, declarações ou recursos que devam ser apresentados para fins de aplicação da legislação de uma das Partes Contratantes, em prazo determinado, junto a uma instância de recurso ou a uma autoridade ou instituição competente dessa Parte Contratante, serão admitidos se apresentados, no mesmo prazo, junto à instância de recursos ou à autoridade ou instituição competente correspondente da outra Parte Contratante.

2. A instância de recurso, a autoridade ou instituição competente à qual o pedido, a declaração ou o recurso escrito tiver sido apresentado transmitir-lo-á, sem demora, à instituição competente da outra Parte Contratante, indicando a data de recebimento do documento.

3. A data em que esses pedidos, declarações ou recursos tiverem sido apresentados a uma instância da outra Parte Contratante será considerada como a data de apresentação à instância competente.

Artigo 25. Pagamento das prestações

1. Prestações devidas em conformidade com o presente Acordo serão pagas pelos órgãos devedores, com efeito de quitação, na moeda de seu país.

2. Modalidades práticas para o pagamento de prestações serão estabelecidas no Ajuste Administrativo de que trata o parágrafo 2 do Artigo 20 do presente Acordo.

Artigo 26. Solução de controvérsias

Divergências relativas à interpretação ou à aplicação deste Acordo deverão ser resolvidas de comum acordo entre as autoridades competentes.

TÍTULO V
DISPOSIÇÕES FINAIS E TRANSITÓRIAS

Artigo 27. Eventos anteriores à entrada em vigor deste Acordo

1. O presente Acordo aplicar-se-á igualmente a eventos ocorridos antes de sua entrada em vigor.

2. Qualquer período de seguro cumprido sob a legislação de uma Parte Contratante antes da data de entrada em vigor do presente Acordo será considerado na determinação do direito a prestações, em conformidade com as disposições do presente Acordo.

3. O presente Acordo não gera qualquer direito a pagamento de prestações para período anterior à data de sua entrada em vigor.

Artigo 28. Revisão de prestações

1. Qualquer prestação que não tenha sido liquidada ou que tenha sido suspensa em razão da nacionalidade do interessado ou do fato de seu local de residência no território da Parte Contratante ser diferente de onde se encontra a instituição de débito, ou por qualquer outro óbice imposto pelo presente Acordo, será, a pedido do interessado, liquidada ou restabelecida a partir da entrada em vigor do presente Acordo, salvo se os direitos anteriormente liquidados deram origem a pagamento único ou a restituição das contribuições vertidas.

2. Os direitos de interessados que tenham feito jus à liquidação de uma aposentadoria ou pensão, anteriormente à data de entrada em vigor do presente Acordo, serão revisados mediante solicitação do interessado ou de ofício, tendo em vista as disposições deste Acordo. Em nenhuma circunstância, tal revisão poderá reduzir direitos anteriores dos interessados.

Artigo 29. Prazos de prescrição

1. Se o pedido de que trata o Artigo 28 do presente Acordo for apresentado em prazo de dois anos a partir da data de entrada em vigor do presente Acordo, os direitos criados conforme as disposições deste Acordo serão adquiridos a partir dessa data sem que as disposições previstas pelas legislações das Partes Contratantes relativas à prescrição dos direitos sejam oponíveis aos interessados.

2. Se o pedido de que trata o Artigo 28 do presente Acordo for apresentado em mais de dois anos após da data de entrada em vigor do presente Acordo, os direitos não prescritos serão adquiridos a partir da data do pedido, observadas as disposições mais favoráveis da legislação de uma Parte Contratante.

Artigo 30. Duração do Acordo

O presente Acordo terá duração indeterminada. Poderá ser denunciado por qualquer uma das Partes Contratantes, a qualquer momento, por via diplomática. A denúncia terá efeito após decorridos seis meses.

Artigo 31. Garantia de direitos adquiridos ou em via de aquisição

1. Em caso de denúncia do presente Acordo, qualquer direito adquirido em aplicação de suas disposições será mantido.

2. Direitos em via de aquisição relativos a períodos de seguro cumpridos anteriormente à data na qual a denúncia terá efeito não se extinguirão pelo fato da denúncia; sua preservação será determinada de comum acordo para um período posterior ou, na falta de tal acordo, pela legislação nacional.

Artigo 32. Disposições ab-rogatórias

1. A Convenção sobre a Seguridade Social entre o Grão Ducado do Luxemburgo e os Estados Unidos do Brasil, de 16 de setembro de 1965, perderá seus efeitos nas relações entre o Grão Ducado do Luxemburgo e a República Federativa do Brasil quando o presente Acordo entrar em vigor.

2. Os direitos liquidados ao amparo da Convenção de 16 de setembro de 1965, mencionada no parágrafo 1 do presente Artigo, permanecerão adquiridos dentro dos limites que lhes são aplicáveis.

3. Os pedidos formulados antes da entrada em vigor do presente Acordo pendentes de decisão serão examinados com base nas regras deste Acordo, exceto se as disposições do Acordo anterior forem mais favoráveis ao interessado.

Artigo 33. Entrada em Vigor

Cada Parte Contratante notificará à outra sobre o cumprimento de seus procedimentos constitucionais e legais respectivos, requeridos para a entrada em vigor do presente Acordo. Este Acordo entrará em vigor no primeiro dia do terceiro mês subsequente à data da última notificação.

Em testemunho do que, as Partes Contratantes, devidamente representadas por suas autoridades, assinam o presente Acordo.

Feito em Luxemburgo, em 22 de junho de 2012, em dois originais, nos idiomas português e francês, sendo ambos os textos igualmente autênticos.

PELO GOVERNO DA REPÚBLICA FEDERATIVA DO BRASIL

André Mattoso Maia Amado

Embaixador do Grão-Ducado do Luxemburgo

PELO GOVERNO DO GRÃO-DUCADO DO LUXEMBURGO

Mars Di Bartolomeo

Ministro da Seguridade Social

DECRETO Nº 9.751, DE 10 DE ABRIL DE 2019

Promulga o Acordo de Previdência Social entre o Governo da República Federativa do Brasil e o Governo da República da Coreia, firmado em Brasília, em 22 de novembro de 2012.

O PRESIDENTE DA REPÚBLICA, no uso da atribuição que lhe confere o art. 84, caput, inciso IV, da Constituição, e

Considerando que o Acordo de Previdência Social entre o Governo da República Federativa do Brasil e o Governo da República da Coreia foi firmado em Brasília, em 22 de novembro de 2012;

Considerando que o Congresso Nacional aprovou o Acordo por meio do Decreto Legislativo nº 152, de 17 de julho de 2015; e

Considerando que o Acordo entrou em vigor para a República Federativa do Brasil, no plano jurídico externo, em 1º de novembro de 2015, nos termos de seu Artigo 25;

DECRETA:

Art. 1º Fica promulgado o Acordo de Previdência Social entre o Governo da República Federativa do Brasil e o Governo da República da Coreia, firmado em Brasília, em 22 de novembro de 2012, anexo a este Decreto.

Art. 2º São sujeitos à aprovação do Congresso Nacional atos que possam resultar em revisão do Acordo e ajustes complementares que acarretem encargos ou compromissos gravosos ao patrimônio nacional, nos termos do inciso I do caput do art. 49 da Constituição.

Art. 3º Este Decreto entra em vigor na data de sua publicação.

Brasília, 10 de abril de 2019; 198º da Independência e 131º da República.

JAIR MESSIAS BOLSONARO

Ernesto Henrique Fraga Araújo

ACORDO DE PREVIDÊNCIA SOCIAL ENTRE O GOVERNO DA REPÚBLICA FEDERATIVA DO BRASIL E O GOVERNO DA REPÚBLICA DA COREIA

O governo da República Federativa do Brasil e

O governo da República da Coreia (Doravante denominados "Partes"),

Imbuídos do desejo de regulamentar suas relações em matéria de Previdência Social,

Acordam o seguinte:

PARTE I
Disposições Gerais

Artigo 1
Definições

1. Para a aplicação deste Acordo:

(a) "Coreia" significa a República da Coreia, e "Brasil", significa a República Federativa do Brasil;

(b) "nacional" significa para a Coreia um coreano assim como definido pela Lei de Nacionalidade; e para o Brasil, um brasileiro segundo a Constituição Federal e as leis da República Federativa do Brasil;

(c) "legislação" significa as leis e regulamentações mencionadas no Artigo 2 do presente Acordo;

(d) "Autoridade Competente" significa para a Coreia o Ministro da Saúde e do Bem-Estar; e no que diz respeito ao Brasil, o Ministro da Previdência Social;

(e) "Instituição Competente" significa para a Coreia, o Serviço Nacional de Pensão; para o Brasil, o Instituto Nacional do Seguro Social;

(f) "Organismo de Ligação" significa os órgãos assim como definidos pela Instituição Competente;

(g) "período de cobertura", significa qualquer período reconhecido como período de contribuição ou seguro pela legislação sob a qual tal período foi cumprido, bem como qualquer período reconhecido por essa legislação como equivalente a um período de cobertura;

(h) "benefício", significa qualquer prestação prevista na legislação especificada no Artigo 2 do presente Acordo;

(i) "refugiado", significa uma pessoa como tal definida pela Convenção relativa ao Estatuto dos Refugiados de 28 julho de 1951 e pelo Protocolo de 31 de janeiro de 1967 desta Convenção;

(j) "apátrida", significa uma pessoa tal como definida pela Convenção sobre o Estatuto dos Apátridas de 28 de setembro de 1954; e

(k) "dependentes", significa qualquer pessoa definida ou admitida como tal pelas legislações mencionadas no Acordo.

2. Qualquer termo não definido no presente Artigo terá o significado que lhe é atribuído na legislação aplicável.

Artigo 2
Âmbito de Aplicação Material

1. Este Acordo é aplicável às seguintes legislações:

(a) para a Coréia, a Lei de Pensão Nacional;

(b) para o Brasil, a legislação que rege o Regime Geral de Previdência Social e os Regimes de Previdência Social dos Servidores Públicos Civis, no que se refere aos benefícios de aposentadoria por idade, pensão por morte e aposentadoria por invalidez.

2. Salvo disposição contrária no presente Acordo, a legislação mencionada no parágrafo 1 deste Artigo não incluirá tratados ou outros acordos internacionais sobre Previdência Social concluídos entre uma das Partes e um terceiro Estado, ou legislação promulgada especificamente para sua implementação.

3. Este Acordo também será aplicado à legislação que altere, suplemente, consolide ou substitua a legislação especificada no parágrafo 1 deste Artigo.

4. Este Acordo será aplicado à legislação e às regulamentações futuras de uma Parte que criem novas categorias de beneficiários ou novos benefícios sob a legislação dessa Parte.

5. As disposições dos parágrafos 3 e 4 deste Artigo não serão aplicadas se a Autoridade Competente da Parte que alterou sua legislação notificar a Autoridade Competente da outra Parte, por escrito, dentro de seis meses da data de publicação oficial da nova legislação, de que tal extensão do Acordo não é desejada.

Artigo 3
Âmbito de Aplicação Pessoal

O presente Acordo aplica-se às pessoas que estejam ou tenham estado submetidas à legislação de uma ou de ambas as Partes e às pessoas que adquiram direitos oriundos das pessoas primeiramente mencionadas neste Artigo de acordo com a legislação aplicável das Partes.

Artigo 4
Igualdade de Tratamento e Pagamento de Benefícios no Exterior

1. Nos termos do Artigo 3 e das alíneas (i) e (j) do parágrafo 1 do Artigo 1, uma pessoa que resida no território de uma Parte receberá tratamento igual ao dispensado aos nacionais daquela Parte no que se refere à aplicação de sua legislação quanto à aquisição do direito a ou ao pagamento de benefícios. Contudo, as restituições do montante fixo coreano (lump-sum) serão pagas aos nacionais de um Terceiro Estado, em conformidade com a legislação coreana.

2. Qualquer disposição da legislação de uma Parte que restrinja a aquisição de direito a ou o pagamento de benefícios unicamente pelo fato de a pessoa residir fora ou estar ausente do território daquela Parte não será aplicável às pessoas que residam no território da outra Parte.

3. Os benefícios concedidos segundo a legislação de qualquer Parte, com base neste Acordo, serão pagos às pessoas que residam fora dos territórios das Partes nas mesmas condições que aos nacionais que residam fora dos territórios das Partes.

4. Os benefícios concedidos de acordo com a legislação de uma Parte não serão reduzidos, modificados, suspensos, cessados ou cancelados exclusivamente pelo fato de as pessoas mencionadas no Artigo 3 residirem no território da outra Parte.

PARTE II
Disposições Relativas à Legislação Aplicável

Artigo 5
Disposições Gerais

1. Salvo disposição contrária no presente Acordo, quem trabalha no território de uma das Partes deve, no que diz respeito a esse trabalho, estar submetido apenas à legislação desta Parte.

2. O trabalhador por conta própria que reside no território de uma Parte e trabalha no território da outra Parte deve, no que diz respeito a esse trabalho, estar submetido apenas à legislação da outra Parte ainda que o trabalho seja realizado remotamente.

Artigo 6
Trabalhadores Deslocados

1. Quando um trabalhador regularmente empregado no território de uma Parte por um empregador localizado no território da primeira Parte for deslocado pelo empregador para o território da outra Parte temporariamente, o trabalhador estará sujeito somente à legislação da primeira Parte como se o trabalhador fosse empregado no território da primeira Parte desde que o período de emprego no território da outra Parte não exceda a expectativa de cinco anos, ainda que o período seja fracionado.

2. O parágrafo 1 também será aplicado se o empregador na Parte de destino for uma empresa afiliada ou subsidiária do empregador de origem.

3. Se, por circunstâncias imprevisíveis, a duração do deslocamento a que se refere o parágrafo 1, exceder a cinco anos, o trabalhador continuará submetido à legislação da primeira Parte por um novo período, não superior a três anos, sob a condição de que as Autoridades Competentes, ou Instituições Competentes de ambas as Partes estejam de acordo, ainda que o período seja fracionado.

Artigo 7

Trabalhadores de Transporte Aéreo e Marítimo

1. Se uma pessoa trabalha como empregado a bordo de um navio que ostente o pavilhão de uma Parte e que estaria sujeita à legislação de ambas as Partes, aquela pessoa estará sujeita apenas à legislação daquela Parte. Não obstante, aquela pessoa estará sujeita somente à legislação da outra Parte se aquela pessoa for empregada de um empregador com sede no território da outra Parte.

2. Os trabalhadores empregados em trabalhos de carga, descarga, reparação de navios e serviços de vigilância no porto estão submetidos à legislação da Parte a cujo território pertença o porto.

3. Os membros de tripulação de companhias aéreas que trabalham nos territórios de ambas as Partes estão sujeitos somente à legislação da Parte em cujo território a empresa tenha sua matriz. Entretanto, se essa empresa tiver uma subsidiária, representação permanente ou filial no território da outra Parte, a pessoa contratada por essa subsidiária, representação ou filial que não esteja deslocada na forma do Artigo 6 está submetida à legislação da Parte na qual a subsidiária, representação ou filial se localizar.

Artigo 8

Trabalhadores em Missões Diplomáticas e Repartições Consulares

1. Este Acordo não afetará as disposições da Convenção de Viena sobre Relações Diplomáticas de 18 de abril de 1961, ou da Convenção de Viena sobre Relações Consulares de 24 de abril de 1963.

2. Observado o parágrafo 1 deste Artigo, o pessoal administrativo, técnico e de serviço auxiliar contratado localmente pelas Missões Diplomáticas ou Repartições Consulares de cada uma das Partes, assim como o pessoal que trabalha para os membros daquelas representações, ficam sujeitos à legislação da Parte em que se encontra a Missão.

Artigo 9

Funcionários Públicos

Os funcionários públicos de uma Parte que tenham sido deslocados para o território da outra Parte ficarão submetidos à legislação da Parte a que se vincula a Administração que os emprega.

Artigo 10

Ampliação das Exceções

As Autoridades Competentes ou as Instituições Competentes das duas Partes podem concordar em conceder uma exceção às disposições da Parte II do Acordo com relação a determinadas pessoas ou categorias de pessoas, desde que a pessoa esteja sujeita à legislação de uma Parte.

PARTE III

Disposições sobre Benefícios

Artigo 11

Totalização dos Períodos de Cobertura e Cálculo dos Benefícios

1. Quando a legislação de uma Parte requer que certos períodos de cobertura sejam completados para a aquisição, a manutenção ou a recuperação do direito a benefícios previstos no Artigo 2, os períodos de cobertura completados sob a legislação da outra Parte deverão ser somados, quando necessário, aos períodos de cobertura cumpridos sob a legislação da primeira Parte, desde que não coincidam.

2. Se uma pessoa não é elegível a um benefício com base nos períodos de cobertura completados no âmbito da legislação de ambas as Partes, mesmo após os períodos de cobertura terem sido totalizados conforme disposto no parágrafo 1 deste Artigo, a elegibilidade daquela pessoa ao benefício poderá ser determinada totalizando esses períodos de cobertura e os períodos de cobertura cumpridos sob a legislação de um Estado terceiro ao qual ambas as Partes estejam vinculadas por um acordo de previdência social que garanta a totalização de períodos, desde que esses períodos não coincidam.

3. Observado o disposto nos Artigos 2 e 3, se a legislação de uma Parte condiciona a concessão de certas prestações à condição de os períodos de cobertura terem sido cumpridos numa profissão sujeita a um regime especial, ou o direito às prestações está sujeito à condição de os períodos de seguro terem sido cumpridos em ocupações específicas ou de emprego, os períodos cumpridos ao abrigo da legislação da outra Parte só serão tomadas em consideração para a concessão desses benefícios se estes foram cumpridos ao abrigo de um regime correspondente ou, na falta deste, em uma ocupação semelhante. Se a totalização dos períodos de cobertura não cria elegibilidade a um benefício no âmbito do regime específico, esses períodos de cobertura devem ser totalizados no âmbito do regime geral.

4. O cálculo do benefício deve ser determinado pela legislação aplicável da respectiva Parte, salvo disposição contrária neste Acordo.

5. Na hipótese de períodos de cobertura cumpridos simultaneamente em ambas as Partes, aplicar-se-á para totalização a seguinte regra: cada Parte considera os períodos de cobertura cumpridos legalmente conforme a sua legislação e os totaliza com os períodos de cobertura cumpridos na outra Parte, desde que não se sobreponham.

Artigo 12

Disposições Comuns em Benefícios

Se a legislação de uma Parte subordina a concessão dos benefícios previstos no Artigo 2 à condição de que uma pessoa esteja sujeita à legislação dessa Parte no momento em que ocorrer o fato gerador, considera-se atendida essa condição se a pessoa estiver sujeita à legislação da outra Parte.

Artigo 13

Cálculo de Benefícios

Pessoas que tenham estado sujeitas à legislação de uma ou outra Parte terão direito aos benefícios regulados no Artigo 2, nas seguintes condições:

(a) a Instituição Competente de cada Parte determinará o direito e calculará o benefício, considerando unicamente os períodos de cobertura cumpridos nesta Parte; e

(b) se não houver direito ao benefício, considerando unicamente os períodos de cobertura cumpridos em uma Parte, o direito ao benefício será determinado totalizando os períodos de cobertura cumpridos no âmbito da legislação de ambas as Partes e, se necessário, de um Terceiro Estado, como previsto no parágrafo 2 do Artigo 11, até o período mínimo necessário para alcançar a elegibilidade ao benefício. Quando efetuada a totalização, se alcançado o direito ao benefício, para o cálculo da quantia a pagar, aplicar-se-ão as seguintes regras:

(i) o valor do benefício (prestação teórica), ao qual a parte interessada teria direito, será determinado como se os períodos totalizados de cobertura, até o período mínimo necessário para alcançar a elegibilidade ao benefício, tivessem sido cumpridos sob sua própria legislação, considerando a renda que foi usada como base de cálculo da contribuição pela Parte que concede os benefícios, durante os períodos de cobertura no território dessa Parte. Em nenhum caso, o montante da prestação teórica poderá resultar em valor inferior ao mínimo garantido pela legislação nacional; e

(ii) o valor do benefício será estabelecido com base na prestação teórica na proporção existente entre os períodos de cobertura cumpridos nesta Parte e os períodos de cobertura cumpridos em ambas as Partes, e, se necessário, de um Terceiro Estado (benefício pro rata), até o período mínimo necessário para alcançar a elegibilidade ao benefício.

PARTE IV

Disposições Diversas

Artigo 14

Medidas Administrativas

1. As Instituições Competentes das Partes deverão:

(a) concluir um Ajuste Administrativo e tomar as medidas administrativas necessárias para a implementação deste Acordo;

(b) informar reciprocamente quanto às medidas adotadas para a aplicação deste Acordo; e

(c) informar, reciprocamente, assim que possível, quaisquer alterações em suas respectivas legislações que possam influenciar a aplicação deste Acordo.

2. De comum acordo as Instituições Competentes poderão estabelecer siste-

ma eletrônico de controle de óbitos, que dispensará a apresentação de certidão de óbito.

Artigo 15

Disposições Específicas às Prestações de Invalidez

1. Para determinar a redução da capacidade de trabalho ou condição de invalidez para fins de concessão das prestações correspondentes de invalidez, a Instituição Competente de cada uma das Partes efetuará a sua avaliação, em conformidade com a legislação que aplicar.

2. Para fins de aplicação das disposições do parágrafo 1 acima, a Instituição Competente da Parte em cujo território residir o requerente disponibilizará à Instituição Competente da outra Parte, a pedido desta Parte e sem ônus, relatórios e documentos médicos de que dispuser, de acordo com a respectiva legislação doméstica em matéria de sigilo médico.

3. A pedido da Instituição Competente de uma Parte, a Instituição Competente da outra Parte em cujo território residir o requerente realizará os exames médicos complementares necessários à avaliação da condição do requerente. Os exames médicos que forem unicamente de interesse da Instituição requerente serão integralmente custeados pela Instituição Competente requerente, conforme mencionado no Ajuste Administrativo.

Artigo 16

Assistência Mútua

1. As Autoridades Competentes e as Instituições Competentes das Partes, no âmbito de suas respectivas competências, deverão auxiliar-se reciprocamente na implementação deste Acordo. Esta assistência deverá ser gratuita, salvo exceções a serem acordadas entre as Autoridades Competentes e as Instituições Competentes de ambas as Partes.

2. As Autoridades Competentes e as Instituições Competentes das Partes poderão estabelecer parcerias institucionais com o objetivo de intercâmbio de experiências de gestão de administração dos sistemas de previdência social.

Artigo 17

Sigilo de Dados Pessoais Trocados

A menos que disposto de outra forma pela legislação nacional de uma Parte, as informações sobre um indivíduo que são transmitidas em conformidade com este Acordo à Autoridade Competente ou Instituição Competente dessa Parte pela Autoridade Competente ou Instituição Competente da outra Parte serão utilizadas exclusivamente para efeitos da aplicação do presente Acordo e da legislação a que este Acordo se aplica. Tais informações recebidas por uma Autoridade Competente ou Instituição Competente de uma Parte serão regidas pela legislação nacional dessa Parte para a proteção da privacidade e sigilo dos dados pessoais.

Artigo 18

Documentação e Certificação

1. Quando a legislação de uma Parte estabelecer que qualquer documento a ser submetido à Autoridade Competente ou à Instituição Competente desta Parte seja isento total ou parcialmente de emolumento ou taxas, incluídas taxas administrativas e consulares, a isenção também deve ser aplicada aos documentos correspondentes que sejam submetidos à Autoridade Competente ou à Instituição Competente da outra Parte na aplicação deste Acordo.

2. Documentos e certificados que sejam apresentados para os fins deste Acordo não exigirão legalização ou nenhuma outra formalidade similar pelas autoridades diplomáticas ou consulares, quando tramitados diretamente entre Instituições Competentes ou Organismos de Ligação.

3. Cópias de documentos que sejam atestadas como cópias fiéis e exatas pela Instituição Competente de uma Parte devem ser aceitas como cópias fiéis e exatas pela Instituição Competente da outra Parte, sem a necessidade de qualquer outra certificação. A Instituição Competente de cada Parte deve tomar a decisão final acerca do valor comprobatório dos documentos que lhe sejam submetidos, qualquer que seja sua origem.

Artigo 19

Correspondência e Idioma

1. As Autoridades Competentes e as Instituições Competentes das Partes podem corresponder-se diretamente entre si e com qualquer pessoa, onde quer que esta pessoa resida e sempre que necessário para a aplicação deste Acordo.

2. Um requerimento ou documento não pode ser rejeitado pela Autoridade Competente ou pela Instituição Competente de uma Parte unicamente por estar no idioma da outra Parte.

3. As Partes poderão estabelecer exceções ao parágrafo 2 deste Artigo no Ajuste Administrativo.

Artigo 20

Requerimentos de Benefícios

Se um beneficiário apresentou um requerimento de benefício por escrito à Instituição Competente de uma Parte e não solicitou explicitamente que este requerimento seja restrito aos benefícios da legislação desta Parte, o requerimento deve também assegurar os direitos dessa pessoa sob a legislação da outra Parte se, no momento da solicitação, o requerente forneceu informação que indique que o beneficiário, cujo histórico instrui o requerimento de benefícios, completou períodos de cobertura sob a legislação da outra Parte.

Artigo 21

Apresentação de Pedidos, Notificações ou Recursos

1. Um recurso escrito quanto a uma decisão tomada por uma Instituição Competente de uma Parte pode ser apresentado com validade junto à Instituição Competente de qualquer das Partes. O recurso será decidido conforme os procedimentos e a legislação da Parte cuja decisão está sendo questionada.

2. Qualquer requerimento, notificação ou recurso escrito que, sob a legislação de uma Parte, deveria ter sido apresentado em um prazo determinado junto à Instituição Competente desta Parte, mas que for apresentado no mesmo prazo junto à Instituição Competente da outra Parte, deverá ser considerado como apresentado em tempo hábil.

3. A Instituição Competente de uma Parte, à qual um requerimento, notificação ou recurso escrito tenha sido apresentado na forma do Artigo 20 e parágrafos 1 e 2 deste Artigo, transmiti-lo-á sem demora à Instituição Competente da outra Parte, indicando no documento a data de recebimento.

Artigo 22

Moeda de Pagamento de Benefícios

1. As prestações pecuniárias serão pagas em moeda da Parte que faz o pagamento.

2. As Instituições Competentes das Partes estabelecerão mecanismos de transferências de divisas para o pagamento das prestações pecuniárias do trabalhador ou de dependentes que residam no território da outra Parte.

3. Caso uma das Partes introduza disposições que restrinjam o câmbio ou a transferência de divisas, ambas as Partes deverão imediatamente tomar as medidas necessárias para assegurar a transferência das prestações pecuniárias devidas por uma das Partes sob este Acordo.

Artigo 23

Solução de Controvérsias

Qualquer controvérsia a respeito da interpretação ou da aplicação deste Acordo será resolvida pela consulta entre as Autoridades Competentes de ambas as Partes.

PARTE V

Disposições Finais e Transitórias

Artigo 24

Disposições Transitórias

1. Este Acordo não conferirá nenhum direito ao pagamento de um benefício por qualquer período anterior à data de entrada em vigor deste Acordo ou a restituições do montante fixo por morte se a pessoa faleceu antes da entrada em vigor deste Acordo.

2. Observado o parágrafo 1, qualquer período de cobertura completado sob a legislação de cada Parte ou outro evento ocorrido antes da entrada em vigor deste Acordo deverá ser considerado para determinar o direito a benefícios segundo este Acordo.

3. As Instituições Competentes, observadas suas legislações internas, poderão não levar em consideração períodos de cobertura que ocorreram antes da primeira data para a qual os períodos de cobertura podem ser creditados sob sua legislação.

4. O reconhecimento de direitos a benefícios que foram feitos antes da entrada em vigor do presente Acordo não afeta os direitos decorrentes dele.

5. A aplicação deste Acordo não resultará em qualquer redução do valor de um

benefício para o qual o direito havia sido estabelecido antes da entrada em vigor deste Acordo.

6. Ao aplicar o Artigo 6, no caso de pessoas deslocadas ao território de uma Parte em data anterior à data de entrada em vigor do presente Acordo, o período de deslocamento mencionado naquele Artigo será considerado como tendo início na data de emissão do certificado.

7. Observado o parágrafo 1, o pagamento do benefício tem início no mês do ano em que foram preenchidas as condições necessárias se o requerimento para cálculo de um benefício brasileiro, dentro dos dispositivos deste Acordo, for apresentado dentro do prazo de 12 meses após a entrada em vigor do presente Acordo.

8. A prova do deslocamento a que se refere o Artigo 6 será realizada pelo certificado, conforme referido no Ajuste Administrativo.

Artigo 25

Entrada em Vigor

Este Acordo entrará em vigor no primeiro dia do terceiro mês após o qual cada Parte tenha recebido da outra Parte notificação por escrito por via diplomática de que cumpriu com todos os requisitos para a entrada em vigor deste Acordo.

Artigo 26

Vigência e Denúncia

1. O presente Acordo permanecerá em vigor por um período indefinido. Qualquer Parte pode denunciar o Acordo, por via diplomática, mediante notificação por escrito. Nesse caso, o presente Acordo permanecerá em vigor até o último dia do décimo segundo mês seguinte ao mês em que a denúncia foi notificada.

2. Se este Acordo for denunciado em conformidade com o parágrafo 1 do presente Artigo, os direitos adquiridos quanto à elegibilidade ou ao pagamento de benefícios no âmbito do presente Acordo serão mantidos. As Partes devem tomar as medidas que tratam de direitos no processo de aquisição.

EM TESTEMUNHO DO QUE, as Partes devidamente representadas por suas autoridades, assinaram o presente Acordo.

Feito em Brasília, em 22 de novembro de 2012, em dois originais, nos idiomas português, coreano e inglês, sendo cada texto igualmente autêntico.

Em caso de qualquer divergência de interpretação, o texto em inglês prevalecerá.

PELO GOVERNO DA REPÚBLICA FEDERATIVA DO BRASIL
GARIBALDI ALVES FILHO
Ministro da Previdência Social
PELO GOVERNO DA REPÚBLICA DA COREIA
BON WOO KOO
Embaixador da República da Coreia em Brasília

DECRETO Nº 10.038, DE 2 DE OUTUBRO DE 2019

Promulga o Acordo de Previdência Social entre a República Federativa do Brasil e a Confederação Suíça, firmado em Brasília, em 3 de abril de 2014.

O PRESIDENTE DA REPÚBLICA, no uso da atribuição que lhe confere o art. 84, *caput*, inciso IV, da Constituição, e

Considerando que o Acordo de Previdência Social entre a República Federativa do Brasil e a Confederação Suíça foi firmado em Brasília, em 3 de abril de 2014;

Considerando que o Congresso Nacional aprovou o Acordo por meio do Decreto Legislativo nº 54, de 18 de junho de 2019; e

Considerando que o Acordo entrou em vigor para a República Federativa do Brasil, no plano jurídico externo, em 1º de outubro de 2019, nos termos do seu Artigo 36;

DECRETA:

Art. 1º Fica promulgado o Acordo de Previdência Social entre a República Federativa do Brasil e a Confederação Suíça, firmado em Brasília, em 3 de abril de 2014, anexo a este Decreto.

Art. 2º São sujeitos à aprovação do Congresso Nacional atos que possam resultar em revisão do Acordo e ajustes complementares que acarretem encargos ou compromissos gravosos ao patrimônio nacional, nos termos do inciso I do *caput* do art. 49 da Constituição.

Art. 3º Este Decreto entra em vigor na data de sua publicação.

Brasília, 2 de outubro de 2019; 198º da Independência e 131º da República.

JAIR MESSIAS BOLSONARO
Ernesto Henrique Fraga Araújo

ACORDO DE PREVIDÊNCIA SOCIAL ENTRE A REPÚBLICA FEDERATIVA DO BRASIL E A CONFEDERAÇÃO SUÍÇA

A República Federativa do Brasil
e
A Confederação Suíça
(doravante denominadas "Partes"),
Imbuídas do desejo de regulamentar suas relações em matéria de Previdência Social,
Acordam o seguinte:

TÍTULO I
DISPOSIÇÕES GERAIS

Artigo 1. Definições

1. No presente Acordo:

a) "Suíça" designa a Confederação Suíça, e"Brasil" designa a República Federativa do Brasil;

b) "autoridade competente", designa
- para o Brasil, o Ministério da Previdência Social;
- para a Suíça, *l'Office fédéral des assurances sociales*;

c) "benefícios", designa as prestações pecuniárias previstas pelas legislações citadas no Artigo 2;

d) "Membro de família", "sobrevivente" e "dependente", designam a pessoa definida ou admitida como tal pela legislação em virtude da qual os benefícios são outorgados;

e) "instituição competente", designa
- para o Brasil, o Instituto Nacional do Seguro Social;
- para a Suíça, a instituição ou organismo responsável da aplicação da legislação mencionada no artigo 2;

f) "organismo de ligação", designa o organismo indicado pela Autoridade Competente de cada Parte para exercer as funções de coordenação, informação e assistência, com vistas à aplicação do presente Acordo junto às instituições das duas Partes e às pessoas suscetíveis de se enquadrarem no disposto no Artigo 3;

g) "legislação", designa as leis e regulamentações mencionadas no Artigo 2;

h) "período de cobertura", designa qualquer período reconhecido como sendo de contribuição, de seguro, ou equivalente a período de contribuição ou seguro, pela legislação sob a qual tal período foi cumprido;

i) "Domicílio" designa o lugar onde uma pessoa reside com a intenção de se estabelecer;

j) "Residência" designa o lugar em que uma pessoa mora habitualmente;

k) "Refugiado" designa os refugiados no sentido da Convenção de 28 de julho de 1951 relativa ao Estatuto dos Refugiados e do Protocolo de 31 de janeiro de 1967 relativo ao Estatuto dos Refugiados;

l) "Apátrida" designa as pessoas apátridas nos termos da Convenção de 28 de setembro de 1954 relativa ao Estatuto dos Apátridas.

2. Qualquer termo não definido no parágrafo 1 tem o significado que lhe for atribuído pela legislação aplicável de cada Parte.

Artigo 2. Campo de Aplicação Material

1. Este Acordo é aplicável às seguintes legislações:

A) Para o Brasil, a legislação que rege o Regime Geral de Previdência Social e os Regimes Próprios de Previdência Social dos Servidores Públicos Civis em matéria de:

a) aposentadoria por idade;

b) pensão por morte;

c) aposentadoria por invalidez.

B) Para a Suíça:

a) a legislação federal sobre o seguro-velhice e sobreviventes;

b) a legislação federal sobre o seguro invalidez.

2. Salvo disposição contrária no presente Acordo, as legislações mencionadas no parágrafo 1 não incluirão tratados, ou outros acordos internacionais nem uma legislação supranacional de Previdência Social adotados entre uma das Partes e um

terceiro país, nem as disposições legais que tenham sido promulgadas especificamente para sua aplicação.

3. Este Acordo será aplicado à legislação que altere, suplemente, consolide ou substitua as legislações especificadas no parágrafo 1, salvo se a Autoridade Competente da Parte que alterou sua legislação notificar a Autoridade Competente da outra Parte, por escrito, dentro de seis meses da data de publicação oficial da nova legislação, de que o Acordo não se aplica.

4. O presente Acordo só se aplica às disposições legais que cobrem uma nova categoria de prestações de previdência social se as Partes assim o decidirem.

Artigo 3. Campo de Aplicação Pessoal

O presente Acordo aplica-se:

A) Para a Suíça:

a) aos nacionais das Partes que estejam ou tenham estado sujeitos à legislação de uma ou de outra Parte, e aos membros das suas famílias e aos seus sobreviventes;

b) aos refugiados e apátridas, bem como a seus familiares e sobreviventes, quando residirem no território de uma das Partes, ressalvadas as disposições legais nacionais mais favoráveis;

c) a qualquer pessoa, independentemente da sua nacionalidade, no que diz respeito aos artigos 6, a 9, 11 a 13.

B) Para o Brasil: a todas as pessoas que estejam ou tenham sido submetidas à legislação de uma ou de ambas as Partes, bem como aos seus dependentes que adquiram direitos derivados daquelas pessoas, conforme a legislação aplicável.

Artigo 4. Igualdade de Tratamento

1. Salvo disposições contrárias do presente Acordo, as pessoas mencionadas no Artigo 3 têm, no que diz respeito à aplicação da legislação de uma das Partes, os mesmos direitos e obrigações do que os nacionais dessa Parte.

2. O parágrafo 1 não é aplicável à legislação suíça sobre:

a) o seguro-velhice, sobreviventes e invalidez facultativo;

b) o seguro-velhice, sobreviventes e invalidez de nacionais suíços que trabalham no exterior a serviço da Confederação ou em instituições designadas pelo Conselho Federal;

c) o seguro-velhice, sobreviventes e invalidez facultativo dos membros do pessoal de nacionalidade suíça de um beneficiário institucional de privilégios, imunidades e facilidades mencionadas no Artigo 2, alínea 1, da Lei de 22 de junho 2007 relativa ao Estado anfitrião.

Artigo 5. Exportação de prestações

1. Os benefícios concedidos em conformidade com a legislação de uma das Partes enumerada no Artigo 2 às pessoas referidas no Artigo 3, com exceção daquelas mencionadas na alínea A) letra c), não estão sujeitos a qualquer redução, suspensão, modificação, cessação nem cancelamento, exclusivamente pelo fato de o beneficiário residir no território da outra Parte.

2. As rendas ordinárias de seguro de invalidez suíço concedidas aos segurados cuja invalidez seja inferior a 50%, bem como as rendas extraordinárias e subsídios para inválidos do seguro velhice, sobreviventes e invalidez suíço, são pagos apenas às pessoas residentes na Suíça.

3. As prestações em espécie sob a legislação de uma das Partes são por essa Parte concedidas aos nacionais da outra Parte, bem como aos membros de sua família, a seus sobreviventes e aos dependentes que residem num terceiro Estado nas mesmas condições e na mesma medida que seus próprios nacionais bem como aos membros de sua família, a seus sobreviventes e dependentes residentes nesse terceiro Estado.

TÍTULO II
DISPOSIÇÕES RELATIVAS À LEGISLAÇÃO APLICÁVEL

Artigo 6. Regra Geral

Salvo disposição contrária no presente Acordo, uma pessoa que exerce uma atividade remunerada no território de uma ou de ambas as Partes está sujeita, para cada atividade, à legislação da Parte sobre o território no qual a atividade é exercida.

Artigo 7. Deslocamento

1. Quando uma pessoa habitualmente empregada no território de uma Parte, por um empregador cuja sede está no mesmo território da primeira Parte for deslocado pelo empregador para o território da outra Parte por um período temporário, ela estará sujeita exclusivamente à legislação da primeira Parte como se ela fosse empregada no território da primeira Parte desde que o período de emprego no território da outra Parte não exceda cinco anos.

2. A prova do deslocamento será realizada por meio de certificado, emitido conforme o Ajuste Administrativo.

Artigo 8. Pessoal de empresas de transporte aéreo internacional

Os membros de tripulação de companhias aéreas que trabalham nos territórios de ambas as Partes estão sujeitos somente à legislação da Parte em cujo território a empresa tenha sua sede, salvo quando contratados por uma filial, sucursal ou representação da empresa, constituída no território da outra Parte.

Artigo 9. Trabalhadores de empresas de transportes marítimos

1. Os membros da tripulação de navio de bandeira pertencente a uma das Partes estão sujeitos exclusivamente à legislação da Parte cuja bandeira é ostentada pelo navio. Para os fins deste artigo, a atividade exercida a bordo de um navio com pavilhão de uma Parte é considerada como sendo uma atividade exercida no território dessa Parte. Entretanto, estas pessoas estarão sujeitas somente à legislação da outra Parte se forem empregadas de um empregador com sede no território dessa Parte.

2. Os trabalhadores empregados em trabalhos de carga, descarga, reparação de navios e serviços portuários estão submetidos unicamente à legislação da Parte onde o porto de trabalho está situado.

Artigo 10. Membros de Missões Diplomáticas ou de Repartições Consulares

1. O presente Acordo não afeta as disposições da Convenção de Viena de 18 de Abril de 1961, sobre Relações Diplomáticas, ou da Convenção de Viena de 24 de Abril de 1963, sobre Relações Consulares.

2. Os nacionais de uma das Partes enviados como membros de uma missão diplomática ou de uma repartição consular no território da outra Parte estarão submetidos à legislação da primeira Parte.

3. Os nacionais de uma das Partes que são contratados no território da outra Parte a serviço de uma missão diplomática ou de uma repartição consular da primeira Parte são segurados sob a legislação da segunda Parte. Eles podem optar pela aplicação da legislação da primeira Parte no prazo de três meses a contar do início de sua atividade ou da data da entrada em vigor do presente Acordo.

4. O parágrafo 3 aplica-se, igualmente, aos nacionais das Partes a serviço privado e exclusivo dos membros das missões diplomáticas ou repartições consulares.

5. Quando uma missão diplomática ou uma repartição consular de uma das Partes emprega no território da outra Parte pessoas que são seguradas sob a legislação da segunda Parte, a representação deve cumprir as obrigações que as disposições legais dessa Parte impõem de uma maneira geral aos empregadores. A mesma regra é aplicável aos nacionais referidos nos parágrafos 2 e 3 que contratam essas pessoas para o seu serviço pessoal.

6. Os parágrafos 2 a 5 não se aplicam aos membros honorários de repartições consulares nem aos seus empregados.

7. Os nacionais de uma das Partes que são empregados, no território da outra Parte, a serviço de uma missão diplomática ou de uma repartição consular de um terceiro Estado, e que não estão segurados no terceiro Estado nem em seu país de origem, estão segurados sob a legislação da Parte em cujo território exerçam suas atividades. Em relação às legislações referidas no artigo 2, parágrafo 1, a regra é aplicável por analogia ao cônjuge e aos filhos dos segurados que vivem com eles.

Artigo 11. Servidores Públicos

Os servidores públicos e, no que diz respeito à Suíça, o pessoal assemelhado de uma das Partes que tenham sido enviados para o território da outra Parte, estão submetidos à legislação da Parte a que se vincula a Administração que os emprega.

Artigo 12. Exceções

As Autoridades ou as Instituições Competentes podem acordar exceções às disposições dos Artigos 7 a 11, em relação a uma pessoa ou a categoria de pessoas.

Artigo 13. Membros da família

1. Quando uma pessoa referida nos artigos 7 a 12 que exerce uma atividade remunerada no território de uma das Partes

permanece sujeita à legislação da outra Parte, essa legislação aplica-se ao cônjuge e aos filhos que vivem com ela no território da primeira Parte, desde que eles não exerçam atividade remunerada.

2. Quando, nos termos do parágrafo 1, a legislação suíça for aplicável ao cônjuge e aos filhos que acompanham o trabalhador no território do Brasil, esses são segurados no seguro velhice, sobrevivência e invalidez suíços.

3. Em relação ao parágrafo 1, o fato de o cônjuge, filhos ou equiparados exercerem uma atividade remunerada na Suíça não exclui sua qualidade de dependente nos termos da legislação brasileira.

TÍTULO III
DISPOSIÇÕES RELATIVAS AOS BENEFÍCIOS

A. Disposições relativas aos benefícios brasileiros

Artigo 14. Totalização dos Períodos de Cobertura e Cálculo dos Benefícios

1. Quando forem completados os requisitos exigidos pela legislação de uma Parte para elegibilidade ao benefício, a Instituição Competente desta Parte reconhece o direito ao benefício, tendo em conta, unicamente, o tempo de cobertura cumprido segundo a legislação desta Parte.

2. Se uma pessoa não for elegível a um benefício considerando unicamente os períodos de cobertura cumpridos sob a legislação do Brasil, os períodos de cobertura cumpridos sob a legislação da Suíça serão também considerados, desde que não se sobreponham, até o mínimo necessário para alcançar a elegibilidade ao benefício, devendo a Instituição Competente proceder da seguinte forma:

a)	calcular o valor teórico do benefício que seria pago como se os períodos de cobertura totalizados, até o mínimo necessário para alcançar a elegibilidade ao benefício, houvessem sido cumpridos sob a legislação do Brasil (o valor teórico); e
b)	o valor do benefício a ser pago é estabelecido com base no valor teórico aplicando-se a proporção entre a duração dos períodos de cobertura cumpridos sob a legislação brasileira e a duração dos períodos de cobertura cumpridos sob a legislação das duas Partes até o mínimo necessário para alcançar a elegibilidade ao benefício (*pro rata*).

3. O valor teórico do benefício mencionado no parágrafo 2, alínea *"a"*, não será, sob nenhuma circunstância, inferior ao valor mínimo garantido pela legislação brasileira.

Artigo 15. Períodos Cumpridos sob a Legislação de um Terceiro Estado

Quando uma pessoa não tem direito às prestações pela aplicação da legislação brasileira tendo como base os períodos de seguro cumpridos nos dois Estados, totalizados de acordo com o artigo 14, seu direito ao benefício será analisado levando-se em conta também os períodos cumpridos segundo a legislação de terceiros Estados com os quais o Brasil esteja vinculado por Acordos de Previdência Social que prevejam a totalização dos períodos de cobertura.

B. Disposições relativas aos benefícios suíços

Artigo 16. Medidas de reabilitação

1. Os nacionais brasileiros sujeitos à obrigação de contribuir para o seguro-velhice, sobreviventes e invalidez suíços imediatamente antes do início da invalidez têm direito às medidas de reabilitação enquanto permanecem na Suíça.

2. Os nacionais brasileiros sem atividade remunerada que, após a ocorrência de invalidez, não estão sujeitos à obrigação de contribuir para o seguro-velhice, sobreviventes e invalidez suíços, em razão de sua idade, mas que são de qualquer forma segurados, têm direito às medidas de reabilitação, enquanto mantenham seu domicílio na Suíça, desde que tenham residido sem interrupção durante pelo menos um ano imediatamente antes da ocorrência da invalidez. Os filhos menores têm direito a essas medidas quando estão domiciliados na Suíça e tenham nascido inválidos ou tenham residido sem interrupção desde o nascimento.

3. Os nacionais brasileiros residentes na Suíça que deixarem o país por um período não superior a três meses não interrompem a sua residência, nos termos do parágrafo 2.

4. As crianças nascidas inválidas no Brasil e cuja mãe teve sua estada no Brasil por um período total de até dois meses durante a gravidez, mas manteve seu domicílio na Suíça, são considerados como crianças nascidas inválidas na Suíça. Em caso de enfermidades congênitas da criança, o seguro-invalidez suíço paga os custos havidos no Brasil durante os primeiros três meses após o nascimento, até o limite dos benefícios que seriam concedidos na Suíça. As duas primeiras frases desse parágrafo são aplicáveis por analogia às crianças nascidas inválidas fora do território das Partes; nesse caso, o seguro-invalidez suíço apenas paga o custo dos benefícios no exterior, concedidos de emergência por causa do estado de saúde da criança.

Artigo 17. Totalização dos períodos de seguro

1. Quando os períodos de seguro cumpridos por uma pessoa sob a legislação suíça não preenchem, por si sós, os requisitos para ter direito a uma renda ordinária do segurovelhice, sobreviventes e invalidez suíço, a Instituição Competente adiciona, a fim de determinar a aquisição do direito aos benefícios, os períodos de seguro cumpridos sob a legislação brasileira, desde que não se sobreponham aos períodos de seguro cumpridos sob a legislação suíça.

2. Se os períodos de seguro cumpridos sob a legislação suíça são inferiores a um ano, o parágrafo 1 não se aplica.

3. Para fixar os benefícios, apenas os períodos de seguro cumpridos sob a legislação suíça são levados em conta. Os benefícios são fixados em razão da legislação suíça.

Artigo 18. Indenização única

1. Os nacionais brasileiros e seus sobreviventes têm direito às rendas ordinárias e aos subsídios para inválidos do seguro-velhice e sobreviventes suíços nas mesmas condições que os nacionais suíços e os seus sobreviventes. Observado o disposto nos parágrafos 2 a 5.

2. Os nacionais brasileiros ou seus sobreviventes que não residem na Suíça, quando têm direito a uma renda ordinária parcial cujo valor não exceda 10% da renda ordinária completa correspondente, recebem no lugar dessa renda parcial uma indenização única igual ao seu valor presente. Os nacionais brasileiros ou os seus sobreviventes que receberam essa renda parcial, quando deixam definitivamente a Suíça, também recebem uma indenização igual ao valor presente dessa renda no momento da partida.

3. Quando o valor da renda ordinária parcial é superior a 10%, mas não ultrapassa 20% da renda ordinária completa correspondente, os nacionais brasileiros ou seus sobreviventes que não residem na Suíça ou que deixam o país definitivamente podem escolher entre o pagamento da renda ou uma indenização única. Essa escolha deve ocorrer durante o processo de determinação da renda, se a pessoa interessada residir fora da Suíça quando da ocorrência do evento segurado, ou quando deixa esse país, se ela já foi beneficiada por uma renda.

4. Para as pessoas casadas em que ambos os cônjuges foram segurados na Suíça, a indenização única é paga apenas a um cônjuge se o outro também tem direito a uma renda.

5. Quando a indenização única foi paga pelo seguro suíço, não é mais possível fazer valer junto desse seguro os direitos fundados nas contribuições pagas até então.

6. Os parágrafos 2 a 5 são aplicáveis, por analogia, às rendas ordinárias do seguroinvalidez suíço, desde que o beneficiário tenha 55 anos de idade e que não seja previsto o reexame das condições para a concessão dos benefícios.

Artigo 19. Rendas extraordinárias

1. Os nacionais brasileiros têm direito a uma renda extraordinária de sobrevivência ou invalidez, ou a uma renda extraordinária de velhice em substituição a uma renda de sobreviventes ou de invalidez se, nas mesmas condições que os nacionais suíços, imediatamente antes da data a partir da qual solicita a renda, a pessoa residiu na Suíça sem interrupção durante pelo menos cinco anos.

2. O período de residência na Suíça nos termos do parágrafo 1 será considerado ininterrupto quando a pessoa em questão

não deixou a Suíça por mais de três meses por ano civil. Em casos excepcionais, o prazo de três meses poderá ser prorrogado. No entanto, os períodos durante os quais os nacionais brasileiros residentes na Suíça foram eximidos de estar segurados perante o seguro-velhice, sobreviventes e invalidez suíços não são contados para estabelecer a duração de residência na Suíça.

3. O reembolso das contribuições pagas ao seguro-velhice e sobreviventes suíços e as indenizações únicas previstas no artigo 18, parágrafo 2 a 6, não impedem a concessão de rendas extraordinárias nos termos do parágrafo 1 do presente artigo; em tais casos, as contribuições reembolsadas ou as indenizações pagas são deduzidas das rendas a conceder.

Artigo 20. Reembolso das contribuições

1. Em vez de uma renda suíça, os nacionais brasileiros que deixaram a Suíça definitivamente podem solicitar o reembolso das contribuições pagas ao seguro-velhice e sobreviventes suíços. Seus sobreviventes que deixaram a Suíça e que não são de nacionalidade suíça também podem solicitar esse reembolso. O reembolso é regido pela legislação suíça nessa matéria.

2. Uma vez ocorrido o reembolso das contribuições, não poderá invocar qualquer direito no seguro-velhice, sobreviventes e invalidez suíços, com base em períodos de seguro anteriores, nem para fins de totalização do período conforme o artigo 14.

TÍTULO IV
DISPOSIÇÕES DIVERSAS

Artigo 21. Medidas Administrativas

1. As Autoridades Competentes das Partes deverão:

a) concluir um Ajuste Administrativo e tomar todas as medidas administrativas necessárias para a implementação deste Acordo, bem como designar os organismos de ligação;

b) informar reciprocamente quanto às medidas adotadas para a aplicação deste Acordo; e

c) informar reciprocamente, assim que possível, quaisquer alterações em suas respectivas legislações que possam influenciar na aplicação do presente Acordo.

2. De comum acordo as Instituições Competentes poderão estabelecer procedimentos eletrônicos para troca de informações incluindo aquelas relativas à morte de um beneficiário visando agilizar a implementação do presente Acordo e a concessão de benefícios.

Artigo 22. Assistência Mútua

No âmbito de suas competências, as Autoridades e as Instituições Competentes e os Organismos de Ligação das Partes deverão auxiliar-se reciprocamente na implementação do presente Acordo. Esta assistência deverá ser gratuita, salvo exceções a serem acordadas entre as Autoridades ou as Instituições Competentes de ambas as Partes.

Artigo 23. Disposições relativas aos Benefícios por Invalidez

1. Para determinar a redução da capacidade de trabalho ou condição de invalidez para fins de concessão dos benefícios por invalidez, a Instituição Competente de cada uma das Partes efetuará a sua avaliação, em conformidade com a legislação que aplicar.

2. Para fins de aplicação das disposições do parágrafo 1, a Instituição Competente da Parte em cujo território residir o requerente disponibilizará à Instituição Competente da outra Parte, e sem ônus, relatórios e documentos médicos de que dispuser, observada sua legislação em matéria de sigilo médico.

3. Os relatórios médicos nos termos da legislação de uma ou de ambas as Partes com relação às pessoas que permaneçam ou que residam no território da outra Parte serão fornecidos pela Instituição do local de permanência ou de residência. Os relatórios estabelecidos nos formulários acordados entre as duas Partes são gratuitos.

4. Se a Instituição de uma das Partes solicita um exame médico complementar da pessoa que requereu ou que recebe um benefício, a Instituição da outra Parte realizará o exame necessário na região onde reside a pessoa interessada em virtude das disposições vigentes para esta Instituição e ao custo aplicável no Estado de residência. Essas despesas são reembolsadas pela Instituição que solicitou o exame após a apresentação de uma descrição detalhada acompanhada de comprovantes. As modalidades de procedimento de reembolso serão estabelecidas de comum acordo pelas Instituições Competentes.

A Instituição requerente tem o direito de solicitar o exame da pessoa por um médico de sua escolha, respeitando a legislação da Instituição requerida.

Artigo 24. Prevenção de recebimento indevido de benefícios

1. Para evitar abusos e fraudes contra o seguro no requerimento e no recebimento de benefícios relativos a seguro-velhice, sobreviventes e invalidez e seguro-acidentes, a Instituição Competente de uma das Partes pode, às suas custas e em conformidade com a legislação nacional de ambas as Partes, efetuar controles suplementares se houver uma suspeita fundada de que as pessoas recebem, tenham recebido ou tentem receber indevidamente benefícios.

2. Caso os controles a que se referem o parágrafo 1 não possam ser realizados pela Instituição demandada, a Instituição requerente poderá contratar uma empresa para realizálos, observando-se a legislação vigente no Estado em que se dará o controle.

Artigo 25. Proteção de Dados Pessoais Transmitidos

Quando dados pessoais são transmitidos em virtude do presente Acordo, as seguintes disposições são aplicáveis para o tratamento e a proteção de dados em conformidade com as disposições do direito nacional e do direito internacional vigentes em ambas as Partes em matéria de proteção de dados:

a) os dados somente podem ser transmitidos às Instituições competentes do Estado destinatário para a aplicação do presente Acordo e das disposições legais a que se refere; essas Instituições só podem processá-los e utilizá-los para a finalidade indicada; um processamento com outras finalidades é autorizado no marco da legislação do Estado destinatário, quando a operação se efetua com fins de seguridade social, incluindo os processos judiciais decorrentes desse direito;

b) a Instituição que transmite os dados deve assegurar a sua exatidão e zelar para que o conteúdo corresponda ao objetivo buscado; as proibições formuladas pelas legislações nacionais relativas à transmissão de dados deverão ser respeitadas; caso se verifique que dados inexatos ou dados que não possam ser transmitidos foram transmitidos, a Instituição destinatária deve ser imediatamente informada; essa última deverá corrigi-las ou destrui-las;

c) os dados pessoais transmitidos só podem ser armazenados, desde que o objetivo para o qual foram transmitidos o requeira; os dados não podem ser suprimidos se a sua destruição pode prejudicar os interesses pessoais dignos de proteção no âmbito da seguridade social;

d) a Instituição que transmite os dados e aquela que os recebe são obrigadas a proteger eficazmente os dados pessoais transmitidos contra qualquer acesso, qualquer modificação e qualquer divulgação não autorizados.

Artigo 26. Taxas ou Emolumentos e Legalização

1. Quando a legislação de uma Parte prevê isenção, total ou parcial de taxas, selos ou emolumentos, por requerimentos ou documentos submetidos às Autoridades ou Instituições Competentes desta Parte, essa isenção se aplica também aos requerimentos e documentos emitidos pela Autoridade ou Instituição Competente da outra Parte para implementação do presente Acordo.

2. Os documentos que são produzidos para a aplicação do presente Acordo e da legislação de uma Parte estão isentos de toda legalização ou qualquer outra formalidade similar pelas autoridades diplomáticas ou consulares, quando tramitados diretamente entre as Instituições Competentes ou Organismos de Ligação.

Artigo 27. Correspondência e Idiomas

1. As Autoridades e as Instituições Competentes das Partes podem corresponder-se diretamente entre si, bem como com qualquer pessoa, onde quer que essa pessoa

resida e sempre que necessário para a aplicação deste Acordo.

2. Um requerimento ou documento não pode ser rejeitado pela Autoridade ou pela Instituição Competente de uma Parte unicamente por estar no idioma da outra Parte.

3. As Autoridades Competentes poderão estabelecer exceções ao parágrafo 2, no Ajuste Administrativo.

Artigo 28. Requerimentos, Recursos e Prazos

1. Um recurso contra uma decisão tomada por uma Instituição Competente de uma Parte pode ser apresentado com validade junto à Instituição Competente de qualquer Parte. O recurso será decidido conforme os procedimentos e a legislação da Parte cuja decisão está sendo questionada.

2. Qualquer requerimento, notificação ou recurso que, sob a legislação de uma Parte, deva ser apresentado em um prazo previsto junto à Instituição Competente desta Parte, mas que tenha sido apresentado no mesmo prazo junto à Instituição Competente da outra Parte deverá ser considerado como apresentado em tempo hábil.

3. A Instituição Competente, à qual um requerimento, declaração ou recurso foi apresentado, o transmitirá sem demora à Instituição Competente da outra Parte, indicando a data de recebimento do documento.

Artigo 29. Notificação das decisões

As decisões de uma Instituição Competente de uma das Partes serão notificadas diretamente por carta registrada ou qualquer outro meio de comunicação equivalente às pessoas que permanecem no território da outra Parte, sem prejuízo da sua comunicação ao Organismo de Ligação da outra Parte.

Artigo 30. Moeda de Pagamento

1. Os benefícios pecuniários devidos nos termos do presente Acordo ou da legislação de uma das Partes poderão ser pagos ao beneficiário na moeda da Parte da Instituição devedora ou em qualquer outra moeda definida por essa Parte.

2. As disposições da legislação de uma das Partes em matéria de controle das taxas de câmbio não podem ser um obstáculo aos pagamentos devidos em razão da aplicação do presente Acordo ou da legislação de uma das Partes.

3. Quando uma Instituição de uma das Partes deve efetuar pagamentos a uma Instituição da outra Parte, ela pode fazê-lo na moeda da primeira Parte, ou em qualquer outra moeda definida pela primeira Parte.

4. As Instituições Competentes das Partes estabelecerão mecanismos de transferências de divisas para o pagamento dos benefícios aos beneficiários ou dependentes que residam no território da outra Parte.

5. Em caso de uma das Partes introduzir disposições que restrinjam o câmbio ou a transferência de divisas, as Autoridades ou Instituições Competentes tomarão, imediatamente, as medidas necessárias para assegurar a transferência das quantias a serem pagas no âmbito deste Acordo.

Artigo 31. Restituição de pagamentos indevidos

Quando a Instituição Competente de uma Parte atribui erroneamente benefícios pecuniários, o valor pago indevidamente pode, a pedido e de acordo com a legislação da outra Parte, ser retido de um benefício concedido em virtude da legislação da outra Parte.

Artigo 32. Resolução de Divergências

As divergências resultantes da aplicação ou da interpretação do presente Acordo serão resolvidas através de consulta entre as Autoridades Competentes das Partes.

Artigo 33. Seguro facultativo suíço

Os nacionais suíços residentes no território do Brasil não estão sujeitos a qualquer restrição para se filiar ao seguro facultativo de invalidez, velhice e sobrevivência nos termos da legislação suíça, notadamente no que se refere ao pagamento das contribuições para esse seguro e o recebimento dos benefícios decorrentes.

TÍTULO V
DISPOSIÇÕES FINAIS E TRANSITÓRIAS

Artigo 34. Disposições Transitórias

1. O presente Acordo não conferirá nenhum direito ao pagamento de um benefício por qualquer período anterior a sua entrada em vigor.

2. As decisões anteriores à entrada em vigor do Acordo não são um obstáculo a sua aplicação.

3. Os períodos de cobertura cumpridos sob a legislação de ambas as Partes ou outros eventos cobertos ocorridos antes da entrada em vigor deste Acordo deverão ser considerados para determinar o direito a benefícios segundo este Acordo.

4. A aplicação do presente Acordo não resultará em qualquer redução do valor de um benefício para o qual o direito havia sido estabelecido antes da entrada em vigor deste Acordo.

5. Os direitos dos interessados cujo benefício foi negado antes da entrada em vigor do presente Acordo serão reavaliados a partir de novo pedido conforme o Acordo. No que diz respeito à Parte suíça esses direitos também podem ser revistos de ofício.

6. Os prazos de prescrição previstos pelas disposições legais das Partes para fazer valer qualquer direito decorrente do presente Acordo começam a partir da data da sua entrada em vigor.

7. O presente Acordo não se aplica aos direitos extintos pelo pagamento de uma indenização única ou pelo reembolso das contribuições.

Artigo 35. Vigência e Denúncia

1. O presente Acordo terá duração indefinida.

2. Qualquer uma das Partes pode denunciar o presente Acordo, a qualquer momento, por via diplomática. Neste caso o presente Acordo permanecerá em vigor até o último dia do décimo segundo mês seguinte ao mês em que a denúncia foi notificada.

3. Se este Acordo for denunciado, quaisquer direitos adquiridos quanto à elegibilidade ou ao pagamento de benefícios em conformidade com suas disposições serão mantidos, devendo as Partes adotar as medidas necessárias para garanti-los.

4. As Partes podem estabelecer acordos especiais que garantam os direitos em curso de aquisição derivados dos períodos de seguro ou equivalentes cumpridos antes do término de vigência do Acordo.

Artigo 36. Entrada em Vigor

1. O presente Acordo deverá ser ratificado pelas Partes em conformidade com suas respectivas legislações.

2. As Partes notificar-se-ão, por via diplomática, que cumpriram todos os requisitos legais e constitucionais para a entrada em vigor do presente Acordo.

3. Este Acordo entrará em vigor no primeiro dia do terceiro mês após a data do recebimento da última notificação.

EM TESTEMUNHO DO QUE, as Partes devidamente representadas por suas autoridades, assinaram o presente Acordo.

Feito em Brasília, em 3 de abril de 2014, em dois originais, em português e francês, sendo ambos os textos igualmente autênticos.

PELA REPÚBLICA FEDERATIVA DO BRASIL
Luiz Alberto Figueiredo Machado
Ministro de Estado das Relações Exteriores

PELA CONFEDERAÇÃO SUÍÇA
Johann Schneider-Ammann
Conselheiro Federal, Chefe do Departamento Federal de Assuntos Econômicos, Educação e Pesquisa da Confederação Suíça

DECRETO Nº 10.061, DE 14 DE OUTUBRO DE 2019

Promulga o Acordo de Previdência Social entre a República Federativa do Brasil e o Quebec, firmado em Brasília, em 26 de outubro de 2011.

O PRESIDENTE DA REPÚBLICA, no uso da atribuição que lhe confere o art. 84, caput, inciso IV, da Constituição, e

Considerando que o Acordo de Previdência Social entre a República Federativa do Brasil e o Quebec foi firmado em Brasília, em 26 de outubro de 2011;

Considerando que o Congresso Nacional aprovou o Acordo por meio do Decreto Legislativo nº 97, de 12 de maio de 2015; e

Considerando que o Acordo entrou em vigor para a República Federativa do Brasil, no plano jurídico externo, em 1º de outubro de 2016, nos termos de seu Artigo 29;

DECRETA:

Art. 1º Fica promulgado o Acordo de Previdência Social entre a República Federativa do Brasil e o Quebec, firmado em Brasília, em 26 de outubro de 2011, anexo a este Decreto.

Art. 2º São sujeitos à aprovação do Congresso Nacional atos que possam resultar em revisão do Acordo e ajustes complementares que acarretem encargos ou compromissos gravosos ao patrimônio nacional, nos termos do inciso I do caput do art. 49 da Constituição.

Art. 3º Este Decreto entra em vigor na data de sua publicação.

Brasília, 14 de outubro de 2019; 198º da Independência e 131º da República.

JAIR MESSIAS BOLSONARO

Ernesto Henrique Fraga Araújo

ACORDO DE PREVIDÊNCIA SOCIAL ENTRE A REPÚBLICA FEDERATIVA DO BRASIL E O QUEBEC

O Governo da República Federativa do Brasil

e

O Governo do Quebec

(doravante denominados "Partes"),

Decidiram cooperar no campo da previdência social e concluíram um Acordo para este fim,

Acordam o seguinte:

TÍTULO I DISPOSIÇÕES GERAIS

ARTIGO 1 Definições

1. Para a aplicação do presente Acordo e exceto quando o contexto lhes conceda outra conotação, os termos ou expressões abaixo significam:

a) "autoridade competente": o Ministro do Quebec ou o Ministro do Brasil responsável pela aplicação da legislação referida no Artigo 2;

b) "instituição competente": o ministério ou o organismo do Quebec responsável pela aplicação da legislação referida no Artigo 2 ou, em relação ao Brasil, o Instituto Nacional do Seguro Social;

c) "legislação": leis, regulamentos, disposições estatutárias e quaisquer outras medidas de aplicação, existentes ou futuras, relativas aos campos e regimes de Previdência Social referidos no Artigo 2;

d) "prestação": pensão, aposentadoria, indenização, valor global ou outro valor pecuniário previsto pela legislação de ambas as Partes, inclusive qualquer complemento, suplemento ou majoração;

e) "nacional": uma pessoa com cidadania canadense que esteja ou tenha estado sujeita à legislação referida na alínea "a" do parágrafo 1 do Artigo 2, ou que tenha adquirido direitos em virtude da mesma, ou uma pessoa de nacionalidade brasileira.

2. Os demais termos ou expressões não estabelecidos no presente Acordo têm o significado que lhes atribui a legislação aplicável.

ARTIGO 2 Âmbito de aplicação material

1. O presente Acordo aplica-se:

a) em relação ao Quebec: à legislação sobre o Regime de Previdência do Quebec (Régime de rentes du Québec);

b) em relação ao Brasil: à legislação relativa ao Regime Geral de Previdência Social e aos Regimes Próprios de Previdência Social dos Servidores Públicos, no que se refere às prestações de aposentadoria por invalidez, aposentadoria por idade e pensão por morte.

2. O Acordo aplica-se também a todo ato legislativo ou regulamentar que modifique, complete ou substitua a legislação prevista no parágrafo 1.

3. O Acordo aplica-se igualmente a qualquer ato legislativo ou regulamentar de uma das Partes que estenda os regimes existentes a futuras categorias de beneficiários ou a novas prestações; no entanto, essa Parte tem o prazo de três meses, contados da data da publicação oficial desse ato, para notificar à outra Parte que o Acordo não se aplica.

4. O Acordo não se aplica a ato legislativo ou regulamentar que cubra um novo ramo da Previdência Social, exceto se o Acordo for modificado com esse propósito.

ARTIGO 3 Âmbito de aplicação pessoal

Salvo disposição em contrário, o Acordo aplica-se a qualquer pessoa que esteja ou tenha estado sujeita à legislação de uma das Partes ou que tenha adquirido direitos em virtude da mesma.

ARTIGO 4 Igualdade de tratamento

Salvo disposição contrária neste Acordo, as pessoas referidas no Artigo 3 recebem, na aplicação da legislação de uma das Partes, o mesmo tratamento dos nacionais dessa Parte.

ARTIGO 5 Exportação de prestações

Salvo disposição contrária neste Acordo, toda prestação pecuniária adquirida em virtude da legislação de uma das Partes, com ou sem a aplicação do Acordo, não pode ser reduzida, modificada, suspensa, cessada ou confiscada apenas pelo fato de o beneficiário residir ou se encontrar temporariamente fora do território da Parte da instituição devedora. O direito a essa prestação é conservado ao beneficiário, independentemente de seu local de residência ou estada temporária.

TÍTULO II DISPOSIÇÕES RELATIVAS À LEGISLAÇÃO APLICÁVEL

ARTIGO 6 Regra geral

Salvo disposição contrária neste Acordo e observados os Artigos 7 a 11, a pessoa que trabalha no território de uma das Partes está sujeita, em relação a esse trabalho, à legislação dessa Parte.

ARTIGO 7 Trabalhador por conta própria

A pessoa que reside no território de uma das Partes e trabalha por conta própria no território da outra Parte ou no território de ambas as Partes está sujeita, em relação a esse trabalho, apenas à legislação de seu local de residência.

ARTIGO 8 Deslocamento de pessoas

1. A pessoa que está sujeita à legislação de uma das Partes e que é temporariamente deslocada por seu empregador para exercer um trabalho, por um período não superior a sessenta meses, no território da outra Parte, permanece, em relação a esse trabalho, sujeita apenas à legislação da primeira Parte durante o período de seu deslocamento.

2. Uma pessoa que tenha sido deslocada pelo período máximo previsto no parágrafo 1 deste Artigo somente poderá ser beneficiária de um novo deslocamento decorrido o prazo de um ano após o término do deslocamento anterior.

ARTIGO 9 Membro de tripulação contratado por uma empresa de transporte internacional

1. A pessoa que trabalha no território de ambas as Partes como membro da tripulação de uma empresa de transporte internacional que, em nome de terceiros ou por conta própria, efetue transporte aéreo ou marítimo de passageiros ou mercadorias, cuja sede fique no território de uma das Partes, está, em relação a esse trabalho, sujeita apenas à legislação da Parte em cujo território fica a sede da empresa.

2. No entanto, caso a pessoa seja contratada por uma filial ou por uma representação permanente que a empresa possua no território de uma das Partes, que não coincida com o território em que fica a sede, ela estará, em relação a esse trabalho, sujeita apenas à legislação da Parte em cujo território essa filial ou representação permanente se encontre.

ARTIGO 10 Pessoa a serviço do Estado

1. A pessoa que esteja a serviço do Estado de uma das Partes e que desempenhe um trabalho no território da outra Parte estará sujeita, em relação a esse trabalho, apenas à legislação da primeira Parte.

2. A pessoa que resida no território de uma das Partes e que, nesse território, seja recrutada para ali prestar serviço ao Estado da outra Parte, estará sujeita, relativamente a esse trabalho, apenas à legislação aplicada nesse território.

3. Este Acordo deve ser interpretado respeitando as disposições da Convenção de Viena sobre Relações Diplomáticas, de 18 de abril de 1961, e da Convenção de Viena sobre Relações Consulares, de 24 de abril de 1963.

ARTIGO 11 Exceções

As autoridades competentes de ambas as Partes podem, de comum acordo, estabelecer exceções às disposições dos Artigos 6 a 10 relativas a uma pessoa ou a uma categoria de pessoas.

TÍTULO III
DISPOSIÇÕES RELATIVAS ÀS PRESTAÇÕES

ARTIGO 12
Prestações abrangidas e períodos de seguro

1. O presente Título aplica-se a todas as prestações abrangidas na Lei do Regime de Previdência do Quebec (Loi sur le régime de rentes du Québec).

2. No presente Título, a expressão "período de seguro" designa, para o Quebec, qualquer ano pelo qual contribuições foram vertidas ou prestações de invalidez foram pagas em virtude da Lei do Regime de Previdência do Quebec (Loi sur le régime de rentes du Québec) ou qualquer outro ano considerado equivalente e, para o Brasil, o período de cobertura definido pelo Regime Geral de Previdência Social.

ARTIGO 13
Princípio da totalização

1. Quando uma pessoa cumpre períodos de seguro em conformidade com a legislação de ambas as Partes e quando ela não é elegível a uma prestação em virtude apenas dos períodos de seguro cumpridos conforme a legislação de uma das Partes, a instituição competente dessa Parte totaliza, na medida do necessário para conceder o direito a uma prestação em virtude da legislação por ela aplicada, os períodos de seguro cumpridos em conformidade com sua legislação e os períodos cumpridos em virtude da legislação da outra Parte.

2. No caso em que houver superposição dos períodos de seguro, cada Parte considerará apenas os períodos cumpridos sob sua própria legislação.

ARTIGO 14
Prestações em virtude da legislação do Quebec

1. Caso uma pessoa que esteve sujeita à legislação de ambas as Partes satisfaça as condições necessárias para o exercício do direito, para si ou seus dependentes legais, seus sobreviventes ou outras pessoas, a uma prestação em virtude da legislação do Quebec, sem recorrer à totalização prevista no Artigo 13, a instituição competente do Quebec determinará o valor da prestação conforme estipulado nas disposições da legislação por ela aplicada.

2. Caso a pessoa referida no parágrafo 1 não satisfaça as condições necessárias para o exercício do direito a uma prestação sem recorrer à totalização, a instituição competente do Quebec procederá da seguinte maneira:

a) reconhecerá um ano de contribuição quando a instituição competente do Brasil comprovar que um período de seguro de pelo menos 3 meses em um ano civil tenha sido creditado em virtude da legislação do Brasil, desde que esse ano esteja incluído no período contributivo nos termos da legislação do Quebec;

b) totalizará, em conformidade com o Artigo 13, os anos reconhecidos em virtude da alínea "a" e os períodos cumpridos segundo a legislação do Quebec.

3. Quando o direito a uma prestação tenha sido adquirido em virtude da totalização prevista no parágrafo 2, a instituição competente do Quebec determinará o valor da prestação a ser paga somando os valores calculados em conformidade com as alíneas "a" e "b" a seguir:

a) o valor da parcela da prestação vinculado ao salário de contribuição será calculado conforme estipulado nas disposições da legislação do Quebec;

b) o valor da parcela fixa da prestação a ser paga conforme definido nas disposições do presente Acordo será determinado ao multiplicar-se: o valor da parcela fixa da prestação estipulado pelas disposições do Regime de Previdência do Quebec pela fração que expresse a relação entre os períodos de contribuição ao Regime de Previdência do Quebec e o período contributivo definido na legislação relativa a esse regime.

ARTIGO 15
Prestações em virtude da legislação do Brasil

1. Caso uma pessoa que esteve sujeita à legislação de ambas as Partes satisfaça as condições necessárias para exercer o direito, para si ou para seus dependentes legais, seus sobreviventes ou outras pessoas, a uma prestação em virtude da legislação do Brasil sem recorrer à totalização prevista no Artigo 13, a instituição competente do Brasil determinará o valor da prestação conforme as disposições da legislação por ela aplicada.

2. Para fins de determinar a elegibilidade para uma prestação de aposentadoria por idade de acordo com a legislação do Brasil:

a) um ano que seja um período de seguro de acordo com o Regime de Previdência do Quebec será considerado como 12 meses de seguro de acordo com a legislação do Brasil;

b) um mês de período de seguro de acordo com a Lei de Proteção Social do Idoso do Canadá e que não se sobreponha a um período de seguro de acordo com o Regime de Previdência do Quebec será considerado um mês de seguro de acordo com a legislação do Brasil.

3. Para fins de determinar a elegibilidade para uma prestação por invalidez ou por morte de acordo com a legislação do Brasil, um ano que seja um período de seguro de acordo com o Regime de Previdência do Quebec será considerado como 12 meses de seguro de acordo com a legislação do Brasil.

4. Caso uma pessoa seja elegível a uma prestação segundo a legislação do Brasil somente com a aplicação das disposições sobre totalização prevista no Artigo 13, a instituição competente do Brasil:

a) calculará o valor teórico da prestação que seria pago se todos os períodos de seguro tivessem sido cumpridos sob a legislação do Brasil;

b) com base no valor teórico da prestação, calculará o valor real da prestação a ser paga pró-rata considerando os períodos de seguro completados segundo a legislação do Brasil e o total dos períodos de seguro segundo a legislação de ambas as Partes, o qual não poderá exceder o período mínimo necessário para determinar a elegibilidade à prestação.

5. O valor teórico da prestação, calculado conforme a alínea "a" do parágrafo 4, em nenhum caso poderá ser inferior ao mínimo garantido pela legislação do Brasil.

ARTIGO 16
Períodos cumpridos sob a legislação de uma terceira parte

1. Caso uma pessoa não tenha direito a uma prestação após a totalização prevista no Artigo 14 ou no Artigo 15, os períodos de seguro cumpridos sob a legislação de uma terceira parte que esteja vinculada a cada uma das Partes por um instrumento jurídico de Previdência Social contendo as disposições relativas à totalização dos períodos de seguro serão considerados para estabelecer o direito às prestações, de acordo com as modalidades previstas pelo presente título.

2. Para o Brasil, caso uma pessoa não tenha ainda direito a uma prestação após a totalização prevista no parágrafo 1, a elegibilidade dessa pessoa para tal benefício será determinada pela totalização daqueles períodos e dos períodos de cobertura concluídos sob a legislação de um terceiro Estado com o qual apenas o Brasil esteja vinculado através de um instrumento de previdência social que permita a totalização de períodos.

TÍTULO IV
DISPOSIÇÕES DIVERSAS

ARTIGO 17
Ajuste Administrativo

1. Um Ajuste Administrativo, a ser estabelecido pelas Partes, definirá os meios necessários à aplicação do presente Acordo.

2. Cada Parte designará um organismo de ligação no Ajuste Administrativo.

ARTIGO 18
Requerimento de prestações

1. Para usufruir de uma prestação no âmbito deste Acordo, uma pessoa deve apresentar um requerimento conforme previsto no Ajuste Administrativo.

2. Para a aplicação do Título III, um requerimento de prestação apresentado após a entrada em vigor do Acordo sob a legislação de uma das Partes é considerado um requerimento de prestação correspondente sob a legislação da outra Parte nos casos a seguir:

a) quando uma pessoa expressa a intenção de que seu requerimento seja considerado um requerimento sob a legislação da outra Parte;

b) quando uma pessoa expressa, ao fazer seu requerimento, que períodos de seguro foram cumpridos sob a legislação da outra Parte.

A data de recepção de um requerimento é considerada como sendo a mesma data de recepção desse requerimento sob a legislação da primeira Parte.

3. O parágrafo precedente não impede que uma pessoa peça que seu requerimento de prestação sob a legislação da outra Parte seja diferido.

ARTIGO 19
Pagamento de prestações

1. Toda prestação pecuniária é paga diretamente a um beneficiário na moeda da Parte que efetua o pagamento ou na moeda legal do local de residência do beneficiário, sem nenhuma dedução por despesa administrativa ou por quaisquer outras despesas incorridas para fins de pagamento dessa prestação.

2. Para aplicação do parágrafo 1, quando necessário recorrer ao câmbio de moedas, a taxa de câmbio aplicada para tal é a vigente no dia da transferência das prestações pecuniárias.

ARTIGO 20
Prazo de apresentação em caso de recurso

1. Um requerimento de recurso que, em virtude da legislação de uma das Partes, deva ser apresentado num prazo determinado perante a instituição correspondente dessa Parte, é considerado admissível perante ela desde que tenha sido apresentado, dentro do mesmo prazo, perante uma instituição competente correspondente da outra Parte. Nesse caso, a instituição competente da segunda Parte encaminha imediatamente esse requerimento à instituição competente da primeira Parte.

2. A data em que esse requerimento é apresentado à instituição competente de uma das Partes é considerada como sendo a mesma data de apresentação à instituição competente da outra Parte.

ARTIGO 21
Perícias

1. Quando solicitado pela instituição competente de uma das Partes, a instituição competente da outra Parte toma as medidas necessárias para realizar as perícias necessárias referentes a uma pessoa que resida ou que se encontre temporariamente no território da segunda Parte.

2. As perícias referidas no parágrafo 1 não podem ser desconsideradas unicamente pelo fato de terem sido realizadas no território da outra Parte.

ARTIGO 22
Taxas e dispensa de visto e legalização

1. Quaisquer isenções ou reduções de taxas previstas pela legislação de uma das Partes vinculadas à emissão de um atestado ou de um documento exigido para a aplicação dessa legislação são aplicadas também para atestados ou documentos exigidos para aplicação da legislação da outra Parte.

2. Todos os documentos exigidos para aplicação do Acordo ficam isentos de visto de legalização concedidos pelas autoridades responsáveis.

ARTIGO 23
Proteção de informações pessoais

1. Para aplicação do presente Artigo, o termo "legislação" tem o significado usual que lhe é atribuído em relação ao direito interno de ambas as Partes.

2. Toda informação que possibilite a identificação de uma pessoa física é uma informação pessoal. Toda informação pessoal é confidencial.

3. Os organismos de ambas as Partes podem trocar entre si qualquer informação pessoal necessária à aplicação do Acordo.

4. Uma informação pessoal comunicada a um organismo de uma das Partes, no marco da aplicação do presente Acordo, somente pode ser utilizada para a aplicação do Acordo.

No entanto, uma das Partes pode utilizar essa informação para outros fins, desde que tenha sido obtido o consentimento da pessoa concernida ou, sem o seu consentimento, apenas nos seguintes casos:

a) quando a utilização tenha um vínculo direto e pertinente com os propósitos para os quais a informação tenha sido obtida;

b) quando a utilização é manifestamente em benefício da pessoa concernida ou;

c) quando a utilização dessa informação é necessária à aplicação de uma lei no Quebec ou no Brasil.

5. Uma informação pessoal comunicada a um organismo de uma das Partes, no marco da aplicação do Acordo, apenas pode ser comunicada a outro organismo dessa Parte para aplicação do Acordo.

No entanto, uma das Partes pode comunicar tal informação com o consentimento da pessoa concernida ou, sem o seu consentimento, apenas nos seguintes casos:

a) a informação é necessária ao exercício das atribuições de um organismo de uma das Partes;

b) a comunicação da informação é manifestamente em benefício da pessoa concernida; ou

c) a comunicação da informação é necessária para a aplicação de uma lei no Quebec ou no Brasil.

6. Ao transmitir as informações mencionadas no parágrafo 3, os organismos de ambas as Partes asseguram-se de empregar os meios necessários para preservar a confidencialidade dessas informações.

7. O organismo de uma das Partes que recebe uma informação mencionada no parágrafo 3, a protege contra o acesso, a alteração e a comunicação não autorizados.

8. O organismo de uma das Partes que recebe uma informação pessoal mencionada no parágrafo 3 toma as medidas necessárias a fim de que essa informação esteja atualizada, completa e exata para servir aos propósitos para os quais tenha sido coletada. Se necessário, esse organismo corrige tal informação e destrói os dados cuja coleta ou conservação não tenham sido autorizadas pela legislação aplicável a esse organismo. Quando solicitado, esse organismo também destrói a informação cuja transmissão seja proibida nos termos da legislação da Parte que as comunicou.

9. Observado o disposto na legislação de uma das Partes, as informações obtidas por essa Parte decorrentes da aplicação do presente Acordo são destruídas quando os propósitos para os quais foram coletadas ou utilizadas tenham sido atingidos. Os organismos de ambas as Partes utilizam meios de destruição seguros e definitivos e asseguram-se de que o caráter confidencial das informações pessoais seja mantido até o momento de sua destruição.

10. Por solicitação a um organismo de uma das Partes, a pessoa concernida tem o direito de ser informada sobre troca de informação pessoal nos termos do parágrafo 3 e de sua utilização distinta da dos fins da aplicação do Acordo. Essa pessoa também pode ter acesso às informações pessoais que lhe concernem e retificá-las, observadas as exceções previstas pela legislação da Parte em cujo território essas informações se encontram.

11. As autoridades competentes de ambas as Partes comunicam-se sobre qualquer modificação da legislação relativa à proteção de informações pessoais, particularmente em relação a outros motivos pelos quais essas informações possam ser empregadas ou comunicadas a outras entidades sem o consentimento da pessoa concernida.

12. As disposições dos parágrafos 3 e subsequentes aplicam-se, com as adaptações necessárias, às demais informações de caráter confidencial obtidas no âmbito da aplicação do Acordo ou em sua decorrência.

ARTIGO 24
Colaboração administrativa

As autoridades e as instituições competentes:

a) trocam entre si toda informação necessária à aplicação do Acordo;

b) colaboram gratuitamente em todas as questões que envolvam a aplicação do Acordo;

c) trocam entre si toda informação sobre as medidas adotadas para fins de aplicação do Acordo ou sobre as modificações introduzidas em suas respectivas legislações, sempre que tais modificações influenciem a aplicação do Acordo;

d) informam-se sobre dificuldades encontradas na interpretação ou na aplicação do Acordo.

ARTIGO 25
Reembolso entre instituições

1. A instituição competente de uma Parte deve reembolsar à instituição competente da outra Parte os custos correspondentes a cada perícia em conformidade com o Artigo 21. No entanto, o envio dos laudos periciais e de outras informações que estejam em posse das instituições competentes é parte inte-

grante da colaboração administrativa e é feito gratuitamente.

2. As Partes estabelecem no Ajuste Administrativo, se necessário, se renunciam parcial ou integralmente ao reembolso de tais custos.

ARTIGO 26
Comunicações

1. Para a aplicação deste Acordo, as autoridades e instituições competentes e os organismos de ligação das Partes podem comunicar-se diretamente em suas respectivas línguas oficiais.

2. Uma decisão de um tribunal ou de uma instituição pode ser dirigida diretamente a uma pessoa que resida ou que esteja temporariamente no território da outra Parte.

ARTIGO 27
Resolução de controvérsias

1. Uma comissão mista, composta de representantes de ambas as Partes, é responsável por fazer o acompanhamento da aplicação do Acordo e elaborar propostas de eventuais modificações. Se necessário, essa comissão mista reúne-se a pedido de uma das Partes.

2. As dificuldades relativas à aplicação ou à interpretação do presente Acordo são solucionadas pela comissão mista. Caso não seja possível chegar a um entendimento por meio desse mecanismo, os governos de ambas as Partes solucionam de comum acordo as controvérsias.

TÍTULO V
DISPOSIÇÕES TRANSITÓRIAS E FINAIS

ARTIGO 28
Disposições transitórias

1. O Acordo não gera direito algum ao pagamento de prestações por período anterior à data de sua entrada em vigor.

2. Para a aplicação do Título III e ressalvadas as disposições do parágrafo 1:

a) um período de seguro cumprido antes da data de entrada em vigor do Acordo é considerado para determinar o direito a uma prestação em virtude do Acordo;

b) uma prestação que não seja a prestação decorrente de falecimento prevista pela legislação do Quebec é devida em virtude do Acordo, ainda que se refira a um acontecimento anterior à data de sua entrada em vigor;

c) quando o requerimento de uma prestação a ser concedida mediante a aplicação do Artigo 13 for apresentado dentro dos dois anos seguintes à data de entrada em vigor do Acordo, os direitos decorrentes do Acordo serão adquiridos a contar da data de entrada em vigor do Acordo ou a contar da data de implementação de direito a uma prestação de aposentadoria por morte ou por invalidez, caso essa data seja posterior à entrada em vigor do Acordo, não obstante as disposições da legislação de ambas as Partes relativas à prescrição de direitos;

d) uma prestação que, em razão da nacionalidade ou da residência, tenha sido indeferida, diminuída ou suspensa é, a pedido da pessoa interessada, deferida ou restabelecida a partir da data de entrada em vigor do Acordo;

e) uma prestação deferida antes da data de entrada em vigor do Acordo é revisada a pedido da pessoa interessada. A prestação também pode ser revisada de ofício. Caso a revisão resulte em uma prestação inferior à paga antes da data de entrada em vigor do Acordo, a prestação é mantida no valor anterior;

f) caso o pedido referido nas alíneas "d" e "e" do presente parágrafo seja apresentado no prazo de dois anos seguintes à data de entrada em vigor do Acordo, os direitos reconhecidos em virtude do Acordo são adquiridos a partir da data de entrada em vigor, não obstante as disposições da legislação de uma ou de outra Parte relativas à prescrição dos direitos;

g) caso o pedido referido nas alíneas "d" e "e" do presente parágrafo seja apresentado após expirado o prazo de dois anos seguintes à data de entrada em vigor do Acordo, os direitos não prescritos são adquiridos a partir da data do pedido, observadas as disposições mais favoráveis da legislação aplicável.

3. Para a aplicação do Artigo 8, uma pessoa enviada ao território da outra Parte é presumida deslocada somente após a data de entrada em vigor do Acordo.

ARTIGO 29
Entrada em vigor e duração do Acordo

1. Cada uma das Partes notifica a outra Parte do cumprimento dos trâmites internos necessários à entrada em vigor do Acordo.

2. O Acordo entrará em vigor no primeiro dia do quarto mês seguinte à data de recebimento da notificação pela qual a última das duas Partes terá indicado à outra Parte que as formalidades legalmente exigidas foram cumpridas.

3. O Acordo permanecerá válido por prazo indeterminado a partir da data de sua entrada em vigor.

4. O Acordo pode ser denunciado por uma das Partes por notificação dirigida à outra Parte. Nesse caso, o Acordo fica extinto no dia trinta e um de dezembro do ano subsequente à notificação.

5. Em caso de denúncia do Acordo, todo direito adquirido por uma pessoa em virtude das disposições do Acordo é mantido e negociações são iniciadas a fim de deliberar sobre os direitos em via de aquisição em virtude do Acordo.

Feito em Brasília, em 26 do mês de outubro de 2011, em dois exemplares, nos idiomas português e francês, sendo ambos os textos igualmente autênticos.

PELO GOVERNO DA REPÚBLICA FEDERATIVA DO BRASIL

____

Garibaldi Alves Filho
Ministro da Previdência Social do Brasil

PELO GOVERNO DO QUEBEC

____

Monique Gagnon-Tremblay
Ministra das Relações Internacionais do Quebec

PORTARIA DIRBEN/INSS Nº 995, DE 28 DE MARÇO DE 2022

Aprova as Normas Procedimentais em Matéria de Benefícios.

O DIRETOR DE BENEFÍCIOS DO INSTITUTO NACIONAL DO SEGURO SOCIAL - INSS, no uso das atribuições que lhe confere o Decreto nº 9.746, de 8 de abril de 2019, bem como, o que consta no processo administrativo SEI nº 35014.341866/2020-55, resolve:

Art. 1º Fica aprovado o Livro VI das Normas Procedimentais em Matéria de Benefícios, disciplinando os procedimentos e rotinas aplicáveis aos acordos internacionais no âmbito da área de benefício do INSS, complementares à Instrução Normativa PRES/INSS nº 128, de 28 de março de 2022.

Art. 2º Esta Portaria entra em vigor na data de sua publicação, devendo ser aplicada a todos os processos pendentes de análise e decisão.

Parágrafo único. Esta Portaria contém os Anexos I à IV. (Redação dada pela Portaria DIRBEN/INSS 1.045/2022)

SEBASTIÃO FAUSTINO DE PAULA

ANEXO

LIVRO VI
DOS ACORDOS INTERNACIONAIS DE PREVIDÊNCIA SOCIAL

TÍTULO I
DAS REGRAS DOS ACORDOS INTERNACIONAIS

CAPÍTULO I
DAS DISPOSIÇÕES GERAIS

SEÇÃO I
DOS ACORDOS

Art. 1º O Brasil possui Acordos Internacionais bilaterais e multilaterais em matéria de previdência Social vigentes que se inserem na política de ampliação da cobertura previdenciária brasileira.

Art. 2º No Brasil, o Acordo Internacional de Previdência Social entra em vigor no plano jurídico interno, quando da publicação do Decreto Presidencial de Promulgação do Acordo pelo Presidente da República.

Art. 3º Os tratados, convenções e outros acordos internacionais de que o Estado estrangeiro ou organismo internacional e o Brasil sejam partes, e que versem sobre matéria previdenciária, serão interpretados como lei especial, conforme disposto no art. 85-A da Lei nº 8.212, de 24 de julho de 1991.

Art. 4º Estão abrangidos pelos Acordos Internacionais de Previdência Social os segurados e seus dependentes que estejam ou estiveram vinculados aos regimes de previdência dos países signatários do Acordo.

Art. 5º Para fins da aplicação dos Acordos Internacionais de que trata esta Portaria, considera-se:

I - autoridade competente: o Ministro responsável pela aplicação da legislação previdenciária;

II - instituição competente: o Instituto Nacional do Seguro Social - INSS e as Entidades Gestoras dos Regimes Próprios de Previdência Social - RPPS; e

III - Organismo de Ligação: a unidade designada pelo INSS para a operacionalização dos Acordos Internacionais de Previdência Social no Brasil.

Art. 6º São atribuições do Organismo de Ligação:

I - promover o intercâmbio de informações com o(s) país(es) acordante(s) para aplicação do Acordo no âmbito do INSS;

II - emitir certificados, e encaminhar documentos e formulários necessários para a aplicação do Acordo Internacional;

III - analisar e concluir as solicitações que envolvam tempo de contribuição ou seguro vertidos para países signatários de Acordo Internacional em matéria de previdência social em que o Brasil é Parte;

IV - prestar atendimento às solicitações internas e externas que envolvam Acordos Internacionais.

Art. 7º As definições constantes nas atas decorrentes de reuniões de comissão mista devem ser consideradas para fins de aplicação dos Acordos Internacionais.

Art. 8º Os Acordos Internacionais de Previdência Social não modificam a legislação previdenciária interna dos países signatários, devendo, no entanto, serem observadas as regras de cada Acordo.

CAPÍTULO II
DOS DIREITOS PREVISTOS NOS ACORDOS INTERNACIONAIS

Art. 9º Os direitos previstos nos Acordos Internacionais de Previdência Social se referem ao reconhecimento de direitos previdenciários, ao deslocamento temporário de trabalhadores, à cooperação administrativa e à assistência à saúde, quando haja previsão expressa.

SEÇÃO I
DOS BENEFÍCIOS

SUBSEÇÃO I
DO REQUERIMENTO

Art. 10. No âmbito dos Acordos Internacionais de Previdência Social, os requerimentos de benefícios serão apresentados em formulários próprios estabelecidos de comum acordo pelos países signatários.

Art. 11. Os benefícios previstos constam no campo material de cada Acordo Internacional e são relativos ao Regime Geral de Previdência Social - RGPS e, em determinados Acordos, ao Regime Próprio de Previdência Social - RPPS, alcançando os servidores públicos e ao Regime Militar.

Art. 12. O atendimento aos requerimentos de benefício com a indicação de tempo de seguro ou cobertura cumpridos em país acordante é de responsabilidade das instituições brasileiras competentes.

§ 1º Para residentes no Brasil, os benefícios previstos nos Acordos Internacionais podem ser requeridos nos canais de atendimento remoto do INSS "Meu INSS", Central 135 ou diretamente nas Agências da Previdência Social de Atendimento Acordos Internacionais - APSAI.

§ 2º Para residentes no exterior, os benefícios previstos nos Acordos Internacionais devem ser requeridos no Organismo de Ligação ou Instituição competente do país acordante.

§ 3º O preenchimento do formulário de requerimento específico é obrigatório para a análise do reconhecimento do direito no âmbito do Acordo Internacional.

§ 4º Um requerimento ou documento redigido no idioma oficial de um país acordante não poderá ser rejeitado por não estar redigido em português.

§ 5º O requerente poderá apresentar ou anexar documentos que comprovem o vínculo com o País acordante, porém, a não apresentação não será óbice para o protocolo e análise do requerimento.

SUBSEÇÃO II
DA ANÁLISE DOS BENEFÍCIOS

Art. 13. A análise dos benefícios com períodos de seguro ou cobertura no âmbito dos Acordos Internacionais de Previdência Social bem como sua conclusão, seja dos requerimentos efetuados administrativamente ou no âmbito judicial, é restrita às APSAI, e será realizada conforme a legislação brasileira, observadas as regras previstas em cada Acordo. (Redação dada pela Portaria DIRBEN/INSS 1.045/2022)

Art. 14. Os benefícios previstos no Acordo para o reconhecimento do direito poderão ter os períodos de seguro ou de cobertura totalizados, havendo o cômputo dos períodos contribuídos sob a legislação brasileira e do(s) país(s) acordante(s), quando o segurado não atender às exigências para a concessão do benefício com base unicamente nos períodos cumpridos sob a legislação brasileira.

§ 1º Entende-se por período de seguro ou período de cobertura, os períodos de contribuição, de emprego, de serviço, de exercício de atividade profissional ou período equivalente que seja reconhecido pela legislação dos países signatários do Acordo para fins de aquisição do direito a benefícios.

§ 2º Os períodos concomitantes de seguro ou de cobertura prestados nos países acordantes serão tratados conforme definido no texto de cada Acordo e não haverá sobreposição de períodos.

§ 3º A regra prevista no caput do artigo não será absoluta quando o Acordo Internacional estabelecer a regra do benefício mais vantajoso, sendo possível a totalização, mesmo quando o segurado fizer jus à concessão do benefício por período independente.

Art. 15. Os períodos de seguro ou de cobertura cumpridos no país acordante poderão ser totalizados com os períodos de contribuição cumpridos no Brasil para efeito de aquisição, tempo de contribuição, período de carência, manutenção e recuperação de direitos do benefício pleiteado.

Art. 16. No caso de totalização dos períodos de seguro ou de cobertura, deverá ser observado:

I - para o reconhecimento de direito ao benefício será considerada a legislação brasileira e as regras de totalização de períodos previstas nos Acordos Internacionais;

II - caso haja previsão expressa no Acordo de cômputo de período de seguro ou cobertura de um terceiro Estado, este poderá ser utilizado na totalização dos períodos;

III - a concessão de benefício independente sob a legislação brasileira não obsta a aplicação do Acordo Internacional, no que se refere ao intercâmbio das informações necessárias ao país acordante.

§ 1º Para aplicação do Acordo Internacional de Seguridade Social ou Segurança Social firmado entre Brasil e Portugal deverão ser observadas as regras do Anexo III desta Portaria, e quanto à aposentadoria por tempo de contribuição, nos termos do § 2º do art. 9º do Acordo, apenas serão totalizados os períodos de seguro cumpridos ao abrigo da legislação portuguesa que correspondam ao exercício de uma atividade profissional em Portugal. (Redação dada pela Portaria DIRBEN/INSS 1.045/2022)

§ 2º Para o Brasil, o disposto no art. 13 da Convenção Multilateral Iberoamericana de Seguridade Social deve ser interpretado no sentido de que a totalização só será aplicada quando necessária para completar o período de cobertura (seguro/contribuição) mínimo exigido para a elegibilidade ao benefício. Estando presentes as condições exigidas pela legislação brasileira, sem que seja necessário recorrer à totalização, o benefício será concedido de forma independente, sem prejuízo de o interessado poder solicitar a outros Estados Partes, benefícios proporcionais "pro rata" (com totalização), para os quais a utilização da totalização para o acesso à prestação é necessária.

Art. 17. O período de seguro ou cobertura cumprido no país acordante, computado para o reconhecimento de direito no âmbito dos Acordos Internacionais, com a utilização das regras de totalização, deve ser validado pelo organismo de ligação desse País em formulário próprio acordado entre as Partes.

Art. 18. Se a duração total dos períodos de seguro cumpridos em um país acordante for inferior a um ano e, se levando em consideração esses períodos, nenhum direito à prestação existir de acordo com a legislação desse país, não haverá obrigatoriedade de pagar uma prestação em relação a esses períodos, porém, para aplicação dessa regra, o Acordo Internacional deve conter dispositivo expresso nesse sentido.

Parágrafo único. A regra constante no caput deste artigo não desobriga o envio da validação do tempo de contribuição brasileiro para o país acordante, visando a determinação da elegibilidade de benefícios nesse país.

Art. 19. Mantém a qualidade de segurado aquele que esteja filiado ao(s) regime(s) de Previdência Social referenciado(s) nos Acordos, de qualquer país acordante.

Parágrafo único. Todo aquele que esteja em gozo de benefício, por período totalizado ou não, nos países com os quais o Brasil possui Acordo Internacional de Previdência Social, mantém a qualidade de segurado para fins de concessão de benefício na legislação brasileira no âmbito do Acordo.

Art. 20. Havendo períodos de contribuição cumpridos sob a legislação do RPPS, as regras contidas na Subseção IV deverão ser observadas.

Art. 21. A apresentação de documentos e formulários para cumprimento de exigência pelo segurado poderá ser realizada da seguinte forma:

I - por meio de agendamento prévio nas unidade do INSS;

II - por envio da documentação física original via postal à APSAI; ou

III - em forma de anexo no Meu INSS.

§ 1º Na hipótese de apresentação de documentos digitalizados no Meu INSS, havendo dúvida fundada quanto à autenticidade ou integridade do documento, a APSAI poderá exigir, a qualquer tempo, a apresentação dos documentos originais.

Art. 22. Quando a exigência estiver a cargo do país acordante e esta não for cumprida em até 120 dias (cento e vinte), os Organismos de Ligação de ambos países poderão se comunicar pelos meios oficiais a fim de que sejam atendidos os requisitos necessários à concessão do benefício.

SUBSEÇÃO III
DA ANÁLISE DOS BENEFÍCIOS POR INCAPACIDADE

Art. 23. A concessão de benefícios por incapacidade laboral para beneficiários residentes no exterior abrangidos ou não por Acordos Internacionais, seguem os seguintes procedimentos para a realização da perícia médica:

I - para realização de perícia médica de residentes no Brasil para fins de concessão de benefício por incapacidade no âmbito dos Acordos Internacionais o Organismo de Ligação brasileiro deve agendar a perícia médica presencial no Sistema PMF, anexando obrigatoriamente o arquivo editável do modelo do relatório médico, previsto no Acordo Internacional correspondente, criando o serviço/ subtarefa "Perícia no âmbito dos Acordos Internacionais";

II - para a realização da análise processual para conformação de dados de avaliação médica no âmbito dos Acordos Internacionais de residente em país acordante, o Organismo de Ligação brasileiro deverá anexar o formulário recebido do país acordante e todos os documentos relativos às evidências médicas traduzidos por tradutor juramentado, criando a subtarefa "Conformação de dados de perícia";

III - para a realização da análise processual para conformação de dados de avaliação médica de benefício exclusivamente brasileiro de cidadão residente em país que não possui Acordo Internacional com o Brasil ou residente em país que possui Acordo, mas não há previsão deste tipo de colaboração administrativa, será precedida dos seguintes passos:

a) realização de requerimento nos canais remotos do INSS;

b) indicação de médico perito do país de residência do interessado pela Divisão das Comunidades Brasileiras no Exterior - DBR/ Itamaraty, a ser analisado pela Subsecretaria da Perícia Médica Federal - SPMF, para ratificação da indicação e autorização da realização do exame pelo profissional indicado;

c) criação do serviço/subtarefa "Conformação de dados de perícia" anexando o relatório médico e os demais documentos de evidências médicas traduzidos por tradutor juramentado recebidos, com transferência para à Central de Análise de Benefício - CEAB de reconhecimento de direito para prosseguimento e atendimento do requerimento.

§ 1º Documentos redigidos em língua portuguesa estão dispensados da tradução juramentada.

§ 2º Os requerimentos referidos no inciso III serão direcionados à Coordenação de Acordos Internacionais de Benefícios - CAINT, para a interlocução com o Itamaraty, visando à indicação do médico perito no exterior.

SUBSEÇÃO IV
DOS REGIMES PRÓPRIOS DE PREVIDÊNCIA SOCIAL - RPPS

Art. 24. Os Acordos Internacionais de Previdência Social, com previsão expressa de cláusula convencional que alcance a legislação dos RPPS relativa ao reconhecimento de direitos de benefícios, estabelecem regras para fins de totalização dos períodos de seguro para alcançar a elegibilidade a esses benefícios.

Art. 25. Em relação aos períodos de contribuição certificados e utilizados para fins de aposentadoria pelo INSS e pelo RPPS em decorrência de Acordos Internacionais, devem ser observados a Portaria 1.467, de 2 de junho de 2022 e o Anexo IV desta Portaria, bem como o disposto no art. 88 do Livro IX - Compensação Previdenciária, aprovada pela Portaria DIRBEN/INSS nº 998, de 28 de março de 2022. (Redação dada pela Portaria DIRBEN/INSS 1.045/2022)

Art. 26. É garantida a contagem recíproca entre os RPPS e o RGPS, por meio de emissão de Certidão de Tempo de Contribuição - CTC para a realização da compensação previdenciária entre os Regimes brasileiros, observado o disposto no art. 88 do Livro IX - Compensação Previdenciário, aprovada pela Portaria DIRBEN/ INSS nº 998, de 2022

Parágrafo único. Os períodos de seguros ou de cobertura cumpridos sob a legislação do país acordante não serão averbados, não cabendo a emissão de CTC para fins de contagem recíproca e compensação previdenciária.

Art. 27. O Organismo de Ligação brasileiro competente deverá solicitar a validação do tempo de contribuição à unidade gestora do RPPS sempre que for apresentado requerimento que contenha declaração de período trabalhado sob esse regime.

Parágrafo Único. Para aplicação do Acordo Internacional, a unidade gestora do RPPS validará o tempo de contribuição do servidor vinculado ao seu regime, utilizando o formulário constante no Anexo I.

Art. 28. O formulário de ligação que o INSS encaminhar ao RPPS, cujo período de seguro ou cobertura tenha sido validado pelo organismo de ligação do país acordante, será considerado documento hábil para análise e reconhecimento de direito sob a legislação do RPPS.

Art. 29. Compete aos Organismos de Ligação brasileiros estabelecer a comunicação com os Organismos de Ligação dos países acordantes, inclusive quando o RPPS estiver na condição de Instituição Competente.

Art. 30. O INSS, quando estiver na condição de Regime instituidor, será responsável pela concessão e pagamento da prestação proporcional do benefício brasileiro, como Instituição Competente, no âmbito do Acordo Internacional, resguardado o direito à compensação previdenciária entre os regimes brasileiros, quando couber.

SUBSEÇÃO V
DO CÁLCULO DO BENEFÍCIO POR TOTALIZAÇÃO

Art. 31. O cálculo dos benefícios concedidos por totalização será realizado observando-se o disposto nos Acordos Internacionais de Previdência Social e as seguintes regras:

I - para fins de fixação do Período Básico de Cálculo- PBC, deve-se ter em consideração o tempo de contribuição realizado sob a legislação brasileira;

II - o salário de benefício, para fins de cálculo da prestação teórica dos benefícios por totalização, será apurado, segundo as regras contidas nos art. 32 e 35 do Regulamento da Previdência Social-RPS;

III - Para fins de cálculo da Renda Mensal Inicial Teórica, os períodos de seguro cumpridos sob a legislação do país acordante serão considerados como períodos brasileiros;

IV - A renda mensal inicial teórica não poderá ter valor inferior ao salário mínimo vigente na data do início do benefício, na forma do inciso VI do art. 2º e do art. 33, ambos da Lei nº 8.213, de 1991.

Art. 32. Para direitos formados a partir de 1º de julho de 2020, quando inexistirem salários de contribuição a partir de julho de 1994, os benefícios concedidos nos termos do art. 32 do RPS, na redação dada pelo Decreto nº 10.410, de 30 de junho de 2020, terão o valor correspondente ao do salário mínimo, aplicadas as regras de totalização previstas no § 1º do art. 35 do RPS.

Art. 33. Para fins de cálculo da Renda Mensal Inicial - RMI proporcional, aplicar-se-á sobre a renda mensal inicial teórica a proporcionalidade, ou seja, o resultado da razão entre o tempo de contribuição cumprido no Brasil dividido pela somatória dos períodos cumpridos no Brasil e no país acordante, conforme as regras de totalização de cada Acordo Internacional, aplicando-se a fórmula abaixo:

$$RMI1 = \frac{RMI2 \times TS}{TT}$$

Onde:

RMI 1 = renda mensal inicial proporcional

RMI 2 = renda mensal inicial teórica

TS = tempo de serviço no Brasil

TT = totalidade dos períodos de seguro cumpridos em ambos os países acordantes (observado o limite máximo, conforme legislação vigente)

§ 1º A renda mensal inicial proporcional dos benefícios concedidos no âmbito dos Acordos de Previdência Social, por totalização, poderá ter valor inferior ao do salário mínimo vigente, conforme § 1º do art. 35 do RPS, salvo se houver expressa previsão em sentido contrário no Acordo Internacional.

§ 2º O tempo de contribuição a ser considerado na aplicação da fórmula do fator previdenciário é o somatório do tempo de contribuição para a Previdência Social brasileira e do tempo de contribuição para a Previdência Social do país acordante.

SUBSEÇÃO VI
DO RECURSO

Art. 34. O requerimento de recurso poderá ser realizado pelos canais de atendimento remoto do INSS, "Central 135" e Portal "Meu INSS".

§ 1º A tramitação e a análise do pedido de recurso que envolva tempo de contribuição ou seguro em país acordante será realizada pela APSAI competente.

§ 2º Caberá às APSAI, nas hipóteses previstas no § 1º, a instrução de recurso à Junta de Recurso- JR, a elaboração de parecer sobre as decisões proferidas pelas JR e Câmaras de Julgamento - CAJ e a implantação de decisões da JR e CAJ que reconheceram o direito e/ou revisão de benefício que envolva tempo de contribuição ou seguro em país acordante.

SUBSEÇÃO VII
DA REVISÃO

Art. 35. O requerimento de revisão poderá ser realizado pelos canais de atendimento remoto do INSS, "Central 135" ou Portal "Meu INSS".

Parágrafo único. A análise do pedido de revisão que envolva tempo de contribuição ou seguro em país acordante será realizada pela Agência da Previdência Social Atendimento Acordos Internacionais competente.

SEÇÃO II
DA MANUTENÇÃO DOS BENEFÍCIOS

SUBSEÇÃO I
DO PAGAMENTO

Art. 36. O pagamento dos benefícios concedidos no âmbito dos Acordos Internacionais ocorre nas seguintes modalidades:

I - se residente no Brasil, na rede bancária contratada pelo INSS para pagamento de benefícios;

II - se residente no exterior, com remessa dos valores à instituição financeira contratada pelo INSS, para depósito na conta corrente indicada pelo beneficiário em instituição financeira localizada em país com o qual o Brasil mantém Acordo Internacional de Previdência Social;

III - se residente no exterior, mas sem remessa dos valores ao país de residência, por meio de procurador constituído.

§ 1º A remessa dos pagamentos dos benefícios prevista no inciso II ocorrerá até o 2º dia útil subsequente de cada competência.

§ 2º No Sistema de Pagamento de Acordos Internacionais- SPAI, constará as informações sobre as operações realizadas, inclusive quanto à taxa de câmbio operada para a remessa dos valores ao exterior e as informações dos benefícios não pagos.

§ 3º Para pagamento dos benefícios no exterior, os créditos no SPAI poderão ter os seguintes status:

I - liberado: crédito para pagamento no exterior ou aguardando retorno da instituição financeira contratada pelo INSS;

II - inconsistente: crédito com informações incorretas de dados bancários ou cadastrais não liberado para pagamento no exterior;

III - pago: crédito transferido para instituição financeira final localizada no exterior;

IV - não pago: crédito retornado como não pago pela instituição financeira contratada pelo INSS devido a ocorrência de inconsistência no pagamento, sendo os principais motivos, dados bancários inválidos, óbito do titular ou conta encerrada.

§ 4º O benefício sem registro de dados bancários ou cadastrais no SPAI ficará com status de inconsistente e não fará parte do pagamento da competência.

§ 5º A inclusão dos dados bancários no SPAI, até a data do envio do arquivo de pagamento para a instituição financeira contratada, definida no calendário de pagamento dos benefícios no exterior, libera os pagamentos dos créditos que estiverem com a data de validade não expirada.

§ 6º Entende-se por instituição financeira contratada pelo INSS, aquela que presta serviço de envio dos pagamentos às instituições financeiras indicadas pelos segurados para que os valores do benefício sejam creditados nas respectivas contas correntes:

§ 7º Entende-se por instituição financeira final, aquela de escolha do segurado para que o pagamento do benefício seja creditado, localizada no exterior.

§ 8º O status do crédito de "não pago" no SPAI será registrado com o processamento do arquivo de retorno enviado pela instituição financeira contratada pelo INSS, após o recebimento da informação da instituição financeira final. O prazo para o envio das informações obedecerá aos prazos internacionais de cada instituição financeira final.

Art. 37. O titular de benefício brasileiro poderá solicitar a transferência do pagamento para recebimento no exterior, utilizando os canais remotos do INSS.

§ 1º A solicitação de TBM, nesses casos, poderá ser realizada através de requerimento eletrônico, no Portal "Meu INSS" ou na "Central 135", pelo serviço "Acordo Internacional - Solicitar Transferência de Benefício para Recebimento em Banco no Exterior".

§ 2º Deverá ser anexado à solicitação o "Formulário de Requerimento TBM ou alteração dos dados bancários" e o comprovante de titularidade da conta corrente no exterior.

§ 3º O pedido será distribuído para uma das APSAI, considerando o país de destino.

§ 4º Quando o beneficiário da Previdência Social brasileira com pagamento em banco no exterior retornar ao Brasil, poderá solicitar a transferência do pagamento do seu benefício para uma instituição financeira contratada pelo INSS.

SUBSEÇÃO II
DAS ATUALIZAÇÕES DE DADOS CADASTRAIS E/OU BANCÁRIOS

Art. 38. A atualização de dados cadastrais e/ou bancários de benefício de residente no exterior é solicitada pelo titular ou representante legal pelos canais remotos do INSS ou por meio do Organismo de Ligação estrangeiro, sendo necessário o preenchimento e anexação do formulário próprio, disponível no site do INSS.

Parágrafo único. Para fins de atualização dos dados cadastrais, deverá ser apresentado o documento de identificação e demais comprovantes das alterações ocorridas e para atualização dos dados bancários o comprovante de titularidade de conta corrente individual, com o respectivo código de transferência internacional, tais como IBAN, SWIFT, ABA, dentre outros.

SUBSEÇÃO III
DA PROCURAÇÃO

Art. 39. A procuração outorgada no exterior, para produzir efeito junto ao INSS, deverá ser:

I - legalizada pela Repartição Consular Brasileira, caso o país não seja signatário da Convenção de Haia;

II - apostilada quando originária de países signatários da Convenção de Haia.

§ 1º Quando o documento for originário da França, haverá a dispensa de legalização ou a aplicação de qualquer formalidade análoga, nos termos do Decreto nº 3.598, de 2000.

§ 2º A procuração emitida em idioma estrangeiro, particular ou pública, será acompanhada da respectiva tradução por tradutor público juramentado, exceto quando se tratar de documento redigido em língua portuguesa originário de países cuja língua oficial seja o português.

§ 3º A manutenção dos benefícios concedidos por totalização, no âmbito dos Acordos de Previdência Social, para residentes no Brasil, será direcionada para a APS de preferência do titular ou do procurador do beneficiário.

SUBSEÇÃO IV
DO IMPOSTO DE RENDA

Art. 40. Os benefícios de residentes no exterior possuem tributação diferenciada em virtude de sua residência de acordo com as normas expedidas pela Receita Federal do Brasil - RFB e dos Acordos Internacionais promulgados para evitar a dupla tributação e prevenir a evasão fiscal em matéria de impostos sobre a renda.

§ 1º Os beneficiários residentes ou domiciliados no exterior terão os rendimentos tributados na alíquota de 25% (vinte e cinco por cento) a título de imposto de renda retido na fonte.

§ 2º Havendo Acordo Internacional para evitar a dupla tributação e evasão fiscal em matéria de impostos sobre a renda celebrado entre o país de residência do beneficiário e o Brasil, deve-se observar, nesse instrumento, qual o país responsável pela tributação do imposto de renda, para aplicação da alíquota, prevista no § 1º.

§ 3º As isenções previstas na Lei nº 7.713, de 22 de dezembro de 1988, aplicam-se às pessoas físicas residentes ou domiciliadas no Brasil. (Acrescido pela Portaria DIRBEN/INSS 1.045/2022)

SUBSEÇÃO V
DO ÓBITO NO EXTERIOR

Art. 41. As Agências de Previdência Social - APS que recepcionarem certidão de óbito ocorrido no exterior deverão providenciar a cessação dos benefícios, observadas as regras de recepção de documento emitido no exterior.

Parágrafo único. No âmbito dos Acordos Internacionais, as APSAI devem observar as regras de isenção de legalização neles previstas.

Art. 42. Compete às APSAI de Acordos Internacionais a cessação de benefícios com remessa de créditos para o exterior em decorrência de óbito do titular, adotando os seguintes procedimentos:

I - cessação do benefício pelo motivo 13 em caso de apresentação da certidão de óbito do titular;

II - suspensão do benefício por suspeita de óbito, motivo 82 nos casos de não apresentação da certidão, emitindo a exigência para a apresentação;

III - adoção dos procedimentos de cobrança pós-óbito, caso necessário.

Parágrafo único. A cessação de benefícios concedidos no âmbito dos acordos internacionais ou com base unicamente nos períodos cumpridos sob a legislação brasileira, com apresentação de certidão de óbito emitida no exterior, deve ser registrada observando as suas peculiaridades.

SUBSEÇÃO VI
DA COBRANÇA PÓS ÓBITO

Art. 43. A comunicação de óbito de residente no exterior pelos familiares do titular do benefício falecido poderá ser por correspondência ou pelo Meu INSS, pelos Organismos de Ligação Estrangeiros por ofícios e/ou formulários ou ainda, listagem de devolução dos valores remetidos ao exterior.

Parágrafo único. os países acordantes poderão estabelecer de comum acordo rotina de batimento de dados para fins de identificação de óbitos ocorridos em seus territórios para a cessação dos benefícios.

Art. 44. Havendo a constatação de óbito de titular de benefício vinculado à Acordo Internacional, com indício de recebimento indevido após a data do óbito no exterior, deverão ser adotados os seguintes procedimentos:

I - proceder à cessação ou suspensão do benefício conforme disposto nos incisos I e II do art. 42;

II - verificar, no histórico de créditos do benefício, no Sistema de Pagamento de Acordos Internacionais - SPAI, se há informações de pagamento dos valores objeto da apuração;

III - elaborar a planilha de cálculos para obtenção dos valores atualizados, conforme art. 175 do Regulamento da Previdência Social- RPS, aprovado pelo Decreto nº 3.048, de 1999;

IV - expedir ofício de cobrança, dirigido aos herdeiros do titular do benefício, com os dados bancários do INSS para depósito dos valores.

§ 1º Adotado os procedimentos descritos no caput, devem ser observados os demais procedimentos previstos no Manual do Monitoramento Operacional de Benefícios, aprovado pela Resolução nº 276/PRES/INSS, de 1º de março de 2013, constantes na Seção VIII do Capítulo III, em relação a defesa e recurso.

§ 2º Caso seja requerida pensão por morte, os valores recebidos indevidamente deverão ser corrigidos e consignados na concessão do benefício, desde que o dependente seja devidamente comunicado.

§ 3º Transcorrido o prazo previsto no ofício de cobrança sem obtenção de resposta, deve-se solicitar ao Organismo de Ligação do País Acordante o último endereço atualizado do segurado falecido, expedindo-se o ofício de cobrança novamente, à vista das informações recebidas.

§ 4º Recebido o comprovante bancário da devolução dos valores recebidos após o óbito, a APSAI formalizará processo no SEI para a CAINT, anexando o comprovante de depósito, a indicação dos períodos e dos valores pagos indevidamente, para que seja possível a invalidação dos créditos nos sistemas corporativos, após a confirmação do recebimento dos valores pelo setor financeiro.

§ 5º Para eventos ocorridos no exterior, não cabe a comunicação à Polícia Federal do Brasil ou mesmo o envio à Seção/Serviço de Orçamento, Finanças e Contabilidade - SOFC, para fins de cobrança ao Agente Pagador.

§ 6º Caso não haja qualquer resposta, mesmo após o encaminhamento ao endereço informado pelo organismo de ligação, a apuração restará prejudicada, devendo o procedimento ser arquivado com as devidas justificativas que cada caso requer.

SUBSEÇÃO VII
DA REATIVAÇÃO DOS BENEFÍCIOS

Art. 45. A reativação dos benefícios mantidos no âmbito dos acordos internacionais segue a rotina prevista na legislação brasileira.

Parágrafo único. Após a apresentação dos documentos necessários, os valores pendentes de pagamento devem ser atualizados monetariamente e acertados por meio de complemento positivo.

SUBSEÇÃO VIII
REAJUSTAMENTO

Art. 46. Os valores dos benefícios em manutenção no âmbito dos acordos internacionais serão reajustados conforme disposto no art. 182 do Livro III - Manutenção de Benefício, aprovado pela Portaria nº 992, de 28 de março de 2022.

SEÇÃO III
DO INTERCÂMBIO DAS INFORMAÇÕES

Art. 47. O intercâmbio de informações para fins de aplicação dos Acordos Internacionais de Previdência Social deve ocorrer exclusivamente entre os Organismos de Ligação do Brasil e dos países acordantes.

Art. 48 Os documentos, formulários e certidões para aplicação do Acordo tramitados entre os Organismos de Ligação, em conformidade com a previsão expressa no próprio Acordo, são dispensados de legalização, autenticação consular ou formalidades similares como o apostilamento e tradução oficial.

Art. 49. A troca de informações entre os Organismos de Ligação poderá ocorrer no idioma oficial do país acordante e não deverá ser rejeitada por não estar redigida em português.

Art. 50. As instituições competentes ou os Organismos de Ligação dos países signatários do Acordo trocarão informações acerca de fatos relevantes à operacionalização, tais como:

I - reconhecimento de direito;

II - cessação de benefícios ou de cota parte de pensão;

III - validação de períodos de seguro ou cobertura;

IV - permanência ou retorno à atividade laboral;

V - óbito do beneficiário, titular ou dependente;

VI - dados relativos à incapacidade laboral;

VII - deslocamento temporário de trabalhador.

Parágrafo único. As cartas de indeferimento de benefícios deverão ser encaminhadas juntamente com o Formulário de Ligação e ofício expedidos, devendo o motivo ser devidamente esclarecido à outra parte acordante, não podendo conter informações genéricas que impossibilitem o entendimento do motivo do indeferimento.

Art. 51. Desde que previamente acordada entre os países acordantes, poderá haver a troca de informações eletrônicas, ou outro meio que permita a celeridade na comunicação, observada a Lei Geral de Proteção de Dados - LGPD.

§ 1º Podem ser tramitados na forma prevista no caput, formulários e documentos referentes ao reconhecimento e manutenção de direitos e certificados de deslocamento temporário inicial, prorrogação, retificação ou de exceção dentre outros documentos necessários à aplicação dos Acordos Internacionais.

§ 2º O Sistema Eletrônico de Informações - SEI poderá ser utilizado pelas APSAI de Acordos Internacionais para gerar os documentos para a troca de informações com os países acordantes.

§ 3º Os formulários e certificados gerados no SEI para a tramitação com os países acordantes devem:

I - ter nível de acesso restrito quando tratar de informações pessoais, nos termos do art. 31 da Lei nº 12.527, de 18 de novembro de 2011, principalmente documentação relativa à validação do tempo de contribuição ou certificado de deslocamento temporário; e

II - ser assinados digitalmente pelo Gerente da APSAI.

§ 4º As APSAI devem manter o endereço eletrônico específico para se comunicar com os Organismos de Ligação, sendo vedada a troca de informações com a utilização de endereço eletrônico pessoal.

Art. 52. No âmbito do Acordo Multilateral de Seguridade Social do MERCOSUL, a tramitação das solicitações dos requerentes e a validação dos períodos de seguro ou cobertura devem ser realizadas no Sistema de Troca de Informações Eletrônicas - SIACI, conforme Anexo II. (Redação dada pela Portaria DIRBEN/INSS 1.045/2022)

§ 1º Consideram-se autênticos quanto ao seu conteúdo e autoria os documentos e imagens a serem transmitidos via SIACI, oriundos dos Organismos de Ligação reconhecidos no Acordo Multilateral de Seguridade Social do Mercosul.

§ 2º Também será considerada autêntica a documentação complementar anexada aos formulários tramitados por meio de sistema, que se comunique por outros meios, sempre que contenha os mesmos mecanismos de autenticidade e segurança previstos para a transmissão de formulários.

Art. 53. Os requerimentos, notificações, defesas e recursos apresentados na Instituição Competente/Organismo de Ligação do país acordante serão considerados como tendo sido apresentados na Instituição Competente/Organismo de Ligação brasileiro.

§ 1º As notificações, defesas e recursos devem ser encaminhados ao segurado ou seu representante legal e obedecerão aos prazos previstos nos Acordos Internacionais de Previdência Social ou nos Ajustes Administrativos, contudo, não havendo previsão expressa nesses atos, observarão os prazos previstos na legislação brasileira.

§ 2º O início da contagem do prazo, exceto se disposto de forma diversa no Acordo Internacional de Previdência Social ou Ajuste Administrativo, será a data de recebimento da correspondência pelo segurado, constante no AR. A data do cumprimento a ser considerada será a da entrega da documentação na Instituição Competente/Organismo de Ligação do país acordante, ou da postagem da correspondência para envio ao Brasil.

CAPÍTULO III
DO DESLOCAMENTO TEMPORÁRIO

Art. 54. O empregado de empresa com sede em um dos países acordantes, que for enviado ao território do outro, pelo período previsto no Acordo, continuará sujeito à legislação previdenciária do país de origem, desde que seja emitido o Certificado de Deslocamento Temporário que deverá ser requerido pelo empregador, observando-se as seguintes disposições:

I - a solicitação do Certificado de Deslocamento Temporário de brasileiros poderá ser realizada nos canais de atendimento remoto do INSS, "Central 135" ou Portal "Meu INSS". O requerimento deve ser realizado antes da efetiva saída do trabalhador do Brasil;

II - a emissão do Certificado de Deslocamento Temporário, considerando o País Acordante de destino, será de responsabilidade do organismo de ligação brasileiro competente de acordo com a atribuição de competência estabelecida pelo presidente do INSS, em ato próprio;

III - fica a cargo da Instituição competente ou do Organismo de Ligação no exterior a emissão do certificado de deslocamento temporário para estrangeiro em deslocamento ao Brasil, considerando o contido no caput deste artigo

Art. 55. Havendo previsão expressa no Acordo Internacional, o deslocamento temporário do trabalhador poderá ser prorrogado, desde que haja autorização da autoridade competente ou organismo de Ligação do país de destino

Art. 56. As autoridades competentes ou a instituição competente dos países acordantes, por consentimento mútuo, podem fazer exceções à aplicação dos dispositivos previstos para os deslocamentos temporários, com relação a quaisquer pessoas ou categorias de pessoas, desde que estejam sujeitas à legislação de uma das partes.

§ 1º As regras previstas no caput estendem-se ao trabalhador por conta própria, desde que haja previsão expressa no Acordo de Previdência para esta categoria de trabalhador.

§ 2º Solicitações de deslocamento temporário com regras de exceção devem ser submetidas à Diretoria de Benefícios do INSS para autorização.

§ 3º Os formulários relativos ao deslocamento temporário podem ser encontrados no site oficial do INSS.

Art. 57 A emissão de Certificado de Deslocamento Temporário torna-se desnecessária, exceto quando houver previsão contrária no Acordo Internacional, nas seguintes situações:

I - membros da tripulação de voo das empresas de transporte aéreo que continuarão sujeitos à legislação vigente no Estado em cujo território a empregadora tenha sede;

II - membros de tripulação de navios que ostente a bandeira de um dos Estados Contratantes que estarão sujeitos às disposições vigentes deste Estado;

III - pessoa que exerça atividade por conta de outrem, a bordo de um navio com bandeira de uma das Partes Contratantes, sendo remunerada em função dessa atividade por uma empresa ou pessoa física equiparada à empresa, que tenha sua sede no território da outra Parte Contratante, continuará submetida à legislação desta última Parte:

IV - qualquer outra pessoa que o navio empregue em tarefa de carga e descarga, conserto ou vigilância, quando no porto, estará sujeita à legislação do Estado sob cujo âmbito jurisdicional se encontre atracado este navio; e

V - membros das Representações Diplomáticas e Consulares, Organismos Internacionais e demais funcionários, empregados e trabalhadores a serviço dessas Representações ou a serviço pessoal de algum de seus membros, que serão regidos, no tocante à Previdência Social, pelas Convenções e Tratados que lhes sejam aplicáveis.

Art. 58. Desde que respeitadas as condições estabelecidas pelos Acordos Internacionais de Previdência Social vigentes, o empregado deslocado temporariamente ao Brasil não deve ser considerado segurado do Regime Geral de Previdência Social - RGPS, não havendo, por conseguinte, contribuição previdenciária a cargo da Empresa (Patronal, Seguro Acidente do Trabalho - SAT e Sistema S). (Redação dada pela Portaria DIRBEN/INSS 1.045/2022)

Parágrafo único. As contribuições de terceiros, por terem natureza parafiscal, e não previdenciária, não estão previstas na isenção do Acordo, fazendo-se necessária para a correta avaliação de incidência do tributo, observar a redação específica da contribuição de terceiro a que está sujeita a empresa.

Art. 59. Para aplicação do Acordo Multilateral de Seguridade Social do MERCOSUL, foram aprovados os seguintes critérios para o deslocamento temporário, em conformidade com o art. 5º dos Critérios para aplicação deste Acordo:

I - o prazo dos deslocamentos temporários previstos pelo inciso I do art. 5º do Acordo Multilateral não poderá ser prorrogado por mais de doze meses e deve ser previamente autorizado pela autoridade competente ou instituição delegada pelo estado receptor.

II - o prazo inicial e de prorrogação poderão ser utilizados de forma fracionada.

III - em virtude do caráter excepcional do regime de deslocamento temporário, uma vez utilizado o prazo máximo de 24 (vinte e quatro) meses, não poderá ser concedido ao mesmo trabalhador um novo período de amparo a este regime.

IV - para os fins da alínea "a" do art. 5º do Acordo, serão consideradas como tarefas profissionais, de pesquisa, científicas, técnicas ou de direção, aquelas relacionadas a situações de emergência, transferência de tecnologia, prestação de serviços de assistência técnica, funções de direção geral, de gerenciamento, de supervisão, de assessoramento a funções superiores da empresa, de consultoria especializada e similares.

V - é facultado ao Estado Parte receptor dos trabalhadores deslocados temporariamente, solicitar que além do certificado previsto no art. 3º do Ajuste Administrativo seja apresentada documentação que certifique que o Trabalhador possui qualificação ou as qualidades exigidas pela alínea "a" do inciso 1 do art. 5º do Acordo Multilateral de Seguridade Social do Mercosul, assim como declaração da empresa receptora relativa à atividade que será desempenhada pelo trabalhador no território do Estado Parte receptor.

CAPÍTULO IV
DA SAÚDE

Art. 60. A prestação de assistência médica no país de destino dos segurados filiados ao RGPS e seus dependentes está prevista nos Acordos de Previdência Social firmados entre o Brasil e os países: Cabo Verde, Itália e Portugal.

§ 1º Para os países signatários do Acordo Multilateral de Seguridade Social do Mercosul, a assistência médica está prevista para o trabalhador empregado que estiver em deslocamento temporário.

§ 2º A responsabilidade pela emissão do Certificado de Direito à Assistência Médica - CDAM, que garante o atendimento no país de destino é do Sistema Único de Saúde - SUS. Informações complementares são obtidas no site oficial do Ministério da Saúde.

ANEXO I – (TIMBRE DO ÓRGÃO OU ENTIDADE EMITENTE)

DECLARAÇÃO DE TEMPO DE CONTRIBUIÇÃO AO RPPS PARA APLICAÇÃO DE ACORDOS INTERNACIONAIS DE PREVIDÊNCIA SOCIAL

ÓRGÃO EXPEDIDOR:	CNPJ:

DADOS PESSOAIS:

NOME:		
RG:	ORGÃO EXPEDIDOR:	DATA EXPEDIÇÃO:
CPF:	TÍTULO DE ELEITOR:	PIS/PASEP:
DATA DE NASCIMENTO:	NOME DA MÃE:	
ENDEREÇO:		

DADOS FUNCIONAIS

APOSENTADO: ( ) NÃO ( ) SIM	DATA APOSENTADORIA:
CARGO EFETIVO:	
ORGÃO DE LOTAÇÃO:	
DATA DE ADMISSÃO:	MATRÍCULA:

DADOS DO BENEFÍCIO

BENEFÍCIO A SER REQUERIDO:

PERÍODOS DE CONTRIBUIÇÃO AO RPPS

DE ____/____/________ A _____/____/________
FONTE DE INFORMAÇÃO:
DECLARO que até esta data o servidor conta, de efetivo exercício prestado neste Órgão, o tempo líquido de contribuição de ___ dias, correspondente a ___ anos, ___ meses e ___ dias.

Lavrei esta Declaração, que não contém emendas nem rasuras. ______________________________ Assinatura e carimbo do servidor Nome/Matrícula/Cargo	Visto do Dirigente do Órgão ______________________________ Assinatura e carimbo do dirigente Nome/Matrícula/Cargo
LOCAL E DATA:	
OBSERVAÇÕES / OCORRÊNCIAS:	

UNIDADE GESTORA DO RPPS

HOMOLOGO a presente Declaração de Tempo de Contribuição ao RPPS e declaro que as informações nela constantes correspondem à verdade. Local e data: ______________________________ Assinatura e carimbo do Dirigente da UG

ANEXO II – PORTARIA DIRBEN/INSS Nº 995, DE 28 DE MARÇO DE 2022

› (Acrescido pela Portaria DIRBEN/INSS 1.045/2022)

Dispõe sobre regras de aplicação para o Acordo Multilateral de Seguridade Social do MERCOSUL

DO SISTEMA DE ACORDOS INTERNACIONAIS

1- No âmbito do Acordo Multilateral de Seguridade Social do Mercosul, em conformidade com a reunião realizada em Assunção, no Paraguai, nos dias 30 e 31/07/2007, da Comissão Multilateral Permanente - COMPASS, a tramitação das solicitações dos requerentes e a validação do tempo de contribuição entre os Organismos de Ligação devem ser realizados por meio do Sistema de Acordos Internacionais - SIACI.

1.1- Consideram-se autênticos quanto ao seu conteúdo e autoria os documentos e imagens transmitidos via SIACI, oriundos dos Organismos de Ligação reconhecidos no Acordo Multilateral de Seguridade Social do Mercosul.

1.2- Também será considerada autêntica a documentação complementar anexada aos formulários tramitados por meio de sistema, que se comunique por outros meios sempre que contenha os mesmos mecanismos de autenticidade e segurança previstos para a transmissão de formulários.

2- No SIACI existem 06 (seis) níveis de acesso às funcionalidades específicas, sendo que:

2.1- Usuário "A" (APS): realiza a inserção, edição e consulta do formulário MER-01 até que este esteja completamente preenchido e pronto para validação a ser realizada pelo usuário "C";

2.2- Usuário "B" (médico): realiza a inserção, edição, consulta e impressão do formulário MER-05. Após a transmissão do formulário MER-05, apenas a visualização e a impressão do formulário são permitidas.

2.3- Usuário "C" (Organismo de Ligação), realiza:

a) a validação, transmissão, leitura, consulta, visualização e impressão do formulário MER-01;

b) o preenchimento do formulário MER-01;

c) a inserção, edição, consulta, transmissão, leitura e impressão do formulário MER-02;

d) a consolidação de dois ou mais formulários MER-02.

2.3.1 - Nas atividades como usuário "C", deve-se observar que:

a) a inserção do formulário MER-02 só pode ser realizada caso o formulário MER-01 a ele associado já esteja validado ou lido;

b) após a transmissão de qualquer dos formulários, será permitida apenas a visualização ou a impressão dos formulários transmitidos, tanto para o emissor quanto para o receptor;

c) quanto ao formulário MER-05, o usuário "C" apenas tem permissão para transmissão e recebimento, sem a possibilidade de visualização.

2.4- Usuário "Administrador", realiza:

a) a inserção, remoção, edição e consulta aos usuários do sistema;

b) a inserção, remoção, edição e consulta às informações de configuração do sistema.

2.5- Usuário "D" (OISS): realiza a consulta e emite relatórios de tramitação dos formulários MER.

2.6- Usuário "E": realiza a consulta e emite relatórios de tramitação dos formulários MER relacionados ao seu país.

3- O SIACI prevê 06 (seis) status para a tramitação dos formulários:

a) pendente de preenchimento/em preenchimento;

b) pendente de validação/preenchido;

c) pendente de transmissão/validado;

d) transmitido;

e) recebido;

f) lido.

DOS CRITÉRIOS PARA APLICAÇÃO DO ACORDO MULTILATERAL DO MERCOSUL

4 - Para a operacionalização do Acordo Multilateral de Seguridade Social do MERCOSUL, nos Critérios para aplicação do Acordo, foram acrescidas as alíneas a, b e c e os parágrafos 2º e 3º na redação do art. 5º, conforme a Resolução da Comissão Multilateral Permanente - CMP nº 5, de 31/07/2007, destacados a seguir:

Art. 5º

a) o prazo dos deslocamentos temporários previstos pelo inciso I do art. 5º do Acordo Multilateral não poderá ser prorrogado por um prazo total maior que doze meses, previamente autorizado pela autoridade competente ou instituição delegada pelo estado receptor;

b) tanto o prazo original quanto o de prorrogação poderão ser utilizados de forma fracionada;

c) em virtude do caráter excepcional do regime de deslocamento temporário, uma vez utilizado o prazo máximo de 24 (vinte e quatro) meses, não poderá ser concedido ao mesmo trabalhador um novo período de amparo a este regime;

§ 2º Para os fins da alínea a do Art. 5 do Acordo, serão consideradas como tarefas profissionais, de pesquisa, científicas, técnicas ou de direção, aquelas relacionadas a situações de emergência, transferência de tecnologia, prestação de serviços de assistência técnica, funções de direção geral, de gerenciamento, de supervisão, de assessoramento a funções superiores da empresa, de consultoria especializada e similares. (parágrafo acrescentado pela Resolução CMP nº 5, de 31/7/2007).

§ 3º É facultado ao Estado Parte receptor dos trabalhadores deslocados temporariamente solicitar que além do certificado previsto no art. 3º do Ajuste Administrativo seja apresentada documentação que certifique que o trabalhador possui qualificação ou as qualidades exigidas pela alínea •a• do inciso 1 do art. 5º do Acordo Multilateral de Seguridade Social do Mercosul, assim como declaração da empresa receptora relativa à atividade que será desempenhada pelo trabalhador no território do Estado Parte receptor. (parágrafo acrescentado pela Resolução CMP nº 5, de 31/7/2007)

ANEXO III – PORTARIA DIRBEN/INSS Nº 995, DE 28 DE MARÇO DE 2022

› (Acrescido pela Portaria DIRBEN/INSS 1.045/2022)

DISPÕE SOBRE AS REGRAS DE APLICAÇÃO PARA O ACORDO DE SEGURIDADE SOCIAL OU SEGURANÇA SOCIAL FIRMADO ENTRE O BRASIL E PORTUGAL

Considerando a Décima Primeira Reunião da Comissão Mista realizada em Portugal, no período de 15 a 21 de dezembro de 2004, ficam estabelecidas as seguintes rotinas operacionais ao Acordo Internacional Brasil/Portugal:

1- Fica dispensado o envio de cópias autenticadas dos documentos de identificação do segurado, quando estes registros constarem do formulário de ligação enviado pelo Organismo de Ligação, conforme previsto no item 4 do artigo 12 do Ajuste Administrativo ao Acordo de Seguridade Social ou Segurança Social, firmado entre o Governo da República Federativa do Brasil e o Governo da República Portuguesa, de 07 de maio de 1991, em vigor desde 25 de março de 1995.

2- Quando se tratar de pedido de pensão por morte, poderá ser aceita a Certidão de Óbito ou a Certidão de Nascimento/Casamento desde que conste a averbação de óbito e que tenha o carimbo e/ou marca d'água de uma Conservatória de Registro Civil de Portugal, tendo em vista que em Portugal são averbadas na Certidão de Nascimento/Casamento todas as ocorrências que envolvam modificação de estado civil até o óbito da pessoa.

3- A comunicação dos óbitos dos segurados residentes em Portugal, e que recebem benefícios brasileiros, poderá ocorrer entre os Organismos de Ligação de ambos os países, visando a cessação dos benefícios.

4- Para a comprovação de união de fato para fins do reconhecimento de direito brasileiro, poderá ser aceito o Atestado da Junta de Freguesia que confirma judicialmente este tipo de união em Portugal, sem prejuízo de mais dois documentos comprobatórios, conforme previsto na legislação brasileira.

5- A Certidão de Casamento Católico de Portugal poderá ser aceita como documento para o reconhecimento do direito quando averbado nos Conservatórios de Registro Civil, que produz efeitos na ordem jurídica civil daquele país.

6- O não cumprimento das exigências em prazo superior a 120 (cento e vinte) dias por parte do país acordante poderá possibilitar aos Organismos de Ligação de ambos os países a troca de correspondências oficiais, a fim de que sejam atendidos os requisitos necessários à concessão do benefício.

7- As cartas de indeferimento de benefícios deverão ser encaminhadas juntamente com o Formulário de Ligação e ofício expedidos, devendo o motivo ser devidamente esclarecido à outra parte acordante, não podendo conter informações genéricas que impossibilitem o entendimento do motivo do indeferimento.

8- Na legislação portuguesa existem os períodos equiparados para os quais não há exercício efetivo de atividade profissional, contudo são considerados períodos de seguro pela respectiva legislação para fins de totalização, mesmo sem haver o respectivo pagamento das contribuições.

8.1 - Esses períodos se referem à concessão de prestações como: subsídio de doença, subsídio de desemprego, prestação de serviço militar, dentre outros e devem ser indicados no quadro 8, campo 8.1, do formulário de ligação pelo Organismo Português.

8.2- Os respectivos períodos são computados para fins de totalização, exceto para a aposentadoria por tempo de contribuição no Brasil, visto que não são considerados como efetivo exercício de atividade conforme acordado na reunião da Comissão Mista Luso brasileira de 20 a 24 de abril de 1998.

ANEXO IV – PORTARIA DIRBEN/ INSS Nº 995, DE 28 DE MARÇO DE 2022

- (Acrescido pela Portaria DIRBEN/INSS 1.045/2022)

DISPÕE SOBRE APLICAÇÃO DOS ACORDOS, NO PLANO JURÍDICO INTERNO, QUANDO ESTES POSSUÍREM CLÁUSULA CONVENCIONAL QUE ALCANCE A LEGISLAÇÃO DOS REGIMES PRÓPRIOS DE PREVIDÊNCIA SOCIAL - RPPS

1- Os Acordos Internacionais de Previdência Social celebrados pelo Brasil preveem, no âmbito de aplicação material, a legislação do Regime Geral de Previdência Social - RGPS e para alguns, a do Regime Próprio de Previdência Social - RPPS, para alcançar a elegibilidade aos benefícios previdenciários com regras de totalização de períodos de seguro.

2- A Portaria nº 1.467, de 02 de junho de 2022, disciplina os parâmetros e as diretrizes gerais para organização e funcionamento dos Regimes Próprios de Previdência Social dos servidores públicos da União, dos Estados, do Distrito Federal e dos Municípios, em cumprimento à Lei nº 9.717, de 1998, aos arts. 1º e 2º da Lei nº 10.887, de 2004 e à Emenda Constitucional nº 103, de 2019 e dispõe sobre a aplicação dos Acordos Internacionais no âmbito dos RPPS, com as seguintes regras:.

2.1- Regime Instituidor/Instituição Competente: RPPS:

2.1.1- O RPPS será o regime instituidor do benefício a ser concedido por totalização e atuará como Instituição Competente, respondendo pela aplicação da norma internacional em cada caso concreto, quando, no momento da aplicação do Acordo, a pessoa interessada mantiver vínculo atual com o RPPS na condição de servidor público titular de cargo efetivo ou seu dependente.

2.1.2- O INSS, neste caso, manterá a condição de Organismo de Ligação para aplicação do Acordo Internacional de Previdência Social.

2.1.3- O formulário de ligação encaminhado pelo INSS ao RPPS, cujo período de seguro tenha sido validado pelo Organismo de Ligação do Estado Acordante, será considerado documento hábil para fins de registro no RPPS, cálculo da prestação teórica e da prestação proporcional do benefício a ser concedido por totalização, sendo necessários os seguintes procedimentos:

a) recebido o formulário de solicitação o RPPS encaminhará ao Organismo de Ligação brasileiro a validação do tempo de contribuição para aquele Regime, certificado por meio do formulário constante no anexo I desta Portaria, junto com o formulário de solicitação recebido;

b) após a transcrição do tempo de contribuição validado pelo RPPS no formulário de ligação, o Organismo de Ligação brasileiro competente o encaminhará ao País Acordante;

c) a validação do tempo de contribuição do País Acordante será encaminhada à Instituição Competente do RPPS pelo Organismo de Ligação competente brasileiro, visando a análise e conclusão do pedido;

d) o reconhecimento do direito ficará a cargo da Instituição Competente do RPPS, bem como o pagamento do benefício que deverá ser realizado diretamente ao beneficiário.

2.1.4-Se o segurado filiado a RPPS requerer, para fins de aplicação de Acordo Internacional, além do cômputo do período de seguro cumprido no Estado Acordante, a contagem recíproca de tempo de contribuição para o RGPS ou outro RPPS, como regimes de origem, esse tempo nacional, mediante a expedição de Certidão de Tempo de Contribuição - CTC, será passível de compensação financeira nos termos da Lei nº 9.796, de 1999.

3- Regime Instituidor/Instituição Competente: RGPS:

3.1- O Regime Geral de Previdência Social - RGPS será o regime instituidor quando, no momento da aplicação do Acordo, o interessado estiver vinculado ao sistema previdenciário do País Acordante e possuir vinculação anterior ao RPPS, inclusive, quando o interessado não tenha filiação anterior ao RGPS.

3.2- Para fins de aplicação do Acordo, o Organismo de Ligação brasileiro deverá:

a) verificar no formulário de solicitação se o requerente possui tempo de contribuição ao RGPS;

b) analisar a Certidão de Tempo de Contribuição apresentada pelo segurado, relativa ao RPPS de vinculação, para envio da validação do tempo de contribuição brasileiro, em formulário próprio, ao País Acordante;

c) analisar e concluir o pedido, considerando a validação do tempo de seguro do País Acordante.

3.3 Para o reconhecimento de direito, o INSS exigirá do RPPS de origem, para fins de contagem recíproca do tempo de contribuição e posterior compensação financeira, a CTC, relativa ao tempo de vínculo no RPPS que venha a ser considerado período de seguro válido nos termos do Acordo Internacional de Previdência Social.

3.4- Como regime instituidor o RGPS ficará com a responsabilidade da análise e conclusão do benefício e, para os casos concedidos, do pagamento do benefício diretamente ao beneficiário. Os dois Regimes farão a compensação financeira do período de contribuição nacional, na forma da Lei nº 9.796, de 5 de maio de 1999.

3.5- O Regime instituidor será o responsável pela concessão e pagamento da prestação proporcional do benefício brasileiro, na condição de Instituição Competente, no âmbito do Acordo Internacional.

3.6- Quando o RPPS for o Regime Instituidor, a realização de perícia médica, quando necessária, para requerente residente no Brasil, ficará a cargo do RPPS, com a utilização do formulário próprio firmado entre os Países Acordantes.

DECRETO Nº 11.857, DE 26 DE DEZEMBRO DE 2023

Promulga o Acordo de Segurança Social entre a República Federativa do Brasil e a República de Moçambique, firmado em Maputo, em 11 de maio de 2017.

O PRESIDENTE DA REPÚBLICA, no uso da atribuição que lhe confere o art. 84, caput, inciso IV, da Constituição, e

Considerando que o Acordo de Segurança Social entre a República Federativa do Brasil e a República de Moçambique foi firmado em Maputo, em 11 de maio de 2017;

Considerando que o Congresso Nacional aprovou o Acordo por meio do Decreto Legislativo nº 141, de 13 de outubro de 2022; e

Considerando que o Acordo entrou em vigor para a República Federativa do Brasil, no plano jurídico externo, em 1º de novembro de 2023, nos termos de seu Artigo 29;

DECRETA:

Art. 1º Fica promulgado o Acordo de Segurança Social entre a República Federativa do Brasil e a República de Moçambique, firmado em Maputo, em 11 de maio de 2017, anexo a este Decreto.

Art. 2º São sujeitos à aprovação do Congresso Nacional atos que possam resultar em revisão do Acordo e ajustes complementares que acarretem encargos ou compromissos gravosos ao patrimônio nacional, nos termos do inciso I do caput do art. 49 da Constituição.

Art. 3º Este Decreto entra em vigor na data de sua publicação.

Brasília, 26 de dezembro de 2023; 202º da Independência e 135º da República.

LUIZ INÁCIO LULA DA SILVA

Maria Laura da Rocha

ACORDO DE SEGURANÇA SOCIAL ENTRE A REPÚBLICA FEDERATIVA DO BRASIL E A REPÚBLICA DE MOÇAMBIQUE

República Federativa do Brasil

e

A República de Moçambique,

doravante denominados Partes Contratantes,

Imbuídos do desejo de estabelecer normas que regulem as relações entre os países em matéria de Segurança Social,

Decidem celebrar o presente Acordo de Segurança Social nos seguintes termos:

TÍTULO I
DISPOSIÇÕES GERAIS

Artigo 1º

Definições

1. Os termos que se seguem têm, para os efeitos da aplicação do Acordo, os seguintes significados:

a) "Partes Contratantes" ou "Partes": a República de Moçambique e a República Federativa do Brasil;

b) "Legislação": leis, regulamentos e demais atos normativos pertinentes ao campo de incidência material do Acordo, tal como definido no Artigo 2º do presente Acordo;

c) "Autoridade Competente": na República de Moçambique, o Ministro que superintende a área da Segurança Social; na República Federativa do Brasil, o Ministro de Estado da Fazenda;

d) "Instituição Competente": em relação a Moçambique, o Instituto Nacional de Segurança Social (INSS) e em relação ao Brasil, o Instituto Nacional do Seguro Social (INSS);

e) "Organismo de Ligação": os Órgãos como tal definidos pela Instituição Competente;

f) "Trabalhador": toda a pessoa que exerça ou tenha exercido uma atividade remunerada por conta de outrem ou por conta própria, sujeita à legislação referida no Artigo 2º do presente Acordo;

g) "Tempo de contribuição": qualquer período considerado como tal pela legislação à qual a pessoa esteve ou está subordinada em cada uma das Partes Contratantes;

h) "Prestações": qualquer benefício previsto na legislação referida no Artigo 2º do presente Acordo, incluindo qualquer complemento, suplemento ou revalorização; e

i) "Previdência Social" para o Brasil e "Segurança Social" para Moçambique: são expressões equivalentes, utilizadas pelas respectivas Partes para os fins deste Acordo.

2. Os demais termos e expressões utilizados no Acordo têm o significado que lhes for atribuído pela legislação aplicável.

Artigo 2º

Âmbito de aplicação material

1. O presente Acordo será aplicado:

I) Por parte de Moçambique, à legislação sobre Segurança Social Obrigatória, no que se refere às seguintes prestações:

a) pensão de invalidez;

b) pensão de velhice;

c) pensão de sobrevivência;

d) subsídio por doença.

II) Por parte do Brasil, às legislações do Regime Geral de Previdência Social e dos Regimes Próprios de Previdência no Serviço Público, observado o disposto no número 2 do Artigo 13 do presente Acordo, no que se refere às seguintes prestações:

a) aposentadoria por invalidez;

b) aposentadoria por idade;

c) pensão por morte; e

d) auxílio-doença

2. O presente Acordo aplica-se igualmente às disposições legais que:

a) no futuro complementem ou modifiquem aquelas mencionadas no número anterior;

b) estabeleçam um novo Regime de Segurança Social ou que incluam dentro dos regimes vigentes de uma Parte novas categorias de trabalhadores, salvo se uma das Partes comunicar à outra sua recusa no prazo de até 6 (seis) meses, contado desde a data da notificação das respectivas modificações.

Artigo 3º

Âmbito de aplicação pessoal

O presente Acordo abrange os trabalhadores que estejam ou tenham estado submetidos à legislação de uma ou de ambas as Partes, bem como aos seus dependentes cuja legislação assegure direitos em cada Parte.

Artigo 4º

Igualdade de tratamento

Nos limites do previsto no presente Acordo, as pessoas abrangidas ficam sujeitas às obrigações e aos direitos constantes das respectivas legislações nos mesmos termos assegurados aos nacionais.

Artigo 5º

Irredutibilidade do valor dos benefícios

1. As prestações não estão sujeitas a qualquer modificação em razão de o beneficiário residir no território da outra Parte ou em um terceiro país e serão efetivadas nas mesmas condições dadas aos nacionais que residam nesse terceiro país.

2. Se uma das Partes promulgar disposições que restrinjam a transferência de divisas, as duas Partes adoptarão, imediatamente, medidas necessárias para garantir a efetivação dos direitos derivados do presente Acordo.

TÍTULO II
DISPOSIÇÕES SOBRE A LEGISLAÇÃO APLICÁVEL

CAPÍTULO I
NORMAS GERAIS

Artigo 6º

Trabalhadores abrangidos

1. Os trabalhadores aos quais seja aplicável o presente Acordo estão sujeitos, exclusivamente, à legislação de Segurança Social da Parte Contratante em cujo território exerçam suas atividades laborais, salvo as exceções previstas no Artigo 7º.

2. Os direitos adquiridos pelas pessoas nos termos da legislação de uma das Partes Contratantes são mantidos por essa Parte, mesmo quando o interessado estiver residindo no território da outra Parte.

3. O trabalhador de um órgão governamental em serviço no território da outra Parte, ficará sujeita à legislação da Parte que o contratou.

CAPÍTULO II
EXCEPÇÕES ÀS NORMAS GERAIS

Artigo 7º

Trabalhadores Deslocados

1. O trabalhador que, estando a serviço de uma empresa em uma das Partes Contratantes, for deslocado por essa empresa ao território da outra Parte para efetuar trabalho temporário, permanecerá submetido à legislação da primeira Parte desde que o período de trabalho temporário não ultrapasse 2 (dois) anos.

2. Se, por circunstâncias imprevistas, a duração do trabalho a ser realizado exceder a 2 (dois) anos, poderá continuar sendo aplicada a legislação do país de origem, por até mais 2 (dois) anos, desde que a Autoridade Competente do país de destino o autorize. A prorrogação somente será admitida uma única vez e o pedido deve ser formulado antes da expiração do período inicial do deslocamento.

3. Durante os períodos de deslocamento do trabalhador serão admitidas eventuais interrupções de, no máximo, 3 (três) meses, que, todavia, serão considerados como fazendo parte integrante do período de deslocamento.

4. O trabalhador que tenha sido deslocado pelo período de 2 (dois) anos, sem prejuízo da prorrogação, somente poderá obter um novo Certificado de Deslocamento por parte da Instituição Competente do país de origem, após decorrido o prazo de 12 (doze) meses contados do término do deslocamento anterior.

5. O trabalhador que exercer atividade por conta própria no território de uma Parte, e que realize trabalho temporário por sua conta no território da outra Parte, continuará a ser regido pela legislação do país de origem, desde que a duração do trabalho não exceda 1 (um) ano.

Artigo 8º

Pessoal de empresas de transporte aéreo internacional

O pessoal de voo contratado por empresas de transporte aéreo está sujeito à legislação da Parte onde a empresa tem a sua sede, salvo quando forem contratados por uma filial da empresa constituída na outra Parte, na qual o trabalhador tenha sua residência.

Artigo 9º

Tripulação em embarcações marítimas

1. Quando um trabalhador exercer a sua atividade laboral a bordo de um navio com bandeira pertencente a uma das Partes Contratantes, aplica-se a legislação dessa Parte.
2. O trabalhador que exerce atividade remunerada em empresa ou para pessoa sediada no território de uma das Partes Contratantes, a bordo de navio com bandeira da outra Parte, fica sujeito à legislação vigente no território da sede da empresa ou pessoa que o contrata.

Artigo 10

Trabalhadores de carga e descarga de navio

Os trabalhadores portuários empregados em trabalhos de carga e descarga e reparação ou inspeção de carga ficam sujeitos às disposições legais vigentes na Parte Contratante da sede do porto.

Artigo 11

Funcionários de missões diplomáticas e consulares

1. Este Acordo não afeta o disposto na Convenção de Viena sobre relações diplomáticas de 18 de Abril de 1961 e na Convenção de Viena sobre relações consulares de 24 de Abril de 1963.
2. Os nacionais de uma Parte Contratante enviados ao território da outra Parte como Membros do Pessoal Diplomático de uma Missão Diplomática ou como Funcionários Consulares de uma Repartição Consular dessa Parte Contratante estão sujeitos à legislação do país de origem.
3. O pessoal administrativo, técnico e de serviço auxiliar contratado localmente pelas Missões Diplomáticas ou Escritórios Consulares de cada uma das Partes, assim como o pessoal que trabalha para os membros daquelas representações, ficam sujeitas à legislação da Parte onde se encontra a missão.

Artigo 12

Ampliação das exceções

Mediante pedido fundamentado do trabalhador ou do empregador, as Autoridades Competentes podem, de comum acordo, autorizar exceções especiais em casos concretos, desde que não alterem o conteúdo deste Acordo.

TÍTULO III
REGRAS PARA RECONHECIMENTO DE DIREITOS E CÁLCULO DAS PRESTAÇÕES

CAPÍTULO I
DA TOTALIZAÇÃO DO TEMPO DE CONTRIBUIÇÃO

Artigo 13

Totalização do tempo de contribuição

1. O tempo de contribuição cumprido nas Partes Contratantes, em épocas diferentes, será totalizado para fins de reconhecimento de direito às prestações previstas neste Acordo.
2. Na hipótese de tempo de contribuição cumprido simultaneamente em ambas as Partes Contratantes, cada Parte considera o tempo de contribuição cumprido conforme a sua legislação e totaliza com o cumprido na outra Parte, desde que não se sobreponham.
3. O tempo de contribuição do trabalhador para outros regimes de segurança social existentes nas Partes Contratantes, exceto os de segurança social complementar aberta ou fechada, será assumido, para todos os efeitos, pela Instituição Competente de cada Parte e certificado a outra Parte como tempo de contribuição do regime de segurança social de que trata este Acordo, observada a legislação interna de cada Parte.

Artigo 14

Regras de cálculo

1. O trabalhador que tenha estado, alternadamente, submetido à legislação de uma e outra Parte Contratante terá direito às prestações previstas neste Acordo, nas seguintes condições:

a) se forem completados os requisitos exigidos pela legislação interna de uma Parte Contratante, a Instituição Competente desta Parte reconhece o direito à prestação, tendo em conta, unicamente, o tempo de contribuição cumprido nesta mesma Parte;

b) se não forem completados os requisitos exigidos pela legislação interna, a Instituição Competente de cada Parte reconhece o direito à prestação, totalizando o tempo de contribuição cumprido em ambas as Partes, desde que não se sobreponham, até o mínimo necessário para a elegibilidade à prestação; e

2. Efetuada a totalização, se resultar direito à prestação, para o cálculo do montante a pagar aplicam-se os seguintes procedimentos:

a) calcula-se, inicialmente, o montante da prestação à qual o trabalhador faria jus como se todo o tempo de contribuição totalizado, até o mínimo necessário para a elegibilidade à prestação, tivesse sido cumprido sob a sua própria legislação, mas tomando por base de cálculo os salários que deram origem às contribuições na Parte que concede a prestação (prestação teórica);

b) o valor do benefício é fixado aplicando-se à prestação teórica, calculada na forma da alínea anterior, a proporção existente entre o tempo de contribuição cumprido na Parte que calcula a prestação e a totalidade do tempo de contribuição cumprido em ambas as Partes (prestação pro rata temporis), até o mínimo necessário para a elegibilidade à prestação;

3. Quando o valor da prestação teórica for inferior ao mínimo estabelecido pela legislação da Parte concedente, a respectiva Instituição Competente aplicará sobre esse mínimo a proporção verificada na alínea b) (prestação pro rata temporis);

4. O tempo excedente ao mínimo não será considerado para qualquer efeito no âmbito deste Acordo, mesmo quando a legislação de uma das Partes contratantes estabelecer um tempo máximo de contribuição para o reconhecimento de uma prestação completa.

CAPÍTULO II
DISPOSIÇÕES COMUNS SOBRE AS PRESTAÇÕES

Artigo 15

Manutenção da qualidade de segurado

Se a legislação de uma Parte Contratante exigir que o reconhecimento do direito às prestações requeira que o trabalhador esteja sujeito a essa legislação no momento em que se verifica o fato gerador da prestação, entende-se cumprida essa condição se, ao verificar-se esse fato, o trabalhador esteja contribuindo ou recebendo prestação na outra Parte Contratante decorrente de contribuições próprias.

Artigo 16

Verificação de informação em caso de incapacidade

1. Para reconhecer a incapacidade física do trabalhador, as Instituições Competentes de cada uma das Partes Contratantes levam em conta os relatórios médicos periciais e os dados administrativos emitidos pela Instituição da outra Parte, sem prejuízo de exames complementares, se entenderem necessário.
2. Se a Instituição Competente de uma Parte Contratante solicitar à Instituição Competente da outra Parte a realização de exames médicos complementares, que sejam de seu exclusivo interesse, deverá assumir os custos de tais exames.

TÍTULO IV
DISPOSIÇÕES DIVERSAS, FINAIS E TRANSITÓRIAS

CAPÍTULO I
DISPOSIÇÕES DIVERSAS

Artigo 17

Factos e atos juridicamente relevantes

Os factos e atos juridicamente relevantes para o reconhecimento de um direito, benefício ou prestação serão reconhecidos pelas Partes independentemente do território em que tenham ocorridos, respeitada a legislação interna de cada Parte Contratante.

Artigo 18

Atualização das prestações

As prestações reconhecidas pela aplicação das normas deste Acordo serão atualizadas e reajustadas nos termos da legislação interna de cada uma das Partes Contratantes.

Artigo 19

Emissão de documentos e seus efeitos jurídicos

1. Os requerimentos, recursos, diligências e outros atos a cargo do interessado, que devam ser apresentados ou praticados em determinado prazo, em conformidade com a legislação de uma Parte, reputar-se-ão concretizados se apresentados no prazo previsto perante uma Autoridade Competente, Instituição Competente ou Organismo de Ligação da outra Parte.2. As Instituições Competentes estabelecerão

critérios, prazos e regras para a tramitação dos documentos mencionados no número anterior.

Artigo 20

Idioma a ser utilizado

Para a devida aplicação e cumprimento deste Acordo, as Autoridades Competentes, Instituições Competentes e Organismos de Ligação das duas Partes comunicar-se-ão diretamente entre si e com os interessados em português.

Artigo 21

Moedas e paridade cambial

As Instituições Competentes efetuarão o pagamento dos benefícios concedidos em decorrência deste Acordo, em moeda da Parte Contratante que realize o pagamento, conforme a paridade oficial da Parte que paga a prestação.

Artigo 22

Regulamento Administrativo

As Autoridades Competentes de ambas as Partes estabelecerão o Regulamento Administrativo para a implementação e execução do presente Acordo.

Artigo 23

Medidas administrativas

1. As Autoridades Competentes das duas Partes comprometem-se a notificar uma à outra as disposições legislativas e regulamentares que modifiquem a legislação interna de cada Parte que possam afetar a implementação ou execução deste Acordo.
2. As Instituições Competentes das duas Partes comprometem-se a tomar as seguintes medidas para o devido cumprimento do presente Acordo:

a) designar os Organismos de Ligação;
b) comunicar entre si as medidas adotadas internamente para a implementação e execução deste Acordo; e
c) prestar uma à outra a mais ampla colaboração técnica e administrativa para a implementação e execução deste Acordo, respeitada a legislação interna de cada Parte.

Artigo 24

Resolução de controvérsias

As Autoridades Competentes de ambas as Partes resolverão, conjuntamente, as controvérsias que possam surgir na interpretação e aplicação deste Acordo.

Artigo 25

Cooperação administrativa entre as Instituições Competentes

1. Na aplicação deste Acordo, as Instituições Competentes colaborarão mutuamente e atuarão da mesma forma como se implementassem sua própria legislação.
2. As Instituições Competentes de ambas as Partes Contratantes poderão solicitar, a qualquer momento, informações, documentos, relatórios médicos, provas documentais e leis que possam conduzir à aquisição, modificação, suspensão, extensão, extinção ou à manutenção dos direitos aos benefícios por elas reconhecidos.
3. O atendimento às solicitações que forem feitas pelas Instituições Competentes, quando encaminhadas por meios próprios da Segurança Social, será livre de encargos.

Artigo 26

Sigilo de Dados Pessoais Trocados

1. As Autoridades Competentes, as Instituições Competentes e os Organismos de Ligação de uma Parte transmitirão, em conformidade com suas leis e regulamentos, às Autoridades Competentes, Instituições Competentes ou Organismos de Ligação da outra Parte, as informações de que disponham sobre uma pessoa, necessárias à implementação deste Acordo, respeitadas as disposições legais e regulamentares relativas ao sigilo de dados.
2. Essas informações serão usadas exclusivamente para os fins previstos neste Acordo.
3. De comum acordo, as Instituições Competentes poderão adotar sistema eletrônico de certificação e transmissão de dados e documentos entre si, que servirá de meio de prova para os fins legais, desde que contemple os requisitos necessários de segurança digital da informação e de sua transmissão.
4. Os dados e documentos a que se refere o número anterior deste artigo incluem declarações relativas ao tempo de contribuição e benefícios a que tenha direito um segurado.
5. De comum acordo, as Instituições Competentes poderão estabelecer sistema eletrônico de controle de óbitos, com atualização realizada em periodicidade a ser definida entre as Partes, que dispensará a apresentação de certidão de óbito.

Artigo 27

Disposições gerais

Quaisquer atos administrativos, bem como documentos expedidos para a aplicação do presente Acordo serão dispensados dos procedimentos de autenticação consular e visto de legalização quando tramitados diretamente entre as Organismos de Ligação das Partes Contratantes.

CAPÍTULO II
DISPOSIÇÕES FINAIS E TRANSITÓRIAS

Artigo 28

Direitos anteriores à entrada em vigor deste Acordo

1. O tempo de contribuição cumprido antes da data de vigência deste Acordo será levado em consideração para a determinção do direito às prestações reconhecidas no âmbito deste Acordo.
2. A aplicação deste Acordo dará direito a prestações por atos e fatos ocorridos anteriormente à data de sua entrada em vigor, desde que não sejam prestações de pagamento único. Entretanto, os efeitos financeiros vigorarão a partir da data do requerimento.

Artigo 29

Ratificação e entrada em vigor

O presente Acordo entra em vigor no primeiro dia do segundo mês seguinte à data de recepção da última notificação, por escrito e por via diplomática, de que foram cumpridos todos os requisitos de direito interno das Partes Contratantes necessários para o efeito.

Artigo 30

Vigência e denúncia

1. O presente Acordo terá vigência por tempo indeterminado, salvo denúncia que deverá ser notificada por via diplomática, produzindo-se o término do Acordo, uma vez transcorridos 12 (doze) meses contados desde a data da notificação da denúncia.
2. No caso de término da vigência do Acordo, suas disposições continuarão sendo aplicadas relativamente aos direitos adquiridos sob seu âmbito, ainda que não tenham sido requeridos.

Feito em Maputo, aos 11 dias do mês de maio de 2017 em dois exemplares, em português, sendo os dois textos igualmente autênticos.

Pela República Federativa do Brasil

Pela República de Moçambique

DECRETO Nº 11.916, DE 14 DE FEVEREIRO DE 2024

Promulga o Acordo de Previdência Social entre a República Federativa do Brasil e a República da Índia, firmado em Nova Délhi, em 25 de janeiro de 2020.

O VICE-PRESIDENTE DA REPÚBLICA, no exercício do cargo de Presidente da República, no uso da atribuição que lhe confere o art. 84, caput, inciso IV, da Constituição, e

Considerando que o Acordo de Previdência Social entre a República Federativa do Brasil e a República da Índia foi firmado em Nova Délhi, em 25 de janeiro de 2020;

Considerando que o Congresso Nacional aprovou o Acordo por meio do Decreto Legislativo nº 76, de 17 de agosto de 2023; e

Considerando que o Acordo entrou em vigor para a República Federativa do Brasil, no plano jurídico externo, em 1º de janeiro de 2024, nos termos de seu Artigo 28;

DECRETA:

Art. 1º Fica promulgado o Acordo de Previdência Social entre a República Federativa do Brasil e a República da Índia, firmado em Nova Délhi, em 25 de janeiro de 2020, anexo a este Decreto.

Art. 2º São sujeitos à aprovação do Congresso Nacional atos que possam resultar em revisão do Acordo e ajustes complementares que acarretem encargos ou compromissos gravosos ao patrimônio nacional, nos termos do inciso I do caput do art. 49 da Constituição.

Art. 3º Este Decreto entra em vigor na data de sua publicação.

Brasília, 14 de fevereiro de 2024; 203º da Independência e 136º da República.

GERALDO JOSÉ RODRIGUES ALCKMIN FILHO

Maria Laura da Rocha

ACORDO DE PREVIDÊNCIA SOCIAL ENTRE A REPÚBLICA FEDERATIVA DO BRASIL E A REPÚBLICA DA ÍNDIA

A República Federativa do Brasil

e
a República da Índia
(doravante denominadas "Partes Contratantes"),
desejosas por reforçar as relações de amizade existentes entre os dois países e de regular a relação entre os dois países no que diz respeito aos benefícios e à cobertura da previdência social,
Acordam o seguinte:

PARTE I
DISPOSIÇÕES GERAIS

Artigo 1
Definições

1. Para os fins deste Acordo,

a) "Benefício" significa as prestações ou benefício pecuniário, incluindo qualquer suplemento ou reajustamento determinado pelas legislações especificadas no Artigo 2 do presente Acordo;

b) "Autoridade Competente" significa, em relação à República Federativa do Brasil (doravante, Brasil), o Ministério da Economia, na medida em que seja dele a responsabilidade de implementação do presente Acordo; e, em relação à República da Índia (doravante, Índia), o Ministro das Relações Exteriores, na medida em que seja dele a responsabilidade de implementação do presente Acordo;

c) "Instituição Competente"; significa em relação ao Brasil, a instituição ou o órgão responsável por implementar a legislação aplicável; e em relação à Índia, a Organização de Fundo de Previdência dos Funcionários;

d) "Organismo de Ligação" significa o órgão designado a efetuar a comunicação entre as Partes Contratantes e garantir o cumprimento das solicitações formuladas no âmbito do Acordo, bem como os devidos esclarecimentos às pessoas interessadas sobre os direitos e obrigações dele decorrentes;

e) "Governo" significa, em relação ao parágrafo 2 do Artigo 7, para o Brasil, a administração pública direta e indireta de qualquer dos poderes da União, dos Estados, do Distrito Federal e dos Municípios; e, para a Índia, as autoridades quase-governamentais, empresas do setor público e empreendimentos integrais;

f) "Legislação" significa, em relação ao Brasil, as leis e regulamentos, especificados no parágrafo 1 (a) do Artigo 2 ou quaisquer normas enquadradas dessa forma; e, em relação à Índia, as leis e regulamentos especificados no parágrafo 1 (b) do Artigo 2 ou quaisquer regras, esquemas, ordens ou notificações enquadradas dessa forma;

g) "Período de seguro" significa qualquer período de contribuição reconhecido como tal na legislação segundo a qual esse período foi concluído, bem como qualquer período reconhecido como equivalente a um período de contribuição sob essa legislação;

h) "Território" significa, em relação ao Brasil, o território da República Federativa do Brasil; e, em relação à Índia, o território da República da Índia;

i) "Nacional" significa, em relação ao Brasil, uma pessoa segundo a Constituição Federal e as Leis brasileiras; e, em relação à Índia, uma pessoa com nacionalidade indiana conforme a legislação indiana aplicável;

j) "Dependentes" significa as pessoas definidas conforme a legislação de cada Parte Contratante;

k) "Dados pessoais" significa qualquer informação relacionada a uma pessoa natural identificada ou identificável.

2. Qualquer termo não definido no presente Artigo tem o significado que lhe é atribuído pela legislação aplicável em cada Parte Contratante.

Artigo 2
Âmbito legal

1. Para os fins deste Acordo a legislação aplicável é:

a) em relação ao Brasil:

i) a legislação que rege o Regime Geral de Previdência Social, no que se refere aos benefícios de aposentadoria por idade, pensão por morte e aposentadoria por invalidez; e

ii) a legislação que rege os Regimes Próprios de Previdência Social dos Servidores Públicos, no que se refere aos benefícios de aposentadoria por idade, pensão por morte e aposentadoria por invalidez; e

b) em relação à Índia toda legislação concernente:

i) benefícios por idade e por morte; e

ii) a aposentadoria por invalidez total permanente.

2. Este Acordo também será aplicável a qualquer legislação que revogue, substitua, emende, suplemente ou consolide a legislação especificada no parágrafo 1 deste Artigo.

Artigo 3
Âmbito pessoal

Salvo disposição em contrário, este Acordo será aplicado a todas as pessoas que estão ou estiveram sujeitas à legislação de uma ou de ambas as Partes Contratantes, assim como a outros indivíduos cujos direitos derivem dessa pessoa, conforme a legislação aplicável a cada Parte Contratante.

Artigo 4
Igualdade de tratamento

Salvo disposição em contrário, todas as pessoas a quem este Acordo se aplica devem ser tratadas de maneira igualitária por uma Parte Contratante, no que diz respeito aos direitos e obrigações em matéria de elegibilidade e para pagamento de benefícios que resultem quer diretamente ao abrigo da legislação dessa Parte Contratante ou em virtude do presente Acordo.

Artigo 5
Exportação de Benefícios

1. Benefícios devidos segundo a legislação de uma das Partes Contratantes e por força deste Acordo serão pagos a pessoa que resida ou esteja no território da outra Parte Contratante.

2. Os benefícios sob a legislação de uma Parte Contratante e por força deste Acordo deverão ser pagos aos nacionais da outra Parte Contratante, que residem fora dos territórios de ambas as Partes Contratantes, sob as mesmas condições e da mesma forma que seriam pagos aos nacionais da primeira Parte Contratante que residem fora dos territórios das Partes Contratantes.

PARTE II
DISPOSIÇÕES EM MATÉRIA DE COBERTURA

Artigo 6
Objetivo e aplicação

1. O objetivo desta parte é o de assegurar que os empregadores e os empregados que estão sujeitos à legislação da Índia ou do Brasil não tenham uma obrigação dupla, em relação ao mesmo contrato de trabalho de um empregado.

2. Esta parte só se aplica quando um trabalhador ou o empregador estiverem sujeitos à legislação de ambas as Partes Contratantes, em relação ao trabalho do empregado ou à remuneração paga pelo trabalho.

Artigo 7
Diplomatas e Funcionários do Governo

1. O presente Acordo não prejudica as disposições da Convenção de Viena sobre Relações Diplomáticas de 18 de abril de 1961 ou da Convenção de Viena sobre Relações Consulares de 24 de abril de 1963.

2. Funcionários do Governo ou pessoas tratadas como tal de acordo com a legislação de uma Parte Contratante, aos quais o parágrafo 1 do presente Artigo não se aplica e que são enviados pelo Governo para trabalhar no território da outra Parte Contratante, estão sujeitos apenas à legislação da Parte Contratante que envia.

Artigo 8
Pessoas empregadas em transporte marítimo

Uma pessoa empregada como membro da tripulação de navio de bandeira pertencente a uma das Partes Contratantes está sujeita à legislação exclusivamente daquela Parte Contratante.

Artigo 9
Membros de tripulação de companhias aéreas

Os membros de tripulação de companhias aéreas que trabalham nos territórios de ambas as Partes Contratantes estão sujeitos somente à legislação da Parte Contratante em cujo território a empresa tenha sua sede. Entretanto, se essa empresa tiver uma subsidiária, representação permanente, filial ou agência de ligação no território da outra Parte Contratante, os membros da tripulação contratados por essa subsidiária, representação, filial ou agência de ligação estarão submetidos à legislação da Parte Contratante no qual a subsidiária, representação, filial ou agência de ligação se localizar.

Artigo 10
O cônjuge, companheiro ou filhos acompanhantes

Os dependentes que acompanham uma pessoa que é enviada ou deslocada para trabalhar no território de uma Parte Contratante e que está sujeita à legislação da outra Parte Contratante, deverão estar sujeitos à legislação da última Parte Contratante, a não ser que exerçam atividade remunerada no território da primeira Parte Contratante.

Artigo 11

Impedimento de dupla cobertura

1. Salvo disposição em contrário nos parágrafos 2 ou 4 do presente Artigo, se um empregado trabalhar no território de uma Parte Contratante, o empregador e o empregado devem, em relação ao trabalho e à remuneração paga pelo trabalho, estar sujeitos apenas à legislação dessa Parte Contratante.

2. Se um empregado:

a) estiver coberto pela legislação de uma das Partes Contratantes ("a primeira Parte Contratante"); e

b) for enviado por um empregador que está sujeito à legislação da primeira Parte Contratante para trabalhar no território da outra Parte Contratante ("a segunda Parte Contratante"); e

c) estiver trabalhando no território da segunda Parte Contratante no emprego do empregador ou uma entidade afim desse empregador; e

d) não estiver trabalhando de forma permanente no território da segunda Parte Contratante; e

e) um período de trinta e seis meses, com ou sem fracionamento, a partir do momento em que o empregado foi enviado para trabalhar no território da segunda Parte Contratante, não tiver decorrido; o empregador e o empregado estarão sujeitos apenas à legislação da primeira Parte Contratante em relação ao trabalho realizado e a remuneração paga por esse trabalho.

3. O período de trinta e seis meses mencionado no subparágrafo 2 (e) do presente Artigo pode ser prorrogado por mais vinte quatro meses, com ou sem fracionamento, com o consentimento mútuo por escrito das Autoridades Competentes de ambas as Partes Contratantes.

4. Uma pessoa que tenha estado sujeita às disposições dos parágrafos 2 e 3 deste Artigo, após o período de sessenta meses, com ou sem fracionamento, não estará sujeita novamente àquelas disposições, salvo se decorrido um ano do término do deslocamento anterior.

Artigo 12

Exceções

As Autoridades Competentes ou as Instituições Competentes das Partes Contratantes podem acordar, por escrito, exceções às disposições desta parte no que diz respeito a uma pessoa ou categoria particular de pessoas.

Artigo 13

Certificado de Cobertura

1. A Autoridade Competente da Parte Contratante ou a sua Instituição Competente emitirá, a pedido do empregador, um certificado comprovativo de que o empregado (incluindo os empregados das empresas do setor público e empreendimentos integrais) está sujeito à legislação daquela Parte Contratante e indicação da duração para a qual o certificado é válido, nos casos dos parágrafos 2 e 3 do Artigo 11.

2. A Instituição Competente da outra Parte Contratante terá o direito de receber uma cópia, a pedido.

PARTE III
DISPOSIÇÕES RELATIVAS A PRESTAÇÕES

SEÇÃO 1
DISPOSIÇÕES GERAIS

Artigo 14

Totalização de Períodos de Cobertura

1. Salvo disposição contrária neste Acordo, se uma pessoa não for elegível a um benefício considerando os períodos de cobertura cumpridos sob a legislação de uma das Partes Contratantes, os períodos de cobertura cumpridos sob a legislação da outra Parte Contratante serão considerados com a finalidade de permitir que essa pessoa seja elegível para um benefício, desde que os períodos de cobertura não se sobreponham e a pessoa não tenha optado pelo benefício de lump sum.

2. Se uma pessoa não for elegível para um benefício com base nos períodos de cobertura cumpridos ao abrigo da legislação das Partes Contratantes, agregados conforme previsto no parágrafo 1, deste Artigo, a elegibilidade dessa pessoa para esse benefício será determinada pela agregação desses períodos de cobertura e os períodos de cobertura concluídos ao abrigo da legislação de um terceiro Estado com o qual ambas as Partes Contratantes tenham assinado acordos de previdência social que prevejam a totalização dos períodos, desde que esses períodos não se sobreponham.

Artigo 15

Disposições sobre o cálculo dos benefícios

Quando, de acordo com a legislação de uma das Partes Contratantes, o direito ao benefício existir sem a aplicação do Artigo 14, a Instituição Competente dessa Parte Contratante determinará o valor do benefício apenas com base nos períodos de cobertura que serão levados em conta de acordo com essa legislação.

SEÇÃO 2
DISPOSIÇÕES RELATIVAS AOS BENEFÍCIOS DO BRASIL

Artigo 16

Totalização dos períodos de cobertura e cálculo dos benefícios brasileiros

1. Se uma pessoa não for elegível a um benefício considerando unicamente os períodos de cobertura cumpridos sob a legislação do Brasil, os períodos de cobertura cumpridos sob a legislação da Índia serão também considerados, para alcançar a elegibilidade ao benefício, observando-se o seguinte:

a) calcular o benefício teórico que seria pago como se os períodos de cobertura totalizados houvessem sido cumpridos sob a legislação do Brasil; e

b) o benefício deve ser estabelecido, pro rata, pela composição dos períodos de cobertura cumpridos sob a legislação do Brasil e dos períodos de cobertura cumpridos sob a legislação de ambas as Partes Contratantes.

2. O benefício teórico mencionado na alínea "a" do parágrafo 1 deste Artigo não será, sob nenhuma circunstância, inferior ao valor mínimo garantido pela legislação do Brasil.

SEÇÃO 3
DISPOSIÇÕES RELACIONADAS AOS BENEFÍCIOS DA ÍNDIA

Artigo 17

Totalização do período de cobertura

Sempre que a legislação da Índia fizer a aquisição, retenção ou a recuperação do direito aos benefícios que dependem do cumprimento de períodos de seguro acumulados e antes que a pessoa atinja a idade da aposentadoria, conforme especificado no Employees' Pension Scheme 1995 da Índia, os períodos de seguro no Brasil devem ser levados em conta, quando necessário, desde que estes períodos não se sobreponham a períodos de seguro.

Artigo 18

Cálculo dos benefícios indianos

1. Se uma pessoa tiver direito a um benefício, nos termos da legislação indiana, sem proceder necessariamente à totalização, a Instituição Competente na Índia deve calcular o direito ao benefício diretamente com base no período de seguro cumprido na Índia e apenas ao abrigo da legislação indiana.

2. Se uma pessoa tiver direito a um benefício por força da legislação indiana, com seu direito tendo sido criado apenas levando em conta a totalização dos períodos de seguro completados em ambas as Partes Contratantes, nos termos do Artigo 17, as seguintes regras se aplicam:

a) a Instituição Competente deve calcular o montante teórico do benefício devido, como se todos os períodos cumpridos de acordo com a legislação das duas Partes Contratantes fossem exclusivamente cumpridos ao abrigo da legislação indiana; e

b) a Instituição Competente, em seguida, deve calcular o montante devido, com base na quantidade especificada em (a), na proporção da duração dos períodos de sua legislação, em relação à duração de todos os períodos contabilizados em (a).

3. Pagamentos de montante fixo (lump-sum) e saques serão concedidos para nacionais brasileiros, tal como previsto para os trabalhadores internacionais, em conformidade com a legislação da Índia.

PARTE IV
DISPOSIÇÕES DIVERSAS E ADMINISTRATIVAS

Artigo 19

Apresentação de Documentos

1. Solicitação, comunicação ou recurso relativo a um benefício, que seja devido

em virtude do presente Acordo ou de outra forma, pode ser apresentado no território de uma das Partes Contratantes em conformidade com o Ajuste Administrativo celebrado nos termos do Artigo 23 do presente Acordo.

2. A data em que uma solicitação, comunicação ou recurso, a que se refere o parágrafo 1 do presente Artigo, for apresentada à Instituição Competente de uma Parte Contratante será considerada como sendo a data da apresentação do referido documento à Instituição Competente da outra Parte Contratante. A Instituição Competente para a qual uma solicitação, notificação ou apelação for apresentada deve submetê-la sem demora à Instituição Competente da outra Parte Contratante.

3. Uma solicitação de um benefício de uma Parte Contratante será considerada como uma solicitação para o benefício correspondente da outra Parte Contratante, desde que o requerente tenha indicado, em tal solicitação, de que há, ou havia, uma filiação com o sistema de previdência social da outra Parte Contratante.

Artigo 20

Pagamento de benefícios

1. Se uma Parte Contratante impuser restrições legais ou administrativas relativas à transferência de moeda para fora do seu território, essa Parte Contratante deve implementar medidas, o mais rapidamente possível, para garantir os direitos de pagamento e entrega de benefícios devidos de acordo com a legislação dessa Parte Contratante ou por força deste Acordo. As medidas devem funcionar de forma retrospectiva ao tempo em que foram aplicadas as restrições.

2. Um benefício a ser pago por uma Parte Contratante, em virtude do presente Acordo, será pago por essa Parte Contratante, de acordo com a respectiva legislação das Partes Contratantes que regula o pagamento das taxas administrativas e outros custos de processamento e pagamento desse benefício.

3. Quando, ao abrigo da legislação de uma Parte Contratante, documentos apresentados a uma Autoridade Competente ou Instituição Competente dessa Parte Contratante forem parcialmente ou totalmente isentos de encargos administrativos, incluindo taxas consulares, esta isenção aplica-se igualmente aos documentos que são apresentados á uma Autoridade Competente ou Instituições Competentes da outra Parte Contratante.

4. Documentos e certificados que precisem ser produzidos para efeitos do presente Acordo serão isentos de legalização, bem como da Apostila prevista na Convenção de Haia, de 5 de outubro de 1961 (Apostille Convention), sobre a Eliminação da Exigência de Legalização de Documentos Públicos Estrangeiros, desde que tramitados entre as Autoridades Competentes, Instituições Competentes e Organismos de Ligação.

Artigo 21

Intercâmbio de informações e assistência mútua

1. As Autoridades Competentes, Instituições Competentes e Organismos de Ligação responsáveis pela aplicação do presente Acordo devem, na medida permitida pelas suas leis nacionais:

a) comunicar entre si todas as informações necessárias para a aplicação do presente Acordo ou para efeitos da respectiva legislação;

b) prestar assistência uma a outra, inclusive comunicar uma a outra de todas as informações necessárias, no que concerne à determinação ou pagamento de qualquer benefício ao abrigo deste Acordo ou ao abrigo da legislação a que este Acordo se aplica, como se o assunto envolvesse a aplicação de sua própria legislação; e

c) comunicar entre si, o mais rapidamente possível, todas as informações sobre as medidas tomadas para a aplicação do presente Acordo ou sobre as mudanças nas suas respectivas legislações, na medida em que essas mudanças afetam a aplicação do presente Acordo.

2. A assistência a que se faz referência no parágrafo 1 do presente Artigo deve ser fornecida gratuitamente, de acordo com o Ajuste Administrativo celebrado nos termos do Artigo 23 do presente Acordo.

3. A menos que a divulgação seja exigida pelas leis de uma Parte Contratante, qualquer informação sobre um indivíduo - que seja transmitida em conformidade com este Acordo a uma Autoridade Competente ou Instituição Competente dessa Parte Contratante por uma Autoridade Competente ou uma Instituição Competente da outra Parte Contratante - são sigilosas e serão utilizadas apenas para fins de aplicação do presente Acordo e da legislação a que este Acordo se aplica.

4. Em nenhum caso, o disposto no parágrafo 1 e 3 do presente Artigo deve ser interpretado no sentido de impor à Autoridade Competente ou Instituição Competente de uma das Partes Contratantes a obrigação de:

a) tomar medidas administrativas contrárias à legislação ou à prática administrativa das Partes Contratantes; ou

b) fornecer informações que não sejam normalmente obtidas com base na sua legislação ou na prática administrativa normal de qualquer das Partes Contratantes.

5. Na aplicação do presente Acordo, a Autoridade Competente e a Instituição Competente de uma Parte Contratante podem comunicar entre si em qualquer uma das línguas oficiais das Partes Contratantes ou em inglês.

6. Documentos apresentados a uma Autoridade Competente ou Instituição Competente de uma Parte Contratante não podem ser rejeitados apenas com o fundamento de que estão escritos na língua oficial da outra Parte Contratante ou em inglês.

7. As Instituições Competentes das Partes Contratantes fornecerão uma a outra, em um cronograma acordado, num formato acordado, as informações pertinentes, incluindo, mas não limitado, a morte, mudança de endereço, mudança de status de relacionamento e mudanças na quantidade de benefícios dos beneficiários mútuos.

Artigo 22

Disposições Administrativas Relativas aos Benefícios por Invalidez

1. Para determinar a redução da capacidade de trabalho ou condição de invalidez para fins de concessão das prestações correspondentes de invalidez, a Instituição Competente de cada uma das Partes Contratantes efetuará a sua avaliação, em conformidade com a legislação que aplicar.

2. A Instituição Competente da Parte Contratante, em cujo território residir o requerente, disponibilizará à Instituição Competente da outra Parte Contratante, e sem ônus, relatórios e documentos médicos de que dispuser, de acordo com a respectiva legislação doméstica em matéria de sigilo médico.

3. No caso de perícia médica realizada sob o amparo das legislações de uma ou de ambas as Partes Contratantes, tais perícias serão providenciadas e realizadas pela Instituição Competente ou pelo Organismo de Ligação do lugar de residência, temporária ou habitual, sem cobrança.

4. A pedido da Instituição Competente de uma Parte Contratante, a Instituição Competente da outra Parte Contratante em cujo território residir o requerente realizará os exames médicos complementares necessários à avaliação da condição do requerente. Os exames médicos que forem unicamente de interesse da Instituição requerente serão pagos integralmente pela Instituição Competente requerente, conforme disciplinado no Ajuste Administrativo.

5. As Instituições Competentes poderão acordar procedimentos relacionados às perícias médicas, assim como outras formas de reembolso, incluindo a isenção de tal reembolso.

Artigo 23

Ajuste Administrativo

As Autoridades Competentes das Partes Contratantes deverão estabelecer, por meio de um Ajuste Administrativo, as medidas necessárias para a implementação do presente Acordo.

Artigo 24

Troca de Estatísticas

1. As Instituições Competentes das Partes Contratantes devem trocar estatísticas anuais sobre os pagamentos concedidos aos beneficiários nos termos do presente Acordo.

2. Essas estatísticas devem incluir o número de beneficiários e o montante total de benefícios pagos e serão apresentadas na forma a ser acordada pelas Instituições Competentes.

Artigo 25

Resolução de Conflitos

1. As Autoridades Competentes das Partes Contratantes deverão resolver, na medida do possível, quaisquer dificuldades que

possam surgir na interpretação ou aplicação do presente Acordo segundo seu espírito e princípios fundamentais.

2. As Partes Contratantes deverão deliberar prontamente, a pedido de qualquer das Partes Contratantes, sobre questões que não foram resolvidas pelas Autoridades Competentes nos termos do parágrafo 1 do presente Artigo.

Artigo 26

Revisão do Acordo

1. Quando uma Parte Contratante solicitar à outra Parte Contratante que se reúnam para revisar este Acordo, as Partes Contratantes reunir-se-ão para este fim em qualquer local mutuamente acordado.

2. Emendas a este Acordo entrarão em vigor conforme o dispositivo previsto no Artigo 28.

3. As Partes poderão alterar suas Autoridades Competentes, as Instituições Competentes e os Organismos de Ligação pela via diplomática.

PARTE V
DISPOSIÇÕES FINAIS E TRANSITÓRIAS

Artigo 27

Disposições transitórias

1. Qualquer período de cobertura completado antes da data de entrada em vigor deste Acordo será considerado para fins de determinar o direito a um benefício e seu valor segundo este Acordo.

2. As disposições deste Acordo não conferirão qualquer direito de receber pagamento de um benefício por um período anterior à data de entrada em vigor deste Acordo.

3. Observado o parágrafo 2, um benefício, que não seja de pagamento único, será pago segundo este Acordo relativamente a eventos ocorridos antes da entrada de vigência deste Acordo.

Artigo 28

Entrada em vigor

Este Acordo entrará em vigor no primeiro dia do terceiro mês seguinte ao mês em que notas tenham sido trocadas entre as Partes Contratantes, por via diplomática, com a notificação de que todas as questões necessárias à entrada em vigor do presente Acordo tenham sido concluídas.

Artigo 29

Denúncia

1. Sem prejuízo do parágrafo 2 do presente Artigo, o presente Acordo permanecerá em vigor até a expiração de 12 meses a partir da data em que uma das Partes Contratantes receba da outra uma nota, por via diplomática, com um pré-aviso de denúncia do presente Acordo.

2. Em caso de denúncia, o presente Acordo continuará a produzir efeitos em relação a todas as pessoas que:

a) na data em que a denúncia produzir efeitos, estejam recebendo benefícios; ou

b) antes dessa data, tenham apresentado solicitações de, e teriam direito a receber, benefícios por força do presente Acordo; ou

c) imediatamente antes da data de denúncia, estejam sujeitas apenas à legislação de uma Parte Contratante por força do parágrafo 2 do Artigo 7 e do parágrafo 2 do Artigo 11 da Parte II do Acordo, desde que o trabalhador continue a satisfazer os critérios de tais artigos.

Em testemunho do que, os abaixo assinados, devidamente autorizados por seus respectivos Governos, assinaram este Acordo.

Feito em Nova Délhi no dia 25 de janeiro de 2020, em dois originais, cada um nos idiomas português, hindu e inglês, sendo cada versão igualmente autêntica. Em caso de divergência na interpretação, o texto em inglês prevalecerá.

PELA REPÚBLICA FEDERATIVA DO BRASIL

____

Ernesto Araújo
Ministro das Relações Exteriores

PELA REPÚBLICA DA ÍNDIA

____

Ms. Vijay Thakur Singh
Secretária (Leste), Ministério das Relações Exteriores

PARTE 22 – LEGISLAÇÃO PROCESSUAL JUDICIAL

LEI Nº 5.010, DE 30 DE MAIO DE 1966

Organiza a Justiça Federal de primeira instância, e dá outras providências.

› Esta lei: art. 60.

O PRESIDENTE DA REPÚBLICA faço saber que o Congresso Nacional decreta e eu sanciono a seguinte lei:

CAPÍTULO I DISPOSIÇÕES PRELIMINARES

Art. 1º. A administração da Justiça Federal de primeira instância nos Estados, no Distrito Federal e nos Territórios, compete a Juízes Federais e Juízes Federais Substitutos, com a colaboração dos órgãos auxiliares instituídos em lei e pela forma nela estabelecida.

Art. 2º Os Estados, o Distrito Federal e os Territórios, para os fins desta Lei, são agrupados nas seguintes Regiões Judiciárias:

1ª Centro-Oeste: Distrito Federal - Goiás - Mato Grosso - Minas Gerais e Território de Rondônia;

2ª Norte: Acre - Amazonas - Maranhão - Pará - Território do Amapá e Território de Roraima;

3ª Nordeste: Alagoas, Ceará, Paraíba, Pernambuco e Território de Fernando de Noronha, Piauí, Rio Grande do Norte e Sergipe. (Redação dada pela Lei 5.345/1967)

4ª Leste: Bahia - Espírito Santo - Guanabara e Rio de Janeiro;

5ª Sul: Paraná - Rio Grande do Sul - Santa Catarina e São Paulo.

Art. 3º Cada um dos Estados e Territórios, bem como o Distrito Federal, constituirá uma Seção Judiciária, tendo por sede a respectiva Capital.

Parágrafo único. O Território de Fernando de Noronha compreender-se-á na Seção Judiciária do Estado de Pernambuco.

CAPÍTULO II DO CONSELHO DA JUSTIÇA FEDERAL

Art. 4º A Justiça Federal terá um Conselho integrado pelo Presidente, Vice-Presidente e três Ministros do Tribunal Federal de Recursos, eleitos por dois anos.

Parágrafo único. Quando escolher os três Ministros que integrarão o Conselho, o Tribunal Federal de Recursos indicará, dentre eles, o Corregedor-Geral e elegerá, também, os respectivos Suplentes.

Art. 5º O Conselho da Justiça Federal funcionará junto ao Tribunal Federal de Recursos.

Art. 6º Ao Conselho da Justiça Federal compete:

I - conhecer de correição parcial requerida pela parte ou pela Procuradoria da República, no prazo de cinco dias, contra ato ou despacho do Juiz de que não caiba recurso, ou omissão que importe erro de ofício ou abuso de poder. (Redação dada pelo Decreto-Lei 253/1967)

II - determinar, mediante provimento, as providências necessárias ao regular funcionamento da Justiça e à disciplina forense;

III - organizar e fazer realizar concursos para o provimento dos cargos de Juiz Federal Substituto e dos serviços auxiliares da Justiça Federal;

IV - propor ao Presidente da República, por intermédio do Ministério da Justiça e Negócios Interiores, a nomeação dos candidatos aprovados em concurso, obedecida a ordem de classificação, e os demais atos de provimento e vacância dos cargos de Juiz Federal Substituto e de servidor da Justiça Federal;

V - conceder licenças e férias aos Juízes;

VI - conceder licenças aos servidores da Justiça Federal, por prazo superior a noventa dias e praticar os demais atos de administração e disciplina do pessoal, sem prejuízo da ação do Corregedor-Geral, e dos Juízes Federais;

VII - proceder a correições gerais ordinárias, de dois em dois anos, em todos os Juízos e respectivas Secretarias, e, extraordinárias, quando julgar necessário;

VIII - elaborar e fazer publicar, anualmente até 30 de março, relatório circunstanciado dos serviços forenses de primeira instância, relativos ao ano anterior;

IX - estabelecer normas para a distribuição dos feitos em primeira instância;

X - fixar a competência administrativa dos Juízes;

XI - especializar Varas, fixar sede de Vara fora da Capital e atribuir competência pela natureza dos feitos a determinados Juízes (artigo 12);

XII - determinar a forma pela qual os Juízes Federais substitutos deverão auxiliar os Juízes Federais (artigo 14);

XIII - regular a distribuição dos feitos entre os Juízes Federais e entre estes os Juízes Federais Substitutos (artigo 16);

XIV - prover sobre as substituições dos Juízes (artigo 16);

XV - aplicar penas disciplinares aos Juízes e servidores da Justiça Federal;

XVI - determinar, mediante proposta do Diretor do Foro, a lotação dos serviços auxiliares da Seção Judiciária (artigo 38, parágrafo único);

XVII - elaborar o seu Regimento e submetê-lo à aprovação do Tribunal Federal de Recursos.

Art. 7º Dos atos e decisões do Conselho da Justiça Federal não caberá recurso administrativo.

Art. 8º O Conselho da Justiça Federal poderá delegar competência a Juízes Federais para correições gerais ou extraordinárias na Região a que pertencerem.

Art. 9º O relator da correição parcial poderá ordenar a suspensão, até trinta dias, do ato ou despacho impugnado, quando de sua execução possa decorrer dano irreparável.

CAPÍTULO III DOS JUÍZES FEDERAIS

SEÇÃO I DA JURISDIÇÃO E COMPETÊNCIA

Art. 10. Estão sujeitos à Jurisdição da Justiça Federal:

I - as causas em que a União ou entidade autárquica federal for interessada como autora, ré, assistente ou opoente, exceto as de falência e de acidentes de trabalho;

II - as causas entre Estados estrangeiros e pessoa domiciliada no Brasil;

III - as causas fundadas em tratado ou em contrato da União com Estado estrangeiro ou com organismo internacional;

IV - as questões de Direito Marítimo e de navegação, inclusive a aérea;

V - os crimes políticos e os praticados em detrimento de bens, serviços ou interesses da União, ou de entidades autárquicas federais, ressalvada a competência da Justiça Militar e da Justiça Eleitoral;

VI - os crimes que constituem objeto de tratado ou de convenção internacional e os praticados a bordo de navios ou aeronaves, ressalvada a competência da Justiça Militar;

VII - os crimes contra a organização do trabalho e o exercício do direito de greve;

VIII - os "habeas-corpus" em matéria criminal de sua competência ou quando a coação provier de autoridade federal, ressalvada a competência dos órgãos superiores da Justiça da União;

IX - os mandados de segurança contra ato de autoridade federal, excetuados os casos do art. 101, I, i, e o art. 104, I, a da Constituição (Emenda Constitucional nº 16, artigos 2º e 7º);

X - os processos e atos referentes à nacionalidade (Constituição, artigos 129 e 130).

Art. 11. A jurisdição dos Juízes Federais de cada Seção Judiciária abrange toda a área territorial nela compreendida.

Parágrafo único. Os Juízes, no exercício de sua jurisdição e no interesse da Justiça, poderão deslocar-se de sua sede para qualquer ponto da Seção.

Art. 12. Nas Seções Judiciárias em que houver mais de uma Vara, poderá o Conselho da Justiça Federal fixar-lhes sede em cidade diversa da Capital, especializar Varas e atribuir competência por natureza de feitos a determinados Juízes.

Art. 13. Compete aos Juízes Federais:

I – processar e julgar, em primeira instância, as causas sujeitas à jurisdição da Justiça Federal (artigo 10), ressalvado o disposto no artigo 15;

II – abrir, rubricar e encerrar os livros das respectivas Secretarias;

III – inspecionar, pelo menos uma vez por ano os serviços a cargo das Secretarias, providenciando no sentido de evitar ou punir erros, omissões ou abusos;

IV – dar conhecimento imediato da inspeção realizada ao Corregedor-Geral, em ofício reservado, solicitando-lhe as providências cabíveis;

V – fornecer, anualmente, dados para a organização de estatísticas;

VI – processar e julgar as suspeições arguidas, contra os auxiliares do Juízo;

VII – aplicar penas disciplinares aos servidores do próprio Juízo;

VIII – apresentar, anualmente, relatório circunstanciado dos trabalhos sob sua jurisdição.

IX – requisitar força federal ou estadual necessária ao cumprimento de suas decisões. (Incluído pelo Decreto Lei nº 253, de 1967)

Art. 14. Aos Juízes Federais Substitutos incumbe substituir os Juízes Federais nas suas férias, licenças e impedimentos eventuais e auxiliá-los, em caráter permanente, inclusive na instrução e julgamento de feitos, na forma que o Conselho da Justiça Federal estabelecer.

Art. 15. Quando a Comarca não for sede de Vara Federal, poderão ser processadas e julgadas na Justiça Estadual: *(Redação dada pela Lei 13.876/2019)*

I – (Revogado pela Lei nº 13.043, de 2014).

II – as vistorias e justificações destinadas a fazer prova perante a administração federal, centralizada ou autárquica, quando o requerente for domiciliado na Comarca;

III – as causas em que forem parte instituição de previdência social e segurado e que se referirem a benefícios de natureza pecuniária, quando a Comarca de domicílio do segurado estiver localizada a mais de 70 km (setenta quilômetros) de Município sede de Vara Federal; *(Redação dada pela Lei 13.876/2019)*

IV – as ações de qualquer natureza, inclusive os processos acessórios e incidentes a elas relativos, propostas por sociedades de economia mista com participação majoritária federal contra pessoas domiciliadas na Comarca, ou que versem sobre bens nela situados. (Incluído pelo Decreto-Lei nº 30, de 1966)

§ 1º Sem prejuízo do disposto no art. 42 desta Lei e no parágrafo único do art. 237 da Lei nº 13.105, de 16 de março de 2015 (Código de Processo Civil), poderão os Juízes e os auxiliares da Justiça Federal praticar atos e diligências processuais no território de qualquer Município abrangido pela seção, subseção ou circunscrição da respectiva Vara Federal. *(Incluído pela Lei nº 13.876, de 2019)*

§ 2º Caberá ao respectivo Tribunal Regional Federal indicar as Comarcas que se enquadram no critério de distância previsto no inciso III do *caput* deste artigo. *(Incluído pela Lei nº 13.876, de 2019)*

SEÇÃO II
DA DISTRIBUIÇÃO

Art. 16. A distribuição dos feitos entre os Juízes, bem como sua substituição, será anualmente, regulada pelo Conselho da Justiça Federal, em provimento publicado no primeiro dia útil de dezembro, no Diário da Justiça e no Boletim da Justiça Federal das Seções Judiciárias. (A expressão "Diário Oficial" foi alterada pelo Decreto-Lei 253/1967)

Parágrafo único. A distribuição far-se-á em audiência pública, mediante rodízio, sempre por sorteio, obedecida a seguinte classificação:

I - ações ordinárias;

II - mandados de segurança;

III - executivos fiscais;

IV - ações executivas;

V - ações diversas;

VI - feitos não contenciosos;

VII - ações criminais;

VIII - "habeas corpus";

IX - procedimentos criminais diversos.

SEÇÃO III
DO NÚMERO E DA INVESTIDURA

Art. 17. O número de Juízes Federais e de Juízes Federais Substitutos, para cada Seção, será o constante do Anexo I, desta Lei.

Art. 18. Os Juízes de uma Seção Judiciária não poderão substituir os de outra, salvo na mesma Região, em caso de impedimento, nem poderão ser removidos senão a pedido, com a aprovação do Tribunal Federal de Recursos, ou na hipótese do art. 34.

Art. 19. Os Juízes Federais serão nomeados pelo Presidente da República, dentre os nomes indicados, em lista quíntupla, pelo Supremo Tribunal Federal.

§ 1º O Supremo Tribunal Federal, para a organização da lista escolherá:

a) três dentre nove nomes de Juízes Federais Substitutos propostos pelo Tribunal Federal de Recursos;

b) dois nomes de bacharéis em direito, com mais de trinta e menos de sessenta anos de idade, de notório merecimento e reputação ilibada, e oito (8) anos, no mínimo de efetivo exercício na advocacia, no Ministério Público, na magistratura ou no magistério superior.

§ 2º Se recair a nomeação em um dos nomes escolhidos na forma da alínea b do parágrafo anterior, a lista quíntupla, para o provimento da vaga subseqüente, será composta exclusivamente de Juízes Federais Substitutos.

Art. 20. O provimento do cargo de Juiz Federal Substituto far-se-á mediante concurso público, de provas e títulos realizado na sede da Seção onde ocorrer a vaga, ou, a critério do Conselho de Justiça Federal, em outra sede de Seção da mesma Região.

Art. 21. Com o pedido de inscrição o candidato apresentará:

I - certidão que comprove ter mais de vinte e oito e menos de cinqüenta anos de idade;

II - prova de estar em dia com as obrigações concernentes ao serviço militar;

III - título de eleitor e prova de ter cumprido seus deveres eleitorais;

IV - diploma de bacharel em direito, devidamente registrado;

V - certidão que comprove o exercício, por 2 (dois) anos, de advocacia ou de cargo para o qual se exija o diploma de bacharel em Direito; (Inciso com redação dada pela Lei 7.595/1987)

VI - certidão negativa dos distribuidores criminais dos lugares em que haja residido nos últimos cinco anos;

VII - folha corrida;

VIII - quaisquer títulos que entenda devam ser apreciados.

Parágrafo único. O limite máximo de idade, previsto no inciso I, não prevalecerá para magistrados e membros do Ministério Público.

Art. 22. O Conselho da Justiça Federal sindicará a vida pregressa dos candidatos e, em sessão secreta, independente de motivação, e conclusivamente, admitirá ou denegará a inscrição.

Parágrafo único. Os candidatos admitidos serão submetidos a exame de saúde e psicotécnico.

Art. 23. O Conselho da Justiça Federal organizará os pontos e o regulamento do concurso e os fará publicar, com antecedência mínima de trinta dias, no Boletim da Justiça Federal do Diário Oficial dos Estados e Territórios da Região em que o concurso se deva realizar e no Diário da Justiça da União. (A expressão "Diário Oficial dos Estados e Territórios da Região" foi alterada pelo Decreto-Lei 253/1967)

Art. 24. O concurso constará de prova escrita e oral.

Parágrafo único. As matérias das provas escrita e oral serão fixadas pelo Conselho de Justiça Federal, no regulamento mencionado no artigo anterior. (Parágrafos 1º e 2º transformados em Parágrafo único pela Lei 7.595/1987)

Art. 25. A Comissão Examinadora, designada pelo Conselho de Justiça Federal, será constituída de 3 (três) Ministros do Tribunal Federal de Recursos, 1 (um) Professor de Faculdade de Direito, oficial ou reconhecida, e 1 (um) advogado indicado pelo Conselho Federal da Ordem dos Advogados do Brasil - OAB e será presidida pelo Ministro mais antigo. (Artigo com redação dada pela Lei 7.595/1987)

Art. 26. O prazo de validade do concurso para Juiz Federal Substituto será de três anos.

Art. 27. Os Juízes Federais e os Juízes Federais Substitutos tomarão posse perante o Presidente do Conselho da Justiça Federal.

Parágrafo único. É permitida a posse por procuração.

SEÇÃO IV
DOS DEVERES E SANÇÕES

Art. 28. É vedado aos Juízes Federais e Juízes Federais Substitutos:

I - exercer atividade político-partidária;

II - participar de gerência ou administração de empresa industrial ou comercial;

III - exercer comércio ou participar de sociedade comercial, inclusive de sociedade de economia mista, de que o poder público tenha participação majoritária, exceto como acionista, cotista ou comanditário;

IV - exercer função de árbitro ou de juiz, fora dos casos previstos em lei.

Art. 29. Os Juizes Federais e os Juízes Federais Substitutos enviarão, anualmente, ao Conselho da Justiça Federal, cópia da sua declaração de bens apresentada a repartição do imposto de renda.

Art. 30. Os Juízes Federais e os Juízes Federais Substitutos deverão residir na cidade que for sede da Vara em que servirem, não podendo, quando em exercício e nos dias de expediente, ausentar-se sem autorização do Corregedor-Geral.

Art. 31. Os Juízes usarão toga durante as audiências.

Art. 32. Os Juízes Federais e os Juízes Federais Substitutos devem comparecer, nos dias úteis, a sede dos seus Juízos e aí permanecer durante o expediente, salvo, quando em cumprimento de diligência judicial.

Art. 33. Pelas faltas disciplinares cometidas, ficam os Juízes sujeitos às penas de advertência e de censura, aplicadas pelo Conselho da Justiça Federal ou pelo Corregedor-Geral, conforme o caso.

Parágrafo único. A advertência e a censura serão feitas por escrito, sempre em caráter reservado, e registradas nos assentamentos do Juiz.

Art. 34. O Tribunal Federal de Recursos, ocorrendo motivo de interesse público, poderá, pelo voto de dois terços de seus membros efetivos, propor a remoção ou a disponibilidade do Juiz Federal ou do Juiz Federal Substituto, assegurada, no último caso, a defesa (Constituição, artigo 95, § 4º).

CAPÍTULO IV
DOS SERVIÇOS AUXILIARES DA JUSTIÇA FEDERAL

SEÇÃO I
DA ORGANIZAÇÃO

Art. 35. Os serviços auxiliares da Justiça Federal serão organizados em Secretarias, uma para cada Vara, com as atribuições estabelecidas nesta Lei.

Art. 36. Os quadros de Pessoal dos serviços auxiliares da Justiça Federal compor-se-ão dos seguintes cargos: ("Caput" do Artigo com redação dada pelo Decreto-Lei 253/1967)

I - Chefe de Secretaria;

II - Oficial Judiciário;

III - Distribuidor;

IV - Contador;

V - Distribuidor-Contador;

VI - Depositário-avaliador-Leiloeiro;

VII - Auxiliar Judiciário;

VIII - Oficial de Justiça;

IX - Porteiro;

X - Auxiliar de Portaria;

XI - Servente.

§ 1º Os cargos enumerados neste artigo são isolados e de provimento efetivo, e serão providos mediante concurso público de provas, organizado pelo Conselho da Justiça Federal. (Parágrafo com redação dada pelo Decreto-Lei 253/1967)

§ 2º Os cargos de Distribuidor e de Contador constarão, apenas, da lotação das Secretarias das Sessões Judiciárias onde houver mais de uma Vara e nessas Seções, poderá ser criada Secretaria destinada aos serviços administrativos do Diretor do Foro, junto à qual funcionará o Distribuidor, além dos servidores necessários à execução de seus encargos. (Parágrafo com redação dada pelo Decreto-Lei 253/1967)

§ 3º O regulamento do concurso conterá a relação dos documentos exigidos para a inscrição, a discriminação das matérias e dos pontos para as provas, e será organizado pelo Conselho da Justiça Federal. (Parágrafo com redação dada pelo Decreto-Lei 253/1967)

§ 4º O concurso realizar-se-á na Seção Judiciária em que ocorrer a vaga, nos termos do edital publicado, com a antecedência mínima de trinta dias, no "Boletim da Justiça Federal" do "Diário Oficial" dos Estados ou Territórios que compõem a respectiva região, e no "Diário da Justiça", e, somente neste no Distrito Federal. (Parágrafo com redação dada pelo Decreto-Lei 253/1967)

§ 5º São requisitos para o provimento do cargo de Chefe de Secretaria ser Bacharel em Direito e ter menos de quarenta e cinco anos de idade. (Parágrafo acrescido pelo Decreto-Lei 253/1967)

Art. 37. Nos concursos a que se refere o artigo anterior em caso de igualdade de classificação, terá preferência para a nomeação o candidato que tiver pertencido à Força Expedicionária Brasileira.

Parágrafo único. Poderão ser aproveitados no provimento dos cargos criados nesta Lei os ex-Combatentes que tenham participado das operações de guerra no segundo conflito mundial, considerando-se o nível intelectual compatível com o respectivo cargo.

Art. 38. Os servidores da Justiça Federal tomarão posse perante o Juiz Diretor do Foro.

Art. 39. Cada uma das Seções Judiciárias terá o seu quadro próprio de pessoal, com o número de cargos constante do Anexo II desta Lei.

Parágrafo único. Na Seção onde houver mais de uma Vara, a lotação do pessoal será determinada pelo Conselho da Justiça Federal, mediante proposta do Diretor do Foro.

Art. 40. O Chefe de Secretaria, em suas licenças, férias e impedimentos será substituído pelo Oficial Judiciário designado pelo Juiz.

SEÇÃO II
DAS ATRIBUIÇÕES DA SECRETARIA

Art. 41. À Secretaria compete:

I - receber e autuar petições, movimentar feitos, guardar e conservar processos e demais papéis que transitarem pelas Varas;

II - protocolar e registrar os feitos, e fazer anotações sobre seu andamento;

III - registrar as sentenças em livro próprio;

IV - remeter à Instância Superior os processos em grau de recurso;

V - preparar o expediente para despachos e audiências;

VI - exibir os processos para consulta pelos advogados e prestar informações sobre os feitos e seu andamento;

VII - expedir certidões extraídas de autos, livros, fichas e demais papéis sob sua guarda;

VIII - enviar despachos e demais atos judiciais para publicação oficial;

IX - realizar diligências determinadas pelos Juízes e Corregedores;

X - fazer a conta e a selagem correspondentes às custas dos processos, bem assim quaisquer cálculos previstos em lei;

XI - efetuar a liquidação dos julgados, na execução de sentença, quando for o caso;

XII - receber em depósito, guardar e avaliar bens penhorados ou apreendidos por determinação judicial;

XIII - expedir guias para o recolhimento à repartição competente de quantias devidas à Fazenda Pública;

XIV - realizar praças ou leilões judiciais;

XV - fornecer dados para estatísticas;

XVI - cadastrar o material permanente da Vara respectiva;

XVII - executar quaisquer atos determinados pelo Conselho da Justiça Federal, Corregedor-Geral, Diretor do Foro ou Juiz da Vara.

Art. 42. Os atos e diligências da Justiça Federal poderão ser praticados em qualquer Comarca do Estado ou Território pelos Juízes locais ou seus auxiliares, mediante a exibição de ofício ou mandado em forma regular.

§ 1º Somente se expedirá precatória, quando, por essa forma, for mais econômica e expedita a realização do ato ou diligência.

§ 2º As diligências em outras Seções sempre que possível, serão solicitadas por via telegráfica ou postal com aviso de recepção.

§ 3º As malas dos serviços da Justiça Federal terão franquia postal e gozarão de preferência em quaisquer serviços públicos de transporte.

§ 4º A Justiça Federal gozará, também, de franquia telegráfica.

Art. 43. Os oficiais de justiça terão carteira de identificação, visada pelo juiz da vara em que servirem e terão passe livre, quando em exercício de suas funções, nas empresas de transportes da respectiva Seção Judiciária.

Art. 44. Mediante ordem judicial específica, os Oficiais de Justiça terão livre acesso aos registros imobiliários, bem como aos livros e documentos bancários, para o cumprimento de mandado de penhora, seqüestro, arresto, busca ou apreensão de bens ou dinheiro em favor da União ou de suas autarquias.

CAPÍTULO V
DAS CUSTAS E DESPESAS DO PROCESSO

Art. 45. As custas serão pagas na primeira instância, pela forma estabelecida no Regimento, e compreenderão todos os atos do processo, inclusive a subida do recurso, dela ficando isentos os beneficiados com a Justiça gratuita. Na segunda instância não serão devidas custas, salvo nas certidões e traslados.

Parágrafo único. As custas recebidas serão relacionadas e recolhidas, semanalmente, pelo Chefe da Secretaria, à repartição federal arrecadadora competente, mediante guia visada pelo Juiz, como renda extraordinária da União. (Artigo com redação dada pelo Decreto-Lei 253/1967)

Art. 46. A União e suas autarquias estão isentas do pagamento de custas.

Art. 47. Os chefes de Secretaria de Vara e os Diretores de Secretaria de Tribunais ficarão sujeitos à multa de um quinto do valor das custas do processo, quando este não for remetido à Superior instância ou devolvido ao Juízo de origem, dentro em quinze dias, contados, respectivamente, do despacho ordinatório da subida do recurso ou do trânsito em julgado da decisão superior.

Parágrafo único. A multa prevista neste artigo será aplicada, de ofício ou a requerimento do interessado, pelo Juiz da Vara ou pelo Presidente do Tribunal, e recolhida por guia com recibo nos autos, sob pena de suspensão do pagamento dos vencimentos do infrator, até a satisfação dessa exigência.

CAPÍTULO VI
DOS VENCIMENTOS E VANTAGENS DOS JUÍZES E SERVIDORES DA JUSTIÇA FEDERAL

Art. 48. Os Juízes Federais e os Juízes Federais Substitutos terão os vencimentos fixados no Anexo III desta Lei.

Art. 49. Os vencimentos dos servidores da Justiça Federal corresponderão aos valores dos símbolos, constantes do Anexo IV desta Lei.

Art. 50. Além do vencimento fixado para os respectivos cargos, os Juízes e os servidores da Justiça Federal perceberão gratificação adicional por tempo de serviço, na base de cinco por cento (5%), por qüinqüênio de efetivo exercício, até sete qüinqüênios (Lei n. 4.345, de 26 de junho de 1964, artigo 10) e salário-família, nas mesmas condições estabelecidas para os servidores públicos em geral.

CAPÍTULO VII
DISPOSIÇÕES GERAIS

Art. 51. As férias dos Juízes serão individuais e de sessenta dias, gozadas de uma só vez, obedecida a escala organizada pelo Conselho da Justiça Federal.

Parágrafo único. Não haverá férias forenses coletivas.

Art. 52. Aos Juízes e servidores da Justiça Federal aplicam-se, no que couber, as disposições do Estatuto dos Funcionários Públicos Civis da União.

Art. 53. Os Juízes e servidores da Justiça Federal serão contribuintes obrigatórios do IPASE, facultado aos primeiros contribuir para o Montepio Federal.

Art. 54. Os serviços judiciários funcionarão nos locais e horários estabelecidos pelo Conselho da Justiça Federal.

Art. 55. O Juiz é responsável pelo regular andamento dos feitos sob sua jurisdição e pelo bom funcionamento dos serviços auxiliares que lhe estiverem subordinados.

Art. 56. Nas Seções Judiciárias onde houver mais de um Juiz Federal, o Conselho da Justiça Federal designará um deles, anualmente, para exercer as funções de Diretor do Foro e Corregedor permanente dos serviços auxiliares não vinculados diretamente às Varas.

Art. 57. A União fará publicar no Diário Oficial de cada Estado ou Território o "Boletim da Justiça Federal" no qual serão divulgados os atos da respectiva Seção Judiciária, para os efeitos previstos em lei.

Art. 58. A União e as autarquias federais consignarão, obrigatoriamente, em seus orçamentos, dotações para atender ao pagamento de despesas decorrentes de sentenças judiciárias.

§ 1º Esgotada a dotação, o Presidente do Tribunal Federal de Recursos proporá a abertura de créditos extra-orçamentários para os fins indicados neste artigo.

§ 2º As autoridades competentes deverão tomar as medidas necessárias à abertura de créditos, a fim de permitir que as dívidas regularmente inscritas, no Tribunal Federal de Recursos, sejam liquidadas no prazo de cento e vinte dias.

Art. 59. Os pagamentos devidos pela União e pelas autarquias federais em virtude de sentença judiciária far-se-ão na ordem de apresentação dos precatórios e à conta dos créditos respectivos, sendo proibida a designação de casos ou de pessoas nas dotações orçamentárias e nos créditos extra-orçamentários abertos para esse fim.

Parágrafo único. As dotações orçamentarias e os créditos abertos, serão consignados ao Poder Judiciário, recolhendo-se as importâncias ao Banco do Brasil, em conta especial, à disposição do Presidente do Tribunal Federal de Recursos, a quem caberá expedir as ordens de pagamento, segundo as possibilidades do depósito.

Art. 60. Na Seção Judiciária em que houver apenas uma Vara, o Juiz Federal integrará o Tribunal Regional Eleitoral, tendo como suplente o Juiz Federal Substituto.

Parágrafo único. Quando houver mais de uma Vara, o Tribunal Federal de Recursos, indicará, com o seu suplente, o Juiz Federal que integrará o Tribunal Regional Eleitoral.

Art. 61. Na Seção em que houver Varas da Justiça Federal especializadas em matéria criminal, a estas caberá o processo e julgamento dos mandados de segurança e de quaisquer ações ou incidentes relativos a apreensão de mercadorias entradas ou saídas irregularmente do país ficando o Juiz prevento para o procedimento penal do crime de contrabando ou descaminho (Código Penal, artigo 334).

Art. 62. Além dos fixados em lei, serão feriados na Justiça Federal, inclusive nos Tribunais Superiores:

I – os dias compreendidos entre 20 de dezembro e 6 de janeiro, inclusive;

II – os dias da Semana Santa, compreendidos entre a quarta-feira e o Domingo de Páscoa;

III – os dias de segunda e terça-feira de Carnaval;

IV – os dias 11 de agosto, 1º e 2 de novembro e 8 de dezembro. (Redação dada pela Lei nº 6.741, de 1979)

Art. 63. O Tribunal Federal de Recursos organizará, para orientação da Justiça Federal de Primeira Instância, e dos interessados, Súmulas de sua jurisprudência, aprovadas pelo seu plenário, fazendo-as publicar, regularmente, no "Diário da Justiça" da União e nos Boletins da Justiça Federal das Seções.

§ 1º. Poderão ser inscritos na súmula os enunciados correspondentes às decisões firmadas por unanimidade dos membros componentes do Tribunal, num caso, ou por maioria qualificada, em dois julgamentos concordantes, pelo menos.

§ 2º. Os enunciados da Súmula prevalecem e serão revistos, no que couber, segundo a forma estabelecida no Regimento do Supremo Tribunal Federal.

Art. 64. Nos seus impedimentos temporários excedentes de trinta dias, ou quando necessário, os membros do Tribunal Federal de Recursos serão substituídos por Juízes Federais convocados na forma prevista no seu Regimento.

Art. 65. A polícia judiciária federal será exercida pelas autoridades policiais do Departamento Federal de Segurança Pública, observando-se, no que couber, as disposições do Código de Processo Penal (Decreto-Lei nº 3.689, de 3 de outubro de 1941), da Lei nº 4.483, de 16 de novembro de 1964 e demais normas legais aplicáveis ao processo penal.

Art. 66. O prazo para conclusão do inquérito policial será de quinze dias, quando o indiciado estiver preso, podendo ser prorrogado por mais quinze dias, a pedido, devidamente fundamentado, da autoridade policial e deferido pelo Juiz a que competir o conhecimento do processo.

Parágrafo único. Ao requerer a prorrogação do prazo para conclusão do inquérito, a autoridade policial deverá apresentar o preso ao Juiz.

Art. 67. A autoridade policial deverá remeter, em vinte e quatro horas, cópia do auto de prisão em flagrante ao Procurador da República que funcionar junto ao Juiz competente para o procedimento criminal.

Art. 68. Da expedição de alvará de soltura o Chefe de Secretaria dará imediato conhecimento ao Procurador da República.

Art. 69. O parágrafo único do artigo 21 do Código de Processo Penal passa a ter a seguinte redação:

[...]

Art. 70. A União intervirá, obrigatoriamente, nas causas em que figurarem, como autores ou réus, os partidos políticos, excetuadas as de competência da Justiça Eleitoral, e as sociedades de economia mista ou empresas públicas com participação majoritária federal, bem assim os órgãos autônomos especiais e fundações criados por lei federal.

Art. 71. Caberá ao Tribunal Federal de Recursos, em sessão plenária, julgar os mandados de segurança contra ato ou decisão do Conselho da Justiça Federal.

Art. 72. É vedada, sob pena de nulidade, a nomeação de cônjuge ou de parente até o 2º grau, consangüíneo ou afim do Juiz Federal, para cargo dos serviços auxiliares da Seção Judiciária em que servir.

CAPÍTULO VIII
DISPOSIÇÕES TRANSITÓRIAS

Art. 73. Dentro de vinte dias, a contar da publicação desta Lei, o Tribunal Federal de Recursos constituirá o Conselho da Justiça Federal, que passará a funcionar imediatamente.

Art. 74. As primeiras nomeações de Juízes Federais e de Juízes Federais Substitutos serão feitas por livre escolha do Presidente da República, dentre brasileiros de saber jurídico e reputação ilibada.

§ 1° A nomeação do Juiz Federal e do Juiz Federal Substituto será precedida do assentimento do Senado Federal.

§ 2° Para o primeiro provimento dos cargos dos serviços auxiliares da Justiça Federal poderão ser aproveitados servidores estáveis da União, inclusive das Secretarias dos Tribunais Federais e das Varas da Fazenda Federal do Distrito Federal, e, ainda, servidores estáveis das Varas da Fazenda Nacional dos Estados.

§ 3º Nas Seções Judiciárias em que houver mais de uma Vara, os decretos de nomeação dos Juízes Federais designarão as Varas de que serão Titulares. (Parágrafo acrescido pelo Decreto-Lei 253/1967)

Art. 75. Os Juízes Federais e os Juízes Federais Substitutos tomarão posse e entrarão em exercício, dentro em sessenta dias, contados da publicação do decreto de nomeação cabendo ao Ministro Presidente do Conselho da Justiça Federal designar a data para esse ato. (Artigo com redação dada pelo Decreto-Lei 253/1967)

Art. 76. Na Seção Judiciária onde existir apenas uma Vara, o seu titular presidirá a comissão de instalação da Justiça Federal, composta do Juiz Federal Substituto, de um Procurador da República e de um advogado militante, indicado pelo Conselho Seccional da Ordem dos Advogados do Brasil, com a incumbência de:

I - escolher e indicar o prédio onde funcionará a Justiça Federal;

II - preparar as minutas dos atos ou contratos necessários ao uso ou locação do prédio;

III - apresentar ao Conselho o orçamento para a instalação das Varas e Serviços Auxiliares;

IV - providenciar a compra de material, mobiliário, máquinas e utensílios;

V - adotar medidas para o funcionamento provisório;

VI - executar os encargos cometidos pelo Conselho.

§ 1° Nas Seções onde existir pluralidade de Varas, integrarão a Comissão os demais Juízes Federais, sob a presidência do titular da Primeira Vara.

§ 2° Os servidores nomeados na forma do artigo 74, § 2º tomarão posse perante o Juiz titular da Vara única, ou da primeira Vara, e colaboração nos atos de instalação da Justiça Federal. (Parágrafo com redação dada pelo Decreto-Lei 253/1967)

Art. 77. Os livros e arquivos dos atuais cartórios das Varas da Justiça local, privativas dos feitos da Fazenda Nacional, passarão para as Varas Federais do mesmo número das Seções judiciárias, respectivas.

Parágrafo único. Nas Seções Judiciárias onde não for exeqüível a medida prevista neste artigo, o Diretor do Foro proverá a respeito.

Art. 78. As Secretarias abrirão novos livros ou fichas nos quais registrarão os feitos recebidos dos Cartórios da Justiça local e os que lhe forem distribuídos diretamente.

Art. 79. Nas Seções Judiciárias providas de mais de uma Vara, enquanto não for criado o cargo de Distribuidor, o Diretor do Foro designará um Oficial Judiciário para exercer as atribuições a ele pertinentes, cabendo-lhe, ainda, o recebimento, guarda e conservação dos livros e papéis que constituem o arquivo dos atuais Distribuidores dos Feitos da Fazenda Nacional.

Art. 80. Enquanto não forem nomeados e empossados os Juízes a que se refere o artigo 94, inciso II, in fine , da Constituição, com a nova redação que lhe deu o art. 6º do Ato Institucional nº 2 continuarão a funcionar nos feitos da competência da Justiça Federal os Juízes Estaduais aos quais a legislação anterior atribua essa jurisdição.

§ 1° Essa competência residual temporária não cessará, depois da posse do titular federal, nos processos cuja instrução houver sido iniciada em audiência, quer perante as Varas Especiais dos Feitos da Fazenda Nacional, quer perante as Varas da Justiça comum, em todos os feitos que passaram para a competência da Justiça Federal.

§ 2º Os serventuários e auxiliares da Justiça Estadual servirão, igualmente, nos feitos de que trata este artigo, até a posse dos titulares federais.

§ 3º No período compreendido entre a cessação da competência residual dos Juízes Estaduais, salvo nos feitos a que já estejam vinculados, e a efetiva instalação da Justiça Federal, ou de uma de suas Varas, onde houver mais de uma, ficam suspensos os prazos de prescrição e de decadência que dentro nele se vencerem. (Parágrafo acrescido pelo Decreto-Lei 253/1967)

Art. 81. Os processos que passaram para a competência da Justiça Federal somente lhe serão remetidos após o pagamento das custas dos atos até então praticados, e por quem forem elas devidas, ou por qualquer interessado.

Art. 82. O Supremo Tribunal Federal e o Tribunal Federal de Recursos farão baixar, de ofício, e independente do pagamento de custas aos Juízos de origem, dentro de trinta dias da publicação desta Lei, os processos com decisão passada em julgado, recurso deserto ou desistência homologada.

Art. 83. Serão declaradas peremptas, e arquivadas, por despacho, as ações propostas contra a União e suas autarquias, que estejam paralisadas há mais de um ano, se, dentro de trinta dias, contados da publicação desta Lei, não forem cumpridas as diligências determinadas aos autores.

Art. 84. Serão arquivados, cancelando-se a dívida respectiva, os executivos fiscais inferiores à metade do maior salário-mínimo vigente no país.

Art. 85. Enquanto a União não possuir estabelecimentos penais, a custódia de presos à disposição da Justiça Federal e o cumprimento de penas por ela impostas far-se-ão nos dos Estados, do Distrito Federal e dos Territórios.

Art. 86. Serão conservados no exercício dos seus cargos os Distribuidores das extintas Varas da Fazenda Pública do Estado da Guanabara. ("Caput" do artigo com redação dada pelo Decreto-Lei 253/1967)

§ 1° Seus cargos serão extintos à medida que se vagarem e os servidores em exercício nos ofícios que se extinguirem serão aproveitados no que for compatível com as respectivas habilitações em vagas que ocorrerem nos quadros da Justiça Federal, Seção da Guanabara, devendo ser aposentados se contarem 30 (trinta) ou mais anos de serviço, e não forem aproveitados.

§ 2º Poderão, ainda, os referidos servidores ser aproveitados, a juízo do Governo do Estado da Guanabara, nos quadros da Justiça Estadual.

§ 3° Os servidores e serventuários da Justiça do antigo Distrito Federal que, com a mudança da Capital Federal para Brasília, passaram a integrar os serviços judiciários do Estado da Guanabara, e que, em decorrência desta Lei, pela perda de suas atribuições, venham a ser aposentados ou postos em disponibilidade pelo Governo local, terão seus proventos de aposentadoria ou disponibilidade pagos pela União, nos termos da legislação federal em vigor, respeitado, em qualquer hipótese, o limite fixado pelo art. 13 da Lei nº 4.863, de 29 de novembro de 1965.

§ 4º Ocorrendo a hipótese prevista no parágrafo anterior, os serventuários e servidores perceberão os proventos de aposentadoria próprios a seus cargos atuais, acrescidos da média aritmética das percentagens recebidas pela cobrança da dívida ativa da União Federal e Autarquias durante os últimos 36 (trinta e seis) meses, contados regressivamente do dia em que a aposentadoria ou a disponibilidade for decretada.

Art. 87. O Conselho da Justiça Federal, dentro de trinta dias a contar de sua instalação, enviará ao Poder Executivo anteprojeto de lei que institua o Regimento de Custas.

§ 1° Até que entre em vigor o Regimento de Custas da Justiça Federal, aplicar-se-á, em cada Seção Judiciária, o Regimento de Custas da Justiça Estadual respectiva, vedada ao Juiz a percepção de percentagens ou custas, a qualquer título.

§ 2° O Conselho da Justiça Federal fará, anualmente, a revisão do Regimento, propondo as alterações que se fizerem necessárias pela aplicação dos índices de correção monetária. (Parágrafo 3º transformado em § 2º pelo Decreto-Lei 253/1967)

Art. 88. São criados, no quadro da Justiça Federal:

I - quarenta e quatro cargos de Juiz Federal;

II - quarenta e quatro cargos de Juiz Federal Substituto;

III - quarenta e quatro cargos de Chefe de Secretaria;

IV - cento e dez cargos de Oficial Judiciário;

V - vinte e nove cargos de Depositário--avaliador;

VI - noventa e oito cargos de Auxiliar Judiciário;

VII - cento e sessenta e um cargos de Oficial de Justiça;

VIII - quarenta e quatro cargos de Porteiro;

IX - oitenta e oito cargos de Auxiliar de Portaria;

X - cento e dezesseis cargos de Servente.

Art. 89. São criados, no Ministério Público Federal junto à Justiça comum, três cargos, em comissão, de Subprocurador-Geral da República.

§ 1° Os cargos a que se refere este artigo terão a designação de terceiro, quarto e quinto Subprocurador-Geral da República, e seus ocupantes funcionarão mediante designação do Procurador-Geral da República.

§ 2º Os atuais ocupantes da primeira e segunda Subprocuradorias-Gerais da República continuarão com a mesma sede e com as atribuições previstas, quanto ao primeiro, nos artigos 33 e 34 da Lei n. 1.341, de 30 de janeiro de 1951, e, quanto ao segundo, no artigo 90, inciso I, da Lei nº 3.754, de 14 de abril de 1960.

Art. 90. São criados na carreira do Ministério Público Federal, junto à Justiça comum:

I - nove cargos de Procurador da República de Primeira Categoria;

II - treze cargos de Procurador da República de Segunda Categoria;

III - vinte cargos de Procurador da República de Terceira Categoria.

§ 1° Os cargos a que se refere este artigo, assim como os demais cargos já existentes na carreira do Ministério Público Federal junto à Justiça comum, serão lotados nos Estados, no Distrito Federal e nos Territórios mediante decreto do Poder Executivo.

§ 2º Os cargos de Procurador da República a que se refere este artigo, serão providos no nível inicial da carreira, mediante concurso de Títulos e Provas a ser realizado dentro de cento e oitenta (180) dias a contar da publicação desta Lei.

Art. 91. São aproveitados, nos cargos, ora criados, de Procurador da República de 3ª Categoria, os atuais Procuradores da República Adjuntos, ficando extintos os seus cargos.

§ 1° O cargo de Procurador da República de 3ª Categoria passa a constituir o grau inicial da carreira do Ministério Público Federal junto à Justiça comum.

§ 2º As atribuições pertinentes aos cargos de Procurador de 3ª Categoria criados por esta Lei e não providos pela forma prevista neste artigo serão exercidas, até que haja candidatos aprovados em concurso, por Assistentes e Procuradores dos serviços jurídicos da União e de suas autarquias, ou do Ministério Público do Distrito Federal.

§ 3º Poderão ainda os servidores a que se refere o parágrafo anterior exercer as atribuições dos cargos de Procurador de 1ª e 2ª Categorias, ora criados e não providos em razão de recusa de promoção.

§ 4º Para o cumprimento do que dispõem os §§ 2º e 3º, fica o Procurador-Geral da República autorizado a fazer as necessárias requisições às autoridades competentes.

Art. 92. Enquanto não for promulgada a nova Lei Orgânica do Ministério Público Federal, compete aos Subprocuradores--Gerais e aos Procuradores da República, conforme o caso, e na forma determinada pelo Procurador-Geral da República, promover ação penal e intervir em todos os feitos criminais sujeitos à jurisdição da Justiça Federal.

Art. 93. São criados, no Ministério Público da União junto à Justiça Militar, dois cargos de Promotor de Primeira Categoria, que funcionarão na Procuradoria-Geral da Justiça Militar.

Art. 94. É o Poder Executivo autorizado a abrir, pelo Ministério da Justiça e Negócios Interiores, o crédito especial de Cr$7.000.000.000 (sete bilhões de cruzeiros), para atender às despesas decorrentes da execução desta Lei.

Parágrafo único. O crédito a que se refere este artigo será registrado pelo Tribunal de Contas e automaticamente distribuído ao Tesouro Nacional.

Art. 95. Esta Lei entrará em vigor na data de sua publicação.

Art. 96. Revogam-se as disposições em contrário.

H. CASTELLO BRANCO

Este texto não substitui o publicado no DOU de 1º.6.1966, retificada em 14.6 e 4.7.1966

- Optamos pela não publicação dos anexos desta norma.

LEI Nº 10.259, DE 12 DE JULHO DE 2001

Dispõe sobre a instituição dos Juizados Especiais Cíveis e Criminais no âmbito da Justiça Federal.

O PRESIDENTE DA REPÚBLICA Faço saber que o Congresso Nacional decreta e eu sanciono a seguinte Lei:

- Súm. 428 do STJ.
- Lei 12.153/2009 – Dispõe sobre os Juizados Especiais da Fazenda Pública no âmbito dos Estados, do Distrito Federal, dos Territórios e dos Municípios.
- Lei 9.099/1995 – Dispõe sobre os Juizados Especiais Cíveis e Criminais.

Art. 1º. São instituídos os Juizados Especiais Cíveis e Criminais da Justiça Federal, aos quais se aplica, no que não conflitar com esta Lei, o disposto na Lei nº 9.099, de 26 de setembro de 1995.

- Súm. 376 do STJ.

Art. 2º. Compete ao Juizado Especial Federal Criminal processar e julgar os feitos de competência da Justiça Federal relativos às infrações de menor potencial ofensivo, respeitadas as regras de conexão e continência. (Redação dada pela Lei nº 11.313, de 2006)

Parágrafo único. Na reunião de processos, perante o juízo comum ou o tribunal do júri, decorrente da aplicação das regras de conexão e continência, observar-se--ão os institutos da transação penal e da composição dos danos civis. (Redação dada pela Lei nº 11.313, de 2006)

Art. 3º. Compete ao Juizado Especial Federal Cível processar, conciliar e julgar causas de competência da Justiça Federal até o valor de 60 salários mínimos, bem como executar as suas sentenças.

§ 1º. Não se incluem na competência do Juizado Especial Cível as causas:

I – referidas no art. 109, incisos II, III e XI, da Constituição Federal, as ações de mandado de segurança, de desapropriação, de divisão e demarcação, populares, execuções fiscais e por improbidade administrativa e as demandas sobre direitos ou interesses difusos, coletivos ou individuais homogêneos;

II – sobre bens imóveis da União, autarquias e fundações públicas federais;

III – para a anulação ou cancelamento de ato administrativo federal, salvo o de natureza previdenciária e o de lançamento fiscal;

IV – que tenham como objeto a impugnação da pena de demissão imposta a servidores públicos civis ou de sanções disciplinares aplicadas a militares.

§ 2º. Quando a pretensão versar sobre obrigações vincendas, para fins de competência do Juizado Especial, a soma de 12 parcelas não poderá exceder o valor referido no art. 3º, *caput*.

§ 3º. No foro onde estiver instalada Vara do Juizado Especial, a sua competência é absoluta.

Art. 4º. O Juiz poderá, de ofício ou a requerimento das partes, deferir medidas cautelares no curso do processo, para evitar dano de difícil reparação.

Art. 5º. Exceto nos casos do art. 4º, somente será admitido recurso de sentença definitiva.

Art. 6º. Podem ser partes no Juizado Especial Federal Cível:

- LC 123/2006: art. 74.

I – como autores, as pessoas físicas e as microempresas e empresas de pequeno porte, assim definidas na Lei nº 9.317, de 5 de dezembro de 1996;

II – como rés, a União, autarquias, fundações e empresas públicas federais.

Art. 7º. As citações e intimações da União serão feitas na forma prevista nos arts. 35 a 38 da Lei Complementar nº 73, de 10 de fevereiro de 1993.

Parágrafo único. A citação das autarquias, fundações e empresas públicas será feita na pessoa do representante máximo da entidade, no local onde proposta a causa, quando ali instalado seu escritório ou representação; se não, na sede da entidade.

Art. 8º. As partes serão intimadas da sentença, quando não proferida esta na audiência em que estiver presente seu representante, por ARMP (aviso de recebimento em mão própria).

§ 1º. As demais intimações das partes serão feitas na pessoa dos advogados ou dos Procuradores que oficiem nos respectivos autos, pessoalmente ou por via postal.

§ 2º. Os tribunais poderão organizar serviço de intimação das partes e de recepção de petições por meio eletrônico.

Art. 9º. Não haverá prazo diferenciado para a prática de qualquer ato processual pelas pessoas jurídicas de direito público, inclusive a interposição de recursos, devendo a citação para audiência de conciliação ser efetuada com antecedência mínima de 30 (trinta) dias.

Art. 10. As partes poderão designar, por escrito, representantes para a causa, advogado ou não.

- ADin 3.168-6/DF: O Tribunal, por maioria, afastou a inconstitucionalidade do dispositivo impugnado, desde que excluídos os feitos criminais, respeitado o teto estabelecido no artigo 3º, e sem prejuízo da aplicação subsidiária integral dos parágrafos do artigo 9º da Lei nº 9.099, de 26 de setembro de 1995. (DJe 03/08/2007)

Parágrafo único. Os representantes judiciais da União, autarquias, fundações e empresas públicas federais, bem como os indicados na forma do *caput*, ficam autorizados a conciliar, transigir ou desistir, nos processos da competência dos Juizados Especiais Federais.

- Decreto 4.250/2002: art. 1º.

Art. 11. A entidade pública ré deverá fornecer ao Juizado a documentação de que disponha para o esclarecimento da causa, apresentando-a até a instalação da audiência de conciliação.

Parágrafo único. Para a audiência de composição dos danos resultantes de ilícito criminal (arts. 71, 72 e 74 da Lei nº 9.099, de 26 de setembro de 1995), o representante da entidade que comparecer terá poderes para acordar, desistir ou transigir, na forma do art. 10.

Art. 12. Para efetuar o exame técnico necessário à conciliação ou ao julgamento da causa, o Juiz nomeará pessoa habilitada, que apresentará o laudo até cinco dias antes da audiência, independentemente de intimação das partes.

§ 1º. Os honorários do técnico serão antecipados à conta de verba orçamentária do respectivo Tribunal e, quando vencida na causa a entidade pública, seu valor será incluído na ordem de pagamento a ser feita em favor do Tribunal.

§ 2º. Nas ações previdenciárias e relativas à assistência social, havendo designação de exame, serão as partes intimadas para, em dez dias, apresentar quesitos e indicar assistentes.

Art. 13. Nas causas de que trata esta Lei, não haverá reexame necessário.

Art. 14. Caberá pedido de uniformização de interpretação de lei federal quando houver divergência entre decisões sobre questões de direito material proferidas por Turmas Recursais na interpretação da lei.

§ 1º. O pedido fundado em divergência entre Turmas da mesma Região será julgado em reunião conjunta das Turmas em conflito, sob a presidência do Juiz Coordenador.

§ 2º. O pedido fundado em divergência entre decisões de turmas de diferentes regiões ou da proferida em contrariedade a súmula ou jurisprudência dominante do STJ será julgado por Turma de Uniformização, integrada por juízes de Turmas Recursais, sob a presidência do Coordenador da Justiça Federal.

§ 3º. A reunião de juízes domiciliados em cidades diversas será feita pela via eletrônica.

§ 4º. Quando a orientação acolhida pela Turma de Uniformização, em questões de direito material, contrariar súmula ou jurisprudência dominante no Superior Tribunal de Justiça – STJ, a parte interessada poderá provocar a manifestação deste, que dirimirá a divergência.

- Resolução 10/2007 do STJ – Dispõe sobre o processamento, no Superior Tribunal de Justiça, de incidente de uniformização da jurisprudência dos Juizados Especiais Federais.

§ 5º. No caso do § 4º, presente a plausibilidade do direito invocado e havendo fundado receio de dano de difícil reparação, poderá o relator conceder, de ofício ou a requerimento do interessado, medida liminar determinando a suspensão dos processos nos quais a controvérsia esteja estabelecida.

§ 6º. Eventuais pedidos de uniformização idênticos, recebidos subsequentemente em quaisquer Turmas Recursais, ficarão retidos nos autos, aguardando-se pronunciamento do Superior Tribunal de Justiça.

§ 7º. Se necessário, o relator pedirá informações ao Presidente da Turma Recursal ou Coordenador da Turma de Uniformização e ouvirá o Ministério Público, no prazo de 5 (cinco) dias. Eventuais interessados, ainda que não sejam partes no processo, poderão se manifestar, no prazo de 30 (trinta) dias.

§ 8º. Decorridos os prazos referidos no § 7º, o relator incluirá o pedido em pauta na Seção, com preferência sobre todos os demais feitos, ressalvados os processos com réus presos, os habeas corpus e os mandados de segurança.

§ 9º. Publicado o acórdão respectivo, os pedidos retidos referidos no § 6º serão apreciados pelas Turmas Recursais, que poderão exercer juízo de retratação ou declará-los prejudicados, se veicularem tese não acolhida pelo Superior Tribunal de Justiça.

§ 10. Os Tribunais Regionais, o Superior Tribunal de Justiça e o Supremo Tribunal Federal, no âmbito de suas competências, expedirão normas regulamentando a composição dos órgãos e os procedimentos a serem adotados para o processamento e o julgamento do pedido de uniformização e do recurso extraordinário.

Art. 15. O recurso extraordinário, para os efeitos desta Lei, será processado e julgado segundo o estabelecido nos §§ 4º a 9º do art. 14, além da observância das normas do Regimento.

Art. 16. O cumprimento do acordo ou da sentença, com trânsito em julgado, que imponham obrigação de fazer, não fazer ou entrega de coisa certa, será efetuado mediante ofício do Juiz à autoridade citada para a causa, com cópia da sentença ou do acordo.

Art. 17. Tratando-se de obrigação de pagar quantia certa, após o trânsito em julgado da decisão, o pagamento será efetuado no prazo de 60 (sessenta) dias, contados da entrega da requisição, por ordem do Juiz, à autoridade citada para a causa, na agência mais próxima da Caixa Econômica Federal ou do Banco do Brasil, independentemente de precatório.

§ 1º. Para os efeitos do § 3º do art. 100 da Constituição Federal, as obrigações ali definidas como de pequeno valor, a serem pagas independentemente de precatório, terão como limite o mesmo valor estabelecido nesta Lei para a competência do Juizado Especial Federal Cível (art. 3º, *caput*).

§ 2º. Desatendida a requisição judicial, o Juiz determinará o sequestro do numerário suficiente ao cumprimento da decisão.

§ 3º. São vedados o fracionamento, repartição ou quebra do valor da execução, de modo que o pagamento se faça, em parte, na forma estabelecida no § 1º deste artigo, e, em parte, mediante expedição do precatório, e a expedição de precatório complementar ou suplementar do valor pago.

§ 4º. Se o valor da execução ultrapassar o estabelecido no § 1º, o pagamento far-se-á, sempre, por meio do precatório, sendo facultado à parte exequente a renúncia ao crédito do valor excedente, para que possa optar pelo pagamento do saldo sem o precatório, da forma lá prevista.

Art. 18. Os Juizados Especiais serão instalados por decisão do Tribunal Regional Federal. O Juiz presidente do Juizado designará os conciliadores pelo período de 2 (dois) anos, admitida a recondução. O exercício dessas funções será gratuito, assegurados os direitos e prerrogativas do jurado (art. 437 do Código de Processo Penal).

Parágrafo único. Serão instalados Juizados Especiais Adjuntos nas localidades cujo movimento forense não justifique a existência de Juizado Especial, cabendo ao Tribunal designar a Vara onde funcionará.

Art. 19. No prazo de 6 (seis) meses, a contar da publicação desta Lei, deverão ser instalados os Juizados Especiais nas capitais dos Estados e no Distrito Federal.

Parágrafo único. Na capital dos Estados, no Distrito Federal e em outras cidades onde for necessário, neste último caso, por decisão do Tribunal Regional Federal, serão instalados Juizados com competência exclusiva para ações previdenciárias.

Art. 20. Onde não houver Vara Federal, a causa poderá ser proposta no Juizado Especial Federal mais próximo do foro definido no art. 4º da Lei nº 9.099, de 26 de setembro de 1995, vedada a aplicação desta Lei no juízo estadual.

Art. 21. As Turmas Recursais serão instituídas por decisão do Tribunal Regional Federal, que definirá sua composição e área de competência, podendo abranger mais de uma seção.

§ 1º. (*Revogado pela Lei nº 12.665, de 2012*).

§ 2º. (*Revogado pela Lei nº 12.665, de 2012*).

Art. 22. Os Juizados Especiais serão coordenados por Juiz do respectivo Tribunal Regional, escolhido por seus pares, com mandato de dois anos.

Parágrafo único. O Juiz Federal, quando o exigirem as circunstâncias, poderá determinar o funcionamento do Juizado Especial em caráter itinerante, mediante autorização prévia do Tribunal Regional Federal, com antecedência de 10 (dez) dias.

Art. 23. O Conselho da Justiça Federal poderá limitar, por até três anos, contados a partir da publicação desta Lei, a competência dos Juizados Especiais Cíveis, atendendo à necessidade da organização dos serviços judiciários ou administrativos.

Art. 24. O Centro de Estudos Judiciários do Conselho da Justiça Federal e as Escolas de Magistratura dos Tribunais Regionais Federais criarão programas de informática necessários para subsidiar a instrução das causas submetidas aos Juizados e promoverão cursos de aperfeiçoamento destinados aos seus magistrados e servidores.

Art. 25. Não serão remetidas aos Juizados Especiais as demandas ajuizadas até a data de sua instalação.

Art. 26. Competirá aos Tribunais Regionais Federais prestar o suporte administrativo necessário ao funcionamento dos Juizados Especiais.

Art. 27. Esta Lei entra em vigor 6 (seis) meses após a data de sua publicação.

Brasília, 12 de julho de 2001; 180º da Independência e 113º da República.

FERNANDO HENRIQUE CARDOSO

D.O.U. 13.7.2001

LEI Nº 13.105, DE 16 DE MARÇO DE 2015

Código de Processo Civil

A PRESIDENTA DA REPÚBLICA. Faço saber que o Congresso Nacional decreta e eu sanciono a seguinte Lei:

PARTE GERAL

LIVRO I
DAS NORMAS PROCESSUAIS CIVIS

TÍTULO ÚNICO
DAS NORMAS FUNDAMENTAIS E DA APLICAÇÃO DAS NORMAS PROCESSUAIS

CAPÍTULO I
DAS NORMAS FUNDAMENTAIS DO PROCESSO CIVIL

Art. 1º O processo civil será ordenado, disciplinado e interpretado conforme os valores e as normas fundamentais estabelecidos na Constituição da República Federativa do Brasil, observando-se as disposições deste Código.

- art. 5º, XXXV a XXXVII, LIII a LVI, LXVII, LXXIV e LXXVIII, CF.

Art. 2º O processo começa por iniciativa da parte e se desenvolve por impulso oficial, salvo as exceções previstas em lei.

- art. 312, CPC.

Art. 3º Não se excluirá da apreciação jurisdicional ameaça ou lesão a direito.

- art. 5º, XXXV, CF.

§ 1º É permitida a arbitragem, na forma da lei.

- Lei 9.307/1996 (Arbitragem).
- Súm. 485, STJ.

§ 2º O Estado promoverá, sempre que possível, a solução consensual dos conflitos.

§ 3º A conciliação, a mediação e outros métodos de solução consensual de conflitos deverão ser estimulados por juízes, advogados, defensores públicos e membros do Ministério Público, inclusive no curso do processo judicial.

- Lei 13.140/2015 (Mediação e autocomposição).

Art. 4º As partes têm o direito de obter em prazo razoável a solução integral do mérito, incluída a atividade satisfativa.

- art. 5º, LXXVIII, CF.

Art. 5º Aquele que de qualquer forma participa do processo deve comportar-se de acordo com a boa-fé.

- arts. 26 a 41 e 67 a 69, CPC.

Art. 6º Todos os sujeitos do processo devem cooperar entre si para que se obtenha, em tempo razoável, decisão de mérito justa e efetiva.

Art. 7º É assegurada às partes paridade de tratamento em relação ao exercício de direitos e faculdades processuais, aos meios de defesa, aos ônus, aos deveres e à aplicação de sanções processuais, competindo ao juiz zelar pelo efetivo contraditório.

- art. 5º, *caput* e LV, CF.

Art. 8º Ao aplicar o ordenamento jurídico, o juiz atenderá aos fins sociais e às exigências do bem comum, resguardando e promovendo a dignidade da pessoa humana e observando a proporcionalidade, a razoabilidade, a legalidade, a publicidade e a eficiência.

- arts. 35 e 49, LC 35/1979 (Lei Orgânica da Magistratura Nacional).
- art. 5º, LINDB.

Art. 9º Não se proferirá decisão contra uma das partes sem que ela seja previamente ouvida.

Parágrafo único. O disposto no *caput* não se aplica:

I - à tutela provisória de urgência;

- arts. 300 a 310, CPC.

II - às hipóteses de tutela da evidência previstas no art. 311, incisos II e III;

III - à decisão prevista no art. 701.

Art. 10. O juiz não pode decidir, em grau algum de jurisdição, com base em fundamento a respeito do qual não se tenha dado às partes oportunidade de se manifestar, ainda que se trate de matéria sobre a qual deva decidir de ofício.

Art. 11. Todos os julgamentos dos órgãos do Poder Judiciário serão públicos, e fundamentadas todas as decisões, sob pena de nulidade.

- art. 93, IX, CF.
- arts. 489, § 1º, e 1.013, § 3º, IV, CPC.

Parágrafo único. Nos casos de segredo de justiça, pode ser autorizada a presença somente das partes, de seus advogados, de defensores públicos ou do Ministério Público.

- art. 7º, XIII, Estatuto da OAB.
- Súm. Vinc. 14, STF.

Art. 12. Os juízes e os tribunais atenderão, preferencialmente, à ordem cronológica de conclusão para proferir sentença ou acórdão. (Alterado pela Lei 13.256/2016)

- art. 153, CPC.
- Res. 202/2015, CNJ.

§ 1º A lista de processos aptos a julgamento deverá estar permanentemente à disposição para consulta pública em cartório e na rede mundial de computadores.

- art. 1.046, § 5º, CPC.

§ 2º Estão excluídos da regra do *caput*:

I - as sentenças proferidas em audiência, homologatórias de acordo ou de improcedência liminar do pedido;

II - o julgamento de processos em bloco para aplicação de tese jurídica firmada em julgamento de casos repetitivos;

III - o julgamento de recursos repetitivos ou de incidente de resolução de demandas repetitivas;

IV - as decisões proferidas com base nos arts. 485 e 932;

V - o julgamento de embargos de declaração;

- Res. 587/2016, STF.

VI - o julgamento de agravo interno;

- Res. 642/2019, STF.

VII - as preferências legais e as metas estabelecidas pelo Conselho Nacional de Justiça;

VIII - os processos criminais, nos órgãos jurisdicionais que tenham competência penal;

IX - a causa que exija urgência no julgamento, assim reconhecida por decisão fundamentada.

§ 3º Após elaboração de lista própria, respeitar-se-á a ordem cronológica das conclusões entre as preferências legais.

§ 4º Após a inclusão do processo na lista de que trata o § 1º, o requerimento formulado pela parte não altera a ordem cronológica para a decisão, exceto quando implicar a reabertura da instrução ou a conversão do julgamento em diligência.

§ 5º Decidido o requerimento previsto no § 4º, o processo retornará à mesma posição em que anteriormente se encontrava na lista.

§ 6º Ocupará o primeiro lugar na lista prevista no § 1º ou, conforme o caso, no § 3º, o processo que:

I - tiver sua sentença ou acórdão anulado, salvo quando houver necessidade de realização de diligência ou de complementação da instrução;

II - se enquadrar na hipótese do art. 1.040, inciso II.

CAPÍTULO II
DA APLICAÇÃO DAS NORMAS PROCESSUAIS

Art. 13. A jurisdição civil será regida pelas normas processuais brasileiras, ressalvadas as disposições específicas previstas em tratados, convenções ou acordos internacionais de que o Brasil seja parte.

Art. 14. A norma processual não retroagirá e será aplicável imediatamente aos processos em curso, respeitados os atos processuais praticados e as situações jurídicas consolidadas sob a vigência da norma revogada.

Art. 15. Na ausência de normas que regulem processos eleitorais, trabalhistas ou administrativos, as disposições deste Código lhes serão aplicadas supletiva e subsidiariamente.

- art. 769, CLT.
- IN 39/2016, TST.

LIVRO II
DA FUNÇÃO JURISDICIONAL

TÍTULO I
DA JURISDIÇÃO E DA AÇÃO

Art. 16. A jurisdição civil é exercida pelos juízes e pelos tribunais em todo o território nacional, conforme as disposições deste Código.

- art. 5º, XXXVII, CF.
- arts. 3º a 12, CPC.

Art. 17. Para postular em juízo é necessário ter interesse e legitimidade.

- arts. 19, 109, 120, p.ún., 189, § 2º, 337, XI, 339, 485, VI, 615 e ss., 722 e 726, CPC.

Art. 18. Ninguém poderá pleitear direito alheio em nome próprio, salvo quando autorizado pelo ordenamento jurídico.

- arts. 5º, XXI e LXX, 8º, III, e 103, I a IX, CF.
- arts. 81 e 82, CDC.

Parágrafo único. Havendo substituição processual, o substituído poderá intervir como assistente litisconsorcial.

- Súm. 219, III, 286, e 406, II; e OJ-SDI1 121, 359, TST.

Art. 19. O interesse do autor pode limitar-se à declaração:

- Súm. 150 e 181, STJ.
- Súm. 82; OJ-SDI1 188, TST.

I - da existência, da inexistência ou do modo de ser de uma relação jurídica;

- Súm. 181, e 242, STJ.

II - da autenticidade ou da falsidade de documento.

Art. 20. É admissível a ação meramente declaratória, ainda que tenha ocorrido a violação do direito.

- Súm. 258, STF.

TÍTULO II
DOS LIMITES DA JURISDIÇÃO NACIONAL E DA COOPERAÇÃO INTERNACIONAL

CAPÍTULO I
DOS LIMITES DA JURISDIÇÃO NACIONAL

Art. 21. Compete à autoridade judiciária brasileira processar e julgar as ações em que:

- arts. 70 a 78, CC.

I - o réu, qualquer que seja a sua nacionalidade, estiver domiciliado no Brasil;

II - no Brasil tiver de ser cumprida a obrigação;

- art. 12, LINDB.

III - o fundamento seja fato ocorrido ou ato praticado no Brasil.

Parágrafo único. Para o fim do disposto no inciso I, considera-se domiciliada no Brasil a pessoa jurídica estrangeira que nele tiver agência, filial ou sucursal.

Art. 22. Compete, ainda, à autoridade judiciária brasileira processar e julgar as ações:

I - de alimentos, quando:

- art. 227, CF.
- art. 53, II, CPC.
- arts. 1.694 a 1.710, CC.
- Lei 5.478/1968 (Lei de alimentos).
- Súm. 1, 144, 309, STJ.

a) o credor tiver domicílio ou residência no Brasil;

b) o réu mantiver vínculos no Brasil, tais como posse ou propriedade de bens, recebimento de renda ou obtenção de benefícios econômicos;

II - decorrentes de relações de consumo, quando o consumidor tiver domicílio ou residência no Brasil;

- art. 101, I, CDC.

III - em que as partes, expressa ou tacitamente, se submeterem à jurisdição nacional.

Art. 23. Compete à autoridade judiciária brasileira, com exclusão de qualquer outra:

I - conhecer de ações relativas a imóveis situados no Brasil;

- arts. 8º e 12, § 1º, LINDB.

II - em matéria de sucessão hereditária, proceder à confirmação de testamento particular e ao inventário e à partilha de bens situados no Brasil, ainda que o autor da herança seja de nacionalidade estrangeira ou tenha domicílio fora do território nacional;

- art. 10, LINDB.

III - em divórcio, separação judicial ou dissolução de união estável, proceder à partilha de bens situados no Brasil, ainda que o titular seja de nacionalidade estrangeira ou tenha domicílio fora do território nacional.

- art. 7º, LINDB.

Art. 24. A ação proposta perante tribunal estrangeiro não induz litispendência e não obsta a que a autoridade judiciária brasileira conheça da mesma causa e das que lhe são conexas, ressalvadas as disposições em contrário de tratados internacionais e acordos bilaterais em vigor no Brasil.

- art. 102, I, e, CF.

Parágrafo único. A pendência de causa perante a jurisdição brasileira não impede a homologação de sentença judicial estrangeira quando exigida para produzir efeitos no Brasil.

Art. 25. Não compete à autoridade judiciária brasileira o processamento e o julgamento da ação quando houver cláusula de eleição de foro exclusivo estrangeiro em contrato internacional, arguida pelo réu na contestação.

§ 1º Não se aplica o disposto no *caput* às hipóteses de competência internacional exclusiva previstas neste Capítulo.

§ 2º Aplica-se à hipótese do *caput* o art. 63, §§ 1º a 4º.

CAPÍTULO II
DA COOPERAÇÃO INTERNACIONAL

SEÇÃO I
DISPOSIÇÕES GERAIS

- art. 4º, IX, CF.

Art. 26. A cooperação jurídica internacional será regida por tratado de que o Brasil faz parte e observará:

I - o respeito às garantias do devido processo legal no Estado requerente;

- art. 5º, LIV, CF.

II - a igualdade de tratamento entre nacionais e estrangeiros, residentes ou não no Brasil, em relação ao acesso à justiça e à tramitação dos processos, assegurando-se assistência judiciária aos necessitados;

- arts. 5º, LXXIV, e 134, CF.
- art. 4º, IX, Lei 13.445/2017 (Lei de Migração).

III - a publicidade processual, exceto nas hipóteses de sigilo previstas na legislação brasileira ou na do Estado requerente;

› art. 93, IX, CF.

IV - a existência de autoridade central para recepção e transmissão dos pedidos de cooperação;

V - a espontaneidade na transmissão de informações a autoridades estrangeiras.

§ 1º Na ausência de tratado, a cooperação jurídica internacional poderá realizar-se com base em reciprocidade, manifestada por via diplomática.

§ 2º Não se exigirá a reciprocidade referida no § 1º para homologação de sentença estrangeira.

§ 3º Na cooperação jurídica internacional não será admitida a prática de atos que contrariem ou que produzam resultados incompatíveis com as normas fundamentais que regem o Estado brasileiro.

§ 4º O Ministério da Justiça exercerá as funções de autoridade central na ausência de designação específica.

Art. 27. A cooperação jurídica internacional terá por objeto:

I - citação, intimação e notificação judicial e extrajudicial;

› arts. 238, 269, 726 a 729, CPC.

II - colheita de provas e obtenção de informações;

› Dec. 9.039/2017 (Obtenção de provas no estrangeiro em matéria civil ou comercial).

III - homologação e cumprimento de decisão;

› arts. 960 a 965, CPC.

IV - concessão de medida judicial de urgência;

V - assistência jurídica internacional;

VI - qualquer outra medida judicial ou extrajudicial não proibida pela lei brasileira.

SEÇÃO II
DO AUXÍLIO DIRETO

Art. 28. Cabe auxílio direto quando a medida não decorrer diretamente de decisão de autoridade jurisdicional estrangeira a ser submetida a juízo de delibação no Brasil.

Art. 29. A solicitação de auxílio direto será encaminhada pelo órgão estrangeiro interessado à autoridade central, cabendo ao Estado requerente assegurar a autenticidade e a clareza do pedido.

Art. 30. Além dos casos previstos em tratados de que o Brasil faz parte, o auxílio direto terá os seguintes objetos:

I - obtenção e prestação de informações sobre o ordenamento jurídico e sobre processos administrativos ou jurisdicionais findos ou em curso;

II - colheita de provas, salvo se a medida for adotada em processo, em curso no estrangeiro, de competência exclusiva de autoridade judiciária brasileira;

III - qualquer outra medida judicial ou extrajudicial não proibida pela lei brasileira.

Art. 31. A autoridade central brasileira comunicar-se-á diretamente com suas congêneres e, se necessário, com outros órgãos estrangeiros responsáveis pela tramitação e pela execução de pedidos de cooperação enviados e recebidos pelo Estado brasileiro, respeitadas disposições específicas constantes de tratado.

Art. 32. No caso de auxílio direto para a prática de atos que, segundo a lei brasileira, não necessitem de prestação jurisdicional, a autoridade central adotará as providências necessárias para seu cumprimento.

Art. 33. Recebido o pedido de auxílio direto passivo, a autoridade central o encaminhará à Advocacia-Geral da União, que requererá em juízo a medida solicitada.

Parágrafo único. O Ministério Público requererá em juízo a medida solicitada quando for autoridade central.

Art. 34. Compete ao juízo federal do lugar em que deva ser executada a medida apreciar pedido de auxílio direto passivo que demande prestação de atividade jurisdicional.

› art. 109, CF.

SEÇÃO III
DA CARTA ROGATÓRIA

Art. 35. (Vetado).

Art. 36. O procedimento da carta rogatória perante o Superior Tribunal de Justiça é de jurisdição contenciosa e deve assegurar às partes as garantias do devido processo legal.

› arts. 5º, LIV, 105, I, i, e 109, X, CF.

§ 1º A defesa restringir-se-á à discussão quanto ao atendimento dos requisitos para que o pronunciamento judicial estrangeiro produza efeitos no Brasil.

§ 2º Em qualquer hipótese, é vedada a revisão do mérito do pronunciamento judicial estrangeiro pela autoridade judiciária brasileira.

SEÇÃO IV
DISPOSIÇÕES COMUNS ÀS SEÇÕES ANTERIORES

Art. 37. O pedido de cooperação jurídica internacional oriundo de autoridade brasileira competente será encaminhado à autoridade central para posterior envio ao Estado requerido para lhe dar andamento.

Art. 38. O pedido de cooperação oriundo de autoridade brasileira competente e os documentos anexos que o instruem serão encaminhados à autoridade central, acompanhados de tradução para a língua oficial do Estado requerido.

Art. 39. O pedido passivo de cooperação jurídica internacional será recusado se configurar manifesta ofensa à ordem pública.

› art. 26, § 3º, CPC.

Art. 40. A cooperação jurídica internacional para execução de decisão estrangeira dar-se-á por meio de carta rogatória ou de ação de homologação de sentença estrangeira, de acordo com o art. 960.

› arts. 105, I, i, e 109, X, CF.

Art. 41. Considera-se autêntico o documento que instruir pedido de cooperação jurídica internacional, inclusive tradução para a língua portuguesa, quando encaminhado ao Estado brasileiro por meio de autoridade central ou por via diplomática, dispensando-se ajuramentação, autenticação ou qualquer procedimento de legalização.

Parágrafo único. O disposto no *caput* não impede, quando necessária, a aplicação pelo Estado brasileiro do princípio da reciprocidade de tratamento.

TÍTULO III
DA COMPETÊNCIA INTERNA

CAPÍTULO I
DA COMPETÊNCIA

SEÇÃO I
DISPOSIÇÕES GERAIS

Art. 42. As causas cíveis serão processadas e decididas pelo juiz nos limites de sua competência, ressalvado às partes o direito de instituir juízo arbitral, na forma da lei.

› Lei 9.307/1996 (Arbitragem).

Art. 43. Determina-se a competência no momento do registro ou da distribuição da petição inicial, sendo irrelevantes as modificações do estado de fato ou de direito ocorridas posteriormente, salvo quando suprimirem órgão judiciário ou alterarem a competência absoluta.

Art. 44. Obedecidos os limites estabelecidos pela Constituição Federal, a competência é determinada pelas normas previstas neste Código ou em legislação especial, pelas normas de organização judiciária e, ainda, no que couber, pelas constituições dos Estados.

Art. 45. Tramitando o processo perante outro juízo, os autos serão remetidos ao juízo federal competente se nele intervier a União, suas empresas públicas, entidades autárquicas e fundações, ou conselho de fiscalização de atividade profissional, na qualidade de parte ou de terceiro interveniente, exceto as ações:

› art. 109, I, CF.

› Súm. 66, 206, 224 e 254, STJ.

I - de recuperação judicial, falência, insolvência civil e acidente de trabalho;

› Lei 11.101/2005 (Lei de falência).

II - sujeitas à Justiça Eleitoral e à Justiça do Trabalho.

› arts. 114 e 121, CF.

§ 1º Os autos não serão remetidos se houver pedido cuja apreciação seja de competência do juízo perante o qual foi proposta a ação.

§ 2º Na hipótese do § 1º, o juiz, ao não admitir a cumulação de pedidos em razão da incompetência para apreciar qualquer deles, não examinará o mérito daquele em que exista interesse da União, de suas entidades autárquicas ou de suas empresas públicas.

§ 3º O juízo federal restituirá os autos ao juízo estadual sem suscitar conflito se o ente federal cuja presença ensejou a remessa for excluído do processo.

Art. 46. A ação fundada em direito pessoal ou em direito real sobre bens móveis será proposta, em regra, no foro de domicílio do réu.

‣ arts. 70 a 78, CC.

§ 1º Tendo mais de um domicílio, o réu será demandado no foro de qualquer deles.

‣ art. 71, CC.

§ 2º Sendo incerto ou desconhecido o domicílio do réu, ele poderá ser demandado onde for encontrado ou no foro de domicílio do autor.

§ 3º Quando o réu não tiver domicílio ou residência no Brasil, a ação será proposta no foro de domicílio do autor, e, se este também residir fora do Brasil, a ação será proposta em qualquer foro.

§ 4º Havendo 2 (dois) ou mais réus com diferentes domicílios, serão demandados no foro de qualquer deles, à escolha do autor.

§ 5º A execução fiscal será proposta no foro de domicílio do réu, no de sua residência ou no do lugar onde for encontrado.

‣ Lei 6.830/1980 (Execução fiscal).

Art. 47. Para as ações fundadas em direito real sobre imóveis é competente o foro de situação da coisa.

‣ art. 12, §1º, LINDB.

‣ art. 48, Lei 6.766/1979 (Parcelamento do solo urbano).

‣ art. 58, II, Lei 8.245/1991 (Lei de locação).

§ 1º O autor pode optar pelo foro de domicílio do réu ou pelo foro de eleição se o litígio não recair sobre direito de propriedade, vizinhança, servidão, divisão e demarcação de terras e de nunciação de obra nova.

§ 2º A ação possessória imobiliária será proposta no foro de situação da coisa, cujo juízo tem competência absoluta.

Art. 48. O foro de domicílio do autor da herança, no Brasil, é o competente para o inventário, a partilha, a arrecadação, o cumprimento de disposições de última vontade, a impugnação ou anulação de partilha extrajudicial e para todas as ações em que o espólio for réu, ainda que o óbito tenha ocorrido no estrangeiro.

Parágrafo único. Se o autor da herança não possuía domicílio certo, é competente:

I - o foro de situação dos bens imóveis;

II - havendo bens imóveis em foros diferentes, qualquer destes;

III - não havendo bens imóveis, o foro do local de qualquer dos bens do espólio.

Art. 49. A ação em que o ausente for réu será proposta no foro de seu último domicílio, também competente para a arrecadação, o inventário, a partilha e o cumprimento de disposições testamentárias.

Art. 50. A ação em que o incapaz for réu será proposta no foro de domicílio de seu representante ou assistente.

Art. 51. É competente o foro de domicílio do réu para as causas em que seja autora a União.

‣ art. 109, §§ 1º e 2º, CF.

Parágrafo único. Se a União for a demandada, a ação poderá ser proposta no foro de domicílio do autor, no de ocorrência do ato ou fato que originou a demanda, no de situação da coisa ou no Distrito Federal.

Art. 52. É competente o foro de domicílio do réu para as causas em que seja autor Estado ou o Distrito Federal.

Parágrafo único. Se Estado ou o Distrito Federal for o demandado, a ação poderá ser proposta no foro de domicílio do autor, no de ocorrência do ato ou fato que originou a demanda, no de situação da coisa ou na capital do respectivo ente federado.

Art. 53. É competente o foro:

I - para a ação de divórcio, separação, anulação de casamento e reconhecimento ou dissolução de união estável:

‣ art. 7º, LINDB.

a) de domicílio do guardião de filho incapaz;

‣ Súm. 383, STJ.

b) do último domicílio do casal, caso não haja filho incapaz;

c) de domicílio do réu, se nenhuma das partes residir no antigo domicílio do casal;

d) de domicílio da vítima de violência doméstica e familiar, nos termos da Lei nº 11.340, de 7 de agosto de 2006 (Lei Maria da Penha); (Acrescida pela Lei 13.894/2019)

II - de domicílio ou residência do alimentando, para a ação em que se pedem alimentos;

‣ art. 693, p.ún., CPC.

‣ Lei 5.478/1968 (Lei de alimentos).

III - do lugar:

‣ art. 75, CC.

a) onde está a sede, para a ação em que for ré pessoa jurídica;

b) onde se acha agência ou sucursal, quanto às obrigações que a pessoa jurídica contraiu;

c) onde exerce suas atividades, para a ação em que for ré sociedade ou associação sem personalidade jurídica;

d) onde a obrigação deve ser satisfeita, para a ação em que se lhe exigir o cumprimento;

‣ art. 327 e 328, CC.

e) de residência do idoso, para a causa que verse sobre direito previsto no respectivo estatuto;

‣ art. 80, Estatuto do Idoso.

f) da sede da serventia notarial ou de registro, para a ação de reparação de dano por ato praticado em razão do ofício;

IV - do lugar do ato ou fato para a ação:

a) de reparação de dano;

b) em que for réu administrador ou gestor de negócios alheios;

V - de domicílio do autor ou do local do fato, para a ação de reparação de dano sofrido em razão de delito ou acidente de veículos, inclusive aeronaves.

SEÇÃO II
DA MODIFICAÇÃO DA COMPETÊNCIA

Art. 54. A competência relativa poderá modificar-se pela conexão ou pela continência, observado o disposto nesta Seção.

Art. 55. Reputam-se conexas 2 (duas) ou mais ações quando lhes for comum o pedido ou a causa de pedir.

‣ Súm. 383, STJ.

§ 1º Os processos de ações conexas serão reunidos para decisão conjunta, salvo se um deles já houver sido sentenciado.

‣ Súm. 235, STJ.

§ 2º Aplica-se o disposto no *caput*:

I - à execução de título extrajudicial e à ação de conhecimento relativa ao mesmo ato jurídico;

II - às execuções fundadas no mesmo título executivo.

§ 3º Serão reunidos para julgamento conjunto os processos que possam gerar risco de prolação de decisões conflitantes ou contraditórias caso decididos separadamente, mesmo sem conexão entre eles.

‣ arts. 286, III, e 337, VIII, CPC.

Art. 56. Dá-se a continência entre 2 (duas) ou mais ações quando houver identidade quanto às partes e à causa de pedir, mas o pedido de uma, por ser mais amplo, abrange o das demais.

‣ Súm. 489, STJ.

Art. 57. Quando houver continência e a ação continente tiver sido proposta anteriormente, no processo relativo à ação contida será proferida sentença sem resolução de mérito, caso contrário, as ações serão necessariamente reunidas.

‣ art. 286, I, CPC.

Art. 58. A reunião das ações propostas em separado far-se-á no juízo prevento, onde serão decididas simultaneamente.

Art. 59. O registro ou a distribuição da petição inicial torna prevento o juízo.

‣ art. 6º, § 8º, Lei 11.101/2005 (Lei de falência).

Art. 60. Se o imóvel se achar situado em mais de um Estado, comarca, seção ou subseção judiciária, a competência territorial do juízo prevento estender-se-á sobre a totalidade do imóvel.

Art. 61. A ação acessória será proposta no juízo competente para a ação principal.

Art. 62. A competência determinada em razão da matéria, da pessoa ou da função é inderrogável por convenção das partes.

Art. 63. As partes podem modificar a competência em razão do valor e do território, elegendo foro onde será proposta ação oriunda de direitos e obrigações.

‣ art. 58, II, Lei 8.245/1991 (Lei de locação).

‣ Súm. 335, STF.

§ 1º A eleição de foro somente produz efeito quando constar de instrumento escrito, aludir expressamente a determinado negócio jurídico e guardar pertinência com o domicílio ou a residência de uma das partes ou com o local da obrigação, ressalvada a pactuação consumerista, quando favorável ao consumidor. (Redação dada pela Lei 14.879/2024)

§ 2º O foro contratual obriga os herdeiros e sucessores das partes.

§ 3º Antes da citação, a cláusula de eleição de foro, se abusiva, pode ser reputada ineficaz de ofício pelo juiz, que determinará a remessa dos autos ao juízo do foro de domicílio do réu.

§ 4º Citado, incumbe ao réu alegar a abusividade da cláusula de eleição de foro na contestação, sob pena de preclusão.

§ 5º O ajuizamento de ação em juízo aleatório, entendido como aquele sem vinculação com o domicílio ou a residência das partes ou com o negócio jurídico discutido na demanda, constitui prática abusiva que justifica a declinação de competência de ofício. (Acrescido pela Lei 14.879/2024)

SEÇÃO III
DA INCOMPETÊNCIA

Art. 64. A incompetência, absoluta ou relativa, será alegada como questão preliminar de contestação.

§ 1º A incompetência absoluta pode ser alegada em qualquer tempo e grau de jurisdição e deve ser declarada de ofício.

§ 2º Após manifestação da parte contrária, o juiz decidirá imediatamente a alegação de incompetência.

§ 3º Caso a alegação de incompetência seja acolhida, os autos serão remetidos ao juízo competente.

§ 4º Salvo decisão judicial em sentido contrário, conservar-se-ão os efeitos de decisão proferida pelo juízo incompetente até que outra seja proferida, se for o caso, pelo juízo competente.

Art. 65. Prorrogar-se-á a competência relativa se o réu não alegar a incompetência em preliminar de contestação.

Parágrafo único. A incompetência relativa pode ser alegada pelo Ministério Público nas causas em que atuar.

Art. 66. Há conflito de competência quando:

- arts. 951 a 959, CPC.
- Súm. 3, 59, 224, 236 e 428, STJ.
- Súm. 420 e OJ-SDI2 149, TST.

I - 2 (dois) ou mais juízes se declaram competentes;

II - 2 (dois) ou mais juízes se consideram incompetentes, atribuindo um ao outro a competência;

III - entre 2 (dois) ou mais juízes surge controvérsia acerca da reunião ou separação de processos.

Parágrafo único. O juiz que não acolher a competência declinada deverá suscitar o conflito, salvo se a atribuir a outro juízo.

CAPÍTULO II
DA COOPERAÇÃO NACIONAL

Art. 67. Aos órgãos do Poder Judiciário, estadual ou federal, especializado ou comum, em todas as instâncias e graus de jurisdição, inclusive aos tribunais superiores, incumbe o dever de recíproca cooperação, por meio de seus magistrados e servidores.

- art. 6º, CPC.

Art. 68. Os juízos poderão formular entre si pedido de cooperação para prática de qualquer ato processual.

Art. 69. O pedido de cooperação jurisdicional deve ser prontamente atendido, prescinde de forma específica e pode ser executado como:

I - auxílio direto;

- art. 377, CPC.

II - reunião ou apensamento de processos;

III - prestação de informações;

IV - atos concertados entre os juízes cooperantes.

§ 1º As cartas de ordem, precatória e arbitral seguirão o regime previsto neste Código.

- arts. 237 e 260, CPC.

§ 2º Os atos concertados entre os juízes cooperantes poderão consistir, além de outros, no estabelecimento de procedimento para:

I - a prática de citação, intimação ou notificação de ato;

II - a obtenção e apresentação de provas e a coleta de depoimentos;

III - a efetivação de tutela provisória;

- arts. 294 a 311, CPC.

IV - a efetivação de medidas e providências para recuperação e preservação de empresas;

- art. 3º, Lei 11.101/2005 (Lei de falência).

V - a facilitação de habilitação de créditos na falência e na recuperação judicial;

- art. 3º, Lei 11.101/2005 (Lei de falência).

VI - a centralização de processos repetitivos;

- art. 12, § 2º, II, CPC.

VII - a execução de decisão jurisdicional.

§ 3º O pedido de cooperação judiciária pode ser realizado entre órgãos jurisdicionais de diferentes ramos do Poder Judiciário.

LIVRO III
DOS SUJEITOS DO PROCESSO

TÍTULO I
DAS PARTES E DOS PROCURADORES

CAPÍTULO I
DA CAPACIDADE PROCESSUAL

Art. 70. Toda pessoa que se encontre no exercício de seus direitos tem capacidade para estar em juízo.

- art. 8º, § 2º, Lei 9.099/1995 (Juizados Especiais Cíveis e Criminais).

Art. 71. O incapaz será representado ou assistido por seus pais, por tutor ou por curador, na forma da lei.

Art. 72. O juiz nomeará curador especial ao:

I - incapaz, se não tiver representante legal ou se os interesses deste colidirem com os daquele, enquanto durar a incapacidade;

II - réu preso revel, bem como ao réu revel citado por edital ou com hora certa, enquanto não for constituído advogado.

- art. 8º, Lei 9.099/1995 (Juizados Especiais Cíveis e Criminais).
- Súm. 196, STJ.

Parágrafo único. A curatela especial será exercida pela Defensoria Pública, nos termos da lei.

- arts. 134 e 135, CF.
- LC 80/1994 (Lei Orgânica da Defensoria Pública).

Art. 73. O cônjuge necessitará do consentimento do outro para propor ação que verse sobre direito real imobiliário, salvo quando casados sob o regime de separação absoluta de bens.

§ 1º Ambos os cônjuges serão necessariamente citados para a ação:

- art. 1.663, CC.

I - que verse sobre direito real imobiliário, salvo quando casados sob o regime de separação absoluta de bens;

II - resultante de fato que diga respeito a ambos os cônjuges ou de ato praticado por eles;

III - fundada em dívida contraída por um dos cônjuges a bem da família;

IV - que tenha por objeto o reconhecimento, a constituição ou a extinção de ônus sobre imóvel de um ou de ambos os cônjuges.

§ 2º Nas ações possessórias, a participação do cônjuge do autor ou do réu somente é indispensável nas hipóteses de composse ou de ato por ambos praticado.

§ 3º Aplica-se o disposto neste artigo à união estável comprovada nos autos.

- art. 226, § 3º, CF.

Art. 74. O consentimento previsto no art. 73 pode ser suprido judicialmente quando for negado por um dos cônjuges sem justo motivo, ou quando lhe seja impossível concedê-lo.

- art. 1.648, CC.

Parágrafo único. A falta de consentimento, quando necessário e não suprido pelo juiz, invalida o processo.

- art. 1.649, CC.

Art. 75. Serão representados em juízo, ativa e passivamente:

I - a União, pela Advocacia-Geral da União, diretamente ou mediante órgão vinculado;

- art. 131, CF.

II - o Estado e o Distrito Federal, por seus procuradores;

- art. 132, CF.

III - o Município, por seu prefeito, procurador ou Associação de Representação de Municípios, quando expressamente autorizada; (Redação dada pela Lei 14.341/2022)

- arts. 182 e 184, CPC.

IV - a autarquia e a fundação de direito público, por quem a lei do ente federado designar;

V - a massa falida, pelo administrador judicial;

VI - a herança jacente ou vacante, por seu curador;

- arts. 1.819 a 1.823, CC.

VII - o espólio, pelo inventariante;

VIII - a pessoa jurídica, por quem os respectivos atos constitutivos designarem ou, não havendo essa designação, por seus diretores;

- arts. 46, III; e 47, CC.

IX - a sociedade e a associação irregulares e outros entes organizados sem personalidade jurídica, pela pessoa a quem couber a administração de seus bens;

X - a pessoa jurídica estrangeira, pelo gerente, representante ou administrador de sua filial, agência ou sucursal aberta ou instalada no Brasil;

‣ art. 21, p.ún., CPC.

XI - o condomínio, pelo administrador ou síndico.

‣ arts. 1.323 a 1.326 e 1.348, CC.
‣ art. 22, § 1º, Lei 4.591/1964 (Lei do condomínio).

§ 1º Quando o inventariante for dativo, os sucessores do falecido serão intimados no processo no qual o espólio seja parte.

§ 2º A sociedade ou associação sem personalidade jurídica não poderá opor a irregularidade de sua constituição quando demandada.

§ 3º O gerente de filial ou agência presume-se autorizado pela pessoa jurídica estrangeira a receber citação para qualquer processo.

§ 4º Os Estados e o Distrito Federal poderão ajustar compromisso recíproco para prática de ato processual por seus procuradores em favor de outro ente federado, mediante convênio firmado pelas respectivas procuradorias.

§ 5º A representação judicial do Município pela Associação de Representação de Municípios somente poderá ocorrer em questões de interesse comum dos Municípios associados e dependerá de autorização do respectivo chefe do Poder Executivo municipal, com indicação específica do direito ou da obrigação a ser objeto das medidas judiciais. (Acrescido pela Lei 14.341/2022)

Art. 76. Verificada a incapacidade processual ou a irregularidade da representação da parte, o juiz suspenderá o processo e designará prazo razoável para que seja sanado o vício.

‣ arts. 111 e 337, IX, CPC.
‣ Súm. 456, TST.

§ 1º Descumprida a determinação, caso o processo esteja na instância originária:

I - o processo será extinto, se a providência couber ao autor;

II - o réu será considerado revel, se a providência lhe couber;

III - o terceiro será considerado revel ou excluído do processo, dependendo do polo em que se encontre.

§ 2º Descumprida a determinação em fase recursal perante tribunal de justiça, tribunal regional federal ou tribunal superior, o relator:

I - não conhecerá do recurso, se a providência couber ao recorrente;

II - determinará o desentranhamento das contrarrazões, se a providência couber ao recorrido.

CAPÍTULO II
DOS DEVERES DAS PARTES E DE SEUS PROCURADORES

SEÇÃO I
DOS DEVERES

Art. 77. Além de outros previstos neste Código, são deveres das partes, de seus procuradores e de todos aqueles que de qualquer forma participem do processo:

‣ art. 379, CPC.

I - expor os fatos em juízo conforme a verdade;

‣ art. 80, II, CPC.

II - não formular pretensão ou de apresentar defesa quando cientes de que são destituídas de fundamento;

III - não produzir provas e não praticar atos inúteis ou desnecessários à declaração ou à defesa do direito;

IV - cumprir com exatidão as decisões jurisdicionais, de natureza provisória ou final, e não criar embaraços à sua efetivação;

V - declinar, no primeiro momento que lhes couber falar nos autos, o endereço residencial ou profissional onde receberão intimações, atualizando essa informação sempre que ocorrer qualquer modificação temporária ou definitiva;

VI - não praticar inovação ilegal no estado de fato de bem ou direito litigioso.

VII - informar e manter atualizados seus dados cadastrais perante os órgãos do Poder Judiciário e, no caso do § 6º do art. 246 deste Código, da Administração Tributária, para recebimento de citações e intimações. (Acrescido pela Lei 14.195/2021)

§ 1º Nas hipóteses dos incisos IV e VI, o juiz advertirá qualquer das pessoas mencionadas no *caput* de que sua conduta poderá ser punida como ato atentatório à dignidade da justiça.

‣ art. 1º, Res. nº 9/2018, STJ/GP.

§ 2º A violação ao disposto nos incisos IV e VI constitui ato atentatório à dignidade da justiça, devendo o juiz, sem prejuízo das sanções criminais, civis e processuais cabíveis, aplicar ao responsável multa de até vinte por cento do valor da causa, de acordo com a gravidade da conduta.

‣ art. 1º, Res. nº 9/2018, STJ/GP.

§ 3º Não sendo paga no prazo a ser fixado pelo juiz, a multa prevista no § 2º será inscrita como dívida ativa da União ou do Estado após o trânsito em julgado da decisão que a fixou, e sua execução observará o procedimento da execução fiscal, revertendo-se aos fundos previstos no art. 97.

§ 4º A multa estabelecida no § 2º poderá ser fixada independentemente da incidência das previstas nos arts. 523, § 1º, e 536, § 1º.

§ 5º Quando o valor da causa for irrisório ou inestimável, a multa prevista no § 2º poderá ser fixada em até 10 (dez) vezes o valor do salário-mínimo.

§ 6º Aos advogados públicos ou privados e aos membros da Defensoria Pública e do Ministério Público não se aplica o disposto nos §§ 2º a 5º, devendo eventual responsabilidade disciplinar ser apurada pelo respectivo órgão de classe ou corregedoria, ao qual o juiz oficiará.

§ 7º Reconhecida violação ao disposto no inciso VI, o juiz determinará o restabelecimento do estado anterior, podendo, ainda, proibir a parte de falar nos autos até a purgação do atentado, sem prejuízo da aplicação do § 2º.

§ 8º O representante judicial da parte não pode ser compelido a cumprir decisão em seu lugar.

Art. 78. É vedado às partes, a seus procuradores, aos juízes, aos membros do Ministério Público e da Defensoria Pública e a qualquer pessoa que participe do processo empregar expressões ofensivas nos escritos apresentados.

§ 1º Quando expressões ou condutas ofensivas forem manifestadas oral ou presencialmente, o juiz advertirá o ofensor de que não as deve usar ou repetir, sob pena de lhe ser cassada a palavra.

§ 2º De ofício ou a requerimento do ofendido, o juiz determinará que as expressões ofensivas sejam riscadas e, a requerimento do ofendido, determinará a expedição de certidão com inteiro teor das expressões ofensivas e a colocará à disposição da parte interessada.

SEÇÃO II
DA RESPONSABILIDADE DAS PARTES POR DANO PROCESSUAL

Art. 79. Responde por perdas e danos aquele que litigar de má-fé como autor, réu ou interveniente.

‣ arts. 402 a 405 e 927, CC.

Art. 80. Considera-se litigante de má-fé aquele que:

‣ art. 32, Estatuto da OAB.

I - deduzir pretensão ou defesa contra texto expresso de lei ou fato incontroverso;

‣ art. 77, II, CPC.

II - alterar a verdade dos fatos;

‣ art. 77, I, CPC.

III - usar do processo para conseguir objetivo ilegal;

IV - opuser resistência injustificada ao andamento do processo;

V - proceder de modo temerário em qualquer incidente ou ato do processo;

VI - provocar incidente manifestamente infundado;

VII - interpuser recurso com intuito manifestamente protelatório.

Art. 81. De ofício ou a requerimento, o juiz condenará o litigante de má-fé a pagar multa, que deverá ser superior a um por cento e inferior a dez por cento do valor corrigido da causa, a indenizar a parte contrária pelos prejuízos que esta sofreu e a arcar com os honorários advocatícios e com todas as despesas que efetuou.

‣ art. 96, CPC.
‣ art. 87, p.ún., CDC.
‣ art. 27, Lei 9.307/1996 (Arbitragem).
‣ art. 17, Lei 7.347/1985 (Ação Civil Pública).
‣ art. 1º, Res. nº 9/2018, STJ/GP.

§ 1º Quando forem 2 (dois) ou mais os litigantes de má-fé, o juiz condenará cada um na proporção de seu respectivo interesse na causa ou solidariamente aqueles que se coligaram para lesar a parte contrária.

‣ arts. 275 a 285 e 942, CC.
‣ art. 32, p.ún., Estatuto da OAB.

§ 2º Quando o valor da causa for irrisório ou inestimável, a multa poderá ser fixada em até 10 (dez) vezes o valor do salário-mínimo.

§ 3º O valor da indenização será fixado pelo juiz ou, caso não seja possível mensurá-lo, liquidado por arbitramento ou pelo procedimento comum, nos próprios autos.

SEÇÃO III
DAS DESPESAS, DOS HONORÁRIOS ADVOCATÍCIOS E DAS MULTAS

Art. 82. Salvo as disposições concernentes à gratuidade da justiça, incumbe às partes prover as despesas dos atos que realizarem ou requererem no processo, antecipando-lhes o pagamento, desde o início até a sentença final ou, na execução, até a plena satisfação do direito reconhecido no título.

- Lei 1.060/1950 (Assistência judiciária gratuita).
- art. 4º, II, Lei 9.289/1996 (Custas na Justiça Federal).

§ 1º Incumbe ao autor adiantar as despesas relativas a ato cuja realização o juiz determinar de ofício ou a requerimento do Ministério Público, quando sua intervenção ocorrer como fiscal da ordem jurídica.

- art. 18, Lei 7.347/1985 (Ação Civil Pública).

§ 2º A sentença condenará o vencido a pagar ao vencedor as despesas que antecipou.

- Súm. 257; 389; 512; STF.
- Súm. 14; 29; 105; 111; 141; 303; 325; 326; 517 e 519, STJ.

Art. 83. O autor, brasileiro ou estrangeiro, que residir fora do Brasil ou deixar de residir no país ao longo da tramitação de processo prestará caução suficiente ao pagamento das custas e dos honorários de advogado da parte contrária nas ações que propuser, se não tiver no Brasil bens imóveis que lhes assegurem o pagamento.

- arts. 300, § 1º, e 337, XII, CPC.
- art. 97, § 2º, Lei 11.101/2005 (Lei de falência).

§ 1º Não se exigirá a caução de que trata o *caput*:

I - quando houver dispensa prevista em acordo ou tratado internacional de que o Brasil faz parte;

II - na execução fundada em título extrajudicial e no cumprimento de sentença;

III - na reconvenção.

- art. 343, CPC.

§ 2º Verificando-se no trâmite do processo que se desfalcou a garantia, poderá o interessado exigir reforço da caução, justificando seu pedido com a indicação da depreciação do bem dado em garantia e a importância do reforço que pretende obter.

Art. 84. As despesas abrangem as custas dos atos do processo, a indenização de viagem, a remuneração do assistente técnico e a diária de testemunha.

Art. 85. A sentença condenará o vencido a pagar honorários ao advogado do vencedor.

- arts. 22 e s., Estatuto da OAB.
- Súm. 105, 345 e 453, STJ; 234, STF.
- OJ-SDI1 421, TST.

§ 1º São devidos honorários advocatícios na reconvenção, no cumprimento de sentença, provisório ou definitivo, na execução, resistida ou não, e nos recursos interpostos, cumulativamente.

§ 2º Os honorários serão fixados entre o mínimo de dez e o máximo de vinte por cento sobre o valor da condenação, do proveito econômico obtido ou, não sendo possível mensurá-lo, sobre o valor atualizado da causa, atendidos:

- art. 85, CPC.

I - o grau de zelo do profissional;

II - o lugar de prestação do serviço;

III - a natureza e a importância da causa;

IV - o trabalho realizado pelo advogado e o tempo exigido para o seu serviço.

§ 3º Nas causas em que a Fazenda Pública for parte, a fixação dos honorários observará os critérios estabelecidos nos incisos I a IV do § 2º e os seguintes percentuais:

- Súm. 201, STJ.

I - mínimo de dez e máximo de vinte por cento sobre o valor da condenação ou do proveito econômico obtido até 200 (duzentos) salários-mínimos;

II - mínimo de oito e máximo de dez por cento sobre o valor da condenação ou do proveito econômico obtido acima de 200 (duzentos) salários-mínimos até 2.000 (dois mil) salários-mínimos;

III - mínimo de cinco e máximo de oito por cento sobre o valor da condenação ou do proveito econômico obtido acima de 2.000 (dois mil) salários-mínimos até 20.000 (vinte mil) salários-mínimos;

IV - mínimo de três e máximo de cinco por cento sobre o valor da condenação ou do proveito econômico obtido acima de 20.000 (vinte mil) salários-mínimos até 100.000 (cem mil) salários-mínimos;

V - mínimo de um e máximo de três por cento sobre o valor da condenação ou do proveito econômico obtido acima de 100.000 (cem mil) salários-mínimos.

§ 4º Em qualquer das hipóteses do § 3º:

I - os percentuais previstos nos incisos I a V devem ser aplicados desde logo, quando for líquida a sentença;

II - não sendo líquida a sentença, a definição do percentual, nos termos previstos nos incisos I a V, somente ocorrerá quando liquidado o julgado;

III - não havendo condenação principal ou não sendo possível mensurar o proveito econômico obtido, a condenação em honorários dar-se-á sobre o valor atualizado da causa;

IV - será considerado o salário-mínimo vigente quando prolatada sentença líquida ou o que estiver em vigor na data da decisão de liquidação.

§ 5º Quando, conforme o caso, a condenação contra a Fazenda Pública ou o benefício econômico obtido pelo vencedor ou o valor da causa for superior ao valor previsto no inciso I do § 3º, a fixação do percentual de honorários deve observar a faixa inicial e, naquilo que a exceder, a faixa subsequente, e assim sucessivamente.

§ 6º Os limites e critérios previstos nos §§ 2º e 3º aplicam-se independentemente de qual seja o conteúdo da decisão, inclusive aos casos de improcedência ou de sentença sem resolução de mérito.

§ 6º-A. Quando o valor da condenação ou do proveito econômico obtido ou o valor atualizado da causa for líquido ou liquidável, para fins de fixação dos honorários advocatícios, nos termos dos §§ 2º e 3º, é proibida a apreciação equitativa, salvo nas hipóteses expressamente previstas no § 8º deste artigo. (Acrescido pela Lei 14.365/2022)

§ 7º Não serão devidos honorários no cumprimento de sentença contra a Fazenda Pública que enseje expedição de precatório, desde que não tenha sido impugnada.

- art. 100, CF.

§ 8º Nas causas em que for inestimável ou irrisório o proveito econômico ou, ainda, quando o valor da causa for muito baixo, o juiz fixará o valor dos honorários por apreciação equitativa, observando o disposto nos incisos do § 2º.

- Súm. 153, STJ.

§ 8º-A. Na hipótese do § 8º deste artigo, para fins de fixação equitativa de honorários sucumbenciais, o juiz deverá observar os valores recomendados pelo Conselho Seccional da Ordem dos Advogados do Brasil a título de honorários advocatícios ou o limite mínimo de 10% (dez por cento) estabelecido no § 2º deste artigo, aplicando-se o que for maior. (Acrescido pela Lei 14.365/2022)

§ 9º Na ação de indenização por ato ilícito contra pessoa, o percentual de honorários incidirá sobre a soma das prestações vencidas acrescida de 12 (doze) prestações vincendas.

§ 10. Nos casos de perda do objeto, os honorários serão devidos por quem deu causa ao processo.

§ 11. O tribunal, ao julgar recurso, majorará os honorários fixados anteriormente levando em conta o trabalho adicional realizado em grau recursal, observando, conforme o caso, o disposto nos §§ 2º a 6º, sendo vedado ao tribunal, no cômputo geral da fixação de honorários devidos ao advogado do vencedor, ultrapassar os respectivos limites estabelecidos nos §§ 2º e 3º para a fase de conhecimento.

§ 12. Os honorários referidos no § 11 são cumuláveis com multas e outras sanções processuais, inclusive as previstas no art. 77.

§ 13. As verbas de sucumbência arbitradas em embargos à execução rejeitados ou julgados improcedentes e em fase de cumprimento de sentença serão acrescidas no valor do débito principal, para todos os efeitos legais.

§ 14. Os honorários constituem direito do advogado e têm natureza alimentar, com os mesmos privilégios dos créditos oriundos da legislação do trabalho, sendo vedada a compensação em caso de sucumbência parcial.

- Súm. Vinc. 47, STF.

§ 15. O advogado pode requerer que o pagamento dos honorários que lhe caibam seja efetuado em favor da sociedade de advogados que integra na qualidade de sócio, aplicando-se à hipótese o disposto no § 14.

§ 16. Quando os honorários forem fixados em quantia certa, os juros moratórios incidirão a partir da data do trânsito em julgado da decisão.

§ 17. Os honorários serão devidos quando o advogado atuar em causa própria.

§ 18. Caso a decisão transitada em julgado seja omissa quanto ao direito aos honorários ou ao seu valor, é cabível ação autônoma para sua definição e cobrança.

§ 19. Os advogados públicos perceberão honorários de sucumbência, nos termos da lei.

§ 20. O disposto nos §§ 2º, 3º, 4º, 5º, 6º, 6º-A, 8º, 8º-A, 9º e 10 deste artigo aplica-se aos honorários fixados por arbitramento judicial. (Acrescido pela Lei 14.365/2022)

Art. 86. Se cada litigante for, em parte, vencedor e vencido, serão proporcionalmente distribuídas entre eles as despesas.

Parágrafo único. Se um litigante sucumbir em parte mínima do pedido, o outro responderá, por inteiro, pelas despesas e pelos honorários.

Art. 87. Concorrendo diversos autores ou diversos réus, os vencidos respondem proporcionalmente pelas despesas e pelos honorários.

§ 1º A sentença deverá distribuir entre os litisconsortes, de forma expressa, a responsabilidade proporcional pelo pagamento das verbas previstas no *caput*.

§ 2º Se a distribuição de que trata o § 1º não for feita, os vencidos responderão solidariamente pelas despesas e pelos honorários.

Art. 88. Nos procedimentos de jurisdição voluntária, as despesas serão adiantadas pelo requerente e rateadas entre os interessados.

Art. 89. Nos juízos divisórios, não havendo litígio, os interessados pagarão as despesas proporcionalmente a seus quinhões.

Art. 90. Proferida sentença com fundamento em desistência, em renúncia ou em reconhecimento do pedido, as despesas e os honorários serão pagos pela parte que desistiu, renunciou ou reconheceu.

§ 1º Sendo parcial a desistência, a renúncia ou o reconhecimento, a responsabilidade pelas despesas e pelos honorários será proporcional à parcela reconhecida, à qual se renunciou ou da qual se desistiu.

§ 2º Havendo transação e nada tendo as partes disposto quanto às despesas, estas serão divididas igualmente.

§ 3º Se a transação ocorrer antes da sentença, as partes ficam dispensadas do pagamento das custas processuais remanescentes, se houver.

§ 4º Se o réu reconhecer a procedência do pedido e, simultaneamente, cumprir integralmente a prestação reconhecida, os honorários serão reduzidos pela metade.

Art. 91. As despesas dos atos processuais praticados a requerimento da Fazenda Pública, do Ministério Público ou da Defensoria Pública serão pagas ao final pelo vencido.

- art. 39, Lei 6.830/1980 (Execução Fiscal).
- Súm. 483, STJ.

§ 1º As perícias requeridas pela Fazenda Pública, pelo Ministério Público ou pela Defensoria Pública poderão ser realizadas por entidade pública ou, havendo previsão orçamentária, ter os valores adiantados por aquele que requerer a prova.

- Súm. 232, STJ.

§ 2º Não havendo previsão orçamentária no exercício financeiro para adiantamento dos honorários periciais, eles serão pagos no exercício seguinte ou ao final, pelo vencido, caso o processo se encerre antes do adiantamento a ser feito pelo ente público.

Art. 92. Quando, a requerimento do réu, o juiz proferir sentença sem resolver o mérito, o autor não poderá propor novamente a ação sem pagar ou depositar em cartório as despesas e os honorários a que foi condenado.

Art. 93. As despesas de atos adiados ou cuja repetição for necessária ficarão a cargo da parte, do auxiliar da justiça, do órgão do Ministério Público ou da Defensoria Pública ou do juiz que, sem justo motivo, houver dado causa ao adiamento ou à repetição.

Art. 94. Se o assistido for vencido, o assistente será condenado ao pagamento das custas em proporção à atividade que houver exercido no processo.

Art. 95. Cada parte adiantará a remuneração do assistente técnico que houver indicado, sendo a do perito adiantada pela parte que houver requerido a perícia ou rateada quando a perícia for determinada de ofício ou requerida por ambas as partes.

§ 1º O juiz poderá determinar que a parte responsável pelo pagamento dos honorários do perito deposite em juízo o valor correspondente.

§ 2º A quantia recolhida em depósito bancário à ordem do juízo será corrigida monetariamente e paga de acordo com o art. 465, § 4º.

§ 3º Quando o pagamento da perícia for de responsabilidade de beneficiário de gratuidade da justiça, ela poderá ser:

I - custeada com recursos alocados no orçamento do ente público e realizada por servidor do Poder Judiciário ou por órgão público conveniado;

II - paga com recursos alocados no orçamento da União, do Estado ou do Distrito Federal, no caso de ser realizada por particular, hipótese em que o valor será fixado conforme tabela do tribunal respectivo ou, em caso de sua omissão, do Conselho Nacional de Justiça.

§ 4º Na hipótese do § 3º, o juiz, após o trânsito em julgado da decisão final, oficiará a Fazenda Pública para que promova, contra quem tiver sido condenado ao pagamento das despesas processuais, a execução dos valores gastos com a perícia particular ou com a utilização de servidor público ou da estrutura de órgão público, observando-se, caso o responsável pelo pagamento das despesas seja beneficiário de gratuidade da justiça, o disposto no art. 98, § 2º.

§ 5º Para fins de aplicação do § 3º, é vedada a utilização de recursos do fundo de custeio da Defensoria Pública.

Art. 96. O valor das sanções impostas ao litigante de má-fé reverterá em benefício da parte contrária, e o valor das sanções impostas aos serventuários pertencerá ao Estado ou à União.

Art. 97. A União e os Estados podem criar fundos de modernização do Poder Judiciário, aos quais serão revertidos os valores das sanções pecuniárias processuais destinadas à União e aos Estados, e outras verbas previstas em lei.

SEÇÃO IV
DA GRATUIDADE DA JUSTIÇA

Art. 98. A pessoa natural ou jurídica, brasileira ou estrangeira, com insuficiência de recursos para pagar as custas, as despesas processuais e os honorários advocatícios tem direito à gratuidade da justiça, na forma da lei.

- Súm. 481, STJ.
- Súm. 463, OJ-SDI1 269 e 331, TST.
- Lei 1.060/1950 (Assistência judiciária gratuita).

§ 1º A gratuidade da justiça compreende:

I - as taxas ou as custas judiciais;

II - os selos postais;

III - as despesas com publicação na imprensa oficial, dispensando-se a publicação em outros meios;

IV - a indenização devida à testemunha que, quando empregada, receberá do empregador salário integral, como se em serviço estivesse;

V - as despesas com a realização de exame de código genético - DNA e de outros exames considerados essenciais;

VI - os honorários do advogado e do perito e a remuneração do intérprete ou do tradutor nomeado para apresentação de versão em português de documento redigido em língua estrangeira;

VII - o custo com a elaboração de memória de cálculo, quando exigida para instauração da execução;

VIII - os depósitos previstos em lei para interposição de recurso, para propositura de ação e para a prática de outros atos processuais inerentes ao exercício da ampla defesa e do contraditório;

IX - os emolumentos devidos a notários ou registradores em decorrência da prática de registro, averbação ou qualquer outro ato notarial necessário à efetivação de decisão judicial ou à continuidade de processo judicial no qual o benefício tenha sido concedido.

§ 2º A concessão de gratuidade não afasta a responsabilidade do beneficiário pelas despesas processuais e pelos honorários advocatícios decorrentes de sua sucumbência.

§ 3º Vencido o beneficiário, as obrigações decorrentes de sua sucumbência ficarão sob condição suspensiva de exigibilidade e somente poderão ser executadas se, nos

5 (cinco) anos subsequentes ao trânsito em julgado da decisão que as certificou, o credor demonstrar que deixou de existir a situação de insuficiência de recursos que justificou a concessão de gratuidade, extinguindo-se, passado esse prazo, tais obrigações do beneficiário.

§ 4º A concessão de gratuidade não afasta o dever de o beneficiário pagar, ao final, as multas processuais que lhe sejam impostas.

§ 5º A gratuidade poderá ser concedida em relação a algum ou a todos os atos processuais, ou consistir na redução percentual de despesas processuais que o beneficiário tiver de adiantar no curso do procedimento.

§ 6º Conforme o caso, o juiz poderá conceder direito ao parcelamento de despesas processuais que o beneficiário tiver de adiantar no curso do procedimento.

§ 7º Aplica-se o disposto no art. 95, §§ 3º a 5º, ao custeio dos emolumentos previstos no § 1º, inciso IX, do presente artigo, observada a tabela e as condições da lei estadual ou distrital respectiva.

§ 8º Na hipótese do § 1º, inciso IX, havendo dúvida fundada quanto ao preenchimento atual dos pressupostos para a concessão de gratuidade, o notário ou registrador, após praticar o ato, pode requerer, ao juízo competente para decidir questões notariais ou registrais, a revogação total ou parcial do benefício ou a sua substituição pelo parcelamento de que trata o § 6º deste artigo, caso em que o beneficiário será citado para, em 15 (quinze) dias, manifestar-se sobre esse requerimento.

Art. 99. O pedido de gratuidade da justiça pode ser formulado na petição inicial, na contestação, na petição para ingresso de terceiro no processo ou em recurso.

- Súm. 481, STJ.
- OJ-SDI1 269 e 331, TST.

§ 1º Se superveniente à primeira manifestação da parte na instância, o pedido poderá ser formulado por petição simples, nos autos do próprio processo, e não suspenderá seu curso.

§ 2º O juiz somente poderá indeferir o pedido se houver nos autos elementos que evidenciem a falta dos pressupostos legais para a concessão de gratuidade, devendo, antes de indeferir o pedido, determinar à parte a comprovação do preenchimento dos referidos pressupostos.

§ 3º Presume-se verdadeira a alegação de insuficiência deduzida exclusivamente por pessoa natural.

§ 4º A assistência do requerente por advogado particular não impede a concessão de gratuidade da justiça.

§ 5º Na hipótese do § 4º, o recurso que verse exclusivamente sobre valor de honorários de sucumbência fixados em favor do advogado de beneficiário estará sujeito a preparo, salvo se o próprio advogado demonstrar que tem direito à gratuidade.

§ 6º O direito à gratuidade da justiça é pessoal, não se estendendo a litisconsorte ou a sucessor do beneficiário, salvo requerimento e deferimento expressos.

§ 7º Requerida a concessão de gratuidade da justiça em recurso, o recorrente estará dispensado de comprovar o recolhimento do preparo, incumbindo ao relator, neste caso, apreciar o requerimento e, se indeferi-lo, fixar prazo para realização do recolhimento.

Art. 100. Deferido o pedido, a parte contrária poderá oferecer impugnação na contestação, na réplica, nas contrarrazões de recurso ou, nos casos de pedido superveniente ou formulado por terceiro, por meio de petição simples, a ser apresentada no prazo de 15 (quinze) dias, nos autos do próprio processo, sem suspensão de seu curso.

Parágrafo único. Revogado o benefício, a parte arcará com as despesas processuais que tiver deixado de adiantar e pagará, em caso de má-fé, até o décuplo de seu valor a título de multa, que será revertida em benefício da Fazenda Pública estadual ou federal e poderá ser inscrita em dívida ativa.

Art. 101. Contra a decisão que indeferir a gratuidade ou a que acolher pedido de sua revogação caberá agravo de instrumento, exceto quando a questão for resolvida na sentença, contra a qual caberá apelação.

- arts. 1.009 e 1.015, CPC.

§ 1º O recorrente estará dispensado do recolhimento de custas até decisão do relator sobre a questão, preliminarmente ao julgamento do recurso.

§ 2º Confirmada a denegação ou a revogação da gratuidade, o relator ou o órgão colegiado determinará ao recorrente o recolhimento das custas processuais, no prazo de 5 (cinco) dias, sob pena de não conhecimento do recurso.

Art. 102. Sobrevindo o trânsito em julgado de decisão que revoga a gratuidade, a parte deverá efetuar o recolhimento de todas as despesas de cujo adiantamento foi dispensada, inclusive as relativas ao recurso interposto, se houver, no prazo fixado pelo juiz, sem prejuízo de aplicação das sanções previstas em lei.

Parágrafo único. Não efetuado o recolhimento, o processo será extinto sem resolução de mérito, tratando-se do autor, e, nos demais casos, não poderá ser deferida a realização de nenhum ato ou diligência requerida pela parte enquanto não efetuado o depósito.

CAPÍTULO III
DOS PROCURADORES

Art. 103. A parte será representada em juízo por advogado regularmente inscrito na Ordem dos Advogados do Brasil.

- art. 133, CF.
- art. 791, §§ 1º e 2º, CLT.
- art. 1º, I, Estatuto da OAB.
- art. 9º, Lei 9.099/1995 (Juizados Especiais Cíveis e Criminais).

Parágrafo único. É lícito à parte postular em causa própria quando tiver habilitação legal.

Art. 104. O advogado não será admitido a postular em juízo sem procuração, salvo para evitar preclusão, decadência ou prescrição, ou para praticar ato considerado urgente.

- art. 287, p.ún., CPC.
- art. 16, Lei 1.060/1950 (Assistência judiciária gratuita).
- arts. 5º, § 1º, Estatuto da OAB.
- Súm. 644, STF.

§ 1º Nas hipóteses previstas no *caput*, o advogado deverá, independentemente de caução, exibir a procuração no prazo de 15 (quinze) dias, prorrogável por igual período por despacho do juiz.

§ 2º O ato não ratificado será considerado ineficaz relativamente àquele em cujo nome foi praticado, respondendo o advogado pelas despesas e por perdas e danos.

Art. 105. A procuração geral para o foro, outorgada por instrumento público ou particular assinado pela parte, habilita o advogado a praticar todos os atos do processo, exceto receber citação, confessar, reconhecer a procedência do pedido, transigir, desistir, renunciar ao direito sobre o qual se funda a ação, receber, dar quitação, firmar compromisso e assinar declaração de hipossuficiência econômica, que devem constar de cláusula específica.

- art. 654, CC.
- Súm. 463, TST.

§ 1º A procuração pode ser assinada digitalmente, na forma da lei.

§ 2º A procuração deverá conter o nome do advogado, seu número de inscrição na Ordem dos Advogados do Brasil e endereço completo.

§ 3º Se o outorgado integrar sociedade de advogados, a procuração também deverá conter o nome dessa, seu número de registro na Ordem dos Advogados do Brasil e endereço completo.

- art. 15, Estatuto da OAB.

§ 4º Salvo disposição expressa em sentido contrário constante do próprio instrumento, a procuração outorgada na fase de conhecimento é eficaz para todas as fases do processo, inclusive para o cumprimento de sentença.

Art. 106. Quando postular em causa própria, incumbe ao advogado:

I - declarar, na petição inicial ou na contestação, o endereço, seu número de inscrição na Ordem dos Advogados do Brasil e o nome da sociedade de advogados da qual participa, para o recebimento de intimações;

- art. 77, V, CPC.

II - comunicar ao juízo qualquer mudança de endereço.

§ 1º Se o advogado descumprir o disposto no inciso I, o juiz ordenará que se supra a omissão, no prazo de 5 (cinco) dias, antes de determinar a citação do réu, sob pena de indeferimento da petição.

§ 2º Se o advogado infringir o previsto no inciso II, serão consideradas válidas as intimações enviadas por carta registrada ou meio eletrônico ao endereço constante dos autos.

Art. 107. O advogado tem direito a:

‣ art. 7º, Estatuto da OAB.

I - examinar, em cartório de fórum e secretaria de tribunal, mesmo sem procuração, autos de qualquer processo, independentemente da fase de tramitação, assegurados a obtenção de cópias e o registro de anotações, salvo na hipótese de segredo de justiça, nas quais apenas o advogado constituído terá acesso aos autos;

‣ arts. 11, p.ún., 189, CPC.

II - requerer, como procurador, vista dos autos de qualquer processo, pelo prazo de 5 (cinco) dias;

III - retirar os autos do cartório ou da secretaria, pelo prazo legal, sempre que neles lhe couber falar por determinação do juiz, nos casos previstos em lei.

§ 1º Ao receber os autos, o advogado assinará carga em livro ou documento próprio.

§ 2º Sendo o prazo comum às partes, os procuradores poderão retirar os autos somente em conjunto ou mediante prévio ajuste, por petição nos autos.

§ 3º Na hipótese do § 2º, é lícito ao procurador retirar os autos para obtenção de cópias, pelo prazo de 2 (duas) a 6 (seis) horas, independentemente de ajuste e sem prejuízo da continuidade do prazo.

§ 4º O procurador perderá no mesmo processo o direito a que se refere o § 3º se não devolver os autos tempestivamente, salvo se o prazo for prorrogado pelo juiz.

§ 5º O disposto no inciso I do *caput* deste artigo aplica-se integralmente a processos eletrônicos. *(Inserido pela Lei 13.793/2019)*

CAPÍTULO IV
DA SUCESSÃO DAS PARTES E DOS PROCURADORES

Art. 108. No curso do processo, somente é lícita a sucessão voluntária das partes nos casos expressos em lei.

Art. 109. A alienação da coisa ou do direito litigioso por ato entre vivos, a título particular, não altera a legitimidade das partes.

§ 1º O adquirente ou cessionário não poderá ingressar em juízo, sucedendo o alienante ou cedente, sem que o consinta a parte contrária.

§ 2º O adquirente ou cessionário poderá intervir no processo como assistente litisconsorcial do alienante ou cedente.

‣ art. 124, CPC.

§ 3º Estendem-se os efeitos da sentença proferida entre as partes originárias ao adquirente ou cessionário.

Art. 110. Ocorrendo a morte de qualquer das partes, dar-se-á a sucessão pelo seu espólio ou pelos seus sucessores, observado o disposto no art. 313, §§ 1º e 2º.

Art. 111. A parte que revogar o mandato outorgado a seu advogado constituirá, no mesmo ato, outro que assuma o patrocínio da causa.

‣ arts. 683 a 687, CC.

Parágrafo único. Não sendo constituído novo procurador no prazo de 15 (quinze) dias, observar-se-á o disposto no art. 76.

Art. 112. O advogado poderá renunciar ao mandato a qualquer tempo, provando, na forma prevista neste Código, que comunicou a renúncia ao mandante, a fim de que este nomeie sucessor.

‣ arts. 682 e 688, CC.

§ 1º Durante os 10 (dez) dias seguintes, o advogado continuará a representar o mandante, desde que necessário para lhe evitar prejuízo.

§ 2º Dispensa-se a comunicação referida no *caput* quando a procuração tiver sido outorgada a vários advogados e a parte continuar representada por outro, apesar da renúncia.

TÍTULO II
DO LITISCONSÓRCIO

Art. 113. Duas ou mais pessoas podem litigar, no mesmo processo, em conjunto, ativa ou passivamente, quando:

I - entre elas houver comunhão de direitos ou de obrigações relativamente à lide;

II - entre as causas houver conexão pelo pedido ou pela causa de pedir;

‣ art. 5º, § 5º, Lei 7.347/1985 (Ação Civil Pública).

III - ocorrer afinidade de questões por ponto comum de fato ou de direito.

§ 1º O juiz poderá limitar o litisconsórcio facultativo quanto ao número de litigantes na fase de conhecimento, na liquidação de sentença ou na execução, quando este comprometer a rápida solução do litígio ou dificultar a defesa ou o cumprimento da sentença.

§ 2º O requerimento de limitação interrompe o prazo para manifestação ou resposta, que recomeçará da intimação da decisão que o solucionar.

Art. 114. O litisconsórcio será necessário por disposição de lei ou quando, pela natureza da relação jurídica controvertida, a eficácia da sentença depender da citação de todos que devam ser litisconsortes.

Art. 115. A sentença de mérito, quando proferida sem a integração do contraditório, será:

‣ art. 5º, LV, CF.

‣ art. 9º, CPC.

I - nula, se a decisão deveria ser uniforme em relação a todos que deveriam ter integrado o processo;

II - ineficaz, nos outros casos, apenas para os que não foram citados.

Parágrafo único. Nos casos de litisconsórcio passivo necessário, o juiz determinará ao autor que requeira a citação de todos que devam ser litisconsortes, dentro do prazo que assinar, sob pena de extinção do processo.

‣ art. 94, CDC.

‣ Súm. 631 e 701, STF.

Art. 116. O litisconsórcio será unitário quando, pela natureza da relação jurídica, o juiz tiver de decidir o mérito de modo uniforme para todos os litisconsortes.

Art. 117. Os litisconsortes serão considerados, em suas relações com a parte adversa, como litigantes distintos, exceto no litisconsórcio unitário, caso em que os atos e as omissões de um não prejudicarão os outros, mas os poderão beneficiar.

Art. 118. Cada litisconsorte tem o direito de promover o andamento do processo, e todos devem ser intimados dos respectivos atos.

‣ Súm. 641, STF.

TÍTULO III
DA INTERVENÇÃO DE TERCEIROS

CAPÍTULO I
DA ASSISTÊNCIA

SEÇÃO I
DISPOSIÇÕES COMUNS

Art. 119. Pendendo causa entre 2 (duas) ou mais pessoas, o terceiro juridicamente interessado em que a sentença seja favorável a uma delas poderá intervir no processo para assisti-la.

Parágrafo único. A assistência será admitida em qualquer procedimento e em todos os graus de jurisdição, recebendo o assistente o processo no estado em que se encontre.

Art. 120. Não havendo impugnação no prazo de 15 (quinze) dias, o pedido do assistente será deferido, salvo se for caso de rejeição liminar.

Parágrafo único. Se qualquer parte alegar que falta ao requerente interesse jurídico para intervir, o juiz decidirá o incidente, sem suspensão do processo.

SEÇÃO II
DA ASSISTÊNCIA SIMPLES

Art. 121. O assistente simples atuará como auxiliar da parte principal, exercerá os mesmos poderes e sujeitar-se-á aos mesmos ônus processuais que o assistido.

Parágrafo único. Sendo revel ou, de qualquer outro modo, omisso o assistido, o assistente será considerado seu substituto processual.

Art. 122. A assistência simples não obsta a que a parte principal reconheça a procedência do pedido, desista da ação, renuncie ao direito sobre o que se funda a ação ou transija sobre direitos controvertidos.

Art. 123. Transitada em julgado a sentença no processo em que interveio o assistente, este não poderá, em processo posterior, discutir a justiça da decisão, salvo se alegar e provar que:

I - pelo estado em que recebeu o processo ou pelas declarações e pelos atos do assistido, foi impedido de produzir provas suscetíveis de influir na sentença;

II - desconhecia a existência de alegações ou de provas das quais o assistido, por dolo ou culpa, não se valeu.

SEÇÃO III
DA ASSISTÊNCIA LITISCONSORCIAL

Art. 124. Considera-se litisconsorte da parte principal o assistente sempre que a sentença influir na relação jurídica entre ele e o adversário do assistido.

‣ arts. 113 a 118, CPC.

CAPÍTULO II
DA DENUNCIAÇÃO DA LIDE

Art. 125. É admissível a denunciação da lide, promovida por qualquer das partes:

I - ao alienante imediato, no processo relativo à coisa cujo domínio foi transferido ao denunciante, a fim de que possa exercer os direitos que da evicção lhe resultam;

II - àquele que estiver obrigado, por lei ou pelo contrato, a indenizar, em ação regressiva, o prejuízo de quem for vencido no processo.

› Súm. 188, STF.

§ 1º O direito regressivo será exercido por ação autônoma quando a denunciação da lide for indeferida, deixar de ser promovida ou não for permitida.

§ 2º Admite-se uma única denunciação sucessiva, promovida pelo denunciado, contra seu antecessor imediato na cadeia dominial ou quem seja responsável por indenizá-lo, não podendo o denunciado sucessivo promover nova denunciação, hipótese em que eventual direito de regresso será exercido por ação autônoma.

Art. 126. A citação do denunciado será requerida na petição inicial, se o denunciante for autor, ou na contestação, se o denunciante for réu, devendo ser realizada na forma e nos prazos previstos no art. 131.

Art. 127. Feita a denunciação pelo autor, o denunciado poderá assumir a posição de litisconsorte do denunciante e acrescentar novos argumentos à petição inicial, procedendo-se em seguida à citação do réu.

› arts. 113 a 118, CPC.

Art. 128. Feita a denunciação pelo réu:

I - se o denunciado contestar o pedido formulado pelo autor, o processo prosseguirá tendo, na ação principal, em litisconsórcio, denunciante e denunciado;

II - se o denunciado for revel, o denunciante pode deixar de prosseguir com sua defesa, eventualmente oferecida, e abster-se de recorrer, restringindo sua atuação à ação regressiva;

III - se o denunciado confessar os fatos alegados pelo autor na ação principal, o denunciante poderá prosseguir com sua defesa ou, aderindo a tal reconhecimento, pedir apenas a procedência da ação de regresso.

Parágrafo único. Procedente o pedido da ação principal, pode o autor, se for o caso, requerer o cumprimento da sentença também contra o denunciado, nos limites da condenação deste na ação regressiva.

Art. 129. Se o denunciante for vencido na ação principal, o juiz passará ao julgamento da denunciação da lide.

Parágrafo único. Se o denunciante for vencedor, a ação de denunciação não terá o seu pedido examinado, sem prejuízo da condenação do denunciante ao pagamento das verbas de sucumbência em favor do denunciado.

› Súm. 537, STJ.

CAPÍTULO III
DO CHAMAMENTO AO PROCESSO

Art. 130. É admissível o chamamento ao processo, requerido pelo réu:

I - do afiançado, na ação em que o fiador for réu;

II - dos demais fiadores, na ação proposta contra um ou alguns deles;

III - dos demais devedores solidários, quando o credor exigir de um ou de alguns o pagamento da dívida comum.

Art. 131. A citação daqueles que devam figurar em litisconsórcio passivo será requerida pelo réu na contestação e deve ser promovida no prazo de 30 (trinta) dias, sob pena de ficar sem efeito o chamamento.

› arts. 113 a 118 e 126, CPC.

Parágrafo único. Se o chamado residir em outra comarca, seção ou subseção judiciárias, ou em lugar incerto, o prazo será de 2 (dois) meses.

Art. 132. A sentença de procedência valerá como título executivo em favor do réu que satisfizer a dívida, a fim de que possa exigi-la, por inteiro, do devedor principal, ou, de cada um dos codevedores, a sua quota, na proporção que lhes tocar.

CAPÍTULO IV
DO INCIDENTE DE DESCONSIDERAÇÃO DA PERSONALIDADE JURÍDICA

Art. 133. O incidente de desconsideração da personalidade jurídica será instaurado a pedido da parte ou do Ministério Público, quando lhe couber intervir no processo.

› art. 1.062, CPC.
› art. 50, CC.
› art. 28, CDC.
› art. 135, CTN.
› art. 855-A, CLT.

§ 1º O pedido de desconsideração da personalidade jurídica observará os pressupostos previstos em lei.

§ 2º Aplica-se o disposto neste Capítulo à hipótese de desconsideração inversa da personalidade jurídica.

Art. 134. O incidente de desconsideração é cabível em todas as fases do processo de conhecimento, no cumprimento de sentença e na execução fundada em título executivo extrajudicial.

§ 1º A instauração do incidente será imediatamente comunicada ao distribuidor para as anotações devidas.

§ 2º Dispensa-se a instauração do incidente se a desconsideração da personalidade jurídica for requerida na petição inicial, hipótese em que será citado o sócio ou a pessoa jurídica.

§ 3º A instauração do incidente suspenderá o processo, salvo na hipótese do § 2º.

§ 4º O requerimento deve demonstrar o preenchimento dos pressupostos legais específicos para desconsideração da personalidade jurídica.

Art. 135. Instaurado o incidente, o sócio ou a pessoa jurídica será citado para manifestar-se e requerer as provas cabíveis no prazo de 15 (quinze) dias.

Art. 136. Concluída a instrução, se necessária, o incidente será resolvido por decisão interlocutória.

Parágrafo único. Se a decisão for proferida pelo relator, cabe agravo interno.

› art. 1.015, IV, CPC.
› Res. 642/2019, STF.

Art. 137. Acolhido o pedido de desconsideração, a alienação ou a oneração de bens, havida em fraude de execução, será ineficaz em relação ao requerente.

CAPÍTULO V
DO *AMICUS CURIAE*

Art. 138. O juiz ou o relator, considerando a relevância da matéria, a especificidade do tema objeto da demanda ou a repercussão social da controvérsia, poderá, por decisão irrecorrível, de ofício ou a requerimento das partes ou de quem pretenda manifestar-se, solicitar ou admitir a participação de pessoa natural ou jurídica, órgão ou entidade especializada, com representatividade adequada, no prazo de 15 (quinze) dias de sua intimação.

§ 1º A intervenção de que trata o *caput* não implica alteração de competência nem autoriza a interposição de recursos, ressalvadas a oposição de embargos de declaração e a hipótese do § 3º.

§ 2º Caberá ao juiz ou ao relator, na decisão que solicitar ou admitir a intervenção, definir os poderes do *amicus curiae*.

§ 3º O *amicus curiae* pode recorrer da decisão que julgar o incidente de resolução de demandas repetitivas.

TÍTULO IV
DO JUIZ E DOS AUXILIARES DA JUSTIÇA

CAPÍTULO I
DOS PODERES, DOS DEVERES E DA RESPONSABILIDADE DO JUIZ

Art. 139. O juiz dirigirá o processo conforme as disposições deste Código, incumbindo-lhe:

I - assegurar às partes igualdade de tratamento;

› art. 7º, CPC.

II - velar pela duração razoável do processo;

› art. 5º, LXXVIII, CF.
› art. 35, II e III, LC 35/1979 (Lei Orgânica da Magistratura Nacional).

III - prevenir ou reprimir qualquer ato contrário à dignidade da justiça e indeferir postulações meramente protelatórias;

IV - determinar todas as medidas indutivas, coercitivas, mandamentais ou sub-rogatórias necessárias para assegurar o cumprimento de ordem judicial, inclusive nas ações que tenham por objeto prestação pecuniária;

V - promover, a qualquer tempo, a autocomposição, preferencialmente com auxílio de conciliadores e mediadores judiciais;

VI - dilatar os prazos processuais e alterar a ordem de produção dos meios de prova, adequando-os às necessidades do conflito de modo a conferir maior efetividade à tutela do direito;

VII - exercer o poder de polícia, requisitando, quando necessário, força policial, além da segurança interna dos fóruns e tribunais;

VIII - determinar, a qualquer tempo, o comparecimento pessoal das partes, para inquiri-las sobre os fatos da causa, hipótese em que não incidirá a pena de confesso;

IX - determinar o suprimento de pressupostos processuais e o saneamento de outros vícios processuais;

X - quando se deparar com diversas demandas individuais repetitivas, oficiar o Ministério Público, a Defensoria Pública e, na medida do possível, outros legitimados a que se referem o art. 5º da Lei n. 7.347, de 24 de julho de 1985, e o art. 82 da Lei n. 8.078, de 11 de setembro de 1990, para, se for o caso, promover a propositura da ação coletiva respectiva.

Parágrafo único. A dilação de prazos prevista no inciso VI somente pode ser determinada antes de encerrado o prazo regular.

Art. 140. O juiz não se exime de decidir sob a alegação de lacuna ou obscuridade do ordenamento jurídico.

- art. 4º, LINDB.

Parágrafo único. O juiz só decidirá por equidade nos casos previstos em lei.

Art. 141. O juiz decidirá o mérito nos limites propostos pelas partes, sendo-lhe vedado conhecer de questões não suscitadas a cujo respeito a lei exige iniciativa da parte.

- arts. 2º e 492, CPC.

Art. 142. Convencendo-se, pelas circunstâncias, de que autor e réu se serviram do processo para praticar ato simulado ou conseguir fim vedado por lei, o juiz proferirá decisão que impeça os objetivos das partes, aplicando, de ofício, as penalidades da litigância de má-fé.

Art. 143. O juiz responderá, civil e regressivamente, por perdas e danos quando:

- art. 37, § 6º, CF.

I - no exercício de suas funções, proceder com dolo ou fraude;

II - recusar, omitir ou retardar, sem justo motivo, providência que deva ordenar de ofício ou a requerimento da parte.

Parágrafo único. As hipóteses previstas no inciso II somente serão verificadas depois que a parte requerer ao juiz que determine a providência e o requerimento não for apreciado no prazo de 10 (dez) dias.

CAPÍTULO II
DOS IMPEDIMENTOS E DA SUSPEIÇÃO

Art. 144. Há impedimento do juiz, sendo-lhe vedado exercer suas funções no processo:

I - em que interveio como mandatário da parte, oficiou como perito, funcionou como membro do Ministério Público ou prestou depoimento como testemunha;

II - de que conheceu em outro grau de jurisdição, tendo proferido decisão;

- art. 277, p.ún., RISTF.
- Súm. 252, STF.

III - quando nele estiver postulando, como defensor público, advogado ou membro do Ministério Público, seu cônjuge ou companheiro, ou qualquer parente, consanguíneo ou afim, em linha reta ou colateral, até o terceiro grau, inclusive;

IV - quando for parte no processo ele próprio, seu cônjuge ou companheiro, ou parente, consanguíneo ou afim, em linha reta ou colateral, até o terceiro grau, inclusive;

V - quando for sócio ou membro de direção ou de administração de pessoa jurídica parte no processo;

VI - quando for herdeiro presuntivo, donatário ou empregador de qualquer das partes;

VII - em que figure como parte instituição de ensino com a qual tenha relação de emprego ou decorrente de contrato de prestação de serviços;

VIII - em que figure como parte cliente do escritório de advocacia de seu cônjuge, companheiro ou parente, consanguíneo ou afim, em linha reta ou colateral, até o terceiro grau, inclusive, mesmo que patrocinado por advogado de outro escritório;

- ADI 5.953: O STF, por maioria, julgou procedente a presente ação direta, declarando-se a inconstitucionalidade deste inciso. (DJE de 01.09.2023)

IX - quando promover ação contra a parte ou seu advogado.

§ 1º Na hipótese do inciso III, o impedimento só se verifica quando o defensor público, o advogado ou o membro do Ministério Público já integrava o processo antes do início da atividade judicante do juiz.

§ 2º É vedada a criação de fato superveniente a fim de caracterizar impedimento do juiz.

§ 3º O impedimento previsto no inciso III também se verifica no caso de mandato conferido a membro de escritório de advocacia que tenha em seus quadros advogado que individualmente ostente a condição nele prevista, mesmo que não intervenha diretamente no processo.

Art. 145. Há suspeição do juiz:

I - amigo íntimo ou inimigo de qualquer das partes ou de seus advogados;

II - que receber presentes de pessoas que tiverem interesse na causa antes ou depois de iniciado o processo, que aconselhar alguma das partes acerca do objeto da causa ou que subministrar meios para atender às despesas do litígio;

III - quando qualquer das partes for sua credora ou devedora, de seu cônjuge ou companheiro ou de parentes destes, em linha reta até o terceiro grau, inclusive;

IV - interessado no julgamento do processo em favor de qualquer das partes.

§ 1º Poderá o juiz declarar-se suspeito por motivo de foro íntimo, sem necessidade de declarar suas razões.

- art. 93, IX, CF.

§ 2º Será ilegítima a alegação de suspeição quando:

I - houver sido provocada por quem a alega;

II - a parte que a alega houver praticado ato que signifique manifesta aceitação do arguido.

Art. 146. No prazo de 15 (quinze) dias, a contar do conhecimento do fato, a parte alegará o impedimento ou a suspeição, em petição específica dirigida ao juiz do processo, na qual indicará o fundamento da recusa, podendo instruí-la com documentos em que se fundar a alegação e com rol de testemunhas.

§ 1º Se reconhecer o impedimento ou a suspeição ao receber a petição, o juiz ordenará imediatamente a remessa dos autos a seu substituto legal, caso contrário, determinará a autuação em apartado da petição e, no prazo de 15 (quinze) dias, apresentará suas razões, acompanhadas de documentos e de rol de testemunhas, se houver, ordenando a remessa do incidente ao tribunal.

§ 2º Distribuído o incidente, o relator deverá declarar os seus efeitos, sendo que, se o incidente for recebido:

I - sem efeito suspensivo, o processo voltará a correr;

II - com efeito suspensivo, o processo permanecerá suspenso até o julgamento do incidente.

§ 3º Enquanto não for declarado o efeito em que é recebido o incidente ou quando este for recebido com efeito suspensivo, a tutela de urgência será requerida ao substituto legal.

§ 4º Verificando que a alegação de impedimento ou de suspeição é improcedente, o tribunal rejeitá-la-á.

§ 5º Acolhida a alegação, tratando-se de impedimento ou de manifesta suspeição, o tribunal condenará o juiz nas custas e remeterá os autos ao seu substituto legal, podendo o juiz recorrer da decisão.

§ 6º Reconhecido o impedimento ou a suspeição, o tribunal fixará o momento a partir do qual o juiz não poderia ter atuado.

§ 7º O tribunal decretará a nulidade dos atos do juiz, se praticados quando já presente o motivo de impedimento ou de suspeição.

Art. 147. Quando 2 (dois) ou mais juízes forem parentes, consanguíneos ou afins, em linha reta ou colateral, até o terceiro grau, inclusive, o primeiro que conhecer do processo impede que o outro nele atue, caso em que o segundo se escusará, remetendo os autos ao seu substituto legal.

Art. 148. Aplicam-se os motivos de impedimento e de suspeição:

I - ao membro do Ministério Público;

- art. 127 e ss., CF.
- Lei 8.625/1993 (Lei Orgânica do Ministério Público).
- LC 75/1993 (Estatuto do Ministério Público da União).

II - aos auxiliares da justiça;

- Prov. 149/2023, CNJ.

III - aos demais sujeitos imparciais do processo.

§ 1º A parte interessada deverá arguir o impedimento ou a suspeição, em petição fundamentada e devidamente instruída, na primeira oportunidade em que lhe couber falar nos autos.

§ 2º O juiz mandará processar o incidente em separado e sem suspensão do processo, ouvindo o arguido no prazo de 15 (quinze) dias e facultando a produção de prova, quando necessária.

§ 3º Nos tribunais, a arguição a que se refere o § 1º será disciplinada pelo regimento interno.

§ 4º O disposto nos §§ 1º e 2º não se aplica à arguição de impedimento ou de suspeição de testemunha.

CAPÍTULO III
DOS AUXILIARES DA JUSTIÇA

Art. 149. São auxiliares da Justiça, além de outros cujas atribuições sejam determinadas pelas normas de organização judiciária, o escrivão, o chefe de secretaria, o oficial de justiça, o perito, o depositário, o administrador, o intérprete, o tradutor, o mediador, o conciliador judicial, o partidor, o distribuidor, o contabilista e o regulador de avarias.

SEÇÃO I
DO ESCRIVÃO, DO CHEFE DE SECRETARIA E DO OFICIAL DE JUSTIÇA

Art. 150. Em cada juízo haverá um ou mais ofícios de justiça, cujas atribuições serão determinadas pelas normas de organização judiciária.

Art. 151. Em cada comarca, seção ou subseção judiciária haverá, no mínimo, tantos oficiais de justiça quantos sejam os juízos.

Art. 152. Incumbe ao escrivão ou ao chefe de secretaria:

I - redigir, na forma legal, os ofícios, os mandados, as cartas precatórias e os demais atos que pertençam ao seu ofício;

II - efetivar as ordens judiciais, realizar citações e intimações, bem como praticar todos os demais atos que lhe forem atribuídos pelas normas de organização judiciária;

III - comparecer às audiências ou, não podendo fazê-lo, designar servidor para substituí-lo;

IV - manter sob sua guarda e responsabilidade os autos, não permitindo que saiam do cartório, exceto:

a) quando tenham de seguir à conclusão do juiz;

b) com vista a procurador, à Defensoria Pública, ao Ministério Público ou à Fazenda Pública;

- art. 7º, XV e XVI, Estatuto da OAB.

c) quando devam ser remetidos ao contabilista ou ao partidor;

d) quando forem remetidos a outro juízo em razão da modificação da competência;

V - fornecer certidão de qualquer ato ou termo do processo, independentemente de despacho, observadas as disposições referentes ao segredo de justiça;

VI - praticar, de ofício, os atos meramente ordinatórios.

§ 1º O juiz titular editará ato a fim de regulamentar a atribuição prevista no inciso VI.

§ 2º No impedimento do escrivão ou chefe de secretaria, o juiz convocará substituto e, não o havendo, nomeará pessoa idônea para o ato.

Art. 153. O escrivão ou o chefe de secretaria atenderá, preferencialmente, à ordem cronológica de recebimento para publicação e efetivação dos pronunciamentos judiciais. (Alterado pela Lei 13.256/2016)

- art. 1.046, § 5º, CPC.

§ 1º A lista de processos recebidos deverá ser disponibilizada, de forma permanente, para consulta pública.

§ 2º Estão excluídos da regra do *caput*:

I - os atos urgentes, assim reconhecidos pelo juiz no pronunciamento judicial a ser efetivado;

II - as preferências legais.

§ 3º Após elaboração de lista própria, respeitar-se-ão a ordem cronológica de recebimento entre os atos urgentes e as preferências legais.

§ 4º A parte que se considerar preterida na ordem cronológica poderá reclamar, nos próprios autos, ao juiz do processo, que requisitará informações ao servidor, a serem prestadas no prazo de 2 (dois) dias.

§ 5º Constatada a preterição, o juiz determinará o imediato cumprimento do ato e a instauração de processo administrativo disciplinar contra o servidor.

Art. 154. Incumbe ao oficial de justiça:

I - fazer pessoalmente citações, prisões, penhoras, arrestos e demais diligências próprias do seu ofício, sempre que possível na presença de 2 (duas) testemunhas, certificando no mandado o ocorrido, com menção ao lugar, ao dia e à hora;

II - executar as ordens do juiz a que estiver subordinado;

III - entregar o mandado em cartório após seu cumprimento;

IV - auxiliar o juiz na manutenção da ordem;

V - efetuar avaliações, quando for o caso;

VI - certificar, em mandado, proposta de autocomposição apresentada por qualquer das partes, na ocasião de realização de ato de comunicação que lhe couber.

Parágrafo único. Certificada a proposta de autocomposição prevista no inciso VI, o juiz ordenará a intimação da parte contrária para manifestar-se, no prazo de 5 (cinco) dias, sem prejuízo do andamento regular do processo, entendendo-se o silêncio como recusa.

Art. 155. O escrivão, o chefe de secretaria e o oficial de justiça são responsáveis, civil e regressivamente, quando:

- art. 37, § 6º, CF.

I - sem justo motivo, se recusarem a cumprir no prazo os atos impostos pela lei ou pelo juiz a que estão subordinados;

II - praticarem ato nulo com dolo ou culpa.

SEÇÃO II
DO PERITO

Art. 156. O juiz será assistido por perito quando a prova do fato depender de conhecimento técnico ou científico.

§ 1º Os peritos serão nomeados entre os profissionais legalmente habilitados e os órgãos técnicos ou científicos devidamente inscritos em cadastro mantido pelo tribunal ao qual o juiz está vinculado.

§ 2º Para formação do cadastro, os tribunais devem realizar consulta pública, por meio de divulgação na rede mundial de computadores ou em jornais de grande circulação, além de consulta direta a universidades, a conselhos de classe, ao Ministério Público, à Defensoria Pública e à Ordem dos Advogados do Brasil, para a indicação de profissionais ou de órgãos técnicos interessados.

§ 3º Os tribunais realizarão avaliações e reavaliações periódicas para manutenção do cadastro, considerando a formação profissional, a atualização do conhecimento e a experiência dos peritos interessados.

§ 4º Para verificação de eventual impedimento ou motivo de suspeição, nos termos dos arts. 148 e 467, o órgão técnico ou científico nomeado para realização da perícia informará ao juiz os nomes e os dados de qualificação dos profissionais que participarão da atividade.

§ 5º Na localidade onde não houver inscrito no cadastro disponibilizado pelo tribunal, a nomeação do perito é de livre escolha pelo juiz e deverá recair sobre profissional ou órgão técnico ou científico comprovadamente detentor do conhecimento necessário à realização da perícia.

Art. 157. O perito tem o dever de cumprir o ofício no prazo que lhe designar o juiz, empregando toda sua diligência, podendo escusar-se do encargo alegando motivo legítimo.

§ 1º A escusa será apresentada no prazo de 15 (quinze) dias, contado da intimação, da suspeição ou do impedimento supervenientes, sob pena de renúncia ao direito a alegá-la.

§ 2º Será organizada lista de peritos na vara ou na secretaria, com disponibilização dos documentos exigidos para habilitação à consulta de interessados, para que a nomeação seja distribuída de modo equitativo, observadas a capacidade técnica e a área de conhecimento.

Art. 158. O perito que, por dolo ou culpa, prestar informações inverídicas responderá pelos prejuízos que causar à parte e ficará inabilitado para atuar em outras perícias no prazo de 2 (dois) a 5 (cinco) anos, independentemente das demais sanções previstas em lei, devendo o juiz comunicar o fato ao respectivo órgão de classe para adoção das medidas que entender cabíveis.

SEÇÃO III
DO DEPOSITÁRIO E DO ADMINISTRADOR

Art. 159. A guarda e a conservação de bens penhorados, arrestados, sequestrados ou arrecadados serão confiadas a depositário ou a administrador, não dispondo a lei de outro modo.

Art. 160. Por seu trabalho o depositário ou o administrador perceberá remuneração que o juiz fixará levando em conta a situação dos bens, ao tempo do serviço e às dificuldades de sua execução.

Parágrafo único. O juiz poderá nomear um ou mais prepostos por indicação do depositário ou do administrador.

Art. 161. O depositário ou o administrador responde pelos prejuízos que, por dolo ou culpa, causar à parte, perdendo a remuneração que lhe foi arbitrada, mas tem o direito a haver o que legitimamente despendeu no exercício do encargo.

› art. 168, § 1º, II, CP.

Parágrafo único. O depositário infiel responde civilmente pelos prejuízos causados, sem prejuízo de sua responsabilidade penal e da imposição de sanção por ato atentatório à dignidade da justiça.

› Súm. Vinc. 25, STF.
› Pacto de São José da Costa Rica.

SEÇÃO IV
DO INTÉRPRETE E DO TRADUTOR

Art. 162. O juiz nomeará intérprete ou tradutor quando necessário para:

I - traduzir documento redigido em língua estrangeira;

II - verter para o português as declarações das partes e das testemunhas que não conhecerem o idioma nacional;

III - realizar a interpretação simultânea dos depoimentos das partes e testemunhas com deficiência auditiva que se comuniquem por meio da Língua Brasileira de Sinais, ou equivalente, quando assim for solicitado.

Art. 163. Não pode ser intérprete ou tradutor quem:

I - não tiver a livre administração de seus bens;

II - for arrolado como testemunha ou atuar como perito no processo;

III - estiver inabilitado para o exercício da profissão por sentença penal condenatória, enquanto durarem seus efeitos.

› art. 47, II, CP.

Art. 164. O intérprete ou tradutor, oficial ou não, é obrigado a desempenhar seu ofício, aplicando-se-lhe o disposto nos arts. 157 e 158.

SEÇÃO V
DOS CONCILIADORES E MEDIADORES JUDICIAIS

› Lei 13.140/2015 (Mediação e autocomposição).
› Res. 125/2013, CNJ.

Art. 165. Os tribunais criarão centros judiciários de solução consensual de conflitos, responsáveis pela realização de sessões e audiências de conciliação e mediação e pelo desenvolvimento de programas destinados a auxiliar, orientar e estimular a autocomposição.

› arts. 139, V, 334, §1º, e 694, CPC.

§ 1º A composição e a organização dos centros serão definidas pelo respectivo tribunal, observadas as normas do Conselho Nacional de Justiça.

§ 2º O conciliador, que atuará preferencialmente nos casos em que não houver vínculo anterior entre as partes, poderá sugerir soluções para o litígio, sendo vedada a utilização de qualquer tipo de constrangimento ou intimidação para que as partes conciliem.

§ 3º O mediador, que atuará preferencialmente nos casos em que houver vínculo anterior entre as partes, auxiliará aos interessados a compreender as questões e os interesses em conflito, de modo que eles possam, pelo restabelecimento da comunicação, identificar, por si próprios, soluções consensuais que gerem benefícios mútuos.

Art. 166. A conciliação e a mediação são informadas pelos princípios da independência, da imparcialidade, da autonomia da vontade, da confidencialidade, da oralidade, da informalidade e da decisão informada.

› Prov. 149/2023, CNJ.

§ 1º A confidencialidade estende-se a todas as informações produzidas no curso do procedimento, cujo teor não poderá ser utilizado para fim diverso daquele previsto por expressa deliberação das partes.

§ 2º Em razão do dever de sigilo, inerente às suas funções, o conciliador e o mediador, assim como os membros de suas equipes, não poderão divulgar ou depor acerca de fatos ou elementos oriundos da conciliação ou da mediação.

§ 3º Admite-se a aplicação de técnicas negociais, com o objetivo de proporcionar ambiente favorável à autocomposição.

§ 4º A mediação e a conciliação serão regidas conforme a livre autonomia dos interessados, inclusive no que diz respeito à definição das regras procedimentais.

Art. 167. Os conciliadores, os mediadores e as câmaras privadas de conciliação e mediação serão inscritos em cadastro nacional e em cadastro de tribunal de justiça ou de tribunal regional federal, que manterá registro de profissionais habilitados, com indicação de sua área profissional.

§ 1º Preenchendo o requisito da capacitação mínima, por meio de curso realizado por entidade credenciada, conforme parâmetro curricular definido pelo Conselho Nacional de Justiça em conjunto com o Ministério da Justiça, o conciliador ou o mediador, com o respectivo certificado, poderá requerer sua inscrição no cadastro nacional e no cadastro de tribunal de justiça ou de tribunal regional federal.

§ 2º Efetivado o registro, que poderá ser precedido de concurso público, o tribunal remeterá ao diretor do foro da comarca, seção ou subseção judiciária onde atuará o conciliador ou o mediador os dados necessários para que seu nome passe a constar da respectiva lista, a ser observada na distribuição alternada e aleatória, respeitado o princípio da igualdade dentro da mesma área de atuação profissional.

§ 3º Do credenciamento das câmaras e do cadastro de conciliadores e mediadores constarão todos os dados relevantes para a sua atuação, tais como o número de processos de que participou, o sucesso ou insucesso da atividade, a matéria sobre a qual versou a controvérsia, bem como outros dados que o tribunal julgar relevantes.

§ 4º Os dados colhidos na forma do § 3º serão classificados sistematicamente pelo tribunal, que os publicará, ao menos anualmente, para conhecimento da população e para fins estatísticos e de avaliação da conciliação, da mediação, das câmaras privadas de conciliação e de mediação, dos conciliadores e dos mediadores.

§ 5º Os conciliadores e mediadores judiciais cadastrados na forma do *caput*, se advogados, estarão impedidos de exercer a advocacia nos juízos em que desempenhem suas funções.

› Prov. 149/2023, CNJ.

§ 6º O tribunal poderá optar pela criação de quadro próprio de conciliadores e mediadores, a ser preenchido por concurso público de provas e títulos, observadas as disposições deste Capítulo.

Art. 168. As partes podem escolher, de comum acordo, o conciliador, o mediador ou a câmara privada de conciliação e de mediação.

§ 1º O conciliador ou mediador escolhido pelas partes poderá ou não estar cadastrado no tribunal.

§ 2º Inexistindo acordo quanto à escolha do mediador ou conciliador, haverá distribuição entre aqueles cadastrados no registro do tribunal, observada a respectiva formação.

§ 3º Sempre que recomendável, haverá a designação de mais de um mediador ou conciliador.

Art. 169. Ressalvada a hipótese do art. 167, § 6º, o conciliador e o mediador receberão pelo seu trabalho remuneração prevista em tabela fixada pelo tribunal, conforme parâmetros estabelecidos pelo Conselho Nacional de Justiça.

§ 1º A mediação e a conciliação podem ser realizadas como trabalho voluntário, observada a legislação pertinente e a regulamentação do tribunal.

§ 2º Os tribunais determinarão o percentual de audiências não remuneradas que deverão ser suportadas pelas câmaras privadas de conciliação e mediação, com o fim de atender aos processos em que deferida gratuidade da justiça, como contrapartida de seu credenciamento.

› Prov. 149/2023, CNJ.

Art. 170. No caso de impedimento, o conciliador ou mediador o comunicará imediatamente, de preferência por meio eletrônico, e devolverá os autos ao juiz do processo ou ao coordenador do centro judiciário de solução de conflitos, devendo este realizar nova distribuição.

› art. 148, III, CPC.

Parágrafo único. Se a causa de impedimento for apurada quando já iniciado o procedimento, a atividade será interrompida, lavrando-se ata com relatório do ocorrido e solicitação de distribuição para novo conciliador ou mediador.

Art. 171. No caso de impossibilidade temporária do exercício da função, o conciliador ou mediador informará o fato ao centro, preferencialmente por meio eletrônico, para que, durante o período em que perdurar a impossibilidade, não haja novas distribuições.

Art. 172. O conciliador e o mediador ficam impedidos, pelo prazo de 1 (um) ano, contado do término da última audiência em que atuaram, de assessorar, representar ou patrocinar qualquer das partes.

- art. 167, § 5º, CPC.
- Prov. 149/2023, CNJ.

Art. 173. Será excluído do cadastro de conciliadores e mediadores aquele que:

- Prov. 149/2023, CNJ.

I - agir com dolo ou culpa na condução da conciliação ou da mediação sob sua responsabilidade ou violar qualquer dos deveres decorrentes do art. 166, §§ 1º e 2º;

II - atuar em procedimento de mediação ou conciliação, apesar de impedido ou suspeito.

§ 1º Os casos previstos neste artigo serão apurados em processo administrativo.

§ 2º O juiz do processo ou o juiz coordenador do centro de conciliação e mediação, se houver, verificando atuação inadequada do mediador ou conciliador, poderá afastá-lo de suas atividades por até 180 (cento e oitenta) dias, por decisão fundamentada, informando o fato imediatamente ao tribunal para instauração do respectivo processo administrativo.

Art. 174. A União, os Estados, o Distrito Federal e os Municípios criarão câmaras de mediação e conciliação, com atribuições relacionadas à solução consensual de conflitos no âmbito administrativo, tais como:

I - dirimir conflitos envolvendo órgãos e entidades da administração pública;

II - avaliar a admissibilidade dos pedidos de resolução de conflitos, por meio de conciliação, no âmbito da administração pública;

III - promover, quando couber, a celebração de termo de ajustamento de conduta.

Art. 175. As disposições desta Seção não excluem outras formas de conciliação e mediação extrajudiciais vinculadas a órgãos institucionais ou realizadas por intermédio de profissionais independentes, que poderão ser regulamentadas por lei específica.

Parágrafo único. Os dispositivos desta Seção aplicam-se, no que couber, às câmaras privadas de conciliação e mediação.

TÍTULO V
DO MINISTÉRIO PÚBLICO

- art. 127 e ss., CF.
- Lei 8.625/1993 (Lei Orgânica do Ministério Público).
- LC 75/1993 (Estatuto do Ministério Público da União).

Art. 176. O Ministério Público atuará na defesa da ordem jurídica, do regime democrático e dos interesses e direitos sociais e individuais indisponíveis.

- art. 82, p.ún., I, CDC.

Art. 177. O Ministério Público exercerá o direito de ação em conformidade com suas atribuições constitucionais.

- art. 129, CF.

Art. 178. O Ministério Público será intimado para, no prazo de 30 (trinta) dias, intervir como fiscal da ordem jurídica nas hipóteses previstas em lei ou na Constituição Federal e nos processos que envolvam:

- art. 6º, § 4º, Lei 4.717/1964 (Ação Popular).
- art. 279, CPC.
- Súm. 189, STJ.

I - interesse público ou social;

II - interesse de incapaz;

III - litígios coletivos pela posse de terra rural ou urbana.

Parágrafo único. A participação da Fazenda Pública não configura, por si só, hipótese de intervenção do Ministério Público.

Art. 179. Nos casos de intervenção como fiscal da ordem jurídica, o Ministério Público:

- Súm. 99, STJ.

I - terá vista dos autos depois das partes, sendo intimado de todos os atos do processo;

II - poderá produzir provas, requerer as medidas processuais pertinentes e recorrer.

- art. 1.047, CPC.

Art. 180. O Ministério Público gozará de prazo em dobro para manifestar-se nos autos, que terá início a partir de sua intimação pessoal, nos termos do art. 183, § 1º.

- Súm. 116, STJ.

§ 1º Findo o prazo para manifestação do Ministério Público sem o oferecimento de parecer, o juiz requisitará os autos e dará andamento ao processo.

§ 2º Não se aplica o benefício da contagem em dobro quando a lei estabelecer, de forma expressa, prazo próprio para o Ministério Público.

Art. 181. O membro do Ministério Público será civil e regressivamente responsável quando agir com dolo ou fraude no exercício de suas funções.

- art. 37, § 6º, CF.

TÍTULO VI
DA ADVOCACIA PÚBLICA

- arts. 131 e 132, CF.
- LC 73/1993 (Lei Orgânica da Advocacia-Geral da União).
- Lei 9.028/1995 (Atribuições da Advocacia-Geral da União).

Art. 182. Incumbe à Advocacia Pública, na forma da lei, defender e promover os interesses públicos da União, dos Estados, do Distrito Federal e dos Municípios, por meio da representação judicial, em todos os âmbitos federativos, das pessoas jurídicas de direito público que integram a administração direta e indireta.

Art. 183. A União, os Estados, o Distrito Federal, os Municípios e suas respectivas autarquias e fundações de direito público gozarão de prazo em dobro para todas as suas manifestações processuais, cuja contagem terá início a partir da intimação pessoal.

- Súm. 116, STJ.

§ 1º A intimação pessoal far-se-á por carga, remessa ou meio eletrônico.

§ 2º Não se aplica o benefício da contagem em dobro quando a lei estabelecer, de forma expressa, prazo próprio para o ente público.

Art. 184. O membro da Advocacia Pública será civil e regressivamente responsável quando agir com dolo ou fraude no exercício de suas funções.

- art. 37, § 6º, CF.

TÍTULO VII
DA DEFENSORIA PÚBLICA

Art. 185. A Defensoria Pública exercerá a orientação jurídica, a promoção dos direitos humanos e a defesa dos direitos individuais e coletivos dos necessitados, em todos os graus, de forma integral e gratuita.

- arts. 134, 135, CF.
- LC 80/1994 (Lei Orgânica da Defensoria Pública).

Art. 186. A Defensoria Pública gozará de prazo em dobro para todas as suas manifestações processuais.

- arts. 44, I, 89, I, 128, I, LC 80/1994 (Lei Orgânica da Defensoria Pública).

§ 1º O prazo tem início com a intimação pessoal do defensor público, nos termos do art. 183, § 1º.

§ 2º A requerimento da Defensoria Pública, o juiz determinará a intimação pessoal da parte patrocinada quando o ato processual depender de providência ou informação que somente por ela possa ser realizada ou prestada.

§ 3º O disposto no *caput* aplica-se aos escritórios de prática jurídica das faculdades de Direito reconhecidas na forma da lei e às entidades que prestam assistência jurídica gratuita em razão de convênios firmados com a Defensoria Pública.

§ 4º Não se aplica o benefício da contagem em dobro quando a lei estabelecer, de forma expressa, prazo próprio para a Defensoria Pública.

Art. 187. O membro da Defensoria Pública será civil e regressivamente responsável quando agir com dolo ou fraude no exercício de suas funções.

- art. 37, § 6º, CF.

LIVRO IV
DOS ATOS PROCESSUAIS

TÍTULO I
DA FORMA, DO TEMPO E DO LUGAR DOS ATOS PROCESSUAIS

CAPÍTULO I
DA FORMA DOS ATOS PROCESSUAIS

SEÇÃO I
DOS ATOS EM GERAL

Art. 188. Os atos e os termos processuais independem de forma determinada, salvo quando a lei expressamente a exigir, considerando-se válidos os que, realizados de outro modo, lhe preencham a finalidade essencial.

Art. 189. Os atos processuais são públicos, todavia tramitam em segredo de justiça os processos:

I - em que o exija o interesse público ou social;

II - que versem sobre casamento, separação de corpos, divórcio, separação, união estável, filiação, alimentos e guarda de crianças e adolescentes;

▸ art. 27, ECA.

III - em que constem dados protegidos pelo direito constitucional à intimidade;

▸ arts. 5º, X e LX, CF.

IV - que versem sobre arbitragem, inclusive sobre cumprimento de carta arbitral, desde que a confidencialidade estipulada na arbitragem seja comprovada perante o juízo.

▸ Lei 9.307/1996 (Arbitragem).

§ 1º O direito de consultar os autos de processo que tramite em segredo de justiça e de pedir certidões de seus atos é restrito às partes e aos seus procuradores.

§ 2º O terceiro que demonstrar interesse jurídico pode requerer ao juiz certidão do dispositivo da sentença, bem como de inventário e de partilha resultantes de divórcio ou separação.

Art. 190. Versando o processo sobre direitos que admitam autocomposição, é lícito às partes plenamente capazes estipular mudanças no procedimento para ajustá-lo às especificidades da causa e convencionar sobre os seus ônus, poderes, faculdades e deveres processuais, antes ou durante o processo.

▸ arts. 221, p.ún., CPC.
▸ Lei 13.140/2015 (Mediação e autocomposição).

Parágrafo único. De ofício ou a requerimento, o juiz controlará a validade das convenções previstas neste artigo, recusando-lhes aplicação somente nos casos de nulidade ou de inserção abusiva em contrato de adesão ou em que alguma parte se encontre em manifesta situação de vulnerabilidade.

Art. 191. De comum acordo, o juiz e as partes podem fixar calendário para a prática dos atos processuais, quando for o caso.

§ 1º O calendário vincula as partes e o juiz, e os prazos nele previstos somente serão modificados em casos excepcionais, devidamente justificados.

§ 2º Dispensa-se a intimação das partes para a prática de ato processual ou a realização de audiência cujas datas tiverem sido designadas no calendário.

Art. 192. Em todos os atos e termos do processo é obrigatório o uso da língua portuguesa.

▸ art. 13, CF.

Parágrafo único. O documento redigido em língua estrangeira somente poderá ser juntado aos autos quando acompanhado de versão para a língua portuguesa tramitada por via diplomática ou pela autoridade central, ou firmada por tradutor juramentado.

▸ art. 162, I, CPC.

SEÇÃO II
DA PRÁTICA ELETRÔNICA DE ATOS PROCESSUAIS

▸ Lei 11.419/2006 (Informatização do processo judicial).

Art. 193. Os atos processuais podem ser total ou parcialmente digitais, de forma a permitir que sejam produzidos, comunicados, armazenados e validados por meio eletrônico, na forma da lei.

Parágrafo único. O disposto nesta Seção aplica-se, no que for cabível, à prática de atos notariais e de registro.

Art. 194. Os sistemas de automação processual respeitarão a publicidade dos atos, o acesso e a participação das partes e de seus procuradores, inclusive nas audiências e sessões de julgamento, observadas as garantias da disponibilidade, independência da plataforma computacional, acessibilidade e interoperabilidade dos sistemas, serviços, dados e informações que o Poder Judiciário administre no exercício de suas funções.

▸ art. 937, § 4º, CPC.

Art. 195. O registro de ato processual eletrônico deverá ser feito em padrões abertos, que atenderão aos requisitos de autenticidade, integridade, temporalidade, não repúdio, conservação e, nos casos que tramitem em segredo de justiça, confidencialidade, observada a infraestrutura de chaves públicas unificada nacionalmente, nos termos da lei.

Art. 196. Compete ao Conselho Nacional de Justiça e, supletivamente, aos tribunais, regulamentar a prática e a comunicação oficial de atos processuais por meio eletrônico e velar pela compatibilidade dos sistemas, disciplinando a incorporação progressiva de novos avanços tecnológicos e editando, para esse fim, os atos que forem necessários, respeitadas as normas fundamentais deste Código.

Art. 197. Os tribunais divulgarão as informações constantes de seu sistema de automação em página própria na rede mundial de computadores, gozando a divulgação de presunção de veracidade e confiabilidade.

Parágrafo único. Nos casos de problema técnico do sistema e de erro ou omissão do auxiliar da justiça responsável pelo registro dos andamentos, poderá ser configurada a justa causa prevista no art. 223, *caput* e § 1º.

Art. 198. As unidades do Poder Judiciário deverão manter gratuitamente, à disposição dos interessados, equipamentos necessários à prática de atos processuais e à consulta e ao acesso ao sistema e aos documentos dele constantes.

Parágrafo único. Será admitida a prática de atos por meio não eletrônico no local onde não estiverem disponibilizados os equipamentos previstos no *caput*.

Art. 199. As unidades do Poder Judiciário assegurarão às pessoas com deficiência acessibilidade aos seus sítios na rede mundial de computadores, ao meio eletrônico de prática de atos judiciais, à comunicação eletrônica dos atos processuais e à assinatura eletrônica.

SEÇÃO III
DOS ATOS DAS PARTES

Art. 200. Os atos das partes consistentes em declarações unilaterais ou bilaterais de vontade produzem imediatamente a constituição, modificação ou extinção de direitos processuais.

Parágrafo único. A desistência da ação só produzirá efeitos após homologação judicial.

Art. 201. As partes poderão exigir recibo de petições, arrazoados, papéis e documentos que entregarem em cartório.

Art. 202. É vedado lançar nos autos cotas marginais ou interlineares, as quais o juiz mandará riscar, impondo a quem as escrever multa correspondente à metade do salário-mínimo.

SEÇÃO IV
DOS PRONUNCIAMENTOS DO JUIZ

Art. 203. Os pronunciamentos do juiz consistirão em sentenças, decisões interlocutórias e despachos.

§ 1º Ressalvadas as disposições expressas dos procedimentos especiais, sentença é o pronunciamento por meio do qual o juiz, com fundamento nos arts. 485 e 487, põe fim à fase cognitiva do procedimento comum, bem como extingue a execução.

▸ art. 1.009, CPC.

§ 2º Decisão interlocutória é todo pronunciamento judicial de natureza decisória que não se enquadre no § 1º.

▸ art. 1.015, CPC.

§ 3º São despachos todos os demais pronunciamentos do juiz praticados no processo, de ofício ou a requerimento da parte.

▸ arts. 152, VI, e 1.001, CPC.

§ 4º Os atos meramente ordinatórios, como a juntada e a vista obrigatória, independem de despacho, devendo ser praticados de ofício pelo servidor e revistos pelo juiz quando necessário.

Art. 204. Acórdão é o julgamento colegiado proferido pelos tribunais.

Art. 205. Os despachos, as decisões, as sentenças e os acórdãos serão redigidos, datados e assinados pelos juízes.

§ 1º Quando os pronunciamentos previstos no *caput* forem proferidos oralmente, o servidor os documentará, submetendo-os aos juízes para revisão e assinatura.

§ 2º A assinatura dos juízes, em todos os graus de jurisdição, pode ser feita eletronicamente, na forma da lei.

§ 3º Os despachos, as decisões interlocutórias, o dispositivo das sentenças e a ementa dos acórdãos serão publicados no Diário de Justiça Eletrônico.

SEÇÃO V
DOS ATOS DO ESCRIVÃO OU DO CHEFE DE SECRETARIA

Art. 206. Ao receber a petição inicial de processo, o escrivão ou o chefe de secretaria a autuará, mencionando o juízo, a natureza do processo, o número de seu registro, os nomes das partes e a data de seu início, e procederá do mesmo modo em relação aos volumes em formação.

Art. 207. O escrivão ou o chefe de secretaria numerará e rubricará todas as folhas dos autos.

Parágrafo único. À parte, ao procurador, ao membro do Ministério Público, ao defensor público e aos auxiliares da justiça é facultado rubricar as folhas correspondentes aos atos em que intervierem.

Art. 208. Os termos de juntada, vista, conclusão e outros semelhantes constarão de notas datadas e rubricadas pelo escrivão ou pelo chefe de secretaria.

Art. 209. Os atos e os termos do processo serão assinados pelas pessoas que neles intervierem, todavia, quando essas não puderem ou não quiserem firmá-los, o escrivão ou o chefe de secretaria certificará a ocorrência.

› art. 228, § 2º, CPC.

§ 1º Quando se tratar de processo total ou parcialmente documentado em autos eletrônicos, os atos processuais praticados na presença do juiz poderão ser produzidos e armazenados de modo integralmente digital em arquivo eletrônico inviolável, na forma da lei, mediante registro em termo, que será assinado digitalmente pelo juiz e pelo escrivão ou chefe de secretaria, bem como pelos advogados das partes.

› art. 193, CPC.

§ 2º Na hipótese do § 1º, eventuais contradições na transcrição deverão ser suscitadas oralmente no momento de realização do ato, sob pena de preclusão, devendo o juiz decidir de plano e ordenar o registro, no termo, da alegação e da decisão.

Art. 210. É lícito o uso da taquigrafia, da estenotipia ou de outro método idôneo em qualquer juízo ou tribunal.

Art. 211. Não se admitem nos atos e termos processuais espaços em branco, salvo os que forem inutilizados, assim como entrelinhas, emendas ou rasuras, exceto quando expressamente ressalvadas.

CAPÍTULO II
DO TEMPO E DO LUGAR DOS ATOS PROCESSUAIS

SEÇÃO I
DO TEMPO

Art. 212. Os atos processuais serão realizados em dias úteis, das 6 (seis) às 20 (vinte) horas.

§ 1º Serão concluídos após as 20 (vinte) horas os atos iniciados antes, quando o adiamento prejudicar a diligência ou causar grave dano.

§ 2º Independentemente de autorização judicial, as citações, intimações e penhoras poderão realizar-se no período de férias forenses, onde as houver, e nos feriados ou dias úteis fora do horário estabelecido neste artigo, observado o disposto no art. 5º, inciso XI, da Constituição Federal.

§ 3º Quando o ato tiver de ser praticado por meio de petição em autos não eletrônicos, essa deverá ser protocolada no horário de funcionamento do fórum ou tribunal, conforme o disposto na lei de organização judiciária local.

Art. 213. A prática eletrônica de ato processual pode ocorrer em qualquer horário até as 24 (vinte e quatro) horas do último dia do prazo.

› arts. 3º e 10, Lei 11.419/2006 (Informatização do processo judicial).

Parágrafo único. O horário vigente no juízo perante o qual o ato deve ser praticado será considerado para fins de atendimento do prazo.

Art. 214. Durante as férias forenses e nos feriados, não se praticarão atos processuais, excetuando-se:

› art. 220, CPC.

I - os atos previstos no art. 212, § 2º;

II - a tutela de urgência.

Art. 215. Processam-se durante as férias forenses, onde as houver, e não se suspendem pela superveniência delas:

I - os procedimentos de jurisdição voluntária e os necessários à conservação de direitos, quando puderem ser prejudicados pelo adiamento;

II - a ação de alimentos e os processos de nomeação ou remoção de tutor e curador;

› arts. 693, p.ún.,759 a 763, CPC.

› Lei 5.478/1968 (Lei de alimentos).

III - os processos que a lei determinar.

› art. 39, Dec.-Lei 3.365/1941 (Desapropriação por utilidade pública).

› art. 129, II, Lei 8.213/1991 (Previdência Social).

› art. 58, I, Lei 8.245/1991 (Lei de locação).

› art. 2º, § 1º, LC 76/1993 (Desapropriação de imóvel rural por interesse social).

Art. 216. Além dos declarados em lei, são feriados, para efeito forense, os sábados, os domingos e os dias em que não haja expediente forense.

› Lei 9.093/1995 (Lei dos feriados).

SEÇÃO II
DO LUGAR

Art. 217. Os atos processuais realizar-se-ão ordinariamente na sede do juízo, ou, excepcionalmente, em outro lugar em razão de deferência, de interesse da justiça, da natureza do ato ou de obstáculo arguido pelo interessado e acolhido pelo juiz.

CAPÍTULO III
DOS PRAZOS

SEÇÃO I
DISPOSIÇÕES GERAIS

Art. 218. Os atos processuais serão realizados nos prazos prescritos em lei.

§ 1º Quando a lei for omissa, o juiz determinará os prazos em consideração à complexidade do ato.

§ 2º Quando a lei ou o juiz não determinar prazo, as intimações somente obrigarão a comparecimento após decorridas 48 (quarenta e oito) horas.

§ 3º Inexistindo preceito legal ou prazo determinado pelo juiz, será de 5 (cinco) dias o prazo para a prática de ato processual a cargo da parte.

§ 4º Será considerado tempestivo o ato praticado antes do termo inicial do prazo.

Art. 219. Na contagem de prazo em dias, estabelecido por lei ou pelo juiz, computar-se-ão somente os dias úteis.

Parágrafo único. O disposto neste artigo aplica-se somente aos prazos processuais.

Art. 220. Suspende-se o curso do prazo processual nos dias compreendidos entre 20 de dezembro e 20 de janeiro, inclusive.

§ 1º Ressalvadas as férias individuais e os feriados instituídos por lei, os juízes, os membros do Ministério Público, da Defensoria Pública e da Advocacia Pública e os auxiliares da Justiça exercerão suas atribuições durante o período previsto no *caput*.

› arts. 212, § 2º, 215, CPC.

› arts. 775-A da CLT.

§ 2º Durante a suspensão do prazo, não se realizarão audiências nem sessões de julgamento.

Art. 221. Suspende-se o curso do prazo por obstáculo criado em detrimento da parte ou ocorrendo qualquer das hipóteses do art. 313, devendo o prazo ser restituído por tempo igual ao que faltava para sua complementação.

Parágrafo único. Suspendem-se os prazos durante a execução de programa instituído pelo Poder Judiciário para promover a autocomposição, incumbindo aos tribunais especificar, com antecedência, a duração dos trabalhos.

Art. 222. Na comarca, seção ou subseção judiciária onde for difícil o transporte, o juiz poderá prorrogar os prazos por até 2 (dois) meses.

§ 1º Ao juiz é vedado reduzir prazos peremptórios sem anuência das partes.

§ 2º Havendo calamidade pública, o limite previsto no *caput* para prorrogação de prazos poderá ser excedido.

Art. 223. Decorrido o prazo, extingue-se o direito de praticar ou de emendar o ato processual, independentemente de declaração judicial, ficando assegurado, porém, à parte provar que não o realizou por justa causa.

§ 1º Considera-se justa causa o evento alheio à vontade da parte e que a impediu de praticar o ato por si ou por mandatário.

› art. 197, p.ún., CPC.

§ 2º Verificada a justa causa, o juiz permitirá à parte a prática do ato no prazo que lhe assinar.

Art. 224. Salvo disposição em contrário, os prazos serão contados excluindo o dia do começo e incluindo o dia do vencimento.

§ 1º Os dias do começo e do vencimento do prazo serão protraídos para o primeiro dia útil seguinte, se coincidirem com dia em que o expediente forense for encerrado antes ou iniciado depois da hora normal ou houver indisponibilidade da comunicação eletrônica.

§ 2º Considera-se como data de publicação o primeiro dia útil seguinte ao da disponibilização da informação no Diário da Justiça eletrônico.

› art. 4º, § 3º, Lei 11.419/2006 (Informatização do processo judicial).

§ 3º A contagem do prazo terá início no primeiro dia útil que seguir ao da publicação.

› art. 132, CC.
› art. 775, CLT.
› Súm. 310, STF.

Art. 225. A parte poderá renunciar ao prazo estabelecido exclusivamente em seu favor, desde que o faça de maneira expressa.

Art. 226. O juiz proferirá:

I - os despachos no prazo de 5 (cinco) dias;

II - as decisões interlocutórias no prazo de 10 (dez) dias;

III - as sentenças no prazo de 30 (trinta) dias.

Art. 227. Em qualquer grau de jurisdição, havendo motivo justificado, pode o juiz exceder, por igual tempo, os prazos a que está submetido.

Art. 228. Incumbirá ao serventuário remeter os autos conclusos no prazo de 1 (um) dia e executar os atos processuais no prazo de 5 (cinco) dias, contado da data em que:

I - houver concluído o ato processual anterior, se lhe foi imposto pela lei;

II - tiver ciência da ordem, quando determinada pelo juiz.

§ 1º Ao receber os autos, o serventuário certificará o dia e a hora em que teve ciência da ordem referida no inciso II.

§ 2º Nos processos em autos eletrônicos, a juntada de petições ou de manifestações em geral ocorrerá de forma automática, independentemente de ato de serventuário da justiça.

› art. 10, Lei 11.419/2006 (Informatização do processo judicial).

Art. 229. Os litisconsortes que tiverem diferentes procuradores, de escritórios de advocacia distintos, terão prazos contados em dobro para todas as suas manifestações, em qualquer juízo ou tribunal, independentemente de requerimento.

› arts. 525, §3º, 915, §3º e 1023, § 1º, CPC.
› Súm. 641, STF.

§ 1º Cessa a contagem do prazo em dobro se, havendo apenas 2 (dois) réus, é oferecida defesa por apenas um deles.

§ 2º Não se aplica o disposto no *caput* aos processos em autos eletrônicos.

Art. 230. O prazo para a parte, o procurador, a Advocacia Pública, a Defensoria Pública e o Ministério Público será contado da citação, da intimação ou da notificação.

Art. 231. Salvo disposição em sentido diverso, considera-se dia do começo do prazo:

› arts. 335, III, 915 e 1.003, § 2º, CPC.

I - a data de juntada aos autos do aviso de recebimento, quando a citação ou a intimação for pelo correio;

› art. 247, CPC.
› Súm. 429, STJ.

II - a data de juntada aos autos do mandado cumprido, quando a citação ou a intimação for por oficial de justiça;

› art. 249, CPC.

III - a data de ocorrência da citação ou da intimação, quando ela se der por ato do escrivão ou do chefe de secretaria;

› art. 246, III, CPC.

IV - o dia útil seguinte ao fim da dilação assinada pelo juiz, quando a citação ou a intimação for por edital;

› art. 256, CPC.

V - o dia útil seguinte à consulta ao teor da citação ou da intimação ou ao término do prazo para que a consulta se dê, quando a citação ou a intimação for eletrônica;

› Lei 11.419/2006 (Informatização do processo judicial).

VI - a data de juntada do comunicado de que trata o art. 232 ou, não havendo esse, a data de juntada da carta aos autos de origem devidamente cumprida, quando a citação ou a intimação se realizar em cumprimento de carta;

› art. 1.003, § 2º, CPC.

VII - a data de publicação, quando a intimação se der pelo Diário da Justiça impresso ou eletrônico;

VIII - o dia da carga, quando a intimação se der por meio da retirada dos autos, em carga, do cartório ou da secretaria.

IX - o quinto dia útil seguinte à confirmação, na forma prevista na mensagem de citação, do recebimento da citação realizada por meio eletrônico. (Acrescido pela Lei 14.195/2021)

§ 1º Quando houver mais de um réu, o dia do começo do prazo para contestar corresponderá à última das datas a que se referem os incisos I a VI do *caput*.

§ 2º Havendo mais de um intimado, o prazo para cada um é contado individualmente.

§ 3º Quando o ato tiver de ser praticado diretamente pela parte ou por quem, de qualquer forma, participe do processo, sem a intermediação de representante judicial, o dia do começo do prazo para cumprimento da determinação judicial corresponderá à data em que se der a comunicação.

§ 4º Aplica-se o disposto no inciso II do *caput* à citação com hora certa.

Art. 232. Nos atos de comunicação por carta precatória, rogatória ou de ordem, a realização da citação ou da intimação será imediatamente informada, por meio eletrônico, pelo juiz deprecado ao juiz deprecante.

SEÇÃO II
DA VERIFICAÇÃO DOS PRAZOS E DAS PENALIDADES

Art. 233. Incumbe ao juiz verificar se o serventuário excedeu, sem motivo legítimo, os prazos estabelecidos em lei.

› arts. 35, III, LC 35/1979 (Lei Orgânica da Magistratura Nacional).

§ 1º Constatada a falta, o juiz ordenará a instauração de processo administrativo, na forma da lei.

› art. 5º, LV, CF.

§ 2º Qualquer das partes, o Ministério Público ou a Defensoria Pública poderá representar ao juiz contra o serventuário que injustificadamente exceder os prazos previstos em lei.

Art. 234. Os advogados públicos ou privados, o defensor público e o membro do Ministério Público devem restituir os autos no prazo do ato a ser praticado.

› arts. 7º, XV e XVI, §§ 1º e 3; e 34, XXII, Estatuto da OAB.

§ 1º É lícito a qualquer interessado exigir os autos do advogado que exceder prazo legal.

§ 2º Se, intimado, o advogado não devolver os autos no prazo de 3 (três) dias, perderá o direito à vista fora de cartório e incorrerá em multa correspondente à metade do salário-mínimo.

§ 3º Verificada a falta, o juiz comunicará o fato à seção local da Ordem dos Advogados do Brasil para procedimento disciplinar e imposição de multa.

§ 4º Se a situação envolver membro do Ministério Público, da Defensoria Pública ou da Advocacia Pública, a multa, se for o caso, será aplicada ao agente público responsável pelo ato.

§ 5º Verificada a falta, o juiz comunicará o fato ao órgão competente responsável pela instauração de procedimento disciplinar contra o membro que atuou no feito.

Art. 235. Qualquer parte, o Ministério Público ou a Defensoria Pública poderá representar ao corregedor do tribunal ou ao Conselho Nacional de Justiça contra juiz ou relator que injustificadamente exceder os prazos previstos em lei, regulamento ou regimento interno.

§ 1º Distribuída a representação ao órgão competente e ouvido previamente o juiz, não sendo caso de arquivamento liminar, será instaurado procedimento para apuração da responsabilidade, com intimação do representado por meio eletrônico para, querendo, apresentar justificativa no prazo de 15 (quinze) dias.

§ 2º Sem prejuízo das sanções administrativas cabíveis, em até 48 (quarenta e oito) horas após a apresentação ou não da justificativa de que trata o § 1º, se for o caso, o corregedor do tribunal ou o relator no Conselho Nacional de Justiça determinará a intimação do representado por meio eletrônico para que, em 10 (dez) dias, pratique o ato.

§ 3º Mantida a inércia, os autos serão remetidos ao substituto legal do juiz ou do relator contra o qual se representou para decisão em 10 (dez) dias.

TÍTULO II
DA COMUNICAÇÃO DOS ATOS PROCESSUAIS

CAPÍTULO I
DISPOSIÇÕES GERAIS

Art. 236. Os atos processuais serão cumpridos por ordem judicial.

§ 1º Será expedida carta para a prática de atos fora dos limites territoriais do tribunal, da comarca, da seção ou da subseção judiciárias, ressalvadas as hipóteses previstas em lei.

§ 2º O tribunal poderá expedir carta para juízo a ele vinculado, se o ato houver de se realizar fora dos limites territoriais do local de sua sede.

- art. 237, I, CPC.

§ 3º Admite-se a prática de atos processuais por meio de videoconferência ou outro recurso tecnológico de transmissão de sons e imagens em tempo real.

- arts. 385, § 3º, 453, § 1º, 461, § 2º, 937, § 4º, CPC.

Art. 237. Será expedida carta:

I - de ordem, pelo tribunal, na hipótese do § 2º do art. 236;

II - rogatória, para que órgão jurisdicional estrangeiro pratique ato de cooperação jurídica internacional, relativo a processo em curso perante órgão jurisdicional brasileiro;

- art. 105, I, i, CF.

III - precatória, para que órgão jurisdicional brasileiro pratique ou determine o cumprimento, na área de sua competência territorial, de ato relativo a pedido de cooperação judiciária formulado por órgão jurisdicional de competência territorial diversa;

IV - arbitral, para que órgão do Poder Judiciário pratique ou determine o cumprimento, na área de sua competência territorial, de ato objeto de pedido de cooperação judiciária formulado por juízo arbitral, inclusive os que importem efetivação de tutela provisória.

Parágrafo único. Se o ato relativo a processo em curso na Justiça Federal ou em tribunal superior houver de ser praticado em local onde não haja vara federal, a carta poderá ser dirigida ao juízo estadual da respectiva comarca.

- art. 109, § 3º, CF.

CAPÍTULO II
DA CITAÇÃO

Art. 238. Citação é o ato pelo qual são convocados o réu, o executado ou o interessado para integrar a relação processual.

Parágrafo único. A citação será efetivada em até 45 (quarenta e cinco) dias a partir da propositura da ação. (Acrescido pela Lei 14.195/2021)

Art. 239. Para a validade do processo é indispensável a citação do réu ou do executado, ressalvadas as hipóteses de indeferimento da petição inicial ou de improcedência liminar do pedido.

- arts. 280, 308, § 3º, 319, § 2º, 332, 337, I, CPC.

§ 1º O comparecimento espontâneo do réu ou do executado supre a falta ou a nulidade da citação, fluindo a partir desta data o prazo para apresentação de contestação ou de embargos à execução.

§ 2º Rejeitada a alegação de nulidade, tratando-se de processo de:

I - conhecimento, o réu será considerado revel;

II - execução, o feito terá seguimento.

Art. 240. A citação válida, ainda quando ordenada por juízo incompetente, induz litispendência, torna litigiosa a coisa e constitui em mora o devedor, ressalvado o disposto nos arts. 397 e 398 da Lei n. 10.406, de 10 de janeiro de 2002 (Código Civil).

- art. 312, CPC.
- Súm. 204 e 426, STJ.

§ 1º A interrupção da prescrição, operada pelo despacho que ordena a citação, ainda que proferido por juízo incompetente, retroagirá à data de propositura da ação.

- arts. 202 a 204 e 397, CC.
- art. 8º, § 2º, Lei 6.830/1980 (Execução Fiscal).

§ 2º Incumbe ao autor adotar, no prazo de 10 (dez) dias, as providências necessárias para viabilizar a citação, sob pena de não se aplicar o disposto no § 1º.

- art. 802, CPC.

§ 3º A parte não será prejudicada pela demora imputável exclusivamente ao serviço judiciário.

- Súm. 106, STJ.

§ 4º O efeito retroativo a que se refere o § 1º aplica-se à decadência e aos demais prazos extintivos previstos em lei.

Art. 241. Transitada em julgado a sentença de mérito proferida em favor do réu antes da citação, incumbe ao escrivão ou ao chefe de secretaria comunicar-lhe o resultado do julgamento.

- art. 332, § 4º, CPC.

Art. 242. A citação será pessoal, podendo, no entanto, ser feita na pessoa do representante legal ou do procurador do réu, do executado ou do interessado.

§ 1º Na ausência do citando, a citação será feita na pessoa de seu mandatário, administrador, preposto ou gerente, quando a ação se originar de atos por eles praticados.

§ 2º O locador que se ausentar do Brasil sem cientificar o locatário de que deixou, na localidade onde estiver situado o imóvel, procurador com poderes para receber citação será citado na pessoa do administrador do imóvel encarregado do recebimento dos aluguéis, que será considerado habilitado para representar o locador em juízo.

§ 3º A citação da União, dos Estados, do Distrito Federal, dos Municípios e de suas respectivas autarquias e fundações de direito público será realizada perante o órgão de Advocacia Pública responsável por sua representação judicial.

- arts. 182 a 184, CPC.

Art. 243. A citação poderá ser feita em qualquer lugar em que se encontre o réu, o executado ou o interessado.

Parágrafo único. O militar em serviço ativo será citado na unidade em que estiver servindo, se não for conhecida sua residência ou nela não for encontrado.

Art. 244. Não se fará a citação, salvo para evitar o perecimento do direito:

I - de quem estiver participando de ato de culto religioso;

II - de cônjuge, de companheiro ou de qualquer parente do morto, consanguíneo ou afim, em linha reta ou na linha colateral em segundo grau, no dia do falecimento e nos 7 (sete) dias seguintes;

III - de noivos, nos 3 (três) primeiros dias seguintes ao casamento;

IV - de doente, enquanto grave o seu estado.

Art. 245. Não se fará citação quando se verificar que o citando é mentalmente incapaz ou está impossibilitado de recebê-la.

§ 1º O oficial de justiça descreverá e certificará minuciosamente a ocorrência.

§ 2º Para examinar o citando, o juiz nomeará médico, que apresentará laudo no prazo de 5 (cinco) dias.

§ 3º Dispensa-se a nomeação de que trata o § 2º se pessoa da família apresentar declaração do médico do citando que ateste a incapacidade deste.

§ 4º Reconhecida a impossibilidade, o juiz nomeará curador ao citando, observando, quanto à sua escolha, a preferência estabelecida em lei e restringindo a nomeação à causa.

- art. 1.775, CC.

§ 5º A citação será feita na pessoa do curador, a quem incumbirá a defesa dos interesses do citando.

Art. 246. A citação será feita preferencialmente por meio eletrônico, no prazo de até 2 (dois) dias úteis, contado da decisão que a determinar, por meio dos endereços eletrônicos indicados pelo citando no banco de dados do Poder Judiciário, conforme regulamento do Conselho Nacional de Justiça. (Redação dada pela Lei 14.195/2021)

I a V - (Revogados pela Lei 14.195/2021)

§ 1º As empresas públicas e privadas são obrigadas a manter cadastro nos sistemas de processo em autos eletrônicos, para efeito de recebimento de citações e intimações, as quais serão efetuadas preferencialmente por esse meio. (Redação dada pela Lei 14.195/2021)

- art. 1.051, CPC.

§ 1º-A A ausência de confirmação, em até 3 (três) dias úteis, contados do recebimento da citação eletrônica, implicará a realização da citação: (Acrescido pela Lei 14.195/2021)

I - pelo correio;

II - por oficial de justiça;

III - pelo escrivão ou chefe de secretaria, se o citando comparecer em cartório;

IV - por edital.

§ 1º-B Na primeira oportunidade de falar nos autos, o réu citado nas formas previstas nos incisos I, II, III e IV do § 1º-A deste artigo deverá apresentar justa causa para a ausência de confirmação do recebimento da citação enviada eletronicamente. (Acrescido pela Lei 14.195/2021)

§ 1º-C Considera-se ato atentatório à dignidade da justiça, passível de multa de até 5% (cinco por cento) do valor da causa, deixar de confirmar no prazo legal, sem justa causa, o recebimento da citação recebida por meio eletrônico. (Acrescido pela Lei 14.195/2021)

§ 2º O disposto no § 1º aplica-se à União, aos Estados, ao Distrito Federal, aos Municípios e às entidades da administração indireta.

› art. 1.050, CPC.

§ 3º Na ação de usucapião de imóvel, os confinantes serão citados pessoalmente, exceto quando tiver por objeto unidade autônoma de prédio em condomínio, caso em que tal citação é dispensada.

› Súm. 391, STF.

§ 4º As citações por correio eletrônico serão acompanhadas das orientações para realização da confirmação de recebimento e de código identificador que permitirá a sua identificação na página eletrônica do órgão judicial citante. (Acrescido pela Lei 14.195/2021)

§ 5º As microempresas e as pequenas empresas somente se sujeitam ao disposto no § 1º deste artigo quando não possuírem endereço eletrônico cadastrado no sistema integrado da Rede Nacional para a Simplificação do Registro e da Legalização de Empresas e Negócios (Redesim). (Acrescido pela Lei 14.195/2021)

§ 6º Para os fins do § 5º deste artigo, deverá haver compartilhamento de cadastro com o órgão do Poder Judiciário, incluído o endereço eletrônico constante do sistema integrado da Redesim, nos termos da legislação aplicável ao sigilo fiscal e ao tratamento de dados pessoais. (Acrescido pela Lei 14.195/2021)

Art. 247. A citação será feita por meio eletrônico ou pelo correio para qualquer comarca do País, exceto: (Redação dada pela Lei 14.195/2021)

› art. 8º, I, Lei 6.830/1980 (Execução Fiscal).

I - nas ações de estado, observado o disposto no art. 695, § 3º;

II - quando o citando for incapaz;

III - quando o citando for pessoa de direito público;

IV - quando o citando residir em local não atendido pela entrega domiciliar de correspondência;

V - quando o autor, justificadamente, a requerer de outra forma.

Art. 248. Deferida a citação pelo correio, o escrivão ou o chefe de secretaria remeterá ao citando cópias da petição inicial e do despacho do juiz e comunicará o prazo para resposta, o endereço do juízo e o respectivo cartório.

§ 1º A carta será registrada para entrega ao citando, exigindo-lhe o carteiro, ao fazer a entrega, que assine o recibo.

› Súm. 429, STJ.

§ 2º Sendo o citando pessoa jurídica, será válida a entrega do mandado a pessoa com poderes de gerência geral ou de administração ou, ainda, a funcionário responsável pelo recebimento de correspondências.

§ 3º Da carta de citação no processo de conhecimento constarão os requisitos do art. 250.

§ 4º Nos condomínios edilícios ou nos loteamentos com controle de acesso, será válida a entrega do mandado a funcionário da portaria responsável pelo recebimento de correspondência, que, entretanto, poderá recusar o recebimento, se declarar, por escrito, sob as penas da lei, que o destinatário da correspondência está ausente.

Art. 249. A citação será feita por meio de oficial de justiça nas hipóteses previstas neste Código ou em lei, ou quando frustrada a citação pelo correio.

Art. 250. O mandado que o oficial de justiça tiver de cumprir conterá:

› arts. 248, § 3º, e 264, CPC.

I - os nomes do autor e do citando e seus respectivos domicílios ou residências;

II - a finalidade da citação, com todas as especificações constantes da petição inicial, bem como a menção do prazo para contestar, sob pena de revelia, ou para embargar a execução;

III - a aplicação de sanção para o caso de descumprimento da ordem, se houver;

IV - se for o caso, a intimação do citando para comparecer, acompanhado de advogado ou de defensor público, à audiência de conciliação ou de mediação, com a menção do dia, da hora e do lugar do comparecimento;

› art. 334, CPC.

V - a cópia da petição inicial, do despacho ou da decisão que deferir tutela provisória;

VI - a assinatura do escrivão ou do chefe de secretaria e a declaração de que o subscreve por ordem do juiz.

Art. 251. Incumbe ao oficial de justiça procurar o citando e, onde o encontrar, citá-lo:

I - lendo-lhe o mandado e entregando-lhe a contrafé;

II - portando por fé se recebeu ou recusou a contrafé;

III - obtendo a nota de ciente ou certificando que o citando não a após no mandado.

Art. 252. Quando, por 2 (duas) vezes, o oficial de justiça houver procurado o citando em seu domicílio ou residência sem o encontrar, deverá, havendo suspeita de ocultação, intimar qualquer pessoa da família ou, em sua falta, qualquer vizinho de que, no dia útil imediato, voltará a fim de efetuar a citação, na hora que designar.

Parágrafo único. Nos condomínios edilícios ou nos loteamentos com controle de acesso, será válida a intimação a que se refere o *caput* feita a funcionário da portaria responsável pelo recebimento de correspondência.

Art. 253. No dia e na hora designados, o oficial de justiça, independentemente de novo despacho, comparecerá ao domicílio ou à residência do citando a fim de realizar a diligência.

› arts. 70 a 78, CC.

§ 1º Se o citando não estiver presente, o oficial de justiça procurará informar-se das razões da ausência, dando por feita a citação, ainda que o citando se tenha ocultado em outra comarca, seção ou subseção judiciárias.

§ 2º A citação com hora certa será efetivada mesmo que a pessoa da família ou o vizinho que houver sido intimado esteja ausente, ou se, embora presente, a pessoa da família ou o vizinho se recusar a receber o mandado.

§ 3º Da certidão da ocorrência, o oficial de justiça deixará contrafé com qualquer pessoa da família ou vizinho, conforme o caso, declarando-lhe o nome.

§ 4º O oficial de justiça fará constar do mandado a advertência de que será nomeado curador especial se houver revelia.

Art. 254. Feita a citação com hora certa, o escrivão ou chefe de secretaria enviará ao réu, executado ou interessado, no prazo de 10 (dez) dias, contado da data da juntada do mandado aos autos, carta, telegrama ou correspondência eletrônica, dando-lhe de tudo ciência.

Art. 255. Nas comarcas contíguas de fácil comunicação e nas que se situem na mesma região metropolitana, o oficial de justiça poderá efetuar, em qualquer delas, citações, intimações, notificações, penhoras e quaisquer outros atos executivos.

Art. 256. A citação por edital será feita:

› Súm. 282 e 414, STJ.

I - quando desconhecido ou incerto o citando;

II - quando ignorado, incerto ou inacessível o lugar em que se encontrar o citando;

III - nos casos expressos em lei.

§ 1º Considera-se inacessível, para efeito de citação por edital, o país que recusar o cumprimento de carta rogatória.

§ 2º No caso de ser inacessível o lugar em que se encontrar o réu, a notícia de sua citação será divulgada também pelo rádio, se na comarca houver emissora de radiodifusão.

§ 3º O réu será considerado em local ignorado ou incerto se infrutíferas as tentativas de sua localização, inclusive mediante requisição pelo juízo de informações sobre seu endereço nos cadastros de órgãos públicos ou de concessionárias de serviços públicos.

Art. 257. São requisitos da citação por edital:

I - a afirmação do autor ou a certidão do oficial informando a presença das circunstâncias autorizadoras;

II - a publicação do edital na rede mundial de computadores, no sítio do respectivo tribunal e na plataforma de editais do Conselho Nacional de Justiça, que deve ser certificada nos autos;

III - a determinação, pelo juiz, do prazo, que variará entre 20 (vinte) e 60 (sessenta) dias, fluindo da data da publicação única ou, havendo mais de uma, da primeira;

IV - a advertência de que será nomeado curador especial em caso de revelia.

› Súm. 196, STJ.

Parágrafo único. O juiz poderá determinar que a publicação do edital seja feita também em jornal local de ampla circulação ou por outros meios, considerando as peculiaridades da comarca, da seção ou da subseção judiciárias.

Art. 258. A parte que requerer a citação por edital, alegando dolosamente a ocorrência das circunstâncias autorizadoras para sua realização, incorrerá em multa de 5 (cinco) vezes o salário-mínimo.

Parágrafo único. A multa reverterá em benefício do citando.

Art. 259. Serão publicados editais:

I - na ação de usucapião de imóvel;

› art. 246, § 3º, CPC.
› Súm. 263, STF.

II - na ação de recuperação ou substituição de título ao portador;

III - em qualquer ação em que seja necessária, por determinação legal, a provocação, para participação no processo, de interessados incertos ou desconhecidos.

CAPÍTULO III
DAS CARTAS

Art. 260. São requisitos das cartas de ordem, precatória e rogatória:

I - a indicação dos juízes de origem e de cumprimento do ato;

II - o inteiro teor da petição, do despacho judicial e do instrumento do mandato conferido ao advogado;

III - a menção do ato processual que lhe constitui o objeto;

IV - o encerramento com a assinatura do juiz.

§ 1º O juiz mandará trasladar para a carta quaisquer outras peças, bem como instruí-la com mapa, desenho ou gráfico, sempre que esses documentos devam ser examinados, na diligência, pelas partes, pelos peritos ou pelas testemunhas.

§ 2º Quando o objeto da carta for exame pericial sobre documento, este será remetido em original, ficando nos autos reprodução fotográfica.

§ 3º A carta arbitral atenderá, no que couber, aos requisitos a que se refere o *caput* e será instruída com a convenção de arbitragem e com as provas da nomeação do árbitro e de sua aceitação da função.

› art. 237, IV, CPC.
› Lei 9.307/1996 (Arbitragem).

Art. 261. Em todas as cartas o juiz fixará o prazo para cumprimento, atendendo à facilidade das comunicações e à natureza da diligência.

§ 1º As partes deverão ser intimadas pelo juiz do ato de expedição da carta.

§ 2º Expedida a carta, as partes acompanharão o cumprimento da diligência perante o juízo destinatário, ao qual compete a prática dos atos de comunicação.

§ 3º A parte a quem interessar o cumprimento da diligência cooperará para que o prazo a que se refere o *caput* seja cumprido.

Art. 262. A carta tem caráter itinerante, podendo, antes ou depois de lhe ser ordenado o cumprimento, ser encaminhada a juízo diverso do que dela consta, a fim de se praticar o ato.

Parágrafo único. O encaminhamento da carta a outro juízo será imediatamente comunicado ao órgão expedidor, que intimará as partes.

Art. 263. As cartas deverão, preferencialmente, ser expedidas por meio eletrônico, caso em que a assinatura do juiz deverá ser eletrônica, na forma da lei.

Art. 264. A carta de ordem e a carta precatória por meio eletrônico, por telefone ou por telegrama conterão, em resumo substancial, os requisitos mencionados no art. 250, especialmente no que se refere à aferição da autenticidade.

› art. 260, CPC.

Art. 265. O secretário do tribunal, o escrivão ou o chefe de secretaria do juízo deprecante transmitirá, por telefone, a carta de ordem ou a carta precatória ao juízo em que houver de se cumprir o ato, por intermédio do escrivão do primeiro ofício da primeira vara, se houver na comarca mais de um ofício ou de uma vara, observando-se, quanto aos requisitos, o disposto no art. 264.

§ 1º O escrivão ou o chefe de secretaria, no mesmo dia ou no dia útil imediato, telefonará ou enviará mensagem eletrônica ao secretário do tribunal, ao escrivão ou ao chefe de secretaria do juízo deprecante, lendo-lhe os termos da carta e solicitando-lhe que os confirme.

§ 2º Sendo confirmada, o escrivão ou o chefe de secretaria submeterá a carta a despacho.

Art. 266. Serão praticados de ofício os atos requisitados por meio eletrônico e de telegrama, devendo a parte depositar, contudo, na secretaria do tribunal ou no cartório do juízo deprecante, a importância correspondente às despesas que serão feitas no juízo em que houver de praticar-se o ato.

Art. 267. O juiz recusará cumprimento a carta precatória ou arbitral, devolvendo-a com decisão motivada quando:

I - a carta não estiver revestida dos requisitos legais;

II - faltar ao juiz competência em razão da matéria ou da hierarquia;

III - o juiz tiver dúvida acerca de sua autenticidade.

Parágrafo único. No caso de incompetência em razão da matéria ou da hierarquia, o juiz deprecado, conforme o ato a ser praticado, poderá remeter a carta ao juiz ou ao tribunal competente.

Art. 268. Cumprida a carta, será devolvida ao juízo de origem no prazo de 10 (dez) dias, independentemente de traslado, pagas as custas pela parte.

CAPÍTULO IV
DAS INTIMAÇÕES

Art. 269. Intimação é o ato pelo qual se dá ciência a alguém dos atos e dos termos do processo.

§ 1º É facultado aos advogados promover a intimação do advogado da outra parte por meio do correio, juntando aos autos, a seguir, cópia do ofício de intimação e do aviso de recebimento.

§ 2º O ofício de intimação deverá ser instruído com cópia do despacho, da decisão ou da sentença.

§ 3º A intimação da União, dos Estados, do Distrito Federal, dos Municípios e de suas respectivas autarquias e fundações de direito público será realizada perante o órgão de Advocacia Pública responsável por sua representação judicial.

Art. 270. As intimações realizam-se, sempre que possível, por meio eletrônico, na forma da lei.

› art. 9º, Lei 11.419/2006 (Informatização do processo judicial).

Parágrafo único. Aplica-se ao Ministério Público, à Defensoria Pública e à Advocacia Pública o disposto no § 1º do art. 246.

› art. 1.050, CPC.

Art. 271. O juiz determinará de ofício as intimações em processos pendentes, salvo disposição em contrário.

Art. 272. Quando não realizadas por meio eletrônico, consideram-se feitas as intimações pela publicação dos atos no órgão oficial.

§ 1º Os advogados poderão requerer que, na intimação a eles dirigida, figure apenas o nome da sociedade a que pertençam, desde que devidamente registrada na Ordem dos Advogados do Brasil.

§ 2º Sob pena de nulidade, é indispensável que da publicação constem os nomes das partes e de seus advogados, com o respectivo número de inscrição na Ordem dos Advogados do Brasil, ou, se assim requerido, da sociedade de advogados.

› art. 14, p.ún., Estatuto da OAB.

§ 3º A grafia dos nomes das partes não deve conter abreviaturas.

§ 4º A grafia dos nomes dos advogados deve corresponder ao nome completo e ser a mesma que constar da procuração ou que estiver registrada na Ordem dos Advogados do Brasil.

§ 5º Constando dos autos pedido expresso para que as comunicações dos atos processuais sejam feitas em nome dos advogados indicados, o seu desatendimento implicará nulidade.

§ 6º A retirada dos autos do cartório ou da secretaria em carga pelo advogado, por pessoa credenciada a pedido do advogado ou da sociedade de advogados, pela Advocacia Pública, pela Defensoria Pública ou pelo Ministério Público implicará intimação de qualquer decisão contida no processo retirado, ainda que pendente de publicação.

§ 7º O advogado e a sociedade de advogados deverão requerer o respectivo credenciamento para a retirada de autos por preposto.

§ 8º A parte arguirá a nulidade da intimação em capítulo preliminar do próprio ato que lhe caiba praticar, o qual será tido por tempestivo se o vício for reconhecido.

§ 9º Não sendo possível a prática imediata do ato diante da necessidade de acesso prévio aos autos, a parte limitar-se-á a arguir a nulidade da intimação, caso em que o prazo será contado da intimação da decisão que a reconheça.

Art. 273. Se inviável a intimação por meio eletrônico e não houver na localidade publicação em órgão oficial, incumbirá ao escrivão ou chefe de secretaria intimar de todos os atos do processo os advogados das partes:

I - pessoalmente, se tiverem domicílio na sede do juízo;

II - por carta registrada, com aviso de recebimento, quando forem domiciliados fora do juízo.

Art. 274. Não dispondo a lei de outro modo, as intimações serão feitas às partes, aos seus representantes legais, aos advogados e aos demais sujeitos do processo pelo correio ou, se presentes em cartório, diretamente pelo escrivão ou chefe de secretaria.

Parágrafo único. Presumem-se válidas as intimações dirigidas ao endereço constante dos autos, ainda que não recebidas pessoalmente pelo interessado, se a modificação temporária ou definitiva não tiver sido devidamente comunicada ao juízo, fluindo os prazos a partir da juntada aos autos do comprovante de entrega da correspondência no primitivo endereço.

Art. 275. A intimação será feita por oficial de justiça quando frustrada a realização por meio eletrônico ou pelo correio.

§ 1º A certidão de intimação deve conter:

I - a indicação do lugar e a descrição da pessoa intimada, mencionando, quando possível, o número de seu documento de identidade e o órgão que o expediu;

II - a declaração de entrega da contrafé;

III - a nota de ciente ou a certidão de que o interessado não a apôs no mandado.

§ 2º Caso necessário, a intimação poderá ser efetuada com hora certa ou por edital.

- arts. 252 a 254 e 256 a 259, CPC.

TÍTULO III
DAS NULIDADES

Art. 276. Quando a lei prescrever determinada forma sob pena de nulidade, a decretação desta não pode ser requerida pela parte que lhe deu causa.

Art. 277. Quando a lei prescrever determinada forma, o juiz considerará válido o ato se, realizado de outro modo, lhe alcançar a finalidade.

Art. 278. A nulidade dos atos deve ser alegada na primeira oportunidade em que couber à parte falar nos autos, sob pena de preclusão.

Parágrafo único. Não se aplica o disposto no *caput* às nulidades que o juiz deva decretar de ofício, nem prevalece a preclusão provando a parte legítimo impedimento.

Art. 279. É nulo o processo quando o membro do Ministério Público não for intimado a acompanhar o feito em que deva intervir.

§ 1º Se o processo tiver tramitado sem conhecimento do membro do Ministério Público, o juiz invalidará os atos praticados a partir do momento em que ele deveria ter sido intimado.

§ 2º A nulidade só pode ser decretada após a intimação do Ministério Público, que se manifestará sobre a existência ou a inexistência de prejuízo.

Art. 280. As citações e as intimações serão nulas quando feitas sem observância das prescrições legais.

- arts. 238 a 259 e 269 a 275, CPC.

Art. 281. Anulado o ato, consideram-se de nenhum efeito todos os subsequentes que dele dependam, todavia, a nulidade de uma parte do ato não prejudicará as outras que dela sejam independentes.

Art. 282. Ao pronunciar a nulidade, o juiz declarará que atos são atingidos e ordenará as providências necessárias a fim de que sejam repetidos ou retificados.

§ 1º O ato não será repetido nem sua falta será suprida quando não prejudicar a parte.

§ 2º Quando puder decidir o mérito a favor da parte a quem aproveite a decretação da nulidade, o juiz não a pronunciará nem mandará repetir o ato ou suprir-lhe a falta.

Art. 283. O erro de forma do processo acarreta unicamente a anulação dos atos que não possam ser aproveitados, devendo ser praticados os que forem necessários a fim de se observarem as prescrições legais.

Parágrafo único. Dar-se-á o aproveitamento dos atos praticados desde que não resulte prejuízo à defesa de qualquer parte.

TÍTULO IV
DA DISTRIBUIÇÃO E DO REGISTRO

Art. 284. Todos os processos estão sujeitos a registro, devendo ser distribuídos onde houver mais de um juiz.

- art. 59, CPC.

Art. 285. A distribuição, que poderá ser eletrônica, será alternada e aleatória, obedecendo-se rigorosa igualdade.

Parágrafo único. A lista de distribuição deverá ser publicada no Diário de Justiça.

Art. 286. Serão distribuídas por dependência as causas de qualquer natureza:

I - quando se relacionarem, por conexão ou continência, com outra já ajuizada;

- arts. 54 a 58, CPC.
- Súm. 235, STJ.

II - quando, tendo sido extinto o processo sem resolução de mérito, for reiterado o pedido, ainda que em litisconsórcio com outros autores ou que sejam parcialmente alterados os réus da demanda;

- arts. 485 a 488, CPC.

III - quando houver ajuizamento de ações nos termos do art. 55, § 3º, ao juízo prevento.

Parágrafo único. Havendo intervenção de terceiro, reconvenção ou outra hipótese de ampliação objetiva do processo, o juiz, de ofício, mandará proceder à respectiva anotação pelo distribuidor.

Art. 287. A petição inicial deve vir acompanhada de procuração, que conterá os endereços do advogado, eletrônico e não eletrônico.

Parágrafo único. Dispensa-se a juntada da procuração:

I - no caso previsto no art. 104;

II - se a parte estiver representada pela Defensoria Pública;

- arts. 134 e 135, CF.
- LC 80/1994 (Lei Orgânica da Defensoria Pública).

III - se a representação decorrer diretamente de norma prevista na Constituição Federal ou em lei.

Art. 288. O juiz, de ofício ou a requerimento do interessado, corrigirá o erro ou compensará a falta de distribuição.

Art. 289. A distribuição poderá ser fiscalizada pela parte, por seu procurador, pelo Ministério Público e pela Defensoria Pública.

Art. 290. Será cancelada a distribuição do feito se a parte, intimada na pessoa de seu advogado, não realizar o pagamento das custas e despesas de ingresso em 15 (quinze) dias.

TÍTULO V
DO VALOR DA CAUSA

Art. 291. A toda causa será atribuído valor certo, ainda que não tenha conteúdo econômico imediatamente aferível.

- arts. 12, § 2º, IN 41/2018, TST.

Art. 292. O valor da causa constará da petição inicial ou da reconvenção e será:

- arts. 319, V, e 343, CPC.

I - na ação de cobrança de dívida, a soma monetariamente corrigida do principal, dos juros de mora vencidos e de outras penalidades, se houver, até a data de propositura da ação;

II - na ação que tiver por objeto a existência, a validade, o cumprimento, a modificação, a resolução, a resilição ou a rescisão de ato jurídico, o valor do ato ou o de sua parte controvertida;

III - na ação de alimentos, a soma de 12 (doze) prestações mensais pedidas pelo autor;

- art. 693, p.ún., CPC.
- Lei 5.478/1968 (Lei de alimentos).

IV - na ação de divisão, de demarcação e de reivindicação, o valor de avaliação da área ou do bem objeto do pedido;

- arts. 569 e ss., CPC.

V - na ação indenizatória, inclusive a fundada em dano moral, o valor pretendido;

- Súm. 326, STJ.

VI - na ação em que há cumulação de pedidos, a quantia correspondente à soma dos valores de todos eles;

- art. 327, CPC.

VII - na ação em que os pedidos são alternativos, o de maior valor;

- art. 325, CPC.

VIII - na ação em que houver pedido subsidiário, o valor do pedido principal.

§ 1º Quando se pedirem prestações vencidas e vincendas, considerar-se-á o valor de umas e outras.

§ 2º O valor das prestações vincendas será igual a uma prestação anual, se a obrigação for por tempo indeterminado ou por tempo superior a 1 (um) ano, e, se por tempo inferior, será igual à soma das prestações.

§ 3º O juiz corrigirá, de ofício e por arbitramento, o valor da causa quando verificar que não corresponde ao conteúdo patrimonial em discussão ou ao proveito econômico perseguido pelo autor, caso em que se procederá ao recolhimento das custas correspondentes.

Art. 293. O réu poderá impugnar, em preliminar da contestação, o valor atribuído à causa pelo autor, sob pena de preclusão, e o juiz decidirá a respeito, impondo, se for o caso, a complementação das custas.

LIVRO V
DA TUTELA PROVISÓRIA

TÍTULO I
DISPOSIÇÕES GERAIS

Art. 294. A tutela provisória pode fundamentar-se em urgência ou evidência.

Parágrafo único. A tutela provisória de urgência, cautelar ou antecipada, pode ser concedida em caráter antecedente ou incidental.

- Lei 8.437/1992 (Medidas Cautelares).

Art. 295. A tutela provisória requerida em caráter incidental independe do pagamento de custas.

Art. 296. A tutela provisória conserva sua eficácia na pendência do processo, mas pode, a qualquer tempo, ser revogada ou modificada.

Parágrafo único. Salvo decisão judicial em contrário, a tutela provisória conservará a eficácia durante o período de suspensão do processo.

Art. 297. O juiz poderá determinar as medidas que considerar adequadas para efetivação da tutela provisória.

Parágrafo único. A efetivação da tutela provisória observará as normas referentes ao cumprimento provisório da sentença, no que couber.

- arts. 520 e ss., CPC.

Art. 298. Na decisão que conceder, negar, modificar ou revogar a tutela provisória, o juiz motivará seu convencimento de modo claro e preciso.

- art. 93, IX, CF.

Art. 299. A tutela provisória será requerida ao juízo da causa e, quando antecedente, ao juízo competente para conhecer do pedido principal.

- Súm. 634 e 635, STF.

Parágrafo único. Ressalvada disposição especial, na ação de competência originária de tribunal e nos recursos a tutela provisória será requerida ao órgão jurisdicional competente para apreciar o mérito.

TÍTULO II
DA TUTELA DE URGÊNCIA

CAPÍTULO I
DISPOSIÇÕES GERAIS

Art. 300. A tutela de urgência será concedida quando houver elementos que evidenciem a probabilidade do direito e o perigo de dano ou o risco ao resultado útil do processo.

- art. 7º, § 5º, Lei 12.016/2009 (Mandado de segurança).

§ 1º Para a concessão da tutela de urgência, o juiz pode, conforme o caso, exigir caução real ou fidejussória idônea para ressarcir os danos que a outra parte possa vir a sofrer, podendo a caução ser dispensada se a parte economicamente hipossuficiente não puder oferecê-la.

§ 2º A tutela de urgência pode ser concedida liminarmente ou após justificação prévia.

§ 3º A tutela de urgência de natureza antecipada não será concedida quando houver perigo de irreversibilidade dos efeitos da decisão.

Art. 301. A tutela de urgência de natureza cautelar pode ser efetivada mediante arresto, sequestro, arrolamento de bens, registro de protesto contra alienação de bem e qualquer outra medida idônea para asseguração do direito.

- art. 855-A, §2º, CLT.

Art. 302. Independentemente da reparação por dano processual, a parte responde pelo prejuízo que a efetivação da tutela de urgência causar à parte adversa, se:

I - a sentença lhe for desfavorável;

II - obtida liminarmente a tutela em caráter antecedente, não fornecer os meios necessários para a citação do requerido no prazo de 5 (cinco) dias;

III - ocorrer a cessação da eficácia da medida em qualquer hipótese legal;

IV - o juiz acolher a alegação de decadência ou prescrição da pretensão do autor.

- arts. 189 a 211, CC.

Parágrafo único. A indenização será liquidada nos autos em que a medida tiver sido concedida, sempre que possível.

CAPÍTULO II
DO PROCEDIMENTO DA TUTELA ANTECIPADA REQUERIDA EM CARÁTER ANTECEDENTE

Art. 303. Nos casos em que a urgência for contemporânea à propositura da ação, a petição inicial pode limitar-se ao requerimento da tutela antecipada e à indicação do pedido de tutela final, com a exposição da lide, do direito que se busca realizar e do perigo de dano ou do risco ao resultado útil do processo.

- art. 305, p.ún., CPC.

§ 1º Concedida a tutela antecipada a que se refere o *caput* deste artigo:

I - o autor deverá aditar a petição inicial, com a complementação de sua argumentação, a juntada de novos documentos e a confirmação do pedido de tutela final, em 15 (quinze) dias ou em outro prazo maior que o juiz fixar;

II - o réu será citado e intimado para a audiência de conciliação ou de mediação na forma do art. 334;

III - não havendo autocomposição, o prazo para contestação será contado na forma do art. 335.

§ 2º Não realizado o aditamento a que se refere o inciso I do § 1º deste artigo, o processo será extinto sem resolução do mérito.

§ 3º O aditamento a que se refere o inciso I do § 1º deste artigo dar-se-á nos mesmos autos, sem incidência de novas custas processuais.

§ 4º Na petição inicial a que se refere o *caput* deste artigo, o autor terá de indicar o valor da causa, que deve levar em consideração o pedido de tutela final.

§ 5º O autor indicará na petição inicial, ainda, que pretende valer-se do benefício previsto no *caput* deste artigo.

§ 6º Caso entenda que não há elementos para a concessão de tutela antecipada, o órgão jurisdicional determinará a emenda da petição inicial em até 5 (cinco) dias, sob pena de ser indeferida e de o processo ser extinto sem resolução de mérito.

Art. 304. A tutela antecipada, concedida nos termos do art. 303, torna-se estável se da decisão que a conceder não for interposto o respectivo recurso.

§ 1º No caso previsto no *caput*, o processo será extinto.

§ 2º Qualquer das partes poderá demandar a outra com o intuito de rever, reformar ou invalidar a tutela antecipada estabilizada nos termos do *caput*.

§ 3º A tutela antecipada conservará seus efeitos enquanto não revista, reformada ou invalidada por decisão de mérito proferida na ação de que trata o § 2º.

§ 4º Qualquer das partes poderá requerer o desarquivamento dos autos em que foi concedida a medida, para instruir a petição inicial da ação a que se refere o § 2º, prevento o juízo em que a tutela antecipada foi concedida.

§ 5º O direito de rever, reformar ou invalidar a tutela antecipada, previsto no § 2º deste artigo, extingue-se após 2 (dois) anos, contados da ciência da decisão que extinguiu o processo, nos termos do § 1º.

§ 6º A decisão que concede a tutela não fará coisa julgada, mas a estabilidade dos respectivos efeitos só será afastada por decisão que a revir, reformar ou invalidar, proferida em ação ajuizada por uma das partes, nos termos do § 2º deste artigo.

CAPÍTULO III
DO PROCEDIMENTO DA TUTELA CAUTELAR REQUERIDA EM CARÁTER ANTECEDENTE

Art. 305. A petição inicial da ação que visa à prestação de tutela cautelar em caráter antecedente indicará a lide e seu fundamento, a exposição sumária do direito que se objetiva assegurar e o perigo de dano ou o risco ao resultado útil do processo.

Parágrafo único. Caso entenda que o pedido a que se refere o *caput* tem natureza antecipada, o juiz observará o disposto no art. 303.

Art. 306. O réu será citado para, no prazo de 5 (cinco) dias, contestar o pedido e indicar as provas que pretende produzir.

- arts. 369 a 484, CPC.

Art. 307. Não sendo contestado o pedido, os fatos alegados pelo autor presumir-se-ão aceitos pelo réu como ocorridos, caso em que o juiz decidirá dentro de 5 (cinco) dias.

Parágrafo único. Contestado o pedido no prazo legal, observar-se-á o procedimento comum.

Art. 308. Efetivada a tutela cautelar, o pedido principal terá de ser formulado pelo autor no prazo de 30 (trinta) dias, caso em que será apresentado nos mesmos autos em que deduzido o pedido de tutela cautelar, não dependendo do adiantamento de novas custas processuais.

- Súm. 482, STJ.

§ 1º O pedido principal pode ser formulado conjuntamente com o pedido de tutela cautelar.

§ 2º A causa de pedir poderá ser aditada no momento de formulação do pedido principal.

§ 3º Apresentado o pedido principal, as partes serão intimadas para a audiência de conciliação ou de mediação, na forma do art. 334, por seus advogados ou pessoalmente, sem necessidade de nova citação do réu.

§ 4º Não havendo autocomposição, o prazo para contestação será contado na forma do art. 335.

Art. 309. Cessa a eficácia da tutela concedida em caráter antecedente, se:

I - o autor não deduzir o pedido principal no prazo legal;

II - não for efetivada dentro de 30 (trinta) dias;

III - o juiz julgar improcedente o pedido principal formulado pelo autor ou extinguir o processo sem resolução de mérito.

- art. 485, CPC.

Parágrafo único. Se por qualquer motivo cessar a eficácia da tutela cautelar, é vedado à parte renovar o pedido, salvo sob novo fundamento.

Art. 310. O indeferimento da tutela cautelar não obsta a que a parte formule o pedido principal, nem influi no julgamento desse, salvo se o motivo do indeferimento for o reconhecimento de decadência ou de prescrição.

TÍTULO III
DA TUTELA DA EVIDÊNCIA

Art. 311. A tutela da evidência será concedida, independentemente da demonstração de perigo de dano ou de risco ao resultado útil do processo, quando:

I - ficar caracterizado o abuso do direito de defesa ou o manifesto propósito protelatório da parte;

- art. 139, III, CPC.

II - as alegações de fato puderem ser comprovadas apenas documentalmente e houver tese firmada em julgamento de casos repetitivos ou em súmula vinculante;

- art. 103-A, CF.
- arts. 926 a 928, CPC.

III - se tratar de pedido reipersecutório fundado em prova documental adequada do contrato de depósito, caso em que será decretada a ordem de entrega do objeto custodiado, sob cominação de multa;

IV - a petição inicial for instruída com prova documental suficiente dos fatos constitutivos do direito do autor, a que o réu não oponha prova capaz de gerar dúvida razoável.

Parágrafo único. Nas hipóteses dos incisos II e III, o juiz poderá decidir liminarmente.

LIVRO VI
DA FORMAÇÃO, DA SUSPENSÃO E DA EXTINÇÃO DO PROCESSO

TÍTULO I
DA FORMAÇÃO DO PROCESSO

Art. 312. Considera-se proposta a ação quando a petição inicial for protocolada, todavia, a propositura da ação só produz quanto ao réu os efeitos mencionados no art. 240 depois que for validamente citado.

TÍTULO II
DA SUSPENSÃO DO PROCESSO

Art. 313. Suspende-se o processo:

I - pela morte ou pela perda da capacidade processual de qualquer das partes, de seu representante legal ou de seu procurador;

- art. 485, IX, CPC.

II - pela convenção das partes;

III - pela arguição de impedimento ou de suspeição;

- art. 148, CPC.

IV- pela admissão de incidente de resolução de demandas repetitivas;

- arts. 976 a 987, CPC.

V - quando a sentença de mérito:

a) depender do julgamento de outra causa ou da declaração de existência ou de inexistência de relação jurídica que constitua o objeto principal de outro processo pendente;

b) tiver de ser proferida somente após a verificação de determinado fato ou a produção de certa prova, requisitada a outro juízo;

VI - por motivo de força maior;

- art. 393, p.ún., CC.

VII - quando se discutir em juízo questão decorrente de acidentes e fatos da navegação de competência do Tribunal Marítimo;

VIII - nos demais casos que este Código regula.

IX - pelo parto ou pela concessão de adoção, quando a advogada responsável pelo processo constituir a única patrona da causa; (Acrescentado pela Lei 13.363/2016.)

X - quando o advogado responsável pelo processo constituir o único patrono da causa e tornar-se pai. (Acrescentado pela Lei 13.363/2016.)

§ 1º Na hipótese do inciso I, o juiz suspenderá o processo, nos termos do art. 689.

- art. 110, CPC.

§ 2º Não ajuizada ação de habilitação, ao tomar conhecimento da morte, o juiz determinará a suspensão do processo e observará o seguinte:

I - falecido o réu, ordenará a intimação do autor para que promova a citação do respectivo espólio, de quem for o sucessor ou, se for o caso, dos herdeiros, no prazo que designar, de no mínimo 2 (dois) e no máximo 6 (seis) meses;

II - falecido o autor e sendo transmissível o direito em litígio, determinará a intimação de seu espólio, de quem for o sucessor ou, se for o caso, dos herdeiros, pelos meios de divulgação que reputar mais adequados, para que manifestem interesse na sucessão processual e promovam a respectiva habilitação no prazo designado, sob pena de extinção do processo sem resolução de mérito.

§ 3º No caso de morte do procurador de qualquer das partes, ainda que iniciada a audiência de instrução e julgamento, o juiz determinará que a parte constitua novo mandatário, no prazo de 15 (quinze) dias, ao final do qual extinguirá o processo sem resolução de mérito, se o autor não nomear novo mandatário, ou ordenará o prosseguimento do processo à revelia do réu, se falecido o procurador deste.

§ 4º O prazo de suspensão do processo nunca poderá exceder 1 (um) ano nas hipóteses do inciso V e 6 (seis) meses naquela prevista no inciso II.

§ 5º O juiz determinará o prosseguimento do processo assim que esgotados os prazos previstos no § 4º.

§ 6º No caso do inciso IX, o período de suspensão será de 30 (trinta) dias, contado a partir da data do parto ou da concessão da adoção, mediante apresentação de certidão de nascimento ou documento similar que comprove a realização do parto, ou de termo judicial que tenha concedido a adoção, desde que haja notificação ao cliente. (Acrescentado pela Lei 13.363/2016.)

§ 7º No caso do inciso X, o período de suspensão será de 8 (oito) dias, contado a partir da data do parto ou da concessão da adoção, mediante apresentação de certidão de nascimento ou documento similar que comprove a realização do parto, ou de termo judicial que tenha concedido a adoção, desde que haja notificação ao cliente. (Acrescentado pela Lei 13.363/2016.)

Art. 314. Durante a suspensão é vedado praticar qualquer ato processual, podendo o juiz, todavia, determinar a realização de atos urgentes a fim de evitar dano irreparável, salvo no caso de arguição de impedimento e de suspeição.

Art. 315. Se o conhecimento do mérito depender de verificação da existência de fato delituoso, o juiz pode determinar a suspensão do processo até que se pronuncie a justiça criminal.

- art. 935, CC.
- art. 103, § 4º, CDC.
- arts. 64 e 65, CPP.

§ 1º Se a ação penal não for proposta no prazo de 3 (três) meses, contado da intimação do ato de suspensão, cessará o efeito desse, incumbindo ao juiz cível examinar incidentemente a questão prévia.

§ 2º Proposta a ação penal, o processo ficará suspenso pelo prazo máximo de 1 (um) ano, ao final do qual aplicar-se-á o disposto na parte final do § 1º.

TÍTULO III
DA EXTINÇÃO DO PROCESSO

Art. 316. A extinção do processo dar-se-á por sentença.

Art. 317. Antes de proferir decisão sem resolução de mérito, o juiz deverá conceder à parte oportunidade para, se possível, corrigir o vício.

PARTE ESPECIAL

LIVRO I
DO PROCESSO DE CONHECIMENTO E DO CUMPRIMENTO DE SENTENÇA

TÍTULO I
DO PROCEDIMENTO COMUM

CAPÍTULO I
DISPOSIÇÕES GERAIS

Art. 318. Aplica-se a todas as causas o procedimento comum, salvo disposição em contrário deste Código ou de lei.

Parágrafo único. O procedimento comum aplica-se subsidiariamente aos demais procedimentos especiais e ao processo de execução.

CAPÍTULO II
DA PETIÇÃO INICIAL

SEÇÃO I
DOS REQUISITOS DA PETIÇÃO INICIAL

Art. 319. A petição inicial indicará:

› arts. 67, I; 68, I; e 71, Lei 8.245/1991 (Dispõe sobre a locação dos imóveis urbanos).

› art. 37, Lei 9.307/1996 (Arbitragem).

I - o juízo a que é dirigida;

II - os nomes, os prenomes, o estado civil, a existência de união estável, a profissão, o número de inscrição no Cadastro de Pessoas Físicas ou no Cadastro Nacional da Pessoa Jurídica, o endereço eletrônico, o domicílio e a residência do autor e do réu;

III - o fato e os fundamentos jurídicos do pedido;

IV - o pedido com as suas especificações;

V - o valor da causa;

› arts. 291 a 293, CPC.

VI - as provas com que o autor pretende demonstrar a verdade dos fatos alegados;

› arts. 369 a 484 e 1.047, CPC.

VII - a opção do autor pela realização ou não de audiência de conciliação ou de mediação.

› arts. 334 e ss., CPC.

§ 1º Caso não disponha das informações previstas no inciso II, poderá o autor, na petição inicial, requerer ao juiz diligências necessárias a sua obtenção.

§ 2º A petição inicial não será indeferida se, a despeito da falta de informações a que se refere o inciso II, for possível a citação do réu.

§ 3º A petição inicial não será indeferida pelo não atendimento ao disposto no inciso II deste artigo se a obtenção de tais informações tornar impossível ou excessivamente oneroso o acesso à justiça.

Art. 320. A petição inicial será instruída com os documentos indispensáveis à propositura da ação.

Art. 321. O juiz, ao verificar que a petição inicial não preenche os requisitos dos arts. 319 e 320 ou que apresenta defeitos e irregularidades capazes de dificultar o julgamento de mérito, determinará que o autor, no prazo de 15 (quinze) dias, a emende ou a complete, indicando com precisão o que deve ser corrigido ou completado.

› art. 106, Lei 11.101/2005 (Lei de falência).

Parágrafo único. Se o autor não cumprir a diligência, o juiz indeferirá a petição inicial.

SEÇÃO II
DO PEDIDO

Art. 322. O pedido deve ser certo.

§ 1º Compreendem-se no principal os juros legais, a correção monetária e as verbas de sucumbência, inclusive os honorários advocatícios.

§ 2º A interpretação do pedido considerará o conjunto da postulação e observará o princípio da boa-fé.

› art. 5º, CPC.

Art. 323. Na ação que tiver por objeto cumprimento de obrigação em prestações sucessivas, essas serão consideradas incluídas no pedido, independentemente de declaração expressa do autor, e serão incluídas na condenação, enquanto durar a obrigação, se o devedor, no curso do processo, deixar de pagá-las ou de consigná-las.

Art. 324. O pedido deve ser determinado.

§ 1º É lícito, porém, formular pedido genérico:

I - nas ações universais, se o autor não puder individuar os bens demandados;

II - quando não for possível determinar, desde logo, as consequências do ato ou do fato;

III - quando a determinação do objeto ou do valor da condenação depender de ato que deva ser praticado pelo réu.

§ 2º O disposto neste artigo aplica-se à reconvenção.

Art. 325. O pedido será alternativo quando, pela natureza da obrigação, o devedor puder cumprir a prestação de mais de um modo.

› arts. 252 a 256, CC.

Parágrafo único. Quando, pela lei ou pelo contrato, a escolha couber ao devedor, o juiz lhe assegurará o direito de cumprir a prestação de um ou de outro modo, ainda que o autor não tenha formulado pedido alternativo.

Art. 326. É lícito formular mais de um pedido em ordem subsidiária, a fim de que o juiz conheça do posterior, quando não acolher o anterior.

› art. 327, § 3º, CPC.

Parágrafo único. É lícito formular mais de um pedido, alternativamente, para que o juiz acolha um deles.

Art. 327. É lícita a cumulação, em um único processo, contra o mesmo réu, de vários pedidos, ainda que entre eles não haja conexão.

› Súm. 37 e 387, STJ.

§ 1º São requisitos de admissibilidade da cumulação que:

I - os pedidos sejam compatíveis entre si;

II - seja competente para conhecer deles o mesmo juízo;

III - seja adequado para todos os pedidos o tipo de procedimento.

§ 2º Quando, para cada pedido, corresponder tipo diverso de procedimento, será admitida a cumulação se o autor empregar o procedimento comum, sem prejuízo do emprego das técnicas processuais diferenciadas previstas nos procedimentos especiais a que se sujeitam um ou mais pedidos cumulados, que não forem incompatíveis com as disposições sobre o procedimento comum.

§ 3º O inciso I do § 1º não se aplica às cumulações de pedidos de que trata o art. 326.

Art. 328. Na obrigação indivisível com pluralidade de credores, aquele que não participou do processo receberá sua parte, deduzidas as despesas na proporção de seu crédito.

Art. 329. O autor poderá:

I - até a citação, aditar ou alterar o pedido ou a causa de pedir, independentemente de consentimento do réu;

II - até o saneamento do processo, aditar ou alterar o pedido e a causa de pedir, com consentimento do réu, assegurado o contraditório mediante a possibilidade de manifestação deste no prazo mínimo de 15 (quinze) dias, facultado o requerimento de prova suplementar.

Parágrafo único. Aplica-se o disposto neste artigo à reconvenção e à respectiva causa de pedir.

› art. 343, CPC.

SEÇÃO III
DO INDEFERIMENTO DA PETIÇÃO INICIAL

Art. 330. A petição inicial será indeferida quando:

I - for inepta;

II - a parte for manifestamente ilegítima;

III - o autor carecer de interesse processual;

IV - não atendidas as prescrições dos arts. 106 e 321.

§ 1º Considera-se inepta a petição inicial quando:

I - lhe faltar pedido ou causa de pedir;

II - o pedido for indeterminado, ressalvadas as hipóteses legais em que se permite o pedido genérico;

III - da narração dos fatos não decorrer logicamente a conclusão;

‣ Súm. 284 e 287, STF.

IV - contiver pedidos incompatíveis entre si.

§ 2º Nas ações que tenham por objeto a revisão de obrigação decorrente de empréstimo, de financiamento ou de alienação de bens, o autor terá de, sob pena de inépcia, discriminar na petição inicial, dentre as obrigações contratuais, aquelas que pretende controverter, além de quantificar o valor incontroverso do débito.

§ 3º Na hipótese do § 2º, o valor incontroverso deverá continuar a ser pago no tempo e modo contratados.

Art. 331. Indeferida a petição inicial, o autor poderá apelar, facultado ao juiz, no prazo de 5 (cinco) dias, retratar-se.

§ 1º Se não houver retratação, o juiz mandará citar o réu para responder ao recurso.

§ 2º Sendo a sentença reformada pelo tribunal, o prazo para a contestação começará a correr da intimação do retorno dos autos, observado o disposto no art. 334.

§ 3º Não interposta a apelação, o réu será intimado do trânsito em julgado da sentença.

CAPÍTULO III
DA IMPROCEDÊNCIA LIMINAR DO PEDIDO

Art. 332. Nas causas que dispensem a fase instrutória, o juiz, independentemente da citação do réu, julgará liminarmente improcedente o pedido que contrariar:

‣ art. 968, § 4º, CPC.

I - enunciado de súmula do Supremo Tribunal Federal ou do Superior Tribunal de Justiça;

‣ art. 927, II e IV, CPC.

II - acórdão proferido pelo Supremo Tribunal Federal ou pelo Superior Tribunal de Justiça em julgamento de recursos repetitivos;

‣ arts. 927, III, e 987, § 2º, CPC.

III - entendimento firmado em incidente de resolução de demandas repetitivas ou de assunção de competência;

‣ arts. 927, III, 928, e 976 e ss., CPC.

IV - enunciado de súmula de tribunal de justiça sobre direito local.

§ 1º O juiz também poderá julgar liminarmente improcedente o pedido se verificar, desde logo, a ocorrência de decadência ou de prescrição.

‣ arts. 189 a 211, CC.

§ 2º Não interposta a apelação, o réu será intimado do trânsito em julgado da sentença, nos termos do art. 241.

§ 3º Interposta a apelação, o juiz poderá retratar-se em 5 (cinco) dias.

‣ art. 485, § 7º, CPC.

§ 4º Se houver retratação, o juiz determinará o prosseguimento do processo, com a citação do réu, e, se não houver retratação, determinará a citação do réu para apresentar contrarrazões, no prazo de 15 (quinze) dias.

CAPÍTULO IV
DA CONVERSÃO DA AÇÃO INDIVIDUAL EM AÇÃO COLETIVA

Art. 333. (Vetado).

CAPÍTULO V
DA AUDIÊNCIA DE CONCILIAÇÃO OU DE MEDIAÇÃO

Art. 334. Se a petição inicial preencher os requisitos essenciais e não for o caso de improcedência liminar do pedido, o juiz designará audiência de conciliação ou de mediação com antecedência mínima de 30 (trinta) dias, devendo ser citado o réu com pelo menos 20 (vinte) dias de antecedência.

‣ art. 331, § 2º, CPC.

§ 1º O conciliador ou mediador, onde houver, atuará necessariamente na audiência de conciliação ou de mediação, observando o disposto neste Código, bem como as disposições da lei de organização judiciária.

§ 2º Poderá haver mais de uma sessão destinada à conciliação e à mediação, não podendo exceder a 2 (dois) meses da data de realização da primeira sessão, desde que necessárias à composição das partes.

§ 3º A intimação do autor para a audiência será feita na pessoa de seu advogado.

§ 4º A audiência não será realizada:

I - se ambas as partes manifestarem, expressamente, desinteresse na composição consensual;

II - quando não se admitir a autocomposição.

§ 5º O autor deverá indicar, na petição inicial, seu desinteresse na autocomposição, e o réu deverá fazê-lo, por petição, apresentada com 10 (dez) dias de antecedência, contados da data da audiência.

§ 6º Havendo litisconsórcio, o desinteresse na realização da audiência deve ser manifestado por todos os litisconsortes.

§ 7º A audiência de conciliação ou de mediação pode realizar-se por meio eletrônico, nos termos da lei.

§ 8º O não comparecimento injustificado do autor ou do réu à audiência de conciliação é considerado ato atentatório à dignidade da justiça e será sancionado com multa de até dois por cento da vantagem econômica pretendida ou do valor da causa, revertida em favor da União ou do Estado.

§ 9º As partes devem estar acompanhadas por seus advogados ou defensores públicos.

§ 10. A parte poderá constituir representante, por meio de procuração específica, com poderes para negociar e transigir.

§ 11. A autocomposição obtida será reduzida a termo e homologada por sentença.

§ 12. A pauta das audiências de conciliação ou de mediação será organizada de modo a respeitar o intervalo mínimo de 20 (vinte) minutos entre o início de uma e o início da seguinte.

CAPÍTULO VI
DA CONTESTAÇÃO

Art. 335. O réu poderá oferecer contestação, por petição, no prazo de 15 (quinze) dias, cujo termo inicial será a data:

I - da audiência de conciliação ou de mediação, ou da última sessão de conciliação, quando qualquer parte não comparecer ou, comparecendo, não houver autocomposição;

II - do protocolo do pedido de cancelamento da audiência de conciliação ou de mediação apresentado pelo réu, quando ocorrer a hipótese do art. 334, § 4º, inciso I;

III - prevista no art. 231, de acordo com o modo como foi feita a citação, nos demais casos.

§ 1º No caso de litisconsórcio passivo, ocorrendo a hipótese do art. 334, § 6º, o termo inicial previsto no inciso II será, para cada um dos réus, a data de apresentação de seu respectivo pedido de cancelamento da audiência.

§ 2º Quando ocorrer a hipótese do art. 334, § 4º, inciso II, havendo litisconsórcio passivo e o autor desistir da ação em relação a réu ainda não citado, o prazo para resposta correrá da data de intimação da decisão que homologar a desistência.

Art. 336. Incumbe ao réu alegar, na contestação, toda a matéria de defesa, expondo as razões de fato e de direito com que impugna o pedido do autor e especificando as provas que pretende produzir.

‣ art. 342, CPC.

Art. 337. Incumbe ao réu, antes de discutir o mérito, alegar:

‣ art. 351, CPC.

I - inexistência ou nulidade da citação;

‣ arts. 239 e 280, CPC.

II - incompetência absoluta e relativa;

‣ arts. 64 e 340, CPC.

III - incorreção do valor da causa;

‣ arts. 291 a 293, CPC.

IV - inépcia da petição inicial;

‣ art. 330, I, CPC.

V - perempção;

‣ art. 486, §3º, CPC.

VI - litispendência;

‣ art. 240, CPC.

VII - coisa julgada;

‣ arts. 502 a 508, CPC.

VIII - conexão;

‣ art. 55, CPC.

‣ Súm. 235, STJ.

IX - incapacidade da parte, defeito de representação ou falta de autorização;

‣ arts. 70 a 76, CPC.

X - convenção de arbitragem;

‣ Súm. 485, STJ.

‣ Lei 9.307/1996 (Arbitragem).

XI - ausência de legitimidade ou de interesse processual;

XII - falta de caução ou de outra prestação que a lei exige como preliminar;

‣ arts. 83, §1º, e 300, § 1º, CPC.

XIII - indevida concessão do benefício de gratuidade de justiça.

‣ art. 100, CPC.

‣ Lei 1.060/1950 (Assistência judiciária gratuita).

§ 1º Verifica-se a litispendência ou a coisa julgada quando se reproduz ação anteriormente ajuizada.

› art. 5º, XXXVI, CF.

§ 2º Uma ação é idêntica a outra quando possui as mesmas partes, a mesma causa de pedir e o mesmo pedido.

§ 3º Há litispendência quando se repete ação que está em curso.

§ 4º Há coisa julgada quando se repete ação que já foi decidida por decisão transitada em julgado.

§ 5º Excetuadas a convenção de arbitragem e a incompetência relativa, o juiz conhecerá de ofício das matérias enumeradas neste artigo.

› Lei 9.307/1996 (Arbitragem).

§ 6º A ausência de alegação da existência de convenção de arbitragem, na forma prevista neste Capítulo, implica aceitação da jurisdição estatal e renúncia ao juízo arbitral.

Art. 338. Alegando o réu, na contestação, ser parte ilegítima ou não ser o responsável pelo prejuízo invocado, o juiz facultará ao autor, em 15 (quinze) dias, a alteração da petição inicial para substituição do réu.

Parágrafo único. Realizada a substituição, o autor reembolsará as despesas e pagará os honorários ao procurador do réu excluído, que serão fixados entre três e cinco por cento do valor da causa ou, sendo este irrisório, nos termos do art. 85, § 8º.

Art. 339. Quando alegar sua ilegitimidade, incumbe ao réu indicar o sujeito passivo da relação jurídica discutida sempre que tiver conhecimento, sob pena de arcar com as despesas processuais e de indenizar o autor pelos prejuízos decorrentes da falta de indicação.

§ 1º O autor, ao aceitar a indicação, procederá, no prazo de 15 (quinze) dias, à alteração da petição inicial para a substituição do réu, observando-se, ainda, o parágrafo único do art. 338.

§ 2º No prazo de 15 (quinze) dias, o autor pode optar por alterar a petição inicial para incluir, como litisconsorte passivo, o sujeito indicado pelo réu.

Art. 340. Havendo alegação de incompetência relativa ou absoluta, a contestação poderá ser protocolada no foro de domicílio do réu, fato que será imediatamente comunicado ao juiz da causa, preferencialmente por meio eletrônico.

§ 1º A contestação será submetida a livre distribuição ou, se o réu houver sido citado por meio de carta precatória, juntada aos autos dessa carta, seguindo-se a sua imediata remessa para o juízo da causa.

§ 2º Reconhecida a competência do foro indicado pelo réu, o juízo para o qual for distribuída a contestação ou a carta precatória será considerado prevento.

§ 3º Alegada a incompetência nos termos do *caput*, será suspensa a realização da audiência de conciliação ou de mediação, se tiver sido designada.

§ 4º Definida a competência, o juízo competente designará nova data para a audiência de conciliação ou de mediação.

Art. 341. Incumbe também ao réu manifestar-se precisamente sobre as alegações de fato constantes da petição inicial, presumindo-se verdadeiras as não impugnadas, salvo se:

› art. 430, CPC.

I - não for admissível, a seu respeito, a confissão;

› art. 389, CPC.

II - a petição inicial não estiver acompanhada de instrumento que a lei considerar da substância do ato;

› arts. 108 e 215, CC.

III - estiverem em contradição com a defesa, considerada em seu conjunto.

Parágrafo único. O ônus da impugnação especificada dos fatos não se aplica ao defensor público, ao advogado dativo e ao curador especial.

Art. 342. Depois da contestação, só é lícito ao réu deduzir novas alegações quando:

I - relativas a direito ou a fato superveniente;

II - competir ao juiz conhecer delas de ofício;

III - por expressa autorização legal, puderem ser formuladas em qualquer tempo e grau de jurisdição.

CAPÍTULO VII
DA RECONVENÇÃO

Art. 343. Na contestação, é lícito ao réu propor reconvenção para manifestar pretensão própria, conexa com a ação principal ou com o fundamento da defesa.

› art. 16, § 3º, Lei 6.830/1980 (Execução Fiscal).

› art. 7º, Lei 9.289/1996 (Custas na Justiça Federal).

› Súm. 292, STJ; 258, STF.

§ 1º Proposta a reconvenção, o autor será intimado, na pessoa de seu advogado, para apresentar resposta no prazo de 15 (quinze) dias.

§ 2º A desistência da ação ou a ocorrência de causa extintiva que impeça o exame de seu mérito não obsta ao prosseguimento do processo quanto à reconvenção.

› arts. 90, 200, p.ún., CPC.

§ 3º A reconvenção pode ser proposta contra o autor e terceiro.

§ 4º A reconvenção pode ser proposta pelo réu em litisconsórcio com terceiro.

§ 5º Se o autor for substituto processual, o reconvinte deverá afirmar ser titular de direito em face do substituído, e a reconvenção deverá ser proposta em face do autor, também na qualidade de substituto processual.

§ 6º O réu pode propor reconvenção independentemente de oferecer contestação.

CAPÍTULO VIII
DA REVELIA

Art. 344. Se o réu não contestar a ação, será considerado revel e presumir-se-ão verdadeiras as alegações de fato formuladas pelo autor.

› arts. 348 e 355, II, CPC.

Art. 345. A revelia não produz o efeito mencionado no art. 344 se:

I - havendo pluralidade de réus, algum deles contestar a ação;

II - o litígio versar sobre direitos indisponíveis;

III - a petição inicial não estiver acompanhada de instrumento que a lei considere indispensável à prova do ato;

IV - as alegações de fato formuladas pelo autor forem inverossímeis ou estiverem em contradição com prova constante dos autos.

Art. 346. Os prazos contra o revel que não tenha patrono nos autos fluirão da data de publicação do ato decisório no órgão oficial.

Parágrafo único. O revel poderá intervir no processo em qualquer fase, recebendo-o no estado em que se encontrar.

› Súm. 231, STF.

CAPÍTULO IX
DAS PROVIDÊNCIAS PRELIMINARES E DO SANEAMENTO

Art. 347. Findo o prazo para a contestação, o juiz tomará, conforme o caso, as providências preliminares constantes das seções deste Capítulo.

SEÇÃO I
DA NÃO INCIDÊNCIA DOS EFEITOS DA REVELIA

Art. 348. Se o réu não contestar a ação, o juiz, verificando a inocorrência do efeito da revelia previsto no art. 344, ordenará que o autor especifique as provas que pretenda produzir, se ainda não as tiver indicado.

› art. 1.047, CPC.

Art. 349. Ao réu revel será lícita a produção de provas, contrapostas às alegações do autor, desde que se faça representar nos autos a tempo de praticar os atos processuais indispensáveis a essa produção.

SEÇÃO II
DO FATO IMPEDITIVO, MODIFICATIVO OU EXTINTIVO DO DIREITO DO AUTOR

Art. 350. Se o réu alegar fato impeditivo, modificativo ou extintivo do direito do autor, este será ouvido no prazo de 15 (quinze) dias, permitindo-lhe o juiz a produção de prova.

SEÇÃO III
DAS ALEGAÇÕES DO RÉU

Art. 351. Se o réu alegar qualquer das matérias enumeradas no art. 337, o juiz determinará a oitiva do autor no prazo de 15 (quinze) dias, permitindo-lhe a produção de prova.

Art. 352. Verificando a existência de irregularidades ou de vícios sanáveis, o juiz determinará sua correção em prazo nunca superior a 30 (trinta) dias.

Art. 353. Cumpridas as providências preliminares ou não havendo necessidade delas, o juiz proferirá julgamento conforme o estado do processo, observando o que dispõe o Capítulo X.

CAPÍTULO X
DO JULGAMENTO CONFORME O ESTADO DO PROCESSO

SEÇÃO I
DA EXTINÇÃO DO PROCESSO

Art. 354. Ocorrendo qualquer das hipóteses previstas nos arts. 485 e 487, incisos II e III, o juiz proferirá sentença.

Parágrafo único. A decisão a que se refere o *caput* pode dizer respeito a apenas parcela do processo, caso em que será impugnável por agravo de instrumento.

SEÇÃO II
DO JULGAMENTO ANTECIPADO DO MÉRITO

Art. 355. O juiz julgará antecipadamente o pedido, proferindo sentença com resolução de mérito, quando:

› art. 487, CPC.

I - não houver necessidade de produção de outras provas;

› arts. 369 a 484, CPC.

II - o réu for revel, ocorrer o efeito previsto no art. 344 e não houver requerimento de prova, na forma do art. 349.

› art. 550, § 4º, CPC.

SEÇÃO III
DO JULGAMENTO ANTECIPADO PARCIAL DO MÉRITO

Art. 356. O juiz decidirá parcialmente o mérito quando um ou mais dos pedidos formulados ou parcela deles:

I - mostrar-se incontroverso;

› art. 374, III, CPC.

II - estiver em condições de imediato julgamento, nos termos do art. 355.

§ 1º A decisão que julgar parcialmente o mérito poderá reconhecer a existência de obrigação líquida ou ilíquida.

§ 2º A parte poderá liquidar ou executar, desde logo, a obrigação reconhecida na decisão que julgar parcialmente o mérito, independentemente de caução, ainda que haja recurso contra essa interposto.

§ 3º Na hipótese do § 2º, se houver trânsito em julgado da decisão, a execução será definitiva.

§ 4º A liquidação e o cumprimento da decisão que julgar parcialmente o mérito poderão ser processados em autos suplementares, a requerimento da parte ou a critério do juiz.

§ 5º A decisão proferida com base neste artigo é impugnável por agravo de instrumento.

› art. 1.015, CPC.

SEÇÃO IV
DO SANEAMENTO E DA ORGANIZAÇÃO DO PROCESSO

Art. 357. Não ocorrendo nenhuma das hipóteses deste Capítulo, deverá o juiz, em decisão de saneamento e de organização do processo:

› Súm. 424, STF.

I - resolver as questões processuais pendentes, se houver;

II - delimitar as questões de fato sobre as quais recairá a atividade probatória, especificando os meios de prova admitidos;

III - definir a distribuição do ônus da prova, observado o art. 373;

IV - delimitar as questões de direito relevantes para a decisão do mérito;

V - designar, se necessário, audiência de instrução e julgamento.

§ 1º Realizado o saneamento, as partes têm o direito de pedir esclarecimentos ou solicitar ajustes, no prazo comum de 5 (cinco) dias, findo o qual a decisão se torna estável.

§ 2º As partes podem apresentar ao juiz, para homologação, delimitação consensual das questões de fato e de direito a que se referem os incisos II e IV, a qual, se homologada, vincula as partes e o juiz.

§ 3º Se a causa apresentar complexidade em matéria de fato ou de direito, deverá o juiz designar audiência para que o saneamento seja feito em cooperação com as partes, oportunidade em que o juiz, se for o caso, convidará as partes a integrar ou esclarecer suas alegações.

§ 4º Caso tenha sido determinada a produção de prova testemunhal, o juiz fixará prazo comum não superior a 15 (quinze) dias para que as partes apresentem rol de testemunhas.

§ 5º Na hipótese do § 3º, as partes devem levar, para a audiência prevista, o respectivo rol de testemunhas.

§ 6º O número de testemunhas arroladas não pode ser superior a 10 (dez), sendo 3 (três), no máximo, para a prova de cada fato.

§ 7º O juiz poderá limitar o número de testemunhas levando em conta a complexidade da causa e dos fatos individualmente considerados.

§ 8º Caso tenha sido determinada a produção de prova pericial, o juiz deve observar o disposto no art. 465 e, se possível, estabelecer, desde logo, calendário para sua realização.

§ 9º As pautas deverão ser preparadas com intervalo mínimo de 1 (uma) hora entre as audiências.

CAPÍTULO XI
DA AUDIÊNCIA DE INSTRUÇÃO E JULGAMENTO

Art. 358. No dia e na hora designados, o juiz declarará aberta a audiência de instrução e julgamento e mandará apregoar as partes e os respectivos advogados, bem como outras pessoas que dela devam participar.

Art. 359. Instalada a audiência, o juiz tentará conciliar as partes, independentemente do emprego anterior de outros métodos de solução consensual de conflitos, como a mediação e a arbitragem.

› Lei 9.307/1996 (Arbitragem).

Art. 360. O juiz exerce o poder de polícia, incumbindo-lhe:

› art. 139, VII, 782, § 2º, 846, §2º, CPC.

I - manter a ordem e o decoro na audiência;

II - ordenar que se retirem da sala de audiência os que se comportarem inconvenientemente;

III - requisitar, quando necessário, força policial;

IV - tratar com urbanidade as partes, os advogados, os membros do Ministério Público e da Defensoria Pública e qualquer pessoa que participe do processo;

V - registrar em ata, com exatidão, todos os requerimentos apresentados em audiência.

Art. 361. As provas orais serão produzidas em audiência, ouvindo-se nesta ordem, preferencialmente:

I - o perito e os assistentes técnicos, que responderão aos quesitos de esclarecimentos requeridos no prazo e na forma do art. 477, caso não respondidos anteriormente por escrito;

II - o autor e, em seguida, o réu, que prestarão depoimentos pessoais;

III - as testemunhas arroladas pelo autor e pelo réu, que serão inquiridas.

Parágrafo único. Enquanto depuserem o perito, os assistentes técnicos, as partes e as testemunhas, não poderão os advogados e o Ministério Público intervir ou apartear, sem licença do juiz.

Art. 362. A audiência poderá ser adiada:

I - por convenção das partes;

II - se não puder comparecer, por motivo justificado, qualquer pessoa que dela deva necessariamente participar;

III - por atraso injustificado de seu início em tempo superior a 30 (trinta) minutos do horário marcado.

§ 1º O impedimento deverá ser comprovado até a abertura da audiência, e, não o sendo, o juiz procederá à instrução.

§ 2º O juiz poderá dispensar a produção das provas requeridas pela parte cujo advogado ou defensor público não tenha comparecido à audiência, aplicando-se a mesma regra ao Ministério Público.

§ 3º Quem der causa ao adiamento responderá pelas despesas acrescidas.

Art. 363. Havendo antecipação ou adiamento da audiência, o juiz, de ofício ou a requerimento da parte, determinará a intimação dos advogados ou da sociedade de advogados para ciência da nova designação.

Art. 364. Finda a instrução, o juiz dará a palavra ao advogado do autor e do réu, bem como ao membro do Ministério Público, se for o caso de sua intervenção, sucessivamente, pelo prazo de 20 (vinte) minutos para cada um, prorrogável por 10 (dez) minutos, a critério do juiz.

§ 1º Havendo litisconsorte ou terceiro interveniente, o prazo, que formará com o da prorrogação um só todo, dividir-se-á entre os do mesmo grupo, se não convencionarem de modo diverso.

§ 2º Quando a causa apresentar questões complexas de fato ou de direito, o debate oral poderá ser substituído por razões finais escritas, que serão apresentadas pelo autor e pelo réu, bem como pelo Ministério Público, se for o caso de sua intervenção, em prazos sucessivos de 15 (quinze) dias, assegurada vista dos autos.

Art. 365. A audiência é una e contínua, podendo ser excepcional e justificadamente cindida na ausência de perito ou de testemunha, desde que haja concordância das partes.

Parágrafo único. Diante da impossibilidade de realização da instrução, do debate e do julgamento no mesmo dia, o juiz marcará seu prosseguimento para a data mais próxima possível, em pauta preferencial.

Art. 366. Encerrado o debate ou oferecidas as razões finais, o juiz proferirá sentença em audiência ou no prazo de 30 (trinta) dias.

Art. 367. O servidor lavrará, sob ditado do juiz, termo que conterá, em resumo, o ocorrido na audiência, bem como, por extenso, os despachos, as decisões e a sentença, se proferida no ato.

§ 1º Quando o termo não for registrado em meio eletrônico, o juiz rubricar-lhe-á as folhas, que serão encadernadas em volume próprio.

§ 2º Subscreverão o termo o juiz, os advogados, o membro do Ministério Público e o escrivão ou chefe de secretaria, dispensadas as partes, exceto quando houver ato de disposição para cuja prática os advogados não tenham poderes.

§ 3º O escrivão ou chefe de secretaria trasladará para os autos cópia autêntica do termo de audiência.

§ 4º Tratando-se de autos eletrônicos, observar-se-á o disposto neste Código, em legislação específica e nas normas internas dos tribunais.

§ 5º A audiência poderá ser integralmente gravada em imagem e em áudio, em meio digital ou analógico, desde que assegure o rápido acesso das partes e dos órgãos julgadores, observada a legislação específica.

§ 6º A gravação a que se refere o § 5º também pode ser realizada diretamente por qualquer das partes, independentemente de autorização judicial.

Art. 368. A audiência será pública, ressalvadas as exceções legais.

CAPÍTULO XII
DAS PROVAS

- Dec. 9.039/2017 (Obtenção de provas no estrangeiro em matéria civil ou comercial).

SEÇÃO I
DISPOSIÇÕES GERAIS

Art. 369. As partes têm o direito de empregar todos os meios legais, bem como os moralmente legítimos, ainda que não especificados neste Código, para provar a verdade dos fatos em que se funda o pedido ou a defesa e influir eficazmente na convicção do juiz.

- art. 5º, LVI, CF.
- art. 212 a 232, CC.
- Lei 9.296/1966 (Interceptação telefônica).
- Súm. 231, STF.

Art. 370. Caberá ao juiz, de ofício ou a requerimento da parte, determinar as provas necessárias ao julgamento do mérito.

- art. 1.047, CPC.

Parágrafo único. O juiz indeferirá, em decisão fundamentada, as diligências inúteis ou meramente protelatórias.

Art. 371. O juiz apreciará a prova constante dos autos, independentemente do sujeito que a tiver promovido, e indicará na decisão as razões da formação de seu convencimento.

- art. 93, IX, CF.

Art. 372. O juiz poderá admitir a utilização de prova produzida em outro processo, atribuindo-lhe o valor que considerar adequado, observado o contraditório.

- art. 5º, LV, CF.

Art. 373. O ônus da prova incumbe:

- arts. 38 e 51, VI, CDC.

I - ao autor, quanto ao fato constitutivo de seu direito;

II - ao réu, quanto à existência de fato impeditivo, modificativo ou extintivo do direito do autor.

- Súm. 461, TST.

§ 1º Nos casos previstos em lei ou diante de peculiaridades da causa relacionadas à impossibilidade ou à excessiva dificuldade de cumprir o encargo nos termos do *caput* ou à maior facilidade de obtenção da prova do fato contrário, poderá o juiz atribuir o ônus da prova de modo diverso, desde que o faça por decisão fundamentada, caso em que deverá dar à parte a oportunidade de se desincumbir do ônus que lhe foi atribuído.

- art. 6º, VIII, CDC.

§ 2º A decisão prevista no § 1º deste artigo não pode gerar situação em que a desincumbência do encargo pela parte seja impossível ou excessivamente difícil.

§ 3º A distribuição diversa do ônus da prova também pode ocorrer por convenção das partes, salvo quando:

I - recair sobre direito indisponível da parte;

II - tornar excessivamente difícil a uma parte o exercício do direito.

§ 4º A convenção de que trata o § 3º pode ser celebrada antes ou durante o processo.

Art. 374. Não dependem de prova os fatos:

I - notórios;

II - afirmados por uma parte e confessados pela parte contrária;

III - admitidos no processo como incontroversos;

IV - em cujo favor milita presunção legal de existência ou de veracidade.

Art. 375. O juiz aplicará as regras de experiência comum subministradas pela observação do que ordinariamente acontece e, ainda, as regras de experiência técnica, ressalvado, quanto a estas, o exame pericial.

Art. 376. A parte que alegar direito municipal, estadual, estrangeiro ou consuetudinário provar-lhe-á o teor e a vigência, se assim o juiz determinar.

- art. 14, LINDB.

Art. 377. A carta precatória, a carta rogatória e o auxílio direto suspenderão o julgamento da causa no caso previsto no art. 313, inciso V, alínea "b", quando, tendo sido requeridos antes da decisão de saneamento, a prova neles solicitada for imprescindível.

- arts. 36, 69, I, 260 a 268, CPC.

Parágrafo único. A carta precatória e a carta rogatória não devolvidas no prazo ou concedidas sem efeito suspensivo poderão ser juntadas aos autos a qualquer momento.

Art. 378. Ninguém se exime do dever de colaborar com o Poder Judiciário para o descobrimento da verdade.

Art. 379. Preservado o direito de não produzir prova contra si própria, incumbe à parte:

I - comparecer em juízo, respondendo ao que lhe for interrogado;

II - colaborar com o juízo na realização de inspeção judicial que for considerada necessária;

III - praticar o ato que lhe for determinado.

- art. 5º, II, CF.

Art. 380. Incumbe ao terceiro, em relação a qualquer causa:

I - informar ao juiz os fatos e as circunstâncias de que tenha conhecimento;

- art. 5º, XIV, CF.

II - exibir coisa ou documento que esteja em seu poder.

Parágrafo único. Poderá o juiz, em caso de descumprimento, determinar, além da imposição de multa, outras medidas indutivas, coercitivas, mandamentais ou sub-rogatórias.

SEÇÃO II
DA PRODUÇÃO ANTECIPADA DA PROVA

Art. 381. A produção antecipada da prova será admitida nos casos em que:

I - haja fundado receio de que venha a tornar-se impossível ou muito difícil a verificação de certos fatos na pendência da ação;

II - a prova a ser produzida seja suscetível de viabilizar a autocomposição ou outro meio adequado de solução de conflito;

III - o prévio conhecimento dos fatos possa justificar ou evitar o ajuizamento de ação.

§ 1º O arrolamento de bens observará o disposto nesta Seção quando tiver por finalidade apenas a realização de documentação e não a prática de atos de apreensão.

§ 2º A produção antecipada da prova é da competência do juízo do foro onde esta deva ser produzida ou do foro de domicílio do réu.

§ 3º A produção antecipada da prova não previne a competência do juízo para a ação que venha a ser proposta.

§ 4º O juízo estadual tem competência para produção antecipada de prova requerida em face da União, de entidade autárquica ou de empresa pública federal se, na localidade, não houver vara federal.

› art. 109, § 3º, CF.

§ 5º Aplica-se o disposto nesta Seção àquele que pretender justificar a existência de algum fato ou relação jurídica para simples documento e sem caráter contencioso, que exporá, em petição circunstanciada, a sua intenção.

Art. 382. Na petição, o requerente apresentará as razões que justificam a necessidade de antecipação da prova e mencionará com precisão os fatos sobre os quais a prova há de recair.

§ 1º O juiz determinará, de ofício ou a requerimento da parte, a citação de interessados na produção da prova ou no fato a ser provado, salvo se inexistente caráter contencioso.

§ 2º O juiz não se pronunciará sobre a ocorrência ou a inocorrência do fato, nem sobre as respectivas consequências jurídicas.

§ 3º Os interessados poderão requerer a produção de qualquer prova no mesmo procedimento, desde que relacionada ao mesmo fato, salvo se a sua produção conjunta acarretar excessiva demora.

§ 4º Neste procedimento, não se admitirá defesa ou recurso, salvo contra decisão que indeferir totalmente a produção da prova pleiteada pelo requerente originário.

Art. 383. Os autos permanecerão em cartório durante 1 (um) mês para extração de cópias e certidões pelos interessados.

Parágrafo único. Findo o prazo, os autos serão entregues ao promovente da medida.

SEÇÃO III
DA ATA NOTARIAL

Art. 384. A existência e o modo de existir de algum fato podem ser atestados ou documentados, a requerimento do interessado, mediante ata lavrada por tabelião.

› art. 236, CF.
› art. 215, CC.
› art. 7º, III, Lei 8.935/1994 (Lei dos Cartórios).

Parágrafo único. Dados representados por imagem ou som gravados em arquivos eletrônicos poderão constar da ata notarial.

SEÇÃO IV
DO DEPOIMENTO PESSOAL

Art. 385. Cabe à parte requerer o depoimento pessoal da outra parte, a fim de que esta seja interrogada na audiência de instrução e julgamento, sem prejuízo do poder do juiz de ordená-lo de ofício.

§ 1º Se a parte, pessoalmente intimada para prestar depoimento pessoal e advertida da pena de confesso, não comparecer ou, comparecendo, se recusar a depor, o juiz aplicar-lhe-á a pena.

§ 2º É vedado a quem ainda não depôs assistir ao interrogatório da outra parte.

§ 3º O depoimento pessoal da parte que residir em comarca, seção ou subseção judiciária diversa daquela onde tramita o processo poderá ser colhido por meio de videoconferência ou outro recurso tecnológico de transmissão de sons e imagens em tempo real, o que poderá ocorrer, inclusive, durante a realização da audiência de instrução e julgamento.

Art. 386. Quando a parte, sem motivo justificado, deixar de responder ao que lhe for perguntado ou empregar evasivas, o juiz, apreciando as demais circunstâncias e os elementos de prova, declarará, na sentença, se houve recusa de depor.

Art. 387. A parte responderá pessoalmente sobre os fatos articulados, não podendo servir-se de escritos anteriormente preparados, permitindo-lhe o juiz, todavia, a consulta a notas breves, desde que objetivem completar esclarecimentos.

Art. 388. A parte não é obrigada a depor sobre fatos:

I - criminosos ou torpes que lhe forem imputados;

II - a cujo respeito, por estado ou profissão, deva guardar sigilo;

› art. 154, CP.

III - acerca dos quais não possa responder sem desonra própria, de seu cônjuge, de seu companheiro ou de parente em grau sucessível;

IV - que coloquem em perigo a vida do depoente ou das pessoas referidas no inciso III.

Parágrafo único. Esta disposição não se aplica às ações de estado e de família.

SEÇÃO V
DA CONFISSÃO

Art. 389. Há confissão, judicial ou extrajudicial, quando a parte admite a verdade de fato contrário ao seu interesse e favorável ao do adversário.

› art. 212, I, CC.

Art. 390. A confissão judicial pode ser espontânea ou provocada.

§ 1º A confissão espontânea pode ser feita pela própria parte ou por representante com poder especial.

§ 2º A confissão provocada constará do termo de depoimento pessoal.

Art. 391. A confissão judicial faz prova contra o confitente, não prejudicando, todavia, os litisconsortes.

Parágrafo único. Nas ações que versarem sobre bens imóveis ou direitos reais sobre imóveis alheios, a confissão de um cônjuge ou companheiro não valerá sem a do outro, salvo se o regime de casamento for o de separação absoluta de bens.

› arts. 1.687 e 1.688, CC.

Art. 392. Não vale como confissão a admissão, em juízo, de fatos relativos a direitos indisponíveis.

§ 1º A confissão será ineficaz se feita por quem não for capaz de dispor do direito a que se referem os fatos confessados.

§ 2º A confissão feita por um representante somente é eficaz nos limites em que este pode vincular o representado.

Art. 393. A confissão é irrevogável, mas pode ser anulada se decorreu de erro de fato ou de coação.

› art. 214, CC.

Parágrafo único. A legitimidade para a ação prevista no *caput* é exclusiva do confitente e pode ser transferida a seus herdeiros se ele falecer após a propositura.

Art. 394. A confissão extrajudicial, quando feita oralmente, só terá eficácia nos casos em que a lei não exija prova literal.

Art. 395. A confissão é, em regra, indivisível, não podendo a parte que a quiser invocar como prova aceitá-la no tópico que a beneficiar e rejeitá-la no que lhe for desfavorável, porém cindir-se-á quando o confitente a ela aduzir fatos novos, capazes de constituir fundamento de defesa de direito material ou de reconvenção.

SEÇÃO VI
DA EXIBIÇÃO DE DOCUMENTO OU COISA

› art. 1.015, VI, CPC.

Art. 396. O juiz pode ordenar que a parte exiba documento ou coisa que se encontre em seu poder.

Art. 397. O pedido formulado pela parte conterá:

I - a descrição, tão completa quanto possível, do documento ou da coisa, ou das categorias de documentos ou de coisas buscados; (Redação dada pela Lei 14.195/2021)

II - a finalidade da prova, com indicação dos fatos que se relacionam com o documento ou com a coisa, ou com suas categorias; (Redação dada pela Lei 14.195/2021)

III as circunstâncias em que se funda o requerente para afirmar que o documento ou a coisa existe, ainda que a referência seja a categoria de documentos ou de coisas, e se acha em poder da parte contrária. (Redação dada pela Lei 14.195/2021)

Art. 398. O requerido dará sua resposta nos 5 (cinco) dias subsequentes à sua intimação.

Parágrafo único. Se o requerido afirmar que não possui o documento ou a coisa, o juiz permitirá que o requerente prove, por qualquer meio, que a declaração não corresponde à verdade.

Art. 399. O juiz não admitirá a recusa se:

I - o requerido tiver obrigação legal de exibir;

› art. 195, CTN.

II - o requerido tiver aludido ao documento ou à coisa, no processo, com o intuito de constituir prova;

III - o documento, por seu conteúdo, for comum às partes.

Art. 400. Ao decidir o pedido, o juiz admitirá como verdadeiros os fatos que, por meio do documento ou da coisa, a parte pretendia provar se:

I - o requerido não efetuar a exibição nem fizer nenhuma declaração no prazo do art. 398;

II - a recusa for havida por ilegítima.

Parágrafo único. Sendo necessário, o juiz pode adotar medidas indutivas, coercitivas, mandamentais ou sub-rogatórias para que o documento seja exibido.

› arts. 139, IV, e 380, p.ún., e 403, p.ún., CPC.

Art. 401. Quando o documento ou a coisa estiver em poder de terceiro, o juiz ordenará sua citação para responder no prazo de 15 (quinze) dias.

Art. 402. Se o terceiro negar a obrigação de exibir ou a posse do documento ou da coisa, o juiz designará audiência especial, tomando-lhe o depoimento, bem como o das partes e, se necessário, o de testemunhas, e em seguida proferirá decisão.

Art. 403. Se o terceiro, sem justo motivo, se recusar a efetuar a exibição, o juiz ordenar-lhe-á que proceda ao respectivo depósito em cartório ou em outro lugar designado, no prazo de 5 (cinco) dias, impondo ao requerente que o ressarça pelas despesas que tiver.

Parágrafo único. Se o terceiro descumprir a ordem, o juiz expedirá mandado de apreensão, requisitando, se necessário, força policial, sem prejuízo da responsabilidade por crime de desobediência, pagamento de multa e outras medidas indutivas, coercitivas, mandamentais ou sub-rogatórias necessárias para assegurar a efetivação da decisão.

› arts. 139, IV, e 360, III, CPC.
› art. 330, CP.

Art. 404. A parte e o terceiro se escusam de exibir, em juízo, o documento ou a coisa se:

I - concernente a negócios da própria vida da família;

II - sua apresentação puder violar dever de honra;

› art. 5º, X, CF.

III - sua publicidade redundar em desonra à parte ou ao terceiro, bem como a seus parentes consanguíneos ou afins até o terceiro grau, ou lhes representar perigo de ação penal;

IV - sua exibição acarretar a divulgação de fatos a cujo respeito, por estado ou profissão, devam guardar segredo;

› art. 5º, XIV, CF.
› art. 154, CP.
› art. 8º, § 2º, Lei 7.347/1985 (Ação Civil Pública).
› art. 34, VII, Estatuto da OAB.

V - subsistirem outros motivos graves que, segundo o prudente arbítrio do juiz, justifiquem a recusa da exibição;

VI - houver disposição legal que justifique a recusa da exibição.

Parágrafo único. Se os motivos de que tratam os incisos I a VI do *caput* disserem respeito a apenas uma parcela do documento, a parte ou o terceiro exibirá a outra em cartório, para dela ser extraída cópia reprográfica, de tudo sendo lavrado auto circunstanciado.

SEÇÃO VII
DA PROVA DOCUMENTAL

SUBSEÇÃO I
DA FORÇA PROBANTE DOS DOCUMENTOS

Art. 405. O documento público faz prova não só da sua formação, mas também dos fatos que o escrivão, o chefe de secretaria, o tabelião ou o servidor declarar que ocorreram em sua presença.

› art. 215, CC.

Art. 406. Quando a lei exigir instrumento público como da substância do ato, nenhuma outra prova, por mais especial que seja, pode suprir-lhe a falta.

› arts. 108 e 215, CC.

Art. 407. O documento feito por oficial público incompetente ou sem a observância das formalidades legais, sendo subscrito pelas partes, tem a mesma eficácia probatória do documento particular.

Art. 408. As declarações constantes do documento particular escrito e assinado ou somente assinado presumem-se verdadeiras em relação ao signatário.

› art. 219, CC.

Parágrafo único. Quando, todavia, contiver declaração de ciência de determinado fato, o documento particular prova a ciência, mas não o fato em si, incumbindo o ônus de prová-lo ao interessado em sua veracidade.

Art. 409. A data do documento particular, quando a seu respeito surgir dúvida ou impugnação entre os litigantes, provar-se-á por todos os meios de direito.

Parágrafo único. Em relação a terceiros, considerar-se-á datado o documento particular:

I - no dia em que foi registrado;

II - desde a morte de algum dos signatários;

III - a partir da impossibilidade física que sobreveio a qualquer dos signatários;

IV - da sua apresentação em repartição pública ou em juízo;

V - do ato ou do fato que estabeleça, de modo certo, a anterioridade da formação do documento.

Art. 410. Considera-se autor do documento particular:

I - aquele que o fez e o assinou;

II - aquele por conta de quem ele foi feito, estando assinado;

III - aquele que, mandando compô-lo, não o firmou porque, conforme a experiência comum, não se costuma assinar, como livros empresariais e assentos domésticos.

Art. 411. Considera-se autêntico o documento quando:

I - o tabelião reconhecer a firma do signatário;

II - a autoria estiver identificada por qualquer outro meio legal de certificação, inclusive eletrônico, nos termos da lei;

III - não houver impugnação da parte contra quem foi produzido o documento.

Art. 412. O documento particular de cuja autenticidade não se duvida prova que o seu autor fez a declaração que lhe é atribuída.

Parágrafo único. O documento particular admitido expressa ou tacitamente é indivisível, sendo vedado à parte que pretende utilizar-se dele aceitar os fatos que lhe são favoráveis e recusar os que são contrários ao seu interesse, salvo se provar que estes não ocorreram.

Art. 413. O telegrama, o radiograma ou qualquer outro meio de transmissão tem a mesma força probatória do documento particular se o original constante da estação expedidora tiver sido assinado pelo remetente.

› art. 222, CC.

Parágrafo único. A firma do remetente poderá ser reconhecida pelo tabelião, declarando-se essa circunstância no original depositado na estação expedidora.

Art. 414. O telegrama ou o radiograma presume-se conforme com o original, provando as datas de sua expedição e de seu recebimento pelo destinatário.

Art. 415. As cartas e os registros domésticos provam contra quem os escreveu quando:

I - enunciam o recebimento de um crédito;

II - contêm anotação que visa a suprir a falta de título em favor de quem é apontado como credor;

III - expressam conhecimento de fatos para os quais não se exija determinada prova.

› art. 219, CC.

Art. 416. A nota escrita pelo credor em qualquer parte de documento representativo de obrigação, ainda que não assinada, faz prova em benefício do devedor.

› art. 112, CC.

Parágrafo único. Aplica-se essa regra tanto para o documento que o credor conservar em seu poder quanto para aquele que se achar em poder do devedor ou de terceiro.

Art. 417. Os livros empresariais provam contra seu autor, sendo lícito ao empresário, todavia, demonstrar, por todos os meios permitidos em direito, que os lançamentos não correspondem à verdade dos fatos.

› art. 19, Lei 5.474/1968 (Lei da duplicata).

Art. 418. Os livros empresariais que preencham os requisitos exigidos por lei provam a favor de seu autor no litígio entre empresários.

› art. 226, CC.

Art. 419. A escrituração contábil é indivisível, e, se dos fatos que resultam dos lançamentos, uns são favoráveis ao interesse de seu autor e outros lhe são contrários, ambos serão considerados em conjunto, como unidade.

Art. 420. O juiz pode ordenar, a requerimento da parte, a exibição integral dos livros empresariais e dos documentos do arquivo:

› art. 105, Lei 6.404/1976 (Lei da sociedade anônima).
› art. 22, Lei 11.101/2005 (Lei de falência).

I - na liquidação de sociedade;

II - na sucessão por morte de sócio;

III - quando e como determinar a lei.

Art. 421. O juiz pode, de ofício, ordenar à parte a exibição parcial dos livros e dos documentos, extraindo-se deles a suma que interessar ao litígio, bem como reproduções autenticadas.

› Súm. 260, STF.

Art. 422. Qualquer reprodução mecânica, como a fotográfica, a cinematográfica, a fonográfica ou de outra espécie, tem aptidão para fazer prova dos fatos ou das coisas representadas, se a sua conformidade com o documento original não for impugnada por aquele contra quem foi produzida.

› art. 225, CC.

§ 1º As fotografias digitais e as extraídas da rede mundial de computadores fazem prova das imagens que reproduzem, devendo, se impugnadas, ser apresentada a respectiva autenticação eletrônica ou, não sendo possível, realizada perícia.

§ 2º Se se tratar de fotografia publicada em jornal ou revista, será exigido um exemplar original do periódico, caso impugnada a veracidade pela outra parte.

§ 3º Aplica-se o disposto neste artigo à forma impressa de mensagem eletrônica.

Art. 423. As reproduções dos documentos particulares, fotográficas ou obtidas por outros processos de repetição, valem como certidões sempre que o escrivão ou o chefe de secretaria certificar sua conformidade com o original.

Art. 424. A cópia de documento particular tem o mesmo valor probante que o original, cabendo ao escrivão, intimadas as partes, proceder à conferência e certificar a conformidade entre a cópia e o original.

Art. 425. Fazem a mesma prova que os originais:

I - as certidões textuais de qualquer peça dos autos, do protocolo das audiências ou de outro livro a cargo do escrivão ou do chefe de secretaria, se extraídas por ele ou sob sua vigilância e por ele subscritas;

› art. 216, CC.

II - os traslados e as certidões extraídas por oficial público de instrumentos ou documentos lançados em suas notas;

› arts. 217 e 218, CC.

› art. 161, Lei 6.015/1973 (Lei de registros públicos).

III - as reproduções dos documentos públicos, desde que autenticadas por oficial público ou conferidas em cartório com os respectivos originais;

IV - as cópias reprográficas de peças do próprio processo judicial declaradas autênticas pelo advogado, sob sua responsabilidade pessoal, se não lhes for impugnada a autenticidade;

V - os extratos digitais de bancos de dados públicos e privados, desde que atestado pelo seu emitente, sob as penas da lei, que as informações conferem com o que consta na origem;

VI - as reproduções digitalizadas de qualquer documento público ou particular, quando juntadas aos autos pelos órgãos da justiça e seus auxiliares, pelo Ministério Público e seus auxiliares, pela Defensoria Pública e seus auxiliares, pelas procuradorias, pelas repartições públicas em geral e por advogados, ressalvada a alegação motivada e fundamentada de adulteração.

§ 1º Os originais dos documentos digitalizados mencionados no inciso VI deverão ser preservados pelo seu detentor até o final do prazo para propositura de ação rescisória.

§ 2º Tratando-se de cópia digital de título executivo extrajudicial ou de documento relevante à instrução do processo, o juiz poderá determinar seu depósito em cartório ou secretaria.

Art. 426. O juiz apreciará fundamentadamente a fé que deva merecer o documento, quando em ponto substancial e sem ressalva contiver entrelinha, emenda, borrão ou cancelamento.

Art. 427. Cessa a fé do documento público ou particular sendo-lhe declarada judicialmente a falsidade.

Parágrafo único. A falsidade consiste em:

I - formar documento não verdadeiro;

II - alterar documento verdadeiro.

Art. 428. Cessa a fé do documento particular quando:

I - for impugnada sua autenticidade e enquanto não se comprovar sua veracidade;

II - assinado em branco, for impugnado seu conteúdo, por preenchimento abusivo.

Parágrafo único. Dar-se-á abuso quando aquele que recebeu documento assinado com texto não escrito no todo ou em parte formá-lo ou completá-lo por si ou por meio de outrem, violando o pacto feito com o signatário.

Art. 429. Incumbe o ônus da prova quando:

I - se tratar de falsidade de documento ou de preenchimento abusivo, à parte que a arguir;

› art. 373, CPC.

II - se tratar de impugnação da autenticidade, à parte que produziu o documento.

› arts. 412 e 428, I, CPC.

SUBSEÇÃO II
DA ARGUIÇÃO DE FALSIDADE

Art. 430. A falsidade deve ser suscitada na contestação, na réplica ou no prazo de 15 (quinze) dias, contado a partir da intimação da juntada do documento aos autos.

Parágrafo único. Uma vez arguida, a falsidade será resolvida como questão incidental, salvo se a parte requerer que o juiz a decida como questão principal, nos termos do inciso II do art. 19.

Art. 431. A parte arguirá a falsidade expondo os motivos em que funda a sua pretensão e os meios com que provará o alegado.

Art. 432. Depois de ouvida a outra parte no prazo de 15 (quinze) dias, será realizado o exame pericial.

› art. 478, CPC.

Parágrafo único. Não se procederá ao exame pericial se a parte que produziu o documento concordar em retirá-lo.

Art. 433. A declaração sobre a falsidade do documento, quando suscitada como questão principal, constará da parte dispositiva da sentença e sobre ela incidirá também a autoridade da coisa julgada.

SUBSEÇÃO III
DA PRODUÇÃO DA PROVA DOCUMENTAL

Art. 434. Incumbe à parte instruir a petição inicial ou a contestação com os documentos destinados a provar suas alegações.

Parágrafo único. Quando o documento consistir em reprodução cinematográfica ou fonográfica, a parte deverá trazê-lo nos termos do *caput*, mas sua exposição será realizada em audiência, intimando-se previamente as partes.

Art. 435. É lícito às partes, em qualquer tempo, juntar aos autos documentos novos, quando destinados a fazer prova de fatos ocorridos depois dos articulados ou para contrapô-los aos que foram produzidos nos autos.

Parágrafo único. Admite-se também a juntada posterior de documentos formados após a petição inicial ou a contestação, bem como dos que se tornaram conhecidos, acessíveis ou disponíveis após esses atos, cabendo à parte que os produzir comprovar o motivo que a impediu de juntá-los anteriormente e incumbindo ao juiz, em qualquer caso, avaliar a conduta da parte de acordo com o art. 5º.

Art. 436. A parte, intimada a falar sobre documento constante dos autos, poderá:

I - impugnar a admissibilidade da prova documental;

II - impugnar sua autenticidade;

III - suscitar sua falsidade, com ou sem deflagração do incidente de arguição de falsidade;

IV - manifestar-se sobre seu conteúdo.

Parágrafo único. Nas hipóteses dos incisos II e III, a impugnação deverá basear-se em argumentação específica, não se admitindo alegação genérica de falsidade.

Art. 437. O réu manifestar-se-á na contestação sobre os documentos anexados à inicial, e o autor manifestar-se-á na réplica sobre os documentos anexados à contestação.

§ 1º Sempre que uma das partes requerer a juntada de documento aos autos, o juiz ouvirá, a seu respeito, a outra parte, que disporá do prazo de 15 (quinze) dias para adotar qualquer das posturas indicadas no art. 436.

§ 2º Poderá o juiz, a requerimento da parte, dilatar o prazo para manifestação sobre a prova documental produzida, levando em consideração a quantidade e a complexidade da documentação.

Art. 438. O juiz requisitará às repartições públicas, em qualquer tempo ou grau de jurisdição:

› art. 5º, XXXIII e XXXIV, b, CF.

I - as certidões necessárias à prova das alegações das partes;

› art. 1º, § 6º, Lei 4.717/1965 (Ação Popular).

› art. 8º, Lei 7.347/1985 (Ação Civil Pública).

II - os procedimentos administrativos nas causas em que forem interessados a União, os Estados, o Distrito Federal, os Municípios ou entidades da administração indireta.

‣ art. 41, p.ún., Lei 6.830/1980 (Execução Fiscal).

§ 1º Recebidos os autos, o juiz mandará extrair, no prazo máximo e improrrogável de 1 (um) mês, certidões ou reproduções fotográficas das peças que indicar e das que forem indicadas pelas partes, e, em seguida, devolverá os autos à repartição de origem.

§ 2º As repartições públicas poderão fornecer todos os documentos em meio eletrônico, conforme disposto em lei, certificando, pelo mesmo meio, que se trata de extrato fiel do que consta em seu banco de dados ou no documento digitalizado.

SEÇÃO VIII
DOS DOCUMENTOS ELETRÔNICOS

Art. 439. A utilização de documentos eletrônicos no processo convencional dependerá de sua conversão à forma impressa e da verificação de sua autenticidade, na forma da lei.

Art. 440. O juiz apreciará o valor probante do documento eletrônico não convertido, assegurado às partes o acesso ao seu teor.

Art. 441. Serão admitidos documentos eletrônicos produzidos e conservados com a observância da legislação específica.

SEÇÃO IX
DA PROVA TESTEMUNHAL

SUBSEÇÃO I
DA ADMISSIBILIDADE E DO VALOR DA PROVA TESTEMUNHAL

Art. 442. A prova testemunhal é sempre admissível, não dispondo a lei de modo diverso.

Art. 443. O juiz indeferirá a inquirição de testemunhas sobre fatos:

I - já provados por documento ou confissão da parte;

II - que só por documento ou por exame pericial puderem ser provados.

Art. 444. Nos casos em que a lei exigir prova escrita da obrigação, é admissível a prova testemunhal quando houver começo de prova por escrito, emanado da parte contra a qual se pretende produzir a prova.

Art. 445. Também se admite a prova testemunhal quando o credor não pode ou não podia, moral ou materialmente, obter a prova escrita da obrigação, em casos como o de parentesco, de depósito necessário ou de hospedagem em hotel ou em razão das práticas comerciais do local onde contraída a obrigação.

Art. 446. É lícito à parte provar com testemunhas:

I - nos contratos simulados, a divergência entre a vontade real e a vontade declarada;

‣ art. 167, § 1º, CC.

II - nos contratos em geral, os vícios de consentimento.

‣ arts. 138 a 157, CC.

Art. 447. Podem depor como testemunhas todas as pessoas, exceto as incapazes, impedidas ou suspeitas.

‣ art. 829, CLT.

§ 1º São incapazes:

I - o interdito por enfermidade ou deficiência mental;

II - o que, acometido por enfermidade ou retardamento mental, ao tempo em que ocorreram os fatos, não podia discerni-los, ou, ao tempo em que deve depor, não está habilitado a transmitir as percepções;

III - o que tiver menos de 16 (dezesseis) anos;

IV - o cego e o surdo, quando a ciência do fato depender dos sentidos que lhes faltam.

§ 2º São impedidos:

I - o cônjuge, o companheiro, o ascendente e o descendente em qualquer grau e o colateral, até o terceiro grau, de alguma das partes, por consanguinidade ou afinidade, salvo se o exigir o interesse público ou, tratando-se de causa relativa ao estado da pessoa, não se puder obter de outro modo a prova que o juiz repute necessária ao julgamento do mérito;

II - o que é parte na causa;

III - o que intervém em nome de uma parte, como o tutor, o representante legal da pessoa jurídica, o juiz, o advogado e outros que assistam ou tenham assistido as partes.

§ 3º São suspeitos:

I - o inimigo da parte ou o seu amigo íntimo;

II - o que tiver interesse no litígio.

§ 4º Sendo necessário, pode o juiz admitir o depoimento das testemunhas menores, impedidas ou suspeitas.

‣ art. 228, CC.

§ 5º Os depoimentos referidos no § 4º serão prestados independentemente de compromisso, e o juiz lhes atribuirá o valor que possam merecer.

Art. 448. A testemunha não é obrigada a depor sobre fatos:

I - que lhe acarretem grave dano, bem como ao seu cônjuge ou companheiro e aos seus parentes consanguíneos ou afins, em linha reta ou colateral, até o terceiro grau;

II - a cujo respeito, por estado ou profissão, deva guardar sigilo.

‣ art. 5º XIV, CF.
‣ arts. 153 e 154, CP.
‣ art. 207, CPP.
‣ arts. 116, VIII; e 132, IX, Lei 8.112/1990 (Lei dos servidores públicos).
‣ art. 7º, XIX, Estatuto da OAB.

Art. 449. Salvo disposição especial em contrário, as testemunhas devem ser ouvidas na sede do juízo.

Parágrafo único. Quando a parte ou a testemunha, por enfermidade ou por outro motivo relevante, estiver impossibilitada de comparecer, mas não de prestar depoimento, o juiz designará, conforme as circunstâncias, dia, hora e lugar para inquiri-la.

SUBSEÇÃO II
DA PRODUÇÃO DA PROVA TESTEMUNHAL

Art. 450. O rol de testemunhas conterá, sempre que possível, o nome, a profissão, o estado civil, a idade, o número de inscrição no Cadastro de Pessoas Físicas, o número de registro de identidade e o endereço completo da residência e do local de trabalho.

‣ art. 357, §4º, CPC.

Art. 451. Depois de apresentado o rol de que tratam os §§ 4º e 5º do art. 357, a parte só pode substituir a testemunha:

I - que falecer;

II - que, por enfermidade, não estiver em condições de depor;

III - que, tendo mudado de residência ou de local de trabalho, não for encontrada.

Art. 452. Quando for arrolado como testemunha, o juiz da causa:

I - declarar-se-á impedido, se tiver conhecimento de fatos que possam influir na decisão, caso em que será vedado à parte que o incluiu no rol desistir de seu depoimento;

II - se nada souber, mandará excluir o seu nome.

Art. 453. As testemunhas depõem, na audiência de instrução e julgamento, perante o juiz da causa, exceto:

I - as que prestam depoimento antecipadamente;

II - as que são inquiridas por carta.

§ 1º A oitiva de testemunha que residir em comarca, seção ou subseção judiciária diversa daquela onde tramita o processo poderá ser realizada por meio de videoconferência ou outro recurso tecnológico de transmissão e recepção de sons e imagens em tempo real, o que poderá ocorrer, inclusive, durante a audiência de instrução e julgamento.

§ 2º Os juízos deverão manter equipamento para a transmissão e recepção de sons e imagens a que se refere o § 1º.

Art. 454. São inquiridos em sua residência ou onde exercem sua função:

I - o presidente e o vice-presidente da República;

II - os ministros de Estado;

III - os ministros do Supremo Tribunal Federal, os conselheiros do Conselho Nacional de Justiça e os ministros do Superior Tribunal de Justiça, do Superior Tribunal Militar, do Tribunal Superior Eleitoral, do Tribunal Superior do Trabalho e do Tribunal de Contas da União;

IV - o procurador-geral da República e os conselheiros do Conselho Nacional do Ministério Público;

V - o advogado-geral da União, o procurador-geral do Estado, o procurador-geral do Município, o defensor público-geral federal e o defensor público-geral do Estado;

VI - os senadores e os deputados federais;

VII - os governadores dos Estados e do Distrito Federal;

VIII - o prefeito;

IX - os deputados estaduais e distritais;

X - os desembargadores dos Tribunais de Justiça, dos Tribunais Regionais Federais, dos Tribunais Regionais do Trabalho e dos Tribunais Regionais Eleitorais e os conselheiros dos Tribunais de Contas dos Estados e do Distrito Federal;

- art. 33, I, LC 35/1979 (Lei Orgânica da Magistratura Nacional).

XI - o procurador-geral de justiça;

- art. 40, I, Lei 8.625/1993 (Lei Orgânica do Ministério Público).

XII - o embaixador de país que, por lei ou tratado, concede idêntica prerrogativa a agente diplomático do Brasil.

§ 1º O juiz solicitará à autoridade que indique dia, hora e local a fim de ser inquirida, remetendo-lhe cópia da petição inicial ou da defesa oferecida pela parte que a arrolou como testemunha.

§ 2º Passado 1 (um) mês sem manifestação da autoridade, o juiz designará dia, hora e local para o depoimento, preferencialmente na sede do juízo.

§ 3º O juiz também designará dia, hora e local para o depoimento, quando a autoridade não comparecer, injustificadamente, à sessão agendada para a colheita de seu testemunho no dia, hora e local por ela mesma indicados.

Art. 455. Cabe ao advogado da parte informar ou intimar a testemunha por ele arrolada do dia, da hora e do local da audiência designada, dispensando-se a intimação do juízo.

§ 1º A intimação deverá ser realizada por carta com aviso de recebimento, cumprindo ao advogado juntar aos autos, com antecedência de pelo menos 3 (três) dias da data da audiência, cópia da correspondência de intimação e do comprovante de recebimento.

§ 2º A parte pode comprometer-se a levar a testemunha à audiência, independentemente da intimação de que trata o § 1º, presumindo-se, caso a testemunha não compareça, que a parte desistiu de sua inquirição.

§ 3º A inércia na realização da intimação a que se refere o § 1º importa desistência da inquirição da testemunha.

§ 4º A intimação será feita pela via judicial quando:

I - for frustrada a intimação prevista no § 1º deste artigo;

II - sua necessidade for devidamente demonstrada pela parte ao juiz;

III - figurar no rol de testemunhas servidor público ou militar, hipótese em que o juiz o requisitará ao chefe da repartição ou ao comando do corpo em que servir;

IV - a testemunha houver sido arrolada pelo Ministério Público ou pela Defensoria Pública;

V - a testemunha for uma daquelas previstas no art. 454.

§ 5º A testemunha que, intimada na forma do § 1º ou do § 4º, deixar de comparecer sem motivo justificado será conduzida e responderá pelas despesas do adiamento.

Art. 456. O juiz inquirirá as testemunhas separada e sucessivamente, primeiro as do autor e depois as do réu, e providenciará para que uma não ouça o depoimento das outras.

Parágrafo único. O juiz poderá alterar a ordem estabelecida no *caput* se as partes concordarem.

Art. 457. Antes de depor, a testemunha será qualificada, declarará ou confirmará seus dados e informará se tem relações de parentesco com a parte ou interesse no objeto do processo.

§ 1º É lícito à parte contraditar a testemunha, arguindo-lhe a incapacidade, o impedimento ou a suspeição, bem como, caso a testemunha negue os fatos que lhe são imputados, provar a contradita com documentos ou com testemunhas, até 3 (três), apresentadas no ato e inquiridas em separado.

§ 2º Sendo provados ou confessados os fatos a que se refere o § 1º, o juiz dispensará a testemunha ou lhe tomará o depoimento como informante.

§ 3º A testemunha pode requerer ao juiz que a escuse de depor, alegando os motivos previstos neste Código, decidindo o juiz de plano após ouvidas as partes.

Art. 458. Ao início da inquirição, a testemunha prestará o compromisso de dizer a verdade do que souber e lhe for perguntado.

Parágrafo único. O juiz advertirá à testemunha que incorre em sanção penal quem faz afirmação falsa, cala ou oculta a verdade.

- art. 342, CP.

Art. 459. As perguntas serão formuladas pelas partes diretamente à testemunha, começando pela que a arrolou, não admitindo o juiz aquelas que puderem induzir a resposta, não tiverem relação com as questões de fato objeto da atividade probatória ou importarem repetição de outra já respondida.

§ 1º O juiz poderá inquirir a testemunha tanto antes quanto depois da inquirição feita pelas partes.

§ 2º As testemunhas devem ser tratadas com urbanidade, não se lhes fazendo perguntas ou considerações impertinentes, capciosas ou vexatórias.

§ 3º As perguntas que o juiz indeferir serão transcritas no termo, se a parte o requerer.

Art. 460. O depoimento poderá ser documentado por meio de gravação.

§ 1º Quando digitado ou registrado por taquigrafia, estenotipia ou outro método idôneo de documentação, o depoimento será assinado pelo juiz, pelo depoente e pelos procuradores.

§ 2º Se houver recurso em processo em autos não eletrônicos, o depoimento somente será digitado quando for impossível o envio de sua documentação eletrônica.

§ 3º Tratando-se de autos eletrônicos, observar-se-á o disposto neste Código e na legislação específica sobre a prática eletrônica de atos processuais.

Art. 461. O juiz pode ordenar, de ofício ou a requerimento da parte:

I - a inquirição de testemunhas referidas nas declarações da parte ou das testemunhas;

II - a acareação de 2 (duas) ou mais testemunhas ou de alguma delas com a parte, quando, sobre fato determinado que possa influir na decisão da causa, divergirem as suas declarações.

§ 1º Os acareados serão reperguntados para que expliquem os pontos de divergência, reduzindo-se a termo o ato de acareação.

§ 2º A acareação pode ser realizada por videoconferência ou por outro recurso tecnológico de transmissão de sons e imagens em tempo real.

- art. 229, CPP.

Art. 462. A testemunha pode requerer ao juiz o pagamento da despesa que efetuou para comparecimento à audiência, devendo a parte pagá-la logo que arbitrada ou depositá-la em cartório dentro de 3 (três) dias.

Art. 463. O depoimento prestado em juízo é considerado serviço público.

Parágrafo único. A testemunha, quando sujeita ao regime da legislação trabalhista, não sofre, por comparecer à audiência, perda de salário nem desconto no tempo de serviço.

SEÇÃO X
DA PROVA PERICIAL

Art. 464. A prova pericial consiste em exame, vistoria ou avaliação.

- arts. 156 a 158 e 573, CPC.

§ 1º O juiz indeferirá a perícia quando:

I - a prova do fato não depender de conhecimento especial de técnico;

II - for desnecessária em vista de outras provas produzidas;

III - a verificação for impraticável.

§ 2º De ofício ou a requerimento das partes, o juiz poderá, em substituição à perícia, determinar a produção de prova técnica simplificada, quando o ponto controvertido for de menor complexidade.

§ 3º A prova técnica simplificada consistirá apenas na inquirição de especialista, pelo juiz, sobre ponto controvertido da causa que demande especial conhecimento científico ou técnico.

§ 4º Durante a arguição, o especialista, que deverá ter formação acadêmica específica na área objeto de seu depoimento, poderá valer-se de qualquer recurso tecnológico de transmissão de sons e imagens com o fim de esclarecer os pontos controvertidos da causa.

Art. 465. O juiz nomeará perito especializado no objeto da perícia e fixará de imediato o prazo para a entrega do laudo.

§ 1º Incumbe às partes, dentro de 15 (quinze) dias contados da intimação do despacho de nomeação do perito:

I - arguir o impedimento ou a suspeição do perito, se for o caso;

II - indicar assistente técnico;

III - apresentar quesitos.

§ 2º Ciente da nomeação, o perito apresentará em 5 (cinco) dias:

I - proposta de honorários;

II - currículo, com comprovação de especialização;

III - contatos profissionais, em especial o endereço eletrônico, para onde serão dirigidas as intimações pessoais.

§ 3º As partes serão intimadas da proposta de honorários para, querendo, manifestar-se no prazo comum de 5 (cinco) dias, após o que o juiz arbitrará o valor, intimando-se as partes para os fins do art. 95.

§ 4º O juiz poderá autorizar o pagamento de até cinquenta por cento dos honorários arbitrados a favor do perito no início dos trabalhos, devendo o remanescente ser pago apenas ao final, depois de entregue o laudo e prestados todos os esclarecimentos necessários.

§ 5º Quando a perícia for inconclusiva ou deficiente, o juiz poderá reduzir a remuneração inicialmente arbitrada para o trabalho.

§ 6º Quando tiver de realizar-se por carta, poder-se-á proceder à nomeação de perito e à indicação de assistentes técnicos no juízo ao qual se requisitar a perícia.

Art. 466. O perito cumprirá escrupulosamente o encargo que lhe foi cometido, independentemente de termo de compromisso.

§ 1º Os assistentes técnicos são de confiança da parte e não estão sujeitos a impedimento ou suspeição.

§ 2º O perito deve assegurar aos assistentes das partes o acesso e o acompanhamento das diligências e dos exames que realizar, com prévia comunicação, comprovada nos autos, com antecedência mínima de 5 (cinco) dias.

Art. 467. O perito pode escusar-se ou ser recusado por impedimento ou suspeição.

› arts. 156, § 4º, 157, § 1º, 158, e 465, § 1º, I, CPC.

Parágrafo único. O juiz, ao aceitar a escusa ou ao julgar procedente a impugnação, nomeará novo perito.

Art. 468. O perito pode ser substituído quando:

I - faltar-lhe conhecimento técnico ou científico;

II - sem motivo legítimo, deixar de cumprir o encargo no prazo que lhe foi assinado.

§ 1º No caso previsto no inciso II, o juiz comunicará a ocorrência à corporação profissional respectiva, podendo, ainda, impor multa ao perito, fixada tendo em vista o valor da causa e o possível prejuízo decorrente do atraso no processo.

§ 2º O perito substituído restituirá, no prazo de 15 (quinze) dias, os valores recebidos pelo trabalho não realizado, sob pena de ficar impedido de atuar como perito judicial pelo prazo de 5 (cinco) anos.

§ 3º Não ocorrendo a restituição voluntária de que trata o § 2º, a parte que tiver realizado o adiantamento dos honorários poderá promover execução contra o perito, na forma dos arts. 513 e seguintes deste Código, com fundamento na decisão que determinar a devolução do numerário.

Art. 469. As partes poderão apresentar quesitos suplementares durante a diligência, que poderão ser respondidos pelo perito previamente ou na audiência de instrução e julgamento.

Parágrafo único. O escrivão dará à parte contrária ciência da juntada dos quesitos aos autos.

Art. 470. Incumbe ao juiz:

I - indeferir quesitos impertinentes;

II - formular os quesitos que entender necessários ao esclarecimento da causa.

Art. 471. As partes podem, de comum acordo, escolher o perito, indicando-o mediante requerimento, desde que:

I - sejam plenamente capazes;

II - a causa possa ser resolvida por autocomposição.

§ 1º As partes, ao escolher o perito, já devem indicar os respectivos assistentes técnicos para acompanhar a realização da perícia, que se realizará em data e local previamente anunciados.

§ 2º O perito e os assistentes técnicos devem entregar, respectivamente, laudo e pareceres em prazo fixado pelo juiz.

§ 3º A perícia consensual substitui, para todos os efeitos, a que seria realizada por perito nomeado pelo juiz.

Art. 472. O juiz poderá dispensar prova pericial quando as partes, na inicial e na contestação, apresentarem, sobre as questões de fato, pareceres técnicos ou documentos elucidativos que considerar suficientes.

Art. 473. O laudo pericial deverá conter:

I - a exposição do objeto da perícia;

II - a análise técnica ou científica realizada pelo perito;

III - a indicação do método utilizado, esclarecendo-o e demonstrando ser predominantemente aceito pelos especialistas da área do conhecimento da qual se originou;

IV - resposta conclusiva a todos os quesitos apresentados pelo juiz, pelas partes e pelo órgão do Ministério Público.

§ 1º No laudo, o perito deve apresentar sua fundamentação em linguagem simples e com coerência lógica, indicando como alcançou suas conclusões.

§ 2º É vedado ao perito ultrapassar os limites de sua designação, bem como emitir opiniões pessoais que excedam o exame técnico ou científico do objeto da perícia.

§ 3º Para o desempenho de sua função, o perito e os assistentes técnicos podem valer-se de todos os meios necessários, ouvindo testemunhas, obtendo informações, solicitando documentos que estejam em poder da parte, de terceiros ou em repartições públicas, bem como instruir o laudo com planilhas, mapas, plantas, desenhos, fotografias ou outros elementos necessários ao esclarecimento do objeto da perícia.

Art. 474. As partes terão ciência da data e do local designados pelo juiz ou indicados pelo perito para ter início a produção da prova.

Art. 475. Tratando-se de perícia complexa que abranja mais de uma área de conhecimento especializado, o juiz poderá nomear mais de um perito, e a parte, indicar mais de um assistente técnico.

Art. 476. Se o perito, por motivo justificado, não puder apresentar o laudo dentro do prazo, o juiz poderá conceder-lhe, por uma vez, prorrogação pela metade do prazo originalmente fixado.

Art. 477. O perito protocolará o laudo em juízo, no prazo fixado pelo juiz, pelo menos 20 (vinte) dias antes da audiência de instrução e julgamento.

§ 1º As partes serão intimadas para, querendo, manifestar-se sobre o laudo do perito do juízo no prazo comum de 15 (quinze) dias, podendo o assistente técnico de cada uma das partes, em igual prazo, apresentar seu respectivo parecer.

§ 2º O perito do juízo tem o dever de, no prazo de 15 (quinze) dias, esclarecer ponto:

I - sobre o qual exista divergência ou dúvida de qualquer das partes, do juiz ou do órgão do Ministério Público;

II - divergente apresentado no parecer do assistente técnico da parte.

§ 3º Se ainda houver necessidade de esclarecimentos, a parte requererá ao juiz que mande intimar o perito ou o assistente técnico a comparecer à audiência de instrução e julgamento, formulando, desde logo, as perguntas, sob forma de quesitos.

§ 4º O perito ou o assistente técnico será intimado por meio eletrônico, com pelo menos 10 (dez) dias de antecedência da audiência.

Art. 478. Quando o exame tiver por objeto a autenticidade ou a falsidade de documento ou for de natureza médico-legal, o perito será escolhido, de preferência, entre os técnicos dos estabelecimentos oficiais especializados, a cujos diretores o juiz autorizará a remessa dos autos, bem como do material sujeito a exame.

§ 1º Nas hipóteses de gratuidade de justiça, os órgãos e as repartições oficiais deverão cumprir a determinação judicial com preferência, no prazo estabelecido.

§ 2º A prorrogação do prazo referido no § 1º pode ser requerida motivadamente.

§ 3º Quando o exame tiver por objeto a autenticidade da letra e da firma, o perito poderá requisitar, para efeito de comparação, documentos existentes em repartições públicas e, na falta destes, poderá requerer ao juiz que a pessoa a quem se atribuir a autoria do documento lance em folha de papel, por cópia ou sob ditado, dizeres diferentes, para fins de comparação.

Art. 479. O juiz apreciará a prova pericial de acordo com o disposto no art. 371, indicando na sentença os motivos que o levaram a considerar ou a deixar de considerar as conclusões do laudo, levando em conta o método utilizado pelo perito.

Art. 480. O juiz determinará, de ofício ou a requerimento da parte, a realização de nova perícia quando a matéria não estiver suficientemente esclarecida.

§ 1º A segunda perícia tem por objeto os mesmos fatos sobre os quais recaiu a primeira e destina-se a corrigir eventual omissão ou inexatidão dos resultados a que esta conduziu.

§ 2º A segunda perícia rege-se pelas disposições estabelecidas para a primeira.

§ 3º A segunda perícia não substitui a primeira, cabendo ao juiz apreciar o valor de uma e de outra.

SEÇÃO XI
DA INSPEÇÃO JUDICIAL

Art. 481. O juiz, de ofício ou a requerimento da parte, pode, em qualquer fase do processo, inspecionar pessoas ou coisas, a fim de se esclarecer sobre fato que interesse à decisão da causa.

Art. 482. Ao realizar a inspeção, o juiz poderá ser assistido por um ou mais peritos.

Art. 483. O juiz irá ao local onde se encontre a pessoa ou a coisa quando:

I - julgar necessário para a melhor verificação ou interpretação dos fatos que deva observar;

II - a coisa não puder ser apresentada em juízo sem consideráveis despesas ou graves dificuldades;

III - determinar a reconstituição dos fatos.

Parágrafo único. As partes têm sempre direito a assistir à inspeção, prestando esclarecimentos e fazendo observações que considerem de interesse para a causa.

‣ art. 126, p.ún., CF.

Art. 484. Concluída a diligência, o juiz mandará lavrar auto circunstanciado, mencionando nele tudo quanto for útil ao julgamento da causa.

Parágrafo único. O auto poderá ser instruído com desenho, gráfico ou fotografia.

CAPÍTULO XIII
DA SENTENÇA E DA COISA JULGADA

SEÇÃO I
DISPOSIÇÕES GERAIS

Art. 485. O juiz não resolverá o mérito quando:

‣ art. 6º, § 5º, Lei 12.016/2009 (Mandado de Segurança).

I - indeferir a petição inicial;

‣ arts. 321, p.ún., 330, 700, § 4º, 918, II, CPC.

II - o processo ficar parado durante mais de 1 (um) ano por negligência das partes;

III - por não promover os atos e as diligências que lhe incumbir, o autor abandonar a causa por mais de 30 (trinta) dias;

IV - verificar a ausência de pressupostos de constituição e de desenvolvimento válido e regular do processo;

V - reconhecer a existência de perempção, de litispendência ou de coisa julgada;

‣ art. 5º, XXXVI, CF.

‣ art. 337, V a VII, CPC.

VI - verificar ausência de legitimidade ou de interesse processual;

VII - acolher a alegação de existência de convenção de arbitragem ou quando o juízo arbitral reconhecer sua competência;

‣ Lei 9.307/1996 (Arbitragem).

VIII - homologar a desistência da ação;

IX - em caso de morte da parte, a ação for considerada intransmissível por disposição legal; e

X - nos demais casos prescritos neste Código.

§ 1º Nas hipóteses descritas nos incisos II e III, a parte será intimada pessoalmente para suprir a falta no prazo de 5 (cinco) dias.

§ 2º No caso do § 1º, quanto ao inciso II, as partes pagarão proporcionalmente as custas, e, quanto ao inciso III, o autor será condenado ao pagamento das despesas e dos honorários de advogado.

§ 3º O juiz conhecerá de ofício da matéria constante dos incisos IV, V, VI e IX, em qualquer tempo e grau de jurisdição, enquanto não ocorrer o trânsito em julgado.

§ 4º Oferecida a contestação, o autor não poderá, sem o consentimento do réu, desistir da ação.

§ 5º A desistência da ação pode ser apresentada até a sentença.

§ 6º Oferecida a contestação, a extinção do processo por abandono da causa pelo autor depende de requerimento do réu.

‣ Súm. 240, STJ.

§ 7º Interposta a apelação em qualquer dos casos de que tratam os incisos deste artigo, o juiz terá 5 (cinco) dias para retratar-se.

Art. 486. O pronunciamento judicial que não resolve o mérito não obsta a que a parte proponha de novo a ação.

§ 1º No caso de extinção em razão de litispendência e nos casos dos incisos I, IV, VI e VII do art. 485, a propositura da nova ação depende da correção do vício que levou à sentença sem resolução do mérito.

§ 2º A petição inicial, todavia, não será despachada sem a prova do pagamento ou do depósito das custas e dos honorários de advogado.

§ 3º Se o autor der causa, por 3 (três) vezes, a sentença fundada em abandono da causa, não poderá propor nova ação contra o réu com o mesmo objeto, ficando-lhe ressalvada, entretanto, a possibilidade de alegar em defesa o seu direito.

Art. 487. Haverá resolução de mérito quando o juiz:

I - acolher ou rejeitar o pedido formulado na ação ou na reconvenção;

II - decidir, de ofício ou a requerimento, sobre a ocorrência de decadência ou prescrição;

‣ arts. 189 a 211, CC.

III - homologar:

a) o reconhecimento da procedência do pedido formulado na ação ou na reconvenção;

b) a transação;

‣ arts. 840 a 850, CC.

c) a renúncia à pretensão formulada na ação ou na reconvenção.

Parágrafo único. Ressalvada a hipótese do § 1º do art. 332, a prescrição e a decadência não serão reconhecidas sem que antes seja dada às partes oportunidade de manifestar-se.

Art. 488. Desde que possível, o juiz resolverá o mérito sempre que a decisão for favorável à parte a quem aproveitaria eventual pronunciamento nos termos do art. 485.

SEÇÃO II
DOS ELEMENTOS E DOS EFEITOS DA SENTENÇA

Art. 489. São elementos essenciais da sentença:

I - o relatório, que conterá os nomes das partes, a identificação do caso, com a suma do pedido e da contestação, e o registro das principais ocorrências havidas no andamento do processo;

‣ art. 38, Lei 9.099/1995 (Juizados Especiais Cíveis e Criminais).

II - os fundamentos, em que o juiz analisará as questões de fato e de direito;

III - o dispositivo, em que o juiz resolverá as questões principais que as partes lhe submeterem.

§ 1º Não se considera fundamentada qualquer decisão judicial, seja ela interlocutória, sentença ou acórdão, que:

I - se limitar à indicação, à reprodução ou à paráfrase de ato normativo, sem explicar sua relação com a causa ou a questão decidida;

II - empregar conceitos jurídicos indeterminados, sem explicar o motivo concreto de sua incidência no caso;

III - invocar motivos que se prestariam a justificar qualquer outra decisão;

IV - não enfrentar todos os argumentos deduzidos no processo capazes de, em tese, infirmar a conclusão adotada pelo julgador;

V - se limitar a invocar precedente ou enunciado de súmula, sem identificar seus fundamentos determinantes nem demonstrar que o caso sob julgamento se ajusta àqueles fundamentos;

VI - deixar de seguir enunciado de súmula, jurisprudência ou precedente invocado pela parte, sem demonstrar a existência de distinção no caso em julgamento ou a superação do entendimento.

§ 2º No caso de colisão entre normas, o juiz deve justificar o objeto e os critérios gerais da ponderação efetuada, enunciando as razões que autorizam a interferência na norma afastada e as premissas fáticas que fundamentam a conclusão.

§ 3º A decisão judicial deve ser interpretada a partir da conjugação de todos os seus elementos e em conformidade com o princípio da boa-fé.

Art. 490. O juiz resolverá o mérito acolhendo ou rejeitando, no todo ou em parte, os pedidos formulados pelas partes.

Art. 491. Na ação relativa à obrigação de pagar quantia, ainda que formulado pedido genérico, a decisão definirá desde logo a extensão da obrigação, o índice de correção monetária, a taxa de juros, o termo inicial de ambos e a periodicidade da capitalização dos juros, se for o caso, salvo quando:

- Súm. 362, STJ.

I - não for possível determinar, de modo definitivo, o montante devido;

II - a apuração do valor devido depender da produção de prova de realização demorada ou excessivamente dispendiosa, assim reconhecida na sentença.

§ 1º Nos casos previstos neste artigo, seguir-se-á a apuração do valor devido por liquidação.

- arts. 509 a 512, CPC.

§ 2º O disposto no *caput* também se aplica quando o acórdão alterar a sentença.

Art. 492. É vedado ao juiz proferir decisão de natureza diversa da pedida, bem como condenar a parte em quantidade superior ou em objeto diverso do que lhe foi demandado.

Parágrafo único. A decisão deve ser certa, ainda que resolva relação jurídica condicional.

Art. 493. Se, depois da propositura da ação, algum fato constitutivo, modificativo ou extintivo do direito influir no julgamento do mérito, caberá ao juiz tomá-lo em consideração, de ofício ou a requerimento da parte, no momento de proferir a decisão.

Parágrafo único. Se constatar de ofício o fato novo, o juiz ouvirá as partes sobre ele antes de decidir.

Art. 494. Publicada a sentença, o juiz só poderá alterá-la:

- arts. 331, 332, § 3º, e 485, § 7º, CPC.

I - para corrigir-lhe, de ofício ou a requerimento da parte, inexatidões materiais ou erros de cálculo;

- art. 96, § 6º, RISTF.
- art. 103, § 2º, RISTJ.

II - por meio de embargos de declaração.

- Súm. 317, STF.
- arts. 1.022 a 1.026, CPC.

Art. 495. A decisão que condenar o réu ao pagamento de prestação consistente em dinheiro e a que determinar a conversão de prestação de fazer, de não fazer ou de dar coisa em prestação pecuniária valerão como título constitutivo de hipoteca judiciária.

- art. 1.489, CC.

§ 1º A decisão produz a hipoteca judiciária:

I - embora a condenação seja genérica;

II - ainda que o credor possa promover o cumprimento provisório da sentença ou esteja pendente arresto sobre bem do devedor;

III - mesmo que impugnada por recurso dotado de efeito suspensivo.

§ 2º A hipoteca judiciária poderá ser realizada mediante apresentação de cópia da sentença perante o cartório de registro imobiliário, independentemente de ordem judicial, de declaração expressa do juiz ou de demonstração de urgência.

§ 3º No prazo de até 15 (quinze) dias da data de realização da hipoteca, a parte informá-la-á ao juízo da causa, que determinará a intimação da outra parte para que tome ciência do ato.

§ 4º A hipoteca judiciária, uma vez constituída, implicará, para o credor hipotecário, o direito de preferência, quanto ao pagamento, em relação a outros credores, observada a prioridade no registro.

§ 5º Sobrevindo a reforma ou a invalidação da decisão que impôs o pagamento de quantia, a parte responderá, independentemente de culpa, pelos danos que a outra parte tiver sofrido em razão da constituição da garantia, devendo o valor da indenização ser liquidado e executado nos próprios autos.

SEÇÃO III
DA REMESSA NECESSÁRIA

Art. 496. Está sujeita ao duplo grau de jurisdição, não produzindo efeito senão depois de confirmada pelo tribunal, a sentença:

- art. 19, *caput*, Lei 4.717/1965 (Ação Popular).
- Súm. 45 e 325, STJ; 423, STF.
- art. 14, § 1º, Lei 12.016/2009 (Mandado de Segurança).

I - proferida contra a União, os Estados, o Distrito Federal, os Municípios e suas respectivas autarquias e fundações de direito público;

II - que julgar procedentes, no todo ou em parte, os embargos à execução fiscal.

- Lei 6.830/1980 (Execução Fiscal).
- art. 13, § 1º, LC 76/1993 (Desapropriação de imóvel rural por interesse social).

§ 1º Nos casos previstos neste artigo, não interposta a apelação no prazo legal, o juiz ordenará a remessa dos autos ao tribunal, e, se não o fizer, o presidente do respectivo tribunal avocá-los-á.

§ 2º Em qualquer dos casos referidos no § 1º, o tribunal julgará a remessa necessária.

§ 3º Não se aplica o disposto neste artigo quando a condenação ou o proveito econômico obtido na causa for de valor certo e líquido inferior a:

- Súm. 490, STJ.

I - 1.000 (mil) salários-mínimos para a União e as respectivas autarquias e fundações de direito público;

II - 500 (quinhentos) salários-mínimos para os Estados, o Distrito Federal, as respectivas autarquias e fundações de direito público e os Municípios que constituam capitais dos Estados;

III - 100 (cem) salários-mínimos para todos os demais Municípios e respectivas autarquias e fundações de direito público.

§ 4º Também não se aplica o disposto neste artigo quando a sentença estiver fundada em:

I - súmula de tribunal superior;

II - acórdão proferido pelo Supremo Tribunal Federal ou pelo Superior Tribunal de Justiça em julgamento de recursos repetitivos;

- arts. 1.036 a 1.041, CPC.

III - entendimento firmado em incidente de resolução de demandas repetitivas ou de assunção de competência;

- arts. 927, III, 928, e 976 e ss., CPC.

IV - entendimento coincidente com orientação vinculante firmada no âmbito administrativo do próprio ente público, consolidada em manifestação, parecer ou súmula administrativa.

SEÇÃO IV
DO JULGAMENTO DAS AÇÕES RELATIVAS ÀS PRESTAÇÕES DE FAZER, DE NÃO FAZER E DE ENTREGAR COISA

Art. 497. Na ação que tenha por objeto a prestação de fazer ou de não fazer, o juiz, se procedente o pedido, concederá a tutela específica ou determinará providências que assegurem a obtenção de tutela pelo resultado prático equivalente.

- arts. 233 a 242 e 247 a 251, CC.
- art. 84, *caput*, CDC.

Parágrafo único. Para a concessão da tutela específica destinada a inibir a prática, a reiteração ou a continuação de um ilícito, ou a sua remoção, é irrelevante a demonstração da ocorrência de dano ou da existência de culpa ou dolo.

Art. 498. Na ação que tenha por objeto a entrega de coisa, o juiz, ao conceder a tutela específica, fixará o prazo para o cumprimento da obrigação.

Parágrafo único. Tratando-se de entrega de coisa determinada pelo gênero e pela quantidade, o autor individualizá-la-á na petição inicial, se lhe couber a escolha, ou, se a escolha couber ao réu, este a entregará individualizada, no prazo fixado pelo juiz.

Art. 499. A obrigação somente será convertida em perdas e danos se o autor o requerer ou se impossível a tutela específica ou a obtenção de tutela pelo resultado prático equivalente.

- art. 84, § 1º, CDC.

Parágrafo único. Nas hipóteses de responsabilidade contratual previstas nos arts. 441, 618 e 757 da Lei nº 10.406, de 10 de janeiro de 2002 (Código Civil), e de responsabilidade subsidiária e solidária, se requerida a conversão da obrigação em perdas e danos, o juiz concederá, primeiramente, a faculdade para o cumprimento da tutela específica. (Acrescido pela Lei 14.833/2024)

Art. 500. A indenização por perdas e danos dar-se-á sem prejuízo da multa fixada periodicamente para compelir o réu ao cumprimento específico da obrigação.

- art. 84, § 2º, CDC.

Art. 501. Na ação que tenha por objeto a emissão de declaração de vontade, a sentença que julgar procedente o pedido, uma vez transitada em julgado, produzirá todos os efeitos da declaração não emitida.

SEÇÃO V
DA COISA JULGADA

Art. 502. Denomina-se coisa julgada material a autoridade que torna imutável e indiscutível a decisão de mérito não mais sujeita a recurso.

- art. 5º, XXXVI, CF.
- art. 485, V, CPC.
- art. 6º, § 3º, LINDB.
- Súm. 734, STF.

Art. 503. A decisão que julgar total ou parcialmente o mérito tem força de Lei nos limites da questão principal expressamente decidida.

§ 1º O disposto no *caput* aplica-se à resolução de questão prejudicial, decidida expressa e incidentemente no processo, se:

- art. 1.054, CPC.

I - dessa resolução depender o julgamento do mérito;

II - a seu respeito tiver havido contraditório prévio e efetivo, não se aplicando no caso de revelia;

III - o juízo tiver competência em razão da matéria e da pessoa para resolvê-la como questão principal.

§ 2º A hipótese do § 1º não se aplica se no processo houver restrições probatórias ou limitações à cognição que impeçam o aprofundamento da análise da questão prejudicial.

Art. 504. Não fazem coisa julgada:

I - os motivos, ainda que importantes para determinar o alcance da parte dispositiva da sentença;

II - a verdade dos fatos, estabelecida como fundamento da sentença.

Art. 505. Nenhum juiz decidirá novamente as questões já decididas relativas à mesma lide, salvo:

I - se, tratando-se de relação jurídica de trato continuado, sobreveio modificação no estado de fato ou de direito, caso em que poderá a parte pedir a revisão do que foi estatuído na sentença;

II - nos demais casos prescritos em lei.

Art. 506. A sentença faz coisa julgada às partes entre as quais é dada, não prejudicando terceiros.

- art. 16, Lei 7.347/1985 (Ação Civil Pública).

Art. 507. É vedado à parte discutir no curso do processo as questões já decididas a cujo respeito se operou a preclusão.

- art. 1.009, § 1º, CPC.

Art. 508. Transitada em julgado a decisão de mérito, considerar-se-ão deduzidas e repelidas todas as alegações e as defesas que a parte poderia opor tanto ao acolhimento quanto à rejeição do pedido.

CAPÍTULO XIV
DA LIQUIDAÇÃO DE SENTENÇA

Art. 509. Quando a sentença condenar ao pagamento de quantia ilíquida, proceder-se-á à sua liquidação, a requerimento do credor ou do devedor:

- Súm. 318 e 344, STJ.

I - por arbitramento, quando determinado pela sentença, convencionado pelas partes ou exigido pela natureza do objeto da liquidação;

II - pelo procedimento comum, quando houver necessidade de alegar e provar fato novo.

§ 1º Quando na sentença houver uma parte líquida e outra ilíquida, ao credor é lícito promover simultaneamente a execução daquela e, em autos apartados, a liquidação desta.

§ 2º Quando a apuração do valor depender apenas de cálculo aritmético, o credor poderá promover, desde logo, o cumprimento da sentença.

§ 3º O Conselho Nacional de Justiça desenvolverá e colocará à disposição dos interessados programa de atualização financeira.

§ 4º Na liquidação é vedado discutir de novo a lide ou modificar a sentença que a julgou.

Art. 510. Na liquidação por arbitramento, o juiz intimará as partes para a apresentação de pareceres ou documentos elucidativos, no prazo que fixar, e, caso não possa decidir de plano, nomeará perito, observando-se, no que couber, o procedimento da prova pericial.

Art. 511. Na liquidação pelo procedimento comum, o juiz determinará a intimação do requerido, na pessoa de seu advogado ou da sociedade de advogados a que estiver vinculado, para, querendo, apresentar contestação no prazo de 15 (quinze) dias, observando-se, a seguir, no que couber, o disposto no Livro I da Parte Especial deste Código.

Art. 512. A liquidação poderá ser realizada na pendência de recurso, processando-se em autos apartados no juízo de origem, cumprindo ao liquidante instruir o pedido com cópias das peças processuais pertinentes.

TÍTULO II
DO CUMPRIMENTO DA SENTENÇA

CAPÍTULO I
DISPOSIÇÕES GERAIS

Art. 513. O cumprimento da sentença será feito segundo as regras deste Título, observando-se, no que couber e conforme a natureza da obrigação, o disposto no Livro II da Parte Especial deste Código.

§ 1º O cumprimento da sentença que reconhece o dever de pagar quantia, provisório ou definitivo, far-se-á a requerimento do exequente.

§ 2º O devedor será intimado para cumprir a sentença:

I - pelo Diário da Justiça, na pessoa de seu advogado constituído nos autos;

II - por carta com aviso de recebimento, quando representado pela Defensoria Pública ou quando não tiver procurador constituído nos autos, ressalvada a hipótese do inciso IV;

III - por meio eletrônico, quando, no caso do § 1º do art. 246, não tiver procurador constituído nos autos;

IV - por edital, quando, citado na forma do art. 256, tiver sido revel na fase de conhecimento.

§ 3º Na hipótese do § 2º, incisos II e III, considera-se realizada a intimação quando o devedor houver mudado de endereço sem prévia comunicação ao juízo, observado o disposto no parágrafo único do art. 274.

§ 4º Se o requerimento a que alude o § 1º for formulado após 1 (um) ano do trânsito em julgado da sentença, a intimação será feita na pessoa do devedor, por meio de carta com aviso de recebimento encaminhada ao endereço constante dos autos, observado o disposto no parágrafo único do art. 274 e no § 3º deste artigo.

§ 5º O cumprimento da sentença não poderá ser promovido em face do fiador, do coobrigado ou do corresponsável que não tiver participado da fase de conhecimento.

Art. 514. Quando o juiz decidir relação jurídica sujeita a condição ou termo, o cumprimento da sentença dependerá de demonstração de que se realizou a condição ou de que ocorreu o termo.

- arts. 121 a 135, CC.

Art. 515. São títulos executivos judiciais, cujo cumprimento dar-se-á de acordo com os artigos previstos neste Título:

I - as decisões proferidas no processo civil que reconheçam a exigibilidade de obrigação de pagar quantia, de fazer, de não fazer ou de entregar coisa;

II - a decisão homologatória de autocomposição judicial;

III - a decisão homologatória de autocomposição extrajudicial de qualquer natureza;

IV - o formal e a certidão de partilha, exclusivamente em relação ao inventariante, aos herdeiros e aos sucessores a título singular ou universal;

V - o crédito de auxiliar da justiça, quando as custas, emolumentos ou honorários tiverem sido aprovados por decisão judicial;

VI - a sentença penal condenatória transitada em julgado;

VII - a sentença arbitral;

- art. 31, Lei 9.307/1996 (Arbitragem).

VIII - a sentença estrangeira homologada pelo Superior Tribunal de Justiça;

IX - a decisão interlocutória estrangeira, após a concessão do exequatur à carta rogatória pelo Superior Tribunal de Justiça;

- art. 105, I, i, CF

X - (Vetado).

§ 1º Nos casos dos incisos VI a IX, o devedor será citado no juízo cível para o cumprimento da sentença ou para a liquidação no prazo de 15 (quinze) dias.

§ 2º A autocomposição judicial pode envolver sujeito estranho ao processo e versar sobre relação jurídica que não tenha sido deduzida em juízo.

Art. 516. O cumprimento da sentença efetuar-se-á perante:

I - os tribunais, nas causas de sua competência originária;

II - o juízo que decidiu a causa no primeiro grau de jurisdição;

III - o juízo cível competente, quando se tratar de sentença penal condenatória, de sentença arbitral, de sentença estrangeira ou de acórdão proferido pelo Tribunal Marítimo.

Parágrafo único. Nas hipóteses dos incisos II e III, o exequente poderá optar pelo juízo do atual domicílio do executado, pelo juízo do local onde se encontrem os bens sujeitos à execução ou pelo juízo do local onde deva ser executada a obrigação de fazer ou de não fazer, casos em que a remessa dos autos do processo será solicitada ao juízo de origem.

Art. 517. A decisão judicial transitada em julgado poderá ser levada a protesto, nos termos da lei, depois de transcorrido o prazo para pagamento voluntário previsto no art. 523.

§ 1º Para efetivar o protesto, incumbe ao exequente apresentar certidão de teor da decisão.

§ 2º A certidão de teor da decisão deverá ser fornecida no prazo de 3 (três) dias e indicará o nome e a qualificação do exequente e do executado, o número do processo, o valor da dívida e a data de decurso do prazo para pagamento voluntário.

§ 3º O executado que tiver proposto ação rescisória para impugnar a decisão exequenda pode requerer, a suas expensas e sob sua responsabilidade, a anotação da propositura da ação à margem do título protestado.

§ 4º A requerimento do executado, o protesto será cancelado por determinação do juiz, mediante ofício a ser expedido ao cartório, no prazo de 3 (três) dias, contado da data de protocolo do requerimento, desde que comprovada a satisfação integral da obrigação.

Art. 518. Todas as questões relativas à validade do procedimento de cumprimento da sentença e dos atos executivos subsequentes poderão ser arguidas pelo executado nos próprios autos e nestes serão decididas pelo juiz.

Art. 519. Aplicam-se as disposições relativas ao cumprimento da sentença, provisório ou definitivo, e à liquidação, no que couber, às decisões que concederem tutela provisória.

› art. 297, p.ún., CPC.

CAPÍTULO II
DO CUMPRIMENTO PROVISÓRIO DA SENTENÇA QUE RECONHECE A EXIGIBILIDADE DE OBRIGAÇÃO DE PAGAR QUANTIA CERTA

Art. 520. O cumprimento provisório da sentença impugnada por recurso desprovido de efeito suspensivo será realizado da mesma forma que o cumprimento definitivo, sujeitando-se ao seguinte regime:

I - corre por iniciativa e responsabilidade do exequente, que se obriga, se a sentença for reformada, a reparar os danos que o executado haja sofrido;

II - fica sem efeito, sobrevindo decisão que modifique ou anule a sentença objeto da execução, restituindo-se as partes ao estado anterior e liquidando-se eventuais prejuízos nos mesmos autos;

III - se a sentença objeto de cumprimento provisório for modificada ou anulada apenas em parte, somente nesta ficará sem efeito a execução;

IV - o levantamento de depósito em dinheiro e a prática de atos que importem transferência de posse ou alienação de propriedade ou de outro direito real, ou dos quais possa resultar grave dano ao executado, dependem de caução suficiente e idônea, arbitrada de plano pelo juiz e prestada nos próprios autos.

§ 1º No cumprimento provisório da sentença, o executado poderá apresentar impugnação, se quiser, nos termos do art. 525.

§ 2º A multa e os honorários a que se refere o § 1º do art. 523 são devidos no cumprimento provisório de sentença condenatória ao pagamento de quantia certa.

§ 3º Se o executado comparecer tempestivamente e depositar o valor, com a finalidade de isentar-se da multa, o ato não será havido como incompatível com o recurso por ele interposto.

§ 4º A restituição ao estado anterior a que se refere o inciso II não implica o desfazimento da transferência de posse ou da alienação de propriedade ou de outro direito real eventualmente já realizada, ressalvado, sempre, o direito à reparação dos prejuízos causados ao executado.

§ 5º Ao cumprimento provisório de sentença que reconheça obrigação de fazer, de não fazer ou de dar coisa aplica-se, no que couber, o disposto neste Capítulo.

Art. 521. A caução prevista no inciso IV do art. 520 poderá ser dispensada nos casos em que:

I - o crédito for de natureza alimentar, independentemente de sua origem;

II - o credor demonstrar situação de necessidade;

III – pender o agravo do art. 1.042; (Alterado pela Lei 13.256/2016)

IV - a sentença a ser provisoriamente cumprida estiver em consonância com súmula da jurisprudência do Supremo Tribunal Federal ou do Superior Tribunal de Justiça ou em conformidade com acórdão proferido no julgamento de casos repetitivos.

Parágrafo único. A exigência de caução será mantida quando da dispensa possa resultar manifesto risco de grave dano de difícil ou incerta reparação.

Art. 522. O cumprimento provisório da sentença será requerido por petição dirigida ao juízo competente.

› arts. 513 e ss., CPC.

Parágrafo único. Não sendo eletrônicos os autos, a petição será acompanhada de cópias das seguintes peças do processo, cuja autenticidade poderá ser certificada pelo próprio advogado, sob sua responsabilidade pessoal:

I - decisão exequenda;

II - certidão de interposição do recurso não dotado de efeito suspensivo;

III - procurações outorgadas pelas partes;

IV - decisão de habilitação, se for o caso;

V - facultativamente, outras peças processuais consideradas necessárias para demonstrar a existência do crédito.

CAPÍTULO III
DO CUMPRIMENTO DEFINITIVO DA SENTENÇA QUE RECONHECE A EXIGIBILIDADE DE OBRIGAÇÃO DE PAGAR QUANTIA CERTA

Art. 523. No caso de condenação em quantia certa, ou já fixada em liquidação, e no caso de decisão sobre parcela incontroversa, o cumprimento definitivo da sentença far-se-á a requerimento do exequente, sendo o executado intimado para pagar o débito, no prazo de 15 (quinze) dias, acrescido de custas, se houver.

§ 1º Não ocorrendo pagamento voluntário no prazo do *caput*, o débito será acrescido de multa de dez por cento e, também, de honorários de advogado de dez por cento.

§ 2º Efetuado o pagamento parcial no prazo previsto no *caput*, a multa e os honorários previstos no § 1º incidirão sobre o restante.

§ 3º Não efetuado tempestivamente o pagamento voluntário, será expedido, desde logo, mandado de penhora e avaliação, seguindo-se os atos de expropriação.

Art. 524. O requerimento previsto no art. 523 será instruído com demonstrativo discriminado e atualizado do crédito, devendo a petição conter:

I - o nome completo, o número de inscrição no Cadastro de Pessoas Físicas ou no Cadastro Nacional da Pessoa Jurídica do exequente e do executado, observado o disposto no art. 319, §§ 1º a 3º;

II - o índice de correção monetária adotado;

III - os juros aplicados e as respectivas taxas;

IV - o termo inicial e o termo final dos juros e da correção monetária utilizados;

V - a periodicidade da capitalização dos juros, se for o caso;

VI - especificação dos eventuais descontos obrigatórios realizados;

VII - indicação dos bens passíveis de penhora, sempre que possível.

§ 1º Quando o valor apontado no demonstrativo aparentemente exceder os limites da condenação, a execução será iniciada pelo valor pretendido, mas a penhora terá por base a importância que o juiz entender adequada.

§ 2º Para a verificação dos cálculos, o juiz poderá valer-se de contabilista do juízo, que terá o prazo máximo de 30 (trinta) dias para efetuá-la, exceto se outro lhe for determinado.

§ 3º Quando a elaboração do demonstrativo depender de dados em poder de terceiros ou do executado, o juiz poderá requisitá-los, sob cominação do crime de desobediência.

▸ art. 330, CP.

§ 4º Quando a complementação do demonstrativo depender de dados adicionais em poder do executado, o juiz poderá, a requerimento do exequente, requisitá-los, fixando prazo de até 30 (trinta) dias para o cumprimento da diligência.

§ 5º Se os dados adicionais a que se refere o § 4º não forem apresentados pelo executado, sem justificativa, no prazo designado, reputar-se-ão corretos os cálculos apresentados pelo exequente apenas com base nos dados de que dispõe.

Art. 525. Transcorrido o prazo previsto no art. 523 sem o pagamento voluntário, inicia-se o prazo de 15 (quinze) dias para que o executado, independentemente de penhora ou nova intimação, apresente, nos próprios autos, sua impugnação.

▸ arts. 520, §1º, 536, §4º, CPC.

§ 1º Na impugnação, o executado poderá alegar:

I - falta ou nulidade da citação se, na fase de conhecimento, o processo correu à revelia;

▸ arts. 239 e 280, CPC.

II - ilegitimidade de parte;

▸ arts. 17, 485, VI, CPC.

III - inexequibilidade do título ou inexigibilidade da obrigação;

IV - penhora incorreta ou avaliação errônea;

▸ art. 831, CPC.

V - excesso de execução ou cumulação indevida de execuções;

VI - incompetência absoluta ou relativa do juízo da execução;

VII - qualquer causa modificativa ou extintiva da obrigação, como pagamento, novação, compensação, transação ou prescrição, desde que supervenientes à sentença.

▸ art. 33, § 3º, Lei 9.307/1996 (Arbitragem).

§ 2º A alegação de impedimento ou suspeição observará o disposto nos arts. 146 e 148.

§ 3º Aplica-se à impugnação o disposto no art. 229.

§ 4º Quando o executado alegar que o exequente, em excesso de execução, pleiteia quantia superior à resultante da sentença, cumprir-lhe-á declarar de imediato o valor que entende correto, apresentando demonstrativo discriminado e atualizado de seu cálculo.

§ 5º Na hipótese do § 4º, não apontado o valor correto ou não apresentado o demonstrativo, a impugnação será liminarmente rejeitada, se o excesso de execução for o seu único fundamento, ou, se houver outro, a impugnação será processada, mas o juiz não examinará a alegação de excesso de execução.

§ 6º A apresentação de impugnação não impede a prática dos atos executivos, inclusive os de expropriação, podendo o juiz, a requerimento do executado e desde que garantido o juízo com penhora, caução ou depósito suficientes, atribuir-lhe efeito suspensivo, se seus fundamentos forem relevantes e se o prosseguimento da execução for manifestamente suscetível de causar ao executado grave dano de difícil ou incerta reparação.

§ 7º A concessão de efeito suspensivo a que se refere o § 6º não impedirá a efetivação dos atos de substituição, de reforço ou de redução da penhora e de avaliação dos bens

§ 8º Quando o efeito suspensivo atribuído à impugnação disser respeito apenas a parte do objeto da execução, esta prosseguirá quanto à parte restante.

§ 9º A concessão de efeito suspensivo à impugnação deduzida por um dos executados não suspenderá a execução contra os que não impugnaram, quando o respectivo fundamento disser respeito exclusivamente ao impugnante.

§ 10. Ainda que atribuído efeito suspensivo à impugnação, é lícito ao exequente requerer o prosseguimento da execução, oferecendo e prestando, nos próprios autos, caução suficiente e idônea a ser arbitrada pelo juiz.

§ 11. As questões relativas a fato superveniente ao término do prazo para apresentação da impugnação, assim como aquelas relativas à validade e à adequação da penhora, da avaliação e dos atos executivos subsequentes, podem ser arguidas por simples petição, tendo o executado, em qualquer dos casos, o prazo de 15 (quinze) dias para formular esta arguição, contado da comprovada ciência do fato ou da intimação do ato.

§ 12. Para efeito do disposto no inciso III do § 1º deste artigo, considera-se também inexigível a obrigação reconhecida em título executivo judicial fundado em lei ou ato normativo considerado inconstitucional pelo Supremo Tribunal Federal, ou fundado em aplicação ou interpretação da lei ou do ato normativo tido pelo Supremo Tribunal Federal como incompatível com a Constituição Federal, em controle de constitucionalidade concentrado ou difuso.

▸ art. 102, CF.

▸ Súm. 487, STJ.

§ 13. No caso do § 12, os efeitos da decisão do Supremo Tribunal Federal poderão ser modulados no tempo, em atenção à segurança jurídica.

§ 14. A decisão do Supremo Tribunal Federal referida no § 12 deve ser anterior ao trânsito em julgado da decisão exequenda.

▸ art. 1.057, CPC.

§ 15. Se a decisão referida no § 12 for proferida após o trânsito em julgado da decisão exequenda, caberá ação rescisória, cujo prazo será contado do trânsito em julgado da decisão proferida pelo Supremo Tribunal Federal.

▸ art. 1.057, CPC.

Art. 526. É lícito ao réu, antes de ser intimado para o cumprimento da sentença, comparecer em juízo e oferecer em pagamento o valor que entender devido, apresentando memória discriminada do cálculo.

§ 1º O autor será ouvido no prazo de 5 (cinco) dias, podendo impugnar o valor depositado, sem prejuízo do levantamento do depósito a título de parcela incontroversa.

§ 2º Concluindo o juiz pela insuficiência do depósito, sobre a diferença incidirão multa de dez por cento e honorários advocatícios, também fixados em dez por cento, seguindo-se a execução com penhora e atos subsequentes.

§ 3º Se o autor não se opuser, o juiz declarará satisfeita a obrigação e extinguirá o processo.

Art. 527. Aplicam-se as disposições deste Capítulo ao cumprimento provisório da sentença, no que couber.

CAPÍTULO IV
DO CUMPRIMENTO DE SENTENÇA QUE RECONHEÇA A EXIGIBILIDADE DE OBRIGAÇÃO DE PRESTAR ALIMENTOS

Art. 528. No cumprimento de sentença que condene ao pagamento de prestação alimentícia ou de decisão interlocutória que fixe alimentos, o juiz, a requerimento do exequente, mandará intimar o executado pessoalmente para, em 3 (três) dias, pagar o débito, provar que o fez ou justificar a impossibilidade de efetuá-lo.

▸ art. 5º, LXVII, CF.

▸ arts. 1.694 a 1.710, CC.

▸ Súm. 144, STJ.

§ 1º Caso o executado, no prazo referido no *caput*, não efetue o pagamento, não prove que o efetuou ou não apresente justificativa da impossibilidade de efetuá-lo, o juiz mandará protestar o pronunciamento judicial, aplicando-se, no que couber, o disposto no art. 517.

§ 2º Somente a comprovação de fato que gere a impossibilidade absoluta de pagar justificará o inadimplemento.

§ 3º Se o executado não pagar ou se a justificativa apresentada não for aceita, o juiz, além de mandar protestar o pronunciamento judicial na forma do § 1º, decretar-lhe-á a prisão pelo prazo de 1 (um) a 3 (três) meses.

▸ art. 5º, LXVII, CF.

▸ art. 7º, 7, Pacto de San José da Costa Rica.

§ 4º A prisão será cumprida em regime fechado, devendo o preso ficar separado dos presos comuns.

§ 5º O cumprimento da pena não exime o executado do pagamento das prestações vencidas e vincendas.

§ 6º Paga a prestação alimentícia, o juiz suspenderá o cumprimento da ordem de prisão.

§ 7º O débito alimentar que autoriza a prisão civil do alimentante é o que compreende até as 3 (três) prestações anteriores ao ajuizamento da execução e as que se vencerem no curso do processo.

▸ Súm. 309, STJ.

§ 8º O exequente pode optar por promover o cumprimento da sentença ou decisão desde logo, nos termos do disposto neste Livro, Título II, Capítulo III, caso em que não será admissível a prisão do executado, e, recaindo a penhora em dinheiro, a concessão de efeito suspensivo à impugnação não obsta a que o exequente levante mensalmente a importância da prestação.

§ 9º Além das opções previstas no art. 516, parágrafo único, o exequente pode promover o cumprimento da sentença ou decisão que condena ao pagamento de prestação alimentícia no juízo de seu domicílio.

Art. 529. Quando o executado for funcionário público, militar, diretor ou gerente de empresa ou empregado sujeito à legislação do trabalho, o exequente poderá requerer o desconto em folha de pagamento da importância da prestação alimentícia.

- art. 1.701, p.ún., CC.
- art. 462, CLT.
- art. 115, IV, Lei 8.213/1991 (Previdência Social).

§ 1º Ao proferir a decisão, o juiz oficiará à autoridade, à empresa ou ao empregador, determinando, sob pena de crime de desobediência, o desconto a partir da primeira remuneração posterior do executado, a contar do protocolo do ofício.

- art. 330, CP.
- art. 5º, § 7º, Lei 5.478/1968 (Lei de alimentos).

§ 2º O ofício conterá o nome e o número de inscrição no Cadastro de Pessoas Físicas do exequente e do executado, a importância a ser descontada mensalmente, o tempo de sua duração e a conta na qual deve ser feito o depósito.

§ 3º Sem prejuízo do pagamento dos alimentos vincendos, o débito objeto de execução pode ser descontado dos rendimentos ou rendas do executado, de forma parcelada, nos termos do *caput* deste artigo, contanto que, somado à parcela devida, não ultrapasse cinquenta por cento de seus ganhos líquidos.

Art. 530. Não cumprida a obrigação, observar-se-á o disposto nos arts. 831 e seguintes.

Art. 531. O disposto neste Capítulo aplica-se aos alimentos definitivos ou provisórios.

§ 1º A execução dos alimentos provisórios, bem como a dos alimentos fixados em sentença ainda não transitada em julgado, se processa em autos apartados.

§ 2º O cumprimento definitivo da obrigação de prestar alimentos será processado nos mesmos autos em que tenha sido proferida a sentença.

Art. 532. Verificada a conduta procrastinatória do executado, o juiz deverá, se for o caso, dar ciência ao Ministério Público dos indícios da prática do crime de abandono material.

- art. 244, CP.

Art. 533. Quando a indenização por ato ilícito incluir prestação de alimentos, caberá ao executado, a requerimento do exequente, constituir capital cuja renda assegure o pagamento do valor mensal da pensão.

- Súm. 313, STJ.

§ 1º O capital a que se refere o *caput*, representado por imóveis ou por direitos reais sobre imóveis suscetíveis de alienação, títulos da dívida pública ou aplicações financeiras em banco oficial, será inalienável e impenhorável enquanto durar a obrigação do executado, além de constituir-se em patrimônio de afetação.

§ 2º O juiz poderá substituir a constituição do capital pela inclusão do exequente em folha de pagamento de pessoa jurídica de notória capacidade econômica ou, a requerimento do executado, por fiança bancária ou garantia real, em valor a ser arbitrado de imediato pelo juiz.

§ 3º Se sobrevier modificação nas condições econômicas, poderá a parte requerer, conforme as circunstâncias, redução ou aumento da prestação.

§ 4º A prestação alimentícia poderá ser fixada tomando por base o salário-mínimo.

§ 5º Finda a obrigação de prestar alimentos, o juiz mandará liberar o capital, cessar o desconto em folha ou cancelar as garantias prestadas.

CAPÍTULO V
DO CUMPRIMENTO DE SENTENÇA QUE RECONHEÇA A EXIGIBILIDADE DE OBRIGAÇÃO DE PAGAR QUANTIA CERTA PELA FAZENDA PÚBLICA

Art. 534. No cumprimento de sentença que impuser à Fazenda Pública o dever de pagar quantia certa, o exequente apresentará demonstrativo discriminado e atualizado do crédito contendo:

- art. 100, CF.
- arts. 78, 86, 87 e 97, ADCT.
- Súm. 279 e 339, STJ.

I - o nome completo e o número de inscrição no Cadastro de Pessoas Físicas ou no Cadastro Nacional da Pessoa Jurídica do exequente;

II - o índice de correção monetária adotado;

III - os juros aplicados e as respectivas taxas;

IV - o termo inicial e o termo final dos juros e da correção monetária utilizados;

V - a periodicidade da capitalização dos juros, se for o caso;

VI - a especificação dos eventuais descontos obrigatórios realizados.

§ 1º Havendo pluralidade de exequentes, cada um deverá apresentar o seu próprio demonstrativo, aplicando-se à hipótese, se for o caso, o disposto nos §§ 1º e 2º do art. 113.

§ 2º A multa prevista no § 1º do art. 523 não se aplica à Fazenda Pública.

Art. 535. A Fazenda Pública será intimada na pessoa de seu representante judicial, por carga, remessa ou meio eletrônico, para, querendo, no prazo de 30 (trinta) dias e nos próprios autos, impugnar a execução, podendo arguir:

- art. 33, § 3º, Lei 9.307/1996 (Arbitragem).

I - falta ou nulidade da citação se, na fase de conhecimento, o processo correu à revelia;

II - ilegitimidade de parte;

III - inexequibilidade do título ou inexigibilidade da obrigação;

IV - excesso de execução ou cumulação indevida de execuções;

V - incompetência absoluta ou relativa do juízo da execução;

VI - qualquer causa modificativa ou extintiva da obrigação, como pagamento, novação, compensação, transação ou prescrição, desde que supervenientes ao trânsito em julgado da sentença.

- Súm. 150, STF.
- Súm. 394, STJ.

§ 1º A alegação de impedimento ou suspeição observará o disposto nos arts. 146 e 148.

- art. 16, § 3º, Lei 6.830/1980 (Execução Fiscal).

§ 2º Quando se alegar que o exequente, em excesso de execução, pleiteia quantia superior à resultante do título, cumprirá à executada declarar de imediato o valor que entende correto, sob pena de não conhecimento da arguição.

§ 3º Não impugnada a execução ou rejeitadas as arguições da executada:

I - expedir-se-á, por intermédio do presidente do tribunal competente, precatório em favor do exequente, observando-se o disposto na Constituição Federal;

- Súm. 655 e 733, STF.
- Súm. 311, STJ.

II - por ordem do juiz, dirigida à autoridade na pessoa de quem o ente público foi citado para o processo, o pagamento de obrigação de pequeno valor será realizado no prazo de 2 (dois) meses contado da entrega da requisição, mediante depósito na agência de banco oficial mais próxima da residência do exequente.

- **ADI 5.492: O STF, por maioria, julgou parcialmente procedente o pedido para declarar a inconstitucionalidade da expressão "de banco oficial", constante do art. 535, § 3º, inc. II, e conferir interpretação conforme ao dispositivo para que se entenda que a "agência" nele referida pode ser de instituição financeira pública ou privada. (DJE de 04.05.2023)**

§ 4º Tratando-se de impugnação parcial, a parte não questionada pela executada será, desde logo, objeto de cumprimento.

§ 5º Para efeito do disposto no inciso III do *caput* deste artigo, considera-se também inexigível a obrigação reconhecida em título executivo judicial fundado em lei ou ato normativo considerado inconstitucional pelo Supremo Tribunal Federal, ou fundado em aplicação ou interpretação da lei ou do ato normativo tido pelo Supremo Tribunal Federal como incompatível com a Constituição Federal, em controle de constitucionalidade concentrado ou difuso.

- Lei 9.868/1999 (Lei de ADI e ADC).
- Súm. 487, STJ.

§ 6º No caso do § 5º, os efeitos da decisão do Supremo Tribunal Federal poderão ser modulados no tempo, de modo a favorecer a segurança jurídica.

§ 7º A decisão do Supremo Tribunal Federal referida no § 5º deve ter sido proferida antes do trânsito em julgado da decisão exequenda.

- art. 1.057, CPC.

§ 8º Se a decisão referida no § 5º for proferida após o trânsito em julgado da decisão exequenda, caberá ação rescisória, cujo prazo será contado do trânsito em julgado da decisão proferida pelo Supremo Tribunal Federal.

› art. 1.057, CPC.

CAPÍTULO VI
DO CUMPRIMENTO DE SENTENÇA QUE RECONHEÇA A EXIGIBILIDADE DE OBRIGAÇÃO DE FAZER, DE NÃO FAZER OU DE ENTREGAR COISA

SEÇÃO I
DO CUMPRIMENTO DE SENTENÇA QUE RECONHEÇA A EXIGIBILIDADE DE OBRIGAÇÃO DE FAZER OU DE NÃO FAZER

Art. 536. No cumprimento de sentença que reconheça a exigibilidade de obrigação de fazer ou de não fazer, o juiz poderá, de ofício ou a requerimento, para a efetivação da tutela específica ou a obtenção de tutela pelo resultado prático equivalente, determinar as medidas necessárias à satisfação do exequente.

› arts. 247 a 251, CC.
› art. 84, CDC.
› art. 213, *caput*, ECA.
› art. 11, Lei 7.347/1985 (Ação Civil Pública).
› art. 52, V e VI, Lei 9.099/1995 (Juizados Especiais Cíveis e Criminais).

§ 1º Para atender ao disposto no *caput*, o juiz poderá determinar, entre outras medidas, a imposição de multa, a busca e apreensão, a remoção de pessoas e coisas, o desfazimento de obras e o impedimento de atividade nociva, podendo, caso necessário, requisitar o auxílio de força policial.

› art. 84, § 5º, CDC.

§ 2º O mandado de busca e apreensão de pessoas e coisas será cumprido por 2 (dois) oficiais de justiça, observando-se o disposto no art. 846, §§ 1º a 4º, se houver necessidade de arrombamento.

§ 3º O executado incidirá nas penas de litigância de má-fé quando injustificadamente descumprir a ordem judicial, sem prejuízo de sua responsabilização por crime de desobediência.

› art. 330, CP.

§ 4º No cumprimento de sentença que reconheça a exigibilidade de obrigação de fazer ou de não fazer, aplica-se o art. 525, no que couber.

§ 5º O disposto neste artigo aplica-se, no que couber, ao cumprimento de sentença que reconheça deveres de fazer e de não fazer de natureza não obrigacional.

Art. 537. A multa independe de requerimento da parte e poderá ser aplicada na fase de conhecimento, em tutela provisória ou na sentença, ou na fase de execução, desde que seja suficiente e compatível com a obrigação e que se determine prazo razoável para cumprimento do preceito.

› Súm. 410, STJ.

§ 1º O juiz poderá, de ofício ou a requerimento, modificar o valor ou a periodicidade da multa vincenda ou excluí-la, caso verifique que:

I - se tornou insuficiente ou excessiva;

II - o obrigado demonstrou cumprimento parcial superveniente da obrigação ou justa causa para o descumprimento.

§ 2º O valor da multa será devido ao exequente.

§ 3º A decisão que fixa a multa é passível de cumprimento provisório, devendo ser depositada em juízo, permitido o levantamento do valor após o trânsito em julgado da sentença favorável à parte. (Alterado pela Lei 13.256/2016)

§ 4º A multa será devida desde o dia em que se configurar o descumprimento da decisão e incidirá enquanto não for cumprida a decisão que a tiver cominado.

§ 5º O disposto neste artigo aplica-se, no que couber, ao cumprimento de sentença que reconheça deveres de fazer e de não fazer de natureza não obrigacional.

SEÇÃO II
DO CUMPRIMENTO DE SENTENÇA QUE RECONHEÇA A EXIGIBILIDADE DE OBRIGAÇÃO DE ENTREGAR COISA

Art. 538. Não cumprida a obrigação de entregar coisa no prazo estabelecido na sentença, será expedido mandado de busca e apreensão ou de imissão na posse em favor do credor, conforme se tratar de coisa móvel ou imóvel.

§ 1º A existência de benfeitorias deve ser alegada na fase de conhecimento, em contestação, de forma discriminada e com atribuição, sempre que possível e justificadamente, do respectivo valor.

§ 2º O direito de retenção por benfeitorias deve ser exercido na contestação, na fase de conhecimento.

§ 3º Aplicam-se ao procedimento previsto neste artigo, no que couber, as disposições sobre o cumprimento de obrigação de fazer ou de não fazer.

TÍTULO III
DOS PROCEDIMENTOS ESPECIAIS

CAPÍTULO I
DA AÇÃO DE CONSIGNAÇÃO EM PAGAMENTO

› arts. 334 a 345, CC.

Art. 539. Nos casos previstos em lei, poderá o devedor ou terceiro requerer, com efeito de pagamento, a consignação da quantia ou da coisa devida.

› arts. 304 e 334, CC.
› art. 67, Lei 8.245/1991 (Lei de locação).

§ 1º Tratando-se de obrigação em dinheiro, poderá o valor ser depositado em estabelecimento bancário, oficial onde houver, situado no lugar do pagamento, cientificando-se o credor por carta com aviso de recebimento, assinado o prazo de 10 (dez) dias para a manifestação de recusa.

§ 2º Decorrido o prazo do § 1º, contado do retorno do aviso de recebimento, sem a manifestação de recusa, considerar-se-á o devedor liberado da obrigação, ficando à disposição do credor a quantia depositada.

§ 3º Ocorrendo a recusa, manifestada por escrito ao estabelecimento bancário, poderá ser proposta, dentro de 1 (um) mês, a ação de consignação, instruindo-se a inicial com a prova do depósito e da recusa.

› art. 542, I, CPC.

§ 4º Não proposta a ação no prazo do § 3º, ficará sem efeito o depósito, podendo levantá-lo o depositante.

Art. 540. Requerer-se-á a consignação no lugar do pagamento, cessando para o devedor, à data do depósito, os juros e os riscos, salvo se a demanda for julgada improcedente.

› arts. 327 e 328, CC.

Art. 541. Tratando-se de prestações sucessivas, consignada uma delas, pode o devedor continuar a depositar, no mesmo processo e sem mais formalidades, as que se forem vencendo, desde que o faça em até 5 (cinco) dias contados da data do respectivo vencimento.

› art. 323, CPC.

Art. 542. Na petição inicial, o autor requererá:

I - o depósito da quantia ou da coisa devida, a ser efetivado no prazo de 5 (cinco) dias contados do deferimento, ressalvada a hipótese do art. 539, § 3º;

II - a citação do réu para levantar o depósito ou oferecer contestação.

Parágrafo único. Não realizado o depósito no prazo do inciso I, o processo será extinto sem resolução do mérito.

Art. 543. Se o objeto da prestação for coisa indeterminada e a escolha couber ao credor, será este citado para exercer o direito dentro de 5 (cinco) dias, se outro prazo não constar de lei ou do contrato, ou para aceitar que o devedor a faça, devendo o juiz, ao despachar a petição inicial, fixar lugar, dia e hora em que se fará a entrega, sob pena de depósito.

Art. 544. Na contestação, o réu poderá alegar que:

I - não houve recusa ou mora em receber a quantia ou a coisa devida;

II - foi justa a recusa;

III - o depósito não se efetuou no prazo ou no lugar do pagamento;

IV - o depósito não é integral.

Parágrafo único. No caso do inciso IV, a alegação somente será admissível se o réu indicar o montante que entende devido.

Art. 545. Alegada a insuficiência do depósito, é lícito ao autor completá-lo, em 10 (dez) dias, salvo se corresponder a prestação cujo inadimplemento acarrete a rescisão do contrato.

§ 1º No caso do *caput*, poderá o réu levantar, desde logo, a quantia ou a coisa depositada, com a consequente liberação parcial do autor, prosseguindo o processo quanto à parcela controvertida.

§ 2º A sentença que concluir pela insuficiência do depósito determinará, sempre que possível, o montante devido e valerá como título executivo, facultado ao credor promover-lhe o cumprimento nos mesmos autos, após liquidação, se necessária.

Art. 546. Julgado procedente o pedido, o juiz declarará extinta a obrigação e condenará o réu ao pagamento de custas e honorários advocatícios.

Parágrafo único. Proceder-se-á do mesmo modo se o credor receber e der quitação.

Art. 547. Se ocorrer dúvida sobre quem deva legitimamente receber o pagamento, o autor requererá o depósito e a citação dos possíveis titulares do crédito para provarem o seu direito.

› art. 335, IV, CC.

Art. 548. No caso do art. 547:

I - não comparecendo pretendente algum, converter-se-á o depósito em arrecadação de coisas vagas;

II - comparecendo apenas um, o juiz decidirá de plano;

III - comparecendo mais de um, o juiz declarará efetuado o depósito e extinta a obrigação, continuando o processo a correr unicamente entre os presuntivos credores, observado o procedimento comum.

Art. 549. Aplica-se o procedimento estabelecido neste Capítulo, no que couber, ao resgate do aforamento.

CAPÍTULO II
DA AÇÃO DE EXIGIR CONTAS

Art. 550. Aquele que afirmar ser titular do direito de exigir contas requererá a citação do réu para que as preste ou ofereça contestação no prazo de 15 (quinze) dias.

› Súm. 259 e 477, STJ.

§ 1º Na petição inicial, o autor especificará, detalhadamente, as razões pelas quais exige as contas, instruindo-a com documentos comprobatórios dessa necessidade, se existirem.

§ 2º Prestadas as contas, o autor terá 15 (quinze) dias para se manifestar, prosseguindo-se o processo na forma do Capítulo X do Título I deste Livro.

§ 3º A impugnação das contas apresentadas pelo réu deverá ser fundamentada e específica, com referência expressa ao lançamento questionado.

§ 4º Se o réu não contestar o pedido, observar-se-á o disposto no art. 355.

§ 5º A decisão que julgar procedente o pedido condenará o réu a prestar as contas no prazo de 15 (quinze) dias, sob pena de não lhe ser lícito impugnar as que o autor apresentar.

§ 6º Se o réu apresentar as contas no prazo previsto no § 5º, seguir-se-á o procedimento do § 2º, caso contrário, o autor apresentá-las-á no prazo de 15 (quinze) dias, podendo o juiz determinar a realização de exame pericial, se necessário.

Art. 551. As contas do réu serão apresentadas na forma adequada, especificando-se as receitas, a aplicação das despesas e os investimentos, se houver.

§ 1º Havendo impugnação específica e fundamentada pelo autor, o juiz estabelecerá prazo razoável para que o réu apresente os documentos justificativos dos lançamentos individualmente impugnados.

§ 2º As contas do autor, para os fins do art. 550, § 5º, serão apresentadas na forma adequada, já instruídas com os documentos justificativos, especificando-se as receitas, a aplicação das despesas e os investimentos, se houver, bem como o respectivo saldo.

Art. 552. A sentença apurará o saldo e constituirá título executivo judicial.

Art. 553. As contas do inventariante, do tutor, do curador, do depositário e de qualquer outro administrador serão prestadas em apenso aos autos do processo em que tiver sido nomeado.

Parágrafo único. Se qualquer dos referidos no *caput* for condenado a pagar o saldo e não o fizer no prazo legal, o juiz poderá destituí-lo, sequestrar os bens sob sua guarda, glosar o prêmio ou a gratificação a que teria direito e determinar as medidas executivas necessárias à recomposição do prejuízo.

CAPÍTULO III
DAS AÇÕES POSSESSÓRIAS

SEÇÃO I
DISPOSIÇÕES GERAIS

Art. 554. A propositura de uma ação possessória em vez de outra não obstará a que o juiz conheça do pedido e outorgue a proteção legal correspondente àquela cujos pressupostos estejam provados.

› arts. 1.196 a 1.224, CC.

§ 1º No caso de ação possessória em que figure no polo passivo grande número de pessoas, serão feitas a citação pessoal dos ocupantes que forem encontrados no local e a citação por edital dos demais, determinando-se, ainda, a intimação do Ministério Público e, se envolver pessoas em situação de hipossuficiência econômica, da Defensoria Pública.

› art. 178, III, CPC.

§ 2º Para fim da citação pessoal prevista no § 1º, o oficial de justiça procurará os ocupantes no local por uma vez, citando-se por edital os que não forem encontrados.

§ 3º O juiz deverá determinar que se dê ampla publicidade da existência da ação prevista no § 1º e dos respectivos prazos processuais, podendo, para tanto, valer-se de anúncios em jornal ou rádio locais, da publicação de cartazes na região do conflito e de outros meios.

Art. 555. É lícito ao autor cumular ao pedido possessório o de:

I - condenação em perdas e danos;

› arts. 402 a 405 e 927, CC.

II - indenização dos frutos.

Parágrafo único. Pode o autor requerer, ainda, imposição de medida necessária e adequada para:

I - evitar nova turbação ou esbulho;

II - cumprir-se a tutela provisória ou final.

› arts. 294 a 311, CPC.

Art. 556. É lícito ao réu, na contestação, alegando que foi o ofendido em sua posse, demandar a proteção possessória e a indenização pelos prejuízos resultantes da turbação ou do esbulho cometido pelo autor.

Art. 557. Na pendência de ação possessória é vedado, tanto ao autor quanto ao réu, propor ação de reconhecimento do domínio, exceto se a pretensão for deduzida em face de terceira pessoa.

Parágrafo único. Não obsta à manutenção ou à reintegração de posse a alegação de propriedade ou de outro direito sobre a coisa.

Art. 558. Regem o procedimento de manutenção e de reintegração de posse as normas da Seção II deste Capítulo quando a ação for proposta dentro de ano e dia da turbação ou do esbulho afirmado na petição inicial.

Parágrafo único. Passado o prazo referido no *caput*, será comum o procedimento, não perdendo, contudo, o caráter possessório.

Art. 559. Se o réu provar, em qualquer tempo, que o autor provisoriamente mantido ou reintegrado na posse carece de idoneidade financeira para, no caso de sucumbência, responder por perdas e danos, o juiz designar-lhe-á o prazo de 5 (cinco) dias para requerer caução, real ou fidejussória, sob pena de ser depositada a coisa litigiosa, ressalvada a impossibilidade da parte economicamente hipossuficiente.

SEÇÃO II
DA MANUTENÇÃO E DA REINTEGRAÇÃO DE POSSE

Art. 560. O possuidor tem direito a ser mantido na posse em caso de turbação e reintegrado em caso de esbulho.

Art. 561. Incumbe ao autor provar:

I - a sua posse;

› arts. 1.196 e 1.209, CC.

II - a turbação ou o esbulho praticado pelo réu;

III - a data da turbação ou do esbulho;

IV - a continuação da posse, embora turbada, na ação de manutenção, ou a perda da posse, na ação de reintegração.

Art. 562. Estando a petição inicial devidamente instruída, o juiz deferirá, sem ouvir o réu, a expedição do mandado liminar de manutenção ou de reintegração, caso contrário, determinará que o autor justifique previamente o alegado, citando-se o réu para comparecer à audiência que for designada.

Parágrafo único. Contra as pessoas jurídicas de direito público não será deferida a manutenção ou a reintegração liminar sem prévia audiência dos respectivos representantes judiciais.

Art. 563. Considerada suficiente a justificação, o juiz fará logo expedir mandado de manutenção ou de reintegração.

Art. 564. Concedido ou não o mandado liminar de manutenção ou de reintegração, o autor promoverá, nos 5 (cinco) dias subsequentes, a citação do réu para, querendo, contestar a ação no prazo de 15 (quinze) dias.

Parágrafo único. Quando for ordenada a justificação prévia, o prazo para contestar será contado da intimação da decisão que deferir ou não a medida liminar.

Art. 565. No litígio coletivo pela posse de imóvel, quando o esbulho ou a turbação afirmado na petição inicial houver ocorrido há mais de ano e dia, o juiz, antes de apreciar o pedido de concessão da medida liminar, deverá designar audiência de mediação, a realizar-se em até 30 (trinta) dias, que observará o disposto nos §§ 2º e 4º.

§ 1º Concedida a liminar, se essa não for executada no prazo de 1 (um) ano, a contar da data de distribuição, caberá ao juiz designar audiência de mediação, nos termos dos §§ 2º a 4º deste artigo.

§ 2º O Ministério Público será intimado para comparecer à audiência, e a Defensoria Pública será intimada sempre que houver parte beneficiária de gratuidade da justiça.

- art. 134, CF.

§ 3º O juiz poderá comparecer à área objeto do litígio quando sua presença se fizer necessária à efetivação da tutela jurisdicional.

§ 4º Os órgãos responsáveis pela política agrária e pela política urbana da União, de Estado ou do Distrito Federal e de Município onde se situe a área objeto do litígio poderão ser intimados para a audiência, a fim de se manifestarem sobre seu interesse no processo e sobre a existência de possibilidade de solução para o conflito possessório.

§ 5º Aplica-se o disposto neste artigo ao litígio sobre propriedade de imóvel.

Art. 566. Aplica-se, quanto ao mais, o procedimento comum.

SEÇÃO III
DO INTERDITO PROIBITÓRIO

Art. 567. O possuidor direto ou indireto que tenha justo receio de ser molestado na posse poderá requerer ao juiz que o segure da turbação ou esbulho iminente, mediante mandado proibitório em que se comine ao réu determinada pena pecuniária caso transgrida o preceito.

Art. 568. Aplica-se ao interdito proibitório o disposto na Seção II deste Capítulo.

CAPÍTULO IV
DA AÇÃO DE DIVISÃO E DA DEMARCAÇÃO DE TERRAS PARTICULARES

SEÇÃO I
DISPOSIÇÕES GERAIS

Art. 569. Cabe:

I - ao proprietário a ação de demarcação, para obrigar o seu confinante a estremar os respectivos prédios, fixando-se novos limites entre eles ou aviventando-se os já apagados;

- arts. 574 a 587, CPC.
- Lei 6.383/1976 (Terras devolutas da União).

II - ao condômino a ação de divisão, para obrigar os demais consortes a estremar os quinhões.

- arts. 588 a 598, CPC.
- art. 1.320, CC.

Art. 570. É lícita a cumulação dessas ações, caso em que deverá processar-se primeiramente a demarcação total ou parcial da coisa comum, citando-se os confinantes e os condôminos.

Art. 571. A demarcação e a divisão poderão ser realizadas por escritura pública, desde que maiores, capazes e concordes todos os interessados, observando-se, no que couber, os dispositivos deste Capítulo.

Art. 572. Fixados os marcos da linha de demarcação, os confinantes considerar-se-ão terceiros quanto ao processo divisório, ficando-lhes, porém, ressalvado o direito de vindicar os terrenos de que se julguem despojados por invasão das linhas limítrofes constitutivas do perímetro ou de reclamar indenização correspondente ao seu valor.

§ 1º No caso do *caput*, serão citados para a ação todos os condôminos, se a sentença homologatória da divisão ainda não houver transitado em julgado, e todos os quinhoeiros dos terrenos vindicados, se a ação for proposta posteriormente.

§ 2º Neste último caso, a sentença que julga procedente a ação, condenando a restituir os terrenos ou a pagar a indenização, valerá como título executivo em favor dos quinhoeiros para haverem dos outros condôminos que forem parte na divisão ou de seus sucessores a título universal, na proporção que lhes tocar, a composição pecuniária do desfalque sofrido.

Art. 573. Tratando-se de imóvel georreferenciado, com averbação no registro de imóveis, pode o juiz dispensar a realização de prova pericial.

- art. 464, § 1º, II, CPC.

SEÇÃO II
DA DEMARCAÇÃO

Art. 574. Na petição inicial, instruída com os títulos da propriedade, designar-se-á o imóvel pela situação e pela denominação, descrever-se-ão os limites por constituir, aviventar ou renovar e nomear-se-ão todos os confinantes da linha demarcanda.

- arts. 1.297 e 1.298, CC.

Art. 575. Qualquer condômino é parte legítima para promover a demarcação do imóvel comum, requerendo a intimação dos demais para, querendo, intervir no processo.

Art. 576. A citação dos réus será feita por correio, observado o disposto no art. 247.

Parágrafo único. Será publicado edital, nos termos do inciso III do art. 259.

Art. 577. Feitas as citações, terão os réus o prazo comum de 15 (quinze) dias para contestar.

Art. 578. Após o prazo de resposta do réu, observar-se-á o procedimento comum.

- art. 598, CPC.

Art. 579. Antes de proferir a sentença, o juiz nomeará um ou mais peritos para levantar o traçado da linha demarcanda.

Art. 580. Concluídos os estudos, os peritos apresentarão minucioso laudo sobre o traçado da linha demarcanda, considerando os títulos, os marcos, os rumos, a fama da vizinhança, as informações de antigos moradores do lugar e outros elementos que coligirem.

Art. 581. A sentença que julgar procedente o pedido determinará o traçado da linha demarcanda.

Parágrafo único. A sentença proferida na ação demarcatória determinará a restituição da área invadida, se houver, declarando o domínio ou a posse do prejudicado, ou ambos.

Art. 582. Transitada em julgado a sentença, o perito efetuará a demarcação e colocará os marcos necessários.

- art. 22, p.ún., Lei 6.383/1976 (Terras devolutas da União).

Parágrafo único. Todas as operações serão consignadas em planta e memorial descritivo com as referências convenientes para a identificação, em qualquer tempo, dos pontos assinalados, observada a legislação especial que dispõe sobre a identificação do imóvel rural.

Art. 583. As plantas serão acompanhadas das cadernetas de operações de campo e do memorial descritivo, que conterá:

I - o ponto de partida, os rumos seguidos e a aviventação dos antigos com os respectivos cálculos;

II - os acidentes encontrados, as cercas, os valos, os marcos antigos, os córregos, os rios, as lagoas e outros;

III - a indicação minuciosa dos novos marcos cravados, dos antigos aproveitados, das culturas existentes e da sua produção anual;

IV - a composição geológica dos terrenos, bem como a qualidade e a extensão dos campos, das matas e das capoeiras;

V - as vias de comunicação;

VI - as distâncias a pontos de referência, tais como rodovias federais e estaduais, ferrovias, portos, aglomerações urbanas e polos comerciais;

VII - a indicação de tudo o mais que for útil para o levantamento da linha ou para a identificação da linha já levantada.

Art. 584. É obrigatória a colocação de marcos tanto na estação inicial, dita marco primordial, quanto nos vértices dos ângulos, salvo se algum desses últimos pontos for assinalado por acidentes naturais de difícil remoção ou destruição.

- art. 596, p.ún., CPC.

Art. 585. A linha será percorrida pelos peritos, que examinarão os marcos e os rumos, consignando em relatório escrito a exatidão do memorial e da planta apresentados pelo agrimensor ou as divergências porventura encontradas.

- art. 596, p.ún., CPC.

Art. 586. Juntado aos autos o relatório dos peritos, o juiz determinará que as partes se manifestem sobre ele no prazo comum de 15 (quinze) dias.

- art. 597, § 1º, CPC.

Parágrafo único. Executadas as correções e as retificações que o juiz determinar, lavrar-se-á, em seguida, o auto de demarcação em que os limites demarcandos serão minuciosamente descritos de acordo com o memorial e a planta.

Art. 587. Assinado o auto pelo juiz e pelos peritos, será proferida a sentença homologatória da demarcação.

SEÇÃO III
DA DIVISÃO

‣ art. 89, CPC.

Art. 588. A petição inicial será instruída com os títulos de domínio do promovente e conterá:

‣ art. 1.320, CC.

I - a indicação da origem da comunhão e a denominação, a situação, os limites e as características do imóvel;

II - o nome, o estado civil, a profissão e a residência de todos os condôminos, especificando-se os estabelecidos no imóvel com benfeitorias e culturas;

III - as benfeitorias comuns.

Art. 589. Feitas as citações como preceitua o art. 576, prosseguir-se-á na forma dos arts. 577 e 578.

Art. 590. O juiz nomeará um ou mais peritos para promover a medição do imóvel e as operações de divisão, observada a legislação especial que dispõe sobre a identificação do imóvel rural.

Parágrafo único. O perito deverá indicar as vias de comunicação existentes, as construções e as benfeitorias, com a indicação dos seus valores e dos respectivos proprietários e ocupantes, as águas principais que banham o imóvel e quaisquer outras informações que possam concorrer para facilitar a partilha.

Art. 591. Todos os condôminos serão intimados a apresentar, dentro de 10 (dez) dias, os seus títulos, se ainda não o tiverem feito, e a formular os seus pedidos sobre a constituição dos quinhões.

Art. 592. O juiz ouvirá as partes no prazo comum de 15 (quinze) dias.

§ 1º Não havendo impugnação, o juiz determinará a divisão geodésica do imóvel.

§ 2º Havendo impugnação, o juiz proferirá, no prazo de 10 (dez) dias, decisão sobre os pedidos e os títulos que devam ser atendidos na formação dos quinhões.

Art. 593. Se qualquer linha do perímetro atingir benfeitorias permanentes dos confinantes feitas há mais de 1 (um) ano, serão elas respeitadas, bem como os terrenos onde estiverem, os quais não se computarão na área dividenda.

Art. 594. Os confinantes do imóvel dividendo podem demandar a restituição dos terrenos que lhes tenham sido usurpados.

§ 1º Serão citados para a ação todos os condôminos, se a sentença homologatória da divisão ainda não houver transitado em julgado, e todos os quinhoeiros dos terrenos vindicados, se a ação for proposta posteriormente.

§ 2º Nesse último caso terão os quinhoeiros o direito, pela mesma sentença que os obrigar à restituição, a haver dos outros condôminos do processo divisório ou de seus sucessores a título universal a composição pecuniária proporcional ao desfalque sofrido.

Art. 595. Os peritos proporão, em laudo fundamentado, a forma da divisão, devendo consultar, quanto possível, a comodidade das partes, respeitar, para adjudicação a cada condômino, a preferência dos terrenos contíguos às suas residências e benfeitorias e evitar o retalhamento dos quinhões em glebas separadas.

Art. 596. Ouvidas as partes, no prazo comum de 15 (quinze) dias, sobre o cálculo e o plano da divisão, o juiz deliberará a partilha.

Parágrafo único. Em cumprimento dessa decisão, o perito procederá à demarcação dos quinhões, observando, além do disposto nos arts. 584 e 585, as seguintes regras:

I - as benfeitorias comuns que não comportarem divisão cômoda serão adjudicadas a um dos condôminos mediante compensação;

II - instituir-se-ão as servidões que forem indispensáveis em favor de uns quinhões sobre os outros, incluindo o respectivo valor no orçamento para que, não se tratando de servidões naturais, seja compensado o condômino aquinhoado com o prédio serviente;

‣ arts. 1.378 a 1.389, CC.

III - as benfeitorias particulares dos condôminos que excederem à área a que têm direito serão adjudicadas ao quinhoeiro vizinho mediante reposição;

IV - se outra coisa não acordarem as partes, as compensações e as reposições serão feitas em dinheiro.

Art. 597. Terminados os trabalhos e desenhados na planta os quinhões e as servidões aparentes, o perito organizará o memorial descritivo.

§ 1º Cumprido o disposto no art. 586, o escrivão, em seguida, lavrará o auto de divisão, acompanhado de uma folha de pagamento para cada condômino.

§ 2º Assinado o auto pelo juiz e pelo perito, será proferida sentença homologatória da divisão.

§ 3º O auto conterá:

I - a confinação e a extensão superficial do imóvel;

II - a classificação das terras com o cálculo das áreas de cada consorte e com a respectiva avaliação ou, quando a homogeneidade das terras não determinar diversidade de valores, a avaliação do imóvel na sua integridade;

III - o valor e a quantidade geométrica que couber a cada condômino, declarando-se as reduções e as compensações resultantes da diversidade de valores das glebas componentes de cada quinhão.

§ 4º Cada folha de pagamento conterá:

I - a descrição das linhas divisórias do quinhão, mencionadas as confinantes;

II - a relação das benfeitorias e das culturas do próprio quinhoeiro e das que lhe foram adjudicadas por serem comuns ou mediante compensação;

III - a declaração das servidões instituídas, especificados os lugares, a extensão e o modo de exercício.

Art. 598. Aplica-se às divisões o disposto nos arts. 575 a 578.

CAPÍTULO V
DA AÇÃO DE DISSOLUÇÃO PARCIAL DE SOCIEDADE

Art. 599. A ação de dissolução parcial de sociedade pode ter por objeto:

I - a resolução da sociedade empresária contratual ou simples em relação ao sócio falecido, excluído ou que exerceu o direito de retirada ou recesso; e

II - a apuração dos haveres do sócio falecido, excluído ou que exerceu o direito de retirada ou recesso; ou

III - somente a resolução ou a apuração de haveres.

§ 1º A petição inicial será necessariamente instruída com o contrato social consolidado.

§ 2º A ação de dissolução parcial de sociedade pode ter também por objeto a sociedade anônima de capital fechado quando demonstrado, por acionista ou acionistas que representem cinco por cento ou mais do capital social, que não pode preencher o seu fim.

Art. 600. A ação pode ser proposta:

I - pelo espólio do sócio falecido, quando a totalidade dos sucessores não ingressar na sociedade;

II - pelos sucessores, após concluída a partilha do sócio falecido;

III - pela sociedade, se os sócios sobreviventes não admitirem o ingresso do espólio ou dos sucessores do falecido na sociedade, quando esse direito decorrer do contrato social;

IV - pelo sócio que exerceu o direito de retirada ou recesso, se não tiver sido providenciada, pelos demais sócios, a alteração contratual consensual formalizando o desligamento, depois de transcorridos 10 (dez) dias do exercício do direito;

V - pela sociedade, nos casos em que a lei não autoriza a exclusão extrajudicial; ou

VI - pelo sócio excluído.

Parágrafo único. O cônjuge ou companheiro do sócio cujo casamento, união estável ou convivência terminou poderá requerer a apuração de seus haveres na sociedade, que serão pagos à conta da quota social titulada por este sócio.

‣ art. 226, § 3º, CF.

Art. 601. Os sócios e a sociedade serão citados para, no prazo de 15 (quinze) dias, concordar com o pedido ou apresentar contestação.

‣ arts. 335 e ss., CPC.

Parágrafo único. A sociedade não será citada se todos os seus sócios o forem, mas ficará sujeita aos efeitos da decisão e à coisa julgada.

Art. 602. A sociedade poderá formular pedido de indenização compensável com o valor dos haveres a apurar.

Art. 603. Havendo manifestação expressa e unânime pela concordância da dissolução, o juiz a decretará, passando-se imediatamente à fase de liquidação.

§ 1º Na hipótese prevista no *caput*, não haverá condenação em honorários advocatícios de nenhuma das partes, e as custas serão rateadas segundo a participação das partes no capital social.

§ 2º Havendo contestação, observar-se-á o procedimento comum, mas a liquidação da sentença seguirá o disposto neste Capítulo.

Art. 604. Para apuração dos haveres, o juiz:

I - fixará a data da resolução da sociedade;

II - definirá o critério de apuração dos haveres à vista do disposto no contrato social; e

III - nomeará o perito.

§ 1º O juiz determinará à sociedade ou aos sócios que nela permanecerem que depositem em juízo a parte incontroversa dos haveres devidos.

§ 2º O depósito poderá ser, desde logo, levantando pelo ex-sócio, pelo espólio ou pelos sucessores.

§ 3º Se o contrato social estabelecer o pagamento dos haveres, será observado o que nele se dispôs no depósito judicial da parte incontroversa.

Art. 605. A data da resolução da sociedade será:

I - no caso de falecimento do sócio, a do óbito;

II - na retirada imotivada, o sexagésimo dia seguinte ao do recebimento, pela sociedade, da notificação do sócio retirante;

III - no recesso, o dia do recebimento, pela sociedade, da notificação do sócio dissidente;

IV - na retirada por justa causa de sociedade por prazo determinado e na exclusão judicial de sócio, a do trânsito em julgado da decisão que dissolver a sociedade; e

V - na exclusão extrajudicial, a data da assembleia ou da reunião de sócios que a tiver deliberado.

Art. 606. Em caso de omissão do contrato social, o juiz definirá, como critério de apuração de haveres, o valor patrimonial apurado em balanço de determinação, tomando-se por referência a data da resolução e avaliando-se bens e direitos do ativo, tangíveis e intangíveis, a preço de saída, além do passivo também a ser apurado de igual forma.

Parágrafo único. Em todos os casos em que seja necessária a realização de perícia, a nomeação do perito recairá preferencialmente sobre especialista em avaliação de sociedades.

Art. 607. A data da resolução e o critério de apuração de haveres podem ser revistos pelo juiz, a pedido da parte, a qualquer tempo antes do início da perícia.

Art. 608. Até a data da resolução, integram o valor devido ao ex-sócio, ao espólio ou aos sucessores a participação nos lucros ou os juros sobre o capital próprio declarados pela sociedade e, se for o caso, a remuneração como administrador.

Parágrafo único. Após a data da resolução, o ex-sócio, o espólio ou os sucessores terão direito apenas à correção monetária dos valores apurados e aos juros contratuais ou legais.

Art. 609. Uma vez apurados, os haveres do sócio retirante serão pagos conforme disciplinar o contrato social e, no silêncio deste, nos termos do § 2º do art. 1.031 da Lei n. 10.406, de 10 de janeiro de 2002 (Código Civil).

CAPÍTULO VI
DO INVENTÁRIO E DA PARTILHA

SEÇÃO I
DISPOSIÇÕES GERAIS

Art. 610. Havendo testamento ou interessado incapaz, proceder-se-á ao inventário judicial.

- arts. 1.991 e ss., CC.
- Res. CNJ 35/2007, CNJ.

§ 1º Se todos forem capazes e concordes, o inventário e a partilha poderão ser feitos por escritura pública, a qual constituirá documento hábil para qualquer ato de registro, bem como para levantamento de importância depositada em instituições financeiras.

§ 2º O tabelião somente lavrará a escritura pública se todas as partes interessadas estiverem assistidas por advogado ou por defensor público, cuja qualificação e assinatura constarão do ato notarial.

Art. 611. O processo de inventário e de partilha deve ser instaurado dentro de 2 (dois) meses, a contar da abertura da sucessão, ultimando-se nos 12 (doze) meses subsequentes, podendo o juiz prorrogar esses prazos, de ofício ou a requerimento de parte.

- art. 1.796, CC.
- Res. CNJ 35/2007, CNJ.
- Súm. 542, STF.

Art. 612. O juiz decidirá todas as questões de direito desde que os fatos relevantes estejam provados por documento, só remetendo para as vias ordinárias as questões que dependerem de outras provas.

Art. 613. Até que o inventariante preste o compromisso, continuará o espólio na posse do administrador provisório.

Art. 614. O administrador provisório representa ativa e passivamente o espólio, é obrigado a trazer ao acervo os frutos que desde a abertura da sucessão percebeu, tem direito ao reembolso das despesas necessárias e úteis que fez e responde pelo dano a que, por dolo ou culpa, der causa.

SEÇÃO II
DA LEGITIMIDADE PARA REQUERER O INVENTÁRIO

Art. 615. O requerimento de inventário e de partilha incumbe a quem estiver na posse e na administração do espólio, no prazo estabelecido no art. 611.

Parágrafo único. O requerimento será instruído com a certidão de óbito do autor da herança.

Art. 616. Têm, contudo, legitimidade concorrente:

I - o cônjuge ou companheiro supérstite;

- art. 226, § 3º, CF.

II - o herdeiro;

III - o legatário;

IV - o testamenteiro;

V - o cessionário do herdeiro ou do legatário;

VI - o credor do herdeiro, do legatário ou do autor da herança;

VII - o Ministério Público, havendo herdeiros incapazes;

VIII - a Fazenda Pública, quando tiver interesse;

IX - o administrador judicial da falência do herdeiro, do legatário, do autor da herança ou do cônjuge ou companheiro supérstite.

SEÇÃO III
DO INVENTARIANTE E DAS PRIMEIRAS DECLARAÇÕES

Art. 617. O juiz nomeará inventariante na seguinte ordem:

- Art. 1.991 do CC.

I - o cônjuge ou companheiro sobrevivente, desde que estivesse convivendo com o outro ao tempo da morte deste;

II - o herdeiro que se achar na posse e na administração do espólio, se não houver cônjuge ou companheiro sobrevivente ou se estes não puderem ser nomeados;

III - qualquer herdeiro, quando nenhum deles estiver na posse e na administração do espólio;

IV - o herdeiro menor, por seu representante legal;

V - o testamenteiro, se lhe tiver sido confiada a administração do espólio ou se toda a herança estiver distribuída em legados;

VI - o cessionário do herdeiro ou do legatário;

VII - o inventariante judicial, se houver;

VIII - pessoa estranha idônea, quando não houver inventariante judicial.

Parágrafo único. O inventariante, intimado da nomeação, prestará, dentro de 5 (cinco) dias, o compromisso de bem e fielmente desempenhar a função.

Art. 618. Incumbe ao inventariante:

I - representar o espólio ativa e passivamente, em juízo ou fora dele, observando-se, quanto ao dativo, o disposto no art. 75, § 1º;

II - administrar o espólio, velando-lhe os bens com a mesma diligência que teria se seus fossem;

III - prestar as primeiras e as últimas declarações pessoalmente ou por procurador com poderes especiais;

- arts. 622, I, e 636, CPC.

IV - exibir em cartório, a qualquer tempo, para exame das partes, os documentos relativos ao espólio;

V - juntar aos autos certidão do testamento, se houver;

VI - trazer à colação os bens recebidos pelo herdeiro ausente, renunciante ou excluído;

› arts. 639 e ss., CPC.

VII - prestar contas de sua gestão ao deixar o cargo ou sempre que o juiz lhe determinar;

› arts. 553 e 622, V, CPC.

VIII - requerer a declaração de insolvência.

Art. 619. Incumbe ainda ao inventariante, ouvidos os interessados e com autorização do juiz:

I - alienar bens de qualquer espécie;

II - transigir em juízo ou fora dele;

› arts. 840 a 850, CC.

III - pagar dívidas do espólio;

› arts. 134, IV, e 192, CTN.

IV - fazer as despesas necessárias para a conservação e o melhoramento dos bens do espólio.

Art. 620. Dentro de 20 (vinte) dias contados da data em que prestou o compromisso, o inventariante fará as primeiras declarações, das quais se lavrará termo circunstanciado, assinado pelo juiz, pelo escrivão e pelo inventariante, no qual serão exarados:

I - o nome, o estado, a idade e o domicílio do autor da herança, o dia e o lugar em que faleceu e se deixou testamento;

II - o nome, o estado, a idade, o endereço eletrônico e a residência dos herdeiros e, havendo cônjuge ou companheiro supérstite, além dos respectivos dados pessoais, o regime de bens do casamento ou da união estável;

III - a qualidade dos herdeiros e o grau de parentesco com o inventariado, III;

IV - a relação completa e individualizada de todos os bens do espólio, inclusive aqueles que devem ser conferidos à colação, e dos bens alheios que nele forem encontrados, descrevendo-se:

a) os imóveis, com as suas especificações, nomeadamente local em que se encontram, extensão da área, limites, confrontações, benfeitorias, origem dos títulos, números das matrículas e ônus que os gravam;

b) os móveis, com os sinais característicos;

c) os semoventes, seu número, suas espécies, suas marcas e seus sinais distintivos;

d) o dinheiro, as joias, os objetos de ouro e prata e as pedras preciosas, declarando-se-lhes especificadamente a qualidade, o peso e a importância;

e) os títulos da dívida pública, bem como as ações, as quotas e os títulos de sociedade, mencionando-se-lhes o número, o valor e a data;

f) as dívidas ativas e passivas, indicando-se-lhes as datas, os títulos, a origem da obrigação e os nomes dos credores e dos devedores;

g) direitos e ações;

h) o valor corrente de cada um dos bens do espólio.

§ 1º O juiz determinará que se proceda:

I - ao balanço do estabelecimento, se o autor da herança era empresário individual;

II - à apuração de haveres, se o autor da herança era sócio de sociedade que não anônima.

› Súm. 265, STF.

§ 2º As declarações podem ser prestadas mediante petição, firmada por procurador com poderes especiais, à qual o termo se reportará.

Art. 621. Só se pode arguir sonegação ao inventariante depois de encerrada a descrição dos bens, com a declaração, por ele feita, de não existirem outros por inventariar.

› art. 1.996, CC.

Art. 622. O inventariante será removido de ofício ou a requerimento:

I - se não prestar, no prazo legal, as primeiras ou as últimas declarações;

II - se não der ao inventário andamento regular, se suscitar dúvidas infundadas ou se praticar atos meramente protelatórios;

III - se, por culpa sua, bens do espólio se deteriorarem, forem dilapidados ou sofrerem dano;

IV - se não defender o espólio nas ações em que for citado, se deixar de cobrar dívidas ativas ou se não promover as medidas necessárias para evitar o perecimento de direitos;

V - se não prestar contas ou se as que prestar não forem julgadas boas;

VI - se sonegar, ocultar ou desviar bens do espólio.

Art. 623. Requerida a remoção com fundamento em qualquer dos incisos do art. 622, será intimado o inventariante para, no prazo de 15 (quinze) dias, defender-se e produzir provas.

Parágrafo único. O incidente da remoção correrá em apenso aos autos do inventário.

Art. 624. Decorrido o prazo, com a defesa do inventariante ou sem ela, o juiz decidirá.

Parágrafo único. Se remover o inventariante, o juiz nomeará outro, observada a ordem estabelecida no art. 617.

Art. 625. O inventariante removido entregará imediatamente ao substituto os bens do espólio e, caso deixe de fazê-lo, será compelido mediante mandado de busca e apreensão ou de imissão na posse, conforme se tratar de bem móvel ou imóvel, sem prejuízo da multa a ser fixada pelo juiz em montante não superior a três por cento do valor dos bens inventariados.

SEÇÃO IV
DAS CITAÇÕES E DAS IMPUGNAÇÕES

Art. 626. Feitas as primeiras declarações, o juiz mandará citar, para os termos do inventário e da partilha, o cônjuge, o companheiro, os herdeiros e os legatários e intimar a Fazenda Pública, o Ministério Público, se houver herdeiro incapaz ou ausente, e o testamenteiro, se houver testamento.

§ 1º O cônjuge ou o companheiro, os herdeiros e os legatários serão citados pelo correio, observado o disposto no art. 247, sendo, ainda, publicado edital, nos termos do inciso III do art. 259.

§ 2º Das primeiras declarações extrair-se-ão tantas cópias quantas forem as partes.

§ 3º A citação será acompanhada de cópia das primeiras declarações.

§ 4º Incumbe ao escrivão remeter cópias à Fazenda Pública, ao Ministério Público, ao testamenteiro, se houver, e ao advogado, se a parte já estiver representada nos autos.

Art. 627. Concluídas as citações, abrir-se-á vista às partes, em cartório e pelo prazo comum de 15 (quinze) dias, para que se manifestem sobre as primeiras declarações, incumbindo às partes:

I - arguir erros, omissões e sonegação de bens;

II - reclamar contra a nomeação de inventariante;

III - contestar a qualidade de quem foi incluído no título de herdeiro.

§ 1º Julgando procedente a impugnação referida no inciso I, o juiz mandará retificar as primeiras declarações.

§ 2º Se acolher o pedido de que trata o inciso II, o juiz nomeará outro inventariante, observada a preferência legal.

§ 3º Verificando que a disputa sobre a qualidade de herdeiro a que alude o inciso III demanda produção de provas que não a documental, o juiz remeterá a parte às vias ordinárias e sobrestará, até o julgamento da ação, a entrega do quinhão que na partilha couber ao herdeiro admitido.

Art. 628. Aquele que se julgar preterido poderá demandar sua admissão no inventário, requerendo-a antes da partilha.

§ 1º Ouvidas as partes no prazo de 15 (quinze) dias, o juiz decidirá.

§ 2º Se para solução da questão for necessária a produção de provas que não a documental, o juiz remeterá o requerente às vias ordinárias, mandando reservar, em poder do inventariante, o quinhão do herdeiro excluído até que se decida o litígio.

Art. 629. A Fazenda Pública, no prazo de 15 (quinze) dias, após a vista de que trata o art. 627, informará ao juízo, de acordo com os dados que constam de seu cadastro imobiliário, o valor dos bens de raiz descritos nas primeiras declarações.

SEÇÃO V
DA AVALIAÇÃO E DO CÁLCULO DO IMPOSTO

Art. 630. Findo o prazo previsto no art. 627 sem impugnação ou decidida a impugnação que houver sido oposta, o juiz nomeará, se for o caso, perito para avaliar os bens do espólio, se não houver na comarca avaliador judicial.

› art. 660, II, CPC.

Parágrafo único. Na hipótese prevista no art. 620, § 1º, o juiz nomeará perito para avaliação das quotas sociais ou apuração dos haveres.

Art. 631. Ao avaliar os bens do espólio, o perito observará, no que for aplicável, o disposto nos arts. 872 e 873.

Art. 632. Não se expedirá carta precatória para a avaliação de bens situados fora da comarca onde corre o inventário se eles forem de pequeno valor ou perfeitamente conhecidos do perito nomeado.

Art. 633. Sendo capazes todas as partes, não se procederá à avaliação se a Fazenda Pública, intimada pessoalmente, concordar de forma expressa com o valor atribuído, nas primeiras declarações, aos bens do espólio.

Art. 634. Se os herdeiros concordarem com o valor dos bens declarados pela Fazenda Pública, a avaliação cingir-se-á aos demais.

Art. 635. Entregue o laudo de avaliação, o juiz mandará que as partes se manifestem no prazo de 15 (quinze) dias, que correrá em cartório.

§ 1º Versando a impugnação sobre o valor dado pelo perito, o juiz a decidirá de plano, à vista do que constar dos autos.

§ 2º Julgando procedente a impugnação, o juiz determinará que o perito retifique a avaliação, observando os fundamentos da decisão.

Art. 636. Aceito o laudo ou resolvidas as impugnações suscitadas a seu respeito, lavrar-se-á em seguida o termo de últimas declarações, no qual o inventariante poderá emendar, aditar ou completar as primeiras.

‣ art. 622, I, CPC.

Art. 637. Ouvidas as partes sobre as últimas declarações no prazo comum de 15 (quinze) dias, proceder-se-á ao cálculo do tributo.

‣ Súm. 112 a 116, 331 e 590, STF.

Art. 638. Feito o cálculo, sobre ele serão ouvidas todas as partes no prazo comum de 5 (cinco) dias, que correrá em cartório, e, em seguida, a Fazenda Pública.

§ 1º Se acolher eventual impugnação, o juiz ordenará nova remessa dos autos ao contabilista, determinando as alterações que devam ser feitas no cálculo.

§ 2º Cumprido o despacho, o juiz julgará o cálculo do tributo.

SEÇÃO VI
DAS COLAÇÕES

Art. 639. No prazo estabelecido no art. 627, o herdeiro obrigado à colação conferirá por termo nos autos ou por petição à qual o termo se reportará os bens que recebeu ou, se já não os possuir, trar-lhes-á o valor.

‣ arts. 2.002 a 2.012, CC.

Parágrafo único. Os bens a serem conferidos na partilha, assim como as acessões e as benfeitorias que o donatário fez, calcular-se-ão pelo valor que tiverem ao tempo da abertura da sucessão.

Art. 640. O herdeiro que renunciou à herança ou o que dela foi excluído não se exime, pelo fato da renúncia ou da exclusão, de conferir, para o efeito de repor a parte inoficiosa, as liberalidades que obteve do doador.

§ 1º É lícito ao donatário escolher, dentre os bens doados, tantos quantos bastem para perfazer a legítima e a metade disponível, entrando na partilha o excedente para ser dividido entre os demais herdeiros.

§ 2º Se a parte inoficiosa da doação recair sobre bem imóvel que não comporte divisão cômoda, o juiz determinará que sobre ela se proceda a licitação entre os herdeiros.

§ 3º O donatário poderá concorrer na licitação referida no § 2º e, em igualdade de condições, terá preferência sobre os herdeiros.

Art. 641. Se o herdeiro negar o recebimento dos bens ou a obrigação de os conferir, o juiz, ouvidas as partes no prazo comum de 15 (quinze) dias, decidirá à vista das alegações e das provas produzidas.

§ 1º Declarada improcedente a oposição, se o herdeiro, no prazo improrrogável de 15 (quinze) dias, não proceder à conferência, o juiz mandará sequestrar-lhe, para serem inventariados e partilhados, os bens sujeitos à colação ou imputar ao seu quinhão hereditário o valor deles, se já não os possuir.

§ 2º Se a matéria exigir dilação probatória diversa da documental, o juiz remeterá as partes às vias ordinárias, não podendo o herdeiro receber o seu quinhão hereditário, enquanto pender a demanda, sem prestar caução correspondente ao valor dos bens sobre os quais versar a conferência.

SEÇÃO VII
DO PAGAMENTO DAS DÍVIDAS

Art. 642. Antes da partilha, poderão os credores do espólio requerer ao juízo do inventário o pagamento das dívidas vencidas e exigíveis.

‣ arts. 1.997 a 2.001, CC.
‣ arts. 187 a 189, CTN.

§ 1º A petição, acompanhada de prova literal da dívida, será distribuída por dependência e autuada em apenso aos autos do processo de inventário.

§ 2º Concordando as partes com o pedido, o juiz, ao declarar habilitado o credor, mandará que se faça a separação de dinheiro ou, em sua falta, de bens suficientes para o pagamento.

§ 3º Separados os bens, tantos quantos forem necessários para o pagamento dos credores habilitados, o juiz mandará aliená-los, observando-se as disposições deste Código relativas à expropriação.

‣ art. 647, CPC.

§ 4º Se o credor requerer que, em vez de dinheiro, lhe sejam adjudicados, para o seu pagamento, os bens já reservados, o juiz deferir-lhe-á o pedido, concordando todas as partes.

§ 5º Os donatários serão chamados a pronunciar-se sobre a aprovação das dívidas, sempre que haja possibilidade de resultar delas a redução das liberalidades.

Art. 643. Não havendo concordância de todas as partes sobre o pedido de pagamento feito pelo credor, será o pedido remetido às vias ordinárias.

‣ art. 612, CPC.

Parágrafo único. O juiz mandará, porém, reservar, em poder do inventariante, bens suficientes para pagar o credor quando a dívida constar de documento que comprove suficientemente a obrigação e a impugnação não se fundar em quitação.

Art. 644. O credor de dívida líquida e certa, ainda não vencida, pode requerer habilitação no inventário.

Parágrafo único. Concordando as partes com o pedido referido no *caput*, o juiz, ao julgar habilitado o crédito, mandará que se faça separação de bens para o futuro pagamento.

Art. 645. O legatário é parte legítima para manifestar-se sobre as dívidas do espólio:

I - quando toda a herança for dividida em legados;

II - quando o reconhecimento das dívidas importar redução dos legados.

‣ arts. 1.912 a 1.940, CC.

Art. 646. Sem prejuízo do disposto no art. 860, é lícito aos herdeiros, ao separarem bens para o pagamento de dívidas, autorizar que o inventariante os indique à penhora no processo em que o espólio for executado.

SEÇÃO VIII
DA PARTILHA

Art. 647. Cumprido o disposto no art. 642, § 3º, o juiz facultará às partes que, no prazo comum de 15 (quinze) dias, formulem o pedido de quinhão e, em seguida, proferirá a decisão de deliberação da partilha, resolvendo os pedidos das partes e designando os bens que devam constituir quinhão de cada herdeiro e legatário.

‣ arts. 2.013 a 2.022, CC.

Parágrafo único. O juiz poderá, em decisão fundamentada, deferir antecipadamente a qualquer dos herdeiros o exercício dos direitos de usar e de fruir de determinado bem, com a condição de que, ao término do inventário, tal bem integre a cota desse herdeiro, cabendo a este, desde o deferimento, todos os ônus e bônus decorrentes do exercício daqueles direitos.

Art. 648. Na partilha, serão observadas as seguintes regras:

I - a máxima igualdade possível quanto ao valor, à natureza e à qualidade dos bens;

• Art. 2.017 do CC.

II - a prevenção de litígios futuros;

III - a máxima comodidade dos coerdeiros, do cônjuge ou do companheiro, se for o caso.

Art. 649. Os bens insuscetíveis de divisão cômoda que não couberem na parte do cônjuge ou companheiro supérstite ou no quinhão de um só herdeiro serão licitados entre os interessados ou vendidos judicialmente, partilhando-se o valor apurado, salvo se houver acordo para que sejam adjudicados a todos.

Art. 650. Se um dos interessados for nascituro, o quinhão que lhe caberá será reservado em poder do inventariante até o seu nascimento.

Art. 651. O partidor organizará o esboço da partilha de acordo com a decisão judicial, observando nos pagamentos a seguinte ordem:

I - dívidas atendidas;

II - meação do cônjuge;

III - meação disponível;

IV - quinhões hereditários, a começar pelo coerdeiro mais velho.

Art. 652. Feito o esboço, as partes manifestar-se-ão sobre esse no prazo comum de 15 (quinze) dias, e, resolvidas as reclamações, a partilha será lançada nos autos.

Art. 653. A partilha constará:

I - de auto de orçamento, que mencionará:

a) os nomes do autor da herança, do inventariante, do cônjuge ou companheiro supérstite, dos herdeiros, dos legatários e dos credores admitidos;

b) o ativo, o passivo e o líquido partível, com as necessárias especificações;

c) o valor de cada quinhão;

II - de folha de pagamento para cada parte, declarando a quota a pagar-lhe, a razão do pagamento e a relação dos bens que lhe compõem o quinhão, as características que os individualizam e os ônus que os gravam.

Parágrafo único. O auto e cada uma das folhas serão assinados pelo juiz e pelo escrivão.

Art. 654. Pago o imposto de transmissão a título de morte e juntada aos autos certidão ou informação negativa de dívida para com a Fazenda Pública, o juiz julgará por sentença a partilha.

‣ art. 192, CTN.

Parágrafo único. A existência de dívida para com a Fazenda Pública não impedirá o julgamento da partilha, desde que o seu pagamento esteja devidamente garantido.

Art. 655. Transitada em julgado a sentença mencionada no art. 654, receberá o herdeiro os bens que lhe tocarem e um formal de partilha, do qual constarão as seguintes peças:

I - termo de inventariante e título de herdeiros;

II - avaliação dos bens que constituíram o quinhão do herdeiro;

III - pagamento do quinhão hereditário;

IV - quitação dos impostos;

V - sentença.

Parágrafo único. O formal de partilha poderá ser substituído por certidão de pagamento do quinhão hereditário quando esse não exceder a 5 (cinco) vezes o salário-mínimo, caso em que se transcreverá nela a sentença de partilha transitada em julgado.

Art. 656. A partilha, mesmo depois de transitada em julgado a sentença, pode ser emendada nos mesmos autos do inventário, convindo todas as partes, quando tenha havido erro de fato na descrição dos bens, podendo o juiz, de ofício ou a requerimento da parte, a qualquer tempo, corrigir-lhe as inexatidões materiais.

Art. 657. A partilha amigável, lavrada em instrumento público, reduzida a termo nos autos do inventário ou constante de escrito particular homologado pelo juiz, pode ser anulada por dolo, coação, erro essencial ou intervenção de incapaz, observado o disposto no § 4º do art. 966.

Parágrafo único. O direito à anulação de partilha amigável extingue-se em 1 (um) ano, contado esse prazo:

‣ art. 2.027, CC.

I - no caso de coação, do dia em que ela cessou;

‣ arts. 151, CC.

II - no caso de erro ou dolo, do dia em que se realizou o ato;

‣ arts. 138 a 150, CC.

III - quanto ao incapaz, do dia em que cessar a incapacidade.

‣ arts. 3º, 4º, CC.

Art. 658. É rescindível a partilha julgada por sentença:

I - nos casos mencionados no art. 657;

II - se feita com preterição de formalidades legais;

III - se preteriu herdeiro ou incluiu quem não o seja.

SEÇÃO IX
DO ARROLAMENTO

Art. 659. A partilha amigável, celebrada entre partes capazes, nos termos da lei, será homologada de plano pelo juiz, com observância dos arts. 660 a 663.

‣ art. 2.015, CC.

‣ Res. CNJ 35/2007, CNJ.

§ 1º O disposto neste artigo aplica-se, também, ao pedido de adjudicação, quando houver herdeiro único.

§ 2º Transitada em julgado a sentença de homologação de partilha ou de adjudicação, será lavrado o formal de partilha ou elaborada a carta de adjudicação e, em seguida, serão expedidos os alvarás referentes aos bens e às rendas por ele abrangidos, intimando-se o fisco para lançamento administrativo do imposto de transmissão e de outros tributos porventura incidentes, conforme dispuser a legislação tributária, nos termos do § 2º do art. 662.

Art. 660. Na petição de inventário, que se processará na forma de arrolamento sumário, independentemente da lavratura de termos de qualquer espécie, os herdeiros:

I - requererão ao juiz a nomeação do inventariante que designarem;

II - declararão os títulos dos herdeiros e os bens do espólio, observado o disposto no art. 630;

III - atribuirão valor aos bens do espólio, para fins de partilha.

Art. 661. Ressalvada a hipótese prevista no parágrafo único do art. 663, não se procederá à avaliação dos bens do espólio para nenhuma finalidade.

Art. 662. No arrolamento, não serão conhecidas ou apreciadas questões relativas ao lançamento, ao pagamento ou à quitação de taxas judiciárias e de tributos incidentes sobre a transmissão da propriedade dos bens do espólio.

§ 1º A taxa judiciária, se devida, será calculada com base no valor atribuído pelos herdeiros, cabendo ao fisco, se apurar em processo administrativo valor diverso do estimado, exigir a eventual diferença pelos meios adequados ao lançamento de créditos tributários em geral.

§ 2º O imposto de transmissão será objeto de lançamento administrativo, conforme dispuser a legislação tributária, não ficando as autoridades fazendárias adstritas aos valores dos bens do espólio atribuídos pelos herdeiros.

Art. 663. A existência de credores do espólio não impedirá a homologação da partilha ou da adjudicação, se forem reservados bens suficientes para o pagamento da dívida.

Parágrafo único. A reserva de bens será realizada pelo valor estimado pelas partes, salvo se o credor, regularmente notificado, impugnar a estimativa, caso em que se promoverá a avaliação dos bens a serem reservados.

Art. 664. Quando o valor dos bens do espólio for igual ou inferior a 1.000 (mil) salários-mínimos, o inventário processar-se-á na forma de arrolamento, cabendo ao inventariante nomeado, independentemente de assinatura de termo de compromisso, apresentar, com suas declarações, a atribuição de valor aos bens do espólio e o plano da partilha.

‣ art. 1º, Lei 6.858/1980 (Pagamento de valores não recebidos em vida).

‣ art. 112, Lei 8.213/1991 (Previdência Social).

§ 1º Se qualquer das partes ou o Ministério Público impugnar a estimativa, o juiz nomeará avaliador, que oferecerá laudo em 10 (dez) dias.

§ 2º Apresentado o laudo, o juiz, em audiência que designar, deliberará sobre a partilha, decidindo de plano todas as reclamações e mandando pagar as dívidas não impugnadas.

§ 3º Lavrar-se-á de tudo um só termo, assinado pelo juiz, pelo inventariante e pelas partes presentes ou por seus advogados.

§ 4º Aplicam-se a essa espécie de arrolamento, no que couber, as disposições do art. 672, relativamente ao lançamento, ao pagamento e à quitação da taxa judiciária e do imposto sobre a transmissão da propriedade dos bens do espólio.

§ 5º Provada a quitação dos tributos relativos aos bens do espólio e às suas rendas, o juiz julgará a partilha.

Art. 665. O inventário processar-se-á também na forma do art. 664, ainda que haja interessado incapaz, desde que concordem todas as partes e o Ministério Público.

Art. 666. Independerá de inventário ou de arrolamento o pagamento dos valores previstos na Lei n. 6.858, de 24 de novembro de 1980.

Art. 667. Aplicam-se subsidiariamente a esta Seção as disposições das Seções VII e VIII deste Capítulo.

SEÇÃO X
DISPOSIÇÕES COMUNS A TODAS AS SEÇÕES

Art. 668. Cessa a eficácia da tutela provisória prevista nas Seções deste Capítulo:

I - se a ação não for proposta em 30 (trinta) dias contados da data em que da decisão foi intimado o impugnante, o herdeiro excluído ou o credor não admitido;

II - se o juiz extinguir o processo de inventário com ou sem resolução de mérito.

Art. 669. São sujeitos à sobrepartilha os bens:

▸ art. 2.021 e 2.022, CC.

I - sonegados;

II - da herança descobertos após a partilha;

III - litigiosos, assim como os de liquidação difícil ou morosa;

IV - situados em lugar remoto da sede do juízo onde se processa o inventário.

Parágrafo único. Os bens mencionados nos incisos III e IV serão reservados à sobrepartilha sob a guarda e a administração do mesmo ou de diverso inventariante, a consentimento da maioria dos herdeiros.

Art. 670. Na sobrepartilha dos bens, observar-se-á o processo de inventário e de partilha.

Parágrafo único. A sobrepartilha correrá nos autos do inventário do autor da herança.

Art. 671. O juiz nomeará curador especial:

I - ao ausente, se não o tiver;

II - ao incapaz, se concorrer na partilha com o seu representante, desde que exista colisão de interesses.

Art. 672. É lícita a cumulação de inventários para a partilha de heranças de pessoas diversas quando houver:

▸ art. 664, § 4º, CPC.

I - identidade de pessoas entre as quais devam ser repartidos os bens;

II - heranças deixadas pelos dois cônjuges ou companheiros;

III - dependência de uma das partilhas em relação à outra.

Parágrafo único. No caso previsto no inciso III, se a dependência for parcial, por haver outros bens, o juiz pode ordenar a tramitação separada, se melhor convier ao interesse das partes ou à celeridade processual.

Art. 673. No caso previsto no art. 672, inciso II, prevalecerão as primeiras declarações, assim como o laudo de avaliação, salvo se alterado o valor dos bens.

CAPÍTULO VII
DOS EMBARGOS DE TERCEIRO

Art. 674. Quem, não sendo parte no processo, sofrer constrição ou ameaça de constrição sobre bens que possua ou sobre os quais tenha direito incompatível com o ato constritivo, poderá requerer seu desfazimento ou sua inibição por meio de embargos de terceiro.

▸ Súm. 84, 134 e 303, STJ.

§ 1º Os embargos podem ser de terceiro proprietário, inclusive fiduciário, ou possuidor.

§ 2º Considera-se terceiro, para ajuizamento dos embargos:

I - o cônjuge ou companheiro, quando defende a posse de bens próprios ou de sua meação, ressalvado o disposto no art. 843;

II - o adquirente de bens cuja constrição decorreu de decisão que declara a ineficácia da alienação realizada em fraude à execução;

III - quem sofre constrição judicial de seus bens por força de desconsideração da personalidade jurídica, de cujo incidente não fez parte;

IV - o credor com garantia real para obstar expropriação judicial do objeto de direito real de garantia, caso não tenha sido intimado, nos termos legais dos atos expropriatórios respectivos.

Art. 675. Os embargos podem ser opostos a qualquer tempo no processo de conhecimento enquanto não transitada em julgado a sentença e, no cumprimento de sentença ou no processo de execução, até 5 (cinco) dias depois da adjudicação, da alienação por iniciativa particular ou da arrematação, mas sempre antes da assinatura da respectiva carta.

Parágrafo único. Caso identifique a existência de terceiro titular de interesse em embargar o ato, o juiz mandará intimá-lo pessoalmente.

Art. 676. Os embargos serão distribuídos por dependência ao juízo que ordenou a constrição e autuados em apartado.

▸ art. 286, CPC.

Parágrafo único. Nos casos de ato de constrição realizado por carta, os embargos serão oferecidos no juízo deprecado, salvo se indicado pelo juízo deprecante o bem constrito ou se já devolvida a carta.

Art. 677. Na petição inicial, o embargante fará a prova sumária de sua posse ou de seu domínio e da qualidade de terceiro, oferecendo documentos e rol de testemunhas.

§ 1º É facultada a prova da posse em audiência preliminar designada pelo juiz.

§ 2º O possuidor direto pode alegar, além da sua posse, o domínio alheio.

§ 3º A citação será pessoal, se o embargado não tiver procurador constituído nos autos da ação principal.

▸ arts. 238 a 259, CPC.

§ 4º Será legitimado passivo o sujeito a quem o ato de constrição aproveita, assim como o será seu adversário no processo principal quando for sua a indicação do bem para a constrição judicial.

Art. 678. A decisão que reconhecer suficientemente provado o domínio ou a posse determinará a suspensão das medidas constritivas sobre os bens litigiosos objeto dos embargos, bem como a manutenção ou a reintegração provisória da posse, se o embargante a houver requerido.

Parágrafo único. O juiz poderá condicionar a ordem de manutenção ou de reintegração provisória de posse à prestação de caução pelo requerente, ressalvada a impossibilidade da parte economicamente hipossuficiente.

Art. 679. Os embargos poderão ser contestados no prazo de 15 (quinze) dias, findo o qual se seguirá o procedimento comum.

Art. 680. Contra os embargos do credor com garantia real, o embargado somente poderá alegar que:

I - o devedor comum é insolvente;

II - o título é nulo ou não obriga a terceiro;

III - outra é a coisa dada em garantia.

Art. 681. Acolhido o pedido inicial, o ato de constrição judicial indevida será cancelado, com o reconhecimento do domínio, da manutenção da posse ou da reintegração definitiva do bem ou do direito ao embargante.

CAPÍTULO VIII
DA OPOSIÇÃO

Art. 682. Quem pretender, no todo ou em parte, a coisa ou o direito sobre que controvertem autor e réu poderá, até ser proferida a sentença, oferecer oposição contra ambos.

Art. 683. O opoente deduzirá o pedido em observação aos requisitos exigidos para propositura da ação.

Parágrafo único. Distribuída a oposição por dependência, serão os opostos citados, na pessoa de seus respectivos advogados, para contestar o pedido no prazo comum de 15 (quinze) dias.

Art. 684. Se um dos opostos reconhecer a procedência do pedido, contra o outro prosseguirá o opoente.

Art. 685. Admitido o processamento, a oposição será apensada aos autos e tramitará simultaneamente à ação originária, sendo ambas julgadas pela mesma sentença.

Parágrafo único. Se a oposição for proposta após o início da audiência de instrução, o juiz suspenderá o curso do processo ao fim da produção das provas, salvo se concluir que a unidade da instrução atende melhor ao princípio da duração razoável do processo.

Art. 686. Cabendo ao juiz decidir simultaneamente a ação originária e a oposição, desta conhecerá em primeiro lugar.

CAPÍTULO IX
DA HABILITAÇÃO

Art. 687. A habilitação ocorre quando, por falecimento de qualquer das partes, os interessados houverem de suceder-lhe no processo.

▸ arts. 108 a 110, 313, I e § 1º, CPC.

Art. 688. A habilitação pode ser requerida:

I - pela parte, em relação aos sucessores do falecido;

II - pelos sucessores do falecido, em relação à parte.

Art. 689. Proceder-se-á à habilitação nos autos do processo principal, na instância em que estiver, suspendendo-se, a partir de então, o processo.

› art. 745, § 2º, CPC.

Art. 690. Recebida a petição, o juiz ordenará a citação dos requeridos para se pronunciarem no prazo de 5 (cinco) dias.

Parágrafo único. A citação será pessoal, se a parte não tiver procurador constituído nos autos.

Art. 691. O juiz decidirá o pedido de habilitação imediatamente, salvo se este for impugnado e houver necessidade de dilação probatória diversa da documental, caso em que determinará que o pedido seja autuado em apartado e disporá sobre a instrução.

Art. 692. Transitada em julgado a sentença de habilitação, o processo principal retomará o seu curso, e cópia da sentença será juntada aos autos respectivos.

CAPÍTULO X
DAS AÇÕES DE FAMÍLIA

Art. 693. As normas deste Capítulo aplicam-se aos processos contenciosos de divórcio, separação, reconhecimento e extinção de união estável, guarda, visitação e filiação.

› Lei 6.515/1977 (Lei do divórcio).
› Lei 9.278 (União estável).

Parágrafo único. A ação de alimentos e a que versar sobre interesse de criança ou de adolescente observarão o procedimento previsto em legislação específica, aplicando-se, no que couber, as disposições deste Capítulo.

› Lei 5.478/1968 (Lei de alimentos).

Art. 694. Nas ações de família, todos os esforços serão empreendidos para a solução consensual da controvérsia, devendo o juiz dispor do auxílio de profissionais de outras áreas de conhecimento para a mediação e conciliação.

Parágrafo único. A requerimento das partes, o juiz pode determinar a suspensão do processo enquanto os litigantes se submetem a mediação extrajudicial ou a atendimento multidisciplinar.

Art. 695. Recebida a petição inicial e, se for o caso, tomadas as providências referentes à tutela provisória, o juiz ordenará a citação do réu para comparecer à audiência de mediação e conciliação, observado o disposto no art. 694.

› arts. 238 a 259, CPC.

§ 1º O mandado de citação conterá apenas os dados necessários à audiência e deverá estar desacompanhado de cópia da petição inicial, assegurado ao réu o direito de examinar seu conteúdo a qualquer tempo.

§ 2º A citação ocorrerá com antecedência mínima de 15 (quinze) dias da data designada para a audiência.

§ 3º A citação será feita na pessoa do réu.

§ 4º Na audiência, as partes deverão estar acompanhadas de seus advogados ou de defensores públicos.

Art. 696. A audiência de mediação e conciliação poderá dividir-se em tantas sessões quantas sejam necessárias para viabilizar a solução consensual, sem prejuízo de providências jurisdicionais para evitar o perecimento do direito.

› art. 334, CPC.

Art. 697. Não realizado o acordo, passarão a incidir, a partir de então, as normas do procedimento comum, observado o art. 335.

Art. 698. Nas ações de família, o Ministério Público somente intervirá quando houver interesse de incapaz e deverá ser ouvido previamente à homologação de acordo.

› art. 178, II, CPC.

Parágrafo único. O Ministério Público intervirá, quando não for parte, nas ações de família em que figure como parte vítima de violência doméstica e familiar, nos termos da Lei nº 11.340, de 7 de agosto de 2006 (Lei Maria da Penha). (Acrescido pela Lei 13.894/2019)

Art. 699. Quando o processo envolver discussão sobre fato relacionado a abuso ou a alienação parental, o juiz, ao tomar o depoimento do incapaz, deverá estar acompanhado por especialista.

› art. 2º, Lei 12.318/2010 (Alienação parental).

Art. 699-A. Nas ações de guarda, antes de iniciada a audiência de mediação e conciliação de que trata o art. 695 deste Código, o juiz indagará às partes e ao Ministério Público se há risco de violência doméstica ou familiar, fixando o prazo de 5 (cinco) dias para a apresentação de prova ou de indícios pertinentes. (Acrescido pela Lei 14.713/2023)

CAPÍTULO XI
DA AÇÃO MONITÓRIA

Art. 700. A ação monitória pode ser proposta por aquele que afirmar, com base em prova escrita sem eficácia de título executivo, ter direito de exigir do devedor capaz:

› Súm. 247, 282, 292, 299, 339, 384, 503 e 504, STJ.

I - o pagamento de quantia em dinheiro;

II - a entrega de coisa fungível ou infungível ou de bem móvel ou imóvel;

III - o adimplemento de obrigação de fazer ou de não fazer.

§ 1º A prova escrita pode consistir em prova oral documentada, produzida antecipadamente nos termos do art. 381.

§ 2º Na petição inicial, incumbe ao autor explicitar, conforme o caso:

I - a importância devida, instruindo-a com memória de cálculo;

II - o valor atual da coisa reclamada;

III - o conteúdo patrimonial em discussão ou o proveito econômico perseguido.

§ 3º O valor da causa deverá corresponder à importância prevista no § 2º, incisos I a III.

§ 4º Além das hipóteses do art. 330, a petição inicial será indeferida quando não atendido o disposto no § 2º deste artigo.

§ 5º Havendo dúvida quanto à idoneidade de prova documental apresentada pelo autor, o juiz intimá-lo-á para, querendo, emendar a petição inicial, adaptando-a ao procedimento comum.

§ 6º É admissível ação monitória em face da Fazenda Pública.

§ 7º Na ação monitória, admite-se citação por qualquer dos meios permitidos para o procedimento comum.

Art. 701. Sendo evidente o direito do autor, o juiz deferirá a expedição de mandado de pagamento, de entrega de coisa ou para execução de obrigação de fazer ou de não fazer, concedendo ao réu prazo de 15 (quinze) dias para o cumprimento e o pagamento de honorários advocatícios de cinco por cento do valor atribuído à causa.

§ 1º O réu será isento do pagamento de custas processuais se cumprir o mandado no prazo.

§ 2º Constituir-se-á de pleno direito o título executivo judicial, independentemente de qualquer formalidade, se não realizado o pagamento e não apresentados os embargos previstos no art. 702, observando-se, no que couber, o Título II do Livro I da Parte Especial.

§ 3º É cabível ação rescisória da decisão prevista no *caput* quando ocorrer a hipótese do § 2º.

§ 4º Sendo a ré Fazenda Pública, não apresentados os embargos previstos no art. 702, aplicar-se-á o disposto no art. 496, observando-se, a seguir, no que couber, o Título II do Livro I da Parte Especial.

§ 5º Aplica-se à ação monitória, no que couber, o art. 916.

Art. 702. Independentemente de prévia segurança do juízo, o réu poderá opor, nos próprios autos, no prazo previsto no art. 701, embargos à ação monitória.

§ 1º Os embargos podem se fundar em matéria passível de alegação como defesa no procedimento comum.

§ 2º Quando o réu alegar que o autor pleiteia quantia superior à devida, cumprir-lhe-á declarar de imediato o valor que entende correto, apresentando demonstrativo discriminado e atualizado da dívida.

§ 3º Não apontado o valor correto ou não apresentado o demonstrativo, os embargos serão liminarmente rejeitados, se esse for o seu único fundamento, e, se houver outro fundamento, os embargos serão processados, mas o juiz deixará de examinar a alegação de excesso.

§ 4º A oposição dos embargos suspende a eficácia da decisão referida no *caput* do art. 701 até o julgamento em primeiro grau.

§ 5º O autor será intimado para responder aos embargos no prazo de 15 (quinze) dias.

§ 6º Na ação monitória admite-se a reconvenção, sendo vedado o oferecimento de reconvenção à reconvenção.

› Súm. 292, STJ.

§ 7º A critério do juiz, os embargos serão autuados em apartado, se parciais, constituindo-se de pleno direito o título executivo judicial em relação à parcela incontroversa.

§ 8º Rejeitados os embargos, constituir-se-á de pleno direito o título executivo judicial, prosseguindo-se o processo em observância ao disposto no Título II do Livro I da Parte Especial, no que for cabível.

§ 9º Cabe apelação contra a sentença que acolhe ou rejeita os embargos.

§ 10. O juiz condenará o autor de ação monitória proposta indevidamente e de má-fé ao pagamento, em favor do réu, de multa de até dez por cento sobre o valor da causa.

§ 11. O juiz condenará o réu que de má-fé opuser embargos à ação monitória ao pagamento de multa de até dez por cento sobre o valor atribuído à causa, em favor do autor.

CAPÍTULO XII
DA HOMOLOGAÇÃO DO PENHOR LEGAL

Art. 703. Tomado o penhor legal nos casos previstos em lei, requererá o credor, ato contínuo, a homologação.

§ 1º Na petição inicial, instruída com o contrato de locação ou a conta pormenorizada das despesas, a tabela dos preços e a relação dos objetos retidos, o credor pedirá a citação do devedor para pagar ou contestar na audiência preliminar que for designada.

§ 2º A homologação do penhor legal poderá ser promovida pela via extrajudicial mediante requerimento, que conterá os requisitos previstos no § 1º deste artigo, do credor a notário de sua livre escolha.

§ 3º Recebido o requerimento, o notário promoverá a notificação extrajudicial do devedor para, no prazo de 5 (cinco) dias, pagar o débito ou impugnar sua cobrança, alegando por escrito uma das causas previstas no art. 704, hipótese em que o procedimento será encaminhado ao juízo competente para decisão.

§ 4º Transcorrido o prazo sem manifestação do devedor, o notário formalizará a homologação do penhor legal por escritura pública.

Art. 704. A defesa só pode consistir em:

I - nulidade do processo;

‣ arts. 276 a 283, CPC.

II - extinção da obrigação;

III - não estar a dívida compreendida entre as previstas em lei ou não estarem os bens sujeitos a penhor legal;

‣ arts. 1.467 e ss. CC.

IV - alegação de haver sido ofertada caução idônea, rejeitada pelo credor.

Art. 705. A partir da audiência preliminar, observar-se-á o procedimento comum.

Art. 706. Homologado judicialmente o penhor legal, consolidar-se-á a posse do autor sobre o objeto.

§ 1º Negada a homologação, o objeto será entregue ao réu, ressalvado ao autor o direito de cobrar a dívida pelo procedimento comum, salvo se acolhida a alegação de extinção da obrigação.

§ 2º Contra a sentença caberá apelação, e, na pendência de recurso, poderá o relator ordenar que a coisa permaneça depositada ou em poder do autor.

‣ arts. 1.009 a 1.014, CPC.

CAPÍTULO XIII
DA REGULAÇÃO DE AVARIA GROSSA

Art. 707. Quando inexistir consenso acerca da nomeação de um regulador de avarias, o juiz de direito da comarca do primeiro porto onde o navio houver chegado, provocado por qualquer parte interessada, nomeará um de notório conhecimento.

Art. 708. O regulador declarará justificadamente se os danos são passíveis de rateio na forma de avaria grossa e exigirá das partes envolvidas a apresentação de garantias idôneas para que possam ser liberadas as cargas aos consignatários.

§ 1º A parte que não concordar com o regulador quanto à declaração de abertura da avaria grossa deverá justificar suas razões ao juiz, que decidirá no prazo de 10 (dez) dias.

§ 2º Se o consignatário não apresentar garantia idônea a critério do regulador, este fixará o valor da contribuição provisória com base nos fatos narrados e nos documentos que instruírem a petição inicial, que deverá ser caucionado sob a forma de depósito judicial ou de garantia bancária.

§ 3º Recusando-se o consignatário a prestar caução, o regulador requererá ao juiz a alienação judicial de sua carga na forma dos arts. 879 a 903.

§ 4º É permitido o levantamento, por alvará, das quantias necessárias ao pagamento das despesas da alienação a serem arcadas pelo consignatário, mantendo-se o saldo remanescente em depósito judicial até o encerramento da regulação.

Art. 709. As partes deverão apresentar nos autos os documentos necessários à regulação da avaria grossa em prazo razoável a ser fixado pelo regulador.

Art. 710. O regulador apresentará o regulamento da avaria grossa no prazo de até 12 (doze) meses, contado da data da entrega dos documentos nos autos pelas partes, podendo o prazo ser estendido a critério do juiz.

§ 1º Oferecido o regulamento da avaria grossa, dele terão vista as partes pelo prazo comum de 15 (quinze) dias, e, não havendo impugnação, o regulamento será homologado por sentença.

§ 2º Havendo impugnação ao regulamento, o juiz decidirá no prazo de 10 (dez) dias, após a oitiva do regulador.

Art. 711. Aplicam-se ao regulador de avarias os arts. 156 a 158, no que couber.

‣ art. 149, CPC.

CAPÍTULO XIV
DA RESTAURAÇÃO DE AUTOS

Art. 712. Verificado o desaparecimento dos autos, eletrônicos ou não, pode o juiz, de ofício, qualquer das partes ou o Ministério Público, se for o caso, promover-lhes a restauração.

Parágrafo único. Havendo autos suplementares, nesses prosseguirá o processo.

Art. 713. Na petição inicial, declarará a parte o estado do processo ao tempo do desaparecimento dos autos, oferecendo:

I - certidões dos atos constantes do protocolo de audiências do cartório por onde haja corrido o processo;

II - cópia das peças que tenha em seu poder;

III - qualquer outro documento que facilite a restauração.

Art. 714. A parte contrária será citada para contestar o pedido no prazo de 5 (cinco) dias, cabendo-lhe exibir as cópias, as contrafés e as reproduções dos atos e dos documentos que estiverem em seu poder.

§ 1º Se a parte concordar com a restauração, lavrar-se-á o auto que, assinado pelas partes e homologado pelo juiz, suprirá o processo desaparecido.

§ 2º Se a parte não contestar ou se a concordância for parcial, observar-se-á o procedimento comum.

Art. 715. Se a perda dos autos tiver ocorrido depois da produção das provas em audiência, o juiz, se necessário, mandará repeti-las.

§ 1º Serão reinquiridas as mesmas testemunhas, que, em caso de impossibilidade, poderão ser substituídas de ofício ou a requerimento.

§ 2º Não havendo certidão ou cópia do laudo, far-se-á nova perícia, sempre que possível pelo mesmo perito.

§ 3º Não havendo certidão de documentos, esses serão reconstituídos mediante cópias ou, na falta dessas, pelos meios ordinários de prova.

§ 4º Os serventuários e os auxiliares da justiça não podem eximir-se de depor como testemunhas a respeito de atos que tenham praticado ou assistido.

§ 5º Se o juiz houver proferido sentença da qual ele próprio ou o escrivão possua cópia, esta será juntada aos autos e terá a mesma autoridade da original.

Art. 716. Julgada a restauração, seguirá o processo os seus termos.

Parágrafo único. Aparecendo os autos originais, neles se prosseguirá, sendo-lhes apensados os autos da restauração.

Art. 717. Se o desaparecimento dos autos tiver ocorrido no tribunal, o processo de restauração será distribuído, sempre que possível, ao relator do processo.

‣ arts. 298 a 303, RISTF.

§ 1º A restauração far-se-á no juízo de origem quanto aos atos nele realizados.

§ 2º Remetidos os autos ao tribunal, nele completar-se-á a restauração e proceder-se-á ao julgamento.

Art. 718. Quem houver dado causa ao desaparecimento dos autos responderá pelas custas da restauração e pelos honorários de advogado, sem prejuízo da responsabilidade civil ou penal em que incorrer.

‣ arts. 79 a 81, 143, I, e 181, CPC.

CAPÍTULO XV
DOS PROCEDIMENTOS DE JURISDIÇÃO VOLUNTÁRIA

SEÇÃO I
DISPOSIÇÕES GERAIS

Art. 719. Quando este Código não estabelecer procedimento especial, regem os procedimentos de jurisdição voluntária as disposições constantes desta Seção.

▸ arts. 88 e 215, I, CPC.

Art. 720. O procedimento terá início por provocação do interessado, do Ministério Público ou da Defensoria Pública, cabendo-lhes formular o pedido devidamente instruído com os documentos necessários e com a indicação da providência judicial.

Art. 721. Serão citados todos os interessados, bem como intimado o Ministério Público, nos casos do art. 178, para que se manifestem, querendo, no prazo de 15 (quinze) dias.

Art. 722. A Fazenda Pública será sempre ouvida nos casos em que tiver interesse.

Art. 723. O juiz decidirá o pedido no prazo de 10 (dez) dias.

Parágrafo único. O juiz não é obrigado a observar critério de legalidade estrita, podendo adotar em cada caso a solução que considerar mais conveniente ou oportuna.

Art. 724. Da sentença caberá apelação.

▸ arts. 1.009 a 1.014, CPC.

Art. 725. Processar-se-á na forma estabelecida nesta Seção o pedido de:

I - emancipação;

▸ art. 5º, p.ún. I, CC.

▸ art. 90, Lei 6.015/1973 (Lei dos registros públicos).

▸ art. 148, p.ún., ECA.

II - sub-rogação;

▸ arts. 346 a 351, CC.

III - alienação, arrendamento ou oneração de bens de crianças ou adolescentes, de órfãos e de interditos;

IV - alienação, locação e administração da coisa comum;

▸ arts. 1.323 a 1.326, CC.

V - alienação de quinhão em coisa comum;

▸ art. 1.322, CC.

VI - extinção de usufruto, quando não decorrer da morte do usufrutuário, do termo da sua duração ou da consolidação, e de fideicomisso, quando decorrer de renúncia ou quando ocorrer antes do evento que caracterizar a condição resolutória;

▸ arts. 1.410 e 1.411, e 1.951 a 1.960, CC.

VII - expedição de alvará judicial;

VIII - homologação de autocomposição extrajudicial, de qualquer natureza ou valor.

▸ art. 515, III, CPC.

▸ Prov. 149/2023, CNJ.

Parágrafo único. As normas desta Seção aplicam-se, no que couber, aos procedimentos regulados nas seções seguintes.

SEÇÃO II
DA NOTIFICAÇÃO E DA INTERPELAÇÃO

Art. 726. Quem tiver interesse em manifestar formalmente sua vontade a outrem sobre assunto juridicamente relevante poderá notificar pessoas participantes da mesma relação jurídica para dar-lhes ciência de seu propósito.

§ 1º Se a pretensão for a de dar conhecimento geral ao público, mediante edital, o juiz só a deferirá se a tiver por fundada e necessária ao resguardo de direito.

§ 2º Aplica-se o disposto nesta Seção, no que couber, ao protesto judicial.

Art. 727. Também poderá o interessado interpelar o requerido, no caso do art. 726, para que faça ou deixe de fazer o que o requerente entenda ser de seu direito.

▸ Súm. 76, STJ.

Art. 728. O requerido será previamente ouvido antes do deferimento da notificação ou do respectivo edital:

I - se houver suspeita de que o requerente, por meio da notificação ou do edital, pretende alcançar fim ilícito;

II - se tiver sido requerida a averbação da notificação em registro público.

Art. 729. Deferida e realizada a notificação ou interpelação, os autos serão entregues ao requerente.

SEÇÃO III
DA ALIENAÇÃO JUDICIAL

Art. 730. Nos casos expressos em lei, não havendo acordo entre os interessados sobre o modo como se deve realizar a alienação do bem, o juiz, de ofício ou a requerimento dos interessados ou do depositário, mandará aliená-lo em leilão, observando-se o disposto na Seção I deste Capítulo e, no que couber, o disposto nos arts. 879 a 903.

▸ Dec.-Lei 911/1969 (Alienação fiduciária).

SEÇÃO IV
DO DIVÓRCIO E DA SEPARAÇÃO CONSENSUAIS, DA EXTINÇÃO CONSENSUAL DE UNIÃO ESTÁVEL E DA ALTERAÇÃO DO REGIME DE BENS DO MATRIMÔNIO

▸ art. 226, § 3º, CF.

Art. 731. A homologação do divórcio ou da separação consensuais, observados os requisitos legais, poderá ser requerida em petição assinada por ambos os cônjuges, da qual constarão:

▸ EC 66/2010.

I - as disposições relativas à descrição e à partilha dos bens comuns;

▸ Súm. 197, STJ.

II - as disposições relativas à pensão alimentícia entre os cônjuges;

▸ Súm. 305, STF.

III - o acordo relativo à guarda dos filhos incapazes e ao regime de visitas; e

▸ arts. 1.583 a 1.589, CC.

▸ art. 15, Lei 6.515/1977 (Lei do Divórcio).

IV - o valor da contribuição para criar e educar os filhos.

▸ art. 20, Lei 6.515/1977 (Lei do Divórcio).

Parágrafo único. Se os cônjuges não acordarem sobre a partilha dos bens, far-se-á esta depois de homologado o divórcio, na forma estabelecida nos arts. 647 a 658.

Art. 732. As disposições relativas ao processo de homologação judicial de divórcio ou de separação consensuais aplicam-se, no que couber, ao processo de homologação da extinção consensual de união estável.

▸ art. 226, § 3º, CF.

Art. 733. O divórcio consensual, a separação consensual e a extinção consensual de união estável, não havendo nascituro ou filhos incapazes e observados os requisitos legais, poderão ser realizados por escritura pública, da qual constarão as disposições de que trata o art. 731.

▸ Res. 35/2007, CNJ.

§ 1º A escritura não depende de homologação judicial e constitui título hábil para qualquer ato de registro, bem como para levantamento de importância depositada em instituições financeiras.

§ 2º O tabelião somente lavrará a escritura se os interessados estiverem assistidos por advogado ou por defensor público, cuja qualificação e assinatura constarão do ato notarial.

Art. 734. A alteração do regime de bens do casamento, observados os requisitos legais, poderá ser requerida, motivadamente, em petição assinada por ambos os cônjuges, na qual serão expostas as razões que justificam a alteração, ressalvados os direitos de terceiros.

▸ arts. 1.639 e ss., CC.

§ 1º Ao receber a petição inicial, o juiz determinará a intimação do Ministério Público e a publicação de edital que divulgue a pretendida alteração de bens, somente podendo decidir depois de decorrido o prazo de 30 (trinta) dias da publicação do edital.

§ 2º Os cônjuges, na petição inicial ou em petição avulsa, podem propor ao juiz meio alternativo de divulgação da alteração do regime de bens, a fim de resguardar direitos de terceiros.

§ 3º Após o trânsito em julgado da sentença, serão expedidos mandados de averbação aos cartórios de registro civil e de imóveis e, caso qualquer dos cônjuges seja empresário, ao Registro Público de Empresas Mercantis e Atividades Afins.

SEÇÃO V
DOS TESTAMENTOS E DOS CODICILOS

Art. 735. Recebendo testamento cerrado, o juiz, se não achar vício externo que o torne suspeito de nulidade ou falsidade, o abrirá e mandará que o escrivão o leia em presença do apresentante.

▸ art. 1.868, CC.

§ 1º Do termo de abertura constarão o nome do apresentante e como ele obteve o testamento, a data e o lugar do falecimento do testador, com as respectivas provas, e qualquer circunstância digna de nota.

§ 2º Depois de ouvido o Ministério Público, não havendo dúvidas a serem esclarecidas, o juiz mandará registrar, arquivar e cumprir o testamento.

▸ art. 1.875, CC.

§ 3º Feito o registro, será intimado o testamenteiro para assinar o termo da testamentária.

▸ arts. 1.976 e ss., CC.

§ 4º Se não houver testamenteiro nomeado ou se ele estiver ausente ou não aceitar o encargo, o juiz nomeará testamenteiro dativo, observando-se a preferência legal.

§ 5º O testamenteiro deverá cumprir as disposições testamentárias e prestar contas em juízo do que recebeu e despendeu, observando-se o disposto em lei.

Art. 736. Qualquer interessado, exibindo o traslado ou a certidão de testamento público, poderá requerer ao juiz que ordene o seu cumprimento, observando-se, no que couber, o disposto nos parágrafos do art. 735.

Art. 737. A publicação do testamento particular poderá ser requerida, depois da morte do testador, pelo herdeiro, pelo legatário ou pelo testamenteiro, bem como pelo terceiro detentor do testamento, se impossibilitado de entregá-lo a algum dos outros legitimados para requerê-la.

- arts. 1.876 a 1.880, CC.

§ 1º Serão intimados os herdeiros que não tiverem requerido a publicação do testamento.

§ 2º Verificando a presença dos requisitos da lei, ouvido o Ministério Público, o juiz confirmará o testamento.

§ 3º Aplica-se o disposto neste artigo ao codicilo e aos testamentos marítimo, aeronáutico, militar e nuncupativo.

- arts. 1.890 a 1.896, CC.

§ 4º Observar-se-á, no cumprimento do testamento, o disposto nos parágrafos do art. 735.

SEÇÃO VI
DA HERANÇA JACENTE

- arts. 1.819 e ss., CC.

Art. 738. Nos casos em que a lei considere jacente a herança, o juiz em cuja comarca tiver domicílio o falecido procederá imediatamente à arrecadação dos respectivos bens.

Art. 739. A herança jacente ficará sob a guarda, a conservação e a administração de um curador até a respectiva entrega ao sucessor legalmente habilitado ou até a declaração de vacância.

§ 1º Incumbe ao curador:

I - representar a herança em juízo ou fora dele, com intervenção do Ministério Público;

II - ter em boa guarda e conservação os bens arrecadados e promover a arrecadação de outros porventura existentes;

III - executar as medidas conservatórias dos direitos da herança;

IV - apresentar mensalmente ao juiz balancete da receita e da despesa;

V - prestar contas ao final de sua gestão.

§ 2º Aplica-se ao curador o disposto nos arts. 159 a 161.

Art. 740. O juiz ordenará que o oficial de justiça, acompanhado do escrivão ou do chefe de secretaria e do curador, arrole os bens e descreva-os em auto circunstanciado.

§ 1º Não podendo comparecer ao local, o juiz requisitará à autoridade policial que proceda à arrecadação e ao arrolamento dos bens, com 2 (duas) testemunhas, que assistirão às diligências.

§ 2º Não estando ainda nomeado o curador, o juiz designará depositário e lhe entregará os bens, mediante simples termo nos autos, depois de compromissado.

§ 3º Durante a arrecadação, o juiz ou a autoridade policial inquirirá os moradores da casa e da vizinhança sobre a qualificação do falecido, o paradeiro de seus sucessores e a existência de outros bens, lavrando-se de tudo auto de inquirição e informação.

§ 4º O juiz examinará reservadamente os papéis, as cartas missivas e os livros domésticos e, verificando que não apresentam interesse, mandará empacotá-los e lacrá-los para serem assim entregues aos sucessores do falecido ou queimados quando os bens forem declarados vacantes.

§ 5º Se constar ao juiz a existência de bens em outra comarca, mandará expedir carta precatória a fim de serem arrecadados.

§ 6º Não se fará a arrecadação, ou essa será suspensa, quando, iniciada, apresentarem-se para reclamar os bens o cônjuge ou companheiro, o herdeiro ou o testamenteiro notoriamente reconhecido e não houver oposição motivada do curador, de qualquer interessado, do Ministério Público ou do representante da Fazenda Pública.

Art. 741. Ultimada a arrecadação, o juiz mandará expedir edital, que será publicado na rede mundial de computadores, no sítio do tribunal a que estiver vinculado o juízo e na plataforma de editais do Conselho Nacional de Justiça, onde permanecerá por 3 (três) meses, ou, não havendo sítio, no órgão oficial e na imprensa da comarca, por 3 (três) vezes com intervalos de 1 (um) mês, para que os sucessores do falecido venham a habilitar-se no prazo de 6 (seis) meses contado da primeira publicação.

§ 1º Verificada a existência de sucessor ou de testamenteiro em lugar certo, far-se-á a sua citação, sem prejuízo do edital.

§ 2º Quando o falecido for estrangeiro, será também comunicado o fato à autoridade consular.

§ 3º Julgada a habilitação do herdeiro, reconhecida a qualidade do testamenteiro ou provada a identidade do cônjuge ou companheiro, a arrecadação converter-se-á em inventário.

§ 4º Os credores da herança poderão habilitar-se como nos inventários ou propor a ação de cobrança.

Art. 742. O juiz poderá autorizar a alienação:

I - de bens móveis, se forem de conservação difícil ou dispendiosa;

II - de semoventes, quando não empregados na exploração de alguma indústria;

III - de títulos e papéis de crédito, havendo fundado receio de depreciação;

IV - de ações de sociedade quando, reclamada a integralização, não dispuser a herança de dinheiro para o pagamento;

V - de bens imóveis:

a) se ameaçarem ruína, não convindo a reparação;

b) se estiverem hipotecados e vencer-se a dívida, não havendo dinheiro para o pagamento.

§ 1º Não se procederá, entretanto, à venda se a Fazenda Pública ou o habilitando adiantar a importância para as despesas.

§ 2º Os bens com valor de afeição, como retratos, objetos de uso pessoal, livros e obras de arte, só serão alienados depois de declarada a vacância da herança.

Art. 743. Passado 1 (um) ano da primeira publicação do edital e não havendo herdeiro habilitado nem habilitação pendente, será a herança declarada vacante.

- art. 1.820, CC.

§ 1º Pendendo habilitação, a vacância será declarada pela mesma sentença que a julgar improcedente, aguardando-se, no caso de serem diversas as habilitações, o julgamento da última.

§ 2º Transitada em julgado a sentença que declarou a vacância, o cônjuge, o companheiro, os herdeiros e os credores só poderão reclamar o seu direito por ação direta.

SEÇÃO VII
DOS BENS DOS AUSENTES

Art. 744. Declarada a ausência nos casos previstos em lei, o juiz mandará arrecadar os bens do ausente e nomear-lhes-á curador na forma estabelecida na Seção VI, observando-se o disposto em lei.

- arts. 22 a 39, CC.
- arts. 29, VI, 94, Lei 6.015/1973 (Lei de registros públicos).
- Súm. 331, STF.

Art. 745. Feita a arrecadação, o juiz mandará publicar editais na rede mundial de computadores, no sítio do tribunal a que estiver vinculado e na plataforma de editais do Conselho Nacional de Justiça, onde permanecerá por 1 (um) ano, ou, não havendo sítio, no órgão oficial e na imprensa da comarca, durante 1 (um) ano, reproduzida de 2 (dois) em 2 (dois) meses, anunciando a arrecadação e chamando o ausente a entrar na posse de seus bens.

§ 1º Findo o prazo previsto no edital, poderão os interessados requerer a abertura da sucessão provisória, observando-se o disposto em lei.

§ 2º O interessado, ao requerer a abertura da sucessão provisória, pedirá a citação pessoal dos herdeiros presentes e do curador e, por editais, a dos ausentes para requererem habilitação, na forma dos arts. 689 a 692.

§ 3º Presentes os requisitos legais, poderá ser requerida a conversão da sucessão provisória em definitiva.

§ 4º Regressando o ausente ou algum de seus descendentes ou ascendentes para requerer ao juiz a entrega de bens, serão citados para contestar o pedido os sucessores provisórios ou definitivos, o Ministério Público e o representante da Fazenda Pública, seguindo-se o procedimento comum.

SEÇÃO VIII
DAS COISAS VAGAS

- arts. 1.233 a 1.237, CC.

Art. 746. Recebendo do descobridor coisa alheia perdida, o juiz mandará lavrar o respectivo auto, do qual constará a descrição do bem e as declarações do descobridor.

§ 1º Recebida a coisa por autoridade policial, esta a remeterá em seguida ao juízo competente.

§ 2º Depositada a coisa, o juiz mandará publicar edital na rede mundial de computadores, no sítio do tribunal a que estiver vinculado e na plataforma de editais do Conselho Nacional de Justiça ou, não havendo sítio, no órgão oficial e na imprensa da comarca, para que o dono ou o legítimo possuidor a reclame, salvo se se tratar de coisa de pequeno valor e não for possível a publicação no sítio do tribunal, caso em que o edital será apenas afixado no átrio do edifício do fórum.

§ 3º Observar-se-á, quanto ao mais, o disposto em lei.

SEÇÃO IX
DA INTERDIÇÃO

› arts. 1.767 e ss., CC.

Art. 747. A interdição pode ser promovida:

I - pelo cônjuge ou companheiro;

II - pelos parentes ou tutores;

III - pelo representante da entidade em que se encontra abrigado o interditando;

IV - pelo Ministério Público.

› art. 129, CF.

Parágrafo único. A legitimidade deverá ser comprovada por documentação que acompanhe a petição inicial.

Art. 748. O Ministério Público só promoverá interdição em caso de doença mental grave:

I - se as pessoas designadas nos incisos I, II e III do art. 747 não existirem ou não promoverem a interdição;

II - se, existindo, forem incapazes as pessoas mencionadas nos incisos I e II do art. 747.

Art. 749. Incumbe ao autor, na petição inicial, especificar os fatos que demonstram a incapacidade do interditando para administrar seus bens e, se for o caso, para praticar atos da vida civil, bem como o momento em que a incapacidade se revelou.

Parágrafo único. Justificada a urgência, o juiz pode nomear curador provisório ao interditando para a prática de determinados atos.

Art. 750. O requerente deverá juntar laudo médico para fazer prova de suas alegações ou informar a impossibilidade de fazê-lo.

Art. 751. O interditando será citado para, em dia designado, comparecer perante o juiz, que o entrevistará minuciosamente acerca de sua vida, negócios, bens, vontades, preferências e laços familiares e afetivos e sobre o que mais lhe parecer necessário para convencimento quanto à sua capacidade para praticar atos da vida civil, devendo ser reduzidas a termo as perguntas e respostas.

§ 1º Não podendo o interditando deslocar-se, o juiz o ouvirá no local onde estiver.

§ 2º A entrevista poderá ser acompanhada por especialista.

§ 3º Durante a entrevista, é assegurado o emprego de recursos tecnológicos capazes de permitir ou de auxiliar o interditando a expressar suas vontades e preferências e a responder às perguntas formuladas.

§ 4º A critério do juiz, poderá ser requisitada a oitiva de parentes e de pessoas próximas.

Art. 752. Dentro do prazo de 15 (quinze) dias contado da entrevista, o interditando poderá impugnar o pedido.

§ 1º O Ministério Público intervirá como fiscal da ordem jurídica.

› art. 178, CPC.

§ 2º O interditando poderá constituir advogado, e, caso não o faça, deverá ser nomeado curador especial.

§ 3º Caso o interditando não constitua advogado, o seu cônjuge, companheiro ou qualquer parente sucessível poderá intervir como assistente.

Art. 753. Decorrido o prazo previsto no art. 752, o juiz determinará a produção de prova pericial para avaliação da capacidade do interditando para praticar atos da vida civil.

§ 1º A perícia pode ser realizada por equipe composta por expertos com formação multidisciplinar.

§ 2º O laudo pericial indicará especificadamente, se for o caso, os atos para os quais haverá necessidade de curatela.

Art. 754. Apresentado o laudo, produzidas as demais provas e ouvidos os interessados, o juiz proferirá sentença.

Art. 755. Na sentença que decretar a interdição, o juiz:

I - nomeará curador, que poderá ser o requerente da interdição, e fixará os limites da curatela, segundo o estado e o desenvolvimento mental do interdito;

II - considerará as características pessoais do interdito, observando suas potencialidades, habilidades, vontades e preferências.

§ 1º A curatela deve ser atribuída a quem melhor possa atender aos interesses do curatelado.

§ 2º Havendo, ao tempo da interdição, pessoa incapaz sob a guarda e a responsabilidade do interdito, o juiz atribuirá a curatela a quem melhor puder atender aos interesses do interdito e do incapaz.

§ 3º A sentença de interdição será inscrita no registro de pessoas naturais e imediatamente publicada na rede mundial de computadores, no sítio do tribunal a que estiver vinculado o juízo e na plataforma de editais do Conselho Nacional de Justiça, onde permanecerá por 6 (seis) meses, na imprensa local, 1 (uma) vez, e no órgão oficial, por 3 (três) vezes, com intervalo de 10 (dez) dias, constando do edital os nomes do interdito e do curador, a causa da interdição, os limites da curatela e, não sendo total a interdição, os atos que o interdito poderá praticar autonomamente.

› art. 9º, III, CC.

› arts. 29, V; 92; e 107, § 1º, Lei 6.015/1973 (Lei de registros públicos).

Art. 756. Levantar-se-á a curatela quando cessar a causa que a determinou.

§ 1º O pedido de levantamento da curatela poderá ser feito pelo interdito, pelo curador ou pelo Ministério Público e será apensado aos autos da interdição.

§ 2º O juiz nomeará perito ou equipe multidisciplinar para proceder ao exame do interdito e designará audiência de instrução e julgamento após a apresentação do laudo.

§ 3º Acolhido o pedido, o juiz decretará o levantamento da interdição e determinará a publicação da sentença, após o trânsito em julgado, na forma do art. 755, § 3º, ou, não sendo possível, na imprensa local e no órgão oficial, por 3 (três) vezes, com intervalo de 10 (dez) dias, seguindo-se a averbação no registro de pessoas naturais.

§ 4º A interdição poderá ser levantada parcialmente quando demonstrada a capacidade do interdito para praticar alguns atos da vida civil.

Art. 757. A autoridade do curador estende-se à pessoa e aos bens do incapaz que se encontrar sob a guarda e a responsabilidade do curatelado ao tempo da interdição, salvo se o juiz considerar outra solução como mais conveniente aos interesses do incapaz.

Art. 758. O curador deverá buscar tratamento e apoio apropriados à conquista da autonomia pelo interdito.

SEÇÃO X
DISPOSIÇÕES COMUNS À TUTELA E À CURATELA

› arts. 1.728 e ss., CC.

Art. 759. O tutor ou o curador será intimado a prestar compromisso no prazo de 5 (cinco) dias contado da:

I - nomeação feita em conformidade com a lei;

II - intimação do despacho que mandar cumprir o testamento ou o instrumento público que o houver instituído.

§ 1º O tutor ou o curador prestará o compromisso por termo em livro rubricado pelo juiz.

§ 2º Prestado o compromisso, o tutor ou o curador assume a administração dos bens do tutelado ou do interditado.

Art. 760. O tutor ou o curador poderá eximir-se do encargo apresentando escusa ao juiz no prazo de 5 (cinco) dias contado:

I - antes de aceitar o encargo, da intimação para prestar compromisso;

II - depois de entrar em exercício, do dia em que sobrevier o motivo da escusa.

§ 1º Não sendo requerida a escusa no prazo estabelecido neste artigo, considerar-se-á renunciado o direito de alegá-la.

§ 2º O juiz decidirá de plano o pedido de escusa, e, não o admitindo, exercerá o nomeado a tutela ou a curatela enquanto não for dispensado por sentença transitada em julgado.

Art. 761. Incumbe ao Ministério Público ou a quem tenha legítimo interesse requerer, nos casos previstos em lei, a remoção do tutor ou do curador.

Parágrafo único. O tutor ou o curador será citado para contestar a arguição no prazo de 5 (cinco) dias, findo o qual observar-se-á o procedimento comum.

Art. 762. Em caso de extrema gravidade, o juiz poderá suspender o tutor ou o curador do exercício de suas funções, nomeando substituto interino.

Art. 763. Cessando as funções do tutor ou do curador pelo decurso do prazo em que era obrigado a servir, ser-lhe-á lícito requerer a exoneração do encargo.

§ 1º Caso o tutor ou o curador não requeira a exoneração do encargo dentro dos 10 (dez) dias seguintes à expiração do termo, entender-se-á reconduzido, salvo se o juiz o dispensar.

§ 2º Cessada a tutela ou a curatela, é indispensável a prestação de contas pelo tutor ou pelo curador, na forma da lei civil.

SEÇÃO XI
DA ORGANIZAÇÃO E DA FISCALIZAÇÃO DAS FUNDAÇÕES

Art. 764. O juiz decidirá sobre a aprovação do estatuto das fundações e de suas alterações sempre que o requeira o interessado, quando:

‣ arts. 62 e ss., CC.

I - ela for negada previamente pelo Ministério Público ou por este forem exigidas modificações com as quais o interessado não concorde;

II - o interessado discordar do estatuto elaborado pelo Ministério Público.

§ 1º O estatuto das fundações deve observar o disposto na Lei n. 10.406, de 10 de janeiro de 2002 (Código Civil).

§ 2º Antes de suprir a aprovação, o juiz poderá mandar fazer no estatuto modificações a fim de adaptá-lo ao objetivo do instituidor.

Art. 765. Qualquer interessado ou o Ministério Público promoverá em juízo a extinção da fundação quando:

I - se tornar ilícito o seu objeto;

II - for impossível a sua manutenção;

III - vencer o prazo de sua existência.

SEÇÃO XII
DA RATIFICAÇÃO DOS PROTESTOS MARÍTIMOS E DOS PROCESSOS TESTEMUNHÁVEIS FORMADOS A BORDO

Art. 766. Todos os protestos e os processos testemunháveis formados a bordo e lançados no livro Diário da Navegação deverão ser apresentados pelo comandante ao juiz de direito do primeiro porto, nas primeiras 24 (vinte e quatro) horas de chegada da embarcação, para sua ratificação judicial.

Art. 767. A petição inicial conterá a transcrição dos termos lançados no livro Diário da Navegação e deverá ser instruída com cópias das páginas que contenham os termos que serão ratificados, dos documentos de identificação do comandante e das testemunhas arroladas, do rol de tripulantes, do documento de registro da embarcação e, quando for o caso, do manifesto das cargas sinistradas e a qualificação de seus consignatários, traduzidos, quando for o caso, de forma livre para o português.

Art. 768. A petição inicial deverá ser distribuída com urgência e encaminhada ao juiz, que ouvirá, sob compromisso a ser prestado no mesmo dia, o comandante e as testemunhas em número mínimo de 2 (duas) e máximo de 4 (quatro), que deverão comparecer ao ato independentemente de intimação.

§ 1º Tratando-se de estrangeiros que não dominem a língua portuguesa, o autor deverá fazer-se acompanhar por tradutor, que prestará compromisso em audiência.

§ 2º Caso o autor não se faça acompanhar por tradutor, o juiz deverá nomear outro que preste compromisso em audiência.

Art. 769. Aberta a audiência, o juiz mandará apregoar os consignatários das cargas indicados na petição inicial e outros eventuais interessados, nomeando para os ausentes curador para o ato.

Art. 770. Inquiridos o comandante e as testemunhas, o juiz, convencido da veracidade dos termos lançados no Diário da Navegação, em audiência, ratificará por sentença o protesto ou o processo testemunhável lavrado a bordo, dispensado o relatório.

Parágrafo único. Independentemente do trânsito em julgado, o juiz determinará a entrega dos autos ao autor ou ao seu advogado, mediante a apresentação de traslado.

LIVRO II
DO PROCESSO DE EXECUÇÃO

TÍTULO I
DA EXECUÇÃO EM GERAL

CAPÍTULO I
DISPOSIÇÕES GERAIS

Art. 771. Este Livro regula o procedimento da execução fundada em título extrajudicial, e suas disposições aplicam-se, também, no que couber, aos procedimentos especiais de execução, aos atos executivos realizados no procedimento de cumprimento de sentença, bem como aos efeitos de atos ou fatos processuais a que a lei atribuir força executiva.

Parágrafo único. Aplicam-se subsidiariamente à execução as disposições do Livro I da Parte Especial.

Art. 772. O juiz pode, em qualquer momento do processo:

I - ordenar o comparecimento das partes;

II - advertir o executado de que seu procedimento constitui ato atentatório à dignidade da justiça;

III - determinar que sujeitos indicados pelo exequente forneçam informações em geral relacionadas ao objeto da execução, tais como documentos e dados que tenham em seu poder, assinando-lhes prazo razoável.

Art. 773. O juiz poderá, de ofício ou a requerimento, determinar as medidas necessárias ao cumprimento da ordem de entrega de documentos e dados.

Parágrafo único. Quando, em decorrência do disposto neste artigo, o juízo receber dados sigilosos para os fins da execução, o juiz adotará as medidas necessárias para assegurar a confidencialidade.

Art. 774. Considera-se atentatória à dignidade da justiça a conduta comissiva ou omissiva do executado que:

I - frauda a execução;

‣ art. 792, CPC.

II - se opõe maliciosamente à execução, empregando ardis e meios artificiosos;

III - dificulta ou embaraça a realização da penhora;

‣ arts. 831 e ss., CPC.

IV - resiste injustificadamente às ordens judiciais;

V - intimado, não indica ao juiz quais são e onde estão os bens sujeitos à penhora e os respectivos valores, nem exibe prova de sua propriedade e, se for o caso, certidão negativa de ônus.

Parágrafo único. Nos casos previstos neste artigo, o juiz fixará multa em montante não superior a vinte por cento do valor atualizado do débito em execução, a qual será revertida em proveito do exequente, exigível nos próprios autos do processo, sem prejuízo de outras sanções de natureza processual ou material.

Art. 775. O exequente tem o direito de desistir de toda a execução ou de apenas alguma medida executiva.

‣ Súm. 153, STJ.

Parágrafo único. Na desistência da execução, observar-se-á o seguinte:

I - serão extintos a impugnação e os embargos que versarem apenas sobre questões processuais, pagando o exequente as custas processuais e os honorários advocatícios;

‣ Súm. 517 e 519, STJ.

II - nos demais casos, a extinção dependerá da concordância do impugnante ou do embargante.

Art. 776. O exequente ressarcirá ao executado os danos que este sofreu, quando a sentença, transitada em julgado, declarar inexistente, no todo ou em parte, a obrigação que ensejou a execução.

Art. 777. A cobrança de multas ou de indenizações decorrentes de litigância de má-fé ou de prática de ato atentatório à dignidade da justiça será promovida nos próprios autos do processo.

‣ arts. 77, § 1º, e 536, § 3º, CPC.

CAPÍTULO II
DAS PARTES

Art. 778. Pode promover a execução forçada o credor a quem a lei confere título executivo.

‣ arts. 783 a 785, CPC.

§ 1º Podem promover a execução forçada ou nela prosseguir, em sucessão ao exequente originário:

I - o Ministério Público, nos casos previstos em lei;

‣ art. 178, CPC.

II - o espólio, os herdeiros ou os sucessores do credor, sempre que, por morte deste, lhes for transmitido o direito resultante do título executivo;

‣ art. 110, CPC.

III - o cessionário, quando o direito resultante do título executivo lhe for transferido por ato entre vivos;

IV - o sub-rogado, nos casos de sub-rogação legal ou convencional.

‣ arts. 346 a 351, CC.

§ 2º A sucessão prevista no § 1º independe de consentimento do executado.

Art. 779. A execução pode ser promovida contra:

I - o devedor, reconhecido como tal no título executivo;

II - o espólio, os herdeiros ou os sucessores do devedor;

III - o novo devedor que assumiu, com o consentimento do credor, a obrigação resultante do título executivo;

IV - o fiador do débito constante em título extrajudicial;

‣ Súm. 268, STJ.

V - o responsável titular do bem vinculado por garantia real ao pagamento do débito;

VI - o responsável tributário, assim definido em lei.

‣ arts. 121, p.ún.; e 128 a 138, CTN.

Art. 780. O exequente pode cumular várias execuções, ainda que fundadas em títulos diferentes, quando o executado for o mesmo e desde que para todas elas seja competente o mesmo juízo e idêntico o procedimento.

‣ Súm. 27, STJ.

CAPÍTULO III
DA COMPETÊNCIA

Art. 781. A execução fundada em título extrajudicial será processada perante o juízo competente, observando-se o seguinte:

I - a execução poderá ser proposta no foro de domicílio do executado, de eleição constante do título ou, ainda, de situação dos bens a ela sujeitos;

II - tendo mais de um domicílio, o executado poderá ser demandado no foro de qualquer deles;

III - sendo incerto ou desconhecido o domicílio do executado, a execução poderá ser proposta no lugar onde for encontrado ou no foro de domicílio do exequente;

IV - havendo mais de um devedor, com diferentes domicílios, a execução será proposta no foro de qualquer deles, à escolha do exequente;

V - a execução poderá ser proposta no foro do lugar em que se praticou o ato ou em que ocorreu o fato que deu origem ao título, mesmo que nele não mais resida o executado.

Art. 782. Não dispondo a lei de modo diverso, o juiz determinará os atos executivos, e o oficial de justiça os cumprirá.

§ 1º O oficial de justiça poderá cumprir os atos executivos determinados pelo juiz também nas comarcas contíguas, de fácil comunicação, e nas que se situem na mesma região metropolitana.

§ 2º Sempre que, para efetivar a execução, for necessário o emprego de força policial, o juiz a requisitará.

§ 3º A requerimento da parte, o juiz pode determinar a inclusão do nome do executado em cadastros de inadimplentes.

§ 4º A inscrição será cancelada imediatamente se for efetuado o pagamento, se for garantida a execução ou se a execução for extinta por qualquer outro motivo.

§ 5º O disposto nos §§ 3º e 4º aplica-se à execução definitiva de título judicial.

CAPÍTULO IV
DOS REQUISITOS NECESSÁRIOS PARA REALIZAR QUALQUER EXECUÇÃO

SEÇÃO I
DO TÍTULO EXECUTIVO

Art. 783. A execução para cobrança de crédito fundar-se-á sempre em título de obrigação certa, líquida e exigível.

‣ Súm. 233, 279 e 300, STJ.

Art. 784. São títulos executivos extrajudiciais:

‣ Súm. 317, STJ.
‣ art. 57, p.ún., Lei 9.099/1995 (Juizados Especiais Cíveis e Criminais).

I - a letra de câmbio, a nota promissória, a duplicata, a debênture e o cheque;

‣ Dec. 2.044/1908 (Lei da letra de câmbio e nota promissória).
‣ Lei 5.474/1968 (Lei da duplicata).
‣ art. 52 e s., Lei 6.404/1976 (Lei da sociedade anônima).
‣ Lei 7.357/1985 (Lei do cheque).
‣ Súm. 258 e 531, STJ; Súm. 600, STF.

II - a escritura pública ou outro documento público assinado pelo devedor;

‣ arts. 215 e 221, CC.

III - o documento particular assinado pelo devedor e por 2 (duas) testemunhas;

IV - o instrumento de transação referendado pelo Ministério Público, pela Defensoria Pública, pela Advocacia Pública, pelos advogados dos transatores ou por conciliador ou mediador credenciado por tribunal;

‣ arts. 840 a 850, CC.
‣ Prov. 149/2023, CNJ.

V - o contrato garantido por hipoteca, penhor, anticrese ou outro direito real de garantia e aquele garantido por caução;

‣ arts. 1.419 a 1.510, CC.

VI - o contrato de seguro de vida em caso de morte;

‣ arts. 789 e ss., CC.

VII - o crédito decorrente de foro e laudêmio;

VIII - o crédito, documentalmente comprovado, decorrente de aluguel de imóvel, bem como de encargos acessórios, tais como taxas e despesas de condomínio;

‣ Lei 4.591/1964 (Lei do condomínio).

IX - a certidão de dívida ativa da Fazenda Pública da União, dos Estados, do Distrito Federal e dos Municípios, correspondente aos créditos inscritos na forma da lei;

‣ arts. 201 a 204, CTN.
‣ arts. 2º e 3º, Lei 6.830/1980 (Execução Fiscal).
‣ Súm. 392, STJ.

X - o crédito referente às contribuições ordinárias ou extraordinárias de condomínio edilício, previstas na respectiva convenção ou aprovadas em assembleia geral, desde que documentalmente comprovadas;

‣ arts. 1.331 e ss., CC.

XI - a certidão expedida por serventia notarial ou de registro relativa a valores de emolumentos e demais despesas devidas pelos atos por ela praticados, fixados nas tabelas estabelecidas em lei;

XI-A - o contrato de contragarantia ou qualquer outro instrumento que materialize o direito de ressarcimento da seguradora contra tomadores de seguro-garantia e seus garantidores; (Acrescido pela Lei 14.711/2023)

XII - todos os demais títulos aos quais, por disposição expressa, a lei atribuir força executiva.

‣ art. 107, I, Lei 6.404/1976 (Lei da sociedade anônima).
‣ art. 211, ECA.
‣ arts. 85 e 93, Lei 12.529/2011 (Defesa da concorrência).
‣ art. 24, Estatuto da OAB.
‣ art. 142, § 6º, III, Lei 11.101/2005 (Lei de falência).

§ 1º A propositura de qualquer ação relativa a débito constante de título executivo não inibe o credor de promover-lhe a execução.

§ 2º Os títulos executivos extrajudiciais oriundos de país estrangeiro não dependem de homologação para serem executados.

§ 3º O título estrangeiro só terá eficácia executiva quando satisfeitos os requisitos de formação exigidos pela lei do lugar de sua celebração e quando o Brasil for indicado como o lugar de cumprimento da obrigação.

§ 4º Nos títulos executivos constituídos ou atestados por meio eletrônico, é admitida qualquer modalidade de assinatura eletrônica prevista em lei, dispensada a assinatura de testemunhas quando sua integridade for conferida por provedor de assinatura. (Acrescido pela Lei 14.620/2023)

Art. 785. A existência de título executivo extrajudicial não impede a parte de optar pelo processo de conhecimento, a fim de obter título executivo judicial.

SEÇÃO II
DA EXIGIBILIDADE DA OBRIGAÇÃO

Art. 786. A execução pode ser instaurada caso o devedor não satisfaça a obrigação certa, líquida e exigível consubstanciada em título executivo.

Parágrafo único. A necessidade de simples operações aritméticas para apurar o crédito exequendo não retira a liquidez da obrigação constante do título.

Art. 787. Se o devedor não for obrigado a satisfazer sua prestação senão mediante a contraprestação do credor, este deverá provar que a adimpliu ao requerer a execução, sob pena de extinção do processo.

Parágrafo único. O executado poderá eximir-se da obrigação, depositando em juízo a prestação ou a coisa, caso em que o juiz não permitirá que o credor a receba sem cumprir a contraprestação que lhe tocar.

Art. 788. O credor não poderá iniciar a execução ou nela prosseguir se o devedor cumprir a obrigação, mas poderá recusar o recebimento da prestação se ela não corresponder ao direito ou à obrigação estabelecidos no título executivo, caso em que poderá requerer a execução forçada, ressalvado ao devedor o direito de embargá-la.

CAPÍTULO V
DA RESPONSABILIDADE PATRIMONIAL

Art. 789. O devedor responde com todos os seus bens presentes e futuros para o cumprimento de suas obrigações, salvo as restrições estabelecidas em lei.

Art. 790. São sujeitos à execução os bens:

I - do sucessor a título singular, tratando-se de execução fundada em direito real ou obrigação reipersecutória;

II - do sócio, nos termos da lei;

III - do devedor, ainda que em poder de terceiros;

IV - do cônjuge ou companheiro, nos casos em que seus bens próprios ou de sua meação respondem pela dívida;

V - alienados ou gravados com ônus real em fraude à execução;

VI - cuja alienação ou gravação com ônus real tenha sido anulada em razão do reconhecimento, em ação autônoma, de fraude contra credores;

VII - do responsável, nos casos de desconsideração da personalidade jurídica.

- arts. 133 a 137, CPC.
- art. 50, CC.
- art. 28, CDC.
- art. 34, Lei 12.529/2011 (Defesa da concorrência).

Art. 791. Se a execução tiver por objeto obrigação de que seja sujeito passivo o proprietário de terreno submetido ao regime do direito de superfície, ou o superficiário, responderá pela dívida, exclusivamente, o direito real do qual é titular o executado, recaindo a penhora ou outros atos de constrição exclusivamente sobre o terreno, no primeiro caso, ou sobre a construção ou a plantação, no segundo caso.

- arts. 1.369 a 1.377, CC.

§ 1º Os atos de constrição a que se refere o *caput* serão averbados separadamente na matrícula do imóvel, com a identificação do executado, do valor do crédito e do objeto sobre o qual recai o gravame, devendo o oficial destacar o bem que responde pela dívida, se o terreno, a construção ou a plantação, de modo a assegurar a publicidade da responsabilidade patrimonial de cada um deles pelas dívidas e pelas obrigações que a eles estão vinculadas.

§ 2º Aplica-se, no que couber, o disposto neste artigo à enfiteuse, à concessão de uso especial para fins de moradia e à concessão de direito real de uso.

Art. 792. A alienação ou a oneração de bem é considerada fraude à execução:

- art. 185, CTN.

I - quando sobre o bem pender ação fundada em direito real ou com pretensão reipersecutória, desde que a pendência do processo tenha sido averbada no respectivo registro público, se houver;

II - quando tiver sido averbada, no registro do bem, a pendência do processo de execução, na forma do art. 828;

III - quando tiver sido averbado, no registro do bem, hipoteca judiciária ou outro ato de constrição judicial originário do processo onde foi arguida a fraude;

IV - quando, ao tempo da alienação ou da oneração, tramitava contra o devedor ação capaz de reduzi-lo à insolvência;

V - nos demais casos expressos em lei.

- art. 179, CP.

§ 1º A alienação em fraude à execução é ineficaz em relação ao exequente.

§ 2º No caso de aquisição de bem não sujeito a registro, o terceiro adquirente tem o ônus de provar que adotou as cautelas necessárias para a aquisição, mediante a exibição das certidões pertinentes, obtidas no domicílio do vendedor e no local onde se encontra o bem.

§ 3º Nos casos de desconsideração da personalidade jurídica, a fraude à execução verifica-se a partir da citação da parte cuja personalidade se pretende desconsiderar.

- art. 50, CC.
- art. 28, CDC.

§ 4º Antes de declarar a fraude à execução, o juiz deverá intimar o terceiro adquirente, que, se quiser, poderá opor embargos de terceiro, no prazo de 15 (quinze) dias.

- art. 675, CPC.

Art. 793. O exequente que estiver, por direito de retenção, na posse de coisa pertencente ao devedor não poderá promover a execução sobre outros bens senão depois de excutida a coisa que se achar em seu poder.

Art. 794. O fiador, quando executado, tem o direito de exigir que primeiro sejam executados os bens do devedor situados na mesma comarca, livres e desembargados, indicando-os pormenorizadamente à penhora.

- art. 827, CC.

§ 1º Os bens do fiador ficarão sujeitos à execução se os do devedor, situados na mesma comarca que os seus, forem insuficientes à satisfação do direito do credor.

§ 2º O fiador que pagar a dívida poderá executar o afiançado nos autos do mesmo processo.

§ 3º O disposto no *caput* não se aplica se o fiador houver renunciado ao benefício de ordem.

- art. 828, I, CC.

Art. 795. Os bens particulares dos sócios não respondem pelas dívidas da sociedade, senão nos casos previstos em lei.

- arts. 134, VII; e 135, I, CTN.

§ 1º O sócio réu, quando responsável pelo pagamento da dívida da sociedade, tem o direito de exigir que primeiro sejam excutidos os bens da sociedade.

- Súm. 435, STJ.

§ 2º Incumbe ao sócio que alegar o benefício do § 1º nomear quantos bens da sociedade situados na mesma comarca, livres e desembargados, bastem para pagar o débito.

§ 3º O sócio que pagar a dívida poderá executar a sociedade nos autos do mesmo processo.

§ 4º Para a desconsideração da personalidade jurídica é obrigatória a observância do incidente previsto neste Código.

- arts. 133 a 137, CPC.
- art. 50, CC.
- art. 28, CDC.

Art. 796. O espólio responde pelas dívidas do falecido, mas, feita a partilha, cada herdeiro responde por elas dentro das forças da herança e na proporção da parte que lhe coube.

- arts. 1.792, e 1.997, CC.

TÍTULO II
DAS DIVERSAS ESPÉCIES DE EXECUÇÃO

CAPÍTULO I
DISPOSIÇÕES GERAIS

Art. 797. Ressalvado o caso de insolvência do devedor, em que tem lugar o concurso universal, realiza-se a execução no interesse do exequente que adquire, pela penhora, o direito de preferência sobre os bens penhorados.

Parágrafo único. Recaindo mais de uma penhora sobre o mesmo bem, cada exequente conservará o seu título de preferência.

Art. 798. Ao propor a execução, incumbe ao exequente:

I - instruir a petição inicial com:

a) o título executivo extrajudicial;

b) o demonstrativo do débito atualizado até a data de propositura da ação, quando se tratar de execução por quantia certa;

c) a prova de que se verificou a condição ou ocorreu o termo, se for o caso;

- arts. 121 a 131 e 135, CC.

d) a prova, se for o caso, de que adimpliu a contraprestação que lhe corresponde ou que lhe assegura o cumprimento, se o executado não for obrigado a satisfazer a sua prestação senão mediante a contraprestação do exequente;

II - indicar:

a) a espécie de execução de sua preferência, quando por mais de um modo puder ser realizada;

b) os nomes completos do exequente e do executado e seus números de inscrição no Cadastro de Pessoas Físicas ou no Cadastro Nacional da Pessoa Jurídica;

c) os bens suscetíveis de penhora, sempre que possível.

Parágrafo único. O demonstrativo do débito deverá conter:

I - o índice de correção monetária adotado;

II - a taxa de juros aplicada;

III - os termos inicial e final de incidência do índice de correção monetária e da taxa de juros utilizados;

IV - a periodicidade da capitalização dos juros, se for o caso;

V - a especificação de desconto obrigatório realizado.

Art. 799. Incumbe ainda ao exequente:

I - requerer a intimação do credor pignoratício, hipotecário, anticrético ou fiduciário, quando a penhora recair sobre bens gravados por penhor, hipoteca, anticrese ou alienação fiduciária;

II - requerer a intimação do titular de usufruto, uso ou habitação, quando a penhora recair sobre bem gravado por usufruto, uso ou habitação;

III - requerer a intimação do promitente-comprador, quando a penhora recair sobre bem em relação ao qual haja promessa de compra e venda registrada;

IV - requerer a intimação do promitente vendedor, quando a penhora recair sobre direito aquisitivo derivado de promessa de compra e venda registrada;

V - requerer a intimação do superficiário, enfiteuta ou concessionário, em caso de direito de superfície, enfiteuse, concessão de uso especial para fins de moradia ou concessão de direito real de uso, quando a penhora recair sobre imóvel submetido ao regime do direito de superfície, enfiteuse ou concessão;

VI - requerer a intimação do proprietário de terreno com regime de direito de superfície, enfiteuse, concessão de uso especial para fins de moradia ou concessão de direito real de uso, quando a penhora recair sobre direitos do superficiário, do enfiteuta ou do concessionário;

VII - requerer a intimação da sociedade, no caso de penhora de quota social ou de ação de sociedade anônima fechada, para o fim previsto no art. 876, § 7º;

VIII - pleitear, se for o caso, medidas urgentes;

IX - proceder à averbação em registro público do ato de propositura da execução e dos atos de constrição realizados, para conhecimento de terceiros.

X - requerer a intimação do titular da construção-base, bem como, se for o caso, do titular de lajes anteriores, quando a penhora recair sobre o direito real de laje; (Incluído pela Lei nº 13.465, de 2017)

XI - requerer a intimação do titular das lajes, quando a penhora recair sobre a construção-base. (Incluído pela Lei nº 13.465, de 2017)

Art. 800. Nas obrigações alternativas, quando a escolha couber ao devedor, esse será citado para exercer a opção e realizar a prestação dentro de 10 (dez) dias, se outro prazo não lhe foi determinado em lei ou em contrato.

‣ arts. 252 a 256, CC.

§ 1º Devolver-se-á ao credor a opção, se o devedor não a exercer no prazo determinado.

§ 2º A escolha será indicada na petição inicial da execução quando couber ao credor exercê-la.

Art. 801. Verificando que a petição inicial está incompleta ou que não está acompanhada dos documentos indispensáveis à propositura da execução, o juiz determinará que o exequente a corrija, no prazo de 15 (quinze) dias, sob pena de indeferimento.

Art. 802. Na execução, o despacho que ordena a citação, desde que realizada em observância ao disposto no § 2º do art. 240, interrompe a prescrição, ainda que proferido por juízo incompetente.

‣ art. 312, CPC.

‣ arts. 202 a 204, CC.

‣ art. 8º, § 2º, Lei 6.830/1980 (Execução Fiscal).

‣ Súm. 150, 153, 154, STF.

Parágrafo único. A interrupção da prescrição retroagirá à data de propositura da ação.

Art. 803. É nula a execução se:

I - o título executivo extrajudicial não corresponder a obrigação certa, líquida e exigível;

‣ arts. 783 e 784, CPC.

II - o executado não for regularmente citado;

‣ arts. 239 e 280, CPC.

III - for instaurada antes de se verificar a condição ou de ocorrer o termo.

‣ arts. 798, I, c, e 917, § 2º, V, CPC.

Parágrafo único. A nulidade de que cuida este artigo será pronunciada pelo juiz, de ofício ou a requerimento da parte, independentemente de embargos à execução.

Art. 804. A alienação de bem gravado por penhor, hipoteca ou anticrese será ineficaz em relação ao credor pignoratício, hipotecário ou anticrético não intimado.

§ 1º A alienação de bem objeto de promessa de compra e venda ou de cessão registrada será ineficaz em relação ao promitente-comprador ou ao cessionário não intimado.

§ 2º A alienação de bem sobre o qual tenha sido instituído direito de superfície, seja do solo, da plantação ou da construção, será ineficaz em relação ao concedente ou ao concessionário não intimado.

§ 3º A alienação de direito aquisitivo de bem objeto de promessa de venda, de promessa de cessão ou de alienação fiduciária será ineficaz em relação ao promitente vendedor, ao promitente cedente ou ao proprietário fiduciário não intimado.

§ 4º A alienação de imóvel sobre o qual tenha sido instituída enfiteuse, concessão de uso especial para fins de moradia ou concessão de direito real de uso será ineficaz em relação ao enfiteuta ou ao concessionário não intimado.

§ 5º A alienação de direitos do enfiteuta, do concessionário de direito real de uso ou do concessionário de uso especial para fins de moradia será ineficaz em relação ao proprietário do respectivo imóvel não intimado.

§ 6º A alienação de bem sobre o qual tenha sido instituído usufruto, uso ou habitação será ineficaz em relação ao titular desses direitos reais não intimado.

Art. 805. Quando por vários meios o exequente puder promover a execução, o juiz mandará que se faça pelo modo menos gravoso para o executado.

‣ art. 867, CPC.

Parágrafo único. Ao executado que alegar ser a medida executiva mais gravosa incumbe indicar outros meios mais eficazes e menos onerosos, sob pena de manutenção dos atos executivos já determinados.

CAPÍTULO II
DA EXECUÇÃO PARA A ENTREGA DE COISA

SEÇÃO I
DA ENTREGA DE COISA CERTA

Art. 806. O devedor de obrigação de entrega de coisa certa, constante de título executivo extrajudicial, será citado para, em 15 (quinze) dias, satisfazer a obrigação.

‣ art. 35, I, CDC.

§ 1º Ao despachar a inicial, o juiz poderá fixar multa por dia de atraso no cumprimento da obrigação, ficando o respectivo valor sujeito a alteração, caso se revele insuficiente ou excessivo.

§ 2º Do mandado de citação constará ordem para imissão na posse ou busca e apreensão, conforme se tratar de bem imóvel ou móvel, cujo cumprimento se dará de imediato, se o executado não satisfizer a obrigação no prazo que lhe foi designado.

Art. 807. Se o executado entregar a coisa, será lavrado o termo respectivo e considerada satisfeita a obrigação, prosseguindo-se a execução para o pagamento de frutos ou o ressarcimento de prejuízos, se houver.

Art. 808. Alienada a coisa quando já litigiosa, será expedido mandado contra o terceiro adquirente, que somente será ouvido após depositá-la.

‣ art. 674, CPC.

Art. 809. O exequente tem direito a receber, além de perdas e danos, o valor da coisa, quando essa se deteriorar, não lhe for entregue, não for encontrada ou não for reclamada do poder de terceiro adquirente.

§ 1º Não constando do título o valor da coisa e sendo impossível sua avaliação, o exequente apresentará estimativa, sujeitando-a ao arbitramento judicial.

§ 2º Serão apurados em liquidação o valor da coisa e os prejuízos.

Art. 810. Havendo benfeitorias indenizáveis feitas na coisa pelo executado ou por terceiros de cujo poder ela houver sido tirada, a liquidação prévia é obrigatória.

- arts. 509 e ss., CPC.
- arts. 1.219 a 1.222, CC.

Parágrafo único. Havendo saldo:

I - em favor do executado ou de terceiros, o exequente o depositará ao requerer a entrega da coisa;

II - em favor do exequente, esse poderá cobrá-lo nos autos do mesmo processo.

SEÇÃO II
DA ENTREGA DE COISA INCERTA

Art. 811. Quando a execução recair sobre coisa determinada pelo gênero e pela quantidade, o executado será citado para entregá-la individualizada, se lhe couber a escolha.

Parágrafo único. Se a escolha couber ao exequente, esse deverá indicá-la na petição inicial.

Art. 812. Qualquer das partes poderá, no prazo de 15 (quinze) dias, impugnar a escolha feita pela outra, e o juiz decidirá de plano ou, se necessário, ouvindo perito de sua nomeação.

Art. 813. Aplicar-se-ão à execução para entrega de coisa incerta, no que couber, as disposições da Seção I deste Capítulo.

CAPÍTULO III
DA EXECUÇÃO DAS OBRIGAÇÕES DE FAZER OU DE NÃO FAZER

SEÇÃO I
DISPOSIÇÕES COMUNS

Art. 814. Na execução de obrigação de fazer ou de não fazer fundada em título extrajudicial, ao despachar a inicial, o juiz fixará multa por período de atraso no cumprimento da obrigação e a data a partir da qual será devida.

- arts. 536, § 1º, 537, CPC.
- Súm. 410, STJ.

Parágrafo único. Se o valor da multa estiver previsto no título e for excessivo, o juiz poderá reduzi-lo.

SEÇÃO II
DA OBRIGAÇÃO DE FAZER

Art. 815. Quando o objeto da execução for obrigação de fazer, o executado será citado para satisfazê-la no prazo que o juiz lhe designar, se outro não estiver determinado no título executivo.

- arts. 247 e ss., CC.

Art. 816. Se o executado não satisfizer a obrigação no prazo designado, é lícito ao exequente, nos próprios autos do processo, requerer a satisfação da obrigação à custa do executado ou perdas e danos, hipótese em que se converterá em indenização.

- arts. 536, § 1º, 821, CPC.
- arts. 35 e 84, CDC.

Parágrafo único. O valor das perdas e danos será apurado em liquidação, seguindo-se a execução para cobrança de quantia certa.

- arts. 509 a 512, 824 a 909, CPC.

Art. 817. Se a obrigação puder ser satisfeita por terceiro, é lícito ao juiz autorizar, a requerimento do exequente, que aquele a satisfaça à custa do executado.

Parágrafo único. O exequente adiantará as quantias previstas na proposta que, ouvidas as partes, o juiz houver aprovado.

Art. 818. Realizada a prestação, o juiz ouvirá as partes no prazo de 10 (dez) dias e, não havendo impugnação, considerará satisfeita a obrigação.

Parágrafo único. Caso haja impugnação, o juiz a decidirá.

Art. 819. Se o terceiro contratado não realizar a prestação no prazo ou se o fizer de modo incompleto ou defeituoso, poderá o exequente requerer ao juiz, no prazo de 15 (quinze) dias, que o autorize a concluí-la ou a repará-la à custa do contratante.

Parágrafo único. Ouvido o contratante no prazo de 15 (quinze) dias, o juiz mandará avaliar o custo das despesas necessárias e o condenará a pagá-lo.

Art. 820. Se o exequente quiser executar ou mandar executar, sob sua direção e vigilância, as obras e os trabalhos necessários à realização da prestação, terá preferência, em igualdade de condições de oferta, em relação ao terceiro.

Parágrafo único. O direito de preferência deverá ser exercido no prazo de 5 (cinco) dias, após aprovada a proposta do terceiro.

Art. 821. Na obrigação de fazer, quando se convencionar que o executado a satisfaça pessoalmente, o exequente poderá requerer ao juiz que lhe assine prazo para cumpri-la.

Parágrafo único. Havendo recusa ou mora do executado, sua obrigação pessoal será convertida em perdas e danos, caso em que se observará o procedimento de execução por quantia certa.

SEÇÃO III
DA OBRIGAÇÃO DE NÃO FAZER

Art. 822. Se o executado praticou ato a cuja abstenção estava obrigado por lei ou por contrato, o exequente requererá ao juiz que assine prazo ao executado para desfazê-lo.

- arts. 250 e 251, CC.

Art. 823. Havendo recusa ou mora do executado, o exequente requererá ao juiz que mande desfazer o ato à custa daquele, que responderá por perdas e danos.

Parágrafo único. Não sendo possível desfazer-se o ato, a obrigação resolve-se em perdas e danos, caso em que, após a liquidação, se observará o procedimento de execução por quantia certa.

CAPÍTULO IV
DA EXECUÇÃO POR QUANTIA CERTA

SEÇÃO I
DISPOSIÇÕES GERAIS

Art. 824. A execução por quantia certa realiza-se pela expropriação de bens do executado, ressalvadas as execuções especiais.

- art. 913, CPC.

Art. 825. A expropriação consiste em:

I - adjudicação;

- arts. 876 e ss., CPC.

II - alienação;

- arts. 879 e ss., CPC.

III - apropriação de frutos e rendimentos de empresa ou de estabelecimentos e de outros bens.

- arts. 862 e 867, CPC.

Art. 826. Antes de adjudicados ou alienados os bens, o executado pode, a todo tempo, remir a execução, pagando ou consignando a importância atualizada da dívida, acrescida de juros, custas e honorários advocatícios.

- arts. 304 e 305, CC.
- art. 19, Lei 6.830/1980 (Execução Fiscal).

SEÇÃO II
DA CITAÇÃO DO DEVEDOR E DO ARRESTO

Art. 827. Ao despachar a inicial, o juiz fixará, de plano, os honorários advocatícios de dez por cento, a serem pagos pelo executado.

- art. 85, CPC.

§ 1º No caso de integral pagamento no prazo de 3 (três) dias, o valor dos honorários advocatícios será reduzido pela metade.

§ 2º O valor dos honorários poderá ser elevado até vinte por cento, quando rejeitados os embargos à execução, podendo a majoração, caso não opostos os embargos, ocorrer ao final do procedimento executivo, levando-se em conta o trabalho realizado pelo advogado do exequente.

Art. 828. O exequente poderá obter certidão de que a execução foi admitida pelo juiz, com identificação das partes e do valor da causa, para fins de averbação no registro de imóveis, de veículos ou de outros bens sujeitos a penhora, arresto ou indisponibilidade.

§ 1º No prazo de 10 (dez) dias de sua concretização, o exequente deverá comunicar ao juízo as averbações efetivadas.

§ 2º Formalizada penhora sobre bens suficientes para cobrir o valor da dívida, o exequente providenciará, no prazo de 10 (dez) dias, o cancelamento das averbações relativas àqueles não penhorados.

§ 3º O juiz determinará o cancelamento das averbações, de ofício ou a requerimento, caso o exequente não o faça no prazo.

§ 4º Presume-se em fraude à execução a alienação ou a oneração de bens efetuada após a averbação.

- art. 792, II, CPC.

§ 5º O exequente que promover averbação manifestamente indevida ou não cancelar as averbações nos termos do § 2º indenizará a parte contrária, processando-se o incidente em autos apartados.

Art. 829. O executado será citado para pagar a dívida no prazo de 3 (três) dias, contado da citação.

- art. 8º, Lei 6.830/1980 (Execução Fiscal).

§ 1º Do mandado de citação constarão, também, a ordem de penhora e a avaliação a serem cumpridas pelo oficial de justiça tão logo verificado o não pagamento no prazo assinalado, de tudo lavrando-se auto, com intimação do executado.

§ 2º A penhora recairá sobre os bens indicados pelo exequente, salvo se outros forem indicados pelo executado e aceitos pelo juiz, mediante demonstração de que a constrição proposta lhe será menos onerosa e não trará prejuízo ao exequente.

- arts. 805, 847 e 867, CPC.
- art. 15, I, Lei 6.830/1980 (Execução Fiscal).

Art. 830. Se o oficial de justiça não encontrar o executado, arrestar-lhe-á tantos bens quantos bastem para garantir a execução.

§ 1º Nos 10 (dez) dias seguintes à efetivação do arresto, o oficial de justiça procurará o executado 2 (duas) vezes em dias distintos e, havendo suspeita de ocultação, realizará a citação com hora certa, certificando pormenorizadamente o ocorrido.

- arts. 252 a 254, CPC.
- Súm. 196, STJ.

§ 2º Incumbe ao exequente requerer a citação por edital, uma vez frustradas a pessoal e a com hora certa.

- arts. 256 e ss., CPC.

§ 3º Aperfeiçoada a citação e transcorrido o prazo de pagamento, o arresto converter-se-á em penhora, independentemente de termo.

SEÇÃO III
DA PENHORA, DO DEPÓSITO E DA AVALIAÇÃO

SUBSEÇÃO I
DO OBJETO DA PENHORA

Art. 831. A penhora deverá recair sobre tantos bens quantos bastem para o pagamento do principal atualizado, dos juros, das custas e dos honorários advocatícios.

- Súm. 328, STJ.

Art. 832. Não estão sujeitos à execução os bens que a lei considera impenhoráveis ou inalienáveis.

- arts. 833 e 834, CPC.

Art. 833. São impenhoráveis:

- Lei 8.009/1990 (Impenhorabilidade do bem de família).
- art. 69, Dec.-Lei 167/1967 (Título de crédito rural).
- art. 57, Dec.-Lei 413/1969 (Títulos de crédito industrial).
- Súm. 205, 364 e 486, STJ.

I - os bens inalienáveis e os declarados, por ato voluntário, não sujeitos à execução;

II - os móveis, os pertences e as utilidades domésticas que guarnecem a residência do executado, salvo os de elevado valor ou os que ultrapassem as necessidades comuns correspondentes a um médio padrão de vida;

III - os vestuários, bem como os pertences de uso pessoal do executado, salvo se de elevado valor;

IV - os vencimentos, os subsídios, os soldos, os salários, as remunerações, os proventos de aposentadoria, as pensões, os pecúlios e os montepios, bem como as quantias recebidas por liberalidade de terceiro e destinadas ao sustento do devedor e de sua família, os ganhos de trabalhador autônomo e os honorários de profissional liberal, ressalvado o § 2º;

- art. 114, Lei 8.213/1991 (Previdência Social).

V - os livros, as máquinas, as ferramentas, os utensílios, os instrumentos ou outros bens móveis necessários ou úteis ao exercício da profissão do executado;

- Súm. 451, STJ.

VI - o seguro de vida;

- art. 5º, p.ún., Dec.-Lei 911/1969 (Alienação fiduciária).

VII - os materiais necessários para obras em andamento, salvo se essas forem penhoradas;

- arts. 81 e 84, CC.

VIII - a pequena propriedade rural, assim definida em lei, desde que trabalhada pela família;

- art. 5º, XXVI, CF.
- art. 4º, § 2º, Lei 8.009/1990 (Impenhorabilidade do bem de família).
- art. 5º, p.ún., Dec.-Lei 911/1969 (Alienação fiduciária).

IX - os recursos públicos recebidos por instituições privadas para aplicação compulsória em educação, saúde ou assistência social;

X - a quantia depositada em caderneta de poupança, até o limite de 40 (quarenta) salários-mínimos;

XI - os recursos públicos do fundo partidário recebidos por partido político, nos termos da lei;

XII - os créditos oriundos de alienação de unidades imobiliárias, sob regime de incorporação imobiliária, vinculados à execução da obra.

- Lei 10.931/2004 (Incorporações imobiliárias).

§ 1º A impenhorabilidade não é oponível à execução de dívida relativa ao próprio bem, inclusive àquela contraída para sua aquisição.

§ 2º O disposto nos incisos IV e X do *caput* não se aplica à hipótese de penhora para pagamento de prestação alimentícia, independentemente de sua origem, bem como às importâncias excedentes a 50 (cinquenta) salários-mínimos mensais, devendo a constrição observar o disposto no art. 528, § 8º, e no art. 529, § 3º.

§ 3º Incluem-se na impenhorabilidade prevista no inciso V do *caput* os equipamentos, os implementos e as máquinas agrícolas pertencentes a pessoa física ou a empresa individual produtora rural, exceto quando tais bens tenham sido objeto de financiamento e estejam vinculados em garantia a negócio jurídico ou quando respondam por dívida de natureza alimentar, trabalhista ou previdenciária.

Art. 834. Podem ser penhorados, à falta de outros bens, os frutos e os rendimentos dos bens inalienáveis.

Art. 835. A penhora observará, preferencialmente, a seguinte ordem:

- art. 11, Lei 6.830/1980 (Execução Fiscal).
- art. 882, CLT.

I - dinheiro, em espécie ou em depósito ou aplicação em instituição financeira;

- arts. 837, 840, I, CPC.
- Súm. 328 e 417, STJ.

II - títulos da dívida pública da União, dos Estados e do Distrito Federal com cotação em mercado;

III - títulos e valores mobiliários com cotação em mercado;

IV - veículos de via terrestre;

V - bens imóveis;

- arts. 79 a 81, CC.

VI - bens móveis em geral;

- arts. 82 a 84, CC.

VII - semoventes;

- art. 862, CPC.

VIII - navios e aeronaves;

- art. 864, CPC.
- art. 155, Lei 7.565/1986 (Código Brasileiro da Aeronáutica).

IX - ações e quotas de sociedades simples e empresárias;

X - percentual do faturamento de empresa devedora;

XI - pedras e metais preciosos;

XII - direitos aquisitivos derivados de promessa de compra e venda e de alienação fiduciária em garantia;

XIII - outros direitos.

§ 1º É prioritária a penhora em dinheiro, podendo o juiz, nas demais hipóteses, alterar a ordem prevista no *caput* de acordo com as circunstâncias do caso concreto.

§ 2º Para fins de substituição da penhora, equiparam-se a dinheiro a fiança bancária e o seguro garantia judicial, desde que em valor não inferior ao do débito constante da inicial, acrescido de trinta por cento.

§ 3º Na execução de crédito com garantia real, a penhora recairá sobre a coisa dada em garantia, e, se a coisa pertencer a terceiro garantidor, este também será intimado da penhora.

Art. 836. Não se levará a efeito a penhora quando ficar evidente que o produto da execução dos bens encontrados será totalmente absorvido pelo pagamento das custas da execução.

§ 1º Quando não encontrar bens penhoráveis, independentemente de determinação judicial expressa, o oficial de justiça descreverá na certidão os bens que guarnecem a residência ou o estabelecimento do executado, quando este for pessoa jurídica.

§ 2º Elaborada a lista, o executado ou seu representante legal será nomeado depositário provisório de tais bens até ulterior determinação do juiz.

SUBSEÇÃO II
DA DOCUMENTAÇÃO DA PENHORA, DE SEU REGISTRO E DO DEPÓSITO

Art. 837. Obedecidas as normas de segurança instituídas sob critérios uniformes pelo Conselho Nacional de Justiça, a penhora de dinheiro e as averbações de penhoras de bens imóveis e móveis podem ser realizadas por meio eletrônico.

Art. 838. A penhora será realizada mediante auto ou termo, que conterá:

I - a indicação do dia, do mês, do ano e do lugar em que foi feita;

II - os nomes do exequente e do executado;

III - a descrição dos bens penhorados, com as suas características;

IV - a nomeação do depositário dos bens.

‣ Súm. 319, STJ.

Art. 839. Considerar-se-á feita a penhora mediante a apreensão e o depósito dos bens, lavrando-se um só auto se as diligências forem concluídas no mesmo dia.

Parágrafo único. Havendo mais de uma penhora, serão lavrados autos individuais.

Art. 840. Serão preferencialmente depositados:

I - as quantias em dinheiro, os papéis de crédito e as pedras e os metais preciosos, no Banco do Brasil, na Caixa Econômica Federal ou em banco do qual o Estado ou o Distrito Federal possua mais da metade do capital social integralizado, ou, na falta desses estabelecimentos, em qualquer instituição de crédito designada pelo juiz;

‣ art. 32, Lei 6.830/1980 (Execução Fiscal).

‣ art. 1.058, CPC.

II - os móveis, os semoventes, os imóveis urbanos e os direitos aquisitivos sobre imóveis urbanos, em poder do depositário judicial;

III - os imóveis rurais, os direitos aquisitivos sobre imóveis rurais, as máquinas, os utensílios e os instrumentos necessários ou úteis à atividade agrícola, mediante caução idônea, em poder do executado.

§ 1º No caso do inciso II do *caput*, se não houver depositário judicial, os bens ficarão em poder do exequente.

§ 2º Os bens poderão ser depositados em poder do executado nos casos de difícil remoção ou quando anuir o exequente.

§ 3º As joias, as pedras e os objetos preciosos deverão ser depositados com registro do valor estimado de resgate.

Art. 841. Formalizada a penhora por qualquer dos meios legais, dela será imediatamente intimado o executado.

§ 1º A intimação da penhora será feita ao advogado do executado ou à sociedade de advogados a que aquele pertença.

§ 2º Se não houver constituído advogado nos autos, o executado será intimado pessoalmente, de preferência por via postal.

§ 3º O disposto no § 1º não se aplica aos casos de penhora realizada na presença do executado, que se reputa intimado.

§ 4º Considera-se realizada a intimação a que se refere o § 2º quando o executado houver mudado de endereço sem prévia comunicação ao juízo, observado o disposto no parágrafo único do art. 274.

Art. 842. Recaindo a penhora sobre bem imóvel ou direito real sobre imóvel, será intimado também o cônjuge do executado, salvo se forem casados em regime de separação absoluta de bens.

‣ Súm. 134, STJ.

Art. 843. Tratando-se de penhora de bem indivisível, o equivalente à quota-parte do coproprietário ou do cônjuge alheio à execução recairá sobre o produto da alienação do bem.

§ 1º É reservada ao coproprietário ou ao cônjuge não executado a preferência na arrematação do bem em igualdade de condições.

§ 2º Não será levada a efeito expropriação por preço inferior ao da avaliação na qual o valor auferido seja incapaz de garantir, ao coproprietário ou ao cônjuge alheio à execução, o correspondente à sua quota-parte calculado sobre o valor da avaliação.

Art. 844. Para presunção absoluta de conhecimento por terceiros, cabe ao exequente providenciar a averbação do arresto ou da penhora no registro competente, mediante apresentação de cópia do auto ou do termo, independentemente de mandado judicial.

‣ Súm. 375, STJ.

SUBSEÇÃO III
DO LUGAR DE REALIZAÇÃO DA PENHORA

Art. 845. Efetuar-se-á a penhora onde se encontrem os bens, ainda que sob a posse, a detenção ou a guarda de terceiros.

§ 1º A penhora de imóveis, independentemente de onde se localizem, quando apresentada certidão da respectiva matrícula, e a penhora de veículos automotores, quando apresentada certidão que ateste a sua existência, serão realizadas por termo nos autos.

§ 2º Se o executado não tiver bens no foro do processo, não sendo possível a realização da penhora nos termos do § 1º, a execução será feita por carta, penhorando-se, avaliando-se e alienando-se os bens no foro da situação.

‣ Súm. 46, STJ.

Art. 846. Se o executado fechar as portas da casa a fim de obstar a penhora dos bens, o oficial de justiça comunicará o fato ao juiz, solicitando-lhe ordem de arrombamento.

§ 1º Deferido o pedido, 2 (dois) oficiais de justiça cumprirão o mandado, arrombando cômodos e móveis em que se presuma estarem os bens, e lavrarão de tudo auto circunstanciado, que será assinado por 2 (duas) testemunhas presentes à diligência.

§ 2º Sempre que necessário, o juiz requisitará força policial, a fim de auxiliar os oficiais de justiça na penhora dos bens.

‣ art. 360, III, CPC.

§ 3º Os oficiais de justiça lavrarão em duplicata o auto da ocorrência, entregando uma via ao escrivão ou ao chefe de secretaria, para ser juntada aos autos, e a outra à autoridade policial a quem couber a apuração criminal dos eventuais delitos de desobediência ou de resistência.

§ 4º Do auto da ocorrência constará o rol de testemunhas, com a respectiva qualificação.

SUBSEÇÃO IV
DAS MODIFICAÇÕES DA PENHORA

Art. 847. O executado pode, no prazo de 10 (dez) dias contado da intimação da penhora, requerer a substituição do bem penhorado, desde que comprove que lhe será menos onerosa e não trará prejuízo ao exequente.

‣ art. 15, I, Lei 6.830/1980 (Execução Fiscal).

§ 1º O juiz só autorizará a substituição se o executado:

I - comprovar as respectivas matrículas e os registros por certidão do correspondente ofício, quanto aos bens imóveis;

II - descrever os bens móveis, com todas as suas propriedades e características, bem como o estado deles e o lugar onde se encontram;

III - descrever os semoventes, com indicação de espécie, de número, de marca ou sinal e do local onde se encontram;

IV - identificar os créditos, indicando quem seja o devedor, qual a origem da dívida, o título que a representa e a data do vencimento; e

V - atribuir, em qualquer caso, valor aos bens indicados à penhora, além de especificar os ônus e os encargos a que estejam sujeitos.

§ 2º Requerida a substituição do bem penhorado, o executado deve indicar onde se encontram os bens sujeitos à execução, exibir a prova de sua propriedade e a certidão negativa ou positiva de ônus, bem como abster-se de qualquer atitude que dificulte ou embarace a realização da penhora.

§ 3º O executado somente poderá oferecer bem imóvel em substituição caso o requeira com a expressa anuência do cônjuge, salvo se o regime for o de separação absoluta de bens.

‣ arts. 842 e 843, CPC.

§ 4º O juiz intimará o exequente para manifestar-se sobre o requerimento de substituição do bem penhorado.

Art. 848. As partes poderão requerer a substituição da penhora se:

‣ Súm. 406, STJ.

I - ela não obedecer à ordem legal;

‣ art. 835, CPC.

II - ela não incidir sobre os bens designados em lei, contrato ou ato judicial para o pagamento;

III - havendo bens no foro da execução, outros tiverem sido penhorados;

IV - havendo bens livres, ela tiver recaído sobre bens já penhorados ou objeto de gravame;

V - ela incidir sobre bens de baixa liquidez;

VI - fracassar a tentativa de alienação judicial do bem; ou

VII - o executado não indicar o valor dos bens ou omitir qualquer das indicações previstas em lei.

Parágrafo único. A penhora pode ser substituída por fiança bancária ou por seguro garantia judicial, em valor não inferior ao do débito constante da inicial, acrescido de trinta por cento.

Art. 849. Sempre que ocorrer a substituição dos bens inicialmente penhorados, será lavrado novo termo.

Art. 850. Será admitida a redução ou a ampliação da penhora, bem como sua transferência para outros bens, se, no curso do processo, o valor de mercado dos bens penhorados sofrer alteração significativa.

Art. 851. Não se procede à segunda penhora, salvo se:

I - a primeira for anulada;

II - executados os bens, o produto da alienação não bastar para o pagamento do exequente;

III - o exequente desistir da primeira penhora, por serem litigiosos os bens ou por estarem submetidos a constrição judicial.

Art. 852. O juiz determinará a alienação antecipada dos bens penhorados quando:

I - se tratar de veículos automotores, de pedras e metais preciosos e de outros bens móveis sujeitos à depreciação ou à deterioração;

II - houver manifesta vantagem.

Art. 853. Quando uma das partes requerer alguma das medidas previstas nesta Subseção, o juiz ouvirá sempre a outra, no prazo de 3 (três) dias, antes de decidir.

Parágrafo único. O juiz decidirá de plano qualquer questão suscitada.

SUBSEÇÃO V
DA PENHORA DE DINHEIRO EM DEPÓSITO OU EM APLICAÇÃO FINANCEIRA

Art. 854. Para possibilitar a penhora de dinheiro em depósito ou em aplicação financeira, o juiz, a requerimento do exequente, sem dar ciência prévia do ato ao executado, determinará às instituições financeiras, por meio de sistema eletrônico gerido pela autoridade supervisora do sistema financeiro nacional, que torne indisponíveis ativos financeiros existentes em nome do executado, limitando-se a indisponibilidade ao valor indicado na execução.

‣ art. 837, CPC.

§ 1º No prazo de 24 (vinte e quatro) horas a contar da resposta, de ofício, o juiz determinará o cancelamento de eventual indisponibilidade excessiva, o que deverá ser cumprido pela instituição financeira em igual prazo.

§ 2º Tornados indisponíveis os ativos financeiros do executado, este será intimado na pessoa de seu advogado ou, não o tendo, pessoalmente.

§ 3º Incumbe ao executado, no prazo de 5 (cinco) dias, comprovar que:

I - as quantias tornadas indisponíveis são impenhoráveis;

II - ainda remanesce indisponibilidade excessiva de ativos financeiros.

§ 4º Acolhida qualquer das arguições dos incisos I e II do § 3º, o juiz determinará o cancelamento de eventual indisponibilidade irregular ou excessiva, a ser cumprido pela instituição financeira em 24 (vinte e quatro) horas.

§ 5º Rejeitada ou não apresentada a manifestação do executado, converter-se-á a indisponibilidade em penhora, sem necessidade de lavratura de termo, devendo o juiz da execução determinar à instituição financeira depositária que, no prazo de 24 (vinte e quatro) horas, transfira o montante indisponível para conta vinculada ao juízo da execução.

§ 6º Realizado o pagamento da dívida por outro meio, o juiz determinará, imediatamente, por sistema eletrônico gerido pela autoridade supervisora do sistema financeiro nacional, a notificação da instituição financeira para que, em até 24 (vinte e quatro) horas, cancele a indisponibilidade.

§ 7º As transmissões das ordens de indisponibilidade, de seu cancelamento e de determinação de penhora previstas neste artigo far-se-ão por meio de sistema eletrônico gerido pela autoridade supervisora do sistema financeiro nacional.

§ 8º A instituição financeira será responsável pelos prejuízos causados ao executado em decorrência da indisponibilidade de ativos financeiros em valor superior ao indicado na execução ou pelo juiz, bem como na hipótese de não cancelamento da indisponibilidade no prazo de 24 (vinte e quatro) horas, quando assim determinar o juiz.

§ 9º Quando se tratar de execução contra partido político, o juiz, a requerimento do exequente, determinará às instituições financeiras, por meio de sistema eletrônico gerido por autoridade supervisora do sistema bancário, que tornem indisponíveis ativos financeiros somente em nome do órgão partidário que tenha contraído a dívida executada ou que tenha dado causa à violação de direito ou ao dano, ao qual cabe exclusivamente a responsabilidade pelos atos praticados, na forma da lei.

SUBSEÇÃO VI
DA PENHORA DE CRÉDITOS

Art. 855. Quando recair em crédito do executado, enquanto não ocorrer a hipótese prevista no art. 856, considerar-se-á feita a penhora pela intimação:

‣ art. 312, CC.

I - ao terceiro devedor para que não pague ao executado, seu credor;

II - ao executado, credor do terceiro, para que não pratique ato de disposição do crédito.

Art. 856. A penhora de crédito representado por letra de câmbio, nota promissória, duplicata, cheque ou outros títulos far-se-á pela apreensão do documento, esteja ou não este em poder do executado.

§ 1º Se o título não for apreendido, mas o terceiro confessar a dívida, será este tido como depositário da importância.

§ 2º O terceiro só se exonerará da obrigação depositando em juízo a importância da dívida.

§ 3º Se o terceiro negar o débito em conluio com o executado, a quitação que este lhe der caracterizará fraude à execução.

‣ art. 792, CPC.

§ 4º A requerimento do exequente, o juiz determinará o comparecimento, em audiência especialmente designada, do executado e do terceiro, a fim de lhes tomar os depoimentos.

Art. 857. Feita a penhora em direito e ação do executado, e não tendo ele oferecido embargos ou sendo estes rejeitados, o exequente ficará sub-rogado nos direitos do executado até a concorrência de seu crédito.

§ 1º O exequente pode preferir, em vez da sub-rogação, a alienação judicial do direito penhorado, caso em que declarará sua vontade no prazo de 10 (dez) dias contado da realização da penhora.

§ 2º A sub-rogação não impede o sub-rogado, se não receber o crédito do executado, de prosseguir na execução, nos mesmos autos, penhorando outros bens.

Art. 858. Quando a penhora recair sobre dívidas de dinheiro a juros, de direito a rendas ou de prestações periódicas, o exequente poderá levantar os juros, os rendimentos ou as prestações à medida que forem sendo depositados, abatendo-se do crédito as importâncias recebidas, conforme as regras de imputação do pagamento.

Art. 859. Recaindo a penhora sobre direito a prestação ou a restituição de coisa determinada, o executado será intimado para, no vencimento, depositá-la, correndo sobre ela a execução.

Art. 860. Quando o direito estiver sendo pleiteado em juízo, a penhora que recair sobre ele será averbada, com destaque, nos autos pertinentes ao direito e na ação correspondente à penhora, a fim de que esta seja efetivada nos bens que forem adjudicados ou que vierem a caber ao executado.

‣ arts. 646, 792, II, 799, IX, CPC.

SUBSEÇÃO VII
DA PENHORA DAS QUOTAS OU DAS AÇÕES DE SOCIEDADES PERSONIFICADAS

Art. 861. Penhoradas as quotas ou as ações de sócio em sociedade simples ou empresária, o juiz assinará prazo razoável, não superior a 3 (três) meses, para que a sociedade:

I - apresente balanço especial, na forma da lei;

II - ofereça as quotas ou as ações aos demais sócios, observado o direito de preferência legal ou contratual;

III - não havendo interesse dos sócios na aquisição das ações, proceda à liquidação das quotas ou das ações, depositando em juízo o valor apurado, em dinheiro.

‣ arts. 1.102 a 1.112, CC.

§ 1º Para evitar a liquidação das quotas ou das ações, a sociedade poderá adquiri-las sem redução do capital social e com utilização de reservas, para manutenção em tesouraria.

§ 2º O disposto no *caput* e no § 1º não se aplica à sociedade anônima de capital aberto, cujas ações serão adjudicadas ao exequente ou alienadas em bolsa de valores, conforme o caso.

§ 3º Para os fins da liquidação de que trata o inciso III do *caput*, o juiz poderá, a requerimento do exequente ou da sociedade, nomear administrador, que deverá submeter à aprovação judicial a forma de liquidação.

§ 4º O prazo previsto no *caput* poderá ser ampliado pelo juiz, se o pagamento das quotas ou das ações liquidadas:

I - superar o valor do saldo de lucros ou reservas, exceto a legal, e sem diminuição do capital social, ou por doação; ou

II - colocar em risco a estabilidade financeira da sociedade simples ou empresária.

§ 5º Caso não haja interesse dos demais sócios no exercício de direito de preferência, não ocorra a aquisição das quotas ou das ações pela sociedade e a liquidação do inciso III do *caput* seja excessivamente onerosa para a sociedade, o juiz poderá determinar o leilão judicial das quotas ou das ações.

SUBSEÇÃO VIII
DA PENHORA DE EMPRESA, DE OUTROS ESTABELECIMENTOS E DE SEMOVENTES

Art. 862. Quando a penhora recair em estabelecimento comercial, industrial ou agrícola, bem como em semoventes, plantações ou edifícios em construção, o juiz nomeará administrador-depositário, determinando-lhe que apresente em 10 (dez) dias o plano de administração.

§ 1º Ouvidas as partes, o juiz decidirá.

§ 2º É lícito às partes ajustar a forma de administração e escolher o depositário, hipótese em que o juiz homologará por despacho a indicação.

§ 3º Em relação aos edifícios em construção sob regime de incorporação imobiliária, a penhora somente poderá recair sobre as unidades imobiliárias ainda não comercializadas pelo incorporador.

§ 4º Sendo necessário afastar o incorporador da administração da incorporação, será ela exercida pela comissão de representantes dos adquirentes ou, se se tratar de construção financiada, por empresa ou profissional indicado pela instituição fornecedora dos recursos para a obra, devendo ser ouvida, neste último caso, a comissão de representantes dos adquirentes.

Art. 863. A penhora de empresa que funcione mediante concessão ou autorização far-se-á, conforme o valor do crédito, sobre a renda, sobre determinados bens ou sobre todo o patrimônio, e o juiz nomeará como depositário, de preferência, um de seus diretores.

‣ Súm. 319, STJ.

§ 1º Quando a penhora recair sobre a renda ou sobre determinados bens, o administrador-depositário apresentará a forma de administração e o esquema de pagamento, observando-se, quanto ao mais, o disposto em relação ao regime de penhora de frutos e rendimentos de coisa móvel e imóvel.

§ 2º Recaindo a penhora sobre todo o patrimônio, prosseguirá a execução em seus ulteriores termos, ouvindo-se, antes da arrematação ou da adjudicação, o ente público que houver outorgado a concessão.

Art. 864. A penhora de navio ou de aeronave não obsta que continuem navegando ou operando até a alienação, mas o juiz, ao conceder a autorização para tanto, não permitirá que saiam do porto ou do aeroporto antes que o executado faça o seguro usual contra riscos.

Art. 865. A penhora de que trata esta Subseção somente será determinada se não houver outro meio eficaz para a efetivação do crédito.

SUBSEÇÃO IX
DA PENHORA DE PERCENTUAL DE FATURAMENTO DE EMPRESA

Art. 866. Se o executado não tiver outros bens penhoráveis ou se, tendo-os, esses forem de difícil alienação ou insuficientes para saldar o crédito executado, o juiz poderá ordenar a penhora de percentual de faturamento de empresa.

§ 1º O juiz fixará percentual que propicie a satisfação do crédito exequendo em tempo razoável, mas que não torne inviável o exercício da atividade empresarial.

§ 2º O juiz nomeará administrador-depositário, o qual submeterá à aprovação judicial a forma de sua atuação e prestará contas mensalmente, entregando em juízo as quantias recebidas, com os respectivos balancetes mensais, a fim de serem imputadas no pagamento da dívida.

§ 3º Na penhora de percentual de faturamento de empresa, observar-se-á, no que couber, o disposto quanto ao regime de penhora de frutos e rendimentos de coisa móvel e imóvel.

SUBSEÇÃO X
DA PENHORA DE FRUTOS E RENDIMENTOS DE COISA MÓVEL OU IMÓVEL

‣ arts. 1.390 a 1.411, CC.

Art. 867. O juiz pode ordenar a penhora de frutos e rendimentos de coisa móvel ou imóvel quando a considerar mais eficiente para o recebimento do crédito e menos gravosa ao executado.

‣ arts. 805, 829, § 2º, e 847, CPC.

Art. 868. Ordenada a penhora de frutos e rendimentos, o juiz nomeará administrador-depositário, que será investido de todos os poderes que concernem à administração do bem e à fruição de seus frutos e utilidades, perdendo o executado o direito de gozo do bem, até que o exequente seja pago do principal, dos juros, das custas e dos honorários advocatícios.

§ 1º A medida terá eficácia em relação a terceiros a partir da publicação da decisão que a conceda ou de sua averbação no ofício imobiliário, em caso de imóveis.

‣ art. 1.391, CC.

§ 2º O exequente providenciará a averbação no ofício imobiliário mediante a apresentação de certidão de inteiro teor do ato, independentemente de mandado judicial.

Art. 869. O juiz poderá nomear administrador-depositário o exequente ou o executado, ouvida a parte contrária, e, não havendo acordo, nomeará profissional qualificado para o desempenho da função.

‣ art. 1.394, CC.

§ 1º O administrador submeterá à aprovação judicial a forma de administração e a de prestar contas periodicamente.

§ 2º Havendo discordância entre as partes ou entre essas e o administrador, o juiz decidirá a melhor forma de administração do bem.

§ 3º Se o imóvel estiver arrendado, o inquilino pagará o aluguel diretamente ao exequente, salvo se houver administrador.

§ 4º O exequente ou o administrador poderá celebrar locação do móvel ou do imóvel, ouvido o executado.

§ 5º As quantias recebidas pelo administrador serão entregues ao exequente, a fim de serem imputadas ao pagamento da dívida.

§ 6º O exequente dará ao executado, por termo nos autos, quitação das quantias recebidas.

SUBSEÇÃO XI
DA AVALIAÇÃO

Art. 870. A avaliação será feita pelo oficial de justiça.

‣ art. 154, V, CPC.

Parágrafo único. Se forem necessários conhecimentos especializados e o valor da execução o comportar, o juiz nomeará avaliador, fixando-lhe prazo não superior a 10 (dez) dias para entrega do laudo.

Art. 871. Não se procederá à avaliação quando:

I - uma das partes aceitar a estimativa feita pela outra;

‣ art. 1.484, CC.

II - se tratar de títulos ou de mercadorias que tenham cotação em bolsa, comprovada por certidão ou publicação no órgão oficial;

III - se tratar de títulos da dívida pública, de ações de sociedades e de títulos de crédito negociáveis em bolsa, cujo valor será o da cotação oficial do dia, comprovada por certidão ou publicação no órgão oficial;

IV - se tratar de veículos automotores ou de outros bens cujo preço médio de mercado possa ser conhecido por meio de pesquisas realizadas por órgãos oficiais ou de anúncios de venda divulgados em meios de comunicação, caso em que caberá a quem fizer a nomeação o encargo de comprovar a cotação de mercado.

Parágrafo único. Ocorrendo a hipótese do inciso I deste artigo, a avaliação poderá ser realizada quando houver fundada dúvida do juiz quanto ao real valor do bem.

Art. 872. A avaliação realizada pelo oficial de justiça constará de vistoria e de laudo anexados ao auto de penhora ou, em caso de perícia realizada por avaliador, de laudo apresentado no prazo fixado pelo juiz, devendo-se, em qualquer hipótese, especificar:

‣ art. 631, CPC.

I - os bens, com as suas características, e o estado em que se encontram;

II - o valor dos bens.

§ 1º Quando o imóvel for suscetível de cômoda divisão, a avaliação, tendo em conta o crédito reclamado, será realizada em partes, sugerindo-se, com a apresentação de memorial descritivo, os possíveis desmembramentos para alienação.

§ 2º Realizada a avaliação e, sendo o caso, apresentada a proposta de desmembramento, as partes serão ouvidas no prazo de 5 (cinco) dias.

Art. 873. É admitida nova avaliação quando:

› arts. 631 e 878, CPC.

I - qualquer das partes arguir, fundamentadamente, a ocorrência de erro na avaliação ou dolo do avaliador;

II - se verificar, posteriormente à avaliação, que houve majoração ou diminuição no valor do bem;

III - o juiz tiver fundada dúvida sobre o valor atribuído ao bem na primeira avaliação.

Parágrafo único. Aplica-se o art. 480 à nova avaliação prevista no inciso III do *caput* deste artigo.

Art. 874. Após a avaliação, o juiz poderá, a requerimento do interessado e ouvida a parte contrária, mandar:

I - reduzir a penhora aos bens suficientes ou transferi-la para outros, se o valor dos bens penhorados for consideravelmente superior ao crédito do exequente e dos acessórios;

II - ampliar a penhora ou transferi-la para outros bens mais valiosos, se o valor dos bens penhorados for inferior ao crédito do exequente.

› art. 15, II, Lei 6.830/1980 (Execução Fiscal).

Art. 875. Realizadas a penhora e a avaliação, o juiz dará início aos atos de expropriação do bem.

SEÇÃO IV
DA EXPROPRIAÇÃO DE BENS

SUBSEÇÃO I
DA ADJUDICAÇÃO

Art. 876. É lícito ao exequente, oferecendo preço não inferior ao da avaliação, requerer que lhe sejam adjudicados os bens penhorados.

§ 1º Requerida a adjudicação, o executado será intimado do pedido:

I - pelo Diário da Justiça, na pessoa de seu advogado constituído nos autos;

II - por carta com aviso de recebimento, quando representado pela Defensoria Pública ou quando não tiver procurador constituído nos autos;

III - por meio eletrônico, quando, sendo o caso do § 1º do art. 246, não tiver procurador constituído nos autos.

§ 2º Considera-se realizada a intimação quando o executado houver mudado de endereço sem prévia comunicação ao juízo, observado o disposto no art. 274, parágrafo único.

§ 3º Se o executado, citado por edital, não tiver procurador constituído nos autos, é dispensável a intimação prevista no § 1º.

§ 4º Se o valor do crédito for:

I - inferior ao dos bens, o requerente da adjudicação depositará de imediato a diferença, que ficará à disposição do executado;

II - superior ao dos bens, a execução prosseguirá pelo saldo remanescente.

§ 5º Idêntico direito pode ser exercido por aqueles indicados no art. 889, incisos II a VIII, pelos credores concorrentes que hajam penhorado o mesmo bem, pelo cônjuge, pelo companheiro, pelos descendentes ou pelos ascendentes do executado.

§ 6º Se houver mais de um pretendente, proceder-se-á a licitação entre eles, tendo preferência, em caso de igualdade de oferta, o cônjuge, o companheiro, o descendente ou o ascendente, nessa ordem.

§ 7º No caso de penhora de quota social ou de ação de sociedade anônima fechada realizada em favor de exequente alheio à sociedade, esta será intimada, ficando responsável por informar aos sócios a ocorrência da penhora, assegurando-se a estes a preferência.

Art. 877. Transcorrido o prazo de 5 (cinco) dias, contado da última intimação, e decididas eventuais questões, o juiz ordenará a lavratura do auto de adjudicação.

§ 1º Considera-se perfeita e acabada a adjudicação com a lavratura e a assinatura do auto pelo juiz, pelo adjudicatário, pelo escrivão ou chefe de secretaria, e, se estiver presente, pelo executado, expedindo-se:

I - a carta de adjudicação e o mandado de imissão na posse, quando se tratar de bem imóvel;

II - a ordem de entrega ao adjudicatário, quando se tratar de bem móvel.

§ 2º A carta de adjudicação conterá a descrição do imóvel, com remissão à sua matrícula e aos seus registros, a cópia do auto de adjudicação e a prova de quitação do imposto de transmissão.

§ 3º No caso de penhora de bem hipotecado, o executado poderá remi-lo até a assinatura do auto de adjudicação, oferecendo preço igual ao da avaliação, se não tiver havido licitantes, ou ao do maior lance oferecido.

§ 4º Na hipótese de falência ou de insolvência do devedor hipotecário, o direito de remição previsto no § 3º será deferido à massa ou aos credores em concurso, não podendo o exequente recusar o preço da avaliação do imóvel.

Art. 878. Frustradas as tentativas de alienação do bem, será reaberta oportunidade para requerimento de adjudicação, caso em que também se poderá pleitear a realização de nova avaliação.

SUBSEÇÃO II
DA ALIENAÇÃO

Art. 879. A alienação far-se-á:

I - por iniciativa particular;

II - em leilão judicial eletrônico ou presencial.

Art. 880. Não efetivada a adjudicação, o exequente poderá requerer a alienação por sua própria iniciativa ou por intermédio de corretor ou leiloeiro público credenciado perante o órgão judiciário.

§ 1º O juiz fixará o prazo em que a alienação deve ser efetivada, a forma de publicidade, o preço mínimo, as condições de pagamento, as garantias e, se for o caso, a comissão de corretagem.

§ 2º A alienação será formalizada por termo nos autos, com a assinatura do juiz, do exequente, do adquirente e, se estiver presente, do executado, expedindo-se:

I - a carta de alienação e o mandado de imissão na posse, quando se tratar de bem imóvel;

II - a ordem de entrega ao adquirente, quando se tratar de bem móvel.

§ 3º Os tribunais poderão editar disposições complementares sobre o procedimento da alienação prevista neste artigo, admitindo, quando for o caso, o concurso de meios eletrônicos, e dispor sobre o credenciamento dos corretores e leiloeiros públicos, os quais deverão estar em exercício profissional por não menos que 3 (três) anos.

§ 4º Nas localidades em que não houver corretor ou leiloeiro público credenciado nos termos do § 3º, a indicação será de livre escolha do exequente.

Art. 881. A alienação far-se-á em leilão judicial se não efetivada a adjudicação ou a alienação por iniciativa particular.

§ 1º O leilão do bem penhorado será realizado por leiloeiro público.

§ 2º Ressalvados os casos de alienação a cargo de corretores de bolsa de valores, todos os demais bens serão alienados em leilão público.

Art. 882. Não sendo possível a sua realização por meio eletrônico, o leilão será presencial.

§ 1º A alienação judicial por meio eletrônico será realizada, observando-se as garantias processuais das partes, de acordo com regulamentação específica do Conselho Nacional de Justiça.

§ 2º A alienação judicial por meio eletrônico deverá atender aos requisitos de ampla publicidade, autenticidade e segurança, com observância das regras estabelecidas na legislação sobre certificação digital.

§ 3º O leilão presencial será realizado no local designado pelo juiz.

› art. 23, Lei 6.830/1980 (Execução Fiscal).

Art. 883. Caberá ao juiz a designação do leiloeiro público, que poderá ser indicado pelo exequente.

Art. 884. Incumbe ao leiloeiro público:

I - publicar o edital, anunciando a alienação;

II - realizar o leilão onde se encontrem os bens ou no lugar designado pelo juiz;

III - expor aos pretendentes os bens ou as amostras das mercadorias;

IV - receber e depositar, dentro de 1 (um) dia, à ordem do juiz, o produto da alienação;

V - prestar contas nos 2 (dois) dias subsequentes ao depósito.

Parágrafo único. O leiloeiro tem o direito de receber do arrematante a comissão estabelecida em lei ou arbitrada pelo juiz.

Art. 885. O juiz da execução estabelecerá o preço mínimo, as condições de pagamento e as garantias que poderão ser prestadas pelo arrematante.

› art. 130, p.ún., CTN.

Art. 886. O leilão será precedido de publicação de edital, que conterá:

› art. 22, Lei 6.830/1980 (Execução Fiscal).

I - a descrição do bem penhorado, com suas características, e, tratando-se de imóvel, sua situação e suas divisas, com remissão à matrícula e aos registros;

II - o valor pelo qual o bem foi avaliado, o preço mínimo pelo qual poderá ser alienado, as condições de pagamento e, se for o caso, a comissão do leiloeiro designado;

III - o lugar onde estiverem os móveis, os veículos e os semoventes e, tratando-se de créditos ou direitos, a identificação dos autos do processo em que foram penhorados;

IV - o sítio, na rede mundial de computadores, e o período em que se realizará o leilão, salvo se este se der de modo presencial, hipótese em que serão indicados o local, o dia e a hora de sua realização;

V - a indicação de local, dia e hora de segundo leilão presencial, para a hipótese de não haver interessado no primeiro;

VI - menção da existência de ônus, recurso ou processo pendente sobre os bens a serem leiloados.

Parágrafo único. No caso de títulos da dívida pública e de títulos negociados em bolsa, constará do edital o valor da última cotação.

Art. 887. O leiloeiro público designado adotará providências para a ampla divulgação da alienação.

§ 1º A publicação do edital deverá ocorrer pelo menos 5 (cinco) dias antes da data marcada para o leilão.

§ 2º O edital será publicado na rede mundial de computadores, em sítio designado pelo juízo da execução, e conterá descrição detalhada e, sempre que possível, ilustrada dos bens, informando expressamente se o leilão se realizará de forma eletrônica ou presencial.

§ 3º Não sendo possível a publicação na rede mundial de computadores ou considerando o juiz, em atenção às condições da sede do juízo, que esse modo de divulgação é insuficiente ou inadequado, o edital será afixado em local de costume e publicado, em resumo, pelo menos uma vez em jornal de ampla circulação local.

§ 4º Atendendo ao valor dos bens e às condições da sede do juízo, o juiz poderá alterar a forma e a frequência da publicidade na imprensa, mandar publicar o edital em local de ampla circulação de pessoas e divulgar avisos em emissora de rádio ou televisão local, bem como em sítios distintos do indicado no § 2º.

§ 5º Os editais de leilão de imóveis e de veículos automotores serão publicados pela imprensa ou por outros meios de divulgação, preferencialmente na seção ou no local reservados à publicidade dos respectivos negócios.

§ 6º O juiz poderá determinar a reunião de publicações em listas referentes a mais de uma execução.

Art. 888. Não se realizando o leilão por qualquer motivo, o juiz mandará publicar a transferência, observando-se o disposto no art. 887.

Parágrafo único. O escrivão, o chefe de secretaria ou o leiloeiro que culposamente der causa à transferência responde pelas despesas da nova publicação, podendo o juiz aplicar-lhe a pena de suspensão por 5 (cinco) dias a 3 (três) meses, em procedimento administrativo regular.

Art. 889. Serão cientificados da alienação judicial, com pelo menos 5 (cinco) dias de antecedência:

I - o executado, por meio de seu advogado ou, se não tiver procurador constituído nos autos, por carta registrada, mandado, edital ou outro meio idôneo;

II - o coproprietário de bem indivisível do qual tenha sido penhorada fração ideal;

III - o titular de usufruto, uso, habitação, enfiteuse, direito de superfície, concessão de uso especial para fins de moradia ou concessão de direito real de uso, quando a penhora recair sobre bem gravado com tais direitos reais;

IV - o proprietário do terreno submetido ao regime de direito de superfície, enfiteuse, concessão de uso especial para fins de moradia ou concessão de direito real de uso, quando a penhora recair sobre tais direitos reais;

V - o credor pignoratício, hipotecário, anticrético, fiduciário ou com penhora anteriormente averbada, quando a penhora recair sobre bens com tais gravames, caso não seja o credor, de qualquer modo, parte na execução;

VI - o promitente comprador, quando a penhora recair sobre bem em relação ao qual haja promessa de compra e venda registrada;

VII - o promitente vendedor, quando a penhora recair sobre direito aquisitivo derivado de promessa de compra e venda registrada;

VIII - a União, o Estado e o Município, no caso de alienação de bem tombado.

Parágrafo único. Se o executado for revel e não tiver advogado constituído, não constando dos autos seu endereço atual ou, ainda, não sendo ele encontrado no endereço constante do processo, a intimação considerar-se-á feita por meio do próprio edital de leilão.

Art. 890. Pode oferecer lance quem estiver na livre administração de seus bens, com exceção:

I - dos tutores, dos curadores, dos testamenteiros, dos administradores ou dos liquidantes, quanto aos bens confiados à sua guarda e à sua responsabilidade;

II - dos mandatários, quanto aos bens de cuja administração ou alienação estejam encarregados;

III - do juiz, do membro do Ministério Público e da Defensoria Pública, do escrivão, do chefe de secretaria e dos demais servidores e auxiliares da justiça, em relação aos bens e direitos objeto de alienação na localidade onde servirem ou a que se estender a sua autoridade;

IV - dos servidores públicos em geral, quanto aos bens ou aos direitos da pessoa jurídica a que servirem ou que estejam sob sua administração direta ou indireta;

V - dos leiloeiros e seus prepostos, quanto aos bens de cuja venda estejam encarregados;

VI - dos advogados de qualquer das partes.

Art. 891. Não será aceito lance que ofereça preço vil.

› art. 903, § 1º, I, CPC.

› Súm. 128, STJ.

Parágrafo único. Considera-se vil o preço inferior ao mínimo estipulado pelo juiz e constante do edital, e, não tendo sido fixado preço mínimo, considera-se vil o preço inferior a cinquenta por cento do valor da avaliação.

Art. 892. Salvo pronunciamento judicial em sentido diverso, o pagamento deverá ser realizado de imediato pelo arrematante, por depósito judicial ou por meio eletrônico.

› art. 130, p.ún., CTN.

§ 1º Se o exequente arrematar os bens e for o único credor, não estará obrigado a exibir o preço, mas, se o valor dos bens exceder ao seu crédito, depositará, dentro de 3 (três) dias, a diferença, sob pena de tornar-se sem efeito a arrematação, e, nesse caso, realizar-se-á novo leilão, à custa do exequente.

§ 2º Se houver mais de um pretendente, proceder-se-á entre eles à licitação, e, no caso de igualdade de oferta, terá preferência o cônjuge, o companheiro, o descendente ou o ascendente do executado, nessa ordem.

§ 3º No caso de leilão de bem tombado, a União, os Estados e os Municípios terão, nessa ordem, o direito de preferência na arrematação, em igualdade de oferta.

Art. 893. Se o leilão for de diversos bens e houver mais de um lançador, terá preferência aquele que se propuser a arrematá-los todos, em conjunto, oferecendo, para os bens que não tiverem lance, preço igual ao da avaliação e, para os demais, preço igual ao do maior lance que, na tentativa de arrematação individualizada, tenha sido oferecido para eles.

› art. 23, § 1º, Lei 6.830/1980 (Execução Fiscal).

Art. 894. Quando o imóvel admitir cômoda divisão, o juiz, a requerimento do executado, ordenará a alienação judicial de parte dele, desde que suficiente para o pagamento do exequente e para a satisfação das despesas da execução.

§ 1º Não havendo lançador, far-se-á a alienação do imóvel em sua integridade.

§ 2º A alienação por partes deverá ser requerida a tempo de permitir a avaliação das glebas destacadas e sua inclusão no edital, e, nesse caso, caberá ao executado instruir o requerimento com planta e memorial descritivo subscritos por profissional habilitado.

Art. 895. O interessado em adquirir o bem penhorado em prestações poderá apresentar, por escrito:

I - até o início do primeiro leilão, proposta de aquisição do bem por valor não inferior ao da avaliação;

II - até o início do segundo leilão, proposta de aquisição do bem por valor que não seja considerado vil.

§ 1º A proposta conterá, em qualquer hipótese, oferta de pagamento de pelo menos vinte e cinco por cento do valor do lance à vista e o restante parcelado em até 30 (trinta) meses, garantido por caução idônea, quando se tratar de móveis, e por hipoteca do próprio bem, quando se tratar de imóveis.

§ 2º As propostas para aquisição em prestações indicarão o prazo, a modalidade, o indexador de correção monetária e as condições de pagamento do saldo.

§ 3º (Vetado).

§ 4º No caso de atraso no pagamento de qualquer das prestações, incidirá multa de dez por cento sobre a soma da parcela inadimplida com as parcelas vincendas.

§ 5º O inadimplemento autoriza o exequente a pedir a resolução da arrematação ou promover, em face do arrematante, a execução do valor devido, devendo ambos os pedidos ser formulados nos autos da execução em que se deu a arrematação.

§ 6º A apresentação da proposta prevista neste artigo não suspende o leilão.

§ 7º A proposta de pagamento do lance à vista sempre prevalecerá sobre as propostas de pagamento parcelado.

§ 8º Havendo mais de uma proposta de pagamento parcelado:

I - em diferentes condições, o juiz decidirá pela mais vantajosa, assim compreendida, sempre, a de maior valor;

II - em iguais condições, o juiz decidirá pela formulada em primeiro lugar.

§ 9º No caso de arrematação a prazo, os pagamentos feitos pelo arrematante pertencerão ao exequente até o limite de seu crédito, e os subsequentes, ao executado.

Art. 896. Quando o imóvel de incapaz não alcançar em leilão pelo menos oitenta por cento do valor da avaliação, o juiz o confiará à guarda e à administração de depositário idôneo, adiando a alienação por prazo não superior a 1 (um) ano.

§ 1º Se, durante o adiamento, algum pretendente assegurar, mediante caução idônea, o preço da avaliação, o juiz ordenará a alienação em leilão.

§ 2º Se o pretendente à arrematação se arrepender, o juiz impor-lhe-á multa de vinte por cento sobre o valor da avaliação, em benefício do incapaz, valendo a decisão como título executivo.

§ 3º Sem prejuízo do disposto nos §§ 1º e 2º, o juiz poderá autorizar a locação do imóvel no prazo do adiamento.

§ 4º Findo o prazo do adiamento, o imóvel será submetido a novo leilão.

Art. 897. Se o arrematante ou seu fiador não pagar o preço no prazo estabelecido, o juiz impor-lhe-á, em favor do exequente, a perda da caução, voltando os bens a novo leilão, do qual não serão admitidos a participar o arrematante e o fiador remissos.

Art. 898. O fiador do arrematante que pagar o valor do lance e a multa poderá requerer que a arrematação lhe seja transferida.

Art. 899. Será suspensa a arrematação logo que o produto da alienação dos bens for suficiente para o pagamento do credor e para a satisfação das despesas da execução.

Art. 900. O leilão prosseguirá no dia útil imediato, à mesma hora em que teve início, independentemente de novo edital, se for ultrapassado o horário de expediente forense.

‣ art. 212, CPC.

Art. 901. A arrematação constará de auto que será lavrado de imediato e poderá abranger bens penhorados em mais de uma execução, nele mencionadas as condições nas quais foi alienado o bem.

§ 1º A ordem de entrega do bem móvel ou a carta de arrematação do bem imóvel, com o respectivo mandado de imissão na posse, será expedida depois de efetuado o depósito ou prestadas as garantias pelo arrematante, bem como realizado o pagamento da comissão do leiloeiro e das demais despesas da execução.

§ 2º A carta de arrematação conterá a descrição do imóvel, com remissão à sua matrícula ou individuação e aos seus registros, a cópia do auto de arrematação e a prova de pagamento do imposto de transmissão, além da indicação da existência de eventual ônus real ou gravame.

Art. 902. No caso de leilão de bem hipotecado, o executado poderá remi-lo até a assinatura do auto de arrematação, oferecendo preço igual ao do maior lance oferecido.

Parágrafo único. No caso de falência ou insolvência do devedor hipotecário, o direito de remição previsto no *caput* defere-se à massa ou aos credores em concurso, não podendo o exequente recusar o preço da avaliação do imóvel.

Art. 903. Qualquer que seja a modalidade de leilão, assinado o auto pelo juiz, pelo arrematante e pelo leiloeiro, a arrematação será considerada perfeita, acabada e irretratável, ainda que venham a ser julgados procedentes os embargos do executado ou a ação autônoma de que trata o § 4º deste artigo, assegurada a possibilidade de reparação pelos prejuízos sofridos.

§ 1º Ressalvadas outras situações previstas neste Código, a arrematação poderá, no entanto, ser:

I - invalidada, quando realizada por preço vil ou com outro vício;

II - considerada ineficaz, se não observado o disposto no art. 804;

III - resolvida, se não for pago o preço ou se não for prestada a caução.

§ 2º O juiz decidirá acerca das situações referidas no § 1º, se for provocado em até 10 (dez) dias após o aperfeiçoamento da arrematação.

§ 3º Passado o prazo previsto no § 2º sem que tenha havido alegação de qualquer das situações previstas no § 1º, será expedida a carta de arrematação e, conforme o caso, a ordem de entrega ou mandado de imissão na posse.

§ 4º Após a expedição da carta de arrematação ou da ordem de entrega, a invalidação da arrematação poderá ser pleiteada por ação autônoma, em cujo processo o arrematante figurará como litisconsorte necessário.

§ 5º O arrematante poderá desistir da arrematação, sendo-lhe imediatamente devolvido o depósito que tiver feito:

I - se provar, nos 10 (dez) dias seguintes, a existência de ônus real ou gravame não mencionado no edital;

II - se, antes de expedida a carta de arrematação ou a ordem de entrega, o executado alegar alguma das situações previstas no § 1º;

III - uma vez citado para responder a ação autônoma de que trata o § 4º deste artigo, desde que apresente a desistência no prazo de que dispõe para responder a essa ação.

§ 6º Considera-se ato atentatório à dignidade da justiça a suscitação infundada de vício com o objetivo de ensejar a desistência do arrematante, devendo o suscitante ser condenado, sem prejuízo da responsabilidade por perdas e danos, ao pagamento de multa, a ser fixada pelo juiz e devida ao exequente, em montante não superior a vinte por cento do valor atualizado do bem.

SEÇÃO V
DA SATISFAÇÃO DO CRÉDITO

Art. 904. A satisfação do crédito exequendo far-se-á:

‣ art. 916, *caput*, §§ 3º a 5º, CPC.

I - pela entrega do dinheiro;

II - pela adjudicação dos bens penhorados.

Art. 905. O juiz autorizará que o exequente levante, até a satisfação integral de seu crédito, o dinheiro depositado para segurar o juízo ou o produto dos bens alienados, bem como do faturamento de empresa ou de outros frutos e rendimentos de coisas ou empresas penhoradas, quando:

‣ art. 858, CPC.

I - a execução for movida só a benefício do exequente singular, a quem, por força da penhora, cabe o direito de preferência sobre os bens penhorados e alienados;

II - não houver sobre os bens alienados outros privilégios ou preferências instituídos anteriormente à penhora.

Parágrafo único. Durante o plantão judiciário, veda-se a concessão de pedidos de levantamento de importância em dinheiro ou valores ou de liberação de bens apreendidos.

Art. 906. Ao receber o mandado de levantamento, o exequente dará ao executado, por termo nos autos, quitação da quantia paga.

Parágrafo único. A expedição de mandado de levantamento poderá ser substituída pela transferência eletrônica do valor depositado em conta vinculada ao juízo para outra indicada pelo exequente.

Art. 907. Pago ao exequente o principal, os juros, as custas e os honorários, a importância que sobrar será restituída ao executado.

Art. 908. Havendo pluralidade de credores ou exequentes, o dinheiro lhes será distribuído e entregue consoante a ordem das respectivas preferências.

§ 1º No caso de adjudicação ou alienação, os créditos que recaem sobre o bem, inclusive os de natureza propter rem, sub-rogam-se sobre o respectivo preço, observada a ordem de preferência.

§ 2º Não havendo título legal à preferência, o dinheiro será distribuído entre os concorrentes, observando-se a anterioridade de cada penhora.

Art. 909. Os exequentes formularão as suas pretensões, que versarão unicamente sobre o direito de preferência e a anterioridade da penhora, e, apresentadas as razões, o juiz decidirá.

CAPÍTULO V
DA EXECUÇÃO CONTRA A FAZENDA PÚBLICA

Art. 910. Na execução fundada em título extrajudicial, a Fazenda Pública será citada para opor embargos em 30 (trinta) dias.

- Súm. 279 e 339, STJ.

§ 1º Não opostos embargos ou transitada em julgado a decisão que os rejeitar, expedir-se-á precatório ou requisição de pequeno valor em favor do exequente, observando-se o disposto no art. 100 da Constituição Federal.

§ 2º Nos embargos, a Fazenda Pública poderá alegar qualquer matéria que lhe seria lícito deduzir como defesa no processo de conhecimento.

§ 3º Aplica-se a este Capítulo, no que couber, o disposto nos artigos 534 e 535.

CAPÍTULO VI
DA EXECUÇÃO DE ALIMENTOS

Art. 911. Na execução fundada em título executivo extrajudicial que contenha obrigação alimentar, o juiz mandará citar o executado para, em 3 (três) dias, efetuar o pagamento das parcelas anteriores ao início da execução e das que se vencerem no seu curso, provar que o fez ou justificar a impossibilidade de fazê-lo.

- arts. 1.694 a 1.710, CC.
- Súm. 144 e 309, STJ.

Parágrafo único. Aplicam-se, no que couber, os §§ 2º a 7º do art. 528.

Art. 912. Quando o executado for funcionário público, militar, diretor ou gerente de empresa, bem como empregado sujeito à legislação do trabalho, o exequente poderá requerer o desconto em folha de pagamento de pessoal da importância da prestação alimentícia.

- art. 1.701, p.ún., CC.
- art. 115, IV, Lei 8.213/1991 (Previdência Social).

§ 1º Ao despachar a inicial, o juiz oficiará à autoridade, à empresa ou ao empregador, determinando, sob pena de crime de desobediência, o desconto a partir da primeira remuneração posterior do executado, a contar do protocolo do ofício.

§ 2º O ofício conterá os nomes e o número de inscrição no Cadastro de Pessoas Físicas do exequente e do executado, a importância a ser descontada mensalmente, a conta na qual deve ser feito o depósito e, se for o caso, o tempo de sua duração.

Art. 913. Não requerida a execução nos termos deste Capítulo, observar-se-á o disposto no art. 824 e seguintes, com a ressalva de que, recaindo a penhora em dinheiro, a concessão de efeito suspensivo aos embargos à execução não obsta a que o exequente levante mensalmente a importância da prestação.

TÍTULO III
DOS EMBARGOS À EXECUÇÃO

Art. 914. O executado, independentemente de penhora, depósito ou caução, poderá se opor à execução por meio de embargos.

- art. 917, CPC.

§ 1º Os embargos à execução serão distribuídos por dependência, autuados em apartado e instruídos com cópias das peças processuais relevantes, que poderão ser declaradas autênticas pelo próprio advogado, sob sua responsabilidade pessoal.

- art. 425, IV, CPC.

§ 2º Na execução por carta, os embargos serão oferecidos no juízo deprecante ou no juízo deprecado, mas a competência para julgá-los é do juízo deprecante, salvo se versarem unicamente sobre vícios ou defeitos da penhora, da avaliação ou da alienação dos bens efetuadas no juízo deprecado.

- arts. 260 a 268, CPC.
- Súm. 46, STJ.

Art. 915. Os embargos serão oferecidos no prazo de 15 (quinze) dias, contado, conforme o caso, na forma do art. 231.

§ 1º Quando houver mais de um executado, o prazo para cada um deles embargar conta-se a partir da juntada do respectivo comprovante da citação, salvo no caso de cônjuges ou de companheiros, quando será contado a partir da juntada do último.

- Súm. 134, STJ.

§ 2º Nas execuções por carta, o prazo para embargos será contado:

I - da juntada, na carta, da certificação da citação, quando versarem unicamente sobre vícios ou defeitos da penhora, da avaliação ou da alienação dos bens;

II - da juntada, nos autos de origem, do comunicado de que trata o § 4º deste artigo ou, não havendo este, da juntada da carta devidamente cumprida, quando versarem sobre questões diversas da prevista no inciso I deste parágrafo.

§ 3º Em relação ao prazo para oferecimento dos embargos à execução, não se aplica o disposto no art. 229.

§ 4º Nos atos de comunicação por carta precatória, rogatória ou de ordem, a realização da citação será imediatamente informada, por meio eletrônico, pelo juiz deprecado ao juiz deprecante.

Art. 916. No prazo para embargos, reconhecendo o crédito do exequente e comprovando o depósito de trinta por cento do valor em execução, acrescido de custas e de honorários de advogado, o executado poderá requerer que lhe seja permitido pagar o restante em até 6 (seis) parcelas mensais, acrescidas de correção monetária e de juros de um por cento ao mês.

§ 1º O exequente será intimado para manifestar-se sobre o preenchimento dos pressupostos do *caput*, e o juiz decidirá o requerimento em 5 (cinco) dias.

§ 2º Enquanto não apreciado o requerimento, o executado terá de depositar as parcelas vincendas, facultado ao exequente seu levantamento.

§ 3º Deferida a proposta, o exequente levantará a quantia depositada, e serão suspensos os atos executivos.

§ 4º Indeferida a proposta, seguir-se-ão os atos executivos, mantido o depósito, que será convertido em penhora.

§ 5º O não pagamento de qualquer das prestações acarretará cumulativamente:

I - o vencimento das prestações subsequentes e o prosseguimento do processo, com o imediato reinício dos atos executivos;

II - a imposição ao executado de multa de dez por cento sobre o valor das prestações não pagas.

§ 6º A opção pelo parcelamento de que trata este artigo importa renúncia ao direito de opor embargos.

§ 7º O disposto neste artigo não se aplica ao cumprimento da sentença.

Art. 917. Nos embargos à execução, o executado poderá alegar:

I - inexequibilidade do título ou inexigibilidade da obrigação;

- arts. 525, § 1º, III, § 12, 783, CPC.

II - penhora incorreta ou avaliação errônea;

III - excesso de execução ou cumulação indevida de execuções;

- art. 780, CPC.

IV - retenção por benfeitorias necessárias ou úteis, nos casos de execução para entrega de coisa certa;

- art. 810, CPC.
- art. 96, §§ 2º e 3º, CC.

V - incompetência absoluta ou relativa do juízo da execução;

VI - qualquer matéria que lhe seria lícito deduzir como defesa em processo de conhecimento.

§ 1º A incorreção da penhora ou da avaliação poderá ser impugnada por simples petição, no prazo de 15 (quinze) dias, contado da ciência do ato.

§ 2º Há excesso de execução quando:

‣ art. 780, CPC.

I - o exequente pleiteia quantia superior à do título;

II - ela recai sobre coisa diversa daquela declarada no título;

III - ela se processa de modo diferente do que foi determinado no título;

IV - o exequente, sem cumprir a prestação que lhe corresponde, exige o adimplemento da prestação do executado;

V - o exequente não prova que a condição se realizou.

§ 3º Quando alegar que o exequente, em excesso de execução, pleiteia quantia superior à do título, o embargante declarará na petição inicial o valor que entende correto, apresentando demonstrativo discriminado e atualizado de seu cálculo.

§ 4º Não apontado o valor correto ou não apresentado o demonstrativo, os embargos à execução:

I - serão liminarmente rejeitados, sem resolução de mérito, se o excesso de execução for o seu único fundamento;

II - serão processados, se houver outro fundamento, mas o juiz não examinará a alegação de excesso de execução.

§ 5º Nos embargos de retenção por benfeitorias, o exequente poderá requerer a compensação de seu valor com o dos frutos ou dos danos considerados devidos pelo executado, cumprindo ao juiz, para a apuração dos respectivos valores, nomear perito, observando-se, então, o art. 464.

§ 6º O exequente poderá a qualquer tempo ser imitido na posse da coisa, prestando caução ou depositando o valor devido pelas benfeitorias ou resultante da compensação.

§ 7º A arguição de impedimento e suspeição observará o disposto nos arts. 146 e 148.

Art. 918. O juiz rejeitará liminarmente os embargos:

I - quando intempestivos;

II - nos casos de indeferimento da petição inicial e de improcedência liminar do pedido;

‣ arts. 330, 332 e 485, I, CPC.

III - manifestamente protelatórios.

Parágrafo único. Considera-se conduta atentatória à dignidade da justiça o oferecimento de embargos manifestamente protelatórios.

Art. 919. Os embargos à execução não terão efeito suspensivo.

§ 1º O juiz poderá, a requerimento do embargante, atribuir efeito suspensivo aos embargos quando verificados os requisitos para a concessão da tutela provisória e desde que a execução já esteja garantida por penhora, depósito ou caução suficientes.

§ 2º Cessando as circunstâncias que a motivaram, a decisão relativa aos efeitos dos embargos poderá, a requerimento da parte, ser modificada ou revogada a qualquer tempo, em decisão fundamentada.

§ 3º Quando o efeito suspensivo atribuído aos embargos disser respeito apenas a parte do objeto da execução, esta prosseguirá quanto à parte restante.

§ 4º A concessão de efeito suspensivo aos embargos oferecidos por um dos executados não suspenderá a execução contra os que não embargaram quando o respectivo fundamento disser respeito exclusivamente ao embargante.

§ 5º A concessão de efeito suspensivo não impedirá a efetivação dos atos de substituição, de reforço ou de redução da penhora e de avaliação dos bens.

Art. 920. Recebidos os embargos:

‣ art. 17, *caput*, Lei 6.830/1980 (Execução Fiscal).

I - o exequente será ouvido no prazo de 15 (quinze) dias;

II - a seguir, o juiz julgará imediatamente o pedido ou designará audiência;

III - encerrada a instrução, o juiz proferirá sentença.

TÍTULO IV
DA SUSPENSÃO E DA EXTINÇÃO DO PROCESSO DE EXECUÇÃO

CAPÍTULO I
DA SUSPENSÃO DO PROCESSO DE EXECUÇÃO

Art. 921. Suspende-se a execução:

‣ art. 40, Lei 6.830/1980 (Execução Fiscal).

I - nas hipóteses dos arts. 313 e 315, no que couber;

II - no todo ou em parte, quando recebidos com efeito suspensivo os embargos à execução;

III - quando não for localizado o executado ou bens penhoráveis; (Redação dada pela Lei 14.195/2021)

IV - se a alienação dos bens penhorados não se realizar por falta de licitantes e o exequente, em 15 (quinze) dias, não requerer a adjudicação nem indicar outros bens penhoráveis;

V - quando concedido o parcelamento de que trata o art. 916.

§ 1º Na hipótese do inciso III, o juiz suspenderá a execução pelo prazo de 1 (um) ano, durante o qual se suspenderá a prescrição.

§ 2º Decorrido o prazo máximo de 1 (um) ano sem que seja localizado o executado ou que sejam encontrados bens penhoráveis, o juiz ordenará o arquivamento dos autos.

§ 3º Os autos serão desarquivados para prosseguimento da execução se a qualquer tempo forem encontrados bens penhoráveis.

§ 4º O termo inicial da prescrição no curso do processo será a ciência da primeira tentativa infrutífera de localização do devedor ou de bens penhoráveis, e será suspensa, por uma única vez, pelo prazo máximo previsto no § 1º deste artigo. (Redação dada pela Lei 14.195/2021)

‣ Súm. 150 e 264, STF.

§ 4º-A A efetiva citação, intimação do devedor ou constrição de bens penhoráveis interrompe o prazo de prescrição, que não corre pelo tempo necessário à citação e à intimação do devedor, bem como para as formalidades da constrição patrimonial, se necessária, desde que o credor cumpra os prazos previstos na lei processual ou fixados pelo juiz. (Acrescido pela Lei 14.195/2021)

§ 5º O juiz, depois de ouvidas as partes, no prazo de 15 (quinze) dias, poderá, de ofício, reconhecer a prescrição no curso do processo e extingui-lo, sem ônus para as partes. (Redação dada pela Lei 14.195/2021)

‣ arts. 189 a 206, CC.

§ 6º A alegação de nulidade quanto ao procedimento previsto neste artigo somente será conhecida caso demonstrada a ocorrência de efetivo prejuízo, que será presumido apenas em caso de inexistência da intimação de que trata o § 4º deste artigo. (Acrescido pela Lei 14.195/2021)

§ 7º Aplica-se o disposto neste artigo ao cumprimento de sentença de que trata o art. 523 deste Código. (Acrescido pela Lei 14.195/2021)

Art. 922. Convindo as partes, o juiz declarará suspensa a execução durante o prazo concedido pelo exequente para que o executado cumpra voluntariamente a obrigação.

Parágrafo único. Findo o prazo sem cumprimento da obrigação, o processo retomará o seu curso.

Art. 923. Suspensa a execução, não serão praticados atos processuais, podendo o juiz, entretanto, salvo no caso de arguição de impedimento ou de suspeição, ordenar providências urgentes.

CAPÍTULO II
DA EXTINÇÃO DO PROCESSO DE EXECUÇÃO

Art. 924. Extingue-se a execução quando:

‣ Súm. 150, STF.

I - a petição inicial for indeferida;

‣ art. 798, I, CPC.

II - a obrigação for satisfeita;

‣ arts. 807 e ss., CPC.

III - o executado obtiver, por qualquer outro meio, a extinção total da dívida;

IV - o exequente renunciar ao crédito;

V - ocorrer a prescrição intercorrente.

Art. 925. A extinção só produz efeito quando declarada por sentença.

‣ Súm. 150, STF.

LIVRO III
DOS PROCESSOS NOS TRIBUNAIS E DOS MEIOS DE IMPUGNAÇÃO DAS DECISÕES JUDICIAIS

TÍTULO I
DA ORDEM DOS PROCESSOS E DOS PROCESSOS DE COMPETÊNCIA ORIGINÁRIA DOS TRIBUNAIS

CAPÍTULO I
DISPOSIÇÕES GERAIS

Art. 926. Os tribunais devem uniformizar sua jurisprudência e mantê-la estável, íntegra e coerente.

§ 1º Na forma estabelecida e segundo os pressupostos fixados no regimento interno, os tribunais editarão enunciados de súmula correspondentes a sua jurisprudência dominante.

§ 2º Ao editar enunciados de súmula, os tribunais devem ater-se às circunstâncias fáticas dos precedentes que motivaram sua criação.

Art. 927. Os juízes e os tribunais observarão:

I - as decisões do Supremo Tribunal Federal em controle concentrado de constitucionalidade;

‣ art. 102, I, a, e § 2º, CF.

II - os enunciados de súmula vinculante;

‣ art. 103-A, CF.

III - os acórdãos em incidente de assunção de competência ou de resolução de demandas repetitivas e em julgamento de recursos extraordinário e especial repetitivos;

IV - os enunciados das súmulas do Supremo Tribunal Federal em matéria constitucional e do Superior Tribunal de Justiça em matéria infraconstitucional;

V - a orientação do plenário ou do órgão especial aos quais estiverem vinculados.

§ 1º Os juízes e os tribunais observarão o disposto no art. 10 e no art. 489, § 1º, quando decidirem com fundamento neste artigo.

§ 2º A alteração de tese jurídica adotada em enunciado de súmula ou em julgamento de casos repetitivos poderá ser precedida de audiências públicas e da participação de pessoas, órgãos ou entidades que possam contribuir para a rediscussão da tese.

§ 3º Na hipótese de alteração de jurisprudência dominante do Supremo Tribunal Federal e dos tribunais superiores ou daquela oriunda de julgamento de casos repetitivos, pode haver modulação dos efeitos da alteração no interesse social e no da segurança jurídica.

§ 4º A modificação de enunciado de súmula, de jurisprudência pacificada ou de tese adotada em julgamento de casos repetitivos observará a necessidade de fundamentação adequada e específica, considerando os princípios da segurança jurídica, da proteção da confiança e da isonomia.

§ 5º Os tribunais darão publicidade a seus precedentes, organizando-os por questão jurídica decidida e divulgando-os, preferencialmente, na rede mundial de computadores.

Art. 928. Para os fins deste Código, considera-se julgamento de casos repetitivos a decisão proferida em:

I - incidente de resolução de demandas repetitivas;

II - recursos especial e extraordinário repetitivos.

Parágrafo único. O julgamento de casos repetitivos tem por objeto questão de direito material ou processual.

CAPÍTULO II
DA ORDEM DOS PROCESSOS NO TRIBUNAL

Art. 929. Os autos serão registrados no protocolo do tribunal no dia de sua entrada, cabendo à secretaria ordená-los, com imediata distribuição.

Parágrafo único. A critério do tribunal, os serviços de protocolo poderão ser descentralizados, mediante delegação a ofícios de justiça de primeiro grau.

Art. 930. Far-se-á a distribuição de acordo com o regimento interno do tribunal, observando-se a alternatividade, o sorteio eletrônico e a publicidade.

Parágrafo único. O primeiro recurso protocolado no tribunal tornará prevento o relator para eventual recurso subsequente interposto no mesmo processo ou em processo conexo.

Art. 931. Distribuídos, os autos serão imediatamente conclusos ao relator, que, em 30 (trinta) dias, depois de elaborar o voto, restituí-los-á, com relatório, à secretaria.

Art. 932. Incumbe ao relator:

‣ Súm. 253, STJ.

I - dirigir e ordenar o processo no tribunal, inclusive em relação à produção de prova, bem como, quando for o caso, homologar autocomposição das partes;

II - apreciar o pedido de tutela provisória nos recursos e nos processos de competência originária do tribunal;

III - não conhecer de recurso inadmissível, prejudicado ou que não tenha impugnado especificamente os fundamentos da decisão recorrida;

‣ Súm. 182, STJ.

IV - negar provimento a recurso que for contrário a:

‣ §§ 3º e 4º, e 557, *caput* e § 1º-A.

a) súmula do Supremo Tribunal Federal, do Superior Tribunal de Justiça ou do próprio tribunal;

b) acórdão proferido pelo Supremo Tribunal Federal ou pelo Superior Tribunal de Justiça em julgamento de recursos repetitivos;

c) entendimento firmado em incidente de resolução de demandas repetitivas ou de assunção de competência;

V - depois de facultada a apresentação de contrarrazões, dar provimento ao recurso se a decisão recorrida for contrária a:

a) súmula do Supremo Tribunal Federal, do Superior Tribunal de Justiça ou do próprio tribunal;

b) acórdão proferido pelo Supremo Tribunal Federal ou pelo Superior Tribunal de Justiça em julgamento de recursos repetitivos;

c) entendimento firmado em incidente de resolução de demandas repetitivas ou de assunção de competência;

VI - decidir o incidente de desconsideração da personalidade jurídica, quando este for instaurado originariamente perante o tribunal;

‣ art. 50, CC.

‣ art. 28, CDC.

VII - determinar a intimação do Ministério Público, quando for o caso;

VIII - exercer outras atribuições estabelecidas no regimento interno do tribunal.

Parágrafo único. Antes de considerar inadmissível o recurso, o relator concederá o prazo de 5 (cinco) dias ao recorrente para que seja sanado vício ou complementada a documentação exigível.

Art. 933. Se o relator constatar a ocorrência de fato superveniente à decisão recorrida ou a existência de questão apreciável de ofício ainda não examinada que devam ser considerados no julgamento do recurso, intimará as partes para que se manifestem no prazo de 5 (cinco) dias.

§ 1º Se a constatação ocorrer durante a sessão de julgamento, esse será imediatamente suspenso a fim de que as partes se manifestem especificamente.

§ 2º Se a constatação se der em vista dos autos, deverá o juiz que a solicitou encaminhá-los ao relator, que tomará as providências previstas no *caput* e, em seguida, solicitará a inclusão do feito em pauta para prosseguimento do julgamento, com submissão integral da nova questão aos julgadores.

Art. 934. Em seguida, os autos serão apresentados ao presidente, que designará dia para julgamento, ordenando, em todas as hipóteses previstas neste Livro, a publicação da pauta no órgão oficial.

Art. 935. Entre a data de publicação da pauta e a da sessão de julgamento decorrerá, pelo menos, o prazo de 5 (cinco) dias, incluindo-se em nova pauta os processos que não tenham sido julgados, salvo aqueles cujo julgamento tiver sido expressamente adiado para a primeira sessão seguinte.

§ 1º Às partes será permitida vista dos autos em cartório após a publicação da pauta de julgamento.

§ 2º Afixar-se-á a pauta na entrada da sala em que se realizar a sessão de julgamento.

Art. 936. Ressalvadas as preferências legais e regimentais, os recursos, a remessa necessária e os processos de competência originária serão julgados na seguinte ordem:

I - aqueles nos quais houver sustentação oral, observada a ordem dos requerimentos;

II - os requerimentos de preferência apresentados até o início da sessão de julgamento;

III - aqueles cujo julgamento tenha iniciado em sessão anterior; e

IV - os demais casos.

Art. 937. Na sessão de julgamento, depois da exposição da causa pelo relator, o presidente dará a palavra, sucessivamente, ao recorrente, ao recorrido e, nos casos de sua intervenção, ao membro do Ministério Público, pelo prazo improrrogável de 15 (quinze) minutos para cada um, a fim de sustentarem suas razões, nas seguintes hipóteses, nos termos da parte final do *caput* do art. 1.021:

I - no recurso de apelação;

- arts. 1.009 a 1.014, CPC.

II - no recurso ordinário;

- arts. 1.027 e 1.028, CPC.

III - no recurso especial;

- arts. 1.029 a 1.041, CPC.

IV - no recurso extraordinário;

- arts. 1.029 a 1.041, CPC.

V - nos embargos de divergência;

- arts. 1.043 e 1.044, CPC.

VI - na ação rescisória, no mandado de segurança e na reclamação;

- art. 5º, LXIX e LXX, 102, I, i, e 103-A, § 3º, CF.
- arts. 966 a 975 e 988 a 993, CPC.
- arts. 7º, I, 12, Lei 12.016/2009 (Mandado de Segurança).
- art. 156, RISTF.

VII - (Vetado)

VIII - no agravo de instrumento interposto contra decisões interlocutórias que versem sobre tutelas provisórias de urgência ou da evidência;

IX - em outras hipóteses previstas em lei ou no regimento interno do tribunal.

§ 1º A sustentação oral no incidente de resolução de demandas repetitivas observará o disposto no art. 984, no que couber.

§ 2º O procurador que desejar proferir sustentação oral poderá requerer, até o início da sessão, que o processo seja julgado em primeiro lugar, sem prejuízo das preferências legais.

§ 3º Nos processos de competência originária previstos no inciso VI, caberá sustentação oral no agravo interno interposto contra decisão de relator que o extinga.

- Res. 642/2019, STF.

§ 4º É permitido ao advogado com domicílio profissional em cidade diversa daquela onde está sediado o tribunal realizar sustentação oral por meio de videoconferência ou outro recurso tecnológico de transmissão de sons e imagens em tempo real, desde que o requeira até o dia anterior ao da sessão.

Art. 938. A questão preliminar suscitada no julgamento será decidida antes do mérito, deste não se conhecendo caso seja incompatível com a decisão.

§ 1º Constatada a ocorrência de vício sanável, inclusive aquele que possa ser conhecido de ofício, o relator determinará a realização ou a renovação do ato processual, no próprio tribunal ou em primeiro grau de jurisdição, intimadas as partes.

§ 2º Cumprida a diligência de que trata o § 1º, o relator, sempre que possível, prosseguirá no julgamento do recurso.

§ 3º Reconhecida a necessidade de produção de prova, o relator converterá o julgamento em diligência, que se realizará no tribunal ou em primeiro grau de jurisdição, decidindo-se o recurso após a conclusão da instrução.

§ 4º Quando não determinadas pelo relator, as providências indicadas nos §§ 1º e 3º poderão ser determinadas pelo órgão competente para julgamento do recurso.

Art. 939. Se a preliminar for rejeitada ou se a apreciação do mérito for com ela compatível, seguir-se-ão a discussão e o julgamento da matéria principal, sobre a qual deverão se pronunciar os juízes vencidos na preliminar.

Art. 940. O relator ou outro juiz que não se considerar habilitado a proferir imediatamente seu voto poderá solicitar vista pelo prazo máximo de 10 (dez) dias, após o qual o recurso será reincluído em pauta para julgamento na sessão seguinte à data da devolução.

- Res. 202/2015, CNJ.

§ 1º Se os autos não forem devolvidos tempestivamente ou se não for solicitada pelo juiz prorrogação de prazo de no máximo mais 10 (dez) dias, o presidente do órgão fracionário os requisitará para julgamento do recurso na sessão ordinária subsequente, com publicação da pauta em que for incluído.

§ 2º Quando requisitar os autos na forma do § 1º, se aquele que fez o pedido de vista ainda não se sentir habilitado a votar, o presidente convocará substituto para proferir voto, na forma estabelecida no regimento interno do tribunal.

Art. 941. Proferidos os votos, o presidente anunciará o resultado do julgamento, designando para redigir o acórdão o relator ou, se vencido este, o autor do primeiro voto vencedor.

§ 1º O voto poderá ser alterado até o momento da proclamação do resultado pelo presidente, salvo aquele já proferido por juiz afastado ou substituído.

§ 2º No julgamento de apelação ou de agravo de instrumento, a decisão será tomada, no órgão colegiado, pelo voto de 3 (três) juízes.

§ 3º O voto vencido será necessariamente declarado e considerado parte integrante do acórdão para todos os fins legais, inclusive de pré-questionamento.

Art. 942. Quando o resultado da apelação for não unânime, o julgamento terá prosseguimento em sessão a ser designada com a presença de outros julgadores, que serão convocados nos termos previamente definidos no regimento interno, em número suficiente para garantir a possibilidade de inversão do resultado inicial, assegurado às partes e a eventuais terceiros o direito de sustentar oralmente suas razões perante os novos julgadores.

§ 1º Sendo possível, o prosseguimento do julgamento dar-se-á na mesma sessão, colhendo-se os votos de outros julgadores que porventura componham o órgão colegiado.

§ 2º Os julgadores que já tiverem votado poderão rever seus votos por ocasião do prosseguimento do julgamento.

§ 3º A técnica de julgamento prevista neste artigo aplica-se, igualmente, ao julgamento não unânime proferido em:

I - ação rescisória, quando o resultado for a rescisão da sentença, devendo, nesse caso, seu prosseguimento ocorrer em órgão de maior composição previsto no regimento interno;

II - agravo de instrumento, quando houver reforma da decisão que julgar parcialmente o mérito.

§ 4º Não se aplica o disposto neste artigo ao julgamento:

I - do incidente de assunção de competência e ao de resolução de demandas repetitivas;

II - da remessa necessária;

III - não unânime proferido, nos tribunais, pelo plenário ou pela corte especial.

Art. 943. Os votos, os acórdãos e os demais atos processuais podem ser registrados em documento eletrônico inviolável e assinados eletronicamente, na forma da lei, devendo ser impressos para juntada aos autos do processo quando este não for eletrônico.

§ 1º Todo acórdão conterá ementa.

§ 2º Lavrado o acórdão, sua ementa será publicada no órgão oficial no prazo de 10 (dez) dias.

Art. 944. Não publicado o acórdão no prazo de 30 (trinta) dias, contado da data da sessão de julgamento, as notas taquigráficas o substituirão, para todos os fins legais, independentemente de revisão.

Parágrafo único. No caso do *caput*, o presidente do tribunal lavrará, de imediato, as conclusões e a ementa e mandará publicar o acórdão.

Art. 945. (Revogado pela Lei 13.256/2016)

Art. 946. O agravo de instrumento será julgado antes da apelação interposta no mesmo processo.

Parágrafo único. Se ambos os recursos de que trata o *caput* houverem de ser julgados na mesma sessão, terá precedência o agravo de instrumento.

CAPÍTULO III
DO INCIDENTE DE ASSUNÇÃO DE COMPETÊNCIA

Art. 947. É admissível a assunção de competência quando o julgamento de recurso, de remessa necessária ou de processo de competência originária envolver relevante questão de direito, com grande repercussão social, sem repetição em múltiplos processos.

§ 1º Ocorrendo a hipótese de assunção de competência, o relator proporá, de ofício ou a requerimento da parte, do Ministério Público ou da Defensoria Pública, que seja o recurso, a remessa necessária ou o processo de competência originária julgado pelo órgão colegiado que o regimento indicar.

§ 2º O órgão colegiado julgará o recurso, a remessa necessária ou o processo de competência originária se reconhecer interesse público na assunção de competência.

§ 3º O acórdão proferido em assunção de competência vinculará todos os juízes e órgãos fracionários, exceto se houver revisão de tese.

§ 4º Aplica-se o disposto neste artigo quando ocorrer relevante questão de direito a respeito da qual seja conveniente a prevenção ou a composição de divergência entre câmaras ou turmas do tribunal.

CAPÍTULO IV
DO INCIDENTE DE ARGUIÇÃO DE INCONSTITUCIONALIDADE

Art. 948. Arguida, em controle difuso, a inconstitucionalidade de lei ou de ato normativo do poder público, o relator, após ouvir o Ministério Público e as partes, submeterá a questão à turma ou à câmara à qual competir o conhecimento do processo.

- arts. 52, X; 97; 102, I, a, e III; 103; 125, § 2º; e 129, CF.
- Lei 9.868/1999 (Lei de ADI e ADC).
- Súm. Vinc. 10, STF.

Art. 949. Se a arguição for:

I - rejeitada, prosseguirá o julgamento;

II - acolhida, a questão será submetida ao plenário do tribunal ou ao seu órgão especial, onde houver.

Parágrafo único. Os órgãos fracionários dos tribunais não submeterão ao plenário ou ao órgão especial a arguição de inconstitucionalidade quando já houver pronunciamento destes ou do plenário do Supremo Tribunal Federal sobre a questão.

Art. 950. Remetida cópia do acórdão a todos os juízes, o presidente do tribunal designará a sessão de julgamento.

§ 1º As pessoas jurídicas de direito público responsáveis pela edição do ato questionado poderão manifestar-se no incidente de inconstitucionalidade se assim o requererem, observados os prazos e as condições previstos no regimento interno do tribunal.

§ 2º A parte legitimada à propositura das ações previstas no art. 103 da Constituição Federal poderá manifestar-se, por escrito, sobre a questão constitucional objeto de apreciação, no prazo previsto pelo regimento interno, sendo-lhe assegurado o direito de apresentar memoriais ou de requerer a juntada de documentos.

§ 3º Considerando a relevância da matéria e a representatividade dos postulantes, o relator poderá admitir, por despacho irrecorrível, a manifestação de outros órgãos ou entidades.

CAPÍTULO V
DO CONFLITO DE COMPETÊNCIA

Art. 951. O conflito de competência pode ser suscitado por qualquer das partes, pelo Ministério Público ou pelo juiz.

- art. 66, CPC.

Parágrafo único. O Ministério Público somente será ouvido nos conflitos de competência relativos aos processos previstos no art. 178, mas terá qualidade de parte nos conflitos que suscitar.

Art. 952. Não pode suscitar conflito a parte que, no processo, arguiu incompetência relativa.

Parágrafo único. O conflito de competência não obsta, porém, a que a parte que não o arguiu suscite a incompetência.

Art. 953. O conflito será suscitado ao tribunal:

- Súm. 59, STJ.

I - pelo juiz, por ofício;

II - pela parte e pelo Ministério Público, por petição.

- arts. 102, I, o; 105, I, d; e 108, e, CF.

Parágrafo único. O ofício e a petição serão instruídos com os documentos necessários à prova do conflito.

Art. 954. Após a distribuição, o relator determinará a oitiva dos juízes em conflito ou, se um deles for suscitante, apenas do suscitado.

Parágrafo único. No prazo designado pelo relator, incumbirá ao juiz ou aos juízes prestar as informações.

- 2ª parte.

Art. 955. O relator poderá, de ofício ou a requerimento de qualquer das partes, determinar, quando o conflito for positivo, o sobrestamento do processo e, nesse caso, bem como no de conflito negativo, designará um dos juízes para resolver, em caráter provisório, as medidas urgentes.

Parágrafo único. O relator poderá julgar de plano o conflito de competência quando sua decisão se fundar em:

I - súmula do Supremo Tribunal Federal, do Superior Tribunal de Justiça ou do próprio tribunal;

II - tese firmada em julgamento de casos repetitivos ou em incidente de assunção de competência.

Art. 956. Decorrido o prazo designado pelo relator, será ouvido o Ministério Público, no prazo de 5 (cinco) dias, ainda que as informações não tenham sido prestadas, e, em seguida, o conflito irá a julgamento.

Art. 957. Ao decidir o conflito, o tribunal declarará qual o juízo competente, pronunciando-se também sobre a validade dos atos do juízo incompetente.

Parágrafo único. Os autos do processo em que se manifestou o conflito serão remetidos ao juiz declarado competente.

Art. 958. No conflito que envolva órgãos fracionários dos tribunais, desembargadores e juízes em exercício no tribunal, observar-se-á o que dispuser o regimento interno do tribunal.

- arts. 163 a 168, RISTF.
- arts. 193 a 198, RISTJ.

Art. 959. O regimento interno do tribunal regulará o processo e o julgamento do conflito de atribuições entre autoridade judiciária e autoridade administrativa.

- art. 105, I, g, CF.

CAPÍTULO VI
DA HOMOLOGAÇÃO DE DECISÃO ESTRANGEIRA E DA CONCESSÃO DO *EXEQUATUR* À CARTA ROGATÓRIA

Art. 960. A homologação de decisão estrangeira será requerida por ação de homologação de decisão estrangeira, salvo disposição especial em sentido contrário prevista em tratado.

- art. 105, I, i, CF.
- art. 36, Lei 9.307/1996 (Arbitragem).
- arts. 216-A a 216-X, RISTJ.

§ 1º A decisão interlocutória estrangeira poderá ser executada no Brasil por meio de carta rogatória.

§ 2º A homologação obedecerá ao que dispuserem os tratados em vigor no Brasil e o Regimento Interno do Superior Tribunal de Justiça.

- art. 37, Lei 9.307/1996 (Arbitragem).

§ 3º A homologação de decisão arbitral estrangeira obedecerá ao disposto em tratado e em lei, aplicando-se, subsidiariamente, as disposições deste Capítulo.

- arts. 34 e s., Lei 9.307/1996 (Arbitragem).

Art. 961. A decisão estrangeira somente terá eficácia no Brasil após a homologação de sentença estrangeira ou a concessão do exequatur às cartas rogatórias, salvo disposição em sentido contrário de lei ou tratado.

- art. 36, Lei 9.307/1996 (Arbitragem).

§ 1º É passível de homologação a decisão judicial definitiva, bem como a decisão não judicial que, pela lei brasileira, teria natureza jurisdicional.

§ 2º A decisão estrangeira poderá ser homologada parcialmente.

§ 3º A autoridade judiciária brasileira poderá deferir pedidos de urgência e realizar atos de execução provisória no processo de homologação de decisão estrangeira.

§ 4º Haverá homologação de decisão estrangeira para fins de execução fiscal quando prevista em tratado ou em promessa de reciprocidade apresentada à autoridade brasileira.

§ 5º A sentença estrangeira de divórcio consensual produz efeitos no Brasil, independentemente de homologação pelo Superior Tribunal de Justiça.

- art. 7º, § 6º, LINDB.
- Prov. nº 53/2016, CNJ.

§ 6º Na hipótese do § 5º, competirá a qualquer juiz examinar a validade da decisão, em caráter principal ou incidental, quando essa questão for suscitada em processo de sua competência.

Art. 962. É passível de execução a decisão estrangeira concessiva de medida de urgência.

§ 1º A execução no Brasil de decisão interlocutória estrangeira concessiva de medida de urgência dar-se-á por carta rogatória.

§ 2º A medida de urgência concedida sem audiência do réu poderá ser executada, desde que garantido o contraditório em momento posterior.

- art. 5º, LV, CF.
- art. 9º, CPC.

§ 3º O juízo sobre a urgência da medida compete exclusivamente à autoridade jurisdicional prolatora da decisão estrangeira.

§ 4º Quando dispensada a homologação para que a sentença estrangeira produza efeitos no Brasil, a decisão concessiva de medida de urgência dependerá, para produzir efeitos, de ter sua validade expressamente reconhecida pelo juiz competente para dar-lhe cumprimento, dispensada a homologação pelo Superior Tribunal de Justiça.

Art. 963. Constituem requisitos indispensáveis à homologação da decisão:

I - ser proferida por autoridade competente;

II - ser precedida de citação regular, ainda que verificada a revelia;

III - ser eficaz no país em que foi proferida;

IV - não ofender a coisa julgada brasileira;

V - estar acompanhada de tradução oficial, salvo disposição que a dispense prevista em tratado;

VI - não conter manifesta ofensa à ordem pública.

Parágrafo único. Para a concessão do exequatur às cartas rogatórias, observar-se-ão os pressupostos previstos no *caput* deste artigo e no art. 962, § 2º.

Art. 964. Não será homologada a decisão estrangeira na hipótese de competência exclusiva da autoridade judiciária brasileira.

Parágrafo único. O dispositivo também se aplica à concessão do exequatur à carta rogatória.

Art. 965. O cumprimento de decisão estrangeira far-se-á perante o juízo federal competente, a requerimento da parte, conforme as normas estabelecidas para o cumprimento de decisão nacional.

- arts. 513 a 538, CPC.

Parágrafo único. O pedido de execução deverá ser instruído com cópia autenticada da decisão homologatória ou do exequatur, conforme o caso.

CAPÍTULO VII
DA AÇÃO RESCISÓRIA

Art. 966. A decisão de mérito, transitada em julgado, pode ser rescindida quando:

- arts. 102, I, j; 105, I, e; e 108, I, b, CF.
- arts. 525, § 15, 535, § 8º, 701, § 3º, CPC.
- art. 836, CLT.
- art. 59, Lei 9.099/1995 (Juizados Especiais Cíveis e Criminais).
- Súm. 514, STF.
- Súm. 100, II, TST.

I - se verificar que foi proferida por força de prevaricação, concussão ou corrupção do juiz;

- arts. 316, 317, 319 e 333, CP.

II - for proferida por juiz impedido ou por juízo absolutamente incompetente;

III - resultar de dolo ou coação da parte vencedora em detrimento da parte vencida ou, ainda, de simulação ou colusão entre as partes, a fim de fraudar a lei;

- arts. 145 a 150 e 167, CC.

IV - ofender a coisa julgada;

- arts. 502 a 508, CPC.

V - violar manifestamente norma jurídica;

VI - for fundada em prova cuja falsidade tenha sido apurada em processo criminal ou venha a ser demonstrada na própria ação rescisória;

VII - obtiver o autor, posteriormente ao trânsito em julgado, prova nova cuja existência ignorava ou de que não pôde fazer uso, capaz, por si só, de lhe assegurar pronunciamento favorável;

- art. 975, § 2º, CPC.

VIII - for fundada em erro de fato verificável do exame dos autos.

§ 1º Há erro de fato quando a decisão rescindenda admitir fato inexistente ou quando considerar inexistente fato efetivamente ocorrido, sendo indispensável, em ambos os casos, que o fato não represente ponto controvertido sobre o qual o juiz deveria ter se pronunciado.

§ 2º Nas hipóteses previstas nos incisos do *caput*, será rescindível a decisão transitada em julgado que, embora não seja de mérito, impeça:

- art. 968, §5º, I, CPC.

I - nova propositura da demanda; ou

II - admissibilidade do recurso correspondente.

§ 3º A ação rescisória pode ter por objeto apenas 1 (um) capítulo da decisão.

§ 4º Os atos de disposição de direitos, praticados pelas partes ou por outros participantes do processo e homologados pelo juízo, bem como os atos homologatórios praticados no curso da execução, estão sujeitos à anulação, nos termos da lei.

- art. 966, §4º, CPC.

§ 5º Cabe ação rescisória, com fundamento no inciso V do *caput* deste artigo, contra decisão baseada em enunciado de súmula ou acórdão proferido em julgamento de casos repetitivos que não tenha considerado a existência de distinção entre a questão discutida no processo e o padrão decisório que lhe deu fundamento. (Acrescentado pela Lei 13.256/2016)

§ 6º Quando a ação rescisória fundar-se na hipótese do § 5º deste artigo, caberá ao autor, sob pena de inépcia, demonstrar, fundamentadamente, tratar-se de situação particularizada por hipótese fática distinta ou de questão jurídica não examinada, a impor outra solução jurídica. (Acrescentado pela Lei 13.256/2016)

Art. 967. Têm legitimidade para propor a ação rescisória:

I - quem foi parte no processo ou o seu sucessor a título universal ou singular;

II - o terceiro juridicamente interessado;

III - o Ministério Público:

a) se não foi ouvido no processo em que lhe era obrigatória a intervenção;

b) quando a decisão rescindenda é o efeito de simulação ou de colusão das partes, a fim de fraudar a lei;

c) em outros casos em que se imponha sua atuação;

IV - aquele que não foi ouvido no processo em que lhe era obrigatória a intervenção.

Parágrafo único. Nas hipóteses do art. 178, o Ministério Público será intimado para intervir como fiscal da ordem jurídica quando não for parte.

Art. 968. A petição inicial será elaborada com observância dos requisitos essenciais do art. 319, devendo o autor:

I - cumular ao pedido de rescisão, se for o caso, o de novo julgamento do processo;

II - depositar a importância de cinco por cento sobre o valor da causa, que se converterá em multa caso a ação seja, por unanimidade de votos, declarada inadmissível ou improcedente.

- Súm. 175, STJ.
- art. 1º, Res. nº 9/2018, STJ/GP.

§ 1º Não se aplica o disposto no inciso II à União, aos Estados, ao Distrito Federal, aos Municípios, às suas respectivas autarquias e fundações de direito público, ao Ministério Público, à Defensoria Pública e aos que tenham obtido o benefício de gratuidade da justiça.

§ 2º O depósito previsto no inciso II do *caput* deste artigo não será superior a 1.000 (mil) salários-mínimos.

§ 3º Além dos casos previstos no art. 330, a petição inicial será indeferida quando não efetuado o depósito exigido pelo inciso II do *caput* deste artigo.

§ 4º Aplica-se à ação rescisória o disposto no art. 332.

§ 5º Reconhecida a incompetência do tribunal para julgar a ação rescisória, o autor será intimado para emendar a petição inicial, a fim de adequar o objeto da ação rescisória, quando a decisão apontada como rescindenda:

I - não tiver apreciado o mérito e não se enquadrar na situação prevista no § 2º do art. 966;

II - tiver sido substituída por decisão posterior.

§ 6º Na hipótese do § 5º, após a emenda da petição inicial, será permitido ao réu complementar os fundamentos de defesa, e, em seguida, os autos serão remetidos ao tribunal competente.

Art. 969. A propositura da ação rescisória não impede o cumprimento da decisão rescindenda, ressalvada a concessão de tutela provisória.

Art. 970. O relator ordenará a citação do réu, designando-lhe prazo nunca inferior a 15 (quinze) dias nem superior a 30 (trinta) dias para, querendo, apresentar resposta, ao fim do qual, com ou sem contestação, observar-se-á, no que couber, o procedimento comum.

Art. 971. Na ação rescisória, devolvidos os autos pelo relator, a secretaria do tribunal expedirá cópias do relatório e as distribuirá entre os juízes que compuserem o órgão competente para o julgamento.

Parágrafo único. A escolha de relator recairá, sempre que possível, em juiz que não haja participado do julgamento rescindendo.

Art. 972. Se os fatos alegados pelas partes dependerem de prova, o relator poderá delegar a competência ao órgão que proferiu a decisão rescindenda, fixando prazo de 1 (um) a 3 (três) meses para a devolução dos autos.

Art. 973. Concluída a instrução, será aberta vista ao autor e ao réu para razões finais, sucessivamente, pelo prazo de 10 (dez) dias.

Parágrafo único. Em seguida, os autos serão conclusos ao relator, procedendo-se ao julgamento pelo órgão competente.

- Súm. 249, 252 e 515, STF.

Art. 974. Julgando procedente o pedido, o tribunal rescindirá a decisão, proferirá, se for o caso, novo julgamento e determinará a restituição do depósito a que se refere o inciso II do art. 968.

Parágrafo único. Considerando, por unanimidade, inadmissível ou improcedente o pedido, o tribunal determinará a reversão, em favor do réu, da importância do depósito, sem prejuízo do disposto no § 2º do art. 82.

Art. 975. O direito à rescisão se extingue em 2 (dois) anos contados do trânsito em julgado da última decisão proferida no processo.

› Súm. 401, STJ; 264, STF.

§ 1º Prorroga-se até o primeiro dia útil imediatamente subsequente o prazo a que se refere o *caput*, quando expirar durante férias forenses, recesso, feriados ou em dia em que não houver expediente forense.

§ 2º Se fundada a ação no inciso VII do art. 966, o termo inicial do prazo será a data de descoberta da prova nova, observado o prazo máximo de 5 (cinco) anos, contado do trânsito em julgado da última decisão proferida no processo.

§ 3º Nas hipóteses de simulação ou de colusão das partes, o prazo começa a contar, para o terceiro prejudicado e para o Ministério Público, que não interveio no processo, a partir do momento em que têm ciência da simulação ou da colusão.

CAPÍTULO VIII
DO INCIDENTE DE RESOLUÇÃO DE DEMANDAS REPETITIVAS

Art. 976. É cabível a instauração do incidente de resolução de demandas repetitivas quando houver, simultaneamente:

I - efetiva repetição de processos que contenham controvérsia sobre a mesma questão unicamente de direito;

II - risco de ofensa à isonomia e à segurança jurídica.

§ 1º A desistência ou o abandono do processo não impede o exame de mérito do incidente.

§ 2º Se não for o requerente, o Ministério Público intervirá obrigatoriamente no incidente e deverá assumir sua titularidade em caso de desistência ou de abandono.

§ 3º A inadmissão do incidente de resolução de demandas repetitivas por ausência de qualquer de seus pressupostos de admissibilidade não impede que, uma vez satisfeito o requisito, seja o incidente novamente suscitado.

§ 4º É incabível o incidente de resolução de demandas repetitivas quando um dos tribunais superiores, no âmbito de sua respectiva competência, já tiver afetado recurso para definição de tese sobre questão de direito material ou processual repetitiva.

§ 5º Não serão exigidas custas processuais no incidente de resolução de demandas repetitivas.

Art. 977. O pedido de instauração do incidente será dirigido ao presidente de tribunal:

I - pelo juiz ou relator, por ofício;

II - pelas partes, por petição;

III - pelo Ministério Público ou pela Defensoria Pública, por petição.

Parágrafo único. O ofício ou a petição será instruído com os documentos necessários à demonstração do preenchimento dos pressupostos para a instauração do incidente.

Art. 978. O julgamento do incidente caberá ao órgão indicado pelo regimento interno dentre aqueles responsáveis pela uniformização de jurisprudência do tribunal.

Parágrafo único. O órgão colegiado incumbido de julgar o incidente e de fixar a tese jurídica julgará igualmente o recurso, a remessa necessária ou o processo de competência originária de onde se originou o incidente.

Art. 979. A instauração e o julgamento do incidente serão sucedidos da mais ampla e específica divulgação e publicidade, por meio de registro eletrônico no Conselho Nacional de Justiça.

§ 1º Os tribunais manterão banco eletrônico de dados atualizados com informações específicas sobre questões de direito submetidas ao incidente, comunicando-o imediatamente ao Conselho Nacional de Justiça para inclusão no cadastro.

§ 2º Para possibilitar a identificação dos processos abrangidos pela decisão do incidente, o registro eletrônico das teses jurídicas constantes do cadastro conterá, no mínimo, os fundamentos determinantes da decisão e os dispositivos normativos a ela relacionados.

§ 3º Aplica-se o disposto neste artigo ao julgamento de recursos repetitivos e da repercussão geral em recurso extraordinário.

Art. 980. O incidente será julgado no prazo de 1 (um) ano e terá preferência sobre os demais feitos, ressalvados os que envolvam réu preso e os pedidos de habeas corpus.

Parágrafo único. Superado o prazo previsto no *caput*, cessa a suspensão dos processos prevista no art. 982, salvo decisão fundamentada do relator em sentido contrário.

Art. 981. Após a distribuição, o órgão colegiado competente para julgar o incidente procederá ao seu juízo de admissibilidade, considerando a presença dos pressupostos do art. 976.

Art. 982. Admitido o incidente, o relator:

I - suspenderá os processos pendentes, individuais ou coletivos, que tramitam no Estado ou na região, conforme o caso;

II - poderá requisitar informações a órgãos em cujo juízo tramita processo no qual se discute o objeto do incidente, que as prestarão no prazo de 15 (quinze) dias;

III - intimará o Ministério Público para, querendo, manifestar-se no prazo de 15 (quinze) dias.

§ 1º A suspensão será comunicada aos órgãos jurisdicionais competentes.

§ 2º Durante a suspensão, o pedido de tutela de urgência deverá ser dirigido ao juízo onde tramita o processo suspenso.

§ 3º Visando à garantia da segurança jurídica, qualquer legitimado mencionado no art. 977, incisos II e III, poderá requerer, ao tribunal competente para conhecer do recurso extraordinário ou especial, a suspensão de todos os processos individuais ou coletivos em curso no território nacional que versem sobre a questão objeto do incidente já instaurado.

§ 4º Independentemente dos limites da competência territorial, a parte no processo em curso no qual se discuta a mesma questão objeto do incidente é legitimada para requerer a providência prevista no § 3º deste artigo.

§ 5º Cessa a suspensão a que se refere o inciso I do *caput* deste artigo se não for interposto recurso especial ou recurso extraordinário contra a decisão proferida no incidente.

Art. 983. O relator ouvirá as partes e os demais interessados, inclusive pessoas, órgãos e entidades com interesse na controvérsia, que, no prazo comum de 15 (quinze) dias, poderão requerer a juntada de documentos, bem como as diligências necessárias para a elucidação da questão de direito controvertida, e, em seguida, manifestar-se-á o Ministério Público, no mesmo prazo.

§ 1º Para instruir o incidente, o relator poderá designar data para, em audiência pública, ouvir depoimentos de pessoas com experiência e conhecimento na matéria.

§ 2º Concluídas as diligências, o relator solicitará dia para o julgamento do incidente.

Art. 984. No julgamento do incidente, observar-se-á a seguinte ordem:

I - o relator fará a exposição do objeto do incidente;

II - poderão sustentar suas razões, sucessivamente:

a) o autor e o réu do processo originário e o Ministério Público, pelo prazo de 30 (trinta) minutos;

b) os demais interessados, no prazo de 30 (trinta) minutos, divididos entre todos, sendo exigida inscrição com 2 (dois) dias de antecedência.

§ 1º Considerando o número de inscritos, o prazo poderá ser ampliado.

§ 2º O conteúdo do acórdão abrangerá a análise de todos os fundamentos suscitados concernentes à tese jurídica discutida, sejam favoráveis ou contrários.

Art. 985. Julgado o incidente, a tese jurídica será aplicada:

I - a todos os processos individuais ou coletivos que versem sobre idêntica questão de direito e que tramitem na área de jurisdição do respectivo tribunal, inclusive àqueles que tramitem nos juizados especiais do respectivo Estado ou região;

II - aos casos futuros que versem idêntica questão de direito e que venham a tramitar no território de competência do tribunal, salvo revisão na forma do art. 986.

§ 1º Não observada a tese adotada no incidente, caberá reclamação.

§ 2º Se o incidente tiver por objeto questão relativa a prestação de serviço concedido, permitido ou autorizado, o resultado do julgamento será comunicado ao órgão, ao ente ou à agência reguladora competente para fiscalização da efetiva aplicação, por parte dos entes sujeitos a regulação, da tese adotada.

Art. 986. A revisão da tese jurídica firmada no incidente far-se-á pelo mesmo tribunal, de ofício ou mediante requerimento dos legitimados mencionados no art. 977, inciso III.

Art. 987. Do julgamento do mérito do incidente caberá recurso extraordinário ou especial, conforme o caso.

§ 1º O recurso tem efeito suspensivo, presumindo-se a repercussão geral de questão constitucional eventualmente discutida.

§ 2º Apreciado o mérito do recurso, a tese jurídica adotada pelo Supremo Tribunal Federal ou pelo Superior Tribunal de Justiça será aplicada no território nacional a todos os processos individuais ou coletivos que versem sobre idêntica questão de direito.

CAPÍTULO IX
DA RECLAMAÇÃO

- Res. 3/2016, STJ/GP.

Art. 988. Caberá reclamação da parte interessada ou do Ministério Público para:

- art. 156, RISTF.
- Súm. 734, STF.

I - preservar a competência do tribunal;

II - garantir a autoridade das decisões do tribunal;

III – garantir a observância de enunciado de súmula vinculante e de decisão do Supremo Tribunal Federal em controle concentrado de constitucionalidade; (Alterado pela Lei 13.256/2016)

IV – garantir a observância de acórdão proferido em julgamento de incidente de resolução de demandas repetitivas ou de incidente de assunção de competência; (Alterado pela Lei 13.256/2016)

§ 1º A reclamação pode ser proposta perante qualquer tribunal, e seu julgamento compete ao órgão jurisdicional cuja competência se busca preservar ou cuja autoridade se pretenda garantir.

§ 2º A reclamação deverá ser instruída com prova documental e dirigida ao presidente do tribunal.

§ 3º Assim que recebida, a reclamação será autuada e distribuída ao relator do processo principal, sempre que possível.

§ 4º As hipóteses dos incisos III e IV compreendem a aplicação indevida da tese jurídica e sua não aplicação aos casos que a ela correspondam.

§ 5º É inadmissível a reclamação: (Alterado pela Lei 13.256/2016)

I – proposta após o trânsito em julgado da decisão reclamada; (Acrescentado pela Lei 13.256/2016)

II – proposta para garantir a observância de acórdão de recurso extraordinário com repercussão geral reconhecida ou de acórdão proferido em julgamento de recursos extraordinário ou especial repetitivos, quando não esgotadas as instâncias ordinárias. (Acrescentado pela Lei 13.256/2016)

§ 6º A inadmissibilidade ou o julgamento do recurso interposto contra a decisão proferida pelo órgão reclamado não prejudica a reclamação.

Art. 989. Ao despachar a reclamação, o relator:

I - requisitará informações da autoridade a quem for imputada a prática do ato impugnado, que as prestará no prazo de 10 (dez) dias;

II - se necessário, ordenará a suspensão do processo ou do ato impugnado para evitar dano irreparável;

III - determinará a citação do beneficiário da decisão impugnada, que terá prazo de 15 (quinze) dias para apresentar a sua contestação.

Art. 990. Qualquer interessado poderá impugnar o pedido do reclamante.

Art. 991. Na reclamação que não houver formulado, o Ministério Público terá vista do processo por 5 (cinco) dias, após o decurso do prazo para informações e para o oferecimento da contestação pelo beneficiário do ato impugnado.

Art. 992. Julgando procedente a reclamação, o tribunal cassará a decisão exorbitante de seu julgado ou determinará medida adequada à solução da controvérsia.

Art. 993. O presidente do tribunal determinará o imediato cumprimento da decisão, lavrando-se o acórdão posteriormente.

TÍTULO II
DOS RECURSOS

CAPÍTULO I
DISPOSIÇÕES GERAIS

Art. 994. São cabíveis os seguintes recursos:

I - apelação;

- arts. 1.009 a 1.014, CPC.

II - agravo de instrumento;

- arts. 1.015 a 1.020, CPC.

III - agravo interno;

- art. 1.021, CPC.
- Res. 642/2019, STF.

IV - embargos de declaração;

- arts. 1.022 a 1.026, CPC.
- Res. 642/2019, STF.

V - recurso ordinário;

- arts. 1.027 e 1.028, CPC.

VI - recurso especial;

- arts. 1.029 a 1.041, CPC.

VII - recurso extraordinário;

- arts. 1.029 a 1.041, CPC.

VIII - agravo em recurso especial ou extraordinário;

- art. 1.042, CPC.

IX - embargos de divergência.

- arts. 1.043 e 1.044, CPC.
- Súm. 158; 168; 315; 316; e 420, STJ.

Art. 995. Os recursos não impedem a eficácia da decisão, salvo disposição legal ou decisão judicial em sentido diverso.

Parágrafo único. A eficácia da decisão recorrida poderá ser suspensa por decisão do relator, se da imediata produção de seus efeitos houver risco de dano grave, de difícil ou impossível reparação, e ficar demonstrada a probabilidade de provimento do recurso.

- art. 14, Lei 7.347/1985 (Ação Civil Pública).

Art. 996. O recurso pode ser interposto pela parte vencida, pelo terceiro prejudicado e pelo Ministério Público, como parte ou como fiscal da ordem jurídica.

- Súm. 99 e 226, STJ.

Parágrafo único. Cumpre ao terceiro demonstrar a possibilidade de a decisão sobre a relação jurídica submetida à apreciação judicial atingir direito de que se afirme titular ou que possa discutir em juízo como substituto processual.

Art. 997. Cada parte interporá o recurso independentemente, no prazo e com observância das exigências legais.

§ 1º Sendo vencidos autor e réu, ao recurso interposto por qualquer deles poderá aderir o outro.

§ 2º O recurso adesivo fica subordinado ao recurso independente, sendo-lhe aplicáveis as mesmas regras deste quanto aos requisitos de admissibilidade e julgamento no tribunal, salvo disposição legal diversa, observado, ainda, o seguinte:

I - será dirigido ao órgão perante o qual o recurso independente fora interposto, no prazo de que a parte dispõe para responder;

II - será admissível na apelação, no recurso extraordinário e no recurso especial;

III - não será conhecido, se houver desistência do recurso principal ou se for ele considerado inadmissível.

Art. 998. O recorrente poderá, a qualquer tempo, sem a anuência do recorrido ou dos litisconsortes, desistir do recurso.

Parágrafo único. A desistência do recurso não impede a análise de questão cuja repercussão geral já tenha sido reconhecida e daquela objeto de julgamento de recursos extraordinários ou especiais repetitivos.

Art. 999. A renúncia ao direito de recorrer independe da aceitação da outra parte.

Art. 1.000. A parte que aceitar expressa ou tacitamente a decisão não poderá recorrer.

Parágrafo único. Considera-se aceitação tácita a prática, sem nenhuma reserva, de ato incompatível com a vontade de recorrer.

Art. 1.001. Dos despachos não cabe recurso.

Art. 1.002. A decisão pode ser impugnada no todo ou em parte.

Art. 1.003. O prazo para interposição de recurso conta-se da data em que os advogados, a sociedade de advogados, a Advocacia Pública, a Defensoria Pública ou o Ministério Público são intimados da decisão.

§ 1º Os sujeitos previstos no *caput* considerar-se-ão intimados em audiência quando nesta for proferida a decisão.

§ 2º Aplica-se o disposto no art. 231, incisos I a VI, ao prazo de interposição de recurso pelo réu contra decisão proferida anteriormente à citação.

§ 3º No prazo para interposição de recurso, a petição será protocolada em cartório ou conforme as normas de organização judiciária, ressalvado o disposto em regra especial.

§ 4º Para aferição da tempestividade do recurso remetido pelo correio, será considerada como data de interposição a data de postagem.

§ 5º Excetuados os embargos de declaração, o prazo para interpor os recursos e para responder-lhes é de 15 (quinze) dias.

§ 6º O recorrente comprovará a ocorrência de feriado local no ato de interposição do recurso, e, se não o fizer, o tribunal determinará a correção do vício formal, ou poderá desconsiderá-lo caso a informação já conste do processo eletrônico. (Redação dada pela Lei 14.939/2024)

Art. 1.004. Se, durante o prazo para a interposição do recurso, sobrevier o falecimento da parte ou de seu advogado ou ocorrer motivo de força maior que suspenda o curso do processo, será tal prazo restituído em proveito da parte, do herdeiro ou do sucessor, contra quem começará a correr novamente depois da intimação.

Art. 1.005. O recurso interposto por um dos litisconsortes a todos aproveita, salvo se distintos ou opostos os seus interesses.

Parágrafo único. Havendo solidariedade passiva, o recurso interposto por um devedor aproveitará aos outros quando as defesas opostas ao credor lhes forem comuns.

› arts. 275 a 285, CC.

Art. 1.006. Certificado o trânsito em julgado, com menção expressa da data de sua ocorrência, o escrivão ou o chefe de secretaria, independentemente de despacho, providenciará a baixa dos autos ao juízo de origem, no prazo de 5 (cinco) dias.

Art. 1.007. No ato de interposição do recurso, o recorrente comprovará, quando exigido pela legislação pertinente, o respectivo preparo, inclusive porte de remessa e de retorno, sob pena de deserção.

› Súm. 484, STJ.

§ 1º São dispensados de preparo, inclusive porte de remessa e de retorno, os recursos interpostos pelo Ministério Público, pela União, pelo Distrito Federal, pelos Estados, pelos Municípios, e respectivas autarquias, e pelos que gozam de isenção legal.

§ 2º A insuficiência no valor do preparo, inclusive porte de remessa e de retorno, implicará deserção se o recorrente, intimado na pessoa de seu advogado, não vier a supri-lo no prazo de 5 (cinco) dias.

§ 3º É dispensado o recolhimento do porte de remessa e de retorno no processo em autos eletrônicos.

§ 4º O recorrente que não comprovar, no ato de interposição do recurso, o recolhimento do preparo, inclusive porte de remessa e de retorno, será intimado, na pessoa de seu advogado, para realizar o recolhimento em dobro, sob pena de deserção.

§ 5º É vedada a complementação se houver insuficiência parcial do preparo, inclusive porte de remessa e de retorno, no recolhimento realizado na forma do § 4º.

§ 6º Provando o recorrente justo impedimento, o relator relevará a pena de deserção, por decisão irrecorrível, fixando-lhe prazo de 5 (cinco) dias para efetuar o preparo.

§ 7º O equívoco no preenchimento da guia de custas não implicará a aplicação da pena de deserção, cabendo ao relator, na hipótese de dúvida quanto ao recolhimento, intimar o recorrente para sanar o vício no prazo de 5 (cinco) dias.

Art. 1.008. O julgamento proferido pelo tribunal substituirá a decisão impugnada no que tiver sido objeto de recurso.

CAPÍTULO II
DA APELAÇÃO

Art. 1.009. Da sentença cabe apelação.

› art. 156, p.ún., Lei 11.101/2005 (Lei de falência).

§ 1º As questões resolvidas na fase de conhecimento, se a decisão a seu respeito não comportar agravo de instrumento, não são cobertas pela preclusão e devem ser suscitadas em preliminar de apelação, eventualmente interposta contra a decisão final, ou nas contrarrazões.

§ 2º Se as questões referidas no § 1º forem suscitadas em contrarrazões, o recorrente será intimado para, em 15 (quinze) dias, manifestar-se a respeito delas.

§ 3º O disposto no *caput* deste artigo aplica-se mesmo quando as questões mencionadas no art. 1.015 integrarem capítulo da sentença.

Art. 1.010. A apelação, interposta por petição dirigida ao juízo de primeiro grau, conterá:

I - os nomes e a qualificação das partes;

II - a exposição do fato e do direito;

III - as razões do pedido de reforma ou de decretação de nulidade;

IV - o pedido de nova decisão.

§ 1º O apelado será intimado para apresentar contrarrazões no prazo de 15 (quinze) dias.

§ 2º Se o apelado interpuser apelação adesiva, o juiz intimará o apelante para apresentar contrarrazões.

§ 3º Após as formalidades previstas nos §§ 1º e 2º, os autos serão remetidos ao tribunal pelo juiz, independentemente de juízo de admissibilidade.

Art. 1.011. Recebido o recurso de apelação no tribunal e distribuído imediatamente, o relator:

I - decidi-lo-á monocraticamente apenas nas hipóteses do art. 932, incisos III a V;

II - se não for o caso de decisão monocrática, elaborará seu voto para julgamento do recurso pelo órgão colegiado.

Art. 1.012. A apelação terá efeito suspensivo.

› arts. 58, V, Lei 8.245/1991 (Lei de locação).
› Súm. 331, STJ.

§ 1º Além de outras hipóteses previstas em lei, começa a produzir efeitos imediatamente após a sua publicação a sentença que:

I - homologa divisão ou demarcação de terras;

› arts. 569 a 598, CPC.

II - condena a pagar alimentos;

› arts. 528 a 533, CPC.
› art. 19, Lei 5.478/1968 (Lei de alimentos).
› Lei 11.804/2008 (Alimentos gravídicos).

III - extingue sem resolução do mérito ou julga improcedentes os embargos do executado;

IV - julga procedente o pedido de instituição de arbitragem;

› Lei 9.307/1996 (Arbitragem).

V - confirma, concede ou revoga tutela provisória;

› arts. 294 a 311, CPC.

VI - decreta a interdição.

› arts. 747 a 758, CPC.

§ 2º Nos casos do § 1º, o apelado poderá promover o pedido de cumprimento provisório depois de publicada a sentença.

§ 3º O pedido de concessão de efeito suspensivo nas hipóteses do § 1º poderá ser formulado por requerimento dirigido ao:

I - tribunal, no período compreendido entre a interposição da apelação e sua distribuição, ficando o relator designado para seu exame prevento para julgá-la;

II - relator, se já distribuída a apelação.

§ 4º Nas hipóteses do § 1º, a eficácia da sentença poderá ser suspensa pelo relator se o apelante demonstrar a probabilidade de provimento do recurso ou se, sendo relevante a fundamentação, houver risco de dano grave ou de difícil reparação.

Art. 1.013. A apelação devolverá ao tribunal o conhecimento da matéria impugnada.

§ 1º Serão, porém, objeto de apreciação e julgamento pelo tribunal todas as questões suscitadas e discutidas no processo, ainda que não tenham sido solucionadas, desde que relativas ao capítulo impugnado.

› Súm. 393, TST.

§ 2º Quando o pedido ou a defesa tiver mais de um fundamento e o juiz acolher apenas um deles, a apelação devolverá ao tribunal o conhecimento dos demais.

§ 3º Se o processo estiver em condições de imediato julgamento, o tribunal deve decidir desde logo o mérito quando:

I - reformar sentença fundada no art. 485;

II - decretar a nulidade da sentença por não ser ela congruente com os limites do pedido ou da causa de pedir;

III - constatar a omissão no exame de um dos pedidos, hipótese em que poderá julgá-lo;

IV - decretar a nulidade de sentença por falta de fundamentação.

› art. 93, IX, CF.

§ 4º Quando reformar sentença que reconheça a decadência ou a prescrição, o tribunal, se possível, julgará o mérito, examinando as demais questões, sem determinar o retorno do processo ao juízo de primeiro grau.

§ 5º O capítulo da sentença que confirma, concede ou revoga a tutela provisória é impugnável na apelação.

Art. 1.014. As questões de fato não propostas no juízo inferior poderão ser suscitadas na apelação, se a parte provar que deixou de fazê-lo por motivo de força maior.

› art. 393, p.ún., CC.

CAPÍTULO III
DO AGRAVO DE INSTRUMENTO

Art. 1.015. Cabe agravo de instrumento contra as decisões interlocutórias que versarem sobre:

› art. 203, § 2º, CPC.

› art. 7º, § 1º, Lei 12.016/2009 (Mandado de Segurança).

I - tutelas provisórias;

› arts. 294 a 311, CPC.

II - mérito do processo;

III - rejeição da alegação de convenção de arbitragem;

› Lei 9.307/1996 (Arbitragem).

IV - incidente de desconsideração da personalidade jurídica;

› art. 50, CC.

› art. 136, CPC.

› art. 28, CDC.

V - rejeição do pedido de gratuidade da justiça ou acolhimento do pedido de sua revogação;

› art. 101, CPC.

VI - exibição ou posse de documento ou coisa;

› arts. 396 a 404, CPC.

VII - exclusão de litisconsorte;

VIII - rejeição do pedido de limitação do litisconsórcio;

› arts. 113 a 118, CPC.

IX - admissão ou inadmissão de intervenção de terceiros;

› arts. 119 a 138, CPC.

X - concessão, modificação ou revogação do efeito suspensivo aos embargos à execução;

› art. 919, CPC.

XI - redistribuição do ônus da prova nos termos do art. 373, § 1º;

XII - (Vetado);

XIII - outros casos expressamente referidos em lei.

Parágrafo único. Também caberá agravo de instrumento contra decisões interlocutórias proferidas na fase de liquidação de sentença ou de cumprimento de sentença, no processo de execução e no processo de inventário.

Art. 1.016. O agravo de instrumento será dirigido diretamente ao tribunal competente, por meio de petição com os seguintes requisitos:

I - os nomes das partes;

II - a exposição do fato e do direito;

III - as razões do pedido de reforma ou de invalidação da decisão e o próprio pedido;

IV - o nome e o endereço completo dos advogados constantes do processo.

Art. 1.017. A petição de agravo de instrumento será instruída:

I - obrigatoriamente, com cópias da petição inicial, da contestação, da petição que ensejou a decisão agravada, da própria decisão agravada, da certidão da respectiva intimação ou outro documento oficial que comprove a tempestividade e das procurações outorgadas aos advogados do agravante e do agravado;

› Súm. 223, STJ.

II - com declaração de inexistência de qualquer dos documentos referidos no inciso I, feita pelo advogado do agravante, sob pena de sua responsabilidade pessoal;

III - facultativamente, com outras peças que o agravante reputar úteis.

§ 1º Acompanhará a petição o comprovante do pagamento das respectivas custas e do porte de retorno, quando devidos, conforme tabela publicada pelos tribunais.

§ 2º No prazo do recurso, o agravo será interposto por:

I - protocolo realizado diretamente no tribunal competente para julgá-lo;

II - protocolo realizado na própria comarca, seção ou subseção judiciárias;

III - postagem, sob registro, com aviso de recebimento;

IV - transmissão de dados tipo fac-símile, nos termos da lei;

V - outra forma prevista em lei.

§ 3º Na falta da cópia de qualquer peça ou no caso de algum outro vício que comprometa a admissibilidade do agravo de instrumento, deve o relator aplicar o disposto no art. 932, parágrafo único.

§ 4º Se o recurso for interposto por sistema de transmissão de dados tipo fac-símile ou similar, as peças devem ser juntadas no momento de protocolo da petição original.

§ 5º Sendo eletrônicos os autos do processo, dispensam-se as peças referidas nos incisos I e II do *caput*, facultando-se ao agravante anexar outros documentos que entender úteis para a compreensão da controvérsia.

Art. 1.018. O agravante poderá requerer a juntada, aos autos do processo, de cópia da petição do agravo de instrumento, do comprovante de sua interposição e da relação dos documentos que instruíram o recurso.

§ 1º Se o juiz comunicar que reformou inteiramente a decisão, o relator considerará prejudicado o agravo de instrumento.

§ 2º Não sendo eletrônicos os autos, o agravante tomará a providência prevista no *caput*, no prazo de 3 (três) dias a contar da interposição do agravo de instrumento.

§ 3º O descumprimento da exigência de que trata o § 2º, desde que arguido e provado pelo agravado, importa inadmissibilidade do agravo de instrumento.

Art. 1.019. Recebido o agravo de instrumento no tribunal e distribuído imediatamente, se não for o caso de aplicação do art. 932, incisos III e IV, o relator, no prazo de 5 (cinco) dias:

I - poderá atribuir efeito suspensivo ao recurso ou deferir, em antecipação de tutela, total ou parcialmente, a pretensão recursal, comunicando ao juiz sua decisão;

II - ordenará a intimação do agravado pessoalmente, por carta com aviso de recebimento, quando não tiver procurador constituído, ou pelo Diário da Justiça ou por carta com aviso de recebimento dirigida ao seu advogado, para que responda no prazo de 15 (quinze) dias, facultando-lhe juntar a documentação que entender necessária ao julgamento do recurso;

III - determinará a intimação do Ministério Público, preferencialmente por meio eletrônico, quando for o caso de sua intervenção, para que se manifeste no prazo de 15 (quinze) dias.

Art. 1.020. O relator solicitará dia para julgamento em prazo não superior a 1 (um) mês da intimação do agravado.

CAPÍTULO IV
DO AGRAVO INTERNO

Art. 1.021. Contra decisão proferida pelo relator caberá agravo interno para o respectivo órgão colegiado, observadas, quanto ao processamento, as regras do regimento interno do tribunal.

› Res. 642/2019, STF.

› Súm. 182, STJ.

§ 1º Na petição de agravo interno, o recorrente impugnará especificadamente os fundamentos da decisão agravada.

§ 2º O agravo será dirigido ao relator, que intimará o agravado para manifestar-se sobre o recurso no prazo de 15 (quinze) dias, ao final do qual, não havendo retratação, o relator levá-lo-á a julgamento pelo órgão colegiado, com inclusão em pauta.

§ 3º É vedado ao relator limitar-se à reprodução dos fundamentos da decisão agravada para julgar improcedente o agravo interno.

§ 4º Quando o agravo interno for declarado manifestamente inadmissível ou improcedente em votação unânime, o órgão colegiado, em decisão fundamentada, condenará o agravante a pagar ao agravado multa fixada entre um e cinco por cento do valor atualizado da causa.

› art. 1º, Res. nº 9/2018, STJ/GP.

§ 5º A interposição de qualquer outro recurso está condicionada ao depósito prévio do valor da multa prevista no § 4º, à exceção da Fazenda Pública e do beneficiário de gratuidade da justiça, que farão o pagamento ao final.

› art. 1º, Res. nº 9/2018, STJ/GP.

CAPÍTULO V
DOS EMBARGOS DE DECLARAÇÃO

Art. 1.022. Cabem embargos de declaração contra qualquer decisão judicial para:

‣ Res. 642/2019, STF.

I - esclarecer obscuridade ou eliminar contradição;

II - suprir omissão de ponto ou questão sobre o qual devia se pronunciar o juiz de ofício ou a requerimento;

III - corrigir erro material.

‣ art. 494, II, CPC.

Parágrafo único. Considera-se omissa a decisão que:

I - deixe de se manifestar sobre tese firmada em julgamento de casos repetitivos ou em incidente de assunção de competência aplicável ao caso sob julgamento;

‣ arts. 928 e 947, CPC.

II - incorra em qualquer das condutas descritas no art. 489, § 1º.

Art. 1.023. Os embargos serão opostos, no prazo de 5 (cinco) dias, em petição dirigida ao juiz, com indicação do erro, obscuridade, contradição ou omissão, e não se sujeitam a preparo.

‣ art. 1.003, § 5º, CPC.

§ 1º Aplica-se aos embargos de declaração o art. 229.

§ 2º O juiz intimará o embargado para, querendo, manifestar-se, no prazo de 5 (cinco) dias, sobre os embargos opostos, caso seu eventual acolhimento implique a modificação da decisão embargada.

Art. 1.024. O juiz julgará os embargos em 5 (cinco) dias.

‣ art. 12, § 2º, V, CPC.

§ 1º Nos tribunais, o relator apresentará os embargos em mesa na sessão subsequente, proferindo voto, e, não havendo julgamento nessa sessão, será o recurso incluído em pauta automaticamente.

§ 2º Quando os embargos de declaração forem opostos contra decisão de relator ou outra decisão unipessoal proferida em tribunal, o órgão prolator da decisão embargada decidi-los-á monocraticamente.

§ 3º O órgão julgador conhecerá dos embargos de declaração como agravo interno se entender ser este o recurso cabível, desde que determine previamente a intimação do recorrente para, no prazo de 5 (cinco) dias, complementar as razões recursais, de modo a ajustá-las às exigências do art. 1.021, § 1º.

‣ Res. 642/2019, STF.

§ 4º Caso o acolhimento dos embargos de declaração implique modificação da decisão embargada, o embargado que já tiver interposto outro recurso contra a decisão originária tem o direito de complementar ou alterar suas razões, nos exatos limites da modificação, no prazo de 15 (quinze) dias, contado da intimação da decisão dos embargos de declaração.

§ 5º Se os embargos de declaração forem rejeitados ou não alterarem a conclusão do julgamento anterior, o recurso interposto pela outra parte antes da publicação do julgamento dos embargos de declaração será processado e julgado independentemente de ratificação.

‣ Súm. 579, STJ.

Art. 1.025. Consideram-se incluídos no acórdão os elementos que o embargante suscitou, para fins de pré-questionamento, ainda que os embargos de declaração sejam inadmitidos ou rejeitados, caso o tribunal superior considere existentes erro, omissão, contradição ou obscuridade.

Art. 1.026. Os embargos de declaração não possuem efeito suspensivo e interrompem o prazo para a interposição de recurso.

§ 1º A eficácia da decisão monocrática ou colegiada poderá ser suspensa pelo respectivo juiz ou relator se demonstrada a probabilidade de provimento do recurso ou, sendo relevante a fundamentação, se houver risco de dano grave ou de difícil reparação.

§ 2º Quando manifestamente protelatórios os embargos de declaração, o juiz ou o tribunal, em decisão fundamentada, condenará o embargante a pagar ao embargado multa não excedente a dois por cento sobre o valor atualizado da causa.

‣ art. 1º, Res. nº 9/2018, STJ/GP.

§ 3º Na reiteração de embargos de declaração manifestamente protelatórios, a multa será elevada a até dez por cento sobre o valor atualizado da causa, e a interposição de qualquer recurso ficará condicionada ao depósito prévio do valor da multa, à exceção da Fazenda Pública e do beneficiário de gratuidade da justiça, que a recolherão ao final.

‣ Súm. 98, STJ; Súm. 353, TST.

‣ art. 1º, Res. nº 9/2018, STJ.

§ 4º Não serão admitidos novos embargos de declaração se os 2 (dois) anteriores houverem sido considerados protelatórios.

CAPÍTULO VI
DOS RECURSOS PARA O SUPREMO TRIBUNAL FEDERAL E PARA O SUPERIOR TRIBUNAL DE JUSTIÇA

SEÇÃO I
DO RECURSO ORDINÁRIO

‣ arts. 102 a 105, CF.

Art. 1.027. Serão julgados em recurso ordinário:

‣ arts. 102, II; e 105, II, CF.

I - pelo Supremo Tribunal Federal, os mandados de segurança, os habeas data e os mandados de injunção decididos em única instância pelos tribunais superiores, quando denegatória a decisão;

II - pelo Superior Tribunal de Justiça:

a) os mandados de segurança decididos em única instância pelos tribunais regionais federais ou pelos tribunais de justiça dos Estados e do Distrito Federal e Territórios, quando denegatória a decisão;

b) os processos em que forem partes, de um lado, Estado estrangeiro ou organismo internacional e, de outro, Município ou pessoa residente ou domiciliada no País.

§ 1º Nos processos referidos no inciso II, alínea "b", contra as decisões interlocutórias caberá agravo de instrumento dirigido ao Superior Tribunal de Justiça, nas hipóteses do art. 1.015.

§ 2º Aplica-se ao recurso ordinário o disposto nos arts. 1.013, § 3º, e 1.029, § 5º.

Art. 1.028. Ao recurso mencionado no art. 1.027, inciso II, alínea "b", aplicam-se, quanto aos requisitos de admissibilidade e ao procedimento, as disposições relativas à apelação e o Regimento Interno do Superior Tribunal de Justiça.

‣ Súm. 272 e 513, STF.

§ 1º Na hipótese do art. 1.027, § 1º, aplicam-se as disposições relativas ao agravo de instrumento e o Regimento Interno do Superior Tribunal de Justiça.

§ 2º O recurso previsto no art. 1.027, incisos I e II, alínea "a", deve ser interposto perante o tribunal de origem, cabendo ao seu presidente ou vice-presidente determinar a intimação do recorrido para, em 15 (quinze) dias, apresentar as contrarrazões.

§ 3º Findo o prazo referido no § 2º, os autos serão remetidos ao respectivo tribunal superior, independentemente de juízo de admissibilidade.

SEÇÃO II
DO RECURSO EXTRAORDINÁRIO E DO RECURSO ESPECIAL

SUBSEÇÃO I
DISPOSIÇÕES GERAIS

‣ Lei 8.038/1990 (Lei dos Recursos Especial e Extraordinário).

Art. 1.029. O recurso extraordinário e o recurso especial, nos casos previstos na Constituição Federal, serão interpostos perante o presidente ou o vice-presidente do tribunal recorrido, em petições distintas que conterão:

‣ Súm. 272, 279, 282, 288, 513, 634 a 637, 640, 635, 733 e 735, STF.

‣ Súm. 5, 7, 13, 83, 86, 126, 203, 256 e 579, STJ.

I - a exposição do fato e do direito;

II - a demonstração do cabimento do recurso interposto;

III - as razões do pedido de reforma ou de invalidação da decisão recorrida.

§ 1º Quando o recurso fundar-se em dissídio jurisprudencial, o recorrente fará a prova da divergência com a certidão, cópia ou citação do repositório de jurisprudência, oficial ou credenciado, inclusive em mídia eletrônica, em que houver sido publicado o acórdão divergente, ou ainda com a reprodução de julgado disponível na rede mundial de computadores, com indicação da respectiva fonte, devendo-se, em qualquer caso, mencionar as circunstâncias que identifiquem ou assemelhem os casos confrontados.

§ 2º (Revogado pela Lei 13.256/2016)

§ 3º O Supremo Tribunal Federal ou o Superior Tribunal de Justiça poderá desconsiderar vício formal de recurso tempestivo ou determinar sua correção, desde que não o repute grave.

§ 4º Quando, por ocasião do processamento do incidente de resolução de demandas repetitivas, o presidente do Supremo Tribunal Federal ou do Superior Tribunal de Justiça receber requerimento de suspensão de processos em que se discuta questão federal constitucional ou infraconstitucional, poderá, considerando razões de segurança jurídica ou de excepcional interesse social, estender a suspensão a todo o território nacional, até ulterior decisão do recurso extraordinário ou do recurso especial a ser interposto.

§ 5º O pedido de concessão de efeito suspensivo a recurso extraordinário ou a recurso especial poderá ser formulado por requerimento dirigido:

I – ao tribunal superior respectivo, no período compreendido entre a publicação da decisão de admissão do recurso e sua distribuição, ficando o relator designado para seu exame prevento para julgá-lo; (Alterado pela Lei 13.256/2016)

II - ao relator, se já distribuído o recurso;

III – ao presidente ou ao vice-presidente do tribunal recorrido, no período compreendido entre a interposição do recurso e a publicação da decisão de admissão do recurso, assim como no caso de o recurso ter sido sobrestado, nos termos do art. 1.037. (Alterado pela Lei 13.256/2016)

Art. 1.030. Recebida a petição do recurso pela secretaria do tribunal, o recorrido será intimado para apresentar contrarrazões no prazo de 15 (quinze) dias, findo o qual os autos serão conclusos ao presidente ou ao vice-presidente do tribunal recorrido, que deverá: (Alterado pela Lei 13.256/2016)

I – negar seguimento: (Alterado pela Lei 13.256/2016)

a) a recurso extraordinário que discuta questão constitucional à qual o Supremo Tribunal Federal não tenha reconhecido a existência de repercussão geral ou a recurso extraordinário interposto contra acórdão que esteja em conformidade com entendimento do Supremo Tribunal Federal exarado no regime de repercussão geral; (Alterado pela Lei 13.256/2016)

b) a recurso extraordinário ou a recurso especial interposto contra acórdão que esteja em conformidade com entendimento do Supremo Tribunal Federal ou do Superior Tribunal de Justiça, respectivamente, exarado no regime de julgamento de recursos repetitivos; (Alterado pela Lei 13.256/2016)

II – encaminhar o processo ao órgão julgador para realização do juízo de retratação, se o acórdão recorrido divergir do entendimento do Supremo Tribunal Federal ou do Superior Tribunal de Justiça exarado, conforme o caso, nos regimes de repercussão geral ou de recursos repetitivos; (Alterado pela Lei 13.256/2016)

III – sobrestar o recurso que versar sobre controvérsia de caráter repetitivo ainda não decidida pelo Supremo Tribunal Federal ou pelo Superior Tribunal de Justiça, conforme se trate de matéria constitucional ou infraconstitucional; (Alterado pela Lei 13.256/2016)

IV – selecionar o recurso como representativo de controvérsia constitucional ou infraconstitucional, nos termos do § 6º do art. 1.036; (Alterado pela Lei 13.256/2016)

V – realizar o juízo de admissibilidade e, se positivo, remeter o feito ao Supremo Tribunal Federal ou ao Superior Tribunal de Justiça, desde que: (Alterado pela Lei 13.256/2016)

a) o recurso ainda não tenha sido submetido ao regime de repercussão geral ou de julgamento de recursos repetitivos; (Alterado pela Lei 13.256/2016)

b) o recurso tenha sido selecionado como representativo da controvérsia; ou (Alterado pela Lei 13.256/2016)

c) o tribunal recorrido tenha refutado o juízo de retratação. (Alterado pela Lei 13.256/2016)

§ 1º Da decisão de inadmissibilidade proferida com fundamento no inciso V caberá agravo ao tribunal superior, nos termos do art. 1.042. (Alterado pela Lei 13.256/2016)

§ 2º Da decisão proferida com fundamento nos incisos I e III caberá agravo interno, nos termos do art. 1.021. (Alterado pela Lei 13.256/2016)

› Res. 642/2019, STF.

Art. 1.031. Na hipótese de interposição conjunta de recurso extraordinário e recurso especial, os autos serão remetidos ao Superior Tribunal de Justiça.

§ 1º Concluído o julgamento do recurso especial, os autos serão remetidos ao Supremo Tribunal Federal para apreciação do recurso extraordinário, se este não estiver prejudicado.

§ 2º Se o relator do recurso especial considerar prejudicial o recurso extraordinário, em decisão irrecorrível, sobrestará o julgamento e remeterá os autos ao Supremo Tribunal Federal.

§ 3º Na hipótese do § 2º, se o relator do recurso extraordinário, em decisão irrecorrível, rejeitar a prejudicialidade, devolverá os autos ao Superior Tribunal de Justiça para o julgamento do recurso especial.

Art. 1.032. Se o relator, no Superior Tribunal de Justiça, entender que o recurso especial versa sobre questão constitucional, deverá conceder prazo de 15 (quinze) dias para que o recorrente demonstre a existência de repercussão geral e se manifeste sobre a questão constitucional.

Parágrafo único. Cumprida a diligência de que trata o *caput*, o relator remeterá o recurso ao Supremo Tribunal Federal, que, em juízo de admissibilidade, poderá devolvê-lo ao Superior Tribunal de Justiça.

Art. 1.033. Se o Supremo Tribunal Federal considerar como reflexa a ofensa à Constituição afirmada no recurso extraordinário, por pressupor a revisão da interpretação de lei federal ou de tratado, remetê-lo-á ao Superior Tribunal de Justiça para julgamento como recurso especial.

› Súm. 636, STF.

Art. 1.034. Admitido o recurso extraordinário ou o recurso especial, o Supremo Tribunal Federal ou o Superior Tribunal de Justiça julgará o processo, aplicando o direito.

› Súm. 292, STF.

Parágrafo único. Admitido o recurso extraordinário ou o recurso especial por um fundamento, devolve-se ao tribunal superior o conhecimento dos demais fundamentos para a solução do capítulo impugnado.

Art. 1.035. O Supremo Tribunal Federal, em decisão irrecorrível, não conhecerá do recurso extraordinário quando a questão constitucional nele versada não tiver repercussão geral, nos termos deste artigo.

› art. 102, § 3º, CF.

› arts. 321 a 329, RISTF.

§ 1º Para efeito de repercussão geral, será considerada a existência ou não de questões relevantes do ponto de vista econômico, político, social ou jurídico que ultrapassem os interesses subjetivos do processo.

§ 2º O recorrente deverá demonstrar a existência de repercussão geral para apreciação exclusiva pelo Supremo Tribunal Federal.

§ 3º Haverá repercussão geral sempre que o recurso impugnar acórdão que:

I - contrarie súmula ou jurisprudência dominante do Supremo Tribunal Federal;

II – (Revogado pela Lei 13.256/2016)

III - tenha reconhecido a inconstitucionalidade de tratado ou de lei federal, nos termos do art. 97 da Constituição Federal.

§ 4º O relator poderá admitir, na análise da repercussão geral, a manifestação de terceiros, subscrita por procurador habilitado, nos termos do Regimento Interno do Supremo Tribunal Federal.

§ 5º Reconhecida a repercussão geral, o relator no Supremo Tribunal Federal determinará a suspensão do processamento de todos os processos pendentes, individuais ou coletivos, que versem sobre a questão e tramitem no território nacional.

§ 6º O interessado pode requerer, ao presidente ou ao vice-presidente do tribunal de origem, que exclua da decisão de sobrestamento e inadmita o recurso extraordinário que tenha sido interposto intempestivamente, tendo o recorrente o prazo de 5 (cinco) dias para manifestar-se sobre esse requerimento.

§ 7º Da decisão que indeferir o requerimento referido no § 6º ou que aplicar entendimento firmado em regime de repercussão geral ou em julgamento de recursos repetitivos caberá agravo interno. (Alterado pela Lei 13.256/2016)

› Res. 642/2019, STF.

§ 8º Negada a repercussão geral, o presidente ou o vice-presidente do tribunal de origem negará seguimento aos recursos extraordinários sobrestados na origem que versem sobre matéria idêntica.

§ 9º O recurso que tiver a repercussão geral reconhecida deverá ser julgado no prazo de 1 (um) ano e terá preferência sobre os demais feitos, ressalvados os que envolvam réu preso e os pedidos de habeas corpus.

§ 10. (Revogado pela Lei 13.256/2016)

§ 11. A súmula da decisão sobre a repercussão geral constará de ata, que será publicada no diário oficial e valerá como acórdão.

SUBSEÇÃO II
DO JULGAMENTO DOS RECURSOS EXTRAORDINÁRIO E ESPECIAL REPETITIVOS

Art. 1.036. Sempre que houver multiplicidade de recursos extraordinários ou especiais com fundamento em idêntica questão de direito, haverá afetação para julgamento de acordo com as disposições desta Subseção, observado o disposto no Regimento Interno do Supremo Tribunal Federal e no do Superior Tribunal de Justiça.

▸ arts. 321 a 329, RISTF.

§ 1º O presidente ou o vice-presidente de tribunal de justiça ou de tribunal regional federal selecionará 2 (dois) ou mais recursos representativos da controvérsia, que serão encaminhados ao Supremo Tribunal Federal ou ao Superior Tribunal de Justiça para fins de afetação, determinando a suspensão do trâmite de todos os processos pendentes, individuais ou coletivos, que tramitem no Estado ou na região, conforme o caso.

§ 2º O interessado pode requerer, ao presidente ou ao vice-presidente, que exclua da decisão de sobrestamento e inadmita o recurso especial ou o recurso extraordinário que tenha sido interposto intempestivamente, tendo o recorrente o prazo de 5 (cinco) dias para manifestar-se sobre esse requerimento.

§ 3º Da decisão que indeferir o requerimento referido no § 2º caberá apenas agravo interno. (Alterado pela Lei 13.256/2016)

▸ Res. 642/2019, STF.

§ 4º A escolha feita pelo presidente ou vice-presidente do tribunal de justiça ou do tribunal regional federal não vinculará o relator no tribunal superior, que poderá selecionar outros recursos representativos da controvérsia.

§ 5º O relator em tribunal superior também poderá selecionar 2 (dois) ou mais recursos representativos da controvérsia para julgamento da questão de direito independentemente da iniciativa do presidente ou do vice-presidente do tribunal de origem.

§ 6º Somente podem ser selecionados recursos admissíveis que contenham abrangente argumentação e discussão a respeito da questão a ser decidida.

Art. 1.037. Selecionados os recursos, o relator, no tribunal superior, constatando a presença do pressuposto do *caput* do art. 1.036, proferirá decisão de afetação, na qual:

I - identificará com precisão a questão a ser submetida a julgamento;

II - determinará a suspensão do processamento de todos os processos pendentes, individuais ou coletivos, que versem sobre a questão e tramitem no território nacional;

III - poderá requisitar aos presidentes ou aos vice-presidentes dos tribunais de justiça ou dos tribunais regionais federais a remessa de um recurso representativo da controvérsia.

§ 1º Se, após receber os recursos selecionados pelo presidente ou pelo vice-presidente de tribunal de justiça ou de tribunal regional federal, não se proceder à afetação, o relator, no tribunal superior, comunicará o fato ao presidente ou ao vice-presidente que os houver enviado, para que seja revogada a decisão de suspensão referida no art. 1.036, § 1º.

§ 2º (Revogado pela Lei 13.256/2016)

§ 3º Havendo mais de uma afetação, será prevento o relator que primeiro tiver proferido a decisão a que se refere o inciso I do *caput*.

§ 4º Os recursos afetados deverão ser julgados no prazo de 1 (um) ano e terão preferência sobre os demais feitos, ressalvados os que envolvam réu preso e os pedidos de habeas corpus.

§ 5º (Revogado pela Lei 13.256/2016)

§ 6º Ocorrendo a hipótese do § 5º, é permitido a outro relator do respectivo tribunal superior afetar 2 (dois) ou mais recursos representativos da controvérsia na forma do art. 1.036.

§ 7º Quando os recursos requisitados na forma do inciso III do *caput* contiverem outras questões além daquela que é objeto da afetação, caberá ao tribunal decidir esta em primeiro lugar e depois as demais, em acórdão específico para cada processo.

§ 8º As partes deverão ser intimadas da decisão de suspensão de seu processo, a ser proferida pelo respectivo juiz ou relator quando informado da decisão a que se refere o inciso II do *caput*.

§ 9º Demonstrando distinção entre a questão a ser decidida no processo e aquela a ser julgada no recurso especial ou extraordinário afetado, a parte poderá requerer o prosseguimento do seu processo.

§ 10. O requerimento a que se refere o § 9º será dirigido:

I - ao juiz, se o processo sobrestado estiver em primeiro grau;

II - ao relator, se o processo sobrestado estiver no tribunal de origem;

III - ao relator do acórdão recorrido, se for sobrestado recurso especial ou recurso extraordinário no tribunal de origem;

IV - ao relator, no tribunal superior, de recurso especial ou de recurso extraordinário cujo processamento houver sido sobrestado.

§ 11. A outra parte deverá ser ouvida sobre o requerimento a que se refere o § 9º, no prazo de 5 (cinco) dias.

§ 12. Reconhecida a distinção no caso:

I - dos incisos I, II e IV do § 10, o próprio juiz ou relator dará prosseguimento ao processo;

II - do inciso III do § 10, o relator comunicará a decisão ao presidente ou ao vice-presidente que houver determinado o sobrestamento, para que o recurso especial ou o recurso extraordinário seja encaminhado ao respectivo tribunal superior, na forma do art. 1.030, parágrafo único.

§ 13. Da decisão que resolver o requerimento a que se refere o § 9º caberá:

I - agravo de instrumento, se o processo estiver em primeiro grau;

II - agravo interno, se a decisão for de relator.

▸ Res. 642/2019, STF.

Art. 1.038. O relator poderá:

I - solicitar ou admitir manifestação de pessoas, órgãos ou entidades com interesse na controvérsia, considerando a relevância da matéria e consoante dispuser o regimento interno;

II - fixar data para, em audiência pública, ouvir depoimentos de pessoas com experiência e conhecimento na matéria, com a finalidade de instruir o procedimento;

III - requisitar informações aos tribunais inferiores a respeito da controvérsia e, cumprida a diligência, intimará o Ministério Público para manifestar-se.

§ 1º No caso do inciso III, os prazos respectivos são de 15 (quinze) dias, e os atos serão praticados, sempre que possível, por meio eletrônico.

§ 2º Transcorrido o prazo para o Ministério Público e remetida cópia do relatório aos demais ministros, haverá inclusão em pauta, devendo ocorrer o julgamento com preferência sobre os demais feitos, ressalvados os que envolvam réu preso e os pedidos de habeas corpus.

§ 3º O conteúdo do acórdão abrangerá a análise dos fundamentos relevantes da tese jurídica discutida. (Alterado pela Lei 13.256/2016)

Art. 1.039. Decididos os recursos afetados, os órgãos colegiados declararão prejudicados os demais recursos versando sobre idêntica controvérsia ou os decidirão aplicando a tese firmada.

Parágrafo único. Negada a existência de repercussão geral no recurso extraordinário afetado, serão considerados automaticamente inadmitidos os recursos extraordinários cujo processamento tenha sido sobrestado.

Art. 1.040. Publicado o acórdão paradigma:

I - o presidente ou o vice-presidente do tribunal de origem negará seguimento aos recursos especiais ou extraordinários sobrestados na origem, se o acórdão recorrido coincidir com a orientação do tribunal superior;

II - o órgão que proferiu o acórdão recorrido, na origem, reexaminará o processo de competência originária, a remessa necessária ou o recurso anteriormente julgado, se o acórdão recorrido contrariar a orientação do tribunal superior;

III - os processos suspensos em primeiro e segundo graus de jurisdição retomarão o curso para julgamento e aplicação da tese firmada pelo tribunal superior;

IV - se os recursos versarem sobre questão relativa a prestação de serviço público objeto de concessão, permissão ou autorização, o resultado do julgamento será comunicado ao órgão, ao ente ou à agência reguladora competente para fiscalização da efetiva aplicação, por parte dos entes sujeitos a regulação, da tese adotada.

§ 1º A parte poderá desistir da ação em curso no primeiro grau de jurisdição, antes de proferida a sentença, se a questão nela discutida for idêntica à resolvida pelo recurso representativo da controvérsia.

§ 2º Se a desistência ocorrer antes de oferecida contestação, a parte ficará isenta do pagamento de custas e de honorários de sucumbência.

§ 3º A desistência apresentada nos termos do § 1º independe de consentimento do réu, ainda que apresentada contestação.

Art. 1.041. Mantido o acórdão divergente pelo tribunal de origem, o recurso especial ou extraordinário será remetido ao respectivo tribunal superior, na forma do art. 1.036, § 1º.

§ 1º Realizado o juízo de retratação, com alteração do acórdão divergente, o tribunal de origem, se for o caso, decidirá as demais questões ainda não decididas cujo enfrentamento se tornou necessário em decorrência da alteração.

§ 2º Quando ocorrer a hipótese do inciso II do *caput* do art. 1.040 e o recurso versar sobre outras questões, caberá ao presidente ou ao vice-presidente do tribunal recorrido, depois do reexame pelo órgão de origem e independentemente de ratificação do recurso, sendo positivo o juízo de admissibilidade, determinar a remessa do recurso ao tribunal superior para julgamento das demais questões. (Alterado pela Lei 13.256/2016)

SEÇÃO III
DO AGRAVO EM RECURSO ESPECIAL E EM RECURSO EXTRAORDINÁRIO

Art. 1.042. Cabe agravo contra decisão do presidente ou do vice-presidente do tribunal recorrido que inadmitir recurso extraordinário ou recurso especial, salvo quando fundada na aplicação de entendimento firmado em regime de repercussão geral ou em julgamento de recursos repetitivos. (Alterado pela Lei 13.256/2016)

- Res. 450/2010, STF.
- Res. 7/2010, STJ.
- Súm. 288 e 727, STF.
- Súm. 315, STJ.

I a III – (Revogados pela Lei 13.256/2016);

§ 1º (Revogado pela Lei 13.256/2016):

I e II – (Revogados pela Lei 13.256/2016);

a) e b) (Revogadas pela Lei 13.256/2016).

§ 2º A petição de agravo será dirigida ao presidente ou ao vice-presidente do tribunal de origem e independe do pagamento de custas e despesas postais, aplicando-se a ela o regime de repercussão geral e de recursos repetitivos, inclusive quanto à possibilidade de sobrestamento e do juízo de retratação. (Alterado pela Lei 13.256/2016)

§ 3º O agravado será intimado, de imediato, para oferecer resposta no prazo de 15 (quinze) dias.

§ 4º Após o prazo de resposta, não havendo retratação, o agravo será remetido ao tribunal superior competente.

§ 5º O agravo poderá ser julgado, conforme o caso, conjuntamente com o recurso especial ou extraordinário, assegurada, neste caso, sustentação oral, observando-se, ainda, o disposto no regimento interno do tribunal respectivo.

§ 6º Na hipótese de interposição conjunta de recursos extraordinário e especial, o agravante deverá interpor um agravo para cada recurso não admitido.

§ 7º Havendo apenas um agravo, o recurso será remetido ao tribunal competente, e, havendo interposição conjunta, os autos serão remetidos ao Superior Tribunal de Justiça.

§ 8º Concluído o julgamento do agravo pelo Superior Tribunal de Justiça e, se for o caso, do recurso especial, independentemente de pedido, os autos serão remetidos ao Supremo Tribunal Federal para apreciação do agravo a ele dirigido, salvo se estiver prejudicado.

SEÇÃO IV
DOS EMBARGOS DE DIVERGÊNCIA

Art. 1.043. É embargável o acórdão de órgão fracionário que:

- Súm. 158; 168; 169; e 316, STJ.

I - em recurso extraordinário ou em recurso especial, divergir do julgamento de qualquer outro órgão do mesmo tribunal, sendo os acórdãos, embargado e paradigma, de mérito;

II - (Revogado pela Lei 13.256/2016)

III - em recurso extraordinário ou em recurso especial, divergir do julgamento de qualquer outro órgão do mesmo tribunal, sendo um acórdão de mérito e outro que não tenha conhecido do recurso, embora tenha apreciado a controvérsia;

IV - (Revogado pela Lei 13.256/2016)

§ 1º Poderão ser confrontadas teses jurídicas contidas em julgamentos de recursos e de ações de competência originária.

§ 2º A divergência que autoriza a interposição de embargos de divergência pode verificar-se na aplicação do direito material ou do direito processual.

§ 3º Cabem embargos de divergência quando o acórdão paradigma for da mesma turma que proferiu a decisão embargada, desde que sua composição tenha sofrido alteração em mais da metade de seus membros.

§ 4º O recorrente provará a divergência com certidão, cópia ou citação de repositório oficial ou credenciado de jurisprudência, inclusive em mídia eletrônica, onde foi publicado o acórdão divergente, ou com a reprodução de julgado disponível na rede mundial de computadores, indicando a respectiva fonte, e mencionará as circunstâncias que identificam ou assemelham os casos confrontados.

§ 5º (Revogado pela Lei 13.256/2016)

Art. 1.044. No recurso de embargos de divergência, será observado o procedimento estabelecido no regimento interno do respectivo tribunal superior.

- Súm. 315 e 316, STJ.

§ 1º A interposição de embargos de divergência no Superior Tribunal de Justiça interrompe o prazo para interposição de recurso extraordinário por qualquer das partes.

§ 2º Se os embargos de divergência forem desprovidos ou não alterarem a conclusão do julgamento anterior, o recurso extraordinário interposto pela outra parte antes da publicação do julgamento dos embargos de divergência será processado e julgado independentemente de ratificação.

LIVRO COMPLEMENTAR
DISPOSIÇÕES FINAIS E TRANSITÓRIAS

Art. 1.045. Este Código entra em vigor após decorrido 1 (um) ano da data de sua publicação oficial.

- art. 8º, § 1º, LC 95/1998.

Art. 1.046. Ao entrar em vigor este Código, suas disposições se aplicarão desde logo aos processos pendentes, ficando revogada a Lei n. 5.869, de 11 de janeiro de 1973.

- arts. 14 e 1.052, CPC.

§ 1º As disposições da Lei n. 5.869, de 11 de janeiro de 1973, relativas ao procedimento sumário e aos procedimentos especiais que forem revogadas aplicar-se-ão às ações propostas e não sentenciadas até o início da vigência deste Código.

§ 2º Permanecem em vigor as disposições especiais dos procedimentos regulados em outras leis, aos quais se aplicará supletivamente este Código.

- IN 39/2016, TST (Normas do CPC aplicáveis e inaplicáveis ao Processo do Trabalho).

§ 3º Os processos mencionados no art. 1.218 da Lei n. 5.869, de 11 de janeiro de 1973, cujo procedimento ainda não tenha sido incorporado por lei submetem-se ao procedimento comum previsto neste Código.

§ 4º As remissões a disposições do Código de Processo Civil revogado, existentes em outras leis, passam a referir-se às que lhes são correspondentes neste Código.

§ 5º A primeira lista de processos para julgamento em ordem cronológica observará a antiguidade da distribuição entre os já conclusos na data da entrada em vigor deste Código.

- art. 12, CPC.

Art. 1.047. As disposições de direito probatório adotadas neste Código aplicam-se apenas às provas requeridas ou determinadas de ofício a partir da data de início de sua vigência.

- arts. 369 a 484, CPC.

Art. 1.048. Terão prioridade de tramitação, em qualquer juízo ou tribunal, os procedimentos judiciais:

I - em que figure como parte ou interessado pessoa com idade igual ou superior a 60 (sessenta) anos ou portadora de doença grave, assim compreendida qualquer das enumeradas no art. 6º, inciso XIV, da Lei n. 7.713, de 22 de dezembro de 1988;

- Lei 7.713/1988 (Imposto de renda).
- art. 71, Estatuto do Idoso.

II - regulados pela Lei n. 8.069, de 13 de julho de 1990 (Estatuto da Criança e do Adolescente).

III - em que figure como parte a vítima de violência doméstica e familiar, nos termos da Lei nº 11.340, de 7 de agosto de 2006 (Lei Maria da Penha). (Acrescido pela Lei 13.894/2019)

IV - em que se discuta a aplicação do disposto nas normas gerais de licitação e contratação a que se refere o inciso XXVII do *caput* do art. 22 da Constituição Federal. (Acrescido pela Lei 14.133/2021)

§ 1º A pessoa interessada na obtenção do benefício, juntando prova de sua condição, deverá requerê-lo à autoridade judiciária competente para decidir o feito, que determinará ao cartório do juízo as providências a serem cumpridas.

§ 2º Deferida a prioridade, os autos receberão identificação própria que evidencie o regime de tramitação prioritária.

§ 3º Concedida a prioridade, essa não cessará com a morte do beneficiado, estendendo-se em favor do cônjuge supérstite ou do companheiro em união estável.

§ 4º A tramitação prioritária independe de deferimento pelo órgão jurisdicional e deverá ser imediatamente concedida diante da prova da condição de beneficiário.

Art. 1.049. Sempre que a lei remeter a procedimento previsto na lei processual sem especificá-lo, será observado o procedimento comum previsto neste Código.

Parágrafo único. Na hipótese de a lei remeter ao procedimento sumário, será observado o procedimento comum previsto neste Código, com as modificações previstas na própria lei especial, se houver.

Art. 1.050. A União, os Estados, o Distrito Federal, os Municípios, suas respectivas entidades da administração indireta, o Ministério Público, a Defensoria Pública e a Advocacia Pública, no prazo de 30 (trinta) dias a contar da data da entrada em vigor deste Código, deverão se cadastrar perante a administração do tribunal no qual atuem para cumprimento do disposto nos arts. 246, § 2º, e 270, parágrafo único.

Art. 1.051. As empresas públicas e privadas devem cumprir o disposto no art. 246, § 1º, no prazo de 30 (trinta) dias, a contar da data de inscrição do ato constitutivo da pessoa jurídica, perante o juízo onde tenham sede ou filial.

Parágrafo único. O disposto no *caput* não se aplica às microempresas e às empresas de pequeno porte.

Art. 1.052. Até a edição de lei específica, as execuções contra devedor insolvente, em curso ou que venham a ser propostas, permanecem reguladas pelo Livro II, Título IV, da Lei n. 5.869, de 11 de janeiro de 1973.

Art. 1.053. Os atos processuais praticados por meio eletrônico até a transição definitiva para certificação digital ficam convalidados, ainda que não tenham observado os requisitos mínimos estabelecidos por este Código, desde que tenham atingido sua finalidade e não tenha havido prejuízo à defesa de qualquer das partes.

‣ arts. 193 a 199, CPC.

Art. 1.054. O disposto no art. 503, § 1º, somente se aplica aos processos iniciados após a vigência deste Código, aplicando-se aos anteriores o disposto nos arts. 5º, 325 e 470 da Lei n. 5.869, de 11 de janeiro de 1973.

Art. 1.055. (Vetado).

Art. 1.056. Considerar-se-á como termo inicial do prazo da prescrição prevista no art. 924, inciso V, inclusive para as execuções em curso, a data de vigência deste Código.

Art. 1.057. O disposto no art. 525, §§ 14 e 15, e no art. 535, §§ 7º e 8º, aplica-se às decisões transitadas em julgado após a entrada em vigor deste Código, e, às decisões transitadas em julgado anteriormente, aplica-se o disposto no art. 475-L, § 1º, e no art. 741, parágrafo único, da Lei n. 5.869, de 11 de janeiro de 1973.

Art. 1.058. Em todos os casos em que houver recolhimento de importância em dinheiro, esta será depositada em nome da parte ou do interessado, em conta especial movimentada por ordem do juiz, nos termos do art. 840, inciso I.

Art. 1.059. À tutela provisória requerida contra a Fazenda Pública aplica-se o disposto nos arts. 1º a 4º da Lei n. 8.437, de 30 de junho de 1992, e no art. 7º, § 2º, da Lei n. 12.016, de 7 de agosto de 2009.

Art. 1.060. O inciso II do art. 14 da Lei n. 9.289, de 4 de julho de 1996, passa a vigorar com a seguinte redação:

"Art. 14. [...]

[...]

II – aquele que recorrer da sentença adiantará a outra metade das custas, comprovando o adiantamento no ato de interposição do recurso, sob pena de deserção, observado o disposto nos §§ 1º a 7º do art. 1.007 do Código de Processo Civil;

[...]"

Art. 1.061. O § 3º do art. 33 da Lei n. 9.307, de 23 de setembro de 1996 (Lei de Arbitragem), passa a vigorar com a seguinte redação:

‣ Alteração promovida no texto da referida lei.

Art. 1.062. O incidente de desconsideração da personalidade jurídica aplica-se ao processo de competência dos juizados especiais.

‣ arts. 133 a 137, CPC; art. 50, CC; art. 28, CDC.

‣ art. 4º, Lei 9.605/1998 (Crimes ambientais).

Art. 1.063. Os juizados especiais cíveis previstos na Lei nº 9.099, de 26 de setembro de 1995, continuam competentes para o processamento e o julgamento das causas previstas no inciso II do art. 275 da Lei nº 5.869, de 11 de janeiro de 1973. (Redação dada pela Lei 14.976/2024)

Art. 1.064. O *caput* do art. 48 da Lei n. 9.099, de 26 de setembro de 1995, passa a vigorar com a seguinte redação:

‣ Alteração promovida no texto da referida lei.

Art. 1.065. O art. 50 da Lei n. 9.099, de 26 de setembro de 1995, passa a vigorar com a seguinte redação:

‣ Alteração promovida no texto da referida lei.

Art. 1.066. O art. 83 da Lei n. 9.099, de 26 de setembro de 1995, passam a vigorar com a seguinte redação:

‣ Alterações promovidas no texto da referida lei.

Art. 1.067. O art. 275 da Lei n. 4.737, de 15 de julho de 1965 (Código Eleitoral), passa a vigorar com a seguinte redação:

‣ Alteração promovida no texto da referida lei.

Art. 1.068. O art. 274 e o *caput* do art. 2.027 da Lei n. 10.406, de 10 de janeiro de 2002 (Código Civil), passam a vigorar com a seguinte redação:

‣ Alterações promovidas no texto da referida lei.

Art. 1.069. O Conselho Nacional de Justiça promoverá, periodicamente, pesquisas estatísticas para avaliação da efetividade das normas previstas neste Código.

Art. 1.070. É de 15 (quinze) dias o prazo para a interposição de qualquer agravo, previsto em lei ou em regimento interno de tribunal, contra decisão de relator ou outra decisão unipessoal proferida em tribunal.

Art. 1.071. O Capítulo III do Título V da Lei n. 6.015, de 31 de dezembro de 1973 (Lei de Registros Públicos), passa a vigorar acrescida do seguinte art. 216-A:

‣ Alteração promovida no texto da referida lei.

Art. 1.072. Revogam-se:

I - o art. 22 do Decreto-Lei n. 25, de 30 de novembro de 1937;

II - os arts. 227, *caput*, 229, 230, 456, 1.482, 1.483 e 1.768 a 1.773 da Lei n. 10.406, de 10 de janeiro de 2002 (Código Civil);

III - os arts. 2º, 3º, 4º, 6º, 7º, 11, 12 e 17 da Lei n. 1.060, de 5 de fevereiro de 1950;

IV - os arts. 13 a 18, 26 a 29 e 38 da Lei n. 8.038, de 28 de maio de 1990;

V - os arts. 16 a 18 da Lei n. 5.478, de 25 de julho de 1968; e

VI - o art. 98, § 4º, da Lei n. 12.529, de 30 de novembro de 2011.

Brasília, 16 de março de 2015;
194º da Independência e 127º da República.

Dilma Rousseff
José Eduardo Cardozo
Jaques Wagner
Joaquim Vieira Ferreira Levy
Luís Inácio Lucena Adams

RESOLUÇÃO CJF Nº 586, DE 30 DE SETEMBRO DE 2019

Dispõe sobre o Regimento Interno da Turma Nacional de Uniformização dos Juizados Especiais Federais.

O PRESIDENTE DO CONSELHO DA JUSTIÇA FEDERAL, no uso de suas atribuições legais, tendo em vista o decidido no Processo n. 005530-45.2019.4.90.8000, na sessão realizada em 23 de setembro de 2019, e

CONSIDERANDO a competência do Conselho da Justiça Federal para aprovar o Regimento da Turma Nacional de Uniformização, consoante disposto no art. 9º, § 2º, da Lei 11.798/2008;

CONSIDERANDO as propostas apresentadas pelos participantes do Workshop: Diálogos e Cooperação no Sistema Recursal dos Juizados Especiais Federais;

CONSIDERANDO o anteprojeto apresentado pelo Grupo de Trabalho instituído pela portaria CJF 304, de 11 de junho de 2019, em atenção do deliberado pela Comissão Permanente dos Juizados Especiais Federais;

CONSIDERANDO as bases principiológicas do microssistema dos juizados especiais federais,

RESOLVE:

Art. 1º Aprovar o Regimento Interno da Turma Nacional de Uniformização dos Juizados Especiais Federais em anexo (0061016).

Art. 2º Revogam-se os seguintes dispositivos da Resolução CJF 347/2015:

I – §§ 2º, 3º, 4º, 5º e 8º, todos do art. 3º;

II - § 1º do art. 5º.

Art. 3º O § 2º do art. 5º da Resolução CJF 347/2015 passa a ser um parágrafo único.

Art. 4º Fica revogada a Resolução CJF 345/2015.

Art. 5º Esta resolução entra em vigor na data da sua publicação.

MINISTRO JOÃO OTÁVIO DE NORONHA

REGIMENTO INTERNO DA TURMA NACIONAL DE UNIFORMIZAÇÃO DOS JUIZADOS ESPECIAIS FEDERAIS

PARTE I
DA COMPOSIÇÃO, ORGANIZAÇÃO E COMPETÊNCIA

TÍTULO I
DA TURMA NACIONAL DE UNIFORMIZAÇÃO DOS JUIZADOS ESPECIAIS FEDERAIS

CAPÍTULO I
DA COMPOSIÇÃO E ORGANIZAÇÃO

Art. 1º A Turma de Uniformização, com sede na Capital Federal e jurisdição em todo o território nacional, tem a designação de Turma Nacional de Uniformização dos Juizados Especiais Federais – TNU.

§ 1º A Turma Nacional de Uniformização funciona em Plenário junto ao Conselho da Justiça Federal, onde ocorrerão as sessões de julgamento, que podem ser realizadas fora da sede, em caso de necessidade ou conveniência, a critério do Presidente.

§ 2º A Turma Nacional de Uniformização, presidida pelo Ministro Corregedor-Geral da Justiça Federal, é composta por doze juízes federais como membros efetivos. (Redação dada pela Res. 790/2022).

§ 3º Cada Tribunal Regional Federal indicará dois integrantes para a compor a TNU, como membros efetivos, sendo uma juíza e um juiz federal, alternadamente, respeitada a identidade de gênero autodeclarada. (Redação dada pela Resolução 923/2024)

§ 4º A condição de membro efetivo de turma recursal é pressuposto para designação do juiz como membro, efetivo ou suplente, da Turma Nacional de Uniformização, e não para sua permanência em caso de modificação superveniente de lotação.

§ 5º Os juízes federais terão assento segundo a ordem de antiguidade na Turma ou, subsidiariamente, na carreira da magistratura federal.

§ 6º Cada Tribunal Regional Federal indicará, também, dois suplentes, observadas as disposições do § 3º. (Acrescido pela Resolução 923/2024)

§ 7º As indicações serão submetidas ao Colegiado do Conselho da Justiça Federal para aprovação. (Acrescido pela Resolução 923/2024)

CAPÍTULO II
DAS SUBSTITUIÇÕES

Art. 2º O Presidente será substituído, nas ausências, nos impedimentos ou nas suspeições, pelos demais ministros do Superior Tribunal de Justiça que compõem o Conselho da Justiça Federal, respeitada a ordem de antiguidade.

Art. 3º O membro efetivo será substituído, em suas ausências, seus impedimentos ou suas suspeições, por suplente da respectiva Região, conforme indicado pelo tribunal regional federal.

Art. 4º Concluído o mandato do relator, seu acervo processual será atribuído ao juiz que lhe suceder.

Art. 5º Em caso de vacância anterior ao término do biênio, o suplente assumirá como membro efetivo da Turma para conclusão do mandato, sendo-lhe atribuído o acervo processual de seu antecessor, cabendo ao tribunal regional federal indicar um novo suplente.

Parágrafo único. Caso o tribunal regional federal tenha indicado os suplentes sem vinculá-los aos membros efetivos, a sucessão prevista neste artigo respeitará a ordem de antiguidade na suplência ou, subsidiariamente, na carreira da magistratura federal.

CAPÍTULO III
DA COMPETÊNCIA

Art. 6º Compete à Turma Nacional de Uniformização processar e julgar:

I – os pedidos de uniformização de interpretação de lei federal;

II – os mandados de segurança contra atos de seus membros;

III – as reclamações, na forma do Título V.

Parágrafo único. Havendo interposição simultânea de pedidos de uniformização endereçados à Turma Regional e à Turma Nacional de Uniformização, primeiramente será julgado aquele.

CAPÍTULO IV
DAS ATRIBUIÇÕES

SEÇÃO I
DO PRESIDENTE

Art. 7º Compete ao Presidente da Turma Nacional de Uniformização:

I – presidir a distribuição dos feitos aos juízes da Turma;

II – praticar atos de gestão necessários ao funcionamento dos serviços administrativos da Turma, podendo delegá-los ao Secretário;

III – apresentar anualmente ao Presidente do Conselho da Justiça Federal relatório das atividades da Turma;

IV – convocar os juízes para as sessões ordinárias e extraordinárias;

V – dirigir os trabalhos da Turma, presidindo as sessões de julgamento;

VI – manter a ordem nas sessões, adotando, para isso, as providências necessárias;

VII – proferir voto de desempate;

VIII – julgar o agravo interposto de decisão que inadmite pedido de uniformização de interpretação de lei federal dirigido à Turma Nacional de Uniformização, observando que o agravo previsto no § 3º do art. 14 deste Regimento é de competência da Turma de origem;

IX – proferir quaisquer das decisões previstas no art. 15 anteriormente à distribuição do pedido de uniformização de interpretação de lei federal;

X – realizar os exames prévios de admissibilidade do recurso extraordinário e dos pedidos de uniformização de interpretação endereçados à Turma Nacional de Uniformização e ao Superior Tribunal de Justiça;

XI – prestar informações solicitadas pelo relator em pedido de uniformização de interpretação de lei dirigido ao Superior Tribunal de Justiça e em recurso extraordinário;

XII – dirimir as dúvidas relacionadas a questões de ordem e demais incidentes processuais, submetendo-os à apreciação do Plenário, quando for o caso;

XIII - convocar magistrado federal, mediante ato específico, para atividade administrativa determinada dentre as atribuições da Turma Nacional de Uniformização dos Juizados Especiais Federais, com prazo certo e sem prejuízo da jurisdição, ciente o tribunal de origem.

SEÇÃO II
DO RELATOR

Art. 8º Compete ao relator:

I – ordenar e dirigir o processo;

II – submeter à Turma as questões de ordem;

III – pedir dia para julgamento dos feitos;

IV – apresentar em mesa para julgamento os feitos que independem de pauta;

V – requisitar informações;

VI – colher a manifestação do Ministério Público Federal, quando for o caso;

VII – apreciar os pedidos de tutela provisória, na forma da lei processual;

VIII – não conhecer dos pedidos de uniformização nas hipóteses previstas no art. 14, inciso I;

IX – determinar a suspensão do feito junto ao juízo responsável pelo exame preliminar de admissibilidade na origem, nas hipóteses previstas no art. 14, inciso II;

X – negar seguimento nas hipóteses previstas no art. 14, inciso III;

XI – dar provimento, determinando a devolução dos autos à Turma de origem, para adequação, nas hipóteses do art. 14, inciso IV, ou quando o acórdão recorrido divergir da entendimento dominante do Supremo Tribunal Federal, do Superior Tribunal de Justiça ou da Turma Nacional de Uniformização;

XII – inadmitir nas hipóteses previstas no art. 14, inciso V;

XIII – indicar para afetação como representativo de controvérsia, quando houver multiplicidade de recursos com fundamento em idêntica questão de direito, observado o disposto no art. 16;

XIV – redigir o acórdão, quando seu voto for o vencedor no julgamento;

XV – homologar as desistências, transações e renúncias de direito.

§ 1º Quando for o caso, o relator ordenará o encaminhamento dos autos ao Ministério Público Federal, que disporá do prazo de 10 (dez) dias para oferecer parecer.

§ 2º O relator disponibilizará o inteiro teor de seu voto aos demais membros da Turma Nacional de Uniformização com antecedência mínima de 10 (dez) dias da data da sessão de julgamento.

SEÇÃO III
DO MINISTÉRIO PÚBLICO FEDERAL

Art. 9º Oficiará como fiscal da ordem jurídica, perante a Turma Nacional de Uniformização, membro do Ministério Público Federal.

Parágrafo único. O Ministério Público Federal, como fiscal da ordem jurídica, manifestar-se-á no prazo de 10 (dez) dias, salvo se outro não for fixado pelo Presidente da Turma ou pelo relator.

SEÇÃO IV
DA SECRETARIA

Art. 10. São atribuições da Secretaria da Turma Nacional de Uniformização:

I – adotar as providências necessárias ao uso do meio eletrônico para o trâmite de autos virtuais entre a Turma Nacional de Uniformização e as Turmas Recursais ou Regionais, bem como ao devido processamento desses recursos;

II – disponibilizar no portal do Conselho da Justiça Federal recurso tecnológico que permita o recebimento eletrônico dos autos de processos e o acompanhamento de sua tramitação;

III – executar as atividades relacionadas às publicações e às intimações que se fizerem necessárias, às expedições de mandados e cartas de intimação;

IV – cumprir as rotinas inerentes à movimentação dos processos, bem como aquelas relativas à sessão de julgamento;

V – publicar edital previsto no art. 16, § 6º, inciso I, em caso de pedido de uniformização representativo de controvérsia.

Art. 11. Compete ao Secretário da Turma Nacional de Uniformização:

I – supervisionar, coordenar e dirigir as atividades administrativas da Secretaria e as relacionadas à tramitação dos feitos;

II – secretariar as sessões de julgamento da Turma e lavrar as respectivas atas;

III – proceder à distribuição dos processos, por determinação do Presidente;

IV – assessorar o Presidente e os juízes da Turma nos assuntos relacionados à Secretaria;

V – submeter à consideração e apreciação do Presidente da Turma matérias administrativas ou processuais relativas às Turmas Regionais, Recursais e aos Juizados Especiais Federais;

VI – expedir atos ordinatórios em cumprimento às determinações do Presidente e dos demais membros da Turma Nacional de Uniformização.

PARTE II
DO PROCESSO

TÍTULO I
DO PEDIDO DE UNIFORMIZAÇÃO DE INTERPRETAÇÃO DE LEI FEDERAL

CAPITULO I
DO PROCESSAMENTO

Art. 12. O pedido de uniformização de interpretação de lei federal endereçado à Turma Nacional de Uniformização será interposto perante a Turma Recursal ou Regional de origem, no prazo de 15 (quinze) dias a contar da data da intimação do acórdão recorrido.

§ 1º O recorrente deverá demonstrar, quanto à questão de direito material, a existência de divergência na interpretação da lei federal entre a decisão recorrida e:

a) decisão proferida por turma recursal ou regional vinculadas a outro Tribunal Regional Federal;

b) súmula ou entendimento dominante do Superior Tribunal de Justiça ou da Turma Nacional de Uniformização.

§ 2º O recorrido será intimado pela Turma Recursal ou Regional de origem para, no mesmo prazo, apresentar contrarrazões.

Art. 13. O exame preliminar de admissibilidade do pedido de uniformização de interpretação de lei federal será exercido pelo Presidente ou Vice- Presidente da Turma Recursal ou Turma Regional de Uniformização prolatora do acórdão recorrido.

Parágrafo único. Em se tratando de Turma Recursal, a competência prevista no caput poderá ser outorgada a membro, que não o Presidente, mediante ato do Tribunal Regional Federal ou previsão no regimento interno das turmas recursais diretamente afetadas pela medida.

Art. 14. Decorrido o prazo para contrarrazões, os autos serão conclusos ao magistrado responsável pelo exame preliminar de admissibilidade, que deverá, de forma sucessiva:

I - não conhecer de pedido de uniformização de interpretação de lei federal intempestivo, incabível, prejudicado, interposto por parte ilegítima ou carecedor de interesse recursal;

II – determinar a suspensão junto ao órgão responsável pelo exame preliminar de admissibilidade do pedido de uniformização de interpretação de lei federal que versar sobre tema submetido a julgamento:

a) em regime de repercussão geral ou de acordo com o rito dos recursos extraordinários e especiais repetitivos pelo Supremo Tribunal Federal ou pelo Superior Tribunal de Justiça;

b) em recurso representativo de controvérsia pela Turma Nacional de Uniformização ou em pedido de uniformização de interpretação de lei dirigido ao Superior Tribunal de Justiça; ou

c) em incidente de resolução de demandas repetitivas ou em incidente de assunção de competência que irradiem efeitos sobre a Região.

III – negar seguimento a pedido de uniformização de interpretação de lei federal interposto contra acórdão que esteja em conformidade com entendimento consolidado:

a) em regime de repercussão geral ou de acordo com o rito dos recursos extraordinários e especiais repetitivos pelo Supremo Tribunal Federal ou pelo Superior Tribunal de Justiça;

b) em recurso representativo de controvérsia pela Turma Nacional de Uniformização ou em pedido de uniformização de interpretação de lei dirigido ao Superior Tribunal de Justiça;

c) em incidente de resolução de demandas repetitivas ou em incidente de assunção de competência que irradiem efeitos sobre a Região; ou

d) em súmula do Supremo Tribunal Federal, do Superior Tribunal de Justiça ou da Turma Nacional de Uniformização.

IV - encaminhar os autos à Turma de origem para eventual juízo de retratação, quando o acórdão recorrido divergir de entendimento consolidado:

a) em regime de repercussão geral ou de acordo com o rito dos recursos extraordinários e especiais repetitivos pelo Supremo Tribunal Federal ou pelo Superior Tribunal de Justiça;

b) em recurso representativo de controvérsia pela Turma Nacional de Uniformização ou em pedido de uniformização de interpretação de lei dirigido ao Superior Tribunal de Justiça;

c) em incidente de resolução de demandas repetitivas ou em incidente de assunção de competência que irradiem efeitos sobre a Região; ou

d) em súmula ou entendimento dominante do Supremo Tribunal Federal, do Superior Tribunal de Justiça ou da Turma Nacional de Uniformização.

V – não admitir o pedido de uniformização de interpretação de lei federal, quando desatendidos os seus requisitos, notadamente se:

a) não indicado paradigma válido, com a devida identificação do processo em que proferido;

b) não juntada cópia do acórdão paradigma, salvo quando se tratar de julgado proferido em recurso repetitivo pelo Superior Tribunal de Justiça ou recurso representativo de controvérsia pela Turma Nacional de Uniformização;

c) não demonstrada a existência de similitude, mediante cotejo analítico dos julgados;

d) a análise do pedido de uniformização demandar reexame de matéria de fato;

e) versar sobre matéria processual;

f) a decisão impugnada possuir mais de um fundamento suficiente e as razões do pedido de uniformização não abranger todos eles;

g) o acórdão recorrido estiver em consonância com entendimento dominante do Supremo Tribunal Federal, Superior Tribunal de Justiça e da Turma Nacional de Uniformização.

VI – admitir o pedido de uniformização de interpretação de lei federal que preencha os requisitos legais e regimentais, encaminhando os autos à Turma Nacional de Uniformização e, havendo multiplicidade de recursos com fundamento em idêntica questão de direito, indicar sua afetação como representativo de controvérsia, observando, neste caso, o disposto no art. 16, ficando sobrestados os demais enquanto não julgado o caso-piloto;

§ 1º A decisão proferida em exame preliminar de admissibilidade deverá ser fundamentada e indicar, de maneira clara e precisa, a alínea e o inciso do art. 14 em que se sustenta e o eventual precedente qualificado a que se reporta.

§ 2º Da decisão de inadmissibilidade proferida com fundamento nos incisos I e V, caberá agravo nos próprios autos, no prazo de 15 (quinze) dias a contar da intimação, a ser dirigido à Turma Nacional de Uniformização, no qual o agravante deverá demonstrar, fundamentadamente, o equívoco da decisão recorrida.

§ 3º Da decisão proferida com fundamento nos incisos II e III, caberá agravo interno, no prazo de 15 (quinze) dias a contar da intimação, o qual, após o decurso de igual prazo para contrarrazões, será julgado pela turma que prolatou o acórdão impugnado, mediante decisão irrecorrível.

§ 4º Reconsiderada a decisão que inadmitiu o pedido de uniformização, o agravo será considerado prejudicado, devendo o pedido de uniformização de interpretação de lei federal ser remetido à Turma Nacional de Uniformização.

§ 5º No caso de a decisão de inadmissibilidade desafiar, a um só tempo, os dois agravos a que se referem os parágrafos §§ 3º e 4º, será cabível apenas a interposição do agravo dirigido à Turma Nacional de Uniformização previsto no §2º, no qual deverão ser cumulados os pedidos de reforma da decisão.

§ 6º Julgado o precedente que justificou a suspensão prevista no inciso II, o juízo responsável pelo exame preliminar de admissibilidade prosseguirá na sua análise, nos termos do inciso III e seguintes deste artigo.

§ 7º Nos casos do inciso IV, a nova decisão proferida pela Turma de origem substitui a anterior, ficando integralmente prejudicados os pedidos de uniformização de interpretação de lei federal anteriormente interpostos.

§ 8º Interposto novo pedido de uniformização de interpretação de lei federal em face da decisão prevista no §7º, não cabe nova remessa à Turma de origem nos termos do inciso IV, devendo se prosseguir no exame de admissibilidade.

Art. 15. Antes da distribuição do pedido de uniformização de interpretação de lei federal, o Presidente da Turma Nacional de Uniformização poderá:

I – não conhecer nas hipóteses previstas no art. 14, inciso I;

II – determinar a suspensão do feito junto ao juízo responsável pelo exame preliminar de admissibilidade na origem, nas hipóteses previstas no art. 14, inciso II;

III – negar seguimento nas hipóteses previstas no art. 14, inciso III;

IV – determinar a devolução dos autos à Turma de origem, para adequação, nas hipóteses do art. 14, inciso IV, ou quando o acórdão recorrido divergir da entendimento dominante do Supremo Tribunal Federal, do Superior Tribunal de Justiça ou da Turma Nacional de Uniformização;

V – inadmitir nas hipóteses previstas no art. 14, inciso V;

VI – admitir e determinar a distribuição do pedido de uniformização de interpretação de lei federal que preencha os requisitos legais e regimentais, e, havendo multiplicidade de recursos com fundamento em idêntica questão de direito, indicar sua afetação como representativo de controvérsia, observando o disposto no art. 16.

§ 1º A decisão do Presidente da Turma Nacional que admite o pedido de uniformização e determina sua distribuição, bem como as demais previstas neste artigo, são irrecorríveis.

§ 2º A devolução dos autos às Turmas de origem poderá ser realizada por ato ordinatório da Secretaria, desde que se reporte à decisão anterior do Presidente da Turma que haja determinado idêntica solução para feito similar.

CAPÍTULO II
DO PEDIDO DE UNIFORMIZAÇÃO REPRESENTATIVO DE CONTROVÉRSIA

Art. 16. Quando houver multiplicidade de recursos com fundamento em idêntica questão de direito, a Turma Nacional de Uniformização poderá afetar dois ou mais pedidos de uniformização de interpretação de lei federal como recurso representativo de controvérsia.

§ 1º O juízo responsável pelo exame preliminar de admissibilidade que indicar pedido de uniformização de interpretação de lei federal como representativo de controvérsia na origem comunicará o Presidente da Turma Nacional de Uniformização, indicando os dados do respectivo processo e daqueles que ficaram sobrestados, a fim de que a Turma Nacional delibere acerca da afetação da matéria, nos termos do *caput*.

§ 2º Não tendo sido observada a providência descrita no § 1º, o Presidente da Turma Nacional ou o relator do pedido de uniformização de interpretação de lei federal, identificando que sobre a matéria já existe entendimento dominante ou que a matéria está sendo apreciada pelo Colegiado, poderá suscitar perante o Pleno a afetação do recurso como representativo de controvérsia, hipótese em que, admitido, será determinado o sobrestamento dos processos envolvendo idêntica questão de direito.

§ 3º Após análise prévia de admissibilidade realizada pelo Presidente, o representativo de controvérsia, caso admitido, será distribuído ao relator, que deverá pautar a afetação do tema, no prazo de 60 (sessenta) dias.

§ 4º A afetação e o julgamento do representativo de controvérsia deverão ser sucedidos da mais ampla e específica divulgação e publicidade.

§ 5º A Secretaria da Turma Nacional de Uniformização dará ciência às Turmas Recursais e Regionais de Uniformização e ao juízo responsável pelo exame preliminar de admissibilidade dos pedidos de uniformização de interpretação de lei federal acerca da afetação de representativo de controvérsia, a fim de que sejam suspensos os demais processos envolvendo idêntica questão de direito enquanto não julgado o caso-piloto.

§ 6º O pedido de uniformização de interpretação de lei federal admitido como representativo da controvérsia será processado e julgado com observância deste procedimento:

I – será publicado edital para que pessoas, órgãos ou entidades com interesse na controvérsia possam apresentar memorais escritos no prazo de 10 (dez) dias;

II – o relator poderá solicitar informações, a serem prestadas no prazo de 15 (quinze) dias, às Turmas Recursais e Regionais a respeito da controvérsia;

III – antes do julgamento, o Ministério Público Federal terá vista dos autos pelo prazo de 10 (dez) dias;

IV – transcorrido o prazo para o Ministério Público Federal e remetida cópia do relatório e voto do relator aos demais juízes, o processo será incluído em pauta, devendo ser julgado com preferência sobre os demais feitos, ressalvados os que envolvam réu preso;

V – na sessão de julgamento, poderão fazer sustentação oral as quatro primeiras pessoas, órgãos ou entidades que tenham formulado requerimento nesse sentido, ficando a critério do Presidente assegurar a outros interessados o direito de também fazê-la;

VI – transitado em julgado o acórdão da Turma Nacional de Uniformização, os pedidos de uniformização de interpretação de lei federal sobrestados:

a) terão seguimento denegado na hipótese de o acórdão recorrido coincidir com a orientação da Turma Nacional de Uniformização; ou

b) serão encaminhados à Turma de origem para juízo de retratação, quando o acórdão recorrido divergir do decidido pela Turma Nacional, ficando integralmente prejudicados os pedidos de uniformização de interpretação de lei federal anteriormente interpostos.

TÍTULO II
DISPOSIÇÕES GERAIS

CAPÍTULO I
DO REGISTRO DOS FEITOS

Art. 17. Os processos serão recebidos no sistema de processo judicial eletrônico, conforme as Tabelas de Classes e Assuntos vigentes, adotando-se as regras de numeração instituídas pelo Conselho Nacional de Justiça.

§ 1º Deverão ser anotadas, na autuação, todas as informações relevantes ao andamento do processo, tais como intervenções obrigatórias, benefícios concedidos e preferências legais a serem observadas, além de outras informações que possam auxiliar os relatores na triagem dos processos.

§ 2º Preferencialmente, serão mantidos os dados processuais inseridos pelas turmas de origem, sem prejuízo de sua atualização e sua revisão, quando cabíveis.

§ 3º As ações de competência originária da Turma Nacional de Uniformização, as petições e os recursos serão recebidos no sistema de processo judicial eletrônico, com observância das competências regimentais e dos casos legais e normativos de prevenção.

CAPÍTULO II
DA DISTRIBUIÇÃO

Art. 18. A distribuição dos processos será realizada por sorteio em meio eletrônico.

Parágrafo único O critério de distribuição é público e a listagem dos processos distribuídos e redistribuídos será publicada e disponibilizada no sistema de processo judicial eletrônico.

Art. 19. A distribuição, de responsabilidade do Presidente da Turma Nacional de Uniformização, será alternada, aleatória e equitativa entre todos os relatores, fazendo-se as devidas compensações, quando ocorrerem hipóteses de prevenção, impedimento ou suspeição.

§ 1º A distribuição observará as leis processuais aplicáveis à espécie.

§ 2º A redistribuição ocorrerá nos casos de conexão, continência, impedimento ou suspeição.

CAPÍTULO III
DA PAUTA DE JULGAMENTO

Art. 20. Caberá ao relator selecionar e preparar os processos a serem incluídos em pauta.

Art. 21 A disponibilização da pauta de julgamento no Diário de Justiça Eletrônico, no portal do Conselho da Justiça Federal, e a intimação das partes deverão ser realizadas pelo menos 5 (cinco) dias úteis antes da sessão de julgamento do Colegiado.

Art. 22. Independem de pauta:

I - os embargos de declaração, os processos incluídos em pauta anterior, mas não julgados e os pedidos de vista, se apresentados em mesa na primeira sessão seguinte;

II - as questões de ordem sobre o processamento de feitos.

CAPÍTULO IV
DA SESSÃO DE JULGAMENTO

Art. 23. A Turma Nacional de Uniformização reunir-se-á com a presença de, no mínimo, 7 (sete) juízes, além do Presidente, e deliberará por maioria simples.

§ 1º As sessões e votações serão públicas, observada, quando for o caso, a restrição à presença de terceiros, nos termos no art. 93, inciso IX, da Constituição da República.

§ 2º As sessões poderão ser realizadas por meio de julgamento em modo virtual e de sistema de votação eletrônica, observada regulamentação específica.

Art. 24. É facultado às partes, por seus advogados, apresentar memoriais e produzir sustentação oral, por dez minutos, prorrogáveis por igual tempo, a critério do Presidente da Turma.

§ 1º A exclusivo critério do Presidente, eventuais interessados que não sejam partes no processo poderão fazer sustentação oral por ocasião do julgamento.

§ 2º As sustentações orais serão realizadas nesta ordem: parte requerente, parte requerida, terceiros interessados e Ministério Público Federal na condição de fiscal da ordem jurídica.

§ 3º Os pedidos de sustentação oral ou de preferência no julgamento deverão ser requeridos antecipadamente, por meio do sistema eletrônico disponibilizado no portal do Conselho da Justiça Federal ou, de forma presencial, até o início da sessão de julgamento.

§ 4º Havendo viabilidade técnica, a sustentação oral poderá ser realizada por videoconferência, requerida exclusivamente por meio do sistema eletrônico disponibilizado no portal do Conselho da Justiça Federal, observados os critérios definidos por ato normativo próprio editado pelo Presidente da Turma Nacional de Uniformização.

Art. 25. O relator fará a exposição do caso e proferirá o seu voto, seguido pelos demais juízes, em ordem decrescente de antiguidade.

§ 1º Se o relator ficar vencido, exceto se em parte mínima, o acórdão será lavrado pelo juiz que proferiu o primeiro voto vencedor, ainda que votos anteriores sejam reconsiderados.

§ 2º O juiz vencido na preliminar deverá votar no mérito e, se seu voto nessa última parte prevalecer, redigirá o acórdão.

§ 3º O juiz que não se considerar habilitado a proferir imediatamente seu voto poderá solicitar vista pelo prazo máximo de uma sessão, após o qual o processo será reincluído em pauta para julgamento na sessão seguinte.

§ 4º Em caso de pedido de vista, os juízes que se considerarem habilitados ao julgamento poderão antecipar seu voto.

§ 5º O voto poderá ser alterado até o momento da proclamação do resultado pelo Presidente, salvo aquele já proferido por juiz afastado ou substituído.

Art. 26. O acórdão assinado pelo relator e os demais votos serão disponibilizados no sistema de processo judicial eletrônico no prazo de 5 (cinco) dias, a contar da sessão de julgamento.

§ 1º A intimação do acórdão será feita por meio do sistema de processo judicial eletrônico assim que juntado aos autos.

§ 2º Quando a intimação não for eletrônica, a ementa do acórdão será publicada no Diário de Justiça Eletrônico, no prazo de 10 (dez) dias contados da lavratura do acórdão.

§ 3º Caso os votos vogais não sejam encaminhados no prazo previsto no caput, o acórdão será publicado sem considerar seus fundamentos.

CAPÍTULO V
DOS PRAZOS

Art. 27. A contagem dos prazos na Turma Nacional será feita na forma da legislação processual de regência e do regulamento do processo judicial eletrônico.

§ 1º Os prazos não especificados em lei ou neste Regimento serão fixados pelo Presidente da Turma Nacional ou pelo respectivo relator, conforme o caso, observada a complexidade do ato.

§ 2º Na contagem de prazo em dias, computar-se-ão somente os dias úteis.

Art. 28. As citações, as intimações e as notificações serão realizadas diretamente por meio do sistema de processo judicial eletrônico, dispensadas a publicação em diário oficial ou a expedição de mandado, salvo excepcional determinação do Presidente da Turma Nacional ou do relator.

TÍTULO III
DOS RECURSOS

CAPÍTULO I
DO AGRAVO INTERNO

Art. 29. Cabe agravo interno da decisão do relator, no prazo de 15 (quinze) dias, o qual deverá ser incluído em pauta, caso não haja reconsideração.

CAPÍTULO II
DOS EMBARGOS DE DECLARAÇÃO

Art. 30. Cabem embargos de declaração contra qualquer decisão para supressão de omissão, contradição ou obscuridade, no prazo de 5 (cinco) dias a contar da intimação.

§ 1º Os embargos de declaração terão como relator o juiz que redigiu o acórdão embargado.

§ 2º Ausente ou afastado temporariamente o relator do acórdão embargado, o processo será encaminhado ao suplente que o substituir.

§ 3º Se os embargos forem manifestamente incabíveis, o relator os rejeitará de plano.

§ 4º O relator apresentará os embargos em mesa para julgamento na primeira sessão subsequente, proferindo voto.

§ 5º Se houver possibilidade de emprestar efeitos modificativos à súmula aprovada ou ao acórdão proferido em pedido de uniformização representativo de controvérsia, os embargos de declaração serão incluídos em pauta.

§ 6º Os embargos de declaração interrompem o prazo para a interposição de outros recursos.

CAPÍTULO III
DO PEDIDO DE UNIFORMIZAÇÃO DE INTERPRETAÇÃO DE LEI DIRIGIDO AO SUPERIOR TRIBUNAL DE JUSTIÇA

Art. 31. Quando o acórdão da Turma Nacional de Uniformização for proferido em contrariedade à súmula ou entendimento dominante do Superior Tribunal de Justiça, o pedido de uniformização de interpretação de lei será suscitado, nos próprios autos, no prazo de 15 (quinze) dias, perante o Presidente da Turma Nacional de Uniformização.

§ 1º Caberá, também, pedido de uniformização quando o acórdão proferido pela Turma Nacional de Uniformização estiver em contrariedade à tese firmada em julgamento de incidente de resolução de demandas repetitivas.

§ 2º A parte contrária será intimada para apresentar manifestação em igual prazo, findo o qual os autos serão conclusos ao Presidente da Turma Nacional de Uniformização para juízo de admissibilidade.

§ 3º Inadmitido o pedido, a parte poderá requerer, nos próprios autos, no prazo de 10 (dez) dias, que o feito seja remetido ao Superior Tribunal de Justiça.

CAPÍTULO IV
DO RECURSO EXTRAORDINÁRIO

Art. 32. O recurso extraordinário poderá ser interposto, no prazo de 15 (quinze) dias, perante o Presidente da Turma Nacional de Uniformização.

§ 1º A parte contrária será intimada para apresentar contrarrazões no mesmo prazo, findo o qual os autos serão conclusos ao Presidente da Turma Nacional de Uniformização para juízo de admissibilidade, observado o disposto na Constituição da República, na lei processual e no Regimento Interno do Supremo Tribunal Federal.

§ 2º Admitido o recurso, os autos serão encaminhados ao Supremo Tribunal Federal; inadmitido, pode a parte interpor agravo nos próprios autos, respeitadas as regras processuais pertinentes.

TÍTULO IV
DA JURISPRUDÊNCIA DA TURMA NACIONAL DE UNIFORMIZAÇÃO

CAPÍTULO I
DA SÚMULA

Art. 33. A jurisprudência firmada pela Turma Nacional de Uniformização poderá ser compilada em súmula, cuja aprovação dar-se-á pelo voto de pelo menos sete de seus membros, cabendo ao relator propor-lhe o enunciado.

Parágrafo único. Somente poderá ser objeto de súmula o entendimento adotado em julgamento tomado pelo voto da maioria absoluta dos membros da Turma e que represente seu entendimento dominante.

Art. 34. Os enunciados da súmula, datados e numerados, com indicação da matéria, do teor do enunciado, da legislação pertinente e dos julgados que lhe deram suporte serão disponibilizados três vezes no Diário de Justiça Eletrônico, em datas próximas, e divulgados no Portal do Conselho da Justiça Federal.

Art. 35. Os enunciados da súmula prevalecem sobre jurisprudência anterior, aplicando-se a casos não definitivamente julgados, e serão revistos na forma estabelecida neste Regimento Interno.

§ 1º Durante o julgamento do pedido de uniformização, qualquer dos membros poderá propor a revisão da jurisprudência compendiada em súmula, caso a maioria dos presentes admita a proposta de revisão, procedendo-se ao sobrestamento do feito, se necessário.

§ 2º A alteração ou o cancelamento do enunciado de súmula será aprovado pelo voto de pelo menos sete membros da Turma.

§ 3º Ficarão vagos, com a nota correspondente, para efeito de eventual restabelecimento, os números referentes aos enunciados que a Turma Nacional de Uniformização cancelar.

§ 4º A Secretaria da Turma Nacional adotará as providências necessárias à ampla e imediata divulgação da alteração ou cancelamento do enunciado da súmula.

CAPÍTULO II
DA DIVULGAÇÃO DA JURISPRUDÊNCIA

Art. 36. A jurisprudência da Turma Nacional de Uniformização será divulgada pelas seguintes publicações:

I – ementário de jurisprudência da Turma Nacional de Uniformização;

II – periódico da Turma Nacional de Uniformização;

III – bases de dados de jurisprudência;

IV – repositórios autorizados.

Art. 37. Nos periódicos da Turma Nacional de Uniformização, serão publicados em seu inteiro teor:

I – os acórdãos selecionados pelos juízes;

II – os atos normativos expedidos pelo Conselho da Justiça Federal inerentes à Turma Nacional de Uniformização;

III – os enunciados das súmulas e das questão de ordem.

Parágrafo único. A Secretaria da Turma Nacional de Uniformização poderá propor a seleção dos acórdãos a publicar, dando preferência aos que forem indicados pelos respectivos relatores.

Art. 38. A base de dados divulgará a jurisprudência da Turma Nacional de Uniformização, no Portal do Conselho da Justiça Federal.

Art. 39. São repositórios autorizados as publicações de entidades oficiais ou particulares habilitadas na forma do ato normativo próprio.

TÍTULO V
DA RECLAMAÇÃO

Art. 40. Para preservar a competência da Turma Nacional de Uniformização ou garantir a autoridade das suas decisões, caberá reclamação da parte interessada ou do Ministério Público, no prazo de 15 (quinze) dias, a contar da intimação da decisão nos autos de origem.

Art. 41. Não cabe reclamação, sendo a inicial desde logo indeferida, quando:

I – se pretender a garantia da autoridade de decisão proferida em processo em que a reclamante não tenha sido parte;

II – impugnar decisões proferidas pelo Presidente da Turma Nacional ou pelo magistrado responsável pelo juízo preliminar de admissibilidade nos casos do arts. 14 e 15 deste Regimento.

Art. 42. A reclamação será endereçada ao Presidente da Turma Nacional de Uniformização e instruída com as provas documentais pertinentes, será autuada e distribuída ao relator da causa principal, sempre que possível.

Art. 43. Ao despachar a reclamação, o relator:

I – requisitará informações da autoridade a quem foi imputada a prática do ato impugnado, as quais deverão ser prestadas no prazo de 10 (dez) dias;

II – determinará a suspensão do processo ou do ato impugnado, caso seja necessário para evitar dano irreparável;

III - determinará a citação do beneficiário da decisão impugnada, que terá prazo de 15 (quinze) dias para apresentar a sua contestação.

Art. 44. O Ministério Público, nas reclamações que não houver formulado, terá vista do processo, por 5 (cinco) dias, após o decurso do prazo para informações.

Art. 45. Julgando procedente a reclamação, a Turma Nacional de Uniformização cassará a decisão impugnada, no todo ou em parte, ou determinará medida adequada à preservação de sua competência.

Parágrafo único. O Presidente da Turma determinará o imediato cumprimento da decisão, lavrando-se o acórdão posteriormente.

TÍTULO VI
DISPOSIÇÕES FINAIS

Art. 46. Para fins deste Regimento Interno, considera-se entendimento dominante aquele adotado reiteradamente em decisões idênticas proferidas em casos semelhantes.

Art. 47. Por determinação do Presidente da Turma Nacional de Uniformização, poderá ser obrigatória a utilização de sistema informatizado para prática e comunicação de atos processuais, nos termos da lei.

Art. 48. Não são devidas custas pelo processamento do pedido de uniformização de interpretação de lei federal dirigido à Turma Nacional de Uniformização.

Art. 49. Os casos omissos serão resolvidos pelo Presidente da Turma Nacional de Uniformização, que poderá submetê-los à deliberação do Plenário.

MINISTRO JOÃO OTÁVIO DE NORONHA

DECRETO Nº 10.201, DE 15 DE JANEIRO DE 2020

Regulamenta o § 4º do art. 1º e o art. 2º da Lei nº 9.469, de 10 de julho de 1997, para fixar os valores de alçada para a autorização de acordos ou transações celebradas por pessoa jurídica de direito público federal e por empresas públicas federais, para prevenir ou terminar litígios, inclusive os judiciais.

O PRESIDENTE DA REPÚBLICA, no uso da atribuição que lhe confere o art. 84, *caput*, inciso IV, da Constituição, e tendo em vista o disposto nos art. 1º, § 4º, e art. 2º da Lei nº 9.469, de 10 de julho de 1997,

DECRETA:

Art. 1º Este Decreto regulamenta o § 4º do art. 1º e o art. 2º da Lei nº 9.469, de 10 de julho de 1997, para fixar os valores de alçada para a autorização de acordos ou transações celebrados por pessoa jurídica de direito público federal e por empresas públicas federais, para prevenir ou terminar litígios, inclusive os judiciais.

Parágrafo único. O disposto neste Decreto não se aplica às empresas públicas federais não dependentes de recursos do Tesouro Nacional para o custeio de despesas de pessoal ou para o custeio em geral.

Art. 2º O Advogado-Geral da União, diretamente ou mediante delegação, e os dirigentes máximos das empresas públicas federais, em conjunto com o dirigente estatutário da área à qual estiver afeto o assunto, poderão autorizar a realização de acordos ou transações para prevenir ou terminar litígios, inclusive os judiciais, que envolvam, respectivamente, a União e empresa pública federal.

§ 1º A realização de acordos ou transações que envolvam créditos ou débitos com valor igual ou superior a R$ 50.000.000,00 (cinquenta milhões de reais) dependerá de prévia e expressa autorização do Advogado-Geral da União e do Ministro de Estado a cuja área de competência estiver afeto o assunto.

§ 2º Na hipótese de interesse dos órgãos do Poder Legislativo ou Judiciário, do Tribunal de Contas da União, do Ministério Público da União ou da Defensoria Pública da União, a autorização prévia e expressa de acordos e transações, inclusive os judiciais, que envolvam créditos ou débitos com valores iguais ou superiores aos referidos no § 1º será concedida, em conjunto com o Advogado-Geral da União, pelo Presidente da Câmara dos Deputados, do Senado Federal, do Tribunal de Contas da União, de Tribunal ou de Conselho, pelo Procurador-Geral da República ou pelo Defensor Público-Geral Federal, no âmbito de suas competências.

§ 3º As empresas públicas federais deverão observar as suas respectivas regras sobre autorização de acordos judiciais e extrajudiciais estabelecidas em normativos internos aprovados pelo conselho de administração, se houver, ou pela assembleia geral, observado o disposto no Decreto nº 8.945, de 27 de dezembro de 2016.

§ 4º No caso de empresa pública federal, os acordos ou as transações que envolvam créditos ou débitos com valores iguais ou superiores a R$ 10.000.000,00 (dez milhões de reais) deverão se submeter à autorização prévia e expressa, na seguinte ordem:

I - do dirigente máximo da empresa pública federal em conjunto com o dirigente estatutário da área à qual estiver afeto o assunto;

II - do Ministro de Estado titular da Pasta à qual estiver vinculada a empresa; e

III - do Advogado-Geral da União.

Art. 3º O Procurador-Geral da União, o Procurador-Geral Federal e o Procurador-Geral do Banco Central poderão autorizar, diretamente ou mediante delegação, a realização de acordos para prevenir ou terminar, judicial ou extrajudicialmente, litígio que envolver valores de até R$ 10.000.000,00 (dez milhões de reais).

Art. 4º No caso das empresas públicas federais, os seus dirigentes máximos, em conjunto com o dirigente estatutário da área à qual estiver afeto o assunto, poderão autorizar, diretamente ou mediante delegação a realização dos acordos para prevenir ou terminar, judicial ou extrajudicialmente, litígio que envolver valores de até R$ 5.000.000,00 (cinco milhões de reais).

Parágrafo único. Na hipótese prevista no *caput*, a delegação é restrita a órgão colegiado formalmente constituído, composto por pelo menos um dirigente estatutário.

Art. 5º Os acordos de que tratam o art. 3º e o art. 4º poderão consistir no pagamento do débito em parcelas mensais e sucessivas até o limite máximo de sessenta parcelas.

§ 1º O valor de cada prestação mensal, por ocasião do pagamento, será acrescido de juros equivalentes à taxa referencial do Sistema Especial de Liquidação e de Custódia - Selic para títulos federais, acumulado mensalmente, calculado a partir do mês subsequente ao da consolidação até o mês anterior ao do pagamento, e de um por cento relativamente ao mês em que o pagamento for efetuado.

§ 2º Inadimplida qualquer parcela, após trinta dias, será instaurado processo de execução ou nele se prosseguirá pelo saldo.

Art. 6º A realização de acordos referentes aos créditos e débitos das autarquias e fundações públicas federais observará o disposto neste Decreto, exceto quando legislação específica dispuser em contrário.

Art. 7º No caso das empresas públicas federais classificadas como empresa estatal de menor porte, definida conforme o disposto no art. 51 do Decreto nº 8.945, de 2016, o limite estabelecido:

I - no § 4º do art. 2º será de R$ 5.000.000,00 (cinco milhões de reais); e

II - no art. 4º será de R$ 1.000.000,00 (um milhão de reais).

Art. 8º Fica revogado o Capítulo II do Decreto nº 2.346, de 10 de outubro de 1997.

Art. 9º Este Decreto entra em vigor na data de sua publicação.

Brasília, 15 de janeiro de 2020; 199º da Independência e 132º da República.

JAIR MESSIAS BOLSONARO
Renato de Lima França

PRESIDÊNCIA
ATO Nº 229/2020

Lista as comarcas estaduais que permanecem com a competência federal delegada para processamento e julgamento de causas de natureza previdenciária, conforme o disposto no inc. III, do art. 15 da Lei 5.010, de 30 de maio de 1966, com a redação dada pelo art. 3º da Lei 13.876, de 20 de setembro de 2019.

O PRESIDENTE DO TRIBUNAL REGIONAL FEDERAL DA 5ª REGIÃO, no uso de suas atribuições legais e regimentais.

CONSIDERANDO o disposto no art. 109, § 3º, da Constituição;

CONSIDERANDO o disposto no art. 15 da Lei 5.010, de 30 de maio de 1966, com redação alterada pelo art. 3º da Lei 13.876, de 20 de setembro de 2019, que limitou o exercício da competência federal delegada apenas às comarcas situadas a mais de 70 km (setenta quilômetros) de Municípios sede de vara federal e determinou aos Tribunais Regionais Federais a indicação das comarcas que se enquadrem nestas características;

CONSIDERANDO as disposições contidas na Resolução nº 603, de 12 de novembro de 2019, do Conselho da Justiça Federal;

CONSIDERANDO as determinações contidas no Ofício nº 0112265/CJF, da Presidência do Conselho da Justiça Federal, para que os Tribunais disponibilizem, em suas páginas na Internet, a lista das comarcas com competência federal delegada, confeccionada com a distância real de acesso às Seções ou Subseções Judiciárias Federais;

CONSIDERANDO que a listagem anterior das comarcas, divulgada através do Ato da Presidência nº 480, de 13 de dezembro de 2019, foi construída com observância de distâncias "em linha reta", que não consideram as facilidades ou dificuldades de acesso rodoviário entre as cidades em questão;

CONSIDERANDO o decidido, por unanimidade, pelo Conselho da Justiça Federal, no julgamento do Pedido de Providências nº 0006509-11.2019.4.90.8000, em 10.02.2020, sob a relatoria da Conselheira Maria Thereza de Assis Moura, Corregedora-Geral da Justiça Federal, no qual restou aprovada a "recomendação da Corregedoria-Geral, no sentido de que a fixação da competência delegada nas ações previdenciárias seja orientada pela distância das Seções/Subseções Judiciárias em relação às Comarcas Estaduais, sendo irrelevante, para essa finalidade, a distância daquelas primeiras em relação ao município de residência do autor".

RESOLVE:

Art. 1º Publicar, na forma do Anexo, a lista das comarcas dos Estados de Alagoas, Ceará, Paraíba, Pernambuco, Rio Grande do Norte e Sergipe que permanecem com competência federal delegada, para o processamento e julgamento de causas de natureza previdenciária, conforme estabelecido no art. 15, inc. III e § 2º, da Lei 5.010, de 30 de maio de 1966, com a redação dada pelo art. 3º da Lei 13.876, de 20 de setembro de 2019.

Art. 2º Este Ato entra em vigor na data de sua publicação.

Art. 3º. Revoga-se o Ato da Presidência nº 480, de 13 de dezembro de 2019.

ANEXO

SEÇÃO JUDICIÁRIA DE ALAGOAS

Município	Comarca Responsável	Vara Federal	Distância Comarca/Vara Federal (km)
Cacimbinhas	Cacimbinhas	Arapiraca	77,70
Dois Riachos	Cacimbinhas	Arapiraca	77,70
Minador do Negrão	Cacimbinhas	Arapiraca	77,70
Olho d'Água Grande	Porto Real do Colégio	Arapiraca	75,00
Porto Real do Colégio	Porto Real do Colégio	Arapiraca	75,00
São Brás	Porto Real do Colégio	Arapiraca	75,00
Anadia	Anadia	Maceió	93,10
Tanque d'Arca	Anadia	Maceió	93,10
Boca da Mata	Boca da Mata	Maceió	74,80
Campo Alegre	Campo Alegre	Maceió	88,80
Coruripe	Coruripe	Maceió	86,00
Igreja Nova	Igreja Nova	Maceió	156,00
Junqueiro	Junqueiro	Maceió	112,00
Japaratinga	Maragogi	Maceió	135,00
Maragogi	Maragogi	Maceió	135,00
Maribondo	Maribondo	Maceió	86,20
Pindoba	Maribondo	Maceió	86,20
Matriz de Camaragibe	Matriz de Camaragibe	Maceió	83,20
Passo de Camaragibe	Passo de Camaragibe	Maceió	79,50
Porto de Pedras	Passo de Camaragibe	Maceió	79,50
São Miguel dos Milagres	Passo de Camaragibe	Maceió	79,50
Penedo	Penedo	Maceió	166,00
Feliz Deserto	Piaçabuçu	Maceió	133,00
Piaçabuçu	Piaçabuçu	Maceió	133,00
Campestre	Porto Calvo	Maceió	106,00
Jacuípe	Porto Calvo	Maceió	106,00
Porto Calvo	Porto Calvo	Maceió	106,00
Paulo Jacinto	Quebrangulo	Maceió	120,00
Quebrangulo	Quebrangulo	Maceió	120,00
Teotônio Vilela	Teotônio Vilela	Maceió	96,40
Água Branca	Água Branca	Santana do Ipanema	99,50
Pariconha	Água Branca	Santana do Ipanema	99,50
Delmiro Gouveia	Delmiro Gouveia	Santana do Ipanema	96,50

Olho D'Água do Casado	Piranhas	Santana do Ipanema	84,80
Piranhas	Piranhas	Santana do Ipanema	84,80
Flexeiras	Joaquim Gomes	União dos Palmares	76,70
Joaquim Gomes	Joaquim Gomes	União dos Palmares	76,70

SEÇÃO JUDICIÁRIA DO CEARÁ

Município	Comarca Responsável	Vara Federal	Distância Comarca/Vara Federal (km)
Ipueiras	Ipueiras	Crateús	85,6
Monsenhor Tabosa	Monsenhor Tabosa	Crateús	107
Aracoiaba	Aracoiaba	Fortaleza	83,3
Aratuba	Aratuba	Fortaleza	122
Barreira	Barreira	Fortaleza	74,7
Baturité	Baturité	Fortaleza	94,1
Capistrano	Capistrano	Fortaleza	99
Mulungu	Mulungu	Fortaleza	116
Guaramiranga	Pacoti	Fortaleza	97,8
Pacoti	Pacoti	Fortaleza	97,8
Palmácia	Palmácia	Fortaleza	70,9
Paracuru	Paracuru	Fortaleza	90,9
Deputado Irapuan Pinheiro	Solonópole	Iguatu	89,6
Piquet Carneiro	Piquet Carneiro	Iguatu	87,2
Saboeiro	Saboeiro	Iguatu	83,1
Milhã	Solonópole	Iguatu	89,6
Solonópole	Solonópole	Iguatu	89,1
Acaraú	Acaraú	Itapipoca	106
Itarema	Itarema	Itapipoca	88,2
Paraipaba	Paraipaba	Itapipoca	79,8
Araripe	Araripe	Juazeiro do Norte	116
Potengi	Araripe	Juazeiro do Norte	116
Assaré	Assaré	Juazeiro do Norte	101
Tarrafas	Assaré	Juazeiro do Norte	101
Aurora	Aurora	Juazeiro do Norte	71,3
Baixio	Baixio	Juazeiro do Norte	126
Umari	Baixio	Juazeiro do Norte	126
Barro	Barro	Juazeiro do Norte	87,7
Campos Sales	Campos Sales	Juazeiro do Norte	148
Salitre	Campos Sales	Juazeiro do Norte	148
Ipaumirim	Ipaumirim	Juazeiro do Norte	125
Jati	Jati	Juazeiro do Norte	96,4
Penaforte	Jati	Juazeiro do Norte	96,4
Lavras da Mangabeira	Lavras da Mangabeira	Juazeiro do Norte	90,5
Mauriti	Mauriti	Juazeiro do Norte	78,4
Várzea Alegre	Várzea Alegre	Juazeiro do Norte	92,6
Aracati	Aracati	Limoeiro do Norte	108
Beberibe	Beberibe	Limoeiro do Norte	143
Fortim	Fortim	Limoeiro do Norte	121
Icapuí	Icapuí	Limoeiro do Norte	162
Ererê	Iracema	Limoeiro do Norte	97,7

Iracema	Iracema	Limoeiro do Norte	97,7
Jaguaretama	Jaguaretama	Limoeiro do Norte	111
Jaguaribara	Jaguaretama	Limoeiro do Norte	111
Jaguaribe	Jaguaribe	Limoeiro do Norte	122
Itaiçaba	Jaguaruana	Limoeiro do Norte	81,6
Jaguaruana	Jaguaruana	Limoeiro do Norte	81,6
Pereiro	Pereiro	Limoeiro do Norte	145
Caridade	Caridade	Maracanaú	95,7
Paramoti	Caridade	Maracanaú	95,7
Apuiarés	Pentecoste	Maracanaú	89,8
General Sampaio	Pentecoste	Maracanaú	89,8
Pentecoste	Pentecoste	Maracanaú	89,8
Boa Viagem	Boa Viagem	Quixadá	142
Canindé	Canindé	Quixadá	100
Itatira	Itatira	Quixadá	141
Madalena	Madalena	Quixadá	105
Barroquinha	Barroquinha	Sobral	156
Bela Cruz	Bela Cruz	Sobral	99,5
Camocim	Camocim	Sobral	126
Carnaubal	Carnaubal	Sobral	108
Chaval	Chaval	Sobral	170
Croatá	Croatá	Sobral	127
Cruz	Cruz	Sobral	117
Graça	Graça	Sobral	75,1
Granja	Granja	Sobral	99,5
Martinópole	Granja	Sobral	99,5
Guaraciaba do Norte	Guaraciaba do Norte	Sobral	90,7
Hidrolândia	Hidrolândia	Sobral	117
Ibiapina	Ibiapina	Sobral	75,2
Ipu	Ipu	Sobral	102
Pires Ferreira	Ipu	Sobral	102
Irauçuba	Irauçuba	Sobral	78,1
Jijoca de Jericoacoara	Jijoca de Jericoacoara	Sobral	164
Marco	Marco	Sobral	91,3
Reriutaba	Reriutaba	Sobral	70,5
Catunda	Santa Quitéria	Sobral	86,6
Santa Quitéria	Santa Quitéria	Sobral	86,6
São Benedito	São Benedito	Sobral	91,1
Tianguá	Tianguá	Sobral	90,1
Ubajara	Ubajara	Sobral	82
Varjota	Varjota	Sobral	70,2
Viçosa do Ceará	Viçosa do Ceará	Sobral	120
Aiuaba	Aiuaba	Tauá	76,2
Mombaça	Mombaça	Tauá	89,5
Pedra Branca	Pedra Branca	Tauá	110
Senador Pompeu	Senador Pompeu	Tauá	149

LEGIS PROCESSUAL JUD.

SEÇÃO JUDICIÁRIA DA PARAÍBA

Município	Comarca Responsável	Vara Federal	Distância Comarca/Vara Federal (km)
Barra de Santa Rosa	Cuité	Campina Grande	114,8
Cuité	Cuité	Campina Grande	114,8
Damião	Cuité	Campina Grande	114,8
Nova Floresta	Cuité	Campina Grande	114,8
Sossêgo	Cuité	Campina Grande	114,8
Juazeirinho	Juazeirinho	Campina Grande	84,0
Santo André	Juazeirinho	Campina Grande	84,0
Tenório	Juazeirinho	Campina Grande	84,0
Baraúna	Picuí	Campina Grande	122,2
Frei Martinho	Picuí	Campina Grande	122,2
Nova Palmeira	Picuí	Campina Grande	122,2
Pedra Lavada	Picuí	Campina Grande	122,2
Picuí	Picuí	Campina Grande	122,2
Natuba	Umbuzeiro	Campina Grande	74,9
Santa Cecília	Umbuzeiro	Campina Grande	74,9
Umbuzeiro	Umbuzeiro	Campina Grande	74,9
Caldas Brandão	Gurinhém	João Pessoa	79,1
Gurinhém	Gurinhém	João Pessoa	79,1
Itabaiana	Itabaiana	João Pessoa	79,9
Juripiranga	Itabaiana	João Pessoa	79,9
Mogeiro	Itabaiana	João Pessoa	79,9
Salgado de São Félix	Itabaiana	João Pessoa	79,9
Curral de Cima	Jacaraú	João Pessoa	97,4
Jacaraú	Jacaraú	João Pessoa	97,4
Lagoa de Dentro	Jacaraú	João Pessoa	97,4
Pedro Régis	Jacaraú	João Pessoa	97,4
Água Branca	Água Branca	Monteiro	120,2
Imaculada	Água Branca	Monteiro	120,2
Juru	Água Branca	Monteiro	120,2
Manaira	Princesa Isabel	Monteiro	140,1
Princesa Isabel	Princesa Isabel	Monteiro	140,1
São José da Princesa	Princesa Isabel	Monteiro	140,1
Tavares	Princesa Isabel	Monteiro	140,1
Assunção	Taperoá	Monteiro	96,4
Livramento	Taperoá	Monteiro	96,4
Taperoá	Taperoá	Monteiro	96,4
Aguiar	Piancó	Sousa	107,1
Belém do Brejo do Cruz	Catolé do Rocha	Sousa	102,3
Bom Sucesso	Catolé do Rocha	Sousa	102,3
Brejo do Cruz	Catolé do Rocha	Sousa	102,3
Brejo dos Santos	Catolé do Rocha	Sousa	102,3
Catolé do Rocha	Catolé do Rocha	Sousa	102,3
Jericó	Catolé do Rocha	Sousa	102,3
Mato Grosso	Catolé do Rocha	Sousa	102,3
Riacho dos Cavalos	Catolé do Rocha	Sousa	102,3

São José do Brejo do Cruz	Catolé do Rocha	Sousa	102,3
Conceição	Conceição	Sousa	146, 4
Ibiara	Conceição	Sousa	146,4
Santa Inês	Conceição	Sousa	146,4
Santana de Mangueira	Conceição	Sousa	146,4
Coremas	Coremas	Sousa	75,2
Boa Ventura	Itaporanga	Sousa	125,9
Curral Velho	Itaporanga	Sousa	125,9
Diamante	Itaporanga	Sousa	125,9
Itaporanga	Itaporanga	Sousa	125,9
Pedra Branca	Itaporanga	Sousa	125,9
São José de Caiana	Itaporanga	Sousa	125,9
Serra Grande	Itaporanga	Sousa	125,9
Catingueira	Piancó	Sousa	107,1
Emas	Piancó	Sousa	107,1
Igaracy	Piancó	Sousa	107,1
Nova Olinda	Piancó	Sousa	107,1
Olho Dágua	Piancó	Sousa	107,1
Piancó	Piancó	Sousa	107,1
Santana dos Garrotes	Piancó	Sousa	107,1
Paulista	São Bento	Sousa	115,8
São Bento	São Bento	Sousa	115,8
Bonito de Santa Fé	São José de Piranhas	Sousa	77,3
Carrapateira	São José de Piranhas	Sousa	77,3
Monte Horebe	São José de Piranhas	Sousa	77,3
São José de Piranhas	São José de Piranhas	Sousa	77,3

SEÇÃO JUDICIÁRIA DE PERNAMBUCO

Município	**Comarca Responsável**	**Vara Federal**	**Distância Comarca/Vara Federal (km)**
Ibimirim	Ibimirim	Arcoverde	80,30
Inajá	Inajá	Arcoverde	133,00
Manari	Inajá	Arcoverde	133,00
Itaíba	Itaíba	Arcoverde	79,20
Poção	Poção	Arcoverde	71,60
Barra de Guabiraba	Bonito	Caruaru	85,00
Bonito	Bonito	Caruaru	85,00
Jataúba	Jatauba	Caruaru	91,10
Orobó	Orobó	Caruaru	107,00
Águas Belas	Águas Belas	Garanhuns	82,70
São Vicente Ferrer	São Vicente Ferrer	Goiana	70,10
Moreilândia	Moreilândia	Ouricuri	76,70
Afrânio	Afrânio	Petrolina	120,00
Dormentes	Afrânio	Petrolina	120,00
Santa Maria da Boa Vista	Santa Maria da Boa Vista	Petrolina	108,00
Bom Jardim	Bom Jardim	Recife	103,00
Machados	Bom Jardim	Recife	103,00
Feira Nova	Feira Nova	Recife	70,20
João Alfredo	João Alfredo	Recife	108,00

Salgadinho	João Alfredo	Recife	108,00
Limoeiro	Limoeiro	Recife	75,10
Belém do São Francisco	Belém do SãoFrancisco	Salgueiro	85,10
Itacuruba	Belém do SãoFrancisco	Salgueiro	85,10
Orocó	Orocó	Salgueiro	104,40
Afogados da Ingazeira	Afogados da Ingazeira	Serra Talhada	84,70
Iguaraci	Afogados da Ingazeira	Serra Talhada	84,70
Custódia	Custodia	Serra Talhada	76,90
Floresta	Floresta	Serra Talhada	96,90
Brejinho	Itapetim	Serra Talhada	155,00
Itapetim	Itapetim	Serra Talhada	155,00
Jatobá	Petrolândia	Serra Talhada	151,00
Petrolândia	Petrolândia	Serra Talhada	151,00
Santa Terezinha	São José do Egito	Serra Talhada	137,00
São José do Egito	São José do Egito	Serra Talhada	137,00
Solidão	Tabira	Serra Talhada	104,00
Tabira	Tabira	Serra Talhada	104,00
Tacaratu	Tacaratu	Serra Talhada	180,00
Ingazeira	Tuparetama	Serra Talhada	132,00
Tuparetama	Tuparetama	Serra Talhada	132,00

SEÇÃO JUDICIÁRIA DO RIO GRANDE DO NORTE

Município	Comarca Responsável	Vara Federal	Distância Comarca/VaraFederal (km)
Caiçara do Rio do Vento	Lajes	Assu	81,70
Lajes	Lajes	Assu	81,70
Pedra Preta	Lajes	Assu	81,70
Pedro Avelino	Lajes	Assu	81,70
Galinhos	Macau	Assu	74,40
Guamaré	Macau	Assu	74,40
Macau	Macau	Assu	74,40
Bodó	Santana do Matos	Assu	89,00
Santana do Matos	Santana do Matos	Assu	89,00
Cerro Corá	Currais Novos	Caicó	86,5
Currais Novos	Currais Novos	Caicó	86,5
Lagoa Nova	Currais Novos	Caicó	86,5
Florânia	Florânia	Caicó	80,70
São Vicente	Florânia	Caicó	80,70
Tenente Laurentino Cruz	Florânia	Caicó	80,70
Caiçara do Norte	São Bento do Norte	Ceará-Mirim	120,80
Pedra Grande	São Bento do Norte	Ceará-Mirim	120,80
São Bento do Norte	São Bento do Norte	Ceará-Mirim	120,80
Apodi	Apodi	Mossoró	78,30
Felipe Guerra	Apodi	Mossoró	78,30
Itaú	Apodi	Mossoró	78,30
Rodolfo Fernandes	Apodi	Mossoró	78,30
Severiano Melo	Apodi	Mossoró	78,30
Caraúbas	Caraúbas	Mossoró	80,00
Baía Formosa	Canguaretama	Natal	79,20
Canguaretama	Canguaretama	Natal	79,20

Vila Flor	Canguaretama	Natal	79,20
Lagoa d'Anta	Nova Cruz	Natal	108,00
Montanhas	Nova Cruz	Natal	108,00
Nova Cruz	Nova Cruz	Natal	108,00
Passa e Fica	Nova Cruz	Natal	108,00
Pedro Velho	Pedro Velho	Natal	86,80
Campo Redondo	Santa Cruz	Natal	132,00
Coronel Ezequiel	Santa Cruz	Natal	132,00
Jaçanã	Santa Cruz	Natal	132,00
Japi	Santa Cruz	Natal	132,00
Lajes Pintadas	Santa Cruz	Natal	132,00
Santa Cruz	Santa Cruz	Natal	132,00
São Bento do Trairi	Santa Cruz	Natal	132,00
Jundiá	Santo Antônio	Natal	76,80
Lagoa de Pedras	Santo Antônio	Natal	76,80
Passagem	Santo Antônio	Natal	76,80
Santo Antônio	Santo Antônio	Natal	76,80
Serrinha	Santo Antônio	Natal	76,80
Várzea	Santo Antônio	Natal	76,80
Monte das Gameleiras	São José do Campestre	Natal	105,20
São José do Campestre	São José do Campestre	Natal	105,20
Serra de São Bento	São José do Campestre	Natal	105,20
Riachuelo	São Paulo do Potengi	Natal	90,70
Santa Maria	São Paulo do Potengi	Natal	90,70
São Paulo do Potengi	São Paulo do Potengi	Natal	90,70
São Pedro	São Paulo do Potengi	Natal	90,70
Barcelona	São Tomé	Natal	125,00
Lagoa de Velhos	São Tomé	Natal	125,00
Ruy Barbosa	São Tomé	Natal	125,00
São Tomé	São Tomé	Natal	125,00
Boa Saúde	Tangará	Natal	105,00
Senador Eloi de Souza	Tangará	Natal	105,00
Serra Caiada	Tangará	Natal	105,00
Sítio Novo	Tangará	Natal	105,00
Tangará	Tangará	Natal	105,00
Messias Targino	Patu	Pau dos Ferros	71,60
Patu	Patu	Pau dos Ferros	71,60

SEÇÃO JUDICIÁRIA DE SERGIPE

Município	Comarca Responsável	Vara Federal	Distância Comarca/Vara Federal (km)
Canindé de São Francisco	Canindé de São Francisco	Itabaiana	142,0
Poço Redondo	Poço Redondo	Itabaiana	120,0
Poço Verde	Poço Verde	Lagarto	70,6
Porto da Folha	Porto da Folha	Propriá	80,5

RESOLUÇÃO PRES Nº 429, DE 11 DE JUNHO DE 2021

Dispõe sobre o exercício da competência delegada, em matéria previdenciária, no âmbito da Justiça Federal da 3.ª Região, nos termos do disposto no art. 3.º da Lei n.º 13.876/2019.

O PRESIDENTE DO TRIBUNAL REGIONAL FEDERAL DA TERCEIRA REGIÃO, no uso de suas atribuições legais e regimentais,

CONSIDERANDO o art. 109, § 3.º, da Constituição Federal, que dispõe sobre a competência delegada;

CONSIDERANDO o art. 15, inciso III, da Lei n.º 5.010/66, com a redação dada pela Lei n.º 13.876/2019, que limitou o exercício da competência delegada às comarcas de domicílio do segurado situadas a mais de 70 km de municípios sede de vara federal;

CONSIDERANDO a determinação legal para que o respectivo Tribunal Regional Federal indique as comarcas que se enquadrem no critério de distância previsto na Lei n.º 13.876/2019;

CONSIDERANDO o art. 5.º, inciso I, da Lei n.º 13.876/2019, que estabelece critério para o exercício da competência delegada federal pela Justiça Comum Estadual, a partir de 1.º de janeiro de 2020;

CONSIDERANDO a Resolução CJF n.º 603/2019, que dispõe sobre o exercício da competência da Justiça Federal delegada nos termos das alterações promovidas pelo art. 3.º da Lei n.º 13.876/2019, e estabelece critérios uniformes para publicação da lista das comarcas estaduais com competência delegada;

CONSIDERANDO que a tabela -- Anexos I e II -- da Resolução N.º 322, de 12/12/2019, desta Presidência, com as alterações dadas pelas Resoluções n.º 334 e 345 de 2020, que dispõe sobre o exercício da competência delegada no âmbito da Justiça Federal da 3.ª Região, foi construída com observância de distâncias "em linha reta", entre o centro urbano do Município sede da comarca estadual e o centro urbano do Município sede da vara federal mais próxima, ao passo que apuração dos 70 quilômetros foi feita com base na planilha de distâncias indicada pelo Instituto Brasileiro de Geografia e Estatística – IBGE;

CONSIDERANDO o decidido pelo E. Conselho da Justiça Federal, no julgamento dos Processos Administrativos n.º 0000435-61.2020.4.90.8000 e n.º 0002799-21.2020.4.90.8000, na sessão de 26/04/2021, no qual restou aprovada a edição da Resolução CJF n.º 705, de 27/04/2021, e alteração dada pela Resolução CJF n.º 706, de 28/04/2021, que altera o § 2.º do art. 2 da Resolução CJF n.º 603/2019, passando a determinar que a lista das comarcas com competência federal delegada, deverá ser confeccionada com a distância real de acesso às Subseções Judiciárias Federais, e não em linha reta, conforme tabelas disponíveis em ferramentas de órgãos oficiais, Google Maps ou similares;

CONSIDERANDO o expediente SEI n.º 0281424-82.2021.4.03.8000,

R E S O L V E:

Art. 1.º O exercício da competência federal delegada para processamento e julgamento das causas em que forem parte instituição de previdência social e segurado relativamente a benefícios de natureza pecuniária é restrito às comarcas estaduais localizadas a mais de 70 km do município sede de vara federal, cuja circunscrição abranja o município sede da comarca.

§ 1.º Para definição das comarcas dotadas de competência delegada federal na forma do caput deste artigo, deverá ser considerada a distância entre o centro urbano do município sede da comarca estadual e o centro urbano do município sede da vara federal mais próxima, em nada interferindo o domicílio do autor.

§ 2.º A apuração da distância, conforme previsto no parágrafo anterior, deverá observar o deslocamento real, e não em linha reta, conforme tabelas disponíveis em ferramentas de órgãos oficiais, Google Maps ou similares.

Art. 2.º As comarcas que permanecem com competência federal delegada estão elencadas nos Anexos I (São Paulo) e II (Mato Grosso do Sul) desta Resolução.

§ 1.º As listas das comarcas previstas no caput deste artigo deverão ser disponibilizadas nas páginas da internet da Justiça Federal da 3.ª Região, além de ser enviadas ao Conselho da Justiça Federal para divulgação em sua página própria, às seccionais da Ordem dos Advogados do Brasil, às Procuradorias Regionais Federais, às Procuradorias Regionais do Ministério Público Federal, às Corregedorias dos Tribunais de Justiça, à Defensoria Pública Federal, ao Instituto Nacional do Seguro Social, sem prejuízo de outros órgãos ou entidades que tenham interesse na matéria.

§ 2.º O Tribunal Regional Federal da 3.ª Região e as Seções Judiciárias de São Paulo e de Mato Grosso do Sul deverão afixar em local de acesso aos advogados e ao público informação sobre a localização da vara federal competente para processamento das ações de que trata esta Resolução.

Art. 3.º As ações, em fase de conhecimento ou de execução, ajuizadas anteriormente a 1.º de janeiro de 2020, continuarão a ser processadas e julgadas no juízo estadual, nos termos do art. 109, § 3.º, da Constituição Federal, do art. 15, inciso III, da Lei n.º 5010/66, em sua redação original, e do art. 43 do Código de Processo Civil.

Art. 4.º Havendo declínio de competência de ações propostas a partir de 1.º de janeiro de 2020, em comarcas que não possuam competência delegada, a remessa à vara federal competente deverá ser promovida eletronicamente.

§ 1.º O processo eletrônico será encaminhado através de integração com o PJe.

§ 2.º Os processos físicos serão digitalizados:

I - de maneira integral, vedando-se a sobreposição de documentos ou a apresentação de documentos coloridos;

II - observando a ordem sequencial dos volumes do processo;

III - nomeando os arquivos digitais com a identificação do volume do processo correspondente;

IV – observando os limites de tamanho e formatos abaixo para cada tipo de arquivo:

TIPO DE ARQUIVO	FORMATO/EXTENSÃO	TAMANHO MÁXIMO
texto	pdf	10mb
áudio	mp3	20mb
áudio	mp4	20mb
áudio	mpeg	20mb
vídeo	mp4	50mb
vídeo	mov	20mb
vídeo	mpeg	50mb
vídeo	quicktime	50mb
vídeo	x-ms-asf	50mb
vídeo	x-ms-wmv	50mb

V - A fim de facilitar o envio (upload), visualização (download) e leitura dos arquivos que comporão o processo eletrônico, orienta-se pela digitalização em baixa resolução, com o objetivo de obter arquivos com tamanho médio de 250 kb por página.

Art. 5.º As ações, em fase de conhecimento ou de execução, ajuizadas até 30/06/2021, cuja competência territorial tenha sido alterada em decorrência da Resolução CJF n. 603, de 12/12/2019, continuarão a ser processadas e julgadas no juízo federal ao qual foram distribuídas, em atenção ao art. 43 do Código de Processo Civil.

Art. 6.º Revogar as Resoluções PRES n.º 322, de 12/12/2019, n.º 334, de 27/02/2020 e n.º 345, de 30/04/2020.

Art. 7.º Esta Resolução entra em vigor na data de sua publicação.

Publique-se. Registre-se. Cumpra-se.

Mairan Gonçalves Maia Júnior
Desembargador Federal Presidente

ANEXO I DA RESOLUÇÃO PRES Nº 429, DE 11 E JUNHO DE 2021

SÃO PAULO

LISTA DAS COMARCAS COM COMPETÊNCIA FEDERAL DELEGADA

Nº SUBSEÇÃO	SEDE DA SUBSEÇÃO	COMARCAS DA JUSTIÇA ESTADUAL COM COMPETÊNCIA FEDERAL DELEGADA
2	Ribeirão Preto	Morro Agudo (Acrescido pela Res. PRES 495/2022)
		Santa Rosa de Viterbo
6	São José do Rio Preto	Cardoso
		Macaubal
		Nhandeara
		Paulo de Faria
10	Sorocaba	Itapetininga
		São Miguel Arcanjo
12	Presidente Prudente	Flórida Paulista (a partir da implantação da 2.ª Vara-Gabinete do Juizado de Presidente Prudente) (Acrescido pela Res. PRES 495/2022)
		Iepê
		Mirante do Paranapanema (Acrescido pela Res. PRES 495/2022)
		Pacaembu (a partir da implantação da 2.ª Vara-Gabinete do Juizado de Presidente Prudente) (Acrescido pela Res. PRES 495/2022)
		Presidente Epitácio
		Rosana
		Teodoro Sampaio
13	Franca	Igarapava
		Ipuã
15	São Carlos	Pirassununga
		Santa Rita do Passa Quatro
		Tambaú
18	Guaratinguetá	Bananal
20	Araraquara	Borborema
		Ibitinga
22	Tupã	Flórida Paulista (até a implantação da 2.ª Vara-Gabinete do Juizado de Presidente Prudente) (Redação dada pela Res. PRES 495/2022)
		Pacaembu (até a implantação da 2.ª Vara-Gabinete do Juizado de Presidente Prudente) (Redação dada pela Res. PRES 495/2022)
23	Bragança Paulista	Águas de Lindóia
25	Ourinhos	Fartura

27	São João da Boa Vista	Caconde
		Itapira
		Mococa
29	Registro	Cananéia
		Iguape
		Itariri
32	Avaré	Paranapanema
37	Andradina	Dracena
		Ilha Solteira
		Junqueirópolis
		Panorama
38	Barretos	Miguelópolis
39	Itapeva	Angatuba
		Apiaí
		Itaporanga
41	São Vicente	Peruíbe

ANEXO II DA RESOLUÇÃO PRES N.º 429, DE 11 E JUNHO DE 2021

MATO GROSSO DO SUL

LISTA DAS COMARCAS COM COMPETÊNCIA FEDERAL DELEGADA

Nº SUBSEÇÃO	SEDE DA SUBSEÇÃO	COMARCAS DA JUSTIÇA ESTADUAL COM COMPETÊNCIA FEDERAL DELEGADA
1	Campo Grande	Anastácio
		Aquidauana
		Bandeirantes
		Bonito
		Camapuã
		Dois Irmãos do Buriti
		Miranda
		Nioaque
		Porto Murtinho
		Ribas do Rio Pardo
		Sidrolândia
2	Dourados	Anaurilândia
		Angélica
		Bataiporã/Batayporã
		Deodápolis
		Glória de Dourados
		Ivinhema
		Maracaju
		Nova Alvorada do Sul
		Nova Andradina

3	Três Lagoas	Água Clara
		Aparecida do Taboado
		Bataguassu/Bataguaçú
		Cassilândia
		Chapadão do Sul
		Inocência
		Paranaíba
5	Ponta Porã	Amambai
		Bela Vista
		Coronel Sapucaia
		Jardim
6	Naviraí	Eldorado
		Iguatemi
		Mundo Novo
		Sete Quedas
7	Coxim	Costa Rica
		Rio Negro
		São Gabriel do Oeste
		Sonora

RES. Nº TRF2-RSP-2021/00050, DE 29 DE JUNHO DE 2021

Dispõe sobre o exercício, no âmbito da 2ª Região, da competência da Justiça Federal delegada, em matéria previdenciária, nos termos das alterações promovidas pelo art. 3º da Lei nº 13.876, de 20 de setembro de 2019.

O PRESIDENTE DO TRIBUNAL REGIONAL FEDERAL DA 2ª REGIÃO, no uso de suas atribuições legais e regimentais,

CONSIDERANDO o estabelecido pelo art. 109, § 3º, da Constituição Federal, bem como pelos arts.3º e 5º, inciso I, da Lei nº 13.876, de 20 de setembro de 2019, que define critério para exercício da competência delegada federal pela Justiça Comum Estadual a partir de 1º de janeiro de 2020;

CONSIDERANDO o disposto na Lei nº 5.010, de 30 de maio de 1965, em seu art. 15, inciso III, com a redação dada pela Lei nº 13.876, de 20 de setembro de 2019, que limitou o exercício da competência delegada às comarcas situadas a mais de 70 km de distância dos municípios sede de vara federal;

CONSIDERANDO a determinação legal para que os Tribunais Regionais Federais indiquem as comarcas que se encontrem no critério de distância fixado por lei;

CONSIDERANDO o decidido pelo E. Conselho da Justiça Federal no Processo nº 0006509-11.2019.4.01.8000, que aprovou a Resolução CJF nº 603/2019, a qual dispõe sobre o exercício da competência da Justiça Federal delegada nos termos das alterações promovidas pelo art. 3º da Lei nº 13.876/2019;

CONSIDERANDO a deliberação dos membros do E. Conselho da Justiça Federal nos Processos nº 0000435-61.2020.4.90.8000 e nº 0002799-21.2020.4.90.8000, que culminou na aprovação das Resoluções CJF nº 705/2021 e CJF nº 706/2021, as quais determinaram que os Tribunais Regionais Federais deveriam confeccionar suas tabelas de distâncias com base no deslocamento real, e não em linha reta, conforme tabelas disponíveis em ferramentas de órgãos oficiais, Google Maps ou similares, e que as as ações, em fase de conhecimento ou de execução, ajuizadas até 30 de junho de 2021, cuja competência territorial tenha sido alterada em decorrência da Resolução CJF nº 603, de 12 de novembro de 2019, continuarão a ser processadas e julgadas no juízo federal ao qual foram distribuídas; e

CONSIDERANDO o teor dos Despachos nº JFRJDES-2020/15729 e JFES-DES-2020/12797, assim como a norma contida no art. 43 do Código de Processo Civil;

RESOLVE, ad referendum do Órgão Especial:

Art. 1º O exercício da competência federal delegada para processamento e julgamento das causas em que forem partes instituição de previdência social e segurado, relativamente a benefícios de natureza pecuniária, é restrito às comarcas estaduais localizadas a mais de 70 quilômetros de distância do Município sede da vara federal cuja circunscrição abranja o Município sede da comarca.

§ 1º Para definição das comarcas dotadas de competência delegada federal, na forma do caput deste artigo, considera-se a distância entre o Município sede da comarca estadual e o Município sede da vara federal responsável, em nada interferindo o domicílio do autor.

§ 2º Na apuração da distância, conforme previsto pelo parágrafo anterior, deve ser utilizada a plataforma Google Maps, utilizando o carro como modo de deslocamento.

Art. 2º No âmbito desta 2ª Região da Justiça Federal, são comarcas estaduais com competência federal delegada para processamento e julgamento das causas em que forem partes instituição de previdência social e segurado, relativamente a benefícios de natureza pecuniária:

I. Na Seção Judiciária do Estado do Espírito Santo:

a) Águia Branca (79,4 km), Água Doce do Norte (151 km), Alto Rio Novo (87,6 km), Barra de São Francisco (121 km), Ecoporanga (176 km), Mantenópolis (121 km) e São Gabriel da Palha (73,3 km), eis que distantes mais de 70 km das Varas Federais de Colatina;

b) Apiacá (89,5 km), Bom Jesus do Norte (104 km), Conceição do Castelo (73,5 km), Dores do Rio Preto (115 km), Guaçuí (83,8 km), Ibatiba (124 km), Ibitirama (106 km), Iúna (118 km), Muniz Freire (93,5 km) e São José do Calçado (117 km), eis que distantes mais de 70 km das Varas Federais de Cachoeiro de Itapemirim;

c) Montanha (115 km), Mucurici (133 km) e Pinheiros (71,1 km), eis que distantes mais de 70 km da Vara Federal de São Mateus;

d) Afonso Cláudio (149 km), Alfredo Chaves (90,3 km), Anchieta (85,2 km), Itaguaçu (131 km), Itarana (121 km), Laranja da Terra (154 km), Santa Maria de Jetibá (88,9 km), Santa Teresa (78,2 km) e Venda Nova do

Imigrante (114 km), eis que distantes mais de 70 km das Varas Federais de Vitória.

II. Na Seção Judiciária do Estado do Rio de Janeiro:

a) Cambuci (80,5 km) e Itaocara (101 km), eis que distantes mais de 70 km das Varas Federais de Campos dos Goytacazes;

b) Paraty (95,8 km), eis que distante mais de 70 km da Vara Federal de Angra dos Reis;

c) Carmo (71,5 km), Santa Maria Madalena (92 km), São Sebastião do Alto (79,4 km) e Trajano de Moraes (81,7 km), eis que distantes mais de 70 km das Varas Federais de Nova Friburgo;

d) Miguel Pereira (71,8 km), eis que distante mais de 70 km das Varas Federais de Nova Iguaçu;

e) Itaguaí (76,7 km), Mangaratiba (106 km) e Seropédica (70,5 km), eis que distantes mais de 70 km das Varas Federais da Capital.

Art. 3º As ações, em fase de conhecimento ou de execução, ajuizadas anteriormente a 1º de janeiro de 2020 continuarão a ser processadas e julgadas perante o juízo estadual, nos termos em que previsto pelo § 3º do art. 109 da Constituição Federal; pelo inciso III do art. 15 da Lei nº 5.010, de 30 de maio de 1965, em sua redação original; e pelo art. 43 do Código de Processo Civil.

Art. 4º As ações, em fase de conhecimento ou de execução, ajuizadas entre 1º de janeiro de 2020 e 30 de junho de 2021, cuja competência territorial tenha sido alterada em decorrência das Resoluções nº TRF2-RSP-2019/00091 e TRF2- RSP-2020/00007, continuarão a ser processados e julgadas no juízo federal ao qual foram distribuídas, em atenção ao art. 2º da Resolução CJF nº 706/2021 e ao art. 43 do Código de Processo Civil.

Art. 5º Havendo declínio de competência de ações propostas em comarcas que não possuam competência delegada a partir de 1º de janeiro de 2020, a remessa para a Vara Federal competente deverá ser promovida eletronicamente, no formato de envio previsto na Resolução nº TRF2-RSP-2019/00054.

Parágrafo único. Até que sobrevenham as condições técnicas para a aplicação do disposto no caput, as remessa às varas federais deverão ser promovidas por meio do Sistema Malote Digital.

Art. 6° Ficam revogadas as Resoluções nº TRF2-RSP-2019/00091 e TRF2- RSP-2020/00007.

Art. 7º Esta Resolução entra em vigor no dia 1º de julho de 2021.

PUBLIQUE-SE. REGISTRE-SE. CUMPRA-SE.

MESSOD AZULAY NETO
Presidente

PORTARIA TRF4 Nº 633, DE 27 DE AGOSTO DE 2021

Altera a relação das Comarcas da Justiça Estadual com a competência federal delegada de que trata o artigo 15, inciso III, da Lei nº 5.010/1966, com redação dada pela Lei nº 13.876/2019, no âmbito da Justiça Federal da 4ª Região.

O PRESIDENTE DO TRIBUNAL REGIONAL FEDERAL DA 4ª REGIÃO, no uso de suas atribuições legais e regimentais, e

CONSIDERANDO o disposto no artigo 15, inciso III, da Lei nº 5.010/66, com redação dada pela Lei nº 13.876/2019;

CONSIDERANDO a previsão no § 2º do artigo 2º da Resolução nº 603/2019 do Conselho da Justiça Federal, com redação dada pela Resolução nº 705/2021;

CONSIDERANDO que as Unidades Avançadas de Atendimento (UAA) já se encontram excluídas da competência delegada, independentemente da distância do Município sede da Subseção Judiciária;

CONSIDERANDO o que consta nos autos do Processo Administrativo nº 0005581-68.2021.4.04.8000, resolve:

Art. 1º Incluir a Comarca de Nova Aurora/PR na relação das Comarcas da Justiça Estadual com competência federal delegada para as causas em que forem parte instituição de previdência social e segurado e que se referirem a benefícios de natureza pecuniária, no âmbito da Justiça Federal da 4ª Região.

Parágrafo único. A lista atualizada das Comarcas da Justiça Estadual com competência federal delegada passa a ser a que consta no anexo desta portaria.

Art. 2º Esta portaria revoga a Portaria 453/2021, e entra em vigor na data de sua publicação.

ANEXO
(Portaria nº 633/2021)
LISTA DAS COMARCAS DA JUSTIÇA ESTADUAL COM COMPETÊNCIA FEDERAL DELEGADA (artigo 15, III, da Lei nº 5.010/1966)

SEÇÃO JUDICIÁRIA	COMARCA DA JUSTIÇA ESTADUAL	SUBSEÇÃO JUDICIÁRIA
Paraná	Altônia	Umuarama
	Arapoti	Telêmaco Borba
	Barracão	Francisco Beltrão
	Campina da Lagoa	Campo Mourão
	Cândido de Abreu	Pitanga
	Cantagalo	Guarapuava
	Capanema	Francisco Beltrão
	Capitão Leônidas Marques	Cascavel
	Centenário do Sul	Londrina
	Cerro Azul	Curitiba
	Cianorte	Maringá
	Colorado	Maringá
	Congonhinhas	Londrina
	Faxinal	Apucarana
	Formosa do Oeste	Toledo

Paraná	Goioerê	Campo Mourão
	Grandes Rios	Apucarana
	Guaraniaçu	Cascavel
	Irati	Ponta Grossa
	Jaguariaíva	Ponta Grossa
	Laranjeiras do Sul	Guarapuava
	Loanda	Paranavaí
	Mangueirinha	Pato Branco
	Matelândia	Foz do Iguaçu
	Nova Aurora	Toledo
	Nova Fátima	Londrina
	Nova Londrina	Paranavaí
	Palmas	Pato Branco
	Palmital	Pitanga
	Palotina	Umuarama
	Paranacity	Maringá
	Piraí do Sul	Ponta Grossa
	Porecatu	Londrina
	Primeiro de Maio	Londrina
	Quedas do Iguaçu	Cascavel
	Realeza	Francisco Beltrão
	Rebouças	União da Vitória
	Reserva	Telêmaco Borba
	Rio Negro	Curitiba
	Santa Helena	Foz do Iguaçu
	Santa Isabel do Ivaí	Umuarama
	Santa Mariana	Londrina
	Santo Antônio do Sudoeste	Francisco Beltrão
	São Jerônimo da Serra	Londrina
	São João do Ivaí	Apucarana
	São João do Triunfo	União da Vitória
	São Mateus do Sul	União da Vitória
	Sengés	Ponta Grossa
	Siqueira Campos	Jacarezinho
	Tomazina	Jacarezinho
	Ubiratã	Campo Mourão

Rio Grande do Sul	Arroio do Tigre	Cachoeira do Sul
	Arroio Grande	Pelotas
	Arvorezinha	Lajeado
	Bom Jesus	Caxias do Sul
	Butiá	Porto Alegre
	Caçapava do Sul	Cachoeira do Sul

Rio Grande do Sul	Cacequi	Santana do Livramento
	Campo Novo	Palmeira das Missões
	Canela	Caxias do Sul
	Constantina	Carazinho
	Crissiumal	Santa Rosa
	Dom Pedrito	Santana do Livramento
	Encruzilhada do Sul	Cachoeira do Sul
	General Câmara	Porto Alegre
	Guaporé	Bento Gonçalves
	Herval	Pelotas
	Iraí	Palmeira das Missões
	Lagoa Vermelha	Passo Fundo
	Lavras do Sul	Bagé
	Mostardas	Porto Alegre
	Nonoai	Carazinho
	Palmares do Sul	Porto Alegre
	Pinheiro Machado	Bagé
	Piratini	Pelotas
	Planalto	Carazinho
	Porto Xavier	Santo Ângelo
	Quaraí	Santana do Livramento
	Ronda Alta	Carazinho
	Rosário do Sul	Santana do Livramento
	Salto do Jacuí	Cruz Alta
	Sananduva	Erechim
	Santo Antônio das Missões	Santo Ângelo
	Santo Augusto	Ijuí
	São Francisco de Paula	Caxias do Sul
	São Gabriel	Santana do Livramento
	São José do Ouro	Erechim
	São Lourenço do Sul	Pelotas
	Sobradinho	Cachoeira do Sul
	Tapes	Porto Alegre
	Taquari	Porto Alegre
	Tenente Portela	Palmeira das Missões
	Três Passos	Palmeira das Missões
	Triunfo	Porto Alegre

Santa Catarina	Abelardo Luz	Chapecó
	Anita Garibaldi	Lages
	Bom Retiro	Lages
	Campo Erê	São Miguel do Oeste
	Curitibanos	Caçador

Santa Catarina	Ponte Serrada	Concórdia
	Porto União	Caçador
	Rio do Campo	Rio do Sul
	Santa Cecília	Caçador
	São Domingos	Chapecó
	São Joaquim	Lages
	São Lourenço do Oeste	Chapecó
	Urubici	Lages

PORTARIA TRF1 Nº 411, DE 25 DE NOVEMBRO DE 2021

Torna pública a lista das comarcas estaduais localizadas na área de jurisdição da 1ª Região com competência federal delegada para processamento e julgamento das causas em que forem parte instituição de previdência social e segurado relativamente a benefícios de natureza pecuniária.

O PRESIDENTE DO TRIBUNAL REGIONAL FEDERAL DA 1ª REGIÃO, no uso de suas atribuições legais e regimentais e tendo em vista o que consta nos autos do Processo Administrativo Eletrônico PAe-SEI 0022192-51.2019.4.01.8000,

CONSIDERANDO:

a) a Lei 13.876/2019, que alterou o art. 15 da Lei 5.010/1966 para restringir a competência delegada, nas ações de natureza previdenciária, àquelas em que o segurado resida a mais de 70 (setenta) quilômetros do município sede de vara federal, determinando aos Tribunais Regionais Federais indicar as comarcas que se encontrem no critério de distância fixado pela lei;

b) a Resolução CJF 603/2019, que dispõe sobre o exercício da competência da Justiça Federal delegada e estabelece critérios uniformes para publicação da lista das comarcas estaduais com competência delegada, cuja apuração deve considerar a tabela de distâncias indicada pelo Instituto Brasileiro de Geografia e Estatística – IBGE ou em outra ferramenta de medição de distâncias disponível (art. 2º, § 1º);

c) a Resolução CJF 705/2021, que dispõe sobre a alteração do art. 2º da Resolução CJF 603/2019 quanto à apuração de distância e dá outras providências;

d) a Resolução CJF 706/2021, que dispõe sobre a alteração do art. 2º da Resolução CJF 705/2021;

e) a Portaria Presi 9507568, de 20 de dezembro de 2019, que torna pública a lista das
comarcas estaduais localizadas na área de jurisdição da 1ª Região com competência federal delegada para processamento e julgamento das causas em que forem parte instituição de previdência social e segurado relativamente a benefícios de natureza pecuniária;

f) a necessidade de se considerar as distâncias percorríveis por via rodoviária ou hidroviária, para possibilitar o acesso dos jurisdicionados, que demandou a revisão dos Anexos da Portaria Presi 9507568, de 20 de dezembro de 2019;

g) que as Unidades Avançadas de Atendimento (UAA) não podem ser usadas como parâmetro de distância das demais Comarcas, porque não constituem o Município sede da Subseção Judiciária;

h) as informações prestadas pelos diretores de foro das Seções Judiciárias da 1ª Região;

i) a manifestação de concordância da Corregedoria Regional,

RESOLVE:

Art. 1º TORNAR PÚBLICA, na forma do Anexo I (14526200) desta Portaria, a lista das comarcas estaduais com competência federal delegada para processamento e julgamento das causas em que forem parte instituição de previdência social e segurado relativamente a benefícios de natureza pecuniária, nos termos do art. 1º da Resolução CJF 603/2019, e alterações.

§ 1º A lista de que trata o caput deste artigo será disponibilizada no Portal do Tribunal, no Menu Organização/Varas Federais/Lista das comarcas estaduais com competência federal delegada.

§ 2º A lista das comarcas estaduais que deixaram de possuir competência delegada são as constantes do Anexo II (14526204) desta Portaria.

Art. 2ª O exercício da competência delegada é restrito às comarcas estaduais localizadas a mais de 70 quilômetros do Município sede da vara federal cuja circunscrição abranja o Município sede da comarca.

§ 1º. Para definição das comarcas dotadas de competência delegada federal na forma do caput deste artigo, deverá ser considerada a distância entre o centro urbano do Município sede da comarca estadual e o centro urbano do Município sede da vara federal mais próxima, em nada interferindo o domicílio do autor.

§ 2º A apuração da distância, conforme previsto no parágrafo anterior, deverá observar o deslocamento real, e não em linha reta, conforme tabelas disponíveis em ferramentas de órgãos oficiais, Google Maps ou similares.

Art. 3º Compete aos diretores de foro das Seções Judiciárias da 1ª Região:

I – promover ampla divulgação dos Anexos I e II desta Portaria junto às seccionais da Ordem dos Advogados do Brasil, às Procuradorias Regionais Federais, às Procuradorias Regionais do Ministério Público Federal, às Corregedorias dos Tribunais de Justiça, à Defensoria Pública Federal, ao Instituto Nacional do Seguro Social, sem prejuízo de outros órgãos ou entidades que tenham interesse na matéria.

II – disponibilizar nas páginas da internet da respectiva seccional link de acesso à lista das comarcas estaduais com competência federal delegada divulgada no Portal do TRF 1ª Região (Anexo I), bem como à lista das comarcas estaduais que deixaram de possuir competência delegada (Anexo II).

III – afixar em local de acesso aos advogados e ao público a lista das Comarcas estaduais que deixaram de possuir competência delegada federal (Anexo II), dando a elas ciência sobre o respectivo teor.

Art. 4º Nos termos da Resolução CJF 603/2019, as ações, em fase de conhecimento ou de execução, ajuizadas anteriormente a 1º de janeiro de 2020, continuarão a ser processadas e julgadas no juízo estadual.

Art. 5º Havendo declínio de competência de ações propostas em comarcas que não possuam competência delegada a partir de 1º de janeiro de 2020, a remessa para a vara federal competente deverá ser promovida eletronicamente.

Art. 6º As ações, em fase de conhecimento ou de execução, ajuizadas até 30 de junho de 2021, cuja competência territorial tenha sido alterada em decorrência da Resolução CJF 603/2019, continuarão a ser processadas e julgadas no juízo federal ao qual foram distribuídas, em atenção ao art. 43 do Código de Processo Civil, conforme disposto na Resolução CJF 705/2021, com a redação da Resolução CJF 706/2021.

Art. 7º Esta Portaria entra em vigor na data de sua publicação, revogando-se a Portaria Presi 9507568, de 20 de dezembro de 2019.

Desembargador Federal I'TALO FIORAVANTI SABO MENDES
Presidente

ANEXO I

Lista das Comarcas Estaduais localizadas na área de jurisdição da 1ª Região com competência federal delegada

UF	Município Sede de Seção/Subseção Judiciária	Comarca com Competência Delegada (mais de 70 KM de Municípios e de da JF)
AC	Rio Branco	Acrelândia Assis Brasil Brasiléia Capixaba Epitaciolândia Manoel Urbano Plácido de Castro Sena Madureira Xapuri
	Cruzeiro do Sul	Feijó Tarauacá
AM	Manaus	Alvarães Anamã Anori Apuí Autazes Barcelos Barreirinha Beruri Boa Vista do Ramos Boca do Acre Borba Caapiranga Canutama Carauari Careiro Coari Codajás Eirunepé Envira Fonte Boa Guajará Humaitá Ipixuna Itacoatiara Itamarati Itapiranga Japurá Juruá Lábrea Manacapuru Manaquiri Manicoré Maraã Maués Nhamundá Nova Olindado Norte Novo Airão Novo Aripuanã Parintins Pauini Presidente Figueiredo Rio Preto da Eva Santa Isabel do RioNegro São Gabriel da Cachoeira São Sebastião do Uatumã Silves Tapauá Tefé Uarini Urucará Urucurituba
	Tabatinga	Jutaí Santo Antônio do Içá São Paulo de Olivença
AP	Macapá	Amapá Ferreira Gomes Pedra Branca do Amapari Porto Grande Serrado Navio Tartarugalzinho
	Oiapoque	Calçoene

UF	Município Sede de Seção/Subseção Judiciária	Comarca com Competência Delegada (mais de 70 KM de Municípios e de da JF)
BA	Salvador	Cachoeira Cruz das Almas Governador Mangabeira Muritiba Nazaré Pojuca Santo Amaro Santo Antônio de Jesus São Felipe Valença
	Alagoinhas	Cipó
BA	Alagoinhas	Conde Esplanada Itapicuru Nova Soure Olindina Ribeirado Pombal Rio Real
	Barreiras	Cotegipe Formosa do Rio Preto Luís Eduardo Magalhães Santa Rita de Cássia
	Bom Jesus da Lapa	Cocos Coribe Correntina Ibotirama Igaporã Macaúbas Oliveira dos Brejinhos Santa Maria da Vitória Santana SerraDourada
	Campo Formoso	Cansanção Capim Grosso Itiúba Jacobina Miguel Calmon Monte Santo
	Eunápolis	Belmonte Santa Cruz Cabrália
	Feira de Santana	Amargosa Araci Capela do Alto Alegre Castro Alves Conceição do Almeida Conceição do Coité Euclides da Cunha Iaçu Ipirá Itaberaba Mairi Maragogipe Mundo Novo Piritiba Queimadas Retirolândia Riachão do Jacuípe Ruy Barbosa Santa Teresinha Santaluz Sapeaçu Serrinha Teofilândia Terra Nova Tucano Valente
	Guanambi	Caculé Carinhanha Jacaraci Paramirim Tanque Novo
	Ilhéus	Camamu Canavieiras Itacaré Ituberá Taperoá

UF	Município Sede de Seção/Subseção Judiciária	Comarca com Competência Delegada (mais de 70 KM de Municípios e de da JF)
BA	Irecê	Andaraí Barra Gentio do Ouro Iraquara Lençóis Morro do Chapéu Seabra Utinga Xique-Xique
	Itabuna	Camacan Gandu Iguaí Itororó Ubatã Wenceslau Guimarães
	Jequié	Ibirataia Itagibá Laje Maracás Mutuípe Piatã SantaInês Ubaíra
	Juazeiro	Casa Nova Curaçá
	Juazeiro	Pilão Arcado Remanso Sento Sé Uauá
	Paulo Afonso	Antas Chorrochó Cícero Dantas Jeremoabo Paripiranga
	Teixeira de Freitas	Caravelas Ibirapuã Itanhém Mucuri Nova Viçosa Prado
	Vitória da Conquista	Barrada Estiva Brumado Cândido Sales Condeúba Encruzilhada Itapetinga Itarantim Ituaçu Macarani Presidente Jânio Quadros Tanhaçu (vazio)
GO	Goiânia	Anicuns Araçu Aragarças Aruanã Aurilândia Bom Jardim de Goiás Britânia Caldas Novas Catalão Corumbaíba Cromínia Cumari Edéia Fazenda Nova Firminópolis Goiandira Goianésia Goiás Ipameri Iporá Israelândia

UF	Município Sede de Seção/Subseção Judiciária	Comarca com Competência Delegada (mais de 70 KM de Municípios e de da JF)
GO	Goiânia	Itaberaí Itaguaru Itapirapuã Itapuranga Itauçu Ivolândia Jandaia Jaraguá Jussara Montes Claros de Goiás Mossâmedes Mozarlândia Nazário Orizona Palmeiras de Goiás Paraúna Petrolina de Goiás Piracanjuba Piranhas Pires do Rio Pontalina Sanclerlândia Santa Cruz de Goiás SãoLuís de Montes Belos Silvânia Taquaral de Goiás Turvânia Uruana Urutaí Varjão Vianópolis
	Anápolis	Águas Lindas de Goiás Cocalzinho de Goiás Santo Antônio do Descoberto
	Formosa	Alto Paraíso de Goiás Alvorada do Norte Campos Belos Cavalcante Flores de Goiás Iaciara Posse São Domingos
GO	Itumbiara	Joviânia Morrinhos
	Jataí	Cachoeira Alta Caçu Caiapônia Itajá Mineiros Paranaiguara São Simão
	Luziânia	Cristalina Padre Bernardo
	Rio Verde	Acreúna Maurilândia Quirinópolis
	Uruaçu	Carmodo Rio Verde Ceres Crixás Estrela do Norte Formoso Itapaci Minaçu Niquelândia Nova Crixás Porangatu Rialma Rubiataba Santa Terezinha de Goiás São Miguel do Araguaia

UF	Município Sede de Seção/Subseção Judiciária	Comarca com Competência Delegada (mais de 70 KM de Municípios e de da JF)
MA	Bacabal	Esperantinópolis Igarapé Grande Paulo Ramos Poção de Pedras Vitorino Freire
	São Luís	Anajatuba Araioses Arame Arari Bacuri Barra do Corda Barreirinhas Bom Jardim Brejo Buriti Buriticupu Cândido Mendes Cantanhede Carutapera Cedral Chapadinha Coroatá Cururupu Dom Pedro GovernadorNunesFreire Humbertode Campos ItapecuruMirim Joselândia Magalhães de Almeida Maracaçumé Matinha Mirinzal Monção Olinda Nova do Maranhão Pedreiras Penalva Pindaré-Mirim Pinheiro Presidente Dutra Santa Helena Santa Inês Santa Luzia Santa Luzia do Paruá Santa Quitéria do Maranhão Santo Antônio dos Lopes São Bento São Bernardo São Domingos do Maranhão São João Batista São Vicente Ferrer Tuntum Turiaçu Tutóia Urbano Santos Vargem Grande Viana Vitória do Mearim Zé Doca
	Balsas	Alto Parnaíba Barão de Grajaú Carolina Colinas
	Balsas	Grajaú Loreto Mirador Paraibano PastosBons São Domingos do Azeitão São João dos Patos São Raimundo das Mangabeiras
	Caxias	BuritiBravo Codó CoelhoNeto GovernadorEugênioBarros Matões Parnarama PassagemFranca São Francisco do Maranhão Timbiras

UF	Município Sede de Seção/Subseção Judiciária	Comarca com Competência Delegada (mais de 70 KM de Municípios e de da JF)
MA	Imperatriz	Açailândia Amarante do Maranhão Estreito Imperatriz Itinga do Maranhão João Lisboa Montes Altos Porto Franco São Pedro da Água Branca Senador La Rocque
MG	Belo Horizonte	Abaeté AltoRioDoce Barão de Cocais Belo Vale Bonfim Carandaí Conceição do Mato Dentro Congonhas Conselheiro Lafaiete Itabira Martinho Campos Ouro Branco Pompéu Santa Bárbara
	Divinópolis	Arcos Bambuí Bom Despacho Carmópolis de Minas Doresdo Indaiá Formiga Iguatama Itaguara Lagoa da Prata Luz Oliveira Pará de Minas Passa Tempo
	Governador Valadares	Aimorés Conselheiro Pena Mantena Peçanha Resplendor Rio Vermelho Sabinópolis Santa Maria do Suaçuí São João Evangelista Tarumirim Virginópolis
	Ipatinga	Ferros Guanhães João Monlevade Nova Era Rio Piracicaba São Domingos do Prata
	Ituiutaba	Campina Verde Iturama Prata Santa Vitória
	Janaúba	Espinosa Manga Montalvânia Monte Azul Rio Pardo de Minas São João do Paraíso Taiobeiras
	Juiz de Fora	Além Paraíba Guarani Mercês Rio Pomba Rio Preto

UF	Município Sede de Seção/Subseção Judiciária	Comarca com Competência Delegada (mais de 70 KM de Municípios e de da JF)
MG	Lavras	Andrelândia Boa Esperança Candeias
	Manhuaçu	Carangola Caratinga Ipanema Mutum
	Montes Claros	Brasília de Minas Buenópolis Coração de Jesus Grão Mogol Itamarandiba Januária Minas Novas Pirapora Salinas São Francisco São João da Ponte São Romão Turmalina Várzea da Palma
	Muriaé	Pirapetinga
	Paracatu	João Pinheiro Vazante
	Passos	Carmo do Rio Claro Guapé Piumhi São Roque de Minas
	Patos de Minas	Coromandel Patrocínio Rio Paranaíba São Gotardo Tiros
	Poços de Caldas	Machado
	Ponte Nova	Ouro Preto Raul Soares
	Pouso Alegre	Brasópolis Camanducaia Carmo de Minas Cristina Extrema Itamonte Itanhandu Jacutinga Lambari Monte Sião Natércia Passa Quatro Pedralva São Lourenço
	São Sebastião do Paraíso	Guaxupé Ibiraci Monte Belo Muzambinho

UF	Município Sede de Seção/Subseção Judiciária	Comarca com Competência Delegada (mais de 70 KM de Municípios e de da JF)
MG	Sete Lagoas	Corinto Curvelo Diamantina Mora da Nova de Minas Serro Três Marias
	Teófilo Otoni	Águas Formosas Almenara Araçuaí Capelinha Carlos Chagas Jacinto Jequitinhonha Malacacheta Medina Nanuque Novo Cruzeiro Pedra Azul
	Uberaba	Araxá Campos Altos Frutal Ibiá Itapagipe Perdizes Sacramento
	Uberlândia	Estrela do Sul Monte Carmelo Nova Ponte
	Unaí	Arinos Bonfinópolis de Minas Buritis
	Varginha	Aiuruoca Alfenas Areado Baependi Campos Gerais Caxambu Conceição do Rio Verde Cruzília
MT	Cuiabá	Campo Verde Nova Ubiratã Paranatinga Poconé Primavera do Leste Sapezal Tangará da Serra
	Barrado Garças	Água Boa Campinápolis Canarana Nova Xavantina Novo São Joaquim Porto Alegre do Norte Querência Ribeirão Cascalheira São Félix do Araguaia Vila Rica
	Cáceres	Araputanga Comodoro Jauru Mirassol d'Oeste Pontese Lacerda Porto Esperidião Rio Branco São José dos Quatro Marcos Vila Bela da Santíssima Trindade

LEGIS PROCESSUAL JUD.

UF	Município Sede de Seção/Subseção Judiciária	Comarca com Competência Delegada (mais de 70 KM de Municípios e de da JF)
MT	Diamantino	Barrado Bugres Campo Novo do Parecis Nobres Nova Mutum Rosário Oeste São José do Rio Claro Tapurah
	Juína	Aripuanã Brasnorte Colniza Cotriguaçu Juara Porto dos Gaúchos Tabaporã
	Rondonópolis	Alto Araguaia Alto Garças Alto Taquari Dom Aquino Guiratinga
	Rondonópolis	Itiquira Jaciara Poxoréo
	Sinop	Alta Floresta Apiacás Cláudia Colíder Feliz Natal Guarantã do Norte Itaúba Lucas do Rio Verde Marcelândia Matupá Nova Canaã do Norte Nova Monte Verde Paranaíta Peixoto de Azevedo Sorriso Terra Nova do Norte
PA	Belém	Abaetetuba Acará Afuá Anajás Baião Barcarena Breves Bujaru Cachoeira do Arari Cametá Chaves Concórdia do Pará Curralinho Igarapé-Miri Limoeiro do Ajuru Melgaço Mocajuba Moju Muaná Oeiras do Pará Ponta de Pedras Portel Salva terra São Caetano de Odivelas São Sebastião da Boa Vista Soure
	Belém	Tomé-Açu Vigia
	Altamira	Anapu Medicilândia Porto de Moz Senador José Porfírio

UF	Município Sede de Seção/Subseção Judiciária	Comarca com Competência Delegada (mais de 70 KM de Municípios e de da JF)
PA	Castanhal	Augusto Corrêa Bonito Bragança Capanema Maracanã Marapanim Peixe-Boi Primavera Salinópolis Santarém Novo Viseu
	Itaituba	Aveiro Jacareacanga Novo Progresso
	Marabá	Canaã dos Carajás Curionópolis Eldorado dos Carajás Parauapebas Rondon do Pará São Geraldo do Araguaia
	Paragominas	Aurora do Pará Capitão Poço Dom Eliseu Garrafão do Norte Irituia Mãe do Rio Ourém Santa Luzia do Pará São Miguel do Guamá Ulianópolis
	Redenção	Conceição do Araguaia Ourilândia do Norte Rio Maria Santana do Araguaia São Félix do Xingu Tucumã Xinguara
	Santarém	Alenquer Almeirim
PA	Santarém	Faro Gurupá Juruti Monte Alegre Óbidos Oriximiná Prainha Rurópolis Terra Santa Uruará
	Tucuruí	Goianésia do Pará Jacundá Novo Repartimento Pacajá Tailândia

UF	Município Sede de Seção/Subseção Judiciária	Comarca com Competência Delegada (mais de 70 KM de Municípios e de da JF)
PI	Teresina	Água Branca Angical do Piauí Barras Barro Duro Batalha Campo Maior Capitão de Campos Castelo do Piauí Elesbão Veloso Esperantina Luzilândia Matias Olímpio Miguel Alves Palmeirais Pedro II Piripiri Porto São Miguel do Tapuio São Pedro do Piauí
	Corrente	Avelino Lopes Bom Jesus Cristino Castro Gilbués Parnaguá Santa Filomena
	Floriano	Amarante Itaueira Landri Sales Manoel Emídio Marcos Parente
	Floriano	Oeiras Regeneração Ribeiro Gonçalves Uruçuí
	Parnaíba	Cocal Piracuruca
	Picos	Aroazes Fronteiras PadreMarcos Pio IX Simões Valença do Piauí
	São Raimundo Nonato	Campinas do Piauí Canto do Buriti Caracol Paes Landim Paulistana São João do Piauí Simplício Mendes
RO	Porto Velho	Ariquemes Buritis Guajará-Mirim Jaru Machadinho d'Oeste
	Ji-Paraná	Alta Floresta d'Oeste Alvorada d'Oeste Cacoal Costa Marques Nova Brasilândia d'Oeste Rolim de Moura Santa Luzia d'Oeste São Francisco do Guaporé São Miguel do Guaporé

UF	Município Sede de Seção/Subseção Judiciária	Comarca com Competência Delegada (mais de 70 KM de Municípios e de da JF)
RO	Vilhena	Cerejeiras Colorado do Oeste Espigão d'Oeste Pimenta Bueno
RR	Boa Vista	Alto Alegre Bonfim Caracaraí Pacaraima Rorainópolis São Luiz
TO	Palmas	Araguacema Colméia
	Palmas	Cristalândia Guaraí Itacajá Miracema do Tocantins Miranorte Novo Acordo Pedro Afonso Pium Ponte Alta do Tocantins
	Araguaína	Ananás Araguatins Arapoema Augustinópolis Axixá do Tocantins Colinas do Tocantins Filadélfia Goiatins Itaguatins Tocantinópolis Xambioá
	Gurupi	Almas Alvorada Araguaçu Arraias Aurora do Tocantins Dianópolis Natividade Palmeirópolis Paranã Peixe Taguatinga

ANEXO II

Lista das Comarcas Estaduais localizadas na área de jurisdição da 1ª Região que deixaram de possuir competência delegada federal

UF	MunicípioSededeSeção/Subseção Judiciária	Comarcasamenosde70KMde Município sede da JF
AC	Rio Branco	Rio Branco Bujari Porto Acre Senador Guiomard
	Cruzeiro do Sul	Cruzeiro do Sul Mâncio Lima Rodrigues Alves
AM	Manaus	Manaus Careiro da Várzea Iranduba
	Tabatinga	Tabatinga Atalaia do Norte Benjamin Constant

UF	MunicípioSededeSeção/Subseção Judiciária	Comarcasamenosde70KMde Município sede da JF
AP	Macapá	Macapá Mazagão Santana
	Laranjal do Jari	Laranjal do Jari Vitória do Jari
	Oiapoque	Oiapoque
BA	Salvador	Salvador Camaçari Candeias Diasd'Ávila Itaparica Lauro de Freitas Mata de São João São Francisco do Conde São Sebastião do Passé Simões Filho
	Alagoinhas	Alagoinhas Catu Entre Rios Inhambupe
	Barreiras	Barreiras Baianópolis Riachão das Neves São Desidério
	Bom Jesus da Lapa	Bom Jesus da Lapa Riacho de Santana
	Campo Formoso	Campo Formoso Jaguarari Pindobaçu Saúde Senhor do Bonfim
	Eunápolis	Eunápolis Guaratinga Itabela Porto Seguro
	Feirade Santana	Feira de Santana Amélia Rodrigues Conceição do Jacuípe Coração de Maria Irará Santa Bárbara Santo Estêvão São Gonçalo dos Campos
	Guanambi	Guanambi Caetité Palmas de Monte Alto Urandi
	Ilhéus	Ilhéus Una Uruçuca
	Irecê	Irecê Barra do Mendes Canarana Central João Dourado Lapão

UF	MunicípioSededeSeção/Subseção Judiciária	Comarcasamenosde70KMde Município sede da JF
BA	Itabuna	Itabuna Buerarema Coaraci Ibicaraí Itajuípe Ubaitaba
	Jequié	Jequié Ipiaú Jaguaquara Jitaúna
	Juazeiro	Juazeiro Sobradinho
	Paulo Afonso	Paulo Afonso
	Teixeira de Freitas	Teixeira de Freitas
	Teixeira de Freitas	Itamaraju Medeiros Neto
	Vitória da Conquista	Vitória da Conquista Anagé Barra do Choça Belo Campo Itambé Planalto Poções
DF	Brasília	Brasília
GO	Goiânia	Goiânia Bela Vista de Goiás Cezarina Goianápolis Goianira Guapó Inhumas Leopoldo de Bulhões Nerópolis Senador Canedo Trindade
	Anápolis	Anápolis Abadiânia Alexânia Corumbá de Goiás Pirenópolis
	Aparecida de Goiânia	Aparecida de Goiânia Hidrolândia
	Formosa	Formosa Planaltina
	Itumbiara	Itumbiara Bom Jesus de Goiás Buriti Alegre Cachoeira Dourada Goiatuba Panamá
	Jataí	Jataí Serranópolis
	Luziânia	Luziânia Cidade Ocidental Novo Gama Valparaíso de Goiás
	Rio Verde	Rio Verde Montividiu Santa Helena de Goiás

UF	MunicípioSededeSeção/Subseção Judiciária	Comarcasamenosde70KMde Município sede da JF
GO	Uruaçu	Uruaçu Barro Alto Campinorte Mara Rosa
MA	São Luís	São Luís Alcântara Bequimão Guimarães Icatu Morros Rosário Santa Rita
	Bacabal	Bacabal Lago da Pedra Olho D'água das Cunhãs Pio XII São Luís Gonzaga do Maranhão São Mateus do Maranhão
	Balsas	Balsas Riachão
	Caxias	Caxias Timon
MG	Belo Horizonte	Belo Horizonte Brumadinho Caeté Esmeraldas Ibirité Itabirito Jaboticatubas Lagoa Santa Matozinhos Nova Lima Pedro Leopoldo Ribeirão das Neves Sabará Santa Luzia Vespasiano
	Contagem	Contagem Betim Igarapé Mateus Leme
	Divinópolis	Divinópolis Carmo da Mata Carmo do Cajuru Cláudio Itapecerica Itaúna Nova Serrana Pitangui Santo Antônio do Monte
	Governador Valadares	Governador Valadares Galiléia Itanhomi
	Ipatinga	Ipatinga Açucena Coronel Fabriciano Inhapim Mesquita Timóteo
	Ituiutaba	Ituiutaba Canápolis Capinópolis

UF	MunicípioSededeSeção/Subseção Judiciária	Comarcasamenosde70KMde Município sede da JF
MG	Janaúba	Janaúba Porteirinha
	Juiz de Fora	Juiz de Fora Bicas Lima Duarte Marde Espanha Matias Barbosa Rio Novo Santos Dumont São João Nepomuceno
	Lavras	Lavras Bom Sucesso Campo Belo Itumirim Nepomuceno Perdões
	Manhuaçu	Manhuaçu Abre Campo Divino Espera Feliz Lajinha Manhumirim
	Montes Claros	Montes Claros Bocaiúva FranciscoSá
	Muriaé	Muriaé Cataguases Eugenópolis
	Muriaé	Leopoldina Miradouro Miraí Palma Tombos
	Paracatu	Paracatu
	Passos	Passos Alpinópolis Cássia Nova Resende Pratápolis
	Patos de Minas	Patos de Minas Carmo do Paranaíba Presidente Olegário
	Poços de Caldas	Poços de Caldas Andradas Botelhos Cabo Verde Caldas Campestre Santa Rita de Caldas
	Ponte Nova	Ponte Nova Alvinópolis Jequeri Mariana Rio Casca

UF	MunicípioSededeSeção/Subseção Judiciária	Comarcasamenosde70KMde Município sede da JF
MG	Pouso Alegre	Pouso Alegre Borda da Mata Bueno Brandão Cachoeira deMinas Cambuí Itajubá Ouro Fino Paraisópolis Poço Fundo Santa Rita do Sapucaí São Gonçalo do Sapucaí Silvianópolis
	São João del Rei	São João del Rei Barbacena Barroso Entre Rios de Minas Prados Resende Costa
	São Sebastião do Paraíso	São Sebastião do Paraíso Guaranésia Itamogi Jacuí Monte Santo de Minas
	Sete Lagoas	Sete Lagoas Paraopeba
	Teófilo Otoni	Teófilo Otoni Itambacuri
	Uberaba	Conceição das Alagoas Conquista Uberaba
	Uberlândia	Uberlândia Araguari Monte Alegre de Minas Tupaciguara
	Unaí	Unaí
	Varginha	Varginha Cambuquira Campanha Elói Mendes Paraguaçu Três Corações Três Pontas
	Viçosa	Viçosa Ervália Piranga Senador Firmino Teixeiras
		Ubá Visconde do Rio Branco

UF	MunicípioSededeSeção/Subseção Judiciária	Comarcasamenosde70KMde Município sede da JF
MT	Cuiabá	Cuiabá Chapada dos Guimarães Santo Antônio do Leverger Várzea Grande
	Barrado Garças	Barrado Garças
	Cáceres	Cáceres
	Diamantino	Diamantino Arenápolis Nortelândia
	Juína	Juína
	Rondonópolis	Rondonópolis Juscimeira Pedra Preta
	Sinop	Sinop Vera
PA	Belém	Belém Ananindeua Benevides Marituba Santa Isabel do Pará Santo Antônio do Tauá
	Altamira	Altamira Brasil Novo
	Castanhal	Castanhal Curuçá Igarapé-Açu Inhangapi Nova Timboteua Santa Maria do Pará São Domingos do Capim São Francisco do Pará
	Itaituba	Itaituba
	Marabá	Marabá Itupiranga São Domingos do Araguaia São João do Araguaia
	Paragominas	Paragominas Ipixuna do Pará
	Redenção	Redenção
	Santarém	Santarém
	Tucuruí	Tucuruí Breu Branco
PI	Teresina	Teresina Altos Demerval Lobão José de Freitas Monsenhor Gil União
	Corrente	Corrente
	Floriano	Floriano Guadalupe Jerumenha
	Parnaíba	Parnaíba Buritidos Lopes Luís Correia

UF	MunicípioSededeSeção/Subseção Judiciária	Comarcasamenosde70KMde Município sede da JF
PI	Picos	Picos Inhuma Itainópolis Jaicós
	SãoRaimundoNonato	São Raimundo Nonato
RO	PortoVelho	Porto Velho
	Ji-Paraná	Ji-Paraná Ouro Preto do Oeste Presidente Médici
	Vilhena	Vilhena
RR	Boa Vista	Boa Vista Mucajaí
TO	Palmas	Palmas Paraíso do Tocantins Porto Nacional
	Araguaína	Araguaína Wanderlândia
	Gurupi	Gurupi Figueirópolis Formoso do Araguaia

PORTARIA NORMATIVA CONJUNTA PGF e INSS Nº 1, DE 6 DE JULHO DE 2024

Dispõe sobre a implantação e pagamento de benefícios previdenciários decorrentes de solução adequada de conflitos no âmbito administrativo e dá outras providências.

O PRESIDENTE DO INSTITUTO NACIONAL DO SEGURO SOCIAL E A PROCURADORA-GERAL FEDERAL, no uso das atribuições que lhe conferem o Decreto nº 10.995 de 14 de março de 2022, o art. 11 da Lei nº 10.480, de 2 julho de 2002, e tendo em vista o disposto no art. 2º da Lei nº 9.469, de 10 de julho de 1997, no art. 32 da Lei nº 13.140, de 26 de junho de 2015, no art. 784, incisos IV e XII, da Lei nº 13.105, de 16 de março de 2015 – Código de Processo Civil, no art. 58, incisos VIII e IX do Anexo I do Decreto nº 11.328, de 1 de janeiro de 2023, no Decreto nº 10.201, de 15 de janeiro de 2020, na Portaria Normativa AGU nº 144, de 1º de julho de 2024 e o que consta do Processo Administrativo nº 00407.018336/2024-31, resolvem:

Art. 1º Esta Portaria Normativa Conjunta regulamenta o procedimento para o cumprimento de acordos celebrados pela Procuradoria-Geral Federal, mediante autocomposição preventiva, por intermédio de plataforma eletrônica ou não, destinados a fomentar a solução consensual dos conflitos administrativos de âmbito previdenciário.

Parágrafo único. No caso de adoção de modo eletrônico, será utilizada a Plataforma de Autocomposição Imediata e Final de Conflitos Administrativos – PACIFICA, de que trata a Portaria Normativa AGU nº 144, de 1º de julho de 2024.

Art. 2º Os conflitos de âmbito previdenciário que poderão ser objeto de acordo pela Procuradoria-Geral Federal, por meio da PACIFICA ou não, constarão de protocolos específicos elaborados em conjunto pela Procuradoria Federal Especializada do Instituto Nacional do Seguro Social e a Subprocuradoria Federal de Contencioso da Procuradoria-Geral Federal.

Parágrafo único. Os protocolos referidos no caput:

I – deverão prever os parâmetros de acordo para cada matéria litigiosa de âmbito previdenciário;

II – serão editados por meio de ato específico da Procuradora-Geral Federal.

Art. 3º Os acordos de âmbito previdenciários celebrados pela Procuradoria-Geral Federal, por meio da PACIFICA ou não, serão objeto de termo de acordo extrajudicial, nos termos do art. 32, § 3º, da Lei nº 13.140 de 26 de junho de 2015.

Parágrafo único. O termo de acordo extrajudicial referido no caput:

I – constitui título executivo extrajudicial;

II – é instrumento suficiente para a implantação ou revisão do benefício objeto do acordo; e,

III – deverá conter os parâmetros para a implantação ou revisão do benefício previdenciário em formato de dados estruturados.

Art. 4º A comunicação entre a Procuradoria-Geral Federal e o Instituto Nacional do Seguro Social – INSS para implantação ou revisão do benefício objeto do termo de acordo extrajudicial será realizada por meio de Interface de Programação de Aplicação – API, observando a metodologia estabelecida na Portaria PRES/INSS nº 1.490, de 8 de setembro de 2002.

Art. 5º Implantado ou revisado o benefício objeto do acordo extrajudicial, o INSS providenciará o pagamento das parcelas devidas, mediante registro específico em seus sistemas de benefícios.

Art. 6º Esta Portaria Normativa Conjunta entra em vigor em 1º de outubro de 2024.

ADRIANA MAIA VENTURINI

ALESSANDRO ANTÔNIO STEFANUTTO

PARTE 23 – NORMAS REVOGADAS DA PREVIDÊNCIA SOCIAL COM GRANDE ULTRATIVIDADE PELO TEMPO QUE REGE O ATO JURÍDICO

LEI Nº 3.807, DE 26 DE AGOSTO DE 1960

Dispõe sobre a Lei Orgânica da Previdência Social.

O PRESIDENTE DA REPÚBLICA

Faço saber que o CONGRESSO NACIONAL decreta e eu sanciono a seguinte Lei:

TÍTULO I
INTRODUÇÃO

CAPÍTULO ÚNICO

Art. 1º A previdência social organizada na forma desta Lei, tem por fim assegurar aos seus beneficiários os meios indispensáveis de manutenção, por motivo de idade avançada, incapacidade, tempo de serviço, prisão ou morte daqueles de quem dependiam economicamente, bem como a prestação de serviços que visem à proteção de sua saúde e concorram para o seu bem-estar.

Art. 2º Definem-se como beneficiários da previdência social:

I – segurados: todos os que exercem emprego ou qualquer tipo de atividade remunerada, efetiva ou eventualmente, com ou sem vínculo empregatício, a título precário ou não, salvo as exceções expressamente consignadas nesta Lei.

II – dependentes: as pessoas assim definidas no art. 11. *(Artigo com redação dada pela Lei nº 5.890, de 8/6/1973)*

Art. 3º São excluídos do regime desta Lei:

I – os servidores civis e militares da União, dos Estados, dos Municípios, dos Territórios e do Distrito Federal, bem como os das respectivas autarquias, que estejam sujeitos a regimes próprios de previdência, salvo se forem contribuintes da Previdência Social Urbana; *(Inciso com redação dada pela Lei nº 6.887, de 10/12/1980)*

II – os trabalhadores rurais, assim definidos na forma da legislação própria. *(Inciso com redação dada pela Lei nº 5.890, de 8/6/1973)*

Parágrafo único. Os servidores de que trata o inciso I deste artigo, que tenham garantido apenas aposentadoria pelo Estado ou Município, terão regime especial de contribuição, fazendo jus, pela Previdência Social Urbana, exclusivamente aos benefícios estabelecidos na alínea "*f*", do inciso I, nas alíneas "*a*", "*b*", e "*c*" do inciso II e no inciso III do artigo 22. *(Parágrafo único com redação dada pela Lei nº 6.887, de 10/12/1980)*

Art. 4º Para os efeitos desta Lei, considera-se:

a) empresa – o empregador, como tal definido na Consolidação das Leis do Trabalho, bem como as repartições públicas, autarquias e quaisquer outras entidades públicas ou serviços administrados, incorporados ou concedidos pelo Poder Público, em relação aos respectivos servidores incluídos no regime desta Lei;

b) empregado – a pessoa física como tal definida na Consolidação das Leis do Trabalho;

c) trabalhador autônomo – o que exerce habitualmente, e por conta própria, atividade profissional remunerada; o que presta serviços a diversas empresas, agrupado ou não em sindicato, inclusive os estivadores, conferentes e assemelhados; o que presta, sem relação de emprego, serviço de caráter eventual a uma ou mais empresas; o que presta serviço remunerado mediante recibo, em caráter eventual, seja qual for a duração da tarefa. *(Artigo com redação dada pela Lei nº 5.890, de 8/6/1973)*

TÍTULO II
DOS SEGURADOS, DOS DEPENDENTES E DA INSCRIÇÃO

CAPÍTULO I
DOS SEGURADOS

Art. 5º São obrigatoriamente segurados, ressalvado o disposto no art. 3º: *("Caput" do artigo com redação dada pela Lei nº 5.890, de 8/6/1973)*

I – como empregados: *("Caput" do inciso com redação dada pela Lei nº 6.887, de 10/12/1980)*

a) os que trabalhem nessa condição no Território Nacional, inclusive os domésticos; *(Alínea acrescida pela Lei nº 6.887, de 10/12/1980)*

b) os brasileiros e estrangeiros domiciliados e contratados no Brasil para trabalharem como empregados nas sucursais ou agências de empresas nacionais no exterior; *(Alínea acrescida pela Lei nº 6.887, de 10/12/1980)*

c) os que prestam serviço a missão diplomática ou repartição consular de carreira estrangeiras e a órgãos a elas subordinados, no Brasil, ou a membros dessas missões e repartições, excluídos os não brasileiros sem residência permanente no Brasil e os brasileiros, que estejam amparados pela legislação previdenciária do País da respectiva missão diplomática ou repartição consular; *(Alínea acrescida pela Lei nº 6.887, de 10/12/1980 e com nova redação dada pelo Decreto-Lei nº 2.253, de 4/3/1985)*

d) os brasileiros civis que trabalham para a União, no exterior, em organismos oficiais brasileiros, ou internacionais dos quais o Brasil seja membro efetivo, ainda que lá domiciliados e contratados, salvo se segurados obrigatórios na forma da legislação vigente do País do domicílio; *(Alínea acrescida pela Lei nº 6.887, de 10/12/1980 e com nova redação dada pelo Decreto-Lei nº 2.253, de 4/3/1985)*

II – os titulares de firma individual; *(Inciso com redação dada pela Lei nº 6.887, de 10/12/1980)*

III – os diretores, membros de conselho de administração de sociedade anônima, sócios-gerentes, sócios-solidários, sócios-cotistas que recebam *pro labore* e sócios de indústria de empresas de qualquer natureza, urbana ou rural; *(Inciso com redação dada pela Lei nº 6.887, de 10/12/1980)*

IV – os trabalhadores autônomos, os avulsos e os temporários. *(Inciso com redação dada pela Lei nº 6.887, de 10/12/1980)*

§ 1º São equiparados aos trabalhadores autônomos: *("Caput" do parágrafo com redação dada pelo Decreto-Lei nº 2.253, de 4/3/1985)*

a) os ministros de confissão religiosa e os membros dos institutos de vida consagrada e de congregação ou de ordem religiosa, estes quando por ela mantidos, salvo se filiados obrigatoriamente à previdência social em razão de outra atividade, ou filiados obrigatoriamente a outro regime de previdência social, militar ou civil, ainda que na condição de inativo; *(Alínea com redação dada pelo Decreto-Lei nº 2.253, de 4/3/1985)*

b) os empregados de organismos oficiais internacionais ou estrangeiros, que funcionam no Brasil, salvo se obrigatoriamente amparados por regime próprio de previdência social; *(Alínea com redação dada pelo Decreto-Lei nº 2.253, de 4/3/1985)*

c) os brasileiros civis que trabalhem, no exterior, para organismos oficiais internacionais dos quais o Brasil seja membro efetivo, ainda que lá domiciliados e contratados, salvo se segurados obrigatórios na forma da legislação do País do domicílio. *(Alínea acrescida pelo Decreto-Lei nº 2.253, de 4/3/1985)*

§ 2º As pessoas referidas no artigo 3º, que exerçam outro emprego ou atividade compreendida no regime desta Lei, são obrigatoriamente segurados, no que concerne ao referido emprego ou atividade, ressalvado o disposto na alínea "*b*", do parágrafo anterior. *(Parágrafo com redação dada pela Lei nº 6.887, de 10/12/1980)*

§ 3º Os pescadores que, sem vínculo empregatício, na condição de pequenos produtores, trabalhem individualmente ou em regime de economia familiar, fazendo da pesca sua profissão habitual ou meio principal de vida e estejam matriculados na repartição competente, poderão optar pela filiação ao regime desta Lei, na qualidade de trabalhadores autônomos. *(Parágrafo com redação dada pela Lei nº 7.356, de 30/8/1985)*

§ 4º Aquele que ingressar no regime da Previdência Social Urbana após completar 60 (sessenta) anos de idade terá direito somente ao pecúlio de que trata o parágrafo anterior, ao salário-família, à renda mensal vitalícia e aos serviços, sendo devido, também, o auxílio-funeral. *(Parágrafo acrescido pela Lei nº 6.887, de 10/12/1980)*

Art. 6º O ingresso em emprego ou atividade compreendida no regime desta Lei determina a filiação obrigatória à previdência social.

Parágrafo único. Quem exercer mais de um emprego ou atividade deve contribuir obrigatoriamente para a previdência social em relação a todos os empregos ou atividade, nos termos desta Lei, ressalvado o disposto no item II e sua letra " a " do § 1º do artigo 5º. *(Parágrafo único com redação dada pela Lei nº 6.696, de 8/10/1979)*

Art. 7º A perda da qualidade de segurado importa na caducidade dos direitos inerentes a essa qualidade.

Art. 8º Perderá a qualidade de segurado aquele que, não se achando no gozo de benefício, deixar de contribuir por mais de doze meses consecutivos.

§ 1º O prazo a que se refere este artigo será dilatado:

a) para o segurado acometido de doença que importe na sua segregacão compulsória, devidamente comprovada, até doze meses após haver cessado a segregação;

b) para o segurado sujeito a detenção ou reclusão, até doze meses após o seu livramento;

c) para o segurado desempregado, desde que comprovada essa condição pelo registro no órgão próprio do Departamento Nacional de Mão-de-Obra até mais (12) doze meses. *(Alínea com redação dada pelo Decreto-Lei nº 66, de 21/11/1966)*

d) para vinte e quatro meses, se o segurado já tiver pago mais de cento e vinte contribuições mensais.

§ 2º Durante o prazo de que trata este artigo, o segurado conservará todos os direitos, perante a instituição de previdência social a que estiver filiado.

Art. 9º Ao segurado que deixar de exercer emprego ou atividade que o submeta ao regime desta Lei é facultado manter a qualidade de segurado, desde que passe a efetuar em dobro, o pagamento mensal da contribuição.

§ 1º O pagamento a que se refere este artigo deverá ser iniciado a partir do segundo mês seguinte ao da expiração do prazo previsto no art. 8º e não poderá ser interrompido por mais de doze meses consecutivos, sob pena de perder o segurado essa qualidade.

§ 2º Não será aceito novo pagamento de contribuições, dentro do prazo do parágrafo anterior, sem a prévia integralização das quotas relativas ao período interrompido.

§ 3º Para os efeitos de aposentadoria com base no tempo de serviço, serão computados, como se fossem de serviço efetivo, os meses que corresponderem às contribuições pagas na forma deste artigo. *(Parágrafo acrescido pela Lei nº 5.610, de 22/9/1970)*

Art. 10. A passagem do segurado, de uma instituição de previdência social para outra, far-se-á independente de transferência das contribuições realizadas e sem perda de quaisquer direitos.

CAPÍTULO II
DOS DEPENDENTES

Art. 11. Consideram-se dependentes dos segurados, para os efeitos desta Lei: *("Caput" do artigo com redação dada pelo Decreto-Lei nº 66, de 21/11/1966)*

I – a esposa, o marido inválido, a companheira, mantida há mais de 5 (cinco) anos, os filhos de qualquer condição menores de 18 (dezoito) anos ou inválidos, e as filhas solteiras de qualquer condição, menores de 21 (vinte e um) anos ou inválidas. *(Inciso com redação dada pela Lei nº 5.890, de 8/6/1973)*

II – a pessoa designada, que, se do sexo masculino, só poderá ser menor de 18 (dezoito) anos ou maior de 60 (sessenta) anos ou inválida; *(Inciso com redação dada pelo Decreto-Lei nº 66, de 21/11/1966)*

III – o pai inválido e a mãe; *(Inciso com redação dada pelo Decreto-Lei nº 66, de 21/11/1966)*

IV – os irmãos de qualquer condição menores de 18 (dezoito) anos ou inválidos, e as irmãs solteiras de qualquer condição menores de 21 (vinte e um) anos ou inválidas: *(Inciso acrescido pelo Decreto-Lei nº 66, de 21/11/1966)*

§ 1º A existência de dependentes de qualquer das classes enumeradas nos itens deste artigo exclui do direito às prestações os dependentes enumerados nos itens subseqüentes, ressalvado o disposto nos §§ 3º, 4º e 5º. *(Parágrafo com redação dada pelo Decreto-Lei nº 66, de 21/11/1966)*

§ 2º Equiparam-se aos filhos, nas condições estabelecidas no item I, e mediante declaração escrita do segurado: *("Caput" do parágrafo com redação dada pelo Decreto-Lei nº 66, de 21/11/1966)*

a) o enteado; *(Alínea acrescida pelo Decreto-Lei nº 66, de 21/11/1966)*

b) o menor, que, por determinação judicial, se ache sob sua guarda; *(Alínea acrescida pelo Decreto-Lei nº 66, de 21/11/1966)*

c) o menor que se ache sob sua tutela e não possua bens suficientes para o próprio sustento e educação. *(Alínea acrescida pelo Decreto-Lei nº 66, de 21/11/1966)*

§ 3º Inexistindo esposa ou marido inválido com direito às prestações, a pessoa designada poderá, mediante declaração escrita do segurado, concorrer com os filhos deste. *(Parágrafo acrescido pelo Decreto-Lei nº 66, de 21/11/1966)*

§ 4º Não sendo o segurado civilmente casado, considerar-se-á tacitamente designada a pessoa com que se tenha casado segundo rito religioso, presumindo-se feita a declaração prevista no parágrafo anterior. *(Parágrafo acrescido pelo Decreto-Lei nº 66, de 21/11/1966)*

§ 5º Mediante declaração escrita do segurado, os dependentes enumerados no item III poderão concorrer com a esposa ou o marido inválido, ou com a pessoa designada, salvo se existirem filhos com direito às prestações. *(Parágrafo acrescido pelo Decreto-Lei nº 66, de 21/11/1966)*

§ 6º O marido desempregado será considerado dependente da esposa ou companheira segurada o Instituto da Previdência Social – INPS para efeito de obtenção de assistência médica. *(Parágrafo acrescido pela Lei nº 7.010, de 1/7/1982)*

Art. 12. A existência de dependentes de quaisquer das classes enumeradas nos itens I e II do artigo 11 exclui do direito à prestação todos os outros das classes subsequentes. *("Caput" do artigo com redação dada pela Lei nº 5.890, de 8/6/1973)*

Parágrafo único. Mediante declaração escrita do segurado, os dependentes indicados no item III do art. 11 poderão concorrer com a esposa, a companheira ou marido inválido, com a pessoa designada na forma do § 4º do mesmo artigo, salvo se existirem filhos com direito à prestação, caso em que caberá àqueles dependentes desde que vivam na dependência econômica do segurado e não sejam filiados a outro sistema previdenciário, apenas assistência médica. *(Parágrafo único com redação dada pela Lei nº 6.636, de 8/5/1979)*

Art. 13. A dependência econômica das pessoas indicadas no item I do art. 11 é presumida e a das demais deve ser comprovada.

Art. 14. Não terá direito à prestação o cônjuge desquitado, ao qual não tenha sido assegurada a percepção de alimentos, nem o que voluntariamente tenha abandonado o lar há mais de cinco anos, ou que, mesmo por tempo inferior, se encontre nas condições do artigo 234 do Código Civil. *(Artigo com redação dada pela Lei nº 5.890, de 8/6/1973)*

CAPÍTULO III
DAS INSCRIÇÕES

SEÇÃO I
DA INSCRIÇÃO DOS SEGURADOS E DEPENDENTES

Art. 15. O Instituto Nacional de Previdência Social emitirá uma carteira de contribuição de trabalhador autônomo, onde as empresas lançarão o valor da contribuição paga diretamente ao segurado e da recolhida aos cofres da instituição. *("Caput" do artigo com redação dada pela Lei nº 5.890, de 8/6/1973)*

Parágrafo único. Para produzir efeitos exclusivamente perante a previdência social, poderá ser emitida Carteira de Trabalho e Previdência Social para os titulares de firma individual e os diretores, sócios gerentes, sócios solidários, sócios quotistas e sócios de indústria. *(Parágrafo único acrescido pela Lei nº 5.890, de 8/6/1973)*

Art. 16. As anotações feitas nas carteiras de trabalhador autônomo e de Trabalho e Previdência Social dispensam qualquer registro interno de inscrição, valendo, para todos os efeitos, como comprovação de filiação à previdência social, relação de emprego, tempo de serviço e salário-de-contribuição podendo em caso de dúvida, ser exigida pela previdência social a apresentação dos documentos que serviram de base às anotações. *(Artigo com redação dada pela Lei nº 5.890, de 8/6/1973)*

Art. 17. A inscrição dos dependentes incumbe ao próprio segurado e será feita, sempre que possível, no ato de sua inscrição.

Art. 18. Ocorrendo o falecimento do segurado, sem que tenha feito a inscrição dos dependentes, a estes será lícito promovê-la.

Art. 19. O cancelamento da inscrição de cônjuge será admitido em face de sentença judicial que tenha reconhecido a situação prevista no artigo 234 do Código Civil ou mediante certidão de desquite em que não hajam sido assegurados alimentos, certidão de anulação de casamento ou prova de óbito. *(Artigo com redação dada pela Lei nº 5.890, de 8/6/1973)*

Art. 20. As formalidades da inscrição dos segurados e dependentes serão estabelecidas no regulamento desta Lei.

SEÇÃO II
DA INSCRIÇÃO DAS EMPRESAS

Art. 21. A empresa compreendida no regime desta Lei, no prazo de 30 (trinta) dias, contado da data do início de suas atividades, deverá matricular-se no Instituto Nacional de Previdência Social, recebendo o certificado correspondente. *(Artigo com redação dada pela Lei nº 5.890, de 8/6/1973)*

TÍTULO III
DAS PRESTAÇÕES

CAPÍTULO I
DAS PRESTAÇÕES EM GERAL

Art. 22. As prestações asseguradas pela previdência social consistem em benefícios e serviços, a saber: *("Caput do artigo com redação dada pela Lei nº 5.890, de 8/6/1973)*

I – quanto aos segurados: *("Caput" do inciso com redação dada pela Lei nº 5.890, de 8/6/1973)*

a) auxílio-doença; *(Alínea com redação dada pela Lei nº 5.890, de 8/6/1973)*

b) aposentadoria por invalidez; *(Alínea com redação dada pela Lei nº 5.890, de 8/6/1973)*

c) aposentadoria por velhice; *(Alínea com redação dada pela Lei nº 5.890, de 8/6/1973)*

d) aposentadoria especial; *(Alínea com redação dada pela Lei nº 5.890, de 8/6/1973)*

e) aposentadoria por tempo de serviço; *(Alínea com redação dada pela Lei nº 5.890, de 8/6/1973)*

f) auxílio-natalidade; *(Alínea com redação dada pela Lei nº 5.890, de 8/6/1973)*

g) pecúlio; *(Alínea com redação dada pela Lei nº 5.890, de 8/6/1973)*

h) salário-família; e *(Alínea com redação dada pela Lei nº 5.890, de 8/6/1973)*

i) salário-maternidade. *(Alínea acrescida pela Lei nº 6.136, de 7/11/1974)*

II – quanto aos dependentes:

a) pensão;

b) auxílio-reclusão;

c) auxílio-funeral; e

d) pecúlio. *(Inciso com redação dada pela Lei nº 5.890, de 8/6/1973)*

III – quanto aos beneficiários em geral:

a) assistência médica, farmacêutica e odontológica;

b) assistência complementar; e

c) assistência reeducativa e de readaptação profissional. *(Inciso com redação dada pela Lei nº 5.890, de 8/6/1973)*

§ 1º o salário-família será pago na forma das Leis nºs 4.266, de 3 de outubro de 1963, e 5.559, de 11 de dezembro de 1968. *(Parágrafo com redação dada pela Lei nº 5.890, de 8/6/1973)*

§ 2º Para os servidores estatutários do Instituto Nacional de Previdência Social, a aposentadoria e a pensão dos dependentes serão concedidas com as mesmas vantagens e nas mesmas bases e condições que vigorarem para os servidores civis estatutários da União. *(Parágrafo com redação dada pela Lei nº 5.890, de 8/6/1973)*

Art. 23. O cálculo dos benefícios far-se-á tomando-se por base o "salário-de-benefício", assim denominada a média dos salários sobre os quais o segurado haja realizado as últimas (doze) 12 contribuições mensais contadas até o mês anterior ao da morte do segurado, no caso de pensão, ou ao início do benefício, nos demais casos. *("Caput" do artigo com redação dada pelo Decreto-Lei nº 66, de 21/11/1966)*

§ 1º O salário-de-benefício não poderá ser inferior, em cada localidade, ao respectivo salário-mínimo de adulto ou de menor, conforme o caso, nem superior a (10) dez vezes o maior salário-mínimo vigente no país. *(Parágrafo com redação dada pelo Decreto-Lei nº 66, de 21/11/1966)*

§ 2º Não serão considerados para efeito de fixação do salário-de-benefício os aumentos que excedam os limites legais, inclusive os voluntariamente concedidos nos trinta e seis meses imediatamente anteriores ao início do beneficio, salvo, quanto aos empregados, se resultantes de promoções reguladas por normas gerais da empresa, admitidas pela legislação do trabalho, de sentenças normativas ou de reajustamentos salariais obtidos pela categoria respectiva. *(Parágrafo com redação dada pelo Decreto-Lei nº 795, de 27/8/1969)*

§ 3º Quando forem imprecisas ou incompletos os dados necessários à efetiva apuração do "salário-de-benefício", o período básico de contribuições poderá ser dilatado de tantos meses quantos forem necessários para perfazer aquele total, até o máximo de 24 (vinte e quatro), a fim de que não seja retardada a concessão do benefício, promovendo-se, posteriormente, o ajuste de direito. *(Parágrafo acrescido pelo Decreto-Lei nº 66, de 21/11/1966)*

§ 4º As prestações dos benefícios de aposentadoria e de auxílio-doença não poderão ser inferiores a 70% (setenta por cento) do salário-mínimo do local de trabalho do segurado, nem as da pensão, por morte, a 35% (trinta e cinco por cento) do mesmo salário. *(Parágrafo acrescido pelo Decreto-Lei nº 66, de 21/11/1966)*

CAPÍTULO II
DO AUXÍLIO-DOENÇA

Art. 24. O auxílio-doença será devido ao segurado que, após 12 (doze) contribuições mensais, ficar incapacitado para seu trabalho por prazo superior a 15 (quinze) dias. *("Caput" do artigo com redação dada pelo Decreto-Lei nº 66, de 21/11/1966)*

§ 1º O auxílio-doença consistirá numa renda mensal correspondente a 70% (setenta por cento) do "salário-de-benefício", mais 1% (um por cento) desse salário por ano completo de atividade abrangida pela previdência social ou de contribuição recolhida nos termos do artigo 9º, até o máximo de 20% (vinte por cento), arredondado o total obtido para a unidade de milhar de cruzeiros imediatamente superior. *(Parágrafo com redação dada pelo Decreto-Lei nº 66, de 21/11/1966)*

§ 2º O auxílio-doença será devido a contar do 16º (décimo sexto) dia de afastamento da atividade ou, no caso do trabalhador autônomo e do empregado doméstico, a contar da data da entrada do pedido, perdurando pelo período em que o segurado continuar incapaz. Quando requerido por segurado afastado há mais de 30 (trinta) dias do trabalho, será devido a partir da entrada do pedido. *(Parágrafo com redação dada pela Lei nº 5.890, de 8/6/1973)*

§ 3º Se o segurado, em gozo de auxílio-doença, for insuscetível de recuperação para a sua atividade habitual, o que o sujeita aos processos de reabilitação profissional previstos no § 4º para o exercício de outra atividade, seu benefício só cessará quando ele estiver habilitado para o desempenho de nova atividade que lhe garanta a subsistência, ou quando não recuperável for aposentado por invalidez. *(Parágrafo com redação dada pela Lei nº 6.438, de 31/8/1977)*

§ 4º O segurado em gozo de auxílio-doença ficará obrigado, sob pena de suspensão do benefício, a submeter-se aos exames, tratamentos e processos de reabilitação profissional proporcionados pela previdência social, exceto tratamento cirúrgico. *(Parágrafo com redação dada pelo Decreto-Lei nº 66, de 21/11/1966)*

§ 5º Será concedido auxílio para tratamento ou realização de exames médicos fora do domicílio dos beneficiários, na forma que se dispuser em regulamento. *(Parágrafo com redação dada pelo Decreto-Lei nº 66, de 21/11/1966)*

Art. 25. Durante os primeiros 15 (quinze) dias de afastamento do trabalho, por motivo de doença, incumbe à empresa pagar ao segurado o respectivo salário. *("Caput" do artigo com redação dada pela Lei nº 5.890, de 8/6/1973)*

Parágrafo único. À empresa que dispuser de serviço médico próprio ou em convênio caberá o exame e o abono das faltas correspondentes ao citado período, somente encaminhando segurado ao serviço médico do Instituto Nacional de Previdência Social quando a incapacidade ultrapassar 15 (quinze) dias. *(Parágrafo único acrescido pela Lei nº 5.890, de 8/6/1973)*

Art. 26. Considera-se licenciado pela empresa o segurado que estiver percebendo auxílio-doença.

Parágrafo único. Sempre que ao segurado for garantido o direito à licença remunerada pela empresa, ficará esta obrigada a pagar-lhe durante a percepção do auxílio-doença a diferença entre a importância do auxílio e a da licença a que tiver direito o segurado.

CAPÍTULO III
DA APOSENTADORIA POR INVALIDEZ

Art. 27. *(Revogado pela Lei nº 5.890, de 8/6/1973)*

Art. 28. *(Revogado pela Lei nº 5.890, de 8/6/1973)*

Art. 29. *(Revogado pela Lei nº 5.890, de 8/6/1973)*

CAPÍTULO IV
DA APOSENTADORIA POR VELHICE

Art. 30. *(Revogado pela Lei nº 5.890, de 8/6/1973)*

CAPÍTULO V
DA APOSENTADORIA ESPECIAL

Art. 31. *(Revogado pela Lei nº 5.890, de 8/6/1973)*

CAPÍTULO VI
DA APOSENTADORIA POR TEMPO DE SERVIÇO

Art. 32. *(Revogado pela Lei nº 5.890, de 8/6/1973)*

CAPÍTULO VII
DO AUXÍLIO-NATALIDADE

Art. 33. O auxílio-natalidade garantirá, após a realização de doze (12) contribuições mensais, à segurada gestante, ou ao segurado, pelo parto de sua esposa ou companheira não segurada, ou de pessoa designada na forma do item II do artigo 11, desde que inscrita pelo menos 300 (trezentos) dias antes do parto, uma quantia, paga de uma só vez, igual ao salário-mínimo vigente na localidade de trabalho do segurado.

Parágrafo único. É obrigatória, independentemente do cumprimento do prazo de carência, a assistência à maternidade, na forma permitida pelas condições da localidade em que a gestante residir. *(Artigo com redação dada pela Lei nº 5.890, de 8/6/1973)*

CAPÍTULO VIII
DO PECÚLIO

Art. 34. *(Revogado pela Lei nº 5.890, de 8/6/1973)*

CAPÍTULO IX
DA ASSISTÊNCIA FINANCEIRA

Art. 35. *(Revogado pela Lei nº 5.890, de 8/6/1973)*

CAPÍTULO X
DA PENSÃO

Art. 36. A pensão garantirá aos dependentes do segurado, aposentado ou não, que falecer, após haver realizado 12 (doze) contribuições mensais, uma importância calculada na forma do art. 37.

Art. 37. A importância da pensão devida ao conjunto dos dependentes do segurado será constituída de uma parcela familiar, igual a 50% (cinqüenta por cento) do valor da aposentadoria que o segurado percebia ou daquela a que teria direito se na data do seu falecimento fosse aposentado, e mais tantas parcelas iguais, cada uma, a 10% (dez por cento) do valor da mesma aposentadoria quantos forem os dependentes do segurado, até o máximo de 5 (cinco).

Parágrafo único. *(Revogado pela Lei nº 5.890, de 8/6/1973)*

Art. 38. Não se adiará a concessão do benefício pela falta de habilitação de outros possíveis dependentes; concedido o benefício, qualquer inscrição ou habilitação posterior, que implique exclusão ou inclusão de dependentes, só produzirá efeitos a partir da data em que se realizar. *("Caput" do artigo com redação dada pela Lei nº 5.890, de 8/6/1973)*

§ 1º O cônjuge ausente não excluirá do benefício a companheira designada. Somente ser-lhe-á o mesmo devido a partir da data de sua habilitação e comprovação de efetiva dependência econômica. *(Parágrafo único transformado em § 1º com nova redação dada pela Lei nº 5.890, de 8/6/1973)*

§ 2º No caso de o cônjuge estar no gozo de prestação de alimentos, haja ou não desquite, ser-lhe-á assegurado o valor da pensão alimentícia judicialmente arbitrada, destinando-se o restante à companheira ou ao dependente designado. *(Parágrafo acrescido pela Lei nº 5.890, de 8/6/1973)*

§ 3º A pensão alimentícia sofrerá os reajustamentos previstos na lei, quando do reajustamento do benefício. *(Parágrafo acrescido pela Lei nº 5.890, de 8/6/1973)*

Art. 39. A quota de pensão se extingue:

a) por morte do pensionista;

b) pelo casamento de pensionista do sexo feminino;

c) para os filhos e irmãos, desde que não sendo inválidos completem 18 (dezoito) anos de idade;

d) para as filhas e irmãs, desde que não sendo inválidas, completem 21 (vinte e um) anos de idade;

e) para a pessoa do sexo masculino designada na forma do § 1º do art. 11, desde que complete 18 (dezoito) anos de idade;

f) para os pensionistas inválidos se cessar a invalidez.

§ 1º Não se extinguirá a quota de pensão de pessoa designada na forma do § 1º do art. 11 que, por motivo de idade avançada condição de saúde ou em razão dos encargos domésticos continuar impossibilitada de angariar meios para o seu sustento, salvo se ocorrer a hipótese da alínea *b* deste artigo.

§ 2º Para os efeitos da concessão ou extinção da pensão, a invalidez do dependente deverá ser verificada por meio de exame médico, a cargo da previdência social.

Art. 40. Quando o número de dependentes ultrapassar a 5 (cinco), haverá reversão de quota individual a se extinguir, sucessivamente, aqueles que a ela tiverem direito, até o último.

Parágrafo único. Com a extinção da quota do último pensionista, extinta ficará também a pensão. *(Artigo com redação dada pela Lei nº 5.890, de 8/6/1973)*

Art. 41. Os pensionistas inválidos, sob pena de suspensão do benefício, ficam obrigados a submeter-se aos exames que forem determinados pela previdência social bem como a seguir os processos de reeducação e readaptação profissionais prescritos e por ela custeados e ao tratamento que ela própria dispensar, gratuitamente.

Parágrafo único. Ficam dispensados dos exames e tratamentos referidos neste artigo os pensionistas inválidos que atingirem a idade de 50 (cinqüenta) anos.

Art. 42. Por morte presumida do segurado, que será declarada pela autoridade judiciária competente, depois de 6 (seis) meses de sua vigência será concedida uma pensão provisória na forma estabelecida neste Capítulo.

§ 1º Mediante prova hábil do desaparecimento de segurado em virtude de acidente, desastre ou catástrofe, seus dependentes, farão jus à pensão provisória, dispensados a declaração e o prazo exigidos no artigo. *(Parágrafo acrescido pelo Decreto-Lei nº 443, de 30/1/1969)*

§ 2º Verificado o reaparecimento do segurado, cessará imediatamente o pagamento da pensão, desobrigados os beneficiários do reembolso de quaisquer quantias já recebidas. *(Parágrafo acrescido pelo Decreto-Lei nº 443, de 30/1/1969)*

CAPÍTULO XI
DO AUXÍLIO-RECLUSÃO

Art. 43. Aos beneficiários do segurado, detento ou recluso, que não perceba qualquer espécie de remuneração da empresa, e que houver realizado no mínimo 12 (doze) contribuições mensais, a previdência social prestará auxílio-reclusão na forma dos arts. 37, 38, 39 e 40, desta Lei.

§ 1º O processo de auxílio-reclusão será instruído com certidão do despacho da prisão preventiva ou sentença condenatória.

§ 2º O pagamento da pensão será mantido enquanto durar a reclusão ou detenção do segurado o que será comprovado por meio de atestados trimestrais firmados por autoridade competente.

CAPÍTULO XII
DO AUXÍLIO-FUNERAL

Art. 44. O auxílio-funeral, cuja importância não excederá de duas vezes o salário-mínimo da sede do trabalho do segurado, será devido ao executor do funeral.

Parágrafo único. Se o executor for dependente do segurado, receberá o máximo previsto no artigo. *(Artigo com redação dada pelo Decreto-Lei nº 66, de 21/11/1966)*

CAPÍTULO XIII
DA ASSISTÊNCIA MÉDICA

Art. 45. A assistência médica, ambulatorial, hospitalar ou sanatorial, compreenderá a prestação de serviços de natureza clínica, cirúrgica, farmacêutica e odontológica aos beneficiários em serviços próprios ou de terceiros, estes mediante convênio.

§ 1º Para a prestação dos serviços de que trata este artigo, poderá a previdência social subvencionar instituições sem finalidade lucrativa, ainda que já auxiliadas por outras entidades públicas.

§ 2º Nos convênios com entidades beneficentes que atendem ao público em geral, a procedência social poderá colaborar para a complementação das respectivas instalações e equipamentos, ou fornecer outros recursos materiais, para melhoria do padrão de atendimento dos beneficiários.

§ 3º Para fins de assistência médica, a locação de serviços entre profissionais e entidades privadas, que mantêm convênio com a previdência social, não determina, entre esta e aqueles profissionais, qualquer vínculo empregatício ou funcional. *(Artigo com redação dada pela Lei nº 5.890, de 8/6/1973)*

Art. 46. A amplitude da assistência médica será em razão dos recursos financeiros disponíveis e conforme o permitirem as condições locais. *(Artigo com redação dada pela Lei nº 5.890, de 8/6/1973)*

Art. 47. O Instituto Nacional de Previdência Social não se responsabilizará por despesa de assistência médica realizadas por seus beneficiários sem sua prévia autorização se razões de força maior, a seu critério, justificarem o reembolso, este será feito em valor igual ao que teria despendido a instituição se diretamente houvesse prestado o serviço respectivo. *(Artigo com redação dada pela Lei nº 5.890, de 8/6/1973)*

Arts. 48 a 50. *(Revogados pela Lei nº 5.890, de 8/6/1973)*

CAPÍTULO XIV
DA ASSISTÊNCIA ALIMENTAR

Art. 51. *(Revogado pela Lei nº 5.890, de 8/6/1973)*

CAPÍTULO XV
DA ASSISTÊNCIA COMPLEMENTAR

Art. 52. A assistência complementar compreenderá a ação pessoal junto aos beneficiários, quer individualmente, quer em grupo, por meio da técnica do Serviço Social, visando à melhoria de suas condições de vida.

§ 1º A assistência complementar será prestada diretamente ou mediante acordo com os serviços e associações especializadas.

§ 2º Compreende-se na prestação da assistência complementar a de natureza jurídica, a pedido dos beneficiários ou *ex-officio* para a habilitação aos benefícios de que trata esta Lei e que deverá ser ministrada, em juízo ou fora dele, com isenção de selos, taxas, custas e emolumentos de qualquer espécie.

CAPÍTULO XVI
DA ASSISTÊNCIA REEDUCATIVA E DE READAPTAÇÃO PROFISSIONAL

Art. 53. A assistência reeducativa e de readaptação profissional cuidará da reeducação e readaptação dos segurados que percebem auxílio doença, bem como dos aposentados e pensionistas inválidos, na forma estabelecida pelo regulamento desta Lei.

Parágrafo único. A reeducação e readaptação de que trata este artigo poderá ser prestada por delegação pela ABBR – Associação Brasileira Beneficente de Reabilitação e instituições congêneres.

CAPÍTULO XVII
DISPOSIÇÕES DIVERSAS

Art. 54. Para fins de curatela, nos casos de interdição do segurado ou dependente, a autoridade judiciária poderá louvar-se no laudo médico das instituições de previdência.

Art. 55. As empresas que dispuserem de 20 (vinte) ou mais empregados serão obrigadas a reservas de 2% (dois por cento) a 5% (cinco por cento) de cargos, para atender aos casos de readaptados ou reeducados profissionalmente, na forma que o regulamento desta Lei estabelecer.

Parágrafo único. O Instituto Nacional de Previdência Social emitirá certificado individual definindo as profissões que poderão ser exercidas pelo segurado reabilitado profissionalmente, o que não o impedirá de exercer outras para as quais se julgue capacitado. *(Parágrafo único com redação dada pela Lei nº 5.890, de 8/6/1973)*

Art. 56. Mediante convênio entre a previdência social e a empresa ou o sindicato, poderão estes encarregar-se de: *("Caput" do artigo com redação dada pela Lei nº 5.890, de 8/6/1973)*

I – processar os pedidos de benefícios, preparando-os e instruindo-os de maneira que possam ser despachados; *(Inciso acrescido pelo Decreto-Lei nº 66, de 21/11/1966)*

II – submeter os empregados segurados a exames médicos, inclusive complementares, encaminhando à previdência social os respectivos laudos, para a concessão dos benefícios que dependem de avaliação de incapacidade; *(Inciso acrescido pelo Decreto-Lei nº 66, de 21/11/1966)*

III – prestar aos segurados a seu serviço e respectivos dependentes, diretamente, ou por intermédio de estabelecimentos e profissionais contratados, desde que obedecidos os padrões fixados para a previdência social, a assistência médica por esta concedida nos termos do art. 45; *(Inciso acrescido pelo Decreto-Lei nº 66, de 21/11/1966)*

IV – efetuar pagamentos de benefícios; *(Inciso acrescido pelo Decreto-Lei nº 66, de 21/11/1966 e com nova redação dada pela Lei nº 5.890, de 8/6/1973)*

V – preencher documentos de cadastro de seus empregados, bem como, carteiras a serem autenticadas pelo Instituto Nacional de Previdência Social e prestar outros quaisquer serviços à previdência social. *(Inciso acrescido pela Lei nº 5.890, de 8/6/1973)*

Parágrafo único. O reembolso dos gastos correspondentes aos serviços previstos nos itens II e III deste artigo poderá ser ajustado por um valor global, conforme o número de empregados segurados de cada empresa, dedutível, no ato do recolhimento das contribuições, juntamente com as importâncias correspondentes aos pagamentos de benefícios, ou de outras despesas efetuadas nos termos dos convênios firmados. *(Parágrafo único acrescido pelo Decreto-Lei nº 66, de 21/11/1966)*

Art. 57. Não prescreverá o direito ao benefício, mas prescreverão as prestações respectivas não reclamadas no prazo de 5 (cinco) anos, a contar da data em que forem devidas. As aposentadorias e pensões para cuja concessão tenham sido preenchidos todos os requisitos não prescreverão mesmo após a perda da qualidade de segurado. *("Caput" do artigo com redação dada pela Lei nº 5.890, de 8/6/1973)*

§ 1º Em relação aos benefícios de que trata a Previdência Social Urbana, não será permitida a percepção conjunta, salvo direito adquirido, de:

a) auxílios-natalidade, quando o pai e a mãe forem segurados;

b) aposentadoria e auxílio-doença;

c) aposentadoria e abono de permanência em serviço;

d) duas ou mais aposentadorias. *(Parágrafo único transformado em § 1º pela Lei nº 5.890, de 8/6/1973 e com nova redação dada pela Lei nº 6.887, de 10/12/1980)*

§ 2º As importâncias não recebidas em vida pelo segurado serão pagas aos dependentes devidamente habilitados à percepção de pensão. *(Parágrafo acrescido pela Lei nº 5.890, de 8/6/1973)*

Art. 58. *(Revogado pela Lei nº 5.890, de 8/6/1973)*

Art. 59. Os benefícios concedidos aos segurados ou seus dependentes, salvo quanto às importâncias devidas às próprias instituições, aos descontos autorizados por lei ou derivados da obrigação de prestar alimento, reconhecida por via judicial, não poderão ser objeto de penhora, arresto ou seqüestro sendo nula de pleno direito qualquer venda ou cessão e a constituição de quaisquer ônus bem como a outorga de poderes irrevogáveis ou em causa própria para a respectiva percepção.

Art. 60. O pagamento dos benefícios em dinheiro será efetuado diretamente ao segurado ou ao dependente, salvo nos casos de ausência, moléstia contagiosa ou impossibilidade de locomoção do beneficiário, quando apenas se fará por procurador, mediante autorização expressa da instituição que, todavia, poderá negá-la, quando reputar essa representação inconveniente.

Parágrafo único . À impressão digital do segurado ou dependente incapaz de assinar, desde que aposta na presença de funcionário da previdência social, será reconhecido o valor de assinatura, para efeito de quitação dos recibos de benefício. *(Parágrafo único acrescido pelo Decreto-Lei nº 66, de 21/11/1966)*

Art. 61. Os atuais segurados do IAPFESP ficam obrigados ao pagamento das contribuições estabelecidas no art. 43 do Decreto nº 20.465, de 1 de outubro de 1931, e no artigo 6º da Lei nº 593, de 24 de dezembro de 1948.

Art. 62. A previdência social poderá pagar os benefícios por meio de ordens de pagamento ou cheques por ela emitidos, a serem apresentados pelos beneficiários aos estabelecimentos bancários encarregados de efetuar esses pagamentos, independentemente de assinatura ou de aposição de impressão digital, comprovando-se a identidade pela apresentação de carteira profissional ou documento hábil fornecido pela previdência social. *(Artigo com redação dada pelo Decreto-Lei nº 66, de 21/11/1966)*

Art. 63. É lícito ao segurado menor a critério da instituição de previdência social, firmar recibo de pagamento de benefício, independente da presença dos pais ou tutores.

Art. 64. Os períodos de carência serão contados a partir da data do ingresso do segurado no regime da previdência social.

§ 1º Tratando-se de trabalhador autônomo, a data a que se refere este artigo será aquela em que for efetuado o primeiro pagamento de contribuições.

§ 2º Independem de carência:

I – a concessão de auxílio-doença ou de aposentadoria por invalidez ao segurado que, após ingressar no sistema da previdência social for, acometido de tuberculose ativa, lepra, alienação mental, neoplasia maligna, cegueira, paralisia irreversível e incapacitante, cardiopatia grave, doença de Parkinson, espondiloartrose anquilosante, nefropatia, grave ou estados avançados de Paget (osteíte deformante), bem como a de pensão por morte aos seus dependentes.

II – a concessão de auxílio-funeral e a assistência médica, farmacêutica e odontológica.

§ 3º Ocorrendo invalidez ou morte do segurado antes de completar o período de carência, ser-lhe-á restituída, ou aos seus beneficiários, em dobro, a importância das contribuições realizadas, acrescida dos juros de 4% (quatro por cento) ao ano. *(Artigo com redação dada pela Lei nº 5.890, de 8/6/1973)*

Art. 65. O benefício devido ao segurado ou dependente incapaz será pago, a título precário, durante 3 (três) meses consecutivos mediante termo de compromisso, lavrado no ato do recebimento a herdeiro necessário, obedecida a ordem vocacional da lei civil, só se realizando os pagamentos subseqüentes a curador judicialmente designado.

Art. 66. No Cálculo das prestações serão computadas as contribuições devidas, embora não recolhidas, pelo empregador, sem prejuízo da respectiva cobrança e da aplicação de penalidades que, no caso couberem.

Art. 67. Os valores dos benefícios em manutenção serão reajustados sempre que for alterado o salário-mínimo. *("Caput" do artigo com redação dada pelo Decreto-Lei nº 66, de 21/11/1966)*

§ 1º O reajustamento de que trata este artigo será devido a partir da data em que entrar em vigor o novo salário-mínimo, arredondado o total obtido para a unidade de cruzeiro imediatamente superior. *(Parágrafo com redação dada pela Lei nº 5.890, de 8/6/1973)*

§ 2º Os índices do reajustamento serão os mesmos da política salarial estabelecida no artigo 1º do Decreto-lei nº 15, de 29 de julho de 1966, considerado como mês-básico o de vigência do novo mês-básico o de vigência do novo salário-mínimo. *(Parágrafo com redação dada pelo Decreto-Lei nº 66, de 21/11/1966)*

§ 3º Nenhum benefício reajustado poderá ser superior a 90% (noventa por cento) de 20 (vinte) vezes o maior salário-mínimo vigente no País na data do reajustamento. *(Parágrafo com redação dada pela Lei nº 5.890, de 8/6/1973)*

Art. 68. A previdência social poderá realizar seguros coletivos, que tenham por fim ampliar os benefícios previstos nesta Lei.

Parágrafo único. As condições de realização e custeio dos seguros coletivos a que se refere este artigo, serão estabelecidas mediante acordos entre os segurados, as instituições de previdência social e as empresas, e aprovadas pelo Departamento Nacional da Previdência Social com audiência prévia do Serviço Atuarial do Ministério do Trabalho, Indústria e Comércio.

TÍTULO IV
DO CUSTEIO

CAPÍTULO I
DAS FONTES DE RECEITA

Art. 69. O custeio da previdência social será atendido pelas contribuições: *("Caput" do artigo com redação dada pela Lei nº 5.890, de 8/6/1973)*

I – dos segurados empregados, avulsos, temporários e domésticos, na base de 8% (oito por cento) do respectivo salário-de-contribuição, nele integradas todas as importâncias recebidas a qualquer título; *(Inciso com redação dada pela Lei nº 6.887, de 10/12/1980)*

II – dos segurados de que trata o § 2º do artigo 22, em percentagem do respectivo vencimento igual à que vigorar para o Instituto de Previdência e Assistência dos Servidores do Estado, com o acréscimo de 1% (um por cento), para o custeio dos demais benefícios a que fazem jus, e de 2% (dois por cento) para a assistência patronal; *(Inciso com redação dada pela Lei nº 5.890, de 8/6/1973)*

III – dos segurados autônomos, dos segurados facultativos e dos que se encontrem na situação do artigo 9º, na base de 16% (dezesseis por cento) do respectivo salário-de-contribuição; *(Inciso com redação dada pela Lei nº 6.887, de 10/12/1980)*

IV – dos servidores de que trata o parágrafo único do artigo 3º, na base de 4% (quatro por cento) do respectivo salário-de-contribuição; *(Inciso com redação dada pela Lei nº 6.887, de 10/12/1980)*

V – das empresas, em quantia igual à que for devida pelos segurados a seu serviço, inclusive os de que tratam os itens II e III do artigo 5º, obedecida, quanto aos autônomos, a regra a eles pertinente; *(Inciso com redação dada pela Lei nº 6.887, de 10/12/1980)*

VI – dos Estados e dos Municípios, em quantia igual à que for devida pelos servidores de que trata o item IV deste artigo; *(Inciso acrescido pela Lei nº 5.890, de 8/6/1973* e *com nova redação dada pela Lei nº 6.887, de 10/12/1980)*

VII – da União, em quantia destinada a custear as despesas de pessoal e de administração geral do Instituto Nacional de Previdência Social – INPS, do Instituto Nacional de Assistência Médica da Previdência Social – INAMPS e do Instituto de Administração Financeira da Previdência e Assistência Social – IAPAS, bem como a cobrir eventuais insuficiências financeiras verificadas na execução das atividades a cargo do Sistema Nacional de Previdência e Assistência Social – SINPAS. *(Inciso acrescido pela Lei nº 5.890, de 8/6/1973* e *com nova edação dada pela Lei nº 6.887, de 10/12/1980)*

§ 1º A empresa que se utilizar de serviços de trabalhador autônomo fica obrigada a reembolsá-lo, por ocasião do respectivo pagamento no valor correspondente a 8% (oito por cento) da retribuição a ele devida até o limite do seu salário-de-contribuição, de acordo com as normas previstas no item I deste artigo. *(Parágrafo com redação dada pela Lei nº 5.890, de 8/6/1973)*

§ 2º Caso a remuneração paga seja superior ao valor do salário-de-contribuição, fica a empresa obrigada a recolher ao Instituto Nacional de Previdência Social a contribuição de 8% (oito por cento) sobre a diferença entre aqueles dois valores. *(Parágrafo com redação dada pela Lei nº 5.890, de 8/6/1973)*

§ 3º Na hipótese de prestação de serviços de trabalhador autônomo a uma só empresa, mais de uma vez durante o mesmo mês, correspondendo assim a várias faturas ou recibos, deverá a empresa entregar ao segurado apenas o valor correspondente a 8% (oito por cento) do seu salário-de-contribuição, uma só vez. A contribuição de 8% (oito por cento) correspondente ao excesso será recolhida integralmente ao Instituto Nacional de Previdência Social pela empresa. *(Parágrafo acrescido pela Lei nº 5.890, de 8/6/1973)*

§ 4º Sobre o valor da remuneração de que tratam os parágrafos anteriores não será devida nenhuma outra das contribuições arrecadadas pelo Instituto Nacional de Previdência Social. *(Parágrafo acrescido pela Lei nº 5.890, de 8/6/1973)*

§ 5º Para os efeitos dos § 2º e 3º, a remuneração total paga em cada mês só será considerada até vinte vezes o maior salário-mínimo vigente no País. *(Parágrafo acrescido pela Lei nº 5.890, de 8/6/1973 e com nova redação dada pela Lei nº 6.135, de 7/11/1974)*

§ 6º Equiparam-se a empresa, para fins de previdência social, o trabalhador autônomo que remunere serviços a ele prestados por outro trabalhador autônomo, a cooperativa de trabalho e a sociedade civil, de direito ou de fato, prestadora de serviços, o empregador doméstico, bem como a missão diplomática estrangeira no Brasil e o membro desta missão, em relação aos empregados admitidos a seu serviço. *(Parágrafo acrescido pela Lei nº 6.887, de 10/12/1980)*

Art. 70. A União, os Estados, os Territórios e os Municípios, e as respectivas autarquias, entidades paraestatais, empresas sob regime especial, ou sociedades de economia mista, sujeitas ao regime de orçamento próprio e cujos servidores e empregados se compreendem, no regime desta Lei, incluirão obrigatoriamente em seus orçamentos anuais as dotações necessárias para atender ao pagamento de suas responsabilidades para com as instituições de previdência social.

Art. 71. A contribuição da União será constituída:

I – pelo produto das taxas cobradas diretamente do público, sob a denominação genérica de "quota de previdência", na forma da legislação vigente;

II – pelo produto da taxa a que se refere o art. 9º da Lei nº 3.501, de 21 de dezembro de 1958, e cujo recolhimento far-se-á na forma da mesma lei;

III – pela porcentagem da taxa de despacho aduaneiro, cobrada sobre o valor das mercadorias importadas do exterior;

IV – pelas receitas previstas no art. 74;

V – pela dotação própria do orçamento da União, com importância suficiente para atender ao pagamento do pessoal e das despesas de administração geral das instituições de previdência social, bem como ao complemento da contribuição que lhe incumbe, nos termos desta Lei.

§ 1º A contribuição da União, ressalvado o disposto no inciso II deste artigo, constituirá o "Fundo Comum da Previdência Social", que será depositado em conta especial, no Banco do Brasil.

§ 2º A parte orçamentária da contribuição da União figurará no orçamento da despesa do Ministério do Trabalho, Indústria e Comércio, sob o título "Previdência Social", e será integralmente recolhida ao Banco do Brasil, na conta especial do "Fundo Comum da Previdência Social", fazendo-se em duodécimos o recolhimento da importância necessária ao custeio das despesas de pessoal e de administração geral das instituições de previdência social, e semestralmente, o do restante. *(Vide art. 29 Decreto-Lei nº 72, de 21/11/1966)*

Art. 72. Quando o produto das receitas a que se refere o artigo 71 for insuficiente para atender, no exercício, aos encargos a que corresponde na forma desta Lei será providenciada sua complementação por meio de abertura de crédito especial, suficiente para cobrir a diferença, cujo valor será integralmente recolhido à conta de "Fundo Comum da Previdência Social" no Banco do Brasil.

Art. 73. Constituirão fontes de receita da previdência social, além das enumeradas no art. 69, o rendimento de seu patrimônio, as dotações e legados e as suas rendas extraordinárias ou eventuais.

Art. 74. Constituirão, ainda, fontes de receita das Instituições da Previdência Social, observados os prazos de prescrição da legislação vigente: *("Caput" do artigo com redação dada pelo Decreto-Lei nº 717, de 30/7/1969)*

a) 15% (quinze por cento) sobre a emissão de bilhetes da Loteria Federal, incluindo as emissões dos "*Sweepstakes*", cabendo ao Serviço de Assistência dos Economiários (SASSE) 6.666% (seis e seiscentos e sessenta e seis milésimos por cento) do total arrecadado; *(Alínea acrescida pelo Decreto-Lei nº 717, de 30/7/1969)*

b) 3% (três por cento) sobre o movimento global de apostas verificado em cada reunião hípica, em prados de corrida, subsedes e outras dependência das entidades turfísticas *(Alínea acrescida pelo Decreto-Lei nº 717, de 30/7/1969 e com nova redação dada pelo Decreto-Lei nº 1.515, de 30/12/1976)*

§ 1º *(Revogado pelo Decreto-Lei nº 1.515, de 30/12/1976)*

§ 2º *(Revogado pelo Decreto-Lei nº 1.515, de 30/12/1976)*

Art. 75. "O Plano de Custeio da Previdência Social" será aprovado qüinqüenalmente por decreto do Poder Executivo, dele devendo, obrigatoriamente, constar:

I – o regime financeiro adotado;

II – o valor total das reservas previstas no fim de cada ano;

III – a sobrecarga administrativa.

CAPÍTULO II
DO SALÁRIO DE CONTRIBUIÇÃO

Art. 76. Entende-se por salário-de-contribuição: *("Caput" do artigo com redação dada pela Lei nº 5.890, de 8/6/1973)*

I – a remuneração efetivamente percebida, a qualquer título, para os segurados referidos nos itens I e II do artigo 5º até o limite de 20 (vinte) vezes o maior salário-mínimo vigente no País; *(Inciso com redação dada pela Lei nº 5.890, de 8/6/1973)*

II – o salário-base para os trabalhadores autônomos e para os segurados facultativos; *(Inciso com redação dada pela Lei nº 5.890, de 8/6/1973)*

III – o salário-base para os empregadores, assim definidos no item III do artigo 5º. *(Inciso acrescido pela Lei nº 5.890, de 8/6/1973)*

Parágrafo único. A utilidade habitação, fornecida ou paga pelo empregador, contratualmente estipulada ou recebida por força de costume, passa a integrar o salário-de-contribuição em valor correspondente ao produto da aplicação dos percentuais das parcelas componentes do salário mínimo ao salário contratual. *(Parágrafo único acrescido pela Lei nº 6.887, de 10/12/1980)*

Art. 77. *(Revogado pela Lei nº 5.890, de 8/6/1973)*

Art. 78. *(Revogado pela Lei nº 5.890, de 8/6/1973)*

CAPÍTULO III
DA ARRECADAÇÃO, DO RECOLHIMENTO DE CONTRIBUIÇÕES E DAS PENALIDADES

Art. 79. A arrecadação e o recolhimento das contribuições e de quaisquer importâncias devidas ao Instituto Nacional de Previdência Social serão realizadas com observância das seguintes normas: *("Caput" do artigo com redação dada pela Lei nº 5.890, de 8/6/1973)*

I – ao empregador caberá, obrigatoriamente, arrecadar as contribuições dos respectivos empregados descontando-as de sua remuneração; *(Inciso com redação dada pela Lei nº 5.890, de 8/6/1973)*

II – ao empregador caberá recolher ao Instituto Nacional de Previdência Social, até o último dia do mês subsequente ao que se refere, o produto arrecadado de acordo com o item I juntamente com a contribuição prevista no item IIII e parágrafos 2º e 3º do artigo 69; *(Inciso com redação dada pela Lei nº 5.890, de 8/6/1973)*

III – aos sindicatos que gruparem trabalhadores caberá recolher ao Instituto Nacional de Previdência Social, no prazo previsto no item II, o que for devido como contribuição, incidente sobre a remuneração paga pelas empresas aos seus associados; *(Inciso com redação dada pela Lei nº 5.890, de 8/6/1973)*

IV – ao trabalhador autônomo, ao segurado facultativo e ao segurado desempregado, por iniciativa própria, caberá recolher diretamente ao Instituto Nacional de Previdência Social, no prazo previsto no item II, o que for devido como contribuição, ao valor correspondente ao salário-base sobre o qual estiverem contribuindo; *(Inciso com redação dada pela Lei nº 5.890, de 8/6/1973)*

V – às empresas concessionárias de serviços públicos e demais entidades incumbidas de arrecadar a quota de previdência, caberá efetuar, mensalmente, o seu recolhimento no Banco do Brasil S.A., à conta especial de "Fundo de Liquidez da Previdência Social"; *(Inciso com redação dada pela Lei nº 5.890, de 8/6/1973)*

VI – *(Revogado pela Lei nº 6.210, de 4/6/1975)*

VII – pela contribuição diretamente descontada pelo Instituto Nacional de Previdência Social, incidente sobre a remuneração de seus servidores, inclusive a destinada à assistência patronal. *(Inciso com redação dada pela Lei nº 5.890, de 8/6/1973)*

§ 1º O desconto das contribuições e o das consignações legalmente autorizadas sempre se presumirão feitos, oportuna e regularmente pelas empresas a isso obrigadas, não lhes sendo lícito alegar nenhuma omissão que hajam praticado, a fim de se eximirem ao devido recolhimento, ficando diretamente responsáveis pelas importâncias que deixarem de receber ou que tiverem arrecadado em desacordo com as disposições desta Lei. *(Parágrafo acrescido pela Lei nº 5.890, de 8/6/1973)*

§ 2º O proprietário, o dono da obra, ou o condômino de unidade imobiliária, qualquer que seja a forma por que haja contratado a execução de obras de construção, reforma ou acréscimo do imóvel, é solidariamente responsável com o construtor pelo cumprimento de todas as obrigações decorrentes desta Lei, ressalvado seu direito regressivo contra o executor ou contraente das obras e admitida a retenção de importâncias a estes devidas para garantia do cumprimento dessas obrigações, até a expedição do "Certificado de Quitação" previsto no item I, alínea *c*, do art. 141. *(Parágrafo acrescido pela Lei nº 5.890, de 8/6/1973) (Vide Decreto-Lei nº 1.958, de 9/9/1982)*

§ 3º Poderão isentar-se da responsabilidade solidária, aludida no parágrafo anterior as empresas construtoras e os proprietários de imóveis em relação à fatura, nota de serviços, recibo ou documento equivalente que pagarem, por tarefas subempreitadas, de obras a seu cargo, desde que façam o subempreiteiro recolher, previamente, quando do recebimento da fatura, o valor fixado pelo Instituto Nacional de Previdência Social relativamente ao percentual devido como contribuições previdenciárias e de seguro de acidentes do trabalho, incidentes sobre a mão-de-obra inclusa no citado documento. *(Parágrafo acrescido pela Lei nº 5.890, de 8/6/1973)*

§ 4º Não será devida contribuição previdenciária quando a construção de tipo econômico for efetuada sem mão-de-obra assalariada, no regime de mutirão, comprovado previamente perante o Instituto Nacional de Previdência Social, na conformidade do que se dispuser em regulamento. *(Parágrafo acrescido pela Lei nº 5.890, de 8/6/1973)*

Art. 80. As empresas sujeitas ao regime desta Lei são obrigadas a: *("Caput" do artigo com redação dada pelo Decreto-Lei nº 66, de 21/11/1966)*

I – preparar folhas de pagamento dos salários de seus empregados, nas quais anotarão os descontos realizados para a previdência social; *(Inciso acrescido pelo Decreto-Lei nº 66, de 21/11/1966)*

II – lançar, em títulos próprios de sua escrituração mercantil, cada mês, o montante das quantias, descontadas de seus empregados, o da correspondente contribuição da empresa e o que foi recolhido à previdência social. *(Inciso acrescido pelo Decreto-Lei nº 66, de 21/11/1966)*

III – entregar ao órgão arrecadador da previdência social, anualmente, por ocasião do recolhimento relativo ao mês subseqüente ao do balanço, cópia autenticada dos registros contábeis relativos ao montante dos lançamentos correspondentes a importâncias devidas à previdência social e das quantias a ela pagas, com discriminação, mês a mês, das respectivas parcelas. *(Inciso acrescido pelo Decreto-Lei nº 66, de 21/11/1966)*

Parágrafo único. Os comprovantes discriminativos desses lançamentos deverão ser arquivados na empresa, durante (5) cinco anos, para para os efeitos do artigo 81. *(Parágrafo único acrescido pelo Decreto-Lei nº 66, de 21/11/1966)*

Art. 81. Compete ao Instituto Nacional de Previdência Social fiscalizar a arrecadação e o recolhimento de quaisquer importâncias previstas nesta Lei, obedecendo, no que se refere à quota de previdência, às instruções do Ministério do Trabalho e Previdência Social.

§ 1º É facultada ao Instituto Nacional de Previdência Social a verificação de livros de contabilidade, não prevalecendo, para os efeitos deste artigo, o disposto nos artigos 17 e 18 do Código Comercial, obrigando-se as empresas e segurados a prestar à instituição esclarecimentos e informações que lhes forem solicitados.

§ 2º Ocorrendo a recusa ou a sonegação dos elementos mencionados no parágrafo anterior, ou a sua apresentação deficiente, poderá o Instituto Nacional de Previdência Social, sem prejuízo da penalidade cabível, inscrever *ex officio* as importâncias que reputar devidas, ficando a cargo do segurado ou empresa o ônus da prova em contrário.

§ 3º Em caso da inexistência de comprovação regular e formalizada, o montante dos salários pagos pela execução de obras de construção poderá ser obtido pelo cálculo da mão-de-obra empregada, de acordo com a área construída, ficando a cargo do proprietário, do dono da obra, do condômino da unidade imobiliária, ou da empresa co-responsável, o ônus da prova em contrário. *(Artigo com redação dada pela Lei nº 5.890, de 8/6/1973)*

Art. 82. A falta do recolhimento, na época própria, de contribuições ou de quaisquer outras quantias devidas à previdência social sujeitará os responsáveis ao juro moratório de 1% (um por cento) ao mês e à correção monetária, além da multa variável de 10% (dez por cento) até 50% (cinqüenta por cento) do valor do débito. *("Caput" do artigo com redação dada pela Lei nº 5.890, de 8/6/1973)*

§ 1º A infração de qualquer dispositivo desta Lei, para a qual não haja penalidade expressamente cominada, sujeitará o responsável à multa de 1 (um) a 10 (dez) salários-mínimos de maior valor vigente no País, conforme a gravidade da infração. *(Parágrafo único acrescido pelo Decreto-Lei nº 66, de 21/11/1966 e transformado em § 1º com nova redação dada pela Lei nº 5.890, de 8/6/1973)*

§ 2º Caberá recurso das multas que tiverem condição de graduação e circunstâncias capazes de atenuarem sua gravidade. *(Parágrafo acrescido pela Lei nº 5.890, de 8/6/1973)*

§ 3º A autoridade que reduzir ou relevar a multa recorrerá do seu ato à autoridade hierarquicamente superior. *(Parágrafo acrescido pela Lei nº 5.890, de 8/6/1973)*

§ 4º É irrelevável a correção monetária aplicada de acordo com os índices oficialmente fixados, a qual será adicionada sempre ao principal. *(Parágrafo acrescido pela Lei nº 5.890, de 8/6/1973)*

Art. 83. Da decisão que julgar procedente o débito ou impuser multa passível de revisão caberá recurso voluntário para a Junta de Recursos da Previdência Social. *(Artigo com redação dada pela Lei nº 5.890, de 8/6/1973)*

Art. 84. Quaisquer débitos apurados pelas instituições de previdência, assim como as multas impostas serão lançados em livro próprio, destinados à inscrição de sua dívida ativa.

§ 1º As certidões do livro de que trata este artigo, contendo todos os dizeres da inscrição, servirão de título para as instituições de previdência social, por seus procuradores ou representantes legais, ingressarem em juízo, a fim de promoverem a cobrança desses débitos ou multas, pelo mesmo processo e com as mesmas prerrogativas e privilégios da Fazenda Nacional. *(Parágrafo único transformado em § 1º pelo Decreto-Lei nº 66, de 21/11/1966)*

§ 2º Servirão também de títulos para a cobrança das dívidas ativas da previdência social os instrumentos de confissão de dívidas, as cópias autenticadas dos registros contábeis a que se refere o item III do artigo 80 e as cartas de abertura de contas-correntes bancárias firmadas pelas empresas. *(Parágrafo acrescido pelo Decreto-Lei nº 66, de 21/11/1966)*

§ 3º A previdência social poderá, antes de ajuizar a execução de sua dívida ativa, promover o protesto dos títulos dados em garantia de sua liquidação, para os efeitos de direito, ficando, entretanto, ressalvado que êsses títulos serão sempre recebidos "*presolvendo*". *(Parágrafo acrescido pelo Decreto-Lei nº 66, de 21/11/1966)*

Art. 85. A cobrança judicial de quantias devidas às instituições de previdência, por empresa que tenha legalmente assegurada a impenhorabilidade de seus bens, será executada, depois de transitada em julgado a sentença condenatória, mediante precatório expedido à empresa pelo Presidente do Tribunal de Justiça local, a requerimento da instituição interessada, incorrendo nas penas do crime de desobediência, além da responsabilidade funcional cabível, o respectivo diretor ou administrador, se não der cumprimento ao precatório, no prazo máximo de 30 (trinta) dias.

Art. 86. Será punida com as penas do crime de apropriação indébita a falta de recolhimento, na época própria, das contribuições e de outras quaisquer importâncias devidas às instituições de previdência e arrecadadas dos segurados ou do público.

Parágrafo único. Para os fins deste artigo, consideram-se pessoalmente responsáveis o titular da firma individual, os sócios solidários, gerentes, diretores ou administradores das empresas incluídas no regime desta Lei.

Art. 87. Respondem pessoalmente pelas multas impostas por infração dos dispositivos desta Lei os diretores ou administradores das empresas incluídas no seu regime, quando remunerados pelos cofres públicos federais, estaduais, territoriais, municipais ou de autarquias fazendo-se obrigatoriamente em folha de pagamento, o desconto dessas multas, mediante requisição da instituição de previdência interessada, e a partir do primeiro pagamento que se seguir à requisição.

TÍTULO V
DA ADMINISTRAÇÃO

CAPÍTULO I
DA ESTRUTURA ADMINISTRATIVA

Art. 88. O sistema da previdência social, destinado a ministrar aos segurados e seus dependentes as prestações estabelecidas nesta Lei, constitui-se dos seguintes órgãos, sujeitos à orientação e controle do Ministério do Trabalho, Indústria e Comércio:

I – órgãos de orientação e controle administrativo ou jurisdicional:

a) Departamento Nacional da Previdência Social (DNPS);

b) Conselho Superior da Previdência Social (CSPS);

c) Serviço Atuarial (S. At.).

II – órgãos de administração, sob a denominação genérica de "Instituições de previdência social":

a) Instituto de Aposentadoria e Pensões (IAP);

b) Serviço de Alimentação da Previdência Social (SAPS).

§ 1º O regulamento desta Lei classificará nos diversos Institutos de Aposentadoria e Pensões as empresas e segurados abrangidos pelo seu regime, conforme as respectivas atividades, prevalecendo, até então, a classificação constante da legislação em vigor.

§ 2º O Ministério Público da Justiça do Trabalho, com a organização, as prerrogativas e as atribuições determinadas na legislação própria e mais as que lhe são conferidas nesta Lei, exercerá junto aos órgãos mencionados no item I deste artigo, suas funções específicas no que concerne ao sistema de previdência social.

CAPÍTULO II
DOS ÓRGÃOS DE ORIENTAÇÃO E CONTROLE

SEÇÃO I
DO DEPARTAMENTO NACIONAL DA PREVIDÊNCIA SOCIAL

Art. 89. Ao DNPS, além de outras atribuições previstas nesta Lei, compete:

I – planejar, orientar e coordenar, em todo território nacional, a administração da previdência social, expedindo normas gerais para esse fim e resolvendo as dúvidas que forem suscitadas na aplicação de leis e regulamentos;

II – proceder ao registro e análise dos balanços a que se referem os incisos V e VI do art. 109 e organizar, com a colaboração dos respectivos Conselhos Fiscais, os processos anuais de tomada de contas das instituições de previdência social;

III – verificar as contas dos Conselhos Fiscais das instituições de previdência social, organizando os processos anuais de tomada dessas contas;

IV – encaminhar ao Tribunal de Contas os processos de tomada de contas, acompanhados de seu parecer;

V – administrar o "Fundo Comum da Previdência Social", expedindo as instruções que forem necessárias à eficiente arrecadação da "quotas de previdência" e para a respectiva fiscalização pelos IAP;

VI – movimentar a conta do "Fundo Comum da Previdência Social" no Banco do Brasil e efetuar sua distribuição pelas instituições de previdência social, na forma prevista nesta Lei;

VII – expedir normas para o processamento das eleições destinadas à constituição dos Conselhos Administrativos e Fiscais e das Juntas de Julgamento e Revisão das instituições de previdência social, promovendo-as nas épocas próprias;

VIII – julgar os recursos interpostos pelos Presidentes e membros dos CA e CF, e pelos servidores das instituições de, previdência dos atos das respectivas administrações em que forem interessados;

IX – inspecionar, permanentemente, as instituições de previdência social;

X – rever *ex offício*, mediante representação do Ministério Público da Justiça do Trabalho ou dos demais órgãos ou autoridades de controle, ou ainda, por determinação do Ministro do Trabalho, Indústria e Comércio os atos e decisões das instituições de previdência social e dos Conselhos Fiscais, que infringirem disposição legal;

XI – executar as diligências solicitadas pelo Conselho Superior da Previdência Social e pelos demais órgãos de controle;

XII – preparar, em colaboração com o Serviço Atuarial, o "Plano de Custeio da Previdência Social";

XIII – aprovar o plano anual de investimentos de cada uma das instituições de previdência social, promovendo a respectiva coordenação;

XIV – autorizar as aquisições de bens imóveis pelas instituições de previdência social, assim como os financiamentos por ela concedidos nos casos e nos limites estabelecidos no regulamento geral desta Lei;

XV – representar a previdência social, em seu conjunto sempre que houver necessidade de pronunciameno ou manifestação de caráter geral a esse respeito;

XVI – elaborar e manter, devidamente atualizados, os estudos, informações técnicas e outros elementos relativos à administração da previdência social, divulgando-os para conhecimento geral;

XVII – promover e coordenar a divulgação sistemática e racional das atividades das instituições de previdência social, para orientação dos segurados e das empresas e esclarecimento do público em geral, bem como editar, com a participação daquelas, uma revista técnica;

XVIII – autorizar a alienação de bens móveis e imóveis das instituições de previdência social, ouvido o respectivo Conselho Fiscal, no caso e na forma do item XII do artigo 109;

XIX – dirimir, no prazo de 30 (trinta) dias, as dúvidas suscitadas no caso de inscrição de empresa de que trata o § 1º do art. 21;

XX – proceder às intervenções e instaurar os inquéritos nos órgãos enumerados no inciso II do art. 88, dos termos do art. 133;

XXI – aprovar os orçamentos anuais das instituições de previdência social, assim como qualquer alteração neles necessária no decorrer do exercício, com parecer prévio do respectivo Conselho Fiscal;

XXII – elaborar o orçamento do Fundo Comum da Previdência Social, submetendo-o à aprovação do Ministério do Trabalho, Indústria e Comércio;

XXIII – movimentar e distribuir o "Fundo de Benefícios da Previdência Social" a que se refere o artigo 142;

XXIV – cumprir e fazer cumprir as disposições legais relativas à previdência social;

Art. 90. O DNPS será dirigido por um Conselho Diretor composto de 6 (seis) membros: 2 (dois) nomeados pelo Presidente da República, 2 (dois) representantes dos segurados e 2 (dois) representantes das empresas; todos com mandato de 4 (quatro) anos.

§ 1º O Conselho Diretor (CD) terá um Diretor-Geral eleito anualmente entre seus membros que o presidirá, com direito ao voto de desempate.

§ 2º Assiste a todos os membros do CD, individual ou coletivamente, o direito de exercer fiscalização nos serviços das instituições de previdência social, não lhes sendo, todavia, permitido envolver-se na direção ou execução dos mesmos.

Art. 91. Ao Diretor-Geral compete cumprir e fazer cumprir as deliberações do Conselho Diretor, bem como dirigir os serviços administrativos do Departamento.

Parágrafo único. Ao Conselho Diretor é facultado fazer delegações de competência, expressa e especificadamente, ao Diretor-Geral ou a diretores das Divisões do Departamento.

Art. 92. Das decisões do Diretor-Geral do Departamento Nacional da Previdência Social ou do CD caberá recurso, em última e definitiva instância, para o Ministro do Trabalho, Indústria e Comércio quando proferidas contra disposição legal.

§ 1º Os prazos para a interposição de recursos, improrrogáveis e contados da publicação da decisão no *Diário Oficial* da União, ou da ciência se ocorrida antes, serão os seguintes:

I – de 30 (trinta) dias para o Distrito Federal e os Estados da Guanabara, do Rio de Janeiro, São Paulo, Minas Gerais e Espírito Santo;

II – de 60 (sessenta) dias, para os demais Estados e Territórios.

§ 2º Os recursos não terão efeito suspensivo, salvo se, em cada caso, assim o determinar a autoridade recorrida.

SEÇÃO II
DO CONSELHO SUPERIOR DA PREVIDÊNCIA SOCIAL

Art. 93. Ao CSPS compete julgar os recursos interpostos das decisões das Juntas de Julgamento e Revisão dos Institutos de Aposentadoria e Pensões, bem como as revisões de benefícios, promovidas pelo Departamento Nacional da Previdência Social.

Art. 94. O CSPS será constituído de dez membros, sendo quatro designados pelo Presidente da República, três representantes dos segurados e três representantes das empresas, todos com o mandato de quatro anos.

§ 1º O presidente do CSPS será eleito anualmente, pelos seus membros, dentre os designados pelo Presidente da República, cabendo-lhe presidir o Conselho Pleno e dirigir os serviços administrativos do Conselho.

§ 2º O CSPS dividir-se-á em três turmas, de três membros cada uma, assegurada igualdade de representações, cabendo a presidência a um dos membros por eleição anual sem prejuízo da função de relator e da participação nos julgamentos.

§ 3º À primeira turma compete o julgamento das questões concernentes à aposentadoria por invalidez e auxílio-doença; à segunda, o das demais questões em que sejam interessados beneficiários; e, à terceira, o das relativas a contribuições, multas e demais questões de interesse das empresas.

§ 4º Ao Conselho Pleno, compete elaborar o regimento interno, dirimir os conflitos de atribuições entre as Turmas e deliberar sobre os assuntos administrativos em geral.

Art. 95. O Ministério Público da Justiça do Trabalho dará assistência às sessões do Conselho e oficiará nos recursos e questões da competência das Turmas.

Art. 96. As decisões das Turmas, quando proferidas contra disposição legal, poderão ser reformadas pelo Ministro do Trabalho, Indústria e Comércio, dentro do prazo de trinta dias, contados da publicação da decisão no *Diário Oficial*.

SEÇÃO III
DO SERVIÇO ATUARIAL

Art. 97. O Serviço Atuarial (S.At.), com a organização e as atribuições que lhe são conferidas por sua legislação própria, terá a assistência de um Conselho Atuarial (C.At.), órgão de deliberação coletiva presidido pelo Diretor do Serviço, e constituído de 4 (quatro) chefes do mesmo Serviço, do seu representante no Instituto de Resseguros do Brasil (IRB) de 3 (três) atuários dos Institutos de Aposentadoria e Pensões, de 1 (um) atuário do Instituto de Previdência e Assistência dos Servidores do Estado (IPASE) e de 1 (um) atuário do Instituto de Resseguros do Brasil (IRB).

Parágrafo único. Os representantes das instituições de previdência social serão designados dentre os seus chefes de serviço atuarial.

Art. 98. Compete, ainda, ao Serviço Atuarial, ouvido o Conselho Atuarial:

I – determinar a realização de pesquisas estatísticas de interesse atuarial pelas instituições de previdência social, expedindo normas para sua execução;

II – expedir normas para as avaliações atuariais das instituições de previdência social e controlar sua execução;

III – estudar, do ponto de vista atuarial, os orçamentos das instituições de previdência social, rever cálculos de custos de riscos e de reservas e propor taxas de despesas administrativas, relativamente a essas instituições;

IV – controlar, sob o ponto de vista atuarial, a execução orçamentária das instituições de previdência social, examinando os balanços e propondo normas para a distribuição do "Fundo Comum da Previdência Social".

SEÇÃO IV
DISPOSIÇÕES DIVERSAS

Art. 99. A designação dos representantes do Governo e dos respectivos suplentes, no CD do DNPS e no CSPS, deverá recair em pessoas de notórios conhecimentos de previdência social.

§ 1º Os membros classistas, efetivos e suplentes, serão eleitos por delegados-eleitores, escolhidos pelos Conselhos de Representantes das Confederações e das Federações nacionais não confederadas, bem como pela Assembléia geral dos sindicatos nacionais na proporção de três delegados eleitores para as Confederações, dois para as Federações e um para os Sindicatos.

§ 2º Aos membros classistas aplica-se o disposto no art. 472 da Consolidação das Leis do Trabalho.

Art. 100. Os membros do CD, do DNPS, do CSPS e do C. At. perceberão, por sessão a que comparecerem, até o máximo de vinte (20) sessões mensais, para os dois primeiros órgãos, e de 5 (cinco), para o último, uma gratificação de presença igual a um vigésimo do vencimento atribuído ao cargo, em comissão, do padrão 1-C.

Parágrafo único. Aos presidentes dos órgãos mencionados neste artigo, o Presidente da República concederá ainda, gratificação de representação, conforme os respectivos encargos.

TÍTULO VI
DAS INSTITUIÇÕES DE PREVIDÊNCIA SOCIAL

CAPÍTULO I
DOS INSTITUTOS DE APOSENTADORIA E PENSÕES

SEÇÃO I
DA ADMINISTRAÇÃO E SEUS FINS

Art. 101. As instituições de previdência social serão dirigidas por um Conselho Administrativo (CA), sob a fiscalização direta de um Conselho Fiscal (CF).

Art. 102. Cabe aos IAP a prestação dos benefícios estabelecidos nesta Lei aos segurados que lhes forem vinculados, e aos seus dependentes, assim como a arrecadação das contribuições destinadas ao respectivo custeio, ressalvada a competência do SAPS.

SEÇÃO II
DO CONSELHO ADMINISTRATIVO

Art. 103. O Conselho Administrativo (CA) dos IAP será constituído de, respectivamente, 3 (três) e 6 (seis) membros na forma do § 3º deste artigo, e com mandato de 4 (quatro) anos, sendo os representantes do Governo nomeados pelo Presidente da República, os representantes dos segurados e os representantes das empresas eleitos pelos sindicatos das respectivas categorias profissionais e econômicas e, na falta destes, por associações de classe devidamente registradas e vinculadas à instituição.

§ 1º A escolha dos representantes do Governo deverá recair em pessoas de notórios conhecimentos de previdência social, dentre eles um servidor da instituição com mais de 10 (dez) anos de serviço.

§ 2º O Presidente da instituição, que presidirá o CA, será eleito, anualmente, entre seus membros, e terá o voto de desempate.

§ 3º O CA será constituído de 6 (seis) membros, quando a respectiva instituição de previdência social tiver mais de um milhão de segurados; e de 3 (três) membros, quando inferior a esse número.

Art. 104. Ao CA compete a administração geral da instituição, especialmente:

I – elaborar a proposta orçamentária anual, bem como as respectivas alterações;

II – organizar o quadro do pessoal, de acordo com o orçamento aprovado;

III – autorizar a admissão, demissão, promoção e movimentação dos servidores;

IV – expedir instruções e ordens de serviço;

V – rever as próprias decisões.

Parágrafo único. Ao CA é facultado fazer delegações de competência, expressa e especificamente, ao seu presidente e a chefe do órgão central ou local.

Art. 105. Ao presidente do C.A. compete cumprir e fazer cumprir as deliberações do Conselho e dirigir os serviços administrativos da instituição.

Art. 106. Ao Presidente e aos membros do CA, é facultado recorrer, ao DNPS ou CSPS, conforme o caso, nos termos do art. 113 desta Lei.

SEÇÃO III
DO CONSELHO FISCAL

Art. 107. Junto a cada IAP funcionará um Conselho Fiscal (CF), em estreita colaboração com o DNPS no controle da instituição.

Art. 108. O Conselho Fiscal (CF) será constituído de 6 (seis) membros observada a mesma forma de composição, eleição e mandato, estabelecida no art. 103 e seu § 1º exceto no que se refere à escolha de funcionário da instituição, para o CA dos IAP, sendo o seu presidente eleito na forma prevista no § 2º do citado artigo.

Art. 109. Compete ao Conselho Fiscal:

I – Organizar os seus serviços administrativos e técnicos e admitir o respectivo pessoal, observado o disposto nos arts. 121 e 125;

II – acompanhar a execução orçamentária, conferindo a classificação dos fatos e examinando sua procedência e exatidão;

III – autorizar transferências, dentre as dotações globais constantes do orçamento, até 1/6 (um sexto) da importância destas, e encaminhar ao DNPS, com seu parecer, as transferências superiores a esse valor assim como quaisquer outras alterações propostas no orçamento das instituições;

IV – examinar as prestações e respectivas tomadas de contas dos responsáveis por adiantamentos;

V – proceder, em face dos documentos de receita e despesa à verificação dos balancetes mensais, que deverão ser instruídos com os esclarecimentos necessários e encaminhados ao DNPS;

VI – encaminhar, ao DNPS, com o seu parecer, o relatório do Presidente da instituição, o processo de tomada de contas, acompanhado do balanço anual, e o inventário a ele referente assim como os demais elementos complementares;

VII – requisitar do Presidente da instituição, as informações e diligências que julgar necessárias ao bom desempenho de suas atribuições e notificá-lo para a correção de irregularidades verificadas, representando ao DNPS, quando desatendido;

VIII – propor ao Presidente da instituição as medidas que julgar de interesse desta e solicitar-lhe os pagamentos indispensáveis que decorram de disposição orçamentária;

IX – proceder à verificação dos valores em depósito nas tesourarias ou nos almoxarifados da instituição nos termos do que, a respeito, dispuser o regulamento desta Lei;

X – examinar, previamente, os contratos, acordos e convênios celebrados pela instituição na forma que estabelecer o regulamento desta Lei;

XI – pronunciar-se sobre a alienação de bens imóveis da instituição a ser submetida ao DNPS;

XII – pronunciar-se sobre os financiamentos concedidos pela Instituição, nos limites estabelecidos pelo regulamento desta Lei;

XIII – rever as próprias decisões.

Parágrafo único. Assiste a todos os membros do CF, individual ou coletivamente o direito de exercer fiscalização nos serviços da instituição, não lhes sendo, todavia, permitido envolver-se na direção e execução dos mesmos.

Art. 110. Os serviços administrativos e técnicos do Conselho Fiscal serão custeados pela respectiva instituição na conformidade do orçamento aprovado.

SEÇÃO IV
DA JUNTA DO JULGAMENTO E REVISÃO

Art. 111. Em cada delegacia dos IAP haverá uma Junta de Julgamento e Revisão (JJR) constituída pelo Delegado e dois membros, representantes dos segurados e das empresas, eleitos pelos sindicatos das categorias profissionais e econômicas vinculadas ao Instituto, com base territorial na jurisdição da Delegacia.

§ 1º O mandato dos membros classistas será de dois anos, cabendo ao Delegado a presidência da Junta.

§ 2º Cada membro terá um suplente, eleito na forma deste artigo, funcionando, nos impedimentos do Delegado, o seu substituto legal.

Art. 112. Compete à JJR:

I – Julgar, originariamente, os débitos de contribuições das empresas vinculadas à instituição e aplicar a estas as multas por infração das disposições legais e regulamentares;

II – Rever *ex officio* sem efeito suspensivo, as decisões relativas a benefícios, proferidas pelos chefes dos respectivos setores das Delegacias ou pelos agentes;

III – Julgar as demais questões de interesse dos beneficiários e das empresas.

SEÇÃO V
DOS RECURSOS E DAS REVISÕES

Art. 113. Das decisões das JJR, poderão os seus membros, os beneficiários e as empresas, recorrer para o CSPS, no prazo de 30 (trinta) dias, contados da ciência ao interessado.

§ 1º Nos casos de débitos e multas, o recurso para o CSPS só será admitido mediante depósito do valor da condenação ou apresentação de fiador idôneo, feitos dentro do prazo do recurso.

§ 2º É lícito ao Conselho Administrativo ou à autoridade por ele delegada, recorrer para o CSPS da decisão da JJR que infringir disposição legal ou contrariar norma baixada pelo Conselho Administrativo, devendo o recurso ser interposto dentro de trinta dias contados da data da decisão.

§ 3º Aos servidores da instituição de previdência social é facultado recorrer para o CD do DNPS, dentro do prazo de trinta dias, contados da publicação no Boletim de Serviço, das decisões do CA lesivas de seus direitos.

§ 4º Aos membros do CA e do CF, inclusive os presidentes, é licito recorrer para o CD do DNPS da decisão que for tomada por maioria igual ou inferior a 2/3 (dois terços) dos respectivos membros, dentro de dez dias contados da data da decisão.

CAPÍTULO II
DO SERVIÇO DE ALIMENTAÇÃO DA PREVIDÊNCIA SOCIAL

Art. 114. Cabe ao SAPS a prestação da assistência alimentar aos segurados da Previdência Social e aos seus dependentes, na forma do disposto em sua própria legislação.

Art. 115. O SAPS será administrado por um Conselho Administrativo (CA), sob a fiscalização direta de um Conselho Fiscal (CF).

Art. 116. O CA e o CF do SAPS serão constituídos de 3 (três) membros cada um, sendo um designado pelo Presidente da República, outro representante dos segurados e um terceiro representante das empresas, todos com o mandato de quatro anos, observando-se, para a eleição dos membros classistas, o disposto no artigo 99.

§ 1º O CA e o CF terão as mesmas atribuições dos Conselhos Administrativo e Fiscal dos IAP cabendo, ainda ao CA, a apreciação das reclamações dos contribuintes em matéria de assistência alimentar.

§ 2º Aplicam-se ao CA e ao CF, bem como, aos seus membros, inclusive os presidentes, as demais disposições desta Lei referentes aos Conselhos Administrativo e Fiscal dos IAP.

CAPÍTULO III
DISPOSIÇÕES COMUNS ÀS INSTITUIÇÕES

SEÇÃO I
DA APLICAÇÃO DO PATRIMÔNIO

Art. 117. A aplicação do patrimônio das instituições de previdência far-se-á, tendo-se em vista:

a) a segurança quanto à recuperação ou conservação do valor nominal do capital invertido bem como ao recebimento regular dos juros previstos para as aplicações de renda fixa;

b) a manutenção do valor real, em poder aquisitivo das aplicações realizadas com esse objetivo;

c) a obtenção do máximo de rendimento compatível com a segurança e grau de liquidez nas aplicações destinadas a compensar as operações de caráter social;

d) a predominância do critério de utilidade social satisfeita, no conjunto das aplicações, a rentabilidade mínima prevista para o equilíbrio financeiro;

e) o emprego tanto quanto possível das disponibilidades nas regiões de procedência das contribuições, e na proporção da arrecadação nelas feitas.

Parágrafo único. Para satisfazer ao que dispõe a alínea *d* deste artigo considera-se de utilidade social a ação exercida a favor da habitação, da higiene do nível cultural e, em geral das condições de vida da coletividade dos segurados, e subsidiariamente da coletividade nacional.

SEÇÃO II
DAS COMUNIDADES DE SERVIÇOS

Art. 118. A prestação de serviços a cargo das instituições de previdência será feita, separadamente ou, em comum, tendo em vista as necessidades locais, a conveniência dos beneficiários e a eficiência da execução.

§ 1º A realização dos serviços em comum será sempre atribuída, mediante contribuição das demais a um dos IAP que assumirá a responsabilidade integral pela mesma.

§ 2º A assistência médica domiciliar e de urgência continuará a ser prestada pela comunidade de serviços já existente e na forma estabelecida nos Decretos ns. 46.348 e 46.349, de 3 de julho de 1959.

SEÇÃO III
DISPOSIÇÕES DIVERSAS

Art. 119. As instituições de previdência social constituem serviço público descentralizado da União, têm personalidade jurídica de natureza autárquica e gozam em toda sua plenitude, inclusive no que se refere a seus bens, rendas, serviços e ação, das regalias, privilégios e imunidades da União.

Art. 120. O foro das instituições de previdência social é o de sua sede, ou da capital do Estado em que houver órgão local, para os atos deste emanados. O réu será acionado no foro de seu domicílio.

Art. 121. Por decreto do Poder Executivo, serão fixados os coeficientes das despesas administrativas das instituições de previdência, de conformidade com a sua receita, com o número e a distribuição dos seus segurados, a natureza dos seus serviços e outros encargos decorrentes de lei.

Art. 122. As instituições de previdência social organizarão os seus serviços em regime de descentralização, de modo a que fique assegurada, em todo o território nacional, a pronta e efetiva concessão dos benefícios a seu cargo.

Art. 123. Os serviços das instituições de previdência deverão ser organizados e executados em bases de rigorosa economia e com o melhor aproveitamento do pessoal, não podendo as despesas administrativas de cada uma exceder à sobrecarga estabelecida, consoante a classificação a que se refere o art. 121.

Art. 124. Os membros dos CA e dos CF das instituições de previdência social ficarão sujeitos ao regime de tempo integral e terão direito à remuneração correspondente ao padrão 1-C.

§ 1º A remuneração de que trata este artigo não poderá ser acumulada com o vencimento ou salário pagos pelos cofres públicos ou por entidades autárquicas.

§ 2º Para o efeito de férias, licenças e outras vantagens, aplicar-se-á, aos referidos membros, no que couber o regime dos funcionários da instituição.

§ 3º Serão considerados contribuintes obrigatórios da respectiva instituição os membros dos referidos órgãos, facultada, porém, a opção, quando já o forem de outra e permitida, ainda, ao término do mandato, a continuidade da condição de segurado, paga, nesse caso, em dobro, a contribuição devida ou a respectiva diferença, sem prejuízo do disposto no art. 8º.

§ 4º Os membros classistas das JJR perceberão, por sessão a que comparecerem, até o máximo de dezesseis sessões mensais, uma gratificação de presença igual a um vigésimo do padrão de vencimento atribuído ao Delegado Regional, sendo-lhes extensivo o disposto nos §§ 1º, 2º e 3º deste artigo.

§ 5º Aplica-se aos membros classistas dos CA, CF e JJR o disposto no art. 472 da Consolidação das Leis do Trabalho.

Art. 125. Os quadros de pessoal das instituições de previdência serão aprovados por decreto do Poder Executivo.

Art. 126. Sob pena de nulidade de pleno direito do respectivo ato e da responsabilidade do administrador que o praticar, a admissão de pessoal nas instituições de previdência social far-se-á mediante concurso público de provas ou de provas e títulos, com exceção, apenas, dos cargos em comissão, em número limitado, que serão de livre escolha do Conselho Administrativo, e das funções gratificadas, feito o provimento destas por servidores efetivos da instituição e vedado, em todos os casos, o preenchimento interino de qualquer cargo ou função por prazo superior a um ano.

Art. 127. A prisão administrativa de servidor de instituição de previdência será decretada pelo respectivo Presidente.

Art. 128. O regime de pessoal dos representantes do Governo nos órgãos de deliberação coletiva da previdência social será o que vigorar para os funcionários públicos civis ou da União, cabendo ao Ministro do Trabalho, Indústria e Comércio as sanções disciplinares dele decorrentes.

Art. 129. As requisições de servidores das instituições de previdência social somente poderão ocorrer sem ônus para os respectivos cofres, salvo se se destinarem à prestação de serviços a própria previdência.

Art. 130. As instituições de previdência social e os respectivos Conselhos Fiscais terão orçamentos próprios, aprovados para cada exercício pelo DNPS, de acordo com as propostas que lhe forem encaminhadas.

Art. 131. Sem dotação orçamentária própria não se efetuará despesa alguma, nem se fará qualquer operação patrimonial, salvo quanto a despesas com benefícios e as relativas a taxas, sob pena de responsabilidade dos que autorizarem a despesa, inclusive a dos que houverem concorrido para a infração, além da anulação do ato, se houver prejuízo para a instituição.

Art. 132. A gestão patrimonial e financeira, bem como a escrituração contábil das instituições de previdência, obedecerão às normas que forem estabelecidas no regulamento desta Lei.

Art. 133. O Ministério do Trabalho, Indústria e Comércio, mediante representação do DNPS ou do Ministério Público da Justiça do Trabalho, poderá determinar a intervenção nas instituições de previdência social inclusive nos respectivos Conselhos Administrativos e Fiscais e Juntas de Julgamento e Revisão, sempre que for necessário coibir abusos ou corrigir irregularidades, sem prejuízo da instauração do competente inquérito administrativo para apuração de responsabilidades.

Parágrafo único. Caberá ao DNPS realizar as intervenções e instaurar os inquéritos determinados pelo Ministro de Estado.

Art. 134. Mediante justificação processada perante os IAP na forma estabelecida no regulamento desta Lei, poder-se-á suprir a falta de qualquer documento ou poder-se-á fazer a prova de qualquer ato do interesse dos beneficiários ou das empresas, salvo os que se referirem a registros públicos.

TÍTULO VII
DA DÍVIDA DA UNIÃO

CAPÍTULO ÚNICO

Art. 135. A dívida da União, assim considerada as contribuições por ela devidas às instituições de previdência acrescida dos juros de cinco por cento (5%) ao ano será consolidada na data desta Lei, consoante os quantitativos fornecidos pelo Ministério do Trabalho, Indústria e Comércio com base nos balanços anuais dos Institutos e Caixas de Aposentadoria e Pensões, e liquidada por meio de uma emissão de apólices da dívida pública federal inalienáveis, com juros de cinco por cento (5%) ao ano em nome do "Fundo Comum da Previdência Social" entregues à guarda do Departamento Nacional da Previdência Social.

Parágrafo único. A dívida de que trata este artigo será amortizada em parcelas anuais de um bilhão de cruzeiros (1.000.000.000,00).

Art. 136. A amortização e os juros correspondentes à dívida da União, conforme o disposto no artigo anterior, serão consignados no orçamento da despesa do Ministério da Fazenda – Caixa de Amortização – sob o título Fundo de Benefícios da Previdência Social. *("Caput" do artigo com redação dada pela Lei nº 4.392, de 31/8/1964)*

Parágrafo único. A distribuição às instituições de previdência, da receita de que trata este artigo, será feita pelo DNPS à proporção das necessidades e em conformidade com o plano aprovado, de forma a atender ao pagamento das prestações a que se refere o artigo 22. *(Vide art. 29 Decreto-Lei nº 72, de 21/11/1966)*

Art. 137. Os demais débitos de responsabilidade direta ou subsidiária da União para as instituições de previdência social serão também considerados na forma que é estabelecida pelo art. 180 desta Lei.

§ 1º O orçamento da União e os dos órgãos devedores consignarão, obrigatoriamente na parte que lhes couber, as verbas necessárias ao atendimento do que nesta Lei se dispõe procedendo-se do mesmo modo quanto às responsabilidades futuras, de modo a que estas se liquidem normalmente em cada exercício financeiro.

§ 2º Os recolhimentos das parcelas serão feitos diretamente às instituições credoras, cabendo contudo, ao DNPS com a assistência delas, coordenar e promover as medidas necessárias a sua efetivação.

Art. 138. Pela mesma forma, prevista no art. 137 proceder-se-á à liquidação dos débitos das entidades estaduais e municipais para com as instituições de previdência.

TÍTULO VIII DISPOSIÇÕES GERAIS E TRANSITÓRIAS

CAPÍTULO I DISPOSIÇÕES GERAIS

Art. 139. O primeiro provimento nas funções de membro do CA e do CF dos IAP, bem como do CSPS e do CD do DNPS, cujos mandatos contar-se-ão da data da vigência desta Lei para efeito da uniformização, será realizado da seguinte forma:

I – dentro de 60 (sessenta) dias, contados da data da publicação desta Lei, reunir-se-ão os atuais membros classistas efetivos do Conselho Fiscal e Deliberativo, em cada uma das instituições, a fim de elegerem os membros classistas efetivos do CA;

II – no mesmo prazo realizar-se-á pela forma estabelecida no art. 99, a eleição dos membros classistas do CSPS e do CD do DNPS, bem como serão designados os membros representantes do Governo nesses órgãos e nos CA e CF;

III – dentro de 30 (trinta) dias, após o decurso do mesmo prazo, realizar-se-á, em data marcada pelo Ministro do Trabalho, Indústria e Comércio, a posse conjunta dos membros eleitos e designados, bem como a instalação dos novos órgãos.

§ 1º Os atuais membros dos Conselhos Fiscais ou Deliberativo que não forem eleitos para o Conselho Administrativo, na forma do item I, continuarão exercendo seus mandatos naqueles órgãos.

§ 2º Até a data a que se refere o item III, a administração dos IAP continuará a ser realizada na conformidade da legislação de previdência social, anterior a esta Lei, passando, na mesma data, os órgãos de deliberação coletiva a exercerem a plenitude de suas atribuições na conformidade da presente Lei.

§ 3º Para a realização das eleições a que se refere este artigo poderá o Ministro do Trabalho, Indústria e Comércio expedir as instruções que julgar necessárias.

Art. 140. Cada representação classista nos órgãos de deliberação coletiva da previdência social terá uma suplência obedecendo a convocação à ordem decrescente da votação apurada.

§ 1º Para atender ao disposto neste artigo somente poderá ser convocado o suplente que haja obtido, no mínimo, 40% (quarenta por cento) do número de votos atribuídos ao primeiro colocado.

§ 2º Não ocorrendo a hipótese do parágrafo anterior, proceder-se-á a nova eleição.

Art. 141. A previdência social fornecerá os seguintes documentos: *("Caput" do artigo com redação dada pelo Decreto-Lei nº 66, de 21/11/1966)*

I – às empresas vinculadas:

a) "Certificado de Matrícula" a que se referem os §§ 2º e 3º do artigo 21, para servir de comprovação da vinculação da empresa à previdência social;

b) "Certificado de Regularidade de Situação", válido até 28 de fevereiro do ano seguinte ao da sua emissão, para servir de prova de que o contribuinte se acha, na forma que dispuser o regulamento, em situação regular perante a previdência social;

c) "Certificado de Quitação" que constitui condição para que o contribuinte possa praticar determinados atos, enumerados neste artigo, com a validade de (30) trinta dias, a contar da data de sua emissão. *(Inciso acrescido pelo Decreto-Lei nº 66, de 21/11/1966) (Prazo de validade elevado para 60 (sessenta) dias, de acordo com o art. 5º da Lei nº 6.944, de 14/9/1981) (Certificado de Quitação excluído pelo art. 1º do Decreto-Lei nº 1.958, de 9/9/1982)*

II – aos segurados autônomos, o certificado a que se refere a item I, letra *b*. *(Inciso acrescido pelo Decreto-Lei nº 66, de 21/11/1966)*

§ 1º O "Certificado de Matrícula" (CM) é de apresentação obrigatória:

a) Perante a autoridade competente, para o licenciamento de obras de construção, reformas, ou acréscimos de prédios, por parte do responsável direto pela execução das mesmas;

b) perante os órgãos da previdência social e arrecadadores de suas contribuições, para identificação do contribuinte e dos elementos cadastrais de sua inscrição. *(Parágrafo acrescido pelo Decreto-Lei nº 66, de 21/11/1966)*

§ 2º O "Certificado de Regularidade de Situação" (CRS) a ser trasladado no instrumento pelo servidor público ou escrevente juramentado, juntado por cópia autenticada ao processo ou ao pedido inicial da empresa, ou ainda caracterizado pelo seu número de data de emissão mediante certidão passada no documento fornecido à empresa, conforme o caso, será exigido obrigatoriamente:

a) para a concessão de financiamento, empréstimo e ajuda financeira, para o pagamento das parcelas dos mesmos, quotas-partes e alíquotas de impostos ou de subvenções de qualquer espécie por parte das repartições públicas, estabelecimentos de crédito oficiais e seus agentes financeiros, autarquias, entidades de economia mista e empresas públicas ou de serviços públicos;

b) para a assinatura de convênios, contratos, ou quaisquer outros instrumentos com repartições ou entidades públicas, autarquias, sociedades de economia mista ou seus agentes;

c) para o arquivamento de quaisquer atos no Registro de Comércio, excetuando-se desta exigência os atos pelos quais a empresa substitui total ou parcialmente seus gestores, desde que não impliquem em mutação patrimonial;

d) para a participação em concorrências, tomadas ou coletas de preços ou quaisquer licitações de bens ou destinadas a contratação de serviços e obras. *(Parágrafo acrescido pelo Decreto-Lei nº 66, de 21/11/1966) e com nova redação dada pela Lei nº 5.729, de 8/11/1971)*

§ 3º O "Certificado de Quitação" (CQ), que será arquivado e registrado pelo serventuário público pela ordem de lavratura dos instrumentos públicos ou da transcrição dos instrumentos particulares, para os quais foi emitido, será exigido obrigatoriamente das empresas vinculadas; *("Caput" do parágrafo acrescido pelo Decreto-Lei nº 66, de 21/11/1966)*

a) para a alienação ou promessa de alienação, oneração ou disposição de bens imóveis; *(Alínea acrescida pelo Decreto-Lei nº 66, de 21/11/1966)*

b) para a alienação ou promessa de alienação, oneração ou disposição de bens móveis incorporáveis ao Ativo Imobilizado; *(Alínea acrescida pelo Decreto-Lei nº 66, de 21/11/1966)*

c) para a cessão e transferência ou para a promessa de cessão e transferência de direitos; *(Alínea acrescida pelo Decreto-Lei nº 66, de 21/11/1966)*

d) para o pagamento de haveres nas liquidações e dissoluções de sociedade e para a expedição de cartas de adjudicação ou arrematação de bens, salvo quando expedidas em favor da Fazenda Pública, federal, estadual ou municipal e em processos trabalhistas inclusive de acidentes do trabalho. *(Alínea acrescida pelo Decreto-Lei nº 66, de 21/11/1966 e com nova redação dada pela Lei nº 5.432, de 7/5/1968)*

§ 4º Será também exigido: "Certificado de Quitação" (CQ) para a primeira operação a ser realizada com prédio ou unidade imobiliária após sua construção, seja de promessa de venda, de compra e venda, de cessão e transferência ou de promessa e cessão de direitos aquisitivos. *(Parágrafo acrescido pelo Decreto-Lei nº 66, de 21/11/1966)*

§ 5º Independem da apresentação do Certificado de Quitação (CQ):

I – as transações em que forem outorgantes, a União Federal, os Estados, os Municípios e as entidades públicas de direito interno sem finalidade econômica, assim como as pessoas ou entidades não obrigadas a contribuir para a previdência social;

II – as transações realizadas pelas empresas que exercitam a atividade de comercialização de imóveis, desde que apresentem o Certificado de Regularidade de Situação (CRS) e que dele conste expressamente essa finalidade;

III – os instrumentos, atos e contratos que constituam retificação, ratificação ou efetivação de outros anteriores para os quais já tenha sido apresentado o Certificado de Quitação (CQ);

IV – as transações de unidade imobiliárias resultantes da execução de incorporação realizada na forma da Lei número 4.591, de 16 de dezembro de 1964, desde que a certidão própria tenha sido apresentada para a inscrição do respectivo memorial no Registro de Imóveis;

V – as transações de unidades construídas com financiamento contratado por instrumento para cuja lavratura já tenha sido apresentado o Certificado de Quitação (CQ). *(Parágrafo acrescido pelo Decreto-Lei nº 821, de 5/9/1969)*

Art. 142. Os atos praticados e os instrumentos assinados ou lavrados com inobservância do estipulado no artigo 141, são considerados nulos, de pleno direto, para todos os efeitos, assim como os respectivos registros públicos a que estiverem sujeitos.

§ 1º A previdência social poderá intervir nos instrumentos nos quais é exigido o Certificado de Quitação para dar quitação de dívida do contribuinte ou autorização para a sua lavratura, independente da liquidação da dívida, desde que fique assegurado o seu pagamento com o oferecimento de garantia suficiente, a ser fixada em regulamento, quando o mesmo seja parcelado. *(Parágrafo com redação dada pela Lei nº 5.890, de 8/6/1973)*

§ 2º Os servidores, serventuários da justiça, autoridades e órgãos que infringirem o artigo 141 desta Lei incorrerão em multa correspondente a um salário-mínimo de maior valor vigente no País, imposta e cobrada pela Previdência Social, sem prejuízo da responsabilidade que, no caso, couber.

§ 3º As empresas, enquanto estiverem em débito, não garantido, por falta de recolhimento das contribuições devidas à previdência social, não poderão:

a) distribuir quaisquer bonificações a seus acionistas;

b) dar ou atribuir participação de lucros a seus sócios ou quotistas, bem como a seus diretores e demais membros de órgãos dirigentes, fiscais ou consultivos.

§ 4º A desobediência ao disposto no § 3º sujeitará o responsável à multa de montante igual a 50% (cinqüenta por cento) das quantias que houver pago indevidamente, imposta e cobrada nos termos dos artigos 83 e 84. *(Artigo com redação dada pelo Decreto-Lei nº 66, de 21/11/1966)*

Art. 143. Não haverá restituição de contribuições, excetuada a hipótese de recolhimento indevido, nem permitirá aos beneficiários a antecipação do pagamento das contribuições para fim de percepção dos benefícios desta Lei.

Art. 144. O direito de receber ou cobrar as importâncias que lhes sejam devidas, prescreverá, para as instituições de previdência social, em trinta anos.

Art. 145. As importâncias destinadas ao custeio das instituições de previdência social são de sua exclusiva propriedade e em caso algum terão aplicação diversa da que tiver sido estabelecida nos termos desta Lei, pelo que serão nulos de pleno direito os atos em contrário, ficando seus autores sujeitos às penalidades cabíveis, em prejuízo de responsabilidade de natureza civil ou criminal em que venham a incorrer.

Parágrafo único. A despesa dos IAP com a prestação da assistência médica de que trata a alínea *a* do inciso III do art. 22 não poderá exceder à porcentagem anualmente estabelecida pelo Serviço Atuarial do MTIC, em função das contribuições efetivamente arrecadadas dos segurados e empresas, bem como da proveniente de parte dos prêmios de seguro de acidente do trabalho a ela destinada e, ainda, de 40% (quarenta por cento) dos lucros líquidos das respectivas carteiras.

Art. 146. Os bens móveis das instituições de previdência social somente poderão ser alienados de acordo com as instruções do DNPS, e, em se tratando de imóveis, mediante autorização do mesmo, ouvido previamente o Conselho Fiscal.

Art. 147. O resgate das operações imobiliárias realizadas pelas instituições de previdência social com seus beneficiários será efetuado, mediante consignação em folha de pagamento, sem prejuízo do seguro de vida e das garantias reais ou pessoais que forem estipuladas.

Art. 148. Mediante requisição das instituições de previdência ficam as empresas obrigadas a descontar, na folha de pagamento de seus empregados, quaisquer importâncias provenientes de dívidas ou responsabilidades por eles contraídas com aquelas instituições.

Art. 149. Os imóveis financiados pela previdência social, de acordo com os planos destinados aos segurados, desde que o financiamento tenha sido igual ou superior a 2/3 (dois terços) do valor do imóvel na data da concessão, não poderão ser alienados nem os respectivos direitos transferidos por ele ou seus herdeiros, sem autorização expressa da instituição competente, a qual não será deferida sempre que se verificar ter a alienação ou cessão finalidade especulativa.

Art. 150. A autorização de que trata o art. 149, só poderá ser concedida, no caso de imóvel componente de conjunto residencial adquirido ou construído pela instituição, se o adquirente ou cessionário for segurado ou dependente.

Art. 151. As instituições de previdência social poderão arrecadar, mediante a remuneração que for fixada pelo Ministro do Trabalho, Indústria e Comércio, contribuições por lei devidas a terceiros, desde que provenham de empresas, segurados, aposentados e pensionistas a elas vinculados.

Parágrafo único. Às contribuições de que trata este artigo aplica-se, no que couber, o disposto no Capítulo III do Título IV.

Art. 152. São isentos do imposto do selo os livros, papéis e documentos originários das instituições de previdência social ou de seus mandatários e os contratos por elas firmados com seus segurados ou com terceiros, bem como recibos e demais papéis diretamente relacionados com os assuntos de que trata esta Lei, quando procedentes de segurados, dependentes, sindicatos e empresas, excetuadas as certidões fornecidas pelas instituições a requerimento dos interessados.

Art. 153. A correspondência postal e telegráfica das instituições de previdência social e o registro de seus endereços telegráficos gozarão dos favores concedidos às autarquias federais.

Art. 154. É vedado o pagamento, por conta das instituições de previdência social, de qualquer despesa dos órgãos de orientação e controle.

Art. 155. Constituem crimes:

I – de sonegação fiscal, na forma da Lei nº 4.739, de 14 de julho de 1965, deixar de:

a) incluir, na folha de pagamento dos salários, empregados sujeitos ao desconto das contribuições previstas nesta Lei conforme determinação do item I do art. 80;

b) lançar, em títulos próprios de sua escrituração mercantil, cada mês, o montante das quantias descontadas de seus empregados e o da correspondente contribuição da empresa, conforme estabelece o item II do artigo 80;

c) escriturar nos livros e elementos discriminativos próprios as quantias recolhidas a título de "Quota de Previdência" dos respectivos contribuintes;

II – de apropriação indébita, definido no artigo 168 do Código Penal, além dos atos previstos no artigo 86, a falta de pagamento do salário-família aos empregados quando as respectivas quotas tiverem sido reembolsadas à empresa pela previdência social.

III – de falsidade ideológica, definido no artigo 299 do Código Penal, inserir ou fazer inserir:

a) nas folhas de pagamento a que se refere o item I do artigo 80, pessoas que não possuam, efetivamente, a condição de segurado;

b) na carteira profissional de empregado, declaração falsa ou diversa da que devia ser escrita;

c) em quaisquer atestados necessários à concessão ou pagamento de prestações aos beneficiários da previdência social declaração falsa ou diversa da que devia ser escrita;

IV – de estelionato, definido no artigo 171 do Código Penal;

a) receber ou tentar receber, dolosamente, qualquer prestação de benefício da previdência social;

b) praticar qualquer ato que acarrete prejuízo à previdência social visando a usufruir vantagens ilícitas;

c) emitir e apresentar, para pagamento pela previdência social, fatura de serviços não executados ou não prestados. *(Artigo com redação dada pelo Decreto-Lei nº 66, de 21/11/1966)*

Art. 156. Aplicam-se às instituições de previdência social os prazos de prescrição de que goza a União Federal, ressalvado o disposto nos arts. 57 e 144.

Art. 157. Os créditos da previdência social relativos a contribuições e seus adicionais ou acréscimos de qualquer natureza por ela arrecadadas, inclusive a quota de previdência, a correção monetária e os juros de mora correspondentes, nos processos de falência, concordata ou concurso de credores, estão sujeitos às disposições atinentes, aos créditos da União, aos quais são equiparados, seguindo-se a estes na ordem de prioridade. *(Artigo com redação dada pelo Decreto-Lei nº 66, de 21/11/1966)*

Art. 158. Nenhum outro benefício de caráter assistencial ou previdenciário, se não previsto nesta Lei, poderá ser criado pelo poderes competentes sem que, em contrapartida, seja estabelecida a respectiva receita de cobertura.

Art. 159. As verbas destinadas à publicidade de iniciativa das instituições de previdência social só poderão ser utilizadas para fins de instrução, orientação ou esclarecimento dos beneficiários e das empresas a elas vinculadas, observado o disposto no item XVII do art. 89.

Art. 160. A arrecadação da receita e o pagamento dos encargos da previdência social serão realizados, sempre que possível, através da rede bancária, oficial ou privada, mediante convênios nos termos e condições que forem estabelecidos pelo Banco Central da República do Brasil. *(Artigo com redação dada pelo Decreto-Lei nº 66, de 21/11/1966)*

Art. 161. O recolhimento das contribuições devidas pelos segurados, referidos no item II do § 1º do artigo 5º, pode ser efetuado pelas entidades religiosas a que pertençam, ou pelo próprio interessado. *("Caput" do artigo com redação dada pela Lei nº 6.696, de 8/10/1979)*

Parágrafo único. Não se aplicam às entidades religiosas, referidas nesta Lei, o disposto nos §§ 1º e 2º do artigo 69. *(Parágrafo único acrescido pela Lei nº 6.696, de 8/10/1979)*

Art. 162. Aos atuais beneficiários, segurados e dependentes das instituições de previdência social, ficam assegurados todos os direitos outorgados pelas respectivas legislações salvo se mais vantajosos os da presente Lei.

Parágrafo único. Não se aplica o disposto neste artigo aos segurados facultativos.

Art. 163. O valor das prestações, por força da reeducação ou readaptação profissional prevista no artigo 53, poderá ser revisto, na forma estabelecida no regulamento desta Lei.

Art. 164. O Fundo Comum da Previdência Social (FCPS) terá orçamento próprio, elaborado pelo DNPS e aprovado pelo Ministro do Trabalho, Indústria e Comércio.

Art. 165. O DNPS prestará contas do "Fundo Comum da Previdência Social" ao Tribunal de Contas da União.

Art. 166. Para a extensão do regime desta Lei aos trabalhadores rurais e aos empregados domésticos, o Poder Executivo, por intermédio do Ministério do Trabalho, Indústria e Comércio promoverá os estudos e inquéritos necessários que deverão ser concluídos e encaminhados ao Poder Legislativo, acompanhados de anteprojeto de lei, dentro do prazo de um ano, contado da data da publicação desta Lei.

§ 1º Para custeio dos estudos e inquéritos de que trata este artigo, fica o Poder Executivo autorizado a abrir, pelo Ministério do Trabalho, Indústria e Comércio, o crédito especial de Cr$10.000.000,00 (dez milhões de cruzeiros).

§ 2º Mediante acordo com as entidades assistenciais destinadas aos trabalhadores rurais, poderão as instituições de previdência social encarregar-se, desde já, da prestação de serviços médicos a esses trabalhadores, na medida que as condições locais o permitirem.

Art. 167. Para atender a situações excepcionais decorrentes de crise ou calamidade pública, que ocasionem desemprego em massa poderá ser instituído o seguro-desemprego, custeado pela União e pelos empregadores.

Art. 168. As diferenças de proventos e outras vantagens presentemente auferidas por servidores públicos e autárquicos federais, aposentados das instituições de previdência social, passarão a ser pagas diretamente pelo Tesouro Nacional ou pelas entidades autárquicas respectivas.

§ 1º Para os fins previstos neste artigo, as instituições de previdência social fornecerão aos interessados uma certidão das importâncias cujo pagamento estava a seu cargo, de acordo com o modelo expedido pelo Ministério da Fazenda.

§ 2º A certidão a que se refere o § 1º servirá para que os interessados se habilitem ao pagamento das vantagens de que trata este artigo.

Art. 169. Incorrerão na pena de destituição, aplicada pelo Ministro do Trabalho, Indústria e Comércio, depois de apurada a infração ou falta grave os representantes dos segurados e empresas que integrarem os órgãos da previdência social e que se tornarem incompatíveis com o exercício do cargo por improbidade ou prática de atos irregulares, bem assim os que deixarem de tomar, por desídia ou condescendência, as providências necessárias a evitar irregularidades prejudiciais ao bom funcionamento da instituição.

Parágrafo único. O processo de destituição a que se refere este artigo obedecerá ao disposto no Estatuto dos Funcionários Públicos Civis da União.

Art. 170. Serão extendidas às demais instituições de previdência social as atuais Caixas de Pecúlio destinadas a seus servidores ou empregados e mantidas as atuais Carteiras de Acidentes do Trabalho.

Art. 171. Os Diretores, Delegados e Chefes de Serviço das instituições de previdência são corresponsáveis com os seus Presidentes, em relação aos atos praticados no uso da delegação de competência que lhes é deferida.

Art. 172. Quando por impedimento legal a empresa não estiver filiada a associação devidamente registrada, ser-lhe-á assegurada a designação de representante para tomar parte nas eleições para membros dos órgãos de deliberação coletiva das instituições de previdência.

Art. 173. Será obrigatória a divulgação de todos os atos da administração das instituições de previdência social, através de um Boletim de Serviço, de acordo com o que a respeito dispuser o regulamento desta Lei.

Art. 174. As instituições de previdência poderão proceder, nas folhas de pagamento dos aposentados em geral e pensionistas, descontos de mensalidades em favor das associações de classe devidamente reconhecidas; descontos para a garantia da própria moradia; descontos correspondentes a aquisição de gêneros em cooperativas de consumo instituídas pela classe ou classes, vinculadas à respectiva instituição; descontos de prestações de empréstimos simples ou imobiliário concedidos por Caixa Econômica e prêmios de seguro de vida em grupo correspondentes a apólices contratadas entre companhias de seguros e as empresas empregadoras.

Art. 175. Serão obrigatoriamente, por escrutínio secreto, todas as eleições a que se refere esta Lei, quer para a escolha de delegados eleitores, quer para a dos membros dos diversos órgãos coletivos instituídos, que, ainda, para a de seus respectivos presidentes.

CAPÍTULO II
DISPOSIÇÕES TRANSITÓRIAS

Art. 176. A atual Caixa de Aposentadoria e Pensões dos Ferroviários e Empregados em Serviços Públicos passa a denominar-se Instituto de Aposentadoria e Pensões dos Ferroviários e Empregados em Serviços Públicos (IAPFESP).

Art. 177. Os servidores das instituições de previdência social à disposição de terceiros, com ônus para os respectivos cofres, dentro de noventa (90) dias, a contar da data da vigência desta Lei, deverão retornar ao exercício dos seus cargos.

Art. 178. Enquanto não se instalarem os novos CA e CF das instituições de previdência social e as JJR das Delegacias dos IAP, a respectiva administração continuará a ser feita de acordo com a legislação em vigor na data desta Lei.

§ 1º Os atuais CF das instituições de previdência social, com a composição estabelecida nesta Lei, passarão a exercer a plenitude de suas atribuições, de acordo com as disposições desta Lei.

§ 2º Enquanto não for instalado o CF do SAPS as funções deste serão exercidas pela atual Delegação de Controle.

Art. 179. Dentro de 30 (trinta) dias, a contar da data da vigência desta Lei, o Presidente da República nomeará uma comissão, constituída de representantes do Ministério da Fazenda, do Ministério do Trabalho Indústria e Comércio e de cada uma das instituições de previdência social, credoras da União por pagamento originário do Decreto-lei nº 3.769, de 28 de outubro de 1941, a qual se incumbirá de examinar a exatidão dos respectivos créditos providenciando as medidas necessárias à sua liquidação.

Art. 180. A fim de que a contribuição da União seja fixada em bases que permitam o seu pontual e efetivo recolhimento, o Poder Executivo, por intermédio dos Ministérios da Fazenda e do Trabalho, Indústria e Comércio promoverá os estudos necessários, que deverão ser concluídos e encaminhados ao Poder Legislativo, com anteprojeto de lei, dentro do prazo de seis meses.

Parágrafo único. Os referidos estudos e anteprojeto deverão consubstanciar também o pagamento ou consolidação das dívidas da União e de suas autarquias para com as instituições de previdência social.

Art. 181. O Poder Executivo expedirá, dentro de 120 (cento e vinte) dias, a partir da vigência desta Lei, novos regulamentos para o Conselho Superior da Previdência Social, Departamento Nacional da Previdência Social e Serviço Atuarial, do Ministério do Trabalho, Indústria e Comércio, a fim de adaptá-los às atribuições que lhes competem.

§ 1º O regulamento desta Lei será expedido pelo Poder Executivo no mesmo prazo a que se refere este artigo dentro do qual se providenciará sobre a instalação do provimento dos órgãos nela previstos assim como sobre a execução do disposto quanto à contribuição da União.

§ 2º Para a elaboração do regulamento a que se refere este artigo o Poder Executivo designará uma comissão da qual participarão além dos representantes do Governo 2 (dois) representantes dos segurados e 2 (dois) representantes das empresas, eleitos dentre os membros classistas dos atuais Conselhos Fiscais.

§ 3º O regulamento a que se refere o § 1º deste artigo disporá sobre a organização administrativa das instituições de previdência social, bem assim, uniformizará as disposições sobre execução dos seus serviços atendido o disposto no art. 121.

Art. 182. Dentro de 30 (trinta) dias, contados da data da vigência desta Lei, o Poder Executivo remeterá ao Poder Legislativo mensagem propondo a criação dos cargos e funções que se tornarem necessários, a fim de habilitar o Departamento Nacional da Previdência Social (DNPS) e o Conselho Superior da Previdência Social (CSPS) a atenderem aos encargos que, nesta Lei, lhes são atribuídos.

Art. 183. Esta Lei entrará em vigor na data de sua publicação salvo quanto às suas disposições que dependem de regulamentação revogadas as disposições em contrário.

Brasília, 26 de agosto de 1960; 139º da Independência e 72º da República.

JUSCELINO KUBITSCHEK
Armando Ribeiro Falcão
Jorge Leite
Odylio Denys
Fernando Ramos de Alencar
S. Paes de Almeida
Ernani do Amaral Peixoto
Antônio Barros Carvalho
Pedro Paulo Penido
J. Baptista Ramos
Francisco de Mello

DECRETO Nº 53.831, DE 25 DE MARÇO DE 1964

› Revogado pelo Decreto nº 62.755, de 22/05/1968

Dispõe sôbre a aposentadoria especial instituída pela Lei nº 3.807, de 26 de agôsto de 1960.

O PRESIDENTE DA REPÚBLICA, usando da atribuição que lhe confere o artigo 87, inciso I, da Constituição e tendo em vista o que dispõe o art. 31, da Lei nº 3.807, de 26 de agôsto de 1960,

DECRETA:

Art. 1º A Aposentadoria Especial, a que se refere o art. 31 da Lei 3.807, de 26 de agôsto de 1960, será concedida ao segurado que exerça ou tenha exercido atividade profissional em serviços considerados insalubres, perigosos ou penosos nos têrmos dêste decreto.

Art. 2º Para os efeitos da concessão da Aposentadoria Especial, serão considerados serviços insalubres, perigosos ou penosos, os constantes do Quadro Anexo em que se estabelece também a correspondência com os prazos referido no art. 31 da citada Lei.

Art. 3º A concessão do benefício de que trata êste decreto dependerá de comprovação pelo segurado efetuado na forma prescrita pelo art. 60, do Regulamento Geral da Previdência Social, perante o Instituto de Aposentadoria e Pensões a que estiver filiado do tempo de trabalho permanente e habitualmente prestado no serviço ou serviços, considerados insalubres, perigosos ou penosos, durante o prazo mínimo fixado.

Art. 4º Os institutos de Aposentadoria e Pensões enviarão semestralmente à Divisão de Higiene e Segurança do Trabalho, do Ministério do Trabalho e Previdência Social na forma do modêlo a ser apresentado por essa Divisão relação das emprêsas que empregavam os segurados, a que tenha sido concedida aposentadoria especial.

Art. 5º As dúvidas suscitadas na aplicação do presente Decreto serão resolvidas pelo Departamento Nacional da Previdência Social ouvida sempre a Divisão de Higiene e Segurança do Trabalho, no âmbito de suas atividades.

Art. 6º Êste Decreto entra em vigor na data de sua publicação, revogadas as disposições em contrário.

Brasília-DF., em 25 de março de 1964; 143º da Independência de 76º da República.

JOÃO GOULART
Amaury Silva

QUADRO A QUE SE REFERE O ART. 2º DO DECRETO Nº 53.831, DE 25 DE MARÇO DE 1964

REGULAMENTO GERAL DA PREVIDÊNCIA SOCIAL

CÓDIGO	CAMPO DE APLICAÇÃO	SERVIÇOS E ATIVIDADES PROFISSIONAIS	CLASSIFICAÇÃO	TEMPO DE TRABALHO MÍNIMO	OBSERVAÇÕES
1.0.0	AGENTES				
1.1.0	FÍSICOS				
1.1.1	CALOR Operações em locais com temperatura excessivamente alta, capaz de ser nociva à saúde e proveniente de fontes artificiais.		Insalubre	25 anos	Jornada normal em locais com TE acima de 28º. Artigos 165, 187 e 234, da CLT. Portaria Ministerial 30 de 7-2-58 e 262, de 6-8-62.
1.1.2	FRIO Operações em locais com temperatura excessivamente baixa, capaz de ser nociva à saúde e proveniente de fontes artificiais.	Trabalhos na indústria do frio – operadores de câmaras frigoríficas e outros.	Insalubre	25 anos	Jornada normal em locais com temperatura inferior a 12º centígrados. Art. 165 e 187, da CLT e Portaria Ministerial 262, de 6-8-62.
1.1.3	UMIDADE Operações em locais com umidade excessiva, capaz de ser nociva à saúde e proveniente de fontes artificiais.	Trabalhos em contato direto e permanente com água – lavadores, tintureiros, operários nas salinas e outros.	Insalubre	25 anos	Jornada normal em locais com umidade excessiva. Art. 187 da CLT e Portaria Ministerial 262, de 6-8-62.
1.1.4	RADIAÇÃO Operações em locais com radiações capazes de serem nocivas à saúde – infra-vermelho, ultra-violeta, raios X, rádium e substâncias radiativas.	Trabalhos expostos a radiações para fins industriais, diagnósticos e terapêuticos – Operadores de raio X, de rádium e substâncias radiativas, soldadores com arco elétrico e com oxiacetilênio, aeroviários de manutenção de aeronaves e motores, turbo-hélices e outros.	Insalubre	25 anos	Jornada normal ou especial fixada em lei – Lei 1.234 (*) de 14 de novembro de 1950; Lei 3.999 (*) de 15-12-61; Art. 187, da CLT; Decreto nº 1.232, de 22 de junho de 1962 e Portaria Ministerial 262, de 6 de agosto de 1962.
1.1.5	TREPIDAÇÃO Operações em trepidações capazes de serem nocivas a saúde.	Trepidações e vibrações industriais – Operadores de perfuratrizes e marteletes pneumáticos, e outros.	Insalubre	25 anos	Jornada normal com máquinas acionadas por ar comprimido e velocidade acima de 120 golpes por minutos. Art. 187 CLT. Portaria Ministerial 262, de 6-8-62.
1.1.6	RUÍDO Operações em locais com ruído excessivo capas de ser nocivo à saúde.	Trepidações sujeitos aos efeitos de ruídos industriais excessivos – caldereiros, operadores de máquinas pneumáticas, de motores – turbinas e outros.	Insalubre	25 anos	Jornada normal ou especial fixada em lei em locais com ruídos acima de 80 decibéis. Decreto número 1.232, de 22 de junho de 1962. Portaria Ministerial 262, de 6-8-62 e Art. 187 da CLT.
1.1.7	PRESSÃO Operações em locais com pressão atmosférica anormal capaz de ser nociva à saúde.	Trabalhos em ambientes com alta ou baixa pressão – escafandristas, mergulhadores, operadores em caixões ou tubulações pneumáticos e outros.	Insalubre	25 anos	Jornada normal ou especial fixada em lei – Artigos 187 e 219 CLT. Portaria Ministerial 73, de 2 de janeiro de 1960 e 262, de 6-8-62.
1.1.8	ELETRICIDADE Operações em locais com eletricidade em condições de perigo de vida.	Trabalhos permanentes em instalações ou equipamentos elétricos com riscos de acidentes – Eletricistas, cabistas, montadores e outros.	Perigoso	25 anos	Jornada normal ou especial fixada em lei em serviços expostos a tensão superior a 250 volts. Arts. 187, 195 e 196 da CLT. Portaria Ministerial 34, de 8-4-54.
1.2.0	QUÍMICOS				

CÓDIGO	CAMPO DE APLICAÇÃO	SERVIÇOS E ATIVIDADES PROFISSIONAIS	CLASSIFICAÇÃO	TEMPO DE TRABALHO MÍNIMO	OBSERVAÇÕES
1.2.1	ARSÊNICO Operações com arsênico e seus compostos.	I – Extração.	Insalubre	20 anos	Jornada normal. Art. 187 CLT. Portaria Ministerial 262, de 6-8-62.
		II – Fabricação de seus compostos e derivados – Tintas, parasiticidas e inseticidas etc.	Insalubre	20 anos	
		III – Emprego de derivados arsenicais – Pintura, galvanotécnica, depilação, empalhamento, etc.	Insalubre	25 anos	
1.2.2	BERÍLIO Operações com berílio e seus compostos.	Trabalhos permanentes expostos a poeiras e fumos – Fundição de ligas metálicas.	Insalubre	25 anos	Jornada normal. Art. 187 CLT. Portaria Ministerial 262, de 6-8-62.
1.2.3	CÁDMIO Operações com cádmio e seus compostos.	Trabalhos permanentes expostos a poeiras e fumos – Fundição de ligas metálicas.	Insalubre	25 anos	Jornada normal. Art. 187 CLT. Portaria Ministerial 262, de 6-8-62.
1.2.4	CHUMBO Operações com chumbo, seus sais e ligas.	I – Fundição, refino, moldagens, trefiliação e laminação.	Insalubre	20 anos	Jornada normal. Art. 187 CLT. Portaria Ministerial 262, de 6-8-62.
		II – Fabricação de artefatos e de produtos de chumbo – baterias, acumuladores, tintas e etc.		25 anos	
		III – Limpeza, raspagens e demais trabalhos em tanques de gasolina contendo chumbo, tetra etil, polimento e acabamento de ligas de chumbo etc.		25 anos	
		IV – Soldagem e dessoldagem com ligas à base de chumbo, vulcanização da borracha, tinturaria, estamparia, pintura e outros.		25 anos	
1.2.5	CROMO Operações com cromo e seus sais.	Trabalhos permanentes expostos ao tóxico – Fabricação, tanagem de couros, cromagem eletrolítica de metais e outras.	Insalubre	25 anos	Jornada normal. Art. 187 CLT. Portaria Ministerial 262, de 6-8-62.
1.2.6	FÓSFORO Operações com fósforo e seus compostos.	I – Extração e depuração do fósforo branco e seus compostos.	Insalubre	20 anos	Jornada normal. Art. 187 CLT. Portaria Ministerial 262, de 6-8-62.
		II – Fabricação de produtos fosforados asfixiantes, tóxicos, incendiários ou explosivos.	Insalubre Perigoso		
		III – Emprego de líquidos, pastas, pós e gases à base de fósforo branco para destruição de ratos e parasitas.	Insalubre	25 anos	
1.2.7	MANGANÊS Operações com o manganês.	Trabalhos permanentes expostos à poeiras ou fumos do manganês e seus compostos (bióxido) – Metalurgia, cerâmica, indústria de vidros e outras.	Insalubre	25 anos	Jornada normal. Art. 187 CLT. Portaria Ministerial 262, de 6-8-62.
1.2.8	MERCÚRIO Operações com mercúrio, seus sais e amálgamas.	I – Extração e tratamento de amálgamas e compostos – Cloreto e fulminato de Hg.	Insalubre Perigoso	20 anos	Jornada normal. Art. 187 CLT. Portaria Ministerial 262, de 6-8-62.
		II – Emprego de amálgama e derivados, galvanoplastia, estanhagem e outros.	Insalubre	25 anos	

CÓDIGO	CAMPO DE APLICAÇÃO	SERVIÇOS E ATIVIDADES PROFISSIONAIS	CLASSIFICAÇÃO	TEMPO DE TRABALHO MÍNIMO	OBSERVAÇÕES
1.2.9	OUTROS TÓXICOS INOGÂNICOS Operações com outros tóxicos inogârnicos capazes de fazerem mal à saúde.	Trabalhos permanentes expostos às poeiras, gazes, vapores, neblina e fumos de outros metais, metalóide halogenos e seus eletrólitos tóxicos – ácidos, base e sais – Relação das substâncias nocivas publicadas no Regulamento Tipo de Segurança da O.I.T.	Insalubre	25 anos	Jornada normal. Art. 187 CLT. Portaria Ministerial 262, de 6-8-62.
1.2.10	POEIRAS MINERAIS NOCIVAS Operações industriais com despreendimento de poeiras capazes de fazerem mal à saúde – Silica, carvão, cimento, asbesto e talco.	I – Trabalhos permanentes no subsolo em operações de corte, furação, desmonte e carregamento nas frentes de trabalho.	Insalubre Perigoso Penoso	15 anos	Jornada normal especial fixada em Lei. Arts. 187 e 293 da Portaria Ministerial 262, de 5-1-60: 49 e 31, de 25-3-60: e 6-8-62.
		II – Trabalhos permanentes em locais de subsolo afastados das frentes de trabalho, galerias, rampas, poços, depósitos, etc ...	Insalubre Penoso	20 anos	
		III – Trabalhos permanentes a céu aberto. Corte, furação, desmonte, carregamento, britagem, classificação, carga e descarga de silos, transportadores de correias e teleférreos, moagem, calcinação, ensacamento e outras.	Insalubre	25 anos	
1.2.11	TÓXICOS ORGÂNICOS Operações executadas com derivados tóxicos do carbono – Nomenclatura Internacional. I – Hidrocarbonetos (ano, eno, ino) II – Ácidos carboxílicos (oico) III – Alcoois (ol) IV – Aldehydos (al) V – Cetona (ona) VI – Esteres (com sais em ato – ilia) VII – Éteres (óxidos – oxi) VIII – Amidas – amidos IX – Aminas – aminas X – Nitrilas e isonitrilas (nitrilas e carbilaminas) XI – Compostos organo – metálicos halogenados, metalódicos halogenados, metalóidicos e nitrados.	Trabalhos permanentes expostos às poereiras: gases, vapores, neblinas e fumos de derivados do carbono constantes da Relação Internancional das Substâncias Nocivas publicada no Regulamento Tipo de Segurança da O.I.T – Tais como: cloreto de metila, tetracloreto de carbono, tricoloroetileno, clorofórmio, bromureto de netila, nitrobenzeno, gasolina, alcoois, acetona, acetatos, pentano, metano, hexano, sulfureto de carbono, etc.	Insalubre	25 anos	Jornada normal. Art. 187 CLT. Portaria Ministerial 262, de 6-8-62.
1.3.0	BIOLÓGICOS				
1.3.1	CARBÚNCULO, BRUCELA MORNO E TÉTANO Operações industriais com animais ou produtos oriundos de animais infectados.	Trabalhos permanentes expostos ao contato direto com germes infecciosos – Assistência Veterinária, serviços em matadouros, cavalariças e outros.	Insalubre	25 anos	Jornada normal. Art. 187 CLT. Portaria Ministerial 262, de 6-8-62.
1.3.2	GERMES INFECCIOSOS OU PARASITÁRIOS HUMANOS – ANIMAIS Serviços de Assistência Médica, Odontológica e Hospitalar em que haja contato obrigatório com organismos doentes ou com materiais infecto-contagiantes.	Trabalhos permanentes expostos ao contato com doentes ou materiais infecto-contagiantes – assistência médico, odontológica, hospitalar e outras atividades afins.	Insalubre	25 anos	Jornada normal ou especial fixada em Lei. Lei nº 3.999, de 15-12-61. Art. 187 CLT. Portaria Ministerial 262, de 6-8-62.
2.0.0	OCUPAÇÕES				

CÓDIGO	CAMPO DE APLICAÇÃO	SERVIÇOS E ATIVIDADES PROFISSIONAIS	CLASSIFICAÇÃO	TEMPO DE TRABALHO MÍNIMO	OBSERVAÇÕES
2.1.0	LIBERAIS, TÉCNICOS, ASSEMELHADAS				
2.1.1	ENGENHARIA	Engenheiros de Construção Civil, de minas, de metalurgia, Eletricistas.	Insalubre	25 anos	Jornada normal ou especial fixada em Lei. Decreto nº 46.131 (*), de 3-6-59.
2.1.2	QUÍMICA	Químicos, Toxicologistas, Podologistas.	Insalubre	25 anos	Jornada normal ou especial fixada em Lei. Decreto nº 48.285 (*), de 1960.
2.1.3	MEDICINA, ODONTOLOGIA, ENFERMAGEM	Médicos, Dentistas, Enfermeiros.	Insalubre	25 anos	Jornada normal ou especial fixada em Lei. Decreto nº 43.185 (*), de 6-2-58.
2.1.4	MAGISTÉRIO	Professores.	Penoso	25 anos	Jornada normal ou especial fixada em Lei Estadual, GB, 286; RJ, 1.870, de 25-4. Art. 318, da Consolidação das Leis do Trabalho.
2.2.0	AGRÍCOLAS, FLORESTAIS, AQUÁTICAS				
2.2.1	AGRICULTURA	Trabalhadores na agropecuária.	Insalubre	25 anos	Jornada normal.
2.2.2	CAÇA	Trabalhadores florestais, caçadores.	Perigoso	25 anos	Jornada normal.
2.2.3	PESCA	Pescadores	Perigoso	25 anos	Jornada normal.
2.3.0	PERFURAÇÃO, CONSTRUÇÃO CIVIL. ASSEMELHADOS				
2.3.1	ESCAVAÇÕES DE SUPERFÍCIE – POÇOS	Trabalhadores em túneis e galerias.	Insalubre Perigoso	20 anos	Jornada normal ou especial, fixada em Lei. Artigo 295. CLT
2.3.2	ESCAVAÇÕES DE SUBSOLO – TÚNEIS	Trabalhadores em escavações à céu aberto.	Insalubre	25 anos	Jornada normal.
2.3.3	EDIFÍCIOS, BARRAGENS, PONTES	Trabalhadores em edifícios, barragens, pontes, torres.	Perigoso	25 anos	Jornada normal.
2.4.0	TRANSPORTES E COMUNICAÇÕES				
2.4.1	TRANSPORTES AÉREO	Aeronautas, Aeroviários de serviços de pista e de oficinas, de manutenção, de conservação, de carga e descarga, de recepção e de despacho de aeronaves.	Perigoso	25 anos	Jornada normal ou especial, fixada em Lei. Lei nº 3.501, (*) de 21-12-58; Lei nº 2.573, (*) de 15-8-55; Decretos nºs 50.660 (*), de 26-6-61 e 1.232, de 22-6-62.
2.4.2	TRANSPORTES MARÍTIMO, FLUVIAL E LACUSTRE	Marítimos de convés de máquinas, de câmara e de saúde – Operários de construção e reparos navais.	Insalubre	25 anos	Jornada normal ou especial fixada em Lei. Art. 243 CLT. Decretos nº 52.475 (*). de 13-9-63; 52.700 (*) de 18-10-63 e 53.514 (*), de 30-1-64.
2.4.3	TRANSPORTES FERROVIÁRIO	Maquinistas, Guarda-freios, trabalhadores da via permanente.	Insalubre	25 anos	Jornada normal ou especial fixada em Lei. Artigo 238, CLT.
2.4.4	TRANSPORTES RODOVIÁRIO	Motorneiros e condutores de bondes. Motoristas e cobradores de ônibus. Motoristas e ajudantes de caminhão.	Penoso	25 anos	Jornada normal.
2.4.5	TELEGRAFIA, TELEFONIA, RÁDIO COMUNICAÇÃO.	Telegrafista, telefonista, rádio operadores de telecomunicações.	Insalubre	25 anos	Jornada normal ou especial, fixada em Lei. Artigo 227 da CLT. Portaria Ministerial 20, de 6-8-62.

CÓDIGO	CAMPO DE APLICAÇÃO	SERVIÇOS E ATIVIDADES PROFISSIONAIS	CLASSIFICAÇÃO	TEMPO DE TRABALHO MÍNIMO	OBSERVAÇÕES
2.5.0	ARTESANATO E OUTRAS OCUPAÇÕES QUALIFICADAS				
2.5.1	LAVANDERIA E TINTURARIA	Lavadores, passadores, calandristas, tintureiros.	Insalubre	25 anos	Jornada normal.
2.5.2	FUNDIÇÃO, COZIMENTO, LAMINAÇÃO, TREFILAÇÃO, MOLDAGEM	Trabalhadores nas indústrias metalúrgicas, de vidro, de cerâmica e de plásticos- -fundidores, laminadores, moldadores, trefiladores, forjadores.	Insalubre	25 anos	Jornada normal.
2.5.3	SOLDAGEM, GALVANIZAÇÃO, CALDERARIA	Trabalhadores nas indústrias metalúrgicas, de vidro, de cerâmica e de plásticos – soldadores, galvanizadores, chapeadores, caldeireiros.	Insalubre	25 anos	Jornada normal.
2.5.4	PINTURA	Pintores de Pistola.	Insalubre	25 anos	Jornada normal.
2.5.5	COMPOSIÇÃO TIPOGRÁFICA E MACÂNICA, LINOTIPIA, ESTEREOTIPIA, ELETROTIPIA, LITOGRAFIA E OFF-SETT, FOTOGRAVURA, ROTOGRAVURA E GRAVURA, ENCADERNAÇÃO E IMPRESSÃO EM GERAL.	Trabalhadores permanentes nas indústrias poligráficas: Linotipistas, monotipistas, tipográficas, impressores, margeadores, montadores, compositores, pautadores, gravadores, granitadores, galvanotipistas, frezadores, titulistas.	Insalubre	25 anos	Jornada normal.
2.5.6	ESTIVA E ARMAZENAMENTO.	Estivadores, Arrumadores, Trabalhadores de capatazia, Consertadores, Conferentes.	Perigoso	25 anos	Jornada normal ou especial, fixada em Lei. Art. 278, CLT; item VII quadro II, do Art. 65 do Decreto 48.959-A (*), de 29-9-60.
2.5.7	EXTINÇÃO DE FOGO, GUARDA.	Bombeiros, Investigadores, Guardas	Perigoso	25 anos	Jornada normal.

LEI COMPLEMENTAR Nº 11, DE 25 DE MAIO DE 1971

Institui o Programa de Assistência ao Trabalhador Rural, e dá outras providências.

O PRESIDENTE DA REPÚBLICA: Faço saber que o CONGRESSO NACIONAL decreta e eu sanciono a seguinte Lei Complementar:

Art. 1º É instituído o Programa de Assistência ao Trabalhador Rural (PRORURAL), nos termos da presente Lei Complementar.

§ 1º Ao Fundo de Assistência ao Trabalhador Rural – FUNRURAL -, diretamente subordinado ao Ministro do Trabalho e Previdência Social e ao qual é atribuída personalidade jurídica de natureza autárquica, caberá a execução do Programa de Assistência ao Trabalhador Rural, na forma do que dispuser o Regulamento desta Lei Complementar.

§ 2º O FUNRURAL gozará em tôda a sua plenitude, inclusive no que se refere a seus bens, serviços e ações, das regalias, privilégios e imunidades da União e terá por fôro o da sua sede, na Capital da República, ou o da Capital do Estado para os atos do âmbito dêste.

Art. 2º O Programa de Assistência ao Trabalhador Rural consistirá na prestação dos seguintes benefícios:

I – aposentadoria por velhice;

II – aposentadoria por invalidez;

III – pensão;

IV – auxílio-funeral;

V – serviço de saúde;

VI – serviço de social.

Art. 3º São beneficiários do Programa de Assistência instituído nesta Lei Complementar o trabalhador rural e seus dependentes.

§ 1º Considera-se trabalhador rural, para os efeitos desta Lei Complementar:

a) a pessoa física que presta serviços de natureza rural a empregador, mediante remuneração de qualquer espécie.

b) o produtor, proprietário ou não, que sem empregado, trabalhe na atividade rural, individualmente ou em regime de economia familiar, assim entendido o trabalho dos membros da família indispensável à própria subsistência e exercido em condições de mutua dependência e colaboração.

§ 2º Considera-se dependente o definido como tal na Lei Orgânica da Previdência Social e legislação posterior em relação aos segurados do Sistema Geral de Previdência Social.

Art. 4º A aposentadoria por velhice corresponderá a uma prestação mensal equivalente a 50% (cinqüenta por cento) do salário-mínimo de maior valor no País, e será devida ao trabalhador rural que tiver completado 65 (sessenta e cinco) anos de idade.

Parágrafo único. Não será devida a aposentadoria a mais de um componente da unidade familiar, cabendo apenas o benefício ao respectivo chefe ou arrimo.

Art. 5º A aposentadoria por velhice, corresponderá a uma prestação igual a da aposentadoria por velhice, e com ela não acumulável, devida ao trabalhador vítima de enfermidade ou lesão orgânica, total e definitivamente incapaz para o trabalho, observado o princípio estabelecido no parágrafo único do artigo anterior.

Art. 6º A pensão por morte do trabalhador rural, concedida segundo ordem preferencial aos dependentes, consistirá numa prestação mensal, equivalente a 30% (trinta por cento) do salário-mínimo de maior valor no País. (Vide Lei Complementar nº 16, de 1973) (Vide Lei nº 7.604, de 1987)

Art. 7º Por morte presumida do trabalhador, declarada pela autoridade judiciária competente, depois de seis meses de sua ausência, será concedida uma pensão provisória, na forma estabelecida no artigo anterior.

Art. 8º Mediante prova hábil do desaparecimento do trabalhador, em virtude de acidente, desastre ou catástrofe, seus dependentes farão jus à pensão provisória referida no artigo anterior, dispensados o prazo e a declaração nele exigidos.

Parágrafo único. Verificado o reaparecimento do trabalhador, cessará imediatamente o pagamento da penssão, desobrigados os beneficiários do reembôlso de quaisquer quantias recebidas.

Art. 9º O auxílio-funeral, no importe de um salário mínimo de maior valor vigente no País, será devido por morte do trabalhador rural, chefe ou arrimo da unidade familiar, ou de seu cônjuge dependente, e pago a quem, dependente ou não, houver, comprovadamente, promovido, à suas expensas, o sepultamento. (Redação dada pela Lei Complementar nº 16, de 1973)

Art. 10. As importâncias devidas ao trabalhador rural serão pagas, caso ocorra sua morte, aos seus dependentes e, na suas morte, aos seus dependentes e, na falta dêsses, reverterão ao FUNRURAL.

Art. 11. A concessão das prestações pecuniárias asseguradas por esta Lei Complementar será devida a partir do mês de janeiro de 1972, arredondando-se os respectivos valores globais para a unidade de cruzeiro imediatamente superior, quando for o caso. (Redação dada pela Lei Complementar nº 16, de 1973)

Art. 12. Os serviços de saúde serão prestados aos beneficiários, na escala que permitirem os recursos orçamentários do FUNRURAL, em regime de gratuidade total ou parcial segundo a renda familiar do trabalhador ou dependente.

Art. 13. O Serviço Social visa a propiciar aos beneficiários melhoria de seus hábitos e de suas condições de existência, mediante ajuda pessoal, nos desajustamentos individuais e da unidade familiar e, predominantemente, em suas diversas necessidades ligadas à assistência prevista nesta Lei, e será prestado com a amplitude que permitirem os recursos orçamentários do FUNRURAL, e segundo as possibilidades locais.

Art. 14. O ingresso do trabalhador rural e dependentes, abrangidos por esta Lei Complementar, no regime de qualquer entidade de previdência social não lhes acarretará a perda do direito as prestações do Programa de Assistência, enquanto não decorrer o período de carência a que se condicionar a concessão dos benefícios pelo nôvo regime.

Art. 15. Os recursos para o custeio do Programa de Assistência ao Trabalhador Rural provirão das seguintes fontes:

I – da contribuição de 2% (dois por cento) devida pelo produtor sôbre o valor comercial dos produtos rurais, e recolhida:

a) pelo adquírente, consignatário ou cooperativa que ficam sub-rogados, para êsse fim, em tôdas as obrigações do produtor;

b) pelo produtor, quando ele próprio industrializar seus produtos vendê-los ao consumidor, no varejo, ou a adquirente domiciliado no exterior; (Redação dada pela Lei Complementar nº 16, de 1973)

II – da contribuição de que trata o art. 3º do Decreto-lei nº 1.146, de 31 de dezembro de 1970, a qual fica elevada para 2,6% (dois e seis décimos por cento), cabendo 2,4% (dois e quatro décimos por cento) ao FUNRURAL.

§ 1º Entende-se como produto rural todo aquele que, não tendo sofrido qualquer processo de industrialização, provenha de origem vegetal ou animal inclusive as espécies aquáticas, ainda que haja sido submetido a beneficiamento, assim compreendidos os processos primários de preparação do produto para consumo imediato ou posterior industrialização, tais como descaroçamento, pilagem, descaroçamento limpeza, abate o seccionamento de árvores, pasteurização, resfriamento, secagem, aferventação e outros do mesmo teor, estendendo-se aos subprodutos e resíduos obtidos através dessas operações a qualificação de produtos rurais. (Redação dada pela Lei Complementar nº 16, de 1973)

§ 2º O recolhimento da contribuição estabelecida no item I deverá ser feito até o último dia do mês seguinte àquele em que haja ocorrido a operação de venda ou transformação industrial.

§ 3º A falta de recolhimento, na época própria da contribuição estabelecida no item I sujeitará, automaticamente, o contribuinte a multa de 10% (dez por cento) por semestre ou fração de atraso, calculada sôbre o montante do débito, à correção monetária dêste e aos juros moratórios de 1% (um por cento) ao mês sôbre o referido montante.

§ 4º A infração de qualquer dispositivo desta Lei Complementar e de sua regulamentação, para a qual não haja penalidade expressamente comunada, conforme a gravidade da infração, sujeitará o infrator a multa de 1 (um) a 10 (dez) salários-mínimos de maior valor no País, imposta e cobrada na forma a ser definida no regulamento.

§ 5º A arrecadação da contribuição devida ao FUNRURAL, na forma do artigo anterior, bem assim das correspondentes multas impostas e demais cominações legais, será realizada, preferencialmente, pela rêde bancária credenciada para efetuar a arrecadação das contribuições devidas no INPS.

§ 6º As contribuições de que tratam os itens I e II serão devidas a partir de 1º de julho de 1971, sem prejuízo do recolhimento das contribuições devidas ao FUNRURAL, até o dia imediatamente anterior àquela data, por fôrça do disposto no Decreto-lei número 276, de 28 de fevereiro de 1967.

Art. 16. Integram, ainda, a receita do FUNRURAL:

I – As multas, a correção monetária e os juros moratórios a que estão sujeitos os contribuintes, na forma do § 3º do artigo anterior e por atraso no pagamento das contribuições a que se refere o item II do mesmo artigo;

II – As multas provenientes de infrações praticadas pelo contribuinte, nas relações praticadas pelo contribuinte, nas relações com o FUNRURAL;

III – As doações e legados, rendas extraordinárias ou eventuais, bem assim recursos incluídos no Orçamento da União.

Art. 17. Os débitos relativos ao FUNRURAL e resultantes do disposto no Decreto-lei nº 276, de 28 de fevereiro de 1967, de responsabilidade dos adquirentes ou consignatários, na qualidade de sub-rogados dos produtores rurais e os de responsabilidade daqueles que produzem mercadorias rurais e as vendem, diretamente, aos consumidores, ou as industrializam ficam isentos de multa e de correção monetária, sem prejuízo dos correspondentes juros moratórios, deste que recolhidos ou confessados até noventa dias após a promulgação desta Lei complementar.

Parágrafo único. Em relação ao período de 1º de março a 19 de outubro de 1967, os adquirentes e consignatários de produtos rurais só ficam obrigados a recolher ao FUNRURAL as contribuições a êste devidas, quando as tenham descontado do pagamento que efetuaram, aos produtores, no dito período, pela compra dos referidos produtos.

Art. 18. A confissão a que se refere o artigo anterior terá por objeto os débitos relativos ao período de 1º de março de 1967 a dezembro de 1969 que poderão ser recolhidos em até vinte parcelas mensais, iguais e sucessivas, vencendo-se a primeira no último dia útil do mês subseqüentes ao da confissão.

Parágrafo único. O parcelamento de que trata êste artigo é condicionado às seguintes exigências:

a) consolidação da dívida, compreendendo as contribuições em atraso e os respectivos juros moratórios, calculados até a data do parcelamento;

b) confissão expressa da dívida apurada na forma da alínea anterior;

c) cálculo da parcela correspondente à amortização da dívida confessada e aos juros de 1% (um por cento) ao mês, sôbre os saldos decrescentes dessa mesma dívida;

d) apresentação, pelo devedor, de fiador idôneo, a critério do FUNRURAL, que responda solidariamente pelo débito consolidado e demais obrigações a cargo do devedor;

e) incidência, em cada parcela recolhida posteriormente ao vencimento, da correção monetária, bem como das sanções previstas no art. 82 da Lei nº 3.807, de 26 de agôsto de 1960, e respectiva regulamentação.

Art. 19. Ficam cancelados os débitos dos produtores rurais para com o FUNRURAL, correspondentes ao período de fevereiro de 1964 a fevereiro de 1967.

Art. 20. Para efeito de sua atualização, os benefícios instituídos por esta Lei Complementar, bem o respectivo sistema de custeio, serão revistos de dois em dois anos pelo Poder Executivo, mediante proposta do Serviço Atuarial do Ministério do Trabalho e Previdência Social.

Art. 21. O FUNRURAL terá seus recursos financeiros depositados no Banco do Brasil S.A. e utilizados de maneira que a receita de um semestre se destine à despesa do semestre imediato.

Parágrafo único. Até que entre em vigor o Programa de Assistência ora instituído, o FUNRURAL continuará prestado aos seus beneficiários a assistência médico-social na forma do Regulamento aprovado pelo Decreto nº 61.554, de 17 de outubro de 1967.

Art. 22. É criado o Conselho Diretor do FUNRURAL, que será presidido pelo Ministro do Trabalho e Previdência Social, ou por seu representante expressamente designado, e integrado ainda, pelos representantes dos seguintes órgãos: Ministério da Agricultura, Ministério da Saúde, Instituto Nacional de Previdência Social, bem assim de cada uma das Confederações representativas das categorias econômica e profissional agrárias.

Parágrafo único. O FUNRURAL será representado em juízo ou fora dêle pelo Presidente do respectivo Conselho Diretor ou seu substituto legal.

Art. 23. O FUNRURAL terá a estrutura administrativa que fôr estabelecida no Regulamento desta Lei Complementar.

Parágrafo único. O INPS dará a Administração do FUNRURAL, pela sua rêde operacional e sob a forma de serviços de terceiros, sem prejuízos de seus interêsses, a assistência que se fizer necessária em pessoal, material, instalações e serviços administrativos.

Art. 24. O custo de administração do FUNRURAL, em cada exercício. não poderá exceder ao valor correspondente a 10% (dez por cento) da receita realizada no exercício anterior.

Art. 25. As despesas de organização dos serviços necessários à execução desta Lei Complementar, inclusive instalação adequada do Conselho Diretor e dos Órgãos da estrutura administrativas do FUNRURAL, serão atendidas pelos recursos dêste, utilizando-se, para tanto, até 10% (dez por cento) das dotações das despesas previstas no orçamento vigente.

Art. 26. Os débitos relativos à contribuição fixada no item I do artigo 15, bem assim as correspondentes multas impostas e demais cominações legais, serão lançados em livro próprio destinado pelo Conselho Diretor à inscrição da dívida ativa do FUNRURAL.

Parágrafo único. É considerada líquida e certa a dívida regularmente inscrita no livro de que trata êste artigo e a certidão respectiva servirá de título para a cobrança judicial, como dívida pública, pelo mesmo processo e com os privilégios reservados à Fazenda Nacional.

Art. 27. Fica extinto o Plano Básico da Previdência Social, instituído pelo Decreto-lei nº 564, de 1º de maio de 1969, e alterado pelo Decreto-lei nº 704, de 14 de julho de 1969, ressalvados os direitos daqueles que, contribuindo para o INPS pelo referido Plano, cumpram período de carência até 30 de junho de 1971.

§ 1º As contribuições para o Plano Básico daqueles que tiverem direito assegurado, na forma dêste artigo, serão recolhidas somente em correspondência ao período a encerrar-se em 30 de junho de 1971, cessando o direito de habilitação aos benefícios em 30 de junho de 1972.

§ 2º Caberá a devolução das contribuições descontadas, já recolhidas ou não, àqueles que, havendo começado a contribuir tardiamente, não puderem cumprir o período de carência até 30 de junho de 1971.

§ 3º As emprêsas abrangidas pelo Plano Básico são incluídas como contribuintes do Programa de Assistência ora instituído, participando do seu custeio na forma do disposto no item I do art. 15, e dispensadas, em conseqüência, da contribuição relativa ao referido Plano, ressalvado o disposto no § 1º.

Art. 28. As entidades sindicais de trabalhadores e de empregadores rurais poderão ser utilizadas na fiscalização e identificação dos grupos rurais beneficiados com a presente Lei Complementar e, mediante convênio com o FUNRURAL, auxiliá-lo na implantação, divulgação e execução do PRORURAL.

Art. 29. (Revogado pela Lei Complementar nº 16, de 1973)

Art. 30. A dotação correspondente ao abono previsto no Decreto-lei número 3.200, de 19 de abril de 1941, destinar-se-á ao refôrço dos recursos orçamentários do Ministério do Trabalho e Previdência Social, especificamente, para suplementar a receita do FUNRURAL, ressalvada a continuidade do pagamento dos benefícios já concedidos até a data de entrada em vigor desta Lei.

Art. 31. (Revogado pela Lei Complementar nº 16, de 1973)

Art. 32. É lícito ao trabalhador ou dependente menor, a critério do FUNRURAL, firmar recibo de pagamento de benefício, independentemente da presença dos pais ou tutores.

Art. 33. Os benefícios concedidos aos trabalhadores rurais e seus dependentes, salvo quanto às importâncias devidas ao FUNRURAL, aos descontos autorizados por lei, ou derivados da obrigação de prestar alimentos, reconhecidos judicialmente, não poderão ser objeto de penhora, arresto ou seqüestro, sendo nulas de pleno direito qualquer venda ou cessão, a constituição de qualquer ônus, bem assim a outorga de podêres irrevogáveis ou em causa própria para a respectiva percepção.

Art. 34. Não prescreverá o direito ao benefício, mas prescreverão as prestações não reclamadas no prazo de cinco anos, a contar da data em que forem devidas.

Art. 35. A presente Lei Complementar será regulamentada no prazo de 90 dias de sua publicação.

Art. 36. Terá aplicação imediata o disposto no artigo 1º e seu § 1º, artigo 22, parágrafo único do artigo 23, artigos 25 e 27 e seus §§ e artigo 29.

Art. 37. Ficam revogados, a partir da vigência desta Lei, o título IX da Lei nº 4.214, de 2 março de 1963, os Decretos-leis ns 276, de 28 de fevereiro de 1967, 564, de 1º de maio de 1969, 704, de 24 de julho de 1969, e o artigo 29 e respectivo parágrafo único do Decreto-lei nº 3.200 de 19 de abril de 1941, bem como as demais disposições em contrário.

Art. 38. Esta Lei Complementar entrará em vigor na data de sua publicação.

Brasília, 25 de maio de 1971; 150º da Independência e 83º da República.

EMÍLIO G. MÉDICI

Antônio Delfim Netto

DECRETO Nº 83.080, DE 24 DE JANEIRO DE 1979

▸ Revogado pelo Decreto nº 3.048 – DE 6 DE MAIO DE 1999 – (DOU Nº 86 DE 07/05/99 – Seção I PG. 50 a 108) – Republicado em 12/05/99

Aprova o Regulamento dos Benefícios da Previdência Social.

O PRESIDENTE DA REPÚBLICA, no uso das atribuições que lhe confere o item III do artigo 81 da Constituição e tendo em vista a Lei nº 6.439, de 1º de setembro de 1977, que instituiu o Sistema Nacional de Previdência e Assistência Social – SINPAS, DECRETA:

Art. 1º. Fica aprovado o Regulamento dos Benefícios da Previdência Social, que acompanha este decreto, com seus 9 (nove) anexos.

Art. 2º. A matéria referente a assistência médica, assistência social, custeio, administração e gestão econômico-financeira e patrimonial das entidades integrantes do SINPAS será objeto de regulamentação especifica, aplicável, no que couber, aos benefícios da previdência social.

Art. 3º. Ficam revogadas as disposições em contrário, especialmente os dispositivos regulamentares referentes a benefícios.

Art. 4º. Este decreto entrará em vigor em 1º de março de 1979.

Brasília, 24 de janeiro de 1979; 158º da Independência e 91º da República.

ERNESTO GEISEL

L. G. do Nascimento e Silva

ANEXO I
REGULAMENTO DOS BENEFÍCIOS DA PREVIDÊNCIA SOCIAL (DECRETO Nº 83.080 DE 24 DE JANEIRO DE 1979)
CLASSIFICAÇÃO DAS ATIVIDADES PROFISSIONAIS SEGUNDO OS AGENTES NOCIVOS

CÓDIGO	CAMPO DE APLICAÇÃO	ATIVIDADE PROFISSIONAL (TRABALHADORES OCUPADOS EM CARÁTER PERMANENTE)	TEMPO MÍNIMO DE TRABALHO
1.0.0	AGENTES NOCIVOS		
1.1.0	FÍSICOS		
1.1.1	CALOR	Industria metalúrgica e mecânica (atividades discriminadas nos códigos 2.5.1 e 2.5.2 do Anexo II). Fabricação de vidros e cristais (atividades discriminadas no código 2.5.5 do Anexo II). Alimentação de caldeiras a vapor a carvão ou a lenha.	25 anos
1.1.2	FRIO	Câmaras frigoríficas e fabricação de gelo.	25 anos
1.1.3	RADIAÇÕES IONIZANTES	Extração de minerais radioativos (tratamento, purificação, isolamento e preparo para distribuição). Operações com reatores nucleares com fontes de nêutrons ou de outras radiações corpusculares. Trabalhos executados com exposições aos raios X, rádio e substâncias radioativas para fins industriais, terapêuticos e diagnósticos. Fabricação de ampolas de raios x e radioterapia (inspeção de qualidade). Fabricação e manipulação de produtos químicos e farmacêuticos radioativos (urânio, rádon, mesotório, tório x, césio 137 e outros). Fabricação e aplicação de produtos luminescentes radíferos. Pesquisas e estudos dos raios x e substâncias radioativas em laboratórios.	25 anos
1.1.4	TREPIDAÇÃO	Trabalhos com perfuratrizes e marteletes pneumáticos.	25 anos
1.1.5	RUÍDO	Calderaria (atividades discriminadas no código 2.5.2 do Anexo II). Trabalhos em usinas geradoras de eletricidade (sala de turbinas e geradores). Trabalhos com exposição permanente a ruído acima de 90 db. Operação com máquinas pneumáticas (atividades discriminadas entre as do código 2.5.3 do Anexo II). Trabalhos em cabinas de prova de motores de avião.	25 anos
1.1.6	PRESSÃO ATMOSFÉRICA	Trabalhos em caixões ou câmaras pneumáticas subaquáticas e em tubulações pneumáticos. Operação com uso de escafandro. Operação de mergulho Trabalho sob ar comprimido em túneis pressurizados.	20 anos
1.2.0	QUÍMICOS		
1.2.1	ARSÊNICO	Metalurgia de minérios arsenicais. Extração de arsênico. Fabricação de compostos de arsênico. Fabricação de tintas à base de compostos de arsênico (atividades discriminadas no Código 2.5.6 do Anexo II). Fabricação e aplicação de produtos inseticidas, parasiticidas e raticidas à base de compostos de arsênico.	25 anos
1.2.2	BERÍLIO OU GLICINIO	Extração, trituração e tratamento de berílio: Fabricação de ligas de berílio e seus compostos. Fundição de ligas metálicas. Utilização do berílio ou seus compostos na fabricação de tubos fluorescentes, de ampolas de raios x e de vidros especiais.	25 anos
1.2.3	CÁDMIO	Extração, tratamento e preparação de ligas de cádmio. Fundição de ligas metálicas. Fabricação de compostos de cádmio. Solda com cádmio. Utilização de cádmio em revestimentos metálicos.	25 anos
1.2.4	CHUMBO	Extração de chumbo. Fabricação e emprego de chumbo tetraetila ou tetramatila. Fabricação de objetos e artefatos de chumbo. Fabricação de acumuladores, pilhas e baterias elétricas contendo chumbo ou compostos de chumbo. Fabricação de tintas, esmaltes e vernizes à base de compostos de chumbo (atividades discriminadas no código 2.5.6 do Anexo II). Fundição e laminação de chumbo, zinco-velho, cobre e latão. Limpeza, raspagem e reparação de tanques de mistura e armazenamento de gasolina contendo chumbo tetraetila. Metalurgia e refinação de chumbo. Vulcanização de borracha pelo litargírio ou outros compostos de chumbo.	25 anos

CÓDIGO	CAMPO DE APLICAÇÃO	ATIVIDADE PROFISSIONAL (TRABALHADORES OCUPADOS EM CARÁTER PERMANENTE)	TEMPO MÍNIMO DE TRABALHO
1.2.5	CROMO	Fabricação de ácimo crômico, de cromatos e bicromatos.	25 anos
1.2.6	FÓSFORO	Extração e preparação de fósforo branco e seus compostos. Fabricação e aplicação de produtos fosforados e organofosforados, inseticidas, parasíticidas e ratívidas. Fabricação de projéteis incendiários, explosivos e gases asfixiantes à base de fósforo branco.	25 anos
1.2.7	MANGANÊS	Extração, tratamento e trituração do minério por processos manuais ou semi-aumáticos. Fabricação de compostos de manganês. Fabricação de pilhas secas contendo compostos de manganês. Fabricação de vidros especiais, indústrias de cerâmica e outras operações com exposição permanente a poeiras de pirolusita ou de outros compostos de manganês.	25 anos
1.2.8	MERCÚRIO	Extração e fabricação de compostos de mercúrio. Fabricação de espoletas com fulminato de mercúrio. Fabricação de tintas à base de composto de mercúrio. Fabricação de solda à base de mercúrio. Fabricação de aparelhos de mercúrio: Barômetro, manômetro, termômetro, interruptor, lâmpadas, válvulas eletrônicas, ampolas de raios x e outros. Amalgamação de zinco para fabricação de eletródios, pilhas e acumuladores. Douração e estanhagem de espelhos à base de mercúrio. Empalhamento de animais com sais de mercúrio. Recuperação de mercúrio por destilação de resíduos industriais. Tratamento a quente das amálgamas de ouro e prata para recuperação desses metais preciosos. Secretagem de pelos, crinas e plumas, feltragem à base de compostos de mercúrio.	25 anos
1.2.9	OURO	Redução, separação e fundição do ouro	25 anos
1.2.10	HIDROCARBONETOS E OUTROS COMPOSTOS DE CARBONO	Fabricação de benzol, toluoi, xilol (benzeno, tolueno e xileno). Fabricação e aplicação de inseticidas clorados derivados de hidrocarbonetos. Fabricação e aplicação de inseticidas e fungicidas derivados de ácido carbônico. Fabricação de derivados halogenados de hidrocarbonetos alifáticos: cloreto de metila, brometo de metila, clorofórmio, tetracloreto de carbono, dicloretano, tetracloretano, tricloretileno e bromofórmio. Fabricação e aplicação de inseticida à base de sulfeto de carbono. Fabricação de seda artificial (viscose) Fabricação de sulfeto de carbono. Fabricação de carbonilida. Fabricação de gás de iluminação. Fabricação de solventes para tintas, lacas e vernizes, contendo benzol, toluol e xilol.	25 anos
1.2.11	OUTROS TÓXICOS, ASSOCIAÇÃO DE AGENTES	Fabricação de flúor e ácido fluorídrico, cloro e ácido clorídrico e bromo e ácido bromídrico. Aplicação de revestimentos metálicos, eletroplastia, compreendendo: niquelagem, cromagem, douração, anodização de alumínio e outras operações assemelhadas (atividades discriminadas no código 2.5.4 do Anexo II). Pintura a pistola – associação de solventes e hidrocarbonados e partículas suspensas (atividades discriminadas entre as do código 2.5.3 do Anexo II). Trabalhos em galerias e tanques de esgoto (monóxido de carbono, gás metano, gás sulfídrico e outros). Solda elétrica e a oxiacetileno (fumos metálicos). Indústrias têxteis: alvejadores, tintureiros, lavadores e estampadores a mão.	25 anos
1.2.12	SÍLICA, SILICATOS, CARVÃO, CIMENTO E AMIANTO	Extração de minérios (atividades discriminadas nos códigos 2.3.1 a 2.3.5 do anexo II). Extração de rochas amiantíferas (furação, corte, desmonte, trituração, peneiramento e manipulação). Extração, trituração e moagem de talco. Decapagem, limpeza de metais, foscamento de vidros com jatos de areia (atividades discriminadas entre as do código 2.5.3 do Anexo II). Fabricação de cimento Fabricação de guarnições para freios, materiais isolantes e produtos de fibrocimento. Fabricação de material refratário para fornos, chaminés e cadinhos, recuperação de resíduos. Fabricação de mós, rebolos, saponáceos, pós e pastas para polimento de metais. Moagem e manipulação de sílica na indústria de vidros, porcelana e outros produtos cerâmicos. Mistura, cardagem, fiação e tecelagem de amianto. Trabalho em pedreiras (atividades discriminadas no código 2.3.4 do anexo II). Trabalho em construção de túneis (atividades discriminadas nos códigos 2.3.3 e 2.3.4 do Anexo II).	15, 20 ou 25 anos 25 anos 25 anos

CÓDIGO	CAMPO DE APLICAÇÃO	ATIVIDADE PROFISSIONAL (TRABALHADORES OCUPADOS EM CARÁTER PERMANENTE)	TEMPO MÍNIMO DE TRABALHO
1.3.0	BIOLÓGICOS		
1.3.1	CARBÚNCULO BRUCELA, MORMO, TUBERCULOSE E TÉTANO	Trabalhos permanentes em que haja contato com produtos de animais infectados. Trabalhos permanentes em que haja contados com carnes, vísceras, glândulas, sangue, ossos, pelos dejeções de animais infectados (atividades discriminadas entre as do código 2.1.3 do Anexo II: médicos, veterinários, enfermeiros e técnicos de laboratório).	25 anos
1.3.2	ANIMAIS DOENTES E MATERIAIS NFECTO-CONTAGIANTES	Trabalhos permanentes expostos ao contato com animais doentes ou materiais infecto-contagiantes (atividades discriminadas entre as do código 2.1.3 do Anexo II: médicos, veterinários, enfermeiros e técnicos de laboratório).	
1.3.3	PREPARAÇÃO DE SOROS, VACINAS, E OUTROS PRODUTOS	Trabalhos permanentes em laboratórios com animais destinados ao preparo de soro, vacinas e outros produtos (atividades discriminadas entre as do código 2.1.3 do Anexo II: médicos-laboratoristas, técnicos de laboratórios, biologistas).	25 anos
1.3.4	DOENTES OU MATERIAIS INFECTO-CONTAGIANTES	Trabalhos em que haja contato permanente com doentes ou materiais infecto-contagiantes (atividades discriminadas entre as do código 2.1.3 do Anexo II: médicos-laboratoristas (patologistas), técnicos de laboratório, dentistas, enfermeiros).	25 anos
1.3.5	GERMES	Trabalhos nos gabinetes de autópsia, de anatomia e anátomo-histopatologia (atividades discriminadas entre as do código 2.1.3 do Anexo II: médicos-toxicologistas, técnicos de laboratório de anatomopatologia ou histopatologia, técnicos de laboratório de gabinetes de necropsia, técnicos de anatomia).	25 anos

ANEXO II
REGULAMENTO DOS BENEFÍCIOS DA PREVIDÊNCIA SOCIAL

(DECRETO Nº 83.080 DE 24 DE JANEIRO DE 1979)
CLASSIFICAÇÃO DAS ATIVIDADES PROFISSIONAIS SEGUNDO OS GRUPOS PROFISSIONAIS

CÓDIGO	ATIVIDADE PROFISSIONAL	TEMPO MÍNIMO DE TRABALHO
2.0.0	GRUPOS PROFISSIONAIS	
2.1.0	PROFISSIONAIS LIBERAS E TÉCNICAS	
2.1.1	ENGENHARIA Engenheiros-químicos. Engenheiros-metalúrgicos. Engenheiros de minas.	25 anos
2.1.2	QUÍMICA-RADIOATIVIDADE Químicos-industriais. Químicos-toxicologistas. Técnicos em laboratórios de análises. Técnicos em laboratórios químicos Técnicos em radioatividade.	25 anos
2.1.3	MEDICINA-ODONTOLOGIA-FARMÁCIA E BIOQUÍMICA-ENFERMAGEM-VETERINÁRIA Médicos (expostos aos agentes nocivos – Código 1.3.0 do Anexo I). Médicos-anatomopatologistas ou histopatologistas. Médicos-toxicologistas. Médicos-laboratoristas (patologistas). Médicos-radiologistas ou radioterapeutas. Técnicos de raio x. Técnicos de laboratório de anatomopatologia ou histopatologia. Farmacêuticos-toxicologistas e bioquímicos. Técnicos de laboratório de gabinete de necropsia. Técnicos de anatomia. Dentistas (expostos aos agentes nocivos – código 1.3.0 do Anexo I). Enfermeiros (expostos aos agentes nocivos – código 1.3.0 do Anexo I). Médicos-veterinários (expostos aos agentes nocivos – código 1.3.0 do Anexo I).	25 anos
2.2.0	PESCA	
2.2.1	PESCADORES	25 anos
2.3.0	EXTRAÇÃO DE MINÉRIOS	

CÓDIGO	ATIVIDADE PROFISSIONAL	TEMPO MÍNIMO DE TRABALHO
2.3.1	MINEIROS DE SUBSOLO (Operações de corte, furação e desmonte e atividades de manobras nos pontos de transferências de cargas e viradores e outras atividades exercidas na frente de trabalho) Perfuradores de rochas, cortadores de rochas, carregadores, britadores, cavouqueiros e choqueiros.	15 anos
2.3.2	TRABALHADORES PERMANENTES EM LOCAIS DE SUBSOLO, AFASTADOS DAS FRENTES DE TRABALHO (GALERIAS, RAMPAS, POÇOS, DEPÓSITOS) Motoristas, carregadores, condutores de vagonetas, carregadores de explosivos, encarregados do fogo (blasters), eletricistas, engatores, bombeiros, madeireiros e outros profissionais com atribuições permanentes em minas de subsolo.	20 anos
2.3.3	MINEIROS DE SUPERFÍCIE Trabalhadores no exercício de atividades de extração em minas ou depósitos minerais na superfície. Perfuradores de rochas, cortadores de rochas, carregadores, operadores de escavadeiras, motoreiros, condutores de vagonetas, britadores, carregadores de explosivos, encarregados do fogo (blastera) e outros profissionais com atribuições permanentes de extração em minas ou depósitos minerais na superfície.	25 anos
2.3.4	TRABALHADORES EM PEDREIRAS, TÚNEIS, GALERIAS Perfuradores, covouqueiros, canteiros, encarregados do fogo (blasters) e operadores de pás mecânicas.	25 anos
2.3.5	TRABALHADORES EM EXTRAÇÃO DE PETRÓLEO Trabalhadores ocupados em caráter permanente na perfuração de poços petrolíferos e na extração de petróleo.	25 anos
2.4.0	TRANSPORTES	
2.4.1	TRANSPORTE FERROVIÁRIO Maquinista de máquinas acionadas a lenha ou a carvão. Foguista:	25 anos
2.4.2	TRANSPORTE URBANO E RODOVIÁRIO Motorista de ônibus e de caminhões de cargas (ocupados em caráter permanente).	25 anos
2.4.3	TRANSPORTE AÉREO Aeronautas	25 anos
2.4.4	TRANSPORTE MARÍTIMO Foguistas. Trabalhadores em casa de máquinas.	25 anos
2.4.5	TRANSPORTE MANUAL DE CARGA NA ÁREA PORTUÁRIA. Estivadores (trabalhadores ocupados em caráter permanente, em embarcações, no carregamento e descarregamento de carga.) Arrumadores e ensacadores. Operadores de carga e descarga nos portos.	25 anos
2.5.0	ARTÍFICES, TRABALHADORES OCUPADOS EM DIVERSOS PROCESSOS DE PRODUÇÃO E OUTROS	
2.5.1	INDÚSTRIAS METALÚRGICAS E MECÂNICAS (Aciarias, fundições de ferro e metais não ferrosos, laminações, forneiros, mãos de forno, reservas de forno, fundidores, soldadores, lingoteiros, tenazeiros, caçambeiros, amarradores, dobradores e desbastadores. Rebarbadores, esmerilhadores, marteleiros de rebarbação. Operadores de tambores rotativos e outras máquinas de rebarbação. Operadores de máquinas para fabricação de tubos por centrifugação. Operadores de pontes rolantes ou de equipamentos para transporte de peças e caçambas com metal liquefeito, nos recintos de aciarias, fundições e laminações. Operadores nos fornos de recozimento ou de têmpera-recozedores, temperadores.	25 anos
2.5.2	FERRARIAS, ESTAMPARIAS DE METAL À QUENTE E CALDEIRARIA. Ferreiros, marteleiros, forjadores, estampadores, caldeireiros e prensadores. Operadores de forno de recozimento, de têmpera, de cementação, forneiros, recozedores, temperadores, cementadores. Operadores de pontes rolantes ou talha elétrica.	25 anos
2.5.3	OERAÇÕES DIVERSAS Operadores de máquinas pneumáticas. Rebitadores com marteletes pneumáticos. Cortadores de chapa a oxiacetileno. Esmerilhadores. Soldadores (solda elétrica e a oxiacetileno). Operadores de jatos de areia com exposição direta à poeira. Pintores a pistola (com solventes hidrocarbonados e tintas tóxicas). Foguistas.	25 anos

CÓDIGO	ATIVIDADE PROFISSIONAL	TEMPO MÍNIMO DE TRABALHO
2.5.4	APLICAÇÃO DE REVESTIMENTOS METÁLICOS E ELETROPLASTIA Galvanizadores, niqueladores, cromadores, cobreadores, estanhadores, douradores e profissionais em trabalhos de exposição permanente nos locais.	25 anos
2.5.5	FABRICAÇÃO DE VIDROS E CRISTAIS Vidreiros, operadores de forno, forneiros, sopradores de vidros e cristais. Operadores de máquinas de fabricação de vidro plano, sacadores de vidros e cristais, operadores de máquinas de soprar vidros e outros profissionais em trabalhos permanentes nos recintos de fabricação de vidros e cristais.	25 anos
2.5.6	FABRICAÇÃO DE TINTAS, ESMALTES E VERNIZES Trituradores, moedores, operadores de máquinas moedoras, misturadores, preparadores, envasilhadores e outros profissionais em trabalhos de exposição permanente nos recintos de fabricação.	25 anos
2.5.7	PREPARAÇÃO DE COUROS Caleadores de couros. Curtidores de couros. Trabalhadores em tanagem de couros.	25 anos
2.5.8	INDÚSTRIA GRÁFICA E EDITORIAL Monotipistas, linotipistas, fundidores de monotipo, fundidores de linotipo, fundidores de estereotipia, eletrotipistas, estereotipistas, galvanotipistas, titulistas, compositores, biqueiros, chapistas, tipógrafos, caixistas, distribuidores, paginadores, emendadores, impressores, minervistas, prelistas, ludistas, litógrafos e fotogravadores.	25 anos

‣ Deixamos de publicar os demais anexos deste diploma.

DECRETO Nº 89.312, DE 23 DE JANEIRO DE 1984

‣ Revogado pelo Decreto nº 3.048 – DE 6 DE MAIO DE 1999 – (DOU Nº 86 DE 07/05/99 – Seção I PG. 50 a 108) – Republicado em 12/05/99

Expede nova edição da Consolidação das Leis da Previdência Social.

O PRESIDENTE DA REPÚBLICA, usando da atribuição que lhe confere o artigo 81, item II, da Constituição, e tendo em vista o disposto no artigo 6º da Lei 6.243, de 24 de setembro de 1975.

RESOLVE:

Art. 1º É expedida nova edição da Consolidação das Leis da Previdência Social (CLPS), conforme texto anexo, que reúne a legislação referente à previdência social urbana, constituída da Lei nº 3.807, de 26 de agosto de 1960 (Lei Orgânica da Previdência Social), e a legislação complementar.

Art. 2º A Consolidação de que trata o artigo 1º substitui a expedida com o Decreto nº 77.077, de 24 de janeiro de 1976, que fica revogado.

Parágrafo único - As publicações oficiais da Consolidação ora expedida trarão na capa, em posição e caracteres bem visíveis, a indicação: SUBSTITUI A CLPS DE 1976.

Art. 3º Este Decreto entrará em vigor na data de sua publicação.

Brasília, 23 de janeiro de 1984, 163º de Independência e 96º da República.

JOÃO FIGUEIREDO
Jarbas Passarinho

CONSOLIDAÇÃO DAS LEIS DA PREVIDÊNCIA SOCIAL (CLPS)

TÍTULO I INTRODUÇÃO

CAPÍTULO ÚNICO

Art. 1º A previdência social urbana, regime de que trata esta Consolidação, tem por fim assegurar aos seus beneficiários os meios indispensáveis de manutenção, por motivo de incapacidade, idade avançada, tempo de serviço, encargos familiares e prisão ou morte daqueles de quem dependiam economicamente, bem como serviços que visam à proteção da sua saúde e concorrem para o seu bem-estar.

Art. 2º As pessoas abrangidas pela previdência social urbana são os seus beneficiários, assim entendidos:

I - segurado - quem exerce atividade remunerada, efetiva ou eventual, com ou sem vínculo empregatício, a título precário ou não, ressalvado o disposto no artigo 4º;

II - dependentes - as pessoas assim definidas no capítulo II do título II.

Art. 3º O ingresso em atividade abrangida pela previdência social urbana determina a filiação automática a esse regime.

Parágrafo único. Quem exerce mais de uma atividade abrangida pela previdência social urbana está obrigado a contribuir em relação a cada uma delas, ressalvado o disposto no final do § 1º do artigo 6º, porém a filiação é sempre única.

Art. 4º A previdência social urbana não abrange:

I - o servidor civil ou militar da União, Estado, Território, Distrito Federal ou Município, bem como o de autarquia respectiva, sujeito a regime próprio de previdência social, observado o disposto nos §§ 2º e 3º do artigo 6º;

II - o trabalhador e o empregador rurais.

Art. 5º Considera-se:

I - empresa - o empregador, individual ou coletivo, que, assumindo o risco da atividade econômica, admite, assalaria e dirige a prestação pessoal, de serviço, bem como a repartição pública, a autarquia e qualquer outra entidade pública ou serviço administrado, incorporado ou, concedido pelo Poder Público, em relação ao respectivo servidor abrangido pela previdência social urbana, observado o disposto no parágrafo único;

II - empregado - a pessoa, física que presta serviço de natureza não eventual a empresa, sob sua dependência e mediante salário;

III - empregado doméstico - quem preste serviço de natureza contínua a pessoa ou família no âmbito residencial destas, sem finalidade lucrativa;

IV - trabalhador autônomo:

a) quem exerce habitualmente e por conta própria atividade profissional remunerada;

b) quem presta, sem relação de emprego, serviço de caráter eventual a uma ou mais empresas;

c) o comerciante ambulante - que exerce pessoalmente, por conta própria e a seu risco, pequena atividade comercial na via pública ou de porta em porta, em condições que não caracterizam relação de emprego com o fornecedor dos produtos;

d) o médico residente - admitido em programa de residência médica, para treinamento em serviço;

e) o bolsista - na Fundação Habitacional do Exército, estudante estagiário de nível universitário titular de bolsa de complementação educacional ou recém-diplomado titular de bolsa de iniciação profissional;

V - trabalhador avulso - quem presta serviço a diversas empresas, pertencendo ou não a sindicato, inclusive o estivador, conferente ou assemelhado;

VI - trabalhador temporário - quem presta serviço por intermédio de empresa de trabalho temporário.

Parágrafo único. Equiparam-se a empresa o trabalhador autônomo que remunera serviço a ele prestado por outro trabalhador autônomo, a cooperativa de trabalho, a sociedade civil de direito ou de fato prestadora de serviços, o empregador doméstico, a missão diplomática estrangeira no Brasil e o respectivo membro, em relação a empregado admitida a seu serviço.

TÍTULO II SEGURADO, DEPENDENTES E INSCRIÇÃO

CAPÍTULO I SEGURADO

Art. 6º É obrigatoriamente segurado, ressalvado o disposto no artigo 4º:

I - como empregado:

a) quem trabalha nessa condição no território nacional, inclusive o doméstico;

b) o brasileiro ou o estrangeiro domiciliado e contratado no Brasil para trabalhar como empregado em sucursal ou agência de empresa nacional no exterior;

c) quem presta serviço a missão diplomática estrangeira no Brasil ou a membro dela, salvo o não brasileiro sem residência permanente no Brasil e o brasileiro sujeito à legislação previdenciária do país da missão diplomática respectiva;

d) o brasileiro civil que trabalha no exterior para organismo oficial brasileiro ou internacional do qual o Brasil é membro efetivo, ainda que lá domiciliado e contratado, salvo se segurado obrigatório da previdência social do país estrangeiro;

II - o trabalhador autônomo, o avulso e o temporário;

III - o titular de firma individual urbana;

IV - o diretor, membro de conselho de administração de sociedade anônima, sócio gerente, sódio solidário, sócio cotista que recebe "pro labore" e sócio de indústria de empresa urbana e, desde janeiro de 1976, de empresa rural.

§ 1º É equiparado a trabalhador autônomo o ministro de confissão religiosa, bem como o membro de instituto de, vida consagrada ou de congregação ou ordem religiosa, mantido pela respectiva organização e não filiado obrigatoriamente à previdência social urbana em razão de outra atividade nem a outro regime oficial de previdência, militar ou civil, ainda que na condição de inativo, observado o disposto no artigo 115.

§ 2º O servidor de que trata o item I do artigo 4º que exerce também atividade abrangida pela previdência social urbana é segurado no que concerne a essa atividade.

§ 3º O servidor de que trata o item I do artigo 4º a quem o Estado ou Município assegura apenas a aposentadoria tem, a contar de 1º de janeiro de 1981, regime especial, com direito somente as prestações dos itens I, letra "f", II, letras "a", "b" e "c", e III do artigo 17.

§ 4º É segurado da previdência social urbana o empregado de empresa agroindustrial ou agrocomercial que, embora prestando exclusivamente serviço de natureza rural, vem contribuindo para esse regime pelo menos desde 25 de maio de 1971.

§ 5º Quem se filia à previdência, social urbana após completar 60 (sessenta) anos de idade tem direito somente ao pecúlio de que tratam os artigos 55 a 57, ao salário-família, à renda mensal vitalícia e aos serviços, sendo devido também o auxílio funeral.

§ 6º O disposto no § 5º não se aplica ao antigo segurado que, tendo perdido essa qualidade e não estando filiado a outro regime, se filia novamente à previdência social urbana no máximo 5 (cinco) anos depois.

§ 7º O aposentado por tempo de serviço ou velhice pela previdência social urbana que continua ou volta a exercer atividade sujeita a esse regime tem direito, quando dela se afasta, somente ao pecúlio de que tratam os artigos 55 a 57, não fazendo jus, a outras prestações, salvo as decorrentes de, sua condição de aposentado, observado, em caso de acidente do trabalho, o disposto no artigo 100.

§ 8º A previdência social, urbana abrange, o trabalhador a contratado no Brasil e daqui transferido por empresa prestadora de serviço de engenharias inclusive consultoria, projeto, obra, montagem, gerenciamento e congênere, para trabalhar no exterior por 90 (noventa) dias ou mais, observadas as disposições próprias da legislação pertinente.

Art. 7º Perde a qualidade de segurado quem, não estando em gozo de benefício, deixa de contribuir por mais de 12 (doze) meses consecutivos.

§ 1º O prazo deste artigo é delimitado:

a) para o segurado acometido de doença que importa em segregação compulsória, até 12 (doze) meses após a cessação da segregação;

b) para o segurado detento ou recluso, até 12 (doze) meses após o livramento;

c) para o segurado incorporado às Forças Armadas a fim de prestar serviço militar obrigatório, até 3 (três) meses após o término da incorporação;

d) para o segurado que pagou mais de 120 (cento e vinte) contribuições mensais, até 24 (vinte e quatro) meses.

e) para o segurado desempregado, desde que comprovada essa condição pelo registro no órgão próprio do Ministério do Trabalho, até mais 12 (doze) meses contados do término do prazo deste artigo.

§ 2º Durante o prazo deste artigo o segurado conserva todos os seus direitos perante a previdência social urbana.

Art. 8º A perda da qualidade de segurado importa na caducidade dos direitos inerentes a essa qualidade, ressalvado o disposto no parágrafo único do artigo 98.

Art. 9º Quem deixa de exercer atividade abrangida pela previdência social urbana pode manter a qualidade de segurado, mediante o pagamento mensal da contribuição prevista no item II do artigo 122.

§ 1º O pagamento de que trata este artigo deve ser feito a contar do segundo mês seguinte ao do término do prazo do artigo 7º e não pode ser interrompido por mais de 12 (doze) meses consecutivos, sob pena de perda da qualidade de segurado.

§ 2º Dentro do prazo do § 1º não é aceito novo pagamento de contribuições sem que sejam pagas as relativas ao período da interrupção.

CAPÍTULO II DEPENDENTES

Art. 10. Consideram-se dependentes do segurado:

I - a esposa, o marido inválido, a companheira mantida há mais de 5 (cinco) anos, o filho de qualquer condição menor de 18 (dezoito) anos ou inválido e a filha solteira de qualquer condição menor de 21 (vinte e um) anos ou inválida;

II - a pessoa designada, que, se do sexo masculino, só pode ser menor de 18 (dezoito) anos ou maior de 60 (sessenta) anos, ou inválida;

III - o pai inválido e a mãe;

IV - o irmão de qualquer condição menor de 18 (dezoito) anos ou inválido e a irmã solteira de qualquer condição menor de 21 (vinte e um) anos ou inválida.

§ 1º A existência de dependente das classes dos itens I e II exclui do direito às prestações os das classes seguintes.

§ 2º Equiparam-se a filho, nas condições do item I, mediante declaração escrita do segurado:

a) enteado;

b) menor que, por determinação judicial, se acha sob sua guarda;

c) menor que se acha sob sua tutela e não possui bens suficientes para o próprio sustento e educação.

§ 3º Inexistindo esposa ou marido inválido com direito às prestações, a pessoa designada pode, mediante declaração escrita do segurado, concorrer com os filhos deste.

§ 4º Não sendo o segurado civilmente casado, é considerada tacitamente designada a pessoa com quem ele se casou segundo rito religioso, presumindo-se feita a declaração prevista no § 3º.

§ 5º Mediante declaração escrita do segurado, os dependentes do item III podem concorrer com a esposa, a companheira ou o marido inválido, ou a pessoa designada na forma do § 4º, salvo se existir filho com direito às prestações, caso em que cabe àqueles dependentes, desde que vivam na dependência econômica do segurado e não sejam filiados a outro regime previdenciário, apenas assistência médica.

§ 6º O marido ou companheiro desempregado é considerado dependente da esposa ou companheira segurada, para efeito de assistência médica.

§ 7º A designação de dependente dispensa formalidade especial, podendo valer para esse efeito declaração verbal prestada perante o INPS e anotada na Carteira de Trabalho e Previdência Social, inclusive a de Atleta Profissional de Futebol.

§ 8º A invalidez do dependente deve ser verificada em exame médico a cargo da previdência social urbana.

Art. 11. O segurado pode designar a companheira que vive na sua dependência econômica, mesmo não exclusiva, desde que a vida em comum ultrapasse 5 (cinco) anos.

§ 1º São provas de vida em comum o mesmo domicílio, conta bancária conjunta, procuração ou fiança reciprocamente outorgada, encargo doméstico evidente, registro de associação de qualquer natureza onde a companheira figura como dependente, ou qualquer outra capaz de constituir elemento de convicção.

§ 2º A existência de filho em comum supre as condições de designação e de prazo.

§ 3º A designação pode ser suprida "post mortem" mediante pelo menos 3 (três) das provas de vida em comum previstas no § 1º, especialmente a do mesmo domicílio.

§ 4º A companheira designada concorre com os filhos menores havidos em comum com o segurado, salvo se existe expressa manifestação deste em contrário.

§ 5º A designação de companheira é ato de vontade do segurado e não pode ser suprida, ressalvado o disposto nos §§ 2º e 3º deste artigo, bem como no § 4º do artigo 10.

Art. 12. A dependência econômica das pessoas indicadas no item I do artigo 10 é presumida e a das demais deve ser provada.

Art. 13. Não faz jus às prestações o cônjuge desquitado, separado judicialmente ou divorciado sem direito a alimentos, nem o que voluntariamente abandonou o lar há mais de 5 (cinco) anos ou que, mesmo por tempo inferior, o abandonou e a ele se recusa a voltar, desde que essa situação tenha sido reconhecida por sentença judicial transitada em julgado.

CAPÍTULO III
INSCRIÇÃO

Art. 14. A forma de inscrição do segurado e dos dependentes é estabelecia em regulamento.

§ 1º Incumbe ao segurado a inscrição dos seus dependentes, que podem promovê-la a se ele faleceu sem tê-la feito.

§ 2º O cancelamento da inscrição do cônjuge é admitido em face de certidão de desquite, separação judicial ou divórcio sem direito a alimentos, certidão de anulação do casamento, certidão de óbito ou sentença judicial que reconheça a situação de que trata o final do artigo 13.

Art. 15. A previdência social urbana pode emitir:

I - para produzir efeito exclusivamente perante ela, Carteira de Trabalho e Previdência Social para os segurados de que tratam os itens III e IV do artigo 6º;

II - carteira de contribuição de trabalhador autônomo, na qual a empresa deve lançar o valor da contribuição reembolsada a ele e da recolhida diretamente.

Art. 16. A anotação na Carteira de Trabalho e Previdência Social, inclusive a de Atleta Profissional de Futebol, ou na carteira de segurado empregador ou trabalhador autônomo dispensa registro interno de inscrição e vale para todos os efeitos como prova de filiação à previdência social urbana, emprego, tempo de serviço e salário-de-contribuição, podendo, em caso de dúvida, ser exigida a apresentação do documento que serviu de base à anotação.

Parágrafo único. A anotação referente a alteração da estado civil, mediante prova documental, e a relativa a declaração de dependentes do portador de Carteira de Trabalho e Previdência Social ou de Atleta Profissional de Futebol são feitas pela previdência social urbana e só em sua falta pelos órgãos emitentes.

TÍTULO III
PRESTAÇÕES

CAPÍTULO I
PRESTAÇÕES EM GERAL

SEÇÃO I
ESPÉCIES

Art. 17. As prestações da previdência social urbana consistem em benefícios e serviços, a saber:

I - quanto ao segurado:

a) auxílio-doença;

b) aposentadoria por invalidez;

c) aposentadoria por velhice;

d) aposentadoria por tempo de serviço ou abono de permanência em serviço;

e) aposentadoria especial;

f) auxílio-natalidade;

g) salário-família;

h) salário-maternidade;

i) pecúlio;

II - quanto aos dependentes:

a) auxílio-reclusão;

b) auxílio-funeral;

c) pensão;

d) pecúlio;

III - quanto aos beneficiários em geral:

a) assistência médica, farmacêutica e odontológica;

b) assistência complementar;

c) assistência reeducativa e de readaptação profissional.

Parágrafo único. As prestações da previdência social urbana ou a seu cargo compreendem ainda:

a) renda mensal vitalícia;

b) prestações por acidente do trabalho;

c) prestações do Programa de Previdência Social aos Estudantes;

d) pensão especial ao portador de "síndrome da talidomida".

SEÇÃO II
CARÊNCIA E ACUMULAÇÃO DE BENEFÍCIOS

Art. 18. O período de carência é contado da data da filiação do segurado à previdência social urbana.

§ 1º Tratando-se de trabalhador autônomo, o período de carência é contado da data do pagamento da primeira contribuição, não valendo para esse efeito as contribuições recolhidas com atraso e relativas a períodos anteriores à inscrição.

§ 2º Independem de período de carência:

a) auxílio-doença ou a aposentadoria por invalidez ao segurado acometido, após filiar-se à previdência social urbana, de tuberculose ativa, lepra, alienação mental, neoplasia maligna, cegueira, paralisia irreversível e incapacitante, cardiopatia grave, doença de Parkinson, espondiloartrose anquilosante, nefropatia grave ou estado avançado de Paget (osteíte deformante), bem como a pensão aos seus dependentes;

b) o auxílio-funeral, o salário-família e o salário-maternidade;

c) a assistência médica em caso de atendimento médico-laboratorial ou hospitalar de urgência;

d) as prestações por acidente do trabalho.

Art. 19. No caso de invalidez ou morte do segurado antes de completado o período de carência, a importância das contribuições por ele pagas, acrescidas dos juros de 4% (quatro por cento) ao ano, é restituída em dobro a ele ou aos seus dependentes.

Art. 20. Salvo no caso de direito adquirido, não é permitido o recebimento conjunto de:

a) auxílios-natalidade, quando o pai e a mãe são segurados;

b) aposentadoria e auxílio-doença;

c) aposentadoria e abono de permanência em serviço;

d) duas ou mais aposentadorias;

e) renda mensal vitalícia e qualquer benefício da previdência social urbana ou outro regime, salvo o pecúlio de que tratam os artigos 55 a 57.

SEÇÃO III
SALÁRIO-DE-BENEFÍCIO

Art. 21. O benefício de prestação continuada, inclusive o regido por normas especiais, tem seu valor calculado com base no salário-de-benefício, assim entendido:

I - para o auxílio-doença, a aposentadoria por invalidez, a pensão e o auxílio reclusão, 1/12 (um doze avos) da soma dos salários-de-contribuição dos meses imediatamente anteriores ao do afastamento da atividade, até o máximo de 12 (doze), apurados em período não superior a 18 (dezoito) meses;

II - para as demais espécies de aposentadoria e para o abono de permanência em serviço, 1/36 (um trinta e seis avos) da soma dos salários-de-contribuição dos meses imediatamente anteriores ao do afastamento da atividade ou da entrada do requerimento, até o máximo de 36 (trinta e seis), apurados em período não superior a 48 (quarenta e oito) meses.

§ 1º Nos casos do item II, os salários-de-contribuição anteriores aos 12 (doze) últimos meses são previamente corrigidos de acordo com índices estabelecidos pelo MPAS.

§ 2º Para o segurado empregador, o facultativo, o autônomo, o empregado doméstico ou o que está na situação do artigo 9º, o período básico de cálculo termina no mês anterior ao da data da entrada do requerimento.

§ 3º Quando no período básico de cálculo o segurado recebeu benefício por incapacidade, sua duração é contada, considerando-se como salário-de-contribuição, no período, o salário-de-benefício que serviu de base para o cálculo da renda mensal.

§ 4º O salário-de-benefício não pode ser inferior ao salário-mínimo da localidade de trabalho do segurado nem superior ao maior valor-teto na data do início do benefício.

§ 5º Para o segurado aeronauta, definido no § 2º do artigo 36, o limite inferior do § 4º é o maior salário-mínimo do país.

§ 6º Não é considerado para o cálculo do salário-de-benefício o aumento que excede a limite legal, inclusive o voluntariamente concedido nos 36 (trinta e seis) meses imediatamente anteriores ao início do benefício, salvo, quanto ao empregado, se resultante de promoção regulada por norma geral da empresa admitida pela legislação do trabalho, de sentença normativa ou de reajustamento salarial obtido pela categoria respectiva.

Art. 22. O salário-de-benefício do segurado que contribui em razão de atividades concomitantes é apurado com base nos salários-de-contribuição das atividades exercidas na data do requerimento ou do óbito, ou no período básico de cálculo, observado o disposto no artigo 23 e as normas seguintes:

I - quando o segurado satisfaz em relação a cada atividade as condições do benefício requerido, o salário-de-benefício é calculado com base na soma dos respectivos salários-de-contribuição;

II - quando não se verifica a hipótese do item I, o salário-de-benefício corresponde à soma das parcelas seguintes:

a) o salário-de-benefício calculado com base nos salários-de-contribuição das atividades em relação às quais são atendidas as condições do benefício requerido;

b) um percentual da média dos salários-de-contribuição de cada uma das demais atividades, equivalente à relação entre os meses completos de contribuição e os do período de carência do benefício requerido;

III - quando se trata de benefício por tempo de serviço o percentual da letra "b" do item II é o resultante da relação entre os anos completos de atividade e o número de anos de serviço considerado para a concessão do benefício.

Parágrafo único. O disposto neste artigo não se aplica ao segurado que em 11 de junho de 1973 preenchia os requisitos da legislação anterior.

Art. 23. O valor do benefício de prestação continuada é calculado da forma seguinte:

I - quando, o salário-de-benefício é igual ou inferior ao menor valor-teto, são aplicados os coeficientes previstos nesta Consolidação;

II - quando é superior ao menor valor-teto, o salário-de-benefício é dividido em duas parcelas, a primeira igual ao menor valor-teto e a segunda correspondente ao que excede o valor da primeira, aplicando-se:

a) à primeira parcela os coeficientes previstos nesta Consolidação;

b) à segunda um coeficiente igual a tantos 1/30 (um trinta avos) quantos forem os grupos de 12 (doze) contribuições acima do menor valor-teto, respeitado o limite máximo de 80% (oitenta por cento) do valor dessa parcela;

III - na hipótese do item II o valor da renda mensal é a soma das parcelas calculadas na forma das letras "a" e "b", não podendo ultrapassar 90% (noventa por cento) do maior valor-teto.

§ 1º O valor mensal das aposentadorias do item II do artigo 21 não pode exceder 95% (noventa e cinco por cento) do salário-de-benefício.

§ 2º O valor do benefício de prestação continuada não pode ser inferior aos percentuais seguintes do salário mínimo mensal de adulto da localidade de trabalho do segurado:

a) 90% (noventa por cento), para a aposentadoria;

b) 75% (setenta e cinco por cento), para o auxílio-doença;

c) 60% (sessenta por cento), para a pensão.

§ 3º Para o segurado aeronauta, definido no § 2º do artigo 36, os percentuais do § 2º são aplicados ao valor do maior salário mínimo do país.

§ 4º O valor mensal do benefício devido ao segurado jogador profissional de futebol é calculado com base na média ponderada entre o salário-de-contribuição apurado na época do evento na forma da legislação então vigente e o salário-de-contribuição referente ao período de exercício daquela atividade, respeitado o limite máximo legal.

§ 5º O salário-de-contribuição referente ao período de exercício da atividade de jogador profissional de futebol é corrigido de acordo com índices estabelecidos pelo MPAS, Art. 24. No cálculo do valor do benefício são contadas as contribuições devidas, ainda que não recolhidas pela empresa, sem prejuízo da respectiva cobrança e da aplicação das penalidades cabíveis.

▸ Numeração conforme publicação oficial.

Art. 25. O valor do benefício de prestação continuada é reajustado quando é alterado o salário mínimo, de acordo com a evolução da folha de salários-de-contribuição dos segurados ativos, não podendo o reajustamento ser inferior, proporcionalmente, ao incremento verificado.

Parágrafo único. Nenhum benefício reajustado pode ser superior a 90% (noventa por cento) do maior valor-teto vigente na data do reajustamento. O *"caput"* do artigo 25 desta CLPS foi revogado pelo Decreto-lei nº 2.113, de 18 de abril de 1984, ficando restabelecidas as disposições legais anteriormente vigentes sobre a matéria.

CAPÍTULO II
AUXÍLIO-DOENÇA

Art. 26. O auxílio-doença é devido ao segurado que, após 12 (doze) contribuições mensais, fica incapacitado para o seu trabalho por mais de 15 (quinze) dias, ressalvado o disposto no artigo 99.

§ 1º O auxílio-doença, observado o disposto no artigo 23, consiste numa renda mensal correspondente a 70% (setenta por cento) do salário-de-benefício, mais 1% (um por cento) desse salário por ano completo de atividade abrangida pela previdência social urbana ou de contribuição recolhida nos termos do artigo 99, até o máximo de 20% (vinte por cento).

§ 2º O auxílio-doença é devido a contar do 16º (décimo-sexto) dia de afastamento da atividade ou, no caso de trabalhador autônomo, empregado doméstico ou segurado na situação do artigo 9º a contar da data da entrada do requerimento, e enquanto o segurado permanece incapaz.

§ 3º Quando requerido por segurado afastado há mais de 30 (trinta) dias, o auxílio-doença é devido a contar da data da entrada do requerimento.

§ 4º Se o segurado em gozo de auxílio-doença é insuscetível de recuperação para sua atividade habitual, devendo portanto submeter-se a processo de reabilitação profissional para o exercício de outra atividade, o benefício só cessa quando ele está habilitado para o desempenho de nova atividade que lhe garanta a subsistência ou, quando considerado não-recuperável, é aposentado por invalidez.

§ 5º O segurado em gozo de auxílio-doença está obrigado, sob pena de suspensão do benefício, a submeter-se a exame, tratamento e processo de reabilitação profissional proporcionados pela previdência social urbana. exceto o tratamento cirúrgico.

Art. 27. Durante os primeiros 15 (quinze) dias de afastamento da atividade por motivo de doença, incumbe à empresa pagar ao segurado o seu salário.

Parágrafo único. A empresa que dispõe de serviço médico próprio ou em convênio tem a seu cargo o exame médico e o abono das faltas correspondentes a esse período, somente encaminhando o segurado à perícia médica da previdência social urbana quando a incapacidade ultrapassa 15 (quinze) dias.

Art. 28. O segurado em gozo de auxílio-doença é considerado licenciado pela empresa.

Parágrafo único. A empresa que garante ao segurado licença remunerada fica obrigada a pagar-lhe durante o período do auxílio-doença a diferença entre a importância deste e a garantida pela licença.

Art. 29. Aplica-se ao segurado aeronauta, definido no § 2º do artigo 36, para efeito de auxílio-doença, inclusive no caso de incapacidade para o vôo, o disposto no artigo 26 e seus parágrafos, com as alterações seguintes:

I - entende-se por incapacidade para o vôo qualquer lesão de órgão ou perturbação de função que impossibilite o aeronauta para o exercício dessa atividade;

II - a verificação e a cessação da incapacidade para o vôo são declaradas pela Diretoria de Saúde da Aeronáutica, após exame do segurado por junta médica da qual deve fazer parte um médico da previdência social urbana.

CAPÍTULO III
APOSENTADORIA POR INVALIDEZ

Art. 30. A aposentadoria por invalidez é devida ao segurado que, após 12 (doze) contribuições mensais, estando ou não em gozo de auxílio-doença, é considerado incapaz e insuscetível de reabilitação para o exercício de atividade que lhe garanta a subsistência, e enquanto permanece nessa condição.

§ 1º A aposentadoria por invalidez, observado o disposto no artigo 23, consiste numa renda mensal correspondente a 70% (setenta por cento) do salário-de-benefício, mais 1% (um por cento) desse salário por ano completo de atividade abrangida pela previdência social urbana ou de contribuição recolhida nos termos do artigo 90, até o máximo de 30% (trinta por cento).

§ 2º No cálculo do acréscimo previsto no § 1º é considerado como de atividade o período em que o segurado recebeu auxílio-doença ou outra aposentadoria por invalidez.

§ 3º A concessão da aposentadoria por invalidez depende da verificação das condições estabelecidas neste artigo, mediante exame médico a cargo da previdência social urbana, ressalvado o disposto no artigo 99, e o benefício é devido a contar do dia imediato ao da cessação do auxílio-doença, observado o disposto nos §§ 4º e 5º

§ 4º Quando no exame médico é constatada incapacidade total e definitiva, a aposentadoria por invalidez independe de auxílio-doença prévio, sendo devida a contar do 16º (décimo-sexto) dia do afastamento da atividade ou da data da entrada do requerimento, se entre aquele e esta decorreram mais de 30 (trinta) dias.

§ 5º Em caso de doença de segregação compulsória a aposentadoria por invalidez independe de auxílio-doença prévio e de exame módico pela previdência social urbana, sendo devida a contar da data da segregação.

§ 6º Aplica-se ao aposentado por invalidez o disposto no § 5º do artigo 26, ficando ele dispensado, a partir dos 55 (cinqüenta e cinco) anos de idade, dos exames, tratamentos e processos de reabilitação profissional ali previstos.

Art. 31. Verificada a recuperação da capacidade de trabalho do aposentado por invalidez, são observadas as normas seguintes:

I - quando a recuperação ocorre dentro de 5 (cinco) anos contados da data do início da aposentadoria, ou do auxílio-doença que a antecedeu sem interrupção, o benefício cessa:

a) imediatamente, para o segurado empregado, que tem direito de retornar à função que desempenhava na empresa ao se aposentar, na forma da legislação trabalhista, valendo como documento para esse fim o certificado de capacidade fornecido pela previdência social urbana;

b) após tantos meses quantos foram os anos de duração do auxílio-doença e da aposentadoria, para o empregado doméstico e os segurados de que tratam os itens III e IV do artigo 6º;

c) imediatamente, para os demais segurados;

II - quando a recuperação ocorre após o período do item I, ou não é total, ou o segurado é declarado apto para o exercício de trabalho diverso do que habitualmente exercia, a aposentadoria é mantida, sem prejuízo da volta à atividade:

a) no seu valor integral, durante 6 (seis) meses contados da data em que verificada a recuperação da capacidade;

b) com redução de 50% (cinqüenta por cento) daquele valor, por igual período seguinte ao anterior;

c) com redução de 2/3 (dois terços), também por igual período seguinte, ao término do qual cessa definitivamente.

Parágrafo único. O aposentado por invalidez que volta voluntariamente à atividade tem sua aposentadoria cancelada.

CAPÍTULO IV
APOSENTADORIA POR VELHICE

Art. 32. A aposentadoria por velhice é devida ao segurado que, após 60 (sessenta) contribuições mensais, completa 65 (sessenta e cinco) anos de idade se do sexo masculino, ou 60 (sessenta) se do feminino, consistindo numa renda mensal calculada na forma do § 1º do artigo 30, observado o disposto no § 1º do artigo 23.

§ 1º A aposentadoria por velhice é devida a contar:

I - para o segurado empregado:

a) da data do desligamento do emprego, quando requerida até essa data ou dentro de 180 (cento e oitenta dias) depois dela;

b) da data da entrada do requerimento, quando requerida após o prazo da letra "a";

II - para os demais segurados, da data da entrada do requerimento.

§ 2º O auxílio-doença ou a aposentadoria por invalidez do segurado que completa 65 (sessenta e cinco) anos de idade se do sexo masculino, ou 60 (sessenta) se do feminino, são automaticamente convertidos em aposentadoria por velhice.

§ 3º A aposentadoria por velhice pode ser requerida pela empresa quando o segurado completa 70 (setenta) anos de idade se do sexo masculino, ou 65 (sessenta e cinco) se do feminino, sendo nesse caso compulsória, garantida ao empregado a indenização prevista na legislação trabalhista, paga pela metade, salvo se se trata de optante pelo Fundo de Garantia do Tempo de Serviço (FGTS).

CAPÍTULO V
APOSENTADORIA POR TEMPO DE SERVIÇO E ABONO EM SERVIÇO

Art. 33. A aposentadoria por tempo de serviço é devida, após 60 (sessenta) contribuições mensais, aos 30 (trinta) anos de serviço, observado o disposto no capítulo VII:

I - quando o salário-de-benefício é igual ou inferior ao menor valor-teto, em valor igual a:

a) 80% (oitenta por cento) do salário-de-benefício, para o segurado;

b) 95% (noventa e cinco por cento) do salário-de-benefício, para a segurada;

II - quando o salário-de-benefício é superior ao menor valor-teto, é aplicado à parcela correspondente ao valor excedente o coeficiente da letra "b" do item II do artigo 23;

III - na hipótese do item II o valor da renda mensal do benefício é a soma das parcelas calculadas na forma dos itens I e II, não podendo ultrapassar 90% (noventa por cento) do maior valor-teto.

§ 1º A aposentadoria do segurado do sexo masculino que a requer com mais de 30 (trinta) anos de serviço tem o valor da letra "a" do item I acrescido de 3% (três por cento) do salário-de-benefício para cada novo ano completo de atividade abrangida pela previdência social urbana, até 95% (noventa e cinco por cento) desse salário aos 35 (trinta e cinco) anos de serviço, observado o disposto no artigo 116.

§ 2º A data do início da aposentadoria por tempo de serviço é fixada de acordo com o § 1º do artigo 32.

§ 3º O tempo de serviço, provado na forma estabelecida em regulamento, compreende:

a) o tempo de serviço correspondente à atividade de qualquer das categorias de segurado de que trata o artigo 6º;

b) o tempo de serviço militar, inclusive o voluntário, prestado pelo segurado, ainda que antes de possuir essa qualidade, desde que não tenha sido contado para inatividade remunerada em Força Armada ou aposentadoria no serviço público;

c) o tempo intercalado em que o segurado esteve em gozo de auxílio-doença ou aposentadoria por invalidez, bem como o de contribuição na forma do artigo 9º;

d) o tempo durante o qual o segurado serviu como juiz temporário, sendo devidas suas contribuições referentes ao período respectivo e cabendo à União o pagamento da contribuição da empresa, observado o disposto no artigo 120.

§ 4º Não é admitida para contagem de tempo de serviço prova exclusivamente testemunhal.

§ 5º A averbação de tempo de serviço durante o qual o exercício da atividade não determinava filiação obrigatória à previdência social urbana só é admitida mediante o recolhimento das contribuições respectivas, na forma estabelecida em regulamento.

Art. 34. O segurado que, tendo direito à aposentadoria por tempo de serviço, opta pelo prosseguimento na atividade faz jus ao abono de permanência em serviço, mensal, que não se incorpora à aposentadoria nem à pensão, correspondendo a:

I - 20% (vinte por cento) do salário-de-benefício para o segurado com 30 (trinta) a 34 (trinta e quatro) anos de serviço;

II - 25% (vinte e cinco por cento) do salário-de-benefício para o segurado com 35 (trinta e cinco) ou mais anos de serviço.

Parágrafo único. O abono de permanência em serviço é devido a contar da data da entrada do requerimento, não varia de acordo com a 'evolução do salário-de--contribuição do segurado e é reajustado na forma dos demais benefícios de prestação continuada.

CAPÍTULO VI
APOSENTADORIA ESPECIAL

Art. 35. A aposentadoria especial é devida ao segurado que, contando no mínimo 60 (sessenta) contribuições mensais, trabalhou durante 15 (quinze), 20 (vinte) ou 25 (vinte e cinco) anos pelo menos, conforme a atividade profissional, em serviço para esse efeito considerado perigoso, insalubre ou penoso em decreto do Poder Executivo.

§ 1º A aposentadoria especial consiste numa renda mensal calculada na forma do § 1º da artigo 30, observado o disposto no § 1º do artigo 23, e sua data de início é fixada de acordo com o § 1º do artigo 32.

§ 2º O tempo de serviço exercido alternadamente em atividade comum e em atividade que seja ou venha a ser considerada perigosa, insalubre ou penosa é somado, após a respectiva conversão, segundo critérios de equivalência fixados pelo MPAS, para efeito de qualquer espécie de aposentadoria.

§ 3º O período em que o trabalhador integrante de categoria profissional enquadrada neste artigo permanece licenciado do emprego para exercer cargo de administração ou de representação sindical é contado para a aposentadoria especial, na forma fixada em regulamento.

§ 4º A categoria profissional que até 22 de maio de 1968 fazia jus à aposentadoria especial em condições posteriormente alteradas conserva o direito a ela nas condições então vigentes.

CAPÍTULO VII
APOSENTADORIAS DE LEGISLAÇÃO ESPECIAL

SEÇÃO I
AERONAUTA

Art. 36. O segurado aeronauta que completa 45 (quarenta e cinco) anos de idade e 25 (vinte e cinco) anos de serviço tem direito à aposentadoria por tempo de serviço

§ 1º A aposentadoria da aeronauta consiste numa renda mensal correspondente a tantos 1/30 (um trinta avos) do salário--de-benefícios quantos são os seus anos de serviço, não podendo exceder a 95% (noventa e cinco por cento) desse salário, observado o disposto no artigo 23.

§ 2º É considerado aeronauta quem, habilitado pelo Ministério da Aeronáutica, exerce função remunerada a bordo de aeronave civil nacional.

§ 3º O aeronauta que voluntariamente se afasta do vôo por período superior a (dois) anos consecutivos perde o direito, à aposentadoria nas condições deste artigo.

SEÇÃO II
JORNALISTA PROFISSIONAL

Art. 37. O segurado jornalista profissional que trabalha em empresa jornalística pode aposentar-se por tempo de serviço aos 30 (trinta) anos de serviço, com renda mensal correspondente a 95% (noventa e cinco por cento) do salário-de-benefício, observado o disposto no artigo 23.

§ 1º É considerado jornalista profissional aquele cuja função remunerada e habitual compreende a busca ou a documentação de informações, inclusive fotograficamente; a redação de matéria a ser publicada, contenha ou não comentário; a revisão de matéria já composta tipograficamente; a ilustração, por desenho ou outro meio, do que é publicado; a recepção radiotelegráfica ou telefônica na redação de empresa jornalística; a organização e conservação cultural e técnica do arquivo redatorial; e a organização, orientação e direção desses serviços.

§ 2º O jornalista profissional que, embora reconhecido e classificado como tal, não está registrado no órgão regional competente do Ministério do Trabalho não tem direito à aposentadoria nas condições deste artigo.

SEÇÃO III
PROFESSOR

Art. 38. O professor, após 30 (trinta) anos, e a professora, após 25 (vinte e cinco) anos, de efetivo exercício em funções de magistério podem aposentar-se por tempo de serviço com renda mensal correspondente a 95% (noventa e cinco por cento) do salário-de-benefício.

CAPÍTULO VIII
AUXÍLIO-NATALIDADE

Art. 39. O auxílio-natalidade é devido, após 12 (doze) contribuições mensais, à segurada gestante ou ao segurado, pelo parto de sua esposa ou companheira não segurada, ou de pessoa designada na forma do item II do artigo 10 e inscrita pelo menos 300 (trezentos) dias antes do parto, em quantia igual ao valor-de-referência da localidade de trabalho do segurado e paga de uma só vez.

Parágrafo único. É obrigatória a assistência à maternidade, na forma permitida pelas condições da localidade de residência da gestante.

CAPÍTULO IX
SALÁRIO-FAMÍLIA

Art. 40. O salário-família é devido ao segurado empregado, exceto o doméstico, qualquer que seja o valor e a forma de sua remuneração, na proporção do respectivo número de filhos.

Parágrafo único. O empregado aposentado por invalidez ou por velhice e os demais empregados aposentados com 65 (sessenta e cinco) anos de idade se do sexo masculino, ou 60 (sessenta) se do feminino, têm direito ao salário-família, pago pela previdência social urbana juntamente com a aposentadoria.

Art. 41. O valor da cota do salário-família é de 5% (cinco por cento) do salário mínimo regional, por filho menor de qualquer condição, até 14 (catorze) anos de idade, ou inválido de qualquer idade.

Art. 42. O salário-família é pago pela empresa, mensalmente, aos seus empregados, juntamente com o salário, mediante compensação, na forma do § 10 do artigo 13º, devendo ela conservar os comprovantes dos pagamentos, para exame pela fiscalização.

§ 1º Quando o pagamento do salário é semanal ou por outro período que não o mensal, o salário-família é pago juntamente com o último pagamento relativo do mês.

§ 2º Para efeito do pagamento do salário--família, a empresa deve exigir do seu empregado a certidão de nascimento do filho, fazendo extrair no prazo de 5 (cinco) dias os dados que interessam e devolvendo-a em seguida.

§ 3º A certidão expedida para efeito do § 2º está isenta de qualquer taxa ou emolumento.

§ 4º O pagamento do salário-família fica condicionado à apresentação anual de atestado do recebimento, pelo filho, das vacinas obrigatórias.

§ 5º O salário-família devido ao trabalhador avulso pode ser recebido pelo sindicato de classe respectivo, que se incumbe de elaborar as folhas correspondentes e de distribuído.

Art. 43. A cota do salário-família não se incorpora, para nenhum efeito, ao benefício.

CAPÍTULO X
SALÁRIO-MATERNIDADE

Art. 44. O salário-maternidade consiste na manutenção da salário da segurada empregada durante 4 (quatro) semanas antes e 8 (oito) depois do parto, independentemente de período de carência e nos termos da legislação trabalhista,

§ 1º O salário-maternidade é pago pela empresa à sua empregada, mediante compensação na forma do § 10 do artigo 13º.

§ 2º O disposto no § 4º do artigo 21 e no final do item II do artigo 23 não se aplica ao cálculo do salário-maternidade.

§ 3º A previdência social urbana fornece os atestados médicos previstos na legislação trabalhista.

CAPÍTULO XI
AUXÍLIO-RECLUSÃO

Art. 45. O auxílio-reclusão é devido, após 12 (doze) contribuições mensais e nas condições dos artigos 47 a 52, aos dependentes do segurado detento ou recluso que não recebe qualquer remuneração da empresa.

§ 1º O requerimento do auxílio-reclusão deve ser instruído com certidão do despacho da prisão preventiva ou da sentença condenatória.

§ 2º O pagamento é mantido durante a detenção ou reclusão do segurado, comprovada por meio de atestado trimestral de autoridade competente.

CAPÍTULO XII
AUXÍLIO-FUNERAL

Art. 46. O auxílio-funeral é devido ao executor do funeral do segurado, em valor não excedente do dobro do valor-de-referência da sua localidade de trabalho.

Parágrafo único. O executor dependente do segurado recebe o valor máximo previsto.

CAPÍTULO XIII
PENSÃO

Art. 47. A pensão é devida aos dependentes do segurado, aposentado ou não, que falece após 12 (doze) contribuições mensais.

Art. 48. O valor da pensão devida ao conjunto dos dependentes é constituído de uma parcela familiar de 50% (cinqüenta por cento) do valor da aposentadoria que ele recebia ou a que teria direito se na data do seu falecimento estivesse aposentado, mais tantas parcelas de 10% (dez por cento) do valor da mesma aposentadoria quantos forem os seus dependentes, até o máximo de 5 (cinco).

Art. 49. A concessão da pensão não é adiada pela falta de habilitação de outro possível dependente, e qualquer inscrição ou habilitação posterior que importe em exclusão ou inclusão de dependente só produz efeito a contar da data em que é feita.

§ 1º O cônjuge ausente não exclui a companheira designada do direito à pensão, que só é devida aquele a contar da data da sua habilitação e mediante prova de efetiva dependência econômica.

§ 2º O cônjuge que, embora desquitado, separado judicialmente ou divorciado, está recebendo alimentos, tem direito ao valor da pensão alimentícia judicialmente arbitrada, destinando-se o restante à companheira ou ao dependente designado.

§ 3º A pensão alimentícia é reajustada na mesma ocasião e nas mesmas bases do reajustamento da pensão.

Art. 50. A cota da pensão se extingue:

I - pela morte do pensionista;

II - para o pensionista do sexo feminino, pelo casamento;

III - para o filho ou irmã, quando, não sendo inválido, completa 18 (dezoito) anos de idade;

IV - para a filha ou irmão, quando, não sendo inválida, completa 21 (vinte e um) anos de idade;

V - para o dependente designado do sexo masculino, quando, não sendo inválido, completa 18 (dezoito) anos de idade;

VI - para o pensionista inválido, pela cessação da invalidez,

§ 1º Salvo na hipótese do item II, não se extingue a cota da dependente designada que, por motivo de idade avançada, condição de saúde ou encargos domésticos, continua impossibilitada de angariar meios para o seu sustento.

§ 2º Para extinção da pensão, a cessação da invalidez deve ser verificada em exame médico a cargo da previdência social urbana.

Art. 51. Se o número dos dependentes passe de 5 (cinco), a exclusão do pensionista, nas hipóteses do artigo 50, só afeta o valor da pensão quando o número se reduz a 4 (quatro) ou menos.

Parágrafo único. Com a extinção da cota do último pensionista a pensão se extingue.

Art. 52. O pensionista inválido, enquanto não completa 50 (cinqüenta) anos, está obrigado, sob pena de suspensão do benefício, a submeter-se a exame determinado pela previdência social urbana, processo de reeducação e readaptação profissional por ela prescrito e custeado, e tratamento que ela dispensar gratuitamente, exceto o cirúrgico.

Art. 53. Por morte presumida do segurado, declarada pela autoridade judiciária competente, depois de 6 (seis) meses de ausência, é concedida pensão provisória, na forma deste capítulo.

§ 1º Mediante prova do desaparecimento do segurado em conseqüência de acidente, desastre ou catástrofe, seus dependentes fazem jus à pensão provisória, independentemente da declaração e do prazo deste artigo.

§ 2º Verificado o reaparecimento do segurado, o pagamento da pensão cessa imediatamente, desobrigados os dependentes da reposição das quantias recebidas.

CAPÍTULO XIV
ABONO ANUAL

Art. 54. O abono anual é:

I - devido ao aposentado e ao pensionista, correspondendo a 1/12 (um doze avos) do valor total recebido no ano civil;

II - extensivo ao segurado que durante o ano recebeu auxílio-doença por mais de 6 (seis) meses e aos dependentes que por igual período receberam auxílio-reclusão;

III - pago até o dia 15 de janeiro do exercício seguinte ao vencido.

CAPÍTULO XV
PECÚLIO

Art. 55. O pecúlio a que têm direito os segurados de que tratam os §§ 5º e 7º do artigo 69 é constituído pela soma das importâncias correspondentes às suas próprias contribuições referentes ao novo período de atividade, corrigidas monetariamente e acrescidas de juros de 4% (quatro por cento) ao ano.

Parágrafo único. O segurado que recebeu o pecúlio e volta novamente a exercer atividade abrangida pela previdência social urbana somente pode levantar o novo pecúlio após 36 (trinta e seis) meses contados da nova filiação.

Art. 56. O pecúlio não recebido em vida pelo segurado é devido aos seus dependentes ou, na falta deles, aos seus sucessores na forma da lei civil, independentemente de inventário ou arrolamento.

Art. 57. O disposto neste capítulo vigora a contar de 1º de julho de 1975, devendo ser observada com relação às contribuições anteriores a legislação vigente à época.

Parágrafo único. As contribuições relativas ao período em que o segurado esteve em gozo de abono de retorno à atividade e que determinaram acréscimo à aposentadoria restabelecida não integram o pecúlio.

CAPÍTULO XVI
ASSISTÊNCIA MÉDICA

Art. 58. A assistência médica, ambulatorial, hospitalar ou sanatorial compreende serviços de natureza clínica, cirúrgica, farmacêutica e odontológica, e a assistência complementar, sendo prestada em estabelecimento próprio ou, mediante convênio, de terceiro.

§ 1º O prazo de carência para a assistência médica é de 3 (três) meses, observado o disposto nas letras "c" e "d" do § 2º do artigo 18.

§ 2º A assistência médica é prestada com a amplitude que as condições locais e os recursos próprios permitirem.

§ 3º Os programas de assistência médica devem ser organizados de forma a manter inteira compatibilidade com o Sistema Nacional de Saúde e com as normas de saúde pública constantes da legislação própria.

§ 4º O Poder Executivo está autorizado a instituir esquema de participação direta, no custeio do serviço médico que utiliza e do medicamento que lhe é fornecido em ambulatório, do beneficiário que recebe remuneração ou benefício superior a 5 (cinco) vezes o maior valor-de-referência do país, podendo ser considerados outros fatores, como a natureza da doença, o vulto das despesas gerais e o porte do custeio.

§ 5º Para a prestação dos serviços de que trata este artigo, a previdência social urbana pode subvencionar instituição sem finalidade lucrativa, ainda que já auxiliada por outra entidade pública.

§ 6º No convênio com entidade beneficente que atende ao público em geral, a previdência social urbana pode colaborar para a complementação das respectivas instalações e equipamentos ou fornecer outro recurso material para melhoria do padrão de atendimento.

§ 7º Para efeito de assistência médica, a locação de serviço entre profissional e entidade privada que mantém convênio com a previdência social urbana não cria vínculo empregatício ou funcional com esta.

Art. 59. Mediante convênio com a previdência social urbana, a empresa e o sindicato podem prestar assistência médica ao seu empregado ou associado, e respectivos dependentes, diretamente ou por intermédio de estabelecimento ou profissional contratados, obedecidos os padrões fixados pela previdência social urbana.

Parágrafo único. Aplica-se ao reembolso dos gastos correspondentes aos serviços previstos neste artigo o disposto no parágrafo único do artigo 113.

Art. 60. A previdência social urbana não se responsabiliza por despesa de assistência médica realizada por beneficiário sem sua prévia autorização, mas quando razão de força maior, a seu critério, justifica o reembolso, este é feito em valor igual ao que ela teria despendido se tivesse prestado diretamente o serviço.

CAPÍTULO XVII
ASSISTÊNCIA COMPLEMENTAR

Art. 61. A assistência complementar compreende a ação pessoal junto ao beneficiário, quer individualmente, quer em grupo, por meio da técnica do serviço social, visando à melhoria de suas condições de vida.

§ 1º A assistência complementar é prestada diretamente ou mediante convênio com entidade especializada.

§ 2º Compreende-se na assistência complementar a de natureza jurídica, a pedido do beneficiário ou de ofício, para a habilitação a benefício previsto nesta Consolidação, em juízo ou fora dele e com isenção de taxa, custas e emolumento de qualquer espécie.

CAPÍTULO XVIII
ASSISTÊNCIA REEDUCATIVA E DE READAPTAÇÃO PROFISSIONAL

Art. 62. A assistência reeducativa e de readaptação profissional cuida da reeducação e readaptação do segurado em gozo de auxílio-doença, bem como do aposentado e pensionista inválido, na forma estabelecida em regulamento, observado o disposto no artigo 103.

Parágrafo único. A reeducação e readaptação de que trata este artigo pode ser prestada por delegação pela Associação Brasileira Beneficente de Reabilitação (ABBR) ou instituição congênere.

CAPÍTULO XIX
RENDA MENSAL VITALÍCIA

Art. 63. O maior de 70 (setenta) anos de idade ou o inválido que não exerce atividade remunerada, não aufere rendimento superior ao valor da renda mensal fixada no artigo 64, não é mantido por pessoa de quem depende obrigatoriamente e resto tem outro meio de prover ao próprio sustento faz jus ao amparo da previdência social urbana, desde que tenha:

I - sido filiado a ela, em qualquer época, no mínimo por 12 (doze) meses, consecutivos ou não;

II - exercido atividade remunerada atualmente abrangida por ela, embora sem filiação, no mínimo por 5 (cinco) anos, consecutivos ou não;

III - ingressado nela após completar 60 (sessenta) anos de idade.

Art. 64. Quem se enquadra em qualquer das situações dos itens I a III do artigo 63 tem direito à renda mensal vitalícia, a contar da data da entrada do requerimento, no valor da metade do maior salário-mínimo do país, não podendo ultrapassar 60% (sessenta por cento) do valor do salário mínimo da localidade de pagamento.

§ 1º A renda mensal vitalícia não pode ser acumulada com qualquer benefício da previdência social urbana ou rural, ou de outro regime, salvo, na hipótese do item III do artigo 63, o pecúlio de que tratam os artigos 55 a 57.

§ 2º É facultada a opção pelo benefício da previdência social, urbana ou rural, ou de outro regime, a que o titular da renda mensal vitalícia venha a fazer jus.

Art. 65. A idade é provada por certidão do registro civil ou outro meio admitido em direito, inclusive assento religioso ou Carteira de Trabalho e Previdência Social emitida há mais de 10 (dez) anos.

Art. 66. A invalidez é verificada em exame médico-pericial a cargo da previdência social urbana.

Art. 67. A inatividade e a inexistência de renda ou outro meio de subsistência podem ser provadas por atestado de autoridade administrativa ou judiciária local, identificada e qualificada, que conheça pessoalmente o interessado há mais de 5 (cinco) anos.

Art. 68. A filiação à previdência social urbana ou a inclusão em seu âmbito e o tempo de atividade remunerada são provados pela Carteira de Trabalho e Previdência Social ou por outro elemento de convicção, inclusive declaração expressa de conhecimento do fato declarado, firmada pela empresa empregadora ou sócio remanescente, identificado e qualificado, pelo que o declarante assume responsabilidade, sob as penas da lei.

Art. 69. O pagamento da renda mensal vitalícia obedece às mesmas normas e condições das prestações em geral.

§ 1º O valor da renda mensal vitalícia em manutenção acompanha automaticamente as alterações do salário-mínimo, observado o disposto no artigo 64.

§ 2º A renda mensal vitalícia não está sujeita a desconto de qualquer contribuição nem gera direito ao abono anual ou qualquer outra prestação da previdência social urbana, salvo a assistência médica.

CAPÍTULO XX
CONTAGEM RECÍPROCA DE TEMPO DE SERVIÇO

Art. 70. O segurado com no mínimo 60 (sessenta) contribuições mensais conta para todos os benefícios da previdência social urbana, ressalvado o disposto no artigo 75, o tempo de serviço público prestado à administração federal direta e a autarquia federal.

Art. 71. O funcionário público civil da administração federal direta ou de autarquia federal com (cinco) anos de efetivo exercício, no mínimo, conta para efeito de aposentadoria por invalidez, por tempo de serviço ou compulsória o tempo de serviço prestado em atividade abrangida pela previdência social urbana.

Art. 72. O tempo de serviço de que trata este capítulo é contado de acordo com a legislação pertinente, observadas as normas seguintes:

I - não é admitida a contagem em dobro ou em outras condições especiais;

II - é vedada a acumulação de tempo de serviço público com o de atividade privada, quando concomitantes;

III - não é contado por um sistema o tempo de serviço que já serviu de base para concessão de aposentadoria pelo outro;

IV - o tempo de serviço anterior ou posterior à filiação obrigatória à previdência social urbana do segurado empregador, empregado doméstico ou trabalhador autônomo e o de atividade do religioso só são contados se for recolhida a contribuição correspondente ao período respectivo, com os acréscimos legais, na forma estabelecida em regulamento.

Art. 73. A aposentadoria por tempo de serviço com contagem de tempo na forma deste capítulo só é concedida ao segurado com 35 (trinta e cinco) anos de serviço, no mínimo, ressalvadas as hipóteses previstas em lei de redução para 30 (trinta) anos no caso de mulher, juiz, jornalista e professor, e para 25 (vinte e cinco) anos no caso de ex-combatente e professora.

Art. 74. Quando a soma dos tempos de serviço ultrapassa os limites do artigo 73, o excesso não é considerado para qualquer efeito.

Art. 75. O segurado do sexo masculino beneficiado pela contagem de tempo de serviço na forma deste capítulo não faz jus ao abono de permanência em serviço de que trata o item I do artigo 34.

Art. 76. A aposentadoria e os demais benefícios resultantes da contagem de tempo de serviço na forma deste capítulo são concedidos e pagos pelo sistema a que o interessado pertence ao requerê-los e seu valor é calculado na forma da legislação pertinente a esse sistema.

Art. 77. O disposto neste capítulo aplica-se:

I - ao segurado do extinto Serviço de Assistência e Seguro Social dos Economiários (SASSE), observado o disposto no artigo 119;

II - a contar de 1º de março de 1981, ao servidor público civil e militar, inclusive autárquico, de Estado ou Município que assegura, mediante legislação própria, a contagem do tempo de serviço prestado em atividade abrangida pela previdência social urbana, para efeito de aposentadoria por invalidez, por tempo de serviço e compulsória, pelos cofres estaduais ou municipais.

Art. 78. A contagem de tempo de serviço na forma deste capítulo não se aplica às aposentadorias concedidas antes de 1º de outubro de 1975 nem aos casos de opção regulados pelas Leis nº 6.184 e 6.185, de 11 de setembro de 1974, em que são observadas as disposições específicas.

CAPÍTULO XXI
BENEFÍCIOS EM CONDIÇÕES ESPECIAIS

SEÇÃO I
EX-COMBATENTE

Art. 79. O ex-combatente segurado da previdência social urbana e os seus dependentes têm direito às prestações desse regime, concedidas, mantidas e reajustadas de conformidade com esta Consolidação, salvo quanto:

I - ao tempo de serviço para a aposentadoria por tempo de serviço ou abono de permanência em serviço, que é de 25 (vinte e cinco) anos;

II - à renda mensal do auxílio-doença e da aposentadoria por invalidez, que é igual a 100% (cem por cento) do salário-de-benefício, e à renda mensal das demais aposentadorias, que é igual a 95% (noventa e cinco por cento) dele.

Parágrafo único. O período de serviço militar prestado durante a Segunda Guerra Mundial é contado para efeito do disposto nesta seção.

Art. 80. Considera-se ex-combatente:

I - quem participou efetivamente de operação bélica na Segunda Guerra Mundial, como integrante de Força do Exército, da Força Expedicionária Brasileira, da Força Aérea Brasileira, da Marinha de Guerra ou da Marinha Mercante;

II - o integrante da Marinha Mercante Nacional que entre 22 de março de 1941 e 8 de maio de 1945 participou de pelo menos 2 (duas) viagens em zona de ataques submarinos;

III - O piloto civil que rio período do item II participou, por solicitação de autoridade militar, de patrulhamento, busca, vigilância ou localização de navio torpedeado e assistência aos náufragos.

Art. 81. O valor do benefício do ex-combatente ou dos seus dependentes superior a 10 (dez) vezes o maior salário mínimo do país e em manutenção em 1º de setembro de 1971 não sofre redução em decorrência do dispositivo no artigo 79.

Parágrafo único. Para efeito do disposto neste artigo, incorpora-se ao benefício da previdência social urbana a vantagem concedida com fundamento na Lei nº 1.756, de 5 de dezembro de 1952.

Art. 82. O reajustamento de benefício Posterior a 1º de setembro de 1971 não incide sobre a parcela excedente de 10 (dez) vezes o maior salário mínimo do País.

§ 1º Está ressalvado o direito do ex-combatente que em 1º de setembro de 1971 tinha preenchido os requisitos para a aposentadoria por tempo de serviço nas condições então vigentes, ou dos seus dependentes, observado, porém, nos futuros reajustamentos, o disposto neste artigo.

§ 2º Observado o disposto neste artigo, a parcela da contribuição excedente dos limites estabelecidos nesta Consolidação não é contada para qualquer efeito, podendo ser restituída.

Art. 83. O ex-combatente aposentado tem direito a revisão de cálculo, para que o valor da sua aposentadoria seja ajustado ao estabelecido no item II do artigo 79, a contar da data da entrada do pedido de revisão, sendo esse direito transferido para os seus dependentes.

Parágrafo único. O valor da aposentadoria que serviu de base para o cálculo da pensão concedida a dependente de ex-combatente pode também ser revisto a pedido, nas condições deste artigo.

SEÇÃO II
FERROVIÁRIO SERVIDOR PÚBLICO OU EM REGIME ESPECIAL

Art. 84. A diferença ou complementação de proventos, gratificação adicional, qüinqüênio ou outra vantagem, exceto o salário-família, de responsabilidade da União, do ferroviário servidor público ou autárquico ou em regime especial aposentado pela previdência social urbana é paga por esta, por conta do Tesouro Nacional, como parcela complementar da aposentadoria, com esta reajustada, na forma desta Consolidação.

Parágrafo único. Para efeito do cálculo da pensão é tomada por base a aposentadoria com a respectiva parcela complementar.

Art. 85. O servidor de que trata esta seção faz jus quando aposentado ao salário-família, nos termos da legislação aplicável ao servidor público, devendo o pagamento ser feito pela previdência social urbana, por conta do Tesouro Nacional.

Art. 86. O ferroviário servidor público ou autárquico ou em regime especial que se aposenta pela previdência social urbana com base no Decreto-lei nº 956, de 13 de outubro de 1969, não tem direito de receber da União os adicionais ou qüinqüênios que recebia em atividade.

Art. 87. A diferença ou complementação de pensão devida pela União aos dependentes do ferroviário servidor público é paga pela previdência social urbana, por conta do Tesouro Nacional, como parcela complementar do benefício, com este reajustada, na forma desta Consolidação.

Art. 88. Por morte do servidor público em gozo de dupla aposentadoria, se a aposentadoria da União é superior à da previdência social urbana, a pensão concedida na forma desta Consolidação é acrescida da diferença entre o valor desse benefício e o da pensão que seria devida com base na aposentadoria da União.

Art. 89. A diferença de que trata o artigo 88, de responsabilidade da União, é paga na forma do artigo 87.

Art. 90. Os dependentes do servidor de que trata esta seção têm direito ao salário-família, na forma da legislação aplicável ao servidor público, devendo o pagamento ser efetuado pela previdência social urbana, por conta do Tesouro Nacional.

Art. 91. O disposto nos artigos 84, 85 e 88 não se aplica ao servidor público em gozo de dupla aposentadoria nem aos seus dependentes.

Art. 92. O disposto nos artigos 84 e 87 se aplica a qualquer importância considerada devida pela União, a título de complementação e com base em legislação anterior, ao servidor de que trata esta seção e aos seus dependentes, ressalvada a complementarão da pensão especial que obedece a regulamentação própria.

SEÇÃO III
ESTUDANTE

Art. 93. O Programa de Previdência Social aos Estudantes regula-se pelo disposto nesta seção, observado o disposto no artigo 125.

§ 1º Considera-se estudante quem, não sendo segurado obrigatório da previdência social urbana, está matriculado em estabelecimento de ensino de primeiro ou segundo grau ou em curso universitário ou de formação profissional reconhecido ou autorizado por órgão federal ou estadual.

§ 2º O ingresso no Programa é facultativo, podendo o estudante valer-se dessa faculdade ainda que seja dependente do segurado obrigatório de qualquer regime de previdência.

§ 3º O estudante segurado do Programa:

I - pode manter essa qualidade até 12 (doze) meses após a conclusão do curso, desde que continue recolhendo em dia as contribuições;

II - perde essa qualidade se deixar de recolher 3 (três) contribuições mensais consecutivas, podendo reingressar no Programa nas mesmas condições;

§ 4º O tempo de vinculação ao Programa não é contado para efeito da previdência social urbana.

§ 5º As prestações do Programa compreendem:

a) auxílio-invalidez;

b) pensão;

c) pecúlio por morte;

d) assistência médica;

e) reabilitação.

§ 6º O direito às prestações está condicionado ao período de carência de 12 (doze) meses para os benefícios e 6 (seis) meses para os serviços.

§ 7º O auxílio-invalidez é devido ao estudante totalmente incapacitado, por motivo de enfermidade ou lesão orgânica, para a atividade estudantil ou para o ingresso em atividade laboral, consistindo numa renda mensal de 50% (cinqüenta por cento) do salário mínimo regional.

§ 8º A pensão é devida ao estudante por morte do seu pai ou do responsável pela manutenção dos seus estudos, declarado por ocasião da inscrição, até o término do curso ou o ingresso em atividade laboral abrangida por regime obrigatório de previdência social, consistindo numa renda mensal de 50% (cinqüenta por cento) do salário mínimo regional.

§ 9º O pecúlio por morte é devido ao estudante pela morte do seu pai ou do responsável pela manutenção dos seus estudos, declarado por ocasião da inscrição, consistindo num pagamento único no valor de 2 (duas) vezes o salário mínimo regional.

§ 10. A assistência médica e a reabilitação são devidas ao estudante nas mesmas bases e condições vigentes para os segurados em geral da previdência social urbana, salvo quanto ao período de carência, estabelecido no § 6º.

CAPÍTULO XXII
DISPOSIÇÕES DIVERSAS

Art. 94. Nenhuma prestação da previdência social urbana pode ser criada, majorada ou estendida sem a correspondente fonte de custeio total.

Art. 95. Para atender a situação excepcional decorrente de crise ou calamidade pública que ocasione desemprego em massa, pode ser instituído o seguro-desemprego.

Art. 96. A previdência social urbana pode realizar seguro coletivo destinado a ampliar seus benefícios, devendo as respectivas condições ser estabelecidas mediante acordo com os segurados e as empresas, e aprovadas pelo MPAS.

Art. 97. O Poder Executivo fica autorizado a conceder, por intermédio da previdência social urbana e observado o disposto no artigo 126, pensão especial, mensal, vitalícia e intransferível ao portador de "síndrome da talidomida", mediante requerimento acompanhado de atestado de junta médica constituída pela previdência social urbana para esse fim, sem ônus para o interessado.

§ 1º A pensão especial de que trata este artigo é devida a contar da data da entrada do requerimento, tem seu valor calculado em função dos pontos indicadores da natureza e grau da dependência resultante da deformidade física, na base de metade do maior salário mínimo do país para cada ponto, e é reajustada anualmente, com base na variação da valor nominal da Obrigação Reajustável do Tesouro Nacional (ORTN).

§ 2º A natureza e o grau da dependência são determinados de acordo com a incapacidade para o trabalho, locomoção, higiene pessoal e alimentação própria, atribuindo-se a cada um desses elementos 1 (um) ou 2 (dois) pontos, conforme a incapacidade seja parcial ou total.

§ 3º A pensão especial de que trata este artigo não pode ser acumulada com rendimento ou indenização recebida a qualquer título dos cofres públicos, ressalvado o direito de opção.

Art. 98. O direito ao benefício não prescreve, mas o pagamento respectivo não reclamado prescreve em 5 (cinco) anos contados da data em que se torna devido.

Parágrafo único. O direito à, aposentadoria ou pensão para cuja concessão foram preenchidos todos os requisitos não prescreve, mesmo após a perda da qualidade de segurado.

Art. 99. Não é concedido auxílio-doença ou aposentadoria por invalidez ao segurado que se filia à previdência social urbana portador da moléstia ou lesão invocada como causa para o benefício.

Art. 100. O aposentado pela previdência social urbana que volta a exercer atividade por ela abrangida tem direito, em caso de acidente do trabalho, às prestações dos artigos 163 a 172, salvo o auxílio-doença, e pode optar, na hipótese de invalidez, pela transformação da sua aposentadoria previdenciária em acidentária, devendo também a pensão ser a acidentária, se mais vantajosa.

Art. 101. Pode ser concedido auxílio para tratamento ou exame fora do domicílio do beneficiário, na forma estabelecida em regulamento.

Art. 102. Compete ao segurado provar o tempo de contribuição em base superior ao menor valor-teto.

Art. 103. O valor da prestação pode ser revisto em conseqüência da reeducação ou readaptação profissional, na forma estabelecida em regulamento.

§ 1º A previdência social urbana emite certificado individual definindo as profissões que podem ser exercidas pelo segurado reabilitado profissionalmente, o que não o impede de exercer outra para a qual se julgue capacitado.

§ 2º A empresa com 20 (vinte) ou mais empregados está obrigada a reservar de 2% (dois por cento) a 5% (cinco por cento) dos cargos para reeducados ou readaptados profissionalmente, na forma estabelecida em regulamento.

Art. 104. O benefício não pode, salvo quanto a importância devida à previdência social urbana e a desconto autorizado por lei ou derivado da obrigação de prestar alimentos, reconhecida em sentença judicial, ser objeto de penhora, arresto ou seqüestro, sendo nula de pleno direito a sua venda ou cessão, ou a constituição de qualquer ônus sobre ele, bem como a outorga de poderes irrevogáveis ou em causa própria para o seu recebimento.

Art. 105. O benefício devido ao segurado ou dependente civilmente incapaz pode ser pago a título precário durante 3 (três) meses consecutivos, mediante termo de compromisso lavrado no ato do recebimento, a herdeiro necessário, obedecida a ordem vocacional da lei civil, só se realizando pagamento posterior a curador judicialmente designado.

Art. 106. O benefício em dinheiro é pago diretamente ao beneficiário, salvo em caso de ausência, moléstia contagiosa ou impossibilidade de locomoção, quando é pago ao seu procurador, mediante autorização expressa da previdência social urbana, que pode negá-la quando julga a representação inconveniente.

Art. 107. A impressão digital do beneficiário incapaz de assinar, aposta na presença de servidor da previdência social urbana, vale como assinatura para quitação de pagamento de benefício.

Art. 108. A importância não recebida em vida pelo segurado é paga aos seus dependentes habilitados à pensão ou, na falta deles, aos seus sucessores na forma da lei civil, independentemente de inventário ou arrolamento.

Art. 109. Para efeito de curatela, no caso de interdição de beneficiário, a autoridade judiciária pode louvar-se no laudo médico-pericial da previdência social urbana.

Art. 110. O benefício pode ser pago por meio de ordem de pagamento ou cheque, a ser apresentada pelo beneficiário ao estabelecimento bancário encarregado do pagamento, independentemente de assinatura ou aposição de impressão digital, provando-se a identidade pela apresentação da Carteira de Trabalho e Previdência Social ou documento hábil fornecido pela previdência social urbana.

Art. 111. O segurado menor pode, a critério da previdência social urbana, firmar recibo de benefício independentemente da presença dos pais ou tutor.

Art. 112. A previdência social urbana pode recusar a entrada de requerimento de benefício desacompanhado da documentação necessária, sendo obrigatória, nesse caso, o fornecimento de comprovante da recusa, para ressalva de direitos.

Art. 113. Mediante convênio com a previdência social urbana, a empresa ou o sindicato podem, relativamente a seu empregado ou associado, e respectivos dependentes, encarregar-se de:

I - processar requerimento de benefício, preparando-o e instruindo-o de maneira que possa ser despachado pela previdência social urbana;

II - submeter o requerente a exame médico, inclusive complementar, encaminhando à previdência social urbana o respectivo laudo, para efeito da concessão de benefício que depende de avaliação de incapacidade;

III - pagar benefício;

IV - preencher documento de cadastro, bem como carteira a ser autenticada pela previdência social urbana, e prestar a esta outros serviços.

Parágrafo único. O reembolso de gasto da empresa correspondente a serviço previsto no item II ou III pode ser ajustado por um valor global, conforme o número de seus empregados, a ser deduzido das contribuições, no ato do recolhimento, juntamente com a dedução de importância correspondente a pagamento de benefício ou de outra despesa feita nos termos do convênio.

Art. 114. O tempo de serviço anteriormente prestado à administração pública sob o regime estatutário por funcionário que por opção legal passou ao regime da legislação trabalhista é contado para todos os efeitos, inclusive carência, na previdência social urbana, de acordo com as normas pertinentes ao regime estatutário.

Art. 115. O disposto no § 1º do artigo 6º não se aplica ao religioso de mais de 60 (sessenta) anos de idade em 9 de outubro de 1979, salvo se filiado facultativamente à previdência social urbana antes de ter completado essa idade.

§ 1º O religioso não equiparado a autônomo por já ter completado 60 (sessenta) anos de idade em 9 de outubro de 1979 pode filiar-se em caráter facultativo à previdência social urbana, fazendo jus à renda mensal vitalícia ao completar os requisitos necessários, independentemente de comprovação de inexistência de outro rendimento, salvo benefício pecuniário de entidade de previdência circunscrita à respectiva organização religiosa.

§ 2º O religioso segurado facultativo fica obrigado a indenizar a previdência social pelo tempo de serviço averbado em relação ao qual não contribuiu.

Art. 116. O segurado que continuou a trabalhar após 35 (trinta e cinco) anos de serviço tem direito, quando se aposenta por tempo de serviço, aos acréscimos a que fez jus até 30 de junho de 1975.

Art. 117. O beneficiário de instituição de previdência social em 5 de setembro de 1960 conserva todos os direitos assegurados pela legislação respectiva, salvo quando os posteriores são mais vantajosos.

Parágrafo único. O disposto neste artigo não se aplica ao segurado facultativo.

Art. 118. A unificação dos Institutos de Aposentadoria e Pensões não alterou, quanto ao regime de contribuições e às prestações, a situação do segurado filiado a mais de um deles.

Parágrafo único. Para efeito deste artigo, a ressalva nele prevista:

I - não autoriza a elevação do salário-de-contribuição além daquele com base no qual o segurado estava contribuindo em 21 de novembro de 1966;

II - só se aplica aos casos em que o segurado reunia naquela data os requisitos necessários para a obtenção das prestações.

Art. 119. O servidor e o diretor da Caixa Econômica Federal (CEF) e o servidor da Associação dos Servidores da Caixa Econômica passaram à condição de segurados obrigatórios da previdência social urbana a contar de 1º de agosto de 1977.

§ 1º A filiação estabelecida neste artigo é automática, cabendo à previdência social urbana garantir a esses segurados e seus dependentes, sem solução de continuidade, o direito às prestações.

§ 2º O tempo de filiação ao extinto SASSE é contado pela previdência social urbana para todos os efeitos, inclusive carência.

§ 3º Os benefícios em manutenção no extinto SASSE passaram, a contar de 1º de agosto de 1977, à responsabilidade da previdência social urbana, inclusive quanto aos reajustamentos periódicos.

§ 4º Estão garantidos aos segurados da extinto SASSE os benefícios não requeridos ou em fase de processamento a que fizeram jus até a data da extinção daquela autarquia, podendo esse direito ser exercido a qualquer tempo.

Art. 120. A aposentadoria por tempo de serviço do segurado que contou tempo de exercício como juiz temporário é reajustada quando são alterados os vencimentos dos juízes em atividade, em igual proporção.

§ 1º O inativo do Tesouro Nacional ou da previdência social urbana que, exercendo cargo de juiz temporário, faz jus a aposentadoria nessa condição, pode optar pelo benefício que mais lhe convém, cancelando-se o excluído pela opção.

§ 2º Para efeito da previdência social urbana, o juiz temporário, enquanto no exercício do cargo, equipara-se ao funcionário público civil da União.

Art. 121. O servidor anistiado que não requereu retorno ou reversão à atividade, ou teve seu requerimento indeferido, deve ser aposentado pela previdência social urbana, contando-se o tempo de afastamento da atividade para efeito de aposentadoria ou pensão.

§ 1º Quando, nos termos deste artigo, o valor da aposentadoria é inferior ao da pensão especial de ato institucional, o aposentado faz jus à diferença.

§ 2º O disposto neste artigo aplica-se ao:

I - empregado de empresa privada despedido do emprego ou destituído de cargo administrativo ou representação sindical por motivo de participação em greve ou outro movimento reivindicatório;

II - dirigente ou representante sindical punido com fundamento em ato institucional ou complementar.

TÍTULO IV
CUSTEIO

CAPÍTULO I
FONTES DE RECEITA

Art. 122. A previdência social urbana é custeada pelas contribuições:

I - do segurado em geral, de acordo com as alíquotas a seguir, incidentes sobre o respectivo salário-de-contribuição, nele integradas todas as importâncias recebidas a qualquer título:

a) 8,5% (oito e meio por cento) quando o salário-de-contribuição é inferior ou igual a 3 (três) vezes o salário mínimo regional;

b) 8,75% (oito e setenta e cinco centésimos por cento) quando o salário-de-contribuição é superior a 3 (três) vezes e inferior ou igual a 5 (cinco) vezes o salário-mínimo regional;

c) 9% (nove por cento) quando o salário-de-contribuição é superior a 5 (cinco) vezes e inferior ou igual a 10 (dez) vezes o salário mínimo regional;

d) 9,5% (nove e meio por cento) quando o salário-de-contribuição é superior a 10 (dez) vezes e inferior ou igual a 15 (quinze) vezes o salário mínimo regional;

e) 10% (dez por cento) quando o salário-de-contribuição é superior a 15 (quinze) vezes o salário-mínimo regional, observado o limite máximo do item I do artigo 135;

II - do trabalhador autônomo, do auxiliar de condutor autônomo de veículo rodoviário, do que se encontra na situação do artigo 9º e do facultativo, 19,2% (dezenove e dois décimos por cento) do respectivo salário-de-contribuição;

III - do servidor de entidade do SINPAS:

a) estatutário, 6% (seis por cento) do seu salário-base, como definido em regulamento, mais 1,2% (um e dois décimos por cento) para custeio dos demais benefícios a que faz jus, mais 2% (dois por cento) para custeio da assistência patronal;

b) regido pela legislação trabalhista, da contribuição do item I mais 2% (dois por cento) do seu salário-de-contribuição, para custeio da assistência patronal;

IV - do servidor em regime especial, 4,8% (quatro e oito décimos por cento) do seu salário-de-contribuição;

V - do aposentado em geral, para custeio da assistência médica, de acordo com as alíquotas a seguir indicadas, incidentes sobre o valor do seu benefício:

a) 3% (três por cento) do valor até 3 (três) vezes o salário mínimo regional;

b) 3,5% (três e meio por cento) do valor superior a 3 (três) vezes e inferior ou igual a 5 (cinco) vezes o salário-mínimo regional;

c) 4% (quatro por cento) do valor superior a 5 (cinco) e inferior ou igual a 10 (dez) vezes o salário-mínimo regional;

d) 4,5% (quatro e meio por cento) do valor superior a 10 (dez) e inferior ou igual a 15 (quinze) vezes o salário-mínimo regional;

e) 5% (cinco por cento) do valor superior a 15 (quinze) vezes o salário mínimo regional;

VI - do pensionista, para custeio da assistência médica, 3% (três por cento) do valor do seu benefício;

VII - da empresa em geral:

a) 10% (dez por cento) do salário-de-contribuição dos segurados a seu serviço, inclusive os de que tratam os itens II a IV do artigo 6º observado o disposto nos §§ 1º e 2º deste artigo;

b) 1,5% (um e meio por cento) do salário-de-contribuição dos seus empregados e dos trabalhadores avulsos que lhe prestam serviço, compreendendo sua própria contribuição e a desses segurados, para custeio do abono anual, observado o disposto no § 7º;

c) 4% (quatro por cento) do salário-de-contribuição dos seus empregados e dos trabalhadores avulsos que lhe prestam serviço, para custeio do salário-família;

d) 0,3% (três décimos por cento) do salário-de-contribuição dos seus empregados, para custeio do salário-maternidade;

e) o acréscimo do artigo 173, para custeio das prestações por acidente do trabalho;

VIII - do clube de futebol profissional e da associação desportiva que mantém departamento amadorista dedicado à prática de pelo menos três modalidades de esportes olímpicos, a contribuição global e exclusiva de 5% (cinco por cento) da renda líquida dos espetáculos de que participa no território nacional, sem prejuízo do acréscimo para custeio das prestações por acidentes do trabalho;

IX - do empregador doméstico, 10% (dez por cento) do salário-de-contribuição do empregado doméstico a seu serviço;

X - da União, quantia destinada a custear as despesas de pessoal e de administração geral do INPS, INAMPS e IAPAS, bem como a cobrir eventuais insuficiências financeiras verificadas na execução das atividades a cargo do SINPAS, observado o disposto no artigo 134;

XI - da entidade do SINPAS, até 3% (três por cento) da sua dotação-orçamentária de pessoal, para custeio da assistência patronal a ser prestada aos seus servidores;

XII - do Estado e do Município, em quantia igual à devida pelos servidores de que trata o item IV.

§ 1º A empresa que se utiliza do serviço de trabalhador autônomo o reembolsa, por ocasião do respectivo pagamento, de 10% (dez por cento) da retribuição a ele devida, a qualquer título, até o limite do seu salário-base.

§ 2º Se o pagamento ao trabalhador autônomo é superior ao seu salário-base, a empresa recolhe à previdência social urbana 10% (dez por cento) da diferença.

§ 3º Na hipótese de prestação de serviço por trabalhador autônomo a uma só empresa mais de uma vez durante o mesmo mês, com várias faturas ou recibos, a empresa lhe entrega uma só vez 10% (dez por cento) do seu salário-base, recolhendo à previdência social urbana 10% (dez por cento) do excesso.

§ 4º Para efeito dos §§ 2º e 3º, o pagamento total em cada mês só é considerado até o limite máximo do item I do artigo 135.

§ 5º Sobre o pagamento de que tratam os §§ 2º e 3º e sobre o salário-de-contribuição do empregado doméstico não incide nenhuma outra das contribuições arrecadadas pela previdência social urbana.

§ 6º Incidem sobre o salário-maternidade a contribuição do empregado e a da empresa, bem como os demais encargos sociais de responsabilidade desta.

§ 7º A empresa se reembolsa da metade do valor da contribuição da letra "b" do item VII correspondente à parte dos empregados, deduzindo-a de uma só vez, por ocasião do pagamento da segunda parcela do 13º (décimo-terceiro) salário, em dezembro ou no mês em que ocorrer o pagamento, obedecido, quanto aos trabalhadores avulsos, o estabelecido em regulamento.

§ 8º Não se aplica a organização religiosa o disposto nos §§ 1º e 2º.

§ 9º A instituição de saúde, universitária ou não, que utiliza o serviço de médico residente o reembolsa, como acréscimo a bolsa de estudo, de 10% (dez por cento) do seu salário-de-contribuição.

§ 10. A contribuição do empregado de entidade filantrópica para custeio do abono anual, de 0,75% (setenta e cinco centésimos por cento) do salário-de-contribuição pago ou devido no exercício, deve ser descontada de uma só vez, por ocasião do pagamento da 13º (décimo-terceiro) salário, em dezembro ou no mês em que ocorrer o pagamento, e recolhida no prazo legal.

§ 11. As alíquotas dos itens I a VI, VII, letras "a" e "b", e IX, e dos §§ 1º a 3º, 9º e 10 vigoram a contar de 1º de janeiro de 1982.

Art. 123. A contribuição do servidor autárquico segurado da previdência social urbana e o empregado de sociedade de economia mista, fundação instituída pelo Poder Público ou empresa pública, aposentado em conseqüência da aplicação de ato constitucional, bem como a da empresa, incide sobre o valor da sua aposentadoria, devendo ser recolhida pela respectiva entidade empregadora.

Art. 124. A renda mensal vitalícia é custeada mediante o destaque de uma parcela da receita da previdência social urbana correspondente a 0,2% (dois décimos por cento) da folha de salários-de-contribuição.

Art. 125. O Programa de Previdência Social aos Estudantes é custeado pela contribuição mensal, de 8,5% (oito e meio por cento) do salário mínimo regional, dos estudantes que nele ingressam.

Art. 126. Os recursos necessários ao pagamento da pensão especial de que trata o artigo 97 são postos pelo Tesouro Nacional à disposição da previdência social urbana em cotas trimestrais, à conta de dotações próprias do Orçamento da União e de acordo com a sua programação financeira.

Art. 127. A receita da previdência social urbana, destinada a manter, desenvolver e garantir as suas atividades, é constituída:

I - das contribuições previdenciárias dos segurados, dos aposentados, dos pensionistas e das empresas, inclusive o acréscimo para custeio das prestações por acidente do trabalho;

II - da contribuição da União;

III - das dotações orçamentárias específicas;

IV - dos juros, correção monetária, multas e outros acréscimos legais devidos à previdência social urbana;

V - das receitas provenientes da prestação de serviço e fornecimento ou arrendamento de bens;

VI - das receitas patrimoniais, industriais e financeiras;

VII - da remuneração recebida por serviço de arrecadação, fiscalização e cobrança prestado a terceiro;

VIII - das doações, legados, subvenções e outras receitas eventuais;

IX - das suas demais receitas.

Parágrafo único. O valor devido pela empresa ao empregado que falece sem deixar dependente ou sucessor reverte em favor da previdência social urbana.

Art. 128. A receita das entidades do SINPAS, aí incluída a da previdência social urbana, constitui o Fundo de Previdência e Assistência Social (FPAS), de natureza contábil e financeira, administrado por um colegiado integrado pelos dirigentes dessas entidades, sob a presidência do Ministro da Previdência e Assistência Social.

§ 1º Compete ao colegiado de que trata este artigo:

I - pronunciar-se sobre as propostas orçamentárias das entidades do SINPAS e respectivas alterações;

II - aprovar previamente o Plano Plurianual de Custeio do SINPAS;

III - aprovar os programas de aplicação patrimonial e financeira do SINPAS e respectivas alterações;

IV - aprovar programas especiais de previdência e assistência social.

§ 2º A importância destinada ao custeio da previdência social urbana só pode ser aplicada de acordo com o estabelecido nesta Consolidação, sendo nulo de pleno direito o ato em contrário, sujeito seu autor à penalidade cabível, sem prejuízo da responsabilidade civil ou criminal.

Art. 129. O Plano Plurianual de Custeio do SINPAS é aprovado por decreto do Poder Executivo, mediante proposta do MPAS, dele devendo obrigatoriamente constar:

I - o regime financeiro adotado;

II - os recursos destinados aos benefícios em dinheiro, inclusive por acidente do trabalho;

III - o valor das reservas;

IV - os limites dos recursos destinados à assistência médica;

V - os limites dos recursos destinados aos demais programas de previdência e assistência social;

VI - os limites das despesas de pessoal e administração geral.

§ 1º Aplica-se aos programas e orçamentos anuais das entidades do SINPAS o disposto nos artigos 15, § 3º, e 16 do Decreto-lei nº 200, de 25 de fevereiro de 1967.

§ 2º Os recursos do FPAS são alocados às despesas de seguro social, assistência médica e assistência social segundo o disposto em decreto do Poder Executivo, obedecida a diretriz de custeio independente para cada programa do SINPAS.

Art. 130. A receita de cada entidade do SINPAS é constituída dos recursos que lhe são atribuídos no Plano Plurianual de Custeio do SINPAS para custeio dos respectivos programas e atividades.

CAPÍTULO II
CONTRIBUIÇÃO DA UNIÃO

Art. 131. A contribuição da União é constituída:

I - das importâncias arrecadadas sob a denominação genérica de "cota de previdência";

II - das contribuições arrecadadas pela previdência social urbana para os Serviços Nacionais de Aprendizagem Industrial e Comercial (SENAI e SENAC) e para os Serviços Sociais da Indústria e do Comércio (SESI e SESC), incidentes sobre a parcela dos salários-de-contribuição superior a 10 (dez) vezes o maior valor-de-referência do país, na forma do § 3º do artigo 155;

III - de 20% (vinte por cento) do preço da comercialização final dos bens considerados supérfluos em ato do Poder Executivo;

IV - de dotação própria do orçamento da União suficiente para complementar, se necessário, a contribuição que lhe incumbe nos termos desta Consolidação.

Art. 132. A cota de previdência compreende:

I - uma parcela equivalente a até 6% (seis por cento) do preço ex-refinaria da gasolina "a", que incide sobre os preços dos combustíveis automotivos, de acordo com medidas providenciadas pelo Ministro-Chefe da Secretaria de Planejamento da Presidência da República, juntamente com o Ministro das Minas e Energia;

II - 14% (catorze por cento) do produto da venda dos bilhetes da Loteria Federal, inclusive dos sweepstakes;

III - 3% (três por cento) do movimento global de apostas verificado em cada reunião hípica, em prado de corrida, subsede ou outra dependência de entidade turfística;

IV - 10% (dez por cento) da renda bruta da Loteria Esportiva;

V - 18% (dezoito por cento) do destaque de 20% (vinte por cento) do imposto de importação;

VI - 5% (cinco por cento) da renda bruta do Concurso de Prognóstico sobre o Resultado do Sorteio de Números (Loto).

Art. 133. A contribuição da União, salvo as contribuições do item II do artigo 131, é recolhida à conta do Tesouro Nacional, como receita orçamentária da União, e repassada ao "Fundo de Liquidez da Previdência Social" (FLPS), depositado em conta especial no Banco do Brasil S.A., à ordem do MPAS.

§ 1º Aplica-se à contribuição do item II do artigo 131 o disposto no § 3º do artigo 155.

§ 2º A parte orçamentária da contribuição da União figura no orçamento do MPAS, sob o título "Previdência Social", e é recolhida ao Banco do Brasil S.A. em conta especial do MPAS, fazendo-se em duodécimos o recolhimento da importância necessária ao custeio das despesas de pessoal e de administração geral do INPS, INAMPS e IAPAS, e semestralmente o do restante.

§ 3º O MPAS retém uma parcela do FLPS proporcional ao montante das despesas de benefícios, para atender primordialmente, se necessário, aos reajustamentos dos valores destes, aplicando-a em ORTN, mediante convênio com o Banco Central do Brasil, assegurado o seu imediato resgate quando necessária a utilização dos recursos retidos.

§ 4º O MPAS transfere mensalmente ao IAPAS o que excede a importância retida.

Art. 134. Quando o produto da receita do artigo 131 é insuficiente para atender, no exercício, aos encargos a cuja cobertura se destina, deve ser providenciada a sua complementação por meio de crédito especial suficiente para cobrir a diferença, cujo valor é recolhido ao Banco do Brasil S.A., à ordem do MPAS.

CAPÍTULO III
SALÁRIO-DE-CONTRIBUIÇÃO

Art. 135. Entende-se por salário-de--contribuição:

I - a remuneração efetivamente recebida a qualquer título, para o empregado, exceto o doméstico, para o trabalhador avulso e para o trabalhador temporário, até o limite máximo de 20 (vinte) vezes o maior salário mínimo do país, ressalvado o disposto no § 1º e no artigo 136;

II - o salário-base, para os segurados:

a) trabalhador autônomo;

b) de que tratam os itens III e IV do artigo 6º;

c) facultativo;

III - a remuneração constante da Carteira de Trabalho e Previdência Social do empregado doméstico, até o limite de 3 (três) vezes o salário mínimo regional, observado o disposto no § 1º.

§ 1º O salário-de-contribuição, inclusive do empregado doméstico, não pode ser inferior ao salário mínimo regional de adulto, tomado este em seu valor mensal, diário ou horário, conforme o respectivo ajuste e o tempo de trabalho efetivo durante o mês.

§ 2º A utilidade-habitação, fornecida ou paga pela empresa, contratualmente estipulada ou recebida por força de costume, integra o salário-de-contribuição, em valor correspondente ao produto da aplicação do percentual da parcela respectiva do salário mínimo ao salário contratual.

§ 3º A gratificação adicional ou o qüinqüênio recebido pelo ferroviário servidor público, autárquico ou em regime especial integra o seu salário-de-contribuição.

Art. 136. Não integram o salário-de--contribuição:

I - o 13º (décimo-terceiro) salário;

II - a cota de salário-família paga nos termos da legislação específica;

III - a ajuda-de-custo e o adicional mensal pagos ao aeronauta nos termos da legislação específica;

IV - a parcela paga "in natura" pela empresa, em programa de alimentação aprovado pelo Ministério do Trabalho;

V - o abono pecuniário de férias resultante da conversão de 1/3 (um terço) do período de férias e o concedido em virtude de cláusula do contrato de trabalho, do regulamento da empresa ou de convenção ou acordo coletivo, desde que não excedente de 20 (vinte) dias do salário.

Art. 137. O salário-base de que trata o item II do artigo 135 é estabelecido de acordo com a escala seguinte:

Classe	Tempo de filiação	Base do cálculo
1	Até 1 ano	1 salário-mínimo regional
2	mais de 1 até 2 anos	2 vezes o maior salário-mínimo
3	mais de 2 até 3 anos	3 vezes o maior salário-mínimo
4	mais de 3 até 5 anos	5 vezes o maior salário-mínimo
5	mais de 5 até 7 anos	7 vezes o maior salário-mínimo
6	mais de 7 até 10 anos	10 vezes o maior salário-mínimo
7	mais de 10 até 15 anos	12 vezes o maior salário-mínimo
8	mais de 15 até 20 anos	15 vezes o maior salário-mínimo
9	mais de 20 até 25 anos	18 vezes o maior salário-mínimo
10	mais de 25 anos	20 vezes o maior salário-mínimo

§ 1º Não é admitido o pagamento antecipado de contribuição para suprir ou suprimir o interstício entre as classes, que deve ser rigorosamente observado.

§ 2º Cumprido o interstício, o segurado pode, se assim lhe convém, permanecer na classe em que se encontra, mas em nenhuma hipótese isso enseja o acesso a outra classe que não a imediatamente superior, quando ele deseja progredir na escala.

§ 3º O segurado que não tem condições de sustentar a contribuição da classe em que se encontra pode regredir na escala até o nível que lhe convém e retornar à classe de onde regrediu, nela contando o período anterior de contribuição nesse nível sem direito à redução dos interstícios para as classes seguintes.

§ 4º A contribuição mínima do profissional liberal é a correspondente à classe 2 (dois), sem prejuízo dos períodos de carência estabelecidos nesta Consolidação.

Art. 138. A classificação do segurado trabalhador autônomo ou facultativo na escala do artigo 137 não importa em reconhecimento pela previdência social urbana do tempo de atividade a ela correspondente.

Parágrafo único. Para efeito da classificação de que trata este artigo não pode haver redução do salário-base sobre o qual o segurado contribuía em 11 de junho de 1973 nem, para o segurado que se prevaleceu da faculdade de se manter na classe em que estava, possibilidade de acesso a outra classe que não a imediatamente superior.

CAPÍTULO IV
ARRECADAÇÃO E RECOLHIMENTO DAS CONTRIBUIÇÕES

Art. 139. A arrecadação e o recolhimento das contribuições ou outras importâncias devidas à previdência social urbana obedecem às normas seguintes:

I - cabe à empresa:

a) arrecadar as contribuições dos seus empregados, e dos trabalhadores avulsos e temporários que lhe prestem serviço, descontando-as da respectiva remuneração;

b) recolher, até o 10º (décimo) dia útil do mês seguinte àquele a que as contribuições se referirem, o produto arrecadado na forma da letra "a", juntamente com a contribuição da letra "e" do item VII do artigo 122;

c) recolher, no prazo fixado em decreto do Poder Executivo, as contribuições dos itens VII, letras "a" a "d", IX ou XII e, quando é o caso, dos §§ 2º e 3º do artigo 122;

II - cabe ao segurado trabalhador autônomo, facultativo ou na situação do artigo 9º recolher suas contribuições por iniciativa própria, no prazo legal;

III - cabe à entidade do SINPAS descontar de seus servidores as contribuições por eles devidas, inclusive a destinada ao custeio da assistência patronal;

IV - cabe à entidade incumbida de arrecadar cota de previdência recolher o seu produto ao Banco do Brasil S.A., à conta do Tesouro Nacional, como receita orçamentária da União, para repasse ao FLPS, nos prazos fixados em regulamento, salvo no caso da incidente sobre o movimento das apostas de corrida de cavalo, cujo produto deve ser recolhido até o 3º (terceiro) dia útil seguinte ao da reunião hípica respectiva.

§ 1º O desconto das contribuições e o das consignações legalmente autorizadas sempre se presumem feitos oportuna e regularmente pela empresa a isso obrigada, não lhe sendo lícito alegar omissão para se eximir do recolhimento e ficando ela diretamente responsável pela importância que deixou de receber ou arrecadou em desacordo com o disposto nesta Consolidação.

§ 2º O proprietário, dono da obra ou condômino de unidade imobiliária, qualquer que seja a forma por que contratou a construção, reforma ou acréscimo, é solidariamente responsável com o construtor pelo cumprimento das obrigações previdenciárias, ressalvado o seu direito regressivo contra o executor ou contratante da obra e admitida a retenção de importância a este devida, para garantia do cumprimento dessas obrigações, até a expedição do documento comprobatório de inexistência de débito.

§ 3º A empresa construtora ou o proprietário de imóvel pode isentar-se da responsabilidade solidária do § 2º em relação a fatura, nota de serviço, recibo ou documento equivalente referentes a tarefa subempreitada de obra a seu cargo, desde que faça o subempreiteiro recolher, previamente, quando do respectivo recebimento, o valor fixado pela previdência social urbana como contribuição previdenciária devida, inclusive o acréscimo para custeio das prestações por acidente do trabalho.

§ 4º Não é devida contribuição previdenciária quando a construção de tipo econômico é efetuada sem mão-de-obra assalariada, no regime de mutirão, comprovado previamente perante a previdência social urbana, conforme estabelecido em regulamento.

§ 5º Não é devida contribuição previdenciária quando a construção residencial unifamiliar, destinada a uso próprio, com área construída não excedente de 70 m² (setenta metros quadrados), é executada sem a utilização de mão-de-obra assalariada, ou quando se trata de reforma realizada nas mesmas condições, ficando dispensada a matrícula na previdência social urbana.

§ 6º O alienante de imóvel construído ou reformado nos termos do § 5º que declara essa circunstância na escritura ou outro documento hábil fica dispensado da apresentação do documento comprobatório de inexistência de débito para com a previdência social urbana.

§ 7º A contribuição da associação desportiva deve ser recolhida diretamente pela federação promotora da partida, até 48 (quarenta e oito) horas após sua realização.

§ 8º A federação de futebol promotora de jogos é individualmente responsável pelo recolhimento da contribuição de que trata o § 7º, respondendo a confederação respectiva, subsidiariamente, pela inobservância dessa obrigação.

§ 9º No caso de falência de empresa de trabalho temporário, a empresa tomadora ou cliente é solidariamente responsável pelo recolhimento das contribuições previdenciárias referentes ao período durante o qual o trabalhador esteve sob suas ordens.

§ 10. O valor bruto do salário-maternidade e o das cotas de salário-família pagos pela empresa são deduzidos do montante das contribuições previdenciárias que lhe cabe recolher mensalmente.

§ 11. O recolhimento das contribuições do segurado de que trata o § 1º do artigo 6º pode ser efetuado pela organização religiosa a que ele pertence ou pelo próprio segurado.

§ 12. As contribuições relativas aos trabalhadores avulsos podem ser arrecadadas pelo sindicato de classe respectivo, que se incumbe de elaborar as folhas correspondentes e, no prazo legal, recolhê-las na forma estabelecida pelo MPAS.

Art. 140. Cabe também à empresa:

I - preparar folhas-de-pagamento dos salários dos segurados a seu serviço anotando nelas os descontos para a previdência social urbana;

II - lançar mensalmente em títulos próprios de sua contabilidade o montante ,das quantias descontadas, as contribuições da empresa e os totais recolhidos.

Parágrafo único. Os comprovantes discriminativos desses lançamentos devem ficar arquivados na empresa durante 5 (cinco) anos, para fiscalização.

Art. 141. Compete à previdência social urbana fiscalizar a arrecadação e o recolhimento de qualquer importância prevista nesta Consolidação.

§ 1º É facultada à previdência social urbana a verificação da contabilidade da empresa, não prevalecendo para esse efeito o disposto nos artigos 17 e 18 do Código Comercial e estando a empresa e o segurado obrigados a prestar os esclarecimentos e informações solicitados.

§ 2º Ocorrendo recusa ou sonegação de elementos e informações, ou sua apresentação. deficiente, a previdência social urbana pode, sem prejuízo da penalidade cabível, inscrever de ofício a importância que reputa devida, cabendo à empresa ou ao segurado o ônus da prova em contrário.

§ 3º Na falta de prova regular e formalizada, o montante dos salários pagos pela execução da construção pode ser obtido mediante cálculo da mão-de-obra empregada, de acordo com a área construída, cabendo ao proprietário, dono da obra, condômino da unidade imobiliária ou empresa co-responsável o ônus da prova em contrário.

Art. 142. O Banco do Brasil S.A. centraliza o produto da arrecadação a cargo da previdência social urbana.

Art. 143. A falta de recolhimento, na época própria, de contribuições ou outras importâncias devidas à previdência social urbana sujeita o responsável aos juros de mora de 1% (um por cento) ao mês e correção monetária, além de multa variável de 10% (dez por cento) a 50% (cinqüenta por cento) do valor do débito.

§ 1º As contribuições são corrigidas monetariamente na data do efetivo recolhimento, observado o disposto nos parágrafos seguintes.

§ 2º A correção monetária é o resultado da multiplicação do valor do débito previdenciário pelo coeficiente obtido mediante a divisão do valor nominal reajustado da ORTN, no mês do pagamento, pelo valor da mesma obrigação no mês seguinte àquele em que o débito deveria ter sido pago.

§ 3º A sistemática de correção monetária estabelecida no § 2º aplica-se às contribuições previdenciárias cujos fatos geradores são posteriores a 1º de janeiro de 1981, devendo aquelas cujos fatos geradores são anteriores ser corrigidas até então segundo as normas da época.

§ 4º A multa automática incidente sobre o débito previdenciário é calculada sobre o valor monetariamente corrigido na forma dos parágrafos anteriores.

§ 5º O débito consolidado compreende o valor originário, atualizado monetariamente, e os acréscimos legais incidentes sobre ele.

§ 6º Entende-se como valor originário o que corresponde ao débito de natureza previdenciária, excluídas as parcelas relativas a correção monetária, juros de mora e multa automática.

§ 7º O Ministro da Previdência e Assistência Social pode relevar a multa automática incidente sobre débitos previdenciários de empresas em regime de concordata, ainda que o pagamento se faça mediante acordo de parcelamento.

Art. 144. O débito apurado e a multa aplicada devem ser lançados em livro próprio destinado à inscrição da dívida ativa da previdência social urbana.

§ 1º A certidão textual do livro de que trata este artigo serve de título para a previdência social urbana, por seu procurador ou representante legal, promover em juízo a cobrança do débito e da multa, pelo mesmo processo e com as mesmas prerrogativas e privilégios da Fazenda Nacional.

§ 2º A previdência social urbana pode, antes de ajuizar a cobrança da dívida ativa, promover o protesto de título dado em garantia de sua liquidação, ficando entretanto ressalvado que o título será sempre recebido "pro solvendo".

Art. 145. A cobrança judicial de importância devida à previdência social urbana por empresa cujos bens são legalmente impenhoráveis é feita, depois de transitada em julgado a sentença condenatória, mediante precatório expedido à empresa pelo presidente do Tribunal de Justiça local, a requerimento da previdência social urbana, incorrendo o diretor ou administrador da empresa na pena do crime de desobediência, além da responsabilidade funcional cabível, se não cumprir o precatório dentro de 30 (trinta) dias.

Art. 146. A falta de recolhimento, na época própria, de contribuição ou outra importância devida à previdência social e arrecadada dos segurados ou do público é punida com a pena do crime de apropriação indébita, considerando-se pessoalmente responsáveis o titular da firma individual e os sócios solidários, gerentes, diretores ou administradores de empresa abrangida pela previdência social urbana.

Art. 147. A União, o Estado, o Território, o Distrito Federal, o Município e as respectivas autarquias, entidades para estatais, empresas sob regime especial e sociedades de economia mista com orçamento próprio e com servidores e empregados abrangidos pela previdência social urbana devem incluir em seu orçamento anual a dotação necessária para atender às suas responsabilidades previdenciárias.

Art. 148. O diretor ou administrador de empresa abrangida pela previdência social urbana remunerado pelos cofres públicos federais, estaduais, territoriais, municipais ou autárquicos responde pessoalmente pela multa imposta por infração de dispositivos desta Consolidação, sendo obrigatório o respectivo desconto em folha de pagamento, mediante requisição da previdência social urbana e a partir do primeiro pagamento que se seguir à requisição.

CAPÍTULO V
PROVA DE INEXISTÊNCIA DE DÉBITO

Art. 149. É exigido documento comprobatório de inexistência de débito, fornecido pela previdência social urbana, nos casos seguintes:

I - da empresa em geral:

a) na alienação ou oneração, a qualquer título, de bem imóvel ou direito a ele relativo;

b) na alienação ou oneração, a qualquer título, de bem móvel de valor superior a 1.500 (mil e quinhentas) ORTN incorporado ao ativo imobilizado da empresa;

c) no registro ou arquivamento, no órgão próprio, de ato relativo a baixa de firma individual, redução de capital social ou extinção de entidade ou sociedade comercial ou civil, suprida a exigência pela informação de inexistência de débito, a ser prestada pela previdência social urbana à Junta Comercial;

II - do construtor ou responsável pela execução de obra de construção civil, quando da averbação, no Registro de Imóveis, da construção de prédio ou unidade imobiliária.

§ 1º A prova de inexistência de débito da empresa se restringe às contribuições devidas por sua dependência localizada onde ocorre o evento determinante da emissão de documento comprobatório ou, quando é o caso, por sua sede.

§ 2º Na hipótese do item II, a prova de inexistência de débito do construtor ou responsável pela execução da obra é exigida apenas em relação ao imóvel objeto da averbação.

§ 3º A prova de inexistência de débito, quando exigível do incorporador, é feita independentemente da apresentada no Registro de Imóveis por ocasião da inscrição do memorial de incorporação.

§ 4º Fica dispensada a transcrição, em instrumento público ou particular, do inteiro teor do documento comprobatório de inexistência de débito, formalizando-se o cumprimento da obrigação unicamente pela referência ao número de série ou protocolo e à data da emissão.

§ 5º Ressalvada a hipótese do § 2º, o documento comprobatório de inexistência de débito não indica a finalidade para a qual foi emitido, podendo ser apresentado por cópia.

§ 6º O prazo de validade do documento comprobatório de inexistência de débito é de 6 (seis) meses contados da data de sua emissão.

§ 7º A exigência do item II não se aplica à construção de que trata o § 5º do artigo 139.

§ 8º Independe de prova de inexistência de débito a:

a) operação em que é outorgante a União, Distrito Federal, Estado, Território, Município ou outra pessoa de direito público interno sem finalidade econômica;

b) lavratura ou assinatura de instrumento, ato ou contrato que constitui retificação, ratificação ou efetivação de outro anterior para o qual já foi feita a prova;

c) constituição de garantia para concessão de crédito rural, em qualquer de suas modalidades, por instituição de crédito pública ou privada, desde que o produtor rural não industrialize seus produtos, não efetue vendas a consumidor, no varejo, nem a adquirente domiciliado no exterior, bastando para tanto o registro, no ato ou instrumento, de declaração do produtor de que não é responsável direto pelo recolhimento de contribuições para a previdência social rural;

d) operação prevista no item II, quando realizada com imóvel cuja construção terminou antes de 22 de novembro de 1966.

Art. 150. O ato praticado e o instrumento assinado ou lavrado com inobservância do disposto no artigo 149, bem como o registro público a que estejam sujeitos, são considerados nulos para todos os efeitos.

§ 1º A previdência social urbana pode intervir em instrumento que depende de prova de inexistência de débito, para dar quitação ou autorizar a lavratura independentemente de sua liquidação, desde que fique assegurado o pagamento parcelado, com o oferecimento de garantia suficiente, conforme estabelecido em regulamento.

§ 2º O servidor, serventuário da justiça, autoridade ou órgão que infringe o disposto no artigo 149 incorre em multa correspondente ao maior valor-de-referência do país, aplicada e cobrada pela previdência social urbana, sem prejuízo da responsabilidade cabível.

CAPÍTULO VI
DISPOSIÇÕES DIVERSAS

Art. 151. A empresa deve, dentro de 30 (trinta) dias contados da data do início das suas atividades, matricular-se na previdência social urbana, que lhe fornece Certificado de Matrícula (CM), com número cadastral básico, de caráter permanente, que a identifica.

Art. 152. O crédito relativo a contribuições, cotas e respectivos adicionais ou acréscimos de qualquer natureza arrecadados pela previdência social, bem como a correção monetária e os juros de mora, está sujeito, nos processos de falência, concordata ou concurso de credores, às disposições atinentes aos créditos da União, aos quais é equiparado, seguindo-se a eles na ordem de prioridade.

Parágrafo único. O IAPAS é incluído como reivindicante em relação às importâncias descontadas pela empresa, de seus empregados, para a previdência social urbana.

Art. 153. A instituição que, reconhecida como de utilidade pública pelo Governo Federal até 1º de setembro de 1977, era portadora de certificado de entidade de fins filantrópicos com validade por prazo indeterminado, e estava isenta da contribuição empresarial para a previdência social urbana, continua gozando da mesma isenção.

§ 1º A instituição portadora de certificado provisório de entidade de fins filantrópicos que gozava da isenção referida neste artigo e requereu até 30 de novembro de 1977 o seu reconhecimento como de utilidade pública federal continua gozando da isenção até que o Poder Executivo delibere sobre o requerimento.

§ 2º O disposto no § 1º aplica-se à instituição cujo certificado provisório de entidade de fins filantrópicos já expirou, desde que tenha requerido, no mesmo prazo, o seu reconhecimento como de utilidade pública federal e a renovação do certificado.

§ 3º A instituição cujo reconhecimento como de utilidade pública federal foi indeferido ou que não o requereu no prazo do § 1º fica sujeita ao recolhimento da contribuição da empresa para a previdência social urbana, a contar do mês seguinte ao do término desse prazo ou ao da publicação do ato de indeferimento do requerimento,

§ 4º A isenção de que trata este artigo aplica-se às contribuições empresariais das letras "a", "b" e "c" do item VII do artigo 122.

§ 5º O cancelamento da declaração de utilidade pública federal ou a perda da qualidade de entidade de fins filantrópicos acarreta a revogação automática da isenção, ficando a instituição obrigada ao recolhimento da contribuição previdenciária empresarial a contar do mês seguinte ao da revogação.

§ 6º A Fundação Nacional do Bem-Estar do Menor (FUNABEM) e as Fundações Estaduais do Bem-Estar do Menor (FEBEM), embora remunerem seus diretores, são equiparadas, para a isenção de que trata este artigo, a entidade de fins filantrópicos reconhecida de utilidade pública.

Art. 154. Exclui-se da responsabilidade solidária perante a previdência social o adquirente de prédio ou unidade imobiliária que realiza a operação com empresa de comercialização ou incorporador de imóveis, ficando este solidariamente responsável com o construtor.

Art. 155. O IAPAS pode arrecadar, mediante remuneração fixada pelo MPAS, contribuição por lei devida a terceiros, desde que provenha de empresa, segurado, aposentado ou pensionista vinculados à previdência social urbana, aplicando-se a essa contribuição, no que couber, o disposto neste título.

§ 1º A contribuição arrecadada nos termos deste artigo é calculada sobre a mesma base utilizada para o cálculo das contribuições previdenciárias, está sujeita aos mesmos prazos, condições e sanções, e goza dos mesmos privilégios a elas atribuídos, inclusive no tocante à cobrança judicial.

§ 2º É automaticamente transferido aos Serviços Nacionais de Aprendizagem Industrial e Comercial (SENAI e SENAC) e aos Serviços Sociais da Indústria e do Comércio (SESI e SESC) o montante correspondente ao resultado da aplicação das respectivas alíquotas sobre o salário-de-contribuição até 10 (dez) vezes o maior valor-de-referência do país, admitido repasse de maior valor mediante decreto do Poder Executivo, com base em proposta conjunta dos Ministérios do Trabalho e da Previdência e Assistência Social e da Secretaria de Planejamento da Presidência da República.

§ 3º O saldo da arrecadação de que trata o § 2º após deduzida a receita das entidades ali enumeradas, é incorporado ao FPAS, como contribuição da União, para custeio dos programas e atividades das entidades do SINPAS.

§ 4º A contribuição empresarial relativa ao salário-educação arrecadada pela previdência social urbana incide sobre a folha de salários-de-contribuição dos empregados, até o limite do item I do artigo 135, bem como sobre a soma do salário-base dos titulares, sócios e diretores.

§ 5º Aplica-se à contribuição empresarial para custeio do Programa de Assistência ao Trabalhador Rural (PRO-RURAL) e à arrecadada para terceiro o limite do item I do artigo 135.

Art. 156. A empresa em débito não garantido decorrente da falta de recolhimento de contribuição não pode:

I - distribuir bonificação a acionista;

II - dar ou atribuir participação nos lucros a sócio cotista nem a diretor ou outro membro de órgão dirigente, fiscais ou consultivo.

Parágrafo único. A inobservância do disposto neste artigo sujeita o responsável à muita de 50% (cinqüenta por cento) da quantia paga indevidamente, observado o disposto nos artigos 144 e 202.

Art. 157. O ônus financeiro decorrente da contagem recíproca de tempo de serviço cabe à previdência social urbana, à conta da contribuição da União estabelecida no item X do artigo 122.

Art. 158. O Tesouro Nacional deve colocar à disposição da previdência social, à conta de dotações próprias consignadas no Orçamento Geral da União, em cotas trimestrais, de acordo com o seu programa financeiro, os recursos necessários ao pagamento do salário-família de que tratam os artigos 85 e 90 e à manutenção e reajustamento dos encargos de que tratam os artigos 84, 87 e 88.

Art. 159. O débito de associação desportiva que mantém equipe de futebol profissional, proveniente de contribuições previdenciárias, inclusive dos demais fundos e cotas, consolidado pela previdência social urbana pelo valor apurado até 21 de novembro de 1973, deve ser amortizado na forma da Lei nº 5.939, de 19 de novembro de 1973, canceladas as multas incidentes sobre ele e sobrestado qualquer procedimento judicial a ele relativo.

§ 1º Consolidado o débito e assinado o respectivo termo de confissão de dívida, a amortização deve ser feita em parcelas correspondentes a 3% (três por cento) da cota líquida atribuída à entidade devedora por partida disputada no território nacional.

§ 2º Se a associação desportiva deixa de cumprir o compromisso firmado nos termos deste artigo, a respectiva Confederação, mediante solicitação do IAPAS, retém e recolhe o valor correspondente às parcelas não recolhidas.

TÍTULO V
ACIDENTE DO TRABALHO

CAPÍTULO I
INTRODUÇÃO

Art. 160. A previdência social urbana compreende também a cobertura dos acidentes do trabalho.

§ 1º O disposto neste título aplica-se ao:

I - empregado;

II - trabalhador temporário;

III - trabalhador avulso;

IV - médico-residente;

V - presidiário que exerce trabalho remunerado.

§ 2º O disposto neste título não se aplica:

I - ao empregado doméstico;

II - ao trabalhador autônomo, salvo o médico-residente;

III - aos segurados de que tratam os itens III e IV do artigo 6º.

CAPÍTULO II
ACIDENTE E DOENÇA PROFISSIONAL OU DO TRABALHO

Art. 161. Acidente do trabalho é aquele que ocorre pelo exercício do trabalho a serviço da empresa, provocando lesão corporal ou perturbação funcional que causa a morte ou a perda ou redução, permanente ou temporária, da capacidade para o trabalho.

Art. 162. Equiparam-se ao acidente do trabalho, para efeito deste título:

I - o acidente que, ligado ao trabalho, embora não tenha sido a causa única, contribui diretamente para a morte ou a perda ou redução da capacidade para o trabalho;

II - o acidente sofrido pelo empregado no local e no horário do trabalho, em conseqüência de:

a) ato de sabotagem ou de terrorismo praticado por terceiro, inclusive companheiro de trabalho;

b) ofensa física intencional, inclusive de terceiro, por motivo de disputa relacionada com o trabalho;

c) ato de imprudência, negligência ou imperícia de terceiro, inclusive companheiro de trabalho;

d) ato de pessoa privada do uso da razão;

e) desabamento, inundação ou incêndio;

f) outro caso fortuito ou decorrente de força maior;

III - o acidente sofrido pelo empregado, ainda que fora do local e horário de trabalho:

a) na execução de ordem ou na realização de serviço sob a autoridade da empresa;

b) na prestação espontânea de qualquer serviço à empresa, para lhe evitar prejuízo ou proporcionar proveito;

c) em viagem a serviço da empresa, seja qual for o meio de locomoção utilizado, inclusive veículo de propriedade do empregado;

d) no percurso da residência para o trabalho ou deste para aquela;

IV - a doença profissional ou do trabalho, assim entendida a inerente ou peculiar a determinado ramo de atividade e constante de relação organizada pelo MPAS;

V - a doença proveniente de contaminação acidental de pessoal da área médica no exercício de sua atividade.

§ 1º Em período destinado a refeição ou descanso, ou por ocasião da satisfação de outra necessidade fisiológica, no local do trabalho ou durante este, o empregado é considerado a serviço da empresa.

§ 2º Em caso excepcional, constatando que a doença não incluída na relação prevista no item IV resultou de condições especiais em que o trabalho é executado e com ele se relaciona diretamente, o MPAS deve considerá-la acidente do trabalho.

§ 3º Não podem ser considerados, para efeito do disposto no § 2º, a doença degenerativa, a inerente a grupo etário e a que não acarreta incapacidade para o trabalho.

§ 4º Não é considerada agravação ou complicação de acidente do trabalho lesão que, resultante de outro acidente, se associa ou se superpõe às conseqüências do anterior.

§ 5º Considera-se como dia do acidente, no caso de doença profissional ou do trabalho, a data da comunicação desta à empresa ou, na sua falta, a da entrada do requerimento de benefício, a partir de quando é devida a prestação cabível.

CAPÍTULO III
PRESTAÇÕES

Art. 163. Em caso de acidente do trabalho, os segurados de que trata o artigo 160 e os seus dependentes têm direito, independentemente de período de carência, às prestações previdenciárias cabíveis, observado o disposto neste título.

Art. 164. O benefício por acidente do trabalho é calculado, concedido, mantido e reajustado na forma desta Consolidação, salvo no tocante aos valores dos benefícios de que trata este artigo, que são os seguintes:

I - auxílio-doença - valor mensal igual a 92% (noventa e dois por cento) do salário-de-contribuição do segurado, vigente no dia do acidente, não podendo ser inferior a 92% (noventa e dois por cento) do seu salário-de-benefício;

II - aposentadoria por invalidez - valor mensal igual ao do salário-de-contribuição vigente no dia do acidente, não podendo ser inferior ao do salário-de-benefício;

III - pensão - valor mensal igual ao estabelecido no item II, qualquer que seja o número dos dependentes.

§ 1º Não é considerado para a fixação do salário-de-contribuição o aumento que excede os limites legais, inclusive o voluntariamente concedido nos 12 (doze) meses imediatamente anteriores ao início do benefício, salvo se resultante de promoção regulada por normas gerais da empresa admitidas pela legislação do trabalho, de sentença normativa ou de reajustamento salarial obtido pela categoria respectiva.

§ 2º A pensão é devida a contar da data do óbito e o benefício por incapacidade a contar do 16º (décimo-sexto) dia do afastamento do trabalho, cabendo à empresa pagar a remuneração integral do dia do acidente e dos 15 (quinze) dias seguintes.

§ 3º Quando se trata de trabalhador avulso, o benefício por incapacidade é devido a contar do dia seguinte ao do acidente.

§ 4º O valor da aposentadoria por invalidez do segurado que em, conseqüência do acidente do trabalho necessita da assistência permanente de outra pessoa, segundo critério previamente estabelecido pelo MPAS, é majorado em 25% (vinte e cinco por cento) .

§ 5º No caso de empregado de remuneração variável e de trabalhador avulso, valor dos benefícios de que trata este artigo, respeitado o percentual previsto no item I, é calculado com base na média aritmética:

a) dos 12 (doze) maiores salários-de-contribuição apurados em período não superior a 18 (dezoito) meses imediatamente anteriores ao do acidente, se o segurado conta, nele, mais de 12 (doze) contribuições;

b) dos salários-de-contribuição compreendidos nos 12 (doze) meses imediatamente anteriores ao do acidente ou no período de que trata a letra "a", conforme for mais vantajoso, se o segurado conta 12 (doze) ou menos contribuições nesse período.

§ 6º O direito ao auxílio-doença, à aposentadoria por invalidez ou à pensão nos termos deste artigo exclui o direito aos mesmos benefícios nas condições do título III, sem prejuízo de qualquer outro benefício assegurado por esta Consolidação.

§ 7º Nenhum dos benefícios por acidente do trabalho de que trata este artigo pode ser inferior ao salário mínimo da localidade de trabalho do acidentado, ressalvado o disposto no item I.

Art. 165. O acidentado do trabalho que após a consolidação das lesões resultantes do acidente permanece incapacitado para o exercício da atividade que exercia habitualmente na época do acidente, mas não para o exercício de outra, faz jus, a contar da cessação do auxílio-doença, ao auxílio-acidente.

§ 1º O auxílio-acidente, mensal, vitalício e independente de qualquer remuneração ou outro benefício não relacionado com o mesmo acidente, é concedido, mantido e reajustado na forma desta Consolidação e corresponde a 40% (quarenta por cento) do valor de que trata o item II do artigo 164, observado o disposto no seu § 8º.

§ 2º A metade do valor do auxílio-acidente é incorporada ao valor da pensão quando a morte do seu titular não resulta de acidente do trabalho.

§ 3º O titular do auxílio-acidente tem direito ao abono anual.

Art. 166. O acidentado do trabalho que após a consolidação das lesões resultantes do acidente apresenta como seqüela definitiva perda anatômica ou redução da capacidade funcional, constante de relação previamente elaborada pelo MPAS, que embora não impedindo o desempenho da mesma atividade, demanda permanentemente maior esforço na realização do trabalho, faz jus, a contar da cessação do auxílio-doença, a um auxílio mensal correspondente a 20% (vinte por cento) do valor estabelecido no item II do artigo 164, observado o disposto no seu § 5º.

Parágrafo único. Esse benefício cessa com a aposentadoria do acidentado e o seu valor não é incluído no cálculo da pensão.

Art. 167. Em caso de morte decorrente de acidente do trabalho, é devido também aos dependentes do acidentado um pecúlio no valor de 30 (trinta) vezes o valor-de-referência da sua localidade de trabalho.

Art. 168. Em caso de aposentadoria por invalidez decorrente de acidente do trabalho, é devido também ao acidentado um pecúlio de 15 (quinze) vezes o valor-de-referência da sua localidade de trabalho.

Art. 169. A assistência médica, aí incluídas a cirúrgica, a hospitalar, a farmacêutica e a odontológica, bem como o transporte do acidentado e a reabilitação profissional, quando indicada, é devida em caráter obrigatório.

Art. 170. Quando a perda ou redução da capacidade funcional pode ser atenuada pelo uso de aparelho de prótese ou órtese, este é fornecido pela previdência social urbana, independentemente das prestações cabíveis.

Art. 171. Na localidade onde a previdência social urbana não dispõe de recursos próprios ou contratados, a empresa presta ao acidentado a assistência médica de emergência e, quando indispensável, a critério médico, providencia a sua remoção.

§ 1º Entende-se como assistência médica de emergência a necessária ao atendimento do acidentado enquanto a previdência social urbana não assume a responsabilidade por ele.

§ 2º A previdência social urbana reembolsa a empresa das despesas com a assistência de que trata este artigo, até limites compatíveis com os padrões do local de atendimento.

Art. 172. A empresa deve, salvo em caso de impossibilidade absoluta, comunicar o acidente do trabalho à previdência social urbana dentro de 24 (vinte e quatro) horas, e à autoridade policial competente no caso de morte, sob pena de multa de 1 (uma) a 10 (dez) vezes o maior valor-de-referência.

§ 1º A empresa tomadora ou cliente é obrigada a comunicar à empresa de trabalho temporário, para efeito do disposto neste artigo, a ocorrência do acidente cuja vítima é um trabalhador temporário posto à sua disposição, considerando-se local de trabalho, para efeito deste título, tanto aquele onde o trabalho é prestado como a sede da empresa de trabalho temporário.

§ 2º Compete à previdência social urbana aplicar e cobrar a multa de que trata este artigo.

§ 3º O acidente do trabalho é obrigatoriamente anotado pela previdência social urbana na Carteira de Trabalho e Previdência Social, inclusive de Atleta Profissional de Futebol, do acidentado.

CAPÍTULO IV
CUSTEIO

Art. 173. O custeio dos encargos decorrentes deste título é atendido pelas atuais contribuições previdenciárias a cargo do segurado, da empresa e da União, com um acréscimo, a cargo exclusivo da empresa, das seguintes percentagens do valor da folha de salário-de-contribuição dos empregados de que trata o § 1º do artigo 160:

I - 0,4% (quatro décimos por cento) para a empresa em cuja atividade o risco de acidente do trabalho é considerado leve;

II - 1,2% (um e dois décimos por cento) para a empresa em cuja atividade esse risco é considerado médio;

III - 2,5% (dois e meio por cento) para a empresa em cuja atividade esse risco é considerado grave.

§ 1º O acréscimo de que trata este artigo é recolhido na forma da letra "b" do item I do artigo 139.

§ 2º A atividade das empresas é classificada pelo MPAS, segundo o respectivo grau de risco, em tabela própria revista trienalmente de acordo com a experiência verificada no período.

§ 3º O enquadramento individual na tabela, de iniciativa da empresa, pode ser revisto a qualquer tempo pela previdência social urbana.

CAPÍTULO V
DISPOSIÇÕES DIVERSAS

Art. 174. Para pleitear direito decorrente deste título não é obrigatória a constituição de advogado.

Art. 175. O litígio relativo a acidente do trabalho é apreciado:

I - na esfera administrativa, pelos órgãos recursais da previdência social, segundo as regras e prazos aplicáveis às demais prestações previdenciárias, mas com prioridade absoluta para conclusão;

II - na via judicial, pela justiça comum dos Estados, do Distrito Federal e dos Territórios, segundo o procedimento sumaríssimo, inclusive durante as férias forenses.

Art. 176. A ação referente a prestação por acidente do trabalho prescreve em 5 (cinco) anos contados da data:

I - do acidente, quando dele resulta a morte ou incapacidade temporária, verificada esta em perícia médica a cargo da previdência social urbana;

II - da entrada do pedido de benefício, ou do afastamento do trabalho, quando posterior, no caso de doença profissional ou do trabalho, ou da ciência dada ao paciente, pela previdência social urbana, do reconhecimento de causalidade entre o trabalho e a doença;

III - em que é reconhecida pela previdência social urbana a incapacidade permanente ou sua agravação.

Parágrafo único. Não sendo reconhecida a causalidade entre o trabalho e a doença, o prazo prescricional do item II se inicia na data do exame pericial que comprova em juízo a enfermidade e essa relação.

Art. 177. A contribuição anual da previdência social urbana para a Fundação Jorge Duprat Figueiredo de Segurança e Medicina do Trabalho (FUNDACENTRO) é de 1% (um por cento) da receita adicional estabelecida no artigo 173, revogada a contribuição para o Fundo de Apoio ao Desenvolvimento Social (FAS).

Art. 178. Aplicam-se subsidiariamente à cobertura dos acidentes do trabalho as demais disposições desta Consolidação.

TÍTULO VI
ADMINISTRAÇÃO

CAPÍTULO I
ÓRGÃOS E ENTIDADES DE SUPERVISÃO, CONTROLE E EXECUÇÃO

Art. 179. A administração da previdência social urbana, compreendida no Sistema Nacional de Previdência e Assistência Social (SINPAS), abrange as funções de concessão e manutenção dos benefícios e prestação de serviços, custeio de atividades e programas e gestão administrativa, financeira e patrimonial, estando a cargo dos seguintes órgãos e entidades:

I - órgãos de orientação, coordenação e controle integrantes da estrutura do Ministério da Previdência e Assistência Social (MPAS);

II - entidades de administração e execução:

a) Instituto Nacional de Previdência Social (INPS);

b) Instituto Nacional de Assistência Médica da Previdência Social (INAMPS);

c) Instituto de Administração Financeira da Previdência e Assistência Social (IAPAS);

d) Empresa de Processamento de Dados da Previdência Social (DATAPREV);

III - órgãos coligados de controle jurisdicional:

a) Conselho de Recursos da Previdência Social (CRPS);

b) Juntas de Recursos da Previdência Social (JRPS);

IV - órgão colegiado de administração do FPAS.

§ 1º Integra também o SINPAS a Central de Medicamentos (CEME), órgão autônomo da estrutura do MPAS.

§ 2º Cabe ao Poder Executivo regular a estrutura, as atribuições, a administração e o funcionamento do Ministério, dos órgãos coligados e das entidades do SINPAS.

§ 3º Em município onde não possui órgão próprio, a entidade do SINPAS pode constituir representação administrativa, a ser exercida por pessoa jurídica de direito privado.

Art. 180. Cabe às entidades do SINPAS referidas no item II do artigo 179:

I - INPS - conceder e manter os benefícios e outras prestações em dinheiro e prestar os serviços de assistência complementar, reeducativa e de readaptação profissional, inclusive os relativos a acidente do trabalho, devidos aos trabalhadores urbanos, aos servidores públicos federais regidos pela legislação trabalhista e aos seus dependentes, bem como conceder e manter a renda mensal vitalícia, na forma desta Consolidação;

II - INAMPS - prestar assistência médica, abrangendo os serviços de natureza clínica, cirúrgica, farmacêutica e odontológica e a assistência complementar, devidos aos beneficiários de que trata o item I;

III - IAPAS:

a) promover a arrecadação, fiscalização e cobrança das contribuições e demais recursos destinados à previdência social;

b) realizar aplicações patrimoniais e financeiras aprovadas pela direção do SINPAS;

c) distribuir às entidades do SINPAS os recursos que lhes forem destinados em conformidade com o Plano Plurianual de Custeio;

d) acompanhar a execução orçamentária e o fluxo de caixa dessas entidades;

e) promover a execução e fiscalização das obras e serviços objeto de programas e projetos por elas aprovados;

IV - DATAPREV - analisar os sistemas, programar e executar serviços de tratamento da informação, processar dados mediante computação eletrônica e desempenhar outras atividades correlatas de interesse da previdência social.

§ 1º São atribuídos ao IAPAS os poderes, competências e atribuições que o INPS originário, os extintos Fundo de Assistência ao Trabalhador Rural (FUNRURAL) e Instituto de Previdência e Assistência dos Servidores do Estado (IPASE), e as demais entidades do SINPAS detinham para arrecadar, fiscalizar e cobrar as contribuições demais recursos destinados à previdência social, e aplicar as sanções previstas para o casos de inobservância das normas legais respectivas.

§ 2º O IAPAS pode, de acordo com plano previamente aprovado pelo Ministro de Estado:

a) adquirir bem necessário ao seu próprio funcionamento ou ao de outra entidade do SINPAS, desde que lhe sejam outorgados poderes para tal;

b) alienar, permutar ou arrendar bem de sua propriedade ou, mediante outorga de poderes, de outra entidade do SINPAS, quando não vinculado às respectivas atividades essenciais.

§ 3º A receita proveniente da alienação e arrendamento de bem de que trata letra "b" do § 2º pode destinar-se ao custeio de programa a cargo da entidade respectiva ou ser aplicada de acordo com plano previamente aprovado pelo Ministro de Estado, observado o disposto no artigo 193.

§ 4º Os serviços de assistência complementar da previdência social urbana podem ser executados pela Fundação Legião Brasileira de Assistência (LBA), conforme estabelecido em regulamento.

Art. 181. A entidade do SINPAS tem sede e foro no Distrito Federal, podendo entretanto mantê-los provisoriamente na cidade do Rio de Janeiro, Estado do Rio de Janeiro, até que, a critério do Poder Executivo, seja transferida para o Distrito Federal.

Art. 182. Para o ato de órgão local de entidade do SINPAS, o foro é o da sua sede ou da respectiva capital do Estado, devendo o réu ser acionado no foro do seu domicílio.

CAPÍTULO II
ÓRGÃOS COLIGADOS DE CONTROLE JURISDICIONAL

Art. 183. De decisão de entidade do SINPAS em matéria de interesse do beneficiário ou empresa cabe recurso, nos termos do título VII, para os órgãos de que trata este capítulo.

Art. 184. O CRPS é constituído de 25 (vinte e cinco) membros, sendo 6 (seis) representantes dos segurados e 6 (seis) das empresas, eleitos pelas respectivas confederações nacionais, na forma estabelecida em regulamento, e 13 (treze) do Governo, nomeados pelo Ministro de Estado dentre servidores, inclusive aposentados por tempo de serviço, da previdência social, com mais de 10 (dez) anos de serviço e notórios conhecimentos da matéria.

§ 1º O CRPS é presidido por um dos representantes do Governo, designado pelo Ministro de Estado, cabendo-lhe presidir o órgão em sua composição plena, com direito ao voto de desempate, bem como avocar, para decisão do Ministro, processo e que há decisão conflitante com a lei ou com decisão ministerial.

§ 2º O CRPS se desdobra em Turmas e Grupos de Turmas, cada qual constituído de 2 (duas) Turmas, conforme estabelecido no seu regimento.

§ 3º Cada Turma tem 4 (quatro) membros, mantida a proporcionalidade de representação, sendo presidida por um dos representantes do Governo, designado pelo ministro de Estado, com direito aos votos de qualidade e de desempate, sem prejuízo das funções de relator.

§ 4º Compete ao, CRPS, em sua composição plena, emitir e rever prejulgados.

Art. 185. Em cada Estado e no Distrito Federal deve ser instalada, a critério do Ministro de Estado, pelo menos uma JRPS, constituída de 4 (quatro) membros, sendo 2 (dois) representantes do Governo, designados pelo Ministro de Estado, dentre servidores das entidades do SINPAS, inclusive aposentados por tempo de serviço, 1 (um) representante dos segurados e 1 (um) representante das empresas, eleitos pelas respectivas federações estaduais ou, na falta destas, pelos sindicatos, na forma estabelecida em regulamento.

§ 1º Pode também ser instalada JRPS em Território.

§ 2º Cada JRPS é presidida por um dos representantes do Governo, designado pelo Ministro de Estado, com direito aos votos de qualidade e de desempate, sem prejuízo das funções de relator.

Art. 186. O membro classista tem mandato de 3 (três) anos, e só pode ser reconduzido para mais um mandato, aplicando-se a ele o disposto na legislação trabalhista no sentido de que o afastamento da empresa para esse fim não constitui motivo para alteração ou rescisão do contrato de trabalho.

Art. 187. Cada representante em órgão coligado tem suplência, obedecendo a convocação, no caso dos representantes classistas, à ordem decrescente da votação apurada.

Parágrafo único. Para atender ao disposto neste artigo, só é convocado o suplente que teve no mínimo 40% (quarenta por cento) do número dos votos atribuídos ao primeiro colocado, sem o que deve ser realizada nova eleição.

Art. 188. A empresa não filiada por impedimento legal, a entidade registrada pode designar representante para tomar parte em eleição para membro de órgão de deliberação coletiva da previdência social urbana.

Art. 189. O representante dos segurados ou das empresas que se torna incompatível com o exercício da função por improbidade ou prática de ato irregular, ou que deixa, por desídia ou Condescendência, :de tomar as providências necessárias a evitar irregularidade prejudicial ao bom funcionamento da previdência social urbana, incorre na pena de destituição, aplicada pelo Ministro de Estado, depois de apurada a infração ou falta grave.

CAPÍTULO III
PATRIMÔNIO

Art. 190. O patrimônio das entidades do SINPAS é constituído:

I - o do INPS, pelos seus bens e pelos que outras entidades do SINPAS utilizavam na concessão e manutenção de benefícios e outras prestações em dinheiro e na prestação de assistência complementar e de reeducação e readaptação profissional;

II - o do INAMPS, pelos bens que outras entidades do SINPAS utilizavam na prestação de assistência médica;

III - o do IAPAS, pelos bens utilizados nos serviços de arrecadação e fiscalização e na administração patrimonial e financeira, bem como pelos não atribuídos a outra entidade do SINPAS;

IV - o da DATAPREV, pelos seus bens.

§ 1º Cabe ao Ministro de Estado disciplinar a utilização comum do patrimônio das entidades do SINPAS, tendo em vista a economia de gastos e a integração de serviços.

§ 2º O bem doado a entidade do SINPAS continua sujeito ao encargo imposto pelo doador, cabendo respectivo cumprimento à entidade a que é redistribuído.

Art. 191. O Poder Executivo está autorizado a promover a transferência, de uma para outra entidade do SINPAS, de bem imóvel e de direito a ele relativo, o que deve ser feito por ato do Ministro de Estado.

§ 1º Para cumprimento das formalidades legais junto ao Registro de Imóveis, o MPAS relaciona, descreve e caracteriza os imóveis redistribuídos entre as entidades do SINPAS.

§ 2º O registro relativo a bem imóvel é feito a requerimento da entidade interessada, valendo como instrumento o ato do MPAS previsto no § 1º.

Art. 192. Sem prejuízo da observância das demais normas pertinentes, o bem móvel de entidade do SINPAS somente pode ser alienado de acordo com instruções expedidas pelo MPAS, e o bem imóvel mediante autorização deste.

Art. 193. A receita e o patrimônio das entidades do SINPAS destinam-se a manter, desenvolver e garantir as suas atividades.

CAPÍTULO IV
DISPOSIÇÕES DIVERSAS

Art. 194. A gestão patrimonial e financeira da entidade do SINPAS, bem como sua escrituração contábil, obedecem às normas estabelecidas em regulamento.

Art. 195. O orçamento da entidade do SINPAS, o do FPAS e o do FLPS são elaborados de acordo com as normas e princípios da Lei nº 4.320, de 17 de março de 1964.

Parágrafo único. Sem dotação orçamentária própria não pode ser feita despesa alguma nem qualquer operação patrimonial, salvo despesa com benefício ou relativa a taxa, sob pena de responsabilidade de quem a autorizou ou concorreu para a infração, e de anulação do ato, se houve prejuízo para a previdência social.

Art. 196. A entidade do SINPAS pode promover desapropriação, na forma da legislação pertinente.

Art. 197. Em caso de calamidade pública, perigo público iminente ou ameaça de paralisação de atividade de interesse da população a cargo de entidade do SINPAS, o Poder Executivo pode requisitar bem ou serviço essencial à sua continuidade, assegurada ao proprietário indenização anterior.

Parágrafo único. Quando a requisição acarreta intervenção em estabelecimento fornecedor de bem ou prestador de serviço, com afastamento do respectivo dirigente, fica assegurada a este remuneração igual à do interventor.

Art. 198. O INPS, o INAMPS e o IAPAS, com personalidade jurídica de natureza autárquica, gozam, em sua plenitude, inclusive no que se refere a seus bens, rendas, serviços, direitos e ações, das regalias, privilégios e imunidades da União, nos termos do § 1º do artigo 19 da Constituição.

Art. 199. É obrigatória a divulgação dos atos da administração das entidades do SINPAS, através de boletim de serviço, na forma estabelecida em regulamento.

Art. 200. A dotação destinada à publicidade de entidade do SINPAS só pode ser utilizada para efeito de instrução, orientação ou esclarecimento dos beneficiários e das empresas.

Art. 201. O Ministro de Estado, mediante representação do órgão de orientação e controle administrativo, pode determinar a intervenção em entidade do SINPAS bem como em órgão coligado, para coibir abuso ou corrigir irregularidade, sem prejuízo da instauração de inquérito administrativo para apuração de responsabilidade.

TÍTULO VII
RECURSO E REVISÃO

CAPÍTULO ÚNICO

Art. 202. Cabe recurso, no prazo de 30 (trinta) dias contados da ciência da decisão, para:

I - JRPS - de decisão originária de entidade do SINPAS em matéria de interesse de beneficiário ou empresa;

II - Turma do CRPS - de decisão de JRPS;

III - Grupo de Turmas, em última e definitiva instância - de decisão de Turma que infringe lei, prejulgado ou ato normativo de órgão do MPAS, ou que diverge de decisão de Turma ou Grupo de Turmas.

§ 1º Salvo quando se trata de benefício, não é admitido recurso para Turma de decisão que não implica pagamento ou quando a importância questionada é inferior a Cr$ 8.000,00 (oito mil cruzeiros), reajustáveis a contar de 1976, nos termos da Lei nº 6.205, de 29 de abril de 1975, e suas alterações.

§ 2º As JRPS e o CRPS são competentes também para julgar questões referentes à cota de previdência.

§ 3º A Turma não conhece de recurso sobre matéria definida como prejulgado pelo CRPS em sua composição plena ou pelo Ministro de Estado.

Art. 203. A interposição de recurso sobre débito de contribuições independe de garantia de instância, mas o depósito em dinheiro feito no prazo de recurso e mantido até sua decisão final evita, a contar da data em que é feito e no limite do valor depositado, a incidência da correção monetária e juros de mora.

Art. 204. O recurso de decisão de órgão ou entidade do SINPAS tem efeito suspensivo quando o seu cumprimento exige afastamento do segurado de sua atividade ou a decisão determina o pagamento de atrasados.

Art. 205. O Ministro de Estado pode rever de ofício ato de órgão ou autoridade compreendidos na área de competência do Ministério.

Art. 206. Quando o INPS, na revisão do benefício, conclui pela sua ilegalidade, deve promover sua suspensão.

§ 1º Se se trata de benefício já concedido que não foi objeto de recurso, o INPS abre prazo ao interessado para recorrer à JRPS.

§ 2º Se já existe decisão da JRPS, o processo é submetido ao CRPS.

Art. 207. O processo de interesse de beneficiário ou empresa não pode ser revisto após 5 (cinco) anos contados de sua decisão final, ficando dispensada a conservação da documentação respectiva além desse prazo.

TÍTULO VIII
DISPOSIÇÕES GERAIS

Art. 208. O Orçamento Geral da União e o orçamento de órgão ou entidade pública em débito para com a previdência social urbana devem consignar as dotações necessárias ao respectivo pagamento, procedendo-se do mesmo modo quanto às responsabilidades futuras, a fim de que sejam liquidadas normalmente em cada exercício financeiro.

Parágrafo único. A liquidação de débito de órgão ou entidade estadual ou municipal para com a previdência social urbana obedece ao disposto neste artigo.

Art. 209. O direito de receber ou cobrar importância devida à previdência social prescreve em 30 (trinta) anos.

Art. 210. Os prazos de prescrição de que goza a União aplicam-se às entidades de direito público integrantes do SINPAS, ressalvado o disposto nos artigos 98 e 209.

Art. 211. A contar de 30 de abril de 1975 o salário mínimo está substituído, como base para fixação de valor monetário, pelo valor-de-referência, variável para cada região do país.

§ 1º O disposto neste artigo não se aplica aos valores seguintes, que continuam vinculados ao salário mínimo:

a) benefícios mínimos;

b) cota do salário-família;

c) renda mensal vitalícia-,

d) limites mínimo e máximo do salário-de-contribuição.

§ 2º O valor-de-referência é reajustável até 21 de junho de 1977 com base no fator de reajustamento salarial de que tratam os artigos 1º e 2º da Lei nº 6.147, de 29 de novembro de 1974, excluído o coeficiente de aumento da produtividade, e a contar de 22 de junho de 1977 de acordo com a variação da ORTN, na forma da Lei nº 6.423, de 17 de junho de 1977.

Art. 212. Para efeito do disposto no § 4º do artigo 21, nos itens I a III do artigo 23, no parágrafo único do artigo 25, nos itens I e II do artigo 33 e no artigo 102, os valores correspondentes aos limites de 10 (dez) e 20 (vinte) vezes o maior salário-mínimo do país, fixados pela Lei nº 5.890, de 8 de junho de 1973, são reajustados, até 31 de outubro de 1979, de acordo com o disposto nos artigos 1º e 2º da Lei nº 6.147, de 29 de novembro de 1974, e, a contar de 1º de novembro de 1979, em face da Lei nº 6.708, de 30 de outubro de 1979, e suas alterações, com base no Índice Nacional de Preços ao Consumidor (INPC), constituindo, respectivamente, o menor valor-teto e o maior valor-teto do salário-de-benefício.

Art. 213. A correção monetária é irrelevável e é sempre adicionada ao principal.

Art. 214. Na operação realizada em moeda nacional, de natureza orçamentária, financeira e contábil, deve ser desprezada no resultado final dos cálculos a fração de cruzeiro.

Art. 215. Mediante justificação processada perante a previdência social urbana, na forma estabelecida em regulamento, pode ser suprida a falta de qualquer documento ou provado qualquer ato do interesse de beneficiário ou empresa, salvo o que se refere a registro público.

Art. 216. Não são restituídas contribuições, salvo na hipótese de recolhimento indevido, nem é permitida ao beneficiário a antecipação do seu pagamento para efeito de recebimento de benefício.

Art. 217. A arrecadação da receita e o pagamento dos encargos da previdência social urbana são realizados, quando possível, através da rede bancária, oficial ou privada, mediante convênio nos termos e condições estabelecidos pelo Banco Central do Brasil.

§ 1º Mediante convênio com a previdência social urbana, o sindicato respectivo pode efetuar a inscrição e o recolhimento das contribuições do comerciante ambulante trabalhador autônomo.

§ 2º O convênio de que trata o § lº deve estabelecer o prazo para transferência das contribuições previdenciárias recolhidas por intermédio do sindicato, e sua inobservância, além de caracterizar o crime de apropriação indébita, sujeita o faltoso ao pagamento da multa, juros de mora e correção monetária previstos no artigo 143, nas mesmas condições das contribuições devidas pelas empresas.

Art. 218. Mediante requisição de entidade do SINPAS a empresa é obrigada a descontar, na folha de pagamento de seus empregados, importância proveniente de dívida ou responsabilidade por eles contraída.

Art. 219. A previdência social urbana pode descontar da aposentadoria ou pensão:

I - mensalidade de associação de classe reconhecida;

II - prestação de empréstimo imobiliário;

III - pagamento de gênero adquirido, em cooperativa de consumo instituída por órgão de classe ;

IV - prestação de empréstimo imobiliário;

V - prêmio de seguro de vida em grupo correspondente à apólice contratada entre companhia de seguros e empresa empregadora.

Art. 220. Em comarca do interior do país a representação judicial de entidade do SINPAS é exercida por Procurador de seu quadro de pessoal ou, na falta deste, por advogado autônomo, constituído sem vínculo empregatício e retribuído por serviço prestado, mediante pagamento de honorários.

Art. 221. A infração de qualquer dispositivo desta Consolidação para a qual não há penalidade expressamente cominada sujeita o responsável conforme a gravidade da infração, à multa de 1 (um) a 10 (dez) vezes o maior valor-de-referência do país, sem prejuízo do disposto no artigo 143.

§ 1º Cabe recurso da multa que tem condição de graduação e circunstância capaz de atenuar a gravidade da infração.

§ 2º A autoridade que reduz ou releva multa deve recorrer de seu ato para a autoridade hierarquicamente superior.

Art. 222. Constitui crime:

I - de sonegação fiscal, a empresa deixar de:

a) incluir na folha de pagamento dos salários empregado sujeito ao desconto das contribuições previdenciárias;

b) lançar mensalmente em títulos próprios de sua contabilidade o montante das quantias descontadas dos seus empregados e o da correspondente contribuição da empresa;

c) escriturar nos livros e elementos discriminativos próprios as quantias arrecadadas a título de cota de previdência.

II - de apropriação indébita, além do previsto nos artigos 146 e 217, § 2º, a falta de pagamento do salário-família ao empregado quando as respectivas cotas foram reembolsadas à empresa ;

III - de falsidade ideológica, inserir ou fazer inserir:

a) na folha de pagamento de salário , pessoa que não possui a qualidade de segurado;

b) na carteira de Trabalho e Previdência social do empregado, declaração falsa ou diversa da que devia ser escrita;

c) em atestado necessário à concessão ou pagamento de prestação, declaração falsa ou diversa da que devia ser escrita;

IV - de estelionato:

a) receber ou tentar receber dolosamente prestação de entidade do SINPAS;

b) praticar ato que acarreta prejuízo a entidade do SINPAS, para usufruir vantagem ilícita;

c) emitir e apresentar, para pagamento por entidade do SINPAS, fatura de serviço não prestado.

Art. 223. O restabelecimento da filiação previdenciária anterior de servidor regido pela legislação trabalhista da administração pública federal, inclusive a indireta, bem como de servidor do Distrito federal e do território, em face da revogação da Lei nº 5.927, de 11 de outubro de 1973, pela Lei nº 6.184, de 11 de dezembro de 1974, não implica restrição ou prejuízo de qualquer natureza para o servidor anteriormente segurado da previdência social urbana, considerando-se como filiação a esta, para todos os efeitos, o período durante o qual ele esteve filiado ao extinto IPASE.

Art. 224. A união custeia, mediante inclusão, no seu orçamento anual, de dotação específica em favor do MPAS, a parcela de aposentadoria dos funcionários de que trata o artigo 1º da Lei nº 6.184, de 11 de dezembro de 1974, correspondente ao tempo de serviço prestado sob o regime estatutário.

Art. 225. O poder executivo expedirá anualmente, por decreto, a consolidação das leis da previdência social, em texto único, revisto, atualizado e remunerado, sem alteração da matéria legal substantiva.

ANEXO I
CONSOLIDAÇÃO DAS LEIS DA PREVIDÊNCIA SOCIAL LEGISLAÇÃO CONSOLIDADA (*)

EMENDA CONSTITUCIONAL 18, DE 30/06/81 LEI COMPLEMENTAR 16, DE 30/10/73

Lei 159, de 30/12/35	Lei 6.226, de 14/06/75
Lei 3.244, de 14/08/57	Lei 6.243, de 24/09/75
Lei 3.529, de 13/01/59	Lei 6.259, de 30/10/75
Lei 3.807, de 26/08/60	Lei 6.260, de 15/12/75
Lei 4.266, de 03/10/63	Lei 6.309, de 15/12/75
Lei 4.281, de 08/11/63	Lei 6.315, de 16/12/75
Lei 4.656, de 02/06/65	Lei 6.321, de 14/04/76
Lei 4.863, de 29/11/65	Lei 6.332, de 18/05/76
Lei 5.315, de 12/09/67	Lei 6.354, de 02/09/76
Lei 5.480, de 10/08/68	Lei 6.367, de 19/10/76
Lei 5.527, de 08/11/68	Lei 6.375, de 26/11/76
Lei 5.553, de 06/12/68	Lei 6.430, de 07/07/77
Lei 5.559, de 11/12/68	Lei 6.438, de 31/08/77
Lei 5.588, de 02/07/70	Lei 6.439, de 1º/09/77
Lei 5.698, de 31/08/71	Lei 6.539, de 28/06/78
Lei 5.859, de 11/12/72	Lei 6.586, de 06/11/78
Lei 5.890, de 08/06/73	Lei 6.617, de 16/12/78
Lei 5.929, de 30/10/73	Lei 6.618, de 16/12/78
Lei 5.939, de 19/11/73	Lei 6.636, de 08/05/79
Lei 6.019, de 03/01/74	Lei 6.643, de 14/05/79
Lei 6.037, de 02/05/74	Lei 6.683, de 28/05/79
Lei 6.094, de 30/08/74	Lei 6.696, de 08/10/79
Lei 6.129, de 06/11/74	Lei 6.708, de 30/10/79
Lei 6.135, de 07/11/74	Lei 6.717, de 12/11/79
Lei 6.136, de 07/11/74	Lei 6.744, de 05/12/79
Lei 6.147, de 29/11/74	Lei 6.830, de 22/09/80
Lei 6.162, de 06/12/74	Lei 6.855, de 18/11/80
Lei 6.171, de 09/12/74	Lei 6.858, de 24/11/80
Lei 6.179, de 11/12/74	Lei 6.864, de 1º/12/80
Lei 6.184, de 11/12/74	Lei 6.887, de 10/12/80
Lei 6.185, de 11/12/74	Lei 6.903, de 30/04/81
Lei 6.205, de 29/04/75	Lei 6.932, de 7/07/81
Lei 6.210, de 4/06/75	Lei 6.950, de 4/11/81
Lei 7.004, de 24/06/82	Decreto-lei 956, de 13/10/69
Lei 7.010, de 1º/07/82	Decreto-lei 972, de 17/10/69
Lei 7.064, de 06/12/82	Decreto-lei 1.041, de 21/10/69
Lei 7.070, de 20/12/82	Decreto-lei 1.285, de 06/09/73

Lei 7.175, de 14/12/83	Decreto-lei 1.422, de 23/10/75
Decreto-lei 65, de 14/12/37	Decreto-lei 1.505, de 23/12/76
Decreto-lei 651, de 26/08/38	Decreto-lei 1.515, de 30/12/76
Decreto-lei 5.452, de 1º/05/43	Decreto-lei 1.535, de 13/04/77
Decreto-lei 18, de 24/08/66	Decreto-lei 1.556, de 07/06/77
Decreto-lei 37, de 18/11/66	Decreto-lei 1.572, de 1º/09/77
Decreto-lei 66, de 21/11/66	Decreto-lei 1.755, de 31/12/79
Decreto-lei 72, de 21/11/66	Decreto-lei 1.785, de 13/05/80
Decreto-lei 158, de 10/02/67	Decreto-lei 1.816, de 10/12/80

Decreto-lei 200, de 25/02/67	Decreto-lei 1.861, de 25/02/81
Decreto-lei 204, de 27/02/67	Decreto-lei 1.867, de 25/03/81
Decreto-lei 290, de 28/02/67	Decreto-lei 1.910, de 29/12/81
Decreto-lei 443, de 30/01/69	Decreto-lei 1.943, de 1º/06/82
Decreto-lei 579, de 14/05/69	Decreto-lei 1.958, de 09/09/82
Decreto-lei 594, de 27/05/69	Decreto-lei 1.970. de 29/11/82
Decreto-lei 717, de 30/07/69	Decreto-lei 1976, de 20/12/82
Decreto-lei 821, de 05/09/69	Decreto-lei 2.038, de 29/06/83
Decreto-lei 854, de 11/09/69	Decreto-lei 2.087, de 22/12/83

Decreto-lei 900, de 29/09/69	Decreto-lei 2.088, de 22/12/83
Decreto-lei 940, de 13/10/69	Decreto-lei 2.102, de 28/12/83

(*) No todo ou em parte (Esta relação inclui também leis que, embora sem relação direta com a previdência social, contêm dispositivos de alguma maneira aplicáveis a ela ou aos seus órgãos ou entidades, os quais por isso foram aqui consolidados).

Publicação:

• Diário Oficial da União - Seção 1 - Suplemento - 24/1/1984, Página 1 (Publicação Original)

• Diário Oficial da União - Seção 1 - 24/1/1984, Página 1113 (Publicação Original)

PARTE 24 – PREVIDÊNCIA MILITAR

LEI Nº 6.880, DE 9 DE DEZEMBRO DE 1980

Dispõe sobre o Estatuto dos Militares, e dá outras providências.

- Regulamento: Decreto 10.973/2022.

O PRESIDENTE DA REPÚBLICA,

Faço saber que o Congresso Nacional decreta e eu sanciono a seguinte Lei:

ESTATUTO DOS MILITARES

TÍTULO I
GENERALIDADES

CAPÍTULO I
DISPOSIÇÕES PRELIMINARES

Art. 1º O presente Estatuto regula a situação, obrigações, deveres, direitos e prerrogativas dos membros das Forças Armadas.

Art. 2º As Forças Armadas, essenciais à execução da política de segurança nacional, são constituídas pela Marinha, pelo Exército e pela Aeronáutica, e destinam-se a defender a Pátria e a garantir os poderes constituídos, a lei e a ordem. São instituições nacionais, permanentes e regulares, organizadas com base na hierarquia e na disciplina, sob a autoridade suprema do Presidente da República e dentro dos limites da lei.

Art. 3º Os membros das Forças Armadas, em razão de sua destinação constitucional, formam uma categoria especial de servidores da Pátria e são denominados militares.

§ 1º Os militares encontram-se em uma das seguintes situações:

a) na ativa:

I - os de carreira;

II - os temporários, incorporados às Forças Armadas para prestação de serviço militar, obrigatório ou voluntário, durante os prazos previstos na legislação que trata do serviço militar ou durante as prorrogações desses prazos; *(Inciso com redação dada pela Lei nº 13.954, de 16/12/2019)*

III - os componentes da reserva das Forças Armadas quando convocados, reincluídos, designados ou mobilizados;

IV - os alunos de órgão de formação de militares da ativa e da reserva; e

V - em tempo de guerra, todo cidadão brasileiro mobilizado para o serviço ativo nas Forças Armadas.

b) na inatividade:

I - os da reserva remunerada, quando pertençam à reserva das Forças Armadas e percebam remuneração da União, porém sujeitos, ainda, à prestação de serviço na ativa, mediante convocação ou mobilização; e

II - os reformados, quando, tendo passado por uma das situações anteriores estejam dispensados, definitivamente, da prestação de serviço na ativa, mas continuem a perceber remuneração da União.

III - os da reserva remunerada e, excepcionalmente, os reformados, que estejam executando tarefa por tempo certo, segundo regulamentação para cada Força Armada. *(Inciso acrescido pela Lei nº 9.442, de 14/3/1997, e com nova redação dada pela Lei nº 13.954, de 16/12/2019)*

§ 2º Os militares de carreira são aqueles da ativa que, no desempenho voluntário e permanente do serviço militar, tenham vitaliciedade, assegurada ou presumida, ou estabilidade adquirida nos termos da alínea "a" do inciso IV do *caput* do art. 50 desta Lei. *(Parágrafo com redação dada pela Lei nº 13.954, de 16/12/2019)*

§ 3º Os militares temporários não adquirem estabilidade e passam a compor a reserva não remunerada das Forças Armadas após serem desligados do serviço ativo. *(Parágrafo acrescido pela Lei nº 13.954, de 16/12/2019)*

Art. 4º São considerados reserva das Forças Armadas:

I - individualmente:

a) os militares da reserva remunerada; e

b) os demais cidadãos em condições de convocação ou de mobilização para a ativa.

II - no seu conjunto:

a) as Polícias Militares; e

b) os Corpos de Bombeiros Militares.

§ 1º A Marinha Mercante, a Aviação Civil e as empresas declaradas diretamente relacionadas com a segurança nacional são, também consideradas, para efeitos de mobilização e de emprego, reserva das Forças Armadas.

§ 2º O pessoal componente da Marinha Mercante, da Aviação Civil e das empresas declaradas diretamente relacionadas com a segurança nacional, bem como os demais cidadãos em condições de convocação ou mobilização para a ativa, só serão considerados militares quando convocados ou mobilizados para o serviço nas Forças Armadas.

Art. 5º A carreira militar é caracterizada por atividade continuada e inteiramente devotada às finalidades precípuas das Forças Armadas, denominada atividade militar.

§ 1º A carreira militar é privativa do pessoal da ativa, inicia-se com o ingresso nas Forças Armadas e obedece às diversas seqüências de graus hierárquicos.

§ 2º São privativas de brasileiro nato as carreiras de oficial da Marinha, do Exército e da Aeronáutica.

Art. 6º São equivalentes as expressões "na ativa", "da ativa", "em serviço ativo", "em serviço na ativa", "em serviço", "em atividade" ou "em atividade militar", conferidas aos militares no desempenho de cargo, comissão, encargo, incumbência ou missão, serviço ou atividade militar ou considerada de natureza militar nas organizações militares das Forças Armadas, bem como na Presidência da República, na Vice-Presidência da República, no Ministério da Defesa e nos demais órgãos quando previsto em lei, ou quando incorporados às Forças Armadas. *(Artigo com redação dada pela Medida Provisória nº 2.215-10, de 31/8/2001)*

Art. 7º A condição jurídica dos militares é definida pelos dispositivos da Constituição que lhes sejam aplicáveis, por este Estatuto e pela legislação, que lhes outorgam direitos e prerrogativas e lhes impõem deveres e obrigações.

Art. 8º O disposto neste Estatuto aplica-se, no que couber:

I - aos militares da reserva remunerada e reformados;

II - aos alunos de órgão de formação da reserva;

III - aos membros do Magistério Militar; e

IV - aos Capelães Militares.

Art. 9º Os oficiais-generais nomeados Ministros do Superior Tribunal Militar, os membros do Magistério Militar e os Capelães Militares são regidos por legislação específica.

CAPÍTULO II
DO INGRESSO NAS FORÇAS ARMADAS

Art. 10. O ingresso nas Forças Armadas é facultado, mediante incorporação, matrícula ou nomeação, a todos os brasileiros que preencham os requisitos estabelecidos em lei e nos regulamentos da Marinha, do Exército e da Aeronáutica.

§ 1º Quando houver conveniência para o serviço de qualquer das Forças Armadas, o brasileiro possuidor de reconhecida competência técnico-profissional ou de notória cultura científica poderá, mediante sua aquiescência e proposta do Ministro da Força interessada, ser incluído nos Quadros ou Corpos da Reserva e convocado para o serviço na ativa em caráter transitório.

§ 2º A inclusão nos termos do parágrafo anterior será feita em grau hierárquico compatível com sua idade, atividades civis e responsabilidades que lhe serão atribuídas, nas condições reguladas pelo Poder Executivo.

Art. 11. Para matrícula nos estabelecimentos de ensino militar destinados à formação de oficiais, da ativa e da reserva, e de graduados, além das condições relativas à nacionalidade, idade, aptidão intelectual, capacidade física e idoneidade moral, é necessário que o candidato não exerça ou não tenha exercido atividades prejudiciais ou perigosas à segurança nacional.

Parágrafo único. O disposto neste artigo e no anterior aplica-se, também, aos candidatos ao ingresso nos Corpos ou Quadros de Oficiais em que é exigido o diploma de estabelecimento de ensino superior reconhecido pelo Governo Federal.

Art. 12. A convocação em tempo de paz é regulada pela legislação que trata do serviço militar.

§ 1º Em tempo de paz e independentemente de convocação, os integrantes da reserva poderão ser designados para o serviço ativo, em caráter transitório e mediante aceitação voluntária.

§ 2º O disposto no parágrafo anterior será regulamentado pelo Poder Executivo.

Art. 13. A mobilização é regulada em legislação específica.

Parágrafo único. A incorporação às Forças Armadas de deputados federais e senadores, embora militares e ainda que em tempo de guerra, dependerá de licença da Câmara respectiva.

CAPÍTULO III
DA HIERARQUIA MILITAR E DA DISCIPLINA

Art. 14. A hierarquia e a disciplina são a base institucional das Forças Armadas. A autoridade e a responsabilidade crescem com o grau hierárquico.

§ 1º A hierarquia militar é a ordenação da autoridade, em níveis diferentes, dentro da estrutura das Forças Armadas. A ordenação se faz por postos ou graduações; dentro de um mesmo posto ou graduação se faz pela antigüidade no posto ou na graduação. O respeito à hierarquia é consubstanciado no espírito de acatamento à seqüência de autoridade.

§ 2º Disciplina é a rigorosa observância e o acatamento integral das leis, regulamentos, normas e disposições que fundamentam o organismo militar e coordenam seu funcionamento regular e harmônico, traduzindo-se pelo perfeito cumprimento do dever por parte de todos e de cada um dos componentes desse organismo.

§ 3º A disciplina e o respeito à hierarquia devem ser mantidos em todas as circunstâncias da vida entre militares da ativa, da reserva remunerada e reformados.

Art. 15. Círculos hierárquicos são âmbitos de convivência entre os militares da mesma categoria e têm a finalidade de desenvolver o espírito de camaradagem, em ambiente de estima e confiança, sem prejuízo do respeito mútuo.

Art. 16. Os círculos hierárquicos e a escala hierárquica nas Forças Armadas, bem como a correspondência entre os postos e as graduações da Marinha, do Exército e da Aeronáutica, são fixados nos parágrafos seguintes e no Quadro em anexo.

§ 1º Posto é o grau hierárquico do oficial, conferido por ato do Presidente da República ou do Ministro de Força Singular e confirmado em Carta Patente.

§ 2º Os postos de Almirante, Marechal e Marechal-do-Ar somente serão providos em tempo de guerra.

§ 3º Graduação é o grau hierárquico da praça, conferido pela autoridade militar competente.

§ 4º Os Guardas-Marinha, os Aspirantes-a-Oficial e os alunos de órgãos específicos de formação de militares são denominados praças especiais.

§ 5º Os graus hierárquicos inicial e final dos diversos Corpos, Quadros, Armas, Serviços, Especialidades ou Subespecialidades são fixados, separadamente, para cada caso, na Marinha, no Exército e na Aeronáutica.

§ 6º Os militares da Marinha, do Exército e da Aeronáutica, cujos graus hierárquicos tenham denominação comum, acrescentarão aos mesmos, quando julgado necessário, a indicação do respectivo Corpo, Quadro, Arma ou Serviço e, se ainda necessário, a Força Armada a que pertencerem, conforme os regulamentos ou normas em vigor.

§ 7º Sempre que o militar da reserva remunerada ou reformado fizer uso do posto ou graduação, deverá fazê-lo com as abreviaturas respectivas de sua situação.

Art. 17. A precedência entre militares da ativa do mesmo grau hierárquico, ou correspondente, é assegurada pela antigüidade no posto ou graduação, salvo nos casos de precedência funcional estabelecida em lei.

§ 1º A antigüidade em cada posto ou graduação é contada a partir da data da assinatura do ato da respectiva promoção, nomeação, declaração ou incorporação, salvo quando estiver taxativamente fixada outra data.

§ 2º No caso do parágrafo anterior, havendo empate, a antigüidade será estabelecida:

a) entre militares do mesmo Corpo, Quadro, Arma ou Serviço, pela posição nas respectivas escalas numéricas ou registros existentes em cada Força;

b) nos demais casos, pela antigüidade no posto ou graduação anterior; se, ainda assim, subsistir a igualdade, recorrer-se-á, sucessivamente, aos graus hierárquicos anteriores, à data de praça e à data de nascimento para definir a procedência, e, neste último caso, o de mais idade será considerado o mais antigo;

c) na existência de mais de uma data de praça, inclusive de outra Força Singular, prevalece a antigüidade do militar que tiver maior tempo de efetivo serviço na praça anterior ou nas praças anteriores; e

d) entre os alunos de um mesmo órgão de formação de militares, de acordo com o regulamento do respectivo órgão, se não estiverem especificamente enquadrados nas letras *a*, *b* e *c*.

§ 3º Em igualdade de posto ou de graduação, os militares da ativa têm precedência sobre os da inatividade.

§ 4º Em igualdade de posto ou de graduação, a precedência entre os militares de carreira na ativa e os da reserva remunerada ou não, que estejam convocados, é definida pelo tempo de efetivo serviço no posto ou graduação.

Art. 18. Em legislação especial, regular-se-á:

I - a precedência entre militares e civis, em missões diplomáticas, ou em comissão no País ou no estrangeiro; e

II - a precedência nas solenidades oficiais.

Art. 19. A precedência entre as praças especiais e as demais praças é assim regulada:

I - os Guardas-Marinha e os Aspirantes-a-Oficial são hierarquicamente superiores às demais praças;

II - os Aspirantes da Escola Naval, os Cadetes da Academia Militar das Agulhas Negras e da Academia da Força Aérea e os alunos do Instituto Tecnológico de Aeronáutica, do Instituto Militar de Engenharia e das demais instituições de graduação de oficiais da Marinha e do Exército são hierarquicamente superiores aos Suboficiais e aos Subtenentes; *(Inciso com redação dada pela Lei nº 13.954, de 16/12/2019)*

III - os alunos de Escola Preparatória de Cadetes e do Colégio Naval têm precedência sobre os Terceiros-Sargentos, aos quais são equiparados;

IV - os alunos dos órgãos de formação de oficiais da reserva, quando fardados, têm precedência sobre os Cabos, aos quais são equiparados; e

V - os Cabos têm precedência sobre os alunos das escolas ou dos centros de formação de sargentos, que a eles são equiparados, respeitada, no caso de militares, a antigüidade relativa.

CAPÍTULO IV
DO CARGO E DA FUNÇÃO MILITARES

Art. 20. Cargo militar é um conjunto de atribuições, deveres e responsabilidades cometidos a um militar em serviço ativo.

§ 1º O cargo militar, a que se refere este artigo, é o que se encontra especificado nos Quadros de Efetivo ou Tabelas de Lotação das Forças Armadas ou previsto, caracterizado ou definido como tal em outras disposições legais.

§ 2º As obrigações inerentes ao cargo militar devem ser compatíveis com o correspondente grau hierárquico e definidas em legislação ou regulamentação específicas.

Art. 21. Os cargos militares são providos com pessoal que satisfaça aos requisitos de grau hierárquico e de qualificação exigidos para o seu desempenho.

Parágrafo único. O provimento de cargo militar far-se-á por ato de nomeação ou determinação expressa da autoridade competente.

Art. 22. O cargo militar é considerado vago a partir de sua criação e até que um militar nele tome posse, ou desde o momento em que o militar exonerado, ou que tenha recebido determinação expressa da autoridade competente, o deixe e até que outro militar nele tome posse de acordo com as normas de provimento previstas no parágrafo único do artigo anterior.

Parágrafo único. Consideram-se também vagos os cargos militares cujos ocupantes tenham:

a) falecido;

b) sido considerados extraviados;

c) sido feitos prisioneiros; e

d) sido considerados desertores.

Art. 23. Função militar é o exercício das obrigações inerentes ao cargo militar.

Art. 24. Dentro de uma mesma organização militar, a seqüência de substituições para assumir cargo ou responder por funções, bem como as normas, atribuições e responsabilidades relativas, são as estabelecidas na legislação ou regulamentação específicas, respeitadas a precedência e a qualificação exigidas para o cargo ou o exercício da função.

Art. 25. O militar ocupante de cargo da estrutura das Forças Armadas, provido em caráter efetivo ou interino, observado o disposto no parágrafo único do art. 21 desta Lei, faz jus aos direitos correspondentes ao cargo, conforme previsto em lei. *("Caput" do artigo com redação dada pela Lei nº 13.954, de 16/12/2019)*

Parágrafo único. A remuneração do militar será calculada com base no soldo inerente ao seu posto ou à sua graduação, independentemente do cargo que ocupar. *(Parágrafo único acrescido pela Lei nº 13.954, de 16/12/2019)*

Art. 26. As obrigações que, pela generalidade, peculiaridade, duração, vulto ou natureza, não são catalogadas como posições tituladas em "Quadro de Efetivo", "Quadro de Organização", "Tabela de Lotação" ou dispositivo legal, são cumpridas como encargo, incumbência, comissão, serviço ou atividade, militar ou de natureza militar.

Parágrafo único. Aplica-se, no que couber, a encargo, incumbência, comissão, serviço ou atividade, militar ou de natureza militar, o disposto neste Capítulo para cargo militar.

TÍTULO II
DAS OBRIGAÇÕES E DOS DEVERES MILITARES

CAPÍTULO I
DAS OBRIGAÇÕES MILITARES

SEÇÃO I
DO VALOR MILITAR

Art. 27. São manifestações essenciais do valor militar:

I - o patriotismo, traduzido pela vontade inabalável de cumprir o dever militar e pelo solene juramento de fidelidade à Pátria até com o sacrifício da própria vida;

II - o civismo e o culto das tradições históricas;

III - a fé na missão elevada das Forças Armadas;

IV - o espírito de corpo, orgulho do militar pela organização onde serve;

V - o amor à profissão das armas e o entusiasmo com que é exercida; e

VI - o aprimoramento técnico-profissional.

SEÇÃO II
DA ÉTICA MILITAR

Art. 28. O sentimento do dever, o pundonor militar e o decoro da classe impõem, a cada um dos integrantes das Forças Armadas, conduta moral e profissional irrepreensíveis, com a observância dos seguintes preceitos de ética militar:

I - amar a verdade e a responsabilidade como fundamento de dignidade pessoal;

II - exercer, com autoridade, eficiência e probidade, as funções que lhe couberem em decorrência do cargo;

III - respeitar a dignidade da pessoa humana;

IV - cumprir e fazer cumprir as leis, os regulamentos, as instruções e as ordens das autoridades competentes;

V - ser justo e imparcial no julgamento dos atos e na apreciação do mérito dos subordinados;

VI - zelar pelo preparo próprio, moral, intelectual e físico e, também, pelo dos subordinados, tendo em vista o cumprimento da missão comum;

VII - empregar todas as suas energias em benefício do serviço;

VIII - praticar a camaradagem e desenvolver, permanentemente, o espírito de cooperação;

IX - ser discreto em suas atitudes, maneiras e em sua linguagem escrita e falada;

X - abster-se de tratar, fora do âmbito apropriado, de matéria sigilosa de qualquer natureza;

XI - acatar as autoridades civis;

XII - cumprir seus deveres de cidadão;

XIII - proceder de maneira ilibada na vida pública e na particular;

XIV - observar as normas da boa educação;

XV - garantir assistência moral e material ao seu lar e conduzir-se como chefe de família modelar;

XVI - conduzir-se, mesmo fora do serviço ou quando já na inatividade, de modo que não sejam prejudicados os princípios da disciplina, do respeito e do decoro militar;

XVII - abster-se de fazer uso do posto ou da graduação para obter facilidades pessoais de qualquer natureza ou para encaminhar negócios particulares ou de terceiros;

XVIII - abster-se, na inatividade, do uso das designações hierárquicas:

a) em atividades político-partidárias;

b) em atividades comerciais;

c) em atividades industriais;

d) para discutir ou provocar discussões pela imprensa a respeito de assuntos políticos ou militares, excetuando-se os de natureza exclusivamente técnica, se devidamente autorizado; e

e) no exercício de cargo ou função de natureza civil, mesmo que seja da Administração Pública; e

XIX - zelar pelo bom nome das Forças Armadas e de cada um de seus integrantes, obedecendo e fazendo obedecer aos preceitos da ética militar.

Art. 29. Ao militar da ativa é vedado comerciar ou tomar parte na administração ou gerência de sociedade ou dela ser sócio ou participar, exceto como acionista ou quotista, em sociedade anônima ou por quotas de responsabilidade limitada.

§ 1º Os integrantes da reserva, quando convocados, ficam proibidos de tratar, nas organizações militares e nas repartições públicas civis, de interesse de organizações ou empresas privadas de qualquer natureza.

§ 2º Os militares da ativa podem exercer, diretamente, a gestão de seus bens, desde que não infrinjam o disposto no presente artigo.

§ 3º No intuito de desenvolver a prática profissional, é permitido aos oficiais titulares dos Quadros ou Serviços de Saúde e de Veterinária o exercício de atividade técnico-profissional no meio civil, desde que tal prática não prejudique o serviço e não infrinja o disposto neste artigo.

Art. 30. Os Ministros das Forças Singulares poderão determinar aos militares da ativa da respectiva Força que, no interesse da salvaguarda da dignidade dos mesmos, informem sobre a origem e natureza dos seus bens, sempre que houver razões que recomendem tal medida.

CAPÍTULO II
DOS DEVERES MILITARES

SEÇÃO I
CONCEITUAÇÃO

Art. 31. Os deveres militares emanam de um conjunto de vínculos racionais, bem como morais, que ligam o militar à Pátria e ao seu serviço, e compreendem, essencialmente:

I - a dedicação e a fidelidade à Pátria, cuja honra, integridade e instituições devem ser defendidas mesmo com o sacrifício da própria vida;

II - o culto aos Símbolos Nacionais;

III - a probidade e a lealdade em todas as circunstâncias;

IV - a disciplina e o respeito à hierarquia;

V - o rigoroso cumprimento das obrigações e das ordens; e

VI - a obrigação de tratar o subordinado dignamente e com urbanidade.

SEÇÃO II
DO COMPROMISSO MILITAR

Art. 32. Todo cidadão, após ingressar em uma das Forças Armadas mediante incorporação, matrícula ou nomeação, prestará compromisso de honra, no qual afirmará a sua aceitação consciente das obrigações e dos deveres militares e manifestará a sua firme disposição de bem cumpri-los.

Art. 33. O compromisso do incorporado, do matriculado e do nomeado, a que se refere o artigo anterior, terá caráter solene e será sempre prestado sob a forma de juramento à Bandeira na presença de tropa ou guarnição formada, conforme os dizeres estabelecidos nos regulamentos específicos das Forças Armadas, e tão logo o militar tenha adquirido um grau de instrução compatível com o perfeito entendimento de seus deveres como integrante das Forças Armadas.

§ 1º O compromisso de Guarda-Marinha ou Aspirante-a-Oficial é prestado nos estabelecimentos de formação, obedecendo o cerimonial ao fixado nos respectivos regulamentos.

§ 2º O compromisso como oficial, quando houver, será regulado em cada Força Armada

SEÇÃO III
DO COMANDO E DA SUBORDINAÇÃO

Art. 34. Comando é a soma de autoridade, deveres e responsabilidades de que o militar é investido legalmente quando conduz homens ou dirige uma organização militar. O comando é vinculado ao grau hierárquico e constitui uma prerrogativa impessoal, em cujo exercício o militar se define e se caracteriza como chefe.

Parágrafo único. Aplica-se à direção e à chefia de organização militar, no que couber, o estabelecido para comando.

Art. 35. A subordinação não afeta, de modo algum, a dignidade pessoal do militar e decorre, exclusivamente, da estrutura hierarquizada das Forças Armadas.

Art. 36. O oficial é preparado, ao longo da carreira, para o exercício de funções de comando, de chefia e de direção.

Art. 37. Os graduados auxiliam ou complementam as atividades dos oficiais, quer no adestramento e no emprego de meios, quer na instrução e na administração.

Parágrafo único. No exercício das atividades mencionadas neste artigo e no comando de elementos subordinados, os suboficiais, os subtenentes e os sargentos deverão impor-se pela lealdade, pelo exemplo e pela capacidade profissional e técnica, incumbindo-lhes assegurar a observância minuciosa e ininterrupta das ordens, das regras do serviço e das normas operativas pelas praças que lhes estiverem diretamente subordinadas e a manutenção da coesão e do moral das mesmas praças em todas as circunstâncias.

Art. 38. Os Cabos, Taifeiros-Mores, Soldados-de-Primeira-Classe, Taifeiros-de-Primeira-Classe, Marinheiros, Soldados, Soldados-de-Segunda-Classe e Taifeiros-de-Segunda-Classe são, essencialmente, elementos de execução.

Art. 39. Os Marinheiros-Recrutas, Recrutas, Soldados-Recrutas e Soldados-de-Segunda-Classe constituem os elementos incorporados às Forças Armadas para a prestação do serviço militar inicial.

Art. 40. Às praças especiais cabe a rigorosa observância das prescrições dos regulamentos que lhes são pertinentes, exigindo-se-lhes inteira dedicação ao estudo e ao aprendizado técnico-profissional.

Parágrafo único. Às praças especiais também se assegura a prestação do serviço militar inicial.

Art. 41. Cabe ao militar a responsabilidade integral pelas decisões que tomar, pelas ordens que emitir e pelos atos que praticar.

CAPÍTULO III
DA VIOLAÇÃO DAS OBRIGAÇÕES E DOS DEVERES MILITARES

SEÇÃO I
CONCEITUAÇÃO

Art. 42. A violação das obrigações ou dos deveres militares constituirá crime, contravenção ou transgressão disciplinar, conforme dispuser a legislação ou regulamentação específicas.

§ 1º A violação dos preceitos da ética militar será tão mais grave quanto mais elevado for o grau hierárquico de quem a cometer.

§ 2º No concurso de crime militar e de contravenção ou transgressão disciplinar, quando forem da mesma natureza, será aplicada somente a pena relativa ao crime.

Art. 43. A inobservância dos deveres especificados nas leis e regulamentos, ou a falta de exação no cumprimento dos mesmos, acarreta para o militar responsabilidade funcional, pecuniária, disciplinar ou penal, consoante a legislação específica.

Parágrafo único. A apuração da responsabilidade funcional, pecuniária, disciplinar ou penal poderá concluir pela incompatibilidade do militar com o cargo ou pela incapacidade para o exercício das funções militares a ele inerentes.

Art. 44. O militar que, por sua atuação, se tornar incompatível com o cargo, ou demonstrar incapacidade no exercício de funções militares a ele inerentes, será afastado do cargo.

§ 1º São competentes para determinar o imediato afastamento do cargo ou o impedimento do exercício da função:

a) o Presidente da República;

b) os titulares das respectivas pastas militares e o Chefe do Estado-Maior das Forças Armadas; e

c) os comandantes, os chefes e os diretores, na conformidade da legislação ou regulamentação específica de cada Força Armada.

§ 2º O militar afastado do cargo, nas condições mencionadas neste artigo, ficará privado do exercício de qualquer função militar até a solução do processo ou das providências legais cabíveis.

Art. 45. São proibidas quaisquer manifestações coletivas, tanto sobre atos de superiores quanto as de caráter reivindicatório ou político.

SEÇÃO II
DOS CRIMES MILITARES

Art. 46. O Código Penal Militar relaciona e classifica os crimes militares, em tempo de paz e em tempo de guerra, e dispõe sobre a aplicação aos militares das penas correspondentes aos crimes por eles cometidos.

SEÇÃO III
DAS CONTRAVENÇÕES OU TRANSGRESSÕES DISCIPLINARES

Art. 47. Os regulamentos disciplinares das Forças Armadas especificarão e classificarão as contravenções ou transgressões disciplinares e estabelecerão as normas relativas à amplitude e aplicação das penas disciplinares, à classificação do comportamento militar e à interposição de recursos contra as penas disciplinares.

§ 1º As penas disciplinares de impedimento, detenção ou prisão não podem ultrapassar 30 (trinta) dias.

§ 2º À praça especial aplicam-se, também, as disposições disciplinares previstas no regulamento do estabelecimento de ensino onde estiver matriculada.

SEÇÃO IV
DOS CONSELHOS DE JUSTIFICAÇÃO E DE DISCIPLINA

Art. 48. O oficial presumivelmente incapaz de permanecer como militar da ativa será, na forma da legislação específica, submetido a Conselho de Justificação.

§ 1º O oficial, ao ser submetido a Conselho de Justificação, poderá ser afastado do exercício de suas funções, a critério do respectivo Ministro, conforme estabelecido em legislação específica.

§ 2º Compete ao Superior Tribunal Militar, em tempo de paz, ou a Tribunal Especial, em tempo de guerra, julgar, em instância única, os processos oriundos dos Conselhos de Justificação, nos casos previstos em lei específica.

§ 3º A Conselho de Justificação poderá, também, ser submetido o oficial da reserva remunerada ou reformado, presumivelmente incapaz de permanecer na situação de inatividade em que se encontra.

Art. 49. O Guarda-Marinha, o Aspirante-a-Oficial e as praças com estabilidade assegurada, presumivelmente incapazes de permanecerem como militares da ativa, serão submetidos a Conselho de Disciplina e afastados das atividades que estiverem exercendo, na forma da regulamentação específica.

§ 1º O Conselho de Disciplina obedecerá a normas comuns às três Forças Armadas.

§ 2º Compete aos Ministros das Forças Singulares julgar, em última instância, os processos oriundos dos Conselhos de Disciplina convocados no âmbito das respectivas Forças Armadas.

§ 3º A Conselho de Disciplina poderá, também, ser submetida a praça na reserva remunerada ou reformada, presumivelmente incapaz de permanecer na situação de inatividade em que se encontra.

TÍTULO III
DOS DIREITOS E DAS PRERROGATIVAS DOS MILITARES

CAPÍTULO I
DOS DIREITOS

SEÇÃO I
ENUMERAÇÃO

Art. 50. São direitos dos militares:

I - a garantia da patente em toda a sua plenitude, com as vantagens, prerrogativas e deveres a ela inerentes, quando oficial, nos termos da Constituição;

I-A. - a proteção social, nos termos do art. 50-A desta Lei; *(Inciso acrescido pela Lei nº 13.954, de 16/12/2019)*

II - o provento calculado com base no soldo integral do posto ou da graduação que possuía por ocasião da transferência para a inatividade remunerada: *(Inciso com redação dada pela Lei nº 13.954, de 16/12/2019)*

a) por contar mais de 35 (trinta e cinco) anos de serviço; *(Alínea acrescida pela Lei nº 13.954, de 16/12/2019)*

b) por atingir a idade-limite de permanência em atividade no posto ou na graduação; *(Alínea acrescida pela Lei nº 13.954, de 16/12/2019)*

c) por estar enquadrado em uma das hipóteses previstas nos incisos VIII ou IX do *caput* do art. 98 desta Lei; ou *(Alínea acrescida pela Lei nº 13.954, de 16/12/2019)*

d) por ter sido incluído em quota compulsória unicamente em razão do disposto na alínea "c" do inciso III do *caput* do art. 101 desta Lei; *(Alínea acrescida pela Lei nº 13.954, de 16/12/2019)*

III - o provento calculado com base em tantas quotas de soldo do posto ou da graduação quantos forem os anos de serviço, até o limite de 35 (trinta e cinco) anos, quando tiver sido abrangido pela quota compulsória, ressalvado o disposto na alínea "d" do inciso II do *caput* deste artigo; *(Inciso com redação dada pela Lei nº 13.954, de 16/12/2019)*

IV - nas condições ou nas limitações impostas por legislação e regulamentação específicas, os seguintes: *(Inciso com redação dada pela Lei nº 13.954, de 16/12/2019)*

a) a estabilidade, somente se praça de carreira com 10 (dez) anos ou mais de tempo de efetivo serviço; *(Alínea com redação dada pela Lei nº 13.954, de 16/12/2019)*

b) o uso das designações hierárquicas;

c) a ocupação de cargo correspondente ao posto ou à graduação;

d) a percepção de remuneração;

e) a assistência médico-hospitalar para si e seus dependentes, assim entendida como o conjunto de atividades relacionadas com a prevenção, conservação ou recuperação da saúde, abrangendo serviços profissionais médicos, farmacêuticos e odontológicos, bem como o fornecimento, a aplicação de meios e os cuidados e demais atos médicos e paramédicos necessários;

f) o funeral para si e seus dependentes, constituindo-se no conjunto de medidas tomadas pelo Estado, quando solicitado, desde o óbito até o sepultamento condigno;

g) a alimentação, assim entendida como as refeições fornecidas aos militares em atividade;

h) o fardamento, constituindo-se no conjunto de uniformes, roupa branca e roupa de cama, fornecido ao militar na ativa de graduação inferior a terceiro-sargento e, em casos especiais, a outros militares;

i) a moradia para o militar em atividade, compreendendo:

1 - alojamento em organização militar, quando aquartelado ou embarcado; e

2 - habitação para si e seus dependentes; em imóvel sob a responsabilidade da União, de acordo com a disponibilidade existente.

j) *(Revogada pela Medida Provisória nº 2.215-10, de 31/8/2001)*

l) a constituição de pensão militar;

m) a promoção;

n) a transferência a pedido para a reserva remunerada;

o) as férias, os afastamentos temporários do serviço e as licenças;

p) a demissão e o licenciamento voluntários;

q) o porte de arma quando oficial em serviço ativo ou em inatividade, salvo caso de inatividade por alienação mental ou condenação por crimes contra a segurança do Estado ou por atividades que desaconselhem aquele porte;

r) o porte de arma, pelas praças, com as restrições impostas pela respectiva Força Armada; e

s) outros direitos previstos em leis específicas.

§ 1º *(Revogado pela Medida Provisória nº 2.215-10, de 31/8/2001)*

§ 2º São considerados dependentes do militar, desde que assim declarados por ele na organização militar competente: *(Parágrafo com redação dada pela Lei nº 13.954, de 16/12/2019)*

I - o cônjuge ou o companheiro com quem viva em união estável, na constância do vínculo; *(Inciso com redação dada pela Lei nº 13.954, de 16/12/2019)*

II - o filho ou o enteado: *(Inciso com redação dada pela Lei nº 13.954, de 16/12/2019)*

a) menor de 21 (vinte e um) anos de idade; *(Alínea acrescida pela Lei nº 13.954, de 16/12/2019)*

b) inválido; *(Alínea acrescida pela Lei nº 13.954, de 16/12/2019)*

III - *(Revogado pela Lei nº 13.954, de 16/12/2019)*

IV - *(Revogado pela Lei nº 13.954, de 16/12/2019)*

V - *(Revogado pela Lei nº 13.954, de 16/12/2019)*

VI - *(Revogado pela Lei nº 13.954, de 16/12/2019)*

VII - *(Revogado pela Lei nº 13.954, de 16/12/2019)*

VIII - *(Revogado pela Lei nº 13.954, de 16/12/2019)*

§ 3º Podem, ainda, ser considerados dependentes do militar, desde que não recebam rendimentos e sejam declarados por ele na organização militar competente: *(Parágrafo com redação dada pela Lei nº 13.954, de 16/12/2019)*

‣ Decreto 10.651/2021 (Regulamento).

a) *(Revogada pela Lei nº 13.954, de 16/12/2019)*

b) *(Revogada pela Lei nº 13.954, de 16/12/2019)*

c) *(Revogada pela Lei nº 13.954, de 16/12/2019)*

d) *(Revogada pela Lei nº 13.954, de 16/12/2019)*

e) *(Revogada pela Lei nº 13.954, de 16/12/2019)*

f) *(Revogada pela Lei nº 13.954, de 16/12/2019)*

g) *(Revogada pela Lei nº 13.954, de 16/12/2019)*

h) *(Revogada pela Lei nº 13.954, de 16/12/2019)*

i) *(Revogada pela Lei nº 13.954, de 16/12/2019)*

j) *(Revogada pela Lei nº 13.954, de 16/12/2019)*

I - o filho ou o enteado estudante menor de 24 (vinte e quatro) anos de idade; *(Inciso com redação dada pela Lei nº 13.954, de 16/12/2019)*

II - o pai e a mãe; *(Inciso com redação dada pela Lei nº 13.954, de 16/12/2019)*

III - o tutelado ou o curatelado inválido ou menor de 18 (dezoito) anos de idade que viva sob a sua guarda por decisão judicial. *(Inciso com redação dada pela Lei nº 13.954, de 16/12/2019)*

§ 4º *(Revogado pela Lei nº 13.954, de 16/12/2019)*

§ 5º Após o falecimento do militar, manterão os direitos previstos nas alíneas "e", "f" e "s" do inciso IV do *caput* deste artigo, enquanto conservarem os requisitos de dependência, mediante participação nos custos e no pagamento das contribuições devidas, conforme estabelecidos em regulamento: *(Parágrafo acrescido pela Lei nº 13.954, de 16/12/2019)*

I - o viúvo, enquanto não contrair matrimônio ou constituir união estável;

II - o filho ou o enteado menor de 21 (vinte e um) anos de idade ou inválido;

III - o filho ou o enteado estudante menor de 24 (vinte e quatro) anos de idade;

IV - os dependentes a que se refere o § 3º deste artigo, por ocasião do óbito do militar.

Art. 50-A. O Sistema de Proteção Social dos Militares das Forças Armadas é o conjunto integrado de direitos, serviços e ações, permanentes e interativas, de remuneração, pensão, saúde e assistência, nos termos desta Lei e das regulamentações específicas. *(Artigo acrescido pela Lei nº 13.954, de 16/12/2019)*

Art. 51. O militar que se julgar prejudicado ou ofendido por qualquer ato administrativo ou disciplinar de superior hierárquico poderá recorrer ou interpor pedido de reconsideração, queixa ou representação, segundo regulamentação específica de cada Força Armada.

§ 1º O direito de recorrer na esfera administrativa prescreverá:

a) em 15 (quinze) dias corridos, a contar do recebimento da comunicação oficial, quanto a ato que decorra de inclusão em quota compulsória ou de composição de Quadro de Acesso; e

b) em 45 (quarenta e cinco) dias, nas demais hipóteses. *(Alínea com redação dada pela Lei nº 13.954, de 16/12/2019)*

§ 2º O pedido de reconsideração, a queixa e a representação não podem ser feitos coletivamente.

§ 3º *(Revogado pela Lei nº 13.954, de 16/12/2019)*

Art. 52. Os militares são alistáveis, como eleitores, desde que oficiais, guardas-marinha ou aspirantes-a-oficial, suboficiais ou subtenentes, sargentos ou alunos das escolas militares de nível superior para formação de oficiais.

Parágrafo único. Os militares alistáveis são elegíveis, atendidas às seguintes condições:

a) se contar menos de 5 (cinco) anos de serviço, será, ao se candidatar a cargo eletivo, excluído do serviço ativo mediante demissão ou licenciamento *ex officio* ; e

b) se em atividade, com 5 (cinco) ou mais anos de serviço, será, ao se candidatar a cargo eletivo, afastado, temporariamente, do serviço ativo e agregado, considerado em licença para tratar de interesse particular; se eleito, será, no ato da diplomação, transferido para a reserva remunerada, percebendo a remuneração a que fizer jus em função do seu tempo de serviço.

SEÇÃO II
DA REMUNERAÇÃO

Art. 53. A remuneração dos militares será estabelecida em legislação específica, comum às Forças Armadas. *(Artigo com redação dada pela Medida Provisória nº 2.215-10, de 31/8/2001)*

Art. 53-A. A remuneração dos militares ativos e inativos é encargo financeiro do Tesouro Nacional. *(Artigo acrescido pela Lei nº 13.954, de 16/12/2019)*

Art. 54. O soldo é irredutível e não está sujeito à penhora, seqüestro ou arresto, exceto nos casos previstos em Lei.

Art. 55. O valor do soldo é igual para o militar da ativa, da reserva remunerada ou reformado, de um mesmo grau hierárquico, ressalvado o disposto no item II, do *caput*, do artigo 50.

Art. 56. Por ocasião de sua passagem para a inatividade, o militar terá direito a tantas quotas de soldo quantos forem os anos de serviço computáveis para a inatividade, até o máximo de 35 (trinta e cinco) anos, ressalvado o disposto nas alíneas "b", "c" e "d" do inciso II do *caput* do art. 50 desta Lei. *("Caput" do artigo com redação dada pela Lei nº 13.954, de 16/12/2019)*

Parágrafo único. *(Revogado pela Lei nº 13.954, de 16/12/2019)*

Art. 57. Nos termos do § 9º, do artigo 93, da Constituição, a proibição de acumular proventos de inatividade não se aplica aos militares da reserva remunerada e aos reformados quanto ao exercício de mandato eletivo, quanto ao de função de magistério ou de cargo em comissão ou quanto ao contrato para prestação de serviços técnicos ou especializados.

Art. 58. Os proventos de inatividade serão revistos sempre que, por motivo de alteração do poder aquisitivo da moeda, se modificarem os vencimentos dos militares em serviço ativo.

Parágrafo único. Ressalvados os casos previstos em lei, os proventos da inatividade não poderão exceder à remuneração percebida pelo militar da ativa no posto ou graduação correspondente aos dos seus proventos.

SEÇÃO III
DA PROMOÇÃO

Art. 59. O acesso na hierarquia militar, fundamentado principalmente no valor moral e profissional, é seletivo, gradual e sucessivo e será feito mediante promoções, de conformidade com a legislação e regulamentação de promoções de oficiais e de praças, de modo a obter-se um fluxo regular e equilibrado de carreira para os militares.

Parágrafo único. O planejamento da carreira dos oficiais e das praças é atribuição de cada um dos Ministérios das Forças Singulares.

Art. 60. As promoções serão efetuadas pelos critérios de antigüidade, merecimento ou escolha, ou, ainda, por bravura e *post mortem*.

§ 1º Em casos extraordinários e independentemente de vagas, poderá haver promoção em ressarcimento de preterição.

§ 2º A promoção de militar feita em ressarcimento de preterição será efetuada segundo os critérios de antigüidade ou merecimento, recebendo ele o número que lhe competir na escala hierárquica, como se houvesse sido promovido, na época devida, pelo critério em que ora é feita sua promoção.

Art. 61. A fim de manter a renovação, o equilíbrio e a regularidade de acesso nos diferentes Corpos, Quadros, Armas ou Serviços, haverá anual e obrigatoriamente um número fixado de vagas à promoção, nas proporções abaixo indicadas:

I - Almirantes-de-Esquadra, Generais-de-Exército e Tenentes-Brigadeiros - 1/4 (um quarto) dos respectivos Corpos ou Quadros;

II - Vice-Almirantes, Generais-de-Divisão e Majores-Brigadeiros - 1/4 (um quarto) dos respectivos Corpos ou Quadros;

III - Contra-Almirantes, Generais-de-Brigada e Brigadeiros - 1/4 (um quarto) dos respectivos Corpos ou Quadros;

IV - Capitães-de-Mar-e-Guerra e Coronéis - no mínimo 1/8 (um oitavo) dos respectivos Corpos, Quadros, Armas ou Serviços;

V - Capitães-de-Fragata e Tenentes-Coronéis - no mínimo 1/15 (um quinze avos) dos respectivos Corpos, Quadros, Armas ou Serviços;

VI - Capitães-de-Corveta e Majores - no mínimo 1/20 (um vinte avos) dos respectivos Corpos, Quadros, Armas ou Serviços; e

VII - Oficiais dos 3 (três) últimos postos dos Quadros de que trata a alínea *b* do inciso I do art. 98, 1/4 para o último posto, no mínimo 1/10 para o penúltimo posto, e no mínimo 1/15 para o antepenúltimo posto, dos respectivos Quadros, exceto quando o último e o penúltimo postos forem Capitão-Tenente ou Capitão e 1º Tenente, caso em que as proporções serão no mínimo 1/10 e 1/20, respectivamente. *(Inciso com redação dada pela Lei nº 7.666, de 22/8/1988)*

§ 1º O número de vagas para promoção obrigatória em cada ano-base para os postos relativos aos itens IV, V, VI e VII deste artigo será fixado, para cada Força, em decretos separados, até o dia 15 (quinze) de janeiro do ano seguinte.

§ 2º As frações que resultarem da aplicação das proporções estabelecidas neste artigo serão adicionadas, cumulativamente, aos cálculos correspondentes dos anos seguintes, até completar-se pelo menos 1 (um) inteiro que, então, será computado para obtenção de uma vaga para promoção obrigatória.

§ 3º As vagas serão consideradas abertas:

a) na data da assinatura do ato que promover, passar para a inatividade, transferir de Corpo ou Quadro, demitir ou agregar o militar;

b) na data fixada na Lei de Promoções de Oficiais da Ativa das Forças Armadas ou seus regulamentos, em casos neles indicados; e

c) na data oficial do óbito do militar.

Art. 62. Não haverá promoção de militar por ocasião de sua transferência para a reserva remunerada ou reforma.

SEÇÃO IV
DAS FÉRIAS E DE OUTROS AFASTAMENTOS TEMPORÁRIOS DO SERVIÇO

Art. 63. Férias são afastamentos totais do serviço, anual e obrigatoriamente concedidos aos militares para descanso, a partir do último mês do ano a que se referem e durante todo o ano seguinte.

§ 1º O Poder Executivo fixará a duração das férias, inclusive para os militares servindo em localidades especiais.

§ 2º Compete aos Ministros Militares regulamentar a concessão de férias.

§ 3º A concessão de férias não é prejudicada pelo gozo anterior de licença para tratamento de saúde, nem por punição anterior decorrente de contravenção ou transgressão disciplinar, ou pelo estado de guerra, ou para que sejam cumpridos atos em serviço, bem como não anula o direito àquela licença. *(Parágrafo com redação dada pela Medida Provisória nº 2.215-10, de 31/8/2001)*

§ 4º Somente em casos de interesse da segurança nacional, de manutenção da ordem, de extrema necessidade do serviço, de transferência para a inatividade, ou para cumprimento de punição decorrente de contravenção ou de transgressão disciplinar de natureza grave e em caso de baixa a hospital, os militares terão interrompido ou deixarão de gozar na época prevista o período de férias a que tiverem direito, registrando-se o fato em seus assentamentos.

§ 5º *(Revogado pela Medida Provisória nº 2.215-10, de 31/8/2001)*

Art. 64. Os militares têm direito, ainda, aos seguintes períodos de afastamento total do serviço, obedecidas às disposições legais e regulamentares, por motivo de:

I - núpcias: 8 (oito) dias;

II - luto: 8 (oito) dias;

III - instalação: até 10 (dez) dias; e

IV - trânsito: até 30 (trinta) dias.

Art. 65. As férias e os afastamentos mencionados no artigo anterior são concedidos com a remuneração prevista na legislação específica e computados como tempo de efetivo serviço para todos os efeitos legais.

Art. 66. As férias, instalação e trânsito dos militares que se encontrem a serviço no estrangeiro devem ter regulamentação idêntica para as três Forças Armadas.

SEÇÃO V
DAS LICENÇAS

Art. 67. Licença é a autorização para afastamento total do serviço, em caráter temporário, concedida ao militar, obedecidas às disposições legais e regulamentares.

§ 1º A licença pode ser:

a) *(Revogada pela Medida Provisória nº 2.215-10, de 31/8/2001)*;

b) para tratar de interesse particular;

c) para tratamento de saúde de pessoa da família; e

d) para tratamento de saúde própria.

e) para acompanhar cônjuge ou companheiro; *(Alínea acrescida pela Lei nº 11.447, de 5/1/2007, e com nova redação dada pela Lei nº 13.954, de 16/12/2019)*

f) para maternidade, paternidade ou adoção. *(Alínea acrescida pela Lei nº 13.954, de 16/12/2019)*

§ 2º A remuneração do militar licenciado será regulada em legislação específica.

§ 3º A concessão da licença é regulada pelo Comandante da Força. *(Parágrafo com redação dada pela Medida Provisória nº 2.215-10, de 31/8/2001)*

Art. 68. *(Revogado pela Medida Provisória nº 2.215-10, de 31/8/2001)*

Art. 69. Licença para tratar de interesse particular é a autorização para o afastamento total do serviço, concedida ao militar, com mais de 10 (dez) anos de efetivo serviço, que a requeira com aquela finalidade.

Parágrafo único. A licença de que trata este artigo será sempre concedida com prejuízo da remuneração e da contagem de tempo de efetivo serviço, exceto, quanto a este último, para fins de indicação para a quota compulsória.

Art. 69-A. A licença para acompanhar cônjuge ou companheiro é a autorização para o afastamento total do serviço concedida a militar de carreira que a requeira para acompanhar cônjuge ou companheiro servidor público da União ou militar das Forças Armadas que for, de ofício, exercer atividade em órgão da administração pública federal situado em outro ponto do território nacional ou no exterior, diverso da localização da organização militar do requerente. *("Caput" do artigo acrescido pela Lei nº 11.447, de 5/1/2007, e com nova redação dada pela Lei nº 13.954, de 16/12/2019)*

§ 1º A licença será concedida sempre com prejuízo da remuneração e da contagem de tempo de efetivo serviço, exceto, quanto a este último, para fins de indicação para a quota compulsória. *(Parágrafo acrescido pela Lei nº 11.447, de 5/1/2007)*

§ 2º O prazo-limite para a licença será de 36 (trinta e seis) meses, podendo ser concedido de forma contínua ou fracionada. *(Parágrafo acrescido pela Lei nº 11.447, de 5/1/2007)*

§ 3º Para a concessão da licença para acompanhar companheiro(a), há necessidade de que seja reconhecida a união estável entre o homem e a mulher como entidade familiar, de acordo com a legislação específica. *(Parágrafo acrescido pela Lei nº 11.447, de 5/1/2007)*

§ 4º Não será concedida a licença de que trata este artigo quando o militar acompanhante puder ser passado à disposição ou à situação de adido ou ser classificado/lotado em organização militar das Forças Armadas para o desempenho de funções compatíveis com o seu nível hierárquico. *(Parágrafo acrescido pela Lei nº 11.447, de 5/1/2007)*

§ 5º A passagem à disposição ou à situação de adido ou a classificação/lotação em organização militar, de que trata o § 4º deste artigo, será efetivada sem ônus para a União e sempre com a aquiescência das Forças Armadas envolvidas. *(Parágrafo acrescido pela Lei nº 11.447, de 5/1/2007)*

Art. 70. As licenças poderão ser interrompidas a pedido ou nas condições estabelecidas neste artigo.

§ 1º A interrupção da licença especial, da licença para tratar de interesse particular e da licença para acompanhar cônjuge ou companheiro(a) poderá ocorrer: *("Caput" do parágrafo com redação dada pela Lei nº 11.447, de 5/1/2007)*

a) em caso de mobilização e estado de guerra;

b) em caso de decretação de estado de emergência ou de estado de sítio;

c) para cumprimento de sentença que importe em restrição da liberdade individual;

d) para cumprimento de punição disciplinar, conforme regulamentação de cada Força; e *(Alínea com redação dada pela Medida Provisória nº 2.215-10, de 31/8/2001)*

e) em caso de denúncia ou de pronúncia em processo criminal ou indiciação em inquérito militar, a juízo da autoridade que efetivou a denúncia, a pronúncia ou a indiciação.

§ 2º A interrupção da licença para tratar de interesse particular e da licença para acompanhar cônjuge ou companheiro(a) será definitiva quando o militar for reformado ou transferido, de ofício, para a reserva remunerada. *(Parágrafo com redação dada pela Lei nº 11.447, de 5/1/2007)*

§ 3º A interrupção da licença para tratamento de saúde de pessoa da família, para cumprimento de pena disciplinar que importe em restrição da liberdade individual, será regulada em cada Força.

SEÇÃO VI
DA PENSÃO MILITAR

Art. 71. A pensão militar destina-se a amparar os beneficiários do militar falecido ou extraviado e será paga conforme o disposto em legislação específica.

§ 1º Para fins de aplicação da legislação específica, será considerado como posto ou graduação do militar o correspondente ao soldo sobre o qual forem calculadas as suas contribuições.

§ 2º Todos os militares são contribuintes obrigatórios da pensão militar correspondente ao seu posto ou graduação, com as exceções previstas em legislação específica.

§ 2º-A. As pensões militares são custeadas com recursos provenientes da contribuição dos militares das Forças Armadas, de seus pensionistas e do Tesouro Nacional. *(Parágrafo acrescido pela Lei nº 13.954, de 16/12/2019)*

§ 3º Todo militar é obrigado a fazer sua declaração de beneficiários que, salvo prova em contrário, prevalecerá para a habilitação dos mesmos à pensão militar.

Art. 72. A pensão militar defere-se nas prioridades e condições estabelecidas em legislação específica.

CAPÍTULO II
DAS PRERROGATIVAS

SEÇÃO I
CONSTITUIÇÃO E ENUMERAÇÃO

Art. 73. As prerrogativas dos militares são constituídas pelas honras, dignidades e distinções devidas aos graus hierárquicos e cargos.

Parágrafo único. São prerrogativas dos militares:

a) uso de títulos, uniformes, distintivos, insígnias e emblemas militares das Forças Armadas, correspondentes ao posto ou graduação, Corpo, Quadro, Arma, Serviço ou Cargo;

b) honras, tratamento e sinais de respeito que lhes sejam assegurados em leis e regulamentos;

c) cumprimento de pena de prisão ou detenção somente em organização militar da respectiva Força cujo comandante, chefe ou diretor tenha precedência hierárquica sobre o preso ou, na impossibilidade de cumprir esta disposição, em organização militar de outra Força cujo comandante, chefe ou diretor tenha a necessária precedência; e

d) julgamento em foro especial, nos crimes militares.

Art. 74. Somente em caso de flagrante delito o militar poderá ser preso por autoridade policial, ficando esta obrigada a entregá-lo imediatamente à autoridade militar mais próxima, só podendo retê-lo, na delegacia ou posto policial, durante o tempo necessário à lavratura do flagrante.

§ 1º Cabe à autoridade militar competente a iniciativa de responsabilizar a autoridade policial que não cumprir ao disposto neste artigo e a que maltratar ou consentir que seja maltratado qualquer preso militar ou não lhe der o tratamento devido ao seu posto ou graduação.

§ 2º Se, durante o processo e julgamento no foro civil, houver perigo de vida para qualquer preso militar, a autoridade militar competente, mediante requisição da autoridade judiciária, mandará guardar os pretórios ou tribunais por força federal.

Art. 75. Os militares da ativa, no exercício de funções militares, são dispensados do serviço na instituição do Júri e do serviço na Justiça Eleitoral.

SEÇÃO II
DO USO DOS UNIFORMES

Art. 76. Os uniformes das Forças Armadas, com seus distintivos, insígnias e emblemas, são privativos dos militares e simbolizam a autoridade militar, com as prerrogativas que lhe são inerentes.

Parágrafo único. Constituem crimes previstos na legislação específica o desrespeito aos uniformes, distintivos, insígnias e emblemas militares, bem como seu uso por quem a eles não tiver direito.

Art. 77. O uso dos uniformes com seus distintivos, insígnias e emblemas, bem como os modelos, descrição, composição, peças acessórias e outras disposições, são os estabelecidos na regulamentação específica de cada Força Armada.

§ 1º É proibido ao militar o uso dos uniformes:

a) em manifestação de caráter político-partidária;

b) em atividade não-militar no estrangeiro, salvo quando expressamente determinado ou autorizado; e

c) na inatividade, salvo para comparecer a solenidades militares, a cerimônias cívicas comemorativas de datas nacionais ou a atos sociais solenes de caráter particular, desde que autorizado.

§ 2º O oficial na inatividade, quando no cargo de Ministro de Estado da Marinha, do Exército ou da Aeronáutica, poderá usar os mesmos uniformes dos militares na ativa.

§ 3º Os militares na inatividade cuja conduta possa ser considerada como ofensiva à dignidade da classe poderão ser definitivamente proibidos de usar uniformes por decisão do Ministro da respectiva Força Singular.

Art. 78. O militar fardado tem as obrigações correspondentes ao uniforme que use e aos distintivos, emblemas ou às insígnias que ostente.

Art. 79. É vedado às Forças Auxiliares e a qualquer elemento civil ou organizações civis usar uniformes ou ostentar distintivos, insígnias ou emblemas que possam ser confundidos com os adotados nas Forças Armadas.

Parágrafo único. São responsáveis pela infração das disposições deste artigo, além dos indivíduos que a tenham cometido, os comandantes das Forças Auxiliares, diretores ou chefes de repartições, organizações de qualquer natureza, firmas ou empregadores, empresas, institutos ou departamentos que tenham adotado ou consentido sejam usados uniformes ou ostentados distintivos, insígnias ou emblemas que possam ser confundidos com os adotados nas Forças Armadas.

TÍTULO IV
DAS DISPOSIÇÕES DIVERSAS

CAPÍTULO I
DAS SITUAÇÕES ESPECIAIS

SEÇÃO I
DA AGREGAÇÃO

Art. 80. Agregação é a situação na qual o militar da ativa deixa de ocupar vaga na escala hierárquica de seu Corpo, Quadro, Arma ou Serviço, nela permanecendo sem número.

Art. 81. O militar será agregado e considerado, para todos os efeitos legais, como em serviço ativo quando:

I - for nomeado para cargo, militar ou considerado de natureza militar, estabelecido em lei ou decreto, no País ou no estrangeiro, não-previsto nos Quadros de Organização ou Tabelas de Lotação da respectiva Força Armada, exceção feita aos membros das comissões de estudo ou de aquisição de material, aos observadores de guerra e aos estagiários para aperfeiçoamento de conhecimentos militares em organizações militares ou industriais no estrangeiro;

II - for posto à disposição exclusiva do Ministério da Defesa ou de Força Armada diversa daquela a que pertença, para ocupar cargo militar ou considerado de natureza militar; *(Inciso com redação dada pela Medida Provisória nº 2.215-10, de 31/8/2001)*

III - aguardar transferência *ex officio* para a reserva, por ter sido enquadrado em quaisquer dos requisitos que a motivaram;

IV - o órgão competente para formalizar o respectivo processo tiver conhecimento oficial do pedido de transferência do militar para a reserva; e

V - houver ultrapassado 6 (seis) meses contínuos na situação de convocado para funcionar como Ministro do Superior Tribunal Militar.

§ 1º A agregação de militar nos casos dos itens I e II é contada a partir da data da posse no novo cargo até o regresso à Força Armada a que pertence ou a transferência *ex officio* para a reserva.

§ 2º A agregação de militar no caso do item III é contada a partir da data indicada no ato que tornar público o respectivo evento.

§ 3º A agregação de militar no caso do item IV é contada a partir da data indicada no ato que tornar pública a comunicação oficial até a transferência para a reserva.

§ 4º A agregação de militar no caso do item V é contada a partir do primeiro dia após o respectivo prazo e enquanto durar o evento.

Art. 82. O militar será agregado quando for afastado temporariamente do serviço ativo por motivo de:

I - ter sido julgado incapaz temporariamente, após 1 (um) ano contínuo de tratamento;

II - haver ultrapassado 1 (um) ano contínuo em licença para tratamento de saúde própria;

III - haver ultrapassado 6 (seis) meses contínuos em licença para tratar de interesse particular ou em licença para acompanhar cônjuge ou companheiro(a); *(Inciso com redação dada pela Lei nº 11.447, de 5/1/2007)*

IV - haver ultrapassado 6 (seis) meses contínuos em licença para tratar de saúde de pessoa da família;

V - ter sido julgado incapaz definitivamente, enquanto tramita o processo de reforma;

VI - ter sido considerado oficialmente extraviado;

VII - ter-se esgotado o prazo que caracteriza o crime de deserção previsto no Código Penal Militar, se oficial ou praça com estabilidade assegurada;

VIII - como desertor, ter-se apresentado voluntariamente, ou ter sido capturado, e reincluído a fim de se ver processar;

IX - se ver processar, após ficar exclusivamente à disposição da Justiça Comum;

X - ter sido condenado à pena restritiva de liberdade superior a 6 (seis) meses, em sentença transitada em julgado, enquanto durar a execução, excluído o período de sua suspensão condicional, se concedida esta, ou até ser declarado indigno de pertencer às Forças Armadas ou com elas incompatível;

XI - ter sido condenado à pena de suspensão do exercício do posto, graduação, cargo ou função prevista no Código Penal Militar;

XII - ter passado à disposição de Ministério Civil, de órgão do Governo Federal, de Governo Estadual, de Território ou Distrito Federal, para exercer função de natureza civil;

XIII - ter sido nomeado para qualquer cargo público civil temporário, não-eletivo, inclusive da administração indireta; e

XIV - ter-se candidatado a cargo eletivo, desde que conte 5 (cinco) ou mais anos de serviço.

§ 1º A agregação de militar nos casos dos itens I, II, III e IV é contada a partir do primeiro dia após os respectivos prazos e enquanto durar o evento.

§ 2º A agregação de militar nos casos dos itens V, VI, VII, VIII, IX, X e XI é contada a partir da data indicada no ato que tornar público o respectivo evento.

§ 3º A agregação de militar nos casos dos itens XII e XIII é contada a partir da data de posse no novo cargo até o regresso à Força Armada a que pertence ou transferência *ex officio* para a reserva.

§ 4º A agregação de militar no caso do item XIV é contada a partir da data do registro como candidato até sua diplomação ou seu regresso à Força Armada a que pertence, se não houver sido eleito.

Art. 82-A. Considera-se incapaz para o serviço ativo o militar que, temporária ou definitivamente, se encontrar física ou mentalmente inapto para o exercício de cargos, funções e atividades militares. *(Artigo acrescido pela Lei nº 13.954, de 16/12/2019)*

Art. 83. O militar agregado fica sujeito às obrigações disciplinares concernentes às suas relações com outros militares e autoridades civis, salvo quando titular de cargo que lhe dê precedência funcional sobre outros militares mais graduados ou mais antigos.

Art. 84. O militar agregado ficará adido, para efeito de alterações e remuneração, à organização militar que lhe for designada, continuando a figurar no respectivo registro, sem número, no lugar que até então ocupava.

Art. 85. A agregação se faz por ato do Presidente da República ou da autoridade à qual tenha sido delegada a devida competência.

SEÇÃO II
DA REVERSÃO

Art. 86. Reversão é o ato pelo qual o militar agregado retorna ao respectivo Corpo, Quadro, Arma ou Serviço tão logo cesse o motivo que determinou sua agregação, voltando a ocupar o lugar que lhe competir na respectiva escala numérica, na primeira vaga que ocorrer, observado o disposto no § 3º do artigo 100.

Parágrafo único. Em qualquer tempo poderá ser determinada a reversão do militar agregado nos casos previstos nos itens IX, XII e XIII do artigo 82.

Art. 87. A reversão será efetuada mediante ato do Presidente da República ou da autoridade à qual tenha sido delegada a devida competência.

SEÇÃO III
DO EXCEDENTE

Art. 88. Excedente é a situação transitória a que, automaticamente, passa o militar que:

I - tendo cessado o motivo que determinou sua agregação, reverta ao respectivo Corpo, Quadro, Arma ou Serviço, estando qualquer destes com seu efetivo completo;

II - aguarda a colocação a que faz jus na escala hierárquica, após haver sido transferido de Corpo ou Quadro, estando os mesmos com seu efetivo completo;

III - é promovido por bravura, sem haver vaga;

IV - é promovido indevidamente;

V - sendo o mais moderno da respectiva escala hierárquica, ultrapasse o efetivo de seu Corpo, Quadro, Arma ou Serviço, em virtude de promoção de outro militar em ressarcimento de preterição; e

VI - tendo cessado o motivo que determinou sua reforma por incapacidade definitiva, retorne ao respectivo Corpo, Quadro, Arma ou Serviço, estando qualquer destes com seu efetivo completo.

§ 1º O militar cuja situação é a de excedente, salvo o indevidamente promovido, ocupa a mesma posição relativa, em antigüidade, que lhe cabe na escala hierárquica e receberá o número que lhe competir, em conseqüência da primeira vaga que se verificar, observado o disposto no § 3º do artigo 100.

§ 2º O militar, cuja situação é de excedente, é considerado, para todos os efeitos, como em efetivo serviço e concorre, respeitados os requisitos legais, em igualdade de condições e sem nenhuma restrição, a qualquer cargo militar, bem como à promoção e à quota compulsória.

§ 3º O militar promovido por bravura sem haver vaga ocupará a primeira vaga aberta, observado o disposto no § 3º do artigo 100, deslocando o critério de promoção a ser seguido para a vaga seguinte.

§ 4º O militar promovido indevidamente só contará antigüidade e receberá o número que lhe competir na escala hierárquica quando a vaga que deverá preencher corresponder ao critério pelo qual deveria ter sido promovido, desde que satisfaça aos requisitos para promoção.

SEÇÃO IV
DO AUSENTE E DO DESERTOR

Art. 89. É considerado ausente o militar que, por mais de 24 (vinte e quatro) horas consecutivas:

I - deixar de comparecer à sua organização militar sem comunicar qualquer motivo de impedimento; e

II - ausentar-se, sem licença, da organização militar onde serve ou local onde deve permanecer.

Parágrafo único. Decorrido o prazo mencionado neste artigo, serão observadas as formalidades previstas em legislação específica.

Art. 90. O militar é considerado desertor nos casos previstos na legislação penal militar.

SEÇÃO V
DO DESAPARECIDO E DO EXTRAVIADO

Art. 91. É considerado desaparecido o militar na ativa que, no desempenho de qualquer serviço, em viagem, em campanha ou em caso de calamidade pública, tiver paradeiro ignorado por mais de 8 (oito) dias.

Parágrafo único. A situação de desaparecimento só será considerada quando não houver indício de deserção.

Art. 92. O militar que, na forma do artigo anterior, permanecer desaparecido por mais de 30 (trinta) dias, ser oficialmente considerado extraviado.

SEÇÃO VI
DO COMISSIONADO

Art. 93. Após a declaração de estado de guerra, os militares em serviço ativo poderão ser comissionados, temporariamente, em postos ou graduações superiores aos que efetivamente possuírem.

Parágrafo único. O comissionamento de que trata este artigo será regulado em legislação específica.

CAPÍTULO II
DA EXCLUSÃO DO SERVIÇO ATIVO

SEÇÃO I
DA OCORRÊNCIA

Art. 94. A exclusão do serviço ativo das Forças Armadas e o conseqüente desligamento da organização a que estiver vinculado o militar decorrem dos seguintes motivos:

I - transferência para a reserva remunerada;

II - reforma;

III - demissão;

IV - perda de posto e patente;

V - licenciamento;

VI - anulação de incorporação;

VII - desincorporação;

VIII - a bem da disciplina;

IX - deserção;

X - falecimento; e

XI - extravio.

§ 1º O militar excluído do serviço ativo e desligado da organização a que estiver vinculado passará a integrar a reserva das Forças Armadas, exceto se incidir em qualquer dos itens II, IV, VI, VIII, IX, X e XI deste artigo ou for licenciado, *ex officio*, a bem da disciplina.

§ 2º Os atos referentes às situações de que trata o presente artigo são da alçada do Presidente da República, ou da autoridade competente para realizá-los, por delegação.

Art. 95. O militar na ativa, enquadrado em um dos itens I, II, V e VII do artigo anterior, ou demissionário a pedido, continuará no exercício de suas funções até ser desligado da organização militar em que serve.

§ 1º O desligamento do militar da organização em que serve deverá ser feito após a publicação em *Diário Oficial*, em Boletim ou em Ordem de Serviço de sua organização militar, do ato oficial correspondente, e não poderá exceder 45 (quarenta e cinco) dias da data da primeira publicação oficial.

§ 2º Ultrapassado o prazo a que se refere o parágrafo anterior, o militar será considerado desligado da organização a que estiver vinculado, deixando de contar tempo de serviço, para fins de transferência para a inatividade.

SEÇÃO II
DA TRANSFERÊNCIA PARA A RESERVA REMUNERADA

Art. 96. A passagem do militar à situação de inatividade, mediante transferência para a reserva remunerada, se efetua:

I - a pedido; e

II - *ex officio*.

Parágrafo único. A transferência do militar para a reserva remunerada pode ser suspensa na vigência do estado de guerra, estado de sítio, estado de emergência ou em caso de mobilização.

Art. 97. A transferência para a reserva remunerada, a pedido, será concedida, por meio de requerimento, ao militar de carreira que contar, no mínimo, 35 (trinta e cinco) anos de serviço, dos quais: *("Caput" do artigo com redação dada pela Lei nº 13.954, de 16/12/2019)*

I - no mínimo, 30 (trinta) anos de exercício de atividade de natureza militar nas Forças Armadas, para os oficiais formados na Escola Naval, na Academia Militar das Agulhas Negras, na Academia da Força Aérea, no Instituto Militar de Engenharia, no Instituto Tecnológico de Aeronáutica e em escola ou centro de formação de oficiais oriundos de carreira de praça e para as praças; ou *(Inciso acrescido pela Lei nº 13.954, de 16/12/2019)*

II - no mínimo, 25 (vinte e cinco) anos de exercício de atividade de natureza militar nas Forças Armadas, para os oficiais não enquadrados na hipótese prevista no inciso I do *caput* deste artigo. *(Inciso acrescido pela Lei nº 13.954, de 16/12/2019)*

§ 1º O oficial de carreira da ativa pode pleitear transferência para a reserva remunerada por meio de inclusão voluntária na quota compulsória, nos termos do art. 101 desta Lei. *(Parágrafo com redação dada pela Lei nº 13.954, de 16/12/2019)*

§ 2º Na hipótese de o militar haver realizado qualquer curso ou estágio de duração superior a 6 (seis) meses custeado pela União, no exterior ou no País fora das instituições militares, sem que tenham decorridos 3 (três) anos de seu término, a transferência para a reserva será concedida após a indenização de todas as despesas correspondentes à realização do referido curso ou estágio, inclusive as diferenças de vencimentos, no caso de cursos no exterior, e o cálculo de indenização será efetuado pela respectiva Força Armada, conforme estabelecido em regulamento pelo Ministério da Defesa. *(Parágrafo com redação dada pela Lei nº 13.954, de 16/12/2019)*

§ 3º O disposto no parágrafo anterior não se aplica aos oficiais que deixem de ser incluídos em Lista de Escolha, quando nela tenha entrado oficial mais moderno do seu respectivo Corpo, Quadro, Arma ou Serviço.

§ 4º *(Revogado pela Lei nº 13.954, de 16/12/2019)*

a) *(Revogada pela Lei nº 13.954, de 16/12/2019)*

b) *(Revogada pela Lei nº 13.954, de 16/12/2019)*

§ 5º O valor correspondente à indenização referida no § 2º deste artigo poderá ser descontado diretamente da remuneração do militar. *(Parágrafo acrescido pela Lei nº 13.954, de 16/12/2019)*

Art. 98. A transferência de ofício para a reserva remunerada ocorrerá sempre que o militar se enquadrar em uma das seguintes hipóteses: *("Caput" do artigo com redação dada pela Lei nº 13.954, de 16/12/2019)*

I - atingir as seguintes idades-limites: *(Inciso com redação dada pela Lei nº 13.954, de 16/12/2019)*

a) na Marinha, no Exército e na Aeronáutica, para todos os oficiais-generais e para os oficiais dos Corpos, Quadros, Armas e Serviços não incluídos na alínea "b" deste inciso: *(Alínea com redação dada pela Lei nº 13.954, de 16/12/2019)*

1. 70 (setenta) anos, nos postos de Almirante de Esquadra, General de Exército e Tenente-Brigadeiro; *(Item acrescido pela Lei nº 13.954, de 16/12/2019)*

2. 69 (sessenta e nove) anos, nos postos de Vice-Almirante, General de Divisão e Major-Brigadeiro; *(Item acrescido pela Lei nº 13.954, de 16/12/2019)*

3. 68 (sessenta e oito) anos, nos postos de Contra-Almirante, General de Brigada e Brigadeiro; *(Item acrescido pela Lei nº 13.954, de 16/12/2019)*

4. 67 (sessenta e sete) anos, nos postos de Capitão de Mar e Guerra e Coronel; *(Item acrescido pela Lei nº 13.954, de 16/12/2019)*

5. 64 (sessenta e quatro) anos, nos postos de Capitão de Fragata e Tenente-Coronel; *(Item acrescido pela Lei nº 13.954, de 16/12/2019)*

6. 61 (sessenta e um) anos, nos postos de Capitão de Corveta e Major; *(Item acrescido pela Lei nº 13.954, de 16/12/2019)*

7. 55 (cinquenta e cinco) anos, nos postos de Capitão-Tenente, Capitão e oficiais subalternos; *(Item acrescido pela Lei nº 13.954, de 16/12/2019)*

b) na Marinha, para os oficiais do Quadro de Cirurgiões-Dentistas (CD) e do Quadro de Apoio à Saúde (S), integrantes do Corpo de Saúde da Marinha, e do Quadro Técnico (T), do Quadro Auxiliar da Armada (AA) e do Quadro Auxiliar de Fuzileiros Navais (AFN), integrantes do Corpo Auxiliar da Marinha; no Exército, para os oficiais do Quadro Complementar de Oficiais (QCO), do Quadro Auxiliar de Oficiais (QAO), do Quadro de Oficiais Médicos (QOM), do Quadro de Oficiais Farmacêuticos (QOF) e do Quadro de Oficiais Dentistas (QOD); na Aeronáutica, para os oficiais do Quadro de Oficiais Médicos (QOMed), do Quadro de Oficiais Farmacêuticos (QOFarm), do Quadro de Oficiais Dentistas (QODent), dos Quadros de Oficiais Especialistas em Aviões (QOEAv), em Comunicações (QOECom), em Armamento (QOEArm), em Fotografia (QOEFot), em Meteorologia (QOEMet), em Controle de Tráfego Aéreo (QOECTA), e em Suprimento Técnico (QOESup), do Quadro de Oficiais Especialistas da Aeronáutica (QOEA) e do Quadro de Oficiais de Apoio (QOAp): *(Alínea com redação dada pela Lei nº 13.954, de 16/12/2019)*

1. 67 (sessenta e sete) anos, nos postos de Capitão de Mar e Guerra e Coronel; *(Item acrescido pela Lei nº 13.954, de 16/12/2019)*

2. 65 (sessenta e cinco) anos, nos postos de Capitão de Fragata e Tenente-Coronel; *(Item acrescido pela Lei nº 13.954, de 16/12/2019)*

3. 64 (sessenta e quatro) anos, nos postos de Capitão de Corveta e Major; *(Item acrescido pela Lei nº 13.954, de 16/12/2019)*

4. 63 (sessenta e três) anos, nos postos de Capitão-Tenente, Capitão e oficiais subalternos; *(Item acrescido pela Lei nº 13.954, de 16/12/2019)*

c) na Marinha, no Exército e na Aeronáutica, para praças: *(Alínea com redação dada pela Lei nº 13.954, de 16/12/2019)*

1. 63 (sessenta e três) anos, nas graduações de Suboficial e Subtenente; *(Item acrescido pela Lei nº 13.954, de 16/12/2019)*

2. 57 (cinquenta e sete) anos, nas graduações de Primeiro-Sargento e Taifeiro-Mor; *(Item acrescido pela Lei nº 13.954, de 16/12/2019)*

3. 56 (cinquenta e seis) anos, nas graduações de Segundo-Sargento e Taifeiro de Primeira Classe; *(Item acrescido pela Lei nº 13.954, de 16/12/2019)*

4. 55 (cinquenta e cinco) anos, na graduação de Terceiro-Sargento; *(Item acrescido pela Lei nº 13.954, de 16/12/2019)*

5. 54 (cinquenta e quatro) anos, nas graduações de Cabo e Taifeiro de Segunda Classe; *(Item acrescido pela Lei nº 13.954, de 16/12/2019)*

6. 50 (cinquenta) anos, nas graduações de Marinheiro, Soldado e Soldado de Primeira Classe; *(Item acrescido pela Lei nº 13.954, de 16/12/2019)*

II - completar o Oficial-General 4 (quatro) anos no último posto da hierarquia, em tempo de paz, prevista para cada Corpo ou Quadro da respectiva Força. *(Inciso com redação dada pela Lei nº 7.659, de 10/5/1988)*

III - completar os seguintes tempos de serviço como Oficial-General:

a) nos Corpos ou Quadros que possuírem até o posto de Almirante-de-Esquadra, General-de-Exército e Tenente-Brigadeiro, 12 (doze) anos;

b) nos Corpos ou Quadros que possuírem até o posto de Vice-Almirante, General-de-Divisão e Major-Brigadeiro, 8 (oito) anos; e

c) nos Corpos ou Quadros que possuírem apenas o posto de Contra-Almirante, General-de-Brigada e Brigadeiro, 4 (quatro) anos;

IV - ultrapassar o oficial 6 (seis) anos de permanência no último posto da hierarquia de paz de seu Corpo, Quadro, Arma ou Serviço, e, para o Capitão de Mar e Guerra ou Coronel, esse prazo será acrescido de 4 (quatro) anos se, ao completar os primeiros 6 (seis) anos no posto, já possuir os requisitos para a promoção ao primeiro posto de oficial-general; *(Inciso com redação dada pela Lei nº 13.954, de 16/12/2019)*

V - for o oficial abrangido pela quota compulsória;

VI - for a praça abrangida pela quota compulsória, na forma regulada em decreto, para cada Força Singular;

VII - for o militar considerado não habilitado para o acesso em caráter definitivo, no momento em que vier a ser objeto de apreciação para ingresso em quadro de acesso ou lista de escolha; *(Inciso com redação dada pela Lei nº 13.954, de 16/12/2019)*

VIII - deixar o Oficial-General, o Capitão-de-Mar-e-Guerra ou o Coronel de integrar a Lista de Escolha a ser apresentada ao Presidente da República, pelo número de vezes fixado pela Lei de Promoções de Oficiais da Ativa das Forças Armadas, quando na referida Lista de Escolha tenha entrado oficial mais moderno do seu respectivo Corpo, Quadro, Arma ou Serviço;

IX - for o Capitão de Mar e Guerra ou o Coronel inabilitado para o acesso por não possuir os requisitos para a promoção ao primeiro posto de oficial-general, ultrapassado 2 (duas) vezes, consecutivas ou não, por oficial mais moderno do respectivo Corpo, Quadro, Arma ou Serviço que tenha sido incluído em lista de escolha; *(Inciso com redação dada pela Lei nº 13.954, de 16/12/2019)*

X - deixar o oficial do penúltimo posto de Quadro, Arma ou Serviço, cujo último posto seja de oficial superior, de ingressar em Quadro de Acesso por Merecimento pelo número de vezes estabelecido pela Lei nº 5.821, de 10 de novembro de 1972, quando nele tenha entrado oficial mais moderno do respectivo Quadro, Arma ou Serviço; *(Inciso com redação dada pela Lei nº 13.954, de 16/12/2019)*

XI - *(Revogado pela Lei nº 13.954, de 16/12/2019)*

XII - ultrapassar 2 (dois) anos, contínuos ou não, em licença para tratar de interesse particular;

XIII - ultrapassar 2 (dois) anos contínuos em licença para tratamento de saúde de pessoa de sua família;

XIV - *(Revogado pela Lei nº 9.297, de 25/7/1996)*

XV - ultrapassar 2 (dois) anos de afastamento, contínuos ou não, agregado em virtude de ter passado a exercer cargo ou emprego público civil temporário, não-eletivo, inclusive da administração indireta; e

XVI - ser diplomado em cargo eletivo, na forma da letra *b*, do parágrafo único, do artigo 52.

§ 1º A transferência para a reserva será processada quando o militar for enquadrado em uma das hipóteses previstas neste artigo, exceto quanto ao disposto no inciso V do *caput* deste artigo, situação em que será processada na primeira quinzena de março, e quanto ao disposto no inciso VIII do *caput* deste artigo, situação em que será processada na data prevista para aquela promoção. *(Parágrafo com redação dada pela Lei nº 13.954, de 16/12/2019)*

§ 2º *(Revogado pela Lei nº 9.297, de 25/7/1996)*

§ 3º A nomeação ou admissão do militar para os cargos ou empregos públicos de que trata o inciso XV deste artigo somente poderá ser feita se: *("Caput" do parágrafo com redação dada pela Lei nº 9.297, de 25/7/1996)*

a) oficial, pelo Presidente da República ou mediante sua autorização quando a nomeação ou admissão for da alçada de qualquer outra autoridade federal, estadual ou municipal; e

b) praça, mediante autorização do respectivo Ministro.

§ 4º Enquanto o militar permanecer no cargo ou emprego de que trata o item XV:

a) é-lhe assegurada a opção entre a remuneração do cargo ou emprego e a do posto ou da graduação;

b) somente poderá ser promovido por antigüidade; e

c) o tempo de serviço é contado apenas para aquela promoção e para a transferência para a inatividade.

§ 5º Entende-se como Lista de Escolha aquela que como tal for definida na lei que dispõe sobre as promoções dos oficiais da ativa das Forças Armadas.

Art. 99. A quota compulsória, a que se refere o item V do artigo anterior, é destinada a assegurar a renovação, o equilíbrio, a regularidade de acesso e a adequação dos efetivos de cada Força Singular.

Art. 100. Para assegurar o número fixado de vagas à promoção na forma estabelecida no artigo 61, quando este número não tenha sido alcançado com as vagas ocorridas durante o ano considerado ano-base, aplicar-se-á a quota compulsória a que se refere o artigo anterior.

§ 1º A quota compulsória é calculada deduzindo-se das vagas fixadas para o ano-base para um determinado posto:

a) as vagas fixadas para o posto imediatamente superior no referido ano-base; e

b) as vagas havidas durante o ano-base e abertas a partir de 1º (primeiro) de janeiro até 31 (trinta e um) de dezembro, inclusive.

§ 2º Não estarão enquadradas na letra *b* do parágrafo anterior as vagas que:

a) resultarem da fixação de quota compulsória para o ano anterior ao ano-base; e

b) abertas durante o ano-base, tiverem sido preenchidas por oficiais excedentes nos Corpos, Quadros, Armas ou Serviços ou que a eles houverem revertido em virtude de terem cessado as causas que deram motivo à agregação, observado o disposto no § 3º deste artigo.

§ 3º As vagas decorrentes da aplicação direta da quota compulsória e as resultantes das promoções efetivadas nos diversos postos, em face daquela aplicação inicial, não serão preenchidas por oficiais excedentes ou agregados que reverterem em virtude de haverem cessado as causas da agregação.

§ 4º As quotas compulsórias só serão aplicadas quando houver, no posto imediatamente abaixo, oficiais que satisfaçam às condições de acesso.

Art. 101. Para a indicação dos oficiais que integrarão a quota compulsória, será observado, sempre respeitada a conveniência da Administração Militar, o seguinte: *("Caput" do artigo com redação dada pela Lei nº 13.954, de 16/12/2019)*

I - *(Revogado pela Lei nº 13.954, de 16/12/2019)*

II - em cada posto, a referida quota será composta pelos oficiais que: *(Inciso com redação dada pela Lei nº 13.954, de 16/12/2019)*

a) contarem, no mínimo, o seguinte tempo de efetivo serviço: *(Alínea com redação dada pela Lei nº 13.954, de 16/12/2019)*

1. 30 (trinta) anos, se oficial-general; *(Item com redação dada pela Lei nº 13.954, de 16/12/2019)*

2. 28 (vinte e oito) anos, se Capitão de Mar e Guerra ou Coronel; *(Item com redação dada pela Lei nº 13.954, de 16/12/2019)*

3. 25 (vinte e cinco) anos, se Capitão de Fragata ou Tenente-Coronel; *(Item com redação dada pela Lei nº 13.954, de 16/12/2019)*

4. 20 (vinte) anos, se Capitão de Corveta ou Major; *(Item com redação dada pela Lei nº 13.954, de 16/12/2019)*

b) possuírem interstício para promoção, quando for o caso;

c) estiverem compreendidos nos limites quantitativos de antiguidade que definem a faixa daqueles que concorrem à composição dos Quadros de Acesso por Antiguidade, Merecimento ou Escolha; *(Alínea com redação dada pela Lei nº 13.954, de 16/12/2019)*

d) estiverem compreendidos nos limites quantitativos de antiguidade estabelecidos para a organização dos referidos Quadros, ainda que não estejam concorrendo à composição dos Quadros de Acesso por Escolha; *(Alínea com redação dada pela Lei nº 13.954, de 16/12/2019)*

e) *(Revogada pela Lei nº 13.954, de 16/12/2019)*

1ª) *(Revogada pela Lei nº 13.954, de 16/12/2019)*

2ª) *(Revogada pela Lei nº 13.954, de 16/12/2019)*

3ª) *(Revogada pela Lei nº 13.954, de 16/12/2019)*

III - a seguinte ordem entre os oficiais que satisfizerem as condições previstas no inciso II do *caput* deste artigo:

a) os de menor merecimento ou desempenho dentre aqueles que não revelarem suficiente proficiência no exercício dos cargos que lhes forem cometidos, conceito profissional ou conceito moral, conforme avaliação feita pelo órgão competente de cada Força Armada, hipótese em que os indicados serão submetidos a processo administrativo que lhes garanta os princípios do contraditório e da ampla defesa;

b) os requerentes de inclusão voluntária na quota compulsória, desde que contem mais de 25 (vinte e cinco) anos de efetivo serviço, observada, em todos os casos, a conveniência da Administração Militar;

c) os de mais idade e, no caso da mesma idade, os mais modernos. *(Inciso acrescido pela Lei nº 13.954, de 16/12/2019)*

§ 1º Aos oficiais excedentes, aos agregados e aos não numerados em decorrência de lei especial, aplicam-se as disposições deste artigo, e os que forem relacionados para a compulsória serão transferidos para a reserva juntamente com os demais componentes da quota, não sendo computados, entretanto, no total das vagas fixadas. *(Parágrafo com redação dada pela Lei nº 13.954, de 16/12/2019)*

§ 2º *(Revogado pela Lei nº 13.954, de 16/12/2019)*

§ 3º *(Revogado pela Lei nº 13.954, de 16/12/2019)*

Art. 102. O órgão competente da Marinha, do Exército e da Aeronáutica organizará, até o dia 31 (trinta e um) de janeiro de cada ano, a lista dos oficiais destinados a integrarem a quota compulsória, na forma do artigo anterior.

§ 1º Os oficiais indicados para integrarem a quota compulsória anual serão notificados imediatamente e terão, para apresentar recursos contra essa medida, o prazo previsto na letra *a*, do § 1º, do artigo 51.

§ 2º Não serão relacionados para integrarem a quota compulsória os oficiais que estiverem agregados por terem sido declarados extraviados ou desertores.

Art. 103. Para assegurar a adequação dos efetivos à necessidade de cada Corpo, Quadro, Arma ou Serviço, o Poder Executivo poderá aplicar também a quota compulsória aos Capitães-de-Mar-e-Guerra e Coronéis não-numerados, por não possuírem o curso exigido para ascender ao primeiro posto de Oficial-General.

§ 1º Para aplicação da quota compulsória na forma deste artigo, o Poder Executivo fixará percentual calculado sobre os efetivos de oficiais não-remunerados existentes em cada Corpo, Quadro, Arma ou Serviço, em 31 de dezembro de cada ano.

§ 2º A indicação de oficiais não-numerados para integrarem a quota compulsória, os quais deverão ter, no mínimo, 28 (vinte e oito) anos de efetivo serviço, obedecerá às seguintes prioridades:

1ª) os que requererem sua inclusão na quota compulsória;

2ª) os de menor merecimento a ser apreciado pelo órgão competente da Marinha, do Exército e da Aeronáutica; em igualdade de merecimento, os de mais idade e, em caso de mesma idade, os mais modernos; e

3ª) forem os de mais idade e, no caso de mesma idade, os mais modernos.

§ 3º Observar-se-ão na aplicação da quota compulsória, referida no parágrafo anterior, as disposições estabelecidas no artigo 102.

SEÇÃO III
DA REFORMA

Art. 104. A passagem do militar à situação de inatividade por reforma será efetuada de ofício. *("Caput" do artigo com redação dada pela Lei nº 13.954, de 16/12/2019)*

I - *(Revogado pela Lei nº 13.954, de 16/12/2019)*

II - *(Revogado pela Lei nº 13.954, de 16/12/2019)*

Art. 105. *(Revogado pela Lei nº 13.954, de 16/12/2019)*

Art. 106. A reforma será aplicada ao militar que: *("Caput" do artigo com redação dada pela Lei nº 13.954, de 16/12/2019)*

I - atingir as seguintes idades-limite de permanência na reserva:

a) para oficial-general, 75 (setenta e cinco) anos; *(Alínea com redação dada pela Lei nº 13.954, de 16/12/2019)*

b) para oficial superior, 72 (setenta e dois) anos; *(Alínea com redação dada pela Lei nº 13.954, de 16/12/2019)*

c) para Capitão-Tenente, Capitão e oficial subalterno, 68 (sessenta e oito) anos; *(Alínea com redação dada pela Lei nº 13.954, de 16/12/2019)*

d) para praças, 68 (sessenta e oito) anos; *(Alínea com redação dada pela Lei nº 13.954, de 16/12/2019)*

II - se de carreira, for julgado incapaz, definitivamente, para o serviço ativo das Forças Armadas; *(Inciso com redação dada pela Lei nº 13.954, de 16/12/2019)*

II-A. se temporário: *(Inciso acrescido pela Lei nº 13.954, de 16/12/2019)*

a) for julgado inválido;

b) for julgado incapaz, definitivamente, para o serviço ativo das Forças Armadas, quando enquadrado no disposto nos incisos I e II do *caput* do art. 108 desta Lei;

III - estiver agregado por mais de 2 (dois) anos por ter sido julgado incapaz, temporariamente, mediante homologação de Junta Superior de Saúde, ainda que se trate de moléstia curável;

IV - for condenado à pena de reforma prevista no Código Penal Militar, por sentença transitada em julgado;

V - sendo oficial, a tiver determinada em julgado do Superior Tribunal Militar, efetuado em conseqüência de Conselho de Justificação a que foi submetido; e

VI - se Guarda-Marinha, Aspirante a Oficial ou praça com estabilidade assegurada, for a ela indicado ao Comandante de Força Singular respectiva, em julgamento de Conselho de Disciplina. *(Inciso com redação dada pela Lei nº 13.954, de 16/12/2019)*

§ 1º O militar reformado na forma prevista nos incisos V ou VI do *caput* deste artigo só poderá readquirir a situação militar anterior: *(Parágrafo único transformado em § 1º, com redação dada pela Lei nº 13.954, de 16/12/2019)*

a) *(Revogada pela Lei nº 13.954, de 16/12/2019)*

b) *(Revogada pela Lei nº 13.954, de 16/12/2019)*

I - na hipótese prevista no inciso V do *caput* deste artigo, por outra sentença do Superior Tribunal Militar, nas condições nela estabelecidas; *(Inciso acrescido pela Lei nº 13.954, de 16/12/2019)*

II - na hipótese prevista no inciso VI do *caput* deste artigo, por decisão do Comandante de Força Singular respectivo. *(Inciso acrescido pela Lei nº 13.954, de 16/12/2019)*

§ 2º O disposto nos incisos III e IV do *caput* deste artigo não se aplica ao militar temporário. *(Parágrafo acrescido pela Lei nº 13.954, de 16/12/2019)*

Art. 107. Anualmente, no mês de fevereiro, o órgão competente da Marinha, do Exército e da Aeronáutica organizará a relação dos militares, inclusive membros do Magistério Militar, que houverem atingido a idade-limite de permanência na reserva, a fim de serem reformados.

Parágrafo único. A situação de inatividade do militar da reserva remunerada, quando reformado por limite de idade, não sofre solução de continuidade, exceto quanto às condições de mobilização.

Art. 108. A incapacidade definitiva pode sobrevir em conseqüência de:

I - ferimento recebido em campanha ou na manutenção da ordem pública;

II - enfermidade contraída em campanha ou na manutenção da ordem pública, ou enfermidade cuja causa eficiente decorra de uma dessas situações;

III - acidente em serviço;

IV - doença, moléstia ou enfermidade adquirida em tempo de paz, com relação de causa e efeito a condições inerentes ao serviço;

V - tuberculose ativa, alienação mental, esclerose múltipla, neoplasia maligna, cegueira, lepra, paralisia irreversível e incapacitante, cardiopatia grave, mal de Parkinson, pênfigo, espondiloartrose anquilosante, nefropatia grave e outras moléstias que a lei indicar com base nas conclusões da medicina especializada; e *(Inciso com redação dada pela Lei nº 12.670, de 19/6/2012)*

VI - acidente ou doença, moléstia ou enfermidade, sem relação de causa e efeito com o serviço.

§ 1º Os casos de que tratam os itens I, II, III e IV serão provados por atestado de origem, inquérito sanitário de origem ou ficha de evacuação, sendo os termos do acidente, baixa ao hospital, papeleta de tratamento nas enfermarias e hospitais, e os registros de baixa utilizados como meios subsidiários para esclarecer a situação.

§ 2º Os militares julgados incapazes por um dos motivos constantes do item V deste artigo somente poderão ser reformados após a homologação, por Junta Superior de Saúde, da inspeção de saúde que concluiu pela incapacidade definitiva, obedecida à regulamentação específica de cada Força Singular.

Art. 109. O militar de carreira julgado incapaz definitivamente para a atividade militar por uma das hipóteses previstas nos incisos I, II, III, IV e V do *caput* do art. 108 desta Lei será reformado com qualquer tempo de serviço. *("Caput" do artigo com redação dada pela Lei nº 13.954, de 16/12/2019)*

§ 1º O disposto neste artigo aplica-se ao militar temporário enquadrado em uma das hipóteses previstas nos incisos I e II do *caput* do art. 108 desta Lei. *(Parágrafo acrescido pela Lei nº 13.954, de 16/12/2019)*

§ 2º O disposto neste artigo aplica-se ao militar temporário enquadrado em uma das hipóteses previstas nos incisos III, IV e V do *caput* do art. 108 desta Lei se, concomitantemente, for considerado inválido por estar impossibilitado total e permanentemente para qualquer atividade laboral, pública ou privada. *(Parágrafo acrescido pela Lei nº 13.954, de 16/12/2019)*

§ 3º O militar temporário que estiver enquadrado em uma das hipóteses previstas nos incisos III, IV e V do *caput* do art. 108 desta Lei, mas não for considerado inválido por não estar impossibilitado total e permanentemente para qualquer atividade laboral, pública ou privada, será licenciado ou desincorporado na forma prevista na legislação do serviço militar. *(Parágrafo acrescido pela Lei nº 13.954, de 16/12/2019)*

Art. 110. O militar da ativa ou da reserva remunerada, julgado incapaz definitivamente por um dos motivos constantes dos incisos I e II do art. 108, será reformado com a remuneração calculada com base no soldo correspondente ao grau hierárquico imediato ao que possuir ou que possuía na ativa, respectivamente. *("Caput" do artigo com redação dada pela Lei nº 7.580, de 23/12/1986)*

§ 1º Aplica-se o disposto neste artigo aos casos previstos nos itens III, IV e V do artigo 108, quando, verificada a incapacidade definitiva, for o militar considerado inválido, isto é, impossibilitado total e permanentemente para qualquer trabalho.

§ 2º Considera-se, para efeito deste artigo, grau hierárquico imediato:

a) o de Primeiro-Tenente, para Guarda-Marinha, Aspirante-a-Oficial e Suboficial ou Subtenente;

b) o de Segundo-Tenente, para Primeiro-Sargento, Segundo-Sargento e Terceiro-Sargento; e

c) o de Terceiro-Sargento, para Cabo e demais praças constantes do Quadro a que se refere o artigo 16.

§ 3º Aos benefícios previstos neste artigo e seus parágrafos poderão ser acrescidos outros relativos à remuneração, estabelecidos em leis especiais, desde que o militar, ao ser reformado, já satisfaça às condições por elas exigidas.

§ 4º *(Revogado pela Medida Provisória nº 2.215-10, de 31/8/2001)*

§ 5º *(Revogado pela Medida Provisória nº 2.215-10, de 31/8/2001)*

Art. 111. O militar da ativa julgado incapaz definitivamente por um dos motivos constantes do item VI do artigo 108 será reformado:

I - com remuneração proporcional ao tempo de serviço, se oficial ou praça com estabilidade assegurada; e

II - com remuneração calculada com base no soldo integral do posto ou graduação, desde que, com qualquer tempo de serviço, seja considerado inválido, isto é, impossibilitado total e permanentemente para qualquer trabalho.

§ 1º O militar temporário, na hipótese prevista neste artigo, só fará jus à reforma se for considerado inválido por estar impossibilitado total e permanentemente para qualquer atividade laboral, pública ou privada. *(Parágrafo acrescido pela Lei nº 13.954, de 16/12/2019)*

§ 2º Será licenciado ou desincorporado, na forma prevista na legislação pertinente, o militar temporário que não for considerado inválido. *(Parágrafo acrescido pela Lei nº 13.954, de 16/12/2019)*

Art. 112. O militar reformado por incapacidade definitiva que for julgado apto em inspeção de saúde por junta superior, em grau de recurso ou revisão, poderá retornar ao serviço ativo ou ser transferido para a reserva remunerada, conforme dispuser regulamentação específica.

§ 1º O retorno ao serviço ativo ocorrerá se o tempo decorrido na situação de reformado não ultrapassar 2 (dois) anos e na forma do disposto no § 1º do artigo 88.

§ 2º A transferência para a reserva remunerada, observado o limite de idade para a permanência nessa reserva, ocorrerá se o tempo transcorrido na situação de reformado ultrapassar 2 (dois) anos.

Art. 112-A. O militar reformado por incapacidade definitiva para o serviço ativo das Forças Armadas ou reformado por invalidez poderá ser convocado, por iniciativa da Administração Militar, a qualquer momento, para revisão das condições que ensejaram a reforma.

§ 1º O militar reformado por incapacidade definitiva para o serviço ativo das Forças Armadas ou reformado por invalidez é obrigado, sob pena de suspensão da remuneração, a submeter-se à inspeção de saúde a cargo da Administração Militar.

§ 2º Na hipótese da convocação referida no *caput* deste artigo, os prazos previstos no art. 112 desta Lei serão interrompidos. *(Artigo acrescido pela Lei nº 13.954, de 16/12/2019)*

Art. 113. A interdição judicial do militar reformado por alienação mental deverá ser providenciada junto ao Ministério Público, por iniciativa de beneficiários, parentes ou responsáveis, até 60 (sessenta) dias a contar da data do ato da reforma.

§ 1º A interdição judicial do militar e seu internamento em instituição apropriada, militar ou não, deverão ser providenciados pelo Ministério Militar, sob cuja responsabilidade houver sido preparado o processo de reforma, quando:

a) não existirem beneficiários, parentes ou responsáveis, ou estes não promoverem a interdição conforme previsto no parágrafo anterior; ou

b) não forem satisfeitas às condições de tratamento exigidas neste artigo.

§ 2º Os processos e os atos de registro de interdição do militar terão andamento sumário, serão instruídos com laudo proferido por Junta Militar de Saúde e isentos de custas.

§ 3º O militar reformado por alienação mental, enquanto não ocorrer a designação judicial do curador, terá sua remuneração paga aos seus beneficiários, desde que estes o tenham sob sua guarda e responsabilidade e lhe dispensem tratamento humano e condigno.

Art. 114. Para fins de passagem à situação de inatividade, mediante reforma *ex officio*, as praças especiais, constantes do Quadro a que se refere o artigo 16, são consideradas como:

I - Segundo-Tenente: os Guardas-Marinha e os Aspirantes a Oficial; *(Inciso com redação dada pela Lei nº 13.954, de 16/12/2019)*

II - Guarda-Marinha ou Aspirante a Oficial: os Aspirantes, os Cadetes e os alunos do Instituto Tecnológico de Aeronáutica, do Instituto Militar de Engenharia e das demais instituições de graduação de oficiais da Marinha e do Exército, conforme o caso específico; *(Inciso com redação dada pela Lei nº 13.954, de 16/12/2019)*

III - Segundo-Sargento: os alunos do Colégio Naval e da Escola Preparatória de Cadetes; *(Inciso com redação dada pela Lei nº 13.954, de 16/12/2019)*

IV - Terceiro-Sargento: os alunos de órgão de formação de oficiais da reserva e de escola ou centro de formação de sargentos; e

V - Cabos: os Aprendizes-Marinheiros e os demais alunos de órgãos de formação de praças, da ativa e da reserva.

Parágrafo único. O disposto nos itens II, III e IV é aplicável às praças especiais em qualquer ano escolar.

SEÇÃO IV
DA DEMISSÃO

Art. 115. A demissão das Forças Armadas, aplicada exclusivamente aos oficiais, se efetua:

I - a pedido; e

II - *ex officio*.

Art. 116. A demissão a pedido será concedida mediante requerimento do interessado:

I - sem indenização das despesas efetuadas pela União com a sua preparação, formação ou adaptação, quando contar mais de 3 (três) anos de oficialato; *(Inciso com redação dada pela Lei nº 13.954, de 16/12/2019)*

II - com indenização das despesas efetuadas pela União com a sua preparação, formação ou adaptação, quando contar menos de 3 (três) anos de oficialato. *(Inciso com redação dada pela Lei nº 13.954, de 16/12/2019)*

§ 1º O oficial de carreira que requerer demissão deverá indenizar o erário pelas despesas que a União tiver realizado com os demais cursos ou estágios frequentados no País ou no exterior, acrescidas, se for o caso, daquelas previstas no inciso II do *caput* deste artigo, quando não decorridos: *(Parágrafo com redação dada pela Lei nº 13.954, de 16/12/2019)*

a) 2 (dois) anos, para curso ou estágio de duração igual ou superior a 2 (dois) meses e inferior a 6 (seis) meses;

b) 3 (três) anos, para curso ou estágio de duração igual ou superior a 6 (seis) meses; *(Alínea com redação dada pela Lei nº 13.954, de 16/12/2019)*

c) *(Revogada pela Lei nº 13.954, de 16/12/2019)*

§ 2º A forma e o cálculo das indenizações a que se referem o inciso II do *caput* e o § 1º deste artigo serão estabelecidos em ato do Ministro de Estado da Defesa, cabendo o cálculo aos Comandos da Marinha, do Exército ou da Aeronáutica. *(Parágrafo com redação dada pela Lei nº 13.954, de 16/12/2019)*

§ 3º O oficial demissionário, a pedido, ingressará na reserva, onde permanecerá sem direito a qualquer remuneração. O ingresso na reserva será no mesmo posto que tinha no serviço ativo e sua situação, inclusive promoções, será regulada pelo Regulamento do Corpo de Oficiais da Reserva da respectiva Força.

§ 4º O direito à demissão a pedido pode ser suspenso na vigência de estado de guerra, estado de emergência, estado de sítio ou em caso de mobilização.

Art. 117. O oficial da ativa que passar a exercer cargo ou emprego público permanente, estranho à sua carreira, será imediatamente demitido *ex officio* e transferido para a reserva não remunerada, onde ingressará com o posto que possuía na ativa e com as obrigações estabelecidas na legislação do serviço militar, obedecidos os preceitos do art. 116 no que se refere às indenizações. *(Artigo com redação dada pela Lei nº 9.297, de 25/7/1996)*

SEÇÃO V
DA PERDA DO POSTO E DA PATENTE

Art. 118. O oficial perderá o posto e a patente se for declarado indigno do oficialato, ou com ele incompatível, por decisão do Superior Tribunal Militar, em tempo de paz, ou de Tribunal Especial, em tempo de guerra, em decorrência de julgamento a que for submetido.

Parágrafo único. O oficial declarado indigno do oficialato, ou com ele incompatível, e condenado à perda de posto e patente só poderá readquirir a situação militar anterior por outra sentença dos tribunais referidos neste artigo e nas condições nela estabelecidas.

Art. 119. O oficial que houver perdido o posto e a patente será demitido *ex officio* sem direito a qualquer remuneração ou indenização e receberá a certidão de situação militar prevista na legislação que trata do serviço militar.

Art. 120. Ficará sujeito à declaração de indignidade para o oficialato, ou de incompatibilidade com o mesmo, o oficial que:

I - for condenado, por tribunal civil ou militar, em sentença transitada em julgado, à pena restritiva de liberdade individual superior a 2 (dois) anos;

II - for condenado, em sentença transitada em julgado, por crimes para os quais o Código Penal Militar comina essas penas acessórias e por crimes previstos na legislação especial concernente à segurança do Estado;

III - incidir nos casos, previstos em lei específica, que motivam o julgamento por Conselho de Justificação e neste for considerado culpado; e

IV - houver perdido a nacionalidade brasileira.

SEÇÃO VI
DO LICENCIAMENTO

Art. 121. O licenciamento do serviço ativo se efetua:

I - a pedido; e

II - *ex officio*.

§ 1º No caso de militar temporário, o licenciamento a pedido poderá ser concedido, desde que não haja prejuízo para o serviço: *(Parágrafo com redação dada pela Lei nº 13.954, de 16/12/2019)*

a) *(Revogada pela Lei nº 13.954, de 16/12/2019)*

b) *(Revogada pela Lei nº 13.954, de 16/12/2019)*

I - ao oficial da reserva convocado, após prestação de serviço ativo durante 6 (seis) meses; *(Inciso acrescido pela Lei nº 13.954, de 16/12/2019)*

II - à praça engajada ou reengajada, desde que tenha cumprido, no mínimo, a metade do tempo de serviço a que estava obrigada. *(Inciso acrescido pela Lei nº 13.954, de 16/12/2019)*

§ 1º-A. No caso de praça de carreira, o licenciamento a pedido será concedido por meio de requerimento do interessado: *(Parágrafo acrescido pela Lei nº 13.954, de 16/12/2019)*

I - sem indenização das despesas efetuadas pela União com a sua preparação, formação ou adaptação, quando contar mais de 3 (três) anos de formado como praça de carreira;

II - com indenização das despesas efetuadas pela União com a sua preparação, formação ou adaptação, quando contar menos de 3 (três) anos de formado como praça de carreira.

§ 1º-B. A praça de carreira que requerer licenciamento deverá indenizar o erário pelas despesas que a União tiver realizado com os demais cursos ou estágios frequentados no País ou no exterior, acrescidas, se for o caso, daquelas previstas no inciso II do § 1º-A deste artigo, quando não decorridos: *(Parágrafo acrescido pela Lei nº 13.954, de 16/12/2019)*

I - 2 (dois) anos, para curso ou estágio com duração igual ou superior a 2 (dois) meses e inferior a 6 (seis) meses;

II - 3 (três) anos, para curso ou estágio com duração igual ou superior a 6 (seis) meses.

§ 1º-C. A forma e o cálculo das indenizações a que se referem o inciso II do § 1ºA e o § 1º-B deste artigo serão estabelecidos em ato do Ministro de Estado da Defesa, cabendo o cálculo aos Comandos da Marinha, do Exército ou da Aeronáutica. *(Parágrafo acrescido pela Lei nº 13.954, de 16/12/2019)*

§ 1º-D. O disposto no § 1º-A e no § 1º-B deste artigo será aplicado às praças especiais, aos Guardas-Marinha e aos Aspirantes a Oficial após a conclusão do curso de formação. *(Parágrafo acrescido pela Lei nº 13.954, de 16/12/2019)*

§ 2º A praça com estabilidade assegurada, quando licenciada para fins de matrícula em estabelecimento de ensino de formação ou preparatório de outra Força Singular ou Auxiliar, caso não conclua o curso no qual tenha sido matriculada, poderá ser reincluída na Força de origem, por meio de requerimento ao Comandante da Força Singular correspondente. *(Parágrafo com redação dada pela Lei nº 13.954, de 16/12/2019)*

§ 3º O licenciamento *ex officio* será feito na forma da legislação que trata do serviço militar e dos regulamentos específicos de cada Força Armada:

a) por conclusão de tempo de serviço ou de estágio;

b) por conveniência do serviço; *(Alínea com redação dada pela Lei nº 13.954, de 16/12/2019)*

c) a bem da disciplina; *(Alínea com redação dada pela Lei nº 13.954, de 16/12/2019)*

d) por outros casos previstos em lei. *(Alínea acrescida pela Lei nº 13.954, de 16/12/2019)*

§ 4º O militar licenciado não tem direito a qualquer remuneração e, exceto o licenciado *ex officio* a bem da disciplina, deve ser incluído ou reincluído na reserva.

§ 5º O licenciado *ex officio* a bem da disciplina receberá o certificado de isenção do serviço militar, previsto na legislação que trata do serviço militar.

Art. 122. Os Guardas-Marinha, os Aspirantes a Oficial e as demais praças empossados em cargos ou empregos públicos permanentes estranhos à sua carreira serão imediatamente, por meio de licenciamento de ofício, transferidos para a reserva não remunerada, com as obrigações estabelecidas na legislação do serviço militar, observado o disposto no art. 121 desta Lei quanto às indenizações. *(Artigo com redação dada pela Lei nº 13.954, de 16/12/2019)*

Art. 123. O licenciamento poderá ser suspenso na vigência de estado de guerra, estado de emergência, estado de sítio ou em caso de mobilização.

SEÇÃO VII
DA ANULAÇÃO DE INCORPORAÇÃO E DA DESINCORPORAÇÃO DA PRAÇA

Art. 124. A anulação de incorporação e a desincorporação da praça resultam na interrupção do serviço militar com a conseqüente exclusão do serviço ativo.

Parágrafo único. A legislação que trata do serviço militar estabelece os casos em que haverá anulação de incorporação ou desincorporação da praça.

SEÇÃO VIII
DA EXCLUSÃO DA PRAÇA A BEM DA DISCIPLINA

Art. 125. A exclusão a bem da disciplina será aplicada *ex officio* ao Guarda-Marinha, ao Aspirante-a-Oficial ou às praças com estabilidade assegurada:

I - quando assim se pronunciar o Conselho Permanente de Justiça, em tempo de paz, ou Tribunal Especial, em tempo de guerra, ou Tribunal Civil após terem sido essas praças condenadas, em sentença transitada em julgado, à pena restritiva de liberdade individual superior a 2 (dois) anos ou, nos crimes previstos na legislação especial concernente à segurança do Estado, a pena de qualquer duração;

II - quando assim se pronunciar o Conselho Permanente de Justiça, em tempo de paz, ou Tribunal Especial, em tempo de guerra, por haverem perdido a nacionalidade brasileira; e

III - que incidirem nos casos que motivarem o julgamento pelo Conselho de Disciplina previsto no artigo 49 e nele forem considerados culpados.

Parágrafo único. O Guarda-Marinha, o Aspirante-a-Oficial ou a praça com estabilidade assegurada que houver sido excluído a bem da disciplina só poderá readquirir a situação militar anterior:

a) por outra sentença do Conselho Permanente de Justiça, em tempo de paz, ou Tribunal Especial, em tempo de guerra, e nas condições nela estabelecidas, se a exclusão tiver sido conseqüência de sentença de um daqueles Tribunais; e

b) por decisão do Ministro respectivo, se a exclusão foi conseqüência de ter sido julgado culpado em Conselho de Disciplina.

Art. 126. É da competência dos Ministros das Forças Singulares, ou autoridades às quais tenha sido delegada competência para isso, o ato de exclusão a bem da disciplina do Guarda-Marinha e do Aspirante-a-Oficial, bem como das praças com estabilidade assegurada.

Art. 127. A exclusão da praça a bem da disciplina acarreta a perda de seu grau hierárquico e não a isenta das indenizações dos prejuízos causados à Fazenda Nacional ou a terceiros, nem das pensões decorrentes de sentença judicial.

Parágrafo único. A praça excluída a bem da disciplina receberá o certificado de isenção do serviço militar previsto na legislação que trata do serviço militar, sem direito a qualquer remuneração ou indenização.

SEÇÃO IX
DA DESERÇÃO

Art. 128. A deserção do militar acarreta interrupção do serviço militar, com a conseqüente demissão *ex officio* para o oficial, ou a exclusão do serviço ativo, para a praça.

§ 1º A demissão do oficial ou a exclusão da praça com estabilidade assegurada processar-se-á após 1 (um) ano de agregação, se não houver captura ou apresentação voluntária antes desse prazo.

§ 2º A praça sem estabilidade assegurada será automaticamente excluída após oficialmente declarada desertora.

§ 3º O militar desertor que for capturado ou que se apresentar voluntariamente, depois de haver sido demitido ou excluído, será reincluído no serviço ativo e, a seguir, agregado para se ver processar.

§ 4º A reinclusão em definitivo do militar de que trata o parágrafo anterior dependerá de sentença de Conselho de Justiça.

SEÇÃO X
DO FALECIMENTO E DO EXTRAVIO

Art. 129. O militar na ativa que vier a falecer será excluído do serviço ativo e desligado da organização a que estava vinculado, a partir da data da ocorrência do óbito.

Art. 130. O extravio do militar na ativa acarreta interrupção do serviço militar, com o conseqüente afastamento temporário do serviço ativo, a partir da data em que o mesmo for oficialmente considerado extraviado.

§ 1º A exclusão do serviço ativo será feita 6 (seis) meses após a agregação por motivo de extravio.

§ 2º Em caso de naufrágio, sinistro aéreo, catástrofe, calamidade pública ou outros acidentes oficialmente reconhecidos, o extravio ou o desaparecimento de militar da ativa será considerado, para fins deste Estatuto, como falecimento, tão logo sejam esgotados os prazos máximos de possível sobrevivência ou quando se dêem por encerradas as providências de salvamento.

Art. 131. O militar reaparecido será submetido a Conselho de Justificação ou a Conselho de Disciplina, por decisão do Ministro da respectiva Força, se assim for julgado necessário.

Parágrafo único. O reaparecimento de militar extraviado, já excluído do serviço ativo, resultará em sua reinclusão e nova agregação enquanto se apuram as causas que deram origem ao seu afastamento.

CAPÍTULO III
DA REABILITAÇÃO

Art. 132. A reabilitação do militar será efetuada:

I - de acordo com o Código Penal Militar e o Código de Processo Penal Militar, se tiver sido condenado, por sentença definitiva, a quaisquer penas previstas no Código Penal Militar;

II - de acordo com a legislação que trata do serviço militar, se tiver sido excluído ou licenciado a bem da disciplina.

Parágrafo único. Nos casos em que a condenação do militar acarretar sua exclusão a bem da disciplina, a reabilitação prevista na legislação que trata do serviço militar poderá anteceder a efetuada de acordo com o Código Penal Militar e o Código de Processo Penal Militar.

Art. 133. A concessão da reabilitação implica em que sejam cancelados, mediante averbação, os antecedentes criminais do militar e os registros constantes de seus assentamentos militares ou alterações, ou substituídos seus documentos comprobatórios de situação militar pelos adequados à nova situação

CAPÍTULO IV
DO TEMPO DE SERVIÇO

Art. 134. Os militares começam a contar tempo de serviço nas Forças Armadas a partir da data de seu ingresso em qualquer organização militar da Marinha, do Exército ou da Aeronáutica.

§ 1º Considera-se como data de ingresso, para fins deste artigo:

a) a do ato em que o convocado ou voluntário é incorporado em uma organização militar;

b) a de matrícula como praça especial; e

c) a do ato de nomeação.

§ 2º O tempo de serviço como aluno de órgão de formação da reserva é computado, apenas, para fins de inatividade na base de 1 (um) dia para cada período de 8 (oito) horas de instrução, desde que concluída com aproveitamento a formação militar.

§ 3º O militar reincluído recomeça a contar tempo de serviço a partir da data de sua reinclusão.

§ 4º Quando, por motivo de força maior, oficialmente reconhecida, decorrente de incêndio, inundação, naufrágio, sinistro aéreo e outras calamidades, faltarem dados para contagem de tempo de serviço, caberá aos Ministros Militares arbitrar o tempo a ser computado para cada caso particular, de acordo com os elementos disponíveis.

Art. 135. Na apuração do tempo de serviço militar, será feita distinção entre:

I - tempo de efetivo serviço; e

II - anos de serviço.

Art. 136. Tempo de efetivo serviço é o espaço de tempo computado dia a dia entre a data de ingresso e a data-limite estabelecida para a contagem ou a data do desligamento em conseqüência da exclusão do serviço ativo, mesmo que tal espaço de tempo seja parcelado.

§ 1º O tempo de serviço em campanha é computado pelo dobro como tempo de efetivo serviço, para todos os efeitos, exceto indicação para a quota compulsória.

§ 2º Será, também, computado como tempo de efetivo serviço o tempo passado dia a dia nas organizações militares, pelo militar da reserva convocado ou mobilizado, no exercício de funções militares.

§ 3º Não serão deduzidos do tempo de efetivo serviço, além dos afastamentos previstos no artigo 65, os períodos em que o militar estiver afastado do exercício de suas funções em gozo de licença especial.

§ 4º Ao tempo de efetivo serviço, de que trata este artigo, apurado e totalizado em dias, será aplicado o divisor 365 (trezentos e sessenta e cinco) para a correspondente obtenção dos anos de efetivo serviço.

Art. 137. Anos de serviço é a expressão que designa o tempo de efetivo serviço a que se refere o artigo anterior, com os seguintes acréscimos:

I - tempo de serviço público federal, estadual ou municipal, prestado pelo militar anteriormente à sua incorporação, matrícula, nomeação ou reinclusão em qualquer organização militar;

II - *(Revogado pela Medida Provisória nº 2.215-10, de 31/8/2001)*

III - tempo de serviço computável durante o período matriculado como aluno de órgão de formação da reserva;

IV - *(Revogado pela Medida Provisória nº 2.215-10, de 31/8/2001)*

V - *(Revogado pela Medida Provisória nº 2.215-10, de 31/8/2001)*

VI - 1/3 (um terço) para cada período consecutivo ou não de 2 (dois) anos de efetivo serviço passados pelo militar nas guarnições especiais da Categoria "A", a partir da vigência da Lei nº 5.774, de 23 de dezembro de 1971. *(Inciso com redação dada pela Lei nº 7.698, de 20/12/1988)*

§ 1º Os acréscimos a que se referem os itens I, III e VI serão computados somente no momento da passagem do militar à situação de inatividade e para esse fim.

§ 2º *(Revogado pela Medida Provisória nº 2.215-10, de 31/8/2001)*

§ 3º *(Revogado pela Medida Provisória nº 2.215-10, de 31/8/2001)*

§ 4º Não é computável para efeito algum, salvo para fins de indicação para a quota compulsória, o tempo:

a) que ultrapassar de 1 (um) ano, contínuo ou não, em licença para tratamento de saúde de pessoa da família;

b) passado em licença para tratar de interesse particular ou para acompanhar cônjuge ou companheiro(a); *(Alínea com redação dada pela Lei nº 11.447, de 5/1/2007)*

c) passado como desertor;

d) decorrido em cumprimento de pena de suspensão do exercício do posto, graduação, cargo ou função por sentença transitada em julgado; e

e) decorrido em cumprimento de pena restritiva da liberdade, por sentença transitada em julgado, desde que não tenha sido concedida suspensão condicional de pena, quando, então, o tempo correspondente ao período da pena será computado apenas para fins de indicação para a quota compulsória e o que dele exceder, para todos os efeitos, caso as condições estipuladas na sentença não o impeçam.

Art. 138. *(Revogado pela Medida Provisória nº 2.215-10, de 31/8/2001)*

Art. 139. O tempo que o militar passou ou vier a passar afastado do exercício de suas funções, em conseqüência de ferimentos recebidos em acidente quando em serviço, combate, na defesa da Pátria e na garantia dos poderes constituídos, da lei e da ordem, ou de moléstia adquirida no exercício de qualquer função militar, será computado como se o tivesse passado no exercício efetivo daquelas funções.

Art. 140. Entende-se por tempo de serviço em campanha o período em que o militar estiver em operações de guerra.

Parágrafo único. A participação do militar em atividades dependentes ou decorrentes das operações de guerra será regulada em legislação específica.

Art. 141. O tempo de serviço dos militares beneficiados por anistia será contado como estabelecer o ato legal que a conceder.

Art. 142. A data-limite estabelecida para final da contagem dos anos de serviço para fins de passagem para a inatividade será do desligamento em conseqüência da exclusão do serviço ativo.

Art. 143. Na contagem dos anos de serviço não poderá ser computada qualquer superposição dos tempos de serviço público federal, estadual e municipal ou passado em administração indireta, entre si, nem com os acréscimos de tempo, para os possuidores de curso universitário, e nem com o tempo de serviço computável após a incorporação em organização militar, matrícula em órgão de formação de militares ou nomeação para posto ou graduação nas Forças Armadas.

CAPÍTULO V
DO CASAMENTO

Art. 144. O militar da ativa pode contrair matrimônio, desde que observada a legislação civil específica.

§ 1º *(Revogado pela Lei nº 13.954, de 16/12/2019)*

§ 2º *(Revogado pela Lei nº 13.954, de 16/12/2019)*

§ 3º *(Revogado pela Lei nº 13.954, de 16/12/2019)*

§ 4º O militar que contrair matrimônio ou constituir união estável com pessoa estrangeira deverá comunicar o fato ao Comandante da Força a que pertence, para fins de registro. *(Parágrafo acrescido pela Lei nº 13.954, de 16/12/2019)*

Art. 144-A. Não ter filhos ou dependentes e não ser casado ou haver constituído união estável, por incompatibilidade com o regime exigido para formação ou graduação, constituem condições essenciais para ingresso e permanência nos órgãos de formação ou graduação de oficiais e de praças que os mantenham em regime de internato, de dedicação exclusiva e de disponibilidade permanente peculiar à carreira militar.

Parágrafo único. As praças especiais assumirão expressamente o compromisso de que atendem, no momento da matrícula, e de que continuarão a atender, ao longo de sua formação ou graduação, as condições essenciais de que trata o *caput* deste artigo, e o descumprimento desse compromisso ensejará o cancelamento da matrícula e o licenciamento do serviço ativo, conforme estabelecido no regulamento de cada Força Armada. *(Artigo acrescido pela Lei nº 13.954, de 16/12/2019)*

Art. 145. As praças especiais que contraírem matrimônio serão excluídas do serviço ativo, sem direito a qualquer remuneração ou indenização. *(Artigo com redação dada pela Lei nº 13.954, de 16/12/2019)*

CAPÍTULO VI
DAS RECOMPENSAS E DAS DISPENSAS DO SERVIÇO

Art. 146. As recompensas constituem reconhecimento dos bons serviços prestados pelos militares.

§ 1º São recompensas:

a) os prêmios de Honra ao Mérito;

b) as condecorações por serviços prestados na paz e na guerra;

c) os elogios, louvores e referências elogiosas; e

d) as dispensas de serviço.

§ 2º As recompensas serão concedidas de acordo com as normas estabelecidas nos regulamentos da Marinha, do Exército e da Aeronáutica.

Art. 147. As dispensas de serviço são autorizações concedidas aos militares para afastamento total do serviço, em caráter temporário.

Art. 148. As dispensas de serviço podem ser concedidas aos militares:

I - como recompensa;

II - para desconto em férias; e

III - em decorrência de prescrição médica.

Parágrafo único. As dispensas de serviço serão concedidas com a remuneração integral e computadas como tempo de efetivo serviço.

TÍTULO V
DISPOSIÇÕES GERAIS, TRANSITÓRIAS E FINAIS

Art. 149. A transferência para a reserva remunerada ou a reforma não isentam o militar da indenização dos prejuízos causados à Fazenda Nacional ou a terceiros, nem do pagamento das pensões decorrentes de sentença judicial.

Art. 150. A Assistência Religiosa às Forças Armadas é regulada por lei específica.

Art. 151. É vedado o uso por organização civil de designações que possam sugerir sua vinculação às Forças Armadas.

Parágrafo único. Excetuam-se das prescrições deste artigo as associações, clubes, círculos e outras organizações que congreguem membros das Forças Armadas e que se destinem, exclusivamente, a promover intercâmbio social e assistencial entre os militares e suas famílias e entre esses e a sociedade civil.

Art. 152. Ao militar amparado por uma ou mais das Leis nº 288, de 8 de junho de 1948, 616, de 2 de fevereiro de 1949, 1.156, de 12 de julho de 1950, e 1.267, de 9 de dezembro de 1950, e que em virtude do disposto no artigo 62 desta Lei não mais usufruirá as promoções previstas naquelas leis, fica assegurada, por ocasião da transferência para a reserva ou da reforma, a remuneração da inatividade relativa ao posto ou graduação a que seria promovido em decorrência da aplicação das referidas leis.

Parágrafo único. A remuneração de inatividade assegurada neste artigo não poderá exceder, em nenhum caso, a que caberia ao militar, se fosse ele promovido até 2 (dois) graus hierárquicos acima daquele que tiver por ocasião do processamento de sua transferência para a reserva ou reforma, incluindo-se nesta limitação a aplicação do disposto no § 1º do artigo 50 e no artigo 110 e seu § 1º.

Art. 153. Na passagem para a reserva remunerada, aos militares obrigados ao vôo serão computados os acréscimos de tempo de efetivo serviço decorrentes das horas de vôo realizadas até 20 de outubro de 1946, na forma da legislação então vigente.

Art. 154. Os militares da Aeronáutica que, por enfermidade, acidente ou deficiência psicofisiológica, verificada em inspeção de saúde, na forma regulamentar, forem considerados definitivamente incapacitados para o exercício da atividade aérea, exigida pelos regulamentos específicos, só passarão à inatividade se essa incapacidade o for também para todo o serviço militar.

Parágrafo único. A regulamentação própria da Aeronáutica estabelece a situação do pessoal enquadrado neste artigo.

Art. 155. Aos Cabos que, na data da vigência desta Lei, tenham adquirido estabilidade será permitido permanecer no serviço ativo, em caráter excepcional, de acordo com o interesse da respectiva Força Singular, até completarem 50 (cinqüenta) anos de idade, ressalvadas outras disposições legais.

Art. 156. *(Revogado pela Medida Provisória nº 2.215-10, de 31/8/2001)*

Art. 157. As disposições deste Estatuto não retroagem para alcançar situações definidas anteriormente à data de sua vigência.

Art. 158. Após a vigência do presente Estatuto serão a ele ajustadas todas as disposições legais e regulamentares que com ele tenham ou venham a ter pertinência.

Art. 159. O presente Estatuto entrará em vigor a partir de 1º de janeiro de 1981, salvo quanto ao disposto no item IV do artigo 98, que terá vigência 1 (um) ano após a data da publicação desta Lei.

Parágrafo único. Até a entrada em vigor do disposto no item IV do artigo 98, permanecerão em vigor as disposições constantes dos itens IV e V do artigo 102 da Lei nº 5.774, de 23 de dezembro de 1971.

Art. 160. *(Revogado pela Medida Provisória nº 2.215-10, de 31/8/2001)*

Brasília, em 09 de dezembro de 1980; 159º da Independência e 92º da República.

JOÃO FIGUEIREDO
Maximiano Fonseca
Ernani Ayrosa da Silva
Délio Jardim de Mattos
José Ferraz da Rocha

‣ Deixamos de publicar o anexo da lei.

IN ME/SEPT/SPREV Nº 5, DE 15 DE JANEIRO DE 2020

Estabelece orientações a respeito das normas gerais de inatividade e pensões e das demais disposições relativas aos militares dos Estados, do Distrito Federal e dos Territórios, estabelecidas pela Lei nº 13.954, de 16 de dezembro de 2019, mediante alteração do Decreto-Lei nº 667, de 2 de julho de 1969.

Estabelece orientações a respeito das normas gerais de inatividade e pensões e das demais disposições relativas aos militares dos Estados, do Distrito Federal e dos Territórios, estabelecidas pela Lei nº 13.954, de 16 de dezembro de 2019, mediante alteração do Decreto-Lei nº 667, de 2 de julho de 1969.

O Secretário de Previdência da Secretaria Especial de Previdência e Trabalho do Ministério da Economia, no uso de suas atribuições legais, nos termos do art. 73 e do art. 181 do Anexo I do Decreto nº 9.745, de 8 de abril de 2019, e Considerando o disposto no art. 27 da Lei nº 13.954, de 16 de dezembro de 2019, resolve:

CAPÍTULO I DISPOSIÇÕES PRELIMINARES

Objeto e âmbito de aplicação

Art. 1º Esta Instrução Normativa estabelece orientações a respeito das normas gerais de inatividade e pensões e das demais disposições relativas aos militares dos Estados, do Distrito Federal e dos Territórios, de que tratam os arts. 24-A a 24-J do Decreto-Lei nº 667, de 2 de julho de 1969, acrescidos pela Lei nº 13.954, de 16 de dezembro de 2019, editadas com base na competência privativa da União prevista no inciso XXI do art. 22 da Constituição Federal, com a redação dada pela Emenda Constitucional nº 103, de 13 de novembro de 2019.

Parágrafo único. As normas gerais relativas à inatividade e à pensão militar dos militares dos Estados, do Distrito Federal e dos Territórios, bem como as relativas à contribuição para custeio das pensões militares e inatividade, previstas nos arts. 24-A a 24-C do Decreto-Lei nº 667, de 1969, deverão manter a simetria com as regras congêneres dos militares das Forças Armadas, sempre que houver alteração destas, sendo vedada, nos termos do art. 24-H desse Decreto-Lei, a instituição de disposições divergentes que tenham repercussão na inatividade ou na pensão militar.

CAPÍTULO II NORMAS GERAIS RELATIVAS À INATIVIDADE

Proventos na inatividade remunerada

Art. 2º Os proventos do militar transferido para a inatividade remunerada a pedido serão:

I - integrais, desde que cumprido o tempo mínimo de 35 (trinta e cinco) anos de serviço, dos quais no mínimo 30 (trinta) anos de exercício de atividade de natureza militar; ou

II - proporcionais, com base em tantas quotas de remuneração do posto ou da graduação quantos forem os anos de serviço, se transferido para a inatividade sem atingir o referido tempo mínimo.

Art. 3º Os proventos do militar reformado por invalidez decorrente do exercício da função ou em razão dela são integrais.

Art. 4º A remuneração do militar transferido para a inatividade remunerada, salvo direito adquirido, será calculada com base na remuneração do posto ou da graduação que o militar possuir por ocasião dessa transferência.

Art. 5º Se for prevista a transferência para a reserva remunerada, de ofício, por atingimento da idade-limite do posto ou graduação ou por inclusão em quota compulsória, sua disciplina será feita por lei do ente federativo, observado o disposto nos arts. 2º e 4º.

Parágrafo único. A idade-limite do posto ou graduação terá como parâmetro mínimo a estabelecida para os militares das Forças Armadas do correspondente posto ou graduação.

Art. 6º A remuneração na inatividade é irredutível e deve ser revista automaticamente na mesma data da revisão da remuneração dos militares da ativa, para preservar o valor equivalente à remuneração do militar da ativa do correspondente posto ou graduação.

Direito adquirido

Art. 7º É assegurado o direito adquirido na concessão de inatividade remunerada aos militares dos Estados, do Distrito Federal e dos Territórios, a qualquer tempo, desde que tenham sido cumpridos, até 31 de dezembro de 2019, os requisitos exigidos pela lei vigente do ente federativo para obtenção desse benefício, observados os critérios de concessão e de cálculo em vigor na data de atendimento dos requisitos.

Parágrafo único. A data prevista no *caput* poderá ser prorrogada para até 31 de dezembro de 2021, mediante ato do Poder Executivo do ente federativo, editado até 16 de janeiro de 2020 e cujos efeitos retroagirão à data de publicação da Lei nº 13.954, de 2019.

Regra de transição

Art. 8º Os militares dos Estados, do Distrito Federal e dos Territórios que não houverem completado, até 31 de dezembro de 2019, o tempo mínimo exigido pela legislação do ente federativo para fins de inatividade com remuneração integral do correspondente posto ou graduação devem cumprir:

I - o tempo de serviço faltante para atingir o tempo mínimo exigido na legislação do ente federativo, acrescido de 17% (dezessete por cento), se o tempo mínimo for de 30 (trinta) anos ou menos;

II - o tempo de serviço faltante para atingir 35 (trinta e cinco) anos, se for este o tempo mínimo exigido na legislação do ente federativo à data de publicação da Lei nº 13.954, de 2019; e

III - além do disposto nos incisos I e II, 25 (vinte e cinco) anos de exercício de atividade de natureza militar, acrescidos, a partir de 1º de janeiro de 2022, de 4 (quatro) meses para cada ano de tempo de serviço faltante em relação ao tempo mínimo exigido na legislação do ente federativo, até o limite de 30 (trinta) anos de exercício de atividade de natureza militar.

Parágrafo único. A data prevista no *caput* poderá ser prorrogada para até 31 de dezembro de 2021, mediante ato do Poder Executivo do ente federativo, editado até 16 de janeiro de 2020 e cujos efeitos retroagirão à data de publicação da Lei nº 13.954, de 2019.

CAPÍTULO III
NORMAS GERAIS RELATIVAS À PENSÃO MILITAR

Valor da pensão militar

Art. 9º O benefício da pensão militar é igual ao valor da remuneração do militar da ativa ou dos proventos na inatividade remunerada.

Art. 10. O benefício da pensão militar é irredutível e sua revisão automática, devida na mesma data da revisão das remunerações dos militares da ativa, para preservar o valor equivalente à remuneração do militar da ativa do posto ou graduação que lhe deu origem.

Beneficiários da pensão militar

Art. 11. Para fins de recebimento da pensão militar, o rol de beneficiários dos militares dos Estados, do Distrito Federal e dos Territórios é o mesmo estabelecido para os militares das Forças Armadas.

Parágrafo único. Estão incluídos na regra do *caput*, consoante o art. 7º da Lei nº 3.765, de 4 maio de 1960, na redação dada pela Lei nº 13.954, de 2019:

I - cônjuge ou companheiro designado ou que comprove união estável como entidade familiar;

II - pessoa separada de fato, separada judicialmente ou divorciada do instituidor, ou ex-convivente, desde que perceba pensão alimentícia judicialmente arbitrada;

III - filhos ou enteados até vinte e um anos de idade ou até vinte e quatro anos de idade, se estudantes universitários ou, se inválidos, enquanto durar a invalidez;

IV - menor sob guarda ou tutela até vinte e um anos de idade ou, se estudante universitário, até vinte e quatro anos de idade ou, se inválido, enquanto durar a invalidez;

V - a mãe e o pai que comprovem dependência econômica do militar; e

VI - o irmão órfão, até vinte e um anos de idade ou, se estudante universitário, até vinte e quatro anos de idade, e o inválido, enquanto durar a invalidez, comprovada a dependência econômica do militar.

Direito adquirido

Art. 12. É assegurado o direito adquirido na concessão de pensão militar aos beneficiários dos militares dos Estados, do Distrito Federal e dos Territórios, a qualquer tempo, desde que tenham sido cumpridos, até 31 de dezembro de 2019, os requisitos exigidos pela lei vigente do ente federativo para obtenção desse benefício, observados os critérios de concessão e de cálculo em vigor na data de atendimento dos requisitos.

Parágrafo único. Prorrogada a data para aquisição do direito à inatividade, nos termos do parágrafo único do art. 7º, estarão também prorrogados, pelo mesmo período, os critérios de concessão e de cálculo da pensão militar anteriormente estabelecidos pela legislação do ente federativo.

CAPÍTULO IV
DA CONTRIBUIÇÃO PARA CUSTEIO DA PENSÃO MILITAR E INATIVIDADE

Art. 13. Incide contribuição sobre a totalidade da remuneração dos militares dos Estados, do Distrito Federal e dos Territórios, ativos ou inativos, e de seus pensionistas, com alíquota igual à aplicável às Forças Armadas, cuja receita é destinada ao custeio das pensões militares e da inatividade dos militares, nos termos do art. 24-C do Decreto-Lei nº 667, de 1969, na redação dada pela Lei nº 13.954, de 2019.

Parágrafo único. Compete ao ente federativo a cobertura de eventuais insuficiências financeiras decorrentes do pagamento das pensões militares e da remuneração da inatividade, que não tem natureza contributiva.

Art. 14. A alíquota de contribuição para o custeio das pensões e da inatividade dos militares, consoante o art. 3º-A da Lei nº 3.765, de 1960, na redação dada pela Lei nº 13.954, de 2019, será:

I - de 9,5% (nove e meio por cento), a partir de 17 de março de 2020, por força do princípio da anterioridade tributária nonagesimal;

II - de 10,5% (dez e meio por cento), a partir de 1º de janeiro de 2021.

§ 1º Caso o Sistema de Proteção Social dos Militares dos Estados ou do Distrito Federal disponha sobre contribuição específica para a manutenção de benefícios a dependentes de militares até a data de entrada em vigor da Lei nº 13.954, de 2019, será aplicado, no que couber, o previsto no § 3º do art. 3º-A da Lei nº 3.765, de 1960.

§ 2º Somente a partir de 1º de janeiro de 2025 os entes federativos poderão alterar, por lei ordinária, as alíquotas da contribuição de que trata este artigo, nos termos e limites definidos em lei federal.

§ 3º A incidência da alíquota de contribuição de que trata o inciso I do *caput* dar-se-á no mês de março de 2020, pro rata tempore, sobre a totalidade da remuneração dos militares dos Estados, do Distrito Federal e dos Territórios, ativos ou inativos, e de seus pensionistas.

Art. 15. O militar temporário contribuirá de acordo com os arts. 13 e 14 desta Instrução Normativa, consoante o art. 24-I do Decreto-Lei nº 667, de 1969, e fará jus aos benefícios de inatividade por invalidez e pensão militar durante a permanência no serviço ativo.

CAPÍTULO V
OUTRAS DISPOSIÇÕES RELATIVAS AOS MILITARES DOS ESTADOS, DO DISTRITO FEDERAL E DOS TERRITÓRIOS

Art. 16. Os direitos, os deveres, a remuneração, as prerrogativas e outras situações especiais dos militares dos Estados, do Distrito Federal e dos Territórios são estabelecidos em leis específicas dos entes federativos, nos termos do § 1º do art. 42, combinado com o inciso X do § 3º do art. 142 da Constituição Federal, e do art. 24 do Decreto-Lei nº 667, de 1969.

Art. 17. Lei específica do ente federativo deve dispor sobre outros aspectos relacionados à inatividade e à pensão militar dos militares e respectivos pensionistas dos Estados, do Distrito Federal e dos Territórios que não conflitem com as normas gerais estabelecidas nos arts. 2º a 6º, 9º a 11 e 13 a 15, vedada a ampliação dos direitos e garantias nelas previstos e observado o disposto nos arts. 7º, 8º e 12.

Art. 18. O Sistema de Proteção Social dos Militares dos Estados, do Distrito Federal e dos Territórios deve ser regulado por lei específica do ente federativo, que estabelecerá seu modelo de gestão e poderá prever outros direitos, como saúde e assistência, e sua forma de custeio.

§ 1º Não se aplica ao Sistema de Proteção Social dos Militares dos Estados, do Distrito Federal e dos Territórios a legislação dos regimes próprios de previdência social dos servidores públicos.

§ 2º O órgão ou entidade gestora do regime próprio de previdência social dos servidores titulares de cargos efetivos do ente federativo poderá ser responsável pela gestão do Sistema de Proteção Social dos Militares, devendo as receitas e despesas ser segregadas, vedada a utilização de recursos previdenciários para finalidades diversas daquelas previstas no inciso XII do art. 167 da Constituição Federal e no inciso III do art. 1º da Lei nº 9.717, de 27 de novembro de 1998.

Art. 19. Lei específica do ente federativo pode estabelecer:

I - regras para permitir que o militar transferido para a reserva exerça atividades civis em qualquer órgão do ente federativo mediante o pagamento de adicional, o qual não será incorporado ou contabilizado para revisão do benefício na inatividade, não servirá de base de cálculo para outros benefícios ou vantagens e não integrará a base de contribuição do militar; e

II - requisitos para o ingresso de militares temporários, mediante processo seletivo, cujo prazo máximo de permanência no serviço ativo será de 8 (oito) anos, observado percentual máximo de 50% (cinquenta por cento) do efetivo do respectivo posto ou graduação.

Art. 20. O tempo de serviço militar e o tempo de contribuição ao Regime Geral de Previdência Social ou a regime próprio de previdência social terão contagem recíproca para fins de inativação militar ou aposentadoria, e a compensação financeira será devida entre as receitas de contribuição referentes aos militares e as receitas de contribuição referentes aos demais regimes.

§ 1º Cessada a vinculação do militar temporário à respectiva corporação, o tempo de serviço militar será objeto de contagem recíproca para fins de aposentadoria no Regime Geral de Previdência Social ou em regime próprio de previdência social, sendo devida a compensação financeira entre os regimes.

§ 2º Aplicam-se, no que couber, à compensação financeira de que tratam o *caput* e o § 1º as normas da Lei nº 9.796, de 5 de maio de 1999, e do Decreto nº 10.188, de 20 de dezembro de 2019.

CAPÍTULO VI
DISPOSIÇÕES FINAIS

Art. 21. Compete à União, nos termos do parágrafo único do art. 24-D do Decreto-Lei nº 667, de 1969, e do art. 73 do Decreto nº 9.745, de 8 de abril de 2019, por intermédio da Secretaria Especial de Previdência e Trabalho do Ministério da Economia, verificar o cumprimento das normas gerais de inatividade e pensão dos militares dos Estados e do Distrito Federal, sem prejuízo das atribuições dos órgãos de controle interno e externo.

Art. 22. Considera-se suspensa a eficácia das regras previstas na legislação dos Estados e do Distrito Federal sobre inatividades e pensões dos militares que conflitem com as normas gerais de que tratam os arts. 24-A a 24-E e arts. 24-H a 24-J do Decreto-Lei nº 667, de 2 de julho de 1969, acrescidos pela Lei nº 13.954, de 16 de dezembro de 2019, observado o disposto nos arts. 24-F e 24-G do mesmo Decreto-Lei.

Parágrafo único. É vedada a revisão de benefícios anteriormente concedidos com base na legislação cuja eficácia tenha sido considerada suspensa nos termos do *caput*, sob o fundamento de adequação às normas gerais de inatividade e pensões dos militares dos Estados e do Distrito Federal estabelecidas pela Lei nº 13.954, de 2019.

Art. 22-A. Na aplicação do disposto no art. 13 e 14 desta Instrução Normativa, será considerado o seguinte:

I - em relação aos militares da ativa:

a) se a alíquota de contribuição anterior era superior a 9,5% (nove e meio por cento), a nova alíquota será devida a partir de 1º de janeiro de 2020;

b) se a alíquota de contribuição anterior era inferior a 9,5% (nove e meio por cento), a alíquota anterior continuará sendo devida até 16 de março de 2020;

II - em relação aos militares inativos e pensionistas:

a) se o resultado combinado da alteração da alíquota e da ampliação da base de cálculo resultar em redução do valor final da contribuição devida, este novo valor passará a ser devido a partir de 1º de janeiro de 2020;

b) se o resultado combinado da alteração da alíquota e da ampliação da base de cálculo resultar em aumento do valor final da contribuição devida, o valor anterior da contribuição continuará sendo devido até 16 de março de 2020. (NR) *(Artigo acrescentado conforme determinado na Instrução Normativa ME/SEPT/SPREV nº 6, de 24.1.2020, DOU 27.1.2020)*

Art. 23. Esta Instrução Normativa entra em vigor na data de sua publicação.

LEONARDO JOSÉ ROLIM GUIMARÃES

DECRETO Nº 10.742, DE 5 DE JULHO DE 2021

Regulamenta a Lei nº 3.765, de 4 de maio de 1960, que dispõe sobre as pensões militares.

O PRESIDENTE DA REPÚBLICA, no uso da atribuição que lhe confere o art. 84, caput, inciso IV, da Constituição, e tendo em vista o disposto na Lei nº 3.765, de 4 de maio de 1960, e na Lei nº 13.954, de 16 de dezembro de 2019.

DECRETA:

CAPÍTULO I
DISPOSIÇÕES PRELIMINARES

Art. 1º Este Decreto regulamenta a Lei nº 3.765, de 4 de maio de 1960, que dispõe sobre as pensões militares.

CAPÍTULO II
DA PENSÃO MILITAR

Art. 2º A pensão militar será igual ao valor da remuneração ou dos proventos do militar.

Parágrafo único. A pensão do militar que vier a falecer na atividade em consequência de acidente ocorrido em serviço ou de doença adquirida em serviço não poderá ser inferior:

I - à de aspirante a oficial ou guarda-marinha, para os cadetes do Exército e da Aeronáutica, aspirantes de marinha e alunos dos Centros de Preparação de Oficiais da Reserva ou dos Núcleos de Preparação de Oficiais da Reserva; ou

II - à de terceiro-sargento, para as demais praças e os alunos das escolas de formação de sargentos.

Art. 3º A remuneração ou os proventos do militar considerado desaparecido ou extraviado serão pagos àqueles que teriam direito à pensão militar.

§ 1º É considerado desaparecido o militar na ativa que, no desempenho de qualquer serviço, em viagem, em campanha ou em caso de calamidade pública, tiver paradeiro ignorado por mais de oito dias, quando não houver indício de deserção, nos termos do disposto no art. 91 da Lei nº 6.880, de 9 de dezembro de 1980.

§ 2º O militar que, na forma prevista no § 1º, permanecer desaparecido por mais de trinta dias, será oficialmente considerado extraviado, nos termos do disposto no art. 92 da Lei nº 6.880, de 1980.

§ 3º Decorridos seis meses do primeiro dia do desaparecimento ou extravio, terá início a habilitação dos beneficiários à pensão militar, e será cessado o pagamento da remuneração ou dos proventos quando se iniciar o pagamento da pensão militar.

§ 4º Na hipótese de reaparecimento do militar, deverá ser efetuado o pagamento da diferença entre a remuneração ou os proventos a que faria jus e a pensão paga a seus beneficiários, se for o caso.

§ 5º O desaparecimento, o extravio ou o reaparecimento do militar deverá ser atestado por meio de boletim oficial com informações sobre a data e as circunstâncias em que ocorreu.

§ 6º Exceto na hipótese de desaparecimento, extravio ou deserção, a concessão da pensão aos beneficiários do militar ficará condicionada à declaração judicial de morte presumida, nos termos do disposto na Lei nº 10.406, de 10 de janeiro de 2002 - Código Civil.

Art. 4º O oficial da ativa, da reserva remunerada ou reformado, contribuinte obrigatório da pensão militar, que perder posto e patente deixará aos seus beneficiários a pensão militar correspondente ao posto que possuía, com valor proporcional ao seu tempo de serviço.

§ 1º Nas mesmas condições a que se refere o caput, a praça contribuinte da pensão militar com mais de dez anos de serviço, expulsa ou não relacionada como reservista por efeito de sentença ou em decorrência de ato de autoridade competente deixará aos seus beneficiários a pensão militar correspondente à graduação que possuía, com valor proporcional ao seu tempo de serviço.

§ 2º A pensão militar a que se refere o caput será calculada com base em quotas do soldo, correspondentes a um trinta e cinco avos do valor do soldo por ano de serviço, observada a regra de transição prevista no art. 22 da Lei nº 13.954, de 16 de dezembro de 2019.

Art. 5º A pensão resultante da promoção post mortem será paga aos beneficiários habilitados a partir da data de falecimento do militar.

CAPÍTULO III
DAS CONTRIBUIÇÕES E DA ASSISTÊNCIA MÉDICO-HOSPITALAR

Art. 6º São contribuintes obrigatórios da pensão militar, mediante desconto mensal em folha de pagamento, os militares das Forças Armadas e os seus pensionistas.

Art. 7º A contribuição para a pensão militar incidirá sobre as parcelas que compõem os proventos na inatividade e sobre o valor integral da quota-parte percebida a título de pensão militar.

Parágrafo único. Na hipótese de o militar contribuir para a pensão militar correspondente a um ou dois postos ou graduações acima da que fizer jus, nos termos do disposto no art. 32 da Medida Provisória nº 2.215-10, de 31 de agosto de 2001, a contribuição será aplicada sobre a remuneração ou os proventos desse posto ou dessa graduação.

Art. 8º O militar que, por qualquer circunstância, não puder ter descontada a sua contribuição para a pensão militar deverá efetuar o seu recolhimento, imediatamente, à unidade a que estiver vinculado.

Parágrafo único. Na hipótese de haver dívida de contribuição à época do falecimento do contribuinte, caberá aos seus beneficiários saldá-la integralmente, por ocasião do primeiro pagamento da pensão militar.

Art. 9º Os beneficiários que atenderem ao disposto no § 5º do art. 50 da Lei nº 6.880, de 1980, terão direito à assistência médico-hospitalar das Forças Armadas após o falecimento do militar.

§ 1º A assistência médico-hospitalar a que se refere o caput, nas condições ou nas limitações impostas por legislação e regulamentação específicas, abrange o conjunto de atividades relacionadas com a prevenção, a conservação ou a recuperação da saúde, inclusive serviços profissionais médicos, farmacêuticos e odontológicos, o fornecimento, a aplicação de meios e os cuidados e os demais atos médicos e paramédicos necessários.

§ 2º O direito à assistência médico-hospitalar a que se refere o caput ficará condicionado à preservação dos requisitos de dependência do beneficiário e à participação nos custos e no pagamento das indenizações e contribuições para assistência médico-hospitalar.

Art. 10. O pensionista habilitado na condição de viúvo que contrair matrimônio ou constituir união estável perderá o direito à assistência médico-hospitalar das Forças Armadas.

Parágrafo único. Na hipótese prevista no caput, o viúvo será obrigado a manter a contribuição e a pagar as indenizações de que trata o art. 3º-D da Lei nº 3.765, de 1960, para garantir a assistência médico-hospitalar dos dependentes do militar falecido a que se refere o § 5º do art. 50 da Lei nº 6.880, de 1980.

Art. 11. As contribuições para a assistência médico-hospitalar e social e as indenizações pela assistência médico-hospitalar dos seguintes usuários serão assumidas, respectivamente:

I - pelo viúvo, relativamente à própria assistência médico-hospitalar e social;

II - pelo filho ou enteado maior de dezoito e menor de vinte e um anos de idade que receba pensão militar, relativamente à própria assistência médico-hospitalar e social;

III - pelo viúvo, tutor, curador ou responsável legal, relativamente à assistência médico-hospitalar e social do:

a) filho ou enteado menor de vinte e um anos de idade ou inválido de qualquer idade; e

b) filho ou enteado estudante menor de vinte e quatro anos de idade que não receba rendimentos;

IV - pelo viúvo, tutor, curador ou responsável legal, relativamente à assistência médico-hospitalar e social do tutelado ou curatelado inválido de qualquer idade ou do menor de dezoito anos de idade que viva sob a guarda do militar por decisão judicial; e

V - pelos pensionistas habilitados, relativamente à assistência médico-hospitalar e social do pai e da mãe do militar.

CAPÍTULO IV
DOS BENEFICIÁRIOS

Art. 12. A pensão militar será deferida em processo de habilitação, com base na declaração de beneficiários preenchida em vida pelo contribuinte na ordem de prioridade e nas condições a seguir:

I - primeira ordem de prioridade:

a) cônjuge ou companheiro designado ou que comprove união estável como entidade familiar;

b) pessoa separada de fato, separada judicialmente ou divorciada do instituidor, ou ex-convivente, desde que perceba pensão alimentícia judicialmente arbitrada;

c) filho ou enteado até vinte e um anos de idade ou, se estudante universitário, até vinte e quatro anos de idade ou, se inválido, enquanto durar a invalidez; e

d) menor sob guarda ou tutela até vinte e um anos de idade ou, se estudante universitário, até vinte e quatro anos de idade ou, se inválido, enquanto durar a invalidez;

II - segunda ordem de prioridade, a mãe e o pai que comprovem dependência econômica do militar; e

III - terceira ordem de prioridade, o irmão órfão, até vinte e um anos de idade ou, se estudante universitário, até vinte e quatro anos de idade, e o inválido, enquanto durar a invalidez, comprovada a dependência econômica do militar.

§ 1º A concessão da pensão aos beneficiários de que tratam as alíneas "a" e "c" do inciso I do caput exclui desse direito os beneficiários referidos nos incisos II e III do caput.

§ 2º A pensão será concedida integralmente aos beneficiários de que trata a alínea "a" do inciso I do caput, exceto se for constatada a existência de beneficiários que se enquadrem no disposto nas alíneas "b", "c" e "d" do inciso I do caput.

§ 3º A quota destinada à pessoa separada de fato, separada judicialmente ou divorciada do instituidor, ou ao ex-convivente, a que se refere a alínea "b" do inciso I do caput, corresponderá ao valor da pensão alimentícia judicialmente arbitrada, e considerará que:

I - o valor da pensão militar deverá ser igual à quota estabelecida na decisão judicial a título de alimentos, com base no posto ou na graduação para o qual o instituidor contribuísse, de forma a considerar percentual, valor fixo ou outro critério utilizado pelo Poder Judiciário;

II - o período de tempo estabelecido na sentença judicial para percepção dos alimentos é aplicável à concessão da pensão militar, a qual será devida somente durante o mesmo lapso temporal; e

III - caso a decisão judicial seja silente a respeito do aspecto temporal dos alimentos, a administração militar deverá conceder o benefício por tempo indeterminado.

§ 4º Após deduzido o montante de que trata o § 3º, metade do valor remanescente caberá aos beneficiários a que se refere a alínea "a" do inciso I do caput, hipótese em que a outra metade será dividida, em partes iguais, entre os beneficiários a que se referem as alíneas "c" e "d" do inciso I do caput.

§ 5º O beneficiário de que trata a alínea "b" do inciso I do caput somente perceberá o valor equivalente ao da pensão alimentícia judicialmente arbitrada, independentemente da perda da condição de beneficiário de filho que possua com o instituidor da pensão.

§ 6º Compete à junta médica militar atestar a invalidez dos beneficiários de que tratam as alíneas "c" e "d" do inciso I do caput e o inciso III do caput.

§ 7º O companheiro não designado na declaração de beneficiários deverá comprovar a união estável por meio de:

I - decisão judicial de reconhecimento de união estável;

II - certidão de casamento religioso entre o militar instituidor da pensão e o requerente;

III - escritura pública declaratória de união estável atualizada feita em vida entre o instituidor e o requerente; ou

IV - disposições testamentárias em que o militar instituidor da pensão declare o requerente como companheiro.

§ 8º Caso seja necessário, a administração militar poderá requisitar outros documentos que comprovem a existência da união estável.

§ 9º Sempre que, no início ou durante o processamento da habilitação, for constatada a falta de declaração de beneficiário, ou se ela estiver incompleta ou oferecer margem a dúvidas, a repartição competente exigirá dos interessados certidões ou outros documentos necessários à comprovação dos seus direitos.

§ 10. O disposto no § 9º aplica-se aos habilitandos conhecidos pela administração militar após a morte do militar.

Art. 13. O direito à pensão nasce com o óbito do contribuinte.

§ 1º Caso a pensão militar não seja concedida em razão da inexistência de beneficiários ou do impedimento de todos os beneficiários de uma ordem de prioridade, esta será deferida aos beneficiários da ordem de prioridade subsequente.

§ 2º A lei aplicável à concessão de pensão por morte é aquela vigente na data do óbito do instituidor.

Art. 14. A habilitação de beneficiário não conhecido pela administração militar, com base em documento oficial ou em declaração de beneficiários, cujo processo se inicie após o deferimento da pensão aos beneficiários até então habilitados, somente produzirá efeito a partir da data do pedido de habilitação.

§ 1º Na hipótese prevista no caput, a administração militar reservará a quota a que faria jus o habilitando, a partir da data do pedido de habilitação.

§ 2º O conhecimento de beneficiário em potencial pela administração militar, antes do deferimento da pensão a beneficiários já habilitados, com base em documento oficial ou em declaração de beneficiários, acarretará a reserva da quota a que faria jus, sem direito ao imediato pagamento dos valores respectivos, até que ocorra a comprovação da condição de beneficiário por meio do processo administrativo.

§ 3º Na hipótese prevista no § 2º, a administração militar somente manterá a reserva pelo prazo de doze meses, contado da data do óbito do militar.

§ 4º Nas hipóteses previstas neste artigo, o beneficiário habilitado será intimado do processo de habilitação a fim de exercer o direito ao contraditório.

Art. 15. O militar das Forças Armadas é obrigado a apresentar a declaração de beneficiários, que, exceto se houver prova em contrário, prevalecerá quanto à qualificação destes à pensão militar.

§ 1º A declaração de que trata o caput deverá ser feita no prazo de seis meses após o ingresso do militar nas Forças Armadas, sob pena de suspensão do pagamento da remuneração ou dos proventos, e ficará arquivada na organização militar a que pertence o militar da ativa ou naquela a que estiver vinculado o militar inativo.

§ 2º Da declaração de que trata o caput deverão constar:

I - nome, filiação e estado civil do declarante;

II - nome do cônjuge ou companheiro e data do casamento, se for o caso;

III - nome dos filhos e data de seu nascimento;

IV - nome dos irmãos, órfãos ou inválidos, e data de seu nascimento;

V - nome dos netos, filiação, e data de seu nascimento; e

VI - menção expressa e minuciosa dos documentos comprobatórios apresentados, de forma a citar a espécie de cada um, os ofícios de registros ou outros que os expedirem ou registrarem, os atos originais, os livros, os números de ordem e das folhas em que constam os referidos documentos e as datas em que foram lavradas.

§ 3º Na hipótese de o declarante encontrar-se no exterior, compete ao comandante, diretor, chefe, representante diplomático ou consular atestar a autenticidade da declaração de beneficiários de que trata este artigo.

§ 4º Na hipótese de o contribuinte estar impossibilitado de assinar a declaração, deverá fazê-la perante titular de serviço notarial e de registro, na presença de duas testemunhas.

§ 5º Na hipótese de moléstia contagiosa ou de impossibilidade de locomoção, a declaração de beneficiários poderá ser assinada por procurador.

Art. 16. A declaração de beneficiários será entregue ao comandante, diretor ou chefe ao qual o declarante estiver subordinado, instruída com documentação do registro civil que comprove:

I - o grau de parentesco dos beneficiários; e

II - a exclusão de beneficiários preferenciais, quando cabível.

§ 1º Os documentos poderão ser apresentados em original, certidão de inteiro teor ou cópia simples, por meio físico ou eletrônico, devidamente conferida.

§ 2º Os documentos serão restituídos após o comandante, diretor ou chefe atestar a sua autenticidade.

Art. 17. Qualquer fato que importe em alteração da declaração de beneficiários obrigará o contribuinte a fazer declaração aditiva que, instruída com documentos comprobatórios, obedecerá às mesmas formalidades exigidas para a declaração inicial.

CAPÍTULO V
DAS HABILITAÇÕES

Art. 18. O processo de habilitação à pensão militar terá início com o requerimento da parte interessada, dirigido à autoridade competente da organização militar a que estiver vinculado o contribuinte.

§ 1º Compete ao Ministério da Economia analisar os processos relativos aos casos de transferência, reversão e melhoria de pensão militar de pensionistas que, na data de entrada em vigor da Lei nº 3.765, de 1960, percebiam as suas pensões pelo extinto Ministério da Fazenda.

§ 2º A habilitação dos beneficiários do oficial demitido a pedido e da praça licenciada ou excluída que, até 29 de dezembro de 2000, contribuíam para a pensão militar a que se refere o art. 35 da Medida Provisória nº 2.215-10, de 2000, será feita pela organização militar competente de cada Força Armada.

Art. 19. São documentos essenciais ao processo de habilitação à pensão militar:

I - a serem apresentados pelos beneficiários:

a) requerimento;

b) certidão de óbito do contribuinte;

c) declaração de recebimento de vencimentos, proventos ou pensões;

d) quando for o caso, cópia de sentença judicial que estabeleça pensão alimentícia à pessoa separada de fato, separada judicialmente ou divorciada do instituidor, ou ao ex-convivente; e

e) outros documentos, quando exigidos; e

II - a serem apresentados pela organização militar competente:

a) declaração de beneficiários;

b) cômputo de tempo de serviço;

c) quando for o caso, cópia da publicação oficial que ateste a morte do militar em ato de serviço, o seu extravio ou o seu desaparecimento; e

d) outros documentos, quando necessários.

§ 1º Os documentos poderão ser apresentados em original, certidão de inteiro teor ou cópia simples, por meio físico ou eletrônico, devidamente conferida.

§ 2º Os documentos serão restituídos após o comandante, diretor ou chefe atestar a sua autenticidade.

§ 3º A certidão de óbito a que se refere a alínea "b" do inciso I do caput será substituída, quando for o caso, pela cópia da publicação oficial da morte do militar de que trata a alínea "c" do inciso II do caput.

§ 4º Na hipótese prevista no art. 4º, a certidão de óbito será substituída pela cópia da publicação oficial do ato de demissão ou de licenciamento do contribuinte obrigatório da pensão militar.

§ 5º Os documentos a que se refere o inciso II do caput serão encaminhados pela organização militar, ex officio, à unidade competente para analisar o processo de habilitação de que trata este artigo.

CAPÍTULO VI
DA REVERSÃO, DA TRANSFERÊNCIA DE DIREITO E DA MELHORIA DE PENSÃO MILITAR

Art. 20. A morte do beneficiário que estiver no gozo da pensão e a perda do direito à pensão militar de que trata o art. 30 importarão na transferência do direito aos demais beneficiários da mesma ordem de prioridade.

§ 1º A transferência do direito à pensão militar de que trata o caput não implicará em reversão.

§ 2º Caso não haja beneficiários da mesma ordem de prioridade, a pensão será revertida para os beneficiários da ordem de prioridade seguinte.

§ 3º A reversão de que trata o § 2º poderá ocorrer somente uma vez.

§ 4º São documentos essenciais à reversão de pensão ou à transferência de direito:

I - requerimento da parte interessada;

II - certidão de óbito do beneficiário ou prova de perda da pensão;

III - declaração de recebimento de vencimentos, proventos ou pensões; e

IV - provas complementares, quando solicitadas.

Art. 21. Será deferida melhoria de pensão militar:

I - pela promoção post mortem de que trata o art. 21 da Lei nº 3.765, de 1960; e

II - pelo reconhecimento póstumo do direito do militar à percepção do grau hierárquico imediato de que trata o art. 110 da Lei nº 6.880, de 1980.

§ 1º A administração militar deverá proceder à melhoria de pensão militar nas hipóteses previstas nos incisos I e II do caput no prazo máximo de noventa dias, contado da data da promoção ou do reconhecimento.

§ 2º Os efeitos da aplicação dos incisos I e II do caput retroagirão à data de falecimento do militar.

CAPÍTULO VII
DO TÍTULO, DO PAGAMENTO E DO CADASTRO DE PENSIONISTAS

Art. 22. Devidamente instruído o processo e reconhecida a procedência do pedido, será expedido um título de pensão para cada beneficiário.

§ 1º O disposto no caput aplica-se aos títulos de reversão e de transferência de direitos.

§ 2º As apostilas ao título de pensão a que se refere o caput serão lavradas em folhas aditivas.

Art. 23. O órgão que conceder a pensão, a transferência de direito, a reversão ou a melhoria de pensão militar promoverá:

I - a inclusão do nome do beneficiário em folha de pagamento, para os devidos fins; e

II - a remessa do processo ao Tribunal de Contas da União para julgamento da legalidade.

§ 1º Na hipótese de aparecerem beneficiários da mesma ordem de prioridade, será instaurado o processo de revisão, que será submetido ao Tribunal de Contas da União.

§ 2º Julgada a ilegalidade pelo Tribunal de Contas da União, deverão ser adotados os procedimentos para cancelamento do ato de concessão do benefício e posterior apuração do dano ao erário, com a consequente restituição, quando for o caso.

§ 3º Na hipótese de irregularidade ou de erro material na concessão, comprovado em procedimento administrativo, a autoridade competente deverá revisar o ato que houver concedido a pensão militar, observados os princípios da ampla defesa e do contraditório.

Art. 24. Os pensionistas deverão atualizar o seu cadastro para declarar prova de vida anualmente.

§ 1º A declaração de prova de vida será condição necessária à continuidade do recebimento da pensão militar.

§ 2º A atualização cadastral anual a que se refere o caput será regulamentada em ato do Ministro de Estado da Defesa.

Art. 25. O julgamento da legalidade da concessão da pensão militar pelo Tribunal de Contas da União importará no registro automático da respectiva despesa.

Art. 26. As dívidas de exercícios anteriores relativas à pensão militar serão pagas pela Força Armada a que estiver vinculado o beneficiário, ainda que pendente de julgamento definitivo pelo Tribunal de Contas da União.

Art. 27. As pensões militares são custeadas com recursos provenientes da contribuição dos militares das Forças Armadas, de seus pensionistas e do Tesouro Nacional.

Art. 28. A Marinha do Brasil, o Exército Brasileiro e a Aeronáutica manterão sistema de cadastro de pensionistas.

Art. 29. O título de pensão a que se refere o art. 22 será registrado no sistema de cada Força Armada.

CAPÍTULO VIII
DA PERDA DA PENSÃO MILITAR

Art. 30. Perderá o direito à pensão militar o beneficiário que:

I - venha a ser destituído do poder familiar, no tocante às quotas-partes dos filhos, as quais serão revertidas para estes filhos;

II - atinja, válido e capaz, os limites de idade estabelecidos nas alíneas "d" e "e" do inciso I e na alínea "a" do inciso III do caput do art. 7º da Lei nº 3.765, de 1960;

III - renuncie expressamente ao seu direito;

IV - tenha sido condenado por crime de natureza dolosa, do qual resulte a morte do militar ou do pensionista instituidor da pensão militar;

V - tenha o seu vínculo matrimonial com o militar instituidor anulado por decisão exarada após a concessão da pensão militar ao cônjuge; e

VI - tenha o seu vínculo de união estável com o militar instituidor afastado por sentença judicial exarada após o deferimento da pensão militar àquele que alegou ser companheiro.

CAPÍTULO IX
DISPOSIÇÕES FINAIS

Art. 31. A pensão militar não estará sujeita a penhora, sequestro ou arresto, exceto nas hipóteses especificamente previstas em lei.

Art. 32. A pensão militar poderá ser requerida a qualquer tempo, porém, ficará condicionada à percepção das prestações mensais à prescrição quinquenal.

Parágrafo único. O disposto no caput aplica-se aos casos de melhoria de pensão militar.

Art. 33. Observado o disposto no inciso XI do caput do art. 37 da Constituição, será permitida a acumulação:

I - de uma pensão militar com proventos de disponibilidade, reforma, vencimentos ou aposentadoria; e

II - de uma pensão militar com pensão concedida por outro regime.

§ 1º Os limites de que trata o caput não se aplicam aos beneficiários dos contribuintes falecidos anteriormente à data de entrada em vigor da Lei nº 3.765, de 1960.

§ 2º Na hipótese prevista no § 1º, é vedada a obtenção de novos benefícios.

§ 3º Aos que forem atingidos pela limitação contida no caput, será permitida opção.

§ 4º Para fins do disposto no inciso II do caput, entende-se por outro regime aquele correspondente ao regime próprio de previdência social ou ao Regime Geral de Previdência Social.

§ 5º É vedada a acumulação de três ou mais pensões militares.

§ 6º O teto constitucional incide sobre o somatório da remuneração ou do provento e da pensão percebida na hipótese de a morte do instituidor da pensão militar ter ocorrido posteriormente à data de entrada em vigor da Emenda Constitucional nº 19, de 4 de junho de 1998.

Art. 34. Os processos relacionados à pensão militar terão prioridade de tramitação em relação aos demais processos que envolvam concessão de direitos remuneratórios.

Art. 35. Fica assegurada aos atuais militares, mediante contribuição específica de um inteiro e cinco décimos por cento das parcelas a que se refere o art. 12 da Lei nº 13.954, de 2019, a manutenção dos benefícios previstos na Lei nº 3.765, de 1960, até 29 de dezembro de 2000.

Art. 36. É dispensável a apresentação da declaração de que trata o art. 15 quando já houver sido feita em conformidade com a legislação anterior à data de publicação deste Decreto.

Art. 37. Ficam revogados:

I - o Decreto nº 49.096, de 10 de outubro de 1960;

II - o Decreto nº 644, de 2 de março de 1962;

III - o Decreto nº 1.228, de 22 de junho de 1962;

IV - o Decreto nº 1.501, de 9 de novembro de 1962;

V - o Decreto nº 1.542, de 19 de novembro de 1962; e

VI - o Decreto nº 57.579, de 4 de janeiro de 1966.

Art. 38. Este Decreto entra em vigor em 14 de julho de 2021.

Brasília, 5 de julho de 2021; 200º da Independência e 133º da República.

JAIR MESSIAS BOLSONARO

Walter Souza Braga Netto

PARTE 25 – LEGISLAÇÃO COMPLEMENTAR

DECRETO-LEI 5.452, DE 1º DE MAIO DE 1943

Aprova a Consolidação das Leis do Trabalho.

O PRESIDENTE DA REPÚBLICA, usando da atribuição que lhe confere o art. 180 da Constituição,

- Refere-se à CF/1937.
- Art. 22, I da CF.

DECRETA:

Art. 1º Fica aprovada a Consolidação das Leis do Trabalho, que a este Decreto-lei acompanha, com as alterações por ela introduzidas na legislação vigente.

Parágrafo único. Continuam em vigor as disposições legais transitórias ou de emergência, bem como as que não tenham aplicação em todo o território nacional.

Art. 2º O presente Decreto-lei entrará em vigor em 10 de novembro de 1943.

Rio de Janeiro, 1 de maio de 1943, 122º da Independência e 55º da República.

GETÚLIO VARGAS.

CONSOLIDAÇÃO DAS LEIS DO TRABALHO

TÍTULO I
INTRODUÇÃO

Art. 1º Esta Consolidação estatui as normas que regulam as relações individuais e coletivas de trabalho, nela previstas.

Art. 2º Considera-se empregador a empresa, individual ou coletiva, que, assumindo os riscos da atividade econômica, admite, assalaria e dirige a prestação pessoal de serviço.

- Arts. 10 e 448 da CLT.
- Arts. 3º e 4º da Lei 5.889/1973.
- Arts. 50 a 54 da LC 123/2006.

§ 1º Equiparam-se ao empregador, para os efeitos exclusivos da relação de emprego, os profissionais liberais, as instituições de beneficência, as associações recreativas ou outras instituições sem fins lucrativos, que admitirem trabalhadores como empregados.

- Art. 4º da Lei 5.889/1973.

§ 2º Sempre que uma ou mais empresas, tendo, embora, cada uma delas, personalidade jurídica própria, estiverem sob a direção, controle ou administração de outra, ou ainda quando, mesmo guardando cada uma sua autonomia, integrem grupo econômico, serão responsáveis solidariamente pelas obrigações decorrentes da relação de emprego.

- § 2º com a redação dada pela Lei 13.467/2017.
- Art. 3º, § 2º, da Lei 5.889/1973.
- Súm. 93, 129 e 239 do TST.

§ 3º Não caracteriza grupo econômico a mera identidade de sócios, sendo necessárias, para a configuração do grupo, a demonstração do interesse integrado, a efetiva comunhão de interesses e a atuação conjunta das empresas dele integrantes.

- § 3º incluído pela Lei 13.467/2017.

Art. 3º Considera-se empregado toda pessoa física que prestar serviços de natureza não eventual a empregador, sob a dependência deste e mediante salário.

- Arts. 2º, 6º e 442, parágrafo único, da CLT.
- Art. 100 da Lei 9.504/1997.
- Art. 2º da Lei 5.889/1973.
- Art. 1º da LC 150/2015.
- Súm. 386 e 430 do TST.
- OJs 199 e 366 da SDI-1 do TST.

Parágrafo único. Não haverá distinções relativas à espécie de emprego e à condição de trabalhador, nem entre o trabalho intelectual, técnico e manual.

- Art. 7º, XXXII, da CF.

Art. 4º Considera-se como de serviço efetivo o período em que o empregado esteja à disposição do empregador, aguardando ou executando ordens, salvo disposição especial expressamente consignada.

- Arts. 58, §§ 1º e 2º, e 294 da CLT.
- Súm., 96, 118 e 428 do TST.

§ 1º Computar-se-ão, na contagem de tempo de serviço, para efeito de indenização e estabilidade, os períodos em que o empregado estiver afastado do trabalho prestando serviço militar e por motivo de acidente do trabalho.

- § 1º com redação dada pela Lei 13.467/2017.

§ 2º Por não se considerar tempo à disposição do empregador, não será computado como período extraordinário o que exceder a jornada normal, ainda que ultrapasse o limite de cinco minutos previsto no § 1º do art. 58 desta Consolidação, quando o empregado, por escolha própria, buscar proteção pessoal, em caso de insegurança nas vias públicas ou más condições climáticas, bem como adentrar ou permanecer nas dependências da empresa para exercer atividades particulares, entre outras:

I – práticas religiosas;

II – descanso;

III – lazer;

IV – estudo;

V – alimentação;

VI – atividades de relacionamento social;

VII – higiene pessoal;

VIII – troca de roupa ou uniforme, quando não houver obrigatoriedade de realizar a troca na empresa.

- § 2º incluído pela Lei 13.467/2017.

Art. 5º A todo trabalho de igual valor corresponderá salário igual, sem distinção de sexo.

- Arts. 5º, I e 7º, XXX da CF.
- Arts. 373-A, III, e 461 da CLT.
- Súm. 202 do STF.
- Súm. 6 do TST.
- OJ 297 da SDI-1 do TST.

Art. 6º Não se distingue entre o trabalho realizado no estabelecimento do empregador, o executado no domicílio do empregado e o realizado a distância, desde que estejam caracterizados os pressupostos da relação de emprego.

Parágrafo único. Os meios telemáticos e informatizados de comando, controle e supervisão se equiparam, para fins de subordinação jurídica, aos meios pessoais e diretos de comando, controle e supervisão do trabalho alheio.

- Art. 6º com a redação dada pela Lei 12.551/2011.
- Art. 83 da CLT.

Art. 7º Os preceitos constantes da presente Consolidação salvo quando for em cada caso, expressamente determinado em contrário, não se aplicam:

- *Caput* com a redação dada pelo Dec.-lei 8.079/1945.

a) aos empregados domésticos, assim considerados, de um modo geral, os que prestam serviços de natureza não econômica à pessoa ou à família, no âmbito residencial destas;

- LC 150/2015 (Empregado Doméstico).

b) aos trabalhadores rurais, assim considerados aqueles que, exercendo funções diretamente ligadas à agricultura e à pecuária, não sejam empregados em atividades que, pelos métodos de execução dos respectivos trabalhos ou pela finalidade de suas operações, se classifiquem como Industriais ou comerciais;

- Lei 5.889/1973 (Trabalho Rural).
- Art. 7º, *caput*, e XXIX, da CF.
- Art. 505 da CLT.
- Art. 4º do Dec. 73.626/1974 (Regulamento do Trabalho Rural).
- Dec. 7.943/2013
- Súm. 196 do STF.
- OJ 417 da SDI-1 do TST.

c) aos funcionários públicos da União, dos Estados e dos Municípios e aos respectivos extranumerários em serviço nas próprias repartições;

- Lei 8.112/1990: Estatuto dos Servidores Públicos da União.

d) aos servidores de autarquias paraestatais, desde que sujeitos a regime próprio de proteção ao trabalho que lhes assegure situação análoga à dos funcionários públicos.

- Alíneas c e d com a redação dada pelo Dec.-lei 8.079/1945.

e) (Suprimida pelo Decreto-Lei 8.079/1945)

f) às atividades de direção e assessoramento nos órgãos, institutos e fundações dos partidos, assim definidas em normas internas de organização partidária. (Acrescida pela Lei 13.877/2019)

Parágrafo único. Revogado pelo Decreto-lei 8.249, de 1945.

Art. 8º As autoridades administrativas e a Justiça do Trabalho, na falta de disposições legais ou contratuais, decidirão, conforme o caso, pela jurisprudência, por analogia, por equidade e outros princípios e normas gerais de direito, principalmente do direito do trabalho, e, ainda, de acordo com os usos e costumes, o direito comparado, mas sempre de maneira que nenhum interesse de classe ou particular prevaleça sobre o interesse público.

- Art. 5º, XXXVI da CF.
- Arts. 4º e 5 da LINDB.
- Art. 140 do CPC.
- Súm. 229 e 346 do TST.

§ 1º O direito comum será fonte subsidiária do direito do trabalho.

- § 1º com redação dada pela Lei 13.467/2017).

§ 2º Súm. e outros enunciados de jurisprudência editados pelo Tribunal Superior do Trabalho e pelos Tribunais Regionais do Trabalho não poderão restringir direitos legalmente previstos nem criar obrigações que não estejam previstas em lei.

- § 2º incluído pela Lei 13.467/2017.

§ 3º No exame de convenção coletiva ou acordo coletivo de trabalho, a Justiça do Trabalho analisará exclusivamente a conformidade dos elementos essenciais do negócio jurídico, respeitado o disposto no art. 104 da Lei 10.406, de 10 de janeiro de 2002 (Código Civil), e balizará sua atuação pelo princípio da intervenção mínima na autonomia da vontade coletiva.

- § 3º incluído pela Lei 13.467/2017.

Art. 9º Serão nulos de pleno direito os atos praticados com o objetivo de desvirtuar, impedir ou fraudar a aplicação dos preceitos contidos na presente Consolidação.

- Arts. 197 a 207 do CP: Crimes contra a Organização do Trabalho.
- Súm. 77 do TST.
- OJ 30 da SDC do TST.

Art. 10. Qualquer alteração na estrutura jurídica da empresa não afetará os direitos adquiridos por seus empregados.

- Arts. 448 e 448-A da CLT.
- Arts. 60, parágrafo único, e 141, II e § 2º, da Lei 11.101/2005.
- OJs 92, 261, 408, 411 da SDI-1 do TST.

Art. 10-A. O sócio retirante responde subsidiariamente pelas obrigações trabalhistas da sociedade relativas ao período em que figurou como sócio, somente em ações ajuizadas até dois anos depois de averbada a modificação do contrato, observada a seguinte ordem de preferência:

- Artigo incluído pela Lei 13.467/2017.

I – a empresa devedora;

II – os sócios atuais; e

III – os sócios retirantes.

Parágrafo único. O sócio retirante responderá solidariamente com os demais quando ficar comprovada fraude na alteração societária decorrente da modificação do contrato.

Art. 11. A pretensão quanto a créditos resultantes das relações de trabalho prescreve em cinco anos para os trabalhadores urbanos e rurais, até o limite de dois anos após a extinção do contrato de trabalho.

- *Caput* com a redação dada pela Lei 13.467/2017.
- Art. 7º, XXIX, da CF.
- Súm. 308 do TST.

I e II – Revogados pela Lei 13.467/2017;

§ 1º O disposto neste artigo não se aplica às ações que tenham por objeto anotações para fins de prova junto à Previdência Social.

- Arts. 149, 440 e 625-G da CLT.
- Art. 197 a 199 do CC.
- Súm. 327, 349 e 403 do STF.
- Súm. 242 do STJ.
- Súm. 6, IX, 153, 156, 206, 268, 350, 362 e 382 do TST.
- OJs 83, 130, 375, 392 e 401 da SDI-1 do TST.

§ 2º Tratando-se de pretensão que envolva pedido de prestações sucessivas decorrente de alteração ou descumprimento do pactuado, a prescrição é total, exceto quando o direito à parcela esteja também assegurado por preceito de lei.

- § 2º com a redação dada pela Lei 13.467/2017.

§ 3º A interrupção da prescrição somente ocorrerá pelo ajuizamento de reclamação trabalhista, mesmo que em juízo incompetente, ainda que venha a ser extinta sem resolução do mérito, produzindo efeitos apenas em relação aos pedidos idênticos.

- § 3º incluído pela Lei 13.467/2017.

Art. 11-A. Ocorre a prescrição intercorrente no processo do trabalho no prazo de dois anos.

- Artigo incluído pela Lei 13.467/2017.
- Súm. 327 do STF.

§ 1º A fluência do prazo prescricional intercorrente inicia-se quando o exequente deixa de cumprir determinação judicial no curso da execução.

§ 2º A declaração da prescrição intercorrente pode ser requerida ou declarada de ofício em qualquer grau de jurisdição.

Art. 12. Os preceitos concernentes ao regime de seguro social são objeto de lei especial.

- Leis 8.212/1991, 8.213/1991 e Dec. 3.048/1999: Legislação previdenciária.

TÍTULO II
DAS NORMAS GERAIS DE TUTELA DO TRABALHO

CAPÍTULO I
DA IDENTIFICAÇÃO PROFISSIONAL

SEÇÃO I
DA CARTEIRA DE TRABALHO E PREVIDÊNCIA SOCIAL

- Título da Seção I com a redação dada pelo Dec.-lei 926/1969.

Art. 13. A Carteira de Trabalho e Previdência Social é obrigatória para o exercício de qualquer emprego, inclusive de natureza rural, ainda que em caráter temporário, e para o exercício por conta própria de atividade profissional remunerada.

- *Caput* com a redação dada pelo Dec.-lei 926/1969.
- Art. 14-A, § 3º, I e II, Lei 5.889/1973.
- Lei 6.019/1974
- Súm. 225 do STF.
- Súm. 12 do TST.
- OJ 82 da SDI-1 do TST.

§ 1º O disposto neste artigo aplica-se, igualmente, a quem:

I – proprietário rural ou não, trabalhe individualmente ou em regime de economia familiar, assim entendido o trabalho dos membros da mesma família, indispensável à própria subsistência, e exercido em condições de mútua dependência e colaboração;

II – em regime de economia familiar e sem empregado, explore área não excedente do módulo rural ou de outro limite que venha a ser fixado, para cada região, pelo Ministério do Trabalho e Previdência Social.

- Art. 4º, II e III, da Lei 4.504/1964.
- **§ 1º** com a redação dada pelo Dec.-lei 926/1969.

§ 2º A Carteira de Trabalho e Previdência Social (CTPS) obedecerá aos modelos que o Ministério da Economia adotar. (Redação dada pela Lei 13.874/2019)

§ 3º (Revogado pela Lei 13.874/2019)

§ 4º (Revogado pela Lei 13.874/2019)

SEÇÃO II
DA EMISSÃO DA CARTEIRA

- Título da Seção II com a redação dada pelo Dec.-lei 926/1969.

Art. 14. A CTPS será emitida pelo Ministério da Economia preferencialmente em meio eletrônico. (Redação dada pela Lei 13.874/2019)

Parágrafo único. Excepcionalmente, a CTPS poderá ser emitida em meio físico, desde que: (Redação dada pela Lei 13.874/2019)

I - nas unidades descentralizadas do Ministério da Economia que forem habilitadas para a emissão; (Acrescido pela Lei 13.874/2019)

II - mediante convênio, por órgãos federais, estaduais e municipais da administração direta ou indireta; (Acrescido pela Lei 13.874/2019)

III - mediante convênio com serviços notariais e de registro, sem custos para a administração, garantidas as condições de segurança das informações. (Acrescido pela Lei 13.874/2019)

Art. 15. Os procedimentos para emissão da CTPS ao interessado serão estabelecidos pelo Ministério da Economia em regulamento próprio, privilegiada a emissão em formato eletrônico. (Redação dada pela Lei 13.874/2019)

Art. 16. A CTPS terá como identificação única do empregado o número de inscrição no Cadastro de Pessoas Físicas (CPF). (Redação dada pela Lei 13.874/2019)

I a IV – Revogados pela Lei 13.874/2019.

Parágrafo único. Revogado pela Lei 13.874/2019.

Art. 17. Revogado pela Lei 13.874/2019.

Arts. 18 e 19. Revogados pela Lei 7.855/1989.

Arts. 20 a 21. Revogados pela Lei 13.874/2019.

Arts. 22 a 24. Revogados pelo Dec.-lei 926/1969.

SEÇÃO III
DA ENTREGA DAS CARTEIRAS DE TRABALHO E PREVIDÊNCIA SOCIAL

Arts. 25 e 26. Revogados pela Lei 13.874/2019.

Arts. 27 e 28. Revogados pela Lei 7.855/1989.

SEÇÃO IV
DAS ANOTAÇÕES

Art. 29. O empregador terá o prazo de 5 (cinco) dias úteis para anotar na CTPS, em relação aos trabalhadores que admitir, a data de admissão, a remuneração e as condições especiais, se houver, facultada a adoção de sistema manual, mecânico ou eletrônico, conforme instruções a serem expedidas pelo Ministério da Economia. (Redação dada pela Lei 13.874/2019)

- Art. 53 da CLT.
- Art. 9º da LC 150/2015.
- Súm. 225 do STF.
- Súm. 12 do TST.

§ 1º As anotações concernentes à remuneração devem especificar o salário, qualquer que seja sua forma de pagamento, seja ele em dinheiro ou em utilidades, bem como a estimativa da gorjeta.

- § 1º com a redação dada pelo Dec.-lei 229/1967.

§ 2º As anotações na Carteira de Trabalho e Previdência Social serão feitas: (Redação dada pela Lei 7.855/1989)

a) na data-base;

b) a qualquer tempo, por solicitação do trabalhador;

c) no caso de rescisão contratual; ou

d) necessidade de comprovação perante a Previdência Social.

§ 3º A falta de cumprimento pelo empregador do disposto neste artigo acarretará a lavratura do auto de infração, pelo Fiscal do Trabalho, que deverá, de ofício, comunicar a falta de anotação ao órgão competente, para o fim de instaurar o processo de anotação. (Redação dada pela Lei 7.855/1989)

- Súm. 12 do TST.

§ 4º É vedado ao empregador efetuar anotações desabonadoras à conduta do empregado em sua Carteira de Trabalho e Previdência Social. (Incluído pela Lei 10.270/2001)

§ 5º O descumprimento do disposto no § 4º deste artigo submeterá o empregador ao pagamento de multa prevista no art. 52 deste Capítulo (Incluído pela Lei 10.270/2001)

§ 6º A comunicação pelo trabalhador do número de inscrição no CPF ao empregador equivale à apresentação da CTPS em meio digital, dispensado o empregador da emissão de recibo. (Parágrafo acrescido pela Lei 13.874/2019)

§ 7º Os registros eletrônicos gerados pelo empregador nos sistemas informatizados da CTPS em meio digital equivalem às anotações a que se refere esta Lei. (Parágrafo acrescido pela Lei 13.874/2019)

§ 8º O trabalhador deverá ter acesso às informações da sua CTPS no prazo de até 48 (quarenta e oito) horas a partir de sua anotação. (Parágrafo acrescido pela Lei 13.874/2019)

Art. 29-A. O empregador que infringir o disposto no caput e no § 1º do art. 29 desta Consolidação ficará sujeito a multa no valor de R$ 3.000,00 (três mil reais) por empregado prejudicado, acrescido de igual valor em cada reincidência. (Acrescido pela Lei 14.438/2022)

§ 1º No caso de microempresa ou de empresa de pequeno porte, o valor final da multa aplicada será de R$ 800,00 (oitocentos reais) por empregado prejudicado.

§ 2º A infração de que trata o caput deste artigo constitui exceção ao critério da dupla visita.

Art. 29-B. Na hipótese de não serem realizadas as anotações a que se refere o § 2º do art. 29 desta Consolidação, o empregador ficará sujeito a multa no valor de R$ 600,00 (seiscentos reais) por empregado prejudicado. (Acrescido pela Lei 14.438/2022)

Arts. 30 a 34. Revogados pela Lei 13.874/2019.

Art. 35. Revogado pela Lei 6.533/1978.

SEÇÃO V
DAS RECLAMAÇÕES POR FALTA OU RECUSA DE ANOTAÇÃO

Art. 36. Recusando-se a empresa a fazer as anotações a que se refere o art. 29 ou a devolver a Carteira de Trabalho e Previdência Social recebida, poderá o empregado comparecer, pessoalmente ou por intermédio de seu sindicato perante a Delegacia Regional ou órgão autorizado, para apresentar reclamação.

- Art. 36 com redação dada pelo Dec.-lei 229/1967.

Art. 37. No caso do art. 36, lavrado o termo de reclamação, determinar-se-á a realização de diligência para instrução do feito, observado, se fôr o caso, o disposto no § 2º do art. 29, notificando-se posteriormente o reclamado por carta registrada, caso persista a recusa, para que, em dia e hora previamente designados, venha prestar esclarecimentos ou efetuar as devidas anotações na Carteira de Trabalho e Previdência Social ou sua entrega.

Parágrafo único. Não comparecendo o reclamado, lavrar-se-á termo de ausência, sendo considerado revel e confesso sobre os termos da reclamação feita, devendo as anotações ser efetuadas por despacho da autoridade que tenha processado a reclamação.

- Art. 37 com redação dada pelo Dec.-lei 229/1967.

Art. 38. Comparecendo o empregador e recusando-se a fazer as anotações reclamadas, será lavrado um termo de comparecimento, que deverá conter, entre outras indicações, o lugar, o dia e hora de sua lavratura, o nome e a residência do empregador, assegurando-se-lhe o prazo de 48 (quarenta e oito) horas, a contar do termo, para apresentar defesa.

Parágrafo único. Findo o prazo para a defesa, subirá o processo à autoridade administrativa de primeira instância, para se ordenarem diligências, que completem a instrução do feito, ou para julgamento, se o caso estiver suficientemente esclarecido.

Art. 39. Verificando-se que as alegações feitas pelo reclamado versam sobre a não existência de relação de emprego ou sendo impossível verificar essa condição pelos meios administrativos, será o processo encaminhado à Justiça do Trabalho ficando, nesse caso, sobrestado o julgamento do auto de infração que houver sido lavrado.

§ 1º Se não houver acordo, a Junta de Conciliação e Julgamento, em sua sentença ordenará que a Secretaria efetue as devidas anotações uma vez transitada em julgado, e faça a comunicação à autoridade competente para o fim de aplicar a multa cabível.

- Vide EC 24/1999.

§ 2º Igual procedimento observar-se-á no caso de processo trabalhista de qualquer natureza, quando for verificada a falta de anotações na Carteira de Trabalho e Previdência Social, devendo o Juiz, nesta hipótese, mandar proceder, desde logo, àquelas sobre as quais não houver controvérsia.

- Art. 39 com a redação dada pelo Dec.-lei 229/1967.

SEÇÃO VI
DO VALOR DAS ANOTAÇÕES

Art. 40. A CTPS regularmente emitida e anotada servirá de prova: (Redação dada pela Lei 13.874/2019)

I – Nos casos de dissídio na Justiça do Trabalho entre a empresa e o empregado por motivo de salário, férias ou tempo de serviço;

II – Revogado pela Lei 13.874/2019.

III – Para cálculo de indenização por acidente do trabalho ou moléstia profissional.

- Art. 40 com a redação dada pelo Dec.-lei 229/1967.
- Súm. 225 do STF.
- Súm. 12 do TST.

SEÇÃO VII
DOS LIVROS DE REGISTRO DE EMPREGADOS

Art. 41. Em todas as atividades será obrigatório para o empregador o registro dos respectivos trabalhadores, podendo ser adotados livros, fichas ou sistema eletrônico, conforme instruções a serem expedidas pelo Ministério do Trabalho.

Parágrafo único. Além da qualificação civil ou profissional de cada trabalhador, deverão ser anotados todos os dados relativos à sua admissão no emprego, duração e efetividade do trabalho, a férias, acidentes e demais circunstâncias que interessem à proteção do trabalhador.

- Art. 41 com a redação dada pela Lei 7.855/1989.

Art. 42. Revogado pela Lei 10.243/2001.

Arts. 43 e 44. Revogados pela Lei 7.855/1989.

Arts. 45 e 46. Revogados pelo Dec.-lei 229/1967.

Art. 47. O empregador que mantiver empregado não registrado nos termos do art. 41 desta Consolidação ficará sujeito a multa no valor de R$ 3.000,00 (três mil reais) por empregado não registrado, acrescido de igual valor em cada reincidência. (Redação dada pela Lei 13.467/2017)

§ 1º Especificamente quanto à infração a que se refere o *caput* deste artigo, o valor final da multa aplicada será de R$ 800,00 (oitocentos reais) por empregado não registrado, quando se tratar de microempresa ou empresa de pequeno porte. (Redação dada pela Lei 13.467/2017)

§ 2º A infração de que trata o *caput* deste artigo constitui exceção ao critério da dupla visita. (Incluído pela Lei 13.467/2017)

- Art. 7º, IV, da CF.

Art. 47-A. Na hipótese de não serem informados os dados a que se refere o parágrafo único do art. 41 desta Consolidação, o empregador ficará sujeito à multa de R$ 600,00 (seiscentos reais) por empregado prejudicado. (Incluído pela Lei 13.467/2017)

Art. 48. As multas previstas nesta Seção serão aplicadas pela autoridade de primeira instância no Distrito Federal, e pelas autoridades regionais do Ministério do Trabalho, Indústria e Comércio, nos Estados e no Território do Acre.

SEÇÃO VIII
DAS PENALIDADES

Art. 49. Para os efeitos da emissão, substituição ou anotação de Carteiras de Trabalho e Previdência Social, considerar-se-á, crime de falsidade, com as penalidades previstas no art. 299 do Código Penal:

I – Fazer, no todo ou em parte, qualquer documento falso ou alterar o verdadeiro;

II – Afirmar falsamente a sua própria identidade, filiação, lugar de nascimento, residência, profissão ou estado civil e beneficiários, ou atestar os de outra pessoa;

III – Servir-se de documentos, por qualquer forma falsificados;

IV – falsificar, fabricando ou alterando, ou vender, usar ou possuir Carteira de Trabalho e Previdência Social assim alteradas;

V – Anotar dolosamente em Carteira de Trabalho e Previdência Social ou registro de empregado, ou confessar ou declarar em juízo ou fora dele, data de admissão em emprego diversa da verdadeira.

‣ Art. 49 com a redação dada pelo Dec.-lei 229/1967.

Art. 50. Comprovando-se falsidade, quer nas declarações para emissão de Carteira de Trabalho e Previdência Social, quer nas respectivas anotações, o fato será levado ao conhecimento da autoridade que houver emitido a carteira, para fins de direito.

Art. 51. Incorrerá em multa de valor igual a 3 (três) vezes o salário mínimo regional aquele que, comerciante ou não, vender ou expuser à venda qualquer tipo de carteira igual ou semelhante ao tipo oficialmente adotado. (Redação dada pelo Dec.-lei 229/1967)

Art. 52. O extravio ou inutilização da Carteira de Trabalho e Previdência Social por culpa da empresa sujeitará esta à multa de valor igual á metade do salário mínimo regional. (Redação dada pelo Dec.-lei 926/1969)

‣ Art. 29, §§ 4º e 5º, da CLT.

Arts. 53 e 54. Revogados pela Lei 13.874/2019.

Art. 55. Incorrerá na multa de valor igual a 1 (um) salário mínimo regional a empresa que infringir o art. 13 e seus parágrafos. (Redação dada pelo Dec.-lei 229/1967)

Art. 56. Revogado pela Lei 13.874/2019.

CAPÍTULO II
DA DURAÇÃO DO TRABALHO

SEÇÃO I
DISPOSIÇÃO PRELIMINAR

Art. 57. Os preceitos deste Capítulo aplicam-se a todas as atividades, salvo as expressamente excluídas, constituindo exceções as disposições especiais, concernentes estritamente a peculiaridades profissionais constantes do Capítulo I do Título III.

‣ Art. 7º, parágrafo único, da CF.

‣ Arts. 7º, a, e 62 da CLT.

SEÇÃO II
DA JORNADA DE TRABALHO

Art. 58. A duração normal do trabalho, para os empregados em qualquer atividade privada, não excederá de 8 (oito) horas diárias, desde que não seja fixado expressamente outro limite.

‣ Art. 7º, XIII e XIV da CF.

‣ Arts. 4º, 65 e 414 da CLT.

‣ Súm. 370 e 423 do TST.

‣ OJs 274, 275, 360 da SDI-1 do TST.

§ 1º Não serão descontadas nem computadas como jornada extraordinária as variações de horário no registro de ponto não excedentes de cinco minutos, observado o limite máximo de dez minutos diários.

‣ § 1º incluído pela Lei 10.243/2001.

‣ Art. 74, § 2º, da CLT.

‣ Súm. 449 do TST.

§ 2º O tempo despendido pelo empregado desde a sua residência até a efetiva ocupação do posto de trabalho e para o seu retorno, caminhando ou por qualquer meio de transporte, inclusive o fornecido pelo empregador, não será computado na jornada de trabalho, por não ser tempo à disposição do empregador.

‣ § 2º com a redação dada pela Lei 13.467/2017.

‣ Súms. 90 e 320 do TST.

‣ OJ transitória 36 da SDI-1.

§ 3º Revogado pela Lei 13.467/2017.

Art. 58-A. Considera-se trabalho em regime de tempo parcial aquele cuja duração não exceda a trinta horas semanais, sem a possibilidade de horas suplementares semanais, ou, ainda, aquele cuja duração não exceda a vinte e seis horas semanais, com a possibilidade de acréscimo de até seis horas suplementares semanais.

‣ *Caput* com a redação dada pela Lei 13.467/2017.

§ 1º O salário a ser pago aos empregados sob o regime de tempo parcial será proporcional à sua jornada, em relação aos empregados que cumprem, nas mesmas funções, tempo integral.

‣ § 1º incluído pela MP 2.164-41/2001.

§ 2º Para os atuais empregados, a adoção do regime de tempo parcial será feita mediante opção manifestada perante a empresa, na forma prevista em instrumento decorrente de negociação coletiva.

‣ § 2º incluído pela MP 2.164-41/2001.

‣ OJ 358 da SDI-1 do TST.

§ 3º As horas suplementares à duração do trabalho semanal normal serão pagas com o acréscimo de 50% (cinquenta por cento) sobre o salário-hora normal.

§ 4º Na hipótese de o contrato de trabalho em regime de tempo parcial ser estabelecido em número inferior a vinte e seis horas semanais, as horas suplementares a este quantitativo serão consideradas horas extras para fins do pagamento estipulado no § 3º, estando também limitadas a seis horas suplementares semanais.

§ 5º As horas suplementares da jornada de trabalho normal poderão ser compensadas diretamente até a semana imediatamente posterior à da sua execução, devendo ser feita a sua quitação na folha de pagamento do mês subsequente, caso não sejam compensadas.

§ 6º É facultado ao empregado contratado sob regime de tempo parcial converter um terço do período de férias a que tiver direito em abono pecuniário.

§ 7º As férias do regime de tempo parcial são regidas pelo disposto no art. 130 desta Consolidação.

‣ §§ 3º a 7º incluídos pela Lei 13.467/2017.

Art. 59. A duração diária do trabalho poderá ser acrescida de horas extras, em número não excedente de duas, por acordo individual, convenção coletiva ou acordo coletivo de trabalho.

‣ *Caput* com a redação dada pela Lei 13.467/2017.

‣ Súm. 45, 63, 85, 102, 109, 110, 113, 115, 118, 132, 172, 253, 264, 291, 340, 347, 354, 376 e 444 do TST.

‣ OJs 47, 233, 235, 332, 394, 397 da SDI-1 do TST.

§ 1º A remuneração da hora extra será, pelo menos, 50% (cinquenta por cento) superior à da hora normal.

‣ § 1º com a redação dada pela Lei 13.467/2017.

‣ Art. 7º, XVI, da CF.

‣ Art. 20, § 2º, da Lei 8.906/1994.

§ 2º Poderá ser dispensado o acréscimo de salário se, por força de acordo ou convenção coletiva de trabalho, o excesso de horas em um dia for compensado pela correspondente diminuição em outro dia, de maneira que não exceda, no período máximo de um ano, à soma das jornadas semanais de trabalho previstas, nem seja ultrapassado o limite máximo de dez horas diárias.

‣ § 2º com a redação dada pela MP 2.164-41/2001.

‣ Súm. 85 do TST.

§ 3º Na hipótese de rescisão do contrato de trabalho sem que tenha havido a compensação integral da jornada extraordinária, na forma dos §§ 2º e 5º deste artigo, o trabalhador terá direito ao pagamento das horas extras não compensadas, calculadas sobre o valor da remuneração na data da rescisão.

‣ § 3º com a redação dada pela Lei 13.467/2017.

‣ Art. 59, § 2º, da CLT.

§ 4º Revogado pela Lei 13.467/2017.

§ 5º O banco de horas de que trata o § 2º deste artigo poderá ser pactuado por acordo individual escrito, desde que a compensação ocorra no período máximo de seis meses.

‣ § 5º incluído pela Lei 13.467/2017.

§ 6º É lícito o regime de compensação de jornada estabelecido por acordo individual, tácito ou escrito, para a compensação no mesmo mês.

› § 6º incluído pela Lei 13.467/2017.

Art. 59-A. Em exceção ao disposto no art. 59 desta Consolidação, é facultado às partes, mediante acordo individual escrito, convenção coletiva ou acordo coletivo de trabalho, estabelecer horário de trabalho de doze horas seguidas por trinta e seis horas ininterruptas de descanso, observados ou indenizados os intervalos para repouso e alimentação.

› Artigo incluído pela Lei 13.467/2017.

Parágrafo único. A remuneração mensal pactuada pelo horário previsto no *caput* deste artigo abrange os pagamentos devidos pelo descanso semanal remunerado e pelo descanso em feriados, e serão considerados compensados os feriados e as prorrogações de trabalho noturno, quando houver, de que tratam o art. 70 e o § 5º do art. 73 desta Consolidação.

Art. 59-B. O não atendimento das exigências legais para compensação de jornada, inclusive quando estabelecida mediante acordo tácito, não implica a repetição do pagamento das horas excedentes à jornada normal diária se não ultrapassada a duração máxima semanal, sendo devido apenas o respectivo adicional.

› Artigo incluído pela Lei 13.467/2017.

Parágrafo único. A prestação de horas extras habituais não descaracteriza o acordo de compensação de jornada e o banco de horas.

Art. 60. Nas atividades insalubres, assim consideradas as constantes dos quadros mencionados no Capítulo "Da Higiene e Segurança do Trabalho", ou que neles venham a ser incluídas por ato do Ministro do Trabalho, Indústria e Comércio, quaisquer prorrogações só poderão ser acordadas mediante licença prévia das autoridades competentes em matéria de higiene do trabalho, as quais, para esse efeito, procederão aos necessários exames locais e à verificação dos métodos e processos de trabalho, quer diretamente, quer por intermédio de autoridades sanitárias federais, estaduais e municipais, com quem entrarão em entendimento para tal fim.

› Art. 7º, XIII, da CF.

› A Lei 6.514/1977 alterou a denominação do Capítulo "Da Higiene e Segurança do Trabalho" para "Da Segurança e da Medicina do Trabalho".

Parágrafo único. Excetuam-se da exigência de licença prévia as jornadas de doze horas de trabalho por trinta e seis horas ininterruptas de descanso. (Incluído pela Lei 13.467/2017).

Art. 61. Ocorrendo necessidade imperiosa, poderá a duração do trabalho exceder do limite legal ou convencionado, seja para fazer face a motivo de força maior, seja para atender à realização ou conclusão de serviços inadiáveis ou cuja inexecução possa acarretar prejuízo manifesto.

› Arts. 413, II, e 501 da CLT.

§ 1º O excesso, nos casos deste artigo, pode ser exigido independentemente de convenção coletiva ou acordo coletivo de trabalho.

› § 1º com a redação dada pela Lei 13.467/2017.

§ 2º Nos casos de excesso de horário por motivo de força maior, a remuneração da hora excedente não será inferior à da hora normal. Nos demais casos de excesso previstos neste artigo, a remuneração será, pelo menos, 25% (vinte e cinco por cento) superior à da hora normal, e o trabalho não poderá exceder de 12 (doze) horas, desde que a lei não fixe expressamente outro limite.

› Art. 7º, XVI, da CF.

§ 3º Sempre que ocorrer interrupção do trabalho, resultante de causas acidentais, ou de força maior, que determinem a impossibilidade de sua realização, a duração do trabalho poderá ser prorrogada pelo tempo necessário até o máximo de 2 (duas) horas, durante o número de dias indispensáveis à recuperação do tempo perdido, desde que não exceda de 10 (dez) horas diárias, em período não superior a 45 (quarenta e cinco) dias por ano, sujeita essa recuperação à prévia autorização da autoridade competente.

Art. 62. Não são abrangidos pelo regime previsto neste capítulo:

› Art. 7º, parágrafo único, da CF.

I – os empregados que exercem atividade externa incompatível com a fixação de horário de trabalho, devendo tal condição ser anotada na Carteira de Trabalho e Previdência Social e no registro de empregados;

› OJ 332 da SDI-1 do TST.

II – os gerentes, assim considerados os exercentes de cargos de gestão, aos quais se equiparam, para efeito do disposto neste artigo, os diretores e chefes de departamento ou filial.

› *Caput* e incisos I e II com redação dada pela Lei 8.966/1994.

III - os empregados em regime de teletrabalho que prestam serviço por produção ou tarefa. (Redação dada pela Lei 14.442/2022)

Parágrafo único. O regime previsto neste capítulo será aplicável aos empregados mencionados no inciso II deste artigo, quando o salário do cargo de confiança, compreendendo a gratificação de função, se houver, for inferior ao valor do respectivo salário efetivo acrescido de 40% (quarenta por cento).

› Súm. 287 do TST.

Art. 63. Não haverá distinção entre empregados e interessados, e a participação em lucros e comissões, salvo em lucros de caráter social, não exclui o participante do regime deste Capítulo.

› Art. 7º, XI da CF.

› Súm. 451 do TST.

Art. 64. O salário-hora normal, no caso de empregado mensalista, será obtido dividindo-se o salário mensal correspondente à duração do trabalho, a que se refere o art. 58, por 30 (trinta) vezes o número de horas dessa duração.

Parágrafo único. Sendo o número de dias inferior a 30 (trinta), adotar-se-á para o cálculo, em lugar desse número, o de dias de trabalho por mês.

› Art. 7º, § 2º, da Lei 605/1949.

› Súm. 124, 264, 318, 347 e 431 do TST.

Art. 65. No caso do empregado diarista, o salário-hora normal será obtido dividindo-se o salário diário correspondente à duração do trabalho, estabelecido no art. 58, pelo número de horas de efetivo trabalho.

SEÇÃO III
DOS PERÍODOS DE DESCANSO

Art. 66. Entre 2 (duas) jornadas de trabalho haverá um período mínimo de 11 (onze) horas consecutivas para descanso.

› Arts. 235-C, § 3º, 245, 308 e 382 da CLT.

› Súm. 110 do TST.

› OJ 355 da SDI-1 do TST.

Art. 67. Será assegurado a todo empregado um descanso semanal de 24 (vinte e quatro) horas consecutivas, o qual, salvo motivo de conveniência pública ou necessidade imperiosa do serviço, deverá coincidir com o domingo, no todo ou em parte.

› Art. 235-C, § 3º, da CLT.

› Art. 7º, XV, da CF.

› Art. 6º Lei 10.101/2000.

› Súm. 461 do STF.

› Súm. 27, 113, 146, 172, 225, 351, 354 e 360 do TST

› OJ 410 da SDI-1 do TST.

Parágrafo único. Nos serviços que exijam trabalho aos domingos, com exceção quanto aos elencos teatrais, será estabelecida escala de revezamento, mensalmente organizada e constando de quadro sujeito à fiscalização.

› Lei 605/1949: Repouso semanal remunerado e feriados.

Art. 68. O trabalho em domingo, seja total ou parcial, na forma do art. 67, será sempre subordinado à permissão prévia da autoridade competente em matéria de trabalho.

Parágrafo único. A permissão será concedida a título permanente nas atividades que, por sua natureza ou pela conveniência pública, devem ser exercidas aos domingos, cabendo ao Ministro do Trabalho, Indústria e Comércio, expedir instruções em que sejam especificadas tais atividades. Nos demais casos, ela será dada sob forma transitória, com discriminação do período autorizado, o qual, de cada vez, não excederá de 60 (sessenta) dias.

Art. 69. Na regulamentação do funcionamento de atividades sujeitas ao regime deste Capítulo, os municípios atenderão aos preceitos nele estabelecidos, e as regras que venham a fixar não poderão contrariar tais preceitos nem as instruções que, para seu cumprimento, forem expedidas pelas autoridades competentes em matéria de trabalho.

Art. 70. Salvo o disposto nos artigos 68 e 69, é vedado o trabalho em dias feriados nacionais e feriados religiosos, nos termos da legislação própria. (Redação dada pelo Dec.-lei 229/1967)

› Arts. 227, § 2º, 229, § 2º, 249, § 1º e 385, par. único da CLT.

› Leis 662/1949 e 6.802/1980 (Feriados Nacionais).

Art. 71. Em qualquer trabalho contínuo, cuja duração exceda de 6 (seis) horas, é obrigatória a concessão de um intervalo para repouso ou alimentação, o qual será, no mínimo, de 1 (uma) hora e, salvo acordo escrito ou contrato coletivo em contrário, não poderá exceder de 2 (duas) horas.

- Art. 5º e 6º da Lei 5.889/1973.
- Súm. 675 do STF.

§ 1º Não excedendo de 6 (seis) horas o trabalho, será, entretanto, obrigatório um intervalo de 15 (quinze) minutos quando a duração ultrapassar 4 (quatro) horas.

§ 2º Os intervalos de descanso não serão computados na duração do trabalho.

- OJ 178 da SDI-1 do TST.

§ 3º O limite mínimo de uma hora para repouso ou refeição poderá ser reduzido por ato do Ministro do Trabalho, Indústria e Comércio, quando ouvido o Serviço de Alimentação de Previdência Social, se verificar que o estabelecimento atende integralmente às exigências concernentes à organização dos refeitórios, e quando os respectivos empregados não estiverem sob regime de trabalho prorrogado a horas suplementares.

- Art. 383 da CLT.
- Arts. 5º e 6º da Lei 5.889/1973.

§ 4º A não concessão ou a concessão parcial do intervalo intrajornada mínimo, para repouso e alimentação, a empregados urbanos e rurais, implica o pagamento, de natureza indenizatória, apenas do período suprimido, com acréscimo de 50% (cinquenta por cento) sobre o valor da remuneração da hora normal de trabalho.

- § 4º com a redação dada pela Lei 13.467/2017.

§ 5º O intervalo expresso no *caput* poderá ser reduzido e/ou fracionado, e aquele estabelecido no § 1º poderá ser fracionado, quando compreendidos entre o término da primeira hora trabalhada e o início da última hora trabalhada, desde que previsto em convenção ou acordo coletivo de trabalho, ante a natureza do serviço e em virtude das condições especiais de trabalho a que são submetidos estritamente os motoristas, cobradores, fiscalização de campo e afins nos serviços de operação de veículos rodoviários, empregados no setor de transporte coletivo de passageiros, mantida a remuneração e concedidos intervalos para descanso menores ao final de cada viagem.

- § 5º com a redação dada pela Lei 13.103, de 02.03.2015.

Art. 72. Nos serviços permanentes de mecanografia (datilografia, escrituração ou cálculo), a cada período de 90 (noventa) minutos de trabalho consecutivo corresponderá um repouso de 10 (dez) minutos não deduzidos da duração normal de trabalho.

- Súm. 346 do TST.

SEÇÃO IV
DO TRABALHO NOTURNO

Art. 73. Salvo nos casos de revezamento semanal ou quinzenal, o trabalho noturno terá remuneração superior à do diurno e, para esse efeito, sua remuneração terá um acréscimo de 20% (vinte por cento), pelo menos, sobre a hora diurna.

- Art. 7º, IX, da CF.
- Súm. 213, 214, 313 e 402 do STF.
- Súm. 60, 140 e 265 do TST.
- OJ 388 e 395 da SDI-1 do TST.

§ 1º A hora do trabalho noturno será computada como de 52 (cinquenta e dois) minutos e 30 (trinta) segundos.

- Súm. 65 do TST.
- OJ 395 da SDI-1 do TST.

§ 2º Considera-se noturno, para os efeitos deste artigo, o trabalho executado entre as 22 (vinte e duas) horas de um dia e as 5 (cinco) horas do dia seguinte.

- Art. 7º da Lei 5.889/1973.
- Art. 20, § 3º da Lei 8.906/1994.

§ 3º O acréscimo a que se refere o presente artigo, em se tratando de empresas que não mantêm, pela natureza de suas atividades, trabalho noturno habitual, será feito tendo em vista os quantitativos pagos por trabalhos diurnos de natureza semelhante. Em relação às empresas cujo trabalho noturno decorra da natureza de suas atividades, o aumento será calculado sobre o salário mínimo geral vigente na região, não sendo devido quando exceder desse limite, já acrescido da percentagem.

§ 4º Nos horários mistos, assim entendidos os que abrangem períodos diurnos e noturnos, aplica-se às horas de trabalho noturno o disposto neste artigo e seus parágrafos.

- OJ 388 da SDI-1 do TST.

§ 5º Às prorrogações do trabalho noturno aplica-se o disposto neste Capítulo.

- Art. 73 com a redação dada pelo Dec.-lei 9.666/1946.
- Súm. 60, II, do TST.

SEÇÃO V
DO QUADRO DE HORÁRIO

Art. 74. O horário de trabalho será anotado em registro de empregados. (Redação dada pela Lei 13.874/2019)

§ 1º Revogado pela Lei 13.874/2019.

§ 2º Para os estabelecimentos com mais de 20 (vinte) trabalhadores será obrigatória a anotação da hora de entrada e de saída, em registro manual, mecânico ou eletrônico, conforme instruções expedidas pela Secretaria Especial de Previdência e Trabalho do Ministério da Economia, permitida a pré-assinalação do período de repouso. (Redação dada pela Lei 13.874/2019)

- Art. 58, § 1º, da CLT.
- Súm. 338, 366 e 449 do TST.

§ 3º Se o trabalho for executado fora do estabelecimento, o horário dos empregados constará do registro manual, mecânico ou eletrônico em seu poder, sem prejuízo do que dispõe o *caput* deste artigo. (Redação dada pela Lei 13.874/2019)

§ 4º Fica permitida a utilização de registro de ponto por exceção à jornada regular de trabalho, mediante acordo individual escrito, convenção coletiva ou acordo coletivo de trabalho. (Redação dada pela Lei 13.874/2019)

SEÇÃO VI
DAS PENALIDADES

Art. 75. Os infratores dos dispositivos do presente Capítulo incorrerão na multa de cinquenta a cinco mil cruzeiros, segundo a natureza da infração, sua extensão e a intenção de quem a praticou, aplicada em dobro no caso de reincidência e oposição à fiscalização ou desacato à autoridade.

Parágrafo único. São competentes para impor penalidades, no Distrito Federal, a autoridade de 1ª instância do Departamento Nacional do Trabalho e, nos Estados e no Território do Acre, as autoridades regionais do Ministério do Trabalho, Indústria e Comércio.

CAPÍTULO II-A
DO TELETRABALHO

- Capítulo II-A incluído pela Lei 13.467/2017.

Art. 75-A. A prestação de serviços pelo empregado em regime de teletrabalho observará o disposto neste Capítulo.

- Artigos 75-A a 75-E incluídos pela Lei 13.467/2017.

Art. 75-B. Considera-se teletrabalho ou trabalho remoto a prestação de serviços fora das dependências do empregador, de maneira preponderante ou não, com a utilização de tecnologias de informação e de comunicação, que, por sua natureza, não configure trabalho externo. (Redação dada pela Lei 14.442/2022)

§ 1º O comparecimento, ainda que de modo habitual, às dependências do empregador para a realização de atividades específicas que exijam a presença do empregado no estabelecimento não descaracteriza o regime de teletrabalho ou trabalho remoto. (Redação dada pela Lei 14.442/2022)

§ 2º O empregado submetido ao regime de teletrabalho ou trabalho remoto poderá prestar serviços por jornada ou por produção ou tarefa. (Acrescido pela Lei nº 14.442/2022)

§ 3º Na hipótese da prestação de serviços em regime de teletrabalho ou trabalho remoto por produção ou tarefa, não se aplicará o disposto no Capítulo II do Título II desta Consolidação. (Acrescido pela Lei nº 14.442/2022)

§ 4º O regime de teletrabalho ou trabalho remoto não se confunde nem se equipara à ocupação de operador de telemarketing ou de teleatendimento. (Acrescido pela Lei nº 14.442/2022)

§ 5º O tempo de uso de equipamentos tecnológicos e de infraestrutura necessária, bem como de softwares, de ferramentas digitais ou de aplicações de internet utilizados para o teletrabalho, fora da jornada de trabalho normal do empregado não constitui tempo à disposição ou regime de prontidão ou de sobreaviso, exceto se houver previsão em acordo individual ou em acordo ou convenção coletiva de trabalho. (Acrescido pela Lei nº 14.442/2022)

§ 6º Fica permitida a adoção do regime de teletrabalho ou trabalho remoto para estagiários e aprendizes. (Acrescido pela Lei nº 14.442/2022)

§ 7º Aos empregados em regime de teletrabalho aplicam-se as disposições previstas na legislação local e nas convenções e nos acordos coletivos de trabalho relativas à base territorial do estabelecimento de lotação do empregado. (Acrescido pela Lei nº 14.442/2022)

§ 8º Ao contrato de trabalho do empregado admitido no Brasil que optar pela realização de teletrabalho fora do território nacional aplica-se a legislação brasileira, excetuadas as disposições constantes da Lei nº 7.064, de 6 de dezembro de 1982, salvo disposição em contrário estipulada entre as partes. (Acrescido pela Lei nº 14.442/2022)

§ 9º Acordo individual poderá dispor sobre os horários e os meios de comunicação entre empregado e empregador, desde que assegurados os repousos legais. (Acrescido pela Lei nº 14.442/2022)

Art. 75-C. A prestação de serviços na modalidade de teletrabalho deverá constar expressamente do instrumento de contrato individual de trabalho. (Redação dada pela Lei 14.442/2022)

§ 1º Poderá ser realizada a alteração entre regime presencial e de teletrabalho desde que haja mútuo acordo entre as partes, registrado em aditivo contratual.

§ 2º Poderá ser realizada a alteração do regime de teletrabalho para o presencial por determinação do empregador, garantido prazo de transição mínimo de quinze dias, com correspondente registro em aditivo contratual.

§ 3º O empregador não será responsável pelas despesas resultantes do retorno ao trabalho presencial, na hipótese de o empregado optar pela realização do teletrabalho ou trabalho remoto fora da localidade prevista no contrato, salvo disposição em contrário estipulada entre as partes. (Acrescido pela Lei nº 14.442/2022)

Art. 75-D. As disposições relativas à responsabilidade pela aquisição, manutenção ou fornecimento dos equipamentos tecnológicos e da infraestrutura necessária e adequada à prestação do trabalho remoto, bem como ao reembolso de despesas arcadas pelo empregado, serão previstas em contrato escrito.

Parágrafo único. As utilidades mencionadas no *caput* deste artigo não integram a remuneração do empregado.

Art. 75-E. O empregador deverá instruir os empregados, de maneira expressa e ostensiva, quanto às precauções a tomar a fim de evitar doenças e acidentes de trabalho.

Parágrafo único. O empregado deverá assinar termo de responsabilidade comprometendo-se a seguir as instruções fornecidas pelo empregador.

Art. 75-F. Os empregadores deverão dar prioridade aos empregados com deficiência e aos empregados com filhos ou criança sob guarda judicial até 4 (quatro) anos de idade na alocação em vagas para atividades que possam ser efetuadas por meio do teletrabalho ou trabalho remoto. (Acrescido pela Lei nº 14.442/2022)

CAPÍTULO III
DO SALÁRIO MÍNIMO

- Decreto 11.864/2023: Estabelece que a partir de 1º de janeiro de 2024, o valor do salário mínimo será de R$ 1.412,00 (mil quatrocentos e doze reais).

SEÇÃO I
DO CONCEITO

Art. 76. Salário mínimo é a contraprestação mínima devida e paga diretamente pelo empregador a todo trabalhador, inclusive ao trabalhador rural, sem distinção de sexo, por dia normal de serviço, e capaz de satisfazer, em determinada época e região do País, as suas necessidades normais de alimentação, habitação, vestuário, higiene e transporte.

- Art. 7º, IV, da CF.
- Súm. Vinculante 4 do STF.
- Súm. 201 do STJ.
- Súm. 358 do TST.
- OJ 71 da SDI-2 do TST.

Art. 77. Revogado pela Lei 4.589, de 11.12.1964.

Art. 78. Quando o salário for ajustado por empreitada, ou convencionado por tarefa ou peça, será garantida ao trabalhador uma remuneração diária nunca inferior à do salário mínimo por dia normal da região, zona ou subzona.

Parágrafo único. Quando o salário mínimo mensal do empregado a comissão ou que tenha direito a percentagem for integrado por parte fixa e parte variável, ser-lhe-á sempre garantido o salário mínimo, vedado qualquer desconto em mês subsequente a título de compensação.

- Parágrafo único incluído pelo Dec.-lei 229/1967.

Art. 79. Revogado pela Lei 4.589/1964.

Art. 80. Revogado pela Lei 10.097/2000.

Art. 81. O salário mínimo será determinado pela fórmula Sm = a + b + c + d + e, em que "a", "b", "c", "d" e "e" representam, respectivamente, o valor das despesas diárias com alimentação, habitação, vestuário, higiene e transporte necessários à vida de um trabalhador adulto.

- Art. 7º, IV, da CF.

§ 1º A parcela correspondente à alimentação terá um valor mínimo igual aos valores da lista de provisões, constantes dos quadros devidamente aprovados e necessários à alimentação diária do trabalhador adulto.

§ 2º Poderão ser substituídos pelos equivalentes de cada grupo, também mencionados nos quadros a que alude o parágrafo anterior, os alimentos, quando as condições da região, zona ou subzona o aconselharem, respeitados os valores nutritivos determinados nos mesmos quadros.

§ 3º O Ministério do Trabalho, Indústria e Comércio fará, periodicamente, a revisão dos quadros a que se refere o § 1º deste artigo.

Art. 82. Quando o empregador fornecer, in natura, uma ou mais das parcelas do salário mínimo, o salário em dinheiro será determinado pela fórmula Sd = Sm – P, em que Sd representa o salário em dinheiro, Sm o salário mínimo e P a soma dos valores daquelas parcelas na região, zona ou subzona.

- Art. 458 da CLT.
- Súm. 258 do TST.

Parágrafo único. O salário mínimo pago em dinheiro não será inferior a 30% (trinta por cento) do salário mínimo fixado para a região, zona ou subzona.

- OJ 18 da SDC.

Art. 83. É devido o salário mínimo ao trabalhador em domicílio, considerado este como o executado na habitação do empregado ou em oficina de família, por conta de empregador que o remunere.

- Art. 6º da CLT.

SEÇÃO II
DAS REGIÕES, ZONAS E SUBZONAS

Art. 84. (Revogado pela Lei 13.467/2017).

Art. 85. (Revogado pela Lei 4.589/1964).

Art. 86. (Revogado pela Lei 13.4672017).

SEÇÃO III
DA CONSTITUIÇÃO DAS COMISSÕES

Arts. 87 a 100. (Revogados pela Lei 4.589/1964).

SEÇÃO IV
DAS ATRIBUIÇÕES DAS COMISSÕES DE SALÁRIO MÍNIMO

Arts. 101 a 111. (Revogados pela Lei 4.589, de 11.12.1964).

SEÇÃO V
DA FIXAÇÃO DO SALÁRIO MÍNIMO

Arts. 112 a 116. (Revogados pela Lei 4.589/1964).

SEÇÃO VI
DISPOSIÇÕES GERAIS

Art. 117. Será nulo de pleno direito, sujeitando o empregador às sanções do art. 120, qualquer contrato ou convenção que estipule remuneração inferior ao salário mínimo estabelecido na região, zona ou subzona, em que tiver de ser cumprido.

- OJ 358 da SDI-1 do TST.

Art. 118. O trabalhador a quem for pago salário inferior ao mínimo terá direito, não obstante qualquer contrato ou convenção em contrário, a reclamar do empregador o complemento de seu salário mínimo estabelecido na região, zona ou subzona, em que tiver de ser cumprido.

- Art. 78 da CLT.

Art. 119. Prescreve em 2 (dois) anos a ação para reaver a diferença, contados, para cada pagamento, da data em que o mesmo tenha sido efetuado.

- Art. 7º, XXIX, da CF.
- Arts. 11 e 440 da CLT.

Art. 120. Aquele que infringir qualquer dispositivo concernente ao salário mínimo será passível da multa de cinquenta e dois mil cruzeiros, elevada ao dobro na reincidência.

Art. 121. (Revogado pelo Dec.-lei 229/1967).

Arts. 122 e 123. (Revogados pela Lei 4.589/1964.)

Art. 124. A aplicação dos preceitos deste Capítulo não poderá, em caso algum, ser causa determinante da redução do salário.

Art. 125. (Revogado pela Lei 4.589/1964.)

Art. 126. O Ministro do Trabalho, Indústria e Comércio, expedirá as instruções necessárias à fiscalização do salário mínimo, podendo cometer essa fiscalização a qualquer dos órgãos componentes do respectivo Ministério, e, bem assim, aos fiscais dos Institutos de Aposentadoria e Pensões na forma da legislação em vigor.

Arts. 127 e 128. (Revogados pelo Dec.-lei 229/1967.)

CAPÍTULO IV
DAS FÉRIAS ANUAIS

- Título do Capítulo IV com a redação dada pelo Dec.-lei 1.535/1977.

SEÇÃO I
DO DIREITO A FÉRIAS E DA SUA DURAÇÃO

- Título da Seção I com a redação dada pelo Dec.-lei 1.535/1977.

Art. 129. Todo empregado terá direito anualmente ao gozo de um período de férias, sem prejuízo da remuneração.

- Art. 129 com a redação dada pelo Dec.-lei 1.535/1977.
- Art. 7º, XVII, da CF.
- Súm. 198 a 200 do STF.
- Súm. 7, 10, 14, 81, 89, 149, 171, 253, 261 e 328 do TST.

Art. 130. Após cada período de 12 (doze) meses de vigência do contrato de trabalho, o empregado terá direito a férias, na seguinte proporção:

I – 30 (trinta) dias corridos, quando não houver faltado ao serviço mais de 5 (cinco) vezes;

II – 24 (vinte e quatro) dias corridos, quando houver tido de 6 (seis) a 14 (quatorze) faltas;

III – 18 (dezoito) dias corridos, quando houver tido de 15 (quinze) a 23 (vinte e três) faltas;

IV – 12 (doze) dias corridos, quando houver tido de 24 (vinte e quatro) a 32 (trinta e duas) faltas.

§ 1º É vedado descontar, do período de férias, as faltas do empregado ao serviço.

- Súm. 46 e 89 do TST.

§ 2º O período das férias será computado, para todos os efeitos, como tempo de serviço.

- Art. 130 com a redação dada pelo Dec.-lei 1.535/1977.

Art. 130-A. (Revogado pela Lei 13.467/2017).

Art. 131. Não será considerada falta ao serviço, para os efeitos do artigo anterior, a ausência do empregado:

- *Caput* com a redação dada pelo Dec.-lei 1.535/1977.
- Súm. 89 do TST.

I – nos casos referidos no art. 473;

- Inciso I com a redação determinada pelo Dec.-lei 1.535/1977.

II – durante o licenciamento compulsório da empregada por motivo de maternidade ou aborto, observados os requisitos para percepção do salário-maternidade custeado pela Previdência Social;

- Inciso II com a redação dada pela Lei 8.921/1994.
- Art. 395 da CLT.

III – por motivo de acidente do trabalho ou enfermidade atestada pelo Instituto Nacional do Seguro Social – INSS, excetuada a hipótese do inciso IV do art. 133;

- Inciso III com a redação dada pela Lei 8.726/1993.
- Súm. 46 do TST.

IV – justificada pela empresa, entendendo-se como tal a que não tiver determinado o desconto do correspondente salário;

V – durante a suspensão preventiva para responder a inquérito administrativo ou de prisão preventiva, quando for impronunciado ou absolvido; e

VI – nos dias em que não tenha havido serviço, salvo na hipótese do inciso III do art. 133.

- Incisos IV a VI incluídos pelo Dec.-lei 1.535/1977.

Art. 132. O tempo de trabalho anterior à apresentação do empregado para serviço militar obrigatório será computado no período aquisitivo, desde que ele compareça ao estabelecimento dentro de 90 (noventa) dias da data em que se verificar a respectiva baixa.

- Art. 132 com a redação dada pelo Dec.-lei 1.535/1977.
- Art. 472, § 1º, da CLT.

Art. 133. Não terá direito a férias o empregado que, no curso do período aquisitivo:

- *Caput* com a redação dada pelo Dec.-lei 1.535/1977.

I – deixar o emprego e não for readmitido dentro de 60 (sessenta) dias subsequentes à sua saída;

II – permanecer em gozo de licença, com percepção de salários, por mais de 30 (trinta) dias;

III – deixar de trabalhar, com percepção do salário, por mais de 30 (trinta) dias, em virtude de paralisação parcial ou total dos serviços da empresa; e

IV – tiver percebido da Previdência Social prestações de acidente de trabalho ou de auxílio-doença por mais de 6 (seis) meses, embora descontínuos.

- Incisos I a IV Incluídos pelo Dec.-lei 1.535/1977.
- Art. 131, III, da CLT.

§ 1º A interrupção da prestação de serviços deverá ser anotada na Carteira de Trabalho e Previdência Social.

§ 2º Iniciar-se-á o decurso de novo período aquisitivo quando o empregado, após o implemento de qualquer das condições previstas neste artigo, retornar ao serviço.

- §§ 1º e 2º incluídos pelo Dec.-lei 1.535/1977.

§ 3º Para os fins previstos no inciso III deste artigo a empresa comunicará ao órgão local do Ministério do Trabalho, com antecedência mínima de 15 (quinze) dias, as datas de início e fim da paralisação total ou parcial dos serviços da empresa, e, em igual prazo, comunicará, nos mesmos termos, ao sindicato representativo da categoria profissional, bem como afixará aviso nos respectivos locais de trabalho.

- § 3º incluído pela Lei 9.016/1995.

SEÇÃO II
DA CONCESSÃO E DA ÉPOCA DAS FÉRIAS

- Título da Seção II com a redação dada pelo Dec.-lei 1.535/1977.

Art. 134. As férias serão concedidas por ato do empregador, em um só período, nos 12 (doze) meses subsequentes à data em que o empregado tiver adquirido o direito.

- *Caput* com redação dada pelo Dec.-lei 1.535/1977.

§ 1º Desde que haja concordância do empregado, as férias poderão ser usufruídas em até três períodos, sendo que um deles não poderá ser inferior a quatorze dias corridos e os demais não poderão ser inferiores a cinco dias corridos, cada um.

- § 1º com a redação dada pela Lei 13.467/2017.

§ 2º (Revogado pela Lei 13.467/2017);

§ 3º É vedado o início das férias no período de dois dias que antecede feriado ou dia de repouso semanal remunerado.

- § 3º incluído pela Lei 13.467/2017.

Art. 135. A concessão das férias será participada, por escrito, ao empregado, com antecedência de, no mínimo, 30 (trinta) dias. Dessa participação o interessado dará recibo.

- *Caput* com a redação dada pela Lei 7.414/1985.

§ 1º O empregado não poderá entrar no gozo das férias sem que apresente ao empregador sua Carteira de Trabalho e Previdência Social, para que nela seja anotada a respectiva concessão.

§ 2º A concessão das férias será, igualmente, anotada no livro ou nas fichas de registro dos empregados.

- §§ 1º e 2º incluídos pelo Dec.-lei 1.535/1977.
- Art. 51, II, da LC 123/2006 (Estatuto da Microempresa).

§ 3º Nos casos em que o empregado possua a CTPS em meio digital, a anotação será feita nos sistemas a que se refere o § 7º do art. 29 desta Consolidação, na forma do regulamento, dispensadas as anotações de que tratam os §§ 1º e 2º deste artigo. (Incluído pela Lei 13.874/2019)

Art. 136. A época da concessão das férias será a que melhor consulte os interesses do empregador.

§ 1º Os membros de uma família, que trabalharem no mesmo estabelecimento ou empresa, terão direito a gozar férias no mesmo período, se assim o desejarem e se disto não resultar prejuízo para o serviço.

§ 2º O empregado estudante, menor de 18 (dezoito) anos, terá direito a fazer coincidir suas férias com as férias escolares.

- Art. 136 com a redação dada pelo Dec.-lei 1.535/1977.

Art. 137. Sempre que as férias forem concedidas após o prazo de que trata o art. 134, o empregador pagará em dobro a respectiva remuneração.

- Art. 145 da CLT
- Súm. 7 e 81 do TST.

§ 1º Vencido o mencionado prazo sem que o empregador tenha concedido as férias, o empregado poderá ajuizar reclamação pedindo a fixação, por sentença, da época de gozo das mesmas.

§ 2º A sentença cominará pena diária de 5% (cinco por cento) do salário mínimo da região, devida ao empregado até que seja cumprida.

§ 3º Cópia da decisão judicial transitada em julgado será remetida ao órgão local do Ministério do Trabalho, para fins de aplicação da multa de caráter administrativo.

- Art. 137 com a redação dada pelo Dec.-lei 1.535/1977.

Art. 138. Durante as férias, o empregado não poderá prestar serviços a outro empregador, salvo se estiver obrigado a fazê-lo em virtude de contrato de trabalho regularmente mantido com aquele.

- Art. 138 com a redação dada pelo Decreto-lei 1.535, de 13.4.1977.

SEÇÃO III
DAS FÉRIAS COLETIVAS

- Título da Seção III com a redação dada pelo Dec.-lei 1.535/1977.

Art. 139. Poderão ser concedidas férias coletivas a todos os empregados de uma empresa ou de determinados estabelecimentos ou setores da empresa.

§ 1º As férias poderão ser gozadas em 2 (dois) períodos anuais desde que nenhum deles seja inferior a 10 (dez) dias corridos.

- Art. 134, §§ 1º e 3º, da CLT.

§ 2º Para os fins previstos neste artigo, o empregador comunicará ao órgão local do Ministério do Trabalho, com a antecedência mínima de 15 (quinze) dias, as datas de início e fim das férias, precisando quais os estabelecimentos ou setores abrangidos pela medida.

- Art. 51, V, da LC 123/2006.

§ 3º Em igual prazo, o empregador enviará cópia da aludida comunicação aos sindicatos representativos da respectiva categoria profissional, e providenciará a afixação de aviso nos locais de trabalho.

- Art. 139 com a redação dada pelo Dec.-lei 1.535/1977.

Art. 140. Os empregados contratados há menos de 12 (doze) meses gozarão, na oportunidade, férias proporcionais, iniciando-se, então, novo período aquisitivo.

- Art. 140 com a redação dada pelo Dec.-lei 1.535/1977.

Art. 141. Revogado pela Lei 13.874/2019.

SEÇÃO IV
DA REMUNERAÇÃO E DO ABONO DE FÉRIAS

- Título da Seção IV com a redação dada pelo Dec.-lei 1.535/1977.

Art. 142. O empregado perceberá, durante as férias, a remuneração que lhe for devida na data da sua concessão.

- Súm. 253 e 328 do TST.

§ 1º Quando o salário for pago por hora com jornadas variáveis, apurar-se-á a média do período aquisitivo, aplicando-se o valor do salário na data da concessão das férias.

- Súm. 199 do STF.

§ 2º Quando o salário for pago por tarefa tomar-se-á por base a média da produção no período aquisitivo do direito a férias, aplicando-se o valor da remuneração da tarefa na data da concessão das férias.

- Súm. 149 do TST.

§ 3º Quando o salário for pago por percentagem, comissão ou viagem, apurar-se-á a média percebida pelo empregado nos 12 (doze) meses que precederem à concessão das férias.

- OJ 181, SDI-1, do TST.

§ 4º A parte do salário paga em utilidades será computada de acordo com a anotação na Carteira de Trabalho e Previdência Social.

§ 5º Os adicionais por trabalho extraordinário, noturno, insalubre ou perigoso serão computados no salário que servirá de base ao cálculo da remuneração das férias.

§ 6º Se, no momento das férias, o empregado não estiver percebendo o mesmo adicional do período aquisitivo, ou quando o valor deste não tiver sido uniforme será computada a média duodecimal recebida naquele período, após a atualização das importâncias pagas, mediante incidência dos percentuais dos reajustamentos salariais supervenientes.

- Art. 142 com a redação dada pelo Dec.-lei 1.535/1977.
- Súm. 253 do TST.

Art. 143. É facultado ao empregado converter 1/3 (um terço) do período de férias a que tiver direito em abono pecuniário, no valor da remuneração que lhe seria devida nos dias correspondentes.

- *Caput* com a redação dada pelo Dec.-lei 1.535/1977.

§ 1º O abono de férias deverá ser requerido até 15 (quinze) dias antes do término do período aquisitivo.

§ 2º Tratando-se de férias coletivas, a conversão a que se refere este artigo deverá ser objeto de acordo coletivo entre o empregador e o sindicato representativo da respectiva categoria profissional, independendo de requerimento individual a concessão do abono.

- §§ 1º e 2º incluídos pelo Dec.-lei 1.535/1977.

§ 3º (Revogado pela Lei 13.467/2017);

Art. 144. O abono de férias de que trata o artigo anterior, bem como o concedido em virtude de cláusula do contrato de trabalho, do regulamento da empresa, de convenção ou acordo coletivo, desde que não excedente de vinte dias do salário, não integrarão a remuneração do empregado para os efeitos da legislação do trabalho.

- Art. 144 com a redação dada pela Lei 9.528/1998.
- Súm. 386 do STJ.

Art. 145. O pagamento da remuneração das férias e, se for o caso, o do abono referido no art. 143 serão efetuados até 2 (dois) dias antes do início do respectivo período.

Parágrafo único. O empregado dará quitação do pagamento, com indicação do início e do termo das férias.

- Art. 145 com a redação dada pelo Dec.-lei 1.535/1977.

SEÇÃO V
DOS EFEITOS DA CESSAÇÃO DO CONTRATO DE TRABALHO

- Título da Seção V com a redação dada pelo Dec.-lei 1.535/1977.

Art. 146. Na cessação do contrato de trabalho, qualquer que seja a sua causa, será devida ao empregado a remuneração simples ou em dobro, conforme o caso, correspondente ao período de férias cujo direito tenha adquirido.

Parágrafo único. Na cessação do contrato de trabalho, após 12 (doze) meses de serviço, o empregado, desde que não haja sido demitido por justa causa, terá direito à remuneração relativa ao período incompleto de férias, de acordo com o art. 130, na proporção de 1/12 (um doze avos) por mês de serviço ou fração superior a 14 (quatorze) dias.

- Art. 146 com a redação dada pelo Dec.-lei 1.535/1977.
- Súm. 171 e 261 do TST.

Art. 147. O empregado que for despedido sem justa causa, ou cujo contrato de trabalho se extinguir em prazo predeterminado, antes de completar 12 (doze) meses de serviço, terá direito à remuneração relativa ao período incompleto de férias, de conformidade com o disposto no artigo anterior.

- Art. 147 com a redação dada pelo Dec.-lei 1.535/1977.

Art. 148. A remuneração das férias, ainda quando devida após a cessação do contrato de trabalho, terá natureza salarial, para os efeitos do art. 449.

- Art. 148 com a redação dada pelo Dec.-lei 1.535/1977.

SEÇÃO VI
DO INÍCIO DA PRESCRIÇÃO

- Título da Seção VI com a redação dada pelo Dec.-lei 1.535/1977.

Art. 149. A prescrição do direito de reclamar a concessão das férias ou o pagamento da respectiva remuneração é contada do término do prazo mencionado no art. 134 ou, se for o caso, da cessação do contrato de trabalho.

- Art. 149 com a redação dada pelo Dec.-lei 1.535/1977.
- Art. 7º, XXIX da CF.
- Súm. 308 do TST.

SEÇÃO VII
DISPOSIÇÕES ESPECIAIS

- Título da Seção VII com a redação dada pelo Dec.-lei 1.535/1977.

Art. 150. O tripulante que, por determinação do armador, for transferido para o serviço de outro, terá computado, para o efeito de gozo de férias, o tempo de serviço prestado ao primeiro, ficando obrigado a concedê-las o armador em cujo serviço ele se encontra na época de gozá-las.

§ 1º As férias poderão ser concedidas, a pedido dos interessados e com aquiescência do armador, parceladamente, nos portos de escala de grande estadia do navio, aos tripulantes ali residentes.

§ 2º Será considerada grande estadia a permanência no porto por prazo excedente de 6 (seis) dias.

§ 3º Os embarcadiços, para gozarem férias nas condições deste artigo, deverão pedi-las, por escrito, ao armador, antes do início da viagem, no porto de registro ou armação.

§ 4º O tripulante, ao terminar as férias, apresentar-se-á ao armador, que deverá designá-lo para qualquer de suas embarcações ou o adir a algum dos seus serviços terrestres, respeitadas a condição pessoal e a remuneração.

§ 5º Em caso de necessidade, determinada pelo interesse público, e comprovada pela autoridade competente, poderá o armador ordenar a suspensão das férias já iniciadas ou a iniciar-se, ressalvado ao tripulante o direito ao respectivo gozo posteriormente.

§ 6º O Delegado do Trabalho Marítimo poderá autorizar a acumulação de 2 (dois) períodos de férias do marítimo, mediante requerimento justificado:

I – do sindicato, quando se tratar de sindicalizado; e

II – da empresa, quando o empregado não for sindicalizado.

- Art. 150 com a redação dada pelo Dec.-lei 1.535/1977.

Art. 151. Enquanto não se criar um tipo especial de caderneta profissional para os marítimos, as férias serão anotadas pela Capitania do Porto na caderneta-matrícula do tripulante, na página das observações.

- Art. 151 com a redação dada pelo Dec.-lei 1.535/1977.

Art. 152. A remuneração do tripulante, no gozo de férias, será acrescida da importância correspondente à etapa que estiver vencendo.

- Art. 152 com a redação dada pelo Dec.-lei 1.535/1977.

SEÇÃO VIII
DAS PENALIDADES

- Seção VIII incluída pelo Dec.-lei 1.535/1977.

Art. 153. As infrações ao disposto neste Capítulo serão punidas com multas de valor igual a 160 BTN por empregado em situação irregular. (Redação dada pela Lei 7.855/1989)

Parágrafo único. Em caso de reincidência, embaraço ou resistência à fiscalização, emprego de artifício ou simulação com o objetivo de fraudar a lei, a multa será aplicada em dobro.

CAPÍTULO V
DA SEGURANÇA E DA MEDICINA DO TRABALHO

- Título do Capítulo V com a redação dada pela Lei 6.514/1977.
- Art. 50 da LC 123/2006 (Estatuto da Microempresa).

SEÇÃO I
DISPOSIÇÕES GERAIS

Art. 154. A observância, em todos os locais de trabalho, do disposto neste Capitulo, não desobriga as empresas do cumprimento de outras disposições que, com relação à matéria, sejam incluídas em códigos de obras ou regulamentos sanitários dos Estados ou Municípios em que se situem os respectivos estabelecimentos, bem como daquelas oriundas de convenções coletivas de trabalho.

- Art. 154 com a redação dada pela Lei 6.514/1977.
- Súm. 39, 47 e 289 do TST.

Art. 155. Incumbe ao órgão de âmbito nacional competente em matéria de segurança e medicina do trabalho:

I – estabelecer, nos limites de sua competência, normas sobre a aplicação dos preceitos deste Capítulo, especialmente os referidos no art. 200;

II – coordenar, orientar, controlar e supervisionar a fiscalização e as demais atividades relacionadas com a segurança e a medicina do trabalho em todo o território nacional, inclusive a Campanha Nacional de Prevenção de Acidentes do Trabalho;

III – conhecer, em última instância, dos recursos, voluntários ou de ofício, das decisões proferidas pelos Delegados Regionais do Trabalho, em matéria de segurança e medicina do trabalho.

- Art. 155 com a redação dada pela Lei 6.514/1977.

Art. 156. Compete especialmente às Delegacias Regionais do Trabalho, nos limites de sua jurisdição:

I – promover a fiscalização do cumprimento das normas de segurança e medicina do trabalho;

II – adotar as medidas que se tornem exigíveis, em virtude das disposições deste Capítulo, determinando as obras e reparos que, em qualquer local de trabalho, se façam necessárias;

III – impor as penalidades cabíveis por descumprimento das normas constantes deste Capítulo, nos termos do art. 201.

- Art. 156 com a redação dada pela Lei 6.514/1977.

Art. 157. Cabe às empresas:

I – cumprir e fazer cumprir as normas de segurança e medicina do trabalho;

II – instruir os empregados, através de ordens de serviço, quanto às precauções a tomar no sentido de evitar acidentes do trabalho ou doenças ocupacionais;

III – adotar as medidas que lhes sejam determinadas pelo órgão regional competente;

IV – facilitar o exercício da fiscalização pela autoridade competente.

- Art. 157 com a redação dada pela Lei 6.514/1977.
- Súm. 289 do TST.

Art. 158. Cabe aos empregados:

I – observar as normas de segurança e medicina do trabalho, inclusive as instruções de que trata o item II do artigo anterior;

II – colaborar com a empresa na aplicação dos dispositivos deste Capítulo.

Parágrafo único. Constitui ato faltoso do empregado a recusa injustificada:

a) à observância das instruções expedidas pelo empregador na forma do item II do artigo anterior;

b) ao uso dos equipamentos de proteção individual fornecidos pela empresa.

- Art. 158 com a redação dada pela Lei 6.514/1977.

Art. 159. Mediante convênio autorizado pelo Ministro do Trabalho, poderão ser delegadas a outros órgãos federais, estaduais ou municipais atribuições de fiscalização ou orientação às empresas quanto ao cumprimento das disposições constantes deste Capítulo. (Redação dada pela Lei 6.514/1977)

SEÇÃO II
DA INSPEÇÃO PRÉVIA E DO EMBARGO OU INTERDIÇÃO

- Título da Seção II com a redação dada pela Lei 6.514/1977.

Art. 160. Nenhum estabelecimento poderá iniciar suas atividades sem prévia inspeção e aprovação das respectivas instalações pela autoridade regional competente em matéria de segurança e medicina do trabalho.(Redação dada pela Lei 6.514/1977)

§ 1º Nova inspeção deverá ser feita quando ocorrer modificação substancial nas instalações, inclusive equipamentos, que a empresa fica obrigada a comunicar, prontamente, à Delegacia Regional do Trabalho.

§ 2º É facultado às empresas solicitar prévia aprovação, pela Delegacia Regional do Trabalho, dos projetos de construção e respectivas instalações.

- Art. 21, XXIV, da CF.

Art. 161. O Delegado Regional do Trabalho, à vista do laudo técnico do serviço competente que demonstre grave e iminente risco para o trabalhador, poderá interditar estabelecimento, setor de serviço, máquina ou equipamento, ou embargar obra, indicando na decisão, tomada com a brevidade que a ocorrência exigir, as providências que deverão ser adotadas para prevenção de infortúnios de trabalho. (Redação dada pela Lei 6.514/1977)

§ 1º As autoridades federais, estaduais e municipais darão imediato apoio às medidas determinadas pelo Delegado Regional do Trabalho.

§ 2º A interdição ou embargo poderão ser requeridos pelo serviço competente da Delegacia Regional do Trabalho e, ainda, por agente da inspeção do trabalho ou por entidade sindical.

§ 3º Da decisão do Delegado Regional do Trabalho poderão os interessados recorrer, no prazo de 10 (dez) dias, para o órgão de âmbito nacional competente em matéria de segurança e medicina do trabalho, ao qual será facultado dar efeito suspensivo ao recurso.

§ 4º Responderá por desobediência, além das medidas penais cabíveis, quem, após determinada a interdição ou embargo, ordenar ou permitir o funcionamento do estabelecimento ou de um dos seus setores, a utilização de máquina ou equipamento, ou o prosseguimento de obra, se, em consequência, resultarem danos a terceiros. (Parágrafo acrescido pela Lei 6.514/1977)

§ 5º O Delegado Regional do Trabalho, independente de recurso, e após laudo técnico do serviço competente, poderá levantar a interdição.

§ 6º Durante a paralisação dos serviços, em decorrência da interdição ou embargo, os empregados receberão os salários como se estivessem em efetivo exercício.

SEÇÃO III
DOS ÓRGÃOS DE SEGURANÇA E DE MEDICINA DO TRABALHO NAS EMPRESAS

Art. 162. As empresas, de acordo com normas a serem expedidas pelo Ministério do Trabalho, estarão obrigadas a manter serviços especializados em segurança e em medicina do trabalho.

Parágrafo único. As normas a que se refere este artigo estabelecerão:

a) classificação das empresas segundo o número de empregados e a natureza do risco de suas atividades;

b) o número mínimo de profissionais especializados exigido de cada empresa, segundo o grupo em que se classifique, na forma da alínea anterior;

c) a qualificação exigida para os profissionais em questão e o seu regime de trabalho;

d) as demais características e atribuições dos serviços especializados em segurança e em medicina do trabalho, nas empresas.

- Art. 162 com a redação dada pela Lei 6.514/1977.

Art. 163. Será obrigatória a constituição de Comissão Interna de Prevenção de Acidentes e de Assédio (Cipa), em conformidade com instruções expedidas pelo Ministério do Trabalho e Previdência, nos estabelecimentos ou nos locais de obra nelas especificadas. (Redação dada pela Lei 14.457/2022)

Parágrafo único. O Ministério do Trabalho regulamentará as atribuições, a composição e o funcionamento das CIPA(s).

- Art. 163 com a redação dada pela Lei 6.514/1977.
- Vide NR 5 do MTE.

Art. 164. Cada CIPA será composta de representantes da empresa e dos empregados, de acordo com os critérios que vierem a ser adotados na regulamentação de que trata o parágrafo único do artigo anterior.

§ 1º Os representantes dos empregadores, titulares e suplentes, serão por eles designados.

§ 2º Os representantes dos empregados, titulares e suplentes, serão eleitos em escrutínio secreto, do qual participem, independentemente de filiação sindical, exclusivamente os empregados interessados.

§ 3º O mandato dos membros eleitos da CIPA terá a duração de 1 (um) ano, permitida uma reeleição.

§ 4º O disposto no parágrafo anterior não se aplicará ao membro suplente que, durante o seu mandato, tenha participado de menos da metade do número de reuniões da CIPA.

§ 5º O empregador designará, anualmente, dentre os seus representantes, o Presidente da CIPA e os empregados elegerão, dentre eles, o Vice-Presidente.

- Art. 164 com a redação dada pela Lei 6.514/1977.

Art. 165. Os titulares da representação dos empregados nas CIPA (s) não poderão sofrer despedida arbitrária, entendendo-se como tal a que não se fundar em motivo disciplinar, técnico, econômico ou financeiro.

Parágrafo único. Ocorrendo a despedida, caberá ao empregador, em caso de reclamação à Justiça do Trabalho, comprovar a existência de qualquer dos motivos mencionados neste artigo, sob pena de ser condenado a reintegrar o empregado.

- Art. 165 com a redação dada pela Lei 6.514/1977.
- Art. 10, II, a, do ADCT.
- Súm. 676 do STF.
- Súm. 339 do TST.
- OJ 6 da SDI-2 do TST.

SEÇÃO IV
DO EQUIPAMENTO DE PROTEÇÃO INDIVIDUAL

Art. 166. A empresa é obrigada a fornecer aos empregados, gratuitamente, equipamento de proteção individual adequado ao risco e em perfeito estado de conservação e funcionamento, sempre que as medidas de ordem geral não ofereçam completa proteção contra os riscos de acidentes e danos à saúde dos empregados.

- Art. 166 com a redação dada pela Lei 6.514/1977.
- Súm. 80 e 289 do TST.

Art. 167. O equipamento de proteção só poderá ser posto à venda ou utilizado com a indicação do Certificado de Aprovação do Ministério do Trabalho. (Redação dada pela Lei 6.514/1977)

SEÇÃO V
DAS MEDIDAS PREVENTIVAS DE MEDICINA DO TRABALHO

Art. 168. Será obrigatório exame médico, por conta do empregador, nas condições estabelecidas neste artigo e nas instruções complementares a serem expedidas pelo Ministério do Trabalho:

I – a admissão;

II – na demissão;

III – periodicamente.

§ 1º O Ministério do Trabalho baixará instruções relativas aos casos em que serão exigíveis exames:

a) por ocasião da demissão;

b) complementares.

§ 2º Outros exames complementares poderão ser exigidos, a critério médico, para apuração da capacidade ou aptidão física e mental do empregado para a função que deva exercer.

§ 3º O Ministério do Trabalho estabelecerá, de acordo com o risco da atividade e o tempo de exposição, a periodicidade dos exames médicos.

§ 4º O empregador manterá, no estabelecimento, o material necessário à prestação de primeiros socorros médicos, de acordo com o risco da atividade.

§ 5º O resultado dos exames médicos, inclusive o exame complementar, será comunicado ao trabalhador, observados os preceitos da ética médica.

- Art. 168 com a redação dada pela Lei 7.855/1989.

§ 6º Serão exigidos exames toxicológicos, previamente à admissão e por ocasião do desligamento, quando se tratar de motorista profissional, assegurados o direito à contraprova em caso de resultado positivo e a confidencialidade dos resultados dos respectivos exames.

- § 6º incluído pela Lei 13.103/2015.
- O art. 13 da Lei 13.103/2015 estabelece regras de vigência para esse parágrafo.

§ 7º Para os fins do disposto no § 6º, será obrigatório exame toxicológico com janela de detecção mínima de 90 (noventa) dias, específico para substâncias psicoativas que causem dependência ou, comprovadamente, comprometam a capacidade de direção, podendo ser utilizado para essa finalidade o exame toxicológico previsto na Lei 9.503, de 23 de setembro de 1997 – Código de Trânsito Brasileiro, desde que realizado nos últimos 60 (sessenta) dias.

- § 7º incluído pela Lei 13.103, de 02.03.2015.
- O art. 13 da Lei 13.103, de 03.03.2015 estabelece regras de vigência para esse parágrafo.

Art. 169. Será obrigatória a notificação das doenças profissionais e das produzidas em virtude de condições especiais de trabalho, comprovadas ou objeto de suspeita, de conformidade com as instruções expedidas pelo Ministério do Trabalho.

- Art. 169 com a redação dada pela Lei 6.514/1977.
- Art. 20 da Lei 8.213/1991:

SEÇÃO VI
DAS EDIFICAÇÕES

Art. 170. As edificações deverão obedecer aos requisitos técnicos que garantam perfeita segurança aos que nelas trabalhem.

- Art. 170 com a redação dada pela Lei 6.514/1977.

Art. 171. Os locais de trabalho deverão ter, no mínimo, 3 (três) metros de pé-direito, assim considerada a altura livre do piso ao teto.

Parágrafo único. Poderá ser reduzido esse mínimo desde que atendidas as condições de iluminação e conforto térmico compatíveis com a natureza do trabalho, sujeitando-se tal redução ao controle do órgão competente em matéria de segurança e medicina do trabalho.

- Art. 171 com a redação dada pela Lei 6.514/1977.

Art. 172. Os pisos dos locais de trabalho não deverão apresentar saliências nem depressões que prejudiquem a circulação de pessoas ou a movimentação de materiais.

- Art. 172 com a redação dada pela Lei 6.514/1977.

Art. 173. As aberturas nos pisos e paredes serão protegidas de forma que impeçam a queda de pessoas ou de objetos.

- Art. 173 com a redação dada pela Lei 6.514, de 22.12.1977.

Art. 174. As paredes, escadas, rampas de acesso, passarelas, pisos, corredores, coberturas e passagens dos locais de trabalho deverão obedecer às condições de segurança e de higiene do trabalho estabelecidas pelo Ministério do Trabalho e manter-se em perfeito estado de conservação e limpeza.

› Art. 174 com a redação dada pela Lei 6.514/1977.

SEÇÃO VII
DA ILUMINAÇÃO

Art. 175. Em todos os locais de trabalho deverá haver iluminação adequada, natural ou artificial, apropriada à natureza da atividade.

§ 1º A iluminação deverá ser uniformemente distribuída, geral e difusa, a fim de evitar ofuscamento, reflexos incômodos, sombras e contrastes excessivos.

§ 2º O Ministério do Trabalho estabelecerá os níveis mínimos de iluminamento a serem observados.

› Art. 175 com a redação dada pela Lei 6.514/1977.

SEÇÃO VIII
DO CONFORTO TÉRMICO

Art. 176. Os locais de trabalho deverão ter ventilação natural, compatível com o serviço realizado.

Parágrafo único. A ventilação artificial será obrigatória sempre que a natural não preencha as condições de conforto térmico.

› Art. 176 com a redação dada pela Lei 6.514/1977.

Art. 177. Se as condições de ambiente se tornarem desconfortáveis, em virtude de instalações geradoras de frio ou de calor, será obrigatório o uso de vestimenta adequada para o trabalho em tais condições ou de capelas, anteparos, paredes duplas, isolamento térmico e recursos similares, de forma que os empregados fiquem protegidos contra as radiações térmicas.

› Art. 177 com a redação dada pela Lei 6.514/1977.

Art. 178. As condições de conforto térmico dos locais de trabalho devem ser mantidas dentro dos limites fixados pelo Ministério do Trabalho.

› Art. 178 com a redação dada pela Lei 6.514/1977.

SEÇÃO IX
DAS INSTALAÇÕES ELÉTRICAS

Art. 179. O Ministério do Trabalho disporá sobre as condições de segurança e as medidas especiais a serem observadas relativamente a instalações elétricas, em qualquer das fases de produção, transmissão, distribuição ou consumo de energia.

› Art. 179 com a redação dada pela Lei 6.514/1977.

Art. 180. Somente profissional qualificado poderá instalar, operar, inspecionar ou reparar instalações elétricas.

› Art. 180 com a redação dada pela Lei 6.514/1977.

Art. 181. Os que trabalharem em serviços de eletricidade ou instalações elétricas devem estar familiarizados com os métodos de socorro a acidentados por choque elétrico.

› Art. 181 com a redação dada pela Lei 6.514/1977.

SEÇÃO X
DA MOVIMENTAÇÃO, ARMAZENAGEM
E MANUSEIO DE MATERIAIS

Art. 182. O Ministério do Trabalho estabelecerá normas sobre:

I – as precauções de segurança na movimentação de materiais nos locais de trabalho, os equipamentos a serem obrigatoriamente utilizados e as condições especiais a que estão sujeitas a operação e a manutenção desses equipamentos, inclusive exigências de pessoal habilitado;

II – as exigências similares relativas ao manuseio e à armazenagem de materiais, inclusive quanto às condições de segurança e higiene relativas aos recipientes e locais de armazenagem e os equipamentos de proteção individual;

III – a obrigatoriedade de indicação de carga máxima permitida nos equipamentos de transporte, dos avisos de proibição de fumar e de advertência quanto à natureza perigosa ou nociva à saúde das substâncias em movimentação ou em depósito, bem como das recomendações de primeiros socorros e de atendimento médico e símbolo de perigo, segundo padronização internacional, nos rótulos dos materiais ou substâncias armazenados ou transportados.

Parágrafo único. As disposições relativas ao transporte de materiais aplicam-se, também, no que couber, ao transporte de pessoas nos locais de trabalho.

› Art. 182 com a redação dada pela Lei 6.514/1977.

Art. 183. As pessoas que trabalharem na movimentação de materiais deverão estar familiarizados com os métodos raciocinais de levantamento de cargas.

› Art. 183 com a redação dada pela Lei 6.514/1977.

SEÇÃO XI
DAS MÁQUINAS E EQUIPAMENTOS

› Título da Seção XI com a redação dada pela Lei 6.514/1977.

Art. 184. As máquinas e os equipamentos deverão ser dotados de dispositivos de partida e parada e outros que se fizerem necessários para a prevenção de acidentes do trabalho, especialmente quanto ao risco de acionamento acidental.

Parágrafo único. É proibida a fabricação, a importação, a venda, a locação e o uso de máquinas e equipamentos que não atendam ao disposto neste artigo.

› Art. 184 com a redação dada pela Lei 6.514/1977.

Art. 185. Os reparos, limpeza e ajustes somente poderão ser executados com as máquinas paradas, salvo se o movimento for indispensável à realização do ajuste.

› Art. 185 com a redação dada pela Lei 6.514/1977.

Art. 186. O Ministério do Trabalho estabelecerá normas adicionais sobre proteção e medidas de segurança na operação de máquinas e equipamentos, especialmente quanto à proteção das partes móveis, distância entre estas, vias de acesso às máquinas e equipamentos de grandes dimensões, emprego de ferramentas, sua adequação e medidas de proteção exigidas quando motorizadas ou elétricas.

› Art. 186 com a redação dada pela Lei 6.514/1977.

SEÇÃO XII
DAS CALDEIRAS, FORNOS E
RECIPIENTES SOB PRESSÃO

Art. 187. As caldeiras, equipamentos e recipientes em geral que operam sob pressão deverão dispor de válvula e outros dispositivos de segurança, que evitem seja ultrapassada a pressão interna de trabalho compatível com a sua resistência.

Parágrafo único. O Ministério do Trabalho expedirá normas complementares quanto à segurança das caldeiras, fornos e recipientes sob pressão, especialmente quanto ao revestimento interno, à localização, à ventilação dos locais e outros meios de eliminação de gases ou vapores prejudiciais à saúde, e demais instalações ou equipamentos necessários à execução segura das tarefas de cada empregado.

› Art. 187 com a redação dada pela Lei 6.514/1977.

Art. 188. As caldeiras serão periodicamente submetidas a inspeções de segurança, por engenheiro ou empresa especializada, inscritos no Ministério do Trabalho, de conformidade com as instruções que, para esse fim, forem expedidas.

§ 1º Toda caldeira será acompanhada de "Prontuário", com documentação original do fabricante, abrangendo, no mínimo: especificação técnica, desenhos, detalhes, provas e testes realizados durante a fabricação e a montagem, características funcionais e a pressão máxima de trabalho permitida (PMTP), esta última indicada, em local visível, na própria caldeira.

§ 2º O proprietário da caldeira deverá organizar, manter atualizado e apresentar, quando exigido pela autoridade competente, o Registro de Segurança, no qual serão anotadas, sistematicamente, as indicações das provas efetuadas, inspeções, reparos e quaisquer outras ocorrências.

§ 3º Os projetos de instalação de caldeiras, fornos e recipientes sob pressão deverão ser submetidos à aprovação prévia do órgão regional competente em matéria de segurança do trabalho.

› Art. 188 com a redação dada pela Lei 6.514/1977.

SEÇÃO XIII
DAS ATIVIDADES INSALUBRES
OU PERIGOSAS

› Seção XIII com a redação dada pela Lei 6.514/1977.

Art. 189. Serão consideradas atividades ou operações insalubres aquelas que, por sua natureza, condições ou métodos de trabalho, exponham os empregados a agentes nocivos à saúde, acima dos limites de tolerância fixados em razão da natureza e da intensidade do agente e do tempo de exposição aos seus efeitos.

› Art. 189 com a redação dada pela Lei 6.514/1977.

Art. 190. O Ministério do Trabalho aprovará o quadro das atividades e operações insalubres e adotará normas sobre os critérios de caracterização da insalubridade, os limites de tolerância aos agentes agressivos, meios de proteção e o tempo máximo de exposição do empregado a esses agentes.

Parágrafo único. As normas referidas neste artigo incluirão medidas de proteção do organismo do trabalhador nas operações que produzem aerodispersoides tóxicos, irritantes, alérgicos ou incômodos.

› Art. 190 com a redação dada pela Lei 6.514/1977.

Art. 191. A eliminação ou a neutralização da insalubridade ocorrerá:

› Súm. 289 do TST.

I – com a adoção de medidas que conservem o ambiente de trabalho dentro dos limites de tolerância;

II – com a utilização de equipamentos de proteção individual ao trabalhador, que diminuam a intensidade do agente agressivo a limites de tolerância.

Parágrafo único. Caberá às Delegacias Regionais do Trabalho, comprovada a insalubridade, notificar as empresas, estipulando prazos para sua eliminação ou neutralização, na forma deste artigo.

› Art. 191 com a redação dada pela Lei 6.514/1977.

Art. 192. O exercício de trabalho em condições insalubres, acima dos limites de tolerância estabelecidos pelo Ministério do Trabalho, assegura a percepção de adicional respectivamente de 40% (quarenta por cento), 20% (vinte por cento) e 10% (dez por cento) do salário mínimo da região, segundo se classifiquem nos graus máximo, médio e mínimo.

› Art. 192 com a redação dada pela Lei 6.514/1977.
› Art. 7º, XXIII, da CF.
› Súm. Vinculante 4 do STF.
› Súm. 194 e 460 do STF.
› Súm. 47, 80, 139, 228, 248, 289, 293 e 448 do TST.
› OJs 47, 103, 121, 165, 172, 173 e 278 da SDI-1 do TST.
› OJ 2 da SDI-2.

Art. 193. São consideradas atividades ou operações perigosas, na forma da regulamentação aprovada pelo Ministério do Trabalho e Emprego, aquelas que, por sua natureza ou métodos de trabalho, impliquem risco acentuado em virtude de exposição permanente do trabalhador a:

› *Caput* com redação dada pela Lei 12.740/ 2012.

I – inflamáveis, explosivos ou energia elétrica;

II – roubos ou outras espécies de violência física nas atividades profissionais de segurança pessoal ou patrimonial.

› Incisos I e II incluídos pela Lei 12.740/2012.
› Súm. 212 do STF.
› Súm. 39, 191, 364 e 453 do TST.
› OJs 165, 172, 345 e 385 da SDI-1 do TST.

III - colisões, atropelamentos ou outras espécies de acidentes ou violências nas atividades profissionais dos agentes das autoridades de trânsito. (Acrescido pela Lei 14.684/2023)

§ 1º O trabalho em condições de periculosidade assegura ao empregado um adicional de 30% (trinta por cento) sobre o salário sem os acréscimos resultantes de gratificações, prêmios ou participações nos lucros da empresa.

› Parágrafo incluído pela Lei 6.514/1977.
› Súm. 132 do TST.
› OJ 259 da SDI-1 do TST.

§ 2º O empregado poderá optar pelo adicional de insalubridade que porventura lhe seja devido.

› Parágrafo incluído pela Lei 6.514/1977.

§ 3º Serão descontados ou compensados do adicional outros da mesma natureza eventualmente já concedidos ao vigilante por meio de acordo coletivo.

› Parágrafo incluído pela Lei 12.740/ 2012.

§ 4º São também consideradas perigosas as atividades de trabalhador em motocicleta.

› § 4º incluído pela Lei 12.997/2014.
› NR 16, Anexo 5, do MTE: Atividades perigosas em motocicleta.

§ 5º O disposto no inciso I do caput deste artigo não se aplica às quantidades de inflamáveis contidas nos tanques de combustíveis originais de fábrica e suplementares, para consumo próprio de veículos de carga e de transporte coletivo de passageiros, de máquinas e de equipamentos, certificados pelo órgão competente, e nos equipamentos de refrigeração de carga. (Acrescido pela Lei 14.766/2023)

Art. 194. O direito do empregado ao adicional de insalubridade ou de periculosidade cessará com a eliminação do risco à sua saúde ou integridade física, nos termos desta Seção e das normas expedidas pelo Ministério do Trabalho.

› Art. 194 com a redação dada pela Lei 6.514/1977.

Art. 195. A caracterização e a classificação da insalubridade e da periculosidade, segundo as normas do Ministério do Trabalho, far-se-ão através de perícia a cargo de Médico do Trabalho ou Engenheiro do Trabalho, registrados no Ministério do Trabalho.

§ 1º É facultado às empresas e aos sindicatos das categorias profissionais interessadas requererem ao Ministério do Trabalho a realização de perícia em estabelecimento ou setor deste, com o objetivo de caracterizar e classificar ou delimitar as atividades insalubres ou perigosas.

§ 2º Arguida em juízo insalubridade ou periculosidade, seja por empregado, seja por Sindicato em favor de grupo de associado, o juiz designará perito habilitado na forma deste artigo, e, onde não houver, requisitará perícia ao órgão competente do Ministério do Trabalho.

› OJ 165 da SDI-1 do TST.

§ 3º O disposto nos parágrafos anteriores não prejudica a ação fiscalizadora do Ministério do Trabalho, nem a realização ex officio da perícia.

› Art. 195 com a redação dada pela Lei 6.514/1977.

Art. 196. Os efeitos pecuniários decorrentes do trabalho em condições de insalubridade ou periculosidade serão devidos a contar da data da inclusão da respectiva atividade nos quadros aprovados pelo Ministro do Trabalho, respeitadas as normas do artigo 11.

› Art. 196 com a redação dada pela Lei 6.514/1977.

Art. 197. Os materiais e substâncias empregados, manipulados ou transportados nos locais de trabalho, quando perigosos ou nocivos à saúde, devem conter, no rótulo, sua composição, recomendações de socorro imediato e o símbolo de perigo correspondente, segundo a padronização internacional.

Parágrafo único. Os estabelecimentos que mantenham as atividades previstas neste artigo afixarão, nos setores de trabalho atingidos, avisos ou cartazes, com advertência quanto aos materiais e substâncias perigosos ou nocivos à saúde.

› Art. 197 com a redação dada pela Lei 6.514/1977.

SEÇÃO XIV
DA PREVENÇÃO DA FADIGA

Art. 198. É de 60 kg (sessenta quilogramas) o peso máximo que um empregado pode remover individualmente, ressalvadas as disposições especiais relativas ao trabalho do menor e da mulher.

Parágrafo único. Não está compreendida na proibição deste artigo a remoção de material feita por impulsão ou tração de vagonetes sobre trilhos, carros de mão ou quaisquer outros aparelhos mecânicos, podendo o Ministério do Trabalho, em tais casos, fixar limites diversos, que evitem sejam exigidos do empregado serviços superiores às suas forças.

› Art. 198 com a redação dada pela Lei 6.514/1977.
› Arts. 390, 405, § 5º, e 483, a, da CLT.

Art. 199. Será obrigatória a colocação de assentos que assegurem postura correta ao trabalhador, capazes de evitar posições incômodas ou forçadas, sempre que a execução da tarefa exija que trabalhe sentado.

Parágrafo único. Quando o trabalho deva ser executado de pé, os empregados terão à sua disposição assentos para serem utilizados nas pausas que o serviço permitir.

› Art. 199 com a redação dada pela Lei 6.514/1977.

SEÇÃO XV
DAS OUTRAS MEDIDAS ESPECIAIS DE PROTEÇÃO

Art. 200. Cabe ao Ministério do Trabalho estabelecer disposições complementares às normas de que trata este Capítulo, tendo em vista as peculiaridades de cada atividade ou setor de trabalho, especialmente sobre:

I – medidas de prevenção de acidentes e os equipamentos de proteção individual em obras de construção, demolição ou reparos;

II – depósitos, armazenagem e manuseio de combustíveis, inflamáveis e explosivos, bem como trânsito e permanência nas áreas respectivas;

III – trabalho em escavações, túneis, galerias, minas e pedreiras, sobretudo quanto à prevenção de explosões, incêndios, desmoronamentos e soterramentos, eliminação de poeiras, gases, etc. e facilidades de rápida saída dos empregados;

IV – proteção contra incêndio em geral e as medidas preventivas adequadas, com exigências ao especial revestimento de portas e paredes, construção de paredes contrafogo, diques e outros anteparos, assim como garantia geral de fácil circulação, corredores de acesso e saídas amplas e protegidas, com suficiente sinalização;

V – proteção contra insolação, calor, frio, umidade e ventos, sobretudo no trabalho a céu aberto, com provisão, quanto a este, de água potável, alojamento profilaxia de endemias;

VI – proteção do trabalhador exposto a substâncias químicas nocivas, radiações ionizantes e não ionizantes, ruídos, vibrações e trepidações ou pressões anormais ao ambiente de trabalho, com especificação das medidas cabíveis para eliminação ou atenuação desses efeitos limites máximos quanto ao tempo de exposição, à intensidade da ação ou de seus efeitos sobre o organismo do trabalhador, exames médicos obrigatórios, limites de idade controle permanente dos locais de trabalho e das demais exigências que se façam necessárias;

VII – higiene nos locais de trabalho, com discriminação das exigências, instalações sanitárias, com separação de sexos, chuveiros, lavatórios, vestiários e armários individuais, refeitórios ou condições de conforto por ocasião das refeições, fornecimento de água potável, condições de limpeza dos locais de trabalho e modo de sua execução, tratamento de resíduos Industriais;

VIII – emprego das cores nos locais de trabalho, inclusive nas sinalizações de perigo.

IX - trabalho realizado em arquivos, em bibliotecas, em museus e em centros de documentação e memória, exposto a agentes patogênicos. (Acrescido pela Lei 14.846/2024)

Parágrafo único. Tratando-se de radiações ionizantes e explosivos, as normas a que se referem este artigo serão expedidas de acordo com as resoluções a respeito adotadas pelo órgão técnico.

- Art. 200 com a redação dada pela Lei 6.514/1977.
- OJ 345 da SDI-1 do TST.

SEÇÃO XVI
DAS PENALIDADES

Art. 201. As infrações ao disposto neste Capítulo relativas à medicina do trabalho serão punidas com multa de 3 (três) a 30 (trinta) vezes o valor de referência previsto no artigo 2º, parágrafo único, da Lei 6.205, de 29 de abril de 1975, e as concernentes à segurança do trabalho com multa de 5 (cinco) a 50 (cinquenta) vezes o mesmo valor.

Parágrafo único. Em caso de reincidência, embaraço ou resistência à fiscalização, emprego de artifício ou simulação com o objetivo de fraudar a lei, a multa será aplicada em seu valor máximo.

- Art. 201 com a redação dada pela Lei 6.514/1977.

Arts. 202 a 223. (Revogados pela Lei 6.514/1977).

TÍTULO II-A
DO DANO EXTRAPATRIMONIAL

- Título II-A incluído pela Lei 13.467/2017.
- ADI 5.322.

Art. 223-A. Aplicam-se à reparação de danos de natureza extrapatrimonial decorrentes da relação de trabalho apenas os dispositivos deste Título.

- Artigos 223-A a 223-G incluídos pela Lei 13.467/2017.

Art. 223-B. Causa dano de natureza extrapatrimonial a ação ou omissão que ofenda a esfera moral ou existencial da pessoa física ou jurídica, as quais são as titulares exclusivas do direito à reparação.

Art. 223-C. A honra, a imagem, a intimidade, a liberdade de ação, a autoestima, a sexualidade, a saúde, o lazer e a integridade física são os bens juridicamente tutelados inerentes à pessoa física.

Art. 223-D. A imagem, a marca, o nome, o segredo empresarial e o sigilo da correspondência são bens juridicamente tutelados inerentes à pessoa jurídica.

Art. 223-E. São responsáveis pelo dano extrapatrimonial todos os que tenham colaborado para a ofensa ao bem jurídico tutelado, na proporção da ação ou da omissão.

Art. 223-F. A reparação por danos extrapatrimoniais pode ser pedida cumulativamente com a indenização por danos materiais decorrentes do mesmo ato lesivo.

§ 1º Se houver cumulação de pedidos, o juízo, ao proferir a decisão, discriminará os valores das indenizações a título de danos patrimoniais e das reparações por danos de natureza extrapatrimonial.

§ 2º A composição das perdas e danos, assim compreendidos os lucros cessantes e os danos emergentes, não interfere na avaliação dos danos extrapatrimoniais.

Art. 223-G. Ao apreciar o pedido, o juízo considerará:

I – a natureza do bem jurídico tutelado;

II – a intensidade do sofrimento ou da humilhação;

III – a possibilidade de superação física ou psicológica;

IV – os reflexos pessoais e sociais da ação ou da omissão;

V – a extensão e a duração dos efeitos da ofensa;

VI – as condições em que ocorreu a ofensa ou o prejuízo moral;

VII – o grau de dolo ou culpa;

VIII – a ocorrência de retratação espontânea;

IX – o esforço efetivo para minimizar a ofensa;

X – o perdão, tácito ou expresso;

XI – a situação social e econômica das partes envolvidas;

XII – o grau de publicidade da ofensa.

§ 1º Se julgar procedente o pedido, o juízo fixará a indenização a ser paga, a cada um dos ofendidos, em um dos seguintes parâmetros, vedada a acumulação:

- ADIs 6.050, 6.069, 6.082.

I – ofensa de natureza leve, até três vezes o último salário contratual do ofendido;

II – ofensa de natureza média, até cinco vezes o último salário contratual do ofendido;

III – ofensa de natureza grave, até vinte vezes o último salário contratual do ofendido;

IV – ofensa de natureza gravíssima, até cinquenta vezes o último salário contratual do ofendido.

§ 2º Se o ofendido for pessoa jurídica, a indenização será fixada com observância dos mesmos parâmetros estabelecidos no § 1º deste artigo, mas em relação ao salário contratual do ofensor.

§ 3º Na reincidência entre partes idênticas, o juízo poderá elevar ao dobro o valor da indenização.

TÍTULO III
DAS NORMAS ESPECIAIS DE TUTELA DO TRABALHO

CAPÍTULO I
DAS DISPOSIÇÕES ESPECIAIS SOBRE DURAÇÃO E CONDIÇÕES DE TRABALHO

SEÇÃO I
DOS BANCÁRIOS

Art. 224. A duração normal do trabalho dos empregados em bancos, casas bancárias e Caixa Econômica Federal será de 6 (seis) horas continuas nos dias úteis, com exceção dos sábados, perfazendo um total de 30 (trinta) horas de trabalho por semana. (Redação dada pela Lei 7.430/1985)

- Súm. 55, 93, 102, 109, 113, 117, 119, 124, 199, 226, 239, 240, 247, 257 e 287 do TST.
- OJs 123, 178 e 379 da SDI-1 do TST.

§ 1º A duração normal do trabalho estabelecida neste artigo ficará compreendida entre 7 (sete) e 22 (vinte e duas) horas, assegurando-se ao empregado, no horário diário, um intervalo de 15 (quinze) minutos para alimentação.

- § 1º com a redação dada pelo Dec.-lei 229/1967.

§ 2º As disposições deste artigo não se aplicam aos que exercem funções de direção, gerência, fiscalização, chefia e equivalentes, ou que desempenhem outros cargos de confiança, desde que o valor da gratificação não seja inferior a 1/3 (um terço) do salário do cargo efetivo.

- § 2º com a redação dada pelo Dec.-lei 754/1969.
- Súm. 102, 240 e 287 do TST.

Art. 225. A duração normal de trabalho dos bancários poderá ser excepcionalmente prorrogada até 8 (oito) horas diárias, não excedendo de 40 (quarenta) horas semanais, observados os preceitos gerais sobre a duração do trabalho.

- Art. 225 com a redação dada pela Lei 6.637/1979.
- Súm. 199 do TST.

Art. 226. O regime especial de 6 (seis) horas de trabalho também se aplica aos empregados de portaria e de limpeza, tais como porteiros, telefonistas de mesa, contínuos e serventes, empregados em bancos e casas bancárias.

Parágrafo único. A direção de cada banco organizará a escala de serviço do estabelecimento de maneira a haver empregados do quadro da portaria em função, meia hora antes e até meia hora após o encerramento dos trabalhos, respeitado o limite de 6 (seis) horas diárias.

- Art. 226 com a redação dada pela Lei 3.488/1958.
- Súm. 117, 178 e 257 do TST.

SEÇÃO II
DOS EMPREGADOS NOS SERVIÇOS DE TELEFONIA, DE TELEGRAFIA SUBMARINA E SUBFLUVIAL, DE RADIOTELEGRAFIA E RADIOTELEFONIA

Art. 227. Nas empresas que explorem o serviço de telefonia, telegrafia submarina ou subfluvial, de radiotelegrafia ou de radiotelefonia, fica estabelecida para os respectivos operadores a duração máxima de seis horas contínuas de trabalho por dia ou 36 (trinta e seis) horas semanais.

- Súm. 178 do TST.
- OJ 213 da SDI-1 do TST.

§ 1º Quando, em caso de indeclinável necessidade, forem os operadores obrigados a permanecer em serviço além do período normal fixado neste artigo, a empresa pagar-lhes-á extraordinariamente o tempo excedente com acréscimo de 50% (cinquenta por cento) sobre o seu salário-hora normal.

§ 2º O trabalho aos domingos, feriados e dias santos de guarda será considerado extraordinário e obedecerá, quanto à sua execução e remuneração, ao que dispuserem empregadores e empregados em acordo, ou os respectivos sindicatos em contrato coletivo de trabalho.

Art. 228. Os operadores não poderão trabalhar, de modo ininterrupto, na transmissão manual, bem como na recepção visual, auditiva, com escrita manual ou datilográfica, quando a velocidade for superior a 25 (vinte e cinco) palavras por minuto.

Art. 229. Para os empregados sujeitos a horários variáveis, fica estabelecida a duração máxima de 7 (sete) horas diárias de trabalho e 17 (dezessete) horas de folga, deduzindo-se deste tempo 20 (vinte) minutos para descanso, de cada um dos empregados, sempre que se verificar um esforço contínuo de mais de 3 (três) horas.

§ 1º São considerados empregados sujeitos a horários variáveis, além dos operadores, cujas funções exijam classificação distinta, os que pertençam a seções de técnica, telefones, revisão, expedição, entrega e balcão.

§ 2º Quanto à execução e remuneração aos domingos, feriados e dias santos de guarda e às prorrogações de expediente, o trabalho dos empregados a que se refere o parágrafo anterior será regido pelo que se contém no § 1º do art. 227 desta Seção.

Art. 230. A direção das empresas deverá organizar as turmas de empregados, para a execução dos seus serviços, de maneira que prevaleça sempre o revezamento entre os que exercem a mesma função, quer em escalas diurnas, quer em noturnas.

§ 1º Aos empregados que exerçam a mesma função será permitida, entre si, a troca de turmas, desde que isso não importe em prejuízo dos serviços, cujo chefe ou encarregado resolverá sobre a oportunidade ou possibilidade dessa medida, dentro das prescrições desta Seção.

§ 2º As empresas não poderão organizar horários que obriguem os empregados a fazer a refeição do almoço antes das 10 (dez) e depois das 13 (treze) horas e a de jantar antes das 16 (dezesseis) e depois das 19:30 (dezenove e trinta) horas.

Art. 231. As disposições desta Seção não abrangem o trabalho dos operadores de radiotelegrafia embarcados em navios ou aeronaves.

SEÇÃO III
DOS MÚSICOS PROFISSIONAIS

- Arts. 232 e 233 revogados tacitamente Lei 3.857/1960, que regulamenta a profissão de músico.
- Súm. 312 do STF.

Art. 232. Será de seis horas a duração de trabalho dos músicos em teatro e congêneres.

Parágrafo único. Toda vez que o trabalho contínuo em espetáculo ultrapassar de seis horas, o tempo de duração excedente será pago com um acréscimo de 25 % (vinte e cinco por cento) sobre o salário da hora normal.

Art. 233. A duração normal de trabalho dos músicos profissionais poderá ser elevada até oito horas diárias, observados os preceitos gerais sobre duração do trabalho.

SEÇÃO IV
DOS OPERADORES CINEMATOGRÁFICOS

Art. 234. A duração normal do trabalho dos operadores cinematográficos e seus ajudantes não excederá de seis horas diárias, assim distribuídas:

a) 5 (cinco) horas consecutivas de trabalho em cabina, durante o funcionamento cinematográfico;

b) 1 (um) período suplementar, até o máximo de 1 (uma) hora para limpeza, lubrificação dos aparelhos de projeção, ou revisão de filmes.

Parágrafo único. Mediante remuneração adicional de 25% (vinte e cinco por cento) sobre o salário da hora normal e observado um intervalo de 2 (duas) horas para folga, entre o período a que se refere a alínea "b" deste artigo e o trabalho em cabina de que trata a alínea "a", poderá o trabalho dos operadores cinematográficos e seus ajudantes ter a duração prorrogada por 2 (duas) horas diárias, para exibições extraordinárias.

Art. 235. Nos estabelecimentos cujo funcionamento normal seja noturno, será facultado aos operadores cinematográficos e seus ajudantes, mediante acordo ou contrato coletivo de trabalho e com um acréscimo de 25% (vinte e cinco por cento) sobre o salário da hora normal, executar o trabalho em sessões diurnas extraordinárias e, cumulativamente, nas noturnas, desde que isso se verifique até 3 (três) vezes por semana e entre as sessões diurnas e as noturnas haja o intervalo de 1 (uma) hora, no mínimo, de descanso.

- O art. 7º, XVI da CF assegura um acréscimo de no mínimo 50% (cinquenta por cento) sobre o salário da hora normal.

§ 1º A duração de trabalho cumulativo a que alude o presente artigo não poderá exceder de 10 (dez) horas.

§ 2º Em seguida a cada período de trabalho haverá um intervalo de repouso no mínimo de 12 (doze) horas.

- Art. 66 da CLT.

SEÇÃO IV-A
DO SERVIÇO DO MOTORISTA PROFISSIONAL EMPREGADO

- Rubrica da Seção IV-A com a redação dada pela Lei 13.103/2015.
- Lei 13.103/2015: Motorista profissional.

Art. 235-A. Os preceitos especiais desta Seção aplicam-se ao motorista profissional empregado:

- *Caput* com a redação dada pela Lei 13.103/2015.

I – de transporte rodoviário coletivo de passageiros;

- Inciso I com a redação dada pela Lei 13.103/2015.

II – de transporte rodoviário de cargas.

- Inciso II com a redação dada pela Lei 13.103/2015.

Art. 235-B. São deveres do motorista profissional empregado:

- *Caput* com a redação dada pela Lei 13.103/2015.

I – estar atento às condições de segurança do veículo;

II – conduzir o veículo com perícia, prudência, zelo e com observância aos princípios de direção defensiva;

III – respeitar a legislação de trânsito e, em especial, as normas relativas ao tempo de direção e de descanso controlado e registrado na forma do previsto no art. 67-E da Lei 9.503, de 23 de setembro de 1997 – Código de Trânsito Brasileiro;

- Inciso III com a redação dada pela Lei 13.103/2015.

IV – zelar pela carga transportada e pelo veículo;

V – colocar-se à disposição dos órgãos públicos de fiscalização na via pública;

VI – Vetado;

VII – submeter-se a exames toxicológicos com janela de detecção mínima de 90 (noventa) dias e a programa de controle de uso de droga e de bebida alcoólica, instituído pelo empregador, com sua ampla ciência, pelo menos uma vez a cada 2 (dois) anos e 6 (seis) meses, podendo ser utilizado para esse fim o exame obrigatório previsto na Lei 9.503, de 23 de setembro de 1997 – Código de Trânsito Brasileiro, desde que realizado nos últimos 60 (sessenta) dias.

- Inciso IV com a redação dada pela Lei 13.103/2015.
- O art. 13 da Lei 13.103/2015 estabelece regras de vigência para esse inciso.

Parágrafo único. A recusa do empregado em submeter-se ao teste ou ao programa de controle de uso de droga e de bebida alcoólica previstos no inciso VII será considerada infração disciplinar, passível de penalização nos termos da lei.

- Parágrafo único com a redação dada pela Lei 13.103/2015

Art. 235-C. A jornada diária de trabalho do motorista profissional será de 8 (oito) horas, admitindo-se a sua prorrogação por até 2 (duas) horas extraordinárias ou, mediante previsão em convenção ou acordo coletivo, por até 4 (quatro) horas extraordinárias.

- *Caput* com a redação dada pela Lei 13.103/2015

§ 1º Será considerado como trabalho efetivo o tempo em que o motorista empregado estiver à disposição do empregador, excluídos os intervalos para refeição, repouso e descanso e o tempo de espera.

- § 1º com a redação dada pela Lei 13.103/2015.
- ADI 5.322: O STF declarou inconstitucional, por unanimidade, a expressão "e o tempo de espera". (DJE de 12.07.2023)

§ 2º Será assegurado ao motorista profissional empregado intervalo mínimo de 1 (uma) hora para refeição, podendo esse período coincidir com o tempo de parada obrigatória na condução do veículo estabelecido pela Lei 9.503, de 23 de setembro de 1997 – Código de Trânsito Brasileiro, exceto quando se tratar do motorista profissional enquadrado no § 5º do art. 71 desta Consolidação.

- § 2º com a redação dada pela Lei 13.103/2015.
- Os arts. 11, 12 e 14 da Lei 13.103/2015 estabelecem regras de vigência para esse parágrafo.

§ 3º Dentro do período de 24 (vinte e quatro) horas, são asseguradas 11 (onze) horas de descanso, sendo facultados o seu fracionamento e a coincidência com os períodos de parada obrigatória na condução do veículo estabelecida pela Lei 9.503, de 23 de setembro de 1997 – Código de Trânsito Brasileiro, garantidos o mínimo de 8 (oito) horas ininterruptas no primeiro período e o gozo do remanescente dentro das 16 (dezesseis) horas seguintes ao fim do primeiro período.

- § 3º com a redação dada pela Lei 13.103, de 02.03.2015.
- Os arts. 11, 12 e 14 da Lei 13.103/2015 estabelecem regras de vigência para esse parágrafo.
- ADI 5.322: O STF declarou inconstitucional por maioria, a expressão "sendo facultados o seu fracionamento e a coincidência com os períodos de parada obrigatória na condução do veículo estabelecida pela Lei nº 9.503, de 23 de setembro de 1997 - Código de Trânsito Brasileiro, garantidos o mínimo de 8 (oito) horas ininterruptas no primeiro período e o gozo do remanescente dentro das 16 (dezesseis) horas seguintes ao fim do primeiro período". (DJE de 12.07.2023)

§ 4º Nas viagens de longa distância, assim consideradas aquelas em que o motorista profissional empregado permanece fora da base da empresa, matriz ou filial e de sua residência por mais de 24 (vinte e quatro) horas, o repouso diário pode ser feito no veículo ou em alojamento do empregador, do contratante do transporte, do embarcador ou do destinatário ou em outro local que ofereça condições adequadas.

- § 4º com a redação dada pela Lei 13.103/2015.

§ 5º As horas consideradas extraordinárias serão pagas com o acréscimo estabelecido na Constituição Federal ou compensadas na forma do § 2º do art. 59 desta Consolidação.

- § 5º com a redação dada pela Lei 13.103/2015.

§ 6º À hora de trabalho noturno aplica-se o disposto no art. 73 desta Consolidação.

- § 6º com a redação dada pela Lei 13.103/2015.

§ 7º Vetado.

§ 8º São considerados tempo de espera as horas em que o motorista profissional empregado ficar aguardando carga ou descarga do veículo nas dependências do embarcador ou do destinatário e o período gasto com a fiscalização da mercadoria transportada em barreiras fiscais ou alfandegárias, não sendo computados como jornada de trabalho e nem como horas extraordinárias.

- § 8º com a redação dada pela Lei 13.103/2015.
- ADI 5.322.

§ 9º As horas relativas ao tempo de espera serão indenizadas na proporção de 30% (trinta por cento) do salário-hora normal.

- § 9º com a redação dada pela Lei 13.103/2015.
- ADI 5.322: O STF declarou inconstitucional, por unanimidade, o § 9º do art. 235-C da CLT, sem efeito repristinatório. (DJE de 12.07.2023)

§ 10. Em nenhuma hipótese, o tempo de espera do motorista empregado prejudicará o direito ao recebimento da remuneração correspondente ao salário-base diário.

- § 10 incluído pela Lei 13.103/2015.

§ 11. Quando a espera de que trata o § 8º for superior a 2 (duas) horas ininterruptas e for exigida a permanência do motorista empregado junto ao veículo, caso o local ofereça condições adequadas, o tempo será considerado como de repouso para os fins do intervalo de que tratam os §§ 2º e 3º, sem prejuízo do disposto no § 9º.

- § 11 incluído pela Lei 13.103/2015.

§ 12. Durante o tempo de espera, o motorista poderá realizar movimentações necessárias do veículo, as quais não serão consideradas como parte da jornada de trabalho, ficando garantido, porém, o gozo do descanso de 8 (oito) horas ininterruptas aludido no § 3º.

- § 12 incluído pela Lei 13.103/2015.
- ADI 5.322: O STF declarou inconstitucional, por maioria, a expressão "as quais não serão consideradas como parte da jornada de trabalho, ficando garantido, porém, o gozo do descanso de 8 (oito) horas ininterruptas aludido no § 3º". (DJE de 12.07.2023)

§ 13. Salvo previsão contratual, a jornada de trabalho do motorista empregado não tem horário fixo de início, de final ou de intervalos.

- § 13 incluído pela Lei 13.103/2015.

§ 14. O empregado é responsável pela guarda, preservação e exatidão das informações contidas nas anotações em diário de bordo, papeleta ou ficha de trabalho externo, ou no registrador instantâneo inalterável de velocidade e tempo, ou nos rastreadores ou sistemas e meios eletrônicos, instalados nos veículos, normatizados pelo Contran, até que o veículo seja entregue à empresa.

- § 14 incluído pela Lei 13.103/2015.

§ 15. Os dados referidos no § 14 poderão ser enviados a distância, a critério do empregador, facultando-se a anexação do documento original posteriormente.

- § 15 incluído pela Lei 13.103/2015.

§ 16. Aplicam-se as disposições deste artigo ao ajudante empregado nas operações em que acompanhe o motorista.

- § 16 incluído pela Lei 13.103/2015

§ 17. O disposto no *caput* deste artigo aplica-se também aos operadores de automotores destinados a puxar ou a arrastar maquinaria de qualquer natureza ou a executar trabalhos de construção ou pavimentação e aos operadores de tratores, colheitadeiras, autopropelidos e demais aparelhos automotores destinados a puxar ou a arrastar maquinaria agrícola ou a executar trabalhos agrícolas.

- § 17 incluído pela Lei 13.154/2015.

Art. 235-D. Nas viagens de longa distância com duração superior a 7 (sete) dias, o repouso semanal será de 24 (vinte e quatro) horas por semana ou fração trabalhada, sem prejuízo do intervalo de repouso diário de 11 (onze) horas, totalizando 35 (trinta e cinco) horas, usufruído no retorno do motorista à base (matriz ou filial) ou ao seu domicílio, salvo se a empresa oferecer condições adequadas para o efetivo gozo do referido repouso.

- *Caput* com a redação dada pela Lei 13.103/2015.
- ADI 5.322: O STF declarou inconstitucional, por maioria, a expressão "usufruído no retorno do motorista à base (matriz ou filial) ou ao seu domicílio, salvo se a empresa oferecer condições adequadas para o efetivo gozo do referido repouso". (DJE de 12.07.2023)

I a III – (Revogados pela Lei 13.103/2015).

§ 1º É permitido o fracionamento do repouso semanal em 2 (dois) períodos, sendo um destes de, no mínimo, 30 (trinta) horas ininterruptas, a serem cumpridos na mesma semana e em continuidade a um período de repouso diário, que deverão ser usufruídos no retorno da viagem.

- § 1º incluído pela Lei 13.103/2015.
- ADI 5.322: O STF declarou inconstitucional o § 1º do art. 235-D. (DJE de 12.07.2023)

§ 2º A cumulatividade de descansos semanais em viagens de longa distância de que trata o *caput* fica limitada ao número de 3 (três) descansos consecutivos.

- § 2º incluído pela Lei 13.103/2015.
- ADI 5.322: O STF declarou inconstitucional o § 2º do art. 235-D. (DJE de 12.07.2023)

§ 3º O motorista empregado, em viagem de longa distância, que ficar com o veículo parado após o cumprimento da jornada normal ou das horas extraordinárias fica dispensado do serviço, exceto se for expressamente autorizada a sua permanência junto ao veículo pelo empregador, hipótese em que o tempo será considerado de espera.

‣ § 3º incluído pela Lei 13.103/2015.

§ 4º Não será considerado como jornada de trabalho, nem ensejará o pagamento de qualquer remuneração, o período em que o motorista empregado ou o ajudante ficarem espontaneamente no veículo usufruindo dos intervalos de repouso.

‣ § 4º incluído pela Lei 13.103/2015.

§ 5º Nos casos em que o empregador adotar 2 (dois) motoristas trabalhando no mesmo veículo, o tempo de repouso poderá ser feito com o veículo em movimento, assegurado o repouso mínimo de 6 (seis) horas consecutivas fora do veículo em alojamento externo ou, se na cabine leito, com o veículo estacionado, a cada 72 (setenta e duas) horas.

‣ § 5º incluído pela Lei 13.103/2015.

‣ ADI 5.322: O STF declarou inconstitucional o § 5º do art. 235-D. (DJE de 12.07.2023)

§ 6º Em situações excepcionais de inobservância justificada do limite de jornada de que trata o art. 235-C, devidamente registradas, e desde que não se comprometa a segurança rodoviária, a duração da jornada de trabalho do motorista profissional empregado poderá ser elevada pelo tempo necessário até o veículo chegar a um local seguro ou ao seu destino.

‣ § 6º incluído pela Lei 13.103/2015.

§ 7º Nos casos em que o motorista tenha que acompanhar o veículo transportado por qualquer meio onde ele siga embarcado e em que o veículo disponha de cabine leito ou a embarcação disponha de alojamento para gozo do intervalo de repouso diário previsto no § 3º do art. 235-C, esse tempo será considerado como tempo de descanso.

‣ § 7º incluído pela Lei 13.103/2015.

§ 8º Para o transporte de cargas vivas, perecíveis e especiais em longa distância ou em território estrangeiro poderão ser aplicadas regras conforme a especificidade da operação de transporte realizada, cujas condições de trabalho serão fixadas em convenção ou acordo coletivo de modo a assegurar as adequadas condições de viagem e entrega ao destino final.

‣ § 8º incluído pela Lei 13.103/2015.

Art. 235-E. Para o transporte de passageiros, serão observados os seguintes dispositivos:

‣ *Caput* com a redação dada pela Lei 13.103/2015.

I – é facultado o fracionamento do intervalo de condução do veículo previsto na Lei 9.503, de 23 de setembro de 1997 – Código de Trânsito Brasileiro, em períodos de no mínimo 5 (cinco) minutos;

‣ Inciso I incluído pela Lei 13.103/2015.

II – será assegurado ao motorista intervalo mínimo de 1 (uma) hora para refeição, podendo ser fracionado em 2 (dois) períodos e coincidir com o tempo de parada obrigatória na condução do veículo estabelecido pela Lei 9.503, de 23 de setembro de 1997 – Código de Trânsito Brasileiro, exceto quando se tratar do motorista profissional enquadrado no § 5º do art. 71 desta Consolidação;

‣ Inciso II incluído pela Lei 13.103/2015.

III – nos casos em que o empregador adotar 2 (dois) motoristas no curso da mesma viagem, o descanso poderá ser feito com o veículo em movimento, respeitando-se os horários de jornada de trabalho, assegurado, após 72 (setenta e duas) horas, o repouso em alojamento externo ou, se em poltrona correspondente ao serviço de leito, com o veículo estacionado.

‣ Inciso III incluído pela Lei 13.103, de 02.03.2015.

‣ ADI 5.322: O STF declarou inconstitucional, por unanimidade, o inciso III do art. 235-E. (DJE de 12.07.2023)

§ 1º (Revogado pela Lei 13.103/2015.)

§ 2º Vetado.

§§ 3º a 7º (Revogados pela Lei 13.103/2015).

§ 8º Vetado.

§§ 9º a 12. (Revogados pela Lei 13.103/2015).

Art. 235-F. Convenção e acordo coletivo poderão prever jornada especial de 12 (doze) horas de trabalho por 36 (trinta e seis) horas de descanso para o trabalho do motorista profissional empregado em regime de compensação.

‣ Art. 235-F com a redação dada pela Lei 13.103/2015.

Art. 235-G. É permitida a remuneração do motorista em função da distância percorrida, do tempo de viagem ou da natureza e quantidade de produtos transportados, inclusive mediante oferta de comissão ou qualquer outro tipo de vantagem, desde que essa remuneração ou comissionamento não comprometa a segurança da rodovia e da coletividade ou possibilite a violação das normas previstas nesta Lei.

‣ Art. 235-G com a redação dada pela Lei 13.103/2015.

Art. 235-H. (Revogado pela Lei 13.103/2015.)

SEÇÃO V
DO SERVIÇO FERROVIÁRIO

Art. 236. No serviço ferroviário – considerado este o de transporte em estradas de ferro abertas ao tráfego público, compreendendo a administração, construção, conservação e remoção das vias férreas e seus edifícios, obras de arte, material rodante, instalações complementares e acessórias, bem como o serviço de tráfego, de telegrafia, telefonia e funcionamento de todas as instalações ferroviárias – aplicam-se os preceitos especiais constantes desta Seção.

‣ Súm. 67 do TST.

Art. 237. O pessoal a que se refere o artigo antecedente fica dividido nas seguintes categorias:

a) funcionários de alta administração, chefes e ajudantes de departamentos e seções, engenheiros residentes, chefes de depósitos, inspetores e demais empregados que exercem funções administrativas ou fiscalizadoras;

b) pessoal que trabalhe em lugares ou trechos determinados e cujas tarefas requeiram atenção constante; pessoal de escritório, turmas de conservação e construção da via permanente, oficinas e estações principais, inclusive os respectivos telegrafistas; pessoal de tração, lastro e revistadores;

c) das equipagens de trens em geral;

d) pessoal cujo serviço é de natureza intermitente ou de pouca intensidade, embora com permanência prolongada nos locais de trabalho; vigias e pessoal das estações do interior, inclusive os respectivos telegrafistas.

Art. 238. Será computado como de trabalho efetivo todo o tempo, em que o empregado estiver à disposição da estrada.

‣ Art. 4º da CLT.

§ 1º Nos serviços efetuados pelo pessoal da categoria c, não será considerado como de trabalho efetivo o tempo gasto em viagens do local ou para o local de terminação e início dos mesmos serviços.

§ 2º Ao pessoal removido ou comissionado fora da sede será contado como de trabalho normal e efetivo o tempo gasto em viagens, sem direito à percepção de horas extraordinárias.

§ 3º No caso das turmas de conservação da via permanente, o tempo efetivo do trabalho será contado desde a hora da saída da casa da turma até a hora em que cessar o serviço em qualquer ponto compreendido dentro dos limites da respectiva turma. Quando o empregado trabalhar fora dos limites da sua turma, ser-lhe-á também computado como de trabalho efetivo o tempo gasto no percurso da volta a esses limites.

§ 4º Para o pessoal da equipagem de trens, só será considerado esse trabalho efetivo, depois de chegado ao destino, o tempo em que o ferroviário estiver ocupado ou retido à disposição da Estrada. Quando, entre dois períodos de trabalho, não mediar intervalo superior a uma hora, será essa intervalo computado como de trabalho efetivo.

§ 5º O tempo concedido para refeição não se computa como de trabalho efetivo, então para o pessoal da categoria c, quando as refeições forem tomadas em viagem ou nas estações durante as paradas. Esse tempo não será inferior a uma hora, exceto para o pessoal da referida categoria em serviço de trens.

Onde consta "então", leia-se "senão".

§ 6º No trabalho das turmas encarregadas da conservação de obras de arte, linhas telegráficas ou telefônicas e edifícios, não será contado, como de trabalho efetivo, o tempo de viagem para o local do serviço, sempre que não exceder de uma hora, seja para ida ou para volta, e a Estrada fornecer os meios de locomoção, computando-se, sempre o tempo excedente a esse limite.

‣ Art. 238. Restaurado pelo Dec.-lei nº 5/1966.

Art. 239. Para o pessoal da categoria "c", a prorrogação do trabalho independe de acordo ou contrato coletivo, não podendo, entretanto, exceder de 12 (doze) horas, pelo que as empresas organizarão, sempre que possível, os serviços de equipagens de trens com destacamentos nos trechos das linhas de modo a ser observada a duração normal de oito horas de trabalho.

§ 1º Para o pessoal sujeito ao regime do presente artigo, depois de cada jornada de trabalho haverá um repouso de 10 (dez) horas contínuas, no mínimo, observando-se, outrossim, o descanso semanal.

§ 2º Para o pessoal da equipagem de trens, a que se refere o presente artigo, quando a empresa não fornecer alimentação, em viagem, e hospedagem, no destino, concederá uma ajuda de custo para atender a tais despesas.

§ 3º As escalas do pessoal abrangido pelo presente artigo serão organizadas de modo que não caiba a qualquer empregado, quinzenalmente, um total de horas de serviço noturno superior às de serviço diurno.

§ 4º Os períodos de trabalho do pessoal a que alude o presente artigo serão registrados em cadernetas especiais, que ficarão sempre em poder do empregado, de acordo com o modelo aprovado pelo Ministro do Trabalho, Indústria e Comércio.

Art. 240. Nos casos de urgência ou de acidente, capazes de afetar a segurança ou regularidade do serviço, poderá a duração do trabalho ser excepcionalmente elevada a qualquer número de horas, incumbindo à Estrada zelar pela incolumidade dos seus empregados e pela possibilidade de revezamento de turmas, assegurando ao pessoal um repouso correspondente e comunicando a ocorrência ao Ministério do Trabalho, Indústria e Comércio, dentro de 10 (dez) dias da sua verificação.

Parágrafo único. Nos casos previstos neste artigo, a recusa, sem causa justificada, por parte de qualquer empregado, à execução de serviço extraordinário será considerada falta grave.

Art. 241. As horas excedentes das do horário normal de oito horas serão pagas como serviço extraordinário na seguinte base: as duas primeiras com o acréscimo de 25% (vinte e cinco por cento) sobre o salário-hora normal; as duas subsequentes com um adicional de 50% (cinquenta por cento) e as restantes com um adicional de 75% (setenta e cinco por cento).

- Art. 7º, XVI, da CF.

Parágrafo único. Para o pessoal da categoria "c", a primeira hora será majorada de 25% (vinte e cinco por cento), a segunda hora será paga com o acréscimo de 50% (cinquenta por cento) e as duas subsequentes com o de 60% (sessenta por cento), salvo caso de negligência comprovada.

Art. 242. As frações de meia hora superiores a 10 (dez) minutos serão computadas como meia hora.

Art. 243. Para os empregados de estações do interior, cujo serviço for de natureza intermitente ou de pouca intensidade, não se aplicam os preceitos gerais sobre duração do trabalho, sendo-lhes, entretanto, assegurado o repouso contínuo de dez horas, no mínimo, entre dois períodos de trabalho e descanso semanal.

Art. 244. As estradas de ferro poderão ter empregados extranumerários, de sobreaviso e de prontidão, para executarem serviços imprevistos ou para substituições de outros empregados que faltem à escala organizada.

§ 1º Considera-se "extranumerário" o empregado não efetivo, candidato efetivação, que se apresentar normalmente ao serviço, embora só trabalhe quando for necessário. O extranumerário só receberá os dias de trabalho efetivo.

§ 2º Considera-se de "sobreaviso" o empregado efetivo, que permanecer em sua própria casa, aguardando a qualquer momento o chamado para o serviço. Cada escala de "sobreaviso" será, no máximo, de vinte e quatro horas, As horas de "sobreaviso", para todos os efeitos, serão contadas à razão de 1/3 (um terço) do salário normal.

- Súm. 61, 132, 229 e 428 do TST.

§ 3º Considera-se de "prontidão" o empregado que ficar nas dependências da estrada, aguardando ordens. A escala de prontidão será, no máximo, de doze horas. As horas de prontidão serão, para todos os efeitos, contadas à razão de 2/3 (dois terços) do salário-hora normal.

§ 4º Quando, no estabelecimento ou dependência em que se achar o empregado, houver facilidade de alimentação, as doze horas do prontidão, a que se refere o parágrafo anterior, poderão ser contínuas. Quando não existir essa facilidade, depois de seis horas de prontidão, haverá sempre um intervalo de uma hora para cada refeição, que não será, nesse caso, computada como de serviço.

- Art. 244 restaurado pelo Decreto-lei nº 5, de 4.4.1966.

Art. 245. O horário normal de trabalho dos cabineiros nas estações de tráfego intenso não excederá de 8 (oito) horas e deverá ser dividido em 2 (dois) turnos com intervalo não inferior a 1 (uma) hora de repouso, não podendo nenhum turno ter duração superior a 5 (cinco) horas, com um período de descanso entre 2 (duas) jornadas de trabalho de 14 (quatorze) horas consecutivas.

Art. 246. O horário de trabalho dos operadores telegrafistas nas estações de tráfego intenso não excederá de 6 (seis) horas diárias.

Art. 247. As estações principais, estações de tráfego intenso e estações do interior serão classificadas para cada empresa pelo Departamento Nacional da Estradas de Ferro.

SEÇÃO VI
DAS EQUIPAGENS DAS EMBARCAÇÕES DA MARINHA MERCANTE NACIONAL, DE NAVEGAÇÃO FLUVIAL E LACUSTRE, DO TRÁFEGO NOS PORTOS E DA PESCA

Art. 248. Entre as horas 0 (zero) e 24 (vinte e quatro) de cada dia civil, o tripulante poderá ser conservado em seu posto durante 8 (oito) horas, quer de modo contínuo, quer de modo intermitente.

§ 1º A exigência do serviço contínuo ou intermitente ficará a critério do comandante e, neste último caso, nunca por período menor que 1 (uma) hora.

§ 2º Os serviços de quarto nas máquinas, passadiço, vigilância e outros que, consoante parecer médico, possam prejudicar a saúde do tripulante serão executados por períodos não maiores e com intervalos não menores de 4 (quatro) horas.

Art. 249. Todo o tempo de serviço efetivo, excedente de 8 (oito) horas, ocupado na forma do artigo anterior, será considerado de trabalho extraordinário, sujeito à compensação a que se refere o art. 250, exceto se se tratar de trabalho executado:

- Art. 7º, XVI, da CF.
- Súm. 96 do TST.

a) em virtude de responsabilidade pessoal do tripulante e no desempenho de funções de direção, sendo consideradas como tais todas aquelas que a bordo se achem constituídas em um único indivíduo com responsabilidade exclusiva e pessoal;

b) na iminência de perigo, para salvaguarda ou defesa da embarcação, dos passageiros, ou da carga, a juízo exclusivo do comandante ou do responsável pela segurança a bordo;

c) por motivo de manobras ou fainas gerais que reclamem a presença, em seus postos, de todo o pessoal de bordo;

d) na navegação lacustre e fluvial, quando se destina ao abastecimento do navio ou embarcação de combustível e rancho, ou por efeito das contingências da natureza da navegação, na transposição de passos ou pontos difíceis, inclusive operações de alívio ou transbordo de carga, para obtenção de calado menor para essa transposição.

§ 1º O trabalho executado aos domingos e feriados será considerado extraordinário, salvo se se destinar:

a) ao serviço de quartos e vigilância, movimentação das máquinas e aparelhos de bordo, limpeza e higiene da embarcação, preparo de alimentação da equipagem e dos passageiros, serviço pessoal destes e, bem assim, aos socorros de urgência ao navio ou ao pessoal;

b) ao fim da navegação ou das manobras para a entrada ou saída de portos, atracação, desatracação, embarque ou desembarque de carga e passageiros.

§ 2º Não excederá de 30 (trinta) horas semanais o serviço extraordinário prestado para o tráfego nos portos.

Art. 250. As horas de trabalho extraordinário serão compensadas, segundo a conveniência do serviço, por descanso em período equivalente no dia seguinte ou no subsequente dentro das do trabalho normal, ou no fim da viagem, ou pelo pagamento do salário correspondente.

Parágrafo único. As horas extraordinárias de trabalho são indivisíveis, computando-se a fração de hora como hora inteira.

Art. 251. Em cada embarcação haverá um livro em que serão anotadas as horas extraordinárias de trabalho de cada tripulante, e outro, do qual constarão, devidamente circunstanciadas, as transgressões dos mesmos tripulantes.

Parágrafo único. Os livros de que trata este artigo obedecerão a modelos organizados pelo Ministério do Trabalho, Indústria e Comércio, serão escriturados em dia pelo comandante da embarcação e ficam sujeitos às formalidades instituídas para os livros de registro de empregados em geral.

Art. 252. Qualquer tripulante que se julgue prejudicado por ordem emanada de superior hierárquico poderá interpor recurso, em termos, perante a Delegacia do Trabalho Marítimo, por intermédio do respectivo comandante, o qual deverá encaminhá-lo com a respectiva informação dentro de 5 (cinco) dias, contados de sua chegada ao porto.

- Súm. 96 do TST.

SEÇÃO VII
DOS SERVIÇOS FRIGORÍFICOS

Art. 253. Para os empregados que trabalham no interior das câmaras frigoríficas e para os que movimentam mercadorias do ambiente quente ou normal para o frio e vice-versa, depois de 1 (uma) hora e 40 (quarenta) minutos de trabalho contínuo, será assegurado um período de 20 (vinte) minutos de repouso, computado esse intervalo como de trabalho efetivo.

- Súm. 438 do TST.

Parágrafo único. Considera-se artificialmente frio, para os fins do presente artigo, o que for inferior, nas primeira, segunda e terceira zonas climáticas do mapa oficial do Ministério do Trabalho, Indústria e Comércio, a 15º (quinze graus), na quarta zona a 12º (doze graus), e nas quinta, sexta e sétima zonas a 10º (dez graus).

SEÇÃO VIII
DOS SERVIÇOS DE ESTIVA

Arts. 254 a 284. (Revogados pela Lei 8.630/1993.)

SEÇÃO IX
DOS SERVIÇOS DE CAPATAZIAS NOS PORTOS

Arts. 285 a 292. (Revogados pela Lei 8.630/1993.)

SEÇÃO X
DO TRABALHO EM MINAS DE SUBSOLO

Art. 293. A duração normal do trabalho efetivo para os empregados em minas no subsolo não excederá de 6 (seis) horas diárias ou de 36 (trinta e seis) semanais.

Art. 294. O tempo despendido pelo empregado da boca da mina ao local do trabalho e vice-versa será computado para o efeito de pagamento do salário.

- Art. 4º da CLT.
- Súm. 429 do TST.

Art. 295. A duração normal do trabalho efetivo no subsolo poderá ser elevada até 8 (oito) horas diárias ou 48 (quarenta e oito) semanais, mediante acordo escrito entre empregado e empregador ou contrato coletivo de trabalho, sujeita essa prorrogação à prévia licença da autoridade competente em matéria de higiene do trabalho.

Parágrafo único. A duração normal do trabalho efetivo no subsolo poderá ser inferior a 6 (seis) horas diárias, por determinação da autoridade de que trata este artigo, tendo em vista condições locais de insalubridade e os métodos e processos do trabalho adotado.

Art. 296. A remuneração da hora prorrogada será no mínimo de 25% (vinte e cinco por cento) superior à da hora normal e deverá constar do acordo ou contrato coletivo de trabalho.

- Art. 7º, XVI, da CF.

Art. 297. Ao empregado no subsolo será fornecida, pelas empresas exploradoras de minas, alimentação adequada à natureza do trabalho, de acordo com as instruções estabelecidas pelo Serviço de Alimentação da Previdência Social e aprovadas pelo Ministério do Trabalho, Indústria e Comércio.

Art. 298. Em cada período de 3 (três) horas consecutivas de trabalho, será obrigatória uma pausa de 15 (quinze) minutos para repouso, a qual será computada na duração normal de trabalho efetivo.

Art. 299. Quando nos trabalhos de subsolo ocorrer acontecimentos que possam comprometer a vida ou saúde do empregado, deverá a empresa comunicar o fato imediatamente à autoridade regional do trabalho, do Ministério do Trabalho, Indústria e Comércio.

Art. 300. Sempre que, por motivo de saúde, for necessária a transferência do empregado, a juízo da autoridade competente em matéria da segurança e da medicina do trabalho, dos serviços no subsolo para os de superfície, é a empresa obrigada a realizar essa transferência, assegurando ao transferido a remuneração atribuída ao trabalhador de superfície em serviço equivalente, respeitada a capacidade profissional do interessado.

Parágrafo único. No caso de recusa do empregado em atender a essa transferência, será ouvida a autoridade competente em matéria de higiene e segurança do trabalho, que decidirá a respeito.

- Art. 300 com a redação dada pela Lei 2.924/1956.

Art. 301. O trabalho no subsolo somente será permitido a homens, com idade compreendida entre 21 (vinte e um) e 50 (cinquenta) anos, assegurada a transferência para a superfície nos termos previstos no artigo anterior.

- Art. 7º, XXX, da CF.
- Art. 922 da CLT.

SEÇÃO XI
DOS JORNALISTAS PROFISSIONAIS

Art. 302. Os dispositivos da presente Seção se aplicam aos que nas empresas jornalísticas prestem serviços como jornalistas, revisores, fotógrafos, ou na ilustração, com as exceções nela previstas.

§ 1º Entende-se como jornalista o trabalhador intelectual cuja função se estende desde a busca de informações até a redação de notícias e artigos e a organização, orientação e direção desse trabalho.

§ 2º Consideram-se empresas jornalísticas, para os fins desta Seção, aquelas que têm a seu cargo a edição de jornais, revistas, boletins e periódicos, ou a distribuição de noticiário, e, ainda, a radiodifusão em suas seções destinadas à transmissão de notícias e comentários.

Art. 303. A duração normal do trabalho dos empregados compreendidos nesta Seção não deverá exceder de 5 (cinco) horas, tanto de dia como à noite.

- OJ 407 da SDI-1 do TST.

Art. 304. Poderá a duração normal do trabalho ser elevada a 7 (sete) horas, mediante acordo escrito, em que se estipule aumento de ordenado, correspondente ao excesso do tempo de trabalho, em que se fixe um intervalo destinado a repouso ou a refeição.

Parágrafo único. Para atender a motivos de força maior, poderá o empregado prestar serviços por mais tempo do que aquele permitido nesta Seção. Em tais casos, porém o excesso deve ser comunicado à Divisão de Fiscalização do Departamento Nacional do Trabalho ou às Delegacias Regionais do Ministério do Trabalho, Indústria e Comércio, dentro de 5 (cinco) dias, com a indicação expressa dos seus motivos.

Art. 305. As horas de serviço extraordinário, quer as prestadas em virtude de acordo, quer as que derivam das causas previstas no parágrafo único do artigo anterior, não poderão ser remuneradas com quantia inferior à que resulta do quociente da divisão da importância do salário mensal por 150 (cento e cinquenta) para os mensalistas, e do salário diário por 5 (cinco) para os diaristas, acrescido de, pelo menos, 25% (vinte e cinco por cento).

- Art. 7º, XVI da CF.

Art. 306. Os dispositivos dos arts. 303, 304 e 305 não se aplicam àqueles que exercem as funções de redator-chefe, secretário, subsecretário, chefe e subchefe de revisão, chefe de oficina, de ilustração e chefe de portaria.

Parágrafo único. Não se aplicam, do mesmo modo, os artigos acima referidos aos que se ocuparem unicamente em serviços externos.

Art. 307. A cada 6 (seis) dias de trabalho efetivo corresponderá 1 (um) dia de descanso obrigatório, que coincidirá com o domingo, salvo acordo escrito em contrário, no qual será expressamente estipulado o dia em que se deve verificar o descanso.

- Art. 7º, XV, da CF.
- Art. 67 da CLT.

Art. 308. Em seguida a cada período diário de trabalho haverá um intervalo mínimo de 10 (dez) horas, destinado ao repouso.

Art. 309. Será computado como de trabalho efetivo o tempo em que o empregado estiver à disposição do empregador.

- Art. 4º da CLT.

Art. 310. (Revogado pelo Dec.-lei 972/1969.)

Art. 311. Para o registro de que trata o artigo anterior, deve o requerente exibir os seguintes documentos:

a) prova de nacionalidade brasileira;

b) folha corrida;

c) prova de que não responde a processo ou não sofreu condenação por crime contra a segurança nacional;

d) carteira de trabalho e previdência social.

§ 1º Aos profissionais devidamente registrados será feita a necessária declaração na carteira de trabalho e previdência social.

§ 2º Aos novos empregados será concedido o prazo de 60 dias para a apresentação da carteira de trabalho e previdência social, fazendo-se o registro condicionado a essa apresentação e expedindo-se um certificado provisório para aquele período.

› Vide Dec.-lei 972/1969.

Art. 312. O registro dos diretores-proprietários de jornais será feito, no Distrito Federal e nos Estados, e independentemente da exigência constante do art. 311, letra "d", da presente seção.

§ 1º A prova de profissão, apresentada pelo diretor-proprietário juntamente com os demais documentos exigidos, consistirá em uma certidão, fornecida nos Estados e Território do Acre, pelas Juntas Comerciais ou Cartórios, e, no Distrito Federal, pela seção competente do Departamento Nacional de Indústria e Comércio, do Ministério do Trabalho, Indústria e Comércio.

§ 2º Aos diretores-proprietários regularmente inscritos será fornecido um certificado do qual deverão constar o livro e a folha em que houver sido feito o registro.

› Vide Dec.-lei 972/1969.

Art. 313. Aqueles que, sem caráter profissional, exercerem atividades jornalísticas, visando fins culturais, científicos ou religiosos, poderão promover sua inscrição como jornalistas, na forma desta seção.

§ 1º As repartições competentes do Ministério do Trabalho, Indústria e Comércio manterão, para os fins do artigo anterior, um registro especial, anexo ao dos jornalistas profissionais, nele inscrevendo os que satisfaçam os requisitos das alíneas "a", "b" e "c" do artigo 311 e apresentem prova do exercício de atividade jornalística não profissional, o que poderá ser feito por meio de atestado de associação cultural, científica ou religiosa idônea.

§ 2º O pedido de registro será submetido a despacho do ministro que, em cada caso, apreciará o valor da prova oferecida.

§ 3º O registro de que trata o presente artigo tem caráter puramente declaratório e não implica no reconhecimento de direitos que decorrem do exercício remunerado e profissional do jornalismo.

› Vide Dec.-lei 972/1969.

Art. 314. (Revogado pelo Dec.-lei 972/1969.)

Art. 315. O Governo Federal, de acordo com os governos estaduais, promoverá a criação de escolas de preparação ao jornalismo, destinadas à formação dos profissionais da imprensa.

Art. 316. A empresa jornalística que deixar de pagar pontualmente, e na forma acordada, os salários devidos a seus empregados, terá suspenso o seu funcionamento, até que se efetue o pagamento devido.

Parágrafo único. Para os efeitos do cumprimento deste artigo deverão os prejudicados reclamar contra a falta de pagamento perante a autoridade competente e, proferida a condenação, desde que a empresa não a cumpra, ou, em caso de recurso, não deposite o valor da indenização, a autoridade que proferir a condenação oficiará à autoridade competente, para a suspensão da circulação do jornal. Em igual pena de suspensão incorrerá a empresa que deixar de recolher as contribuições devidas às instituições de previdência social.

› Vide Dec.-lei 368/1968.

SEÇÃO XII
DOS PROFESSORES

› Art. 201, § 8° da CF.

› Súm. 10 e 351 do TST.

Art. 317. O exercício remunerado do magistério, em estabelecimentos particulares de ensino, exigirá apenas habilitação legal e registro no Ministério da Educação.

› Art. 317 com a redação dada pela Lei 7.855/1989.

› OJ 65 da SDI-1 do TST.

Art. 318. O professor poderá lecionar em um mesmo estabelecimento por mais de um turno, desde que não ultrapasse a jornada de trabalho semanal estabelecida legalmente, assegurado e não computado o intervalo para refeição.

› Art. 318 com a redação dada pela Lei 13.415/2017.

› OJs 206, 244 e 393 da SDI-1 do TST.

Art. 319. Aos professores é vedado, aos domingos, a regência de aulas e o trabalho em exames.

Art. 320. A remuneração dos professores será fixada pelo número de aulas semanais, na conformidade dos horários.

› Súm. 351 do TST.

› OJ 393 da SDI-1 do TST.

§ 1º O pagamento far-se-á mensalmente, considerando-se para este efeito cada mês constituído de quatro semanas e meia.

§ 2º Vencido cada mês, será descontada, na remuneração dos professores, a importância correspondente ao número de aulas a que tiverem faltado.

§ 3º Não serão descontadas, no decurso de 9 (nove) dias, as faltas verificadas por motivo de gala ou de luto em consequência de falecimento do cônjuge, do pai ou mãe, ou de filho.

› Art. 473, I e II, da CLT.

Art. 321. Sempre que o estabelecimento de ensino tiver necessidade de aumentar o número de aulas marcado nos horários, remunerará o professor, findo cada mês, com uma importância correspondente ao número de aulas excedentes.

Art. 322. No período de exames e no de férias escolares, é assegurado aos professores o pagamento, na mesma periodicidade contratual, da remuneração por eles percebida, na conformidade dos horários, durante o período de aulas.

› *Caput* com a redação dada pela Lei 9.013/1995.

› Súm. 10 do TST.

§ 1º Não se exigirá dos professores, no período de exames, a prestação de mais de 8 (oito) horas de trabalho diário, salvo mediante o pagamento complementar de cada hora excedente pelo preço correspondente ao de uma aula.

§ 2º No período de férias, não se poderá exigir dos professores outro serviço senão o relacionado com a realização de exames.

§ 3º Na hipótese de dispensa sem justa causa, ao término do ano letivo ou no curso das férias escolares, é assegurado ao professor o pagamento a que se refere o *caput* deste artigo.

› § 3º incluído pela Lei 9.013/1995.

› Súm. 10 do TST.

Art. 323. Não será permitido o funcionamento do estabelecimento particular de ensino que não remunere condignamente os seus professores, ou não lhes pague pontualmente a remuneração de cada mês.

Parágrafo único. Compete ao Ministério da Educação e Saúde fixar os critérios para a determinação da condigna remuneração devida aos professores bem como assegurar a execução do preceito estabelecido no presente artigo.

Art. 324. (Revogado pela Lei 7.855/1989.)

SEÇÃO XIII
DOS QUÍMICOS

Art. 325. É livre o exercício da profissão de químico em todo o território da República, observadas as condições de capacidade técnica e outras exigências previstas na presente Seção:

a) aos possuidores de diploma de químico, químico Industrial, químico Industrial agrícola ou engenheiro químico, concedido, no Brasil, por escola oficial ou oficialmente reconhecida;

b) aos diplomados em química por instituto estrangeiro de ensino superior, que tenham, de acordo com a lei e a partir de 14 de julho de 1934, revalidado os seus diplomas;

c) aos que, ao tempo da publicação do Decreto 24.693 de 12 de julho de 1934, se achavam no exercício efetivo de função pública ou particular, para a qual seja exigida a qualidade de químico, e que tenham requerido o respectivo registro até a extinção do prazo fixado pelo Decreto-lei 2.298, de 10 de junho de 1940.

§ 1º Aos profissionais incluídos na alínea "c" deste artigo, se dará, para os efeitos da presente Seção, a denominação de "licenciados".

§ 2º O livre exercício da profissão de que trata o presente artigo só é permitido a estrangeiros, quando compreendidos:

a) nas alíneas "a" e "b", independentemente de revalidação do diploma, se exerciam, legitimamente, na República, a profissão de químico em a data da promulgação da Constituição de 1934;

b) na alínea "b", se a seu favor militar a existência de reciprocidade internacional, admitida em lei, para o reconhecimento dos respectivos diplomas;

c) na alínea "c", satisfeitas as condições nela estabelecidas.

§ 3º O livre exercício da profissão a brasileiros naturalizados está subordinado à prévia prestação do serviço militar, no Brasil.

§ 4º Só aos brasileiros natos é permitida a revalidação dos diplomas de químicos, expedidos por institutos estrangeiros de ensino superior.

▸ Art. 12, § 2º da CF.

Art. 326. Todo aquele que exercer ou pretender exercer as funções de químico é obrigado ao uso de Carteira de Trabalho e Previdência Social, devendo os profissionais que se encontrarem nas condições das alíneas "a" e "b" do art. 325, registrar os seus diplomas de acordo com a legislação vigente.

§ 1º A requisição de Carteira de Trabalho e Previdência Social para uso dos químicos, além do disposto no capítulo "Da Identificação Profissional", somente será processada mediante apresentação dos seguintes documentos que provem:

a) ser o requerente brasileiro, nato ou naturalizado, ou estrangeiro;

b) estar, se for brasileiro, de posse dos direitos civis e políticos;

c) ter diploma de químico, químico Industrial, químico Industrial agrícola ou engenheiro químico, expedido por escola superior oficial ou oficializada;

d) ter, se diplomado no estrangeiro, o respectivo diploma revalidado nos termos da lei;

e) haver, o que for brasileiro naturalizado, prestado serviço militar no Brasil;

f) achar-se o estrangeiro, ao ser promulgada a Constituição de 1934, exercendo legitimamente, na República, a profissão de químico, ou concorrer a seu favor a existência de reciprocidade internacional, admitida em lei, para o reconhecimento dos diplomas dessa especialidade.

§ 2º A requisição de que trata o parágrafo anterior deve ser acompanhada:

a) do diploma devidamente autenticado no caso da alínea "b" do artigo precedente, e com as firmas reconhecidas no país de origem e na Secretaria de Estado das Relações Exteriores, ou da respectiva certidão, bem como do título de revalidação, ou certidão respectiva, de acordo com a legislação em vigor;

b) do certificado ou atestado comprobatório de se achar o requerente na hipótese da alínea "c" do referido artigo, ao tempo da publicação do Decreto 24.693 de 12 de julho de 1934, no exercício efetivo de função pública, ou particular, para a qual seja exigida a qualidade de químico, devendo esses documentos ser autenticados pelo Delegado Regional do Trabalho, quando se referirem a requerentes moradores nas capitais dos Estados, ou coletor federal, no caso de residirem os interessados nos municípios do interior;

c) de 3 (três) exemplares de fotografia exigida pelo art. 329 e de 1 (uma) folha com as declarações que devem ser lançadas na Carteira de Trabalho e Previdência Social de conformidade com o disposto nas alíneas do mesmo artigo e seu parágrafo único.

§ 3º Reconhecida a validade dos documentos apresentados, o Serviço de Identificação Profissional do Departamento Nacional do Trabalho, no Distrito Federal, ou os órgãos regionais do Ministério do Trabalho, Indústria e Comércio, nos Estados e no Território do Acre, registrarão, em livros próprios, os documentos a que se refere a alínea "c" do § 1º e, juntamente com a Carteira de Trabalho e Previdência Social emitida, os devolverão ao interessado.

Art. 327. Além dos emolumentos fixados no Capítulo "Da Identificação Profissional", o registro do diploma fica sujeito à taxa de Cr$ 30,00 (trinta cruzeiros).

Art. 328. Só poderão ser admitidos a registro os diplomas, certificados de diplomas, cartas e outros títulos, bem como atestados e certificados que estiverem na devida forma e cujas firmas hajam sido regularmente reconhecidas por tabelião público e, sendo estrangeiros, pela Secretaria do Estado das Relações Exteriores, acompanhados estes últimos da respectiva tradução, feita por intérprete comercial brasileiro.

Parágrafo único. O Departamento Nacional do Trabalho e as Delegacias Regionais do Ministério do Trabalho, Indústria e Comércio, nos Estados, publicarão, periodicamente, a lista dos químicos registrados na forma desta Seção.

Art. 329. A cada inscrito, e como documento comprobatório do registro, será fornecida pelo Departamento Nacional do Trabalho, no Distrito Federal, ou pelas Delegacias Regionais, nos Estados e no Território do Acre, uma Carteira de Trabalho e Previdência Social numerada, que, além da fotografia, medindo 3 (três) por 4 (quatro) centímetros, tirada de frente, com a cabeça descoberta, e das impressões do polegar, conterá as declarações seguintes:

a) o nome por extenso;

b) a nacionalidade e, se estrangeiro, a circunstância de ser ou não naturalizado;

c) a data e lugar do nascimento;

d) a denominação da escola em que houver feito o curso;

e) a data da expedição do diploma e o número do registro no Ministério do Trabalho, Indústria e Comércio;

f) a data da revalidação do diploma, se de instituto estrangeiro;

g) a especificação, inclusive data, de outro título ou títulos de habilitação;

h) a assinatura do inscrito.

Parágrafo único. A carteira destinada aos profissionais a que se refere o § 1º do art. 325 deverá, em vez das declarações indicadas nas alíneas "d", "e" e "f" deste artigo, e além do título – licenciado – posto em destaque, conter a menção do título de nomeação ou admissão e respectiva data, se funcionário público, ou do atestado relativo ao exercício, na qualidade de químico, de um cargo em empresa particular, com designação desta e da data inicial do exercício.

Art. 330. A carteira profissional, expedida nos termos deste secção, é obrigatória para o exercício da profissão, substitui em todos os casos o diploma ou título e servirá de carteira de identidade. (Redação dada pelo Dec.-lei 5.922/1943)

Art. 331. Nenhuma autoridade poderá receber impostos relativos ao exercício profissional de químico, senão à vista da prova de que o interessado se acha registrado de acordo com a presente Seção, e essa prova será também exigida para a realização de concursos periciais e todos os outros atos oficiais que exijam capacidade técnica de químico.

Art. 332. Quem, mediante anúncios, placas, cartões comerciais ou outros meios capazes de ser identificados, se propuser ao exercício da química, em qualquer dos seus ramos, sem que esteja devidamente registrado, fica sujeito às penalidades aplicáveis ao exercício ilegal da profissão.

Art. 333. Os profissionais a que se referem os dispositivos anteriores só poderão exercer legalmente as funções de químicos depois de satisfazerem as obrigações constantes do art. 330 desta Seção.

Art. 334. O exercício da profissão de químico compreende:

a) a fabricação de produtos e subprodutos químicos em seus diversos graus de pureza;

b) a análise química, a elaboração de pareceres, atestados e projetos de especialidade e sua execução, perícia civil ou judiciária sobre essa matéria, a direção e a responsabilidade de laboratórios ou departamentos químicos, de indústria e empresas comerciais;

c) o magistério nas cadeiras de química dos cursos superiores especializados em química;

d) a engenharia química.

§ 1º Aos químicos, químicos Industriais e químicos Industriais agrícolas que estejam nas condições estabelecidas no art. 325, alíneas "a" e "b", compete o exercício das atividades definidas nos itens "a", "b" e "c" deste artigo, sendo privativa dos engenheiros químicos a do item "d".

§ 2º Aos que estiverem nas condições do art. 325, alíneas "a" e "b", compete, como aos diplomados em medicina ou farmácia, as atividades definidas no art. 2º, alíneas "d", "e" e "f" do Decreto 20.377, de 8 de setembro de 1931, cabendo aos agrônomos e engenheiros agrônomos as que se acham especificadas no art. 6º, alínea "h", do Decreto 23.196, de 12 de outubro de 1933.

Art. 335. É obrigatória a admissão de químicos nos seguintes tipos de indústria:

a) de fabricação de produtos químicos;

b) que mantenham laboratório de controle químico;

c) de fabricação de produtos industriais que são obtidos por meio de reações químicas dirigidas, tais como: cimento, açúcar e álcool, vidro, curtume, massas plásticas artificiais, explosivos, derivados de carvão ou de petróleo, refinação de óleos vegetais ou minerais, sabão, celulose e derivados.

Art. 336. No preenchimento de cargos públicos, para os quais se faz mister a qualidade de químico, ressalvadas as especializações referidas no § 2º do art. 334, a partir da data da publicação do Decreto 24.693, de 12 de julho de 1934, requer-se, como condição essencial, que os candidatos previamente hajam satisfeito as exigências do art. 333 desta Seção.

Art. 337. Fazem fé pública os certificados de análises químicas, pareceres, atestados, laudos de perícias e projetos relativos a essa especialidade, assinados por profissionais que satisfaçam as condições estabelecidas nas alíneas "a" e "b" do art. 325.

Art. 338. É facultado aos químicos que satisfizerem as condições constantes do art. 325, alíneas "a" e "b", o ensino da especialidade a que se dedicarem, nas escolas superiores, oficiais ou oficializadas.

Parágrafo único. Na hipótese de concurso para o provimento de cargo ou emprego público, os químicos a que este artigo se refere terão preferência, em igualdade de condições.

Art. 339. O nome do químico responsável pela fabricação dos produtos de uma fábrica, usina ou laboratório deverá figurar nos respectivos rótulos, faturas e anúncios, compreendida entre estes últimos a legenda impressa em cartas e sobrecartas.

Art. 340. Somente os químicos habilitados, nos termos do art. 325, alíneas "a" e "b", poderão ser nomeados ex officio para os exames periciais de fábricas, laboratórios e usinas e de produtos aí fabricados.

Parágrafo único. Não se acham compreendidos no artigo anterior os produtos farmacêuticos e os laboratórios de produtos farmacêuticos.

Art. 341. Cabe aos químicos habilitados, conforme estabelece o art. 325, alíneas "a" e "b", a execução de todos os serviços que, não especificados no presente regulamento, exijam por sua natureza o conhecimento de química.

Art. 342. A fiscalização do exercício da profissão de químico incumbe ao Departamento Nacional do Trabalho no Distrito Federal e às autoridades regionais do Ministério do Trabalho, Indústria e Comércio, nos Estados e Território do Acre.

Art. 343. São atribuições dos órgãos de fiscalização:

a) examinar os documentos exigidos para o registro profissional de que trata o art. 326 e seus §§ 1º e 2º e o art. 327, proceder à respectiva inscrição e indeferir o pedido dos interessados que não satisfizerem as exigências desta Seção;

b) registrar as comunicações e contratos, a que aludem o art. 350 e seus parágrafos, e dar as respectivas baixas;

c) verificar o exato cumprimento das disposições desta Seção, realizando as investigações que forem necessárias, bem como o exame dos arquivos, livros de escrituração, folhas de pagamento, contratos e outros documentos de uso de firmas ou empresas Industriais ou comerciais, em cujos serviços tome parte 1 (um) ou mais profissionais que desempenhem função para a qual se deva exigir a qualidade de químico.

Art. 344. Aos sindicatos de químicos devidamente reconhecidos é facultado auxiliar a fiscalização, no tocante à observação da alínea "c" do artigo anterior.

Art. 345. Verificando-se, pelo Ministério do Trabalho, Indústria e Comércio, serem falsos os diplomas ou outros títulos dessa natureza, atestados, certificados e quaisquer documentos exibidos para os fins de que trata esta Seção, incorrerão os seus autores e cúmplices nas penalidades estabelecidas em lei.

Parágrafo único. A falsificação de diploma ou outros quaisquer títulos, uma vez verificada, será imediatamente comunicada ao Serviço de Identificação Profissional, do Departamento Nacional do Trabalho, remetendo-se-lhe os documentos falsificados, para instauração do processo que no caso couber.

- Art. 297 do CP.
- Súm. 104 do STJ.

Art. 346. Será suspenso do exercício de suas funções, independentemente de outras penas em que possa incorrer, o químico, inclusive o licenciado, que incidir em alguma das seguintes faltas:

a) revelar improbidade profissional, dar falso testemunho, quebrar o sigilo profissional e promover falsificações, referentes à prática de atos de que trata esta Seção;

b) concorrer com seus conhecimentos científicos para a prática de crime ou atentado contra a pátria, a ordem social ou a saúde pública;

c) deixar, no prazo marcado nesta Seção, de requerer a revalidação e registro do diploma estrangeiro, ou o seu registro profissional no Ministério do Trabalho, Indústria e Comércio.

Parágrafo único. O tempo de suspensão a que alude este artigo variará entre 1 (um) mês e 1 (um) ano, a critério do Departamento Nacional do Trabalho, após processo regular, ressalvada a ação da justiça pública.

Art. 347. Aqueles que exercerem a profissão de químico sem ter preenchido as condições do art. 325 e suas alíneas, nem promovido o seu registro, nos termos do art. 326, incorrerão na multa de 200 cruzeiros a 5.000 cruzeiros, que será elevada ao dobro, no caso de reincidência.

Art. 348. Aos licenciados a que alude o § 1º do art. 325 poderão, por ato do Departamento Nacional do Trabalho, sujeito à aprovação do Ministro, ser cassadas as garantias asseguradas por esta Seção, desde que interrompam, por motivo de falta prevista no art. 346, a função pública ou particular em que se encontravam por ocasião da publicação do Decreto 24.693, de 12 de julho de 1934.

Art. 349. O número de químicos estrangeiros a serviço de particulares, empresas ou companhias não poderá exceder de 1/3 (um terço) aos dos profissionais brasileiros compreendidos nos respectivos quadros.

Art. 350. O químico que assumir a direção técnica ou cargo de químico de qualquer usina, fábrica, ou laboratório Industrial ou de análise deverá, dentro de 24 (vinte e quatro) horas e por escrito, comunicar essa ocorrência ao órgão fiscalizador, contraindo, desde essa data, a responsabilidade da parte técnica referente à sua profissão, assim como a responsabilidade técnica dos produtos manufaturados.

§ 1º Firmando-se contrato entre o químico e o proprietário da usina, fábrica, ou laboratório, será esse documento apresentado, dentro do prazo de 30 (trinta) dias, para registro, ao órgão fiscalizador.

§ 2º Comunicação idêntica à de que trata a primeira parte deste artigo fará o químico quando deixar a direção técnica ou o cargo de químico, em cujo exercício se encontrava, a fim de ressalvar a sua responsabilidade e fazer-se o cancelamento do contrato. Em caso de falência do estabelecimento, a comunicação será feita pela firma proprietária.

- Art. 5º, XIII, da CF.
- Lei 11.101/2005 (Lei de Falência).

SEÇÃO XIV
DAS PENALIDADES

Art. 351. Os infratores dos dispositivos do presente Capítulo incorrerão na multa de cinquenta a cinco mil cruzeiros, segundo a natureza da infração, sua extensão e a intenção de quem a praticou, aplicada em dobro no caso de reincidência, oposição à fiscalização ou desacato à autoridade.

Parágrafo único. São competentes para impor penalidades as autoridades de primeira instância incumbidas da fiscalização dos preceitos constantes do presente Capítulo.

CAPÍTULO II
DA NACIONALIZAÇÃO DO TRABALHO

SEÇÃO I
DA PROPORCIONALIDADE DE EMPREGADOS BRASILEIROS

Art. 352. As empresas, individuais ou coletivas, que explorem serviços públicos dados em concessão, ou que exerçam atividades industriais ou comerciais, são obrigadas a manter, no quadro do seu pessoal, quando composto de 3 (três) ou mais empregados, uma proporção de brasileiros não inferior à estabelecida no presente Capítulo.

- Arts. 5º, *Caput*, e 12, § 2º, da CF.

§ 1º Sob a denominação geral de atividades industriais e comerciais compreende-se, além de outras que venham a ser determinadas em portaria do Ministro do Trabalho, Indústria e Comércio, as exercidas:

a) nos estabelecimentos industriais em geral;

b) nos serviços de comunicações, de transportes terrestres, marítimos, fluviais, lacustres e aéreos;

c) nas garagens, oficinas de reparos e postos de abastecimento de automóveis e nas cocheiras;

d) na indústria da pesca;

e) nos estabelecimentos comerciais em geral;

f) nos escritórios comerciais em geral;

g) nos estabelecimentos bancários, ou de economia coletiva, nas empresas de seguros e nas de capitalização;

h) nos estabelecimentos jornalísticos, de publicidade e de radiodifusão;

i) nos estabelecimentos de ensino remunerado, excluídos os que neles trabalhem por força de voto religioso;

j) nas drogarias e farmácias;

k) nos salões de barbeiro ou cabeleireiro e de beleza;

l) nos estabelecimentos de diversões públicas, excluídos os elencos teatrais, e nos clubes esportivos;

m) nos hotéis, restaurantes, bares e estabelecimentos congêneres;

n) nos estabelecimentos hospitalares e fisioterápicos cujos serviços sejam remunerados, excluídos os que neles trabalhem por força de voto religioso;

o) nas empresas de mineração;

p) nas autarquias, empresas públicas, sociedades de economia mista e demais órgãos da Administração Pública, direta ou indireta que tenham em seus quadros de pessoal, empregados regidos pela Consolidação das Leis do Trabalho.

§ 2º Não se acham sujeitas às obrigações da proporcionalidade as indústrias rurais, as que, em zona agrícola, se destinem ao beneficiamento ou transformação de produtos da região e as atividades industriais de natureza extrativa, salvo a mineração.

Art. 353. Equiparam-se aos brasileiros, para os fins deste Capítulo, ressalvado o exercício de profissões reservadas aos brasileiros natos ou aos brasileiros em geral, os estrangeiros que, residindo no País há mais de dez anos, tenham cônjuge ou filho brasileiro, e os portugueses.

- Art. 353 com a redação dada pela Lei 6.651/1979.
- Art. 12, § 3º, da CF: Cargos privativos de brasileiros natos.
- Art. 3º, XI, da Lei 13.445/2017 (Lei de Migração): Acesso a trabalho para o migrante.

Art. 354. A proporcionalidade será de 2/3 (dois terços) de empregados brasileiros, podendo, entretanto, ser fixada proporcionalidade inferior, em atenção às circunstâncias especiais de cada atividade, mediante ato do Poder Executivo, e depois de devidamente apurada pelo Departamento Nacional do Trabalho e pelo Serviço de Estatística de Previdência e Trabalho a insuficiência do número de brasileiros na atividade de que se tratar.

Parágrafo único. A proporcionalidade é obrigatória não só em relação à totalidade do quadro de empregados, com as exceções desta Lei, como ainda em relação à correspondente folha de salários.

Art. 355. Consideram-se como estabelecimentos autônomos, para os efeitos da proporcionalidade a ser observada, as sucursais, filiais e agências em que trabalhem 3 (três) ou mais empregados.

Art. 356. Sempre que uma empresa ou indivíduo explore atividades sujeitas a proporcionalidades diferentes, observar-se-á, em relação a cada uma delas, a que lhe corresponder.

Art. 357. Não se compreendem na proporcionalidade os empregados que exerçam funções técnicas especializadas, desde que, a juízo do Ministério do Trabalho, Indústria e Comércio, haja falta de trabalhadores nacionais.

Art. 358. Nenhuma empresa, ainda que não sujeita à proporcionalidade, poderá pagar a brasileiro que exerça função análoga, a juízo do Ministério do Trabalho, Indústria e Comércio, à que é exercida por estrangeiro a seu serviço, salário inferior ao deste, excetuando-se os casos seguintes:

a) quando, nos estabelecimentos que não tenham quadros de empregados organizados em carreira, o brasileiro contar menos de 2 (dois) anos de serviço, e o estrangeiro mais de 2 (dois) anos;

b) quando, mediante aprovação do Ministério do Trabalho, Indústria e Comércio, houver quadro organizado em carreira em que seja garantido o acesso por antiguidade;

c) quando o brasileiro for aprendiz, ajudante ou servente, e não o for o estrangeiro;

d) quando a remuneração resultar de maior produção, para os que trabalham à comissão ou por tarefa.

Parágrafo único. Nos casos de falta ou cessação de serviço, a dispensa do empregado estrangeiro deve preceder à de brasileiro que exerça função análoga.

SEÇÃO II
DAS RELAÇÕES ANUAIS DE EMPREGADOS

Art. 359. Nenhuma empresa poderá admitir a seu serviço empregado estrangeiro sem que este exiba a carteira de identidade de estrangeiro devidamente anotada.

Parágrafo único. A empresa é obrigada a assentar no registro de empregados os dados referentes à nacionalidade de qualquer empregado estrangeiro e o número da respectiva carteira de identidade.

Art. 360. Toda empresa compreendida na enumeração do art. 352, § 1º, deste Capítulo, qualquer que seja o número de seus empregados, deve apresentar anualmente às repartições competentes do Ministério do Trabalho, de 2 de maio a 30 de junho, uma relação, em três vias, de todos os seus empregados, segundo o modelo que for expedido.

§ 1º As relações terão, na primeira via, o selo de três cruzeiros pela folha inicial e dois cruzeiros por folha excedente, além do selo do Fundo de Educação, e nelas será assinalada, em tinta vermelha, a modificação havida com referência à última relação apresentada. Se se tratar de nova empresa, a relação, encimada pelos dizeres – Primeira Relação – deverá ser feita dentro de 30 (trinta) dias de seu registro no Departamento Nacional da Indústria e Comércio ou repartições competentes.

§ 2º A entrega das relações far-se-á diretamente às repartições competentes do Ministério do Trabalho, Indústria e Comércio, ou, onde não as houver, às Coletorias Federais, que as remeterão desde logo àquelas repartições. A entrega operar-se-á contra recibo especial, cuja exibição é obrigatória, em caso de fiscalização, enquanto não for devolvida ao empregador a via autenticada da declaração.

§ 3º Quando não houver empregado far-se-á declaração negativa.

Art. 361. Apurando-se, das relações apresentadas, qualquer infração, será concedido ao infrator o prazo de 10 (dez) dias para defesa, seguindo-se o despacho pela autoridade competente.

Art. 362. As repartições às quais competir a fiscalização do disposto no presente Capítulo manterão fichário especial de empresas, do qual constem as anotações referentes ao respectivo cumprimento, e fornecerão aos interessados as certidões de quitação que se tornarem necessárias, no prazo de 30 (trinta) dias, contados da data do pedido. **(Redação dada pelo Dec.-lei 229/1967)**

§ 1º As certidões de quitação farão prova até 30 de setembro do ano seguinte àquele a que se referiram e estarão sujeitas à taxa correspondente a 1/10 (um décimo do salário mínimo regional. Sem elas nenhum fornecimento ou contrato poderá ser feito com o Governo da União, dos Estados ou Municípios, ou com as instituições paraestatais a eles subordinadas, nem será renovada autorização a empresa estrangeira para funcionar no País. **(Redação dada pelo Dec.-lei 229/1967)**

- Taxa extinta pela Lei 8.522/1992.

§ 2º A primeira via da relação, depois de considerada pela repartição fiscalizadora, será remetida anualmente ao Departamento Nacional de Mão de Obra (DNMO), como subsídio ao estudo das condições de mercado de trabalho, de um modo geral, e, em particular, no que se refere à mão de obra qualificada. **(Acrescido pelo Dec.-lei 229/1967)**

§ 3º A segunda via da relação será remetida pela repartição competente ao Serviço de Estatística da Previdência e Trabalho e a terceira via devolvida à empresa, devidamente autenticada. **(Primitivo § 2º renumerado e com redação dada pelo Dec.-lei 229/1967)**

§ 4º O disposto no § 1º deste artigo não se aplica às contratações de operações de crédito realizadas com instituições financeiras criadas por lei própria ou autorizadas a funcionar pelo Banco Central do Brasil. (Acrescido pela Lei 14.690/2023)

SEÇÃO III
DAS PENALIDADES

Art. 363. O processo das infrações do presente Capítulo obedecerá ao disposto no Título "Do Processo de Multas Administrativas", no que lhe for aplicável, com observância dos modelos de auto a serem expedidos.

Art. 364. As infrações do presente Capítulo serão punidas com a multa de cem a dez mil cruzeiros.

Parágrafo único. Em se tratando de empresa concessionária de serviço público, ou de sociedade estrangeira autorizada a funcionar no País, se a infratora, depois de multada, não atender afinal ao cumprimento do texto infringido poderá ser-lhe cassada a concessão ou autorização.

SEÇÃO IV
DISPOSIÇÕES GERAIS

Art. 365. O presente Capítulo não derroga as restrições vigentes quanto às exigências de nacionalidade brasileira para o exercício de determinadas profissões nem as que vigoram para as faixas de fronteiras, na conformidade da respectiva legislação.

Art. 366. Enquanto não for expedida a carteira a que se refere o art. 359 deste Capítulo, valerá, a título precário, como documento hábil, uma certidão, passada pelo serviço competente do Registro de Estrangeiros, provando que o empregado requereu sua permanência no País.

Art. 367. A redução a que se refere o art. 354, enquanto o Serviço de Estatística da Previdência e Trabalho não dispuser dos dados estatísticos necessários à fixação da proporcionalidade conveniente para cada atividade, poderá ser feita por ato do Ministro do Trabalho, Indústria e Comércio, mediante representação fundamentada da associação sindical.

Parágrafo único. O Serviço de Estatística da Previdência e Trabalho deverá promover, e manter em dia, estudos necessários aos fins do presente Capítulo.

SEÇÃO V
DAS DISPOSIÇÕES ESPECIAIS SOBRE A NACIONALIZAÇÃO DA MARINHA MERCANTE

Art. 368. O comando de navio mercante nacional só poderá ser exercido por brasileiro nato.

- Art. 12, § 2º, da CF.
- Lei 6.192/1974: Vedação de distinção entre brasileiros natos e naturalizados.

Art. 369. A tripulação de navio ou embarcação nacional será constituída, pelo menos, de 2/3 (dois terços) de brasileiros natos.

Parágrafo único. O disposto neste artigo não se aplica aos navios nacionais de pesca, sujeitos a legislação específica.

- Art. 369 com a redação dada pela Lei 5.683/1971.

Art. 370. As empresas de navegação organizarão as relações dos tripulantes das respectivas embarcações, enviando-as no prazo a que se refere a Seção II deste Capítulo à Delegacia do Trabalho Marítimo onde as mesmas tiverem sede.

Parágrafo único. As relações a que alude o presente artigo obedecerão, na discriminação hierárquica e funcional do pessoal embarcadiço, ao quadro aprovado pelo regulamento das Capitanias dos Portos.

Art. 371. A presente Seção é também aplicável aos serviços de navegação fluvial e lacustre e à praticagem nas barras, portos, rios, lagos e canais.

CAPÍTULO III
DA PROTEÇÃO DO TRABALHO DA MULHER

SEÇÃO I
DA DURAÇÃO, CONDIÇÕES DO TRABALHO E DA DISCRIMINAÇÃO CONTRA A MULHER

- Seção I com a redação dada pela Lei 9.799/1999.

Art. 372. Os preceitos que regulam o trabalho masculino são aplicáveis ao trabalho feminino, naquilo em que não colidirem com a proteção especial instituída por este Capítulo.

- Art. 5º, I, da CF.

Parágrafo único. (Revogado pela Lei 13.467/2017);

- Art. 402, parágrafo único, da CLT.

Art. 373. A duração normal de trabalho da mulher será de 8 (oito) horas diárias, exceto nos casos para os quais for fixada duração inferior.

- Art. 7º, XIII, da CF.

Art. 373-A. Ressalvadas as disposições legais destinadas a corrigir as distorções que afetam o acesso da mulher ao mercado de trabalho e certas especificidades estabelecidas nos acordos trabalhistas, é vedado:

- Arts. 5º, *caput* e I, e 7º, XX e XXX, da CF:
- Vide Lei 9.029/1995 (Atestados de gravidez e esterilização).
- Dec. 4.377/2002 (Convenção sobre eliminação de todas as formas de discriminação contra a mulher).
- Súm. 683 do STF.

I – publicar ou fazer publicar anúncio de emprego no qual haja referência ao sexo, à idade, à cor ou situação familiar, salvo quando a natureza da atividade a ser exercida, pública e notoriamente, assim o exigir;

II – recusar emprego, promoção ou motivar a dispensa do trabalho em razão de sexo, idade, cor, situação familiar ou estado de gravidez, salvo quando a natureza da atividade seja notória e publicamente incompatível;

III – considerar o sexo, a idade, a cor ou situação familiar como variável determinante para fins de remuneração, formação profissional e oportunidades de ascensão profissional;

IV – exigir atestado ou exame, de qualquer natureza, para comprovação de esterilidade ou gravidez, na admissão ou permanência no emprego;

V – impedir o acesso ou adotar critérios subjetivos para deferimento de inscrição ou aprovação em concursos, em empresas privadas, em razão de sexo, idade, cor, situação familiar ou estado de gravidez;

VI – proceder o empregador ou preposto a revistas íntimas nas empregadas ou funcionárias.

- Arts. 5º, V e X, e 114, VI, da CF.
- Arts. 186 e 927 do CC.
- Súm. 392 do TST.

Parágrafo único. O disposto neste artigo não obsta a adoção de medidas temporárias que visem ao estabelecimento das políticas de igualdade entre homens e mulheres, em particular as que se destinam a corrigir as distorções que afetam a formação profissional, o acesso ao emprego e as condições gerais de trabalho da mulher.

- Art. 373-A acrescido pela Lei 9.799/1999.

Arts. 374 e 375. (Revogados pela Lei 7.855/1989.)

Art. 376. (Revogado pela Lei 10.244/2001.)

Art. 377. A adoção de medidas de proteção ao trabalho das mulheres é considerada de ordem pública, não justificando, em hipótese alguma, a redução de salário.

- Art. 7º, VI, da CF.

Art. 378. (Revogado pela Lei 7.855/1989.)

SEÇÃO II
DO TRABALHO NOTURNO

- Art. 7º, IX, da CF.
- Art. 73 da CLT.

Arts. 379 e 380. (Revogados pela Lei 7.855/1989.)

Art. 381. O trabalho noturno das mulheres terá salário superior ao diurno.

- Súm. 265 do TST.

§ 1º Para os fins desse artigo, os salários serão acrescidos duma percentagem adicional de 20% (vinte por cento) no mínimo.

§ 2º Cada hora do período noturno de trabalho das mulheres terá 52 (cinquenta e dois) minutos e 30 (trinta) segundos.

SEÇÃO III
DOS PERÍODOS DE DESCANSO

Art. 382. Entre 2 (duas) jornadas de trabalho, haverá um intervalo de 11(onze) horas consecutivas, no mínimo, destinado ao repouso.

- Art. 66 da CLT.

Art. 383. Durante a jornada de trabalho, será concedido à empregada um período para refeição e repouso não inferior a 1 (uma) hora nem superior a 2 (duas) horas salvo a hipótese prevista no art. 71, § 3º.

- Art. 71, *caput*, da CLT.

Art. 384. (Revogado pela Lei 13.467/2017).

Art. 385. O descanso semanal será de 24 (vinte e quatro) horas consecutivas e coincidirá no todo ou em parte com o domingo, salvo motivo de conveniência pública ou necessidade imperiosa de serviço, a juízo da autoridade competente, na forma das disposições gerais, caso em que recairá em outro dia.

Parágrafo único. Observar-se-ão, igualmente, os preceitos da legislação geral sobre a proibição de trabalho nos feriados civis e religiosos.

Art. 386. Havendo trabalho aos domingos, será organizada uma escala de revezamento quinzenal, que favoreça o repouso dominical.

SEÇÃO IV
DOS MÉTODOS E LOCAIS DE TRABALHO

Art. 387. (Revogado pela Lei 7.855/1989.)

Art. 388. Em virtude de exame e parecer da autoridade competente, o Ministro do Trabalho, Indústria e Comércio poderá estabelecer derrogações totais ou parciais às proibições a que alude o artigo anterior, quando tiver desaparecido, nos serviços considerados perigosos ou insalubres, todo e qualquer caráter perigoso ou prejudicial mediante a aplicação de novos métodos de trabalho ou pelo emprego de medidas de ordem preventiva.

Art. 389. Toda empresa é obrigada:

I – a prover os estabelecimentos de medidas concernentes à higienização dos métodos e locais de trabalho, tais como ventilação e iluminação e outros que se fizerem necessários à segurança e ao conforto das mulheres, a critério da autoridade competente;

II – a instalar bebedouros, lavatórios, aparelhos sanitários; dispor de cadeiras ou bancos, em número suficiente, que permitam às mulheres trabalhar sem grande esgotamento físico;

III – a instalar vestiários com armários individuais privativos das mulheres, exceto os estabelecimentos comerciais, escritórios, bancos e atividades afins, em que não seja exigida a troca de roupa e outros, a critério da autoridade competente em matéria de segurança e higiene do trabalho, admitindo-se como suficientes as gavetas ou escaninhos, onde possam as empregadas guardar seus pertences;

IV – a fornecer, gratuitamente, a juízo da autoridade competente, os recursos de proteção individual, tais como óculos, máscaras, luvas e roupas especiais, para a defesa dos olhos, do aparelho respiratório e da pele, de acordo com a natureza do trabalho.

§ 1º Os estabelecimentos em que trabalharem pelo menos 30 (trinta) mulheres com mais de 16 (dezesseis) anos de idade terão local apropriado onde seja permitido às empregadas guardar sob vigilância e assistência os seus filhos no período da amamentação.

- Art. 7º, XXV, da CF.
- Art. 1º da Portaria MTE 3.296/1986.

§ 2º A exigência do § 1º poderá ser suprida por meio de creches distritais mantidas, diretamente ou mediante convênios, com outras entidades públicas ou privadas, pelas próprias empresas, em regime comunitário, ou a cargo do SESI, do SESC, da LBA ou de entidades sindicais.

- Art. 389 com a redação dada pelo Dec.-lei 229/1967.

Art. 390. Ao empregador é vedado empregar a mulher em serviço que demande o emprego de força muscular superior a 20 (vinte) quilos para o trabalho continuo, ou 25 (vinte e cinco) quilos para o trabalho ocasional.

Parágrafo único. Não está compreendida na determinação deste artigo a remoção de material feita por impulsão ou tração de vagonetes sobre trilhos, de carros de mão ou quaisquer aparelhos mecânicos.

- Arts. 198, 405, § 5º, e 483, a, da CLT.

Art. 390-A. Vetado. Incluído pela Lei 9.799/1999.

Art. 390-B. As vagas dos cursos de formação de mão de obra, ministrados por instituições governamentais, pelos próprios empregadores ou por qualquer órgão de ensino profissionalizante, serão oferecidas aos empregados de ambos os sexos.

- Art. 390-B incluído pela Lei 9.799/1999.

Art. 390-C. As empresas com mais de cem empregados, de ambos os sexos, deverão manter programas especiais de incentivos e aperfeiçoamento profissional da mão de obra.

- Art. 390-C incluído pela Lei 9.799/1999.

Art. 390-D. Vetado. Incluído pela Lei 9.799/1999.

Art. 390-E. A pessoa jurídica poderá associar-se a entidade de formação profissional, sociedades civis, sociedades cooperativas, órgãos e entidades públicas ou entidades sindicais, bem como firmar convênios para o desenvolvimento de ações conjuntas, visando à execução de projetos relativos ao incentivo ao trabalho da mulher.

- Art. 390-E incluído pela Lei 9.799/1999.

SEÇÃO V
DA PROTEÇÃO À MATERNIDADE

- Salário-maternidade: arts. 71 a 73 da Lei 8.213/1991.
- Lei 11.770/2008: (Licença-maternidade e Programa Empresa Cidadã).

Art. 391. Não constitui justo motivo para a rescisão do contrato de trabalho da mulher o fato de haver contraído matrimônio ou de encontrar-se em estado de gravidez.

- Art. 7º, XVIII, da CF.
- Art. 10, II, b, do ADCT.
- Art. 7º-A da Lei 8.906/1994 (Estatuto da OAB).
- Súm. 244 do TST.

Parágrafo único. Não serão permitidos em regulamentos de qualquer natureza contratos coletivos ou individuais de trabalho, restrições ao direito da mulher ao seu emprego, por motivo de casamento ou de gravidez.

- Artigo 25 da LC 150/2015.

Art. 391-A. A confirmação do estado de gravidez advindo no curso do contrato de trabalho, ainda que durante o prazo do aviso prévio trabalhado ou indenizado, garante à empregada gestante a estabilidade provisória prevista na alínea b do inciso II do art. 10 do Ato das Disposições Constitucionais Transitórias.

- *Caput* incluído pela Lei 12.812/2013.
- Art. 487, *caput*, da CLT.
- Lei 12.506/2011 (Aviso prévio).
- Art. 1º da LC 146/2014.

Parágrafo único. O disposto no *caput* deste artigo aplica-se ao empregado adotante ao qual tenha sido concedida guarda provisória para fins de adoção.

- Parágrafo único acrescentado pela Lei nº 13.509/2017.

Art. 392. A empregada gestante tem direito a licença-maternidade de 120 (cento e vinte) dias, sem prejuízo do emprego e do salário.

- *Caput* com a redação dada pela Lei 10.421/2002.
- Art. 7º, XVIII, da CF.
- Art. 395 da CLT.
- Lei 13.985/2020, art. 5º, I.
- Lei 11.770/2008 e Decreto 7.052/2009.
- Arts. 71 a 73 da Lei 8.213/1991.
- Arts. 93, *caput* e § 3º, a 103 do Dec. 3.048/1999.
- OJ 44 da SDI-1 do TST.

§ 1º A empregada deve, mediante atestado médico, notificar o seu empregador da data do início do afastamento do emprego, que poderá ocorrer entre o 28º (vigésimo oitavo) dia antes do parto e ocorrência deste.

- ADI 6.327: O STF, por unanimidade, julgou procedente o pedido formulado para conferir interpretação conforme à CF ao dispositivo, de modo a se considerar como termo inicial da licença-maternidade e do respectivo salário-maternidade a alta hospitalar do recém-nascido e/ou de sua mãe, o que ocorrer por último, prorrogando-se em todo o período o benefício, quando o período de internação exceder as duas semanas previstas no art. 392, § 2º, da CLT, e no art. 93, § 3º, do Decreto nº 3.048/99. (DJE 07.11.2022)

§ 2º Os períodos de repouso, antes e depois do parto, poderão ser aumentados de 2 (duas) semanas cada um, mediante atestado médico.

§ 3º Em caso de parto antecipado, a mulher terá direito aos 120 (cento e vinte) dias previstos neste artigo.

- §§ 1º a 3º com a redação dada pela Lei 10.421/2002.

§ 4º É garantido à empregada, durante a gravidez, sem prejuízo do salário e demais direitos:

I – transferência de função, quando as condições de saúde o exigirem, assegurada a retomada da função anteriormente exercida, logo após o retorno ao trabalho;

II – dispensa do horário de trabalho pelo tempo necessário para a realização de, no mínimo, seis consultas médicas e demais exames complementares.

- § 4º com a redação dada pela Lei 9.799/1999.

§ 5º Vetado. Incluído pela Lei 10.421/2002.

Art. 392-A. À empregada que adotar ou obtiver guarda judicial para fins de adoção de criança ou adolescente será concedida licença-maternidade nos termos do art. 392 desta Lei.

- *Caput* com a redação dada pela Lei nº 13.509/2013.
- Art. 2º da Lei 8.069/1990 (ECA).

§§ 1º a 3º (Revogados pela Lei 12.010/2009.)

§ 4º A licença-maternidade só será concedida mediante apresentação do termo judicial de guarda à adotante ou guardiã.

- § 4º incluído pela Lei nº 10.421/2002.

§ 5º A adoção ou guarda judicial conjunta ensejará a concessão de licença-maternidade a apenas um dos adotantes ou guardiães empregado ou empregada.

- § 5º incluído pela Lei nº 12.873, de 2013.

Art. 392-B. Em caso de morte da genitora, é assegurado ao cônjuge ou companheiro empregado o gozo de licença por todo o período da licença-maternidade ou pelo tempo restante a que teria direito a mãe, exceto no caso de falecimento do filho ou de seu abandono.

- Artigo incluído pela Lei nº 12.873/2013.

Art. 392-C. Aplica-se, no que couber, o disposto no art. 392-A e 392-B ao empregado que adotar ou obtiver guarda judicial para fins de adoção.

- Artigo incluído pela Lei 12.873/2013.

Art. 393. Durante o período a que se refere o art. 392, a mulher terá direito ao salário integral e, quando variável, calculado de acordo com a média dos 6 (seis) últimos meses de trabalho, bem como os direitos e vantagens adquiridos, sendo-lhe ainda facultado reverter à função que anteriormente ocupava.

- Art. 393 com a redação dada pelo Dec.-lei 229/1967.
- Art. 72, § 1º, da Lei 8.213/1991.

Art. 394. Mediante atestado médico, à mulher grávida é facultado romper o compromisso resultante de qualquer contrato de trabalho, desde que este seja prejudicial à gestação.

Art. 394-A. Sem prejuízo de sua remuneração, nesta incluído o valor do adicional de insalubridade, a empregada deverá ser afastada de:

- *Caput* com a redação dada pela Lei 13.467/2017.

I – atividades consideradas insalubres em grau máximo, enquanto durar a gestação;

- Inciso I incluído pela Lei 13.467/2017.

II – atividades consideradas insalubres em grau médio ou mínimo, quando apresentar atestado de saúde, emitido por médico de confiança da mulher, que recomende o afastamento durante a gestação;

- Inciso II incluído pela Lei 13.467/2017.
- ADI 5938: Por maioria, o Tribunal confirmou a medida cautelar e julgou procedente o pedido formulado na ação direta para declarar a inconstitucionalidade da expressão "quando apresentar atestado de saúde, emitido por médico de confiança da mulher, que recomende o afastamento", contida nos incisos II e III do art. 394-A da Consolidação das Leis do Trabalho (CLT), inseridos pelo art. 1º da Lei 13.467/2017

III – atividades consideradas insalubres em qualquer grau, quando apresentar atestado de saúde, emitido por médico de confiança da mulher, que recomende o afastamento durante a lactação.

- Inciso III incluído pela Lei 13.467/2017.
- ADI 5938: Por maioria, o Tribunal confirmou a medida cautelar e julgou procedente o pedido formulado na ação direta para declarar a inconstitucionalidade da expressão "quando apresentar atestado de saúde, emitido por médico de confiança da mulher, que recomende o afastamento", contida nos incisos II e III do art. 394-A da Consolidação das Leis do Trabalho (CLT), inseridos pelo art. 1º da Lei 13.467/2017

§ 1º Vetado.

- Primitivo parágrafo único renumerado pela Lei 13.467/2017.

§ 2º Cabe à empresa pagar o adicional de insalubridade à gestante ou à lactante, efetivando-se a compensação, observado o disposto no art. 248 da Constituição Federal, por ocasião do recolhimento das contribuições incidentes sobre a folha de salários e demais rendimentos pagos ou creditados, a qualquer título, à pessoa física que lhe preste serviço.

- § 2º incluído pela Lei 13.467/2017.

§ 3º Quando não for possível que a gestante ou a lactante afastada nos termos do *caput* deste artigo exerça suas atividades em local salubre na empresa, a hipótese será considerada como gravidez de risco e ensejará a percepção de salário-maternidade, nos termos da Lei 8.213, de 24 de julho de 1991, durante todo o período de afastamento.

- § 3º incluído pela Lei 13.467/2017.

Art. 395. Em caso de aborto não criminoso, comprovado por atestado médico oficial, a mulher terá um repouso remunerado de 2 (duas) semanas, ficando-lhe assegurado o direito de retornar à função que ocupava antes de seu afastamento.

Art. 396. Para amamentar seu filho, inclusive se advindo de adoção, até que se complete 6 (seis) meses de idade, a mulher terá direito, durante a jornada de trabalho, a 2 (dois) descansos especiais de meia hora cada um.

- *Caput* com redação dada pela Lei 13.509/2017.

§ 1º Quando o exigir a saúde do filho, o período de seis meses poderá ser dilatado, a critério da autoridade competente.

- Primitivo parágrafo único renumerado pela Lei 13.467/2017.

§ 2º Os horários dos descansos previstos no *caput* deste artigo deverão ser definidos em acordo individual entre a mulher e o empregador.

- § 2º incluído pela Lei 13.467/2017.

Art. 397. O SESI, o SESC, a LBA e outras entidades públicas destinadas à assistência à infância manterão ou subvencionarão, de acordo com suas possibilidades financeiras, escolas maternais e jardins de infância, distribuídos nas zonas de maior densidade de trabalhadores, destinados especialmente aos filhos das mulheres empregadas.

- Art. 397 com a redação dada pelo Dec.-lei 229/1967.

Art. 398. (Revogado pelo Dec.-lei 229/1967.)

Art. 399. O Ministro do Trabalho, Indústria e Comércio conferirá diploma de benemerência aos empregadores que se distinguirem pela organização e manutenção de creches e de instituições de proteção aos menores em idade pré-escolar, desde que tais serviços se recomendem por sua generosidade e pela eficiência das respectivas instalações.

Art. 400. Os locais destinados à guarda dos filhos das operárias durante o período da amamentação deverão possuir, no mínimo, um berçário, uma saleta de amamentação, uma cozinha dietética e uma instalação sanitária.

- Art. 7º, XXV, da CF.

SEÇÃO VI
DAS PENALIDADES

Art. 401. Pela infração de qualquer dispositivo deste Capítulo, será imposta ao empregador a multa de cem a mil cruzeiros, aplicada, nesta Capital, pela autoridade competente de 1ª instância do Departamento Nacional do Trabalho, e, nos Estados e Território do Acre, pelas autoridades competentes do Ministério do Trabalho, Indústria e Comércio ou por aquelas que exerçam funções delegadas.

§ 1º A penalidade será sempre aplicada no grau máximo:

a) se ficar apurado o emprego de artifício ou simulação para fraudar a aplicação dos dispositivos deste Capítulo;

b) nos casos de reincidência.

§ 2º O processo na verificação das infrações, bem como na aplicação e cobrança das multas, será o previsto no título "Do Processo de Multas Administrativas", observadas as disposições deste artigo.

Arts. 401-A e 401-B. *Vetados*. Incluídos pela Lei 9.799/1999.

CAPÍTULO IV
DA PROTEÇÃO DO TRABALHO DO MENOR

- Lei 11.692/2008: Programa Nacional de Inclusão de Jovens - PROJOVEM

SEÇÃO I
DISPOSIÇÕES GERAIS

Art. 402. Considera-se menor para os efeitos desta Consolidação o trabalhador de quatorze até dezoito anos. (Redação dada pela Lei 10.097/2000)

Parágrafo único. O trabalho do menor reger-se-á pelas disposições do presente Capítulo, exceto no serviço em oficinas em que trabalhem exclusivamente pessoas da família do menor e esteja este sob a direção do pai, mãe ou tutor, observado, entretanto, o disposto nos arts. 404, 405 e na Seção II. (Redação dada pelo Dec.-lei 229/1967)

Art. 403. É proibido qualquer trabalho a menores de dezesseis anos de idade, salvo na condição de aprendiz, a partir dos quatorze anos.

Parágrafo único. O trabalho do menor não poderá ser realizado em locais prejudiciais à sua formação, ao seu desenvolvimento físico, psíquico, moral e social e em horários e locais que não permitam a frequência à escola.

a) revogada;

b) revogada.

- Art. 403 com a redação dada pela Lei 10.097/2000.
- Art. 7º, XXXIII, da CF.
- Art. 60 da Lei 8.069/1990 (ECA).
- Art. 5º, parágrafo único, V, do CC.

Art. 404. Ao menor de 18 (dezoito) anos é vedado o trabalho noturno, considerado este o que for executado no período compreendido entre as 22 (vinte e duas) e as 5 (cinco) horas.

› Art. 7º, XXXIII, da CF.

Art. 405. Ao menor não será permitido o trabalho:

I – nos locais e serviços perigosos ou insalubres, constantes de quadro para esse fim aprovado pelo Diretor-Geral do Departamento de Segurança e Higiene do Trabalho;

› Decreto 6.481/2008: Lista das Piores Formas de Trabalho Infantil.

II – em locais ou serviços prejudiciais à sua moralidade.

§ 1º (Revogado pela Lei 10.097/2000.)

§ 2º O trabalho exercido nas ruas, praças e outros logradouros dependerá de prévia autorização do Juiz de Menores, ao qual cabe verificar se a ocupação é indispensável à sua própria subsistência ou à de seus pais, avós ou irmãos e se dessa ocupação não poderá advir prejuízo à sua formação moral.

§ 3º Considera-se prejudicial à moralidade do menor o trabalho:

a) prestado de qualquer modo, em teatros de revista, cinemas, boates, cassinos, cabarés, dancings e estabelecimentos análogos;

b) em empresas circenses, em funções de acrobata, saltimbanco, ginasta e outras semelhantes;

c) de produção, composição, entrega ou venda de escritos, impressos, cartazes, desenhos, gravuras, pinturas, emblemas, imagens e quaisquer outros objetos que possam, a juízo da autoridade competente, prejudicar sua formação moral;

d) consistente na venda, a varejo, de bebidas alcoólicas.

› Art. 67 do ECA.

§ 4º Nas localidades em que existirem, oficialmente reconhecidas, instituições destinadas ao amparo dos menores jornaleiros, só aos que se encontrem sob o patrocínio dessas entidades será outorgada a autorização do trabalho a que alude o § 2º.

§ 5º Aplica-se ao menor o disposto no art. 390 e seu parágrafo único.

› Art. 405 com a redação dada pelo Dec.-lei 229/1967.

Art. 406. O Juiz de Menores poderá autorizar ao menor o trabalho a que se referem as letras "a" e "b" do § 3º do art. 405:

I – desde que a representação tenha fim educativo ou a peça de que participe não possa ser prejudicial à sua formação moral;

II – desde que se certifique ser a ocupação do menor indispensável à própria subsistência ou à de seus pais, avós ou irmãos e não advir nenhum prejuízo à sua formação moral.

› Art. 406 com a redação dada pelo Dec.-lei 229/1967.

Art. 407. Verificado pela autoridade competente que o trabalho executado pelo menor é prejudicial à sua saúde, ao seu desenvolvimento físico ou a sua moralidade, poderá ela obrigá-lo a abandonar o serviço, devendo a respectiva empresa, quando for o caso, proporcionar ao menor todas as facilidades para mudar de funções.

Parágrafo único. Quando a empresa não tomar as medidas possíveis e recomendadas pela autoridade competente para que o menor mude de função, configurar-se-á a rescisão do contrato de trabalho, na forma do art. 483.

› Art. 407 com a redação dada pelo Dec.-lei 229/1967.

Art. 408. Ao responsável legal do menor é facultado pleitear a extinção do contrato de trabalho, desde que o serviço possa acarretar para ele prejuízos de ordem física ou moral.

› Art. 408 com a redação dada pelo Dec.-lei 229/1967.

Art. 409. Para maior segurança do trabalho e garantia da saúde dos menores, a autoridade fiscalizadora poderá proibir-lhes o gozo dos períodos de repouso nos locais de trabalho.

Art. 410. O Ministro do Trabalho, Indústria e Comércio poderá derrogar qualquer proibição decorrente do quadro a que se refere a alínea "a" do art. 405 quando se certificar haver desaparecido, parcial ou totalmente, o caráter perigoso ou insalubre, que determinou a proibição.

› Art. 194 da CLT.

SEÇÃO II
DA DURAÇÃO DO TRABALHO

Art. 411. A duração do trabalho do menor regular-se-á pelas disposições legais relativas à duração do trabalho em geral, com as restrições estabelecidas neste Capítulo.

› Art. 7º, XIII e XVI, da CF.

› Arts. 58 e 432, *caput*, da CLT.

Art. 412. Após cada período de trabalho efetivo, quer contínuo, quer dividido em 2 (dois) turnos, haverá um intervalo de repouso, não inferior a 11 (onze) horas.

› Art. 66 da CLT.

Art. 413. É vedado prorrogar a duração normal diária do trabalho do menor, salvo:

› Art. 432 da CLT.

I – até mais 2 (duas) horas, independentemente de acréscimo salarial, mediante convenção ou acordo coletivo nos termos do Título VI desta Consolidação, desde que o excesso de horas em um dia seja compensado pela diminuição em outro, de modo a ser observado o limite máximo de 48 (quarenta e oito) horas semanais ou outro inferior legalmente fixada;

› Art. 7º, XIII, da CF.

› Art. 59, § 2º, da CLT.

II – excepcionalmente, por motivo de força maior, até o máximo de 12 (doze) horas, com acréscimo salarial de, pelo menos, 25% (vinte e cinco por cento) sobre a hora normal e desde que o trabalho do menor seja imprescindível ao funcionamento do estabelecimento.

› Art. 7º, XVI, da CF.

› Arts. 61 e 501 da CLT.

Parágrafo único. Aplica-se à prorrogação do trabalho do menor o disposto no art. 375, no parágrafo único do art. 376, no art. 378 e no art. 384 desta Consolidação.

› Art. 413 com a redação dada pelo Dec.-lei 229/1967.

Art. 414. Quando o menor de 18 (dezoito) anos for empregado em mais de um estabelecimento, as horas de trabalho em cada um serão totalizadas.

SEÇÃO III
DA ADMISSÃO EM EMPREGO E DA CARTEIRA DE TRABALHO E PREVIDÊNCIA SOCIAL

› Dec.-lei 926/1969: Institui a Carteira de Trabalho e Previdência Social, altera dispositivos da Consolidação das leis do trabalho e do Estatuto do Trabalhador Rural.

Art. 415. Haverá a Carteira de Trabalho e Previdência Social para todos os menores de 18 anos, sem distinção do sexo, empregados em empresas ou estabelecimentos de fins econômicos e daqueles que lhes forem equiparados.

Parágrafo único. (Revogado pela Lei 13.874/2019)

Art. 416. Os menores de 18 anos só poderão ser admitidos, como empregados, nas empresas ou estabelecimentos de fins econômicos e naqueles que lhes forem equiparados, quando possuidores da carteira a que se refere o artigo anterior, salvo a hipótese do art. 422.

Art. 417. (Revogado pela Lei 13.874/2019)

Art. 418. (Revogado pela Lei 7.855/1989)

Arts. 419 a 422. (Revogados pela Lei 13.874/2019)

Art. 423. O empregador não poderá fazer outras anotações na carteira de trabalho e previdência social além das referentes ao salário, data da admissão, férias e saída.

SEÇÃO IV
DOS DEVERES DOS RESPONSÁVEIS LEGAIS DE MENORES E DOS EMPREGADORES DA APRENDIZAGEM

Art. 424. É dever dos responsáveis legais de menores, pais, mães, ou tutores, afastá-los de empregos que diminuam consideravelmente o seu tempo de estudo, reduzam o tempo de repouso necessário à sua saúde e constituição física, ou prejudiquem a sua educação moral.

› Art. 16 da Lei 5.889/1973: Trabalho rural.

› Lei 8.069/1990 (ECA).

Art. 425. Os empregadores de menores de 18 (dezoito) anos são obrigados a velar pela observância, nos seus estabelecimentos ou empresas, dos bons costumes e da decência pública, bem como das regras da segurança e da medicina do trabalho.

Art. 426. É dever do empregador, na hipótese do art. 407, proporcionar ao menor todas as facilidades para mudar de serviço.

Art. 427. O empregador, cuja empresa ou estabelecimento ocupar menores, será obrigado a conceder-lhes o tempo que for necessário para a frequência às aulas.

› Art. 227, § 3º da CF.

Parágrafo único. Os estabelecimentos situados em lugar onde a escola estiver a maior distância que 2 (dois) quilômetros, e que ocuparem, permanentemente, mais de 30 (trinta) menores analfabetos, de 14 (quatorze) a 18 (dezoito) anos, serão obrigados a manter local apropriado em que lhes seja ministrada a instrução primária.

- Art. 16 da Lei 5.889/1973.

Art. 428. Contrato de aprendizagem é o contrato de trabalho especial, ajustado por escrito e por prazo determinado, em que o empregador se compromete a assegurar ao maior de 14 (quatorze) e menor de 24 (vinte e quatro) anos inscrito em programa de aprendizagem formação técnico-profissional metódica, compatível com o seu desenvolvimento físico, moral e psicológico, e o aprendiz, a executar com zelo e diligência as tarefas necessárias a essa formação.

- *Caput* com a redação dada pela Lei 11.180/2005.
- Súm. 657 do STJ.

§ 1º A validade do contrato de aprendizagem pressupõe anotação na Carteira de Trabalho e Previdência Social, matrícula e frequência do aprendiz na escola, caso não haja concluído o ensino médio, e inscrição em programa de aprendizagem desenvolvido sob orientação de entidade qualificada em formação técnico-profissional metódica.

- § 1º com a redação dada pela Lei 11.788/2008.

§ 2º Ao aprendiz, salvo condição mais favorável, será garantido o salário mínimo hora.

- § 2º com a redação dada pela Lei 13.420/2017.
- Art. 7º, XXX, da CF.
- Súm. 205 do STF.

§ 3º O contrato de aprendizagem não poderá ser estipulado por mais de 2 (dois) anos, exceto quando se tratar de aprendiz portador de deficiência.

- § 3º com a redação dada pela Lei 11.788/2008.

§ 4º A formação técnico-profissional a que se refere o *caput* deste artigo caracteriza-se por atividades teóricas e práticas, metodicamente organizadas em tarefas de complexidade progressiva desenvolvidas no ambiente de trabalho.

- § 4º incluído pela Lei 10.097/2000.

§ 5º A idade máxima prevista no *caput* deste artigo não se aplica a aprendizes portadores de deficiência.

- § 5º acrescentado pela Lei nº 11.180/2005.

§ 6º Para os fins do contrato de aprendizagem, a comprovação da escolaridade de aprendiz com deficiência deve considerar, sobretudo, as habilidades e competências relacionadas com a profissionalização.

- § 6º com redação dada pela Lei nº 13.146/2015.

§ 7º Nas localidades onde não houver oferta de ensino médio para o cumprimento do disposto no § 1º deste artigo, a contratação do aprendiz poderá ocorrer sem a frequência à escola, desde que ele já tenha concluído o ensino fundamental.

- § 7º incluído pela Lei 11.788/2008.

§ 8º Para o aprendiz com deficiência com 18 (dezoito) anos ou mais, a validade do contrato de aprendizagem pressupõe anotação na CTPS e matrícula e frequência em programa de aprendizagem desenvolvido sob orientação de entidade qualificada em formação técnico-profissional metódica.

- § 8º incluído pela Lei 13.146/2015.

Art. 429. Os estabelecimentos de qualquer natureza são obrigados a empregar e matricular nos cursos dos Serviços Nacionais de Aprendizagem número de aprendizes equivalente a cinco por cento, no mínimo, e quinze por cento, no máximo, dos trabalhadores existentes em cada estabelecimento, cujas funções demandem formação profissional.

- *Caput* com redação dada pela Lei 10.097/2000.
- Art. 51, III, da LC 123/2006.

a) e b) Revogadas pela Lei 10.097/2000.

§ 1º As frações de unidade, no cálculo da percentagem de que trata o *caput*, darão lugar à admissão de um aprendiz.

§ 1º-A. O limite fixado neste artigo não se aplica quando o empregador for entidade sem fins lucrativos, que tenha por objetivo a educação profissional.

- § 1º-A incluído pela Lei 10.097/2000.

§ 1º-B. Os estabelecimentos a que se refere o *caput* poderão destinar o equivalente a até 10% (dez por cento) de sua cota de aprendizes à formação técnico-profissional metódica em áreas relacionadas a práticas de atividades desportivas, à prestação de serviços relacionados à infraestrutura, incluindo as atividades de construção, ampliação, recuperação e manutenção de instalações esportivas e à organização e promoção de eventos esportivos.

- § 1º-B incluído pela Lei 13.420/2017, vetado pelo Presidente da República e rejeitado o veto pelo Congresso Nacional (DOU 01.09.2017).
- Numeração conforme publicação oficial.

§ 2º Os estabelecimentos de que trata o *caput* ofertarão vagas de aprendizes a adolescentes usuários do Sistema Nacional de Atendimento Socioeducativo (Sinase) nas condições a serem dispostas em instrumentos de cooperação celebrados entre os estabelecimentos e os gestores dos Sistemas de Atendimento Socioeducativo locais.

- Redação dada pela Lei 12.594/2012.

§ 3º Os estabelecimentos de que trata o *caput* poderão ofertar vagas de aprendizes a adolescentes usuários do Sistema Nacional de Políticas Públicas sobre Drogas - SISNAD nas condições a serem dispostas em instrumentos de cooperação celebrados entre os estabelecimentos e os gestores locais responsáveis pela prevenção do uso indevido, atenção e reinserção social de usuários e dependentes de drogas. (Incluído pela Lei nº 13.840, de 2019)

Art. 430. Na hipótese de os Serviços Nacionais de Aprendizagem não oferecerem cursos ou vagas suficientes para atender à demanda dos estabelecimentos, esta poderá ser suprida por outras entidades qualificadas em formação técnico-profissional metódica, a saber:

- *Caput* com a redação dada pela Lei 10.097/2000.

I – Escolas Técnicas de Educação;

- Inciso I incluído pela Lei 10.097/2000.

II – entidades sem fins lucrativos, que tenham por objetivo a assistência ao adolescente e à educação profissional, registradas no Conselho Municipal dos Direitos da Criança e do Adolescente.

- Inciso II incluído pela Lei 10.097/2000.

III – entidades de prática desportiva das diversas modalidades filiadas ao Sistema Nacional do Desporto e aos Sistemas de Desporto dos Estados, do Distrito Federal e dos Municípios.

- Inciso III incluído pela Lei 13.420/2017.

§ 1º As entidades mencionadas neste artigo deverão contar com estrutura adequada ao desenvolvimento dos programas de aprendizagem, de forma a manter a qualidade do processo de ensino, bem como acompanhar e avaliar os resultados.

- § 1º incluído pela Lei 10.097/2000.

§ 2º Aos aprendizes que concluírem os cursos de aprendizagem, com aproveitamento, será concedido certificado de qualificação profissional.

- § 2º incluído pela Lei 10.097/2000.

§ 3º O Ministério do Trabalho fixará normas para avaliação da competência das entidades mencionadas nos incisos II e III deste artigo.

- § 3º com a redação dada pela Lei 13.420/2017.

§ 4º As entidades mencionadas nos incisos II e III deste artigo deverão cadastrar seus cursos, turmas e aprendizes matriculados no Ministério do Trabalho.

- § 4º incluído pela Lei 13.420/2017.

§ 5º As entidades mencionadas neste artigo poderão firmar parcerias entre si para o desenvolvimento dos programas de aprendizagem, conforme regulamento.

- § 5º incluído pela Lei 13.420/2017.

Art. 431. A contratação do aprendiz poderá ser efetivada pela empresa onde se realizará a aprendizagem ou pelas entidades mencionadas nos incisos II e III do art. 430, caso em que não gera vínculo de emprego com a empresa tomadora dos serviços.

- *Caput* com a redação dada pela Lei 13.420/2017.

a) a c) (Revogadas pela Lei 10.097/2000);

Parágrafo único. Aos candidatos rejeitados pela seleção profissional deverá ser dada, tanto quanto possível, orientação profissional para ingresso em atividade mais adequada às qualidades e aptidões que tiverem demonstrado.

Art. 432. A duração do trabalho do aprendiz não excederá de seis horas diárias, sendo vedadas a prorrogação e a compensação de jornada.

§ 1º O limite previsto neste artigo poderá ser de até oito horas diárias para os aprendizes que já tiverem completado o ensino fundamental, se nelas forem computadas as horas destinadas à aprendizagem teórica.

§ 2º (Revogado pela Lei 10.097/2000).

- Art. 432 com a redação dada pela Lei 10.097, de 19.12.2000.

Art. 433. O contrato de aprendizagem extinguir-se-á no seu termo ou quando o aprendiz completar 24 (vinte e quatro) anos, ressalvada a hipótese prevista no § 5º do art. 428 desta Consolidação, ou ainda antecipadamente nas seguintes hipóteses:

- *Caput* com a redação dada pela Lei 11.180/2005.

a) e b) (Revogadas pela Lei 10.097/2000);

I – desempenho insuficiente ou inadaptação do aprendiz, salvo para o aprendiz com deficiência quando desprovido de recursos de acessibilidade, de tecnologias assistivas e de apoio necessário ao desempenho de suas atividades;

- Inciso I com redação dada pela Lei nº 13.146/2015.

II – falta disciplinar grave.

- Art. 482 da CLT.

III – ausência injustificada à escola que implique perda do ano letivo; ou

IV – a pedido do aprendiz.

- Incisos II a IV com a redação dada pela Lei 10.097, de 19.12.2000.

Parágrafo único. (Revogado pela Lei 10.097/2000.)

§ 2º Não se aplica o disposto nos arts. 479 e 480 desta Consolidação às hipóteses de extinção do contrato mencionadas neste artigo.

- § 2º incluído pela Lei 10.097/2000, que não renumerou o parágrafo anterior.

SEÇÃO V
DAS PENALIDADES

Art. 434. Os infratores das disposições deste Capítulo ficam sujeitos à multa de valor igual a 1 (um) salário mínimo regional, aplicada tantas vezes quantos forem os menores empregados em desacordo com a lei, não podendo, todavia, a soma das multas exceder a 5 (cinco) vezes o salário mínimo, salvo no caso de reincidência em que esse total poderá ser elevado ao dobro. (Redação dada pelo Dec.-lei 229/1967)

Art. 435. Fica sujeita à multa de valor igual a 1 (um) salário mínimo regional e ao pagamento da emissão de nova via a empresa que fizer na Carteira de Trabalho e Previdência Social anotação não prevista em lei. (Redação dada pelo Dec.-lei 229/1967)

Arts. 436 e 437. (Revogados pela Lei 10.097/2000.)

Art. 438. São competentes para impor as penalidades previstas neste Capítulo:

a) no Distrito Federal, a autoridade de 1ª instância do Departamento Nacional do Trabalho;

b) nos Estados e Território do Acre, os delegados regionais do Ministério do Trabalho, Indústria e Comércio ou os funcionários por eles designados para tal fim.

Parágrafo único. O processo, na verificação das infrações, bem como na aplicação e cobrança das multas, será o previsto no título "Do Processo de Multas Administrativas", observadas as disposições deste artigo.

SEÇÃO VI
DISPOSIÇÕES FINAIS

Art. 439. É lícito ao menor firmar recibo pelo pagamento dos salários. Tratando-se, porém, de rescisão do contrato de trabalho, é vedado ao menor de 18 (dezoito) anos dar, sem assistência dos seus responsáveis legais, quitação ao empregador pelo recebimento da indenização que lhe for devida.

Art. 440. Contra os menores de 18 (dezoito) anos não corre nenhum prazo de prescrição.

- Art. 7º, XXIX, da CF.
- Arts. 11 da CLT.
- Art. 198, I, do CC.
- Art. 10, *caput* e parágrafo único, da Lei 5.889/1973.

Art. 441. O quadro a que se refere o item I do art. 405 será revisto bienalmente.

- Art. 441 com a redação dada pelo Dec.-lei 229/1967.

TÍTULO IV
DO CONTRATO INDIVIDUAL DO TRABALHO

- Lei 9.601/1998: Contrato de trabalho por prazo determinado.

CAPÍTULO I
DISPOSIÇÕES GERAIS

Art. 442. Contrato individual de trabalho é o acordo tácito ou expresso, correspondente à relação de emprego.

§ 1º Qualquer que seja o ramo de atividade da sociedade cooperativa, não existe vínculo empregatício entre ela e seus associados, nem entre estes e os tomadores de serviços daquela. (Parágrafo único transformado em § 1º pela Lei 14.647/2023)

- Súm. 129, 363 e 386 do TST:
- OJ 199 da SDI-1 do TST.

§ 2º Não existe vínculo empregatício entre entidades religiosas de qualquer denominação ou natureza ou instituições de ensino vocacional e ministros de confissão religiosa, membros de instituto de vida consagrada, de congregação ou de ordem religiosa, ou quaisquer outros que a eles se equiparem, ainda que se dediquem parcial ou integralmente a atividades ligadas à administração da entidade ou instituição a que estejam vinculados ou estejam em formação ou treinamento. (Acrescido pela Lei 14.647/2023)

§ 3º O disposto no § 2º não se aplica em caso de desvirtuamento da finalidade religiosa e voluntária. (Acrescido pela Lei 14.647/2023)

Art. 442-A. Para fins de contratação, o empregador não exigirá do candidato a emprego comprovação de experiência prévia por tempo superior a 6 (seis) meses no mesmo tipo de atividade.

- Art. 442-A incluído pela Lei 11.644/2008.

Art. 442-B. A contratação do autônomo, cumpridas por este todas as formalidades legais, com ou sem exclusividade, de forma contínua ou não, afasta a qualidade de empregado prevista no art. 3º desta Consolidação.

- Artigo incluído pela Lei 13.467/2017.

Art. 443. O contrato individual de trabalho poderá ser acordado tácita ou expressamente, verbalmente ou por escrito, por prazo determinado ou indeterminado, ou para prestação de trabalho intermitente.

- *Caput* com a redação dada pela Lei 13.467/2017).
- Lei 9.601/1998: Contrato de trabalho por prazo determinado.

§ 1º Considera-se como de prazo determinado o contrato de trabalho cuja vigência dependa de termo prefixado ou da execução de serviços especificados ou ainda da realização de certo acontecimento suscetível de previsão aproximada.

- Primitivo parágrafo único renumerado para § 1º pelo Dec.-lei nº 229/1967.

§ 2º O contrato por prazo determinado só será válido em se tratando:

- § 2º incluído pelo Dec.-lei nº 229/1967.
- Lei 9.615/1998.
- Lei 9.601/1998.
- Lei 6.533/1978.
- Lei 6.019/1974.
- Súm. 244, III, e 378, III, do TST.

a) de serviço cuja natureza ou transitoriedade justifique a predeterminação do prazo;

b) de atividades empresariais de caráter transitório;

c) de contrato de experiência.

- Art. 37, IX, da CF.
- Súm. 163 e 188 do TST.

§ 3º Considera-se como intermitente o contrato de trabalho no qual a prestação de serviços, com subordinação, não é contínua, ocorrendo com alternância de períodos de prestação de serviços e de inatividade, determinados em horas, dias ou meses, independentemente do tipo de atividade do empregado e do empregador, exceto para os aeronautas, regidos por legislação própria.

- § 3º incluído pela Lei 13.467/2017.

Art. 444. As relações contratuais de trabalho podem ser objeto de livre estipulação das partes interessadas em tudo quanto não contravenha às disposições de proteção ao trabalho, aos contratos coletivos que lhes sejam aplicáveis e às decisões das autoridades competentes.

- Art. 9º da CLT.

Parágrafo único. A livre estipulação a que se refere o *caput* deste artigo aplica-se às hipóteses previstas no art. 611-A desta Consolidação, com a mesma eficácia legal e preponderância sobre os instrumentos coletivos, no caso de empregado portador de diploma de nível superior e que perceba salário mensal igual ou superior a duas vezes o limite máximo dos benefícios do Regime Geral de Previdência Social.

- Parágrafo único incluído pela Lei 13.4672017.

Art. 445. O contrato de trabalho por prazo determinado não poderá ser estipulado por mais de 2 (dois) anos, observada a regra do art. 451.

Parágrafo único. O contrato de experiência não poderá exceder de 90 (noventa) dias.

- Art. 445 com a redação dada pelo Dec.-lei 229/1967.
- Art. 30 da Lei 9.615/1998.

Art. 446. (Revogado pela Lei 7.855/1989)

Art. 447. Na falta de acordo ou prova sobre condição essencial ao contrato verbal, esta se presume existente, como se a tivessem estatuído os interessados na conformidade dos preceitos jurídicos adequados à sua legitimidade.

- Art. 456 da CLT.

Art. 448. A mudança na propriedade ou na estrutura jurídica da empresa não afetará os contratos de trabalho dos respectivos empregados.

- Arts. 10 e 10-A da CLT.
- OJs 92, 261, 408 e 411 da SDI-1 do TST.

Art. 448-A. Caracterizada a sucessão empresarial ou de empregadores prevista nos arts. 10 e 448 desta Consolidação, as obrigações trabalhistas, inclusive as contraídas à época em que os empregados trabalhavam para a empresa sucedida, são de responsabilidade do sucessor.

- Artigo incluído pela Lei 13.467/2017.

Parágrafo único. A empresa sucedida responderá solidariamente com a sucessora quando ficar comprovada fraude na transferência.

Art. 449. Os direitos oriundos da existência do contrato de trabalho subsistirão em caso de falência, concordata ou dissolução da empresa.

- Art. 148 da CLT.

§ 1º Na falência constituirão créditos privilegiados a totalidade dos salários devidos ao empregado e a totalidade das indenizações a que tiver direito.

- § 1º com a redação dada pela Lei 6.449/1977.
- Art. 652, parágrafo único, e 768 da CLT.
- Art. 83 e 151 da Lei 11.101/2005.
- Súm. 219 do STJ.

§ 2º Havendo concordata na falência, será facultado aos contratantes tornar sem efeito a rescisão do contrato de trabalho e consequente indenização, desde que o empregador pague, no mínimo, a metade dos salários que seriam devidos ao empregado durante o interregno.

- Art. 186 do CTN.
- Arts. 83 e 84 da Lei 11.101/2005.
- Súm. 173 do TST e 227 do STF.

Art. 450. Ao empregado chamado a ocupar, em comissão, interinamente, ou em substituição eventual ou temporária, cargo diverso do que exercer na empresa, serão garantidas a contagem do tempo naquele serviço, bem como volta ao cargo anterior.

- Súm. 204 do STF.
- Súm. 159 do TST.

Art. 451. O contrato de trabalho por prazo determinado que, tácita ou expressamente, for prorrogado mais de uma vez passará a vigorar sem determinação de prazo.

- Art. 445 da CLT.
- Art. 30 da Lei 9.615/1998.
- Art. 1º, § 2º da Lei 9.601/1998.
- Súm. 188 do TST.

Art. 452. Considera-se por prazo indeterminado todo contrato que suceder, dentro de 6 (seis) meses, a outro contrato por prazo determinado, salvo se a expiração deste dependeu da execução de serviços especializados ou da realização de certos acontecimentos.

- Súm. 195 do STF.

Art. 452-A. O contrato de trabalho intermitente deve ser celebrado por escrito e deve conter especificamente o valor da hora de trabalho, que não pode ser inferior ao valor horário do salário mínimo ou àquele devido aos demais empregados do estabelecimento que exerçam a mesma função em contrato intermitente ou não.

- Artigo incluído pela Lei 13.467, de 13.07.2017, em vigor após decorridos 120 (cento e vinte) dias de sua publicação oficial (DOU 14.07.2017).

§ 1º O empregador convocará, por qualquer meio de comunicação eficaz, para a prestação de serviços, informando qual será a jornada, com, pelo menos, três dias corridos de antecedência.

§ 2º Recebida a convocação, o empregado terá o prazo de um dia útil para responder ao chamado, presumindo-se, no silêncio, a recusa.

§ 3º A recusa da oferta não descaracteriza a subordinação para fins do contrato de trabalho intermitente.

§ 4º Aceita a oferta para o comparecimento ao trabalho, a parte que descumprir, sem justo motivo, pagará à outra parte, no prazo de trinta dias, multa de 50% (cinquenta por cento) da remuneração que seria devida, permitida a compensação em igual prazo.

§ 5º O período de inatividade não será considerado tempo à disposição do empregador, podendo o trabalhador prestar serviços a outros contratantes.

§ 6º Ao final de cada período de prestação de serviço, o empregado receberá o pagamento imediato das seguintes parcelas:

I – remuneração;

II – férias proporcionais com acréscimo de um terço;

III – décimo terceiro salário proporcional;

IV – repouso semanal remunerado; e

V – adicionais legais.

§ 7º O recibo de pagamento deverá conter a discriminação dos valores pagos relativos a cada uma das parcelas referidas no § 6º deste artigo.

§ 8º O empregador efetuará o recolhimento da contribuição previdenciária e o depósito do Fundo de Garantia do Tempo de Serviço, na forma da lei, com base nos valores pagos no período mensal e fornecerá ao empregado comprovante do cumprimento dessas obrigações.

§ 9º A cada doze meses, o empregado adquire direito a usufruir, nos doze meses subsequentes, um mês de férias, período no qual não poderá ser convocado para prestar serviços pelo mesmo empregador.

Art. 453. No tempo de serviço do empregado, quando readmitido, serão computados os períodos, ainda que não contínuos, em que tiver trabalhado anteriormente na empresa, salvo se houver sido despedido por falta grave, recebido indenização legal ou se aposentado espontaneamente.

- *Caput* com a redação dada pela Lei 6.204/1975.
- Art. 1º Dec.-lei 691/1969.
- Súm. 138 e 156 do TST.
- OJ 361 da SDI-1 do TST.

§ 1º Na aposentadoria espontânea de empregados das empresas públicas e sociedades de economia mista é permitida sua readmissão desde que atendidos aos requisitos constantes do art. 37, inciso XVI, da Constituição, e condicionada à prestação de concurso público.

- **§ 1º** incluído pela Lei 9.528/1997.
- O STF na ADIN 1.770-4, de 20.10.2006, declarou a inconstitucionalidade do dispositivo.

§ 2º O ato de concessão de benefício de aposentadoria a empregado que não tiver completado 35 (trinta e cinco) anos de serviço, se homem, ou trinta, se mulher, importa em extinção do vínculo empregatício.

- § 2º incluído pela Lei 9.528/1997.
- O STF na ADIN N.º 1.721-3, de 20.10.2006, declarou a inconstitucionalidade do dispositivo.

Art. 454. Na vigência do contrato de trabalho, as invenções do empregado, quando decorrentes de sua contribuição pessoal e da instalação ou equipamento fornecidos pelo empregador, serão de propriedade comum, em partes iguais, salvo se o contrato de trabalho tiver por objeto, implícita ou explicitamente, pesquisa científica.

- Lei 9.609/1998.
- Arts. 88 a 93 da Lei 9.279/1996.

Parágrafo único. Ao empregador caberá a exploração do invento, ficando obrigado a promovê-la no prazo de um ano da data da concessão da patente, sob pena de reverter em favor do empregado da plena propriedade desse invento.

Art. 455. Nos contratos de subempreitada responderá o subempreiteiro pelas obrigações derivadas do contrato de trabalho que celebrar, cabendo, todavia, aos empregados, o direito de reclamação contra o empreiteiro principal pelo inadimplemento daquelas obrigações por parte do primeiro.

Parágrafo único. Ao empreiteiro principal fica ressalvada, nos termos da lei civil, ação regressiva contra o subempreiteiro e a retenção de importâncias a este devidas, para a garantia das obrigações previstas neste artigo.

- Súm. 331, IV, do TST.
- OJ 191 da SDI-1 do TST.

Art. 456. A prova do contrato individual do trabalho será feita pelas anotações constantes da carteira profissional ou por instrumento escrito e suprida por todos os meios permitidos em direito.

- Súm. 225 do STF.
- Súm. 212 do TST.

Parágrafo único. A falta de prova ou inexistindo cláusula expressa a tal respeito, entender-se-á que o empregado se obrigou a todo e qualquer serviço compatível com a sua condição pessoal.

- Art. 447 da CLT.
- Art. 212 do CC.

Art. 456-A. Cabe ao empregador definir o padrão de vestimenta no meio ambiente laboral, sendo lícita a inclusão no uniforme de logomarcas da própria empresa ou de empresas parceiras e de outros itens de identificação relacionados à atividade desempenhada.

- Artigo incluído pela Lei 13.467/2017.

Parágrafo único. A higienização do uniforme é de responsabilidade do trabalhador, salvo nas hipóteses em que forem necessários procedimentos ou produtos diferentes dos utilizados para a higienização das vestimentas de uso comum.

CAPÍTULO II
DA REMUNERAÇÃO

Art. 457. Compreendem-se na remuneração do empregado, para todos os efeitos legais, além do salário devido e pago diretamente pelo empregador, como contraprestação do serviço, as gorjetas que receber.

- *Caput* com a redação dada pela Lei 1.999, de 1.10.1953.
- Art. 7º, VII, da CF.
- Art. 29, § 1º, da CLT.
- Art. 15 da Lei 8.036/1990.
- Art. 1º, § 1º da Lei 4.090/1962.
- Súm. 91 e 354 do TST.

§ 1º Integram o salário a importância fixa estipulada, as gratificações legais e as comissões pagas pelo empregador.

- § 1º com redação dada pela Lei 13.467/2017.
- Redação e numeração conforme publicação oficial.
- Súm. 207 e 209 do STF.
- Súm. 139, 152, 202, 203, 225 e 247 do TST.
- OJ 181 da SDI-1 do TST.

§ 2º As importâncias, ainda que habituais, pagas a título de ajuda de custo, auxílio-alimentação, vedado seu pagamento em dinheiro, diárias para viagem, prêmios e abonos não integram a remuneração do empregado, não se incorporam ao contrato de trabalho e não constituem base de incidência de qualquer encargo trabalhista e previdenciário.

- § 2º com a redação dada pela Lei 13.467/2017.

§ 3º Considera-se gorjeta não só a importância espontaneamente dada pelo cliente ao empregado, como também o valor cobrado pela empresa, como serviço ou adicional, a qualquer título, e destinado à distribuição aos empregados.

- § 3º com a redação dada pela Lei 13.419/2017.
- Súm. 354 do TST.

§ 4º Consideram-se prêmios as liberalidades concedidas pelo empregador em forma de bens, serviços ou valor em dinheiro a empregado ou a grupo de empregados, em razão de desempenho superior ao ordinariamente esperado no exercício de suas atividades.

- § 4º incluído pela Lei 13.467/2017.
- A Lei 13.467, de 13.07.2017, alterou o art. 457 e deixou de mencionar seus §§ 5º a 11.

§ 5º Inexistindo previsão em convenção ou acordo coletivo de trabalho, os critérios de rateio e distribuição da gorjeta e os percentuais de retenção previstos nos §§ 6º e 7º deste artigo serão definidos em assembleia geral dos trabalhadores, na forma do art. 612 desta Consolidação.

§ 6º As empresas que cobrarem a gorjeta de que trata o § 3º deverão:

I – para as empresas inscritas em regime de tributação federal diferenciado, lançá-la na respectiva nota de consumo, facultada a retenção de até 20% (vinte por cento) da arrecadação correspondente, mediante previsão em convenção ou acordo coletivo de trabalho, para custear os encargos sociais, previdenciários e trabalhistas derivados da sua integração à remuneração dos empregados, devendo o valor remanescente ser revertido integralmente em favor do trabalhador;

II – para as empresas não inscritas em regime de tributação federal diferenciado, lançá-la na respectiva nota de consumo, facultada a retenção de até 33% (trinta e três por cento) da arrecadação correspondente, mediante previsão em convenção ou acordo coletivo de trabalho, para custear os encargos sociais, previdenciários e trabalhistas derivados da sua integração à remuneração dos empregados, devendo o valor remanescente ser revertido integralmente em favor do trabalhador;

III – anotar na Carteira de Trabalho e Previdência Social e no contracheque de seus empregados o salário contratual fixo e o percentual percebido a título de gorjeta.

§ 7º A gorjeta, quando entregue pelo consumidor diretamente ao empregado, terá seus critérios definidos em convenção ou acordo coletivo de trabalho, facultada a retenção nos parâmetros do § 6º deste artigo.

§ 8º As empresas deverão anotar na Carteira de Trabalho e Previdência Social de seus empregados o salário fixo e a média dos valores das gorjetas referente aos últimos doze meses.

§ 9º Cessada pela empresa a cobrança da gorjeta de que trata o § 3º deste artigo, desde que cobrada por mais de doze meses, essa se incorporará ao salário do empregado, tendo como base a média dos últimos doze meses, salvo o estabelecido em convenção ou acordo coletivo de trabalho.

§ 10. Para empresas com mais de sessenta empregados, será constituída comissão de empregados, mediante previsão em convenção ou acordo coletivo de trabalho, para acompanhamento e fiscalização da regularidade da cobrança e distribuição da gorjeta de que trata o § 3º deste artigo, cujos representantes serão eleitos em assembleia geral convocada para esse fim pelo sindicato laboral e gozarão de garantia de emprego vinculada ao desempenho das funções para que foram eleitos, e, para as demais empresas, será constituída comissão intersindical para o referido fim.

§ 11. Comprovado o descumprimento do disposto nos §§ 4º, 6º, 7º e 9º deste artigo, o empregador pagará ao trabalhador prejudicado, a título de multa, o valor correspondente a 1/30 (um trinta avos) da média da gorjeta por dia de atraso, limitada ao piso da categoria, assegurados em qualquer hipótese o contraditório e a ampla defesa, observadas as seguintes regras:

I – a limitação prevista neste parágrafo será triplicada caso o empregador seja reincidente;

II – considera-se reincidente o empregador que, durante o período de doze meses, descumpre o disposto nos §§ 4º, 6º, 7º e 9º deste artigo por mais de sessenta dias.

Art. 458. Além do pagamento em dinheiro, compreende-se no salário, para todos os efeitos legais, a alimentação, habitação, vestuário ou outras prestações "in natura" que a empresa, por força do contrato ou do costume, fornecer habitualmente ao empregado. Em caso algum será permitido o pagamento com bebidas alcoólicas ou drogas nocivas. (Redação dada pelo Dec.-lei 229/1967)

- Art. 29, § 1º e 81 da CLT.
- Súm. 241, 248 e 367 do TST.
- OJs 123, 133 e 413 da SDI-1 do TST.

§ 1º Os valores atribuídos às prestações "in natura" deverão ser justos e razoáveis, não podendo exceder, em cada caso, os dos percentuais das parcelas componentes do salário mínimo (arts. 81 e 82).

- § 1º incluído pelo Dec.-lei 229/1967.

§ 2º Para os efeitos previstos neste artigo, não serão consideradas como salário as seguintes utilidades concedidas pelo empregador:

I – vestuários, equipamentos e outros acessórios fornecidos aos empregados e utilizados no local de trabalho, para a prestação do serviço;

II – educação, em estabelecimento de ensino próprio ou de terceiros, compreendendo os valores relativos a matrícula, mensalidade, anuidade, livros e material didático;

III – transporte destinado ao deslocamento para o trabalho e retorno, em percurso servido ou não por transporte público;

- Súm. 460 do TST.

IV – assistência médica, hospitalar e odontológica, prestada diretamente ou mediante seguro-saúde;

- Súm. 440 do TST.

V – seguros de vida e de acidentes pessoais;

VI – previdência privada;

VII – Vetado;

VIII – o valor correspondente ao vale-cultura.

- Inciso VIII acrescentado pela Lei 12.761, de 27.12.2012.

§ 3º A habitação e a alimentação fornecidas como salário-utilidade deverão atender aos fins a que se destinam e não poderão exceder, respectivamente, a 25% (vinte e cinco por cento) e 20% (vinte por cento) do salário-contratual.

- Súm. 258 do TST.
- Art. 9º da Lei 5.889/1973.

§ 4º Tratando-se de habitação coletiva, o valor do salário-utilidade a ela correspondente será obtido mediante a divisão do justo valor da habitação pelo número de coabitantes, vedada, em qualquer hipótese, a utilização da mesma unidade residencial por mais de uma família.

- §§ 3º e 4º incluídos pela Lei 8.860/1994.

§ 5º O valor relativo à assistência prestada por serviço médico ou odontológico, próprio ou não, inclusive o reembolso de despesas com medicamentos, óculos, aparelhos ortopédicos, próteses, órteses, despesas médico-hospitalares e outras similares, mesmo quando concedido em diferentes modalidades de planos e coberturas, não integram o salário do empregado para qualquer efeito nem o salário de contribuição, para efeitos do previsto na alínea q do § 9º do art. 28 da Lei nº 8.212, de 24 de julho de 1991. (Incluído pela Lei nº 13.467/2017)

Art. 459. O pagamento do salário, qualquer que seja a modalidade do trabalho, não deve ser estipulado por período superior a 1 (um) mês, salvo no que concerne a comissões, percentagens e gratificações.

- Art. 7º, VII, da CF.
- Súm. 381 do TST.

§ 1º Quando o pagamento houver sido estipulado por mês, deverá ser efetuado, o mais tardar, até o quinto dia útil do mês subsequente ao vencido.

- § 1º com a redação dada pela Lei 7.855/1989.
- OJ 159 da SDI-1 do TST.

Art. 460. Na falta de estipulação do salário ou não havendo prova sobre a importância ajustada, o empregado terá direito a perceber salário igual ao daquela que, na mesma empresa, fizer serviço equivalente ou do que for habitualmente pago para serviço semelhante.

Art. 461. Sendo idêntica a função, a todo trabalho de igual valor, prestado ao mesmo empregador, no mesmo estabelecimento empresarial, corresponderá igual salário, sem distinção de sexo, etnia, nacionalidade ou idade.

- *Caput* com a redação dada pela Lei 13.467/2017.
- Art. 7º, XXX e XXXI, da CF.
- Súm. 6, 127, 159 e 455 do TST.
- OJs 296, 297 e 383 da SDI-1.

§ 1º Trabalho de igual valor, para os fins deste Capítulo, será o que for feito com igual produtividade e com a mesma perfeição técnica, entre pessoas cuja diferença de tempo de serviço para o mesmo empregador não seja superior a quatro anos e a diferença de tempo na função não seja superior a dois anos.

- § 1º com a redação dada pela Lei 13.467/2017.

§ 2º Os dispositivos deste artigo não prevalecerão quando o empregador tiver pessoal organizado em quadro de carreira ou adotar, por meio de norma interna da empresa ou de negociação coletiva, plano de cargos e salários, dispensada qualquer forma de homologação ou registro em órgão público.

- § 2º com a redação dada pela Lei 13.467/2017.
- Súm. 6, 19, 127 e 275 do TST.

§ 3º No caso do § 2º deste artigo, as promoções poderão ser feitas por merecimento e por antiguidade, ou por apenas um destes critérios, dentro de cada categoria profissional.

- § 3º com a redação dada pela Lei 13.467/2017.
- OJ 418, SDI-1 do TST.

§ 4º O trabalhador readaptado em nova função por motivo de deficiência física ou mental atestada pelo órgão competente da Previdência Social não servirá de paradigma para fins de equiparação salarial.

- § 4º incluído pela Lei 5.798/1972.
- Art. 7º, XXXI, da CF.

§ 5º A equiparação salarial só será possível entre empregados contemporâneos no cargo ou na função, ficando vedada a indicação de paradigmas remotos, ainda que o paradigma contemporâneo tenha obtido a vantagem em ação judicial própria.

- § 5º incluído pela Lei 13.467/2017.

§ 6º Na hipótese de discriminação por motivo de sexo, raça, etnia, origem ou idade, o pagamento das diferenças salariais devidas ao empregado discriminado não afasta seu direito de ação de indenização por danos morais, consideradas as especificidades do caso concreto. (Redação dada pela Lei 14.611/2023)

§ 7º Sem prejuízo do disposto no § 6º, no caso de infração ao previsto neste artigo, a multa de que trata o art. 510 desta Consolidação corresponderá a 10 (dez) vezes o valor do novo salário devido pelo empregador ao empregado discriminado, elevada ao dobro, no caso de reincidência, sem prejuízo das demais cominações legais. (Acrescido pela Lei 14.611/2023)

Art. 462. Ao empregador é vedado efetuar qualquer desconto nos salários do empregado, salvo quando este resultar de adiantamentos, de dispositivos de lei ou de contrato coletivo.

- Art. 7º, X, da CF.
- Arts. 468 e 582 da CLT.
- Art. 833, IV, §§ 1º e 2º, do CPC.
- Lei 10.820/2003.
- Súm. 155, 342 e 368 do TST.
- OJs 160 e 251 da SDI-1 do TST.

§ 1º Em caso de dano causado pelo empregado, o desconto será lícito, desde de que esta possibilidade tenha sido acordada ou na ocorrência de dolo do empregado.

- Parágrafo único renumerado pelo Dec.-lei 229/1967.

§ 2º É vedado à empresa que mantiver armazém para venda de mercadorias aos empregados ou serviços estimados a proporcionar-lhes prestações "in natura" exercer qualquer coação ou induzimento no sentido de que os empregados se utilizem do armazém ou dos serviços.

- Art. 9º da Lei 5.889/1973.

§ 3º Sempre que não for possível o acesso dos empregados a armazéns ou serviços não mantidos pela Empresa, é lícito à autoridade competente determinar a adoção de medidas adequadas, visando a que as mercadorias sejam vendidas e os serviços prestados a preços razoáveis, sem intuito de lucro e sempre em benefício dos empregados.

§ 4º Observado o disposto neste Capítulo, é vedado às empresas limitar, por qualquer forma, a liberdade dos empregados de dispor do seu salário.

- §§ 2º a 4º incluídos pelo Dec.-lei 229/1967.

Art. 463. A prestação, em espécie, do salário será paga em moeda corrente do País.

- Art. 5º da Lei 7.064/1982.

Parágrafo único. O pagamento do salário realizado com inobservância deste artigo considera-se como não feito.

Art. 464. O pagamento do salário deverá ser efetuado contra recibo, assinado pelo empregado; em se tratando de analfabeto, mediante sua impressão digital, ou, não sendo esta possível, a seu rogo.

- Art. 439 da CLT.

Parágrafo único. Terá força de recibo o comprovante de depósito em conta bancária, aberta para esse fim em nome de cada empregado, com o consentimento deste, em estabelecimento de crédito próximo ao local de trabalho.

- Parágrafo incluído pela Lei 9.528/1997.

Art. 465. O pagamento dos salários será efetuado em dia útil e no local do trabalho, dentro do horário do serviço ou imediatamente após o encerramento deste, salvo quando efetuado por depósito em conta bancária, observado o disposto no artigo anterior.

- Art. 465 com a redação dada pela Lei 9.528/1997.

Art. 466. O pagamento de comissões e percentagens só é exigível depois de ultimada a transação a que se referem.

- Art. 7º, VII, da CF.

§ 1º Nas transações realizadas por prestações sucessivas, é exigível o pagamento das percentagens e comissões que lhes disserem respeito proporcionalmente à respectiva liquidação.

- Art. 5º e 7º da Lei 3.207/1957.

§ 2º A cessação das relações de trabalho não prejudica a percepção das comissões e percentagens devidas na forma estabelecida por este artigo.

Art. 467. Em caso de rescisão de contrato de trabalho, havendo controvérsia sobre o montante das verbas rescisórias, o empregador é obrigado a pagar ao trabalhador, à data do comparecimento à Justiça do Trabalho, a parte incontroversa dessas verbas, sob pena de pagá-las acrescidas de cinquenta por cento.

- *Caput* com a redação dada pela Lei 10.272/2001.
- Súm. 69, 173 e 388 do TST.

Parágrafo único. O disposto no *caput* não se aplica à União, aos Estados, ao Distrito Federal, aos Municípios e as suas autarquias e fundações públicas. (Incluído pela Medida provisória nº 2.180-35, de 2001)

- A Lei 10.272/2001, ao modificar o art. 467, *caput*, não revogou expressamente este parágrafo, razão pela qual foi mantido nesta edição.

CAPÍTULO III
DA ALTERAÇÃO

Art. 468. Nos contratos individuais de trabalho só é lícita a alteração das respectivas condições por mútuo consentimento, e ainda assim desde que não resultem, direta ou indiretamente, prejuízos ao empregado, sob pena de nulidade da cláusula infringente desta garantia.

- Art. 7º, VI, da CF.
- Arts. 9º e 444 da CLT.
- Súm. 209 do STF.
- Súm. 51, 152, 159, 265, 288 e 391 do TST.
- OJs 159, 244, 308, 325 e 413 da SDI-1 do TST.

§ 1º Não se considera alteração unilateral a determinação do empregador para que o respectivo empregado reverta ao cargo efetivo, anteriormente ocupado, deixando o exercício de função de confiança.

- Primitivo parágrafo único renumerado pela Lei 13.467/2017.
- Súm. 372 do TST.

§ 2º A alteração de que trata o § 1º deste artigo, com ou sem justo motivo, não assegura ao empregado o direito à manutenção do pagamento da gratificação correspondente, que não será incorporada, independentemente do tempo de exercício da respectiva função.

- § 2º incluído pela Lei 13.467/2017.

Art. 469. Ao empregador é vedado transferir o empregado, sem a sua anuência, para localidade diversa da que resultar do contrato, não se considerando transferência a que não acarretar necessariamente a mudança do seu domicílio.

- Arts. 543, § 1º, e 659, IX, da CLT.
- Art. 2º da Lei 7.064/1982.

§ 1º Não estão compreendidos na proibição deste artigo: os empregados que exerçam cargo de confiança e aqueles cujos contratos tenham como condição, implícita ou explícita, a transferência, quando esta decorra de real necessidade de serviço.

- § 1º com a redação dada pela Lei 6.203, de 17.4.1975.
- Súm. 29 e 43 do TST.

§ 2º É lícita a transferência quando ocorrer extinção do estabelecimento em que trabalhar o empregado.

§ 3º Em caso de necessidade de serviço o empregador poderá transferir o empregado para localidade diversa da que resultar do contrato, não obstante as restrições do artigo anterior, mas, nesse caso, ficará obrigado a um pagamento suplementar, nunca inferior a 25% (vinte e cinco por cento) dos salários que o empregado percebia naquela localidade, enquanto durar essa situação.

- § 3º incluído pela Lei 6.203/1975.
- OJ 113 da SDI-1 do TST.

Art. 470. As despesas resultantes da transferência correrão por conta do empregador.

- Art. 470 com a redação dada pela Lei 6.203/1975.
- Súm. 29 do TST.

CAPÍTULO IV
DA SUSPENSÃO E DA INTERRUPÇÃO

Art. 471. Ao empregado afastado do emprego, são asseguradas, por ocasião de sua volta, todas as vantagens que, em sua ausência, tenham sido atribuídas à categoria a que pertencia na empresa.

- Súm. 440 do TST.

Art. 472. O afastamento do empregado em virtude das exigências do serviço militar, ou de outro encargo público, não constituirá motivo para alteração ou rescisão do contrato de trabalho por parte do empregador.

- Art. 4º, §§ 1º e 2º da CLT.
- Art. 60, § 1º, da Lei 4.375/1964.
- Art. 15, § 5º, da Lei 8.036/1990.
- Art. 28, I, do Dec. 99.684/1990.
- Súm. 269 do TST.

§ 1º Para que o empregado tenha direito a voltar a exercer o cargo do qual se afastou em virtude de exigências do serviço militar ou de encargo público, é indispensável que notifique o empregador dessa intenção, por telegrama ou carta registrada, dentro do prazo máximo de 30 (trinta) dias, contados da data em que se verificar a respectiva baixa ou a terminação do encargo a que estava obrigado.

- Art. 60 da Lei 4.375/1964.

§ 2º Nos contratos por prazo determinado, o tempo de afastamento, se assim acordarem as partes interessadas, não será computado na contagem do prazo para a respectiva terminação.

§ 3º Ocorrendo motivo relevante de interesse para a segurança nacional, poderá a autoridade competente solicitar o afastamento do empregado do serviço ou do local de trabalho, sem que se configure a suspensão do contrato de trabalho.

§ 4º O afastamento a que se refere o parágrafo anterior será solicitado pela autoridade competente diretamente ao empregador, em representação fundamentada com audiência da Procuradoria Regional do Trabalho, que providenciará desde logo a instauração do competente inquérito administrativo.

§ 5º Durante os primeiros 90 (noventa) dias desse afastamento, o empregado continuará percebendo sua remuneração.

- §§ 3º a 5º incluídos pelo Dec.-lei 3/1966.

Art. 473. O empregado poderá deixar de comparecer ao serviço sem prejuízo do salário:

- *Caput* com a redação dada pelo Dec..-lei 229/1967.
- Art. 392, § 4º, II, da CLT.
- Art. 6º, § 1º, a da Lei 605/1949.
- Súm. 15 do TST.

I – até 2 (dois) dias consecutivos, em caso de falecimento do cônjuge, ascendente, descendente, irmão ou pessoa que, declarada em sua carteira de trabalho e previdência social, viva sob sua dependência econômica;

- Art. 320, § 3º, da CLT.

II – até 3 (três) dias consecutivos, em virtude de casamento;

- Art. 320, § 3º, da CLT.

III - por 5 (cinco) dias consecutivos, em caso de nascimento de filho, de adoção ou de guarda compartilhada; (Redação dada pela Lei 14.457/2022)

- Art. 7º, XIX, da CF.
- Art. 10, § 1º, do ADCT.

IV – por um dia, em cada 12 (doze) meses de trabalho, em caso de doação voluntária de sangue devidamente comprovada;

V – até 2 (dois) dias consecutivos ou não, para o fim de se alistar eleitor, nos termos da lei respectiva.

- Incisos I a V com a redação dada pelo Dec.-lei 229/1967.
- Art. 48 da Lei 4.737/1965.

VI – no período de tempo em que tiver de cumprir as exigências do Serviço Militar referidas na letra "c" do art. 65 da Lei 4.375, de 17 de agosto de 1964 (Lei do Serviço Militar).

- Inciso VI incluído pelo Dec.-lei 757/1969.

VII – nos dias em que estiver comprovadamente realizando provas de exame vestibular para ingresso em estabelecimento de ensino superior.

- Inciso VII incluído pela Lei 9.471/1997.

VIII – pelo tempo que se fizer necessário, quando tiver que comparecer a juízo.

- Inciso VIII incluído pela Lei 9.853/1999.
- Arts. 729, §§ 1º e 2º, e 822 da CLT.
- Art. 441, CPP.
- Súm. 155 do TST.

IX – pelo tempo que se fizer necessário, quando, na qualidade de representante de entidade sindical, estiver participando de reunião oficial de organismo internacional do qual o Brasil seja membro.

- Inciso IX incluído pela Lei 11.304/ 2006.

X - pelo tempo necessário para acompanhar sua esposa ou companheira em até 6 (seis) consultas médicas, ou em exames complementares, durante o período de gravidez; (Redação dada pela Lei 14.457/2022)

- Inciso X incluído pela Lei 13.257/2016.

XI – por 1 (um) dia por ano para acompanhar filho de até 6 (seis) anos em consulta médica.

- Inciso XI incluído pela Lei 13.257/ 2016.

XII – até 3 (três) dias, em cada 12 (doze) meses de trabalho, em caso de realização de exames preventivos de câncer devidamente comprovada. (Incluída pela Lei 13.767/2018)

Parágrafo único. O prazo a que se refere o inciso III do caput deste artigo será contado a partir da data de nascimento do filho. (Acrescido pela Lei 14.457/2022)

Art. 474. A suspensão do empregado por mais de 30 (trinta) dias consecutivos importa na rescisão injusta do contrato de trabalho.

Art. 475. O empregado que for aposentado por invalidez terá suspenso o seu contrato de trabalho durante o prazo fixado pelas leis de previdência social para a efetivação do benefício.

- Arts. 42 a 47 da Lei 8.213/1991.
- Súm. 217 do STF.
- Súm. 160 do TST.

§ 1º Recuperando o empregado a capacidade de trabalho e sendo a aposentadoria cancelada, ser-lhe-á assegurado o direito à função que ocupava ao tempo da aposentadoria, facultado, porém, ao empregador, o direito de indenizá-lo por rescisão do contrato de trabalho, nos termos dos arts. 477 e 478, salvo na hipótese de ser ele portador de estabilidade, quando a indenização deverá ser paga na forma do art. 497.

- § 1º com a redação dada pela Lei 4.824/1965.

§ 2º Se o empregador houver admitido substituto para o aposentado, poderá rescindir, com este, o respectivo contrato de trabalho sem indenização, desde que tenha havido ciência inequívoca da interinidade ao ser celebrado o contrato.

Art. 476. Em caso de seguro-doença ou auxílio-enfermidade, o empregado é considerado em licença não remunerada, durante o prazo desse benefício.

- Arts. 59 a 63 da Lei 8.213/1991.
- Art. 15, § 5º da Lei 8.036/1990.
- Art. 28, II, do Decreto 99.684/1990.
- Súm. 15, 371 e 440 do TST.
- OJ 375 da SDI-1 do TST.

Art. 476-A. O contrato de trabalho poderá ser suspenso, por um período de dois a cinco meses, para participação do empregado em curso ou programa de qualificação profissional oferecido pelo empregador, com duração equivalente à suspensão contratual, mediante previsão em convenção ou acordo coletivo de trabalho e aquiescência formal do empregado, observado o disposto no art. 471 desta Consolidação.

- Lei 14.020/2020, art. 17. Durante o estado de calamidade pública de que trata o art. 1º: I - o curso ou o programa de qualificação profissional de que trata o art. 476-A da Consolidação das Leis do Trabalho, aprovada pelo Decreto-Lei nº 5.452, de 1943, poderá ser oferecido pelo empregador exclusivamente na modalidade não presencial, e terá duração não inferior a um mês e nem superior a três meses;(...)

§ 1º Após a autorização concedida por intermédio de convenção ou acordo coletivo, o empregador deverá notificar o respectivo sindicato, com antecedência mínima de quinze dias da suspensão contratual.

§ 2º O contrato de trabalho não poderá ser suspenso em conformidade com o disposto no *caput* deste artigo mais de uma vez no período de dezesseis meses.

§ 3º O empregador poderá conceder ao empregado ajuda compensatória mensal, sem natureza salarial, durante o período de suspensão contratual nos termos do *caput* deste artigo, com valor a ser definido em convenção ou acordo coletivo.

§ 4º Durante o período de suspensão contratual para participação em curso ou programa de qualificação profissional, o empregado fará jus aos benefícios voluntariamente concedidos pelo empregador.

§ 5º Se ocorrer a dispensa do empregado no transcurso do período de suspensão contratual ou nos três meses subsequentes ao seu retorno ao trabalho, o empregador pagará ao empregado, além das parcelas indenizatórias previstas na legislação em vigor, multa a ser estabelecida em convenção ou acordo coletivo, sendo de, no mínimo, cem por cento sobre o valor da última remuneração mensal anterior à suspensão do contrato.

§ 6º Se durante a suspensão do contrato não for ministrado o curso ou programa de qualificação profissional, ou o empregado permanecer trabalhando para o empregador, ficará descaracterizada a suspensão, sujeitando o empregador ao pagamento imediato dos salários e dos encargos sociais referentes ao período, às penalidades cabíveis previstas na legislação em vigor, bem como às sanções previstas em convenção ou acordo coletivo.

§ 7º O prazo limite fixado no *caput* poderá ser prorrogado mediante convenção ou acordo coletivo de trabalho e aquiescência formal do empregado, desde que o empregador arque com o ônus correspondente ao valor da bolsa de qualificação profissional, no respectivo período.

- Art. 476-A incluído pela Medida Provisória 2.164-41, de 2001.
- Lei 7.988/1989.

CAPÍTULO V
DA RESCISÃO

Art. 477. Na extinção do contrato de trabalho, o empregador deverá proceder à anotação na Carteira de Trabalho e Previdência Social, comunicar a dispensa aos órgãos competentes e realizar o pagamento das verbas rescisórias no prazo e na forma estabelecidos neste artigo.

- *Caput* com a redação dada pela Lei 13.467/017.
- Súm. 242 e 314 do TST.
- OJ 207, SDI-1 do TST.

§ 1º (Revogado pela Lei 13.467/2017);

§ 2º O instrumento de rescisão ou recibo de quitação, qualquer que seja a causa ou forma de dissolução do contrato, deve ter especificada a natureza de cada parcela paga ao empregado e discriminado o seu valor, sendo válida a quitação, apenas, relativamente às mesmas parcelas.

- § 2º com a redação dada pela Lei 5.584/1970.
- Súm. 330 do TST.

§ 3º (Revogado pela Lei 13.467/2017).

§ 4º O pagamento a que fizer jus o empregado será efetuado:

- § 4º com a redação dada pela Lei 13.467/2017.

I – em dinheiro, depósito bancário ou cheque visado, conforme acordem as partes; ou

- Inciso I incluído pela Lei 13.467/2017.

II – em dinheiro ou depósito bancário quando o empregado for analfabeto.

- Inciso II incluído pela Lei 13.467/2017.

§ 5º Qualquer compensação no pagamento de que trata o parágrafo anterior não poderá exceder o equivalente a um mês de remuneração do empregado.

- § 5º com a redação dada pela Lei 5.584, de 26.6.1970.

§ 6º A entrega ao empregado de documentos que comprovem a comunicação da extinção contratual aos órgãos competentes bem como o pagamento dos valores constantes do instrumento de rescisão ou recibo de quitação deverão ser efetuados até dez dias contados a partir do término do contrato.

- § 6º com a redação dada pela Lei 13.467/2017.
- Art. 477, § 8º, da CLT.

a) e b) (Revogadas pela Lei 13.467/2017);

§ 7º (Revogado pela Lei 13.467/2017).

§ 8º A inobservância do disposto no § 6º deste artigo sujeitará o infrator à multa de 160 BTN, por trabalhador, bem assim ao pagamento da multa a favor do empregado, em valor equivalente ao seu salário, devidamente corrigido pelo índice de variação do BTN, salvo quando, comprovadamente, o trabalhador der causa à mora. (Incluído pela Lei 7.855/1989)

- Art. 477, § 6º, da CLT.
- Súm. 388, 445 e 462 do TST.
- OJs 162 e 238 da SDI-1 do TST.

§ 9º VETADO. Incluído pela Lei 7.855/1989.

§ 10. A anotação da extinção do contrato na Carteira de Trabalho e Previdência Social é documento hábil para requerer o benefício do seguro-desemprego e a movimentação da conta vinculada no Fundo de Garantia do Tempo de Serviço, nas hipóteses legais, desde que a comunicação prevista no *caput* deste artigo tenha sido realizada.

- § 10 incluído pela Lei 13.467/2017.

Art. 477-A. As dispensas imotivadas individuais, plúrimas ou coletivas equiparam-se para todos os fins, não havendo necessidade de autorização prévia de entidade sindical ou de celebração de convenção coletiva ou acordo coletivo de trabalho para sua efetivação.

- Artigo incluído pela Lei 13.467/2017.

Art. 477-B. Plano de Demissão Voluntária ou Incentivada, para dispensa individual, plúrima ou coletiva, previsto em convenção coletiva ou acordo coletivo de trabalho, enseja quitação plena e irrevogável dos direitos decorrentes da relação empregatícia, salvo disposição em contrário estipulada entre as partes.

- Artigo incluído pela Lei 13.467/2017.

Art. 478. A indenização devida pela rescisão de contrato por prazo indeterminado será de 1 (um) mês de remuneração por ano de serviço efetivo, ou por ano e fração igual ou superior a 6 (seis) meses.

§ 1º O primeiro ano de duração do contrato por prazo indeterminado é considerado como período de experiência, e, antes que se complete, nenhuma indenização será devida.

§ 2º Se o salário for pago por dia, o cálculo da indenização terá por base 25 (vinte e cinco) dias.

§ 3º Se pago por hora, a indenização apurar-se-á na base de 200 (duzentas) horas por mês.

§ 4º Para os empregados que trabalhem a comissão ou que tenham direito a percentagens, a indenização será calculada pela média das comissões ou percentagens percebidas nos últimos 12 (doze) meses de serviço.

- § 4º redação dada pelo Decreto-lei 229/1967.
- OJ 397, SDI-1 do TST.

§ 5º Para os empregados que trabalhem por tarefa ou serviço feito, a indenização será calculada na base média do tempo costumeiramente gasto pelo interessado para realização de seu serviço, calculando-se o valor do que seria feito durante 30 (trinta) dias.

Art. 479. Nos contratos que tenham termo estipulado, o empregador que, sem justa causa, despedir o empregado será obrigado a pagar-lhe, a título de indenização, e por metade, a remuneração a que teria direito até o termo do contrato.

- Art. 18, § 1º da Lei 8.036/1990.
- Art. 14 da Lei 5.889/1973.
- Art. 14 do Dec. 99.684/1990.

Parágrafo único. Para a execução do que dispõe o presente artigo, o cálculo da parte variável ou incerta dos salários será feito de acordo com o prescrito para o cálculo da indenização referente à rescisão dos contratos por prazo indeterminado.

Art. 480. Havendo termo estipulado, o empregado não se poderá desligar do contrato, sem justa causa, sob pena de ser obrigado a indenizar o empregador dos prejuízos que desse fato lhe resultarem.

§ 1º A indenização, porém, não poderá exceder àquela a que teria direito o empregado em idênticas condições.

- Parágrafo único renumerado pelo Dec.-lei 6.353/1944.

§ 2º (Revogado pela Lei 6.533/1978.)

Art. 481. Aos contratos por prazo determinado, que contiverem cláusula assecuratória do direito recíproco de rescisão antes de expirado o termo ajustado, aplicam-se, caso seja exercido tal direito por qualquer das partes, os princípios que regem a rescisão dos contratos por prazo indeterminado.

- Súm. 163 do TST.

Art. 482. Constituem justa causa para rescisão do contrato de trabalho pelo empregador:

- Arts. 158, parágrafo único, b, 235-B e 240 da CLT.
- Súm. 316 do STF.

a) ato de improbidade;

b) incontinência de conduta ou mau procedimento;

c) negociação habitual por conta própria ou alheia sem permissão do empregador, e quando constituir ato de concorrência à empresa para a qual trabalha o empregado, ou for prejudicial ao serviço;

d) condenação criminal do empregado, passada em julgado, caso não tenha havido suspensão da execução da pena;

e) desídia no desempenho das respectivas funções;

f) embriaguez habitual ou em serviço;

g) violação de segredo da empresa;

h) ato de indisciplina ou de insubordinação;

i) abandono de emprego;

- Súm. 32, 62 e 73 do TST.

j) ato lesivo da honra ou da boa fama praticado no serviço contra qualquer pessoa, ou ofensas físicas, nas mesmas condições, salvo em caso de legítima defesa, própria ou de outrem;

k) ato lesivo da honra ou da boa fama ou ofensas físicas praticadas contra o empregador e superiores hierárquicos, salvo em caso de legítima defesa, própria ou de outrem;

l) prática constante de jogos de azar.

m) perda da habilitação ou dos requisitos estabelecidos em lei para o exercício da profissão, em decorrência de conduta dolosa do empregado.

- Alínea m incluída pela Lei 13.467/2017.

Parágrafo único. Constitui igualmente justa causa para dispensa de empregado a prática, devidamente comprovada em inquérito administrativo, de atos atentatórios à segurança nacional.

- Parágrafo único incluído pelo Dec.-lei 3/1966.

Art. 483. O empregado poderá considerar rescindido o contrato e pleitear a devida indenização quando:

- Art. 487, § 4º, da CLT.
- Art. 216-A, CP.
- Súm. 13 do TST.

a) forem exigidos serviços superiores às suas forças, defesos por lei, contrários aos bons costumes, ou alheios ao contrato;

- Arts. 198, 390 e 405, § 5º, da CLT.

b) for tratado pelo empregador ou por seus superiores hierárquicos com rigor excessivo;

c) correr perigo manifesto de mal considerável;

d) não cumprir o empregador as obrigações do contrato;

- Art. 407, parágrafo único, da CLT.
- Art. 2º, § 1º, do Decreto-lei 368/1968.
- Súm. 13 do TST.

e) praticar o empregador ou seus prepostos, contra ele ou pessoas de sua família, ato lesivo da honra e boa fama;

f) o empregador ou seus prepostos ofenderem-no fisicamente, salvo em caso de legítima defesa, própria ou de outrem;

g) o empregador reduzir o seu trabalho, sendo este por peça ou tarefa, de forma a afetar sensivelmente a importância dos salários.

- Art. 407, parágrafo único, da CLT.

§ 1º O empregado poderá suspender a prestação dos serviços ou rescindir o contrato, quando tiver de desempenhar obrigações legais, incompatíveis com a continuação do serviço.

§ 2º No caso de morte do empregador constituído em empresa individual, é facultado ao empregado rescindir o contrato de trabalho.

§ 3º Nas hipóteses das letras "d" e "g", poderá o empregado pleitear a rescisão de seu contrato de trabalho e o pagamento das respectivas indenizações, permanecendo ou não no serviço até final decisão do processo.

- § 3º incluído pela Lei 4.825/1965.

Art. 484. Havendo culpa recíproca no ato que determinou a rescisão do contrato de trabalho, o tribunal de trabalho reduzirá a indenização à que seria devida em caso de culpa exclusiva do empregador, por metade.

- Arts. 18, § 2º, e 20, I, da Lei 8.036/1990.
- Súm. 14 do TST.

Art. 484-A. O contrato de trabalho poderá ser extinto por acordo entre empregado e empregador, caso em que serão devidas as seguintes verbas trabalhistas:

- Artigo incluído pela Lei 13.467/2017.

I – por metade:

a) o aviso prévio, se indenizado; e

b) a indenização sobre o saldo do Fundo de Garantia do Tempo de Serviço, prevista no § 1º do art. 18 da Lei 8.036, de 11 de maio de 1990;

II – na integralidade, as demais verbas trabalhistas.

§ 1º A extinção do contrato prevista no *caput* deste artigo permite a movimentação da conta vinculada do trabalhador no Fundo de Garantia do Tempo de Serviço na forma do inciso I-A do art. 20 da Lei 8.036, de 11 de maio de 1990, limitada até 80% (oitenta por cento) do valor dos depósitos.

§ 2º A extinção do contrato por acordo prevista no *caput* deste artigo não autoriza o ingresso no Programa de Seguro-Desemprego.

Art. 485. Quando cessar a atividade da empresa, por morte do empregador, os empregados terão direito, conforme o caso, à indenização a que se referem os art. 477 e 497.

- Súm. 44 do TST.

Art. 486. No caso de paralisação temporária ou definitiva do trabalho, motivada por ato de autoridade municipal, estadual ou federal, ou pela promulgação de lei ou resolução que impossibilite a continuação da atividade, prevalecerá o pagamento da indenização, que ficará a cargo do governo responsável.

- *Caput* com a redação dada pela Lei 1.530/1951.

§ 1º Sempre que o empregador invocar em sua defesa o preceito do presente artigo, o tribunal do trabalho competente notificará a pessoa de direito público apontada como responsável pela paralisação do trabalho, para que, no prazo de 30 (trinta) dias, alegue o que entender devido, passando a figurar no processo como chamada à autoria.

- § 1º com a redação dada Dec.-lei 6.110/1943.

§ 2º Sempre que a parte interessada, firmada em documento hábil, invocar defesa baseada na disposição deste artigo e indicar qual o juiz competente, será ouvida a parte contrária, para, dentro de 3 (três) dias, falar sobre essa alegação.

§ 3º Verificada qual a autoridade responsável, a Junta de Conciliação ou Juiz dar-se-á por incompetente, remetendo os autos ao Juiz Privativo da Fazenda, perante o qual correrá o feito nos termos previstos no processo comum.

- §§ 2º e 3º incluídos pela Lei 1.530/1951.

CAPÍTULO VI
DO AVISO PRÉVIO

- Vide Lei 12.506/2011, que dispõe sobre o aviso prévio e dá outras providências.

Art. 487. Não havendo prazo estipulado, a parte que, sem justo motivo, quiser rescindir o contrato deverá avisar a outra da sua resolução com a antecedência mínima de:

- Art. 7º, XXI e parágrafo único, da CF.
- Súm. 14, 44, 163, 182, 253, 276, 305, 348, 354, 369 V, 371, 380 e 441 do TST.
- OJ, 42 II, 82, 83, 268, 367 e 394 da SDI-1 do TST.

I – oito dias, se o pagamento for efetuado por semana ou tempo inferior;

II – trinta dias aos que perceberem por quinzena ou mês, ou que tenham mais de 12 (doze) meses de serviço na empresa.

- Incisos I e II com a redação dada pela Lei 1.530/1951.

§ 1º A falta do aviso prévio por parte do empregador dá ao empregado o direito aos salários correspondentes ao prazo do aviso, garantida sempre a integração desse período no seu tempo de serviço.

§ 2º A falta de aviso prévio por parte do empregado dá ao empregador o direito de descontar os salários correspondentes ao prazo respectivo.

§ 3º Em se tratando de salário pago na base de tarefa, o cálculo, para os efeitos dos parágrafos anteriores, será feito de acordo com a média dos últimos 12 (doze) meses de serviço.

§ 4º É devido o aviso prévio na despedida indireta.

- § 4º incluído pela Lei 7.108/1983.

§ 5º O valor das horas extraordinárias habituais integra o aviso prévio indenizado.

§ 6º O reajustamento salarial coletivo, determinado no curso do aviso prévio, beneficia o empregado pré-avisado da despedida, mesmo que tenha recebido antecipadamente os salários correspondentes ao período do aviso, que integra seu tempo de serviço para todos os efeitos legais.

› §§ 5º e 6º incluídos pela Lei 10.218/2001.

Art. 488. O horário normal de trabalho do empregado, durante o prazo do aviso, e se a rescisão tiver sido promovida pelo empregador, será reduzido de 2 (duas) horas diárias, sem prejuízo do salário integral.

› Art. 15, da Lei 5.889/1973.
› Súm. 230 do TST.

Parágrafo único. É facultado ao empregado trabalhar sem a redução das 2 (duas) horas diárias previstas neste artigo, caso em que poderá faltar ao serviço, sem prejuízo do salário integral, por 1 (um) dia, na hipótese do inciso I, e por 7 (sete) dias corridos, na hipótese do inciso II do art. 487 desta Consolidação.

› Parágrafo único incluído pela Lei 7.093/1983.

Art. 489. Dado o aviso prévio, a rescisão torna-se efetiva depois de expirado o respectivo prazo, mas, se a parte notificante reconsiderar o ato, antes de seu termo, à outra parte é facultado aceitar ou não a reconsideração.

Parágrafo único. Caso seja aceita a reconsideração ou continuando a prestação depois de expirado o prazo, o contrato continuará a vigorar, como se o aviso prévio não tivesse sido dado.

Art. 490. O empregador que, durante o prazo do aviso prévio dado ao empregado, praticar ato que justifique a rescisão imediata do contrato, sujeita-se ao pagamento da remuneração correspondente ao prazo do referido aviso, sem prejuízo da indenização que for devida.

Art. 491. O empregado que, durante o prazo do aviso prévio, cometer qualquer das faltas consideradas pela lei como justas para a rescisão, perde o direito ao restante do respectivo prazo.

› Súm. 73 do TST.

CAPÍTULO VII
DA ESTABILIDADE

Art. 492. O empregado que contar mais de 10 (dez) anos de serviço na mesma empresa não poderá ser despedido senão por motivo de falta grave ou circunstância de força maior, devidamente comprovadas.

› Art. 14 da Lei 8.036/1990.

Parágrafo único. Considera-se como de serviço todo o tempo em que o empregado esteja à disposição do empregador.

Art. 493. Constitui falta grave a prática de qualquer dos fatos a que se refere o art. 482, quando por sua repetição ou natureza representem séria violação dos deveres e obrigações do empregado.

Art. 494. O empregado acusado de falta grave poderá ser suspenso de suas funções, mas a sua despedida só se tornará efetiva após o inquérito e que se verifique a procedência da acusação.

› Art. 853 da CLT.
› Súm. 197 e 403 do STF.
› Súm. 379 do TST.
› OJ 137 da SDI-2 do TST.

Parágrafo único. A suspensão, no caso deste artigo, perdurará até a decisão final do processo.

Art. 495. Reconhecida a inexistência de falta grave praticada pelo empregado, fica o empregador obrigado a readmiti-lo no serviço e a pagar-lhe os salários a que teria direito no período da suspensão.

› Súm. 215 do STF.

Art. 496. Quando a reintegração do empregado estável for desaconselhável, dado o grau de incompatibilidade resultante do dissídio, especialmente quando for o empregador pessoa física, o tribunal do trabalho poderá converter aquela obrigação em indenização devida nos termos do artigo seguinte.

› Súm. 28 e 396 do TST.
› OJ 399 da SDI-1 do TST.
› Dec. 3.048/1999, art. 214, § 12.

Art. 497. Extinguindo-se a empresa, sem a ocorrência de motivo de força maior, ao empregado estável despedido é garantida a indenização por rescisão do contrato por prazo indeterminado, paga em dobro.

› Dec. 3.048/1999, art. 214, § 12.

Art. 498. Em caso de fechamento do estabelecimento, filial ou agência, ou supressão necessária de atividade, sem ocorrência de motivo de força maior, é assegurado aos empregados estáveis, que ali exerçam suas funções, direito à indenização, na forma do artigo anterior.

Art. 499. Não haverá estabilidade no exercício dos cargos de diretoria, gerência ou outros de confiança imediata do empregador, ressalvado o cômputo do tempo de serviço para todos os efeitos legais.

› Súm. 269 do TST.

§ 1º Ao empregado garantido pela estabilidade que deixar de exercer cargo de confiança, é assegurada, salvo no caso de falta grave, a reversão ao cargo efetivo que haja anteriormente ocupado.

§ 2º Ao empregado despedido sem justa causa, que só tenha exercido cargo de confiança e que contar mais de 10 (dez) anos de serviço na mesma empresa, é garantida a indenização proporcional ao tempo de serviço nos termos dos arts. 477 e 478.

§ 3º A despedida que se verificar com o fim de obstar ao empregado a aquisição de estabilidade sujeitará o empregador a pagamento em dobro da indenização prescrita nos arts. 477 e 478.

Art. 500. O pedido de demissão do empregado estável só será válido quando feito com a assistência do respectivo Sindicato e, se não o houver, perante autoridade local competente do Ministério do Trabalho e Previdência Social ou da Justiça do Trabalho.

› Art. 500 com redação dada pela Lei 5.584/1970.
› Art. 11, da Lei 4.725/1965.

CAPÍTULO VIII
DA FORÇA MAIOR

Art. 501. Entende-se como força maior todo acontecimento inevitável, em relação à vontade do empregador, e para a realização do qual este não concorreu, direta ou indiretamente.

§ 1º A imprevidência do empregador exclui a razão de força maior.

§ 2º À ocorrência do motivo de força maior que não afetar substancialmente, nem for suscetível de afetar, em tais condições, a situação econômica e financeira da empresa não se aplicam as restrições desta Lei referentes ao disposto neste Capítulo.

Art. 502. Ocorrendo motivo de força maior que determine a extinção da empresa, ou de um dos estabelecimentos em que trabalhe o empregado, é assegurada a este, quando despedido, uma indenização na forma seguinte:

I – sendo estável, nos termos dos arts. 477 e 478;

II – não tendo direito à estabilidade, metade da que seria devida em caso de rescisão sem justa causa;

III – havendo contrato por prazo determinado, aquela a que se refere o art. 479 desta Lei, reduzida igualmente à metade.

› Art. 18, § 1º, da Lei 8.036/1990.
› Súm. 221 do STF.

Art. 503. É lícita, em caso de força maior ou prejuízos devidamente comprovados, a redução geral dos salários dos empregados da empresa, proporcionalmente aos salários de cada um, não podendo, entretanto, ser superior a 25% (vinte e cinco por cento), respeitado, em qualquer caso, o salário mínimo da região.

Parágrafo único. Cessados os efeitos decorrentes do motivo de força maior, é garantido o restabelecimento dos salários reduzidos.

Art. 504. Comprovada a falsa alegação do motivo de força maior, é garantida a reintegração aos empregados estáveis, e aos não estáveis o complemento da indenização já percebida, assegurado a ambos o pagamento da remuneração atrasada.

CAPÍTULO IX
DISPOSIÇÕES ESPECIAIS

Art. 505. São aplicáveis aos trabalhadores rurais os dispositivos constantes dos Capítulos I, II e VI do presente Título.

› Art. 7º, *caput*, da CF.
› Art. 7º, b, da CLT.
› Lei 5.889/1973, regulamentada pelo Decreto 73.626/1974.

Art. 506. No contrato de trabalho agrícola é lícito o acordo que estabelecer a remuneração in natura, contanto que seja de produtos obtidos pela exploração do negócio e não exceda de 1/3 (um terço) do salário total do empregado.

› Art. 9º da Lei 5.889/1973.

Art. 507. As disposições do Capítulo VII do presente Título não serão aplicáveis aos empregados em consultórios ou escritórios de profissionais liberais.

Parágrafo único. (Revogado pela Lei 6.533/1978)

Art. 507-A. Nos contratos individuais de trabalho cuja remuneração seja superior a duas vezes o limite máximo estabelecido para os benefícios do Regime Geral de Previdência Social, poderá ser pactuada cláusula compromissória de arbitragem, desde que por iniciativa do empregado ou mediante a sua concordância expressa, nos termos previstos na Lei 9.307, de 23 de setembro de 1996.

› Artigo incluído pela Lei 13.467/2017.

Art. 507-B. É facultado a empregados e empregadores, na vigência ou não do contrato de emprego, firmar o termo de quitação anual de obrigações trabalhistas, perante o sindicato dos empregados da categoria.

› Artigo incluído pela Lei 13.467/2017.

Parágrafo único. O termo discriminará as obrigações de dar e fazer cumpridas mensalmente e dele constará a quitação anual dada pelo empregado, com eficácia liberatória das parcelas nele especificadas.

Art. 508. (Revogado pela Lei 12.347/2010.)

Art. 509. (Revogado pela Lei 6.533/1978.)

Art. 510. Pela infração das proibições constantes deste Título, será imposta à empresa a multa de valor igual a 1 (um) salário mínimo regional, elevada ao dobro, no caso de reincidência, sem prejuízo das demais cominações legais. (Redação dada pela Lei 5.562/1968)

TÍTULO IV-A
DA REPRESENTAÇÃO DOS EMPREGADOS

› Título IV-A incluído pela Lei 13.467/2017.

Art. 510-A. Nas empresas com mais de duzentos empregados, é assegurada a eleição de uma comissão para representá-los, com a finalidade de promover-lhes o entendimento direto com os empregadores.

› Artigo incluído pela Lei 13.467/2017.

§ 1° A comissão será composta:

I – nas empresas com mais de duzentos e até três mil empregados, por três membros;

II – nas empresas com mais de três mil e até cinco mil empregados, por cinco membros;

III – nas empresas com mais de cinco mil empregados, por sete membros.

§ 2° No caso de a empresa possuir empregados em vários Estados da Federação e no Distrito Federal, será assegurada a eleição de uma comissão de representantes dos empregados por Estado ou no Distrito Federal, na mesma forma estabelecida no § 1° deste artigo.

Art. 510-B. A comissão de representantes dos empregados terá as seguintes atribuições:

› Artigo incluído pela Lei 13.467/2017.

I – representar os empregados perante a administração da empresa;

II – aprimorar o relacionamento entre a empresa e seus empregados com base nos princípios da boa-fé e do respeito mútuo;

III – promover o diálogo e o entendimento no ambiente de trabalho com o fim de prevenir conflitos;

IV – buscar soluções para os conflitos decorrentes da relação de trabalho, de forma rápida e eficaz, visando à efetiva aplicação das normas legais e contratuais;

V – assegurar tratamento justo e imparcial aos empregados, impedindo qualquer forma de discriminação por motivo de sexo, idade, religião, opinião política ou atuação sindical;

VI – encaminhar reivindicações específicas dos empregados de seu âmbito de representação;

VII – acompanhar o cumprimento das leis trabalhistas, previdenciárias e das convenções coletivas e acordos coletivos de trabalho.

§ 1° As decisões da comissão de representantes dos empregados serão sempre colegiadas, observada a maioria simples.

§ 2° A comissão organizará sua atuação de forma independente.

Art. 510-C. A eleição será convocada, com antecedência mínima de trinta dias, contados do término do mandato anterior, por meio de edital que deverá ser fixado na empresa, com ampla publicidade, para inscrição de candidatura.

› Artigo incluído pela Lei 13.467/2017.

§ 1° Será formada comissão eleitoral, integrada por cinco empregados, não candidatos, para a organização e o acompanhamento do processo eleitoral, vedada a interferência da empresa e do sindicato da categoria.

§ 2° Os empregados da empresa poderão candidatar-se, exceto aqueles com contrato de trabalho por prazo determinado, com contrato suspenso ou que estejam em período de aviso prévio, ainda que indenizado.

§ 3° Serão eleitos membros da comissão de representantes dos empregados os candidatos mais votados, em votação secreta, vedado o voto por representação.

§ 4° A comissão tomará posse no primeiro dia útil seguinte à eleição ou ao término do mandato anterior.

§ 5° Se não houver candidatos suficientes, a comissão de representantes dos empregados poderá ser formada com número de membros inferior ao previsto no art. 510-A desta Consolidação.

§ 6° Se não houver registro de candidatura, será lavrada ata e convocada nova eleição no prazo de um ano.

Art. 510-D. O mandato dos membros da comissão de representantes dos empregados será de um ano.

› Artigo incluído pela Lei 13.467/2017.

§ 1° O membro que houver exercido a função de representante dos empregados na comissão não poderá ser candidato nos dois períodos subsequentes.

§ 2° O mandato de membro de comissão de representantes dos empregados não implica suspensão ou interrupção do contrato de trabalho, devendo o empregado permanecer no exercício de suas funções.

§ 3° Desde o registro da candidatura até um ano após o fim do mandato, o membro da comissão de representantes dos empregados não poderá sofrer despedida arbitrária, entendendo-se como tal a que não se fundar em motivo disciplinar, técnico, econômico ou financeiro.

§ 4° Os documentos referentes ao processo eleitoral devem ser emitidos em duas vias, as quais permanecerão sob a guarda dos empregados e da empresa pelo prazo de cinco anos, à disposição para consulta de qualquer trabalhador interessado, do Ministério Público do Trabalho e do Ministério do Trabalho.

TÍTULO V
DA ORGANIZAÇÃO SINDICAL

CAPÍTULO I
DA INSTITUIÇÃO SINDICAL

SEÇÃO I
DA ASSOCIAÇÃO EM SINDICATO

Art. 511. É lícita a associação para fins de estudo, defesa e coordenação dos seus interesses econômicos ou profissionais de todos os que, como empregadores, empregados, agentes ou trabalhadores autônomos ou profissionais liberais exerçam, respectivamente, a mesma atividade ou profissão ou atividades ou profissões similares ou conexas.

› Arts. 8º e 114, III, da CF.
› Art. 3º da Lei 8.073/1990.
› Súm. 374 do TST.
› OJ 9 da SDC.

§ 1º A solidariedade de interesses econômicos dos que empreendem atividades idênticas, similares ou conexas, constitui o vínculo social básico que se denomina categoria econômica.

§ 2º A similitude de condições de vida oriunda da profissão ou trabalho em comum, em situação de emprego na mesma atividade econômica ou em atividades econômicas similares ou conexas, compõe a expressão social elementar compreendida como categoria profissional.

§ 3º Categoria profissional diferenciada é a que se forma dos empregados que exerçam profissões ou funções diferenciadas por força de estatuto profissional especial ou em consequência de condições de vida singulares.

§ 4º Os limites de identidade, similaridade ou conexidade fixam as dimensões dentro das quais a categoria econômica ou profissional é homogênea e a associação é natural.

Art. 512. Somente as associações profissionais constituídas para os fins e na forma do artigo anterior e registradas de acordo com o art. 558 poderão ser reconhecidas como Sindicatos e investidas nas prerrogativas definidas nesta Lei.

› Súm. 677 do STF.
› OJ 15 da SDC do TST.

Art. 513. São prerrogativas dos sindicatos:

a) representar, perante as autoridades administrativas e judiciárias os interesses gerais da respectiva categoria ou profissão liberal ou interesses individuais dos associados relativos à atividade ou profissão exercida;

› Vide Lei 8.632/1993 (Anistia a dirigentes ou representantes sindicais).
› Arts. 5º, LXX, b, 8º, III e 103, IX da CF.

b) celebrar contratos coletivos de trabalho;

› Arts. 7º, XXVI, e 8º, VI, da CF.
› Súm. 286 do TST.

c) eleger ou designar os representantes da respectiva categoria ou profissão liberal;

d) colaborar com o Estado, como órgãos técnicos e consultivos, no estudo e solução dos problemas que se relacionam com a respectiva categoria ou profissão liberal;

e) impor contribuições a todos aqueles que participam das categorias econômicas ou profissionais ou das profissões liberais representadas.

Parágrafo único. Os sindicatos de empregados terão, outrossim, a prerrogativa de fundar e manter agências de colocação.

Art. 514. São deveres dos sindicatos:

- Art. 14 da Lei 5.584/1970.
- OJ 16 da SDC do TST.

a) colaborar com os poderes públicos no desenvolvimento da solidariedade social;

b) manter serviços de assistência judiciária para os associados;

c) promover a conciliação nos dissídios de trabalho;

d) sempre que possível, e de acordo com as suas possibilidades, manter no seu quadro de pessoal, em convênio com entidades assistenciais ou por conta própria, um assistente social com as atribuições específicas de promover a cooperação operacional na empresa e a integração profissional na Classe.

- Alínea d incluída pela Lei 6.200/1975.

Parágrafo único. Os sindicatos de empregados terão, outrossim, o dever de:

a) promover a fundação de cooperativas de consumo e de crédito;

b) fundar e manter escolas de alfabetização e pré-vocacionais.

SEÇÃO II
DO RECONHECIMENTO E INVESTIDURA SINDICAL

Art. 515. As associações profissionais deverão satisfazer os seguintes requisitos para serem reconhecidas como sindicatos:

a) reunião de um terço, no mínimo, de empresas legalmente constituídas, sob a forma individual ou de sociedade, se se tratar de associação de empregadores; ou de um terço dos que integrem a mesma categoria ou exerçam a mesma profissão liberal se se tratar de associação de empregados ou de trabalhadores ou agentes autônomos ou de profissão liberal;

b) duração de 3 (três) anos para o mandato da diretoria;

- Alínea b com a redação dada pelo Dec.-lei 771/1969.

c) exercício do cargo de presidente por brasileiro nato, e dos demais cargos de administração e representação por brasileiros.

- Lei 6.192/1974 (Restrições a brasileiros naturalizados.)

Parágrafo único. O ministro do Trabalho, Indústria, e Comércio poderá, excepcionalmente, reconhecer como sindicato a associação cujo número de associados seja inferior ao terço a que se refere a alínea a.

Art. 516. Não será reconhecido mais de um Sindicato representativo da mesma categoria econômica ou profissional, ou profissão liberal, em uma dada base territorial.

- Art. 8º, II, da CF.
- Súm. 677 do STF.

Art. 517. Os sindicatos poderão ser distritais, municipais, intermunicipais, estaduais e interestaduais. Excepcionalmente, e atendendo às peculiaridades de determinadas categorias ou profissões, o ministro do Trabalho, Indústria e Comércio poderá autorizar o reconhecimento de sindicatos nacionais.

§ 1º O ministro do Trabalho, Indústria e Comércio, outorgará e delimitará a base territorial do sindicato.

§ 2º Dentro da base territorial que lhe for determinada é facultado ao sindicato instituir delegacias ou secções para melhor proteção dos associados e da categoria econômica ou profissional ou profissão liberal representada.

Art. 518. O pedido de reconhecimento será dirigido ao ministro do Trabalho, Indústria e Comércio, instruído com exemplar ou cópia autenticada dos estatutos da associação.

- Art. 8º, I, da CF.

§ 1º Os estatutos deverão conter:

a) a denominação e a sede da associação;

b) a categoria econômica ou profissional ou a profissão liberal cuja representação é requerida;

c) a afirmação de que a associação agirá como órgão de colaboração com os poderes públicos e as demais associações no sentido da solidariedade social e da subordinação dos interesses econômicos ou profissionais ao interesse nacional;

d) as atribuições, o processo eleitoral e das votações, os casos de perda de mandato e de substituição dos administradores;

e) o modo de constituição e administração do patrimônio social e o destino que lhe será dado no caso de dissolução;

f) as condições em que se dissolverá associação.

- OJ 35 da SDC.

§ 2º O processo de reconhecimento será regulado em instruções baixadas pelo ministro do Trabalho, Indústria e Comércio.

Art. 519. A investidura sindical será conferida sempre à associação profissional mais representativa, a juízo do Ministro do Trabalho, constituindo elementos para essa apreciação, entre outros:

a) o número de associados;

b) os serviços sociais fundados e mantidos;

c) o valor do patrimônio.

Art. 520. Reconhecida como sindicato a associação profissional, ser-lhe-á expedida carta de reconhecimento, assinada pelo ministro do Trabalho, Indústria e Comércio, na qual será especificada a representação econômica ou profissional conferida e mencionada a base territorial outorgada.

- OJ 15 e 23 da SDC.

Parágrafo único. O reconhecimento investe a associação nas prerrogativas do art. 513 e a obriga aos deveres do art. 514, cujo inadimplemento a sujeitará às sanções desta lei.

Art. 521. São condições para o funcionamento do Sindicato:

a) proibição de qualquer propaganda de doutrinas incompatíveis com as instituições e os interesses da Nação, bem como de candidaturas a cargos eletivos estranhos ao sindicato.

- Alínea a com a redação dada pelo Dec.-lei 9.502/1946.

b) proibição de exercício de cargo eletivo cumulativamente com o de emprego remunerado pelo sindicato ou por entidade sindical de grau superior;

c) gratuidade do exercício dos cargos eletivos.

d) proibição de quaisquer atividades não compreendidas nas finalidades mencionadas no art. 511, inclusive as de caráter político-partidário;

e) proibição de cessão gratuita ou remunerada da respectiva sede a entidade de índole político-partidária.

- Alíneas d e e incluídas pelo Dec.-lei 9.502/1946.

Parágrafo único. Quando, para o exercício de mandato, tiver o associado de sindicato de empregados, de trabalhadores autônomos ou de profissionais liberais de se afastar do seu trabalho, poderá ser-lhe arbitrada pela assembleia-geral uma gratificação nunca excedente da importância de sua remuneração na profissão respectiva.

SEÇÃO III
DA ADMINISTRAÇÃO DO SINDICATO

Art. 522. A administração do sindicato será exercida por uma diretoria constituída no máximo de sete e no mínimo de três membros e de um Conselho Fiscal composto de três membros, eleitos esses órgãos pela Assembleia-Geral.

- Súm. 369, II, do TST.
- OJ 365 da SDI-1 do TST.

§ 1º A diretoria elegerá, dentre os seus membros, o presidente do sindicato.

§ 2º A competência do Conselho Fiscal é limitada à fiscalização da gestão financeira do sindicato.

§ 3º Constituirão atribuição exclusiva da Diretoria do Sindicato e dos Delegados Sindicais, a que se refere o art. 523, a representação e a defesa dos interesses da entidade perante os poderes públicos e as empresas, salvo mandatário com poderes outorgados por procuração da Diretoria, ou associado investido em representação prevista em lei.

- § 3º com a redação dada pelo Dec.-lei 9.502/1946.

Art. 523. Os Delegados Sindicais destinados à direção das delegacias ou seções instituídas na forma estabelecida no § 2º do art. 517 serão designados pela diretoria dentre os associados radicados no território da correspondente delegacia.

- OJ 369 da SDI-1 do TST.

Art. 524. Serão sempre tomadas por escrutínio secreto, na forma estatutária, as deliberações da Assembleia-Geral concernentes aos seguintes assuntos:

- *Caput* com a redação dada pela Lei 2.693/1955.
- OJs 8, 28, 29 e 35 da SDC do TST.

a) eleição de associado para representação da respectiva categoria prevista em lei;

b) tomada e aprovação de contas da diretoria;

c) aplicação do patrimônio;

d) julgamento dos atos da Diretoria, relativos a penalidades impostas a associados;

- Alíneas a a d com a redação dada pelo Dec.-lei 9.502/1946.

e) pronunciamento sobre relações ou dissídio de trabalho. Neste caso, as deliberações da Assembleia-Geral só serão consideradas válidas quando ela tiver sido especialmente convocada para esse fim, de acordo com as disposições dos estatutos da entidade sindical. O quorum para validade da Assembleia será de metade mais um dos associados quites; não obtido esse quorum em primeira convocação, reunir-se-á a Assembleia em segunda convocação com os presentes, considerando-se aprovadas as deliberações que obtiverem 2/3 (dois terços) dos votos.

- Alínea e com a redação pela Lei 2.693/1955.
- Art. 859 da CLT.

§ 1º A eleição para cargos de diretoria e conselho fiscal será realizada por escrutínio secreto, durante 6 (seis) horas contínuas, pelo menos, na sede do Sindicato, na de suas delegacias e seções e nos principais locais de trabalho, onde funcionarão as mesas coletoras designadas pelos Delegados Regionais do Trabalho.

§ 2º Concomitantemente ao término do prazo estipulado para a votação, instalar-se-á, em Assembleia Eleitoral pública e permanente, na sede do Sindicato, a mesa apuradora, para a qual serão enviadas, imediatamente, pelos presidentes das mesas coletoras, as urnas receptoras e as atas respectivas. Será facultada a designação de mesa apuradora supletiva sempre que as peculiaridades ou conveniências do pleito a exigirem.

§ 3º A mesa apuradora será presidida por membro do Ministério Público do Trabalho ou pessoa de notória idoneidade, designado pelo Procurador-Geral da Justiça do Trabalho ou Procuradores Regionais.

§ 4º O pleito só será válido na hipótese de participarem da votação mais de 2/3 (dois terços) dos associados com capacidade para votar. Não obtido esse coeficiente, será realizada nova eleição dentro de 15 (quinze) dias, a qual terá validade se nela tomarem parte mais de 50% (cinquenta por cento) dos referidos associados. Na hipótese de não ter sido alcançado, na segunda votação, o coeficiente exigido, será realizado o terceiro e último pleito, cuja validade dependerá do voto de mais de 40% (quarenta por cento) dos aludidos associados, proclamando o Presidente da mesa apuradora em qualquer dessas hipóteses os eleitos, os quais serão empossados automaticamente na data do término do mandato expirante, não tendo efeito suspensivo os protestos ou recursos oferecidos na conformidade da lei.

§ 5º Não sendo atingido o coeficiente legal para eleição, o Ministério do Trabalho, Indústria e Comércio declarará a vacância da administração, a partir do término do mandato dos membros em exercício, e designará administrador para o Sindicato, realizando-se novas eleições dentro de 6 (seis) meses.

- §§ 1º a 5º incluídos pelo Dec.-lei 9.502/1946.

Art. 525. É vedada a pessoas físicas ou jurídicas, estranhas ao Sindicato, qualquer interferência na sua administração ou nos seus serviços.

- *Caput* com a redação dada pelo Dec.-lei 9.502/1946.

Parágrafo único. Estão excluídos dessa proibição:

a) os delegados do Ministério do Trabalho, Indústria e Comércio, especialmente designados pelo ministro ou por quem o represente;

b) os que, como empregados, exerçam cargos no Sindicato mediante autorização da Assembleia-Geral.

Art. 526. Os empregados do Sindicato serão nomeados pela diretoria respectiva ad referendum, da Assembleia-Geral, não podendo recair tal nomeação nos que estiverem nas condições previstas nos itens II, IV, V, VI, VII e VIII do art. 530 e, na hipótese de o nomeador haver sido dirigente sindical, também nas do item I do mesmo artigo.

- *Caput* com a redação dada pelo Dec.-lei 925/1969.

Parágrafo único. (Revogado pela Lei 11.295/2006.)

- Consta conforme publicação oficial.

§ 2º Aplicam-se ao empregado de entidade sindical os preceitos das leis de proteção do trabalho e de previdência social, inclusive o direito de associação em sindicato.

- § 2º incluído pela Lei 11.295/2006.

Art. 527. Na sede de cada sindicato haverá um livro de registro, autenticado pelo funcionário competente do Ministério do Trabalho, Indústria e Comércio, e do qual deverão constar:

- Art. 8º, I, da CF.

a) tratando-se de sindicato de empregadores; a firma, individual ou coletiva, ou a denominação das empresas e sua sede, o nome, idade, estado civil, nacionalidade e residência dos respectivos sócios ou, em se tratando de sociedade por ações, dos diretores, bem como a indicação desses dados quanto ao sócio ou diretor que representar a empresa no sindicato;

b) tratando-se de sindicato de empregados ou de agentes ou trabalhadores autônomos ou de profissionais liberais, alem do nome, idade, estado civil, nacionalidade, profissão ou função e residência de cada associado, o estabelecimento ou lugar onde exerce a sua profissão ou função, o número e a série da respectiva carteira profissional e o número da inscrição na instituição de previdência a que pertencer.

Art. 528. Ocorrendo dissídio ou circunstâncias que perturbem o funcionamento de entidade sindical ou motivos relevantes de segurança nacional, o Ministro do Trabalho e Previdência Social poderá nela intervir, por intermédio de Delegado ou de Junta Interventora, com atribuições para administrá-la e executar ou propor as medidas necessárias para normalizar-lhe o funcionamento.

- Art. 528 com a redação dada pelo Dec.-lei 3/1966.

SEÇÃO IV
DAS ELEIÇÕES SINDICAIS

Art. 529. São condições para o exercício do direito do voto como para a investidura em cargo de administração ou representação econômica ou profissional:

- Art. 8º, VII da CF.

a) ter o associado mais de seis meses de inscrição no Quadro Social e mais de 2 (dois) anos de exercício da atividade ou da profissão;

- Alínea a com a redação dada pelo Dec.-lei 8.080/1945.

b) ser maior de 18 (dezoito) anos;

c) estar no gozo dos direitos sindicais.

Parágrafo único. É obrigatório aos associados o voto nas eleições sindicais.

- Parágrafo único incluído pelo Dec.-lei 229/1967.

Art. 530. Não podem ser eleitos para cargos administrativos ou de representação econômica ou profissional, nem permanecer no exercício desses cargos:

- *Caput* com a redação dada pelo Dec.-lei 229/1967.

I – os que não tiverem definitivamente aprovadas as suas contas de exercício em cargos de administração;

II – os que houverem lesado o patrimônio de qualquer entidade sindical;

III – os que não estiverem, desde dois (2) anos antes, pelo menos, no exercício efetivo da atividade ou da profissão dentro da base territorial do sindicato, ou no desempenho de representação econômica ou profissional;

IV – os que tiverem sido condenados por crime doloso enquanto persistirem os efeitos da pena;

V – os que não estiverem no gozo de seus direitos políticos;

- Incisos I a V com a redação da pelo Decreto-lei 229/1967.

VI – (Revogado pela Lei 8.865/1994.)

VII – má conduta, devidamente comprovada;

- Incisos VII incluído pelo Dec.-lei 507/1969.

VIII – (Revogado pela Lei 8.865/1994.)

Parágrafo único: (Revogado pela Lei 2.693/1955.)

Art. 531. Nas eleições para cargos de diretoria e do conselho fiscal serão considerados eleitos os candidatos que obtiverem maioria absoluta de votos em relação ao total dos associados eleitores.

§ 1º Não concorrendo à primeira convocação maioria absoluta de eleitores, ou não obtendo nenhum dos candidatos essa maioria, proceder-se-á à nova convocação para dia posterior, sendo então considerados eleitos os candidatos que obtiverem maioria dos eleitores presentes.

§ 2º Havendo somente uma chapa registrada para as eleições, poderá a assembleia em última convocação ser realizada duas horas após à primeira convocação desde que do edital respectivo conste essa advertência.

§ 3º Concorrendo mais de uma chapa poderá o Ministério do Trabalho, Indústria e Comércio designar o presidente da sessão eleitoral, desde que o requeiram os associados que encabeçarem as respectivas chapas.

› § 3º com a redação dada pelo Dec.-lei 8.080/1945.

§ 4º O ministro do Trabalho, Indústria e Comércio expedirá instruções regulando o processo das eleições.

Art. 532. As eleições para a renovação da Diretoria e do Conselho Fiscal deverão ser procedidas dentro do prazo máximo de 60 (sessenta) dias e mínimo de 30 (trinta) dias, antes do término do mandato dos dirigentes em exercício.

› *Caput* com a redação dada pelo Dec.-lei 8.080/1945.

§ 1º Não havendo protesto na ata da assembleia eleitoral ou recurso interposto por algum dos candidatos, dentro de 15 dias a contar da data das eleições, a posse da diretoria eleita independerá da aprovação das eleições pelo Ministério do Trabalho, Indústria e Comércio.

§ 2º Competirá, à diretoria em exercício, dentro de 30 dias da realização das eleições" e não tendo havido recurso, dar publicidade ao resultado do pleito, fazendo comunicação ao órgão local do Ministério do Trabalho, Indústria e Comércio, da relação dos eleitos, com os dados pessoais de cada um e a designação da função que vai exercer.

§ 3º Havendo protesto na ata da assembleia eleitoral ou recurso interposto dentro de 15 dias da realização das eleições, competirá a diretoria em exercício encaminhar, devidamente instruído, o processo eleitoral ao órgão local do Ministério do Trabalho, Indústria e Comércio, que o encaminhará para decisão do Ministro de Estado. Nesta hipótese, permanecerão na administração até despacho final do processo a diretoria e o conselho fiscal que se encontrarem em exercício.

§ 4º Não se verificando as hipóteses previstas no parágrafo anterior, a posse da nova diretoria deverá se verificar dentro de 30 dias subsequentes ao término do mandato da anterior.

› §§ 1º a 4º com a redação dada pelo Dec.-lei 8.080/1945.

§ 5º Ao assumir o cargo, o eleito prestará, por escrito e solenemente, o compromisso de respeitar, no exercício do mandato, a Constituição, as leis vigentes e os estatutos da entidade.

› § 5º incluído pelo Dec.-lei 229/1967.

SEÇÃO V
DAS ASSOCIAÇÕES SINDICAIS DE GRAU SUPERIOR

Art. 533. Constituem associações sindicais de grau superior as federações e confederações organizadas nos termos desta Lei.

Art. 534. É facultado aos Sindicatos, quando em número não inferior a 5 (cinco), desde que representem a maioria absoluta de um grupo de atividades ou profissões idênticas, similares ou conexas, organizarem-se em federação.

§ 1º Se já existir federação no grupo de atividades ou profissões em que deva ser constituída a nova entidade, a criação desta não poderá reduzir a menos de 5 (cinco) o número de Sindicatos que àquela devam continuar filiados.

§ 2º As federações serão constituídas por Estados, podendo o Ministro do Trabalho, Indústria e Comércio autorizar a constituição de Federações interestaduais ou nacionais.

§ 3º É permitido a qualquer federação, para o fim de lhes coordenar os interesses, agrupar os Sindicatos de determinado município ou região a ela filiados; mas a união não terá direito de representação das atividades ou profissões agrupadas.

› Art. 534 com a redação dada pela Lei 3.265/1957.

Art. 535. As Confederações organizar-se-ão com o mínimo de 3 (três) federações e terão sede na Capital da República.

§ 1º As confederações formadas por federações de Sindicatos de empregadores denominar-se-ão: Confederação Nacional da Indústria, Confederação Nacional do Comércio, Confederação Nacional de Transportes Marítimos, Fluviais e Aéreos, Confederação Nacional de Transportes Terrestres, Confederação Nacional de Comunicações e Publicidade, Confederação Nacional das Empresas de Crédito e Confederação Nacional de Educação e Cultura.

§ 2º As confederações formadas por federações de Sindicatos de empregados terão a denominação de: Confederação Nacional dos Trabalhadores na Indústria, Confederação Nacional dos Trabalhadores no Comércio, Confederação Nacional dos Trabalhadores em Transportes Marítimos, Fluviais e Aéreos, Confederação Nacional dos Trabalhadores em Transportes Terrestres, Confederação Nacional dos Trabalhadores em Comunicações e Publicidade, Confederação Nacional dos Trabalhadores nas Empresas de Crédito e Confederação Nacional dos Trabalhadores em Estabelecimentos de Educação e Cultura.

§ 3º Denominar-se-á Confederação Nacional das Profissões Liberais a reunião das respectivas federações.

§ 4º As associações sindicais de grau superior da Agricultura e Pecuária serão organizadas na conformidade do que dispuser a lei que regular a sindicalização dessas atividades ou profissões.

Art. 536. (Revogado pelo Dec.-lei 229/1967.)

Art. 537. O pedido de reconhecimento de uma federação será dirigido ao ministro do Trabalho, Indústria e Comércio, acompanhado de um exemplar dos respectivos estatutos e das cópias autenticadas das atas da assembleia de cada sindicato ou federação que autorizar a filiação.

§ 1º A organização das federações e confederações obedecerá às exigências contidas nas alíneas b e c do art. 515.

§ 2º A carta de reconhecimento das federações será expedida pelo ministro do Trabalho, Indústria e Comércio, na qual será especificada a coordenação econômica ou profissional conferida e mencionada a base territorial outorgada.

§ 3º O reconhecimento das confederações será feito por decreto do Presidente da República.

Art. 538. A administração das federações e confederações será exercida pelos seguintes órgãos:

› *Caput* com a redação dada pela Lei 2.693/1955.

a) Diretoria;

b) Conselho de Representantes;

c) Conselho Fiscal.

› Alíneas a a c com a redação dada pela Lei 2.693/1955.

§ 1º A Diretoria será constituída no mínimo de 3 (três) membros e de 3 (três) membros se comporá o Conselho Fiscal, os quais serão eleitos pelo Conselho de Representantes com mandato por 3 (três) anos.

› § 1º com a redação dada pelo Dec.-lei 771/1969.

§ 2º Só poderão ser eleitos os integrantes dos grupos das federações ou dos planos das confederações, respectivamente.

› § 2º com a redação dada pela Lei 2.693/1955.

§ 3º O Presidente da federação ou confederação será escolhido dentre os seus membros, pela Diretoria.

› § 3º com a redação dada pela Lei 2.693/1955.

§ 4º O Conselho de Representantes será formado pelas delegações dos Sindicatos ou das Federações filiadas, constituída cada delegação de 2 (dois) membros, com mandato por 3 (três) anos, cabendo 1 (um) voto a cada delegação.

› § 4º com a redação dada pelo Dec.-lei 771/1969.

§ 5º A competência do Conselho Fiscal é limitada à fiscalização da gestão financeira.

› § 5º com a redação dada pela Lei 2.693/1955.

Art. 539. Para a constituição e administração das Federações serão observadas, no que for aplicável, as disposições das Seções II e III do presente Capítulo.

SEÇÃO VI
DOS DIREITOS DOS EXERCENTES DE ATIVIDADES OU PROFISSÕES E DOS SINDICALIZADOS

Art. 540. A toda empresa, ou indivíduo que exerçam respectivamente atividade ou profissão, desde que satisfaçam as exigências desta lei, assiste o direito de ser admitido no sindicato da respectiva categoria.

§ 1º Perderá os direitos de associado o sindicalizado que, por qualquer motivo, deixar o exercício de atividade ou de profissão.

§ 2º Os associados de Sindicatos de empregados, de agentes ou trabalhadores autônomos e de profissões liberais que forem aposentados, estiverem em desemprego ou falta de trabalho ou tiverem sido convocados para prestação de serviço militar não perderão os respectivos direitos sindicais e ficarão isentos de qualquer contribuição, não podendo, entretanto, exercer cargo de administração sindical ou de representação econômica ou profissional.

Art. 541. Os que exercerem determinada atividade ou profissão onde não haja Sindicato da respectiva categoria, ou de atividade ou profissão similar ou conexa, poderão filiar-se a Sindicato de profissão idêntica, similar ou conexa, existente na localidade mais próxima.

Parágrafo único. O disposto neste artigo se aplica aos Sindicatos em relação às respectivas federações, na conformidade do Quadro de Atividades e Profissões a que se refere o art. 577.

Art. 542. De todo o ato lesivo de direitos ou contrário a esta lei, emanado da Diretoria, do Conselho ou da Assembleia-Geral da entidade sindical, poderá qualquer exercente de atividade ou profissão recorrer, dentro de 30 dias, para a autoridade competente do Ministério do Trabalho, Indústria e Comércio.

Art. 543. O empregado eleito para cargo de administração sindical ou representação profissional, inclusive junto a órgão de deliberação coletiva, não poderá ser impedido do exercício de suas funções, nem transferido para lugar ou mister que lhe dificulte ou torne impossível o desempenho das suas atribuições sindicais.

- *Caput* com a redação dada pelo Dec.-lei 229/1967.
- Art. 11 da CF.

§ 1º O empregado perderá o mandato se a transferência for por ele solicitada ou voluntariamente aceita.

§ 2º Considera-se de licença não remunerada, salvo assentimento da empresa ou cláusula contratual, o tempo em que o empregado se ausentar do trabalho no desempenho das funções a que se refere este artigo.

- §§ 1º e 2º com a redação dada pelo Dec.-lei 229/1967.

§ 3º Fica vedada a dispensa do empregado sindicalizado ou associado, a partir do momento do registro de sua candidatura a cargo de direção ou representação de entidade sindical ou de associação profissional, até 1 (um) ano após o final do seu mandato, caso seja eleito inclusive como suplente, salvo se cometer falta grave devidamente apurada nos termos desta Consolidação.

- § 3º com a redação dada pela Lei 7.543/1986 (Política Nacional do Cooperativismo).
- Art. 8º, VIII, da CF.
- Art. 55 da Lei 5.764/1971.
- Súm. 197 do STF.
- Súm. 369 e 379 do TST.
- OJs 365 e 369 da SDI-1 do TST.
- OJs 65, 137 e 142 da SDI-2 do TST.

§ 4º Considera-se cargo de direção ou de representação sindical aquele cujo exercício ou indicação decorre de eleição prevista em lei.

- § 4º com a redação dada pela Lei 7.223/1984.

§ 5º Para os fins deste artigo, a entidade sindical comunicará por escrito à empresa, dentro de 24 (vinte e quatro) horas, o dia e a hora do registro da candidatura do seu empregado e, em igual prazo, sua eleição e posse, fornecendo, outrossim, a este, comprovante no mesmo sentido. O Ministério do Trabalho e Previdência Social fará no mesmo prazo a comunicação no caso da designação referida no final do § 4º. (Incluído pelo Dec.-lei 229/1967)

- Súm. 369, I, do TST.

§ 6º A empresa que, por qualquer modo, procurar impedir que o empregado se associe a sindicato, organize associação profissional ou sindical ou exerça os direitos inerentes à condição de sindicalizado fica sujeita à penalidade prevista na letra a do art. 553, sem prejuízo da reparação a que tiver direito o empregado. (Incluído pelo Dec.-lei 229/1967)

Art. 544. É livre a associação profissional ou sindical, mas ao empregado sindicalizado é assegurada, em igualdade de condições, preferência:

- *Caput* com a redação dada pelo Dec.-lei 229/1967.
- Arts. 5º, XX, e 8º, V, da CF.

I – para a admissão nos trabalhos de empresa que explore serviços públicos ou mantenha contrato com os poderes públicos;

II – para ingresso em funções públicas ou assemelhadas, em caso de cessação coletiva de trabalho, por motivo de fechamento de estabelecimento;

III – nas concorrências para aquisição de casa própria, pelo Plano Nacional de Habitação ou por intermédio de quaisquer instituições públicas;

IV – nos loteamentos urbanos ou rurais, promovidos pela União, por seus órgãos de administração direta ou indireta ou sociedades de economia mista;

V – na locação ou compra de imóveis, de propriedade de pessoa de direito público ou sociedade de economia mista, quando sob ação de despejo em tramitação judicial;

VI – na concessão de empréstimos simples concedidos pelas agências financeiras do Governo ou a ele vinculadas;

VII – na aquisição de automóveis, outros veículos e instrumentos relativos ao exercício da profissão, quando financiados pelas autarquias, sociedades de economia mista ou agências financeiras do Governo;

- Incisos I a VII com a redação dada pelo Dec.-lei 229/1967.

VIII – (Revogado pela Lei 8.630/1993.)

IX – na concessão de bolsas de estudo para si ou para seus filhos, obedecida a legislação que regule a matéria.

- Inciso IX com a redação dada pelo Dec.-lei 229/1967.

Art. 545. Os empregadores ficam obrigados a descontar da folha de pagamento dos seus empregados, desde que por eles devidamente autorizados, as contribuições devidas ao sindicato, quando por este notificados. (Redação dada pela Lei 13.467/2017.)

- Art. 8º, IV, da CF.
- OJ 17 da SDC.
- Precedente Normativo 119 do TST.

Parágrafo único. O recolhimento à entidade sindical beneficiária do importe descontado deverá ser feito até o décimo dia subsequente ao do desconto, sob pena de juros de mora no valor de 10% (dez por cento) sobre o montante retido, sem prejuízo da multa prevista no art. 553 e das cominações penais relativas à apropriação indébita. (Parágrafo único incluído pelo Dec.-lei 925/1969)

Art. 546. Às empresas sindicalizadas é assegurada preferência, em igualdade de condições, nas concorrências para exploração de serviços públicos, bem como nas concorrências para fornecimento às repartições federais, estaduais e municipais e às entidades paraestatais.

Art. 547. É exigida a qualidade de sindicalizado para o exercício de qualquer função representativa de categoria econômica ou profissional, em órgão oficial de deliberação coletiva, bem como para o gozo de favores ou isenções tributárias, salvo em se tratando de atividades não econômicas.

Parágrafo único. Antes da posse ou exercício das funções a que alude o artigo anterior ou de concessão dos favores será indispensável comprovar a sindicalização, ou oferecer prova, mediante certidão negativa no Departamento Nacional do Trabalho, no Distrito Federal, ou da autoridade regional do Ministério do Trabalho, Indústria e Comércio, nos Estados e no Território do Acre, de que não existe sindicato no local onde o interessado exerce a respectiva atividade ou profissão.

- Arts. 5º, XX e 8º, V, da CF.

SEÇÃO VII
DA GESTÃO FINANCEIRA DO SINDICATO E SUA FISCALIZAÇÃO

Art. 548. Constituem o patrimônio das associações sindicais:

a) as contribuições devidas aos Sindicatos pelos que participem das categorias econômicas ou profissionais ou das profissões liberais representadas pelas referidas entidades, sob a denominação de imposto sindical, pagas e arrecadadas na forma do Capítulo III deste Título;

- Art. 35, V, do Dec.-lei 229/1967.

b) as contribuições dos associados, na forma estabelecida nos estatutos ou pelas Assembleias-Gerais;

c) os bens e valores adquiridos e as rendas produzidas pelos mesmos;

d) as doações e legados;

e) as multas e outras rendas eventuais.

Art. 549. A receita dos sindicatos, federações e confederações só poderá ter aplicação na forma prevista nos respectivos orçamentos anuais, obedecidas as disposições estabelecidas na lei e nos seus estatutos.

§ 1º Para alienação, locação ou aquisição de bens imóveis, ficam as entidades sindicais obrigadas a realizar avaliação prévia pela Caixa Econômica Federal ou pelo Banco Nacional da Habitação ou, ainda, por qualquer outra organização legalmente habilitada a tal fim.

§ 2º Os bens imóveis das entidades sindicais não serão alienados sem a prévia autorização das respectivas assembleias--gerais, reunidas com a presença da maioria absoluta dos associados com direito a voto ou dos Conselhos de Representantes com a maioria absoluta dos seus membros.

§ 3º Caso não seja obtido o quorum estabelecido no parágrafo anterior, a matéria poderá ser decidida em nova assembleia--geral, reunida com qualquer número de associados com direito a voto, após o transcurso de 10 (dez) dias da primeira convocação.

§ 4º Nas hipóteses previstas no § 2º e 3º a decisão somente terá validade se adotada pelo mínimo de 2/3 (dois terços) dos presentes, em escrutínio secreto.

§ 5º Da deliberação da assembleia-geral, concernente à alienação de bens imóveis, caberá recurso voluntário, dentro do prazo de 15 (quinze) dias, ao Ministro do Trabalho, com efeito suspensivo.

§ 6º A venda do imóvel será efetuada pela diretoria da entidade, após a decisão da Assembleia-Geral ou do Conselho de Representantes, mediante concorrência pública, com edital publicado no Diário oficial da União e na imprensa diária, com antecedência mínima de 30 (trinta) dias da data de sua realização.

§ 7º Os recursos destinados ao pagamento total ou parcelado dos bens imóveis adquiridos serão consignados, obrigatoriamente, nos orçamentos anuais das entidades sindicais.

› Art. 549 com a redação dada pela Lei 6.386/1976.

Art. 550. Os orçamentos das entidades sindicais serão aprovados, em escrutínio secreto, pelas respectivas Assembleias--Gerais ou Conselho de Representantes, até 30 (trinta) dias antes do início do exercício financeiro a que se referem, e conterão a discriminação da receita e da despesa, na forma das instruções e modelos expedidos pelo Ministério do Trabalho.

§ 1º Os orçamentos, após a aprovação prevista no presente artigo, serão publicados, em resumo, no prazo de 30 (trinta) dias, contados da data da realização da respectiva Assembleia-Geral ou da reunião do Conselho de Representantes, que os aprovou, observada a seguinte sistemática:

a) no Diário oficial da União – Seção I – Parte II, os orçamentos das confederações, federações e sindicatos de base interestadual ou nacional;

b) no órgão de imprensa oficial do Estado ou Território ou jornal de grande circulação local, os orçamentos das federações estaduais e sindicatos distritais municipais, intermunicipais e estaduais.

› Dec. 9.215/2017 (Publicação de atos oficiais no DOU.)

§ 2º As dotações orçamentárias que se apresentarem insuficientes para o atendimento das despesas, ou não incluídas nos orçamentos correntes, poderão ser ajustadas ao fluxo dos gastos, mediante a abertura de créditos adicionais solicitados pela Diretoria da entidade às respectivas Assembleias-Gerais ou Conselhos de Representantes, cujos atos concessórios serão publicados até o último dia do exercício correspondente, obedecida a mesma sistemática prevista no parágrafo anterior.

§ 3º Os créditos adicionais classificam--se em:

a) suplementares, os destinados a reforçar dotações alocadas no orçamento; e

b) especiais, os destinados a incluir dotações no orçamento, a fim de fazer face às despesas para as quais não se tenha consignado crédito específico.

§ 4º A abertura dos créditos adicionais depende da existência de receita para sua compensação, considerando-se, para esse efeito, desde que não comprometidos:

a) o superávit financeiro apurado em balanço do exercício anterior;

b) o excesso de arrecadação, assim entendido o saldo positivo da diferença entre a renda prevista e a realizada, tendo-se em conta, ainda, a tendência do exercício; e

c) a resultante da anulação parcial ou total de dotações alocadas no orçamento ou de créditos adicionais abertos no exercício.

§ 5º Para efeito orçamentário e contábil sindical, o exercício financeiro coincidirá com o ano civil, a ele pertencendo todas as receitas arrecadadas e as despesas compromissadas.

› Art. 550 com a redação dada pela Lei 6.386/1976.

Art. 551. Todas as operações de ordem financeira e patrimonial serão evidenciadas pelos registros contábeis das entidades sindicais, executados sob a responsabilidade de contabilista legalmente habilitado, em conformidade com o plano de contas e as instruções baixadas pelo Ministério do Trabalho.

§ 1º A escrituração contábil a que se refere este artigo será baseada em documentos de receita e despesa, que ficarão arquivados nos serviços de contabilidade, à disposição dos órgãos responsáveis pelo acompanhamento administrativo e da fiscalização financeira da própria entidade, ou do controle que poderá ser exercido pelos órgãos da União, em face da legislação específica.

§ 2º Os documentos comprobatórios dos atos de receita e despesa, a que se refere o parágrafo anterior, poderão ser incinerados, após decorridos 5 (cinco) anos da data de quitação das contas pelo órgão competente.

§ 3º É obrigatório o uso do livro Diário, encadernado, como folhas seguida e tipograficamente numeradas, para a escrituração, pelo método das partidas dobradas, diretamente ou por reprodução, dos atos ou operações que modifiquem ou venham a modificar a situação patrimonial da entidade, o qual conterá, respectivamente, na primeira e na última páginas, os termos de abertura e de encerramento.

§ 4º A entidade sindical que se utilizar de sistema mecânico ou eletrônico para sua escrituração contábil, poderá substituir o Diário e os livros facultativos ou auxiliares por fichas ou formulários contínuos, cujos lançamentos deverão satisfazer a todos os requisitos e normas de escrituração exigidos com relação aos livros mercantis, inclusive no que respeita a termos de abertura e de encerramento e numeração sequencial e tipográfica.

§ 5º Na escrituração por processos de fichas ou formulários contínuos, a entidade adotará livro próprio para inscrição do balanço patrimonial e da demonstração do resultado do exercício, o qual conterá os mesmos requisitos exigidos para os livros de escrituração.

§ 6º Os livros e fichas ou formulários contínuos serão obrigatoriamente submetidos a registro e autenticação das Delegacias Regionais do Trabalho localizadas na base territorial da entidade.

§ 7º As entidades sindicais manterão registro específico dos bens de qualquer natureza, de sua propriedade, em livros ou fichas próprias, que atenderão às mesmas formalidades exigidas para o livro Diário, inclusive no que se refere ao registro e autenticação da Delegacia Regional do Trabalho local.

§ 8º As contas dos administradores das entidades sindicais serão aprovadas, em escrutínio secreto, pelas respectivas Assembleias-Gerais ou Conselhos de Representantes, com prévio parecer do Conselho Fiscal, cabendo ao Ministro do Trabalho estabelecer prazos e procedimentos para a sua elaboração e destinação.

› Art. 551 com a redação dada pela Lei 6.386/1976.

Art. 552. Os atos que importem em malversação ou dilapidação do patrimônio das associações ou entidades sindicais ficam equiparados ao crime de peculato julgado e punido na conformidade da legislação penal.

› Art. 552 com a redação dada pelo Dec.-lei 925/1969.

SEÇÃO VIII
DAS PENALIDADES

Art. 553. As infrações ao disposto neste Capítulo serão punidas, segundo o seu caráter e a sua gravidade, com as seguintes penalidades:

a) multa de Cr$ 100 (cem cruzeiros) e 5.000 (cinco mil cruzeiros), dobrada na reincidência;

› Art. 19 da Lei 5.584/1970 (Normas de Direito Processual do Trabalho.)

b) suspensão de diretores por prazo não superior a 30 (trinta) dias;

c) destituição de diretores ou de membros de conselho;

d) fechamento de Sindicato, Federação ou Confederação por prazo nunca superior a 6 (seis) meses;

e) cassação da carta de reconhecimento;

f) multa de 1/30 (um trinta avos) do salário mínimo regional, aplicável ao associado que deixar de cumprir sem causa justificada, o disposto no parágrafo único do artigo 529.

› Alínea f incluída pelo Dec.-lei 229/1967.

§ 1º A imposição de penalidades aos administradores não exclui a aplicação das que este artigo prevê para a associação.

‣ Parágrafo único renumerado pelo Dec.-lei 925/1969.

§ 2º Poderá o Ministro do Trabalho e Previdência Social determinar o afastamento preventivo de cargo ou representação sindicais de seus exercentes, com fundamento em elementos constantes de denúncia formalizada que constituam indício veemente ou início de prova bastante do fato e da autoria denunciados.

‣ § 2º incluído pelo Dec.-lei 925/1969.

Art. 554. Destituída a administração na hipótese da alínea c do artigo anterior, o ministro do Trabalho, Indústria e Comércio nomeará um delegado para dirigir a associação e proceder, dentro do prazo de 90 dias, em assembleia-geral por ele convocada e presidida, à eleição dos novos diretores e membros do Conselho Fiscal.

‣ Art. 5º, XIX, da CF.

Art. 555. A pena de cassação da carta de reconhecimento será imposta à entidade sindical:

‣ Art. 5º, XIX, da CF.

a) que deixar de satisfazer as condições de constituição e funcionamento estabelecidas nesta Lei;

b) que se recusar ao cumprimento de ato do Presidente da República, no uso da faculdade conferida pelo art. 536;

‣ O referido art. 536 foi revogado pelo Dec.-lei 229/1967.

c) que criar obstáculos à execução da política econômica adotada pelo Governo.

‣ Alínea c com a redação dada pelo Dec.-lei 8.080/1945.

Art. 556. A cassação da carta de reconhecimento da entidade sindical não importará no cancelamento de seu registro, nem, consequentemente, a sua dissolução, que se processará de acordo com as disposições da lei que regulam a dissolução das associações civis.

Parágrafo único. No caso de dissolução, por se achar a associação incursa nas leis que definem crimes contra a personalidade internacional, a estrutura e a segurança do Estado e a ordem política e social, os seus bens, pagas as dívidas decorrentes das suas responsabilidades, serão incorporados ao patrimônio da União e aplicados em obras de assistência social.

Art. 557. As penalidades de que trata o art. 553 serão impostas:

a) as das alíneas a e b, pelo diretor-geral do Departamento Nacional do Trabalho, com recurso para o ministro de Estado;

b) as demais, pelo ministro de Estado.

§ 1º Quando se trata de associações de grau superior, as penalidades serão impostas pelo ministro de Estado, salvo se a pena for da cassação da carta de reconhecimento de confederação, caso em que a pena será imposta pelo Presidente da República.

§ 2º Nenhuma pena será imposta sem que seja assegurada defesa ao acusado.

SEÇÃO IX
DISPOSIÇÕES GERAIS

Art. 558. São obrigadas ao registro todas as associações profissionais constituídas por atividades ou profissões idênticas, similares ou conexas, de acordo com o art. 511 e na conformidade do Quadro de Atividades e Profissões a que alude o Capítulo II deste Título. As associações profissionais registradas nos termos deste artigo poderão representar, perante as autoridades administrativas e judiciárias, os interesses individuais dos associados relativos à sua atividade ou profissão, sendo-lhes também extensivas as prerrogativas contidas na alínea "d" e no parágrafo único do art. 513.

§ 1º O registro a que se refere o presente artigo competirá às Delegacias Regionais do Ministério do Trabalho e Previdência Social ou às repartições autorizadas em virtude da lei.

‣ § 1º com a redação dada pelo Dec.-lei 925/1969.

§ 2º O registro das associações far-se-á mediante requerimento, acompanhado da cópia autêntica dos estatutos e da declaração do número de associados, do patrimônio e dos serviços sociais organizados.

§ 3º As alterações dos estatutos das associações profissionais não entrarão em vigor sem aprovação da autoridade que houver concedido o respectivo registro.

Art. 559. O Presidente da República, excepcionalmente e mediante proposta do Ministro do Trabalho, fundada em razões de utilidade pública, poderá conceder, por decreto, às associações civis constituídas para a defesa e coordenação de interesses econômicos e profissionais e não obrigadas ao registro previsto no artigo anterior, a prerrogativa da alínea "d" do art. 513 deste Capítulo.

Art. 560. Não se reputará transmissão de bens, para efeitos fiscais, a incorporação do patrimônio de uma associação profissional ao da entidade sindical, ou das entidades aludidas entre si.

Art. 561. A denominação "sindicato" é privativa das associações profissionais de primeiro grau, reconhecidas na forma desta Lei.

Art. 562. As expressões "federação" e "confederação", seguidas da designação de uma atividade econômica ou profissional, constituem denominações privativas das entidades sindicais de grau superior.

Art. 563. (Revogado pelo Dec.-lei 925/1969.)

Art. 564. Às entidades sindicais, sendo-lhes peculiar e essencial a atribuição representativa e coordenadora das correspondentes categorias ou profissões, é vedado, direta ou indiretamente, o exercício de atividade econômica.

Art. 565. As entidades sindicais reconhecidas nos termos desta Lei não poderão filiar-se a organizações internacionais, nem com elas manter relações, sem prévia licença concedida por decreto do Presidente da República.

‣ Art. 565 com a redação dada pela Lei 2.802/1956.

Art. 566. Não podem sindicalizar-se os servidores do Estado e os das instituições paraestatais.

Parágrafo único. Excluem-se da proibição constante deste artigo os empregados das sociedades de economia mista, da Caixa Econômica Federal e das fundações criadas ou mantidas pelo Poder Público da União, dos Estados e Municípios.

‣ Parágrafo com a redação dada pela Lei 7.449/1985.

Arts. 567 a 569. (Revogados pelo Dec.-lei 229/1967.)

CAPÍTULO II
DO ENQUADRAMENTO SINDICAL

Art. 570. Os sindicatos constituir-se-ão, normalmente, por categorias econômicas ou profissionais, específicas, na conformidade da discriminação do quadro das atividades e profissões a que se refere o art. 577 ou segundo as subdivisões que, sob proposta da Comissão do Enquadramento Sindical, de que trata o art. 576, forem criadas pelo ministro do Trabalho, Indústria e Comércio.

‣ Súm. 374 do TST.

‣ OJ 9 da SDC do TST.

Parágrafo único. Quando os exercentes de quaisquer atividades ou profissões se constituírem, seja pelo número reduzido, seja pela natureza mesma dessas atividades ou profissões, seja pelas afinidades existentes entre elas, em condições tais que não se possam sindicalizar eficientemente pelo critério de especificidade de categoria, é-lhes permitido sindicalizar-se pelo critério de categorias similares ou conexas, entendendo-se como tais as que se acham compreendidas nos limites de cada grupo constante do Quadro de Atividades e Profissões.

Art. 571. Qualquer das atividades ou profissões concentradas na forma do parágrafo único do artigo anterior poderá dissociar-se do sindicato principal, formando um sindicato específico, desde que o novo sindicato, a juízo da Comissão do Enquadramento Sindical, ofereça possibilidade de vida associativa regular e de ação sindical eficiente.

Art. 572. Os sindicatos que se constituírem por categorias similares ou conexas, nos termos do parágrafo único do art. 570, adotarão denominação em que fiquem, tanto como possível, explicitamente mencionadas as atividades ou profissões concentradas, de conformidade com o quadro das atividades e profissões, ou se se tratar de subdivisões, de acordo com o que determinar a Comissão do Enquadramento Sindical.

Parágrafo único. Ocorrendo a hipótese do artigo anterior, o Sindicato principal terá a denominação alterada, eliminando-se-lhe a designação relativa à atividade ou profissão dissociada.

Art. 573. O agrupamento dos Sindicatos em Federações obedecerá às mesmas regras que as estabelecidas neste Capítulo para o agrupamento das atividades e profissões em Sindicatos.

Parágrafo único. As Federações de Sindicatos de profissões liberais poderão ser organizadas independentemente do grupo básico da Confederação, sempre que as respectivas profissões se acharem submetidas, por disposições de lei, a um único regulamento.

▸ § 1º renumerado para parágrafo único pelo Dec.-lei 229/1967.

Art. 574. Dentro da mesma base territorial, as empresas Industriais do tipo artesanal poderão constituir entidades sindicais, de primeiro e segundo graus, distintas das associações sindicais das empresas congêneres, de tipo diferente.

Parágrafo único. Compete à Comissão de Enquadramento Sindical definir, de modo genérico, com a aprovação do ministro do Trabalho, Indústria e Comércio, a dimensão e os demais característicos das empresas Industriais de tipo artesanal.

Art. 575. O quadro de atividades e profissões será revisto de dois em dois anos, por proposta da Comissão do Enquadramento Sindical, para o fim de ajustá-lo às condições da estrutura econômica e profissional do país.

§ 1º Antes de proceder à revisão do Quadro, a Comissão deverá solicitar sugestões às entidades sindicais e às associações profissionais.

§ 2º A proposta de revisão será submetida à aprovação do Ministro do Trabalho, Indústria e Comércio.

Art. 576. A Comissão do Enquadramento Sindical será constituída pelo Diretor-Geral do Departamento Nacional do Trabalho, que a presidirá, e pelos seguintes membros:

▸ *Caput* com a redação dada pela Lei 5.819/1972.

I – 2 (dois) representantes do Departamento Nacional do Trabalho;

II – 1 (um) representante do Departamento Nacional de Mão de Obra;

III – 1 (um) representante do Instituto Nacional de Tecnologia, do Ministério da Indústria e do Comércio;

IV – 1 (um) representante do Instituto Nacional de Colonização e Reforma Agrária, do Ministério da Agricultura;

V – 1 (um) representante do Ministério dos Transportes;

VI – 2 (dois) representantes das categorias econômicas; e

VII – 2 (dois) representantes das categorias profissionais.

▸ Incisos I a VII com a redação dada pela Lei 5.819/1972.

§ 1º Os membros da CES serão designados pelo Ministro do Trabalho e Previdência Social, mediante.

a) indicação dos titulares das Pastas, quanto aos representantes dos outros Ministérios;

b) indicação do respectivo Diretor-Geral, quanto ao do DNMO;

c) eleição pelas respectivas Confederações, em conjunto, quanto aos representantes das categorias econômicas e profissionais, de acordo com as instruções que forem expedidas pelo Ministro do Trabalho e Previdência Social.

§ 2º Cada Membro terá um suplente designado juntamente com o titular.

▸ §§ 1º e 2º com a redação dada pelo Dec.-lei 229/1967.

§ 3º Será de 3 (três) anos o mandato dos representantes das categorias econômica e profissional.

▸ § 3º com a redação dada pelo Dec.-lei 925/1969.

§ 4º Os integrantes da Comissão perceberão a gratificação de presença que for estabelecida por decreto executivo.

▸ § 4º com a redação dada pelo Dec.-lei 229/1967.

§ 5º Em suas faltas ou impedimentos o Diretor-Geral do DNT será substituído na presidência pelo Diretor substituto do Departamento ou pelo representante deste na Comissão, nesta ordem.

▸ § 5º com a redação dada pelo Dec.-lei 506/1969.

§ 6º Além das atribuições fixadas no presente Capítulo e concernentes ao enquadramento sindical, individual ou coletivo, e à classificação das atividades e profissões, competirá também à CES resolver, com recurso para o Ministro do Trabalho e Previdência Social, todas as dúvidas e controvérsias concernentes à organização sindical.

▸ § 6º com a redação dada pelo Dec.-lei 229/1967.

Art. 577. O Quadro de Atividades e Profissões em vigor fixará o plano básico do enquadramento sindical.

CAPÍTULO III
DA CONTRIBUIÇÃO SINDICAL

SEÇÃO I
DA FIXAÇÃO E DO RECOLHIMENTO DO IMPOSTO SINDICAL

▸ O art. 7º da Lei 11.648/2008, determina a vigência dos arts. 578 a 610 desta CLT até que a lei venha a disciplinar a contribuição negocial, vinculada ao exercício efetivo da negociação coletiva e à aprovação em assembleia-geral da categoria.

Art. 578. As contribuições devidas aos sindicatos pelos participantes das categorias econômicas ou profissionais ou das profissões liberais representadas pelas referidas entidades serão, sob a denominação de contribuição sindical, pagas, recolhidas e aplicadas na forma estabelecida neste Capítulo, desde que prévia e expressamente autorizadas. (Artigo com a redação dada pela Lei 13.467/2017.)

▸ Art. 149, da CF.

▸ OJ 17 da SDC.

Art. 579. O desconto da contribuição sindical está condicionado à autorização prévia e expressa dos que participarem de uma determinada categoria econômica ou profissional, ou de uma profissão liberal, em favor do sindicato representativo da mesma categoria ou profissão ou, inexistindo este, na conformidade do disposto no art. 591 desta Consolidação.(Artigo com a redação dada pela Lei 13.467/2017.)

Art. 580. A contribuição sindical será recolhida, de uma só vez, anualmente, e consistirá:

▸ *Caput* com a redação dada pela Lei 6.386/1976.

I – Na importância correspondente à remuneração de um dia de trabalho, para os empregados, qualquer que seja a forma da referida remuneração;

▸ Inciso I com a redação dada pela Lei 6.386/1976.

II – para os agentes ou trabalhadores autônomos e para os profissionais liberais, numa importância correspondente a 30% (trinta por cento) do maior valor de referência fixado pelo Poder Executivo, vigente à época em que é devida a contribuição sindical, arredondada para Cr$ 1,00 (um cruzeiro) a fração porventura existente;

III – para os empregadores, numa importância proporcional ao capital social da firma ou empresa, registrado nas respectivas Juntas Comerciais ou órgãos equivalentes, mediante a aplicação de alíquotas, conforme a seguinte tabela progressiva:

▸ Incisos II e III com a redação dada pela Lei 7.047/1982.

	Classe de Capital	Alíquota
1.	até 150 vezes o maior valor de referência	0,8%
2.	acima de 150 até 1.500 vezes o maior valor de referência	0,2%
3.	acima de 1.500 até 150.000 vezes o maior valor de referência	0,1%
4.	acima de 150.000 até 800.000 vezes o maior valor de referência	0,02%

§ 1º A contribuição sindical prevista na tabela constante do item III deste artigo corresponderá à soma da aplicação das alíquotas sobre a porção do capital distribuído em cada classe, observados os respectivos limites.

§ 2º Para efeito do cálculo de que trata a tabela progressiva inserta no item III deste artigo, considerar-se-á o valor de referência fixado pelo Poder Executivo, vigente à data de competência da contribuição, arredondando-se para Cr$ 1,00 (um cruzeiro) a fração porventura existente.

▸ §§ 1º e 2º com a redação dada pela Lei 6.386/1976.

§ 3º É fixada em 60% (sessenta por cento) do maior valor de referência, a que alude o parágrafo anterior, a contribuição mínima devida pelos empregadores, independentemente do capital social da firma ou empresa, ficando, do mesmo modo, estabelecido o capital equivalente a 800.000 (oitocentas mil) vezes o maior valor de referência, para efeito do cálculo da contribuição máxima, respeitada a Tabela progressiva constante do item III.

▸ § 3º com a redação dada pela Lei 7.047/1982.

§ 4º Os agentes ou trabalhadores autônomos e os profissionais liberais, organizados em firma ou empresa, com capital social registrado, recolherão a contribuição sindical de acordo com a tabela progressiva a que se refere o item III.

§ 5º As entidades ou instituições que não estejam obrigadas ao registro de capital social, considerarão, como capital, para efeito do cálculo de que trata a tabela progressiva constante do item III deste artigo, o valor resultante da aplicação do percentual de 40% (quarenta por cento) sobre o movimento econômico registrado no exercício imediatamente anterior, do que darão conhecimento à respectiva entidade sindical ou à Delegacia Regional do Trabalho, observados os limites estabelecidos no § 3º deste artigo.

§ 6º Excluem-se da regra do § 5º as entidades ou instituições que comprovarem, através de requerimento dirigido ao Ministério do Trabalho, que não exercem atividade econômica com fins lucrativos.

› §§ 4º a 6º com a redação dada pela Lei 6.386/1976.

Art. 581. Para os fins do item III do artigo anterior, as empresas atribuirão parte do respectivo capital às suas sucursais, filiais ou agências, desde que localizadas fora da base territorial da entidade sindical representativa da atividade econômica do estabelecimento principal, na proporção das correspondentes operações econômicas, fazendo a devida comunicação às Delegacias Regionais do Trabalho, conforme localidade da sede da empresa, sucursais, filiais ou agências.

› *Caput* com a redação dada pela Lei 6.386/1976.

§ 1º Quando a empresa realizar diversas atividades econômicas, sem que nenhuma delas seja preponderante, cada uma dessas atividades será incorporada à respectiva categoria econômica, sendo a contribuição sindical devida à entidade sindical representativa da mesma categoria, procedendo-se, em relação às correspondentes sucursais, agências ou filiais, na forma do presente artigo.

› § 1º com a redação dada pela Lei 6.386/1976.

§ 2º Entende-se por atividade preponderante a que caracterizar a unidade de produto, operação ou objetivo final, para cuja obtenção todas as demais atividades convirjam, exclusivamente em regime de conexão funcional.

› § 2º com a redação dada pela Lei 6.386/1976.

Art. 582. Os empregadores são obrigados a descontar da folha de pagamento de seus empregados relativa ao mês de março de cada ano a contribuição sindical dos empregados que autorizaram prévia e expressamente o seu recolhimento aos respectivos sindicatos. (*Caput* com a redação dada pela Lei 13.467/2017.)

§ 1º Considera-se um dia de trabalho, para efeito de determinação da importância a que alude o item I do Art. 580, o equivalente:

a) a uma jornada normal de trabalho, se o pagamento ao empregado for feito por unidade de tempo;

b) a 1/30 (um trinta avos) da quantia percebida no mês anterior, se a remuneração for paga por tarefa, empreitada ou comissão.

§ 2º Quando o salário for pago em utilidades, ou nos casos em que o empregado receba, habitualmente, gorjetas, a contribuição sindical corresponderá a 1/30 (um trinta avos) da importância que tiver servido de base, no mês de janeiro, para a contribuição do empregado à Previdência Social. (§§ 1º e 2º com a redação dada pela Lei 6.386/1976.)

Art. 583. O recolhimento da contribuição sindical referente aos empregados e trabalhadores avulsos será efetuado no mês de abril de cada ano, e o relativo aos agentes ou trabalhadores autônomos e profissionais liberais realizar-se-á no mês de fevereiro, observada a exigência de autorização prévia e expressa prevista no art. 579 desta Consolidação.

› *Caput* com a redação dada pela Lei 13.467/2017.

§ 1º O recolhimento obedecerá ao sistema de guias, de acordo com as instruções expedidas pelo Ministro do Trabalho.

§ 2º O comprovante de depósito da contribuição sindical será remetido ao respectivo Sindicato; na falta deste, à correspondente entidade sindical de grau superior, e, se for o caso, ao Ministério do Trabalho.

› §§ 1º e 2º com a redação dada pela Lei 6.386/1976.

Art. 584. Servirá de base para o pagamento da contribuição sindical, pelos agentes ou trabalhadores autônomos e profissionais liberais, a lista de contribuintes organizada pelos respectivos sindicatos e, na falta destes, pelas federações ou confederações coordenadoras da categoria.

› Art. 584 com a redação dada pela Lei 6.386/1976.

Art. 585. Os profissionais liberais poderão optar pelo pagamento da contribuição sindical unicamente à entidade sindical representativa da respectiva profissão, desde que a exerça, efetivamente, na firma ou empresa e como tal sejam nelas registrados.

Parágrafo único. Na hipótese referida neste artigo, à vista da manifestação do contribuinte e da exibição da prova de quitação da contribuição, dada por sindicato de profissionais liberais, o empregador deixará de efetuar, no salário do contribuinte, o desconto a que se refere o Art. 582.

› Art. 585 com a redação dada pela Lei 6.386/1976.

Art. 586. A contribuição sindical será recolhida, nos meses fixados no presente Capítulo, à Caixa Econômica Federal, ao Banco do Brasil S. A. ou aos estabelecimentos bancários nacionais integrantes do sistema de arrecadação dos tributos federais, os quais, de acordo com instruções expedidas pelo Conselho Monetário Nacional, repassarão à Caixa Econômica Federal as importâncias arrecadadas.

§ 1º Integrarão a rede arrecadadora as Caixas Econômicas Estaduais, nas localidades onde inexistam os estabelecimentos previstos no *caput* deste artigo.

§ 2º Tratando-se de empregador, agentes ou trabalhadores autônomos ou profissionais liberais o recolhimento será efetuado pelos próprios, diretamente ao estabelecimento arrecadador.

§ 3º A contribuição sindical devida pelos empregados e trabalhadores avulsos será recolhida pelo empregador e pelo sindicato, respectivamente.

› Art. 586 com a redação dada pela Lei 6.386/1976.

Art. 587. Os empregadores que optarem pelo recolhimento da contribuição sindical deverão fazê-lo no mês de janeiro de cada ano, ou, para os que venham a se estabelecer após o referido mês, na ocasião em que requererem às repartições o registro ou a licença para o exercício da respectiva atividade.

› Artigo com a redação dada pela Lei 13.467/2017.

Art. 588. A Caixa Econômica Federal manterá conta corrente intitulada "Depósitos da Arrecadação da Contribuição Sindical", em nome de cada uma das entidades sindicais beneficiadas, cabendo ao Ministério do Trabalho cientificá-la das ocorrências pertinentes à vida administrativa dessas entidades.

§ 1º Os saques na conta corrente referida no *caput* deste artigo far-se-ão mediante ordem bancária ou cheque com as assinaturas conjuntas do presidente e do tesoureiro da entidade sindical.

§ 2º A Caixa Econômica Federal remeterá, mensalmente, a cada entidade sindical, um extrato da respectiva conta corrente, e, quando solicitado, aos órgãos do Ministério do Trabalho.

› Art. 588 com a redação dada pela Lei 6.386/1976.

Art. 589. Da importância da arrecadação da contribuição sindical serão feitos os seguintes créditos pela Caixa Econômica Federal, na forma das instruções que forem expedidas pelo Ministro do Trabalho:

› *Caput* com a redação dada pela Lei 6.386/1976.

I – para os empregadores:

a) 5% (cinco por cento) para a confederação correspondente;

b) 15% (quinze por cento) para a federação;

c) 60% (sessenta por cento) para o sindicato respectivo; e

d) 20% (vinte por cento) para a 'Conta Especial Emprego e Salário';

II – para os trabalhadores:

a) 5% (cinco por cento) para a confederação correspondente;

b) 10% (dez por cento) para a central sindical;

c) 15% (quinze por cento) para a federação;

d) 60% (sessenta por cento) para o sindicato respectivo; e

e) 10% (dez por cento) para a 'Conta Especial Emprego e Salário';

› Incisos I e II com a redação dada pela Lei 11.648/2008.

III e IV – (**Revogados pela Lei 11.648/2008.**)

§ 1º O sindicato de trabalhadores indicará ao Ministério do Trabalho e Emprego a central sindical a que estiver filiado como beneficiária da respectiva contribuição sindical, para fins de destinação dos créditos previstos neste artigo.

§ 2º A central sindical a que se refere a alínea b do inciso II do *caput* deste artigo deverá atender aos requisitos de representatividade previstos na legislação específica sobre a matéria.

- §§ 1º e 2º incluídos pela Lei 11.648/2008.

Art. 590. Inexistindo confederação, o percentual previsto no art. 589 desta Consolidação caberá à federação representativa do grupo.

- *Caput* com a redação dada pela Lei 11.648/2008.
- §§ 1º e 2º (Revogados pela Lei 11.648/2008.)

§ 3º Não havendo sindicato, nem entidade sindical de grau superior ou central sindical, a contribuição sindical será creditada, integralmente, à 'Conta Especial Emprego e Salário'.

- § 3º com a redação dada pela Lei 11.648/2008.

§ 4º Não havendo indicação de central sindical, na forma do § 1º do art. 589 desta Consolidação, os percentuais que lhe caberiam serão destinados à 'Conta Especial Emprego e Salário'.

- § 4º incluído pela Lei 11.648/2008.

Art. 591. Inexistindo sindicato, os percentuais previstos na alínea c do inciso I e na alínea d do inciso II do *caput* do art. 589 desta Consolidação serão creditados à federação correspondente à mesma categoria econômica ou profissional.

Parágrafo único. Na hipótese do *caput* deste artigo, os percentuais previstos nas alíneas a e b do inciso I e nas alíneas a e c do inciso II do *caput* do art. 589 desta Consolidação caberão à confederação.

- Art. 591 com a redação dada pela Lei 11.648/2008.

SEÇÃO II DA APLICAÇÃO DO IMPOSTO SINDICAL

Art. 592. A contribuição sindical, além das despesas vinculadas à sua arrecadação, recolhimento e controle, será aplicada pelos sindicatos, na conformidade dos respectivos estatutos, usando aos seguintes objetivos:

I – Sindicatos de empregadores e de agentes autônomos:

a) assistência técnica e jurídica;

- Súm. 82 do TST.

b) assistência médica, dentária, hospitalar e farmacêutica;

c) realização de estudos econômicos e financeiros;

d) agências de colocação;

e) cooperativas;

f) bibliotecas;

g) creches;

h) congressos e conferências;

i) medidas de divulgação comercial e Industrial no País, e no estrangeiro, bem como em outras tendentes a incentivar e aperfeiçoar a produção nacional;

j) feiras e exposições;

l) prevenção de acidentes do trabalho;

m) finalidades desportivas.

II – Sindicatos de empregados:

a) assistência jurídica;

b) assistência médica, dentária, hospitalar e farmacêutica;

c) assistência à maternidade;

d) agências de colocação;

e) cooperativas;

f) bibliotecas;

g) creches;

h) congressos e conferências;

i) auxílio-funeral;

j) colônias de férias e centros de recreação;

l) prevenção de acidentes do trabalho;

m) finalidades desportivas e sociais;

n) educação e formação profissional;

o) bolsas de estudo.

III – Sindicatos de profissionais liberais:

a) assistência jurídica;

b) assistência médica, dentária, hospitalar e farmacêutica;

c) assistência à maternidade;

d) bolsas de estudo;

e) cooperativas;

f) bibliotecas;

g) creches;

h) congressos e conferências;

i) auxílio-funeral;

j) colônias de férias e centros de recreação;

l) estudos técnicos e científicos;

m) finalidades desportivas e sociais;

n) educação e formação profissional;

o) prêmios por trabalhos técnicos e científicos.

IV – Sindicatos de trabalhadores autônomos:

a) assistência técnica e jurídica;

b) assistência médica, dentária, hospitalar e farmacêutica;

c) assistência à maternidade;

d) bolsas de estudo;

e) cooperativas;

f) bibliotecas;

g) creches;

h) congressos e conferências;

i) auxílio-funeral;

j) colônias de férias e centros de recreação;

l) educação e formação profissional;

m) finalidades desportivas e sociais.

§ 1º A aplicação prevista neste artigo ficará a critério de cada entidade, que, para tal fim, obedecerá, sempre, às peculiaridades do respectivo grupo ou categoria, facultado ao Ministro do Trabalho permitir a inclusão de novos programas, desde que assegurados os serviços assistenciais fundamentais da entidade.

§ 2º Os sindicatos poderão destacar, em seus orçamentos anuais, até 20% (vinco por cento) dos recursos da contribuição sindical para o custeio das suas atividades administrativas, independentemente de autorização ministerial.

§ 3º O uso da contribuição sindical prevista no § 2º não poderá exceder do valor total das mensalidades sociais consignadas nos orçamentos dos sindicatos, salvo autorização expressa do Ministro do Trabalho.

- Art. 592 com a redação dada pela Lei 6.386/1976.

Art. 593. As percentagens atribuídas às entidades sindicais de grau superior e às centrais sindicais serão aplicadas de conformidade com o que dispuserem os respectivos conselhos de representantes ou estatutos.

Parágrafo único. Os recursos destinados às centrais sindicais deverão ser utilizados no custeio das atividades de representação geral dos trabalhadores decorrentes de suas atribuições legais.

- Art. 593 com a redação dada pela Lei 11.648/2008.

Art. 594. O "Fundo Social Sindical" será gerido e aplicado pela Comissão do Imposto Sindical em objetivos que atendam aos interesses gerais da organização sindical nacional ou à assistência social aos trabalhadores.

- Art. 594 com a redação dada pelo Decreto-lei 9.615, de 20.8.1946.
- A Lei 4.589/1964 extingue a Comissão do Imposto Sindical e a Comissão Técnica de Orientação Sindical.

SEÇÃO III DA COMISSÃO DO IMPOSTO SINDICAL

Arts. 595 a 597. (Revogados pela Lei 4.589/1964.)

SEÇÃO IV DAS PENALIDADES

Art. 598. Sem prejuízo da ação criminal e das penalidades previstas no art. 553, serão aplicadas multas de Cr$ 10,00 (dez cruzeiros) a Cr$ 10.000,00 (dez mil cruzeiros) pelas infrações deste Capítulo impostas no Distrito Federal pela autoridade competente de 1ª instância do Departamento Nacional do Trabalho e nos Estados e no Território do Acre pelas autoridades regionais do Ministério do Trabalho, Indústria e Comércio.

Parágrafo único. A gradação da multa atenderá à natureza da infração e às condições sociais e econômicas do infrator.

Art. 599. Para os profissionais liberais, a penalidade consistirá na suspensão do exercício profissional, até a necessária quitação, e será aplicada pelos órgãos públicos ou autárquicos disciplinadores das respectivas profissões mediante comunicação das autoridades fiscalizadoras.

Art. 600. O recolhimento da contribuição sindical efetuado fora do prazo referido neste Capítulo, quando espontâneo, será acrescido da multa de 10% (dez por cento), nos 30 (trinta) primeiros dias, com o adicional de 2% (dois por cento) por mês subsequente de atraso, além de juros de mora de 1 % (um por cento) ao mês e correção monetária, ficando, nesse caso, o infrator, isento de outra penalidade.

- Súm. 432 do TST.

§ 1º O montante das cominações previstas neste artigo reverterá sucessivamente:

a) ao Sindicato respectivo;

b) à Federação respectiva, na ausência de Sindicato;

c) à Confederação respectiva, inexistindo Federação.

§ 2º Na falta de Sindicato ou entidade de grau superior, o montante a que alude o parágrafo precedente reverterá à conta "Emprego e Salário".

- Art. 600 com a redação dada pela Lei 6.181/1974.

SEÇÃO V
DISPOSIÇÕES GERAIS

Art. 601. (Revogado pela Lei 13.467/2017).

Art. 602. Os empregados que não estiverem trabalhando no mês destinado ao desconto da contribuição sindical e que venham a autorizar prévia e expressamente o recolhimento serão descontados no primeiro mês subsequente ao do reinício do trabalho.

› *Caput* com a redação dada pela Lei 13.467/2017.

Parágrafo único. De igual forma se procederá com os empregados que forem admitidos depois daquela data e que não tenham trabalhado anteriormente nem apresentado a respectiva quitação.

Art. 603. Os empregadores são obrigados a prestar aos encarregados da fiscalização os esclarecimentos necessários ao desempenho de sua missão e a exibir-lhes, quando exigidos, na parte relativa ao pagamento de empregados, os seus livros, folhas de pagamento e outros documentos comprobatórios desses pagamentos, sob pena da multa cabível.

Art. 604. (Revogado pela Lei 13.467/2017.)

Art. 605. As entidades sindicais são obrigadas a promover a publicação de editais concernentes ao recolhimento do imposto sindical, durante 3 (três) dias, nos jornais de maior circulação local e até 10 (dez) dias da data fixada para depósito bancário.

Art. 606. Às entidades sindicais cabe, em caso de falta de pagamento da contribuição sindical, promover a respectiva cobrança judicial, mediante ação executiva, valendo como título de dívida a certidão expedida pelas autoridades regionais do Ministério do Trabalho e Previdência Social.

› *Caput* com a redação dada pelo Dec.-lei 925/1969.

§ 1º O Ministro do Trabalho, Indústria e Comércio baixará as instruções regulando a expedição das certidões a que se refere o presente artigo das quais deverá constar a individualização de contribuinte, a indicação do débito e a designação da entidade a favor da qual será recolhida a importância de imposto, de acordo com o respectivo enquadramento sindical.

§ 2º Para os fins da cobrança judicial do imposto sindical, são extensivos às entidades sindicais, com exceção do foro especial, os privilégios da Fazenda Pública, para cobrança da dívida ativa.

Art. 607. É considerado como documento essencial ao comparecimento às concorrências públicas ou administrativas e para o fornecimento às repartições paraestatais ou autárquicas a prova da quitação do respectivo imposto sindical e a de recolhimento do imposto sindical, descontado dos respectivos empregados.

› Art. 37, XXI, da CF.

› Lei 8.666/1993 (Licitações).

Art. 608. As repartições federais, estaduais ou municipais não concederão registro ou licenças para funcionamento ou renovação de atividades aos estabelecimentos de empregadores e aos escritórios ou congêneres dos agentes ou trabalhadores autônomos e profissionais liberais, nem concederão alvarás de licença ou localização, sem que sejam exibidas as provas de quitação do imposto sindical, na forma do artigo anterior.

Parágrafo único. A não observância do disposto neste artigo acarretará, de pleno direito, a nulidade dos atos nele referidos, bem como dos mencionados no artigo 607.

› Parágrafo incluído pela Lei 6.386/1976.

Art. 609. O recolhimento da contribuição sindical e todos os lançamentos e movimentos nas contas respectivas são isentos de selos e taxas federais, estaduais ou municipais.

Art. 610. As dúvidas no cumprimento deste Capítulo serão resolvidas pelo Diretor-Geral do Departamento Nacional do Trabalho, que expedirá as instruções que se tornarem necessárias à sua execução.

› Art. 610 com a redação dada pela Lei 4.589/1964.

TÍTULO VI
CONVENÇÕES COLETIVAS DE TRABALHO

› Título VI com a redação dada pelo Dec.-lei 229/1967.

Art. 611. Convenção Coletiva de Trabalho é o acordo de caráter normativo, pelo qual dois ou mais Sindicatos representativos de categorias econômicas e profissionais estipulam condições de trabalho aplicáveis, no âmbito das respectivas representações, às relações individuais de trabalho.

› Art. 8º, VI, da CF.

§ 1º É facultado aos Sindicatos representativos de categorias profissionais celebrar Acordos Coletivos com uma ou mais empresas da correspondente categoria econômica, que estipulem condições de trabalho, aplicáveis no âmbito da empresa ou das acordantes respectivas relações de trabalho.

§ 2º As Federações e, na falta desta, as Confederações representativas de categorias econômicas ou profissionais poderão celebrar convenções coletivas de trabalho para reger as relações das categorias a elas vinculadas, inorganizadas em Sindicatos, no âmbito de suas representações.

› Art. 611 com a redação dada pelo Dec.-lei 229/1967.

Art. 611-A. A convenção coletiva e o acordo coletivo de trabalho têm prevalência sobre a lei quando, entre outros, dispuserem sobre:

› Artigo incluído pela Lei 13.467/2017.

I – pacto quanto à jornada de trabalho, observados os limites constitucionais;

› Súmula 85 do TST.

II – banco de horas anual;

III – intervalo intrajornada, respeitado o limite mínimo de trinta minutos para jornadas superiores a seis horas;

IV – adesão ao Programa Seguro-Emprego (PSE), de que trata a Lei 13.189, de 19 de novembro de 2015;

V – plano de cargos, salários e funções compatíveis com a condição pessoal do empregado, bem como identificação dos cargos que se enquadram como funções de confiança;

VI – regulamento empresarial;

VII – representante dos trabalhadores no local de trabalho;

VIII – teletrabalho, regime de sobreaviso, e trabalho intermitente;

IX – remuneração por produtividade, incluídas as gorjetas percebidas pelo empregado, e remuneração por desempenho individual;

X – modalidade de registro de jornada de trabalho;

XI – troca do dia de feriado;

XII – enquadramento do grau de insalubridade;

XIII – prorrogação de jornada em ambientes insalubres, sem licença prévia das autoridades competentes do Ministério do Trabalho;

XIV – prêmios de incentivo em bens ou serviços, eventualmente concedidos em programas de incentivo;

XV – participação nos lucros ou resultados da empresa.

§ 1º No exame da convenção coletiva ou do acordo coletivo de trabalho, a Justiça do Trabalho observará o disposto no § 3º do art. 8º desta Consolidação.

§ 2º A inexistência de expressa indicação de contrapartidas recíprocas em convenção coletiva ou acordo coletivo de trabalho não ensejará sua nulidade por não caracterizar um vício do negócio jurídico.

§ 3º Se for pactuada cláusula que reduza o salário ou a jornada, a convenção coletiva ou o acordo coletivo de trabalho deverão prever a proteção dos empregados contra dispensa imotivada durante o prazo de vigência do instrumento coletivo.

§ 4º Na hipótese de procedência de ação anulatória de cláusula de convenção coletiva ou de acordo coletivo de trabalho, quando houver a cláusula compensatória, esta deverá ser igualmente anulada, sem repetição do indébito.

§ 5º Os sindicatos subscritores de convenção coletiva ou de acordo coletivo de trabalho deverão participar, como litisconsortes necessários, em ação individual ou coletiva, que tenha como objeto a anulação de cláusulas desses instrumentos.

Art. 611-B. Constituem objeto ilícito de convenção coletiva ou de acordo coletivo de trabalho, exclusivamente, a supressão ou a redução dos seguintes direitos:

› Artigo incluído pela Lei 13.467/2017.

I – normas de identificação profissional, inclusive as anotações na Carteira de Trabalho e Previdência Social;

II – seguro-desemprego, em caso de desemprego involuntário;

III – valor dos depósitos mensais e da indenização rescisória do Fundo de Garantia do Tempo de Serviço (FGTS);

IV – salário mínimo;

V – valor nominal do décimo terceiro salário;

VI – remuneração do trabalho noturno superior à do diurno;

VII – proteção do salário na forma da lei, constituindo crime sua retenção dolosa;

VIII – salário-família;

IX – repouso semanal remunerado;

X – remuneração do serviço extraordinário superior, no mínimo, em 50% (cinquenta por cento) à do normal;

XI – número de dias de férias devidas ao empregado;

XII – gozo de férias anuais remuneradas com, pelo menos, um terço a mais do que o salário normal;

XIII – licença-maternidade com a duração mínima de cento e vinte dias;

XIV – licença-paternidade nos termos fixados em lei;

XV – proteção do mercado de trabalho da mulher, mediante incentivos específicos, nos termos da lei;

XVI – aviso prévio proporcional ao tempo de serviço, sendo no mínimo de trinta dias, nos termos da lei;

XVII – normas de saúde, higiene e segurança do trabalho previstas em lei ou em normas regulamentadoras do Ministério do Trabalho;

XVIII – adicional de remuneração para as atividades penosas, insalubres ou perigosas;

XIX – aposentadoria;

XX – seguro contra acidentes de trabalho, a cargo do empregador;

XXI – ação, quanto aos créditos resultantes das relações de trabalho, com prazo prescricional de cinco anos para os trabalhadores urbanos e rurais, até o limite de dois anos após a extinção do contrato de trabalho;

XXII – proibição de qualquer discriminação no tocante a salário e critérios de admissão do trabalhador com deficiência;

XXIII – proibição de trabalho noturno, perigoso ou insalubre a menores de dezoito anos e de qualquer trabalho a menores de dezesseis anos, salvo na condição de aprendiz, a partir de quatorze anos;

XXIV – medidas de proteção legal de crianças e adolescentes;

XXV – igualdade de direitos entre o trabalhador com vínculo empregatício permanente e o trabalhador avulso;

XXVI – liberdade de associação profissional ou sindical do trabalhador, inclusive o direito de não sofrer, sem sua expressa e prévia anuência, qualquer cobrança ou desconto salarial estabelecidos em convenção coletiva ou acordo coletivo de trabalho;

XXVII – direito de greve, competindo aos trabalhadores decidir sobre a oportunidade de exercê-lo e sobre os interesses que devam por meio dele defender;

XXVIII – definição legal sobre os serviços ou atividades essenciais e disposições legais sobre o atendimento das necessidades inadiáveis da comunidade em caso de greve;

XXIX – tributos e outros créditos de terceiros;

XXX – as disposições previstas nos arts. 373-A, 390, 392, 392-A, 394, 394-A, 395, 396 e 400 desta Consolidação.

Parágrafo único. Regras sobre duração do trabalho e intervalos não são consideradas como normas de saúde, higiene e segurança do trabalho para os fins do disposto neste artigo.

Art. 612. Os Sindicatos só poderão celebrar Convenções ou Acordos Coletivos de Trabalho, por deliberação de Assembleia-Geral especialmente convocada para esse fim, consoante o disposto nos respectivos Estatutos, dependendo a validade da mesma do comparecimento e votação, em primeira convocação, de 2/3 (dois terços) dos associados da entidade, se se tratar de Convenção, e dos interessados, no caso de Acordo, e, em segunda, de 1/3 (um terço) dos membros.

- OJs 8, 29 e 35 da SDC do TST.

Parágrafo único. O "quorum" de comparecimento e votação será de 1/8 (um oitavo) dos associados em segunda convocação, nas entidades sindicais que tenham mais de 5.000 (cinco mil) associados.

- Art. 612 com a redação dada pelo Dec.-lei 229/1967.

Art. 613. As Convenções e os Acordos deverão conter obrigatoriamente:

I – Designação dos Sindicatos convenentes ou dos Sindicatos e empresas acordantes;

II – Prazo de vigência;

III – Categorias ou classes de trabalhadores abrangidas pelos respectivos dispositivos;

IV – Condições ajustadas para reger as relações individuais de trabalho durante sua vigência;

V – Normas para a conciliação das divergências sugeridas entre os convenentes por motivos da aplicação de seus dispositivos;

VI – Disposições sobre o processo de sua prorrogação e de revisão total ou parcial de seus dispositivos;

VII – Direitos e deveres dos empregados e empresas;

VIII – Penalidades para os Sindicatos convenentes, os empregados e as empresas em caso de violação de seus dispositivos.

Parágrafo único. As convenções e os Acordos serão celebrados por escrito, sem emendas nem rasuras, em tantas vias quantos forem os Sindicatos convenentes ou as empresas acordantes, além de uma destinada a registro.

- Art. 613 com a redação dada pelo Dec.-lei 229/1967.

Art. 614. Os Sindicatos convenentes ou as empresas acordantes promoverão, conjunta ou separadamente, dentro de 8 (oito) dias da assinatura da Convenção ou Acordo, o depósito de uma via do mesmo, para fins de registro e arquivo, no Departamento Nacional do Trabalho, em se tratando de instrumento de caráter nacional ou interestadual, ou nos órgãos regionais do Ministério do Trabalho e Previdência Social, nos demais casos.

- OJ 34 da SDC do TST.

§ 1º As Convenções e os Acordos entrarão em vigor 3 (três) dias após a data da entrega dos mesmos no órgão referido neste artigo.

§ 2º Cópias autênticas das Convenções e dos Acordos deverão ser afixados de modo visível, pelos Sindicatos convenentes, nas respectivas sedes e nos estabelecimentos das empresas compreendidas no seu campo de aplicação, dentro de 5 (cinco) dias da data do depósito previsto neste artigo.

- OJ 36 da SDI-1 do TST.

§ 3º Não será permitido estipular duração de convenção coletiva ou acordo coletivo de trabalho superior a dois anos, sendo vedada a ultratividade.

- § 3º com a redação dada pela Lei 13.467/2017.

Art. 615. O processo de prorrogação, revisão, denúncia ou revogação total ou parcial de Convenção ou Acordo ficará subordinado, em qualquer caso, à aprovação de Assembleia-Geral dos Sindicatos convenentes ou partes acordantes, com observância do disposto no art. 612.

§ 1º O instrumento de prorrogação, revisão, denúncia ou revogação de Convenção ou Acordo será depositado para fins de registro e arquivamento, na repartição em que o mesmo originariamente foi depositado observado o disposto no art. 614.

§ 2º As modificações introduzidos em Convenção ou Acordo, por força de revisão ou de revogação parcial de suas cláusulas passarão a vigorar 3 (três) dias após a realização de depósito previsto no § 1º.

- Art. 615 com a redação dada pelo Dec.-lei 229/1967.

Art. 616. Os Sindicatos representativos de categorias econômicas ou profissionais e as empresas, inclusive as que não tenham representação sindical, quando provocados, não podem recusar-se à negociação coletiva.

- *Caput* com a redação dada pelo Dec.-lei 229/1967.

§ 1º Verificando-se recusa à negociação coletiva, cabe aos Sindicatos ou empresas interessadas dar ciência do fato, conforme o caso, ao Departamento Nacional do Trabalho ou aos órgãos regionais do Ministério do Trabalho e Previdência Social, para convocação compulsória dos Sindicatos ou empresas recalcitrantes.

§ 2º No caso de persistir a recusa à negociação coletiva, pelo desatendimento às convocações feitas pelo Departamento Nacional do Trabalho ou órgãos regionais do Ministério de Trabalho e Previdência Social, ou se malograr a negociação entabulada, é facultada aos Sindicatos ou empresas interessadas a instauração de dissídio coletivo.

- §§ 1º e 2º com a redação dada pelo Dec.-lei 229/1967.
- Art. 114, §§ 1º e 2º da CF.
- Art. 3º da Lei 7.783/1989.
- OJ 5 da SDC.

§ 3º Havendo convenção, acordo ou sentença normativa em vigor, o dissídio coletivo deverá ser instaurado dentro dos 60 (sessenta) dias anteriores ao respectivo termo final, para que o novo instrumento possa ter vigência no dia imediato a esse termo.

- § 3º com a redação dada pelo Dec.-lei 424, /1969.

§ 4º Nenhum processo de dissídio coletivo de natureza econômica será admitido sem antes se esgotarem as medidas relativas à formalização da Convenção ou Acordo correspondente.

- § 4º com a redação dada pelo Dec.-lei 229/1967.

Art. 617. Os empregados de uma ou mais empresas que decidirem celebrar Acordo Coletivo de Trabalho com as respectivas empresas darão ciência de sua resolução, por escrito, ao Sindicato representativo da categoria profissional, que terá o prazo de 8 (oito) dias para assumir a direção dos entendimentos entre os interessados, devendo igual procedimento ser observado pelas empresas interessadas com relação ao Sindicato da respectiva categoria econômica.

§ 1º Expirado o prazo de 8 (oito) dias sem que o Sindicato tenha se desincumbido do encargo recebido, poderão os interessados dar conhecimento do fato à Federação a que estiver vinculado o Sindicato e, em falta dessa, à correspondente Confederação, para que, no mesmo prazo, assuma a direção dos entendimentos. Esgotado esse prazo, poderão os interessados prosseguir diretamente na negociação coletiva até final.

§ 2º Para o fim de deliberar sobre o Acordo, a entidade sindical convocará assembleia-geral dos diretamente interessados, sindicalizados ou não, nos termos do art. 612.

- Art. 617 com a redação dada pelo Dec.-lei 229/1967.
- OJ 29 da SDC do TST.

Art. 618. As empresas e instituições que não estiverem incluídas no enquadramento sindical a que se refere o art. 577 desta Consolidação poderão celebrar Acordos Coletivos de Trabalho com os Sindicatos representativos dos respectivos empregados, nos termos deste Título.

- Art. 618 com a redação dada pelo Dec.-lei 229/1967.

Art. 619. Nenhuma disposição de contrato individual de trabalho que contrarie normas de Convenção ou Acordo Coletivo de Trabalho poderá prevalecer na execução do mesmo, sendo considerada nula de pleno direito.

- Art. 619 com a redação dada pelo Dec.-lei 229/1967.
- Súm. 85, II, do TST.

Art. 620. As condições estabelecidas em acordo coletivo de trabalho sempre prevalecerão sobre as estipuladas em convenção coletiva de trabalho.

- Artigo com a redação dada pela Lei 13.467/2017.
- Súm. 202 do TST.

Art. 621. As Convenções e os Acordos poderão incluir entre suas cláusulas disposição sobre a constituição e funcionamento de comissões mistas de consulta e colaboração, no plano da empresa e sobre participação, nos lucros. Estas disposições mencionarão a forma de constituição, o modo de funcionamento e as atribuições das comissões, assim como o plano de participação, quando for o caso.

- Art. 621 com a redação dada pelo Dec.-lei 229/1967.
- Lei 10.101/2000 (Participação nos lucros e resultados).
- Súm. 451 do TST.

Art. 622. Os empregados e as empresas que celebrarem contratos individuais de trabalho, estabelecendo condições contrárias ao que tiver sido ajustado em Convenção ou Acordo que lhes for aplicável, serão passíveis da multa neles fixada.

- Súm. 384 do TST.
- OJ 54 da SDI-1 do TST.

Parágrafo único. A multa a ser imposta ao empregado não poderá exceder da metade daquela que, nas mesmas condições seja estipulada para a empresa.

- Art. 622 com a redação dada pelo Dec.-lei 229/1967.

Art. 623. Será nula de pleno direito disposição de Convenção ou Acordo que, direta ou indiretamente, contrarie proibição ou norma disciplinadora da política econômico-financeira do Governo ou concernente à política salarial vigente, não produzindo quaisquer efeitos perante autoridades e repartições públicas, inclusive para fins de revisão de preços e tarifas de mercadorias e serviços.

Parágrafo único. Na hipótese deste artigo, a nulidade será declarada, de ofício ou mediante representação, pelo Ministro do Trabalho e Previdência Social, ou pela Justiça do Trabalho em processo submetido ao seu julgamento.

- Art. 623 com a redação dada pelo Dec.-lei 229/1967.

Art. 624. A vigência de cláusula de aumento ou reajuste salarial, que implique elevação de tarifas ou de preços sujeitos à fixação por autoridade pública ou repartição governamental, dependerá de prévia audiência dessa autoridade ou repartição e sua expressa declaração no tocante à possibilidade de elevação da tarifa ou do preço e quanto ao valor dessa elevação.

- Art. 624 com a redação dada pelo Dec.-lei 229/1967.

Art. 625. As controvérsias resultantes da aplicação de Convenção ou de Acordo celebrado nos termos deste Título serão dirimidas pela Justiça do Trabalho.

- Art. 625 com a redação dada pelo Dec.-lei 229/1967.

TÍTULO VI-A
DAS COMISSÕES DE CONCILIAÇÃO PRÉVIA

- Título VI-A incluído pela Lei 9.958/2000.

Art. 625-A. As empresas e os sindicatos podem instituir Comissões de Conciliação Prévia, de composição paritária, com representante dos empregados e dos empregadores, com a atribuição de tentar conciliar os conflitos individuais do trabalho.

Parágrafo único. As Comissões referidas no *caput* deste artigo poderão ser constituídas por grupos de empresas ou ter caráter intersindical.

Art. 625-B. A Comissão instituída no âmbito da empresa será composta de, no mínimo, dois e, no máximo, dez membros, e observará as seguintes normas:

I – a metade de seus membros será indicada pelo empregador e outra metade eleita pelos empregados, em escrutínio, secreto, fiscalizado pelo sindicato de categoria profissional;

II – haverá na Comissão tantos suplentes quantos forem os representantes titulares;

III – o mandato dos seus membros, titulares e suplentes, é de um ano, permitida uma recondução.

§ 1º É vedada a dispensa dos representantes dos empregados membros da Comissão de Conciliação Prévia, titulares e suplentes, até um ano após o final do mandato, salvo se cometerem falta grave, nos termos da lei.

§ 2º O representante dos empregados desenvolverá seu trabalho normal na empresa afastando-se de suas atividades apenas quando convocado para atuar como conciliador, sendo computado como tempo de trabalho efetivo o despendido nessa atividade.

Art. 625-C. A Comissão instituída no âmbito do sindicato terá sua constituição e normas de funcionamento definidas em convenção ou acordo coletivo.

Art. 625-D. Qualquer demanda de natureza trabalhista será submetida à Comissão de Conciliação Prévia se, na localidade da prestação de serviços, houver sido instituída a Comissão no âmbito da empresa ou do sindicato da categoria.

§ 1º A demanda será formulada por escrito ou reduzida a termo por qualquer dos membros da Comissão, sendo entregue cópia datada e assinada pelo membro aos interessados.

§ 2º Não prosperando a conciliação, será fornecida ao empregado e ao empregador declaração da tentativa conciliatória frustrada com a descrição de seu objeto, firmada pelos membros da Comissão, que deverá ser juntada à eventual reclamação trabalhista.

§ 3º Em caso de motivo relevante que impossibilite a observância do procedimento previsto no *caput* deste artigo, será a circunstância declarada na petição da ação intentada perante a Justiça do Trabalho.

§ 4º Caso exista, na mesma localidade e para a mesma categoria, Comissão de empresa e Comissão sindical, o interessado optará por uma delas para submeter a sua demanda, sendo competente aquela que primeiro conhecer do pedido.

- ADI 2.139 e 2.160, DJE 23.10.2009: deferida parcialmente a cautelar para dar interpretação conforme a Constituição Federal relativamente ao art. 625-D, não estando o empregado obrigado a se submeter a Comissão de Conciliação Prévia antes de ingressar em juízo.

- ADI 2.237, DJE 06.08.2018: por maioria, julgou parcialmente procedentes os pedidos, para dar interpretação conforme a Constituição ao art. 625-D, § 1º a § 4º, da Consolidação das Leis do Trabalho, assentando que a Comissão de Conciliação Previa constitui meio legitimo, mas não obrigatório, de solução de conflitos, permanecendo o acesso a Justiça resguardado para todos os que venham a ajuizar demanda diretamente ao órgão judiciário competente, e para manter hígido o inciso II do art. 852-B da CLT, no sentido de se considerar legitima a citação nos termos estabelecidos na norma.

Art. 625-E. Aceita a conciliação, será lavrado termo assinado pelo empregado, pelo empregador ou seu proposto e pelos membros da Comissão, fornecendo-se cópia às partes.

Parágrafo único. O termo de conciliação é título executivo extrajudicial e terá eficácia liberatória geral, exceto quanto às parcelas expressamente ressalvadas.

- Arts. 876 e 877-A da CLT:
- OJ 270 da SDI-1 do TST.

Art. 625-F. As Comissões de Conciliação Prévia têm prazo de dez dias para a realização da sessão de tentativa de conciliação a partir da provocação do interessado.

Parágrafo único. Esgotado o prazo sem a realização da sessão, será fornecida, no último dia do prazo, a declaração a que se refere o § 2º do art. 625-D.

Art. 625-G. O prazo prescricional será suspenso a partir da provocação da Comissão de Conciliação Prévia, recomeçando a fluir, pelo que lhe resta, a partir da tentativa frustrada de conciliação ou do esgotamento do prazo previsto no art. 625-F.

Art. 625-H. Aplicam-se aos Núcleos Intersindicais de Conciliação Trabalhista em funcionamento ou que vierem a ser criados, no que couber, as disposições previstas neste Título, desde que observados os princípios da paridade e da negociação coletiva na sua constituição.

TÍTULO VII
DO PROCESSO DE MULTAS ADMINISTRATIVAS

CAPÍTULO I
DA FISCALIZAÇÃO, DA AUTUAÇÃO E DA IMPOSIÇÃO DE MULTAS

- Vide arts. 21, XXIV, e 114, VII, da CF.

Art. 626. Incumbe às autoridades competentes do Ministério do Trabalho, Indústria e Comércio, ou àquelas que exerçam funções delegadas, a fiscalização do fiel cumprimento das normas de proteção ao trabalho.

Parágrafo único. Os fiscais dos Institutos de Seguro Social e das entidades paraestatais em geral dependentes do Ministério do Trabalho, Indústria e Comércio serão competentes para a fiscalização a que se refere o presente artigo, na forma das instruções que forem expedidas pelo Ministro do Trabalho, Indústria e Comércio.

Art. 627. A fim de promover a instrução dos responsáveis no cumprimento das leis de proteção do trabalho, a fiscalização deverá observar o critério de dupla visita nos seguintes casos:

a) quando ocorrer promulgação ou expedição de novas leis, regulamentos ou instruções ministeriais, sendo que, com relação exclusivamente a esses atos, será feita apenas a instrução dos responsáveis;

b) em se realizando a primeira inspeção dos estabelecimentos ou dos locais de trabalho, recentemente inaugurados ou empreendidos.

Art. 627-A. Poderá ser instaurado procedimento especial para a ação fiscal, objetivando a orientação sobre o cumprimento das leis de proteção ao trabalho, bem como a prevenção e o saneamento de infrações à legislação mediante Termo de Compromisso, na forma a ser disciplinada no Regulamento da Inspeção do Trabalho. (Incluído pela MP 2.164-41/2001)

- Dec. 4.552/2002: Aprova o Regulamento da Inspeção do Trabalho.

Art. 628. Salvo o disposto nos arts. 627 e 627-A, a toda verificação em que o Auditor-Fiscal do Trabalho concluir pela existência de violação de preceito legal deve corresponder, sob pena de responsabilidade administrativa, a lavratura de auto de infração. (Redação dada pela MP 2.164-41/2001)

§ 1º Ficam as empresas obrigadas a possuir o livro intitulado "Inspeção do Trabalho", cujo modelo será aprovado por portaria Ministerial.

§ 2º Nesse livro, registrará o agente da inspeção sua visita ao estabelecimento, declarando a data e a hora do início e término da mesma, bem como o resultado da inspeção, nele consignando, se for o caso, todas as irregularidades verificadas e as exigências feitas, com os respectivos prazos para seu atendimento, e, ainda, de modo legível, os elementos de sua identificação funcional.

§ 3º Comprovada má-fé do agente da inspeção, quanto à omissão ou lançamento de qualquer elemento no livro, responderá ele por falta grave no cumprimento do dever, ficando passível, desde logo, da pena de suspensão até 30 (trinta) dias, instaurando-se, obrigatoriamente, em caso de reincidência, inquérito administrativo.

§ 4º A lavratura de autos contra empresas fictícias e de endereços inexistentes, assim como a apresentação de falsos relatórios, constituem falta grave, punível na forma do § 3º.

- §§ 1º a 4º incluídos pelo Dec.-lei 229/1967.

Art. 628-A. Fica instituído o Domicílio Eletrônico Trabalhista, regulamentado pelo Ministério do Trabalho e Previdência, destinado a: (Acrescido pela Lei 14.261/2021)

I - cientificar o empregador de quaisquer atos administrativos, ações fiscais, intimações e avisos em geral; e

II - receber, por parte do empregador, documentação eletrônica exigida no curso das ações fiscais ou apresentação de defesa e recurso no âmbito de processos administrativos.

§ 1º As comunicações eletrônicas realizadas pelo Domicílio Eletrônico Trabalhista dispensam a sua publicação no Diário Oficial da União e o envio por via postal e são consideradas pessoais para todos os efeitos legais.

§ 2º A ciência por meio do sistema de comunicação eletrônica, com utilização de certificação digital ou de código de acesso, possuirá os requisitos de validade.

Art. 629. O auto de infração será lavrado em duplicata, nos termos dos modelos e instruções expedidos, sendo uma via entregue ao infrator, contra recibo, ou ao mesmo enviada, dentro de 10 (dez) dias da lavratura, sob pena de responsabilidade, em registro postal, com franquia e recibo de volta. (Redação dada pelo Dec.-lei 229/1967)

§ 1º O auto não terá o seu valor probante condicionado à assinatura do infrator ou de testemunhas, e será lavrado no local da inspeção, salvo havendo motivo justificado que será declarado no próprio auto, quando então deverá ser lavrado no prazo de 24 (vinte e quatro) horas, sob pena de responsabilidade. (*R*edação dada pelo Dec.-lei 229/1967)

§ 2º Lavrado o auto de infração, não poderá ele ser inutilizado, nem sustado o curso do respectivo processo, devendo o agente da inspeção apresentá-lo à autoridade competente, mesmo se incidir em erro. (*R*edação dada pelo Dec.-lei 229/1967)

§ 3º O infrator terá, para apresentar defesa, o prazo de 10 (dez) dias contados do recebimento do auto. (*R*edação dada pelo Dec.-lei 229/1967)

§ 4º O auto de infração será registrado com a indicação sumária de seus elementos característicos, em livro próprio que deverá existir em cada órgão fiscalizador, de modo a assegurar o controle do seu processamento. (Redação dada pelo Dec.-lei 229/1967)

Art. 630. Nenhum agente da inspeção poderá exercer as atribuições do seu cargo sem exibir a carteira de identidade fiscal, devidamente autenticada, fornecida pela autoridade competente.

§ 1º É proibida a outorga de identidade fiscal a quem não esteja autorizado, em razão do cargo ou função, a exercer ou praticar, no âmbito da legislação trabalhista, atos de fiscalização.

§ 2º A credencial a que se refere este artigo deverá ser devolvida para inutilização, sob as penas da lei em casos de provimentos em outro cargo público, exoneração ou demissão bem como nos de licenciamento por prazo superior a 60 (sessenta) dias e de suspensão do exercício do cargo.

§ 3º O agente da inspeção terá livre acesso a todas as dependências dos estabelecimentos sujeitos ao regime da legislação, sendo as empresas, por seus dirigentes ou prepostos, obrigadas a prestar-lhes os esclarecimentos necessários ao desempenho de suas atribuições legais e a exibir-lhes, quando exigidos, quaisquer documentos que digam respeito ao fiel cumprimento das normas de proteção ao trabalho.

§ 4º Os documentos sujeitos à inspeção deverão permanecer, sob as penas da lei nos locais de trabalho, somente se admitindo, por exceção, a critério da autoridade competente, sejam os mesmos apresentados em dia hora previamente fixados pelo agente da inspeção.

§ 5º No território do exercício de sua função, o agente da inspeção gozará de passe livre nas empresas de transportes, públicas ou privadas, mediante a apresentação da carteira de identidade fiscal.

§ 6º A inobservância do disposto nos §§ 3º, 4º e 5º configurará resistência ou embaraço à fiscalização e justificará a lavratura do respectivo auto de infração, cominada a multa de valor igual a meio (1/2) salário mínimo regional até 5 (cinco) vezes esse salário, levando-se em conta, além das circunstâncias atenuantes ou agravantes, a situação econômico-financeira do infrator e os meios a seu alcance para cumprir a lei.

§ 7º Para o efeito do disposto no § 5º, a autoridade competente divulgará em janeiro e julho, de cada ano, a relação dos agentes da inspeção titulares da carteira de identidade fiscal.

§ 8º As autoridades policiais, quando solicitadas, deverão prestar aos agentes da inspeção a assistência de que necessitarem para o fiel cumprimento de suas atribuições legais.

- Art. 630 com a redação dada pelo Dec.-lei 229/1967.

Art. 631. Qualquer funcionário público federal, estadual ou municipal, ou representante legal de associação sindical, poderá comunicar à autoridade competente do Ministério do Trabalho, Indústria e Comércio as infrações que verificar.

Parágrafo único. De posse dessa comunicação, a autoridade competente procederá desde logo às necessárias diligências, lavrando os autos de que haja mister.

Art. 632. Poderá o autuado requerer a audiência de testemunhas e as diligências que lhe parecerem necessárias à elucidação do processo, cabendo, porém, à autoridade, julgar da necessidade de tais provas.

Art. 633. Revogado pela Lei 13.874/2019.

Art. 634. Na falta de disposição especial, a imposição das multas incumbe às autoridades regionais competentes em matéria de trabalho, na forma estabelecida por este Título.

§ 1º A aplicação da multa não eximirá o infrator da responsabilidade em que incorrer por infração das leis penais. (Primitivo parágrafo único renumerado pela Lei 13.467/2017)

§ 2º Os valores das multas administrativas expressos em moeda corrente serão reajustados anualmente pela Taxa Referencial (TR), divulgada pelo Banco Central do Brasil, ou pelo índice que vier a substituí-lo. (Incluído pela Lei 13.467/2017)

- Art. 203 do CP.

CAPÍTULO II
DOS RECURSOS

Art. 635. De toda decisão que impuser multa por infração das leis e disposições reguladoras do trabalho, e não havendo forma especial de processo caberá recurso para o Diretor-Geral Departamento ou Serviço do Ministério do Trabalho e Previdência Social, que for competente na matéria. (Art. 635 com a redação dada pelo Dec.-lei 229/1967)

Parágrafo único. As decisões serão sempre fundamentadas.

Art. 636. Os recursos devem ser interpostos no prazo de 10 (dez) dias, contados do recebimento da notificação, perante autoridade que houver imposto a multa, a qual, depois de os informar encaminhá-los-á à autoridade de instância superior. (Art. 636 com a redação dada pelo Dec.-lei 229/1967)

§ 1º O recurso só terá seguimento se o interessado o instruir com a prova do depósito da multa.

- ADPF 156: declarada a não recepção deste parágrafo pela CF/1988.
- Art. 5º, LV, da CF.
- Art. 114, VIII, da CF.
- Súm. Vinculante 21 do STF.
- Súm. 373 do STJ.
- Súm. 424 do TST.

§ 2º A notificação somente será realizada por meio de edital, publicada no órgão oficial, quando o infrator estiver em lugar incerto e não sabido.

§ 3º A notificação de que trata este artigo fixará igualmente o prazo de 10 (dez) dias para que o infrator recolha o valor da multa, sob pena de cobrança executiva.

§ 4º As guias de depósito ou recolhimento serão emitidas em 3 (três) vias e o recolhimento da multa deverá preceder-se dentro de 5 (cinco) dias às repartições federais competentes, que escriturarão a receita a crédito do Ministério da Trabalho e Previdência Social.

§ 5º A segunda via da guia do recolhimento será devolvida pelo infrator à repartição que a emitiu, até o sexto dia depois de sua expedição, para a averbação no processo.

§ 6º A multa será reduzida de 50% (cinquenta por cento) se o infrator, renunciando ao recurso a recolher ao Tesouro Nacional dentro do prazo de 10 (dez) dias contados do recebimento da notificação ou da publicação do edital.

§ 7º Para a expedição da guia, no caso do § 6º, deverá o infrator juntar a notificação com a prova da data do seu recebimento, ou a folha do órgão oficial que publicou o edital.

Art. 637. De todas as decisões que proferirem em processos de infração das leis de proteção ao trabalho e que impliquem arquivamento destes, observado o disposto no parágrafo único do art. 635, deverão as autoridades prolatoras recorrer de ofício para a autoridade competente de instância superior. (Redação dada pelo Dec.-lei 229/1967)

Art. 638. Ao Ministro do Trabalho, Indústria e Comércio é facultado avocar ao seu exame e decisão, dentro de 90 (noventa) dias do despacho final do assunto, ou no curso do processo, as questões referentes à fiscalização dos preceitos estabelecidos nesta Consolidação.

CAPÍTULO III
DO DEPÓSITO, DA INSCRIÇÃO E DA COBRANÇA

Art. 639. Não sendo provido o recurso, o depósito se converterá em pagamento.

Art. 640. É facultado às Delegacias Regionais do Trabalho, na conformidade de instruções expedidas pelo Ministro de Estado, promover a cobrança amigável das multas antes do encaminhamento dos processos à cobrança executiva. (Redação dada pelo Dec.-lei 229/1967)

Art. 641. Não comparecendo o infrator, ou não depositando a importância da multa ou penalidade, far-se-á a competente inscrição em livro especial, existente nas repartições das quais se tiver originado a multa ou penalidade, ou de onde tenha provindo a reclamação que a determinou, sendo extraída cópia autentica dessa inscrição e enviada às autoridades competentes para a respectiva cobrança judicial, valendo tal instrumento como título de dívida líquida e certa.

Art. 642. A cobrança judicial das multas impostas pelas autoridades administrativas do trabalho obedecerá ao disposto na legislação aplicável à cobrança da dívida ativa da União, sendo promovida, no Distrito Federal e nas capitais dos Estados em que funcionarem Tribunais Regionais do Trabalho, pela Procuradoria da Justiça do Trabalho, e nas demais localidades, pelo Ministério Público Estadual e do Território do Acre, nos termos do Decreto-lei 960, de 17 de dezembro de 1938.

- Art. 114, VIII, da CF

Parágrafo único. No Estado de São Paulo a cobrança continuará a cargo da Procuradoria do Departamento Estadual do Trabalho, na forma do convênio em vigor.

TÍTULO VII-A
DA PROVA DE INEXISTÊNCIA DE DÉBITO TRABALHISTA

Art. 642-A. É instituída a Certidão Negativa de Débitos Trabalhistas (CNDT), expedida gratuita e eletronicamente, para comprovar a inexistência de débitos inadimplidos perante a Justiça do Trabalho.

§ 1º O interessado não obterá a certidão quando em seu nome constar:

I – o inadimplemento de obrigações estabelecidas em sentença condenatória transitada em julgado proferida pela Justiça do Trabalho ou em acordos judiciais trabalhistas, inclusive no concernente aos recolhimentos previdenciários, a honorários, a custas, a emolumentos ou a recolhimentos determinados em lei; ou

II – o inadimplemento de obrigações decorrentes de execução de acordos firmados perante o Ministério Público do Trabalho ou Comissão de Conciliação Prévia.

§ 2º Verificada a existência de débitos garantidos por penhora suficiente ou com exigibilidade suspensa, será expedida Certidão Positiva de Débitos Trabalhistas em nome do interessado com os mesmos efeitos da CNDT.

§ 3º A CNDT certificará a empresa em relação a todos os seus estabelecimentos, agências e filiais.

§ 4º O prazo de validade da CNDT é de 180 (cento e oitenta) dias, contado da data de sua emissão.

- Título VII-A incluído pela Lei 12.440/2011.

TÍTULO VIII
DA JUSTIÇA DO TRABALHO

CAPÍTULO I
INTRODUÇÃO

Art. 643. Os dissídios, oriundos das relações entre empregados e empregadores bem como de trabalhadores avulsos e seus tomadores de serviços, em atividades reguladas na legislação social, serão dirimidos pela Justiça do Trabalho, de acordo com o presente Título e na forma estabelecida pelo processo judiciário do trabalho.

- *Caput* com a redação dada pela Lei 7.494/1986.
- Arts. 109, I, e 114 da CF.
- Súm. Vinculantes 22 e 23 do STF.
- Súm. 433 e 736 do STF.
- Súm. 10, 97, 137, 170, 173, 218 e 367 do STJ.
- Súm. 189, 300, 368, 389 e 392 do TST.
- OJs 26 e 138 da SDI-1 do TST.

§ 1º As questões concernentes à Previdência Social serão decididas pelos órgãos e autoridades previstos no Capítulo V deste Título e na legislação sobre seguro social.

- Lei 3.807/1960 (Lei Orgânica da Previdência Social.)
- Leis 8.212 e 8.213/1991 (Seguridade e Previdência Social, respectivamente.)
- Art. 114, VIII, da CF.

§ 2º As questões referentes a acidentes do trabalho continuam sujeitas a justiça ordinária, na forma do Decreto 24.637, de 10 de julho de 1934, e legislação subsequente.

§ 3º A Justiça do Trabalho é competente, ainda, para processar e julgar as ações entre trabalhadores portuários e os operadores portuários ou o Órgão Gestor de Mão de Obra – OGMO decorrentes da relação de trabalho.

- § 3º incluído pela MP 2.164-41/2001.

Art. 644. São órgãos da Justiça do Trabalho:

a) o Tribunal Superior do Trabalho;

b) os Tribunais Regionais do Trabalho;

c) as Juntas de Conciliação e Julgamento ou os Juízos de Direito.

- Redação dada pelo Dec.-lei 9.797/1946.
- Art. 111 da CF.

Art. 645. O serviço da Justiça do Trabalho é relevante e obrigatório, ninguém dele podendo eximir-se, salvo motivo justificado.

Art. 646. Os órgãos da Justiça do Trabalho funcionarão perfeitamente coordenados, em regime de mútua colaboração, sob a orientação do presidente do Tribunal Superior do Trabalho.

CAPÍTULO II
DAS JUNTAS DE CONCILIAÇÃO E JULGAMENTO

- A EC 24/1999 extinguiu as Juntas de Conciliação e Julgamento e a figura do juiz classista. Em seu lugar, estabeleceu a jurisdição singular do juiz togado, que a exercerá nas Varas do Trabalho.
- Art. 116 da CF.

SEÇÃO I
DA COMPOSIÇÃO E FUNCIONAMENTO

Art. 647. Cada Junta de Conciliação e Julgamento terá a seguinte composição:

a) um juiz do trabalho, que será seu Presidente;

b) dois vogais, sendo um representante dos empregadores e outro dos empregados.

Parágrafo único. Haverá um suplente para cada vogal.

- Art. 647 com a redação dada pelo Dec.-lei 9.797/1946.
- Art. 111 da CF.

Art. 648. São incompatíveis entre si, para os trabalhos da mesma Junta, os parentes consanguíneos e afins até o terceiro grau civil.

Parágrafo único. A incompatibilidade resolve-se a favor do primeiro vogal designado ou empossado, ou por sorteio, se a designação ou posse for da mesma data.

Art. 649. As Juntas poderão conciliar, instruir ou julgar com qualquer número, sendo, porém, indispensável a presença do Presidente, cujo voto prevalecerá em caso de empate.

- As Juntas de Conciliação foram extintas pela EC 24/1999.

§ 1º No julgamento de embargos deverão estar presentes todos os membros da Junta.

§ 2º Na execução e na liquidação das decisões funciona apenas o Presidente.

- Art. 649 com a redação dada pelo Dec.-lei 8.737/1946.

SEÇÃO II
DA JURISDIÇÃO E COMPETÊNCIA DAS JUNTAS

- As Juntas de Conciliação foram extintas pela EC 24/1999.

Art. 650. A jurisdição de cada Junta de Conciliação e Julgamento abrange todo o território da Comarca em que tem sede, só podendo ser estendida ou restringida por lei federal.

Parágrafo único. As leis locais de Organização Judiciária não influirão sobre a competência de Juntas de Conciliação e Julgamento já criadas até que lei federal assim determine.

- Art. 650 com a redação dada pela Lei 5.442/1968.
- Art. 112 da CF.

Art. 651. A competência das Juntas de Conciliação e Julgamento é determinada pela localidade onde o empregado, reclamante ou reclamado, prestar serviços ao empregador, ainda que tenha sido contratado noutro local ou no estrangeiro.

- Súm. 33 do STJ.

§ 1º Quando for parte de dissídio agente ou viajante comercial, a competência será da Junta da localidade em que a empresa tenha agência ou filial e a esta o empregado esteja subordinado e, na falta, será competente a Junta da localização em que o empregado tenha domicílio ou a localidade mais próxima.

- § 1º com a redação dada pela Lei 9.851/1999.

§ 2º A competência das Juntas de Conciliação e Julgamento, estabelecida neste artigo, estende-se aos dissídios ocorridos em agência ou filial no estrangeiro, desde que o empregado seja brasileiro e não haja convenção internacional dispondo em contrário.

- Lei 7.064/1982.
- OJs 232 e 416 da SDI-1 do TST.

§ 3º Em se tratando de empregador que promova realização de atividades fora do lugar do contrato de trabalho, é assegurado ao empregado apresentar reclamação no foro da celebração do contrato ou no da prestação dos respectivos serviços.

Art. 652. Compete às Varas do Trabalho:

- *Caput* com a redação dada pela Lei 13.467/2017.

a) conciliar e julgar:

I – os dissídios em que se pretenda o reconhecimento da estabilidade de empregado;

II – os dissídios concernentes a remuneração, férias e indenizações por motivo de rescisão do contrato individual de trabalho;

III – os dissídios resultantes de contratos de empreitadas em que o empreiteiro seja operário ou artífice;

IV – os demais dissídios concernentes ao contrato individual de trabalho;

- Súm. 300, 368, 389, 392 e 454 do TST.
- OJs 26 e 138 da SDI-1 do TST.

V – as ações entre trabalhadores portuários e os operadores portuários ou o Órgão Gestor de Mão de Obra – OGMO decorrentes da relação de trabalho;

- Inciso V incluído pela MP 2.164-41/2001.

b) processar e julgar os inquéritos para apuração de falta grave;

c) julgar os embargos opostos às suas próprias decisões;

- Súm. 419 do TST.

d) impor multas e demais penalidades relativas aos atos de sua competência;

- Alínea d com a redação dada pelo Dec.-lei 6.353/1944.

e) (Suprimida pelo Dec.-lei 6.353/1944.)

f) decidir quanto à homologação de acordo extrajudicial em matéria de competência da Justiça do Trabalho.

- Alínea f acrescida pela Lei 13.467/2017.
- Arts. 855-B a E da CLT.

Parágrafo único. Terão preferência para julgamento os dissídios sobre pagamento de salário e aqueles que derivarem da falência do empregador, podendo o Presidente da Junta, a pedido do interessado, constituir processo em separado, sempre que a reclamação também versar sobre outros assuntos.

Art. 653. Compete, ainda, às Juntas de Conciliação e Julgamento:

a) requisitar às autoridades competentes a realização das diligências necessárias ao esclarecimento dos feitos sob sua apreciação, representando contra aquelas que não atenderem a tais requisições;

b) realizar as diligências e praticar os atos processuais ordenados pelos Tribunais Regionais do Trabalho ou pelo Tribunal Superior do Trabalho;

c) julgar as suspeições arguidas contra os seus membros;

d) julgar as exceções de incompetência que lhes forem opostas;

e) expedir precatórias e cumprir as que lhes forem deprecadas;

f) exercer, em geral, no interesse da Justiça do Trabalho, quaisquer outras atribuições que decorram da sua jurisdição.

SEÇÃO III
DOS PRESIDENTES DAS JUNTAS

- As Juntas de Conciliação foram extintas pela EC 24/1999.

Art. 654. O ingresso na magistratura do trabalho far-se-á para o cargo de juiz do trabalho substituto. As nomeações subsequentes por promoção alternadamente, por antiguidade e merecimento.

- *Caput* com a redação dada pelo Dec.-lei 229/1967.
- Art. 92 da LC 35/1979.

§ 1º Nas 7ª e 8ª Regiões da Justiça do Trabalho, nas localidades fora das respectivas sedes, haverá suplentes de juiz do trabalho presidente de Junta, sem direito a acesso, nomeados pelo Presidente da República, dentre brasileiros, bacharéis em direito, de reconhecida idoneidade moral, especializados em direito do trabalho, pelo período de 2 (dois) anos, podendo ser reconduzidos.

§ 2º Os suplentes de juiz do trabalho receberão, quando em exercício, vencimentos iguais aos dos juízes que substituírem.

- §§ 1º e 2º com a redação dada pelo Dec.-lei 229/1967.

§ 3º Os juízes substitutos serão nomeados após aprovação em concurso público de provas e títulos realizado perante o Tribunal Regional do Trabalho da Região, válido por 2 (dois) anos e prorrogável, a critério do mesmo órgão, por igual período, uma só vez, e organizado de acordo com as instruções expedidas pelo Tribunal Superior do Trabalho.

- § 3º com a redação dada pela Lei 6.087/1974.
- Art. 37, III, da CF.
- Súm. 478 do STF.

§ 4º Os candidatos inscritos só serão admitidos ao concurso após apreciação prévia, pelo Tribunal Regional do Trabalho da respectiva Região, dos seguintes requisitos:

a) idade maior de 25 (vinte e cinco) anos e menor de 45 (quarenta e cinco) anos;

b) idoneidade para o exercício das funções.

- § 4º com a redação dada pelo Dec.-lei 229/1967.

§ 5º O preenchimento dos cargos do presidente de Junta, vagos ou criadas por lei, será feito dentro de cada Região:

- § 5º com a redação dada pelo Dec.-lei 229/1967.

a) pela remoção de outro presidente, prevalecendo a antiguidade no cargo, caso haja mais de um pedido, desde que a remoção tenha sido requerida, dentro de quinze dias, contados da abertura da vaga, ao Presidente do Tribunal Regional, a quem caberá expedir o respectivo ato.

- Alínea a com a redação dada pela Lei 6.090/1974.
- Res. 26/2006 do CSJT

b) pela promoção de substituto, cuja aceitação será facultativa, obedecido o critério alternado de antiguidade e merecimento.

- Alínea b com a redação dada pelo Dec.-lei 229/1967.

§ 6º Os juízes do trabalho, presidentes de Junta, juízes substitutos e suplentes de juiz tomarão posse perante o presidente do Tribunal da respectiva Região. Nos Estados que, não forem sede de Tribunal Regional do Trabalho, a posse dar-se-á perante o presidente do Tribunal de Justiça, que remeterá o termo ao presidente do Tribunal Regional da jurisdição do empossado. Nos Territórios a posse dar-se-á perante o presidente do Tribunal Regional do Trabalho da respectiva Região.

- § 6º com a redação dada pelo Dec.-lei 229/1967.

Art. 655. Os Presidentes e os Presidentes substitutos tomarão posse do cargo perante o presidente do Tribunal Regional da respectiva jurisdição.

§ 1º Nos Estados em que não houver sede de Tribunais a posse dar-se-á perante o presidente do Tribunal de Apelação, que remeterá o respectivo termo ao presidente do Tribunal Regional da Jurisdição do empossado.

§ 2º Nos Territórios a posse dar-se-á perante a Juiz de Direito da capital, que procederá na forma prevista no § 1º.

- Art. 655 com a redação dada pelo Dec.-lei 8.737/1946.

Art. 656. O Juiz do Trabalho Substituto, sempre que não estiver substituindo o Juiz-Presidente de Junta, poderá ser designado para atuar nas Juntas de Conciliação e Julgamento.

§ 1º Para o fim mencionado no *caput* deste artigo, o território da Região poderá ser dividido em zonas, compreendendo a jurisdição de uma ou mais Juntas, a juízo do Tribunal Regional do Trabalho respectivo.

§ 2º A designação referida no *caput* deste artigo será de atribuição do Juiz-Presidente do Tribunal Regional do Trabalho ou, não havendo disposição regimental específica, de quem este indicar.

§ 3º Os Juízes do Trabalho Substitutos, quando designados ou estiverem substituindo os Juízes Presidentes de Juntas, perceberão os vencimentos destes.

§ 4º O Juiz-Presidente do Tribunal Regional do Trabalho ou, não havendo disposição regimental específica, que este indicar, fará a lotação e a movimentação dos Juízes Substitutos entre as diferentes zonas da Região na hipótese de terem sido criadas na forma do § 1º deste artigo.

- Art. 656 com a redação dada pela Lei 8.432/1992.

Art. 657. Os Presidentes de Junta e os Presidentes Substitutos perceberão os vencimentos fixados em lei.

- Art. 657 com a redação dada pelo Dec.-lei 8.737/1946.

Art. 658. São deveres precípuos dos Presidentes das Juntas, além dos que decorram do exercício de sua função:

a) manter perfeita conduta pública e privada;

b) abster-se de atender a solicitações ou recomendações relativamente aos feitos que hajam sido ou tenham de ser submetidos à sua apreciação;

c) residir dentro dos limites de sua jurisdição, não podendo ausentar-se sem licença do Presidente do Tribunal Regional;

d) despachar e praticar todos os atos decorrentes de suas funções, dentro dos prazos estabelecidos, sujeitando-se ao desconto correspondente a 1 (um) dia de vencimento para cada dia de retardamento.

- Art. 658 com a redação dada pelo Dec.-lei 8.737/1946.

Art. 659. Competem privativamente aos Presidentes das Juntas, além das que lhes forem conferidas neste Título e das decorrentes de seu cargo, as seguintes atribuições:

I – presidir às audiências das Juntas;

II – executar as suas próprias decisões, as proferidas pela Junta e aquelas cuja execução lhes for deprecada;

III – dar posse aos vogais nomeados para a Junta, ao Secretário e aos demais funcionários da Secretaria;

- Vide EC 24/1999.

IV – convocar os suplentes dos vogais, no impedimento destes;

V – representar ao Presidente do Tribunal Regional da respectiva jurisdição, no caso de falta de qualquer vogal a 3 (três) reuniões consecutivas, sem motivo justificado, para os fins do art. 727;

VI – despachar os recursos interpostos pelas partes, fundamentando a decisão recorrida antes da remessa ao Tribunal Regional, ou submetendo-os à decisão da Junta, no caso do art. 894;

- IN 16/1999 do TST.

VII – assinar as folhas de pagamento dos membros e funcionários da Junta;

VIII – apresentar ao Presidente do Tribunal Regional, até 15 de fevereiro de cada ano, o relatório dos trabalhos do ano anterior;

IX – conceder medida liminar, até decisão final do processo, em reclamações trabalhistas que visem a tornar sem efeito transferência disciplinada pelos parágrafos do artigo 469 desta Consolidação.

- Inciso IX incluído pela Lei 6.203/1975.
- OJ 67 da SDI-2 do TST.

X – conceder medida liminar, até decisão final do processo, em reclamações trabalhistas que visem reintegrar no emprego dirigente sindical afastado, suspenso ou dispensado pelo empregador.

- Inciso X incluído pela Lei 9.270/1996.

SEÇÃO IV
DOS VOGAIS DAS JUNTAS

- As Juntas de Conciliação foram extintas pela EC 24/1999.

Art. 660. Os vogais das Juntas são designados pelo Presidente do Tribunal Regional da respectiva jurisdição.

Art. 661. Para o exercício da função de vogal da Junta ou suplente deste são exigidos os seguintes requisitos:

a) ser brasileiro;

‣ Alínea a com a redação dada pelo Dec.-lei 229/1967.

b) ter reconhecida idoneidade moral;

c) ser maior de 25 (vinte e cinco) anos e ter menos de 70 (setenta) anos;

‣ Alínea c com a redação dada pelo Dec.-lei 229/1967.

d) estar no gozo dos direitos civis e políticos;

e) estar quite com o serviço militar;

f) contar mais de 2 (dois) anos de efetivo exercício na profissão e ser sindicalizado.

Parágrafo único. A prova da qualidade profissional a que se refere a alínea "f" deste artigo é feita mediante declaração do respectivo Sindicato.

Art. 662. A escolha dos vogais das Juntas e seus suplentes far-se-á dentre os nomes constantes das listas que, para esse efeito, forem encaminhadas pelas associações sindicais de primeiro grau ao presidente do Tribunal Regional.

§ 1º Para esse fim, cada Sindicato de empregadores e de empregados, com base territorial extensiva à área de jurisdição da Junta, no todo ou em parte, procederá, na ocasião determinada pelo Presidente do Tribunal Regional, à escolha de 3 (três) nomes que comporão a lista, aplicando-se à eleição o disposto no art. 524 e seus §§ 1º a 3º.

‣ § 1º com a redação dada pela Lei 5.657/1971.

§ 2º Recebidas as listas pelo presidente do Tribunal Regional, designará este, dentro de cinco dias, os nomes dos vogais e dos respectivos suplentes, expedindo para cada um deles um título, mediante a apresentação do qual será empossado.

§ 3º Dentro de quinze dias, contados da data da posse, pode ser contestada a investidura do vogal ou do suplente, por qualquer interessado, sem efeito suspensivo, por meio de representação escrita, dirigida ao presidente do Tribunal Regional.

§ 4º Recebida a contestação, o Presidente do Tribunal designará imediatamente relator, o qual, se houver necessidade de ouvir testemunhas ou de proceder a quaisquer diligências, providenciará para que tudo se realize com a maior brevidade, submetendo, por fim, a contestação ao parecer do Tribunal, na primeira sessão.

‣ § 4º com a redação dada pela Lei 2.244/1954.

§ 5º Se o Tribunal julgar procedente a contestação, o Presidente providenciará a designação de novo vogal ou suplente.

‣ § 5º com a redação dada pelo Dec.-lei 229/1967.

§ 6º Em falta de indicação pelos Sindicatos, de nomes para representantes das respectivas categorias profissionais e econômicas nas Juntas de Conciliação e Julgamento, ou nas localidades onde não existirem Sindicatos, serão esses representantes livremente designados pelo Presidente do Tribunal Regional do Trabalho, observados os requisitos exigidos para o exercício da função.

‣ § 6º incluído pelo Dec.-lei 229/1967.

Art. 663. A investidura dos vogais das Juntas e seus suplentes é de 3 (três) anos, podendo, entretanto, ser dispensado, a pedido, aquele que tiver servido, sem interrupção, durante metade desse período.

‣ *Caput* com a redação dada pela Lei 2.244/1954.

§ 1º Na hipótese da dispensa do vogal a que alude este artigo, assim como nos casos de impedimento, morte ou renúncia, sua substituição far-se-á pelo suplente, mediante convocação do Presidente da Junta.

‣ § 1º com a redação dada pela Lei 2.244/1954.

§ 2º Na falta do suplente, por impedimento, morte ou renúncia serão designados novo vogal e o respectivo suplente, dentre os nomes constantes das listas a que se refere o art. 662, servindo os designados até o fim do período.

Art. 664. Os vogais das Juntas e seus suplentes tomam posse perante o Presidente da Junta em que têm de funcionar.

Art. 665. Enquanto durar sua investidura, gozam os vogais das Juntas e seus suplentes das prerrogativas asseguradas aos jurados.

Art. 666. Por audiência a que comparecerem, até o máximo de 20 (vinte) por mês, os vogais das Juntas e seus suplentes perceberão a gratificação fixada em lei.

Art. 667. São prerrogativas dos vogais das Juntas, além das referidas no art. 665:

a) tomar parte nas reuniões do Tribunal a que pertençam;

b) aconselhar às partes a conciliação;

c) votar no julgamento dos feitos e nas matérias de ordem interna do Tribunal, submetidas às suas deliberações;

d) pedir vista dos processos pelo prazo de 24 (vinte e quatro) horas;

e) formular, por intermédio do Presidente, aos litigantes, testemunhas e peritos, as perguntas que quiserem fazer, para esclarecimento do caso.

CAPÍTULO III
DOS JUÍZOS DE DIREITO

Art. 668. Nas localidades não compreendidas na jurisdição das Juntas de Conciliação e Julgamento, os Juízos de Direito são os órgãos de administração da Justiça do Trabalho, com a jurisdição que lhes for determinada pela lei de organização judiciária local.

‣ Art. 112 da CF.

‣ EC 24/1999.

‣ Súm. 10 e 180 do STJ.

Art. 669. A competência dos Juízos de Direito, quando investidos na administração da Justiça do Trabalho, é a mesma das Juntas de Conciliação e Julgamento, na forma da Seção II do Capítulo II.

§ 1º Nas localidades onde houver mais de um Juízo de Direito a competência é determinada, entre os Juízes do Cível, por distribuição ou pela divisão judiciária local, na conformidade da lei de organização respectiva.

§ 2º Quando o critério de competência da lei de organização judiciária for diverso do previsto no parágrafo anterior, será competente o Juiz do Cível mais antigo.

CAPÍTULO IV
DOS TRIBUNAIS REGIONAIS DO TRABALHO

SEÇÃO I
DA COMPOSIÇÃO E DO FUNCIONAMENTO

Art. 670. Os Tribunais Regionais das 1ª e 2ª Regiões compor-se-ão de onze juízes togados, vitalícios, e de seis juízes classistas, temporários; os da 3ª e 4ª Regiões, de oito juízes togados, vitalícios, e de quatro classistas, temporários; os da 5ª e 6ª Regiões, de sete juízes togados, vitalícios e de dois classistas, temporários; os da 7ª e 8ª Regiões, de seis juízes togados, vitalícios, e de dois classistas, temporários, todos nomeados pelo Presidente da República.

‣ *Caput* com a redação dada pela Lei 5.442/1968.

‣ Art. 674 da CLT.

§ 1º Há um primeiro suplente e um segundo suplente para o presidente e um suplente para cada vogal.

‣ § 1º com redação dada pelo Dec.-lei 9.797/1946.

§ 2º Nos Tribunais Regionais constituídos de seis ou mais juízes togados, e menos de onze, um deles será escolhido dentre advogados, um dentre membros do Ministério Público da União junto à Justiça do Trabalho e os demais dentre juízes do Trabalho Presidente de Junta da respectiva Região, na forma prevista no parágrafo anterior.

‣ § 2º com a redação dada pela Lei 5.442/1968.

§ 3º Nos Tribunais do Trabalho das demais Regiões, terão assento três juízes alheios aos interesses profissionais.

‣ § 3º com redação dada pelo Dec.-lei 9.797/1946.

§ 4º Os juízes classistas referidos neste artigo representarão, paritariamente, empregadores e empregados.

§ 5º Haverá um suplente para cada Juiz classista.

§ 6º Os Tribunais Regionais, no respectivo regimento interno, disporão sobre a substituição de seus juízes, observados, na convocação de juízes inferiores, os critérios de livre escolha e antiguidade, alternadamente.

§ 7º Dentre os seus juízes togados, os Tribunais Regionais elegerão os respectivos Presidente e Vice-Presidente, assim como os Presidentes de Turmas, onde as houver.

§ 8º Os Tribunais Regionais da 1ª e 2ª Regiões dividir-se-ão em Turmas, facultada essa divisão aos constituídos de pelo menos, doze juízes. Cada turma se comporá de três juízes togados e dois classistas, um representante dos empregados e outro dos empregadores.

‣ §§ 4º a 8º incluídos pela Lei 5.442/1968.

Art. 671. Para os trabalhos dos Tribunais Regionais existe a mesma incompatibilidade prevista no art. 648, sendo idêntica a forma de sua resolução.

Art. 672. Os Tribunais Regionais, em sua composição plena, deliberarão com a presença, além do Presidente, da metade e mais um, do número de seus juízes, dos quais, no mínimo, um representante dos empregados e outro dos empregadores.

§ 1º As Turmas somente poderão deliberar presentes, pelo menos, três dos seus juízes, entre eles os dois classistas. Para a integração desse quorum, poderá o Presidente de uma Turma convocar juízes de outra, da classe a que pertencer o ausente ou impedido.

§ 2º Nos Tribunais Regionais, as decisões tomar-se-ão pelo voto da maioria dos juízes presentes, ressalvada, no Tribunal Pleno, a hipótese de declaração de inconstitucionalidade de lei ou ato do poder público (artigo 111 da Constituição).

- Art. 97 da CF.
- Súm. Vinculante 10 do STF.

§ 3º O Presidente do Tribunal Regional, excetuada a hipótese de declaração de inconstitucionalidade de lei ou ato do poder público, somente terá voto de desempate. Nas sessões administrativas, o Presidente votará como os demais juízes, cabendo-lhe, ainda, o voto de qualidade.

§ 4º No julgamento de recursos contra decisão ou despacho do Presidente, do Vice-Presidente ou de Relator, ocorrendo empate, prevalecerá a decisão ou despacho recorrido.

- Art. 672 com a redação dada pela Lei 5.442/1968.

Art. 673. A ordem das sessões dos Tribunais Regionais será estabelecida no respectivo Regimento Interno.

SEÇÃO II
DA JURISDIÇÃO E COMPETÊNCIA

Art. 674. Para efeito da jurisdição dos Tribunais Regionais, o território nacional é dividido nas 24 regiões seguintes:

1ª Região – Estado do Rio de Janeiro; (Criada pela Lei nº 5.839/1972)

2ª Região – Estado de São Paulo; (Criada pela Lei nº 5.839/1972)

3ª Região – Estado de Minas Gerais; (Criada pela Lei nº 5.839/1972)

4ª Região – Estado do Rio Grande do Sul; (Criada pela Lei nº 5.839/1972)

5ª Região – Estado da Bahia; (Criada pela Lei nº 5.839/1972)

6ª Região – Estado Pernambuco; (Criada pela Lei nº 5.839/1972)

7ª Região – Estado do Ceará; (Criada pela Lei nº 5.839/1972)

8ª Região – Estados do Pará e Amapá; (Criada pela Lei nº 5.839/1972)

9ª Região – Estado do Paraná; (Criada pela Lei nº 6.241/1975)

10ª Região – Estado do Distrito Federal; (Criada pela Lei nº 6.927/1981)

11ª Região – Estados do Amazonas e de Roraima; (Criada pela Lei nº 6.915/1981)

12ª Região – Estado de Santa Catarina; (Criada pela Lei nº 6.928/1981)

13ª Região – Estado da Paraíba; (Criada pela Lei nº 7.324/1985)

14ª Região – Estados de Rondônia e Acre; (Criada pela Lei nº 7.523,/1986)

15ª Região – Estado de São Paulo; (Criada pela Lei nº 7.520/1986)

16ª Região – Estado do Maranhão; (Criada pela Lei nº 7.671/1988)

17ª Região – Estado do Espírito Santo; (Criada pela Lei nº 7.872/1989)

18ª Região – Estado de Goiás; (Criada pela Lei nº 7.873/1989)

19ª Região – Estado de Alagoas; (Criada pela Lei nº 8.219/1991)

20ª Região – Estado de Sergipe; (Criada pela Lei nº 8.233/1991)

21ª Região – Estado do Rio Grande do Norte; (Criada pela Lei nº 8.215/1991)

22ª Região – Estado do Piauí; (Criada pela Lei nº 8.221/1991)

23ª Região – Estado do Mato Grosso; (Criada pela Lei nº 8.430/1992)

24ª Região – Estado do Mato Grosso do Sul; (Criada pela Lei nº 8.431/1992)

- Artigo atualizado de acordo com as referidas Leis.

Parágrafo único. Os tribunais têm sede nas cidades: Rio de Janeiro (1ª Região), São Paulo (2ª Região), Belo Horizonte (3ª Região), Porto Alegre (4ª Região), Salvador (5ª Região), Recife (6ª Região), Fortaleza (7ª Região), Belém (8ª Região), Curitiba (9ª Região), Brasília (10ª Região), Manaus (11ª Região), Florianópolis (12ª Região), João Pessoa (13ª Região), Porto Velho (14ª Região), Campinas (15ª Região), São Luís (16ª Região), Vitória (17ª Região), Goiânia (18ª Região), Maceió (19ª Região), Aracaju (20ª Região), Natal (21ª Região), Teresina (22ª Região), Cuiabá (23ª Região) e Campo Grande (24ª Região).

- Sedes determinadas pelas Leis que criaram as Regiões.

Art. 675. (Revogado pela Lei 5.442/1968.)

Art. 676. O número de regiões, a jurisdição e a categoria dos Tribunais Regionais, estabelecidos nos artigos anteriores, somente podem ser alterados pelo Presidente da República.

Art. 677. A competência dos Tribunais Regionais determina-se pela forma indicada no art. 651 e seus parágrafos e, nos casos de dissídio coletivo, pelo local onde este ocorrer.

- Súm. 420 do TST.

Art. 678. Aos Tribunais Regionais, quando divididos em Turmas, compete:

- Súm. 433 do STF.

I – ao Tribunal Pleno, especialmente:

a) processar, conciliar e julgar originariamente os dissídios coletivos;

b) processar e julgar originariamente:

1) as revisões de sentenças normativas;

2) a extensão das decisões proferidas em dissídios coletivos;

3) os mandados de segurança;

4) as impugnações à investidura de vogais e seus suplentes nas Juntas de Conciliação e Julgamento;

c) processar e julgar em última instância:

1) os recursos das multas impostas pelas Turmas;

2) as ações rescisórias das decisões das Juntas de Conciliação e Julgamento, dos juízes de direito investidos na jurisdição trabalhista, das Turmas e de seus próprios acórdãos;

3) os conflitos de jurisdição entre as suas Turmas, os juízes de direito investidos na jurisdição trabalhista, as Juntas de Conciliação e Julgamento, ou entre aqueles e estas;

d) julgar em única ou última instâncias:

1) os processos e os recursos de natureza administrativa atinentes aos seus serviços auxiliares e respectivos servidores;

2) as reclamações contra atos administrativos de seu presidente ou de qualquer de seus membros, assim como dos juízes de primeira instância e de seus funcionários.

II – às Turmas:

a) julgar os recursos ordinários previstos no art. 895, alínea a;

b) julgar os agravos de petição e de instrumento, estes de decisões denegatórias de recursos de sua alçada;

c) impor multas e demais penalidades relativas e atos de sua competência jurisdicional, e julgar os recursos interpostos das decisões das Juntas dos juízes de direito que as impuserem.

Parágrafo único. Das decisões das Turmas não caberá recurso para o Tribunal Pleno, exceto no caso do item I, alínea "c", inciso 1, deste artigo.

- Art. 678 com a redação dada pela Lei 5.442/1968.

Art. 679. Aos Tribunais Regionais não divididos em Turmas, compete o julgamento das matérias a que se refere o artigo anterior, exceto a de que trata o inciso I da alínea c do Item I, como os conflitos de jurisdição entre Turmas.

- Art. 679 com a redação dada pela Lei 5.442/1968.

Art. 680. Compete, ainda, aos Tribunais Regionais, ou suas Turmas:

a) determinar às Juntas e aos juízes de direito a realização dos atos processuais e diligências necessárias ao julgamento dos feitos sob sua apreciação;

b) fiscalizar o cumprimento de suas próprias decisões;

c) declarar a nulidade dos atos praticados com infração de suas decisões;

d) julgar as suspeições arguidas contra seus membros;

e) julgar as exceções de incompetência que lhes forem opostas;

f) requisitar às autoridades competentes as diligências necessárias ao esclarecimento dos feitos sob apreciação, representando contra aquelas que não atenderem a tais requisições;

g) exercer, em geral, no interesse da Justiça do Trabalho, as demais atribuições que decorram de sua Jurisdição.

- Art. 680 restabelecido com nova redação pela Lei 5.442/1968.

SEÇÃO III
DOS PRESIDENTES DOS TRIBUNAIS REGIONAIS

Art. 681. Os presidentes e vice-presidentes dos Tribunais Regionais do Trabalho tomarão posse perante os respectivos Tribunais.

▸ *Caput* com a redação dada pela Lei 6.320/1976.

Parágrafo único. (Revogado pela Lei 6.320/1976.)

Art. 682. Competem privativamente aos Presidentes dos Tribunais Regionais, além das que forem conferidas neste e no título e das decorrentes do seu cargo, as seguintes atribuições:

▸ *Caput* com a redação dada pelo Dec.-lei 8.737/1946.

I – (Revogado pela Lei 5.442/1968.)

II – designar os vogais das Juntas e seus suplentes;

III – dar posse aos Presidentes de Juntas e Presidentes Substitutos, aos vogais e suplentes e funcionários do próprio Tribunal e conceder férias e licenças aos mesmos e aos vogais e suplentes das Juntas;

IV – presidir às sessões do Tribunal;

V – presidir às audiências de conciliação nos dissídios coletivos;

VI – executar suas próprias decisões e as proferidas pelo Tribunal;

VII – convocar suplentes dos vogais do Tribunal, nos impedimentos destes;

VIII – representar ao Presidente do Tribunal Superior do Trabalho contra os Presidentes e os vogais, nos casos previstos no art. 727 e seu parágrafo único;

IX – despachar os recursos interpostos pelas partes;

X – requisitar às autoridades competentes, nos casos de dissídio coletivo, a força necessária, sempre que houver ame e perturbação da ordem;

XI – exercer correição, pelo menos uma vez por ano, sobre as Juntas, ou parcialmente sempre que se fizer necessário, e solicitá-la, quando julgar conveniente, ao Presidente do Tribunal de Apelação relativamente aos Juízes de Direito investidos na administração da Justiça do Trabalho;

XII – distribuir os feitos, designando os vogais que os devem relatar;

XIII – designar, dentre os funcionários do Tribunal e das Juntas existentes em uma mesma localidade, o que deve exercer a função de distribuidor;

XIV – assinar as folhas de pagamento dos vogais e servidores do Tribunal.

▸ Incisos II a XIV com a redação dada pelo Dec.-lei 8.737/1946.

§ 1º Na falta ou impedimento do Presidente da Junta e do substituto da mesma localidade, é facultado ao Presidente do Tribunal Regional designar substituto de outra localidade, observada a ordem de antiguidade entre os substitutos desimpedidos.

§ 2º Na falta ou impedimento do Juiz classista da Junta e do respectivo suplente, é facultado ao Presidente do Tribunal Regional designar suplente de outra Junta, respeitada a categoria profissional ou econômica do representante e a ordem de antiguidade dos suplentes desimpedidos.

▸ §§ 1º e 2º com a redação dada pelo Dec.-lei 8.737/1946.

§ 3º Na falta ou impedimento de qualquer Juiz representante classista e seu respectivo suplente, é facultado ao Presidente do Tribunal Regional designar um dos Juízes classistas de Junta de Conciliação e Julgamento para funcionar nas sessões do Tribunal, respeitada a categoria profissional ou econômica do representante.

▸ § 3º incluído pela Lei 3.440/1958.

Art. 683. Na falta ou impedimento dos Presidentes dos Tribunais Regionais, e como auxiliares destes, sempre que necessário, funcionarão seus substitutos.

§ 1º Nos casos de férias, por 30 (trinta) dias, licença, morte ou renúncia, a convocação competirá diretamente ao Presidente do Tribunal Superior do Trabalho.

§ 2º Nos demais casos, mediante convocação do próprio Presidente do Tribunal ou comunicação do secretário deste, o Presidente Substituto assumirá imediatamente o exercício, ciente o Presidente do Tribunal Superior do Trabalho.

▸ Art. 683 com a redação dada pelo Dec.-lei 8.737/1946.

SEÇÃO IV
DOS JUÍZES REPRESENTANTES CLASSISTAS DOS TRIBUNAIS REGIONAIS

Art. 684. Os Juízes representantes classistas dos Tribunais Regionais são designados pelo Presidente da República.

Parágrafo único. Aos Juízes representantes classistas dos empregados e dos empregadores, nos Tribunais Regionais, aplicam-se as disposições do art. 661.

▸ § 1º renumerado para parágrafo único pela Lei 5.442/1968.

▸ § 2º (Revogado pela Lei 5.442/1968.)

Art. 685. A escolha dos vogais e suplentes dos Tribunais Regionais, representantes dos empregadores e empregados, é feita dentre os nomes constantes das listas para esse fim encaminhadas ao Presidente do Tribunal Superior do Trabalho pelas associações sindicais de grau superior com sede nas respectivas Regiões.

§ 1º Para o efeito deste artigo, o Conselho de Representantes de cada associação sindical de grau superior, na ocasião determinada pelo Presidente do Tribunal Superior do Trabalho, organizará, por maioria de votos, uma lista de 3 (três) nomes.

§ 2º O Presidente do Tribunal Superior do Trabalho submeterá os nomes constantes das listas ao Presidente da República, por intermédio do Ministro da Justiça e Negócios Interiores.

▸ § 2º com a redação dada pela Lei 2.244/1954.

Art. 686. (Suprimido pelo Dec.-lei 9.797/1946.)

Art. 687. Os juízes representantes classistas dos Tribunais Regionais tomam posse perante o respectivo Presidente.

▸ Expressão "vogais dos Conselhos Regionais" substituída por "juízes representantes classistas dos Tribunais Regionais" pelo Dec-Lei 9.797/1946.

Art. 688. Aos juízes representantes classistas dos Tribunais Regionais aplicam-se as disposições do art. 663, sendo a nova escolha feita dentre os nomes constantes das listas a que se refere o art. 685, ou na forma indicada no art. 686 e, bem assim, as dos arts. 665 e 667.

Art. 689. Por sessão a que comparecerem, até o máximo de quinze por mês, perceberão os Juízes representantes classistas e suplentes dos Tribunais Regionais a gratificação fixada em lei.

Parágrafo único. Os Juízes representantes classistas que retiverem processos além dos prazos estabelecidos no Regimento Interno dos Tribunais Regionais sofrerão automaticamente, na gratificação mensal a que teriam direito, desconto equivalente a 1/30 (um trinta avos) por processo retido.

▸ Art. 689 com a redação dada pelo Dec.-lei 8.737/1946.

CAPÍTULO V
DO TRIBUNAL SUPERIOR DO TRABALHO

▸ Arts. 111 e 111-A, da CF.

▸ Súm. 190 do TST.

SEÇÃO I
DISPOSIÇÕES PRELIMINARES

▸ Vide Resolução Administrativa do TST 1.295/2008 (Regimento Interno do TST).

Art. 690. O Tribunal Superior do Trabalho, com sede na Capital da República e jurisdição em todo o território nacional, é a instância suprema da Justiça do Trabalho.

Parágrafo único. O Tribunal funciona na plenitude de sua composição ou dividido em Turmas, com observância da paridade de representação de empregados e empregadores.

▸ Art. 690 com a redação dada pela Lei 2.244, de 23.6.1954.

▸ Súm. 190 do TST.

Arts. 691 e 692. (Suprimidos pelo Dec.-lei 8.737/1946.)

SEÇÃO II
DA COMPOSIÇÃO E FUNCIONAMENTO DO TRIBUNAL SUPERIOR DO TRABALHO

Art. 693. O Tribunal Superior do Trabalho compõe-se de dezessete juízes com a denominação de Ministros, sendo:

▸ *Caput* com a redação dada pela Lei 5.442, de 24.5.1968.

▸ Art. 111-A, da CF.

a) onze togados e vitalícios, nomeados pelo Presidente da República, depois de aprovada a escolha pelo Senado Federal, dentre brasileiros natos, maiores de trinta e cinco anos, de notável saber jurídico e reputação ilibada;

b) seis classistas, com mandato de três anos, em representação paritária dos empregadores e dos empregados, nomeados pelo Presidente da República de conformidade com o disposto nos §§ 2º e 3º deste artigo.

▸ Alíneas a e b com a redação dada pela Lei 5.442/1968.

§ 1º Dentre os Juízes Togados do Tribunal Superior do Trabalho, alheios aos interesses profissionais, serão eleitos o Presidente, o Vice-Presidente e o corregedor, além dos presidentes das turmas na forma estabelecida em seu regimento interno.

§ 2º Para nomeação trienal dos juízes classistas, o Presidente do Tribunal Superior do Trabalho publicará edital, com antecedência mínima de 15 (quinze) dias, convocando as associações sindicais de grau superior, para que cada uma, mediante maioria de votos do respectivo Conselho de Representantes, organize uma lista de três nomes, que será encaminhada, por intermédio daquele Tribunal, ao Ministro da Justiça e Negócios Interiores dentro do prazo que for fixado no edital.

- §§ 1º e 2º com a redação dada pela Lei 2.244/1954.

§ 3º Na lista de que trata o parágrafo anterior figurarão somente brasileiros natos, de reconhecida idoneidade, maiores de 25 anos, quites com o serviço militar, que estejam no gozo de seus direitos civis e políticos e contem mais de dois anos de efetivo exercício da profissão ou se encontrem no desempenho de representação profissional prevista em lei.

- § 3º com a redação dada pelo Dec.-lei 9.797/1946.

Art. 694. Os juízes togados escolher-se-ão: sete, dentre magistrados da Justiça do Trabalho, dois, dentre advogados no efetivo exercício da profissão, e dois, dentre membros do Ministério Público da União junto à Justiça do Trabalho.

- Art. 694 restabelecido com nova redação dada pela Lei 5.442/1968.

Art. 695. (Suprimido pelo Dec.-lei 9.797/1946.)

Art. 696. Importará em renúncia o não comparecimento do membro do Conselho, sem motivo justificado, a mais de três sessões ordinárias consecutivas.

- *Caput* com a redação dada pelo Dec.-lei 8.737/1946.

§ 1º Ocorrendo a hipótese prevista neste artigo o Presidente do Tribunal comunicará imediatamente o fato ao Ministro da Justiça e Negócios Interiores, a fim de que seja feita a substituição do juiz renunciante, sem prejuízo das sanções cabíveis.

§ 2º Para os efeitos do parágrafo anterior, a designação do substituto será feita dentre os nomes constantes das listas de que trata o 2º do art. 693.

- §§ 1º e 2º incluídos pela Lei 2.244/1954.

Art. 697. Em caso de licença, superior a trinta dias, ou de vacância, enquanto não for preenchido o cargo, os Ministros do Tribunal poderão ser substituídos mediante convocação de Juízes, de igual categoria, de qualquer dos Tribunais Regionais do Trabalho, na forma que dispuser o Regimento do Tribunal Superior do Trabalho.

- Art. 697 com a redação dada pela Lei 6.289/1975.

Art. 698. (Suprimido pelo Dec.-lei 8.737/1946.)

Art. 699. O Tribunal Superior do Trabalho não poderá deliberar, na plenitude de sua composição senão com a presença de pelo menos nove de seus juízes, além do Presidente.

Parágrafo único. As turmas do Tribunal, compostas de 5 (cinco) juízes, só poderão deliberar com a presença de pelo menos, três de seus membros, além do respectivo presidente, cabendo também a este funcionar como relator ou revisor nos feitos que lhe forem distribuídos conforme estabelecer o regimento interno.

- Art. 699 com a redação dada pela Lei 2.244/1954.

Art. 700. O Tribunal reunir-se-á em dias previamente fixados pelo Presidente, o qual poderá, sempre que for necessário, convocar sessões extraordinárias.

- Art. 700 com a redação dada pelo Dec.-lei 8.737/1946.
- Art. 96, I, a, da CF.

Art. 701. As sessões do Tribunal serão públicas e começarão às 14 (quatorze) horas, terminando às 17 (dezessete) horas, mas poderão ser prorrogadas pelo Presidente em caso de manifesta necessidade.

§ 1º As sessões extraordinárias do Tribunal só se realizarão quando forem comunicadas aos seus membros com 24 (vinte e quatro) horas, no mínimo, de antecedência.

§ 2º Nas sessões do Tribunal, os debates poderão tornar-se secretos, desde que, por motivo de interesse público, assim resolva a maioria de seus membros.

- Art. 701 com a redação dada pelo Dec.-lei 8.737/1946.

SEÇÃO III
DA COMPETÊNCIA DO CONSELHO PLENO

Art. 702. Ao Tribunal Pleno compete:

- *Caput* com a redação dada pela Lei 2.244/1954.
- Vide Lei 7.701/1988.

I – em única instância:

- Inciso I com a redação dada pela Lei 2.244/1954.

a) decidir sobre matéria constitucional, quando arguido, para invalidar lei ou ato do poder público;

b) conciliar e julgar os dissídios coletivos que excedam a jurisdição dos Tribunais Regionais do Trabalho, bem como estender ou rever suas próprias decisões normativas, nos casos previstos em lei;

c) homologar os acordos celebrados em dissídios de que trata a alínea anterior;

d) julgar os agravos dos despachos do presidente, nos casos previstos em lei;

e) julgar as suspeições arguidas contra o presidente e demais juízes do Tribunal, nos feitos pendentes de sua decisão;

- Alíneas a a e com a redação dada pela Lei 2.244/1954.

f) estabelecer ou alterar súmulas e outros enunciados de jurisprudência uniforme, pelo voto de pelo menos dois terços de seus membros, caso a mesma matéria já tenha sido decidida de forma idêntica por unanimidade em, no mínimo, dois terços das turmas em pelo menos dez sessões diferentes em cada uma delas, podendo, ainda, por maioria de dois terços de seus membros, restringir os efeitos daquela declaração ou decidir que ela só tenha eficácia a partir de sua publicação no Diário Oficial;

- Alínea f com a redação dada pela Lei 13.467/2017.
- ADI 6.188: O STF, por maioria, declarou a inconstitucionalidade do dispositivo, restando prejudicada, portanto, a análise do pedido de liminar. (DJE de 01.09.2023)

g) aprovar tabelas de custas emolumentos, nos termos da lei;

- Alínea g com a redação dada pela Lei 2.244/1954.

h) elaborar o Regimento Interno do Tribunal e exercer as atribuições administrativas previstas em lei, ou decorrentes da Constituição Federal.

II – em última instância:

- Inciso II com a redação dada pela Lei 2.244/1954.

a) julgar os recursos ordinários das decisões proferidas pelos Tribunais Regionais em processos de sua competência originária;

b) julgar os embargos opostos às decisões de que tratam as alíneas b e c do inciso I deste artigo;

- Alíneas a e b com a redação dada pela Lei 2.244/1954.

c) julgar embargos das decisões das Turmas, quando esta divirjam entre si ou de decisão proferida pelo próprio Tribunal Pleno, ou que forem contrárias à letra de lei federal;

- Alínea c com a redação dada pelo Dec.-lei 229/1967.

d) julgar os agravos de despachos denegatórios dos presidentes de turmas, em matéria de embargos na forma estabelecida no regimento interno;

e) julgar os embargos de declaração opostos aos seus acórdãos.

- Alíneas d e e com a redação dada pela Lei 2.244/1954.

§ 1º Quando adotada pela maioria de dois terços dos juízes do Tribunal Pleno, a decisão proferida nos embargos de que trata o inciso II, alínea "c", deste artigo, terá força de prejulgado, nos termos dos §§ 2º e 3º, do art. 902.

- O art. 902 da CLT foi revogado pela Lei 7.033/1982.

§ 2º É da competência de cada uma das turmas do Tribunal:

a) julgar, em única instância, os conflitos de jurisdição entre Tribunais Regionais do Trabalho e os que se suscitarem entre juízes de direito ou juntas de conciliação e julgamento de regiões diferentes;

b) julgar, em última instância, os recursos de revista interpostos de decisões dos Tribunais Regionais e das Juntas de Conciliação e julgamento ou juízes de direito, nos casos previstos em lei;

c) julgar os agravos de instrumento dos despachos que denegarem a interposição de recursos ordinários ou de revista;

d) julgar os embargos de declaração opostos aos seus acórdãos;

e) julgar as habilitações incidentes e arguições de falsidade, suspeição e outras nos casos pendentes de sua decisão.

- §§ 1º e 2º com a redação dada pela Lei 2.244/1954.

§ 3º As sessões de julgamento sobre estabelecimento ou alteração de súmulas e outros enunciados de jurisprudência deverão ser públicas, divulgadas com, no mínimo, trinta dias de antecedência, e deverão possibilitar a sustentação oral pelo Procurador-Geral do Trabalho, pelo Conselho Federal da Ordem dos Advogados do Brasil, pelo Advogado-Geral da União e por confederações sindicais ou entidades de classe de âmbito nacional.

- § 3º incluído pela Lei 13.467/2017.
- ADI 6.188: O STF, por maioria, declarou a inconstitucionalidade do dispositivo, restando prejudicada, portanto, a análise do pedido de liminar. (DJE de 01.09.2023)

§ 4º O estabelecimento ou a alteração de súmulas e outros enunciados de jurisprudência pelos Tribunais Regionais do Trabalho deverão observar o disposto na alínea f do inciso I e no § 3º deste artigo, com rol equivalente de legitimados para sustentação oral, observada a abrangência de sua circunscrição judiciária.

- § 4º incluído pela Lei 13.467/2017.
- ADI 6.188: O STF, por maioria, declarou a inconstitucionalidade do dispositivo, restando prejudicada, portanto, a análise do pedido de liminar. (DJE de 01.09.2023)

SEÇÃO IV
DA COMPETÊNCIA DA CÂMARA DE JUSTIÇA DO TRABALHO

Arts. 703 a 705. (Suprimidos pelo Dec.-lei 8.737/1946.)

SEÇÃO V
DA COMPETÊNCIA DA CÂMARA DE PREVIDÊNCIA SOCIAL

Art. 706. (Suprimido pelo Dec.-lei 8.737/1946.)

SEÇÃO VI
DAS ATRIBUIÇÕES DO PRESIDENTE DO TRIBUNAL SUPERIOR DO TRABALHO

Art. 707. Compete ao Presidente do Tribunal:

- Vide Lei 7.701/1998.

a) presidir às sessões do Tribunal, fixando os dias para a realização das sessões ordinárias e convocando as extraordinárias;
b) superintender todos os serviços do Tribunal;
c) expedir instruções e adotar as providências necessárias para o bom funcionamento do Tribunal e dos demais órgãos da Justiça do Trabalho;
d) fazer cumprir as decisões originárias do Tribunal, determinando aos Tribunais Regionais e aos demais órgãos da Justiça do Trabalho a realização dos atos processuais e das diligências necessárias;
e) submeter ao Tribunal os processos em que tenha de deliberar e designar, na forma do Regimento Interno, os respectivos relatores;
f) despachar os recursos interpostos pelas partes e os demais papéis em que deva deliberar;
g) determinar as alterações que se fizerem necessárias na lotação do pessoal da Justiça do Trabalho, fazendo remoções ex officio de servidores entre os Tribunais Regionais, Juntas de Conciliação e Julgamento e outros órgãos; bem como conceder as requeridas que julgar convenientes ao serviço, respeitada a lotação de cada órgão;
h) conceder licenças e férias aos servidores do Tribunal, bem como impor-lhes as penas disciplinares que excederem da alçada das demais autoridades;
i) dar posse e conceder licença aos membros do Tribunal, bem como conceder licenças e férias aos Presidentes dos Tribunais Regionais;
j) apresentar ao Ministro do Trabalho, Indústria e Comércio, até 31 de março de cada ano, o relatório das atividades do Tribunal e dos demais órgãos da Justiça do Trabalho.

Parágrafo único. O Presidente terá 1 (um) secretário por ele designado dentre os funcionários lotados no Tribunal, e será auxiliado por servidores designados nas mesmas condições.

- Art. 707 com a redação dada pelo Dec.-lei 8.737/1946.

SEÇÃO VII
DAS ATRIBUIÇÕES DO VICE-PRESIDENTE

Art. 708. Compete ao Vice-Presidente do Tribunal substituir o Presidente em suas faltas e impedimentos. (Redação dada pela Lei 14.824/2024)

- Art. 96, I, a, da CF.

a) (Revogada pela Lei 14.824/2024)
b) (Suprimida pela Lei 2.244/1954):

Parágrafo único. Na ausência do Presidente e do Vice-Presidente, será o Tribunal presidido pelo Juiz togado mais antigo, ou pelo mais idoso quando igual a antiguidade.

- Art. 708 com a redação dada pela Lei 2.244/1954.

SEÇÃO VIII
(Revogada pela Lei 14.824/2024)

Art. 709. (Revogado pela Lei 14.824/2024)

CAPÍTULO VI
DOS SERVIÇOS AUXILIARES DA JUSTIÇA DO TRABALHO

SEÇÃO I
DA SECRETARIA DAS JUNTAS DE CONCILIAÇÃO E JULGAMENTO

Art. 710. Cada Junta terá 1 (uma) secretaria, sob a direção de funcionário que o Presidente designar, para exercer a função de secretário, e que receberá, além dos vencimentos correspondentes ao seu padrão, a gratificação de função fixada em lei.

- Art. 710 com a redação dada pelo Dec.-lei 8.737/1946.
- Art. 112 da CF: Criação das varas da Justiça do Trabalho.

Art. 711. Compete à secretaria das Juntas:
a) o recebimento, a autuação, o andamento, a guarda e a conservação dos processos e outros papéis que lhe forem encaminhados;
b) a manutenção do protocolo de entrada e saída dos processos e demais papéis;
c) o registro das decisões;
d) a informação, às partes interessadas e seus procuradores, do andamento dos respectivos processos, cuja consulta lhes facilitará;
e) a abertura de vista dos processos às partes, na própria secretaria;
f) a contagem das custas devidas pelas partes, nos respectivos processos;
g) o fornecimento de certidões sobre o que constar dos livros ou do arquivamento da secretaria;
h) a realização das penhoras e demais diligências processuais;
i) o desempenho dos demais trabalhos que lhe forem cometidos pelo Presidente da Junta, para melhor execução dos serviços que lhe estão afetos.

Art. 712. Compete especialmente aos secretários das Juntas de Conciliação e Julgamento:
a) superintender os trabalhos da secretaria, velando pela boa ordem do serviço;
b) cumprir e fazer cumprir as ordens emanadas do Presidente e das autoridades superiores;
c) submeter a despacho e assinatura do Presidente o expediente e os papéis que devam ser por ele despachados e assinados;
d) abrir a correspondência oficial dirigida à Junta e ao seu Presidente, a cuja deliberação será submetida;
e) tomar por termo as reclamações verbais nos casos de dissídios individuais;
f) promover o rápido andamento dos processos, especialmente na fase de execução, e a pronta realização dos atos e diligências deprecadas pelas autoridades superiores;
g) secretariar as audiências da Junta, lavrando as respectivas atas;

- Súm. 30 do TST.

h) subscrever as certidões e os termos processuais;
i) dar aos litigantes ciência das reclamações e demais atos processuais de que devam ter conhecimento, assinando as respectivas notificações;
j) executar os demais trabalhos que lhe forem atribuídos pelo Presidente da Junta.

Parágrafo único. Os serventuários que, sem motivo justificado, não realizarem os atos, dentro dos prazos fixados, serão descontados em seus vencimentos, em tantos dias quantos os do excesso.

- Art. 712 com a redação dada pelo Dec-lei 8.737/1946.

SEÇÃO II
DOS DISTRIBUIDORES

Art. 713. Nas localidades em que existir mais de uma Junta de Conciliação e Julgamento haverá um distribuidor.

Art. 714. Compete ao distribuidor:
a) a distribuição, pela ordem rigorosa de entrada, e sucessivamente a cada Junta, dos feitos que, para esse fim, lhe forem apresentados pelos interessados;

b) o fornecimento, aos interessados, do recibo correspondente a cada feito distribuído;

c) a manutenção de 2 (dois) fichários dos feitos distribuídos, sendo um organizado pelos nomes dos reclamantes e o outro dos reclamados, ambos por ordem alfabética;

d) o fornecimento a qualquer pessoa que o solicite, verbalmente ou por certidão, de informações sobre os feitos distribuídos;

e) a baixa na distribuição dos feitos, quando isto lhe for determinado pelos Presidentes das Juntas, formando, com as fichas correspondentes, fichários à parte, cujos dados poderão ser consultados pelos interessados, mas não serão mencionados em certidões.

Art. 715. Os distribuidores são designados pelo Presidente do Tribunal Regional dentre os funcionários das Juntas e do Tribunal Regional, existentes na mesma localidade, e ao mesmo Presidente diretamente subordinados.

SEÇÃO III
DO CARTÓRIO DOS JUÍZOS DE DIREITO

Art. 716. Os cartórios dos Juízos de Direito, investidos na administração da Justiça do Trabalho, têm, para esse fim, as mesmas atribuições e obrigações conferidas na Seção I às secretarias das Juntas de Conciliação e Julgamento.

Parágrafo único. Nos Juízos em que houver mais de um cartório, far-se-á entre eles a distribuição alternada e sucessiva das reclamações.

Art. 717. Aos escrivães dos Juízos de Direito, investidos na administração da Justiça do Trabalho, competem especialmente as atribuições e obrigações dos secretários das Juntas; e aos demais funcionários dos cartórios, as que couberem nas respectivas funções, dentre as que competem às secretarias das Juntas, enumeradas no art. 711.

SEÇÃO IV
DAS SECRETARIAS DOS TRIBUNAIS REGIONAIS

Art. 718. Cada Tribunal Regional tem 1 (uma) secretaria, sob a direção do funcionário designado para exercer a função de secretário, com a gratificação de função fixada em lei.

- Art. 718 com a redação dada pelo Decreto-lei 8.737, de 19.1.1946.

Art. 719. Competem à Secretaria dos Conselhos, além das atribuições estabelecidas no art. 711, para a secretaria das Juntas, mais as seguintes:

a) a conclusão dos processos ao Presidente e sua remessa, depois de despachados, aos respectivos relatores;

b) a organização e a manutenção de um fichário de jurisprudência do Conselho, para consulta dos interessados.

Parágrafo único. No regimento interno dos Tribunais Regionais serão estabelecidas as demais atribuições, o funcionamento e a ordem dos trabalhos de suas secretarias.

Art. 720. Competem aos secretários dos Tribunais Regionais as mesmas atribuições conferidas no art. 712 aos secretários das Juntas, além das que lhes forem fixadas no regimento interno dos Conselhos.

SEÇÃO V
DOS OFICIAIS DE DILIGÊNCIA

Art. 721. Incumbe aos Oficiais de Justiça e Oficiais de Justiça Avaliadores da Justiça do Trabalho a realização dos atos decorrentes da execução dos julgados das Juntas de Conciliação e Julgamento e dos Tribunais Regionais do Trabalho, que lhes forem cometidos pelos respectivos Presidentes.

- OJ 164 da SBDI-1 do TST.

§ 1º Para efeito de distribuição dos referidos atos, cada Oficial de Justiça ou Oficial de Justiça Avaliador funcionará perante uma Junta de Conciliação e Julgamento, salvo quando da existência, nos Tribunais Regionais do Trabalho, de órgão específico, destinado à distribuição de mandados judiciais.

§ 2º Nas localidades onde houver mais de uma Junta, respeitado o disposto no parágrafo anterior, a atribuição para o comprimento do ato deprecado ao Oficial de Justiça ou Oficial de Justiça Avaliador será transferida a outro Oficial, sempre que, após o decurso de 9 (nove) dias, sem razões que o justifiquem, não tiver sido cumprido o ato, sujeitando-se o serventuário às penalidades da lei.

§ 3º No caso de avaliação, terá o Oficial de Justiça Avaliador, para cumprimento da ato, o prazo previsto no art. 888.

§ 4º É facultado aos Presidentes dos Tribunais Regionais do Trabalho cometer a qualquer Oficial de Justiça ou Oficial de Justiça Avaliador a realização dos atos de execução das decisões desses Tribunais.

§ 5º Na falta ou impedimento do Oficial de Justiça ou Oficial de Justiça Avaliador, o Presidente da Junta poderá atribuir a realização do ato a qualquer serventuário.

- Art. 721 com a redação dada pela Lei 5.442/1968.

CAPÍTULO VII
DAS PENALIDADES

SEÇÃO I
DO "LOCK-OUT" E DA GREVE

- Arts. 9º e 114, II, da CF.
- Lei 7.783/1989.
- Súm. 316 do STF.

Art. 722. Os empregadores que, individual ou coletivamente, suspenderem os trabalhos dos seus estabelecimentos, sem prévia autorização do Tribunal competente, ou que violarem, ou se recusarem a cumprir decisão proferida em dissídio coletivo, incorrerão nas seguintes penalidades:

- Súm. 189 do TST.
- OJs 10, 11 e 38 da SDC do TST.

a) multa de cinco mil cruzeiros a cinquenta mil cruzeiros;

b) perda do cargo de representação profissional em cujo desempenho estiverem;

c) suspensão, pelo prazo de 2 (dois) a 5 (cinco) anos, do direito de serem eleitos para cargos de representação profissional.

§ 1º Se o empregador for pessoa jurídica, as penas previstas nas alíneas "b" e "c" incidirão sobre os administradores responsáveis.

§ 2º Se o empregador for concessionário de serviço público, as penas serão aplicadas em dobro. Nesse caso, se o concessionário for pessoa jurídica o Presidente do Tribunal que houver proferido a decisão poderá, sem prejuízo do cumprimento desta e da aplicação das penalidades cabíveis, ordenar o afastamento dos administradores responsáveis, sob pena de ser cassada a concessão.

§ 3º Sem prejuízo das sanções cominadas neste artigo, os empregadores ficarão obrigados a pagar os salários devidos aos seus empregados, durante o tempo de suspensão do trabalho.

Arts. 723 a 725. (Revogados pela Lei 9.842/1999.)

SEÇÃO II
DAS PENALIDADES CONTRA OS MEMBROS DA JUSTIÇA DO TRABALHO

Art. 726. Aquele que recusar o exercício da função de vogal de Junta de Conciliação e Julgamento ou de Tribunal Regional, sem motivo justificado, incorrerá nas seguintes penas:

a) sendo representante de empregadores, multa de Cr$ 100,00 (cem cruzeiros) a Cr$ 1.000,00 (mil cruzeiros) e suspensão do direito de representação profissional por 2 (dois) a 5 (cinco) anos;

b) sendo representante de empregados, multa de Cr$ 100,00 (cem cruzeiros) e suspensão do direito de representação profissional por 2 (dois) a 5 (cinco) anos.

Art. 727. Os vogais das Juntas de Conciliação e Julgamento, ou dos Tribunais Regionais, que faltarem a 3 (três) reuniões ou sessões consecutivas, sem motivo justificado, perderão o cargo, além de incorrerem nas penas do artigo anterior.

Parágrafo único. Se a falta for de presidente, incorrerá ele na pena de perda do cargo, além da perda dos vencimentos correspondentes aos dias em que tiver faltado às audiências ou sessões consecutivas.

Art. 728. Aos presidentes, membros, juízes, vogais, e funcionários auxiliares da Justiça do Trabalho, aplica-se o disposto no Título XI do Código Penal.

- Arts. 312 a 359-H do CP: Crimes contra a Administração Pública.

SEÇÃO III
DE OUTRAS PENALIDADES

Art. 729. O empregador que deixar de cumprir decisão passada em julgado sobre a readmissão ou reintegração de empregado, além do pagamento dos salários deste, incorrerá na multa de Cr$ 10,00 (dez cruzeiros) a Cr$ 50,00 (cinquenta cruzeiros) por dia, até que seja cumprida a decisão.

- Vide EC 24/1999, que extinguiu a representação classista na Justiça do Trabalho.
- Vide Leis 6.205/1978 c/c a 6.986/1982.
- Arts. 660 a 667 da CLT.

§ 1º O empregador que impedir ou tentar impedir que empregado seu sirva como vogal em Tribunal de Trabalho, ou que perante este preste depoimento, incorrerá na multa de Cr$ 500,00 (quinhentos cruzeiros) a Cr$ 5.000,00 (cinco mil cruzeiros).

§ 2º Na mesma pena do parágrafo anterior incorrerá o empregador que dispensar seu empregado pelo fato de haver servido como vogal ou prestado depoimento como testemunha, sem prejuízo da indenização que a lei estabeleça.

Art. 730. Aqueles que se recusarem a depor como testemunhas, sem motivo justificado, incorrerão na multa de Cr$ 50,00 (cinquenta cruzeiros) a Cr$ 500,00 (quinhentos cruzeiros).

Art. 731. Aquele que, tendo apresentado ao distribuidor reclamação verbal, não se apresentar, no prazo estabelecido no parágrafo único do art. 786, à Junta ou Juízo para fazê-lo tomar por termo, incorrerá na pena de perda, pelo prazo de 6 (seis) meses, do direito de reclamar perante a Justiça do Trabalho.

Art. 732. Na mesma pena do artigo anterior incorrerá o reclamante que, por 2 (duas) vezes seguidas, der causa ao arquivamento de que trata o art. 844.

- Súm. 268 do TST.

Art. 733. As infrações de disposições deste Título, para as quais não haja penalidades cominadas, serão punidas com a multa de Cr$ 50,00 (cinquenta cruzeiros) a Cr$ 5.000,00 (cinco mil cruzeiros), elevada ao dobro na reincidência.

CAPÍTULO VIII
DISPOSIÇÕES GERAIS

Art. 734. O ministro do Trabalho, Indústria e Comércio, poderá rever, ex officio, dentro do prazo de 30 (trinta) dias, contados de sua publicação no órgão oficial, ou mediante representação apresentada dentro de igual prazo:

a) as decisões da Câmara da Previdência Social, quando proferidas pelo voto de desempate, ou que violarem disposições expressas de direito ou modificarem jurisprudência até então observada;

b) as decisões do presidente do Tribunal Nacional do Trabalho em matéria de previdência social.

Parágrafo único. O ministro do Trabalho, Indústria e Comércio, poderá avocar ao seu conhecimento os assuntos de natureza administrativa referentes às instituições de previdência social, sempre que houver interesse público.

Art. 735. As repartições públicas e as associações sindicais são obrigadas a fornecer aos Juízes e Tribunais do Trabalho e à Procuradoria da Justiça do Trabalho as informações e os dados necessários à instrução e ao julgamento dos feitos submetidos à sua apreciação.

- Art. 370 do CPC.

Parágrafo único. A recusa de informações ou dados a que se refere este artigo, por parte de funcionários públicos, importa na aplicação das penalidades previstas pelo Estatuto dos Funcionários Públicos por desobediência.

TÍTULO IX
DO MINISTÉRIO PÚBLICO DO TRABALHO

- LC 75/1993 (Organização, atribuições e Estatuto do MPU e MPT).

CAPÍTULO I
DISPOSIÇÕES GERAIS

Art. 736. O Ministério Público do Trabalho é constituído por agentes diretos do Poder Executivo, tendo por função zelar pela exata observância da Constituição Federal, das leis e demais atos emanados dos poderes públicos, na esfera de suas atribuições.

- LC 75/1993 (Organização, atribuições e Estatuto do MPU e MPT).

Parágrafo único. Para o exercício de suas funções, o Ministério Público do Trabalho reger-se-á pelo que estatui esta Consolidação e, na falta de disposição expressa, pelas normas que regem o Ministério Público Federal.

- Arts. 127 a 130-A da CF.
- Súm. 407 do TST.
- OJs 130, 237 e 350 da SDI-1 do TST.

Art. 737. O Ministério Público do Trabalho compõe-se da Procuradoria da Justiça do Trabalho e da Procuradoria da Previdência Social aquela funcionando como órgão de coordenação entre a Justiça do Trabalho e o Ministério do Trabalho, Indústria e Comércio, ambas diretamente subordinadas ao Ministro de Estado.

- Art. 737 com a redação dada pelo Dec.-lei 8.737/1946.

Art. 738. Os procuradores, além dos vencimentos fixados na tabela constante do Decreto-lei 2.874, de 16 de dezembro de 1940, continuarão a perceber a percentagem de 8%, por motivo de cobrança da dívida ativa da União ou de multas impostas pelas autoridades administrativas e judiciárias do trabalho e da previdência social.

Parágrafo único. Essa percentagem será calculada sobre as somas efetivamente arrecadadas e rateada de acordo com as instruções expedidas pelos respectivos procuradores-gerais.

Art. 739. Não estão sujeitos a ponto os procuradores-gerais e os procuradores.

CAPÍTULO II
DA PROCURADORIA DA JUSTIÇA DO TRABALHO

SEÇÃO I
DA ORGANIZAÇÃO

Art. 740. A Procuradoria da Justiça do Trabalho compreende:

a) 1 (uma) Procuradoria-Geral, que funcionará junto ao Tribunal Superior do Trabalho;

b) 8 (oito) Procuradorias Regionais, que funcionarão junto aos Tribunais Regionais do Trabalho.

Art. 741. As Procuradorias Regionais são subordinadas diretamente ao procurador-geral.

Art. 742. A Procuradoria-Geral é constituída de 1 (um) procurador-geral e de procuradores.

Parágrafo único. As Procuradorias Regionais compõem-se de 1 (um) procurador regional, auxiliado, quando necessário, por procuradores adjuntos.

Art. 743. Haverá, nas Procuradorias Regionais, substitutos de procurador adjunto ou, quando não houver este cargo, de procurador regional, designados previamente por decreto do Presidente da República, sem ônus para os cofres públicos.

§ 1º O substituto tomará posse perante o respectivo procurador regional, que será a autoridade competente para convocá-lo.

§ 2º O procurador regional será substituído em suas faltas e impedimentos pelo procurador adjunto, quando houver, e, havendo mais de um, pelo que for por ele designado.

§ 3º O procurador adjunto será substituído, em suas faltas e impedimentos, pelo respectivo procurador substituto.

§ 4º Será dispensado, automaticamente, o substituto que não atender à convocação, salvo motivo de doença, devidamente comprovada.

§ 5º Nenhum direito ou vantagem terá o substituto além do vencimento do cargo do substituído e somente durante o seu impedimento legal.

Art. 744. A nomeação do procurador-geral deverá recair em bacharel em ciências jurídicas e sociais, que tenha exercido, por 5 (cinco) ou mais anos, cargo de magistratura ou de Ministério Público, ou a advocacia.

Art. 745. Para a nomeação dos demais procuradores, atender-se-á aos mesmos requisitos estabelecidos no artigo anterior, reduzido a 2 (dois) anos, no mínimo, o tempo de exercício.

SEÇÃO II
DA COMPETÊNCIA DA PROCURADORIA-GERAL

Art. 746. Compete à Procuradoria-Geral da Justiça do Trabalho:

a) oficiar, por escrito, em todos os processos e questões de trabalho de competência do Tribunal Superior do Trabalho;

b) funcionar nas sessões do mesmo Tribunal, opinando verbalmente sobre a matéria em debate e solicitando as requisições e diligências que julgar convenientes, sendo-lhe assegurado o direito de vista do processo em julgamento sempre que for suscitada questão nova, não examinada no parecer exarado;

c) requerer prorrogação das sessões do Tribunal, quando essa medida for necessária para que se ultime o julgamento;

d) exarar, por intermédio do procurador-geral, o seu "ciente" nos acórdãos do Tribunal;

e) proceder às diligências e inquéritos solicitados pelo Tribunal;
f) recorrer das decisões do Tribunal, nos casos previstos em lei;
g) promover, perante o Juízo competente, a cobrança executiva das multas impostas pelas autoridades administrativas e judiciárias do trabalho;
h) representar às autoridades competentes contra os que não cumprirem as decisões do Tribunal;
i) prestar às autoridades do Ministério do Trabalho, Indústria e Comércio as informações que lhe forem solicitadas sobre os dissídios submetidos à apreciação do Tribunal e encaminhar aos órgãos competentes cópia autenticada das decisões que por eles devam ser atendidas ou cumpridas;
j) requisitar, de quaisquer autoridades, inquéritos, exames periciais, diligências, certidões e esclarecimentos que se tornem necessários no desempenho de suas atribuições;
l) defender a jurisdição dos órgãos da Justiça do Trabalho;
m) suscitar conflitos de jurisdição.

‣ Art. 746 com a redação dada pelo Dec.-lei 8.737/1946.

SEÇÃO III
DA COMPETÊNCIA DAS PROCURADORIAS REGIONAIS

Art. 747. Compete às Procuradorias Regionais exercer, dentro da jurisdição do Tribunal Regional respectivo, as atribuições indicadas na Seção anterior.

SEÇÃO IV
DAS ATRIBUIÇÕES DO PROCURADOR-GERAL

Art. 748. Como chefe da Procuradoria-Geral da Justiça do Trabalho, incumbe ao procurador-geral:
a) dirigir os serviços da Procuradoria-Geral, orientar e fiscalizar as Procuradorias Regionais, expedindo as necessárias instruções;
b) funcionar nas sessões do Tribunal Superior do Trabalho, pessoalmente ou por intermédio do procurador que designar;
c) exarar o seu "ciente" nos acórdãos do Tribunal;
d) designar o procurador que o substitua nas faltas e impedimentos e o chefe da secretaria da Procuradoria;
e) apresentar, até o dia 31 de março, ao Ministro do Trabalho, Indústria e Comércio, relatório dos trabalhos da Procuradoria-Geral no ano anterior, com as observações e sugestões que julgar convenientes;
f) conceder férias aos procuradores e demais funcionários que sirvam na Procuradoria e impor-lhes penas disciplinares, observada, quanto aos procuradores, a legislação em vigor para o Ministério Público Federal;
g) funcionar em Juízo, em primeira instância, ou designar os procuradores que o devam fazer;
h) admitir e dispensar o pessoal extranumerário da secretaria e prorrogar o expediente remunerado dos funcionários e extranumerários.

‣ Art. 748 com a redação dada pelo Dec.-lei 8.737/1946.

SEÇÃO V
DAS ATRIBUIÇÕES DOS PROCURADORES

Art. 749. Incumbe aos procuradores com exercício na Procuradoria-Geral:
a) funcionar, por designação do procurador-geral, nas sessões do Tribunal Superior do Trabalho;
b) desempenhar os demais encargos que lhes forem atribuídos pelo procurador-geral.

Parágrafo único. Aos procuradores é facultado, nos processos em que oficiarem, requerer ao procurador-geral as diligências e investigações necessárias.

‣ Art. 749 com a redação dada pelo Dec.-lei 8.737/1946.

SEÇÃO VI
DAS ATRIBUIÇÕES DOS PROCURADORES REGIONAIS

Art. 750. Incumbe aos procuradores regionais:
a) dirigir os serviços da respectiva Procuradoria;
b) funcionar nas sessões do Tribunal Regional, pessoalmente ou por intermédio do procurador adjunto que designar;
c) apresentar, semestralmente, ao procurador-geral, um relatório das atividades da respectiva Procuradoria, bem como dados e informações sobre a administração da Justiça do Trabalho na respectiva região;
d) requerer e acompanhar perante as autoridades administrativas ou judiciárias as diligências necessárias à execução das medidas e providências ordenadas pelo procurador-geral;
e) prestar ao procurador-geral as informações necessárias sobre os feitos em andamento e consultá-lo nos casos de dúvidas;
f) funcionar em juízo, na sede do respectivo Tribunal Regional;
g) exarar o seu "ciente" nos acórdãos do Tribunal;
h) designar o procurador que o substitua nas faltas e impedimentos e o secretário da Procuradoria.

‣ Art. 750 com a redação dada pelo Dec.-lei 8.737/1946.

Art. 751. Incumbe aos procuradores adjuntos das Procuradorias Regionais:
a) funcionar por designação do procurador regional, nas sessões do Tribunal Regional;
b) desempenhar os demais encargos que lhes forem atribuídos pelo procurador regional.

‣ Art. 751 com a redação dada pelo Dec.-lei 8.737/1946.

SEÇÃO VII
DA SECRETARIA

Art. 752. A secretaria da Procuradoria-Geral funcionará sob a direção de um chefe designado pelo procurador-geral e terá o pessoal designado pelo Ministro do Trabalho, Indústria e Comércio.

‣ Art. 752 com a redação dada pelo Dec.-lei 8.737/1946.

Art. 753. Compete à secretaria:
a) receber, registrar e encaminhar os processos ou papéis entrados;
b) classificar e arquivar os pareceres e outros papéis;
c) prestar informações sobre os processos ou papéis sujeitos à apreciação da Procuradoria;
d) executar o expediente da Procuradoria;
e) providenciar sobre o suprimento do material necessário;
f) desempenhar os demais trabalhos que lhes forem cometidos pelo procurador-geral, para melhor execução dos serviços a seu cargo.

Art. 754. Nas Procuradorias Regionais, os trabalhos a que se refere o artigo anterior serão executados pelos funcionários para esse fim designados.

CAPÍTULO III
DA PROCURADORIA DE PREVIDÊNCIA SOCIAL

SEÇÃO I
DA ORGANIZAÇÃO

Art. 755. A Procuradoria de Previdência Social compõe-se de um procurador-geral e de procuradores.

Art. 756. Para a nomeação do procurador-geral e dos demais procuradores atender-se-á ao disposto nos arts. 744 e 745.

SEÇÃO II
DA COMPETÊNCIA DA PROCURADORIA

Art. 757. Compete à Procuradoria da Previdência Social:
a) oficiar, por escrito, nos processos que tenham de ser sujeitos à decisão do Conselho Superior de Previdência Social;
b) oficiar, por escrito, nos pedidos de revisão das decisões do mesmo Conselho;
c) funcionar nas sessões do mesmo Conselho, opinando verbalmente sobre a matéria em debate e solicitando as requisições e diligências que julgar convenientes, sendo-lhe assegurado o direito de vista do processo em julgamento, sempre que for suscitada questão nova, não examinada no parecer exarado;
d) opinar, quando solicitada, nos processos sujeitos à deliberação do Ministro de Estado, do Conselho Técnico do Departamento Nacional de Previdência Social ou do Diretor do mesmo Departamento, em que houver matéria jurídica a examinar;
e) funcionar, em primeira instância, nas ações propostas contra a União, no Distrito Federal, para anulação de atos e decisões do Conselho Superior de Previdência Social ou do Departamento Nacional de Previdência Social, bem como do Ministro do Trabalho, Industria e Comercio, em matéria de previdência social;

f) fornecer ao Ministério Público as informações por este solicitadas em virtude de ações propostas nos Estados e Territórios para execução ou anulação de atos e decisões dos órgãos ou da autoridade a que se refere a alínea anterior;

g) promover em juízo, no Distrito Federal, qualquer procedimento necessário ao cumprimento das decisões do Conselho Superior de Previdência Social e do Departamento Nacional de Previdência Social, bem como do Ministro do Trabalho, Indústria e Comércio, em matéria de previdência social;

h) recorrer das decisões dos órgãos e autoridades competentes em matéria de previdência social e requerer revisão das decisões do Conselho Superior de Previdência Social, que lhe pareçam contrárias à lei.

- Art. 757 com redação dada pela Lei 8.737/1946.

SEÇÃO III
DAS ATRIBUIÇÕES DO PROCURADOR-GERAL

Art. 758. Como chefe da Procuradoria da Previdência Social, incumbe ao Procurador-Geral:

a) dirigir os serviços da Procuradoria, expedindo as necessárias instruções;

b) funcionar nas sessões do Conselho Superior de Previdência Social, pessoalmente ou por intermédio do procurador que designar;

c) designar o procurador que o substitua nas faltas e impedimentos e o chefe da Secretaria da Procuradoria;

d) conceder férias aos procuradores e demais funcionários lotados na Procuradoria e impor-lhes penas disciplinares, observada, quanto aos procuradores, a legislação em vigor para o Ministério Público Federal;

e) funcionar em juízo, em primeira instância, ou designar os procuradores que devam fazê-lo;

f) admitir e dispensar o pessoal extranumerário da Secretária e prorrogar o expediente renumerado dos funcionários e extranumerários;

g) apresentar, até 31 de março de cada ano, ao Ministro do Trabalho, Industria e Comercio, o relatório dos trabalhos da Procuradoria no ano anterior, com as observações e sugestões que julgar convenientes.

- Art. 758 com redação dada pelo Dec.-lei 8.737/1946.

SEÇÃO IV
DAS ATRIBUIÇÕES DOS PROCURADORES

Art. 759. Aos procuradores e demais funcionários incumbe desempenhar os encargos que lhes forem cometidos pelo procurador-geral.

Parágrafo único. Aos procuradores é facultado, nos processos em que oficiarem, requerer ao procurador-geral as diligências e investigações necessárias.

SEÇÃO V
DA SECRETARIA

Art. 760. A Procuradoria da Previdência Social terá uma Secretaria dirigida por um chefe designado pelo Procurador-Geral.

Art. 761. A Secretaria terá o pessoal designado pelo Ministro do Trabalho, Indústria e Comércio.

Art. 762. À Secretaria da Procuradoria de Previdência Social compete executar serviços idênticos aos referidos no art. 753.

TÍTULO X
DO PROCESSO JUDICIÁRIO DO TRABALHO

CAPÍTULO I
DISPOSIÇÕES PRELIMINARES

Art. 763. O processo da Justiça do Trabalho, no que concerne aos dissídios individuais e coletivos e à aplicação de penalidades, reger-se-á, em todo o território nacional, pelas normas estabelecidas neste Título.

- Lei 5.584/1970 (Normas de Direito Processual do Trabalho).

Art. 764. Os dissídios individuais ou coletivos submetidos à apreciação da Justiça do Trabalho serão sempre sujeitos à conciliação.

- Súm. 259 do TST.

§ 1º Para os efeitos deste artigo, os juízes e Tribunais do Trabalho empregarão sempre os seus bons ofícios e persuasão no sentido de uma solução conciliatória dos conflitos.

- Art. 852-E da CLT.
- Súm. 418 do TST.
- OJ 376 da SDI-1 do TST.
- OJ 34 da SDC.

§ 2º Não havendo acordo, o juízo conciliatório converter-se-á obrigatoriamente em arbitral, proferindo decisão na forma prescrita neste Título.

§ 3º É lícito às partes celebrar acordo que ponha termo ao processo, ainda mesmo depois de encerrado o juízo conciliatório.

- Arts. 831, 832, § 6º, 846, 850, 852-E e 862 da CLT.

Art. 765. Os Juízos e Tribunais do Trabalho terão ampla liberdade na direção do processo e velarão pelo andamento rápido das causas, podendo determinar qualquer diligência necessária ao esclarecimento delas.

- Art. 370 do CPC.

Art. 766. Nos dissídios sobre estipulação de salários, serão estabelecidas condições que, assegurando justos salários aos trabalhadores, permitam também justa retribuição às empresas interessadas.

Art. 767. A compensação, ou retenção, só poderá ser arguida como matéria de defesa.

- Art. 477, § 5º, da CLT.
- Súm. 18, 48 e 109 do TST.

Art. 768. Terá preferência em todas as fases processuais o dissídio cuja decisão tiver de ser executada perante o Juízo da falência.

- Art. 449, § 1º da CLT.
- Art. 6º da Lei 11.101/2005.
- Súm. 86 e 388 do TST.

Art. 769. Nos casos omissos, o direito processual comum será fonte subsidiária do direito processual do trabalho, exceto naquilo em que for incompatível com as normas deste Título.

- Arts. 8º, § 1º, e 889 da CLT.

CAPÍTULO II
DO PROCESSO EM GERAL

SEÇÃO I
DOS ATOS, TERMOS E PRAZOS PROCESSUAIS

Art. 770. Os atos processuais serão públicos salvo quando o contrário determinar o interesse social, e realizar-se-ão nos dias úteis das 6 (seis) às 20 (vinte) horas.

- Arts. 5º, LX e 93, IX, da CF.
- Art. 813 da CLT.
- Art. 11, parágrafo único, 189, 212 e 368 do CPC.

Parágrafo único. A penhora poderá realizar-se em domingo ou dia feriado, mediante autorização expressa do juiz ou presidente.

- Art. 212, § 2º, do CPC.

Art. 771. Os atos e termos processuais poderão ser escritos a tinta, datilografados ou a carimbo.

Art. 772. Os atos e termos processuais, que devam ser assinados pelas partes interessadas, quando estas, por motivo justificado, não possam fazê-lo, serão firmados a rogo, na presença de 2 (duas) testemunhas, sempre que não houver procurador legalmente constituído.

- Art. 460, § 1º, do CPC.

Art. 773. Os termos relativos ao movimento dos processos constarão de simples notas, datadas e rubricadas pelos diretores de secretaria ou escrivães.

- Art. 773 atualizado pela Lei 409/1948.

Art. 774. Salvo disposição em contrário, os prazos previstos neste Título contam-se, conforme o caso, a partir da data em que for feita pessoalmente, ou recebida a notificação, daquela em que for publicado o edital no jornal oficial ou no que publicar o expediente da Justiça do Trabalho, ou, ainda, daquela em que for afixado o edital na sede da Junta, Juízo ou Tribunal.

- *Caput* com a redação dada pela Lei 2.244/1954.

Parágrafo único. Tratando-se de notificação postal, no caso de não ser encontrado o destinatário ou no de recusa de recebimento, o Correio ficará obrigado, sob pena de responsabilidade do servidor, a devolvê-la, no prazo de 48 (quarenta e oito) horas, ao Tribunal de origem.

- Parágrafo único com a redação dada pelo Dec.-lei 8.737/1946.
- Art. 230 do CPC.
- Súm. 310 do STF e 429 do STJ.
- Súm. 16 e 427 do TST.

Art. 775. Os prazos estabelecidos neste Título serão contados em dias úteis, com exclusão do dia do começo e inclusão do dia do vencimento.

- *Caput* com a redação dada pela Lei 13.467/2017.
- Arts. 218 a 235 do CPC.
- Súm. 1, 16, 30, 100, 197, 262, 385 e 387 do TST.

§ 1º Os prazos podem ser prorrogados, pelo tempo estritamente necessário, nas seguintes hipóteses:

› § 1º incluído pela Lei 13.467/2017.

I – quando o juízo entender necessário;

› Inciso I incluído pela Lei 13.467/2017.

II – em virtude de força maior, devidamente comprovada.

› Inciso II incluído pela Lei 13.467/2017.

§ 2º Ao juízo incumbe dilatar os prazos processuais e alterar a ordem de produção dos meios de prova, adequando-os às necessidades do conflito de modo a conferir maior efetividade à tutela do direito.

› § 2º incluído pela Lei 13.467/2017.
› Arts. 3º e 4º da Lei 11.419/2006.
› Art. 216, do CPC.

Art. 775-A. Suspende-se o curso do prazo processual nos dias compreendidos entre 20 de dezembro e 20 de janeiro, inclusive. (Artigo incluído pela Lei 13.545/2017)

› Art. 220 do CPC.

§ 1º Ressalvadas as férias individuais e os feriados instituídos por lei, os juízes, os membros do Ministério Público, da Defensoria Pública e da Advocacia Pública e os auxiliares da Justiça exercerão suas atribuições durante o período previsto no *caput* deste artigo.

§ 2º Durante a suspensão do prazo, não se realizarão audiências nem sessões de julgamento.

Art. 776. O vencimento dos prazos será certificado nos processos pelos escrivães ou diretores de secretaria.

› Art. 776 atualizado pela Lei 409/1948.

Art. 777. Os requerimentos e documentos apresentados, os atos e termos processuais, as petições ou razões de recursos e quaisquer outros papéis referentes aos feitos formarão os autos dos processos, os quais ficarão sob a responsabilidade dos escrivães ou diretores de secretaria.

› Art. 777 atualizado pela Lei 409/1948.

Art. 778. Os autos dos processos da Justiça do Trabalho, não poderão sair dos cartórios ou secretarias, salvo se solicitados por advogados regularmente constituído por qualquer das partes, ou quando tiverem de ser remetidos aos órgãos competentes, em caso de recurso ou requisição.

› Art. 778 com a redação dada pela Lei 6.598, de 1º.12.1978.

Art. 779. As partes, ou seus procuradores, poderão consultar, com ampla liberdade, os processos nos cartórios ou secretarias.

Art. 780. Os documentos juntos aos autos poderão ser desentranhados somente depois de findo o processo, ficando traslado.

Art. 781. As partes poderão requerer certidões dos processos em curso ou arquivados, as quais serão lavradas pelos escrivães ou diretores de secretaria.

› Art. 781 atualizado pela Lei 409/1948.

Parágrafo único. As certidões dos processos que correrem em segredo de justiça dependerão de despacho do juiz ou presidente.

Art. 782. São isentos de selo as reclamações, representações, requerimentos, atos e processos relativos à Justiça do Trabalho.

SEÇÃO II
DA DISTRIBUIÇÃO

Art. 783. A distribuição das reclamações será feita entre as Juntas de Conciliação e Julgamento, ou os Juízes de Direito do Cível, nos casos previstos no art. 669, § 1º, pela ordem rigorosa de sua apresentação ao distribuidor, quando o houver.

› Art. 93, XV, da CF.
› Arts. 713 a 715 e 838 da CLT.
› Art. 286 do CPC.

Art. 784. As reclamações serão registradas em livro próprio, rubricado em todas as folhas pela autoridade a que estiver subordinado o distribuidor.

Art. 785. O distribuidor fornecerá ao interessado um recibo do qual constarão, essencialmente, o nome do reclamante e do reclamado, a data da distribuição, o objeto da reclamação e a Junta ou o Juízo a que coube a distribuição.

Art. 786. A reclamação verbal será distribuída antes de sua redução a termo.

Parágrafo único. Distribuída a reclamação verbal, o reclamante deverá, salvo motivo de força maior, apresentar-se no prazo de 5 (cinco) dias, ao cartório ou à secretaria, para reduzi-la a termo, sob a pena estabelecida no art. 731.

› Arts. 840, §§ 2º e 3º, e 844 da CLT.

Art. 787. A reclamação escrita deverá ser formulada em 2 (duas) vias e desde logo acompanhada dos documentos em que se fundar.

› Art. 830 da CLT.

Art. 788. Feita a distribuição, a reclamação será remetida pelo distribuidor à Junta ou Juízo competente, acompanhada do bilhete de distribuição.

SEÇÃO III
DAS CUSTAS E EMOLUMENTOS

Art. 789. Nos dissídios individuais e nos dissídios coletivos do trabalho, nas ações e procedimentos de competência da Justiça do Trabalho, bem como nas demandas propostas perante a Justiça Estadual, no exercício da jurisdição trabalhista, as custas relativas ao processo de conhecimento incidirão à base de 2% (dois por cento), observado o mínimo de R$ 10,64 (dez reais e sessenta e quatro centavos) e o máximo de quatro vezes o limite máximo dos benefícios do Regime Geral de Previdência Social, e serão calculadas:

› *Caput* com a redação dada pela Lei 13.467/2017.
• Arts. 82 a 97 do CPC.
› Art. 832, § 2º, da CLT.
› Súm. 25, 36, 53, 86 e 170 do TST.
› OJs 33, 140 e 158 da SDI-1 do TST.
› OJ 148 da SDI-2 do TST.
› OJ 27 da SDC.

I – quando houver acordo ou condenação, sobre o respectivo valor;

II – quando houver extinção do processo, sem julgamento do mérito, ou julgado totalmente improcedente o pedido, sobre o valor da causa;

› OJ 88 da SDI-2.

III – no caso de procedência do pedido formulado em ação declaratória e em ação constitutiva, sobre o valor da causa;

IV – quando o valor for indeterminado, sobre o que o juiz fixar.

§ 1º As custas serão pagas pelo vencido, após o trânsito em julgado da decisão. No caso de recurso, as custas serão pagas e comprovado o recolhimento dentro do prazo recursal.

§ 2º Não sendo líquida a condenação, o juízo arbitrar-lhe-á o valor e fixará o montante das custas processuais.

§ 3º Sempre que houver acordo, se de outra forma não for convencionado, o pagamento das custas caberá em partes iguais aos litigantes.

§ 4º Nos dissídios coletivos, as partes vencidas responderão solidariamente pelo pagamento das custas, calculadas sobre o valor arbitrado na decisão, ou pelo Presidente do Tribunal.

› Incisos I a IV e §§ 1º a 4º incluídos pela Lei 10.537/2002.

Art. 789-A. No processo de execução são devidas custas, sempre de responsabilidade do executado e pagas ao final, de conformidade com a seguinte tabela:

I – autos de arrematação, de adjudicação e de remição: 5% (cinco por cento) sobre o respectivo valor, até o máximo de R$ 1.915,38 (um mil, novecentos e quinze reais e trinta e oito centavos);

II – atos dos oficiais de justiça, por diligência certificada:

a) em zona urbana: R$ 11,06 (onze reais e seis centavos);

b) em zona rural: R$ 22,13 (vinte e dois reais e treze centavos);

III – agravo de instrumento: R$ 44,26 (quarenta e quatro reais e vinte e seis centavos);

IV – agravo de petição: R$ 44,26 (quarenta e quatro reais e vinte e seis centavos);

V – embargos à execução, embargos de terceiro e embargos à arrematação: R$ 44,26 (quarenta e quatro reais e vinte e seis centavos);

VI – recurso de revista: R$ 55,35 (cinquenta e cinco reais e trinta e cinco centavos);

VII – impugnação à sentença de liquidação: R$ 55,35 (cinquenta e cinco reais e trinta e cinco centavos);

VIII – despesa de armazenagem em depósito judicial – por dia: 0,1% (um décimo por cento) do valor da avaliação;

IX – cálculos de liquidação realizados pelo contador do juízo – sobre o valor liquidado: 0,5% (cinco décimos por cento) até o limite de R$ 638,46 (seiscentos e trinta e oito reais e quarenta e seis centavos).

› Art. 789-A incluído pela Lei 10.537/2002.

Art. 789-B. Os emolumentos serão suportados pelo Requerente, nos valores fixados na seguinte tabela:

I – autenticação de traslado de peças mediante cópia reprográfica apresentada pelas partes – por folha: R$ 0,55 (cinquenta e cinco centavos de real);

II – fotocópia de peças – por folha: R$ 0,28 (vinte e oito centavos de real);

III – autenticação de peças – por folha: R$ 0,55 (cinquenta e cinco centavos de real);

IV – cartas de sentença, de adjudicação, de remição e de arrematação – por folha: R$ 0,55 (cinquenta e cinco centavos de real);

V – certidões – por folha: R$ 5,53 (cinco reais e cinquenta e três centavos).

› Art. 789-B incluído pela Lei 10.537/2002.

Art. 790. Nas Varas do Trabalho, nos Juízos de Direito, nos Tribunais e no Tribunal Superior do Trabalho, a forma de pagamento das custas e emolumentos obedecerá às instruções que serão expedidas pelo Tribunal Superior do Trabalho.

› *Caput* com a redação dada pela Lei 10.537/2002.

› Art. 24, IV, da CF.

§ 1º Tratando-se de empregado que não tenha obtido o benefício da justiça gratuita, ou isenção de custas, o sindicato que houver intervindo no processo responderá solidariamente pelo pagamento das custas devidas.

› § 1º com a redação dada pela Lei 10.537/2002.

› Súm. 223 do STF.

§ 2º No caso de não pagamento das custas, far-se-á execução da respectiva importância, segundo o procedimento estabelecido no Capítulo V deste Título.

› § 2º com a redação dada pela Lei 10.537/2002.

§ 3º É facultado aos juízes, órgãos julgadores e presidentes dos tribunais do trabalho de qualquer instância conceder, a requerimento ou de ofício, o benefício da justiça gratuita, inclusive quanto a traslados e instrumentos, àqueles que perceberem salário igual ou inferior a 40% (quarenta por cento) do limite máximo dos benefícios do Regime Geral de Previdência Social.

› § 3º com a redação dada pela Lei 13.467/2017.

§ 4º O benefício da justiça gratuita será concedido à parte que comprovar insuficiência de recursos para o pagamento das custas do processo.

› § 4º incluído pela Lei 13.467/2017.

› Arts. 98 a 102 do CPC.

› Súm. 481 do STJ.

› OJ 269 da SDI-1 do TST.

Art. 790-A. São isentos do pagamento de custas, além dos beneficiários de justiça gratuita:

I – a União, os Estados, o Distrito Federal, os Municípios e respectivas autarquias e fundações públicas federais, estaduais ou municipais que não explorem atividade econômica;

II – o Ministério Público do Trabalho.

Parágrafo único. A isenção prevista neste artigo não alcança as entidades fiscalizadoras do exercício profissional, nem exime as pessoas jurídicas referidas no inciso I da obrigação de reembolsar as despesas judiciais realizadas pela parte vencedora.

› Art. 790-A incluído pela Lei 10.537/2002.

› Súm. 86 e 170 do TST.

Art. 790-B. A responsabilidade pelo pagamento dos honorários periciais é da parte sucumbente na pretensão objeto da perícia, ainda que beneficiária da justiça gratuita.

› *Caput* com a redação dada pela Lei 13.467/2017.

› Art. 3º da Lei 5.584/1970.

› Súm. 341 e 457 do TST.

› OJs 165, 198 e 278 da SDI-1 do TST.

› OJ 98 da SDI-2 do TST.

› Art. 6º da IN 27/2005 do TST.

› Resolução 66/2010 e 78/2011 do CSJT.

§ 1º Ao fixar o valor dos honorários periciais, o juízo deverá respeitar o limite máximo estabelecido pelo Conselho Superior da Justiça do Trabalho.

› § 1º incluído pela Lei 13.467/2017.

§ 2º O juízo poderá deferir parcelamento dos honorários periciais.

› § 2º incluído pela Lei 13.467/2017.

§ 3º O juízo não poderá exigir adiantamento de valores para realização de perícias.

› § 3º incluído pela Lei 13.467, de 13.07.2017/2017.

§ 4º Somente no caso em que o beneficiário da justiça gratuita não tenha obtido em juízo créditos capazes de suportar a despesa referida no *caput*, ainda que em outro processo, a União responderá pelo encargo.

› § 4º incluído pela Lei 13.467/2017.

SEÇÃO IV
DAS PARTES E DOS PROCURADORES

Art. 791. Os empregados e os empregadores poderão reclamar pessoalmente perante a Justiça do Trabalho e acompanhar as suas reclamações até o final.

› Arts. 70 e s. do CPC.

› Art. 839, a, e 843 da CLT.

› Arts. 14 a 20 da Lei 5.584/1970.

› Súm. 329 e 425 do TST.

§ 1º Nos dissídios individuais os empregados e empregadores poderão fazer-se representar por intermédio do sindicato, advogado, solicitador, ou provisionado, inscrito na Ordem dos Advogados do Brasil.

› Arts. 75, 76 § 1º, 105 e 112 § 1º, do CPC/2015.

› Súm. 286, 329, 425, 427, 436 e 456 do TST.

› OJs 7, 75, 200, 255, 286, 318, 319, 348, 349, 371 e 374 da SDI-1 do TST.

§ 2º Nos dissídios coletivos é facultada aos interessados a assistência por advogado.

§ 3º A constituição de procurador com poderes para o foro em geral poderá ser efetivada, mediante simples registro em ata de audiência, a requerimento verbal do advogado interessado, com anuência da parte representada.

› § 3º incluído pela Lei 12.437, de 2011.

Art. 791-A. Ao advogado, ainda que atue em causa própria, serão devidos honorários de sucumbência, fixados entre o mínimo de 5% (cinco por cento) e o máximo de 15% (quinze por cento) sobre o valor que resultar da liquidação da sentença, do proveito econômico obtido ou, não sendo possível mensurá-lo, sobre o valor atualizado da causa.

› Artigo incluído pela Lei 13.467/2017.

§ 1º Os honorários são devidos também nas ações contra a Fazenda Pública e nas ações em que a parte estiver assistida ou substituída pelo sindicato de sua categoria.

§ 2º Ao fixar os honorários, o juízo observará:

I – o grau de zelo do profissional;

II – o lugar de prestação do serviço;

III – a natureza e a importância da causa;

IV – o trabalho realizado pelo advogado e o tempo exigido para o seu serviço.

§ 3º Na hipótese de procedência parcial, o juízo arbitrará honorários de sucumbência recíproca, vedada a compensação entre os honorários.

§ 4º Vencido o beneficiário da justiça gratuita, desde que não tenha obtido em juízo, ainda que em outro processo, créditos capazes de suportar a despesa, as obrigações decorrentes de sua sucumbência ficarão sob condição suspensiva de exigibilidade e somente poderão ser executadas se, nos dois anos subsequentes ao trânsito em julgado da decisão que as certificou, o credor demonstrar que deixou de existir a situação de insuficiência de recursos que justificou a concessão de gratuidade, extinguindo-se, passado esse prazo, tais obrigações do beneficiário.

§ 5º São devidos honorários de sucumbência na reconvenção.

Art. 792. (Revogado pela Lei 13.467/2017.)

Art. 793. A reclamação trabalhista do menor de 18 anos será feita por seus representantes legais e, na falta destes, pela Procuradoria da Justiça do Trabalho, pelo sindicato, pelo Ministério Público estadual ou curador nomeado em juízo.

› Art. 793 com a redação dada pela Lei 10.288/2001.

SEÇÃO IV-A
DA RESPONSABILIDADE POR DANO PROCESSUAL

› Seção IV-A incluída pela Lei 13.467/2017.

Art. 793-A. Responde por perdas e danos aquele que litigar de má-fé como reclamante, reclamado ou interveniente.

› Artigo incluído pela Lei 13.467/2017.

Art. 793-B. Considera-se litigante de má-fé aquele que:

› Artigo incluído pela Lei 13.467/2017.

I – deduzir pretensão ou defesa contra texto expresso de lei ou fato incontroverso;

II – alterar a verdade dos fatos;

III – usar do processo para conseguir objetivo ilegal;

IV – opuser resistência injustificada ao andamento do processo;

V – proceder de modo temerário em qualquer incidente ou ato do processo;

VI – provocar incidente manifestamente infundado;

VII – interpuser recurso com intuito manifestamente protelatório.

Art. 793-C. De ofício ou a requerimento, o juízo condenará o litigante de má-fé a pagar multa, que deverá ser superior a 1% (um por cento) e inferior a 10% (dez por cento) do valor corrigido da causa, a indenizar a parte contrária pelos prejuízos que esta sofreu e a arcar com os honorários advocatícios e com todas as despesas que efetuou.

› Artigo incluído pela Lei 13.467/2017.

§ 1º Quando forem dois ou mais os litigantes de má-fé, o juízo condenará cada um na proporção de seu respectivo interesse na causa ou solidariamente aqueles que se coligaram para lesar a parte contrária.

§ 2º Quando o valor da causa for irrisório ou inestimável, a multa poderá ser fixada em até duas vezes o limite máximo dos benefícios do Regime Geral de Previdência Social.

§ 3º O valor da indenização será fixado pelo juízo ou, caso não seja possível mensurá-lo, liquidado por arbitramento ou pelo procedimento comum, nos próprios autos.

Art. 793-D. Aplica-se a multa prevista no art. 793-C desta Consolidação à testemunha que intencionalmente alterar a verdade dos fatos ou omitir fatos essenciais ao julgamento da causa.

‣ Artigo incluído pela Lei 13.467/2017.

Parágrafo único. A execução da multa prevista neste artigo dar-se-á nos mesmos autos.

SEÇÃO V
DAS NULIDADES

Art. 794. Nos processos sujeitos à apreciação da Justiça do Trabalho só haverá nulidade quando resultar dos atos inquinados manifesto prejuízo às partes litigantes.

‣ Arts. 188, 276 e 277 do CPC.

Art. 795. As nulidades não serão declaradas senão mediante provocação das partes, as quais deverão argui-las à primeira vez em que tiverem de falar em audiência ou nos autos.

‣ Arts. 278 do CPC.

§ 1º Deverá, entretanto, ser declarada ex officio a nulidade fundada em incompetência de foro. Nesse caso, serão considerados nulos os atos decisórios.

‣ Arts. 64, § 4º, do CPC.

‣ Súm. 33 do STJ.

§ 2º O juiz ou Tribunal que se julgar incompetente determinará, na mesma ocasião, que se faça remessa do processo, com urgência, à autoridade competente, fundamentando sua decisão.

Art. 796. A nulidade não será pronunciada:

‣ Arts. 282 do CPC.

a) quando for possível suprir-se a falta ou repetir-se o ato;

b) quando arguida por quem lhe tiver dado causa.

‣ Arts. 276 do CPC.

Art. 797. O juiz ou Tribunal que pronunciar a nulidade declarará os atos a que ela se estende.

‣ Arts. 282, *caput*, do CPC.

Art. 798. A nulidade do ato não prejudicará senão os posteriores que dele dependam ou sejam consequência.

‣ Arts. 281 do CPC.

SEÇÃO VI
DAS EXCEÇÕES

Art. 799. Nas causas da jurisdição da Justiça do Trabalho, somente podem ser opostas, com suspensão do feito, as exceções de suspeição ou incompetência.

§ 1º As demais exceções serão alegadas como matéria de defesa.

‣ Art. 893, § 1º, da CLT.

‣ Súm. 214 do TST.

§ 2º Das decisões sobre exceções de suspeição e incompetência, salvo, quanto a estas, se terminativas do feito, não caberá recurso, podendo, no entanto, as partes alegá-las novamente no recurso que couber da decisão final.

‣ Art. 799 com a redação dada pelo Dec.-lei 8.737/1946.

Art. 800. Apresentada exceção de incompetência territorial no prazo de cinco dias a contar da notificação, antes da audiência e em peça que sinalize a existência desta exceção, seguir-se-á o procedimento estabelecido neste artigo.

‣ *Caput* com a redação dada pela Lei 13.467/2017.

§ 1º Protocolada a petição, será suspenso o processo e não se realizará a audiência a que se refere o art. 843 desta Consolidação até que se decida a exceção.

‣ § 1º incluído pela Lei 13.467/2017.

§ 2º Os autos serão imediatamente conclusos ao juiz, que intimará o reclamante e, se existentes, os litisconsortes, para manifestação no prazo comum de cinco dias.

‣ § 2º incluído pela Lei 13.467/2017.

§ 3º Se entender necessária a produção de prova oral, o juízo designará audiência, garantindo o direito de o excipiente e de suas testemunhas serem ouvidos, por carta precatória, no juízo que este houver indicado como competente.

‣ § 3º incluído pela Lei 13.467/2017.

§ 4º Decidida a exceção de incompetência territorial, o processo retomará seu curso, com a designação de audiência, a apresentação de defesa e a instrução processual perante o juízo competente.

‣ § 4º incluído pela Lei 13.467/2017.

Art. 801. O juiz, presidente ou vogal, é obrigado a dar-se por suspeito, e pode ser recusado, por algum dos seguintes motivos, em relação à pessoa dos litigantes:

a) inimizade pessoal;

b) amizade íntima;

c) parentesco por consanguinidade ou afinidade até o terceiro grau civil;

d) interesse particular na causa.

‣ Arts. 144 e 148 do CPC.

Parágrafo único. Se o recusante houver praticado algum ato pelo qual haja consentido na pessoa do juiz, não mais poderá alegar exceção de suspeição, salvo sobrevindo novo motivo. A suspeição não será também admitida, se do processo constar que o recusante deixou de alegá-la anteriormente, quando já a conhecia, ou que, depois de conhecida, aceitou o juiz recusado ou, finalmente, se procurou de propósito o motivo de que ela se originou.

Art. 802. Apresentada a exceção de suspeição, o juiz ou Tribunal designará audiência dentro de 48 (quarenta e oito) horas, para instrução e julgamento da exceção.

‣ Art. 146 do CPC.

§ 1º Nas Juntas de Conciliação e Julgamento e nos Tribunais Regionais, julgada procedente a exceção de suspeição, será logo convocado para a mesma audiência ou sessão, ou para a seguinte, o suplente do membro suspeito, o qual continuará a funcionar no feito até decisão final. Proceder-se-á da mesma maneira quando algum dos membros se declarar suspeito.

§ 2º Se se tratar de suspeição de Juiz de Direito, será este substituído na forma da organização judiciária local.

SEÇÃO VII
DOS CONFLITOS DE JURISDIÇÃO

Art. 803. Os conflitos de jurisdição podem ocorrer entre:

‣ Súm. 59 e 137 do STJ.

‣ Súm. 420 do TST.

‣ OJ 149 da SDI-2 do TST.

a) Juntas de Conciliação e Julgamento e Juízes de Direito investidos na administração da Justiça do Trabalho;

b) Tribunais Regionais do Trabalho;

c) Juízos e Tribunais do Trabalho e órgãos da Justiça Ordinária;

d) (Revogada pelo Dec.-lei 8.737/1946.)

Art. 804. Dar-se-á conflito de jurisdição:

a) quando ambas as autoridades se considerarem competentes;

‣ Art. 66 do CPC/2015.

b) quando ambas as autoridades se considerarem incompetentes.

Art. 805. Os conflitos de jurisdição podem ser suscitados:

a) pelos Juízes e Tribunais do Trabalho;

b) pelo procurador-geral e pelos procuradores regionais da Justiça do Trabalho;

c) pela parte interessada, ou o seu representante.

‣ Art. 951 e 953 do CPC/2015.

Art. 806. É vedado à parte interessada suscitar conflitos de jurisdição quando já houver oposto na causa exceção de incompetência.

‣ Art. 952 do CPC.

Art. 807. No ato de suscitar o conflito deverá a parte interessada produzir a prova de existência dele.

‣ Art. 953, parágrafo único, do CPC.

Art. 808. Os conflitos de jurisdição de que trata o art. 803 serão resolvidos:

‣ Arts. 102, I, o, 105, I, d, e 114, V, da CF.

a) pelos Tribunais Regionais, os suscitados entre Juntas e entre Juízos de Direito, ou entre uma e outras, nas respectivas regiões;

‣ Súm. 180 do STJ.

b) pela Câmara de Justiça do Trabalho, os suscitados entre Tribunais Regionais, ou entre Juntas e Juízos de Direito sujeitos à jurisdição de Tribunais Regionais diferentes;

‣ Art. 105, I, d, da CF.

‣ Súm. 236 do STJ.

c) pelo Conselho Pleno, os suscitados entre as Câmaras de Justiça do Trabalho e de Previdência Social;

d) pelo Supremo Tribunal Federal, os suscitados entre as autoridades da Justiça do Trabalho e as da Justiça Ordinária.

‣ Art. 102, I, o, da CF.

Art. 809. Nos conflitos de jurisdição entre as Juntas e os Juízos de Direito observar-se-á o seguinte:

I – o juiz ou presidente mandará extrair dos autos as provas do conflito e, com a sua informação, remeterá o processo assim formado, no mais breve prazo possível, ao Presidente do Tribunal Regional competente;

II – no Tribunal Regional, logo que der entrada o processo, o presidente determinará a distribuição do feito, podendo o relator ordenar imediatamente às Juntas e aos Juízos, nos casos de conflito positivo, que sobrestejam o andamento dos respectivos processos, e solicitar, ao mesmo tempo, quaisquer informações que julgue convenientes. Seguidamente, será ouvida a Procuradoria, após o que o relator submeterá o feito a julgamento na primeira sessão;

III – proferida a decisão, será a mesma comunicada, imediatamente, às autoridades em conflito, prosseguindo no foro julgado competente.

Art. 810. Aos conflitos de jurisdição entre os Tribunais Regionais aplicar-se-ão as normas estabelecidas no artigo anterior.

Art. 811. Nos conflitos suscitados na Justiça do Trabalho entre as autoridades desta e os órgãos da Justiça Ordinária, o processo do conflito, formado de acordo com o inciso I do art. 809, será remetido diretamente ao presidente do Supremo Tribunal Federal.

Art. 812. A ordem processual dos conflitos de jurisdição entre as Câmaras do Tribunal Superior do Trabalho será a estabelecida no seu regimento interno.

SEÇÃO VIII
DAS AUDIÊNCIAS

Art. 813. As audiências dos órgãos da Justiça do Trabalho serão públicas e realizar-se-ão na sede do Juízo ou Tribunal em dias úteis previamente fixados, entre 8 (oito) e 18 (dezoito) horas, não podendo ultrapassar 5 (cinco) horas seguidas, salvo quando houver matéria urgente.

- Arts. 5º, LX e 93, IX, da CF.
- Art. 770 da CLT.
- Art. 11, parágrafo único, 189 e 368 do CPC.

§ 1º Em casos especiais, poderá ser designado outro local para a realização das audiências, mediante edital afixado na sede do Juízo ou Tribunal, com a antecedência mínima de 24 (vinte e quatro) horas.

§ 2º Sempre que for necessário, poderão ser convocadas audiências extraordinárias, observado o prazo do parágrafo anterior.

Art. 814. Às audiências deverão estar presentes, comparecendo com a necessária antecedência os escrivães ou diretores de secretaria.

- Art. 814 atualizado pela Lei 409/1948.

Art. 815. À hora marcada, o juiz ou presidente declarará aberta a audiência, sendo feita pelo secretário ou escrivão a chamada das partes, testemunhas e demais pessoas que devam comparecer.

§ 1º Se, até 15 (quinze) minutos após a hora marcada, o juiz ou presidente não houver comparecido, os presentes poderão retirar-se, devendo o ocorrido constar do livro de registro das audiências. (Parágrafo único transformado em § 1º pela Lei 14.657/2023)

- OJ 245 da SDI-1 do TST.

§ 2º Se, até 30 (trinta) minutos após a hora marcada, a audiência, injustificadamente, não houver sido iniciada, as partes e os advogados poderão retirar-se, consignando seus nomes, devendo o ocorrido constar do livro de registro das audiências. (Acrescido pela Lei 14.657/2023)

§ 3º Na hipótese do § 2º deste artigo, a audiência deverá ser remarcada pelo juiz ou presidente para a data mais próxima possível, vedada a aplicação de qualquer penalidade às partes. (Acrescido pela Lei 14.657/2023)

Art. 816. O juiz ou presidente manterá a ordem nas audiências, podendo mandar retirar do recinto os assistentes que a perturbarem.

- Art. 360, II, do CPC.

Art. 817. O registro das audiências será feito em livro próprio, constando de cada registro os processos apreciados e a respectiva solução, bem como as ocorrências eventuais.

Parágrafo único. Do registro das audiências poderão ser fornecidas certidões às pessoas que o requererem.

SEÇÃO IX
DAS PROVAS

- Art. 5º, LVI, da CF.
- Arts. 369 e s. do CPC.
- Súm. 225 do STF.
- Súm. 212 do TST.

Art. 818. O ônus da prova incumbe:

- *Caput* com a redação dada pela Lei 13.467/2017.

I – ao reclamante, quanto ao fato constitutivo de seu direito;

- Inciso I incluído pela Lei 13.467/2017.

II – ao reclamado, quanto à existência de fato impeditivo, modificativo ou extintivo do direito do reclamante.

- Inciso II incluído pela Lei 13.467/2017.

§ 1º Nos casos previstos em lei ou diante de peculiaridades da causa relacionadas à impossibilidade ou à excessiva dificuldade de cumprir o encargo nos termos deste artigo ou à maior facilidade de obtenção da prova do fato contrário, poderá o juízo atribuir o ônus da prova de modo diverso, desde que o faça por decisão fundamentada, caso em que deverá dar à parte a oportunidade de se desincumbir do ônus que lhe foi atribuído.

- § 1º incluído pela Lei 13.467, de 13.07.2017/2017.

§ 2º A decisão referida no § 1º deste artigo deverá ser proferida antes da abertura da instrução e, a requerimento da parte, implicará o adiamento da audiência e possibilitará provar os fatos por qualquer meio em direito admitido.

- § 2º incluído pela Lei 13.467/2017.

§ 3º A decisão referida no § 1º deste artigo não pode gerar situação em que a desincumbência do encargo pela parte seja impossível ou excessivamente difícil.

- § 3º incluído pela Lei 13.467/2017.
- Art. 373 do CPC.
- Súm. 6, VIII, 212, 254, 338, 460 e 461 do TST.
- OJ 233 da SDI-1 do TST.

Art. 819. O depoimento das partes e testemunhas que não souberem falar a língua nacional será feito por meio de intérprete nomeado pelo juiz ou presidente.

- Art. 162 a 164 do CPC.

§ 1º Proceder-se-á da forma indicada neste artigo, quando se tratar de surdo-mudo, ou de mudo que não saiba escrever.

§ 2º As despesas decorrentes do disposto neste artigo correrão por conta da parte sucumbente, salvo se beneficiária de justiça gratuita. (Redação dada pela Lei nº 13.660, de 2018)

Art. 820. As partes e testemunhas serão inquiridas pelo juiz ou presidente, podendo ser reinquiridas, por seu intermédio, a requerimento dos vogais, das partes, seus representantes ou advogados.

- Art. 848 da CLT.
- Art. 229 do CC.

Art. 821. Cada uma das partes não poderá indicar mais de 3 (três) testemunhas, salvo quando se tratar de inquérito, caso em que esse número poderá ser elevado a 6 (seis).

- Art. 821 com a redação dada pelo Dec.-lei 8.737/1946.
- Art. 852-H, § 2º, da CLT.
- Art. 442 e 443 do CPC.

Art. 822. As testemunhas não poderão sofrer qualquer desconto pelas faltas ao serviço, ocasionadas pelo seu comparecimento para depor, quando devidamente arroladas ou convocadas.

- Art. 473, VIII, da CLT.
- Art. 462 e 463 do CPC.
- Súm. 155 do TST.

Art. 823. Se a testemunha for funcionário civil ou militar, e tiver de depor em hora de serviço, será requisitada ao chefe da repartição para comparecer à audiência marcada.

- Art. 454 do CPC.

Art. 824. O juiz ou presidente providenciará para que o depoimento de uma testemunha não seja ouvido pelas demais que tenham de depor no processo.

- Art. 451 e 456 do CPC/2015.

Art. 825. As testemunhas comparecerão a audiência independentemente de notificação ou intimação.

- Art. 845 da CLT.

Parágrafo único. As que não comparecerem serão intimadas, ex officio ou a requerimento da parte, ficando sujeitas a condução coercitiva, além das penalidades do art. 730, caso, sem motivo justificado, não atendam à intimação.

- Arts. 852-H, §§ 2º e 3º da CLT.

Art. 826. É facultado a cada uma das partes apresentar um perito ou técnico.

- O disposto no art. 826 ficou prejudicado pelo art. 3º da Lei 5.584/1970.
- Art. 465 do CPC.
- Resolução 66/2010 do CSJT.

Art. 827. O juiz ou presidente poderá arguir os peritos compromissados ou os técnicos, e rubricará, para ser junto ao processo, o laudo que os primeiros tiverem apresentado.

- Art. 477, § 3º, do CPC/2015.

Art. 828. Toda testemunha, antes de prestar o compromisso legal, será qualificada, indicando o nome, nacionalidade, profissão, idade, residência, e, quando empregada, o tempo de serviço prestado ao empregador, ficando sujeita, em caso de falsidade, às leis penais.

- Art. 457 do CPC.

- Art. 2º, § 3º, da Lei 5.584/1970.
- Art. 342 do CP.
- Súm. 165 do STJ.

Parágrafo único. Os depoimentos das testemunhas serão resumidos, por ocasião da audiência, pelo secretário da Junta ou funcionário para esse fim designado, devendo a Súm. ser assinada pelo Presidente do Tribunal e pelos depoentes.

Art. 829. A testemunha que for parente até o terceiro grau civil, amigo íntimo ou inimigo de qualquer das partes, não prestará compromisso, e seu depoimento valerá como simples informação.

- Art. 447 do CPC.
- Súm. 357 do TST.

Art. 830. O documento em cópia oferecido para prova poderá ser declarado autêntico pelo próprio advogado, sob sua responsabilidade pessoal.

Parágrafo único. Impugnada a autenticidade da cópia, a parte que a produziu será intimada para apresentar cópias devidamente autenticadas ou o original, cabendo ao serventuário competente proceder à conferência e certificar a conformidade entre esses documentos.

- Art. 830 com a redação dada pela Lei 11.925/2009.
- Art. 425, IV, do CPC.
- Lei 13.726/2018 (Dispensa de autenticação de cópias de documentos).
- Súm. 8 do TST.
- OJ 33, 36, 134 e 158 da SDI-1 do TST.

SEÇÃO X
DA DECISÃO E SUA EFICÁCIA

Art. 831. A decisão será proferida depois de rejeitada pelas partes a proposta de conciliação.

Parágrafo único. No caso de conciliação, o termo que for lavrado valerá como decisão irrecorrível, salvo para a Previdência Social quanto às contribuições que lhe forem devidas.

- Parágrafo único com a redação dada pela Lei 10.035/2000.
- Arts. 764, 846, 850, 852, 852-E e 860 a 867 da CLT.
- Súm. 259 do TST.

Art. 832. Da decisão deverão constar o nome das partes, o resumo do pedido e da defesa, a apreciação das provas, os fundamentos da decisão e a respectiva conclusão.

- Arts. 852 e 852-I da CLT.
- Art. 489 do CPC/2015.

§ 1º Quando a decisão concluir pela procedência do pedido, determinará o prazo e as condições para o seu cumprimento.

§ 2º A decisão mencionará sempre as custas que devam ser pagas pela parte vencida.

- Arts. 789 e seguintes da CLT.

§ 3º As decisões cognitivas ou homologatórias deverão sempre indicar a natureza jurídica das parcelas constantes da condenação ou do acordo homologado, inclusive o limite de responsabilidade de cada parte pelo recolhimento da contribuição previdenciária, se for o caso.

- § 3º incluído pela Lei 10.035/2000.
- Súm. 368 do TST e OJ 368 da SDI-1.

§ 3º-A. Para os fins do § 3º deste artigo, salvo na hipótese de o pedido da ação limitar-se expressamente ao reconhecimento de verbas de natureza exclusivamente indenizatória, a parcela referente às verbas de natureza remuneratória não poderá ter como base de cálculo valor inferior: (Incluído pela Lei 13.876/2019)

I - ao salário-mínimo, para as competências que integram o vínculo empregatício reconhecido na decisão cognitiva ou homologatória; ou

II - à diferença entre a remuneração reconhecida como devida na decisão cognitiva ou homologatória e a efetivamente paga pelo empregador, cujo valor total referente a cada competência não será inferior ao salário-mínimo.

§ 3º-B. Caso haja piso salarial da categoria definido por acordo ou convenção coletiva de trabalho, o seu valor deverá ser utilizado como base de cálculo para os fins do § 3º-A deste artigo. (Incluído pela Lei 13.876/2019)

§ 4º A União será intimada das decisões homologatórias de acordos que contenham parcela indenizatória, na forma do art. 20 da Lei 11.033, de 21 de dezembro de 2004, facultada a interposição de recurso relativo aos tributos que lhe forem devidos.

- § 4º com a redação dada pela Lei 11.457/2007.
- Art. 831 da CLT.

§ 5º Intimada da sentença, a União poderá interpor recurso relativo à discriminação de que trata o § 3º deste artigo.

§ 6º O acordo celebrado após o trânsito em julgado da sentença ou após a elaboração dos cálculos de liquidação de sentença não prejudicará os créditos da União.

- Art. 43, § 5º da Lei 8.212/1991.
- OJs 368, 376 e 398 da SDI-1 do TST.

§ 7º O Ministro de Estado da Fazenda poderá, mediante ato fundamentado, dispensar a manifestação da União nas decisões homologatórias de acordos em que o montante da parcela indenizatória envolvida ocasionar perda de escala decorrente da atuação do órgão jurídico.

- §§ 5º a 7º incluídos pela Lei 11.457/ 2007.

Art. 833. Existindo na decisão evidentes erros ou enganos de escrita, de datilografia ou de cálculo, poderão os mesmos, antes da execução, ser corrigidos, ex officio, ou a requerimento dos interessados ou da Procuradoria da Justiça do Trabalho.

- Art. 897-A, § 1º, da CLT.
- Art. 494 do CPC.

Art. 834. Salvo nos casos previstos nesta Consolidação, a publicação das decisões e sua notificação aos litigantes, ou a seus patronos, consideram-se realizadas nas próprias audiências em que forem as mesmas proferidas.

- Arts. 852 e 852-I, § 3º, da CLT.
- Súm. 30 e 197 do TST.

Art. 835. O cumprimento do acordo ou da decisão far-se-á no prazo e condições estabelecidas.

- Arts. 832, § 1º, da CLT.

Art. 836. É vedado aos órgãos da Justiça do Trabalho conhecer de questões já decididas, excetuados os casos expressamente previstos neste Título e a ação rescisória, que será admitida na forma do disposto no Capítulo IV do Título IX da Lei 5.869, de 11 de janeiro de 1973 – Código de Processo Civil, sujeita ao depósito prévio de 20% (vinte por cento) do valor da causa, salvo prova de miserabilidade jurídica do autor.

- *Caput* com a redação dada pela Lei 11.495/2007.
- Art. 966 e 975 do CPC.
- Súm. 514 do STF.
- Súm. 83, 99, 100, 192, 259, 298, 299, 303, 365, 397, 398, 399, 400 a 413 do TST.
- OJ 84, 157 e 158 da SDI-2 do TST.

Parágrafo único. A execução da decisão proferida em ação rescisória far-se-á nos próprios autos da ação que lhe deu origem, e será instruída com o acórdão da rescisória e a respectiva certidão de trânsito em julgado.

- Parágrafo único incluído pela MP 2.180-35/2001.

CAPÍTULO III
DOS DISSÍDIOS INDIVIDUAIS

SEÇÃO I
DA FORMA DE RECLAMAÇÃO E DA NOTIFICAÇÃO

Art. 837. Nas localidades em que houver apenas 1 (uma) Junta de Conciliação e Julgamento, ou 1 (um) escrivão do cível, a reclamação será apresentada diretamente à secretaria da Junta, ou ao cartório do Juízo.

Art. 838. Nas localidades em que houver mais de 1 (uma) Junta ou mais de 1 (um) Juízo, ou escrivão do cível, a reclamação será, preliminarmente, sujeita a distribuição, na forma do disposto no Capítulo II, Seção II, deste Título.

- Art. 93, XV, da CF.
- Arts. 713 a 715 e 783 a 788 da CLT.
- Art. 286 do CPC.

Art. 839. A reclamação poderá ser apresentada:

a) pelos empregados e empregadores, pessoalmente, ou por seus representantes, e pelos sindicatos de classe;

- Art. 8º, III, da CF.
- Art. 791 e 872, parágrafo único, da CLT.
- Súm. 425 do TST.

b) por intermédio das Procuradorias Regionais da Justiça do Trabalho.

Art. 840. A reclamação poderá ser escrita ou verbal.

§ 1º Sendo escrita, a reclamação deverá conter a designação do juízo, a qualificação das partes, a breve exposição dos fatos de que resulte o dissídio, o pedido, que deverá ser certo, determinado e com indicação de seu valor, a data e a assinatura do reclamante ou de seu representante.

- § 1º com a redação dada pela Lei 13.467/2017.
- Arts. 292, V e 319 a 331 do CPC.
- Súm. 263 e 268 do TST.

§ 2º Se verbal, a reclamação será reduzida a termo, em duas vias datadas e assinadas pelo escrivão ou secretário, observado, no que couber, o disposto no § 1º deste artigo.

- § 2º com a redação dada pela Lei 13.467/2017.

§ 3º Os pedidos que não atendam ao disposto no § 1º deste artigo serão julgados extintos sem resolução do mérito.

- § 3º incluído pela Lei 13.467/2017.
- Arts. 731 e 786 da CLT.

Art. 841. Recebida e protocolada a reclamação, o escrivão ou secretário, dentro de 48 (quarenta e oito) horas, remeterá a segunda via da petição, ou do termo, ao reclamado, notificando-o ao mesmo tempo, para comparecer à audiência do julgamento, que será a primeira desimpedida, depois de 5 (cinco) dias.

§ 1º A notificação será feita em registro postal com franquia. Se o reclamado criar embaraços ao seu recebimento ou não for encontrado, far-se-á a notificação por edital, inserto no jornal oficial ou no que publicar o expediente forense, ou, na falta, afixado na sede da Junta ou Juízo.

- Art. 852 e 852-B, II, da CLT.
- Art. 246, 247, 249, 252, 253 e 255 do CPC.
- Súm. 429 do STJ.
- Súm. 16 do TST.

§ 2º O reclamante será notificado no ato da apresentação da reclamação ou na forma do parágrafo anterior.

§ 3º Oferecida a contestação, ainda que eletronicamente, o reclamante não poderá, sem o consentimento do reclamado, desistir da ação.

- § 3º incluído pela Lei 13.467/2017.

Art. 842. Sendo várias as reclamações e havendo identidade de matéria, poderão ser acumuladas num só processo, se se tratar de empregados da mesma empresa ou estabelecimento.

- Art. 113 a 118 do CPC.
- Súm. 36 do TST.
- OJ 9 do Tribunal Pleno do TST.

SEÇÃO II
DA AUDIÊNCIA DE JULGAMENTO

Art. 843. Na audiência de julgamento deverão estar presentes o reclamante e o reclamado, independentemente do comparecimento de seus representantes salvo, nos casos de Reclamatórias Plúrimas ou Ações de Cumprimento, quando os empregados poderão fazer-se representar pelo Sindicato de sua categoria.

- *Caput* com a redação dada pela Lei 6.667/1979.
- Art. 861 da CLT.
- Art. 54 da LC 123/2006.

§ 1º É facultado ao empregador fazer-se substituir pelo gerente, ou qualquer outro preposto que tenha conhecimento do fato, e cujas declarações obrigarão o proponente.

- Súm. 377 do TST.

§ 2º Se por doença ou qualquer outro motivo poderoso, devidamente comprovado, não for possível ao empregado comparecer pessoalmente, poderá fazer-se representar por outro empregado que pertença à mesma profissão, ou pelo seu sindicato.

§ 3º O preposto a que se refere o § 1º deste artigo não precisa ser empregado da parte reclamada.

- § 3º incluído pela Lei 13.467/2017.

Art. 844. O não comparecimento do reclamante à audiência importa o arquivamento da reclamação, e o não comparecimento do reclamado importa revelia, além de confissão quanto à matéria de fato.

- Arts. 731 e 732 da CLT.
- Art. 344 a 346 e 392 do CPC.
- Súm. 9, 74 e 122 do TST.
- OJs 152 e 245 da SDI-1 do TST.

§ 1º Ocorrendo motivo relevante, poderá o juiz suspender o julgamento, designando nova audiência.

- § 1º com a redação dada pela Lei 13.467/2017.
- Art. 849 da CLT.

§ 2º Na hipótese de ausência do reclamante, este será condenado ao pagamento das custas calculadas na forma do art. 789 desta Consolidação, ainda que beneficiário da justiça gratuita, salvo se comprovar, no prazo de quinze dias, que a ausência ocorreu por motivo legalmente justificável.

- § 2º incluído pela Lei 13.467/2017.

§ 3º O pagamento das custas a que se refere o § 2º é condição para a propositura de nova demanda.

- § 3º incluído pela Lei 13.467/2017.

§ 4º A revelia não produz o efeito mencionado no *caput* deste artigo se:

- § 4º incluído pela Lei 13.467/2017.

I – havendo pluralidade de reclamados, algum deles contestar a ação;

II – o litígio versar sobre direitos indisponíveis;

III – a petição inicial não estiver acompanhada de instrumento que a lei considere indispensável à prova do ato;

IV – as alegações de fato formuladas pelo reclamante forem inverossímeis ou estiverem em contradição com prova constante dos autos.

§ 5º Ainda que ausente o reclamado, presente o advogado na audiência, serão aceitos a contestação e os documentos eventualmente apresentados.

- § 5º incluído pela Lei 13.467/2017.

Art. 845. O reclamante e o reclamado comparecerão à audiência acompanhados das suas testemunhas, apresentando, nessa ocasião, as demais provas.

- Arts. 825 e 852-H, § 2º, da CLT.

Art. 846. Aberta a audiência, o juiz ou presidente proporá a conciliação.

- Arts. 764, 831, 850 e 852-E da CLT.

§ 1º Se houver acordo lavrar-se-á termo, assinado pelo presidente e pelos litigantes, consignando-se o prazo e demais condições para seu cumprimento.

- Art. 764 e 850 da CLT.
- Art. 832, § 4º, da CLT.
- Súm. 100, V, 259, 368, I, e 418 do TST.
- OJs 368, 376 e 398 da SDI-1 do TST.
- OJ 132 SDI-2 do TST.

§ 2º Entre as condições a que se refere o parágrafo anterior, poderá ser estabelecida a de ficar a parte que não cumprir o acordo obrigada a satisfazer integralmente o pedido ou pagar uma indenização convencionada, sem prejuízo do cumprimento do acordo.

- Art. 846 com a redação dada pela Lei 9.022/1995.

Art. 847. Não havendo acordo, o reclamado terá vinte minutos para aduzir sua defesa, após a leitura da reclamação, quando esta não for dispensada por ambas as partes.

- *Caput* com redação dada pela Lei nº 9.022/1995.
- Art. 5º, LV, da CF.

Parágrafo único. A parte poderá apresentar defesa escrita pelo sistema de processo judicial eletrônico até a audiência.

- Parágrafo único incluído pela Lei 13.467/2017.

Art. 848. Terminada a defesa, seguir-se-á a instrução do processo, podendo o presidente, ex officio ou a requerimento de qualquer juiz temporário, interrogar os litigantes.

- Art. 848 com a redação dada pela Lei 9.022, de 5.4.1995.

§ 1º Findo o interrogatório, poderá qualquer dos litigantes retirar-se, prosseguindo a instrução com o seu representante.

§ 2º Serão, a seguir, ouvidas as testemunhas, os peritos e os técnicos, se houver.

Art. 849. A audiência de julgamento será contínua; mas, se não for possível, por motivo de força maior, concluí-la no mesmo dia, o juiz ou presidente marcará a sua continuação para a primeira desimpedida, independentemente de nova notificação.

- Arts. 765, 813 e 852-C da CLT.

Art. 850. Terminada a instrução, poderão as partes aduzir razões finais, em prazo não excedente de 10 (dez) minutos para cada uma. Em seguida, o juiz ou presidente renovará a proposta de conciliação, e não se realizando esta, será proferida a decisão.

Parágrafo único. O Presidente da Junta, após propor a solução do dissídio, tomará os votos dos vogais e, havendo divergência entre estes, poderá desempatar ou proferir decisão que melhor atenda ao cumprimento da lei e ao justo equilíbrio entre os votos divergentes e ao interesse social.

Art. 851. Os tramites de instrução e julgamento da reclamação serão resumidos em ata, de que constará, na íntegra, a decisão.

- Art. 852-F da CLT.

§ 1º Nos processos de exclusiva alçada das Juntas, será dispensável, a juízo do presidente, o resumo dos depoimentos, devendo constar da ata a conclusão do Tribunal quanto à matéria de fato.

- Art. 2º, § 3º, da Lei 5.584/1970.

§ 2º A ata será, pelo presidente ou juiz, junta ao processo, devidamente assinada, no prazo improrrogável de 48 (quarenta e oito) horas, contado da audiência de julgamento, e assinada pelos juízes classistas presentes à mesma audiência.

- Art. 851 com a redação pelo Dec.-lei 8.737/1946.
- Súm. 30 e 197 do TST.

Art. 852. Da decisão serão os litigantes notificados, pessoalmente, ou por seu representante, na própria audiência. No caso de revelia, a notificação far-se-á pela forma estabelecida no § 1º do art. 841.

SEÇÃO II-A
DO PROCEDIMENTO SUMARÍSSIMO

- Seção II-A incluída pela Lei 9.957/2000.

Art. 852-A. Os dissídios individuais cujo valor não exceda a quarenta vezes o salário mínimo vigente na data do ajuizamento da reclamação ficam submetidos ao procedimento sumaríssimo.

Parágrafo único. Estão excluídas do procedimento sumaríssimo as demandas em que é parte a Administração Pública direta, autárquica e fundacional.

- Art. 852-A incluído pela Lei 9.957/2000.
- Súm. 356 do TST.

Art. 852-B. Nas reclamações enquadradas no procedimento sumaríssimo:

I – o pedido deverá ser certo ou determinado e indicará o valor correspondente;

II – não se fará citação por edital, incumbindo ao autor a correta indicação do nome e endereço do reclamado;

III – a apreciação da reclamação deverá ocorrer no prazo máximo de quinze dias do seu ajuizamento, podendo constar de pauta especial, se necessário, de acordo com o movimento judiciário da Junta de Conciliação e Julgamento.

§ 1º O não atendimento, pelo reclamante, do disposto nos incisos I e II deste artigo importará no arquivamento da reclamação e condenação ao pagamento de custas sobre o valor da causa.

§ 2º As partes e advogados comunicarão ao juízo as mudanças de endereço ocorridas no curso do processo, reputando-se eficazes as intimações enviadas ao local anteriormente indicado, na ausência de comunicação.

- Art. 852-B incluído pela Lei 9.957/2000.

Art. 852-C. As demandas sujeitas a rito sumaríssimo serão instruídas e julgadas em audiência única, sob a direção de juiz presidente ou substituto, que poderá ser convocado para atuar simultaneamente com o titular.

- Art. 852-C incluído pela Lei 9.957/2000.

Art. 852-D. O juiz dirigirá o processo com liberdade para determinar as provas a serem produzidas, considerado o ônus probatório de cada litigante, podendo limitar ou excluir as que considerar excessivas, impertinentes ou protelatórias, bem como para apreciá-las e dar especial valor às regras de experiência comum ou técnica.

- Art. 852-D incluído pela Lei 9.957/2000.
- Art. 765 da CLT.
- Art. 370 e 371 e 392 do CPC/2015.

Art. 852-E. Aberta a sessão, o juiz esclarecerá as partes presentes sobre as vantagens da conciliação e usará os meios adequados de persuasão para a solução conciliatória do litígio, em qualquer fase da audiência.

- Art. 852-E incluído pela Lei 9.957/2000.
- Arts. 764, 846 e 850 da CLT.

Art. 852-F. Na ata de audiência serão registrados resumidamente os atos essenciais, as afirmações fundamentais das partes e as informações úteis à solução da causa trazidas pela prova testemunhal.

- Art. 852-F incluído pela Lei 9.957/2000.

Art. 852-G. Serão decididos, de plano, todos os incidentes e exceções que possam interferir no prosseguimento da audiência e do processo. As demais questões serão decididas na sentença.

- Art. 852-G incluído pela Lei 9.957/2000.

Art. 852-H. Todas as provas serão produzidas na audiência de instrução e julgamento, ainda que não requeridas previamente.

- Art. 845 da CLT.

§ 1º Sobre os documentos apresentados por uma das partes manifestar-se-á imediatamente a parte contrária, sem interrupção da audiência, salvo absoluta impossibilidade, a critério do juiz.

§ 2º As testemunhas, até o máximo de duas para cada parte, comparecerão à audiência de instrução e julgamento independentemente de intimação.

- Arts. 821, 825 e 845 da CLT.

§ 3º Só será deferida intimação de testemunha que, comprovadamente convidada, deixar de comparecer. Não comparecendo a testemunha intimada, o juiz poderá determinar sua imediata condução coercitiva.

- Art. 825, parágrafo único, da CLT.

§ 4º Somente quando a prova do fato o exigir, ou for legalmente imposta, será deferida prova técnica, incumbindo ao juiz, desde logo, fixar o prazo, o objeto da perícia e nomear perito.

- Art. 3º da Lei 5.584/1970.
- Súm. 341 do TST.
- OJs 165, 198 e 278 da SDI-1 do TST.
- OJ 98 da SDI-2 do TST.
- Art. 6º da IN 27/2005 do TST.
- Resolução 66/2010 e 78/2011 do CSJT.

§ 5º Vetado.

§ 6º As partes serão intimadas a manifestar-se sobre o laudo, no prazo comum de cinco dias.

§ 7º Interrompida a audiência, o seu prosseguimento e a solução do processo dar-se-ão no prazo máximo de trinta dias, salvo motivo relevante justificado nos autos pelo juiz da causa.

- Art. 852-H incluído pela Lei 9.957/2000.

Art. 852-I. A sentença mencionará os elementos de convicção do juízo, com resumo dos fatos relevantes ocorridos em audiência, dispensado o relatório.

§ 1º O juízo adotará em cada caso a decisão que reputar mais justa e equânime, atendendo aos fins sociais da lei e as exigências do bem comum.

§ 2º Vetado.

§ 3º As partes serão intimadas da sentença na própria audiência em que prolatada.

- Art. 852-I incluído pela Lei 9.957/2000.

SEÇÃO III
DO INQUÉRITO PARA APURAÇÃO DE FALTA GRAVE

Art. 853. Para a instauração do inquérito para apuração de falta grave contra empregado garantido com estabilidade, o empregador apresentará reclamação por escrito à Junta ou Juízo de Direito, dentro de 30 (trinta) dias, contados da data da suspensão do empregado.

- Art. 8º, VIII, da CF.
- Arts. 492, 494, 495, 543, § 3º, da CLT.
- Art. 3º, § 7º da Lei 8.213/1991.
- Súm. 197 e 403 do STF.
- Súm. 62 e 379 do TST.
- OJ 253 da SDI-1 do TST.
- OJ 137 da SDI-2 do TST.

Art. 854. O processo do inquérito perante a Junta ou Juízo obedecerá às normas estabelecidas no presente Capítulo, observadas as disposições desta Seção.

Art. 855. Se tiver havido prévio reconhecimento da estabilidade do empregado, o julgamento do inquérito pela Junta ou Juízo não prejudicará a execução para pagamento dos salários devidos ao empregado, até a data da instauração do mesmo inquérito.

- Art. 495 da CLT.

SEÇÃO IV
DO INCIDENTE DE DESCONSIDERAÇÃO DA PERSONALIDADE JURÍDICA

- Seção IV incluída pela Lei 13.467/2017.

Art. 855-A. Aplica-se ao processo do trabalho o incidente de desconsideração da personalidade jurídica previsto nos arts. 133 a 137 da Lei 13.105, de 16 de março de 2015 – Código de Processo Civil.

- Artigo incluído pela Lei 13.467/2017.
- Art. 8º, II, LC 182/2021: "II - não responderá por qualquer dívida da empresa, inclusive em recuperação judicial, e a ele não se estenderá o disposto no art. 50 da Lei nº 10.406, de 10 de janeiro de 2002 (Código Civil), no art. 855-A da Consolidação das Leis do Trabalho (CLT), aprovada pelo Decreto-Lei nº 5.452, de 1º de maio de 1943, nos arts. 124, 134 e 135 da Lei nº 5.172, de 25 de outubro de 1966 (Código Tributário Nacional), e em outras disposições atinentes à desconsideração da personalidade jurídica existentes na legislação vigente."

§ 1º Da decisão interlocutória que acolher ou rejeitar o incidente:

I – na fase de cognição, não cabe recurso de imediato, na forma do § 1º do art. 893 desta Consolidação;

II – na fase de execução, cabe agravo de petição, independentemente de garantia do juízo;

III – cabe agravo interno se proferida pelo relator em incidente instaurado originariamente no tribunal.

§ 2º A instauração do incidente suspenderá o processo, sem prejuízo de concessão da tutela de urgência de natureza cautelar de que trata o art. 301 da Lei 13.105, de 16 de março de 2015 (Código de Processo Civil).

CAPÍTULO III-A
DO PROCESSO DE JURISDIÇÃO VOLUNTÁRIA PARA HOMOLOGAÇÃO DE ACORDO EXTRAJUDICIAL

- Capítulo III-A incluído pela Lei 13.467/2017.

Art. 855-B. O processo de homologação de acordo extrajudicial terá início por petição conjunta, sendo obrigatória a representação das partes por advogado.

- Artigo incluído pela Lei 13.467/2017.

§ 1º As partes não poderão ser representadas por advogado comum.

§ 2º Faculta-se ao trabalhador ser assistido pelo advogado do sindicato de sua categoria.

Art. 855-C. O disposto neste Capítulo não prejudica o prazo estabelecido no § 6º do art. 477 desta Consolidação e não afasta a aplicação da multa prevista no § 8º art. 477 desta Consolidação.

- Artigo incluído pela Lei 13.467/2017.

Art. 855-D. No prazo de quinze dias a contar da distribuição da petição, o juiz analisará o acordo, designará audiência se entender necessário e proferirá sentença.

- Artigo incluído pela Lei 13.467/2017.

Art. 855-E. A petição de homologação de acordo extrajudicial suspende o prazo prescricional da ação quanto aos direitos nela especificados.

› Artigo incluído pela Lei 13.467/2017.

Parágrafo único. O prazo prescricional voltará a fluir no dia útil seguinte ao do trânsito em julgado da decisão que negar a homologação do acordo.

CAPÍTULO IV
DOS DISSÍDIOS COLETIVOS

SEÇÃO I
DA INSTAURAÇÃO DA INSTÂNCIA

Art. 856. A instância será instaurada mediante representação escrita ao Presidente do Tribunal. Poderá ser também instaurada por iniciativa do presidente, ou, ainda, a requerimento da Procuradoria da Justiça do Trabalho, sempre que ocorrer suspensão do trabalho.

› Arts. 8º, III, VI, 114, II e III, §§ 2º e 3º, da CF.
› Súm. 189 e 190 do TST.
› OJs 5, 7, 9, 11, 19, 22, 23, 28, 29 e 35 da SDC do TST.

Art. 857. A representação para instaurar a instância em dissídio coletivo constitui prerrogativa das associações sindicais, excluídas as hipóteses aludidas no art. 856, quando ocorrer suspensão do trabalho.

› *Caput* com a redação dada pelo Dec.-lei 7.321/1945.
› Súm. 286 do TST.
› OJ 15 e 19 da SDC do TST.

Parágrafo único. Quando não houver sindicato representativo da categoria econômica ou profissional, poderá a representação ser instaurada pelas federações correspondentes e, na falta destas, pelas confederações respectivas, no âmbito de sua representação.

› Parágrafo único com a redação dada pela Lei 2.693, de 23.12.1955.

Art. 858. A representação será apresentada em tantas vias quantos forem os reclamados e deverá conter:

a) designação e qualificação dos reclamantes e dos reclamados e a natureza do estabelecimento ou do serviço;

b) os motivos do dissídio e as bases da conciliação.

› OJ 8 da SDC do TST.

Art. 859. A representação dos sindicatos para instauração da instância fica subordinada à aprovação de assembleia, da qual participem os associados interessados na solução do dissídio coletivo, em primeira convocação, por maioria de 2/3 (dois terços) dos mesmos, ou, em segunda convocação, por 2/3 (dois terços) dos presentes.

› Art. 859 com a redação dada pelo Dec.-lei 7.321/1945.
› OJs 8, 19, 28 e 29, 35 da SDC do TST.

Parágrafo único. (Revogado pelo Dec.-lei 7.321/1945.)

SEÇÃO II
DA CONCILIAÇÃO E DO JULGAMENTO

Art. 860. Recebida e protocolada a representação, e estando na devida forma, o Presidente do Tribunal designará a audiência de conciliação, dentro do prazo de 10 (dez) dias, determinando a notificação dos dissidentes, com observância do disposto no art. 841.

Parágrafo único. Quando a instância for instaurada ex officio, a audiência deverá ser realizada dentro do prazo mais breve possível, após o reconhecimento do dissídio.

Art. 861. É facultado ao empregador fazer-se representar na audiência pelo gerente, ou por qualquer outro preposto que tenha conhecimento do dissídio, e por cujas declarações será sempre responsável.

› Art. 843, § 1º, da CLT.
› Art. 54 da LC 123/2006.

Art. 862. Na audiência designada, comparecendo ambas as partes ou seus representantes, o Presidente do Tribunal as convidará para se pronunciarem sobre as bases da conciliação. Caso não sejam aceitas as bases propostas, o Presidente submeterá aos interessados a solução que lhe pareça capaz de resolver o dissídio.

Art. 863. Havendo acordo, o Presidente o submeterá à homologação do Tribunal na primeira sessão.

› Súm. 190 do TST.

Art. 864. Não havendo acordo, ou não comparecendo ambas as partes ou uma delas, o presidente submeterá o processo a julgamento, depois de realizadas as diligências que entender necessárias e ouvida a Procuradoria.

› Art. 864 com a redação dada pelo Dec.-lei 8.737/1946.
› Art. 8º da Lei 5.584/1970.

Art. 865. Sempre que, no decorrer do dissídio, houver ameaça de perturbação da ordem, o presidente requisitará à autoridade competente as providências que se tornarem necessárias.

Art. 866. Quando o dissídio ocorrer fora da sede do Tribunal, poderá o presidente, se julgar conveniente, delegar à autoridade local as atribuições de que tratam os arts. 860 e 862. Nesse caso, não havendo conciliação, a autoridade delegada encaminhará o processo ao Tribunal, fazendo exposição circunstanciada dos fatos e indicando a solução que lhe parecer conveniente.

Art. 867. Da decisão do Tribunal serão notificadas as partes, ou seus representantes, em registrado postal, com franquia, fazendo-se, outrossim, a sua publicação no jornal oficial, para ciência dos demais interessados.

Parágrafo único. A sentença normativa vigorará:

› Art. 614, § 3º, da CLT.
› PN 120 da SDC do TST.

a) a partir da data de sua publicação, quando ajuizado o dissídio após o prazo do art. 616, § 3º, ou, quando não existir acordo, convenção ou sentença normativa em vigor, da data do ajuizamento;

b) a partir do dia imediato ao termo final de vigência do acordo, convenção ou sentença normativa, quando ajuizado o dissídio no prazo do art. 616, § 3º.

› Parágrafo único incluído pelo Dec.-lei 424/1969.

SEÇÃO III
DA EXTENSÃO DAS DECISÕES

Art. 868. Em caso de dissídio coletivo que tenha por motivo novas condições de trabalho e no qual figure como parte apenas uma fração de empregados de uma empresa, poderá o Tribunal competente, na própria decisão, estender tais condições de trabalho, se julgar justo e conveniente, aos demais empregados da empresa que forem da mesma profissão dos dissidentes.

Parágrafo único. O Tribunal fixará a data em que a decisão deve entrar em execução, bem como o prazo de sua vigência, o qual não poderá ser superior a 4 (quatro) anos.

› Art. 614, § 3º, da CLT.
› OJ 322 da SDI-1 do TST.
› OJ 2 da SDC do TST.
› PN 120 da SDC do TST.

Art. 869. A decisão sobre novas condições de trabalho poderá também ser estendida a todos os empregados da mesma categoria profissional compreendida na jurisdição do Tribunal:

a) por solicitação de 1 (um) ou mais empregadores, ou de qualquer sindicato destes;

b) por solicitação de 1 (um) ou mais sindicatos de empregados;

c) ex officio, pelo Tribunal que houver proferido a decisão;

d) por solicitação da Procuradoria da Justiça do Trabalho.

Art. 870. Para que a decisão possa ser estendida, na forma do artigo anterior, torna-se preciso que 3/4 (três quartos) dos empregadores e 3/4 (três quartos) dos empregados, ou os respectivos sindicatos, concordem com a extensão da decisão.

§ 1º O Tribunal competente marcará prazo, não inferior a 30 (trinta) nem superior a 60 (sessenta) dias, a fim de que se manifestem os interessados.

§ 2º Ouvidos os interessados e a Procuradoria da Justiça do Trabalho, será o processo submetido ao julgamento do Tribunal.

Art. 871. Sempre que o Tribunal estender a decisão, marcará a data em que a extensão deva entrar em vigor.

SEÇÃO IV
DO CUMPRIMENTO DAS DECISÕES

Art. 872. Celebrado o acordo, ou transitada em julgado a decisão, seguir-se-á o seu cumprimento, sob as penas estabelecidas neste Título.

› Súm. 246, 286, 350, 384 e 397 do TST.
› OJ 277 da SDI-1 do TST.

Parágrafo único. Quando os empregadores deixarem de satisfazer o pagamento de salários, na conformidade da decisão proferida, poderão os empregados ou seus sindicatos, independentes de outorga de poderes de seus associados, juntando certidão de tal decisão, apresentar reclamação à Junta ou Juízo competente, observado o processo previsto no Capítulo II deste Título, sendo vedado, porém, questionar sobre a matéria de fato e de direito já apreciada na decisão.

› Parágrafo único com a redação dada pela Lei 2.275/1954.

SEÇÃO V
DA REVISÃO

Art. 873. Decorrido mais de 1 (um) ano de sua vigência, caberá revisão das decisões que fixarem condições de trabalho, quando se tiverem modificado as circunstâncias que as ditaram, de modo que tais condições se hajam tornado injustas ou inaplicáveis.

Art. 874. A revisão poderá ser promovida por iniciativa do Tribunal prolator, da Procuradoria da Justiça do Trabalho, das associações sindicais ou de empregador ou empregadores interessados no cumprimento da decisão.

Parágrafo único. Quando a revisão for promovida por iniciativa do Tribunal prolator ou da Procuradoria, as associações sindicais e o empregador ou empregadores interessados serão ouvidos no prazo de 30 (trinta) dias. Quando promovida por uma das partes interessadas, serão as outras ouvidas também por igual prazo.

Art. 875. A revisão será julgada pelo Tribunal que tiver proferido a decisão, depois de ouvida a Procuradoria da Justiça do Trabalho.

CAPÍTULO V
DA EXECUÇÃO

› Arts. 771 e s. do CPC.

SEÇÃO I
DAS DISPOSIÇÕES PRELIMINARES

Art. 876. As decisões passadas em julgado ou das quais não tenha havido recurso com efeito suspensivo; os acordos, quando não cumpridos; os termos de ajuste de conduta firmados perante o Ministério Público do Trabalho e os termos de conciliação firmados perante as Comissões de Conciliação Prévia serão executada pela forma estabelecida neste Capítulo.

› *Caput* com a redação dada pela Lei 9.958/2000.
› Art. 114, VII, da CF.
› Art. 784, I, do CPC.

Parágrafo único. A Justiça do Trabalho executará, de ofício, as contribuições sociais previstas na alínea a do inciso I e no inciso II do *caput* do art. 195 da Constituição Federal, e seus acréscimos legais, relativas ao objeto da condenação constante das sentenças que proferir e dos acordos que homologar.

› Parágrafo único com a redação dada pela Lei 13.467/2017.
› Art. 114, VIII, da CF.
› Art. 43, § 5º da Lei 8.212/1991.
› Súm. 368, I, do TST.
› OJs 376 e 398 da SDI-1 do TST.

Art. 877. É competente para a execução das decisões o Juiz ou Presidente do Tribunal que tiver conciliado ou julgado originariamente o dissídio.

› OJ 143 da SDI-1 do TST.

Art. 877-A. É competente para a execução de título executivo extrajudicial o juiz que teria competência para o processo de conhecimento relativo à matéria.

› Art. 877-A incluído pela Lei 9.958, de 25.10.2000.

Art. 878. A execução será promovida pelas partes, permitida a execução de ofício pelo juiz ou pelo Presidente do Tribunal apenas nos casos em que as partes não estiverem representadas por advogado.

› *Caput* com a redação dada pela Lei 13.467/2017.

Parágrafo único. (Revogado pela Lei 13.467/2017).

Art. 878-A. Faculta-se ao devedor o pagamento imediato da parte que entender devida à Previdência Social, sem prejuízo da cobrança de eventuais diferenças encontradas na execução ex officio.

› Art. 878-A incluído pela Lei 10.035/2000.

Art. 879. Sendo ilíquida a sentença exequenda, ordenar-se-á, previamente, a sua liquidação, que poderá ser feita por cálculo, por arbitramento ou por artigos.

› *Caput* com a redação dada pela Lei 2.244/1954.
› Art. 322, § 1º, 509, I e II do CPC/2015.
› Súm. 211 e 344 do STJ.

§ 1º Na liquidação, não se poderá modificar, ou inovar, a sentença liquidanda nem discutir matéria pertinente à causa principal.

› § 1º com a redação dada pela Lei 8.432, 11.6.1992.
› Art. 509, § 4º, do CPC.

§ 1º-A. A liquidação abrangerá, também, o cálculo das contribuições previdenciárias devidas.

§ 1º-B. As partes deverão ser previamente intimadas para a apresentação do cálculo de liquidação, inclusive da contribuição previdenciária incidente.

› §§ 1º-A e 1º-B incluído pela Lei 10.035/2000.

§ 2º Elaborada a conta e tornada líquida, o juízo deverá abrir às partes prazo comum de oito dias para impugnação fundamentada com a indicação dos itens e valores objeto da discordância, sob pena de preclusão.

› § 2º com a redação dada pela Lei 13.467/2017.

§ 3º Elaborada a conta pela parte ou pelos órgãos auxiliares da Justiça do Trabalho, o juiz procederá à intimação da União para manifestação, no prazo de 10 (dez) dias, sob pena de preclusão.

› § 3º com a redação dada pela Lei 11.457/2007.

§ 4º A atualização do crédito devido à Previdência Social observará os critérios estabelecidos na legislação previdenciária.

§ 5º O Ministro de Estado da Fazenda poderá, mediante ato fundamentado, dispensar a manifestação da União quando o valor total das verbas que integram o salário de contribuição, na forma do art. 28 da Lei 8.212, de 24 de julho de 1991, ocasionar perda de escala decorrente da atuação do órgão jurídico.

› §§ 4º e 5º incluídos pela Lei 11.457/2007.

§ 6º Tratando-se de cálculos de liquidação complexos, o juiz poderá nomear perito para a elaboração e fixará, depois da conclusão do trabalho, o valor dos respectivos honorários com observância, entre outros, dos critérios de razoabilidade e proporcionalidade.

› § 6º incluído pela Lei 12.405/2011.

§ 7º A atualização dos créditos decorrentes de condenação judicial será feita pela Taxa Referencial (TR), divulgada pelo Banco Central do Brasil, conforme a Lei 8.177, de 1ºde março de 1991. (Incluído pela Lei 13.467/2017)

› O STF, por maioria, julgou parcialmente procedente a ADI 5.867, ADI 6.027, ADC 58 e ADC 59, para: "conferir interpretação conforme à CF ao art. 879, § 7º, e ao art. 899, § 4º, da CLT, na redação dada pela Lei 13.467 de 2017, no sentido de considerar que à atualização dos créditos decorrentes de condenação judicial e à correção dos depósitos recursais em contas judiciais na Justiça do Trabalho deverão ser aplicados, até que sobrevenha solução legislativa, os mesmos índices de correção monetária e de juros que vigentes para as condenações cíveis em geral, quais sejam a incidência do IPCA-E na fase pré-judicial e, a partir da citação, a incidência da taxa SELIC (art. 406 do CC)". DJE 12/02/2021.
› Súm. 211 do TST.

SEÇÃO II
DO MANDADO E DA PENHORA

Art. 880. Requerida a execução, o juiz ou presidente do tribunal mandará expedir mandado de citação do executado, a fim de que cumpra a decisão ou o acordo no prazo, pelo modo e sob as cominações estabelecidas ou, quando se tratar de pagamento em dinheiro, inclusive de contribuições sociais devidas à União, para que o faça em 48 (quarenta e oito) horas ou garanta a execução, sob pena de penhora.

› *Caput* com a redação dada pela Lei 11.457/2007.

§ 1º O mandado de citação deverá conter a decisão exequenda ou o termo de acordo não cumprido.

§ 2º A citação será feita pelos oficiais de diligência.

§ 3º Se o executado, procurado por 2 (duas) vezes no espaço de 48 (quarenta e oito) horas, não for encontrado, far-se-á citação por edital, publicado no jornal oficial ou, na falta deste, afixado na sede da Junta ou Juízo, durante 5 (cinco) dias.

Art. 881. No caso de pagamento da importância reclamada, será este feito perante o escrivão ou diretor de secretaria, lavrando-se termo de quitação, em 2 (duas) vias, assinadas pelo exequente, pelo executado e pelo mesmo escrivão ou secretário, entregando-se a segunda via ao executado e juntando-se a outra ao processo.

› *Caput* atualizado pela Lei 409/1948.

Parágrafo único. Não estando presente o exequente, será depositada a importância, mediante guia, em estabelecimento oficial de crédito ou, em falta deste, em estabelecimento bancário idôneo.

› Parágrafo único com a redação dada pela Lei 7.305/1985.

Art. 882. O executado que não pagar a importância reclamada poderá garantir a execução mediante depósito da quantia correspondente, atualizada e acrescida das despesas processuais, apresentação de seguro-garantia judicial ou nomeação de bens à penhora, observada a ordem preferencial estabelecida no art. 835 da Lei 13.105, de 16 de março de 2015 – Código de Processo Civil.

› Artigo com a redação dada pela Lei 13.467/2017.

- Art. 11 da Lei 6.830/1980.
- Art. 835 do CPC/2015.

Art. 883. Não pagando o executado, nem garantindo a execução, seguir-se-á penhora dos bens, tantos quantos bastem ao pagamento da importância da condenação, acrescida de custas e juros de mora, sendo estes, em qualquer caso, devidos a partir da data em que for ajuizada a reclamação inicial.

- Art. 883 com a redação dada pela Lei 2.244/1954.
- Art. 879, § 7º da CLT.
- Art. 5º, XXVI, da CF.
- Arts. 1º e 3º da Lei 8.009/1990.
- Art. 833 do CPC/2015.
- Súm. 449, 464 e 486 do STJ.
- Súm. 187, 200, 211, 304, 311 e 417 do TST.
- OJs 226, 300 e 343 da SDI-1 do TST.
- OJs 59, 89, 93, 143 e 153 da SDI-2 do TST.

Art. 883-A. A decisão judicial transitada em julgado somente poderá ser levada a protesto, gerar inscrição do nome do executado em órgãos de proteção ao crédito ou no Banco Nacional de Devedores Trabalhistas (BNDT), nos termos da lei, depois de transcorrido o prazo de quarenta e cinco dias a contar da citação do executado, se não houver garantia do juízo.

- Artigo incluído pela Lei 13.467/2017.

SEÇÃO III
DOS EMBARGOS À EXECUÇÃO E DA SUA IMPUGNAÇÃO

Art. 884. Garantida a execução ou penhorados os bens, terá o executado 5 (cinco) dias para apresentar embargos, cabendo igual prazo ao exequente para impugnação.

- Art. 1º-B da Lei 9.494/1997.

§ 1º A matéria de defesa será restrita às alegações de cumprimento da decisão ou do acordo, quitação ou prescrição da dívida.

§ 2º Se na defesa tiverem sido arroladas testemunhas, poderá o Juiz ou o Presidente do Tribunal, caso julgue necessários seus depoimentos, marcar audiência para a produção das provas, a qual deverá realizar-se dentro de 5 (cinco) dias.

§ 3º Somente nos embargos à penhora poderá o executado impugnar a sentença de liquidação, cabendo ao exequente igual direito e no mesmo prazo.

- § 3º com a redação dada pela Lei 2.244/1954.

§ 4º Julgar-se-ão na mesma sentença os embargos e as impugnações à liquidação apresentadas pelos credores trabalhista e previdenciário.

- § 4º com a redação dada pela Lei 10.035/2000.

§ 5º Considera-se inexigível o título judicial fundado em lei ou ato normativo declarados inconstitucionais pelo Supremo Tribunal Federal ou em aplicação ou interpretação tidas por incompatíveis com a Constituição Federal.

- § 5º incluído pela MP 2.180-35/2001.
- Art. 525, § 12 do CPC.

§ 6º A exigência da garantia ou penhora não se aplica às entidades filantrópicas e/ou àqueles que compõem ou compuseram a diretoria dessas instituições.

- § 6º incluído pela Lei 13.467/2017.

SEÇÃO IV
DO JULGAMENTO E DOS TRÂMITES FINAIS DA EXECUÇÃO

Art. 885. Não tendo sido arroladas testemunhas na defesa, o juiz ou presidente, conclusos os autos, proferirá sua decisão, dentro de 5 (cinco) dias, julgando subsistente ou insubsistente a penhora.

Art. 886. Se tiverem sido arroladas testemunhas, finda a sua inquirição em audiência, o escrivão ou secretário fará, dentro de 48 (quarenta e oito) horas, conclusos os autos ao juiz ou presidente, que proferirá sua decisão, na forma prevista no artigo anterior.

§ 1º Proferida a decisão, serão da mesma notificadas as partes interessadas, em registrado postal, com franquia.

§ 2º Julgada subsistente a penhora, o juiz, ou presidente, mandará proceder logo à avaliação dos bens penhorados.

Art. 887. A avaliação dos bens penhorados em virtude da execução de decisão condenatória, será feita por avaliador escolhido de comum acordo pelas partes, que perceberá as custas arbitradas pelo juiz, ou presidente do tribunal trabalhista, de conformidade com a tabela a ser expedida pelo Tribunal Superior do Trabalho.

§ 1º Não acordando as partes quanto à designação de avaliador, dentro de cinco dias após o despacho que o determinou a avaliação, será o avaliador designado livremente pelo juiz ou presidente do tribunal.

§ 2º Os servidores da Justiça do Trabalho não poderão ser escolhidos ou designados para servir de avaliador.

- Art. 721 da CLT.

Art. 888. Concluída a avaliação, dentro de dez dias, contados da data da nomeação do avaliador, seguir-se-á a arrematação, que será anunciada por edital afixado na sede do juízo ou tribunal e publicado no jornal local, se houver, com a antecedência de vinte (20) dias.

§ 1º A arrematação far-se-á em dia, hora e lugar anunciados e os bens serão vendidos pelo maior lance, tendo o exequente preferência para a adjudicação.

- Súm. 458 do STF.

§ 2º O arrematante deverá garantir o lance com o sinal correspondente a 20% (vinte por cento) do seu valor.

§ 3º Não havendo licitante, e não requerendo o exequente a adjudicação dos bens penhorados, poderão os mesmos ser vendidos por leiloeiro nomeado pelo Juiz ou Presidente.

§ 4º Se o arrematante, ou seu fiador, não pagar dentro de 24 (vinte e quatro) horas o preço da arrematação, perderá, em benefício da execução, o sinal de que trata o § 2º deste artigo, voltando à praça os bens executados.

- Art. 888 com a redação dada pela Lei 5.584/1970.

Art. 889. Aos trâmites e incidentes do processo da execução são aplicáveis, naquilo em que não contravierem ao presente Título, os preceitos que regem o processo dos executivos fiscais para a cobrança judicial da dívida ativa da Fazenda Pública Federal.

- Vide Lei 6.830/1980 (Lei de Execução Fiscal).

Art. 889-A. Os recolhimentos das importâncias devidas, referentes às contribuições sociais, serão efetuados nas agências locais da Caixa Econômica Federal ou do Banco do Brasil S.A., por intermédio de documento de arrecadação da Previdência Social, dele se fazendo constar o número do processo.

- *Caput* incluído pela Lei 10.035/2000.

§ 1º Concedido parcelamento pela Secretaria da Receita Federal do Brasil, o devedor juntará aos autos a comprovação do ajuste, ficando a execução da contribuição social correspondente suspensa até a quitação de todas as parcelas.

§ 2º As Varas do Trabalho encaminharão mensalmente à Secretaria da Receita Federal do Brasil informações sobre os recolhimentos efetivados nos autos, salvo se outro prazo for estabelecido em regulamento.

- §§ 1º e 2º com a redação dada pela Lei 11.457/2007.

SEÇÃO V
DA EXECUÇÃO POR PRESTAÇÕES SUCESSIVAS

Art. 890. A execução para pagamento de prestações sucessivas far-se-á com observância das normas constantes desta Seção, sem prejuízo das demais estabelecidas neste Capítulo.

Art. 891. Nas prestações sucessivas por tempo determinado, a execução pelo não pagamento de uma prestação compreenderá as que lhe sucederem.

Art. 892. Tratando-se de prestações sucessivas por tempo indeterminado, a execução compreenderá inicialmente as prestações devidas até a data do ingresso na execução.

- Art. 323 do CPC/2015.

CAPÍTULO VI
DOS RECURSOS

- Ato 491/2014 do TST (Aplicação da Lei 13.015/2014).
- Art. 1º, § 2º da IN 39/2016 do TST

Art. 893. Das decisões são admissíveis os seguintes recursos:

I – embargos;

II – recurso ordinário;

III – recurso de revista;

IV – agravo.

- *Caput* com a redação dada pela Lei 861/1949.
- Arts. 2º, §§ 2º e 4º, da Lei 5.584/1970.
- Art. 1º, III, do Dec.-lei 779/1969.
- Súm. 640 do STF.
- Súm. 283 do TST.
- OJ 310 da SDI-1 do TST.

§ 1º Os incidentes do processo são resolvidos pelo próprio Juízo ou Tribunal, admitindo-se a apreciação do merecimento das decisões interlocutórias somente em recursos da decisão definitiva.

- Art. 799, § 2º, da CLT.
- Art. 2º, § 1º, da Lei 5.584/1970.
- Art. 203, § 2º, do CPC.
- Súm. 214, 414, II, e 458 do TST.

§ 2º A interposição de recurso para o Supremo Tribunal Federal não prejudicará a execução do julgado.

- §§ 1º e 2º com a redação dada pelo Dec.-lei 8.737/1946.
- Art. 995 do CPC.
- Súm. 228 do STF.
- OJ 56 da SDI-2 do TST.

Art. 894. No Tribunal Superior do Trabalho cabem embargos, no prazo de 8 (oito) dias:

I – de decisão não unânime de julgamento que:

a) conciliar, julgar ou homologar conciliação em dissídios coletivos que excedam a competência territorial dos Tribunais Regionais do Trabalho e estender ou rever as sentenças normativas do Tribunal Superior do Trabalho, nos casos previstos em lei; e

b) Vetado.

II – das decisões das Turmas que divergirem entre si ou das decisões proferidas pela Seção de Dissídios Individuais, ou contrárias a Súm. ou orientação jurisprudencial do Tribunal Superior do Trabalho ou Súm. vinculante do Supremo Tribunal Federal.

- Inciso II com redação dada pela Lei 13.015/2014.
- Súm. 458 do TST.

Parágrafo único. (Revogado pela Lei 11.496/2007)

- Súm. 126, 283 e 433 TST.
- OJs 95 e 378 da SDI-1 do TST.

§ 2º A divergência apta a ensejar os embargos deve ser atual, não se considerando tal a ultrapassada por Súm. do Tribunal Superior do Trabalho ou do Supremo Tribunal Federal, ou superada por iterativa e notória jurisprudência do Tribunal Superior do Trabalho.

- § 2º incluído pela Lei nº 13.015/2014.

§ 3º O Ministro Relator denegará seguimento aos embargos:

I – se a decisão recorrida estiver em consonância com Súm. da jurisprudência do Tribunal Superior do Trabalho ou do Supremo Tribunal Federal, ou com iterativa, notória e atual jurisprudência do Tribunal Superior do Trabalho, cumprindo-lhe indicá-la;

II – nas hipóteses de intempestividade, deserção, irregularidade de representação ou de ausência de qualquer outro pressuposto extrínseco de admissibilidade.

- § 3º incluído pela Lei nº 13.015/2014.

§ 4º Da decisão denegatória dos embargos caberá agravo, no prazo de 8 (oito) dias.

- § 4º incluído pela Lei nº 13.015/2014.

Art. 895. Cabe recurso ordinário para a instância superior:

I – das decisões definitivas ou terminativas das Varas e Juízos, no prazo de 8 (oito) dias; e

II – das decisões definitivas ou terminativas dos Tribunais Regionais, em processos de sua competência originária, no prazo de 8 (oito) dias, quer nos dissídios individuais, quer nos dissídios coletivos.

- Incisos I e II com a redação dada pela Lei 11.925/2009.
- Súm. 153, 158, 201, 283, 393 e 414 do TST.
- OJ 389 da SDI-1 do TST.
- OJs 69, 100 e 148 da SDI-2 do TST.

§ 1º Nas reclamações sujeitas ao procedimento sumaríssimo, o recurso ordinário:

- § 1º incluído pela Lei 9.957/2000.

I – Vetado.

II – será imediatamente distribuído, uma vez recebido no Tribunal, devendo o relator liberá-lo no prazo máximo de dez dias, e a Secretaria do Tribunal ou Turma colocá-lo imediatamente em pauta para julgamento, sem revisor;

III – terá parecer oral do representante do Ministério Público presente à sessão de julgamento, se este entender necessário o parecer, com registro na certidão;

IV – terá acórdão consistente unicamente na certidão de julgamento, com a indicação suficiente do processo e parte dispositiva, e das razões de decidir do voto prevalente. Se a sentença for confirmada pelos próprios fundamentos, a certidão de julgamento, registrando tal circunstância, servirá de acórdão.

- Incisos II a IV com a redação pela Lei 9.957/2000.

§ 2º Os Tribunais Regionais, divididos em Turmas, poderão designar Turma para o julgamento dos recursos ordinários interpostos das sentenças prolatadas nas demandas sujeitas ao procedimento sumaríssimo.

- § 2º incluído pela Lei 9.957/2000.

Art. 896. Cabe Recurso de Revista para Turma do Tribunal Superior do Trabalho das decisões proferidas em grau de recurso ordinário, em dissídio individual, pelos Tribunais Regionais do Trabalho, quando:

- Súm. 126, 218, 283, 297, 333, 337, 422 e 459 do TST.
- OJs 334 e 374 da SDI-1 do TST.
- OJ 78 da SDI-1 Transitória.

a) derem ao mesmo dispositivo de lei federal interpretação diversa da que lhe houver dado outro Tribunal Regional do Trabalho, no seu Pleno ou Turma, ou a Seção de Dissídios Individuais do Tribunal Superior do Trabalho, ou contrariarem súmula de jurisprudência uniforme dessa Corte ou Súm. vinculante do Supremo Tribunal Federal;

- Alínea a com redação dada pela Lei 13.015/2014.
- Súm. 296 do TST.
- OJs 111, 219 e 257 da SDI-1 do TST.

b) derem ao mesmo dispositivo de lei estadual, Convenção Coletiva de Trabalho, Acordo Coletivo, sentença normativa ou regulamento empresarial de observância obrigatória em área territorial que exceda a jurisdição do Tribunal Regional prolator da decisão recorrida, interpretação divergente, na forma da alínea a;

- Súm. 221 e 312 do TST.
- OJ 147 da SDI-1 do TST.

c) proferidas com violação literal de disposição de lei federal ou afronta direta e literal à Constituição Federal.

- *Caput* com a redação dada pela Lei 9.756/1998.

§ 1º O recurso de revista, dotado de efeito apenas devolutivo, será interposto perante o Presidente do Tribunal Regional do Trabalho, que, por decisão fundamentada, poderá recebê-lo ou denegá-lo.

- § 1º com redação dada pela Lei nº 13.015/2014.

§ 1º-A. Sob pena de não conhecimento, é ônus da parte:

- § 1º-A incluído pela Lei nº 13.015 2014.

I – indicar o trecho da decisão recorrida que consubstancia o prequestionamento da controvérsia objeto do recurso de revista;

- Inciso I incluído pela Lei nº 13.015/2014.

II – indicar, de forma explícita e fundamentada, contrariedade a dispositivo de lei, Súm. ou orientação jurisprudencial do Tribunal Superior do Trabalho que conflite com a decisão regional;

- Inciso II incluído pela Lei nº 13.015/2014.

III – expor as razões do pedido de reforma, impugnando todos os fundamentos jurídicos da decisão recorrida, inclusive mediante demonstração analítica de cada dispositivo de lei, da Constituição Federal, de Súm. ou orientação jurisprudencial cuja contrariedade aponte.

- Inciso III incluído pela Lei nº 13.015/2014.

IV – transcrever na peça recursal, no caso de suscitar preliminar de nulidade de julgado por negativa de prestação jurisdicional, o trecho dos embargos declaratórios em que foi pedido o pronunciamento do tribunal sobre questão veiculada no recurso ordinário e o trecho da decisão regional que rejeitou os embargos quanto ao pedido, para cotejo e verificação, de plano, da ocorrência da omissão.

- Inciso IV incluído pela Lei 13.467/2017.

§ 2º Das decisões proferidas pelos Tribunais Regionais do Trabalho ou por suas Turmas, em execução de sentença, inclusive em processo incidente de embargos de terceiro, não caberá Recurso de Revista, salvo na hipótese de ofensa direta e literal de norma da Constituição Federal.

- § 2º com a redação dada pela Lei 9.756/1998.
- Súm. 266 do TST.

§§ 3º ao 6º (Revogados pela Lei 13.467/2017).

§ 7º A divergência apta a ensejar o recurso de revista deve ser atual, não se considerando como tal a ultrapassada por Súm. do Tribunal Superior do Trabalho ou do Supremo Tribunal Federal, ou superada por iterativa e notória jurisprudência do Tribunal Superior do Trabalho.

§ 8º Quando o recurso fundar-se em dissenso de julgados, incumbe ao recorrente o ônus de produzir prova da divergência jurisprudencial, mediante certidão, cópia ou citação do repositório de jurisprudência, oficial ou credenciado, inclusive em mídia eletrônica, em que houver sido publicada a decisão divergente, ou ainda pela reprodução de julgado disponível na internet, com indicação da respectiva fonte, mencionando, em qualquer caso, as circunstâncias que identifiquem ou assemelhem os casos confrontados.

§ 9º Nas causas sujeitas ao procedimento sumaríssimo, somente será admitido recurso de revista por contrariedade a Súm. de jurisprudência uniforme do Tribunal Superior do Trabalho ou a Súm. vinculante do Supremo Tribunal Federal e por violação direta da Constituição Federal.

› Súm. 442 do TST.

§ 10. Cabe recurso de revista por violação a lei federal, por divergência jurisprudencial e por ofensa à Constituição Federal nas execuções fiscais e nas controvérsias da fase de execução que envolvam a Certidão Negativa de Débitos Trabalhistas (CNDT), criada pela Lei 12.440, de 7 de julho de 2011.

§ 11. Quando o recurso tempestivo contiver defeito formal que não se repute grave, o Tribunal Superior do Trabalho poderá desconsiderar o vício ou mandar saná-lo, julgando o mérito.

§ 12. Da decisão denegatória caberá agravo, no prazo de 8 (oito) dias.

§ 13. Dada a relevância da matéria, por iniciativa de um dos membros da Seção Especializada em Dissídios Individuais do Tribunal Superior do Trabalho, aprovada pela maioria dos integrantes da Seção, o julgamento a que se refere o § 3º poderá ser afeto ao Tribunal Pleno.

› §§ 7º a 13 incluídos pela Lei nº 13.015, de 2014.

§ 14. O relator do recurso de revista poderá denegar-lhe seguimento, em decisão monocrática, nas hipóteses de intempestividade, deserção, irregularidade de representação ou de ausência de qualquer outro pressuposto extrínseco ou intrínseco de admissibilidade.

› § 14 incluído pela Lei 13.467/2017.

Art. 896-A. O Tribunal Superior do Trabalho, no recurso de revista, examinará previamente se a causa oferece transcendência com relação aos reflexos gerais de natureza econômica, política, social ou jurídica.

› Art. 896-A incluído pela MP 2.226/2001.

§ 1º São indicadores de transcendência, entre outros: /

I – econômica, o elevado valor da causa;

II – política, o desrespeito da instância recorrida à jurisprudência sumulada do Tribunal Superior do Trabalho ou do Supremo Tribunal Federal;

III – social, a postulação, por reclamante-recorrente, de direito social constitucionalmente assegurado;

IV – jurídica, a existência de questão nova em torno da interpretação da legislação trabalhista.

§ 2º Poderá o relator, monocraticamente, denegar seguimento ao recurso de revista que não demonstrar transcendência, cabendo agravo desta decisão para o colegiado.

§ 3º Em relação ao recurso que o relator considerou não ter transcendência, o recorrente poderá realizar sustentação oral sobre a questão da transcendência, durante cinco minutos em sessão.

§ 4º Mantido o voto do relator quanto à não transcendência do recurso, será lavrado acórdão com fundamentação sucinta, que constituirá decisão irrecorrível no âmbito do tribunal.

§ 5º É irrecorrível a decisão monocrática do relator que, em agravo de instrumento em recurso de revista, considerar ausente a transcendência da matéria.

§ 6º O juízo de admissibilidade do recurso de revista exercido pela Presidência dos Tribunais Regionais do Trabalho limita-se à análise dos pressupostos intrínsecos e extrínsecos do apelo, não abrangendo o critério da transcendência das questões nele veiculadas.

› §§ 1º a 6º incluídos pela Lei 13.467/2017.

Art. 896-B. Aplicam-se ao recurso de revista, no que couber, as normas da Lei 5.869, de 11 de janeiro de 1973 (Código de Processo Civil), relativas ao julgamento dos recursos extraordinário e especial repetitivos.

› Art. 896-B incluído pela Lei 13.015/2014.

Art. 896-C. Quando houver multiplicidade de recursos de revista fundados em idêntica questão de direito, a questão poderá ser afetada à Seção Especializada em Dissídios Individuais ou ao Tribunal Pleno, por decisão da maioria simples de seus membros, mediante requerimento de um dos Ministros que compõem a Seção Especializada, considerando a relevância da matéria ou a existência de entendimentos divergentes entre os Ministros dessa Seção ou das Turmas do Tribunal.

§ 1º O Presidente da Turma ou da Seção Especializada, por indicação dos relatores, afetará um ou mais recursos representativos da controvérsia para julgamento pela Seção Especializada em Dissídios Individuais ou pelo Tribunal Pleno, sob o rito dos recursos repetitivos.

§ 2º O Presidente da Turma ou da Seção Especializada que afetar processo para julgamento sob o rito dos recursos repetitivos deverá expedir comunicação aos demais Presidentes de Turma ou de Seção Especializada, que poderão afetar outros processos sobre a questão para julgamento conjunto, a fim de conferir ao órgão julgador visão global da questão.

§ 3º O Presidente do Tribunal Superior do Trabalho oficiará os Presidentes dos Tribunais Regionais do Trabalho para que suspendam os recursos interpostos em casos idênticos aos afetados como recursos repetitivos, até o pronunciamento definitivo do Tribunal Superior do Trabalho.

§ 4º Caberá ao Presidente do Tribunal de origem admitir um ou mais recursos representativos da controvérsia, os quais serão encaminhados ao Tribunal Superior do Trabalho, ficando suspensos os demais recursos de revista até o pronunciamento definitivo do Tribunal Superior do Trabalho.

§ 5º O relator no Tribunal Superior do Trabalho poderá determinar a suspensão dos recursos de revista ou de embargos que tenham como objeto controvérsia idêntica à do recurso afetado como repetitivo.

§ 6º O recurso repetitivo será distribuído a um dos Ministros membros da Seção Especializada ou do Tribunal Pleno e a um Ministro revisor.

§ 7º O relator poderá solicitar, aos Tribunais Regionais do Trabalho, informações a respeito da controvérsia, a serem prestadas no prazo de 15 (quinze) dias.

§ 8º O relator poderá admitir manifestação de pessoa, órgão ou entidade com interesse na controvérsia, inclusive como assistente simples, na forma da Lei 5.869, de 11 de janeiro de 1973 (Código de Processo Civil).

§ 9º Recebidas as informações e, se for o caso, após cumprido o disposto no § 7º deste artigo, terá vista o Ministério Público pelo prazo de 15 (quinze) dias.

§ 10. Transcorrido o prazo para o Ministério Público e remetida cópia do relatório aos demais Ministros, o processo será incluído em pauta na Seção Especializada ou no Tribunal Pleno, devendo ser julgado com preferência sobre os demais feitos.

§ 11. Publicado o acórdão do Tribunal Superior do Trabalho, os recursos de revista sobrestados na origem:

I – terão seguimento denegado na hipótese de o acórdão recorrido coincidir com a orientação a respeito da matéria no Tribunal Superior do Trabalho; ou

II – serão novamente examinados pelo Tribunal de origem na hipótese de o acórdão recorrido divergir da orientação do Tribunal Superior do Trabalho a respeito da matéria.

§ 12. Na hipótese prevista no inciso II do § 11 deste artigo, mantida a decisão divergente pelo Tribunal de origem, far-se-á o exame de admissibilidade do recurso de revista.

§ 13. Caso a questão afetada e julgada sob o rito dos recursos repetitivos também contenha questão constitucional, a decisão proferida pelo Tribunal Pleno não obstará o conhecimento de eventuais recursos extraordinários sobre a questão constitucional.

§ 14. Aos recursos extraordinários interpostos perante o Tribunal Superior do Trabalho será aplicado o procedimento previsto no art. 543-B da Lei 5.869, de 11 de janeiro de 1973 (Código de Processo Civil), cabendo ao Presidente do Tribunal Superior do Trabalho selecionar um ou mais recursos representativos da controvérsia e encaminhá-los ao Supremo Tribunal Federal, sobrestando os demais até o pronunciamento definitivo da Corte, na forma do § 1º do art. 543-B da Lei 5.869, de 11 de janeiro de 1973 (Código de Processo Civil).

§ 15. O Presidente do Tribunal Superior do Trabalho poderá oficiar os Tribunais Regionais do Trabalho e os Presidentes das Turmas e da Seção Especializada do Tribunal para que suspendam os processos idênticos aos selecionados como recursos representativos da controvérsia e encaminhados ao Supremo Tribunal Federal, até o seu pronunciamento definitivo.

§ 16. A decisão firmada em recurso repetitivo não será aplicada aos casos em que se demonstrar que a situação de fato ou de direito é distinta das presentes no processo julgado sob o rito dos recursos repetitivos.

§ 17. Caberá revisão da decisão firmada em julgamento de recursos repetitivos quando se alterar a situação econômica, social ou jurídica, caso em que será respeitada a segurança jurídica das relações firmadas sob a égide da decisão anterior, podendo o Tribunal Superior do Trabalho modular os efeitos da decisão que a tenha alterado.

- Art. 896-C incluído pela Lei 13.015/2014.

Art. 897. Cabe agravo, no prazo de 8 (oito) dias:

- Súm. 218, 266 e 283 do TST.

a) de petição, das decisões do Juiz ou Presidente, nas execuções;

b) de instrumento, dos despachos que denegarem a interposição de recursos.

- *Caput* com a redação dada pela Lei 8.432/1992.
- OJs 282, 374 e 412 da SDI-1 do TST.

§ 1º O agravo de petição só será recebido quando o agravante delimitar, justificadamente, as matérias e os valores impugnados, permitida a execução imediata da parte remanescente até o final, nos próprios autos ou por carta de sentença.

§ 2º O agravo de instrumento interposto contra o despacho que não receber agravo de petição não suspende a execução da sentença.

- §§ 1º e 2º com a redação dada pela Lei 8.432/1992.

§ 3º Na hipótese da alínea a deste artigo, o agravo será julgado pelo próprio tribunal, presidido pela autoridade recorrida, salvo se se tratar de decisão de Juiz do Trabalho de 1ª Instância ou de Juiz de Direito, quando o julgamento competirá a uma das Turmas do Tribunal Regional a que estiver subordinado o prolator da sentença, observado o disposto no art. 679, a quem este remeterá as peças necessárias para o exame da matéria controvertida, em autos apartados, ou nos próprios autos, se tiver sido determinada a extração de carta de sentença.

- § 3º com a redação dada pela Lei 10.035/2000.

§ 4º Na hipótese da alínea b deste artigo, o agravo será julgado pelo Tribunal que seria competente para conhecer o recurso cuja interposição foi denegada.

- § 4º com a redação dada pela Lei 8.432/1992.

§ 5º Sob pena de não conhecimento, as partes promoverão a formação do instrumento do agravo de modo a possibilitar, caso provido, o imediato julgamento do recurso denegado, instruindo a petição de interposição:

- OJs 217, 283 e 286 da SDI-1 do TST.
- Resolução Administrativa TST 1.418/2010.

I – obrigatoriamente, com cópias da decisão agravada, da certidão da respectiva intimação, das procurações outorgadas aos advogados do agravante e do agravado, da petição inicial, da contestação, da decisão originária, do depósito recursal referente ao recurso que se pretende destrancar, da comprovação do recolhimento das custas e do depósito recursal a que se refere o § 7º do art. 899 desta Consolidação;

- Inciso I com a redação dada pela Lei 12.275/2010.

II – facultativamente, com outras peças que o agravante reputar úteis ao deslinde da matéria de mérito controvertida.

§ 6º O agravado será intimado para oferecer resposta ao agravo e ao recurso principal, instruindo-a com as peças que considerar necessárias ao julgamento de ambos os recursos.

§ 7º Provido o agravo, a Turma deliberará sobre o julgamento do recurso principal, observando-se, se for o caso, daí em diante, o procedimento relativo a esse recurso.

- §§ 5º a 7º incluídos pela Lei 9.756/1998.

§ 8º Quando o agravo de petição versar apenas sobre as contribuições sociais, o juiz da execução determinará a extração de cópias das peças necessárias, que serão autuadas em apartado, conforme dispõe o § 3º, parte final, e remetidas à instância superior para apreciação, após contraminuta.

- § 8º incluído pela Lei 10.035/2000.

Art. 897-A. Caberão embargos de declaração da sentença ou acórdão, no prazo de cinco dias, devendo seu julgamento ocorrer na primeira audiência ou sessão subsequente a sua apresentação, registrado na certidão, admitido efeito modificativo da decisão nos casos de omissão e contradição no julgado e manifesto equívoco no exame dos pressupostos extrínsecos do recurso.

- Art. 1.022 do CPC/2015.
- Súm. 184, 278, 297 e 421 do TST.
- OJs 142 e 192 da SDI-1 do TST.

§ 1º Os erros materiais poderão ser corrigidos de ofício ou a requerimento de qualquer das partes.

- Primitivo parágrafo único renumerado pela Lei nº 13.015/2014.

§ 2º Eventual efeito modificativo dos embargos de declaração somente poderá ocorrer em virtude da correção de vício na decisão embargada e desde que ouvida a parte contrária, no prazo de 5 (cinco) dias.

- § 2º incluído pela Lei 13.015/2014.

§ 3º Os embargos de declaração interrompem o prazo para interposição de outros recursos, por qualquer das partes, salvo quando intempestivos, irregular a representação da parte ou ausente a sua assinatura.

- § 3º incluído pela Lei 13.015/2014.

Art. 898. Das decisões proferidas em dissídio coletivo que afete empresa de serviço público, ou, em qualquer caso, das proferidas em revisão, poderão recorrer, além dos interessados, o Presidente do Tribunal e a Procuradoria da Justiça do Trabalho.

Art. 899. Os recursos serão interpostos por simples petição e terão efeito meramente devolutivo, salvo as exceções previstas neste Título, permitida a execução provisória até a penhora.

- *Caput* com a redação dada pela Lei 5.442/1968.

§ 1º Sendo a condenação de valor até 10 (dez) vezes o salário mínimo regional, nos dissídios individuais, só será admitido o recurso inclusive o extraordinário, mediante prévio depósito da respectiva importância. Transitada em julgado a decisão recorrida, ordenar-se-á o levantamento imediato da importância de depósito, em favor da parte vencedora, por simples despacho do juiz.

- Art. 1º, IV, do Dec.-lei 779/1969.
- Súm. 86, 99, 128, 161 e 217 do TST.
- OJ 140 SDI-1 do TST.

§ 2º Tratando-se de condenação de valor indeterminado, o depósito corresponderá ao que for arbitrado, para efeito de custas, pela Junta ou Juízo de Direito, até o limite de 10 (dez) vezes o salário mínimo da região.

- §§ 1º e 2º com a redação dada pela Lei 5.442/1968.

§ 3º (Revogado pela Lei 7.033/1982.)

§ 4º O depósito recursal será feito em conta vinculada ao juízo e corrigido com os mesmos índices da poupança.

- § 4º com a redação dada pela Lei 13.467/2017.
- O STF, por maioria, julgou parcialmente procedente a ADI 5.867, ADI 6.027, ADC 58 e ADC 59, para: "conferir interpretação conforme à CF ao art. 879, § 7º, e ao art. 899, § 4º, da CLT, na redação dada pela Lei 13.467 de 2017, no sentido de considerar que à atualização dos créditos decorrentes de condenação judicial e à correção dos depósitos recursais em contas judiciais na Justiça do Trabalho deverão ser aplicados, até que sobrevenha solução legislativa, os mesmos índices de correção monetária e de juros que vigentes para as condenações cíveis em geral, quais sejam a incidência do IPCA-E na fase pré-judicial e, a partir da citação, a incidência da taxa SELIC (art. 406 do CC)". DJE 12/02/2021.

§ 5º (Revogado pela Lei 13.467/2017).

§ 6º Quando o valor da condenação, ou o arbitrado para fins de custas, exceder o limite de 10 (dez) vezes o salário mínimo da região, o depósito para fins de recursos será limitado a este valor.

- §§ 4º a 6º com a redação dada pela Lei 5.442/1968.

§ 7º No ato de interposição do agravo de instrumento, o depósito recursal corresponderá a 50% (cinquenta por cento) do valor do depósito do recurso ao qual se pretende destrancar.

- § 7º incluído pela Lei 12.275/2010.
- Súm. 245 do TST.

§ 8º Quando o agravo de instrumento tem a finalidade de destrancar recurso de revista que se insurge contra decisão que contraria a jurisprudência uniforme do Tribunal Superior do Trabalho, consubstanciada nas suas Súm. ou em orientação jurisprudencial, não haverá obrigatoriedade de se efetuar o depósito referido no § 7º deste artigo.

- § 8º incluído pela Lei nº 13.015/2014.

§ 9º O valor do depósito recursal será reduzido pela metade para entidades sem fins lucrativos, empregadores domésticos, microempreendedores individuais, microempresas e empresas de pequeno porte.

§ 10. São isentos do depósito recursal os beneficiários da justiça gratuita, as entidades filantrópicas e as empresas em recuperação judicial.

§ 11. O depósito recursal poderá ser substituído por fiança bancária ou seguro garantia judicial.

- §§ 9º a 11 incluídos pela Lei 13.467/2017.

Art. 900. Interposto o recurso, será notificado o recorrido para oferecer as suas razões, em prazo igual ao que tiver tido o recorrente.

Art. 901. Sem prejuízo dos prazos previstos neste Capítulo, terão as partes vistas dos autos em cartório ou na secretaria.

Parágrafo único. Salvo quando estiver correndo prazo comum, aos procuradores das partes será permitido ter vista dos autos fora do cartório ou secretaria.

‣ Parágrafo único incluído pela Lei 8.638/1993.

Art. 902. (Revogado pela Lei 7.033/1982.)

CAPÍTULO VII
DA APLICAÇÃO DAS PENALIDADES

Art. 903. As penalidades estabelecidas no título anterior serão aplicadas pelo juiz, ou tribunal que tiver de conhecer da desobediência, violação recusa, falta, ou coação, ex-officio, ou mediante, representação de qualquer interessado ou da Procuradoria da Justiça do Trabalho.

‣ Art. 903 com a redação dada pela Dec.-lei 8.737/1946.

Art. 904. As sanções em que incorrerem as autoridades da Justiça do Trabalho serão aplicadas pela autoridade ou Tribunal imediatamente superior, conforme o caso, ex officio, ou mediante representação de qualquer interessado ou da Procuradoria.

‣ *Caput* com a redação dada pelo Dec.-lei 8.737/1946.

Parágrafo único. Tratando de membro do Tribunal Superior do Trabalho será competente para a imposição de execuções o Conselho Federal.

Art. 905. Tomando conhecimento do fato imputado, o Juiz, ou Tribunal competente, mandará notificar o acusado, para apresentar, no prazo de 15 (quinze) dias, defesa por escrito.

§ 1º É facultado ao acusado, dentro do prazo estabelecido neste artigo, requerer a produção de testemunhas, até ao máximo de 5 (cinco). Nesse caso, será marcada audiência para a inquirição.

§ 2º Findo o prazo de defesa, o processo será imediatamente concluso para julgamento, que deverá ser proferido no prazo de 10 (dez) dias.

Art. 906. Da imposição das penalidades a que se refere este Capítulo, caberá recurso ordinário para o Tribunal Superior, no prazo de 10 (dez) dias, salvo se a imposição resultar de dissídio coletivo, caso em que o prazo será de 20 (vinte) dias.

Art. 907. Sempre que o infrator incorrer em pena criminal far-se-á remessa das peças necessárias à autoridade competente.

Art. 908. A cobrança das multas estabelecidas neste Título será feita mediante executivo fiscal, perante o Juiz competente para a cobrança de dívida ativa da Fazenda Pública Federal.

Parágrafo único. A cobrança das multas será promovida, no Distrito Federal e nos Estados em que funcionarem os Tribunais Regionais pela Procuradoria da Justiça do Trabalho, e, nos demais Estados, de acordo com o disposto no Decreto-lei 960, de 17 de dezembro de 1938.

‣ Lei 6.830/1980: Lei de Execução Fiscal.

CAPÍTULO VIII
DISPOSIÇÕES FINAIS

Art. 909. A ordem dos processos no Tribunal Superior do Trabalho será regulada em seu regimento interno.

Art. 910. Para os efeitos deste Título, equiparam-se aos serviços públicos os de utilidade pública, bem como os que forem prestados em armazéns de gêneros alimentícios, açougues, padarias, leiterias, farmácias, hospitais, minas, empresas de transportes e comunicações, bancos e estabelecimentos que interessem à segurança nacional.

TÍTULO XI
DISPOSIÇÕES FINAIS E TRANSITÓRIAS

Art. 911. Esta Consolidação entrará em vigor em 10 de novembro de 1943.

Art. 912. Os dispositivos de caráter imperativo terão aplicação imediata às relações iniciadas, mas não consumadas, antes da vigência desta Consolidação.

Art. 913. O Ministro do Trabalho, Indústria e Comércio expedirá instruções, quadros, tabelas e modelos que se tornarem necessários à execução desta Consolidação.

Parágrafo único. O Tribunal Superior do Trabalho adaptará o seu regimento interno e o dos Tribunais Regionais do Trabalho às normas contidas nesta Consolidação.

Art. 914. Continuarão em vigor os quadros, tabelas e modelos, aprovados em virtude de dispositivos não alterados pela presente Consolidação.

Art. 915. Não serão prejudicados os recursos interpostos com apoio em dispositivos alterados ou cujo prazo para interposição esteja em curso à data da vigência desta Consolidação.

Art. 916. Os prazos de prescrição fixados pela presente Consolidação começarão a correr da data da vigência desta, quando menores do que os previstos pela legislação anterior.

Art. 917. O Ministro do Trabalho, Indústria e Comércio marcará prazo para adaptação dos atuais estabelecimentos às exigências contidas no capítulo "Da Higiene e Segurança do Trabalho". Compete ainda àquela autoridade fixar os prazos dentro dos quais, em cada Estado, entrará em vigor a obrigatoriedade do uso da Carteira Profissional, para os atuais empregados.

Parágrafo único. O Ministro do Trabalho, Indústria e Comércio fixará, para cada Estado e quando julgar conveniente, o início da vigência de parte ou de todos os dispositivos contidos no Capítulo "Da Segurança e da Medicina do Trabalho".

Art. 918. Enquanto não for expedida a Lei Orgânica da Previdência Social, competirá ao presidente do Tribunal Superior do Trabalho julgar os recursos interpostos com apoio no art. 1º , alínea "c", do Decreto-lei nº 3.710, de 14 de outubro de 1941, cabendo recurso de suas decisões nos termos do disposto no art. 734, alínea "b", desta Consolidação.

Parágrafo único. Ao diretor do Departamento de Previdência Social incumbirá presidir as eleições para a constituição dos Conselhos Fiscais dos Institutos e Caixas de Aposentadoria e Pensões e julgar, com recurso para a instância superior, os recursos sobre matéria tecnico-administrativa dessas instituições.

Art. 919. Ao empregado bancário, admitido até a data da vigência da presente Lei, fica assegurado o direito à aquisição da estabilidade nos termos do art. 15 do Decreto 24.615, de 9 de julho de 1934.

Art. 920. Enquanto não forem constituídas as confederações, ou, na falta destas, a representação de classes, econômicas ou profissionais, que derivar da indicação desses órgãos ou dos respectivos presidentes, será suprida por equivalente designação ou eleição realizada pelas correspondentes federações.

Art. 921. As empresas que não estiverem incluídas no enquadramento sindical em que trata o art. 577 poderão firmar contratos coletivos de trabalho com os sindicatos representativos da respectiva categoria profissional.

Art. 922. O disposto no art. 301 regerá somente as relações de empregos iniciadas depois da vigência desta Consolidação.

‣ Art. 922 incluído pelo Dec.-lei 6.353/1944.

‣ Optamos, nesta edição, pela não publicação do Anexo.

LEI Nº 5.698, DE 31 DE AGOSTO DE 1971

Dispõe sobre as prestações devidas a ex-combatente segurado da previdência social e dá outras providências.

O PRESIDENTE DA REPÚBLICA,

Faço saber que o CONGRESSO NACIONAL decreta e eu sanciono a seguinte Lei:

Art. 1º O ex-combatente segurado da previdência social e seus dependentes terão direito às prestações previdenciárias, concedidas, mantidas e reajustadas de conformidade com o regime geral da legislação orgânica da previdência social, salvo quanto:

I – Ao tempo de serviço para aquisição de direito à aposentadoria por tempo de serviço ou abono de permanência em serviço, que será de 25 (vinte e cinco) anos;

II – À renda mensal do auxílio-doença e da aposentadoria de qualquer espécie, que será igual a 100% (cem por cento) do salário-de-benefício, definido e delimitado na legislação comum da previdência social.

Parágrafo único. Será computado como tempo de serviço, para os efeitos desta Lei, o período de serviço militar prestado durante a guerra de 1939 a 1945.

Art. 2º Considera-se ex-combatente, para os efeitos desta Lei, o definido como tal na Lei nº 5.315, de 12 de setembro de 1967, bem como o integrante da Marinha Mercante Nacional que, entre 22 de março de 1941 e 8 de maio de 1945, tenha participado de pelo menos duas viagens em zona de ataques submarinos.

Parágrafo único. Consideram-se ainda, ex-combatentes, para os efeitos desta Lei, os pilôtos civis que, no período referido neste artigo, tenham comprovadamente participado, por licitação de autoridade militar, de patrulhamento, busca, vigilância, localização de navios torpedeados e assistência aos náufragos.

Art. 3º O ex-combatente já aposentado de acôrdo com o regime comum da legislação orgânica da previdência social terá direito à revisão do cálculo da renda mensal de seu benefício, para que ela seja ajustada ao valor estabelecido no item II do artigo 1º, com efeitos financeiros a contar data do pedido de revisão.

Parágrafo único. Poderá igualmente ser revisto a pedido, nas condições dêste artigo, o valor da aposentadoria que tiver servido de base para o cálculo de pensão concedida a dependentes de ex-combatentes.

Art. 4º O valor do benefício em manutenção de ex-combatente ou de seus dependentes, que atualmente seja superior a 10 (dez) vêzes o maior saláro-mínimo mensal vigente no País, não sofrerá redução em decorrência desta Lei.

Parágrafo único. Para os efeitos dos dispostos neste artigo, incorporam-se ao benefício da previdência social as vantagens concedidas com fundamento na Lei nº 1.756, de 5 de dezembro de1952.

Art. 5º Os futuros reajustamentos do benefício do segurado ex-combatente não incidirão sôbre a parcela excedente de 10 (dez) vêzes o valor do maior salário-mínimo mensal vigente no País.

Art. 6º Fica ressalvado o direto do ex-combatente que na data em que, entrar em vigor esta Lei, já tiver preenchidos requisitos na legislação ora revogada para a concessão da aposentadoria por tempo de serviço nas condições então vigentes, observado, porém nos futuros reajustamentos, o disposto no Artigo 5º.

Parágrafo único. Nas mesmas condições dêste artigo, fica ressalvado o direito à pensão dos dependentes de ex-combatente.

Art. 7º Ressalvada a hipótese do artigo 6º, no caso de o ex-combatente vir contribuindo, de acôrdo com a legislação ora revogada, sôbre salário superior a 10 (dez) vêzes o maior salário-mínimo vigente no País, não será computada, para qualquer efeito, a parcela da contribuição que corresponda ao excedente daquele limite, a qual será restituída, a pedido.

Art. 8º Esta Lei entrará em vigor na data de sua publicação, revogadas as Leis nºs 1.756, de 5 de dezembro de 1952 e 4.297, de 23 de dezembro de 1963, e demais disposições em contrário.

Brasília, 31 de agôsto de 1971; 150º da Independência e 83º da República.

EMÍLIO G. MÉDICI

Júlio Barata

- Este texto não substitui o original publicado no Diário Oficial da União – Seção 1 de 01/09/1971

LEI Nº 7.070, DE 20 DE DEZEMBRO DE 1982

Dispõe sobre pensão especial para os deficientes físicos que especifica, e dá outras providências.

O PRESIDENTE DA REPÚBLICA

Faço saber que o CONGRESSO NACIONAL decreta e eu sanciono a seguinte Lei:

Art. 1º Fica o Poder Executivo autorizado a conceder pensão especial, mensal, vitalícia e intransferível, aos portadores da deficiência física conhecida como "Síndrome da Talidomida" que a requererem, devida a partir da entrada do pedido de pagamento no Instituto Nacional de Previdência Social – INPS.

§ 1º O valor da pensão especial, reajustável a cada ano posterior à data da concessão segundo o índice de Variação das Obrigações Reajustáveis do Tesouro Nacional ORTN, será calculado, em função dos pontos indicadores da natureza e do grau da dependência resultante da deformidade física, à razão, cada um, de metade do maior salário mínimo vigente no País.

§ 2º Quanto à natureza, a dependência compreenderá a incapacidade para o trabalho, para a deambulação, para a higiene pessoal e para a própria alimentação, atribuindo-se a cada uma 1 (um) ou 2 (dois) pontos, respectivamente, conforme seja o seu grau parcial ou total.

Art. 2º A percepção do benefício de que trata esta Lei dependerá unicamente da apresentação de atestado médico comprobatório das condições constantes do artigo anterior, passado por junta médica oficial para esse fim constituída pelo Instituto Nacional de Previdência Social, sem qualquer ônus para os interessados.

Art. 3º A pensão especial de que trata esta Lei, ressalvado o direito de opção, não é acumulável com rendimento ou indenização que, a qualquer título, venha a ser pago pela União a seus beneficiários, salvo a indenização por dano moral concedida por lei específica. *("Caput" do artigo com redação dada pela Lei nº 12.190, de 13/01/2010, produzindo efeitos a partir de 01/01/2010)*

§ 1º O benefício de que trata esta Lei é de natureza indenizatória, não prejudicando eventuais benefícios de natureza previdenciária, e não poderá ser reduzido em razão de eventual aquisição de capacidade laborativa ou de redução de incapacidade para o trabalho, ocorridas após a sua concessão. *(Parágrafo único acrescido pela Lei nº 9.528, de 10/12/1997 e transformado em § 1º pela Medida Provisória nº 2.187-13, de 24/8/2001)*

§ 2º O beneficiário desta pensão especial, maior de trinta e cinco anos, que necessite de assistência permanente de outra pessoa e que tenha recebido pontuação superior ou igual a seis, conforme estabelecido no § 2º do art. 1º desta Lei, fará jus a um adicional de vinte e cinco por cento sobre o valor deste benefício. *(Parágrafo acrescido pela Medida Provisória nº 2.187-13, de 24/8/2001)*

§ 3º Sem prejuízo do adicional de que trata o § 2º, o beneficiário desta pensão especial fará jus a mais um adicional de trinta e cinco por cento sobre o valor do benefício, desde que comprove pelo menos:

I – vinte e cinco anos, se homem, e vinte anos, se mulher, de contribuição para a Previdência Social;

II – cinqüenta e cinco anos de idade, se homem, ou cinqüenta anos de idade, se mulher, e contar pelo menos quinze anos de contribuição para a Previdência Social. *(Parágrafo acrescido pela Lei nº 10.877, de 4/6/2004)*

Art. 4º A pensão especial será mantida e paga pelo Instituto Nacional de Previdência Social, por conta do Tesouro Nacional.

Parágrafo único. O Tesouro Nacional porá à disposição da Previdência Social, à conta de dotações próprias consignadas no Orçamento da União, os recursos necessários ao pagamento da pensão especial, em cotas trimestrais, de acordo com a programação financeira da União.

Art. 4º-A Ficam isentos do imposto de renda a pensão especial e outros valores recebidos em decorrência da deficiência física de que trata o caput do art. 1º desta Lei, observado o disposto no art. 2º desta Lei, quando pagos ao seu portador.

Parágrafo único. A documentação comprobatória da natureza dos valores de que trata o caput deste artigo, quando recebidos de fonte situada no exterior, deve ser traduzida por tradutor juramentado. *(Artigo acrescido pela Lei nº 11.727, de 23/6/2008)*

Art. 5º Esta Lei entra em vigor na data de sua publicação.

Art. 6º Revogam-se as disposições em contrário.

Brasília, em 20 de dezembro de 1982; 161º da Independência e 94º da República.

JOÃO FIGUEIREDO

Carlos Viacava

Hélio Beltrão

LEI Nº 7.689, DE 15 DE DEZEMBRO DE 1988

Institui contribuição social sobre o lucro das pessoas jurídicas, e dá outras providências.

Faço saber que o Presidente da República adotou a Medida Provisória 22, de 6 de dezembro de 1988, que o Congresso Nacional aprovou, e eu, Humberto Lucena, Presidente do Senado Federal, para os efeitos do disposto no parágrafo único do art. 62 da Constituição Federal, promulgo a seguinte Lei:

Art. 1º. Fica instituída contribuição social sobre o lucro das pessoas jurídicas, destinada ao financiamento da seguridade social.

- CF/88: art. 195, I, c.

Art. 2º. A base de cálculo da contribuição é o valor do resultado do exercício, antes da provisão para o Imposto sobre a Renda.

§ 1º. Para efeito do disposto neste artigo:

a) será considerado o resultado do período-base encerrado em 31 de dezembro de cada ano;

b) no caso de incorporação, fusão, cisão ou encerramento de atividades, a base de cálculo é o resultado apurado no respectivo balanço;

c) o resultado do período-base, apurado com observância da legislação comercial, será ajustado pela: (Redação dada pela Lei nº 8.034, de 1990)

1. adição do resultado negativo da avaliação de investimentos pelo valor de patrimônio líquido; (Redação dada pela Lei nº 8.034, de 1990)

2. adição do valor de reserva de reavaliação, baixado durante o período-base, cuja contrapartida não tenha sido computada no resultado do período-base; (Redação dada pela Lei nº 8.034, de 1990)

3. adição do valor das provisões não dedutíveis da determinação do lucro real, exceto a provisão para o imposto de renda; (Redação dada pela Lei nº 8.034, de 1990)

4. exclusão do resultado positivo da avaliação de investimentos pelo valor de patrimônio líquido; (Redação dada pela Lei nº 8.034, de 1990)

5. exclusão dos lucros e dividendos derivados de participações societárias em pessoas jurídicas domiciliadas no Brasil que tenham sido computados como receita; (Redação dada pela Lei nº 12.973, de 2014)

6. exclusão do valor, corrigido monetariamente, das provisões adicionadas na forma do item 3, que tenham sido baixadas no curso de período-base. (Incluído pela Lei nº 8.034, de 1990)

§ 2º. No caso de pessoa jurídica desobrigada de escrituração contábil, a base de cálculo da contribuição corresponderá a 10% (dez por cento) da receita bruta auferida no período de 1º de janeiro a 31 de dezembro de cada ano, ressalvado o disposto na alínea *b* do parágrafo anterior.

Art. 3º. A alíquota da contribuição é de: (Redação dada pela Lei nº 11.727, de 2008)

I - 20% (vinte por cento) até o dia 31 de dezembro de 2021 e 15% (quinze por cento) a partir de 1º de janeiro de 2022, no caso das pessoas jurídicas de seguros privados, das de capitalização e das referidas nos incisos II, III, IV, V, VI, VII, IX e X do § 1º do art. 1º da Lei Complementar nº 105, de 10 de janeiro de 2001; (Inciso com redação dada pela Lei nº 14.183/2021)

II - (Revogado pela Lei nº 14.183/2021)

II-A - 25% (vinte e cinco por cento) até o dia 31 de dezembro de 2021 e 20% (vinte por cento) a partir de 1º de janeiro de 2022, no caso das pessoas jurídicas referidas no inciso I do § 1º do art. 1º da Lei Complementar nº 105, de 10 de janeiro de 2001; e (Inciso acrescido pela Lei nº 14.183/2021)

III - 9% (nove por cento), no caso das demais pessoas jurídicas. (Primitivo inciso II acrescido pela Medida Provisória nº 413/2008, convertida na Lei nº 11.727/2008, renumerado pela Lei nº 13.169/2015)

Parágrafo único. As alíquotas da contribuição de que tratam os incisos I e II-A do caput deste artigo serão de 16% (dezesseis por cento) e de 21% (vinte e um por cento), respectivamente, até 31 de dezembro de 2022. (Acrescido pela Lei 14.446/2022)

Art. 4º São contribuintes as pessoas jurídicas estabelecidas no País e as que lhe são equiparadas pela legislação tributária, ressalvadas as vedadas na alínea 'b' do inciso VI do caput do art. 150 da Constituição Federal, na forma restritiva prevista no § 4º do mesmo artigo. *(Redação dada pela Lei 14.057/2020, vetado pelo Presidente da República, mantido pelo Congresso Nacional e publicado na Edição Extra D do DOU de 26/3/2021)*

Parágrafo único. Conforme previsto nos arts. 106 e 110 da Lei nº 5.172, de 25 de outubro de 1966 (Código Tributário Nacional), passam a ser consideradas nulas as autuações feitas em descumprimento do previsto no caput deste artigo, em desrespeito ao disposto na alínea "b" do inciso VI do caput do art. 150 da Constituição Federal, na forma restritiva prevista no § 4º do mesmo artigo. *(Acrescido pela Lei 14.057/2020, vetado pelo Presidente da República, mantido pelo Congresso Nacional e publicado na Edição Extra D do DOU de 26/3/2021)*

Art. 5º. A contribuição social será convertida em número de Obrigações do Tesouro Nacional – OTN, mediante a divisão de seu valor em cruzados pelo valor de uma OTN, vigente no mês de encerramento do período-base de sua apuração.

§ 1º. A contribuição será paga em seis prestações mensais iguais e consecutivas, expressas em número de OTN, vencíveis no último dia útil de abril a setembro de cada exercício financeiro.

§ 2º. No caso do art. 2º, § 1º, alínea *b*, a contribuição social deverá ser paga até o último dia útil do mês subsequente ao da incorporação, fusão, cisão ou encerramento de atividades.

§ 3º. Os valores da contribuição social e de cada parcela serão expressos em número de OTN até a segunda casa decimal quando resultarem fracionários, abandonando-se as demais.

§ 4º. Nenhuma parcela, exceto parcela única, será inferior ao valor de 10 (dez) OTN.

§ 5º. O valor em cruzados de cada parcela será determinado mediante a multiplicação de seu valor, expresso em número de OTN, pelo valor da OTN no mês de seu pagamento.

Art. 6º. A administração e fiscalização da contribuição social de que trata esta Lei compete à Secretaria da Receita Federal.

Parágrafo único. Aplicam-se à contribuição social, no que couber, as disposições da legislação do Imposto sobre a Renda referentes à administração, ao lançamento, à consulta, à cobrança, às penalidades, às garantias e ao processo administrativo.

Art. 7º. Os órgãos da Secretaria da Receita Federal enviarão às Procuradorias da Fazenda Nacional os demonstrativos de débitos da contribuição de que trata esta Lei, para fins de apuração e inscrição em Dívida Ativa da União.

§ 1º. Os débitos de que trata este artigo poderão, sem prejuízo da respectiva liquidez e certeza, ser inscritos em Dívida Ativa pelo valor expresso em OTN.

§ 2º. Far-se-á a conversão do débito na forma prevista no parágrafo anterior com base no valor da OTN no mês de seu vencimento.

Art. 8º. A contribuição social será devida a partir do resultado apurado no período-base a ser encerrado em 31 de dezembro de 1988.

- ADin 15-2: O STF declarou a inconstitucionalidade do art. 8º da Lei 7.689/1988. (D.O.U. 21.06.2007)
- Resolução 11/1995 do Senado Federal que suspendeu a execução deste artigo.

Art. 9º. Ficam mantidas as contribuições previstas na legislação em vigor, incidentes sobre a folha de salários e a de que trata o Decreto-lei nº 1.940, de 25 de maio de 1982, e alterações posteriores, incidente sobre o faturamento das empresas, com fundamento no art. 195, I, da Constituição Federal.

- ADin 15-2: O STF declarou a inconstitucionalidade do art. 9º da Lei 7.689/1988. (D.O.U. 21.06.2007)

Art. 10. A partir do exercício financeiro de 1989, as pessoas jurídicas pagarão o Imposto sobre a Renda à alíquota de 30% (trinta por cento) sobre o lucro real ou arbitrado, apurado em conformidade com a legislação tributária, sem prejuízo do adicional de que tratam os arts. 1º e 2º do Decreto-lei nº 2.462, de 30 de agosto de 1988.

Art. 11. Em relação aos fatos geradores ocorridos entre 1º de janeiro e 31 de dezembro de 1989, fica alterada para 0,35% (trinta e cinco centésimos por cento) a alíquota de que tratam os itens II, III e V do art. 1º do Decreto-lei nº 2.445, de 29 de junho de 1988, com a redação dada pelo Decreto-lei nº 2.449, de 21 de julho de 1988.

Art. 12. Esta Lei entra em vigor na data de sua publicação.

Art. 13. Revogam-se as disposições em contrário.

Senado Federal, em 15 de dezembro de 1988; 167º da Independência e 100º da República.

HUMBERTO LUCENA

D.O.U. 16.12.1988

LEI Nº 9.249, DE 26 DE DEZEMBRO DE 1995

Altera a legislação do imposto de renda das pessoas jurídicas, bem como da contribuição social sobre o lucro líquido, e dá outras providências.

O PRESIDENTE DA REPÚBLICA Faço saber que o Congresso Nacional decreta e eu sanciono a seguinte Lei:

Art. 1º. As bases de cálculo e o valor dos tributos e contribuições federais serão expressos em Reais.

Art. 2º. O imposto de renda das pessoas jurídicas e a contribuição social sobre o lucro líquido serão determinados segundo as normas da legislação vigente, com as alterações desta Lei.

- Lei 9.430/1996 – Dispõe sobre a legislação tributária federal, as contribuições para a seguridade social, o processo administrativo de consulta.

Art. 3º. A alíquota do imposto de renda das pessoas jurídicas é de 15% (quinze por cento).

§ 1º A parcela do lucro real, presumido ou arbitrado, que exceder o valor resultante da multiplicação de R$ 20.000,00 (vinte mil reais) pelo número de meses do respectivo período de apuração, sujeita-se à incidência de adicional de imposto de renda à alíquota de dez por cento. (Redação dada pela Lei nº 9.430, de 1996)

§ 2º O disposto no parágrafo anterior aplica-se, inclusive, nos casos de incorporação, fusão ou cisão e de extinção da pessoa jurídica pelo encerramento da liquidação. (Redação dada pela Lei nº 9.430, de 1996)

§ 3º O disposto neste artigo aplica-se, inclusive, à pessoa jurídica que explore atividade rural de que trata a Lei nº 8.023, de 12 de abril de 1990.

§ 4º O valor do adicional será recolhido integralmente, não sendo permitidas quaisquer deduções.

Art. 4º. Fica revogada a correção monetária das demonstrações financeiras de que tratam a Lei nº 7.799, de 10 de julho de 1989, e o art. 1º da Lei nº 8.200, de 28 de junho de 1991.

Parágrafo único. Fica vedada a utilização de qualquer sistema de correção monetária de demonstrações financeiras, inclusive para fins societários.

Art. 5º. O inciso IV do art. 187 da Lei nº 6.404, de 15 de dezembro de 1976, passa a vigorar com a seguinte redação:

- Alteração incorporada ao texto da referida lei.

Art. 6º. Os valores controlados na parte "B" do Livro de Apuração do Lucro Real, existentes em 31 de dezembro de 1995, somente serão corrigidos monetariamente até essa data, observada a legislação então vigente, ainda que venham a ser adicionados, excluídos ou compensados em períodos-base posteriores.

Parágrafo único. A correção dos valores referidos neste artigo será efetuada tomando-se por base o valor da UFIR vigente em 1º de janeiro de 1996.

Art. 7º. O saldo do lucro inflacionário acumulado, remanescente em 31 de dezembro de 1995, corrigido monetariamente até essa data, será realizado de acordo com as regras da legislação então vigente.

§ 1º. Para fins do cálculo do lucro inflacionário realizado nos períodos-base posteriores, os valores dos ativos que estavam sujeitos a correção monetária, existentes em 31 de dezembro de 1995, deverão ser registrados destacadamente na contabilidade da pessoa jurídica.

§ 2º. O disposto no parágrafo único do art. 6º aplica-se à correção dos valores de que trata este artigo.

§ 3º. À opção da pessoa jurídica, o lucro inflacionário acumulado existente em 31 de dezembro de 1995, corrigido monetariamente até essa data, com base no parágrafo único do art. 6º, poderá ser considerado realizado integralmente e tributado à alíquota de 10% (dez por cento).

§ 4º. A opção de que trata o parágrafo anterior, que deverá ser feita até 31 de dezembro de 1996, será irretratável e manifestada através do pagamento do imposto em cota única, podendo alcançar também o saldo do lucro inflacionário a realizar relativo à opção prevista no art. 31 da Lei nº 8.541, de 23 de dezembro de 1992.

§ 5º. O imposto de que trata o § 3º será considerado como de tributação exclusiva.

Art. 8º. Permanecem em vigor as normas aplicáveis às contrapartidas de variações monetárias dos direitos de crédito e das obrigações do contribuinte em função da taxa de câmbio ou de índices ou coeficientes aplicáveis por disposição legal ou contratual.

Art. 9º. A pessoa jurídica poderá deduzir, para efeitos da apuração do lucro real, os juros pagos ou creditados individualizadamente a titular, sócios ou acionistas, a título de remuneração do capital próprio, calculados sobre as contas do patrimônio líquido e limitados à variação, *pro rata* dia, da Taxa de Juros de Longo Prazo – TJLP.

§ 1º. O efetivo pagamento ou crédito dos juros fica condicionado à existência de lucros, computados antes da dedução dos juros, ou de lucros acumulados e reservas de lucros, em montante igual ou superior ao valor de duas vezes os juros a serem pagos ou creditados. (Redação dada pela Lei nº 9.430, de 1996)

§ 2º. Os juros ficarão sujeitos à incidência do imposto de renda na fonte à alíquota de quinze por cento, na data do pagamento ou crédito ao beneficiário.

§ 3º. O imposto retido na fonte será considerado:

I – antecipação do devido na declaração de rendimentos, no caso de beneficiário pessoa jurídica tributada com base no lucro real;

II – tributação definitiva, no caso de beneficiário pessoa física ou pessoa jurídica não tributada com base no lucro real, inclusive isenta, ressalvado o disposto no § 4º.

§ 4º. (*Revogado pela Lei nº 9.430, de 1996*)

§ 5º. No caso de beneficiário sociedade civil de prestação de serviços, submetida ao regime de tributação de que trata o art. 1º do Decreto-Lei nº 2.397, de 21 de dezembro de 1987, o imposto poderá ser compensado com o retido por ocasião do pagamento dos rendimentos aos sócios beneficiários.

§ 6º. No caso de beneficiário pessoa jurídica tributada com base no lucro real, o imposto de que trata o § 2º poderá ainda ser compensado com o retido por ocasião do pagamento ou crédito de juros, a título de remuneração de capital próprio, a seu titular, sócios ou acionistas.

§ 7º. O valor dos juros pagos ou creditados pela pessoa jurídica, a título de remuneração do capital próprio, poderá ser imputado ao valor dos dividendos de que trata o art. 202 da Lei nº 6.404, de 15 de dezembro de 1976, sem prejuízo do disposto no § 2º.

§ 8º. Para fins de cálculo da remuneração prevista neste artigo, serão consideradas exclusivamente as seguintes contas do patrimônio líquido: (Redação dada pela Lei nº 12.973, de 2014)

I - capital social integralizado; (Redação dada pela Lei 14.789/2023)

II - reservas de capital de que tratam o § 2º do art. 13 e o parágrafo único do art. 14 da Lei nº 6.404, de 15 de dezembro de 1976; (Redação dada pela Lei 14.789/2023)

III - reservas de lucros, exceto a reserva de incentivo fiscal de que trata o art. 195-A da Lei nº 6.404, de 15 de dezembro de 1976; (Redação dada pela Lei 14.789/2023)

IV – ações em tesouraria; e (Incluído pela Lei nº 12.973, de 2014)

V - lucros ou prejuízos acumulados. (Redação dada pela Lei 14.789/2023)

§ 8º-A. Para fins de apuração da base de cálculo dos juros sobre capital próprio: (Acrescido pela Lei 14.789/2023)

I - não serão consideradas as variações positivas no patrimônio líquido decorrentes de atos societários entre partes dependentes que não envolvam efetivo ingresso de ativos à pessoa jurídica, com aumento patrimonial em caráter definitivo, independentemente do disposto nas normas contábeis; e

II - deverão ser considerados, salvo os casos em que for aplicado o disposto no inciso I deste parágrafo:

a) eventuais lançamentos contábeis redutores efetuados em rubricas de patrimônio líquido que não estiverem previstas no § 8º deste artigo, quando decorrerem dos mesmos fatos que deram origem a lançamentos contábeis positivos efetuados em rubricas previstas no referido parágrafo; e

b) valores negativos registrados em conta de ajuste de avaliação patrimonial decorrentes de atos societários entre partes dependentes.

§ 8º-B. Para fins do disposto no § 8º-A deste artigo, aplicar-se-á a definição de parte dependente prevista nos incisos I e II do caput do art. 25 da Lei nº 12.973, de 13 de maio de 2014. (Acrescido pela Lei 14.789/2023)

§ 8º-C. O disposto nos §§ 8º, 8º-A e 8º-B deste artigo aplicar-se-á ao cômputo da base de cálculo dos juros sobre capital próprio a partir de 1º de janeiro de 2024. (Acrescido pela Lei 14.789/2023)

§ 9º. (*Revogado pela Lei nº 9.430, de 1996*)

§ 10. (*Revogado pela Lei nº 9.430, de 1996*)

§ 11. O disposto neste artigo aplica-se à Contribuição Social sobre o Lucro Líquido. (Incluído pela Lei nº 12.973, de 2014)

§ 12. Para fins de cálculo da remuneração prevista neste artigo, a conta capital social, prevista no inciso I do § 8º deste artigo, inclui todas as espécies de ações previstas no art. 15 da Lei nº 6.404, de 15 de dezembro de 1976, ainda que classificadas em contas de passivo na escrituração comercial. (Incluído pela Lei nº 12.973, de 2014)

Art. 10. Os lucros ou dividendos calculados com base nos resultados apurados a partir do mês de janeiro de 1996, pagos ou creditados pelas pessoas jurídicas tributadas com base no lucro real, presumido ou arbitrado, não ficarão sujeitos à incidência do imposto de renda na fonte, nem integrarão a base de cálculo do imposto de renda do beneficiário, pessoa física ou jurídica, domiciliado no País ou no exterior.

§ 1º. No caso de quotas ou ações distribuídas em decorrência de aumento de capital por incorporação de lucros apurados, a partir do mês de janeiro de 1996, ou de reservas constituídas com esses lucros, o custo de aquisição será igual à parcela do lucro ou reserva capitalizado, que corresponder ao sócio ou acionista. (Incluído pela Lei nº 12.973, de 2014)

§ 2º. A não incidência prevista no *caput* inclui os lucros ou dividendos pagos ou creditados a beneficiários de todas as espécies de ações previstas no art. 15 da Lei nº 6.404, de 15 de dezembro de 1976, ainda que a ação seja classificada em conta de passivo ou que a remuneração seja classificada como despesa financeira na escrituração comercial. (Incluído pela Lei nº 12.973, de 2014)

§ 3º. Não são dedutíveis na apuração do lucro real e da base de cálculo da CSLL os lucros ou dividendos pagos ou creditados a beneficiários de qualquer espécie de ação prevista no art. 15 da Lei nº 6.404, de 15 de dezembro de 1976, ainda que classificados como despesa financeira na escrituração comercial. (Incluído pela Lei nº 12.973, de 2014)

Art. 11. Os rendimentos produzidos por aplicação financeira de renda fixa, auferidos por qualquer beneficiário, inclusive pessoa jurídica isenta, sujeitam-se à incidência do imposto de renda à alíquota de 15% (quinze por cento).

§ 1º. Os rendimentos de que trata este artigo serão apropriados *pro rata tempore* até 31 de dezembro de 1995 e tributados, no que se refere à parcela relativa a 1995, nos termos da legislação então vigente.

§ 2º. (*Revogado pela Lei nº 9.430, de 1996*)

§ 3º. O disposto neste artigo não elide as regras previstas nos arts. 76 e 77 da Lei nº 8.981, de 20 de janeiro de 1995.

Art. 12. O inciso III do art. 77 da Lei nº 8.981, de 20 de janeiro de 1995, passa a vigorar com a seguinte redação:

"Art. 77. (...)

(...)

III – nas operações de renda variável realizadas em bolsa, no mercado de balcão organizado, autorizado pelo órgão competente, ou através de fundos de investimento, para a carteira própria das entidades citadas no inciso I;

(...)"

Art. 13. Para efeito de apuração do lucro real e da base de cálculo da contribuição social sobre o lucro líquido, são vedadas as seguintes deduções, independentemente do disposto no art. 47 da Lei nº 4.506, de 30 de novembro de 1964:

I – de qualquer provisão, exceto as constituídas para o pagamento de férias de empregados e de décimo terceiro salário, a de que trata o art. 43 da Lei nº 8.981, de 20 de janeiro de 1995, com as alterações da Lei nº 9.065, de 20 de junho de 1995, e as provisões técnicas das companhias de seguro e de capitalização, bem como das entidades de previdência privada, cuja constituição é exigida pela legislação especial a elas aplicável;

II – das contraprestações de arrendamento mercantil e do aluguel de bens móveis ou imóveis, exceto quando relacionados intrinsecamente com a produção ou comercialização dos bens e serviços;

III – de despesas de depreciação, amortização, manutenção, reparo, conservação, impostos, taxas, seguros e quaisquer outros gastos com bens móveis ou imóveis, exceto se intrinsecamente relacionados com a produção ou comercialização dos bens e serviços;

IV – das despesas com alimentação de sócios, acionistas e administradores;

V – das contribuições não compulsórias, exceto as destinadas a custear seguros e planos de saúde, e benefícios complementares assemelhados aos da previdência social, instituídos em favor dos empregados e dirigentes da pessoa jurídica;

VI – das doações, exceto as referidas no § 2º;

VII – das despesas com brindes.

VIII – de despesas de depreciação, amortização e exaustão geradas por bem objeto de arrendamento mercantil pela arrendatária, na hipótese em que esta reconheça contabilmente o encargo. (Incluído pela Lei nº 12.973, de 2014)

§ 1º. Admitir-se-ão como dedutíveis as despesas com alimentação fornecida pela pessoa jurídica, indistintamente, a todos os seus empregados.

§ 2º. Poderão ser deduzidas as seguintes doações:

I – as de que trata a Lei nº 8.313, de 23 de dezembro de 1991;

II – as efetuadas às instituições de ensino e pesquisa cuja criação tenha sido autorizada por lei federal e que preencham os requisitos dos incisos I e II do art. 213 da Constituição Federal, até o limite de 1,5% (um e meio por cento) do lucro operacional, antes de computada a sua dedução e a de que trata o inciso seguinte;

III – as doações, até o limite de 2% (dois por cento) do lucro operacional da pessoa jurídica, antes de computada a sua dedução, efetuadas a entidades civis, legalmente constituídas no Brasil, sem fins lucrativos, que prestem serviços gratuitos em benefício de empregados da pessoa jurídica doadora, e respectivos dependentes, ou em benefício da comunidade onde atuem, observadas as seguintes regras:

a) as doações quando em dinheiro, serão feitas mediante crédito em conta corrente bancária diretamente em nome da entidade beneficiária;

b) a pessoa jurídica doadora manterá em arquivo, à disposição da fiscalização, declaração, segundo modelo aprovado pela Secretaria da Receita Federal, fornecida pela entidade beneficiária, em que esta se compromete a aplicar integralmente os recursos recebidos na realização de seus objetivos sociais, com identificação da pessoa física responsável pelo seu cumprimento, e a não distribuir lucros, bonificações ou vantagens a dirigentes, mantenedores ou associados, sob nenhuma forma ou pretexto;

c) a entidade beneficiária deverá ser organização da sociedade civil, conforme a Lei nº 13.019, de 31 de julho de 2014, desde que cumpridos os requisitos previstos nos arts. 3º e 16 da Lei nº 9.790, de 23 de março de 1999, independentemente de certificação. (Redação dada pela Lei nº 13.204, de 2015)

§ 3º Para fins de interpretação, na forma do inciso I do caput do art. 106 da Lei nº 5.172, de 25 de outubro de 1966 (Código Tributário Nacional), e de apuração do lucro tributável da pessoa jurídica que atua na multiplicação de sementes, os limites de dedutibilidade previstos no art. 74 da Lei nº 3.470, de 28 de novembro de 1958, e no art. 12 da Lei nº 4.131, de 3 de setembro de 1962, não se aplicam aos casos de pagamentos ou de repasses efetuados a pessoa jurídica não ligada, nos termos do § 3º do art. 60 do Decreto-Lei nº 1.598, de 26 de dezembro de 1977, domiciliada no País, pela exploração ou pelo uso de tecnologia de transgenia ou de licença de cultivares por terceiros, dispensada a exigência de registro dos contratos referentes a essas operações nos órgãos de fiscalização ou nas agências reguladoras para esse fim específico. (Acrescido pela Lei 14.689/2023)

Art. 14. Para efeito de apuração do lucro real, fica vedada a exclusão, do lucro líquido do exercício, do valor do lucro da exploração de atividades monopolizadas de que tratam o § 2º do art. 2º da Lei nº 6.264, de 18 de novembro de 1975, e o § 2º do art. 19 do Decreto-Lei nº 1.598, de 26 de dezembro de 1977, com a redação dada pelo Decreto-Lei nº 1.730, de 17 de outubro de 1979.

Art. 15. A base de cálculo do imposto, em cada mês, será determinada mediante a aplicação do percentual de 8% (oito por cento) sobre a receita bruta auferida mensalmente, observado o disposto no art. 12 do Decreto-Lei nº 1.598, de 26 de dezembro de 1977, deduzida das devoluções, vendas canceladas e dos descontos incondicionais concedidos, sem prejuízo do disposto nos arts. 30, 32, 34 e 35 da Lei nº 8.981, de 20 de janeiro de 1995. (Redação dada pela Lei nº 12.973, de 2014)

§ 1º. Nas seguintes atividades, o percentual de que trata este artigo será de:

I – 1,6% (um inteiro e seis décimos por cento), para a atividade de revenda, para consumo, de combustível derivado de petróleo, álcool etílico carburante e gás natural;

II – 16% (dezesseis por cento):

a) para a atividade de prestação de serviços de transporte, exceto o de carga, para o qual se aplicará o percentual previsto no *caput* deste artigo;

b) para as pessoas jurídicas a que se refere o inciso III do art. 36 da Lei nº 8.981, de 20 de janeiro de 1995, observado o disposto nos §§ 1º e 2º do art. 29 da referida Lei;

III – 32% (trinta e dois por cento), para as atividades de:

a) prestação de serviços em geral, exceto a de serviços hospitalares e de auxílio diagnóstico e terapia, patologia clínica, imagenologia, anatomia patológica e citopatologia, medicina nuclear e análises e patologias clínicas, desde que a prestadora destes serviços seja organizada sob a forma de sociedade empresária e atenda às normas da Agência Nacional de Vigilância Sanitária – Anvisa; (Redação dada pela Lei nº 11.727, de 2008)

b) intermediação de negócios;

c) administração, locação ou cessão de bens imóveis, móveis e direitos de qualquer natureza;

d) prestação cumulativa e contínua de serviços de assessoria creditícia, mercadológica, gestão de crédito, seleção de riscos, administração de contas a pagar e a receber, compra de direitos creditórios resultantes de vendas mercantis a prazo ou de prestação de serviços (*factoring*).

e) prestação de serviços de construção, recuperação, reforma, ampliação ou melhoramento de infraestrutura vinculados a contrato de concessão de serviço público. (Incluído pela Lei nº 12.973, de 2014)

IV - 38,4% (trinta e oito inteiros e quatro décimos por cento), para as atividades de operação de empréstimo, de financiamento e de desconto de títulos de crédito realizadas por Empresa Simples de Crédito (ESC). (Incluído pela LC nº 167, de 2019)

§ 2º. No caso de atividades diversificadas será aplicado o percentual correspondente a cada atividade.

§ 3º. As receitas provenientes de atividade incentivada não comporão a base de cálculo do imposto, na proporção do benefício a que a pessoa jurídica, submetida ao regime de tributação com base no lucro real, fizer jus.

§ 4º. O percentual de que trata este artigo também será aplicado sobre a receita financeira da pessoa jurídica que explore atividades imobiliárias relativas a loteamento de terrenos, incorporação imobiliária, construção de prédios destinados à venda, bem como a venda de imóveis construídos ou adquiridos para a revenda, quando decorrente da comercialização de imóveis e for apurada por meio de índices ou coeficientes previstos em contrato. (Incluído pela Lei nº 11.196, de 2005)

Art. 16. O lucro arbitrado das pessoas jurídicas será determinado mediante a aplicação, sobre a receita bruta, quando conhecida, dos percentuais fixados no art. 15, acrescidos de 20% (vinte por cento).

Parágrafo único. No caso das instituições a que se refere o inciso III do art. 36 da Lei nº 8.981, de 20 de janeiro de 1995, o percentual para determinação do lucro arbitrado será de 45% (quarenta e cinco por cento).

Art. 17. Para os fins de apuração do ganho de capital, as pessoas físicas e as pessoas jurídicas não tributadas com base no lucro real observarão os seguintes procedimentos:

I – tratando-se de bens e direitos cuja aquisição tenha ocorrido até o final de 1995, o custo de aquisição poderá ser corrigido monetariamente até 31 de dezembro desse ano, tomando-se por base o valor da Ufir vigente em 1º de janeiro de 1996, não se lhe aplicando qualquer correção monetária a partir dessa data;

II – tratando-se de bens e direitos adquiridos após 31 de dezembro de 1995, ao custo de aquisição dos bens e direitos não será atribuída qualquer correção monetária.

Art. 18. O ganho de capital auferido por residente ou domiciliado no exterior será apurado e tributado de acordo com as regras aplicáveis aos residentes no País.

Art. 19. A partir de 1º de janeiro de 1996, a alíquota da contribuição social sobre o lucro líquido, de que trata a Lei nº 7.689, de 15 de dezembro de 1988, passa a ser de 8% (oito por cento).

Parágrafo único. O disposto neste artigo não se aplica às instituições a que se refere o § 1º do art. 22 da Lei nº 8.212, de 24 de julho de 1991, para as quais a alíquota da contribuição social será de 18% (dezoito por cento).

Base de cálculo da CSLL – Estimativa e Presumido

‣ (Incluído pela Lei nº 12.973, de 2014)

Art. 20. A base de cálculo da Contribuição Social sobre o Lucro Líquido (CSLL) devida pelas pessoas jurídicas que efetuarem o pagamento mensal ou trimestral a que se referem os arts. 2º, 25 e 27 da Lei nº 9.430, de 27 de dezembro de 1996, corresponderá aos seguintes percentuais aplicados sobre a receita bruta definida pelo art. 12 do Decreto-Lei nº 1.598, de 26 de dezembro de 1977, auferida no período, deduzida das devoluções, das vendas canceladas e dos descontos incondicionais concedidos: (Redação dada pela LC nº 167, de 2019)

I – 32% (trinta e dois por cento) para a receita bruta decorrente das atividades previstas no inciso III do § 1º do art. 15 desta Lei; (Incluído pela LC nº 167, de 2019)

II – 38,4% (trinta e oito inteiros e quatro décimos por cento) para a receita bruta decorrente das atividades previstas no inciso IV do § 1º do art. 15 desta Lei; e (Incluído pela LC nº 167, de 2019)

III – 12% (doze por cento) para as demais receitas brutas. (Incluído pela LC nº 167, de 2019)

§ 1º. A pessoa jurídica submetida ao lucro presumido poderá, excepcionalmente, em relação ao 4º (quarto) trimestre-calendário de 2003, optar pelo lucro real, sendo definitiva a tributação pelo lucro presumido relativa aos 3 (três) primeiros trimestres. (Renumerado com alteração pela Lei nº 11.196, de 2005)

§ 2º. O percentual de que trata o *caput* deste artigo também será aplicado sobre a receita financeira de que trata o § 4º do art. 15 desta Lei. (Incluído pela Lei nº 11.196, de 2005)

Incorporação, Fusão e Cisão

‣ (Incluído pela Lei nº 12.973, de 2014)

Art. 21. A pessoa jurídica que tiver parte ou todo o seu patrimônio absorvido em virtude de incorporação, fusão ou cisão deverá levantar balanço específico para esse fim, observada a legislação comercial. (Redação dada pela Lei nº 12.973, de 2014)

§ 1º. O balanço a que se refere este artigo deverá ser levantado até 30 (trinta) dias antes do evento.

§§ 2º e 3º. (Revogados pela Lei nº 12.973, de 2014)

§ 4º. A pessoa jurídica incorporada, fusionada ou cindida deverá apresentar declaração de rendimentos correspondente ao período transcorrido durante o ano-calendário, em seu próprio nome, até o último dia útil do mês subsequente ao do evento.

Art. 22. Os bens e direitos do ativo da pessoa jurídica, que forem entregues ao titular ou a sócio ou acionista, a título de devolução de sua participação no capital social, poderão ser avaliados pelo valor contábil ou de mercado.

§ 1º. No caso de a devolução realizar-se pelo valor de mercado, a diferença entre este e o valor contábil dos bens ou direitos entregues será considerada ganho de capital, que será computado nos resultados da pessoa jurídica tributada com base no lucro real ou na base de cálculo do imposto de renda e da contribuição social sobre o lucro líquido devidos pela pessoa jurídica tributada com base no lucro presumido ou arbitrado.

§ 2º. Para o titular, sócio ou acionista, pessoa jurídica, os bens ou direitos recebidos em devolução de sua participação no capital serão registrados pelo valor contábil da participação ou pelo valor de mercado, conforme avaliado pela pessoa jurídica que esteja devolvendo capital.

§ 3º. Para o titular, sócio ou acionista, pessoa física, os bens ou direitos recebidos em devolução de sua participação no capital serão informados, na declaração de bens correspondente à declaração de rendimentos do respectivo ano-base, pelo valor contábil ou de mercado, conforme avaliado pela pessoa jurídica.

§ 4º. A diferença entre o valor de mercado e o valor constante da declaração de bens, no caso de pessoa física, ou o valor contábil, no caso de pessoa jurídica, não será computada, pelo titular, sócio ou acionista, na base de cálculo do imposto de renda ou da contribuição social sobre o lucro líquido.

Art. 23. As pessoas físicas poderão transferir a pessoas jurídicas, a título de integralização de capital, bens e direitos pelo valor constante da respectiva declaração de bens ou pelo valor de mercado.

§ 1º. Se a entrega for feita pelo valor constante da declaração de bens, as pessoas físicas deverão lançar nesta declaração as ações ou quotas subscritas pelo mesmo valor dos bens ou direitos transferidos, não se aplicando o disposto no art. 60 do Decreto-Lei nº 1.598, de 26 de dezembro de 1977, e no art. 20, II, do Decreto-Lei nº 2.065, de 26 de outubro de 1983.

§ 2º. Se a transferência não se fizer pelo valor constante da declaração de bens, a diferença a maior será tributável como ganho de capital.

Art. 24. Verificada a omissão de receita, a autoridade tributária determinará o valor do imposto e do adicional a serem lançados de acordo com o regime de tributação a que estiver submetida a pessoa jurídica no período-base a que corresponder a omissão.

§ 1º. No caso de pessoa jurídica com atividades diversificadas tributadas com base no lucro presumido ou arbitrado, não sendo possível a identificação da atividade a que se refere a receita omitida, esta será adicionado àquela a que corresponder o percentual mais elevado.

§ 2º. O valor da receita omitida será considerado na determinação da base de cálculo para o lançamento da Contribuição Social sobre o Lucro Líquido – CSLL, da Contribuição para o Financiamento da Seguridade Social – COFINS, da Contribuição para o PIS/Pasep e das contribuições previdenciárias incidentes sobre a receita. (Redação dada pela Lei nº 11.941, de 2009)

§ 3º. (*Revogado pela Lei nº 9.430, de 1996*)

§ 4º. Para a determinação do valor da Contribuição para o Financiamento da Seguridade Social – COFINS e da Contribuição para o PIS/Pasep, na hipótese de a pessoa jurídica auferir receitas sujeitas a alíquotas diversas, não sendo possível identificar a alíquota aplicável à receita omitida, aplicar-se-á a esta a alíquota mais elevada entre aquelas previstas para as receitas auferidas pela pessoa jurídica. (Incluído pela Lei nº 11.941, de 2009)

§ 5º. Na hipótese de a pessoa jurídica sujeitar-se ao recolhimento da Cofins e da Contribuição para o PIS/Pasep, calculadas por unidade de medida de produto, não sendo possível identificar qual o produto vendido ou a quantidade que se refere à receita omitida, a contribuição será determinada com base na alíquota ad valorem mais elevada entre aquelas previstas para as receitas auferidas pela pessoa jurídica. (Incluído pela Lei nº 11.941, de 2009)

§ 6º. Na determinação da alíquota mais elevada, considerar-se-ão: (Incluído pela Lei nº 11.941, de 2009)

I – para efeito do disposto nos §§ 4º e 5º deste artigo, as alíquotas aplicáveis às receitas auferidas pela pessoa jurídica no ano-calendário em que ocorreu a omissão; (Incluído pela Lei nº 11.941, de 2009)

II – para efeito do disposto no § 5º deste artigo, as alíquotas ad valorem correspondentes àquelas fixadas por unidade de medida do produto, bem como as alíquotas aplicáveis às demais receitas auferidas pela pessoa jurídica. (Incluído pela Lei nº 11.941, de 2009)

Art. 25. Os lucros, rendimentos e ganhos de capital auferidos no exterior serão computados na determinação do lucro real das pessoas jurídicas correspondente ao balanço levantado em 31 de dezembro de cada ano.

§ 1º. Os rendimentos e ganhos de capital auferidos no exterior serão computados na apuração do lucro líquido das pessoas jurídicas com observância do seguinte:

I – os rendimentos e ganhos de capital serão convertidos em reais de acordo com a taxa de câmbio, para venda, na data em que forem contabilizados no Brasil;

II – caso a moeda em que for auferido o rendimento ou ganho de capital não tiver cotação no Brasil, será ela convertida em dólares norte-americanos e, em seguida, em reais.

§ 2º. Os lucros auferidos por filiais, sucursais ou controladas, no exterior, de pessoas jurídicas domiciliadas no Brasil serão computados na apuração do lucro real com observância do seguinte:

I – as filiais, sucursais e controladas deverão demonstrar a apuração dos lucros que auferirem em cada um de seus exercícios fiscais, segundo as normas da legislação brasileira;

II – os lucros a que se refere o inciso I serão adicionados ao lucro líquido da matriz ou controladora, na proporção de sua participação acionária, para apuração do lucro real;

III – se a pessoa jurídica se extinguir no curso do exercício, deverá adicionar ao seu lucro líquido os lucros auferidos por filiais, sucursais ou controladas, até a data do balanço de encerramento;

IV – as demonstrações financeiras das filiais, sucursais e controladas que embasarem as demonstrações em reais deverão ser mantidas no Brasil pelo prazo previsto no art. 173 da Lei nº 5.172, de 25 de outubro de 1966.

§ 3º. Os lucros auferidos no exterior por coligadas de pessoas jurídicas domiciliadas no Brasil serão computados na apuração do lucro real com observância do seguinte:

I – os lucros realizados pela coligada serão adicionados ao lucro líquido, na proporção da participação da pessoa jurídica no capital da coligada;

II – os lucros a serem computados na apuração do lucro real são os apurados no balanço ou balanços levantados pela coligada no curso do período-base da pessoa jurídica;

III – se a pessoa jurídica se extinguir no curso do exercício, deverá adicionar ao seu lucro líquido, para apuração do lucro real, sua participação nos lucros da coligada apurados por esta em balanços levantados até a data do balanço de encerramento da pessoa jurídica;

IV – a pessoa jurídica deverá conservar em seu poder cópia das demonstrações financeiras da coligada.

§ 4º. Os lucros a que se referem os §§ 2º e 3º serão convertidos em reais pela taxa de câmbio, para venda, do dia das demonstrações financeiras em que tenham sido apurados os lucros da filial, sucursal, controlada ou coligada.

§ 5º. Os prejuízos e perdas decorrentes das operações referidas neste artigo não serão compensados com lucros auferidos no Brasil.

§ 6º. Os resultados da avaliação dos investimentos no exterior, pelo método da equivalência patrimonial, continuarão a ter o tratamento previsto na legislação vigente, sem prejuízo do disposto nos §§ 1º, 2º e 3º.

§ 7º. Os lucros serão apurados segundo as normas da legislação comercial do país de domicílio. (Redação dada pela Lei nº 12.973, de 2014)

Art. 26. A pessoa jurídica poderá compensar o imposto de renda incidente, no exterior, sobre os lucros, rendimentos e ganhos de capital computados no lucro real, até o limite do imposto de renda incidente, no Brasil, sobre os referidos lucros, rendimentos ou ganhos de capital.

§ 1º. Para efeito de determinação do limite fixado no *caput*, o imposto incidente, no Brasil, correspondente aos lucros, rendimentos ou ganhos de capital auferidos no exterior, será proporcional ao total do imposto e adicional devidos pela pessoa jurídica no Brasil.

§ 2º. Para fins de compensação, o documento relativo ao imposto de renda incidente no exterior deverá ser reconhecido pelo respectivo órgão arrecadador e pelo Consulado da Embaixada Brasileira no país em que for devido o imposto.

§ 3º. O imposto de renda a ser compensado será convertido em quantidade de reais, de acordo com a taxa de câmbio, para venda, na data em que o imposto foi pago; caso a moeda em que o imposto foi pago não tiver cotação no Brasil, será ela convertida em dólares norte-americanos e, em seguida, em reais.

Art. 27. As pessoas jurídicas que tiverem lucros, rendimentos ou ganhos de capital oriundos do exterior estão obrigadas ao regime de tributação com base no lucro real.

Art. 28. A alíquota do imposto de renda de que tratam o art. 77 da Lei nº 3.470, de 28 de novembro de 1958 e o art. 100 do Decreto-Lei nº 5.844, de 23 de setembro de 1943, com as modificações posteriormente introduzidas, passa, a partir de 1º de janeiro de 1996, a ser de 15% (quinze por cento).

Art. 29. Os limites a que se referem os arts. 36, I, e 44, da Lei nº 8.981, de 20 de janeiro de 1995, com a redação dada pela Lei nº 9.065, de 20 de junho de 1995, passam a ser de R$ 12.000.000,00 (doze milhões de reais).

Art. 30. Os valores constantes da legislação tributária, expressos em quantidade de Ufir, serão convertidos em reais pelo valor da Ufir vigente em 1º de janeiro de 1996.

Art. 31. (Revogado pela Lei nº 12.973, de 2014)

Arts. 32 e 33. (*VETADOS*).

Art. 34. Extingue-se a punibilidade dos crimes definidos na Lei nº 8.137, de 27 de dezembro de 1990, e na Lei nº 4.729, de 14 de julho de 1965, quando o agente promover o pagamento do tributo ou contribuição social, inclusive acessórios, antes do recebimento da denúncia.

§§ 1º e 2º. (*VETADOS*).

Art. 35. Esta Lei entra em vigor na data de sua publicação, produzindo efeitos a partir de 1º de janeiro de 1996.

Art. 36. Ficam revogadas as disposições em contrário, especialmente:

I – o Decreto-Lei nº 1.215, de 4 de maio de 1972, observado o disposto no art. 178 da Lei nº 5.172, de 25 de outubro de 1966;

II – os arts. 2º a 19 da Lei nº 7.799, de 10 de julho de 1989;

III – os arts. 9º e 12 da Lei nº 8.023, de 12 de abril de 1990;

IV – os arts. 43 e 44 da Lei nº 8.541, de 23 de dezembro de 1992;

V – o art. 28 e os incisos VI, XI e XII e o parágrafo único do art. 36, os arts. 46, 48 e 54, e o inciso II do art. 60, todos da Lei nº 8.981, de 20 de janeiro de 1995, alterada pela Lei nº 9.065, de 20 de junho de 1995, e o art. 10 da Lei nº 9.065, de 20 de junho de 1995.

Brasília, 26 de dezembro de 1995; 174º da Independência e 107º da República.

FERNANDO HENRIQUE CARDOSO

D.O.U. 27.12.1995

LEI Nº 9.422, DE 24 DE DEZEMBRO DE 1996

Dispõe sobre a concessão de pensão especial aos depedentes que especifica e dá outras providências.

O PRESIDENTE DA REPÚBLICA

Faço saber que o Congresso Nacional decreta e eu sanciono a seguinte Lei:

Art. 1º. Fica o Poder Executivo autorizado a conceder pensão especial mensal, retroativa à data do óbito, no valor de um salário mínimo vigente no País, ao cônjuge, companheiro ou companheiras descendente, ascendente e colaterais até segundo grau das vítimas fatais de hepatite tóxica, por contaminação em processo de hemodiálise no Instituto de Doenças Renais, com sede na cidade de Caruaru, no Estado de Pernambuco, no período compreendido entre fevereiro e março de 1996, mediante evidências clínico-epidemiológicas determinadas pela autoridade competente.

Art. 2º. Havendo mais de um pensionista habilitado ao recebimento da pensão de que trata o artigo anterior, aplica-se, no que couber, o disposto no art. 77 da Lei nº 8.213, de 24 de julho de 1991.

Art. 3º. A percepção do benefício dependerá do atestado de óbito da vitima, indicativo de *causa mortis* relacionada com os incidentes mencionados no art. 1º. comprovados com o respectivo prontuário médico, e da qualificação definida no art. 1º, justificada judicialmente, quando inexistir documento oficial que a declare.

Art. 4º. A pensão de que trata esta Lei não se transmitirá ao sucessor e se extingüirá com a morte do último beneficiário.

Art. 5º. Os efeitos desta Lei serão sustados, imediatamente, no caso de a Justiça sentenciar os proprietários do Instituto com o pagamento de pensão ou indenização aos dependentes das vítimas.

Art. 6º. A despesa decorrente desta Lei será atendida com recursos alocados ao orçamento do Instituto Nacional do Seguro Social, a conta da subatividade "Aposentadorias e Pensões Especiais concedidas por legislação específica e de responsabilidade do Tesouro Nacional".

Art. 7º. Esta Lei entra em vigor na data de sua publicação.

Brasília, 24 de dezembro de 1996; 175º da Independência e 108º da República.

FERNANDO HENRIQUE CARDOSO

Pedro Malan

Reinhold Stephanes

› Este texto não substitui o original publicado no Diário Oficial da União – Seção 1 de 26/12/1996

LEI Nº 9.718, DE 27 DE NOVEMBRO DE 1998

Altera a Legislação Tributária Federal.

Art. 1º. Esta Lei aplica-se no âmbito da legislação tributária federal, relativamente às contribuições para os Programas de Integração Social e de Formação do Patrimônio do Servidor Público – PIS/PASEP e à Contribuição para o Financiamento da Seguridade Social – COFINS, de que tratam o art. 239 da Constituição e a Lei Complementar nº 70, de 30 de dezembro de 1991, ao Imposto sobre a Renda e ao Imposto sobre Operações de Crédito, Câmbio e Seguro, ou relativos a Títulos ou Valores Mobiliários – IOF.

CAPÍTULO I. DA CONTRIBUIÇÃO PARA O PIS/PASEP E COFINS

Art. 2º. As contribuições para o PIS/PASEP e a COFINS, devidas pelas pessoas jurídicas de direito privado, serão calculadas com base no seu faturamento, observadas a legislação vigente e as alterações introduzidas por esta Lei.

› Atualização: Art. 2º (Revogado pela LC 214/2025, com produção de efeitos a partir de 1º de janeiro de 2027)

Art. 3º. O faturamento a que se refere o art. 2º compreende a receita bruta de que trata o art. 12 do Decreto-Lei nº 1.598, de 26 de dezembro de 1977. (Redação dada pela Lei nº 12.973, de 2014)

› Atualização: Art. 3º (Revogado pela LC 214/2025, com produção de efeitos a partir de 1º de janeiro de 2027)

§ 1º. Revogado pela Lei nº 11.941, de 2009.

§ 2º. Para fins de determinação da base de cálculo das contribuições a que se refere o art. 2º, excluem-se da receita bruta:

I – as vendas canceladas e os descontos incondicionais concedidos; (Redação dada pela Lei nº 12.973, de 2014)

II – as reversões de provisões e recuperações de créditos baixados como perda, que não representem ingresso de novas receitas, o resultado positivo da avaliação de investimento pelo valor do patrimônio líquido e os lucros e dividendos derivados de participações societárias, que tenham sido computados como receita bruta; (Redação dada pela Lei nº 12.973, de 2014)

III – Revogado pela Medida Provisória nº 2158-35, de 2001.

IV – as receitas de que trata o inciso IV do *caput* do art. 187 da Lei nº 6.404, de 15 de dezembro de 1976, decorrentes da venda de bens do ativo não circulante, classificado como investimento, imobilizado ou intangível; e (Redação dada pela Lei nº 13.043 de 2014)

V – (Revogado pela Lei nº 12.973, de 2014)

VI – a receita reconhecida pela construção, recuperação, ampliação ou melhoramento da infraestrutura, cuja contrapartida seja ativo intangível representativo de direito de exploração, no caso de contratos de concessão de serviços públicos. (Incluído pela Lei nº 12.973, de 2014)

§ 3º. Revogado pela Lei nº 11.051, de 2004.

§ 4º. Nas operações de câmbio, realizadas por instituição autorizada pelo Banco Central do Brasil, considera-se receita bruta a diferença positiva entre o preço de venda e o preço de compra da moeda estrangeira.

§ 5º. Na hipótese das pessoas jurídicas referidas no § 1º do art. 22 da Lei nº 8.212, de 24 de julho de 1991, serão admitidas, para os efeitos da COFINS, as mesmas exclusões e deduções facultadas para fins de determinação da base de cálculo da contribuição para o PIS/PASEP.

› Lei nº 10.833, de 29-12-2003, art. 10, I, que altera a Legislação Tributária Federal.

§ 6º. Na determinação da base de cálculo das contribuições para o PIS/PASEP e COFINS, as pessoas jurídicas referidas no § 1º do art. 22 da Lei nº 8.212, de 1991, além das exclusões e deduções mencionadas no § 5º, poderão excluir ou deduzir: (Incluído pela Medida Provisória nº 2158-35, de 2001)

I – no caso de bancos comerciais, bancos de investimentos, bancos de desenvolvimento, caixas econômicas, sociedades de crédito, financiamento e investimento, sociedades de crédito imobiliário, sociedades corretoras, distribuidoras de títulos e valores mobiliários, empresas de arrendamento mercantil e cooperativas de crédito: (Incluído pela Medida Provisória nº 2158-35, de 2001)

a) despesas incorridas nas operações de intermediação financeira; (Incluído pela Medida Provisória nº 2158-35, de 2001)

b) despesas de obrigações por empréstimos, para repasse, de recursos de instituições de direito privado; (Incluído pela Medida Provisória nº 2158-35, de 2001)

c) deságio na colocação de títulos; (Incluído pela Medida Provisória nº 2158-35, de 2001)

d) perdas com títulos de renda fixa e variável, exceto com ações; (Incluído pela Medida Provisória nº 2158-35, de 2001)

e) perdas com ativos financeiros e mercadorias, em operações de hedge; (Incluído pela Medida Provisória nº 2158-35, de 2001)

II – no caso de empresas de seguros privados, o valor referente às indenizações correspondentes aos sinistros ocorridos, efetivamente pago, deduzido das importâncias recebidas a título de cosseguro e resseguro, salvados e outros ressarcimentos. (Incluído pela Medida Provisória nº 2158-35, de 2001)

III – no caso de entidades de previdência privada, abertas e fechadas, os rendimentos auferidos nas aplicações financeiras destinadas ao pagamento de benefícios de aposentadoria, pensão, pecúlio e de resgates; (Incluído pela Medida Provisória nº 2158-35, de 2001)

IV – no caso de empresas de capitalização, os rendimentos auferidos nas aplicações financeiras destinadas ao pagamento de resgate de títulos. (Incluído pela Medida Provisória nº 2158-35, de 2001)

§ 7º. As exclusões previstas nos incisos III e IV do § 6º restringem-se aos rendimentos de aplicações financeiras proporcionados pelos ativos garantidores das provisões técnicas, limitados esses ativos ao montante das referidas provisões. (Incluído pela Medida Provisória nº 2158-35, de 2001)

§ 8º Na determinação da base de cálculo da Contribuição para o PIS/Pasep e a Cofins, poderão ser deduzidas as despesas de captação de recursos incorridas pelas pessoas jurídicas que tenham por objeto a securitização de créditos. (Redação dada pela Lei 14.430/2022)

- Lei nº 10.833, de 29-12-2003, art. 10, I, que altera a Legislação Tributária Federal.

I a III – (Revogados pela Lei 14.430/2022)

§ 9º. Na determinação da base de cálculo da contribuição para o PIS/PASEP e COFINS, as operadoras de planos de assistência à saúde poderão deduzir: (Incluído pela Medida Provisória nº 2158-35, de 2001)

- Lei nº 10.833, de 29-12-2003, art. 10, I, que altera a Legislação Tributária Federal.

I – corresponsabilidades cedidas; (Incluído pela Medida Provisória nº 2158-35, de 2001)

II – a parcela das contraprestações pecuniárias destinada à constituição de provisões técnicas; (Incluído pela Medida Provisória nº 2158-35, de 2001)

III – o valor referente às indenizações correspondentes aos eventos ocorridos, efetivamente pago, deduzido das importâncias recebidas a título de transferência de responsabilidades. (Incluído pela Medida Provisória nº 2158-35, de 2001)

§ 9º-A. Para efeito de interpretação, o valor referente às indenizações correspondentes aos eventos ocorridos de que trata o inciso III do § 9º entende-se o total dos custos assistenciais decorrentes da utilização pelos beneficiários da cobertura oferecida pelos planos de saúde, incluindo-se neste total os custos de beneficiários da própria operadora e os beneficiários de outra operadora atendidos a título de transferência de responsabilidade assumida. (Incluído pela Lei nº 12.873, de 2013)

§ 9º-B. Para efeitos de interpretação do *caput*, não são considerados receita bruta das administradoras de benefícios os valores devidos a outras operadoras de planos de assistência à saúde. (Incluído pela Lei nº 12.995, de 2014)

§ 10. Em substituição à remuneração por meio do pagamento de tarifas, as pessoas jurídicas que prestem serviços de arrecadação de receitas federais poderão excluir da base de cálculo da COFINS o valor a elas devido em cada período de apuração como remuneração por esses serviços, dividido pela alíquota referida no art. 18 da Lei nº 10.684, de 30 de maio de 2003. (Incluído pela Lei nº 12.844, de 2013)

§ 11. Caso não seja possível fazer a exclusão de que trata o § 10 na base de cálculo da COFINS referente ao período em que auferida remuneração, o montante excedente poderá ser excluído da base de cálculo da COFINS dos períodos subsequentes. (Incluído pela Lei nº 12.844, de 2013)

§ 12. A Secretaria da Receita Federal do Brasil do Ministério da Fazenda disciplinará o disposto nos §§ 10 e 11, inclusive quanto à definição do valor devido como remuneração dos serviços de arrecadação de receitas federais. (Incluído pela Lei nº 12.844, de 2013)

§ 13. A contribuição incidente na hipótese de contratos, com prazo de execução superior a 1 (um) ano, de construção por empreitada ou de fornecimento, a preço predeterminado, de bens ou serviços a serem produzidos será calculada sobre a receita apurada de acordo com os critérios de reconhecimento adotados pela legislação do imposto sobre a renda, previstos para a espécie de operação. (Incluído pela Lei nº 12.973, de 2014).

§ 14. A pessoa jurídica poderá excluir da base de cálculo da Contribuição para o PIS/Pasep e da Cofins incidentes sobre a receita decorrente da alienação de participação societária o valor despendido para aquisição dessa participação, desde que a receita de alienação não tenha sido excluída da base de cálculo das mencionadas contribuições na forma do inciso IV do § 2º do art. 3º. (Incluído pela Lei nº 13.043, de 2014)

Art. 4º. As contribuições para os Programas de Integração Social e de Formação do Patrimônio do Servidor Público – PIS/PASEP e para o Financiamento da Seguridade Social – COFINS devidas pelos produtores e importadores de derivados de petróleo serão calculadas, respectivamente, com base nas seguintes alíquotas: (Redação dada pela Lei nº 10.865, de 2004)

- Atualização: Art. 4º (Revogado pela LC 214/2025, com produção de efeitos a partir de 1º de janeiro de 2027)
- Lei nº 10.865, de 30-04-2004, arts. 23 e 45, par. ún., que dispõe sobre a Contribuição para os Programas de Integração Social e de Formação do Patrimônio do Servidor Público e a Contribuição para o Financiamento da Seguridade Social incidentes sobre a importação de bens e serviços.
- Lei nº 11.051, de 29-12-2004, art. 10, que dispõe sobre o desconto de crédito na apuração da Contribuição Social sobre o Lucro Líquido – CSLL e da Contribuição para o PIS/Pasep e Cofins não cumulativas.

I – 5,08% (cinco inteiros e oito centésimos por cento) e 23,44% (vinte inteiros e quarenta e quatro centésimos por cento), incidentes sobre a receita bruta decorrente da venda de gasolinas e suas correntes, exceto gasolina de aviação; (Redação dada pela Lei nº 10.865, de 2004)

- Lei nº 10.865, de 30-04-2004, arts. 23 e 45, IV e par. ún., que dispõe sobre a Contribuição para os Programas de Integração Social e de Formação do Patrimônio do Servidor Público e a Contribuição para o Financiamento da Seguridade Social incidentes sobre a importação de bens e serviços.

II – 4,21% (quatro inteiros e vinte e um centésimos por cento) e 19,42% (dezenove inteiros e quarenta e dois centésimos por cento), incidentes sobre a receita bruta decorrente da venda de óleo diesel e suas correntes; (Redação dada pela Lei nº 10.865, de 2004)

- Lei nº 10.865, de 30-04-2004, arts. 23 e 45, IV e par. ún., que dispõe sobre a Contribuição para os Programas de Integração Social e de Formação do Patrimônio do Servidor Público e a Contribuição para o Financiamento da Seguridade Social incidentes sobre a importação de bens e serviços.

III – 10,2% (dez inteiros e dois décimos por cento) e 47,4% (quarenta e sete inteiros e quatro décimos por cento) incidentes sobre a receita bruta decorrente da venda de gás liquefeito de petróleo – GLP derivado de petróleo e de gás natural; (Redação dada pela Lei nº 11.051, de 2004)

- Lei nº 10.865, de 30-04-2004, arts. 23 e 45, IV e par. ún., que dispõe sobre a Contribuição para os Programas de Integração Social e de Formação do Patrimônio do Servidor Público e a Contribuição para o Financiamento da Seguridade Social incidentes sobre a importação de bens e serviços.

IV – sessenta e cinco centésimos por cento e três por cento incidentes sobre a receita bruta decorrente das demais atividades. (Incluído pela Lei nº 9.990, de 2000)

Parágrafo único. Revogado pela Lei nº 9.990, de 2000.

Art. 5º. A Contribuição para o PIS/Pasep e a COFINS incidentes sobre a receita bruta auferida na venda de álcool, inclusive para fins carburantes, serão calculadas com base nas alíquotas, respectivamente, de: (Redação dada pela Lei nº 11.727, de 2008).

- Atualização: Art. 5º A Contribuição para o PIS/Pasep e a Cofins incidentes sobre a receita bruta auferida pelo produtor ou importador nas operações com etanol, inclusive para fins carburantes, serão calculadas com base nas alíquotas, respectivamente, de 5,25% (cinco inteiros e vinte e cinco centésimos por cento) e 24,15% (vinte e quatro inteiros e quinze centésimos por cento). (Redação dada pela LC 214/2025 - DOU 16.01.2025 Edição extra, com produção de efeitos a partir do primeiro dia do quarto mês subsequente ao da sua publicação)
- Atualização: Art. 5º (Revogado pela LC 214/2025, com produção de efeitos a partir de 1º de janeiro de 2027)
- Lei nº 11.727, de 23-06-2008, art. 41, IV, que dispõe sobre medidas tributárias destinadas a estimular os investimentos e a modernização do setor de turismo, a reforçar o sistema de proteção tarifária brasileiro, a estabelecer a incidência de forma concentrada da Contribuição para o PIS/Pasep e da Contribuição para o Financiamento da Seguridade Social – Cofins na produção e comercialização de álcool.

I – 1,5% (um inteiro e cinco décimos por cento) e 6,9% (seis inteiros e nove décimos por cento), no caso de produtor ou importador; e (Redação dada pela Lei nº 11.727, de 2008).

- Atualização: I - (Revogado pela LC 214/2025 - DOU 16.01.2025 Edição extra, com produção de efeitos a partir do primeiro dia do quarto mês subsequente ao da sua publicação)

II – 3,75% (três inteiros e setenta e cinco centésimos por cento) e 17,25% (dezessete inteiros e vinte e cinco centésimos por cento), no caso de distribuidor. (Redação dada pela Lei nº 11.727, de 2008).

- Atualização: II - (Revogado pela LC 214/2025 - DOU 16.01.2025 Edição extra, com produção de efeitos a partir do primeiro dia do quarto mês subsequente ao da sua publicação)

§ 1º. Ficam reduzidas a 0% (zero por cento) as alíquotas da Contribuição para o PIS/Pasep e da COFINS incidentes sobre a receita bruta de venda de álcool, inclusive para fins carburantes, quando auferida: (Incluído pela Lei nº 11.727, de 2008).

- Lei nº 11.727, de 23-06-2008, art. 41, IV, que dispõe sobre medidas tributárias destinadas a estimular os investimentos e a modernização do setor de turismo, a reforçar o sistema de proteção tarifária brasileiro, a estabelecer a incidência de forma concentrada da Contribuição para o PIS/Pasep e da Contribuição para o Financiamento da Seguridade Social – Cofins na produção e comercialização de álcool.

I – (Revogado pela Lei 14.292/2022)

II - por comerciante varejista, exceto na hipótese prevista no inciso II do § 4º-B deste artigo; e (Redação dada pela Lei 14.292/2022)

III – nas operações realizadas em bolsa de mercadorias e futuros. (Incluído pela Lei nº 11.727, de 2008).

- Atualização: IV - por distribuidor, no caso de venda de etanol combustível. (Acrescido pela LC 214/2025 - DOU 16.01.2025 Edição extra, com produção de efeitos a partir do primeiro dia do quarto mês subsequente ao da sua publicação)

§ 2º. A redução a 0 (zero) das alíquotas previstas no inciso III do § 1º deste artigo não se aplica às operações em que ocorra liquidação física do contrato. (Incluído pela Lei nº 11.727, de 2008).

- Lei nº 11.727, de 23-06-2008, art. 41, IV, que dispõe sobre medidas tributárias destinadas a estimular os investimentos e a modernização do setor de turismo, a reforçar o sistema de proteção tarifária brasileiro, a estabelecer a incidência de forma concentrada da Contribuição para o PIS/Pasep e da Contribuição para o Financiamento da Seguridade Social – Cofins na produção e comercialização de álcool.

§ 3º. (Revogado pela Lei 14.292/2022)

§ 4º. O produtor, o importador e o distribuidor de que trata o *caput* deste artigo poderão optar por regime especial de apuração e pagamento da Contribuição para o PIS/Pasep e da COFINS, no qual as alíquotas específicas das contribuições são fixadas, respectivamente, em: (Incluído pela Lei nº 11.727, de 2008).

- Atualização: § 4º O produtor e o importador de que trata o caput deste artigo poderão optar por regime especial de apuração e pagamento da Contribuição para o PIS/Pasep e da Cofins, com incidência única, no qual as alíquotas específicas das contribuições são fixadas, respectivamente, em R$ 34,33 (trinta e quatro reais e trinta e três centavos) e R$ 157,87 (cento e cinquenta e sete reais e oitenta e sete centavos) por metro cúbico de etanol combustível. (Redação dada pela LC 214/2025 - DOU 16.01.2025 Edição extra, com produção de efeitos a partir do primeiro dia do quarto mês subsequente ao da sua publicação)
- Lei nº 11.727, de 23-06-2008, arts. 8º; 41, IV, que dispõe sobre medidas tributárias destinadas a estimular os investimentos e a modernização do setor de turismo, a reforçar o sistema de proteção tarifária brasileiro, a estabelecer a incidência de forma concentrada da Contribuição para o PIS/Pasep e da Contribuição para o Financiamento da Seguridade Social – Cofins na produção e comercialização de álcool.

I – R$ 23,38 (vinte e três reais e trinta e oito centavos) e R$ 107,52 (cento e sete reais e cinquenta e dois centavos) por metro cúbico de álcool, no caso de venda realizada por produtor ou importador; (Incluído pela Lei nº 11.727, de 2008).

- Atualização: I - (Revogado pela LC 214/2025 - DOU 16.01.2025 Edição extra, com produção de efeitos a partir do primeiro dia do quarto mês subsequente ao da sua publicação)

II – R$ 58,45 (cinquenta e oito reais e quarenta e cinco centavos) e R$ 268,80 (duzentos e sessenta e oito reais e oitenta centavos) por metro cúbico de álcool, no caso de venda realizada por distribuidor. (Incluído pela Lei nº 11.727, de 2008).

- Atualização: II - (Revogado pela LC 214/2025 - DOU 16.01.2025 Edição extra, com produção de efeitos a partir do primeiro dia do quarto mês subsequente ao da sua publicação)

§ 4º-A. Na hipótese de venda efetuada diretamente do produtor ou do importador para as pessoas jurídicas comerciantes varejistas, a alíquota aplicável, conforme o caso, será aquela resultante do somatório das alíquotas previstas: (Redação dada pela Lei 14.367/2022)

I - nos incisos I e II do caput deste artigo; ou (Acrescido pela Lei 14.292/2022)

- Atualização: I - (Revogado pela LC 214/2025 - DOU 16.01.2025 Edição extra, com produção de efeitos a partir do primeiro dia do quarto mês subsequente ao da sua publicação)

II - nos incisos I e II do § 4º, observado o disposto no § 8º deste artigo. (Acrescido pela Lei 14.292/2022)

- Atualização: II - (Revogado pela LC 214/2025 - DOU 16.01.2025 Edição extra, com produção de efeitos a partir do primeiro dia do quarto mês subsequente ao da sua publicação)

§ 4º-B. As alíquotas de que trata o § 4º-A deste artigo aplicam-se, também, nas seguintes hipóteses: (Acrescido pela Lei 14.292/2022)

I - de o importador exercer também a função de distribuidor;

II - de as vendas serem efetuadas pelas pessoas jurídicas comerciantes varejistas, quando elas efetuarem a importação; e (Redação dada pela Lei 14.367/2022)

III - de as vendas serem efetuadas pelas demais pessoas jurídicas não enquadradas como produtor, importador, distribuidor ou varejista.

§ 4º-C. Na hipótese de venda de gasolina pelo distribuidor, em relação ao percentual de álcool anidro a ela adicionado, a incidência da Contribuição para o PIS/Pasep e da Cofins ocorrerá, conforme o caso, pela aplicação das alíquotas previstas: (Acrescido pela Lei 14.292/2022)

- Atualização: § 4º-C. Na hipótese de venda de gasolina pelo distribuidor, em relação ao percentual de álcool anidro a ela adicionado, ficam reduzidas a zero as alíquotas da Contribuição para o PIS/Pasep e da Cofins. (Redação dada pela LC 214/2025 - DOU 16.01.2025 Edição extra, com produção de efeitos a partir do primeiro dia do quarto mês subsequente ao da sua publicação)

I - no inciso I do caput deste artigo; ou

- Atualização: I - (Revogado pela LC 214/2025 - DOU 16.01.2025 Edição extra, com produção de efeitos a partir do primeiro dia do quarto mês subsequente ao da sua publicação)

II - no inciso I do § 4º, observado o disposto no § 8º deste artigo.

- Atualização: II - (Revogado pela LC 214/2025 - DOU 16.01.2025 Edição extra, com produção de efeitos a partir do primeiro dia do quarto mês subsequente ao da sua publicação)

§ 4º-D. Na hipótese de venda de etanol hidratado combustível efetuada diretamente de cooperativa para as pessoas jurídicas comerciantes varejistas: (Acrescido pela Lei 14.367/2022)

I - no caso de cooperativa não optante pelo regime especial de que trata o § 4º deste artigo, os valores da Contribuição para o PIS/Pasep e da Cofins devidos serão obtidos pelo somatório de 2 (duas) parcelas, calculadas mediante a aplicação das alíquotas:

- Atualização: I - no caso de cooperativa não optante pelo regime especial de que trata o § 4º deste artigo, os valores da Contribuição para o PIS/Pasep e da Cofins devidos serão obtidos pela aplicação da alíquota prevista no caput do art. 5º. (Redação dada pela LC 214/2025 - DOU 16.01.2025 Edição extra, com produção de efeitos a partir do primeiro dia do quarto mês subsequente ao da sua publicação)

a) de que trata o inciso I do caput deste artigo sobre a receita auferida na venda de etanol hidratado combustível, respectivamente; e

b) de R$ 19,81 (dezenove reais e oitenta e um centavos) e de R$ 91,10 (noventa e um reais e dez centavos) por metro cúbico de etanol hidratado combustível, respectivamente; e

II - no caso de cooperativa optante pelo regime especial de que trata o § 4º deste artigo, será aplicado o disposto no inciso II do § 4º-A deste artigo.

- Atualização: II - (Revogado pela LC 214/2025 - DOU 16.01.2025 Edição extra, com produção de efeitos a partir do primeiro dia do quarto mês subsequente ao da sua publicação)

§ 5º. A opção prevista no § 4º deste artigo será exercida, segundo normas e condições estabelecidas pela Secretaria da Receita Federal do Brasil, até o último dia útil do mês de novembro de cada ano-calendário, produzindo efeitos, de forma irretratável, durante todo o ano-calendário subsequente ao da opção. (Incluído pela Lei nº 11.727, de 2008).

- Lei nº 11.727, de 23-06-2008, art. 41, IV, que dispõe sobre medidas tributárias destinadas a estimular os investimentos e a modernização do setor de turismo, a reforçar o sistema de proteção tarifária brasileiro, a estabelecer a incidência de forma concentrada da Contribuição para o PIS/Pasep e da Contribuição para o Financiamento da Seguridade Social – Cofins na produção e comercialização de álcool.

§ 6º. No caso da opção efetuada nos termos dos §§ 4º e 5º deste artigo, a Secretaria da Receita Federal do Brasil divulgará o nome da pessoa jurídica optante e a data de início da opção. (Incluído pela Lei nº 11.727, de 2008).

- Lei nº 11.727, de 23-06-2008, art. 41, IV, que dispõe sobre medidas tributárias destinadas a estimular os investimentos e a modernização do setor de turismo, a reforçar o sistema de proteção tarifária brasileiro, a estabelecer a incidência de forma concentrada da Contribuição para o PIS/Pasep e da Contribuição para o Financiamento da Seguridade Social – Cofins na produção e comercialização de álcool.

§ 7º. A opção a que se refere este artigo será automaticamente prorrogada para o ano-calendário seguinte, salvo se a pessoa jurídica dela desistir, nos termos e condições estabelecidos pela Secretaria da Receita Federal do Brasil, até o último dia útil do mês de novembro do ano-calendário, hipótese em que a produção de efeitos se dará a partir do dia 1º de janeiro do ano-calendário subsequente. (Incluído pela Lei nº 11.727, de 2008).

- Lei nº 11.727, de 23-06-2008, art. 41, IV, que dispõe sobre medidas tributárias destinadas a estimular os investimentos e a modernização do setor de turismo, a reforçar o sistema de proteção tarifária brasileiro, a estabelecer a incidência de forma concentrada da Contribuição para o PIS/Pasep e da Contribuição para o Financiamento da Seguridade Social – Cofins na produção e comercialização de álcool.

§ 8º. Fica o Poder Executivo autorizado a fixar coeficientes para redução das alíquotas previstas no *caput* e no § 4º deste artigo, as quais poderão ser alteradas, para mais ou para menos, em relação a classe de produtores, produtos ou sua utilização. (Incluído pela Lei nº 11.727, de 2008).

- O STF, por maioria, julgou parcialmente procedente o pedido formulado na ADI 5277 para: "dar interpretação conforme à Constituição Federal aos §§ 8º e 9º do art. 5º da Lei nº 9.718/98, incluídos pela Lei nº 11.727/08, estabelecendo que as normas editadas pelo Poder Executivo com base nesses parágrafos devem observar a anterioridade nonagesimal prevista no art. 150, III, c, do texto constitucional".
- Lei nº 11.727, de 23-06-2008, art. 41, IV, que dispõe sobre medidas tributárias destinadas a estimular os investimentos e a modernização do setor de turismo, a reforçar o sistema de proteção tarifária brasileiro, a estabelecer a incidência de forma concentrada da Contribuição para o PIS/Pasep e da Contribuição para o Financiamento da Seguridade Social – Cofins na produção e comercialização de álcool.

§ 9º. Na hipótese do § 8º deste artigo, os coeficientes estabelecidos para o produtor e o importador poderão ser diferentes daqueles estabelecidos para o distribuidor. (Incluído pela Lei nº 11.727, de 2008).

- Atualização: § 9º (Revogado pela LC 214/2025 - DOU 16.01.2025 Edição extra, com produção de efeitos a partir do primeiro dia do quarto mês subsequente ao da sua publicação)
- O STF, por maioria, julgou parcialmente procedente o pedido formulado na ADI 5277 para: "dar interpretação conforme à Constituição Federal aos §§ 8º e 9º do art. 5º da Lei nº 9.718/98, incluídos pela Lei nº 11.727/08, estabelecendo que as normas editadas pelo Poder Executivo com base nesses parágrafos devem observar a anterioridade nonagesimal prevista no art. 150, III, c, do texto constitucional".
- Lei nº 11.727, de 23-06-2008, art. 41, IV, que dispõe sobre medidas tributárias destinadas a estimular os investimentos e a modernização do setor de turismo, a reforçar o sistema de proteção tarifária brasileiro, a estabelecer a incidência de forma concentrada da Contribuição para o PIS/Pasep e da Contribuição para o Financiamento da Seguridade Social – Cofins na produção e comercialização de álcool.

§ 10. A aplicação dos coeficientes de que tratam os §§ 8º e 9º deste artigo não poderá resultar em alíquotas da Contribuição para o PIS/Pasep e da COFINS superiores a, respectivamente, 1,65% (um inteiro e sessenta e cinco centésimos por cento) e 7,6% (sete inteiros e seis décimos por cento) do preço médio de venda no varejo. (Incluído pela Lei nº 11.727, de 2008).

- Atualização: § 10. A aplicação dos coeficientes de que trata o § 8º deste artigo não poderá resultar em alíquotas da Contribuição para o PIS/Pasep e da Cofins superiores a, respectivamente, a 1,65% (um inteiro e sessenta e cinco centésimos por cento) e 7,6% (sete inteiros e seis décimos por cento) do preço médio de venda no varejo. (Redação dada pela LC 214/2025 - DOU 16.01.2025 Edição extra, com produção de efeitos a partir do primeiro dia do quarto mês subsequente ao da sua publicação)
- Lei nº 11.727, de 23-06-2008, art. 41, IV, que dispõe sobre medidas tributárias destinadas a estimular os investimentos e a modernização do setor de turismo, a reforçar o sistema de proteção tarifária brasileiro, a estabelecer a incidência de forma concentrada da Contribuição para o PIS/Pasep e da Contribuição para o Financiamento da Seguridade Social – Cofins na produção e comercialização de álcool.

§ 11. O preço médio a que se refere o § 10 deste artigo será determinado a partir de dados colhidos por instituição idônea, de forma ponderada com base nos volumes de álcool comercializados nos Estados e no Distrito Federal nos 12 (doze) meses anteriores ao da fixação dos coeficientes de que tratam os §§ 8º e 9º deste artigo. (Incluído pela Lei nº 11.727, de 2008).

- Atualização: § 11. O preço médio a que se refere o § 10 deste artigo será determinado a partir de dados colhidos por instituições idônea, de forma ponderada com base nos volumes de etanol comercializados nos Estados e no Distrito Federal nos 12 (doze) meses anteriores ao da fixação dos coeficientes de trata o § 8º deste artigo. (Redação dada pela LC 214/2025 - DOU 16.01.2025 Edição extra, com produção de efeitos a partir do primeiro dia do quarto mês subsequente ao da sua publicação)
- Lei nº 11.727, de 23-06-2008, art. 41, IV, que dispõe sobre medidas tributárias destinadas a estimular os investimentos e a modernização do setor de turismo, a reforçar o sistema de proteção tarifária brasileiro, a estabelecer a incidência de forma concentrada da Contribuição para o PIS/Pasep e da Contribuição para o Financiamento da Seguridade Social – Cofins na produção e comercialização de álcool.

§ 12. No ano-calendário em que a pessoa jurídica iniciar atividades de produção, importação ou distribuição de álcool, a opção pelo regime especial poderá ser exercida em qualquer data, produzindo efeitos a partir do primeiro dia do mês em que for exercida. (Incluído pela Lei nº 11.727, de 2008).

- Atualização: § 12. No ano-calendário em que a pessoa jurídica iniciar atividades de produção ou importação de álcool a opção pelo regime especial poderá ser exercida em qualquer data, produzindo efeitos a partir do primeiro dia do mês em que for exercida. (Redação dada pela LC 214/2025 - DOU 16.01.2025 Edição extra, com produção de efeitos a partir do primeiro dia do quarto mês subsequente ao da sua publicação)
- Lei nº 11.727, de 23-06-2008, art. 41, IV, que dispõe sobre medidas tributárias destinadas a estimular os investimentos e a modernização do setor de turismo, a reforçar o sistema de proteção tarifária brasileiro, a estabelecer a incidência de forma concentrada da Contribuição para o PIS/Pasep e da Contribuição para o Financiamento da Seguridade Social – Cofins na produção e comercialização de álcool.

§ 13. O produtor e o importador de álcool, inclusive para fins carburantes, sujeitos ao regime de apuração não cumulativa da Contribuição para o PIS/Pasep e da Cofins podem descontar créditos relativos à aquisição do produto para revenda de outro produtor ou de outro importador. (Redação dada pela Lei nº 12.859, de 2013)

§ 13-A. O distribuidor sujeito ao regime de apuração não cumulativa da Contribuição para o PIS/Pasep e da Cofins poderá descontar créditos relativos à aquisição, no mercado interno, de álcool anidro para adição à gasolina. (Acrescido pela Lei 14.292/2022)

- Atualização: § 13-A. (Revogado pela LC 214/2025 - DOU 16.01.2025 Edição extra, com produção de efeitos a partir do primeiro dia do quarto mês subsequente ao da sua publicação)

§ 14. Os créditos de que trata o § 13 deste artigo correspondem aos valores da Contribuição para o PIS/Pasep e da Cofins devidos pelo vendedor em decorrência da operação. (Incluído pela Lei nº 11.727, de 2008).

- Lei nº 11.727, de 23-06-2008, art. 41, IV, que dispõe sobre medidas tributárias destinadas a estimular os investimentos e a modernização do setor de turismo, a reforçar o sistema de proteção tarifária brasileiro, a estabelecer a incidência de forma concentrada da Contribuição para o PIS/Pasep e da Contribuição para o Financiamento da Seguridade Social – Cofins na produção e comercialização de álcool.

§ 14-A. Os créditos de que trata o § 13-A deste artigo correspondem aos valores da Contribuição para o PIS/Pasep e da Cofins que incidiram sobre a operação de aquisição. (Acrescido pela Lei 14.292/2022)

- Atualização: § 14-A. (Revogado pela LC 214/2025 - DOU 16.01.2025 Edição extra, com produção de efeitos a partir do primeiro dia do quarto mês subsequente ao da sua publicação)

§ 15. (Revogado pela Lei 14.292/2022)

§ 16. Observado o disposto nos §§ 14 e 14-A deste artigo, não se aplica às aquisições de que tratam os §§ 13 e 13-A deste artigo o disposto na alínea "b" do inciso I do caput do art. 3º da Lei nº 10.637, de 30 de dezembro de 2002, e na alínea "b" do inciso I do caput do art. 3º da Lei nº 10.833, de 29 de dezembro de 2003.(Redação dada pela Lei 14.292/2022)

§ 17. Na hipótese de o produtor ou importador efetuar a venda de álcool, inclusive para fins carburantes, para pessoa jurídica com a qual mantenha relação de interdependência, o valor tributável não poderá ser inferior a 32,43% (trinta e dois inteiros e quarenta e três centésimos por cento) do preço corrente de venda desse produto aos consumidores na praça desse produtor ou importador. (Incluído pela Lei nº 11.727, de 2008).

§ 18. Para os efeitos do § 17 deste artigo, na verificação da existência de interdependência entre 2 (duas) pessoas jurídicas, aplicar-se-ão as disposições do art. 42 da Lei no 4.502, de 30 de novembro de 1964. (Incluído pela Lei nº 11.727, de 2008).

§ 19. (Revogado pela Lei 14.292/2022)

§ 20. A cooperativa de produção ou comercialização de etanol e a pessoa jurídica comercializadora de etanol controlada por produtores de etanol ou interligada a produtores de etanol, diretamente ou por intermédio de cooperativas de produtores, ficam sujeitas às disposições da legislação da Contribuição para o PIS/Pasep e da Cofins aplicáveis à pessoa jurídica produtora, observadas as disposições dos arts. 15 e 16 da Medida Provisória nº 2.158-35, de 24 de agosto de 2001. (Acrescido pela Lei 14.292/2022)

§ 21. O transportador-revendedor-retalhista fica sujeito às disposições da legislação da Contribuição para o PIS/Pasep e da Cofins aplicáveis à pessoa jurídica comerciante varejista. (Acrescido pela Lei 14.367/2022)

› Atualização: §§ 21 e 22. (Revogados pela LC 214/2025 - DOU 16.01.2025 Edição extra, com produção de efeitos a partir do primeiro dia do quarto mês subsequente ao da sua publicação)

Art. 6º. O disposto no art. 4º desta Lei aplica-se, também, aos demais produtores e importadores dos produtos ali referidos. (Redação dada pela Lei nº 9.990, de 2000)

› Atualização: Art. 6º (Revogado pela LC 214/2025, com produção de efeitos a partir de 1º de janeiro de 2027)

Parágrafo único. Revogado pela Lei nº 11.727, de 2008.

I – inciso I, quando realizada por distribuidora do produto; (Redação dada pela Lei nº 9.990, de 2000)

II – inciso II, nos demais casos. (Redação dada pela Lei nº 9.990, de 2000)

Art. 7º. No caso de construção por empreitada ou de fornecimento a preço predeterminado de bens ou serviços, contratados por pessoa jurídica de direito público, empresa pública, sociedade de economia mista ou suas subsidiárias, o pagamento das contribuições de que trata o art. 2º desta Lei poderá ser diferido, pelo contratado, até a data do recebimento do preço.

› Atualização: Art. 7º (Revogado pela LC 214/2025, com produção de efeitos a partir de 1º de janeiro de 2027)

Parágrafo único. A utilização do tratamento tributário previsto no *caput* deste artigo é facultada ao subempreiteiro ou subcontratado, na hipótese de subcontratação parcial ou total da empreitada ou do fornecimento.

Art. 8º. Fica elevada para três por cento a alíquota da COFINS.

› Atualização: Art. 8º (Revogado pela LC 214/2025, com produção de efeitos a partir de 1º de janeiro de 2027)

§§ 1º a 4º. Revogados pela Medida Provisória nº 2158-35, de 2001.

Art. 8º-A. Fica elevada para 4% (quatro por cento) a alíquota da Contribuição para o Financiamento da Seguridade Social – COFINS devida pelas pessoas jurídicas referidas no § 9º do art. 3º desta Lei, observada a norma de interpretação do § 9º-A, produzindo efeitos a partir do 1º (primeiro) dia do 4º (quarto) mês subsequente ao da publicação da lei decorrente da conversão da Medida Provisória nº 619, de 6 de junho de 2013, exclusivamente quanto à alíquota. (Incluído pela Lei nº 12.873, de 2013)

› Atualização: Art. 8º-A (Revogado pela LC 214/2025, com produção de efeitos a partir de 1º de janeiro de 2027)

Art. 8º-B. A Cofins incidente sobre as receitas decorrentes da alienação de participações societárias deve ser apurada mediante a aplicação da alíquota de 4% (quatro por cento). (Incluído pela Lei nº 13.043, de 2014)

› Atualização: Art. 8º-B (Revogado pela LC 214/2025, com produção de efeitos a partir de 1º de janeiro de 2027)

CAPÍTULO II. DO IMPOSTO SOBRE A RENDA

Art. 9º. As variações monetárias dos direitos de crédito e das obrigações do contribuinte, em função da taxa de câmbio ou de índices ou coeficientes aplicáveis por disposição legal ou contratual serão consideradas, para efeitos da legislação do imposto de renda, da contribuição social sobre o lucro líquido, da contribuição PIS/PASEP e da COFINS, como receitas ou despesas financeiras, conforme o caso.

› Atualização: Art. 9º As variações monetárias dos direitos de crédito e das obrigações do contribuinte, em função da taxa de câmbio ou de índices ou coeficientes aplicáveis por disposição legal ou contratual serão consideradas, para efeitos da legislação do imposto sobre a renda e da Contribuição Social sobre o Lucro Líquido, como receitas ou despesas financeiras, conforme o caso. (Redação dada pela LC 214/2025, com produção de efeitos a partir de 1º de janeiro de 2027)

Art. 10. Os dispositivos abaixo enumerados da Lei nº 9.532, de 10 de dezembro de 1997, passam a vigorar com a seguinte redação:

› Alterações incorporadas ao texto da referida Lei.

Art. 11. Sem prejuízo do disposto nos incisos III e IV do art. 7º da Lei nº 9.532, de 1997, a pessoa jurídica sucessora poderá classificar, no patrimônio líquido, alternativamente ao disposto no § 2º do mencionado artigo, a conta que registrar o ágio ou deságio nele mencionado.

Parágrafo único. O disposto neste artigo aplica-se aos fatos geradores ocorridos a partir de 1º de janeiro de 1998.

Art. 12. Sem prejuízo das normas de tributação aplicáveis aos não-residentes no País, sujeitar-se-á à tributação pelo imposto de renda, como residente, a pessoa física que ingressar no Brasil:

I – com visto temporário:

a) para trabalhar com vínculo empregatício, em relação aos fatos geradores ocorridos a partir da data de sua chegada;

b) por qualquer outro motivo, e permanecer por período superior a cento e oitenta e três dias, consecutivos ou não, contado, dentro de um intervalo de doze meses, da data de qualquer chegada, em relação aos fatos geradores ocorridos a partir do dia subsequente àquele em que se completar referido período de permanência;

II – com visto permanente, em relação aos fatos geradores ocorridos a partir de sua chegada.

Parágrafo único. A Secretaria da Receita Federal expedirá normas quanto às obrigações acessórias decorrentes da aplicação do disposto neste artigo.

Art. 13. A pessoa jurídica cuja receita bruta total no ano-calendário anterior tenha sido igual ou inferior a R$ 78.000.000,00 (setenta e oito milhões de reais) ou a R$ 6.500.000,00 (seis milhões e quinhentos mil reais) multiplicado pelo número de meses de atividade do ano-calendário anterior, quando inferior a 12 (doze) meses, poderá optar pelo regime de tributação com base no lucro presumido. (Redação dada pela Lei nº 12.814, de 2013)

§ 1º. A opção pela tributação com base no lucro presumido será definitiva em relação a todo o ano-calendário.

§ 2º. Relativamente aos limites estabelecidos neste artigo, a receita bruta auferida no ano anterior será considerada segundo o regime de competência ou de caixa, observado o critério adotado pela pessoa jurídica, caso tenha, naquele ano, optado pela tributação com base no lucro presumido.

Art. 14. Estão obrigadas à apuração do lucro real as pessoas jurídicas:

I – cuja receita total no ano-calendário anterior seja superior ao limite de R$ 78.000.000,00 (setenta e oito milhões de reais) ou proporcional ao número de meses do período, quando inferior a 12 (doze) meses; (Redação dada pela Lei nº 12.814, de 2013)

II – cujas atividades sejam de bancos comerciais, bancos de investimentos, bancos de desenvolvimento, caixas econômicas, sociedades de crédito, financiamento e investimento, sociedades de crédito imobiliário, sociedades corretoras de títulos, valores mobiliários e câmbio, distribuidoras de títulos e valores mobiliários, empresas de arrendamento mercantil, cooperativas de crédito, empresas de seguros privados e de capitalização e entidades de previdência privada aberta;

III – que tiverem lucros, rendimentos ou ganhos de capital oriundos do exterior;

IV – que, autorizadas pela legislação tributária, usufruam de benefícios fiscais relativos à isenção ou redução do imposto;

V – que, no decorrer do ano-calendário, tenham efetuado pagamento mensal pelo regime de estimativa, na forma do art. 2º da Lei nº 9.430, de 1996;

VI – que explorem as atividades de prestação cumulativa e contínua de serviços de assessoria creditícia, mercadológica, gestão de crédito, seleção e riscos, administração de contas a pagar e a receber, compras de direitos creditórios resultantes de vendas mercantis a prazo ou de prestação de serviços (factoring).

VII - que explorem as atividades de securitização de crédito. (Redação dada pela Lei 14.430/2022)

CAPÍTULO III. DO IMPOSTO SOBRE OPERAÇÕES DE CRÉDITO, CÂMBIO E SEGURO, OU RELATIVAS A TÍTULOS OU VALORES MOBILIÁRIOS

Art. 15. A alíquota do Imposto sobre Operações de Crédito, Câmbio e Seguro, ou relativas a Títulos ou Valores Mobiliários – IOF nas operações de seguro será de vinte e cinco por cento.

CAPÍTULO IV. DAS DISPOSIÇÕES GERAIS E FINAIS

Art. 16. A pessoa jurídica que, obrigada a apresentar, à Secretaria da Receita Federal, declaração de informações, deixar de fazê-lo ou fizer após o prazo fixado para sua apresentação, sujeitar-se-á à multa de um por cento ao mês ou fração, incidente sobre o imposto de renda devido, ainda que integralmente pago, relativo ao ano-calendário a que corresponderem as respectivas informações.

Parágrafo único. Ao disposto neste artigo aplicam-se as normas constantes dos §§ 1º a 3º do art. 88 da Lei nº 8.981, de 20 de janeiro de 1995, e do art. 27 da Lei nº 9.532, de 1997.

Art. 17. Esta Lei entra em vigor na data de sua publicação, produzindo efeitos:

I – em relação aos arts. 2º a 8º, para os fatos geradores ocorridos a partir de 1º de fevereiro de 1999;

II – em relação aos arts. 9º e 12 a 15, a partir de 1º de janeiro de 1999.

Art. 18. Ficam revogados, a partir de 1º de janeiro de 1999:

I – o § 2º do art. 1º do Decreto-lei nº 1.330, de 13 de maio de 1974;

II – o § 2º do art. 4º do Decreto-lei nº 1.506, de 23 de dezembro de 1976;

III – o art. 36 e o inciso VI do art. 47 da Lei nº 8.981, de 1995;

IV – o § 4º do art. 15 da Lei nº 9.532, de 1997.

Brasília, 27 de novembro de 1998; 177º da Independência e 110º da República.

FERNANDO HENRIQUE CARDOSO

Publicado no DOU de 28.11.1998

LEI Nº 9.796, DE 5 DE MAIO DE 1999

Dispõe sobre a compensação financeira entre o Regime Geral de Previdência Social e os regimes de previdência dos servidores da União, dos Estados, do Distrito Federal e dos Municípios, nos casos de contagem recíproca de tempo de contribuição para efeito de aposentadoria, e dá outras providências.

▸ *Dec. 10.188/2019 (Regulamenta esta Lei).*

O PRESIDENTE DA REPÚBLICA

Faço saber que o Congresso Nacional decreta e eu sanciono a seguinte Lei:

Art. 1º A compensação financeira entre o Regime Geral de Previdência Social e os regimes próprios de previdência social dos servidores da União, dos Estados, do Distrito Federal e dos Municípios, na hipótese de contagem recíproca de tempos de contribuição, obedecerá às disposições desta Lei.

Art. 2º Para os efeitos desta Lei, considera-se:

I - regime de origem: o regime previdenciário ao qual o segurado ou servidor público esteve vinculado sem que dele receba aposentadoria ou tenha gerado pensão para seus dependentes;

II - regime instituidor: o regime previdenciário responsável pela concessão e pagamento de benefício de aposentadoria ou pensão dela decorrente a segurado ou servidor público ou a seus dependentes com cômputo de tempo de contribuição no âmbito do regime de origem.

§ 1º Os regimes próprios de previdência de servidores da União, dos Estados, do Distrito Federal e dos Municípios só serão considerados regimes de origem quando o Regime Geral de Previdência Social for o regime instituidor.

§ 2º Na hipótese de o regime próprio de previdência de servidor público não possuir personalidade jurídica própria, atribuem-se ao respectivo ente federado as obrigações e direitos previstos nesta Lei.

Art. 3º O Regime Geral de Previdência Social, como regime instituidor, tem direito de receber de cada regime de origem compensação financeira, observado o disposto neste artigo.

§ 1º O Regime Geral de Previdência Social deve apresentar a cada regime de origem os seguintes dados referentes a cada benefício concedido com cômputo de tempo de contribuição no âmbito daquele regime de origem:

I - identificação do segurado e, se for o caso, de seu dependente;

II - a renda mensal inicial e a data de início do benefício;

III - o percentual do tempo de serviço total do segurado correspondente ao tempo de contribuição no âmbito daquele regime de origem.

§ 2º Cada regime de origem deve pagar ao Regime Geral de Previdência Social, para cada mês de competência do benefício, o valor resultante da multiplicação da renda mensal do benefício pelo percentual obtido na forma do inciso III do parágrafo anterior.

§ 3º A compensação financeira referente a cada benefício não poderá exceder o resultado da multiplicação do percentual obtido na forma do inciso III do § 1º deste artigo pela renda mensal do maior benefício da mesma espécie pago diretamente pelo regime de origem.

§ 4º Para fins do disposto no parágrafo anterior, o regime de origem deve informar ao Regime Geral de Previdência Social, na forma do regulamento, a maior renda mensal de cada espécie de benefício por ele pago diretamente.

§ 5º O valor de que trata o § 2º deste artigo será reajustado nas mesmas datas e pelos mesmos índices de reajustamento do benefício pela Previdência Social, devendo o Regime Geral de Previdência Social comunicar a cada regime de origem o total por ele devido em cada mês como compensação financeira.

§ 6º Aplica-se o disposto neste artigo aos períodos de contribuição utilizados para fins de concessão de aposentadoria pelo INSS em decorrência de acordos internacionais. (Incluído pela Lei nº 11.430, de 2006)

Art. 4º Cada regime próprio de previdência de servidor público tem direito, como regime instituidor, de receber do Regime Geral de Previdência Social, enquanto regime de origem, compensação financeira, observado o disposto neste artigo.

§ 1º O regime instituidor deve apresentar ao Regime Geral de Previdência Social, além das normas que o regem, os seguintes dados referentes a cada benefício concedido com cômputo de tempo de contribuição no âmbito do Regime Geral de Previdência Social:

I - identificação do servidor público e, se for o caso, de seu dependente;

II - o valor dos proventos da aposentadoria ou pensão dela decorrente e a data de início do benefício;

III - o tempo de serviço total do servidor e o correspondente ao tempo de contribuição ao Regime Geral de Previdência Social.

§ 2º Com base nas informações referidas no parágrafo anterior, o Regime Geral de Previdência Social calculará qual seria a renda mensal inicial daquele benefício segundo as normas do Regime Geral de Previdência Social.

§ 3º A compensação financeira devida pelo Regime Geral de Previdência Social, relativa ao primeiro mês de competência do benefício, será calculada com base no valor do benefício pago pelo regime instituidor ou na renda mensal do benefício calculada na forma do parágrafo anterior, o que for menor.

§ 4º O valor da compensação financeira mencionada no parágrafo anterior corresponde à multiplicação do montante ali especificado pelo percentual correspondente ao tempo de contribuição ao Regime Geral de Previdência Social no tempo de serviço total do servidor público.

§ 5º O valor da compensação financeira devida pelo Regime Geral de Previdência Social será reajustado nas mesmas datas e pelos mesmos índices de reajustamento dos benefícios da Previdência Social, mesmo que tenha prevalecido, no primeiro mês, o valor do benefício pago pelo regime instituidor.

Art. 5º Os regimes instituidores apresentarão aos regimes de origem, no prazo máximo de trinta e seis meses a contar da data da entrada em vigor desta Lei, os dados relativos aos benefícios em manutenção nessa data, concedidos a partir da promulgação da Constituição Federal. (Redação dada pela Medida Provisória nº 2.187-13, de 2001)

Parágrafo único. A compensação financeira em atraso relativa aos benefícios de que trata este artigo será calculada multiplicando-se a renda mensal obtida para o último mês, de acordo com o procedimento determinado nos arts. 3º e 4º, pelo número de meses em que o benefício foi pago até então.

Art. 6º O Instituto Nacional do Seguro Social - INSS manterá cadastro atualizado de todos os benefícios objeto de compensação financeira, totalizando o quanto deve para cada regime próprio de previdência dos servidores da União, dos Estados, do Distrito Federal e dos Municípios, bem como o montante devido por cada um deles para o Regime Geral de Previdência Social, como compensação financeira e pelo não recolhimento de contribuições previdenciárias no prazo legal.

§ 1º Os desembolsos pelos regimes de origem só serão feitos para os regimes instituidores que se mostrem credores no cômputo da compensação financeira devida de lado a lado e dos débitos pelo não recolhimento de contribuições previdenciárias no prazo legal.

§ 2º O Instituto Nacional do Seguro Social - INSS comunicará o total a ser desembolsado por cada regime de origem até o dia trinta de cada mês, devendo os desembolsos ser feitos até o quinto dia útil do mês subseqüente.

§ 3º Os valores não desembolsados em virtude do disposto no § 1º deste artigo serão contabilizados como pagamentos efetivos, devendo o Instituto Nacional do Seguro Social - INSS registrar mensalmente essas operações e informar a cada regime próprio de previdência de servidor público os valores a ele referentes.

§ 4º Sendo inviável financeiramente para um regime de origem desembolsar de imediato os valores relativos à compensação financeira, em função dos valores em atraso a que se refere o parágrafo único do artigo anterior, podem os regimes de origem e instituidor firmar termo de parcelamento dos desembolsos atualizando-se os valores devidos nas mesmas datas e pelos mesmos índices de reajustamento dos benefícios de prestação continuada da Previdência Social.

§ 5º O pagamento para os regimes próprios de previdência social credores da compensação financeira, relativa ao período de 5 de outubro de 1988 a 5 de maio de 1999, cujos entes instituidores não sejam devedores de contribuições previdenciárias ao Regime Geral de Previdência Social (RGPS), será efetivado conforme os seguintes parâmetros: (Incluído pela Lei nº 13.485, de 2017)

I - até o exercício de 2017, para os Municípios: (Incluído pela Lei nº 13.485, de 2017)

a) em parcela única, se o crédito não superar R$ 500.000,00 (quinhentos mil reais); (Incluído pela Lei nº 13.485, de 2017)

b) em tantas parcelas mensais quantas forem necessárias até o limite de R$ 500.000,00 (quinhentos mil reais), se o crédito superar esse montante; (Incluído pela Lei nº 13.485, de 2017)

II - a partir do exercício de 2018, para os Municípios, os Estados e o Distrito Federal: (Incluído pela Lei nº 13.485, de 2017)

a) em parcela única, se o crédito não superar R$ 1.500.000,00 (um milhão e quinhentos mil reais); (Incluído pela Lei nº 13.485, de 2017)

b) em tantas parcelas mensais de até R$ 1.500.000,00 (um milhão e quinhentos mil reais), se o crédito superar esse montante, no prazo de até cento e oitenta meses, condicionada à existência de recursos financeiros para cumprimento da meta de resultado primário estabelecido na lei de diretrizes orçamentárias;

c) caso o limite de cento e oitenta meses não seja suficiente para a quitação dos créditos, o valor da parcela disposto na alínea b deste inciso será ajustado de forma a garantir a quitação no prazo de cento e oitenta meses; (Incluído pela Lei nº 13.485, de 2017)

III - por meio de dação em pagamento de imóveis integrantes do Fundo do Regime Geral de Previdência Social (FRGPS). (Incluído pela Lei nº 13.485, de 2017)

§ 6º O pagamento da compensação financeira do Fundo do Regime Geral de Previdência Social depende da desistência de eventuais ações judiciais que tenham por objeto a dívida compensada, e é causa da extinção dos pagamentos previstos no § 5º deste artigo a manutenção do litígio ou o ajuizamento de novas ações. (Incluído pela Lei nº 13.485, de 2017)

Art. 7º Os regimes instituidores devem comunicar de imediato aos regimes de origem qualquer revisão no valor do benefício objeto de compensação financeira ou sua extinção total ou parcial, cabendo ao Instituto Nacional do Seguro Social - INSS registrar as alterações no cadastro a que se refere o artigo anterior.

Parágrafo único. Constatado o não cumprimento do disposto neste artigo, as parcelas pagas indevidamente pelo regime de origem serão registradas em dobro, no mês seguinte ao da constatação, como débito daquele regime.

Art. 8º Na hipótese de descumprimento do prazo de desembolso estipulado no § 2º do art. 6º desta Lei ou de descumprimento do prazo de análise dos requerimentos estipulado em regulamento, serão aplicadas as mesmas normas em vigor para atualização dos valores dos recolhimentos em atraso de contribuições previdenciárias arrecadadas pelo Instituto Nacional do Seguro Social (INSS). (Redação dada pela Lei 13.846/2019)

Parágrafo único. Na hipótese de o regime previdenciário próprio dos servidores da União, dos Estados, do Distrito Federal e dos Municípios possuir personalidade jurídica própria, os respectivos entes federados respondem solidariamente pelas obrigações previstas nesta Lei.

Art. 8º-A. A compensação financeira entre os regimes próprios de previdência social da União, dos Estados, do Distrito Federal e dos Municípios, na hipótese de contagem recíproca de tempos de contribuição, obedecerá, no que couber, às disposições desta Lei (Incluído pela Medida Provisória nº 2.187-13, de 2001)

§ 1º O regulamento estabelecerá as disposições específicas a serem observadas na compensação financeira entre os regimes próprios de previdência social, inclusive no que se refere ao período de estoque e às condições para seu pagamento, admitido o parcelamento. (Acrescido pela Lei 13.846/2019)

§ 2º O ente federativo que não aderir à compensação financeira com os demais regimes próprios de previdência social ou inadimplir suas obrigações terá suspenso o recebimento dos valores devidos pela compensação com o regime geral de previdência social, na forma estabelecida no regulamento. (Acrescido pela Lei 13.846/2019)

Art. 9º O Poder Executivo regulamentará esta Lei no prazo de sessenta dias contado da data de sua publicação.

Art. 10. Esta Lei entra em vigor na data de sua publicação.

Brasília, 5 de maio de 1999; 178º da Independência e 111º da República.

FERNANDO HENRIQUE CARDOSO

DOU de 6.5.1999

LEI Nº 10.559, DE 13 DE NOVEMBRO DE 2002

Regulamenta o art. 8º do Ato das Disposições Constitucionais Transitórias e dá outras providências.

Faço saber que o Presidente da República adotou a Medida Provisória nº 65, de 2002, que o Congresso Nacional aprovou, e eu, Ramez Tebet, Presidente da Mesa do Congresso Nacional, para os efeitos do disposto no art. 62 da Constituição Federal, com a redação dada pela Emenda constitucional nº 32, de 2001, promulgo a seguinte Lei:

CAPÍTULO I
DO REGIME DO ANISTIADO POLÍTICO

Art. 1º O Regime do Anistiado Político compreende os seguintes direitos:

I – declaração da condição de anistiado político;

II – reparação econômica, de caráter indenizatório, em prestação única ou em prestação mensal, permanente e continuada, asseguradas a readmissão ou a promoção na inatividade, nas condições estabelecidas no caput e nos §§ 1º e 5º do art. 8º do Ato das Disposições Constitucionais Transitórias;

III – contagem, para todos os efeitos, do tempo em que o anistiado político esteve compelido ao afastamento de suas atividades profissionais, em virtude de punição ou de fundada ameaça de punição, por motivo exclusivamente político, vedada a exigência de recolhimento de quaisquer contribuições previdenciárias;

IV – conclusão do curso, em escola pública, ou, na falta, com prioridade para bolsa de estudo, a partir do período letivo interrompido, para o punido na condição de estudante, em escola pública, ou registro do respectivo diploma para os que concluíram curso em instituições de ensino no exterior, mesmo que este não tenha correspondente no Brasil, exigindo-se para isso o diploma ou certificado de conclusão do curso em instituição de reconhecido prestígio internacional; e

V – reintegração dos servidores públicos civis e dos empregados públicos punidos, por interrupção de atividade profissional em decorrência de decisão dos trabalhadores, por adesão à greve em serviço público e em atividades essenciais de interesse da segurança nacional por motivo político.

Parágrafo único. Aqueles que foram afastados em processos administrativos, instalados com base na legislação de exceção, sem direito ao contraditório e à própria defesa, e impedidos de conhecer os motivos e fundamentos da decisão, serão reintegrados em seus cargos.

CAPÍTULO II
DA DECLARAÇÃO DA CONDIÇÃO DE ANISTIADO POLÍTICO

Art. 2º São declarados anistiados políticos aqueles que, no período de 18 de setembro de 1946 até 5 de outubro de 1988, por motivação exclusivamente política, foram:

I – atingidos por atos institucionais ou complementares, ou de exceção na plena abrangência do termo;

II – punidos com transferência para localidade diversa daquela onde exerciam suas atividades profissionais, impondo-se mudanças de local de residência;

III – punidos com perda de comissões já incorporadas ao contrato de trabalho ou inerentes às suas carreiras administrativas;

IV – compelidos ao afastamento da atividade profissional remunerada, para acompanhar o cônjuge;

V – impedidos de exercer, na vida civil, atividade profissional específica em decorrência das Portarias Reservadas do Ministério da Aeronáutica nº S-50-GM5, de 19 de junho de 1964, e nº S-285-GM5;

VI – punidos, demitidos ou compelidos ao afastamento das atividades remuneradas que exerciam, bem como impedidos de exercer atividades profissionais em virtude de pressões ostensivas ou expedientes oficiais sigilosos, sendo trabalhadores do setor privado ou dirigentes e representantes sindicais, nos termos do § 2º do art. 8º do Ato das Disposições Constitucionais Transitórias;

VII – punidos com fundamento em atos de exceção, institucionais ou complementares, ou sofreram punição disciplinar, sendo estudantes;

VIII – abrangidos pelo Decreto Legislativo nº 18, de 15 de dezembro de 1961, e pelo Decreto-Lei nº 864, de 12 de setembro de 1969;

IX – demitidos, sendo servidores públicos civis e empregados em todos os níveis de governo ou em suas fundações públicas, empresas públicas ou empresas mistas ou sob controle estatal, exceto nos Comandos militares no que se refere ao disposto no § 5º do art. 8º do Ato das Disposições Constitucionais Transitórias;

X – punidos com a cassação da aposentadoria ou disponibilidade;

XI – desligados, licenciados, expulsos ou de qualquer forma compelidos ao afastamento de suas atividades remuneradas, ainda que com fundamento na legislação comum, ou decorrentes de expedientes oficiais sigilosos.

XII – punidos com a transferência para a reserva remunerada, reformados, ou, já na condição de inativos, com perda de proventos, por atos de exceção, institucionais ou complementares, na plena abrangência do termo;

XIII – compelidos a exercer gratuitamente mandato eletivo de vereador, por força de atos institucionais;

XIV – punidos com a cassação de seus mandatos eletivos nos Poderes Legislativo ou Executivo, em todos os níveis de governo;

XV – na condição de servidores públicos civis ou empregados em todos os níveis de governo ou de suas fundações, empresas públicas ou de economia mista ou sob controle estatal, punidos ou demitidos por interrupção de atividades profissionais, em decorrência de decisão de trabalhadores;

XVI – sendo servidores públicos, punidos com demissão ou afastamento, e que não requereram retorno ou reversão à atividade, no prazo que transcorreu de 28 de agosto de 1979 a 26 de dezembro do mesmo ano, ou tiveram seu pedido indeferido, arquivado ou não conhecido e tampouco foram considerados aposentados, transferidos para a reserva ou reformados;

XVII – impedidos de tomar posse ou de entrar em exercício de cargo público, nos Poderes Judiciário, Legislativo ou Executivo, em todos os níveis, tendo sido válido o concurso.

§ 1º No caso previsto no inciso XIII, o período de mandato exercido gratuitamente conta-se apenas para efeito de aposentadoria no serviço público e de previdência social.

§ 2º Fica assegurado o direito de requerer a correspondente declaração aos sucessores ou dependentes daquele que seria beneficiário da condição de anistiado político.

CAPÍTULO III
DA REPARAÇÃO ECONÔMICA DE CARÁTER INDENIZATÓRIO

Art. 3º A reparação econômica de que trata o inciso II do art. 1º desta Lei, nas condições estabelecidas no caput do art. 8º do Ato das Disposições Constitucionais Transitórias, correrá à conta do Tesouro Nacional.

§ 1º A reparação econômica em prestação única não é acumulável com a reparação econômica em prestação mensal, permanente e continuada.

§ 2º A reparação econômica, nas condições estabelecidas no *caput* do art. 8º do Ato das Disposições Constitucionais Transitórias, será concedida mediante portaria do Ministro de Estado da Justiça, após parecer favorável da Comissão de Anistia de que trata o art. 12 desta Lei.

SEÇÃO I
DA REPARAÇÃO ECONÔMICA EM PRESTAÇÃO ÚNICA

Art. 4º A reparação econômica em prestação única consistirá no pagamento de trinta salários mínimos por ano de punição e será devida aos anistiados políticos que não puderem comprovar vínculos com a atividade laboral.

§ 1º Para o cálculo do pagamento mencionado no caput deste artigo, considera-se como um ano o período inferior a doze meses.

§ 2º Em nenhuma hipótese o valor da reparação econômica em prestação única será superior a R$ 100.000,00 (cem mil reais).

SEÇÃO II
DA REPARAÇÃO ECONÔMICA EM PRESTAÇÃO MENSAL, PERMANENTE E CONTINUADA

Art. 5º A reparação econômica em prestação mensal, permanente e continuada, nos termos do art. 8º do Ato das Disposições Constitucionais Transitórias, será assegurada aos anistiados políticos que comprovarem vínculos com a atividade laboral, à exceção dos que optarem por receber em prestação única.

Art. 6º O valor da prestação mensal, permanente e continuada, será igual ao da remuneração que o anistiado político receberia se na ativa estivesse, considerada a graduação a que teria direito, obedecidos os prazos para promoção previstos nas leis e regulamentos vigentes, e asseguradas as promoções ao oficialato, independentemente de requisitos e condições, respeitadas as características e peculiaridades dos regimes jurídicos dos servidores públicos civis e dos militares, e, se necessário, considerando-se os seus paradigmas.

§ 1º O valor da prestação mensal, permanente e continuada, será estabelecido conforme os elementos de prova oferecidos pelo requerente, informações de órgãos oficiais, bem como de fundações, empresas públicas ou privadas, ou empresas mistas sob controle estatal, ordens, sindicatos ou conselhos profissionais a que o anistiado político estava vinculado ao sofrer a punição, podendo ser arbitrado até mesmo com base em pesquisa de mercado.

§ 2º Para o cálculo do valor da prestação de que trata este artigo serão considerados os direitos e vantagens incorporados à situação jurídica da categoria profissional a que pertencia o anistiado político, observado o disposto no § 4º deste artigo.

§ 3º As promoções asseguradas ao anistiado político independerão de seu tempo de admissão ou incorporação de seu posto ou graduação, sendo obedecidos os prazos de permanência em atividades previstos nas leis e regulamentos vigentes, vedada a exigência de satisfação das condições incompatíveis com a situação pessoal do beneficiário.

§ 4º Para os efeitos desta Lei, considera-se paradigma a situação funcional de maior frequência constatada entre os pares ou colegas contemporâneos do anistiado que apresentavam o mesmo posicionamento no cargo, emprego ou posto quando da punição.

§ 5º Desde que haja manifestação do beneficiário, no prazo de até dois anos a contar da entrada em vigor desta Lei, será revisto, pelo órgão competente, no prazo de até seis meses a contar da data do requerimento, o valor da aposentadoria e da pensão excepcional, relativa ao anistiado político, que tenha sido reduzido ou cancelado em virtude de critérios previdenciários ou estabelecido por ordens normativas ou de serviço do Instituto Nacional do Seguro Social – INSS, respeitado o disposto no art. 7º desta Lei.

§ 6º Os valores apurados nos termos deste artigo poderão gerar efeitos financeiros a partir de 5 de outubro de 1988, considerando-se para início da retroatividade e da prescrição quinquenal a data do protocolo da petição ou requerimento inicial de anistia, de acordo com os arts. 1º e 4º do Decreto nº 20.910, de 6 de janeiro de 1932.

Art. 7º O valor da prestação mensal, permanente e continuada, não será inferior ao do salário mínimo nem superior ao do teto estabelecido no art. 37, inciso XI, e § 9º da Constituição.

§ 1º Se o anistiado político era, na data da punição, comprovadamente remunerado por mais de uma atividade laboral, não eventual, o valor da prestação mensal, permanente e continuada, será igual à soma das remunerações a que tinha direito, até o limite estabelecido no caput deste artigo, obedecidas as regras constitucionais de não-acumulação de cargos, funções, empregos ou proventos.

§ 2º Para o cálculo da prestação mensal de que trata este artigo, serão asseguradas, na inatividade, na aposentadoria ou na reserva, as promoções ao cargo, emprego, posto ou graduação a que teria direito se estivesse em serviço ativo.

Art. 8º O reajustamento do valor da prestação mensal, permanente e continuada, será feito quando ocorrer alteração na remuneração que o anistiado político estaria recebendo se estivesse em serviço ativo, observadas as disposições do art. 8º do Ato das Disposições Constitucionais Transitórias.

Art. 9º Os valores pagos por anistia não poderão ser objeto de contribuição ao INSS, a caixas de assistência ou fundos de pensão ou previdência, nem objeto de ressarcimento por estes de suas responsabilidades estatutárias.

Parágrafo único. Os valores pagos a título de indenização a anistiados políticos são isentos do Imposto de Renda.

CAPÍTULO IV
DAS COMPETÊNCIAS ADMINISTRATIVAS

Art. 10. Caberá ao Ministro de Estado da Mulher, da Família e dos Direitos Humanos decidir a respeito dos requerimentos baseados nesta Lei. *(Artigo com redação dada pela Lei 13.844/2019)*

Art. 11. Todos os processos de anistia política, deferidos ou não, inclusive os que estão arquivados, bem como os respectivos atos informatizados que se encontram em outros Ministérios, ou em outros órgãos da Administração Pública direta ou indireta, serão transferidos para o Ministério da Justiça, no prazo de noventa dias contados da publicação desta Lei.

Parágrafo único. O anistiado político ou seu dependente poderá solicitar, a qualquer tempo, a revisão do valor da correspondente prestação mensal, permanente e continuada, toda vez que esta não esteja de acordo com os arts. 6º, 7º, 8º e 9º desta Lei.

Art. 12. Fica criada, no âmbito do Ministério da Mulher, da Família e dos Direitos Humanos, a Comissão de Anistia, com a finalidade de examinar os requerimentos referidos no art. 10 desta Lei e de assessorar o Ministro de Estado em suas decisões. *("Caput" do artigo com redação dada pela Medida Provisória nº 870, de 1º/1/2019, convertida na Lei 13.844/2019)*

§ 1º Os membros da Comissão de Anistia serão designados por meio de portaria do Ministro de Estado da Mulher, da Família e dos Direitos Humanos, e participarão da Comissão, entre outros, 1 (um) representante do Ministério da Defesa, indicado pelo respectivo Ministro de Estado, e 1 (um) representante dos anistiados. *(Parágrafo com redação dada pela Medida Provisória nº 870, de 1º/1/2019, convertida na Lei 13.844/2019)*

§ 2º O representante dos anistiados será indicado pelas respectivas associações e designado conforme procedimento estabelecido pelo Ministro de Estado da Mulher, da Família e dos Direitos Humanos. *(Parágrafo com redação dada pela Medida Provisória nº 870, de 1º/1/2019, convertida na Lei 13.844/2019)*

§ 3º Para os fins desta Lei, a Comissão de Anistia poderá realizar diligências, requerer informações e documentos, ouvir testemunhas e emitir pareceres técnicos com o objetivo de instruir os processos e requerimentos, bem como arbitrar, com base nas provas obtidas, o valor das indenizações previstas nos arts. 4º e 5º nos casos que não for possível identificar o tempo exato de punição do interessado.

§ 4º As requisições e as decisões proferidas pelo Ministro de Estado da Mulher, da Família e dos Direitos Humanos nos processos de anistia política serão obrigatoriamente cumpridas no prazo de 60 (sessenta) dias, por todos os órgãos da administração pública e por quaisquer outras entidades a que estejam dirigidas, ressalvada a disponibilidade orçamentária. *(Parágrafo com redação dada pela Medida Provisória nº 870, de 1º/1/2019, convertida na Lei 13.844/2019)*

§ 5º Para a finalidade de bem desempenhar suas atribuições legais, a Comissão de Anistia poderá requisitar das empresas públicas, privadas ou de economia mista, no período abrangido pela anistia, os documentos e registros funcionais do postulante à anistia que tenha pertencido aos seus quadros funcionais, não podendo essas empresas recusar-se à devida exibição dos referidos documentos, desde que oficialmente solicitado por expediente administrativo da Comissão e requisitar, quando julgar necessário, informações e assessoria das associações dos anistiados.

CAPÍTULO V
DAS DISPOSIÇÕES GERAIS E FINAIS

Art. 13. No caso de falecimento do anistiado político, o direito à reparação econômica transfere-se aos seus dependentes, observados os critérios fixados nos regimes jurídicos dos servidores civis e militares da União.

Art. 14. Ao anistiado político são também assegurados os benefícios indiretos mantidos pelas empresas ou órgãos da Administração Pública a que estavam vinculados quando foram punidos, ou pelas entidades instituídas por umas ou por outros, inclusive planos de seguro, de assistência médica, odontológica e hospitalar, bem como de financiamento habitacional.

Art. 15. A empresa, fundação ou autarquia poderá, mediante convênio com a Fazenda Pública, encarregar-se do pagamento da prestação mensal, permanente e continuada, relativamente a seus ex-empregados, anistiados políticos, bem como a seus eventuais dependentes.

Art. 16. Os direitos expressos nesta Lei não excluem os conferidos por outras normas legais ou constitucionais, vedada a acumulação de quaisquer pagamentos ou benefícios ou indenização com o mesmo fundamento, facultando-se a opção mais favorável.

Art. 17. Comprovando-se a falsidade dos motivos que ensejaram a declaração da condição de anistiado político ou os benefícios e direitos assegurados por esta Lei será o ato respectivo tornado nulo pelo Ministro de Estado da Justiça, em procedimento em que se assegurará a plenitude do direito de defesa, ficando ao favorecido o encargo de ressarcir a Fazenda Nacional pelas verbas que houver recebido indevidamente, sem prejuízo de outras sanções de caráter administrativo e penal.

Art. 18. Caberá ao Ministério do Planejamento, Orçamento e Gestão efetuar, com referência às anistias concedidas a civis, mediante comunicação do Ministério da Justiça, no prazo de sessenta dias a contar dessa comunicação, o pagamento das reparações econômicas, desde que atendida a ressalva do § 4º do art. 12 desta Lei.

Parágrafo único. Tratando-se de anistias concedidas aos militares, as reintegrações e promoções, bem como as reparações econômicas, reconhecidas pela Comissão, serão efetuadas pelo Ministério da Defesa, no prazo de sessenta dias após a comunicação do Ministério da Justiça, à exceção dos casos especificados no art. 2º, inciso V, desta Lei.

Art. 19. O pagamento de aposentadoria ou pensão excepcional relativa aos já anistiados políticos, que vem sendo efetuado pelo INSS e demais entidades públicas, bem como por empresas, mediante convênio com o referido instituto, será mantido, sem solução de continuidade, até a sua substituição pelo regime de prestação mensal, permanente e continuada, instituído por esta Lei, obedecido o que determina o art. 11.

Parágrafo único. Os recursos necessários ao pagamento das reparações econômicas de caráter indenizatório terão rubrica própria no Orçamento Geral da União e serão determinados pelo Ministério da Justiça, com destinação específica para civis (Ministério do Planejamento, Orçamento e Gestão) e militares (Ministério da Defesa).

Art. 20. Ao declarado anistiado que se encontre em litígio judicial visando à obtenção dos benefícios ou indenização estabelecidos pelo art. 8º do Ato das Disposições Constitucionais Transitórias é facultado celebrar transação a ser homologada no juízo competente.

Parágrafo único. Para efeito do cumprimento do disposto neste artigo, a Advocacia-Geral da União e as Procuradorias Jurídicas das autarquias e fundações públicas federais ficam autorizadas a celebrar transação nos processos movidos contra a União ou suas entidades.

Art. 21. Esta Lei entra em vigor na data da sua publicação.

Art. 22. Ficam revogados a Medida Provisória nº 2.151-3, de 24 de agosto de 2001, o art. 2º, o § 5º do art. 3º, e os arts. 4º e 5º da Lei nº 6.683, de 28 de agosto de 1979, e o art. 150 da Lei nº 8.213, de 24 de julho de 1991.

Congresso Nacional, em 13 de novembro de 2002; 181º da Independência e 114º da República.

Senador RAMEZ TEBET
Presidente da Mesa do Congresso Nacional

LEI Nº 10.833, DE 29 DE DEZEMBRO DE 2003

Altera a Legislação Tributária Federal e dá outras providências.

O PRESIDENTE DA REPÚBLICA Faço saber que o Congresso Nacional decreta e eu sanciono a seguinte Lei:

CAPÍTULO I. DA COBRANÇA NÃO CUMULATIVA DA COFINS

Art. 1º. A Contribuição para o Financiamento da Seguridade Social – Cofins, com a incidência não cumulativa, incide sobre o total das receitas auferidas no mês pela pessoa jurídica, independentemente de sua denominação ou classificação contábil. (Redação dada pela Lei nº 12.973, de 2014)

- Atualização: Art. 1º (Revogado pela LC 214/2025, com produção de efeitos a partir de 1º de janeiro de 2027)
- Súm. 423 do STJ.

§ 1º. Para efeito do disposto neste artigo, o total das receitas compreende a receita bruta de que trata o art. 12 do Decreto-Lei nº 1.598, de 26 de dezembro de 1977, e todas as demais receitas auferidas pela pessoa jurídica com os seus respectivos valores decorrentes do ajuste a valor presente de que trata o inciso VIII do *caput* do art. 183 da Lei nº 6.404, de 15 de dezembro de 1976. (Redação dada pela Lei nº 12.973, de 2014)

§ 2º. A base de cálculo da Cofins é o total das receitas auferidas pela pessoa jurídica, conforme definido no *caput* e no § 1º. (Redação dada pela Lei nº 12.973, de 2014)

§ 3º. Não integram a base de cálculo a que se refere este artigo as receitas:

I – isentas ou não alcançadas pela incidência da contribuição ou sujeitas à alíquota 0 (zero);

II – de que trata o inciso IV do *caput* do art. 187 da Lei nº 6.404, de 15 de dezembro de 1976, decorrentes da venda de bens do ativo não circulante, classificado como investimento, imobilizado ou intangível; (Redação dada pela Lei nº 12.973, de 2014)

III – auferidas pela pessoa jurídica revendedora, na revenda de mercadorias em relação às quais a contribuição seja exigida da empresa vendedora, na condição de substituta tributária;

IV – (Revogado pela Lei nº 11.727, de 2008)

V – referentes a:

a) vendas canceladas e aos descontos incondicionais concedidos;

b) reversões de provisões e recuperações de créditos baixados como perda que não representem ingresso de novas receitas, o resultado positivo da avaliação de investimentos pelo valor do patrimônio líquido e os lucros e dividendos derivados de participações societárias, que tenham sido computados como receita; (Redação dada pela Lei nº 12.973, de 2014)

VI – decorrentes de transferência onerosa a outros contribuintes do Imposto sobre Operações relativas à Circulação de Mercadorias e sobre Prestações de Serviços de Transporte Interestadual e Intermunicipal e de Comunicação – ICMS de créditos de ICMS originados de operações de exportação, conforme o disposto no inciso II do § 1º do art. 25 da Lei Complementar nº 87, de 13 de setembro de 1996. (Incluído pela Lei nº 11.945, de 2009). (Produção de efeitos).

VII – financeiras decorrentes do ajuste a valor presente de que trata o inciso VIII do *caput* do art. 183 da Lei nº 6.404, de 15 de dezembro de 1976, referentes a receitas excluídas da base de cálculo da Cofins; (Incluído pela Lei nº 12.973, de 2014)

VIII – relativas aos ganhos decorrentes de avaliação do ativo e passivo com base no valor justo; (Incluído pela Lei nº 12.973, de 2014)

IX - (Revogado pela Lei 14.789/2023)

X – reconhecidas pela construção, recuperação, reforma, ampliação ou melhoramento da infraestrutura, cuja contrapartida seja ativo intangível representativo de direito de exploração, no caso de contratos de concessão de serviços públicos; (Incluído pela Lei nº 12.973, de 2014)

XI - relativas ao valor do imposto que deixar de ser pago em virtude das isenções e reduções de que tratam as alíneas "a", "b", "c" e "e" do § 1º do art. 19 do Decreto-Lei nº 1.598, de 26 de dezembro de 1977; (Redação dada pela Lei 14.592/2023)

XII - relativas ao prêmio na emissão de debêntures; e (Redação dada pela Lei 14.592/2023)

XIII - relativas ao valor do ICMS que tenha incidido sobre a operação. (Acrescido pela Lei 14.592/2023)

Art. 2º. Para determinação do valor da COFINS aplicar-se-á, sobre a base de cálculo apurada conforme o disposto no art. 1º, a alíquota de 7,6% (sete inteiros e seis décimos por cento).

- Atualização: Art. 2º (Revogado pela LC 214/2025, com produção de efeitos a partir de 1º de janeiro de 2027)

§ 1º. Excetua-se do disposto no *caput* deste artigo a receita bruta auferida pelos produtores ou importadores, que devem aplicar as alíquotas previstas: (Incluído pela Lei nº 10.865, de 2004)

I – nos incisos I a III do art. 4º da Lei nº 9.718, de 27 de novembro de 1998, e alterações posteriores, no caso de venda de gasolinas e suas correntes, exceto gasolina de aviação, óleo diesel e suas correntes e gás liquefeito de petróleo – GLP derivado de petróleo e de gás natural; (Redação dada pela Lei nº 10.925, de 2004)

II – no inciso I do art. 1º da Lei nº 10.147, de 21 de dezembro de 2000, e alterações posteriores, no caso de venda de produtos farmacêuticos, de perfumaria, de toucador ou de higiene pessoal, nele relacionados; (Incluído pela Lei nº 10.865, de 2004)

III – no art. 1º da Lei nº 10.485, de 3 de julho de 2002, e alterações posteriores, no caso de venda de máquinas e veículos classificados nos códigos 84.29, 8432.40.00, 84.32.80.00, 8433.20, 8433.30.00, 8433.40.00, 8433.5, 87.01, 87.02, 87.03, 87.04, 87.05 e 87.06, da TIPI; (Incluído pela Lei nº 10.865, de 2004)

IV – no inciso II do art. 3º da Lei nº 10.485, de 3 de julho de 2002, no caso de vendas, para comerciante atacadista ou varejista ou para consumidores, das autopeças relacionadas nos Anexos I e II da mesma Lei; (Incluído pela Lei nº 10.865, de 2004)

V – no *caput* do art. 5º da Lei nº 10.485, de 3 de julho de 2002, e alterações posteriores, no caso de venda dos produtos classificados nas posições 40.11 (pneus novos de borracha) e 40.13 (câmaras-de-ar de borracha), da TIPI; (Incluído pela Lei nº 10.865, de 2004)

VI – no art. 2º da Lei nº 10.560, de 13 de novembro de 2002, e alterações posteriores, no caso de venda de querosene de aviação; (Incluído pela Lei nº 10.865, de 2004)

VII – no art. 51 desta Lei, e alterações posteriores, no caso de venda das embalagens nele previstas, destinadas ao envasamento de água, refrigerante e cerveja, classificados nos códigos 22.01, 22.02 e 22.03, todos da TIPI; e (Incluído pela Lei nº 10.865, de 2004)

VIII – no art. 58-I desta Lei, no caso de venda das bebidas mencionadas no art. 58-A desta Lei; (Redação dada pela Lei nº 11.727, de 2008)

IX – no inciso II do art. 58-M desta Lei, no caso de venda das bebidas mencionadas no art. 58-A desta Lei, quando efetuada por pessoa jurídica optante pelo regime especial instituído pelo art. 58-J desta Lei; (Redação dada pela Lei nº 11.727, de 2008)

X – no art. 23 da Lei nº 10.865, de 30 de abril de 2004, no caso de venda de gasolinas e suas correntes, exceto gasolina de aviação, óleo diesel e suas correntes, querosene de aviação, gás liquefeito de petróleo – GLP derivado de petróleo e de gás natural. (Incluído pela Lei nº 10.925, de 2004)

§ 1º-A. Excetua-se do disposto no *caput* deste artigo a receita bruta auferida pelos produtores, importadores ou distribuidores com a venda de álcool, inclusive para fins carburantes, à qual se aplicam as alíquotas previstas no *caput* e no § 4º do art. 5º da Lei no 9.718, de 27 de novembro de 1998. (Incluído pela Lei nº 11.727, de 2008).

‣ Atualização: § 1º-A. Excetua-se do disposto no caput deste artigo a receita bruta auferida com a venda de etanol, inclusive para fins carburantes, à qual se aplicam as alíquotas previstas, conforme o caso, no art. 5º da Lei nº 9.718, de 27 de novembro de 1998. (Redação dada pela LC 214/2025 - DOU 16.01.2025 Edição extra, com produção de efeitos a partir do primeiro dia do quarto mês subsequente ao da sua publicação)

§ 2º. Excetua-se do disposto no *caput* deste artigo a receita bruta decorrente da venda de papel imune a impostos de que trata o art. 150, inciso VI, alínea d, da Constituição Federal, quando destinado à impressão de periódicos, que fica sujeita à alíquota de 3,2% (três inteiros e dois décimos por cento). (Incluído pela Lei nº 10.865, de 2004)

§ 3º. Fica o Poder Executivo autorizado a reduzir a 0 (zero) e a restabelecer a alíquota incidente sobre receita bruta decorrente da venda de produtos químicos e farmacêuticos, classificados nos Capítulos 29 e 30, sobre produtos destinados ao uso em hospitais, clínicas e consultórios médicos e odontológicos, campanhas de saúde realizadas pelo Poder Público, laboratório de anatomia patológica, citológica ou de análises clínicas, classificados nas posições 30.02, 30.06, 39.26, 40.15 e 90.18, e sobre sêmens e embriões da posição 05.11, todos da Tipi. (Redação dada pela Lei nº 11.196, de 2005)

§ 4º. Fica reduzida a 0 (zero) a alíquota da COFINS incidente sobre a receita de venda de livros técnicos e científicos, na forma estabelecida em ato conjunto do Ministério da Educação e da Secretaria da Receita Federal. (Incluído pela Lei nº 10.925, de 2004)

§ 5º. Excetua-se do disposto no *caput* deste artigo a receita bruta auferida por pessoa jurídica industrial estabelecida na Zona Franca de Manaus, decorrente da venda de produção própria, consoante projeto aprovado pelo Conselho de Administração da Superintendência da Zona Franca de Manaus – SUFRAMA, que fica sujeita, ressalvado o disposto nos §§ 1º a 4º deste artigo, às alíquotas de: (Incluído pela Lei nº 10.996, de 2004)

I – 3% (três por cento), no caso de venda efetuada a pessoa jurídica estabelecida: (Incluído pela Lei nº 10.996, de 2004)

a) na Zona Franca de Manaus; e (Incluído pela Lei nº 10.996, de 2004)

b) fora da Zona Franca de Manaus, que apure a COFINS no regime de não-cumulatividade; (Incluído pela Lei nº 10.996, de 2004)

II – 6% (seis por cento), no caso de venda efetuada a: (Incluído pela Lei nº 10.996, de 2004)

a) pessoa jurídica estabelecida fora da Zona Franca de Manaus, que apure o imposto de renda com base no lucro presumido; (Incluído pela Lei nº 10.996, de 2004)

b) pessoa jurídica estabelecida fora da Zona Franca de Manaus, que apure o imposto de renda com base no lucro real e que tenha sua receita, total ou parcialmente, excluída do regime de incidência não cumulativa da COFINS; (Incluído pela Lei nº 10.996, de 2004)

c) pessoa jurídica estabelecida fora da Zona Franca de Manaus e que seja optante pelo Sistema Integrado de Pagamento de Impostos e Contribuições – SIMPLES; e (Incluído pela Lei nº 10.996, de 2004)

d) órgãos da administração federal, estadual, distrital e municipal. (Incluído pela Lei nº 10.996, de 2004)

§ 6º. O disposto no § 5º também se aplica à receita bruta auferida por pessoa jurídica industrial ou comercial estabelecida nas Áreas de Livre Comércio de que tratam as Leis nºs 7.965, de 22 de dezembro de 1989, 8.210, de 19 de julho de 1991, e 8.256, de 25 de novembro de 1991, o art. 11 da Lei nº 8.387, de 30 de dezembro de 1991, e a Lei nº 8.857, de 8 de março de 1994. (Incluído pela Lei nº 11.945, de 2009).

§ 7º. A exigência prevista no § 5º deste artigo relativa ao projeto aprovado não se aplica às pessoas jurídicas comerciais referidas no § 6º deste artigo. (Incluído pela Lei nº 11.945, de 2009).

Art. 3º. Do valor apurado na forma do art. 2º a pessoa jurídica poderá descontar créditos calculados em relação a:

‣ Atualização: Art. 3º (Revogado pela LC 214/2025, com produção de efeitos a partir de 1º de janeiro de 2027)

‣ Lei 10.865/2004: arts. 30 e 31.

‣ Decreto 6.144/2007 – Regulamenta a forma de habilitação e co-habilitação ao Regime Especial de Incentivos para o Desenvolvimento da Infra-Estrutura - REIDI, instituído pelos arts. 1º a 5º da Lei 11.488/2007.

I – bens adquiridos para revenda, exceto em relação às mercadorias e aos produtos referidos: (Redação dada pela Lei nº 10.865, de 2004)

a) no inciso III do § 3º do art. 1º desta Lei; e (Redação dada pela Lei nº 11.727, de 2008)

b) nos §§ 1º e 1º-A do art. 2º desta Lei; (Redação dada pela lei nº 11.787, de 2008)

II – bens e serviços, utilizados como insumo na prestação de serviços e na produção ou fabricação de bens ou produtos destinados à venda, inclusive combustíveis e lubrificantes, exceto em relação ao pagamento de que trata o art. 2º da Lei nº 10.485, de 3 de julho de 2002, devido pelo fabricante ou importador, ao concessionário, pela intermediação ou entrega dos veículos classificados nas posições 87.03 e 87.04 da Tipi; (Redação dada pela Lei nº 10.865, de 2004)

III – energia elétrica e energia térmica, inclusive sob a forma de vapor, consumidas nos estabelecimentos da pessoa jurídica; (Redação dada pela Lei nº 11.488, de 2007)

IV – aluguéis de prédios, máquinas e equipamentos, pagos a pessoa jurídica, utilizados nas atividades da empresa;

V – valor das contraprestações de operações de arrendamento mercantil de pessoa jurídica, exceto de optante pelo Sistema Integrado de Pagamento de Impostos e Contribuições das Microempresas e das Empresas de Pequeno Porte – SIMPLES;(Redação dada pela Lei nº 10.865, de 2004)

VI – máquinas, equipamentos e outros bens incorporados ao ativo imobilizado, adquiridos ou fabricados para locação a terceiros, ou para utilização na produção de bens destinados à venda ou na prestação de serviços; (Redação dada pela Lei nº 11.196, de 2005)

VII – edificações e benfeitorias em imóveis próprios ou de terceiros, utilizados nas atividades da empresa;

› Lei 11.488/2007: art. 6º.

VIII – bens recebidos em devolução cuja receita de venda tenha integrado faturamento do mês ou de mês anterior, e tributada conforme o disposto nesta Lei;

IX – armazenagem de mercadoria e frete na operação de venda, nos casos dos incisos I e II, quando o ônus for suportado pelo vendedor.

X – vale-transporte, vale-refeição ou vale-alimentação, fardamento ou uniforme fornecidos aos empregados por pessoa jurídica que explore as atividades de prestação de serviços de limpeza, conservação e manutenção. (Incluído pela Lei nº 11.898, de 2009)

XI – bens incorporados ao ativo intangível, adquiridos para utilização na produção de bens destinados a venda ou na prestação de serviços. (Incluído pela Lei nº 12.973, de 2014)

§ 1º. Observado o disposto no § 15 deste artigo, o crédito será determinado mediante a aplicação da alíquota prevista no *caput* do art. 2º desta Lei sobre o valor: (Redação dada pela Lei nº 11.727, de 2008)

I – dos itens mencionados nos incisos I e II do *caput*, adquiridos no mês;

II – dos itens mencionados nos incisos III a V e IX do *caput*, incorridos no mês;

III – dos encargos de depreciação e amortização dos bens mencionados nos incisos VI, VII e XI do *caput*, incorridos no mês; (Redação dada pela Lei nº 12.973, de 2014)

IV – dos bens mencionados no inciso VIII do *caput*, devolvidos no mês.

§ 2º. Não dará direito a crédito o valor: (Redação dada pela Lei nº 10.865, de 2004)

I - de mão de obra paga a pessoa física; (Redação dada pela Lei 14.592/2023)

II - da aquisição de bens ou serviços não sujeitos ao pagamento da contribuição, inclusive no caso de isenção, esse último quando revendidos ou utilizados como insumo em produtos ou serviços sujeitos à alíquota 0 (zero), isentos ou não alcançados pela contribuição; e (Redação dada pela Lei 14.592/2023)

III - do ICMS que tenha incidido sobre a operação de aquisição. (Acrescido pela Lei 14.592/2023)

§ 3º. O direito ao crédito aplica-se, exclusivamente, em relação:

I – aos bens e serviços adquiridos de pessoa jurídica domiciliada no País;

II – aos custos e despesas incorridos, pagos ou creditados a pessoa jurídica domiciliada no País;

III – aos bens e serviços adquiridos e aos custos e despesas incorridos a partir do mês em que se iniciar a aplicação do disposto nesta Lei.

§ 4º. O crédito não aproveitado em determinado mês poderá sê-lo nos meses subsequentes.

§ 5º. (Revogado pela Lei nº 10.925, de 2004)

§ 6º. (Revogado pela Lei nº 10.925, de 2004)

§ 7º. Na hipótese de a pessoa jurídica sujeitar-se à incidência não cumulativa da COFINS, em relação apenas à parte de suas receitas, o crédito será apurado, exclusivamente, em relação aos custos, despesas e encargos vinculados a essas receitas.

§ 8º. Observadas as normas a serem editadas pela Secretaria da Receita Federal, no caso de custos, despesas e encargos vinculados às receitas referidas no § 7º e àquelas submetidas ao regime de incidência cumulativa dessa contribuição, o crédito será determinado, a critério da pessoa jurídica, pelo método de:

I – apropriação direta, inclusive em relação aos custos, por meio de sistema de contabilidade de custos integrada e coordenada com a escrituração; ou

II – rateio proporcional, aplicando-se aos custos, despesas e encargos comuns a relação percentual existente entre a receita bruta sujeita à incidência não cumulativa e a receita bruta total, auferidas em cada mês.

§ 9º. O método eleito pela pessoa jurídica para determinação do crédito, na forma do § 8º, será aplicado consistentemente por todo o ano-calendário e, igualmente, adotado na apuração do crédito relativo à contribuição para o PIS/PASEP não cumulativa, observadas as normas a serem editadas pela Secretaria da Receita Federal.

§ 10. O valor dos créditos apurados de acordo com este artigo não constitui receita bruta da pessoa jurídica, servindo somente para dedução do valor devido da contribuição.

§ 11. (Revogado pela Lei nº 10.925, de 2004)

§ 12. (Revogado pela Lei nº 10.925, de 2004)

§ 13. Deverá ser estornado o crédito da COFINS relativo a bens adquiridos para revenda ou utilizados como insumos na prestação de serviços e na produção ou fabricação de bens ou produtos destinados à venda, que tenham sido furtados ou roubados, inutilizados ou deteriorados, destruídos em sinistro ou, ainda, empregados em outros produtos que tenham tido a mesma destinação. (Incluído pela Lei nº 10.865, de 2004)

§ 14. Opcionalmente, o contribuinte poderá calcular o crédito de que trata o inciso III do § 1º deste artigo, relativo à aquisição de máquinas e equipamentos destinados ao ativo imobilizado, no prazo de 4 (quatro) anos, mediante a aplicação, a cada mês, das alíquotas referidas no *caput* do art. 2º desta Lei sobre o valor correspondente a 1/48 (um quarenta e oito avos) do valor de aquisição do bem, de acordo com regulamentação da Secretaria da Receita Federal. (Incluído pela Lei nº 10.865, de 2004)

§ 15. O crédito, na hipótese de aquisição, para revenda, de papel imune a impostos de que trata o art. 150, inciso VI, alínea d da Constituição Federal, quando destinado à impressão de periódicos, será determinado mediante a aplicação da alíquota prevista no § 2º do art. 2º desta Lei. (Incluído pela Lei nº 10.865, de 2004)

§ 16. Opcionalmente, o contribuinte poderá calcular o crédito de que trata o inciso III do § 1º deste artigo, relativo à aquisição de embalagens de vidro retornáveis, classificadas no código 7010.90.21 da Tipi, destinadas ao ativo imobilizado, de acordo com regulamentação da Secretaria da Receita Federal do Brasil: (Redação dada pela Lei nº 11.727, de 2008)

I – no prazo de 12 (doze) meses, à razão de 1/12 (um doze avos); ou (Incluído pela Lei nº 11.727, de 2008)

II – na hipótese de opção pelo regime especial instituído pelo art. 58-J desta Lei, no prazo de 6 (seis) meses, à razão de 1/6 (um sexto) do valor da contribuição incidente, mediante alíquota específica, na aquisição dos vasilhames, ficando o Poder Executivo autorizado a alterar o prazo e a razão estabelecidos para o cálculo dos referidos créditos. (Incluído pela Lei nº 11.727, de 2008)

§ 17. Ressalvado o disposto no § 2º deste artigo e nos §§ 1º a 3º do art. 2º desta Lei, na aquisição de mercadoria produzida por pessoa jurídica estabelecida na Zona Franca de Manaus, consoante projeto aprovado pelo Conselho de Administração da Superintendência da Zona Franca de Manaus (Suframa), o crédito será determinado mediante a aplicação da alíquota: (Redação dada pela Lei nº 12.507, de 2011)

I – de 5,60% (cinco inteiros e sessenta centésimos por cento), nas operações com os bens referidos no inciso VI do art. 28 da Lei nº 11.196, de 21 de novembro de 2005; (Incluído pela Lei nº 12.507, de 2011)

II – de 7,60% (sete inteiros e sessenta centésimos por cento), na situação de que trata a alínea "b" do inciso II do § 5º do art. 2º desta Lei; e (Incluído pela Lei nº 12.507, de 2011)

III – de 4,60% (quatro inteiros e sessenta centésimos por cento), nos demais casos. (Incluído pela Lei nº 12.507, de 2011)

§ 18. No caso de devolução de vendas efetuadas em períodos anteriores, o crédito calculado mediante a aplicação da alíquota incidente na venda será apropriado no mês do recebimento da devolução. (Redação dada pela Lei nº 11.727, de 2008)

§ 19. As pessoas jurídicas que contratem serviço de transporte de carga prestado por: (Redação dada pela Lei 14.440/2022, vetada pelo Presidente da República, mantida pelo Congresso Nacional e publicado no DOU de 22/12/2022)

I – pessoa física, transportador autônomo, poderá descontar, da Cofins devida em cada período de apuração, crédito presumido calculado sobre o valor dos pagamentos efetuados por esses serviços; (Incluído pela Lei nº 11.051, de 2004)

II – pessoa jurídica transportadora, optante pelo SIMPLES, poderá descontar, da

Cofins devida em cada período de apuração, crédito calculado sobre o valor dos pagamentos efetuados por esses serviços. (Incluído pela Lei nº 11.051, de 2004)

§ 20. Relativamente aos créditos referidos no § 19 deste artigo, seu montante será determinado mediante aplicação, sobre o valor dos mencionados pagamentos, de alíquota correspondente a 75% (setenta e cinco por cento) daquela constante do art. 2º desta Lei. (Incluído pela Lei nº 11.051, de 2004)

§ 21. Não integram o valor das máquinas, equipamentos e outros bens fabricados para incorporação ao ativo imobilizado na forma do inciso VI do *caput* deste artigo os custos de que tratam os incisos do § 2º deste artigo. (Incluído pela Lei nº 11.196, de 2005)

§ 22. (A Medida Provisória nº 413/2008 ao ser convertida na Lei 11.727/2008 não manteve este parágrafo).

§ 23. O disposto no § 17 deste artigo também se aplica na hipótese de aquisição de mercadoria produzida por pessoa jurídica estabelecida nas Áreas de Livre Comércio de que tratam as Leis nºs 7.965, de 22 de dezembro de 1989, 8.210, de 19 de julho de 1991, e 8.256, de 25 de novembro de 1991, o art. 11 da Lei nº 8.387, de 30 de dezembro de 1991, e a Lei nº 8.857, de 8 de março de 1994. (Incluído pela Lei nº 11.945, de 2009)

§ 24. Ressalvado o disposto no § 2º deste artigo e nos §§ 1º a 3º do art. 2º desta Lei, na hipótese de aquisição de mercadoria revendida por pessoa jurídica comercial estabelecida nas Áreas de Livre Comércio referidas no § 23 deste artigo, o crédito será determinado mediante a aplicação da alíquota de 3% (três por cento). (Incluído pela Lei nº 11.945, de 2009).

§ 25. No cálculo do crédito de que tratam os incisos do *caput*, poderão ser considerados os valores decorrentes do ajuste a valor presente de que trata o inciso III do *caput* do art. 184 da Lei nº 6.404, de 15 de dezembro de 1976. (Incluído pela Lei nº 12.973, de 2014)

§ 26. O disposto nos incisos VI e VII do *caput* não se aplica no caso de bem objeto de arrendamento mercantil, na pessoa jurídica arrendatária. (Incluído pela Lei nº 12.973, de 2014)

§ 27. Para fins do disposto nos incisos VI e VII do *caput*, fica vedado o desconto de quaisquer créditos calculados em relação a: (Incluído pela Lei nº 12.973, de 2014)

I – encargos associados a empréstimos registrados como custo na forma da alínea "b" do § 1º do art. 17 do Decreto-Lei nº 1.598, de 26 de dezembro de 1977; e (Incluído pela Lei nº 12.973, de 2014)

II – custos estimados de desmontagem e remoção do imobilizado e de restauração do local em que estiver situado. (Incluído pela Lei nº 12.973, de 2014)

§ 28. No cálculo dos créditos a que se referem os incisos VI e VII do *caput*, não serão computados os ganhos e perdas decorrentes de avaliação de ativo com base no valor justo. (Incluído pela Lei nº 12.973, de 2014)

§ 29. Na execução de contratos de concessão de serviços públicos, os créditos gerados pelos serviços de construção, recuperação, reforma, ampliação ou melhoramento de infraestrutura, quando a receita correspondente tiver contrapartida em ativo intangível, representativo de direito de exploração, ou em ativo financeiro, somente poderão ser aproveitados, no caso do ativo intangível, à medida que este for amortizado e, no caso do ativo financeiro, na proporção de seu recebimento, excetuado, para ambos os casos, o crédito previsto no inciso VI do *caput*. (Incluído pela Lei nº 12.973, de 2014)

§ 30. O disposto no inciso XI do *caput* não se aplica ao ativo intangível referido no § 29. (Incluído pela Lei nº 12.973, de 2014)

Art. 4º. A pessoa jurídica que adquirir imóvel para venda ou promover empreendimento de desmembramento ou loteamento de terrenos, incorporação imobiliária ou construção de prédio destinado a venda, utilizará o crédito referente aos custos vinculados à unidade construída ou em construção, a ser descontado na forma do art. 3º, somente a partir da efetivação da venda.

› **Atualização:** Art. 4º (Revogado pela LC 214/2025, com produção de efeitos a partir de 1º de janeiro de 2027)

§ 1º. Na hipótese de venda de unidade imobiliária não concluída, a pessoa jurídica poderá utilizar crédito presumido, em relação ao custo orçado de que trata a legislação do imposto de renda.

§ 2º. O crédito presumido será calculado mediante a aplicação da alíquota de que trata o art. 2º sobre o valor do custo orçado para conclusão da obra ou melhoramento, ajustado pela exclusão dos valores a serem pagos a pessoa física, encargos trabalhistas, sociais e previdenciários, e dos bens e serviços, acrescidos dos tributos incidentes na importação, adquiridos de pessoa física ou jurídica residente ou domiciliada no exterior.

§ 3º. O crédito a ser descontado na forma do *caput* e o crédito presumido apurado na forma do § 2º deverão ser utilizados na proporção da receita relativa à venda da unidade imobiliária, à medida do recebimento.

§ 4º. Ocorrendo modificação do valor do custo orçado, antes do término da obra ou melhoramento, nas hipóteses previstas na legislação do imposto de renda, o novo valor orçado deverá ser considerado para efeito do disposto nos §§ 2º e 3º.

§ 5º. A pessoa jurídica que utilizar o crédito presumido de que trata este artigo determinará, na data da conclusão da obra ou melhoramento, a diferença entre o custo orçado e o efetivamente realizado, apurados na forma da legislação do imposto de renda, com os ajustes previstos no § 2º:

I – se o custo realizado for inferior ao custo orçado, em mais de 15% (quinze por cento) deste, considerar-se-á como postergada a contribuição incidente sobre a diferença;

II – se o custo realizado for inferior ao custo orçado, em até 15% (quinze por cento) deste, a contribuição incidente sobre a diferença será devida a partir da data da conclusão, sem acréscimos legais;

III – se o custo realizado for superior ao custo orçado, a pessoa jurídica terá direito ao crédito correspondente à diferença, no período de apuração em que ocorrer a conclusão, sem acréscimos.

§ 6º. A diferença de custo a que se refere o § 5º será, no período de apuração em que ocorrer a conclusão da obra ou melhoramento, adicionada ou subtraída, conforme o caso, no cálculo do crédito a ser descontado na forma do art. 3º, devendo ainda, em relação à contribuição considerada postergada, de acordo com o inciso I, ser recolhidos os acréscimos referentes a juros de mora e multa, de mora ou de ofício, calculados na forma da legislação que rege a cobrança da contribuição não paga.

§ 7º. Se a venda de unidade imobiliária não concluída ocorrer antes de iniciada a apuração da COFINS na forma do art. 2º, o custo orçado poderá ser calculado na data de início dessa apuração, para efeito do disposto nos §§ 2º e 3º, observado, quanto aos custos incorridos até essa data, o disposto no § 4º do art. 12.

§ 8º. O disposto neste artigo não se aplica às vendas anteriores à vigência da Medida Provisória nº 2.221, de 4 de setembro de 2001.

§ 9º. Os créditos referentes a unidades imobiliárias recebidas em devolução, calculados com observância do disposto neste artigo, serão estornados na data do desfazimento do negócio.

Art. 5º. O contribuinte da COFINS é a pessoa jurídica que auferir as receitas a que se refere o art. 1º.

› **Atualização:** Art. 5º (Revogado pela LC 214/2025, com produção de efeitos a partir de 1º de janeiro de 2027)

Art. 6º. A COFINS não incidirá sobre as receitas decorrentes das operações de:

› **Atualização:** Art. 6º (Revogado pela LC 214/2025, com produção de efeitos a partir de 1º de janeiro de 2027)

I – exportação de mercadorias para o exterior;

II – prestação de serviços para pessoa física ou jurídica residente ou domiciliada no exterior, cujo pagamento represente ingresso de divisas; (Redação dada pela Lei nº 10.865, de 2004)

III – vendas a empresa comercial exportadora com o fim específico de exportação.

§ 1º. Na hipótese deste artigo, a pessoa jurídica vendedora poderá utilizar o crédito apurado na forma do art. 3º, para fins de:

I – dedução do valor da contribuição a recolher, decorrente das demais operações no mercado interno;

II – compensação com débitos próprios, vencidos ou vincendos, relativos a tributos e contribuições administrados pela

Secretaria da Receita Federal, observada a legislação específica aplicável à matéria.

§ 2º. A pessoa jurídica que, até o final de cada trimestre do ano civil, não conseguir utilizar o crédito por qualquer das formas previstas no § 1º poderá solicitar o seu ressarcimento em dinheiro, observada a legislação específica aplicável à matéria.

§ 3º. O disposto nos §§ 1º e 2º aplica-se somente aos créditos apurados em relação a custos, despesas e encargos vinculados à receita de exportação, observado o disposto nos §§ 8º e 9º do art. 3º.

§ 4º. O direito de utilizar o crédito de acordo com o § 1º não beneficia a empresa comercial exportadora que tenha adquirido mercadorias com o fim previsto no inciso III do *caput*, ficando vedada, nesta hipótese, a apuração de créditos vinculados à receita de exportação.

Art. 7º. No caso de construção por empreitada ou de fornecimento a preço predeterminado de bens ou serviços, contratados por pessoa jurídica de direito público, empresa pública, sociedade de economia mista ou suas subsidiárias, a pessoa jurídica optante pelo regime previsto no art. 7º da Lei nº 9.718, de 27 de novembro de 1998, somente poderá utilizar o crédito a ser descontado na forma do art. 3º, na proporção das receitas efetivamente recebidas.

› Atualização: Art. 7º (Revogado pela LC 214/2025, com produção de efeitos a partir de 1º de janeiro de 2027)

Art. 8º. A contribuição incidente na hipótese de contratos, com prazo de execução superior a 1 (um) ano, de construção por empreitada ou de fornecimento, a preço predeterminado, de bens ou serviços a serem produzidos, será calculada sobre a receita apurada de acordo com os critérios de reconhecimento adotados pela legislação do imposto de renda, previstos para a espécie de operação.

› Atualização: Art. 8º (Revogado pela LC 214/2025, com produção de efeitos a partir de 1º de janeiro de 2027)

Parágrafo único. O crédito a ser descontado na forma do art. 3º somente poderá ser utilizado na proporção das receitas reconhecidas nos termos do *caput*.

Art. 9º. A empresa comercial exportadora que houver adquirido mercadorias de outra pessoa jurídica, com o fim específico de exportação para o exterior, que, no prazo de 180 (cento e oitenta) dias, contados da data da emissão da nota fiscal pela vendedora, não comprovar o seu embarque para o exterior, ficará sujeita ao pagamento de todos os impostos e contribuições que deixaram de ser pagos pela empresa vendedora, acrescidos de juros de mora e multa, de mora ou de ofício, calculados na forma da legislação que rege a cobrança do tributo não pago.

› Atualização: Art. 9º (Revogado pela LC 214/2025, com produção de efeitos a partir de 1º de janeiro de 2027)

§ 1º. Para efeito do disposto neste artigo, considera-se vencido o prazo para o pagamento na data em que a empresa vendedora deveria fazê-lo, caso a venda houvesse sido efetuada para o mercado interno.

§ 2º. No pagamento dos referidos tributos, a empresa comercial exportadora não poderá deduzir, do montante devido, qualquer valor a TÍTULO de crédito de Imposto sobre Produtos Industrializados – IPI, ou da COFINS, decorrente da aquisição das mercadorias e serviços objeto da incidência.

§ 3º. A empresa deverá pagar, também, os impostos e contribuições devidos nas vendas para o mercado interno, caso, por qualquer forma, tenha alienado ou utilizado as mercadorias.

Art. 10. Permanecem sujeitas às normas da legislação da COFINS, vigentes anteriormente a esta Lei, não se lhes aplicando as disposições dos arts. 1º a 8º:

› Atualização: Art. 10 (Revogado pela LC 214/2025, com produção de efeitos a partir de 1º de janeiro de 2027)

I - as pessoas jurídicas referidas nos §§ 6º, 8º e 9º do art. 3º da Lei nº 9.718, de 27 de novembro de 1998, e na Lei que institui o Estatuto da Segurança Privada e da Segurança das Instituições Financeiras; (Redação dada pela Lei 14.967/2024)

II – as pessoas jurídicas tributadas pelo imposto de renda com base no lucro presumido ou arbitrado;

III – as pessoas jurídicas optantes pelo SIMPLES;

IV – as pessoas jurídicas imunes a impostos;

V – os órgãos públicos, as autarquias e fundações públicas federais, estaduais e municipais, e as fundações cuja criação tenha sido autorizada por lei, referidas no art. 61 do Ato das Disposições Constitucionais Transitórias da Constituição;

VI – sociedades cooperativas, exceto as de produção agropecuária, sem prejuízo das deduções de que trata o art. 15 da Medida Provisória nº 2.158-35, de 24 de agosto de 2001, e o art. 17 da Lei nº 10.684, de 30 de maio de 2003, não lhes aplicando as disposições do § 7º do art. 3º das Leis nºs 10.637, de 30 de dezembro de 2002, e 10.833, de 29 de dezembro de 2003, e as de consumo; (Redação dada pela Lei nº 10.865, de 2004)

VII – as receitas decorrentes das operações:

a) referidas no inciso IV do § 3º do art. 1º;

b) sujeitas à substituição tributária da COFINS;

c) referidas no art. 5º da Lei nº 9.716, de 26 de novembro de 1998;

VIII – as receitas decorrentes de prestação de serviços de telecomunicações;

IX – as receitas decorrentes de venda de jornais e periódicos e de prestação de serviços das empresas jornalísticas e de radiodifusão sonora e de sons e imagens; (Redação dada pela Lei nº 10.865, de 2004)

X – as receitas submetidas ao regime especial de tributação previsto no art. 47 da Lei no 10.637, de 30 de dezembro de 2002;

XI – as receitas relativas a contratos firmados anteriormente a 31 de outubro de 2003:

a) com prazo superior a 1 (um) ano, de administradoras de planos de consórcios de bens móveis e imóveis, regularmente autorizadas a funcionar pelo Banco Central;

b) com prazo superior a 1 (um) ano, de construção por empreitada ou de fornecimento, a preço predeterminado, de bens ou serviços;

c) de construção por empreitada ou de fornecimento, a preço predeterminado, de bens ou serviços contratados com pessoa jurídica de direito público, empresa pública, sociedade de economia mista ou suas subsidiárias, bem como os contratos posteriormente firmados decorrentes de propostas apresentadas, em processo licitatório, até aquela data;

XII – as receitas decorrentes de prestação de serviços de transporte coletivo rodoviário, metroviário, ferroviário e aquaviário de passageiros;

XIII – as receitas decorrentes de serviços: (Redação dada pela Lei nº 10.865, de 2004)

a) prestados por hospital, pronto-socorro, clínica médica, odontológica, de fisioterapia e de fonoaudiologia, e laboratório de anatomia patológica, citológica ou de análises clínicas; e (Incluído pela Lei nº 10.865, de 2004)

b) de diálise, raios X, radiodiagnóstico e radioterapia, quimioterapia e de banco de sangue; (Incluído pela Lei nº 10.865, de 2004)

XIV – as receitas decorrentes de prestação de serviços de educação infantil, ensinos fundamental e médio e educação superior.

XV – as receitas decorrentes de vendas de mercadorias realizadas pelas pessoas jurídicas referidas no art. 15 do Decreto-Lei nº 1.455, de 7 de abril de 1976; (Incluído pela Lei nº 10.865, de 2004)

XVI – as receitas decorrentes de prestação de serviço de transporte coletivo de passageiros, efetuado por empresas regulares de linhas aéreas domésticas, e as decorrentes da prestação de serviço de transporte de pessoas por empresas de táxi aéreo; (Incluído pela Lei nº 10.865, de 2004)

XVII – as receitas auferidas por pessoas jurídicas, decorrentes da edição de periódicos e de informações neles contidas, que sejam relativas aos assinantes dos serviços públicos de telefonia; (Incluído pela Lei nº 10.865, de 2004)

XVIII – as receitas decorrentes de prestação de serviços com aeronaves de uso agrícola inscritas no Registro Aeronáutico Brasileiro (RAB); (Incluído pela Lei nº 10.865, de 2004)

XIX – as receitas decorrentes de prestação de serviços das empresas de call center, telemarketing, telecobrança e de teleatendimento em geral; (Incluído pela Lei nº 10.865, de 2004)

XX – as receitas decorrentes da execução por administração, empreitada ou subempreitada, de obras de construção civil; (Redação dada pela Lei nº 13.043, de 2014)

XXI – as receitas auferidas por parques temáticos, e as decorrentes de serviços de hotelaria e de organização de feiras e eventos, conforme definido em ato conjunto dos Ministérios da Fazenda e do Turismo. (Incluído pela Lei nº 10.865, de 2004)

XXII – as receitas decorrentes da prestação de serviços postais e telegráficos prestados pela Empresa Brasileira de Correios e Telégrafos; (Incluído pela Lei nº 10.925, de 2004)

XXIII – as receitas decorrentes de prestação de serviços públicos de concessionárias operadoras de rodovias; (Incluído pela Lei nº 10.925, de 2004)

XXIV – as receitas decorrentes da prestação de serviços das agências de viagem e de viagens e turismo. (Incluído pela Lei nº 10.925, de 2004)

XXV – as receitas auferidas por empresas de serviços de informática, decorrentes das atividades de desenvolvimento de software e o seu licenciamento ou cessão de direito de uso, bem como de análise, programação, instalação, configuração, assessoria, consultoria, suporte técnico e manutenção ou atualização de software, compreendidas ainda como softwares as páginas eletrônicas. (Incluído pela Lei nº 11.051, de 2004)

XXVI – as receitas relativas às atividades de revenda de imóveis, desmembramento ou loteamento de terrenos, incorporação imobiliária e construção de prédio destinado à venda, quando decorrentes de contratos de longo prazo firmados antes de 31 de outubro de 2003; (Incluído pela Lei nº 11.196, de 2005)

XXVII – (VETADO) (Incluído pela Lei nº 11.196, de 2005)

XXVIII – (VETADO); (Incluído pela Lei nº 12.766, de 2012)

XXIX – as receitas decorrentes de operações de comercialização de pedra britada, de areia para construção civil e de areia de brita. (Incluído pela Lei nº 12.766, de 2012)

XXX – as receitas decorrentes da alienação de participações societárias. (Incluído pela Lei nº 13.043, de 2014)

§ 1º. Ficam convalidados os recolhimentos efetuados de acordo com a atual redação do inciso IX deste artigo. (Redação dada pela Lei nº 11.051, de 2004)

§ 2º. O disposto no inciso XXV do *caput* deste artigo não alcança a comercialização, licenciamento ou cessão de direito de uso de software importado. (Incluído pela Lei nº 11.051, de 2004)

Art. 11. A contribuição de que trata o art. 1º desta Lei deverá ser paga até o 25º (vigésimo quinto) dia do mês subsequente ao de ocorrência do fato gerador. (Redação dada pela Lei nº 11.488, de 2007)

› Atualização: Art. 11 (Revogado pela LC 214/2025, com produção de efeitos a partir de 1º de janeiro de 2027)

Parágrafo único. Se o dia do vencimento de que trata o *caput* deste artigo não for dia útil, considerar-se-á antecipado o prazo para o primeiro dia útil que o anteceder. (Incluído pela Lei nº 11.488, de 2007)

Art. 12. A pessoa jurídica contribuinte da COFINS, submetida à apuração do valor devido na forma do art. 3º, terá direito a desconto correspondente ao estoque de abertura dos bens de que tratam os incisos I e II daquele mesmo artigo, adquiridos de pessoa jurídica domiciliada no País, existentes na data de início da incidência desta contribuição de acordo com esta Lei.

› Atualização: Art. 12 (Revogado pela LC 214/2025, com produção de efeitos a partir de 1º de janeiro de 2027)

§ 1º. O montante de crédito presumido será igual ao resultado da aplicação do percentual de 3% (três por cento) sobre o valor do estoque.

§ 2º. O crédito presumido calculado segundo os §§ 1º, 9º e 10 deste artigo será utilizado em 12 (doze) parcelas mensais, iguais e sucessivas, a partir da data a que se refere o *caput* deste artigo. (Redação dada pela Lei nº 10.925, de 2004)

§ 3º. O disposto no *caput* aplica-se também aos estoques de produtos acabados e em elaboração.

§ 4º. A pessoa jurídica referida no art. 4º que, antes da data de início da vigência da incidência não cumulativa da COFINS, tenha incorrido em custos com unidade imobiliária construída ou em construção poderá calcular crédito presumido, naquela data, observado:

I – no cálculo do crédito será aplicado o percentual previsto no § 1º sobre o valor dos bens e dos serviços, inclusive combustíveis e lubrificantes, adquiridos de pessoas jurídicas domiciliadas no País, utilizados como insumo na construção;

II – o valor do crédito presumido apurado na forma deste parágrafo deverá ser utilizado na proporção da receita relativa à venda da unidade imobiliária, à medida do recebimento.

§ 5º. A pessoa jurídica que, tributada com base no lucro presumido ou optante pelo SIMPLES, passar a ser tributada com base no lucro real, na hipótese de sujeitar-se à incidência não-cumulativa da COFINS, terá direito ao aproveitamento do crédito presumido na forma prevista neste artigo, calculado sobre o estoque de abertura, devidamente comprovado, na data da mudança do regime de tributação adotado para fins do imposto de renda.

§ 6º. Os bens recebidos em devolução, tributados antes do início da aplicação desta Lei, ou da mudança do regime de tributação de que trata o § 5º, serão considerados como integrantes do estoque de abertura referido no *caput*, devendo o crédito ser utilizado na forma do § 2º a partir da data da devolução.

§ 7º. O disposto neste artigo aplica-se, também, aos estoques de produtos que não geraram crédito na aquisição, em decorrência do disposto nos §§ 7º a 9º do art. 3º desta Lei, destinados à fabricação dos produtos de que tratam as Leis nºs 9.990, de 21 de julho de 2000, 10.147, de 21 de dezembro de 2000, 10.485, de 3 de julho de 2002, e 10.560, de 13 de novembro de 2002, ou quaisquer outros submetidos à incidência monofásica da contribuição. (Incluído pela Lei nº 10.865, de 2004)

§ 8º. As disposições do § 7º deste artigo não se aplicam aos estoques de produtos adquiridos a alíquota 0 (zero), isentos ou não alcançados pela incidência da contribuição. (Incluído pela Lei nº 10.865, de 2004)

§ 9º. O montante do crédito presumido de que trata o § 7º deste artigo será igual ao resultado da aplicação do percentual de 7,6% (sete inteiros e seis décimos por cento) sobre o valor do estoque. (Incluído pela Lei nº 10.865, de 2004)

§ 10. O montante do crédito presumido de que trata o § 7º deste artigo, relativo às pessoas jurídicas referidas no art. 51 desta Lei, será igual ao resultado da aplicação da alíquota de 3% (três por cento) sobre o valor dos bens em estoque adquiridos até 31 de janeiro de 2004, e de 7,6% (sete inteiros e seis décimos por cento) sobre o valor dos bens em estoque adquiridos a partir de 1º de fevereiro de 2004. (Redação dada pela Lei nº 10.925, de 2004)

Art. 13. O aproveitamento de crédito na forma do § 4º do art. 3º, do art. 4º e dos §§ 1º e 2º do art. 6º, bem como do § 2º e inciso II do § 4º e § 5º do art. 12, não ensejará atualização monetária ou incidência de juros sobre os respectivos valores.

› Atualização: Art. 13 (Revogado pela LC 214/2025, com produção de efeitos a partir de 1º de janeiro de 2027)

Art. 14. O disposto nas Leis nºs 9.363, de 13 de dezembro de 1996, e 10.276, de 10 de setembro de 2001, não se aplica à pessoa jurídica submetida à apuração do valor devido na forma dos arts. 2º e 3º desta Lei e dos arts. 2º e 3º da Lei nº 10.637, de 30 de dezembro de 2002.

› Atualização: Art. 14 (Revogado pela LC 214/2025, com produção de efeitos a partir de 1º de janeiro de 2027)

Art. 15. Aplica-se à contribuição para o PIS/PASEP não cumulativa de que trata a Lei nº 10.637, de 30 de dezembro de 2002, o disposto: (Redação dada pela Lei nº 10.865, de 2004)

› Atualização: Art. 15 (Revogado pela LC 214/2025, com produção de efeitos a partir de 1º de janeiro de 2027)

I – nos incisos I e II do § 3º do art. 1º desta Lei; (Incluído pela Lei nº 10.865, de 2004)

II – nos incisos VI, VII e IX do *caput* e nos §§ 1º e 10 a 20 do art. 3º desta Lei; (Redação dada pela Lei nº 11.051, de 2004)

III – nos §§ 3º e 4º do art. 6º desta Lei; (Incluído pela Lei nº 10.865, de 2004)

IV – nos arts. 7º e 8º desta Lei; (Incluído pela Lei nº 10.865, de 2004)

V – nos incisos VI, IX a XXVII do *caput* e nos §§ 1º e 2º do art. 10 desta Lei; (Redação dada pela Lei nº 11.196, de 2005)

VI – no art. 13 desta Lei. (Incluído pela Lei nº 10.865, de 2004)

Art. 16. O disposto no art. 4º e no § 4º do art. 12 aplica-se, a partir de 1º de janeiro de 2003, à contribuição para o PIS/PASEP não cumulativa, de que trata a Lei nº 10.637, de 30 de dezembro de 2002, com observância das alíquotas de 1,65% (um inteiro e sessenta e cinco centésimos por cento) e de 0,65% (sessenta e cinco centésimos por cento) em relação à apuração na forma dos referidos artigos, respectivamente.

› Atualização: Art. 16 (Revogado pela LC 214/2025, com produção de efeitos a partir de 1º de janeiro de 2027)

Parágrafo único. O tratamento previsto no inciso II do *caput* do art. 3º e nos §§ 5º e 6º do art. 12 aplica-se também à contribuição para o PIS/PASEP não cumulativa na forma e a partir da data prevista no *caput*.

CAPÍTULO II. DAS OUTRAS DISPOSIÇÕES RELATIVAS À LEGISLAÇÃO TRIBUTÁRIA

Art. 17. O art. 74 da Lei nº 9.430, de 27 de dezembro de 1996, alterado pelo art. 49 da Lei nº 10.637, de 30 de dezembro de 2002, passa a vigorar com a seguinte redação:

"Art. 74. (...)

(...)

§ 3º. Além das hipóteses previstas nas leis específicas de cada tributo ou contribuição, não poderão ser objeto de compensação mediante entrega, pelo sujeito passivo, da declaração referida no § 1º:

(...)

III – os débitos relativos a tributos e contribuições administrados pela Secretaria da Receita Federal que já tenham sido encaminhados à Procuradoria-Geral da Fazenda Nacional para inscrição em Dívida Ativa da União;

IV – os créditos relativos a tributos e contribuições administrados pela Secretaria da Receita Federal com o débito consolidado no âmbito do Programa de Recuperação Fiscal – Refis, ou do parcelamento a ele alternativo; e

V – os débitos que já tenham sido objeto de compensação não homologada pela Secretaria da Receita Federal.

(...)

§ 5º. O prazo para homologação da compensação declarada pelo sujeito passivo será de 5 (cinco) anos, contado da data da entrega da declaração de compensação.

§ 6º. A declaração de compensação constitui confissão de dívida e instrumento hábil e suficiente para a exigência dos débitos indevidamente compensados.

§ 7º. Não homologada a compensação, a autoridade administrativa deverá cientificar o sujeito passivo e intimá-lo a efetuar, no prazo de 30 (trinta) dias, contado da ciência do ato que não a homologou, o pagamento dos débitos indevidamente compensados.

§ 8º. Não efetuado o pagamento no prazo previsto no § 7º, o débito será encaminhado à Procuradoria-Geral da Fazenda Nacional para inscrição em Dívida Ativa da União, ressalvado o disposto no § 9º.

§ 9º. É facultado ao sujeito passivo, no prazo referido no § 7º, apresentar manifestação de inconformidade contra a não homologação da compensação.

§ 10. Da decisão que julgar improcedente a manifestação de inconformidade caberá recurso ao Conselho de Contribuintes.

§ 11. A manifestação de inconformidade e o recurso de que tratam os §§ 9º e 10 obedecerão ao rito processual do Decreto nº 70.235, de 6 de março de 1972, e enquadram-se no disposto no inciso III do art. 151 da Lei nº 5.172, de 25 de outubro de 1966 – Código Tributário Nacional, relativamente ao débito objeto da compensação.

§ 12. A Secretaria da Receita Federal disciplinará o disposto neste artigo, podendo, para fins de apreciação das declarações de compensação e dos pedidos de restituição e de ressarcimento, fixar critérios de prioridade em função do valor compensado ou a ser restituído ou ressarcido e dos prazos de prescrição."

Art. 18. O lançamento de ofício de que trata o art. 90 da Medida Provisória nº 2.158-35, de 24 de agosto de 2001, limitar-se-á à imposição de multa isolada em razão de não homologação da compensação quando se comprove falsidade da declaração apresentada pelo sujeito passivo. (Redação dada pela Lei nº 11.488, de 2007)

§ 1º. Nas hipóteses de que trata o *caput*, aplica-se ao débito indevidamente compensado o disposto nos §§ 6º a 11 do art. 74 da Lei nº 9.430, de 27 de dezembro de 1996.

§ 2º. A multa isolada a que se refere o *caput* deste artigo será aplicada no percentual previsto no inciso I do *caput* do art. 44 da Lei nº 9.430, de 27 de dezembro de 1996, aplicado em dobro, e terá como base de cálculo o valor total do débito indevidamente compensado. (Redação dada pela Lei nº 11.488, de 2007)

§ 3º. Ocorrendo manifestação de inconformidade contra a não homologação da compensação e impugnação quanto ao lançamento das multas a que se refere este artigo, as peças serão reunidas em um único processo para serem decididas simultaneamente.

§ 4º. Será também exigida multa isolada sobre o valor total do débito indevidamente compensado quando a compensação for considerada não declarada nas hipóteses do inciso II do § 12 do art. 74 da Lei nº 9.430, de 27 de dezembro de 1996, aplicando-se o percentual previsto no inciso I do *caput* do art. 44 da Lei nº 9.430, de 27 de dezembro de 1996, duplicado na forma de seu § 1º, quando for o caso. (Redação dada pela Lei nº 11.488, de 2007)

§ 5º. Aplica-se o disposto no § 2º do art. 44 da Lei nº 9.430, de 27 de dezembro de 1996, às hipóteses previstas nos §§ 2º e 4º deste artigo. (Redação dada pela Lei nº 11.488, de 2007)

§ 6º. O disposto neste artigo aplica-se, inclusive, à compensação de que trata o inciso I do *caput* do art. 26-A da Lei nº 11.457, de 16 de março de 2007. (Incluído pelo Lei nº 13.670, de 2018)

Art. 19. O art. 8º da Lei nº 9.317, de 5 de dezembro de 1996, passa a vigorar acrescido do seguinte § 6º:

"Art. 8º. (...)

(...)

§ 6º. O indeferimento da opção pelo SIMPLES, mediante despacho decisório de autoridade da Secretaria da Receita Federal, submeter-se-á ao rito processual do Decreto nº 70.235, de 6 de março de 1972."

Art. 20. O art. 11 da Lei nº 8.248, de 23 de outubro de 1991, passa a vigorar com a seguinte redação:

"Art. 11. Para fazer jus aos benefícios previstos no art. 4º desta Lei, as empresas de desenvolvimento ou produção de bens e serviços de informática e automação deverão investir, anualmente, em atividades de pesquisa e desenvolvimento em tecnologia da informação a serem realizadas no País, no mínimo 5% (cinco por cento) do seu faturamento bruto no mercado interno, decorrente da comercialização de bens e serviços de informática, deduzidos os tributos correspondentes a tais comercializações, bem como o valor das aquisições de produtos incentivados na forma desta Lei e da no 8.387, de 30 de dezembro de 1991, conforme projeto elaborado pelas próprias empresas, a partir da apresentação da proposta de projeto de que trata o § 1ºC do art. 4º desta Lei."

Art. 21. O art. 2º da Lei nº 8.387, de 30 de dezembro de 1991, passa a vigorar com a seguinte redação:

"Art. 2º. (...)

(...).

§ 3º. Para fazer jus aos benefícios previstos neste artigo, as empresas que tenham como finalidade a produção de bens e serviços de informática deverão aplicar, anualmente, no mínimo 5% (cinco por cento) do seu faturamento bruto no mercado interno, decorrente da comercialização de bens e serviços de informática, deduzidos os tributos correspondentes a tais comercializações, bem como o valor das aquisições de produtos incentivados na forma desta Lei e da Lei nº 8.248, de 23 de outubro de 1991, em atividades de pesquisa e desenvolvimento a serem realizadas na Amazônia, conforme projeto elaborado pelas próprias empresas, com base em proposta de projeto a ser apresentada à Superintendência da Zona Franca de Manaus – Suframa, e ao Ministério da Ciência e Tecnologia."

Art. 22. As sociedades cooperativas que se dedicam a vendas em comum, referidas no art. 82 da Lei nº 5.764, de 16 de dezembro de 1971, e que recebam para comercialização a produção de seus associados, são responsáveis pelo recolhimento da Contribuição de Intervenção no Domínio Econômico – CIDE, incidente sobre a comercialização de álcool etílico combustível, observadas as normas estabelecidas na Lei nº 10.336, de 19 de dezembro de 2001.

Art. 23. A incidência da CIDE, nos termos do art. 3º, inciso V, da Lei nº 10.336, de 19 de dezembro de 2001, da contribuição para o PIS/PASEP e da COFINS, nos termos do art. 4º, inciso III, e art. 6º, *caput*, da Lei nº 9.718, de 27 de novembro de 1998, com a redação dada pela Lei nº 9.990, de 21 de julho de 2000, sobre os gases liquefeitos de petróleo, classificados na subposição 2711.1 da NCM, não alcança os produtos classificados no código 2711.11.00.

- Atualização: Art. 23. A incidência da CIDE, nos termos do inciso V do art. 3º da Lei nº 10.336, de 19 de dezembro de 2001, sobre os gases liquefeitos de petróleo, classificados na subposição 2711.1 da Nomenclatura Comum do Mercosul - NCM, não alcança os produtos classificados no código 2711.11.00. (Redação dada pela LC 214/2025, com produção de efeitos a partir de 1º de janeiro de 2027)

Art. 24. O disposto no § 2º, incisos I e II, do art. 14 da Medida Provisória nº 2.158-35, de 24 de agosto de 2001, não se aplica às vendas enquadradas nas hipóteses previstas nos incisos IV, VI, VIII e IX de seu *caput*.

Art. 25. A pessoa jurídica encomendante, no caso de industrialização por encomenda, sujeita-se, conforme o caso, às alíquotas previstas nas alíneas a ou b do inciso I do art. 1º da Lei nº 10.147, de 21 de dezembro de 2000, e alterações posteriores, incidentes sobre a receita bruta decorrente da venda dos produtos nelas referidas. (Redação dada pela Lei nº 10.865, de 2004)

- Atualização: Art. 25. (Revogado pela LC 214/2025, com produção de efeitos a partir de 1º de janeiro de 2027)

Parágrafo único. Na hipótese a que se refere o *caput*:

I – as alíquotas da contribuição para o PIS/PASEP e da COFINS aplicáveis à pessoa jurídica executora da encomenda ficam reduzidas a 0 (zero); e

II – o crédito presumido de que trata o art. 3º da Lei nº 10.147, de 21 de dezembro de 2000, quando for o caso, será atribuído à pessoa jurídica encomendante.

Art. 26. O adquirente, pessoa física ou jurídica residente ou domiciliada no Brasil, ou o procurador, quando o adquirente for residente ou domiciliado no exterior, fica responsável pela retenção e recolhimento do imposto de renda incidente sobre o ganho de capital a que se refere o art. 18 da Lei nº 9.249, de 26 de dezembro de 1995, auferido por pessoa física ou jurídica residente ou domiciliada no exterior que alienar bens localizados no Brasil.

Art. 27. O imposto de renda sobre os rendimentos pagos, em cumprimento de decisão da Justiça Federal, mediante precatório ou requisição de pequeno valor, será retido na fonte pela instituição financeira responsável pelo pagamento e incidirá à alíquota de 3% (três por cento) sobre o montante pago, sem quaisquer deduções, no momento do pagamento ao beneficiário ou seu representante legal.

§ 1º. Fica dispensada a retenção do imposto quando o beneficiário declarar à instituição financeira responsável pelo pagamento que os rendimentos recebidos são isentos ou não tributáveis, ou que, em se tratando de pessoa jurídica, esteja inscrita no SIMPLES.

§ 2º. O imposto retido na fonte de acordo com o *caput* será:

I – considerado antecipação do imposto apurado na declaração de ajuste anual das pessoas físicas; ou

II – deduzido do apurado no encerramento do período de apuração ou na data da extinção, no caso de beneficiário pessoa jurídica.

§ 3º. A instituição financeira deverá, na forma, prazo e condições estabelecidas pela Secretaria da Receita Federal, fornecer à pessoa física ou jurídica beneficiária o Comprovante de Rendimentos Pagos e de Retenção do Imposto de Renda na Fonte, bem como apresentar à Secretaria da Receita Federal declaração contendo informações sobre: (Redação dada pela Lei nº 10.865, de 2004)

I – os pagamentos efetuados à pessoa física ou jurídica beneficiária e o respectivo imposto de renda retido na fonte; (Incluído pela Lei nº 10.865, de 2004)

II – os honorários pagos a perito e o respectivo imposto de renda retido na fonte; (Incluído pela Lei nº 10.865, de 2004)

III – a indicação do advogado da pessoa física ou jurídica beneficiária. (Incluído pela Lei nº 10.865, de 2004)

§ 4º. O disposto neste artigo não se aplica aos depósitos efetuados pelos Tribunais Regionais Federais antes de 1º de fevereiro de 2004 (Redação dada pela Lei nº 10.865, de 2004)

Art. 28. Cabe à fonte pagadora, no prazo de 15 (quinze) dias da data da retenção de que trata o *caput* do art. 46 da Lei nº 8.541, de 23 de dezembro de 1992, comprovar, nos respectivos autos, o recolhimento do imposto de renda na fonte incidente sobre os rendimentos pagos em cumprimento de decisões da Justiça do Trabalho.

§ 1º. Na hipótese de omissão da fonte pagadora relativamente à comprovação de que trata o *caput*, e nos pagamentos de honorários periciais, competirá ao Juízo do Trabalho calcular o imposto de renda na fonte e determinar o seu recolhimento à instituição financeira depositária do crédito.

§ 2º. A não indicação pela fonte pagadora da natureza jurídica das parcelas objeto de acordo homologado perante a Justiça do Trabalho acarretará a incidência do imposto de renda na fonte sobre o valor total da avença.

§ 3º. A instituição financeira deverá, na forma, prazo e condições estabelecidas pela Secretaria da Receita Federal, fornecer à pessoa física beneficiária o Comprovante de Rendimentos Pagos e de Retenção do Imposto de Renda na Fonte, bem como apresentar à Secretaria da Receita Federal declaração contendo informações sobre:

I – os pagamentos efetuados à reclamante e o respectivo imposto de renda retido na fonte, na hipótese do § 1º;

II – os honorários pagos a perito e o respectivo imposto de renda retido na fonte;

III – as importâncias pagas a TÍTULO de honorários assistenciais de que trata o art. 16 da Lei nº 5.584, de 26 de junho de 1970;

IV – a indicação do advogado da reclamante.

Art. 29. Sujeitam-se ao desconto do imposto de renda, à alíquota de 1,5% (um inteiro e cinco décimos por cento), que será deduzido do apurado no encerramento do período de apuração, as importâncias pagas ou creditadas por pessoas jurídicas a TÍTULO de prestação de serviços a outras pessoas jurídicas que explorem as atividades de prestação de serviços de assessoria creditícia, mercadológica, gestão de crédito, seleção e riscos, administração de contas a pagar e a receber.

Art. 30. Os pagamentos efetuados pelas pessoas jurídicas a outras pessoas jurídicas de direito privado, pela prestação de serviços de limpeza, conservação, manutenção, segurança, vigilância, transporte de valores e locação de mão de obra, pela prestação de serviços de assessoria creditícia, mercadológica, gestão de crédito, seleção e riscos, administração de contas a pagar e a receber, bem como pela remuneração de serviços profissionais, estão sujeitos a retenção na fonte da Contribuição Social sobre o Lucro Líquido – CSLL, da COFINS e da contribuição para o PIS/PASEP.

- Atualização: Art. 30. Os pagamentos efetuados pelas pessoas jurídicas a outras pessoas jurídicas de direito privado, pela prestação de serviços de limpeza, conservação, manutenção, segurança, vigilância, transporte de valores e locação de mão de obra, pela prestação de serviços de assessoria creditícia, mercadológica, gestão de crédito, seleção e riscos, administração de contas a pagar e a receber, bem como pela remuneração de serviços profissionais, estão sujeitos a retenção na fonte da Contribuição Social sobre o Lucro Líquido - CSLL. (Redação dada pela LC 214/2025, com produção de efeitos a partir de 1º de janeiro de 2027)

§ 1º. O disposto neste artigo aplica-se inclusive aos pagamentos efetuados por:

I – associações, inclusive entidades sindicais, federações, confederações, centrais sindicais e serviços sociais autônomos;

II – sociedades simples, inclusive sociedades cooperativas;

III – fundações de direito privado; ou

IV – condomínios edilícios.

§ 2º. Não estão obrigadas a efetuar a retenção a que se refere o *caput* as pessoas jurídicas optantes pelo SIMPLES.

§ 3º. As retenções de que trata o *caput* serão efetuadas sem prejuízo da retenção do imposto de renda na fonte das pessoas jurídicas sujeitas a alíquotas específicas previstas na legislação do imposto de renda.

§ 4º. (A Medida Provisória nº 232, 2004 foi convertida na Lei 11.119/2005 e esta mencionou o § 4º)

Art. 31. O valor da CSLL, da COFINS e da contribuição para o PIS/PASEP, de que trata o art. 30, será determinado mediante a aplicação, sobre o montante a ser pago, do percentual de 4,65% (quatro inteiros e sessenta e cinco centésimos por cento), correspondente à soma das alíquotas de 1% (um por cento), 3% (três por cento) e 0,65% (sessenta e cinco centésimos por cento), respectivamente.

› Atualização: Art. 31. O valor da CSLL de que trata o art. 30 será determinado mediante a aplicação, sobre o montante a ser pago, do percentual de 1% (um por cento). (Redação dada pela LC 214/2025, com produção de efeitos a partir de 1º de janeiro de 2027)

§ 1º. As alíquotas de 0,65% (sessenta e cinco centésimos por cento) e 3% (três por cento) aplicam-se inclusive na hipótese de a prestadora do serviço enquadrar-se no regime de não-cumulatividade na cobrança da contribuição para o PIS/PASEP e da COFINS.

› Atualização: § 1º (Revogado pela LC 214/2025, com produção de efeitos a partir de 1º de janeiro de 2027)

§ 2º. No caso de pessoa jurídica beneficiária de isenção, na forma da legislação específica, de uma ou mais das contribuições de que trata este artigo, a retenção dar-se-á mediante a aplicação da alíquota específica correspondente às contribuições não alcançadas pela isenção.

§ 3º. Fica dispensada a retenção de valor igual ou inferior a R$ 10,00 (dez reais), exceto na hipótese de Documento de Arrecadação de Receitas Federais – DARF eletrônico efetuado por meio do Siafi. (Redação dada pela Lei nº 13.137, de 2015)

§ 4º. (Revogado pela Lei nº 13.137, de 2015)

Art. 32. A retenção de que trata o art. 30 não será exigida na hipótese de pagamentos efetuados a:

I – cooperativas, relativamente à CSLL; (Redação dada pela Lei nº 10.865, de 2004)

II – empresas estrangeiras de transporte de valores; (Redação dada pela Lei nº 10.865, de 2004)

III – pessoas jurídicas optantes pelo SIMPLES.

Parágrafo único. A retenção da COFINS e da contribuição para o PIS/PASEP não será exigida, cabendo, somente, a retenção da CSLL nos pagamentos:

› Atualização: Parágrafo único. Será exigida a retenção da CSLL nos pagamentos: (Redação dada pela LC 214/2025, com produção de efeitos a partir de 1º de janeiro de 2027)

I – a TÍTULO de transporte internacional de valores efetuados por empresa nacional; (Redação dada pela Lei nº 10.865, de 2004)

II – aos estaleiros navais brasileiros nas atividades de conservação, modernização, conversão e reparo de embarcações pré-registradas ou registradas no Registro Especial Brasileiro – REB, instituído pela Lei nº 9.432, de 8 de janeiro de 1997.

Art. 33. A União, por intermédio da Secretaria da Receita Federal, poderá celebrar convênios com os Estados, Distrito Federal e Municípios, para estabelecer a responsabilidade pela retenção na fonte da CSLL, da COFINS e da contribuição para o PIS/PASEP, mediante a aplicação das alíquotas previstas no art. 31, nos pagamentos efetuados por órgãos, autarquias e fundações dessas administrações públicas às pessoas jurídicas de direito privado, pelo fornecimento de bens ou pela prestação de serviços em geral.

› Atualização: Art. 33. A União, por intermédio da Secretaria da Receita Federal, poderá celebrar convênios com os Estados, Distrito Federal e Municípios, para estabelecer a responsabilidade pela retenção na fonte da CSLL, mediante a aplicação da alíquota prevista no art. 31, nos pagamentos efetuados por órgãos, autarquias e fundações dessas administrações públicas às pessoas jurídicas de direito privado, pelo fornecimento de bens ou pela prestação de serviços em geral. (Redação dada pela LC 214/2025, com produção de efeitos a partir de 1º de janeiro de 2027)

Art. 34. Ficam obrigadas a efetuar as retenções na fonte do imposto de renda, da CSLL, da COFINS e da contribuição para o PIS/PASEP, a que se refere o art. 64 da Lei nº 9.430, de 27 de dezembro de 1996, as seguintes entidades da administração pública federal:

› Atualização: Art. 34. Ficam obrigadas a efetuar as retenções na fonte do imposto sobre a renda e da CSLL, a que se refere o art. 64 da Lei nº 9.430, de 27 de dezembro de 1996, as seguintes entidades da administração pública federal: (Redação dada pela LC 214/2025, com produção de efeitos a partir de 1º de janeiro de 2027)

I – empresas públicas;

II – sociedades de economia mista; e

III – demais entidades em que a União, direta ou indiretamente, detenha a maioria do capital social com direito a voto, e que dela recebam recursos do Tesouro Nacional e estejam obrigadas a registrar sua execução orçamentária e financeira na modalidade total no Sistema Integrado de Administração Financeira do Governo Federal – SIAFI.

Parágrafo único. A retenção a que se refere o *caput* deste artigo não se aplica na hipótese de pagamentos relativos à aquisição de: (Redação dada pela Lei nº 11.727, de 2008)

I – petróleo, gasolina, gás natural, óleo diesel, gás liquefeito de petróleo, querosene de aviação e demais derivados de petróleo e gás natural; (Incluído pela Lei nº 11.727, de 2008)

II – álcool, biodiesel e demais biocombustíveis. (Incluído pela Lei nº 11.727, de 2008)

Art. 35. Os valores retidos no mês, na forma dos arts. 30, 33 e 34 desta Lei, deverão ser recolhidos ao Tesouro Nacional pelo órgão público que efetuar a retenção ou, de forma centralizada, pelo estabelecimento matriz da pessoa jurídica, até o último dia útil do segundo decêndio do mês subsequente àquele mês em que tiver ocorrido o pagamento à pessoa jurídica fornecedora dos bens ou prestadora do serviço. (Redação dada pela Lei nº 13.137, de 2015)

Art. 36. Os valores retidos na forma dos arts. 30, 33 e 34 serão considerados como antecipação do que for devido pelo contribuinte que sofreu a retenção, em relação ao imposto de renda e às respectivas contribuições.

Art. 37. Relativamente aos investimentos existentes em 31 de outubro de 2003, fica facultado ao investidor estrangeiro antecipar o pagamento da Contribuição Provisória sobre Movimentação ou Transmissão de Valores e de Créditos e Direitos de Natureza Financeira – CPMF, que seria devida por ocasião da remessa, para o exterior, de recursos financeiros apurados na liquidação de operações com ações ou opções de ações adquiridas em bolsa de valores ou em mercado de balcão organizado.

§ 1º. A antecipação do pagamento da CPMF aplica-se a recursos financeiros não empregados exclusivamente, e por todo tempo de permanência no País, em ações ou contratos referenciados em ações ou índices de ações, negociados nos mercados referidos no *caput* ou em bolsa de mercadorias e de futuros, desde que na data do pagamento da contribuição estejam investidos nesses valores mobiliários.

§ 2º. A CPMF de que trata este artigo:

I – será apurada mediante lançamento a débito, precedido de lançamento a crédito no mesmo valor, em conta corrente de depósito do investidor estrangeiro;

II – terá como base de cálculo o valor correspondente à multiplicação da quantidade de ações ou de opções:

a) pelo preço médio ponderado da ação verificado na Bolsa de Valores de São Paulo ou em mercado de balcão organizado, no mês anterior ao do pagamento;

b) pelo preço médio da opção verificado na Bolsa referida na alínea a, no mês anterior ao do pagamento da CPMF;

III – será retida pela instituição financeira onde é mantida a conta corrente de que trata o inciso I até o dia 1º de dezembro de 2003, e recolhida até o 3º (terceiro) dia útil da semana subsequente à da retenção.

§ 3º. O pagamento da CPMF, nos termos previstos neste artigo, dispensa nova incidência da contribuição quando da remessa para o exterior dos recursos apurados na efetiva liquidação das operações.

Art. 38. O pagamento indevido ou maior que o devido efetuado no âmbito do Programa de Recuperação Fiscal – REFIS, ou do parcelamento a ele alternativo será restituído a pedido do sujeito passivo.

§ 1º. Na hipótese de existência de débitos do sujeito passivo relativos a tributos e contribuições perante a Secretaria da Receita Federal, a Procuradoria-Geral da Fazenda Nacional ou o Instituto Nacional do Seguro Social – INSS, inclusive inscritos em dívida ativa, o valor da restituição deverá ser utilizado para quitá-los, mediante compensação em procedimento de ofício.

§ 2º. A restituição e a compensação de que trata este artigo serão efetuadas pela Secretaria da Receita Federal, aplicando-se o disposto no art. 39 da Lei nº 9.250, de 26 de dezembro de 1995, alterado pelo art. 73 da Lei nº 9.532, de 10 de dezembro de 1997, observadas as normas estabelecidas pelo Comitê Gestor do REFIS.

Art. 39. (Revogado pela Lei nº 12.350, de 2010)

Art. 40. O *caput* do art. 1º do Decreto-Lei nº 1.593, de 21 de dezembro de 1977, com a redação dada pela Medida Provisória nº 2.158-35, de 24 de agosto de 2001, e o art. 18 do mesmo Decreto-Lei passam a vigorar com a seguinte redação:

"Art. 1º. A fabricação de cigarros classificados no código 2402.20.00 da Tabela de Incidência do Imposto sobre Produtos Industrializados – TIPI, excetuados os classificados no Ex 01, será exercida exclusivamente pelas empresas que, dispondo de instalações industriais adequadas, mantiverem registro especial na Secretaria da Receita Federal do Ministério da Fazenda."

"Art. 18. Consideram-se como produtos estrangeiros introduzidos clandestinamente no território nacional, para todos os efeitos legais, os cigarros nacionais destinados à exportação que forem encontrados no País, salvo se em trânsito, diretamente entre o estabelecimento industrial e os destinos referidos no art. 8º, desde que observadas as formalidades previstas para a operação.

§ 1º. Será exigido do proprietário do produto em infração deste artigo o imposto que deixou de ser pago, aplicando-se-lhe, independentemente de outras sanções cabíveis, a multa de 150% (cento e cinquenta por cento) do seu valor.

§ 2º. Se o proprietário não for identificado, considera-se como tal, para os efeitos do § 1º, o possuidor, transportador ou qualquer outro detentor do produto."

Art. 41. O art. 54 da Lei nº 10.637, de 30 de dezembro de 2002, passa a vigorar com a seguinte redação:

‣ Alteração incorporada ao texto da referida lei.

Art. 42. O art. 1º da Lei nº 8.850, de 28 de janeiro de 1994, passa a vigorar com a seguinte redação:

"Art. 1º O período de apuração do Imposto sobre Produtos Industrializados – IPI, incidente nas saídas dos produtos dos estabelecimentos industriais ou equiparados a industrial, passa a ser:

I – de 1º de janeiro de 2004 a 31 de dezembro de 2004: quinzenal; e

II – a partir de 1º de janeiro de 2005: mensal.

Parágrafo único. O disposto nos incisos I e II do *caput* não se aplica aos produtos classificados no CAPÍTULO 22, nas posições 84.29, 84.32, 84.33, 87.01 a 87.06 e 87.11 e no código 2402.20.00, da Tabela de Incidência do IPI – TIPI aprovada pelo Decreto no 4.542, de 26 de dezembro de 2002, em relação aos quais o período de apuração é decendial."

Art. 43. O inciso I do art. 52 da Lei nº 8.383, de 30 de dezembro de 1991, passa a vigorar com a seguinte redação:

"I – Imposto sobre Produtos Industrializados – IPI:

a) no caso dos produtos classificados no CAPÍTULO 22 e no código 2402.20.00, da Tabela de Incidência do IPI (TIPI): até o terceiro dia útil do decêndio subsequente ao de ocorrência dos fatos geradores;

b) no caso dos produtos classificados nas posições 84.29, 84.32, 84.33, 87.01 a 87.06 e 87.11 da TIPI: até o último dia útil do decêndio subsequente ao de ocorrência dos fatos geradores; e

c) no caso dos demais produtos:

1. em relação aos fatos geradores que ocorrerem no período de 1º de janeiro de 2004 até 31 de dezembro de 2004: até o último dia útil do decêndio subsequente à quinzena de ocorrência dos fatos geradores; e

2. em relação aos fatos geradores que ocorrerem a partir de 1º de janeiro de 2005: até o último dia útil da quinzena subsequente ao mês de ocorrência dos fatos geradores;"

Art. 44. O art. 2º da Lei nº 9.493, de 10 de setembro de 1997, passa a vigorar com a seguinte redação:

"Art. 2º. As microempresas e as empresas de pequeno porte, conforme definidas no art. 2º da Lei nº 9.841, de 5 de outubro de 1999, recolherão o IPI da seguinte forma:

I – o período de apuração é mensal; e

II – o pagamento deverá ser efetuado até o último dia útil do mês subseqüente ao de ocorrência dos fatos geradores.

Parágrafo único. O disposto no art. 1º da Lei nº 8.850, de 28 de janeiro de 1994, e no inciso I do art. 52 da Lei nº 8.383, de 30 de dezembro de 1991, não se aplica ao IPI devido pelas microempresas e empresas de pequeno porte de que trata o *caput* e ao incidente sobre os produtos importados."

Art. 45. (Revogado pela Lei 14.596/2023)

Art. 46. (VETADO)

Art. 47. Sem prejuízo do disposto no art. 10 da Lei nº 9.249, de 26 de dezembro de 1995, e no art. 7º da Lei nº 9.959, de 27 de janeiro de 2000, o ganho de capital decorrente de operação, em que o beneficiário seja residente ou domiciliado em país ou dependência com tributação favorecida, a que se refere o art. 24 da Lei nº 9.430, de 27 de dezembro de 1996, sujeita-se à incidência do imposto de renda na fonte à alíquota de 25% (vinte e cinco por cento).

Art. 48. O art. 71 da Lei nº 9.430, de 27 de dezembro de 1996, passa a vigorar com a seguinte redação:

"Art. 71. (...)

(...)

§ 2º. Somente será admitido o reconhecimento de perdas nas operações registradas nos termos da legislação vigente."

Art. 49. *(Revogado, de acordo com o art. 42, inciso IV, alínea "a" da Lei nº 11.727/2008)*

‣ Art.542, XXI, *d*, LC 214/2025.

Art. 50. *(Revogado, de acordo com o art. 42, inciso IV, alínea "a" da Lei nº 11.727/2008)*

‣ Art.542, XXI, *d*, LC 214/2025.

Art. 51. *(Revogado pela Lei nº 13.097/2015)*

Art. 52. *(Revogado, de acordo com o art. 42, inciso IV, alínea "a" da Lei nº 11.727/2008)*

‣ Art.542, XXI, *e*, LC 214/2025.

Art. 53. *(Revogado pela Lei nº 13.0972015)*

Art. 54. *(Revogado pela Lei nº 13.097/2015)*

Art. 55. *(Revogado, de acordo com o art. 42, inciso IV, alínea "a" da Lei nº 11.7272008)*

‣ Art.542, XXI, *f*, LC 214/2025.

Art. 56. *(Revogado pela Lei nº 10.925/2004)*

Art. 57. *(Revogado, de acordo com o art. 42, inciso IV, alínea "a" da Lei nº 11.727/2008)*

‣ Art.542, XXI, *g*, LC 214/2025.

Art. 58. *(Revogado, de acordo com o art. 42, inciso IV, alínea "a" da Lei nº 11.727/2008)*

‣ Art.542, XXI, *g*, LC 214/2025.

Arts. 58-A a 58-V. (Revogados pela Lei nº 13.097, de 2015) .

CAPÍTULO III. DAS DISPOSIÇÕES RELATIVAS À LEGISLAÇÃO ADUANEIRA

Art. 59. O beneficiário de regime aduaneiro suspensivo, destinado à industrialização para exportação, responde solidariamente pelas obrigações tributárias decorrentes da admissão de mercadoria no regime por outro beneficiário, mediante sua anuência, com vistas na execução de etapa da cadeia industrial do produto a ser exportado.

§ 1º. Na hipótese do *caput*, a aquisição de mercadoria nacional por qualquer dos beneficiários do regime, para ser incorporada ao produto a ser exportado, será realizada com suspensão dos tributos incidentes.

§ 2º. Compete à Secretaria da Receita Federal disciplinar a aplicação dos regimes aduaneiros suspensivos de que trata o *caput* e estabelecer os requisitos, as condições e a forma de registro da anuência prevista para a admissão de mercadoria, nacional ou importada, no regime.

Art. 60. Extinguem os regimes de admissão temporária, de admissão temporária para aperfeiçoamento ativo, de exportação temporária e de exportação temporária para aperfeiçoamento passivo, aplicados a produto, parte, peça ou componente recebido do exterior ou a ele enviado para substituição em decorrência de garantia ou, ainda, para reparo, revisão, manutenção, renovação ou recondicionamento, respectivamente, a exportação ou a importação de produto equivalente àquele submetido ao regime.

§ 1º. O disposto neste artigo aplica-se, exclusivamente, aos seguintes bens:

I – partes, peças e componentes de aeronave, objeto das isenções previstas na alínea j do inciso II do art. 2º e no inciso I do art. 3º da Lei nº 8.032, de 12 de abril de 1990;

II – produtos nacionais exportados definitivamente, ou suas partes e peças, que retornem ao País, mediante admissão temporária, ou admissão temporária para aperfeiçoamento ativo, para reparo ou substituição em virtude de defeito técnico que exija sua devolução; e

III – produtos nacionais, ou suas partes e peças, remetidos ao exterior mediante exportação temporária, para substituição de outro anteriormente exportado definitivamente, que deva retornar ao País para reparo ou substituição, em virtude de defeito técnico que exija sua devolução.

§ 2º. A Secretaria da Receita Federal disciplinará os procedimentos para a aplicação do disposto neste artigo e os requisitos para reconhecimento da equivalência entre os produtos importados e exportados.

Art. 61. Nas operações de exportação sem saída do produto do território nacional, com pagamento a prazo, os efeitos fiscais e cambiais, quando reconhecidos pela legislação vigente, serão produzidos no momento da contratação, sob condição resolutória, aperfeiçoando-se pelo recebimento integral em moeda nacional ou estrangeira de livre conversibilidade. (Redação dada pela lei nº 12.024, de 2009)

§ 1º O disposto neste artigo aplica-se também ao produto exportado sem saída do território nacional, na forma disciplinada pela Secretaria Especial da Receita Federal do Brasil do Ministério da Economia, para ser: (Parágrafo único transformado em § 1º e com redação dada pela Lei 14.368/2022)

I – totalmente incorporado a bem que se encontre no País, de propriedade do comprador estrangeiro, inclusive em regime de admissão temporária sob a responsabilidade de terceiro;

II – entregue a órgão da administração direta, autárquica ou fundacional da União, dos Estados, do Distrito Federal ou dos Municípios, em cumprimento de contrato decorrente de licitação internacional;

III – entregue, em consignação, a empresa nacional autorizada a operar o regime de loja franca;

IV – entregue, no País, a subsidiária ou coligada, para distribuição sob a forma de brinde a fornecedores e clientes;

V – entregue a terceiro, no País, em substituição de produto anteriormente exportado e que tenha se mostrado, após o despacho aduaneiro de importação, defeituoso ou imprestável para o fim a que se destinava;

VI – entregue, no País, a missão diplomática, repartição consular de caráter permanente ou organismo internacional de que o Brasil seja membro, ou a seu integrante, estrangeiro; ou

VII – entregue, no País, para ser incorporado a plataforma destinada à pesquisa e lavra de jazidas de petróleo e gás natural em construção ou conversão contratada por empresa sediada no exterior, ou a seus módulos.

VIII – entregue no País: *(Inciso acrescido pela Lei nº 12.767, de 2012)*

a) para ser incorporado a produto do setor aeronáutico industrializado no território nacional, na hipótese de industrialização por encomenda de empresa estrangeira do bem a ser incorporado; ou

b) em regime de admissão temporária, por conta do comprador estrangeiro, sob a responsabilidade de terceiro, no caso de aeronaves;

IX – entregue no País a órgão do Ministério da Defesa, para ser incorporado a produto de interesse da defesa nacional em construção ou fabricação no território nacional, em decorrência de acordo internacional. *(Inciso acrescido pela Lei nº 12.767, de 2012)*

§ 2º O disposto no caput deste artigo também se aplica às aeronaves industrializadas no País e entregues a prestador de serviços de transporte aéreo regular sediado no território nacional, de propriedade do comprador estrangeiro, na forma disciplinada pela Secretaria Especial da Receita Federal do Brasil. (Acrescido pela Lei 14.368/2022)

Art. 62. O regime de entreposto aduaneiro de que tratam os arts. 9º e 10 do Decreto-Lei nº 1.455, de 7 de abril de 1976, com a redação dada pelo art. 69 da Medida Provisória no 2.158-35, de 24 de agosto de 2001, poderá, mediante autorização da Secretaria da Receita Federal, observados os requisitos e condições estabelecidos na legislação específica, ser também operado em:

I – instalações portuárias previstas no inciso III do art. 2º da Lei nº 12.815, de 5 de junho de 2013; (Redação dada pela Lei nº 12.844, de 2013)

II – bens destinados à pesquisa e lavra de jazidas de petróleo e gás natural em construção ou conversão no País, contratados por empresas sediadas no exterior e relacionados em ato do Poder Executivo. (Redação dada pela Lei nº 12.844, de 2013)

Parágrafo único. No caso do inciso II, o beneficiário do regime será o contratado pela empresa sediada no exterior e o regime poderá ser operado também em estaleiros navais ou em outras instalações industriais, destinadas à construção dos bens de que trata aquele inciso. (Redação dada pela Lei nº 12.844, de 2013)

Art. 63. A Secretaria da Receita Federal fica autorizada a estabelecer:

I – hipóteses em que, na substituição de beneficiário de regime aduaneiro suspensivo, o termo inicial para o cálculo de juros e multa de mora relativos aos tributos suspensos passe a ser a data da transferência da mercadoria; e

II – os serviços permitidos no regime de entreposto aduaneiro na importação e na exportação.

Art. 64. Os documentos instrutivos de declaração aduaneira ou necessários ao controle aduaneiro podem ser emitidos, transmitidos e recepcionados eletronicamente, na forma e nos prazos estabelecidos pela Secretaria da Receita Federal.

§ 1º. A outorga de poderes a representante legal, inclusive quando residente no Brasil, para emitir e firmar os documentos referidos no *caput* deste artigo, também pode ser realizada por documento emitido e assinado eletronicamente. (Incluído pela Lei nº 11.452, de 2007)

§ 2º. Os documentos eletrônicos referidos no *caput* deste artigo e no § 1º deste artigo são válidos para os efeitos fiscais e de controle aduaneiro, observado o disposto na legislação sobre certificação digital e atendidos os requisitos estabelecidos pela Secretaria da Receita Federal. (Renumerado do parágrafo único pela Lei nº 11.452, de 2007)

Art. 65. A Secretaria da Receita Federal poderá adotar nomenclatura simplificada para a classificação de mercadorias apreendidas, na lavratura do correspondente auto de infração para a aplicação da pena de perdimento, bem como aplicar alíquotas de 50% (cinquenta por cento) sobre o valor arbitrado dessas mercadorias, para o cálculo do valor estimado do Imposto de Importação e do Imposto sobre Produtos Industrializados que seriam devidos na importação, para efeitos de controle patrimonial, elaboração de estatísticas, formalização de processo administrativo fiscal e representação fiscal para fins penais.

Art. 66. As diferenças percentuais de mercadoria a granel, apuradas em conferência física nos despachos aduaneiros, não serão consideradas para efeitos de exigência dos impostos incidentes, até o limite de 1% (um por cento), conforme dispuser o Poder Executivo.

Art. 67. Na impossibilidade de identificação da mercadoria importada, em razão de seu extravio ou consumo, e de descrição genérica nos documentos comerciais e de transporte disponíveis, será aplicada, para fins de determinação dos impostos e dos direitos incidentes na importação, alíquota única de 80% (oitenta por cento) em regime de tributação simplificada relativa ao Imposto de Importação – II, ao Imposto sobre Produtos Industrializados – IPI, à Contribuição para os Programas de Integração Social e de Formação do Patrimônio do Servidor Público – PIS/Pasep, à Contribuição Social para o Financiamento da Seguridade Social – COFINS e ao Adicional ao Frete para a Renovação da Marinha Mercante – AFRMM. (Redação dada pela Lei nº 13.043, de 2014)

- **Atualização:** Art. 67. Na impossibilidade de identificação da mercadoria importada, em razão de seu extravio ou consumo, e de descrição genérica nos documentos comerciais e de transporte disponíveis, será aplicada, para fins de determinação dos impostos incidentes na importação, alíquota única de 70% (setenta por cento) relativa ao Imposto de Importação e ao Imposto sobre Produtos Industrializados - IPI. (Redação dada pela LC 214/2025, com produção de efeitos a partir de 1º de janeiro de 2027)

§ 1º. A base de cálculo da tributação simplificada prevista neste artigo será arbitrada em valor equivalente à mediana dos valores por quilograma de todas as mercadorias importadas a TÍTULO definitivo, pela mesma via de transporte internacional, constantes de declarações registradas no semestre anterior, incluídas as despesas de frete e seguro internacionais. (Redação dada pela Lei nº 13.043, de 2014)

§ 2º. Na falta de informação sobre o peso da mercadoria, adotar-se-á o peso líquido admitido na unidade de carga utilizada no seu transporte.

▸ Atualização: § 3º A alíquota de que trata o caput será distribuída nos seguintes percentuais: (Acrescido pela LC 214/2025, com produção de efeitos a partir de 1º de janeiro de 2027)
I - 35% (trinta e cinco por cento), a título de alíquota do Imposto de Importação; e
II - 35% (trinta e cinco por cento), a título de alíquota do IPI.

Art. 68. As mercadorias descritas de forma semelhante em diferentes declarações aduaneiras do mesmo contribuinte, salvo prova em contrário, são presumidas idênticas para fins de determinação do tratamento tributário ou aduaneiro.

Parágrafo único. Para efeito do disposto no *caput*, a identificação das mercadorias poderá ser realizada no curso do despacho aduaneiro ou em outro momento, com base em informações coligidas em documentos, obtidos inclusive junto a clientes ou a fornecedores, ou no processo produtivo em que tenham sido ou venham a ser utilizadas.

Art. 69. A multa prevista no art. 84 da Medida Provisória nº 2.158-35, de 24 de agosto de 2001, não poderá ser superior a 10% (dez por cento) do valor total das mercadorias constantes da declaração de importação.

§ 1º. A multa a que se refere o *caput* aplica-se também ao importador, exportador ou beneficiário de regime aduaneiro que omitir ou prestar de forma inexata ou incompleta informação de natureza administrativo-tributária, cambial ou comercial necessária à determinação do procedimento de controle aduaneiro apropriado.

§ 2º. As informações referidas no § 1º, sem prejuízo de outras que venham a ser estabelecidas em ato normativo da Secretaria da Receita Federal, compreendem a descrição detalhada da operação, incluindo:

I – identificação completa e endereço das pessoas envolvidas na transação: importador/exportador; adquirente (comprador)/fornecedor (vendedor), fabricante, agente de compra ou de venda e representante comercial;

II – destinação da mercadoria importada: industrialização ou consumo, incorporação ao ativo, revenda ou outra finalidade;

III – descrição completa da mercadoria: todas as características necessárias à classificação fiscal, espécie, marca comercial, modelo, nome comercial ou científico e outros atributos estabelecidos pela Secretaria da Receita Federal que confiram sua identidade comercial;

IV – países de origem, de procedência e de aquisição; e

V – portos de embarque e de desembarque.

§ 3º. Quando aplicada sobre a exportação, a multa prevista neste artigo incidirá sobre o preço normal definido no art. 2º do Decreto-Lei nº 1.578, de 11 de outubro de 1977. (Incluído pela Lei nº 13.043, de 2014)

Art. 70. O descumprimento pelo importador, exportador ou adquirente de mercadoria importada por sua conta e ordem, da obrigação de manter, em boa guarda e ordem, os documentos relativos às transações que realizarem, pelo prazo decadencial estabelecido na legislação tributária a que estão submetidos, ou da obrigação de os apresentar à fiscalização aduaneira quando exigidos, implicará:

I – se relativo aos documentos comprobatórios da transação comercial ou os respectivos registros contábeis:

a) a apuração do valor aduaneiro com base em método substitutivo ao valor de transação, caso exista dúvida quanto ao valor aduaneiro declarado; e

b) o não-reconhecimento de tratamento mais benéfico de natureza tarifária, tributária ou aduaneira eventualmente concedido, com efeitos retroativos à data do fato gerador, caso não sejam apresentadas provas do regular cumprimento das condições previstas na legislação específica para obtê-lo;

II – se relativo aos documentos obrigatórios de instrução das declarações aduaneiras:

a) o arbitramento do preço da mercadoria para fins de determinação da base de cálculo, conforme os critérios definidos no art. 88 da Medida Provisória nº 2.158-35, de 24 de agosto de 2001, se existir dúvida quanto ao preço efetivamente praticado; e

b) a aplicação cumulativa das multas de:

1. 5% (cinco por cento) do valor aduaneiro das mercadorias importadas; e

2. 100% (cem por cento) sobre a diferença entre o preço declarado e o preço efetivamente praticado na importação ou entre o preço declarado e o preço arbitrado.

§ 1º. Os documentos de que trata o *caput* compreendem os documentos de instrução das declarações aduaneiras, a correspondência comercial, incluídos os documentos de negociação e cotação de preços, os instrumentos de contrato comercial, financeiro e cambial, de transporte e seguro das mercadorias, os registros contábeis e os correspondentes documentos fiscais, bem como outros que a Secretaria da Receita Federal venha a exigir em ato normativo.

§ 2º. Nas hipóteses de incêndio, furto, roubo, extravio ou qualquer outro sinistro que provoque a perda ou deterioração dos documentos a que se refere o § 1º, deverá ser feita comunicação, por escrito, no prazo de 48 (quarenta e oito) horas do sinistro, à unidade de fiscalização aduaneira da Secretaria da Receita Federal que jurisdicione o domicílio matriz do sujeito passivo.

§ 3º. As multas previstas no inciso II do *caput* não se aplicam no caso de regular comunicação da ocorrência de um dos eventos previstos no § 2º.

§ 4º. Somente produzirá efeitos a comunicação realizada dentro do prazo referido no § 2º e instruída com os documentos que comprovem o registro da ocorrência junto à autoridade competente para apurar o fato.

§ 5º. No caso de encerramento das atividades da pessoa jurídica, a guarda dos documentos referidos no *caput* será atribuída à pessoa responsável pela guarda dos demais documentos fiscais, nos termos da legislação específica.

§ 6º. A aplicação do disposto neste artigo não prejudica a aplicação das multas previstas no art. 107 do Decreto-Lei nº 37, de 18 de novembro de 1966, com a redação dada pelo art. 77 desta Lei, nem a aplicação de outras penalidades cabíveis.

Art. 71. O despachante aduaneiro, o transportador, o agente de carga, o depositário e os demais intervenientes em operação de comércio exterior ficam obrigados a manter em boa guarda e ordem, e a apresentar à fiscalização aduaneira, quando exigidos, os documentos e registros relativos às transações em que intervierem, ou outros definidos em ato normativo da Secretaria da Receita Federal, na forma e nos prazos por ela estabelecidos.

Art. 72. Aplica-se a multa de:

I – 10% (dez por cento) do valor aduaneiro da mercadoria submetida ao regime aduaneiro especial de admissão temporária, ou de admissão temporária para aperfeiçoamento ativo, pelo descumprimento de condições, requisitos ou prazos estabelecidos para aplicação do regime; e

II – 5% (cinco por cento) do preço normal da mercadoria submetida ao regime aduaneiro especial de exportação temporária, ou de exportação temporária para aperfeiçoamento passivo, pelo descumprimento de condições, requisitos ou prazos estabelecidos para aplicação do regime.

§ 1º. O valor da multa prevista neste artigo será de R$ 500,00 (quinhentos reais), quando do seu cálculo resultar valor inferior.

§ 2º. A multa aplicada na forma deste artigo não prejudica a exigência dos impostos incidentes, a aplicação de outras penalidades cabíveis e a representação fiscal para fins penais, quando for o caso.

Art. 73. Verificada a impossibilidade de apreensão da mercadoria sujeita a pena de perdimento, em razão de sua não localização ou consumo, extinguir-se-á o processo administrativo instaurado para apuração da infração capitulada como dano ao Erário.

§ 1º. Na hipótese prevista no *caput*, será instaurado processo administrativo para aplicação da multa prevista no § 3º do art. 23 do Decreto-Lei nº 1.455, de 7 de abril de 1976, com a redação dada pelo art. 59 da Lei nº 10.637, de 30 de dezembro de 2002.

§ 2º. A multa a que se refere o § 1º será exigida mediante lançamento de ofício, que será processado e julgado nos termos da legislação que rege a determinação e exigência dos demais créditos tributários da União.

Art. 74. O transportador de passageiros, em viagem internacional, ou que transite por zona de vigilância aduaneira, fica obrigado a identificar os volumes transportados como bagagem em compartimento isolado dos viajantes, e seus respectivos proprietários.

§ 1º. No caso de transporte terrestre de passageiros, a identificação referida no *caput* também se aplica aos volumes portados pelos passageiros no interior do veículo.

§ 2º. As mercadorias transportadas no compartimento comum de bagagens ou de carga do veículo, que não constituam bagagem identificada dos passageiros, devem estar acompanhadas do respectivo conhecimento de transporte.

§ 3º. Presume-se de propriedade do transportador, para efeitos fiscais, a mercadoria transportada sem a identificação do respectivo proprietário, na forma estabelecida no *caput* ou nos §§ 1º e 2º deste artigo.

§ 4º. Compete à Secretaria da Receita Federal disciplinar os procedimentos necessários para fins de cumprimento do previsto neste artigo.

Art. 75. Aplica-se a multa de R$ 15.000,00 (quinze mil reais) ao transportador, de passageiros ou de carga, em viagem doméstica ou internacional que transportar mercadoria sujeita a pena de perdimento:

I – sem identificação do proprietário ou possuidor; ou

II – ainda que identificado o proprietário ou possuidor, as características ou a quantidade dos volumes transportados evidenciarem tratar-se de mercadoria sujeita à referida pena.

§ 1º Na hipótese de transporte rodoviário, o veículo será retido, na forma estabelecida pela Secretaria Especial da Receita Federal do Brasil do Ministério da Fazenda, até o recolhimento da multa ou o deferimento da impugnação ou do recurso. (Redação dada pela Lei 14.651/2023)

§ 2º. A retenção prevista no § 1º será efetuada ainda que o infrator não seja o proprietário do veículo, cabendo a este adotar as ações necessárias contra o primeiro para se ressarcir dos prejuízos eventualmente incorridos.

§ 3º Caberá impugnação, a ser apresentada no prazo de 20 (vinte) dias, contado da data da ciência da multa a que se refere o caput deste artigo. (Redação dada pela Lei 14.651/2023)

§ 3º-A. Apresentada a impugnação na forma prevista no § 3º deste artigo, o processo será encaminhado para julgamento em primeira instância. (Acrescido pela Lei 14.651/2023)

§ 3º-B. O veículo de que trata o § 1º deste artigo permanecerá retido até ser proferida a decisão final. (Acrescido pela Lei 14.651/2023)

§ 3º-C. Se o autuado não apresentar impugnação no prazo previsto no § 3º deste artigo, será considerado revel. (Acrescido pela Lei 14.651/2023)

§ 3º-D. Na hipótese de decisão de primeira instância desfavorável ao autuado, caberá interposição de recurso à segunda instância no prazo de 20 (vinte) dias, contado da data da ciência do autuado. (Acrescido pela Lei 14.651/2023)

§ 3º-E. São definitivas as decisões: (Acrescido pela Lei 14.651/2023)

I - de primeira instância, quando decorrido o prazo previsto no § 3º-D sem que haja interposição de recurso; e

II - de segunda instância.

§ 3º-F. O Ministro de Estado da Fazenda regulamentará o rito administrativo de aplicação e as competências de julgamento da multa de que trata este artigo. (Acrescido pela Lei 14.651/2023)

§ 4º Decorrido o prazo de 45 (quarenta e cinco) dias, contado da data da aplicação da multa, ou da data da ciência da decisão desfavorável definitiva na esfera administrativa, e não recolhida a multa prevista, fica caracterizado o dano ao erário, hipótese em que a multa será convertida em pena de perdimento do veículo. (Redação dada pela Lei 14.651/2023)

§ 5º. A multa a ser aplicada será de R$ 30.000,00 (trinta mil reais) na hipótese de:

I – reincidência da infração prevista no *caput*, envolvendo o mesmo veículo transportador; ou

II – modificações da estrutura ou das características do veículo, com a finalidade de efetuar o transporte de mercadorias ou permitir a sua ocultação.

§ 6º. O disposto neste artigo não se aplica nas hipóteses em que o veículo estiver sujeito à pena de perdimento prevista no inciso V do art. 104 do Decreto-Lei nº 37, de 18 de novembro de 1966, nem prejudica a aplicação de outras penalidades estabelecidas.

§ 7º. Enquanto não consumada a destinação do veículo, a pena de perdimento prevista no § 4º poderá ser relevada à vista de requerimento do interessado, desde que haja o recolhimento de 2 (duas) vezes o valor da multa aplicada.

§ 8º. A Secretaria da Receita Federal deverá representar o transportador que incorrer na infração prevista no *caput* ou que seja submetido à aplicação da pena de perdimento de veículo à autoridade competente para fiscalizar o transporte terrestre.

§ 9º. Na hipótese do § 8º, as correspondentes autorizações de viagens internacionais ou por zonas de vigilância aduaneira do transportador representado serão canceladas, ficando vedada a expedição de novas autorizações pelo prazo de 2 (dois) anos.

Art. 76. Os intervenientes nas operações de comércio exterior ficam sujeitos às seguintes sanções:

I – advertência, na hipótese de:

a) (Revogado pela Lei nº 13.043, de 2014)

b) (Revogado pela Lei nº 13.043, de 2014)

c) atraso, de forma contumaz, na chegada ao destino de veículo conduzindo mercadoria submetida ao regime de trânsito aduaneiro;

d) emissão de documento de identificação ou quantificação de mercadoria sob controle aduaneiro em desacordo com o previsto em ato normativo, relativamente a sua efetiva qualidade ou quantidade; (Redação dada pela Lei nº 13.043, de 2014)

e) prática de ato que prejudique a identificação ou quantificação de mercadoria sob controle aduaneiro; (Redação dada pela Lei nº 13.043, de 2014)

f) (Revogado pela Lei nº 13.043, de 2014)

g) consolidação ou desconsolidação de carga efetuada em desacordo com disposição estabelecida em ato normativo e que altere o tratamento tributário ou aduaneiro da mercadoria; (Redação dada pela Lei nº 13.043, de 2014)

h) atraso, por mais de 3 (três) vezes, em um mesmo mês, na prestação de informações sobre carga e descarga de veículos, ou movimentação e armazenagem de mercadorias sob controle aduaneiro;

i) descumprimento de requisito, condição ou norma operacional para habilitar-se ou utilizar regime aduaneiro especial ou aplicado em áreas especiais, ou para habilitar-se ou manter recintos nos quais tais regimes sejam aplicados; ou

j) descumprimento de obrigação de apresentar à fiscalização, em boa ordem, os documentos relativos à operação em que realizar ou em que intervier, bem como outros documentos exigidos pela Secretaria da Receita Federal do Brasil; ou (Redação dada pela Lei nº 13.043, de 2014)

k) descumprimento de determinação legal ou de outras obrigações relativas ao controle aduaneiro previstas em ato normativo não referidas às alíneas c a j; (Incluído pela Lei nº 13.043, de 2014)

II – suspensão, pelo prazo de até 12 (doze) meses, do registro, licença, autorização, credenciamento ou habilitação para utilização de regime aduaneiro ou de procedimento simplificado, exercício de atividades relacionadas com o despacho aduaneiro, ou com a movimentação e armazenagem de mercadorias sob controle aduaneiro, e serviços conexos, na hipótese de:

a) reincidência em conduta já sancionada com advertência;

b) atuação em nome de pessoa que esteja cumprindo suspensão, ou no interesse desta;

c) (Revogado pela Lei nº 13.043, de 2014)

d) delegação de atribuição privativa a pessoa não credenciada ou habilitada; (Redação dada pela Lei nº 13.043, de 2014)

e) prática de qualquer outra conduta sancionada com suspensão de registro, licença, autorização, credenciamento ou habilitação, nos termos de legislação específica; ou (Redação dada pela Lei nº 13.043, de 2014)

f) agressão ou desacato à autoridade aduaneira no exercício da função; (Incluído pela Lei nº 13.043, de 2014)

III – cancelamento ou cassação do registro, licença, autorização, credenciamento ou habilitação para utilização de regime aduaneiro ou de procedimento simplificado, exercício de atividades relacionadas com o despacho aduaneiro, ou com a movimentação e armazenagem de mercadorias sob controle aduaneiro, e serviços conexos, na hipótese de:

a) acúmulo, em período de 3 (três) anos, de suspensão cujo prazo total supere 12 (doze) meses;

b) atuação em nome de pessoa cujo registro, licença, autorização, credenciamento ou habilitação tenha sido objeto de cancelamento ou cassação, ou no interesse desta;

c) exercício, por pessoa credenciada ou habilitada, de atividade ou cargo vedados na legislação específica;

d) prática de ato que embarace, dificulte ou impeça a ação da fiscalização aduaneira, para benefício próprio ou de terceiros; (Redação dada pela Lei nº 13.043, de 2014)

e) (Revogado pela Lei nº 13.043, de 2014)

f) sentença condenatória, transitada em julgado, por participação, direta ou indireta, na prática de crime contra a administração pública ou contra a ordem tributária;

g) ação ou omissão dolosa tendente a subtrair ao controle aduaneiro, ou dele ocultar, a importação ou a exportação de bens ou de mercadorias; ou

h) prática de qualquer outra conduta sancionada com cancelamento ou cassação de registro, licença, autorização, credenciamento ou habilitação, nos termos de legislação específica.

§ 1º. A aplicação das sanções previstas neste artigo será anotada no registro do infrator pela administração aduaneira, após a decisão definitiva na esfera administrativa, devendo a anotação ser cancelada após o decurso de 5 (cinco) anos de sua efetivação. (Redação dada pela Lei nº 13.043, de 2014)

§ 2º. Para os efeitos do disposto neste artigo, consideram-se intervenientes o importador, o exportador, o beneficiário de regime aduaneiro ou de procedimento simplificado, o despachante aduaneiro e seus ajudantes, o transportador, o agente de carga, o operador de transporte multimodal, o operador portuário, o depositário, o administrador de recinto alfandegado, o perito ou qualquer outra pessoa que tenha relação, direta ou indireta, com a operação de comércio exterior. (Redação dada pela Lei nº 13.043, de 2014)

§ 3º. Para efeitos do disposto na alínea c do inciso I do *caput*, considera-se contumaz o atraso sem motivo justificado ocorrido em mais de 20% (vinte por cento) das operações de trânsito aduaneiro realizadas no mês, se superior a 5 (cinco) o número total de operações.

§ 4º. Na aplicação da sanção prevista no inciso I do *caput* e na determinação do prazo para a aplicação das sanções previstas no inciso II do *caput* serão considerados: (Redação dada pela Lei nº 13.043, de 2014)

I – a natureza e a gravidade da infração cometida; (Incluído pela Lei nº 13.043, de 2014)

II – os danos que dela provierem; e (Incluído pela Lei nº 13.043, de 2014)

III – os antecedentes do infrator, inclusive quanto à proporção das irregularidades no conjunto das operações por ele realizadas e seus esforços para melhorar a conformidade à legislação, segundo os critérios estabelecidos pela Secretaria da Receita Federal do Brasil. (Incluído pela Lei nº 13.043, de 2014)

§ 5º. Para os fins do disposto na alínea a do inciso II do *caput* deste artigo, será considerado reincidente o infrator que: (Redação dada pela Lei nº 13.043, de 2014)

I – cometer nova infração pela mesma conduta já sancionada com advertência, no período de 365 (trezentos e sessenta e cinco) dias, contado da data da aplicação da sanção; ou (Incluído pela Lei nº 13.043, de 2014)

II – não sanar a irregularidade que ensejou a aplicação da advertência, depois de um mês de sua aplicação, quando se tratar de conduta passível de regularização. (Incluído pela Lei nº 13.043, de 2014)

§ 5º-A. Para os efeitos do § 5º, no caso de operadores que realizam grande quantidade de operações, poderá ser observada a proporção de erros e omissões em razão da quantidade de documentos, declarações e informações a serem prestadas, nos termos, limites e condições disciplinados pelo Poder Executivo. (Incluído pela Lei nº 13.043, de 2014)

§ 6º. Na hipótese de cassação ou cancelamento, a reinscrição para a atividade que exercia ou a inscrição para exercer outra atividade sujeita a controle aduaneiro só poderá ser solicitada depois de transcorridos 2 (dois) anos da data de aplicação da sanção, devendo ser cumpridas todas as exigências e formalidades previstas para a inscrição.

§ 7º. Ao sancionado com suspensão, cassação ou cancelamento, enquanto perdurarem os efeitos da sanção, é vedado o ingresso em local sob controle aduaneiro, sem autorização do titular da unidade jurisdicionante.

§ 8º. Compete a aplicação das sanções:

I – ao titular da unidade da Secretaria da Receita Federal responsável pela apuração da infração, nos casos de advertência ou suspensão; ou

II – à autoridade competente para habilitar ou autorizar a utilização de procedimento simplificado, de regime aduaneiro, ou o exercício de atividades relacionadas com o despacho aduaneiro, ou com a movimentação e armazenagem de mercadorias sob controle aduaneiro, e serviços conexos, nos casos de cancelamento ou cassação.

§ 9º. As sanções previstas neste artigo serão aplicadas mediante processo administrativo próprio, instaurado com a lavratura de auto de infração, acompanhado de termo de constatação de hipótese referida nos incisos I a III do *caput*.

§ 10. Feita a intimação, a não apresentação de impugnação no prazo de 20 (vinte) dias implicará revelia, cabendo a imediata aplicação da penalidade. (Redação dada pela Lei nº 13.043, de 2014)

§ 10-A. A intimação a que se refere o § 10 deste artigo será: (Incluído pela Lei nº 13.043, de 2014)

I – pessoal, pelo autor do procedimento ou por agente preparador, na repartição ou fora dela, produzindo efeitos com a assinatura do sujeito passivo, seu mandatário ou preposto, ou, no caso de recusa, com declaração escrita de quem o intimar; (Incluído pela Lei nº 13.043, de 2014)

II – por via postal, telegráfica ou por qualquer outro meio ou via, produzindo efeitos com o recebimento no domicílio indicado à Secretaria da Receita Federal do Brasil pelo interveniente na operação de comércio exterior ou, se omitida a data do recebimento, com o decurso de 15 (quinze) dias da expedição da intimação ao referido endereço; (Incluído pela Lei nº 13.043, de 2014)

III – por meio eletrônico, com prova de recebimento, mediante envio ao domicílio tributário do sujeito passivo ou registro em meio magnético ou equivalente utilizado pelo sujeito passivo, produzindo efeitos: (Incluído pela Lei nº 13.043, de 2014)

a) 15 (quinze) dias contados da data registrada no comprovante de entrega no domicílio tributário do sujeito passivo; (Incluído pela Lei nº 13.043, de 2014)

b) na data em que o sujeito passivo efetuar consulta ao endereço eletrônico a ele atribuído pela administração tributária, se ocorrida antes do prazo previsto na alínea a deste inciso; ou (Incluído pela Lei nº 13.043, de 2014)

c) na data registrada no meio magnético ou equivalente utilizado pelo sujeito passivo; ou (Incluído pela Lei nº 13.043, de 2014)

IV – por edital, quando resultarem improfícuos os meios previstos nos incisos I a III deste parágrafo, ou no caso de pessoa jurídica declarada inapta perante o Cadastro Nacional de Pessoas Jurídicas – CNPJ, produzindo efeitos com o decurso de 15 (quinze) dias da publicação ou com qualquer manifestação do interessado no mesmo período. (Incluído pela Lei nº 13.043, de 2014)

§ 11. Apresentada a impugnação, a autoridade preparadora terá prazo de 15 (quinze) dias para remessa do processo a julgamento.

§ 12. O prazo a que se refere o § 11 poderá ser prorrogado quando for necessária a realização de diligências ou perícias.

§ 13. Da decisão que aplicar a sanção cabe recurso, a ser apresentado em 30 (trinta) dias, à autoridade imediatamente superior, que o julgará em instância final administrativa.

§ 14. O rito processual a que se referem os §§ 9º a 13 aplica-se também aos processos ainda não conclusos para julgamento em 1ª (primeira) instância julgados na esfera administrativa, relativos a sanções administrativas de advertência, suspensão, cassação ou cancelamento.

§ 15. As sanções previstas neste artigo não prejudicam a exigência dos impostos incidentes, a aplicação de outras penalidades cabíveis e a representação fiscal para fins penais, quando for o caso.

Art. 77. Os arts. 1º, 17, 36, 37, 50, 104, 107 e 169 do Decreto-Lei nº 37, de 18 de novembro de 1966, passam a vigorar com as seguintes alterações:

"Art. 1º (...)

(...)

§ 4º. O imposto não incide sobre mercadoria estrangeira:

I – avariada ou que se revele imprestável para os fins a que se destinava, desde que seja destruída sob controle aduaneiro, antes de despachada para consumo, sem ônus para a Fazenda Nacional;

II – em trânsito aduaneiro de passagem, acidentalmente destruída; ou

III – que tenha sido objeto de pena de perdimento, exceto na hipótese em que não seja localizada, tenha sido consumida ou revendida."

"Art. 17.(...)

Parágrafo único. (...)

(...)

V – bens doados, destinados a fins culturais, científicos e assistenciais, desde que os beneficiários sejam entidades sem fins lucrativos."

"Art. 36. A fiscalização aduaneira poderá ser ininterrupta, em horários determinados, ou eventual, nos portos, aeroportos, pontos de fronteira e recintos alfandegados.

§ 1º. A administração aduaneira determinará os horários e as condições de realização dos serviços aduaneiros, nos locais referidos no *caput*.

(...)"

"Art. 37. O transportador deve prestar à Secretaria da Receita Federal, na forma e no prazo por ela estabelecidos, as informações sobre as cargas transportadas, bem como sobre a chegada de veículo procedente do exterior ou a ele destinado.

§ 1º. O agente de carga, assim considerada qualquer pessoa que, em nome do importador ou do exportador, contrate o transporte de mercadoria, consolide ou desconsolide cargas e preste serviços conexos, e o operador portuário, também devem prestar as informações sobre as operações que executem e respectivas cargas.

§ 2º. Não poderá ser efetuada qualquer operação de carga ou descarga, em embarcações, enquanto não forem prestadas as informações referidas neste artigo.

§ 3º. A Secretaria da Receita Federal fica dispensada de participar da visita a embarcações prevista no art. 32 da Lei nº 5.025, de 10 de junho de 1966.

§ 4º. A autoridade aduaneira poderá proceder às buscas em veículos necessárias para prevenir e reprimir a ocorrência de infração à legislação, inclusive em momento anterior à prestação das informações referidas no *caput*."

"Art. 50. A verificação de mercadoria, no curso da conferência aduaneira ou em qualquer outra ocasião, será realizada por Auditor-Fiscal da Receita Federal, ou sob a sua supervisão, por servidor integrante da Carreira Auditoria da Receita Federal, na presença do viajante, do importador, do exportador, ou de seus representantes, podendo ser adotados critérios de seleção e amostragem, de conformidade com o estabelecido pela Secretaria da Receita Federal.

§ 1º. Na hipótese de mercadoria depositada em recinto alfandegado, a verificação poderá ser realizada na presença do depositário ou de seus prepostos, dispensada a exigência da presença do importador ou do exportador.

§ 2º. A verificação de bagagem ou de outra mercadoria que esteja sob a responsabilidade do transportador poderá ser realizada na presença deste ou de seus prepostos, dispensada a exigência da presença do viajante, do importador ou do exportador.

§ 3º. Nas hipóteses dos §§ 1º e 2º, o depositário e o transportador, ou seus prepostos, representam o viajante, o importador ou o exportador, para efeitos de identificação, quantificação e descrição da mercadoria verificada."

"Art. 104. (...)

Parágrafo único. Aplicam-se cumulativamente:

I – no caso do inciso II do *caput*, a pena de perdimento da mercadoria;

II – no caso do inciso III do *caput*, a multa de R$ 200,00 (duzentos reais) por passageiro ou tripulante conduzido pelo veículo que efetuar a operação proibida, além do perdimento da mercadoria que transportar."

"Art. 107. Aplicam-se ainda as seguintes multas:

I – de R$ 50.000,00 (cinquenta mil reais), por contêiner ou qualquer veículo contendo mercadoria, inclusive a granel, ingressado em local ou recinto sob controle aduaneiro, que não seja localizado;

II – de R$ 15.000,00 (quinze mil reais), por contêiner ou veículo contendo mercadoria, inclusive a granel, no regime de trânsito aduaneiro, que não seja localizado;

III – de R$ 10.000,00 (dez mil reais), por desacato à autoridade aduaneira;

IV – de R$ 5.000,00 (cinco mil reais):

a) por ponto percentual que ultrapasse a margem de 5% (cinco por cento), na diferença de peso apurada em relação ao manifesto de carga a granel apresentado pelo transportador marítimo, fluvial ou lacustre;

b) por mês-calendário, a quem não apresentar à fiscalização os documentos relativos à operação que realizar ou em que intervier, bem como outros documentos exigidos pela Secretaria da Receita Federal, ou não mantiver os correspondentes arquivos em boa guarda e ordem;

c) a quem, por qualquer meio ou forma, omissiva ou comissiva, embaraçar, dificultar ou impedir ação de fiscalização aduaneira, inclusive no caso de não-apresentação de resposta, no prazo estipulado, a intimação em procedimento fiscal;

d) a quem promover a saída de veículo de local ou recinto sob controle aduaneiro, sem autorização prévia da autoridade aduaneira;

e) por deixar de prestar informação sobre veículo ou carga nele transportada, ou sobre as operações que execute, na forma e no prazo estabelecidos pela Secretaria da Receita Federal, aplicada à empresa de transporte internacional, inclusive a prestadora de serviços de transporte internacional expresso porta-a-porta, ou ao agente de carga; e

f) por deixar de prestar informação sobre carga armazenada, ou sob sua responsabilidade, ou sobre as operações que execute, na forma e no prazo estabelecidos pela Secretaria da Receita Federal, aplicada ao depositário ou ao operador portuário;

V – de R$ 3.000,00 (três mil reais), ao transportador de carga ou de passageiro, pelo descumprimento de exigência estabelecida para a circulação de veículos e mercadorias em zona de vigilância aduaneira;

VI – de R$ 2.000,00 (dois mil reais), no caso de violação de volume ou unidade de carga que contenha mercadoria sob controle aduaneiro, ou de dispositivo de segurança;

VII – de R$ 1.000,00 (mil reais):

a) por volume depositado em local ou recinto sob controle aduaneiro, que não seja localizado;

b) pela importação de mercadoria estrangeira atentatória à moral, aos bons costumes, à saúde ou à ordem pública, sem prejuízo da aplicação da pena prevista no inciso XIX do art. 105;

c) pela substituição do veículo transportador, em operação de trânsito aduaneiro, sem autorização prévia da autoridade aduaneira;

d) por dia, pelo descumprimento de condição estabelecida pela administração aduaneira para a prestação de serviços relacionados com o despacho aduaneiro;

e) por dia, pelo descumprimento de requisito, condição ou norma operacional para habilitar-se ou utilizar regime aduaneiro especial ou aplicado em áreas especiais, ou para habilitar-se ou manter recintos nos quais tais regimes sejam aplicados;

f) por dia, pelo descumprimento de requisito, condição ou norma operacional para executar atividades de movimentação e armazenagem de mercadorias sob controle aduaneiro, e serviços conexos; e

g) por dia, pelo descumprimento de condição estabelecida para utilização de procedimento aduaneiro simplificado;

VIII – de R$ 500,00 (quinhentos reais):

a) por ingresso de pessoa em local ou recinto sob controle aduaneiro sem a regular autorização, aplicada ao administrador do local ou recinto;

b) por tonelada de carga a granel depositada em local ou recinto sob controle aduaneiro, que não seja localizada;

c) por dia de atraso ou fração, no caso de veículo que, em operação de trânsito aduaneiro, chegar ao destino fora do prazo estabelecido, sem motivo justificado;

d) por erro ou omissão de informação em declaração relativa ao controle de papel imune; e

e) pela não apresentação do romaneio de carga (packing-list) nos documentos de instrução da declaração aduaneira;

IX – de R$ 300,00 (trezentos reais), por volume de mercadoria, em regime de trânsito aduaneiro, que não seja localizado no veículo transportador, limitada ao valor de R$ 15.000,00 (quinze mil reais);

X – de R$ 200,00 (duzentos reais):

a) por tonelada de carga a granel em regime de trânsito aduaneiro que não seja localizada no veículo transportador, limitada ao valor de R$ 15.000,00 (quinze mil reais);

b) para a pessoa que ingressar em local ou recinto sob controle aduaneiro sem a regular autorização; e

c) pela apresentação de fatura comercial em desacordo com uma ou mais de uma das indicações estabelecidas no regulamento; e

XI – de R$ 100,00 (cem reais):

a) por volume de carga não manifestada pelo transportador, sem prejuízo da aplicação da pena prevista no inciso IV do art. 105; e

b) por ponto percentual que ultrapasse a margem de 5% (cinco por cento), na diferença de peso apurada em relação ao manifesto de carga a granel apresentado pelo transportador rodoviário ou ferroviário.

§ 1º. O recolhimento das multas previstas nas alíneas e, f e g do inciso VII não garante o direito a regular operação do regime ou do recinto, nem a execução da atividade, do serviço ou do procedimento concedidos a TÍTULO precário.

§ 2º. As multas previstas neste artigo não prejudicam a exigência dos impostos incidentes, a aplicação de outras penalidades cabíveis e a representação fiscal para fins penais, quando for o caso."

"Art. 169. (...)

(...)

§ 2º. (...)

I – inferiores a R$ 500,00 (quinhentos reais);

II – superiores a R$ 5.000,00 (cinco mil reais) nas hipóteses previstas nas alíneas a, b e c, item 2, do inciso III do *caput* deste artigo."

Art. 78. O art. 3º do Decreto-Lei nº 399, de 30 de dezembro de 1968, passa a vigorar com a seguinte redação:

"Art. 3º. (...)

Parágrafo único. Sem prejuízo da sanção penal referida neste artigo, será aplicada, além da pena de perdimento da respectiva mercadoria, a multa de R$ 2,00 (dois reais) por maço de cigarro ou por unidade dos demais produtos apreendidos."

Art. 79. Os arts. 7º e 8º da Lei nº 9.019, de 30 de março de 1995, passam a vigorar com a seguinte redação:

"Art. 7º. (...)

(...)

§ 2º. Os direitos *antidumping* e os direitos compensatórios são devidos na data do registro da declaração de importação.

§ 3º. A falta de recolhimento de direitos *antidumping* ou de direitos compensatórios na data prevista no § 2º acarretará, sobre o valor não recolhido:

I – no caso de pagamento espontâneo, após o desembaraço aduaneiro:

a) a incidência de multa de mora, calculada à taxa de 0,33% (trinta e três centésimos por cento), por dia de atraso, a partir do 1º (primeiro) dia subsequente ao do registro da declaração de importação até o dia em que ocorrer o seu pagamento, limitada a 20% (vinte por cento); e

b) a incidência de juros de mora calculados à taxa referencial do Sistema Especial de Liquidação e Custódia – SELIC, para títulos federais, acumulada mensalmente, a partir do 1º (primeiro) dia do mês subsequente ao do registro da declaração de importação até o último dia do mês anterior ao do pagamento e de 1% (um por cento) no mês do pagamento; e

II – no caso de exigência de ofício, de multa de 75% (setenta e cinco por cento) e dos juros de mora previstos na alínea b do inciso I deste parágrafo.

§ 4º. A multa de que trata o inciso II do § 3º será exigida isoladamente quando os direitos *antidumping* ou os direitos compensatórios houverem sido pagos após o registro da declaração de importação, mas sem os acréscimos moratórios.

§ 5º. A exigência de ofício de direitos *antidumping* ou de direitos compensatórios e decorrentes acréscimos moratórios e penalidades será formalizada em auto de infração lavrado por Auditor-Fiscal da Receita Federal, observado o disposto no Decreto nº 70.235, de 6 de março de 1972, e o prazo de 5 (cinco) anos contados da data de registro da declaração de importação.

§ 6º. Verificado o inadimplemento da obrigação, a Secretaria da Receita Federal encaminhará o débito à Procuradoria-Geral da Fazenda Nacional, para inscrição em Dívida Ativa da União e respectiva cobrança, observado o prazo de prescrição de 5 (cinco) anos.

§ 7º. A restituição de valores pagos a TÍTULO de direitos *antidumping* e de direitos compensatórios, provisórios ou definitivos, enseja a restituição dos acréscimos legais correspondentes e das penalidades pecuniárias, de caráter material, prejudicados pela causa da restituição."

"Art. 8º. (...)

§ 1º. Nos casos de retroatividade, a Secretaria da Receita Federal intimará o contribuinte ou responsável para pagar os direitos antidumping ou compensatórios, provisórios ou definitivos, no prazo de 30 (trinta) dias, sem a incidência de quaisquer acréscimos moratórios.

§ 2º. Vencido o prazo previsto no § 1º, sem que tenha havido o pagamento dos direitos, a Secretaria da Receita Federal deverá exigi-los de ofício, mediante a lavratura de auto de infração, aplicando-se a multa e os juros de mora previstos no inciso II do § 3º do art. 7º, a partir do término do prazo de 30 (trinta) dias previsto no § 1º deste artigo."

Art. 80. O art. 2º da Lei nº 4.502, de 30 de novembro de 1964, passa a vigorar acrescido do § 3º, com a seguinte redação:

"Art. 2º. (...)

(...)

§ 3º. Para efeito do disposto no inciso I, considerar-se-á ocorrido o respectivo desembaraço aduaneiro da mercadoria que constar como tendo sido importada e cujo extravio ou avaria venham a ser apurados pela autoridade fiscal, inclusive na hipótese de mercadoria sob regime suspensivo de tributação."

Art. 81. A redução da multa de lançamento de ofício prevista no art. 6º da Lei nº 8.218, de 29 de agosto de 1991, não se aplica:

I – às multas previstas nos arts. 70, 72 e 75 desta Lei;

II – às multas previstas no art. 107 do Decreto-Lei nº 37, de 18 de novembro de 1966, com a redação dada pelo art. 77 desta Lei;

III – à multa prevista no § 3º do art. 23 do Decreto-Lei nº 1.455, de 7 de abril de 1976, com a redação dada pelo art. 59 da Lei nº 10.637, de 30 de dezembro de 2002;

IV – às multas previstas nos arts. 67 e 84 da Medida Provisória nº 2.158-35, de 24 de agosto de 2001;

V – à multa prevista no inciso I do art. 83 da Lei nº 4.502, de 30 de novembro de 1964, com a redação dada pelo art. 1º do Decreto-Lei nº 400, de 3 de dezembro de 1968; e

VI – à multa prevista no art. 19 da Lei nº 9.779, de 19 de janeiro de 1999.

CAPÍTULO IV. DISPOSIÇÕES FINAIS

Art. 82. O art. 2º da Lei nº 10.034, de 24 de outubro de 2000, passa vigorar com a seguinte redação:

"Art. 2º Ficam acrescidos de 50% (cinquenta por cento) os percentuais referidos no art. 5º da Lei nº 9.317, de 5 de dezembro de 1996, alterado pela Lei nº 9.732, de 11 de dezembro de 1998, em relação às atividades relacionadas nos incisos II a IV do art. 1º desta Lei e às pessoas jurídicas que aufiram receita bruta decorrente da prestação de serviços em montante igual ou superior a 30% (trinta por cento) da receita bruta total.

Parágrafo único. O produto da arrecadação proporcionado pelo disposto no *caput* será destinado integralmente às contribuições de que trata a alínea f do § 1º do art. 3º da Lei nº 9.317, de 5 de dezembro de 1996."

Art. 83. O não cumprimento das obrigações previstas nos arts. 11 e 19 da Lei nº

9.311, de 24 de outubro de 1996, sujeita as cooperativas de crédito às multas de:

I – R$ 5,00 (cinco reais) por grupo de 5 (cinco) informações inexatas, incompletas ou omitidas;

II – R$ 200,00 (duzentos reais) ao mês-calendário ou fração, independentemente da sanção prevista no inciso I, se o formulário ou outro meio de informação padronizado for apresentado fora do período determinado.

Parágrafo único. Apresentada a informação, fora de prazo, mas antes de qualquer procedimento de ofício, ou se, após a intimação, houver a apresentação dentro do prazo nesta fixado, as multas serão reduzidas à metade.

Art. 84. (Revogado pela Lei nº 11.051, de 2004)

Art. 85. A Lei nº 10.753, de 31 de outubro de 2003, passa a vigorar com as seguintes alterações:

"Art. 4º. É permitida a entrada no País de livros em língua estrangeira ou portuguesa, imunes de impostos nos termos do art. 150, inciso VI, alínea d, da Constituição, e, nos termos do regulamento, de tarifas alfandegárias prévias, sem prejuízo dos controles aduaneiros e de suas taxas."

"Art. 8º As pessoas jurídicas que exerçam as atividades descritas nos incisos II a IV do art. 5º poderão constituir provisão para perda de estoques, calculada no último dia de cada período de apuração do imposto de renda e da contribuição social sobre o lucro líquido, correspondente a 1/3 (um terço) do valor do estoque existente naquela data, na forma que dispuser o regulamento, inclusive em relação ao tratamento contábil e fiscal a ser dispensado às reversões dessa provisão."

"Art. 9º. A provisão referida no art. 8º será dedutível para fins de determinação do lucro real e da base de cálculo da contribuição social sobre o lucro líquido."

Art. 86. (Revogado pela Lei nº 12.111, de 2009)

Art. 87. Os §§ 2º, 3º e 4º do art. 5º da Lei nº 10.336, de 19 de dezembro de 2001, passam a vigorar com a seguinte redação:

"Art. 5º. (...)

(...)

§ 2º. Aplicam-se às correntes de hidrocarbonetos líquidos as mesmas alíquotas específicas fixadas para gasolinas.

§ 3º. O Poder Executivo poderá dispensar o pagamento da Cide incidente sobre as correntes de hidrocarbonetos líquidos não destinados à formulação de gasolina ou diesel, nos termos e condições que estabelecer, inclusive de registro especial do produtor, formulador, importador e adquirente.

§ 4º. Os hidrocarbonetos líquidos de que trata o § 3º serão identificados mediante marcação, nos termos e condições estabelecidos pela ANP."

Art. 88. A Lei nº 10.336, de 19 de dezembro de 2001, fica acrescida do art. 8ºA:

"Art. 8ºA O contribuinte da Cide, incidente sobre as correntes de hidrocarbonetos líquidos não destinados à formulação de gasolina ou diesel, poderá deduzir o valor da Cide, pago na importação ou na comercialização no mercado interno, dos valores da contribuição para o PIS/Pasep e da Cofins devidos na comercialização, no mercado interno, dos produtos referidos neste artigo."

Art. 89. No prazo de 120 (cento e vinte) dias contados a partir da publicação desta Lei, o Poder Executivo encaminhará Projeto de Lei ao Congresso Nacional prevendo a substituição parcial da contribuição a cargo da empresa, destinada à Seguridade Social, incidente sobre a folha de salários e demais rendimentos do trabalho, prevista no art. 22 da Lei nº 8.212, de 24 de julho de 1991, em Contribuição Social incidente sobre a receita bruta, observado o princípio da não-cumulatividade.

Art. 90. (Revogado pela Lei nº 11.051, de 2004)

Art. 91. Serão reduzidas a 0 (zero) as alíquotas da contribuição para o PIS/PASEP e da COFINS incidentes sobre a receita bruta decorrente da venda de álcool etílico hidratado carburante, realizada por distribuidor e revendedor varejista, desde que atendidas as condições estabelecidas pelo Poder Executivo.

› Atualização: Art. 91. (Revogado pela LC 214/2025, com produção de efeitos a partir de 1º de janeiro de 2027)

Parágrafo único. A redução de alíquotas referidas no *caput* somente será aplicável a partir do mês subsequente ao da edição do decreto que estabeleça as condições requeridas.

Art. 92. A Secretaria da Receita Federal editará, no âmbito de sua competência, as normas necessárias à aplicação do disposto nesta Lei.

Art. 93. Esta Lei entra em vigor na data de sua publicação, produzindo efeitos, em relação:

I – aos arts. 1º a 15 e 25, a partir de 1º de fevereiro de 2004;

II – aos arts. 26, 27, 29, 30 e 34 desta Lei, a partir de 1º de fevereiro de 2004;

III – ao art. 1º da Lei nº 8.850, de 28 de janeiro de 1994, e ao inciso I do art. 52 da Lei nº 8.383, de 30 de dezembro de 1991, com a redação dada pelos arts. 42 e 43, a partir de 1º de janeiro de 2004;

IV – aos arts. 49 a 51 e 53 a 58 desta Lei, a partir do 1º dia do quarto mês subsequente ao de sua publicação;

V – ao art. 52 desta Lei, a partir do 1º dia do segundo mês subsequente ao de publicação desta Lei;

VI – aos demais artigos, a partir da data da publicação desta Lei.

Art. 94. Ficam revogados:

I – as alíneas a dos incisos III e IV e o inciso V do art. 106, o art. 109 e o art. 137 do Decreto-Lei nº 37, de 1966, este com a redação dada pelo art. 4º do Decreto-Lei nº 2.472, de 1988;

II – o art. 7º do Decreto-Lei nº 1.578, de 11 de outubro de 1977;

III – o inciso II do art. 77 da Lei nº 8.981, de 20 de janeiro de 1995;

IV – o art. 75 da Lei nº 9.532, de 10 de dezembro de 1997;

V – os §§ 5º e 6º do art. 5º da Lei nº 10.336, 28 de dezembro de 2001; e

VI – o art. 6º da Lei nº 10.637, de 30 de dezembro de 2002, a partir da data de início dos efeitos desta Lei.

Brasília, 29 de dezembro de 2003; 182º da Independência e 115º da República.

LUIZ INÁCIO LULA DA SILVA

Publicado no D.O.U. 30.12.2003 (Ed. Extra)

ANEXO ÚNICO

› (Revogado pela Lei nº 10.925, de 2004)

LEI Nº 10.865, DE 30 DE ABRIL DE 2004

Dispõe sobre a Contribuição para os Programas de Integração Social e de Formação do Patrimônio do Servidor Público e a Contribuição para o Financiamento da Seguridade Social incidentes sobre a importação de bens e serviços e dá outras providências.

O PRESIDENTE DA REPÚBLICA

Faço saber que o Congresso Nacional decreta e eu sanciono a seguinte Lei:

CAPÍTULO I DA INCIDÊNCIA

Art. 1º Ficam instituídas a Contribuição para os Programas de Integração Social e de Formação do Patrimônio do Servidor Público incidente na Importação de Produtos Estrangeiros ou Serviços – PIS/PASEP-Importação e a Contribuição Social para o Financiamento da Seguridade Social devida pelo Importador de Bens Estrangeiros ou Serviços do Exterior – COFINS-Importação, com base nos arts. 149, § 2º, inciso II, e 195, inciso IV, da Constituição Federal, observado o disposto no seu art. 195, § 6º.

› Atualização: Art. 1º (Revogado pela LC 214/2025, com produção de efeitos a partir de 1º de janeiro de 2027)

§ 1º Os serviços a que se refere o *caput* deste artigo são os provenientes do exterior prestados por pessoa física ou pessoa jurídica residente ou domiciliada no exterior, nas seguintes hipóteses:

I – executados no País; ou

II – executados no exterior, cujo resultado se verifique no País.

§ 2º Consideram-se também estrangeiros:

I – bens nacionais ou nacionalizados exportados, que retornem ao País, salvo se:

a) enviados em consignação e não vendidos no prazo autorizado;

b) devolvidos por motivo de defeito técnico para reparo ou para substituição;

c) por motivo de modificações na sistemática de importação por parte do país importador;

d) por motivo de guerra ou de calamidade pública; ou

e) por outros fatores alheios à vontade do exportador;

II – os equipamentos, as máquinas, os veículos, os aparelhos e os instrumentos, bem como as partes, as peças, os acessórios e os componentes, de fabricação nacional, adquiridos no mercado interno pelas empresas nacionais de engenharia e exportados para a execução de obras contratadas no exterior, na hipótese de retornarem ao País.

Art. 2º As contribuições instituídas no art. 1º desta Lei não incidem sobre:

› Atualização: Art. 2º (Revogado pela LC 214/2025, com produção de efeitos a partir de 1º de janeiro de 2027)

I – bens estrangeiros que, corretamente descritos nos documentos de transporte, chegarem ao País por erro inequívoco ou comprovado de expedição e que forem redestinados ou devolvidos para o exterior;

II – bens estrangeiros idênticos, em igual quantidade e valor, e que se destinem à reposição de outros anteriormente importados que se tenham revelado, após o desembaraço aduaneiro, defeituosos ou imprestáveis para o fim a que se destinavam, observada a regulamentação do Ministério da Fazenda;

III – bens estrangeiros que tenham sido objeto de pena de perdimento, exceto nas hipóteses em que não sejam localizados, tenham sido consumidos ou revendidos;

IV – bens estrangeiros devolvidos para o exterior antes do registro da declaração de importação, observada a regulamentação do Ministério da Fazenda;

V – pescado capturado fora das águas territoriais do País por empresa localizada no seu território, desde que satisfeitas as exigências que regulam a atividade pesqueira;

VI – bens aos quais tenha sido aplicado o regime de exportação temporária;

VII – bens ou serviços importados pelas entidades beneficentes de assistência social, nos termos do § 7º do art. 195 da Constituição Federal, observado o disposto no art. 10 desta Lei;

VIII – bens em trânsito aduaneiro de passagem, acidentalmente destruídos;

IX – bens avariados ou que se revelem imprestáveis para os fins a que se destinavam, desde que destruídos, sob controle aduaneiro, antes de despachados para consumo, sem ônus para a Fazenda Nacional; e

X – o custo do transporte internacional e de outros serviços, que tiverem sido computados no valor aduaneiro que serviu de base de cálculo da contribuição.

XI – valor pago, creditado, entregue, empregado ou remetido à pessoa física ou jurídica a título de remuneração de serviços vinculados aos processos de avaliação da conformidade, metrologia, normalização, inspeção sanitária e fitossanitária, homologação, registros e outros procedimentos exigidos pelo país importador sob o resguardo dos acordos sobre medidas sanitárias e fitossanitárias (SPS) e sobre barreiras técnicas ao comércio (TBT), ambos do âmbito da Organização Mundial do Comércio – OMC. *(Inciso com redação dada pela Lei nº 12.249, de 11/6/2010)*

Parágrafo único. O disposto no inciso XI não se aplica à remuneração de serviços prestados por pessoa física ou jurídica residente ou domiciliada em país ou dependência com tributação favorecida ou beneficiada por regime fiscal privilegiado, de que tratam os arts. 24 e 24-A da Lei nº 9.430, de 27 de dezembro de 1996. *(Parágrafo único com redação dada pela Lei n º 12.249, de 11/6/2010)*

CAPÍTULO II
DO FATO GERADOR

Art. 3º O fato gerador será:

› Atualização: Art. 3º (Revogado pela LC 214/2025, com produção de efeitos a partir de 1º de janeiro de 2027)

I – a entrada de bens estrangeiros no território nacional; ou

II – o pagamento, o crédito, a entrega, o emprego ou a remessa de valores a residentes ou domiciliados no exterior como contraprestação por serviço prestado.

§ 1º Para efeito do inciso I do *caput* deste artigo, consideram-se entrados no território nacional os bens que constem como tendo sido importados e cujo extravio venha a ser apurado pela administração aduaneira.

§ 2º O disposto no § 1º deste artigo não se aplica:

I – às malas e às remessas postais internacionais; e

II – à mercadoria importada a granel que, por sua natureza ou condições de manuseio na descarga, esteja sujeita a quebra ou a decréscimo, desde que o extravio não seja superior a 1% (um por cento).

§ 3º Na hipótese de ocorrer quebra ou decréscimo em percentual superior ao fixado no inciso II do § 2º deste artigo, serão exigidas as contribuições somente em relação ao que exceder a 1% (um por cento).

Art. 4º Para efeito de cálculo das contribuições, considera-se ocorrido o fato gerador:

› Atualização: Art. 4º (Revogado pela LC 214/2025, com produção de efeitos a partir de 1º de janeiro de 2027)

I – na data do registro da declaração de importação de bens submetidos a despacho para consumo;

II – no dia do lançamento do correspondente crédito tributário, quando se tratar de bens constantes de manifesto ou de outras declarações de efeito equivalente, cujo extravio ou avaria for apurado pela autoridade aduaneira;

III – na data do vencimento do prazo de permanência dos bens em recinto alfandegado, se iniciado o respectivo despacho aduaneiro antes de aplicada a pena de perdimento, na situação prevista pelo art. 18 da Lei nº 9.779, de 19 de janeiro de 1999;

IV – na data do pagamento, do crédito, da entrega, do emprego ou da remessa de valores na hipótese de que trata o inciso II do *caput* do art. 3º desta Lei.

Parágrafo único. O disposto no inciso I do *caput* deste artigo aplica-se, inclusive, no caso de despacho para consumo de bens importados sob regime suspensivo de tributação do imposto de importação.

CAPÍTULO III
DO SUJEITO PASSIVO

Art. 5º São contribuintes:

› Atualização: Art. 5º (Revogado pela LC 214/2025, com produção de efeitos a partir de 1º de janeiro de 2027)

I – o importador, assim considerada a pessoa física ou jurídica que promova a entrada de bens estrangeiros no território nacional;

II – a pessoa física ou jurídica contratante de serviços de residente ou domiciliado no exterior; e

III – o beneficiário do serviço, na hipótese em que o contratante também seja residente ou domiciliado no exterior.

Parágrafo único. Equiparam-se ao importador o destinatário de remessa postal internacional indicado pelo respectivo remetente e o adquirente de mercadoria entrepostada.

Art. 6º São responsáveis solidários:

› Atualização: Art. 6º (Revogado pela LC 214/2025, com produção de efeitos a partir de 1º de janeiro de 2027)

I – o adquirente de bens estrangeiros, no caso de importação realizada por sua conta e ordem, por intermédio de pessoa jurídica importadora;

II – o transportador, quando transportar bens procedentes do exterior ou sob controle aduaneiro, inclusive em percurso interno;

III – o representante, no País, do transportador estrangeiro;

IV – o depositário, assim considerado qualquer pessoa incumbida da custódia de bem sob controle aduaneiro; e

V – o expedidor, o operador de transporte multimodal ou qualquer subcontratado para a realização do transporte multimodal.

CAPÍTULO IV
DA BASE DE CÁLCULO

Art. 7º A base de cálculo será:

› Atualização: Art. 7º (Revogado pela LC 214/2025, com produção de efeitos a partir de 1º de janeiro de 2027)

I – o valor aduaneiro, na hipótese do inciso I do *caput* do art. 3º desta Lei; ou *(Inciso com redação dada pela Lei nº 12.865, de 9/10/2013)*

II – o valor pago, creditado, entregue, empregado ou remetido para o exterior, antes da retenção do imposto de renda, acrescido do Imposto sobre Serviços de qualquer Natureza – ISS e do valor das próprias contribuições, na hipótese do inciso II do *caput* do art. 3º desta Lei.

§ 1º A base de cálculo das contribuições incidentes sobre prêmios de resseguro cedidos ao exterior é de 15% (quinze por cento) do valor pago, creditado, entregue, empregado ou remetido. *(Parágrafo com redação dada pela Lei nº 12.249, de 11/6/2010)*

§ 2º O disposto no § 1º deste artigo aplica-se aos prêmios de seguros não enquadrados no disposto no inciso X do art. 2º desta Lei.

§ 3º A base de cálculo fica reduzida:

I – em 30,2% (trinta inteiros e dois décimos por cento), no caso de importação, para revenda, de caminhões chassi com carga útil igual ou superior a 1.800 kg (mil e oitocentos quilogramas) e caminhão monobloco com carga útil igual ou superior a 1.500 kg (mil e quinhentos quilogramas), classificados na posição 87.04 da Tabela de Incidência do Imposto sobre Produtos Industrializados – TIPI, observadas as especificações estabelecidas pela Secretaria da Receita Federal; e

II – em 48,1% (quarenta e oito inteiros e um décimo por cento), no caso de importação, para revenda, de máquinas e veículos classificados nos seguintes códigos e posições da TIPI: 84.29, 8432.40.00, 8432.80.00, 8433.20, 8433.30.00, 8433.40.00, 8433.5, 87.01, 8702.10.00 Ex 02, 8702.90.90 Ex 02, 8704.10.00, 87.05 e 8706.00.10 Ex 01 (somente os destinados aos produtos classificados nos Ex 02 dos códigos 8702.10.00 e 8702.90.90).

§ 4º *(Revogado pela Lei nº 12.865, de 9/10/2013)*

§ 5º *(Revogado pela Lei nº 12.865, de 9/10/2013)*

CAPÍTULO V
DAS ALÍQUOTAS

Art. 8º As contribuições serão calculadas mediante aplicação, sobre a base de cálculo de que trata o art. 7º desta Lei, das alíquotas: *("Caput" do artigo com redação dada pela Medida Provisória nº 668, de 30/1/2015, publicada no DOU de 30/1/2015, em vigor no 1º dia do 4º* mês subsequente ao de sua publicação *,convertida na Lei nº 13.137, de 19/6/2015)*

› Atualização: Art. 8º (Revogado pela LC 214/2025, com produção de efeitos a partir de 1º de janeiro de 2027)

I – na hipótese do inciso I do *caput* do art. 3º, de: *(Inciso com redação dada pela Medida Provisória nº 668, de 30/1/2015, publicada no DOU de 30/1/2015, em vigor no 1º dia do 4º* mês subsequente ao de sua publicação *,convertida na Lei nº 13.137, de 19/6/2015)*

a) 2,1% (dois inteiros e um décimo por cento), para a Contribuição para o PIS/Pasep-Importação; e *(Alínea acrescida pela Medida Provisória nº 668, de 30/1/2015, publicada no DOU de 30/1/2015, em vigor no 1º dia do 4º* mês subsequente ao de sua publicação *,convertida na Lei nº 13.137, de 19/6/2015)*

b) 9,65% (nove inteiros e sessenta e cinco centésimos por cento), para a Cofins-Importação; e *(Alínea acrescida pela Medida Provisória nº 668, de 30/1/2015, publicada no DOU de 30/1/2015, em vigor no 1º dia do 4º* mês subsequente ao de sua publicação *,convertida na Lei nº 13.137, de 19/6/2015)*

II – na hipótese do inciso II do *caput* do art. 3º, de: *(Inciso com redação dada pela Medida Provisória nº 668, de 30/1/2015, publicada no DOU de 30/1/2015, em vigor no 1º dia do 4º* mês subsequente ao de sua publicação *,convertida na Lei nº 13.137, de 19/6/2015)*

a) 1,65% (um inteiro e sessenta e cinco centésimos por cento), para a Contribuição para o PIS/Pasep-Importação; e *(Alínea acrescida pela Medida Provisória nº 668, de 30/1/2015, publicada no DOU de 30/1/2015, em vigor no 1º dia do 4º* mês subsequente ao de sua publicação *,convertida na Lei nº 13.137, de 19/6/2015)*

b) 7,6% (sete inteiros e seis décimos por cento), para a Cofins-Importação. *(Alínea acrescida pela Medida Provisória nº 668, de 30/1/2015, publicada no DOU de 30/1/2015, em vigor no 1º dia do 4º* mês subsequente ao de sua publicação *,convertida na Lei nº 13.137, de 19/6/2015)*

§ 1º As alíquotas, no caso de importação de produtos farmacêuticos, classificados nas posições 30.01, 30.03, exceto no código 3003.90.56, 30.04, exceto no código 3004.90.46, nos itens 3002.10.1, 3002.10.2, 3002.10.3, 3002.20.1, 3002.20.2, 3006.30.1 e 3006.30.2 e nos códigos 3002.90.20, 3002.90.92, 3002.90.99, 3005.10.10, 3006.60.00, são de:

I – 2,76% (dois inteiros e setenta e seis centésimos por cento), para a Contribuição para o PIS/Pasep-Importação; e *(Inciso com redação dada pela Medida Provisória nº 668, de 30/1/2015, publicada no DOU de 30/1/2015, em vigor no 1º dia do 4º* mês subsequente ao de sua publicação *,convertida na Lei nº 13.137, de 19/6/2015)*

II – 13,03% (treze inteiros e três centésimos por cento), para a Cofins-Importação. *(Inciso com redação dada pela Medida Provisória nº 668, de 30/1/2015, publicada no DOU de 30/1/2015, em vigor no 1º dia do 4º* mês subsequente ao de sua publicação, *convertida na Lei nº 13.137, de 19/6/2015)*

§ 2º As alíquotas, no caso de importação de produtos de perfumaria, de toucador ou de higiene pessoal, classificados nas posições 3303.00 a 33.07, exceto na posição 33.06; e nos códigos 3401.11.90, exceto 3401.11.90 Ex 01; 3401.20.10; e 9603.21.00; são de: *("Caput" do parágrafo com redação dada pela Medida Provisória nº 609, de 8/3/2013, convertida na Lei nº 12.839, de 9/7/2013)*

I – 3,52% (três inteiros e cinquenta e dois centésimos por cento), para a Contribuição para o PIS/Pasep-Importação; e *(Inciso com redação dada pela Medida Provisória nº 668, de 30/1/2015, publicada no DOU de 30/1/2015, em vigor no 1º dia do 4º* mês subsequente ao de sua publicação *,convertida na Lei nº 13.137, de 19/6/2015)*

II – 16,48% (dezesseis inteiros e quarenta e oito centésimos por cento), para a Cofins-Importação. *(Inciso com redação dada pela Medida Provisória nº 668, de 30/1/2015, publicada no DOU de 30/1/2015, em vigor no 1º dia do 4º* mês subsequente ao de sua publicação *,convertida na Lei nº 13.137, de 19/6/2015)*

§ 3º Na importação de máquinas e veículos, classificados nos códigos 84.29, 8432.40.00, 8432.80.00, 8433.20, 8433.30.00, 8433.40.00, 8433.5, 87.01, 87.02, 87.03, 87.04, 87.05 e 87.06, da Nomenclatura Comum do Mercosul – NCM, as alíquotas são de:

I – 2,62% (dois inteiros e sessenta e dois centésimos por cento), para a Contribuição para o PIS/Pasep-Importação; e *(Inciso com redação dada pela Medida Provisória nº 668, de 30/1/2015, publicada no DOU de 30/1/2015, em vigor no 1º dia do 4º* mês subsequente ao de sua publicação *,convertida na Lei nº 13.137, de 19/6/2015)*

II – 12,57% (doze inteiros e cinquenta e sete centésimos por cento), para a Cofins-Importação. *(Inciso com redação dada pela Medida Provisória nº 668, de 30/1/2015, publicada no DOU de 30/1/2015, em vigor no 1º dia do 4º* mês subsequente ao de sua publicação *,convertida na Lei nº 13.137, de 19/6/2015)*

§ 4º O disposto no § 3º deste artigo, relativamente aos produtos classificados no Capítulo 84 da NCM, aplica-se, exclusivamente, aos produtos autopropulsados.

§ 5º Na importação dos produtos classificados nas posições 40.11 (pneus novos de borracha) e 40.13 (câmaras-de-ar de borracha), da NCM, as alíquotas são de:

I – 2,68% (dois inteiros e sessenta e oito centésimos por cento), para a Contribuição para o PIS/Pasep-Importação; e *(Inciso com redação dada pela Lei nº 13.137, de 19/6/2015)*

II – 12,35% (doze inteiros e trinta e cinco centésimos por cento), para a Cofins-Importação. *(Inciso com redação dada pela Lei nº 13.137, de 19/6/2015)*

§ 6º *(Revogado pela Lei nº 13.097, de 19/1/2015, publicada no DOU de 20/1/2015, em vigor a partir do 1º (primeiro) dia do 4º mês subsequente ao da publicação)*

§ 6º-A *(Parágrafo acrescido pela Lei nº 11.051, de 29/12/2004 e revogado pela Lei nº 13.097, de 19/1/2015, publicada no DOU de 20/1/2015, em vigor a partir do 1º dia do 4º mês subsequente ao da publicação)*

§ 7º *(Revogado a partir de 1/1/2009, de acordo com a alínea «b» do inciso IV do art. 42 da Lei nº 11.727, de 23/6/2008)*

§ 8º A importação de gasolinas e suas correntes, exceto de aviação e óleo diesel e suas correntes, gás liquefeito de petróleo (GLP) derivado de petróleo e gás natural e querosene de aviação fica sujeita à incidência da contribuição para o PIS/PASEP e da COFINS, fixadas por unidade de volume do produto, às alíquotas previstas no art. 23 desta Lei, independentemente de o importador haver optado pelo regime especial de apuração e pagamento ali referido.

§ 9º Na importação de autopeças, relacionadas nos Anexos I e II da Lei nº 10.485, de 3 de julho de 2002, exceto quando efetuada pela pessoa jurídica fabricante de máquinas e veículos relacionados no art. 1º da referida Lei, as alíquotas são de:

I – 2,62% (dois inteiros e sessenta e dois centésimos por cento), para a Contribuição para o PIS/Pasep-Importação; e *(Inciso com redação dada pela Medida Provisória nº 668, de 30/1/2015, publicada no DOU de 30/1/2015, em vigor no 1º dia do 4º* mês subsequente ao de sua publicação *, convertida na Lei nº 13.137, de 19/6/2015)*

II – 12,57% (doze inteiros e cinquenta e sete centésimos por cento), para a Cofins-Importação. *(Inciso com redação dada pela Medida Provisória nº 668, de 30/1/2015, publicada no DOU de 30/1/2015, em vigor no 1º dia do 4º* mês subsequente ao de sua publicação *, convertida na Lei nº 13.137, de 19/6/2015)*

§ 9º-A A partir de 1º de setembro de 2015, as alíquotas da Contribuição do PIS/Pasep-Importação e da Cofins-Importação de que trata o § 9º serão de:

I – 3,12% (três inteiros e doze centésimos por cento), para a Contribuição para o PIS/Pasep-Importação; e

II – 14,37% (quatorze inteiros e trinta e sete centésimos por cento), para a Cofins-Importação. *(Parágrafo acrescido pela Lei nº 13.137, de 19/6/2015)*

§ 10. Na importação de papel imune a impostos de que trata o art. 150, inciso VI, alínea *d*, da Constituição Federal, ressalvados os referidos no inciso IV do § 12 deste artigo, quando destinado à impressão de periódicos, as alíquotas são de:

I – 0,8% (oito décimos por cento), para a contribuição para o PIS/Pasep-Importação; e *(Inciso com redação dada pela Lei nº 13.137, de 19/6/2015)*

II – 3,2% (três inteiros e dois décimos por cento), para a Cofins-Importação. *(Inciso com redação dada pela Lei nº 13.137, de 19/6/2015)*

§ 11. Fica o Poder Executivo autorizado a reduzir a 0 (zero) e a restabelecer as alíquotas do PIS/PASEP-Importação e da COFINS-Importação, incidentes sobre:

I – produtos químicos e farmacêuticos classificados nos Capítulos 29 e 30 da NCM;

II – produtos destinados ao uso em hospitais, clínicas e consultórios médicos e odontológicos, campanhas de saúde realizadas pelo Poder Público e laboratórios de anatomia patológica, citológica ou de análises clínicas, classificados nas posições 30.02, 30.06, 39.26, 40.15 e 90.18 da NCM. *(Inciso com redação dada pela Lei nº 11.196, de 21/11/2005)*

§ 12. Ficam reduzidas a 0 (zero) as alíquotas das contribuições, nas hipóteses de importação de:

I – materiais e equipamentos, inclusive partes, peças e componentes, destinados ao emprego na construção, conservação, modernização, conversão ou reparo de embarcações registradas ou pré-registradas no Registro Especial Brasileiro; *(Inciso com redação dada pela Lei nº 11.774, de 17/9/2008)*

II – embarcações construídas no Brasil e transferidas por matriz de empresa brasileira de navegação para subsidiária integral no exterior, que retornem ao registro brasileiro como propriedade da mesma empresa nacional de origem;

III – papel destinado à impressão de jornais, pelo prazo de 4 (quatro) anos a contar da data de vigência desta Lei, ou até que a produção nacional atenda 80% (oitenta por cento) do consumo interno; *(Prazo prorrogado até 30/4/2016, de acordo com o art. 18 da Lei nº 11.727, de 23/6/2008, com redação dada pela Lei nº 12.649, de 17/5/2012, produzindo efeitos a partir de 1/5/2012)*

IV – papéis classificados nos códigos 4801.00.10, 4801.00.90, 4802.61.91, 4802.61.99, 4810.19.89 e 4810.22.90, todos da TIPI, destinados à impressão de periódicos pelo prazo de 4 (quatro) anos a contar da data de vigência desta Lei ou até que a produção nacional atenda 80% (oitenta por cento) do consumo interno; *(Prazo prorrogado até 30/4/2016, de acordo com o art. 18 da Lei nº 11.727, de 23/6/2008, com redação dada pela Lei nº 12.649, de 17/5/2012, produzindo efeitos a partir de 1/5/2012)*

V – máquinas, equipamentos, aparelhos, instrumentos, suas partes e peças de reposição, e películas cinematográficas virgens, sem similar nacional, destinados à indústria cinematográfica e audiovisual, e de radiodifusão;

VI – aeronaves, classificadas na posição 88.02 da NCM; *(Inciso com redação dada pela Lei nº 10.925, de 23/7/2004)*

VII – partes, peças, ferramentais, componentes, insumos, fluidos hidráulicos, lubrificantes, tintas, anticorrosivos, equipamentos, serviços e matérias-primas a serem empregados na manutenção, reparo, revisão, conservação, modernização, conversão e industrialização das aeronaves de que trata o inciso VI deste parágrafo, de seus motores, suas partes, peças, componentes, ferramentais e equipamentos; *(Inciso com redação dada pela Lei nº 11.727, de 23/6/2008)*

VIII – *(Revogado pela Lei nº 11.196, de 21/11/2005)*

IX – gás natural destinado ao consumo em unidades termelétricas integrantes do Programa Prioritário de Termelétricas – PPT;

X – produtos hortícolas e frutas, classificados nos Capítulos 7 e 8, e ovos, classificados na posição 04.07, todos da TIPI;

XI – semens e embriões da posição 05.11, da NCM; e

XII – livros, conforme definido no art. 2º da Lei nº 10.753, de 30 de outubro de 2003. *(Inciso acrescido pela Lei nº 10.925, de 23/7/2004 e com nova redação dada pela Lei nº 11.033, de 21/12/2004)*

XIII – preparações compostas não-alcoólicas, classificadas no código 2106.90.10 Ex 01 da Tipi, destinadas à elaboração de bebidas pelas pessoas jurídicas industriais dos produtos referidos no art. 58-A da Lei nº 10.833, de 29 de dezembro de 2003; . *(Inciso acrescido pela Lei nº 11.196, de 21/11/2005 e com nova redação dada pela Lei nº 11.727, de 23/6/2008, produzindo efeitos a partir de 1/1/2009)*

XIV – material de emprego militar classificado nas posições 87.10.00.00 e 89.06.10.00 da Tabela de Incidência do Imposto sobre Produtos Industrializados – Tipi; *(Inciso acrescido pela Lei nº 11.727, de 23/6/2008)*

XV – partes, peças, componentes, ferramentais, insumos, equipamentos e matérias-primas a serem empregados na industrialização, manutenção, modernização e conversão do material de emprego militar de que trata o inciso XIV deste parágrafo; *(Inciso acrescido pela Lei nº 11.727, de 23/6/2008)*

XVI – gás natural liquefeito – GNL. *(Inciso acrescido pela Lei nº 11.727, de 23/6/2008)*

XVII – produtos classificados no código 8402.19.00 da Nomenclatura Comum do Mercosul-NCM, para utilização em Usinas Termonucleares – UTN geradoras de energia elétrica para o Sistema Interligado Nacional. *(Inciso acrescido pela Lei nº 11.774, de 17/9/2008)*

XVIII – produtos classificados na posição 87.13 da Nomenclatura Comum do Mercosul – NCM; *(Inciso acrescido pela Lei nº 12.058, de 13/10/2009, com efeitos a partir de 1/1/2010)*

XIX – artigos e aparelhos ortopédicos ou para fraturas classificados no código 90.21.10 da NCM; *(Inciso acrescido pela Lei nº 12.058, de 13/10/2009, com efeitos a partir de 1/1/2010)*

XX – artigos e aparelhos de próteses classificados no código 90.21.3 da NCM; *(Inciso acrescido pela Lei nº 12.058, de 13/10/2009, com efeitos a partir de 1/1/2010)*

XXI – almofadas antiescaras classificadas nos Capítulos 39, 40, 63 e 94 da NCM; *(Inciso acrescido pela Lei nº 12.058, de 13/10/2009, com efeitos a partir de 1/1/2010)*

XXII – *(Inciso acrescido pela Medida Provisória nº 491, de 23/6/2010, com prazo de vigência encerrado em 3/11/2010, conforme Ato Declaratório do Presidente da Mesa do Congresso Nacional nº 46, de 16/11/2010)*

XXIII – projetores para exibição cinematográfica, classificados no código 9007.2 da NCM, e suas partes e acessórios, classificados no código 9007.9 da NCM; *(Inciso acrescido pela Medida Provisória nº 545, de 29/9/2011, convertida na Lei nº 12.599, de 23/3/2012)*

XXIV – produtos classificados nos códigos 8443.32.22, 8469.00.39 Ex 01, 8714.20.00, 9021.40.00, 9021.90.82 e 9021.90.92, todos da Tipi, aprovada pelo Decreto nº 7.660, de 23 de dezembro de 2011; *(Inciso acrescido pela Medida Provisória nº 549, de 17/11/2011, convertida na Lei nº 12.649, de 17/5/2012)*

XXV – calculadoras equipadas com sintetizador de voz classificadas no código 8470.10.00 Ex 01 da Tipi; *(Inciso acrescido pela Medida Provisória nº 549, de 17/11/2011, convertida na Lei nº 12.649, de 17/5/2012)*

XXVI – teclados com adaptações específicas para uso por pessoas com deficiência, classificados no código 8471.60.52 da Tipi; *(Inciso acrescido pela Medida Provisória nº 549, de 17/11/2011, convertida na Lei nº 12.649, de 17/5/2012)*

XXVII – indicador ou apontador – *mouse* – com adaptações específicas para uso por pessoas com deficiência, classificado no código 8471.60.53 da Tipi; *Inciso acrescido pela Medida Provisória nº 549, de 17/11/2011, convertida na Lei nº 12.649, de 17/5/2012)*

XXVIII – linhas braile classificadas no código 8471.60.90 Ex. 01 da Tipi; *Inciso acrescido pela Medida Provisória nº 549, de 17/11/2011, convertida na Lei nº 12.649, de 17/5/2012)*

XXIX – digitalizadores de imagens – ***scanners*** – equipados com sintetizador de voz classificados no código 8471.90.14 Ex. 01 da Tipi; *Inciso acrescido pela Medida Provisória nº 549, de 17/11/2011, convertida na Lei nº 12.649, de 17/5/2012)*

XXX – duplicadores braile classificados no código 8472.10.00 Ex. 01 da Tipi; *Inciso acrescido pela Medida Provisória nº 549, de 17/11/2011, convertida na Lei nº 12.649, de 17/5/2012)*

XXXI – acionadores de pressão classificados no código 8471.60.53 Ex. 02 da Tipi; *Inciso acrescido pela Medida Provisória nº 549, de 17/11/2011, convertida na Lei nº 12.649, de 17/5/2012)*

XXXII – lupas eletrônicas do tipo utilizado por pessoas com deficiência visual classificadas no código 8525.80.19 Ex. 01 da TIPI; *Inciso acrescido pela Medida Provisória nº 549, de 17/11/2011, convertida na Lei nº 12.649, de 17/5/2012)*

XXXIII – implantes cocleares classificados no código 9021.40.00 da Tipi; *Inciso acrescido pela Medida Provisória nº 549, de 17/11/2011, convertida na Lei nº 12.649, de 17/5/2012)*

XXXIV – próteses oculares classificadas no código 9021.39.80 da Tipi. *(Inciso acrescido pela Medida Provisória nº 549, de 17/11/2011, convertida na Lei nº 12.649, de 17/5/2012)*

XXXV – programas – softwares – de leitores de tela que convertem texto em voz sintetizada para auxílio de pessoas com deficiência visual; *(Inciso acrescido pela Lei nº 12.649, de 17/5/2012)*

XXXVI – aparelhos contendo programas – softwares – de leitores de tela que convertem texto em caracteres braile, para utilização de surdos-cegos; *(Inciso acrescido pela Lei nº 12.649, de 17/5/2012)*

XXXVII – (VETADO na *Lei nº 12.649, de 17/5/2012*); e

XXXVIII – neuroestimuladores para tremor essencial/Parkinson, classificados no código 9021.90.19, e seus acessórios, classificados nos códigos 9018.90.99, 9021.90.91 e 9021.90.99, todos da Tipi; e *(Inciso acrescido pela Lei nº 12.649, de 17/5/2012 e com redação dada pela Medida Provisória nº 634, de 26/12/2013, convertida na Lei nº 12.995, de 18/6/2014)*

XXXIX – *(Revogado pela Lei nº 13.137, de 19/6/2015, publicada no DOU Edição Extra de 22/6/2015, em vigor no primeiro dia do quarto mês subsequente a data da publicação)*

XL – produtos classificados no Ex 01 do código 8503.00.90 da Tipi, exceto pás eólicas. *(Inciso acrescido pela Medida Provisória nº 656, de 7/10/2014, convertida na Lei nº 13.097, de 19/1/2015, com redação dada pela Lei nº 13.169, de 6/10/2015, publicada no DOU de 7/10/2015, produzindo efeitos a partir do primeiro dia do quarto mês subsequente ao da publicação)*

§ 13. O Poder Executivo poderá regulamentar: *("Caput" do parágrafo com redação dada pela Lei nº 12.058, de 13/10/2009, com efeitos a partir de 1/1/2010)*

I – o disposto no § 10 deste artigo; e

II – a utilização do benefício da alíquota zero de que tratam os incisos I a VII, XVIII a XXI, e XXIV a XXXIV do § 12. *(Inciso com redação dada pela Lei nº 12.649, de 17/5/2012)*

§ 14. Ficam reduzidas a 0 (zero) as alíquotas das contribuições incidentes sobre o valor pago, creditado, entregue, empregado ou remetido à pessoa física ou jurídica residente ou domiciliada no exterior, referente a aluguéis e contraprestações de arrendamento mercantil de máquinas e equipamentos, embarcações e aeronaves utilizados na atividade da empresa. *(Parágrafo acrescido pela Lei nº 10.925, de 23/7/2004)*

§ 15. Na importação de etano, propano e butano, destinados à produção de eteno e propeno; de nafta petroquímica e de condensado destinado a centrais petroquímicas; bem como na importação de eteno, propeno, buteno, butadieno, orto-xileno, benzeno, tolueno, isopreno e paraxileno, quando efetuada por indústrias químicas, as alíquotas da Contribuição para o PIS/Pasep-Importação e da Cofins-Importação são de, respectivamente: *("Caput" do parágrafo com redação dada pela Lei nº 12.859, de 10/9/2013)*

› **Atualização:** § 15. (Revogado pela Lei 14.183/2021 a partir de 1º de janeiro de 2028)

I – 0,18% (dezoito centésimos por cento) e 0,82% (oitenta e dois centésimos por cento), para os fatos geradores ocorridos nos anos de 2013, 2014 e 2015; *(Inciso acrescido pela Lei nº 11.196, de 21/11/2005, com redação dada pela Medida Provisória nº 613, de 7/5/2013, convertida na Lei nº 12.859, de 10/9/2013)*

II – 0,54% (cinquenta e quatro centésimos por cento) e 2,46% (dois inteiros e quarenta e seis centésimos por cento), para os fatos geradores ocorridos no ano de 2016; *(Inciso acrescido pela Lei nº 11.196, de 21/11/2005, com redação dada pela Medida Provisória nº 613, de 7/5/2013, convertida na Lei nº 12.859, de 10/9/2013)*

III – 0,90% (noventa centésimos por cento) e 4,10% (quatro inteiros e dez centésimos por cento), para os fatos geradores ocorridos no ano de 2017; e *(Inciso acrescido pela Medida Provisória nº 613, de 7/5/2013, convertida na Lei nº 12.859, de 10/9/2013)*

IV - 1% (um por cento) e 4,6% (quatro inteiros e seis décimos por cento), para os fatos geradores ocorridos nos anos de 2018 a 2020 e nos meses de janeiro a junho de 2021; (Redação dada pela Lei 14.183/2021)

V - 1,13% (um inteiro e treze centésimos por cento) e 5,2% (cinco inteiros e dois décimos por cento), para os fatos geradores ocorridos nos meses de julho a dezembro de 2021; (Acrescido pela Lei 14.183/2021)

VI - 1,26% (um inteiro e vinte e seis centésimos por cento) e 5,8% (cinco inteiros e oito décimos por cento), para os fatos geradores ocorridos nos meses de janeiro a março de 2022, e 1,65% (um inteiro e sessenta e cinco centésimos por cento) e 7,6% (sete inteiros e seis décimos por cento), para os fatos geradores ocorridos nos meses de abril a dezembro de 2022; (Redação dada pela Lei 14.374/2022)

VII - 1,39% (um inteiro e trinta e nove centésimos por cento) e 6,4% (seis inteiros e quatro décimos por cento), para os fatos geradores ocorridos no ano de 2023; e (Acrescido pela Lei 14.183/2021)

VIII - 1,52% (um inteiro e cinquenta e dois centésimos por cento) e 7% (sete por cento), para os fatos geradores ocorridos no ano de 2024. (Acrescido pela Lei 14.183/2021)

IX - 1,52% (um inteiro e cinquenta e dois centésimos por cento) e 7% (sete por cento), para os fatos geradores ocorridos nos anos de 2025 a 2027. (Vetado pelo Presidente da República na Lei 14.374/2022, mantido pelo Congresso Nacional e publicado no DOU de 22/12/2022)

§ 16. Na hipótese da importação de etano, propano e butano de que trata o § 15 deste artigo, não se aplica o disposto no § 8º deste artigo. *(Parágrafo acrescido pela Lei nº 11.488, de 15/6/2007)*

› **Atualização:** § 16. (Revogado pela Lei 14.183/2021 a partir de 1º de janeiro de 2028)

§ 17. O disposto no § 14 deste artigo não se aplica aos valores pagos, creditados, entregues, empregados ou remetidos, por fonte situada no País, à pessoa física ou jurídica residente ou domiciliada no exterior, em decorrência da prestação de serviços de frete, afretamento, arrendamento ou aluguel de embarcações marítimas ou fluviais destinadas ao transporte de pessoas para fins turísticos. *(Parágrafo acrescido pela Lei nº 11.727, de 23/6/2008, publicada no DOU* *de 24/6/2008, produzindo efeitos a partir do primeiro dia do quarto mês subsequente ao da publicação)*

§ 18. O disposto no § 17 deste artigo aplicar-se-á também à hipótese de contratação ou utilização da embarcação em atividade mista de transporte de cargas e de pessoas para fins turísticos, independentemente da preponderância da atividade. *(Parágrafo acrescido pela Lei nº 11.727, de 23/6/2008, publicada no DOU de 24/6/2008, produzindo efeitos a partir do primeiro dia do quarto mês subsequente ao da publicação)*

§ 19. A importação de álcool, inclusive para fins carburantes, é sujeita à incidência da Contribuição para o PIS/Pasep-Importação e da Cofins-Importação com alíquotas de, respectivamente, 2,1% (dois inteiros e um décimo por cento) e 9,65% (nove inteiros e sessenta e cinco centésimos por cento), independentemente de o importador haver optado pelo regime especial de apuração e pagamento referido no art. 5º da Lei no 9.718, de 27 de novembro de 1998. *(Parágrafo acrescido pela Lei nº 11.727, de 23/6/2008, e com redação dada pela Lei nº 13.137, de 19/6/2015, publicada no DOU Edição Extra de 22/6/2015, em vigor no primeiro dia do quarto mês subsequente a data da publicação)*

§ 20. *(Parágrafo acrescido pela Medida Provisória nº 491, de 23/6/2010, com prazo de vigência encerrado em 3/11/2010, conforme Ato Declaratório do Presidente da Mesa do Congresso Nacional nº 46, de 16/11/2010)*

§ 21. Até 31 de dezembro de 2024, as alíquotas da Cofins-Importação de que trata este artigo ficam acrescidas de 1 (um) ponto percentual na hipótese de importação dos bens classificados na Tipi, aprovada pelo Decreto nº 11.158, de 29 de julho de 2022, nos códigos: (Redação dada pela Lei 14.973/2024)

I – *(Inciso acrescido pela Lei nº 12.546, de 14/12/2011, e revogado pela Medida Provisória nº 563, de 3/4/2012, convertida na Lei nº 12.715, de 17/9/2012)*

II – *(Inciso acrescido pela Lei nº 12.546, de 14/12/2011, e revogado pela Medida Provisória nº 563, de 3/4/2012, convertida na Lei nº 12.715, de 17/9/2012)*

III – *(Inciso acrescido pela Lei nº 12.546, de 14/12/2011, e revogado pela Medida Provisória nº 563, de 3/4/2012, convertida na Lei nº 12.715, de 17/9/2012)*

IV – *(Inciso acrescido pela Lei nº 12.546, de 14/12/2011, e revogado pela Medida Provisória nº 563, de 3/4/2012, convertida na Lei nº 12.715, de 17/9/2012)*

V – *(Inciso acrescido pela Lei nº 12.546, de 14/12/2011, e revogado pela Medida Provisória nº 563, de 3/4/2012, convertida na Lei nº 12.715, de 17/9/2012)*

VI – *(Inciso acrescido pela Lei nº 12.546, de 14/12/2011, e revogado pela Medida Provisória nº 563, de 3/4/2012, convertida na Lei nº 12.715, de 17/9/2012)*

VII – 3926.20.00, 40.15, 42.03, 43.03, 4818.50.00, 6505.00, 6812.91.00, 8804.00.00, capítulos 61 a 63; *(Inciso acrescido pela Lei nº 13.670, de 30/5/2018, publicada no DOU Edição Extra de 30/5/2018, em vigor no primeiro dia do quarto mês subsequente ao de sua publicação)*

VIII – 64.01 a 64.06; *(Inciso acrescido pela Lei nº 13.670, de 30/5/2018, publicada no DOU Edição Extra de 30/5/2018, em vigor no primeiro dia do quarto mês subsequente ao de sua publicação)*

IX – 41.04, 41.05, 41.06, 41.07 e 41.14; *(Inciso acrescido pela Lei nº 13.670, de 30/5/2018, publicada no DOU Edição Extra de 30/5/2018, em vigor no primeiro dia do quarto mês subsequente ao de sua publicação)*

X – 8308.10.00, 8308.20.00, 96.06 e 96.07; *(Inciso acrescido pela Lei nº 13.670, de 30/5/2018, publicada no DOU Edição Extra de 30/5/2018, em vigor no primeiro dia do quarto mês subsequente ao de sua publicação)*

XI – *(VETADO na Lei nº 13.670, de 30/5/2018)*

XII – 87.02, exceto 8702.90.10, e 87.07; *(Inciso acrescido pela Lei nº 13.670, de 30/5/2018, publicada no DOU Edição Extra de 30/5/2018, em vigor no primeiro dia do quarto mês subsequente ao de sua publicação)*

XIII – *(VETADO na Lei nº 13.670, de 30/5/2018)*

XIV – 7308.20.00; 7309.00.10; 7309.00.90; 7310.29.90; 7311.00.00; 7315.12.10; 7316.00.00; 84.02; 84.03; 84.04; 84.05; 84.06; 84.07, 84.08; 84.09 (exceto o código 8409.10.00); 84.10. 84.11; 84.12; 84.13; 8414.10.00; 8414.30.19; 8414.30.91; 8414.30.99; 8414.40.10; 8414.40.20; 8414.40.90; 8414.59.90; 8414.80.11; 8414.80.12; 8414.80.13; 8414.80.19; 8414.80.22; 8414.80.29; 8414.80.31; 8414.80.32; 8414.80.33; 8414.80.38; 8414.80.39; 8414.90.31; 8414.90.33; 8414.90.34; 8414.90.39; 84.16; 84.17; 84.19; 84.20; 8421.11.10; 8421.11.90; 8421.19.10; 8421.19.90; 8421.21.00; 8421.22.00; 8421.23.00; 8421.29.20; 8421.29.30; 8421.29.90; 8421.91.91; 8421.91.99; 8421.99.10; 8421.99.91; 8421.99.99; 84.22 (exceto o código 8422.11.00); 84.23 (exceto o código 8423.10.00); 84.24 (exceto os códigos 8424.10.00, 8424.20.00, 8424.89.10 e 8424.90.00); 84.25; 84.26; 84.27; 84.28; 84.29; 84.30; 84.31; 84.32; 84.33; 84.34; 84.35; 84.36; 84.37; 84.38; 84.39; 84.40; 84.41; 84.42; 8443.11.10; 8443.11.90; 8443.12.00; 8443.13.10; 8443.13.21; 8443.13.29; 8443.13.90; 8443.14.00; 8443.15.00; 8443.16.00; 8443.17.10; 8443.17.90; 8443.19.10; 8443.19.90; 8443.39.10; 8443.39.21; 8443.39.28; 8443.39.29; 8443.39.30; 8443.39.90; 84.44; 84.45; 84.46; 84.47; 84.48; 84.49; 8450.11.00; 8450.19.00; 8450.20.90; 8450.20; 8450.90.90; 84.51 (exceto código 8451.21.00); 84.52 (exceto os códigos 8452.10.00, 8452.90.20 e 8452.90.8); 84.53; 84.54; 84.55; 84.56; 84.57; 84.58; 84.59; 84.60; 84.61; 84.62; 84.63; 84.64; 84.65; 84.66; 8467.11.10; 8467.11.90; 8467.19.00; 8467.29.91; 8468.20.00; 8468.80.10; 8468.80.90; 84.74; 84.75; 84.77; 8478.10.10; 8478.10.90; 84.79; 8480.20.00; 8480.30.00; 8480.4; 8480.50.00; 8480.60.00; 8480.7; 8481.10.00; 8481.30.00; 8481.40.00; 8481.80.11; 8481.80.19; 8481.80.21; 8481.80.29; 8481.80.39; 8481.80.92; 8481.80.93; 8481.80.94; 8481.80.95; 8481.80.96; 8481.80.97; 8481.80.99; 84.83; 84.84; 84.86; 84.87; 8501.33.10; 8501.33.20; 8501.34.11; 8501.34.19; 8501.34.20; 8501.51.10; 8501.51.20. 8501.51.90; 8501.52.10; 8501.52.20; 8501.52.90; 8501.53.10; 8501.53.20; 8501.53.30; 8501.53.90; 8501.61.00; 8501.62.00; 8501.63.00; 8501.64.00; 85.02; 8503.00.10; 8503.00.90; 8504.21.00; 8504.22.00; 8504.23.00; 8504.33.00; 8504.34.00; 8504.40.30; 8504.40.40; 8504.40.50; 8504.40.90; 8504.90.30; 8504.90.40; 8505.90.90; 8508.60.00; 8514.10.10; 8514.10.90; 8514.20.11; 8514.20.19; 8514.20.20; 8514.30.11; 8514.30.19; 8514.30.21; 8514.30.29; 8514.30.90; 8514.40.00; 8515.11.00; 8515.19.00; 8515.21.00; 8515.29.00; 8515.31.10; 8515.31.90; 8515.39.00; 8515.80.10; 8515.80.90; 8543.30.00; 8601.10.00; 8602.10.00; 8604.00.90; 8701.10.00; 8701.30.00; 8701.90.10; 8701.90.90; 8705.10.10; 8705.10.90; 8705.20.00; 8705.30.00; 8705.40.00; 8705.90.10; 8705.90.90; 8716.20.00; 9017.30.10; 9017.30.20; 9017.30.90; 9024.10.10; 9024.10.20; 9024.10.90; 9024.80.11; 9024.80.19; 9024.80.21; 9024.80.29; 9024.80.90; 9024.90.00; 9025.19.10; 9025.19.90; 9025.80.00; 9025.90.10; 9025.90.90; 9026.10.19; 9026.10.21; 9026.10.29; 9026.20.10; 9026.20.90; 9026.80.00; 9026.90.10; 9026.90.20; 9026.90.90; 9027.10.00; 9027.20.11; 9027.20.12; 9027.20.19; 9027.20.21; 9027.20.29; 9027.30.11; 9027.30.19; 9027.30.20; 9027.50.10; 9027.50.20; 9027.50.30; 9027.50.40; 9027.50.50; 9027.50.90; 9027.80.11; 9027.80.12; 9027.80.13; 9027.80.14; 9027.80.20; 9027.80.30; 9027.80.91; 9027.80.99; 9027.90.10; 9027.90.91; 9027.90.93; 9027.90.99; 9031.10.00; 9031.20.10; 9031.20.90; 9031.41.00; 9031.49.10; 9031.49.20; 9031.49.90; 9031.80.11; 9031.80.12; 9031.80.20; 9031.80.30; 9031.80.40; 9031.80.50; 9031.80.60; 9031.80.91; 9031.80.99; 9031.90.10; 9031.90.90; 9032.10.10; 9032.10.90; 9032.20.00; 9032.81.00; 9032.89.11; 9032.89.29; 9032.89.8; 9032.89.90; 9032.90.10; 9032.90.99; 9033.00.00; 9506.91.00; *(Inciso acrescido pela Lei nº 13.670, de 30/5/2018, publicada no DOU Edição Extra de 30/5/2018, em vigor no primeiro dia do quarto mês subsequente ao de sua publicação)*

XV – *(VETADO na Lei nº 13.670, de 30/5/2018)*

XVI – *(VETADO na Lei nº 13.670, de 30/5/2018)*

XVII – 02.03, 0206.30.00, 0206.4, 02.07, 02.09, 0210.1, 0210.99.00, 1601.00.00, 1602.3, 1602.4, 03.03, 03.04, 03.02, exceto 03.02.90.00; *(Inciso acrescido pela Lei nº 13.670, de 30/5/2018, publicada no DOU Edição Extra de 30/5/2018, em vigor no primeiro dia do quarto mês subsequente ao de sua publicação)*

XVIII – 5004.00.00, 5005.00.00, 5006.00.00, 50.07, 5104.00.00, 51.05, 51.06, 51.07, 51.08, 51.09, 5110.00.00, 51.11, 51.12, 5113.00, 5203.00.00, 52.04, 52.05, 52.06, 52.07, 52.08, 52.09, 52.10, 52.11, 52.12, 53.06, 53.07, 53.08, 53.09, 53.10, 5311.00.00, no capítulo 54, exceto os códigos 5402.46.00, 5402.47.00 e 5402.33.10, e nos capítulos 55 a 60; *(Inciso acrescido pela Lei nº 13.670, de 30/5/2018, publicada no DOU Edição Extra de 30/5/2018, em vigor no primeiro dia do quarto mês subsequente ao de sua publicação)*

XIX – *(VETADO na Lei nº 13.670, de 30/5/2018)*

XX – *(VETADO na Lei nº 13.670, de 30/5/2018)*

XXI – *(VETADO na Lei nº 13.755, de 10/12/2018)*

§ 21-A. O acréscimo percentual nas alíquotas da Cofins-Importação de que trata o § 21 deste artigo será de: (Acrescido pela Lei 14.973/2024)

I - 0,8% (oito décimos por cento) de 1º de janeiro até 31 de dezembro de 2025;

II - 0,6% (seis décimos por cento) de 1º de janeiro até 31 de dezembro de 2026; e

III - 0,4% (quatro décimos por cento) de 1º de janeiro até 31 de dezembro de 2027.

§ 22. A utilização do benefício de alíquota zero de que tratam os incisos XIX a XXXVIII do § 12 deste artigo cessará quando houver oferta de mercadorias produzidas no Brasil em condições similares às das importadas quanto ao padrão de qualidade, conteúdo técnico, preço ou capacidade produtiva, conforme regulamentação editada pelo Poder Executivo. *(Parágrafo acrescido pela Lei nº 12.649, de 17/5/2012).*

§ 23. Aplica-se ao condensado destinado a centrais petroquímicas o disposto nos arts. 56 e 57 da Lei nº 11.196, de 21 de novembro de 2005. *(Parágrafo acrescido pela Lei nº 12.715, de 17/9/2012)*

› **Atualização:** § 23. (Revogado pela Lei 14.183/2021 a partir de 1º de janeiro de 2028)

§ 24. *(VETADO na Lei nº 12.715, de 17/9/2012)*

CAPÍTULO VI
DA ISENÇÃO

Art. 9º São isentas das contribuições de que trata o art. 1º desta Lei:

› Atualização: Art. 9º (Revogado pela LC 214/2025, com produção de efeitos a partir de 1º de janeiro de 2027)

I – as importações realizadas:

a) pela União, Estados, Distrito Federal e Municípios, suas autarquias e fundações instituídas e mantidas pelo poder público;

b) pelas Missões Diplomáticas e Repartições Consulares de caráter permanente e pelos respectivos integrantes;

c) pelas representações de organismos internacionais de caráter permanente, inclusive os de âmbito regional, dos quais o Brasil seja membro, e pelos respectivos integrantes;

II – as hipóteses de:

a) amostras e remessas postais internacionais, sem valor comercial;

b) remessas postais e encomendas aéreas internacionais, destinadas a pessoa física;

c) bagagem de viajantes procedentes do exterior e bens importados a que se apliquem os regimes de tributação simplificada ou especial;

d) bens adquiridos em loja franca no País;

e) bens trazidos do exterior, no comércio característico das cidades situadas nas fronteiras terrestres, destinados à subsistência da unidade familiar de residentes nas cidades fronteiriças brasileiras;

f) bens importados sob o regime aduaneiro especial de *drawback*, na modalidade de isenção;

g) objetos de arte, classificados nas posições 97.01, 97.02, 97.03 e 97.06 da NCM, recebidos em doação, por museus instituídos e mantidos pelo poder público ou por outras entidades culturais reconhecidas como de utilidade pública; e

h) máquinas, equipamentos, aparelhos e instrumentos, e suas partes e peças de reposição, acessórios, matérias-primas e produtos intermediários, importados por instituições científicas e tecnológicas e por cientistas e pesquisadores, conforme o disposto na Lei nº 8.010, de 29 de março de 1990.

III – *(VETADO na Lei nº 10.925, de 23/7/2004)*

§ 1º As isenções de que tratam os incisos I e II deste artigo somente serão concedidas se satisfeitos os requisitos e condições exigidos para o reconhecimento de isenção do Imposto sobre Produtos Industrializados – IPI. *(Parágrafo único transformado em § 1º com nova redação dada pela Lei nº 10.925, de 23/7/2004)*

§ 2º *(VETADO na Lei nº 10.925, de 23/7/2004)*

Art. 10. Quando a isenção for vinculada à qualidade do importador, a transferência de propriedade ou a cessão de uso dos bens, a qualquer título, obriga ao prévio pagamento das contribuições de que trata esta Lei.

› Atualização: Art. 10 (Revogado pela LC 214/2025, com produção de efeitos a partir de 1º de janeiro de 2027)

Parágrafo único. O disposto no *caput* deste artigo não se aplica aos bens transferidos ou cedidos:

I – a pessoa ou a entidade que goze de igual tratamento tributário, mediante prévia decisão da autoridade administrativa da Secretaria da Receita Federal;

II – após o decurso do prazo de 3 (três) anos, contado da data do registro da declaração de importação; e

III – a entidades beneficentes, reconhecidas como de utilidade pública, para serem vendidos em feiras, bazares e eventos semelhantes, desde que recebidos em doação de representações diplomáticas estrangeiras sediadas no País.

Art. 11. A isenção das contribuições, quando vinculada à destinação dos bens, ficará condicionada à comprovação posterior do seu efetivo emprego nas finalidades que motivaram a concessão.

› Atualização: Art. 11 (Revogado pela LC 214/2025, com produção de efeitos a partir de 1º de janeiro de 2027)

Art. 12. Desde que mantidas as finalidades que motivaram a concessão e mediante prévia decisão da autoridade administrativa da Secretaria da Receita Federal, poderá ser transferida a propriedade ou cedido o uso dos bens antes de decorrido o prazo de 3 (três) anos a que se refere o inciso II do parágrafo único do art. 10 desta Lei, contado da data do registro da correspondente declaração de importação.

› Atualização: Art. 12 (Revogado pela LC 214/2025, com produção de efeitos a partir de 1º de janeiro de 2027)

CAPÍTULO VII
DO PRAZO DE RECOLHIMENTO

Art. 13. As contribuições de que trata o art. 1º desta Lei serão pagas:

› Atualização: Art. 13 (Revogado pela LC 214/2025, com produção de efeitos a partir de 1º de janeiro de 2027)

I – na data do registro da declaração de importação, na hipótese do inciso I do *caput* do art. 3º desta Lei;

II – na data do pagamento, crédito, entrega, emprego ou remessa, na hipótese do inciso II do *caput* do art. 3º desta Lei;

III – na data do vencimento do prazo de permanência do bem no recinto alfandegado, na hipótese do inciso III do *caput* do art. 4º desta Lei.

CAPÍTULO VIII
DOS REGIMES ADUANEIROS ESPECIAIS

Art. 14. As normas relativas à suspensão do pagamento do imposto de importação ou do IPI vinculado à importação, relativas aos regimes aduaneiros especiais, aplicam-se também às contribuições de que trata o art. 1º desta Lei.

› Atualização: Art. 14 (Revogado pela LC 214/2025, com produção de efeitos a partir de 1º de janeiro de 2027)

§ 1º O disposto no *caput* deste artigo aplica-se também às importações, efetuadas por empresas localizadas na Zona Franca de Manaus, de bens a serem empregados na elaboração de matérias-primas, produtos intermediários e materiais de embalagem destinados a emprego em processo de industrialização por estabelecimentos ali instalados, consoante projeto aprovado pelo Conselho de Administração da Superintendência da Zona Franca de Manaus – SUFRAMA, de que trata o art. 5ºA da Lei nº 10.637, de 30 de dezembro de 2002.

§ 2º A Secretaria da Receita Federal estabelecerá os requisitos necessários para a suspensão de que trata o § 1º deste artigo.

Art. 14-A. Fica suspensa a exigência das contribuições de que trata o art. 1º desta Lei nas importações efetuadas por empresas localizadas na Zona Franca de Manaus de matérias-primas, produtos intermediários e materiais de embalagem para emprego em processo de industrialização por estabelecimentos industriais instalados na Zona Franca de Manaus e consoante projetos aprovados pelo Conselho de Administração da Superintendência da Zona Franca de Manaus – SUFRAMA. *(Artigo acrescido pela Lei nº 10.925, de 23/7/2004)*

- Atualização: Art. 14-A (Revogado pela LC 214/2025, com produção de efeitos a partir de 1º de janeiro de 2027)

CAPÍTULO IX
DO CRÉDITO

Art. 15. As pessoas jurídicas sujeitas à apuração da contribuição para o PIS/PASEP e da COFINS, nos termos dos arts. 2º e 3º das Leis nºs 10.637, de 30 de dezembro de 2002, e 10.833, de 29 de dezembro de 2003, poderão descontar crédito, para fins de determinação dessas contribuições, em relação às importações sujeitas ao pagamento das contribuições de que trata o art. 1º desta Lei, nas seguintes hipóteses:

- Atualização: Art. 15 (Revogado pela LC 214/2025, com produção de efeitos a partir de 1º de janeiro de 2027)

I – bens adquiridos para revenda;

II – bens e serviços utilizados como insumo na prestação de serviços e na produção ou fabricação de bens ou produtos destinados à venda, inclusive combustível e lubrificantes;

III – energia elétrica consumida nos estabelecimentos da pessoa jurídica;

IV – aluguéis e contraprestações de arrendamento mercantil de prédios, máquinas e equipamentos, embarcações e aeronaves, utilizados na atividade da empresa;

V – máquinas, equipamentos e outros bens incorporados ao ativo imobilizado, adquiridos para locação a terceiros ou para utilização na produção de bens destinados à venda ou na prestação de serviços. *(Inciso com redação dada pela Lei nº 11.196, de 21/11/2005)*

§ 1º O direito ao crédito de que trata este artigo e o art. 17 desta Lei aplica-se em relação às contribuições efetivamente pagas na importação de bens e serviços a partir da produção dos efeitos desta Lei.

§ 1º-A. O valor da Cofins-Importação pago em decorrência do adicional de alíquota de que trata o § 21 do art. 8º não gera direito ao desconto do crédito de que trata o *caput*. *(Parágrafo acrescido pela Medida Provisória nº 668, de 30/1/2015, publicada no DOU de 30/1/2015, em vigor no 1º dia do 4º mês subsequente ao de sua publicação , convertida na Lei nº 13.137, de 19/6/2015)*

§ 2º O crédito não aproveitado em determinado mês poderá sê-lo nos meses subseqüentes.

§ 2º-A. A partir de 1º de janeiro de 2023, na hipótese de ocorrência de acúmulo de crédito remanescente, resultante da diferença da alíquota aplicada na importação do bem e da alíquota aplicada na sua revenda no mercado interno, conforme apuração prevista neste artigo e no art. 17 desta Lei, a pessoa jurídica importadora poderá utilizar o referido crédito remanescente para fins de restituição, ressarcimento ou compensação com débitos próprios, vencidos ou vincendos, relativos a tributos e a contribuições administrados pela Secretaria Especial da Receita Federal do Brasil, observada a legislação específica aplicável à matéria. (Parágrafo vetado pelo Presidente na República na Lei 14.440/2022,, mantido pelo Congresso Nacional e publicado no DOU de 22/12/2022)

§ 3º O crédito de que trata o *caput* será apurado mediante a aplicação das alíquotas previstas no art. 8º sobre o valor que serviu de base de cálculo das contribuições, na forma do art. 7º, acrescido do valor do IPI vinculado à importação, quando integrante do custo de aquisição. *(Parágrafo com redação dada pela Medida Provisória nº 668, de 30/1/2015, publicada no DOU de 30/1/2015, em vigor no 1º dia do 4º mês subsequente ao de sua publicação , convertida na Lei nº 13.137, de 19/6/2015)*

§ 4º Na hipótese do inciso V do *caput* deste artigo, o crédito será determinado mediante a aplicação das alíquotas referidas no § 3º deste artigo sobre o valor da depreciação ou amortização contabilizada a cada mês.

§ 5º Para os efeitos deste artigo, aplicam-se, no que couber, as disposições dos §§ 7º e 9º do art. 3º das Leis nºs 10.637, de 30 de dezembro de 2002, e 10.833, de 29 de dezembro de 2003.

§ 6º O disposto no inciso II do *caput* deste artigo alcança os direitos autorais pagos pela indústria fonográfica desde que esses direitos tenham se sujeitado ao pagamento das contribuições de que trata esta Lei.

§ 7º Opcionalmente, o contribuinte poderá descontar o crédito de que trata o § 4º deste artigo, relativo à importação de máquinas e equipamentos destinados ao ativo imobilizado, no prazo de 4 (quatro) anos, mediante a aplicação, a cada mês, das alíquotas referidas no § 3º deste artigo sobre o valor correspondente a 1/48 (um quarenta e oito avos) do valor de aquisição do bem, de acordo com regulamentação da Secretaria da Receita Federal.

§ 8º As pessoas jurídicas importadoras, nas hipóteses de importação de que tratam os incisos a seguir, devem observar as disposições do art. 17 desta Lei:

I – produtos dos §§ 1º a 3º e 5º a 7º do art. 8º desta Lei, quando destinados à revenda;

II – produtos do § 8º do art. 8º desta Lei, quando destinados à revenda, ainda que ocorra fase intermediária de mistura;

III – produtos do § 9º do art. 8º desta Lei, quando destinados à revenda ou à utilização como insumo na produção de autopeças relacionadas nos Anexos I e II da Lei nº 10.485, de 3 de julho de 2002;

IV – produto do § 10 do art. 8º desta Lei.

V – produtos referidos no § 19 do art. 8º desta Lei, quando destinados à revenda; *(Inciso acrescido pela Lei nº 11.727, de 23/6/2008, publicada no DOU de 24/6/2008, produzindo efeitos a partir do primeiro dia do quarto mês subsequente ao da publicação)*

VI – *(Inciso acrescido pela Lei nº 11.727, de 23/6/2008, e revogado pela Lei nº 13.097, de 19/1/2015, publicada no DOU de 20/1/2015, em vigor a partir do 1º dia do 4º mês subsequente ao da publicação)*

§ 9º As pessoas jurídicas de que trata o art. 49 da Lei nº 10.833, de 29 de dezembro de 2003, poderão descontar créditos, para fins de determinação da contribuição para o PIS/PASEP e da COFINS, em relação à importação dos produtos referidos nos §§ 6º e 7º do art. 8º desta Lei, utilizados no processo de industrialização dos produtos de que trata o § 7º do mesmo artigo, apurados mediante a aplicação das alíquotas respectivas, previstas no *caput* do art. 2º das Leis nºs 10.637, de 30 de dezembro de 2002, e 10.833, de 29 de dezembro de 2003. *(Parágrafo acrescido pela Lei nº 10.925, de 23/7/2004 e revogado a partir de 1/1/2009, de acordo com a alínea "b" do inciso IV do art. 42 da Lei nº 11.727, de 23/6/2008)*

§ 10. As pessoas jurídicas submetidas ao regime especial de que trata o art. 52 da Lei nº 10.833, de 29 de dezembro de 2003, poderão descontar créditos, para fins de determinação da contribuição para o PIS/PASEP e da COFINS, em relação à importação dos produtos referidos nos §§ 6º e 7º do art. 8º desta Lei, utilizados no processo de industrialização dos produtos de que trata o § 7º do mesmo artigo, determinados com base nas alíquotas específicas referidas nos arts. 51 e 52 da Lei nº 10.833, de 29 de dezembro de 2003, respectivamente. *(Parágrafo acrescido pela Lei nº 10.925, de 23/7/2004 e revogado a partir de 1/1/2009, de acordo com a alínea "b" do inciso IV do art. 42 da Lei nº 11.727, de 23/6/2008)*

§ 11. *(Parágrafo acrescido pela Medida Provisória nº 451, de 15/12/2008, convertida na Lei nº 11.945, de 4/6/2009 e revogado pela Lei nº 13.097, de 19/1/2015, publicada no DOU de 20/1/2015, em vigor a partir do 1º (primeiro) dia do 4º mês subsequente ao da publicação)*

§ 12. *(Parágrafo acrescido pela Medida Provisória nº 451, de 15/12/2008, convertida na Lei nº 11.945, de 4/6/2009 e revogado pela Lei nº 13.097, de 19/1/2015, publicada no DOU de 20/1/2015, em vigor a partir do 1º dia do 4º mês subsequente ao da publicação)*

§ 13. No cálculo do crédito de que trata o inciso V do *caput*:

I – os valores decorrentes do ajuste a valor presente de que trata o inciso III do *caput* do art. 184 da Lei nº 6.404, de 15 de dezembro de 1976, poderão ser considerados como parte integrante do custo ou valor de aquisição; e

II – não serão computados os ganhos e perdas decorrentes de avaliação de ativo com base no valor justo. *(Parágrafo acrescido pela Medida Provisória nº 627, de 11/11/2013, convertida na Lei nº 12.973, de 13/5/2014, em vigor a partir de 1/1/2015)*

§ 14. O disposto no inciso V do *caput* não se aplica no caso de bem objeto de arrendamento mercantil, na pessoa jurídica arrendatária. *(Parágrafo acrescido pela Medida Provisória nº 627, de 11/11/2013, convertida na Lei nº 12.973, de 13/5/2014, em vigor a partir de 1/1/2015)*

Art. 16. É vedada a utilização do crédito de que trata o art. 15 desta Lei nas hipóteses referidas nos incisos III e IV do § 3º do art. 1º e no art. 8º da Lei nº 10.637, de 30 de dezembro de 2002, e nos incisos III e IV do § 3º do art. 1º e no art. 10 da Lei nº 10.833, de 29 de dezembro de 2003.

› Atualização: Art. 16 (Revogado pela LC 214/2025, com produção de efeitos a partir de 1º de janeiro de 2027)

§ 1º Gera direito aos créditos de que tratam os arts. 15 e 17 desta Lei a importação efetuada com isenção, exceto na hipótese de os produtos serem revendidos ou utilizados como insumo em produtos sujeitos à alíquota zero, isentos ou não alcançados pela contribuição. *(Parágrafo único transformado em § 1º com nova redação dada pela Medida Provisória nº 451, de 15/12/2008, convertida na Lei nº 11.945, de 4/6/2009, produzindo efeitos a partir de 16/12/2008)*

§ 2º A importação efetuada na forma da alínea f do inciso II do art. 9º desta Lei não dará direito a crédito, em qualquer caso. *(Parágrafo acrescido pela Medida Provisória nº 451, de 15/12/2008, convertida na Lei nº 11.945, de 4/6/2009, produzindo efeitos a partir de 1/4/2009)*

Art. 17. As pessoas jurídicas importadoras dos produtos referidos nos §§ 1º a 3º, 5º a 10, 17 e 19 do art. 8º desta Lei poderão descontar crédito, para fins de determinação da Contribuição para o PIS/Pasep e da Cofins, em relação à importação desses produtos, nas hipóteses: *("Caput" do artigo com redação dada pela Lei nº 13.097, de 19/1/2015, publicada no DOU de 20/1/2015, em vigor a partir do 1º dia do 4º mês subsequente ao da publicação)*

› Atualização: Art. 17 (Revogado pela LC 214/2025, com produção de efeitos a partir de 1º de janeiro de 2027)

I – dos §§ 1º a 3º, 5º a 7º e 10 do art. 8º desta Lei, quando destinados à revenda; *(Inciso com redação dada pela Lei nº 11.051, de 29/12/2004)*

II – do § 8º do art. 8º desta Lei, quando destinados à revenda, ainda que ocorra fase intermediária de mistura;

III – do § 9º do art. 8º desta Lei, quando destinados à revenda ou à utilização como insumo na produção de autopeças relacionadas nos Anexos I e II da Lei nº 10.485, de 3 de julho de 2002;

IV – *(Revogado pela Lei nº 11.051, de 29/12/2004)*

V – do § 19 do art. 8º desta Lei, quando destinados à revenda; *(Inciso acrescido pela Lei nº 11.727, de 23/6/2008, publicada no DOU de 24/6/2008, produzindo efeitos a partir do primeiro dia do quarto mês subsequente ao da publicação)*

VI – *(Inciso acrescido pela Lei nº 11.727, de 23/6/2008 e revogado pela Lei nº 13.097, de 19/1/2015, publicada no DOU de 20/1/2015, em vigor a partir do 1º dia do 4º mês subsequente ao da publicação)*

§ 1º *(Revogado pela Lei nº 10.925, de 23/7/2004)*

§ 2º O crédito de que trata este artigo será apurado mediante a aplicação das alíquotas previstas para os respectivos produtos no art. 8º, conforme o caso, sobre o valor de que trata o § 3º do art. 15. *(Parágrafo com redação dada pela Medida Provisória nº 668, de 30/1/2015, publicada no DOU de 30/1/2015, em vigor no 1º dia do 4º mês subsequente ao de sua publicação , convertida na Lei nº 13.137, de 19/6/2015)*

§ 2º-A. O valor da Cofins-Importação pago em decorrência do adicional de alíquota de que trata o § 21 do art. 8º não gera direito ao desconto do crédito de que trata o *caput*. *(Parágrafo acrescido pela Medida Provisória nº 668, de 30/1/2015, publicada no DOU de 30/1/2015, em vigor no 1º dia do 4º mês subsequente ao de sua publicação , convertida na Lei nº 13.137, de 19/6/2015)*

§ 3º *(Revogado pela Lei nº 13.097, de 19/1/2015, publicada no DOU de 20/1/2015, em vigor a partir do 1º dia do 4º mês subsequente ao da publicação)*

§ 3º-A. Os créditos de que trata o inciso VI deste artigo serão determinados conforme os incisos do art. 58-C da Lei nº 10.833, de 29 de dezembro de 2003. *(Parágrafo acrescido pela Lei nº 11.727, de 23/6/2008, produzindo efeitos a partir de 1/1/2009)*

§ 4º *(Revogado pela Lei nº 10.925, de 23/7/2004)*

§ 5º Na hipótese do § 8º do art. 8º desta Lei, os créditos serão determinados com base nas alíquotas específicas referidas no art. 23 desta Lei.

§ 6º Opcionalmente, o sujeito passivo poderá calcular o crédito de que trata o § 4o do art. 15 desta Lei relativo à aquisição de vasilhames classificados no código 7010.90.21 da Tipi, destinados ao ativo imobilizado, no prazo de 12 (doze) meses, poderá creditar-se, a cada mês, de 1/12 (um doze avos) do valor da contribuição incidente, mediante alíquota específica, na aquisição dos vasilhames, de acordo com regulamentação da Secretaria da Receita Federal.*("Caput" do parágrafo acrescido pela Lei nº 10.925, de 23/7/2004 e com redação dada pela Lei nº 13.097, de 19/1/2015, publicada no DOU de 20/1/2015, em vigor a partir do 1º dia do 4º mês subsequente ao da publicação)*

I – no prazo de 12 (doze) meses, à razão de 1/12 (um doze avos); ou *(Inciso acrescido pela Lei nº 11.727, de 23/6/2008, produzindo efeitos a partir de 1/1/2009)*

II – na hipótese de opção pelo regime especial instituído pelo art. 58-J da Lei nº 10.833, de 29 de dezembro de 2003, no prazo de 6 (seis) meses, à razão de 1/6 (um sexto) do valor da contribuição incidente, mediante alíquota específica, na aquisição dos vasilhames, ficando o Poder Executivo autorizado a alterar o prazo e a razão estabelecidos para o cálculo dos referidos créditos. *(Inciso acrescido pela Lei nº 11.727, de 23/6/2008, produzindo efeitos a partir de 1/1/2009)*

§ 7º O disposto no inciso III deste artigo não se aplica no caso de importação efetuada por montadora de máquinas ou veículos relacionados no art. 1º da Lei nº 10.485, de 3 de julho de 2002. *(Parágrafo acrescido pela Lei nº 11.051, de 29/12/2004)*

§ 8º O disposto neste artigo alcança somente as pessoas jurídicas de que trata o art. 15 desta Lei. *(Parágrafo acrescido pela Lei nº 11.051, de 29/12/2004)*

Art. 18. No caso da importação por conta e ordem de terceiros, os créditos de que tratam os arts. 15 e 17 desta Lei serão aproveitados pelo encomendante.

› Atualização: Art.18 (Revogado pela LC 214/2025, com produção de efeitos a partir de 1º de janeiro de 2027)

CAPÍTULO X
DO LANÇAMENTO DE OFÍCIO

Art. 19. Nos casos de lançamentos de ofício, serão aplicadas, no que couber, as disposições dos arts. 43 e 44 da Lei nº 9.430, de 27 de dezembro de 1996.

› Atualização: Art. 19 (Revogado pela LC 214/2025, com produção de efeitos a partir de 1º de janeiro de 2027)

CAPÍTULO XI
DA ADMINISTRAÇÃO DO TRIBUTO

Art. 20. Compete à Secretaria da Receita Federal a administração e a fiscalização das contribuições de que trata esta Lei.

› Atualização: Art. 20. (Revogado pela LC 214/2025, com produção de efeitos a partir de 1º de janeiro de 2027)

§ 1º As contribuições sujeitam-se às normas relativas ao processo administrativo fiscal de determinação e exigência do crédito tributário e de consulta de que trata o Decreto nº 70.235, de 6 de março de 1972, bem como, no que couber, às disposições da legislação do imposto de renda, do imposto de importação, especialmente quanto à valoração aduaneira, e da contribuição para o PIS/PASEP e da COFINS.

§ 2º A Secretaria da Receita Federal editará, no âmbito de sua competência, as normas necessárias à aplicação do disposto nesta Lei.

CAPÍTULO XII
DISPOSIÇÕES GERAIS

Art. 21. Os arts. 1º, 2º, 3º, 6º, 10, 12, 15, 25, 27, 32, 34, 49, 50, 51, 52, 53, 56 e 90 da Lei nº 10.833, de 29 de dezembro de 2003, passam a vigorar com a seguinte redação:

"Art. 1º...

....

§ 3º ....

....

IV – de venda de álcool para fins carburantes;

...."

"Art. 2º...

§ 1º Excetua-se do disposto no *caput* deste artigo a receita bruta auferida pelos produtores ou importadores, que devem aplicar as alíquotas previstas:

I – nos incisos I a III do art. 4º da Lei nº 9.718, de 27 de novembro de 1998, e alterações posteriores, no caso de venda de gasolinas, exceto gasolina de aviação, óleo diesel e gás liquefeito de petróleo (GLP) derivado de petróleo e gás natural;

II – no inciso I do art. 1º da Lei nº 10.147, de 21 de dezembro de 2000, e alterações posteriores, no caso de venda de produtos farmacêuticos, de perfumaria, de toucador ou de higiene pessoal, nele relacionados;

III – no art. 1º da Lei nº 10.485, de 3 de julho de 2002, e alterações posteriores, no caso de venda de máquinas e veículos classificados nos códigos 84.29, 8432.40.00, 84.32.80.00, 8433.20, 8433.30.00, 8433.40.00, 8433.5, 87.01, 87.02, 87.03, 87.04, 87.05 e 87.06, da TIPI;

IV – no inciso II do art. 3º da Lei nº 10.485, de 3 de julho de 2002, no caso de vendas, para comerciante atacadista ou varejista ou para consumidores, das autopeças relacionadas nos Anexos I e II da mesma Lei;

V – no *caput* do art. 5º da Lei nº 10.485, de 3 de julho de 2002, e alterações posteriores, no caso de venda dos produtos classificados nas posições 40.11 (pneus novos de borracha) e 40.13 (câmaras-de-ar de borracha), da TIPI;

VI – no art. 2º da Lei nº 10.560, de 13 de novembro de 2002, e alterações posteriores, no caso de venda de querosene de aviação;

VII – no art. 51 desta Lei, e alterações posteriores, no caso de venda das embalagens nele previstas, destinadas ao envasamento de água, refrigerante e cerveja, classificados nos códigos 22.01, 22.02 e 22.03, todos da TIPI; e

VIII – no art. 49 desta Lei, e alterações posteriores, no caso de venda de água, refrigerante, cerveja e preparações compostas classificados nos códigos 22.01, 22.02, 22.03 e 2106.90.10 Ex 02, todos da TIPI.

§ 2º Excetua-se do disposto no *caput* deste artigo a receita bruta decorrente da venda de papel imune a impostos de que trata o art. 150, inciso VI, alínea *d*, da Constituição Federal, quando destinado à impressão de periódicos, que fica sujeita à alíquota de 3,2% (três inteiros e dois décimos por cento).

§ 3º Fica o Poder Executivo autorizado a reduzir a 0 (zero) e a restabelecer a alíquota incidente sobre receita bruta decorrente da venda de produtos químicos e farmacêuticos, classificados nos Capítulos 29 e 30, sobre produtos destinados ao uso em laboratório de anatomia patológica, citológica ou de análises clínicas, classificados nas posições 30.02, 30.06, 39.26, 40.15 e 90.18, e sobre semens e embriões da posição 05.11, todos da TIPI."

"Art. 3º..

I – bens adquiridos para revenda, exceto em relação às mercadorias e aos produtos referidos:

a) nos incisos III e IV do § 3º do art. 1º desta Lei; e

b) no § 1º do art. 2º desta Lei;

II – bens e serviços, utilizados como insumo na prestação de serviços e na produção ou fabricação de bens ou produtos destinados à venda, inclusive combustíveis e lubrificantes, exceto em relação ao pagamento de que trata o art. 2º da Lei nº 10.485, de 3 de julho de 2002, devido pelo fabricante ou importador, ao concessionário, pela intermediação ou entrega dos veículos classificados nas posições 87.03 e 87.04 da TIPI;

....

V – valor das contraprestações de operações de arrendamento mercantil de pessoa jurídica, exceto de optante pelo Sistema Integrado de Pagamento de Impostos e Contribuições das Microempresas e das Empresas de Pequeno Porte – SIMPLES;

....

§ 1º Observado o disposto no § 15 deste artigo, o crédito será determinado mediante a aplicação da alíquota prevista no *caput* do art. 2º desta Lei sobre o valor:

....

§ 2º Não dará direito a crédito o valor:

I – de mão-de-obra paga a pessoa física; e

II – da aquisição de bens ou serviços não sujeitos ao pagamento da contribuição, inclusive no caso de isenção, esse último quando revendidos ou utilizados como insumo em produtos ou serviços sujeitos à alíquota 0 (zero), isentos ou não alcançados pela contribuição.

....

§ 6º..

I – seu montante será determinado mediante aplicação, sobre o valor das mencionadas aquisições, de alíquota correspondente a 80% (oitenta por cento) daquela constante do *caput* do art. 2º desta Lei;

....

§ 13. Deverá ser estornado o crédito da COFINS relativo a bens adquiridos para revenda ou utilizados como insumos na prestação de serviços e na produção ou fabricação de bens ou produtos destinados à venda, que tenham sido furtados ou roubados, inutilizados ou deteriorados, destruídos em sinistro ou, ainda, empregados em outros produtos que tenham tido a mesma destinação.

§ 14. Opcionalmente, o contribuinte poderá calcular o crédito de que trata o inciso III do § 1º deste artigo, relativo à aquisição de máquinas e equipamentos destinados ao ativo imobilizado, no prazo de 4 (quatro) anos, mediante a aplicação, a cada mês, das alíquotas referidas no *caput* do art. 2º desta Lei sobre o valor correspondente a 1/48 (um quarenta e oito avos) do valor de aquisição do bem, de acordo com regulamentação da Secretaria da Receita Federal.

§ 15. O crédito, na hipótese de aquisição, para revenda, de papel imune a impostos de que trata o art. 150, inciso VI, alínea *d* da Constituição Federal, quando destinado à impressão de periódicos, será determinado mediante a aplicação da alíquota prevista no § 2º do art. 2º desta Lei."

"Art. 6º..

....

II – prestação de serviços para pessoa física ou jurídica residente ou domiciliada no exterior, cujo pagamento represente ingresso de divisas;

...."

"Art. 10. ....

....

VI – sociedades cooperativas, exceto as de produção agropecuária, sem prejuízo das deduções de que trata o art. 15 da Medida Provisória nº 2.158-35, de 24 de agosto de 2001, e o art. 17 da Lei nº 10.684, de 30 de maio de 2003, não lhes aplicando as disposições do § 7º do art. 3º das Leis nºs 10.637, de 30 de dezembro de 2002, e 10.833, de 29 de dezembro de 2003, e as de consumo;

....

IX – as receitas decorrentes de venda de jornais e periódicos e de prestação de serviços das empresas jornalísticas e de radiodifusão sonora e de sons e imagens;

....

XIII – as receitas decorrentes de serviços:

a) prestados por hospital, pronto-socorro, clínica médica, odontológica, de fisioterapia e de fonoaudiologia, e laboratório de anatomia patológica, citológica ou de análises clínicas; e

b) de diálise, raios X, radiodiagnóstico e radioterapia, quimioterapia e de banco de sangue;

....

XV – as receitas decorrentes de vendas de mercadorias realizadas pelas pessoas jurídicas referidas no art. 15 do Decreto-Lei nº 1.455, de 7 de abril de 1976;

XVI – as receitas decorrentes de prestação de serviço de transporte coletivo de passageiros, efetuado por empresas regulares de linhas aéreas domésticas, e as decorrentes da prestação de serviço de transporte de pessoas por empresas de táxi aéreo;

XVII – as receitas auferidas por pessoas jurídicas, decorrentes da edição de periódicos e de informações neles contidas, que sejam relativas aos assinantes dos serviços públicos de telefonia;

XVIII – as receitas decorrentes de prestação de serviços com aeronaves de uso agrícola inscritas no Registro Aeronáutico Brasileiro (RAB);

XIX – as receitas decorrentes de prestação de serviços das empresas de *call center*, *telemarketing*, telecobrança e de teleatendimento em geral;

XX – as receitas decorrentes da execução por administração, empreitada ou subempreitada, de obras de construção civil, até 31 de dezembro de 2006;

XXI – as receitas auferidas por parques temáticos, e as decorrentes de serviços de hotelaria e de organização de feiras e eventos, conforme definido em ato conjunto dos Ministérios da Fazenda e do Turismo.

Parágrafo único. Ficam convalidados os recolhimentos efetuados de acordo com a atual redação do inciso IX deste artigo."

"Art. 12. ....

....

§ 2º O crédito presumido calculado segundo os §§ 1º e 9º deste artigo será utilizado em 12 (doze) parcelas mensais, iguais e sucessivas, a partir da data a que se refere o *caput* deste artigo.

....

§ 7º O disposto neste artigo aplica-se, também, aos estoques de produtos que não geraram crédito na aquisição, em decorrência do disposto nos §§ 7º a 9º do art. 3º desta Lei, destinados à fabricação dos produtos de que tratam as Leis nºs 9.990, de 21 de julho de 2000, 10.147, de 21 de dezembro de 2000, 10.485, de 3 de julho de 2002, e 10.560, de 13 de novembro de 2002, ou quaisquer outros submetidos à incidência monofásica da contribuição.

§ 8º As disposições do § 7º deste artigo não se aplicam aos estoques de produtos adquiridos a alíquota 0 (zero), isentos ou não alcançados pela incidência da contribuição.

§ 9º O montante do crédito presumido de que trata o § 7º deste artigo será igual ao resultado da aplicação do percentual de 7,6% (sete inteiros e seis décimos por cento) sobre o valor do estoque.

§ 10. O montante do crédito presumido de que trata o § 7º deste artigo, relativo às pessoas jurídicas referidas no parágrafo único do art. 56 desta Lei, será igual ao resultado da aplicação da alíquota de 3% (três por cento) sobre o valor dos bens em estoque adquiridos até 31 de janeiro de 2004, e de 7,6% (sete inteiros e seis décimos por cento) sobre o valor dos bens em estoque adquiridos a partir de 1º de fevereiro de 2004."

"Art. 15. Aplica-se à contribuição para o PIS/PASEP não-cumulativa de que trata a Lei nº 10.637, de 30 de dezembro de 2002, o disposto:

I – nos incisos I e II do § 3º do art. 1º desta Lei;

II – nos incisos VI, VII e IX do *caput* e nos §§ 1º, incisos II e III, 6º, inciso I, e 10 a 15 do art. 3º desta Lei;

III – nos §§ 3º e 4º do art. 6º desta Lei;

IV – nos arts. 7º e 8º desta Lei;

V – no art. 10, incisos VI, IX e XI a XXI desta Lei; e

VI – no art. 13 desta Lei."

"Art. 25. A pessoa jurídica encomendante, no caso de industrialização por encomenda, sujeita-se, conforme o caso, às alíquotas previstas nas alíneas *a* ou *b* do inciso I do art. 1º da Lei nº 10.147, de 21 de dezembro de 2000, e alterações posteriores, incidentes sobre a receita bruta decorrente da venda dos produtos nelas referidas.

...."

"Art. 27. ....

....

§ 3º A instituição financeira deverá, na forma, prazo e condições estabelecidas pela Secretaria da Receita Federal, fornecer à pessoa física ou jurídica beneficiária o Comprovante de Rendimentos Pagos e de Retenção do Imposto de Renda na Fonte, bem como apresentar à Secretaria da Receita Federal declaração contendo informações sobre:

I – os pagamentos efetuados à pessoa física ou jurídica beneficiária e o respectivo imposto de renda retido na fonte;

II – os honorários pagos a perito e o respectivo imposto de renda retido na fonte;

III – a indicação do advogado da pessoa física ou jurídica beneficiária.

§ 4º O disposto neste artigo não se aplica aos depósitos efetuados pelos Tribunais Regionais Federais antes de 1º de fevereiro de 2004."

"Art. 32. ....

I – cooperativas, relativamente à CSLL;

II – empresas estrangeiras de transporte de valores;

....

Parágrafo único. ....

I – a título de transporte internacional de valores efetuados por empresa nacional;

...."

"Art. 34. ....

....

Parágrafo único. A retenção a que se refere o *caput* não se aplica na hipótese de pagamentos relativos à aquisição de gasolina, gás natural, óleo diesel, gás liquefeito de petróleo, querosene de aviação e demais derivados de petróleo e gás natural."

"Art. 49. A contribuição para o PIS/PASEP e a COFINS devidas pelos importadores e pelas pessoas jurídicas que procedam à industrialização dos produtos classificados nas posições 22.01, 22.02, 22.03 (cerveja de malte) e no código 2106.90.10 Ex 02 (preparações compostas, não alcoólicas, para elaboração de bebida refrigerante), todos da TIPI, aprovada pelo Decreto nº 4.542, de 26 de dezembro de 2002, serão calculadas sobre a receita bruta decorrente da venda desses produtos, respectivamente, com a aplicação das alíquotas de 2,5% (dois inteiros e cinco décimos por cento) e 11,9% (onze inteiros e nove décimos por cento).

§ 1º O disposto neste artigo, relativamente aos produtos classificados nos códigos 22.01 e 22.02 da TIPI, alcança, exclusivamente, água, refrigerante e cerveja sem álcool.

...."

"Art. 50. ....

....

III – verniz, tipo pasta de alumínio e folha de alumínio troquelada gravada, classificados respectivamente nos códigos 3208.90.29 e 7607.19.10, quando adquiridos por pessoa jurídica fabricante de latas de alumínio, classificadas no código 7612.90.19 da TIPI, e destinada à produção desse produto."

"Art. 51. As receitas decorrentes da venda e da produção sob encomenda de embalagens, pelas pessoas jurídicas industriais ou comerciais e pelos importadores, destinadas ao envasamento dos produtos relacionados no art. 49 desta Lei, ficam sujeitas ao recolhimento da contribuição para o PIS/PASEP e da COFINS fixadas por unidade de produto, respectivamente, em:

....

II – embalagens para água e refrigerantes classificados nos códigos 22.01 e 22.02 da TIPI:

a) classificados no código TIPI 3923.30.00: R$ 0,0170 (dezessete milésimos do real) e R$ 0,0784 (setecentos e oitenta e quatro décimos de milésimo do real), por litro de capacidade nominal de envasamento da embalagem final; e

b) pré-formas classificadas no Ex 01 do código de que trata a alínea *a* deste inciso, com faixa de gramatura:

1 – até 30g (trinta gramas): R$ 0,0102 (cento e dois décimos de milésimo do real) e R$ 0,0470 (quarenta e sete milésimos do real);

2 – acima de 30g (trinta gramas) até 42g (quarenta e dois gramas): R$ 0,0255 (duzentos e cinqüenta e cinco décimos de milésimo do real) e R$ 0,1176 (um mil e cento e setenta e seis décimos de milésimo do real); e

3 – acima de 42g (quarenta e dois gramas): R$ 0,0425 (quatrocentos e vinte e cinco décimos de milésimo do real) e R$ 0,1960 (cento e noventa e seis milésimos do real);

III – embalagens de vidro não retornáveis classificadas no código 7010.90.21 da TIPI, para refrigerantes ou cervejas: R$ 0,0294 (duzentos e noventa e quatro décimos de milésimo do real) e R$ 0,1360 (cento e trinta e seis milésimos do real), por litro de capacidade nominal de envasamento da embalagem final;

IV – embalagens de vidro retornáveis, classificadas no código 7010.90.21 da TIPI, para refrigerantes ou cervejas: R$ 0,294 (duzentos e noventa e quatro milésimos do real) e R$ 1,36 (um real e trinta e seis centavos), por litro de capacidade nominal de envasamento da embalagem final.

...."

"Art. 52. ....

I – água e refrigerantes classificados nos códigos 22.01 e 22.02 da TIPI, R$ 0,0212 (duzentos e doze décimos de milésimo do real) e R$ 0,0980 (noventa e oito milésimos do real);

...."

"Art. 53. Fica o Poder Executivo autorizado a fixar coeficientes para redução das alíquotas previstas nos arts. 51 e 52 desta Lei, os quais poderão ser alterados para mais ou para menos, ou extintos, em relação aos produtos ou sua utilização, a qualquer tempo."

"Art. 56. ....

Parágrafo único. O disposto no *caput* não se aplica aos incisos I e II do art. 51 desta Lei.»

"Art. 90. Até a entrada em vigor da lei a que se refere o art. 89 desta Lei, permanecem sujeitas às normas da legislação da COFINS vigentes anteriormente a esta Lei, não se lhes aplicando as disposições dos arts. 1º a 8º desta Lei, as pessoas jurídicas que, no ano-calendário imediatamente anterior, tenham auferido receita bruta igual ou inferior a R$ 100.000,00 (cem mil reais) multiplicado pelo número de meses de efetiva atividade, e se dediquem exclusiva e cumulativamente à atividade de desenvolvimento, instalação, suporte técnico e consultoria de *software*, desde que não detenham participação societária em outras pessoas jurídicas, nem tenham sócio ou acionista pessoa jurídica ou pessoa física residente no exterior.

...."

Art. 22. Os dispositivos legais a seguir passam a vigorar com a seguinte redação:

› Atualização: Art. 22 (Revogado pela LC 214/2025, com produção de efeitos a partir de 1º de janeiro de 2027)

I – art. 4º da Lei nº 9.718, de 27 de novembro de 1998:

"Art. 4º As contribuições para os Programas de Integração Social e de Formação do Patrimônio do Servidor Público – PIS/PASEP e para o Financiamento da Seguridade Social – COFINS devidas pelos produtores e importadores de derivados de petróleo serão calculadas, respectivamente, com base nas seguintes alíquotas:

I – 5,08% (cinco inteiros e oito centésimos por cento) e 23,44% (vinte inteiros e quarenta e quatro centésimos por cento), incidentes sobre a receita bruta decorrente da venda de gasolinas e suas correntes, exceto gasolina de aviação;

II – 4,21% (quatro inteiros e vinte e um centésimos por cento) e 19,42% (dezenove inteiros e quarenta e dois centésimos por cento), incidentes sobre a receita bruta decorrente da venda de óleo diesel e suas correntes;

III – 10,2% (dez inteiros e dois décimos por cento) e 47,4% (quarenta e sete inteiros e quatro décimos por cento) incidentes sobre a receita bruta decorrente da venda de gás liquefeito de petróleo (GLP) dos derivados de petróleo e gás natural;

...."

II – art. 2º da Lei nº 10.560, de 13 de novembro de 2002:

"Art. 2º A contribuição para o PIS/PASEP e a COFINS, relativamente à receita bruta decorrente da venda de querosene de aviação, incidirá uma única vez, nas vendas realizadas pelo produtor ou importador, às alíquotas de 5% (cinco por cento) e 23,2% (vinte e três inteiros e dois décimos por cento), respectivamente."

Art. 23. O importador ou fabricante dos produtos referidos nos incisos I a III do art. 4º da Lei nº 9.718, de 27 de novembro de 1998, e no art. 2º da Lei nº 10.560, de 13 de novembro de 2002, poderá optar por regime especial de apuração e pagamento da contribuição para o PIS/PASEP e da COFINS, no qual os valores das contribuições são fixados, respectivamente, em:

› Atualização: Art. 23 (Revogado pela LC 214/2025, com produção de efeitos a partir de 1º de janeiro de 2027)

I – R$ 141,10 (cento e quarenta e um reais e dez centavos) e R$ 651,40 (seiscentos e cinqüenta e um reais e quarenta centavos), por metro cúbico de gasolinas e suas correntes, exceto gasolina de aviação;

II – R$ 82,20 (oitenta e dois reais e vinte centavos) e R$ 379,30 (trezentos e setenta e nove reais e trinta centavos), por metro cúbico de óleo diesel e suas correntes;

III – R$ 119,40 (cento e dezenove reais e quarenta centavos) e R$ 551,40 (quinhentos e cinqüenta e um reais e quarenta centavos), por tonelada de gás liquefeito de petróleo – GLP, derivado de petróleo e de gás natural; *(Inciso com redação dada pela Lei nº 11.051, de 29/12/2004)*

IV – R$ 48,90 (quarenta e oito reais e noventa centavos) e R$ 225,50 (duzentos e vinte e cinco reais e cinqüenta centavos), por metro cúbico de querosene de aviação.

§ 1º A opção prevista neste artigo será exercida, segundo normas e condições estabelecidas pela Secretaria da Receita Federal, até o último dia útil do mês de novembro de cada ano-calendário, produzindo efeitos, de forma irretratável, durante todo o ano-calendário subseqüente ao da opção.

§ 2º Excepcionalmente para o ano-calendário de 2004, a opção poderá ser exercida até o último dia útil do mês de maio, produzindo efeitos, de forma irretratável, a partir do dia 1º de maio.

§ 3º No caso da opção efetuada nos termos dos §§ 1º e 2º deste artigo, a Secretaria da Receita Federal divulgará o nome da pessoa jurídica optante e a data de início da opção.

§ 4º A opção a que se refere este artigo será automaticamente prorrogada para o ano-calendário seguinte, salvo se a pessoa jurídica dela desistir, nos termos e condições estabelecidos pela Secretaria da Receita Federal, até o último dia útil do mês de outubro do ano-calendário, hipótese em que a produção de efeitos se dará a partir do dia 1º de janeiro do ano-calendário subseqüente.

§ 5º Fica o Poder Executivo autorizado a fixar coeficientes para redução das alíquotas previstas neste artigo, os quais poderão ser alterados, para mais ou para menos, ou extintos, em relação aos produtos ou sua utilização, a qualquer tempo.

Art. 24. O inciso III do § 2º do art. 8º da Lei nº 10.426, de 24 de abril de 2002, passa a vigorar com a seguinte redação:

"Art. 8º..

....

§ 2º ....

....

III – será de, no mínimo, R$ 20,00 (vinte reais).

...."

Art. 25. O disposto no art. 9º da Medida Provisória nº 2.159-70, de 24 de agosto de 2001, aplica-se, também, relativamente aos fatos geradores ocorridos a partir de 1º de abril de 2004, às remessas para o exterior vinculadas ao pagamento de despesas relacionadas com a promoção de destinos turísticos brasileiros.

Parágrafo único. Para os fins do disposto no *caput* deste artigo, entende-se por despesas vinculadas à promoção de destinos turísticos brasileiros aquelas decorrentes de pesquisa de mercado, participação em exposições, feiras e eventos semelhantes, inclusive aluguéis e arrendamentos de estandes e locais de exposição.

Art. 26. *(Revogado pela Lei nº 10.925, de 23/7/2004)*

Art. 27. O Poder Executivo poderá autorizar o desconto de crédito nos percentuais que estabelecer e para os fins referidos no art. 3º das Leis nºs 10.637, de 30 de dezembro de 2002, e 10.833, de 29 de dezembro de 2003, relativamente às despesas financeiras decorrentes de empréstimos e financiamentos, inclusive pagos ou creditados a residentes ou domiciliados no exterior.

› Atualização: Art. 27 (Revogado pela LC 214/2025, com produção de efeitos a partir de 1º de janeiro de 2027)

§ 1º Poderão ser estabelecidos percentuais diferenciados no caso de pagamentos ou créditos a residentes ou domiciliados em país com tributação favorecida ou com sigilo societário.

§ 2º O Poder Executivo poderá, também, reduzir e restabelecer, até os percentuais de que tratam os incisos I e II do *caput* do art. 8º desta Lei, as alíquotas da contribuição para o PIS/PASEP e da COFINS incidentes sobre as receitas financeiras auferidas pelas pessoas jurídicas sujeitas ao regime de não-cumulatividade das referidas contribuições, nas hipóteses que fixar.

§ 3º O disposto no § 2º não se aplica aos valores decorrentes do ajuste a valor presente de que trata o inciso VIII do *caput* do art. 183 da Lei nº 6.404, de 15 de dezembro de 1976. *(Parágrafo acrescido pela Medida Provisória nº 627, de 11/11/2013, convertida na Lei nº 12.973, de 13/5/2014, em vigor a partir de 1/1/2015)*

Art. 28. Ficam reduzidas a 0 (zero) as alíquotas da contribuição para o PIS/PASEP e da COFINS incidentes sobre a receita bruta decorrente da venda, no mercado interno, de:

› Atualização: Art. 28 (Revogado pela LC 214/2025, com produção de efeitos a partir de 1º de janeiro de 2027)

I – papel destinado à impressão de jornais, pelo prazo de 4 (quatro) anos a contar da data de vigência desta Lei ou até que a produção nacional atenda 80% (oitenta por cento) do consumo interno, na forma a ser estabelecida em regulamento do Poder Executivo; *(Prazo prorrogado até 30/4/2016, de acordo com o art. 18 da Lei nº 11.727, de 23/6/2008, com redação dada pela Lei nº 12.649, de 17/5/2012, produzindo efeitos a partir de 1/5/2012)*

II – papéis classificados nos códigos 4801.00.10, 4801.00.90, 4802.61.91, 4802.61.99, 4810.19.89 e 4810.22.90, todos da TIPI, destinados à impressão de periódicos pelo prazo de 4 (quatro) anos a contar da data de vigência desta Lei ou até que a produção nacional atenda 80% (oitenta por cento) do consumo interno; *(Prazo prorrogado até 30/4/2016, de acordo com o art. 18 da Lei nº 11.727, de 23/6/2008, com redação dada pela Lei nº 12.649, de 17/5/2012,produzindo efeitos a partir de 1/5/2012)*

III – produtos hortícolas e frutas, classificados nos Capítulos 7 e 8, e ovos, classificados na posição 04.07, todos da TIPI;

IV – aeronaves classificadas na posição 88.02 da Tipi, suas partes, peças, ferramentais, componentes, insumos, fluidos hidráulicos, tintas, anticorrosivos, lubrificantes, equipamentos, serviços e matérias-primas a serem empregados na manutenção, conservação, modernização, reparo, revisão, conversão e industrialização das aeronaves, seus motores, partes, componentes, ferramentais e equipamentos; *(Inciso com redação dada pela Lei nº 11.727, de 23/6/2008)*

V – semens e embriões da posição 05.11 da NCM. *(Inciso acrescido pela Lei nº 10.925, de 23/7/2004)*

VI – livros, conforme definido no art. 2º da Lei nº 10.753, de 30 de outubro de 2003; *(Inciso acrescido pela Lei nº 11.033, de 21/12/2004)*

VII – preparações compostas não-alcoólicas, classificadas no código 2106.90.10 Ex 01 da Tipi, destinadas à elaboração de bebidas pelas pessoas jurídicas industriais dos produtos referidos no art. 58-A da Lei nº 10.833, de 29 de dezembro de 2003; *(Inciso acrescido pela Lei nº 11.196, de 21/11/2005 e com nova redação dada pela Lei nº 11.727, de 23/6/2008, produzindo efeitos a partir de 1/1/2009)*

VIII – veículos novos montados sobre chassis, com capacidade para 23 (vinte e três) a 44 (quarenta e quatro) pessoas, classificados nos códigos 8702.10.00 Ex 02 e 8702.90.90 Ex 02 da Tipi, destinados ao transporte escolar para a educação básica das redes estadual e municipal, que atendam aos dispositivos da Lei nº 9.503, de 23 de setembro de 1997 – Código de Trânsito Brasileiro, quando adquiridos pela União, Estados, Municípios e pelo Distrito Federal, na forma a ser estabelecida em regulamento do Poder Executivo; *(Inciso acrescido pela Lei nº 11.529, de 22/10/2007 e com nova redação dada pela Lei nº 11.727, de 23/6/2008)*

IX – embarcações novas, com capacidade para 20 (vinte) a 35 (trinta e cinco) pessoas, classificadas no código 8901.90.00 da Tipi, destinadas ao transporte escolar para a educação básica das redes estadual e municipal, quando adquiridas pela União, Estados, Municípios e pelo Distrito Federal, na forma a ser estabelecida em regulamento do Poder Executivo; *(Inciso acrescido pela Lei nº 11.529, de 22/10/2007 e com nova redação dada pela Lei nº 11.727, de 23/6/2008)*

X – materiais e equipamentos, inclusive partes, peças e componentes, destinados ao emprego na construção, conservação, modernização, conversão ou reparo de embarcações registradas ou pré-registradas no Registro Especial Brasileiro; *(Inciso com redação dada pela Lei nº 11.774, de 17/9/2008)*

XI – veículos e carros blindados de combate, novos, armados ou não, e suas partes, produzidos no Brasil, com peso bruto total até 30 (trinta) toneladas, classificados na posição 8710.00.00 da Tipi, destinados ao uso das Forças Armadas ou órgãos de segurança pública brasileiros, quando adquiridos por órgãos e entidades da administração pública direta, na forma a ser estabelecida em regulamento; e *(Inciso acrescido pela Lei nº 11.727, de 23/6/2008)*

XII – material de defesa, classificado nas posições 87.10.00.00 e 89.06.10.00 da Tipi, além de partes, peças, componentes, ferramentais, insumos, equipamentos e matérias-primas a serem empregados na sua industrialização, montagem, manutenção, modernização e conversão; *(Inciso acrescido pela Lei nº 11.727, de 23/6/2008)*

XIII – serviços ou equipamentos de controle de produção, inclusive medidores de vazão, condutivímetros, aparelhos para controle, registro, gravação e transmissão dos quantitativos medidos, quando adquiridos por pessoas jurídicas legalmente responsáveis pela sua instalação e manutenção ou obrigadas à sua utilização, nos termos e condições fixados pela Secretaria da Receita Federal do Brasil; *(Inciso acrescido pela Lei nº 11.727, de 23/6/2008, produzindo efeitos a partir de 1/1/2009, com redação dada pela Lei nº 12.995, de 18/6/2014)*

XIV – produtos classificados na posição 87.13 da Nomenclatura Comum do Mercosul-NCM. *(Inciso acrescido pela Lei nº 11.774, de 17/9/2008)*

XV – artigos e aparelhos ortopédicos ou para fraturas classificados no código 90.21.10 da NCM; *(Inciso acrescido pela Lei nº 12.058, de 13/10/2009, com efeitos a partir de 1/1/2010)*

XVI – artigos e aparelhos de próteses classificados no código 90.21.3 da NCM; *(Inciso acrescido pela Lei nº 12.058, de 13/10/2009, com efeitos a partir de 1/1/2010)*

XVII – almofadas antiescaras classificadas nos Capítulos 39, 40, 63 e 94 da NCM. *(Inciso acrescido pela Lei nº 12.058, de 13/10/2009, com efeitos a partir de 1/1/2010)*

XVIII – bens relacionados em ato do Poder Executivo para aplicação nas Unidades Modulares de Saúde de que trata o Convênio ICMS nº 114, de 11 de dezembro de 2009, quando adquiridos por órgãos da administração pública direta federal, estadual, distrital e municipal. *(Inciso acrescido pela Lei nº 12.249, de 11/6/2010)*

XIX – *(Inciso acrescido pela Medida Provisória nº 491, de 23/6/2010, com prazo de vigência encerrado em 3/11/2010, conforme Ato Declaratório do Presidente da Mesa do Congresso Nacional nº 46, de 16/11/2010)*

XX – serviços de transporte ferroviário em sistema de trens de alta velocidade (TAV), assim entendido como a composição utilizada para efetuar a prestação do serviço público de transporte ferroviário que consiga atingir velocidade igual ou superior a 250 km/h (duzentos e cinquenta quilômetros por hora); *(Inciso acrescido pela Medida Provisória nº 497, de 27/7/2010, convertida na Lei nº 12.350, de 20/12/2010)*

XXI – projetores para exibição cinematográfica, classificados no código 9007.2 da NCM, e suas partes e acessórios, classificados no código 9007.9 da NCM. *(Inciso acrescido pela Medida Provisória nº 545, de 29/9/2011, convertida na Lei nº 12.599, de 23/3/2012)*

XXII – produtos classificados nos códigos 8443.32.22, 8469.00.39 Ex. 01, 8714.20.00, 9021.40.00, 9021.90.82 e 9021.90.92 todos da Tipi; *(Inciso acrescido pela Medida Provisória nº 545, de 29/9/2011, convertida na Lei nº 12.599, de 23/3/2012, com redação dada pela Lei nº 12.649, de 17/5/2012)*

XXIII – calculadoras equipadas com sintetizador de voz classificadas no código 8470.10.00 Ex. 01 da Tipi; *(Inciso acrescido pela Medida Provisória nº 549, de 17/11/2011, convertida na Lei nº 12.649, de 17/5/2012)*

XXIV – teclados com adaptações específicas para uso por pessoas com deficiência, classificados no código 8471.60.52 da Tipi; *(Inciso acrescido pela Medida Provisória nº 549, de 17/11/2011, convertida na Lei nº 12.649, de 17/5/2012)*

XXV – indicador ou apontador – **mouse** – com adaptações específicas para uso por pessoas com deficiência, classificado no código 8471.60.53 da Tipi; *(Inciso acrescido pela Medida Provisória nº 549, de 17/11/2011, convertida na Lei nº 12.649, de 17/5/2012)*

XXVI – linhas braile classificadas no código 8471.60.90 Ex. 01 da Tipi; *(Inciso acrescido pela Medida Provisória nº 549, de 17/11/2011, convertida na Lei nº 12.649, de 17/5/2012)*

XXVII – digitalizadores de imagens – scanners – equipados com sintetizador de voz classificados no código 8471.90.14 Ex. 01 da Tipi; *(Inciso acrescido pela Medida Provisória nº 549, de 17/11/2011, convertida na Lei nº 12.649, de 17/5/2012)*

XXVIII – duplicadores braile classificados no código 8472.10.00 Ex.01 da Tipi; *(Inciso acrescido pela Medida Provisória nº 549, de 17/11/2011, convertida na Lei nº 12.649, de 17/5/2012)*

XXIX – acionadores de pressão classificados no código 8471.60.53 Ex. 02 da Tipi; *(Inciso acrescido pela Medida Provisória nº 549, de 17/11/2011, convertida na Lei nº 12.649, de 17/5/2012)*

XXX – lupas eletrônicas do tipo utilizado por pessoas com deficiência visual classificadas no código 8525.80.19 Ex.01 da Tipi; *(Inciso acrescido pela Medida Provisória* *nº 549, de 17/11/2011, convertida na Lei nº 12.649, de 17/5/2012)*

XXXI – implantes cocleares classificados no código 9021.40.00 da Tipi; *(Inciso acrescido pela Medida Provisória nº 549, de 17/11/2011, convertida na Lei nº 12.649, de 17/5/2012)*

XXXII – próteses oculares classificadas no código 9021.39.80 da Tipi. *(Inciso acrescido pela Medida Provisória nº 549, de 17/11/2011, convertida na Lei nº 12.649, de 17/5/2012)*

XXXIII – programas – softwares – de leitores de tela que convertem texto em voz sintetizada para auxílio de pessoas com deficiência visual; *(Inciso acrescido pela Lei nº 12.649, de 17/5/2012)*

XXXIV – aparelhos contendo programas – softwares – de leitores de tela que convertem texto em caracteres braile, para utilização de surdos-cegos; e *(Inciso acrescido pela Lei nº 12.649, de 17/5/2012)*

XXXV – neuroestimuladores para tremor essencial/Parkinson, classificados no código 9021.90.19, e seus acessórios, classificados nos códigos 9018.90.99, 9021.90.91 e 9021.90.99, todos da Tipi. *(Inciso acrescido pela Lei nº 12.649, de 17/5/2012)*

XXXVI – *(VETADO na Lei nº 12.715, de 17/9/2012)*

XXXVII – produtos classificados no Ex 01 do código 8503.00.90 da Tipi, exceto pás eólicas. *(Inciso acrescido pela Medida Provisória nº 656, de 7/10/2014, convertida na Lei nº 13.097, de 19/1/2015, com redação dada pela Lei nº 13.169, de 6/10/2015, publicada no DOU de 7/10/2015, produzindo efeitos a partir do primeiro dia do quarto mês subsequente ao da sua publicação)*

Parágrafo único. O Poder Executivo poderá regulamentar o disposto nos incisos IV, X e XIII a XXXV do *caput*. *(Parágrafo único acrescido pela Lei nº 10.925, de 23/7/2004 e com nova redação dada pela Lei nº 12.649, de 17/5/2012)*

Art. 29. As disposições do art. 3º da Lei Complementar nº 70, de 30 de dezembro de 1991, do art. 5º da Lei nº 9.715, de 25 de novembro de 1998, e do art. 53 da Lei nº 9.532, de 10 de dezembro de 1997, alcançam também o comerciante atacadista.

› Atualização: Art. 29 (Revogado pela LC 214/2025, com produção de efeitos a partir de 1º de janeiro de 2027)

Art. 30. Considera-se aquisição, para fins do desconto do crédito previsto nos arts. 3º das Leis nºs 10.637, de 30 de dezembro de 2002, e 10.833, de 29 de dezembro de 2003, a versão de bens e direitos neles referidos, em decorrência de fusão, incorporação e cisão de pessoa jurídica domiciliada no País.

› Atualização: Art. 30 (Revogado pela LC 214/2025, com produção de efeitos a partir de 1º de janeiro de 2027)

§ 1º O disposto neste artigo aplica-se somente nas hipóteses em que fosse admitido o desconto do crédito pela pessoa jurídica fusionada, incorporada ou cindida.

§ 2º Aplica-se o disposto neste artigo a partir da data de produção de efeitos do art. 3º das Leis nºs 10.637, de 30 de dezembro de 2002, e 10.833, de 29 de dezembro de 2003, conforme o caso.

Art. 31. É vedado, a partir do último dia do terceiro mês subseqüente ao da publicação desta Lei, o desconto de créditos apurados na forma do inciso III do § 1º do art. 3º das Leis nºs 10.637, de 30 de dezembro de 2002, e 10.833, de 29 de dezembro de 2003, relativos à depreciação ou amortização de bens e direitos de ativos imobilizados adquiridos até 30 de abril de 2004.

› Atualização: Art. 31 (Revogado pela LC 214/2025, com produção de efeitos a partir de 1º de janeiro de 2027)

§ 1º Poderão ser aproveitados os créditos referidos no inciso III do § 1º do art. 3º das Leis nºs 10.637, de 30 de dezembro de 2002, e 10.833, de 29 de dezembro de 2003, apurados sobre a depreciação ou amortização de bens e direitos de ativo imobilizado adquiridos a partir de 1º de maio.

§ 2º O direito ao desconto de créditos de que trata o § 1º deste artigo não se aplica ao valor decorrente da reavaliação de bens e direitos do ativo permanente.

§ 3º É também vedado, a partir da data a que se refere o *caput*, o crédito relativo a aluguel e contraprestação de arrendamento mercantil de bens que já tenham integrado o patrimônio da pessoa jurídica.

Art. 32. O art. 41 da Lei nº 8.981, de 20 de janeiro de 1995, passa a vigorar com a seguinte redação:

"Art. 41. ....

....

§ 6º As contribuições sociais incidentes sobre o faturamento ou receita bruta e sobre o valor das importações, pagas pela pessoa jurídica na aquisição de bens destinados ao ativo permanente, serão acrescidas ao custo de aquisição.»

Art. 33. O art. 5º da Lei nº 9.826, de 23 de agosto de 1999, com a redação dada pela Lei nº 10.485, de 3 de julho de 2002, passa a vigorar com a seguinte redação:

"Art. 5º..

....

§ 6º O disposto neste artigo aplica-se, também, ao estabelecimento equiparado a industrial, de que trata o § 5º do art. 17 da Medida Provisória nº 2.189-49, de 23 de agosto de 2001."

Art. 34. Os arts. 1º e 3º da Lei nº 10.147, de 21 de dezembro de 2000, com a redação dada pela Lei nº 10.548, de 13 de novembro de 2002, passam a vigorar com a seguinte redação:

› Atualização: Art. 34 (Revogado pela LC 214/2025, com produção de efeitos a partir de 1º de janeiro de 2027)

"Art. 1º..

I – incidentes sobre a receita bruta decorrente da venda de:

a) produtos farmacêuticos classificados nas posições 30.01, 30.03, exceto no código 3003.90.56, 30.04, exceto no código 3004.90.46, nos itens 3002.10.1, 3002.10.2, 3002.10.3, 3002.20.1, 3002.20.2, 3006.30.1 e 3006.30.2 e nos códigos 3002.90.20, 3002.90.92, 3002.90.99, 3005.10.10, 3006.60.00: 2,1% (dois inteiros e um décimo por cento) e 9,9% (nove inteiros e nove décimos por cento);

b) produtos de perfumaria, de toucador ou de higiene pessoal, classificados nas posições 33.03 a 33.07 e nos códigos 3401.11.90, 3401.20.10 e 96.03.21.00: 2,2% (dois inteiros e dois décimos por cento) e 10,3% (dez inteiros e três décimos por cento);

...."

"Art. 3º..

....

§ 1º..

I – determinado mediante a aplicação das alíquotas estabelecidas na alínea *a* do inciso I do art. 1º desta Lei sobre a receita bruta decorrente da venda de medicamentos, sujeitas a prescrição médica e identificados por tarja vermelha ou preta, relacionados pelo Poder Executivo;

...."

Art. 35. O art. 3º da Lei nº 10.336, de 19 de dezembro de 2001, passa a vigorar com a seguinte redação:

"Art. 3º..

....

§ 3º A receita de comercialização dos gases propano, classificado no código 2711.12, butano, classificado no código 2711.13, todos da NCM, e a mistura desses gases, quando destinados à utilização como propelentes em embalagem tipo aerossol, não estão sujeitos à incidência da CIDE-Combustíveis até o limite quantitativo autorizado pela Agência Nacional do Petróleo e nas condições estabelecidas pela Secretaria da Receita Federal."

Art. 36. Os arts. 1º, 3º e 5º da Lei nº 10.485, de 3 de julho de 2002, passam a vigorar com a seguinte redação:

› Atualização: Art. 36 (Revogado pela LC 214/2025, com produção de efeitos a partir de 1º de janeiro de 2027)

"Art. 1º As pessoas jurídicas fabricantes e as importadoras de máquinas e veículos classificados nos códigos 84.29, 8432.40.00, 84.32.80.00, 8433.20, 8433.30.00, 8433.40.00, 8433.5, 87.01, 87.02, 87.03, 87.04, 87.05 e 87.06, da Tabela de Incidência do Imposto sobre Produtos Industrializados – TIPI, aprovada pelo Decreto nº 4.070, de 28 de dezembro de 2001, relativamente à receita bruta decorrente da venda desses produtos, ficam sujeitas ao pagamento da contribuição para os Programas de Integração Social e de Formação do Patrimônio do Servidor Público – PIS/PASEP e da Contribuição para o Financiamento da Seguridade Social – COFINS, às alíquotas de 2% (dois por cento) e 9,6% (nove inteiros e seis décimos por cento), respectivamente.

...."

"Art. 3º As pessoas jurídicas fabricantes e os importadores, relativamente às vendas dos produtos relacionados nos Anexos I e II desta Lei, ficam sujeitos à incidência da contribuição para o PIS/PASEP e da COFINS às alíquotas de:

I – 1,65% (um inteiro e sessenta e cinco centésimos por cento) e 7,6% (sete inteiros e seis décimos por cento), respectivamente, nas vendas para fabricante:

a) de veículos e máquinas relacionados no art. 1º desta Lei; ou

b) de autopeças constantes dos Anexos I e II desta Lei, quando destinadas à fabricação de produtos neles relacionados;

II – 2,3% (dois inteiros e três décimos por cento) e 10,8% (dez inteiros e oito décimos por cento), respectivamente, nas vendas para comerciante atacadista ou varejista ou para consumidores.

§ 1º Fica o Poder Executivo autorizado, mediante decreto, a alterar a relação de produtos discriminados nesta Lei, inclusive em decorrência de modificações na codificação da TIPI.

§ 2º Ficam reduzidas a 0% (zero por cento) as alíquotas da contribuição para o PIS/PASEP e da COFINS, relativamente à receita bruta auferida por comerciante atacadista ou varejista, com a venda dos produtos de que trata:

I – o *caput* deste artigo; e

II – o *caput* do art. 1º deste artigo, exceto quando auferida pelas pessoas jurídicas a que se refere o art. 17, § 5º, da Medida Provisória nº 2.189-49, de 23 de agosto de 2001.

§ 3º Os pagamentos efetuados pela pessoa jurídica fabricante dos produtos relacionados no art. 1º desta Lei a pessoa jurídica fornecedora de autopeças, exceto pneumáticos e câmaras-de-ar, estão sujeitos à retenção na fonte da contribuição para o PIS/PASEP e da COFINS.

§ 4º O valor a ser retido na forma do § 3º deste artigo constitui antecipação das contribuições devidas pelas pessoas jurídicas fornecedoras e será determinado mediante a aplicação, sobre a importância a pagar, do percentual de 0,5% (cinco décimos por cento) para a contribuição para o PIS/PASEP e 2,5% (dois inteiros e cinco décimos por cento) para a COFINS.

§ 5º Os valores retidos deverão ser recolhidos ao Tesouro Nacional até o 3º (terceiro) dia útil da semana subseqüente àquela em que tiver ocorrido o pagamento à pessoa jurídica fornecedora de autopeças.

§ 6º Na hipótese de a pessoa jurídica fabricante dos produtos relacionados no art. 1º desta Lei revender produtos constantes dos Anexos I e II desta Lei, serão aplicadas, sobre a receita auferida, as alíquotas previstas no inciso II do *caput* deste artigo."

"Art. 5º As pessoas jurídicas fabricantes e as importadoras dos produtos classificados nas posições 40.11 (pneus novos de borracha) e 40.13 (câmaras-de-ar de borracha), da TIPI, relativamente às vendas que fizerem, ficam sujeitas ao pagamento da contribuição para o PIS/PASEP e da COFINS às alíquotas de 2% (dois por cento) e 9,5% (nove inteiros e cinco décimos por cento), respectivamente.

...."

Art. 37. Os arts. 1º, 2º, 3º, 5º, 5ºA e 11 da Lei nº 10.637, de 30 de dezembro de 2002, passam a vigorar com a seguinte redação:

> Atualização: Art. 37(Revogado pela LC 214/2025, com produção de efeitos a partir de 1º de janeiro de 2027)

"Art. 1º..

....

§ 3º..

....

IV – de venda de álcool para fins carburantes;

...."

"Art. 2º..

§ 1º Excetua-se do disposto no *caput* a receita bruta auferida pelos produtores ou importadores, que devem aplicar as alíquotas previstas:

I – nos incisos I a III do art. 4º da Lei nº 9.718, de 27 de novembro de 1998, e alterações posteriores, no caso de venda de gasolinas, exceto gasolina de aviação, óleo diesel e gás liquefeito de petróleo (GLP) derivado de petróleo e gás natural;

II – no inciso I do art. 1º da Lei nº 10.147, de 21 de dezembro de 2000, e alterações posteriores, no caso de venda de produtos farmacêuticos, de perfumaria, de toucador ou de higiene pessoal nele relacionados;

III – no art. 1º da Lei nº 10.485, de 3 de julho de 2002, e alterações posteriores, no caso de venda de máquinas e veículos classificados nos códigos 84.29, 8432.40.00, 84.32.80.00, 8433.20, 8433.30.00, 8433.40.00, 8433.5, 87.01, 87.02, 87.03, 87.04, 87.05 e 87.06, da TIPI;

IV – no inciso II do art. 3º da Lei nº 10.485, de 3 de julho de 2002, no caso de vendas para comerciante atacadista ou varejista ou para consumidores, de autopeças relacionadas nos Anexos I e II da mesma Lei;

V – no *caput* do art. 5º da Lei nº 10.485, de 3 de julho de 2002, e alterações posteriores, no caso de venda dos produtos classificados nas posições 40.11 (pneus novos de borracha) e 40.13 (câmaras-de-ar de borracha), da TIPI;

VI – no art. 2º da Lei nº 10.560, de 13 de novembro de 2002, e alterações posteriores, no caso de venda de querosene de aviação;

VII – no art. 51 da Lei nº 10.833, de 29 de dezembro de 2003, e alterações posteriores, no caso de venda das embalagens nele previstas, destinadas ao envasamento de água, refrigerante e cerveja classificados nos códigos 22.01, 22.02 e 22.03, todos da TIPI; e

VIII – no art. 49 da Lei nº 10.833, de 29 de dezembro de 2003, e alterações posteriores, no caso de venda de refrigerante, cerveja e preparações compostas classificados nos códigos 2202, 2203 e 2106.90.10 Ex 02, todos da TIPI.

§ 2º Excetua-se do disposto no *caput* deste artigo a receita bruta decorrente da venda de papel imune a impostos de que trata o art. 150, inciso VI, alínea *d*, da Constituição Federal, quando destinado à impressão de periódicos, que fica sujeita à alíquota de 0,8% (oito décimos por cento).

§ 3º Fica o Poder Executivo autorizado a reduzir a 0 (zero) e a restabelecer a alíquota incidente sobre receita bruta decorrente da venda de produtos químicos e farmacêuticos, classificados nos Capítulos 29 e 30, sobre produtos destinados ao uso em laboratório de anatomia patológica, citológica ou de análises clínicas, classificados nas posições 30.02, 30.06, 39.26, 40.15 e 90.18, e sobre semens e embriões da posição 05.11, todos da TIPI."

"Art. 3º..

I – bens adquiridos para revenda, exceto em relação às mercadorias e aos produtos referidos:

a) nos incisos III e IV do § 3º do art. 1º desta Lei; e

b) no § 1º do art. 2º desta Lei;

II – bens e serviços, utilizados como insumo na prestação de serviços e na produção ou fabricação de bens ou produtos destinados à venda, inclusive combustíveis e lubrificantes, exceto em relação ao pagamento de que trata o art. 2º da Lei nº 10.485, de 3 de julho de 2002, devido pelo fabricante ou importador, ao concessionário, pela intermediação ou entrega dos veículos classificados nas posições 87.03 e 87.04 da TIPI;

....

V – valor das contraprestações de operações de arrendamento mercantil de pessoa jurídica, exceto de optante pelo Sistema Integrado de Pagamento de Impostos e Contribuições das Microempresas e das Empresas de Pequeno Porte – SIMPLES;

....

§ 1º O crédito será determinado mediante a aplicação da alíquota prevista no *caput* do art. 2º desta Lei sobre o valor:

....

§ 2º Não dará direito a crédito o valor:

I – de mão-de-obra paga a pessoa física; e

II – da aquisição de bens ou serviços não sujeitos ao pagamento da contribuição, inclusive no caso de isenção, esse último quando revendidos ou utilizados como insumo em produtos ou serviços sujeitos à alíquota 0 (zero), isentos ou não alcançados pela contribuição.

...."

"Art. 5º..

....

II – prestação de serviços para pessoa física ou jurídica residente ou domiciliada no exterior, cujo pagamento represente ingresso de divisas;

...."

"Art. 5º-A Ficam reduzidas a 0 (zero) as alíquotas da contribuição para o PIS/PASEP e da COFINS incidentes sobre as receitas decorrentes da comercialização de matérias-primas, produtos intermediários e materiais de embalagem, produzidos na Zona Franca de Manaus para emprego em processo de industrialização por estabelecimentos industriais ali instalados e consoante projetos aprovados pelo Conselho de Administração da Superintendência da Zona Franca de Manaus – SUFRAMA."

"Art. 11. ....

....

§ 2º O crédito presumido calculado segundo os §§ 1º e 7º será utilizado em 12 (doze) parcelas mensais, iguais e sucessivas, a partir da data a que se refere o *caput* deste artigo.

....

§ 5º O disposto neste artigo aplica-se, também, aos estoques de produtos que não geraram crédito na aquisição, em decorrência do disposto nos §§ 7º a 9º do art. 3º desta Lei, destinados à fabricação dos produtos de que tratam as Leis nºs 9.990, de 21 de julho de 2000, 10.147, 21 de dezembro de 2000, 10.485, de 3 de julho de 2002, e 10.560, de 13 de novembro de 2002, ou quaisquer outros submetidos à incidência monofásica da contribuição.

§ 6º As disposições do § 5º não se aplicam aos estoques de produtos adquiridos a alíquota 0 (zero), isentos ou não alcançados pela incidência da contribuição.

§ 7º O montante de crédito presumido de que trata o § 5º deste artigo será igual ao resultado da aplicação do percentual de 1,65% (um inteiro e sessenta e cinco centésimos por cento) sobre o valor do estoque, inclusive para as pessoas jurídicas fabricantes dos produtos referidos no parágrafo único do art. 56 da Lei nº 10.833, de 29 de dezembro de 2003.»

Art. 38. A incidência da contribuição para o PIS/PASEP e da COFINS fica suspensa no caso de venda a pessoa jurídica sediada no exterior, com contrato de entrega no território nacional, de insumos destinados à industrialização, por conta e ordem da encomendante sediada no exterior, de máquinas e veículos classificados nas posições 87.01 a 87.05 da TIPI.

› Atualização: Art. 38 (Revogado pela LC 214/2025, com produção de efeitos a partir de 1º de janeiro de 2027)

§ 1º Consideram-se insumos, para os fins deste artigo, os chassis, as carroçarias, as peças, as partes, os componentes e os acessórios.

§ 2º Na hipótese de os produtos resultantes da industrialização por encomenda serem destinados:

I – ao exterior, resolve-se a suspensão das referidas contribuições; ou

II – ao mercado interno, serão remetidos obrigatoriamente à pessoa jurídica a que se refere o § 5º do art. 17 da Medida Provisória nº 2.189-49, de 23 de agosto de 2001, por conta e ordem da pessoa jurídica domiciliada no exterior, com suspensão da contribuição para o PIS/PASEP e da COFINS.

§ 3º A utilização do benefício da suspensão de que trata este artigo obedecerá ao disposto no § 6º do art. 17 da Medida Provisória nº 2.189-49, de 23 de agosto de 2001.

Art. 39. As sociedades cooperativas que obedecerem ao disposto na legislação específica, relativamente aos atos cooperativos, ficam isentas da Contribuição Social sobre o Lucro Líquido – CSLL.

Parágrafo único. O disposto no *caput* deste artigo não se aplica às sociedades cooperativas de consumo de que trata o art. 69 da Lei nº 9.532, de 10 de dezembro de 1997.

Art. 40. A incidência da contribuição para o PIS/PASEP e da COFINS ficará suspensa no caso de venda de matérias-primas, produtos intermediários e materiais de embalagem destinados a pessoa jurídica preponderantemente exportadora. *("Caput" do artigo com redação dada pela Lei nº 10.925, de 23/7/2004)*

› Atualização: Art. 40 (Revogado pela LC 214/2025, com produção de efeitos a partir de 1º de janeiro de 2027)

§ 1º Para fins do disposto no *caput*, considera-se pessoa jurídica preponderantemente exportadora aquela cuja receita bruta decorrente de exportação para o exterior, no ano-calendário imediatamente anterior ao da aquisição, houver sido igual ou superior a 50% (cinquenta por cento) de sua receita bruta total de venda de bens e serviços no mesmo período, após excluídos os impostos e contribuições incidentes sobre a venda. *(Parágrafo com redação dada pela Medida Provisória nº 563, de 3/4/2012, convertida na Lei nº 12.715, de 17/9/2012)*

§ 2º Nas notas fiscais relativas à venda de que trata o *caput* deste artigo, deverá constar a expressão "Saída com suspensão da contribuição para o PIS/PASEP e da COFINS", com a especificação do dispositivo legal correspondente.

§ 3º A suspensão das contribuições não impede a manutenção e a utilização dos créditos pelo respectivo estabelecimento industrial, fabricante das referidas matérias-primas, produtos intermediários e materiais de embalagem.

§ 4º Para os fins do disposto neste artigo, as empresas adquirentes deverão:

I – atender aos termos e às condições estabelecidos pela Secretaria da Receita Federal; e

II – declarar ao vendedor, de forma expressa e sob as penas da lei, que atende a todos os requisitos estabelecidos.

§ 5º A pessoa jurídica que, após adquirir matérias-primas, produtos intermediários e materiais de embalagem com o benefício da suspensão de que trata este artigo, der-lhes destinação diversa de exportação, fica obrigada a recolher as contribuições não pagas pelo fornecedor, acrescidas de juros e multa de mora, ou de ofício, conforme o caso, contados a partir da data da aquisição. *(Parágrafo acrescido pela Lei nº 11.051, de 29/12/2004)*

§ 6º As disposições deste artigo aplicam-se à Contribuição para o PIS/Pasep-Importação e à Cofins-Importação incidentes sobre os produtos de que trata o *caput* deste artigo. *(Parágrafo acrescido pela Lei nº 11.482, de 31/5/2007)*

§ 6º-A A suspensão de que trata este artigo alcança as receitas de frete, bem como as receitas auferidas pelo operador de transporte multimodal, relativas a frete contratado pela pessoa jurídica preponderantemente exportadora no mercado interno para o transporte dentro do território nacional de: *(Parágrafo acrescido pela Lei nº 11.488, de 15/6/2007 e "caput" com nova redação dada pela Lei nº 11.774, de 17/9/2008)*

I – matérias-primas, produtos intermediários e materiais de embalagem adquiridos na forma deste artigo; e *(Inciso acrescido pela Lei nº 11.488, de 15/6/2007)*

II – produtos destinados à exportação pela pessoa jurídica preponderantemente exportadora. *(Inciso acrescido pela Lei nº 11.488, de 15/6/2007)*

§ 7º Para fins do disposto no inciso II do § 6º-A deste artigo, o frete deverá referir-se ao transporte dos produtos até o ponto de saída do território nacional. *(Parágrafo acrescido pela Lei nº 11.488, de 15/6/2007)*

§ 8º O disposto no inciso II do § 6º-A deste artigo aplica-se também na hipótese de vendas a empresa comercial exportadora, com fim específico de exportação. *(Parágrafo acrescido pela Lei nº 11.488, de 15/6/2007)*

§ 9º Deverá constar da nota fiscal a indicação de que o produto transportado destina-se à exportação ou à formação de lote com a finalidade de exportação, condição a ser comprovada mediante o Registro de Exportação – RE. *(Parágrafo acrescido pela Lei nº 11.488, de 15/6/2007)*

§ 10. *(Parágrafo acrescido pela Lei nº 11.529, de 22/10/2007, e revogado pela Medida Provisória nº 564, de 3/4/2012, convertida na Lei nº 12.712, de 30/8/2012)*

Art. 40-A. A suspensão de incidência da Contribuição para o PIS/Pasep e da Cofins de que trata o art. 40 desta Lei aplica-se também à venda de matérias-primas, produtos intermediários e materiais de embalagem destinados a pessoa jurídica fabricante dos produtos referidos no inciso XI do *caput* do art. 28 desta Lei, quando destinados a órgãos e entidades da administração pública direta.

› Atualização: Art. 40-A (Revogado pela LC 214/2025, com produção de efeitos a partir de 1º de janeiro de 2027)

§ 1º A pessoa jurídica que, após adquirir matérias-primas, produtos intermediários e materiais de embalagem com o benefício da suspensão de que trata este artigo, lhes der destinação diversa de venda a órgãos e entidades da administração pública direta fica obrigada a recolher as contribuições não pagas, acrescidas de juros e multa de mora ou de ofício, conforme o caso, contados a partir da data da aquisição.

§ 2º Da nota fiscal constará a indicação de que o produto transportado destina-se à venda a órgãos e entidades da administração pública direta, no caso de produtos referidos no inciso XI do *caput* do art. 28 desta Lei.

§ 3º Aplicam-se ainda ao disposto neste artigo os §§ 3º, 4º e 6º do art. 40 desta Lei. *(Artigo acrescido pela Lei nº 11.727, de 23/6/2008)*

Art. 41. Ficam incluídos no campo de incidência do Imposto sobre Produtos Industrializados – IPI, tributados à alíquota de 30% (trinta por cento), os produtos relacionados na subposição 2401.20 da TIPI. *("Caput" do artigo com redação dada pela Lei nº 11.452, de 27/2/2007)*

§ 1º A incidência do imposto independe da forma de apresentação, acondicionamento, estado ou peso do produto. *(Parágrafo com redação dada pela Lei nº 11.452, de 27/2/2007)*

§ 2º *(Revogado pela Lei nº 11.452, de 27/2/2007)*

§ 3º *(Revogado pela Lei nº 11.452, de 27/2/2007)*

Art. 42. Opcionalmente, as pessoas jurídicas tributadas pelo lucro real que aufiram receitas de venda dos produtos de que tratam os §§ 1º a 3º e 5º a 9º do art. 8º desta Lei poderão adotar, antecipadamente, o regime de incidência não-cumulativa da contribuição para o PIS/PASEP e da COFINS.

› Atualização: Art. 42 (Revogado pela LC 214/2025, com produção de efeitos a partir de 1º de janeiro de 2027)

§ 1º A opção será exercida até o dia 31 de maio de 2004, de acordo com as normas e condições estabelecidas pela Secretaria da Receita Federal, produzindo efeitos em relação aos fatos geradores ocorridos a partir do dia 1º de maio de 2004.

§ 2º Não se aplicam as disposições dos arts. 45 e 46 desta Lei às pessoas jurídicas que efetuarem a opção na forma do *caput* deste artigo. *(Parágrafo com redação dada pela Lei nº 10.925, de 23/7/2004)*

Art. 43. *(Revogado pela Lei nº 10.999, de 15/12/2004)*

Art. 44. Fica revogado o § 4º do art. 1º da Lei nº 10.147, de 21 de dezembro de 2000, alterado pela Lei nº 10.548, de 13 de novembro de 2002.

§ 1º Os efeitos da revogação de que trata o *caput* dar-se-ão a partir do 4º (quarto) mês subseqüente ao de publicação desta Lei.

§ 2º (VETADO).

Art. 45. Produzem efeitos a partir do primeiro dia do 4º (quarto) mês subseqüente ao de publicação desta Lei, quanto às alterações efetuadas em relação à Medida Provisória nº 164, de 29 de janeiro de 2004, as disposições constantes desta Lei:

I – nos §§ 1º a 3º, 5º, 8º e 9º do art. 8º;

II – no art. 16;

III – no art. 17; e

IV – no art. 22.

Parágrafo único. As disposições de que tratam os incisos I a IV do *caput* deste artigo, na redação original da Medida Provisória nº 164, de 29 de janeiro de 2004, produzem efeitos a partir de 1º de maio de 2004.

Art. 46. Produz efeitos a partir do 1º (primeiro) dia do 4º (quarto) mês subseqüente ao de publicação desta Lei o disposto:

I – nos arts. 1º, 12, 50 e art. 51, incisos II e IV, da Lei nº 10.833, de 29 de dezembro de 2003, com a redação dada pelo art. 21 desta Lei;

II – nos arts. 1º e 3º da Lei nº 10.147, de 21 de dezembro de 2000, com a redação dada pelo art. 34 desta Lei;

III – nos arts. 1º, 3º e 5º da Lei nº 10.485, de 3 de julho de 2002, com a redação dada pelo art. 36 desta Lei, observado o disposto no art. 47; e

IV – nos arts. 1º, 2º, 3º e 11 da Lei nº 10.637, de 30 de dezembro de 2002, com a redação dada pelo art. 37 desta Lei.

Art. 47. O disposto nos §§ 3º a 5º do art. 3º da Lei nº 10.485, de 3 de julho de 2002, com a redação dada por esta Lei, produz efeitos a partir do 1º (primeiro) dia do 3º (terceiro) mês subseqüente ao de publicação desta Lei.

Art. 48. Produz efeitos a partir de 1º de janeiro de 2005 o disposto no art. 39 desta Lei.

Art. 49. Os arts. 55 a 58 da Lei nº 10.833, de 29 de dezembro de 2003, produzem efeitos a partir de 1º de fevereiro de 2004, relativamente à hipótese de que trata o seu art. 52.

Art. 50. Os arts. 49 e 51 da Lei nº 10.833, de 29 de dezembro de 2003, em relação às alterações introduzidas pelo art. 21 desta Lei, produzem efeitos a partir de 1º de maio de 2004.

Art. 51. O disposto no art. 53 da Lei nº 10.833, de 29 de dezembro de 2003, com a alteração introduzida pelo art. 21 desta Lei, produz efeito a partir de 29 de janeiro de 2004.

Art. 52. Excepcionalmente para o ano-calendário de 2004, a opção pelo regime especial de que trata o art. 52 da Lei nº 10.833, de 29 de dezembro de 2003, poderá ser exercida até o último dia útil do mês subseqüente ao da publicação desta Lei, produzindo efeitos, de forma irretratável, a partir do mês subseqüente ao da opção, até 31 de dezembro de 2004.

Art. 53. Esta Lei entra em vigor na data de sua publicação, produzindo efeitos a partir do dia 1o de maio de 2004, ressalvadas as disposições contidas nos artigos anteriores.

Brasília, 30 de abril de 2004; 183º da Independência e 116º da República.

LUIZ INÁCIO LULA DA SILVA

Antonio Palocci Filho

LEI Nº 11.053, DE 29 DE DEZEMBRO DE 2004

Dispõe sobre a tributação dos planos de benefícios de caráter previdenciário e dá outras providências.

Art. 1º. É facultada aos participantes que ingressarem a partir de 1º de janeiro de 2005 em planos de benefícios de caráter previdenciário, estruturados nas modalidades de contribuição definida ou contribuição variável, das entidades de previdência complementar e das sociedades seguradoras, a opção por regime de tributação no qual os valores pagos aos próprios participantes ou aos assistidos, a título de benefícios ou resgates de valores acumulados, sujeitam-se à incidência de imposto de renda na fonte às seguintes alíquotas:

› Lei nº 11.196, de 21-11-2005, art. 95, que institui o Regime Especial de Tributação para a Plataforma de Exportação de Serviços de Tecnologia da Informação – REPES, o Regime Especial de Aquisição de Bens de Capital para Empresas Exportadoras – RECAP e o Programa de Inclusão Digital; dispõe sobre incentivos fiscais para a inovação tecnológica.

I – 35% (trinta e cinco por cento), para recursos com prazo de acumulação inferior ou igual a 2 (dois) anos;

II – 30% (trinta por cento), para recursos com prazo de acumulação superior a 2 (dois) anos e inferior ou igual a 4 (quatro) anos;

III – 25% (vinte e cinco por cento), para recursos com prazo de acumulação superior a 4 (quatro) anos e inferior ou igual a 6 (seis) anos;

IV – 20% (vinte por cento), para recursos com prazo de acumulação superior a 6 (seis) anos e inferior ou igual a 8 (oito) anos;

V – 15% (quinze por cento), para recursos com prazo de acumulação superior a 8 (oito) anos e inferior ou igual a 10 (dez) anos; e

VI – 10% (dez por cento), para recursos com prazo de acumulação superior a 10 (dez) anos.

§ 1º. O disposto neste artigo aplica-se:

I – aos quotistas que ingressarem em Fundo de Aposentadoria Programada Individual – FAPI a partir de 1º de janeiro de 2005;

II – aos segurados que ingressarem a partir de 1º de janeiro de 2005 em planos de seguro de vida com cláusula de cobertura por sobrevivência em relação aos rendimentos recebidos a qualquer título pelo beneficiário.

§ 2º. O imposto de renda retido na fonte de que trata o *caput* deste artigo será definitivo.

§ 3º. Para fins do disposto neste artigo, prazo de acumulação é o tempo decorrido entre o aporte de recursos no plano de benefícios mantido por entidade de previdência complementar, por sociedade seguradora ou em FAPI e o pagamento relativo ao resgate ou ao benefício, calculado na forma a ser disciplinada em ato conjunto da Secretaria da Receita Federal e do respectivo órgão fiscalizador das entidades de previdência complementar, sociedades seguradoras e FAPI, considerando-se o tempo de permanência, a forma e o prazo de recebimento e os valores aportados.

§ 4º. Nos casos de portabilidade de recursos e de transferência de participantes e respectivas reservas entre planos de benefícios de que trata o *caput* deste artigo, o prazo de acumulação do participante que, no plano originário, tenha optado pelo regime de tributação previsto neste artigo será computado no plano receptor.

§ 5º. As opções de que tratam o *caput* e o § 1º deste artigo serão exercidas pelos participantes e comunicadas pelas entidades de previdência complementar, sociedades seguradoras e pelos administradores de FAPI à Secretaria da Receita Federal na forma por ela disciplinada.

§ 6º A opção de que trata o caput deste artigo poderá ser exercida até o momento da obtenção do benefício ou da requisição do primeiro resgate referente aos valores acumulados em planos de benefícios operados por entidade de previdência complementar ou por sociedade seguradora ou em Fapi e será irretratável. (Redação dada pela Lei 14.803/2024)

§ 7º (Revogado pela Lei 14.803/2024)

§ 8º Caso os participantes não tenham exercido a opção pelo novo regime tributário de que trata este artigo, poderão os assistidos, os beneficiários ou seus representantes legais fazê-lo, desde que atendidos os requisitos necessários para a obtenção do benefício ou do resgate. (Acrescido pela Lei 14.803/2024)

Art. 2º. É facultada aos participantes que ingressarem até 1º de janeiro de 2005 em planos de benefícios de caráter previdenciário estruturados nas modalidades de contribuição definida ou contribuição variável, a opção pelo regime de tributação de que trata o art. 1º desta Lei.

§ 1º. O disposto neste artigo aplica-se:

I – aos quotistas de Fundo de Aposentadoria Programada Individual – FAPI que ingressarem até 1º de janeiro de 2005; e

II – aos segurados que ingressarem até 1º de janeiro de 2005 em planos de seguro de vida com cláusula de cobertura por sobrevivência em relação aos rendimentos recebidos a qualquer título pelo beneficiário.

§ 2º (Revogado pela Lei 14.803/2024)

§ 3º. Os prazos de acumulação mencionados nos incisos I a VI do art. 1º desta Lei serão contados a partir:

I – de 1º de janeiro de 2005, no caso de aportes de recursos realizados até 31 de dezembro de 2004; e

II – da data do aporte, no caso de aportes de recursos realizados a partir de 1º de janeiro de 2005.

§ 4º. Aplica-se às opções realizadas na forma deste artigo o disposto nos §§ 2º a 6º do art. 1º desta Lei.

§ 5º. Os valores pagos aos próprios participantes ou aos assistidos, a título de benefícios ou resgates de valores acumulados, antes da formalização da opção referida no § 2º deste artigo, sujeitam-se à incidência de imposto de renda com base na legislação vigente antes da edição desta Lei.

Art. 3º. A partir de 1º de janeiro de 2005, os resgates, parciais ou totais, de recursos acumulados relativos a participantes dos planos mencionados no art. 1º desta Lei que não tenham efetuado a opção nele mencionada sujeitam-se à incidência de imposto de renda na fonte à alíquota de 15% (quinze por cento), como antecipação do devido na declaração de ajuste da pessoa física, calculado sobre:

I – os valores de resgate, no caso de planos de previdência, inclusive FAPI;

II – os rendimentos, no caso de seguro de vida com cláusula de cobertura por sobrevivência.

Parágrafo único. O disposto neste artigo não se aplica na hipótese de opção pelo regime de tributação previsto nos arts. 1º e 2º desta Lei.

Art. 4º. A partir de 1º de janeiro de 2005, a dedução das contribuições da pessoa jurídica para seguro de vida com cláusula de cobertura por sobrevivência fica condicionada, cumulativamente:

I – ao limite de que trata o § 2º do art. 11 da Lei nº 9.532, de 10 de dezembro de 1997, com a redação dada pela Lei nº 10.887, de 18 de junho de 2004; e

II – a que o seguro seja oferecido indistintamente aos empregados e dirigentes.

Art. 5º. A partir de 1º de janeiro de 2005, ficam dispensados a retenção na fonte e o pagamento em separado do imposto de renda sobre os rendimentos e ganhos auferidos nas aplicações de recursos das provisões, reservas técnicas e fundos de planos de benefícios de entidade de previdência complementar, sociedade seguradora e FAPI, bem como de seguro de vida com cláusula de cobertura por sobrevivência.

Parágrafo único. Aplica-se o disposto no *caput* deste artigo aos fundos administrativos constituídos pelas entidades fechadas de previdência complementar e às provisões, reservas técnicas e fundos dos planos assistenciais de que trata o art. 76 da Lei Complementar nº 109, de 29 de maio de 2001. (Incluído pela Lei nº 11.196, de 2005)

- Lei nº 11.196, de 21-11-2005, art. 132, I, a, que institui o Regime Especial de Tributação para a Plataforma de Exportação de Serviços de Tecnologia da Informação – REPES, o Regime Especial de Aquisição de Bens de Capital para Empresas Exportadoras – RECAP e o Programa de Inclusão Digital; dispõe sobre incentivos fiscais para a inovação tecnológica.

Art. 6º. Os fundos de investimento cuja carteira de títulos tenha prazo médio igual ou inferior a 365 (trezentos e sessenta e cinco) dias sujeitam-se à incidência do imposto de renda na fonte, por ocasião do resgate, na forma do disposto neste artigo.

§ 1º. A carteira de títulos a que se refere o *caput* deste artigo é composta por títulos privados ou públicos federais, prefixados ou indexados à taxa de juros, a índices de preço ou à variação cambial, ou por operações compromissadas lastreadas nos referidos títulos públicos federais e por outros títulos e operações com características assemelhadas, nos termos a serem regulamentados pelo Ministro de Estado da Fazenda.

§ 2º. Os rendimentos referidos no art. 1º da Medida Provisória nº 206, de 6 de agosto de 2004, quando auferidos em aplicações nos fundos de investimento referidos no *caput* deste artigo, sujeitam-se ao imposto sobre a renda na fonte, por ocasião do resgate, às seguintes alíquotas:

I – 22,5% (vinte e dois inteiros e cinco décimos por cento), em aplicações com prazo de até 6 (seis) meses;

II – 20% (vinte por cento), em aplicações com prazo acima de 6 (seis) meses.

§ 3º. Em relação aos fundos de que trata o *caput* deste artigo, sobre os rendimentos tributados semestralmente com base no art. 3º da Lei nº 10.892, de 13 de julho de 2004, incidirá a alíquota de 20% (vinte por cento) e no resgate das quotas será aplicada alíquota complementar àquela prevista no inciso I do § 2º deste artigo, se o resgate ocorrer no prazo de até 6 (seis) meses.

§ 4º. No caso de aplicações existentes em 31 de dezembro de 2004, em relação aos rendimentos produzidos em 2005, os prazos a que se referem os incisos I e II do § 2º deste artigo serão contados a partir:

I – de 1º de julho de 2004, no caso de aplicação efetuada até a data da publicação desta Lei; e

II – da data da aplicação, no caso de aplicação efetuada após a data da publicação desta Lei.

§ 5º. É sujeito à tributação na forma deste artigo o fundo de investimento a que se refere o art. 1º da Medida Provisória nº 206, de 2004, se ele tiver sua carteira constituída por títulos com prazo médio igual ou inferior a 365 (trezentos e sessenta e cinco) dias.

§ 6º. Não se aplica o disposto no § 5º deste artigo se, a cada ano-calendário, a carteira do fundo de investimento for constituída por títulos com prazo médio igual ou inferior a 365 (trezentos e sessenta e cinco) dias por até 3 (três) períodos e o total dos dias dos períodos for igual ou inferior a 45 (quarenta e cinco) dias.

§ 7º. Na hipótese mencionada no § 5º deste artigo, o quotista terá seus rendimentos tributados na forma prevista no art. 1º da Medida Provisória nº 206, de 2004, até o dia imediatamente anterior ao da alteração de condição, sujeitando-se os rendimentos auferidos a partir de então à tributação prevista no § 2º deste artigo.

§ 8º. O disposto neste artigo não se aplica aos fundos e clubes de investimento em ação, aos quais se aplicam as disposições específicas da Medida Provisória nº 206, de 2004.

§ 9º. A Secretaria da Receita Federal regulamentará a periodicidade e a metodologia de cálculo do prazo médio a que se refere este artigo.

Art. 7º. São mantidas todas as demais regras que disciplinam a incidência do imposto de renda nas hipóteses dos fatos geradores previstos nesta Lei, inclusive as relativas aos limites e às condições para as deduções da base de cálculo do imposto, das contribuições feitas por pessoa física ou jurídica, bem como a isenção a que se refere o *caput* do art. 6º do Decreto-Lei nº 2.065, de 26 de outubro de 1983.

Art. 8º. Esta Lei entra em vigor na data de sua publicação, produzindo efeitos a partir de 1º de janeiro de 2005.

Art. 9º. São revogados, a partir de 1º de janeiro de 2005, a Medida Provisória nº 2.222, de 4 de setembro de 2001, o art. 4º da Lei nº 10.426, de 24 de abril de 2002, e a Lei nº 10.431, de 24 de abril de 2002.

Brasília, 29 de dezembro de 2004;
183º da Independência e
116º da República.
LUIZ INÁCIO LULA DA SILVA
Publicado no DOU de 30.12.2004

LEI COMPLEMENTAR Nº 123, DE 14 DE DEZEMBRO DE 2006

- (Republicação em atendimento ao disposto no art. 5º da Lei Complementar nº 139, de 10 de novembro de 2011.).

Institui o Estatuto Nacional da Microempresa e da Empresa de Pequeno Porte; altera dispositivos das Leis nº 8.212 e 8.213, ambas de 24 de julho de 1991, da Consolidação das Leis do Trabalho – CLT, aprovada pelo Decreto-Lei nº 5.452, de 1º de maio de 1943, da Lei nº 10.189, de 14 de fevereiro de 2001, da Lei Complementar nº 63, de 11 de janeiro de 1990; e revoga as Leis nº 9.317, de 5 de dezembro de 1996, e 9.841, de 5 de outubro de 1999.

O PRESIDENTE DA REPÚBLICA

Faço saber que o Congresso Nacional decreta e eu sanciono a seguinte Lei Complementar:

CAPÍTULO I. DISPOSIÇÕES PRELIMINARES

Art. 1º. Esta Lei Complementar estabelece normas gerais relativas ao tratamento diferenciado e favorecido a ser dispensado às microempresas e empresas de pequeno porte no âmbito dos Poderes da União, dos Estados, do Distrito Federal e dos Municípios, especialmente no que se refere:

- CF: art. 179.

I – à apuração e recolhimento dos impostos e contribuições da União, dos Estados, do Distrito Federal e dos Municípios, mediante regime único de arrecadação, inclusive obrigações acessórias;

II – ao cumprimento de obrigações trabalhistas e previdenciárias, inclusive obrigações acessórias;

III – ao acesso a crédito e ao mercado, inclusive quanto à preferência nas aquisições de bens e serviços pelos Poderes Públicos, à tecnologia, ao associativismo e às regras de inclusão.

IV - ao cadastro nacional único de contribuintes a que se refere o inciso IV do § 1º do art. 146 da Constituição Federal. (Redação dada pela LC 214/2025)

§ 1º. Cabe ao Comitê Gestor do Simples Nacional (CGSN) apreciar a necessidade de revisão, a partir de 1º de janeiro de 2015, dos valores expressos em moeda nesta Lei Complementar.

§ 2º. Vetado.

§ 3º. Ressalvado o disposto no Capítulo IV, toda nova obrigação que atinja as microempresas e empresas de pequeno porte deverá apresentar, no instrumento que a instituiu, especificação do tratamento diferenciado, simplificado e favorecido para cumprimento. (Incluído pela Lei Complementar nº 147, de 2014)

§ 4º. Na especificação do tratamento diferenciado, simplificado e favorecido de que trata o § 3º, deverá constar prazo máximo, quando forem necessários procedimentos adicionais, para que os órgãos fiscalizadores cumpram as medidas necessárias à emissão de documentos, realização de vistorias e atendimento das demandas realizadas pelas microempresas e empresas de pequeno porte com o objetivo de cumprir a nova obrigação. (Incluído pela Lei Complementar nº 147, de 2014)

§ 5º. Caso o órgão fiscalizador descumpra os prazos estabelecidos na especificação do tratamento diferenciado e favorecido, conforme o disposto no § 4º, a nova obrigação será inexigível até que seja realizada visita para fiscalização orientadora e seja reiniciado o prazo para regularização. (Incluído pela Lei Complementar nº 147, de 2014)

§ 6º. A ausência de especificação do tratamento diferenciado, simplificado e favorecido ou da determinação de prazos máximos, de acordo com os §§ 3º e 4º, tornará a nova obrigação inexigível para as microempresas e empresas de pequeno porte. (Incluído pela Lei Complementar nº 147, de 2014)

§ 7º. A inobservância do disposto nos §§ 3º a 6º resultará em atentado aos direitos e garantias legais assegurados ao exercício profissional da atividade empresarial. (Incluído pela Lei Complementar nº 147, de 2014)

Art. 2º. O tratamento diferenciado e favorecido a ser dispensado às microempresas e empresas de pequeno porte de que trata o art. 1º desta Lei Complementar será gerido pelas instâncias a seguir especificadas:

I - Comitê Gestor do Simples Nacional, vinculado ao Ministério da Fazenda, composto de 4 (quatro) representantes da União, 2 (dois) dos Estados e do Distrito Federal, 2 (dois) dos Municípios, 1 (um) do Serviço Brasileiro de Apoio às Micro e Pequenas Empresas (Sebrae) e 1 (um) das confederações nacionais de representação do segmento de microempresas e empresas de pequeno porte referidas no art. 11 da Lei Complementar nº 147, de 7 de agosto de 2014, para tratar dos aspectos tributários; (Redação dada pela LC 214/2025)

II – Fórum Permanente das Microempresas e Empresas de Pequeno Porte, com a participação dos órgãos federais competentes e das entidades vinculadas ao setor, para tratar dos demais aspectos, ressalvado o disposto no inciso III do *caput* deste artigo;

III - Comitê para Integração das Administrações Tributárias e Gestão da Rede Nacional para Simplificação do Registro e da Legalização de Empresas e Negócios - CGSIM, vinculado ao Ministério da Fazenda, composto por representantes da União, Estados, Municípios e Distrito Federal e demais órgãos de apoio e de registro, na forma definida pelo Poder Executivo, para tratar dos atos cadastrais tributários e do processo de registro e de legalização de empresários e de pessoas jurídicas. (Redação dada pela LC 214/2025)

- CC: art. 968, § 4º.

§ 1º. Os Comitês de que tratam os incisos I e III do *caput* deste artigo serão presididos e coordenados por representantes da União.

§ 2º. Os representantes dos Estados e do Distrito Federal nos Comitês referidos nos incisos I e III do *caput* deste artigo serão indicados pelo Conselho Nacional de Política Fazendária – Confaz e os dos Municípios serão indicados, um pela entidade representativa das Secretarias de Finanças das Capitais e outro pelas entidades de representação nacional dos Municípios brasileiros.

§ 3º. As entidades de representação referidas no inciso III do *caput* e no § 2º deste artigo serão aquelas regularmente constituídas há pelo menos 1 (um) ano antes da publicação desta Lei Complementar.

§ 4º Os comitês de que tratam os incisos I e III do caput deste artigo elaborarão seus regimentos internos mediante resolução, observado, quanto ao CGSN, o disposto nos §§ 4º-A e 4º-B deste artigo. (Redação dada pela LC 188/2021)

§ 4º-A. O quórum mínimo para a realização das reuniões do CGSN será de 3/4 (três quartos) dos membros, dos quais um deles será necessariamente o Presidente ou seu substituto. (Redação dada pela LC 214/2025)

§ 4º-B. As deliberações do CGSN serão tomadas por 3/4 (três quartos) dos componentes presentes às reuniões, presenciais ou virtuais, ressalvadas as decisões que determinem a exclusão de ocupações autorizadas a atuar na qualidade de Microempreendedor Individual (MEI), quando a deliberação deverá ser unânime. (Acrescido pela LC 188/2021)

§ 5º. O Fórum referido no inciso II do *caput* deste artigo tem por finalidade orientar e assessorar a formulação e coordenação da política nacional de desenvolvimento das microempresas e empresas de pequeno porte, bem como acompanhar e avaliar a sua implantação, sendo presidido e coordenado pela Secretaria da Micro e Pequena Empresa da Presidência da República. (Redação dada pela Lei nº 12.792, de 2013)

§ 6º. Ao Comitê de que trata o inciso I do *caput* deste artigo compete regulamentar a opção, exclusão, tributação, fiscalização, arrecadação, cobrança, dívida ativa, recolhimento e demais itens relativos ao regime de que trata o art. 12 desta Lei Complementar, observadas as demais disposições desta Lei Complementar.

§ 7º. Ao Comitê de que trata o inciso III do *caput* deste artigo compete, na forma da lei, regulamentar a inscrição, cadastro, abertura, alvará, arquivamento, licenças, permissão, autorização, registros e demais itens relativos à abertura, legalização e funcionamento de empresários e de pessoas jurídicas de qualquer porte, atividade econômica ou composição societária.

§ 8º Os membros do CGSN e do CGSIM serão designados pelo Ministro de Estado da

Fazenda, mediante indicação dos órgãos e entidades vinculados. (Redação dada pela LC 214/2025)

§ 8º-A. Dos membros da União que compõem o CGSN, 3 (três) serão representantes da Secretaria Especial da Receita Federal do Brasil e 1 (um) do Ministério do Empreendedorismo, da Microempresa e da Empresa de Pequeno Porte ou do órgão que vier a substituí-lo. (Redação dada pela LC 214/2025)

§ 8º-B. A vaga das confederações nacionais de representação do segmento de microempresas e empresas de pequeno porte no comitê de que trata o inciso I do caput deste artigo será ocupada em regime de rodízio anual entre as confederações. (Acrescido pela LC 188/2021)

§ 9º. O CGSN poderá determinar, com relação à microempresa e à empresa de pequeno porte optante pelo Simples Nacional, a forma, a periodicidade e o prazo: (Incluído pela Lei Complementar nº 147, de 2014)

I – de entrega à Secretaria da Receita Federal do Brasil – RFB de uma única declaração com dados relacionados a fatos geradores, base de cálculo e valores da contribuição para a Seguridade Social devida sobre a remuneração do trabalho, inclusive a descontada dos trabalhadores a serviço da empresa, do Fundo de Garantia do Tempo de Serviço – FGTS e outras informações de interesse do Ministério do Trabalho e Emprego – MTE, do Instituto Nacional do Seguro Social – INSS e do Conselho Curador do FGTS, observado o disposto no § 7º deste artigo; e (Incluído pela Lei Complementar nº 147, de 2014)

II – do recolhimento das contribuições descritas no inciso I e do FGTS. (Incluído pela Lei Complementar nº 147, de 2014)

§ 10. O recolhimento de que trata o inciso II do § 9º deste artigo poderá se dar de forma unificada relativamente aos tributos apurados na forma do Simples Nacional. (Incluído pela Lei Complementar nº 147, de 2014)

§ 11. A entrega da declaração de que trata o inciso I do § 9º substituirá, na forma regulamentada pelo CGSN, a obrigatoriedade de entrega de todas as informações, formulários e declarações a que estão sujeitas as demais empresas ou equiparados que contratam trabalhadores, inclusive relativamente ao recolhimento do FGTS, à Relação Anual de Informações Sociais e ao Cadastro Geral de Empregados e Desempregados. (Incluído pela Lei Complementar nº 147, de 2014)

§ 12. Na hipótese de recolhimento do FGTS na forma do inciso II do § 9º deste artigo, deve-se assegurar a transferência dos recursos e dos elementos identificadores do recolhimento ao gestor desse fundo para crédito na conta vinculada do trabalhador. (Incluído pela Lei Complementar nº 147, de 2014)

§ 13. O documento de que trata o inciso I do § 9º tem caráter declaratório, constituindo instrumento hábil e suficiente para a exigência dos tributos, contribuições e dos débitos fundiários que não tenham sido recolhidos resultantes das informações nele prestadas. (Incluído pela Lei Complementar nº 147, de 2014)

CAPÍTULO II.
DA DEFINIÇÃO DE MICROEMPRESA E DE EMPRESA DE PEQUENO PORTE

Art. 3º. Para os efeitos desta Lei Complementar, consideram-se microempresas ou empresas de pequeno porte a sociedade empresária, a sociedade simples, a empresa individual de responsabilidade limitada e o empresário a que se refere o art. 966 da Lei nº 10.406, de 10 de janeiro de 2002 (Código Civil), devidamente registrados no Registro de Empresas Mercantis ou no Registro Civil de Pessoas Jurídicas, conforme o caso, desde que:

- CC: arts. 967 e 998.
- Esta lei: art. 16, § 1º.

I – no caso da microempresa, aufira, em cada ano-calendário, receita bruta igual ou inferior a R$ 360.000,00 (trezentos e sessenta mil reais); e

II – no caso de empresa de pequeno porte, aufira, em cada ano-calendário, receita bruta superior a R$ 360.000,00 (trezentos e sessenta mil reais) e igual ou inferior a R$ 4.800.000,00 (quatro milhões e oitocentos mil reais). (Redação dada pela Lei Complementar nº 155, de 2016)

§ 1º Considera-se receita bruta, para fins do disposto no caput, o produto da venda de bens e serviços nas operações de conta própria, o preço dos serviços prestados, o resultado nas operações em conta alheia e as demais receitas da atividade ou objeto principal das microempresas ou das empresas de pequeno porte, não incluídas as vendas canceladas e os descontos incondicionais concedidos. (Redação dada pela LC 214/2025)

- Atualização: § 1º-A. A receita bruta de que trata o § 1º também compreende as receitas com operações com bens materiais ou imateriais, inclusive direitos, ou com serviços. (Acrescido pela LC 214/2025, com produção de efeitos a partir de 1º de janeiro de 2027)

§ 2º. No caso de início de atividade no próprio ano-calendário, o limite a que se refere o *caput* deste artigo será proporcional ao número de meses em que a microempresa ou a empresa de pequeno porte houver exercido atividade, inclusive as frações de meses.

§ 3º. O enquadramento do empresário ou da sociedade simples ou empresária como microempresa ou empresa de pequeno porte bem como o seu desenquadramento não implicarão alteração, denúncia ou qualquer restrição em relação a contratos por elas anteriormente firmados.

§ 4º. Não poderá se beneficiar do tratamento jurídico diferenciado previsto nesta Lei Complementar, incluído o regime de que trata o art. 12 desta Lei Complementar, para nenhum efeito legal, a pessoa jurídica:

I – de cujo capital participe outra pessoa jurídica;

II – que seja filial, sucursal, agência ou representação, no País, de pessoa jurídica com sede no exterior;

III – de cujo capital participe pessoa física que seja inscrita como empresário ou seja sócia de outra empresa que receba tratamento jurídico diferenciado nos termos desta Lei Complementar, desde que a receita bruta global ultrapasse o limite de que trata o inciso II do *caput* deste artigo;

IV – cujo titular ou sócio participe com mais de 10% (dez por cento) do capital de outra empresa não beneficiada por esta Lei Complementar, desde que a receita bruta global ultrapasse o limite de que trata o inciso II do *caput* deste artigo;

V - cujo sócio ou titular de fato ou de direito seja administrador ou equiparado de outra pessoa jurídica com fins lucrativos, desde que a receita bruta global ultrapasse o limite de que trata o inciso II do caput; (Redação dada pela LC 214/2025)

VI – constituída sob a forma de cooperativas, salvo as de consumo;

VII – que participe do capital de outra pessoa jurídica;

VIII – que exerça atividade de banco comercial, de investimentos e de desenvolvimento, de caixa econômica, de sociedade de crédito, financiamento e investimento ou de crédito imobiliário, de corretora ou de distribuidora de títulos, valores mobiliários e câmbio, de empresa de arrendamento mercantil, de seguros privados e de capitalização ou de previdência complementar;

IX – resultante ou remanescente de cisão ou qualquer outra forma de desmembramento de pessoa jurídica que tenha ocorrido em um dos 5 (cinco) anos-calendário anteriores;

X – constituída sob a forma de sociedade por ações.

XI – cujos titulares ou sócios guardem, cumulativamente, com o contratante do serviço, relação de pessoalidade, subordinação e habitualidade. (Incluído pela Lei Complementar nº 147, de 2014)

XII - que tenha filial, sucursal, agência ou representação no exterior. (Redação dada pela LC 214/2025)

§ 5º. O disposto nos incisos IV e VII do § 4º deste artigo não se aplica à participação no capital de cooperativas de crédito, bem como em centrais de compras, bolsas de subcontratação, no consórcio referido no art. 50 desta Lei Complementar e na sociedade de propósito específico prevista no art. 56 desta Lei Complementar, e em associações assemelhadas, sociedades de interesse econômico, sociedades de garantia solidária e outros tipos de sociedade, que tenham como objetivo social a defesa exclusiva dos interesses econômicos das microempresas e empresas de pequeno porte.

§ 6º. Na hipótese de a microempresa ou empresa de pequeno porte incorrer em alguma das situações previstas nos incisos do § 4º, será excluída do tratamento jurídico diferenciado previsto nesta Lei Complementar, bem como do regime de que trata o art. 12, com efeitos a partir do mês seguinte ao que incorrida a situação impeditiva.

§ 7º. Observado o disposto no § 2º deste artigo, no caso de início de atividades, a microempresa que, no ano-calendário, exceder o limite de receita bruta anual previsto no inciso I do *caput* deste artigo passa, no ano-calendário seguinte, à condição de empresa de pequeno porte.

§ 8º. Observado o disposto no § 2º deste artigo, no caso de início de atividades, a empresa de pequeno porte que, no ano-calendário, não ultrapassar o limite de receita bruta anual previsto no inciso I do *caput* deste artigo passa, no ano-calendário seguinte, à condição de microempresa.

§ 9º. A empresa de pequeno porte que, no ano-calendário, exceder o limite de receita bruta anual previsto no inciso II do *caput* fica excluída, no mês subsequente à ocorrência do excesso, do tratamento jurídico diferenciado previsto nesta Lei Complementar, incluído o regime de que trata o art. 12, para todos os efeitos legais, ressalvado o disposto nos §§ 9º-A, 10 e 12.

§ 9º-A. Os efeitos da exclusão prevista no § 9º dar-se-ão no ano-calendário subsequente se o excesso verificado em relação à receita bruta não for superior a 20% (vinte por cento) do limite referido no inciso II do *caput*.

§ 10. A empresa de pequeno porte que no decurso do ano-calendário de início de atividade ultrapassar o limite proporcional de receita bruta de que trata o § 2º estará excluída do tratamento jurídico diferenciado previsto nesta Lei Complementar, bem como do regime de que trata o art. 12 desta Lei Complementar, com efeitos retroativos ao início de suas atividades.

- Esta lei: art. 31, III, b.

§ 11. Na hipótese de o Distrito Federal, os Estados e os respectivos Municípios adotarem um dos limites previstos nos incisos I e II do *caput* do art. 19 e no art. 20, caso a receita bruta auferida pela empresa durante o ano-calendário de início de atividade ultrapasse 1/12 (um doze avos) do limite estabelecido multiplicado pelo número de meses de funcionamento nesse período, a empresa não poderá recolher o ICMS e o ISS na forma do Simples Nacional, relativos ao estabelecimento localizado na unidade da federação que os houver adotado, com efeitos retroativos ao início de suas atividades.

- Atualização: § 11. Na hipótese de excesso do limite previsto no art. 13-A, caso a receita bruta auferida pela empresa durante o ano-calendário de início de atividade ultrapasse 1/12 (um doze avos) do limite estabelecido multiplicado pelo número de meses de funcionamento nesse período, a empresa não poderá recolher o ICMS, o ISS e o IBS na forma do Simples Nacional, com efeitos retroativos ao início de suas atividades. (Redação dada pela LC 214/2025, com produção de efeitos a partir de 1º de janeiro de 2027)
- Atualização: § 11. Na hipótese de excesso do limite previsto no art. 13-A, caso a receita bruta auferida pela empresa durante o ano-calendário de início de atividade ultrapasse 1/12 (um doze avos) do limite estabelecido multiplicado pelo número de meses de funcionamento nesse período, a empresa não poderá recolher o IBS na forma do Simples Nacional, com efeitos retroativos ao início de suas atividades. (Redação dada pela LC 214/2025, com produção de efeitos a partir de 1º de janeiro de 2033)

§ 12. A exclusão de que trata o § 10 não retroagirá ao início das atividades se o excesso verificado em relação à receita bruta não for superior a 20% (vinte por cento) do respectivo limite referido naquele parágrafo, hipótese em que os efeitos da exclusão dar-se-ão no ano-calendário subsequente.

§ 13. O impedimento de que trata o § 11 não retroagirá ao início das atividades se o excesso verificado em relação à receita bruta não for superior a 20% (vinte por cento) dos respectivos limites referidos naquele parágrafo, hipótese em que os efeitos do impedimento ocorrerão no ano-calendário subsequente.

- Atualização: § 13. O impedimento de que trata o § 11 não retroagirá ao início das atividades se o excesso verificado em relação à receita bruta não for superior a 20% (vinte por cento) do limite referido naquele parágrafo, hipótese em que os efeitos do impedimento ocorrerão no ano-calendário subsequente. (Redação dada pela LC 214/2025, com produção de efeitos a partir de 1º de janeiro de 2027)

§ 14. Para fins de enquadramento como microempresa ou empresa de pequeno porte, poderão ser auferidas receitas no mercado interno até o limite previsto no inciso II do *caput* ou no § 2º, conforme o caso, e, adicionalmente, receitas decorrentes da exportação de mercadorias ou serviços, inclusive quando realizada por meio de comercial exportadora ou da sociedade de propósito específico prevista no art. 56 desta Lei Complementar, desde que as receitas de exportação também não excedam os referidos limites de receita bruta anual. (Redação dada pela Lei Complementar nº 147, de 2014)

§ 15. Na hipótese do § 14, para fins de determinação da alíquota de que trata o § 1º do art. 18, da base de cálculo prevista em seu § 3º e das majorações de alíquotas previstas em seus §§ 16, 16-A, 17 e 17-A, serão consideradas separadamente as receitas brutas auferidas no mercado interno e aquelas decorrentes da exportação. (Redação dada pela Lei Complementar nº 147, de 2014)

- Atualização:§ 15. Na hipótese do § 14, para fins de determinação da alíquota de que trata o § 1º do art. 18, da base de cálculo prevista em seu § 3º e da aplicação de alíquota sobre a parcela excedente de receita bruta prevista em seus §§ 16, 16-A, 17, 17-A, 17-B e 17-C, serão consideradas separadamente as receitas brutas auferidas no mercado interno e aquelas decorrentes da exportação. (Redação dada pela LC 214/2025, com produção de efeitos a partir de 1º de janeiro de 2027)

§ 16. O disposto neste artigo será regulamentado por resolução do CGSN. (Incluído pela Lei Complementar nº 147, de 2014)

§ 17. (VETADO). (Incluído pela Lei Complementar nº 155, de 2016)

§ 18. (VETADO). (Incluído pela Lei Complementar nº 155, de 2016)

§ 19. Para fins do disposto nesta Lei Complementar, devem ser consideradas todas as atividades econômicas exercidas, as receitas brutas auferidas e os débitos tributários das entidades de que trata o caput e o art. 18-A, ainda que em inscrições cadastrais distintas ou na qualidade de contribuinte individual, em um mesmo ano-calendário. (Acrescido pela LC 214/2025)

Art. 3º-A. Aplica-se ao produtor rural pessoa física e ao agricultor familiar conceituado na Lei nº 11.326, de 24 de julho de 2006, com situação regular na Previdência Social e no Município que tenham auferido receita bruta anual até o limite de que trata o inciso II do *caput* do art. 3º o disposto nos arts. 6º e 7º, nos Capítulos V a X, na Seção IV do Capítulo XI e no Capítulo XII desta Lei Complementar, ressalvadas as disposições da Lei nº 11.718, de 20 de junho de 2008. (Incluído pela Lei Complementar nº 147, de 2014)

Parágrafo único. A equiparação de que trata o *caput* não se aplica às disposições do Capítulo IV desta Lei Complementar. (Incluído pela Lei Complementar nº 147, de 2014)

Art. 3º-B. Os dispositivos desta Lei Complementar, com exceção dos dispostos no Capítulo IV, são aplicáveis a todas as microempresas e empresas de pequeno porte, assim definidas pelos incisos I e II do *caput* e § 4º do art. 3º, ainda que não enquadradas no regime tributário do Simples Nacional, por vedação ou por opção. (Incluído pela Lei Complementar nº 147, de 2014).

CAPÍTULO III. DA INSCRIÇÃO E DA BAIXA

Art. 4º. Na elaboração de normas de sua competência, os órgãos e entidades envolvidos na abertura e fechamento de empresas, dos 3 (três) âmbitos de governo, deverão considerar a unicidade do processo de registro e de legalização de empresários e de pessoas jurídicas, para tanto devendo articular as competências próprias com aquelas dos demais membros, e buscar, em conjunto, compatibilizar e integrar procedimentos, de modo a evitar a duplicidade de exigências e garantir a linearidade do processo, da perspectiva do usuário.

§ 1º. O processo de abertura, registro, alteração e baixa da microempresa e empresa de pequeno porte, bem como qualquer exigência para o início de seu funcionamento, deverão ter trâmite especial e simplificado, preferencialmente eletrônico, opcional para o empreendedor, observado o seguinte: (Redação dada pela Lei Complementar nº 147, de 2014)

I – poderão ser dispensados o uso da firma, com a respectiva assinatura autógrafa, o capital, requerimentos, demais assinaturas, informações relativas ao estado civil e regime de bens, bem como remessa de documentos, na forma estabelecida pelo CGSIM; e

II – (Revogado). (Redação dada pela Lei Complementar nº 147, de 2014)

§ 2º. (Revogado pela Lei Complementar nº 139, de 2011)

§ 3º. Ressalvado o disposto nesta Lei Complementar, ficam reduzidos a 0 (zero) todos os custos, inclusive prévios, relativos à abertura, à inscrição, ao registro, ao funcionamento, ao alvará, à licença, ao cadastro, às alterações e procedimentos de baixa e encerramento e aos demais itens relativos ao Microempreendedor Individual, incluindo os valores referentes a taxas, a emolumentos e a demais contribuições relativas aos órgãos de registro, de licenciamento, sindicais, de regulamentação, de anotação de responsabilidade técnica, de vistoria e de fiscalização do exercício de profissões regulamentadas.(Redação dada pela Lei Complementar nº 147, de 2014)

§ 3º-A. O agricultor familiar, definido conforme a Lei nº 11.326, de 24 de julho de 2006, e identificado pela Declaração de Aptidão ao Pronaf – DAP física ou jurídica, bem como o MEI e o empreendedor de economia solidária ficam isentos de taxas e outros valores relativos à fiscalização da vigilância sanitária. (Incluído pela Lei Complementar nº 147, de 2014)

§ 4º. No caso do MEI, de que trata o art. 18-A desta Lei Complementar, a cobrança associativa ou oferta de serviços privados relativos aos atos de que trata o § 3º deste artigo somente poderá ser efetuada a partir de demanda prévia do próprio MEI, firmado por meio de contrato com assinatura autógrafa, observando-se que: (Incluído pela Lei Complementar nº 147, de 2014)

I – para a emissão de boletos de cobrança, os bancos públicos e privados deverão exigir das instituições sindicais e associativas autorização prévia específica a ser emitida pelo CGSIM; (Incluído pela Lei Complementar nº 147, de 2014)

II – o desrespeito ao disposto neste parágrafo configurará vantagem ilícita pelo induzimento ao erro em prejuízo do MEI, aplicando-se as sanções previstas em lei. (Incluído pela Lei Complementar nº 147, de 2014)

§ 5º. (VETADO). (Incluído pela Lei Complementar nº 147, de 2014).

§ 6º. Na ocorrência de fraude no registro do Microempreendedor Individual – MEI feito por terceiros, o pedido de baixa deve ser feito por meio exclusivamente eletrônico, com efeitos retroativos à data de registro, na forma a ser regulamentada pelo CGSIM, não sendo aplicáveis os efeitos do § 1º do art. 29 desta Lei Complementar. (Incluído pela Lei Complementar nº 155, de 2016)

Art. 5º. Os órgãos e entidades envolvidos na abertura e fechamento de empresas, dos 3 (três) âmbitos de governo, no âmbito de suas atribuições, deverão manter à disposição dos usuários, de forma presencial e pela rede mundial de computadores, informações, orientações e instrumentos, de forma integrada e consolidada, que permitam pesquisas prévias às etapas de registro ou inscrição, alteração e baixa de empresários e pessoas jurídicas, de modo a prover ao usuário certeza quanto à documentação exigível e quanto à viabilidade do registro ou inscrição.

Parágrafo único. As pesquisas prévias à elaboração de ato constitutivo ou de sua alteração deverão bastar a que o usuário seja informado pelos órgãos e entidades competentes:

I – da descrição oficial do endereço de seu interesse e da possibilidade de exercício da atividade desejada no local escolhido;

II – de todos os requisitos a serem cumpridos para obtenção de licenças de autorização de funcionamento, segundo a atividade pretendida, o porte, o grau de risco e a localização; e

III – da possibilidade de uso do nome empresarial de seu interesse.

Art. 6º. Os requisitos de segurança sanitária, metrologia, controle ambiental e prevenção contra incêndios, para os fins de registro e legalização de empresários e pessoas jurídicas, deverão ser simplificados, racionalizados e uniformizados pelos órgãos envolvidos na abertura e fechamento de empresas, no âmbito de suas competências.

§ 1º. Os órgãos e entidades envolvidos na abertura e fechamento de empresas que sejam responsáveis pela emissão de licenças e autorizações de funcionamento somente realizarão vistorias após o início de operação do estabelecimento, quando a atividade, por sua natureza, comportar grau de risco compatível com esse procedimento.

§ 2º. Os órgãos e entidades competentes definirão, em 6 (seis) meses, contados da publicação desta Lei Complementar, as atividades cujo grau de risco seja considerado alto e que exigirão vistoria prévia.

§ 3º. Na falta de legislação estadual, distrital ou municipal específica relativa à definição do grau de risco da atividade aplicar-se-á resolução do CGSIM. (Incluído pela Lei Complementar nº 147, de 2014).

§ 4º. A classificação de baixo grau de risco permite ao empresário ou à pessoa jurídica a obtenção do licenciamento de atividade mediante o simples fornecimento de dados e a substituição da comprovação prévia do cumprimento de exigências e restrições por declarações do titular ou responsável. (Incluído pela Lei Complementar nº 147, de 2014)

§ 5º. O disposto neste artigo não é impeditivo da inscrição fiscal. (Incluído pela Lei Complementar nº 147, de 2014)

Art. 7º. Exceto nos casos em que o grau de risco da atividade seja considerado alto, os Municípios emitirão Alvará de Funcionamento Provisório, que permitirá o início de operação do estabelecimento imediatamente após o ato de registro.

Parágrafo único. Nos casos referidos no *caput* deste artigo, poderá o Município conceder Alvará de Funcionamento Provisório para o microempreendedor individual, para microempresas e para empresas de pequeno porte:

I – instaladas em área ou edificação desprovidas de regulação fundiária e imobiliária, inclusive habite-se; ou (Incluído pela Lei Complementar nº 147, de 2014)

II – em residência do microempreendedor individual ou do titular ou sócio da microempresa ou empresa de pequeno porte, na hipótese em que a atividade não gere grande circulação de pessoas.

Art. 8º. Será assegurado aos empresários e pessoas jurídicas: (Redação dada pela Lei Complementar nº 147, de 2014)

I – entrada única de dados e documentos; (Incluído pela Lei Complementar nº 147, de 2014)

II – processo de registro e legalização integrado entre os órgãos e entes envolvidos, por meio de sistema informatizado que garanta: (Incluído pela Lei Complementar nº 147, de 2014)

a) sequenciamento das seguintes etapas: consulta prévia de nome empresarial e de viabilidade de localização, registro empresarial, inscrições fiscais e licenciamento de atividade; (Incluído pela Lei Complementar nº 147, de 2014)

b) criação da base nacional cadastral única de empresas; (Incluído pela Lei Complementar nº 147, de 2014)

III – identificação nacional cadastral única que corresponderá ao número de inscrição no Cadastro Nacional de Pessoas Jurídicas – CNPJ. (Incluído pela Lei Complementar nº 147, de 2014)

§ 1º. O sistema de que trata o inciso II do *caput* deve garantir aos órgãos e entidades integrados: (Incluído pela Lei Complementar nº 147, de 2014)

I – compartilhamento irrestrito dos dados da base nacional única de empresas; (Incluído pela Lei Complementar nº 147, de 2014)

II – autonomia na definição das regras para comprovação do cumprimento de exigências nas respectivas etapas do processo. (Incluído pela Lei Complementar nº 147, de 2014)

§ 2º. A identificação nacional cadastral única substituirá para todos os efeitos as demais inscrições, sejam elas federais, estaduais ou municipais, após a implantação do sistema a que se refere o inciso II do *caput*, no prazo e na forma estabelecidos pelo CGSIM. (Incluído pela Lei Complementar nº 147, de 2014)

§ 3º. É vedado aos órgãos e entidades integrados ao sistema informatizado de que trata o inciso II do *caput* o estabelecimento de exigências não previstas em lei. (Incluído pela Lei Complementar nº 147, de 2014)

§ 4º. A coordenação do desenvolvimento e da implantação do sistema de que trata o inciso II do *caput* ficará a cargo do CGSIM.

(Incluído pela Lei Complementar nº 147, de 2014)

Art. 9º. O registro dos atos constitutivos, de suas alterações e extinções (baixas), referentes a empresários e pessoas jurídicas em qualquer órgão dos 3 (três) âmbitos de governo ocorrerá independentemente da regularidade de obrigações tributárias, previdenciárias ou trabalhistas, principais ou acessórias, do empresário, da sociedade, dos sócios, dos administradores ou de empresas de que participem, sem prejuízo das responsabilidades do empresário, dos titulares, dos sócios ou dos administradores por tais obrigações, apuradas antes ou após o ato de extinção.(Redação dada pela Lei Complementar nº 147, de 2014)

§ 1º. O arquivamento, nos órgãos de registro, dos atos constitutivos de empresários, de sociedades empresárias e de demais equiparados que se enquadrarem como microempresa ou empresa de pequeno porte bem como o arquivamento de suas alterações são dispensados das seguintes exigências:

I – certidão de inexistência de condenação criminal, que será substituída por declaração do titular ou administrador, firmada sob as penas da lei, de não estar impedido de exercer atividade mercantil ou a administração de sociedade, em virtude de condenação criminal;

II – prova de quitação, regularidade ou inexistência de débito referente a tributo ou contribuição de qualquer natureza.

§ 2º. Não se aplica às microempresas e às empresas de pequeno porte o disposto no § 2º do art. 1º da Lei nº 8.906, de 4 de julho de 1994.

§ 3º. (Revogado pela Lei Complementar nº 147, de 2014).

§ 4º. A baixa do empresário ou da pessoa jurídica não impede que, posteriormente, sejam lançados ou cobrados tributos, contribuições e respectivas penalidades, decorrentes da falta do cumprimento de obrigações ou da prática comprovada e apurada em processo administrativo ou judicial de outras irregularidades praticadas pelos empresários, pelas pessoas jurídicas ou por seus titulares, sócios ou administradores. (Redação dada pela Lei Complementar nº 147, de 2014).

§ 5º. A solicitação de baixa do empresário ou da pessoa jurídica importa responsabilidade solidária dos empresários, dos titulares, dos sócios e dos administradores no período da ocorrência dos respectivos fatos geradores. (Redação dada pela Lei Complementar nº 147, de 2014)

§ 6º. Os órgãos referidos no *caput* deste artigo terão o prazo de 60 (sessenta) dias para efetivar a baixa nos respectivos cadastros.

§ 7º. Ultrapassado o prazo previsto no § 6º deste artigo sem manifestação do órgão competente, presumir-se-á a baixa dos registros das microempresas e a das empresas de pequeno porte.

§§ 8º a 12. (Revogados pela Lei Complementar nº 147, de 2014).

Art. 10. Não poderão ser exigidos pelos órgãos e entidades envolvidos na abertura e fechamento de empresas, dos 3 (três) âmbitos de governo:

I – excetuados os casos de autorização prévia, quaisquer documentos adicionais aos requeridos pelos órgãos executores do Registro Público de Empresas Mercantis e Atividades Afins e do Registro Civil de Pessoas Jurídicas;

II – documento de propriedade ou contrato de locação do imóvel onde será instalada a sede, filial ou outro estabelecimento, salvo para comprovação do endereço indicado;

III – comprovação de regularidade de prepostos dos empresários ou pessoas jurídicas com seus órgãos de classe, sob qualquer forma, como requisito para deferimento de ato de inscrição, alteração ou baixa de empresa, bem como para autenticação de instrumento de escrituração.

Art. 11. Fica vedada a instituição de qualquer tipo de exigência de natureza documental ou formal, restritiva ou condicionante, pelos órgãos envolvidos na abertura e fechamento de empresas, dos 3 (três) âmbitos de governo, que exceda o estrito limite dos requisitos pertinentes à essência do ato de registro, alteração ou baixa da empresa.

CAPÍTULO IV. DOS TRIBUTOS E CONTRIBUIÇÕES

SEÇÃO I. DA INSTITUIÇÃO E ABRANGÊNCIA

Art. 12. Fica instituído o Regime Especial Unificado de Arrecadação de Tributos e Contribuições devidos pelas Microempresas e Empresas de Pequeno Porte – Simples Nacional.

- Súm. nº 448 do STJ.
- CF: art. 146, III, d e par. ún.

§ 1º (Parágrafo único vetado na LC 155/2016 e transformado em § 1º pela LC 214/2025, com produção de efeitos a partir de 1º de janeiro de 2025)

§ 2º O Simples Nacional deve observar os princípios da simplicidade, da transparência, da justiça tributária, da cooperação e integração das administrações tributárias da União, dos Estados, do Distrito Federal e dos Municípios e da defesa do meio ambiente. (Acrescido pela LC 214/2025)

§ 3º A União, os Estados, o Distrito Federal e os Municípios exercerão a administração tributária do Simples Nacional de forma integrada, nos termos e limites estabelecidos pela Constituição Federal e por esta Lei Complementar. (Acrescido pela LC 214/2025)

Art. 13. O Simples Nacional implica o recolhimento mensal, mediante documento único de arrecadação, dos seguintes impostos e contribuições:

I – Imposto sobre a Renda da Pessoa Jurídica – IRPJ;

- Súm. nº 184 do STJ.

II – Imposto sobre Produtos Industrializados – IPI, observado o disposto no inciso XII do § 1º deste artigo;

III – Contribuição Social sobre o Lucro Líquido – CSLL;

IV – Contribuição para o Financiamento da Seguridade Social – Cofins, observado o disposto no inciso XII do § 1º deste artigo;

- **Atualização: IV - (Revogado pela LC 214/2025, com produção de efeitos a partir de 1º de janeiro de 2027)**

V – contribuição para o PIS/Pasep, observado o disposto no inciso XII do § 1º deste artigo;

- **Atualização: V - (Revogado pela LC 214/2025, com produção de efeitos a partir de 1º de janeiro de 2027)**

VI – Contribuição Patronal Previdenciária – CPP para a Seguridade Social, a cargo da pessoa jurídica, de que trata o art. 22 da Lei nº 8.212, de 24 de julho de 1991, exceto no caso da microempresa e da empresa de pequeno porte que se dedique às atividades de prestação de serviços referidas no § 5º-C do art. 18 desta Lei Complementar;

- Súm. nº 425 do STJ.

VII – Imposto sobre Operações Relativas à Circulação de Mercadorias e Sobre Prestações de Serviços de Transporte Interestadual e Intermunicipal e de Comunicação – ICMS;

- **Atualização: VII - (Revogado pela LC 214/2025, com produção de efeitos a partir de 1º de janeiro de 2033)**
- Esta lei: art. 18-A, § 3º, V, b.

VIII – Imposto sobre Serviços de Qualquer Natureza – ISS.

- **Atualização: VIII - (Revogado pela LC 214/2025, com produção de efeitos a partir de 1º de janeiro de 2033)**
- Esta lei: art. 18-A, § 3º, V, c.
- **Atualização: IX - Imposto sobre Bens e Serviços - IBS; (Acrescido pela LC 214/2025, com produção de efeitos a partir de 1º de janeiro de 2027)**

  X - Contribuição Social sobre Bens e Serviços - CBS. (Acrescido pela LC 214/2025, com produção de efeitos a partir de 1º de janeiro de 2027)

§ 1º. O recolhimento na forma deste artigo não exclui a incidência dos seguintes impostos ou contribuições, devidos na qualidade de contribuinte ou responsável, em relação aos quais será observada a legislação aplicável às demais pessoas jurídicas:

- Esta lei: art. 18-A, § 3º, VI.

I – Imposto sobre Operações de Crédito, Câmbio e Seguro, ou Relativas a Títulos ou Valores Mobiliários – IOF;

II – Imposto sobre a Importação de Produtos Estrangeiros – II;

III – Imposto sobre a Exportação, para o Exterior, de Produtos Nacionais ou Nacionalizados – IE;

IV – Imposto sobre a Propriedade Territorial Rural – ITR;

V – Imposto de Renda, relativo aos rendimentos ou ganhos líquidos auferidos em aplicações de renda fixa ou variável;

VI – Imposto de Renda relativo aos ganhos de capital auferidos na alienação de bens do ativo permanente;

VII - (Revogado pela LC 214/2025)

VIII – Contribuição para o Fundo de Garantia do Tempo de Serviço – FGTS;

IX – Contribuição para manutenção da Seguridade Social, relativa ao trabalhador;

X – Contribuição para a Seguridade Social, relativa à pessoa do empresário, na qualidade de contribuinte individual;

- Lei Complementar nº 123, de 14-12-2006, art. 18-A, § 3º, IV, institui o Estatuto Nacional da Microempresa e da Empresa de Pequeno Porte.

XI – Imposto de Renda relativo aos pagamentos ou créditos efetuados pela pessoa jurídica a pessoas físicas;

XII – Contribuição para o PIS/Pasep, Cofins e IPI incidentes na importação de bens e serviços;

- Atualização: XII-A - IBS e CBS incidentes sobre: (Acrescido pela LC 214/2025, com produção de efeitos a partir de 1º de janeiro de 2027)
  a) a importação de bens materiais ou imateriais, inclusive direitos, ou de serviços;
  b) (Vetada na LC 214/2025);

XIII – ICMS devido:

- Atualização: XIII - (Revogado pela LC 214/2025, com produção de efeitos a partir de 1º de janeiro de 2033)

a) nas operações sujeitas ao regime de substituição tributária, tributação concentrada em uma única etapa (monofásica) e sujeitas ao regime de antecipação do recolhimento do imposto com encerramento de tributação, envolvendo combustíveis e lubrificantes; energia elétrica; cigarros e outros produtos derivados do fumo; bebidas; óleos e azeites vegetais comestíveis; farinha de trigo e misturas de farinha de trigo; massas alimentícias; açúcares; produtos lácteos; carnes e suas preparações; preparações à base de cereais; chocolates; produtos de padaria e da indústria de bolachas e biscoitos; sorvetes e preparados para fabricação de sorvetes em máquinas; cafés e mates, seus extratos, essências e concentrados; preparações para molhos e molhos preparados; preparações de produtos vegetais; rações para animais domésticos; veículos automotivos e automotores, suas peças, componentes e acessórios; pneumáticos; câmaras de ar e protetores de borracha; medicamentos e outros produtos farmacêuticos para uso humano ou veterinário; cosméticos; produtos de perfumaria e de higiene pessoal; papéis; plásticos; canetas e malas; cimentos; cal e argamassas; produtos cerâmicos; vidros; obras de metal e plástico para construção; telhas e caixas d'água; tintas e vernizes; produtos eletrônicos, eletroeletrônicos e eletrodomésticos; fios; cabos e outros condutores; transformadores elétricos e reatores; disjuntores; interruptores e tomadas; isoladores; para-raios e lâmpadas; máquinas e aparelhos de ar-condicionado; centrifugadores de uso doméstico; aparelhos e instrumentos de pesagem de uso doméstico; extintores; aparelhos ou máquinas de barbear; máquinas de cortar o cabelo ou de tosquiar; aparelhos de depilar, com motor elétrico incorporado; aquecedores elétricos de água para uso doméstico e termômetros; ferramentas; álcool etílico; sabões em pó e líquidos para roupas; detergentes; alvejantes; esponjas; palhas de aço e amaciantes de roupas; venda de mercadorias pelo sistema porta a porta; nas operações sujeitas ao regime de substituição tributária pelas operações anteriores; e nas prestações de serviços sujeitas aos regimes de substituição tributária e de antecipação de recolhimento do imposto com encerramento de tributação;(Redação dada pela Lei Complementar nº 147, de 2014)

b) por terceiro, a que o contribuinte se ache obrigado, por força da legislação estadual ou distrital vigente;

c) na entrada, no território do Estado ou do Distrito Federal, de petróleo, inclusive lubrificantes e combustíveis líquidos e gasosos dele derivados, bem como energia elétrica, quando não destinados à comercialização ou industrialização;

d) por ocasião do desembaraço aduaneiro;

e) na aquisição ou manutenção em estoque de mercadoria desacobertada de documento fiscal;

f) na operação ou prestação desacobertada de documento fiscal;

g) nas operações com bens ou mercadorias sujeitas ao regime de antecipação do recolhimento do imposto, nas aquisições em outros Estados e Distrito Federal:

1. com encerramento da tributação, observado o disposto no inciso IV do § 4º do art. 18 desta Lei Complementar;

2. sem encerramento da tributação, hipótese em que será cobrada a diferença entre a alíquota interna e a interestadual, sendo vedada a agregação de qualquer valor;

h) nas aquisições em outros Estados e no Distrito Federal de bens ou mercadorias, não sujeitas ao regime de antecipação do recolhimento do imposto, relativo à diferença entre a alíquota interna e a interestadual;

XIV – ISS devido:

- Atualização: XIV - (Revogado pela LC 214/2025, com produção de efeitos a partir de 1º de janeiro de 2033)

a) em relação aos serviços sujeitos à substituição tributária ou retenção na fonte;

b) na importação de serviços;

- Atualização: XIV-A - Imposto Seletivo - IS sobre produção, extração, comercialização ou importação de bens e serviços prejudiciais à saúde ou ao meio ambiente; (Acrescido pela LC 214/2025, com produção de efeitos a partir de 1º de janeiro de 2027)

XV – demais tributos de competência da União, dos Estados, do Distrito Federal ou dos Municípios, não relacionados nos incisos anteriores.

§ 1º-A Os valores repassados aos profissionais de que trata a Lei nº 12.592, de 18 de janeiro de 2012, contratados por meio de parceria, nos termos da legislação civil, não integrarão a receita bruta da empresa contratante para fins de tributação, cabendo ao contratante a retenção e o recolhimento dos tributos devidos pelo contratado. (Incluído pela Lei Complementar nº 155, de 2016)

§ 2º. Observada a legislação aplicável, a incidência do imposto de renda na fonte, na hipótese do inciso V do § 1º deste artigo, será definitiva.

§ 3º. As microempresas e empresas de pequeno porte optantes pelo Simples Nacional ficam dispensadas do pagamento das demais contribuições instituídas pela União, inclusive as contribuições para as entidades privadas de serviço social e de formação profissional vinculadas ao sistema sindical, de que trata o art. 240 da Constituição Federal, e demais entidades de serviço social autônomo.

- Lei Complementar nº 123, de 14-12-2006, art. 18-A, § 3º, IV, institui o Estatuto Nacional da Microempresa e da Empresa de Pequeno Porte.

§ 4º. (VETADO).

§ 5º. A diferença entre a alíquota interna e a interestadual de que tratam as alíneas g e h do inciso XIII do § 1º deste artigo será calculada tomando-se por base as alíquotas aplicáveis às pessoas jurídicas não optantes pelo Simples Nacional.

§ 6º. O Comitê Gestor do Simples Nacional:

I – disciplinará a forma e as condições em que será atribuída à microempresa ou empresa de pequeno porte optante pelo Simples Nacional a qualidade de substituta tributária; e

II – poderá disciplinar a forma e as condições em que será estabelecido o regime de antecipação do ICMS previsto na alínea g do inciso XIII do § 1º deste artigo.

- Atualização: II - (Revogado pela LC 214/2025, com produção de efeitos a partir de 1º de janeiro de 2033)

§ 7º. O disposto na alínea a do inciso XIII do § 1º será disciplinado por convênio celebrado pelos Estados e pelo Distrito Federal, ouvidos o CGSN e os representantes dos segmentos econômicos envolvidos. (Incluído pela Lei Complementar nº 147, de 2014)

§ 8º. Em relação às bebidas não alcoólicas, massas alimentícias, produtos lácteos, carnes e suas preparações, preparações à base de cereais, chocolates, produtos de padaria e da indústria de bolachas e biscoitos, preparações para molhos e molhos preparados, preparações de produtos vegetais, telhas e outros produtos cerâmicos para construção e detergentes, aplica-se o disposto na alínea a do inciso XIII do § 1º aos fabricados em escala industrial relevante em cada segmento, observado o disposto no § 7º. (Incluído pela Lei Complementar nº 147, de 2014)

- Atualização: § 10. É facultado ao optante pelo Simples Nacional apurar e recolher o IBS e a CBS de acordo com o regime regular aplicável a esses tributos, hipótese em que as parcelas a eles relativas não serão cobradas pelo regime único. (Acrescido pela LC 214/2025, com produção de efeitos a partir de 1º de janeiro de 2027)
- Consta conforme publicação oficial.
  § 11. A opção a que se refere o § 10 será exercida para os semestres iniciados em janeiro e julho de cada ano, sendo irretratável para cada um desses períodos, devendo ser exercida nos meses de setembro e abril imediatamente anteriores a cada semestre. (Acrescido pela

LC 214/2025, com produção de efeitos a partir de 1º de janeiro de 2027)

Art. 13-A. Para efeito de recolhimento do ICMS e do ISS no Simples Nacional, o limite máximo de que trata o inciso II do *caput* do art. 3º será de R$ 3.600.000,00 (três milhões e seiscentos mil reais), observado o disposto nos §§ 11, 13, 14 e 15 do mesmo artigo, nos §§ 17 e 17-A do art. 18 e no § 4º do art. 19. (Incluído pela Lei Complementar nº 155, de 2016)

- Atualização: Art. 13-A. Para efeito de recolhimento do ICMS, do ISS e do IBS no Simples Nacional, o limite máximo de que trata o inciso II do caput do art. 3º será de R$ 3.600.000,00 (três milhões e seiscentos mil reais), observado o disposto nos §§ 9º a 15 do mesmo artigo, e nos §§ 17 a 17-C do art. 18. (Redação dada pela LC 214/2025, com produção de efeitos a partir de 1º de janeiro de 2027)
- Atualização: Art. 13-A. Para efeito de recolhimento do IBS no Simples Nacional, o limite máximo de que trata o inciso II do caput do art. 3º será de R$ 3.600.000,00 (três milhões e seiscentos mil reais), observado o disposto nos §§ 9º a 15 do mesmo artigo, e nos §§ 17 e 17-A a 17-C do art. 18. (Redação dada pela LC 214/2025, com produção de efeitos a partir de 1º de janeiro de 2033)

Art. 14. Consideram-se isentos do imposto de renda, na fonte e na declaração de ajuste do beneficiário, os valores efetivamente pagos ou distribuídos ao titular ou sócio da microempresa ou empresa de pequeno porte optante pelo Simples Nacional, salvo os que corresponderem a pró-labore, aluguéis ou serviços prestados.

§ 1º. A isenção de que trata o *caput* deste artigo fica limitada ao valor resultante da aplicação dos percentuais de que trata o art. 15 da Lei nº 9.249, de 26 de dezembro de 1995, sobre a receita bruta mensal, no caso de antecipação de fonte, ou da receita bruta total anual, tratando-se de declaração de ajuste, subtraído do valor devido na forma do Simples Nacional no período.

- Lei nº 9.249, de 26-12-1995: art. 15, dispõe a base cálculo do imposto de renda.

§ 2º. O disposto no § 1º deste artigo não se aplica na hipótese de a pessoa jurídica manter escrituração contábil e evidenciar lucro superior àquele limite.

Art. 15. (VETADO).

Art. 16. A opção pelo Simples Nacional da pessoa jurídica enquadrada na condição de microempresa e empresa de pequeno porte dar-se-á na forma a ser estabelecida em ato do Comitê Gestor, sendo irretratável para todo o ano-calendário.

§ 1º. Para efeito de enquadramento no Simples Nacional, considerar-se-á microempresa ou empresa de pequeno porte aquela cuja receita bruta no ano-calendário anterior ao da opção esteja compreendida dentro dos limites previstos no art. 3º desta Lei Complementar.

§ 1º-A. A opção pelo Simples Nacional implica aceitação de sistema de comunicação eletrônica, destinado, dentre outras finalidades, a:

I – cientificar o sujeito passivo de quaisquer tipos de atos administrativos, incluídos os relativos ao indeferimento de opção, à exclusão do regime e a ações fiscais;

II – encaminhar notificações e intimações; e

III – expedir avisos em geral.

§ 1º-B. O sistema de comunicação eletrônica de que trata o § 1º-A será regulamentado pelo CGSN, observando-se o seguinte:

I – as comunicações serão feitas, por meio eletrônico, em portal próprio, dispensando-se a sua publicação no Diário Oficial e o envio por via postal;

II – a comunicação feita na forma prevista no *caput* será considerada pessoal para todos os efeitos legais;

III – a ciência por meio do sistema de que trata o § 1º-A com utilização de certificação digital ou de código de acesso possuirá os requisitos de validade;

IV – considerar-se-á realizada a comunicação no dia em que o sujeito passivo efetivar a consulta eletrônica ao teor da comunicação; e

V – na hipótese do inciso IV, nos casos em que a consulta se dê em dia não útil, a comunicação será considerada como realizada no primeiro dia útil seguinte.

§ 1º-C. A consulta referida nos incisos IV e V do § 1º-B deverá ser feita em até 45 (quarenta e cinco) dias contados da data da disponibilização da comunicação no portal a que se refere o inciso I do § 1º-B, ou em prazo superior estipulado pelo CGSN, sob pena de ser considerada automaticamente realizada na data do término desse prazo.

§ 1º-D. Enquanto não editada a regulamentação de que trata o § 1º-B, os entes federativos poderão utilizar sistemas de comunicação eletrônica, com regras próprias, para as finalidades previstas no § 1º-A, podendo a referida regulamentação prever a adoção desses sistemas como meios complementares de comunicação.

§ 2º. A opção de que trata o *caput* deste artigo deverá ser realizada no mês de janeiro, até o seu último dia útil, produzindo efeitos a partir do 1º (primeiro) dia do ano-calendário da opção, ressalvado o disposto no § 3º deste artigo.

- Atualização: § 2º A opção de que trata o caput deste artigo deverá ser realizada no mês de setembro, até o seu último dia útil, produzindo efeitos a partir do primeiro dia do ano-calendário seguinte ao da opção, ressalvado o disposto no § 3º deste artigo. (Redação dada pela LC 214/2025, com produção de efeitos a partir de 1º de janeiro de 2027)

§ 3º. A opção produzirá efeitos a partir da data do início de atividade, desde que exercida nos termos, prazo e condições a serem estabelecidos no ato do Comitê Gestor a que se refere o *caput* deste artigo.

§ 4º. Serão consideradas inscritas no Simples Nacional, em 1º de julho de 2007, as microempresas e empresas de pequeno porte regularmente optantes pelo regime tributário de que trata a Lei nº 9.317, de 5 de dezembro de 1996, salvo as que estiverem impedidas de optar por alguma vedação imposta por esta Lei Complementar.

§ 5º. O Comitê Gestor regulamentará a opção automática prevista no § 4º deste artigo.

§ 6º. O indeferimento da opção pelo Simples Nacional será formalizado mediante ato da Administração Tributária segundo regulamentação do Comitê Gestor.

SEÇÃO II. DAS VEDAÇÕES AO INGRESSO NO SIMPLES NACIONAL

Art. 17. Não poderão recolher os impostos e contribuições na forma do Simples Nacional a microempresa ou empresa de pequeno porte: (Redação dada pela LC nº 167, de 2019):

- Esta Lei: art. 31, § 2º.

I – que explore atividade de prestação cumulativa e contínua de serviços de assessoria creditícia, gestão de crédito, seleção e riscos, administração de contas a pagar e a receber, gerenciamento de ativos (*asset management*) ou compra de direitos creditórios resultantes de vendas mercantis a prazo ou de prestação de serviços (*factoring*) ou que execute operações de empréstimo, de financiamento e de desconto de títulos de crédito, exclusivamente com recursos próprios, tendo como contrapartes microempreendedores individuais, microempresas e empresas de pequeno porte, inclusive sob a forma de empresa simples de crédito; (Redação dada pela LC nº 167, de 2019);

II - cujo titular ou sócio seja domiciliado no exterior; (Redação dada pela LC 214/2025)

III – de cujo capital participe entidade da administração pública, direta ou indireta, federal, estadual ou municipal;

IV – Revogado.

V – que possua débito com o Instituto Nacional do Seguro Social – INSS, ou com as Fazendas Públicas Federal, Estadual ou Municipal, cuja exigibilidade não esteja suspensa;

- Esta lei: art. 31, IV.

VI – que preste serviço de transporte intermunicipal e interestadual de passageiros, exceto quando na modalidade fluvial ou quando possuir características de transporte urbano ou metropolitano ou realizar-se sob fretamento contínuo em área metropolitana para o transporte de estudantes ou trabalhadores; (Redação dada pela Lei Complementar nº 147, de 2014)

VII – que seja geradora, transmissora, distribuidora ou comercializadora de energia elétrica;

VIII – que exerça atividade de importação ou fabricação de automóveis e motocicletas;

IX – que exerça atividade de importação de combustíveis;

X – que exerça atividade de produção ou venda no atacado de:

a) cigarros, cigarrilhas, charutos, filtros para cigarros, armas de fogo, munições e pólvoras, explosivos e detonantes;

b) bebidas não alcoólicas a seguir descritas: (Redação dada pela Lei Complementar nº 155, de 2016)

1. (Revogado pela Lei Complementar nº 155, de 2016);

2 e 3. (Revogados pela Lei Complementar nº 147, de 2014);

4. cervejas sem álcool;

c) bebidas alcoólicas, exceto aquelas produzidas ou vendidas no atacado por: (Incluída pela Lei Complementar nº 155, de 2016)

1. micro e pequenas cervejarias; (Incluída pela Lei Complementar nº 155, de 2016)

2. micro e pequenas vinícolas; (Incluída pela Lei Complementar nº 155, de 2016)

3. produtores de licores; (Incluída pela Lei Complementar nº 155, de 2016)

4. micro e pequenas destilarias; (Incluída pela Lei Complementar nº 155, de 2016)

XI – (Revogado) (Redação dada pela Lei Complementar nº 147, de 2014).

XII – que realize cessão ou locação de mão de obra;

› Esta lei: art. 18, § 5º-H.

XIII – (Revogado) (Redação dada pela Lei Complementar nº 147, de 2014).

XIV – que se dedique ao loteamento e à incorporação de imóveis;

XV - que realize atividade de locação de imóveis próprios; (Redação dada pela LC 214/2025)

XVI – com ausência de inscrição ou com irregularidade em cadastro fiscal federal, municipal ou estadual, quando exigível.

§ 1º. As vedações relativas a exercício de atividades previstas no *caput* deste artigo não se aplicam às pessoas jurídicas que se dediquem exclusivamente às atividades referidas nos §§ 5º-B a 5º-E do art. 18 desta Lei Complementar, ou as exerçam em conjunto com outras atividades que não tenham sido objeto de vedação no *caput* deste artigo.

I a XXI – (Revogados pela LC nº 128/08)

XXII – Vetado.

XXIII a XXVII – (Revogados pela LC nº 128/08)

XXVIII – Vetado.

§ 2º. Também poderá optar pelo Simples Nacional a microempresa ou empresa de pequeno porte que se dedique à prestação de outros serviços que não tenham sido objeto de vedação expressa neste artigo, desde que não incorra em nenhuma das hipóteses de vedação previstas nesta Lei Complementar.

§ 3º. (VETADO).

§ 4º. Na hipótese do inciso XVI do *caput*, deverá ser observado, para o MEI, o disposto no art. 4º desta Lei Complementar.

§ 5º. As empresas que exerçam as atividades previstas nos itens da alínea c do inciso X do *caput* deste artigo deverão obrigatoriamente ser registradas no Ministério da Agricultura, Pecuária e Abastecimento e obedecerão também à regulamentação da Agência Nacional de Vigilância Sanitária e da Secretaria da Receita Federal do Brasil quanto à produção e à comercialização de bebidas alcoólicas. (Incluído pela Lei Complementar nº 155, de 2016)

SEÇÃO III.
DAS ALÍQUOTAS E BASE DE CÁLCULO

Art. 18. O valor devido mensalmente pela microempresa ou empresa de pequeno porte optante pelo Simples Nacional será determinado mediante aplicação das alíquotas efetivas, calculadas a partir das alíquotas nominais constantes das tabelas dos Anexos I a V desta Lei Complementar, sobre a base de cálculo de que trata o § 3º deste artigo, observado o disposto no § 15 do art. 3º. (Redação dada pela Lei Complementar nº 155, de 2016)

§ 1º. Para efeito de determinação da alíquota nominal, o sujeito passivo utilizará a receita bruta acumulada nos doze meses anteriores ao do período de apuração. (Redação dada pela Lei Complementar nº 155, de 2016)

› **Atualização:** § 1º Para fins de determinação da alíquota nominal, o sujeito passivo utilizará a receita bruta acumulada nos doze meses antecedentes ao mês anterior ao do período de apuração. (Redação dada pela LC 214/2025, com produção de efeitos a partir de 1º de janeiro de 2027)

§ 1º-A. A alíquota efetiva é o resultado de:

$$\frac{RBT12 \times Aliq - PD}{RBT12},$$

em que: (Incluído pela Lei Complementar nº 155, de 2016)

I – RBT12: receita bruta acumulada nos doze meses anteriores ao período de apuração; (Incluído pela Lei Complementar nº 155, de 2016)

› **Atualização:** I - RBT12: receita bruta acumulada nos doze meses antecedentes ao mês anterior ao do período de apuração; (Redação dada pela LC 214/2025, com produção de efeitos a partir de 1º de janeiro de 2027)

II – Aliq: alíquota nominal constante dos Anexos I a V desta Lei Complementar; (Incluído pela Lei Complementar nº 155, de 2016)

III – PD: parcela a deduzir constante dos Anexos I a V desta Lei Complementar. (Incluído pela Lei Complementar nº 155, de 2016)

§ 1º-B. Os percentuais efetivos de cada tributo serão calculados a partir da alíquota efetiva, multiplicada pelo percentual de repartição constante dos Anexos I a V desta Lei Complementar, observando-se que: (Incluído pela Lei Complementar nº 155, de 2016)

I – o percentual efetivo máximo destinado ao ISS será de 5% (cinco por cento), transferindo-se eventual diferença, de forma proporcional, aos tributos federais da mesma faixa de receita bruta anual; (Incluído pela Lei Complementar nº 155, de 2016)

II – eventual diferença centesimal entre o total dos percentuais e a alíquota efetiva será transferida para o tributo com maior percentual de repartição na respectiva faixa de receita bruta. (Incluído pela Lei Complementar nº 155, de 2016)

§ 1º-C. Na hipótese de transformação, extinção, fusão ou sucessão dos tributos referidos nos incisos IV e V do art. 13, serão mantidas as alíquotas nominais e efetivas previstas neste artigo e nos Anexos I a V desta Lei Complementar, e lei ordinária disporá sobre a repartição dos valores arrecadados para os tributos federais, sem alteração no total dos percentuais de repartição a eles devidos, e mantidos os percentuais de repartição destinados ao ICMS e ao ISS. (Incluído pela Lei Complementar nº 155, de 2016)

§ 2º. Em caso de início de atividade, os valores de receita bruta acumulada constantes dos Anexos I a V desta Lei Complementar devem ser proporcionalizados ao número de meses de atividade no período. (Redação dada pela Lei Complementar nº 155, de 2016)

§ 3º. Sobre a receita bruta auferida no mês incidirá a alíquota efetiva determinada na forma do *caput* e dos §§ 1º, 1º-A e 2º deste artigo, podendo tal incidência se dar, à opção do contribuinte, na forma regulamentada pelo Comitê Gestor, sobre a receita recebida no mês, sendo essa opção irretratável para todo o ano-calendário. (Redação dada pela Lei Complementar nº 155, de 2016)

› **Atualização:** § 3º Sobre a receita bruta auferida no mês incidirá a alíquota efetiva determinada na forma do caput e dos §§ 1º, 1º-A e 2º. (Redação dada pela LC 214/2025, com produção de efeitos a partir de 1º de janeiro de 2027)

§ 4º. O contribuinte deverá considerar, destacadamente, para fim de pagamento, as receitas decorrentes da: (Redação dada pela Lei Complementar nº 147, de 2014)

I – revenda de mercadorias, que serão tributadas na forma do Anexo I desta Lei Complementar; (Redação dada pela Lei Complementar nº 147, de 2014)

› **Atualização:** I - revenda de mercadorias e da venda de mercadorias industrializadas pelo contribuinte, que serão tributadas na forma do Anexo I desta Lei Complementar, observado o inciso II; (Redação dada pela LC 214/2025, com produção de efeitos a partir de 1º de janeiro de 2027)

II – venda de mercadorias industrializadas pelo contribuinte, que serão tributadas na forma do Anexo II desta Lei Complementar; (Redação dada pela Lei Complementar nº 147, de 2014)

› **Atualização:** II - venda de mercadorias industrializadas pelo contribuinte sujeitas ao IPI mantido nos termos da alínea "a" do inciso III do art. 126 do Ato das Disposições Constitucionais Transitórias da Constituição Federal, de 1988, que serão tributadas na forma do Anexo II desta Lei Complementar; (Redação dada pela LC 214/2025, com produção de efeitos a partir de 1º de janeiro de 2027)

III – prestação de serviços de que trata o § 5º-B deste artigo e dos serviços vinculados à locação de bens imóveis e corretagem de imóveis desde que observado o disposto no inciso XV do art. 17, que serão tributados na forma do Anexo III desta Lei Complementar; (Redação dada pela Lei Complementar nº 147, de 2014)

› Súm. nº 423 do STJ.

IV – prestação de serviços de que tratam os §§ 5º-C a 5º-F e 5º-I deste artigo, que serão tributadas na forma prevista naqueles parágrafos; (Redação dada pela Lei Complementar nº 147, de 2014)

V – locação de bens móveis, que serão tributadas na forma do Anexo III desta Lei Complementar, deduzida a parcela correspondente ao ISS; (Redação dada pela Lei Complementar nº 147, de 2014)

VI – atividade com incidência simultânea de IPI e de ISS, que serão tributadas na forma do Anexo II desta Lei Complementar, deduzida a parcela correspondente ao ICMS e acrescida a parcela correspondente ao ISS prevista no Anexo III desta Lei Complementar; (Incluído pela Lei Complementar nº 147, de 2014)

VII – comercialização de medicamentos e produtos magistrais produzidos por manipulação de fórmulas: (Incluído pela Lei Complementar nº 147, de 2014)

a) sob encomenda para entrega posterior ao adquirente, em caráter pessoal, mediante prescrições de profissionais habilitados ou indicação pelo farmacêutico, produzidos no próprio estabelecimento após o atendimento inicial, que serão tributadas na forma do Anexo III desta Lei Complementar; (Incluído pela Lei Complementar nº 147, de 2014)

b) nos demais casos, quando serão tributadas na forma do Anexo I desta Lei Complementar. (Incluído pela Lei Complementar nº 147, de 2014)

§ 4º-A. O contribuinte deverá segregar, também, as receitas: (Incluído pela Lei Complementar nº 147, de 2014)

I – decorrentes de operações ou prestações sujeitas à tributação concentrada em uma única etapa (monofásica), bem como, em relação ao ICMS, que o imposto já tenha sido recolhido por substituto tributário ou por antecipação tributária com encerramento de tributação; (Incluído pela Lei Complementar nº 147, de 2014)

- Atualização: I - decorrentes de operações ou prestações sujeitas à tributação concentrada em uma única etapa (monofásica), bem como, em relação ao ICMS, ao IBS e à CBS, que o imposto já tenha sido recolhido por substituto tributário ou por antecipação tributária com encerramento de tributação; (Redação dada pela LC 214/2025, com produção de efeitos a partir de 1º de janeiro de 2027)

II – sobre as quais houve retenção de ISS na forma do § 6º deste artigo e § 4º do art. 21 desta Lei Complementar, ou, na hipótese do § 22-A deste artigo, seja devido em valor fixo ao respectivo município; (Incluído pela Lei Complementar nº 147, de 2014)

III – sujeitas à tributação em valor fixo ou que tenham sido objeto de isenção ou redução de ISS ou de ICMS na forma prevista nesta Lei Complementar; (Incluído pela Lei Complementar nº 147, de 2014)

IV – decorrentes da exportação para o exterior, inclusive as vendas realizadas por meio de comercial exportadora ou da sociedade de propósito específico prevista no art. 56 desta Lei Complementar; (Incluído pela Lei Complementar nº 147, de 2014)

V – sobre as quais o ISS seja devido a Município diverso do estabelecimento prestador, quando será recolhido no Simples Nacional. (Incluído pela Lei Complementar nº 147, de 2014)

§ 5º. As atividades industriais serão tributadas na forma do Anexo II desta Lei Complementar.

- Atualização: § 5º As atividades industriais serão tributadas na forma do Anexo I desta Lei Complementar, ressalvada a venda de mercadorias industrializadas pelo contribuinte sujeitas ao IPI mantido nos termos da alínea "a" do inciso III do art. 126 do Ato das Disposições Constitucionais Transitórias da Constituição Federal, de 1988, que serão tributadas na forma do Anexo II desta Lei Complementar. (Redação dada pela LC 214/2025, com produção de efeitos a partir de 1º de janeiro de 2027)

I a VII – (Revogados pela LC 128/08)

§ 5º-A. (Revogado). (Redação dada pela Lei Complementar nº 147, de 2014)

§ 5º-B. Sem prejuízo do disposto no § 1º do art. 17 desta Lei Complementar, serão tributadas na forma do Anexo III desta Lei Complementar as seguintes atividades de prestação de serviços:

I – creche, pré-escola e estabelecimento de ensino fundamental, escolas técnicas, profissionais e de ensino médio, de línguas estrangeiras, de artes, cursos técnicos de pilotagem, preparatórios para concursos, gerenciais e escolas livres, exceto as previstas nos incisos II e III do § 5º-D deste artigo;

- Súm. nº 448 do STJ.

II – agência terceirizada de correios;

III – agência de viagem e turismo;

IV – centro de formação de condutores de veículos automotores de transporte terrestre de passageiros e de carga;

V – agência lotérica;

VI a VIII – (Revogados pela LC nº 128/08)

IX – serviços de instalação, de reparos e de manutenção em geral, bem como de usinagem, solda, tratamento e revestimento em metais;

X a XII – (Revogados pela LC nº 128/08)

XIII – transporte municipal de passageiros;

XIV – escritórios de serviços contábeis, observado o disposto nos §§ 22-B e 22-C deste artigo;

XV – produções cinematográficas, audiovisuais, artísticas e culturais, sua exibição ou apresentação, inclusive no caso de música, literatura, artes cênicas, artes visuais, cinematográficas e audiovisuais.

XVI – fisioterapia; (Incluído pela Lei Complementar nº 147, de 2014)

XVII – corretagem de seguros. (Incluído pela Lei Complementar nº 147, de 2014)

XVIII – arquitetura e urbanismo;

- Inciso XVIII acrescentado pela LC 155/2016, em vigor a partir de 1º de janeiro de 2018.

XIX – medicina, inclusive laboratorial, e enfermagem;

- Inciso XIX acrescentado pela LC 155/2016, em vigor a partir de 1º de janeiro de 2018.

XX – odontologia e prótese dentária;

- Inciso XX acrescentado pela LC 155/2016, em vigor a partir de 1º de janeiro de 2018.

XXI – psicologia, psicanálise, terapia ocupacional, acupuntura, podologia, fonoaudiologia, clínicas de nutrição e de vacinação e bancos de leite.

- Inciso XXI acrescentado pela LC 155/2016, em vigor a partir de 1º de janeiro de 2018.

§ 5º-C. Sem prejuízo do disposto no § 1º do art. 17 desta Lei Complementar, as atividades de prestação de serviços seguintes serão tributadas na forma do Anexo IV desta Lei Complementar, hipótese em que não estará incluída no Simples Nacional a contribuição prevista no inciso VI do *caput* do art. 13 desta Lei Complementar, devendo ela ser recolhida segundo a legislação prevista para os demais contribuintes ou responsáveis:

- Esta lei: art. 33, § 2º.

I – construção de imóveis e obras de engenharia em geral, inclusive sob a forma de subempreitada, execução de projetos e serviços de paisagismo, bem como decoração de interiores;

II a V – (Revogados pela LC nº 128/08)

VI – serviço de vigilância, limpeza ou conservação.

VII – serviços advocatícios. (Incluído pela Lei Complementar nº 147, de 2014)

§ 5º-D. Sem prejuízo do disposto no § 1º do art. 17 desta Lei Complementar, as seguintes atividades de prestação de serviços serão tributadas na forma do Anexo III desta Lei Complementar: (Redação dada pela Lei Complementar nº 155, de 2016)

I – administração e locação de imóveis de terceiros; (Redação dada pela Lei Complementar nº 147, de 2014)

II – academias de dança, de capoeira, de ioga e de artes marciais;

III – academias de atividades físicas, desportivas, de natação e escolas de esportes;

IV – elaboração de programas de computadores, inclusive jogos eletrônicos, desde que desenvolvidos em estabelecimento do optante;

V – licenciamento ou cessão de direito de uso de programas de computação;

VI – planejamento, confecção, manutenção e atualização de páginas eletrônicas, desde que realizados em estabelecimento do optante;

VII e VIII (Revogados pela LC nº 128/08)

IX – empresas montadoras de estandes para feiras;

X e XI – (Revogados pela LC nº 128/08)

XII – laboratórios de análises clínicas ou de patologia clínica;

XIII – serviços de tomografia, diagnósticos médicos por imagem, registros gráficos e métodos óticos, bem como ressonância magnética;

XIV – serviços de prótese em geral.

§ 5º-E. Sem prejuízo do disposto no § 1º do art. 17 desta Lei Complementar, as atividades de prestação de serviços de comunicação e de transportes interestadual e intermunicipal de cargas, e de transportes autorizados no inciso VI do *caput* do art. 17, inclusive na modalidade fluvial, serão tributadas na forma do Anexo III, deduzida a parcela correspondente ao ISS e acrescida a parcela correspondente ao ICMS prevista no Anexo I.(Redação dada pela Lei Complementar 147, de 2014)

- Atualização: § 5º-E. (Revogado pela LC 214/2025, com produção de efeitos a partir de 1º de janeiro de 2033)

§ 5º-F. As atividades de prestação de serviços referidas no § 2º do art. 17 desta Lei Complementar serão tributadas na forma do Anexo III desta Lei Complementar, salvo se, para alguma dessas atividades, houver previsão expressa de tributação na forma dos Anexos IV ou V desta Lei Complementar. (Redação dada pela Lei Complementar nº 155, de 2016)

§ 5º-G. (Revogado). (Redação dada pela Lei Complementar nº 147, de 2014)

§ 5º-H. A vedação de que trata o inciso XII do *caput* do art. 17 desta Lei Complementar não se aplica às atividades referidas no § 5º-C deste artigo.

§ 5º-I. Sem prejuízo do disposto no § 1º do art. 17 desta Lei Complementar, as seguintes atividades de prestação de serviços serão tributadas na forma do Anexo V desta Lei Complementar: (Redação dada pela Lei Complementar nº 155, de 2016)

I – (Revogado pela Lei Complementar nº 155, de 2016);

II – medicina veterinária; (Incluído pela Lei Complementar nº 147, de 2014)

III – (Revogado pela Lei Complementar nº 155, de 2016);

IV – (Revogado pela Lei Complementar nº 155, de 2016);

V – serviços de comissária, de despachantes, de tradução e de interpretação; (Incluído pela Lei Complementar nº 147, de 2014)

VI – engenharia, medição, cartografia, topografia, geologia, geodésia, testes, suporte e análises técnicas e tecnológicas, pesquisa, design, desenho e agronomia; (Redação dada pela Lei Complementar nº 155, de 2016)

VII – representação comercial e demais atividades de intermediação de negócios e serviços de terceiros; (Incluído pela Lei Complementar nº 147, de 2014)

VIII – perícia, leilão e avaliação; (Incluído pela Lei Complementar nº 147, de 2014)

IX – auditoria, economia, consultoria, gestão, organização, controle e administração; (Incluído pela Lei Complementar nº 147, de 2014)

X – jornalismo e publicidade; (Incluído pela Lei Complementar nº 147, de 2014)

XI – agenciamento, exceto de mão de obra; (Incluído pela Lei Complementar nº 147, de 2014)

XII – outras atividades do setor de serviços que tenham por finalidade a prestação de serviços decorrentes do exercício de atividade intelectual, de natureza técnica, científica, desportiva, artística ou cultural, que constitua profissão regulamentada ou não, desde que não sujeitas à tributação na forma dos Anexos III ou IV desta Lei Complementar. (Redação dada pela Lei Complementar nº 155, de 2016)

§ 5º-J. As atividades de prestação de serviços a que se refere o § 5º-I serão tributadas na forma do Anexo III desta Lei Complementar caso a razão entre a folha de salários e a receita bruta da pessoa jurídica seja igual ou superior a 28% (vinte e oito por cento). (Incluído pela Lei Complementar nº 155, de 2016)

§ 5º-K. Para o cálculo da razão a que se referem os §§ 5º-J e 5º-M, serão considerados, respectivamente, os montantes pagos e auferidos nos doze meses anteriores ao período de apuração para fins de enquadramento no regime tributário do Simples Nacional. ((Incluído pela Lei Complementar nº 155, de 2016)

- Atualização: § 5º-K. Para o cálculo da razão a que se referem os §§ 5º-J e 5º-M, serão considerados, respectivamente, os montantes pagos e auferidos nos doze meses antecedentes ao mês anterior ao do período de apuração para fins de enquadramento no regime tributário do Simples Nacional. (Redação dada pela LC 214/2025, com produção de efeitos a partir de 1º de janeiro de 2027)

§ 5º-L. (VETADO). (Incluído pela Lei Complementar nº 155, de 2016)

§ 5º-M. Quando a relação entre a folha de salários e a receita bruta da microempresa ou da empresa de pequeno porte for inferior a 28% (vinte e oito por cento), serão tributadas na forma do Anexo V desta Lei Complementar as atividades previstas: (Incluído pela Lei Complementar nº 155, de 2016)

I – nos incisos XVI, XVIII, XIX, XX e XXI do § 5º-B deste artigo; (Incluído pela Lei Complementar nº 155, de 2016)

II – no § 5º-D deste artigo. (Incluído pela Lei Complementar nº 155, de 2016)

§ 6º. No caso dos serviços previstos no § 2º do art. 6º da Lei Complementar nº 116, de 31 de julho de 2003, prestados pelas microempresas e pelas empresas de pequeno porte, o tomador do serviço deverá reter o montante correspondente na forma da legislação do município onde estiver localizado, observado o disposto no § 4º do art. 21 desta Lei Complementar.

§ 7º. A sociedade de propósito específico de que trata o art. 56 desta Lei Complementar que houver adquirido mercadorias de microempresa ou empresa de pequeno porte que seja sua sócia, bem como a empresa comercial exportadora que houver adquirido mercadorias ou serviços de empresa optante pelo Simples Nacional, com o fim específico de exportação para o exterior, que, no prazo de 180 (cento e oitenta) dias, contado da data da emissão da nota fiscal pela vendedora, não comprovar o seu embarque para o exterior ficará sujeita ao pagamento de todos os impostos e contribuições que deixaram de ser pagos pela empresa vendedora, acrescidos de juros de mora e multa, de mora ou de ofício, calculados na forma da legislação relativa à cobrança do tributo não pago, aplicável à sociedade de propósito específico ou à própria comercial exportadora. (Redação dada pela Lei Complementar nº 147, de 2014)

§ 8º. Para efeito do disposto no § 7º deste artigo, considera-se vencido o prazo para o pagamento na data em que a empresa vendedora deveria fazê-lo, caso a venda houvesse sido efetuada para o mercado interno.

§ 9º. Relativamente à contribuição patronal previdenciária, devida pela vendedora, a sociedade de propósito específico de que trata o art. 56 desta Lei Complementar ou a comercial exportadora deverão recolher, no prazo previsto no § 8º deste artigo, o valor correspondente a 11% (onze por cento) do valor das mercadorias não exportadas nos termos do § 7º deste artigo.

§ 10. Na hipótese do § 7º deste artigo, a sociedade de propósito específico de que trata o art. 56 desta Lei Complementar ou a empresa comercial exportadora não poderão deduzir do montante devido qualquer valor a título de crédito de Imposto sobre Produtos Industrializados – IPI da Contribuição para o PIS/Pasep ou da Cofins, decorrente da aquisição das mercadorias e serviços objeto da incidência.

- Atualização: § 10. Na hipótese do § 7º, a sociedade de propósito específico de que trata o art. 56 desta Lei Complementar ou a empresa comercial exportadora não poderão deduzir do montante devido qualquer valor a título de crédito de IPI, IBS e CBS, decorrente da aquisição das mercadorias e serviços objeto da incidência. (Redação dada pela LC 214/2025, com produção de efeitos a partir de 1º de janeiro de 2027)

§ 11. Na hipótese do § 7º deste artigo, a sociedade de propósito específico ou a empresa comercial exportadora deverão pagar, também, os impostos e contribuições devidos nas vendas para o mercado interno, caso, por qualquer forma, tenham alienado ou utilizado as mercadorias.

§ 12. Na apuração do montante devido no mês relativo a cada tributo, para o contribuinte que apure receitas mencionadas nos incisos I a III e V do § 4º-A deste artigo, serão consideradas as reduções relativas aos tributos já recolhidos, ou sobre os quais tenha havido tributação monofásica, isenção, redução ou, no caso do ISS, que o valor tenha sido objeto de retenção ou seja devido diretamente ao Município. (Redação dada pela Lei Complementar nº 147, de 2014)

§ 13. Para efeito de determinação da redução de que trata o § 12 deste artigo, as receitas serão discriminadas em comerciais, industriais ou de prestação de serviços, na forma dos Anexos I, II, III, IV e V desta Lei Complementar. (Redação dada pela Lei Complementar nº 155, de 2016)

§ 14. A redução no montante a ser recolhido no Simples Nacional relativo aos valores das receitas decorrentes da exportação de que trata o inciso IV do § 4º-A deste artigo corresponderá tão somente às alíquotas efetivas relativas à Cofins, à Contribuição para o PIS/Pasep, ao IPI, ao ICMS e ao ISS, apuradas com base nos Anexos I a V desta Lei Complementar. (Redação dada pela Lei Complementar nº 155, de 2016)

› Atualização: § 14. Observado o disposto no § 14-A, a redução no montante a ser recolhido no Simples Nacional relativo aos valores das receitas decorrentes da exportação de que trata o inciso IV do § 4º-A deste artigo também corresponderá às alíquotas efetivas relativas ao ICMS e ao ISS, apuradas com base nos Anexos I a V desta Lei Complementar. (Redação dada pela LC 214/2025, com produção de efeitos a partir de 1º de janeiro de 2027)

› Atualização: § 14. (Revogado pela LC 214/2025, com produção de efeitos a partir de 1º de janeiro de 2033)

I – (Revogado). (Redação dada pela Lei Complementar nº 147, de 2014)

II – (Revogado). (Redação dada pela Lei Complementar nº 147, de 2014)

› Atualização: § 14-A. A redução no montante a ser recolhido no Simples Nacional relativo aos valores das receitas decorrentes da exportação de que trata o inciso IV do § 4º-A deste artigo corresponderá às alíquotas efetivas relativas ao IPI, ao IBS e à CBS, apuradas com base nos Anexos I a V desta Lei Complementar. (Acrescido pela LC 214/2025, com produção de efeitos a partir de 1º de janeiro de 2027)

§ 15. Será disponibilizado sistema eletrônico para realização do cálculo simplificado do valor mensal devido referente ao Simples Nacional.

§ 15-A. As informações prestadas no sistema eletrônico de cálculo de que trata o § 15:

› Atualização: § 15-A. (Revogado pela LC 214/2025, com produção de efeitos a partir de 1º de janeiro de 2027)

I – têm caráter declaratório, constituindo confissão de dívida e instrumento hábil e suficiente para a exigência dos tributos e contribuições que não tenham sido recolhidos resultantes das informações nele prestadas; e

II – deverão ser fornecidas à Secretaria da Receita Federal do Brasil até o vencimento do prazo para pagamento dos tributos devidos no Simples Nacional em cada mês, relativamente aos fatos geradores ocorridos no mês anterior.

§ 16. Na hipótese do § 12 do art. 3º, a parcela de receita bruta que exceder o montante determinado no § 10 daquele artigo estará sujeita às alíquotas máximas previstas nos Anexos I a V desta Lei Complementar, proporcionalmente, conforme o caso. (Redação dada pela Lei Complementar nº 155, de 2016)

› Atualização: § 16. Na hipótese do § 12 do art. 3º, a parcela de receita bruta que exceder o montante determinado no § 10 daquele artigo será tributada conjuntamente com a parcela que não o exceder, conforme alíquotas efetivas de que trata o § 1º-A. (Redação dada pela LC 214/2025, com produção de efeitos a partir de 1º de janeiro de 2027)

§ 16-A. O disposto no § 16 aplica-se, ainda, às hipóteses de que trata o § 9º do art. 3º, a partir do mês em que ocorrer o excesso do limite da receita bruta anual e até o mês anterior aos efeitos da exclusão.

§ 17. Na hipótese do § 13 do art. 3º, a parcela de receita bruta que exceder os montantes determinados no § 11 daquele artigo estará sujeita, em relação aos percentuais aplicáveis ao ICMS e ao ISS, às alíquotas máximas correspondentes a essas faixas previstas nos Anexos I a V desta Lei Complementar, proporcionalmente, conforme o caso. (Redação dada pela Lei Complementar nº 155, de 2016)

› Atualização: § 17. Observado o disposto no § 17-B, na hipótese do § 13 do art. 3º, a parcela de receita bruta que exceder o montante determinado no § 11 daquele artigo, em relação aos percentuais aplicáveis ao ICMS e ao ISS, será tributada conjuntamente com a parcela que não o exceder, conforme alíquotas efetivas de que trata o § 1º-A. (Redação dada pela LC 214/2025, com produção de efeitos a partir de 1º de janeiro de 2027)

› Atualização: § 17. (Revogado pela LC 214/2025, com produção de efeitos a partir de 1º de janeiro de 2033)

§ 17-A. O disposto no § 17 aplica-se, ainda, à hipótese de que trata o § 1º do art. 20, a partir do mês em que ocorrer o excesso do limite da receita bruta anual e até o mês anterior aos efeitos do impedimento.

› Atualização: § 17-A. (Revogado pela LC 214/2025, com produção de efeitos a partir de 1º de janeiro de 2033)

› Atualização: § 17-B. Na hipótese do § 13 do art. 3º, a parcela de receita bruta que exceder o montante determinado no § 11 daquele artigo estará sujeita, em relação aos percentuais aplicáveis ao IBS, será tributada conjuntamente com a parcela que não o exceder, conforme alíquotas efetivas de que trata o § 1º-A. (Acrescido pela LC 214/2025, com produção de efeitos a partir de 1º de janeiro de 2027)

§ 17-C. O disposto no § 17-B aplica-se, ainda, à hipótese de que trata o art. 13-A, a partir do mês em que ocorrer o excesso do limite da receita bruta anual e até o mês anterior aos efeitos do impedimento. (Acrescido pela LC 214/2025, com produção de efeitos a partir de 1º de janeiro de 2027)

§ 18. Os Estados, o Distrito Federal e os Municípios, no âmbito das respectivas competências, poderão estabelecer, na forma definida pelo Comitê Gestor, independentemente da receita bruta recebida no mês pelo contribuinte, valores fixos mensais para o recolhimento do ICMS e do ISS devido por microempresa que aufira receita bruta, no ano-calendário anterior, de até o limite máximo previsto na segunda faixa de receitas brutas anuais constantes dos Anexos I a VI, ficando a microempresa sujeita a esses valores durante todo o ano-calendário, ressalvado o disposto no § 18-A. (Redação dada pela Lei Complementar nº 147, de 2014)

§ 18-A. A microempresa que, no ano-calendário, exceder o limite de receita bruta previsto no § 18 fica impedida de recolher o ICMS ou o ISS pela sistemática de valor fixo, a partir do mês subsequente à ocorrência do excesso, sujeitando-se à apuração desses tributos na forma das demais empresas optantes pelo Simples Nacional. (Incluído pela Lei Complementar nº 147, de 2014)

§ 19. Os valores estabelecidos no § 18 deste artigo não poderão exceder a 50% (cinquenta por cento) do maior recolhimento possível do tributo para a faixa de enquadramento prevista na tabela do *caput* deste artigo, respeitados os acréscimos decorrentes do tipo de atividade da empresa estabelecidos no § 5º deste artigo.

§ 20. Na hipótese em que o Estado, o Município ou o Distrito Federal concedam isenção ou redução do ICMS ou do ISS devido por microempresa ou empresa de pequeno porte, ou ainda determine recolhimento de valor fixo para esses tributos, na forma do § 18 deste artigo, será realizada redução proporcional ou ajuste do valor a ser recolhido, na forma definida em resolução do Comitê Gestor.

§ 20-A. A concessão dos benefícios de que trata o § 20 deste artigo poderá ser realizada:

I – mediante deliberação exclusiva e unilateral do Estado, do Distrito Federal ou do Município concedente;

II – de modo diferenciado para cada ramo de atividade.

§ 20-B. A União, os Estados e o Distrito Federal poderão, em lei específica destinada à ME ou EPP optante pelo Simples Nacional, estabelecer isenção ou redução de COFINS, Contribuição para o PIS/PASEP e ICMS para produtos da cesta básica, discriminando a abrangência da sua concessão. (Incluído pela Lei Complementar nº 147, de 2014)

§ 21. O valor a ser recolhido na forma do disposto no § 20 deste artigo, exclusivamente na hipótese de isenção, não integrará o montante a ser partilhado com o respectivo Município, Estado ou Distrito Federal.

§ 22. (Revogado pela LC 128/08)

§ 22-A. A atividade constante do inciso XIV do § 5º-B deste artigo recolherá o ISS em valor fixo, na forma da legislação municipal.

› Atualização: § 22-A. (Revogado pela LC 214/2025, com produção de efeitos a partir de 1º de janeiro de 2033)

§ 22-B. Os escritórios de serviços contábeis, individualmente ou por meio de suas entidades representativas de classe, deverão:

I – promover atendimento gratuito relativo à inscrição, à opção de que trata o art. 18-A desta Lei Complementar e à primeira declaração anual simplificada da microempresa individual, podendo, para tanto, por meio de suas entidades representativas de classe, firmar convênios e acordos com a União, os Estados, o Distrito Federal e os Municípios, por intermédio dos seus órgãos vinculados;

II – fornecer, na forma estabelecida pelo Comitê Gestor, resultados de pesquisas quantitativas e qualitativas relativas às microempresas e empresas de pequeno porte optantes pelo Simples Nacional por eles atendidas;

III – promover eventos de orientação fiscal, contábil e tributária para as microempresas e empresas de pequeno porte optantes pelo Simples Nacional por eles atendidas.

§ 22-C. Na hipótese de descumprimento das obrigações de que trata o § 22-B deste artigo, o escritório será excluído do Simples Nacional, com efeitos a partir do mês subsequente ao do descumprimento, na forma regulamentada pelo Comitê Gestor.

§ 23. Da base de cálculo do ISS será abatido o material fornecido pelo prestador dos serviços previstos nos itens 7.02 e 7.05 da lista de serviços anexa à Lei Complementar nº 116, de 31 de julho de 2003.

- Atualização: § 23. (Revogado pela LC 214/2025, com produção de efeitos a partir de 1º de janeiro de 2033)

§ 24. Para efeito de aplicação do § 5º-K, considera-se folha de salários, incluídos encargos, o montante pago, nos doze meses anteriores ao período de apuração, a título de remunerações a pessoas físicas decorrentes do trabalho, acrescido do montante efetivamente recolhido a título de contribuição patronal previdenciária e FGTS, incluídas as retiradas de pró-labore. (Redação dada pela Lei Complementar nº 155, de 2016)

- Atualização: § 24. Para efeito de aplicação do § 5º-K, considera-se folha de salários, incluídos encargos, o montante pago, nos doze meses antecedentes ao mês anterior ao do período de apuração, a título de remunerações a pessoas físicas decorrentes do trabalho, acrescido do montante efetivamente recolhido a título de contribuição patronal previdenciária e FGTS, incluídas as retiradas de pró-labore. (Redação dada pela LC 214/2025, com produção de efeitos a partir de 1º de janeiro de 2027)

§ 25. Para efeito do disposto no § 24 deste artigo, deverão ser consideradas tão somente as remunerações informadas na forma prevista no inciso IV do *caput* do art. 32 da Lei nº 8.212, de 24 de julho de 1991.

§ 26. Não são considerados, para efeito do disposto no § 24, valores pagos a título de aluguéis e de distribuição de lucros, observado o disposto no § 1º do art. 14.

§ 27. (VETADO). (Incluído pela Lei Complementar nº 155, de 2016)

Art. 18-A. O Microempreendedor Individual – MEI poderá optar pelo recolhimento dos impostos e contribuições abrangidos pelo Simples Nacional em valores fixos mensais, independentemente da receita bruta por ele auferida no mês, na forma prevista neste artigo.

- CC: art. 968, §§ 4º e 5º.
- Lei Complementar nº 123, de 14-12-2006, art. 36-A, Institui o Estatuto Nacional da Microempresa e da Empresa de Pequeno Porte.
- Lei nº 8.212, de 24-7-1991: arts. 21, § 2º, II, a, 24 e 72, dispõe sobre a organização da Seguridade Social, institui Plano de Custeio.

§ 1º Para os efeitos desta Lei Complementar, considera-se MEI quem tenha auferido receita bruta, no ano-calendário anterior, de até R$ 81.000,00 (oitenta e um mil reais), que seja optante pelo Simples Nacional e que não esteja impedido de optar pela sistemática prevista neste artigo, e seja empresário individual que se enquadre na definição do art. 966 da Lei nº 10.406, de 10 de janeiro de 2002 (Código Civil), ou o empreendedor que exerça: (Redação dada pela LC 188/2021)

I - as atividades de que trata o § 4º-A deste artigo; (Acrescido pela LC 188/2021)

II - as atividades de que trata o § 4º-B deste artigo estabelecidas pelo CGSN; e (Acrescido pela LC 188/2021)

III - as atividades de industrialização, comercialização e prestação de serviços no âmbito rural. (Acrescido pela LC 188/2021)

§ 2º. No caso de início de atividades, o limite de que trata o § 1º será de R$ 6.750,00 (seis mil, setecentos e cinquenta reais) multiplicados pelo número de meses compreendido entre o início da atividade e o final do respectivo ano-calendário, consideradas as frações de meses como um mês inteiro. (Redação dada pela Lei Complementar nº 155, de 2016)

§ 3º. Na vigência da opção pela sistemática de recolhimento prevista no *caput* deste artigo:

I – não se aplica o disposto no § 18 do art. 18 desta Lei Complementar;

II – não se aplica a redução prevista no § 20 do art. 18 desta Lei Complementar ou qualquer dedução na base de cálculo;

III – não se aplicam as isenções específicas para as microempresas e empresas de pequeno porte concedidas pelo Estado, Município ou Distrito Federal a partir de 1º de julho de 2007 que abranjam integralmente a faixa de receita bruta anual até o limite previsto no § 1º;

IV – a opção pelo enquadramento como Microempreendedor Individual importa opção pelo recolhimento da contribuição referida no inciso X do § 1º do art. 13 desta Lei Complementar na forma prevista no § 2º do art. 21 da Lei nº 8.212, de 24 de julho de 1991;

- Atualização: IV - a opção pelo enquadramento como Microempreendedor Individual importa opção pelo recolhimento: (Redação dada pela LC 214/2025, com produção de efeitos a partir de 1º de janeiro de 2027)
  a) da contribuição referida no inciso X do § 1º do art. 13 desta Lei Complementar na forma prevista no § 2º do art. 21 da Lei nº 8.212, de 24 de julho de 1991; (Acrescida pela LC 214/2025, com produção de efeitos a partir de 1º de janeiro de 2027)
  b) do ICMS, do ISS, do IBS e da CBS nos valores fixos previstos no inciso V deste parágrafo; (Acrescida pela LC 214/2025, com produção de efeitos a partir de 1º de janeiro de 2027)
- Atualização: b) do IBS e da CBS nos valores fixos previstos no inciso V deste parágrafo; (Redação dada pela LC 214/2025, com produção de efeitos a partir de 1º de janeiro de 2033)

V – o MEI, com receita bruta anual igual ou inferior a R$ 81.000,00 (oitenta e um mil reais), recolherá, na forma regulamentada pelo Comitê Gestor, valor fixo mensal correspondente à soma das seguintes parcelas: (Redação dada pela Lei Complementar nº 155, de 2016)

- Atualização: V - o MEI, com receita bruta anual igual ou inferior a R$ 81.000,00 (oitenta e um mil reais), recolherá, na forma regulamentada pelo Comitê Gestor, valor mensal correspondente à soma das seguintes parcelas: (Redação dada pela LC 214/2025, com produção de efeitos a partir de 1º de janeiro de 2027)

a) R$ 45,65 (quarenta e cinco reais e sessenta e cinco centavos), a título da contribuição prevista no inciso IV deste parágrafo;

b) R$ 1,00 (um real), a título do imposto referido no inciso VII do *caput* do art. 13 desta Lei Complementar, caso seja contribuinte do ICMS; e

- Atualização: b) (Revogada pela LC 214/2025, com produção de efeitos a partir de 1º de janeiro de 2027)

c) R$ 5,00 (cinco reais), a título do imposto referido no inciso VIII do *caput* do art. 13 desta Lei Complementar, caso seja contribuinte do ISS;

- Atualização: c) (Revogada pela LC 214/2025, com produção de efeitos a partir de 1º de janeiro de 2027)
  d) IBS e CBS nos valores discriminados no Anexo VII desta Lei Complementar; (Acrescida pela LC 214/2025, com produção de efeitos a partir de 1º de janeiro de 2027)
  e) ICMS e ISS nos valores discriminados no Anexo VII desta Lei Complementar; (Acrescida pela LC 214/2025, com produção de efeitos a partir de 1º de janeiro de 2027)
- Atualização: e) (Revogada pela LC 214/2025, com produção de efeitos a partir de 1º de janeiro de 2033)

VI – sem prejuízo do disposto nos §§ 1º a 3º do art. 13, o MEI terá isenção dos tributos referidos nos incisos I a VI do *caput* daquele artigo, ressalvado o disposto no art. 18-C.

§ 4º. Não poderá optar pela sistemática de recolhimento prevista no *caput* deste artigo o MEI:

I – cuja atividade seja tributada na forma dos Anexos V ou VI desta Lei Complementar, salvo autorização relativa a exercício de atividade isolada na forma regulamentada pelo CGSN; (Redação dada pela Lei Complementar nº 147, de 2014)

II – que possua mais de um estabelecimento;

III – que participe de outra empresa como titular, sócio ou administrador; ou

IV – (Revogado pela Lei Complementar nº 155, de 2016)

V - constituído na forma de *startup*. (Incluído pela LC nº 167, de 2019)

§ 4º-A. Observadas as demais condições deste artigo, poderá optar pela sistemática de recolhimento prevista no *caput* o empresário individual que exerça atividade de comercialização e processamento de produtos de natureza extrativista.

§ 4º-B. O CGSN determinará as atividades autorizadas a optar pela sistemática de recolhimento de que trata este artigo, de forma a evitar a fragilização das relações de trabalho, bem como sobre a incidência do ICMS e do ISS.

- Atualização: § 4º-B. O CGSN determinará as atividades autorizadas a optar pela sistemática de recolhimento de que trata este artigo, de forma a evitar a fragilização das relações de trabalho. (Redação dada pela LC 214/2025, com produção de efeitos a partir de 1º de janeiro de 2033)

§ 5º. A opção de que trata o *caput* deste artigo dar-se-á na forma a ser estabelecida em ato do Comitê Gestor, observando-se que:

I – será irretratável para todo o ano-calendário;

II – deverá ser realizada no início do ano-calendário, na forma disciplinada pelo Comitê Gestor, produzindo efeitos a partir do primeiro dia do ano-calendário da opção, ressalvado o disposto no inciso III;

III – produzirá efeitos a partir da data do início de atividade desde que exercida nos termos, prazo e condições a serem estabelecidos em ato do Comitê Gestor a que se refere o *caput* deste parágrafo.

§ 6º. O desenquadramento da sistemática de que trata o *caput* deste artigo será realizado de ofício ou mediante comunicação do MEI.

§ 7º. O desenquadramento mediante comunicação do MEI à Secretaria da Receita Federal do Brasil – RFB dar-se-á:

I – por opção, que deverá ser efetuada no início do ano-calendário, na forma disciplinada pelo Comitê Gestor, produzindo efeitos a partir de 1º de janeiro do ano-calendário da comunicação;

II – obrigatoriamente, quando o MEI incorrer em alguma das situações previstas no § 4º deste artigo, devendo a comunicação ser efetuada até o último dia útil do mês subsequente àquele em que ocorrida a situação de vedação, produzindo efeitos a partir do mês subsequente ao da ocorrência da situação impeditiva;

III – obrigatoriamente, quando o MEI exceder, no ano-calendário, o limite de receita bruta previsto no § 1º deste artigo, devendo a comunicação ser efetuada até o último dia útil do mês subsequente àquele em que ocorrido o excesso, produzindo efeitos:

a) a partir de 1º de janeiro do ano-calendário subsequente ao da ocorrência do excesso, na hipótese de não ter ultrapassado o referido limite em mais de 20% (vinte por cento);

b) retroativamente a 1º de janeiro do ano-calendário da ocorrência do excesso, na hipótese de ter ultrapassado o referido limite em mais de 20% (vinte por cento);

IV – obrigatoriamente, quando o MEI exceder o limite de receita bruta previsto no § 2º deste artigo, devendo a comunicação ser efetuada até o último dia útil do mês subsequente àquele em que ocorrido o excesso, produzindo efeitos:

a) a partir de 1º de janeiro do ano-calendário subsequente ao da ocorrência do excesso, na hipótese de não ter ultrapassado o referido limite em mais de 20% (vinte por cento);

b) retroativamente ao início de atividade, na hipótese de ter ultrapassado o referido limite em mais de 20% (vinte por cento).

§ 8º. O desenquadramento de ofício dar-se-á quando verificada a falta de comunicação de que trata o § 7º deste artigo.

§ 9º. O Empresário Individual desenquadrado da sistemática de recolhimento prevista no *caput* deste artigo passará a recolher os tributos devidos pela regra geral do Simples Nacional a partir da data de início dos efeitos do desenquadramento, ressalvado o disposto no § 10 deste artigo.

§ 10. Nas hipóteses previstas nas alíneas a dos incisos III e IV do § 7º deste artigo, o MEI deverá recolher a diferença, sem acréscimos, em parcela única, juntamente com a da apuração do mês de janeiro do ano-calendário subsequente ao do excesso, na forma a ser estabelecida em ato do Comitê Gestor.

§ 11. O valor referido na alínea a do inciso V do § 3º deste artigo será reajustado, na forma prevista em lei ordinária, na mesma data de reajustamento dos benefícios de que trata a Lei nº 8.213, de 24 de julho de 1991, de forma a manter equivalência com a contribuição de que trata o § 2º do art. 21 da Lei nº 8.212, de 24 de julho de 1991.

§ 12. Aplica-se ao MEI que tenha optado pela contribuição na forma do § 1º deste artigo o disposto no § 4º do art. 55 e no § 2º do art. 94, ambos da Lei nº 8.213, de 24 de julho de 1991, exceto se optar pela complementação da contribuição previdenciária a que se refere o § 3º do art. 21 da Lei nº 8.212, de 24 de julho de 1991.

§ 13. O MEI está dispensado, ressalvado o disposto no art. 18-C desta Lei Complementar, de:

I – atender o disposto no inciso IV do *caput* do art. 32 da Lei nº 8.212, de 24 de julho de 1991;

II – apresentar a Relação Anual de Informações Sociais (Rais); e

III – declarar ausência de fato gerador para a Caixa Econômica Federal para emissão da Certidão de Regularidade Fiscal perante o FGTS.

§ 14. O Comitê Gestor disciplinará o disposto neste artigo.

§ 15. A inadimplência do recolhimento do valor previsto na alínea a do inciso V do § 3º tem como consequência a não contagem da competência em atraso para fins de carência para obtenção dos benefícios previdenciários respectivos.

§ 15-A. Ficam autorizados os Estados, o Distrito Federal e os Municípios a promover a remissão dos débitos decorrentes dos valores previstos nas alíneas b e c do inciso V do § 3º, inadimplidos isolada ou simultaneamente. (Incluído pela Lei Complementar nº 147, de 2014).

§ 15-B. O MEI poderá ter sua inscrição automaticamente cancelada após período de 12 (doze) meses consecutivos sem recolhimento ou declarações, independentemente de qualquer notificação, devendo a informação ser publicada no Portal do Empreendedor, na forma regulamentada pelo CGSIM. (Incluído pela Lei Complementar nº 147, de 2014)

§ 16. O CGSN estabelecerá, para o MEI, critérios, procedimentos, prazos e efeitos diferenciados para desenquadramento da sistemática de que trata este artigo, cobrança, inscrição em dívida ativa e exclusão do Simples Nacional.

§ 16-A. A baixa do MEI via portal eletrônico dispensa a comunicação aos órgãos da administração pública. (Incluído pela Lei Complementar nº 155, de 2016)

§ 17. A alteração de dados no CNPJ informada pelo empresário à Secretaria da Receita Federal do Brasil equivalerá à comunicação obrigatória de desenquadramento da sistemática de recolhimento de que trata este artigo, nas seguintes hipóteses:

I – alteração para natureza jurídica distinta de empresário individual a que se refere o art. 966 da Lei nº 10.406, de 10 de janeiro de 2002 (Código Civil);

II – inclusão de atividade econômica não autorizada pelo CGSN;

III – abertura de filial.

§ 18. Os Municípios somente poderão realizar o cancelamento da inscrição do MEI caso tenham regulamentação própria de classificação de risco e o respectivo processo simplificado de inscrição e legalização, em conformidade com esta Lei Complementar e com as resoluções do CGSIM. (Incluído pela Lei Complementar nº 147, de 2014)

§ 19. Fica vedada aos conselhos representativos de categorias econômicas a exigência de obrigações diversas das estipuladas nesta Lei Complementar para inscrição do MEI em seus quadros, sob pena de responsabilidade. (Incluído pela Lei Complementar nº 147, de 2014)

§ 19-A. O MEI inscrito no conselho profissional de sua categoria na qualidade de pessoa física é dispensado de realizar nova inscrição no mesmo conselho na qualidade de empresário individual. (Incluído pela Lei Complementar nº 155, de 2016)

§ 19-B. São vedadas aos conselhos profissionais, sob pena de responsabilidade, a exigência de inscrição e a execução de qualquer tipo de ação fiscalizadora quando a ocupação do MEI não exigir registro profissional da pessoa física. (Incluído pela Lei Complementar nº 155, de 2016)

§ 20. Os documentos fiscais das microempresas e empresas de pequeno porte poderão ser emitidos diretamente por sistema nacional informatizado e pela internet, sem custos para o empreendedor, na forma regulamentada pelo Comitê Gestor do Simples Nacional. (Incluído pela Lei Complementar nº 147, de 2014)

§ 21. Assegurar-se-á o registro nos cadastros oficiais ao guia de turismo inscrito como MEI. (Incluído pela Lei Complementar nº 147, de 2014)

§ 22. Fica vedado às concessionárias de serviço público o aumento das tarifas pagas pelo MEI por conta da modificação da sua condição de pessoa física para pessoa jurídica. (Incluído pela Lei Complementar nº 147, de 2014)

§ 23. (VETADO). (Incluído pela Lei Complementar nº 147, de 2014)

§ 24. Aplica-se ao MEI o disposto no inciso XI do § 4º do art. 3º. (Incluído pela Lei Complementar nº 147, de 2014)

§ 25. O MEI poderá utilizar sua residência como sede do estabelecimento, quando não for indispensável a existência de local próprio para o exercício da atividade. (Incluído pela Lei Complementar nº 154, de 2016)

Art. 18-B. A empresa contratante de serviços executados por intermédio do MEI mantém, em relação a esta contratação, a obrigatoriedade de recolhimento da contribuição a que se refere o inciso III do *caput* e o § 1º do art. 22 da Lei nº 8.212, de 24 de julho de 1991, e o cumprimento das obrigações acessórias relativas à contratação de contribuinte individual.

§ 1º. Aplica-se o disposto neste artigo exclusivamente em relação ao MEI que for contratado para prestar serviços de hidráulica, eletricidade, pintura, alvenaria, carpintaria e de manutenção ou reparo de veículos. (Redação dada pela Lei Complementar nº 147, de 2014)

§ 2º. O disposto no *caput* e no § 1º não se aplica quando presentes os elementos da relação de emprego, ficando a contratante sujeita a todas as obrigações dela decorrentes, inclusive trabalhistas, tributárias e previdenciárias.

Art. 18-C. Observado o disposto no *caput* e nos §§ 1º a 25 do art. 18-A desta Lei Complementar, poderá enquadrar-se como MEI o empresário individual ou o empreendedor que exerça as atividades de industrialização, comercialização e prestação de serviços no âmbito rural que possua um único empregado que receba exclusivamente um salário mínimo ou o piso salarial da categoria profissional. (Redação dada pela Lei Complementar nº 155, de 2016)

§ 1º. Na hipótese referida no *caput*, o MEI:

I – deverá reter e recolher a contribuição previdenciária relativa ao segurado a seu serviço na forma da lei, observados prazo e condições estabelecidos pelo CGSN;

II – é obrigado a prestar informações relativas ao segurado a seu serviço, na forma estabelecida pelo CGSN; e

III – está sujeito ao recolhimento da contribuição de que trata o inciso VI do *caput* do art. 13, calculada à alíquota de 3% (três por cento) sobre o salário de contribuição previsto no *caput*, na forma e prazos estabelecidos pelo CGSN.

§ 2º. Para os casos de afastamento legal do único empregado do MEI, será permitida a contratação de outro empregado, inclusive por prazo determinado, até que cessem as condições do afastamento, na forma estabelecida pelo Ministério do Trabalho e Emprego.

§ 3º. O CGSN poderá determinar, com relação ao MEI, a forma, a periodicidade e o prazo:

I - de entrega à Secretaria da Receita Federal do Brasil de uma única declaração com dados relacionados a fatos geradores, base de cálculo e valores dos tributos previstos nos arts. 18-A e 18-C, da contribuição para a Seguridade Social descontada do empregado e do Fundo de Garantia do Tempo de Serviço (FGTS), e outras informações de interesse do Ministério do Trabalho e Emprego, do Instituto Nacional do Seguro Social (INSS) e do Conselho Curador do FGTS, observado o disposto no § 7º do art. 26;

II – do recolhimento dos tributos previstos nos arts. 18-A e 18-C, bem como do FGTS e da contribuição para a Seguridade Social descontada do empregado.

§ 4º. A entrega da declaração única de que trata o inciso I do § 3º substituirá, na forma regulamentada pelo CGSN, a obrigatoriedade de entrega de todas as informações, formulários e declarações a que estão sujeitas as demais empresas ou equiparados que contratam empregados, inclusive as relativas ao recolhimento do FGTS, à Relação Anual de Informações Sociais (Rais) e ao Cadastro Geral de Empregados e Desempregados (Caged).

§ 5º. Na hipótese de recolhimento do FGTS na forma do inciso II do § 3º, deve-se assegurar a transferência dos recursos e dos elementos identificadores do recolhimento ao gestor desse fundo para crédito na conta vinculada do trabalhador.

§ 6º. O documento de que trata o inciso I do § 3º deste artigo tem caráter declaratório, constituindo instrumento hábil e suficiente para a exigência dos tributos e dos débitos fundiários que não tenham sido recolhidos resultantes das informações nele prestadas. (Incluído pela Lei Complementar nº 147, de 2014)

Art. 18-D. A tributação municipal do imposto sobre imóveis prediais urbanos deverá assegurar tratamento mais favorecido ao MEI para realização de sua atividade no mesmo local em que residir, mediante aplicação da menor alíquota vigente para aquela localidade, seja residencial ou comercial, nos termos da lei, sem prejuízo de eventual isenção ou imunidade existente. (Incluído pela Lei Complementar nº 147, de 2014)

Art. 18-E. O instituto do MEI é uma política pública que tem por objetivo a formalização de pequenos empreendimentos e a inclusão social e previdenciária. (Incluído pela Lei Complementar nº 147, de 2014)

§ 1º. A formalização de MEI não tem caráter eminentemente econômico ou fiscal. (Incluído pela Lei Complementar nº 147, de 2014)

§ 2º. Todo benefício previsto nesta Lei Complementar aplicável à microempresa estende-se ao MEI sempre que lhe for mais favorável. (Incluído pela Lei Complementar nº 147, de 2014)

§ 3º. O MEI é modalidade de microempresa. (Incluído pela Lei Complementar nº 147, de 2014)

§ 4º. É vedado impor restrições ao MEI relativamente ao exercício de profissão ou participação em licitações, em função da sua natureza jurídica, inclusive por ocasião da contratação dos serviços previstos no § 1º do art. 18-B desta Lei Complementar. (Redação dada pela Lei Complementar nº 155, de 2016)

§ 5º. O empreendedor que exerça as atividades de industrialização, comercialização e prestação de serviços no âmbito rural que efetuar seu registro como MEI não perderá a condição de segurado especial da Previdência Social. (Incluído pela Lei Complementar nº 155, de 2016)

§ 6º. O disposto no § 5º e o licenciamento simplificado de atividades para o empreendedor que exerça as atividades de industrialização, comercialização e prestação de serviços no âmbito rural serão regulamentados pelo CGSIM em até cento e oitenta dias. (Incluído pela Lei Complementar nº 155, de 2016)

§ 7º. O empreendedor que exerça as atividades de industrialização, comercialização e prestação de serviços no âmbito rural manterá todas as suas obrigações relativas à condição de produtor rural ou de agricultor familiar. (Incluído pela Lei Complementar nº 155, de 2016)

Art. 18-F. Para o transportador autônomo de cargas inscrito como MEI, nos termos do art. 18-A desta Lei Complementar: (Acrescido pela LC 188/2021)

I - o limite da receita bruta de que trata o § 1º e o inciso V do § 3º do art. 18-A desta Lei Complementar será de R$ 251.600,00 (duzentos e cinquenta e um mil e seiscentos reais);

II - o limite será de R$ 20.966,67 (vinte mil novecentos e sessenta e seis reais e sessenta e sete centavos) multiplicados pelo número de meses compreendidos entre o início da atividade e o final do respectivo ano-calendário, consideradas as frações de meses como um mês inteiro, no caso de início de atividades de que trata o § 2º do art. 18-A desta Lei Complementar;

III - o valor mensal da contribuição de que trata o inciso X do § 1º do art. 13 desta Lei Complementar corresponderá ao valor resultante da aplicação da alíquota de 12% (doze por cento) sobre o salário-mínimo mensal.

Art. 19. Sem prejuízo da possibilidade de adoção de todas as faixas de receita previstas nos Anexos I a V desta Lei Complementar, os Estados cuja participação no Produto Interno Bruto brasileiro seja de até 1% (um por cento) poderão optar pela aplicação de sublimite para efeito de recolhimento do ICMS na forma do Simples Nacional nos respectivos territórios, para empresas com receita bruta anual de até R$ 1.800.000,00 (um milhão e oitocentos mil reais). (Redação dada pela Lei Complementar nº 155, de 2016)

› **Atualização: Art. 19. (Revogado pela LC 214/2025, com produção de efeitos a partir de 1º de janeiro de 2027)**

I – (Revogado pela Lei Complementar nº 155, de 2016)

II – (Revogado pela Lei Complementar nº 155, de 2016)

III – (Revogado pela Lei Complementar nº 155, de 2016)

§ 1º. A participação no Produto Interno Bruto brasileiro será apurada levando em conta o último resultado divulgado pelo Instituto Brasileiro de Geografia e Estatística ou outro órgão que o substitua.

§ 2º. A opção prevista no *caput* produzirá efeitos somente para o ano-calendário subsequente, salvo deliberação do CGSN. (Redação dada pela Lei Complementar nº 155, de 2016)

§ 3º. O disposto neste artigo aplica-se ao Distrito Federal.

§ 4º. Para os Estados que não tenham adotado sublimite na forma do *caput* e para aqueles cuja participação no Produto Interno Bruto brasileiro seja superior a 1% (um por cento), para efeito de recolhimento do ICMS e do ISS, observar-se-á obrigatoriamente o sublimite no valor de R$ 3.600.000,00 (três milhões e seiscentos mil reais). (Incluído pela Lei Complementar nº 155, de 2016)

Art. 20. A opção feita na forma do art. 19 desta Lei Complementar pelos Estados importará adoção do mesmo limite de receita bruta anual para efeito de recolhimento na forma do ISS dos Municípios nele localizados, bem como para o do ISS devido no Distrito Federal.

‣ Atualização: Art. 20. (Revogado pela LC 214/2025, com produção de efeitos a partir de 1º de janeiro de 2027)

§ 1º. A empresa de pequeno porte que ultrapassar os limites a que se referem o *caput* e o § 4º do art. 19 estará automaticamente impedida de recolher o ICMS e o ISS na forma do Simples Nacional, a partir do mês subsequente àquele em que tiver ocorrido o excesso, relativamente aos seus estabelecimentos localizados na unidade da Federação que os houver adotado, ressalvado o disposto nos §§ 11 e 13 do art. 3º. (Redação dada pela Lei Complementar nº 155, de 2016)

§ 1º-A. Os efeitos do impedimento previsto no § 1º ocorrerão no ano-calendário subsequente se o excesso verificado não for superior a 20% (vinte por cento) dos limites referidos.

§ 2º. O disposto no § 1º deste artigo não se aplica na hipótese de o Estado ou de o Distrito Federal adotarem, compulsoriamente ou por opção, a aplicação de faixa de receita bruta superior à que vinha sendo utilizada no ano-calendário em que ocorreu o excesso da receita bruta.

§ 3º. Na hipótese em que o recolhimento do ICMS ou do ISS não esteja sendo efetuado por meio do Simples Nacional por força do disposto neste artigo e no art. 19 desta Lei Complementar, as faixas de receita do Simples Nacional superiores àquela que tenha sido objeto de opção pelos Estados ou pelo Distrito Federal sofrerão, para efeito de recolhimento do Simples Nacional, redução da alíquota efetiva desses impostos, apurada de acordo com os Anexos I a V desta Lei Complementar, conforme o caso. (Redação dada pela Lei Complementar nº 155, de 2016)

§ 4º. O Comitê Gestor regulamentará o disposto neste artigo e no art. 19 desta Lei Complementar.

SEÇÃO IV.
DO RECOLHIMENTO DOS TRIBUTOS DEVIDOS

Art. 21. Os tributos devidos, apurados na forma dos arts. 18 a 20 desta Lei Complementar, deverão ser pagos:

I – por meio de documento único de arrecadação, instituído pelo Comitê Gestor;

II – (Revogado pela LC 127/07)

III – enquanto não regulamentado pelo Comitê Gestor, até o último dia útil da primeira quinzena do mês subsequente àquele a que se referir;

IV – em banco integrante da rede arrecadadora do Simples Nacional, na forma regulamentada pelo Comitê Gestor.

§ 1º. Na hipótese de a microempresa ou a empresa de pequeno porte possuir filiais, o recolhimento dos tributos do Simples Nacional dar-se-á por intermédio da matriz.

§ 2º. Poderá ser adotado sistema simplificado de arrecadação do Simples Nacional, inclusive sem utilização da rede bancária, mediante requerimento do Estado, Distrito Federal ou Município ao Comitê Gestor.

§ 3º. O valor não pago até a data do vencimento sujeitar-se-á à incidência de encargos legais na forma prevista na legislação do imposto sobre a renda.

‣ Atualização: § 3º-A. Os débitos do IBS e da CBS poderão ser extintos mediante recolhimento: (Acrescido pela LC 214/2025, com produção de efeitos a partir de 1º de janeiro de 2027)
I - na liquidação financeira da operação (split payment), observado o disposto nos arts. 31 a 35 da lei instituidora do IBS e da CBS;
II - efetuado pelo adquirente, nos termos do art. 36 da lei instituidora do IBS e da CBS.

§ 4º. A retenção na fonte de ISS das microempresas ou das empresas de pequeno porte optantes pelo Simples Nacional somente será permitida se observado o disposto no art. 3º da Lei Complementar nº 116, de 31 de julho de 2003, e deverá observar as seguintes normas:

‣ Atualização: § 4º. (Revogado pela LC 214/2025, com produção de efeitos a partir de 1º de janeiro de 2033)

I – a alíquota aplicável na retenção na fonte deverá ser informada no documento fiscal e corresponderá à alíquota efetiva de ISS a que a microempresa ou a empresa de pequeno porte estiver sujeita no mês anterior ao da prestação; (Redação dada pela Lei Complementar nº 155, de 2016)

II – na hipótese de o serviço sujeito à retenção ser prestado no mês de início de atividades da microempresa ou da empresa de pequeno porte, deverá ser aplicada pelo tomador a alíquota efetiva de 2% (dois por cento); (Redação dada pela Lei Complementar nº 155, de 2016)

III – na hipótese do inciso II deste parágrafo, constatando-se que houve diferença entre a alíquota utilizada e a efetivamente apurada, caberá à microempresa ou empresa de pequeno porte prestadora dos serviços efetuar o recolhimento dessa diferença no mês subsequente ao do início de atividade em guia própria do Município;

IV – na hipótese de a microempresa ou empresa de pequeno porte estar sujeita à tributação do ISS no Simples Nacional por valores fixos mensais, não caberá a retenção a que se refere o *caput* deste parágrafo;

V – na hipótese de a microempresa ou a empresa de pequeno porte não informar a alíquota de que tratam os incisos I e II deste parágrafo no documento fiscal, aplicar-se-á a alíquota efetiva de 5% (cinco por cento); (Redação dada pela Lei Complementar nº 155, de 2016)

VI – não será eximida a responsabilidade do prestador de serviços quando a alíquota do ISS informada no documento fiscal for inferior à devida, hipótese em que o recolhimento dessa diferença será realizado em guia própria do Município;

VII – o valor retido, devidamente recolhido, será definitivo, não sendo objeto de partilha com os municípios, e sobre a receita de prestação de serviços que sofreu a retenção não haverá incidência de ISS a ser recolhido no Simples Nacional.

§ 4º-A. Na hipótese de que tratam os incisos I e II do § 4º, a falsidade na prestação dessas informações sujeitará o responsável, o titular, os sócios ou os administradores da microempresa e da empresa de pequeno porte, juntamente com as demais pessoas que para ela concorrerem, às penalidades previstas na legislação criminal e tributária.

‣ Atualização: § 4º-A. (Revogado pela LC 214/2025, com produção de efeitos a partir de 1º de janeiro de 2033)

§ 5º. O CGSN regulará a compensação e a restituição dos valores do Simples Nacional recolhidos indevidamente ou em montante superior ao devido.

§ 6º. O valor a ser restituído ou compensado será acrescido de juros obtidos pela aplicação da taxa referencial do Sistema Especial de Liquidação e de Custódia (Selic) para títulos federais, acumulada mensalmente, a partir do mês subsequente ao do pagamento indevido ou a maior que o devido até o mês anterior ao da compensação ou restituição, e de 1% (um por cento) relativamente ao mês em que estiver sendo efetuada.

§ 7º. Os valores compensados indevidamente serão exigidos com os acréscimos moratórios de que trata o art. 35.

§ 8º. Na hipótese de compensação indevida, quando se comprove falsidade de declaração apresentada pelo sujeito passivo, o contribuinte estará sujeito à multa isolada aplicada no percentual previsto no inciso I do *caput* do art. 44 da Lei nº 9.430, de 27 de dezembro de 1996, aplicado em dobro, e terá como base de cálculo o valor total do débito indevidamente compensado.

§ 9º. É vedado o aproveitamento de créditos não apurados no Simples Nacional, inclusive de natureza não tributária, para extinção de débitos do Simples Nacional.

§ 10. Os créditos apurados no Simples Nacional não poderão ser utilizados para extinção de outros débitos para com as Fazendas Públicas, salvo por ocasião da compensação de ofício oriunda de deferimento em processo de restituição ou após a exclusão da empresa do Simples Nacional.

§ 11. No Simples Nacional, é permitida a compensação tão somente de créditos para extinção de débitos para com o mesmo ente federado e relativos ao mesmo tributo.

§ 12. Na restituição e compensação no Simples Nacional serão observados os prazos de decadência e prescrição previstos na Lei nº 5.172, de 25 de outubro de 1966 (Código Tributário Nacional).

§ 13. É vedada a cessão de créditos para extinção de débitos no Simples Nacional.

§ 14. Aplica-se aos processos de restituição e de compensação o rito estabelecido pelo CGSN.

- Atualização: § 14-A. Em caso de pagamento indevido, a restituição do IBS e da CBS somente será devida ao contribuinte na hipótese em que: (Acrescido pela LC 214/2025, com produção de efeitos a partir de 1º de janeiro de 2027)
I - a operação não tenha gerado crédito para o adquirente dos bens ou serviços; e
II - tenha sido observado o disposto no art. 166 da Lei nº 5.172, de 25 de outubro de 1966 (Código Tributário Nacional).

§ 15. Compete ao CGSN fixar critérios, condições para rescisão, prazos, valores mínimos de amortização e demais procedimentos para parcelamento dos recolhimentos em atraso dos débitos tributários apurados no Simples Nacional, observado o disposto no § 3º deste artigo e no art. 35 e ressalvado o disposto no § 19 deste artigo.

§ 16. Os débitos de que trata o § 15 poderão ser parcelados em até 60 (sessenta) parcelas mensais, na forma e condições previstas pelo CGSN.

§ 17. O valor de cada prestação mensal, por ocasião do pagamento, será acrescido de juros equivalentes à taxa referencial do Sistema Especial de Liquidação e de Custódia (Selic) para títulos federais, acumulada mensalmente, calculados a partir do mês subsequente ao da consolidação até o mês anterior ao do pagamento, e de 1% (um por cento) relativamente ao mês em que o pagamento estiver sendo efetuado, na forma regulamentada pelo CGSN.

§ 18. Será admitido reparcelamento de débitos constantes de parcelamento em curso ou que tenha sido rescindido, podendo ser incluídos novos débitos, na forma regulamentada pelo CGSN.

§ 19. Os débitos constituídos de forma isolada por parte de Estado, do Distrito Federal ou de Município, em face de ausência de aplicativo para lançamento unificado, relativo a tributo de sua competência, que não estiverem inscritos em Dívida Ativa da União, poderão ser parcelados pelo ente responsável pelo lançamento de acordo com a respectiva legislação, na forma regulamentada pelo CGSN.

§ 20. O pedido de parcelamento deferido importa confissão irretratável do débito e configura confissão extrajudicial.

§ 21. Serão aplicadas na consolidação as reduções das multas de lançamento de ofício previstas na legislação federal, conforme regulamentação do CGSN.

§ 22. O repasse para os entes federados dos valores pagos e da amortização dos débitos parcelados será efetuado proporcionalmente ao valor de cada tributo na composição da dívida consolidada.

§ 23. No caso de parcelamento de débito inscrito em dívida ativa, o devedor pagará custas, emolumentos e demais encargos legais.

§ 24. Implicará imediata rescisão do parcelamento e remessa do débito para inscrição em dívida ativa ou prosseguimento da execução, conforme o caso, até deliberação do CGSN, a falta de pagamento:

I – de 3 (três) parcelas, consecutivas ou não; ou

II – de 1 (uma) parcela, estando pagas todas as demais.

§ 25. O documento previsto no inciso I do *caput* deste artigo deverá conter a partilha discriminada de cada um dos tributos abrangidos pelo Simples Nacional, bem como os valores destinados a cada ente federado. (Incluído pela Lei Complementar nº 155, de 2016)

Art. 21-A. A inscrição de microempresa ou empresa de pequeno porte no Cadastro Informativo dos créditos não quitados do setor público federal – CADIN, somente ocorrerá mediante notificação prévia com prazo para contestação. (Incluído pela Lei Complementar nº 147, de 2014)

Art. 21-B. Os Estados e o Distrito Federal deverão observar, em relação ao ICMS, o prazo mínimo de 60 (sessenta) dias, contado a partir do primeiro dia do mês do fato gerador da obrigação tributária, para estabelecer a data de vencimento do imposto devido por substituição tributária, tributação concentrada em uma única etapa (monofásica) e por antecipação tributária com ou sem encerramento de tributação, nas hipóteses em que a responsabilidade recair sobre operações ou prestações subsequentes, na forma regulamentada pelo Comitê Gestor. (Incluído pele Lei Complementar nº 147, de 2014)

- Atualização: Art. 21-B. (Revogado pela LC 214/2025, com produção de efeitos a partir de 1º de janeiro de 2033)

SEÇÃO V. DO REPASSE DO PRODUTO DA ARRECADAÇÃO

Art. 22. O Comitê Gestor definirá o sistema de repasses do total arrecadado, inclusive encargos legais, para o:

I – Município ou Distrito Federal, do valor correspondente ao ISS;

- Atualização: I - (Revogado pela LC 214/2025, com produção de efeitos a partir de 1º de janeiro de 2033)

II – Estado ou Distrito Federal, do valor correspondente ao ICMS;

- Atualização: II - (Revogado pela LC 214/2025, com produção de efeitos a partir de 1º de janeiro de 2033)

III – Instituto Nacional do Seguro Social, do valor correspondente à Contribuição para manutenção da Seguridade Social.

Parágrafo único. Enquanto o Comitê Gestor não regulamentar o prazo para o repasse previsto no inciso II do *caput* deste artigo, esse será efetuado nos prazos estabelecidos nos convênios celebrados no âmbito do colegiado a que se refere a alínea g do inciso XII do § 2º do art. 155 da Constituição Federal.

- Atualização: Parágrafo único. (Revogado pela LC 214/2025, com produção de efeitos a partir de 1º de janeiro de 2027)

SEÇÃO VI. DOS CRÉDITOS

Art. 23. As microempresas e as empresas de pequeno porte optantes pelo Simples Nacional não farão jus à apropriação nem transferirão créditos relativos a impostos ou contribuições abrangidos pelo Simples Nacional.

§ 1º. As pessoas jurídicas e aquelas a elas equiparadas pela legislação tributária não optantes pelo Simples Nacional terão direito a crédito correspondente ao ICMS incidente sobre as suas aquisições de mercadorias de microempresa ou empresa de pequeno porte optante pelo Simples Nacional, desde que destinadas à comercialização ou industrialização e observado, como limite, o ICMS efetivamente devido pelas optantes pelo Simples Nacional em relação a essas aquisições.

- Atualização: § 1º As pessoas jurídicas e aquelas a elas equiparadas pela legislação tributária não optantes pelo Simples Nacional terão direito a crédito correspondente ao ICMS, ao IBS e à CBS incidentes sobre as suas aquisições de bens materiais ou imateriais, inclusive direitos, e de serviços de microempresa ou empresa de pequeno porte optante pelo Simples Nacional, em montante equivalente ao cobrado por meio desse regime único. (Redação dada pela LC 214/2025, com produção de efeitos a partir de 1º de janeiro de 2027)

§ 2º. A alíquota aplicável ao cálculo do crédito de que trata o § 1º deste artigo deverá ser informada no documento fiscal e corresponderá ao percentual de ICMS previsto nos Anexos I ou II desta Lei Complementar para a faixa de receita bruta a que a microempresa ou a empresa de pequeno porte estiver sujeita no mês anterior ao da operação.

- Atualização: § 2º A alíquota aplicável ao cálculo do crédito de que trata o § 1º deverá ser informada no documento fiscal e corresponderá aos percentuais de ICMS, IBS e CBS previstos nos Anexos I a V desta Lei Complementar para a faixa de receita bruta a que a microempresa ou a empresa de pequeno porte estiver sujeita no mês de operação. (Redação dada pela LC 214/2025, com produção de efeitos a partir de 1º de janeiro de 2027)

§ 3º. Na hipótese de a operação ocorrer no mês de início de atividades da microempresa ou empresa de pequeno porte optante pelo Simples Nacional, a alíquota aplicável ao cálculo do crédito de que trata o § 1º deste artigo corresponderá ao percentual de ICMS referente à menor alíquota prevista nos Anexos I ou II desta Lei Complementar.

- Atualização: § 3º Na hipótese de a operação ocorrer no mês de início de atividades da microempresa ou empresa de pequeno porte optante pelo Simples Nacional, a alíquota aplicável ao cálculo do crédito de que trata o § 1º corresponderá aos percentuais de ICMS, IBS e CBS referentes à menor alíquota prevista nos Anexos I a V desta Lei Complementar. (Redação dada pela LC 214/2025, com produção de efeitos a partir de 1º de janeiro de 2027)

§ 4º. Não se aplica o disposto nos §§ 1º a 3º deste artigo quando:

I – a microempresa ou empresa de pequeno porte estiver sujeita à tributação do ICMS no Simples Nacional por valores fixos mensais;

- Atualização: I - a microempresa ou empresa de pequeno porte estiver sujeita à tributação do ICMS no Simples Nacional por valores fixos mensais, em relação ao direito de crédito desse tributo ao adquirente; (Redação dada pela LC 214/2025, com produção de efeitos a partir de 1º de janeiro de 2027)

II – a microempresa ou a empresa de pequeno porte não informar a alíquota de que trata o § 2º deste artigo no documento fiscal;

III – houver isenção estabelecida pelo Estado ou Distrito Federal que abranja a faixa de receita bruta a que a microempresa ou a empresa de pequeno porte estiver sujeita no mês da operação;

IV – o remetente da operação ou prestação considerar, por opção, que a alíquota determinada na forma do *caput* e dos §§ 1º e 2º do art. 18 desta Lei Complementar deverá incidir sobre a receita recebida no mês.

› Atualização: IV - (Revogado pela LC 214/2025, com produção de efeitos a partir de 1º de janeiro de 2027)

§ 5º. Mediante deliberação exclusiva e unilateral dos Estados e do Distrito Federal, poderá ser concedido às pessoas jurídicas e àquelas a elas equiparadas pela legislação tributária não optantes pelo Simples Nacional crédito correspondente ao ICMS incidente sobre os insumos utilizados nas mercadorias adquiridas de indústria optante pelo Simples Nacional, sendo vedado o estabelecimento de diferenciação no valor do crédito em razão da procedência dessas mercadorias.

› Atualização: § 5º (Revogado pela LC 214/2025, com produção de efeitos a partir de 1º de janeiro de 2033)

§ 6º. O Comitê Gestor do Simples Nacional disciplinará o disposto neste artigo.

Art. 24. As microempresas e as empresas de pequeno porte optantes pelo Simples Nacional não poderão utilizar ou destinar qualquer valor a título de incentivo fiscal.

§ 1º. Não serão consideradas quaisquer alterações em bases de cálculo, alíquotas e percentuais ou outros fatores que alterem o valor de imposto ou contribuição apurado na forma do Simples Nacional, estabelecidas pela União, Estado, Distrito Federal ou Município, exceto as previstas ou autorizadas nesta Lei Complementar. (Incluído pela Lei Complementar nº 155, de 2016)

§ 2º. (VETADO). (Incluído pela Lei Complementar nº 155, de 2016)

SEÇÃO VII. DAS OBRIGAÇÕES FISCAIS ACESSÓRIAS

Art. 25. A microempresa ou empresa de pequeno porte optante pelo Simples Nacional deverá apresentar anualmente à Secretaria da Receita Federal do Brasil declaração única e simplificada de informações socioeconômicas e fiscais, que deverá ser disponibilizada aos órgãos de fiscalização tributária e previdenciária, observados prazo e modelo aprovados pelo CGSN e observado o disposto no § 15-A do art. 18.

› Atualização: Art. 25. As informações relativas aos fatos geradores do Simples Nacional deverão ser prestadas pela microempresa ou empresa de pequeno porte optante no mês subsequente ao de sua ocorrência, no prazo estabelecido para o pagamento dos respectivos tributos, no sistema eletrônico de cálculo de que trata o § 15 do art. 18, mediante declaração simplificada transmitida à Secretaria Especial da Receita Federal do Brasil, observado, em relação às informações, o modelo aprovado pelo CGSN. (Redação dada pela LC 214/2025, com produção de efeitos a partir de 1º de janeiro de 2027)

› Lei Complementar nº 123, de 14-12-2006, arts. 26, II, § 3º, 38, 41, § 4º, II, Institui o Estatuto Nacional da Microempresa e da Empresa de Pequeno Porte.

§ 1º. A declaração de que trata o *caput* deste artigo constitui confissão de dívida e instrumento hábil e suficiente para a exigência dos tributos e contribuições que não tenham sido recolhidos resultantes das informações nela prestadas.

§ 2º. A situação de inatividade deverá ser informada na declaração de que trata o *caput* deste artigo, na forma regulamentada pelo Comitê Gestor.

› Atualização: § 2º A declaração de trata o caput conterá as informações socioeconômicas e fiscais do optante conforme forma e prazos definidos pelo CGSN. (Redação dada pela LC 214/2025, com produção de efeitos a partir de 1º de janeiro de 2027)de efeitos a partir de 1º de janeiro de 2027)

§ 3º. Para efeito do disposto no § 2º deste artigo, considera-se em situação de inatividade a microempresa ou a empresa de pequeno porte que não apresente mutação patrimonial e atividade operacional durante todo o ano-calendário.

› Atualização: § 3º (Revogado pela LC 214/2025, com produção de efeitos a partir de 1º de janeiro de 2027)

§ 4º. A declaração de que trata o *caput* deste artigo, relativa ao MEI definido no art. 18-A desta Lei Complementar, conterá, para efeito do disposto no art. 3º da Lei Complementar nº 63, de 11 de janeiro de 1990, tão somente as informações relativas à receita bruta total sujeita ao ICMS, sendo vedada a instituição de declarações adicionais em decorrência da referida Lei Complementar.

› Atualização: § 4º (Revogado pela LC 214/2025, com produção de efeitos a partir de 1º de janeiro de 2027)

§ 5º. A declaração de que trata o *caput*, a partir das informações relativas ao ano-calendário de 2012, poderá ser prestada por meio da declaração de que trata o § 15-A do art. 18 desta Lei Complementar, na periodicidade e prazos definidos pelo CGSN. (Incluído pela Lei Complementar nº 147, de 2014)

› Atualização: § 5º (Revogado pela LC 214/2025, com produção de efeitos a partir de 1º de janeiro de 2027)

§ 6º A Secretaria da Receita Federal do Brasil poderá apresentar ao optante declaração assistida no sistema eletrônico de que trata o caput, na forma e prazo previstos pelo CGSN. (Acrescido pela LC 214/2025, com produção de efeitos a partir de 1º de janeiro de 2027)

§ 7º A declaração assistida realizada nos termos do § 6º deste artigo, caso o contribuinte a confirme ou nela realize ajustes, constitui confissão de dívida em relação às operações ocorridas no período. (Acrescido pela LC 214/2025, com produção de efeitos a partir de 1º de janeiro de 2027)

§ 8º Na ausência de manifestação do contribuinte sobre a declaração assistida no prazo de que trata o caput, presume-se correto o saldo apurado e considera-se constituído o crédito tributário. (Acrescido pela LC 214/2025, com produção de efeitos a partir de 1º de janeiro de 2027)

§ 9º O disposto nos §§ 6º a 8º não afasta a prerrogativa de lançamento de ofício de crédito tributário relativo a diferenças posteriormente verificadas pela administração tributária. (Acrescido pela LC 214/2025, com produção de efeitos a partir de 1º de janeiro de 2027)

Art. 25-A. Os dados dos documentos fiscais e declarações de qualquer espécie serão compartilhados entre as administrações tributárias da União, dos Estados, do Distrito Federal e dos Municípios, na forma estabelecida pelo CGSN. (Acrescido pela LC 214/2025)

Art. 25-B. O MEI, definido no art. 18-A, deverá apresentar anualmente à Secretaria Especial da Receita Federal do Brasil declaração única e simplificada de informações socioeconômicas e fiscais, observados prazo e modelo aprovados pelo CGSN. (Acrescido pela LC 214/2025)

Parágrafo único. As informações da declaração referida no caput têm caráter declaratório, constituindo confissão de dívida e instrumento hábil e suficiente para a exigência dos tributos e contribuições que não tenham sido recolhidos resultantes das informações nela prestadas.

Art. 26. As microempresas e empresas de pequeno porte optantes pelo Simples Nacional ficam obrigadas a:

I – emitir documento fiscal de venda ou prestação de serviço, de acordo com instruções expedidas pelo Comitê Gestor;

› Esta lei: art. 29, XI.

II - manter em boa ordem e guarda os documentos que fundamentaram a apuração dos impostos e contribuições devidos e o cumprimento das obrigações acessórias a que se referem os arts. 25 e 25-B desta Lei Complementar enquanto não decorrido o prazo decadencial e não prescritas eventuais ações que lhes sejam pertinentes. (Redação dada pela LC 214/2025)

§ 1º. O MEI fará a comprovação da receita bruta mediante apresentação do registro de vendas ou de prestação de serviços na forma estabelecida pelo CGSN, ficando dispensado da emissão do documento fiscal previsto no inciso I do *caput*, ressalvadas as hipóteses de emissão obrigatória previstas pelo referido Comitê.

› Atualização: § 1º O MEI fará a comprovação da receita bruta mediante apresentação do registro de vendas ou de prestação de serviços na forma estabelecida pelo CGSN. (Redação dada pela LC 214/2025, com produção de efeitos a partir de 1º de janeiro de 2027)

I a III – (Revogados pela LC nº 128/08)

§ 2º. As demais microempresas e as empresas de pequeno porte, além do disposto nos incisos I e II do *caput* deste artigo, deverão, ainda, manter o livro-caixa em que será escriturada sua movimentação financeira e bancária.

§ 3º A exigência das declarações a que se referem os arts. 25 e 25-B não desobriga a prestação de informações relativas a terceiros. (Redação dada pela LC 214/2025)

§ 4º. É vedada a exigência de obrigações tributárias acessórias relativas aos tributos apurados na forma do Simples Nacional além daquelas estipuladas pelo CGSN e atendidas por meio do Portal do Simples Nacional, bem como, o estabelecimento de exigências adicionais e unilaterais pelos entes federativos, exceto os programas de cidadania fiscal. (Redação dada pela Lei Complementar nº 147, de 2014)

§ 4º-A. A escrituração fiscal digital ou obrigação equivalente não poderá ser exigida da microempresa ou empresa de pequeno porte optante pelo Simples Nacional, salvo se, cumulativamente, houver: (Incluído pela Lei Complementar nº 147, de 2014)

I – autorização específica do CGSN, que estabelecerá as condições para a obrigatoriedade; (Incluído pela Lei Complementar nº 147, de 2014)

II - disponibilização por parte da administração tributária estipulante de programa gratuito para uso da empresa optante. (Redação dada pela LC 214/2025)

§ 4º-B. A exigência de apresentação de livros fiscais em meio eletrônico aplicar-se-á somente na hipótese de substituição da entrega em meio convencional, cuja obrigatoriedade tenha sido prévia e especificamente estabelecida pelo CGSN. (Incluído pela Lei Complementar nº 147, de 2014)

§ 4º-C. Até a implantação de sistema nacional uniforme estabelecido pelo CGSN com compartilhamento de informações com os entes federados, permanece válida norma publicada por ente federado até o primeiro trimestre de 2014 que tenha veiculado exigência vigente de a microempresa ou empresa de pequeno porte apresentar escrituração fiscal digital ou obrigação equivalente. (Incluído pela Lei Complementar nº 147, de 2014)

§ 5º. As microempresas e empresas de pequeno porte ficam sujeitas à entrega de declaração eletrônica que deva conter os dados referentes aos serviços prestados ou tomados de terceiros, na conformidade do que dispuser o Comitê Gestor.

§ 6º. Na hipótese do § 1º deste artigo:

I – deverão ser anexados ao registro de vendas ou de prestação de serviços, na forma regulamentada pelo Comitê Gestor, os documentos fiscais comprobatórios das entradas de mercadorias e serviços tomados referentes ao período, bem como os documentos fiscais relativos às operações ou prestações realizadas eventualmente emitidos;

II – será obrigatória a emissão de documento fiscal nas vendas e nas prestações de serviços realizadas pelo MEI para destinatário cadastrado no Cadastro Nacional da Pessoa Jurídica (CNPJ), ficando dispensado desta emissão para o consumidor final.

- Atualização: II - será obrigatória a emissão de documento fiscal nas vendas e nas prestações de serviços realizadas pelo MEI. (Redação dada pela LC 214/2025, com produção de efeitos a partir de 1º de janeiro de 2027)

§ 7º. Cabe ao CGSN dispor sobre a exigência da certificação digital para o cumprimento de obrigações principais e acessórias por parte da microempresa, inclusive o MEI, ou empresa de pequeno porte optante pelo Simples Nacional, inclusive para o recolhimento do FGTS.

§ 8º. O CGSN poderá disciplinar sobre a disponibilização, no portal do SIMPLES Nacional, de documento fiscal eletrônico de venda ou de prestação de serviço para o MEI, microempresa ou empresa de pequeno porte optante pelo Simples Nacional. (Incluído pela Lei Complementar nº 147, de 2014)

§ 9º. O desenvolvimento e a manutenção das soluções de tecnologia, capacitação e orientação aos usuários relativas ao disposto no § 8º, bem como as demais relativas ao Simples Nacional, poderão ser apoiadas pelo Serviço Brasileiro de Apoio às Micro e Pequenas Empresas – SEBRAE. (Incluído pela Lei Complementar nº 147, de 2014)

§ 10. O ato de emissão ou de recepção de documento fiscal por meio eletrônico estabelecido pelas administrações tributárias, em qualquer modalidade, de entrada, de saída ou de prestação, na forma estabelecida pelo CGSN, representa sua própria escrituração fiscal e elemento suficiente para a fundamentação e a constituição do crédito tributário. (Incluído pela Lei Complementar nº 147, de 2014)

- Atualização: § 10. O ato de emissão ou de recepção de documento fiscal por meio eletrônico estabelecido pelas administrações tributárias, em qualquer modalidade, de entrada, de saída ou de prestação, na forma estabelecida pelo CGSN, representa sua própria escrituração fiscal e elemento suficiente para a fundamentação e a constituição do crédito tributário, possuindo caráter declaratório e constituindo confissão do valor devido dos tributos. (Redação dada pela LC 214/2025, com produção de efeitos a partir de 1º de janeiro de 2027)

§ 11. Os dados dos documentos fiscais de qualquer espécie podem ser compartilhados entre as administrações tributárias da União, Estados, Distrito Federal e Municípios e, quando emitidos por meio eletrônico, na forma estabelecida pelo CGSN, a microempresa ou empresa de pequeno porte optante pelo Simples Nacional fica desobrigada de transmitir seus dados às administrações tributárias. (Incluído pela Lei Complementar nº 147, de 2014)

§ 12. As informações a serem prestadas relativas ao ICMS devido na forma prevista nas alíneas a, g e h do inciso XIII do § 1º do art. 13 serão fornecidas por meio de aplicativo único. (Incluído pela Lei Complementar nº 147, de 2014)

- Atualização: § 12. (Revogado pela LC 214/2025, com produção de efeitos a partir de 1º de janeiro de 2033)

§ 12-A. A escrituração fiscal, nos termos do § 4º-A, acarreta a dispensa de prestação da informação prevista no § 12. (Acrescido pela LC 214/2025)

- Atualização:§ 12-A. (Revogado pela LC 214/2025, com produção de efeitos a partir de 1º de janeiro de 2033)

§ 13. Fica estabelecida a obrigatoriedade de utilização de documentos fiscais eletrônicos estabelecidos pelo Confaz nas operações e prestações relativas ao ICMS efetuadas por microempresas e empresas de pequeno porte nas hipóteses previstas nas alíneas a, g e h do inciso XIII do § 1º do art. 13. (Incluído pela Lei Complementar nº 147, de 2014)

- Atualização: § 13. (Revogado pela LC 214/2025, com produção de efeitos a partir de 1º de janeiro de 2033)

§ 14. Os aplicativos necessários ao cumprimento do disposto nos §§ 12 e 13 deste artigo serão disponibilizados, de forma gratuita, no portal do Simples Nacional. (Incluído pela Lei Complementar nº 147, de 2014)

- Atualização: § 14. (Revogado pela LC 214/2025, com produção de efeitos a partir de 1º de janeiro de 2033)

§ 15. O CGSN regulamentará o disposto neste artigo. (Incluído pela Lei Complementar nº 147, de 2014)

Art. 27. As microempresas e empresas de pequeno porte optantes pelo Simples Nacional poderão, opcionalmente, adotar contabilidade simplificada para os registros e controles das operações realizadas, conforme regulamentação do Comitê Gestor.

- Dec. nº 6.451, de 12-5-2008, dispõe sobre a constituição do Consórcio Simples por Microempresas e EPP optantes pelo Simples Nacional.

SEÇÃO VIII. DA EXCLUSÃO DO SIMPLES NACIONAL

Art. 28. A exclusão do Simples Nacional será feita de ofício ou mediante comunicação das empresas optantes.

Parágrafo único. As regras previstas nesta seção e o modo de sua implementação serão regulamentados pelo Comitê Gestor.

Art. 29. A exclusão de ofício das empresas optantes pelo Simples Nacional dar-se-á quando:

I – verificada a falta de comunicação de exclusão obrigatória;

- Esta lei: art. 33.

II – for oferecido embaraço à fiscalização, caracterizado pela negativa não justificada de exibição de livros e documentos a que estiverem obrigadas, bem como pelo não fornecimento de informações sobre bens, movimentação financeira, negócio ou atividade que estiverem intimadas a apresentar, e nas demais hipóteses que autorizam a requisição de auxílio da força pública;

III – for oferecida resistência à fiscalização, caracterizada pela negativa de acesso ao estabelecimento, ao domicílio fiscal ou a qualquer outro local onde desenvolvam suas atividades ou se encontrem bens de sua propriedade;

IV – a sua constituição ocorrer por interpostas pessoas;

V – tiver sido constatada prática reiterada de infração ao disposto nesta Lei Complementar;

VI – a empresa for declarada inapta, na forma dos arts. 81 e 82 da Lei nº 9.430, de 27 de dezembro de 1996, e alterações posteriores;

VII – comercializar mercadorias objeto de contrabando ou descaminho;

VIII – houver falta de escrituração do livro-caixa ou não permitir a identificação da movimentação financeira, inclusive bancária;

IX – for constatado que durante o ano-calendário o valor das despesas pagas supera em 20% (vinte por cento) o valor de ingressos de recursos no mesmo período, excluído o ano de início de atividade;

X – for constatado que durante o ano-calendário o valor das aquisições de mercadorias para comercialização ou industrialização, ressalvadas hipóteses justificadas de aumento de estoque, for superior a 80% (oitenta por cento) dos ingressos de recursos no mesmo período, excluído o ano de início de atividade;

XI – houver descumprimento reiterado da obrigação contida no inciso I do *caput* do art. 26;

XII – omitir de forma reiterada da folha de pagamento da empresa ou de documento de informações previsto pela legislação previdenciária, trabalhista ou tributária, segurado empregado, trabalhador avulso ou contribuinte individual que lhe preste serviço.

§ 1º. Nas hipóteses previstas nos incisos II a XII do *caput* deste artigo, a exclusão produzirá efeitos a partir do próprio mês em que incorridas, impedindo a opção pelo regime diferenciado e favorecido desta Lei Complementar pelos próximos 3 (três) anos-calendário seguintes.

§ 2º. O prazo de que trata o § 1º deste artigo será elevado para 10 (dez) anos caso seja constatada a utilização de artifício, ardil ou qualquer outro meio fraudulento que induza ou mantenha a fiscalização em erro, com o fim de suprimir ou reduzir o pagamento de tributo apurável segundo o regime especial previsto nesta Lei Complementar.

§ 3º. A exclusão de ofício será realizada na forma regulamentada pelo Comitê Gestor, cabendo o lançamento dos tributos e contribuições apurados aos respectivos entes tributantes.

§ 4º. (Revogado pela LC 128/08)

§ 5º. A competência para exclusão de ofício do Simples Nacional obedece ao disposto no art. 33, e o julgamento administrativo, ao disposto no art. 39, ambos desta Lei Complementar.

§ 6º. Nas hipóteses de exclusão previstas no *caput*, a notificação:

I – será efetuada pelo ente federativo que promoveu a exclusão; e

II – poderá ser feita por meio eletrônico, observada a regulamentação do CGSN.

§ 7º. (Revogado pela LC 139/11)

§ 8º. A notificação de que trata o § 6º aplica-se ao indeferimento da opção pelo Simples Nacional.

§ 9º. Considera-se prática reiterada, para fins do disposto nos incisos V, XI e XII do *caput*:

I – a ocorrência, em 2 (dois) ou mais períodos de apuração, consecutivos ou alternados, de idênticas infrações, inclusive de natureza acessória, verificada em relação aos últimos 5 (cinco) anos-calendário, formalizadas por intermédio de auto de infração ou notificação de lançamento; ou

II – a segunda ocorrência de idênticas infrações, caso seja constatada a utilização de artifício, ardil ou qualquer outro meio fraudulento que induza ou mantenha a fiscalização em erro, com o fim de suprimir ou reduzir o pagamento de tributo.

Art. 30. A exclusão do Simples Nacional, mediante comunicação das microempresas ou das empresas de pequeno porte, dar-se-á:

I – por opção;

II – obrigatoriamente, quando elas incorrerem em qualquer das situações de vedação previstas nesta Lei Complementar; ou

III – obrigatoriamente, quando ultrapassado, no ano-calendário de início de atividade, o limite proporcional de receita bruta de que trata o § 2º do art. 3º;

IV – obrigatoriamente, quando ultrapassado, no ano-calendário, o limite de receita bruta previsto no inciso II do *caput* do art. 3º, quando não estiver no ano-calendário de início de atividade.

§ 1º. A exclusão deverá ser comunicada à Secretaria da Receita Federal:

- Esta lei: art. 36.

I – na hipótese do inciso I do *caput* deste artigo, até o último dia útil do mês de janeiro;

II – na hipótese do inciso II do *caput* deste artigo, até o último dia útil do mês subsequente àquele em que ocorrida a situação de vedação;

III – na hipótese do inciso III do *caput*:

a) até o último dia útil do mês seguinte àquele em que tiver ultrapassado em mais de 20% (vinte por cento) o limite proporcional de que trata o § 10 do art. 3º; ou

b) até o último dia útil do mês de janeiro do ano-calendário subsequente ao de início de atividades, caso o excesso seja inferior a 20% (vinte por cento) do respectivo limite;

IV – na hipótese do inciso IV do *caput*:

a) até o último dia útil do mês subsequente à ultrapassagem em mais de 20% (vinte por cento) do limite de receita bruta previsto no inciso II do *caput* do art. 3º; ou

b) até o último dia útil do mês de janeiro do ano-calendário subsequente, na hipótese de não ter ultrapassado em mais de 20% (vinte por cento) o limite de receita bruta previsto no inciso II do *caput* do art. 3º.

§ 2º. A comunicação de que trata o *caput* deste artigo dar-se-á na forma a ser estabelecida pelo Comitê Gestor.

§ 3º. A alteração de dados no CNPJ, informada pela ME ou EPP à Secretaria da Receita Federal do Brasil, equivalerá à comunicação obrigatória de exclusão do Simples Nacional nas seguintes hipóteses:

I – alteração de natureza jurídica para Sociedade Anônima, Sociedade Empresária em Comandita por Ações, Sociedade em Conta de Participação ou Estabelecimento, no Brasil, de Sociedade Estrangeira;

II – inclusão de atividade econômica vedada à opção pelo Simples Nacional;

III – inclusão de sócio pessoa jurídica;

IV – inclusão de sócio domiciliado no exterior;

V – cisão parcial; ou

VI – extinção da empresa.

Art. 31. A exclusão das microempresas ou das empresas de pequeno porte do Simples Nacional produzirá efeitos:

I – na hipótese do inciso I do *caput* do art. 30 desta Lei Complementar, a partir de 1º de janeiro do ano-calendário subsequente, ressalvado o disposto no § 4º deste artigo;

II – na hipótese do inciso II do *caput* do art. 30 desta Lei Complementar, a partir do mês seguinte da ocorrência da situação impeditiva;

III – na hipótese do inciso III do *caput* do art. 30 desta Lei Complementar:

a) desde o início das atividades;

b) a partir de 1º de janeiro do ano-calendário subsequente, na hipótese de não ter ultrapassado em mais de 20% (vinte por cento) o limite proporcional de que trata o § 10 do art. 3º;

IV – na hipótese do inciso V do *caput* do art. 17 desta Lei Complementar, a partir do ano-calendário subsequente ao da ciência da comunicação da exclusão.

V – na hipótese do inciso IV do *caput* do art. 30:

a) a partir do mês subsequente à ultrapassagem em mais de 20% (vinte por cento) do limite de receita bruta previsto no inciso II do art. 3º;

b) a partir de 1º de janeiro do ano-calendário subsequente, na hipótese de não ter ultrapassado em mais de 20% (vinte por cento) o limite de receita bruta previsto no inciso II do art. 3º.

§ 1º. Na hipótese prevista no inciso III do *caput* do art. 30 desta Lei Complementar, a microempresa ou empresa de pequeno porte não poderá optar, no ano-calendário subsequente ao do início de atividades, pelo Simples Nacional.

§ 2º. Na hipótese dos incisos V e XVI do *caput* do art. 17, será permitida a permanência da pessoa jurídica como optante pelo Simples Nacional mediante a comprovação da regularização do débito ou do cadastro fiscal no prazo de até 30 (trinta) dias contados a partir da ciência da comunicação da exclusão.

§ 3º. O CGSN regulamentará os procedimentos relativos ao impedimento de recolher o ICMS e o ISS na forma do Simples Nacional, em face da ultrapassagem dos limites estabelecidos na forma dos incisos I ou II do art. 19 e do art. 20.

- Atualização: § 3º O CGSN regulamentará os procedimentos relativos ao impedimento de recolher o ICMS, o ISS e o IBS na forma do Simples Nacional, em face da ultrapassagem do limite estabelecido na forma do art. 13-A. (Redação dada pela LC 214/2025, com produção de efeitos a partir de 1º de janeiro de 2027)
- Atualização: § 3º O CGSN regulamentará os procedimentos relativos ao impedimento de

recolher o IBS na forma do Simples Nacional, em face da ultrapassagem do limite estabelecido na forma do art. 13-A. (Redação dada pela LC 214/2025, com produção de efeitos a partir de 1º de janeiro de 2033)

§ 4º. No caso de a microempresa ou a empresa de pequeno porte ser excluída do Simples Nacional no mês de janeiro, na hipótese do inciso I do *caput* do art. 30 desta Lei Complementar, os efeitos da exclusão dar-se-ão nesse mesmo ano.

§ 5º. Na hipótese do inciso II do *caput* deste artigo, uma vez que o motivo da exclusão deixe de existir, havendo a exclusão retroativa de ofício no caso do inciso I do *caput* do art. 29 desta Lei Complementar, o efeito desta dar-se-á a partir do mês seguinte ao da ocorrência da situação impeditiva, limitado, porém, ao último dia do ano-calendário em que a referida situação deixou de existir.

Art. 32. As microempresas ou as empresas de pequeno porte excluídas do Simples Nacional sujeitar-se-ão, a partir do período em que se processarem os efeitos da exclusão, às normas de tributação aplicáveis às demais pessoas jurídicas.

§ 1º. Para efeitos do disposto no *caput* deste artigo, na hipótese da alínea a do inciso III do *caput* do art. 31 desta Lei Complementar, a microempresa ou a empresa de pequeno porte desenquadrada ficará sujeita ao pagamento da totalidade ou diferença dos respectivos impostos e contribuições, devidos de conformidade com as normas gerais de incidência, acrescidos, tão somente, de juros de mora, quando efetuado antes do início de procedimento de ofício.

§ 2º. Para efeito do disposto no *caput* deste artigo, o sujeito passivo poderá optar pelo recolhimento do imposto de renda e da Contribuição Social sobre o Lucro Líquido na forma do lucro presumido, lucro real trimestral ou anual.

§ 3º. Aplica-se o disposto no *caput* e no § 1º em relação ao ICMS e ao ISS à empresa impedida de recolher esses impostos na forma do Simples Nacional, em face da ultrapassagem dos limites a que se referem os incisos I e II do *caput* do art. 19, relativamente ao estabelecimento localizado na unidade da federação que os houver adotado.

- Atualização: § 3º Aplica-se o disposto no caput e no § 1º em relação ao ICMS, ao ISS e ao IBS à empresa impedida de recolher esses impostos na forma do Simples Nacional, em face da ultrapassagem do limite a que se refere o art. 13-A. (Redação dada pela LC 214/2025, com produção de efeitos a partir de 1º de janeiro de 2027)
- Atualização: § 3º Aplica-se o disposto no caput e no § 1º em relação ao IBS à empresa impedida de recolher esses impostos na forma do Simples Nacional, em face da ultrapassagem do limite a que se refere o art. 13-A. (Redação dada pela LC 214/2025, com produção de efeitos a partir de 1º de janeiro de 2033)

SEÇÃO IX.
DA FISCALIZAÇÃO

Art. 33. A competência para fiscalizar o cumprimento das obrigações principais e acessórias relativas ao Simples Nacional e para verificar a ocorrência das hipóteses previstas no art. 29 desta Lei Complementar é da Secretaria da Receita Federal e das Secretarias de Fazenda ou de Finanças do Estado ou do Distrito Federal, segundo a localização do estabelecimento, e, tratando-se de prestação de serviços incluídos na competência tributária municipal, a competência será também do respectivo Município.

§ 1º. As Secretarias de Fazenda ou Finanças dos Estados poderão celebrar convênio com os Municípios de sua jurisdição para atribuir a estes a fiscalização a que se refere o *caput* deste artigo.

§ 1º-A. Dispensa-se o convênio de que trata o § 1º na hipótese de ocorrência de prestação de serviços sujeita ao ISS por estabelecimento localizado no Município.

§ 1º-B. A fiscalização de que trata o *caput*, após iniciada, poderá abranger todos os demais estabelecimentos da microempresa ou da empresa de pequeno porte, independentemente da atividade por eles exercida ou de sua localização, na forma e condições estabelecidas pelo CGSN.

§ 1º-C. As autoridades fiscais de que trata o *caput* têm competência para efetuar o lançamento de todos os tributos previstos nos incisos I a VIII do art. 13, apurados na forma do Simples Nacional, relativamente a todos os estabelecimentos da empresa, independentemente do ente federado instituidor.

§ 1º-D. A competência para autuação por descumprimento de obrigação acessória é privativa da administração tributária perante a qual a obrigação deveria ter sido cumprida.

§ 2º. Na hipótese de a microempresa ou empresa de pequeno porte exercer alguma das atividades de prestação de serviços previstas no § 5º-C do art. 18 desta Lei Complementar, caberá à Secretaria da Receita Federal do Brasil a fiscalização da Contribuição para a Seguridade Social, a cargo da empresa, de que trata o art. 22 da Lei nº 8.212, de 24 de julho de 1991.

§ 3º. O valor não pago, apurado em procedimento de fiscalização, será exigido em lançamento de ofício pela autoridade competente que realizou a fiscalização.

§ 4º. O Comitê Gestor disciplinará o disposto neste artigo.

SEÇÃO X.
DA OMISSÃO DE RECEITA

Art. 34. Aplicam-se à microempresa e à empresa de pequeno porte optantes pelo Simples Nacional todas as presunções de omissão de receita existentes nas legislações de regência dos impostos e contribuições incluídos no Simples Nacional.

§ 1º. É permitida a prestação de assistência mútua e a permuta de informações entre a Fazenda Pública da União e as dos Estados, do Distrito Federal e dos Municípios, relativas às microempresas e às empresas de pequeno porte, para fins de planejamento ou de execução de procedimentos fiscais ou preparatórios. (Incluído pela Lei Complementar nº 155, de 2016)

§ 2º. (VETADO). (Incluído pela Lei Complementar nº 155, de 2016)

§ 3º. Sem prejuízo de ação fiscal individual, as administrações tributárias poderão utilizar procedimento de notificação prévia visando à autorregularização, na forma e nos prazos a serem regulamentados pelo CGSN, que não constituirá início de procedimento fiscal. (Incluído pela Lei Complementar nº 155, de 2016)

§ 4º. (VETADO). (Incluído pela Lei Complementar nº 155, de 2016)

SEÇÃO XI.
DOS ACRÉSCIMOS LEGAIS

Art. 35. Aplicam-se aos impostos e contribuições devidos pela microempresa e pela empresa de pequeno porte, inscritas no Simples Nacional, as normas relativas aos juros e multa de mora e de ofício previstas para o imposto de renda, inclusive, quando for o caso, em relação ao ICMS e ao ISS.

- Atualização: Art. 35. Aplicam-se aos impostos e contribuições devidos pela microempresa e pela empresa de pequeno porte, inscritas no Simples Nacional, as normas relativas aos juros e multa de mora e de ofício previstas para o imposto de renda. (Redação dada pela LC 214/2025, com produção de efeitos a partir de 1º de janeiro de 2033)

Art. 36. A falta de comunicação, quando obrigatória, da exclusão da pessoa jurídica do Simples Nacional, nos prazos determinados no § 1º do art. 30 desta Lei Complementar, sujeitará a pessoa jurídica a multa correspondente a 10% (dez por cento) do total dos impostos e contribuições devidos de conformidade com o Simples Nacional no mês que anteceder o início dos efeitos da exclusão, não inferior a R$ 200,00 (duzentos reais), insusceptível de redução.

Art. 36-A. A falta de comunicação, quando obrigatória, do desenquadramento do microempreendedor individual da sistemática de recolhimento prevista no art. 18-A desta Lei Complementar nos prazos determinados em seu § 7º sujeitará o microempreendedor individual a multa no valor de R$ 50,00 (cinquenta reais), insusceptível de redução.

Art. 37. A imposição das multas de que trata esta Lei Complementar não exclui a aplicação das sanções previstas na legislação penal, inclusive em relação a declaração falsa, adulteração de documentos e emissão de nota fiscal em desacordo com a operação efetivamente praticada, a que estão sujeitos o titular ou sócio da pessoa jurídica.

Art. 38. O sujeito passivo que deixar de apresentar a Declaração Simplificada da Pessoa Jurídica a que se refere o art. 25 desta Lei Complementar, no prazo fixado, ou que a apresentar com incorreções ou omissões, será intimado a apresentar declaração original, no caso de não apresentação, ou a prestar esclarecimentos, nos demais casos, no prazo estipulado pela autoridade fiscal, na forma definida pelo Comitê Gestor, e sujeitar-se-á às seguintes multas:

› Atualização: Art. 38. O Microempreendedor Individual que deixar de apresentar a Declaração Simplificada a que se refere o art. 25-B desta Lei Complementar, no prazo fixado, ou que a apresentar com incorreções ou omissões, será intimado a apresentar declaração original, no caso de não-apresentação, ou a prestar esclarecimentos, nos demais casos, na forma e prazos definidos pelo Comitê Gestor, e sujeitar-se-á às seguintes multas: (Redação dada pela LC 214/2025, com produção de efeitos a partir de 1º de janeiro de 2027)

I – de 2% (dois por cento) ao mês-calendário ou fração, incidentes sobre o montante dos tributos e contribuições informados na Declaração Simplificada da Pessoa Jurídica, ainda que integralmente pago, no caso de falta de entrega da declaração ou entrega após o prazo, limitada a 20% (vinte por cento), observado o disposto no § 3º deste artigo;

› Atualização: I - de 2% (dois por cento) ao mês-calendário ou fração, incidentes sobre o montante dos tributos e contribuições informados na Declaração Simplificada, ainda que integralmente pago, no caso de falta de entrega da declaração ou entrega após o prazo, limitada a 20% (vinte por cento), observado o disposto no § 3º deste artigo; (Redação dada pela LC 214/2025, com produção de efeitos a partir de 1º de janeiro de 2027)

II – de R$ 100,00 (cem reais) para cada grupo de 10 (dez) informações incorretas ou omitidas.

› Atualização: II - (Revogado pela LC 214/2025, com produção de efeitos a partir de 1º de janeiro de 2027)

§ 1º. Para efeito de aplicação da multa prevista no inciso I do *caput* deste artigo, será considerado como termo inicial o dia seguinte ao término do prazo originalmente fixado para a entrega da declaração e como termo final a data da efetiva entrega ou, no caso de não apresentação, da lavratura do auto de infração.

§ 2º. Observado o disposto no § 3º deste artigo, as multas serão reduzidas:

I – à ½ (metade), quando a declaração for apresentada após o prazo, mas antes de qualquer procedimento de ofício;

II – a 75% (setenta e cinco por cento), se houver a apresentação da declaração no prazo fixado em intimação.

§ 3º. A multa mínima a ser aplicada será de R$ 200,00 (duzentos reais).

› Atualização: § 3º A multa mínima a ser aplicada será de R$ 50,00 (cinquenta reais). (Redação dada pela LC 214/2025, com produção de efeitos a partir de 1º de janeiro de 2027)

§ 4º. Considerar-se-á não entregue a declaração que não atender às especificações técnicas estabelecidas pelo Comitê Gestor.

§ 5º. Na hipótese do § 4º deste artigo, o sujeito passivo será intimado a apresentar nova declaração, no prazo de 10 (dez) dias, contados da ciência da intimação, e sujeitar-se-á à multa prevista no inciso I do *caput* deste artigo, observado o disposto nos §§ 1º a 3º deste artigo.

§ 6º. A multa mínima de que trata o § 3º deste artigo a ser aplicada ao Microempreendedor Individual na vigência da opção de que trata o art. 18-A desta Lei Complementar será de R$ 50,00 (cinquenta reais).

› Atualização: § 6º (Revogado pela LC 214/2025, com produção de efeitos a partir de 1º de janeiro de 2027)

Art. 38-A. O sujeito passivo que deixar de prestar as informações no sistema eletrônico de cálculo de que trata o § 15 do art. 18, no prazo previsto no § 15-A do mesmo artigo, ou que as prestar com incorreções ou omissões, será intimado a fazê-lo, no caso de não apresentação, ou a prestar esclarecimentos, nos demais casos, no prazo estipulado pela autoridade fiscal, na forma definida pelo CGSN, e sujeitar-se-á às seguintes multas, para cada mês de referência: (Incluído pela Lei Complementar nº 139, de 2011)

› Atualização: Art. 38-A. O sujeito passivo que deixar de prestar as informações previstas no art. 25, no prazo referido em seu caput, ou que as prestar com incorreções ou omissões, será intimado a fazê-lo, no caso de não apresentação, ou a prestar esclarecimentos, nos demais casos, no prazo estipulado pela autoridade fiscal, na forma definida pelo CGSN, e sujeitar-se-á às seguintes multas, para cada mês de referência: (Redação dada pela LC 214/2025, com produção de efeitos a partir de 1º de janeiro de 2027)

I - de 2% (dois por cento) ao mês-calendário ou fração, a partir do dia seguinte ao término do prazo originalmente fixado para a entrega da declaração, incidentes sobre o montante dos impostos e contribuições decorrentes das informações prestadas no sistema eletrônico de cálculo de que trata o § 15 do art. 18, ainda que integralmente pago, no caso de ausência de prestação de informações ou sua efetuação após o prazo, limitada a 20% (vinte por cento), observado o disposto no § 2º deste artigo; e (Redação dada pela LC 214/2025)

II – de R$ 20,00 (vinte reais) para cada grupo de 10 (dez) informações incorretas ou omitidas. (Incluído pela Lei Complementar nº 139, de 2011)

§ 1º Para fins de aplicação da multa prevista no inciso I do caput, será considerado como termo inicial o dia seguinte ao término do prazo originalmente fixado para a entrega da declaração e como termo final a data da efetiva prestação ou, no caso de não prestação, da lavratura do auto de infração. (Redação dada pela LC 214/2025)

§ 2º. A multa mínima a ser aplicada será de R$ 50,00 (cinquenta reais) para cada mês de referência. (Incluído pela Lei Complementar nº 139, de 2011)

§ 3º Observado o disposto no § 2º, as multas serão reduzidas: (Redação dada pela LC 214/2025)

I - à metade, quando a declaração for apresentada após o prazo, mas antes de qualquer procedimento de ofício; (Acrescido pela LC 214/2025)

II - a 75% (setenta e cinco por cento), caso haja apresentação da declaração no prazo fixado em intimação. (Acrescido pela LC 214/2025)

§ 4º. O CGSN poderá estabelecer data posterior à prevista no inciso I do *caput* e no § 1º. (Incluído pela Lei Complementar nº 139, de 2011)

§ 5º Considerar-se-á não entregue a declaração que não atender às especificações técnicas estabelecidas pelo CGSN. (Acrescido pela LC 214/2025)

§ 6º Na hipótese prevista no § 5º, o sujeito passivo será intimado a apresentar nova declaração, no prazo de 10 (dez) dias, contado da ciência da intimação, e sujeitar-se-á à multa prevista no inciso I do caput, observado o disposto nos §§ 1º e 2º. (Acrescido pela LC 214/2025)

Art. 38-B. As multas relativas à falta de prestação ou à incorreção no cumprimento de obrigações acessórias para com os órgãos e entidades federais, estaduais, distritais e municipais, quando em valor fixo ou mínimo, e na ausência de previsão legal de valores específicos e mais favoráveis para MEI, microempresa ou empresa de pequeno porte, terão redução de: (Incluído pela Lei Complementar nº 147, de 2014)

I – 90% (noventa por cento) para os MEI; (Incluído pela Lei Complementar nº 147, de 2014)

II – 50% (cinquenta por cento) para as microempresas ou empresas de pequeno porte optantes pelo Simples Nacional. (Incluído pela Lei Complementar nº 147, de 2014)

Parágrafo único. As reduções de que tratam os incisos I e II do *caput* não se aplicam na: (Incluído pela Lei Complementar nº 147, de 2014)

I – hipótese de fraude, resistência ou embaraço à fiscalização; (Incluído pela Lei Complementar nº 147, de 2014)

II – ausência de pagamento da multa no prazo de 30 (trinta) dias após a notificação. (Incluído pela Lei Complementar nº 147, de 2014)

SEÇÃO XII. DO PROCESSO ADMINISTRATIVO FISCAL

Art. 39. O contencioso administrativo relativo ao Simples Nacional será de competência do órgão julgador integrante da estrutura administrativa do ente federativo que efetuar o lançamento, o indeferimento da opção ou a exclusão de ofício, observados os dispositivos legais atinentes aos processos administrativos fiscais desse ente.

› Esta lei: art. 55, § 4º.

§ 1º. O Município poderá, mediante convênio, transferir a atribuição de julgamento exclusivamente ao respectivo Estado em que se localiza.

§ 2º. No caso em que o contribuinte do Simples Nacional exerça atividades incluídas no campo de incidência do ICMS e do ISS e seja apurada omissão de receita de que não se consiga identificar a origem, a autuação será feita utilizando a maior alíquota prevista nesta Lei Complementar, e a parcela autuada que não seja correspondente aos tributos e contribuições federais será rateada entre Estados e Municípios ou Distrito Federal.

§ 3º. Na hipótese referida no § 2º deste artigo, o julgamento caberá ao Estado ou ao Distrito Federal.

§ 4º. A intimação eletrônica dos atos do contencioso administrativo observará o disposto nos §§ 1º-A a 1º-D do art. 16.

§ 5º. A impugnação relativa ao indeferimento da opção ou à exclusão poderá ser decidida em órgão diverso do previsto no *caput*, na forma estabelecida pela respectiva administração tributária.

§ 6º. Na hipótese prevista no § 5º, o CGSN poderá disciplinar procedimentos e prazos, bem como, no processo de exclusão, prever efeito suspensivo na hipótese de apresentação de impugnação, defesa ou recurso.

Art. 40. As consultas relativas ao Simples Nacional serão solucionadas pela Secretaria da Receita Federal, salvo quando se referirem a tributos e contribuições de competência estadual ou municipal, que serão solucionadas conforme a respectiva competência tributária, na forma disciplinada pelo Comitê Gestor.

▸ Esta lei: art. 55, § 4º.

SEÇÃO XIII. DO PROCESSO JUDICIAL

Art. 41. Os processos relativos a impostos e contribuições abrangidos pelo Simples Nacional serão ajuizados em face da União, que será representada em juízo pela Procuradoria-Geral da Fazenda Nacional, observado o disposto no § 5º deste artigo.

§ 1º. Os Estados, Distrito Federal e Municípios prestarão auxílio à Procuradoria-Geral da Fazenda Nacional, em relação aos tributos de sua competência, na forma a ser disciplinada por ato do Comitê Gestor.

§ 2º. Os créditos tributários oriundos da aplicação desta Lei Complementar serão apurados, inscritos em Dívida Ativa da União e cobrados judicialmente pela Procuradoria-Geral da Fazenda Nacional, observado o disposto no inciso V do § 5º deste artigo.

§ 3º. Mediante convênio, a Procuradoria-Geral da Fazenda Nacional poderá delegar aos Estados e Municípios a inscrição em dívida ativa estadual e municipal e a cobrança judicial dos tributos estaduais e municipais a que se refere esta Lei Complementar.

§ 4º Aplica-se o disposto neste artigo aos impostos e contribuições que não tenham sido recolhidos resultantes das informações prestadas nas declarações a que se referem os arts. 25 e 25-B. (Redação dada pela LC 214/2025)

I – no sistema eletrônico de cálculo dos valores devidos no Simples Nacional de que trata o § 15 do art. 18;

▸ Atualização: I - (Revogado pela LC 214/2025, com produção de efeitos a partir de 1º de janeiro de 2027)

II – na declaração a que se refere o art. 25.

▸ Atualização: II - (Revogado pela LC 214/2025, com produção de efeitos a partir de 1º de janeiro de 2027)

§ 5º. Excetuam-se do disposto no *caput* deste artigo:

I – os mandados de segurança nos quais se impugnem atos de autoridade coatora pertencente a Estado, Distrito Federal ou Município;

II – as ações que tratem exclusivamente de tributos de competência dos Estados, do Distrito Federal ou dos Municípios, as quais serão propostas em face desses entes federativos, representados em juízo por suas respectivas procuradorias;

III – as ações promovidas na hipótese de celebração do convênio de que trata o § 3º deste artigo.

IV – o crédito tributário decorrente de auto de infração lavrado exclusivamente em face de descumprimento de obrigação acessória, observado o disposto no § 1º-D do art. 33.

V – o crédito tributário relativo ao ICMS e ao ISS de que tratam as alíneas b e c do inciso V do § 3º do art. 18-A desta Lei Complementar. (Redação dada pela Lei Complementar nº 147, de 2014)

▸ Atualização: V - (Revogado pela LC 214/2025, com produção de efeitos a partir de 1º de janeiro de 2033)

▸ Atualização: VI - o crédito tributário relativo ao IBS. (Acrescido pela LC 214/2025, com produção de efeitos a partir de 1º de janeiro de 2027)

CAPÍTULO V. DO ACESSO AOS MERCADOS (Redação dada pela Lei Complementar nº 147, de 2014)

SEÇÃO I. DAS AQUISIÇÕES PÚBLICAS (Redação dada pela Lei Complementar nº 147, de 2014)

Art. 42. Nas licitações públicas, a comprovação de regularidade fiscal e trabalhista das microempresas e das empresas de pequeno porte somente será exigida para efeito de assinatura do contrato. (Redação dada pela Lei Complementar nº 155, de 2016)

Art. 43. As microempresas e as empresas de pequeno porte, por ocasião da participação em certames licitatórios, deverão apresentar toda a documentação exigida para efeito de comprovação de regularidade fiscal e trabalhista, mesmo que esta apresente alguma restrição. (Redação dada pela Lei Complementar nº 155, de 2016)

§ 1º. Havendo alguma restrição na comprovação da regularidade fiscal e trabalhista, será assegurado o prazo de cinco dias úteis, cujo termo inicial corresponderá ao momento em que o proponente for declarado vencedor do certame, prorrogável por igual período, a critério da administração pública, para regularização da documentação, para pagamento ou parcelamento do débito e para emissão de eventuais certidões negativas ou positivas com efeito de certidão negativa. (Redação dada pela Lei Complementar nº 155, de 2016)

§ 2º. A não regularização da documentação, no prazo previsto no § 1º deste artigo, implicará decadência do direito à contratação, sem prejuízo das sanções previstas no art. 81 da Lei nº 8.666, de 21 de junho de 1993, sendo facultado à Administração convocar os licitantes remanescentes, na ordem de classificação, para a assinatura do contrato, ou revogar a licitação.

Art. 44. Nas licitações será assegurada, como critério de desempate, preferência de contratação para as microempresas e empresas de pequeno porte.

§ 1º. Entende-se por empate aquelas situações em que as propostas apresentadas pelas microempresas e empresas de pequeno porte sejam iguais ou até 10% (dez por cento) superiores à proposta mais bem classificada.

§ 2º. Na modalidade de pregão, o intervalo percentual estabelecido no § 1º deste artigo será de até 5% (cinco por cento) superior ao melhor preço.

Art. 45. Para efeito do disposto no art. 44 desta Lei Complementar, ocorrendo o empate, proceder-se-á da seguinte forma:

▸ Esta lei: art. 44.

I – a microempresa ou empresa de pequeno porte mais bem classificada poderá apresentar proposta de preço inferior àquela considerada vencedora do certame, situação em que será adjudicado em seu favor o objeto licitado;

II – não ocorrendo a contratação da microempresa ou empresa de pequeno porte, na forma do inciso I do *caput* deste artigo, serão convocadas as remanescentes que porventura se enquadrem na hipótese dos §§ 1º e 2º do art. 44 desta Lei Complementar, na ordem classificatória, para o exercício do mesmo direito;

III – no caso de equivalência dos valores apresentados pelas microempresas e empresas de pequeno porte que se encontrem nos intervalos estabelecidos nos §§ 1º e 2º do art. 44 desta Lei Complementar, será realizado sorteio entre elas para que se identifique aquela que primeiro poderá apresentar melhor oferta.

§ 1º. Na hipótese da não contratação nos termos previstos no *caput* deste artigo, o objeto licitado será adjudicado em favor da proposta originalmente vencedora do certame.

§ 2º. O disposto neste artigo somente se aplicará quando a melhor oferta inicial não tiver sido apresentada por microempresa ou empresa de pequeno porte.

§ 3º. No caso de pregão, a microempresa ou empresa de pequeno porte mais bem classificada será convocada para apresentar nova proposta no prazo máximo de 5 (cinco) minutos após o encerramento dos lances, sob pena de preclusão.

Art. 46. A microempresa e a empresa de pequeno porte titular de direitos creditórios decorrentes de empenhos liquidados por órgãos e entidades da União, Estados, Distrito Federal e Município não pagos em até 30 (trinta) dias contados da data de liquidação poderão emitir cédula de crédito microempresarial.

Parágrafo único. (Revogado pela Lei Complementar nº 147, de 2014).

Art. 47. Nas contratações públicas da administração direta e indireta, autárquica e fundacional, federal, estadual e municipal, deverá ser concedido tratamento diferenciado e simplificado para as microempresas e empresas de pequeno porte objetivando a promoção do desenvolvimento econômico e social no âmbito municipal e regional, a ampliação da eficiência das políticas públicas e o incentivo à inovação tecnológica. (Redação dada pela Lei Complementar nº 147, de 2014).

Parágrafo único. No que diz respeito às compras públicas, enquanto não sobrevier legislação estadual, municipal ou regulamento específico de cada órgão mais favorável à microempresa e empresa de pequeno porte, aplica-se a legislação federal. (Incluído pela Lei Complementar nº 147, de 2014)

Art. 48. Para o cumprimento do disposto no art. 47 desta Lei Complementar, a administração pública: (Redação dada pela Lei Complementar nº 147, de 2014)

I – deverá realizar processo licitatório destinado exclusivamente à participação de microempresas e empresas de pequeno porte nos itens de contratação cujo valor seja de até R$ 80.000,00 (oitenta mil reais); (Redação dada pela Lei Complementar nº 147, de 2014)

II – poderá, em relação aos processos licitatórios destinados à aquisição de obras e serviços, exigir dos licitantes a subcontratação de microempresa ou empresa de pequeno porte; (Redação dada pela Lei Complementar nº 147, de 2014)

III – deverá estabelecer, em certames para aquisição de bens de natureza divisível, cota de até 25% (vinte e cinco por cento) do objeto para a contratação de microempresas e empresas de pequeno porte. (Redação dada pela Lei Complementar nº 147, de 2014)

§ 1º. (Revogado pela Lei Complementar nº 147, de 2014).

§ 2º. Na hipótese do inciso II do *caput* deste artigo, os empenhos e pagamentos do órgão ou entidade da administração pública poderão ser destinados diretamente às microempresas e empresas de pequeno porte subcontratadas.

§ 3º. Os benefícios referidos no *caput* deste artigo poderão, justificadamente, estabelecer a prioridade de contratação para as microempresas e empresas de pequeno porte sediadas local ou regionalmente, até o limite de 10% (dez por cento) do melhor preço válido. (Incluído pela Lei Complementar nº 147, de 2014)

Art. 49. Não se aplica o disposto nos arts. 47 e 48 desta Lei Complementar quando:

I – (Revogado) (Redação dada pela Lei Complementar nº 147, de 2014)

II – não houver um mínimo de 3 (três) fornecedores competitivos enquadrados como microempresas ou empresas de pequeno porte sediados local ou regionalmente e capazes de cumprir as exigências estabelecidas no instrumento convocatório;

III – o tratamento diferenciado e simplificado para as microempresas e empresas de pequeno porte não for vantajoso para a administração pública ou representar prejuízo ao conjunto ou complexo do objeto a ser contratado;

IV – a licitação for dispensável ou inexigível, nos termos dos arts. 24 e 25 da Lei nº 8.666, de 21 de junho de 1993, excetuando-se as dispensas tratadas pelos incisos I e II do art. 24 da mesma Lei, nas quais a compra deverá ser feita preferencialmente de microempresas e empresas de pequeno porte, aplicando-se o disposto no inciso I do art. 48. (Redação dada pela Lei Complementar nº 147, de 2014)

SEÇÃO II.
ACESSO AO MERCADO EXTERNO
(Redação dada pela Lei Complementar nº 147, de 2014)

Art. 49-A. A microempresa e a empresa de pequeno porte beneficiárias do SIMPLES usufruirão de regime de exportação que contemplará procedimentos simplificados de habilitação, licenciamento, despacho aduaneiro e câmbio, na forma do regulamento. (Incluído pela Lei Complementar nº 147, de 2014)

Parágrafo único. As pessoas jurídicas prestadoras de serviço de logística internacional, quando contratadas pelas empresas descritas nesta Lei Complementar, estão autorizadas a realizar atividades relativas a licenciamento administrativo, despacho aduaneiro, consolidação e desconsolidação de carga e a contratar seguro, câmbio, transporte e armazenagem de mercadorias, objeto da prestação do serviço, de forma simplificada e por meio eletrônico, na forma de regulamento. (Redação dada pela Lei Complementar nº 155, de 2016)

Art. 49-B. (VETADO). (Incluído pela Lei Complementar nº 155, de 2016)

CAPÍTULO VI.
DA SIMPLIFICAÇÃO DAS RELAÇÕES DE TRABALHO

SEÇÃO I.
DA SEGURANÇA E DA MEDICINA DO TRABALHO

Art. 50. As microempresas e as empresas de pequeno porte serão estimuladas pelo poder público e pelos Serviços Sociais Autônomos a formar consórcios para acesso a serviços especializados em segurança e medicina do trabalho.

SEÇÃO II.
DAS OBRIGAÇÕES TRABALHISTAS

Art. 51. As microempresas e as empresas de pequeno porte são dispensadas:

I – da afixação de Quadro de Trabalho em suas dependências;

II – da anotação das férias dos empregados nos respectivos livros ou fichas de registro;

III – de empregar e matricular seus aprendizes nos cursos dos Serviços Nacionais de Aprendizagem;

IV – da posse do livro intitulado "Inspeção do Trabalho"; e

V – de comunicar ao Ministério do Trabalho e Emprego a concessão de férias coletivas.

Art. 52. O disposto no art. 51 desta Lei Complementar não dispensa as microempresas e as empresas de pequeno porte dos seguintes procedimentos:

I – anotações na Carteira de Trabalho e Previdência Social – CTPS;

II – arquivamento dos documentos comprobatórios de cumprimento das obrigações trabalhistas e previdenciárias, enquanto não prescreverem essas obrigações;

III – apresentação da Guia de Recolhimento do Fundo de Garantia do Tempo de Serviço e Informações à Previdência Social – GFIP;

IV – apresentação das Relações Anuais de Empregados e da Relação Anual de Informações Sociais – RAIS e do Cadastro Geral de Empregados e Desempregados – CAGED.

Parágrafo único. (VETADO).

Art. 53. (Revogado pela LC 127/07)

SEÇÃO III.
DO ACESSO À JUSTIÇA DO TRABALHO

Art. 54. É facultado ao empregador de microempresa ou de empresa de pequeno porte fazer-se substituir ou representar perante a Justiça do Trabalho por terceiros que conheçam dos fatos, ainda que não possuam vínculo trabalhista ou societário.

CAPÍTULO VII.
DA FISCALIZAÇÃO ORIENTADORA

Art. 55. A fiscalização, no que se refere aos aspectos trabalhista, metrológico, sanitário, ambiental, de segurança, de relações de consumo e de uso e ocupação do solo das microempresas e das empresas de pequeno porte, deverá ser prioritariamente orientadora quando a atividade ou situação, por sua natureza, comportar grau de risco compatível com esse procedimento. (Redação dada pela Lei Complementar nº 155, de 2016)

§ 1º. Será observado o critério de dupla visita para lavratura de autos de infração, salvo quando for constatada infração por falta de registro de empregado ou anotação da Carteira de Trabalho e Previdência Social – CTPS, ou, ainda, na ocorrência de reincidência, fraude, resistência ou embaraço à fiscalização.

§ 2º. (VETADO).

§ 3º. Os órgãos e entidades competentes definirão, em 12 (doze) meses, as atividades e situações cujo grau de risco seja considerado alto, as quais não se sujeitarão ao disposto neste artigo.

§ 4º. O disposto neste artigo não se aplica ao processo administrativo fiscal relativo a tributos, que se dará na forma dos arts. 39 e 40 desta Lei Complementar.

§ 5º. O disposto no § 1º aplica-se à lavratura de multa pelo descumprimento de obrigações acessórias relativas às matérias do *caput*, inclusive quando previsto seu cumprimento de forma unificada com matéria de outra natureza, exceto a trabalhista. (Incluído pela Lei Complementar nº 147, de 2014)

§ 6º. A inobservância do critério de dupla visita implica nulidade do auto de infração lavrado sem cumprimento ao disposto neste artigo, independentemente da natureza principal ou acessória da obrigação. (Incluído pela Lei Complementar 147, de 2014)

§ 7º. Os órgãos e entidades da administração pública federal, estadual, distrital e municipal deverão observar o princípio do tratamento diferenciado, simplificado e favorecido por ocasião da fixação de valores decorrentes de multas e demais sanções administrativas. (Incluído pela Lei Complementar nº 147, de 2014)

§ 8º. A inobservância do disposto no *caput* deste artigo implica atentado aos direitos e garantias legais assegurados ao exercício profissional da atividade empresarial. (Incluído pela Lei Complementar nº 147, de 2014)

§ 9º. O disposto no *caput* deste artigo não se aplica a infrações relativas à ocupação irregular da reserva de faixa não edificável, de área destinada a equipamentos urbanos, de áreas de preservação permanente e nas faixas de domínio público das rodovias, ferrovias e dutovias ou de vias e logradouros públicos. (Incluído pela Lei Complementar nº 147, de 2014)

CAPÍTULO VIII. DO ASSOCIATIVISMO

SEÇÃO ÚNICA. DA SOCIEDADE DE PROPÓSITO ESPECÍFICO FORMADA POR MICROEMPRESAS E EMPRESAS DE PEQUENO PORTE OPTANTES PELO SIMPLES NACIONAL

Art. 56. As microempresas ou as empresas de pequeno porte poderão realizar negócios de compra e venda de bens e serviços para os mercados nacional e internacional, por meio de sociedade de propósito específico, nos termos e condições estabelecidos pelo Poder Executivo federal. (Redação dada pela Lei Complementar nº 147, de 2014)

§ 1º. Não poderão integrar a sociedade de que trata o *caput* deste artigo pessoas jurídicas não optantes pelo Simples Nacional.

§ 2º. A sociedade de propósito específico de que trata este artigo:

I – terá seus atos arquivados no Registro Público de Empresas Mercantis;

II – terá por finalidade realizar:

a) operações de compras para revenda às microempresas ou empresas de pequeno porte que sejam suas sócias;

b) operações de venda de bens adquiridos das microempresas e empresas de pequeno porte que sejam suas sócias para pessoas jurídicas que não sejam suas sócias;

III – poderá exercer atividades de promoção dos bens referidos na alínea b do inciso II deste parágrafo;

IV – apurará o imposto de renda das pessoas jurídicas com base no lucro real, devendo manter a escrituração dos livros Diário e Razão;

V – apurará a Cofins e a Contribuição para o PIS/Pasep de modo não cumulativo;

VI – exportará, exclusivamente, bens a ela destinados pelas microempresas e empresas de pequeno porte que dela façam parte;

VII – será constituída como sociedade limitada;

VIII – deverá, nas revendas às microempresas ou empresas de pequeno porte que sejam suas sócias, observar preço no mínimo igual ao das aquisições realizadas para revenda; e

IX – deverá, nas revendas de bens adquiridos de microempresas ou empresas de pequeno porte que sejam suas sócias, observar preço no mínimo igual ao das aquisições desses bens.

§ 3º. A aquisição de bens destinados à exportação pela sociedade de propósito específico não gera direito a créditos relativos a impostos ou contribuições abrangidos pelo Simples Nacional.

§ 4º. A microempresa ou a empresa de pequeno porte não poderá participar simultaneamente de mais de uma sociedade de propósito específico de que trata este artigo.

§ 5º. A sociedade de propósito específico de que trata este artigo não poderá:

I – ser filial, sucursal, agência ou representação, no País, de pessoa jurídica com sede no exterior;

II – ser constituída sob a forma de cooperativas, inclusive de consumo;

III – participar do capital de outra pessoa jurídica;

IV – exercer atividade de banco comercial, de investimentos e de desenvolvimento, de caixa econômica, de sociedade de crédito, financiamento e investimento ou de crédito imobiliário, de corretora ou de distribuidora de títulos, valores mobiliários e câmbio, de empresa de arrendamento mercantil, de seguros privados e de capitalização ou de previdência complementar;

V – ser resultante ou remanescente de cisão ou qualquer outra forma de desmembramento de pessoa jurídica que tenha ocorrido em um dos 5 (cinco) anos-calendário anteriores;

VI – exercer a atividade vedada às microempresas e empresas de pequeno porte optantes pelo Simples Nacional.

§ 6º. A inobservância do disposto no § 4º deste artigo acarretará a responsabilidade solidária das microempresas ou empresas de pequeno porte sócias da sociedade de propósito específico de que trata este artigo na hipótese em que seus titulares, sócios ou administradores conhecessem ou devessem conhecer tal inobservância.

§ 7º. O Poder Executivo regulamentará o disposto neste artigo até 31 de dezembro de 2008.

§ 8º. (VETADO). (Incluído pela Lei Complementar nº 155, de 2016)

CAPÍTULO IX. DO ESTÍMULO AO CRÉDITO E À CAPITALIZAÇÃO

SEÇÃO I. DISPOSIÇÕES GERAIS

Art. 57. O Poder Executivo federal proporá, sempre que necessário, medidas no sentido de melhorar o acesso das microempresas e empresas de pequeno porte aos mercados de crédito e de capitais, objetivando a redução do custo de transação, a elevação da eficiência alocativa, o incentivo ao ambiente concorrencial e a qualidade do conjunto informacional, em especial o acesso e portabilidade das informações cadastrais relativas ao crédito.

Art. 58. Os bancos comerciais públicos e os bancos múltiplos públicos com carteira comercial, a Caixa Econômica Federal e o Banco Nacional do Desenvolvimento Econômico e Social – BNDES manterão linhas de crédito específicas para as microempresas e para as empresas de pequeno porte, vinculadas à reciprocidade social, devendo o montante disponível e suas condições de acesso ser expressos nos respectivos orçamentos e amplamente divulgados. (Redação dada pela Lei Complementar nº 155, de 2016)

§ 1º. As instituições mencionadas no *caput* deste artigo deverão publicar, juntamente com os respectivos balanços, relatório circunstanciado dos recursos alocados às linhas de crédito referidas no *caput* e daqueles efetivamente utilizados, consignando, obrigatoriamente, as justificativas do desempenho alcançado. (Redação dada pela Lei Complementar nº 155, de 2016)

§ 2º. O acesso às linhas de crédito específicas previstas no *caput* deste artigo deverá ter tratamento simplificado e ágil, com divulgação ampla das respectivas condições e exigências. (Incluído pela Lei Complementar nº 147, de 2014)

§ 3º. (VETADO). (Incluído pela Lei Complementar nº 155, de 2016)

§ 4º. O Conselho Monetário Nacional – CMN regulamentará o percentual mínimo de direcionamento dos recursos de que trata o *caput*, inclusive no tocante aos recursos de que trata a alínea b do inciso III do art. 10 da Lei nº 4.595, de 31 de dezembro de 1964. (Incluído pela Lei Complementar nº 155, de 2016)

Art. 58-A. Os bancos públicos e privados não poderão contabilizar, para cumprimento de metas, empréstimos realizados a pessoas físicas, ainda que sócios de empresas, como disponibilização de crédito para microempresas e empresas de pequeno porte. (Incluído pela Lei Complementar nº 147, de 2014)

Art. 59. As instituições referidas no *caput* do art. 58 desta Lei Complementar devem se articular com as respectivas entidades de apoio e representação das microempresas e empresas de pequeno porte, no sentido de proporcionar e desenvolver programas de treinamento, desenvolvimento gerencial e capacitação tecnológica.

Art. 60. (VETADO).

Art. 60-A. Poderá ser instituído Sistema Nacional de Garantias de Crédito pelo Poder Executivo, com o objetivo de facilitar o acesso das microempresas e empresas de pequeno porte a crédito e demais serviços das instituições financeiras, o qual, na forma de regulamento, proporcionará a elas tratamento diferenciado, favorecido e simplificado, sem prejuízo de atendimento a outros públicos-alvo.

Parágrafo único. O Sistema Nacional de Garantias de Crédito integrará o Sistema Financeiro Nacional.

Art. 60-B. Os fundos garantidores de risco de crédito empresarial que possuam participação da União na composição do seu capital atenderão, sempre que possível, as operações de crédito que envolvam microempresas e empresas de pequeno porte, definidas na forma do art. 3º desta Lei.(Incluído pela Lei Complementar nº 147, de 2014)

Art. 60-C. (VETADO). (Incluído pela Lei Complementar nº 147, de 2014)

Art. 61. Para fins de apoio creditício às operações de comércio exterior das microempresas e das empresas de pequeno porte, serão utilizados os parâmetros de enquadramento ou outros instrumentos de alta significância para as microempresas, empresas de pequeno porte exportadoras segundo o porte de empresas, aprovados pelo Mercado Comum do Sul – Mercosul.

Art. 61-A. Para incentivar as atividades de inovação e os investimentos produtivos, a sociedade enquadrada como microempresa ou empresa de pequeno porte, nos termos desta Lei Complementar, poderá admitir o aporte de capital, que não integrará o capital social da empresa. (Incluído pela Lei Complementar nº 155, de 2016)

§ 1º. As finalidades de fomento a inovação e investimentos produtivos deverão constar do contrato de participação, com vigência não superior a sete anos. (Incluído pela Lei Complementar nº 155, de 2016)

§ 2º O aporte de capital poderá ser realizado por pessoa física, por pessoa jurídica ou por fundos de investimento, conforme regulamento da Comissão de Valores Mobiliários, que serão denominados investidores-anjos. *(Redação dada pela LC 182/2021)*

§ 3º. A atividade constitutiva do objeto social é exercida unicamente por sócios regulares, em seu nome individual e sob sua exclusiva responsabilidade. (Incluído pela Lei Complementar nº 155, de 2016)

§ 4º. O investidor-anjo: (Incluído pela Lei Complementar nº 155, de 2016)

I - não será considerado sócio nem terá qualquer direito a gerência ou a voto na administração da empresa, resguardada a possibilidade de participação nas deliberações em caráter estritamente consultivo, conforme pactuação contratual; *(Redação dada pela LC 182/2021)*

II – não responderá por qualquer dívida da empresa, inclusive em recuperação judicial, não se aplicando a ele o art. 50 da Lei nº 10.406, de 10 de janeiro de 2002 – Código Civil; (Incluído pela Lei Complementar nº 155, de 2016)

III - será remunerado por seus aportes, nos termos do contrato de participação, pelo prazo máximo de 7 (sete) anos; *(Redação dada pela LC 182/2021)*

IV - poderá exigir dos administradores as contas justificadas de sua administração e, anualmente, o inventário, o balanço patrimonial e o balanço de resultado econômico; e *(Acrescido pela LC 182/2021)*

V - poderá examinar, a qualquer momento, os livros, os documentos e o estado do caixa e da carteira da sociedade, exceto se houver pactuação contratual que determine época própria para isso. *(Acrescido pela LC 182/2021)*

§ 5º. Para fins de enquadramento da sociedade como microempresa ou empresa de pequeno porte, os valores de capital aportado não são considerados receitas da sociedade. (Incluído pela Lei Complementar nº 155, de 2016)

§ 6º As partes contratantes poderão: *(Redação dada pela LC 182/2021)*

I - estipular remuneração periódica, ao final de cada período, ao investidoranjo, conforme contrato de participação; ou *(Acrescido pela LC 182/2021)*

II - prever a possibilidade de conversão do aporte de capital em participação societária. *(Acrescido pela LC 182/2021)*

§ 7º O investidor-anjo somente poderá exercer o direito de resgate depois de decorridos, no mínimo, 2 (dois) anos do aporte de capital, ou prazo superior estabelecido no contrato de participação, e seus haveres serão pagos na forma prevista no art. 1.031 da Lei nº 10.406, de 10 de janeiro de 2002 (Código Civil), não permitido ultrapassar o valor investido devidamente corrigido por índice previsto em contrato. *(Redação dada pela LC 182/2021)*

§ 8º. O disposto no § 7º deste artigo não impede a transferência da titularidade do aporte para terceiros. (Incluído pela Lei Complementar nº 155, de 2016)

§ 9º. A transferência da titularidade do aporte para terceiro alheio à sociedade dependerá do consentimento dos sócios, salvo estipulação contratual expressa em contrário. (Incluído pela Lei Complementar nº 155, de 2016)

§ 10. O Ministério da Fazenda poderá regulamentar a tributação sobre retirada do capital investido. (Incluído pela Lei Complementar nº 155, de 2016)

Art. 61-B. A emissão e a titularidade de aportes especiais não impedem a fruição do Simples Nacional. (Incluído pela Lei Complementar nº 155, de 2016)

Art. 61-C. Caso os sócios decidam pela venda da empresa, o investidor-anjo terá direito de preferência na aquisição, bem como direito de venda conjunta da titularidade do aporte de capital, nos mesmos termos e condições que forem ofertados aos sócios regulares. (Incluído pela Lei Complementar nº 155, de 2016)

Art. 61-D. Os fundos de investimento poderão aportar capital como investidores-anjos em microempresas e em empresas de pequeno porte, conforme regulamentação da Comissão de Valores Mobiliários. *(Redação dada pela LC 182/2021)*

SEÇÃO I-A
DA SOCIEDADE DE GARANTIA SOLIDÁRIA E DA SOCIEDADE DE CONTRAGARANTIA
(Seção acrescida pela LC 169/2019 – DOU 03.12.2019, em vigor 180 dias após a publicação)

Art. 61-E. É autorizada a constituição de sociedade de garantia solidária (SGS), sob a forma de sociedade por ações, para a concessão de garantia a seus sócios participantes. (Acrescido pela LC 169/2019 – DOU 03.12.2019, em vigor 180 dias após a publicação)

§ 1º (VETADO na LC 169/2019)

§ 2º (VETADO na LC 169/2019)

§ 3º Os atos da sociedade de garantia solidária serão arquivados no Registro Público de Empresas Mercantis e Atividades Afins. (Acrescido pela LC 169/2019 – DOU 03.12.2019, em vigor 180 dias após a publicação)

§ 4º É livre a negociação, entre sócios participantes, de suas ações na respectiva sociedade de garantia solidária, respeitada a participação máxima que cada sócio pode atingir. (Acrescido pela LC 169/2019 – DOU 03.12.2019, em vigor 180 dias após a publicação)

§ 5º Podem ser admitidos como sócios participantes os pequenos empresários, microempresários e microempreendedores e as pessoas jurídicas constituídas por esses associados. (Acrescido pela LC 169/2019 – DOU 03.12.2019, em vigor 180 dias após a publicação)

§ 6º (VETADO na LC 169/2019).

§ 7º Sem prejuízo do disposto nesta Lei Complementar, aplicam-se à sociedade de garantia solidária as disposições da lei que rege as sociedades por ações. (Acrescido pela LC 169/2019 – DOU 03.12.2019, em vigor 180 dias após a publicação)

Art. 61-F. O contrato de garantia solidária tem por finalidade regular a concessão da garantia pela sociedade ao sócio participante, mediante o recebimento de taxa de remuneração pelo serviço prestado, devendo fixar as cláusulas necessárias ao cumprimento das obrigações do sócio beneficiário perante a sociedade. (Acrescido pela LC 169/2019 – DOU 03.12.2019, em vigor 180 dias após a publicação)

Parágrafo único. Para a concessão da garantia, a sociedade de garantia solidária poderá exigir contragarantia por parte do sócio participante beneficiário, respeitados os princípios que orientam a existência daquele tipo de sociedade.

Art. 61-G. A sociedade de garantia solidária pode conceder garantia sobre o montante de recebíveis de seus sócios participantes que sejam objeto de securitização. (Acrescido pela LC 169/2019 – DOU 03.12.2019, em vigor 180 dias após a publicação)

Art. 61-H. É autorizada a constituição de sociedade de contragarantia, que tem como finalidade o oferecimento de contragarantias à sociedade de garantia solidária, nos termos a serem definidos por regulamento. (Acrescido pela LC 169/2019 – DOU 03.12.2019, em vigor 180 dias após a publicação)

Art. 61-I. A sociedade de garantia solidária e a sociedade de contragarantia integrarão o Sistema Financeiro Nacional e terão sua constituição, organização e funcionamento disciplinados pelo Conselho Monetário Nacional, observado o disposto nesta Lei Complementar. (Acrescido pela LC 169/2019 – DOU 03.12.2019, em vigor 180 dias após a publicação)

SEÇÃO II. DAS RESPONSABILIDADES DO BANCO CENTRAL DO BRASIL

Art. 62. O Banco Central do Brasil disponibilizará dados e informações das instituições financeiras integrantes do Sistema Financeiro Nacional, inclusive por meio do Sistema de Informações de Crédito – SCR, de modo a ampliar o acesso ao crédito para microempresas e empresas de pequeno porte e fomentar a competição bancária. (Redação dada pela Lei Complementar nº 147, de 2014)

§ 1º. O disposto no *caput* deste artigo alcança a disponibilização de dados e informações específicas relativas ao histórico de relacionamento bancário e creditício das microempresas e das empresas de pequeno porte, apenas aos próprios titulares.

§ 2º. O Banco Central do Brasil poderá garantir o acesso simplificado, favorecido e diferenciado dos dados e informações constantes no § 1º deste artigo aos seus respectivos interessados, podendo a instituição optar por realizá-lo por meio das instituições financeiras, com as quais o próprio cliente tenha relacionamento.

SEÇÃO III. DAS CONDIÇÕES DE ACESSO AOS DEPÓSITOS ESPECIAIS DO FUNDO DE AMPARO AO TRABALHADOR – FAT

Art. 63. O Codefat poderá disponibilizar recursos financeiros por meio da criação de programa específico para as cooperativas de crédito de cujos quadros de cooperados participem microempreendedores, empreendedores de microempresa e empresa de pequeno porte bem como suas empresas.

Parágrafo único. Os recursos referidos no *caput* deste artigo deverão ser destinados exclusivamente às microempresas e empresas de pequeno porte.

SEÇÃO IV. (VETADO)

Arts. 63-A a 63-E. (Vetados na Lei Complementar nº 155, de 2016)

CAPÍTULO X. DO ESTÍMULO À INOVAÇÃO

SEÇÃO I. DISPOSIÇÕES GERAIS

Art. 64. Para os efeitos desta Lei Complementar considera-se:

I – inovação: a concepção de um novo produto ou processo de fabricação, bem como a agregação de novas funcionalidades ou características ao produto ou processo que implique melhorias incrementais e efetivo ganho de qualidade ou produtividade, resultando em maior competitividade no mercado;

II – agência de fomento: órgão ou instituição de natureza pública ou privada que tenha entre os seus objetivos o financiamento de ações que visem a estimular e promover o desenvolvimento da ciência, da tecnologia e da inovação;

III – Instituição Científica e Tecnológica – ICT: órgão ou entidade da administração pública que tenha por missão institucional, dentre outras, executar atividades de pesquisa básica ou aplicada de caráter científico ou tecnológico;

IV – núcleo de inovação tecnológica: núcleo ou órgão constituído por uma ou mais ICT com a finalidade de gerir sua política de inovação;

V – instituição de apoio: instituições criadas sob o amparo da Lei nº 8.958, de 20 de dezembro de 1994, com a finalidade de dar apoio a projetos de pesquisa, ensino e extensão e de desenvolvimento institucional, científico e tecnológico.

VI – instrumentos de apoio tecnológico para a inovação: qualquer serviço disponibilizado presencialmente ou na internet que possibilite acesso a informações, orientações, bancos de dados de soluções de informações, respostas técnicas, pesquisas e atividades de apoio complementar desenvolvidas pelas instituições previstas nos incisos II a V deste artigo. (Incluído pela Lei Complementar nº 147, de 2014)

SEÇÃO II. DO APOIO À INOVAÇÃO E DO INOVA SIMPLES DA EMPRESA SIMPLES DE INOVAÇÃO

(Redação dada pela LC nº 167, de 2019)

Art. 65. A União, os Estados, o Distrito Federal e os Municípios, e as respectivas agências de fomento, as ICT, os núcleos de inovação tecnológica e as instituições de apoio manterão programas específicos para as microempresas e para as empresas de pequeno porte, inclusive quando estas revestirem a forma de incubadoras, observando-se o seguinte:

I – as condições de acesso serão diferenciadas, favorecidas e simplificadas;

II – o montante disponível e suas condições de acesso deverão ser expressos nos respectivos orçamentos e amplamente divulgados.

§ 1º. As instituições deverão publicar, juntamente com as respectivas prestações de contas, relatório circunstanciado das estratégias para maximização da participação do segmento, assim como dos recursos alocados às ações referidas no *caput* deste artigo e aqueles efetivamente utilizados, consignando, obrigatoriamente, as justificativas do desempenho alcançado no período.

§ 2º. As pessoas jurídicas referidas no *caput* deste artigo terão por meta a aplicação de, no mínimo, 20% (vinte por cento) dos recursos destinados à inovação para o desenvolvimento de tal atividade nas microempresas ou nas empresas de pequeno porte.

§ 3º. Os órgãos e entidades integrantes da administração pública federal, estadual e municipal atuantes em pesquisa, desenvolvimento ou capacitação tecnológica terão por meta efetivar suas aplicações, no percentual mínimo fixado neste artigo, em programas e projetos de apoio às microempresas ou às empresas de pequeno porte, transmitindo ao Ministério da Ciência, Tecnologia e Inovação, no primeiro trimestre de cada ano, informação relativa aos valores alocados e a respectiva relação percentual em relação ao total dos recursos destinados para esse fim. (Redação dada pela Lei Complementar nº 147, de 2014)

§ 4º. Ficam autorizados a reduzir a 0 (zero) as alíquotas dos impostos e contribuições a seguir indicados, incidentes na aquisição, ou importação, de equipamentos, máquinas, aparelhos, instrumentos, acessórios, sobressalentes e ferramentas que os acompanhem, na forma definida em regulamento, quando adquiridos, ou importados, diretamente por microempresas ou empresas de pequeno porte para incorporação ao seu ativo imobilizado:

I – a União, em relação ao IPI, à Cofins, à Contribuição para o PIS/Pasep, à Cofins-Importação e à Contribuição para o PIS/Pasep-Importação; e

> ‣ Atualização: I - a União, em relação ao IPI; (Redação dada pela LC 214/2025, com produção de efeitos a partir de 1º de janeiro de 2027)

II – os Estados e o Distrito Federal, em relação ao ICMS.

> ‣ Atualização: II - (Revogado pela LC 214/2025, com produção de efeitos a partir de 1º de janeiro de 2033)

§ 5º. A microempresa ou empresa de pequeno porte, adquirente de bens com o benefício previsto no § 4º deste artigo, fica obrigada, nas hipóteses previstas em regulamento, a recolher os impostos e contribuições que deixaram de ser pagos, acrescidos de juros e multa, de mora ou de ofício, contados a partir da data da aquisição, no mercado interno, ou do registro da declaração de importação – DI, calculados na forma da legislação que rege a cobrança do tributo não pago.

§ 6º. Para efeito da execução do orçamento previsto neste artigo, os órgãos e instituições poderão alocar os recursos destinados à criação e ao custeio de ambientes de inovação, incluindo incubadoras, parques e centros vocacionais tecnológicos, laboratórios metrológicos, de ensaio, de pesquisa ou apoio ao treinamento, bem como custeio de bolsas de extensão e remuneração de professores, pesquisadores e agentes envolvidos nas atividades de apoio tecnológico complementar. (Incluído pela Lei Complementar nº 147, de 2014)

Art. 65-A. Fica criado o Inova Simples, regime especial simplificado que concede às iniciativas empresariais de caráter incremental ou disruptivo que se autodeclarem como empresas de inovação tratamento diferenciado com vistas a estimular sua criação, formalização, desenvolvimento e consolidação como agentes indutores de avanços tecnológicos e da geração de emprego e renda. *(Redação dada pela LC 182/2021)*

§§ 1º e 2º *(Revogados pela LC 182/2021)*

§ 3º O tratamento diferenciado a que se refere o *caput* deste artigo consiste na fixação de rito sumário para abertura e fechamento de empresas sob o regime do Inova Simples, que se dará de forma simplificada e automática, no mesmo ambiente digital do portal da Rede Nacional para a Simplificação do Registro e da Legalização de Empresas e Negócios (Redesim), em sítio eletrônico oficial do governo federal, por meio da utilização de formulário digital próprio, disponível em janela ou ícone intitulado Inova Simples. (Incluído pela LC nº 167, de 2019)

§ 4º Os titulares de empresa submetida ao regime do Inova Simples preencherão cadastro básico com as seguintes informações: (Incluído pela LC nº 167, de 2019)

I - qualificação civil, domicílio e CPF;

II - descrição do escopo da intenção empresarial inovadora, que utilize modelos de negócios inovadores para a geração de produtos ou serviços, e definição do nome empresarial, que conterá a expressão 'Inova Simples (I.S.); *(Redação dada pela LC 182/2021)*

III - autodeclaração, sob as penas da lei, de que o funcionamento da empresa submetida ao regime do Inova Simples não produzirá poluição, barulho e aglomeração de tráfego de veículos, para fins de caracterizar baixo grau de risco, nos termos do § 4º do art. 6º desta Lei Complementar;

IV - definição do local da sede, que poderá ser comercial, residencial ou de uso misto, sempre que não proibido pela legislação municipal ou distrital, admitindo-se a possibilidade de sua instalação em locais onde funcionam parques tecnológicos, instituições de ensino, empresas juniores, incubadoras, aceleradoras e espaços compartilhados de trabalho na forma de *coworking*; e

V - em caráter facultativo, a existência de apoio ou validação de instituto técnico, científico ou acadêmico, público ou privado, bem como de incubadoras, aceleradoras e instituições de ensino, nos parques tecnológicos e afins.

§ 5º Realizado o correto preenchimento das informações, será gerado automaticamente número de CNPJ específico, em nome da denominação da empresa Inova Simples, em código próprio Inova Simples. (Incluído pela LC nº 167, de 2019)

§ 6º A empresa submetida ao regime do Inova Simples constituída na forma deste artigo deverá abrir, imediatamente, conta bancária de pessoa jurídica, para fins de captação e integralização de capital, proveniente de aporte próprio de seus titulares ou de investidor domiciliado no exterior, de linha de crédito público ou privado e de outras fontes previstas em lei. (Incluído pela LC nº 167, de 2019)

§ 7º No portal da Redesim, no espaço destinado ao preenchimento de dados do Inova Simples, será disponibilizado ícone que direcionará a ambiente virtual do Instituto Nacional da Propriedade Industrial (INPI), do qual constarão orientações para o depósito de pedido de patente ou de registro de marca. *(Redação dada pela LC 182/2021)*

§ 8º O exame dos pedidos de patente ou de registro de marca, nos termos deste artigo, que tenham sido depositados por empresas participantes do Inova Simples será realizado em caráter prioritário. *(Redação dada pela LC 182/2021)*

§ 9º *(Revogado pela LC 182/2021)*

§ 10. É permitida a comercialização experimental do serviço ou produto até o limite fixado para o MEI nesta Lei Complementar. (Incluído pela LC nº 167, de 2019)

§ 11. Na eventualidade de não lograr êxito no desenvolvimento do escopo pretendido, a baixa do CNPJ será automática, mediante procedimento de autodeclaração no portal da Redesim. (Incluído pela LC nº 167, de 2019)

§ 12. (VETADO) (Incluído pela LC nº 167, de 2019)

§ 13. O disposto neste artigo será regulamentado pelo Comitê Gestor do Simples Nacional. (Incluído pela LC nº 167, de 2019)

Art. 66. No primeiro trimestre do ano subsequente, os órgãos e entidades a que alude o art. 67 desta Lei Complementar transmitirão ao Ministério da Ciência e Tecnologia relatório circunstanciado dos projetos realizados, compreendendo a análise do desempenho alcançado.

Art. 67. Os órgãos congêneres ao Ministério da Ciência e Tecnologia estaduais e municipais deverão elaborar e divulgar relatório anual indicando o valor dos recursos recebidos, inclusive por transferência de terceiros, que foram aplicados diretamente ou por organizações vinculadas, por Fundos Setoriais e outros, no segmento das microempresas e empresas de pequeno porte, retratando e avaliando os resultados obtidos e indicando as previsões de ações e metas para ampliação de sua participação no exercício seguinte.

SEÇÃO III. DO APOIO À CERTIFICAÇÃO (INCLUÍDO PELA LEI COMPLEMENTAR Nº 155, DE 2016)

Art. 67-A. O órgão competente do Poder Executivo disponibilizará na internet informações sobre certificação de qualidade de produtos e processos para microempresas e empresas de pequeno porte. (Incluído pela Lei Complementar nº 155, de 2016)

Parágrafo único. Os órgãos da administração direta e indireta e as entidades certificadoras privadas, responsáveis pela criação, regulação e gestão de processos de certificação de qualidade de produtos e processos, deverão, sempre que solicitados, disponibilizar ao órgão competente do Poder Executivo informações referentes a procedimentos e normas aplicáveis aos processos de certificação em seu escopo de atuação. (Incluído pela Lei Complementar nº 155, de 2016)

CAPÍTULO XI. DAS REGRAS CIVIS E EMPRESARIAIS

SEÇÃO I. DAS REGRAS CIVIS

SUBSEÇÃO I. DO PEQUENO EMPRESÁRIO

Art. 68. Considera-se pequeno empresário, para efeito de aplicação do disposto nos arts. 970 e 1.179 da Lei nº 10.406, de 2002, o empresário individual caracterizado como microempresa na forma desta Lei Complementar que aufira receita bruta anual até o limite previsto no § 1º do art. 18-A.

SUBSEÇÃO II.

Art. 69. (VETADO).

SEÇÃO II. DAS DELIBERAÇÕES SOCIAIS E DA ESTRUTURA ORGANIZACIONAL

Art. 70. As microempresas e as empresas de pequeno porte são desobrigadas da realização de reuniões e assembleias em qualquer das situações previstas na legislação civil, as quais serão substituídas por deliberação representativa do primeiro número inteiro superior à ½ (metade) do capital social.

§ 1º. O disposto no *caput* deste artigo não se aplica caso haja disposição contratual em contrário, caso ocorra hipótese de justa causa que enseje a exclusão de sócio ou caso um ou mais sócios ponham em risco a continuidade da empresa em virtude de atos de inegável gravidade.

§ 2º. Nos casos referidos no § 1º deste artigo, realizar-se-á reunião ou assembleia de acordo com a legislação civil.

Art. 71. Os empresários e as sociedades de que trata esta Lei Complementar, nos termos da legislação civil, ficam dispensados da publicação de qualquer ato societário.

SEÇÃO III.
DO NOME EMPRESARIAL

Art. 72. (Revogado pela Lei Complementar nº 155, de 2016).

SEÇÃO IV.
DO PROTESTO DE TÍTULOS

Art. 73. O protesto de título, quando o devedor for microempresário ou empresa de pequeno porte, é sujeito às seguintes condições:

I – sobre os emolumentos do tabelião não incidirão quaisquer acréscimos a título de taxas, custas e contribuições para o Estado ou Distrito Federal, carteira de previdência, fundo de custeio de atos gratuitos, fundos especiais do Tribunal de Justiça, bem como de associação de classe, criados ou que venham a ser criados sob qualquer título ou denominação, ressalvada a cobrança do devedor das despesas de correio, condução e publicação de edital para realização da intimação;

II – para o pagamento do título em cartório, não poderá ser exigido cheque de emissão de estabelecimento bancário, mas, feito o pagamento por meio de cheque, de emissão de estabelecimento bancário ou não, a quitação dada pelo tabelionato de protesto será condicionada à efetiva liquidação do cheque;

III – o cancelamento do registro de protesto, fundado no pagamento do título, será feito independentemente de declaração de anuência do credor, salvo no caso de impossibilidade de apresentação do original protestado;

IV – para os fins do disposto no *caput* e nos incisos I, II e III do *caput* deste artigo, o devedor deverá provar sua qualidade de microempresa ou de empresa de pequeno porte perante o tabelionato de protestos de títulos, mediante documento expedido pela Junta Comercial ou pelo Registro Civil das Pessoas Jurídicas, conforme o caso;

V – quando o pagamento do título ocorrer com cheque sem a devida provisão de fundos, serão automaticamente suspensos pelos cartórios de protesto, pelo prazo de 1 (um) ano, todos os benefícios previstos para o devedor neste artigo, independentemente da lavratura e registro do respectivo protesto.

Art. 73-A. São vedadas cláusulas contratuais relativas à limitação da emissão ou circulação de títulos de crédito ou direitos creditórios originados de operações de compra e venda de produtos e serviços por microempresas e empresas de pequeno porte. (Incluído pela Lei Complementar nº 147, de 2014)

CAPÍTULO XII.
DO ACESSO À JUSTIÇA

SEÇÃO I.
DO ACESSO AOS JUIZADOS ESPECIAIS

Art. 74. Aplica-se às microempresas e às empresas de pequeno porte de que trata esta Lei Complementar o disposto no § 1º do art. 8º da Lei nº 9.099, de 26 de setembro de 1995, e no inciso I do *caput* do art. 6º da Lei nº 10.259, de 12 de julho de 2001, as quais, assim como as pessoas físicas capazes, passam a ser admitidas como proponentes de ação perante o Juizado Especial, excluídos os cessionários de direito de pessoas jurídicas.

▸ Lei nº 9.099, de 26-9-1995, dispõe sobre Juizados Especiais Cíveis e Criminais da Justiça Estadual.

Art. 74-A. O Poder Judiciário, especialmente por meio do Conselho Nacional de Justiça – CNJ, e o Ministério da Justiça implementarão medidas para disseminar o tratamento diferenciado e favorecido às microempresas e empresas de pequeno porte em suas respectivas áreas de competência.(Incluído pela Lei Complementar nº 147, de 2014)

SEÇÃO II.
DA CONCILIAÇÃO PRÉVIA, MEDIAÇÃO E ARBITRAGEM

Art. 75. As microempresas e empresas de pequeno porte deverão ser estimuladas a utilizar os institutos de conciliação prévia, mediação e arbitragem para solução dos seus conflitos.

§ 1º. Serão reconhecidos de pleno direito os acordos celebrados no âmbito das comissões de conciliação prévia.

§ 2º. O estímulo a que se refere o *caput* deste artigo compreenderá campanhas de divulgação, serviços de esclarecimento e tratamento diferenciado, simplificado e favorecido no tocante aos custos administrativos e honorários cobrados.

SEÇÃO III.
DAS PARCERIAS

Art. 75-A. Para fazer face às demandas originárias do estímulo previsto nos arts. 74 e 75 desta Lei Complementar, entidades privadas, públicas, inclusive o Poder Judiciário, poderão firmar parcerias entre si, objetivando a instalação ou utilização de ambientes propícios para a realização dos procedimentos inerentes a busca da solução de conflitos.

Art. 75-B. (VETADO). (Incluído pela Lei Complementar nº 155, de 2016)

CAPÍTULO XIII.
DO APOIO E DA REPRESENTAÇÃO

Art. 76. Para o cumprimento do disposto nesta Lei Complementar, bem como para desenvolver e acompanhar políticas públicas voltadas às microempresas e empresas de pequeno porte, o poder público, em consonância com o Fórum Permanente das Microempresas e Empresas de Pequeno Porte, sob a coordenação da Secretaria da Micro e Pequena Empresa da Presidência da República, deverá incentivar e apoiar a criação de fóruns com participação dos órgãos públicos competentes e das entidades vinculadas ao setor. (Redação dada pela Lei 12.792, de 2013)

Parágrafo único. A Secretaria da Micro e Pequena Empresa da Presidência da República coordenará com as entidades representativas das microempresas e empresas de pequeno porte a implementação dos fóruns regionais nas unidades da federação. (Redação dada pela Lei 12.792, de 2013)

Art. 76-A. As instituições de representação e apoio empresarial deverão promover programas de sensibilização, de informação, de orientação e apoio, de educação fiscal, de regularidade dos contratos de trabalho e de adoção de sistemas informatizados e eletrônicos, como forma de estímulo à formalização de empreendimentos, de negócios e empregos, à ampliação da competitividade e à disseminação do associativismo entre as microempresas, os microempreendedores individuais, as empresas de pequeno porte e equiparados. (Incluído pela Lei Complementar nº 147, de 2014)

CAPÍTULO XIV.
DISPOSIÇÕES FINAIS E TRANSITÓRIAS

Art. 77. Promulgada esta Lei Complementar, o Comitê Gestor expedirá, em 30 (trinta) meses, as instruções que se fizerem necessárias à sua execução.

§ 1º. O Ministério do Trabalho e Emprego, a Secretaria da Receita Federal, a Secretaria da Receita Previdenciária, os Estados, o Distrito Federal e os Municípios deverão editar, em 1 (um) ano, as leis e demais atos necessários para assegurar o pronto e imediato tratamento jurídico diferenciado, simplificado e favorecido às microempresas e às empresas de pequeno porte.

§ 2º. A administração direta e indireta federal, estadual e municipal e as entidades paraestatais acordarão, no prazo previsto no § 1º deste artigo, as providências necessárias à adaptação dos respectivos atos normativos ao disposto nesta Lei Complementar.

§ 3º. (VETADO).

§ 4º. O Comitê Gestor regulamentará o disposto no inciso I do § 6º do art. 13 desta Lei Complementar até 31 de dezembro de 2008.

§ 5º. A partir de 1º de janeiro de 2009, perderão eficácia as substituições tributárias que não atenderem à disciplina estabelecida na forma do § 4º deste artigo.

§ 6º. O Comitê de que trata o inciso III do *caput* do art. 2º desta Lei Complementar expedirá, até 31 de dezembro de 2009, as instruções que se fizerem necessárias relativas a sua competência.

Art. 78. (Revogado pela LC nº 128/08)

Art. 79. Será concedido, para ingresso no Simples Nacional, parcelamento, em até 100 (cem) parcelas mensais e sucessivas, dos débitos com o Instituto Nacional do Seguro Social – INSS, ou com as Fazendas Públicas federal, estadual ou municipal, de responsabilidade da microempresa ou empresa de pequeno porte e de seu titular ou sócio, com vencimento até 30 de junho de 2008.

§ 1º. O valor mínimo da parcela mensal será de R$ 100,00 (cem reais), considerados isoladamente os débitos para com a Fazenda Nacional, para com a Seguridade Social, para com a Fazenda dos Estados, dos Municípios ou do Distrito Federal.

§ 2º. Esse parcelamento alcança inclusive débitos inscritos em dívida ativa.

§ 3º. O parcelamento será requerido à respectiva Fazenda para com a qual o sujeito passivo esteja em débito.

§ 3º-A. O parcelamento deverá ser requerido no prazo estabelecido em regulamentação do Comitê Gestor.

§ 4º. Aplicam-se ao disposto neste artigo as demais regras vigentes para parcelamento de tributos e contribuições federais, na forma regulamentada pelo Comitê Gestor.

§§ 5º a 8º. (VETADO).

§ 9º. O parcelamento de que trata o *caput* deste artigo não se aplica na hipótese de reingresso de microempresa ou empresa de pequeno porte no Simples Nacional.

Art. 79-A. (VETADO).

Art. 79-B. Excepcionalmente para os fatos geradores ocorridos em julho de 2007, os tributos apurados na forma dos arts. 18 a 20 desta Lei Complementar deverão ser pagos até o último dia útil de agosto de 2007.

Art. 79-C. A microempresa e a empresa de pequeno porte que, em 30 de junho de 2007, se enquadravam no regime previsto na Lei nº 9.317, de 5 de dezembro de 1996, e que não ingressaram no regime previsto no art. 12 desta Lei Complementar sujeitar-se-ão, a partir de 1º de julho de 2007, às normas de tributação aplicáveis às demais pessoas jurídicas.

§ 1º. Para efeito do disposto no *caput* deste artigo, o sujeito passivo poderá optar pelo recolhimento do Imposto sobre a Renda da Pessoa Jurídica – IRPJ e da Contribuição Social sobre o Lucro Líquido – CSLL na forma do lucro real, trimestral ou anual, ou do lucro presumido.

§ 2º. A opção pela tributação com base no lucro presumido dar-se-á pelo pagamento, no vencimento, do IRPJ e da CSLL devidos, correspondente ao 3º (terceiro) trimestre de 2007 e, no caso do lucro real anual, com o pagamento do IRPJ e da CSLL relativos ao mês de julho de 2007 com base na estimativa mensal.

Art. 79-D. Excepcionalmente, para os fatos geradores ocorridos entre 1º de julho de 2007 e 31 de dezembro de 2008, as pessoas jurídicas que exerçam atividade sujeita simultaneamente à incidência do IPI e do ISS deverão recolher o ISS diretamente ao Município em que este imposto é devido até o último dia útil de fevereiro de 2009, aplicando-se, até esta data, o disposto no parágrafo único do art. 100 da Lei nº 5.172, de 25 de outubro de 1966 – Código Tributário Nacional – CTN.

Art. 79-E. A empresa de pequeno porte optante pelo Simples Nacional em 31 de dezembro de 2017 que durante o ano calendário de 2017 auferir receita bruta total anual entre R$ 3.600.000,01 (três milhões, seiscentos mil reais e um centavo) e R$ 4.800.000,00 (quatro milhões e oitocentos mil reais) continuará automaticamente incluída no Simples Nacional com efeitos a partir de 1º de janeiro de 2018, ressalvado o direito de exclusão por comunicação da optante. (Redação dada pela Lei Complementar nº 155, de 2016)

Art. 80. O art. 21 da Lei nº 8.212, de 24 de julho de 1991, fica acrescido dos seguintes §§ 2º e 3º, passando o parágrafo único a vigorar como § 1º:

"Art. 21. [...]

[...]

§ 2º. É de 11% (onze por cento) sobre o valor correspondente ao limite mínimo mensal do salário-de-contribuição a alíquota de contribuição do segurado contribuinte individual que trabalhe por conta própria, sem relação de trabalho com empresa ou equiparado, e do segurado facultativo que optarem pela exclusão do direito ao benefício de aposentadoria por tempo de contribuição.

§ 3º. O segurado que tenha contribuído na forma do § 2º deste artigo e pretenda contar o tempo de contribuição correspondente para fins de obtenção da aposentadoria por tempo de contribuição ou da contagem recíproca do tempo de contribuição a que se refere o art. 94 da Lei nº 8.213, de 24 de julho de 1991, deverá complementar a contribuição mensal mediante o recolhimento de mais 9% (nove por cento), acrescido dos juros moratórios de que trata o disposto no art. 34 desta Lei." (NR)

Art. 81. O art. 45 da Lei nº 8.212, de 24 de julho de 1991, passa a vigorar com as seguintes alterações:

"Art. 45. [...]

[...]

§ 2º. Para apuração e constituição dos créditos a que se refere o § 1º deste artigo, a Seguridade Social utilizará como base de incidência o valor da média aritmética simples dos maiores salários-de-contribuição, reajustados, correspondentes a 80% (oitenta por cento) de todo o período contributivo decorrido desde a competência julho de 1994.

[...]

§ 4º. Sobre os valores apurados na forma dos §§ 2º e 3º deste artigo incidirão juros moratórios de 0,5% (zero vírgula cinco por cento) ao mês, capitalizados anualmente, limitados ao percentual máximo de 50% (cinqüenta por cento), e multa de 10% (dez por cento).

[...]

§ 7º. A contribuição complementar a que se refere o § 3º do art. 21 desta Lei será exigida a qualquer tempo, sob pena de indeferimento do benefício." (NR)

Art. 82. A Lei nº 8.213, de 24 de julho de 1991, passa a vigorar com as seguintes alterações:

"Art. 9º. [...]

[...]

§ 1º. O Regime Geral de Previdência Social – RGPS garante a cobertura de todas as situações expressas no art. 1º desta Lei, exceto as de desemprego involuntário, objeto de lei específica, e de aposentadoria por tempo de contribuição para o trabalhador de que trata o § 2º do art. 21 da Lei nº 8.212, de 24 de julho de 1991.

[...]" (NR)

"Art. 18. [...]

I – [...]

[...]

c) aposentadoria por tempo de contribuição;

[...]

§ 3º. O segurado contribuinte individual, que trabalhe por conta própria, sem relação de trabalho com empresa ou equiparado, e o segurado facultativo que contribuam na forma do § 2º do art. 21 da Lei nº 8.212, de 24 de julho de 1991, não farão jus à aposentadoria por tempo de contribuição." (NR)

"Art. 55. [...]

[...]

§ 4º. Não será computado como tempo de contribuição, para efeito de concessão do benefício de que trata esta subseção, o período em que o segurado contribuinte individual ou facultativo tiver contribuído na forma do § 2º do art. 21 da Lei nº 8.212, de 24 de julho de 1991, salvo se tiver complementado as contribuições na forma do § 3º do mesmo artigo." (NR)

Art. 83. O art. 94 da Lei nº 8.213, de 24 de julho de 1991, fica acrescido do seguinte § 2º, passando o parágrafo único a vigorar como § 1º:

"Art. 94. [...]

[...]

§ 2º. Não será computado como tempo de contribuição, para efeito dos benefícios previstos em regimes próprios de previdência social, o período em que o segurado contribuinte individual ou facultativo tiver contribuído na forma do § 2º do art. 21 da Lei nº 8.212, de 24 de julho de 1991, salvo se complementadas as contribuições na forma do § 3º do mesmo artigo." (NR)

Art. 84. O art. 58 da Consolidação das Leis do Trabalho – CLT, aprovada pelo Decreto-Lei nº 5.452, de 1º de maio de 1943, passa a vigorar acrescido do seguinte § 3º:

▸ Alteração incorporada ao texto da referida lei.

Art. 85. (VETADO).

Art. 85-A. Caberá ao Poder Público Municipal designar Agente de Desenvolvimento para a efetivação do disposto nesta Lei Complementar, observadas as especificidades locais.

§ 1º. A função de Agente de Desenvolvimento caracteriza-se pelo exercício de articulação das ações públicas para a promoção do desenvolvimento local e territorial, mediante ações locais ou comunitárias, individuais ou coletivas, que visem ao cumprimento das disposições e diretrizes contidas nesta Lei Complementar, sob supervisão do órgão gestor local responsável pelas políticas de desenvolvimento.

§ 2º. O Agente de Desenvolvimento deverá preencher os seguintes requisitos:

I – residir na área da comunidade em que atuar;

II – haver concluído, com aproveitamento, curso de qualificação básica para a formação de Agente de Desenvolvimento; e

III – possuir formação ou experiência compatível com a função a ser exercida; (Redação dada pela Lei Complementar nº 147, de 2014)

IV – ser preferencialmente servidor efetivo do Município. (Incluído pela Lei Complementar nº 147, de 2014)

§ 3º. A Secretaria da Micro e Pequena Empresa da Presidência da República juntamente com as entidades municipalistas e de apoio e representação empresarial prestarão suporte aos referidos agentes na forma de capacitação, estudos e pesquisas, publicações, promoção de intercâmbio de informações e experiências. (Redação dada pela Lei nº 12.792, de 2013)

Art. 86. As matérias tratadas nesta Lei Complementar que não sejam reservadas constitucionalmente a lei complementar poderão ser objeto de alteração por lei ordinária.

Art. 87. O § 1º do art. 3º da Lei Complementar nº 63, de 11 de janeiro de 1990, passa a vigorar com a seguinte redação:

› Alteração incorporada ao texto da referida lei.

Art. 87-A. Os Poderes Executivos da União, Estados, Distrito Federal e Municípios expedirão, anualmente, até o dia 30 de novembro, cada um, em seus respectivos âmbitos de competência, decretos de consolidação da regulamentação aplicável relativamente às microempresas e empresas de pequeno porte. (Incluído pela Lei Complementar nº 147, de 2014)

› Atualização: Art. 87-B. Para os efeitos da opção de que trata o § 2º do art. 16, para o ano-calendário de 2027, a opção de que trata o caput do art. 16 será exercida no mês de setembro de 2026. (Acrescido pela LC 214/2025, com produção de efeitos a partir de 1º de janeiro de 2027)

Art. 88. Esta Lei Complementar entra em vigor na data de sua publicação, ressalvado o regime de tributação das microempresas e empresas de pequeno porte, que entra em vigor em 1º de julho de 2007.

Art. 89. Ficam revogadas, a partir de 1º de julho de 2007, a Lei nº 9.317, de 5 de dezembro de 1996, e a Lei nº 9.841, de 5 de outubro de 1999.

Brasília, 14 de dezembro de 2006; 185º da Independência e 118º da República.

Luiz Inácio Lula da Silva

(Publicação no D.O.U. de 15.12.2006; republicação 31.1.2009, em 31.1.2012 e 6.3.2012)

ANEXO I

(Redação dada pela LC 214/2025, com produção de efeitos a partir de 1º de janeiro de 2027)

ALÍQUOTAS E PARTILHA DO SIMPLES NACIONAL - COMÉRCIO

(VIGÊNCIA: 1º/1/2027 A 31/12/2028)

PARA OS ANOS-CALENDÁRIO 2027 E 2028

Receita Bruta em 12 Meses (em R$)		Alíquota	Valor a Deduzir (em R$)
1ª Faixa	Até 180.000,00	4,00%	-
2ª Faixa	De 180.000,01 a 360.000,00	7,30%	5.940,00
3ª Faixa	De 360.000,01 a 720.000,00	9,50%	13.860,00
4ª Faixa	De 720.000,01 a 1.800.000,00	10,70%	22.500,00
5ª Faixa	De 1.800.000,01 a 3.600.000,00	14,30%	87.300,00
6ª Faixa	De 3.600.000,01 a 4.800.000,00	18,90%	378.000,00

Faixas	Percentual de Repartição dos Tributos					
	IRPJ	CSLL	CBS	CPP	ICMS	IBS
1ª Faixa	5,50%	3,50%	15,33%	41,50%	34,00%	0,17%
2ª Faixa	5,50%	3,50%	15,33%	41,50%	34,00%	0,17%
3ª Faixa	5,50%	3,50%	15,33%	42,00%	33,50%	0,17%
4ª Faixa	5,50%	3,50%	15,33%	42,00%	33,50%	0,17%
5ª Faixa	5,50%	3,50%	15,33%	42,00%	33,50%	0,17%
6ª Faixa	13,58%	10,06%	34,02%	42,34%		

Alíquotas do Simples Nacional - Comércio

(Vigência: 1º/1/2029)

A partir do ano-calendário 2029

Receita Bruta em 12 Meses (em R$)		Alíquota	Valor a Deduzir (em R$)
1ª Faixa	Até 180.000,00	4,00%	-
2ª Faixa	De 180.000,01 a 360.000,00	7,30%	5.940,00
3ª Faixa	De 360.000,01 a 720.000,00	9,50%	13.860,00

4ª Faixa	De 720.000,01 a 1.800.000,00	10,70%	22.500,00
5ª Faixa	De 1.800.000,01 a 3.600.000,00	14,30%	87.300,00
6ª Faixa	De 3.600.000,01 a 4.800.000,00	19,00%	378.000,00

Partilha do Simples Nacional - Comércio

(Vigência: 1º/1/2029 até 31/12/2029)

Para o ano-calendário 2029

Faixas	Percentual de Repartição dos Tributos					
	IRPJ	CSLL	CBS	CPP	ICMS	IBS
1ª Faixa	5,50%	3,50%	15,50%	41,50%	30,60%	3,40%
2ª Faixa	5,50%	3,50%	15,50%	41,50%	30,60%	3,40%
3ª Faixa	5,50%	3,50%	15,50%	42,00%	30,15%	3,35%
4ª Faixa	5,50%	3,50%	15,50%	42,00%	30,15%	3,35%
5ª Faixa	5,50%	3,50%	15,50%	42,00%	30,15%	3,35%
6ª Faixa	13,50%	10,00%	34,40%	42,10%		

(Vigência: 1º/1/2030 até 31/12/2030)

Para o ano-calendário 2030

Faixas	Percentual de Repartição dos Tributos					
	IRPJ	CSLL	CBS	CPP	ICMS	IBS
1ª Faixa	5,50%	3,50%	15,50%	41,50%	27,20%	6,80%
2ª Faixa	5,50%	3,50%	15,50%	41,50%	27,20%	6,80%
3ª Faixa	5,50%	3,50%	15,50%	42,00%	26,80%	6,70%
4ª Faixa	5,50%	3,50%	15,50%	42,00%	26,80%	6,70%
5ª Faixa	5,50%	3,50%	15,50%	42,00%	26,80%	6,70%
6ª Faixa	13,50%	10,00%	34,40%	42,10%		

(Vigência: 1º/1/2031 até 31/12/2031)

Para o ano-calendário 2031

Faixas	Percentual de Repartição dos Tributos					
	IRPJ	CSLL	CBS	CPP	ICMS	IBS
1ª Faixa	5,50%	3,50%	15,50%	41,50%	23,80%	10,20%
2ª Faixa	5,50%	3,50%	15,50%	41,50%	23,80%	10,20%
3ª Faixa	5,50%	3,50%	15,50%	42,00%	23,45%	10,05%
4ª Faixa	5,50%	3,50%	15,50%	42,00%	23,45%	10,05%
5ª Faixa	5,50%	3,50%	15,50%	42,00%	23,45%	10,05%
6ª Faixa	13,50%	10,00%	34,40%	42,10%		

(Vigência: 1º/1/2032 até 31/12/2032)

Para o ano-calendário 2032

Faixas	Percentual de Repartição dos Tributos					
	IRPJ	CSLL	CBS	CPP	ICMS	IBS
1ª Faixa	5,50%	3,50%	15,50%	41,50%	20,40%	13,60%
2ª Faixa	5,50%	3,50%	15,50%	41,50%	20,40%	13,60%
3ª Faixa	5,50%	3,50%	15,50%	42,00%	20,10%	13,40%
4ª Faixa	5,50%	3,50%	15,50%	42,00%	20,10%	13,40%
5ª Faixa	5,50%	3,50%	15,50%	42,00%	20,10%	13,40%
6ª Faixa	13,50%	10,00%	34,40%	42,10%		

(Vigência: 1º/1/2033)

A partir do ano-calendário 2033

Faixas	Percentual de Repartição dos Tributos				
	IRPJ	CSLL	CBS	CPP	IBS
1ª Faixa	5,50%	3,50%	15,50%	41,50%	34,00%
2ª Faixa	5,50%	3,50%	15,50%	41,50%	34,00%
3ª Faixa	5,50%	3,50%	15,50%	42,00%	33,50%
4ª Faixa	5,50%	3,50%	15,50%	42,00%	33,50%
5ª Faixa	5,50%	3,50%	15,50%	42,00%	33,50%
6ª Faixa	13,50%	10,00%	34,40%	42,10%	

ANEXO II

(Redação dada pela LC 214/2025, com produção de efeitos a partir de 1º de janeiro de 2027)

Alíquotas e Partilha do Simples Nacional - Indústria

(Vigência: 1º/1/2027 a 31/12/2028)

Para os anos-calendário 2027 e 2028

Receita Bruta em 12 Meses (em R$)		Alíquota	Valor a Deduzir (em R$)
1ª Faixa	Até 180.000,00	4,50%	-
2ª Faixa	De 180.000,01 a 360.000,00	7,80%	5.940,00
3ª Faixa	De 360.000,01 a 720.000,00	10,00%	13.860,00
4ª Faixa	De 720.000,01 a 1.800.000,00	11,20%	22.500,00
5ª Faixa	De 1.800.000,01 a 3.600.000,00	14,70%	85.500,00
6ª Faixa	De 3.600.000,01 a 4.800.000,00	29,90%	720.000,00

Faixas	Percentual de Repartição dos Tributos						
	IRPJ	CSLL	CBS	CPP	IPI	ICMS	IBS
1ª Faixa	5,50%	3,50%	13,85%	37,50%	7,50%	32,00%	0,15%
2ª Faixa	5,50%	3,50%	13,85%	37,50%	7,50%	32,00%	0,15%
3ª Faixa	5,50%	3,50%	13,85%	37,50%	7,50%	32,00%	0,15%
4ª Faixa	5,50%	3,50%	13,85%	37,50%	7,50%	32,00%	0,15%
5ª Faixa	5,50%	3,50%	13,85%	37,50%	7,50%	32,00%	0,15%
6ª Faixa	8,53%	7,53%	25,22%	23,59%	35,13%		

Alíquotas do Simples Nacional - Indústria

(Vigência: 1º/1/2029)

A partir do ano-calendário 2029

Receita Bruta em 12 Meses (em R$)		Alíquota	Valor a Deduzir (em R$)
1ª Faixa	Até 180.000,00	4,50%	-
2ª Faixa	De 180.000,01 a 360.000,00	7,80%	5.940,00
3ª Faixa	De 360.000,01 a 720.000,00	10,00%	13.860,00
4ª Faixa	De 720.000,01 a 1.800.000,00	11,20%	22.500,00
5ª Faixa	De 1.800.000,01 a 3.600.000,00	14,70%	85.500,00
6ª Faixa	De 3.600.000,01 a 4.800.000,00	30,00%	720.000,00

Partilha do Simples Nacional - Indústria

(Vigência: 1º/1/2029 até 31/12/2029)

Para o ano-calendário 2029

Faixas	Percentual de Repartição dos Tributos						
	IRPJ	CSLL	CBS	CPP	IPI	ICMS	IBS
1ª Faixa	5,50%	3,50%	14,00%	37,50%	7,50%	28,80%	3,20%
2ª Faixa	5,50%	3,50%	14,00%	37,50%	7,50%	28,80%	3,20%
3ª Faixa	5,50%	3,50%	14,00%	37,50%	7,50%	28,80%	3,20%
4ª Faixa	5,50%	3,50%	14,00%	37,50%	7,50%	28,80%	3,20%
5ª Faixa	5,50%	3,50%	14,00%	37,50%	7,50%	28,80%	3,20%
6ª Faixa	8,50%	7,50%	25,50%	23,50%	35,00%		

(Vigência: 1º/1/2030 até 31/12/2030)

Para o ano-calendário 2030

Faixas	Percentual de Repartição dos Tributos						
	IRPJ	CSLL	CBS	CPP	IPI	ICMS	IBS
1ª Faixa	5,50%	3,50%	14,00%	37,50%	7,50%	25,60%	6,40%
2ª Faixa	5,50%	3,50%	14,00%	37,50%	7,50%	25,60%	6,40%
3ª Faixa	5,50%	3,50%	14,00%	37,50%	7,50%	25,60%	6,40%
4ª Faixa	5,50%	3,50%	14,00%	37,50%	7,50%	25,60%	6,40%
5ª Faixa	5,50%	3,50%	14,00%	37,50%	7,50%	25,60%	6,40%
6ª Faixa	8,50%	7,50%	25,50%	23,50%	35,00%		

(Vigência: 1º/1/2031 até 31/12/2031)

Para o ano-calendário 2031

Faixas	Percentual de Repartição dos Tributos						
	IRPJ	CSLL	CBS	CPP	IPI	ICMS	IBS
1ª Faixa	5,50%	3,50%	14,00%	37,50%	7,50%	22,40%	9,60%
2ª Faixa	5,50%	3,50%	14,00%	37,50%	7,50%	22,40%	9,60%
3ª Faixa	5,50%	3,50%	14,00%	37,50%	7,50%	22,40%	9,60%
4ª Faixa	5,50%	3,50%	14,00%	37,50%	7,50%	22,40%	9,60%
5ª Faixa	5,50%	3,50%	14,00%	37,50%	7,50%	22,40%	9,60%
6ª Faixa	8,50%	7,50%	25,50%	23,50%	35,00%		

(Vigência: 1º/1/2032 até 31/12/2032)

Para o ano-calendário 2032

Faixas	Percentual de Repartição dos Tributos						
	IRPJ	CSLL	CBS	CPP	IPI	ICMS	IBS
1ª Faixa	5,50%	3,50%	14,00%	37,50%	7,50%	19,20%	12,80%
2ª Faixa	5,50%	3,50%	14,00%	37,50%	7,50%	19,20%	12,80%
3ª Faixa	5,50%	3,50%	14,00%	37,50%	7,50%	19,20%	12,80%
4ª Faixa	5,50%	3,50%	14,00%	37,50%	7,50%	19,20%	12,80%
5ª Faixa	5,50%	3,50%	14,00%	37,50%	7,50%	19,20%	12,80%
6ª Faixa	8,50%	7,50%	25,50%	23,50%	35,00%		

(Vigência: 1º/1/2033)

A partir do ano-calendário 2033

Faixas	Percentual de Repartição dos Tributos					
	IRPJ	CSLL	CBS	CPP	IPI	IBS
1ª Faixa	5,50%	3,50%	14,00%	37,50%	7,50%	32,00%
2ª Faixa	5,50%	3,50%	14,00%	37,50%	7,50%	32,00%
3ª Faixa	5,50%	3,50%	14,00%	37,50%	7,50%	32,00%
4ª Faixa	5,50%	3,50%	14,00%	37,50%	7,50%	32,00%
5ª Faixa	5,50%	3,50%	14,00%	37,50%	7,50%	32,00%
6ª Faixa	8,50%	7,50%	25,50%	23,50%	35,00%	

ANEXO III

(Redação dada pela LC 214/2025, com produção de efeitos a partir de 1º de janeiro de 2027)

Alíquotas e Partilha do Simples Nacional - Receitas de locação de bens móveis e de prestação de serviços não relacionados no § 5º-C do art. 18 desta Lei Complementar

(Vigência: 1º/1/2027 a 31/12/2028)

Para os anos-calendário 2027 e 2028

Receita Bruta em 12 Meses (em R$)		Alíquota	Valor a Deduzir (em R$)
1ª Faixa	Até 180.000,00	6,00%	–
2ª Faixa	De 180.000,01 a 360.000,00	11,20%	9.360,00
3ª Faixa	De 360.000,01 a 720.000,00	13,50%	17.640,00
4ª Faixa	De 720.000,01 a 1.800.000,00	16,00%	35.640,00
5ª Faixa	De 1.800.000,01 a 3.600.000,00	21,00%	125.640,00
6ª Faixa	De 3.600.000,01 a 4.800.000,00	32,90%	648.000,00

Faixas	Percentual de Repartição dos Tributos					
	IRPJ	CSLL	CBS	CPP	ISS (*)	IBS
1ª Faixa	4,00%	3,50%	15,43%	43,40%	33,50%	0,17%
2ª Faixa	4,00%	3,50%	16,91%	43,40%	32,00%	0,19%
3ª Faixa	4,00%	3,50%	16,42%	43,40%	32,50%	0,19%
4ª Faixa	4,00%	3,50%	16,42%	43,40%	32,50%	0,19%
5ª Faixa	4,00%	3,50%	15,43%	43,40%	33,50% (*)	0,17%
6ª Faixa	35,09%	15,04%	19,29%	30,58%		

(*) O percentual efetivo máximo devido ao ISS será de 5%, transferindo-se a diferença, de forma proporcional, aos tributos federais da mesma faixa de receita bruta anual. Sendo assim, na 5ª faixa, quando a alíquota efetiva for superior a 14,92537%, a repartição será:

	IRPJ	CSLL	CBS	CPP	ISS	IBS
5ª Faixa, com alíquota efetiva superior a 14,93%	(Alíquota efetiva - 5%) x 6,02%	(Alíquota efetiva - 5%) x 5,26%	(Alíquota efetiva - 5%) x 23,20%	(Alíquota efetiva - 5%) x 65,26%	Percentual de ISS fixo em 5%	(Alíquota efetiva - 5%) x 0,26%

Alíquotas do Simples Nacional - Receitas de locação de bens móveis e de prestação de serviços não relacionados no § 5º-C do art. 18 desta Lei Complementar

(Vigência: 1º/1/2029)

A partir do ano-calendário 2029

Receita Bruta em 12 Meses (em R$)		Alíquota	Valor a Deduzir (em R$)
1ª Faixa	Até 180.000,00	6,00%	–
2ª Faixa	De 180.000,01 a 360.000,00	11,20%	9.360,00
3ª Faixa	De 360.000,01 a 720.000,00	13,50%	17.640,00
4ª Faixa	De 720.000,01 a 1.800.000,00	16,00%	35.640,00
5ª Faixa	De 1.800.000,01 a 3.600.000,00	21,00%	125.640,00
6ª Faixa	De 3.600.000,01 a 4.800.000,00	33,00%	648.000,00

Partilha do Simples Nacional - Receitas de locação de bens móveis e de prestação de serviços não relacionados no § 5º-C do art. 18 desta Lei Complementar

(Vigência: 1º/1/2029 até 31/12/2029)

Para o ano-calendário 2029

Faixas	Percentual de Repartição dos Tributos					
	IRPJ	CSLL	CBS	CPP	ISS (*)	IBS
1ª Faixa	4,00%	3,50%	15,60%	43,40%	30,15%	3,35%
2ª Faixa	4,00%	3,50%	17,10%	43,40%	28,80%	3,20%
3ª Faixa	4,00%	3,50%	16,60%	43,40%	29,25%	3,25%
4ª Faixa	4,00%	3,50%	16,60%	43,40%	29,25%	3,25%
5ª Faixa	4,00%	3,50%	15,60%	43,40%	30,15% (*)	3,35%
6ª Faixa	35,00%	15,00%	19,50%	30,50%		

(*) O percentual efetivo máximo devido ao ISS será de 5%, transferindo-se a diferença, de forma proporcional, aos tributos federais da mesma faixa de receita bruta anual. Sendo assim, na 5ª faixa, quando a alíquota efetiva for superior a 14,92537%, a repartição será:

	IRPJ	CSLL	CBS	CPP	ISS	IBS
5ª Faixa, com alíquota efetiva superior a 14,93%	(Alíquota efetiva - 5%) x 6,02%	(Alíquota efetiva - 5%) x 5,26%	(Alíquota efetiva - 5%) x 23,46%	(Alíquota efetiva - 5%) x 65,26%	Percentual de ISS fixo em 4,5%	Percentual de ISS fixo em 0,5%

(Vigência: 1º/1/2030 até 31/12/2030)

Para o ano-calendário 2030

Faixas	Percentual de Repartição dos Tributos					
	IRPJ	CSLL	CBS	CPP	ISS (*)	IBS
1ª Faixa	4,00%	3,50%	15,60%	43,40%	26,80%	6,70%
2ª Faixa	4,00%	3,50%	17,10%	43,40%	25,60%	6,40%
3ª Faixa	4,00%	3,50%	16,60%	43,40%	26,00%	6,50%
4ª Faixa	4,00%	3,50%	16,60%	43,40%	26,00%	6,50%
5ª Faixa	4,00%	3,50%	15,60%	43,40%	26,80% (*)	6,70%
6ª Faixa	35,00%	15,00%	19,50%	30,50%		

(*) O percentual efetivo máximo devido ao ISS será de 5%, transferindo-se a diferença, de forma proporcional, aos tributos federais da mesma faixa de receita bruta anual. Sendo assim, na 5a faixa, quando a alíquota efetiva for superior a 14,92537%, a repartição será:

	IRPJ	CSLL	CBS	CPP	ISS	IBS
5ª Faixa, com alíquota efetiva superior a 14,93%	(Alíquota efetiva - 5%) x 6,02%	(Alíquota efetiva - 5%) x 5,26%	(Alíquota efetiva - 5%) x 23,46%	(Alíquota efetiva - 5%) x 65,26%	Percentual de ISS fixo em 4,0%	Percentual de ISS fixo em 1,0%

(Vigência: 1º/1/2031 até 31/12/2031)

Para o ano-calendário 2031

Faixas	Percentual de Repartição dos Tributos					
	IRPJ	CSLL	CBS	CPP	ISS (*)	IBS
1ª Faixa	4,00%	3,50%	15,60%	43,40%	23,45%	10,05%
2ª Faixa	4,00%	3,50%	17,10%	43,40%	22,40%	9,60%
3ª Faixa	4,00%	3,50%	16,60%	43,40%	22,75%	9,75%
4ª Faixa	4,00%	3,50%	16,60%	43,40%	22,75%	9,75%
5ª Faixa	4,00%	3,50%	15,60%	43,40%	23,45% (*)	10,05%
6ª Faixa	35,00%	15,00%	19,50%	30,50%		

(*) O percentual efetivo máximo devido ao ISS será de 5%, transferindo-se a diferença, de forma proporcional, aos tributos federais da mesma faixa de receita bruta anual. Sendo assim, na 5ª faixa, quando a alíquota efetiva for superior a 14,92537%, a repartição será:

	IRPJ	CSLL	CBS	CPP	ISS	IBS
5ª Faixa, com alíquota efetiva superior a 14,93%	(Alíquota efetiva - 5%) x 6,02%	(Alíquota efetiva - 5%) x 5,26%	(Alíquota efetiva - 5%) x 23,46%	(Alíquota efetiva - 5%) x 65,26%	Percentual de ISS fixo em 3,5%	Percentual de ISS fixo em 1,5%

(Vigência: 1º/1/2032 até 31/12/2032)

Para o ano-calendário 2032

Faixas	Percentual de Repartição dos Tributos					
	IRPJ	CSLL	CBS	CPP	ISS (*)	IBS
1ª Faixa	4,00%	3,50%	15,60%	43,40%	20,10%	13,40%
2ª Faixa	4,00%	3,50%	17,10%	43,40%	19,20%	12,80%
3ª Faixa	4,00%	3,50%	16,60%	43,40%	19,50%	13,00%
4ª Faixa	4,00%	3,50%	16,60%	43,40%	19,50%	13,00%
5ª Faixa	4,00%	3,50%	15,60%	43,40%	20,10% (*)	13,40%
6ª Faixa	35,00%	15,00%	19,50%	30,50%		

(*) O percentual efetivo máximo devido ao ISS será de 5%, transferindo-se a diferença, de forma proporcional, aos tributos federais da mesma faixa de receita bruta anual. Sendo assim, na 5ª faixa, quando a alíquota efetiva for superior a 14,92537%, a repartição será:

	IRPJ	CSLL	CBS	CPP	ISS	IBS
5ª Faixa, com alíquota efetiva superior a 14,93%	(Alíquota efetiva - 5%) x 6,02%	(Alíquota efetiva - 5%) x 5,26%	(Alíquota efetiva - 5%) x 23,46%	(Alíquota efetiva - 5%) x 65,26%	Percentual de ISS fixo em 3,0%	Percentual de ISS fixo em 2,0%

(Vigência: 1º/1/2033)

A partir do ano-calendário 2033

Faixas	Percentual de Repartição dos Tributos				
	IRPJ	CSLL	CBS	CPP	IBS
1ª Faixa	4,00%	3,50%	15,60%	43,40%	33,50%
2ª Faixa	4,00%	3,50%	17,10%	43,40%	32,00%
3ª Faixa	4,00%	3,50%	16,60%	43,40%	32,50%
4ª Faixa	4,00%	3,50%	16,60%	43,40%	32,50%
5ª Faixa	4,00%	3,50%	15,60%	43,40%	33,50%
6ª Faixa	35,00%	15,00%	19,50%	30,50%	

ANEXO IV

(Redação dada pela LC 214/2025, com produção de efeitos a partir de 1º de janeiro de 2027)

Alíquotas e Partilha do Simples Nacional - Receitas decorrentes da prestação de serviços RELACIONADOS NO § 5º-C DO ART. 18 DESTA LEI COMPLEMENTAR

(VIGÊNCIA: 1º/1/2027 A 31/12/2028)

Para os anos-calendário 2027 e 2028

Receita Bruta em 12 Meses em R$)		Alíquota	Valor a Deduzir (em R$)
1ª Faixa	Até 180.000,00	4,50%	-
2ª Faixa	De 180.000,01 a 360.000,00	9,00%	8.100,00
3ª Faixa	De 360.000,01 a 720.000,00	10,20%	12.420,00
4ª Faixa	De 720.000,01 a 1.800.000,00	14,00%	39.780,00
5ª Faixa	De 1.800.000,01 a 3.600.000,00	22,00%	183.780,00
6ª Faixa	De 3.600.000,01 a 4.800.000,00	32,90%	828.000,00

Faixas	Percentual de Repartição dos Tributos				
	IRPJ	CSLL	CBS	ISS (*)	IBS
1ª Faixa	18,80%	15,20%	21,26%	44,50%	0,24%
2ª Faixa	19,80%	15,20%	24,73%	40,00%	0,27%
3ª Faixa	20,80%	15,20%	23,74%	40,00%	0,26%
4ª Faixa	17,80%	19,20%	22,75%	40,00%	0,25%
5ª Faixa	18,80%	19,20%	21,76%	40,00% (*)	0,24%
6ª Faixa	53,71%	21,59%	24,70%		

(*) O percentual efetivo máximo devido ao ISS será de 5%, transferindo-se a diferença, de forma proporcional, aos tributos federais da mesma faixa de receita bruta anual. Sendo assim, na 5ª faixa, quando a alíquota efetiva for superior a 12,5%, a repartição será:

Faixa	IRPJ	CSLL	CBS	ISS	IBS
5ª Faixa, com alíquota efetiva superior a 12,5%	(Alíquota efetiva - 5%) x 31,33%	(Alíquota efetiva - 5%) x 32,00%	(Alíquota efetiva - 5%) x 36,27%	Percentual de ISS fixo em 5%	(Alíquota efetiva - 5%) x 0,40%

Alíquotas do Simples Nacional - Receitas decorrentes da prestação de serviços relacionados no § 5º-C do art. 18 desta Lei Complementar

(Vigência: 1º/1/2029)

A partir do ano-calendário 2029

Receita Bruta em 12 Meses (em R$)		Alíquota	Valor a Deduzir (em R$)
1ª Faixa	Até 180.000,00	4,50%	-
2ª Faixa	De 180.000,01 a 360.000,00	9,00%	8.100,00
3ª Faixa	De 360.000,01 a 720.000,00	10,20%	12.420,00
4ª Faixa	De 720.000,01 a 1.800.000,00	14,00%	39.780,00
5ª Faixa	De 1.800.000,01 a 3.600.000,00	22,00%	183.780,00
6ª Faixa	De 3.600.000,01 a 4.800.000,00	33,00%	828.000,00

Partilha do Simples Nacional - Receitas decorrentes da prestação de serviços relacionados no § 5º-C do art. 18 desta Lei Complementar

(Vigência: 1º/1/2029 até 31/12/2029)

Para o ano-calendário 2029

Faixas	Percentual de Repartição dos Tributos				
	IRPJ	CSLL	CBS	ISS (*)	IBS
1ª Faixa	18,80%	15,20%	21,50%	40,05%	4,45%
2ª Faixa	19,80%	15,20%	25,00%	36,00%	4,00%
3ª Faixa	20,80%	15,20%	24,00%	36,00%	4,00%
4ª Faixa	17,80%	19,20%	23,00%	36,00%	4,00%
5ª Faixa	18,80%	19,20%	22,00%	36,00% (*)	4,00%
6ª Faixa	53,50%	21,50%	25,00%		

(*) O percentual efetivo máximo devido ao ISS será de 5%, transferindo-se a diferença, de forma proporcional, aos tributos federais da mesma faixa de receita bruta anual. Sendo assim, na 5ª faixa, quando a alíquota efetiva for superior a 12,5%, a repartição será:

Faixa	IRPJ	CSLL	CBS	ISS	IBS
5ª Faixa, com alíquota efetiva superior a 12,5%	(Alíquota efetiva - 5%) x 31,33%	(Alíquota efetiva - 5%) x 32,00%	(Alíquota efetiva - 5%) x 36,67%	Percentual de ISS fixo em 4,5%	Percentual de ISS fixo em 0,5%

(Vigência: 1º/1/2030 até 31/12/2030)

Para o ano-calendário 2030

Faixas	Percentual de Repartição dos Tributos				
	IRPJ	CSLL	CBS	ISS (*)	IBS
1ª Faixa	18,80%	15,20%	21,50%	35,60%	8,90%
2ª Faixa	19,80%	15,20%	25,00%	32,00%	8,00%
3ª Faixa	20,80%	15,20%	24,00%	32,00%	8,00%
4ª Faixa	17,80%	19,20%	23,00%	32,00%	8,00%
5ª Faixa	18,80%	19,20%	22,00%	32,00% (*)	8,00%
6ª Faixa	53,50%	21,50%	25,00%		

(*) O percentual efetivo máximo devido ao ISS será de 5%, transferindo-se a diferença, de forma proporcional, aos tributos federais da mesma faixa de receita bruta anual. Sendo assim, na 5ª faixa, quando a alíquota efetiva for superior a 12,5%, a repartição será:

Faixa	IRPJ	CSLL	CBS	ISS	IBS
5ª Faixa, com alíquota efetiva superior a 12,5%	(Alíquota efetiva - 5%) x 31,33%	(Alíquota efetiva - 5%) x 32,00%	(Alíquota efetiva - 5%) x 36,67%	Percentual de ISS fixo em 4,0%	Percentual de ISS fixo em 1,0%

(Vigência: 1º/1/2031 até 31/12/2031)

Para o ano-calendário 2031

Faixas	Percentual de Repartição dos Tributos				
	IRPJ	CSLL	CBS	ISS (*)	IBS
1ª Faixa	18,80%	15,20%	21,50%	31,15%	13,35%
2ª Faixa	19,80%	15,20%	25,00%	28,00%	12,00%
3ª Faixa	20,80%	15,20%	24,00%	28,00%	12,00%
4ª Faixa	17,80%	19,20%	23,00%	28,00%	12,00%
5ª Faixa	18,80%	19,20%	22,00%	28,00% (*)	12,00%
6ª Faixa	53,50%	21,50%	25,00%		

(*) O percentual efetivo máximo devido ao ISS será de 5%, transferindo-se a diferença, de forma proporcional, aos tributos federais da mesma faixa de receita bruta anual. Sendo assim, na 5ª faixa, quando a alíquota efetiva for superior a 12,5%, a repartição será:

Faixa	IRPJ	CSLL	CBS	ISS	IBS
5ª Faixa, com alíquota efetiva superior a 12,5%	(Alíquota efetiva - 5%) x 31,33%	(Alíquota efetiva - 5%) x 32,00%	(Alíquota efetiva - 5%) x 36,67%	Percentual de ISS fixo em 3,5%	Percentual de ISS fixo em 1,5%

(Vigência: 1º/1/2032 até 31/12/2032)

Para o ano-calendário 2032

Faixas	Percentual de Repartição dos Tributos				
	IRPJ	CSLL	CBS	ISS (*)	IBS
1ª Faixa	18,80%	15,20%	21,50%	26,70%	17,80%
2ª Faixa	19,80%	15,20%	25,00%	24,00%	16,00%
3ª Faixa	20,80%	15,20%	24,00%	24,00%	16,00%
4ª Faixa	17,80%	19,20%	23,00%	24,00%	16,00%
5ª Faixa	18,80%	19,20%	22,00%	24,00% (*)	16,00%
6ª Faixa	53,50%	21,50%	25,00%		

(*) O percentual efetivo máximo devido ao ISS será de 5%, transferindo-se a diferença, de forma proporcional, aos tributos federais da mesma faixa de receita bruta anual. Sendo assim, na 5ª faixa, quando a alíquota efetiva for superior a 12,5%, a repartição será:

Faixa	IRPJ	CSLL	CBS	ISS	IBS
5ª Faixa, com alíquota efetiva superior a 12,5%	(Alíquota efetiva - 5%) x 31,33%	(Alíquota efetiva - 5%) x 32,00%	(Alíquota efetiva - 5%) x 36,67%	Percentual de ISS fixo em 3,0%	Percentual de ISS fixo em 2,0%

(Vigência: 1º/1/2033)

A partir do ano-calendário 2033

Faixas	Percentual de Repartição dos Tributos			
	IRPJ	CSLL	CBS	IBS
1ª Faixa	18,80%	15,20%	21,50%	44,50%
2ª Faixa	19,80%	15,20%	25,00%	40,00%
3ª Faixa	20,80%	15,20%	24,00%	40,00%
4ª Faixa	17,80%	19,20%	23,00%	40,00%
5ª Faixa	18,80%	19,20%	22,00%	40,00%
6ª Faixa	53,50%	21,50%	25,00%	

ANEXO V

(Redação dada pela LC 214/2025, com produção de efeitos a partir de 1º de janeiro de 2027)

Alíquotas e Partilha do Simples Nacional - Receitas decorrentes da prestação de serviços relacionados no § 5º-I do art. 18 desta Lei Complementar

(Vigência: 1º/1/2027 a 31/12/2028)

Para os anos-calendário 2027 e 2028

Receita Bruta em 12 Meses (em R$)		Alíquota	Valor a Deduzir (em R$)
1ª Faixa	Até 180.000,00	15,50%	-
2ª Faixa	De 180.000,01 a 360.000,00	18,00%	4.500,00
3a Faixa	De 360.000,01 a 720.000,00	19,50%	9.900,00
4ª Faixa	De 720.000,01 a 1.800.000,00	20,50%	17.100,00
5ª Faixa	De 1.800.000,01 a 3.600.000,00	23,00%	62.100,00
6ª Faixa	De 3.600.000,01 a 4.800.000,00	30,40%	540.000,00

Faixas	Percentual de Repartição dos Tributos					
	IRPJ	CSLL	CBS	CPP	ISS	IBS
1ª Faixa	25,00%	15,00%	16,96%	28,85%	14,00%	0,19%
2ª Faixa	23,00%	15,00%	16,96%	27,85%	17,00%	0,19%
3ª Faixa	24,00%	15,00%	17,95%	23,85%	19,00%	0,20%
4ª Faixa	21,00%	15,00%	18,94%	23,85%	21,00%	0,21%
5ª Faixa	23,00%	12,50%	16,96%	23,85%	23,50%	0,19%
6ª Faixa	35,10%	15,54%	19,78%	29,58%		

Alíquotas do Simples Nacional - Receitas decorrentes da prestação de serviços relacionados no § 5º-I do art. 18 desta Lei Complementar

(Vigência: 1º/1/2029)

A partir do ano-calendário 2029

Receita Bruta em 12 Meses (em R$)		Alíquota	Valor a Deduzir (em R$)
1ª Faixa	Até 180.000,00	15,50%	-
2ª Faixa	De 180.000,01 a 360.000,00	18,00%	4.500,00
3ª Faixa	De 360.000,01 a 720.000,00	19,50%	9.900,00
4ª Faixa	De 720.000,01 a 1.800.000,00	20,50%	17.100,00
5ª Faixa	De 1.800.000,01 a 3.600.000,00	23,00%	62.100,00
6ª Faixa	De 3.600.000,01 a 4.800.000,00	30,50%	540.000,00

Partilha do Simples Nacional - Receitas decorrentes da prestação de serviços relacionados no § 5º-I do art. 18 desta Lei Complementar

(Vigência: 1º/1/2029 até 31/12/2029)

Para o ano-calendário 2029

Faixas	Percentual de Repartição dos Tributos					
	IRPJ	CSLL	CBS	CPP	ISS	IBS
1ª Faixa	25,00%	15,00%	17,15%	28,85%	12,60%	1,40%
2ª Faixa	23,00%	15,00%	17,15%	27,85%	15,30%	1,70%
3ª Faixa	24,00%	15,00%	18,15%	23,85%	17,10%	1,90%
4ª Faixa	21,00%	15,00%	19,15%	23,85%	18,90%	2,10%
5ª Faixa	23,00%	12,50%	17,15%	23,85%	21,15%	2,35%
6ª Faixa	35,00%	15,50%	20,00%	29,50%		

(Vigência: 1º/1/2030 até 31/12/2030)

Para o ano-calendário 2030

Faixas	Percentual de Repartição dos Tributos					
	IRPJ	CSLL	CBS	CPP	ISS	IBS
1ª Faixa	25,00%	15,00%	17,15%	28,85%	11,20%	2,80%
2ª Faixa	23,00%	15,00%	17,15%	27,85%	13,60%	3,40%
3ª Faixa	24,00%	15,00%	18,15%	23,85%	15,20%	3,80%
4ª Faixa	21,00%	15,00%	19,15%	23,85%	16,80%	4,20%
5ª Faixa	23,00%	12,50%	17,15%	23,85%	18,80%	4,70%
6ª Faixa	35,00%	15,50%	20,00%	29,50%		

(Vigência: 1º/1/2031 até 31/12/2031)

Para o ano-calendário 2031

Faixas	Percentual de Repartição dos Tributos					
	IRPJ	CSLL	CBS	CPP	ISS	IBS
1ª Faixa	25,00%	15,00%	17,15%	28,85%	9,80%	4,20%
2ª Faixa	23,00%	15,00%	17,15%	27,85%	11,90%	5,10%
3ª Faixa	24,00%	15,00%	18,15%	23,85%	13,30%	5,70%
4ª Faixa	21,00%	15,00%	19,15%	23,85%	14,70%	6,30%
5ª Faixa	23,00%	12,50%	17,15%	23,85%	16,45%	7,05%
6ª Faixa	35,00%	15,50%	20,00%	29,50%		

(Vigência: 1º/1/2032 até 31/12/2032)

Para o ano-calendário 2032

Faixas	Percentual de Repartição dos Tributos					
	IRPJ	CSLL	CBS	CPP	ISS	IBS
1ª Faixa	25,00%	15,00%	17,15%	28,85%	8,40%	5,60%
2ª Faixa	23,00%	15,00%	17,15%	27,85%	10,20%	6,80%
3ª Faixa	24,00%	15,00%	18,15%	23,85%	11,40%	7,60%
4ª Faixa	21,00%	15,00%	19,15%	23,85%	12,60%	8,40%
5ª Faixa	23,00%	12,50%	17,15%	23,85%	14,10%	9,40%
6ª Faixa	35,00%	15,50%	20,00%	29,50%		

(Vigência: 1º/1/2033)

A partir do ano-calendário 2033

Faixas	Percentual de Repartição dos Tributos				
	IRPJ	CSLL	CBS	CPP	IBS
1ª Faixa	25,00%	15,00%	17,15%	28,85%	14,00%
2ª Faixa	23,00%	15,00%	17,15%	27,85%	17,00%
3ª Faixa	24,00%	15,00%	18,15%	23,85%	19,00%
4ª Faixa	21,00%	15,00%	19,15%	23,85%	21,00%
5ª Faixa	23,00%	12,50%	17,15%	23,85%	23,50%
6ª Faixa	35,00%	15,50%	20,00%	29,50%	

ANEXO VII

(Acrescido pela LC 214/2025 e republicado no DOU de 23.01.2025, com produção de efeitos a partir de 1º de janeiro de 2027)

Valores fixos do Microempreendedor Individual (MEI)
(Vigência: 1º/1/2027 a 31/12/2028)

Para os anos-calendário 2027 e 2028

ICMS	ISS	CBS	IBS	T OT A L
R$ 1,00	R$ 5,00	R$ 0,994	R$ 0,006	R$ 7,00

(Vigência: 1º/1/2029 até 31/12/2029)
Para o ano-calendário 2029

ICMS	ISS	CBS	IBS	T OT A L
R$ 0,90	R$ 4,50	R$ 1,00	R$ 0,20	R$ 6,60

(Vigência: 1º/1/2030 até 31/12/2030)
Para o ano-calendário 2030

ICMS	ISS	CBS	IBS	T OT A L
R$ 0,80	R$ 4,00	R$ 1,00	R$ 0,40	R$ 6,20

(Vigência: 1º/1/2031 até 31/12/2031)
Para o ano-calendário 2031

ICMS	ISS	CBS	IBS	T OT A L
R$ 0,70	R$ 3,50	R$ 1,00	R$ 0,60	R$ 5,80

(Vigência: 1º/1/2032 até 31/12/2032)
Para o ano-calendário 2032

ICMS	ISS	CBS	IBS	T OT A L
R$ 0,60	R$ 3,00	R$ 1,00	R$ 0,80	R$ 5,40

(Vigência: 1º/1/2033)
A partir do ano-calendário 2033

CBS	IBS	T OT A L
R$ 1,00	R$ 2,00	R$ 3,00

LEI Nº 11.520, DE 18 DE SETEMBRO DE 2007

Dispõe sobre a concessão de pensão especial às pessoas atingidas pela hanseníase que foram submetidas a isolamento e internação compulsórios.

‣ Decreto 12.312/2024 (Regulamento).

Faço saber que o PRESIDENTE DA REPÚBLICA adotou a Medida Provisória nº 373, de 2007, que o Congresso Nacional aprovou, e eu, Renan Calheiros, Presidente da Mesa do Congresso Nacional, para os efeitos do disposto no art. 62 da Constituição Federal, com a redação dada pela Emenda Constitucional nº 32, combinado com o art. 12 da Resolução nº 1, de 2002-CN, promulgo a seguinte Lei:

Art. 1º Fica o Poder Executivo autorizado a conceder pensão especial mensal, vitalícia e intransferível às pessoas atingidas pela hanseníase que foram compulsoriamente submetidas, até 31 de dezembro de 1986, a isolamento, domiciliar ou em seringais, ou a internação em hospitais-colônia, que a requererem, a título de indenização especial, não inferior ao salário mínimo nacional vigente. (Redação dada pela Lei 14.736/2023)

§ 1º A pensão especial de que trata o *caput* é personalíssima, não sendo transmissível a dependentes e herdeiros, e será devida a partir da entrada em vigor desta Lei.

§ 2º O valor da pensão especial será reajustado anualmente, conforme os índices concedidos aos benefícios de valor superior ao piso do Regime Geral de Previdência Social.

§ 3º O requerimento referido no *caput* será endereçado ao Secretário Especial dos Direitos Humanos da Presidência da República, nos termos do regulamento.

§ 4º Caberá ao Instituto Nacional do Seguro Social – INSS o processamento, a manutenção e o pagamento da pensão, observado o art. 6º.

Art. 1º-A. Fica o Poder Executivo autorizado a conceder pensão especial mensal, vitalícia e intransferível aos filhos que foram separados dos genitores em razão do isolamento ou da internação destes, nas condições estabelecidas no art. 1º desta Lei, que a requererem, a título de indenização especial, não inferior ao salário mínimo nacional vigente. (Acrescido pela Lei 14.736/2023)

Parágrafo único. O benefício de que trata o caput deste artigo somente será devido a partir do requerimento do interessado e não produzirá efeitos retroativos.

Art. 2º A pensão de que trata o art. 1º será concedida por meio de ato do Secretário Especial dos Direitos Humanos da Presidência da República, após parecer da Comissão referida no § 1º.

§ 1º Fica criada a Comissão Interministerial de Avaliação, com a atribuição de emitir parecer prévio sobre os requerimentos formulados com base no art. 1º, cuja composição, organização e funcionamento serão definidos em regulamento.

LEGIS. COMPLEMENTAR

§ 2º Para a comprovação da situação do requerente, será admitida a ampla produção de prova documental e testemunhal, e, caso necessário, prova pericial.

§ 3º Na realização de suas atividades, a Comissão poderá promover as diligências que julgar convenientes, inclusive solicitar apoio técnico, documentos, pareceres e informações de órgãos da administração pública, assim como colher depoimentos de terceiros.

§ 4º As despesas referentes a diárias e passagens dos membros da Comissão correrão à conta das dotações orçamentárias dos órgãos a que pertencerem.

Art. 3º A pensão especial de que trata esta Lei, ressalvado o direito à opção, não é acumulável com indenizações que a União venha a pagar decorrentes de responsabilização civil sobre os mesmos fatos.

Parágrafo único. O recebimento da pensão especial não impede a fruição de qualquer benefício previdenciário.

Art. 4º O Ministério da Saúde, em articulação com os sistemas de saúde dos Estados e Municípios, implementará ações específicas em favor dos beneficiários da pensão especial de que trata esta Lei, voltadas à garantia de fornecimento de órteses, próteses e demais ajudas técnicas, bem como na realização de intervenções cirúrgicas e assistência à saúde por meio do Sistema Único de Saúde – SUS.

Art. 5º O Ministério da Saúde, o INSS e a Secretaria Especial dos Direitos Humanos da Presidência da República poderão celebrar convênios, acordos, ajustes ou outros instrumentos que objetivem a cooperação com órgãos da administração pública e entidades privadas sem fins lucrativos, a fim de dar cumprimento ao disposto nesta Lei.

Art. 6º As despesas decorrentes desta Lei correrão à conta do Tesouro Nacional e constarão de programação orçamentária específica no orçamento do Ministério da Previdência Social.

Art. 7º Esta Lei entra em vigor na data de sua publicação.

Congresso Nacional, em 18 de setembro de 2007; 186º da Independência e 119º da República.

Senador RENAN CALHEIROS
Presidente da Mesa do Congresso Nacional

› Este texto não substitui o original publicado no Diário da Câmara dos Deputados de 19/09/2007

LEI Nº 12.188, DE 11 DE JANEIRO DE 2010

Institui a Política Nacional de Assistência Técnica e Extensão Rural para a Agricultura Familiar e Reforma Agrária – PNATER e o Programa Nacional de Assistência Técnica e Extensão Rural na Agricultura Familiar e na Reforma Agrária – PRONATER, altera a Lei nº 8.666, de 21 de junho de 1993, e dá outras providências.

O PRESIDENTE DA REPÚBLICA

Faço saber que o Congresso Nacional decreta e eu sanciono a seguinte Lei:

CAPÍTULO I
DA POLÍTICA NACIONAL DE ASSISTÊNCIA TÉCNICA E EXTENSÃO RURAL PARA A AGRICULTURA FAMILIAR E REFORMA AGRÁRIA – PNATER

Art. 1º Fica instituída a Política Nacional de Assistência Técnica e Extensão Rural para a Agricultura Familiar e Reforma Agrária – PNATER, cuja formulação e supervisão são de competência do Ministério do Desenvolvimento Agrário – MDA.

Parágrafo único. Na destinação dos recursos financeiros da Pnater, será priorizado o apoio às entidades e aos órgãos públicos e oficiais de Assistência Técnica e Extensão Rural – ATER.

Art. 2º Para os fins desta Lei, entende-se por:

I – Assistência Técnica e Extensão Rural – ATER: serviço de educação não formal, de caráter continuado, no meio rural, que promove processos de gestão, produção, beneficiamento e comercialização das atividades e dos serviços agropecuários e não agropecuários, inclusive das atividades agroextrativistas, florestais e artesanais;

II – Declaração de Aptidão ao Programa Nacional de Fortalecimento da Agricultura Familiar – DAP: documento que identifica os beneficiários do Programa Nacional de Fortalecimento da Agricultura Familiar – PRONAF; e

III – Relação de Beneficiários – RB: relação de beneficiários do Programa de Reforma Agrária, conforme definido pelo Instituto Nacional de Colonização e Reforma Agrária – INCRA.

Parágrafo único. Nas referências aos Estados, entende-se considerado o Distrito Federal.

Art. 3º São princípios da Pnater:

I – desenvolvimento rural sustentável, compatível com a utilização adequada dos recursos naturais e com a preservação do meio ambiente;

II – gratuidade, qualidade e acessibilidade aos serviços de assistência técnica e extensão rural;

III – adoção de metodologia participativa, com enfoque multidisciplinar, interdisciplinar e intercultural, buscando a construção da cidadania e a democratização da gestão da política pública;

IV – adoção dos princípios da agricultura de base ecológica como enfoque preferencial para o desenvolvimento de sistemas de produção sustentáveis;

V – equidade nas relações de gênero, geração, raça e etnia; e

VI – contribuição para a segurança e soberania alimentar e nutricional.

Art. 4º São objetivos da Pnater:

I – promover o desenvolvimento rural sustentável;

II – apoiar iniciativas econômicas que promovam as potencialidades e vocações regionais e locais;

III – aumentar a produção, a qualidade e a produtividade das atividades e serviços agropecuários e não agropecuários, inclusive agroextrativistas, florestais e artesanais;

IV – promover a melhoria da qualidade de vida de seus beneficiários;

V – assessorar as diversas fases das atividades econômicas, a gestão de negócios, sua organização, a produção, inserção no mercado e abastecimento, observando as peculiaridades das diferentes cadeias produtivas;

VI – desenvolver ações voltadas ao uso, manejo, proteção, conservação e recuperação dos recursos naturais, dos agroecossistemas e da biodiversidade;

VII – construir sistemas de produção sustentáveis a partir do conhecimento científico, empírico e tradicional;

VIII – aumentar a renda do público beneficiário e agregar valor a sua produção;

IX – apoiar o associativismo e o cooperativismo, bem como a formação de agentes de assistência técnica e extensão rural;

X – promover o desenvolvimento e a apropriação de inovações tecnológicas e organizativas adequadas ao público beneficiário e a integração deste ao mercado produtivo nacional;

XI – promover a integração da Ater com a pesquisa, aproximando a produção agrícola e o meio rural do conhecimento científico; e

XII – contribuir para a expansão do aprendizado e da qualificação profissional e diversificada, apropriada e contextualizada à realidade do meio rural brasileiro.

Art. 5º São beneficiários da Pnater:

I – os assentados da reforma agrária, os povos indígenas, os remanescentes de quilombos e os demais povos e comunidades tradicionais; e

II – nos termos da Lei nº 11.326, de 24 de julho de 2006, os agricultores familiares ou empreendimentos familiares rurais, os silvicultores, aquicultores, extrativistas e pescadores, bem como os beneficiários de programas de colonização e irrigação enquadrados nos limites daquela Lei.

Parágrafo único. Para comprovação da qualidade de beneficiário da Pnater, exigir-se-á ser detentor da Declaração de Aptidão ao Programa Nacional de Fortalecimento da Agricultura Familiar – DAP ou constar na Relação de Beneficiário – RB, homologada no Sistema de Informação do Programa de Reforma Agrária – SIPRA.

CAPÍTULO II
DO PROGRAMA NACIONAL DE ASSISTÊNCIA TÉCNICA E EXTENSÃO RURAL NA AGRICULTURA FAMILIAR E NA REFORMA AGRÁRIA – PRONATER

Art. 6º Fica instituído, como principal instrumento de implementação da Pnater, o

Programa Nacional de Assistência Técnica e Extensão Rural na Agricultura Familiar e na Reforma Agrária – PRONATER.

Art. 7º O Pronater terá como objetivos a organização e a execução dos serviços de Ater ao público beneficiário previsto no art. 5º desta Lei, respeitadas suas disponibilidades orçamentária e financeira.

Art. 8º A proposta contendo as diretrizes do Pronater, a ser encaminhada pelo MDA para compor o Plano Plurianual, será elaborada tendo por base as deliberações de Conferência Nacional, a ser realizada sob a coordenação do Conselho Nacional de Desenvolvimento Rural Sustentável – CONDRAF.

Parágrafo único. O regulamento desta Lei definirá as normas de realização e de participação na Conferência, assegurada a participação paritária de representantes da sociedade civil.

Art. 9º O Condraf opinará sobre a definição das prioridades do Pronater, bem como sobre a elaboração de sua proposta orçamentária anual, recomendando a adoção de critérios e parâmetros para a regionalização de suas ações.

Art. 10. O Pronater será implementado em parceria com os Conselhos Estaduais de Desenvolvimento Sustentável e da Agricultura Familiar ou órgãos similares.

Art. 11. As Entidades Executoras do Pronater compreendem as instituições ou organizações públicas ou privadas, com ou sem fins lucrativos, previamente credenciadas na forma desta Lei, e que preencham os requisitos previstos no art. 15 desta Lei.

Art. 12. Os Estados cujos Conselhos referidos no art. 10 desta Lei firmarem Termo de Adesão ao Pronater poderão dele participar, mediante:

I – o credenciamento das Entidades Executoras, na forma do disposto no art. 13 desta Lei;

II – a formulação de sugestões relativas à programação das ações do Pronater;

III – a cooperação nas atividades de acompanhamento, controle, fiscalização e avaliação dos resultados obtidos com a execução do Pronater;

IV – a execução de serviços de Ater por suas empresas públicas ou órgãos, devidamente credenciados e selecionados em chamada pública.

CAPÍTULO III
DO CREDENCIAMENTO DAS ENTIDADES EXECUTORAS

Art. 13. O credenciamento de Entidades Executoras do Pronater será realizado pelos Conselhos a que se refere o art. 10 desta Lei.

Art. 14. Caberá ao MDA realizar diretamente o credenciamento de Entidades Executoras, nas seguintes hipóteses:

I – não adesão do Conselho ao Pronater no Estado onde pretenda a Entidade Executora ser credenciada;

II – provimento de recurso de que trata o inciso I do art. 16 desta Lei.

Art. 15. São requisitos para obter o credenciamento como Entidade Executora do Pronater:

I – contemplar em seu objeto social a execução de serviços de assistência técnica e extensão rural;

II - estar legalmente constituída há mais de 1 (um) ano; (Redação dada pela Lei 14.615/2023)

III – possuir base geográfica de atuação no Estado em que solicitar o credenciamento;

IV – contar com corpo técnico multidisciplinar, abrangendo as áreas de especialidade exigidas para a atividade;

V – dispor de profissionais registrados em suas respectivas entidades profissionais competentes, quando for o caso;

VI – atender a outras exigências estipuladas em regulamento.

§ 1º O prazo previsto no inciso II e o disposto no § 2º do caput deste artigo não se aplicam às entidades públicas. (Parágrafo único transformado em § 1º e com redação dada pela Lei 14.615/2023)

§ 2º Para Entidades Executoras legalmente constituídas há mais de 1 (um) ano e menos de 5 (cinco) anos, regulamento estabelecerá progressivamente o número máximo de famílias a serem atendidas anualmente no âmbito do Pronater. (Acrescido pela Lei 14.615/2023)

Art. 16. Do indeferimento de pedido de credenciamento, bem como do ato de descredenciamento de Entidade Executora do Pronater, caberá recurso, no prazo de 15 (quinze) dias contados da data em que o interessado tomar ciência do ato contestado:

I – ao gestor do Pronater no MDA, na hipótese de indeferimento ou descredenciamento por Conselho Estadual;

II – ao Ministro do Desenvolvimento Agrário, nas demais hipóteses de indeferimento ou descredenciamento.

Art. 17. A critério do órgão responsável pelo credenciamento ou pela contratação, será descredenciada a Entidade Executora que:

I – deixe de atender a qualquer dos requisitos de credenciamento estabelecidos no art. 15 desta Lei;

II – descumpra qualquer das cláusulas ou condições estabelecidas em contrato.

Parágrafo único. A Entidade Executora descredenciada nos termos do inciso II deste artigo somente poderá ser novamente credenciada decorridos 5 (cinco) anos, contados da data de publicação do ato que aplicar a sanção.

CAPÍTULO IV
DA CONTRATAÇÃO DAS ENTIDADES EXECUTORAS

Art. 18. A contratação das Entidades Executoras será efetivada pelo MDA ou pelo Incra, observadas as disposições desta Lei, bem como as da Lei nº 8.666, de 21 de junho de 1993.

Art. 19. A contratação de serviços de Ater será realizada por meio de chamada pública, que conterá, pelo menos:

I – o objeto a ser contratado, descrito de forma clara, precisa e sucinta;

II – a qualificação e a quantificação do público beneficiário;

III – a área geográfica da prestação dos serviços;

IV – o prazo de execução dos serviços;

V – os valores para contratação dos serviços;

VI – a qualificação técnica exigida dos profissionais, dentro das áreas de especialidade em que serão prestados os serviços;

VII – a exigência de especificação pela entidade que atender à chamada pública do número de profissionais que executarão os serviços, com suas respectivas qualificações técnico-profissionais;

VIII – os critérios objetivos para a seleção da Entidade Executora.

Parágrafo único. Será dada publicidade à chamada pública, pelo prazo mínimo de 30 (trinta) dias, por meio de divulgação na página inicial do órgão contratante na internet e no Diário Oficial da União, bem como, quando julgado necessário, por outros meios.

CAPÍTULO V
DO ACOMPANHAMENTO, CONTROLE, FISCALIZAÇÃO E DA AVALIAÇÃO DOS RESULTADOS DA EXECUÇÃO DO PRONATER

Art. 20. A execução dos contratos será acompanhada e fiscalizada nos termos do art. 67 da Lei nº 8.666, de 21 de junho de 1993.

Art. 21. Os contratos e todas as demais ações do Pronater serão objeto de controle e acompanhamento por sistema eletrônico, sem prejuízo do lançamento dos dados e informações relativos ao Programa nos demais sistemas eletrônicos do Governo Federal.

Parágrafo único. Os dados e informações contidos no sistema eletrônico deverão ser plenamente acessíveis a qualquer cidadão por meio da internet.

Art. 22. Para fins de acompanhamento da execução dos contratos firmados no âmbito do Pronater, as Entidades Executoras lançarão, periodicamente, em sistema eletrônico, as informações sobre as atividades executadas, conforme dispuser regulamento.

Art. 23. Para fins de liquidação de despesa, as Entidades Executoras lançarão Relatório de Execução dos Serviços Contratados em sistema eletrônico, contendo:

I – identificação de cada beneficiário assistido, contendo nome, qualificação e endereço;

II – descrição das atividades realizadas;

III – horas trabalhadas para realização das atividades;

IV – período dedicado à execução do serviço contratado;

V – dificuldades e obstáculos encontrados, se for o caso;

VI – resultados obtidos com a execução do serviço;

VII – o ateste do beneficiário assistido, preenchido por este, de próprio punho;

VIII – outros dados e informações exigidos em regulamento.

§ 1º A Entidade Executora manterá em arquivo, em sua sede, toda a documentação original referente ao contrato firmado, incluindo o Relatório a que se refere o caput deste artigo, para fins de fiscalização, pelo prazo de 5 (cinco) anos, a contar da aprovação das contas anuais do órgão contratante pelo Tribunal de Contas da União.

§ 2º O órgão contratante bem como os órgãos responsáveis pelo controle externo e interno poderão, a qualquer tempo, requisitar vista, na sede da Entidade Executora, da documentação original a que se refere o § 1º deste artigo, ou cópia de seu inteiro teor, a qual deverá ser providenciada e postada pela Entidade Executora no prazo de 5 (cinco) dias contados a partir da data de recebimento da requisição.

Art. 24. A metodologia e os mecanismos de acompanhamento, controle, fiscalização e avaliação dos resultados obtidos com a execução de cada serviço contratado serão objeto de regulamento.

Art. 25. Os relatórios de execução do Pronater, incluindo nome, CNPJ e endereço das Entidades Executoras, bem como o valor dos respectivos contratos e a descrição sucinta das atividades desenvolvidas, serão disponibilizados nas páginas do MDA e do Incra na internet.

Art. 26. O MDA encaminhará ao Condraf, para apreciação, relatório anual consolidado de execução do Pronater, abrangendo tanto as ações de sua responsabilidade como as do Incra.

CAPÍTULO VI
DISPOSIÇÕES FINAIS

Art. 27. O art. 24 da Lei nº 8.666, de 21 de junho de 1993, passa a vigorar acrescido do seguinte inciso XXX:

"Art. 24. ....

....

XXX – na contratação de instituição ou organização, pública ou privada, com ou sem fins lucrativos, para a prestação de serviços de assistência técnica e extensão rural no âmbito do Programa Nacional de Assistência Técnica e Extensão Rural na Agricultura Familiar e na Reforma Agrária, instituído por lei federal.

...." (NR)

Art. 28. A instituição do Pronater não exclui a responsabilidade dos Estados na prestação de serviços de Ater.

Art. 29. Esta Lei entra em vigor 30 (trinta) dias após a data de sua publicação oficial, observado o disposto no inciso I do art. 167 da Constituição Federal.

Brasília, 11 de janeiro de 2010; 189º da Independência e 122º da República.

LUIZ INÁCIO LULA DA SILVA
Nelson Machado
João Bernardo de Azevedo Bringel
Guilherme Cassel

LEI Nº 12.546, DE 14 DE DEZEMBRO DE 2011

Institui o Regime Especial de Reintegração de Valores Tributários para as Empresas Exportadoras (Reintegra); dispõe sobre a redução do Imposto sobre Produtos Industrializados (IPI) à indústria automotiva; altera a incidência das contribuições previdenciárias devidas pelas empresas que menciona; altera as Leis nº 11.774, de 17 de setembro de 2008, nº 11.033, de 21 de dezembro de 2004, nº 11.196, de 21 de novembro de 2005, nº 10.865, de 30 de abril de 2004, nº 11.508, de 20 de julho de 2007, nº 7.291, de 19 de dezembro de 1984, nº 11.491, de 20 de junho de 2007, nº 9.782, de 26 de janeiro de 1999, e nº 9.294, de 15 de julho de 1996, e a Medida Provisória nº 2.199-14, de 24 de agosto de 2001; revoga o art. 1º da Lei nº 11.529, de 22 de outubro de 2007, e o art. 6º do Decreto-Lei nº 1.593, de 21 de dezembro de 1977, nos termos que especifica; e dá outras providências.

A PRESIDENTA DA REPÚBLICA

Faço saber que o Congresso Nacional decreta e eu sanciono a seguinte Lei:

Art. 1º É instituído o Regime Especial de Reintegração de Valores Tributários para as Empresas Exportadoras (Reintegra), com o objetivo de reintegrar valores referentes a custos tributários federais residuais existentes nas suas cadeias de produção.

› Atualização: Art. 1º (Revogado pela LC 214/2025, com produção de efeitos a partir de 1º de janeiro de 2027)

Art. 2º No âmbito do Reintegra, a pessoa jurídica produtora que efetue exportação de bens manufaturados no País poderá apurar valor para fins de ressarcir parcial ou integralmente o resíduo tributário federal existente na sua cadeia de produção.

› Atualização: Art. 2º (Revogado pela LC 214/2025, com produção de efeitos a partir de 1º de janeiro de 2027)

§ 1º O valor será calculado mediante a aplicação de percentual estabelecido pelo Poder Executivo sobre a receita decorrente da exportação de bens produzidos pela pessoa jurídica referida no *caput*.

§ 2º O Poder Executivo poderá fixar o percentual de que trata o § 1º entre zero e 3% (três por cento), bem como poderá diferenciar o percentual aplicável por setor econômico e tipo de atividade exercida.

§ 3º Para os efeitos deste artigo, considera-se bem manufaturado no País aquele:

I – classificado em código da Tabela de Incidência do Imposto sobre Produtos Industrializados (Tipi), aprovada pelo Decreto nº 6.006, de 28 de dezembro de 2006, relacionado em ato do Poder Executivo; e

II – cujo custo dos insumos importados não ultrapasse o limite percentual do preço de exportação, conforme definido em relação discriminada por tipo de bem, constante do ato referido no inciso I deste parágrafo.

§ 4º A pessoa jurídica utilizará o valor apurado para:

I – efetuar compensação com débitos próprios, vencidos ou vincendos, relativos a tributos administrados pela Secretaria da Receita Federal do Brasil, observada a legislação específica aplicável à matéria; ou

II – solicitar seu ressarcimento em espécie, nos termos e condições estabelecidos pela Secretaria da Receita Federal do Brasil.

§ 5º Para os fins deste artigo, considera-se exportação a venda direta ao exterior ou à empresa comercial exportadora com o fim específico de exportação para o exterior.

§ 6º O disposto neste artigo não se aplica a:

I – empresa comercial exportadora; e

II – bens que tenham sido importados.

§ 7º A empresa comercial exportadora é obrigada ao recolhimento do valor atribuído à empresa produtora vendedora se:

I – revender, no mercado interno, os produtos adquiridos para exportação; ou

II – no prazo de 180 (cento e oitenta) dias, contado da data da emissão da nota fiscal de venda pela empresa produtora, não houver efetuado a exportação dos produtos para o exterior.

§ 8º O recolhimento do valor referido no § 7º deverá ser efetuado até o décimo dia subsequente:

I – ao da revenda no mercado interno; ou

II – ao do vencimento do prazo estabelecido para a efetivação da exportação. *(Parágrafo com redação dada pela Lei nº 12.688, de 18/7/2012)*

§ 9º O recolhimento do valor referido no § 7º deverá ser efetuado acrescido de multa de mora ou de ofício e de juros equivalentes à taxa referencial do Sistema Especial de Liquidação e de Custódia (Selic), para títulos federais, acumulada mensalmente, calculados a partir do primeiro dia do mês subsequente ao da emissão da nota fiscal de venda dos produtos para a empresa comercial exportadora até o último dia do mês anterior ao do pagamento, e de 1% (um por cento) no mês do pagamento. *(Parágrafo acrescido pela Lei nº 12.688, de 18/7/2012)*

§ 10. As pessoas jurídicas de que tratam os arts. 11-A e 11- B da Lei nº 9.440, de 14 de março de 1997, e o art. 1º da Lei nº 9.826, de 23 de agosto de 1999, poderão requerer o Reintegra. *(Parágrafo acrescido pela Lei nº 12.688, de 18/7/2012)*

§ 11. Do valor apurado referido no *caput*:

I – 17,84% (dezessete inteiros e oitenta e quatro centésimos por cento) corresponderão a crédito da Contribuição para o PIS/Pasep; e

II – 82,16% (oitenta e dois inteiros e dezesseis centésimos por cento) corresponderão a crédito da Cofins. *(Parágrafo acrescido pela Lei nº 12.688, de 18/7/2012)*

§ 12. Não serão computados na apuração da base de cálculo da Contribuição para o PIS/Pasep e da Cofins os valores ressarcidos no âmbito do Reintegra. *(Parágrafo acrescido pela Lei nº 12.844, de 19/7/2013)*

Art. 3º O Reintegra aplicar-se-á às exportações realizadas: *("Caput" do artigo com redação dada pela Lei nº 12.844, de*

19/7/2013, publicada no DOU de 19/7/2013, com efeitos retroativos a 4/6/2013)

› Atualização: Art. 3º (Revogado pela LC 214/2025, com produção de efeitos a partir de 1º de janeiro de 2027)

I – de 4 de junho de 2013 até 31 de dezembro de 2013; e *(Inciso acrescido pela Lei nº 12.844, de 19/7/2013, publicada no DOU de 19/7/2013, com efeitos retroativos a 4/6/2013)*

II – *(VETADO na Lei nº 12.844, de 19/7/2013)*

III – *(VETADO na Lei nº 13.755, de 10/12/2018)*

Art. 4º O art. 1º da Lei nº 11.774, de 17 de setembro de 2008, passa a vigorar com a seguinte redação:

"Art. 1º As pessoas jurídicas, nas hipóteses de aquisição no mercado interno ou de importação de máquinas e equipamentos destinados à produção de bens e prestação de serviços, poderão optar pelo desconto dos créditos da Contribuição para o Programa de Integração Social/Programa de Formação do Patrimônio do Servidor Público (PIS/Pasep) e da Contribuição para Financiamento da Seguridade Social (Cofins) de que tratam o inciso III do § 1º do art. 3º da Lei nº 10.637, de 30 de dezembro de 2002, o inciso III do § 1º do art. 3º da Lei nº 10.833, de 29 de dezembro de 2003, e o § 4º do art. 15 da Lei nº 10.865, de 30 de abril de 2004, da seguinte forma:

I – no prazo de 11 (onze) meses, no caso de aquisições ocorridas em agosto de 2011;

II – no prazo de 10 (dez) meses, no caso de aquisições ocorridas em setembro de 2011;

III – no prazo de 9 (nove) meses, no caso de aquisições ocorridas em outubro de 2011;

IV – no prazo de 8 (oito) meses, no caso de aquisições ocorridas em novembro de 2011;

V – no prazo de 7 (sete) meses, no caso de aquisições ocorridas em dezembro de 2011;

VI – no prazo de 6 (seis) meses, no caso de aquisições ocorridas em janeiro de 2012;

VII – no prazo de 5 (cinco) meses, no caso de aquisições ocorridas em fevereiro de 2012;

VIII – no prazo de 4 (quatro) meses, no caso de aquisições ocorridas em março de 2012;

IX – no prazo de 3 (três) meses, no caso de aquisições ocorridas em abril de 2012;

X – no prazo de 2 (dois) meses, no caso de aquisições ocorridas em maio de 2012;

XI – no prazo de 1 (um) mês, no caso de aquisições ocorridas em junho de 2012; e

XII – imediatamente, no caso de aquisições ocorridas a partir de julho de 2012.

§ 1º Os créditos de que trata este artigo serão determinados:

I – mediante a aplicação dos percentuais previstos no *caput* do art. 2º da Lei nº 10.637, de 2002, e no *caput* do art. 2º da Lei nº 10.833, de 2003, sobre o valor correspondente ao custo de aquisição do bem, no caso de aquisição no mercado interno; ou

II – na forma prevista no § 3º do art. 15 da Lei nº 10.865, de 2004, no caso de importação.

§ 2º O disposto neste artigo aplica-se aos bens novos adquiridos ou recebidos a partir de 3 de agosto de 2011.

§ 3º O regime de desconto de créditos no prazo de 12 (doze) meses continua aplicável aos bens novos adquiridos ou recebidos a partir do mês de maio de 2008 e anteriormente a 3 de agosto de 2011." (NR)

Art. 5º As empresas fabricantes, no País, de produtos classificados nas posições 87.01 a 87.06 da Tipi, aprovada pelo Decreto nº 6.006, de 2006, observados os limites previstos nos incisos I e II do art. 4º do Decreto-Lei nº 1.199, de 27 de dezembro de 1971, poderão usufruir da redução das alíquotas do Imposto sobre Produtos Industrializados (IPI), mediante ato do Poder Executivo, com o objetivo de estimular a competitividade, a agregação de conteúdo nacional, o investimento, a inovação tecnológica e a produção local.

§ 1º A redução de que trata o *caput*:

I – deverá observar, atendidos os requisitos estabelecidos em ato do Poder Executivo, níveis de investimento, de inovação tecnológica e de agregação de conteúdo nacional;

II – poderá ser usufruída até 31 de dezembro de 2017; e *(Inciso com redação dada pela Lei nº 12.844, de 19/7/2013)*

III – abrangerá os produtos indicados em ato do Poder Executivo.

§ 2º Para fins deste artigo, o Poder Executivo definirá:

I – os percentuais da redução de que trata o *caput*, podendo diferenciá-los por tipo de produto, tendo em vista os critérios estabelecidos no § 1º; e

II – a forma de habilitação da pessoa jurídica.

§ 3º A redução de que trata o *caput* não exclui os benefícios previstos nos arts. 11-A e 11-B da Lei nº 9.440, de 14 de março de 1997, e no art. 1º da Lei nº 9.826, de 23 de agosto de 1999, e o regime especial de tributação de que trata o art. 56 da Medida Provisória nº 2.158-35, de 24 de agosto de 2001, nos termos, limites e condições estabelecidos em ato do Poder Executivo. *(Vide Decreto nº 7.819, de 3/10/2012)*

Art. 6º A redução de que trata o art. 5º aplica-se aos produtos de procedência estrangeira classificados nas posições 87.01 a 87.06 da Tipi, observado o disposto no inciso III do § 1º do art. 5º, atendidos os limites e condições estabelecidos em ato do Poder Executivo.

§ 1º Respeitados os acordos internacionais dos quais a República Federativa do Brasil seja signatária, o disposto no *caput* aplica-se somente no caso de saída dos produtos importados de estabelecimento importador pertencente a pessoa jurídica fabricante que atenda aos requisitos mencionados nos §§ 1º e 2º do art. 5º.

§ 2º A exigência de que trata o § 1º não se aplica às importações de veículos realizadas ao amparo de acordos internacionais que contemplem programas de integração específicos, nos termos estabelecidos em ato do Poder Executivo. *(Vide Decreto nº 7.819, de 3/10/2012)*

Art. 7º Até 31 de dezembro de 2024, poderão contribuir, com aplicação das alíquotas previstas no art. 7º-A, sobre o valor da receita bruta, excluídos as vendas canceladas e os descontos incondicionais concedidos, em substituição total às contribuições previstas nos incisos I e III do caput do art. 22 da Lei nº 8.212, de 24 de julho de 1991: (Redação dada pela Lei 14.973/2024)

I – as empresas que prestam os serviços referidos nos §§ 4º e 5º do art. 14 da Lei nº 11.774, de 17 de setembro de 2008; *(Inciso acrescido pela Lei nº 12.715, de 17/9/2012, em vigor no primeiro dia do quarto mês subsequente após a publicação da Medida Provisória nº 563, de 3/4/2012, produzindo efeitos a partir de sua regulamentação)*

II – *(Inciso acrescido pela Lei nº 12.715, de 17/9/2012, e revogado pela Lei nº 13.670, de 30/5/2018, publicada no DOU Edição Extra de 30/5/2018, em vigor no primeiro dia do quarto mês subsequente ao de sua publicação)*

III – as empresas de transporte rodoviário coletivo de passageiros, com itinerário fixo, municipal, intermunicipal em região metropolitana, intermunicipal, interestadual e internacional enquadradas nas classes 4921-3 e 4922-1 da CNAE 2.0. *(Inciso acrescido pela Lei nº 12.715, de 17/9/2012, em vigor a partir de 1/1/2013)*

IV – as empresas do setor de construção civil, enquadradas nos grupos 412, 432, 433 e 439 da CNAE 2.0 *(Inciso acrescido pela Lei nº 12.844, de 19/7/2013, publicada no DOU de 19/7/2013, em vigor a partir do primeiro dia do quarto mês subsequente ao de sua publicação)*

V – as empresas de transporte ferroviário de passageiros, enquadradas nas subclasses 4912-4/01 e 4912-4/02 da CNAE 2.0; *(VETADO na Lei nº 12.794, de 2/4/2013) (Inciso acrescido pela Lei nº 12.844, de 19/7/2013, em vigor a partir de 1/1/2014)*

VI – as empresas de transporte metroferroviário de passageiros, enquadradas na subclasse 4912-4/03 da CNAE 2.0; *(VETADO na Lei nº 12.794, de 2/4/2013) (Inciso acrescido pela Lei nº 12.844, de 19/7/2013, em vigor a partir de 1/1/2014)*

VII – as empresas de construção de obras de infraestrutura, enquadradas nos grupos 421, 422, 429 e 431 da CNAE 2.0; *(VETADO na Lei nº 12.794, de 2/4/2013) (Inciso acrescido pela Lei nº 12.844, de 19/7/2013, em vigor a partir de 1/1/2014)*

VIII – *(VETADO na Lei nº 12.794, de 2/4/2013) (Revogado pela Lei nº 12.844, de 19/7/2013)*

IX – *(VETADO na Lei nº 12.794, de 2/4/2013) (Revogado pela Lei nº 12.844, de 19/7/2013)*

X – *(VETADO na Lei nº 12.794, de 2/4/2013) (Revogado pela Lei nº 12.844, de 19/7/2013)*

XI – *(VETADO na Lei nº 12.794, de 2/4/2013) (Revogado pela Lei nº 12.844, de 19/7/2013)*

XII – *(VETADO na Lei nº 13.043, de 13/11/2014, republicado no DOU Edição Extra de 14/11/2014)*

XIII – *(VETADO na Lei nº 13.043, de 13/11/2014, republicado no DOU Edição Extra de 14/11/2014)*

§ 1º Durante a vigência deste artigo, as empresas abrangidas pelo *caput* e pelos §§ 3º e 4º deste artigo não farão jus às reduções previstas no *caput* do art. 14 da Lei nº 11.774, de 2008.

§ 2º O disposto neste artigo não se aplica a empresas que exerçam as atividades de representante, distribuidor ou revendedor de programas de computador, cuja receita bruta decorrente dessas atividades seja igual ou superior a 95% (noventa e cinco por cento) da receita bruta total. *(Parágrafo com redação dada pela Lei nº 12.715, de 17/9/2012, em vigor no primeiro dia do quarto mês subsequente após a publicação da Medida Provisória nº 563, de 3/4/2012, produzindo efeitos a partir de sua regulamentação)*

§ 3º *(Revogado pela Lei nº 12.715, de 17/9/2012, a partir do primeiro dia do quarto mês subsequente à data de publicação da Medida Provisória nº 563, de 3/4/2012, ou da data da regulamentação referida no § 2º do art. 78 da Lei nº 12.715, de 17/9/2012, o que ocorrer depois)*

§ 4º *(Revogado pela Lei nº 12.715, de 17/9/2012, a partir do primeiro dia do quarto mês subsequente à data de publicação da Medida Provisória nº 563, de 3/4/2012, ou da data da regulamentação referida no § 2º do art. 78 da Lei nº 12.715, de 17/9/2012, o que ocorrer depois)*

§ 5º (VETADO).

§ 6º No caso de contratação de empresas para a execução dos serviços referidos no *caput*, mediante cessão de mão de obra, na forma definida pelo art. 31 da Lei nº 8.212, de 24 de julho de 1991, e para fins de elisão da responsabilidade solidária prevista no inciso VI do art. 30 da Lei nº 8.212, de 24 de julho de 1991, a empresa contratante deverá reter 3,5% (três inteiros e cinco décimos por cento) do valor bruto da nota fiscal ou da fatura de prestação de serviços. *(Parágrafo acrescido pela Lei nº 12.715, de 17/9/2012, em vigor no 1º (primeiro) dia do 4º mês subsequente à data de publicação da Medida Provisória nº 563, de 3/4/2012, produzindo efeitos a partir de sua regulamentação, com redação dada pela Lei nº 12.995, de 18/6/2014)*

§ 7º As empresas relacionadas no inciso IV do *caput* poderão antecipar para 4 de junho de 2013 sua inclusão na tributação substitutiva prevista neste artigo. *(VETADO na Lei nº 12.794, de 2/4/2013) (Parágrafo acrescido pela Lei nº 12.844, de 19/7/2013)*

§ 8º A antecipação de que trata o § 7º será exercida de forma irretratável mediante o recolhimento, até o prazo de vencimento, da contribuição substitutiva prevista no *caput*, relativa a junho de 2013. *(Parágrafo acrescido pela Lei nº 12.844, de 19/7/2013)*

§ 9º Serão aplicadas às empresas referidas no inciso IV do *caput* as seguintes regras:

I – para as obras matriculadas no Cadastro Específico do INSS – CEI até o dia 31 de março de 2013, o recolhimento da contribuição previdenciária deverá ocorrer na forma dos incisos I e III do *caput* do art. 22 da Lei nº 8.212, de 24 de julho de 1991, até o seu término;

II - para as obras matriculadas no Cadastro Específico do INSS (CEI) no período compreendido entre 1º de abril de 2013 e 31 de maio de 2013, o recolhimento da contribuição previdenciária deverá ocorrer na forma do caput e do art. 9º-A, até o seu término, observado o disposto no art. 9º-B; (Redação dada pela Lei 14.973/2024)

III - para as obras matriculadas no Cadastro Específico do INSS (CEI) no período compreendido entre 1º de junho de 2013 e 31 de outubro de 2013, o recolhimento da contribuição previdenciária poderá ocorrer tanto na forma do caput e do art. 9º-A como na forma dos incisos I e III do caput do art. 22 da Lei nº 8.212, de 24 de julho de 1991, observado o disposto no art. 9º-B; (Redação dada pela Lei 14.973/2024)

IV - para as obras matriculadas no Cadastro Específico do INSS (CEI) no período compreendido entre 1º de novembro de 2013 e 30 de novembro de 2015, o recolhimento da contribuição previdenciária deverá ocorrer na forma do caput e do art. 9º-A, até o seu término, observado o disposto no art. 9º-B; (Redação dada pela Lei 14.973/2024)

V - no cálculo da contribuição incidente sobre a receita bruta, serão excluídas da base de cálculo, observado o disposto no art. 9º, as receitas provenientes das obras cujo recolhimento da contribuição tenha ocorrido exclusivamente na forma dos incisos I e III do caput do art. 22 da Lei nº 8.212, de 24 de julho de 1991; e (Redação dada pela Lei 14.973/2024)

VI - para obras matriculadas no Cadastro Específico do INSS (CEI) a partir de 1º de dezembro de 2015, a contribuição previdenciária poderá incidir sobre a receita bruta, na forma do caput e do art. 9º-A, ou sobre a folha de pagamento, na forma prevista nos incisos I a III do caput do art. 22 da Lei nº 8.212, de 24 de julho de 1991, de acordo com a opção, até o seu término, observado o disposto no art. 9º-B. (Acrescido pela Lei 14.973/2024)

§ 10. A opção a que se refere o inciso III do § 9º será exercida de forma irretratável mediante o recolhimento, até o prazo de vencimento, da contribuição previdenciária na sistemática escolhida, relativa a junho de 2013, e será aplicada até o término da obra, observado o disposto no art. 9º-B. (Redação dada pela Lei 14.973/2024)

§ 11. *(VETADO na Lei nº 12.844, de 19/7/2013)*

§ 12. *(VETADO na Lei nº 12.844, de 19/7/2013)*

Art. 7º-A. A alíquota da contribuição sobre a receita bruta prevista no art. 7º será de 4,5% (quatro inteiros e cinco décimos por cento), exceto para as empresas de *call center* referidas no inciso I, que contribuirão à alíquota de 3% (três por cento), e para as empresas identificadas nos incisos III, V e VI, todos do *caput* do art. 7º, que contribuirão à alíquota de 2% (dois por cento). *(Artigo acrescido pela Lei nº 13.161, de 31/8/2015, com redação dada pela Lei nº 13.202, de 8/12/2015, em vigor a partir de 1/12/2015)*

Art. 8º Até 31 de dezembro de 2024, poderão contribuir, com aplicação das alíquotas previstas no art. 8º-A, sobre o valor da receita bruta, excluídos as vendas canceladas e os descontos incondicionais concedidos, em substituição total às contribuições previstas nos incisos I e III do caput do art. 22 da Lei nº 8.212, de 24 de julho de 1991: (Redação dada pela Lei 14.973/2024)

I – *(Revogado pela Lei nº 12.715, de 17/9/2012, em vigor no primeiro dia do quarto mês subsequente após a publicação da Medida Provisória nº 563, de 3/4/2012, produzindo efeitos a partir de sua regulamentação)*

II – *(Revogado pela Lei nº 12.715, de 17/9/2012, em vigor no primeiro dia do quarto mês subsequente após a publicação da Medida Provisória nº 563, de 3/4/2012, produzindo efeitos a partir de sua regulamentação)*

III – *(Revogado pela Lei nº 12.715, de 17/9/2012, em vigor no primeiro dia do quarto mês subsequente após a publicação da Medida Provisória nº 563, de 3/4/2012, produzindo efeitos a partir de sua regulamentação)*

IV – *(Revogado pela Lei nº 12.715, de 17/9/2012, em vigor no primeiro dia do quarto mês subsequente após a publicação da Medida Provisória nº 563, de 3/4/2012, produzindo efeitos a partir de sua regulamentação)*

V – *(Revogado pela Lei nº 12.715, de 17/9/2012, em vigor no primeiro dia do quarto mês subsequente após a publicação da Medida Provisória nº 563, de 3/4/2012, produzindo efeitos a partir de sua regulamentação)*

VI – as empresas jornalísticas e de radiodifusão sonora e de sons e imagens de que trata a Lei nº 10.610, de 20 de dezembro de 2002, enquadradas nas classes 1811-3, 5811-5, 5812-3, 5813-1, 5822-1, 5823-9, 6010-1, 6021-7 e 6319-4 da CNAE 2.0; *(Inciso acrescido pela Lei nº 13.670, de 30/5/2018, publicada no DOU Edição Extra de 30/5/2018, em vigor no primeiro dia do quarto mês subsequente ao de sua publicação)*

VII – *(VETADO na Lei nº 13.670, de 30/5/2018)*

VIII – as empresas que fabriquem os produtos classificados na Tipi nos códigos: *(Inciso acrescido pela Lei nº 13.670, de 30/5/2018, publicada no DOU Edição Extra de 30/5/2018, em vigor no primeiro dia do quarto mês subsequente ao de sua publicação)*

a) 3926.20.00, 40.15, 42.03, 43.03, 4818.50.00, 6505.00, 6812.91.00, 8804.00.00, e nos capítulos 61 a 63; *(Alínea acrescida pela Lei nº 13.670, de 30/5/2018, publicada no DOU Edição Extra de 30/5/2018, em vigor no primeiro dia do quarto mês subsequente ao de sua publicação)*

b) 64.01 a 64.06; *(Alínea acrescida pela Lei nº 13.670, de 30/5/2018, publicada no DOU Edição Extra de 30/5/2018, em vigor no primeiro dia do quarto mês subsequente ao de sua publicação)*

c) 41.04, 41.05, 41.06, 41.07 e 41.14; *(Alínea acrescida pela Lei nº 13.670, de 30/5/2018, publicada no DOU Edição Extra de 30/5/2018, em vigor no primeiro dia do quarto mês subsequente ao de sua publicação)*

d) 8308.10.00, 8308.20.00, 96.06 e 96.07; *(Alínea acrescida pela Lei nº 13.670, de 30/5/2018, publicada no DOU Edição Extra de 30/5/2018, em vigor no primeiro dia do quarto mês subsequente ao de sua publicação)*

e) 87.02, exceto 8702.90.10, e 87.07; *(Alínea acrescida pela Lei nº 13.670, de 30/5/2018, publicada no DOU Edição Extra de 30/5/2018, em vigor no primeiro dia do quarto mês subsequente ao de sua publicação)*

f) *(VETADO na Lei nº 13.670, de 30/5/2018)*

g) 4016.93.00; 7303.00.00; 7304.11.00; 7304.19.00; 7304.22.00; 7304.23.10; 7304.23.90; 7304.24.00; 7304.29.10; 7304.29.31; 7304.29.39; 7304.29.90; 7305.11.00; 7305.12.00; 7305.19.00; 7305.20.00; 7306.11.00; 7306.19.00; 7306.21.00; 7306.29.00; 7308.20.00; 7308.40.00; 7309.00.10; 7309.00.90; 7311.00.00; 7315.11.00; 7315.12.10; 7315.12.90; 7315.19.00; 7315.20.00; 7315.81.00; 7315.82.00; 7315.89.00; 7315.90.00; 8307.10.10; 8401; 8402; 8403; 8404; 8405; 8406; 8407; 8408; 8410; 8439; 8454; 8412 (exceto 8412.2, 8412.30.00, 8412.40, 8412.50, 8418.69.30, 8418.69.40); 8413; 8414; 8415; 8416; 8417; 8418; 8419; 8420; 8421; 8422 (exceto 8422.11.90 e 8422.19.00); 8423; 8424; 8425; 8426; 8427; 8428; 8429; 8430; 8431; 8432; 8433; 8434;8435; 8436; 8437; 8438; 8439; 8440; 8441; 8442; 8443; 8444; 8445; 8446; 8447; 8448; 8449; 8452; 8453; 8454; 8455; 8456; 8457; 8458; 8459; 8460; 8461; 8462; 8463; 8464; 8465; 8466; 8467; 8468; 8470.50.90; 8470.90.10; 8470.90.90; 8472; 8474; 8475; 8476; 8477; 8478; 8479; 8480; 8481; 8482; 8483; 8484; 8485; 8486; 8487; 8501; 8502; 8503; 8505; 8514; 8515; 8543; 8701.10.00; 8701.30.00; 8701.94.10; 8701.95.10; 8704.10.10; 8704.10.90; 8705.10.10; 8705.10.90; 8705.20.00; 8705.30.00; 8705.40.00; 8705.90.10; 8705.90.90; 8706.00.20; 8707.90.10; 8708.29.11; 8708.29.12; 8708.29.13; 8708.29.14; 8708.29.19; 8708.30.11; 8708.40.11; 8708.40.19; 8708.50.11; 8708.50.12; 8708.50.19; 8708.50.91; 8708.70.10; 8708.94.11; 8708.94.12; 8708.94.13; 8709.11.00; 8709.19.00; 8709.90.00; 8716.20.00; 8716.31.00; 8716.39.00; 9015; 9016; 9017; 9022; 9024; 9025; 9026; 9027; 9028; 9029; 9031; 9032; 9506.91.00; e 9620.00.00; *(Alínea acrescida pela Lei nº 13.670, de 30/5/2018, publicada no DOU Edição Extra de 30/5/2018, em vigor no primeiro dia do quarto mês subsequente ao de sua publicação)*

h) *(VETADO na Lei nº 13.670, de 30/5/2018)*

i) *(VETADO na Lei nº 13.670, de 30/5/2018)*

j) 02.03, 0206.30.00, 0206.4, 02.07, 02.09, 0210.1, 0210.99.00, 1601.00.00, 1602.3, 1602.4, 03.03, 03.04 e 03.02, exceto 03.02.90.00; *(Alínea acrescida pela Lei nº 13.670, de 30/5/2018, publicada no DOU Edição Extra de 30/5/2018, em vigor no primeiro dia do quarto mês subsequente ao de sua publicação)*

k) 5004.00.00, 5005.00.00, 5006.00.00, 50.07, 5104.00.00, 51.05, 51.06, 51.07, 51.08, 51.09, 5110.00.00, 51.11, 51.12, 5113.00, 5203.00.00, 52.04, 52.05, 52.06, 52.07, 52.08, 52.09, 52.10, 52.11, 52.12, 53.06, 53.07, 53.08, 53.09, 53.10, 5311.00.00, no capítulo 54, exceto os códigos 5402.46.00, 5402.47.00 e 5402.33.10, e nos capítulos 55 a 60; *(Alínea acrescida pela Lei nº 13.670, de 30/5/2018, publicada no DOU Edição Extra de 30/5/2018, em vigor no primeiro dia do quarto mês subsequente ao de sua publicação)*

l) *(VETADO na Lei nº 13.670, de 30/5/2018)*

m) *(VETADO na Lei nº 13.670, de 30/5/2018)*

n) *(VETADO na Lei nº 13.755, de 10/12/2018)*

IX – as empresas de transporte rodoviário de cargas, enquadradas na classe 4930-2 da CNAE 2.0; *(Alínea acrescida pela Lei nº 13.670, de 30/5/2018, publicada no DOU Edição Extra de 30/5/2018, em vigor no primeiro dia do quarto mês subsequente ao de sua publicação)*

X – *(VETADO na Lei nº 13.670, de 30/5/2018)*

XI – *(VETADO na Lei nº 13.670, de 30/5/2018)*

XII – *(VETADO na Lei nº 13.670, de 30/5/2018)*

XIII – *(VETADO na Lei nº 13.670, de 30/5/2018)*

XIV – *(VETADO na Lei nº 13.670, de 30/5/2018)*

XV – *(VETADO na Lei nº 13.755, de 10/12/2018)*

§ 1º O disposto no *caput*: *(Parágrafo único transformado em § 1º com redação dada pela Lei nº 12.715, de 17/9/2012, em vigor no primeiro dia do quarto mês subsequente após a publicação da Medida Provisória nº 563, de 3/4/2012, produzindo efeitos a partir de sua regulamentação)*

I – aplica-se apenas em relação aos produtos industrializados pela empresa; *(Inciso com redação dada pela Lei nº 12.715, de 17/9/2012, em vigor no primeiro dia do quarto mês subsequente após a publicação da Medida Provisória nº 563, de 3/4/2012, produzindo efeitos a partir de sua regulamentação)*

II – não se aplica: *(Inciso com redação dada pela Lei nº 12.715, de 17/9/2012, em vigor no primeiro dia do quarto mês subsequente após a publicação da Medida Provisória nº 563, de 3/4/2012, produzindo efeitos a partir de sua regulamentação)*

a) a empresas que se dediquem a outras atividades, além das previstas no *caput*, cuja receita bruta decorrente dessas outras atividades seja igual ou superior a 95% (noventa e cinco por cento) da receita bruta total; e *(Alínea acrescida pela Lei nº 12.715, de 17/9/2012, em vigor no primeiro dia do quarto mês subsequente após a publicação da Medida Provisória nº 563, de 3/4/2012, produzindo efeitos a partir de sua regulamentação)*

b) *(Alínea acrescida pela Lei nº 12.715, de 17/9/2012, e revogada pela Lei nº 13.670, de 30/5/2018, publicada no DOU Edição Extra de 30/5/2018, em vigor no primeiro dia do quarto mês subsequente ao de sua publicação)*

c) *(Alínea acrescida pela Lei nº 12.844, de 19/7/2013, e revogada pela Lei nº 13.670, de 30/5/2018, publicada no DOU Edição Extra de 30/5/2018, em vigor no primeiro dia do quarto mês subsequente ao de sua publicação)*

§ 2º Para efeito do inciso I do § 1º, devem ser considerados os conceitos de industrialização e de industrialização por encomenda previstos na legislação do Imposto sobre Produtos Industrializados – IPI. *(Parágrafo acrescido pela Lei nº 12.715, de 17/9/2012, em vigor no primeiro dia do quarto mês subsequente após a publicação da Medida Provisória nº 563, de 3/4/2012, produzindo efeitos a partir de sua regulamentação)*

§ 3º *(Parágrafo acrescido pela Lei nº 12.715, de 17/9/2012, e revogado pela Lei nº 13.670, de 30/5/2018, publicada no DOU Edição Extra de 30/5/2018, em vigor no primeiro dia do quarto mês subsequente ao de sua publicação)*

§ 4º *(Parágrafo acrescido pela Lei nº 12.715, de 17/9/2012, e revogado pela Lei nº 13.670, de 30/5/2018, publicada no DOU Edição Extra de 30/5/2018, em vigor no primeiro dia do quarto mês subsequente ao de sua publicação)*

§ 5º *(Parágrafo acrescido pela Lei nº 12.844, de 19/7/2013, e revogado pela Lei nº 13.670, de 30/5/2018, publicada no DOU Edição Extra de 30/5/2018, em vigor no primeiro dia do quarto mês subsequente ao de sua publicação)*

§ 6º *(Parágrafo acrescido pela Lei nº 12.844, de 19/7/2013, e revogado pela Lei nº 13.670, de 30/5/2018, publicada no DOU Edição Extra de 30/5/2018, em vigor no primeiro dia do quarto mês subsequente ao de sua publicação)*

§ 7º *(Parágrafo acrescido pela Lei nº 12.844, de 19/7/2013, e revogado pela Lei nº 13.670, de 30/5/2018, publicada no DOU Edição Extra de 30/5/2018, em vigor no primeiro dia do quarto mês subsequente ao de sua publicação)*

§ 8º *(Parágrafo acrescido pela Lei nº 12.844, de 19/7/2013, e revogado pela Lei nº 13.670, de 30/5/2018, publicada no DOU Edição Extra de 30/5/2018, em vigor no primeiro dia do quarto mês subsequente ao de sua publicação)*

§ 9º *(Parágrafo acrescido pela Lei nº 12.844, de 19/7/2013, e revogado pela Lei nº 13.670, de 30/5/2018, publicada no DOU Edição Extra de 30/5/2018, em vigor no primeiro dia do quarto mês subsequente ao de sua publicação)*

§ 10. *(VETADO na Lei nº 12.844, de 19/7/2013)*

§ 11. *(Parágrafo acrescido pela Lei nº 12.873, de 24/10/2013, e revogado pela Lei nº 13.670, de 30/5/2018, publicada no DOU Edição Extra de 30/5/2018, em vigor no primeiro dia do quarto mês subsequente ao de sua publicação)*

Art. 8º-A. A alíquota da contribuição sobre a receita bruta prevista no art. 8º desta Lei será de 2,5% (dois inteiros e cinco décimos por cento), exceto para as empresas referidas nos incisos VI, IX, X e XI do *caput* do referido artigo e para as empresas que fabricam os produtos classificados na Tipi nos códigos 6309.00, 64.01 a 64.06 e 87.02, exceto 8702.90.10, que contribuirão à alíquota de 1,5% (um inteiro e cinco décimos por cento), e para as empresas que fabricam os produtos classificados na Tipi nos códigos 02.03, 0206.30.00, 0206.4, 02.07, 02.09, 0210.1, 0210.99.00, 1601.00.00, 1602.3, 1602.4, 03.03 e 03.04, que contribuirão à alíquota de 1% (um por cento). *(Artigo acrescido pela Lei nº 13.161, de 31/8/2015, e com redação dada pela Lei nº 13.670, de 30/5/2018, publicada no DOU Edição Extra de 30/5/2018, em vigor no primeiro dia do quarto mês subsequente ao de sua publicação)*

Art. 8º-B. *(VETADO na Lei nº 13.161, de 31/8/2015)*

Art. 9º Para fins do disposto nos arts. 7º e 8º desta Lei:

I – a receita bruta deve ser considerada sem o ajuste de que trata o inciso VIII do art. 183 da Lei nº 6.404, de 15 de dezembro de 1976;

II – exclui-se da base de cálculo das contribuições a receita bruta: *("Caput" do inciso com redação dada pela Lei nº 12.844, de 19/7/2013, publicada no DOU de 19/7/2013, com efeitos retroativos a 4/6/2013)*

a) de exportações; e *(Alínea acrescida pela Lei nº 12.844, de 19/7/2013)*

b) decorrente de transporte internacional de carga; *(Alínea acrescida pela Lei nº 12.844, de 19/7/2013)*

c) reconhecida pela construção, recuperação, reforma, ampliação ou melhoramento da infraestrutura, cuja contrapartida seja ativo intangível representativo de direito de exploração, no caso de contratos de concessão de serviços públicos; *(Alínea acrescida pela Lei nº 13.043, de 13/11/2014, republicada no DOU Edição Extra de 14/11/2014)*

III – a data de recolhimento das contribuições obedecerá ao disposto na alínea "b" do inciso I do art. 30 da Lei nº 8.212, de 1991;

IV – (Revogado pela Lei 14.360/2022)

V – com relação às contribuições de que tratam os arts. 7º e 8º, as empresas continuam sujeitas ao cumprimento das demais obrigações previstas na legislação previdenciária.

VI – *(VETADO na Lei nº 12.715, de 17/9/2012)*

VII – para os fins da contribuição prevista no *caput* dos arts. 7º e 8º, considera-se empresa a sociedade empresária, a sociedade simples, a cooperativa, a empresa individual de responsabilidade limitada e o empresário a que se refere o art. 966 da Lei nº 10.406, de 10 de janeiro de 2002 – Código Civil, devidamente registrados no Registro de Empresas Mercantis ou no Registro Civil de Pessoas Jurídicas, conforme o caso; *(Inciso acrescido pela Lei nº 12.844, de 19/7/2013)*

VIII – para as sociedades cooperativas, a metodologia adotada para a contribuição sobre a receita bruta, em substituição às contribuições previstas nos incisos I e III do *caput* do art. 22 da Lei nº 8.212, de 24 de julho de 1991, limita-se às previsões constantes do art. 8º desta Lei e somente às atividades abrangidas pelos códigos nele referidos; *(Inciso acrescido pela Lei nº 12.844, de 19/7/2013, com redação dada pela Lei nº 13.670, de 30/5/2018, publicada no DOU Edição Extra de 30/5/2018, em vigor no primeiro dia do quarto mês subsequente ao de sua publicação)*

IX – equipara-se a empresa o consórcio constituído nos termos dos arts. 278 e 279 da Lei nº 6.404, de 15 de dezembro de 1976, que realizar a contratação e o pagamento, mediante a utilização de CNPJ próprio do consórcio, de pessoas físicas ou jurídicas, com ou sem vínculo empregatício, ficando as empresas consorciadas solidariamente responsáveis pelos tributos relacionados às operações praticadas pelo consórcio. *(Inciso acrescido pela Medida Provisória nº 634, de 26/12/2013, convertida na Lei nº 12.995, de 18/6/2014)*

X – no caso de contrato de concessão de serviços públicos, a receita decorrente da construção, recuperação, reforma, ampliação ou melhoramento da infraestrutura, cuja contrapartida seja ativo financeiro representativo de direito contratual incondicional de receber caixa ou outro ativo financeiro, integrará a base de cálculo da contribuição à medida do efetivo recebimento. *(Inciso acrescido pela Lei nº 13.043, de 13/11/2014, republicado no DOU Edição Extra de 14/11/2014)*

§ 1º No caso de empresas que se dedicam a outras atividades além das previstas nos arts. 7º e 8º, o cálculo da contribuição obedecerá: *("Caput" do parágrafo acrescido pela Medida Provisória nº 563, de 3/4/2012, convertida na Lei nº 12.715, de 17/9/2012, com redação dada pela Medida Provisória nº 651, de 9/7/2014, convertida na Lei nº 13.043, de 13/11/2014, republicada no DOU Edição Extra de 14/11/2014)*

I – ao disposto no *caput* desses artigos quanto à parcela da receita bruta correspondente às atividades neles referidas; e *(Inciso acrescido pela Medida Provisória nº 563, de 3/4/2012, convertida na Lei nº 12.715, de 17/9/2012, em vigor no primeiro dia do quarto mês subsequente após a publicação da Medida Provisória nº 563, de 3/4/2012, produzindo efeitos a partir de sua regulamentação)*

II – ao disposto no art. 22 da Lei nº 8.212, de 24 de julho de 1991, reduzindo-se o valor da contribuição dos incisos I e III do *caput* do referido artigo ao percentual resultante da razão entre a receita bruta de atividades não relacionadas aos serviços de que tratam o *caput* do art. 7º desta Lei ou à fabricação dos produtos de que tratam os incisos VII e VIII do *caput* do art. 8º desta Lei e a receita bruta total. *(Inciso acrescido pela Medida Provisória nº 563, de 3/4/2012, convertida na Lei nº 12.715, de 17/9/2012, com redação dada pela Lei nº 13.670, de 30/5/2018, publicada no DOU Edição Extra de 30/5/2018, em vigor no primeiro dia do quarto mês subsequente ao de sua publicação)*

§ 2º (Revogado pela Lei 14.360/2022)

§ 3º Relativamente aos períodos anteriores à tributação da empresa nas formas instituídas pelos arts. 7º e 8º desta Lei, mantém-se a incidência das contribuições previstas no art. 22 da Lei nº 8.212, de 24 de julho de 1991, aplicada de forma proporcional sobre o 13º (décimo terceiro) salário. *(Parágrafo acrescido pela Medida Provisória nº 563, de 3/4/2012, com redação dada pela Lei nº 12.715, de 17/9/2012, em vigor no primeiro dia do quarto mês subsequente após a publicação da Medida Provisória nº 563, de 3/4/2012, produzindo efeitos a partir de sua regulamentação)*

§ 4º Para fins de cálculo da razão a que se refere o inciso II do § 1º, aplicada ao 13º (décimo terceiro) salário, será considerada a receita bruta acumulada nos 12 (doze) meses anteriores ao mês de dezembro de cada ano-calendário. *(Parágrafo acrescido pela Lei nº 12.715, de 17/9/2012, em vigor no primeiro dia do quarto mês subsequente após a publicação da Medida Provisória nº 563, de 3/4/2012, produzindo efeitos a partir de sua regulamentação)*

§ 5º O disposto no § 1º aplica-se às empresas que se dediquem a outras atividades, além das previstas nos arts. 7º e 8º, somente se a receita bruta decorrente de outras atividades for superior a 5% (cinco por cento) da receita bruta total. *(Parágrafo acrescido pela Lei nº 12.715, de 17/9/2012, em vigor no primeiro dia do quarto mês subsequente após a publicação da Medida Provisória nº 563, de 3/4/2012, produzindo efeitos a partir de sua regulamentação)*

§ 6º Não ultrapassado o limite previsto no § 5º, a contribuição a que se refere o *caput* dos arts. 7º e 8º será calculada sobre a receita bruta total auferida no mês. *(Parágrafo acrescido pela Lei nº 12.715, de 17/9/2012, em vigor no primeiro dia do quarto mês subsequente após a publicação da Medida Provisória nº 563, de 3/4/2012, produzindo efeitos a partir de sua regulamentação)*

§ 7º Para efeito da determinação da base de cálculo, podem ser excluídos da receita bruta: *("Caput" do parágrafo acrescido pela Lei nº 12.715, de 17/9/2012, em vigor no primeiro dia do quarto mês subsequente após a publicação da Medida Provisória nº 563, de 3/4/2012, produzindo efeitos a partir de sua regulamentação)*

I – as vendas canceladas e os descontos incondicionais concedidos; *(Inciso acrescido pela Lei nº 12.715, de 17/9/2012, em vigor no primeiro dia do quarto mês subsequente após a publicação da Medida Provisória nº 563, de 3/4/2012, produzindo efeitos a partir de sua regulamentação)*

II – *(VETADO na Lei nº 12.715, de 17/9/2012)*

III – o Imposto sobre Produtos Industrializados – IPI, se incluído na receita bruta; e *(Inciso acrescido pela Lei nº 12.715, de 17/9/2012, em vigor no primeiro dia do quarto mês subsequente após a publicação da Medida Provisória nº 563, de 3/4/2012, produzindo efeitos a partir de sua regulamentação)*

IV – o Imposto sobre Operações relativas à Circulação de Mercadorias e sobre Prestações de Serviços de Transporte Interestadual e Intermunicipal e de Comunicação – ICMS, quando cobrado pelo vendedor dos bens ou prestador dos serviços na condição de substituto tributário. *(Inciso acrescido pela Lei nº 12.715, de 17/9/2012, em vigor no primeiro dia do* *quarto mês subsequente após a publicação da Medida Provisória nº 563, de 3/4/2012, produzindo efeitos a partir de sua regulamentação)*

§ 8º *(VETADO na Lei nº 12.715, de 17/9/2012)*

§ 9º As empresas para as quais a substituição da contribuição previdenciária sobre a folha de pagamento pela contribuição sobre a receita bruta estiver vinculada ao seu enquadramento no CNAE deverão considerar apenas o CNAE relativo a sua atividade principal, assim considerada aquela de maior receita auferida ou esperada, não lhes sendo aplicado o disposto no § 1º. *(VETADO na Lei nº 12.794, de 2/4/2013) (Parágrafo acrescido pela Lei nº 12.844, de 19/7/2013)*

§ 10. Para fins do disposto no § 9º, a base de cálculo da contribuição a que se referem o *caput* do art. 7º e o *caput* do art. 8º será a receita bruta da empresa relativa a todas as suas atividades. *(Parágrafo acrescido pela Lei nº 12.844, de 19/7/2013)*

§ 11. Na hipótese do inciso IX do *caput*, no cálculo da contribuição incidente sobre a receita, a consorciada deve deduzir de sua base de cálculo, observado o disposto neste artigo, a parcela da receita auferida pelo consórcio proporcional a sua participação no empreendimento. *(Parágrafo acrescido pela Medida Provisória nº 634, de 26/12/2013, convertida na Lei nº 12.995, de 18/6/2014)*

§ 12. As contribuições referidas no *caput* do art. 7º e no *caput* do art. 8º podem ser apuradas utilizando-se os mesmos critérios adotados na legislação da Contribuição para o PIS/Pasep e da Cofins para o reconhecimento no tempo de receitas e para o diferimento do pagamento dessas contribuições. *(Parágrafo acrescido pela Medida Provisória nº 634, de 26/12/2013, convertida na Lei nº 12.995, de 18/6/2014)*

§ 13. A opção pela tributação substitutiva prevista nos arts. 7º e 8º será manifestada mediante o pagamento da contribuição incidente sobre a receita bruta relativa a janeiro de cada ano, ou à primeira competência subsequente para a qual haja receita bruta apurada, e será irretratável para todo o ano calendário. *(Parágrafo acrescido pela Lei nº 13.161, de 31/8/2015, publicada no DOU Edição Extra de 31/8/2015, em vigor a partir do primeiro dia do quarto mês subsequente ao de sua publicação)*

§ 14. Excepcionalmente, para o ano de 2015, a opção pela tributação substitutiva prevista nos arts. 7º e 8º será manifestada mediante o pagamento da contribuição incidente sobre a receita bruta relativa a novembro de 2015, ou à primeira competência subsequente para a qual haja receita bruta apurada, e será irretratável para o restante do ano. *(Parágrafo acrescido pela Lei nº 13.161, de 31/8/2015, publicada no DOU Edição Extra de 31/8/2015, em vigor a partir do primeiro dia do quarto mês subsequente ao de sua publicação)*

§ 15. A opção de que tratam os §§ 13 e 14, no caso de empresas que contribuem simultaneamente com as contribuições previstas nos arts. 7º e 8º, valerá para ambas as contribuições, e não será permitido à empresa fazer a opção apenas com relação a uma delas. *(Parágrafo acrescido pela Lei nº 13.161, de 31/8/2015, publicada no DOU Edição Extra de 31/8/2015, em vigor a partir do primeiro dia do quarto mês subsequente ao de sua publicação)*

§ 16. Para as empresas relacionadas no inciso IV do caput do art. 7º, a opção dar-se-á por obra de construção civil e será manifestada mediante o pagamento da contribuição incidente sobre a receita bruta relativa à competência de cadastro no Cadastro Específico do INSS (CEI) ou à primeira competência subsequente para a qual haja receita bruta apurada para a obra, e será irretratável até o seu encerramento, observado o disposto nos arts. 9º-A e 9º-B. (Redação dada pela Lei 14.973/2024)

§ 17. No caso de empresas que se dediquem a atividades ou fabriquem produtos sujeitos a alíquotas sobre a receita bruta diferentes, o valor da contribuição será calculado mediante aplicação da respectiva alíquota sobre a receita bruta correspondente a cada atividade ou produto. *(Parágrafo acrescido pela Lei nº 13.161, de 31/8/2015, publicada no DOU Edição Extra de 31/8/2015, em vigor a partir do primeiro dia do quarto mês subsequente ao de sua publicação)*

Art. 9º-A. Nos exercícios de 2025 a 2027, as empresas referidas nos arts. 7º e 8º desta Lei poderão contribuir sobre o valor da receita bruta, excluídos as vendas canceladas e os descontos incondicionais concedidos, em substituição parcial às contribuições previstas nos incisos I e III do caput do art. 22 da Lei nº 8.212, de 24 de julho de 1991, sendo tributadas de acordo com as seguintes proporções: (Acrescido pela Lei 14.973/2024)

I - de 1º de janeiro até 31 de dezembro de 2025:

a) 80% (oitenta por cento) das alíquotas estabelecidas nos arts. 7º-A e 8º-A desta Lei; e

b) 25% (vinte e cinco por cento) das alíquotas previstas nos incisos I e III do caput do art. 22 da Lei nº 8.212, de 24 de julho de 1991;

II - de 1º de janeiro até 31 de dezembro de 2026:

a) 60% (sessenta por cento) das alíquotas previstas nos arts. 7º-A e 8º-A desta Lei; e

b) 50% (cinquenta por cento) das alíquotas previstas nos incisos I e III do caput do art. 22 da Lei nº 8.212, de 24 de julho de 1991; e

III - de 1º de janeiro até 31 de dezembro de 2027:

a) na proporção de 40% (quarenta por cento) das alíquotas previstas nos arts. 7º-A e 8º-A desta Lei; e

b) 75% (setenta e cinco por cento) das alíquotas previstas nos incisos I e III do caput do art. 22 da Lei nº 8.212, de 24 de julho de 1991.

§ 1º A partir de 1º de janeiro de 2025 até 31 de dezembro de 2027, para fins de cálculo do valor devido sob o regime da substituição parcial de que trata o caput deste artigo, as contribuições previstas nos incisos I e III do caput do art. 22 da Lei nº 8.212, de 24 de julho de 1991, não incidirão sobre as remunerações pagas, devidas ou creditadas a título de décimo terceiro salário.

§ 2º A partir de 1º de janeiro de 2025 até 31 de dezembro de 2027, o valor da contribuição calculada nos termos do inciso II do § 1º do art. 9º será acrescido do montante resultante da aplicação das proporções a que se referem a alínea "b" do inciso I, a alínea "b" do inciso II e a alínea "b" do inciso III do caput deste artigo.

Art. 9º-B. A partir de 1º de janeiro de 2028, as obras de construção civil ainda não encerradas deverão passar a recolher as contribuições nos termos dos incisos I e III do caput do art. 22 da Lei nº 8.212, de 24 de julho de 1991. (Acrescido pela Lei 14.973/2024)

Art. 10. Ato do Poder Executivo instituirá comissão tripartite com a finalidade de acompanhar e avaliar a implementação das medidas de que tratam os arts. 7º a 9º, formada por representantes dos trabalhadores e empresários dos setores econômicos neles indicados, bem como do Poder Executivo federal.

Parágrafo único. Os setores econômicos referidos nos arts. 7º e 8º serão representados na comissão tripartite de que trata o *caput*. *(Parágrafo acrescido pela Medida Provisória nº 563, de 3/4/2012, convertida na Lei nº 12.715, de 17/9/2012, em vigor no primeiro dia do quarto mês subsequente após a publicação da Medida Provisória nº 563, de 3/4/2012, produzindo efeitos a partir de sua regulamentação)*

Art. 11. O art. 1º da Medida Provisória nº 2.199-14, de 24 de agosto de 2001, passa a vigorar com a seguinte redação:

"Art. 1º Sem prejuízo das demais normas em vigor aplicáveis à matéria, a partir do ano-calendário de 2000, as pessoas jurídicas que tenham projeto protocolizado e aprovado até 31 de dezembro de 2013 para instalação, ampliação, modernização ou diversificação enquadrado em setores da economia considerados, em ato do Poder Executivo, prioritários para o desenvolvimento regional, nas áreas de atuação da Superintendência de Desenvolvimento do Nordeste (Sudene) e da Superintendência de Desenvolvimento da Amazônia (Sudam), terão direito à redução de 75% (setenta e cinco por cento) do imposto sobre a renda e adicionais calculados com base no lucro da exploração.

....

§ 1º-A. As pessoas jurídicas fabricantes de máquinas, equipamentos, instrumentos e dispositivos, baseados em tecnologia digital, voltados para o programa de inclusão digital com projeto aprovado nos termos do *caput* terão direito à isenção do imposto sobre a renda e do adicional, calculados com base no lucro da exploração.

....

§ 3º-A. No caso de projeto de que trata o § 1º-A que já esteja sendo utilizado para o benefício fiscal nos termos do *caput*, o prazo de fruição passa a ser de 10 (dez) anos contado a partir da data de publicação da Medida Provisória nº 540, de 2 de agosto de 2011.

...." (NR)

Art. 12. O art. 7º da Lei nº 11.033, de 21 de dezembro de 2004, passa a vigorar com a seguinte redação:

LEGIS. COMPLEMENTAR

"Art. 7º As pessoas jurídicas que aufiram as receitas de que trata o inciso XXIII do art. 10 da Lei nº 10.833, de 29 de dezembro de 2003, são obrigadas a instalar equipamento emissor de cupom fiscal em seus estabelecimentos, ou outro sistema equivalente para controle de receitas, na forma disciplinada pela Secretaria da Receita Federal do Brasil." (NR)

Art. 13. O art. 19-A da Lei nº 11.196, de 21 de novembro de 2005, passa a vigorar com a seguinte redação:

"Art. 19-A. A pessoa jurídica poderá excluir do lucro líquido, para efeito de apuração do lucro real e da base de cálculo da Contribuição Social sobre o Lucro Líquido (CSLL), os dispêndios efetivados em projeto de pesquisa científica e tecnológica e de inovação tecnológica a ser executado por Instituição Científica e Tecnológica (ICT), a que se refere o inciso V do *caput* do art. 2º da Lei nº 10.973, de 2 de dezembro de 2004, ou por entidades científicas e tecnológicas privadas, sem fins lucrativos, conforme regulamento.

...." (NR)

Art. 14. Os cigarros classificados no código 2402.20.00 da Tipi, aprovada pelo Decreto nº 6.006, de 2006, de fabricação nacional ou importados, excetuados os classificados no Ex 01, são sujeitos ao IPI à alíquota de 300% (trezentos por cento).

§ 1º É facultado ao Poder Executivo alterar a alíquota de que trata o *caput*, observado o disposto nos incisos I e II do art. 4º do Decreto-Lei nº 1.199, de 1971.

§ 2º O IPI será calculado mediante aplicação da alíquota sobre o valor tributável disposto no inciso I do art. 4º do Decreto-Lei nº 1.593, de 21 de dezembro de 1977.

Art. 15. A percentagem fixada pelo Poder Executivo, em observância ao disposto no inciso I do art. 4º do Decreto-Lei nº 1.593, de 1977, não poderá ser inferior a 15% (quinze por cento).

Art. 16. O IPI de que trata o art. 14 será apurado e recolhido uma única vez:

I – pelo estabelecimento industrial, em relação às saídas dos cigarros destinados ao mercado interno; ou

II – pelo importador, no desembaraço aduaneiro dos cigarros de procedência estrangeira.

§ 1º Na hipótese de adoção de preços diferenciados em relação a uma mesma marca comercial de cigarro, prevalecerá, para fins de apuração e recolhimento do IPI, o maior preço de venda no varejo praticado em cada Estado ou no Distrito Federal.

§ 2º A Secretaria da Receita Federal do Brasil divulgará, por meio de seu sítio na internet, o nome das marcas comerciais de cigarros e os preços de venda no varejo de que trata o § 1º, bem como a data de início de sua vigência.

Art. 17. A pessoa jurídica industrial ou importadora dos cigarros referidos no art. 14 poderá optar por regime especial de apuração e recolhimento do IPI, no qual o valor do imposto será obtido pelo somatório de 2 (duas) parcelas, calculadas mediante a utilização de alíquotas:

I – *ad valorem*, observado o disposto no § 2º do art. 14; e

II – específica, fixada em reais por vintena, tendo por base as características físicas do produto.

§ 1º O Poder Executivo fixará as alíquotas do regime especial de que trata o *caput*:

I – em percentagem não superior a um terço da alíquota de que trata o *caput* do art. 14, em relação à alíquota ad valorem; ou

II – em valor não inferior a R$ 0,80 (oitenta centavos de real), em relação à alíquota específica.

§ 2º As disposições contidas no art. 16 também se aplicam ao IPI devido pelas pessoas jurídicas optantes pelo regime especial de que trata o *caput*.

§ 3º A propositura pela pessoa jurídica de ação judicial questionando os termos do regime especial de que trata o *caput* implica desistência da opção e incidência do IPI na forma do art. 14.

Art. 18. A opção pelo regime especial previsto no art. 17 será exercida pela pessoa jurídica em relação a todos os estabelecimentos, até o último dia útil do mês de dezembro de cada ano-calendário, produzindo efeitos a partir do primeiro dia do ano-calendário subsequente ao da opção.

§ 1º A opção a que se refere este artigo será automaticamente prorrogada para o ano-calendário seguinte, salvo se a pessoa jurídica dela desistir, nos termos e condições estabelecidos pela Secretaria da Receita Federal do Brasil.

§ 2º No ano-calendário em que a pessoa jurídica iniciar atividades de produção ou importação de cigarros de que trata o art. 14, a opção pelo regime especial poderá ser exercida em qualquer data, produzindo efeitos a partir do primeiro dia do mês subsequente ao da opção.

§ 3º Excepcionalmente no ano-calendário de 2011, a opção a que se refere o *caput* poderá ser exercida até o último dia útil do mês de novembro de 2011, produzindo efeitos a partir do primeiro dia do mês subsequente ao da opção.

§ 4º A Secretaria da Receita Federal do Brasil divulgará, por meio de seu sítio na internet, o nome das pessoas jurídicas optantes na forma deste artigo, bem como a data de início da respectiva opção.

Art. 19. Nas hipóteses de infração à legislação do IPI, a exigência de multas e juros de mora dar-se-á em conformidade com as normas gerais desse imposto.

Art. 20. O Poder Executivo poderá fixar preço mínimo de venda no varejo de cigarros classificados no código 2402.20.00 da Tipi, válido em todo o território nacional, abaixo do qual fica proibida a sua comercialização.

§ 1º A Secretaria da Receita Federal do Brasil aplicará pena de perdimento aos cigarros comercializados em desacordo com o disposto no *caput*, sem prejuízo das sanções penais cabíveis na hipótese de produtos introduzidos clandestinamente em território nacional.

§ 2º É vedada, pelo prazo de 5 (cinco) anos-calendário, a comercialização de cigarros pela pessoa jurídica enquadrada por descumprimento ao disposto no *caput*.

§ 3º É sujeito ao cancelamento do registro especial de fabricante de cigarros de que trata o art. 1º do Decreto-Lei nº 1.593, de 1977, o estabelecimento industrial que:

I – divulgar tabela de preços de venda no varejo em desacordo com o disposto no *caput*; ou

II – comercializar cigarros com pessoa jurídica enquadrada na hipótese do § 2º.

Art. 21. O art. 8º da Lei nº 10.865, de 30 de abril de 2004, passa a vigorar com a seguinte redação:

"Art. 8º ....

....

§ 21. A alíquota de que trata o inciso II do *caput* é acrescida de 1,5 (um inteiro e cinco décimos) pontos percentuais, na hipótese da importação dos bens classificados na Tabela de Incidência do Imposto sobre Produtos Industrializados (Tipi), aprovada pelo Decreto nº 6.006, de 28 de dezembro de 2006:

I – nos códigos 3926.20.00, 40.15, 42.03, 43.03, 4818.50.00, 63.01 a 63.05, 6812.91.00 e 9404.90.00 e nos capítulos 61 e 62;

II – nos códigos 4202.11.00, 4202.21.00, 4202.31.00, 4202.91.00 e 4205.00.00;

III – nos códigos 6309.00 e 64.01 a 64.06;

IV – nos códigos 41.04, 41.05, 41.06, 41.07 e 41.14;

V – nos códigos 8308.10.00, 8308.20.00, 96.06.10.00, 9606.21.00 e 9606.22.00; e

VI – no código 9506.62.00." (NR)

Art. 22. O art. 25 da Lei nº 11.508, de 20 de julho de 2007, passa a vigorar com a seguinte redação:

"Art. 25. O ato de criação de ZPE já autorizada até 13 de outubro de 1994 caducará se até 31 de dezembro de 2012 a administradora da ZPE não tiver iniciado, efetivamente, as obras de implantação." (NR)

Art. 23. O art. 11 da Lei nº 7.291, de 19 de dezembro de 1984, passa vigorar com a seguinte redação:

"Art. 11. ....

....

§ 4º Para fins de cálculo da contribuição de que trata o *caput* deste artigo, do valor total do movimento geral de apostas do mês anterior serão deduzidos:

I – os valores pagos aos apostadores; e

II – os valores pagos, a título de prêmio, aos proprietários, criadores de cavalos e profissionais do turfe." (NR)

Art. 24. Sem prejuízo do disposto na Lei Complementar nº 116, de 31 de julho de 2003, é o Poder Executivo autorizado a instituir a Nomenclatura Brasileira de Serviços, Intangíveis e outras Operações que Produzam Variações no Patrimônio (NBS) e as Notas Explicativas da Nomenclatura Brasileira de Serviços, Intangíveis e Outras Operações que Produzam Variações no Patrimônio (Nebs).

Art. 25. Os órgãos e as entidades da administração pública federal direta e indireta, ressalvada a Secretaria Especial da Receita Federal do Brasil do Ministério da Economia, compartilharão com a Secretaria Especial de Comércio Exterior e Assuntos Internacionais do Ministério da Economia dados e informações relativos às transações entre residentes ou domiciliados no País e residentes ou domiciliados no exterior que compreendam serviços, intangíveis e outras operações que produzam variações no patrimônio das pessoas físicas, das pessoas jurídicas ou dos entes despersonalizados. (Redação dada pela Lei 14.195/2021)

§ 1º O compartilhamento de que trata o caput deste artigo: (Redação dada pela Lei 14.195/2021)

I - será realizado nos termos estabelecidos em ato do Poder Executivo federal; (Redação dada pela Lei 14.195/2021)

II e III - (Revogados pela Lei 14.195/2021)

IV - observará os requisitos de sigilo e segurança da informação previstos em lei; (Redação dada pela Lei 14.195/2021)

V - poderá abranger dados e informações obtidos: (Acrescido pela Lei 14.195/2021)

a) no cumprimento de obrigações tributárias acessórias;

b) na realização de operações no mercado de câmbio; e

c) em pesquisas realizadas para produção, análise e disseminação de informações de natureza estatística; e

VI - observará o disposto na Lei nº 13.709, de 14 de agosto de 2018. (Acrescido pela Lei 14.195/2021)

§§ 2º a 6º (Revogados pela Lei 14.195/2021)

§ 7º Ato conjunto do Ministro de Estado da Economia e do dirigente máximo do órgão ou da entidade da administração pública federal direta e indireta que detiver os dados e as informações estabelecerá as regras complementares para o compartilhamento de que trata o caput deste artigo. (Acrescido pela Lei 14.195/2021)

Art. 26. Os dados e as informações de que trata o art. 25 desta Lei serão utilizados pela Secretaria Especial de Comércio Exterior e Assuntos Internacionais do Ministério da Economia para a elaboração e a compilação de dados estatísticos e para o exercício de outras competências institucionais definidas em ato do Poder Executivo federal. (Redação dada pela Lei 14.195/2021)

§§ 1º a 4º (Revogados pela Lei 14.195/2021)

Art. 27. Ato do Ministro de Estado da Economia estabelecerá normas complementares ao cumprimento do disposto nos arts. 24, 25 e 26 desta Lei. (Redação dada pela Lei 14.195/2021)

Art. 28. As regras de origem de que trata o Acordo sobre Regras de Origem do Acordo Geral sobre Tarifas Aduaneiras e Comércio 1994 (Gatt), aprovado pelo Decreto Legislativo nº 30, de 15 de dezembro de 1994, e promulgado pelo Decreto nº 1.355, de 30 de dezembro de 1994, serão aplicadas tão somente em instrumentos não preferenciais de política comercial, de forma consistente, uniforme e imparcial.

Art. 29. As investigações de defesa comercial sob a competência da Secretaria de Comércio Exterior da Secretaria Especial de Comércio Exterior e Assuntos Internacionais do Ministério da Economia serão baseadas na origem declarada do produto. (Redação dada pela Lei 14.195/2021)

§ 1º A aplicação de medidas de defesa comercial será imposta por intermédio de ato específico da Câmara de Comércio Exterior (Camex) e prescindirá de investigação adicional àquela realizada ao amparo do *caput*.

§ 2º Ainda que os requisitos estabelecidos nesta Lei tenham sido cumpridos, poderão ser estendidas medidas de defesa comercial amparadas pelo art. 10-A da Lei nº 9.019, de 30 de março de 1995, a produtos cuja origem seja distinta daquela na qual se baseou a aplicação da medida de defesa comercial a que faz referência o § 1º deste artigo.

Art. 30. Nos casos em que a aplicação de medida de defesa comercial tiver sido estabelecida por ato específico da Camex com base na origem dos produtos, a cobrança dos valores devidos será realizada pela Secretaria da Receita Federal do Brasil, considerando as regras de origem não preferenciais estabelecidas nos arts. 31 e 32 desta Lei.

Art. 31. Respeitados os critérios decorrentes de ato internacional de que o Brasil seja parte, tem-se por país de origem da mercadoria aquele onde houver sido produzida ou, no caso de mercadoria resultante de material ou de mão de obra de mais de um país, aquele onde houver recebido transformação substancial.

§ 1º Considera-se mercadoria produzida, para fins do disposto nos arts. 28 a 45 desta Lei:

I – os produtos totalmente obtidos, assim entendidos:

a) produtos do reino vegetal colhidos no território do país;

b) animais vivos, nascidos e criados no território do país;

c) produtos obtidos de animais vivos no território do país;

d) mercadorias obtidas de caça, captura com armadilhas ou pesca realizada no território do país;

e) minerais e outros recursos naturais não incluídos nas alíneas "a" a "d", extraídos ou obtidos no território do país;

f) peixes, crustáceos e outras espécies marinhas obtidos do mar fora de suas zonas econômicas exclusivas por barcos registrados ou matriculados no país e autorizados para arvorar a bandeira desse país, ou por barcos arrendados ou fretados a empresas estabelecidas no território do país;

g) mercadorias produzidas a bordo de barcos-fábrica a partir dos produtos identificados nas alíneas "d" e "f" deste inciso, sempre que esses barcos-fábrica estejam registrados, matriculados em um país e estejam autorizados a arvorar a bandeira desse país, ou por barcos-fábrica arrendados ou fretados por empresas estabelecidas no território do país;

h) mercadorias obtidas por pessoa jurídica de país do leito do mar ou do subsolo marinho, sempre que o país tenha direitos para explorar esse fundo do mar ou subsolo marinho; (Redação dada pela Lei 14.195/2021)

i) bens obtidos no espaço extraterrestre, sempre que sejam obtidos por pessoa jurídica ou por pessoa natural do país; e (Redação dada pela Lei 14.195/2021)

j) mercadorias produzidas exclusivamente com materiais listados nas alíneas "a" a "i" deste inciso; (Acrescida pela Lei 14.195/2021)

II – os produtos elaborados integralmente no território do país, quando em sua elaboração forem utilizados, única e exclusivamente, materiais dele originários.

§ 2º Entende-se ter passado por transformação substancial, para fins do disposto nos arts. 28 a 45 desta Lei: (Redação dada pela Lei 14.195/2021)

I - o produto em cuja elaboração tenham sido utilizados materiais não originários do país, quando resultante de processo de transformação que lhe confira uma nova individualidade, caracterizada pelo fato de estar classificado em posição tarifária, identificada pelos primeiros quatro dígitos do Sistema Harmonizado de Designação e de Codificação de Mercadorias, diferente da posição dos mencionados materiais, ressalvado o disposto no § 3º deste artigo; ou (Acrescido pela Lei 14.195/2021)

II - o produto em cuja elaboração tenham sido utilizados materiais não originários do país, quando o valor aduaneiro desses materiais não exceder 50% (cinquenta por cento) do valor Free on Board (FOB) do produto, ressalvado o disposto no § 3º deste artigo. (Acrescido pela Lei 14.195/2021)

§ 3º Não será considerado originário do país exportador o produto resultante de operação ou de processo efetuado no seu território pelo qual adquira a forma final em que será comercializado quando, na operação ou no processo, for utilizado material não originário do país e consista apenas em montagem, embalagem, fracionamento em lotes ou volumes, seleção, classificação, marcação, composição de sortimentos de mercadorias ou simples diluições em água ou outra substância que não altere as características do produto como originário ou outras operações ou processos equivalentes, ainda que esses resultem no cumprimento do disposto no § 2º deste artigo ou em outros critérios estabelecidos pelo Poder Executivo federal na forma do disposto no art. 32 desta Lei. (Redação dada pela Lei 14.195/2021)

§ 4º Caso não sejam atendidos os requisitos referidos no § 2º deste artigo, o produto será considerado originário do país de origem dos materiais que representem a maior participação no valor FOB. (Acrescido pela Lei 14.195/2021)

Art. 32. O Poder Executivo poderá definir critérios de origem não preferenciais específicos.

Parágrafo único. Os requisitos específicos definidos com base no *caput* prevalecerão sobre os estabelecidos no art. 31 desta Lei.

Art. 33. A Secretaria da Receita Federal do Brasil e a Secex, no âmbito de suas competências, promoverão a verificação de origem não preferencial sob os aspectos da autenticidade, veracidade e observância das normas previstas nos arts. 28 a 45 desta Lei ou em seus regulamentos.

Art. 34. A comprovação de origem será verificada mediante a apresentação pelo exportador/produtor ou pelo importador de informações relativas, dentre outras:

I – à localização do estabelecimento produtor;

II – à capacidade operacional;

III – ao processo de fabricação;

IV – às matérias-primas constitutivas; e

V - ao índice de materiais não originários utilizados na obtenção do produto. (Redação dada pela Lei 14.195/2021)

§ 1º A apresentação das informações a que se refere o caput deste artigo não exclui a possibilidade de realização de diligência ou de fiscalização nos estabelecimentos do produtor estrangeiro, do importador ou do exportador. (Redação dada pela Lei 14.195/2021)

§ 2º O Poder Executivo poderá estabelecer os procedimentos e os requisitos adicionais necessários à comprovação de origem, bem como a forma, o prazo para apresentação e o conteúdo dos documentos exigidos para sua verificação.

§ 3º Na hipótese de o produtor estrangeiro, o exportador ou o importador negarem acesso às informações referidas neste artigo, não as fornecerem tempestivamente ou criarem obstáculos ao procedimento de verificação de origem não preferencial, a mercadoria será presumida como originária do país gravado com a medida de defesa comercial que motivou a abertura de investigação de origem não preferencial. (Acrescido pela Lei 14.195/2021)

Art. 35. O importador é solidariamente responsável pelas informações apresentadas pelo exportador/produtor relativas aos produtos que tenha importado.

Art. 36. Compete à Secretaria de Comércio Exterior da Secretaria Especial de Comércio Exterior e Assuntos Internacionais do Ministério da Economia realizar a verificação de origem não preferencial, por meio da apresentação de denúncia ou de ofício, quando houver indícios da não observância ao disposto nos arts. 31, 32 e 34 desta Lei. (Redação dada pela Lei 14.195/2021)

§ 1º Iniciado o procedimento de verificação de origem não preferencial, o produtor estrangeiro será notificado para a apresentação das informações de que trata o art. 34 desta Lei. (Acrescido pela Lei 14.195/2021)

§ 2º A origem determinada pela Secretaria de Comércio Exterior da Secretaria Especial de Comércio Exterior e Assuntos Internacionais do Ministério da Economia com a conclusão do procedimento de verificação de origem não preferencial será aplicada a todas as importações de mercadorias idênticas do mesmo exportador ou produtor. (Acrescido pela Lei 14.195/2021)

§ 3º A Secretaria de Comércio Exterior da Secretaria Especial de Comércio Exterior e Assuntos Internacionais do Ministério da Economia poderá rever a origem a que se refere o § 2º deste artigo por meio da apresentação, por parte do interessado, das informações referidas no art. 34 desta Lei, de modo a demonstrar o atendimento às regras de origem não preferenciais a que se referem os arts. 31 e 32 desta Lei. (Acrescido pela Lei 14.195/2021)

Art. 37. (Revogado pela Lei 14.195/2021)

Art. 38. (Revogado pela Lei 14.366/2022)

Art. 39. Compete à Secretaria da Receita Federal do Brasil realizar a verificação de origem não preferencial no curso do despacho aduaneiro ou durante a realização de ações fiscais aduaneiras iniciadas após o desembaraço de mercadorias e aplicar, quando cabível, as penalidades pecuniárias estabelecidas nesta Lei.

Art. 40. No caso de importação de produto submetido à restrição quantitativa, quando não for comprovada a origem declarada, o importador é obrigado a devolver os produtos ao exterior.

§ 1º O importador arcará com os ônus decorrentes da devolução ao exterior dos produtos a que se refere o caput. (Parágrafo único transformado em § 1º pela Lei nº 14.195/2021)

§ 2º Na hipótese de restrição quantitativa relativa à aplicação de cotas, a devolução ao exterior estará limitada ao que exceder a cota. (Acrescido pela Lei 14.195/2021)

Art. 41. Sem prejuízo da caracterização de abandono, nos termos do inciso II do art. 23 do Decreto-Lei nº 1.455, de 7 de abril de 1976, durante o curso do despacho aduaneiro, a importação de produto submetido a restrição quantitativa, quando a origem declarada não for comprovada, estará sujeita à multa de R$ 5.000,00 (cinco mil reais) por dia, contada da data do registro da Declaração de Importação até a data da efetiva devolução do produto ao exterior.

Art. 42. Excetuado o caso previsto no art. 41 desta Lei, a falta de comprovação da origem não preferencial sujeitará o importador à multa de 30% (trinta por cento) sobre o valor aduaneiro da mercadoria.

Art. 43. A aplicação de penalidades relacionadas com a comprovação de origem não prejudica a cobrança, provisória ou definitiva, de direito antidumping ou compensatório ou, ainda, de medidas de salvaguarda, pela Secretaria da Receita Federal do Brasil.

Art. 44. A Secex e a Secretaria da Receita Federal do Brasil notificarão uma à outra por escrito a abertura e a conclusão dos respectivos processos de investigação de origem não preferencial e os conduzirão de forma coordenada.

Parágrafo único. Em caso de abertura de investigação por um órgão sobre determinado produto e empresa que já tenham sido objeto de investigação anterior por outro órgão, as informações obtidas por este e suas conclusões deverão ser levadas em consideração no processo de investigação aberto.

Art. 45. A Secex e a Secretaria da Receita Federal do Brasil expedirão, no âmbito de suas competências, as normas complementares necessárias à execução dos arts. 28 a 44 desta Lei.

Art. 46. (VETADO).

Art. 47. *(Revogado pela Lei nº 12.865, de 9/10/2013)*

Art. 47-A. Fica suspensa a incidência da Contribuição para o PIS/Pasep e da Cofins sobre as receitas decorrentes da venda de matéria-prima in natura de origem vegetal, destinada à produção de biodiesel, quando efetuada por pessoa jurídica ou cooperativa referida no § 1º do art. 47 desta Lei. *(Artigo acrescido pela Lei nº 12.715, de 17/9/2012, em vigor no primeiro dia do quarto mês subsequente após a publicação da Medida Provisória nº 563, de 3/4/2012, produzindo efeitos a partir de sua regulamentação)*

› Atualização: Art. 47-A. (Revogado pela LC 214/2025, com produção de efeitos a partir de 1º de janeiro de 2027)

Art. 47-B. É autorizada a apuração do crédito presumido instituído pelo art. 47 em relação a operações ocorridas durante o período de sua vigência.

› Atualização: Art. 47-B. (Revogado pela LC 214/2025, com produção de efeitos a partir de 1º de janeiro de 2027)

§ 1º É vedada a apuração do crédito presumido de que trata o *caput* e do crédito presumido instituído pelo art. 8º da Lei nº 10.925, de 23 de julho de 2004, em relação à mesma operação.

§ 2º São convalidados os créditos presumidos de que trata o art. 8º da Lei nº 10.925, de 23 de julho de 2004, regularmente apurados em relação à aquisição ou ao recebimento de soja *in natura* por pessoa jurídica produtora de biodiesel.

§ 3º A Secretaria da Receita Federal do Brasil disciplinará o disposto neste artigo. *(Artigo acrescido pela Lei nº 12.995, de 18/6/2014)*

Art. 48. É alterado o texto da coluna "FATOS GERADORES" do item 9.1 do Anexo II da Lei nº 9.782, de 26 de janeiro de 1999, que passa a vigorar com a seguinte redação: "Registro, revalidação ou renovação de registro de fumígenos, com exceção dos produtos destinados exclusivamente à exportação".

Art. 49. Os arts. 2º e 3º da Lei nº 9.294, de 15 de julho de 1996, passam a vigorar com a seguinte redação:

"Art. 2º É proibido o uso de cigarros, cigarrilhas, charutos, cachimbos ou qualquer outro produto fumígeno, derivado ou não do tabaco, em recinto coletivo fechado, privado ou público.

....

§ 3º Considera-se recinto coletivo o local fechado, de acesso público, destinado a permanente utilização simultânea por várias pessoas." (NR)

"Art. 3º É vedada, em todo o território nacional, a propaganda comercial de cigarros, cigarrilhas, charutos, cachimbos ou qualquer outro produto fumígeno, derivado ou não do tabaco, com exceção apenas da exposição dos referidos produtos nos locais de vendas, desde que acompanhada das cláusulas de advertência a que se referem os §§ 2º, 3º e 4º deste artigo e da respectiva tabela de preços, que deve incluir o preço mínimo de venda no varejo de cigarros classificados no código 2402.20.00 da Tipi, vigente à época, conforme estabelecido pelo Poder Executivo.

....

§ 5º Nas embalagens de produtos fumígenos vendidas diretamente ao consumidor, as cláusulas de advertência a que se refere o § 2º deste artigo serão sequencialmente usadas, de forma simultânea ou rotativa, nesta última hipótese devendo variar no máximo a cada 5 (cinco) meses, inseridas, de forma legível e ostensivamente destacada, em 100% (cem por cento) de sua face posterior e de uma de suas laterais.

§ 6º A partir de 1º de janeiro de 2016, além das cláusulas de advertência mencionadas no § 5º deste artigo, nas embalagens de produtos fumígenos vendidas diretamente ao consumidor também deverá ser impresso um texto de advertência adicional ocupando 30% (trinta por cento) da parte inferior de sua face frontal.

§ 7º (VETADO)." (NR)

Art. 50. O Poder Executivo regulamentará o disposto nos arts. 1º a 3º, 7º a 10, 14 a 20, 46 e 49 desta Lei.

Art. 51. Revogam-se:

I – a partir de 1º de julho de 2012, o art. 1º da Lei nº 11.529, de 22 de outubro de 2007; e

II – a partir da data de entrada em vigor dos arts. 14 a 20 desta Lei, o art. 6º do Decreto-Lei nº 1.593, de 21 de dezembro de 1977.

Art. 52. Esta Lei entra em vigor na data de sua publicação.

§ 1º Os arts. 1º a 3º produzirão efeitos somente após a sua regulamentação.

§ 2º Os arts. 7º a 9º e 14 a 21 entram em vigor no primeiro dia do quarto mês subsequente à data de publicação da Medida Provisória nº 540, de 2 de agosto de 2011, observado o disposto nos §§ 3º e 4º deste artigo.

§ 3º Os §§ 3º a 5º do art. 7º e os incisos III a V do *caput* do art. 8º desta Lei produzirão efeitos a partir do primeiro dia do quarto mês subsequente à data de publicação desta Lei.

§ 4º Os incisos IV a VI do § 21 do art. 8º da Lei nº 10.865, de 30 de abril de 2004, com a redação dada pelo art. 21 desta Lei, produzirão efeitos a partir do primeiro dia do quarto mês subsequente à data de publicação desta Lei.

§ 5º Os arts. 28 a 45 entram em vigor 70 (setenta) dias após a data de publicação desta Lei.

Brasília, 14 de dezembro de 2011; 190º da Independência e 123º da República.

DILMA ROUSSEFF
José Eduardo Cardozo
Guido Mantega
Alexandre Rocha Santos Padilha
Alessandro Golombiewski Teixeira
Miriam Belchior
Aloizio Mercadante
Luís Inácio Lucena Adams

ANEXO I

(Anexo acrescido pela Medida Provisória nº 563, de 3/4/2012, convertida na Lei nº 12.715, de 17/9/2012, e revogado pela Lei nº 13.670, de 30/5/2018, publicada no DOU Edição Extra de 30/5/2018, em vigor no primeiro dia do quarto mês subsequente ao de sua publicação)

ANEXO II

(Anexo acrescido pela Lei nº 12.844, de 19/7/2013, e revogado pela Lei nº 13.670, de 30/5/2018, publicada no DOU Edição Extra de 30/5/2018, em vigor no primeiro dia do quarto mês subsequente ao de sua publicação)

PORTARIA Nº 228-DGP, DE 24 DE OUTUBRO DE 2014

Aprova as Normas para a Emissão da Certidão de Tempo de Serviço para Militares, da Ativa e Inativos, Aspirantes a Oficial Licenciados, Oficiais Licenciados ou Demitidos e Praças Reservistas.

O **CHEFE DO DEPARTAMENTO-GERAL DO PESSOAL**, no uso das atribuições que lhe foram delegadas no inciso V do art. 1º da Portaria nº 727, de 8 de outubro de 2007, do Comandante do Exército, e de acordo com o que propõe a Diretoria de Serviço Militar, resolve:

Art. 1º Aprovar as Normas para a Emissão da Certidão de Tempo de Serviço Militar (CTSM) para Militares, da Ativa e Inativos, Aspirantes a Oficial Licenciados, Oficiais Licenciados ou Demitidos e Praças Reservistas.

Art. 2º Estabelecer que esta portaria entra em vigor na data de sua publicação.

Art. 3º Revogar a Portaria nº 060-DGP, de 12 de setembro de 2000.

NORMAS PARA A EMISSÃO DE CERTIDÃO DE TEMPO DE SERVIÇO MILITAR PARA MILITARES, DA ATIVA E INATIVOS, ASPIRANTES-A-OFICIAL LICENCIADOS, OFICIAIS LICENCIADOS OU DEMITIDOS E PRAÇAS RESERVISTAS

1. FINALIDADE

Estabelecer os procedimentos necessários para emissão de Certidão de Tempo de Serviço Militar (CTSM) para militares, da ativa e inativos, aspirantes-a-oficial licenciados, oficiais licenciados ou demitidos e praças reservistas.

2. OBJETIVOS

Racionalizar e simplificar o processo de emissão de certidão de tempo de serviço militar.

3. LEGISLAÇÃO BÁSICA

a. Portaria Ministerial nº 1.627, de 19 de agosto de 1958 - Normas para o Fornecimento de Certidões (Separata do Boletim do Exército nº 1, de 11 de outubro de 1958), modificada pelas Portaria Ministerial nº 915/DF, de 9 de maio de 1966 (Boletim do Exército nº 23, de 10 de junho de 1966) e Portaria Ministerial nº 1833DF, de 1º de setembro de 1966 (Boletim do Exército nº 39, de 30 de setembro de 1966).

b. Portaria Ministerial nº 979, de 7 de dezembro de 1983 (Boletim do Exército nº 51, de 23 de dezembro de1983).

c. Portaria nº 034-DGP, de 21 de julho de 1999 (Boletim do Exército nº 31, de 30 de julho de 1999), alterada pela Portaria nº 047-DGP, de 30 de abril de2002.

d. Portaria nº 727, de 8 de outubro de 2007, do Comandante do Exército-Delegação de competência para a prática de atos administrativos e dá outrasprovidências.

e. Portaria MPS nº 154, de 15 de maio de 2008 – Disciplina procedimentos sobre a emissão de certidão de tempo de contribuição pelos regimes próprios de previdência social.

f. Portaria nº 091-DGP, de 2 de julho de 2012 – Delega competência para a prática de atos administrativos no âmbito do DGP.

g. Instrução Normativa nº 45-INSS/PRES, de 6 de agosto de 2010, do Instituto Nacional de Seguridade Social (INSS) – Dispõe sobre a administração de informações dos segurados, o reconhecimento, a manutenção e a revisão de direitos dos beneficiários da previdência social e disciplina o processo administrativo previdenciário no âmbito do INSS.

4. PROCEDIMENTOS PARA EMISSÃO DA CERTIDÃO DE TEMPO DE SERVIÇOMILITAR

a. Para comprovação de tempo de serviço no âmbito da Administração Militar.

1. Mediante apresentação do Certificado de Reservista para praças da reserva e da Certidão de Situação Militar para oficiais da reserva.

2. A expressão "Válido como Certidão de Tempo de Serviço Militar" constante nesses documentos, de acordo com o previsto na Portaria Ministerial nº 979, de 7 de dezembro de 1983, dispensa a expedição de CTSM.

b. Para comprovação de tempo de serviço no âmbito da Administração Pública Federal, Estadual e Municipal.

1. No caso de requerimento de direitos de reservistaex-combatente.

a. O requerimento deve ser dirigido pelo interessado ao Diretor de Civis, Inativos, Pensionistas e Assistência Social (DCIPAS), a quem cabe deferir ou não de acordo com o que prevê a Port nº 034-DGP, de 21 de junho de 1999, Normas para Emissão de Certidão de Tempo de Serviço Militar de ex- Combatente da 2ª Guerra Mundial, alterada pela Portaria nº 047-DGP, de 30 de abril de 2002.

b. A OM, onde der entrada o requerimento pleiteando direitos de reservista ex-combatente, deverá:

(1) verificar, preliminarmente, se o requerente está amparado pela legislação em vigor, a saber: Lei nº 5.315, de 12 SET 1967; Dec nº 61.705, de 13 NOV 1967; Port Min nº 019-GB, de 12 JAN 1968; Port nº 034-DGP, de 21 JUL 1999 e Normas Técnicas da DCIPAS;

(2) constatando que há amparo legal, encaminhar o requerimento de acordo com as normas em vigor; e

(3) constatando que não há amparo legal, determinar o arquivamento do mesmo, de acordo com a nota sobre encaminhamento de requerimentos publicada no Boletim do DGP nº 051, de 22 DEZ 1999.

2. Nos demais casos

a. O requerimento será dirigido pelo interessado ao Comandante (Cmt) de qualquer Organização Militar (OM), observados os procedimentos quanto a tramitação do requerimento e o modelo previsto no Anexo "A" destas Normas.

b. Deverão ser anexados ao requerimento os seguintes documentos:

(1) para o militar da ativa: cópia autenticada da carteira de identidade militar;

(2) para o militar da reserva: cópia autenticada da carteira de identidade militar ou cópia autenticada da carteira de identidade civil.

c. O militar, da ativa ou inativo, deverá dar entrada do requerimento junto à OM em que serve ou está vinculado.

d. O militar da reserva deverá dar entrada com seu requerimento, na OM mais próxima à sua residência.

e. No caso de arbitragem de tempo de serviço militar, de acordo com o § 4º do art. 134, do Estatuto dos Militares (E/1) e art. 25 do Decreto nº 57.645, de 20 de janeiro de 1966 – Regulamento daLei do Serviço Militar (RLSM), deverá ser encaminhado ao DGP o requerimento, anexando documento comprobatório que o requerente foi designado/ incluído para o Serviço Militar. Caso não tenha encontrado registros de designação/inclusão, a OM deverá comprovar por meio de sindicância a situação militar do reservista.

f. O Cmt, Ch ou Diretor da OM que receber o requerimento deverá:

(1) despachar o pedido, quando a OM for detentora de todas as informações para a emissão da CTSM;

(2) quando o interessado tiver prestado serviço militar em mais de uma OM, solicitar, obrigatoriamente, os dados necessários à emissão da CTSM às demais OM onde o mesmo tenha servido, observando que:

a) no caso de Tempo de Serviço Militar (TSM) passado em Tiro de Guerra (TG) ou Escola de Instrução Militar (EsIM) , as informações deverão ser solicitadas à Região Militar que tenha jurisdição sobre o TG ou EsIM.

b) no caso de TSM passado como aluno de Curso de Formação de Reservista (CFR) em Colégio Militar (CM), as informações deverão ser solicitadas ao Cmt do Colégio Militar onde o curso foi realizado;

c) no caso de TSM passado como aluno do Instituto Militar de Engenharia (IME), no Curso de Formação de Oficiais (CFO) ou no Curso de Formação e Graduação (CFG), as informações deverão ser solicitadas ao IME;

d) no caso de TSM passado como aluno nos demais Órgão de Formação da Reserva (OFR), as informações deverão ser solicitadas ao próprio OFR ou à OM que o enquadrar; e

e) no caso de o requerente houver prestado Serviço Militar em organizaçãoextinta, transformada ou tornada sem efetivo, as informações necessárias à expedição da certidão deverão levar em consideração o Catálogo de Acervos Documentais do Arquivo Histórico do Exército para o andamento do processo.

c. A OM que tiver que confeccionar o CTSM deverá fazer constar os seguintes dados a respeito do interessado e baseados em pesquisa nos assentamentos do mesmo ou assuntos publicados em Boletim Interno daOM:

(1) nome por extenso, filiação e identidade;

(2) data e motivo da inclusão (incorporação, matrícula, convocação etc);

(3) data de pronto para o serviço;

(4) data e motivo da exclusão (licenciamento, demissão, movimentaçãoetc);

(5) data de desligamento;

(6) para fim do inciso III do art. 137 do E/1: período (data de início e fim) passado como aluno em OFR, CFR, TG, EsIM ou de CFO ou CFG do IME e o tempo de serviço correspondente já calculado de acordo com a legislação em vigor;

(7) para fim do parágrafo 4º do art. 63 do E/1: período de férias não gozadas, fazendo constar a data e o documento que publicar o ato homologatório, quando este for previsto;

(8) para fim do inciso VI do art. 137 do E/1: período passado em guarnição especial de Categoria "A" (data de apresentação pronto e de desligamento), a partir da vigência da Lei nº 5.774, de 23 de dezembro de 1971, complementada pela Lei nº 7.698, de 20 de dezembro de 1988;

(9) para fim do art. 33 da MP nº 2.215-10, de 31 de agosto de 2001: período passado em gozo de licença especial; e

(10) para fim do parágrafo 4º do art. 137 do E/1: período (data de início e fim) passado em Licença para Tratamento de Saúde de Pessoa da Família (LTSPF); em Licença para Tratar de Interesse Particular (LTIP); como desertor; em cumprimento de pena de suspensão do exercício do posto, graduação, cargo ou função por sentença transitada em julgado; e/ou em cumprimento de pena restritiva da liberdade, por sentença transitada em julgado.

d. Certidão

1. A certidão será expedida pela OM onde der entrada o requerimento do interessado, exceto no caso do reservista ex-combatente, e observando o modelo previsto no Anexo "B" destas Normas.

2. Não constará da CTSM qualquer tempo de serviço passado fora do Exército.

3. Para a confecção da CTSM, além das orientações constantes do Anexo "B", deverá ser observado o seguinte:

a. a CTSM abrange todo o período passado pelo interessado no Exército e, quando este tiver prestado serviço militar em mais de uma OM, na CTSM não deverá haver referência a tempo de serviço passado em cada OM;

b. a OM expedidora deverá considerar todas as informações que detiver e as recebidas como resposta às consultas que fizer;

c. o tempo de serviço passado em OFR a ser computado na emissão da CTSM será o calculado pelo mesmo ou pela OM que o enquadrar;

d. quando o militar tiver sido movimentado de uma para outra OM, o período passado entre o desligamento de uma OM e a apresentação pronto para o serviço na outra deverá ser computado como efetivo serviço, exceto quando ocorrer uma das situações previstas no parágrafo 4º do art. 137 do E/1;

e. verificar se há ocorrência de superposição de contagem de tempo de serviço;

f. fazer a contagem dos abatimentos previstos no parágrafo 4º do art. 137 do E/1, computados dia a dia;

g. a contagem dia a dia, prevista no "caput" do art. 136 do E/1, deverá considerar o dia a mais existente nos anos bissextos;

h. realizar a apuração do tempo de efetivo serviço de acordo com o previsto no art. 136 do E/1; e

i. os acréscimos não deverão ser computados como tempo de efetivo serviço, devendo constar da CTSM para que sejam considerados somente para a inatividade, de acordo com os parágrafos 1º e 2º do art. 137 do E/1.

4. A CTSM será entregue ao interessado, mediante recibo deste, na OM onde deu entrada o seu requerimento.

5. RECURSOS NA ESFERA ADMINISTRATIVA

a. O requerente, cujo requerimento for indeferido, pode se dirigir, uma única vez, em primeiro grau de recurso, à autoridade concedente.

b. O requerente, que nas condições da letra anterior, não obtiver despacho favorável à sua pretensão, pode recorrer, em última instância na esfera administrativa, ao Chefe do Departamento-Geral do Pessoal, via OM onde der entrada o seu requerimento inicial, por meio da cadeia de comando.

6. PRESCRIÇÕES DIVERSAS

a. Aos requerimentos assinados por procuração ou pela viúva, devem ser anexados, além de cópia das carteiras de identidade militar ou civil do interessado ou falecido e as identidades da viúva ou do procurador, cópia da certidão de casamento, da procuração ou do Atestado de Óbito.

b. O tempo de serviço passado no Batalhão Suez, criado pelo Decreto Legislativo nº 061, de 1956, não se enquadra no § 1º do art. 136, da Lei nº 6.880, de 09 de dezembro de 1980 (E1/80).

c. As OM devem indeferir qualquer requerimento de CTSM no qual seja pleiteada aaverbação de tempo de serviço prestado em Brasília-DF, como acréscimo de tempo de serviço passado em Guarnição Especial, conforme a Nota nº 001SA/3, de 7 de agosto de 1992, publicada no Boletim do Departamento-Geral do Pessoal nº 090, de 12 de agosto de 1992.

d. Quando o requerente já possuir uma CTSM e solicitar qualquer retificação, a OM somente deverá iniciar os novos trabalhos mediante a devolução da Certidão original, que ficará arquivada no processo por ter sido tornada sem efeito.

e. Quando for solicitada uma segunda via de CTSM, a OM deverá fornecer uma cópia autenticada da existente em seus arquivos, não sendo expedida uma outra Certidão e nem uma segunda via.

f. A OM que fornecer CTSM arquivará uma cópia do que fornecer, para fins de conferência eprestação de informações e para evitar a duplicidade de CTSM.

g. O período passado pelo militar, contado como "Serviço Nacional Relevante", não é computado como acréscimo ao tempo de efetivo serviço, não cabendo CTSM sobre o mesmo.

h. O Cmt/Ch/Dir OM deverá confeccionar e fornecer a CTSM ao militar licenciado por término de tempo de serviço militar inicial ou término de prorrogação de tempo de serviço militar.

i. A CTSM pode ser gerada no Sistema Eletrônico de Recrutamento Militar (SERMIL), no seguinte endereço eletrônicohttps://www.sermilweb.eb.mil.br/sermilweb/.

ANEXO A
(MODELO DE REQUERIMENTO COM ORIENTAÇÃO PARA PREENCHIMENTO)
(Armas Nacionais) MINISTÉRIO DA DEFESA EXÉRCITO BRASILEIRO XXXXXXXXXXXXXXXXXXXXXX
(XXXXXXXXXXXXXXXXXXXXXXXXXXXXXXXX)

Requerimento
EB: 00000.000000/0000-00

Do 2º Ten R/2 ....

Ao Sr Comandante do ....

Objeto: Certidão de Tempo de Serviço Militar

1. ____Fulano de tal, 2º Ten R/2 da Arma de____, identidade nº ________________, filho
(nome por extenso, se militar: posto/grade Arma/Quadro/Sv) (nº e órgão expedidor)
de________________e de____________________ residente à_______________________,
(nome por extenso do pai e da mãe) (Rua, Av, Quadra, Setor, etc...)
requer, com o fim de averbação/comprovação ________________________________,
(indicar, obrigatoriamente, o fim a que se destina a CTSM)

Certidão de Tempo de Serviço Militar prestado ao Exército Brasileiro, na (s) seguintes (s) Organização (ões) Militar (es) abaixo:

OM	LOCALIZAÇÃO	ANO DE INCLUSÃO

(indicar para todas as OM o designativo, o local e o ano de inclusão)

2. Tal solicitação encontra amparo nos arts. 24 e art. 25 do Decreto nº 57.645, de 20 de janeiro de 1966 – Regulamento da Lei do Serviço Militar (RLSM).

3. Anexos
- Cópia de identidade, cópia de folha de alterações (se possuir), cópia do Certificado de Reservista e outros documentos julgados necessário.

4. É a primeira vez que requer. Nestes termos, pededeferimento.

Brasília-DF, ... de .... de ....

FULANO DE TAL - 2º Ten R/2
Assinatura

ANEXO B
(ARMAS NACIONAIS)
MINISTÉRIO DA DEFESA EXÉRCITO BRASILEIRO XXXXXXXXXXXXXXXXXXXXXX
(XXXXXXXXXXXXXXXXXXXXXXXXXXXXXX)

CERTIDÃO DE TEMPO DE SERVIÇO MILITAR

		Nº
ÓRGÃO EXPEDIDOR:		CNPJ:
NOME:		SEXO:
RG/ÓRGÃO EXPEDIDOR:	CPF:	PIS/PASEP:
FILIAÇÃO:		DATA DE NASCIMENTO:
ENDEREÇO:		
POSTO/GRADUAÇÃO:		
ARMA/QUADRO/SERVIÇO:		
DATA DE ADMISSÃO:	DATA DE EXONERAÇÃO/DEMISSÃO:	
PERÍODO DE TEMPO DE SERVIÇO MILITAR COMPREENDIDO NESTA CERTIDÃO: DE ____/____/____ A ____/____/____		
FONTE DE INFORMAÇÃO:		

FREQUÊNCIA

ANO	TEMPO BRUTO	FALTAS	LICENÇAS	LICENÇA SEM VENCIMENTOS	SUSPENSÕES	DISPONIBILIDADE	OUTRAS	TEMPO LÍQUIDO
							TOTAL =	

O requerente CONTA AINDA com o acréscimo de tempo de serviço, referente ao período dea, perfazendo o tempo de ano(s),mês(es) e dia(s), por ter sido matriculado em Órgão de Formação da Reserva e concluído com aproveitamento. O presente acréscimo de tempo de serviço deverá ser computado APENAS PARA FINS DE INATIVIDADE, de acordo com o § 2º do art. 137 da Lei nº 6.880, de 9 de dezembro de 1980.

CERTIFICO, em face do apurado, que o interessado conta, de efetivo exercício prestado nesta Organização Militar, o tempo de Serviço Militar de _____ dias, correspondente a _____ anos, ____ meses e ____ dias.

CERTIFICO que a Lei nº 4.375, de 17 de agosto de 1964 – Lei do Serviço Militar, assegura aos convocados para o Serviço Militar, de acordo com o estabelecido na Legislação Militar, para efeito de aposentadoria, o tempo de serviço ativo prestado nas Forças Armadas, quando a elas incorporados.

CERTIFICO que a Instrução Normativa nº 45 INSS/PRES, de 6 de agosto de 2010, do Instituto Nacional de Seguridade Social (INSS), reconhece, em seu art. 365, que a CTC relativa ao militar, tanto integrante da Força Armada quanto ao militar dos Estados e do Distrito Federal, por ter regras constitucionais previdenciárias diferenciadas do servidor titular de cargo efetivo, não se submete às normas definidas na Portaria MPS nº 154, de 15 de maio de 2008.

Lavrei a Certidão que não contém emendas nem rasuras.	Visto do Encarregado do Pessoal da OM
Local e data: ______________________	Data: ____/____/____
Assinatura e carimbo Aux Pes OM	Assinatura e carimbo

ORGANIZAÇÃO MILITAR

HOMOLOGO a presente Certidão de Tempo de Serviço Militar e declaro que as informações nela constantes correspondem com a verdade.

Local e data: ____

Assinatura e carimbo do Cmt/Ch/Dir OM

DECRETO Nº 10.188, DE 20 DE DEZEMBRO DE 2019

Regulamenta a Lei nº 9.796, de 5 de maio de 1999, para dispor sobre a compensação financeira entre o Regime Geral de Previdência Social e os regimes próprios de previdência social dos servidores públicos da União, dos Estados, do Distrito Federal e dos Municípios, e entre os regimes próprios, na hipótese de contagem recíproca de tempo de contribuição para efeito de aposentadoria, e dá outras providências.

O PRESIDENTE DA REPÚBLICA, no uso das atribuições que lhe confere o art. 84, *caput*, inciso IV, da Constituição, e tendo em vista o disposto no art. 10 e no art. 201, § 9º, da Constituição, na Lei nº 6.226, de 14 de julho de 1975, na Lei nº 6.864, de 1º de dezembro de 1980, nos art. 94 ao art. 96 da Lei nº 8.213, de 24 de julho de 1991, na Lei nº 9.702, de 17 de novembro de 1998, na Lei nº 9.717, de 27 de novembro de 1998, e na Lei nº 9.796, de 5 de maio de 1999,

DECRETA:

CAPÍTULO I
DISPOSIÇÕES PRELIMINARES

Art. 1º Este Decreto regulamenta a Lei nº 9.796, de 5 de maio de 1999, para dispor sobre a compensação financeira entre o Regime Geral de Previdência Social e os regimes próprios de previdência social dos servidores públicos da União, dos Estados, do Distrito Federal e dos Municípios, e entre os regimes próprios, na hipótese de contagem recíproca de tempo de contribuição para efeito de aposentadoria.

CAPÍTULO II
DA COMPENSAÇÃO ENTRE OS REGIMES

Art. 2º Aplica-se o disposto neste Decreto aos benefícios de aposentadoria concedidos a partir de 5 de outubro de 1988, desde que em manutenção em 6 de maio de 1999 ou concedidos após essa data, com contagem recíproca de tempo de contribuição, e às pensões por morte que deles decorrerem, excluída a aposentadoria por invalidez decorrente de acidente em serviço, moléstia profissional ou doença grave, contagiosa ou incurável, especificada em lei, e a pensão dela decorrente.

Art. 3º A compensação financeira será realizada exclusivamente na contagem recíproca de tempo de contribuição não concomitante utilizado na concessão da aposentadoria.

§ 1º O tempo de atividade rural reconhecido pelo Instituto Nacional de Seguridade Social - INSS por meio de Certidão de Tempo de Serviço expedida até 13 de outubro de 1996 será objeto de compensação financeira, desde que tenha sido utilizado pelo regime instituidor em aposentadoria concedida até essa data.

§ 2º O tempo de atividade rural reconhecido pelo INSS por meio de Certidão de Tempo de Serviço emitida a partir de 14 de outubro de 1996 somente será considerado para fins de compensação financeira caso esse período seja indenizado ao RGPS pelo servidor.

§ 3º Não será devida pelo RGPS a compensação financeira em relação aos servidores civis e militares dos Estados, do Distrito Federal e dos Municípios quanto aos períodos em que tinham garantida apenas aposentadoria pelo ente federativo e que foram inscritos em regime especial de contribuição para fazer jus aos benefícios de família, na forma prevista no parágrafo único do art. 3º da Lei nº 3.807, de 26 de agosto de 1960, e na legislação posterior.

§ 4º Nos períodos em que tenha sido assegurado o pagamento de benefícios de aposentadoria ou pensão mediante convênios ou consórcios entre entes federativos, a compensação financeira é devida pelo ente ao qual, nos termos do convênio ou consórcio, recairia a concessão do benefício de aposentadoria.

Art. 4º Para fins da compensação financeira de que trata este Decreto, considera-se:

I - Regime Geral de Previdência Social - RGPS - o regime previsto no art. 201 da Constituição;

II - regime próprio de previdência social - RPPS - o regime de previdência social estabelecido no âmbito de cada ente federativo que assegure, por lei, aos servidores que ocupam cargo efetivo, no mínimo, os benefícios de aposentadoria e pensão por morte previstos no art. 40 da Constituição;

III - regime de origem - o regime previdenciário ao qual o segurado ou servidor público esteve vinculado e não tenha ensejado o recebimento de aposentadoria ou de pensão aos seus dependentes;

IV - regime instituidor - o regime previdenciário responsável pela concessão e pelo pagamento de benefício de aposentadoria ou pensão por morte dela decorrente a segurado ou servidor público ou a seus dependentes com cômputo de tempo de contribuição no âmbito do regime de origem;

V - estoque RGPS - os valores da compensação financeira em atraso relativos ao período compreendido entre 5 de outubro de 1988 e 5 de maio de 1999 dos benefícios concedidos nesse período com contagem recíproca do tempo de contribuição do RGPS ou do RPPS, na hipótese de o RGPS ser o regime instituidor, desde que em manutenção em 5 de maio de 1999;

VI - estoque RPPS - os valores da compensação financeira em atraso relativos ao período compreendido entre 5 de outubro de 1988 e 5 de maio de 1999 dos benefícios concedidos nesse período com contagem recíproca de outro RPPS, desde que em manutenção em 5 de maio de 1999 ou no período de 6 de maio de 1999 até a data de entrada em vigor deste Decreto;

VII - fluxo acumulado - os valores da compensação financeira dos benefícios concedidos após o período de estoque RGPS ou de estoque RPPS relativos ao período entre a data de concessão e o deferimento do requerimento de compensação, observado o prazo prescricional; e

VIII - fluxo mensal - os valores da compensação financeira pagos mensalmente pelo regime de origem ao regime instituidor, a partir da competência de concessão da compensação, enquanto os pagamentos dos benefícios objeto da compensação financeira estiverem em manutenção.

Art. 5º O regime instituidor apresentará ao regime de origem os seguintes dados e documentos referentes a cada benefício concedido com cômputo de tempo de contribuição no âmbito daquele regime de origem:

I - dados pessoais e outros documentos necessários e úteis à identificação do segurado ou do servidor e, se for o caso, dos seus dependentes;

II - o valor inicial da aposentadoria ou da pensão por morte dela decorrente e a data de início do benefício;

III - o tempo de contribuição no âmbito do regime de origem utilizado na concessão do benefício na forma da contagem recíproca e o tempo de contribuição total do segurado ou do servidor no regime instituidor;

IV - cópia da Certidão de Tempo de Serviço ou da Certidão de Tempo de Contribuição fornecida pelo regime de origem e utilizada para cômputo do tempo de contribuição no âmbito do regime instituidor;

V - cópia do laudo médico que reconheceu a invalidez nos casos de aposentadoria por invalidez;

VI - cópia do ato expedido pela autoridade competente que concedeu a aposentadoria ou a pensão por morte dela decorrente; e

VII - cópia do registro do ato concessório da aposentadoria ou da pensão por morte pelo Tribunal de Contas competente, quando couber.

§ 1º A Certidão de Tempo de Contribuição emitida pelos RPPS, prevista no inciso IV do *caput*, observará as regras estabelecidas pela Portaria nº 154, de 15 de maio de 2008, do extinto Ministério da Previdência Social, quando emitida a partir de 16 de maio de 2008.

§ 2º Será dispensado o envio de cópia dos documentos previstos neste artigo quando:

I - o tempo de contribuição for averbado eletronicamente por meio de sistema disponibilizado pela Secretaria de Previdência da Secretaria Especial de Previdência e Trabalho do Ministério da Economia;

II - os dados do registro do ato que tenha concedido a aposentadoria ou a pensão forem encaminhados eletronicamente pelo Tribunal de Contas; ou

III - as demais informações exigidas puderem ser obtidas eletronicamente pelo órgão ou pela entidade responsável por prestar a informação.

§ 3º A não apresentação das informações e dos documentos a que se refere este artigo vedará a realização da compensação financeira entre os regimes.

Art. 6º O valor da compensação financeira será o resultado da multiplicação do percentual apurado com base nas informações a que se refere o inciso III do *caput* do art. 5º pelo:

I - valor da renda mensal inicial quando o regime instituidor for o RGPS; ou

II - valor do benefício pago pelo regime instituidor ou pelo valor da renda mensal inicial, o que for menor, quando o regime instituidor for o RPPS.

§ 1º A renda mensal inicial de que trata o *caput* será calculada de acordo com as normas aplicáveis aos benefícios concedidos pelo regime de origem, na data da desvinculação desse regime.

§ 2º A Secretaria Especial de Previdência e Trabalho do Ministério da Economia, ouvido o Conselho Nacional dos Regimes Próprios de Previdência Social, de que trata o art. 18, disciplinará a metodologia de apuração da renda mensal inicial nas hipóteses em que o regime de origem não possua informações funcionais ou contributivas individualizadas à época da desvinculação.

§ 3º A renda mensal inicial apurada será reajustada na forma prevista no art. 7º da data da desvinculação do regime de origem até a data da concessão do benefício pelo regime instituidor e o seu valor corrigido não poderá ser inferior ao valor do salário-mínimo e nem superior ao:

I - valor da remuneração do cargo efetivo que o servidor teria no ente de origem na data imediatamente anterior à da concessão da aposentadoria pelo regime instituidor ou que teria servido de referência para a concessão da pensão pelo regime de origem; ou

II - limite máximo dos benefícios pagos pelo RGPS, quando este for o regime de origem.

§ 4º Ao valor do benefício pago pelo regime instituidor será acrescido o benefício especial de que trata o § 1º do art. 3º da Lei nº 12.618, de 30 de abril de 2012, no caso da União, ou o benefício que tenha essa mesma natureza, se previsto na legislação dos Estados, do Distrito Federal ou dos Municípios, observado o disposto no § 3º.

§ 5º O fluxo acumulado será pago em parcela única.

Art. 7º O valor da compensação financeira de que trata o art. 6º será reajustado nas mesmas datas e pelos mesmos índices de reajuste dos benefícios concedidos pelo RGPS.

Art. 8º Os regimes instituidores deverão apresentar aos regimes de origem os dados relativos aos benefícios concedidos no período do estoque RGPS e no período do estoque RPPS, na forma prevista no art. 5º.

Parágrafo único. A compensação financeira em atraso relativa aos benefícios de que trata o *caput* será calculada pela multiplicação da parcela da renda mensal devida pelo regime de origem, obtida de acordo com os procedimentos estabelecidos no art. 5º e no art. 6º, pelo número de meses em que o benefício tenha sido pago até a data de deferimento do requerimento de compensação.

Art. 9º Se for inviável financeiramente ao regime de origem desembolsar de imediato os valores apurados nos termos do art. 8º, os regimes poderão firmar termo de parcelamento em até cento e oitenta meses, hipótese em que os valores devidos serão atualizados nas mesmas datas e pelos mesmos índices de reajustamento dos benefícios do RGPS.

§ 1º A parcela mínima dos parcelamentos formalizados entre os RPPS não poderá ser inferior ao limite máximo aplicável aos benefícios do Regime Geral de Previdência Social.

§ 2º Comprovada a inexistência de débitos, na forma prevista no § 5º do art. 6º e no § 3º do art. 11 da Lei nº 9.796, de 1999, o pagamento dos valores de estoque RGPS será quitado:

I - em parcela única, se o crédito não for superior a R$ 1.500.000,00 (um milhão e quinhentos mil reais);

II - em parcelas mensais de até R$ 1.500.000,00 (um milhão e quinhentos mil reais), se o crédito superar esse montante no prazo de até cento e oitenta meses, condicionada à existência de recursos financeiros para cumprimento da meta de resultado primário estabelecido na Lei de Diretrizes Orçamentárias; ou

III - por meio de dação em pagamento de imóveis integrantes do Fundo do Regime Geral de Previdência Social - FRGPS, observados os demais procedimentos administrativos, orçamentários, contábeis e legais necessários para sua concretização.

§ 3º Caso o prazo de cento e oitenta meses não seja suficiente para a quitação dos créditos de estoque RGPS, o valor da parcela disposto no inciso II do § 2º será ajustado para garantir a quitação no referido prazo.

§ 4º O pagamento da compensação financeira do RGPS dependerá da desistência de eventuais ações judiciais que tenham por objeto a dívida compensada e a manutenção do litígio ou o ajuizamento de novas ações será causa da extinção dos pagamentos previstos nos incisos I e II do § 2º.

§ 5º A Secretaria Especial de Previdência e Trabalho do Ministério da Economia, ouvido o Conselho Nacional dos Regimes Próprios de Previdência Social, estabelecerá as diretrizes gerais e os procedimentos para a formalização e a revisão dos parcelamentos a que se referem o *caput* e o § 1º.

CAPÍTULO III
DA OPERACIONALIZAÇÃO DA COMPENSAÇÃO FINANCEIRA

Art. 10. A Secretaria de Previdência da Secretaria Especial de Previdência e Trabalho do Ministério da Economia disponibilizará para adesão do INSS, órgão gestor do RGPS, e dos RPPS da União, dos Estados, do Distrito Federal e dos Municípios, sistema de compensação previdenciária destinado a manter atualizado o cadastro de todos os benefícios objeto de compensação financeira e a apurar o montante devido pelos regimes.

§ 1º Para o processamento do requerimento de compensação financeira pelo sistema, o INSS e os RPPS celebrarão termo de adesão com a Secretaria Especial de Previdência e Trabalho do Ministério da Economia e contrato com a empresa de tecnologia desenvolvedora do sistema de compensação previdenciária.

§ 2º O Conselho Nacional dos Regimes Próprios de Previdência Social estabelecerá as diretrizes para as relações negociais do INSS e dos RPPS com a empresa de tecnologia responsável pelo desenvolvimento do sistema de compensação previdenciária.

Art. 11. O sistema de compensação previdenciária disponibilizado pela Secretaria de Previdência da Secretaria Especial de Previdência e Trabalho do Ministério da Economia, na forma prevista no art. 10, conterá o cadastro atualizado de todos os benefícios objeto de compensação financeira entre o RGPS e os RPPS, e destes entre si, incluído o total que cada regime deve aos demais como compensação financeira.

§ 1º Até o dia trinta de cada mês, será disponibilizado ao regime de origem o total a ser por ele desembolsado a cada regime instituidor referente a competência do mês anterior, que corresponderá ao somatório do fluxo mensal, do fluxo acumulado e do estoque RGPS ou estoque RPPS, cujo desembolso deverá ser feito até o quinto dia útil do mês subsequente.

§ 2º Os desembolsos pelo regime de origem só serão feitos para o regime instituidor que comprovar ser credor no cômputo da compensação financeira devida entre ambos os regimes.

§ 3º Observado o disposto no § 2º, o pagamento da compensação financeira pelo RGPS exige a comprovação da inexistência de débitos do ente federativo do regime instituidor pelo não recolhimento de contribuições previdenciárias devidas ao RGPS e pelo disposto no art. 8º da Lei nº 9.702, de 17 de novembro de 1998.

§ 4º A Secretaria Especial de Previdência e Trabalho do Ministério da Economia, ouvido o Conselho Nacional dos Regimes Próprios de Previdência Social, poderá estabelecer a parcela mínima mensal de desembolso ao regime instituidor, cujo valor inferior ao piso será acumulado até alcançar o valor estipulado.

§ 5º Na hipótese de descumprimento do prazo de desembolso estipulado no § 1º, serão aplicadas as mesmas normas em vigor para atualização dos valores dos recolhimentos em atraso de contribuições previdenciárias arrecadadas pelo RGPS.

§ 6º O não pagamento no prazo estabelecido no § 1º a qualquer regime resultará na suspensão do pagamento da compensação financeira devida pelo RGPS e poderá ensejar a inscrição do ente federativo do regime de origem em dívida ativa federal, estadual, distrital ou municipal.

§ 7º Os pagamentos suspensos na forma prevista no § 6º serão reajustados na forma prevista no art. 7º e esta suspensão não será considerada atraso de pagamento para aplicação de mora.

§ 8º A Secretaria Especial de Previdência e Trabalho do Ministério da Economia, ouvido o Conselho Nacional dos Regimes Próprios de Previdência Social, estabelecerá prazo para que o regime de origem analise os requerimentos apresentados pelos regimes instituidores, observada a ordem cronológica dos requerimentos, sobre o qual incidirá a mesma atualização dos valores dos recolhimentos em atraso de contribuições previdenciárias arrecadadas pelo RGPS aos requerimentos que ultrapassarem o prazo determinado.

Art. 12. Aplica-se a prescrição quinquenal, nos termos do disposto no Decreto nº 20.910, de 6 de janeiro de 1932, aos valores não pagos nem reclamados em época própria do surgimento da pretensão, que ocorrerá:

I - no primeiro dia subsequente ao registro do ato concessório de aposentadoria ou a pensão pelo Tribunal de Contas competente, quando o regime instituidor for o RPPS; ou

II - no primeiro dia subsequente ao recebimento da primeira prestação, quando o regime instituidor for o RGPS.

Parágrafo único. O prazo prescricional da compensação financeira relativo ao período do estoque do RPPS será contado a partir da entrada em vigor deste Decreto.

Art. 13. Os regimes instituidores deverão registrar imediatamente no sistema de compensação previdenciária qualquer revisão do benefício objeto de compensação financeira ou sua extinção total ou parcial.

§ 1º Caso a revisão do benefício modifique o seu valor inicial, serão utilizados os mesmos parâmetros para a concessão da compensação financeira, recalculados os valores de compensação devidos ao regime instituidor desde a data de início de pagamento do benefício, observada a prescrição quinquenal.

§ 2º Na hipótese de revisão do benefício pela apresentação de novos elementos que resultem em decisão administrativa ou em decisão judicial que não possuam efeitos retroativos, os valores da compensação financeira serão recalculados a partir do pagamento do valor do benefício revisado, observada a prescrição quinquenal.

§ 3º As diferenças de valores decorrentes da revisão ou do pagamento de compensação financeira em relação a benefício cessado serão compensadas no mês seguinte ao da constatação.

§ 4º O direito de anular os atos de concessão, revisão ou indeferimento da compensação financeira decairá no prazo de cinco anos, contado da data em que tenham sido praticados, exceto se comprovada má-fé, nos termos do disposto no art. 54 da Lei nº 9.784, de 29 de janeiro de 1999.

CAPÍTULO IV
DISPOSIÇÕES SOBRE A COMPENSAÇÃO FINANCEIRA

Art. 14. Caso a unidade gestora do RPPS possua personalidade jurídica própria, o ente federativo responderá solidariamente pelas obrigações previstas neste Decreto.

Art. 15. Os recursos financeiros recebidos pelo RPPS a título de compensação financeira somente poderão ser utilizados no pagamento de benefícios previdenciários do respectivo regime.

Art. 16. O tempo de serviço equivalente ao período das contribuições apuradas e parceladas nos termos do disposto no art. 154 do Regulamento da Organização e do Custeio da Seguridade Social, aprovado pelo Decreto nº 2.173, de 5 de março de 1997, devidas por Estados, Distrito Federal e Municípios ao INSS em razão da extinção de RPPS com o retorno dos respectivos servidores ao RGPS, desde que não tenha sido compensado com contribuições previdenciárias devidas ao RGPS, será computado como tempo de contribuição ao RGPS, inclusive para efeito de contagem recíproca de tempo de contribuição e apuração do valor da compensação financeira de que trata este Decreto.

Parágrafo único. Compete ao INSS a emissão de Certidão de Tempo de Contribuição referente ao tempo de contribuição de que trata o *caput*.

Art. 17. Caberá recurso administrativo da análise dos requerimentos da compensação financeira entre o RGPS e os RPPS e entre estes regimes e do pagamento dos valores relativos à compensação financeira, que será julgado pelo Conselho de Recursos da Previdência Social, na forma definida em seu regimento interno.

CAPÍTULO V
DO CONSELHO NACIONAL DOS REGIMES PRÓPRIOS DE PREVIDÊNCIA SOCIAL

Art. 18. Fica instituído o Conselho Nacional dos Regimes Próprios de Previdência Social, com as seguintes competências:

I - participar da definição das políticas e das diretrizes gerais relativas aos RPPS;

II - propor a elaboração e a revisão de normas e procedimentos relativos aos RPPS e à compensação financeira entre o RGPS e os RPPS e destes entre si;

III - examinar proposições de normas e procedimentos relativos aos RPPS e à compensação financeira entre os regimes;

IV - deliberar sobre os parâmetros, as diretrizes e os critérios de responsabilidade previdenciária na instituição, na organização e no funcionamento dos RPPS, relativos a custeio, benefícios, atuária, contabilidade, aplicação e utilização de recursos e constituição e manutenção dos fundos previdenciários, a serem estabelecidos pela Secretaria Especial de Previdência e Trabalho do Ministério da Economia;

V - propor metas e ações que contribuam para o aprimoramento dos RPPS e da compensação financeira;

VI - participar da definição e acompanhar o desenvolvimento de sistemas relativos aos RPPS e à compensação previdenciária;

VII - participar da definição de ações de educação previdenciária, de intercâmbio de informações e de articulação entre órgãos e entidades, públicas ou privadas, nacionais ou internacionais que atuem com previdência;

VIII - acompanhar e avaliar a implementação de políticas, diretrizes gerais, metas, ações e a aplicação das normas e dos procedimentos relativos aos RPPS e à compensação financeira pelos entes federativos;

IX - deliberar sobre o Programa de Certificação Institucional e Modernização da Gestão dos Regimes Próprios de Previdência Social da União, dos Estados, do Distrito Federal e dos Municípios - Pró-Gestão RPPS; e

X - elaborar e aprovar o seu regimento interno.

Art. 19. O Conselho Nacional dos Regimes Próprios de Previdência Social será composto por representantes dos seguintes órgãos e entidades:

I - do Ministério da Economia:

a) dois da Secretaria de Previdência da Secretaria Especial de Previdência; e

b) um da Secretaria de Gestão e Desempenho de Pessoal da Secretaria Especial de Desburocratização, Gestão e Governo Digital;

II - um do INSS;

III - um dos Tribunais de Contas dos Estados, do Distrito Federal ou dos Municípios;

IV - sete dos Estados, do Distrito Federal ou dos Municípios, dentre os quais:

a) dois de RPPS dos Estados ou do Distrito Federal;

b) dois de RPPS dos Municípios;

c) um de entidade de âmbito nacional representativa de unidades gestoras de RPPS;

d) um de entidade de âmbito nacional representativa dos Estados e do Distrito Federal; e

e) um de entidade de âmbito nacional representativa dos Municípios; e

V - três de segurados e beneficiários de RPPS, dentre os quais:

a) um da União;

b) um dos Estados ou do Distrito Federal; e

c) um dos Municípios.

§ 1º Cada membro do Conselho Nacional dos Regimes Próprios de Previdência Social terá um suplente, que o substituirá em suas ausências e impedimentos.

§ 2º Os membros do Conselho Nacional dos Regimes Próprios de Previdência Social de que tratam os incisos I e II do *caput* e respectivos suplentes serão indicados pelos órgãos que representam.

§ 3º Os membros do Conselho Nacional dos Regimes Próprios de Previdência Social de que tratam os incisos III e V do *caput* e respectivos suplentes serão escolhidos conforme os critérios estabelecidos em ato da Secretaria Especial de Previdência e Trabalho do Ministério da Economia.

§ 4º Os membros do Conselho Nacional dos Regimes Próprios de Previdência Social de que trata o inciso IV do *caput* e respectivos suplentes serão indicados pelo Conselho Nacional dos Dirigentes de Regimes Próprios de Previdência Social.

§ 5º Os membros do Conselho Nacional dos Regimes Próprios de Previdência Social e respectivos suplentes terão mandato de dois anos, admitida a recondução.

§ 6º A autoridade responsável pela indicação para membro do Conselho Nacional dos Regimes Próprios de Previdência Social poderá requerer, a qualquer tempo e a seu critério, a substituição do indicado por novo representante, que cumprirá o mandato pelo prazo remanescente.

§ 7º Os membros do Conselho Nacional dos Regimes Próprios de Previdência Social serão designados pelo Secretário de Previdência da Secretaria Especial de Previdência e Trabalho do Ministério da Economia.

§ 8º A Secretaria de Previdência da Secretaria Especial de Previdência e Trabalho do Ministério da Economia indicará, dentre os representantes de que trata a alínea "a" do inciso I do *caput*, o Presidente do Conselho Nacional dos Regimes Próprios de Previdência Social, que designará um Secretário-Executivo para auxiliá-lo na gestão das atividades do Conselho.

Art. 20. O Conselho Nacional dos Regimes Próprios de Previdência Social se reunirá, em caráter ordinário, quadrimestralmente, por convocação do seu Presidente.

§ 1º O Presidente do Conselho Nacional dos Regimes Próprios de Previdência Social poderá convocar reunião extraordinária, por iniciativa própria ou por requerimento de, no mínimo cinco, de seus membros, para tratar de tema específico.

§ 2º O quórum de reunião do Conselho Nacional dos Regimes Próprios de Previdência Social é de maioria absoluta dos membros e o quórum de aprovação é de maioria simples.

§ 3º Além do voto ordinário, o Presidente do Conselho Nacional dos Regimes Próprios de Previdência Social terá o voto de qualidade em caso de empate.

§ 4º As reuniões do Conselho Nacional dos Regimes Próprios de Previdência Social serão realizadas preferencialmente por meio de videoconferência.

§ 5º O deslocamento dos membros do Conselho Nacional dos Regimes Próprios de Previdência Social para as reuniões presenciais será custeado pelo órgão ou pela entidade responsável pela indicação do representante.

Art. 21. A Secretaria-Executiva do Conselho Nacional dos Regimes Próprios de Previdência Social será exercida pela Secretaria Especial de Previdência e Trabalho do Ministério da Economia.

Art. 22. A participação no Conselho Nacional dos Regimes Próprios de Previdência Social será considerada prestação de serviço público relevante, não remunerada.

Art. 23. O Conselho Nacional dos Regimes Próprios de Previdência Social poderá instituir grupos de trabalho para auxiliá-lo no desenvolvimento de suas atividades.

Parágrafo único. A criação de grupos de trabalho no âmbito do Conselho Nacional dos Regimes Próprios de Previdência Social observará o disposto no inciso VI do *caput* do art. 6º do Decreto nº 9.759, de 11 de abril de 2019.

Art. 24. As atas das reuniões do Conselho Nacional dos Regimes Próprios de Previdência Social serão publicadas no sítio eletrônico da Previdência Social.

CAPÍTULO IV
DISPOSIÇÕES FINAIS

Art. 25. Os Estados, o Distrito Federal e os Municípios deverão aderir à compensação financeira de que trata este Decreto até 31 de dezembro de 2021, sob pena de incidirem as sanções de que trata o art. 7º da Lei nº 9.717, de 27 de novembro de 1998, e a suspensão do pagamento da compensação financeira devida pelo RGPS.

Art. 26. A União adotará as providências necessárias para que a compensação financeira entre o RPPS da União e o RGPS seja operacionalizada a partir de 2021.

Art. 27. Fica revogado o Decreto nº 3.112, de 6 de julho de 1999.

Art. 28. Este Decreto entra em vigor:

I - em 1º de janeiro de 2020, quanto ao art. 27 e aos demais dispositivos aplicáveis à compensação financeira entre o RGPS e os RPPS;

II - em 1º de janeiro de 2021, quanto aos dispositivos aplicáveis à compensação financeira entre os RPPS; e

III - na data de sua publicação, quanto aos art. 18 ao art. 24.

Brasília, 20 de dezembro de 2019; 198º da Independência e 131º da República.

JAIR MESSIAS BOLSONARO
Paulo Guedes

LEI Nº 13.985, DE 7 DE ABRIL DE 2020

Institui pensão especial destinada a crianças com Síndrome Congênita do Zika Vírus, nascidas entre 1º de janeiro de 2015 e 31 de dezembro de 2019, beneficiárias do Benefício de Prestação Continuada (BPC).

O PRESIDENTE DA REPÚBLICA

Faço saber que o Congresso Nacional decreta e eu sanciono a seguinte Lei:

Art. 1º Fica instituída a pensão especial destinada a crianças com Síndrome

Congênita do Zika Vírus, nascidas entre 1º de janeiro de 2015 e 31 de dezembro de 2019, beneficiárias do Benefício de Prestação Continuada (BPC) de que trata o art. 20 da Lei nº 8.742, de 7 de dezembro de 1993.

§ 1º A pensão especial será mensal, vitalícia e intransferível e terá o valor de um salário mínimo.

§ 2º A pensão especial não poderá ser acumulada com indenizações pagas pela União em razão de decisão judicial sobre os mesmos fatos ou com o BPC de que trata o art. 20 da Lei nº 8.742, de 7 de dezembro de 1993.

§ 3º O reconhecimento da pensão especial ficará condicionado à desistência de ação judicial que tenha por objeto pedido idêntico sobre o qual versa o processo administrativo.

§ 4º A pensão especial será devida a partir do dia posterior à cessação do BPC ou dos benefícios referidos no § 2º deste artigo, que não poderão ser acumulados com a pensão.

§ 5º A pensão especial não gerará direito a abono ou a pensão por morte.

Art. 2º O requerimento da pensão especial de que trata esta Lei será realizado no Instituto Nacional do Seguro Social (INSS).

Parágrafo único. Será realizado exame pericial por perito médico federal para constatar a relação entre a síndrome congênita adquirida e a contaminação pelo vírus da zika.

Art. 3º As despesas decorrentes do disposto nesta Lei correrão à conta da programação orçamentária Indenizações e Pensões Especiais de Responsabilidade da União.

Art. 4º O INSS e a Empresa de Tecnologia e Informações da Previdência (Dataprev) adotarão as medidas necessárias para a operacionalização da pensão especial de que trata esta Lei no prazo de 60 (sessenta) dias, contado da data de publicação desta Lei.

Art. 5º No caso de mães de crianças nascidas até 31 de dezembro de 2019 acometidas por sequelas neurológicas decorrentes da Síndrome Congênita do Zika Vírus, será observado o seguinte:

I - a licença-maternidade de que trata o art. 392 da Consolidação das Leis do Trabalho (CLT), aprovada pelo Decreto-Lei nº 5.452, de 1º de maio de 1943, será de 180 (cento e oitenta) dias;

II - o salário-maternidade de que trata o art. 71 da Lei nº 8.213, de 24 de julho de 1991, será devido por 180 (cento e oitenta) dias.

Art. 6º Fica revogado o art. 18 da Lei nº 13.301, de 27 de junho de 2016.

Art. 7º Esta Lei entra em vigor na data de sua publicação.

Brasília, 7 de abril de 2020; 199º da Independência e 132º da República.

JAIR MESSIAS BOLSONARO
Paulo Guedes
Onyx Lorenzoni
DOU 07.04.2020

LEI Nº 14.717, DE 31 DE OUTUBRO DE 2023

Institui pensão especial aos filhos e dependentes crianças ou adolescentes, órfãos em razão do crime de feminicídio tipificado no inciso VI do § 2º do art. 121 do Decreto-Lei nº 2.848, de 7 de dezembro de 1940 (Código Penal), cuja renda familiar mensal per capita seja igual ou inferior a 1/4 (um quarto) do salário mínimo.

O PRESIDENTE DA REPÚBLICA Faço saber que o Congresso Nacional decreta e eu sanciono a seguinte Lei:

Art. 1º É instituída pensão especial aos filhos e dependentes menores de 18 (dezoito) anos de idade, órfãos em razão do crime de feminicídio tipificado no inciso VI do § 2º do art. 121 do Decreto-Lei nº 2.848, de 7 de dezembro de 1940 (Código Penal), cuja renda familiar mensal per capita seja igual ou inferior a 1/4 (um quarto) do salário mínimo.

§ 1º O benefício de que trata o caput deste artigo, no valor de 1 (um) salário mínimo, será pago ao conjunto dos filhos e dependentes menores de 18 (dezoito) anos de idade na data do óbito de mulher vítima de feminicídio.

§ 2º O benefício de que trata o caput deste artigo será concedido, ainda que provisoriamente, mediante requerimento, sempre que houver fundados indícios de materialidade do feminicídio, na forma definida em regulamento, vedado ao autor, coautor ou partícipe do crime representar as crianças ou adolescentes para fins de recebimento e administração da pensão especial.

§ 3º Verificado em processo judicial com trânsito em julgado que não houve o crime de feminicídio, o pagamento do benefício de que trata o caput deste artigo cessará imediatamente, desobrigados os beneficiários do dever de ressarcir os valores recebidos, salvo má-fé.

§ 4º O benefício de que trata o caput deste artigo, ressalvado o direito de opção, não é acumulável com benefícios previdenciários recebidos do Regime Geral de Previdência Social (RGPS) ou dos regimes próprios de previdência social, nem com pensões ou benefícios do sistema de proteção social dos militares.

§ 5º Será excluído definitivamente do recebimento do benefício de que trata o caput deste artigo a criança ou o adolescente que tiver sido condenado, mediante sentença com trânsito em julgado, pela prática de ato infracional análogo a crime como autor, coautor ou partícipe de feminicídio doloso, ou de tentativa desse ato, cometido contra a mulher vítima da violência, ressalvados os absolutamente incapazes e os inimputáveis.

§ 6º O benefício de que trata o caput deste artigo cessará quando o beneficiário completar 18 (dezoito) anos de idade, ou em razão de seu falecimento, e a respectiva cota será reversível aos demais beneficiários.

§ 7º O benefício de que trata o caput deste artigo não prejudicará os direitos de quem o receber, relativos ao dever de o agressor ou o autor do ato delitivo indenizar a família da vítima.

Art. 2º O benefício de que trata o art. 1º desta Lei será concedido às crianças e aos adolescentes elegíveis à prestação mensal na data de publicação desta Lei, inclusive nos casos de feminicídios ocorridos anteriormente, sem efeitos retroativos.

Art. 3º As despesas decorrentes do disposto nesta Lei serão classificadas na função orçamentária Assistência Social e estarão sujeitas a previsão nas respectivas leis orçamentárias anuais.

Art. 4º Esta Lei entra em vigor na data de sua publicação.

Brasília, 31 de outubro de 2023; 202o da Independência e 135o da República.

LUIZ INÁCIO LULA DA SILVA
Silvio Luiz de Almeida
Flávio Dino de Castro e Costa
Aparecida Gonçalves

LEI Nº 14.765, DE 22 DE DEZEMBRO DE 2023

Concede pensão especial aos ex-integrantes do Batalhão Suez.

O PRESIDENTE DA REPÚBLICA Faço saber que o Congresso Nacional decreta e eu promulgo, nos termos do parágrafo 5º do art. 66 da Constituição Federal, a seguinte Lei:

Art. 1º Fica assegurado o pagamento de pensão especial vitalícia, no valor de 2 (dois) salários mínimos mensais, aos ex-integrantes da tropa brasileira conhecida como Batalhão Suez, que tomaram parte na Força Internacional de Emergência instituída em consequência da Resolução da Assembleia Geral das Nações Unidas, de 7 de novembro de 1956, com o objetivo de manter a paz e a segurança internacional na região compreendida entre o Canal de Suez e a linha de Armistício entre Israel e o Egito fixada na mesma Resolução, recrutados nos termos da Lei nº 2.953, de 17 de novembro de 1956, e do Decreto Legislativo nº 61, de 22 de novembro de 1956.

Parágrafo único. Somente faz jus ao benefício instituído no caput deste artigo o ex-integrante que comprove renda mensal não superior a 2 (dois) salários mínimos ou que não possua meios para prover a sua subsistência e a de sua família.

Art. 2º A comprovação da efetiva prestação dos serviços militares a que alude esta Lei, inclusive mediante justificação administrativa ou judicial, somente produzirá efeito quando baseada em início de prova material, não admitida prova exclusivamente testemunhal, e deverá ser feita perante órgão competente do Ministério da Previdência Social.

§ 1º Caberá à Defensoria Pública da União, por solicitação do interessado, quando necessitado, promover a justificação judicial, ficando o solicitante isento de quaisquer custas judiciais ou outras despesas.

§ 2º O prazo para julgamento da justificação é de 15 (quinze) dias.

Art. 3º A comprovação da carência do interessado será feita com a apresentação de atestado fornecido por órgão oficial.

Art. 4º Os pedidos de concessão do benefício, devidamente instruídos, serão processados e julgados no prazo de 45 (quarenta e cinco) dias, sob pena de responsabilidade.

Parágrafo único. Os pagamentos de pensão especial iniciar-se-ão no prazo máximo de 30 (trinta) dias após o reconhecimento do direito.

Art. 5º O valor da pensão especial instituída por esta Lei será reajustado sempre no mês de janeiro, de acordo com a variação anual do Índice Nacional de Preços ao Consumidor (INPC) ou do índice que reajusta as aposentadorias do Instituto Nacional do Seguro Social (INSS).

Parágrafo único. O beneficiário da pensão faz jus ao recebimento do décimo terceiro salário em valor idêntico ao da remuneração do mês de dezembro.

Art. 6º As despesas decorrentes do disposto nesta Lei correrão à conta do programa orçamentário Indenizações e Pensões Especiais de Responsabilidade da União.

Art. 7º O órgão previdenciário encarregado do pagamento da pensão deverá firmar convênios com outros órgãos públicos federais, estaduais ou municipais, a fim de facilitar, o quanto possível, o recebimento mensal das respectivas pensões pelos beneficiários desta Lei.

Art. 8º O Ministério da Previdência Social editará as instruções necessárias à execução desta Lei, no prazo de 60 (sessenta) dias.

Art. 9º Esta Lei entra em vigor na data de sua publicação.

Brasília, 22 de dezembro de 2023; 202º da Independência e 135º da República.

LUIZ INÁCIO LULA DA SILVA

LEI Nº 14.973, DE 16 DE SETEMBRO DE 2024

Estabelece regime de transição para a contribuição substitutiva prevista nos arts. 7º e 8º da Lei nº 12.546, de 14 de dezembro de 2011, e para o adicional sobre a Cofins-Importação previsto no § 21 do art. 8º da Lei nº 10.865, de 30 de abril de 2004; altera as Leis nºs 8.212, de 24 de julho de 1991, 8.742, de 7 de dezembro de 1993, 10.522, de 19 de julho de 2002, 10.779, de 25 de novembro de 2003, 10.865, de 30 de abril de 2004, 12.546, de 14 de dezembro de 2011, e 13.988, de 14 de abril de 2020; e revoga dispositivos dos Decretos-Lei nºs 1.737, de 20 de dezembro de 1979, e 2.323, de 26 de fevereiro de 1987, e das Leis nºs 9.703, de 17 de novembro de 1998, e 11.343, de 23 de agosto de 2006, e a Lei nº 12.099, de 27 de novembro de 2009.

O PRESIDENTE DA REPÚBLICA Faço saber que o Congresso Nacional decreta e eu sanciono a seguinte Lei:

CAPÍTULO I
DAS DESONERAÇÕES

Art. 1º A Lei nº 12.546, de 14 de dezembro de 2011, passa a vigorar com as seguintes alterações:

- Alterações incorporadas ao texto da referida norma.

Art. 2º O art. 8º da Lei nº 10.865, de 30 de abril de 2004, passa a vigorar com a seguinte redação:

- Alterações incorporadas ao texto da referida norma.

Art. 3º O art. 22 da Lei nº 8.212, de 24 de julho de 1991 (Lei Orgânica da Seguridade Social), passa a vigorar com a seguinte redação:

- Alterações incorporadas ao texto da referida norma.

Art. 4º A partir de 1º de janeiro de 2025 até 31 de dezembro de 2027, a empresa que optar por contribuir nos termos dos arts. 7º a 9º da Lei nº 12.546, de 14 de dezembro de 2011, deverá firmar termo no qual se compromete a manter, em seus quadros funcionais, ao longo de cada ano-calendário, quantitativo médio de empregados igual ou superior a 75% (setenta e cinco por cento) do verificado na média do ano-calendário imediatamente anterior.

§ 1º Em caso de inobservância do disposto no caput, a empresa não poderá usufruir da contribuição sobre a receita bruta, a partir do ano-calendário subsequente ao descumprimento, hipótese em que se aplicam as contribuições previstas nos incisos I e III do caput do art. 22 da Lei nº 8.212, de 24 de julho de 1991, à alíquota de 20% (vinte por cento).

§ 2º O disposto neste artigo será disciplinado em ato do Poder Executivo.

Art. 5º A Secretaria Especial da Receita Federal do Brasil poderá disciplinar o disposto nesta Lei.

CAPÍTULO II
DA ATUALIZAÇÃO DE BENS IMÓVEIS

Art. 6º A pessoa física residente no País poderá optar por atualizar o valor dos bens imóveis já informados em Declaração de Ajuste Anual (DAA) apresentada à Secretaria Especial da Receita Federal do Brasil para o valor de mercado e tributar a diferença para o custo de aquisição, pelo Imposto sobre a Renda das Pessoas Físicas (IRPF), à alíquota definitiva de 4% (quatro por cento).

§ 1º A opção pela tributação deve ser realizada na forma e no prazo definidos pela Secretaria Especial da Receita Federal do Brasil e o pagamento do imposto deve ser feito em até 90 (noventa) dias contados a partir da publicação desta Lei.

§ 2º Os valores decorrentes da atualização tributados na forma prevista neste artigo:

I – serão considerados como acréscimo patrimonial na data em que o pagamento do imposto for efetuado;

II – deverão ser incluídos na ficha de bens e direitos da DAA relativa ao ano-calendário de 2024 como custo de aquisição adicional do respectivo bem imóvel.

Art. 7º A pessoa jurídica poderá optar por atualizar o valor dos bens imóveis constantes no ativo permanente de seu balanço patrimonial para o valor de mercado e tributar a diferença para o custo de aquisição, pelo Imposto sobre a Renda das Pessoas Jurídicas (IRPJ) à alíquota definitiva de 6% (seis por cento) e pela Contribuição Social sobre o Lucro Líquido (CSLL) à alíquota de 4% (quatro por cento).

§ 1º A opção pela tributação deve ser realizada na forma e no prazo definidos pela Secretaria Especial da Receita Federal do Brasil e o pagamento do imposto deve ser feito em até 90 (noventa) dias contados a partir da publicação desta Lei.

§ 2º Os valores decorrentes da atualização tributados na forma prevista neste artigo não poderão ser considerados para fins tributários como despesa de depreciação da pessoa jurídica.

Art. 8º No caso de alienação ou baixa de bens imóveis sujeitos à atualização de que tratam os arts. 6º e 7º antes de decorridos 15 (quinze) anos após a atualização, o valor do ganho de capital deverá ser calculado considerando a seguinte fórmula:

GK = valor da alienação - [CAA + (DTA x %)]

GK = ganho de capital

CAA = custo do bem imóvel antes da atualização

DTA = diferencial de custo tributado a título de atualização

% = percentual proporcional ao tempo decorrido da atualização até a venda, conforme parágrafo único deste artigo

Parágrafo único. Os percentuais proporcionais ao tempo decorrido da atualização até a venda são:

I – 0% (zero por cento), caso a alienação ocorra em até 36 (trinta e seis) meses da atualização;

II – 8% (oito por cento), caso a alienação ocorra após 36 (trinta e seis) meses e até 48 (quarenta e oito) meses da atualização;

III – 16% (dezesseis por cento), caso a alienação ocorra após 48 (quarenta e oito) meses e até 60 (sessenta) meses da atualização;

IV – 24% (vinte e quatro por cento), caso a alienação ocorra após 60 (sessenta) meses e até 72 (setenta e dois) meses da atualização;

V – 32% (trinta e dois por cento), caso a alienação ocorra após 72 (setenta e dois) meses e até 84 (oitenta e quatro) meses da atualização;

VI – 40% (quarenta por cento), caso a alienação ocorra após 84 (oitenta e quatro) meses e até 96 (noventa e seis) meses da atualização;

VII – 48% (quarenta e oito por cento), caso a alienação ocorra após 96 (noventa e seis) meses e até 108 (cento e oito) meses da atualização;

VIII – 56% (cinquenta e seis por cento), caso a alienação ocorra após 108 (cento e oito) meses e até 120 (cento e vinte) meses da atualização;

IX – 62% (sessenta e dois por cento), caso a alienação ocorra após 120 (cento e vinte) meses e até 132 (cento e trinta e dois) meses da atualização;

X – 70% (setenta por cento), caso a alienação ocorra após 132 (cento e trinta e dois) meses e até 144 (cento e quarenta e quatro) meses da atualização;

XI – 78% (setenta e oito por cento), caso a alienação ocorra após 144 (cento e quarenta e quatro) meses e até 156 (cento e cinquenta e seis) meses da atualização;

XII – 86% (oitenta e seis por cento), caso a alienação ocorra após 156 (cento e cinquenta e seis) meses e até 168 (cento e sessenta e oito) meses da atualização;

XIII – 94% (noventa e quatro por cento), caso a alienação ocorra após 168 (cento e sessenta e oito) meses e até 180 (cento e oitenta) meses da atualização;

XIV – 100% (cem por cento), caso a alienação ocorra após 180 (cento e oitenta) meses da atualização.

CAPÍTULO III
DO REGIME ESPECIAL DE REGULARIZAÇÃO GERAL DE BENS CAMBIAL E TRIBUTÁRIA (RERCT-GERAL)

Art. 9º É instituído o Regime Especial de Regularização Geral de Bens Cambial e Tributária (RERCT-Geral), para declaração voluntária de recursos, bens ou direitos de origem lícita, não declarados ou declarados com omissão ou incorreção em relação a dados essenciais, mantidos no Brasil ou no exterior, ou repatriados por residentes ou domiciliados no País, conforme a legislação cambial ou tributária, nos termos e condições desta Lei.

Parágrafo único. O prazo para adesão ao RERCT-Geral é de 90 (noventa) dias, a partir da data de publicação desta Lei, a qual deve ser realizada mediante declaração voluntária da situação patrimonial em 31 de dezembro de 2023 e pagamento de imposto e multa.

Art. 10. Aplica-se ao RERCT-Geral o disposto nos §§ 9º, 10, 12 e 13 do art. 4º, no art. 5º, no art. 6º, nos §§ 1º e 2º do art. 7º, no art. 8º e no art. 9º da Lei nº 13.254, de 13 de janeiro de 2016, com as seguintes alterações:

I – as referências a “31 de dezembro de 2014” constantes da referida Lei, para “31 de dezembro de 2023”;

II – as referências a “último dia útil do mês de dezembro de 2014” constantes da referida Lei, para “último dia útil do mês de dezembro de 2023”;

III – as referências a “ano-calendário de 2014” constantes da referida Lei, para “ano-calendário de 2023”;

IV – a referência a “no ano-calendário de 2015” constante do § 7º do art. 4º da referida Lei, para “a partir do ano-calendário de 2023”.

Art. 11. O RERCT-Geral aplica-se a todos os recursos, bens ou direitos de origem lícita de residentes ou domiciliados no País até 31 de dezembro de 2023, incluindo movimentações anteriormente existentes, mantidos no Brasil ou no exterior, e que não tenham sido declarados ou tenham sido declarados com omissão ou incorreção em relação a dados essenciais, como:

I – depósitos bancários, certificados de depósitos, cotas de fundos de investimento, instrumentos financeiros, apólices de seguro, certificados de investimento ou operações de capitalização, depósitos em cartões de crédito, fundos de aposentadoria ou pensão;

II – operações de empréstimo com pessoa física ou jurídica;

III – recursos, bens ou direitos de qualquer natureza decorrentes de operações de câmbio ilegítimas ou não autorizadas;

IV – recursos, bens ou direitos de qualquer natureza, integralizados em empresas brasileiras ou estrangeiras sob a forma de ações, integralização de capital, contribuição de capital ou qualquer outra forma de participação societária ou direito de participação no capital de pessoas jurídicas com ou sem personalidade jurídica;

V – ativos intangíveis disponíveis no Brasil ou no exterior de qualquer natureza, como marcas, copyright, software, know-how, patentes e todo e qualquer direito submetido ao regime de royalties;

VI – bens imóveis em geral ou ativos que representem direitos sobre bens imóveis;

VII – veículos, aeronaves, embarcações e demais bens móveis sujeitos a registro em geral, ainda que em alienação fiduciária.

Art. 12. Para adesão ao RERCT-Geral, a pessoa física ou jurídica deverá apresentar à Secretaria Especial da Receita Federal do Brasil declaração única de regularização específica contendo a descrição pormenorizada dos recursos, bens e direitos de qualquer natureza de que seja titular em 31 de dezembro de 2023 a serem regularizados, com o respectivo valor em real, ou, no caso de inexistência de saldo ou título de propriedade em 31 de dezembro de 2024, a descrição das condutas praticadas pelo declarante que se enquadrem nos crimes previstos no § 1º do art. 5º da Lei nº 13.254, de 13 de janeiro de 2016, e dos respectivos bens e recursos que possuiu.

§ 1º A declaração única de regularização a que se refere o caput deverá conter:

I – a identificação do declarante;

II – as informações fornecidas pelo contribuinte necessárias à identificação dos recursos, bens ou direitos a serem regularizados, bem como de sua titularidade e origem;

III – o valor, em real, dos recursos, bens ou direitos de qualquer natureza declarados;

IV – declaração do contribuinte de que os bens ou direitos de qualquer natureza declarados têm origem em atividade econômica lícita;

V – na hipótese de inexistência de saldo dos recursos, ou de titularidade de propriedade de bens ou direitos referidos no caput, em 31 de dezembro de 2024, a descrição das condutas praticadas pelo declarante que se enquadrem nos crimes previstos no § 1º do art. 5º da Lei nº 13.254, de 13 de janeiro de 2016, e dos respectivos recursos, bens ou direitos de qualquer natureza não declarados, mantidos no Brasil ou no exterior, ainda que posteriormente repassados à titularidade ou responsabilidade, direta ou indireta, de trust de quaisquer espécies, fundações, sociedades despersonalizadas ou fideicomissos, ou dispostos mediante a entrega a pessoa física ou jurídica, personalizada ou não, para guarda, depósito, investimento, posse ou propriedade de que sejam beneficiários efetivos o interessado, seu representante ou pessoa por ele designada.

§ 2º Os recursos, bens e direitos de qualquer natureza constantes da declaração única para adesão ao RERCT-Geral deverão também ser informados na:

I – declaração retificadora de ajuste anual do imposto de renda relativa ao ano-calendário de 2024 e posteriores, no caso de pessoa física;

II – declaração retificadora da declaração de bens e capitais no exterior relativa ao ano-calendário de 2024 e posteriores, no caso de pessoa física ou jurídica, se a ela estiver obrigada;

III – escrituração contábil societária relativa ao ano-calendário da adesão e posteriores, no caso de pessoa jurídica.

§ 3º A declaração das condutas e dos bens referidos no inciso V do § 1º não implicará a apresentação das declarações previstas nos incisos I, II e III do § 2º.

§ 4º Após a adesão ao RERCT-Geral e consequente regularização nos termos do caput, a opção de repatriação pelo declarante de ativos financeiros no exterior deverá ocorrer por intermédio de instituição financeira autorizada a funcionar no País e a operar no mercado de câmbio, mediante apresentação do protocolo de entrega da declaração de que trata o caput deste artigo.

§ 5º A regularização de ativos mantidos em nome de interposta pessoa estenderá a ela a extinção de punibilidade prevista no § 1º do art. 5º da Lei nº 13.254, de 13 de janeiro de 2016, nas condições previstas no referido artigo.

§ 6º É a pessoa física ou jurídica que aderir ao RERCT-Geral obrigada a manter em boa guarda e ordem e em sua posse, pelo prazo de 5 (cinco) anos, cópia dos documentos que ampararam a declaração de adesão ao RERCT-Geral e a apresentá-los se e quando exigidos pela Secretaria Especial da Receita Federal do Brasil.

§ 7º Para fins da declaração prevista no caput, o valor dos ativos a serem declarados deve corresponder aos valores de mercado, presumindo-se como tal:

I – para os ativos referidos nos incisos I e III do art. 11, o saldo existente em 31 de dezembro de 2023, conforme documento disponibilizado pela instituição financeira custodiante;

II – para os ativos referidos no inciso II do art. 11, o saldo credor remanescente em 31 de dezembro de 2023, conforme contrato entre as partes;

III – para os ativos referidos no inciso IV do art. 11, o valor de patrimônio líquido apurado em 31 de dezembro de 2023, conforme balanço patrimonial levantado nessa data;

IV – para os ativos referidos nos incisos V, VI e VII do art. 11, o valor de mercado apurado conforme avaliação feita por entidade especializada;

V – para os ativos não mais existentes ou que não sejam de propriedade do declarante em 31 de dezembro de 2023, o valor apontado por documento idôneo que retrate o bem ou a operação a ele referente.

Art. 13. Os bens ou direitos de qualquer natureza regularizados nos termos do art. 12 e os rendimentos, frutos e acessórios decorrentes do seu aproveitamento, no Brasil ou no exterior, obtidos a partir de 1º de janeiro de 2024, deverão ser incluídos na:

I – declaração de ajuste anual do imposto de renda relativa ao ano-calendário de 2024, ou em sua retificadora, no caso de pessoa física;

II – declaração de bens e capitais no exterior relativa ao ano-calendário de 2024, no caso de pessoa física ou jurídica, se a ela estiver obrigada;

III – escrituração contábil societária relativa ao ano-calendário da adesão e posteriores, no caso de pessoa jurídica.

Parágrafo único. No caso de bens no exterior, deve ser apresentada cópia da declaração única ao Banco Central do Brasil para fins de registro.

Art. 14. Aos rendimentos, frutos e acessórios incluídos nas declarações e regularizados pelo RERCT-Geral, aplica-se o disposto no art. 138 da Lei nº 5.172, de 25 de outubro de 1966 (Código Tributário Nacional), inclusive com dispensa do pagamento de multas moratórias, se as inclusões forem feitas até o último dia do prazo para adesão do regime ou até o último dia do prazo regular de apresentação da respectiva declaração anual, o que for posterior.

Art. 15. Para fins do disposto neste Capítulo, o montante dos ativos objeto de regularização será considerado acréscimo patrimonial adquirido em 31 de dezembro de 2023, ainda que nessa data não exista saldo ou título de propriedade, na forma do inciso II do caput e do § 1º do art. 43 da Lei nº 5.172, de 25 de outubro de 1966 (Código Tributário Nacional), sujeitando-se a pessoa, física ou jurídica, ao pagamento do imposto de renda sobre ele, a título de ganho de capital, à alíquota de 15% (quinze por cento).

§ 1º A arrecadação referida no caput será compartilhada com Estados e Municípios na forma estabelecida pela Constituição Federal, especialmente nos termos do que dispõe o inciso I de seu art. 159.

§ 2º Na apuração da base de cálculo do tributo de que trata o caput, correspondente ao valor do ativo em real, não serão admitidas deduções de espécie alguma ou descontos de custo de aquisição.

Art. 16. É facultado ao contribuinte que aderiu ao RERCT previsto na Lei nº 13.254, de 13 de janeiro de 2016, anteriormente à publicação desta Lei, complementar a declaração de que trata o art. 5º da Lei nº 13.254, de 13 de janeiro de 2016, obrigando-se, caso exerça esse direito, a pagar os respectivos imposto e multa devidos sobre o valor adicional e a observar a nova data fixada para a conversão do valor expresso em moeda estrangeira, nos termos do art. 10 deste Capítulo.

Art. 17. O contribuinte que aderir ao RERCT-Geral deverá identificar a origem dos bens e declarar que eles são provenientes de atividade econômica lícita, sem obrigatoriedade de comprovação.

§ 1º É da Secretaria Especial da Receita Federal do Brasil, em qualquer tempo, o ônus da prova para demonstrar que é falsa a declaração prestada pelo contribuinte.

§ 2º Para efeito de interpretação do § 12 do art. 4º da Lei nº 13.254, de 13 de janeiro de 2016, nas adesões de que trata essa Lei, a Secretaria Especial da Receita Federal do Brasil apenas poderá intimar o optante do RERCT a apresentar documentação se houver a demonstração da presença de indícios ou outros elementos diversos da declaração prestada pelo contribuinte nos termos do caput deste artigo suficientes à abertura de expediente investigatório ou procedimento criminal.

§ 3º Cabe à Secretaria Especial da Receita Federal do Brasil demonstrar a presença dos indícios ou dos outros elementos a que se refere o § 2º deste artigo antes de expedir intimação direcionada ao contribuinte optante pelo RERCT-Geral, sob pena de nulidade.

CAPÍTULO IV
DAS MEDIDAS DE DESENROLA AGÊNCIAS REGULADORAS

Art. 18. Este Capítulo altera a Lei nº 13.988, de 14 de abril de 2020, e a Lei nº 10.522, de 19 de julho de 2002, para aperfeiçoar os mecanismos de transação de dívidas com as autarquias e fundações públicas federais.

Art. 19. A Lei nº 13.988, de 14 de abril de 2020, passa a vigorar com as seguintes alterações:

"CAPÍTULO II-A

(VETADO)

Art. 15-A. (VETADO)."

"Art. 22-B. O disposto neste Capítulo também se aplica, no que couber, à dívida ativa das autarquias e das fundações públicas federais cujas inscrição, cobrança e representação incumbam à Procuradoria-Geral Federal e à Procuradoria-Geral do Banco Central e aos créditos cuja cobrança seja competência da Procuradoria-Geral da União, sem prejuízo do disposto na Lei nº 9.469, de 10 de julho de 1997.

Parágrafo único. Ato do Advogado-Geral da União disciplinará a transação dos créditos referidos neste artigo."

"CAPÍTULO III-A

DA TRANSAÇÃO NA COBRANÇA DE RELEVANTE INTERESSE REGULATÓRIO PARA AS AUTARQUIAS E FUNDAÇÕES PÚBLICAS FEDERAIS

Art. 22-C. A Procuradoria-Geral Federal poderá propor aos devedores transação na cobrança da dívida ativa das autarquias e fundações públicas federais, de natureza não tributária, quando houver relevante interesse regulatório previamente reconhecido por ato do Advogado-Geral da União.

§ 1º Considera-se presente o relevante interesse regulatório quando o equacionamento de dívidas for necessário para assegurar as políticas públicas ou os serviços públicos prestados pelas autarquias e fundações públicas federais credoras.

§ 2º Ato do Advogado-Geral da União reconhecerá o relevante interesse regulatório, com base em manifestação fundamentada dos dirigentes máximos das autarquias e fundações públicas federais cujo conteúdo observará as seguintes diretrizes:

I – a delimitação, com base em critérios objetivos, do grupo ou universo de devedores alcançado, observados os princípios da isonomia e da impessoalidade, vedado o reconhecimento de relevante interesse regulatório de alcance geral;

II – a indicação dos pressupostos de fato e de direito que determinam o relevante interesse regulatório, considerando, quando possível:

a) a manutenção das atividades dos agentes econômicos regulados e do atendimento aos usuários de serviços prestados regulados pela autarquia ou fundação pública federal credora;

b) o desempenho da política pública ou dos serviços públicos regulados pela autarquia ou fundação pública federal credora;

c) a preservação da função social da regulação, em especial o seu caráter pedagógico, quando envolver multas decorrentes do exercício do poder de polícia;

d) as vantagens sociais, ambientais, econômicas, de segurança ou de saúde em substituir os meios ordinários e convencionais de cobrança pelo equacionamento das dívidas e obrigações através da transação, com a finalidade de evitar o agravamento de problema regulatório ou na prestação de serviço público;

III – o tempo necessário à execução da medida, vedado o seu reconhecimento por prazo indeterminado;

IV – a prévia elaboração de Análise de Impacto Regulatório (AIR) prevista no art. 6º da Lei nº 13.848, de 25 de junho de 2019, no caso das agências reguladoras.

Art. 22-D. A Procuradoria-Geral Federal poderá, em juízo de oportunidade e conveniência, propor a transação de que trata este Capítulo, de forma individual ou por adesão, sempre que, motivadamente, entender que a medida atende ao interesse público, vedada a apresentação de proposta de transação individual pelo devedor.

§ 1º A apresentação da proposta individual ou a solicitação de adesão do devedor à proposta suspenderá o andamento das execuções fiscais, salvo oposição justificada da Procuradoria-Geral Federal.

§ 2º Nos processos administrativos de constituição de crédito em tramitação nas autarquias e fundações públicas federais, os devedores poderão renunciar aos direitos para que os créditos sejam constituídos, inscritos em dívida ativa e incluídos na transação.

§ 3º Os seguintes compromissos adicionais serão exigidos do devedor, sem prejuízo do disposto no art. 3º desta Lei, quando for o caso:

I – manter a prestação dos serviços públicos, nos termos do ato de delegação;

II – concluir a obra de construção, total ou parcial, conservação, reforma, ampliação ou melhoramento, nos termos do ato de delegação;

III – manter a regularidade dos pagamentos à autarquia ou fundação pública federal detentora do poder concedente, nos termos do ato de delegação;

IV – apresentar à autarquia ou fundação pública federal credora plano de conformidade regulatória.

§ 4º Os prazos ou os descontos na transação de que trata este Capítulo serão definidos pela Procuradoria-Geral Federal de acordo com o grau de recuperabilidade do crédito.

§ 5º Os descontos poderão ser concedidos sobre o valor total do crédito, incluídos os acréscimos de que trata o inciso I do caput do art. 11 desta Lei, desde que o valor resultante da transação não seja inferior ao montante principal do crédito, assim compreendido o seu valor originário.

§ 6º A limitação prevista no inciso I do § 2º do art. 11 desta Lei e no § 5º deste artigo não se aplica à transação que envolva pagamento à vista de créditos que consistirem em multa decorrente de processo administrativo sancionador.

§ 7º O limite de que trata o inciso III do § 2º do art. 11 desta Lei poderá ser ampliado em até 12 (doze) meses adicionais quando o devedor comprovar que desenvolve projetos de interesse social vinculados à política pública ou aos serviços públicos prestados pela autarquia ou fundação pública federal credora.

Art. 22-E. Ato do Advogado-Geral da União disciplinará a transação de que trata este Capítulo."

Art. 20. A Lei nº 10.522, de 19 de julho de 2002, passa a vigorar com as seguintes alterações:

"Art. 2º ....

III – estejam inscritas na dívida dos Estados, do Distrito Federal e dos Municípios, conforme convênio firmado com a União, representada pela Procuradoria-Geral da Fazenda Nacional, nesse sentido;

IV – estejam inscritas na dívida ativa de autarquias profissionais e conselhos de classe;

V – estejam irregulares perante o Fundo de Garantia do Tempo de Serviço (FGTS).

....

§ 2º A inclusão no Cadin far-se-á em até 30 (trinta) dias após a comunicação ao devedor da existência do débito passível de inscrição naquele Cadastro, fornecendo-se todas as informações pertinentes ao débito.

....

§ 9º Convênio entre a União, representada pela Procuradoria-Geral da Fazenda Nacional, e os titulares dos créditos previstos nos incisos III e IV do caput deste artigo poderá estabelecer regras de cooperação que favoreçam a recuperação desses ativos." (NR)

"Art. 4º ....

§ 3º A dispensa de que trata o § 1º deste artigo terá validade de 60 (sessenta) dias contados da data da consulta de inexistência de registro no Cadin." (NR)

"Art. 6º-A. A existência de registro no Cadin, quando da consulta prévia de que trata o art. 6º, constitui fator impeditivo para a realização de qualquer dos atos previstos nos incisos I, II e III do caput do art. 6º."

"Art. 7º-A. No caso de estado de calamidade pública reconhecido pelo governo federal, o Procurador-Geral da Fazenda Nacional e o Procurador-Geral Federal, nos limites de suas competências, poderão, em favor das pessoas físicas e jurídicas domiciliadas em área atingida:

I – suspender os prazos de inclusão de novos registros no Cadin;

II – prorrogar a dispensa de que trata o § 3º do art. 4º;

III – dispensar, nos termos do art. 6º, a consulta prévia ao Cadin em relação a auxílios e financiamentos relacionados aos esforços de superação da crise."

Art. 21. No caso das agências reguladoras, a manifestação fundamentada prevista no § 2º do art. 22-C da Lei nº 13.988, de 14 de abril de 2020, será proferida em até 180 (cento e oitenta) dias, após provocação da Procuradoria-Geral Federal.

Parágrafo único. Consideram-se agências reguladoras as autarquias e fundações públicas federais previstas nos incisos do art. 2º da Lei nº 13.848, de 25 de junho de 2019.

Art. 22. Enquanto não for proferida a manifestação a que se refere o § 2º do art. 22-C da Lei nº 13.988, de 14 de abril de 2020, limitado a 31 de dezembro de 2024, consideram-se irrecuperáveis ou de difícil recuperação os créditos, de natureza não tributária, das autarquias e fundações públicas federais inscritos em dívida ativa.

§ 1º Para os créditos a que se refere o caput deste artigo, a Procuradoria-Geral Federal poderá apresentar proposta de transação, individual ou por adesão, com desconto de acordo com os §§ 5º e 6º do art. 22-D da Lei nº 13.988, de 14 de abril de 2020, independentemente do reconhecimento do relevante interesse regulatório de que trata o art. 22-C daquela Lei.

§ 2º Após a apresentação da proposta de que trata o § 1º deste artigo, poderão ser incluídos na transação, além dos créditos previstos no caput, aqueles de natureza não tributária que estiverem em contencioso administrativo, desde que, nos processos administrativos de constituição de crédito, os devedores renunciem aos direitos para que os créditos sejam constituídos, inscritos em dívida ativa e incluídos na transação.

§ 3º Caso a transação de que tratam os §§ 1º e 2º deste artigo envolva todos os créditos do devedor, inscritos em dívida ativa de autarquia ou fundação pública federal credora, a Procuradoria-Geral Federal poderá conceder maior desconto para pagamento à vista.

§ 4º Ato do Advogado-Geral da União disciplinará a transação de que trata este artigo.

§ 5º Ato do Poder Executivo poderá considerar como de difícil recuperação créditos de natureza tributária não inscritos em dívida ativa, desde que não esteja mais vigente a lei que tenha instituído a sua cobrança.

Art. 23. É criada, no âmbito do Poder Executivo federal, sob governança, gestão administrativa e supervisão jurídica da Advocacia-Geral da União, a Central de Cobrança e Regularização de Dívidas Federais Não Tributárias, com competência transversal para:

I – realizar acordos de transação resolutiva de litígio relacionado ao contencioso administrativo ou judicial ou à cobrança de débitos passíveis de inscrição em dívida ativa, salvo matéria envolvendo créditos tributários, detidos por pessoas físicas ou jurídicas para com a União, suas autarquias e fundações públicas federais, observadas as regras aplicáveis à transação na cobrança da dívida ativa, de que trata a Lei nº 13.988, de 14 de abril de 2020;

II – praticar atos destinados à tentativa de recebimento ou negociação de débitos de natureza não tributária, nos termos da legislação em vigor.

Art. 24. (Vetado na Lei 14.973/2024).

Art. 25. A Advocacia-Geral da União disponibilizará sistema informatizado para processar as transações que envolvam créditos de natureza não tributária das autarquias e fundações públicas federais, em que:

I – serão registrados os créditos a serem transacionados, independentemente do sistema em que estiverem originalmente registrados;

II – a transação formalizada será processada, terá o seu cumprimento controlado, e obedecerá aos critérios traçados pela Advocacia-Geral da União para consolidação, cálculo, apropriação, amortização e extinção por pagamento.

§ 1º As autarquias serão responsáveis por atualizar o estado do crédito em seus sistemas de origem.

§ 2º Em caso de rescisão da transação, os créditos manterão seus registros no sistema informatizado da Advocacia-Geral da União para prosseguimento da cobrança.

Art. 26. (Vetado na Lei 14.973/2024).

CAPÍTULO V
DAS MEDIDAS DE COMBATE À FRAUDE E AOS ABUSOS NO GASTO PÚBLICO

Art. 27. O Instituto Nacional do Seguro Social (INSS), com fundamento no disposto no art. 45 da Lei nº 9.784, de 29 de janeiro de 1999 (Lei do Processo Administrativo Federal), poderá adotar medidas cautelares visando a conter gastos e prejuízos no pagamento de benefícios por ele administrados, decorrentes de irregularidades ou fraudes, sem prejuízo do disposto na Lei nº 13.846, de 18 de junho de 2019.

§ 1º O disposto neste artigo tem por objetivo assegurar a efetividade dos direitos sociais e a sustentabilidade financeira da previdência e da assistência social.

§ 2º As medidas cautelares de que trata o caput serão adotadas mediante decisão fundamentada em processos de monitoramento ou investigação que apresentem, entre outras, as seguintes características:

I – fraudes relacionadas a pessoa física com o uso de registro civil, documentos de identificação ou cadastro de pessoa física (CPF) falsos ou ideologicamente falsos para fins de concessão de benefícios;

II – irregularidades com indícios de prática das condutas previstas nos arts. 296, 297, 313-A e 313-B, todos do Decreto-Lei nº 2.848, de 7 de dezembro de 1940 (Código Penal), para fins de concessão e manutenção de benefícios;

III – relativas a dados cadastrais e informações em bases de dados governamentais para fins de concessão e manutenção de benefícios por meio de:

a) inserção de dados falsos ou alteração ou exclusão indevida de dados corretos;

b) alteração de sistema de informação.

§ 3º As situações referidas no § 2º implicarão o bloqueio imediato do pagamento e a suspensão do benefício.

§ 4º Os requisitos de aplicação das medidas cautelares de que trata este artigo, observado o devido processo legal, serão disciplinados na forma de regulamento.

Art. 28. A Lei nº 8.742, de 7 de dezembro de 1993 (Lei Orgânica da Assistência Social), passa a vigorar com as seguintes alterações:

‣ Alterações incorporadas ao texto da referida norma.

Art. 29. O art. 69 da Lei nº 8.212, de 24 de julho de 1991 (Lei Orgânica da Seguridade Social), passa a vigorar com a seguinte redação:

‣ Alterações incorporadas ao texto da referida norma.

Art. 30. O art. 1º da Lei nº 10.779, de 25 de novembro de 2003, passa a vigorar com a seguinte redação:

‣ Alterações incorporadas ao texto da referida norma.

Art. 31. Nos termos de regulamento do Poder Executivo, a adimplência dos entes federados relativa ao envio de dados cadastrais ao Sistema de Escrituração Digital das Obrigações Fiscais, Previdenciárias e Trabalhistas (eSocial) é condição:

I – para a compensação financeira de que trata o § 5º do art. 6º da Lei nº 9.796, de 5 de maio de 1999;

II – para a aplicação do § 17 do art. 22 da Lei nº 8.212, de 24 de julho de 1991 (Lei Orgânica da Seguridade Social).

Art. 32. Até 30 de junho de cada exercício, o órgão competente do Poder Executivo encaminhará ao Ministério do Planejamento e Orçamento cronograma de reavaliação e estimativa de impacto orçamentário e financeiro referentes ao disposto no art. 21 da Lei nº 8.742, de 7 de dezembro de 1993 (Lei Orgânica da Assistência Social), para o exercício seguinte.

Parágrafo único. Para o exercício de 2024, o prazo de que trata o caput será de até 30 (trinta) dias após a publicação desta Lei.

Art. 33. Ato do Poder Executivo indicará os meios de verificação das condicionantes associadas à implementação de políticas públicas, incluindo o compartilhamento entre os órgãos dos dados necessários para sua efetivação.

Art. 34. Os registros do CadÚnico desatualizados há mais de 36 (trinta e seis) meses, referentes a beneficiários com renda acima de meio salário mínimo mensal per capita que não sejam público de benefícios sociais concedidos pelo governo federal, poderão ser excluídos da base nacional do CadÚnico, por ato do Poder Executivo.

CAPÍTULO VI
DOS DEPÓSITOS JUDICIAIS E EXTRAJUDICIAIS

SEÇÃO I
DOS DEPÓSITOS JUDICIAIS E EXTRAJUDICIAIS NO INTERESSE DA ADMINISTRAÇÃO PÚBLICA FEDERAL

Art. 35. Os depósitos realizados em processos administrativos ou judiciais em que figure a União, qualquer de seus órgãos, fundos, autarquias, fundações ou empresas estatais federais dependentes deverão ser realizados perante a Caixa Econômica Federal.

§ 1º Os depósitos judiciais e extrajudiciais, em dinheiro, de valores referentes a tributos e contribuições federais, inclusive seus acessórios, administrados pela Secretaria Especial da Receita Federal do Brasil, do Ministério da Fazenda, também devem ser efetuados na Caixa Econômica Federal, mediante Documento de Arrecadação de Receitas Federais (Darf) específico para essa finalidade.

§ 2º A Caixa Econômica Federal promoverá o depósito diretamente na Conta Única do Tesouro Nacional, comunicando eletronicamente a Secretaria Especial da Receita Federal do Brasil, do Ministério da Fazenda.

§ 3º Os depósitos realizados em desconformidade com o previsto no § 2º serão repassados pela Caixa Econômica Federal para a Conta Única do Tesouro Nacional, independentemente de qualquer formalidade.

§ 4º A inobservância do disposto neste artigo sujeita os recursos depositados à remuneração na forma estabelecida pelo § 4º do art. 39 da Lei nº 9.250, de 26 de dezembro de 1995, desde a inobservância do repasse obrigatório.

§ 5º Aplica-se o disposto no caput:

I – independentemente de instância, natureza, classe ou rito do processo;

II – aos feitos criminais de competência da Justiça Federal;

III – independentemente da natureza da obrigação, do crédito ou do negócio caucionado.

§ 6º O depósito será realizado sem necessidade de deslocamento do depositante à agência bancária ou de preenchimento de documentos físicos.

Art. 36. A Secretaria Especial da Receita Federal do Brasil, do Ministério da Fazenda, centralizará os dados relativos aos depósitos, devendo a instituição financeira manter controle dos valores depositados, devolvidos, levantados e concluídos.

§ 1º Compete ao órgão ou à entidade gestora da obrigação caucionada fornecer as informações necessárias à classificação ou reclassificação orçamentária das receitas relativas aos valores depositados.

§ 2º Aos registros e extratos dos depósitos será concedido acesso aos órgãos e às entidades gestores dos créditos caucionados.

Art. 37. Conforme dispuser a ordem da autoridade judicial ou, no caso de depósito extrajudicial, da autoridade administrativa competente, haverá:

I – conclusão da conta de depósito sem a incidência de remuneração, quando os valores forem destinados à administração pública; ou

II – levantamento dos valores por seu titular, acrescidos de correção monetária por índice oficial que reflita a inflação.

Parágrafo único. Os valores de que trata o inciso II do caput deste artigo serão:

I – entregues a seu titular pela instituição financeira, no prazo máximo de 24 (vinte e quatro) horas de sua notificação;

II – debitados, inclusive correção acrescida, à Conta Única do Tesouro Nacional a título de restituição, e, sendo o caso, contabilizados como anulação da respectiva obrigação em que houver sido classificado o depósito.

Art. 38. Ato do Ministro de Estado da Fazenda disporá sobre:

I – o compartilhamento de dados com os órgãos e as entidades responsáveis pelos créditos caucionados;

II – o fluxo para fornecimento das informações necessárias à classificação ou reclassificação orçamentária das receitas relativas aos valores depositados e demais procedimentos de finanças públicas necessários à execução do disposto neste Capítulo;

III – outras questões procedimentais necessárias à execução do disposto neste Capítulo.

SEÇÃO II
DOS DEPÓSITOS JUDICIAIS EM PROCESSOS ENCERRADOS

Art. 39. O prazo a que se refere o caput do art. 1º da Lei nº 2.313, de 3 de setembro de 1954, é de 2 (dois) anos no caso dos depósitos judiciais perante órgão do Poder Judiciário da União, a contar da respectiva intimação ou notificação para levantamento.

§ 1º Os interessados deverão ser comunicados pelo depositário, nos autos do respectivo processo judicial, previamente ao encerramento da conta de depósito.

§ 2º Em qualquer hipótese, o interessado disporá do prazo prescricional de 5 (cinco) anos para pleitear a restituição dos valores, a contar do encerramento da conta de depósito.

§ 3º Aplica-se o disposto neste artigo aos valores depositados em razão da liquidação de precatórios, requisições de pequeno valor ou de qualquer título emitido pelo poder público.

SEÇÃO III
DISPOSIÇÕES FINAIS E TRANSITÓRIAS

Art. 40. Até a edição do ato de que trata o art. 38 desta Lei, permanecem em vigor as regulamentações editadas para tratar de depósitos judiciais realizados no interesse da União, de seus fundos, autarquias e fundações e de empresas estatais federais dependentes.

Parágrafo único. Os valores que estejam depositados na Conta Única do Tesouro Nacional serão corrigidos conforme previsto na norma vigente ao tempo do depósito, aplicando-se o disposto neste Capítulo a partir de sua vigência.

Art. 41. Os depósitos judiciais e extrajudiciais sujeitos à Lei nº 9.703, de 17 de novembro de 1998, e à Lei nº 12.099, de 27 de novembro de 2009, que, na data de publicação desta Lei, não estejam na Conta Única do Tesouro Nacional deverão ser para ela transferidos em até 30 (trinta) dias, sem prejuízo de posteriores ajustes operacionais e de reclassificação definitiva da receita.

Parágrafo único. Os valores serão atualizados na forma estabelecida pelo § 4º do art. 39 da Lei nº 9.250, de 26 de dezembro de 1995, desde a inobservância da transferência obrigatória.

Art. 42. Os depósitos já existentes que, na data de publicação desta Lei, tenham completado o prazo a que se refere o art. 39 deverão ser transferidos para a Conta Única do Tesouro Nacional em até 30 (trinta) dias contados da publicação desta Lei.

CAPÍTULO VII
DAS CONDIÇÕES PARA A FRUIÇÃO DE BENEFÍCIOS FISCAIS

Art. 43. A pessoa jurídica que usufruir de benefício fiscal deverá informar à Secretaria Especial da Receita Federal do Brasil, por meio de declaração eletrônica, em formato simplificado:

I – os incentivos, as renúncias, os benefícios ou as imunidades de natureza tributária de que usufruir; e

II – o valor do crédito tributário correspondente.

§ 1º A Secretaria Especial da Receita Federal do Brasil estabelecerá:

I – os benefícios fiscais a serem informados; e

II – os termos, o prazo e as condições em que serão prestadas as informações de que trata este artigo.

§ 2º Sem prejuízo de outras disposições previstas na legislação, a concessão, o reconhecimento, a habilitação e a coabilitação de incentivo, a renúncia ou o benefício de natureza tributária de que trata este artigo são condicionados ao atendimento dos seguintes requisitos:

I – regularidade quanto ao disposto no art. 60 da Lei nº 9.069, de 29 de junho de 1995, no inciso II do caput do art. 6º da Lei nº 10.522, de 19 de julho de 2002, e no art. 27 da Lei nº 8.036, de 11 de maio de 1990;

II – inexistência de sanções a que se referem os incisos I, II e III do caput do art. 12 da Lei nº 8.429, de 2 de junho de 1992, o art. 10 da Lei nº 9.605, de 12 de fevereiro de 1998, e o inciso IV do caput do art. 19 da Lei nº 12.846, de 1º de agosto de 2013;

III – adesão ao Domicílio Tributário Eletrônico (DTE), conforme estabelecido pela Secretaria Especial da Receita Federal do Brasil; e

IV – regularidade cadastral, conforme estabelecido pela Secretaria Especial da Receita Federal do Brasil.

§ 3º A comprovação do atendimento dos requisitos a que se refere o § 2º será processada de forma automatizada pela Secretaria Especial da Receita Federal do Brasil, dispensada a entrega prévia de documentos comprobatórios pelo contribuinte.

Art. 44. A pessoa jurídica que deixar de entregar ou entregar em atraso a declaração prevista no art. 43 estará sujeita à seguinte penalidade calculada por mês ou fração, incidente sobre a receita bruta da pessoa jurídica apurada no período:

I – 0,5% (cinco décimos por cento) sobre a receita bruta de até R$ 1.000.000,00 (um milhão de reais);

II – 1% (um por cento) sobre a receita bruta de R$ 1.000.000,01 (um milhão de reais e um centavo) até R$ 10.000.000,00 (dez milhões de reais); e

III – 1,5% (um inteiro e cinco décimos por cento) sobre a receita bruta acima de R$ 10.000.000,00 (dez milhões de reais).

§ 1º A penalidade será limitada a 30% (trinta por cento) do valor dos benefícios fiscais.

§ 2º Será aplicada multa de 3% (três por cento), não inferior a R$ 500,00 (quinhentos reais), sobre o valor omitido, inexato ou incorreto, independentemente do previsto no caput.

CAPÍTULO VIII
DOS RECURSOS ESQUECIDOS

Art. 45. Os recursos existentes nas contas de depósitos, sob qualquer título, cujos cadastros não foram objeto de atualização, na forma da Resolução do Conselho Monetário Nacional nº 4.753, de 26 de setembro de 2019, somente poderão ser reclamados junto às instituições depositárias até 30 (trinta) dias após a publicação desta Lei.

§ 1º A liberação dos recursos de que trata este artigo pelas instituições depositárias é condicionada à satisfação, pelo reclamante, das exigências estabelecidas na Resolução do Conselho Monetário Nacional nº 4.753, de 26 de setembro de 2019.

§ 2º Decorrido o prazo de que trata o caput, os saldos não reclamados remanescentes junto às instituições depositárias passarão ao domínio da União e serão apropriados pelo Tesouro Nacional como receita orçamentária primária e considerados para fins de verificação do cumprimento da meta de resultado primário prevista na respectiva lei de diretrizes orçamentárias, aplicando-se o disposto neste parágrafo aos valores equivalentes ao fluxo dos depósitos de que trata o Capítulo VI.

§ 3º Uma vez que os saldos não reclamados remanescentes forem apropriados pelo Tesouro Nacional na forma do § 2º, o Ministério da Fazenda providenciará a publicação, no Diário Oficial da União, de edital que relacionará os valores recolhidos, indicará a instituição depositária, a agência e a natureza e o número da conta do depósito e estipulará prazo de 30 (trinta) dias, contado da data de sua publicação, para que os respectivos titulares contestem o recolhimento efetuado.

§ 4º Do indeferimento da contestação cabe recurso, com efeito suspensivo, no prazo de 10 (dez) dias, para o Conselho Monetário Nacional.

§ 5º Decorrido o prazo de que trata o § 3º, os valores recolhidos não contestados ficarão incorporados de forma definitiva ao Tesouro Nacional na forma do § 2º.

Art. 46. O prazo para requerer judicialmente o reconhecimento de direito aos depósitos de que trata esta Lei é de 6 (seis) meses, contado da data de publicação do edital a que se refere o § 3º do art. 45.

Parágrafo único. Na hipótese de contestação ou recurso a que se referem os §§ 3º e 4º do art. 45, o prazo de que trata o caput será contado da ciência da decisão administrativa indeferitória definitiva.

Art. 47. Não se aplica aos depósitos de que trata esta Lei o disposto na Lei nº 2.313, de 3 de setembro de 1954.

Art. 48. (Vetado na Lei 14.973/2024).

CAPÍTULO IX
DISPOSIÇÕES FINAIS

Art. 49. Revogam-se:

I – Decreto-Lei nº 1.737, de 20 de dezembro de 1979;

II – o art. 4º do Decreto-Lei nº 2.323, de 26 de fevereiro de 1987;

III – os incisos II e IV do § 2º do art. 69 da Lei nº 8.212, de 24 de julho de 1991;

IV – a Lei nº 9.703, de 17 de novembro de 1998;

V – o § 2º do art. 62-A da Lei nº 11.343, de 23 de agosto de 2006; e

VI – a Lei nº 12.099, de 27 de novembro de 2009.

Art. 50. Esta Lei entra em vigor na data de sua publicação.

Brasília, 16 de setembro de 2024; 203º da Independência e 136º da República.

LUIZ INÁCIO LULA DA SILVA
Fernando Haddad
Jorge Rodrigo Araújo Messias

QUESTÕES DE ORDEM E ENUNCIADOS PREVIDENCIÁRIOS

QUESTÕES DE ORDEM DA TNU

QUESTÃO DE ORDEM Nº 53 DJeNacional. Disponibilizada em 22/10/2024 Publicada em: 23/10/2024	Configuram paradigma válido para demonstrar a jurisprudência dominante do STJ os embargos de divergência não conhecidos com base na Súmula 168/STJ. (Aprovada, por maioria, na Sétima Sessão Ordinária de Julgamento da Turma Nacional de Uniformização do dia 16.10.2024 - Precedente: 5018213-69.2019.4.04.7108, julgamento virtual: 10.10.2024 a 16.10.2024)
QUESTÃO DE ORDEM Nº 52 DJeNacional. Disponibilizada em 06/09/2024 Publicada em: 09/09/2024	Cabe a condenação em honorários advocatícios sucumbenciais em reclamação no âmbito da Turma Nacional de Uniformização. (Aprovada, por unanimidade, na Sexta Sessão Ordinária de Julgamento da Turma Nacional de Uniformização do dia 04.09.2024 - Precedentes: 5000020-20.2024.4.90.0000, 5000018-50.2024.4.90.0000, 5000041-93.2024.4.90.0000 e 5000032-34.2024.4.90.0000).
QUESTÃO DE ORDEM Nº 51 DJeNacional. Disponibilizada em 21/03/2024 Publicada em: 22/03/2024	Não cabe a instauração de Incidente de Resolução de Demandas Repetitivas - IRDR no âmbito da Turma Nacional de Uniformização dos Juizados Especiais Federais. (Aprovada, por unanimidade, na Segunda Sessão Ordinária de Julgamento da Turma Nacional de Uniformização do dia 13.03.2024 - Precedente: 5033738-70.2022.4.04.0000).
QUESTÃO DE ORDEM Nº 50 DJeNacional. Disponibilizada em 15/12/2023 Publicada em: 18/10/2023	Nos termos do art. 10 da Lei nº 9.099/1995, aplicável aos Juizados Especiais Federais por força do art. 1º da Lei nº 10.259/2001, não é admitida qualquer modalidade de intervenção de terceiros no pedido de uniformização nacional, com exceção do *amicus curiae*, nos termos do art. 138 do CPC/2015. (Aprovada, por unanimidade, na Décima Sessão Ordinária de Julgamento da Turma Nacional de Uniformização do dia 14.12.2023 - Precedente: 5093930-80.2021.4.02.5101).
QUESTÃO DE ORDEM Nº 49 DJeNacional. Disponibilizada em 26/09/2023 Publicada em: 27/09/2023	Pode haver posterior aglutinação de pedido de uniformização a outro afetado como representativo de controvérsia, mediante distribuição ou redistribuição por dependência (Aprovada, por unanimidade, na Sétima Sessão Ordinária de Julgamento da Turma Nacional de Uniformização do dia 15.09.2023. Precedente: 5001931-18.2022.4.04.7118).
QUESTÃO DE ORDEM Nº 48 DJeNacional. Disponibilizada em 04/08/2023 Publicada em: 07/08/2023	Precedentes do Supremo Tribunal Federal não se prestam como paradigmas válidos, para fins de admissão do pedido nacional de uniformização de interpretação de lei federal previsto no art. 14, § 2º, da Lei nº 10.259/01 (Aprovada, por unanimidade, na Quinta Sessão Ordinária de Julgamento da Turma Nacional de Uniformização do dia 14.06.2023. Precedente: 0006467-75.2016.4.03.6317).
QUESTÃO DE ORDEM Nº 47 DJeNacional. Disponibilizada em 23/02/2023 Publicada em: 24/02/2023	No caso de omissão expressamente impugnada em embargos de declaração na origem, admite-se anulação do acórdão, por meio de pedido de uniformização (Questão de Ordem n. 17 desta TNU), desde que apresentado paradigma válido no sentido da tese defendida. (Aprovada, por unanimidade, na Primeira Sessão Ordinária de Julgamento da Turma Nacional de Uniformização do dia 15.02.2023. Precedente: 0001361-68.2017.4.03.6327).
QUESTÃO DE ORDEM Nº 46 DJeNacional. Disponibilizada em 23/02/2023 Publicada em: 24/02/2023	A Turma Nacional de Uniformização pode apreciar questões jurídicas de natureza constitucional, no exercício do controle difuso de constitucionalidade, desde que não haja determinação de sobrestamento de processos pelo Supremo Tribunal Federal. (Aprovada, por maioria, a edição da questão de ordem, e, por unanimidade, a sua redação, na Primeira Sessão Ordinária de Julgamento da Turma Nacional de Uniformização do dia 15.02.2023. Precedente: 5009499-52.2021.4.04.7108).
QUESTÃO DE ORDEM Nº 45 DJeNacional. Disponibilizada em 07/02/2023 Publicada em: 08/02/2023	Em caso de ampliação do Colegiado, os novos integrantes não participam de julgamentos já iniciados. (Aprovada, por maioria, na Décima Sessão Ordinária de Julgamento da Turma Nacional de Uniformização do dia 07.12.2022. Precedente: 5066302-16.2020.4.04.7100).
QUESTÃO DE ORDEM Nº 44 DJeNacional. Disponibilizada em 26/09/2022 Publicada em: 27/09/2022	No âmbito da Turma Nacional de Uniformização, não cabe mandado de segurança contra decisão judicial transitada em julgado, devendo, então, no caso de decisão judicial irrecorrível teratológica, ser impetrado o "mandamus" no prazo de 05 dias, contado a partir da intimação daquele ato. (Aprovada, por unanimidade, na Sétima Sessão Ordinária de Julgamento da Turma Nacional de Uniformização do dia 15.09.2022. Precedentes: 5000181-35.2021.4.90.0000 e 5000180-50.2021.4.90.0000)
QUESTÃO DE ORDEM Nº 43 DJeNacional. Disponibilizada em 29/06/2022 Publicada em: 30/06/2022	Contra acórdão que, em sede de adequação determinada pela Turma Nacional de Uniformização, acaba por: a) não aplicar a tese jurídica definida pela TNU, cabe reclamação; b) aplicar a tese jurídica definida pela TNU, mas acresce fundamentos de fato ou de direito, caberá, quanto a esses, novo Pedido de Uniformização, conforme art. 14 e seus parágrafos, da Lei n. 10.259/2001. Não caberá novo Pedido de Uniformização para discutir questões que já poderiam ter sido debatidas em momento anterior, em razão da preclusão. (Aprovada, por unanimidade, na Sessão Virtual de Julgamento da Turma Nacional de Uniformização, realizada entre os dias 17 e 23 de junho de 2022. Precedente n. 5019877-73.2016.4.04.7001)
QUESTÃO DE ORDEM Nº 42 DJeNacional. Disponibilizada em: 01/09/2021 Publicada em: 02/09/2021	O fato de o Juiz ter funcionado no processo originário não implica impedimento e nem determina sua exclusão da distribuição na TNU para funcionar como relator. (Aprovada, por maioria, na Sexta Sessão Ordinária de Julgamento da Turma Nacional de Uniformização do dia 26.08.2021. Precedente: PEDILEF n. 5002503-97.2019.4.04.7111).

QUESTÃO DE ORDEM Nº 41 DJe nº 143. DATA: 26/08/2020 PG:00002	O §11, do art. 85 do Código de Processo Civil, que determina a majoração de honorários no julgamento de recursos, não se aplica no sistema recursal dos Juizados Especiais Federais. (Aprovada na Sessão Ordinária de Julgamento da Turma Nacional de Uniformização do dia 21.08.2020. Precedente n. 0511642-85.2017.4.05.8100).
QUESTÃO DE ORDEM Nº 40 ALTERADA EM 18/09/2019 DJe nº 101. DATA: 24/09/2019 PG:00019	O agravo contra a decisão de inadmissão do Incidente de Uniformização com base nas Súmulas 42 e 43, que não importam aplicação de regra de direito material, deve ser interposto nos próprios autos e dirigido à TNU e não como agravo interno à Turma de origem. (A Turma Nacional de Uniformização, na Sétima Sessão Ordinária de Julgamento, de 18 de setembro de 2019, deliberou, à unanimidade, pela alteração da Questão de Ordem n. 40).
QUESTÃO DE ORDEM Nº 39 ALTERADA EM 21/11/2018 DJe nº 128. DATA: 28/11/2018	A aprovação, cancelamento e alteração de Enunciado de Súmula de Jurisprudência será julgada como Questão de Ordem, de forma apartada do dispositivo da decisão, mediante votação nominal. (A Turma Nacional de Uniformização, na Nona Sessão Ordinária de Julgamento, de 21 de novembro de 2018, deliberou, à unanimidade, pela alteração da Questão de Ordem n. 39).
QUESTÃO DE ORDEM Nº 38 DOU 15/05/2015 PG:00332	Em decorrência de julgamento em pedido de uniformização, poderá a Turma Nacional aplicar o direito ao caso concreto decidindo o litígio de modo definitivo, desde que a matéria seja de direito apenas, ou, sendo de fato e de direito, não necessite reexaminar o quadro probatório definido pelas instâncias anteriores, podendo para tanto, restabelecer a sentença desconstituída por Turma Recursal ou Regional. (Precedentes: PEDILEF n. 0013873-13.2007.4.03.6302 e PEDILEF n. 0006170-40.2011.4.01.3200). Aprovada na 4ª Sessão Ordinária da Turma Nacional de Uniformização do dia 07.05.2015.
QUESTÃO DE ORDEM Nº 37 DOU 13/03/2015 PG:00252	A Súmula 418 do Superior Tribunal de Justiça somente se aplica aos Juizados Especiais Federais quando o julgamento dos embargos declaratórios prejudicar o recurso interposto. (Aprovada na 2ª Sessão Ordinária da Turma Nacional de Uniformização do dia 11.03.2015).
QUESTÃO DE ORDEM Nº 36 DOU 15/10/2014 PG:00114	A interposição dos embargos de declaração para fins de prequestionamento faz-se necessária somente quando a matéria não tenha sido apreciada a despeito de previamente suscitada. (Aprovada, por maioria, na 8ª Sessão Ordinária da Turma Nacional de Uniformização do dia 8.10.2014, vencido o Juiz Federal Boaventura João Andrade).
QUESTÃO DE ORDEM Nº 35 DOU DATA: 11/10/2013 PG: 00104	O conhecimento do pedido de uniformização pressupõe a efetiva apreciação do direito material controvertido por parte da Turma de que emanou o acórdão impugnado (Aprovada, à unanimidade, na 8ª Sessão Ordinária da Turma Nacional de Uniformização do dia 9.10.2013).
QUESTÃO DE ORDEM Nº 34 DOU 14/08/2013 PG: 0071	A Secretaria da TNU, antes da distribuição do incidente de uniformização, deverá encaminhar os autos ao Ministério Público, se houver interesse de menores ou incapazes.
QUESTÃO DE ORDEM Nº 33 DOU 26/06/2013. PG: 0110	Se as premissas jurídicas de acórdão da Turma Nacional de Uniformização forem reformadas pelo Supremo Tribunal Federal, em sede de julgamento de recurso extraordinário com repercussão geral, ou pelo Superior Tribunal de Justiça, em sede de recurso repetitivo, o Presidente da TNU fará a adequação do julgado, prejudicados eventuais recursos interpostos. (Aprovada na 5ª Sessão Ordinária da Turma Nacional de Uniformização do dia 12.6.2013).
QUESTÃO DE ORDEM Nº 32 DOU 23/05/2013. PG: 0098	O prazo para a interposição dos incidentes de uniformização nacional e regional é único e inicia-se com a intimação do acórdão proferido pela turma recursal, sendo incabível incidente nacional contra acórdão proferido por turma regional quando esta mantiver o acórdão de turma recursal pelos mesmos fundamentos. (Aprovada na 4ª Sessão Ordinária da Turma Nacional de Uniformização do dia 17.5.2013).
QUESTÃO DE ORDEM Nº 31 DOU SEÇÃO 1 DATA 21/11/2012 PG: 193	Se as premissas jurídicas do acórdão da Turma Nacional de Uniformização forem reformadas pelo Superior Tribunal de Justiça, os autos deverão ser remetidos pela secretaria da TNU à Turma Recursal para adequação ou para reabertura da instrução probatória.
QUESTÃO DE ORDEM Nº 30 DOU SEÇÃO 1 DATA 09/05/2012 PG: 171	A decisão que determina o sobrestamento do incidente de uniformização na origem, por não ter cunho decisório, não comporta recurso.
QUESTÃO DE ORDEM Nº 29 DOU SEÇÃO I DATA: 03/11/2011 PG: 128	Nos casos de incidência das Súmulas n. 42 e 43, o Presidente ou o Relator determinará a devolução imediata dos autos à Turma Recursal de origem. (Aprovada na 6ª Sessão Ordinária da Turma Nacional de Uniformização do dia 11.10.2011).
QUESTÃO DE ORDEM Nº 28 DOU SEÇÃO I DATA: 20/05/2011 PG: 237	Havendo interposição simultânea de incidentes de uniformização dirigidos à Turma Regional de Uniformização e à Turma Nacional, será julgado, em primeiro lugar, o incidente dirigido à Turma Regional.
QUESTÃO DE ORDEM Nº 27 DJ DATA: 15/10/2010 PG: 00001	Havendo pedido de vista, os processos com a mesma tese jurídica ficam automaticamente sobrestados na Turma Nacional de Uniformização. (Aprovada na 5ª Sessão Ordinária da Turma Nacional de Uniformização, dos dias 13 e 14.09.2010).
QUESTÃO DE ORDEM Nº 26 DJ DATA:15/10/2010 PG:00001	Serve para caracterizar a divergência jurisprudencial, que permite o conhecimento do incidente de uniformização, o acórdão apontado como paradigma que, conquanto não tenha conhecido do recurso, afirma tese jurídica contrária à adotada pelo acórdão recorrido. (Aprovada na 5ª Sessão Ordinária da Turma Nacional de Uniformização, dos dias 13 e 14.09.2010).

QUESTÃO DE ORDEM Nº 25 DJ DATA: 15/10/2010 PG: 00001	Decretada de ofício a nulidade do acórdão recorrido, ficam prejudicados os pedidos de uniformização e eventual agravo regimental. (Aprovada na 5ª Sessão Ordinária da Turma Nacional de Uniformização, dos dias 13 e 14.09.2010).
QUESTÃO DE ORDEM Nº 24 DJ DATA:15/10/2010 PG:00001	Não se conhece de incidente de uniformização interposto contra acórdão que se encontra no mesmo sentido da orientação do Superior Tribunal de Justiça, externada em sede de incidente de uniformização ou de recursos repetitivos, representativos de controvérsia. (Aprovada na 5ª Sessão Ordinária da Turma Nacional de Uniformização, dos dias 13 e 14.09.2010).
QUESTÃO DE ORDEM Nº 23 DJ DATA:05/05/2010 PG:00001	Estando a matéria sobrestada por decisão do Supremo Tribunal Federal, do Superior Tribunal de Justiça, bem como da própria Turma Nacional de Uniformização, novos pedidos de uniformização sobre a mesma matéria serão sobrestados, independentemente de prévio juízo de conhecimento do incidente, salvo quando disser respeito à sua tempestividade. (Aprovada na 2ª Sessão Ordinária da Turma Nacional de Uniformização, do dia 09.04.2010).
QUESTÃO DE ORDEM Nº 22 DJ DATA:26/10/2006 PG:00540	É possível o não-conhecimento do pedido de uniformização por decisão monocrática quando o acórdão recorrido não guarda similitude fática e jurídica com o acórdão paradigma. (Aprovada na 8ª Sessão Ordinária da Turma Nacional de Uniformização, do dia 16.10.2006).
QUESTÃO DE ORDEM Nº 21 DOU SEÇÃO I DATA: 15/03/2012 PG: 00119	Se o relator verificar que as gravações relativas ao julgamento na turma recursal não estão audíveis, serão os autos devolvidos à origem para que sejam anexadas novas gravações ou sua transcrição. (Aprovada na 1ª Sessão Ordinária da Turma Nacional de Uniformização, do dia 29.02.2012).
QUESTÃO DE ORDEM Nº 20 DJ DATA:11/09/2006 PG:00595	Se a Turma Nacional decidir que o incidente de uniformização deva ser conhecido e provido no que toca a matéria de direito e se tal conclusão importar na necessidade de exame de provas sobre matéria de fato, que foram requeridas e não produzidas, ou foram produzidas e não apreciadas pelas instâncias inferiores, a sentença ou acórdão da Turma Recursal deverá ser anulado para que tais provas sejam produzidas ou apreciadas, ficando o juiz de 1º grau e a respectiva Turma Recursal vinculados ao entendimento da Turma Nacional sobre a matéria de direito. (Aprovada na 6ª Sessão Ordinária da Turma Nacional de Uniformização, do dia 14.08.2006).
QUESTÃO DE ORDEM Nº 19 CANCELADA EM 14/08/2006 DJ DATA:11/09/2006 PG:0595	Nos feitos em que a parte apresenta incidente de uniformização de jurisprudência, faz-se mister que a turma de origem certifique nos autos, por escrito, as razões da decisão que reforma a sentença, não bastando a simples menção à gravação. (Aprovada na 6ª Sessão Ordinária da Turma Nacional de Uniformização, do dia 10.10.2005).
QUESTÃO DE ORDEM Nº 18 DJ DATA:17/06/2005 PG:00715	É inadmissível o pedido de uniformização quando a decisão impugnada tem mais de um fundamento suficiente e as respectivas razões não abrangem todos eles. (Aprovada na 4ª Sessão Ordinária da Turma Nacional de Uniformização, dos dias 06 e 07.06.2005).
QUESTÃO DE ORDEM Nº 17 DJ DATA:17/06/2005 PG:00715	Quando o acórdão decidir tema alheio à controvérsia, a Turma Nacional de Uniformização de Jurisprudência dos Juizados Especiais Federais deve anular o julgado. (Aprovada na 4ª Sessão Ordinária da Turma Nacional de Uniformização, dos dias 06 e 07.06.2005).
QUESTÃO DE ORDEM Nº 16 DJ DATA:17/06/2005 PG:00715 CANCELADA SESSÃO 22/02/2018 DJe 01/03/2018 PG: 00279	Na Turma Nacional de Uniformização de Jurisprudência dos Juizados Especiais Federais, admite-se reclamação contra decisão da turma recursal que recusa adaptar acórdão à jurisprudência consolidada. (Aprovada na 4ª Sessão Ordinária da Turma Nacional de Uniformização, dos dias 06 e 07.06.2005). REVOGADA. @@Deliberação do Colegiado: A Turma Nacional de Uniformização dos Juizados Especiais Federais, na Primeira Sessão Ordinária, de 22 de fevereiro de 2018, deliberou, por unanimidade, pela revogação da Questão de Ordem nº 16, por estar em confronto com o inciso I, artigo 46, do Regimento Interno da Turma Nacional de Uniformização, instituído pela Resolução n. 345, de 02 de junho de 2015.
QUESTÃO DE ORDEM Nº 15 DJ DATA:14/06/2005 PG:00782	Reconhecida a divergência, a Turma Nacional de Uniformização de Jurisprudência editará a súmula correspondente, se for aprovada pela maioria dos membros exigida pelo Regimento Interno. (Aprovada na 3ª Sessão Ordinária da Turma Nacional de Uniformização, dos dias 25 e 26.04.2005).
QUESTÃO DE ORDEM Nº 14 ALTERADA EM 04/09/2024 DJeNacional. Disponibilizada em 10/09/2024 Publicada em: 11/09/2024	As questões jurídicas tratadas no voto vencido, ainda que não enfrentadas pelo voto condutor, satisfazem o requisito do prequestionamento, conforme preconiza o § 3º do art. 941 do CPC/2015 (Aprovada, a alteração da Questão de Ordem n. 14, por unanimidade, na Sessão de Julgamento de 4 de setembro de 2024 - Precedente: 5012056-49.2020.4.04.7107, julgamento virtual: 29/08/2024 a 04/09/2024).
QUESTÃO DE ORDEM Nº 13 ALTERADA EM 18/09/2019 DJe nº 101. DATA: 24/09/2019 PG:00019	Não se admite o Pedido de Uniformização, quando a jurisprudência da Turma Nacional de Uniformização dos Juizados Especiais Federais se firmou no mesmo sentido do acórdão recorrido. (A Turma Nacional de Uniformização, na Sétima Sessão Ordinária de Julgamento, de 18 de setembro de 2019, deliberou, à unanimidade, pela alteração da Questão de Ordem n. 13).
QUESTÃO DE ORDEM Nº 12 ALTERADA EM 26/06/2024 DJeNacional. Disponibilizada em 03/07/2024 Publicada em: 04/07/2024	Quando o acórdão indicado como paradigma já foi superado em face do efeito substitutivo recursal, em juízo de adequação ou de retratação, bem como quando vencido na Turma de origem, por enunciado de súmula, não serve para demonstração da divergência. (Aprovada, a alteração da Questão de Ordem n. 12, por unanimidade, na Quarta Sessão Ordinária de Julgamento da Turma Nacional de Uniformização do dia 26.06.2024- Precedente: 5001698-26.2022.4.03.6317).

QUESTÃO DE ORDEM Nº 11 DJ DATA:10/03/2005 PG:00539	A Turma Recursal deve sobrestar o Pedido de Uniformização que versar sobre matéria já encaminhada à Turma Nacional. § 1º: Havendo pedido simultâneo das partes, sendo um deles admitido pela Turma Recursal, ambos devem ser processados e encaminhados à Turma Nacional para julgamento. § 2: Se uma das partes pedir a uniformização a respeito de mais de uma matéria, aquela que já tenha sido encaminhada à Turma Nacional não será sobrestada se a outra for admitida. (Aprovada na 1ª Sessão Ordinária da Turma Nacional de Uniformização do dia 31.01.2005).
QUESTÃO DE ORDEM Nº 10 DJ DATA:06/12/2004 PG:00561	Não cabe o incidente de uniformização quando a parte que o deduz apresenta tese jurídica inovadora, não ventilada nas fases anteriores do processo e sobre a qual não se pronunciou expressamente a Turma Recursal no acórdão recorrido. (Aprovada na 8ª Sessão Ordinária da Turma Nacional de Uniformização, do dia 22.11.2004).
QUESTÃO DE ORDEM Nº 9 CANCELADA EM 26/09/2008 DJ DATA:17/10/2008 PG:001 DJ DATA: 17/10/2008 PG: 001	Deferindo ou indeferindo, monocraticamente, o pedido de uniformização, a decisão do Relator poderá ser submetida, nos próprios autos, ao Presidente da Turma Nacional de Uniformização de Jurisprudência dos Juizados Especiais Federais, no prazo de dez dias. (Aprovada na 7ª Sessão Ordinária da Turma Nacional de Uniformização, do dia 04.10.2004).
QUESTÃO DE ORDEM Nº 8 DJ DATA:07/10/2004 PG:00765	Conhecido o pedido de uniformização e constatada a falta de pressupostos processuais ou de condições da ação, o processo deve ser anulado de ofício. (Aprovada na 6ª Sessão Ordinária da Turma Nacional de Uniformização, dos dias 30 e 31.08.2004).
QUESTÃO DE ORDEM Nº 7 DJ DATA:07/10/2004 PG:00765	Na Turma Nacional de Uniformização, afastada a prescrição ou a decadência decretada na instância ordinária, os autos são devolvidos ao juizado ou à Turma Recursal, conforme o caso. (Aprovada na 6ª Sessão Ordinária da Turma Nacional de Uniformização, dos dias 30 e 31.08.2004).
QUESTÃO DE ORDEM Nº 6 DJ DATA:07/10/2004 PG:00765	Se a Turma Recursal não reconhecer a existência de início de prova material e este juízo for contrariado pela Turma Nacional de Uniformização, esta só poderá prosseguir no julgamento da causa se a instância ordinária tiver aprofundado o exame da prova testemunhal; se a Turma Nacional só proclamar a existência do início de prova material, devolverá os autos à origem, para que a Turma Recursal extraia da prova as suas conseqüências, seja pela procedência, seja pela improcedência da ação. (Aprovada na 6ª Sessão Ordinária da Turma Nacional de Uniformização, dos dias 30 e 31.08.2004).
QUESTÃO DE ORDEM Nº 5 ALTERADA EM 15/09/2023 DJeNacional. Disponibilizada em 26/09/2023 Publicada em: 27/09/2023	Para os fins do art. 14, § 2º, da Lei nº 10.259/2001, a divergência de interpretação de questão de direito material entre o acórdão recorrido e a jurisprudência dominante do Superior Tribunal de Justiça (STJ) deve ser demonstrada pela indicação de um precedente do STJ resultante do julgamento de alguma destas modalidades de impugnação: 1) incidente de resolução de demandas repetitivas (IRDR); 2) incidente de assunção de competência (IAC); 3) recurso especial repetitivo; 4) embargos de divergência; ou 5) pedido de uniformização de interpretação de lei federal (PUIL/STJ). (Aprovada, a alteração da Questão de Ordem n. 5, por unanimidade, na Sessão de Julgamento de 15 de setembro de 2023 (Precedente: 0000624-14.2020.4.03.6310).
QUESTÃO DE ORDEM Nº 4 DJ DATA:07/10/2004 PG:00765	Se o pedido de uniformização indicar como paradigma acórdãos proferidos pelo Superior Tribunal de Justiça e por Turmas da mesma Região, a Turma Nacional de Uniformização apreciará a divergência que lhe cabe dirimir, prejudicado o mais. (Aprovada na 6ª Sessão Ordinária da Turma Nacional de Uniformização, dos dias 30 e 31.08.2004).
QUESTÃO DE ORDEM Nº 3 ALTERADA EM 17/04/2024 DJeNacional. Disponibilizada em 24/04/2024 Publicada em: 25/04/2024	1) Nos termos da interpretação do art. 14, V, "b", do RITNU (Resolução CJF nº 586/2019), é obrigatória a juntada do acórdão paradigma ou, no caso de julgado obtido por meio da internet, a indicação de link válido que permita a obtenção de seu inteiro teor, sob pena de não conhecimento do pedido de uniformização; 2) No caso de paradigma da TNU extraído de pedido de uniformização distribuído, no sistema Eproc, a partir de agosto de 2017, pode ser aceito no lugar do link o número do processo, desde que esteja correto; 3) A providência referida nos itens anteriores é dispensada nas hipóteses de tese firmada pela TNU em recurso representativo de controvérsia ou de súmulas ou precedentes do STJ representativos de sua jurisprudência dominante (entendimentos firmados em julgamento de incidente de resolução de demandas repetitivas - IRDR, incidente de assunção de competência - IAC, recurso especial repetitivo, embargos de divergência ou pedido de uniformização de interpretação de lei - PUIL/STJ). Aprovada, a alteração da Questão de Ordem n. 3, por maioria, na Sessão de Julgamento de 17 de abril de 2024 (Precedente: 0000576-53.2022.4.05.8501, julgamento virtual: 11/04/2024 a 17/04/2024).
QUESTÃO DE ORDEM Nº 2 DJ DATA:07/10/2004 PG:00765	O acolhimento do pedido de uniformização gera dois efeitos: a reforma da decisão da Turma Recursal e a conseqüente estipulação de honorários advocatícios, se for o caso, bem assim a prejudicialidade do recurso extraordinário, se interposto. (Aprovada na 6ª Sessão Ordinária da Turma Nacional de Uniformização, dos dias 30 e 31.08.2004).
QUESTÃO DE ORDEM Nº 1 DATA:12/11/2002	Os Juizados Especiais orientam-se pela simplicidade e celeridade processual nas vertentes da lógica e da política judiciária de abreviar os procedimentos e reduzir os custos. Diante da divergência entre decisões de Turma Recursais de regiões diferentes, o pedido de uniformização tem a natureza jurídica de recurso, cujo julgado, portanto, modificando ou reformando, substitui a decisão ensejadora do pedido. A decisão constituída pela Turma de Uniformização servirá para fundamentar o juízo de retratação das ações com o processamento sobrestado ou para ser declarada a prejudicialidade dos recursos interpostos. (Aprovada na 2ª Sessão Ordinária da Turma Nacional de Uniformização, do dia 12.11.2002).

ENUNCIADOS FONAJEF

ENUNCIADO Nº 1
#IIFONAJEF

O julgamento liminar de mérito não viola o princípio do contraditório e deve ser empregado na hipótese de decisões reiteradas de improcedência pelo juízo, bem como nos casos que dispensem a fase instrutória, quando o pedido contrariar frontalmente norma jurídica. (Revisado no XI FONAJEF)

ENUNCIADO Nº 2
#IIFONAJEF

Nos casos de julgamentos de procedência de matérias repetitivas, é recomendável autilização de contestações depositadas na Secretaria, a fim de possibilitar a imediataprolação de sentença de mérito. (Aprovado no II FONAJEF)

ENUNCIADO Nº 3
#IIFONAJEF

A auto intimação eletrônica atende aos requisitos das Leis nºs 10.259/2001 e 11.419/2006 e é preferencial à intimação por e-mail. (Revisado no IV FONAJEF).

ENUNCIADO Nº 4
#IIFONAJEF

Na propositura de ações repetitivas ou de massa, sem advogado, não havendo viabilidade material de opção pela auto intimação eletrônica, a parte firmará compromisso de comparecimento, em prazo pré-determinado em formulário próprio, para ciência dos atos processuais praticados. (Aprovado no II FONAJEF)

ENUNCIADO Nº 5
#IIFONAJEF

As sentenças e antecipações de tutela devem ser registradas tão-somente em meio eletrônico. (Aprovado no II FONAJEF)

ENUNCIADO Nº 6
#IIFONAJEF

Havendo foco expressivo de demandas em massa, os juizados especiais federais solicitarão às Turmas Recursais e de Uniformização Regional e Nacional o julgamento prioritário da matéria repetitiva, a fim de uniformizar a jurisprudência a respeito e de possibilitar o planejamento do serviço judiciário. (Aprovado no II FONAJEF) (Transformado em Recomendação no XIV FONAJEF)

ENUNCIADO Nº 7
#IIFONAJEF

Nos Juizados Especiais Federais o procurador federal não tem a prerrogativa de intimação pessoal. (Aprovado no II FONAJEF)

ENUNCIADO Nº 8
#IIFONAJEF

É válida a intimação do procurador federal para cumprimento da obrigação de fazer, independentemente de ofício, com base no artigo 461 do Código de Processo Civil. (Aprovado no II FONAJEF)

ENUNCIADO Nº 9
#IIFONAJEF

Além das exceções constantes do § 1º do artigo 3º da Lei n. 10.259, não se incluem na competência dos Juizados Especiais Federais, os procedimentos especiais previstos no Código de Processo Civil, salvo quando possível a adequação ao rito da Lei nº 10.259/2001. (Aprovado no II FONAJEF)

ENUNCIADO Nº 10
#IIFONAJEF

O incapaz pode ser parte autora nos Juizados Especiais Federais, dando-se-lhe curador especial, se ele não tiver representante constituído. (Aprovado no II FONAJEF)

ENUNCIADO Nº 11
#IIFONAJEF

No ajuizamento de ações no JEF, a microempresa e a empresa de pequeno porte deverão comprovar essa condição mediante documentação hábil. (Aprovado no II FONAJEF)

ENUNCIADO Nº 12
#IIFONAJEF

No Juizado Especial Federal, não é cabível o pedido contraposto formulado pela União Federal, autarquia, fundação ou empresa pública federal. (Aprovado no II FONAJEF)

ENUNCIADO Nº 13
#IIFONAJEF

Não são admissíveis embargos de execução nos JEFs, devendo as impugnações do devedor ser examinadas independentemente de qualquer incidente. (Aprovado no II FONAJEF)

ENUNCIADO Nº 14
#IIFONAJEF

Nos Juizados Especiais Federais, não é cabível a intervenção de terceiros ou a assistência. (Aprovado no II FONAJEF)

ENUNCIADO Nº 15
#IIFONAJEF

Na aferição do valor da causa, deve-se levar em conta o valor do salário mínimo em vigor na data da propositura de ação (Aprovado no II FONAJEF).

ENUNCIADO Nº 16
#IIFONAJEF

Não há renúncia tácita nos Juizados Especiais Federais para fins de fixação de competência (Aprovado no II FONAJEF).

ENUNCIADO Nº 17
#IIFONAJEF

~~Não cabe renúncia sobre parcelas vincendas para fins de fixação de competência nos Juizados Especiais Federais (Aprovado no II FONAJEF). (Revogado no XVIII FONAJEF)~~

ENUNCIADO Nº 18
#IIFONAJEF

No caso de litisconsorte ativo, o valor da causa, para fins de fixação de competência deve ser calculado por autor. (Aprovado no II FONAJEF)

ENUNCIADO Nº 19
#IIFONAJEF

Aplicam-se os §§1º e 2º do art. 113 do CPC/2015 em sede de Juizados Especiais Federais. (Aprovado no II FONAJEF) (Redação atualizada pelo XIV FONAJEF)

ENUNCIADO Nº 20
#IIFONAJEF

Não se admite, para firmar competência dos juizados especiais federais, o fracionamento de parcelas vencidas, ou de vencidas e vincendas, decorrentes da mesma relação jurídica material. (Revisado no XIII FONAJEF)

ENUNCIADO Nº 21
#IIFONAJEF

As pessoas físicas, jurídicas, de direito privado ou de direito público estadual ou municipal podem figurar no pólo passivo, no caso de litisconsórcio necessário. (Aprovado no II FONAJEF)

ENUNCIADO Nº 22
#IIFONAJEF

A exclusão da competência dos Juizados Especiais Federais quanto às demandas sobre direitos ou interesses difusos, coletivos ou individuais homogêneos somente se aplica quanto a ações coletivas. (Aprovado no II FONAJEF)

ENUNCIADO Nº 23
#IIFONAJEF

~~Nas ações de natureza previdenciária e assistencial, a competência é concorrente entre o JEF da Subseção Judiciária e o da sede da seção judiciária (art. 109, § 3º da CF/88 e Súmula 689 do STF)~~ (Cancelado no V FONAJEF)

ENUNCIADO Nº 24
#IIFONAJEF

Reconhecida a incompetência do Juizado Especial Federal, é cabível a extinção do processo, sem julgamento de mérito, nos termos do art. 1º da Lei n. 10.259/2001 e do art. 51, III, da Lei n. 9.099/95, não havendo nisso afronta ao art. 12, § 2º, da Lei 11.419/06. (Revisado no V FONAJEF)

ENUNCIADO Nº 25

#IIFONAJEF

No ato do cadastramento eletrônico, as partes se comprometem, mediante adesão, a cumprir as normas referentes ao acesso. (Aprovado no II FONAJEF)

ENUNCIADO Nº 26

#IIFONAJEF

Nos Juizados Virtuais, considera-se efetivada a comunicação eletrônica do ato processual, inclusive citação, pelo decurso do prazo fixado, ainda que o acesso não seja realizado pela parte interessada. (Aprovado no II FONAJEF)

ENUNCIADO Nº 27

#IIFONAJEF

Não deve ser exigido o protocolo físico da petição encaminhada via internet ou correio eletrônico ao Juizado Virtual, não se aplicando as disposições da Lei n 9.800/99. (Aprovado no II FONAJEF)

ENUNCIADO Nº 28

#IIFONAJEF

É inadmissível a avocação, por Tribunal Regional Federal, de processos ou matéria decompetência de Turma Recursal, por flagrante violação ao art. 98 da Constituição Federal. (Aprovado no II FONAJEF)

ENUNCIADO Nº 29

#IIFONAJEF

Cabe ao Relator, monocraticamente, atribuir efeito suspensivo a recurso, não conhecê-lo, bem assim lhe negar ou dar provimento nas hipóteses tratadas no artigo 932, IV, 'c', do CPC, e quando a matéria estiver pacificada em súmula da Turma Nacional de Uniformização, enunciado de Turma Regional ou da própria Turma Recursal. (Revisado no XIII FONAJEF)

ENUNCIADO Nº 30

#IIFONAJEF

A decisão monocrática referendada pela Turma Recursal, por se tratar de manifestação do colegiado, não é passível de impugnação por intermédio de agravo interno (Revisado no XIII FONAJEF).

ENUNCIADO Nº 31

#IIFONAJEF

~~O recurso de agravo interposto contra decisão que nega seguimento a recurso extraordinário pode ser processado nos próprios autos principais, dispensando-se aformação de instrumento no âmbito das Turmas Recursais.~~ (Cancelado no V FONAJEF)

ENUNCIADO Nº 32

#IIFONAJEF

A decisão que contenha os parâmetros de liquidação atende ao disposto no art. 38, parágrafo único, da Lei n. 9.099/95.

ENUNCIADO Nº 33

#IIFONAJEF

~~Qualquer membro da Turma Recursal pode propor emissão de enunciado o qual terá por pressuposto demanda excessiva no JEF acerca de determinada matéria ou quando verificada, o julgamento de caso concreto, a necessidade de uniformização de questão processual. A aprovação, alteração e cancelamento de enunciado sujeita-se ao quórum qualificado estabelecido pela Turma Recursal.~~ (Cancelado no IV FONAJEF)

ENUNCIADO Nº 34

#IIFONAJEF

~~O exame de admissibilidade do recurso poderá ser feito apenas pelo relator, dispensado o prévio exame no primeiro grau.~~ (Cancelado no XII FONAJEF)

ENUNCIADO Nº 35

#IIFONAJEF

A execução provisória para pagar quantia certa é inviável em sede de juizado, considerando outros meios jurídicos para assegurar o direito da parte (Aprovado no II FONAJEF).

ENUNCIADO Nº 36

#IIFONAJEF

~~O momento para oferecimento de contrarrazões de recurso é anterior ao seu exame de admissibilidade.~~ (Cancelado no XIII FONAJEF)

ENUNCIADO Nº 37

#IIFONAJEF

~~Excepcionalmente, na ausência de Defensoria Pública, pode ser nomeado advogado dativo ou voluntário, ou ser facultado à parte o preenchimento de 6 termo de recurso, por analogia ao disposto no Código de Processo Penal .~~ (Cancelado no IV FONAJEF)

ENUNCIADO Nº 38

#IIFONAJEF

A qualquer momento poderá ser feito o exame de pedido de gratuidade com os critérios dos artigos 98 e seguintes do CPC/2015. Presume-se necessitada a parte que perceber renda até o valor do limite de isenção do imposto de renda. (Criado no II FONAJEF) (Revisado no IV FONAJEF) (Redação atualizada no XIV FONAJEF)

ENUNCIADO Nº 39

#IIFONAJEF

Não sendo caso de justiça gratuita, o recolhimento das custas para recorrer deverá ser feito de forma integral nos termos da Resolução do Conselho da Justiça Federal, no prazo da Lei n 9.099/95 (Aprovado no II FONAJEF).

ENUNCIADO Nº 40

#IIFONAJEF

Não sendo caso de justiça gratuita, o recolhimento das custas para recorrer deverá ser feito de forma integral nos termos da Resolução do Conselho da Justiça Federal, no prazo da Lei n 9.099/95. (Aprovado no II FONAJEF)

ENUNCIADO Nº 41

#IIFONAJEF

~~Devido ao princípio da celeridade processual, não é recomendada a suspensão dos processos idênticos em primeiro grau, quando houver incidente de uniformização de jurisprudência no STJ ou recurso extraordinário pendente de julgamento.~~ (Cancelado no V FONAJEF)

ENUNCIADO Nº 42

#IIFONAJEF

Em caso de embargos de declaração protelatórios, cabe a condenação em litigância de má-fé (princípio da lealdade processual). (Aprovado no II FONAJEF)

ENUNCIADO Nº 43

#IIFONAJEF

É adequada a limitação dos incidentes de uniformização às questões de direito material (Aprovado no II FONAJEF).

ENUNCIADO Nº 44

#IIFONAJEF

Não cabe ação rescisória no JEF. O artigo 59 da Lei n 9.099/95 está em consonância com os princípios do sistema processual dos Juizados Especiais, aplicando-se também aos Juizados Especiais Federais (Aprovado no II FONAJEF).

ENUNCIADO Nº 45

#IIFONAJEF

Havendo contínua e permanente fiscalização do juiz togado, conciliadores criteriosamente escolhidos pelo Juiz, poderão para certas matérias, realizar atos instrutórios previamente determinados, como redução a termo de depoimentos, não se admitindo, contudo, prolação de sentença a ser homologada (Aprovado no II FONAJEF).

ENUNCIADO Nº 46

#IFONAJEF

A litispendência deverá ser alegada e provada, nos termos do CPC/2015 (art. 337, VI), pelo réu, sem prejuízo dos mecanismos de controle desenvolvidos pela Justiça Federal. (Aprovado no I FONAJEF) (Redação atualizada no XIV FONAJEF)

ENUNCIADO Nº 47
#IFONAJEF

Eventual pagamento realizado pelos entes públicos demandados deverá ser comunicado ao Juízo para efeito de compensação quando da expedição da Requisição de Pequeno Valor. (Aprovado no I FONAJEF)

ENUNCIADO Nº 48
#IFONAJEF

Havendo prestação vencida, o conceito de valor da causa para fins de competência do Juizado Especial Federal é estabelecido pelo art. 292 do CPC/2015. (Aprovado no I FONAJEF) (Redação atualizada no XIV FONAJEF).

ENUNCIADO Nº 49
#IFONAJEF

O controle do valor da causa, para fins de competência do Juizado Especial Federal, pode ser feito pelo juiz a qualquer tempo (Aprovado no I FONAJEF).

ENUNCIADO Nº 50
#IIIFONAJEF

Sem prejuízo de outros meios, a comprovação da condição sócioeconômica do autorpode ser feita por laudo técnico confeccionado por assistente social, por auto de constatação lavrado por oficial de justiça ou através de oitiva de testemunha. (Revisado no IV FONAJEF)

ENUNCIADO Nº 51
#IIIFONAJEF

O art. 20, parágrafo primeiro, da Lei 8742/93 não é exauriente para delimitar o conceito de unidade familiar. (Aprovado no III FONAJEF)

ENUNCIADO Nº 52
#IIIFONAJEF

É obrigatória a expedição de Requisição de Pequeno Valor - RPV em desfavor do ente público para ressarcimento de despesas periciais quando este for vencido. (Aprovado no III FONAJEF)

ENUNCIADO Nº 53
#IIIFONAJEF

Não há prazo em dobro para a Defensoria Pública no âmbito dos Juizados Especiais Federais. (Aprovado no III FONAJEF)

ENUNCIADO Nº 54
#IIIFONAJEF

O artigo 1.013 e parágrafos do CPC interpretam-se ampliativamente no âmbito das Turmas Recursais, em face dos princípios que orientam o microssistema dos Juizados Especiais Federais. (Aprovado no III FONAJEF) (Redação atualizada no XIV FONAJEF)

ENUNCIADO Nº 55
#IIIFONAJEF

A nulidade do processo por ausência de citação do réu ou litisconsorte necessário pode ser declarada de ofício pelo juiz nos próprios autos do processo, em qualquer fase, ou mediante provocação das partes, por simples petição. (Aprovado no III FONAJEF)

ENUNCIADO Nº 56
#IIIFONAJEF

Aplica-se analogicamente nos Juizados Especiais Federais a inexigibilidade do título executivo judicial, nos termos do disposto nos arts. 525, §§ 12, 14, 15; 535, §§ 7º, 8.º; 1.057, todos do CPC/2015. (Aprovado no III FONAJEF) (Redação atualizada no XIV FONAJEF)

ENUNCIADO Nº 57
#IIIFONAJEF

Nos Juizados Especiais Federais, somente o recorrente vencido arcará com honorários advocatícios. (Aprovado no III FONAJEF)

ENUNCIADO Nº 58
#IIIFONAJEF

Excetuando-se os embargos de declaração, cujo prazo de oposição é de cinco dias, os prazos recursais contra decisões de primeiro grau no âmbito dos Juizados Especiais Federais são sempre de dez dias, independentemente da natureza da decisão recorrida. (Aprovado no III FONAJEF)

ENUNCIADO Nº 59
#IIIFONAJEF

Não cabe recurso adesivo nos Juizados Especiais Federais. (Aprovado no III FONAJEF)

ENUNCIADO Nº 60
#IIIFONAJEF

Não cabe recurso adesivo nos Juizados Especiais Federais. (Aprovado no III FONAJEF)

ENUNCIADO Nº 61
#IIIFONAJEF

O recurso será recebido no duplo efeito, salvo em caso de antecipação de tutela oumedida cautelar de urgência. (Aprovado no III FONAJEF)

ENUNCIADO Nº 62
#IIIFONAJEF

A aplicação de penalidade por litigância de má-fé, na forma do art. 55 da Lei nº 9.099/95, não importa na revogação automática da gratuidade judiciária. (Revisado no IV FONAJEF)

ENUNCIADO Nº 63
#IIIFONAJEF

Cabe multa ao ente público pelo atraso ou não-cumprimento de decisões judiciais com base no art. 461 do CPC, acompanhada de determinação para a tomada de medidas administrativas para apuração de responsabilidade funcional e/ou dano ao erário, inclusive com acomunicação ao Tribunal de Contas da União. Havendo contumácia no descumprimento, caberá remessa de ofício ao Ministério Público Federal para análise de eventual improbidade administrativa. (Revisado no XI FONAJEF)

ENUNCIADO Nº 64
#IIIFONAJEF

Não cabe multa pessoal ao procurador ad judicia do ente público, seja com base no art. 77, seja nos arts. 497 ou 536, todos do CPC/2015. (Aprovado no III FONAJEF) (Redação atualizada no XIV FONAJEF)

ENUNCIADO Nº 65
#IIIFONAJEF

"Não cabe a prévia limitação do valor da multa coercitiva (astreintes), que também não se sujeita ao limite de alçada dos Juizados Especiais Federais, ficando sempre assegurada a possibilidade de reavaliação do montante final a ser exigido na forma do parágrafo 1º do artigo 537 do CPC/2015". (Aprovado no III FONAJEF) (Redação atualizada no XIV FONAJEF)

ENUNCIADO Nº 66
#IIIFONAJEF

Os Juizados Especiais Federais somente processarão as cartas precatórias oriundas de outros Juizados Especiais Federais de igual competência (Aprovado no III FONAJEF).

ENUNCIADO Nº 67
#IIIFONAJEF

Ocaput do artigo 9º da Lei n. 9.099/1995 não se aplica subsidiariamente no âmbito dos Juizados Especiais Federais, visto que o artigo 10 da Lei n. 10.259/2001 disciplinou a questão de forma exaustiva. (Aprovado no III FONAJEF)

ENUNCIADO Nº 68
#IIIFONAJEF

O estagiário de advocacia, nos termos do Estatuto da OAB, tão-só pode praticar, no âmbito dos Juizados Especiais Federais, atos em conjunto com advogado e sob responsabilidade deste. (Aprovado no III FONAJEF)

ENUNCIADO Nº 69
#IIIFONAJEF

~~O levantamento de valores e Precatórios, no âmbito dos Juizados Especiais Federais,pode ser condicionado à apresentação, pelo mandatário, de procuração específica com firma reconhecida, da qual conste, ao menos, o número de registro do Precatório ou RPV ou o número da conta de depósito, com respectivo valor~~

~~(Revisado no V FONAJEF).~~ (Cancelado no XIV FONAJEF)

ENUNCIADO Nº 70

#IIIFONAJEF

É compatível com o rito dos juizados Especiais Federais a aplicação do art. 112 da Lei n.
8.213/1991, para fins de habilitação processual e pagamento. (Revisado no V FONAJEF)

ENUNCIADO Nº 71

#IIIFONAJEF

A parte autora deverá ser instada, na fase da execução, a renunciar ao excedente àalçada do Juizado Especial Federal, para fins de pagamento por Requisições de Pequeno Valor, não se aproveitando, para tanto, a renúncia inicial, de definição de competência. (Aprovado no III FONAJEF)

ENUNCIADO Nº 72

#IIIFONAJEF

As parcelas vencidas após a data do cálculo judicial podem ser pagas administrativamente, por meio de complemento positivo. (Aprovado no III FONAJEF)

ENUNCIADO Nº 73

#IIIFONAJEF

A intimaçãotelefônica, desdeque realizadadiretamente comaparte e devidamente certificada pelo servidor responsável, atende plenamente aos princípios constitucionais aplicáveis à comunicação dos atos processuais. (Aprovado no III FONAJEF)

ENUNCIADO Nº 74

#IIIFONAJEF

A intimação por carta com aviso de recebimento, mesmo que o comprovante não seja subscrito pela própria parte, é válida desde que entregue no endereço declarado pela parte. (Aprovado no III FONAJEF)

ENUNCIADO Nº 76

#IIIFONAJEF

A apresentação de proposta de conciliação pelo réu não induz a confissão. (Aprovado no III
FONAJEF)

ENUNCIADO Nº 77

#IIIFONAJEF

O ajuizamento da ação de concessão de benefício da seguridade social reclama prévio requerimento administrativo. (Aprovado no III FONAJEF)

ENUNCIADO Nº 78

#IIIFONAJEF

O ajuizamento da ação revisional de benefício da seguridade social que não envolva matéria de fato dispensa o prévio requerimento administrativo, salvo quando houver ato oficial da Previdência reconhecendo administrativamente o direito postulado. (Revisado no IX FONAJEF)

ENUNCIADO Nº 79

#IIIFONAJEF

A comprovação de denúncia da negativa de protocolo de pedido de concessão de benefício, feita perante a ouvidoria da Previdência Social, supre a exigência de comprovação de prévio requerimento administrativo nas ações de benefícios da seguridade social. (Aprovado no III FONAJEF)

ENUNCIADO Nº 80

#IIIFONAJEF

Em juizados itinerantes, pode ser flexibilizada a exigência de prévio requerimento administrativo, consideradas as peculiaridades da região atendida. (Aprovado no III FONAJEF)

ENUNCIADO Nº 81

#IIIFONAJEF

Cabe conciliação nos processos relativos a pessoa incapaz, desde que presente orepresentante legal e intimado o Ministério Público. (Aprovado no III FONAJEF)

ENUNCIADO Nº 82

#IVFONAJEF

O espólio pode ser parte autora nos juizados especiais cíveis federais. (Aprovado no IV FONAJEF)

ENUNCIADO Nº 83

#IVFONAJEF

O art. 10, caput, da Lei n. 10.259/2001 não autoriza a representação das partes por não advogados de forma habitual e com fins econômicos. (Aprovado no IV FONAJEF)

ENUNCIADO Nº 84

#IVFONAJEF

~~Não é causa de nulidade nos juizados especiais federais a mera falta de intimação das partes da entrega do laudo pericial.~~ (Cancelado no XIII FONAJEF)

ENUNCIADO Nº 85

#IVFONAJEF

Não é obrigatória a degravação, tampouco a elaboração de resumo, para apreciação de recurso, de audiência gravada por meio magnético ou equivalente, desde que acessível ao órgão recursal. (Aprovado no IV FONAJEF)

ENUNCIADO Nº 86

#IVFONAJEF

A tutela de urgência em sede de turmas recursais pode ser deferida de ofício. (Aprovado no IV FONAJEF)

ENUNCIADO Nº 87

#IVFONAJEF

A decisão monocrática proferida por Relator é passível de Agravo Interno. (Aprovado no IV FONAJEF)

ENUNCIADO Nº 88

#IVFONAJEF

Não se admite Mandado de Segurança para Turma Recursal, exceto na hipótese de ato jurisdicional teratológico contra o qual não caiba mais recurso. (Revisado noX FONAJEF).

ENUNCIADO Nº 89

#IVFONAJEF

Não cabe processo cautelar autônomo, preventivo ou incidental, no âmbito do JEF. (Aprovado no IV FONAJEF).

ENUNCIADO Nº 90

#IVFONAJEF

Os honorários advocatícios impostos pelas decisões do Juizado Especial Federal serão executadas no próprio JEF, por quaisquer das partes. (Aprovado no IV FONAJEF)

ENUNCIADO Nº 91

#VFONAJEF

Os Juizados Especiais Federais são incompetentes para julgar causas que demandem perícias complexas ou onerosas que não se enquadrem no conceito de exame técnico (art. 12 da Lei 10.259/2001).

ENUNCIADO Nº 92

#VFONAJEF

Para a propositura de ação relativa a expurgos inflacionários sobre saldos de poupança, deverá a parte autora providenciar documento que mencione o número da conta bancária ou prova de relação contratual com a instituição financeira.

ENUNCIADO Nº 93

#VFONAJEF

Para a propositura de demandas referentes a contas de FGTS anteriores à centralização deverá a parte comprovar que diligenciou ou solicitou os extratos junto à CEF ou à instituição mantenedora das contas vinculadas anteriormente ao período de migração.

ENUNCIADO Nº 94

#VFONAJEF

Na hipótese de aposentadoria por invalidez, é possível a concessão de ofício do adicional de 25%, no caso de necessidade de assistência permanente de terceiro.

ENUNCIADO Nº 95

#VFONAJEF

Nas ações visando a correção do saldo das cadernetas de poupança, pode o juiz, havendo prova inequívoca de titularidade da conta à época, suprir a inexistência de extratos por meio de arbitramento.

ENUNCIADO Nº 96
#VFONAJEF

A concessão administrativa do benefício no curso do processo acarreta a extinção do feito sem resolução de mérito por perda do objeto, desde que corresponda ao pedido formulado na inicial.

ENUNCIADO Nº 97
#VFONAJEF

Cabe incidente de uniformização de jurisprudência quando a questão deduzida nos autos tiver reflexo sobre a competência do juizado especial federal.

ENUNCIADO Nº 98
#VFONAJEF

É inadmissível o reexame de matéria fática em pedido de uniformização de jurisprudência.

ENUNCIADO Nº 99
#VFONAJEF

É inadmissível o reexame de matéria fática em pedido de uniformização de jurisprudência.

ENUNCIADO Nº 100
#VIFONAJEF

No âmbito dos Juizados Especiais Federais, a Turma Recursal poderá conhecer diretamente das questões não examinadas na sentença que acolheu prescrição ou decadência, estando o processo em condições de imediato julgamento (Aprovado no VI FONAJEF).

ENUNCIADO Nº 101
#VIFONAJEF

A Turma Recursal tem poder para complementar os atos de instrução já realizados pelo juiz do Juizado Especial Federal, de forma a evitar a anulação da sentença. (Aprovado no VI FONAJEF)

ENUNCIADO Nº 102
#VIFONAJEF

Convencendo-se da necessidade de produção de prova documental complementar, a Turma Recursal produzirá ou determinará que seja produzida, sem retorno do processo para o juiz do Juizado Especial Federal. (Aprovado no VI FONAJEF)

ENUNCIADO Nº 103
#VIFONAJEF

Sempre que julgar indispensável, a Turma Recursal, sem anular a sentença, baixará o processo em diligências para fins de produção de prova testemunhal, pericial ou elaboração de cálculos. (Aprovado no VI FONAJEF).

ENUNCIADO Nº 104
#VIFONAJEF

~~Cabe à Turma de Uniformização reformar os acórdãos que forem contrários à sua jurisprudência pacífica, ressalvada a hipótese de supressão de instância, em que será cabível a remessa dos autos à Turma de origem para fim de adequação do julgado.~~ (Aprovado no VI FONAJEF). (Cancelado no XIV FONAJEF)

ENUNCIADO Nº 105
#VIFONAJEF

A Turma de Uniformização, ao externar juízo acerca da admissibilidade do pedido de uniformização, deve considerar a presença de similitude de questões de fato e de direito nos acórdãos confrontados (Aprovado no VI FONAJEF).

ENUNCIADO Nº 106
#VIFONAJEF

Cabe à Turma Recursal conhecer e julgar os conflitos de competência apenas entre Juizados Especiais Federais sujeitos a sua jurisdição. (Aprovado no VI FONAJEF)

ENUNCIADO Nº 107
#VIFONAJEF

Fora das hipóteses do artigo 4º da Lei 10.259/2001, a impugnação de decisões interlocutórias proferidas antes da sentença deverá ser feita no recurso desta (art. 41 da Lei nº 9.099/95). (Aprovado no VI FONAJEF)

ENUNCIADO Nº 108
#VIFONAJEF

Não cabe recurso para impugnar decisões que apreciem questões ocorridas após o trânsito em julgado. (Aprovado no VI FONAJEF)

ENUNCIADO Nº 109
#VIFONAJEF

A tempestividade do recurso pode ser comprovada por qualquer meio idôneo, inclusive eletrônico. (Aprovado no VI FONAJEF)

ENUNCIADO Nº 110
#VIFONAJEF

A competência das turmas recursais reunidas, onde houver, deve ser limitada à deliberação acerca de enunciados das turmas recursais das respectivas seções judiciárias. (Aprovado no VI FONAJEF)

ENUNCIADO Nº 111
#VIIFONAJEF

~~Tratando-se de benefício por incapacidade, o recolhimento de contribuição previdenciária não é capaz, por si só, de ensejar presunção absoluta da capacidade laboral, admitindo-se prova em contrário.~~ (Cancelado no XI FONAJEF)

ENUNCIADO Nº 112
#VIIFONAJEF

Não se exige médico especialista para a realização de perícias judiciais, salvo casos excepcionais, a critério do juiz.

ENUNCIADO Nº 113
#VIIFONAJEF

O disposto no art. 11 da lei 10.259/2001, não desobriga a parte autora de instruir seu pedido com a documentação que lhe seja acessível junto às entidades públicas rés.

ENUNCIADO Nº 114
#VIIFONAJEF

Havendo cumulação de pedidos, é ônus da parte autora a identificação expressa do valor pretendido a título de indenização por danos morais, a ser considerado no valor da causa para fins de definição da competência dos Juizados Especiais Federais.

ENUNCIADO Nº 115
#VIIFONAJEF

Para a reunião de processos, a competência funcional dentro dos Juizados Especiais Federais se define em virtude da natureza do pedido do qual decorra a pretensão de indenização por danos morais.

ENUNCIADO Nº 116
#VIIFONAJEF

O dever processual, previsto no art. 11 da Lei 10.259/2001, não implica automaticamente a inversão do ônus da prova.

ENUNCIADO Nº 117
#VIIFONAJEF

A perícia unificada, realizada em audiência, é válida e consentânea com os princípios informadores dos juizados especiais.

ENUNCIADO Nº 118
#VIIIFONAJEF

É válida a realização de prova pericial antes da citação, desde que viabilizada a participação das partes.

ENUNCIADO Nº 119
#VIIIFONAJEF

Além dos casos de segredo de justiça e de sigilo judicial, os documentos digitalizados em processo eletrônico somente serão disponibilizados aos sujeitos processuais, vedado o acesso à consulta pública fora da secretaria do juizado.

ENUNCIADO Nº 120
#VIIIFONAJEF

Não é obrigatória a degravação de julgamentos proferidos oralmente, desde que o arquivo de áudio esteja anexado ao processo, recomendando-se o registro, por escrito, do dispositivo ou acórdão.

ENUNCIADO Nº 121
#VIIIFONAJEF

Os entes públicos, suas autarquias e empresas públicas não tem legitimidade ativa nos Juizados Especiais Federais.

ENUNCIADO Nº 122
#VIIIFONAJEF

É legítima a designação do oficial de justiça, na qualidade de longa manus do juízo, para realizar diligência de constatação de situação socioeconômica.

ENUNCIADO Nº 123
#VIIIFONAJEF

O critério de fixação do valor da causa necessariamente deve ser aquele especificado no artigo 292, §§ 1º e 2º, do CPC/2015, pois este é o elemento que delimita as competências dos JEFs e das Varas (a exemplo do que foi feito pelo art. 2º, § 2º, da Lei 12.153/09). (Redação atualizada no XIV FONAJEF).

ENUNCIADO Nº 124
#VIIIFONAJEF

É correta a aplicação do art. 46 da Lei 9.099/95 nos Juizados Especiais Federais, com preservação integral dos fundamentos da sentença.

ENUNCIADO Nº 125
#IXFONAJEF

É possível realizar a limitação do destaque dos honorários em RPV ou precatório.

ENUNCIADO Nº 126
#IXFONAJEF

Não cabe a presença de advogado em perícia médica, por ser um ato médico, no qual só podem estar presentes o próprio perito e eventuais assistentes técnicos

ENUNCIADO Nº 127
#IXFONAJEF

Para fins de cumprimento do disposto no art. 12, § 2º, da L. n. 10.259/01, é suficiente intimar o INSS dos horários preestabelecidos para as perícias do JEF.

ENUNCIADO Nº 128
#IXFONAJEF

O condomínio edilício, por interpretação extensiva do art. 6º, I, da lei 10.259/01, pode ser autor no JEF.

ENUNCIADO Nº 129
#IXFONAJEF

Nos Juizados Especiais Federais, é possível que o juiz determine que o executado apresente os cálculos de liquidação.

ENUNCIADO Nº 130
#IXFONAJEF

O estabelecimento pelo Juízo de critérios e exigências para análise da petição inicial, visando a evitar o trâmite de ações temerárias, não constitui restrição do acesso aos JEFs.

ENUNCIADO Nº 131
#XFONAJEF

A Turma Recursal, analisadas as peculiaridades do caso concreto, pode conhecer documentos juntados na fase recursal, desde que não implique apreciação de tese jurídica não questionada no primeiro grau. (Revisado no XI FONAJEF)

ENUNCIADO Nº 132
#XFONAJEF

Em conformidade com o art. 14, § 9º, da Lei n. 10.259/2001, cabe ao colegiado da Turma Recursal rejulgar o feito após a decisão de adequação de Tribunal Superior ou da TNU. (Aprovado no X FONAJEF)

ENUNCIADO Nº 133
#XFONAJEF

Quando o perito médico judicial não conseguir fixar a data de início da incapacidade, de forma fundamentada, deve-se considerar para tanto a data de realização da perícia, salvo a existência de outros elementos de convicção. (Aprovado no X FONAJEF)

ENUNCIADO Nº 134
#XFONAJEF

O cumprimento das ordens judiciais que determinam concessão de medicamentos ou tecnologias de saúde deve ser feito prioritariamente pela parte ré, evitando-se o depósito de valores para aquisição direta pela parte autora, privilegiando a sua transferência para o serviço de saúde onde se realiza o tratamento. (Alterado no XVI FONAJEF)

ENUNCIADO Nº 135
#XFONAJEF

A despeito da solidariedade dos entes da federação no âmbito do direito à saúde, a decisão judicial que conceder medicamentos deve indicar, preferencialmente, aquele responsável pelo atendimento imediato da ordem. (Aprovado no X FONAJEF)

ENUNCIADO Nº 136
#XFONAJEF

O cumprimento da decisão judicial que conceder medicamentos deve ser feito prioritariamente pelo Estado ou Município (aquele que detenha a maior capacidade operacional) ainda que o ônus de financiamento caiba à União. (Aprovado no X FONAJEF)

ENUNCIADO Nº 137
#XFONAJEF

Nas ações de saúde, a apresentação pelas partes de formulário padronizado de resposta a quesitos mínimos previamente aprovados por acordo entre o judiciário e entidades afetadas pode dispensar a realização de perícia. (Aprovado no X FONAJEF)

ENUNCIADO Nº 138
#XFONAJEF

A despeito da solidariedade, as decisões judiciais podem indicar a qual da federação incumbe o dispêndio financeiro para atendimento do direito reconhecido, nos termos da Portaria 1.554, de 30 de julho de 2013 do Ministério da Saúde ou outro ato que vier a substituí-la. (Aprovado no X FONAJEF)

ENUNCIADO Nº 139
#XIFONAJEF

Não serão redistribuídas a Juizado Especial Federal (JEF) recém-criado as demandas ajuizadas até a data de sua instalação, salvo se as varas de JEFs estiverem na mesma sede jurisdicional. (Aprovado no XI FONAJEF)

ENUNCIADO Nº 140
#XIFONAJEF

A fixação do valor do dano moral deve representar quantia necessária e suficiente para compensar os danos sofridos pelo autor da demanda, como também para desestimular futuras violações de mesma natureza. (Aprovado no XI FONAJEF)

ENUNCIADO Nº 141
#XIFONAJEF

A Súmula 78 da TNU, que determina a análise das condições pessoais do segurado em caso de ser portador de HIV, é extensível a outras doenças igualmente estigmatizantes. (Aprovado no XI FONAJEF)

ENUNCIADO Nº 142
#XIFONAJEF

A natureza substitutiva do benefício previdenciário por incapacidade não autoriza o desconto das prestações devidas no período em que houve exercício de atividade remunerada. (Aprovado no XI FONAJEF)

ENUNCIADO Nº 143
#XIFONAJEF

Redação antiga: Não importa em julgamento extra petita a concessão de benefício previdenciário por incapacidade diverso daquele requerido na inicial (Aprovado no XI FONAJEF).

Nova redação: Não importa em julgamento "extra petita" a concessão de benefício previdenciário por incapacidade diverso daquele requerido na inicial inclusive o auxílio- acidente. (Redação alterada durante o XV FONAJEF)

ENUNCIADO Nº 144
#XIFONAJEF

É cabível recurso inominado contra sentença terminativa se a extinção do processo obstar que o autor intente de novo a ação ou quando importe negativa de jurisdição. (Aprovado no XI FONAJEF)

ENUNCIADO Nº 145
#XIFONAJEF

O valor dos honorários de sucumbência será fixado nos termos do artigo 55, da Lei nº 9.099/95, podendo ser estipulado em valor fixo quando for inestimável ou irrisório o proveito econômico ou, ainda, quando o valor da causa for muito baixo, observados os critérios do artigo 85, § 2º, CPC/2015. (Aprovado no XI FONAJEF) (Redação atualizada no XIV FONAJEF)

ENUNCIADO Nº 146
#XIFONAJEF

A Súmula 421 do STJ aplica-se não só à União como também a todos os entes que compõem a Fazenda Pública. (Aprovado no XI FONAJEF)

ENUNCIADO Nº 147
#XIFONAJEF

A mera alegação genérica de contrariedade às informações sobre atividade especial fornecida pelo empregador, não enseja a realização de novo exame técnico. (Aprovado no XI FONAJEF)

ENUNCIADO Nº 148
#XIFONAJEF

Nas ações revisionais em que se se postula aplicação da tese de direito adquirido ao melhor benefício, é requisito da petição inicial que seja apontada a data em que verificada tal situação. (Aprovado no XI FONAJEF).

ENUNCIADO Nº 149
#XIFONAJEF

É cabível, com fundamento no art. 77, IV, §§ 1º a 5º do CPC/2015, a aplicação de multa pessoal à autoridade administrativa responsável pela implementação da decisão judicial. (Aprovado no XI FONAJEF) (Redação atualizada no XIV FONAJEF)

ENUNCIADO Nº 150
#XIFONAJEF

A multa derivada de descumprimento de antecipação de tutela com base nos artigos 301, 536 e 537, do CPC/2015, aplicados subsidiariamente, é passível de execução mesmo antes do trânsito em julgado da sentença. (Aprovado no XI FONAJEF) (Redação atualizada no XIV FONAJEF)

ENUNCIADO Nº 151
#XIIFONAJEF

O CPC/2015 só é aplicável nos Juizados Especiais naquilo que não contrariar os seus princípios norteadores e a sua legislação específica. (Aprovado no XII FONAJEF)

ENUNCIADO Nº 152
#XIIFONAJEF

A conciliação e a mediação nos juizados especiais federais permanecem regidas pelas Leis 10.259/2001 e 9.099/1995, mesmo após o advento do novo Código de Processo Civil. (Revisado no XIII FONAJEF).

ENUNCIADO Nº 153
#XIIFONAJEF

A regra do art. 489, parágrafo primeiro, do NCPC deve ser mitigada nos juizados por força da primazia dos princípios da simplicidade e informalidade que regem o JEF. (Aprovado no XII FONAJEF).

ENUNCIADO Nº 154
#XIIFONAJEF

O art. 46, da Lei 9099/1995, não foi revogado pelo novo CPC. (Aprovado no XII FONAJEF).

ENUNCIADO Nº 155
#XIIFONAJEF

As disposições do CPC/2015 referentes às provas não revogam as disposições específicas da Lei 10259/2001, sobre perícias (art. 12), e nem as disposições gerais da Lei 9099/1995. (Aprovado no XII FONAJEF).

ENUNCIADO Nº 156
#XIIFONAJEF

Não se aplica aos juizados especiais a técnica de julgamento não unânime. (art. 942, CPC/2015) (Aprovado no XII FONAJEF).

ENUNCIADO Nº 157
#XIIFONAJEF

Aplica-se o art. 1030, par. único, do CPC/2015 aos recursos extraordinários interpostos nas Turmas Recursais do JEF. (Aprovado no XII FONAJEF)

ENUNCIADO Nº 158
#XIIFONAJEF

Conta-se em dias corridos o prazo para confirmação das intimações eletrônicas (art. 5º, §3º, Lei 11419/2006). (Aprovado no XII FONAJEF).

ENUNCIADO Nº 159
#XIIFONAJEF

Nos termos do enunciado nº 1 do FONAJEF e à luz dos princípios da celeridade e da informalidade que norteiam o processo no JEF, vocacionado a receber demandas em grande volume e repetitivas, interpreta-se o rol do art. 332 como exemplificativo. (Aprovado no XII FONAJEF).

ENUNCIADO Nº 160
#XIIFONAJEF

Não causa nulidade a não-aplicação do art. 10 do NCPC e do art. 487, parágrafo único, do NCPC nos juizados, tendo em vista os princípios da celeridade e informalidade. (Aprovado no XII FONAJEF).

ENUNCIADO Nº 161
#XIIFONAJEF

Nos casos de pedido de concessão de benefício por segurado facultativo de baixa renda, a comprovação da inscrição da família no CadÚnico é documento indispensável para propositura da ação, sob pena de extinção sem exame do mérito. (Aprovado no XII FONAJEF)

ENUNCIADO Nº 162
#XIIFONAJEF

Em caso de incapacidade intermitente, o pagamento de parcelas anteriores à perícia depende da efetiva comprovação dos períodos em que o autor esteve incapacitado. (Aprovado no XII FONAJEF)

ENUNCIADO Nº 163
#XIIFONAJEF

Não havendo pedido expresso na petição inicial de aposentadoria proporcional, o juiz deve se limitar a determinar a averbar os períodos reconhecidos em sentença, na hipótese do segurado não possuir tempo de contribuição para concessão de aposentadoria integral. (Aprovado no XII FONAJEF)

ENUNCIADO Nº 164
#XIIFONAJEF

Julgado improcedente pedido de benefício por incapacidade, no ajuizamento de nova ação, com base na mesma doença, deve o segurado apresentar novo requerimento administrativo, demonstrando, na petição inicial, o agravamento da doença, juntando documentos médicos novos. (Aprovado no XII FONAJEF)

ENUNCIADO Nº 165
#XIIFONAJEF

Ausência de pedido de prorrogação de auxílio-doença configura a falta de interesse processual equivalente à inexistência de requerimento administrativo. (Aprovado no XII FONAJEF).

ENUNCIADO Nº 166
#XIIFONAJEF

A conclusão do processo administrativo por não comparecimento injustificado à perícia ou à entrevista rural equivale à falta de requerimento administrativo. (Aprovado no XII FONAJEF).

ENUNCIADO Nº 167
#XIIIFONAJEF

Nas ações de benefício assistencial, não há nulidade na dispensa de perícia socioeconômica quando não identificado indício de deficiência, a partir de seu conceito multidisciplinar. (Aprovado no XIII FONAJEF)

ENUNCIADO Nº 168
#XIIIFONAJEF

A produção de auto de constatação por oficial de justiça, determinada pelo Juízo, não requer prévia intimação das partes, sob pena de frustrar a eficácia do ato, caso em que haverá o contraditório diferido. (Aprovado no XIII FONAJEF)

ENUNCIADO Nº 169
#XIIIFONAJEF

A solução de controvérsias pela via consensual, pré-processual, pressupõe a não distribuição da ação. (Aprovado no XIII FONAJEF)

ENUNCIADO Nº 170
#XIIIFONAJEF

Aos conciliadores que atuarem na fase pré-processual não se aplicam as exigências previstas no art. 11 da Lei 13.140/2015. (Aprovado no XIII FONAJEF)

ENUNCIADO Nº 171
#XIIIFONAJEF

Semprequepossível,assessõesdemediação/conciliaçãoserãorealizadasporvideoconferência, a ser efetivada por sistema de livre escolha. (Aprovado no XIII FONAJEF)

ENUNCIADO Nº 172
#XIIIFONAJEF

Apenas a prescrição médica não é suficiente para o fornecimento de medicamentos e/ou insumos não incluídos nas listas do SUS. (Aprovado no XIII FONAJEF)

ENUNCIADO Nº 173
#XIIIFONAJEF

Nas demandas individuais de saúde, a decisão judicial acerca da pretensão de fornecimento de medicamentos, insumos ou procedimentos não fornecidos pelo SUS deve ser fundamentada, sempre que possível, na medicina baseada em evidências. (Aprovado no XIII FONAJEF)

ENUNCIADO Nº 174
#XIIIFONAJEF

Nas demandas individuais de saúde veiculando pretensão de fornecimento de medicamentos, insumos ou procedimentos não fornecidos pelo SUS pode o juiz exigir que a parte instrua a demanda com elementos mínimos oriundos da medicina baseada em evidências. (Aprovado no XIII FONAJEF)

ENUNCIADO Nº 175
#XIIIFONAJEF

Por falta de previsão legal específica nas leis que tratam dos juizados especiais, aplica-se, nestes, a previsão da contagem dos prazos em dias úteis (CPC/2015, art. 219). (Aprovado no XIII FONAJEF)

ENUNCIADO Nº 176
#XIIIFONAJEF

A previsão contida no art. 51, § 1º, da Lei 9.099/1995 afasta a aplicação do art. 317 do CPC/2015 no âmbito dos juizados especiais. (Aprovado no XIII FONAJEF)

ENUNCIADO Nº 177
#XIIIFONAJEF

É medida contrária à boa-fé e ao dever de cooperação, previstos nos arts. 5º e 6º do CPC/2015, a impugnação genérica a cálculos, sem a indicação concreta dos argumentos que justifiquem a divergência. (Aprovado no XIII FONAJEF)

ENUNCIADO Nº 178
#XIIIFONAJEF

A tutela provisória em caráter antecedente não se aplica ao rito dos juizados especiais federais, porque a sistemática de revisão da decisão estabilizada (art. 304 do CPC/2015) é incompatível com os arts. 4º e 6º da Lei nº 10.259/2001. (Aprovado no XIII FONAJEF)

ENUNCIADO Nº 179
#XIIIFONAJEF

Cumpre os requisitos do contraditório e da ampla defesa a concessão de vista do laudo pericial pelo prazo de cinco dias, por analogia ao caput do art. 12 da Lei 10.259/2001. (Aprovado no XIII FONAJEF)

ENUNCIADO Nº 180
#XIIIFONAJEF

O intervalo entre audiências de instrução (CPC/2015, art. 357, § 9º) é incompatível com o procedimento sumaríssimo (CF, art. 98, I) e com os critérios de celeridade, informalidade, simplicidade e economia processual dos juizados (Lei 9.099/1995, art. 2º). (Aprovado no XIII FONAJEF)

ENUNCIADO Nº 181
#XIIIFONAJEF

Admite-se o IRDR nos juizados especiais federais, que deverá ser julgado por órgão colegiado de uniformização do próprio sistema. (Aprovado no XIV FONAJEF)

ENUNCIADO Nº 182
#XIVFONAJEF

O juízo de admissibilidade do recurso inominado deve ser feito na turma recursal, aplicando- se subsidiariamente o art. 1.010, §3º, do CPC/2015. (Aprovado no XIV FONAJEF)

ENUNCIADO Nº 183
#XIVFONAJEF

O magistrado, ao aplicar ao caso concreto a ratio decidendi contida no precedente vinculante, não precisa enfrentar novamente toda a argumentação jurídica que já fora apreciada no momento de formação do precedente, sendo suficiente que demonstre a correlação fática e jurídica entre o caso concreto e aquele já apreciado (Aprovado no XIV FONAJEF).

ENUNCIADO Nº 184
#XIVFONAJEF

Durante a suspensão processual decorrente do IRDR e de recursos repetitivos pode haver produção de provas no juízo onde tramita o processo suspenso, em caso de urgência, com base no art. 982, §2º, do CPC. (Aprovado no XIV FONAJEF)

ENUNCIADO Nº 185
#XIVFONAJEF

Os mecanismos processuais de suspensão de processos não impedem a realização de atos processuais necessários para o exame ou efetivação da tutela de urgência. (Aprovado no XIV FONAJEF)

ENUNCIADO Nº 186
#XIVFONAJEF

É requisito de admissibilidade da petição inicial a indicação precisa dos períodos e locais de efetivo exercício de atividade rural que se pretende reconhecer, sob pena de indeferimento. (Aprovado no XIV FONAJEF)

ENUNCIADO Nº 187
#XIVFONAJEF

São da competência da Justiça Federal os pedidos de benefícios ajuizados por segurados especiais e seus dependentes em virtude de acidentes ocorridos nessa condição. (Aprovado no XIV FONAJEF)

ENUNCIADO Nº 188
#XIVFONAJEF

O benefício concedido ao segurado especial, administrativamente ou judicialmente, configura início de prova material válida para posterior concessão aos demais integrantes do núcleo familiar, assim como ao próprio beneficiário. (Aprovado no XIV FONAJEF)

ENUNCIADO Nº 189
#XIVFONAJEF

A percepção do seguro desemprego gera a presunção de desemprego involuntário para fins de extensão do período de graça nos termos do art. 15, §2º, da Lei 8.213/91. (Aprovado no XIV FONAJEF)

ENUNCIADO Nº 190
#XIVFONAJEF

Nos casos em que o pedido em ação judicial seja de medicamento, produto ou procedimento já previsto nas listas oficiais do SUS ou em Protocolos Clínicos e Diretrizes Terapêuticas (PDCT) para tratamento particular, dever ser determinada a inclusão do demandante em serviço ou programa já existentes no Sistema Único de Saúde (SUS), para fins de acompanhamento e controle clínico. (Aprovado no XIV FONAJEF)

ENUNCIADO Nº 191
#XIVFONAJEF

Nas demandas que visam ao acesso a ações e serviços da saúde diferenciados daqueles oferecidos pelo Sistema Único de Saúde, o autor deve apresentar prova da evidência científica, a inexistência, inefetividade ou impropriedade dos procedimentos ou medicamentos constantes dos protocolos clínicos do SUS (correção textual pelo XVI FONAJEF).

ENUNCIADO Nº 192
#XIVFONAJEF

Sempre que possível, as decisões liminares sobre saúde devem ser precedidas de notas de evidência científica emitidas por Núcleos de Apoio Técnico em Saúde – NATS – ou similares. (Aprovado no XIV FONAJEF)

ENUNCIADO Nº 193
#XIVFONAJEF

Para a validade das intimações por Whatsapp ou congêneres, caso não haja prévia anuência da parte ou advogado, faz-se necessário certificar nos autos a visualização da mensagem pelo destinatário, sendo suficiente o recibo de leitura, ou recebimento de resposta à mensagem enviada. (Aprovado no XIV FONAJEF)

ENUNCIADO Nº 194
#XIVFONAJEF

Existindo prévio termo de adesão, o prazo da intimação por Whatsapp ou congênere conta-se do envio da mensagem, cuja data deve ser certificada nos autos; em não havendo prévio termo de adesão, o termo inicial corresponde à data da leitura da mensagem ou do recebimento da resposta, que deve ser certificada nos autos. (Aprovado no XIV FONAJEF)

ENUNCIADO Nº 195
#XIVFONAJEF

Existindo prévio termo de adesão à intimação por Whatsapp ou congêneres, cabe à parte comunicar eventuais mudanças de número de telefone, sob pena de se considerarem válidas as intimações enviadas para o número constante dos autos. (Aprovado no XIV FONAJEF)

ENUNCIADO Nº 196
#XIVFONAJEF

O termo de adesão a intimação por Whatsapp ou congêneres subscrito pela parte ou seu advogado pode ser geral, para todos os processos em tramitação no Juízo, que será arquivado em Secretaria. (Aprovado no XIV FONAJEF)

ENUNCIADO Nº 197
#XVFONAJEF

Por deter requisitos legais diferentes, o requerimento administrativo de benefício por incapacidade previdenciária não configura pretensão resistida para postular benefício assistencial na esfera judicial.

ENUNCIADO Nº 198
#XVFONAJEF

A suspensão de prazos processuais dos dias 20 de dezembro a 20 de janeiro é aplicável aos Juizados Especiais Federais.

ENUNCIADO Nº 199
#XVFONAJEF

Constatada fraude de condições socioeconômicas desfavoráveis, conclui-se que a parte autora não preencheu o requisito de miserabilidade, julgando-se improcedente de plano.

ENUNCIADO Nº 200
#XVFONAJEF

Alterar Enunciado 143, para incluir "inclusive o auxílio-acidente". [Enunciado 143 (Nova Redação): "Não importa em julgamento "extra petita" a concessão de benefício previdenciário por incapacidade de diverso daquele requerido na inicial inclusive o auxílio-acidente"].

ENUNCIADO Nº 201
#XVFONAJEF

Na hipótese de aposentadoria por invalidez, é possível a concessão de ofício do adicional de 25%, no caso de necessidade de assistência permanente de terceiro.

ENUNCIADO Nº 202
#XVIFONAJEF

A ausência de PPP ou documento equivalente no processo administrativo implicará, em relação ao tempo especial respectivo, a extinção do processo judicial sem resolução do mérito por falta de requerimento administrativo válido.

ENUNCIADO Nº 203
#XVIFONAJEF

Não compete à Justiça Federal solucionar controvérsias relacionadas à ausência e/ou à inexatidão das informações constantes de PPP e/ou LTCAT para prova de tempo de serviço especial.

ENUNCIADO Nº 204
#XVIFONAJEF

Verificando-se a necessidade de nova perícia com outra especialidade médica, a Turma Recursal deverá converter os autos em diligências para a realização do ato, em vez de anular a sentença, tendo em vista a limitação de pagamento de uma perícia por instância em cada processo, disposta no §3º do art. 1º da Lei n. 13.876/2019.

ENUNCIADO Nº 205
#XVIFONAJEF

A concessão da justiça gratuita à parte não se estende às custas para expedição de certidão de validação de procuração para fins de levantamento de requisição de pequeno valor ou precatório.

ENUNCIADO Nº 206
#XVIFONAJEF

Para fins de gratuidade da justiça, a presença de elementos (local de domicílio, comprovante de rendimentos, profissão, extrato de informações sociais, contas de energia elétrica, dentre outros) que enfraqueçam a presunção da declaração de hipossuficiência justifica o indeferimento ou a imposição de ônus à parte requerente de comprovação da condição alegada.

ENUNCIADO Nº 207
#XVIFONAJEF

A utilização de notas técnicas e pareceres técnico-científicos do e-NATJUS e dos NATJUS pode dispensar produção de perícia.

ENUNCIADO Nº 208
#XVIFONAJEF

Nos casos em que a tecnologia pretendida tiver sido expressamente rejeitada pela CONITEC cabe à parte autora apontar o equívoco na metodologia ou fundamento utilizados por aquele órgão técnico, ou a sua inaplicabilidade ao caso concreto.

ENUNCIADO Nº 209
#XVIFONAJEF

A solidariedade entre os entes públicos para prover serviços de assistência à saúde não impede a declaração de ilegitimidade passiva da União para responder às ações nas quais se discute apenas a ordem de regulação (fila) gerida pelos estados ou municípios..

ENUNCIADO Nº 210
#XVIIFONAJEF

Revisão do enunciado nº 29 | "Cabe ao Relator, monocraticamente, atribuir efeito suspensivo a recurso, não conhecê-lo, bem assim lhe negar ou dar provimento nas hipóteses tratadas no artigo 932, IV, 'c', do CPC, e quando a matéria estiver pacificada em súmula da Turma Nacional de Uniformização, enunciado de Turma Regional ou da própria Turma Recursal, bem como em julgamento de pedido de uniformização de interpretação de lei federal pela Turma Nacional de Uniformização". (Revisado no XIII FONAJEF)

ENUNCIADO Nº 211
#XVIIFONAJEF

Havendo conflito entre acórdãos proferidos em julgamento de recurso especial repetitivo no Superior Tribunal de Justiça e de representativo da controvérsia na Turma Nacional de Uniformização, deve-se dar prevalência, salvo hipótese de distinção ou sinalização de superação do precedente, ao entendimento do Superior Tribunal de Justiça, por ser o órgão incumbido constitucionalmente da uniformização da interpretação do direito federal, competindo-lhe, ainda, rever as decisões da TNU na hipótese de conflito jurisprudencial.

ENUNCIADO Nº 212
#XVIIFONAJEF

Não há nulidade na sentença quando esta determina a concessão do melhor benefício, observados os parâmetros a serem analisados para a sua implantação administrativa.

ENUNCIADO Nº 213
#XVIIFONAJEF

O cálculo dos benefícios por incapacidade deve observar os critérios da legislação anterior à entrada em vigor da EC 103/19, quando a data de início da incapacidade a preceder, mesmo que a DER seja posterior.

ENUNCIADO Nº 214
#XVIIFONAJEF

~~O cálculo da aposentadoria por incapacidade permanente deve observar a lei vigente à época do início da incapacidade permanente, ainda que precedido de auxílio-doença. (Revogado no XVIII FONAJEF)~~

ENUNCIADO Nº 215
#XVIIFONAJEF

É possível o cômputo do tempo de serviço rural antes do início de vigência a Lei 8213/91, bem como o tempo especial convertido para comum até o advento da EC 103/2019, para fins de concessão de aposentadoria programada.

ENUNCIADO Nº 216
#XVIIFONAJEF

A utilização de EPI não elide o direito à especialidade do labor nos casos de exposição a agentes reconhecidamente cancerígenos, ainda que considerados eficazes no PPP.

ENUNCIADO Nº 217
#XVIIFONAJEF

O segurado que exerce atividades em condições especiais, quando em gozo de auxílio-doença, seja acidentário ou previdenciário, faz jus ao cômputo desse mesmo período como tempo de serviço especial, mesmo após a EC 103/2019.

ENUNCIADO Nº 218
#XVIIFONAJEF

Pelo Princípio da preservação da competência jurisdicional, as Notas Técnicas emitidas pelos Centros de Inteligência que apresentem conteúdo material ou processual, considerada a independência da jurisdição, são propositivas, não vinculativas.

ENUNCIADO Nº 219
#XVIIFONAJEF

O Juiz pode adotar as audiências telepresenciais de ofício ou a requerimento das partes, devendo ser franqueado, caso comprovadamente necessário, o acesso aos meios existentes na sede do juízo.

ENUNCIADO Nº 220
#XVIIFONAJEF

A utilização dos meios tecnológicos necessários à audiência telepresencial existentes na sede do juízo deve ser requerida pelo interessado em até 10 (dez) dias úteis antes da prática do ato.

ENUNCIADO Nº 221
#XVIIFONAJEF

A ausência da parte autora a quaisquer das audiências realizadas no curso do processo não enseja a automática extinção do feito nos termos do art. 51, da Lei 9099/1995, sendo possível a resolução do mérito se a causa estiver madura para o julgamento.

ENUNCIADO Nº 222
#XVIIFONAJEF

É possível o julgamento do mérito dos pedidos de benefício previdenciário rural com base em prova exclusivamente documental, caso seja suficiente para a comprovação do período de atividade rural alegado na petição inicial.

ENUNCIADO Nº 223
#XVIIFONAJEF

O juiz poderá indeferir a petição inicial, por inépcia, quando, em ações previdenciárias, intimada a parte para a emenda, não seja sanada a inadequada narrativa dos fatos ou a ausência de início de prova material.

ENUNCIADO Nº 224
#XVIIFONAJEF

A fixação de astreinte (multa cominatória) na sentença está inserida no poder de coerção especial do Juiz.

ENUNCIADO Nº 225
#XVIII FONAJEF

A prova técnica simplificada é legítima para análise de pedidos de benefícios previdenciários e assistenciais.

ENUNCIADO Nº 226
#XVIII FONAJEF

A progressão do aumento da idade, prevista no art. 18, §1º, da EC 103/2019, deve ser aplicada de acordo com o ano em que a mulher implementar o último requisito para aposentadoria por idade, independentemente da data do requerimento administrativo.

ENUNCIADOS DO CONSELHO DE RECURSOS DA PREVIDÊNCIA SOCIAL – CRPS

ENUNCIADO Nº 1
ALTERADO

Editado pelo Despacho 37/2019, de 25/10, publicada no DOU de 12/11/2019.

A Previdência Social deve conceder o melhor benefício a que o beneficiário fizer jus, cabendo ao servidor orientá-lo nesse sentido.

I - Satisfeitos os requisitos para a concessão de mais de um tipo de benefício, o INSS oferecerá ao interessado o direito de opção, mediante a apresentação dos demonstrativos financeiros de cada um deles.

II - Preenchidos os requisitos para mais de uma espécie de benefício na Data de Entrada do Requerimento (DER) e em não tendo sido oferecido ao interessado o direito de opção pelo melhor benefício, este poderá solicitar revisão e alteração para espécie que lhe é mais vantajosa, cujos efeitos financeiros remontarão à DER do benefício concedido originariamente, observada a decadência e a prescrição quinquenal.

III - Implementados os requisitos para o reconhecimento do direito em momento posterior ao requerimento administrativo, poderá ser reafirmada a DER até a data do cumprimento da decisão do CRPS.

IV - Retornando os autos ao INSS, cabe ao interessado a opção pela reafirmação da DER mediante expressa concordância, aplicando-se a todas as situações que resultem em benefício mais vantajoso ao interessado.

ENUNCIADO Nº 2
ALTERADO

Editado pelo Despacho 37/2019, de 25/10, publicada no DOU de 12/11/2019.

Não se indefere benefício sob fundamento de falta de recolhimento de contribuição previdenciária quando a responsabilidade tributária não competir ao segurado.

I - Considera-se presumido o recolhimento das contribuições do segurado empregado, inclusive o doméstico, do trabalhador avulso e, a partir da competência abril de 2003, do contribuinte individual prestador de serviço.

II - Não é absoluto o valor probatório da Carteira de Trabalho e Previdência Social (CTPS), mas é possível formar prova suficiente para fins previdenciários se esta não tiver defeito formal que lhe comprometa a fidedignidade, salvo existência de dúvida devidamente fundamentada.

III - A concessão de benefícios no valor mínimo ao segurado empregado doméstico independe de prova do recolhimento das contribuições, inclusive a primeira sem atraso, desde que atendidos os demais requisitos legais exigidos, exceto para fins de contagem recíproca.

IV - O vínculo do segurado como empregado doméstico será computado para fins de carência, ainda que esteja filiado ao Regime Geral de Previdência Social (RGPS) em categoria diversa na Data de Entrada do Requerimento (DER).

V - É permitida a contagem, como tempo de contribuição, do tempo exercido na condição de aluno-aprendiz, exceto para fins de contagem recíproca, referente ao período de aprendizado profissional realizado em escolas técnicas, desde que comprovada a remuneração, mesmo que indireta, à conta do orçamento público e o vínculo empregatício, admitindo-se, como confirmação deste, o trabalho prestado na execução de atividades com vistas a atender encomendas de terceiros.

ENUNCIADO Nº 3
ALTERADO

Editado pelo Despacho 37/2019, de 25/10, publicada no DOU de 12/11/2019.

A comprovação do tempo de contribuição, mediante ação trabalhista transitada em julgado, somente produzirá efeitos para fins previdenciários quando baseada em início de prova material contemporânea aos fatos, constantes nos autos do processo judicial ou administrativo.

I - Não será admitida, para os fins previstos na legislação previdenciária, prova exclusivamente testemunhal, exceto na ocorrência de motivo de força maior ou caso fortuito.

II - Não será exigido início de prova material se o objeto da ação trabalhista for a reintegração ou a complementação de remuneração, desde que devidamente comprovado o vínculo anterior em ambos os casos.

ENUNCIADO Nº 4
ALTERADO

Editado pelo Despacho 37/2019, de 25/10, publicada no DOU de 12/11/2019.

A comprovação de união estável e de dependência econômica, mediante ação judicial transitada em julgado, somente produzirá efeitos para fins previdenciários quando baseada em início de prova material contemporânea aos fatos, constantes nos autos do processo judicial ou administrativo.

I - A dependência econômica pode ser parcial, devendo, no entanto, representar um auxílio substancial, permanente e necessário, cuja falta acarretaria desequilíbrio dos meios de subsistência do dependente.

II - O recebimento de ajuda econômica ou financeira, sob qualquer forma, ainda que superveniente, poderá caracterizar a dependência econômica parcial, observados os demais elementos de prova no caso concreto.

III - A habilitação tardia de beneficiários menores, incapazes ou ausentes, em benefícios previdenciários já com dependentes anteriormente habilitados, somente produzirá efeitos financeiros a contar da Data de Entrada do Requerimento (DER), sendo incabível a retroação da Data do Início do Pagamento (DIP) para permitir a entrega de valores a partir do fato gerador do benefício.

IV - É devida a pensão por morte aos dependentes do segurado que, apesar de ter perdido essa qualidade, preencheu os requisitos legais para a obtenção de benefício previdenciário até a data do seu óbito.

V - A concessão da pensão por morte ao cônjuge ou companheiro do sexo masculino, no período compreendido entre a promulgação da Constituição Federal de 1988 e o advento da Lei nº 8.213 de 1991, rege-se pelas normas do Decreto nº. 83.080, de 24 de janeiro de 1979, seguido pela Consolidação das Leis da Previdência Social (CLPS) expedida pelo Decreto nº. 89.312, de 23 de janeiro de 1984, que continuaram a viger até o advento da Lei nº. 8.213/91, aplicando-se tanto ao trabalhador do regime previdenciário rural quanto ao segurado do regime urbano.

ENUNCIADO Nº 5
ALTERADO

Editado pelo Despacho 37/2019, de 25/10, publicada no DOU de 12/11/2019, com redação dada pela Resolução 35/CRP, de 2021.

O recolhimento em atraso de contribuições previdenciárias devidas pelo contribuinte individual exige a comprovação do efetivo exercício de atividade remunerada, na forma do art. 55, §3º da Lei nº 8.213/91.

I - A concessão de prestações ao contribuinte individual em débito ou aos seus dependentes é condicionada ao recolhimento prévio, pelo segurado, das contribuições necessárias à reaquisição da qualidade de segurado, salvo em relação ao prestador de serviço à empresa, a partir da competência abril de 2003.

II - Perde a qualidade de segurado o contribuinte individual que, embora em exercício de atividade remunerada, deixa de recolher suas respectivas contribuições por tempo superior ao período de graça (art. 15, §4º da Lei nº 8.213/91), salvo quando não for o responsável pelo seu recolhimento.

III - As contribuições recolhidas em atraso pelo contribuinte individual após o período de graça não serão computadas como carência, nem para fins de manutenção da qualidade de segurado, mas apenas como tempo de contribuição.

IV - Havendo perda da qualidade de segurado, somente serão consideradas para fins de carência as contribuições efetivadas sem atraso, após nova filiação do contribuinte individual ao Regime Geral de Previdência Social.

V - As contribuições do contribuinte individual empresário não se presumem descontadas e recolhidas, nos termos do art. 4º da Lei nº 10.666/03, quando exercida atividade na empresa da qual seja titular, diretor não empregado, membro de conselho de administração, sócio ou administrador não empregado.

VI - A carência do segurado empresário até 24/07/1991, véspera da publicação da Lei nº 8.213/91, será computada a partir da data de sua filiação, podendo ser reconhecidas como carência as contribuições referentes até esta data, mesmo recolhidas em atraso, desde que comprovado o efetivo exercício de atividade nessa categoria.

ENUNCIADO Nº 6
ALTERADO

Editado pelo Despacho 37/2019, de 25/10, publicada no DOU de 12/11/2019.

Cabe ao INSS conceder o salário-maternidade à gestante demitida sem justa causa no curso da gravidez, preenchidos os demais requisitos legais, pagando-o diretamente.

I - É vedado, em qualquer caso, o pagamento do salário-maternidade em duplicidade, caso a segurada tenha sido indenizada pelo empregador.

II - Poderá ser solicitada diligência a fim de comprovar se houve pagamento do valor correspondente ao salário-maternidade pelo ex-empregador, enquanto não transcorrer o prazo prescricional para pretensão de créditos trabalhistas.

ENUNCIADO Nº 7
ALTERADO

Editado pelo Despacho 37/2019, de 25/10, publicada no DOU de 12/11/2019.

Não há direito a benefício por incapacidade quando o seu fato gerador é preexistente ao reingresso do segurado no Regime Geral da Previdência Social (RGPS), salvo agravamento ou progressão da doença.

I - Fixada a Data de Início da Incapacidade (DII) antes da perda da qualidade de segurado, a falta de contribuição posterior não prejudica o seu direito às prestações previdenciárias.

II - Não será considerada a perda da qualidade de segurado decorrente da própria moléstia incapacitante para a concessão de prestações previdenciárias.

III - A revisão dos parâmetros médicos efetuada em sede de benefício por incapacidade não enseja a devolução dos valores recebidos, se presente a boa-fé objetiva.

IV - É devido o auxílio-doença ao segurado temporariamente incapaz, de forma total ou parcial, atendidos os demais requisitos legais, entendendo-se por incapacidade parcial aquela que permita sua reabilitação para outras atividades laborais.

V - Para a acumulação do auxílio-acidente com proventos de aposentadoria, a consolidação das lesões decorrentes de acidentes de qualquer natureza que resulte sequelas definitivas e a concessão da aposentadoria devem ser anteriores a 11/11/1997, data da publicação da Medida Provisória nº 1.596-14, convertida na Lei nº 9.528/97.

VI - Não se aplica o disposto no artigo 76 do Regulamento da Previdência Social, aprovado pelo Decreto 3048/99, para justificar a retroação do termo inicial do benefício auxílio doença requerido após o trigésimo dia do afastamento da atividade, nos casos em que a perícia médica fixar o início da atividade anterior à data de entrada do requerimento, tendo em vista que esta hipótese não implica em ciência pretérita da Previdência Social.

ENUNCIADO Nº 8
ALTERADO

Editado pelo Despacho 37/2019, de 25/10, publicada no DOU de 12/11/2019.

O tempo de trabalho rural do segurado especial e do contribuinte individual, anterior à Lei nº 8.213/91, pode ser utilizado, independente do recolhimento das contribuições, para fins de benefícios no RGPS, exceto para carência.

I - O tempo de trabalho rural do segurado especial e do contribuinte individual, anterior à Lei nº 8.213/91, pode ser utilizado para contagem recíproca, desde que sejam indenizadas as respectivas contribuições previdenciárias.

II - A atividade agropecuária efetivamente explorada em área de até 4 módulos fiscais, individualmente ou em regime de economia familiar na condição de produtor, devidamente comprovada nos autos do processo, não descaracteriza a condição de segurado especial, independente da área total do imóvel rural.

III - O exercício de atividade urbana por um dos integrantes do grupo familiar não implica, por si só, na descaracterização dos demais membros como segurado especial, condição que deve ser devidamente comprovada no caso concreto.

IV - Quem exerce atividade rural em regime de economia familiar, além das tarefas domésticas em seu domicílio, é considerado segurado especial, aproveitando-se-lhe as provas em nome de seu cônjuge ou companheiro (a), corroboradas por outros meios de prova.

V - O início de prova material - documento contemporâneo dotado de fé pública, sem rasuras ou retificações recentes, constando a qualificação do segurado ou de membros do seu grupo familiar como rurícola, lavrador ou agricultor - deverá ser corroborado por outros elementos, produzindo um conjunto probatório harmônico, robusto e convincente, capaz de comprovar os fatos alegados.

VI - Não se exige que o início de prova material corresponda a todo o período equivalente à carência do benefício, porém deve ser contemporâneo à época dos fatos a provar, inclusive podendo servir de começo de prova documento anterior a este período.

ENUNCIADO Nº 9
ALTERADO

Editado pelo Despacho 37/2019, de 25/10, publicada no DOU de 12/11/2019.

O segurado que exerça funções de magistério, nos termos da Lei de Diretrizes Básicas da Educação, poderá ser considerado professor para fins de redução do tempo de contribuição necessário à aposentadoria (B-57), observados os demais elementos de prova no caso concreto.

I - Consideram-se funções de magistério as efetivamente exercidas nas instituições de educação básica, incluídas, além do exercício da docência, as de direção de unidade escolar e as de coordenação e assessoramento pedagógico, inclusive nos casos de reintegração trabalhista transitada em julgado.

II - As funções de direção, coordenação e assessoramento pedagógico integram a carreira do magistério, desde que exercidas, em estabelecimentos de ensino básico, por professores de carreira, excluídos os especialistas em educação.

III - Os estabelecimentos de educação básica não se confundem com as secretarias ou outros órgãos municipais, estaduais ou distritais de educação.

IV - É vedada a conversão de tempo de serviço especial em comum na função de magistério após 09/07/1981, data da publicação da Emenda Constitucional nº 18/1981.

ENUNCIADO Nº 10
ALTERADO

Editado pelo Despacho 37/2019, de 25/10, publicada no DOU de 12/11/2019, com redação dada pela Resolução nº 28/2023.

A decadência prevista no art. 103-A da Lei nº 8.213/91 não se aplica aos atos administrativos praticados pela Administração Previdenciária tendentes à cessação da manutenção de benefícios ou quotas cuja continuidade da percepção seja indevida em face da legislação previdenciária de regência.

I - O prazo decadencial previsto no art. 103-A da Lei 8.213/91, para revisão dos atos praticados pela Previdência Social antes da Lei nº 9.784/99, somente começa a correr a partir de 1º/02/99.

II - Não se aplica o instituto da decadência às revisões de reajustamento e às estabelecidas em dispositivo legal.

III - A má-fé afasta a decadência, mas não a prescrição, e deve ser comprovada em procedimento próprio, no caso concreto, assegurado o contraditório e a ampla defesa.

IV - Não se aplica a decadência prevista no art. 103-A da Lei nº 8.213/91 ao auxílio por incapacidade temporária, à aposentadoria por incapacidade permanente e aos benefícios assistenciais sujeitos a revisão periódica prevista na legislação.

V – A decadência prevista do art. 103 da Lei 8.213/91 não se aplica à revisão de atos de indeferimento, cancelamento ou cessação de benefícios.

VI - Transcorridos mais de dez anos da data da concessão do benefício, não poderá haver sua suspensão ou cancelamento na hipótese de o interessado não mais possuir a documentação que instruiu o pedido, exceto em caso de fraude ou má-fé.

VII - O pecúlio previsto no inciso II do artigo 81 da Lei nº 8.213/91, em sua redação original, que não foi pago em vida ao segurado aposentado que retornou à atividade quando dela se afastou, é devido aos seus dependentes ou sucessores, relativamente às contribuições vertidas até 14/04/94, salvo se prescrito.

ENUNCIADO Nº 11
ALTERADO

Editado pelo Despacho 37/2019, de 25/10, publicada no DOU de 12/11/2019, com redação dada pela Resolução 50/CRP, de 2021.

O Perfil Profissiográfico Previdenciário (PPP) é documento hábil à comprovação da efetiva exposição do segurado a todos os agentes nocivos, sendo dispensável o Laudo Técnico de Condições Ambientais de Trabalho (LTCAT) para requerimentos feitos a partir de 1º/1/2004, inclusive abrangendo períodos anteriores a esta data.

I - Considera-se trabalho permanente aquele no qual o trabalhador, necessária e obrigatoriamente, está exposto ao agente nocivo para exercer suas atividades, em razão da indissociabilidade da produção do bem ou da prestação do serviço, mesmo que a exposição não se dê em toda a jornada de trabalho.

II - A nocividade será caracterizada quando a exposição ultrapassar os limites de tolerância para os agentes nocivos avaliados pelo critério quantitativo, sendo suficiente para os agentes avaliados pelo critério qualitativo a sua efetiva presença no ambiente de trabalho.

III - A avaliação quanto à existência de permanência e nocividade será realizada com base nas informações descritas no PPP ou no LTCAT.

IV - Poderá ser solicitado o LTCAT em caso de dúvidas ou divergências em relação às informações contidas no PPP ou no processo administrativo.

V - O LTCAT ou as demonstrações ambientais substitutas extemporâneos que informem quaisquer alterações no meio ambiente do trabalho ao longo do tempo são aptos a comprovar o exercício de atividade especial, desde que a empresa informe expressamente que, ainda assim, havia efetiva exposição ao agente nocivo.

VI - Não se exigirá o LTCAT para períodos de atividades anteriores 14/10/96, data da publicação da Medida Provisória nº 1.523/96, facultando-se ao segurado a comprovação da efetiva exposição a agentes nocivos por qualquer meio de prova em direito admitido, exceto em relação a ruído.

ENUNCIADO Nº 12
ALTERADO

Editado pelo Despacho 37/2019, de 25/10, publicada no DOU de 12/11/2019.

O fornecimento de equipamento de proteção individual (EPI) não descaracteriza a atividade exercida em condições especiais que prejudiquem a saúde ou a integridade física, devendo ser considerado todo o ambiente de trabalho.

I - Se o EPI for realmente capaz de neutralizar a nocividade, não há direito à aposentadoria especial

II - A utilização de Equipamentos de Proteção Coletiva-EPC e/ou EPI não elide a exposição aos agentes reconhecidamente cancerígenos, a ruído acima dos limites de tolerância, ainda que considerados eficazes;

III - A eficácia do EPI não obsta o reconhecimento de atividade especial exercida antes de 3/12/1998, data de início da vigência da MP 1.729/98, convertida na Lei n. 9.732/98, para qualquer agente nocivo.

ENUNCIADO Nº 13
ALTERADO

Editado pelo Despacho 37/2019, de 25/10, publicada no DOU de 12/11/2019, com redação dada pela Resolução 33/CRP, de 2021.

Atendidas as demais condições legais, considera-se especial, no âmbito do RGPS, a atividade exercida com exposição a ruído superior a 80 decibéis até 05/03/97, superior a 90 decibéis desta data até 18/11/2003, e superior a 85 decibéis a partir de então.

I - Os níveis de ruído devem ser medidos, observado o disposto na Norma Regulamentadora nº 15 (NR-15), anexos 1 e 2, com aparelho medidor de nível de pressão sonora, operando nos circuitos de compensação - dB (A) para ruído contínuo ou intermitente e dB (C) ou dB (linear) para ruído de impacto.

II - Até 31 de dezembro de 2003, para a aferição de ruído contínuo ou intermitente, é obrigatória a utilização das metodologias contidas na NR-15, devendo ser aceitos ou o nível de pressão sonora pontual ou a média de ruído, podendo ser informado decibelímetro, dosímetro ou medição pontual no campo "Técnica Utilizada" do Perfil Profissiográfico Previdenciário (PPP).

III - A partir de 1º de janeiro de 2004, para a aferição de ruído contínuo ou intermitente, é obrigatória a utilização da técnica/metodologia contida na Norma de Higiene Ocupacional 01 (NHO-01) da FUNDACENTRO ou na NR-15, que reflitam a medição de exposição durante toda a jornada de trabalho, vedada a medição pontual, devendo constar no PPP o nível de ruído em Nível de Exposição Normalizado - NEN ou a técnica/metodologia "dosimetria" ou "áudio dosimetria".

IV - Em caso de omissão ou dúvida quanto à indicação da técnica/metodologia utilizada para aferição da exposição nociva ao agente ruído, o PPP não deve ser admitido como prova da especialidade, devendo ser apresentado o respectivo Laudo Técnico de Condições Ambientais do Trabalho (LTCAT) ou solicitada inspeção no ambiente de trabalho, para fins de verificar a técnica utilizada na medição.

ENUNCIADO Nº 14
ALTERADO

Editado pelo Despacho 37/2019, de 25/10, publicada no DOU de 12/11/2019.

A atividade especial efetivamente desempenhada pelo segurado, permite o enquadramento por categoria profissional até 28/04/1995 nos anexos dos Decretos nº 53.831/64 e 83.080/79, ainda que divergente do registro em Carteira de Trabalho e Previdência Social (CTPS), Ficha ou Livro de Registro de Empregados, desde que comprovado o exercício nas mesmas condições de insalubridade, periculosidade ou penosidade.

I - É dispensável a apresentação de PPP ou outro formulário para enquadramento de atividade especial por categoria profissional, desde que a profissão ou atividade comprovadamente exercida pelo segurado conste nos anexos dos Decretos nº 53.831/64 e 83.080/79.

II - (Revogado pela Resolução CRPS nº 25, DOU 20.6.2022). (Despacho CRPS nº 37, DOU 12.11.2019)

ENUNCIADO Nº 15
ALTERADO

Editado pelo Despacho 37/2019, de 25/10, publicada no DOU de 12/11/2019, com redação dada pela Resolução nº 30/2023.

Os períodos laborados pelo empregado rural anteriores a 25/07/91, data da publicação da Lei nº 8.213, com vinculação exclusivamente à Previdência Social Urbana à época, poderão ser enquadrados como tempo especial no código 2.2.1 do quadro anexo ao Decreto nº 53.831/64, considerando-se presumido o recolhimento das suas contribuições, observados os incisos I e II.

I – Para fins de enquadramento como atividade especial até 24/07/91, considera-se vinculado à Previdência Urbana o empregado que exerceu o seu labor no setor rural de pessoa jurídica, seja ela agroindústria, empresa industrial ou comercial.

II - A atividade desenvolvida pelo empregado no setor rural deve estar diretamente ligada à extração da produção rural utilizada ou comercializada, independentemente de ter sido prestado na agropecuária, na agricultura ou na pecuária.

III – Entre 25/07/91 e 28/04/95, data da publicação da Lei nº 9.032, admite-se o enquadramento como especial do tempo laborado pelo empregado rural na agropecuária, agricultura ou pecuária prestado a pessoa física ou jurídica, observado o inciso II.

IV – Considera-se agroindústria a pessoa jurídica cuja atividade econômica é a produção rural e a industrialização da produção rural própria ou da produção rural própria e da adquirida de terceiros.

V – Considera-se agropecuária a atividade humana destinada ao cultivo da terra (agricultura) e à criação de animais (pecuária), nas suas relações mútuas.

VI – Considera-se produção rural os produtos de origem animal ou vegetal, em estado natural ou submetidos a processos de beneficiamento ou de industrialização rudimentar, bem como os subprodutos e os resíduos obtidos por esses processos.

ENUNCIADO Nº 16
ALTERADO

Editado pelo Despacho 37/2019, de 25/10, publicada no DOU de 12/11/2019.

A suspeita de fraude na concessão de benefício previdenciário ou assistencial não enseja, de plano, a sua suspensão ou cancelamento, mas dependerá de apuração em procedimento administrativo, observados os princípios do contraditório e da ampla defesa e as disposições do art. 69 da Lei nº 8.212/91.

ENUNCIADO Nº 17
REVOGADO

(Redação dada pela Resolução nº 29/2023)

São repetíveis os pagamentos indevidos de benefícios previdenciários do Regime Geral de Previdência Social decorrentes de erro administrativo (material ou operacional), exceto quando comprovada a boa-fé objetiva pelo interessado, sobretudo quando há demonstração de que não lhe era possível constatar o erro no pagamento.

I - Os pagamentos indevidos feitos em benefícios previdenciários embasados em interpretação errônea ou equivocada da lei pela Administração são irrepetíveis, independentemente da comprovação de má-fé.

II – São repetíveis os pagamentos indevidos decorrentes do BPC/LOAS somente quando estiver comprovada a má-fé do beneficiário, nos termos do art. 49 do Decreto nº 6.214/07.

ENUNCIADO Nº 18

(Redação dada pela Resolução CRPS 27/2024)

Para requerimentos protocolados a partir de 29 de janeiro de 2009, é garantido o cômputo dos períodos em que o segurado esteve em fruição de benefício por incapacidade, para fins de carência, desde que intercalados com períodos de contribuição ou atividade laborativa.

I – O disposto no caput também se aplica aos segurados facultativos;

II- Os períodos em gozo de benefício por incapacidade acidentário independem de períodos de contribuição ou atividade intercalados;

III – O auxílio por incapacidade temporária e a aposentadoria por incapacidade permanente, decorrente de sua conversão, por se originarem da mesma moléstia incapacitante, são considerados para fins de carência;

IV – O cômputo dos períodos em que o segurado esteve em gozo de benefício por incapacidade, para fins de carência, é aplicável em todo o território brasileiro.

ENUNCIADO Nº 19
ALTERADO

Alterada a redação original do enunciado pela Resolução Nº 2/2006, de 30/03/2006, publicada no DOU de 07/04/2006.

"Transcorridos mais de dez anos da data da concessão do benefício, não poderá haver sua suspensão ou cancelamento na hipótese de o interessado não mais possuir a documentação que instruiu o pedido, exceto em caso de fraude ou má- fé."

Redação Original (Resolução Nº 1/1999): Transcorridos mais de cinco anos da data da concessâõ do benefício, deferido sob a égide da legislação anterior à Lei nº 8.213/91, não poderá haver sua suspensão ou cance-

lamento na hipótese de o interessado não mais possuir a documentação que instruiu o pedido.

ENUNCIADO Nº 20

Editado pela Resolução Nº 1/1999, de 11/11/1999, publicada no DOU de 18/11/1999.

"Salvo em relação ao agente agressivo ruído, não será obrigatória a apresentação de laudo técnico periciar para períodos de atividades anteriores à edição da Médida Provisória n.º 1.523-10, de 11/10/96, facultando-se ao segurado a comprovação de efetiva exposição a agentes agressivos à sua saúde ou integridade física mencionados nos formulários SB-40 ou 055-8030, mediante o emprego de qualquer meio de prova em direito admitido."

ENUNCIADO Nº 21

Editado pela Resolução Nº 1/1999, de 11/11/1999, publicada no DOU de 18/11/1999.

"O simples fornecimento de equipamento de proteção individual de trabalho pelo empregador não exclui a hipótese de exposição do trabalhador aos agentes nocivos à saúde, devendo ser considerado todo o ambiente de trabalho."

ENUNCIADO Nº 22
ALTERADO

Alterada a redação original do enunciado pela Resolução Nº 2/2006, de 30/03/20q6, publicada no DOU de 07/04/2006.

"Considera-se segurada especial a mulher que, além das tarefas domésticas, exerce atividades rurais com o grupo familiar respectivo, aproveitando-se-lhe as provas materiais apresentadas em nome de seu cônjuge ou companheiro, corroboradas por meio de pesquisa, entrevista ou Justificação Administrativa."

Redação Original (Resolução Nº 1/1999): "Considera-se segurada especial a 'mulher que, além das tarefas domésticas exerce atividades rurais com o grupo familiar respectivo, aproveitando-se-lhe as provas materiais apresentadas em nome de seu cônjuge ou companheiro, corroboradas por meio de pesquisa e entrevista."

ENUNCIADO Nº 23

Editado pela Resolução Nº 1/1999, de 11/11/1999, publicada no DOU de 18/11/1999.

"O pecúlio previsto no inciso II do artigo 81 da Lei n.º 8.213/91, em sua redação original que rão foi pago em vida ao segurado aposentado que retornou à atividade quando dela se afastou, é devido aos seus dependentes ou .sucessores, relativamente às contribuições vertidas até 14/04/94, salvo se prescrito."

ENUNCIADO Nº 24
REVOGADO

Revogado pela Resolução Nº 2/2006, de 30/03/2006, publicada no DOU de 07/04/2006.

Redação Original do Enunciado Revogado (Resolução nº 2/1993): "A mera progressão da pena do instituidor do benefício ao regime semi-aberto não ilide o direito dos seus dependentes ao auxílio reclusão, salvo se for comprovado exercer ele atividade remuneracla que lhes garanta a subsistência."

ENUNCIADO Nº 25
REVOGADO

Revogado pelo Despacho 37/2019, de 25/10, publicada no DOU de 12/11/2019. Redação original (Resolução 1/2006): *"A notificação do sujeito passivo após o prazo de validade do Mandado de Procedimento Fiscal – MPF – não acarreta nulidade do lançamento."*

ENUNCIADO Nº 26

Editado pela Resolução nº. 3, de 29 de agosto de 2006, publicada no DOU de 31/08/2006.

"A concessão da pensão por morte ao cônjuge ou companheiro do sexo masculino, no período compreendido entre a promulgação da Constituição Federal de 1988 e o advento da Lei nº 8.213 de 1991, rege-se pelas normas do Decreto nº. 83.080, de 24 de janeiro de 1979, seguido pela Consolidação das Leis da Previdência Social (CLPS) expedida pelo Decreto nº. 89.312; de 23 de janeiro de 1984, que continuaram a viger até o advento da Lei nº. 8.213/91, aplicando-se tanto ao trabalhador do regime previdenciário rural quanto ao segurado do regime urbano."

ENUNCIADO Nº 27

Editado pela Resolução nº. 4, de 19 de outubro de 2006, publicada no DOU de 25/10/2006.

"Cabe ao contribuinte individual comprovar a interrupção ou o encerramento da atividade pela qual vinha contribuindo, sob pena de ser considerado em débito no período sem contribuição. A concessão de benefícios previ,denciários, requeridos pelo contribuinte individual em débito, acondicionada ao recolhimento prévio das contribuições em atraso, ressalvada a alteração introduzida pelo Decreto nº 4729/2003, no artigo 26, § 4º e no artigo 216, 1, a do Decreto 3048/99, que, a partir da competência Abril/2003, torna presumido o recolhimento das contribuições descontadas dos contribuintes individuais pela empresa contratante de seus serviços."

ENUNCIADO Nº 28

Editado pela Resolução nº 5, de 29 de novembro de 2006, publicada no DOU de 01/12/2006.

"Não se aplica o disposto no artigo 76 do Regulamento da Previdência Social, aprovado pelo Decreto 3048/99, para justificar a retroação do termo inicial do benefício auxílio doença requerido após o trigésimo dia do afastamento da atividade, nos casos em que a perícia médica fixar o início da atividade anterior à data de entrada do requerimento, tendo em vista que esta hipótese não implica em ciência pretérita da Previdência Social."

ENUNCIADO Nº 29
REVOGADO

Revogado pelo Despacho 37/2019, de 25/10, publicada no DOU de 12/11/2019. Redação original (Resolução 6/2006): *"Nos casos de levantamento por arbitramento, a existência do fundamento legal que ampara tal procedimento, seja no relatório Fundamentos legais do Débito - FLD ou no Relatório Fiscal - REFISC garante o pleno exercício do contraditório e da ampla defesa, não gerando a nulidade do lançamento."*

ENUNCIADO Nº 30
REVOGADO

Revogado pelo Despacho 37/2019, de 25/10, publicada no DOU de 12/11/2019. Redação original (Resolução 1/2007): *"Em se tratando de responsabilidade solidária o fisco previdenciário tem a prerrogativa de constituir os créditos no tomador de serviços mesmo que não haja apuração prévia no prestador de serviços."*

ENUNCIADO Nº 31

Editado pela Resolução nº. 2 de 7 de maio de 2007, publicada no DOU de 1º/06/2007:

"Nos períodos de que trata o artigo 15 da Lei 8.213/91, é devido o salário maternidade à segurada desempregada que não tenha recebido indenização por demissão sem justa causa durante a estabilidade gestacional, vedando-se, em qualquer caso,· o pagamento em duplicidade."

ENUNCIADO Nº 32

Editado pela Resolucão nº. 7, de 30 de junho de 2011, publicada no DOU de 08/07/2011:

"A atividade especial efetivamente desempenhada pelo (a) segurado (a), permite o enquadramento por categoria profissional nos Anexos aos Decretos Nº 53.831/64 e Nº 83.831/79, ainda que divergente do registro em Carteira de Trabalho da Previdência Social – CTPS - e/ou Ficha de Registro de Empregados, desde que comprovado o exercício nas mesmas condições de insalubridade, periculosidade ou penosidade."

ENUNCIADO Nº 33

Editado pela Resolução nº. 1 de 27 de junho de 2012, publicada no DOU de 29/06/2012:

"Para os efeitos de reconhecimento de tempo especial, o enquadramento do tempo de atividade do trabalhador rural. segurado empregado, sob o código 2.2.1 do Quadro anexo ao Decreto nº 53.831, de 25 de março de 1964, é possível quando o regime de vin-

culação for o da Previdência Social Urbana, e não o da Previ,dência Rural (PRORURAL). para os períodos anteriores à unificação de ambos os regimes pela Lei nº 8.213, dê 1991, e aplica-se ao tempo de atividade rural exercido até 28 de abril de 1995, independentemente de ter sido prestado exclusivamente na lavóura ou na pecuária."

ENUNCIADO Nº 34
REVOGADO

Revogado pelo Despacho 37/2019, de 25/10, publicada no DOU de 12/11/2019.
Redação original (Resolução 2/2012): *"O prazo prescricional guinguenaL disposto no parágrafo único do art. 103 da Lei nº 8.213, de 1991, aplica-se às revisões previstas nos artigos 144 e 145 do mesmo diploma legal."*

ENUNCIADO Nº 35
REVOGADO

Revogado pela Resolução Nº 17, de 27/11/2014,, de 30/03/2006, publicada no DOU de nº 238, de 09/12/2014, Seção 1 fls. 38.
Redação Original do Enunciado Revogado (Resolução Nº 1 de 19/11/2013 (DOU de 20/11/2013): "Os pareceres da Consultoria Jurídica do Ministéri9 da Previdência Social aprovados pelo Ministro de Estado, bem como as súmulas e pareceres normativos da Advocacia-Geral da União vinculam o Conselho de Recursos da Previdência Social em suas atividades, exceto nas de controle jurisdicional"

ENUNCIADO Nº 36
REVOGADO

Revogado pela Resolução Nº 4 de 28/02/2018, publicada no DOU de nº 59, de 27/03/2018, Seção 1 fls. 71.
Redação Original do Enunciado Revogado (Resolução Nº 02 de 19/11/2013 (DOU de 20/11/2013): "É permitida a cumulação de auxílio suplementar ou auxílio-acidente com aposentadoria de qualquer espécie, concedida de 25/07/1991 a 10/11/1997."

ENUNCIADO Nº 37
REVOGADO

Revogado pela Resolução Nº 39 de 27/10/2015, publica.da no DOU de nº 229, de 01/12/2015, Seção 1 tis. 115.
Redação Original do Enunciado Revogado (Resolução Nº 03 de 20/11/2013 (DOU de 226, de 21/11/2013, Seção I, pg. 24): "O tempo de serviço laborado como professor pode ser enquadrado como especial, nos termos do código 2.1.4 do Quadro anexo ao Decreto 53.831/64, até 08/07/1981, data anterior à vigência da Emenda Constitucional nº 18/1981."

ENUNCIADO Nº. 38
REVOGADO

Revogado pelo Despacho 37/2019, de 25/10, publicada no DOU de 12/11/2019.
Redação original (Resolução 1/2014): *"A revisão dos parâmetros médicos efetuada em sede de benefício por incapacidade não rende ensejo à devolução dos valores recebidos, se presente a boa-fé objetiva."*

ENUNCIADO Nº. 39
REVOGADO

Revogado pelo Despacho 37/2019, de 25/10, publicada no DOU de 12/11/2019.
Redação original (Resolução 25/2018): *"A habilitação tardia de menores, sejam estes incapazes ou ausentes, em benefícios previdenciários já com dependentes anteriormente habilitados, somente produzirá efeitos financeiros a contar' da Data de Entrada do Requerimento (DER), sendo incabível· a retroação da Data de Início do Pagamento (DIP) para permitir a entrega de valores a partir do fato gerador do benefício"*

ENUNCIADO Nº. 40

Editado pela Resolução nº 40, de 29 de agosto de 2018. publicada no DOU 04/10/2018:
"A decadência prevista na Lei 8.213/1991, art. 103-A incide na revisão de acúmulo de auxílio-suplementar com aposentadoria de qualquer natureza, salvo se comprovada a má-fé do(a) beneficiário(a), a contar da percepção do primeiro pagamento indevido, observados os seguintes parâmetros: I - Para as acumulações ocorridas antes da publicação da Lei 9.784/1999, o prazo será contado a partir de 01/02/1999 (Parecer MPS/CJ 3.509, de 26/04/2005, DOU de 28/04/2005); II - A má-fé deve ser comprovada, no caso concreto, assegurada a ampla defesa e o contraditório."

SÚMULAS VINCULANTES DO SUPREMO TRIBUNAL FEDERAL

- art. 103-A, CF.
- Lei 11.417/2006 (Regulamenta o art. 103-A da Constituição Federal e altera a Lei n. 9.784, de 29.01.1999, disciplinando a edição, a revisão e o cancelamento de enunciado de súmula vinculante pelo STF).

1. Ofende a garantia constitucional do ato jurídico perfeito a decisão que, sem ponderar as circunstâncias do caso concreto, desconsidera a validez e a eficácia de acordo constante de termo de adesão instituído pela Lei Complementar n. 110/2001.

- art. 5º, XXXVI, CF.

2. É inconstitucional a lei ou ato normativo estadual ou distrital que disponha sobre sistemas de consórcios e sorteios, inclusive bingos e loterias.

- art. 22, XX, CF.

3. Nos processos perante o Tribunal de Contas da União asseguram-se o contraditório e a ampla defesa quando da decisão puder resultar anulação ou revogação de ato administrativo que beneficie o interessado, excetuada a apreciação da legalidade do ato de concessão inicial de aposentadoria, reforma e pensão.

- arts. 5º, LIV e LV; e 71, III, CF.
- art. 2º, Lei 9.784/1999 (Lei do Processo Administrativo Federal).

4. Salvo nos casos previstos na Constituição, o salário mínimo não pode ser usado como indexador de base de cálculo de vantagem de servidor público ou de empregado, nem ser substituído por decisão judicial.

- arts. 7º, IV e XXIII; art. 39, § 1º e § 3º; art. 42, § 1º; art. 142, § 3º, X, CF.

5. A falta de defesa técnica por advogado no processo administrativo disciplinar não ofende a Constituição.

6. Não viola a constituição o estabelecimento de remuneração inferior ao salário mínimo para as praças prestadoras de serviço militar inicial.

- arts. 1º, III; 5º, *caput*; 7º, IV 142, § 3º, VIII, 143, *caput*, §§ 1º e 2º, CF
- art. 18, § 2º, Med. Prov. 2.215/2001.

7. A norma do § 3º do art, 192 da Constituição, revogada pela Emenda Constitucional n. 40/2003, que limitava a taxa de juros reais a 12% ao ano, tinha sua aplicação condicionada à edição de Lei Complementar.

- art. 591, CC.
- Med. Prov. 2.172-32/2021 (Estabelece a nulidade das disposições contratuais que menciona e inverte, nas hipóteses que prevê, o ônus da prova nas ações intentadas para sua declaração).
- Súm. 648, STF.

8. São inconstitucionais o parágrafo único do artigo 5º do Decreto-Lei n. 1.569/1977 e os artigos 45 e 46 da Lei n. 8.212/1991, que tratam de prescrição e decadência de crédito tributário.

- arts. 146, III, b, CF.
- arts. 173 e 174, CTN.
- art. 2º, § 3º, Lei 6.830/1980 (Lei de Execução Fiscal).
- art. 348, Dec. 3.048/1999 (Regulamento da Previdência Social).

9. O disposto no artigo 127 da Lei n. 7.210/1984 (Lei de Execução Penal) foi recebido pela ordem constitucional vigente, e não se lhe aplica o limite temporal previsto no *caput* do artigo 58.

- arts. 5º, XXXV e XLVI, CF.
- Lei 12.433/2011 (Altera a Lei 7.210/1984 (LEP), para dispor sobre a remição de parte do tempo de execução da pena por estudo ou por trabalho).

10. Viola a cláusula de reserva de plenário (CF, artigo 97) a decisão de órgão fracionário de tribunal que, embora não declare expressamente a inconstitucionalidade de lei ou ato normativo do poder público, afasta sua incidência, no todo ou em parte.

- art. 97, CF.

11. Só é lícito o uso de algemas em casos de resistência e de fundado receio de fuga ou de perigo à integridade física própria ou alheia, por parte do preso ou de terceiros, justificada a excepcionalidade por escrito, sob pena de responsabilidade disciplinar, civil e penal do agente ou da autoridade e de nulidade da prisão ou do ato processual a que se refere, sem prejuízo da responsabilidade civil do Estado.

- arts. 1º, III; 5º, III, X e XLIX, CF.
- art. 284, CPP.
- art. 234, § 1º, CPPM.

- arts. 40 e 199, Lei 7.210/1984 (Lei de Execução Penal).
- Dec. 8.858/2016 (Regulamenta art. 199 da LEP).

12. A cobrança de taxa de matrícula nas universidades públicas viola o disposto no art. 206, IV, da Constituição Federal.

13. A nomeação de cônjuge, companheiro ou parente em linha reta, colateral ou por afinidade, até o terceiro grau, inclusive, da autoridade nomeante ou de servidor da mesma pessoa jurídica investido em cargo de direção, chefia ou assessoramento, para o exercício de cargo em comissão ou de confiança ou, ainda, de função gratificada na administração pública direta e indireta em qualquer dos poderes da União, dos Estados, do Distrito Federal e dos Municípios, compreendido o ajuste mediante designações recíprocas, viola a Constituição Federal.

- art. 37, CF.
- Dec. 7.203/2010 (Vedação do nepotismo no âmbito da Administração Pública Federal).

14. É direito do defensor, no interesse do representado, ter acesso amplo aos elementos de prova que, já documentados em procedimento investigatório realizado por órgão com competência de polícia judiciária, digam respeito ao exercício do direito de defesa.

- arts. 1º, III; e 5º, XXXIII, LIV e LV, CF.
- arts. 9º e 10, CPP.
- arts. 6º e 7º, XIII e XIV, Lei 8.906/1994.

15. O cálculo de gratificações e outras vantagens do servidor público não incide sobre o abono utilizado para se atingir o salário mínimo.

- art. 7º, IV, CF.

16. Os artigos 7º, IV, e 39, § 3º (redação da EC 19/1998), da Constituição, referem-se ao total da remuneração percebida pelo servidor público.

- Refere-se ao art. 100, § 5º, CF.
- arts. 7º, IV, e 39, § 2º (redação anterior à EC 19/1998); art. 39, § 3º (redação dada pela EC 19/1998).

17. Durante o período previsto no parágrafo 1º do artigo 100 da Constituição, não incidem juros de mora sobre os precatórios que nele sejam pagos.

- Com a EC 62/2009, a referência passou a ser ao § 5º do art. 100, CF.

18. A dissolução da sociedade ou do vínculo conjugal, no curso do mandato, não afasta a inelegibilidade prevista no § 7º do artigo 14 da Constituição Federal.

- art. 14, § 1º, CF.

19. A taxa cobrada exclusivamente em razão dos serviços públicos de coleta, remoção e tratamento ou destinação de lixo ou resíduos provenientes de imóveis, não viola o artigo 145, II, da Constituição Federal.

20. Gratificação de Desempenho de Atividade Técnico-Administrativa - GDATA, instituída pela Lei n. 10.404/2002, deve ser deferida aos inativos nos valores correspondentes a 37,5 (trinta e sete vírgula cinco) pontos no período de fevereiro a maio de 2002 e, nos termos do artigo 5º, parágrafo único, da Lei n. 10.404/2002, no período de junho de 2002 até a conclusão dos efeitos do último ciclo de avaliação a que se refere o artigo 1º da Medida Provisória n. 198/2004, a partir da qual passa a ser de 60 (sessenta) pontos.

- art. 40, § 8º, CF.

21. É inconstitucional a exigência de depósito ou arrolamento prévios de dinheiro ou bens para admissibilidade de recurso administrativo.

- art. 5º, XXXIV, *a*, e LV, CF.
- art. 33, § 2º, Dec. 70.235/1972 (Lei do Processo Administrativo Federal).

22. A Justiça do Trabalho é competente para processar e julgar as ações de indenização por danos morais e patrimoniais decorrentes de acidente de trabalho propostas por empregado contra empregador, inclusive aquelas que ainda não possuíam sentença de mérito em primeiro grau quando da promulgação da Emenda Constitucional n. 45/04.

- arts. 7º, XXVIII, 109, I e 114, CF.
- Súm. 235, STF.

23. A Justiça do Trabalho é competente para processar e julgar ação possessória ajuizada em decorrência do exercício do direito de greve pelos trabalhadores da iniciativa privada.

- art. 114, II, CF.

24. Não se tipifica crime material contra a ordem tributária, previsto no art. 1º, incisos I a IV, da Lei n. 8.137/90, antes do lançamento definitivo do tributo.

- arts. 5º, L e 129, I, CF.
- arts. 14, I, e 111, I, CP.
- art. 142, *caput*, CTN.
- art. 1º, I a IV da Lei 8.137/1990 (Lei dos crimes contra a ordem tributária, econômica e relações de consumo).
- art. 83, Lei 9.430/1996 (Legislação Tributária Federal, contribuições para Seguridade Social e processo administrativo de consulta).
- art. 9º, 2º, Lei 10.684/2003 (Parcelamento de débitos junto à SRF, à ProcuradoriaGeral da Fazenda Nacional e ao Instituto Nacional do Seguro Social).

25. É ilícita a prisão civil de depositário infiel, qualquer que seja a modalidade do depósito.

- art. 5º, LXVII, e § 2º, CF.
- art. 7º, 7, Pacto de São José da Costa Rica.
- Pacto Internacional sobre Direitos Civis e Políticos, art. 11.
- Súm. 304, 305 e 419, STJ.

26. Para efeito de progressão de regime no cumprimento de pena por crime hediondo, ou equiparado, o juízo da execução observará a inconstitucionalidade do art. 2º da Lei n. 8.072, de 25 de julho de 1990, sem prejuízo de avaliar se o condenado preenche, ou não, os requisitos objetivos e subjetivos do benefício, podendo determinar, para tal fim, de modo fundamentado, a realização de exame criminológico.

- art. 5º, XLVI e XLVII, CF.
- arts. 33, § 3º, e 59, CP.
- arts. 66, III, b, Lei 7.210/1984 (Lei de Execução Penal).
- Súm. 439 e 471, STJ.

27. Compete à Justiça Estadual julgar causas entre consumidor e concessionária de serviço público de telefonia, quando a ANATEL não seja litisconsorte passiva necessária, assistente, nem opoente.

- art. 98, I, e 109, I, CF.

28. É inconstitucional a exigência de depósito prévio como requisito de admissibilidade de ação judicial na qual se pretenda discutir a exigibilidade de crédito tributário.

- art. 5º, XXXV, e LV, CF.
- Súm. 112, STJ.
- art. 19, Lei 8.870/1994.

29. É constitucional a adoção, no cálculo do valor de taxa, de um ou mais elementos da base de cálculo própria de determinado imposto, desde que não haja integral identidade entre uma base e outra.

- art. 145, § 2º, CF.

30. (A Súmula Vinculante 30 está pendente de publicação)

31. É inconstitucional a incidência do imposto sobre serviços de qualquer natureza ISS sobre operações de locação de bens móveis.

- art. 156, III, CF.
- arts. 71, § 1º; art. 97, I e III, CTN.
- art. 8º, 79, Dec.-Lei 406/1968.
- LC 56/1987.
- LC 116/2003 (Lei do ISS).

32. O ICMS não incide sobre alienação de salvados de sinistro pelas seguradoras.

- arts. 22, VII, e 153, V, CF.
- art. 3º, IX, LC 87/1996 (ICMS Lei Kandir).
- art. 73, Dec.Lei 73/1966 (Sistema Nacional de Seguros Privados e regula operações de seguros e resseguros).
- art. 8º, EC 45/2004.
- Res. STF 388/2008 (Disciplina o processamento de proposta de edição, revisão e cancelamento de súmulas).

33. Aplicam-se ao servidor público, no que couber, as regras do regime geral da previdência social sobre aposentadoria especial de que trata o artigo 40, § 4º, inciso III, da Constituição Federal, até a edição de lei complementar específica. (*DJe* 24.04.2014.)

- arts. 57 e 58, Lei 8.213/1991.

34. A Gratificação de Desempenho de Atividade de Seguridade Social e do Trabalho - GDASST, instituída pela Lei 10.483/2002, deve ser estendida aos inativos no valor correspondente a 60 (sessenta) pontos, desde o advento da Medida Provisória 198/2004, convertida na Lei 10.971/2004, quando tais inativos façam jus à paridade constitucional (EC 20/1998, 41/2003 e 47/2005).

35. A homologação da transação penal prevista no artigo 76 da Lei 9.099/1995 não faz coisa julgada material e, descumpridas suas cláusulas, retoma-se a situação anterior, possibilitando-se ao Ministério Público a continuidade da persecução penal mediante oferecimento de denúncia ou requisição de inquérito policial.

- arts. 5º, XXXVI e LIV; e 98, I, CF/88.

36. Compete à Justiça Federal Comum processar e julgar civil denunciado pelos crimes de falsificação e de uso de documento falso quando se tratar de falsificação da Caderneta de Inscrição e Registro (CIR) ou de Carteira de Habilitação de AMADOR (CHA), ainda que expedidas pela Marinha do Brasil.

- arts. 21, XXII; 109, IV; e 144, § 1º, III, CF/88.
- Dec.-Lei 1.001/1969, arts. 311 e 315.

37. Não cabe ao Poder Judiciário, que não tem função legislativa, aumentar vencimentos de servidores públicos sob o fundamento de isonomia.

- arts. 2º; 5º, *caput* e II; e 37, X, CF/88.
- Súm. 339, STF.
- Embora na publicação da SV 37 conste como precedente o RE 592.317, trata-se do RE 592.317 RG (*DJe* n. 200/2010).

38. É competente o Município para fixar o horário de funcionamento de estabelecimento comercial. (DOU, 20.03.2015.)

- art. 30, I, CF.
- Súm. 645, STF.

39. Compete privativamente à União legislar sobre vencimentos dos membros das polícias civil e militar e do corpo de bombeiros militar do Distrito Federal. (DOU, 20.03.2015.)

- art. 21, XIV, CF.
- Súm. 647, STF.

40. A contribuição confederativa de que trata o art. 8º, IV, da Constituição Federal, só é exigível dos filiados ao sindicato respectivo. (DOU, 20.03.2015.)

- art. 8º, IV, CF.
- Súm. 666, STF.

41. O serviço de iluminação pública não pode ser remunerado mediante taxa. (DOU, 20.03.2015.)

- art. 145, II, CF.
- Súm. 670, STF.

42. É inconstitucional a vinculação do reajuste de vencimentos de servidores estaduais ou municipais a índices federais de correção monetária. (DOU, 20.03.2015.)

- arts. 2º, 25, 29, 30, I, e 37, XIII, CF.
- Súm. 681, STF.

43. É inconstitucional toda modalidade de provimento que propicie ao servidor investir-se, sem prévia aprovação em concurso público destinado ao seu provimento, em cargo que não integra a carreira na qual anteriormente investido. (DOU, 17.04.2015.)

- art. 37, II, CF.
- Súm. 685, STF.

44. Só por lei se pode sujeitar a exame psicotécnico a habilitação de candidato a cargo público. (DOU, 17.04.2015.)

- art. 5º, II; e 37, I, CF.
- Súm. 686, STF.

45. A competência constitucional do Tribunal do Júri prevalece sobre o foro por prerrogativa de função estabelecido exclusivamente pela Constituição Estadual. (DOU, 17.04.2015.)

- art. 5º, XXXVIII, "d"; art. 125, § 1º, CF.
- Súm. 721, STF.

46. A definição dos crimes de responsabilidade e o estabelecimento das respectivas normas de processo e julgamento são da competência legislativa privativa da União. (DOU, 17.04.2015.)

- arts. 22, I; e art. 85,p.u., CF.
- Súm. 722, STF.

47. Os honorários advocatícios incluídos na condenação ou destacados do montante principal devido ao credor consubstanciam verba de natureza alimentar cuja satisfação ocorrerá com a expedição de precatório ou requisição de pequeno valor, observada ordem especial restrita aos créditos dessa natureza. (DOU, 02.06.2015)

- art. 100, § 1º, CF.
- arts. 22, § 4º, e 23, Lei 8.906/1994.

48. Na entrada de mercadoria importada do exterior, é legítima a cobrança do ICMS por ocasião do desembaraço aduaneiro. (DOU, 02.06.2015)

- art. 155, § 2º, IX, a, CF.
- Súm. 661, STF.

49. Ofende o princípio da livre concorrência lei municipal que impede a instalação de estabelecimentos comerciais do mesmo ramo em determinada área. (DOU, 23.06.2015.)

- arts. 170, IV, parágrafo único; e art. 173, § 4º, CF.

50. Norma legal que altera o prazo de recolhimento de obrigação tributária não se sujeita ao princípio da anterioridade. (DOU, 23.06.2015.)

- art. 195, § 6º, CF.

51. O reajuste de 28,86%, concedido aos servidores militares pelas Leis 8.622/1993 e 8.627/1993, estende-se aos servidores civis do poder executivo, observadas as eventuais compensações decorrentes dos reajustes diferenciados concedidos pelos mesmos diplomas legais. (DOU, 23.06.2015.)

- art. 37, X, CF.
- Lei 8.622/1993 (Dispõe sobre a revisão geral da remuneração dos servidores públicos civis e militares do Poder Executivo Federal.)
- Lei 8.627/1993 (Especifica os critérios para reposicionamento de servidores públicos federais civis e militares.)

52. Ainda quando alugado a terceiros, permanece imune ao IPTU o imóvel pertencente a qualquer das entidades referidas pelo art. 150, VI, "c", da Constituição Federal, desde que o valor dos aluguéis seja aplicado nas atividades para as quais tais entidades foram constituídas. (DOU, 23.06.2015.)

- art. 150, VI, "c", CF.

53. A competência da Justiça do Trabalho prevista no art. 114, VIII, da Constituição Federal alcança a execução de ofício das contribuições previdenciárias relativas ao objeto da condenação constante das sentenças que proferir e acordos por ela homologados. (DOU, 23.06.2015.)

- art. 114, VIII, CF.

54. A medida provisória não apreciada pelo Congresso Nacional podia, até a Emenda Constitucional n. 32/2001, ser reeditada dentro do seu prazo de eficácia de trinta dias, mantidos os efeitos de lei desde a primeira edição. (DOU, 28.03.2016)

- art. 62, p.u., CF.
- Súm. 651, STF.

55. O direito ao auxílio-alimentação não se estende aos servidores inativos. (DOU, 28.03.2016)

- art. 40, § 4º, CF.
- Súm. 680, STF.

56. A falta de estabelecimento penal adequado não autoriza a manutenção do condenado em regime prisional mais gravoso, devendo-se observar, nessa hipótese, os parâmetros fixados no RE 641.320/RS.

- arts. 1º, III, e 5º, XLVI, CF.

57. A imunidade tributária constante do art. 150, VI, d, da CF/88 aplica-se à importação e comercialização, no mercado interno, do livro eletrônico (e-book) e dos suportes exclusivamente utilizados para fixá-los, como leitores de livros eletrônicos (e-readers), ainda que possuam funcionalidades acessórias.

- art. 150, VI, d, CF.

58. Inexiste direito a crédito presumido de IPI relativamente à entrada de insumos isentos, sujeitos à alíquota zero ou não tributáveis, o que não contraria o princípio da não cumulatividade.

- art. 153, § 3º, II, CF.

59. É impositiva a fixação do regime aberto e a substituição da pena privativa de liberdade por restritiva de direitos quando reconhecida a figura do tráfico privilegiado (art. 33, § 4º, da Lei 11.343/06) e ausentes vetores negativos na primeira fase da dosimetria (art. 59 do CP), observados os requisitos do art. 33, § 2º, alínea c, e do art. 44, ambos do Código Penal.

- arts. 5º, III, XXXIX, XLII, XLVI, LIV, e 93, IX, CF.

60. O pedido e a análise administrativos de fármacos na rede pública de saúde, a judicialização do caso, bem ainda seus desdobramentos (administrativos e jurisdicionais), devem observar os termos dos 3 (três) acordos interfederativos (e seus fluxos) homologados pelo Supremo Tribunal Federal, em governança judicial colaborativa, no tema 1.234 da sistemática da repercussão geral (RE 1.366.243).

61. A concessão judicial de medicamento registrado na ANVISA, mas não incorporado às listas de dispensação do Sistema Único de Saúde, deve observar as teses firmadas no julgamento do Tema 6 da Repercussão Geral (RE 566.471).

62. É legítima a revogação da isenção estabelecida no art. 6º, II, da Lei Complementar 70/1991 pelo art. 56 da Lei 9.430/1996, dado que a LC 70/1991 é apenas formalmente complementar, mas materialmente ordinária com relação aos dispositivos concernentes à contribuição social por ela instituída.

SÚMULAS DO SUPREMO TRIBUNAL FEDERAL

▸ As Súmulas 1 a 621 são anteriores a promulgação da CF de 1988.

1. É vedada a expulsão de estrangeiro casado com brasileira, ou que tenha filho brasileiro, dependente da economia paterna.

2. Concede-se liberdade vigiada ao extraditando que estiver prêso por prazo superior a sessenta dias.

▸ Sem eficácia.

3. A imunidade concedida a deputados estaduais é restrita à Justiça do Estado.

▸ Superada.

4. Não perde a imunidade parlamentar o congressista nomeado Ministro de Estado.

▸ Cancelada.

5. A sanção do projeto supre a falta de iniciativa do Poder Executivo.

▸ Superada

6. A revogação ou anulação, pelo Poder Executivo, de aposentadoria, ou qualquer outro ato aprovado pelo Tribunal de Contas, não produz efeitos antes de aprovada por aquele tribunal, ressalvada a competência revisora do Judiciário.

7. Sem prejuízo de recurso para o Congresso, não é exequível contrato administrativo a que o Tribunal de Contas houver negado registro.

8. Diretor de sociedade de economia mista pode ser destituído no curso do mandato.

9. Para o acesso de auditores ao Superior Tribunal Militar, só concorrem os de segunda entrância.

10. O tempo de serviço militar conta-se para efeito de disponibilidade e aposentadoria do servidor público estadual.

11. A vitaliciedade não impede a extinção do cargo, ficando o funcionário em disponibilidade, com todos os vencimentos.

12. A vitaliciedade do professor catedrático não impede o desdobramento da cátedra.

13. A equiparação de extranumerário a funcionário efetivo, determinada pela Lei n. 2.284, de 09.08.1954, não envolve reestruturação, não compreendendo, portanto, os vencimentos.

14. Não é admissível, por ato administrativo, restringir, em razão da idade, inscrição em concurso para cargo público. Cancelada.

15. Dentro do prazo de validade do concurso, o candidato aprovado tem o direito à nomeação, quando o cargo for preenchido sem observância da classificação.

16. Funcionário nomeado por concurso tem direito à posse.

17. A nomeação de funcionário sem concurso pode ser desfeita antes da posse.

18. Pela falta residual, não compreendida na absolvição pelo juízo criminal, é admissível a punição administrativa do servidor público.

19. É inadmissível segunda punição de servidor público, baseada no mesmo processo em que se fundou a primeira.

20. É necessário processo administrativo com ampla defesa, para demissão de funcionário admitido por concurso.

21. Funcionário em estágio probatório não pode ser exonerado nem demitido sem inquérito ou sem as formalidades legais de apuração de sua capacidade.

22. O estágio probatório não protege o funcionário contra a extinção do cargo.

23. Verificados os pressupostos legais para o licenciamento da obra, não o impede a declaração de utilidade pública para desapropriação do imóvel, mas o valor da obra não se incluirá na indenização, quando a desapropriação for efetivada.

24. Funcionário interino substituto é demissível, mesmo antes de cessar a causa da substituição.

25. A nomeação a termo não impede a livre demissão pelo Presidente da República, de ocupante de cargo dirigente de autarquia.

26. Os servidores do Instituto de Aposentadoria e Pensões dos Industriários não podem acumular a sua gratificação bienal com o adicional de tempo de serviço previsto no estatuto dos funcionários civis da União.

27. Os servidores públicos não têm vencimentos irredutíveis, prerrogativa dos membros do Poder Judiciário e dos que lhes são equiparados.

28. O estabelecimento bancário é responsável pelo pagamento de cheque falso, ressalvadas as hipóteses de culpa exclusiva ou concorrente do correntista.

29. Gratificação devida a servidores do "sistema fazendário" não se estende aos dos Tribunais de Contas.

30. Servidores de coletorias não têm direito à percentagem pela cobrança de contribuições destinadas à Petrobras.

31. Para aplicação da Lei n. 1.741, de 22.11.1952, soma-se o tempo de serviço ininterrupto em mais de um cargo em comissão.

32. Para aplicação da Lei n. 1.741, de 22.11.1952, soma-se o tempo de serviço ininterrupto em cargo em comissão e em função gratificada.

33. A Lei n. 1.741, de 22.11.1952, é aplicável às autarquias federais.

34. No Estado de São Paulo, funcionário eleito vereador fica licenciado por tôda a duração do mandato.

35. Em caso de acidente do trabalho ou de transporte, a concubina tem direito de ser indenizada pela morte do amásio, se entre eles não havia impedimento para o matrimônio.

36. Servidor vitalício está sujeito à aposentadoria compulsória, em razão da idade.

37. Não tem direito de se aposentar pelo Tesouro Nacional o servidor que não satisfizer as condições estabelecidas na legislação do serviço público federal, ainda que aposentado pela respectiva instituição previdenciária, com direito, em tese, a duas aposentadorias.

38. Reclassificação posterior à aposentadoria não aproveita ao servidor aposentado.

39. À falta de lei, funcionário em disponibilidade não pode exigir, judicialmente, o seu aproveitamento, que fica subordinado ao critério de conveniência da administração.

40. A elevação da entrância da comarca não promove automaticamente o juiz, mas não interrompe o exercício de suas funções na mesma comarca.

41. Juízes preparadores ou substitutos não têm direito aos vencimentos da atividade fora dos períodos de exercício.

▸ Súm. 45, STF.

42. É legítima a equiparação de juízes do Tribunal de Contas, em direitos e garantias, aos membros do Poder Judiciário.

43. Não contraria a Constituição Federal o art. 61 da Constituição de São Paulo, que equiparou os vencimentos do Ministério Público aos da magistratura.

44. O exercício do cargo pelo prazo determinado na L. 1.341, de 30.1.51, art. 91, dá preferência para a nomeação interina de Procurador da República.

45. A estabilidade dos substitutos do Ministério Público Militar não confere direito aos vencimentos da atividade fora dos períodos de exercício.

▸ Súm. 41, STF.

46. Desmembramento de serventia de justiça não viola o princípio de vitaliciedade do serventuário.

47. Reitor de universidade não é livremente demissível pelo Presidente da República durante o prazo de sua investidura.

48. É legítimo o rodízio de docentes livres na substituição do professor catedrático.

49. A cláusula de inalienabilidade inclui a incomunicabilidade dos bens.

▸ art. 1.848, CC/2002.

50. A lei pode estabelecer condições para a demissão de extranumerário.

51. Militar não tem direito a mais de duas promoções na passagem para a inatividade, ainda que por motivos diversos.

52. A promoção de militar, vinculada à inatividade, pode ser feita, quando couber, a posto inexistente no quadro.

53. A promoção de professor militar, vinculada à sua reforma, pode ser feita, quando couber, a posto inexistente no quadro.

54. A reserva ativa do magistério militar não confere vantagens vinculadas à efetiva passagem para a inatividade.

55. Militar da reserva está sujeito à pena disciplinar.

56. Militar reformado não está sujeito à pena disciplinar.

57. Militar inativo não tem direito ao uso do uniforme fora dos casos previstos em lei ou regulamento.

58. É válida a exigência de média superior a quatro para aprovação em estabelecimento de ensino superior, consoante o respectivo regimento.

59. Imigrante pode trazer, sem licença prévia, automóvel que lhe pertença desde mais de seis meses antes do seu embarque para o Brasil.

60. Não pode o estrangeiro trazer automóvel quando não comprovada a transferência definitiva de sua residência para o Brasil.

▸ Súm. 59, STF.

61. Brasileiro domiciliado no estrangeiro, que se transfere definitivamente para o Brasil, pode trazer automóvel licenciado em seu nome há mais de seis meses.

62. Não basta a simples estada no estrangeiro por mais de seis meses, para dar direito à trazida de automóvel com fundamento em transferência de residência.

63. É indispensável, para trazida de automóvel, a prova do licenciamento há mais de seis meses no país de origem.

64. É permitido trazer do estrangeiro, como bagagem, objetos de uso pessoal e doméstico, desde que, por sua quantidade e natureza, não induzam finalidade comercial.

65. A cláusula de aluguel progressivo anterior à L. 3.494, de 19.12.58, continua em vigor em caso de prorrogação legal ou convencional da locação.

▸ Lei 3.494/1958, revogada pela Lei 4.494/1964.

66. É legítima a cobrança do tributo que houver sido aumentado após o orçamento, mas antes do início do respectivo exercício financeiro.

67. É inconstitucional a cobrança do tributo que houver sido criado ou aumentado no mesmo exercício financeiro.

68. É legítima a cobrança, pelos Municípios, no exercício de 1961, de tributo estadual, regularmente criado ou aumentado, e que lhes foi transferido pela Emenda Constitucional nº 5, de 21.11.61.

69. A Constituição estadual não pode estabelecer limite para o aumento de tributos municipais.

70. É inadmissível a interdição de estabelecimento como meio coercitivo para cobrança de tributo.

71. Embora pago indevidamente, não cabe restituição de tributo indireto.

▸ Súm. 546, STF.

72. No julgamento de questão constitucional, vinculada a decisão do Tribunal Superior Eleitoral, não estão impedidos os ministros do Supremo Tribunal Federal que ali tenham funcionado no mesmo processo, ou no processo originário.

73. Imunidade das autarquias, implicitamente contida no art. 31, V, a, da Constituição Federal, abrange tributos estaduais e municipais.

▸ art. 150, VI, a, §§ 2º e 3º, CF/1988.

74. O imóvel transcrito em nome de autarquia, embora objeto de promessa de venda a particulares, continua imune de impostos locais.

▸ Superada.

75. Sendo vendedora uma autarquia, a sua imunidade fiscal não compreende o imposto de transmissão inter vivos, que é encargo do comprador.

76. As sociedades de economia mista não estão protegidas pela imunidade fiscal do art. 31, V, a, Constituição Federal.

77. Está isenta de impostos federais a aquisição de bens pela Rede Ferroviária Federal.

78. Estão isentas de impostos locais as empresas de energia elétrica, no que respeita às suas atividades específicas.

79. O Banco do Brasil não tem isenção de tributos locais.

80. Para a retomada de prédio situado fora do domicílio do locador exige-se a prova da necessidade.

▸ Súm. 483, STF.

81. As cooperativas não gozam de isenção de impostos locais, com fundamento na Constituição e nas leis federais.

82. São inconstitucionais o imposto de cessão e a taxa sobre inscrição de promessa de venda de imóvel, substitutivos do imposto de transmissão, por incidirem sobre ato que não transfere o domínio.

83. Os ágios de importação incluem-se no valor dos artigos importados para incidência do impôsto de consumo.

84. Não estão isentos do impôsto de consumo os produtos importados pelas cooperativas.

85. Não estão sujeitos ao impôsto de consumo os bens de uso pessoal e doméstico trazidos, como bagagem, do exterior.

86. Não está sujeito ao impôsto de consumo automóvel usado, trazido do exterior pelo proprietário.

87. Somente no que não colidirem com a L. 3.244, de 14.8.57, são aplicáveis acordos tarifários anteriores.

88. É válida a majoração da tarifa alfandegária, resultante da L. 3.244, de 14.8.57, que modificou o Acordo Geral sôbre Tarifas Aduaneiras e Comércio (GATT), aprovado pela L. 313, de 30.7.48.

89. Estão isentas do imposto de importação frutas importadas da Argentina, do Chile, da Espanha e de Portugal, enquanto vigentes os respectivos acordos comerciais.

90. É legítima a lei local que faça incidir o impôsto de indústrias e profissões com base no movimento econômico do contribuinte.

91. A incidência do impôsto único não isenta o comerciante de combustíveis do impôsto de indústrias e profissões.

92. É constitucional o art. 100, nº II, da L. 4.563, de 20.2.57, do Município de Recife, que faz variar o impôsto de licença em função do aumento do capital do contribuinte.

93. Não está isenta do imposto de renda a atividade profissional do arquiteto.

94. É competente a autoridade alfandegária para o desconto, na fonte, do imposto de renda correspondente às comissões dos despachantes aduaneiros.

95. Para cálculo do impôsto de lucro extraordinário, incluem-se no capital as reservas do ano-base, apuradas em balanço.

96. O impôsto de lucro imobiliário incide sôbre a venda de imóvel da meação do cônjuge sobrevivente, ainda que aberta a sucessão antes da vigência da L. 3.470, de 28.11.58.

97. É devida a alíquota anterior do impôsto de lucro imobiliário, quando a promessa de venda houver sido celebrada antes da vigência da lei que a tiver elevado.

98. Sendo o imóvel alienado na vigência da L. 3.470, de 28.11.58, ainda que adquirido por herança, usucapião ou a título gratuito, é devido o impôsto de lucro imobiliário.

99. Não é devido o impôsto de lucro imobiliário, quando a alienação de imóvel adquirido por herança, ou a título gratuito, tiver sido anterior à vigência da L. 3.470, de 28.11.58.

100. Não é devido o impôsto de lucro imobiliário, quando a alienação de imóvel, adquirido por usucapião, tiver sido anterior à vigência da L. 3.470, de 28.11.58.

101. O mandado de segurança não substitui a ação popular.

102. É devido o impôsto federal do selo pela incorporação de reservas, em reavaliação de ativo, ainda que realizada antes da vigência da L. 3.519, de 30.12.58.

103. É devido o impôsto federal do selo na simples reavaliação de ativo, realizada posteriormente à vigência da L. 3.519, de 30.12.58.

104. Não é devido o impôsto federal do selo na simples reavaliação de ativo anterior à vigência da L. 3.519, de 30.12.58.

105. Salvo se tiver havido premeditação, o suicídio do segurado no período contratual de carência não exime o segurador do pagamento do seguro.

▸ arts. 797 e 798, CC/2002.

106. É legítima a cobrança de sêlo sôbre registro de automóveis, na conformidade da legislação estadual.

107. É inconstitucional o impôsto de selo de 3%, ad valorem, do Paraná, quanto aos produtos remetidos para fora do Estado.

108. É legítima a incidência do imposto de transmissão inter vivos sobre o valor do imóvel ao tempo da alienação e não da promessa, na conformidade da legislação local.

109. É devida a multa prevista no art. 15, § 6º, da L. 1.300, de 28.12.50, ainda que a desocupação do imóvel tenha resultado da notificação e não haja sido proposta ação de despejo.

- Lei 1.300/1950: revogada pela Lei 4.494/1964.

110. O imposto de transmissão inter vivos não incide sobre a construção, ou parte dela, realizada pelo adquirente, mas sobre o que tiver sido construído ao tempo da alienação do terreno.

111. É legítima a incidência do imposto de transmissão inter vivos sobre a restituição, ao antigo proprietário, de imóvel que deixou de servir à finalidade da sua desapropriação.

112. O imposto de transmissão causa mortis é devido pela alíquota vigente ao tempo da abertura da sucessão.

- Súm. 97, STF.

113. O imposto de transmissão causa mortis é calculado sobre o valor dos bens na data da avaliação.

- Súm. 590, STF.

114. O imposto de transmissão causa mortis não é exigível antes da homologação do cálculo.

115. Sobre os honorários do advogado contratado pelo inventariante, com a homologação do juiz, não incide o imposto de transmissão causa mortis.

116. Em desquite ou inventário, é legítima a cobrança do chamado imposto de reposição, quando houver desigualdade nos valores partilhados.

- Lei 6.515, de 1977.

117. A lei estadual pode fazer variar a alíquota do impôsto de vendas e consignações em razão da espécie do produto.

118. Estão sujeitas ao impôsto de vendas e consignações as transações sôbre minerais, que ainda não estão compreendidos na legislação federal sôbre o impôsto único.

- Superada.

119. É devido o impôsto de vendas e consignações sôbre a venda de cafés ao Instituto Brasileiro do Café, embora o lote, originariamente, se destinasse à exportação.

120. Parede de tijolos de vidro translúcido pode ser levantada a menos de metro e meio do prédio vizinho, não importando servidão sobre ele.

- arts. 1.301 e 1.302, CC/2002.

121. É vedada a capitalização de juros, ainda que expressamente convencionada.

- Súm. 596, STF.
- Súm. 539, STJ.

122. O enfiteuta pode purgar a mora enquanto não decretado o comisso por sentença.

- Súm. 169, STF.

123. Sendo a locação regida pelo D. 24.150, de 20.4.34, o locatário não tem direito à purgação da mora prevista na L. 1.300, de 28.12.50.

- Decr. 24.150/1934: revogado pela Lei 8.245/1991 e Lei 1.300/1950: revogada pela Lei 4.494/1964.

124. É inconstitucional o adicional do impôsto de vendas e consignações cobrado pelo Estado do Espírito Santo sôbre cafés da cota de expurgo entregues ao Instituto Brasileiro do Café.

125. Não é devido o impôsto de vendas e consignações sôbre a parcela do impôsto de consumo que onera a primeira venda realizada pelo produtor.

126. É inconstitucional a chamada taxa de aguardente, do Instituto do Açúcar e do Álcool.

127. É indevida a taxa de armazenagem, posteriormente aos primeiros trinta dias, quando não exigível o impôsto de consumo, cuja cobrança tenha motivado a retenção da mercadoria.

128. É indevida a taxa de assistência médica e hospitalar das instituições de previdência social.

129. Na conformidade da legislação local, é legítima a cobrança de taxa de calçamento.

130. A taxa de despacho aduaneiro (art. 66 da L. 3.244, de 14.8.57) continua a ser exigível após o Dec. Legisl. 14, de 25.8.60, que aprovou alterações introduzidas no Acordo Geral sôbre Tarifas Aduaneiras e Comércio (GATT).

131. A taxa de despacho aduaneiro (art. 66 da L. 3.244, de 14.8.57) continua a ser exigível após o Dec. Legisl. 14, de 25.8.60, mesmo para as mercadorias incluídas na vigente lista III do Acordo Geral sôbre Tarifas Aduaneiras e Comércio (GATT).

132. Não é devida a taxa de previdência social na importação de amianto bruto ou em fibra.

133. Não é devida a taxa de despacho aduaneiro na importação de fertilizantes e inseticidas.

134. A isenção fiscal para a importação de frutas da Argentina compreende a taxa de despacho aduaneiro e a taxa de previdência social.

135. É inconstitucional a taxa de eletrificação de Pernambuco

136. É constitucional a taxa de estatística da Bahia.

137. A taxa de fiscalização da exportação incide sobre a bonificação cambial concedida ao exportador.

138. É inconstitucional a taxa contra fogo, do estado de Minas Gerais, incidente sôbre prêmio de seguro contra fogo.

139. É indevida a cobrança do impôsto de transação a que se refere a L. 899, de 1957, art. 58, IV, letra e, do antigo Distrito Federal.

140. Na importação de lubrificantes é devida a taxa de previdência social.

141. Não incide a taxa de previdência social sobre combustíveis.

142. Não é devida a taxa de previdência social sobre mercadorias isentas do imposto de importação.

143. Na forma da lei estadual, é devido o impôsto de vendas e consignações na exportação de café pelo Estado da Guanabara, embora proveniente de outro Estado.

144. É inconstitucional a incidência da taxa de recuperação econômica de Minas Gerais sôbre contrato sujeito ao impôsto federal do sêlo.

145. Não há crime, quando a preparação do flagrante pela polícia torna impossível a sua consumação.

146. A prescrição da ação penal regula-se pela pena concretizada na sentença, quando não há recurso da acusação.

147. A prescrição de crime falimentar começa a correr da data em que deveria estar encerrada a falência, ou do trânsito em julgado da sentença que a encerrar ou que julgar cumprida a concordata.

- Súm. 592, STF.

148. É legítimo o aumento de tarifas portuárias por ato do Ministro da Viação e Obras Públicas.

149. É imprescritível a ação de investigação de paternidade, mas não o é a de petição de herança.

150. Prescreve a execução no mesmo prazo de prescrição da ação.

151. Prescreve em um ano a ação do segurador sub-rogado para haver indenização por extravio ou perda de carga transportada por navio.

152. A ação para anular venda de ascendente a descendente, sem consentimento dos demais, prescreve em quatro anos a contar da abertura da sucessão.

- Revogada.

153. Simples protesto cambiário não interrompe a prescrição.

- art. 202, III, CC/2002.

154. Simples vistoria não interrompe a prescrição.

155. É relativa a nulidade do processo criminal por falta de intimação da expedição de precatória para inquirição de testemunha.

156. É absoluta a nulidade do julgamento, pelo júri, por falta de quesito obrigatório.

157. É necessária prévia autorização do Presidente da República para desapropriação, pelos Estados, de empresa de energia elétrica.

158. Salvo estipulação contratual averbada no registro imobiliário, não responde o adquirente pelas benfeitorias do locatário.

159. Cobrança excessiva, mas de boa-fé, não dá lugar às sanções do art. 1.531 do Código Civil.

- Refere-se ao Código Civil/1916, art. 1.531.
- art. 940, CC/2002.

160. É nula a decisão do tribunal que acolhe, contra o réu, nulidade não arguida no recurso da acusação, ressalvados os casos de recurso de ofício.

161. Em contrato de transporte, é inoperante a cláusula de não indenizar.

- art. 734, CC/2002.

162. É absoluta a nulidade do julgamento pelo júri, quando os quesitos da defesa não precedem aos das circunstâncias agravantes.

163. Salvo contra a Fazenda Pública, sendo a obrigação ilíquida, contam-se os juros moratórios desde a citação inicial para a ação.

164. No processo de desapropriação, são devidos juros compensatórios desde a antecipada imissão de posse, ordenada pelo juiz, por motivo de urgência.

165. A venda realizada diretamente pelo mandante ao mandatário não é atingida pela nulidade do art. 1.133, II, do Código Civil.

- Refere-se ao CC/1916, art. 1.133, II.
- art. 497, CC/2002.

166. É inadmissível o arrependimento no compromisso de compra e venda sujeito ao regime do Decreto-Lei n. 58, de 10.12.1937.

167. Não se aplica o regime do Decreto-Lei n. 58, de 10.12.1937, ao compromisso de compra e venda não inscrito no registro imobiliário, salvo se o promitente vendedor se obrigou a efetuar o registro.

168. Para os efeitos do Decreto-Lei n. 58, de 10.12.1937, admite-se a inscrição imobiliária do compromisso de compra e venda no curso da ação.

169. Depende de sentença a aplicação da pena de comisso.

- Súm. 122, STF.

170. É resgatável a enfiteuse instituída anteriormente à vigência do Código Civil.

- Refere-se ao Código Civil/1916.
- art. 2.038, CC/2002.

171. Não se admite, na locação em curso, de prazo determinado, a majoração de encargos a que se refere a L. 3.844, de 15.12.60.

- Lei 3.844/1960 revogada pela Lei 4.494/1964.

172. Não se admite, na locação em curso, de prazo determinado, o reajustamento de aluguel a que se refere a L. 3.085, de 29.12.56.

- Lei 3.085/1956 revogada pela Lei 4.494/1964.

173. Em caso de obstáculo judicial admite-se a purga da mora, pelo locatário, além do prazo legal.

174. Para a retomada do imóvel alugado, não é necessária a comprovação dos requisitos legais na notificação prévia.

175. Admite-se a retomada de imóvel alugado para uso de filho que vai contrair matrimônio.

176. O promitente comprador, nas condições previstas na L. 1.300, de 28-12-50, pode retomar o imóvel locado.

- Lei 1.300 revogada pela Lei 4.494/1964.

177. O cessionário do promitente comprador, nas mesmas condições deste, pode retomar o imóvel locado.

178. Não excederá de cinco anos a renovação judicial de contrato de locação, fundada no Decreto n. 24.150, de 20.04.1934.

- Dec. 24.150 /1934 revogado pela Lei 8.245/1991.

179. O aluguel arbitrado judicialmente nos têrmos da L. 3.085, de 29.12.56, art. 6º, vigora a partir da data do laudo pericial.

- Lei 3.085/1956: revogada pela Lei 4.494/1964.

180. Na ação revisional do art. 31 do D. 24.150, de 20.4.34, o aluguel arbitrado vigora a partir do laudo pericial.

- Dec. 24.150/1934: revogado pela Lei 8.245/1991.

181. Na retomada, para construção mais útil de imóvel sujeito ao D. 24.150, de 20.4.34, é sempre devida indenização para despesas de mudança do locatário.

- Dec. 24.150/1934: revogado pela Lei 8.245/1991.

182. Não impede o reajustamento do débito pecuário, nos termos da L. 1.002, de 24.12.49, a falta de cancelamento da renúncia à moratória da L. 209, de 2.1.48.

183. Não se incluem no reajustamento pecuário dívidas estranhas à atividade agropecuária.

184. Não se incluem no reajustamento pecuário dívidas contraídas posteriormente a 19.12.1946.

185. Em processo de reajustamento pecuário, não responde a União pelos honorários do advogado do credor ou do devedor.

186. Não infringe a lei a tolerância da quebra de 1% no transporte por estrada de ferro, prevista no regulamento de transportes.

187. A responsabilidade contratual do transportador, pelo acidente com o passageiro, não é elidida por culpa de terceiro, contra o qual tem ação regressiva.

188. O segurador tem ação regressiva contra o causador do dano, pelo que efetivamente pagou, até ao limite previsto no contrato de seguro.

189. Avais em branco e superpostos consideram-se simultâneos e não sucessivos.

190. O não pagamento de título vencido há mais de trinta dias, sem protesto, não impede a concordata preventiva.

- art. 48, Lei 11.101/2005 (A concordata foi substituída pela recuperação judicial e extrajudicial de empresas).

191. Inclui-se no crédito habilitado em falência a multa fiscal simplesmente moratória.

- Cancelada.

192. Não se inclui no crédito habilitado em falência a multa fiscal com efeito de pena administrativa.

- Súm. 191 e 565, STF.

193. Para a restituição prevista no art. 76, § 2º, da Lei de Falências, conta-se o prazo de quinze dias da entrega da coisa e não da sua remessa.

- art. 85, p.u., Lei 11.101/2005 (Lei de Recuperação de Empresas e Falência).
- Súm. 417 e 495, STF.

194. É competente o Ministro do Trabalho para a especificação das atividades insalubres.

195. Contrato de trabalho para obra certa, ou de prazo determinado, transforma-se em contrato de prazo indeterminado, quando prorrogado por mais de quatro anos.

196. Ainda que exerça atividade rural, o empregado de empresa industrial ou comercial é classificado de acordo com a categoria do empregador.

197. O empregado com representação sindical só pode ser despedido mediante inquérito em que se apure falta grave.

198. As ausências motivadas por acidente do trabalho não são descontáveis do período aquisitivo das férias.

199. O salário das férias do empregado horista corresponde à média do período aquisitivo, não podendo ser inferior ao mínimo.

200. Não é inconstitucional a Lei n. 1.530, de 26.12.1951, que manda incluir na indenização por despedida injusta parcela correspondente a férias proporcionais.

201. O vendedor pracista, remunerado mediante comissão, não tem direito ao repouso semanal remunerado.

202. Na equiparação de salário, em caso de trabalho igual, toma-se em conta o tempo de serviço na função, e não no emprego.

203. Não está sujeita à vacância de 60 dias a vigência de novos níveis de salário-mínimo.

204. Tem direito o trabalhador substituto, ou de reserva, ao salário-mínimo no dia em que fica à disposição do empregador sem ser aproveitado na função específica; se aproveitado, recebe o salário contratual.

- Súm. 159, TST.

205. Tem direito a salário integral o menor não sujeito a aprendizagem metódica.

206. É nulo o julgamento ulterior pelo júri com a participação de jurado que funcionou em julgamento anterior do mesmo processo.

- art. 449, I, CPP.

207. As gratificações habituais, inclusive a de natal, consideram-se tacitamente convencionadas, integrando o salário.

208. O assistente do Ministério Público não pode recorrer, extraordinariamente, de decisão concessiva de *habeas corpus*.

‣ Súm. 210, STF.

209. O salário-produção, como outras modalidades de salário-prêmio, é devido, desde que verificada a condição a que estiver subordinado, e não pode ser suprimido unilateralmente, pelo empregador, quando pago com habitualidade.

210. O assistente do Ministério Público pode recorrer, inclusive extraordinariamente, na ação penal, nos casos dos arts. 584, § 1º, e 598 do Código de Processo Penal.

‣ Súm. 208, STF.

211. Contra a decisão proferida sôbre o agravo no auto do processo, por ocasião do julgamento da apelação, não se admitem embargos infringentes ou de nulidade.

212. Tem direito ao adicional de serviço perigoso o empregado de posto de revenda de combustível líquido.

213. É devido o adicional de serviço noturno, ainda que sujeito o empregado ao regime de revezamento.

214. A duração legal da hora de serviço noturno (52 minutos e 30 segundos) constitui vantagem suplementar que não dispensa o salário adicional.

215. Conta-se a favor de empregado readmitido o tempo de serviço anterior, salvo se houver sido despedido por falta grave ou tiver recebido a indenização legal.

216. Para decretação da absolvição de instância pela paralisação do processo por mais de trinta dias, é necessário que o autor, previamente intimado, não promova o andamento da causa.

217. Tem direito de retornar ao emprego, ou ser indenizado em caso de recusa do empregador, o aposentado que recupera a capacidade de trabalho dentro de cinco anos, a contar da aposentadoria, que se torna definitiva após esse prazo.

218. É competente o juízo da Fazenda Nacional da capital do Estado, e não o da situação da coisa, para a desapropriação promovida por empresa de energia elétrica, se a União Federal intervém como assistente.

219. Para a indenização devida a empregado que tinha direito a ser readmitido, e não foi, levam-se em conta as vantagens advindas à sua categoria no período do afastamento.

220. A indenização devida a empregado estável, que não é readmitido, ao cessar sua aposentadoria, deve ser paga em dobro.

221. A transferência de estabelecimento, ou a sua extinção parcial, por motivo que não seja de força maior, não justifica a transferência de empregado estável.

222. O princípio da identidade física do juiz não é aplicável às juntas de conciliação e julgamento da Justiça do Trabalho.

‣ EC 24/1999 (Altera dispositivos da Constituição Federal pertinentes à representação classista na Justiça do Trabalho).

‣ Súm. 217, TFR.

223. Concedida isenção de custas ao empregado, por elas não responde o sindicato que o representa em juízo.

224. Os juros da mora, nas reclamações trabalhistas, são contados desde a notificação inicial.

225. Não é absoluto o valor probatório das anotações da carteira profissional.

226. Na ação de desquite, os alimentos são devidos desde a inicial e não da data da decisão que os concede.

227. A concordata do empregador não impede a execução de crédito nem a reclamação de empregado na Justiça do Trabalho.

‣ art. 48, Lei 11.101/2005 (A concordata foi substituída pela recuperação judicial e extrajudicial de empresas).

228. Não é provisória a execução na pendência de recurso extraordinário, ou de agravo destinado a fazê-lo admitir.

‣ Revogada.

229. A indenização acidentária não exclui a do direito comum, em caso de dolo ou culpa grave do empregador.

230. A prescrição da ação de acidente do trabalho conta-se do exame pericial que comprovar a enfermidade ou verificar a natureza da incapacidade.

231. O revel, em processo cível, pode produzir provas, desde que compareça em tempo oportuno.

232. Em caso de acidente do trabalho, são devidas diárias até doze meses, as quais não se confundem com a indenização acidentária nem com o auxílio-enfermidade.

233. Salvo em caso de divergência qualificada (Lei n. 623/1949), não cabe recurso de embargos contra decisão que nega provimento a agravo ou não conhece de recurso extraordinário, ainda que por maioria de votos.

‣ Súm. 599, STF.

234. São devidos honorários de advogado em ação de acidente do trabalho julgada procedente.

235. É competente para a ação de acidente do trabalho a Justiça Cível Comum, inclusive em segunda instância, ainda que seja parte autarquia seguradora.

‣ arts. 109, I, e 114, VI, CF.

‣ Súm. 501, STF.

‣ Súm. 15, STJ.

‣ Súm. Vinc. 22, STF.

‣ EC 45/2004.

236. Em ação de acidente do trabalho, a autarquia seguradora não tem isenção de custas.

237. O usucapião pode ser arguído em defesa.

‣ Súm. 445, STF.

238. Em caso de acidente do trabalho, a multa pelo retardamento da liquidação é exigível do segurador sub-rogado, ainda que autarquia.

239. Decisão que declara indevida a cobrança do imposto em determinado exercício não faz coisa julgada em relação aos posteriores.

240. O depósito para recorrer, em ação de acidente do trabalho, é exigível do segurador sub-rogado, ainda que autarquia.

241. A contribuição previdenciária incide sobre o abono incorporado ao salário.

242. O agravo no auto do processo deve ser apreciado, no julgamento da apelação, ainda que o agravante não tenha apelado.

243. Em caso de dupla aposentadoria, os proventos a cargo do IAPFESP não são equiparáveis aos pagos pelo Tesouro Nacional, mas calculados à base da média salarial nos últimos doze meses de serviço.

245. A imunidade parlamentar não se estende ao corréu sem essa prerrogativa.

246. Comprovado não ter havido fraude, não se configura o crime de emissão de cheque sem fundos.

247. O relator não admitirá os embargos da Lei n. 623, de 19.02.1949, nem deles conhecerá o Supremo Tribunal Federal, quando houver jurisprudência firme do plenário no mesmo sentido da decisão embargada.

248. É competente, originariamente, o Supremo Tribunal Federal, para mandado de segurança contra ato do Tribunal de Contas da União.

‣ art. 102, I, d, CF.

249. É competente o Supremo Tribunal Federal para a ação rescisória, quando, embora não tendo conhecido do recurso extraordinário, ou havendo negado provimento ao agravo, tiver apreciado a questão federal controvertida.

‣ Súm. 515, STF.

250. A intervenção da União desloca o processo do juízo cível comum para o fazendário.

251. Responde a Rede Ferroviária Federal S.A. perante o foro comum e não perante o juízo especial da Fazenda Nacional, a menos que a União intervenha na causa.

‣ Súm. 508, 517 e 556, STF.

‣ Súm. 42, STJ.

252. Na ação rescisória, não estão impedidos juízes que participaram do julgamento rescindendo.

253. Nos embargos da Lei n. 623, de 19.02.1949, no Supremo Tribunal Federal, a divergência somente será acolhida, se tiver sido indicada na petição de recurso extraordinário.

254. Incluem-se os juros moratórios na liquidação, embora omisso o pedido inicial ou a condenação.

255. Sendo ilíquida a obrigação, os juros moratórios, contra a Fazenda Pública, incluídas as autarquias, são contados do trânsito em julgado da sentença de liquidação.

- Cancelada.

256. É dispensável pedido expresso para condenação do réu em honorários, com fundamento nos arts. 63 ou 64 do Código de Processo Civil.

- Refere-se ao CPC/1939.
- arts. 82 e ss., CPC/2015.

257. São cabíveis honorários de advogado na ação regressiva do segurador contra o causador do dano.

258. É admissível reconvenção em ação declaratória.

259. Para produzir efeito em juízo não é necessária a inscrição, no registro público, de documentos de procedência estrangeira, autenticados por via consular.

260. O exame de livros comerciais, em ação judicial, fica limitado às transações entre os litigantes.

261. Para a ação de indenização, em caso de avaria, é dispensável que a vistoria se faça judicialmente.

262. Não cabe medida possessória liminar para liberação alfandegária de automóvel

263. O possuidor deve ser citado pessoalmente para a ação de usucapião.

- Súm. 391, STF.

264. Verifica-se a prescrição intercorrente pela paralisação da ação rescisória por mais de cinco anos.

265. Na apuração de haveres não prevalece o balanço não aprovado pelo sócio falecido, excluído ou que se retirou.

266. Não cabe mandado de segurança contra lei em tese.

267. Não cabe mandado de segurança contra ato judicial passível de recurso ou correição.

- art. 5º, II, Lei 12.016/2009.

268. Não cabe mandado de segurança contra decisão judicial com trânsito em julgado.

269. O mandado de segurança não é substitutivo de ação de cobrança.

- Súm. 271, STF.

270. Não cabe mandado de segurança para impugnar enquadramento da Lei n. 3.780, de 12.07.1960, que envolva exame de prova ou de situação funcional complexa.

271. Concessão de mandado de segurança não produz efeitos patrimoniais em relação a período pretérito, os quais devem ser reclamados administrativamente ou pela via judicial própria.

- Súm. 269, STF.

272. Não se admite como ordinário recurso extraordinário de decisão denegatória de mandado de segurança.

273. Nos embargos da Lei n. 623, de 19.02.1949, a divergência sobre questão prejudicial ou preliminar, suscitada após a interposição do recurso extraordinário, ou do agravo, somente será acolhida se o acórdão-padrão for anterior à decisão embargada.

- Súm. 598, STF.

274. É inconstitucional a taxa de serviço contra fogo cobrada pelo Estado de Pernambuco.

- Revogada.

275. Está sujeita a recurso ex officio sentença concessiva de reajustamento pecuário anterior à vigência da Lei n. 2.804, de 25.06.1956.

276. Não cabe recurso de revista em ação executiva fiscal.

277. São cabíveis embargos, em favor da Fazenda Pública, em ação executiva fiscal, não sendo unânime a decisão.

278. São cabíveis embargos em ação executiva fiscal contra decisão reformatória da de primeira instância, ainda que unânime.

279. Para simples reexame de prova não cabe recurso extraordinário.

- Súm. 7, STJ.

280. Por ofensa a direito local não cabe recurso extraordinário.

281. É inadmissível o recurso extraordinário, quando couber na justiça de origem, recurso ordinário da decisão impugnada.

282. É inadmissível o recurso extraordinário, quando não ventilada, na decisão recorrida, a questão federal suscitada.

- Súm. 356, STF.
- Súm. 320, STJ.

283. É inadmissível o recurso extraordinário, quando a decisão recorrida assenta em mais de um fundamento suficiente e o recurso não abrange todos eles.

284. É inadmissível o recurso extraordinário, quando a deficiência na sua fundamentação não permitir a exata compreensão da controvérsia.

285. Não sendo razoável a arguição de inconstitucionalidade, não se conhece do recurso extraordinário fundado na letra c do art. 101, III, da Constituição Federal.

286. Não se conhece do recurso extraordinário fundado em divergência jurisprudencial, quando a orientação do plenário do Supremo Tribunal Federal já se firmou no mesmo sentido da decisão recorrida.

- Súm. 83, STF.

287. Nega-se provimento ao agravo, quando a deficiência na sua fundamentação, ou na do recurso extraordinário, não permitir a exata compreensão da controvérsia.

288. Nega-se provimento a agravo para subida de recurso extraordinário, quando faltar no traslado o despacho agravado, a decisão recorrida, a petição de recurso extraordinário ou qualquer peça essencial à compreensão da controvérsia.

- Súm. 639, STF.

289. O provimento do agravo por uma das turmas do Supremo Tribunal Federal ainda que sem ressalva, não prejudica a questão do cabimento do recurso extraordinário.

- Súm. 300, STF.

290. Nos embargos da Lei n. 623, de 19.02.1949, a prova de divergência far-se-á por certidão, ou mediante indicação do Diário da Justiça ou de repertório de jurisprudência autorizado, que a tenha publicado, com a transcrição do trecho que configure a divergência, mencionadas as circunstâncias que identifiquem ou assemelhem os casos confrontados.

291. No recurso extraordinário pela letra d do art. 101, III, da Constituição, a prova do dissídio jurisprudencial far-se-á por certidão, ou mediante indicação do Diário da Justiça ou de repertório de jurisprudência autorizado, com a transcrição do trecho que configure a divergência, mencionadas as circunstâncias que identifiquem ou assemelhem os casos confrontados.

292. Interposto o recurso extraordinário por mais de um dos fundamentos indicados no art. 101, III, da Constituição, a admissão apenas por um deles não prejudica o seu conhecimento por qualquer dos outros.

293. São inadmissíveis embargos infringentes contra decisão em matéria constitucional submetida ao plenário dos tribunais.

- Súm. 296 e 455, STF.

294. São inadmissíveis embargos infringentes contra decisão do Supremo Tribunal Federal em mandado de segurança.

- Súm. 597, STF.

295. São inadmissíveis embargos infringentes contra decisão unânime do Supremo Tribunal Federal em ação rescisória.

296. São inadmissíveis embargos infringentes sobre matéria não ventilada, pela turma, no julgamento do recurso extraordinário.

- Súm. 293, STF.

297. Oficiais e praças das milícias dos Estados, no exercício de função policial civil, não são considerados militares para efeitos penais, sendo competente a Justiça comum para julgar os crimes cometidos por ou contra êles.

298. O legislador ordinário só pode sujeitar civis à justiça militar, em tempo de paz, nos crimes contra a segurança externa do país ou as instituições militares.

299. O recurso ordinário e o extraordinário interpostos no mesmo processo de mandado de segurança, ou de *habeas corpus*, serão julgados conjuntamente pelo tribunal pleno.

300. São incabíveis os embargos da Lei n. 623, de 19.02.1949, contra provimento de agravo para subida de recurso extraordinário.

▸ Súm. 599, STF.

301. Por crime de responsabilidade, o procedimento penal contra Prefeito Municipal fica condicionado ao seu afastamento do cargo por impeachment, ou à cessação do exercício por outro motivo.

▸ Cancelada.

302. Está isenta da taxa de previdência social a importação de petróleo bruto.

303. Não é devido o impôsto federal de sêlo em contrato firmado com autarquia anteriormente à vigência da Emenda Constitucional 5, de 21-11-1961.

304. Decisão denegatória de mandado de segurança, não fazendo coisa julgada contra o impetrante, não impede o uso da ação própria.

305. Acordo de desquite ratificado por ambos os cônjuges não é retratável unilateralmente.

▸ Alteração legislativa posterior à súmula.

306. As taxas de recuperação econômica e de assistência hospitalar de Minas Gerais são legítimas, quando incidem sôbre matéria tributável pelo Estado.

307. É devido o adicional de serviço insalubre, calculado à base do salário-mínimo da região, ainda que a remuneração contratual seja superior ao salário-mínimo acrescido da taxa de insalubridade.

308. A taxa de despacho aduaneiro, sendo adicional do imposto de importação, não incide sobre borracha importada com isenção daquele imposto.

▸ Súm. 130 e 131, STF.

309. A taxa de despacho aduaneiro, sendo adicional do imposto de importação, não está compreendida na isenção do imposto de consumo para automóvel usado trazido do exterior pelo proprietário.

▸ Súm. 86, STF.

310. Quando a intimação tiver lugar na sexta-feira, ou a publicação com efeito de intimação for feita nesse dia, o prazo judicial terá início na segunda-feira imediata, salvo se não houver expediente, caso em que começará no primeiro dia útil que se seguir.

311. No típico acidente do trabalho, a existência de ação judicial não exclui a multa pelo retardamento da liquidação.

312. Músico integrante de orquestra da empresa, com atuação permanente e vínculo de subordinação, está sujeito a legislação geral do trabalho, e não à especial dos artistas.

313. Provada a identidade entre o trabalho diurno e o noturno, é devido o adicional, quanto a este, sem a limitação do art. 73, § 3º, da Consolidação das Leis do trabalho independentemente da natureza da atividade do empregador.

314. Na composição do dano por acidente do trabalho, ou de transporte, não é contrário à lei tomar para base da indenização o salário do tempo da perícia ou da sentença.

315. Indispensável o traslado das razões da revista, para julgamento, pelo Tribunal Superior do Trabalho, do agravo para sua admissão.

316. A simples adesão a greve não constitui falta grave.

317. São improcedentes os embargos declaratórios, quando não pedida a declaração do julgado anterior, em que se verificou a omissão.

318. É legítima a cobrança, em 1962, pela municipalidade de São Paulo, do impôsto de indústrias e profissões, consoante as leis 5.917 e 5.919, de 1961 (aumento anterior à vigência do orçamento e incidência do tributo sôbre o movimento econômico do contribuinte).

319. O prazo do recurso ordinário para o Supremo Tribunal Federal, em *habeas corpus* ou mandado de segurança, é de cinco dias.

320. A apelação despachada pelo juiz no prazo legal não fica prejudicada pela demora da juntada, por culpa do cartório.

▸ Súm. 425 e 428, STF.

321. A Constituição Estadual pode estabelecer a irredutibilidade dos vencimentos do Ministério Público.

▸ Revogada.

322. Não terá seguimento pedido ou recurso dirigido ao Supremo Tribunal Federal, quando manifestamente incabível, ou apresentado fora do prazo, ou quando for evidente a incompetência do tribunal.

323. É inadmissível a apreensão de mercadorias como meio coercitivo para pagamento de tributos.

324. A imunidade do art. 31, V, da Constituição Federal não compreende as taxas.

325. As emendas ao regimento do Supremo Tribunal Federal, sobre julgamento de questão constitucional, aplicam-se aos pedidos ajuizados e aos recursos interpostos anteriormente a sua aprovação.

326. É legítima a incidência do imposto de transmissão inter vivos sobre a transferência do domínio útil.

327. O direito trabalhista admite a prescrição intercorrente.

328. É legítima a incidência do imposto de transmissão inter vivos sobre a doação de imóvel.

329. O imposto de transmissão inter vivos não incide sobre a transferência de ações de sociedade imobiliária.

330. O Supremo Tribunal Federal não é competente para conhecer de mandado de segurança contra atos dos tribunais de Justiça dos Estados.

331. É legítima a incidência do Imposto de Transmissão causa mortis no inventário por morte presumida.

332. É legítima a incidência do impôsto de vendas e consignações sôbre a parcela do preço correspondente aos ágios cambiais.

333. Está sujeita ao impôsto de vendas e consignações a venda realizada por invernista não qualificado como pequeno produtor.

334. É legítima a cobrança, ao empreiteiro, do impôsto de vendas e consignações, sôbre o valor dos materiais empregados, quando a empreitada não for apenas de lavor.

335. É válida a cláusula de eleição do foro para os processos oriundos do contrato.

336. A imunidade da autarquia financiadora, quanto ao contrato de financiamento, não se estende à compra e venda entre particulares, embora constantes os dois atos de um só instrumento.

337. A controvérsia entre o empregador e o segurador não suspende o pagamento devido ao empregado por acidente do trabalho.

338. Não cabe ação rescisória no âmbito da Justiça do Trabalho.

339. Não cabe ao Poder Judiciário, que não tem função legislativa, aumentar vencimentos de servidores públicos sob fundamento de isonomia.

▸ Súm. Vinc. 37, STF.

340. Desde a vigência do Código Civil, os bens dominicais, como os demais bens públicos, não podem ser adquiridos por usucapião.

341. É presumida a culpa do patrão ou comitente pelo ato culposo do empregado ou preposto.

342. Cabe agravo no auto do processo, e não agravo de petição, do despacho que não admite a reconvenção.

343. Não cabe ação rescisória por ofensa a literal disposição de lei, quando a decisão rescindenda se tiver baseado em texto legal de interpretação controvertida nos tribunais.

344. Sentença de primeira instância concessiva de *habeas corpus*, em caso de crime praticado em detrimento de bens, serviços ou interesses da União, está sujeita a recurso ex officio.

345. Na chamada desapropriação indireta, os juros compensatórios são devidos a partir da perícia, desde que tenha atribuído valor atual ao imóvel.

▸ Superada.

▸ Súm. 164 e 618, STF.

346. A Administração Pública pode declarar a nulidade dos seus próprios atos.

▸ Súm. 6 e 473, STF.

347. O Tribunal de Contas, no exercício de suas atribuições, pode apreciar a constitucionalidade das leis e dos atos do Poder Público.

348. É constitucional a criação de taxa de construção, conservação e melhoramento de estradas.

349. A prescrição atinge somente as prestações de mais de dois anos, reclamadas com fundamento em decisão normativa da Justiça do Trabalho, ou em convenção coletiva de trabalho, quando não estiver em causa a própria validade de tais atos.

- art. 178, § 10, VI, CC/1916.

350. O impôsto de indústrias e profissões não é exigível de empregado, por falta de autonomia na sua atividade profissional.

351. É nula a citação por edital de réu preso na mesma Unidade da Federação em que o juiz exerce a sua jurisdição.

352. Não é nulo o processo penal por falta de nomeação de curador ao réu menor que teve a assistência de defensor dativo.

353. São incabíveis os embargos da Lei n. 623, de 19.02.1949, com fundamento em divergência entre decisões da mesma Turma do Supremo Tribunal Federal.

354. Em caso de embargos infringentes parciais, é definitiva a parte da decisão embargada em que não houve divergência na votação.

355. Em caso de embargos infringentes parciais, é tardio o recurso extraordinário interposto após o julgamento dos embargos, quanto à parte da decisão embargada que não fora por eles abrangida.

356. O ponto omisso da decisão, sobre o qual não foram opostos embargos declaratórios, não pode ser objeto de recurso extraordinário, por faltar o requisito do prequestionamento.

357. É lícita a convenção pela qual o locador renuncia, durante a vigência do contrato, à ação revisional do art. 31 do Decreto 24.150, de 20-4-1934.

- Dec. 24.150/1934 revogado pela Lei 8.245/1991.

358. O servidor público em disponibilidade tem direito aos vencimentos integrais do cargo.

359. Ressalvada a revisão prevista em lei, os proventos da inatividade regulam-se pela lei vigente ao tempo em que o militar, ou o servidor civil, reuniu os requisitos necessários.

360. Não há prazo de decadência para a representação de inconstitucionalidade prevista no art. 8º, parágrafo único, da Constituição Federal.

361. No processo penal, é nulo o exame realizado por um só perito, considerando-se impedido o que tiver funcionado, anteriormente, na diligência de apreensão.

362. A condição de ter o clube sede própria para a prática de jogo lícito não o obriga a ser proprietário do imóvel em que tem sede.

363. A pessoa jurídica de direito privado pode ser demandada no domicílio da agência, ou estabelecimento, em que se praticou o ato.

364. Enquanto o Estado da Guanabara não tiver Tribunal Militar de segunda instância, o Tribunal de Justiça é competente para julgar os recursos das decisões da auditoria da Polícia Militar.

365. Pessoa jurídica não tem legitimidade para propor ação popular.

366. Não é nula a citação por edital que indica o dispositivo da lei penal, embora não transcreva a denúncia ou queixa, ou não resuma os fatos em que se baseia.

367. Concede-se liberdade ao extraditando que não for retirado do país no prazo do art. 16 do Decreto-Lei n. 394, de 28.04.1938.

368. Não há embargos infringentes no processo de reclamação.

369. Julgados do mesmo tribunal não servem para fundamentar o recurso extraordinário por divergência jurisprudencial.

370. Julgada improcedente a ação renovatória de locação, terá o locatário, para desocupar o imóvel, o prazo de seis meses, acrescido de tantos meses quantos forem os anos da ocupação, até o limite total de dezoito meses.

- Superada, uma vez que era baseada na lei nº 1.300/50, que foi revogada.

371. Ferroviário, que foi admitido como servidor autárquico, não tem direito a dupla aposentadoria.

372. A Lei n. 2.752, de 10.04.1956, sobre dupla aposentadoria, aproveita, quando couber, a servidores aposentados antes de sua publicação.

373. Servidor nomeado após aprovação no curso de capacitação policial, instituído na Polícia do Distrito Federal, em 1941, preenche o requisito da nomeação por concurso a que se referem as Leis 705, de 16-5-49 e 1.639, de 14-7-1952.

374. Na retomada para construção mais útil, não é necessário que a obra tenha sido ordenada pela autoridade pública.

375. Não renovada a locação regida pelo Decreto 24.150, de 20-4-1934, aplica-se o direito comum e não a legislação especial do inquilinato.

- Dec. 24.150/1934 revogado pela Lei 8.245/1991.

376. Na renovação de locação, regida pelo Decreto 24.150, de 20-4-1934, o prazo do nôvo contrato conta-se da transcrição da decisão exequenda no Registro de Títulos e Documentos; começa, porém, da terminação do contrato anterior, se esta tiver ocorrido antes do registro.

- Dec. 24.150/1934 revogado pela Lei 8.245/1991.

377. No regime de separação legal de bens, comunicam-se os adquiridos na constância do casamento.

- Súm. 655, STJ.

378. Na indenização por desapropriação incluem-se honorários do advogado do expropriado.

379. No acordo de desquite não se admite renúncia aos alimentos, que poderão ser pleiteados ulteriormente, verificados os pressupostos legais.

380. Comprovada a existência de sociedade de fato entre os concubinos, é cabível a sua dissolução judicial, com a partilha do patrimônio adquirido pelo esforço comum

381. Não se homologa sentença de divórcio obtida, por procuração, em país de que os cônjuges não eram nacionais.

- Lei 5.515/1977 (Lei do Divórcio).

382. A vida em comum sob o mesmo teto, "more uxorio", não é indispensável à caracterização do concubinato.

383. A prescrição em favor da Fazenda Pública recomeça a correr, por dois anos e meio, a partir do ato interruptivo, mas não fica reduzida aquém de cinco anos, embora o titular do direito a interrompa durante a primeira metade do prazo.

384. A demissão de extranumerário do Serviço Público Federal, equiparado a funcionário de provimento efetivo para efeito de estabilidade, é da competência do Presidente da República.

385. Oficial das Fôrças Armadas só pode ser reformado, em tempo de paz, por decisão de tribunal militar permanente, ressalvada a situação especial dos atingidos pelo art. 177 da Constituição de 1937.

386. Pela execução de obra musical por artistas remunerados é devido direito autoral, não exigível quando a orquestra for de amadores.

387. A cambial emitida ou aceita com omissões, ou em branco, pode ser completada pelo credor de boa-fé antes da cobrança ou do protesto.

388. O casamento da ofendida com quem não seja o ofensor faz cessar a qualidade do seu representante legal, e a ação penal só pode prosseguir por iniciativa da própria ofendida, observados os prazos legais de decadência e perempção.

- Revogada.

389. Salvo limite legal, a fixação de honorários de advogado, em complemento da condenação, depende das circunstâncias da causa, não dando lugar a recurso extraordinário.

- Súm. 279, STF.

390. A exibição judicial de livros comerciais pode ser requerida como medida preventiva.

391. O confinante certo deve ser citado, pessoalmente, para a ação de usucapião.

- Súm. 263, STF.

392. O prazo para recorrer de acórdão concessivo de segurança conta-se da publicação oficial de suas conclusões, e não da anterior ciência à autoridade para cumprimento da decisão.

- Lei 12.016/2009.

393. Para requerer revisão criminal, o condenado não é obrigado a recolher-se à prisão.

- Súm. 310, STF.

394. Cometido o crime durante o exercício funcional, prevalece a competência especial por prerrogativa de função, ainda que o inquérito ou a ação penal sejam iniciados após a cessação daquele exercício.

› Cancelada.

395. Não se conhece de recurso de *habeas corpus* cujo objeto seja resolver sobre o ônus das custas, por não estar mais em causa a liberdade de locomoção.

396. Para a ação penal por ofensa à honra, sendo admissível a exceção da verdade quanto ao desempenho de função pública, prevalece a competência especial por prerrogativa de função, ainda que já tenha cessado o exercício funcional do ofendido.

397. O poder de polícia da Câmara dos Deputados e do Senado Federal, em caso de crime cometido nas suas dependências, compreende, consoante o regimento, a prisão em flagrante do acusado e a realização do inquérito.

398. O Supremo Tribunal Federal não é competente para processar e julgar, originariamente, deputado ou senador acusado de crime.

399. Não cabe recurso extraordinário, por violação de lei federal, quando a ofensa alegada for a regimento de tribunal.

400. Decisão que deu razoável interpretação à lei, ainda que não seja a melhor, não autoriza recurso extraordinário pela letra a do art. 101, III, da Constituição Federal.

› art. 102, III, a e b, CF/1988.

401. Não se conhece do recurso de revista, nem dos embargos de divergência, do processo trabalhista, quando houver jurisprudência firme do Tribunal Superior do Trabalho no mesmo sentido da decisão impugnada, salvo se houver colisão com a jurisprudência do Supremo Tribunal Federal.

› Súm. 247 e 286, STF.

402. Vigia noturno tem direito a salário adicional.

403. É de decadência o prazo de trinta dias para instauração do inquérito judicial, a contar da suspensão, por falta grave, de empregado estável.

› Súm. 213, 214 e 313, STF.

404. Não contrariam a Constituição os arts. 3º, 22 e 27 da Lei 3.244, de 14-8-1957, que definem as atribuições do Conselho de Política Aduaneira quanto à tarifa flexível.

405. Denegado o mandado de segurança pela sentença, ou no julgamento do agravo, dela interposto, fica sem efeito a liminar concedida, retroagindo os efeitos da decisão contrária.

406. O estudante ou professor bolsista e o servidor público em missão de estudo satisfazem a condição da mudança de residência para o efeito de trazer automóvel do exterior, atendidos os demais requisitos legais.

407. Não tem direito ao terço de campanha o militar que não participou de operações de guerra, embora servisse na "zona de guerra".

408. Os servidores fazendários não têm direito a percentagem pela arrecadação de receita federal destinada ao Banco Nacional de Desenvolvimento Econômico.

› Súm. 30, STF.

409. Ao retomante, que tenha mais de um prédio alugado, cabe optar entre eles, salvo abuso de direito.

410. Se o locador, utilizando prédio próprio para residência ou atividade comercial, pede o imóvel locado para uso próprio, diverso do que tem o por ele ocupado, não está obrigado a provar a necessidade, que se presume.

411. O locatário autorizado a ceder a locação pode sublocar o imóvel.

412. No compromisso de compra e venda com cláusula de arrependimento, a devolução do sinal, por quem o deu, ou a sua restituição em dobro, por quem o recebeu, exclui indenização maior, a título de perdas e danos, salvo os juros moratórios e os encargos do processo.

413. O compromisso de compra e venda de imóveis, ainda que não loteados, dá direito à execução compulsória, quando reunidos os requisitos legais.

414. Não se distingue a visão direta da oblíqua na proibição de abrir janela, ou fazer terraço, eirado, ou varanda, a menos de metro e meio do prédio de outrem.

415. Servidão de trânsito não titulada, mas tornada permanente, sobretudo pela natureza das obras realizadas, considera-se aparente, conferindo direito à proteção possessória.

416. Pela demora no pagamento do preço da desapropriação não cabe indenização complementar além dos juros.

417. Pode ser objeto de restituição, na falência, dinheiro em poder do falido, recebido em nome de outrem, ou do qual, por lei ou contrato, não tivesse ele a disponibilidade.

› Lei 11.101/2005 (Nova Lei de Falências).

› Súm. 193 e 495, STF.

418. Empréstimo compulsório não é tributo, e sua arrecadação não está sujeita à exigência constitucional da prévia autorização orçamentária.

› Sem eficácia.

419. Os municípios têm competência para regular o horário do comércio local, desde que não infrinjam leis estaduais ou federais válidas.

› Súm. Vinculantes 38 e 645.

420. Não se homologa sentença proferida no estrangeiro sem prova do trânsito em julgado.

› Súm. Vinc. 38 e Súm. 645, STF.

421. Não impede a extradição a circunstância de ser o extraditando casado com brasileira ou ter filho brasileiro.

422. A absolvição criminal não prejudica a medida de segurança, quando couber, ainda que importe privação da liberdade.

423. Não transita em julgado a sentença por haver omitido o recurso ex officio, que se considera interposto ex lege.

424. Transita em julgado o despacho saneador de que não houve recurso, excluídas as questões deixadas, explícita ou implicitamente, para a sentença.

425. O agravo despachado no prazo legal não fica prejudicado pela demora da juntada, por culpa do cartório; nem o agravo entregue em cartório no prazo legal, embora despachado tardiamente.

› Súm. 320 e 428, STF.

426. A falta do termo específico não prejudica o agravo no auto do processo, quando oportuna a interposição por petição ou no termo da audiência.

› Súm. 427, STF.

427. A falta de petição de interposição não prejudica o agravo no auto do processo tomado por termo.

› Superada.

428. Não fica prejudicada a apelação entregue em cartório no prazo legal, embora despachada tardiamente.

› Súm. 320 e 425, STF.

429. A existência de recurso administrativo com efeito suspensivo não impede o uso do mandado de segurança contra omissão da autoridade.

› art. 5º, I, Lei 12.016/2009.

430. Pedido de reconsideração na via administrativa não interrompe o prazo para o mandado de segurança.

431. É nulo o julgamento de recurso criminal, na segunda instância, sem prévia intimação, ou publicação da pauta, salvo em *habeas corpus*.

432. Não cabe recurso extraordinário com fundamento no art. 101, III, d, da Constituição Federal, quando a divergência alegada for entre decisões da Justiça do Trabalho.

› art. 102, III, CF.

433. É competente o Tribunal Regional do Trabalho para julgar mandado de segurança contra ato de seu presidente em execução de sentença trabalhista.

434. A controvérsia entre seguradores indicados pelo empregador na ação de acidente do trabalho não suspende o pagamento devido ao acidentado.

435. O imposto de transmissão causa mortis pela transferência de ações é devido ao estado em que tem sede a companhia.

436. É válida a Lei 4.093, de 24-10-1959, do Paraná, que revogou a isenção concedida às cooperativas por lei anterior.

437. Está isenta da taxa de despacho aduaneiro a importação de equipamento para a indústria automobilística, segundo plano aprovado, no prazo legal, pelo órgão competente.

438. É ilegítima a cobrança, em 1962, da Taxa de Educação e Saúde, de Santa Catarina, adicional do impôsto de vendas e consignações.

439. Estão sujeitos à fiscalização tributária ou previdenciária quaisquer livros comerciais, limitado o exame aos pontos objeto da investigação.

‣ Súm. 67, STF.

440. Os benefícios da legislação federal de serviços de guerra não são exigíveis dos estados, sem que a lei estadual assim disponha.

441. O militar, que passa à inatividade com proventos integrais, não tem direito às cotas trigésimas a que se refere o código de vencimentos e vantagens dos militares.

442. A inscrição do contrato de locação no registro de imóveis, para a validade da cláusula de vigência contra o adquirente do imóvel, ou perante terceiros, dispensa a transcrição no registro de títulos e documentos.

443. A prescrição das prestações anteriores ao período previsto em lei não ocorre, quando não tiver sido negado, antes daquele prazo, o próprio direito reclamado, ou a situação jurídica de que ele resulta.

‣ Súm. 349, STF.

444. Na retomada para construção mais útil, de imóvel sujeito ao D. 24.150, de 20.4.34, a indenização se limita às despesas de mudança.

‣ Dec. 24.150/1934 revogado pela Lei 8.245/1991.

445. A Lei 2.437, de 7-3-1955, que reduz prazo prescricional, é aplicável às prescrições em curso na data de sua vigência (1º-1-1956), salvo quanto aos processos então pendentes.

446. Contrato de exploração de jazida ou pedreira não está sujeito ao D. 24.150, de 20.4.34.

‣ Dec. 24.150/1934 revogado pela Lei 8.245/1991.

447. É válida a disposição testamentária em favor de filho adulterino do testador com sua concubina.

448. O prazo para o assistente recorrer, supletivamente, começa a correr imediatamente após o transcurso do prazo do Ministério Público.

449. O valor da causa, na consignatória de aluguel, corresponde a uma anuidade.

450. São devidos honorários de advogado sempre que vencedor o beneficiário de justiça gratuita.

451. A competência especial por prerrogativa de função não se estende ao crime cometido após a cessação definitiva do exercício funcional.

‣ Súm. 394, STF.

452. Oficiais e praças do Corpo de Bombeiros do Estado da Guanabara respondem perante a Justiça Comum por crime anterior à Lei 427, de 11-10-1948.

453. Não se aplicam à segunda instância o art. 384 e parágrafo único do Código de Processo Penal, que possibilitam dar nova definição jurídica ao fato delituoso, em virtude de circunstância elementar não contida, explícita ou implicitamente, na denúncia ou queixa.

‣ art. 384, CPP.

454. Simples interpretação de cláusulas contratuais não dá lugar a recurso extraordinário.

‣ Súm. 279, STF.

455. Da decisão que se seguir ao julgamento de constitucionalidade pelo tribunal pleno, são inadmissíveis embargos infringentes quanto à matéria constitucional.

‣ Súm. 293, STF.

456. O Supremo Tribunal Federal, conhecendo do recurso extraordinário, julgará a causa, aplicando o direito à espécie.

457. O Tribunal Superior do Trabalho, conhecendo da revista, julgará a causa, aplicando o direito à espécie.

458. O processo da execução trabalhista não exclui a remição pelo executado.

459. No cálculo da indenização por despedida injusta, incluem-se os adicionais, ou gratificações, que, pela habitualidade, se tenham incorporado ao salário.

460. Para efeito do adicional de insalubridade, a perícia judicial, em reclamação trabalhista, não dispensa o enquadramento da atividade entre as insalubres, que é ato da competência do Ministro do Trabalho e Previdência Social.

‣ Súm. 194, STF.

461. É duplo, e não triplo, o pagamento do salário nos dias destinados a descanso.

462. No cálculo da indenização por despedida injusta inclui-se, quando devido, o repouso semanal remunerado.

‣ Súm. 207, 213, 214 e 313, STF.

463. Para efeito de indenização e estabilidade, conta-se o tempo em que o empregado esteve afastado, em serviço militar obrigatório, mesmo anteriormente à Lei n. 4.072, de 1º.06.1962.

464. No cálculo da indenização por acidente do trabalho inclui-se, quando devido, o repouso semanal remunerado.

465. O regime de manutenção de salário, aplicável ao (IAPM) e ao (IAPETC), exclui a indenização tarifada na lei de acidentes do trabalho, mas não o benefício previdenciário.

466. Não é inconstitucional a inclusão de sócios e administradores de sociedades e titulares de firmas individuais como contribuintes obrigatórios da Previdência Social.

467. A base do cálculo das contribuições previdenciárias, anteriormente à vigência da Lei Orgânica da Previdência Social, é o salário-mínimo mensal, observados os limites da Lei n. 2.755/1956.

468. Após a Emenda Constitucional n. 5, de 21.11.1961, em contrato firmado com a União, Estado, Município ou Autarquia, é devido o Imposto Federal de Selo pelo contratante não protegido pela imunidade, ainda que haja repercussão do ônus tributário sobre o patrimônio daquelas entidades.

‣ Súm. 303, STF.

469. A multa de cem por cento, para o caso de mercadoria importada irregularmente, é calculada à base do custo de câmbio da categoria correspondente.

470. O imposto de transmissão inter vivos não incide sobre a construção, ou parte dela, realizada, inequivocamente, pelo promitente comprador, mas sobre o valor do que tiver sido construído antes da promessa de venda.

‣ Súm. 110, STF.

471. As empresas aeroviárias não estão isentas do Imposto de Indústrias e Profissões

472. A condenação do autor em honorários de advogado, com fundamento no art. 64 do Código de Processo Civil, depende de reconvenção.

‣ Refere-se ao CPC/1939.

‣ arts. 82 e ss., CPC/2015.

‣ arts. 186 e 927, CC/2002.

473. A Administração pode anular seus próprios atos, quando eivados de vícios que os tornam ilegais, porque deles não se originam direitos; ou revogá-los, por motivo de conveniência ou oportunidade, respeitados os direitos adquiridos, e ressalvada, em todos os casos, a apreciação judicial.

474. Não há direito líquido e certo, amparado pelo mandado de segurança, quando se escuda em lei cujos efeitos foram anulados por outra, declarada constitucional pelo Supremo Tribunal Federal.

475. A Lei n. 4.686, de 21.06.1965, tem aplicação imediata aos processos em curso, inclusive em grau de recurso extraordinário.

476. Desapropriadas as ações de uma sociedade, o poder desapropriante, imitido na posse, pode exercer, desde logo, todos os direitos inerentes aos respectivos títulos.

477. As concessões de terras devolutas situadas na faixa de fronteira, feitas pelos Estados, autorizam, apenas, o uso, permanecendo o domínio com a União, ainda que se mantenha inerte ou tolerante, em relação aos possuidores.

478. O provimento em cargos de juízes substitutos do trabalho, deve ser feito independentemente de lista tríplice, na ordem de classificação dos candidatos.

479. As margens dos rios navegáveis são de domínio público, insuscetíveis de expropriação e, por isso mesmo, excluídas de indenização.

480. Pertencem ao domínio e administração da União, nos termos dos arts. 4º, IV, e 186, da Constituição Federal de 1967, as terras ocupadas por silvícolas.

‣ art. 231, CF.

481. Se a locação compreende, além do imóvel, fundo de comércio, com instalações e pertences, como no caso de teatros, cinemas e hotéis, não se aplicam ao retomante as restrições do art. 8º, "e", parágrafo único, do Decreto n. 24.150, de 20.04.1934.

- Dec. 24.150/1934 revogado pela Lei 8.245/1991.

482. O locatário, que não for sucessor ou cessionário do que o precedeu na locação, não pode somar os prazos concedidos a este, para pedir a renovação do contrato, nos termos do Decreto n. 24.150.

- Dec. 24.150/1934 revogado pela Lei 8.245/1991.

483. É dispensável a prova da necessidade, na retomada de prédio situado em localidade para onde o proprietário pretende transferir residência, salvo se mantiver, também, a anterior, quando dita prova será exigida.

- Súm. 80, STF.

484. Pode, legitimamente, o proprietário pedir o prédio para a residência de filho, ainda que solteiro, de acordo com o art. 11, III, da Lei n. 4.494, de 25.11.1964.

485. Nas locações regidas pelo Decreto n. 24.150, de 20.04.1934.a presunção de sinceridade do retomante é relativa, podendo ser ilidida pelo locatário.

- Dec. 24.150/1934 revogado pela Lei 8.245/1991.

486. Admite-se a retomada para sociedade da qual o locador, ou seu cônjuge, seja sócio, com participação predominante no capital social.

487. Será deferida a posse a quem, evidentemente, tiver o domínio, se com base neste for ela disputada.

- art. 1.210, § 2º, CC/2002.

489. A compra e venda de automóvel não prevalece contra terceiros, de boa-fé, se o contrato não foi transcrito no registro de títulos e documentos.

490. A pensão correspondente à indenização oriunda de responsabilidade civil deve ser calculada com base no salário-mínimo vigente ao tempo da sentença e ajustar-se-á às variações ulteriores.

491. É indenizável o acidente que cause a morte de filho menor, ainda que não exerça trabalho remunerado.

492. A empresa locadora de veículos responde, civil e solidariamente com o locatário, pelos danos por este causados a terceiro, no uso do carro locado.

493. O valor da indenização, se consistente em prestações periódicas e sucessivas, compreenderá, para que se mantenha inalterável na sua fixação, parcelas compensatórias do imposto de renda, incidente sobre os juros do capital gravado ou caucionado, nos termos dos arts. 911 e 912 do Código de Processo Civil.

- Refere-se ao CPC/1939.
- art. 533, CPC/2015.

494. A ação para anular venda de ascendente a descendente, sem consentimento dos demais, prescreve em vinte anos, contados da data do ato, revogada a Súmula n. 152.

495. A restituição em dinheiro da coisa vendida a crédito, entregue nos quinze dias anteriores ao pedido de falência ou de concordata, cabe, quando, ainda que consumida ou transformada, não faça o devedor prova de haver sido alienada a terceiro.

- Lei 11.101/2005 (Lei de Recuperação de Empresas e Falências).
- Súm. 193 e 417, STF.

496. São válidos, porque salvaguardados pelas disposições constitucionais transitórias da Constituição Federal de 1967, os decretos-leis expedidos entre 24 de janeiro e 15 de março de 1967.

497. Quando se tratar de crime continuado, a prescrição regula-se pela pena imposta na sentença, não se computando o acréscimo decorrente da continuação.

498. Compete à Justiça dos Estados, em ambas as instâncias, o processo e o julgamento dos crimes contra a economia popular.

499. Não obsta à concessão do sursis condenação anterior à pena de multa.

500. Não cabe a ação cominatória para compelir-se o réu a cumprir obrigação de dar.

501. Compete à Justiça Ordinária Estadual o processo e o julgamento, em ambas as instâncias, das causas de acidente do trabalho, ainda que promovidas contra a União, suas autarquias, empresas públicas ou sociedades de economia mista.

- arts. 109, I, e 114, VI, CF.
- Súm. 235, STF.
- Súm. Vinc. 22, STF.
- Súm. 15, STJ.

502. Na aplicação do art. 839 do Código de Processo Civil, com a redação da Lei n. 4.290, de 05.12.1963, a relação valor da causa e salário-mínimo vigente na capital do Estado, ou do Território, para o efeito de alçada, deve ser considerada na data do ajuizamento do pedido.

- Refere-se ao CPC/1939.
- arts. 291 e ss., CPC/2015.

503. A dúvida, suscitada por particular, sobre o direito de tributar, manifestado por dois estados, não configura litígio da competência originária do Supremo Tribunal Federal.

504. Compete à Justiça Federal, em ambas as instancias, o processo e o julgamento das causas fundadas em contrato de seguro marítimo.

505. Salvo quando contrariarem a Constituição, não cabe recurso para o Supremo Tribunal Federal, de quaisquer decisões da Justiça do Trabalho, inclusive dos presidentes de seus tribunais.

506. O agravo a que se refere o art. 4º da Lei 4.348, de 26-6-1964, cabe, somente, do despacho do Presidente do Supremo Tribunal Federal que defere a suspensão da liminar, em mandado de segurança; não do que a "denega".

- Revogada.

507. A ampliação dos prazos a que se refere o art. 32 do Código de Processo Civil aplica-se aos executivos fiscais.

508. Compete à Justiça Estadual, em ambas as instâncias, processar e julgar as causas em que for parte o Banco do Brasil S.A.

509. A Lei 4.632, de 18-05-1965, que alterou o art. 64 do Código de Processo Civil, aplica-se aos processos em andamento, nas instâncias ordinárias.

510. Praticado o ato por autoridade, no exercício de competência delegada, contra ela cabe o mandado de segurança ou a medida judicial.

511. Compete à Justiça Federal, em ambas as instâncias, processar e julgar as causas entre autarquias federais e entidades públicas locais, inclusive mandados de segurança, ressalvada a ação fiscal, nos termos da Constituição Federal de 1967, art. 119, § 3º.

- art. 109, CF.

512. Não cabe condenação em honorários de advogado na ação de mandado de segurança.

- Súm. 105, STJ.
- art. 25, Lei 12.016/2009.

513. A decisão que enseja a interposição de recurso ordinário ou extraordinário não é a do plenário, que resolve o incidente de inconstitucionalidade, mas a do órgão (câmaras, grupos ou turmas) que completa o julgamento do feito.

514. Admite-se ação rescisória contra sentença transitada em julgado, ainda que contra ela não se tenha esgotado todos os recursos.

515. A competência para a ação rescisória não é do Supremo Tribunal Federal, quando a questão federal, apreciada no recurso extraordinário ou no agravo de instrumento, seja diversa da que foi suscitada no pedido rescisório.

- Súm. 249, STF.

516. O Serviço Social da Indústria (SESI) está sujeito à jurisdição da Justiça Estadual.

517. As sociedades de economia mista só têm foro na Justiça Federal, quando a União intervém como assistente ou opoente.

518. A intervenção da União, em feito já julgado pela segunda instância e pendente de embargos, não desloca o processo para o Tribunal Federal de Recursos.

519. Aplica-se aos executivos fiscais o princípio da sucumbência a que se refere o art. 64 do Código de Processo Civil.

- Refere-se ao CPC/1939.
- art. 82, § 2º, CPC/2015.

520. Não exige a lei que, para requerer o exame a que se refere o art. 777 do Código de Processo Penal, tenha o sentenciado cumprido mais de metade do prazo da medida de segurança imposta.

- art. 176, Lei 7.210/1984.

521. O foro competente para o processo e julgamento dos crimes de estelionato, sob a modalidade da emissão dolosa de cheque sem provisão de fundos, é o do local onde se deu a recusa do pagamento pelo sacado.

522. Salvo ocorrência de tráfico para o exterior, quando, então, a competência será da Justiça Federal, compete à Justiça dos Estados o processo e julgamento dos crimes relativos a entorpecentes.

523. No processo penal, a falta da defesa constitui nulidade absoluta, mas a sua deficiência só o anulará se houver prova de prejuízo para o réu.

524. Arquivado o inquérito policial, por despacho do juiz, a requerimento do promotor de justiça, não pode a ação penal ser iniciada, sem novas provas.

525. A medida de segurança não será aplicada em segunda instância, quando só o réu tenha recorrido.

526. Subsiste a competência do Supremo Tribunal Federal para conhecer e julgar a apelação, nos crimes da lei de segurança nacional, se houve sentença antes da vigência do ato institucional n. 2.

527. Após a vigência do Ato Institucional 6, que deu nova redação ao art. 114, III, da Constituição Federal de 1967, não cabe recurso extraordinário das decisões do juiz singular.

528. Se a decisão contiver partes autônomas, a admissão parcial, pelo presidente do tribunal a quo, de recurso extraordinário que, sobre qualquer delas se manifestar, não limitará a apreciação de todas pelo Supremo Tribunal Federal, independentemente de interposição de agravo de instrumento.

529. Subsiste a responsabilidade do empregador pela indenização decorrente de acidente do trabalho, quando o segurador, por haver entrado em liquidação, ou por outro motivo, não se encontrar em condições financeiras, de efetuar, na forma da lei, o pagamento que o seguro obrigatório visava garantir.

530. Na legislação anterior ao art. 4º da Lei 4.749, de 12-08-1965, a contribuição para a previdência social não estava sujeita ao limite estabelecido no art. 69 da Lei 3.807, de 26-08-1960, sobre o 13º salário a que se refere o art. 3º da Lei 4.281, de 8-11-1963.

531. É inconstitucional o Decreto n. 51.668, de 17.01.1963, que estabeleceu salário profissional para trabalhadores de transportes marítimos, fluviais e lacustres.

532. É constitucional a Lei n. 5.043, de 21.06.1966, que concedeu remissão das dívidas fiscais oriundas da falta de oportuno pagamento de selo nos contratos particulares com a caixa econômica e outras entidades autárquicas.

- Lei 5.043/1966 revogada pela Lei 5.143/1966.

533. Nas operações denominadas "crediários", com emissão de vales ou certificados para compras e nas quais, pelo financiamento, se cobram, em separado, juros, selos e outras despesas, incluir-se-á tudo no custo da mercadoria e sobre esse preço global calcular-se-á o imposto de vendas e consignações.

534. O imposto de importação sobre o extrato alcoólico de malte, como matéria-prima para fabricação de "whisky", incide à base de 60%, desde que desembarcado antes do Decreto-Lei 398, de 30.12.1968.

535. Na importação, a granel, de combustíveis líquidos é admissível a diferença de peso, para mais, até 4%, motivada pelas variações previstas no Decreto-Lei 1.028, de 04.01.1939, art. 1º.

536. São objetivamente imunes ao imposto sobre circulação de mercadorias os "produtos industrializados", em geral, destinados à exportação, além de outros, com a mesma destinação, cuja isenção a lei determinar.

537. É inconstitucional a exigência de impôsto estadual do sêlo, quando feita nos atos e instrumentos tributados ou regulados por lei federal, ressalvado o disposto no art. 15, § 5º, da Constituição Federal de 1946.

538. A avaliação judicial para o efeito do cálculo das benfeitorias dedutíveis do imposto sobre lucro imobiliário independe do limite a que se refere a Lei n. 3.470, de 28.11.1958, art. 8º, parágrafo único.

539. É constitucional a lei do município que reduz o imposto predial urbano sobre imóvel ocupado pela residência do proprietário, que não possua outro.

540. No preço da mercadoria sujeita ao imposto de vendas e consignações, não se incluem as despesas de frete e carreto.

- Refere-se ao atual Imposto sobre Operações Relativas à Circulação de Mercadorias e sobre Prestações de Serviços de Transporte Interestadual, Intermunicipal e de Comunicação - ICMS.

541. O imposto sobre vendas e consignações não incide sobre a venda ocasional de veículos e equipamentos usados, que não se insere na atividade profissional do vendedor, e não é realizada com o fim de lucro, sem caráter, pois, de comercialidade.

- Refere-se ao atual Imposto sobre Operações Relativas à Circulação de Mercadorias e sobre Prestações de Serviços de Transporte Interestadual, Intermunicipal e de Comunicação - ICMS.
- Súm. Vinc. 32.

542. Não é inconstitucional a multa instituída pelo Estado-membro, como sanção pelo retardamento do início ou da ultimação do inventário.

543. A Lei n. 2975, de 27.11.1965, revogou, apenas, as isenções de caráter geral, relativas ao imposto único sobre combustíveis, não as especiais, por outras leis concedidas.

544. Isenções tributárias concedidas, sob condição onerosa, não podem ser livremente suprimidas.

545. Preços de serviços públicos e taxas não se confundem, porque estas, diferentemente daqueles, são compulsórias e têm sua cobrança condicionada à prévia autorização orçamentária, em relação à lei que as instituiu.

546. Cabe a restituição do tributo pago indevidamente, quando reconhecido por decisão, que o contribuinte de jure não recuperou do contribuinte de facto o quantum respectivo.

- Súm. 71, STF.

547. Não é lícito à autoridade proibir que o contribuinte em débito adquira estampilhas, despache mercadorias nas alfândegas e exerça suas atividades profissionais.

548. É inconstitucional o Decreto-lei 643, de 19-6-1947, artigo 4º, do Paraná, na parte que exige sêlo proporcional sôbre atos e instrumentos regulados por lei federal.

549. A taxa de bombeiros do Estado de Pernambuco é constitucional, revogada a Súmula 274.

550. A isenção concedida pelo art. 2º da Lei n. 1.815/1953, às empresas de navegação aérea não compreende a taxa de melhoramento de portos, instituída pela Lei n. 3.421/1958.

551. É inconstitucional a taxa de urbanização da Lei 2.320, de 20-12-1961, instituída pelo Município de Pôrto Alegre, porque seu fato gerador é o mesmo da transmissão imobiliária.

552. Com a regulamentação do art. 15 da Lei 5.316/1967, pelo Decreto 71.037/1 972, tornou-se exequível a exigência da exaustão da via administrativa antes do início da ação de acidente do trabalho.

- Lei 5.316/1967 revogada pela Lei 6.3671976.

553. O Adicional ao Frete para Renovação da Marinha Mercante (AFRMM) é contribuição parafiscal, não sendo abrangido pela imunidade prevista na letra d, III, do art. 19 da Constituição Federal.

554. O pagamento de cheque emitido sem provisão de fundos, após o recebimento da denúncia, não obsta ao prosseguimento da ação penal.

555. É competente o Tribunal de Justiça para julgar conflito de jurisdição entre juiz de direito do Estado e a Justiça Militar local.

556. É competente a Justiça Comum para julgar as causas em que é parte sociedade de economia mista.

557. É competente a Justiça Federal para julgar as causas em que são partes a Cobal e a Cibrazem.

558. É constitucional o art. 27 do Decreto-lei 898, de 29-9-1969.

559. O Decreto-Lei 730, de 05.08.1969, revogou a exigência de homologação, pelo Ministro da Fazenda, das resoluções do Conselho de Política Aduaneira.

- Dec.-Lei 730/1969 (Dispõe sobre o Conselho de Política Aduaneira).

560. A extinção de punibilidade, pelo pagamento do tributo devido, estende-se ao crime de contrabando ou descaminho, por força do art. 18, § 2º, do Decreto-Lei 157/1967.

561. Em desapropriação, é devida a correção monetária até a data do efetivo pagamento da indenização, devendo proceder-se à atualização do cálculo, ainda que por mais de uma vez.

562. Na indenização de danos materiais decorrentes de ato ilícito cabe a atualização de seu valor, utilizando-se, para esse fim, dentre outros critérios, dos índices de correção monetária.

563. O concurso de preferência a que se refere o parágrafo único do art. 187 do Código Tributário Nacional é compatível com o disposto no art. 9º, I, da Constituição Federal.

- Cancelada no julgamento do ADPF 357. DOU de 06/07/2021.
- art. 19, III, CF.

564. A ausência de fundamentação do despacho de recebimento de denúncia por crime falimentar enseja nulidade processual, salvo se já houver sentença condenatória.

565. A multa fiscal moratória constitui pena administrativa, não se incluindo no crédito habilitado em falência.

- art. 83, VII, Lei 11.101/2005 (Lei de Recuperação de Empresas e Falências).
- Súm. 191 e 192, STF.

566. Enquanto pendente, o pedido de readaptação fundado em desvio funcional não gera direitos para o servidor, relativamente ao cargo pleiteado.

567. A constituição, ao assegurar, no § 3º do art. 102, a contagem integral do tempo de serviço público federal, estadual ou municipal para os efeitos de aposentadoria e disponibilidade não proíbe à União, aos Estados e aos Municípios mandarem contar, mediante lei, para efeito diverso, tempo de serviço prestado a outra pessoa de direito público interno.

568. A identificação criminal não constitui constrangimento ilegal, ainda que o indiciado já tenha sido identificado civilmente.

569. É inconstitucional a discriminação de alíquotas do imposto de circulação de mercadorias nas operações interestaduais, em razão de o destinatário ser, ou não, contribuinte.

570. O imposto de circulação de mercadorias não incide sobre a importação de bens de capital.

571. O comprador de café ao IBC, ainda que sem expedição de nota fiscal, habilita-se, quando da comercialização do produto, ao crédito do ICM que incidiu sobre a operação anterior.

572. No cálculo do imposto de circulação de mercadorias devido na saída de mercadorias para o exterior, não se incluem fretes pagos a terceiros, seguros e despesas de embarque.

573. Não constitui fato gerador do imposto de circulação de mercadorias a saída física de máquinas, utensílios e implementos a título de comodato.

574. Sem lei estadual que a estabeleça, é ilegítima a cobrança do imposto de circulação de mercadorias sobre o fornecimento de alimentação e bebidas em restaurante ou estabelecimento similar.

575. À mercadoria importada de país signatário do (GATT), ou membro da (ALALC), estende-se a isenção do Imposto de Circulação de Mercadorias concedida a similar nacional.

576. É lícita a cobrança do imposto de circulação de mercadorias sobre produtos importados sob o regime da alíquota "zero".

577. Na importação de mercadorias do exterior, o fato gerador do imposto de circulação de mercadorias ocorre no momento de sua entrada no estabelecimento do importador.

578. Não podem os Estados, a título de ressarcimento de despesas, reduzir a parcela de 20% do produto da arrecadação do Imposto de Circulação de Mercadorias, atribuída aos Municípios pelo art. 23, § 8º, da Constituição Federal.

579. A cal virgem e a hidratada estão sujeitas ao Imposto de Circulação de Mercadorias.

580. A isenção prevista no art. 13, parágrafo único, do Decreto-Lei n. 43/1966, restringe-se aos filmes cinematográficos.

581. Exigência de transporte em navio de bandeira brasileira, para efeito de isenção tributária, legitimou-se com o advento do Decreto-Lei n. 666, de 02.07.1969.

582. É constitucional a Resolução nº 640/69, do Conselho de Política Aduaneira, que reduziu a alíquota do imposto de importação para a soda cáustica, destinada a zonas de difícil distribuição e abastecimento.

583. O promitente comprador de imóvel residencial transcrito em nome de autarquia é contribuinte do imposto predial territorial urbano.

584. Ao imposto de renda calculado sobre os rendimentos do ano-base, aplica-se a lei vigente no exercício financeiro em que deve ser apresentada a declaração.

- Cancelada.

585. Não incide o imposto de renda sobre a remessa de divisas para pagamento de serviços prestados no exterior, por empresa que não opera no Brasil.

- Superada.

586. Incide imposto de renda sobre os juros remetidos para o exterior, com base em contrato de mútuo.

587. Incide Imposto de Renda sobre o pagamento de serviços técnicos contratados no exterior e prestados no Brasil.

588. O Imposto Sobre Serviços não incide sobre os depósitos, as comissões e taxas de desconto, cobrados pelos estabelecimentos bancários.

- Súm. 424, STJ.

589. É inconstitucional a fixação de adicional progressivo do Imposto Predial e Territorial Urbano em função do número de imóveis do contribuinte.

590. Calcula-se o imposto de transmissão causa mortis sobre o saldo credor da promessa de compra e venda de imóvel, no momento da abertura da sucessão do promitente vendedor.

591. A imunidade ou a isenção tributária do comprador não se estende ao produtor, contribuinte do Imposto sobre Produtos Industrializados.

592. Nos crimes falimentares, aplicam-se as causas interruptivas da prescrição, previstas no Código Penal.

593. Incide o percentual do Fundo de Garantia do Tempo de Serviço (FGTS) sobre a parcela da remuneração correspondente a horas extraordinárias de trabalho.

594. Os direitos de queixa e de representação podem ser exercidos, independentemente, pelo ofendido ou por seu representante legal.

595. É inconstitucional a taxa municipal de conservação de estradas de rodagem cuja base de cálculo seja idêntica à do Imposto Territorial Rural.

596. As disposições do Decreto n. 22.626/1933 não se aplicam às taxas de juros e aos outros encargos cobrados nas operações realizadas por instituições públicas ou privadas, que integram o Sistema Financeiro Nacional.

- Súm. 539, STJ.

597. Não cabem embargos infringentes de acórdão que, em mandado de segurança decidiu, por maioria de votos, a apelação.

- art, 25, Lei 12.016/2009.
- Súm. 294, STF.
- Súm.169, STJ.

598. Nos embargos de divergência não servem como padrão de discordância os mesmos paradigmas invocados para demonstrá-la mas repelidos como não dissidentes no julgamento do recurso extraordinário.

599. São incabíveis embargos de divergência de decisão de turma, em agravo regimental.

- Cancelada.

600. Cabe ação executiva contra o emitente e seus avalistas, ainda que não apresentado o cheque ao sacado no prazo legal, desde que não prescrita a ação cambiária.

601. Os arts. 3º, II, e 55 da Lei Complementar 40/1981 (Lei Orgânica do Ministério Público) não revogaram a legislação anterior que atribui a iniciativa para a ação penal pública, no processo sumário, ao juiz ou à autoridade policial, mediante Portaria ou Auto de Prisão em Flagrante.

602. Nas causas criminais, o prazo de interposição de recurso extraordinário é de 10 (dez) dias.

603. A competência para o processo e julgamento de latrocínio é do juiz singular e não do Tribunal do Júri.

604. A prescrição pela pena em concreto é somente da pretensão executória da pena privativa de liberdade.

605. Não se admite continuidade delitiva nos crimes contra a vida.

- art. 71, p.u., CP.

606. Não cabe *habeas corpus* originário para o tribunal pleno de decisão de turma, ou do plenário, proferida em *habeas corpus* ou no respectivo recurso.

607. Na ação penal regida pela Lei 4.611/1965, a denúncia, como substitutivo da portaria, não interrompe a prescrição.

- Lei 4.611/1965 revogada pela Lei 9.099/1995.

608. No crime de estupro, praticado mediante violência real, a ação penal é pública incondicionada.

609. É pública incondicionada a ação penal por crime de sonegação fiscal.

610. Há crime de latrocínio, quando o homicídio se consuma, ainda que não realize o agente a subtração de bens da vítima.

611. Transitada em julgado a sentença condenatória, compete ao juízo das execuções a aplicação de lei mais benigna.

612. Ao trabalhador rural não se aplicam, por analogia, os benefícios previstos na Lei n. 6.367, de 19.10.1976.

613. Os dependentes de trabalhador rural não têm direito à pensão previdenciária, se o óbito ocorreu anteriormente à vigência da Lei Complementar 11/1971.

614. Somente o Procurador-Geral da Justiça tem legitimidade para propor ação direta interventiva por inconstitucionalidade de lei municipal.

615. O princípio constitucional da anualidade (§ 29 do art. 153 da Constituição Federal) não se aplica à revogação de isenção do ICM.

- art. 150, I e III, CF/1988.
- arts. 104, III, e 178, CTN.
- Súm. 544, STF.

616. É permitida a cumulação da multa contratual com os honorários de advogado, após o advento do Código de Processo Civil vigente.

617. A base de cálculo dos honorários de advogado em desapropriação é a diferença entre a oferta e a indenização, corrigidas ambas monetariamente.

618. Na desapropriação, direta ou indireta, a taxa dos juros compensatórios é de 12% (doze por cento) ao ano.

619. A prisão do depositário judicial pode ser decretada no próprio processo em que se constituiu o encargo, independentemente da propositura de ação de depósito.

- Revogada.

620. A sentença proferida contra autarquias não está sujeita a reexame necessário, salvo quando sucumbente em execução de dívida ativa.

621. Não enseja embargos de terceiro à penhora a promessa de compra e venda não inscrita no registro de imóveis.

- Súm. 84, STJ.

622. Não cabe agravo regimental contra decisão do relator que concede ou indefere liminar em mandado de segurança.

- art. 16, Lei 12.016/2009.

623. Não gera por si só a competência originária do Supremo Tribunal Federal para conhecer do mandado de segurança com base no art. 102, I, n, da Constituição, dirigir-se o pedido contra deliberação administrativa do tribunal de origem, da qual haja participado a maioria ou a totalidade de seus membros.

624. Não compete ao Supremo Tribunal Federal conhecer originariamente de mandado de segurança contra atos de outros tribunais.

- Súm. 330, STF.

625. Controvérsia sobre matéria de direito não impede concessão de mandado de segurança.

626. A suspensão da liminar em mandado de segurança, salvo determinação em contrário da decisão que a deferir, vigorará até o trânsito em julgado da decisão definitiva de concessão da segurança ou, havendo recurso, até a sua manutenção pelo Supremo Tribunal Federal, desde que o objeto da liminar deferida coincida, total ou parcialmente, com o da impetração.

- art. 15, Lei 12.016/2009.

627. No mandado de segurança contra a nomeação de magistrado da competência do Presidente da República, este é considerado autoridade coatora, ainda que o fundamento da impetração seja nulidade ocorrida em fase anterior do procedimento.

628. O integrante de lista de candidatos a determinada vaga da composição de tribunal é parte legítima para impugnar a validade da nomeação de concorrente.

629. A impetração de mandado de segurança coletivo por entidade de classe em favor dos associados independe da autorização destes.

- art. 21, Lei 12.016/2009.

630. A entidade de classe tem legitimação para o mandado de segurança ainda quando a pretensão veiculada interesse apenas a uma parte da respectiva categoria.

- art. 21, Lei 12.016/2009.

631. Extingue-se o processo de mandado de segurança se o impetrante não promove, no prazo assinado, a citação do litisconsorte passivo necessário.

632. É constitucional lei que fixa o prazo de decadência para a impetração de mandado de segurança.

- art. 23, Lei 12.016/2009.

633. É incabível a condenação em verba honorária nos recursos extraordinários interpostos em processo trabalhista, exceto nas hipóteses previstas na Lei n. 5.584/1970.

634. Não compete ao Supremo Tribunal Federal conceder medida cautelar para dar efeito suspensivo a recurso extraordinário que ainda não foi objeto de juízo de admissibilidade na origem.

635. Cabe ao presidente do tribunal de origem decidir o pedido de medida cautelar em recurso extraordinário ainda pendente do seu juízo de admissibilidade.

636. Não cabe recurso extraordinário por contrariedade ao princípio constitucional da legalidade, quando a sua verificação pressuponha rever a interpretação dada a normas infraconstitucionais pela decisão recorrida.

637. Não cabe recurso extraordinário contra acórdão de Tribunal de Justiça que defere pedido de intervenção estadual em município.

638. A controvérsia sobre a incidência, ou não, de correção monetária em operações de crédito rural é de natureza infraconstitucional, não viabilizando recurso extraordinário.

639. Aplica-se a Súmula n. 288 quando não constarem do traslado do agravo de instrumento as cópias das peças necessárias à verificação da tempestividade do recurso extraordinário não admitido pela decisão agravada.

- Súm. 288, STF.

640. É cabível recurso extraordinário contra decisão proferida por juiz de primeiro grau nas causas de alçada, ou por turma recursal de juizado especial cível e criminal.

641. Não se conta em dobro o prazo para recorrer, quando só um dos litisconsortes haja sucumbido.

642. Não cabe ação direta de inconstitucionalidade de lei do Distrito Federal derivada da sua competência legislativa municipal.

643. O Ministério Público tem legitimidade para promover ação civil pública cujo fundamento seja a ilegalidade de reajuste de mensalidades escolares.

644. Ao titular do cargo de procurador de autarquia não se exige a apresentação de instrumento de mandato para representá-la em juízo.

645. É competente o Município para fixar o horário de funcionamento de estabelecimento comercial.

- Súm. Vinc. 38 e Súm. 419, STF.

646. Ofende o princípio da livre concorrência lei municipal que impede a instalação de estabelecimentos comerciais do mesmo ramo em determinada área.

- Súm. Vinc. 49, STF.

647. Compete privativamente à União legislar sobre vencimentos dos membros das polícias civil e militar do Distrito Federal.

- Súm. Vinc. 39.

648. A norma do § 3º do art. 192 da Constituição, revogada pela Emenda Constitucional n. 40/2003, que limitava a taxa de juros reais a 12% ao ano, tinha sua aplicabilidade condicionada à edição de lei complementar.

▸ Súm. Vinc. 7, STF.

649. É inconstitucional a criação, por Constituição estadual, de órgão de controle administrativo do Poder Judiciário do qual participem representantes de outros poderes ou entidades.

650. Os incisos I e XI do art. 20 da Constituição Federal não alcançam terras de aldeamentos extintos, ainda que ocupadas por indígenas em passado remoto.

▸ Superada

▸ A redação desta Súmula foi retificada no *DJ*, 29.10.2003.

651. A medida provisória não apreciada pelo Congresso Nacional podia, até a Emenda Constitucional n. 32/2001, ser reeditada dentro do seu prazo de eficácia de trinta dias, mantidos os efeitos de lei desde a primeira edição.

652. Não contraria a Constituição o art. 15, § 1º, do Decreto-Lei n. 3.365/1941 (Lei da desapropriação por utilidade pública).

▸ art. 5º, XXICF.

653. No tribunal de contas estadual, composto por sete conselheiros, quatro devem ser escolhidos pela Assembleia Legislativa e três pelo chefe do Poder Executivo estadual, cabendo a este indicar um dentre auditores e outro dentre membros do Ministério Público, e um terceiro a sua livre escolha.

654. A garantia da irretroatividade da lei, prevista no art 5º, XXXVI, da Constituição da República, não é invocável pela entidade estatal que a tenha editado.

655. A exceção prevista no art. 100, *caput*, da Constituição, em favor dos créditos de natureza alimentícia, não dispensa a expedição de precatório, limitando-se a isentá-los da observância da ordem cronológica dos precatórios decorrentes de condenações de outra natureza.

656. É inconstitucional a lei que estabelece alíquotas progressivas para o Imposto de Transmissão inter vivos de Bens Imóveis - ITBI com base no valor venal do imóvel.

▸ arts. 145, § 1º, e 156, II, CF.

657. A imunidade prevista no art. 150, VI, d, da Constituição Federal abrange os filmes e papéis fotográficos necessários à publicação de jornais e periódicos.

658. São constitucionais os arts. 7º da Lei n. 7.787/1989 e 1º da Lei n. 7.894/1989 e da Lei n. 8.147/1990, que majoraram a alíquota do finsocial, quando devida a contribuição por empresas dedicadas exclusivamente à prestação de serviços.

659. É legítima a cobrança da COFINS, do PIS e do FINSOCIAL sobre as operações relativas a energia elétrica, serviços de telecomunicações, derivados de petróleo, combustíveis e minerais do país.

▸ arts. 155, § 3º, e 195, *caput* e § 7º, CF.

660. Não incide ICMS na importação de bens por pessoa física ou jurídica que não seja contribuinte do imposto.

661. Na entrada de mercadoria importada do exterior, é legítima a cobrança do icms por ocasião do desembaraço aduaneiro.

▸ art. 155, § 2º, IX, a, CF.

▸ Súm. Vinc. 48.

662. É legítima a incidência do ICMS na comercialização de exemplares de obras cinematográficas, gravados em fitas de videocassete.

▸ art. 155, II, CF.

663. Os §§ 1º e 3º do art. 9º do Decreto-Lei n. 406/1968 foram recebidos pela Constituição.

▸ art. 34, § 5º, ADCT.

664. É inconstitucional o inciso V do art. 1º da Lei n. 8.033/1990, que instituiu a incidência do Imposto nas Operações de Crédito, Câmbio e Seguros - IOF sobre saques efetuados em caderneta de poupança.

▸ O inciso V do art. 1º da Lei n. 8.033/1990 teve a execução suspensa pela Res. SF 28/2007.

665. É constitucional a taxa de fiscalização dos mercados de títulos e valores mobiliários instituída pela Lei n. 7.940/1989.

▸ art. 145, II, e § 2º, CF.

666. A contribuição confederativa de que trata o art. 8º, IV, da Constituição, só é exigível dos filiados ao sindicato respectivo.

▸ Súm. Vinc. 40.

667. Viola a garantia constitucional de acesso à jurisdição a taxa judiciária calculada sem limite sobre o valor da causa.

▸ art. 5º, XXXVI, e 145, CF.

668. É inconstitucional a lei municipal que tenha estabelecido, antes da Emenda Constitucional n. 29/2000, alíquotas progressivas para o IPTU, salvo se destinada a assegurar o cumprimento da função social da propriedade urbana.

▸ arts. 145, § 1º, e 182, §§ 2º e 4º,CF.

▸ art. 7º, Lei 10.257/2001.

669. Norma legal que altera o prazo de recolhimento da obrigação tributária não se sujeita ao princípio da anterioridade.

▸ art. 195, 6º, CF.

▸ Súm. Vinc. 50.

670. O serviço de iluminação pública não pode ser remunerado mediante taxa.

▸ arts. 145, II, CF.

▸ Súm. 41, STF.

671. Os servidores públicos e os trabalhadores em geral têm direito, no que concerne à URP de abril/maio de 1988, apenas ao valor correspondente a 7/30 de 16,19% sobre os vencimentos e salários pertinentes aos meses de abril e maio de 1988, não cumulativamente, devidamente corrigido até o efetivo pagamento.

672. O reajuste de 28,86%, concedido aos servidores militares pelas leis 8.622/1993 e 8.627/1993, estende-se aos servidores civis do Poder Executivo, observadas as eventuais compensações decorrentes dos reajustes diferenciados concedidos pelos mesmos diplomas legais.

▸ Súm. Vinc. 51, STF.

673. O art. 125, § 4º, da Constituição não impede a perda da graduação de militar mediante procedimento administrativo.

674. A anistia prevista no art. 8º do Ato das Disposições Constitucionais Transitórias não alcança os militares expulsos com base em legislação disciplinar ordinária, ainda que em razão de atos praticados por motivação política.

675. Os intervalos fixados para descanso e alimentação durante a jornada de seis horas não descaracterizam o sistema de turnos ininterruptos de revezamento para o efeito do art. 7º, XIV, da Constituição.

676. A garantia da estabilidade provisória prevista no art. 10, II, a, do Ato das Disposições Constitucionais Transitórias, também se aplica ao suplente do cargo de direção de comissões internas de prevenção de acidentes (CIPA).

677. Até que lei venha a dispor a respeito, incumbe ao Ministério do Trabalho proceder ao registro das entidades sindicais e zelar pela observância do princípio da unicidade.

678. São inconstitucionais os incisos I e III do art. 7º da Lei n. 8.162/1991, que afastam, para efeito de anuênio e de licença-prêmio, a contagem do tempo de serviço regido pela Consolidação das Leis do Trabalho dos servidores que passaram a submeter-se ao regime jurídico único.

679. A fixação de vencimentos dos servidores públicos não pode ser objeto de convenção coletiva.

680. O direito ao auxílio-alimentação não se estende aos servidores inativos.

681. É inconstitucional a vinculação do reajuste de vencimentos de servidores estaduais ou municipais a índices federais de correção monetária.

▸ Súm. Vinc. 42.

682. Não ofende a Constituição a correção monetária no pagamento com atraso dos vencimentos de servidores públicos.

683. O limite de idade para a inscrição em concurso público só se legitima em face do art. 7º, XXX, da Constituição, quando possa ser justificado pela natureza das atribuições do cargo a ser preenchido.

▸ art. 27, Lei 10.741/2003.

▸ Súm. 14, STF.

684. É inconstitucional o veto não motivado à participação de candidato a concurso público.

▸ art. 7º, XXX, CF.

▸ art. 27, Lei 10.741/2003.

685. É inconstitucional toda modalidade de provimento que propicie ao servidor investir-se, sem prévia aprovação em concurso público destinado ao seu provimento, em cargo que não integra a carreira na qual anteriormente investido.

▸ Súm. Vinc. 43.

686. Só por lei se pode sujeitar a exame psicotécnico a habilitação de candidato a cargo público.

▸ art. 7º, XXX, CF.

▸ art. 27, Lei 10.741/2003.

▸ Súm. Vinc. 44.

687. A revisão de que trata o art. 58 do Ato das Disposições Constitucionais Transitórias não se aplica aos benefícios previdenciários concedidos após a promulgação da Constituição de 1988.

688. É legítima a incidência da contribuição previdenciária sobre o 13º salário.

- art. 195, I, CF.

689. O segurado pode ajuizar ação contra a instituição previdenciária perante o juízo federal do seu domicílio ou nas varas federais da capital do Estado-membro.

690. Compete originariamente ao Supremo Tribunal Federal o julgamento de *habeas corpus* contra decisão de turma recursal de juizados especiais criminais.

- Superada.

691. Não compete ao Supremo Tribunal Federal conhecer de *habeas corpus* impetrado contra decisão do relator que, em *habeas corpus* requerido a tribunal superior, indefere a liminar.

- art. 102, I, i, CF.

692. Não se conhece de *habeas corpus* contra omissão de relator de extradição, se fundado em fato ou direito estrangeiro cuja prova não constava dos autos, nem foi ele provocado a respeito.

693. Não cabe *habeas corpus* contra decisão condenatória a pena de multa, ou relativo a processo em curso por infração penal a que a pena pecuniária seja a única cominada.

- arts. 49 e ss., CP.

694. Não cabe *habeas corpus* contra a imposição da pena de exclusão de militar ou de perda de patente ou de função pública.

- art. 92, I, CP.
- art. 647, CPP.

695. Não cabe *habeas corpus* quando já extinta a pena privativa de liberdade.

- art. 659, CPP.

696. Reunidos os pressupostos legais permissivos da suspensão condicional do processo, mas se recusando o promotor de justiça a propô-la, o juiz, dissentindo, remeterá a questão ao procurador-geral, aplicando-se por analogia o art. 28 do Código de Processo Penal.

- art. 89, Lei 9.099/1995.

697. A proibição de liberdade provisória nos processos por crimes hediondos não veda o relaxamento da prisão processual por excesso de prazo.

- Súmula prejudicada pela edição da Lei 11.464/200.

698. Não se estende aos demais crimes hediondos a admissibilidade de progressão no regime de execução da pena aplicada ao crime de tortura.

- Súmula prejudicada pela edição da Lei 11.464/2007.

699. O prazo para interposição de agravo, em processo penal, é de cinco dias, de acordo com a Lei n. 8.038/1990, não se aplicando o disposto a respeito nas alterações da Lei n. 8.950/1994 ao Código de Processo Civil.

- art. 28, Lei 8.038/1990.

700. É de cinco dias o prazo para interposição de agravo contra decisão do juiz da execução penal.

- art. 586, CPP.

701. No mandado de segurança impetrado pelo Ministério Público contra decisão proferida em processo penal, é obrigatória a citação do réu como litisconsorte passivo.

702. A competência do Tribunal de Justiça para julgar prefeitos restringe-se aos crimes de competência da Justiça Comum estadual; nos demais casos, a competência originária caberá ao respectivo tribunal de segundo grau.

703. A extinção do mandato do prefeito não impede a instauração de processo pela prática dos crimes previstos no art. 1º do Decreto-Lei n. 201/1967.

704. Não viola as garantias do juiz natural, da ampla defesa e do devido processo legal a atração por continência ou conexão do processo do corréu ao foro por prerrogativa de função de um dos denunciados.

- art. 5º, LIII, LIV e LCF.
- arts. 79 e 84, CPP.

705. A renúncia do réu ao direito de apelação, manifestada sem a assistência do defensor, não impede o conhecimento da apelação por este interposta.

706. É relativa a nulidade decorrente da inobservância da competência penal por prevenção.

707. Constitui nulidade a falta de intimação do denunciado para oferecer contrarrazões ao recurso interposto da rejeição da denúncia, não a suprindo a nomeação de defensor dativo.

- arts. 588, CPP.

708. É nulo o julgamento da apelação se, após a manifestação nos autos da renúncia do único defensor, o réu não foi previamente intimado para constituir outro.

- arts. 261 e 564, III, c, CPP.

709. Salvo quando nula a decisão de primeiro grau, o acórdão que provê o recurso contra a rejeição da denúncia vale, desde logo, pelo recebimento dela.

710. No processo penal, contam-se os prazos da data da intimação, e não da juntada aos autos do mandado ou da carta precatória ou de ordem.

711. A lei penal mais grave aplica-se ao crime continuado ou ao crime permanente, se a sua vigência é anterior à cessação da continuidade ou da permanência.

- art. 71, CP.

712. É nula a decisão que determina o desaforamento de processo da competência do júri sem audiência da defesa.

- arts. 427 e 428, CPP.

713. O efeito devolutivo da apelação contra decisões do júri é adstrito aos fundamentos da sua interposição.

714. É concorrente a legitimidade do ofendido, mediante queixa, e do Ministério Público, condicionada à representação do ofendido, para a ação penal por crime contra a honra de servidor público em razão do exercício de suas funções.

- arts. 138 a 145, CP.

715. A pena unificada para atender ao limite de trinta anos de cumprimento, determinado pelo art. 75 do Código Penal, não é considerada para a concessão de outros benefícios, como o livramento condicional ou regime mais favorável de execução.

716. Admite-se a progressão de regime de cumprimento da pena ou a aplicação imediata de regime menos severo nela determinada, antes do trânsito em julgado da sentença condenatória.

- art. 112, Lei 7.210/1984.

717. Não impede a progressão de regime de execução da pena, fixada em sentença não transitada em julgado, o fato de o réu se encontrar em prisão especial.

- art. 295, CPP.

718. A opinião do julgador sobre a gravidade em abstrato do crime não constitui motivação idônea para a imposição de regime mais severo do que o permitido segundo a pena aplicada.

- art. 33, § 2º, c, CP.

719. A imposição do regime de cumprimento mais severo do que a pena aplicada permitir exige motivação idônea.

- art. 33, § 2º, c, CP.

720. O art. 309 do Código de Trânsito Brasileiro, que reclama decorra do fato perigo de dano, derrogou o art. 32 da Lei das Contravenções Penais no tocante à direção sem habilitação em vias terrestres.

721. A competência constitucional do tribunal do júri prevalece sobre o foro por prerrogativa de função estabelecido exclusivamente pela Constituição estadual.

- art. 5º, XXXVIII, CF.
- Súm. Vinc. 45.

722. São da competência legislativa da União a definição dos crimes de responsabilidade e o estabelecimento das respectivas normas de processo e julgamento.

- Súm. Vinc. 46, STF.

723. Não se admite a suspensão condicional do processo por crime continuado, se a soma da pena mínima da infração mais grave com o aumento mínimo de um sexto for superior a um ano.

- art. 89, Lei 9.099/1995.

724. Ainda quando alugado a terceiros, permanece imune ao IPTU o imóvel pertencente a qualquer das entidades referidas pelo art. 150, VI, c, da Constituição, desde que o valor dos aluguéis seja aplicado nas atividades essenciais de tais entidades.

- Súm. Vinc. 52.

725. É constitucional o § 2º do art. 6º da Lei n. 8.024/1990, resultante da conversão da Medida Provisória n. 168/1990, que fixou o BTN fiscal como índice de correção monetária aplicável aos depósitos bloqueados pelo Plano Collor I.

726. Para efeito de aposentadoria especial de professores, não se computa o tempo de serviço prestado fora da sala de aula.

727. Não pode o magistrado deixar de encaminhar ao Supremo Tribunal Federal o agravo de instrumento interposto da decisão que não admite recurso extraordinário, ainda que referente a causa instaurada no âmbito dos juizados especiais.

- Lei 9.099/1995.

728. É de três dias o prazo para a interposição de recurso extraordinário contra decisão do tribunal superior eleitoral, contado, quando for o caso, a partir da publicação do acórdão, na própria sessão de julgamento, nos termos do art. 12 da Lei n. 6.055/1974, que não foi revogado pela Lei n. 8.950/1994.

- art. 508, CPP.

729. A decisão na Ação Direta de Constitucionalidade 4 não se aplica à antecipação de tutela em causa de natureza previdenciária.

- art. 1º, Lei 9.494/1997.

730. A imunidade tributária conferida a instituições de assistência social sem fins lucrativos pelo art. 150, VI, "c", da Constituição, somente alcança as entidades fechadas de previdência social privada se não houver contribuição dos beneficiários.

731. Para fim da competência originária do Supremo Tribunal Federal, é de interesse geral da magistratura a questão de saber se, em face da Lei Orgânica da Magistratura Nacional, os juízes têm direito à licença-prêmio.

- art. 102, I, n, CF.

732. É constitucional a cobrança da contribuição do salário-educação, seja sob a carta de 1969, seja sob a Constituição Federal de 1988, e no regime da Lei n. 9.424/1996.

- Lei 9.424/1993 (Dispõe sobre o Fundo de Manutenção e Desenvolvimento do Ensino Fundamental e de Valorização do Magistério).

733. Não cabe recurso extraordinário contra decisão proferida no processamento de precatórios.

- art. 100, § 2º, CF.

734. Não cabe reclamação quando já houver transitado em julgado o ato judicial que se alega tenha desrespeitado decisão do Supremo Tribunal Federal.

735. Não cabe recurso extraordinário contra acórdão que defere medida liminar.

- art. 102, III, a, CF.

736. Compete à Justiça do Trabalho julgar as ações que tenham como causa de pedir o descumprimento de normas trabalhistas relativas à segurança, higiene e saúde dos trabalhadores.

SÚMULAS DO SUPERIOR TRIBUNAL DE JUSTIÇA

1. O foro do domicílio ou da residência do alimentando é o competente para a ação de investigação de paternidade, quando cumulada com a de alimentos.

2. Não cabe *habeas data* (Constituição Federal, artigo 5º, LXXII, *a*) se não houve recusa de informações por parte da autoridade administrativa.

3. Compete ao Tribunal Regional Federal dirimir conflito de competência verificado, na respectiva região, entre Juiz Federal e Juiz Estadual investido de jurisdição federal.

- art. 108, I, e, CF.

4. Compete à Justiça Estadual julgar causa decorrente do processo eleitoral sindical.

- art. 8º, CF.

5. A simples interpretação de cláusula contratual não enseja recurso especial.

- art. 105, III, CF.
- Súm. 454, STF.
- Súm. 181, STJ.

6. Compete à Justiça Comum Estadual processar e julgar delito decorrente de acidente de trânsito envolvendo viatura de Polícia Militar, salvo se autor e vítima forem policiais militares em situação de atividade.

- art. 125, § 4º, CF.

7. A pretensão de simples reexame de prova não enseja recurso especial.

- art. 105, III, a a c, CF.
- Súm. 279, STF.

8. Aplica-se a correção monetária aos créditos habilitados em concordata preventiva, salvo durante o período compreendido entre as datas de vigência da Lei 7.274, de 10.12.1984, e do Decreto-Lei 2.283, de 27.02.1986.

- O Dec.-Lei 2.283/1986 foi revogado pelo Dec.-Lei 2.284/1986.
- Lei 11.101/2005 (Lei de Recuperação de Empresas e Falências).

9. A exigência da prisão provisória, para apelar, não ofende a garantia constitucional da presunção de inocência.

- art. 5º, LVII, CF.
- art. 393, I, CPP.
- Súm. 347, STJ.

10. Instalada a Junta de Conciliação e Julgamento, cessa a competência do Juiz de Direito em matéria trabalhista, inclusive para a execução das sentenças por ele proferidas.

- EC 24/1999 (Extinguiu a representação classista na Justiça do Trabalho e substituiu as Juntas de Conciliação e Julgamento por Varas do Trabalho).

11. A presença da União ou de qualquer de seus entes, na ação de usucapião especial, não afasta a competência do foro da situação do imóvel.

- art. 109, § 3º, CF.

12. Em desapropriação, são cumuláveis juros compensatórios e moratórios.

13. A divergência entre julgados do mesmo Tribunal não enseja recurso especial.

- art. 105, III, c, CF.

14. Arbitrados os honorários advocatícios em percentual sobre o valor da causa, a correção monetária incide a partir do respectivo ajuizamento.

15. Compete à Justiça Estadual processar e julgar os litígios decorrentes de acidente do trabalho.

- arts. 109, I, e 114, I, CF.
- Súm. 235, STF.

16. A legislação ordinária sobre crédito rural não veda a incidência da correção monetária.

17. Quando o falso se exaure no estelionato, sem mais potencialidade lesiva, é por este absorvido.

- art. 171, CP.

18. A sentença concessiva do perdão judicial é declaratória da extinção da punibilidade, não subsistindo qualquer efeito condenatório.

- arts. 107, IX, e 120, CP.

19. A fixação do horário bancário, para atendimento ao público, é da competência da União.

- art. 4º, VIII, Lei 4.595/1964 (Lei do Sistema Financeiro Nacional).

20. A mercadoria importada de país signatário do GATT é isenta do ICM, quando contemplado com esse favor o similar nacional.

- art. 98, CTN.

21. Pronunciado o réu, fica superada a alegação do constrangimento ilegal da prisão por excesso de prazo na instrução.

- art. 413, CPP.

22. Não há conflito de competência entre o Tribunal de Justiça e Tribunal de Alçada do mesmo Estado-membro.

- art. 4º, EC 45/2004 (Determina a extinção dos Tribunais de Alçada).

23. O Banco Central do Brasil é parte legítima nas ações fundadas na Res. n. 1.154/1986.

24. Aplica-se ao crime de estelionato, em que figure como vítima entidade autárquica da Previdência Social, a qualificadora do § 3º do artigo 171 do Código Penal.

25. Nas ações da Lei de Falências o prazo para a interposição de recurso conta-se da intimação da parte.

- Lei 11.101/2005 (Lei de Recuperação de Empresas e Falências).

26. O avalista do título de crédito vinculado a contrato de mútuo também responde pelas obrigações pactuadas, quando no contrato figurar como devedor solidário.

27. Pode a execução fundar-se em mais de um título extrajudicial relativos ao mesmo negócio.

28. O contrato de alienação fiduciária em garantia pode ter por objeto bem que já integrava o patrimônio do devedor.

29. No pagamento em juízo para elidir falência, são devidos correção monetária, juros e honorários de advogado.

- art. 98, p.u., Lei 11.101/2005 (Lei de Recuperação de Empresas e Falências).

30. A comissão de permanência e a correção monetária são inacumuláveis.

- Súm. 472, STJ.

31. A aquisição, pelo segurado, de mais de um imóvel financiado pelo Sistema Financeiro da Habitação, situados na mesma localidade, não exime a seguradora da obrigação de pagamento dos seguros.

32. Compete à Justiça Federal processar justificações judiciais destinadas a instruir pedidos perante entidades que nela têm exclusividade de foro, ressalvada a aplicação do artigo 15, II, da Lei 5.010/1966.

33. A incompetência relativa não pode ser declarada de ofício.

34. Compete à Justiça Estadual processar e julgar causa relativa a mensalidade escolar, cobrada por estabelecimento particular de ensino.

35. Incide correção monetária sobre as prestações pagas, quando de sua restituição, em virtude da retirada ou exclusão do participante de plano de consórcio.

36. A correção monetária integra o valor da restituição, em caso de adiantamento de câmbio, requerida em concordata ou falência.

- Lei 11.101/2005 (Lei de Recuperação de Empresas e Falências).

37. São cumuláveis as indenizações por dano material e dano moral oriundos do mesmo fato.

38. Compete à Justiça Estadual Comum, na vigência da Constituição de 1988, o processo por contravenção penal, ainda que praticada em detrimento de bens, serviços ou interesse da União ou de suas entidades.

- art. 109, ICF.

39. Prescreve em vinte anos a ação para haver indenização, por responsabilidade civil, de sociedade de economia mista.

- art. 205, CC/2002.

40. Para obtenção dos benefícios de saída temporária e trabalho externo, considera-se o tempo de cumprimento da pena no regime fechado.

- arts. 40 e 122, Lei 7.210/1984 (Lei de Execuções Penais).
- Súm. 520, STJ.

41. O Superior Tribunal de Justiça não tem competência para processar e julgar, originariamente, mandado de segurança contra ato de outros tribunais ou dos respectivos órgãos.

- art. 105, I, b, CF.
- Lei 12.016/2009 (Lei do Mandado de Segurança Individual e Coletivo).
- Súm. 330, STF.

42. Compete à Justiça Comum Estadual processar e julgar as causas cíveis em que é parte sociedade de economia mista e os crimes praticados em seu detrimento.

- Súm. 251, 508, 517 e 556, STF.

43. Incide correção monetária sobre dívida por ato ilícito a partir da data do efetivo prejuízo.

44. A definição, em ato regulamentar, de grau mínimo de disacusia, não exclui, por si só, a concessão do benefício previdenciário.

45. No reexame necessário, é defeso, ao Tribunal, agravar a condenação imposta à Fazenda Pública.

46. Na execução por carta, os embargos do devedor serão decididos no juízo deprecante, salvo se versarem unicamente vícios ou defeitos da penhora, avaliação ou alienação dos bens.

- art. 20, Lei 6.830/1980 (Lei das Execuções Fiscais).
- Súm. 32, TFR.

47. Compete à Justiça Militar processar e julgar crime cometido por militar contra civil, com emprego de arma pertencente à corporação, mesmo não estando em serviço.

48. Compete ao juízo do local da obtenção da vantagem ilícita processar e julgar crimes de estelionato cometido mediante falsificação de cheque.

- art. 171, CP.

49. Na exportação de café em grão, não se inclui na base de cálculo do ICM a quota de contribuição, a que se refere o artigo 2º do Decreto-Lei 2.295, de 21.11.1986.

50. O Adicional de Tarifa Portuária incide apenas nas operações realizadas com mercadorias importadas ou exportadas, objeto do comércio de navegação de longo curso.

51. A punição do intermediador, no jogo do bicho, independe da identificação do "apostador" ou do "banqueiro".

52. Encerrada a instrução criminal, fica superada a alegação de constrangimento por excesso de prazo.

- arts. 400, 412 e 531, CPP.

53. Compete à Justiça Comum Estadual processar e julgar civil acusado de prática de crime contra instituições militares estaduais.

- art. 125, §§ 4º e 5º, CF.

54. Os juros moratórios fluem a partir do evento danoso, em caso de responsabilidade extracontratual.

55. Tribunal Regional Federal não é competente para julgar recurso de decisão proferida por juiz estadual não investido de jurisdição federal.

- art. 108, II, CF.

56. Na desapropriação para instituir servidão administrativa são devidos os juros compensatórios pela limitação de uso da propriedade.

57. Compete à Justiça Comum Estadual processar e julgar ação de cumprimento fundada em acordo ou convenção coletiva não homologados pela Justiça do Trabalho.

- Súm. sem eficácia.
- art. 114, CF.
- Lei 8.984/1995 (Estende a competência da Justiça do Trabalho (art. 114 da CF).

58. Proposta a execução fiscal, a posterior mudança de domicílio do executado não desloca a competência já fixada.

59. Não há conflito de competência se já existe sentença com trânsito em julgado, proferida por um dos juízos conflitantes.

60. É nula a obrigação cambial assumida por procurador do mutuário vinculado ao mutuante, no exclusivo interesse deste.

61. O seguro de vida cobre o suicidio não premeditado.

- Cancelada.

62. Compete à Justiça Estadual processar e julgar o crime de falsa anotação na Carteira de Trabalho e Previdência Social, atribuído à empresa privada.

63. São devidos direitos autorais pela retransmissão radiofônica de músicas em estabelecimentos comerciais.

64. Não constitui constrangimento ilegal o excesso de prazo na instrução, provocado pela defesa.

- arts. 400, 412 e 531, CPP.

65. O cancelamento, previsto no artigo 29 do Decreto-Lei 2.303, de 21.11.1986, não alcança os débitos previdenciários.

66. Compete à Justiça Federal processar e julgar execução fiscal promovida por Conselho de Fiscalização profissional.

- art. 109, I, CF.

67. Na desapropriação, cabe a atualização monetária, ainda que por mais de uma vez, independente do decurso de prazo superior a um ano entre o cálculo e o efetivo pagamento da indenização.

- Súm. 561, STF.

68. A parcela relativa ao ICM inclui-se na base de cálculo do PIS.

- Cancelada

69. Na desapropriação direta, os juros compensatórios são devidos desde a antecipada imissão na posse e, na desapropriação indireta, a partir da efetiva ocupação do imóvel.

70. Os juros moratórios, na desapropriação direta ou indireta, contam-se desde o trânsito em julgado da sentença.

71. O bacalhau importado de país signatário do GATT é isento do ICM.

72. A comprovação da mora é imprescindível à busca e apreensão do bem alienado fiduciariamente.

- art. 2º, §§ 2º e 3º, Dec.-Lei 911/1969 (Lei das Alienações Fiduciárias).

73. A utilização de papel-moeda grosseiramente falsificado configura, em tese, o crime de estelionato, da competência da Justiça Estadual.

- arts. 171 e 289, CP.

74. Para efeitos penais, o reconhecimento da menoridade do réu requer prova por documento hábil.

- art. 65, I, CP.
- art. 72, I, CPPM.

75. Compete à Justiça Comum Estadual processar e julgar o policial militar por crime de promover ou facilitar a fuga de preso de estabelecimento penal.

- art. 351, CP.

76. A falta de registro de compromisso de compra e venda de imóvel não dispensa a prévia interpelação para constituir em mora o devedor.

- art. 22 do Dec.-Lei 58/1937 (Dispõe sobre o loteamento e a venda de terrenos para pagamento em prestações).

77. A Caixa Econômica Federal é parte ilegítima para figurar no polo passivo das ações relativas às contribuições para o fundo PIS/PASEP.

78. Compete à Justiça Militar processar e julgar policial de corporação estadual, ainda que o delito tenha sido praticado em outra unidade federativa.

79. Os bancos comerciais não estão sujeitos a registro nos Conselhos Regionais de Economia.

80. A Taxa de Melhoramento dos Portos não se inclui na base de cálculo do ICM.

81. Não se concede fiança quando, em concurso material, a soma das penas mínimas cominadas for superior a dois anos de reclusão.

- art. 69, CP.

82. Compete à Justiça Federal, excluídas as reclamações trabalhistas, processar e julgar os feitos relativos a movimentação do FGTS.

83. Não se conhece do recurso especial pela divergência, quando a orientação do Tribunal se firmou no mesmo sentido da decisão recorrida.

- art. 105, III, a a c, CF.
- Súm. 286, STF.

84. É admissível a oposição de embargos de terceiro fundados em alegação de posse advinda do compromisso de compra e venda de imóvel, ainda que desprovido do registro.

- Súm. 621, STF.

85. Nas relações jurídicas de trato sucessivo em que a Fazenda Pública figure como devedora, quando não tiver sido negado o próprio direito reclamado, a prescrição atinge apenas as prestações vencidas antes do quinquênio anterior à propositura da ação.

86. Cabe recurso especial contra acórdão proferido no julgamento de agravo de instrumento.

- art. 105, III, a a c, CF.

87. A isenção do ICMS relativa às rações balanceadas para animais abrange o concentrado e o suplemento.

88. São admissíveis embargos infringentes em processo falimentar.

89. A ação acidentária prescinde de exaurimento da via administrativa.

90. Compete à Justiça Estadual Militar processar e julgar o policial militar pela prática do crime militar, e à Comum pela prática do crime comum simultâneo àquele.

- art. 125, §§ 4º e 5º, CF.

91. Compete à Justiça Federal processar e julgar os crimes praticados contra a fauna.

- Cancelada.

92. A terceiro de boa-fé não é oponível a alienação fiduciária não anotada no Certificado de Registro do veículo automotor.

93. A legislação sobre cédulas de crédito rural, comercial e industrial admite o pacto de capitalização de juros.

94. A parcela relativa ao ICMS inclui-se na base de cálculo do FINSOCIAL.

- Cancelada.

95. A redução da alíquota do Imposto sobre Produtos Industrializados ou do Imposto de Importação não implica redução do ICMS.

96. O crime de extorsão consuma-se independentemente da obtenção da vantagem indevida.

- art. 158, CP.
- art. 243, CPM.

97. Compete à Justiça do Trabalho processar e julgar reclamação de servidor público relativamente a vantagens trabalhistas anteriores à instituição do regime jurídico único.

- art. 114, CF.

98. Embargos de declaração manifestados com notório propósito de prequestionamento não têm caráter protelatório.

99. O Ministério Público tem legitimidade para recorrer no processo em que oficiou como fiscal da lei, ainda que não haja recurso da parte.

- art. 996, CPC.

100. É devido o Adicional ao Frete para Renovação da Marinha Mercante na importação sob o regime de Benefícios Fiscais à Exportação (BEFIEX).

101. A ação de indenização do segurado em grupo contra a seguradora prescreve em um ano.

- Súm. 229 e 278, STJ.

102. A incidência dos juros moratórios sobre os compensatórios, nas ações expropriatórias, não constitui anatocismo vedado em lei.

103. Incluem-se entre os imóveis funcionais que podem ser vendidos os administrados pelas Forças Armadas e ocupados pelos servidores civis.

104. Compete à Justiça Estadual o processo e julgamento dos crimes de falsificação e uso de documento falso relativo a estabelecimento particular de ensino.

- art. 304, CP.

105. Na ação de mandado de segurança não se admite condenação em honorários advocatícios.

- art. 25, Lei 12.016/2009 (Lei do Mandado de Segurança Individual e Coletivo).
- Súm. 512, STF.

106. Proposta a ação no prazo fixado para o seu exercício, a demora na citação, por motivos inerentes ao mecanismo da Justiça, não justifica o acolhimento da arguição de prescrição ou decadência.

107. Compete à Justiça Comum Estadual processar e julgar crime de estelionato praticado mediante falsificação das guias de recolhimento das contribuições previdenciárias, quando não ocorrente lesão à autarquia federal.

- art. 171, CP.

108. A aplicação de medidas socioeducativas ao adol.ropriação incluem-se no cálculo da verba advocatícia as parcelas relativas aos juros compensatórios e moratórios, devidamente corrigidos.

132. A ausência de registro da transferência não implica a responsabilidade do antigo proprietário por dano resultante de acidente que envolva o veículo alienado.

133. A restituição da importância adiantada, à conta de contrato de câmbio, independe de ter sido a antecipação efetuada nos quinze dias anteriores ao requerimento da concordata.

134. Embora intimado de penhora em imóvel do casal, o cônjuge do executado pode opor embargos de terceiro para defesa de sua meação.

135. O ICMS não incide na gravação e distribuição de filmes e videoteipes.

136. O pagamento de licença-prêmio não gozada por necessidade do serviço não está sujeito ao Imposto de Renda.

137. Compete à Justiça Comum Estadual processar e julgar ação de servidor público municipal, pleiteando direitos relativos a vínculo estatutário.

138. O ISS incide na operação de arrendamento mercantil de coisas móveis.

- Súm. Vinc. 31, STF.

139. Cabe à Procuradoria da Fazenda Nacional propor execução fiscal para cobrança de crédito relativo ao ITR.

140. Compete à Justiça Comum Estadual processar e julgar crime em que o indígena figure autor ou vítima.

- art. 109, CF.

141. Os honorários de advogado em desapropriação direta são calculados sobre a diferença entre a indenização e a oferta, corrigidos monetariamente.

142. Prescreve em vinte anos a ação para exigir a abstenção do uso de marca comercial.

- Cancelada.

143. Prescreve em cinco anos a ação de perdas e danos pelo uso de marca comercial.

144. Os créditos de natureza alimentícia gozam de preferência, desvinculados os precatórios da ordem cronológica dos créditos de natureza diversa.

- art. 100, CF.
- art. 33, p.u., ADCT.
- Res. 115/2010 (Dispõe sobre a Gestão de Precatórios no âmbito do Poder Judiciário).

145. No transporte desinteressado, de simples cortesia, o transportador só será civilmente responsável por danos causados ao transportado quando incorrer em dolo ou culpa grave.

146. O segurado, vítima de novo infortúnio, faz jus a um único benefício, somado ao salário de contribuição vigente no dia do acidente.

147. Compete à Justiça Federal processar e julgar os crimes praticados contra funcionário público federal, quando relacionados com o exercício da função.

- art. 109, ICF.

148. Os débitos relativos a benefício previdenciário, vencidos e cobrados em juízo após a vigência da Lei n. 6.899/1981, devem ser corrigidos monetariamente na forma prevista nesse diploma legal.

149. A prova exclusivamente testemunhal não basta à comprovação da atividade rurícola, para efeito da obtenção de benefício previdenciário.

- Súm. 577, STJ.

150. Compete à Justiça Federal decidir sobre a existência de interesse jurídico, que justifique a presença, no processo, da União, suas autarquias ou empresas públicas.

- art. 109, CF.
- Súm. 254, STJ.

151. A competência para o processo e julgamento por crime de contrabando ou descaminho define-se pela prevenção do Juízo Federal do lugar da apreensão dos bens.

- art. 334, CP.
- art. 71, CPP.

152. Na venda pelo segurador, de bens salvados de sinistros, incide o ICMS.

- Cancelada.

153. A desistência da execução fiscal, após o oferecimento dos embargos, não exime o exequente dos encargos da sucumbência.

154. Os optantes pelo FGTS, nos termos da Lei n. 5.958, de 1973, têm direito à taxa progressiva de juros, na forma do artigo 4º, Lei n. 5.107, de 1966.

- A Lei 5.107/1966 foi revogada pela Lei 7.839/1989.
- Lei 8.036/1990 (Lei do FGTS).
- Súm. 210 e 398, STJ.

155. O ICMS incide na importação de aeronave, por pessoa física, para uso próprio.

156. A prestação de serviço de composição gráfica, personalizada e sob encomenda, ainda que envolva fornecimento de mercadorias, está sujeita, apenas, ao ISS.

157. É ilegítima a cobrança de taxa, pelo município, na renovação de licença para localização de estabelecimento comercial ou industrial.

- Cancelada.

158. Não se presta a justificar embargos de divergência o dissídio com acórdão de Turma ou Seção que não mais tenha competência para a matéria neles versada.

159. O benefício acidentário, no caso de contribuinte que perceba remuneração variável, deve ser calculado com base na média aritmética dos últimos doze meses de contribuição.

160. É defeso, ao município, atualizar o IPTU, mediante decreto, em percentual superior ao índice oficial de correção monetária.

- arts. 33 e 97, §§ 1º e 2º, CTN.

161. É da competência da Justiça Estadual autorizar o levantamento dos valores relativos ao PIS/PASEP e FGTS, em decorrência do falecimento do titular da conta.

162. Na repetição de indébito tributário, a correção monetária incide a partir do pagamento indevido.

- art. 165, CTN.

163. O fornecimento de mercadorias com a simultânea prestação de serviços em bares, restaurantes e estabelecimentos similares constitui fato gerador do ICMS a incidir sobre o valor total da operação.

164. O prefeito municipal, após a extinção do mandato, continua sujeito a processo por crime previsto no artigo 1º do Decreto-Lei 201, de 27.02.1967.

165. Compete à Justiça Federal processar e julgar crime de falso testemunho cometido no processo trabalhista.

166. Não constitui fato gerador do ICMS o simples deslocamento de mercadoria de um para outro estabelecimento do mesmo contribuinte.

167. O fornecimento de concreto, por empreitada, para construção civil, preparado no trajeto até a obra em betoneiras acopladas a caminhões, é prestação de serviço, sujeitando-se apenas à incidência do ISS.

168. Não cabem embargos de divergência, quando a jurisprudência do Tribunal se firmou no mesmo sentido do acórdão embargado.

169. São inadmissíveis embargos infringentes no processo de mandado de segurança.

- art. 25, Lei 12.016/2009 (Lei do Mandado de Segurança Individual e Coletivo).
- Súm. 294 e 597, STF.

170. Compete ao juízo onde primeiro for intentada a ação envolvendo acumulação de pedidos, trabalhista e estatuário, decidi-la nos limites da sua jurisdição, sem prejuízo do ajuizamento de nova causa, com o pedido remanescente, no juízo próprio.

171. Cominadas cumulativamente, em Lei especial, penas privativa de liberdade e pecuniária, é defeso a substituição da prisão por multa.

- art. 60, § 2º, CP.

172. Compete à Justiça Comum processar e julgar militar por crime de abuso de autoridade, ainda que praticado em serviço.

- Lei 13.869/2019 (Lei do Abuso de Autoridade).

173. Compete à Justiça Federal processar e julgar o pedido de reintegração em cargo público federal, ainda que o servidor tenha sido dispensado antes da instituição do Regime Jurídico Único.

- art. 109, I, CF.
- art. 28, Lei 8.112/1990 (Estatuto dos Servidores Públicos Civis da União).

174. No crime de roubo, a intimidação feita com arma de brinquedo autoriza o aumento da pena.

- Cancelada.

175. Descabe o depósito prévio nas ações rescisórias propostas pelo INSS.

176. É nula a cláusula contratual que sujeita o devedor à taxa de juros divulgada pela ANBID/CETIP.

177. O Superior Tribunal de Justiça é incompetente para processar e julgar, originariamente, mandado de segurança contra ato de órgão colegiado presidido por Ministro de Estado.

- art 105, I, b, CF.

178. O INSS não goza de isenção do pagamento de custas e emolumentos, nas ações acidentárias e de benefícios propostas na Justiça Estadual.

179. O estabelecimento de crédito que recebe dinheiro, em depósito judicial, responde pelo pagamento da correção monetária relativa aos valores recolhidos.

180. Na lide trabalhista, compete ao Tribunal Regional do Trabalho dirimir conflito de competência verificado, na respectiva região, entre Juiz Estadual e Junta de Conciliação e Julgamento.

- EC 24/1999. (Altera dispositivos da Constituição Federal pertinentes à representação classista na Justiça do Trabalho).
- arts. 668, 803 e 808, CLT.

181. É admissível ação declaratória, visando obter certeza quanto à exata interpretação de cláusula contratual.

- Súm. 5, STJ.

182. É inviável o agravo do artigo 545 do Código de Processo Civil que deixa de atacar especificamente os fundamentos da decisão agravada.

- Refere-se ao CPC/1973. art. 1.016, II, CPC/2015.
- art. 183, CDC.

183. Compete ao Juiz Estadual, nas comarcas que não sejam sede de vara da Justiça Federal, processar e julgar ação civil pública, ainda que a União figure no processo.

- Cancelada.

184. A microempresa de representação comercial é isenta do Imposto de Renda.

185. Nos depósitos judiciais, não incide o Imposto sobre Operações Financeiras.

- art. 97, I, CTN.

186. Nas indenizações por ato ilícito, os juros compostos somente são devidos por aquele que praticou o crime.

187. É deserto o recurso interposto para o Superior Tribunal de Justiça, quando o recorrente não recolhe, na origem, a importância das despesas de remessa e retorno dos autos.

188. Os juros moratórios, na repetição do indébito tributário, são devidos a partir do trânsito em julgado da sentença.

- Súmula republicada (*DJU*, 21.11.1997).
- art. 167, p.u., CTN.

189. É desnecessária a intervenção do Ministério Público nas execuções fiscais.

190. Na execução fiscal, processada perante a Justiça Estadual, cumpre à Fazenda Pública antecipar o numerário destinado ao custeio das despesas com o transporte dos oficiais de justiça.

191. A pronúncia é causa interruptiva da prescrição, ainda que o Tribunal do Júri venha a desclassificar o crime.

- art. 117, II, CP.
- art. 413, CPP.

192. Compete ao Juízo das Execuções Penais do Estado a execução das penas impostas a sentenciados pela Justiça Federal, Militar ou Eleitoral, quando recolhidos a estabelecimentos sujeitos à administração estadual.

- art. 62, CPM.
- arts. 2º, 65 e 66, Lei 7.210/1984 (Lei de Execuções Penais).

193. O direito de uso de linha telefônica pode ser adquirido por usucapião.

194. Prescreve em vinte anos a ação para obter, do construtor, indenização por defeitos da obra.

- art. 43, II, Lei 4.591/1964 (Lei do Condomínio e Incorporações).

195. Em embargos de terceiro não se anula ato jurídico, por fraude contra credores.

196. Ao executado que, citado por edital ou por hora certa, permanecer revel, será nomeado curador especial, com legitimidade para apresentação de embargos.

- art. 5º, LCF.

197. O divórcio direto pode ser concedido sem que haja prévia partilha dos bens.

198. Na importação de veículo por pessoa física, destinado a uso próprio, incide o ICMS.

- art. 155, § 2º, IX, a, CF.

199. Na execução hipotecária de crédito vinculado ao Sistema Financeiro da Habilitação, nos termos da Lei n. 5.741/1971, a petição inicial deve ser instruída com, pelo menos, dois avisos de cobrança.

- art. 2º, IV, Lei 5.741/1971 (Lei de Execução Hipotecária).

200. O Juízo Federal competente para processar e julgar acusado de crime de uso de passaporte falso é o do lugar onde o delito se consumou.

- art. 109, CF.
- arts. 304 e 308, CP.
- arts. 69, I, e 70, CPP.

201. Os honorários advocatícios não podem ser fixados em salários-mínimos.

202. A impetração de segurança por terceiro, contra ato judicial, não se condiciona à interposição de recurso.

203. Não cabe recurso especial contra decisão proferida por órgão de segundo grau dos Juizados Especiais.

204. Os juros de mora nas ações relativas a benefícios previdenciários incidem a partir da citação válida.

205. A Lei 8.009/1990 aplica-se à penhora realizada antes de sua vigência.

206. A existência de vara privativa, instituída por lei estadual, não altera a competência territorial resultante das leis de processo.

207. É inadmissível recurso especial quando cabíveis embargos infringentes contra o acórdão proferido no tribunal de origem.

- art. 105, III, CF.

208. Compete à Justiça Federal processar e julgar prefeito municipal por desvio de verba sujeita a prestação de contas perante órgão federal.

- art. 109, CF.

209. Compete à Justiça Estadual processar e julgar prefeito por desvio de verba transferida e incorporada ao patrimônio municipal.

- art. 29, X, CF.

210. A ação de cobrança das contribuições para o FGTS prescreve em trinta anos.

- Súm. 154 e 398, STJ.
- Súm. 362, TST.

211. Inadmissível recurso especial quanto à questão que, a despeito da oposição de embargos declaratórios, não foi apreciada pelo tribunal *a quo*.

- Súm. 418, STJ.

212. A compensação de créditos tributários não pode ser deferida em ação cautelar ou por medida liminar cautelar ou antecipatória.

- Cancelada.

213. O mandado de segurança constitui ação adequada para a declaração do direito à compensação tributária.

- art. 7º, § 2º, Lei 12.016/2009 (Lei do Mandado de Segurança Individual e Coletivo).

214. O fiador na locação não responde por obrigações resultantes de aditamento ao qual não anuiu.

- Súm. 656, STJ.

215. A indenização recebida pela adesão a programa de incentivo à demissão voluntária não está sujeita à incidência do Imposto de Renda.

216. A tempestividade de recurso interposto no Superior Tribunal de Justiça é aferida pelo registro no protocolo da Secretaria e não pela data da entrega na agência do correio.

- art. 66, RISTJ.

217. Não cabe agravo de decisão que indefere o pedido de suspensão da execução da liminar, ou da sentença em mandado de segurança.

- Cancelada.

218. Compete à Justiça dos Estados processar e julgar ação de servidor estadual decorrente de direitos e vantagens estatuários no exercício de cargo em comissão.

219. Os créditos decorrentes de serviços prestados à massa falida, inclusive a remuneração do síndico, gozam dos privilégios próprios dos trabalhistas.

220. A reincidência não influi no prazo da prescrição da pretensão punitiva.

- arts. 63 e 110, CP.
- art. 71, CPM.

221. São civilmente responsáveis pelo ressarcimento de dano, decorrente de publicação pela imprensa, tanto o autor do escrito quanto o proprietário do veículo de divulgação.

222. Compete à Justiça Comum processar e julgar as ações relativas à contribuição sindical prevista no artigo 578 de CLT.

- Cancelada

223. A certidão de intimação do acórdão recorrido constitui peça obrigatória no instrumento de agravo.

224. Excluído do feito o ente federal, cuja presença levara o Juiz Estadual a declinar da competência, deve o Juiz Federal restituir os autos e não suscitar conflito.

225. Compete ao Tribunal Regional do Trabalho apreciar recursos contra sentença proferida por órgão de primeiro grau da Justiça Trabalhista, ainda que para declarar-lhe a nulidade em virtude de incompetência.

226. O Ministério Público tem legitimidade para recorrer na ação de acidente do trabalho, ainda que o segurado esteja assistido por advogado.

- art. 996, CPC.

227. A pessoa jurídica pode sofrer dano moral.

228. É inadmissível o interdito proibitório para a proteção do direito autoral.

229. O pedido de pagamento de indenização à seguradora suspende o prazo de prescrição até que o segurado tenha ciência da decisão.

- Súm. 101 e 278, STJ.

230. Compete à Justiça Estadual processar e julgar ação movida por trabalhador avulso portuário, em que se impugna ato do órgão gestor de mão-de-obra de que resulte óbice ao exercício de sua profissão.

- Cancelada.

231. A incidência da circunstância atenuante não pode conduzir à redução da pena abaixo do mínimo legal.

- art. 65, CP.
- art. 72, CPM.

232. A Fazenda Pública, quando parte no processo, fica sujeita à exigência do depósito prévio dos honorários do perito.

- art. 39, Lei 6.830/1980 (Lei das Execuções Fiscais).

233. O contrato de abertura de crédito, ainda que acompanhado de extrato da conta-corrente, não é título executivo.

- Súm. 247 e 258, STJ.

234. A participação de membro do Ministério Público na fase investigatória criminal não acarreta o seu impedimento ou suspeição para o oferecimento da denúncia.

- arts. 251 a 258, CPP.
- arts. 57 a 59, CPPM.

235. A conexão não determina a reunião dos processos, se um deles já foi julgado.

- arts. 76 a 82, CPP.
- arts. 99 a 107, CPPM.

236. Não compete ao Superior Tribunal de Justiça dirimir conflitos de competência entre juízes trabalhistas vinculados a Tribunais Regionais do Trabalho diversos.

237. Nas operações com cartão de crédito, os encargos relativos ao financiamento não são considerados no cálculo do ICMS.

238. A avaliação da indenização devida ao proprietário do solo, em razão de alvará de pesquisa mineral, é processada no Juízo Estadual da situação do imóvel.

239. O direito à adjudicação compulsória não se condiciona ao registro do compromisso de compra e venda no cartório de imóveis.

240. A extinção do processo, por abandono da causa pelo autor, depende de requerimento do réu.

241. A reincidência penal não pode ser considerada como circunstância agravante e, simultaneamente, como circunstância judicial.

- arts. 59, 61, I, e 63, CP.
- arts. 69, 70, I, e 71, CPM.
- Súm. 444, STJ.

242. Cabe ação declaratória para reconhecimento de tempo de serviço para fins previdenciários.

243. O benefício da suspensão do processo não é aplicável em relação às infrações penais cometidas em concurso material, concurso formal ou continuidade delitiva, quando a pena mínima cominada, seja pelo somatório seja pela incidência da majorante, ultrapassar o limite de 1 (um) ano.

- arts. 69 a 71, CP.
- art. 89, Lei 9.099/1995 (Lei dos Juizados Especiais).

244. Compete ao foro do local da recusa processar e julgar o crime de estelionato mediante cheque sem provisão de fundos.

- art. 171, § 2º, VI, CP.

245. A notificação destinada a comprovar a mora nas dívidas garantidas por alienação fiduciária dispensa a indicação do valor do débito.

- art. 2º, § 2º, Dec.-Lei 911/1969 (Lei das Alienações Fiduciárias).

246. O valor do seguro obrigatório deve ser deduzido da indenização judicialmente fixada.

- Súm. 257 e 426, STJ.

247. O contrato de abertura de crédito em conta-corrente, acompanhado do demonstrativo de débito, constitui documento hábil para o ajuizamento de ação monitória.

- Súm. 233 e 258, STJ.

248. Comprovada a prestação dos serviços, a duplicata não aceita, mas protestada, é título hábil para instruir pedido de falência.

- Lei 11.101/2005 (Lei de Recuperação de Empresas e Falências).

249. A Caixa Econômica Federal tem legitimidade passiva para integrar processo em que se discute correção monetária do FGTS.

- art. 7º, Lei 8.036/1990 (Lei do FGTS).
- Súm. 445, STJ.

250. É legítima a cobrança de multa fiscal de empresa em regime de concordata.

- Lei 11.101/2005 (Lei de Recuperação de Empresas e Falências).

251. A meação só responde pelo ato ilícito quando o credor, na execução fiscal, provar que o enriquecimento dele resultante aproveitou ao casal.

252. Os saldos das contas do FGTS, pela legislação infraconstitucional, são corrigidos em 42,72% (IPC) quanto às perdas de janeiro de 1989 e 44,80% (IPC) quanto às de abril de 1990, acolhidos pelo STJ os índices de 18,02% (LBC) quanto às perdas de junho de 1987, de 5,38% (BTN) para maio de 1990 e 7,00% (TR) para fevereiro de 1991, de acordo com o entendimento do STF (RE n. 226.855-7/RS).

253. O art. 557 do CPC, que autoriza o relator a decidir o recurso, alcança o reexame necessário.

254. A decisão do Juízo Federal que exclui da relação processual ente federal não pode ser reexaminada no Juízo Estadual.

- Súm. 150, STJ.

255. Cabem embargos infringentes contra acórdão, proferido por maioria, em agravo retido, quando se tratar de matéria de mérito.

256. O sistema de "protocolo integrado" não se aplica aos recursos dirigidos ao Superior Tribunal de Justiça.

- Cancelada.

257. A falta de pagamento do prêmio do seguro obrigatório de Danos Pessoais causados por Veículos Automotores de Vias Terrestres (DPVAT) não é motivo para a recusa do pagamento da indenização.

- Súm. 246 e 426, STJ.

258. A nota promissória vinculada a contrato de abertura de crédito não goza de autonomia em razão da iliquidez do título que a originou.

- Súm. 233 e 247, STJ.

259. A ação de prestação de contas pode ser proposta pelo titular de conta-corrente bancária.

- art. 43, § 2º, CDC.

260. A convenção de condomínio aprovada, ainda que sem registro, é eficaz para regular as relações entre os condôminos.

- art. 9º, Lei 4.591/1964 (Lei do Condomínio e Incorporações).

261. A cobrança de direitos autorais pela retransmissão radiofônica de músicas, em estabelecimentos hoteleiros, deve ser feita conforme a taxa média de utilização de equipamento, apurada em liquidação.

262. Incide o Imposto de Renda sobre o resultado das aplicações financeiras realizadas pelas cooperativas.

263. A cobrança antecipada do valor residual (VRG) descaracteriza o contrato de arrendamento mercantil, transformando-o em compra e venda a prestação.

- Cancelada.

264. É irrecorrível o ato judicial que apenas manda processar a concordata preventiva.

- Lei 11.101/2005 (Lei de Recuperação de Empresas e Falências).

265. É necessária a oitiva do menor infrator antes de decretar-se a regressão da medida socioeducativa.

- arts. 110 e 112, Lei 8.069/1990 (ECA).

266. O diploma ou habilitação legal para o exercício do cargo deve ser exigido na posse e não na inscrição para o concurso público.

- art. 37, I e II, CF.

267. A interposição de recurso, sem efeito suspensivo, contra decisão condenatória não obsta a expedição de mandado de prisão.

- art. 637, CPP.
- art. 27, § 2º, Lei 8.038/1990 (Institui normas procedimentais para os processos que especifica, perante o STJ e o STF).

268. O fiador que não integrou a relação processual na ação de despejo não responde pela execução do julgado.

269. É admissível a adoção do regime prisional semiaberto aos reincidentes condenados a pena igual ou inferior a quatro anos se favoráveis as circunstâncias judiciais.

- arts. 35, 59 e 63, CP.
- art. 186, CTN.

270. O protesto pela preferência de crédito, apresentado por ente federal em execução que tramita na Justiça Estadual, não desloca a competência para a Justiça Federal.

271. A correção monetária dos depósitos judiciais independe de ação específica contra o banco depositário.

272. O trabalhador rural, na condição de segurado especial, sujeito à contribuição obrigatória sobre a produção rural comercializada, somente faz jus à aposentadoria por tempo de serviço, se recolher contribuições facultativas.

- art. 195, § 8º, CF.
- arts. 11, VII, 39 e 52, Lei 8.213/1991 (Lei dos Planos de Benefícios da Previdência Social).

273. Intimada a defesa da expedição da carta precatória, torna-se desnecessária intimação da data da audiência no juízo deprecado.

- art. 222, CPP.

274. O ISS incide sobre o valor dos serviços de assistência médica, incluindo-se neles as refeições, os medicamentos e as diárias hospitalares.

275. O auxiliar de farmácia não pode ser responsável técnico por farmácia ou drogaria.

276. As sociedades civis de prestação de serviços profissionais são isentas da Cofins, irrelevante o regime tributário adotado.

- Cancelada.

277. Julgada procedente a investigação de paternidade, os alimentos são devidos a partir da citação.

- art. 13, § 2º, Lei 5.478/1968 (Dispõe sobre a ação de alimentos).

278. O termo inicial do prazo prescricional, na ação de indenização, é a data em que o segurado teve ciência inequívoca da incapacidade laboral.

- Súm. 101 e 229, STJ.

279. É cabível execução por título extrajudicial contra a Fazenda Pública.

280. O art. 35 do Decreto-Lei 7.661, de 1945, que estabelece a prisão administrativa, foi revogado pelos incisos LXI e LXVII do art. 5º da Constituição Federal de 1988.

281. A indenização por dano moral não está sujeita a tarifação prevista na Lei de Imprensa.

- ADPF 130-7 (DOU, 12.05.2009).

282. Cabe a citação por edital em ação monitória.

283. As empresas administradoras de cartão de crédito são instituições financeiras e, por isso, os juros remuneratórios por elas cobrados não sofrem as limitações da Lei de Usura.

- art. 4º, Dec. 22.626/1933 (Lei da Usura).
- Súm. 596, STF.

284. A purga da mora, nos contratos de alienação fiduciária, só é permitida quando já pagos pelo menos 40% (quarenta por cento) do valor financiado.

- art. 53, CDC.
- art. 3º, Dec.-Lei 911/1969 (Lei das Alienações Fiduciárias).

285. Nos contratos bancários posteriores ao Código de Defesa do Consumidor incide a multa moratória nele prevista.

- art. 52, § 1º, CDC.

286. A renegociação de contrato bancário ou a confissão da dívida não impede a possibilidade de discussão sobre eventuais ilegalidades dos contratos anteriores.

287. A Taxa Básica Financeira (TBF) não pode ser utilizada como indexador de correção monetária nos contratos bancários.

288. A Taxa de Juros de Longo Prazo (TJLP) pode ser utilizada como indexador de correção monetária nos contratos bancários.

289. A restituição das parcelas pagas a plano de previdência privada deve ser objeto de correção plena, por índice que recomponha a efetiva desvalorização da moeda.

290. Nos planos de previdência privada, não cabe ao beneficiário a devolução da contribuição efetuada pelo patrocinador.

291. A ação de cobrança de parcelas de complementação de aposentadoria pela previdência privada prescreve em cinco anos.

- Súm. 427, STJ.

292. A reconvenção é cabível na ação monitória, após a conversão do procedimento em ordinário.

293. A cobrança antecipada do Valor Residual Garantido (VRG) não descaracteriza o contrato de arrendamento mercantil.

- Lei 6.099/1974 (Lei do Arrendamento Mercantil).

294. Não é potestativa a cláusula contratual que prevê a comissão de permanência, calculada pela taxa média de mercado apurada pelo Banco Central do Brasil, limitada à taxa do contrato.

- Súm. 472, STJ.

295. A Taxa Referencial (TR) é indexador válido para contratos posteriores à Lei 8.177/1991, desde que pactuada.

- Lei 8.177/1991 (Estabelece regras para a desindexação da economia).

296. Os juros remuneratórios, não cumuláveis com a comissão de permanência, são devidos no período de inadimplência, à taxa média de mercado estipulada pelo Banco Central do Brasil, limitada ao percentual contratado.

- Súm. 472, STJ.

297. O Código de Defesa do Consumidor é aplicável às instituições financeiras.

- art. 3º, § 2º, CDC.

298. O alongamento de dívida originada de crédito rural não constitui faculdade da instituição financeira, mas, direito do devedor nos termos da lei.

- art. 187, CF.

299. É admissível a ação monitória fundada em cheque prescrito.

300. O instrumento de confissão de dívida, ainda que originário de contrato de abertura de crédito, constitui título executivo extrajudicial.

301. Em ação investigatória, a recusa do suposto pai a submeter-se ao exame de DNA induz presunção *juris tantum* de paternidade.

302. É abusiva a cláusula contratual de plano de saúde que limita no tempo a internação hospitalar do segurado.

303. Em embargos de terceiro, quem deu causa à constrição indevida deve arcar com os honorários advocatícios.

304. É ilegal a decretação da prisão civil daquele que não assume expressamente o encargo de depositário judicial.

- art. 5º, LXVII, CF.

305. É descabida a prisão civil do depositário quando, decretada a falência da empresa, sobrevém a arrecadação do bem pelo síndico.

- art. 5º, LXVII, CF.
- Lei 11.101/2005 (Lei de Recuperação de Empresas e Falências).
- Súm. 419, STJ.

306. Os honorários advocatícios devem ser compensados quando houver sucumbência recíproca, assegurado o direito autônomo do advogado à execução do saldo sem excluir a legitimidade da própria parte.

- art. 23, Lei 8.906/1994 (EOAB).

307. A restituição de adiantamento de contrato de câmbio, na falência, deve ser atendida antes de qualquer crédito.

- art. 75, § 3º, Lei 4.728/1965 (Lei do Mercado de Capitais).

308. A hipoteca firmada entre a construtora e o agente financeiro, anterior ou posterior à celebração da promessa de compra e venda, não tem eficácia perante os adquirentes do imóvel.

- art. 1.420, CC/2002.

309. O débito alimentar que autoriza a prisão civil do alimentante é o que compreende as três prestações anteriores ao ajuizamento da execução e as que se vencerem no curso do processo.

310. O auxílio-creche não integra o salário de contribuição.

- art. 28, Lei 8.212/1991 (Lei Orgânica da Seguridade Social).

311. Os atos do presidente do tribunal que disponham sobre processamento e pagamento de precatório não têm caráter jurisdicional.

312. No processo administrativo para imposição de multa de trânsito, são necessárias as notificações da autuação e da aplicação da pena decorrente da infração.

- art. 5º, LCF.
- arts. 280, 281 e 282, CTB.

313. Em ação de indenização, procedente o pedido, é necessária a constituição de capital ou caução fidejussória para a garantia de pagamento da pensão, independentemente da situação financeira do demandado.

314. Em execução fiscal, não localizados bens penhoráveis, suspende-se o processo por um ano, findo o qual se inicia o prazo da prescrição quinquenal intercorrente.

- art. 40, Lei 6.830/1980 (Lei das Execuções Fiscais).

315. Não cabem embargos de divergência no âmbito do agravo de instrumento que não admite recurso especial.

316. Cabem embargos de divergência contra acórdão que, em agravo regimental, decide recurso especial.

317. É definitiva a execução de título extrajudicial, ainda que pendente apelação contra sentença que julgue improcedentes os embargos.

318. Formulado pedido certo e determinado, somente o autor tem interesse recursal em arguir o vício da sentença ilíquida.

319. O encargo de depositário de bens penhorados pode ser expressamente recusado.

320. A questão federal somente ventilada no voto vencido não atende ao requisito do prequestionamento.

321. O Código de Defesa do Consumidor é aplicável à relação jurídica entre a entidade de previdência privada e seus participantes.

- Cancelada.

322. Para a repetição de indébito, nos contratos de abertura de crédito em conta-corrente, não se exige a prova do erro.

- art. 877, CC/2002.

323. A inscrição do nome do devedor pode ser mantida nos serviços de proteção ao crédito até o prazo máximo de cinco anos, independentemente da prescrição da execução.

- art. 43, §§ 1º e 5º, CDC.

324. Compete à Justiça Federal processar e julgar ações de que participa a Fundação Habitacional do Exército, equiparada à entidade autárquica federal, supervisionada pelo Ministério do Exército.

325. A remessa oficial devolve ao Tribunal o reexame de todas as parcelas da condenação suportadas pela Fazenda Pública, inclusive dos honorários de advogado.

326. Na ação de indenização por dano moral, a condenação em montante inferior ao postulado na inicial não implica sucumbência recíproca.

327. Nas ações referentes ao Sistema Financeiro da Habitação, a Caixa Econômica Federal tem legitimidade como sucessora do Banco Nacional da Habitação.

328. Na execução contra instituição financeira, é penhorável o numerário disponível, excluídas as reservas bancárias mantidas no Banco Central.

- art. 655, I, CPC.

329. O Ministério Público tem legitimidade para propor ação civil pública em defesa do patrimônio público.

- art. 129, III, CF.
- Lei 7.347/1985 (Lei da Ação Civil Pública).

330. É desnecessária a resposta preliminar de que trata o artigo 514 do Código de Processo Penal, na ação penal instruída por inquérito policial.

331. A apelação interposta contra sentença que julga embargos à arrematação tem efeito meramente devolutivo.

332. A fiança prestada sem autorização de um dos cônjuges implica a ineficácia total da garantia.

- art. 1.647, III, CC/2002.

333. Cabe mandado de segurança contra ato praticado em licitação promovida por sociedade de economia mista ou empresa pública.

- arts. 37, XXI, e 173, § 1º, III, CF.
- Lei 8.666/1993 (Lei de Licitações e Contratos Administrativos).
- Lei 12.016/2009 (Lei do Mandado de Segurança Individual e Coletivo).
- Lei 13.303/2016 (Dispõe sobre o estatuto jurídico da empresa pública, da sociedade de economia mista e de suas subsidiárias, no âmbito da União, dos Estados, do Distrito Federal e dos Municípios).

334. O ICMS não incide no serviço dos provedores de acesso à Internet.

- art. 2º, LC 87/1996 (Lei Kandir - ICMS).

335. Nos contratos de locação, é válida a cláusula de renúncia à indenização das benfeitorias e ao direito de retenção.

- art. 35, Lei 8.245/1991 (Lei das Locações).

336. A mulher que renunciou aos alimentos na separação judicial tem direito à pensão previdenciária por morte do ex-marido, comprovada a necessidade econômica superveniente.

- arts. 201, e 226, § 3º, CF.
- art. 76, §§ 1º e 2º, Lei 8.213/1991 (Lei dos Planos de Benefícios da Previdência Social).

337. É cabível a suspensão condicional do processo na desclassificação do crime e na procedência parcial da pretensão punitiva.

- art. 89, Lei 9.099/1995 (Lei dos Juizados Especiais).

338. A prescrição penal é aplicável nas medidas socioeducativas.

- arts. 109 e 110, CP.
- arts. 112 e 226, Lei 8.069/1990 (ECA).

339. É cabível ação monitória contra a Fazenda Pública.

340. A lei aplicável à concessão de pensão previdenciária por morte é aquela vigente na data do óbito do segurado.

- Súm. 416, STJ.

341. A frequência a curso de ensino formal é causa de remição de parte do tempo de execução de pena sob regime fechado ou semiaberto.

- arts. 126 a 130, Lei 7.210/1984 (Lei de Execuções Penais).

342. No procedimento para aplicação de medida socioeducativa, é nula a desistência de outras provas em face da confissão do adolescente.

- art. 112, Lei 8.069/1990 (ECA).

343. É obrigatória a presença de advogado em todas as fases do processo administrativo disciplinar.

- Cancelada.
- arts. 5º, Le 133, CF.
- arts. 153, 163 e 164, Lei 8.112/1990 (Estatuto dos Servidores Públicos Civis).

344. A liquidação por forma diversa estabelecida na sentença não ofende a coisa julgada.

345. São devidos honorários advocatícios pela Fazenda Pública nas execuções individuais de sentença proferida em ações coletivas, ainda que não embargadas.

- art. 1º-D, Lei 9.494/1997 (Disciplina a aplicação da tutela antecipada contra a Fazenda Pública).

346. É vedada aos militares temporários, para aquisição de estabilidade, a contagem em dobro de férias e licenças não gozadas.

347. O conhecimento de recurso de apelação do réu independe de sua prisão.

- art. 387, p.u., CPP.

348. Compete ao Superior Tribunal de Justiça decidir os conflitos de competência entre juizado especial federal e juízo federal, ainda que da mesma seção judiciária.

- Cancelada.

349. Compete à Justiça Federal ou aos juízes com competência delegada o julgamento das execuções fiscais de contribuições devidas pelo empregador ao FGTS.

- art. 2º, Lei 8.844/1994 (Dispõe sobre a fiscalização, apuração e cobrança judicial as contribuições e multas devidas ao Fundo de Garantia do Tempo de Serviço - FGTS).

350. O ICMS não incide sobre o serviço de habilitação de telefone celular.

- art. 2º, III, LC 87/1996 (Lei Kandir - ICMS).

351. A alíquota de contribuição para o Seguro de Acidente do Trabalho (SAT) é aferida pelo grau de risco desenvolvido em cada empresa, individualizada pelo seu CNPJ, ou pelo grau de risco da atividade preponderante quando houver apenas um registro.

- art. 22, II, Lei 8.212/1991 (Lei Orgânica da Seguridade Social).

352. A obtenção ou a renovação do Certificado de Entidade Beneficente de Assistência Social (CEBAS) não exime a entidade do cumprimento dos requisitos legais supervenientes.

- art. 195, § 7º, CF.
- LC 187/2021 (Dispõe sobre a certificação das entidades beneficentes), e Dec. 11.791/2023 (Regulamento).

353. As disposições do Código Tributário Nacional não se aplicam às contribuições para o FGTS.

354. A invasão do imóvel é causa de suspensão do processo expropriatório para fins de reforma agrária.

- art. 2º, § 6º, Lei 8.629/1993 (Dispõe sobre a regulamentação dos dispositivos constitucionais relativos à reforma agrária).

355. É válida a notificação do ato de exclusão do programa de recuperação fiscal do REFIS pelo *Diário Oficial* ou pela Internet.

356. É legítima a cobrança da tarifa básica pelo uso dos serviços de telefonia fixa.

- Lei 9.472/1997 (Dispõe sobre a organização dos serviços de telecomunicações).

357. A pedido do assinante, que responderá pelos custos, é obrigatória, a partir de 1º de janeiro de 2006, a discriminação de pulsos excedentes e ligações de telefone fixo para celular.

- Cancelada.

358. O cancelamento de pensão alimentícia de filho que atingiu a maioridade está sujeito à decisão judicial, mediante contraditório, ainda que nos próprios autos.

359. Cabe ao órgão mantenedor do Cadastro de Proteção ao Crédito a notificação do devedor antes de proceder à inscrição.

- art. 43, § 2º, CDC.
- Súm. 404, STJ.

360. O benefício da denúncia espontânea não se aplica aos tributos sujeitos a lançamento por homologação regularmente declarados, mas pagos a destempo.

- art. 138, *caput*, CTN.

361. A notificação do protesto, para requerimento de falência da empresa devedora, exige a identificação da pessoa que a recebeu.

- art. 94, § 3º, Lei 11.101/2005 (Lei de Recuperação de Empresas e Falências).

362. A correção monetária do valor da indenização do dano moral incide desde a data do arbitramento.

363. Compete à Justiça estadual processar e julgar a ação de cobrança ajuizada por profissional liberal contra cliente.

364. O conceito de impenhorabilidade de bem de família abrange também o imóvel pertencente a pessoas solteiras, separadas e viúvas.

- art. 1º, Lei 8.009/1990 (Dispõe sobre a impenhorabilidade dos bens de família).

365. A intervenção da União como sucessora da Rede Ferroviária Federal S/A (RFFSA) desloca a competência para a Justiça Federal ainda que a sentença tenha sido proferida por Juízo estadual.

- art. 109, I, CF.

366. Compete à Justiça estadual processar e julgar ação indenizatória proposta por viúva e filhos de empregado falecido em acidente de trabalho.

- Cancelada.

367. A competência estabelecida pela EC 45/2004 não alcança os processos já sentenciados.

368. Compete à Justiça comum estadual processar e julgar os pedidos de retificação de dados cadastrais da Justiça Eleitoral.

369. No contrato de arrendamento mercantil (*leasing*), ainda que haja cláusula resolutiva expressa, é necessária a notificação prévia do arrendatário para constituí-lo em mora.

370. Caracteriza dano moral a apresentação antecipada de cheque pré-datado.

- art. 32, p.u., Lei 7.357/1985 (Dispõe sobre o Cheque).

371. Nos contratos de participação financeira para a aquisição de linha telefônica, o Valor Patrimonial da Ação (VPA) é apurado com base no balancete do mês da integralização.

- art. 170, § 1º, I e II, Lei 6.404/1976 (Dispõe sobre as sociedades por ações).

372. Na ação de exibição de documentos, não cabe a aplicação de multa cominatória.

- art. 845, CPC.

373. É ilegítima a exigência de depósito prévio para admissibilidade de recurso administrativo.

- art. 5º, XXXIa, e LCF.
- art. 151, III, CTN.

374. Compete à Justiça Eleitoral processar e julgar a ação para anular débito decorrente de multa eleitoral.

375. O reconhecimento da fraude à execução depende do registro da penhora do bem alienado ou da prova de má-fé do terceiro adquirente.

376. Compete à Turma Recursal processar e julgar o mandado de segurança contra ato de Juizado Especial.

- art. 98, I, CF.
- art. 21, VI, LC 35/1979 (Lei Orgânica da Magistratura Nacional).
- art. 41, § 1º, Lei 9.099/1995 (Lei dos Juizados Especiais).

377. O portador de visão monocular tem direito de concorrer, em concurso público, às vagas reservadas aos deficientes.

- art. 37, VIII, CF.

378. Reconhecido o desvio de função, o servidor faz jus às diferenças salariais decorrentes.

379. Nos contratos bancários não regidos por legislação específica, os juros moratórios poderão ser convencionados até o limite de 1% ao mês.

- art. 406, CC/2002.
- art. 161, § 1º, CTN.
- art. 5º, Dec. 22.626/1933 (Lei da Usura).

380. A simples propositura da ação de revisão de contrato não inibe a caracterização da mora do autor.

- arts. 394 a 401, CC/2002.

381. Nos contratos bancários, é vedado ao julgador conhecer, de ofício, da abusividade das cláusulas.

- art. 51, CDC.

382. A estipulação de juros remuneratórios superiores a 12% ao ano, por si só, não indica abusividade.

383. A competência para processar e julgar as ações conexas de interesse de menor é, em princípio, do foro do domicílio do detentor de sua guarda.

- art. 147, I, Lei 8.069/1990 (ECA).

384. Cabe ação monitória para haver saldo remanescente oriundo de venda extrajudicial de bem alienado fiduciariamente em garantia.

385. Da anotação irregular em cadastro de proteção ao crédito, não cabe indenização por dano moral, quando preexistente legítima inscrição, ressalvado o direito ao cancelamento.

- art. 43, CDC.

386. São isentas de imposto de renda as indenizações de férias proporcionais e o respectivo adicional.

- art. 6º, Lei 7.713/1988 (Altera a legislação do imposto de renda).
- Súm. 125 e 136, STJ.

387. É lícita a cumulação das indenizações de dano estético e dano moral.

- art. 5º, X, CF.

388. A simples devolução indevida de cheque caracteriza dano moral.

389. A comprovação do pagamento do "custo do serviço" referente ao fornecimento de certidão de assentamentos constantes dos livros da companhia é requisito de procedibilidade da ação de exibição de documentos ajuizada em face da sociedade anônima.

- art. 100, § 1º, Lei 6.404/1976 (Dispõe sobre as sociedades por ação).

390. Nas decisões por maioria, em reexame necessário, não se admitem embargos infringentes.

391. O ICMS incide sobre o valor da tarifa de energia elétrica correspondente à demanda de potência efetivamente utilizada.

392. A Fazenda Pública pode substituir a certidão de dívida ativa (CDA) até a prolação da sentença de embargos, quando se tratar de correção de erro material ou formal, vedada a modificação do sujeito passivo da execução.

- art. 201, CTN.
- art. 2º, § 8º, Lei 6.830/1980 (Lei das Execuções Fiscais).

393. A exceção de pré-executividade é admissível na execução fiscal relativamente às matérias conhecíveis de ofício que não demandem dilação probatória.

394. É admissível, em embargos à execução fiscal, compensar os valores de imposto de renda retidos indevidamente na fonte com os valores restituídos apurados na declaração anual.

- Súmula republicada. *DJe*, 21.10.2009.

395. O ICMS incide sobre o valor da venda a prazo constante da nota fiscal.

- art. 2º, I, Dec.-Lei 406/1968 (Estabelece normas gerais de direito financeiro, aplicáveis aos impostos sobre operações relativas à circulação de mercadorias e sobre serviços de qualquer natureza).

396. A Confederação Nacional da Agricultura tem legitimidade ativa para a cobrança da contribuição sindical rural.

- art. 578, CLT.

397. O contribuinte do IPTU é notificado do lançamento pelo envio do carnê ao seu endereço.

398. A prescrição da ação para pleitear os juros progressivos sobre os saldos de conta vinculada do FGTS não atinge o fundo de direito, limitando-se às parcelas vencidas.

- Súm. 154 e 210, STJ.

399. Cabe à legislação municipal estabelecer o sujeito passivo do IPTU.

- art. 34, CTN.

400. O encargo de 20% previsto no Dec.-Lei 1.025/1969 é exigível na execução fiscal proposta contra a massa falida.

401. O prazo decadencial da ação rescisória só se inicia quando não for cabível qualquer recurso do último pronunciamento judicial.

402. O contrato de seguro por danos pessoais compreende os danos morais, salvo cláusula expressa de exclusão.

403. Independe de prova do prejuízo a indenização pela publicação não autorizada de imagem de pessoa com fins econômicos ou comerciais.

- art. 5º, X, CF.
- arts. 186 e 927, CC/2002.

404. É dispensável o aviso de recebimento (AR) na carta de comunicação ao consumidor sobre a negativação de seu nome em bancos de dados e cadastros.

- art. 43, § 2º, CDC.
- Súm. 359, STJ.

405. A ação de cobrança de seguro obrigatório (DPVAT) prescreve em três anos.

- art. 206, § 3º, IX, CC/2002.

406. A Fazenda Pública pode recusar a substituição do bem penhorado por precatório.

- art. 15, Lei 6.830/1980 (Lei das Execuções Fiscais).

407. É legítima a cobrança da tarifa de água fixada de acordo com as categorias de usuários e as faixas de consumo.

- art. 175, p.u., III, CF.
- Lei 8.987/1995 (Lei da Concessão e Permissão da Prestação de Serviços Públicos).

408. Nas ações de desapropriação, os juros compensatórios incidentes após a Medida Provisória n. 1.577, de 11.06.1997, devem ser fixados em 6% ao ano até 13.09.2001 e, a partir de então, em 12% ao ano, na forma da Súmula n. 618 do Supremo Tribunal Federal.

- Dec.-Lei 3.365/1941 (Lei das Desapropriações).
- Cancelada.

409. Em execução fiscal, a prescrição ocorrida antes da propositura da ação pode ser decretada de ofício (art. 219, § 5º, do CPC).

410. A prévia intimação pessoal do devedor constitui condição necessária para a cobrança de multa pelo descumprimento de obrigação de fazer ou não fazer.

411. É devida a correção monetária ao creditamento do IPI quando há oposição ao seu aproveitamento decorrente de resistência ilegítima do Fisco.

412. A ação de repetição de indébito de tarifas de água e esgoto sujeita-se ao prazo prescricional estabelecido no Código Civil.

- art. 205, CC/2002.

413. O farmacêutico pode acumular a responsabilidade técnica por uma farmácia e uma drogaria ou por duas drogarias.

414. A citação por edital na execução fiscal é cabível quando frustradas as demais modalidades.

- art. 8º, ILei 6.830/1980 (Lei das Execuções Fiscais).

415. O período de suspensão do prazo prescricional é regulado pelo máximo da pena cominada.

- art. 109, CP.
- art. 366, CPP.

416. É devida a pensão por morte aos dependentes do segurado que, apesar de ter perdido essa qualidade, preencheu os requisitos legais para a obtenção de aposentadoria até a data do seu óbito.

- arts. 15, 26, I, 74 e 102, § 2º, Lei 8.213/1991 (Lei dos Planos de Benefícios da Previdência Social).
- Súm. 340, STJ.

417. Na execução civil, a penhora de dinheiro na ordem de nomeação de bens não tem caráter absoluto.

- art. 11, I, Lei 6.830/1980 (Lei das Execuções Fiscais).

418. É inadmissível o recurso especial interposto antes da publicação do acórdão dos embargos de declaração, sem posterior ratificação.

- Cancelada.

419. Descabe a prisão civil do depositário judicial infiel.

- art. 5º, LXVII, CF.
- art. 652, CC/2002.
- art. 4º, §§ 1º e 2º, Lei 8.866/1994 (Lei do Depositário Infiel).
- art. 11, de Dec. 592/1992 (Promulga o Pacto Internacional sobre Direitos Civis e Políticos).
- art. 4º, de Dec.-Lei 911/1969 (Lei das Alienações Fiduciárias).
- art. 7º, 7, do Pacto de São José da Costa Rica.
- Súm. Vinc. 25, STF.
- Súm. 304 e 305, STJ.

420. Incabível, em embargos de divergência, discutir o valor de indenização por danos morais.

- art. 5º, X, CF.

421. Os honorários advocatícios não são devidos à Defensoria Pública quando ela atua contra a pessoa jurídica de direito público à qual pertença.

- Cancelada
- art. 134, § 1º, CF.
- art. 381, CC/2002.
- LC 80/1994 (Lei da Defensoria Pública).

422. O art. 6º, *e*, Lei 4.380/1964 não estabelece limitação aos juros remuneratórios nos contratos vinculados ao SFH.

- Lei 4.380/1964 (Institui a correção monetária nos contratos imobiliários de interesse social, o sistema financeiro para aquisição da casa própria, cria o Banco Nacional da Habitação - BNH, e Sociedades de Crédito Imobiliário, as Letras Imobiliárias, o Serviço Federal de Habitação e Urbanismo).
- Lei 5.741/1971 (Dispõe sobre a proteção do financiamento de bens imóveis vinculados ao Sistema Financeiro da Habitação).
- art. 9º, Lei 8.036/1990 (Lei do FGTS).
- art. 10, I, Dec.-Lei 70/1966 (Lei de Execução de Cédula Hipotecária).
- art. 1º, Dec.-Lei 2.291/1986 (Extingue o Banco Nacional da Habitação - BNH).

423. A Contribuição para Financiamento da Seguridade Social - COFINS incide sobre as receitas provenientes das operações de locação de bens móveis.

- art. 195, CF.
- art. 2º, LC 70/1991 (Institui contribuição para financiamento da Seguridade Social e eleva a alíquota da contribuição social sobre o lucro das instituições financeiras).
- art. 1º, Lei 10.833/2003 (Altera a legislação tributária federal).
- arts. 8º, § 14, e 25, p.u., Lei 10.865/2004 (Dispõe sobre a Contribuição para os Programas de Integração Social e de Formação do Patrimônio do Servidor Público e a Contribuição para o Financiamento da Seguridade Social incidentes sobre a importação de bens e serviços).

424. É legítima a incidência de ISS sobre os serviços bancários congêneres da lista anexa ao Dec.-Lei 406/1968 e à LC n. 56/1987.

- art. 156, III, CF.
- A LC 56/1987 foi revogada pela LC 116/2003 (Lei do ISS).
- art. 2º, III, LC 116/2003 (Lei do ISS).
- Dec.-Lei 406/1968 (Estabelece normas gerais de direito financeiro, aplicáveis aos Impostos sobre Operações relativas à Circulação de Mercadorias e sobre Serviços de qualquer Natureza).
- Súm. 588, STF.

425. A retenção da contribuição para a seguridade social pelo tomador do serviço não se aplica às empresas optantes pelo SIMPLES.

- LC 123/2006 (Estatuto Nacional da Microempresa e da Empresa de Pequeno Porte).
- art. 31, § 1º, Lei 8.212/1991 (Lei Orgânica da Seguridade Social).

426. Os juros de mora na indenização do seguro DPVAT fluem a partir da citação.

- arts. 405, 757 e 772, CC/2002.
- Súm. 246 e 257, STJ.

427. A ação de cobrança de diferenças de valores de complementação de aposentadoria prescreve em cinco anos contados da data do pagamento.

- art. 75, LC 109/2001 (Lei do Regime de Previdência Complementar).
- art. 103, p.u., Lei 8.213/1991 (Lei dos Planos de Benefícios da Previdência Social).
- Súm. 291, STJ.

428. Compete ao Tribunal Regional Federal decidir os conflitos de competência entre Juizado Especial Federal e Juízo Federal da mesma Seção Judiciária.

- art. 108, I, e, CF.
- Lei 10.259/2001 (Lei dos Juizados Especiais Federais).

429. A citação postal, quando autorizada por lei, exige o aviso de recebimento.

- art. 8º, I a III, Lei 6.830/1980 (Lei das Execuções Fiscais).
- art. 39, p.u., Lei 9.307/1996 (Lei da Arbitragem).

430. O inadimplemento da obrigação tributária pela sociedade não gera, por si só, a responsabilidade solidária do sócio-gerente.

- art. 135, III, CTN.
- art. 158, Lei 6.404/1976 (Dispõe sobre as sociedades por ações).
- art. 4º, Lei 6.830/1980 (Lei das Execuções Fiscais).

431. É ilegal a cobrança de ICMS com base no valor da mercadoria submetido ao regime de pauta fiscal.

- art. 148, CTN.
- art. 8º, LC 87/1996 (Lei Kandir - ICMS).
- art. 2º, I e II, Dec.-Lei 406/1968 (Estabelece normas gerais de direito financeiro, aplicáveis aos Impostos sobre Operações relativas à Circulação de Mercadorias e sobre Serviços de qualquer Natureza).
- Súm. 654, STJ.

432. As empresas de construção civil não estão obrigadas a pagar ICMS sobre mercadorias adquiridas como insumos em operações interestaduais.

- art. 3º, LC 87/1996 (Lei Kandir - ICMS).

433. O produto semielaborado, para fins de incidência de ICMS, é aquele que preenche cumulativamente os três requisitos do art. 1º da Lei Complementar no 65/1991.

- LC 65/1991 (Define, na forma da alínea a do inciso X do § 2º, do art. 155 da Constituição, os produtos semielaborados que podem ser tributados pelos Estados e Distrito Federal, quando de sua exportação para o exterior).

434. O pagamento da multa por infração de trânsito não inibe a discussão judicial do débito.

- arts. 286, § 2º, e 288, CTB.

435. Presume-se dissolvida irregularmente a empresa que deixar de funcionar no seu domicílio fiscal, sem comunicação aos órgãos competentes, legitimando o redirecionamento da execução fiscal para o sócio-gerente.

- art. 127, CTN.
- art. 206, Lei 6.404/1976 (Dispõe sobre as sociedades por ações).
- art. 4º, Lei 6.830/1980 (Lei das Execuções Fiscais).

436. A entrega de declaração pelo contribuinte reconhecendo débito fiscal constitui o crédito tributário, dispensada qualquer outra providência por parte do Fisco.

- arts. 142 e 150, CTN.
- art. 15, ILei 9.779/1999 (Altera a legislação do IR).

437. A suspensão da exigibilidade do crédito tributário superior a quinhentos mil reais para opção pelo REFIS pressupõe a homologação expressa do comitê gestor e a constituição de garantia por meio do arrolamento de bens.

- art. 151, VI, CTN.
- art. 64, Lei 9.532/1997 (Altera a legislação tributária federal).
- art. 3º, §§4º e 5º, Lei 9.964/2000 (Institui o Programa de Recuperação Fiscal - REFIS).
- art. 23, Lei 10.637/2002 (Dispõe sobre a não cumulatividade na cobrança da contribuição para o PIS/PASEP).
- art. 2º, Lei 10.684/2003 (Dispõe sobre parcelamento de débitos junto à Secretaria da Receita Federal, à Procuradoria-Geral da Fazenda Nacional e ao Instituto Nacional do Seguro Social).

438. É inadmissível a extinção da punibilidade pela prescrição da pretensão punitiva com fundamento em pena hipotética, independentemente da existência ou sorte do processo penal.

- arts. 107, IV, 109 e 110, CP.
- art. 581, VIII, CPP.
- Súm. 241 do TFR.

439. Admite-se o exame criminológico pelas peculiaridades do caso, desde que em decisão motivada.

- arts. 34 e 97, § 1º, CP.
- arts. 8º e 174, Lei 7.210/1984 (Lei de Execuções Penais).
- Súm. Vinc. 26, STF.

440. Fixada a pena-base no mínimo legal, é vedado o estabelecimento de regime prisional mais gravoso do que o cabível em razão da sanção imposta, com base apenas na gravidade abstrata do delito.

- arts. 33, §§ 2º e 3º, 59 e 68, CP.
- Súm. 718, STF.

441. A falta grave não interrompe o prazo para obtenção de livramento condicional.

- art. 83, CP.
- arts. 49 a 52 e 131, Lei 7.210/1984 (Lei de Execuções Penais).
- Súm. 535, STJ.

442. É inadmissível aplicar, no furto qualificado, pelo concurso de agentes, a majorante do roubo.

- arts. 155, § 4º, Ie 157, § 2º, II, CP.

443. O aumento na terceira fase de aplicação da pena no crime de roubo circunstanciado exige fundamentação concreta, não sendo suficiente para a sua exasperação a mera indicação do número de majorantes.

- arts. 68, p.u., e 157, § 2º, CP.

444. É vedada a utilização de inquéritos policiais e ações penais em curso para agravar a pena-base.

- art. 5º, LVII, CF.
- arts. 59 e 68, CP.

445. As diferenças de correção monetária resultantes de expurgos inflacionários sobre os saldos de FGTS têm como termo inicial a data em que deveriam ter sido creditadas.

- LC 110/2001(Institui contribuições sociais, autoriza créditos de complementos de atualização monetária em contas vinculadas do Fundo de Garantia do Tempo de Serviço - FGTS).
- Lei 8.036/1990 (Lei do FGTS).
- Orientações Jurisprudenciais 341, 344 e 370 SBDI-I, TST.
- Súm. 249, STJ.

446. Declarado e não pago o débito tributário pelo contribuinte, é legítima a recusa de expedição de certidão negativa ou positiva com efeito de negativa.

- arts. 205 e 206, CTN.

447. Os Estados e o Distrito Federal são partes legítimas na ação de restituição de imposto de renda retido na fonte proposta por seus servidores.

- art. 157, I, CF.
- art. 43, CTN.

448. A opção pelo SIMPLES de estabelecimentos dedicados às atividades de creche, pré-escola e ensino fundamental é admitida somente a partir de 24.10.2000, data de vigência da Lei n. 10.034/2000.

- Lei 10.034/2000 (Institui o Sistema Integrado de Imposto e Contribuições das Microempresas e das Empresas de Pequeno Porte - SIMPLES).
- art. 24, Lei 10.684/2003 (Dispõe sobre parcelamento de débitos junto à Secretaria da Receita Federal, à Procuradoria-Geral da Fazenda Nacional e ao Instituto Nacional do Seguro Social).
- art. 18, § 5º-B, I, da LC 123/2006 (Estatuto Nacional da Microempresa e da Empresa de Pequeno Porte).

449. A vaga de garagem que possui matrícula própria no registro de imóveis não constitui bem de família para efeito de penhora.

- art. 2º, Lei 4.591/1964 (Lei do Condomínio e Incorporações).
- arts. 260 a 265, Lei 6.015/1973 (Lei dos Registros Públicos).
- art. 1º, Lei 8.009/1990 (Dispõe sobre a impenhorabilidade dos bens de família).

450. Nos contratos vinculados ao SFH, a atualização do saldo devedor antecede sua amortização pelo pagamento da prestação.

- Lei 4.380/1964 (Institui a correção monetária nos contratos imobiliários de interesse social, o sistema financeiro para aquisição da casa própria, cria o Banco Nacional da Habitação - BNH) e Sociedades de Crédito Imobiliário, as Letras Imobiliárias, o Serviço Federal de Habitação e Urbanismo).
- Lei 5.741/1971 (Dispõe sobre a proteção do financiamento de bens imóveis vinculados ao Sistema Financeiro da Habitação).
- art. 9º, Lei 8.036/1990 (Lei do FGTS).
- art. 10, I, Dec.-Lei 70/1966 (Lei de Execução de Cédula Hipotecária).
- art. 1º, Dec.-Lei 2.291/1986 (Extingue o Banco Nacional da Habitação - BNH).

451. É legítima a penhora da sede do estabelecimento comercial.

- art. 1.142, CC/2002.
- art. 11, § 1º, Lei 6.830/1980 (Lei das Execuções Fiscais).

452. A extinção das ações de pequeno valor é faculdade da Administração Federal, vedada a atuação judicial de ofício.

- arts. 1º e 1º-A, Lei 9.469/1997 (Dispõe sobre a intervenção da União nas causas em que figurarem, como autores ou réus, entes da administração indireta e regula os pagamentos devidos pela Fazenda Pública em virtude de sentença judiciária).

453. Os honorários sucumbenciais, quando omitidos em decisão transitada em julgado, não podem ser cobrados em execução ou em ação própria.

454. Pactuada a correção monetária nos contratos do SFH pelo mesmo índice aplicável à caderneta de poupança, incide a taxa referencial (TR) a partir da vigência da Lei 8.177, de 1º.03.1991.

- Lei 4.380/1964 (Institui a correção monetária nos contratos imobiliários de interesse social, o sistema financeiro para aquisição da casa própria, cria o Banco Nacional da Habitação - BNH e Sociedades de Crédito Imobiliário, as Letras Imobiliárias, o Serviço Federal de Habitação e Urbanismo).
- art. 9º, II, Lei 8.036/1990 (Lei do FGTS).
- Lei 8.177/1991 (Estabelece regras para a desindexação da economia).
- art. 1º, Dec.-Lei 2.291/1986 (Extingue o Banco Nacional da Habitação - BNH).

455. A decisão que determina a produção antecipada de provas com base no art. 366 do CPP deve ser concretamente fundamentada, não a justificando unicamente o mero decurso do tempo.

456. É incabível a correção monetária dos salários de contribuição considerados no cálculo do salário de benefício de auxílio-doença, aposentadoria por invalidez, pensão ou auxílio-reclusão concedidos antes da vigência da CF/1988.

- art. 201, § 3º, CF.

457. Os descontos incondicionais nas operações mercantis não se incluem na base de cálculo do ICMS.

- art. 155, II, CF.
- art. 13, § 1º, II, a, LC 87/1996 (Lei Kandir - ICMS).

458. A contribuição previdenciária incide sobre a comissão paga ao corretor de seguros.

- art. 11, p.u., a, Lei 8.212/1991 (Lei Orgânica da Seguridade Social).

459. A Taxa Referencial (TR) é o índice aplicável, a título de correção monetária, aos débitos com o FGTS recolhidos pelo empregador mas não repassados ao Fundo.

- art. 22, Lei 8.036/1990 (Lei do FGTS).
- Lei 8.177/1991 (Estabelece regras para a desindexação da economia).

460. É incabível o mandado de segurança para convalidar a compensação tributária realizada pelo contribuinte.

- art. 170, CTN.
- Lei 12.016/2009 (Lei do Mandado de Segurança Individual e Coletivo).

461. O contribuinte pode optar por receber, por meio de precatório ou por compensação, o indébito tributário certificado por sentença declaratória transitada em julgado.

- art. 100, CF.
- arts. 156, II, 165 e 170, CTN.
- art. 66, § 2º, Lei 8.383/1991 (Institui a Unidade Fiscal de Referência e altera a legislação do Imposto de Renda).

462. Nas ações em que representa o FGTS, a CEF, quando sucumbente, não está isenta de reembolsar as custas antecipadas pela parte vencedora.

- Lei 8.036/1990 (Lei do FGTS).
- art. 24-A, p.u., Lei 9.028/1995 (Dispõe sobre o exercício das atribuições institucionais da Advocacia-Geral da União, em caráter emergencial e provisório).

463. Incide imposto de renda sobre os valores percebidos a título de indenização por horas extraordinárias trabalhadas, ainda que decorrentes de acordo coletivo.

- art. 43, I, CTN.

464. A regra de imputação de pagamentos estabelecida no art. 354 do Código Civil não se aplica às hipóteses de compensação tributária.

- art. 170, CTN.
- art. 66, Lei 8.383/1991 (Institui a Unidade Fiscal de Referência e altera a legislação do Imposto de Renda).
- art. 74, § 12, Lei 9.430/1996 (Dispõe sobre a legislação tributária federal, as contribuições para a seguridade social e o processo administrativo de consulta).

465. Ressalvada a hipótese de efetivo agravamento do risco, a seguradora não se exime do dever de indenizar em razão da transferência do veículo sem a sua prévia comunicação.

- arts. 757 e 785, § 1º, CC/2002.

466. O titular da conta vinculada ao FGTS tem o direito de sacar o saldo respectivo quando declarado nulo seu contrato de trabalho por ausência de prévia aprovação em concurso público.

- art. 37, § 2º, CF.
- art. 19-A, Lei 8.036/1990 (Lei do FGTS).

467. Prescreve em cinco anos, contados do término do processo administrativo, a pretensão da Administração Pública de promover a execução da multa por infração ambiental.

- art. 1º-A, Lei 9.873/1999 (Estabelece prazo de prescrição para o exercício de ação punitiva pela Administração Pública Federal, direta e indireta).
- art. 1º do Dec. 20.910/1932 (Regula a prescrição quinquenal).
- art. 21 do Dec. 6.514/2008 (Dispõe sobre as infrações e sanções administrativas ao meio ambiente e estabelece o processo administrativo federal para apuração destas infrações).

468. A base de cálculo do PIS, até a edição da MP n. 1.212/1995, era o faturamento ocorrido no sexto mês anterior ao do fato gerador.

- art. 6º, p.u., LC 7/1970 (Institui o Programa de Integração Social).
- Lei 9.715/1998 (Dispõe sobre as contribuições para os Programas de Integração Social e de Formação do Patrimônio do Servidor Público - PIS/PASEP).
- Lei 9.718/1998 (Altera a Legislação Tributária Federal).
- Dec. 9.978/2019 (Dispõe sobre o Fundo PIS-PASEP, criado pela LC 26/1975, sob a denominação de PIS-PASEP).

469. Aplica-se o Código de Defesa do Consumidor aos contratos de plano de saúde.

- Cancelada.

470. O Ministério Público não tem legitimidade para pleitear, em ação civil pública, a indenização decorrente do DPVAT em benefício do segurado.

- Cancelada.

471. Os condenados por crimes hediondos ou assemelhados cometidos antes da vigência da Lei n. 11.464/2007 sujeitam-se ao disposto no art. 112 da Lei n. 7.210/1984 (Lei de Execução Penal) para a progressão de regime prisional.

- art. 5º, XL, CF.
- art. 2º, p.u., CP.
- art. 2º, §§ 1º e 2º, Lei 8.072/1990 (Lei dos Crimes Hediondos).

- Súm. 716, STF.
- Súm. Vinc. 26, STF.

472. A cobrança de comissão de permanência - cujo valor não pode ultrapassar a soma dos encargos remuneratórios e moratórios previstos no contrato - exclui a exigibilidade dos juros remuneratórios, moratórios e da multa contratual (*DJe* 19.06.2012).

473. O mutuário do SFH não pode ser compelido a contratar o seguro habitacional obrigatório com a instituição financeira mutuante ou com a seguradora por ela indicada (*DJe* 19.06.2012).

474. A indenização do seguro DPVAT, em caso de invalidez parcial do beneficiário, será paga de forma proporcional ao grau da invalidez (*DJe* 19.06.2012).

- Súm. 544, STJ.

475. Responde pelos danos decorrentes de protesto indevido o endossatário que recebe por endosso translativo título de crédito contendo vício formal extrínseco ou intrínseco, ficando ressalvado seu direito de regresso contra os endossantes e avalistas (*DJe* 19.06.2012).

476. O endossatário de título de crédito por endosso-mandato só responde por danos decorrentes de protesto indevido se extrapolar os poderes de mandatário (*DJe* 19.06.2012).

477. A decadência do art. 26 do CDC não é aplicável à prestação de contas para obter esclarecimentos sobre cobrança de taxas, tarifas e encargos bancários (*DJe* 19.06.2012).

478. Na execução de crédito relativo a cotas condominiais, este tem preferência sobre o hipotecário (*DJe* 19.06.2012).

479. As instituições financeiras respondem objetivamente pelos danos gerados por fortuito interno relativo a fraudes e delitos praticados por terceiros no âmbito de operações bancárias (*DJe* 01.08.2012).

480. O juízo da recuperação judicial não é competente para decidir sobrea constrição de bens não abrangidos pelo plano de recuperação da empresa (*DJe* 01.08.2012).

481. Faz jus ao benefício da justiça gratuita a pessoa jurídica com ou sem fins lucrativos que demonstrar sua impossibilidade de arcar com os encargos processuais (*DJe* 01.08.2012).

482. A falta de ajuizamento da ação principal no prazo do art. 806 do CPC acarreta a perda da eficácia da liminar deferida e a extinção do processo cautelar (*DJe* 01.08.2012).

483. O INSS não está obrigado a efetuar depósito prévio do preparo por gozar das prerrogativas e privilégios da Fazenda Pública (*DJe* 01.08.2012).

484. Admite-se que o preparo seja efetuado no primeiro dia útil subsequente, quando a interposição do recurso ocorrer após o encerramento do expediente bancário (*DJe* 01.08.2012).

485. A Lei de Arbitragem aplica-se aos contratos que contenham cláusula arbitral, ainda que celebrados antes da sua edição (*DJe* 01.08.2012).

486. É impenhorável o único imóvel residencial do devedor que esteja locado a terceiros, desde que a renda obtida com a locação seja revertida para a subsistência ou a moradia da sua família (*DJe* 01.08.2012).

487. O parágrafo único do art. 741 do CPC não se aplica às sentenças transitadas em julgado em data anterior à da sua vigência (*DJe* 01.08.2012).

488. O § 2º do art. 6º da Lei n. 9.469/1997, que obriga à repartição dos honorários advocatícios, é inaplicável a acordos ou transações celebrados em data anterior à sua vigência (*DJe* 01.08.2012).

489. Reconhecida a continência, devem ser reunidas na Justiça Federal as ações civis públicas propostas nesta e na Justiça estadual (*DJe* 01.08.2012).

490. A dispensa de reexame necessário, quando o valor da condenação ou do direito controvertido for inferior a sessenta salários-mínimos, não se aplica a sentenças ilíquidas (*DJe* 01.08.2012).

491. É inadmissível a chamada progressão *per saltum* de regime prisional (*DJe* 13.08.2012).

492. O ato infracional análogo ao tráfico de drogas, por si só, não conduz obrigatoriamente à imposição de medida socioeducativa de internação do adolescente (*DJe* 13.08.2012).

493. É inadmissível a fixação de pena substitutiva (art. 44 do CP) como condição especial ao regime aberto (*DJe* 13.08.2012).

494. O benefício fiscal do ressarcimento do crédito presumido do IPI relativo às exportações incide mesmo quando as matérias-primas ou os insumos sejam adquiridos de pessoa física ou jurídica não contribuinte do PIS/PASEP (*DJe* 13.08.2012).

495. A aquisição de bens integrantes do ativo permanente da empresa não gera direito a creditamento de IPI.

496. Os registros de propriedade particular de imóveis situados em terrenos de marinha não são oponíveis à União (*DJe* 13.08.2012).

497. Os créditos das autarquias federais preferem aos créditos da Fazenda estadual desde que coexistam penhoras sobre o mesmo bem (*DJe* 13.08.2012).

- Cancelada.

498. Não incide imposto de renda sobre a indenização por danos morais (*DJe* 13.08.2012).

499. As empresas prestadoras de serviços estão sujeitas às contribuições ao Sesc e Senac, salvo se integradas noutro serviço social. (*DJE*, 18.03.2013)

500. A configuração do crime do art. 244-B do ECA independe da prova da efetiva corrupção do menor, por se tratar de delito formal. (*DJe*, 28.10.2013.)

501. É cabível a aplicação retroativa da Lei n. 11.343/2006, desde que o resultado da incidência das suas disposições, na íntegra, seja mais favorável ao réu do que o advindo da aplicação da Lei n. 6.368/1976, sendo vedada a combinação de leis. (*DJe*, 28.10.2013.)

502. Presentes a materialidade e a autoria, afigura-se típica, em relação ao crime previsto no art. 184, § 2º, do CP, a conduta de expor à venda CDs e DVDs piratas. (*DJe*, 28.10.2013.)

503. O prazo para ajuizamento de ação monitória em face do emitente de cheque sem força executiva é quinquenal, a contar do dia seguinte à data de emissão estampada na cártula.

504. O prazo para ajuizamento de ação monitória em face do emitente de nota promissória sem força executiva é quinquenal, a contar do dia seguinte ao vencimento do título.

505. A competência para processar e julgar as demandas que têm por objeto obrigações decorrentes dos contratos de planos de previdência privada firmados com a Fundação Rede Ferroviária de Seguridade Social - REFER é da Justiça estadual.

506. A Anatel não é parte legítima nas demandas entre a concessionária e o usuário de telefonia decorrentes de relação contratual. (*DJe* 31.03.2014)

507. A acumulação de auxílio-acidente com aposentadoria pressupõe que a lesão incapacitante e a aposentadoria sejam anteriores a 11.11.1997, observado o critério do art. 23 da Lei n. 8.213/1991 para definição do momento da lesão nos casos de doença profissional ou do trabalho. (*DJe* 31.03.2014)

508. A isenção da Cofins concedida pelo art. 6º, II, da LC n. 70/1991 a sociedades civis de prestação de serviços profissionais foi revogada pelo art. 56 da Lei n. 9.430/1996. (*DJe* 31.03.2014)

509. É lícito ao comerciante de boa-fé aproveitar os créditos de ICMS decorrentes de nota fiscal posteriormente declarada inidônea, quando demonstrada a veracidade da compra e venda. (*DJe* 31.03.2014)

510. A liberação de veículo retido apenas por transporte irregular de passageiros não está condicionada ao pagamento de multas e despesas. (*DJe* 31.03.2014)

511. É possível o reconhecimento do privilégio previsto no § 2º do art. 155 do CP nos casos de crime de furto qualificado, se presentes a primariedade do agente, o pequeno valor da coisa e a qualificadora for de ordem objetiva. (*DJe* 16.06.2014)

512. A aplicação da causa de diminuição de pena prevista no art. 33, § 4º, da Lei n. 11.343/2006 não afasta a hediondez do crime de tráfico de drogas.

‣ Cancelada.

513. A *abolitio criminis* temporária prevista na Lei n. 10.826/2003 aplica-se ao crime de posse de arma de fogo de uso permitido com numeração, marca ou qualquer outro sinal de identificação raspado, suprimido ou adulterado, praticado somente até 23.10.2005. (*DJe* 16.06.2014)

514. A CEF é responsável pelo fornecimento dos extratos das contas individualizadas vinculadas ao FGTS dos Trabalhadores participantes do Fundo de Garantia do Tempo de Serviço, inclusive para fins de exibição em juízo, independentemente do período em discussão. (*DJe* 18.08.2014)

515. A reunião de execuções fiscais contra o mesmo devedor constitui faculdade do Juiz. (*DJe* 18.08.2014)

516. A contribuição de intervenção no domínio econômico para o Incra (Decreto-Lei n. 1.110/1970), devida por empregadores rurais e urbanos, não foi extinta pelas Leis n. 7.787/1989, 8.212/1991 e 8.213/1991, não podendo ser compensada com a contribuição ao INSS (*DJe* 02.03.2015).

517. São devidos honorários advocatícios no cumprimento de sentença, haja ou não impugnação, depois de escoado o prazo para pagamento voluntário, que se inicia após a intimação do advogado da parte executada. (*DJe* 02.03.2015).

518. Para fins do art. 105, III, *a*, da Constituição Federal, não é cabível recurso especial fundado em alegada violação de enunciado de súmula. (*DJe* 02.03.2015).

519. Na hipótese de rejeição da impugnação ao cumprimento de sentença, não são cabíveis honorários advocatícios. (*DJe* 02.03.2015).

520. O benefício de saída temporária no âmbito da execução penal é ato jurisdicional insuscetível de delegação à autoridade administrativa do estabelecimento prisional. (*DJe* 25.03.2015.)

521. A legitimidade para a execução fiscal de multa pendente de pagamento imposta em sentença condenatória é exclusiva da Procuradoria da Fazenda Pública. (*DJe* 25.03.2015.)

522. A conduta de atribuir-se falsa identidade perante autoridade policial é típica, ainda que em situação de alegada autodefesa. (*DJe* 25.03.2015.)

523. A taxa de juros de mora incidente na repetição de indébito de tributos estaduais deve corresponder à utilizada para cobrança do tributo pago em atraso, sendo legítima a incidência da taxa Selic, em ambas as hipóteses, quando prevista na legislação local, vedada sua cumulação com quaisquer outros índices. (*DJe*, 27.04.2015.)

524. No tocante à base de cálculo, o ISSQN incide apenas sobre a taxa de agenciamento quando o serviço prestado por sociedade empresária de trabalho temporário for de intermediação, devendo, entretanto, englobar também os valores dos salários e encargos sociais dos trabalhadores por ela contratados nas hipóteses de fornecimento de mão de obra. (*DJe*, 27.04.2015.)

525. A Câmara de Vereadores não possui personalidade jurídica, apenas personalidade judiciária, somente podendo demandar em juízo para defender os seus direitos institucionais. (*DJe*, 27.04.2015.)

526. O reconhecimento de falta grave decorrente do cometimento de fato definido como crime doloso no cumprimento da pena prescinde do trânsito em julgado de sentença penal condenatória no processo penal instaurado para apuração do fato. (*DJe*, 18.05.2015.)

527. O tempo de duração da medida de segurança não deve ultrapassar o limite máximo da pena abstratamente cominada ao delito praticado. (*DJe*, 18.05.2015.)

528. Compete ao juiz federal do local da apreensão da droga remetida do exterior pela via postal processar e julgar o crime de tráfico internacional. (*DJe*, 18.05.2015.)

‣ Cancelada.

529. No seguro de responsabilidade civil facultativo, não cabe o ajuizamento de ação pelo terceiro prejudicado direta e exclusivamente em face da seguradora do apontado causador do dano. (*DJe*, 18.05.2015.)

530. Nos contratos bancários, na impossibilidade de comprovar a taxa de juros efetivamente contratada - por ausência de pactuação ou pela falta de juntada do instrumento aos autos -, aplica-se a taxa média de mercado, divulgada pelo Bacen, praticada nas operações da mesma espécie, salvo se a taxa cobrada for mais vantajosa para o devedor. (*DJe*, 18.05.2015.)

531. Em ação monitória fundada em cheque prescrito ajuizada contra o emitente, é dispensável a menção ao negócio jurídico subjacente à emissão da cártula. (*DJe*, 18.05.2015.)

532. Constitui prática comercial abusiva o envio de cartão de crédito sem prévia e expressa solicitação do consumidor, configurando-se ato ilícito indenizável e sujeito à aplicação de multa administrativa. (*DJe*, 18.05.2015.)

533. Para o reconhecimento da prática de falta disciplinar no âmbito da execução penal, é imprescindível a instauração de procedimento administrativo pelo diretor do estabelecimento prisional, assegurado o direito de defesa, a ser realizado por advogado constituído ou defensor público nomeado. (*DJe* 15.06.2015.)

‣ art. 5º, XXXCF.

‣ arts. 15, 16, 47, 48, 53, 54, 57, 59, 118, LEP.

534. A prática de falta grave interrompe a contagem do prazo para a progressão de regime de cumprimento de pena, o qual se reinicia a partir do cometimento dessa infração. (*DJe* 15.06.2015.)

‣ arts. 50, 51, 53, 57, p.u., 112, 118, 127, LEP.

535. A prática de falta grave não interrompe o prazo para fim de comutação de pena ou indulto. (*DJe* 15.06.2015.)

- arts. 112, 127, 142, LEP.
- Súm. 441, STJ.

536. A suspensão condicional do processo e a transação penal não se aplicam na hipótese de delitos sujeitos ao rito da Lei Maria da Penha. (*DJe* 15.06.2015.)

- art. 226, § 8º, CF.
- art. 129, § 9º, CP.
- art. 89, Lei 9.099/1995 (Lei dos Juizados Especiais.)
- art. 41, Lei 11.340/2006 (Lei Maria da Penha.)

537. Em ação de reparação de danos, a seguradora denunciada, se aceitar a denunciação ou contestar o pedido do autor, pode ser condenada, direta e solidariamente junto com o segurado, ao pagamento da indenização devida à vítima, nos limites contratados na apólice. (*DJe* 15.06.2015.)

538. As administradoras de consórcio têm liberdade para estabelecer a respectiva taxa de administração, ainda que fixada em percentual superior a dez por cento. (*DJe* 15.06.2015.)

- art. 33, p.u., Lei 8.177/1991 (Estabelece regras para a desindexação da economia.)
- Circulares Bacen 2.386/1993 e 2.766/1997.

539. É permitida a capitalização de juros com periodicidade inferior à anual em contratos celebrados com instituições integrantes do Sistema Financeiro Nacional a partir de 31/3/2000 (MP n. 1.963-17/2000, reeditada como MP n. 2.170-36/2001), desde que expressamente pactuada. (*DJe* 15.06.2015.)

- art. 591, CC/2002.
- art. 4º, Dec. 22.626/1933 (Lei de Usura.)
- art. 5º, Med. Prov. 2.170-36/2001.
- Súm. 121 e 593, STF.

540. Na ação de cobrança do seguro DPVAT, constitui faculdade do autor escolher entre os foros do seu domicílio, do local do acidente ou ainda do domicílio do réu. (*DJe* 15.06.2015.)

541. A previsão no contrato bancário de taxa de juros anual superior ao duodécuplo da mensal é suficiente para permitir a cobrança da taxa efetiva anual contratada.

- art. 591, CC/2002.
- art. 4º, Dec. 22.626/1933 (Lei de Usura.)
- art. 5º, Med. Prov. 2.170-36/2001.

542. A ação penal relativa ao crime de lesão corporal resultante de violência doméstica contra a mulher é pública incondicionada (*DJe* 31.08.2015).

- Lei 11.340/2006

543. Na hipótese de resolução de contrato de promessa de compra e venda de imóvel submetido ao Código de Defesa do Consumidor, deve ocorrer a imediata restituição das parcelas pagas pelo promitente comprador - integralmente, em caso de culpa exclusiva do promitente vendedor/construtor, ou parcialmente, caso tenha sido o comprador quem deu causa ao desfazimento (*DJe* 31.08.2015).

- art. 122, CC/2002.
- art. 51, II e IV, CDC.

544. É válida a utilização de tabela do Conselho Nacional de Seguros Privados para estabelecer a proporcionalidade da indenização do seguro DPVAT ao grau de invalidez também na hipótese de sinistro anterior a 16/12/2008, data da entrada em vigor da Medida Provisória n. 451/2008.

- Lei 8.441/1992.
- Lei 11.482/2007.
- Súm. 474, STJ.

545. Quando a confissão for utilizada para a formação do convencimento do julgador, o réu fará jus à atenuante prevista no art. 65, III, d, do Código Penal. (*DJe*, 19.10.2015.)

546. A competência para processar e julgar o crime de uso de documento falso é firmada em razão da entidade ou órgão ao qual foi apresentado o documento público, não importando a qualificação do órgão expedidor. (*DJe*, 19.10.2015.)

- art. 109, IV, CF.
- art. 304, CP.

547. Nas ações em que se pleiteia o ressarcimento dos valores pagos a título de participação financeira do consumidor no custeio de construção de rede elétrica, o prazo prescricional é de vinte anos na vigência do Código Civil de 1916. Na vigência do Código Civil de 2002, o prazo é de cinco anos se houver previsão contratual de ressarcimento e de três anos na ausência de cláusula nesse sentido, observada a regra de transição disciplinada em seu art. 2.028. (*DJe*, 19.10.2015.)

- arts. 206, § 3º, I, e § 5º, CC/2002.

548. Incumbe ao credor a exclusão do registro da dívida em nome do devedor no cadastro de inadimplentes no prazo de cinco dias úteis, a partir do integral e efetivo pagamento do débito. (*DJe*, 19.10.2015.)

- arts. 43, § 3º, e 73, CDC.

549. É válida a penhora de bem de família pertencente a fiador de contrato de locação. (*DJe*, 19.10.2015.)

- art. 3º, VII, Lei 8.009/1973.

550. A utilização de escore de crédito, método estatístico de avaliação de risco que não constitui banco de dados, dispensa o consentimento do consumidor, que terá o direito de solicitar esclarecimentos sobre as informações pessoais valoradas e as fontes dos dados considerados no respectivo cálculo. (*DJe*, 19.10.2015.)

- art. 43, CDC.
- arts. 3º, § 3º, I e II, 5º, IV, 7º, I, e 16, Lei 12.414/2011.

551. Nas demandas por complementação de ações de empresas de telefonia, admite-se a condenação ao pagamento de dividendos e juros sobre capital próprio independentemente de pedido expresso. No entanto, somente quando previstos no título executivo, poderão ser objeto de cumprimento de sentença. (*DJe*, 19.10.2015.)

- art. 9º, Lei 9.249/1995.
- Deliberação C683/2012.

552. O portador de surdez unilateral não se qualifica como pessoa com deficiência para o fim de disputar as vagas reservadas em concursos públicos. (*DJe*, 9.11.2015.)

- Superada
- Lei 7.853/1989.
- arts. 3º, I, 4º, II, Dec. 3.298/1999.
- art. 70, Dec. 5.296/2004.

553. Nos casos de empréstimo compulsório sobre o consumo de energia elétrica, é competente a Justiça estadual para o julgamento de demanda proposta exclusivamente contra a Eletrobrás. Requerida a intervenção da União no feito após a prolação de sentença pelo juízo estadual, os autos devem ser remetidos ao Tribunal Regional Federal competente para o julgamento da apelação se deferida a intervenção. (*DJe* 15.12.2015.)

- art. 5º, p.u., Lei 9.469/1997.

554. Na hipótese de sucessão empresarial, a responsabilidade da sucessora abrange não apenas os tributos devidos pela sucedida, mas também as multas moratórias ou punitivas referentes a fatos geradores ocorridos até a data da sucessão. (*DJe* 15.12.2015.)

555. Quando não houver declaração do débito, o prazo decadencial quinquenal para o Fisco constituir o crédito tributário conta-se exclusivamente na forma do art. 173, I, do CTN, nos casos em que a legislação atribui ao sujeito passivo o dever de antecipar o pagamento sem prévio exame da autoridade administrativa. (*DJe* 15.12.2015.)

556. É indevida a incidência de imposto de renda sobre o valor da complementação de aposentadoria pago por entidade de previdência privada e em relação ao resgate de contribuições recolhidas para referidas entidades patrocinadoras no período de 1º/1/1989 a 31/12/1995, em razão da isenção concedida pelo art. 6º, VII, b, da Lei n. 7.713/1988, na redação anterior à que lhe foi dada pela Lei n. 9.250/1995. (*DJe* 15.12.2015.)

557. A renda mensal inicial (RMI) alusiva ao benefício de aposentadoria por invalidez precedido de auxílio-doença será apurada na forma do art. 36, § 7º, do Decreto n. 3.048/1999, observando-se, porém, os critérios previstos no art. 29, § 5º, da Lei n. 8.213/1991, quando intercalados períodos de afastamento e de atividade laboral. (*DJe* 15.12.2015.)

558. Em ações de execução fiscal, a petição inicial não pode ser indeferida sob o argumento da falta de indicação do CPF e/ou RG ou CNPJ da parte executada. (DJe 15.12.2015.)

559. Em ações de execução fiscal, é desnecessária a instrução da petição inicial com o demonstrativo de cálculo do débito, por tratar-se de requisito não previsto no art. 6º da Lei n. 6.830/1980. (*DJe* 15.12.2015.)

560. A decretação da indisponibilidade de bens e direitos, na forma do art. 185-A do CTN, pressupõe o exaurimento das diligências na busca por bens penhoráveis, o qual fica caracterizado quando infrutíferos o pedido de constrição sobre ativos financeiros e a expedição de ofícios aos registros públicos do domicílio do executado, ao Denatran ou Detran. (*DJe* 15.12.2015.)

561. Os Conselhos Regionais de Farmácia possuem atribuição para fiscalizar e autuar as farmácias e drogarias quanto ao cumprimento da exigência de manter profissional legalmente habilitado (farmacêutico) durante todo o período de funcionamento dos respectivos estabelecimentos. (*DJe* 15.12.2015.)

562. É possível a remição de parte do tempo de execução da pena quando o condenado, em regime fechado ou semiaberto, desempenha atividade laborativa, ainda que extramuros (*DJe*, 29.02.2016.)

563. O Código de Defesa do Consumidor é aplicável às entidades abertas de previdência complementar, não incidindo nos contratos previdenciários celebrados com entidades fechadas. (*DJe*, 29.02.2016.)

564. No caso de reintegração de posse em arrendamento mercantil financeiro, quando a soma da importância antecipada a título de valor residual garantido (VRG) com o valor da venda do bem ultrapassar o total do VRG previsto contratualmente, o arrendatário terá direito de receber a respectiva diferença, cabendo, porém, se estipulado no contrato, o prévio desconto de outras despesas ou encargos pactuados. (*DJe*, 29.02.2016.)

565. A pactuação das tarifas de abertura de crédito (TAC) e de emissão de carnê (TEC), ou outra denominação para o mesmo fato gerador, é válida apenas nos contratos bancários anteriores ao início da vigência da Resolução-CMN n. 3.518/2007, em 30.4.2008. (*DJe*, 29.02.2016.)

566. Nos contratos bancários posteriores ao início da vigência da Resolução-CMN n. 3.518/2007, em 30.4.2008, pode ser cobrada a tarifa de cadastro no início do relacionamento entre o consumidor e a instituição financeira. (*DJe*, 29.02.2016.)

567. Sistema de vigilância realizado por monitoramento eletrônico ou por existência de segurança no interior de estabelecimento comercial, por si só, não torna impossível a configuração do crime de furto. (*DJe*, 29.02.2016.)

568. O relator, monocraticamente e no Superior Tribunal de Justiça, poderá dar ou negar provimento ao recurso quando houver entendimento dominante acerca do tema. (*DJe*, 17.03.2016.)

- art. 105, III, a e c, CF.
- art. 926, § 2º, CPC/2015.

569. Na importação, é indevida a exigência de nova certidão negativa de débito no desembaraço aduaneiro, se já apresentada a comprovação da quitação de tributos federais quando da concessão do benefício relativo ao regime de *drawback*. (*DJe*, 02.05.2016.)

- art. 60, Lei 9.069/1995.

570. Compete à Justiça Federal o processo e julgamento de demanda em que se discute a ausência de ou o obstáculo ao credenciamento de instituição particular de ensino superior no Ministério da Educação como condição de expedição de diploma de ensino a distância aos estudantes. (*DJe*, 02.05.2016.)

- art. 109, I, CF.
- arts. 9º e 80, Lei 9.394/1996.

571. A taxa progressiva de juros não se aplica às contas vinculadas ao FGTS de trabalhadores qualificados como avulsos. (*DJe*, 02.05.2016.)

- arts. 1º e 2º, Lei 5.705/1971.
- art. 1º, Lei 5.958/1973.
- art. 3º, Lei 8.036/1990.
- art. 9º, VI, Dec. 3.048/1999.

572. O Banco do Brasil, na condição de gestor do Cadastro de Emitentes de Cheques sem Fundos (CCF), não tem a responsabilidade de notificar previamente o devedor acerca da sua inscrição no aludido cadastro, tampouco legitimidade passiva para as ações de reparação de danos fundadas na ausência de prévia comunicação (*DJe* 16.05.2016).

- Lei 8.078/1990, CDC.
- Res. 1.631/1989, Bacen.
- Res. 1.682/1990, Bacen.
- Circ. 2.250/1992, Bacen.

573. Nas ações de indenização decorrente de seguro DPVAT, a ciência inequívoca do caráter permanente da invalidez, para fins de contagem do prazo prescricional, depende de laudo médico, exceto nos casos de invalidez permanente notória ou naqueles em que o conhecimento anterior resulte comprovado na fase de instrução. (*DJe*, 27.06.2016.)

574. Para a configuração do delito de violação de direito autoral e a comprovação de sua materialidade, é suficiente a perícia realizada por amostragem do produto apreendido, nos aspectos externos do material, e é desnecessária a identificação dos titulares dos direitos autorais violados ou daqueles que os representem. (*DJe*, 27.06.2016.)

- art. 184, § 2º, CP.

575. Constitui crime a conduta de permitir, confiar ou entregar a direção de veículo automotor a pessoa que não seja habilitada, ou que se encontre em qualquer das situações previstas no art. 310 do CTB, independentemente da ocorrência de lesão ou de perigo de dano concreto na condução do veículo. (*DJe*, 27.06.2016.)

- art. 310, CTB.

576. Ausente requerimento administrativo no INSS, o termo inicial para a implantação da aposentadoria por invalidez concedida judicialmente será a data da citação válida. (*DJe*, 27.06.2016.)

577. É possível reconhecer o tempo de serviço rural anterior ao documento mais antigo apresentado, desde que amparado em convincente prova testemunhal colhida sob o contraditório. (*DJe*, 27.06.2016.)

- arts. 55, § 3º, 106, e 142, Lei 8.213/1991.
- art. 63, Dec., 3.048/1999.
- Súm. 149, STJ.

578. Os empregados que laboram no cultivo da cana-de-açúcar para empresa agroindustrial ligada ao setor sucroalcooleiro detêm a qualidade de rurícola, ensejando a isenção do FGTS desde a edição da Lei Complementar n. 11/1971 até a promulgação da Constituição Federal de 1988. (*DJe*, 27.06.2016.)

- art. 7º, III, CF.
- LC 11/1971.
- arts. 2º e 3º, § 1º, Lei 5.889/1973.

579. Não é necessário ratificar o recurso especial interposto na pendência do julgamento dos embargos de declaração, quando inalterado o resultado anterior. (*DJe* 1º.08.2016.)

- arts. 218, § 4º, e 1.024, § 5º, CPC/2015.
- Súm. 418, STJ.

580. A correção monetária nas indenizações do seguro DPVAT por morte ou invalidez, prevista no § 7º do art. 5º da Lei n. 6.194/1974, redação dada pela Lei n. 11.482/2007, incide desde a data do evento danoso. (*DJe* 19.09.2016)

581. A recuperação judicial do devedor principal não impede o prosseguimento das ações e execuções ajuizadas contra terceiros devedores solidários ou coobrigados em geral, por garantia cambial, real ou fidejussória. (*DJe* 19.09.2016)

- arts. 6º, 49, § 1º, 52, III, e 59, Lei 11.101/2005.

582. Consuma-se o crime de roubo com a inversão da posse do bem mediante emprego de violência ou grave ameaça, ainda que por breve tempo e em seguida à perseguição imediata ao agente e recuperação da coisa roubada, sendo prescindível a posse mansa e pacífica ou desvigiada. (*DJe* 19.09.2016)

- art. 157, CP.

583. O arquivamento provisório previsto no art. 20 da Lei n. 10.522/2002, dirigido aos débitos inscritos como dívida ativa da União pela Procuradoria-Geral da Fazenda Nacional ou por ela cobrados, não se aplica às execuções fiscais movidas pelos conselhos de fiscalização profissional ou pelas autarquias federais. (*DJe* 1º.02.2017.)

- art. 1º-A, Lei 9.469/1997 (Regulamenta o disposto no inciso do art. 4º da Lei Complementar n. 73/1993; dispõe sobre a intervenção da União nas causas em que figurarem, como autores ou réus, entes da administração indireta; regula os pagamentos devidos pela Fazenda Pública em virtude de sentença judiciária).
- art. 10, Lei 10.480/2002 (Dispõe sobre o quadro de pessoal da Advocacia-Geral da União, cria a Procuradoria-Geral Federal).
- art. 20, Lei 10.522/2002 (Dispõe sobre o cadastro informativo dos créditos não quitados de órgãos e entidades federais).
- art. 5º, Lei 11.098/2005 (Atribui ao Ministério da Previdência Social competências relativas à arrecadação, fiscalização, lançamento e normatização de receitas previdenciárias).
- art. 22, Lei 11.457/2007 (Dispõe sobre a administração tributária federal).
- art. 8º, Lei 12.514/2011 (Trata das contribuições devidas aos conselhos profissionais em geral).

584. As sociedades corretoras de seguros, que não se confundem com as sociedades de valores mobiliários ou com os agentes autônomos de seguro privado, estão fora do rol de entidades constantes do art. 22, § 1º, da Lei n. 8.212/1991, não se sujeitando à majoração da alíquota da Cofins prevista no art. 18 da Lei n. 10.684/2003. (*DJ*e 1º.02.2017.)

- art. 22, § 1º, Lei 8.212/1991 (Lei Orgânica da Seguridade Social).
- art. 3º, § 6º, Lei 9.718/1998 (Altera a legislação tributária federal).
- art. 18, Lei 10.684/2003 (Altera a legislação tributária, dispõe sobre parcelamento de débitos junto à SRF, Á PGFN e ao INSS).

585. A responsabilidade solidária do ex-proprietário, prevista no art. 134 do Código de Trânsito Brasileiro - CTB, não abrange o IPVA incidente sobre o veículo automotor, no que se refere ao período posterior à sua alienação. (*DJ*e 1º.02.2017.)

- arts. 1.226 e 1.267, CC/2002.
- art. 134, CTB.

586. A exigência de acordo entre o credor e o devedor na escolha do agente fiduciário aplica-se, exclusivamente, aos contratos não vinculados ao Sistema Financeiro da Habitação - SFH. (*DJ*e 1º.02.2017.)

- art. 30, I e II, e §§ 1º e 2º, Dec.-Lei 70/1966 (Autoriza o funcionamento de associações de poupança e empréstimo, institui a cédula hipotecária).

587. Para a incidência da majorante prevista no art. 40, V, da Lei n. 11.343/2006, é desnecessária a efetiva transposição de fronteiras entre estados da Federação, sendo suficiente a demonstração inequívoca da intenção de realizar o tráfico interestadual. (*DJ*e, 18.09.2017.)

588. A prática de crime ou contravenção penal contra a mulher com violência ou grave ameaça no ambiente doméstico impossibilita a substituição da pena privativa de liberdade por restritiva de direitos. (*DJ*e, 18.09.2017.)

- Art. 44, I, CP.
- Lei 11.340/2006.

589. É inaplicável o princípio da insignificância nos crimes ou contravenções penais praticados contra a mulher no âmbito das relações domésticas. (*DJ*e, 18.09.2017.)

- Lei 11.340/2006.

590. Constitui acréscimo patrimonial a atrair a incidência do imposto de renda, em caso de liquidação de entidade de previdência privada, a quantia que couber a cada participante, por rateio do patrimônio, superior ao valor das respectivas contribuições à entidade em liquidação, devidamente atualizadas e corrigidas. (*DJ*e, 18.09.2017.)

- Art. 43, CTN.

591. É permitida a prova emprestada no processo administrativo disciplinar, desde que devidamente autorizada pelo juízo competente e respeitados o contraditório e a ampla defesa. (*DJ*e, 18.09.2017.)

592. O excesso de prazo para a conclusão do processo administrativo disciplinar só causa nulidade se houver demonstração de prejuízo à defesa. (*DJ*e, 18.09.2017.)

- Art. 169, § 1º, Lei 8.112/1990.

593. O crime de estupro de vulnerável se configura com a conjunção carnal ou prática de ato libidinoso com menor de 14 anos, sendo irrelevante eventual consentimento da vítima para a prática do ato, sua experiência sexual anterior ou existência de relacionamento amoroso com o agente.

- Art. 217-A, CP.

594. O Ministério Público tem legitimidade ativa para ajuizar ação de alimentos em proveito de criança ou adolescente independentemente do exercício do poder familiar dos pais, ou do fato de o menor se encontrar nas situações de risco descritas no art. 98 do Estatuto da Criança e do Adolescente, ou de quaisquer outros questionamentos acerca da existência ou eficiência da Defensoria Pública na comarca.

- Art. 201, III, ECA.

595. As instituições de ensino superior respondem objetivamente pelos danos suportados pelo aluno/consumidor pela realização de curso não reconhecido pelo Ministério da Educação, sobre o qual não lhe tenha sido dada prévia e adequada informação.

- Arts. 186 e 927, CC.
- Arts. 6º, III, , 14, § 1º, 20, § 2º e 37, §§ 1º e 3º, CDC.

596. A obrigação alimentar dos avós tem natureza complementar e subsidiária, somente se configurando no caso de impossibilidade total ou parcial de seu cumprimento pelos pais.

- Arts. 1.696 e 1.698, CC.

597. A cláusula contratual de plano de saúde que prevê carência para utilização dos serviços de assistência médica nas situações de emergência ou de urgência é considerada abusiva se ultrapassado o prazo máximo de 24 horas contado da data da contratação.

598. É desnecessária a apresentação de laudo médico oficial para o reconhecimento judicial da isenção do imposto de renda, desde que o magistrado entenda suficientemente demonstrada a doença grave por outros meios de prova.

- Art. 30, Lei 9.250/1995.

599. O princípio da insignificância é inaplicável aos crimes contra a administração pública.

- Arts. 171, § 3º, 312 e 359-D, CP..

600. Para a configuração da violência doméstica e familiar prevista no artigo 5º da Lei n. 11.340/2006 (Lei Maria da Penha) não se exige a coabitação entre autor e vítima.

- Art. 226, § 8º, CF.
- Arts. 5º e 7º, Lei 11.340/2006.

601. O Ministério Público tem legitimidade ativa para atuar na defesa de direitos difusos, coletivos e individuais homogêneos dos consumidores, ainda que decorrentes da prestação de serviço público.

- Arts. 127, 129, III, CF.
- Arts. 81 e 82, CDC.
- Arts. 1º, 5º e 21, Lei 7.347/1985.

602. O Código de Defesa do Consumidor é aplicável aos empreendimentos habitacionais promovidos pelas sociedades cooperativas.

603. É vedado ao banco mutuante reter, em qualquer extensão, os salários, vencimentos e/ou proventos de correntista para adimplir o mútuo (comum) contraído, ainda que haja cláusula contratual autorizativa, excluído o empréstimo garantido por margem salarial consignável, com desconto em folha de pagamento, que possui regramento legal específico e admite a retenção de percentual.

- Cancelada.

604. O mandado de segurança não se presta para atribuir efeito suspensivo a recurso criminal interposto pelo Ministério Público.

- Art. 5º, LXIX, CF.
- Arts. 581, 584, 593 e 597, CPP.
- Art. 197, LEP.

605. A superveniência da maioridade penal não interfere na apuração de ato infracional nem na aplicabilidade de medida socioeducativa em curso, inclusive na liberdade assistida, enquanto não atingida a idade de 21 anos.

- Arts. 2º, par. único, 104, par. únco e 121, § 5º, ECA.

606. Não se aplica o princípio da insignificância a casos de transmissão clandestina de sinal de internet via radiofrequência, que caracteriza o fato típico previsto no art. 183 da Lei n. 9.472/1997.

- Art. 21, XI, CF.
- Art. 70, Lei 4.117/1962.
- Arts. 61 e 183, Lei 9.472/1997.

607. A majorante do tráfico transnacional de drogas (art. 40, I, da Lei n. 11.343/2006) configura-se com a prova da destinação internacional das drogas, ainda que não consumada a transposição de fronteiras.

- Art. 40, I, Lei 11.343/2006.

608. Aplica-se o Código de Defesa do Consumidor aos contratos de plano de saúde, salvo os administrados por entidades de autogestão.

- Arts. 1º, § 2º, 10, § 3º e 35-G, Lei 9.656/1998.
- Súm. 563, STJ.

609. A recusa de cobertura securitária, sob a alegação de doença preexistente, é ilícita se não houve a exigência de exames médicos prévios à contratação ou a demonstração de má-fé do segurado.

- Arts. 422, 765 e 766, CC.
- Art. 51, IV, CDC.

610. O suicídio não é coberto nos dois primeiros anos de vigência do contrato de seguro de vida, ressalvado o direito do beneficiário à devolução do montante da reserva técnica formada.

- Arts. 797, par. único e 798, CC.

611. Desde que devidamente motivada e com amparo em investigação ou sindicância, é permitida a instauração de processo administrativo disciplinar com base em denúncia anônima, em face do poder-dever de autotutela imposto à Administração.

- Arts. 143 e 144, Lei 8.112/1991.

612. O certificado de entidade beneficente de assistência social (CEBAS), no prazo de sua validade, possui natureza declaratória para fins tributários, retroagindo seus efeitos à data em que demonstrado o cumprimento dos requisitos estabelecidos por lei complementar para a fruição da imunidade.

- Arts. 9º, IV, *c* e 14, CTN.

613. Não se admite a aplicação da teoria do fato consumado em tema de Direito Ambiental.

- Art. 225, CF.
- Arts. 2º, I e 14, § 1º, Lei 6.938/1981.
- Arts. 61-A a C e 62 a 65, Lei 12.651/2012.

614. O locatário não possui legitimidade ativa para discutir a relação jurídico-tributária de IPTU e de taxas referentes ao imóvel alugado nem para repetir indébito desses tributos.

- Arts. 32, 34, 123 e 166, CTN.

615. Não pode ocorrer ou permanecer a inscrição do município em cadastros restritivos fundada em irregularidades na gestão anterior quando, na gestão sucessora, são tomadas as providências cabíveis à reparação dos danos eventualmente cometidos.

- Art. 25, LCP.
- Arts. 7º e 26, Lei 10.522/2002.

616. A indenização securitária é devida quando ausente a comunicação prévia do segurado acerca do atraso no pagamento do prêmio, por constituir requisito essencial para a suspensão ou resolução do contrato de seguro.

- Art. 12, Dec.-Lei 73/1966.

617. A ausência de suspensão ou revogação do livramento condicional antes do término do período de prova enseja a extinção da punibilidade pelo integral cumprimento da pena.

- Art. 90, CP.
- Arts. 145 e 146, Lei 7.210/1984.

618. A inversão do ônus da prova aplica-se às ações de degradação ambiental.

- Art. 6º, VIII, CDC.
- Art. 21, Lei 7.347/1985.

619. A ocupação indevida de bem público configura mera detenção, de natureza precária, insuscetível de retenção ou indenização por acessões e benfeitorias.

- Art. 191, p. ún. da CF.
- Arts. 1.208 e 1.255 do CC.

620. A embriaguez do segurado não exime a seguradora do pagamento da indenização prevista em contrato de seguro de vida.

621. Os efeitos da sentença que reduz, majora ou exonera o alimentante do pagamento retroagem à data da citação, vedadas a compensação e a repetibilidade.

622. A notificação do auto de infração faz cessar a contagem da decadência para a constituição do crédito tributário; exaurida a instância administrativa com o decurso do prazo para a impugnação ou com a notificação de seu julgamento definitivo e esgotado o prazo concedido pela Administração para o pagamento voluntário, inicia-se o prazo prescricional para a cobrança judicial.

623. As obrigações ambientais possuem natureza *propter rem*, sendo admissível cobrá-las do proprietário ou possuidor atual e/ou dos anteriores, à escolha do credor.

624. É possível cumular a indenização do dano moral com a reparação econômica da Lei n. 10.559/2002 (Lei da Anistia Política).

625. O pedido administrativo de compensação ou de restituição não interrompe o prazo prescricional para a ação de repetição de indébito tributário de que trata o art. 168 do CTN nem o da execução de título judicial contra a Fazenda Pública.

626. A incidência do IPTU sobre imóvel situado em área considerada pela lei local como urbanizável ou de expansão urbana não está condicionada à existência dos melhoramentos elencados no art. 32, § 1º, do CTN.

627. O contribuinte faz jus à concessão ou à manutenção da isenção do imposto de renda, não se lhe exigindo a demonstração da contemporaneidade dos sintomas da doença nem da recidiva da enfermidade.

628. A teoria da encampação é aplicada no mandado de segurança quando presentes, cumulativamente, os seguintes requisitos: a) existência de vínculo hierárquico entre a autoridade que prestou informações e a que ordenou a prática do ato impugnado; b) manifestação a respeito do mérito nas informações prestadas; e c) ausência de modificação de competência estabelecida na Constituição Federal.

629. Quanto ao dano ambiental, é admitida a condenação do réu à obrigação de fazer ou à de não fazer cumulada com a de indenizar.

630. A incidência da atenuante da confissão espontânea no crime de tráfico ilícito de entorpecentes exige o reconhecimento da traficância pelo acusado, não bastando a mera admissão da posse ou propriedade para uso próprio.

631. O indulto extingue os efeitos primários da condenação (pretensão executória), mas não atinge os efeitos secundários, penais ou extrapenais.

632. Nos contratos de seguro regidos pelo Código Civil, a correção monetária sobre a indenização securitária incide a partir da contratação até o efetivo pagamento.

633. A Lei n. 9.784/1999, especialmente no que diz respeito ao prazo decadencial para a revisão de atos administrativos no âmbito da Administração Pública federal, pode ser aplicada, de forma subsidiária, aos estados e municípios, se inexistente norma local e específica que regule a matéria.

634. Ao particular aplica-se o mesmo regime prescricional previsto na Lei de Improbidade Administrativa para o agente público.

635. Os prazos prescricionais previstos no art. 142 da Lei n. 8.112/1990 iniciam-se na data em que a autoridade competente para a abertura do procedimento administrativo toma conhecimento do fato, interrompem-se com o primeiro ato de instauração válido - sindicância de caráter punitivo ou processo disciplinar - e voltam a fluir por inteiro, após decorridos 140 dias desde a interrupção.

636. A folha de antecedentes criminais é documento suficiente a comprovar os maus antecedentes e a reincidência.

637. O ente público detém legitimidade e interesse para intervir, incidentalmente, na ação possessória entre particulares, podendo deduzir qualquer matéria defensiva, inclusive, se for o caso, o domínio.

638. É abusiva a cláusula contratual que restringe a responsabilidade de instituição financeira pelos danos decorrentes de roubo, furto ou extravio de bem entregue em garantia no âmbito de contrato de penhor civil.

639. Não fere o contraditório e o devido processo decisão que, sem ouvida prévia da defesa, determine transferência ou permanência de custodiado em estabelecimento penitenciário federal.

640. O benefício fiscal que trata do Regime Especial de Reintegração de Valores Tributários para as Empresas Exportadoras (REINTEGRA) alcança as operações de venda de mercadorias de origem nacional para a Zona Franca de Manaus, para consumo, industrialização ou reexportação para o estrangeiro.

641. A portaria de instauração do processo administrativo disciplinar prescinde da exposição detalhada dos fatos a serem apurados.

642. O direito à indenização por danos morais transmite-se com o falecimento do titular, possuindo os herdeiros da vítima legitimidade ativa para ajuizar ou prosseguir a ação indenizatória.

643. A execução da pena restritiva de direitos depende do trânsito em julgado da condenação.

644. O núcleo de prática jurídica deve apresentar o instrumento de mandato quando constituído pelo réu hipossuficiente, salvo nas hipóteses em que é nomeado pelo juízo.

645. O crime de fraude à licitação é formal, e sua consumação prescinde da comprovação do prejuízo ou da obtenção de vantagem.

646. É irrelevante a natureza da verba trabalhista para fins de incidência da contribuição ao FGTS, visto que apenas as verbas elencadas em lei (art. 28, § 9º, da Lei n. 8.212/1991), em rol taxativo, estão excluídas da sua base de cálculo, por força do disposto no art. 15, § 6º, da Lei n. 8.036/1990.

647. São imprescritíveis as ações indenizatórias por danos morais e materiais decorrentes de atos de perseguição política com violação de direitos fundamentais ocorridos durante o regime militar.

648. A superveniência da sentença condenatória prejudica o pedido de trancamento da ação penal por falta de justa causa feito em habeas corpus.

649. Não incide ICMS sobre o serviço de transporte interestadual de mercadorias destinadas ao exterior.

650. A autoridade administrativa não dispõe de discricionariedade para aplicar ao servidor pena diversa de demissão quando caraterizadas as hipóteses previstas no art. 132 da Lei n. 8.112/1990.

651. Compete à autoridade administrativa aplicar a servidor público a pena de demissão em razão da prática de improbidade administrativa, independentemente de prévia condenação, por autoridade judiciária, à perda da função pública.

652. A responsabilidade civil da Administração Pública por danos ao meio ambiente, decorrente de sua omissão no dever de fiscalização, é de caráter solidário, mas de execução subsidiária.

653. O pedido de parcelamento fiscal, ainda que indeferido, interrompe o prazo prescricional, pois caracteriza confissão extrajudicial do débito.

654. A tabela de preços máximos ao consumidor (PMC) publicada pela ABCFarma, adotada pelo Fisco para a fixação da base de cálculo do ICMS na sistemática da substituição tributária, não se aplica aos medicamentos destinados exclusivamente para uso de hospitais e clínicas.

655. Aplica-se à união estável contraída por septuagenário o regime da separação obrigatória de bens, comunicando-se os adquiridos na constância, quando comprovado o esforço comum.

656. É válida a cláusula de prorrogação automática de fiança na renovação do contrato principal. A exoneração do fiador depende da notificação prevista no artigo 835 do Código Civil.

657. Atendidos os requisitos de segurada especial no RGPS e do período de carência, a indígena menor de 16 anos faz jus ao salário-maternidade.

658. O crime de apropriação indébita tributária pode ocorrer tanto em operações próprias, como em razão de substituição tributária.

659. A fração de aumento em razão da prática de crime continuado deve ser fixada de acordo com o número de delitos cometidos, aplicando-se 1/6 pela prática de duas infrações, 1/5 para três, 1/4 para quatro, 1/3 para cinco, 1/2 para seis e 2/3 para sete ou mais infrações.

660. A posse, pelo apenado, de aparelho celular ou de seus componentes essenciais constitui falta grave.

661. A falta grave prescinde da perícia do celular apreendido ou de seus componentes essenciais.

662. Para a prorrogação do prazo de permanência no sistema penitenciário federal, é prescindível a ocorrência de fato novo; basta constar, em decisão fundamentada, a persistência dos motivos que ensejaram a transferência inicial do preso.

663. A pensão por morte de servidor público federal pode ser concedida ao filho inválido de qualquer idade, desde que a invalidez seja anterior ao óbito.

664. É inaplicável a consunção entre o delito de embriaguez ao volante e o de condução de veículo automotor sem habilitação.

665. O controle jurisdicional do processo administrativo disciplinar restringe-se ao exame da regularidade do procedimento e da legalidade do ato, à luz dos princípios do contraditório, da ampla defesa e do devido processo legal, não sendo possível incursão no mérito administrativo, ressalvadas as hipóteses de flagrante ilegalidade, teratologia ou manifesta desproporcionalidade da sanção aplicada.

666. A legitimidade passiva, em demandas que visam à restituição de contribuições de terceiros, está vinculada à capacidade tributária ativa; assim, nas hipóteses em que as entidades terceiras são meras destinatárias das contribuições, não possuem elas legitimidade *ad causam* para figurar no polo passivo, juntamente com a União.

667. Eventual aceitação de proposta de suspensão condicional do processo não prejudica a análise do pedido de trancamento de ação penal.

668. Não é hediondo o delito de porte ou posse de arma de fogo de uso permitido, ainda que com numeração, marca ou qualquer outro sinal de identificação raspado, suprimido ou adulterado.

669. O fornecimento de bebida alcoólica a criança ou adolescente, após o advento da Lei n. 13.106, de 17 de março de 2015, configura o crime previsto no art. 243 do ECA.

670. Nos crimes sexuais cometidos contra a vítima em situação de vulnerabilidade temporária, em que ela recupera suas capacidades físicas e mentais e o pleno discernimento para decidir acerca da persecução penal de seu ofensor, a ação penal é pública condicionada à representação se o fato houver sido praticado na vigência da redação conferida ao art. 225 do Código Penal pela Lei n. 12.015, de 2009.

671. Não incide o IPI quando sobrevém furto ou roubo do produto industrializado após sua saída do estabelecimento industrial ou equiparado e antes de sua entrega ao adquirente.

672. A alteração da capitulação legal da conduta do servidor, por si só, não enseja a nulidade do processo administrativo disciplinar.

673. A comprovação da regular notificação do executado para o pagamento da dívida de anuidade de conselhos de classe ou, em caso de recurso, o esgotamento das instâncias administrativas são requisitos indispensáveis à constituição e execução do crédito.

674. A autoridade administrativa pode se utilizar de fundamentação *per relationem* nos processos disciplinares.

675. É legítima a atuação dos órgãos de defesa do consumidor na aplicação de sanções administrativas previstas no CDC quando a conduta praticada ofender direito consumerista, o que não exclui nem inviabiliza a atuação do órgão ou entidade de controle quando a atividade é regulada.

676. Em razão da Lei n. 13.964/2019, não é mais possível ao juiz, de ofício, decretar ou converter prisão em flagrante em prisão preventiva.

SÚMULAS DA TNU-JEF

SÚMULAS

1. A conversão dos benefícios previdenciários em URV, em março/1994, obedece às disposições do art. 20, incisos I e II, da Lei 8.880/94 (MP n. 434/1994).

2. Os benefícios previdenciários, em maio de 1996, deverão ser reajustados na forma da Medida Provisória 1.415, de 29 de abril de 1996, convertida na Lei 9.711, de 20 de novembro de 1998.

3. Os benefícios de prestação continuada, no regime geral da Previdência Social, devem ser reajustados com base no IGP-DI nos anos de 1997, 1999, 2000 e 2001. (Cancelada em 09.05.2003. DOU, 30.09.2003.)

4. Não há direito adquirido à condição de dependente de pessoa designada, quando o falecimento do segurado deu-se após o advento da Lei 9.032/1995.

5. A prestação de serviço rural por menor de 12 a 14 anos, até o advento da Lei 8.213, de 24 de julho de 1991, devidamente comprovada, pode ser reconhecida para fins previdenciários.

6. A certidão de casamento ou outro documento idôneo que evidencie a condição de trabalhador rural do cônjuge constitui início razoável de prova material da atividade rurícola.

7. Descabe incidente de uniformização versando sobre honorários advocatícios por se tratar de questão de direito processual.

8. Os benefícios de prestação continuada, no regime geral da Previdência Social, não serão reajustados com base no IGP-DI nos anos de 1997, 1999, 2000 e 2001.

9. O uso de Equipamento de Proteção Individual (EPI), ainda que elimine a insalubridade, no caso de exposição a ruído, não descaracteriza o tempo de serviço especial prestado.

10. O tempo de serviço rural anterior à vigência da Lei n. 8.213/91 pode ser utilizado para fins de contagem recíproca, assim entendida aquela que soma tempo de atividade privada, rural ou urbana, ao de serviço público estatutário, desde que sejam recolhidas as respectivas contribuições previdenciárias.

11. A renda mensal, *per capita*, familiar, superior a ¼ (um quarto) do salário-mínimo não impede a concessão do benefício assistencial previsto no art. 20, § 3º, da Lei n. 8.742 de 1993, desde que comprovada, por outros meios, a miserabilidade do postulante. (Cancelada em 24.04.2006. DOU, 12.05.2006).

12. Os juros moratórios são devidos pelo gestor do FGTS e incidem a partir da citação nas ações em que se reclamam diferenças de correção monetária, tenha havido ou não levantamento do saldo, parcial ou integralmente.

13. O reajuste concedido pelas Leis n. 8.622/1993 e 8.627/1993 (28,86%) constituiu revisão geral dos vencimentos e, por isso, é devido também aos militares que não o receberam em sua integralidade, compensado o índice então concedido, sendo limite temporal desse reajuste o advento da MP n. 2.131 de 28.12.2000.

14. Para a concessão de aposentadoria rural por idade, não se exige que o início de prova material, corresponda a todo o período equivalente à carência do benefício.

15. O valor mensal da pensão por morte concedida antes da Lei n. 9.032, de 28 de abril de 1995, deve ser revisado de acordo com a nova redação dada ao art. 75 da Lei n. 8.213, de 24 de julho de 1991. (Cancelada em 26.03.2007. DOU, 08.05.2007).

16. A conversão em tempo de serviço comum, do período trabalhado em condições especiais, somente é possível relativamente à atividade exercida até 28 de maio de 1998 (art. 28 da Lei n. 9.711/1998). (Cancelada em 27.03.2009. DOU, 24.04.2009).

17. Não há renúncia tácita no Juizado Especial Federal, para fins de competência.

18. Para fins previdenciários, o cômputo do tempo de serviço prestado como aluno-aprendiz exige a comprovação de que, durante o período de aprendizado, houve simultaneamente: (i) retribuição consubstanciada em prestação pecuniária ou em auxílios materiais; (ii) à conta do Orçamento; (iii) a título de contraprestação por labor; (iv) na execução de bens e serviços destinados a terceiros. (Alterada na sessão de 14.02.2020. DJe 19.02.2020)

19. Para o cálculo da renda mensal inicial do benefício previdenciário, deve ser considerada, na atualização dos salários de contribuição anteriores a março de 1994, a variação integral do IRSM de fevereiro de 1994, na ordem de 39,67% (art. 21, § 1º, da Lei n. 8.880/1994).

20. A Lei n. 8.112, de 11 de dezembro de 1990, não modificou a situação do servidor celetista anteriormente aposentado pela Previdência Social Urbana.

21. Não há direito adquirido a reajuste de benefícios previdenciários com base na variação do IPC (Índice de Preço ao Consumidor), de janeiro de 1989 (42,72%) e abril de 1990 (44,80%).

22. Se a prova pericial realizada em juízo dá conta de que a incapacidade já existia na data do requerimento administrativo, esta é o termo inicial do benefício assistencial.

23. As substituições de cargos ou funções de direção ou chefia ou de cargo de natureza especial ocorridas a partir da vigência da Medida Provisória n. 1.522, de 11.10.1996, e até o advento da Lei n. 9.527, de 10.12.1997, quando iguais ou inferiores a trinta dias, não geram direito à remuneração correspondente ao cargo ou função substituída.

24. O tempo de serviço do segurado trabalhador rural anterior ao advento da Lei n. 8.213/91, sem o recolhimento de contribuições previdenciárias, pode ser considerado para a concessão de benefício previdenciário do Regime Geral de Previdência Social (RGPS), exceto para efeito de carência, conforme a regra do art. 55, § 2º, da Lei n. 8.213/1991.

25. A revisão dos valores dos benefícios previdenciários, prevista no art. 58 do ADCT, deve ser feita com base no número de salários mínimos apurado na data da concessão, e não no mês de recolhimento da última contribuição.

26. A atividade de vigilante enquadra-se como especial, equiparando-se à de guarda, elencada no item 2.5.7. do Anexo III do Decreto n. 53.831/1964.

27. A ausência de registro em órgão do Ministério do Trabalho não impede a comprovação do desemprego por outros meios admitidos em Direito.

28. Encontra-se prescrita a pretensão de ressarcimento de perdas sofridas na atualização monetária da conta do Plano de Integração Social - PIS-, em virtude de expurgos ocorridos por ocasião dos Planos Econômicos Verão e Collor I.

29. Para os efeitos do art. 20, § 2º, da Lei n. 8.742, de 1993, incapacidade para a vida independente não é só aquela que impede as atividades mais elementares da pessoa, mas também a impossibilita de prover ao próprio sustento.

30. Tratando-se de demanda previdenciária, o fato de o imóvel ser superior ao módulo rural não afasta, por si só, a qualificação de seu proprietário como segurado especial, desde que comprovada, nos autos, a sua exploração em regime de economia familiar.

31. A anotação na CTPS decorrente de sentença trabalhista homologatória constitui início de prova material para fins previdenciários. (Revogada em 22/11/2023, DJeNacional de 28/11/2023, publicada em: 29/11/2023)

32. O tempo de trabalho laborado com exposição a ruído é considerado especial, para fins de conversão em comum, nos seguintes níveis: superior a 80 decibéis, na vigência do Decreto n. 53.831/64 e, a contar de 5 de março de 1997, superior a 85 decibéis, por força da edição do Decreto n. 4.882, de 18 de novembro de 2003, quando a Administração Pública reconheceu e declarou a nocividade à saúde de tal índice de ruído. (Cancelada em 09.05.2003. DOU, 30.09.2003.)

33. Quando o segurado houver preenchido os requisitos legais para concessão da aposentadoria por tempo de serviço na data do requerimento administrativo, esta data será o termo inicial da concessão do benefício.

34. Para fins de comprovação do tempo de labor rural, o início de prova material deve ser contemporâneo à época dos fatos a provar.

35. A Taxa Selic, composta por juros de mora e correção monetária, incide nas repetições de indébito tributário.

36. Não há vedação legal à cumulação da pensão por morte de trabalhador rural com o benefício da aposentadoria por invalidez, por apresentarem pressupostos fáticos e fatos geradores distintos.

37. A pensão por morte, devida ao filho até os 21 anos de idade, não se prorroga pela pendência do curso universitário.

38. Aplica-se subsidiariamente a Tabela de Cálculos de Santa Catarina aos pedidos de revisão de RMI - OTN/ORTN, na atualização dos salários de contribuição.

39. Nas ações contra a Fazenda Pública, que versem sobre pagamento de diferenças decorrentes de reajuste nos vencimentos de servidores públicos, ajuizadas após 24.08.2001, os juros de mora devem ser fixados em 6% (seis por cento) ao ano (art. 1º-F da Lei 9.494/97).

40. Nenhuma diferença é devida a título de correção monetária dos depósitos do FGTS relativos ao mês de fevereiro de 1989.

41. A circunstância de um dos integrantes do núcleo familiar desempenhar atividade urbana não implica, por si só, a descaracterização do trabalhador rural como segurado especial, condição que deve ser analisada no caso concreto.

42. Não se conhece de incidente de uniformização que implique reexame de matéria de fato.

43. Não cabe incidente de uniformização que verse sobre matéria processual.

44. Para efeito de aposentadoria urbana por idade, a tabela progressiva de carência prevista no art. 142 da Lei n. 8.213/1991 deve ser aplicada em função do ano em que o segurado completa a idade mínima para concessão do benefício, ainda que o período de carência só seja preenchido posteriormente.

45. Incide correção monetária sobre o salário-maternidade desde a época do parto, independentemente da data do requerimento administrativo.

46. O exercício de atividade urbana intercalada não impede a concessão de benefício previdenciário de trabalhador rural, condição que deve ser analisada no caso concreto.

47. Uma vez reconhecida a incapacidade parcial para o trabalho, o juiz deve analisar as condições pessoais e sociais do segurado para a concessão de aposentadoria por invalidez.

48. Para fins de concessão do benefício assistencial de prestação continuada, o conceito de pessoa com deficiência, que não se confunde necessariamente com situação de incapacidade laborativa, exige a configuração de impedimento de longo prazo com duração mínima de 2 (dois) anos, a ser aferido no caso concreto, desde o início do impedimento até a data prevista para a sua cessação. (Alterada na sessão de 25.04.2019. DJe 29.04.2019)

49. Para reconhecimento de condição especial de trabalho antes de 29.04.1995, a exposição a agentes nocivos à saúde ou à integridade física não precisa ocorrer de forma permanente.

50. É possível a conversão do tempo de serviço especial em comum do trabalho prestado em qualquer período.

51. Os valores recebidos por força de antecipação dos efeitos de tutela, posteriormente revogada em demanda previdenciária, são irrepetíveis em razão da natureza alimentar e da boa-fé no seu recebimento.

52. Para fins de concessão de pensão por morte, é incabível a regularização do recolhimento de contribuições de segurado contribuinte individual posteriormente a seu óbito, exceto quando as contribuições devam ser arrecadadas por empresa tomadora de serviços.

53. Não há direito a auxílio-doença ou a aposentadoria por invalidez quando a incapacidade para o trabalho é preexistente ao reingresso do segurado no Regime Geral de Previdência Social.

54. Para a concessão de aposentadoria por idade de trabalhador rural, o tempo de exercício de atividade equivalente à carência deve ser aferido no período imediatamente anterior ao requerimento administrativo ou à data do implemento da idade mínima.

55. A conversão do tempo de atividade especial em comum deve ocorrer com aplicação do fator multiplicativo em vigor na data da concessão da aposentadoria.

56. O prazo de trinta anos para prescrição da pretensão à cobrança de juros progressivos sobre saldo de conta vinculada ao FGTS tem início na data em que deixou de ser feito o crédito e incide sobre cada prestação mensal.

57. O auxílio-doença e a aposentadoria por invalidez não precedida de auxílio-doença, quando concedidos na vigência da Lei n. 9.876/1999, devem ter o salário de benefício apurado com base na média aritmética simples dos maiores salários de contribuição correspondentes a 80% do período contributivo, independentemente da data de filiação do segurado ou do número de contribuições mensais no período contributivo.

58. Não é devido o reajuste na indenização de campo por força da alteração trazida pelo Decreto n. 5.554/2005.

59. A ausência de declaração do objeto postado não impede a condenação da ECT a indenizar danos decorrentes do extravio, desde que o conteúdo da postagem seja demonstrado por outros meios de prova admitidos em direito.

60. O décimo terceiro salário não integra o salário de contribuição para fins de cálculo do salário de benefício, independentemente da data da concessão do benefício previdenciário.

61. As alterações promovidas pela Lei n. 11.960/2009 têm aplicação imediata na regulação dos juros de mora em condenações contra a Fazenda Pública, inclusive em matéria previdenciária, independentemente da data do ajuizamento da ação ou do trânsito em julgado. (Cancelada em 11.10.2013. DOU, 11.10.2013.)

62. O segurado contribuinte individual pode obter reconhecimento de atividade especial para fins previdenciários, desde que consiga comprovar exposição a agentes nocivos à saúde ou à integridade física.

63. A comprovação de união estável para efeito de concessão de pensão por morte prescinde de início de prova material (*DOU* 23.08.2012).

64. O direito à revisão do ato de indeferimento de benefício previdenciário ou assistencial sujeita-se ao prazo decadencial de dez anos (*DOU*, 23.08.2012). (Cancelada em 18.06.2015. DOU, 24.06.2015.)

65. Os benefícios de auxílio-doença, auxílio-acidente e aposentadoria por invalidez concedidos no período de 28.03.2005 a 20.07.2005 devem ser calculados nos termos da Lei n. 8.213/1991, em sua redação anterior à vigência da Medida Provisória n. 242/2005. (Cancelada em 18.06.2015. DOU, 24.06.2015.)

66. O servidor público ex-celetista que trabalhava sob condições especiais antes de migrar para o regime estatutário tem direito adquirido à conversão do tempo de atividade especial em tempo comum com o devido acréscimo legal, para efeito de contagem recíproca no regime previdenciário próprio dos servidores públicos.

67. O auxílio-alimentação recebido em pecúnia por segurado filiado ao Regime Geral da Previdência Social integra o salário de contribuição e sujeita-se à incidência de contribuição previdenciária.

68. O laudo pericial não contemporâneo ao período trabalhado é apto à comprovação da atividade especial do segurado.

69. O tempo de serviço prestado em empresa pública ou em sociedade de economia mista por servidor público federal somente pode ser contado para efeitos de aposentadoria e disponibilidade. (*DOU*, 13.03.2013.)

- Lei 13.303/2016 (Dispõe sobre o estatuto jurídico da empresa pública, da sociedade de economia mista e de suas subsidiárias, no âmbito da União, dos Estados, do Distrito Federal e dos Municípios).

70. A atividade de tratorista pode ser equiparada à de motorista de caminhão para fins de reconhecimento de atividade especial mediante enquadramento por categoria profissional. (*DOU*, 13.03.2013.)

71. O mero contato do pedreiro com o cimento não caracteriza condição especial de trabalho para fins previdenciários. (*DOU*, 13.03.2013.)

72. É possível o recebimento de benefício por incapacidade durante período em que houve exercício de atividade remunerada quando comprovado que o segurado estava incapaz para as atividades habituais na época em que trabalhou. (*DOU*, 13.03.2013.)

73. O tempo de gozo de auxílio-doença ou de aposentadoria por invalidez não decorrentes de acidente de trabalho só pode ser computado como tempo de contribuição ou para fins de carência quando intercalado entre períodos nos quais houve recolhimento de contribuições para a previdência social. (*DOU*, 13.03.2013.)

74. O prazo de prescrição fica suspenso pela formulação de requerimento administrativo e volta a correr pelo saldo remanescente após a ciência da decisão administrativa final. (*DOU*, 22.05.2013.)

75. A Carteira de Trabalho e Previdência Social (CTPS) em relação à qual não se aponta defeito formal que lhe comprometa a fidedignidade goza de presunção relativa de veracidade, formando prova suficiente de tempo de serviço para fins previdenciários, ainda que a anotação de vínculo de emprego não conste no Cadastro Nacional de Informações Sociais (CNIS). (*DOU*, 13.06.2013).

76. A averbação de tempo de serviço rural não contributivo não permite majorar o coeficiente de cálculo da renda mensal inicial de aposentadoria por idade previsto no art. 50 da Lei n. 8.213/91 (*DOU*, 14.08.2013).

77. O julgador não é obrigado a analisar as condições pessoais e sociais quando não reconhecer a incapacidade do requerente para a sua atividade habitual (*DOU*, 06.09.2013).

78. Comprovado que o requerente de benefício é portador do vírus HIV, cabe ao julgador verificar as condições pessoais, sociais, econômicas e culturais, de forma a analisar a incapacidade em sentido amplo, em face da elevada estigmatização social da doença. (DOU, 17.09.2014.)

- Enunciado 141, FONAJEF.

79. Nas ações em que se postula benefício assistencial, é necessária a comprovação das condições socioeconômicas do autor por laudo de assistente social, por auto de constatação lavrado por oficial de justiça ou, sendo inviabilizados os referidos meios, por prova testemunhal. (DOU, 24.04.2015.)

80. Nos pedidos de benefício de prestação continuada (LOAS), tendo em vista o advento da Lei 12.470/11, para adequada valoração dos fatores ambientais, sociais, econômicos e pessoais que impactam na participação da pessoa com deficiência na sociedade, é necessária a realização de avaliação social por assistente social ou outras providências aptas a revelar a efetiva condição vivida no meio social pelo requerente. (DOU, 24.04.2015.)

81. A impugnação de ato de indeferimento, cessação ou cancelamento de benefício previdenciário não se submete a qualquer prazo extintivo, seja em relação à revisão desses atos, seja em relação ao fundo de direito. (Alterada em 09.12.2020)

82. O código 1.3.2 do quadro anexo ao Decreto n. 53.831/64, além dos profissionais da área da saúde, contempla os trabalhadores que exercem atividades de serviços gerais em limpeza e higienização de ambientes hospitalares. (*DOU*, 30.11.2015.)

83. A partir da entrada em vigor da Lei n. 8.870/94, o décimo terceiro salário não integra o salário-de-contribuição para fins de cálculo do salário-de-benefício. (*DOU*, 21.03.2016.)

84. Comprovada a situação de desemprego por mais de 3 anos, o trabalhador tem direito ao saque dos valores depositados em sua conta individual do PIS. (DOU, 14.06.2017.)

85. É possível a conversão de tempo comum em especial de período(s) anterior(es) ao advento da Lei nº 9.032/95 (que alterou a redação do §3º do art. 57 da Lei nº 8.213/91), desde que todas as condições legais para a concessão do benefício pleiteado tenham sido atendidas antes da publicação da referida lei, independentemente da data de entrada do requerimento (DER).

86. Não cabe incidente de uniformização que tenha como objeto principal questão controvertida de natureza constitucional que ainda não tenha sido definida pelo Supremo Tribunal Federal em sua jurisprudência dominante. (CANCELADA EM 26/08/2021, DOU nº 166, DATA: 01/09/2021)

87. A eficácia do EPI não obsta o reconhecimento de atividade especial exercida antes de 03/12/1998, data de início da vigência da MP 1.729/98, convertida na Lei n. 9.732/98. (DOU 26.02.2019)

88. A existência de limitação, ainda que leve, para o desempenho da atividade para o trabalho habitual enseja a concessão do benefício de auxílio-acidente, em observância a tese fixada sob o Tema 416 do Superior Tribunal de Justiça. (A Turma Nacional de Uniformização, na Sessão Ordinária de Julgamento, de 17 de abril de 2024, decidiu, à unanimidade, pela aprovação do Enunciado da Súmula n. 88). (DOU, 25/04/2024)

89. Não há direito à concessão de benefício de auxílio-acidente quando, após consolidação das lesões decorrentes de acidente de qualquer natureza, resultarem seqüelas que não reduzem a capacidade laborativa habitual nem sequer demandam dispêndio de maior esforço na execução da atividade habitual. (A Turma Nacional de Uniformização, na Sessão Ordinária de Julgamento, de 17 de abril de 2024, decidiu, à unanimidade, pela aprovação do Enunciado da Súmula n. 89). (DOU, 25/04/2024)

SÚMULAS DA ADVOCACIA-GERAL DA UNIÃO

CONSOLIDAÇÃO DE 2024

O ADVOGADO-GERAL DA UNIÃO, no uso de suas atribuições e em cumprimento ao disposto no art. 43, § 2º, da Lei Complementar nº 73, de 10 de fevereiro de 1993, resolve: Consolidar as Súmulas da Advocacia-Geral da União, em vigor nesta data, de observância obrigatória para os órgãos de Consultoria e de Contencioso da AGU, da Procuradoria-Geral Federal e da Procuradoria-Geral do Banco Central do Brasil.

SÚMULA Nº 1, DE 27 DE JUNHO DE 1997

- Publicada no DOU, Seção 1, 30/06, 1º/07 e 02/07/1997

"A decisão judicial que conceder reajustes referentes à URP de abril e maio de 1988 na proporção de 7/30 (sete trinta avos) de 16,19 %, incidentes sobre a remuneração do mês de abril e, no mesmo percentual, sobre a do mês de maio, não cumulativos, não será impugnada por recurso."

- Lei 7.730/1989.

SÚMULA Nº 2, DE 27 DE AGOSTO DE 1997(*)

(*) Revogada pelo Ato de 19 de julho de 2004, publicado no DOU, Seção 1, de 26, 27 e 28/07/2004.

SÚMULA Nº 3, DE 5 DE ABRIL DE 2000(*)

(*) Revogada pelo Ato de 19 de julho de 2004, publicado no DOU, Seção 1, de 26, 27 e 28/07/2004.

- Instrução Normativa 3, de 19/07/2004.

SÚMULA Nº 4, DE 5 DE ABRIL DE 2000(*)

- Republicada no DOU, Seção 1, de 26/07, 27/07 e 28/07/2004

(*) Redação alterada pelo Ato de 19 de julho de 2004.

"Salvo para defender o seu domínio sobre imóveis que estejam afetados ao uso público federal, a União não reivindicará o domínio de terras situadas dentro dos perímetros dos antigos aldeamentos indígenas de São Miguel e de Guarulhos, localizados no Estado de São Paulo, e desistirá de reivindicações que tenham como objeto referido domínio".

- Art. 20, CF.
- Art. 1º, Decreto-lei 9.760/1946.
- Art. 17, MP 2.180-35/2001.

SÚMULA Nº 5, DE 8 DE MARÇO DE 2001(*)

(*) Revogada pelo Ato de 19 de julho de 2004, publicado no DOU, Seção 1, de 26, 27 e 28/07/2004.

- Instrução Normativa 4, de 19/07/2004.

SÚMULA Nº 6, DE 19 DE DEZEMBRO DE 2001(*)

- Republicada no DOU, Seção 1, de 28/09, 29/09 e 30/09/2005

(*) Redação alterada pelo ato de 27 de setembro de 2005.

"A companheira ou companheiro de militar falecido após o advento da Constituição de 1988 faz jus à pensão militar, quando o beneficiário da pensão esteja designado na declaração preenchida em vida pelo contribuinte ou quando o beneficiário comprove a união estável, não afastadas situações anteriores legalmente amparadas."

- Art. 226, CF.
- Lei 3.765/1960.
- Lei 6.880/1980.

SÚMULA Nº 7, DE 19 DE DEZEMBRO DE 2001(*)

- Republicada no DOU, Seção 1, de 02/08, 03/08 e 04/08/2006

(*) Redação alterada pelo Ato de 1º de agosto de 2006.

"A aposentadoria de servidor público tem natureza de benefício previdenciário e pode ser recebida cumulativamente com a pensão especial prevista no art. 53, inciso II, do Ato das Disposições Constitucionais Transitórias, devida a ex-combatente (no caso de militar, desde que haja sido licenciado do serviço ativo e com isso retornado à vida civil definitivamente - art. 1º da Lei nº 5.315, de 12.9.1967)".

- Art. 53, ADCT.
- Lei 5.315/1967.
- Lei 8.059/1990.

SÚMULA Nº 8, DE 19 DE DEZEMBRO DE 2001(*)

- Republicada no DOU, Seção 1, de 28/09, 29/09 e 30/09/2005

(*) Redação alterada pelo Ato de 27 de setembro de 2005.

"O direito à pensão de ex-combatente é regido pelas normas legais em vigor à data do evento morte. Tratando-se de reversão do benefício à filha mulher, em razão do falecimento da própria mãe que a vinha recebendo, consideram-se não os preceitos em vigor quando do óbito desta última, mas do primeiro, ou seja, do ex-combatente."

- Art. 53, ADCT.
- Lei 3.765/1960.
- Lei 4.242/1963.
- Lei 8.059/1990.

SÚMULA Nº 9, DE 19 DE DEZEMBRO DE 2001(*)

(*) Revogada pelo Ato de 19 de julho de 2004, publicado no DOU, Seção 1, de 26/07, 27/07 e 28/07/2004.

- Instrução Normativa 5, de 19/07/2004.

SÚMULA Nº 10, DE 19 DE ABRIL DE 2002(*)

- Republicada no DOU, Seção 1, de 26/07, 27/07 e 28/07/2004

(*) Redação alterada pelo Ato AGU de 19 de julho de 2004.

"Não está sujeita a recurso a decisão judicial que entender incabível a remessa necessária nos embargos à execução de título judicial opostos pela Fazenda Pública, ressalvadas aquelas que julgarem a liquidação por arbitramento ou artigo, nas execuções de sentenças ilíquidas."

- Art. 3º, Lei 2.770/1956.
- Art. 10, Lei 9.469/1997.

SÚMULA Nº 11, DE 19 DE ABRIL DE 2002(*)

- Republicada no DOU, Seção 1, de 26/07, 27/07 e 28/07/2004

(*) Redação alterada pelo Ato de 19 de julho de 2004.

"A faculdade, prevista no art. 557 do CPC, de se negar seguimento, monocraticamente, a recurso manifestamente inadmissível, improcedente, prejudicado ou em confronto com súmula ou com jurisprudência dominante do respectivo tribunal, do Supremo Tribunal Federal, ou dos Tribunais Superiores, alcança também a remessa necessária."

SÚMULA Nº 12, DE 19 DE ABRIL DE 2002(*)

- Republicada no DOU, Seção 1, de 26/07, 27/07 e 28/07/2004

(*) Redação alterada pelo Ato de 19 de julho de 2004.

"É facultado ao segurado ajuizar ação contra a instituição previdenciária perante o Juízo Federal do seu domicílio ou nas Varas Federais da capital do Estado-membro."

- Art. 109, CF.

SÚMULA Nº 13, DE 19 DE ABRIL DE 2002(*)

- Republicada no DOU de 08/02, 09/02 e 12/02/2007

(*) Redação alterada pelo Ato de 06 de fevereiro de 2007.

"A multa fiscal moratória, por constituir pena administrativa, não se inclui no crédito habilitado em falência regida pela legislação anterior à Lei nº 11.101, de 9 de fevereiro de 2005."

- Arts. 83, VII, e 192, Lei 11.101/2005.

SÚMULA Nº 14, DE 19 DE ABRIL DE 2002(*)

- Republicada no DOU de 08/02, 09/02 e 12/02/2007

(*) Redação alterada pelo Ato de 06 de fevereiro de 2007.

"Aplica-se apenas a taxa SELIC, em substituição à correção monetária e juros, a partir de 1º de janeiro de 1996, nas compensações ou restituições de contribuições previdenciárias."

- Art. 89, Lei 8.212/1991.
- Art. 39, Lei 9.250/1995.

SÚMULA Nº 15, DE 16 DE OUTUBRO DE 2002(*)

- Republicada no DOU, Seção 1, de 20/10, 21/10 e 22/10/2008

(*) Redação alterada pelo Ato de 16 de outubro de 2008.

"A suspeita de fraude na concessão de benefício previdenciário não enseja, de plano, a sua suspensão ou cancelamento, mas dependerá de apuração em procedimento administrativo, observados os princípios do contraditório e da ampla defesa."

- Art. 179, Decreto 3.048/1999.

SÚMULA Nº 16, DE 19 DE JUNHO DE 2002(*)

- Republicada no DOU, Seção 1, de 26/07, 27/07 e 28/07/2004

(*) Redação alterada pelo Ato de 19 de julho de 2004.

"O servidor estável investido em cargo público federal, em virtude de habilitação em concurso público, poderá desistir do estágio probatório a que é submetido com apoio no art. 20 da Lei nº 8.112, de 11 de dezembro de 1990, e ser reconduzido ao cargo inacumulável de que foi exonerado, a pedido."

- Arts. 20 e 29, Lei 8.112/1990.

SÚMULA Nº 17, DE 19 DE JUNHO DE 2002(*)

- Republicada no DOU de 08/02, 09/02 e 12/02/2007

(*) Redação alterada pelo Ato de 6 de fevereiro de 2007.

"Suspensa a exigibilidade do crédito pelo parcelamento concedido, sem a exigência de garantia, esta não pode ser imposta como condição para o fornecimento da certidão positiva de débito com efeito de negativa, estando regular o parcelamento da dívida, com o cumprimento, no prazo, das obrigações assumidas pelo contribuinte."

- Arts. 205 e 206, CTN.
- Art. 47, Lei 8.212/1991.

SÚMULA Nº 18, DE 19 DE JUNHO DE 2002

- Publicada no DOU, Seção 1, de 28/06, 1º/07 e 02/07/2002

"Da decisão judicial que determinar a concessão de Certidão Negativa de Débito (CND), em face da inexistência de crédito tributário constituído, não se interporá recurso."

- Arts. 205 e 206, CTN.

SÚMULA Nº 19, DE 5 DE DEZEMBRO DE 2002(*)

(*) Revogada pelo Ato de 1º de agosto de 2006, publicado no DOU de 02, 03 e 04 de agosto de 2006.

- Instrução Normativa 5, de 1º/08/2006.

SÚMULA Nº 20, DE 27 DE DEZEMBRO DE 2002(*)

(*) Alterada pela Súmula nº 42, de 31 de outubro de 2008

SÚMULA Nº 21, DE 19 DE JULHO DE 2004

- Publicada no DOU, Seção 1, de 20/07; 21/07 e 22/07/2004

"Os integrantes da Carreira Policial Civil dos extintos Territórios Federais têm direito às gratificações previstas no art. 4º da Lei nº 9.266, de 15 de março de 1996, concedidas igualmente aos Policiais Federais."

- Lei 9.266/1996.

SÚMULA Nº 22, DE 5 DE MAIO DE 2006

- Publicada no DOU, Seção 1, de 10/05; 11/05 e 12/05/2006

"Não se exigirá prova de escolaridade ou habilitação legal para inscrição em concurso público destinado ao provimento de cargo público, salvo se a exigência decorrer de disposição legal ou, quando for o caso, na segunda etapa de concurso que se realize em duas etapas".

- Arts. 5º, XIII, e 37, I e II, CF.
- Arts. 5º, IV, 7º e 11, Lei 8.112/1990.

SÚMULA Nº 23, DE 6 DE OUTUBRO DE 2006

- Publicada no DOU, Seção 1, de 09/10; 10/10 e 11/10/2006

"É facultado a autor domiciliado em cidade do interior o aforamento de ação contra a União também na sede da respectiva Seção Judiciária (capital do Estado-membro)."

- arts. 109, § 2º, e 110, CF.

SÚMULA Nº 24, DE 9 DE JUNHO DE 2008

- Publicada no DOU, Seção 1, de 10/06; 11/06 e 12/06/2008

(*) Mantida, apenas, a jurisprudência dos Tribunais Superiores (art. 2º do Decreto nº 2.346/97).

"É permitida a contagem, como tempo de contribuição, do tempo exercido na condição de aluno-aprendiz referente ao período de aprendizado profissional realizado em escolas técnicas, desde que comprovada a remuneração, mesmo que indireta, à conta do orçamento público e o vínculo empregatício."

- Decreto 3.048/1999.
- Art. 113, Instrução Normativa 11, de 20 de setembro de 2006.

SÚMULA Nº 25, DE 9 DE JUNHO DE 2008

- Publicada no DOU, Seção 1, de 10/06; 11/06 e 12/06/2008

"Será concedido auxílio-doença ao segurado considerado temporariamente incapaz para o trabalho ou sua atividade habitual, de forma total ou parcial, atendidos os demais requisitos legais, entendendo-se por incapacidade parcial aquela que permita sua reabilitação para outras atividades laborais."

- Art. 59, Lei 8.213/1991.

SÚMULA Nº 26, DE 9 DE JUNHO DE 2008

- Publicada no DOU, Seção 1, de 10/06; 11/06 e 12/06/2008

"Para a concessão de benefício por incapacidade, não será considerada a perda da qualidade de segurado decorrente da própria moléstia incapacitante."

- Arts. 102, §1º, e 15, I, Lei 8.213/1991.

SÚMULA Nº 27, DE 9 DE JUNHO DE 2008

- Publicada no DOU, Seção 1, de 10/06; 11/06 e 12/06/2008

"Para concessão de aposentadoria no RGPS, é permitido o cômputo do tempo de serviço rural exercido anteriormente à Lei nº 8.213, de 24 de julho de 1991, independente do recolhimento das contribuições sociais respectivas, exceto para efeito de carência."

- Art. 55, § 2º, Lei 8.213/1991.

SÚMULA Nº 28, DE 9 DE JUNHO DE 2008(*)

(*) Alterada pela Súmula nº 38, de 16 de setembro de 2008

SÚMULA Nº 29, DE 9 DE JUNHO DE 2008

- Publicada no DOU, Seção 1, de 10/06; 11/06 e 12/06/2008

"Atendidas as demais condições legais, considera-se especial, no âmbito do RGPS, a atividade exercida com exposição a ruído superior a 80 decibéis até 05/03/97, superior a 90 decibéis desta data até 18/11/2003, e superior a 85 decibéis a partir de então."

- Art. 180, Instrução Normativa 11, de 20 de setembro de 2006.

SÚMULA Nº 30, DE 9 DE JUNHO DE 2008

(*) Revogada pelo Ato de 31 de janeiro de 2011, publicado no DOU, Seção 1, de 26, 27 e 28/07/2004.

SÚMULA Nº 31, DE 9 DE JUNHO DE 2008

- Publicada no DOU, Seção 1, de 10/06, 11/06 e 12/06/2008

"É cabível a expedição de precatório referente a parcela incontroversa, em sede de execução ajuizada em face da Fazenda Pública".

- Art. 100, §§ 1º e 2º, CF.

SÚMULA Nº 32, DE 9 DE JUNHO DE 2008

- Publicada no DOU, Seção 1, de 10/06; 11/06 e 12/06/2008

"Para fins de concessão dos benefícios dispostos nos artigos 39, inciso I e seu parágrafo único, e 143 da Lei 8.213, de 24 de julho de 1991, serão considerados como início razoável de prova material documentos públicos e particulares dotados de fé pública, desde que não contenham rasuras ou retificações recentes, nos quais conste expressamente a qualificação do segurado, de seu cônjuge, enquanto casado, ou companheiro, enquanto durar a união estável, ou de seu ascendente, enquanto dependente deste, como rurícola, lavrador ou agricultor, salvo a existência de prova em contrário."

- Arts. 55, § 3º, 106 e 143, II, Lei 8.213/1991.

SÚMULA Nº 33, DE 16 DE SETEMBRO DE 2008

- Publicada no DOU, Seção 1, de 17/09; 18/09 e 19/09/2008

"É devida aos servidores públicos federais civis ativos, por ocasião do gozo de férias e licenças, no período compreendido entre outubro/1996 e dezembro/2001, a concessão de auxílio-alimentação, com fulcro no art. 102 da Lei nº 8.112/90, observada a prescrição qüinqüenal".

- Art. 102, Lei 8.112/1990.

SÚMULA Nº 34, DE 16 DE SETEMBRO DE 2008

- Publicada no DOU, Seção 1, de 17/09; 18/09 e 19/09/2008

"Não estão sujeitos à repetição os valores recebidos de boa-fé pelo servidor público, em decorrência de errônea ou inadequada interpretação da lei por parte da Administração Pública".

- Lei 8.112/1990.

SÚMULA Nº 35, DE 16 DE SETEMBRO DE 2008

- Publicada no DOU, Seção 1, de 17/09; 18/09 e 19/09/2008

"O exame psicotécnico a ser aplicado em concurso público deverá observar critérios objetivos, previstos no edital, e estará sujeito a recurso administrativo".

- Art. 5º, XXXV, e 37, caput e incisos I e II, da CF.

SÚMULA Nº 36, DE 16 DE SETEMBRO DE 2008

- Publicada no DOU, Seção 1, de 17/09; 18/09 e 19/09/2008

"O ex-combatente que tenha efetivamente participado de operações bélicas durante a Segunda Guerra Mundial, nos termos da Lei nº 5.315, de 12 de setembro de 1967, tem direito à assistência médica e hospitalar gratuita, extensiva aos dependentes, prestada pelas Organizações Militares de Saúde, nos termos do artigo 53, IV, do Ato das Disposições Constitucionais Transitórias".

- Art. 53, IV, do ADCT.

SÚMULA Nº 37, DE 16 DE SETEMBRO DE 2008

- Publicada no DOU, Seção 1, de 17/09; 18/09 e 19/09/2008.

"Incidem juros de mora sobre débitos trabalhistas dos órgãos e entidades sucedidos pela União, que não estejam sujeitos ao regime de intervenção e liquidação extrajudicial previsto pela Lei nº 6.024/74, ou cuja liquidação não tenha sido decretada por iniciativa do Banco Central do Brasil".

- Art. 18, alínea "d", da Lei 6.024/1974.

SÚMULA Nº 38, DE 16 DE SETEMBRO DE 2008

- Publicada no DOU, Seção 1, de 17/09; 18/09 e 19/09/2008

"Incide a correção monetária sobre as parcelas em atraso não prescritas, relativas aos débitos de natureza alimentar, assim como aos benefícios previdenciários, desde o momento em que passaram a ser devidos, mesmo que em período anterior ao ajuizamento de ação judicial."

- Lei 6.899/1981.

SÚMULA Nº 39, DE 16 DE SETEMBRO DE 2008

- Publicada no DOU, Seção 1, de 17/09; 18/09 e 19/09/2008

"São devidos honorários advocatícios nas execuções, não embargadas, contra a Fazenda Pública, de obrigações definidas em lei como de pequeno valor (art. 100, § 3º, da Constituição Federal)."

- Art. 100, § 3º, CF.
- Art. 1º-D, Lei 9.494/1997.

SÚMULA Nº 40, DE 16 DE SETEMBRO DE 2008

- Publicada no DOU, Seção 1, de 17/09; 18/09 e 19/09/2008

"Os servidores públicos federais, quando se tratar de aposentadoria concedida na vigência do Regime Jurídico Único, têm direito à percepção simultânea do benefício denominado 'quintos', previsto no art. 62, § 2º, da Lei nº 8.112/1990, com o regime estabelecido no art. 192 do mesmo diploma."

- Arts. 62, § 2º e 192, Lei 8.112/1990.

SÚMULA Nº 41, DE 8 DE OUTUBRO DE 2008

(*) Redação alterada pela Súmula 85, de 24 de julho de 2020, publicada no DOU, Seção 1, de 27/07, 28/07 e 29/07/2020

SÚMULA Nº 42, DE 31 DE OUTUBRO DE 2008

- Publicada no DOU, Seção 1, de 31/10; 03/11 e 04/11/2008

I - A Súmula 20, da Advocacia-Geral da União, passa a vigorar com a seguinte redação:

"Os servidores administrativos do Poder Judiciário e do Ministério Público da União têm direito ao percentual de 11,98%, relativo à conversão de seus vencimentos em URV, por se tratar de simples recomposição estipendiária, que deixou de ser aplicada na interpretação das Medidas Provisórias nºs 434/94, 457/94 e 482/94."

- Art. 168, CF.
- Art. 22 da Lei 8.880/1994.

SÚMULA Nº 43, DE 30 DE JULHO DE 2009

- Publicada no DOU, Seção 1, de 31/07; 03/08 e 04/08/2009

"Os servidores públicos inativos e pensionistas, com benefícios anteriores à edição da Lei nº 10.404/2002, têm direito ao pagamento da Gratificação de Desempenho de Atividade Técnico-Administrativa - GDATA nos valores correspondentes a:

(i) 37,5 (trinta e sete vírgula cinco) pontos no período de fevereiro a maio de 2002 (art. 6º da Lei nº 10.404/2002 e Decreto nº 4.247/2002);

(ii) 10 (dez) pontos, no período de junho de 2002 até a conclusão dos efeitos do último ciclo de avaliação a que se refere o art. 1º da Medida Provisória nº 198/2004 (art. 5º, parágrafo único, da Lei nº 10.404/2002, art. 1º da Lei nº 10.971/2004 e 7º da Emenda Constitucional nº 41/2003); e

(iii) 60 (sessenta) pontos, a partir do último ciclo de avaliação de que trata o art. 1º da Medida Provisória nº 198/2004 até a edição da Lei nº 11.357, de 16 de outubro de 2006."

- Art. 40, § 8º, CF.
- Arts. 5º e 6º, parágrafo único, Lei 10.404/2002
- Art. 1º, Lei 10.971/2004.
- Lei 11.357/2006.
- Art. 7º da EC 41/2003.

SÚMULA Nº 44, DE 14 DE SETEMBRO DE 2009

- Publicada no DOU, Seção 1, de 15/09; 16/09 e 17/09/2009

(*) Alterada pela Súmula nº 65, de 05 de Julho de 2012.

SÚMULA Nº 45, DE 14 DE SETEMBRO DE 2009

- Publicada no DOU, Seção 1, de 15/09; 16/09 e 17/09/2009

"Os benefícios inerentes à Política Nacional para a Integração da Pessoa Portadora de Deficiência devem ser estendidos ao portador de visão monocular, que possui direito de concorrer, em concurso público, à vaga reservada aos deficientes."

- Art. 37, inciso VIII, CF.
- Art. 5º, § 2º, da Lei 8.112/1990.
- Lei 7.853/1989.
- Art. 4º, III, Decreto 3.298/1999.

SÚMULA Nº 46, DE 23 DE SETEMBRO DE 2009

- Publicada no DOU, Seção 1, de 24/09; 25/09 e 28/09/2009

"Será liberada da restrição decorrente da inscrição do município no SIAFI ou CADIN a prefeitura administrada pelo prefeito que sucedeu o administrador faltoso, quando tomadas todas as providências objetivando o ressarcimento ao erário."

- Art. 5º, §§ 2º e 3º, da Instrução Normativa 01/1997.

SÚMULA Nº 47, DE 23 DE SETEMBRO DE 2009

- Publicada no DOU, Seção 1, de 24/09; 25/09 e 28/09/2009

"Os militares beneficiados com reajustes menores que o percentual de 28,86%, concedido pelas Leis nº 8.622/93 e 8.627/93, têm direito ao recebimento da respectiva diferença, observada a limitação temporal decorrente da MP nº 2.131/2000, bem assim as matérias processuais referidas no § 3º do art. 6º do Ato Regimental nº 1/2008."

- Lei 8.622/1993.
- Lei 8.627/1993.
- MP 2.131/2000.

SÚMULA Nº 48, DE 9 DE OUTUBRO DE 2009(*)

(*) Alterada pela Súmula nº 56, publicada no DOU, Seção 1, de 08/07; 11/07 e 12/07/2011

SÚMULA Nº 49, DE 20 DE ABRIL DE 2010.

- Publicada no DOU Seção 1, de 20/04/2010

"A regra de transição que estabelece o percentual de 80% do valor máximo da GDPGTAS, a ser pago aos servidores ativos, deve ser estendida aos servidores inativos e pensionistas, até a regulamentação da mencionada gratificação."

- Art. 7º, EC 41/2003
- Art. 7º, § 7º, Lei 11.357/2006.

SÚMULA Nº 50, 13 DE AGOSTO DE 2010

- Publicada no DOU Seção 1, de 16/08, 17/08 e 18/08/2010

"Não se atribui ao agente marítimo a responsabilidade por infrações sanitárias ou administrativas praticadas no interior das embarcações."

- Arts. 6º e 8º, § 8º, Lei 9.782/1999.
- Resolução RDC 72/2009.
- Arts. 3º e 10, inciso XXIII, da Lei 6.437/77.

SÚMULA Nº 51, 26 DE AGOSTO DE 2010

- Publicada no DOU Seção 1, de 27/08, 30/08 e 31/08/2010

"A falta de prévia designação da (o) companheira (o) como beneficiária (o) da pensão vitalícia de que trata o art. 217, inciso I, alínea "c", da Lei nº 8.112, de 11 de dezembro de 1990, não impede a concessão desse benefício, se a união estável restar devidamente comprovada por meios idôneos de prova."

- Art. 226, § 3º, CF.
- Art. 217, inciso I, alínea "c", Lei 8.112/1990

SÚMULA Nº 52, DE 3 DE SETEMBRO DE 2010.

- Publicada no DOU Seção 1, de 09/09, 10/09 e 13/09/2010

"É cabível a utilização de embargos de terceiros fundados na posse decorrente do compromisso de compra e venda, mesmo que desprovido de registros."

- Arts. 167, item 25, 169 e 172, Lei 6.015/73.
- Art. 1.245, § 1º, CC.

SÚMULA Nº 53, DE 10 DE NOVEMBRO DE 2010

- Publicada no DOU Seção 1, de 11/11/2010

"O acordo ou a transação realizada entre o servidor e o Poder Público sobre o percentual de 28,86%, sem a participação do advogado do autor, não afasta o direito aos honorários advocatícios na ação judicial."

- Lei 8.906/1994.
- Arts. 23 e 24, § 4º, Lei 8.622/1993.

SÚMULA Nº 54, DE 10 DE NOVEMBRO DE 2010

- Publicada no DOU Seção 1, de 11/11/2010

"A indenização de campo, criada pelo artigo 16 da Lei nº 8.216/91, deve ser reajustada na mesma data e no mesmo percentual de revisão dos valores das diárias, de modo que corresponda sempre ao percentual de 46,87% das diárias."

- Art. 15, Lei 8.270/1991.
- Art. 16, Lei 8.216/1991.

SÚMULA Nº 55, DE 29 DE JUNHO DE 2011

- Publicada no DOU Seção 1, de 1/07/, 04/07 e 05/07/2011

"A não observância do prazo estabelecido na Instrução Normativa n. 06/2002 para o recadastramento do criador amadorista de passeriforme não inviabilizará a efetivação do ato pelo IBAMA, desde que preenchidos os demais requisitos legais."

- Art. 225, § 1º, VII, CF.
- Art. 6º, IV, Lei 6.938/81.
- Arts. 7º, 8º, "b", 9º, 10, "j", Lei 5.197/1967.
- Arts. 1º, § 1º, 2º, §§ 1º e 2º, 3º, 5º e 16 da IN IBAMA 06/2002.

SÚMULA Nº 56, DE 7 DE JULHO DE 2011

- Publicada no DOU Seção 1, de 08/07, 11/07 e 12/07/2011

Alterar a Súmula nº 48, da Advocacia-Geral da União, publicada nos dias 09, 14 e 15 de outubro de 2009, que passa a vigorar com a seguinte redação:

"Para fins de concessão do reajuste de 28,86%, a incidência da correção monetária é devida a partir da data em que deveria ter sido efetuado o pagamento administrativo de cada parcela, previsto na MP 2.169/2001, ou judicial, nos termos do art. 1º da Lei 6.899/81, observado o disposto no artigo 6º e §§ do Ato Regimental nº 1/2008- AGU c/c os artigos 1º e 6º do Decreto nº 20.910/32."

- Lei 6.899/81.
- Lei 8.622/93.
- Lei 8.627/93.
- MP 2.131/2000.
- MP 2.169-43/2001.
- Decreto 20.910/1932.

SÚMULA Nº 57, DE 8 DE DEZEMBRO DE 2011

- Publicada no DOU Seção 1, de 09/12, 12/12 e 13/12/2011

"São devidos honorários advocatícios pela Fazenda Pública nas execuções individuais de sentença proferida em ações coletivas, ainda que não embargadas".

- Art. 1º-D, Lei 9.494/97.
- Medida Provisória 2.180-35/2001.
- CPC, art. 20, § 4º, art. 730.
- CF, art. 97 e art. 100.

SÚMULA Nº 58, DE 8 DE DEZEMBRO DE 2011

- Publicada no DOU Seção 1, de 09/12, 12/12 e 13/12/2011

"O percentual de 28,86% deve incidir sobre o vencimento básico dos servidores públicos civis ou do soldo, no caso dos militares, bem como sobre as parcelas que não possuam como base de cálculo o próprio vencimento, observada a limitação temporal decorrente da MP nº 2.131/2000 e as disposições da MP 2.169-43/2001, bem assim as matérias processuais referidas no § 3º do art. 6º do Ato Regimental nº 1/2008".

- MP 2.131/2000.
- MP 2.169-43/2001.

SÚMULA Nº 59, DE 8 DE DEZEMBRO DE 2011

- Publicada no DOU Seção 1, de 09/12, 12/12 e 13/12/2011

"O prazo prescricional para propositura da ação executiva contra a Fazenda Pública é o mesmo da ação de conhecimento".

- CTN, art. 168 e art. 169.
- Decreto 20.910/32, art. 1º, art. 4º e art. 9º.

SÚMULA Nº 60, DE 8 DE DEZEMBRO DE 2011

- Publicada no DOU Seção 1, de 09/12/, 12/12 e 13/12/2011

"Não há incidência de contribuição previdenciária sobre o vale transporte pago em pecúnia, considerando o caráter indenizatório da verba".

- CF, artigos 5º, II, 7º, IV, XXVI, 150, I, 195, I, "a", 201, § 11.
- Lei 7.418/1985, artigo 2º.
- Lei 8.212/1991, artigo 28, I e 9º, "f".
- Decreto 95.247/1987, artigos 5º e 6º.
- Decreto 3.048/1999, artigo 214, § 10.

SÚMULA Nº 61, DE 30 DE MARÇO DE 2012

- Publicada no DOU Seção 1, de 04/04, 05/04 e 09/04/2012

"É cabível a inclusão de expurgos inflacionários, antes da homologação da conta, nos cálculos, para fins de execução da sentença, quando não fixados os índices de correção monetária no processo de conhecimento".

- Art. 167, parágrafo único, CTN.
- Art. 3º, Decreto-lei 2.322/87.
- Art. 1º-F, Lei 9494/97.
- Lei 9.250/95.

SÚMULA Nº 62, DE 26 DE ABRIL DE 2012

- Publicada no DOU Seção 1, de 27/04, 30/04 e 02/05/2012

"Não havendo no processo relativo à multa de trânsito a notificação do infrator da norma, para lhe facultar, no prazo de trinta dias, o exercício do contraditório e da ampla defesa, opera-se a decadência do direito de punir para os órgãos da União, impossibilitado o reinício do procedimento administrativo".

- Lei 9.503/1997, arts. 280 a 282.
- Resolução 149/2003, do Conselho Nacional de Trânsito.

SÚMULA Nº 63, DE 14 DE MAIO DE 2012

- Publicada no DOU Seção 1, de 16/05, 17/05 e 18/05/2012

"A Administração deve observar o devido processo legal em que sejam assegurados os princípios da ampla defesa e do contraditório para proceder ao desconto em folha de pagamento de servidor público, para fins de ressarcimento ao erário".

- Art. 5º, inciso LV, CF.
- Art. 46, da Lei 8.112/1990.

SÚMULA Nº 64, DE 14 DE MAIO DE 2012

- Publicada no DOU Seção 1, de 16/05, 17/05 e 18/05/2012

"As contribuições sociais destinadas às entidades de serviço social e formação profissional não são executadas pela Justiça do Trabalho".

- Arts. 114, inciso VIII, 195 incisos I, alínea "a", e II, e 240, Lei 11.457/2007.

SÚMULA Nº 65, DE 5 DE JULHO DE 2012

- Publicada no DOU Seção 1, de 06/07, 09/07 e 10/07/2012

Alterar a Súmula nº 44, da Advocacia-Geral da União, que passa a vigorar com a seguinte redação:

"Para a acumulação do auxílio-acidente com proventos de aposentadoria, a lesão incapacitante e a concessão da aposentadoria devem ser anteriores as alterações inseridas no art. 86 § 2º, da Lei 8.213/91, pela Medida Provisória nº 1.596-14, convertida na Lei nº 9.528/97".

- Art. 5º, XXXVI, CF.
- Lei 8.213/1991, Art. 86, § 2º.
- Decreto 3.048/99.

SÚMULA Nº 66, DE 3 DE DEZEMBRO DE 2012

- Publicada no DOU Seção 1, de 04/12, 05/12 e 06/12/2012

(*) Alterada pela Súmula nº 73, de 18 de dezembro de 2013.

SÚMULA Nº 67, DE 3 DE DEZEMBRO DE 2012

- Publicada no DOU Seção 1, de 04/12, 05/12 e 06/12/2012

"Na Reclamação Trabalhista, até o trânsito em julgado, as partes são livres para discriminar a natureza das verbas objeto do acordo judicial para efeito do cálculo da contribuição previdenciária, mesmo que tais valores não correspondam aos pedidos ou à proporção das verbas salariais constantes da petição inicial".

- Art. 43, § 1º da Lei 8.212/1991.

SÚMULA Nº 68, DE 5 DE FEVEREIRO DE 2013

- Publicada no DOU Seção 1, de 06/02,07/02 e 08/02/2013

"Nos contratos de prestação de serviços médico-hospitalares no âmbito do SUS, o fator para conversão de cruzeiros reais em reais, a partir de 1º de julho de 1994, deve ser de Cr$ 2.750,00, como determinado pelo art. 1º, § 3º, da MP 542/95, convertida na Lei nº 9.069/95, combinado com o Comunicado nº 4.000, de 29.06.94, do BACEN, obedecida a prescrição das parcelas relativas ao quinquênio anterior ao ajuizamento da demanda, bem como a limitação da condenação até outubro de 1999".

- Lei 9.069/1995, art. 23.
- Lei 8.880/1994, art. 15.
- Comunicado 4.000/1994 do BACEN.

SÚMULA Nº 69, DE 5 DE JUNHO DE 2013

- Publicada no DOU Seção 1, de 17/06,18/06 e 19/06/2013

"A partir da edição da Lei nº 9.783/99, não é devida pelo servidor público federal a contribuição previdenciária sobre parcela recebida a título de cargo em comissão ou função de confiança".

- Art. 150 incisos I e IV, art. 145 § 1º, CF.
- Lei 9.783/1999, artigos 1º e 2º.

SÚMULA Nº 70, DE 14 DE JUNHO DE 2013

- Publicada no DOU Seção 1, de 17/06,18/06 e 19/06/2013

"Os embargos do devedor constituem-se em verdadeira ação de conhecimento, autônomos à ação de execução, motivo pelo qual é cabível a fixação de honorários advocatícios nas duas ações, desde que a soma das condenações não ultrapasse o limite máximo de 20% estabelecido pelo art. 20, § 3º, do CPC".

- art. 20, § 3º, CPC.

SÚMULA Nº 71, DE 9 DE SETEMBRO DE 2013

- Publicada no DOU Seção 1, de 10/09,11/09 e 12/09/2013

(*) Cancelada pela Súmula de nº 72, de 26 de setembro de 2013.

SÚMULA Nº 72, DE 26 DE SETEMBRO DE 2013

- Publicada no DOU Seção 1, de 27/09,30/09 e 01/10/2013

CANCELAR a Súmula nº 71, da Advocacia-Geral da União, publicada no DOU, Seção 1, de 10/09; 11/09 e 12/09/2013, restabelecendo os efeitos da Súmula nº 34 com a seguinte redação: "Não estão sujeitos à repetição os valores recebidos de boa-fé pelo servidor público, em decorrência de errônea ou inadequada interpretação da lei por parte da Administração Pública".

- Lei 6.899/1981.
- Lei 8.622/1993.
- Lei 8.627/1993.
- MP 2.131/2000.
- MP 2.169-43/2001.
- Decreto 20.910/32.

SÚMULA Nº 73, DE 18 DE DEZEMBRO DE 2013

- Publicada no DOU Seção 1, de 19/12, 20/12 e 23/12/2013

Alterar a Súmula nº 66, da AGU, que passa a vigorar com a seguinte redação:

"Nas ações judiciais movidas por servidor público federal contra a União, as autarquias e as fundações públicas federais, o cálculo dos honorários de sucumbência deve levar em consideração o valor total da condenação, conforme fixado no título executado, sem exclusão dos valores pagos na via administrativa."

- Art. 24, § 4º, Lei 8.906/94.

SÚMULA Nº 74, DE 31 DE MARÇO DE 2014

- Publicada no DOU Seção 1, de 03/04, 04/04 e 07/04/2014

"Na Reclamação Trabalhista, quando o acordo for celebrado e homologado após o trânsito em julgado, a contribuição previdenciária incidirá sobre o valor do ajuste, respeitada a proporcionalidade das parcelas de natureza salarial e indenizatória deferidas na decisão condenatória".

- Art. 832, § 6º, CLT.

SÚMULA Nº 75, DE 2 DE ABRIL DE 2014

- Publicada no DOU de 03/04, 04/04 e 07/04/2014

"Para a acumulação do auxílio-acidente com proventos de aposentadoria, a consolidação das lesões decorrentes de acidentes de qualquer natureza, que resulte sequelas definitivas, nos termos do art. 86 da Lei nº 8.213/91, e a concessão da aposentadoria devem ser anteriores às alterações inseridas no art. 86, § 2º da Lei nº 8.213/91, pela Medida Provisória nº 1.596-14, convertida na Lei nº 9.528/97".

- Art. 5º, XXXVI, CF.
- Art. 86, § 2º, Lei 8.213/1991.
- Decreto 3.048/1999, art. 167.

SÚMULA Nº 76, DE 5 DE DEZEMBRO DE 2014

- Publicada no DOU de 08/12, 09/12 e 10/12/2014

"O reajuste de 28,86%, extensivo aos militares, incide sobre a parcela denominada complementação do salário mínimo, instituída pelo artigo 73 da Lei nº 8.237/1991".

- Art. 73 da Lei 8.237/1991
- Art. 32 do Decreto 722/1993.

SÚMULA Nº 77, DE 21 DE JANEIRO DE 2015

- Publicada no DOU de 22/01, 23/01 e 26/01/2015

"No período compreendido entre 1º/3/2002 e 25/06/2002, a remuneração dos integrantes da carreira de Procurador da Fazenda Nacional era composta de: I - vencimento básico, fixado nos termos do art. 3º da Medida Provisória nº 43, de 24 de julho de 2002, convertida na Lei nº 10.549, de 13 de novembro de 2002; II - pró-labore, devido em valor fixo; III - representação mensal, incidente sobre o novo vencimento básico, nos percentuais previstos no Decreto-Lei nº 2.371, de 18 de novembro de 1987; e IV - gratificação temporária, conforme a Lei nº 9.028, de 12 de abril de 1995."

- Decreto-Lei 2.371/1987.
- Lei 9.028/1995.
- Lei 10.549/2002.

SÚMULA Nº 78, DE 15 DE MAIO DE 2015

- Publicada no DOU de 18/05, 19/05 e 20/05/2015

"É reconhecido o direito dos docentes da carreira do magistério básico, técnico e tecnológico federal à progressão por titulação, sem a observância do interstício, até o advento do Decreto 7.806, publicado no D.O.U de 18/09/2012; observadas as regras estabelecidas nos artigos 13 e 14 da Lei 11.344/2006, a correlação disposta no Anexo LXIX à Lei nº 11.784/2008 e o limite máximo de progressão à Classe D-III, nível I."

- Art. 120 da Lei 11.784/2008.
- Art. 11 do Decreto 7.806/2012.
- Arts. 13 e 14, Lei 11.344/2006.

SÚMULA Nº 79, DE 13 DE NOVEMBRO DE 2015

- Publicada no DOU de 16/11, 17/11 e 18/11/2015

"O termo inicial do prazo decadencial para impetração de Mandado de Segurança, no qual se discuta regra editalícia que tenha fundamentado eliminação de candidato em concurso público, é a data em que este toma ciência do ato administrativo que determina sua exclusão do certame".

- Art. 23, Lei 12.016/2009.

SÚMULA Nº 80, DE 17 DE NOVEMBRO DE 2015

- Publicada no DOU de 18/11, 19/11 e 20/11/2015

"Para concessão de aposentadoria no Regime Geral de Previdência Social – RGPS, a conversão de tempo de serviço/contribuição especial em comum deve observar o fator de conversão vigente à época em que requerido o benefício, devendo ser desconsiderado, para esta finalidade, o fator de conversão vigente à época da prestação da atividade laboral".

- Lei 8.213/1991.
- Decreto 357/1991.
- Decreto 3.048/1999.

SÚMULA Nº 81, DE 4 DE FEVEREIRO DE 2016

- Publicada no DOU de 10/02, 11/02 e 12/02/2016

"Não serão opostos embargos à execução para discutir a compensação do índice 28,86% com reajustes já concedidos aos servidores públicos federais pelas Leis nos 8.622/93 e 8.627/93, por violar a coisa julgada, se o título executivo não prever a possibilidade de compensação, ainda que genérica."

- Lei 8.622/1993.
- Lei 8.627/1993.

SÚMULA Nº 82, DE 7 DE FEVEREIRO DE 2018

- Publicada no DOU, Seção 1, 09/02, 14/02 e 15/02/2018

"O pensionista de servidor falecido posteriormente à EC nº 41/2003, caso se enquadre na regra de transição prevista no art. 3º da EC nº 47/2005, tem direito à paridade, ou seja, a que sua pensão seja revista na mesma proporção e na mesma data, sempre que se modificar a remuneração dos servidores em atividade, mas não tem direito à integralidade, isto é, a que sua pensão corresponda ao valor total dos proventos do servidor falecido".

- Emenda Constitucional 41, de 19 de dezembro de 2003.
- Emenda Constitucional 47, de 5 de julho de 2005.

SÚMULA Nº 83, DE 30 DE OUTUBRO DE 2018

- Publicada no DOU, Seção 1, 31/10, 01/11 e 05/11/2018

"Servidores inativos e pensionistas do extinto DNER possuem direito aos efeitos financeiros decorrentes do enquadramento de servidores ativos no Plano Especial de Cargos do DNIT".

- Art. 40, § 8º, CF.
- Lei 10.233/2001.
- Lei 11.171/2005.

SÚMULA Nº 84, DE 23 DE JANEIRO DE 2020

- Publicada no DOU, Seção 1, 27/01, 28/01 e 29/01/2020

"A anulação, pela Administração Pública, de ato administrativo do qual já decorreram efeitos concretos deve ser precedida de regular processo administrativo".

- Art. 5º, LV, CF.

SÚMULA Nº 85, DE 23 DE JANEIRO DE 2020

- Publicada no DOU, Seção 1, de 27/07, 28/07 e 29/07/2020

Resolve alterar a Súmula nº 41 da Advocacia-Geral da União, que passa a vigorar com a seguinte redação:

"A exigibilidade da multa por retenção de imóvel funcional, prevista no artigo 15, inciso I, alínea "e", da Lei nº 8.025/90, será suspensa durante a vigência de provimento judicial proferido no curso de discussão sobre o direito à sua aquisição."

- Arts. 1º, 6º e 15, I, Lei 8.025/1990.
- Decreto 99.266/1990.

SÚMULA Nº 86, DE 20 DE NOVEMBRO DE 2020

- Publicada no DOU, Seção 1, 25/11, 26/11 e 27/11/2020

"A exigência de escolaridade de nível médio, para fins de concurso público, pode ser considerada atendida pela comprovação, pelo candidato, de que possui formação em curso de nível superior com abrangência suficiente para abarcar todos os conhecimentos exigíveis para o cargo de nível técnico previsto no edital e dentro da mesma área de conhecimento pertinente."

JORNADA DE DIREITO DA SEGURIDADE SOCIAL

ENUNCIADOS APROVADOS

SEGURIDADE SOCIAL

ENUNCIADO 1: Considerando a importância da inclusão no sistema de proteção previdenciária, é indicada a aplicação de técnicas validadas de economia comportamental nas políticas públicas, buscando aprimorar o desenho dos programas previdenciários, visando incentivar a adesão, compreensão e participação ativa dos cidadãos.

ENUNCIADO 2: A averbação automática do tempo de serviço público celetista, contribuído concomitantemente com o tempo de serviço privado, em razão de dupla atividade que ocorreu antes da instituição do Regime Jurídico Único (Lei n. 8.112/1990), não ofende o disposto no art. 4º, inciso IV, da Lei n. 6.226/1975, bem como o art. 96, inciso III, da Lei n. 8.213/1991, podendo os períodos ser fracionados ou segregados e utilizados para concessão de benefício previdenciário pelo RGPS ou pelo RPPS.

ENUNCIADO 3: Para os fins do art. 16, § 5º, da Lei n. 8.213/1991, a declaração de união estável registrada em cartório anteriormente aos 24 meses da data do óbito do segurado não precisa ser renovada periodicamente.

ENUNCIADO 4: As contribuições do contribuinte individual empresário não se presumem descontadas e recolhidas na forma do art. 4º da Lei n. 10.666/2003, relativamente à atividade exercida na empresa da qual seja titular, sócio-gerente, administrador ou diretor não empregado.

ENUNCIADO 5: Para os fins do art. 27, inciso II, da Lei n. 8.213/1991, o atraso do pagamento da contribuição previdenciária não impede a consideração deste para efeito de carência, desde que o recolhimento da contribuição seja realizado dentro do período de graça.

REGIME GERAL DE PREVIDÊNCIA SOCIAL

ENUNCIADO 6: No RGPS, na vigência da Lei n. 8.213/1991, o novo matrimônio ou união estável não gera perda do direito à pensão por morte.

ENUNCIADO 7: No RGPS, é possível cumulação de pensão por morte de cônjuge ou companheiro e de filho.

ENUNCIADO 8: No cancelamento de benefício previdenciário, deve ser observado o princípio constitucional do devido processo legal.

ENUNCIADO 9: As alterações salariais registradas na Carteira de Trabalho e Previdência Social (CTPS) podem ser utilizadas no cálculo de revisão de benefício previdenciário.

ENUNCIADO 10: Na revisão da Vida Inteira pode ser adotada a execução invertida, caso em que o INSS pode apresentar os cálculos.

ENUNCIADO 11: Mantém-se a qualidade de segurado no período de gozo do auxílio por incapacidade temporária por força de decisão judicial, ainda que posteriormente revogada.

ENUNCIADO 12: O segurado facultativo está inserido na proteção previdenciária por incapacidade, considerando-se atividade eventualmente exercida, possibilidade de ingresso no mercado de trabalho ou atividades domésticas.

ENUNCIADO 13: Nos benefícios programáveis da Previdência Social, será observada a identidade de gênero comprovada no momento da DER para as pessoas transgêneras, transexuais e travestis.

ENUNCIADO 14: Para os segurados inscritos no Regime Geral de Previdência Social até 24/7/1991, sujeitos à regra de transição do art. 142 da Lei n. 8.213/1991, o número de meses necessários ao atendimento do requisito "carência" observará a data do implemento do requisito etário, quer as contribuições vertidas pelo segurado sejam anteriores ou posteriores à vigência da mencionada lei ou da Emenda Constitucional n. 103/2019.

ENUNCIADO 15: O contribuinte individual, mesmo não cooperado, tem direito à aposentadoria especial, se comprovada efetiva exposição a agentes nocivos, prejudiciais à saúde.

PRESTAÇÕES DO REGIME GERAL DE PREVIDÊNCIA SOCIAL

ENUNCIADO 16: São admissíveis outros meios de prova, além do PPP (Perfil Profissiográfico Previdenciário), para demonstrar a eficácia ou ineficácia do EPI (Equi- pamento de Proteção Individual).

ENUNCIADO 17: É devido o auxílio-acidente quando, após consolidação das sequelas resultantes de acidente, o segurado ficar incapacitado para desempenhar a atividade que exercia à época do infortúnio, conquanto possa ou venha efetivamente a ser reabilitado para o exercício de atividade laborativa diversa.

ENUNCIADO 18: O tempo laborado em condições especiais até o advento da EC n. 103/2019 poderá ser transportado, em contagem recíproca de tempo de con- tribuição, para ulterior conversão, perante o regime de destino, do tempo especial em comum majorado.

ENUNCIADO 19: O ônus previsto no art. 117, §1º, do Decreto n. 3.048/1999 para o beneficiário de auxílio-reclusão não tem o condão de alterar as regras de direito intertemporal aplicáveis ao benefício, tendo em vista a garantia constitucional do direito adquirido (CRFB, art. 5º, inciso XXXVI).

ENUNCIADO 20: Em homenagem aos princípios da concessão do benefício mais vantajoso e fungibilidade, é possível o reconhecimento judicial do direito ao benefício de auxílio acidente, mesmo quando não haja pedido específico, desde que tenha havido requerimento administrativo para concessão de benefício por incapacidade laboral.

ENUNCIADO 21: Quando demonstrada a presença de várias patologias, a circunstância de individualmente não serem consideradas incapacitantes não afasta a possibilidade de, numa visão sistêmica, conduzirem à impossibilidade, temporária ou definitiva, do desempenho de atividade laborativa.

ENUNCIADO 22: Caberá a revisão da renda mensal inicial dos benefícios previdenciários mediante a inclusão no salário de benefício dos valores pagos habitualmente em pecúnia a título de auxílio-alimentação, respeitados os prazos decadenciais e prescricionais.

ENUNCIADO 23: A partir de 6/3/1997 (Decreto 2.172/1997), a menção genérica, no PPP ou LTCAT, a "hidrocarbonetos", "óleos", "graxas" e "poeiras", ainda que de origem mineral, não comprova a nocividade da exposição, sendo indispensável a especificação do agente químico e a superação de eventual limite de tolerância, possibilitada produção de prova complementar.

ENUNCIADO 24: A indicação do NEN no item 2.0.1 do Anexo ao Decreto n. 3.048/1999 não exige que conste a NHO-01 no campo "técnica de aferição" do Perfil Profissiográfico Previdenciário.

ENUNCIADO 25: A exposição permanente (não ocasional e nem intermitente) está relacionada à atividade (profissiografia) do segurado e não é necessário que essa informação conste, expressamente, no PPP, por inexistir campo próprio no formulário

ENUNCIADO 26: A concessão de pensão por morte a filho maior exige a comprovação da invalidez ou deficiência anterior ao óbito do segurado instituidor, sendo irrelevante a idade em que a condição foi adquirida.

ENUNCIADO 27: Com base no princípio da precaução, entendendo o perito que há riscos ocupacionais suscetíveis de agravar a condição clínica do segurado e riscos potenciais para este e para terceiros, caso seja mantido o labor, deve considerá-lo incapaz para fins previdenciários.

ENUNCIADO 28: A incapacidade para fins previdenciários é aquela em relação à atividade habitual do periciado, devendo o perito fazer o registro das informações declaradas pelo segurado de forma a caracterizar adequadamente a rotina de trabalho, suas tarefas e exigências profissionais inerentes.

ENUNCIADO 29: Na análise judicial acerca da eficácia do programa de reabilitação profissional concluído na via administrativa pelo INSS, além da realização da perícia médica para verificar a compatibilidade da atividade para a qual o segurado foi reabilitado com as limitações físicas existentes, as condições pessoais e sociais deverão ser avaliadas para que se verifique se o segurado tem efetivas condições de reingresso no mercado de trabalho.

ENUNCIADO 30: Nos pedidos de benefício por incapacidade em que a filiação ocorre quando o segurado é portador de doença ou lesão, o segurado poderá demonstrar o agravamento ou progressão da enfermidade por meio de exames ou relatórios médicos anteriores e posteriores à filiação.

BENEFÍCIOS ASSISTENCIAIS

ENUNCIADO 31: A visão monocular, por si só, não enseja a concessão de benefício de prestação continuada da assistência social, sendo necessária a verificação da existência de impedimento de longo prazo que, em interação com uma ou mais barreiras, possa obstruir a participação plena e efetiva na sociedade em igualdade de condições com as demais pessoas, nos termos do art. 40-B da Lei n. 8.742/1993.

ENUNCIADO 32: Nos processos que têm por objetivo a concessão de benefício de prestação continuada da Assistência Social à pessoa com deficiência, a prova pericial deve ser produzida levando-se em consideração a definição do art. 2º da Lei n. 13.146/2015 e do art. 40-B da Lei n. 8.742/1993, com os critérios definidos na Portaria Conjunta MDS/INSS n. 2/2015 (critério biopsicossocial) ou outro instrumento que o substitua, a qual não se confunde com incapacidade laborativa previdenciária.

ENUNCIADO 33: É incabível a concessão de mais de um benefício de seguro-defeso do pescador artesanal, ainda que em decorrência de defesos relativos a espécies distintas, nos termos do §5º do art. 1º da Lei n. 10.779/2003.

ENUNCIADO 34: Não é possível ao juiz condicionar a concessão do benefício assistencial à interdição da pessoa com deficiência, nos termos do inciso II do §2º do art. 7º da Portaria Conjunta MDS/INSS n. 3/2018.

ENUNCIADO 35: Para fins de interpretação do §1º do art. 20 da Lei n. 8.742/1993, o filho ou o enteado que seja divorciado, viúvo, separado de fato ou convivente em união estável, ainda que viva sob o mesmo teto do requerente, não compõe o núcleo familiar (art. 8º da Portaria Conjunta MDS/INSS n. 3/2018).

ENUNCIADO 36: A data de início do benefício assistencial é a data do requerimento administrativo (DER), quando nela já estiverem presentes os requisitos legais, independentemente de a propositura da ação ter ocorrido após ultrapas- sado o prazo bienal de revisão do art. 21 da Lei n. 8.742/1993.

ENUNCIADO 37: É recomendável a construção de quesitação padronizada para a realização de perícia judicial biopsicossocial nas ações que versam sobre benefício de prestação continuada da Assistência Social.

LIDES PREVIDENCIÁRIAS

ENUNCIADO 38: A apresentação do requerimento administrativo garante ao requerente os direitos previstos no art. 3º da Lei n. 9.784/1999 e no art. 6º da Lei n. 13.460/2017.

ENUNCIADO 39: Nos termos do art. 21, §5º, da Lei n. 8.212/1991, é dever do INSS intimar o segurado, antes do indeferimento do benefício, para complementar as contribuições de segurado facultativo de baixa renda não validadas, sob pena de nulidade da decisão administrativa.

ENUNCIADO 40: A revisão da vida toda (Tema 1.102 do STF) não depende de prévio requerimento administrativo, conforme estabelecido pelo Tema 350 do STF. Desse modo, o segurado/beneficiário poderá ingressar diretamente com ação judicial para a revisão do cálculo do benefício previdenciário, sem necessidade de solicitar o pedido pela via administrativa, em razão de ser notória e reiterada a negativa do pedido pelo INSS.

ENUNCIADO 41: Nos Juizados Especiais Federais, nas demandas de natureza previdenciária e assistencial, o magistrado deve assegurar às partes, antes de proferir a sentença, a oportunidade de se manifestarem sobre o laudo pericial e/ou o estudo socioeconômico anexado aos autos.

ENUNCIADO 42: A prova oral colhida em audiência é meio hábil para comprova- ção do estado de desemprego, para fins de prorrogação da qualidade de segurado prevista no art. 15, §2º, da Lei n. 8.213/1991.

ENUNCIADO 43: Nas demandas de natureza previdenciária ou assistencial, cabe ao juízo, ainda que na própria sentença, apreciar motivadamente o(s) pedido(s) das partes para realização de nova perícia ou para que o perito médico preste esclarecimentos sobre algum aspecto relevante do laudo pericial.

ENUNCIADO 44: Tratando-se de ação judicial previdenciária ou assistencial em que se discuta a condição de pessoa com deficiência da parte autora, seja como dependente (pensão por morte) seja como segurada (aposentadoria de pessoa com deficiência e benefício assistencial de prestação continuada), o ato pericial deve dar-se nos termos da avaliação biopsicossocial contida no art. 2º, §1º, da Lei n. 13.146/2015, realizada por equipe multiprofissional e interdisciplinar, não se podendo limitar à avaliação da capacidade ou incapacidade para o trabalho, sob pena de nulidade.

ENUNCIADO 45: Nos processos previdenciários e assistenciais, quando, comprovadamente, pessoas integrantes de grupos vulneráveis não possuam condições de acesso aos meios tecnológicos necessários para a efetiva participação em audiências de conciliação ou instrução, telepresenciais ou por videoconferência, deve ser disponibilizada sala física pelo Poder Judiciário.

ENUNCIADO 46: O adiantamento dos honorários periciais, mediante depósito direto do INSS, só se aplica às demandas acidentárias, na forma do art. 1º, §7º, incisos I e II, da Lei n. 13.876/2019.

ENUNCIADO 47: Em ações judiciais que versem sobre benefícios previdenciários, especialmente quando figurarem no polo ativo mulheres seguradas trabalhadoras rurais, donas de casa, empregadas domésticas e faxineiras, na valoração da prova, inclusive de laudos médicos, além da observância do Protocolo para Julgamento com Perspectiva de Gênero do Conselho Nacional de Justiça, previsto na Resolução CNJ n. 492/2023, as julgadoras e os julgadores devem rechaçar conclusões que tratem das atividades domésticas e de cuidado como improdutivas ou como tarefas leves, isto é, como se não demandassem esforço físico médio ou intenso.

ENUNCIADO 48: A ausência de comprovante de residência de concessionária de serviço público ou equivalente não pode ser óbice ao acesso à justiça no âmbito dos Juizados Especiais Federais, notadamente em relação às pessoas em estado de vulnerabilidade social cujas demandas envolvam o mínimo existencial, podendo tal comprovação ser realizada mediante declaração de órgão ou entidade pública da área da assistência social.

ENUNCIADO 49: O direito de regresso da autarquia previdenciária fundado na comprovação da negligência por parte do empregador quanto às normas de padrão de segurança e higiene do trabalho não se confunde com a proteção coberta pelo Seguro de Acidentes do Trabalho (SAT).

ENUNCIADO 50: É possível a reafirmação da DER (Data de Entrada do Requerimento) para o momento em que implementados os requisitos para a concessão do benefício, mesmo que isso se dê em embargos declaratórios, desde que opostos nas instâncias ordinárias, conforme uniformizado pelo Repetitivo n. 995 do STJ.

ENUNCIADO 51: As súmulas, temas fixados pelo STJ pelo rito de recursos repetitivos, de assunção de competência ou de resolução de demandas repetitivas, por serem jurisprudência dominante, aplicam-se no âmbito dos Juizados Especiais Federais, em demandas previdenciárias e assistenciais, independentemente de pedido de uniformização de interpretação de lei.

ENUNCIADO 52: Inaplicável a remessa necessária dos autos quando, ainda que, hipoteticamente, o segurado receba o teto previdenciário e o valor não alcance os limites previstos no §3° do art. 496 do CPC, mesmo que a sentença seja ilíquida.

ENUNCIADO 53: A instalação de pontos de inclusão digital, de unidades de atendimento avançado e de Juizados Especiais Federais virtuais, com a realização de perícias médicas descentralizadas, é medida que favorece o acesso do jurisdicionado à Justiça Federal, permitindo a análise de pedidos de benefícios sem a necessidade de longos deslocamentos pela população.

EDITORA JusPODIVM
www.editorajuspodivm.com.br

RENOVA GRAF
www.renovagraf.com.br

JUS4007